文白对照

二十四史新译

後漢書

一

主编　楼宇烈

执行主编　梁光玉　萧祥剑

〔南朝宋〕范晔　撰　谦德书院　译

团结出版社

图书在版编目（C I P）数据

后汉书 /（南朝宋）范晔著；谦德书院译．-- 北京：
团结出版社，2024.12
ISBN 978-7-5234-0577-2

Ⅰ．①后… Ⅱ．①范… ②谦… Ⅲ．①《后汉书》-
译文 Ⅳ．① K234.204.2

中国国家版本馆 CIP 数据核字 (2023) 第 208361 号

责任编辑：梁光玉
封面设计：肖宇岐

出　版：团结出版社
（北京市东城区东皇城根南街 84 号　邮编：100006）
电　话：（010）65228880　65244790
网　址：http://www.tjpress.com
E-mail：zb65244790@vip.163.com
经　销：全国新华书店
印　装：北京印匠彩色印刷有限公司

开　本：145mm × 210mm　32 开
印　张：113.25　字　数：2195 千字
版　次：2024 年 12 月　第 1 版　印　次：2024 年 12 月　第 1 次印刷

书　号：978-7-5234-0577-2
定　价：480.00 元（全五册）

《二十四史新译》编辑出版委员会

顾　　问：

郑建邦　许嘉璐　朱永新

郝时晋　楼宇烈　韩兆琦

主　　编：

楼宇烈

执行主编：

梁光玉　萧祥剑

出版统筹：

萧祥剑

编辑出版委员会成员（按年龄次序排列）：

楼宇烈　武　斌　牛喜平　周月亮　马建农　王　进

梁光玉　赵广宁　石　岗　马平安　孙福万　史原鹏

高　斌　李绵军　张　阳　冯　哲　李　旭　慕云五

潘铭基　萧祥剑　张　俊　何　全　吴江波　郝二伟

李秀桂　魏　旭　刘浩然

《后汉书》翻译小组：

刘亚坤　郭文娜　刘浩然　仝浥寧　王俊媛　张少华

《二十四史新译》推荐序

一个中国人，一定要认识和了解中国的历史文化，才能够称得上是一个真正意义上的中国人。

我们中华民族，自古以来就是一个重视历史的民族。远在上古时期，我们的先祖就建立起了史官制度，所谓“左史记言，右史记事，事为《春秋》，言为《尚书》”，将历史的经验教训作为借鉴，以继往开来。清代学者章实斋先生更是提出了“六经皆史”的说法。由此可见，历史在中华文化中有着何等重要的地位。

《二十四史》是我国古代二十四部史书典籍的总称，由《史记》《汉书》《后汉书》《三国志》《晋书》《宋书》《南齐书》《梁书》《陈书》《魏书》《北齐书》《周书》《隋书》《南史》《北史》《旧唐书》《新唐书》《旧五代史》《新五代史》《宋史》《辽史》《金史》《元史》《明史》组成。这些史书统一使用了本纪、列传的纪传体形式编写，并先后由各朝代官方史官编撰或是得到朝廷认可，因此被称为“正史”。

《二十四史》系统载录了中华民族从始祖黄帝起始一直到清兵入关、明朝灭亡（1644）期间上下四千多年的中国历史，共计约三千二百余卷，四千余万字，涵盖了我国古代社会政治、经济、军事、思想、文化、艺术、天文、地理、科技、宗教、道德、民俗等各方面的内容，是一部记载中华民族的起源和发展脉络的重要典籍。这么规模宏大的历史书写，在世界历史长河和各国文明史上，都是绝无仅有的，它不仅是我们中华民族的巨大文化财富，更是人类共同文化遗产中的瑰宝。

这份延续四千多年而没有中断的历史财富，首先得益于我们中国文字的独特性，汉字作为一种表意文字，虽然有从甲骨文到金文、小篆、隶书、楷书的演进过程，但是基本没有太大的变化，是世界上迄今为止使用时间最长的文字。汉字不断发展，后来不仅是以音来表意，还以形来表意，所以能够打通古今，贯通南北，一直传承下来，今人依旧可以读懂古人的文字。而且，中国古人采用文言文作为书面表达的载体，这种超越时空的语言表达形式，让中国古人的文章不仅简洁、精练、优美，而且几千年后的人依旧能够读懂。中华文化在语言文字上的这两大特色，是历代典籍能够延续传承至今的重要基石，也是《二十四史》得以没有中断、不断传承的根本因素。

除了语言文字的独特性，中华文化还有两大重要的人文精神传统，就是“以天为则”和“以史为鉴”。遍览历朝史实，我们不难发现，历史演进的循环规律，体现的正是天道的自然规律。因此，学习历史对于我们认识天道，懂得人道是极为重要的。在中国历史上，每个朝代政权相对稳定以后，首要的事情就是修订礼乐，其次就是修前朝历史，这是中国历代的一个传统，体现的就是“以史为鉴”的精神。正是因为这一精神传统，才让我们拥有了世界上最系统、最完备的历史著作，才让我们的文明得以延续传承至今。

中国古人的历史书写，不是简单的史实记录，而是思想的传承，其要旨正如司马迁在《报任安书》中所说："究天人之际，通古今之变，成一家之言。"这段话体现的不仅是司马迁撰写《史记》的初衷，也堪称是每一部史书编撰者所希望达到的标准。《二十四史》中的每部史书，虽然不能说都达到了司马迁《史记》的同等水平，但其精神和初衷都是相通和一致的，而且也都是同类史籍中成就最高和最优秀的，因此才得以历代流传，最终得到官方认可，成为钦定的"国史"。

《二十四史》是我们中华民族的集体家国记忆，它以浩瀚的篇幅、严谨的编纂、深邃的思想，承载着中华民族历史文化的精髓。然而，由于其文言文的表述方式，对当代许多普通读者来说，想要阅读这些史籍，往往存在阅读理解上的障碍。因此，将《二十四史》翻译成白话文，让每个国人都能够读懂国史，对于我们今天传承和弘扬中华优秀传统文化具有重要意义。

团结出版社和谦德书院的全体同仁，秉承"为往圣继绝学"的恢弘大愿，一直致力于古籍的注译和普及工作。在编撰完成《群书治要续编》这一重大文化工程之后，又耗费巨大人力物力，首次采用简体字的形式将《二十四史》进行文白对照翻译，前后历时近十年，终于完成《二十四史新译》这一规模浩大的国史今译工程，可以说是一件功在当代、利在子孙的文化盛事。

《二十四史新译》不仅是对史籍原文的精准翻译，更是对我国历史的一次深入解读和文化传承。在翻译过程中，译者们秉持着严谨的态度，力求在保持原文内涵的基础上，用通俗易懂的白话文，再现古人的历史书写，这样的翻译工作，既需要深厚的古文功底和历史学识，又需要对现代汉语能够娴熟运用，其难度可想而知。

《二十四史新译》的价值，我想首先应该体现在其对历史的普及与传播上。历史是一个民族的集体记忆，是一个民族文化的根脉。然而，由于文言文的晦涩难懂，许多人对《二十四史》望而却步，无法领略其精彩魅力。《二十四史新译》的问世，则可使更多的人能够轻松阅读，并由此深入了解我们的国史。这对于增强国人的历史修养、人文素养、文化自信，凝聚民族精神都有巨大的推动作用。

对于文史学者来说，《二十四史新译》则提供了更为便捷的阅读材料，更可为其深入研究历史提供新的思路和启示。

我们今天处在一个信息化、全球化的时代，文化的交流与传播显得尤为重要。《二十四史新译》的出版，也是中华文化走向世界、与世界文化交流互鉴的重要载体。

需要说明的是，这么庞大的一项史籍今译工程，无论是策划组织者和实施者，都需要巨大的耐心和勇气。而且，这项工作要想做到完全没有错漏和缺憾，是十分困难的事情。因此，我要对《二十四史新译》全体译者和编辑们表示由衷的敬意和感谢。同时，我也希望广大读者能够珍惜这部大书，认真阅读、深入思考，从前人历史中汲取经验和智慧，为中华民族的文化复兴和祖国强盛奉献自己的力量。

一个民族的历史是一个民族安身立命的基础，《二十四史》是我们中华民族最宏大的历史书写，是我们全体中华儿女的家国记忆和精神家园。“如果不从源远流长的历史连续性来认识中国，就不可能理解古代中国，也不可能理解现代中国，更不可能理解未来中国。”因此，阅读和学习《二十四史》，不仅是我们认识古代中国的文化窗口，还是我们建设今日中国的智慧源泉，更是我们走向未来中国的精神指引。

《二十四史新译》的问世，为我们今天传承与弘扬中华优秀传统文化注入了新的活力。“以史为镜，可以知兴替”，将历史作为一面镜子，从历史中汲取兴衰存亡的经验教训，对于我们个人的修身处事和国家的治理发展都有着重要的意义。

过去，读书人要拥有一部《二十四史》极为不易。今天，随着经济的发展和科技的进步，一个单位，甚至一个中等收入的家庭要备置一套《二十四史》并不是一件难事。但是，能够抽出时间来阅读这部大书，则是一件很不容易的事情。《二十四史新译》令国史易读，为大众读史提供了最大程度的方便，希望它的出版，能够给全社会带来一个阅读国史的新高潮。让我们大家都能够从历史中汲取智慧，共同书写中华民族更加辉煌灿烂的篇章！

《二十四史新译》出版在即，谨以此序，献上最诚挚的祝贺与最美好的祝愿！

楼宇烈

二〇二四年（岁次甲辰）五月

《二十四史新译》总序

《书》云:“学古入官,议事以制,政乃不迷。”《易》曰:“君子以多识前言往行,以畜其德。”近代史家亦有言:凡一国之国民,当对其一国之历史略有所知,且当存之以温情与敬意也。故知史书乃为学者之不可不读也。

古之著录,首列经史。经书者,诠大道之理体;史书者,载日用之事迹。经为阳,史属阴;经显理,史纪事。故有“柔日读经,刚日读史”之说也。然理事无碍,性相一如,故经史本为一也。其于学焉,则经史并重而互参,则能知体晓用,通权达变,识时识势,知进知退,穷则守志抱一,达则觉世牖民,成通达经史学问之大人君子。

《二十四史》乃吾国历代官方钦定正史之总称。自司马迁作《史记》,创纪表书传之体,后世班固继之而著《汉书》,自此历代史官皆循此体而修史,以纪一朝之史实,垂信后世,为之殷鉴,以遗子孙。虽国祚兴废,朝代更迭,然修史之传统未尝有变。迨至有清一代,《二十四史》终成,蔚为大观,举世罕见。

此《二十四史》,实乃吾国先民活动之总迹,历朝兴衰成败之全录,各代典章制度之大成,百代人物传记之荟萃。举凡帝王将相、儒林宗师、高僧名道、隐士逸民、孝子贤妇、侠客豪杰，乃至佞臣酷吏、奇人异士，其事迹足以示劝惩、昭法戒者，无不载于简牍，以垂后世。故而历代治乱安危之原故，政事是非善恶之利害，帝王英明昏庸之能否，群臣忠贤奸佞之情实，诸朝典章制度之得失，士林学术思想之流变，科技文明发展之进程，人事因果吉凶之征验，俱可备览而察焉。故史书之用，实可辅益经书而垂训世人，令人追慕前贤而进德修业，知晓世路艰难而谨慎其事，明察善恶昭彰而朝乾夕惕，取法前车之鉴而改弦易辙，熟谙时势之几而或出或处，通达古今之变而谋虑深远。是谓善读史者，可识古而知今，鉴往而察来焉。

余与谦德众同仁多年矢志于古籍今译工作，以期为往圣继绝学，赓续中华文脉，弘扬中华道统。余尝因撰《群书治要续编》而遍览诸史，见其卷帙浩繁，文言艰涩，实令普通读者望而却步。往昔前辈虽有语译之创举，然无单行之分史，故而难以普及大众。为此，余乃发愿组织学人编撰《二十四史》之文白对照本，因异于前译，故取名曰《二十四史新译》，欲令吾国之正史普罗大众皆能读也。自公元二零一六年（岁次丙申）语译《史记》始，迄今不觉已近十度春秋，其间备历艰辛，遇多磨砺，然蒙中华历代古圣先贤之护佑，受司马子长、班孟坚等历代史官之精神鼓舞，得多位前辈、师长之指引提携，此《二十四史新译》终得陆续问世。今抚卷展览，感慨良多。

惟此《二十四史》洋洋数千万字，语译后则逾亿字，余等虽集众人之力，精诚恭敬从事，且有前人成果之参考，得科技手段之助益，然囿于语译者精力、能力各异，其行文、精审亦有良否，校雠工作则更繁巨，故差错则亦在所难免。故此首刊之本，实为请教诸方家之初梓，祈望仁者校正，使其日臻完善。果此《二十四史新译》行世，能令读者于史海泛舟，拾碎金屑玉，得读史之裨益，进而迈入正史之门，对吾国史心生敬意与温情，于吾国固有文化生大信解，则吾与诸仁者所费之心力，功不唐捐也。

古时刊修国史，皆国家费巨资、集众贤方能成就之鸿业。今逢中华民族复兴之伟大时代，国力日增，文化日盛，斯有此《二十四史新译》之问世，岂非史家千年难遇之美事，民族文化复兴之祯祥哉！是书即将陆续刊行，故略述编撰之旨趣与缘起，以为总序。

萧祥剑

二〇二四年（岁次甲辰）六月于谦德山房

出版前言

《后汉书》，南朝宋范晔编撰，是一部记载东汉历史的纪传体断代史著作，记载了从王莽天凤年间到汉献帝建安二十五年（220）曹丕废汉建魏，约两百年的历史。后人将其与《史记》《汉书》《三国志》合称“前四史”，成为纪传体史书的典范之作，是古代官方钦定的“二十四史”之一。

范晔，字蔚宗，祖籍顺阳郡顺阳县（今河南淅川县），西晋永嘉之乱后移居山阴（今浙江绍兴）。范晔短短四十八岁生命里，却历经晋、宋两朝，这影响到他的人生命运和史学际遇。范晔出身于书香门第、仕宦之家，在这种家庭氛围下，他“少好学，博涉经史，善为文章，能隶书，晓音律”。刘宋王朝建立后，范晔在彭城王刘义康部下做右军参军，继任秘书丞等职，后因行为不检被贬为宣城太守。再因奔丧途中，挟妓相随，遭人弹劾，宋文帝因爱才而不予治罪。范晔因出身门阀世族，学识过人，恃才傲物，自恃才高，常常臧否人物。而且，他为人率性不羁，从不阿谀奉承。所以他身上的自负与自得两种性格交相纠缠他的一生，正所谓成也性格败也性格，由于这样的性格，最终因“谋逆”而招致杀身之祸，一代史学大家以悲剧收场。

不管是官修还是私修历史，著史者几乎是基于“以史为镜可以知兴亡”的认识而进行的。范晔所著《后汉书》当然也不例外。与司马迁《史记》、班固《汉书》、陈寿《三国志》合称“前四史”。但是，范晔与上述三人不同，这三人或为太史令、或为兰台令史、或为著作郎，都有修撰国史的资格，而范晔不曾出任修史相关的官职。《后汉书》是他在被贬宣城太守后，“不得志，乃删众家《后汉书》，为一家之作”而成的。在范书出世之前，当时社会已经有众多关于东汉的史著，除东汉官修国史《东观汉记》外，三国吴谢承和晋朝薛莹、司马彪、华峤、谢沈、张莹、袁宏、袁山松、张璠等都有修撰东汉史著。其中，谢承所著《后汉书》，被誉为“东汉第一良史”；作者中，华峤有“良史之志”，谢沈亦“有史才”之誉。从佚文上看，这些史家们甚至在历史撰述有自己的独到见解。于是，范晔在各家基础上，借鉴、吸收了其中的体例和材料，博采众书、斟酌去取，成一家之言。因此，《史通》：“范晔之删《后汉》也，简而且周，疏而不漏，盖云备矣。”又曰：“范晔博采众书，裁成汉典，观其所取，颇有奇工。”范晔对各家后汉史的整合、改造、提升和创新，无不体现他的卓越史识。

《后汉书》是范晔以《东观汉纪》为主要依据，采取魏晋以来各家编著后汉史的精华，编撰成书，共本纪十篇，列传八十卷，计划中的十志没来得及完成。后来南朝梁刘昭为《后汉书》作注时，便将西晋司马彪所撰的《续汉书》八志三十卷，并入范晔所著《后汉书》，至北宋孙奭建议将两者合刊，始有120卷本《后汉书》流传于世。后来明代监本把司马彪的志放在范书的纪之后、列传以前，形成今天所看到的通行版本。后来有人认为，范书因彪志而近乎完备，彪志的重要性不言自明。司马彪，字绍统，西晋宗室。历任秘书丞、散骑侍郎等职。著有《九州春秋》《续汉书》等。

关于这一部后汉史书，范晔非常自信，曾在家书《狱中与诸甥侄书》说道："既造《后汉》，转得统绪，详观古今著述及评论，殆少可意者。班氏最有高名，既任情无例，不可甲乙辨，后赞于理近无所得，惟志可推耳。博赡不可及之，整理未必愧也……此书行，故应有赏音者。'纪传例'为举其大略耳，诸细意甚多。自古体大而思精，未有此。"可见范晔自负又自得，对所作史著充满信心，而且相信后世必然有其知音。历史也证明，范书能够流传后世，具有顽强的生命力。

现行版本《后汉书》包括纪10卷、列传80卷、志30卷，共计120卷。前九卷是帝纪，记载了东汉光武帝至献帝十三位皇帝。其中，范晔将在位短暂，史实不多，不能单独成卷的皇帝，与前任皇帝合为一卷，如将殇帝与和帝合为一卷，将冲帝、质帝与顺帝合为一卷。这样的做法，起到连贯史事、彰显历史发展大势的作用。这种变通方法，为后代正史编撰帝纪时所继承。卷十为《皇后纪》，分为上、下两部分。为东汉一代的特殊群体——皇后立纪，与皇帝本纪并列，这集中反映出东汉幼主即位、母后当权而母后又往往依靠外戚，从而造成外戚专权的局面的政治特点。东汉"皇统屡绝，权归女主。外立者四帝，临朝者六后"，所以为皇后立纪，"名正言顺"，合乎实际。卷十一至九十是列传，范晔采用"以类相从"的方式进行编撰，多层面多角度记载了东汉时期的社会各阶层、各类型的代表人物和当时的少数民族及周边国家。

其中，创立《党锢传》《宦者传》《文苑传》《方术传》《独行传》《逸民传》《列女传》等七篇类传。清代邵晋涵评价其创新之功说：“范氏所增《文苑》《列女》诸传，诸史相沿，莫能刊削。盖时风众势日趋于文，而闺门为风教所系，当备书于简策，故有创而不废也。”又汪荣祖认为范晔增设类传“非欲徒增名目，实因世变新异，新人杂出，不得不尔。盖纪传既以人彰事，不述其人，事何以彰？……晔所立传，‘揆诸当代史实，最得体要’，而其所立诸传，尤重一代风教，重文显俗，顾及‘文化之史’，可补马、班之不逮。”这种类传创新，不仅体现的是当时社会和时代所要求的，也是史学自身发展所推动的。八志为司马彪的《续汉书》八志，即《律历志》《礼仪志》《祭祀志》《天文志》《五行志》《郡国志》《百官志》《舆服志》，是记录秦汉典章制度的主要文献之一，填补了范书无志的缺憾。其中，因此，有识者认为，范书因彪志而得以近于完备，彪志因范书而得以流传。诚哉斯言！

历代学者对《后汉书》的肯定和推崇，离不开范晔在历史见解和史学认识上的独到之处。他强调“以意为主，以文传意”和“因事就卷内发论，以正一代得失。”范晔对自己的著作十分自负，认为这是一部“自古未有”“体大而思精”的佳作。甚至南宋王应麟发出这样的感叹：“史裁如范，千古能有几人！”史学家范文澜也称赞范书是“堪与班固《汉书》相比的良史”。对于范书中所体现的思想价值，清代王鸣盛评曰：“范书贵义德，抑势利，进处士，黜奸雄，论儒学则深美康成，褒党锢则推崇李、杜，宰相无多述而特表逸民，公卿不见采而特尊独行。”据《隋书·经籍志》记载，在范晔著书之前记述东汉一代历史的著作共有十部，八百余卷。然而范书一出，诸家后汉史著除了晋人袁宏的编年体《后汉纪》则都逐渐散佚。同时，范书中的论赞，范晔特别在意，自认“自是吾文之杰思，终无一字空设，奇变不穷，同合异体，乃自不知所以称之”。以至邵晋涵认为《旧唐书·经籍志》中有范晔《后汉书论赞》五卷，是因为“殆以范氏文体高于六朝诸人，而爱其文辞者，遂摘取其论赞，别为一书欤！”现代学者周一良也对序和论评价极高，认为“纪传体史书仍自有最能体现作者特色的地方，就是序或论部分”，“在范蔚宗的心目中，实为再三致意的全书之灵魂”。

当然，由于时代的局限，范书存在的弊端在所难免，如叙事有颠倒，行文有不通，又如对农民起义着墨不多等。这里不复赘言。

《后汉书》对研究东汉时期的历史有很高的参考价值，在史学界具有较高的地位。其结构严谨，内容丰富，文辞优美，叙事简洁，有很高的文学成就。所以此书一经问世，大家争相传诵。除了袁宏的《后汉书》外，各家后汉书逐渐销声匿迹，慢慢亡佚。其后梁朝的萧子显又著《后汉书》一百卷、王韶作《后汉林》二百卷都不能流传世间。足以证明，范晔的《后汉书》必有过人之处和存在价值。

《后汉书》未及成书范晔就已死去，全书没有进行润色加工，文字、结构方面难免有粗略遗漏之处，历代为其作注的人有很多。梁朝刘昭最早为《后汉书》作注，除了文字的训诂，还补充史实，有很高的价值。唐朝章怀太子李贤为《后汉书》作注，广揽人才参与其中，前后历时六年，李注广泛引用《东观汉记》和谢承的《东汉史》等史料，在名物、训诂方面颇有建树。

清朝对《后汉书》的注释以惠栋的《后汉书补注》和王先谦的《后汉书集解》成就最高。《后汉书集解》网罗唐、宋以来的各家之说，是《后汉书》诸注中集大成者。除此之外，钱大昕《廿二史考异》、赵翼《廿二史札记》、王鸣盛《十七史商榷》，对《后汉书》进行了细致缜密的考订补正。钱大昭《后汉书辨疑》、周寿昌《后汉书注补正》、李慈铭《后汉书札记》，都是考订《后汉书》的专门著作，在内容文字方面对《后汉书》有很多补益，为后人提供了便利。

《后汉书》现存的版本，较有代表性之一的是宋绍兴刊本，商务印书馆影印的百衲本就是以此为底本。其外，目前为止最好的版本为1965年中华书局出版《后汉书》点校本。本书采用张元济《百衲本二十四史》之《后汉书》（下文简称百衲本《后汉书》）作为底本，再用汲古阁本和武英殿本对校，并参考了刘颁《东汉刊误》、王先谦《后汉书集解》、黄山《校补》以及张森楷《后汉书》校刊记等，并广泛吸收前人研究成果，力求完善。其中，由于各本目录不统一，因此根据明嘉靖本、天启本整理正文标题，并进行适当地调整，由此产生较为统一的目录。另外，为了便于理解刘昭将彪志补入范书的原因，在书末附录了刘昭《后汉书注补志序》。

本书原文据百衲本《后汉书》，不录南朝刘昭和唐章怀太子李贤之注，并且依据文意进行分段。本书白话文翻译基本上是直译，但一些地方不拘泥原字原句的对译，而是在忠于著者原意和行文风格的前提下予以意译，甚至会加上若干句子贯通上下文。

同时，本书采取现今通用规范形式进行简体横排，并用左页原文、右页译文的形式（即文白对照）。对原文中通假字或有古今字差别者，则一仍其字，而在译文则用相应的今字。

全书分为五册，第一册为卷一至卷二十五，第二册为卷二十六至卷五十七，第三册为卷五十八至卷七十八，第四册为卷七十九至卷一百二，第五册为卷一百三至卷一百二十。

本书对其中的古字进行了查证，选用了可识的字体。全书采用文白对照的形式，方便读者阅读。为了使《二十四史新译》凡例统一，本次仅取范书、彪志原文，不取南朝刘昭、唐章怀太子李贤之注。由于编者水平有限，本书中难免存在错误和疏漏，欢迎广大读者不吝赐教，给予斧正。

目　录

第一册

卷一——卷二十五

卷一上

光武帝纪第一上

世祖光武皇帝讳秀，字文叔，南阳蔡阳人，高祖九世之孙也，出自景帝生长沙定王发。发生舂陵节侯买，买生郁林太守外，外生钜鹿都尉回，回生南顿令钦，钦生光武。光武年九岁而孤，养于叔父良。身长七尺三寸，美须眉，大口，隆准，日角。性勤于稼穑，而兄伯升好侠养士，常非笑光武事田业，比之高祖兄仲。王莽天凤中，乃之长安，受《尚书》，略通大义。

莽末，天下连岁灾蝗，寇盗锋起。地皇三年，南阳荒饥，诸家宾客多为小盗。光武避吏新野，因卖谷于宛。宛人李通等以图谶说光武云："刘氏复起，李氏为辅。"光武初不敢当，然独念兄伯升素结轻客，必举大事，且王莽败亡已兆，天下方乱，遂与定谋，于是乃市兵弩。十月，与李通从弟轶等起于宛，时年二十八。

十一月，有星孛于张。光武遂将宾客还舂陵。时伯升已会众起兵。初，诸家子弟恐惧，皆亡逃自匿，曰"伯升杀我"。及见光武绛衣大冠，皆惊曰"谨厚者亦复为之"，乃稍自安。伯升于是招新市、平林兵，与其帅王凤、陈牧西击长聚。光武初骑牛，杀新野尉乃得马。进屠唐子乡，又杀湖阳尉。军中分财物不均，众恚恨，欲反攻诸刘。光武敛宗人所得物，悉以与之，众乃悦。进拔棘阳，与王莽前队大夫甄阜、属正梁丘赐战于小长安，汉军大败，还保棘阳。

世祖光武皇帝刘秀，字文叔，南阳蔡阳人，是高祖刘邦的第九代孙，出自景帝所生的长沙定王刘发一脉。刘发生了舂陵节侯刘买，刘买生了郁林太守刘外，刘外生了钜鹿都尉刘回，刘回生了南顿县令刘钦，刘钦生了光武帝。光武帝九岁的时候丧父，后来被叔父刘良抚养。他身高七尺三寸，美须眉，大口，鼻子高高的，额角饱满。生性勤于农事，而他哥哥刘伯升喜欢仗义助人，供养贤才，经常讥笑光武帝从事农业，把他比作高祖的兄长刘仲。王莽天凤年间，刘秀到长安，学习《尚书》，大略通晓其中的要义。

王莽末年，天下连年遇到蝗灾，盗贼四起。地皇三年（22），南阳郡发生饥荒，各家门客多数沦为小偷。光武帝在新野县躲避官吏，趁机在宛城出售粮食。宛城人李通等用图谶中的预言劝说光武帝："刘氏复兴，李氏辅佐。"光武帝起初不敢接受，然而自己思量大哥刘伯升素来喜欢结交侠客，一定会兴兵起事，况且王莽败亡的迹象已经显现，天下正值混乱之时，于是他与李通等人商定计谋，然后开始购买兵器。十月，他和李通的堂弟李轶等人在宛城起兵，这年他二十八岁。

十一月，有彗星出现在张宿。光武帝于是率领门客返回舂陵。当时刘伯升已经聚集众人起兵。起初，各家子弟都很害怕，纷纷逃走，躲藏起来，并说"刘伯升要杀我们"。等到看见光武帝穿着深红色的武官衣服，戴着大帽子时，都惊讶地说："谨慎厚道的人也兴兵起事了"，这才稍微安心了些。刘伯升于是在新市和平林招募士兵，和军队的统帅王凤、陈牧一起向西攻打长聚。光武帝起初骑牛，在杀死新野县尉后才能够骑马。军队继续向前，在唐子乡大肆屠杀，又杀死湖阳县尉。因为军中对财物分配不均，众人都心怀怨恨，想要反攻刘氏诸人。光武帝收拢族人得到的财物，全都分给他们，众人这才更始元年正月甲子朔，汉军复与甄阜、梁丘赐战于沘水西，大破之，斩阜、赐。伯升又破王莽纳言将军严尤、秩宗将军陈茂于淯阳，进围宛城。

二月辛巳，立刘圣公为天子，以伯升为大司徒，光武为太常偏将军。

三月，光武别与诸将徇昆阳、定陵、郾，皆下之。多得牛马财物，谷数十万斛，转以馈宛下。莽闻阜、赐死，汉帝立，大惧，遣大司徒王寻、大司空王邑将兵百万，其甲士四十二万人，五月，到颍川，复与严尤、陈茂合。初，光武为舂陵侯家讼逋租于尤，尤见而奇之。及是时，城中出降尤者言光武不取财物，但会兵计策。尤笑曰："是美须眉者邪？何为乃如是！"

初，王莽征天下能为兵法者六十三家数百人，并以为军吏；选练武卫，招募猛士，旌旗辎重，千里不绝。时有长人巨无霸，长一丈，大十围，以为垒尉；又驱诸猛兽虎豹犀象之属，以助威武。自秦、汉出师之盛，未尝有也。光武将数千兵，徼之于阳关。诸将见寻、邑兵盛，反走，驰入昆阳，皆惶怖，忧念妻孥，欲散归诸城。光武议曰："今兵谷既少，而外寇强大，并力御之，功庶可立；如欲分散，势无俱全。且宛城未拔，不能相救，昆阳即破，一日之间，诸部亦灭矣。今不同心胆共举功名，反欲守妻子财物邪？"诸将怒曰："刘将军何敢如是！"光武笑而起。会候骑还，言大兵且至城北，军陈数百里，不见其后。诸将遽相谓曰："更请刘将军计之。"光武复为图画成败。诸将忧迫，皆曰"诺"。时城中唯有八九千人，光武高兴起来。军队继续前进攻占棘阳，与王莽前队大夫甄阜和属正梁丘赐率领的军队在小长安交战，汉军大败，退守棘阳。

更始元年（23）正月初一甲子日，汉军再次与甄阜和梁丘赐率领的军队在沘水西边交战，大胜，斩杀了甄阜、梁丘赐两人。刘伯升也在淯阳打败了王莽的纳言将军严尤和秩宗将军陈茂，并派兵包围宛城。

二月辛巳日，立刘玄（字圣公）为天子，刘玄任命刘伯升为大司徒，光武帝为太常偏将军。

三月，光武帝又和众将去攻打昆阳、定陵和郾城，全都攻占。得到了很多牛马和财物，还有数十万斛的粮食，他将缴获的战利品转运并送给宛城的军队。王莽听说甄阜、梁丘赐两人已死，刘玄被立为汉帝，十分害怕，就派大司徒王寻、大司空王邑率领百万士兵，其中披甲的士兵有四十二万人，五月，军队到达颍川，又与严尤、陈茂会合。起初，光武帝为了舂陵侯家中欠租的事情和严尤打过官司，严尤看见他后感到奇怪。到这时，从城中逃出向严尤投降的人说光武帝不掠夺财物，只是调集军队和谋划策略。严尤笑道："是那个美须眉的人吗？他怎么竟干这种事呢！"

起初，王莽征召天下通晓兵法的人，共六十三家门派，有数百人，并任命为军官；选拔训练护卫，招募勇猛将士，旌旗辎重，千里不绝。当时有个号称巨无霸的身材高大的人，身高一丈，腰宽十围，被任命为垒尉；又驱赶诸如虎、豹、犀牛、大象之类的猛兽，以助军威。自秦汉两朝出师的盛况以来，从没有过这样的景象。光武帝率领数千士兵，在阳关截击王莽的军队。众将看见王寻、王邑的兵马众多，掉头逃走，奔回昆阳，都非常害怕，开始担忧自己的妻儿，想要散伙各自返回家乡。光武帝提议说："现在我们的兵马粮草已经很少，而外敌强大，如果我们合力抵抗，或许可以建功立业；如果分散开来，势必不能保全自身。况且宛城还没攻下，我们不能互相援救，昆阳一旦被攻破，一日之间，其他各部也会被消灭。现在我们不同心协力，一起建立功名，反而想要守着妻儿财物吗？"众将生气地说：

乃使成国上公王凤、廷尉大将军王常留守，夜自与骠骑大将军宗佻、五威将军李轶等十三骑，出城南门，于外收兵。时莽军到城下者且十万，光武几不得出。既至郾、定陵，悉发诸营兵，而诸将贪惜财货，欲分留守之。光武曰：“今若破敌，珍宝万倍，大功可成；如为所败，首领无余，何财物之有！”众乃从。

严尤说王邑曰：“昆阳城小而坚，今假号者在宛，亟进大兵，彼必奔走；宛败，昆阳自服。”邑曰：“吾昔以虎牙将军围翟义，坐不生得，以见责让。今将百万之众，遇城而不能下，何谓邪？”遂围之数十重，列营百数，云车十余丈，瞰临城中，旗帜蔽野，埃尘连天，钲鼓之声闻数百里。或为地道，冲輣橦城。积弩乱发，矢下如雨，城中负户而汲。王凤等乞降，不许。寻、邑自以为功在漏刻，意气甚逸。夜有流星坠营中，昼有云如坏山，当营而陨，不及地尺而散，吏士皆厌伏。

六月己卯，光武遂与营部俱进，自将步骑千余，前去大军四五里而陈。寻、邑亦遣兵数千合战。光武奔之，斩首数十级。诸部喜曰：“刘将军平生见小敌怯，今见大敌勇，甚可怪也，且复居前。请助将军！”光武复进，寻、邑兵却，诸部共乘之，斩首数百千级。连胜，遂前。时伯升拔宛已三日，而光武尚未知，乃伪使持书报城中，云“宛下兵到”，而阳堕其书。寻、邑得之，不憙。诸将既经累捷，

“刘将军怎么能说这样的话！”光武帝笑着站起身来。正在这时侦察的骑兵回报，说王莽大军快要到达城北，军队长达数百里，看不见队尾。诸将连忙相互说道：“还请刘将军出个计策吧。”于是光武帝又为他们谋划事关成败的计策，众将十分忧虑焦急，都说：“好。”当时城中只有八九千人，光武帝于是让成国上公王凤、廷尉大将军王常留守城中，夜里亲自与骠骑大将军宗佻、五威将军李轶等十三人骑马，从城南门溜出，去外面收拢兵马。当时王莽的军队到达城下的有将近十万人，光武帝几乎不能杀出重围。他们到了郾城、定陵后，将各营兵马全部征调，但是众将都贪吝财物，想要分兵留守。光武帝说：“现在如果能够打败敌军，所获的珍宝要多上万倍，而且可以建立伟大的功业；如果我们被敌人打败，脑袋都保不住了，哪还有有什么财物！”于是众将听从了他的话。

严尤劝说王邑：“昆阳城又小又坚固，现在自立为帝的刘玄在宛城，我们迅速派遣大军攻打，他们一定逃跑；宛城兵败，昆阳自然归顺。”王邑说：“过去我作为虎牙将军围攻翟义，因不能将他活捉，而受到责备。现在率领百万大军，遇上城池不能攻下，怎么说得过去呢？”于是把昆阳包围了几十重，扎营上百个，立起十余丈的云车，俯视城中，旗帜遍野，尘埃满天，钲鼓之声数百里都能听到。有的挖掘地道，有的用战车攻城。弓弩乱发，箭如雨下，城里的人背着门板去打水。王凤等人请求投降，没有答应。王寻、王邑自认为立功在片刻之间，神态从容，志得意满。晚上有流星坠落在军营里，白天有云朵像倒塌的山一样，当营陨落，离地不到一尺才散，军吏士卒都趴伏在地上。

六月己卯日，光武帝于是和军营各部一起前进，亲自率领一千多步兵和骑兵，前往离王莽大军四五里的地方驻扎。王寻、王邑也派遣数千士兵与光武帝的军队交战。光武帝冲锋陷阵，斩首数十级。各部将领高兴地说：“刘将军平生看见弱敌都心生胆怯，现在看见强敌反而勇猛过人，真是非比寻常，而且又到前面去了。我们应协助到将军！”光武帝的军队再次前进，王寻、王邑的军队退却，各部将士一起乘胜追击，斩首成百上千级。光武帝的军队连连获胜，继续前进。

胆气益壮，无不一当百。光武乃与敢死者三千人，从城西水上冲其中坚，寻、邑陈乱，乘锐崩之，遂杀王寻。城中亦鼓噪而出，中外合势，震呼动天地，莽兵大溃，走者相腾践，奔殪百余里间。会大雷风，屋瓦皆飞，雨下如注，滍川盛溢，虎豹皆股战，士卒争赴，溺死者以万数，水为不流。王邑、严尤、陈茂轻骑乘死人度水逃去。尽获其军实辎重，车甲珍宝，不可胜算，举之连月不尽，或燔烧其余。

光武因复徇下颍阳。会伯升为更始所害，光武自父城驰诣宛谢。司徒官属迎吊光武，光武难交私语，深引过而已。未尝自伐昆阳之功，又不敢为伯升服丧，饮食言笑如平常。更始以是惭，拜光武为破虏大将军，封武信侯。

九月庚戌，三辅豪桀共诛王莽，传首诣宛。

更始将北都洛阳，以光武行司隶校尉，使前整修宫府。于是置僚属，作文移，从事司察，一如旧章。时三辅吏士东迎更始，见诸将过，皆冠帻，而服妇人衣，诸于绣镼，莫不笑之，或有畏而走者。及见司隶僚属，皆欢喜不自胜。老吏或垂涕曰："不图今日复见汉官威仪！"由是识者皆属心焉。

及更始至洛阳，乃遣光武以破虏将军行大司马事。十月，持节北度河，镇慰州郡。所到部县，辄见二千石、长吏、三老、官属，下至佐史，考察黜陟，如州牧行部事。辄平遣囚徒，除王莽苛政，复汉官当时刘伯升攻占宛城已有三天，但光武帝还不知道此事，就派人扮作刘伯升的使者，拿着书信去城里报告，说“宛城的救兵到了”，却又假装将这封信丢失。王寻和王邑得到后，非常不高兴。光武帝军队的众将已经多次获胜，胆气更大，无不以一当百。光武帝于是与三千人组成敢死队，从城西渡水而上，冲向敌军精锐，王寻、王邑军中大乱，汉军乘着锐气将其击败，并杀了王寻。城中的汉军也擂鼓呐喊，冲了出来，里应外合，呼喊声震动天地，王莽的军队大败，逃跑的士兵互相践踏，方圆一百多里内都是跌倒的死伤者。正在这时雷声轰鸣，刮起大风，屋瓦皆飞，大雨如注，滍川泛滥，虎豹都十分害怕，士兵争相渡水逃命，淹死的人数以万计，将河道堵塞，水都不能流动。王邑、严尤、陈茂乘轻骑踏尸体渡水逃走。汉军将敌军的兵器粮食，还有其他物资全部缴获，战车铠甲，奇珍异宝，不可胜数，几个月都搬运不完，剩余的就被焚烧掉了。

光武帝于是率军攻下颍阳。恰逢刘伯升被更始帝刘玄害死，光武帝从父城奔赴宛城谢罪。司徒府的属吏迎接并慰问他，光武帝不能和他们私相密谈，只能深深自责而已。他不曾夸耀自己攻打昆阳的功劳，又不敢为兄长刘伯升服丧，饮食和谈笑和平常一样。更始帝因此觉得惭愧，任命光武帝为破虏大将军，封为武信侯。

九月庚戌日，三辅的豪杰一起诛杀了王莽，并将他的头割下，送到宛城。

更始帝将北上洛阳建都，任命光武帝为司隶校尉，派他前往洛阳整修宫府。于是光武帝安置随员，起草公文，设立督察机关，一切都按照过去的典章。当时三辅的官兵东迎更始帝，看见众将走过，都戴着头巾，穿着妇女的衣服，有的还是彩色半臂上衣，没有不笑话他们的，也有人感到害怕而纷纷躲避。等看见司隶府的官吏，他们都高兴得不得了。年老的官吏中有人哭泣道：“想不到今天又看见汉朝官吏的威仪！”因此有识之士都已有归顺之意。

等更始帝到了洛阳后，就派光武帝以破虏将军的身份行使大司马的职权。十月，他拿着符节向北渡过黄河，安抚慰问各个州郡。他到达属县，都会接见二千石、长吏、三老、属吏，下至佐史，考察他们名。吏人喜悦，争持牛酒迎劳。

进至邯郸，故赵缪王子林说光武曰：“赤眉今在河东，但决水灌之，百万之众可使为鱼。”光武不答，去之真定。林于是乃诈以卜者王郎为成帝子子舆，十二月，立郎为天子，都邯郸，遂遣使者降下郡国。

二年正月，光武以王郎新盛，乃北徇蓟。王郎移檄购光武十万户，而故广阳王子刘接起兵蓟中以应郎，城内扰乱，转相惊恐，言邯郸使者方到，二千石以下皆出迎。于是光武趣驾南辕，晨夜不敢入城邑，舍食道傍。至饶阳，官属皆乏食。光武乃自称邯郸使者，入传舍。传吏方进食，从者饥，争夺之。传吏疑其伪，乃椎鼓数十通，绐言邯郸将军至，官属皆失色。光武升车欲驰，既而惧不免，徐还坐，曰：“请邯郸将军入。”久乃驾去。传中人遥语门者闭之。门长曰：“天下讵可知，而闭长者乎？”遂得南出。晨夜兼行，蒙犯霜雪，天时寒，面皆破裂。至呼沱河，无船，适遇冰合，得过，未毕数车而陷。进至下博城西，遑惑不知所之。有白衣老父在道旁，指曰：“努力！信都郡为长安守，去此八十里。”光武即驰赴之，信都太守任光开门出迎。世祖因发旁县，得四千人，先击堂阳、贳县，皆降之。王莽和成卒正邳彤亦举郡降。又昌城人刘植，宋子人耿纯，各率宗亲子弟，据其县邑，以奉光武。于是北降下曲阳，众稍合，乐附者至有数万人。

复北击中山，拔卢奴。所过发奔命兵，移檄边部，共击邯郸，的政绩并决定其官位的升降，如同州牧行使自己的权力。于是他平反冤案，遣返囚徒，废除王莽时的苛政，恢复汉朝的官名。官吏都十分高兴，争相拿牛肉和酒食迎接慰劳光武帝。

到了邯郸，已故赵缪王子刘林向光武帝献策说："赤眉军如今在河东，只要决开黄河灌他们，可以让赤眉的百万军队成为鱼。"光武帝没有答应，离开去了真定。刘林于是假称占卜的王郎是成帝的儿子刘子舆，十二月，立王郎为天子，定都邯郸，并派遣使者招降下面的郡国。

更始二年（24）正月，光武帝因为王郎势力兴盛，就北上巡视蓟地。王郎发布檄文，悬赏十万户缉拿光武帝，而已故广阳王刘嘉的儿子刘接、起兵蓟中以策应王郎，城内一片混乱，百姓都十分惊恐，并传说邯郸派来的使者刚到，二千石以下的官吏都出去迎接。于是光武帝急忙驾车南奔，白天夜晚都不敢进入城邑，就在道路旁边吃饭休息。到达饶阳后，发现属官都没有吃的了。光武于是自称是邯郸派来的使者，进入传舍。传舍的官吏正在吃饭，光武帝的随从很饿，就抢饭吃。客栈的官吏怀疑光武帝是假冒的，就击鼓数十通，谎称邯郸将军到，属官都大惊失色。光武帝上车想要逃走，但又担心跑不掉，就从容坐了回去，说："请邯郸将军进来。"过了很久才驾车离去。传舍的人远远地叫守门人关上城门不要放行。守门的长官说："天下大局怎么可以预知，能阻拦长者吗？"光武帝才得以南行。日夜兼程，冒着霜雪，正值天寒，脸都冻裂了。到了呼沱河，没有船，恰逢河面结冰，可以踏冰而过，队伍还没走完，几辆车竟然陷了下去。到达下博城西，光武帝感到彷徨困惑，不知该往哪里去。路旁有个白衣老头，指点说："努力！信都郡为长安坚守，离这里八十里。"光武帝随即赶赴，信都太守任光开门迎接。光武帝就征发附近各县兵马，总共四千人，首先攻打堂阳、贳县，两地都向他投降。王莽的和成卒正邳彤也率领全郡投降。另外昌城人刘植、宋子人耿纯，各自率领宗亲子弟，占据所在县邑，奉献给光武帝。于是他向北攻下曲阳，部众慢慢聚集起来，愿意归附的人达到数万。

光武帝又北击中山，攻占卢奴。所过之处征发奔命兵，发布檄郡县还复响应。南击新市、真定、元氏、防子，皆下之，因入赵界。

时王郎大将李育屯柏人，汉兵不知而进，前部偏将朱浮、邓禹为育所破，亡失辎重。光武在后闻之，收浮、禹散卒，与育战于郭门，大破之，尽得其所获。育还保城，攻之不下，于是引兵拔广阿。会上谷太守耿况、渔阳太守彭宠各遣其将吴汉、寇恂等将突骑来助击王郎，更始亦遣尚书仆射谢躬讨郎，光武因大飨士卒，遂东围钜鹿。王郎守将王饶坚守，月余不下。郎遣将倪宏、刘奉率数万人救钜鹿，光武逆战于南䜌，斩首数千级。四月，进围邯郸，连战破之。五月甲辰，拔其城，诛王郎。收文书，得吏人与郎交关谤毁者数千章。光武不省，会诸将军烧之，曰："令反侧子自安。"

更始遣侍御史持节立光武为萧王，悉令罢兵诣行在所。光武辞以河北未平，不就征。自是始贰于更始。

是时长安政乱，四方背叛。梁王刘永擅命睢阳，公孙述称王巴蜀，李宪自立为淮南王，秦丰自号楚黎王，张步起琅邪，董宪起东海，延岑起汉中，田戎起夷陵，并置将帅，侵略郡县。又别号诸贼铜马、大肜、高湖、重连、铁胫、大抢、尤来、上江、青犊、五校、檀乡、五幡、五楼、富平、获索等，各领部曲，众合数百万人，所在寇掠。

光武将击之，先遣吴汉北发十郡兵。幽州牧苗曾不从，汉遂斩曾而发其众。秋，光武击铜马于鄡，吴汉将突骑来会清阳。贼数挑战，光武坚营自守；有出卤掠者，辄击取之，绝其粮道。积月余日，贼食尽，夜遁去，追至馆陶，大破之。受降未尽，而高湖、重连从东南来，与铜马余众合，光武复与大战于蒲阳，悉破降之，封其渠帅为列侯。降者犹不自安，光武知其意，敕令各归营勒兵，乃自乘轻文到守边军队，要他们一起攻打邯郸，郡县都回复响应。南击新市、真定、元氏、防子，都成功攻占，因此进入赵地边境。

当时王郎大将李育驻守柏人，汉军不知道继续前进，前军副将朱浮、邓禹被李育打败，失去辎重。光武帝在后面听说后，收拢朱浮、邓禹的散卒，与李育在柏人城门交战，大败李育军，将李育缴获的辎重全部收回。李育退回守城，光武帝攻城不下，于是领兵攻占广阿。正好上谷太守耿况、渔阳太守彭宠各自派遣将领吴汉、寇恂等率领突骑帮助攻打王郎，更始帝也派尚书仆射谢躬讨伐王郎，光武帝于是设宴慰劳士卒，东进包围钜鹿。王郎守将王饶坚守，一个多月都没攻下。王郎派将领倪宏、刘奉率领数万人援救钜鹿，光武帝在南緣迎战，斩首数千级。四月，光武帝进军围攻邯郸，连战连捷。五月甲辰日，攻占邯郸，杀死王郎。缴获文书时，光武帝发现属官和王郎串通毁谤自己的书信有几千封。光武帝没有打开看，把将军们召集起来后当面烧掉，说："让那些睡不着觉的人安下心吧！"

更始帝派侍御史拿着符节立光武帝为萧王，让他罢兵去往更始帝所在的地方。光武帝借口黄河以北还没有平定，不接受征召。从此他开始对更始帝怀有二心。

这时长安政局混乱，到处发生叛乱。梁王刘永在睢阳擅自发号施令，公孙述在巴蜀自称为王，李宪自立为淮南王，秦丰自号楚黎王，张步起兵琅琊，董宪起兵东海，延岑起兵汉中，田戎起兵夷陵，他们都设置将帅，侵略郡县。又有其他名号的队伍如铜马、大彤、高湖、重连、铁胫、大抢、尤来、上江、青犊、五校、檀乡、五幡、五楼、富平、获索等，各自统领部众，总计数百万人，到处侵犯劫掠。

光武想要攻打他们，先派吴汉征调北方十郡的兵马。幽州牧苗曾不听从，吴汉就杀了苗曾征调他的部下。秋季，光武在鄡攻打铜马，吴汉率领突骑与光武帝在清阳会合。铜马军多次挑战，光武加固营垒自守；铜马军有出去掳掠的，就收拾他们，断绝他们的粮道。一个多月后，铜马军的粮食吃完，只能趁夜逃走，光武帝追到馆陶，大败他们。还没接受完投降，高湖、重连两支军队从东南方来，与铜马残部会合，光武帝又与他们在蒲阳大战，将他们全部打败投降，封其骑按行部陈。降者更相语曰：“萧王推赤心置人腹中，安得不投死乎！”由是皆服。悉将降人分配诸将，众遂数十万，故关西号光武为“铜马帝”。赤眉别帅与大肜、青犊十余万众在射犬，光武进击，大破之，众皆散走。使吴汉、岑彭袭杀谢躬于邺。

青犊、赤眉贼入函谷关，攻更始。光武乃遣邓禹率六裨将引兵而西，以乘更始、赤眉之乱。时更始使大司马朱鲔、舞阴王李轶等屯洛阳，光武亦令冯异守孟津以拒之。

建武元年春正月，平陵人方望立前孺子刘婴为天子，更始遣丞相李松击斩之。

光武北击尤来、大抢、五幡于元氏，追至右北平，连破之。又战于顺水北，乘胜轻进，反为所败。贼追急，短兵接，光武自投高岸，遇突骑王丰，下马授光武，光武抚其肩而上，顾笑谓耿弇曰：“几为虏嗤。”弇频射却贼，得免。士卒死者数千人，散兵归保范阳。军中不见光武，或云已殁，诸将不知所为。吴汉曰：“卿曹努力！王兄子在南阳，何忧无主？”众恐惧，数日乃定。贼虽战胜，而素慑大威，客主不相知，夜遂引去。大军复进至安次，与战，破之，斩首三千余级。贼入渔阳，乃遣吴汉率耿弇、陈俊、马武等十二将军追战于潞东，及平谷，大破灭之。

朱鲔遣讨难将军苏茂攻温，冯异、寇恂与战，大破之，斩其将贾彊。

于是诸将议上尊号。马武先进曰：“天下无主。如有圣人承敝而起，虽仲尼为相，孙子为将，犹恐无能有益。反水不收，后悔无首领为列侯。投降的人还不安心，光武明白他们的心意，就命令他们回归军营指挥军队，自己乘着轻骑去巡视各部。投降的人互相议论说："萧王待人推心置腹，我们怎能不以死相报呢！"因此都真心归附。光武帝把投降的人全部分配给众将，部众于是扩大到数十万，所以关西人称光武帝为"铜马帝"。赤眉军偏军统帅与大肜军、青犊军十多万人占据射犬，光武帝进攻，大败敌军，部众都四散奔逃。光武帝又派吴汉、岑彭偷袭邺城杀了谢躬。

青犊军、赤眉军进入函谷关，攻打更始帝。光武帝于是派邓禹率领六位副将带兵向西，以便在更始帝和赤眉军战乱时趁机获益。当时更始帝派大司马朱鲔、舞阴王李轶等驻守洛阳，光武帝也命冯异驻守孟津来抵抗。

建武元年（25）春正月，平陵人方望立前孺子刘婴为天子，更始帝派丞相李松斩杀了他。

光武帝在元氏北击尤来、大抢、五幡，追到右北平，连连告捷。又在顺水北边与他们交战，乘胜轻率冒进，反被打败。敌军追得很紧，短兵相接，光武帝跳到高岸上，遇到突骑王丰，王丰下马让给光武帝，光武帝按着他的肩膀上马，回头笑着对耿弇说："差点让贼人讥笑。"耿弇连连射箭打退敌人，才幸免遇难。士卒死了数千人，散兵退守范阳。军中见不到光武帝，有人说他已经死了，众将不知该怎么办。吴汉说："你们要努力！萧王哥哥的儿子在南阳，何必担忧无主呢？"众人惶恐害怕，好几天才安下心。敌军虽然获胜，但素来惧怕光武帝的威势，彼此不了解形势，夜里就领兵离去。光武帝又进军到安次，与敌军交战，打败他们，斩首三千多级。敌军退入渔阳，光武帝于是派吴汉率领耿弇、陈俊、马武等十二位将军在潞城东面追击，到了平谷，大败敌军将其消灭。

朱鲔派讨难将军苏茂攻打温城，冯异、寇恂与他交战，大败苏茂军，杀了他的将领贾彊。

于是众将商议要为光武帝上尊号。马武首先进言说："天下无主。如果有圣人趁着衰败的局面兴起，即使孔子为相，孙武为将，仍及。大王虽执谦退，奈宗庙社稷何！宜且还蓟即尊位，乃议征伐。今此谁贼而驰骛击之乎？”光武惊曰：“何将军出是言？可斩也！”武曰：“诸将尽然。”光武使出晓之，乃引军还至蓟。

夏四月，公孙述自称天子。

光武从蓟还，过范阳，命收葬吏士。至中山，诸将复上奏曰：“汉遭王莽，宗庙废绝，豪杰愤怒，兆人涂炭。王与伯升首举义兵，更始因其资以据帝位，而不能奉承大统，败乱纲纪，盗贼日多，群生危蹙。大王初征昆阳，王莽自溃；后拔邯郸，北州弭定；三分天下而有其二，跨州据土，带甲百万。言武力则莫之敢抗，论文德则无所与辞。臣闻帝王不可以久旷，天命不可以谦拒，惟大王以社稷为计，万姓为心。”光武又不听。

行到南平棘，诸将复固请之。光武曰：“寇贼未平，四面受敌，何遽欲正号位乎？诸将且出。”耿纯进曰：“天下士大夫捐亲戚，弃土壤，从大王于矢石之间者，其计固望其攀龙鳞，附凤翼，以成其所志耳。今功业即定，天人亦应，而大王留时逆众，不正号位，纯恐士大夫望绝计穷，则有去归之思，无为久自苦也。大众一散，难可复合。时不可留，众不可逆。”纯言甚诚切，光武深感，曰：“吾将思之。”

行至鄗，光武先在长安时同舍生彊华自关中奉《赤伏符》，曰“刘秀发兵捕不道，四夷云集龙斗野，四七之际火为主”。群臣因复奏曰：“受命之符，人应为大，万里合信，不议同情，周之白鱼，曷足比焉？今上无天子，海内淆乱，符瑞之应，昭然著闻，宜答天神，以塞群望。”光武于是命有司设坛场于鄗南千秋亭五成陌。

然担心不能有所帮助。覆水难收，失去机会，后悔莫及。大王虽然执意谦让，怎么对得起汉家的祖宗和天下呢！应当暂时回到蓟城即位，然后商议征伐的事情。现在这里谁是贼人而要驰骋疆场去攻打他呢？”光武帝吃惊地说：“将军怎么说出这样的话？要杀头的！”马武说：“各位将领都是这种看法。”光武帝就派马武晓谕众将，率领军队回到蓟城。

夏四月，公孙述自称天子。

光武帝从蓟城返回，经过范阳，下令收殓埋葬阵亡的官兵。到达中山，众将又上奏说：“汉室遭到王莽篡位，宗庙断绝，豪杰愤怒，百姓涂炭。大王与刘伯升首先起义，更始帝却凭借宗室身份占据帝位，而不能继承大业，败坏纲纪，盗贼日益增多，百姓处于危难之中。大王最初征讨昆阳，王莽溃败；后来攻占邯郸，平定北方州郡；三分天下有其二，跨州据土，将士百万。论武力没有人敢抵抗您，讲文德就更没有话说。臣听说帝位不可以长久荒废，天命不可以谦让拒绝，希望大王为国家考虑，为百姓着想。”光武帝又没有听从。

军队前进到南平棘时，众将又请求他称帝。光武帝说：“贼寇还没剿灭，四面受敌，为什么要匆匆称帝呢？将军们请出去吧。”耿纯进言说：“天下士大夫抛弃亲人，离开家乡，跟着大王在箭石之间冲杀，他们本来就打算攀龙附凤，实现自己的志向罢了。现在功业即将成就，天人也相应，而大王却延误时日，违背众人心意，不登帝位，我担心士大夫希望断绝，打算落空，就有了离去的心思，认为不必久留自讨苦吃。大众一散，很难再聚。时机不可延误，众人的意愿不可违背。”耿纯的话语非常恳切，光武帝深受感动，说道：“我会好好考虑这件事。”

军队行至鄗县，光武帝从前在长安时的同学彊华从关中拿来《赤伏符》，其中说“刘秀派兵捉拿无道之人，四方各族云集，像群龙在野外相斗，高祖以来二百二十八年之间，以火德为主”。群臣于是又上奏说：“接受天命符瑞，顺应民心为大，现在万里之外的符瑞已经应验，不约而同，即使是周武王的白鱼之应，又怎么能与此相比呢？现在上面没有天子，海内混乱，符瑞的应验，昭然若揭，应回报六月己未，即皇帝位。燔燎告天，禋于六宗，望于群神。其祝文曰：“皇天上帝，后土神祇，眷顾降命，属秀黎元，为人父母，秀不敢当。群下百辟，不谋同辞，咸曰：‘王莽篡位，秀发愤兴兵，破王寻、王邑于昆阳，诛王郎、铜马于河北，平定天下，海内蒙恩。上当天地之心，下为元元所归。’谶记曰：‘刘秀发兵捕不道，卯金修德为天子。’秀犹固辞，至于再，至于三。群下佥曰：‘皇天大命，不可稽留。’敢不敬承。”于是建元为建武，大赦天下，改鄗为高邑。

是月，赤眉立刘盆子为天子。

甲子，前将军邓禹击更始定国公王匡于安邑，大破之，斩其将刘均。

秋七月辛未，拜前将军邓禹为大司徒。丁丑，以野王令王梁为大司空。壬午，以大将军吴汉为大司马，偏将军景丹为骠骑大将军，大将军耿弇为建威大将军，偏将军盖延为虎牙大将军，偏将军朱祐为建义大将军，中坚将军杜茂为大将军。

时宗室刘茂自号“厌新将军”，率众降，封为中山王。

己亥，幸怀。遣耿弇率强弩将军陈俊军五社津，备荥阳以东。使吴汉率朱祐及廷尉岑彭、执金吾贾复、扬化将军坚镡等十一将军围朱鲔于洛阳。

八月壬子，祭社稷。癸丑，祠高祖、太宗、世宗于怀宫。进幸河阳。更始廪丘王田立降。

九月，赤眉入长安，更始奔高陵。辛未，诏曰：“更始破败，弃城逃走，妻子裸袒，流冗道路。朕甚愍之。今封更始为淮阳王。吏人敢有贼害者，罪同大逆。”

天上的神明，满足众人的愿望。”光武帝于是命令官吏在鄗城南面的千秋亭五成陌，设立祭天的坛场。

六月己未日，光武帝即位。烧柴祭告上天，祭祀水火雷风山泽六宗，遥祭山川众神。祝文说：“皇天上帝，后土神祇，眷顾人间，降下符命，将百姓托付给我，为人父母，我刘秀实不敢当。而属下百官，不约而同，都说：‘王莽篡夺帝位，刘秀发愤起兵，在昆阳打败王寻、王邑，在河北诛杀王郎、铜马，平定天下，海内蒙恩。上附天地之心，下为百姓拥戴。’谶记说：‘刘秀派兵捉拿无道之人，刘氏修德当为天子。’我仍然坚决推辞，一而再，再而三。属下都说：‘皇天大命，不可耽搁。’我怎敢不敬承天命。”于是建立年号为建武，大赦天下，改鄗县为高邑。

同月，赤眉军立刘盆子为天子。

甲子日，前将军邓禹在安邑攻打更始帝的定国公王匡，大败王匡军，杀死他的将领刘均。

秋七月辛未日，光武帝拜前将军邓禹为大司徒。丁丑日，任命野王县令王梁为大司空。壬午日，任命大将军吴汉为大司马，偏将军景丹为骠骑大将军，大将军耿耿弇为建威大将军，偏将军盖延为虎牙大将军，偏将军朱祐为建义大将军，中坚将军杜茂为大将军。

当时宗室刘茂自称“厌新将军”，率领部众投降，封为中山王。

八月己亥日，光武帝到达怀县。派耿弇率领强弩将军陈俊驻扎五社津，在荥阳以东守备。派吴汉率领朱祐及廷尉岑彭、执金吾贾复、扬化将军坚镡等十一位将军在洛阳围攻朱鲔。

八月壬子日，祭祀社稷。癸丑日，在怀宫祭祀高祖、太宗、世宗。光武帝行至河阳。更始帝的廪丘王田立投降。

九月，赤眉军攻入长安，更始帝逃到高陵。辛未日，光武帝下诏说：“更始帝失败，弃城逃走，妻儿赤身露体，在道路旁流离失所。朕很怜悯他们。现在封更始帝为淮阳王。官吏有敢残害他的，按大逆罪论处。”

甲申，以前高密令卓茂为太傅。

辛卯，朱鲔举城降。

冬十月癸丑，车驾入洛阳，幸南宫却非殿，遂定都焉。

遣岑彭击荆州群贼。

十一月甲午，幸怀。

刘永自称天子。

十二月丙戌，至自怀。

赤眉杀更始，而隗嚣据陇右，卢芳起安定。破虏大将军叔寿击五校贼于曲梁，战殁。

二年春正月甲子朔，日有食之。大司马吴汉率九将军击檀乡贼于鄴东，大破降之。庚辰，封功臣皆为列侯，大国四县，余各有差。下诏曰："人情得足，苦于放纵，快须臾之欲，忘慎罚之义。惟诸将业远功大，诚欲传于无穷，宜如临深渊，如履薄冰，战战栗栗，日慎一日。其显效未詶，名籍未立者，大鸿胪趣上，朕将差而录之。"博士丁恭议曰："古帝王封诸侯不过百里，故利以建侯，取法于雷，强干弱枝，所以为治也。今封诸侯四县，不合法制。"帝曰："古之亡国，皆以无道，未尝闻功臣地多而灭亡者。"乃遣谒者即授印绶，策曰："在上不骄，高而不危；制节谨度，满而不溢。敬之戒之。传尔子孙，长为汉藩。"

壬午，更始复汉将军邓晔、辅汉将军于匡降，皆复爵位。

壬子，起高庙，建社稷于洛阳，立郊兆于城南，始正火德，色尚赤。

甲申日，任命前高密县令卓茂为太傅。

辛卯日，朱鲔率领洛阳全城百姓投降。

冬十月癸丑日，光武帝的车驾进入洛阳，驾临南宫却非殿，于是定都洛阳。

派岑彭攻打荆州群贼。

十一月甲午日，光武帝驾临怀县。

刘永自称天子。

十二月丙戌日，光武帝从怀县回到洛阳。

赤眉军杀死更始帝，隗嚣占据陇右，卢芳在安定起兵。破虏大将军叔寿在曲梁攻打五校贼寇，战死。

建武二年（26）春正月初一甲子日，发生日食。大司马吴汉率领九位将军在邺城东面攻打檀乡贼寇，大败檀乡军使他们投降。庚辰日，光武帝将功臣都封为列侯，大的封国有四县，其余各有不同。下诏说："人的欲望得到满足以后，最怕的就是放纵自己，只求一时的快乐，忘记谨慎处理刑罚之事。各位将军功业远大，确实想代代相传，就应当像站临深潭边，在薄冰上行走一样，战战兢兢，一天比一天更谨慎。功绩显著没有得到赏赐，没有记入名册的人，大鸿胪赶快报上，朕将分别录用。"博士丁恭提议说："古代帝王封诸侯时土地不过百里，以利建侯，取法于雷，强化中央，削弱地方，这是用来治理国家的方法。现在封给诸侯四县，不合法制。"光武帝说："古代国家的灭亡，都是由于君王无道，从没听说过因功臣封地大而灭亡的。"于是派谒者当即授予列侯印绶，策书上说："在上面不骄傲，虽高也不危险，节制自我，谨守法度，虽满也不漫出。要时刻警戒。将这些传给你们的子孙，永远做汉室的属国。"

壬午日，更始帝的复汉将军邓晔、辅汉将军于匡投降，恢复了原来的爵位。

壬子日，修建高庙，在洛阳建造社稷坛，在城南设立郊兆坛，开始明确汉主火德，崇尚红色。

是月，赤眉焚西京宫室，发掘园陵，寇掠关中。大司徒邓禹入长安，遣府掾奉十一帝神主，纳于高庙。

真定王杨、临邑侯让谋反，遣前将军耿纯诛之。

二月己酉，幸修武。

大司空王梁免。壬子，以太中大夫宋弘为大司空。

遣骠骑大将军景丹率征虏将军祭遵等二将军击弘农贼，破之，因遣祭遵围蛮中贼张满。

渔阳太守彭宠反，攻幽州牧朱浮于蓟。

延岑自称武安王于汉中。

辛卯，至自修武。

三月乙未，大赦天下，诏曰："顷狱多冤人，用刑深刻，朕甚愍之。孔子云：'刑罚不中，则民无所措手足。'其与中二千石、诸大夫、博士、议郎议省刑法。"

遣执金吾贾复率二将军击更始郾王尹遵，破降之。

骁骑将军刘植击密贼，战殁。

遣虎牙大将军盖延率四将军伐刘永。夏四月，围永于睢阳。更始将苏茂杀淮阳太守潘蹇而附刘永。

甲午，封叔父良为广阳王，兄子章为太原王，章弟兴为鲁王，春陵侯嫡子祉为城阳王。

五月庚辰，封更始元氏王歙为泗水王，故真定王杨子得为真定王，周后姬常为周承休公。

癸未，诏曰："民有嫁妻卖子欲归父母者，恣听之。敢拘执，论如律。"

六月戊戌，立贵人郭氏为皇后，子彊为皇太子，大赦天下。增同月，赤眉军焚烧长安宫殿，挖掘帝王园陵，劫掠关中。大司徒邓禹进入长安，派府掾捧着十一位帝王的神主，供奉在高庙。

真定王刘扬、临邑侯刘让谋反，光武帝派前将军耿纯将其诛杀。

二月己酉日，光武帝驾临修武。

大司空王梁被免职。壬子日，任命太中大夫宋弘为大司空。

派骠骑大将军景丹率领征虏将军祭遵等两位将军攻打弘农贼寇，将其打败，趁势又派祭遵围攻蛮中贼寇张满。

渔阳太守彭宠造反，在蓟城攻打幽州牧朱浮。

延岑在汉中自称武安王。

辛卯日，光武帝从修武回到洛阳。

三月乙未日，大赦天下，光武帝下诏说："最近狱中有很多冤屈之人，用刑残酷，朕很怜悯他们。孔子说：'刑罚施用不当，百姓就不知怎么办才好。'应当与中二千石官员、诸大夫、博士、议郎共同商议减轻刑罚的事。"

光武帝派执金吾贾复率领两位将军攻打更始帝的郾王尹遵，打败尹遵并使他投降。

骁骑将军刘植攻打密县贼寇，战死。

派虎牙大将军盖延率领四位将军讨伐刘永。夏四月，在睢阳围攻刘永。更始帝的将军苏茂杀死淮阳太守潘蹇，归附刘永。

四月甲午日，封叔父刘良为广阳王，侄子刘章为太原王，刘章的弟弟刘兴为鲁王，舂陵侯的嫡子刘祉为城阳王。

五月庚辰日，封更始帝的元氏王刘歙为泗水王，原真定王刘杨的儿子刘得为真定王，周朝的后代姬常为周承休公。

癸未日，光武帝下诏说："百姓中有不得已出嫁的妻子，卖掉的儿女，想要回到父母身边的，都要听从他们的意愿。谁敢拘禁逮捕他们，依法论处。"

六月戊戌日，光武帝立贵人郭氏为皇后，儿子刘彊为皇太子，大郎、谒者、从官秩各一等。丙午，封宗子刘终为淄川王。

秋八月，帝自将征五校。丙辰，幸内黄，大破五校于羛阳，降之。

遣游击将军邓隆救朱浮，与彭宠战于潞，隆军败绩。

盖延拔睢阳，刘永奔谯。

破虏将军邓奉据淯阳反。

九月壬戌，至自内黄。

骠骑大将军景丹薨。

延岑大破赤眉于杜陵。

关中饥，民相食。

冬十一月，以廷尉岑彭为征南大将军，率八将军讨邓奉于堵乡。

铜马、青犊、尤来余贼共立孙登为天子于上郡。登将乐玄杀登，以其众五万余人降。

遣偏将军冯异代邓禹伐赤眉。

使太中大夫伏隆持节安辑青徐二州，招张步降之。

十二月戊午，诏曰："惟宗室列侯为王莽所废，先灵无所依归，朕甚愍之。其并复故国。若侯身已殁，属所上其子孙见名尚书，封拜。"

是岁，盖延等大破刘永于沛西。初，王莽末，天下旱蝗，黄金一斤易粟一斛；至是野谷旅生，麻尗尤盛，野蚕成茧，被于山阜，人收其利焉。

三年春正月甲子，以偏将军冯异为征西大将军，杜茂为骠骑大将军。大司徒邓禹及冯异与赤眉战于回溪，禹、异败绩。

征虏将军祭遵破蛮中，斩张满。

赦天下。增加郎官、谒者、从官的俸禄各一等。丙午日，封宗族子帝刘终为淄川王。

秋八月，光武帝亲自领兵征讨五校。丙辰日，光武帝驾临内黄，在羛阳大败五校军，使其投降。

并派游击将军邓隆援救朱浮，与彭宠在潞城交战，邓隆军队战败。

盖延攻占睢阳，刘永逃到谯城。

破虏将军邓奉占据淯阳造反。

九月壬戌日，光武帝从内黄回到洛阳。

骠骑大将军景丹去世。

延岑在杜陵大败赤眉军。

关中发生饥荒，出现了人吃人的现象。

冬十一月，光武帝任命廷尉岑彭为征南大将军，率领八位将军在堵乡讨伐邓奉。

铜马军、青犊军、尤来军的残部在上郡共同拥立孙登为天子。孙登将领乐玄杀死孙登，率领部众五万余人投降。

派偏将军冯异代替邓禹讨伐赤眉军。

派太中大夫伏隆拿着符节安抚青、徐二州，招降了张步。

十二月戊午日，光武帝下诏说："想到宗室列侯被王莽废黜，先人神灵没有归处，朕很怜悯他们。现在一并恢复他们原来的封国。如果列侯本人已经去世，由所属郡县将列侯子孙的现名上报尚书，封爵拜官。"

这年，盖延等人在沛西大败刘永。起初，王莽末年，天下发生旱灾蝗灾，一斤黄金买一斛粟；到现在野生的谷子不种而生，麻与豆长得尤其茂盛，野蚕结茧，遍布山岭，人们就去收取获利。

建武三年（27）春正月甲子日，光武帝任命偏将军冯异为征西大将军，杜茂为骠骑大将军。大司徒邓禹及冯异与赤在回溪交战与赤眉军交战，邓禹、冯异战败。

征虏将军祭遵打败蛮中贼寇，杀死张满。

辛巳，立皇考南顿君已上四庙。

壬午，大赦天下。

闰月乙巳，大司徒邓禹免。

冯异与赤眉战于崤底，大破之，余众南向宜阳，帝自将征之。己亥，幸宜阳。甲辰，亲勒六军，大陈戎马，大司马吴汉精卒当前，中军次之，骁骑、武卫分陈左右。赤眉望见震怖，遣使乞降。丙午，赤眉君臣面缚，奉高皇帝玺绶，诏以属城门校尉。戊申，至自宜阳。己酉，诏曰：“群盗纵横，贼害元元，盆子窃尊号，乱惑天下。朕奋兵讨击，应时崩解，十余万众束手降服，先帝玺绶归之王府。斯皆祖宗之灵，士人之力，朕曷足以享斯哉！其择吉日祠高庙，赐天下长子当为父后者爵，人一级。”

二月己未，祠高庙，受传国玺。

刘永立董宪为海西王，张步为齐王。步杀光禄大夫伏隆而反。

幸怀。遣吴汉率二将军击青犊于轵西，大破降之。

三月壬寅，以大司徒司直伏湛为大司徒。

彭宠陷蓟城，宠自立为燕王。

帝自将征邓奉，幸堵阳。夏四月，大破邓奉于小长安，斩之。

冯异与延岑战于上林，破之。

吴汉率七将军与刘永将苏茂战于广乐，大破之。虎牙大将军盖延围刘永于睢阳。

五月己酉，车驾还宫。

乙卯晦，日有食之。

六月壬戌，大赦天下。

辛巳日，为亡父南顿君以上的四位亲人立庙。

壬午日，大赦天下。

闰月乙巳日，大司徒邓禹被免职。

冯异与赤眉军在崤底交战，大败赤眉军，残部南逃宜阳，光武帝亲自领兵征讨。己亥日，光武帝驾临宜阳。甲辰日，亲率六军，大摆兵阵，大司马吴汉的精锐士卒在前面，中军排在第二，骁骑、武卫分列左右。赤眉军望而生畏，派人请求投降。丙午日，赤眉君臣双手反绑，献上高祖的玺绶，光武帝诏令城门校尉处理受降之事。戊申日，光武帝从宜阳回到洛阳。己酉日，下诏说："群盗横冲直闯，刘盆子窃取皇帝尊号，惑乱天下。朕领兵讨伐，马上崩塌瓦解，十多万部众束手投降，先帝玺绶归还王府。这都是靠祖宗的威灵，百姓的力量，朕怎么能独享殊荣呢！应选择吉日祭祀高庙，赏赐天下百姓中应当继承父业的长子爵位，每人一级。"

二月己未日，祭祀高庙，光武帝接受传国玺。

刘永立董宪为海西王，张步为齐王。张步杀死光禄大夫伏隆后反叛。

光武帝驾临怀县。派吴汉率领两位将军在轵西攻打青犊军，大败敌军使其投降。

三月壬寅日，光武帝任命大司徒司直伏湛为大司徒。

彭宠攻陷蓟城，并自立为燕王。

光武帝亲自领兵征讨邓奉，驾临堵阳。夏四月，在小长安大败邓奉，并杀死他。

冯异在上林与延岑交战，打败延岑。

吴汉率领七位将军在广乐与刘永的将领苏茂交战，大败苏茂。虎牙大将军盖延在睢阳围攻刘永。

五月己酉日，光武帝回到洛阳。

三十乙卯日，发生日食。

六月壬戌日，大赦天下。

耿弇与延岑战于穰，大破之。

秋七月，征南大将军岑彭率三将军伐秦丰，战于黎丘，大破之，获其将蔡宏。

庚辰，诏曰："吏不满六百石，下至墨绶长、相，有罪先请。男子八十以上，十岁以下，及妇人从坐者，自非不道，诏所名捕，皆不得系。当验问者即就验。女徒雇山归家。"

盖延拔睢阳，获刘永，而苏茂、周建立永子纡为梁王。

冬十月壬申，幸舂陵。祠园庙，因置酒旧宅，大会故人父老。十一月乙未，至自舂陵。

涿郡太守张丰反。

是岁，李宪自称天子。西州大将军隗嚣奉奏。建义大将军朱祐率祭遵与延岑战于东阳，斩其将张成。

四年春正月甲申，大赦天下。

二月壬子，幸怀。壬申，至自怀。

遣右将军邓禹率二将军与延岑战于武当，破之。

夏四月丁巳，幸邺。己巳，进幸临平。

遣大司马吴汉击五校贼于箕山，大破之。

五月，进幸元氏。辛巳，进幸卢奴。

遣征虏将军祭遵率四将军讨张丰于涿郡，斩丰。

六月辛亥，车驾还宫。

七月丁亥，幸谯。遣捕虏将军马武、偏将军王霸围刘纡于垂惠。

董宪将贲休以兰陵城降，宪围之。虎牙大将军盖延率平狄将军庞萌救贲休，不克，兰陵为宪所陷。

耿弇在穰县与延岑交战，大败延岑。

秋七月，征南大将军岑彭率领三位将军讨伐秦丰，与他在黎丘交战，大败秦丰，俘虏他的将领蔡宏。

庚辰日，光武帝下诏说："俸禄不满六百石的县令，下至县长和侯国之相，有罪都要先请示再处治。男子八十岁以上，十岁以下，及妇女因亲属犯罪连坐的，只要不是不道罪，诏书指名逮捕的，都不得拘囚。应当查问的马上查问。女犯可让她出钱雇人伐木抵罪，放回家。"

盖延攻占睢阳，俘虏刘永，但苏茂、周建立刘永的儿子刘纡为梁王。

冬十月壬申日，光武帝驾临舂陵。祭祀园庙，在旧宅摆下酒宴，款待旧交与父老。十一月乙未日，光武帝从舂陵回到洛阳。

涿郡太守张丰造反。

这年，李宪自称天子。西州大将军隗嚣呈上奏书。建义大将军朱祐率领祭遵在东阳与延岑交战，杀死延岑的将领张成。

建武四年（28）春正月甲申日，光武帝下诏大赦天下。

二月壬子日，光武帝驾临怀县。壬申日，光武帝从怀县回到洛阳。

光武帝派右将军邓禹率领两位将军在武当与延岑交战，打败延岑。

夏四月丁巳日，光武帝驾临邺城。己巳日，光武帝行至临平。

派大司马吴汉在箕山攻打五校贼寇，大败五校军。

五月，光武帝行至元氏。辛巳日，光武帝行至卢奴。

派征虏将军祭遵率领四位将军在涿郡讨伐张丰，杀死张丰。

六月辛亥日，光武帝回到洛阳。

七月丁亥日，光武帝驾临谯县。派捕虏将军马武、偏将军王霸在垂惠围攻刘纡。

董宪的将领贲休率领兰陵城兵马向光武帝投降，董宪围攻贲休。虎牙大将军盖延率领平狄将军庞萌援救贲休，没有成功，兰陵被秋八月戊午，进幸寿春。

太中大夫徐恽擅杀临淮太守刘度，恽坐诛。

遣扬武将军马成率三将军伐李宪。九月，围宪于舒。

冬十月甲寅，车驾还宫。

太傅卓茂薨。

十一月丙申，幸宛。遣建义大将军朱祐率二将军围秦丰于黎丘。十二月丙寅，进幸黎丘。

是岁，征西大将军冯异与公孙述将程焉战于陈仓，破之。

五年春正月癸巳，车驾还宫。

二月丙午，大赦天下。

捕虏将军马武、偏将军王霸拔垂惠。

乙丑，幸魏郡。

壬申，封殷后孔安为殷绍嘉公。

彭宠为其苍头所杀，渔阳平。

大司马吴汉率建威大将军耿弇击富平、获索贼于平原，大破降之。复遣耿弇率二将军讨张步。

三月癸未，徙广阳王良为赵王，始就国。

平狄将军庞萌反，杀楚郡太守孙萌而东附董宪。

遣征南大将军岑彭率二将军伐田戎于津乡，大破之。

夏四月，旱，蝗。

河西大将军窦融始遣使贡献。

五月丙子，诏曰：“久旱伤麦，秋种未下，朕甚忧之。将残吏未胜，狱多冤结，元元愁恨，感动天气乎？其令中都官、三辅、郡、国出系囚，罪非犯殊死一切勿案，见徒免为庶人。务进柔良，退贪酷，董宪攻陷。

秋八月戊午日，光武帝行至寿春。

太中大夫徐恽擅自杀死临淮太守刘度，徐恽因此获罪被诛。

派扬武将军马成率领三位将军讨伐李宪。九月，在舒县围攻李宪。

冬十月甲寅日，光武帝回到洛阳。

太傅卓茂去世。

十一月丙申日，光武帝驾临宛城。派建义大将军朱祐率领两位将军在黎丘围攻秦丰。十二月丙寅日，光武帝行至黎丘。

这年，征西大将军冯异与公孙述的将领程焉在陈仓交战，打败程焉。

建武五年（29）春正月癸巳日，光武帝回到洛阳。

二月丙午日，大赦天下。

捕虏将军马武、偏将军王霸攻占垂惠。

乙丑日，光武帝驾临魏郡。

壬申日，封商朝后代孔安为殷绍嘉公。

彭宠被奴仆杀死，渔阳平定。

大司马吴汉率领建威大将军耿弇在平原攻打富平和获索贼寇，大败敌军使其投降。又派耿弇率领两位将军讨伐张步。

三月癸未日，光武帝改封广阳王刘良为赵王，刘良开始前往封国。

平狄将军庞萌造反，杀死楚郡太守孙萌而向东归附董宪。

派征南大将军岑彭率领两位将军在津乡讨伐田戎，大败田戎。

夏四月，发生旱灾和蝗灾。

河西大将军窦融开始派人纳贡。

五月丙子日，光武帝下诏说：“长久的干旱让麦子受害，秋季的种子还没播下，朕非常担忧。难道是残酷的官吏不称职，有很多冤案，百姓忧愁怨恨，触怒了天神吗？现在下令中都官、三辅、郡、国各正厥事焉。”

六月，建义大将军朱祐拔黎丘，获秦丰；而庞萌、苏茂围桃城。帝时幸蒙，因自将征之。先理兵任城，乃进救桃城，大破萌等。

秋七月丁丑，幸沛，祠高帝庙。诏修复西京园陵。进幸湖陵，征董宪。又幸蕃，遂攻董宪于昌虑，大破之。

八月己酉，进幸郯，留吴汉攻刘纡、董宪等，车驾转徇彭城、下邳。吴汉拔郯，获刘纡，汉进围董宪、庞萌于朐。

冬十月，还，幸鲁，使大司空祠孔子。

耿弇等与张步战于临淄，大破之。帝幸临淄，进幸剧。张步斩苏茂以降，齐地平。

初起太学。车驾还宫，幸太学，赐博士弟子各有差。

十一月壬寅，大司徒伏湛免，尚书令侯霸为大司徒。

十二月，卢芳自称天子于九原。

西州大将军隗嚣子恂入侍。

交阯牧邓让率七郡太守遣使奉贡。

诏复济阳二年徭役。

是岁，野谷渐少，田亩益广焉。

放出拘禁的囚犯，除了非处死不可者外一律免除查办，服役的囚犯免为平民。务必任用温柔善良的人，罢免贪婪残酷的人，各自整顿职事。”

六月，建义大将军朱祐攻占黎丘，俘虏秦丰；庞萌、苏茂包围桃城。光武帝当时刚好驾临蒙县，就亲自领兵征讨庞萌、苏茂。先在任城整顿军队，然后援救桃城，大败庞萌等人。

秋七月丁丑日，光武帝驾临沛县，祭祀高帝庙。诏令修复长安的园陵。行至湖陵，征讨董宪。又驾临蕃县，在昌虑攻打董宪，大败董宪。

八月己酉日，光武帝行至郯县，留下吴汉攻打刘纡、董宪等人，光武帝转而巡视彭城、下邳。吴汉攻占郯县，俘虏刘纡，吴汉进军在朐县包围董宪、庞萌。

冬十月，光武帝返回洛阳途中，经过鲁地，派大司空祭祀孔子。

耿弇等人在临淄与张步交战，大败张步。光武帝驾临临淄，进行至剧县。张步杀死苏茂后投降，齐地平定。

开始设立太学。光武帝回到洛阳，巡视太学，赏赐博士弟子各有等级。

十一月壬寅日，大司徒伏湛被免职，任命尚书令侯霸为大司徒。

十二月，卢芳在九原自称天子。

西州大将军隗嚣派儿子隗恂入朝侍奉光武帝。

交阯牧邓让率领七位郡太守派人纳贡。

诏令免除济阳县两年的徭役。

这年，野生的谷子逐渐减少，耕种的田地越来越多了。

卷一下

光武帝纪第一下

六年春正月丙辰，改舂陵乡为章陵县。世世复徭役，比丰、沛，无有所豫。

辛酉，诏曰："往岁水旱蝗虫为灾，谷价腾跃，人用困乏。朕惟百姓无以自赡，恻然愍之。其命郡国有谷者，给禀高年、鳏、寡、孤、独及笃癃、无家属贫不能自存者，如律。二千石勉加循抚，无令失职。"

扬武将军马成等拔舒，获李宪。

二月，大司马吴汉拔朐，获董宪、庞萌，山东悉平。诸将还京师，置酒赏赐。

三月，公孙述遣将任满寇南郡。

夏四月丙子，幸长安，始谒高庙，遂有事十一陵。

遣虎牙大将军盖延等七将军从陇道伐公孙述。

五月己未，至自长安。

隗嚣反，盖延等因与嚣战于陇坻，诸将败绩。

辛丑，诏曰："惟天水、陇西、安定、北地吏人为隗嚣所诖误者，又三辅遭难赤眉，有犯法不道者，自殊死以下，皆赦除之。"

六月辛卯，诏曰："夫张官置吏，所以为人也。今百姓遭难，户口耗少，而县官吏职所置尚繁，其令司隶、州牧各实所部，省减吏员。县国不足置长吏可并合者，上大司徒、大司空二府。"于是条奏并省四百余县，吏职减损，十置其一。

建武六年（30）春正月丙辰日，朝廷改春陵乡为章陵县。世代免除徭役，仿照高祖家乡丰邑、沛县的旧例，使章陵县百姓不再担忧徭役。

辛酉日，光武帝下诏说："往年水旱蝗虫为灾，谷价上涨，人们缺乏食物。朕念及百姓不能自给，心中悲伤，非常怜悯他们。现在命令存有谷物的郡国，将粮食供给老人、鳏、寡、孤、独及疾病缠身、没有家属照顾贫困不能自谋生计的人，按照相关法令处理此事。二千石的官吏要勤加安抚，不要失职。"

扬武将军马成等人攻占舒县，俘虏李宪。

二月，大司马吴汉攻占朐县，俘虏董宪、庞萌，崤山以东的地方全部平定。众将返回京师，光武帝设宴赏赐。

三月，公孙述派将军任满侵犯南郡。

夏四月丙子日，光武帝驾临长安，开始拜谒高庙，祭祀十一陵。

派虎牙大将军盖延等七位将军从陇道讨伐公孙述。

五月己未日，光武帝从长安回到洛阳。

隗嚣造反，盖延等人就在陇阺与隗嚣交战，众将战败。

辛丑日，光武帝下诏说："天水、陇西、安定、北地被隗嚣连累的官吏，还有三辅遭遇赤眉军时，犯法不守正道的，凡判斩首以下的，都免罪不究。"

六月辛卯日，光武帝下诏说："国家设置官吏，是为了治理百姓。现在百姓遭难，户口减少，但国家所设置的官吏尚多，现在命令司隶校尉和州牧各自核实管辖地，减少官吏。县和郡国不够条件设长吏可以合并的，上报大司徒、大司空二府。"于是司隶校尉和州牧逐条上奏合并减少四百余县，官吏职位减去，十分之九。

代郡太守刘兴击卢芳将贾览于高柳，战殁。

初，乐浪人王调据郡不服。秋，遣乐浪太守王遵击之，郡吏杀调降。

遣前将军李通率二将军，与公孙述将战于西城，破之。

夏，蝗。

秋九月庚子，赦乐浪谋反大逆殊死已下。

丙寅晦，日有食之。

冬十月丁丑，诏曰："吾德薄不明，寇贼为害，强弱相陵，元元失所。《诗》云：'日月告凶，不用其行。'永念厥咎，内疚于心。其敕公卿举贤良、方正各一人；百僚并上封事，无有隐讳；有司修职，务遵法度。"

十一月丁卯，诏王莽时吏人没入为奴婢不应旧法者，皆免为庶人。

十二月壬辰，大司空宋弘免。

癸巳，诏曰："顷者师旅未解，用度不足，故行什一之税。今军士屯田，粮储差积。其令郡国收见田租三十税一，如旧制。"

隗嚣遣将行巡寇扶风，征西大将军冯异拒破之。

是岁，初罢郡国都尉官。始遣列侯就国。匈奴遣使来献，使中郎将报命。

七年春正月丙申，诏中都官、三辅、郡、国出系囚，非犯殊死，皆一切勿案其罪。见徒免为庶民。耐罪亡命，吏以文除之。

又诏曰："世以厚葬为德，薄终为鄙，至于富者奢僭，贫者单财，法令不能禁，礼义不能止，仓卒乃知其咎。其布告天下，令知忠臣、孝子、慈兄、悌弟薄葬送终之义。"

代郡太守刘兴在高柳攻打卢芳的将领贾览，战死。

起初，乐浪人王调占据郡地没有臣服。秋季，派乐浪太守王遵去攻打，郡吏杀死王调投降。

朝廷派前将军李通率领两位将军，与公孙述的将领在西城交战，获胜。

夏季，发生蝗灾。

秋九月庚子日，朝廷赦免乐浪犯有除谋反大逆死罪以下的人。

三十丙寅日，发生日食。

冬十月丁丑日，光武帝下诏说："我德行浅薄不英明，贼寇为害，强暴欺凌弱小，百姓流离失所。《诗经》说：'日月显示凶兆，还是不用其道的征兆。'我常念自己的过失，内心感到难过。现在命令公卿举荐贤良、方正各一人；百官都要奏上密封的报告，不要有隐瞒；官吏处理政事，务必遵守法度。"

十一月丁卯日，光武帝诏令王莽时没入为奴婢不合旧法的官吏百姓，都免为平民。

十二月壬辰日，大司空宋弘被免职。

癸巳日，光武帝下诏说："过去战事没有结束，费用不足，所以按十分之一抽取田税。现在士卒屯田，粮食略有积储。现在命令郡国收取三十分之一的田税，按照景帝时的制度。"

隗嚣派将领行巡侵犯扶风，征西大将军冯异抵抗并将他打败。

这年，朝廷开始免去郡国都尉官。开始派列侯前往封国。匈奴派使者来进献礼物，光武帝派中郎将回访。

建武七年（31）春正月丙申日，光武帝诏令中都官、三辅、郡、国放出囚犯，除非犯有死罪，一律免予惩治。服劳役的免为平民。犯有耐罪逃亡在外的，官吏记名入册，免除其罪。

光武帝又下诏说："世人都以厚葬为德，薄终为鄙，以致富人奢侈逾礼，穷人耗尽财物，法令不能禁止，礼义不能限制，时局动乱才知道厚葬的害处。现在布告天下，让忠臣、孝子、慈兄、悌弟明白薄葬二月辛巳，罢护漕都尉官。

三月丁酉，诏曰：“今国有众军，并多精勇，宜且罢轻车、骑士、材官、楼船士及军假吏，令还复民伍。”

公孙述立隗嚣为朔宁王。

癸亥晦，日有食之，避正殿，寝兵，不听事五日。诏曰：“吾德薄致灾，谪见日月，战栗恐惧，夫何言哉！今方念愆，庶消厥咎。其令有司各修职任，奉遵法度，惠兹元元。百僚各上封事，无有所讳。其上书者，不得言圣。”

夏四月壬午，诏曰：“比阴阳错谬，日月薄食。百姓有过，在予一人，大赦天下。公、卿、司隶、州牧举贤良、方正各一人，遣诣公车，朕将览试焉。”

五月戊戌，前将军李通为大司空。

甲寅，诏吏人遭饥乱及为青、徐贼所略为奴婢下妻，欲去留者，恣听之。敢拘制不还，以卖人法从事。

是夏，连雨水。

汉忠将军王常为横野大将军。

八月丁亥，封前河间王邵为河间王。

隗嚣寇安定，征西大将军冯异、征虏将军祭遵击却之。

冬，卢芳所置朔方太守田飒、云中太守乔扈各举郡降。

是岁，省长水、射声二校尉官。

八年春正月，中郎将来歙袭略阳，杀隗嚣守将而据其城。

夏四月，司隶校尉傅抗下狱死。

隗嚣攻来歙，不能下。闰月，帝自征嚣，河西太守窦融率五郡送终的道理。”

二月辛巳日，免去护漕都尉官。

三月丁酉日，光武帝下诏说：“现在国家有众多军队，有很多精锐士兵，应当免去轻车、骑士、材官、楼船士及军中临时代理职务的官吏，让他们还乡为民。”

公孙述立隗嚣为朔宁王。

三十癸亥日，发生日食，光武帝回避正殿，停止用兵，五日不理政事。下诏说：“朕德行浅薄，招致灾祸，上天的谴责现于日月，朕战栗恐惧，有什么话说呢！现在应当反省过失，希望消除朕的过错。现在命令官吏各尽其职，遵守法度，惠及百姓。百官各上密封奏事，不要有所隐瞒。上书的，不要说朕是圣人。”

夏四月壬午日，光武帝下诏说：“近来阴阳错乱，日月迫近相食。百姓有过，在朕一人，现在决定大赦天下。公、卿、司隶、州牧举荐贤良、方正各一人，派到公车，朕将亲自对他们进行审察考试。”

五月戊戌日，光武帝任命前将军李通为大司空。

甲寅日，光武帝诏令遭受饥荒兵乱及被青州、徐州贼寇抢为奴婢和妾的官吏百姓，想去想留，都听从各人的意愿。敢有拘禁不放的，按照贩卖人口的法令治罪。

这年夏季，雨水连绵。

任命汉忠将军王常为横野大将军。

八月丁亥日，封前河间王刘邵为河间王。

隗嚣侵犯安定，征西大将军冯异、征虏将军祭遵将他击退。

冬季，卢芳设置的朔方太守田飒、云中太守乔扈各自带领全郡投降。

这年，省去长水，射声二校尉官。

建武八年（32）春正月，中郎将来歙袭击略阳，杀死隗嚣守将并占据此城。

夏四月，司隶校尉傅抗被关入监牢并死在狱中。

隗嚣攻打来歙，没有攻下。闰四月，光武帝亲自征讨隗嚣，河西太守与车驾会高平。陇右溃，隗嚣奔西城，遣大司马吴汉、征南大将军岑彭围之；进幸上邽，不降，命虎牙大将军盖延、建威大将军耿弇攻之。

颍川盗贼寇没属县，河东守守兵亦叛，京师骚动。

秋，大水。

八月，帝自上邽晨夜东驰。九月乙卯，车驾还宫。

庚申，帝自征颍川盗贼，皆降。

安丘侯张步叛归琅邪，琅邪太守陈俊讨获之。

戊寅，至自颍川。

冬十月丙午，幸怀。十一月乙丑，至自怀。

公孙述遣兵救隗嚣，吴汉、盖延等还军长安。天水、陇西复反归嚣。

十二月，高句丽王遣使奉贡。

是岁，大水。

九年春正月，隗嚣病死，其将王元、周宗复立嚣子纯为王。

徙雁门吏人于太原。

三月辛亥，初置青巾左校尉官。

公孙述遣将田戎、任满据荆门。

夏六月丙戌，幸缑氏，登轘辕。

遣大司马吴汉率四将军击卢芳将贾览于高柳，战不利。

秋八月，遣中郎将来歙监征西大将军冯异等五将军讨隗纯于天水。

骠骑大将军杜茂与贾览战于繁畤，茂军败绩。

大将军窦融率领五郡太守与光武帝在高平会合。陇右溃败，隗嚣逃到西城，光武帝派大司马吴汉、征南大将军岑彭围攻西城；光武帝行至上邽，隗嚣不投降，光武帝派虎牙大将军盖延、建威大将军耿弇攻打他。

颍川盗贼攻占所属各县，河东太守及守兵也叛乱，京师骚动。

秋季，发生水灾。

八月，光武帝从上邽日夜东驰。九月乙卯日，回到洛阳。

庚申日，光武帝亲自征讨颍川盗贼，全部投降。

安丘侯张步叛乱后回到琅琊，琅琊太守陈俊讨伐并俘虏了他。

戊寅日，光武帝从颍川回到洛阳。

冬十月丙午日，光武帝驾临怀县。十一月乙丑日，从怀县回到洛阳。

公孙述派兵援救隗嚣，吴汉、盖延等人率军返回长安。天水、陇西又反叛归附隗嚣。

十二月，高句丽王派使者纳贡。

这年，发生水灾。

建武九年(33)春正月，隗嚣病死，他的部将王元、周宗又立隗嚣的儿子隗纯为王。

把雁门的官吏百姓迁到太原。

三月辛亥日，朝廷开始设置青巾左校尉官。

公孙述派将领田戎、任满占据荆门。

夏六月丙戌日，光武帝驾临缑氏，登上轘辕山。

派大司马吴汉率领四位将军在高柳攻打卢芳的将领贾览，战事不利。

秋八月，派中郎将来歙率领征西大将军冯异等五位将军在天水讨伐隗纯。

骠骑大将军杜茂在繁畤与贾览交战，杜茂的军队战败。

是岁，省关都尉，复置护羌校尉官。

十年春正月，大司马吴汉率捕虏将军王霸等五将军击贾览于高柳，匈奴遣骑救览，诸将与战，却之。

修理长安高庙。

夏，征西大将军冯异破公孙述将赵匡于天水，斩之。征西大将军冯异薨。

秋八月己亥，幸长安，祠高庙，遂有事十一陵。

戊戌，进幸汧。隗嚣将高峻降。

冬十月，中郎将来歙等大破隗纯于落门，其将王元奔蜀，纯与周宗降，陇右平。

先零羌寇金城、陇西，来歙率诸将击羌于五溪，大破之。

庚寅，车驾还宫。

是岁，省定襄郡，徙其民于西河。泗水王歙薨。淄川王终薨。

十一年春二月己卯，诏曰："天地之性人为贵。其杀奴婢，不得减罪。"

己酉，幸南阳；还，幸章陵，祠园陵。

城阳王祉薨。

庚午，车驾还宫。

闰月，征南大将军岑彭率三将军与公孙述将田戎、任满战于荆门，大破之，获任满。威虏将军冯骏围田戎于江州，岑彭遂率舟师伐公孙述，平巴郡。

夏四月丁卯，省大司徒司直官。

先零羌寇临洮。

这年，撤去关都尉，恢复设置护羌校尉官。

建武十年(34)春正月，大司马吴汉率领捕虏将军王霸等五位将军在高柳攻打贾览，匈奴派骑兵援救贾览，众将与之交战，将其击退。

修理长安的高庙。

夏季，征西大将军冯异在天水打败公孙述的将领赵匡，将他杀死。征西大将军冯异去世。

秋八月己亥日，光武帝驾临长安，祭祀高庙，和十一陵。

戊戌日，光武帝行至汧县。隗嚣的将领高峻投降。

冬十月，中郎将来歙等人在落门大败隗纯，他的将领王元逃到蜀地，隗纯与周宗投降，陇右平定。

先零羌侵犯金城、陇西，来歙率领众将在五溪攻打羌人，大败他们。

庚寅日，光武帝回到洛阳。

这年，撤去定襄郡，把百姓迁到西河。泗水王刘歙去世。淄川王刘终去世。

建武十一年(35)春二月己卯日，光武帝下诏说："天地之间的灵性以人最为宝贵。即使杀死的是奴仆婢女也不得减轻杀人之罪。"

三月己酉日，光武帝驾临南阳；回洛阳时，路过章陵，祭祀园陵。

城阳王刘祉去世。

庚午日，光武帝回到洛阳。

闰三月，征南大将军岑彭率领三位将军在荆门与公孙述的将领田戎、任满交战，大败他们，俘虏任满。威虏将军冯骏在江州围攻田戎，岑彭率领水军讨伐公孙述，平定巴郡。

夏四月丁卯日，朝廷撤去大司徒直官。

先零羌侵犯临洮。

六月，中郎将来歙率扬武将军马成破公孙述将王元、环安于下辩。安遣间人刺杀中郎将来歙。帝自将征公孙述。秋七月，次长安。八月，岑彭破公孙述将侯丹于黄石。辅威将军臧宫与公孙述将延岑战于沈水，大破之。王元降。至自长安。

癸亥，诏曰："敢灸灼奴婢，论如律，免所灸灼者为庶民。"

冬十月壬午，诏除奴婢射伤人弃市律。

公孙述遣间人刺杀征南大将军岑彭。

马成平武都，因陇西太守马援击破先零羌，徙致天水、陇西、扶风。

十二月，大司马吴汉率舟师伐公孙述。

是岁，省朔方牧，并并州。初断州牧自还奏事。

十二年春正月，大司马吴汉与公孙述将史兴战于武阳，斩之。

三月癸酉，诏陇、蜀民被略为奴婢自讼者，及狱官未报，一切免为庶民。

夏，甘露降南行唐。六月，黄龙见东阿。

秋七月，威虏将军冯骏拔江州，获田戎。九月，吴汉大破公孙述将谢丰于广都，斩之。辅威将军臧宫拔涪城，斩公孙恢。

大司空李通罢。

冬十一月戊寅，吴汉、臧宫与公孙述战于成都，大破之。述被创，夜死。辛巳，吴汉屠成都，夷述宗族及延岑等。

十二月辛卯，扬武将军马成行大司空事。

是岁，九真徼外蛮夷张游率种人内属，封为归汉里君。省金城六月，中郎将来歙率领扬武将军马成在下辩打败公孙述的将领王元、环安。环安派间人刺杀中郎将来歙。光武帝亲自领兵征讨公孙述。秋七月，军队驻扎长安。八月，岑彭在黄石滩打败公孙述的将领侯丹。辅威将军臧宫在沈水与公孙述的将领延岑交战，大败延岑。王元投降。光武帝从长安回到洛阳。

八月癸亥日，光武帝下诏说："敢有烧灼奴婢的，依法治罪，并把被烧灼的奴婢免为平民。"

冬十月壬午日，光武帝诏令废除奴婢射伤人要处死示众的法令。

公孙述派间人刺杀征南大将军岑彭。

马成平定武都，趁势陇西太守马援打败先零羌，把武都百姓迁到天水、陇西、扶风。

十二月，大司马吴汉率领水军讨伐公孙述。

这年，撤去朔方牧，合并并州。开始停止州牧年末进京奏陈政事的制度。

建武十二年（36）春正月，大司马吴汉在武阳与公孙述的将领史兴交战，杀死史兴。

三月癸酉日，诏令陇地、蜀地被掠为奴婢后去官府诉讼的百姓，以及主管刑狱的官吏没有判决的，一律免为平民。

夏季，南行唐降下甘露。六月，东阿出现黄龙。

秋七月，威虏将军冯骏攻占江州，俘虏田戎。九月，吴汉在广都大败公孙述的将领谢丰，并将他杀死。辅威将军臧宫攻占涪城，杀死公孙恢。

大司空李通被免职。

冬十一月戊寅日，吴汉、臧宫在成都与公孙述交战，大败公孙述。公孙述受重伤，当晚死去。辛巳日，吴汉对成都进行屠城，把公孙述的宗族及延岑等人全部处死。

十二月辛卯日，扬武将军马成代行大司空职权。

这年，九真郡外的蛮夷张游率领族人归附，被封为归汉里君。

郡属陇西。参狼羌寇武都，陇西太守马援讨降之。诏边吏力不足战则守，追虏料敌不拘以逗留法。横野大将军王常薨。遣骠骑大将军杜茂将众郡施刑屯北边，筑亭候，修烽燧。

十三年春正月庚申，大司徒侯霸薨。

戊子，诏曰："往年已敕郡国，异味不得有所献御，今犹未止，非徒有豫养导择之劳，至乃烦扰道上，疲费过所。其令太官勿复受。明敕下以远方口实所以荐宗庙，自如旧制。"

二月，遣捕虏将军马武屯虖沱河以备匈奴。卢芳自五原亡入匈奴。

丙辰，诏曰："长沙王兴、真定王得、河间王邵、中山王茂，皆袭爵为王，不应经义。其以兴为临湘侯，得为真定侯，邵为乐成侯，茂为单父侯。"其宗室及绝国封侯者凡一百三十七人。丁巳，降赵王良为赵公，太原王章为齐公，鲁王兴为鲁公。庚午，以殷绍嘉公孔安为宋公，周承休公姬武为卫公。省并西京十三国：广平属钜鹿，真定属常山，河间属信都，城阳属琅邪，泗水属广陵，淄川属高密，胶东属北海，六安属庐江，广阳属上谷。

三月辛未，沛郡太守韩歆为大司徒。丙子，行大司空马成罢。

夏四月，大司马吴汉自蜀还京师，于是大飨将士，班劳策勋。功臣增邑更封，凡三百六十五人。其外戚恩泽封者四十五人。罢左右将军官。建威大将军耿弇罢。

益州传送公孙述瞽师、郊庙乐器、葆车、舆辇、于是法物始撤去金城郡，归属陇西。参狼羌侵犯武都，陇西太守马援前去讨伐，使其投降。诏令边塞官兵没有战斗力时就防守，追击敌人可衡量敌情而定，不依照逗留法治罪。横野大将军王常去世。派骠骑大将军杜茂率领各郡除去刑具囚衣的犯人驻守北方边境，建造瞭望所，修建烽火台。

建武十三年（37）春正月庚申日，大司徒侯霸去世。

戊子日，光武帝下诏说："往年我曾命令各郡国，不要进献非比寻常的美味，到现在还没停止，不只有先行饲养和精选稻米的劳苦，还有路上运送的烦扰，所过之处折腾浪费。现在命令掌管膳食的太官不再接受地方进献的美味。明白告诫远方食物用来供奉宗庙，按照原来的制度。"

二月，朝廷派捕虏将军马武驻扎滹沱河，防备匈奴。卢芳从五原逃入匈奴。

丙辰日，光武帝下诏说："长沙王刘兴、真定王刘得、河间王刘邵、中山王刘茂，都袭爵为王，但血统疏远，当王不符合经籍义理。现在改封刘兴为临湘侯，刘得为真定侯，刘邵为乐成侯，刘茂为单父侯。"宗室及封国绝嗣而封侯的共一百三十七人。丁巳日，降赵王刘良为赵公，太原王刘章为齐公，鲁王刘兴为鲁公。庚午日，将殷绍嘉公孔安封为宋公，周承休公姬武封为卫公。撤去合并了西汉时的九个封国（据后文，只有九国，"十三"为误）：广平归入钜鹿，真定归入常山，河间归入信都，城阳归入琅琊，泗水归入广陵，淄川归入高密，胶东归入北海，六安归入庐江，广阳归入上谷。

三月辛未日，光武帝任命沛郡太守韩歆为大司徒。丙子日，将代理大司空马成罢免。

夏四月，大司马吴汉从蜀地返回京师，光武帝于是设宴慰劳将士，将各人功劳记录在策书之上。功臣增加封邑改封爵位，共三百六十五人。外戚蒙恩受封的四十五人。免去左右将军官。将建威大将军耿弇罢免。

益州送来公孙述的瞽师、郊庙乐器、葆车、舆辇，于是皇宫用于备。时兵革既息，天下少事，文书调役，务从简寡，至乃十存一焉。

甲寅，冀州牧窦融为大司空。

五月，匈奴寇河东。

秋七月，广汉徼外白马羌豪率种人内属。

九月，日南徼外蛮夷献白雉、白兔。

冬十二月甲寅，诏益州民自八年以来被略为奴婢者，皆一切免为庶人；或依托为人下妻，欲去者，恣听之；敢拘留者，比青、徐二州以略人法从事。

复置金城郡。

十四年春正月，起南宫前殿。

匈奴遣使奉献，使中郎将报命。

夏四月辛巳，封孔子后志为褒成侯。

越巂人任贵自称太守，遣使奉计。

秋九月，平城人贾丹杀卢芳将尹由来降。

是岁，会稽大疫。莎车国、鄯善国遣使奉献。

十二月癸卯，诏益、凉二州奴婢，自八年以来自讼在所官，一切免为庶人，卖者无还直。

十五年春正月辛丑，大司徒韩歆免，自杀。

丁未，有星孛于昴。

汝南太守欧阳歙为大司徒。建义大将军朱祐罢。

丁未，有星孛于营室。

二月，徙雁门、代郡、上谷三郡民，置常关、居庸关以东。

初，巴蜀既平，大司马吴汉上书请封皇子，不许，重奏连岁。三月，乃诏群臣议。大司空融、固始侯通、胶东侯复、高密侯禹、太仪仗、祭祀的器物才开始齐备。当时战争结束，天下少事，公文征调差役，务必从简，以致于数量甚至只有过去的十分之一。

甲寅日，光武帝任命冀州牧窦融为大司空。

五月，匈奴侵犯河东。

秋七月，广汉塞外白马羌豪率领族人归顺。

九月，日南塞外蛮夷献上白雉、白兔。

冬十二月甲寅日，诏令益州百姓八年来被掠夺为奴婢的，都恢复为平民；有依附为人妾，想离去的，顺从其愿；敢有拘留的，按照青、徐二州的办法，以略人法论罪。

恢复设置金城郡。

建武十四年（38）春正月，建造南宫前殿。

匈奴派使者进贡，光武帝派中郎将刘襄回访匈奴。

夏四月辛巳日，封孔子后代孔志为褒成侯。

越巂人任贵自称太守，派使者送上计簿。

秋九月，平城人贾丹杀死卢芳的将领尹由归降。

这年，会稽发生大瘟疫。莎车国、鄯善国派使者进贡。

十二月癸卯日，朝廷诏令益、凉二州奴婢，八年来自己在官府诉讼的，都恢复为平民，卖者不用偿还身价。

建武十五年（39）春正月辛丑日，大司徒韩歆被罢免，自杀。

丁未日，彗星出现在昴宿。

光武帝任命汝南太守欧阳歙为大司徒。将建义大将军朱祐罢免。

丁未日，彗星出现在营室。

二月，朝廷迁徙雁门、代郡、上谷三郡的百姓，安置在常山关、居庸关以东。

起初，巴蜀已经平定，大司马吴汉上书奏请册封皇子，光武帝不许，吴汉便连年为此事上书。三月，光武帝才诏令群臣商议。大司空窦融、固始侯李通、胶东侯贾复、高密侯邓禹、太常登等奏议说："古常登等奏议曰：“古者封建诸侯，以藩屏京师。周封八百，同姓诸姬并为建国，夹辅王室，尊事天子，享国永长，为后世法。故《诗》云：‘大启尔宇，为周室辅。’高祖圣德，光有天下，亦务亲亲，封立兄弟诸子，不违旧章。陛下德横天地，兴复宗统，褒德赏勋，亲睦九族，功臣宗室，咸蒙封爵，多受广地，或连属县。今皇子赖天，能胜衣趋拜，陛下恭谦克让，抑而未议，群臣百姓，莫不失望。宜因盛夏吉时，定号位，以广藩辅，明亲亲，尊宗庙，重社稷，应古合旧，厌塞众心。臣请大司空上舆地图，太常择吉日，具礼仪。”制曰：“可。”

夏四月戊申，以太牢告祠宗庙。丁巳，使大司空融告庙，封皇子辅为右翊公，英为楚公，阳为东海公，康为济南公，苍为东平公，延为淮阳公，荆为山阳公，衡为临淮公，焉为左翊公，京为琅邪公。

癸丑，追谥兄伯升为齐武公，兄仲为鲁哀公。

六月庚午，复置屯骑、长水、射声三校尉官；改青巾左校尉为越骑校尉。

诏下州郡检核垦田顷亩及户口年纪，又考实二千石长吏阿枉不平者。

冬十一月甲戌，大司徒欧阳歙下狱死。十二月庚午，关内侯戴涉为大司徒。

卢芳自匈奴入居高柳。

是岁，骠骑大将军杜茂免。虎牙大将军盖延薨。

十六年春二月，交阯女子徵侧反，略有城邑。

三月辛丑晦，日有蚀之。

秋九月，河南尹张伋及诸郡守十余人，坐度田不实，皆下时候分封诸侯，建立藩国，来捍卫京师。周朝封了八百诸侯，同为姬姓的都建立国家，辅佐王室，尊奉天子，因而可以长久统治，成为后世的榜样。所以《诗经》上说：‘大力开疆拓土，作为我周王室的辅佐。’高祖圣德，广有天下，也看重亲族关系，封立兄弟诸子，不违背昔日的典章。陛下德泽遍布天地，恢复宗族系统，颂扬有德行的，赏赐有功劳的，亲睦九族，功臣宗室，都能够封爵，大多获得广袤土地，有的甚至连接数县。如今皇子仰赖上天保佑已经长成，可以穿着衣冠进行拜谒，陛下却恭敬谦让，抑而不议，群臣百姓，无不失望。应当趁此盛夏吉时，确定皇子号位，来扩大藩国，昭示亲亲之义，尊奉宗庙，重视社稷，符合古制旧章，满足众人心愿。臣请求让大司空奉上地图，太常选择吉日，准备好典礼仪式等相关事宜。”光武帝下令说：“可以。”

夏四月戊申日，光武帝用牛、羊、猪三牲祭祀宗庙。丁巳日，派大司空窦融祭告宗庙，封皇子刘辅为右翊公，刘英为楚公，刘阳为东海公，刘康为济南公，刘苍为东平公，刘延为淮阳公，刘荆为山阳公，刘衡为临淮公，刘焉为左翊公，刘京为琅邪公。

癸丑日，追谥兄长刘伯升为齐武公，兄长刘仲为鲁哀公。

六月庚午日，朝廷恢复设置屯骑、长水、射声三校尉官；改青巾左校尉为越骑校尉。

光武帝诏令州郡检查核实开垦田地以及户口年纪的情况，又考查二千石长吏办事偏私或偏袒不公正的。

冬十一月甲戌日，大司徒欧阳歙被关入监牢，并死在狱中。十二月庚午日，光武帝任命关内侯戴涉为大司徒。

卢芳从匈奴入居高柳。

这年，骠骑大将军杜茂被罢免。虎牙大将军盖延去世。

建武十六年(40)春二月，交阯女子徵侧造反，占领一些城镇。

三月三十辛丑日，发生日食。

秋九月，河南尹张伋及各郡郡守十多人，因在度量田地时弄虚狱死。

郡国大姓及兵长、群盗处处并起，攻劫在所，害杀长吏。郡县追讨，到则解散，去复屯结。青、徐、幽、冀四州尤甚。冬十月，遣使者下郡国，听群盗自相纠擿，五人共斩一人者，除其罪。吏虽逗留回避故纵者，皆勿问，听以禽讨为效。其牧守令长坐界内盗贼而不收捕者，又以畏愞捐城委守者，皆不以为负，但取获贼多少为殿最，唯蔽匿者乃罪之。于是更相追捕，贼并解散。徙其魁帅于它郡，赋田受禀，使安生业。自是牛马放牧，邑门不闭。

卢芳遣使乞降。十二月甲辰，封芳为代王。

初，王莽乱后，货币杂用布、帛、金、粟。是岁，始行五铢钱。

十七年春正月，赵公良薨。

二月乙未晦，日有食之。

夏四月乙卯，南巡狩，皇太子及右翊公辅、楚公英、东海公阳、济南公康、东平公苍从，幸颍川，进幸叶、章陵。五月乙卯，车驾还宫。

六月癸巳，临淮公衡薨。

秋七月，妖巫李广等群起据皖城，遣虎贲中郎将马援、骠骑将军段志讨之。九月，破皖城，斩李广等。

冬十月辛巳，废皇后郭氏为中山太后，立贵人阴氏为皇后。进右翊公辅为中山王，食常山郡。其余九国公，皆即旧封进爵为王。

甲申，幸章陵。修园庙，祠旧宅，观田庐，置酒作乐，赏赐。时宗室诸母因酣悦，相与语曰："文叔少时谨信，与人不款曲，唯直柔耳。今乃能如此！"帝闻之，大笑曰："吾理天下，亦欲以柔道行作假而获罪，都被关入监牢，并死在狱中。

郡国大姓及兵长、群盗四处作乱，打劫官府，杀害长吏。郡县的军队前去讨伐，到达后他们就解散，撤走后就又聚集起来。青、徐、幽、冀四州尤其严重。冬十月，光武帝派使者前往郡国传达诏命，让群盗互相揭发，五人合伙杀死一人的，免除其罪。即使官吏从前有回避、放纵的，也不治罪，只看他们最终捉拿诛戮的结果。牧守、令长因不拘捕境内盗贼而获罪的，以及胆怯软弱放弃所守城池的，都不进行惩治，只以最终消灭盗贼多少为考核政绩的标准，唯有窝藏盗贼的才治罪。于是互相共同追捕，盗贼因而解散。并且将他们的头目迁徙到别郡，给予田地粮食，使其安居乐业。从此可以自由放牧牛马，城门也不用关闭。

卢芳派使者求降。十二月甲辰日，光武帝封卢芳为代王。

起初，王莽乱政后，货币间杂使用布、帛、金、粟。这年，开始使用五铢钱。

建武十七年(41)春正月，赵公良去世。

二月二十九乙未日，发生日食。

夏四月乙卯日，光武帝巡行南方。皇太子及右翊公刘辅、楚公刘英、东海公刘阳、济南公刘康、东海公刘苍随行，驾临颍川，然后到达叶县、章陵。五月乙卯日，返回洛阳。

六月癸巳日，临淮公刘衡去世。

秋七月，玩弄妖法巫术的李广等群起占领皖城，光武帝派虎贲中郎将马援、骠骑将军段志前往讨伐。九月，攻破皖城，杀死李广等人。

冬十月辛巳日，光武帝废皇后郭氏为中山太后，立贵人阴氏为皇后。晋升右翊公刘辅为中山王，将常山郡作为食邑。其余九国公，都在原来的封地晋升爵位为王。

甲申日，光武帝驾临章陵。修缮宗庙，祭祀旧宅，察看田地房屋，设宴奏乐，赏赐钱物。当时诸位宗室的母亲趁着酒兴，互相谈论说："文叔年少时恭谨诚信，与人交往不会殷勤应酬，一味坦率温之。”乃悉为舂陵宗室起祠堂。有五凤皇见于颍川之郏县。十二月，至自章陵。

是岁，莎车国遣使贡献。

十八年春二月，蜀郡守将史歆叛，遣大司马吴汉率二将军讨之，围成都。

甲寅，西巡狩，幸长安。三月壬午，祠高庙，遂有事十一陵。历冯翊界，进幸蒲坂，祠后土。夏四月癸酉，车驾还宫。

甲戌，诏曰："今边郡盗谷五十斛，罪至于死，开残吏妄杀之路，其蠲除此法，同之内郡。"

遣伏波将军马援率楼船将军段志等击交阯贼徵侧等。

甲申，幸河内。戊子，至自河内。

五月，旱。

卢芳复亡入匈奴。

秋七月，吴汉拔成都，斩史歆等。壬戌，赦益州所部殊死已下。

冬十月庚辰，幸宜城。还，祠章陵。十二月乙丑，车驾还宫。

是岁，罢州牧，置刺史。

十九年春正月庚子，追尊孝宣皇帝曰中宗。始祠昭帝、元帝于太庙，成帝、哀帝、平帝于长安，舂陵节侯以下四世于章陵。

妖巫单臣、傅镇等反，据原武，遣太中大夫臧宫围之。夏四月，拔原武，斩臣、镇等。

伏波将军马援破交阯，斩徵侧等。因击破九真贼都阳等，降之。

和。如今竟然做了皇帝！”光武帝听完，大笑说：“我治理天下，也要用柔道来施行教化。”于是为舂陵宗室全都建造祠堂。有五只凤凰出现在颍川郡的郏县。十二月，光武帝从章陵返回洛阳。

这年，莎车国派遣使者进贡。

建武十八年（42）春二月，蜀郡守将史歆叛乱，光武帝派大司马吴汉带领两位将军讨伐，包围成都。

甲寅日，光武帝巡行西方，驾临长安。三月壬午日，祭祀高庙，以及十一陵。经过冯翊地界，到达蒲坂，祭祀后土。夏四月癸酉日，光武帝返回洛阳。

甲戌日，光武帝下诏说：“现在边境郡县偷盗五十斛谷米的，就判死罪，开残忍官吏滥杀的先例，应废除这条法令，与内地郡县的定罪标准相同。”

派伏波将军马援带领楼船将军段志等攻打交阯的贼寇徵侧等人。

甲申日，光武帝驾临河内。戊子日，从河内返回洛阳。

五月，发生旱灾。

卢芳又逃入匈奴。

秋七月，吴汉攻占成都，杀死史歆等。壬戌日，赦免益州死罪以下的叛乱之人。

冬十月庚辰日，光武帝驾临宜城。返回时，祭祀章陵。十二月乙丑日，光武帝回到洛阳。

这年，朝廷撤去州牧，设置刺史。

建武十九年（43）春正月庚子日，光武帝追尊孝宣皇帝为中宗。开始在太庙祭祀昭帝、元帝，在长安祭祀成帝、哀帝、平帝，在章陵祭祀舂陵节侯以下四世。

玩弄妖法巫术的单臣、傅镇等造反，占领原武，光武帝派太中大夫臧宫包围他们。夏四月，攻占原武，杀死单臣、傅镇等人。

伏波将军马援攻破交阯，杀死徵侧等人。并趁机打败九真的贼闰月戊申，进赵、齐、鲁三国公爵为王。

六月戊申，诏曰：“《春秋》之义，立子以贵。东海王阳，皇后之子，宜承大统。皇太子彊，崇执谦退，愿备藩国。父子之情，重久违之。其以彊为东海王，立阳为皇太子，改名庄。”

秋九月，南巡狩。壬申，幸南阳，进幸汝南南顿县舍，置酒会，赐吏人，复南顿田租岁。父老前叩头言：“皇考居此日久，陛下识知寺舍，每来辄加厚恩，愿赐复十年。”帝曰：“天下重器，常恐不任，日复一日，安敢远期十岁乎？”吏人又言：“陛下实惜之，何言谦也？”帝大笑，复增一岁。进幸淮阳、梁、沛。

西南夷寇益州郡，遣武威将军刘尚讨之。越巂太守任贵谋叛，十二月，刘尚袭贵，诛之。

是岁，复置函谷关都尉。修西京宫室。

二十年春二月戊子，车驾还宫。

夏四月庚辰，大司徒戴涉下狱死。大司空窦融免。

五月辛亥，大司马吴汉薨。

匈奴寇上党、天水，遂至扶风。

六月庚寅，广汉太守蔡茂为大司徒，太仆朱浮为大司空。壬辰，左中郎将刘隆为骠骑将军，行大司马事。

乙未，徙中山王辅为沛王。

秋，东夷韩国人率众诣乐浪内附。

冬十月，东巡狩。甲午，幸鲁，进幸东海、楚、沛国。

寇都阳等人，使其投降。

闰四月戊申日，晋升赵、齐、鲁三国公爵为王。

六月戊申日，光武帝下诏说："按照《春秋》的义理，立太子要以出身尊贵为标准。东海王刘阳，皇后之子，应当继承大统。皇太子刘彊，推崇谦让，愿意前往诸侯国为王。父子之情，应以不长久违背他的心愿为重。现在封刘彊为东海王，立刘阳为皇太子，改名庄。"

秋九月，光武帝巡行南方。壬申日，驾临南阳，然后到达汝南郡南顿县县舍，摆下酒宴，赏赐官吏，免去南顿县一年田租。当地父老上前叩头说："陛下的父亲在此长久担任南顿县令，陛下熟悉官舍，每次来总是施加厚恩，希望能免去南顿县十年田租。"光武帝说："治理天下的重担，我经常害怕不能胜任，日复一日还担心出问题，怎么敢期望十年之久呢？"官吏又说："陛下实际上舍不得免租，为何说得这么谦逊呢？"光武帝大笑，又将免去田租的时间增加了一年。然后到达淮阳、梁、沛等地。

西南夷入侵益州郡，光武帝派武威将军刘尚前往讨伐。越巂太守任贵谋反，十二月，刘尚袭击任贵，将他杀死。

这年，朝廷恢复设置函谷关都尉。修整长安的宫室。

建武二十年(44)春二月戊子日，光武帝返回洛阳。

夏四月庚辰日，大司徒戴涉被关入监牢，并死在狱中。大司空窦融被罢免。

五月辛亥日，大司马吴汉去世。

匈奴侵犯上党、天水，直到扶风。

六月庚寅日，光武帝任命广汉太守蔡茂为大司徒，太仆朱浮为大司空。壬辰日，任命左中郎将刘隆为骠骑将军，代行大司马职权。

乙未日，光武帝改封中山王刘辅为沛王。

秋季，东夷韩国人带领百姓到乐浪归附朝廷。

冬十月，光武帝巡行东方，甲午日，驾临鲁地，然后到达东海、楚、沛国。

十二月，匈奴寇天水。

壬寅，车驾还宫。

是岁，省五原郡，徙其吏人置河东。复济阳县徭役六岁。

二十一年春正月，武威将军刘尚破益州夷，平之。

夏四月，安定属国胡叛，屯聚青山，遣将兵长史陈䜣讨平之。

秋，鲜卑寇辽东，辽东太守祭彤大破之。

冬十月，遣伏波将军马援出塞击乌桓，不克。

匈奴寇上谷、中山。

其冬，鄯善王、车师王等十六国皆遣子入侍奉献，愿请都护。帝以中国初定，未遑外事，乃还其侍子，厚加赏赐。

二十二年春闰月丙戌，幸长安，祠高庙，遂有事十一陵。二月己巳，至自长安。

夏五月乙未晦，日有食之。

秋七月，司隶校尉苏邺下狱死。

九月戊辰，地震裂。制诏曰："日者地震，南阳尤甚。夫地者，任物至重，静而不动者也。而今震裂，咎在君上。鬼神不顺无德，灾殃将及吏人，朕甚惧焉。其令南阳勿输今年田租刍稿。遣谒者案行，其死罪系囚在戊辰以前，减死罪一等；徒皆弛解钳，衣丝絮。赐郡中居人压死者棺钱，人三千，其口赋逋税而庐宅尤破坏者，勿收责。吏人死亡，或在坏垣毁屋之下，而家羸弱不能收拾者，其以见钱谷取佣，为寻求之。"

冬十月壬子，大司空朱浮免。癸丑，光禄勋杜林为大司空。

十二月，匈奴入寇天水。

壬寅日，光武帝返回洛阳。

这年，朝廷撤去五原郡，迁徙官民安置到河东。免除济阳县六年徭役。

建武二十一年（45）春正月，武威将军刘尚击败益州蛮夷，平定了这里。

夏四月，安定属国的胡人叛乱，聚集在青山，光武帝派将兵长史陈䜣讨伐平定。

秋季，鲜卑侵犯辽东，辽东太守祭肜大败鲜卑。

冬十月，光武帝派伏波将军马援出塞攻打乌桓，没有获胜。

匈奴侵犯上谷、中山。

这年冬季，鄯善王、车师王等十六国都派遣儿子入朝侍奉，进献贡品，请求设置都护保护他们。光武帝考虑国家刚刚安定，无暇顾及边外之事，就送还他们的侍子，并厚加赏赐。

建武二十二年（46）春闰正月丙戌日，光武帝驾临长安，祭祀高庙，以及十一陵。二月己巳日，从长安返回洛阳。

夏五月三十乙未日，发生日食。

秋七月，司隶校尉苏邺被关入监牢，并死在狱中。

九月戊辰日，发生地震。光武帝下诏说："近日出现地震，南阳尤其厉害。本来大地承载万物，十分厚重，是平静而不动的。而今震裂开来，过错在于君王。鬼神对无德的行为不满意，将灾祸降临到官民头上，朕非常恐惧。现在命令南阳不要交纳今年的田租和草料。派谒者进行巡视，在九月戊辰日以前犯有死罪的在押囚犯，免死并减轻罪行一等；判处徒刑的都解除镣铐，可以穿丝绵衣服。赐给被压死的郡中居民棺材钱，每人三千，欠田租人口税而房屋破坏严重的，不要收缴欠债。官民死亡，有被压在毁坏的墙壁和房屋之下，而家中贫困无法收殓的，用现钱谷物雇人帮忙寻找。"

冬十月壬子日，大司空朱浮被罢免。癸丑日，光武帝任命光禄勋是岁，齐王章薨。青州蝗。匈奴薁鞬日逐王比遣使诣渔阳请和亲，使中郎将李茂报命。乌桓击破匈奴，匈奴北徙，幕南地空。诏罢诸边郡亭候吏卒。

二十三年春正月，南郡蛮叛，遣武威将军刘尚讨破之，徙其种人于江夏。

夏五月丁卯，大司徒蔡茂薨。

秋八月丙戌，大司空杜林薨。

九月辛未，陈留太守玉况为大司徒。

冬十月丙申，太仆张纯为大司空。

高句丽率种人诣乐浪内属。

十二月，武陵蛮叛，寇掠郡县，遣刘尚讨之，战于沅水，尚军败殁。

是岁，匈奴薁鞬日逐王比率部曲遣使诣西河内附。

二十四年春正月乙亥，大赦天下。

匈奴薁鞬日逐王比遣使款五原塞，求扞御北虏。

秋七月，武陵蛮寇临沅，遣谒者李嵩、中山太守马成讨蛮，不克，于是伏波将军马援率四将军讨之。

诏有司申明旧制阿附蕃王法。

冬十月，匈奴薁鞬日逐王比自立为南单于，于是分为南、北匈奴。

二十五春正月，辽东徼外貊人寇右北平、渔阳、上谷、太原，辽东太守祭肜招降之。乌桓大人来朝。

南单于遣使诣阙贡献，奉蕃称臣；又遣其左贤王击破北匈奴，杜林为大司空。

这年，齐王刘章去世。青州发生蝗灾。匈奴薁鞬日逐王比派使者到渔阳请求和亲，光武帝派中郎将李茂回访匈奴。乌桓击败匈奴，匈奴向北迁徙，沙漠以南地区荒无人烟。光武帝下诏撤去各边郡哨所的官兵。

建武二十三年（47）春正月，南郡蛮夷叛乱，光武帝派武威将军刘尚击败他们，并将其族人迁到江夏。

夏五月丁卯日，大司徒蔡茂去世。

秋八月丙戌日，大司空杜林去世。

九月辛未日，光武帝任命陈留太守玉况为大司徒。

冬十月丙申日，光武帝任命太仆张纯为大司空。

高句丽带领族人到乐浪归附朝廷。

十二月，武陵蛮夷叛乱，劫掠郡县，光武帝派刘尚讨伐，双方在沅水交战，刘尚全军覆没。

这年，匈奴薁鞬日逐王比带领部属派使者到西河归附朝廷。

建武二十四年（48）春正月乙亥日，大赦天下罪犯。

匈奴薁鞬日逐王比派使者到五原塞示好，请求为汉朝抵御北方各族。

秋七月，武陵蛮夷侵犯临沅，光武帝派谒者李嵩、中山太守马成征讨，没有获胜，于是伏波将军马援带领四位将军前往讨伐。

光武帝诏令主管官吏申明从前制定的惩治偏袒依附诸侯王的法律。

冬十月，匈奴薁鞬日逐王比自立为南单于，于是分为南、北匈奴。

建武二十五年（49）春正月，辽东塞外貊人侵犯右北平、渔阳、上谷、太原，辽东太守祭肜招降他们。乌桓渠帅前来朝见。

南单于派使者到朝廷进贡，按照藩国礼仪称臣；又派他的左贤却地千余里。三月，南单于遣子入侍。

戊申晦，日有食之。

伏波将军马援等破武陵蛮于临沅。冬十月，叛蛮悉降。

夫馀王遣使奉献。

是岁，乌桓大人率众内属，诣阙朝贡。

二十六年春正月，诏有司增百官奉。其千石已上，减于西京旧制；六百石已下，增于旧秩。

初作寿陵。将作大匠窦融上言园陵广袤，无虑所用。帝曰："古者帝王之葬，皆陶人瓦器，木车茅马，使后世之人不知其处。太宗识终始之义，景帝能述遵孝道，遭天下反覆，而霸陵独完受其福，岂不美哉！今所制地不过二三顷，无为山陵，陂池裁令流水而已。"

遣中郎将段郴授南单于玺绶，令入居云中，始置使匈奴中郎将，将兵卫护之。南单于遣子入侍，奉奏诣阙。于是云中、五原、朔方、北地、定襄、雁门、上谷、代八郡民归于本土。遣谒者分将施刑补理城郭。发遣边民在中国者，布还诸县，皆赐以装钱，转输给食。

二十七年夏四月戊午，大司徒玉况薨。

五月丁丑，诏曰："昔契作司徒，禹作司空，皆无'大'名，其令二府去'大'。"又改大司马为太尉，骠骑大将军行大司马刘隆即日罢，以太仆赵憙为太尉，大司农冯勤为司徒。

益州郡徼外蛮夷率种人内属。

北匈奴遣使诣武威乞和亲。

冬，鲁王兴、齐王石始就国。

王击败北匈奴，开拓土地千余里。三月，南单于派儿子入朝侍奉。

二十九戊申日，发生日食。

伏波将军马援等人在临沅击败武陵蛮夷。冬十月，叛乱的蛮夷全都归降。

夫馀王派使者进贡。

这年，乌桓渠帅带领百姓归附，到朝廷进贡。

建武二十六年(50)春正月，光武帝诏令主管官吏增加百官的俸禄。一千石以上的，少于西汉时的旧有标准；六百石以下的，多于西汉时的旧有等级。

开始建造寿陵。将作大匠窦融上奏说明园陵的面积和需要的器物。光武帝说："古代帝王的陪葬，都是陶人瓦器，木车茅马，使后世之人不知道它的位置。文帝明白生死之义，景帝能遵循孝道，历经天下动乱，只有霸陵完好无损，难道不是好事！如今规划的土地不过二三顷，不起陵墓，陂池能流水就可以了。"

光武帝派中郎将段郴将玺绶授予南单于，让他入居云中郡，开始设置使匈奴中郎将，带兵护卫南匈奴。南单于派儿子入朝侍奉光武帝，到京师呈上奏书。于是云中、五原、朔方、北地、定襄、雁门、上谷和代等八郡的百姓回归本土。派谒者分别带领解除镣铐的囚犯修补整治城郭。调发遣送在中原的边民，让他们回到自己的原籍，都赐给置办行装的费用，由官府用车辆运送并提供食物。

建武二十七年(51)夏四月戊午日，大司徒玉况去世。

五月丁丑日，光武帝下诏说："过去契作司徒，禹作司空，都没有'大'字，现在命令两府去掉'大'字。"又改大司马为太尉，骠骑大将军代行大司马职权，刘隆即日罢免，任命太仆赵憙为太尉，大司农冯勤为司徒。

益州郡界外的蛮夷带领族人归附朝廷。

北匈奴派使者到武威请求和亲。

冬季，鲁王刘兴、齐王刘石开始前往封国。

二十八年春正月己巳，徙鲁王兴为北海王，以鲁国益东海。赐东海王彊虎贲、旄头、钟虡之乐。

夏六月丁卯，沛太后郭氏薨，因诏郡县捕王侯宾客，坐死者数千人。

秋八月戊寅，东海王彊、沛王辅、楚王英、济南王康、淮阳王延始就国。

冬十月癸酉，诏死罪系囚皆一切募下蚕室，其女子宫。

北匈奴遣使贡献，乞和亲。

二十九年春二月丁巳朔，日有食之。遣使者举冤狱，出系囚。

庚申，赐天下男子爵，人二级；鳏、寡、孤、独、笃癃、贫不能自存者粟，人五斛。

夏四月乙丑，诏令天下系囚自殊死已下及徒各减本罪一等，其余赎罪输作各有差。

三十年春正月，鲜卑大人内属，朝贺。

二月，东巡狩。甲子，幸鲁，进幸济南。闰月癸丑，车驾还宫。

有星孛于紫宫。

夏四月戊子，徙左翊王焉为中山王。

五月，大水。

赐天下男子爵，人二级；鳏、寡、孤、独、笃癃、贫不能自存者粟，人五斛。

秋七月丁酉，幸鲁国。复济阳县是年徭役。冬十一月丁酉，至自鲁。

三十一年夏五月，大水。

建武二十八年（52）春正月己巳日，改封鲁王刘兴为北海王，将鲁国加封给东海王刘彊。赏赐东海王刘彊虎贲、旄头、钟虡之乐。

夏六月丁卯日，沛太后郭氏去世，更始帝的儿子刘鲤凭借沛献王刘辅杀死刘盆子的哥哥刘恭，光武帝就诏令郡县逮捕王侯的宾客，因此受牵连被处死的有数千人。

秋八月戊寅日，东海王刘彊、沛王刘辅、楚王刘英、济南王刘康、淮阳王刘延开始前往封国。

冬十月癸酉日，光武帝诏令犯有死罪的在押囚犯，一律下蚕室施腐刑，女子处宫刑。

北匈奴派使者进贡，请求和亲。

建武二十九年（53）春二月初一丁巳日，发生日食。光武帝派使者平反冤案，释放囚犯。

庚申日，赏赐天下男子爵位，每人二级；鳏、寡、孤、独、疾病缠身、家贫不能自谋生计的，每人发粟五斛。

夏四月乙丑日，光武帝诏令天下在押囚犯自斩首以下徒刑的各自减轻罪行一等，其余交钱赎罪和罚作劳役的各有不同程度的减轻。

建武三十年（54）春正月，鲜卑渠帅归附，到京师朝贺。

二月，光武帝东巡视察，甲子日，驾临鲁地，然后到达济南。闰月癸丑日，光武帝返回洛阳。

有彗星出现在紫宫。

夏四月戊子日，光武帝左翊王刘焉为中山王。

五月，发大水。

朝廷赏赐天下男子爵位，每人二级；鳏、寡、孤、独、疾病缠身、家贫不能自谋生计的，每人发粟五斛。

秋七月丁酉日，光武帝到鲁国。免除济阳县这年的徭役。冬十一月丁酉日，从鲁地返回洛阳。

建武三十一年（55）夏五月，发大水。

戊辰，赐天下男子爵，人二级；鳏、寡、孤、独、笃癃、贫不能自存者粟，人六斛。

癸酉晦，日有食之。

是夏，蝗。

秋九月甲辰，诏令死罪系囚皆一切募下蚕室，其女子宫。

是岁，陈留雨谷，形如稗实。北匈奴遣使奉献。

中元元年春正月，东海王彊、沛王辅、楚王英、济南王康、淮阳王延、赵王盱皆来朝。

丁卯，东巡狩。二月己卯，幸鲁，进幸太山。北海王兴、齐王石朝于东岳。辛卯，柴望岱宗，登封太山；甲午，禅于梁父。

三月戊辰，司空张纯薨。

夏四月癸酉，车驾还宫。己卯，大赦天下。复嬴、博、梁父、奉高，勿出今年田租刍稿。改年为中元。

行幸长安。戊子，祀长陵。五月乙丑，至自长安。

六月辛卯，太仆冯鲂为司空。

乙未，司徒冯勤薨。

是夏，京师醴泉涌出，饮之者固疾皆愈，惟眇、蹇者不瘳。又有赤草生于水崖。郡国频上甘露。群臣奏言："地祇灵应而朱草萌生。孝宣帝每有嘉瑞，辄以改元，神爵、五凤、甘露、黄龙，列为年纪，盖以感致神祇，表彰德信。是以化致升平，称为中兴。今天下清宁，灵物仍降。陛下情存损挹，推而不居，岂可使祥符显庆，没而无闻？宜令太史撰集，以传来世。"帝不纳。常自谦无德，每郡国所上，辄抑而不当，故史官罕得记焉。

戊辰日，朝廷赏赐天下男子爵位，每人二级；鳏、寡、孤、独、疾病缠身、家贫不能自谋生计的，每人发粟六斛。

三十癸酉日，发生日食。

这年夏季，发生蝗灾。

秋九月甲辰日，诏令犯有死罪的在押囚犯，一律下蚕室施腐刑，女子处宫刑。

这年，陈留降下谷子，形状像稗子。北匈奴派使者进贡。

中元元年（56）春正月，东海王刘彊、沛王刘辅、楚王刘英、济南王刘康、淮阳王刘延、赵王刘盱，都前来朝贺。

丁卯日，光武帝东巡视察。二月己卯日，到鲁地，然后到达泰山。北海王刘兴、齐王刘石在东岳朝见光武帝。辛卯日，烧柴望祭岱宗，登泰山祭天；甲午日，在梁父山祭地。

三月戊辰日，司空张纯去世。

夏四月癸酉日，光武帝返回洛阳。己卯日，大赦天下。免除嬴、博、梁父、奉高的赋税，不用交纳今年的田租和草料。改年号为中元。

光武帝驾临长安。戊子日，祭祀长陵。五月乙丑日，从长安返回洛阳。

六月辛卯日，光武帝任命太仆冯鲂为司空。

乙未日，司徒冯勤去世。

这年夏季，京城涌出甘美的泉水，喝了的人顽疾都痊愈了，只有眼瞎的和跛脚的没有效果。又有红草生于水边山崖。郡国多次上报降下及时雨。群臣上奏说："地神显灵而朱草萌生。孝宣帝每当有吉祥的现象出现便根据祥瑞改纪元，神爵、五凤、甘露、黄龙，列为年号，大概是用来感谢神灵，表彰自己的德行和诚信。所以才能通过教化达到天下升平的局面，称为中兴。如今天下太平，灵物频降。陛下谦虚退让，推辞不受，岂能使祥瑞显示的吉庆，淹没不闻？应当命令太史撰写编集，以使流传后世。"光武帝没有采纳。经常自谦无德，每次郡国上报祥瑞，都将其压下而不进行宣扬，所以史官很少记载这秋，郡国三蝗。

冬十月辛未，司隶校尉东莱李䜣为司徒。

甲申，使司空告祠高庙曰："高皇帝与群臣约，非刘氏不王。吕太后贼害三赵，专王吕氏，赖社稷之灵，禄、产伏诛，天命几坠，危朝更安。吕太后不宜配食高庙，同祧至尊。薄太后母德慈仁，孝文皇帝贤明临国，子孙赖福，延祚至今。其上薄太后尊号曰高皇后，配食地祇。迁吕太后庙主于园，四时上祭。"

十一月甲子晦，日有食之。

是岁，初起明堂、灵台、辟雍，及北郊兆域。宣布图谶于天下。复济阳、南顿是年徭役。参狼羌寇武都，败郡兵，陇西太守刘盱遣军救之，及武都郡兵讨叛羌，皆破之。

二年春正月辛未，初立北郊，祀后土。

东夷倭奴国王遣使奉献。

二月戊戌，帝崩于南宫前殿，年六十二。遗诏曰："朕无益百姓，皆如孝文皇帝制度，务从约省。刺史、二千石长吏皆无离城郭，无遣吏及因邮奏。"

初，帝在兵间久，厌武事，且知天下疲耗，思乐息肩。自陇、蜀平后，非儆急，未尝复言军旅。皇太子尝问攻战之事，帝曰："昔卫灵公问陈，孔子不对，此非尔所及。"每旦视朝，日仄乃罢。数引公卿、郎、将讲论经理，夜分乃寐。皇太子见帝勤劳不怠，承间谏曰："陛下有禹汤之明，而失黄老养性之福，愿颐爱精神，优游自宁。"帝曰："我自乐此，不为疲也。"虽身济大业，兢兢如不及，故能明慎政体，总揽权纲，量时度力，举无过事。退功臣而进文吏，戢弓矢而散马牛，虽道未方古，斯亦止戈之武焉。

些事情。

秋季，郡国发生三次蝗灾。

冬十月辛未日，任命司隶校尉东莱人李䜣为司徒。

甲申日，光武帝派司空告祭高庙说："高皇帝与群臣约定，非刘氏子孙不能封王。吕太后残害赵幽王刘友、赵恭王刘恢、赵隐王刘如意，擅自封吕氏族人为王。仰赖社稷神灵，吕禄、吕产伏诛，天命几乎失去时，朝廷转危为安。吕太后不应配享高庙，同享至尊。薄太后母德仁慈，孝文皇帝贤明治国，子孙受其福禄，国家命脉得以延续至今。现在决定上薄太后尊号为高皇后，配食地祇。迁吕太后的牌位到园陵，四时祭祀。"

十一月二十九甲子日，发生日食。

这年，开始修建明堂、灵台、辟雍，及北郊兆域。向天下宣布图谶。免除济阳、南顿这年的徭役。参狼羌侵犯武都，打败郡兵，陇西太守刘盱派兵援救，武都郡兵征讨叛羌，都战胜他们。

中元二年（57）春正月辛未日，开始设立北郊坛，祭祀后土。

东夷倭奴国王派使者进贡。

二月戊戌日，光武帝在南宫前殿驾崩，享年六十二岁。遗诏说："朕无益于百姓，后事都按照孝文皇帝的制度，务必从简。刺史、二千石长吏都不要离开所在的城郭，不要派官吏或通过信件吊唁。"

起初，光武帝久于戎马生涯，厌倦打仗，并且知道天下疲敝虚耗，很想卸去重担轻松一下。自陇、蜀平定后，不是形势紧迫，没有再提过动用军队。皇太子曾询问他打仗的事，光武帝说："过去卫灵公向孔子询问列阵之法，孔子没有回答，这不是你要知道的。"每日临朝听政，太阳西斜才停止。多次召集公卿、郎、将讨论经书的义理，半夜才睡。皇太子看见光武帝勤劳不懈，趁机劝谏道："陛下有夏禹、商汤的英明，却没有黄帝、老子养生的福气，希望您保养精神，悠闲自得。"光武帝说："我心甘情愿这样，不觉得辛苦。"光武帝虽然成就了大业，却小心谨慎，唯恐有任何过失，所以能对政事明察审慎，总揽大权，论曰：皇考南顿君初为济阳令，以建平元年十二月甲子夜生光武于县舍，有赤光照室中。钦异焉，使卜者王长占之。长辟左右曰："此兆吉不可言。"是岁县界有嘉禾生，一茎九穗，因名光武曰秀。明年，方士有夏贺良者，上言哀帝，云汉家历运中衰，当再受命。于是改号为太初元年，称"陈圣刘太平皇帝"，以厌胜之。及王莽篡位，忌恶刘氏，以钱文有金刀，故改为货泉。或以货泉字文为"白水真人"。后望气者苏伯阿为王莽使至南阳，遥望见舂陵郭，唶曰："气佳哉！郁郁葱葱然。"及始起兵还舂陵，远望舍南，火光赫然属天，有顷不见。初，道士西门君惠、李守等亦云刘秀当为天子。其王者受命，信有符乎？不然，何以能乘时龙而御天哉！

赞曰：炎正中微，大盗移国。九县飙回，三精雾塞。人厌淫诈，神思反德。光武诞命，灵贶自甄。沈几先物，深略纬文。寻、邑百万，貔虎为群。长毂雷野，高锋彗云。英威既振，新都自焚。虔刘庸、代，纷纭梁、赵。三河未澄，四关重扰。神旌乃顾，递行天讨。金汤失险，车书共道。灵庆既启，人谋咸赞。明明庙谟，赳赳雄断。於赫有命，系隆我汉。

量时度力，全无错事。退去有功的武臣而任用文官，收藏弓箭而放牧牛马，虽然治国之道比不上古代圣贤，但毕竟也是偃武息戈，讲救治呢！

评论说：光武帝的父亲南顿君刘钦起初担任济阳县令，建平元年（前6）十二月甲子日夜在县舍生下光武帝，有赤光照亮室中。刘钦感到奇怪，要卜者王长来占卜。王长避开左右说道："这是吉兆，不能言说。"这年县内长出嘉禾，一茎九穗，刘钦因此给光武帝取名为秀。第二年，方士夏贺良向哀帝上书说，汉家的国运会中道衰落，应当重新接受天命。于是改年号为太初元年，称"陈圣刘太平皇帝"，想以此来压制厄运。等到王莽篡位，憎恨刘氏，因钱面上的文字有金刀，所以改为货泉。有人说货泉字文像"白水真人"。后来有望气者苏伯阿作为王莽的使者到达南阳，远远地望见舂陵城，赞叹道："这里的气真好啊！郁郁葱葱。"等到光武帝刚起兵返回舂陵，远望县舍南面，火光盛大连天，过了一会儿才消失不见。起初，道士西门君惠、李守等也说过刘秀应当为天子。大概是王者受命于天，确实有吉兆吧？不然的话，怎么能乘着骏马而统治天下呢！

赞辞说：汉朝中道衰落，王莽窃取国家大权。九州动荡不安，日月星辰会集一处。世人都厌恶奸诈，神明也想恢复原来的德政。光武帝接受天命，三灵赐福给自身。事先预见隐微的征兆，文韬武略经纬天地。王寻、王邑率领百万之众，如貔似虎聚集成群。兵车隆隆如雷声震动原野，高举战戟蔽拂云天。英勇威武的声势震动天下，王莽最终自焚而死。庸、代遭受劫掠，梁、赵陷入纷争。洛阳还没有归顺，长安被重重围困。于是王师帮助汉室，替天行道进行讨伐。固若金汤的城池失去险阻，天下的车轨相同，文字一样。灵验吉祥的符谶开启，众人商议要加上尊号。天子在庙堂进行谋划，英明的决断取胜于千里外。呜呼天命，汉室复兴。

卷二

明帝纪第二

显宗孝明皇帝讳庄，光武第四子也。母阴皇后。帝生而丰下，十岁能通《春秋》，光武奇之。建武十五年封东海公，十七年进爵为王，十九年立为皇太子。师事博士桓荣，学通《尚书》。

中元二年二月戊戌，即皇帝位，年三十。尊皇后曰皇太后。

三月丁卯，葬光武皇帝于原陵。有司奏上尊庙曰世祖。

夏四月丙辰，诏曰："予末小子，奉承圣业，夙夜震畏，不敢荒宁。先帝受命中兴，德侔帝王，协和万邦，假于上下，怀柔百神，惠于鳏寡。朕承大运，继体守文，不知稼穑之艰难，惧有废失。圣恩遗戒，顾重天下，以元元为首。公卿百僚，将何以辅朕不逮？其赐天下男子爵，人二级；三老、孝悌、力田人三级；爵过公乘，得移与子若同产、同产子；及流人无名数欲自占者人一级；鳏、寡、孤、独、笃癃粟，人十斛。其施刑及郡国徒，在中元元年四月己卯赦前所犯而后捕系者，悉免其刑。又边人遭乱为内郡人妻，在己卯赦前，一切遣还边，恣其所乐。中二千石下至黄绶，贬秩赎论者，悉皆复秩还赎。方今上无天子，下无方伯，若涉渊水而无舟楫。夫万乘至重而壮者虑轻，实赖有德左右小子。高密侯禹元功之首，东平王苍宽博有谋，并可以受六尺之托，临大节而不挠。其以禹为太傅，苍为骠骑将军。太尉憙告谥南郊，司徒䜣奉安梓宫，司空鲂将校复土。其封憙为节乡侯，䜣为安乡侯，鲂为杨邑侯。"

显宗孝明皇帝名庄，是光武帝的第四个儿子。母亲是阴皇后。明帝生下来就下颌丰满，十岁时能通晓《春秋》，光武帝觉得他十分奇异。建武十五年（39）被封为东海公，建武十七年（41）晋升爵位为王，建武十九年（43）被立为皇太子。拜博士桓荣为师，学通《尚书》。

中元二年（57）二月戊戌日，明帝登上帝位，这时他三十岁。尊崇皇后为皇太后。

三月丁卯日，将光武皇帝安葬在原陵。主管官吏奏请尊光武帝庙号为世祖。

夏四月丙辰日，明帝下诏说："朕作为后辈子孙，恭敬地承袭帝王之业，日夜惊惧，不敢荒废懈怠贪图安逸。先帝受天之命复兴汉室，德行与古代帝王相等，团结协调万国，安抚上下臣民，招来百神使各安其位，施恩惠于老弱孤苦的百姓。朕秉承天命，继承帝位并遵循先王法度，不知道农事的艰难，惧怕有废弛缺失的地方。先帝的恩泽和遗留下来的训诫，告诫后人要顾念重视天下，处处以平民百姓为首。公卿群臣，将用什么来辅助朕的不足之处呢？现在赏赐天下男子爵位，每人二级；三老、孝悌、力田每人三级；爵位超过八级的，得转移给儿子或者同母兄弟、同母兄弟的儿子；以及没有户籍想入籍的流民每人一级；鳏、寡、孤、独、疾病缠身的，每人发粟十斛。那些弛刑徒及郡国囚徒，在中元元年（56）四月己卯日颁发赦令前犯罪而在这日之后被逮捕拘系的，全部免除其刑罚。还有遭受战乱成为内郡人妻，在己卯日颁发赦令前的，全都遣返边地，听凭她们的喜好安排。禄秩为中二千石以下的官吏至佩戴黄色绶带的官吏，被削减俸禄赎罪的，全都恢复其官秩返还赎金。而今上无天子，下无地方长官，仿若想要渡过深潭却没有船只船桨。天子之位至为重要而朕正值壮秋九月，烧当羌寇陇西，败郡兵于允街。赦陇西囚徒，减罪一等，勿收今年租调。又所发天水三千人，亦复是岁更赋。遣谒者张鸿讨叛羌于允吾，鸿军大败，战殁。冬十一月，遣中郎将窦固监捕虏将军马武等二将军讨烧当羌。

十二月甲寅，诏曰："方春戒节，人以耕桑。其敕有司务顺时气，使无烦扰。天下亡命殊死以下，听得赎论：死罪入缣二十匹，右趾至髡钳城旦舂十匹，完城旦舂至司寇作三匹。其未发觉，诏书到先自告者，半入赎。今选举不实，邪佞未去，权门请托，残吏放手，百姓愁怨，情无告诉。有司明奏罪名，并正举者。又郡县每因征发，轻为奸利，诡责羸弱，先急下贫。其务在均平，无令枉刻。"

永平元年春正月，帝率公卿已下朝于原陵，如元会仪。

夏五月，太傅邓禹薨。

戊寅，东海王彊薨，遣司空冯鲂持节视丧事，赐升龙旄头、銮辂、龙旂。

六月乙卯，葬东海恭王。

秋七月，捕虏将军马武等与烧当羌战，大破之。募士卒戍陇右，赐钱人三万。

年谋虑短浅，实在仰赖有德之人辅佐小辈。高密侯邓禹位居功臣之首，东平王刘苍心胸开阔有谋略，都可以接受嘱托抚育遗孤，且他们面对大事而不屈服。现在让邓禹担任太傅，刘苍担任骠骑将军。命太尉赵憙在南郊向上天为先帝请求谥号，司徒李䜣安置先帝棺材，司空冯鲂率领将士掘穴下棺覆盖黄土。现在封赵憙为节乡侯，李䜣为安乡侯，冯鲂为杨邑侯。”

秋九月，烧当羌侵犯陇西，在允街击败郡内兵卒。朝廷宽赦陇西囚徒，减罪一等，不要收取陇西今年的租调。还有所征发的三千天水人，也免除他们今年的更赋。派遣谒者张鸿在允吾征讨反叛的羌人，张鸿率领的军队失败惨重，张鸿在战争中身亡。冬十一月，明帝派遣中郎将窦固率领督捕虏将军马武等两位将军征讨烧当羌。

十二月甲寅日，明帝下诏说：“正值春季时节，人们从事种田养蚕。现令主管官吏必须顺应时节气候，使得农民不受搅扰。天下被判斩首以下的逃亡者，允许他们按赎罪论处：死罪交纳细绢二十匹，砍掉右脚到髡钳、城旦、舂刑交纳十匹，完城旦、舂刑到司寇交纳三匹。犯罪未被发现，诏书到达前先自首的，交纳的赎金减半。现在选举不真实，奸邪小人尚未除去，权贵豪门徇私枉法，残酷之吏肆意妄为，百姓忧愁怨恨，无法诉说冤情。主管官吏要公开上奏罪名，并将举荐不实者治罪。还有郡县每次趁着征发民力时，随便非法谋取利益，向瘦弱的百姓问责，先使极穷的人着急。现必须追求公正均等，不要使人受到苛刻不公正的对待。”

永平元年（58）春正月，明帝率公卿以下官员到原陵朝拜，依照元旦朝会的礼仪进行。

夏五月，太傅邓禹去世。

戊寅日，东海王刘彊去世，明帝派遣司空冯鲂持符节照看丧事，赐予升龙旄头、銮辂、龙旂。

六月乙卯日，安葬东海恭王。

秋七月，捕虏将军马武等与烧当羌对战，大举击败了对方。招募士卒驻守陇右，赐予每人三万钱。

八月戊子，徙山阳王荆为广陵王，遣就国。

是岁，辽东太守祭肜使鲜卑击赤山乌桓，大破之，斩其渠帅。越巂姑复夷叛，州郡讨平之。

二年春正月辛未，宗祀光武皇帝于明堂，帝及公卿列侯始服冠冕、衣裳、玉佩、絇屦以行事。礼毕，登灵台。使尚书令持节诏骠骑将军、三公曰："今令月吉日，宗祀光武皇帝于明堂，以配五帝。礼备法物，乐和八音，咏祉福，舞功德，其班时令，敕群后。事毕，升灵台，望元气，吹时律，观物变。群僚藩辅，宗室子孙，众郡奉计，百蛮贡职，乌桓、濊貊咸来助祭，单于侍子、骨都侯亦皆陪位。斯固圣祖功德之所致也。朕以暗陋，奉承大业，亲执珪璧，恭祀天地。仰惟先帝受命中兴，拨乱反正，以宁天下，封泰山，建明堂，立辟雍，起灵台，恢弘大道，被之八极；而胤子无成康之质，群臣无吕旦之谋，盥洗进爵，踧踖惟惭。素性顽鄙，临事益惧，故'君子坦荡荡，小人长戚戚'。其令天下自殊死已下，谋反大逆，皆赦除之。百僚师尹，其勉修厥职，顺行时令，敬若昊天，以绥兆人。"

三月，临辟雍，初行大射礼。

秋九月，沛王辅、楚王英、济南王康、淮阳王延、东海王政来朝。

冬十月壬子，幸辟雍，初行养老礼。诏曰："光武皇帝建三朝之礼，而未及临飨。眇眇小子，属当圣业。间暮春吉辰，初行大射；令月元日，复践辟雍。尊事三老，兄事五更，安车輭轮，供绥执授。侯王设酱，公卿馔珍，朕亲袒割，执爵而酳。祝哽在前，祝噎在后。升八月戊子日，调山阳王刘荆为广陵王，令其前往封国。

这年，辽东太守祭肜派鲜卑进攻赤山乌桓，大举击败了对方，斩杀了乌桓首领。越巂姑复夷发动叛乱，州郡征讨平定了他们。

永平二年（59）春正月辛未日，于明堂祭祀光武皇帝。明帝及公卿列侯开始穿着佩戴冠冕、衣裳、玉佩、絇屦举行祭祀典礼。典礼结束，登临灵台。使尚书令持符节诏告骠骑将军、三公说：“今天这个良月吉日，于明堂祭祀光武皇帝，来与五帝一起接受祭祀。祭祀所用的礼器十分完备，乐声与八音谐调相和，为幸福歌唱，为功德跳舞，颁布依照季节制定的政令，告诫公卿群臣。祭祀结束，登临灵台，观望元气，吹奏合于节气的音律，观察事物变化。群僚诸侯，宗室子孙，各郡负责奉送簿籍的官吏，各族负责进献贡品的使者，乌桓、濊貊都来助祭，匈奴单于入朝陪侍天子的儿子、骨都侯也都陪同祭祀。这当然是圣祖的功业德行所导致的。朕以愚昧鄙劣之资，承袭帝业，亲自拿着珪璧，恭敬地祭祀天地。追思先帝受天之命中兴汉室，拨乱反正，使天下安宁，于泰山筑坛祭天，建设明堂，设立辟雍，修造灵台，发扬大道，恩泽遍及八方；而作为继承人的朕没有成王、康王的资质，群臣也没有吕尚、周公旦的谋略，洗手洗脸进献美酒，恭恭敬敬也感到不安。本性愚钝鄙陋，遇到事情时益发恐惧，所以说‘君子心胸开阔，小人常怀忧愁’。现令天下自被判斩首以下，及谋反大罪的人，全都予以赦免。公卿百官，要努力做好本职工作，依照时令行事，敬重得像对待上天一样，来安抚万民。”

三月，明帝驾临辟雍，开始举行大射礼。

秋九月，沛王刘辅、楚王刘英、济南王刘康、淮阳王刘延、东海王刘政前来朝见。

冬十月壬子日，明帝驾临辟雍，第一次举行养老礼。下诏说：“光武皇帝建立明堂、辟雍、灵台三朝之礼，而来不及亲临祭典。让渺小的朕，继承帝业。趁着暮春三月良辰，开始举行大射之礼；美好的十月元日，再次来到辟雍。尊敬地侍奉三老，以兄长之礼对待五更，安排安车软轮，朕亲执绥绶。侯王敬酒，公卿上菜，朕亲自袒歌《鹿鸣》，下管《新宫》，八佾具修，万舞于庭。朕固薄德，何以克当？《易》陈负乘，《诗》刺彼己，永念惭疚，无忘厥心。三老李躬，年耆学明。五更桓荣，授朕《尚书》。《诗》曰：'无德不报，无言不酬。'其赐荣爵关内侯，食邑五千户。三老、五更皆以二千石禄养终厥身。其赐天下三老酒人一石，肉四十斤。有司其存耆耋，恤幼孤，惠鳏寡，称朕意焉。"

中山王焉始就国。

甲子，西巡狩，幸长安，祠高庙，遂有事于十一陵。历览馆邑，会郡县吏，劳赐作乐。十一月甲申，遣使者以中牢祠萧何、霍光。帝谒陵园，过式其墓。进幸河东，所过赐二千石、令长已下至于掾史，各有差。癸卯，车驾还宫。

十二月，护羌校尉窦林下狱死。

是岁，始迎气于五郊。少府阴就子丰杀其妻郦邑公主，就坐自杀。

三年春正月癸巳，诏曰："朕奉郊祀，登灵台，见史官，正仪度。夫春者，岁之始也。始得其正，则三时有成。比者水旱不节，边人食寡，政失于上，人受其咎。有司其勉顺时气，劝督农桑，去其螟蜮，以及蝥贼；详刑慎罚，明察单辞，夙夜匪懈，以称朕意。"

二月甲寅，太尉赵憙、司徒李䜣免。丙辰，左冯翊郭丹为司徒。己未，南阳太守虞延为太尉。

甲子，立贵人马氏为皇后，皇子炟为皇太子。赐天下男子爵，人二级；三老、孝悌、力田人三级；流人无名数欲占者人一级；鳏、寡、孤、独、笃癃、贫不能自存者粟，人五斛。

露右膊，切割牲肉，拿着酒杯，给老者漱口。前后祝祷，不要哽噎。升歌《鹿鸣》，下管《新宫》，八佾具列，万舞于庭。朕深知自己缺乏德行，怎么敢担当如此的盛况？《易经》说小人使用君子之器称作盗，《诗经》中讽刺非法使用法器之人，朕永远感到愧疚，时刻铭记于心。三老李躬，年事已高，学识渊博。五更桓荣，教朕《尚书》。《诗经》上说：'无德不报，无言不酬。'现在赏赐桓荣关内侯爵位，食邑五千户。三老、五更都终身享受二千石俸禄。现在赏赐天下三老，每人酒一石，肉四十斤。主管官吏要慰问老人，抚养孤儿，惠及鳏寡，这样才符合我的心意。"

中山王刘焉开始前往封国。

甲子日，明帝西巡视察，驾临长安，祭祀高庙，以及十一陵。他遍览馆邑，召见郡县官吏，慰劳赏赐，饮酒作乐。十一月甲申日，明帝派使者以猪羊二牲祭祀萧何、霍光。明帝又拜谒陵园，到先帝墓前吊唁。然后到达河东，所过之处赏赐二千石、令长以下到掾史，各有不同。癸卯日，明帝返回洛阳。

十二月，护羌校尉窦林被关入监牢并死在狱中。

这年，开始在五郊迎气。少府阴就的儿子阴丰杀死妻子郦邑公主，阴就因此获罪自杀。

永平三年(60)春正月癸巳日，明帝下诏说："朕奉行郊祀，登上灵台，召见史官，纠正仪度。春季，是一年的开始。开始得其正，夏、秋、冬就有收成。近来，水灾旱灾不时发生，边境百姓缺少粮食，上面施政不当，百姓就会遭殃。主管官吏应勤勉尽职，顺应时节，劝勉督促农桑，消灭螟蜮，除掉蝥贼；判刑处罚，要小心谨慎，不要偏听偏信，日夜不懈，以称我心愿。"

二月甲寅日，太尉赵憙、司徒李䜣被罢免。丙辰日，明帝任命左冯翊郭丹为司徒。己未日，任命南阳太守虞延为太尉。

甲子日，明帝立贵人马氏为皇后，皇子刘炟为皇太子。赏赐天下男子爵位，每人二级；三老、孝悌、力田每人三级；没有户籍想入籍的流民每人一级；鳏、寡、孤、独、疾病缠身、家贫不能自谋生计的，每夏四月辛酉，封皇子建为千乘王，羡为广平王。

六月丁卯，有星孛于天船北。

秋八月戊辰，改大乐为大予乐。

壬申晦，日有蚀之。诏曰："朕奉承祖业，无有善政。日月薄蚀，彗孛见天，水旱不节，稼穑不成，人无宿储，下生愁垫。虽夙夜勤思，而智能不逮。昔楚庄无灾，以致戒惧；鲁哀祸大，天不降谴。今之动变，傥尚可救。有司勉思厥职，以匡无德。古者卿士献诗，百工箴谏。其言事者，靡有所讳。"

冬十月，蒸祭光武庙，初奏《文始》《五行》《武德》之舞。

甲子，车驾从皇太后幸章陵，观旧庐。十二月戊辰，至自章陵。

是岁，起北宫及诸官府。京师及郡国七大水。

四年春二月辛亥，诏曰："朕亲耕藉田，以祈农事。京师冬无宿雪，春不燠沐，烦劳群司，积精祷求。而比再得时雨，宿麦润泽。其赐公卿半奉。有司勉遵时政，务平刑罚。"

秋九月戊寅，千乘王建薨。

冬十月乙卯，司徒郭丹、司空冯鲂免。丙辰，河南尹范迁为司徒，太仆伏恭为司空。

十二月，陵乡侯梁松下狱死。

五年春二月庚戌，骠骑将军东平王苍罢归藩；琅邪王京就国。

冬十月，行幸邺。与赵王栩会邺。常山三老言于帝曰："上生于元氏，愿蒙优复。"诏曰："丰、沛、济阳，受命所由，加恩报德，适人发粟五斛。

夏四月辛酉日，封皇子刘建为千乘王，刘羡为广平王。

六月丁卯日，有彗星出现在天船星以北。

秋八月戊辰日，改大乐为大予乐。

二十九壬申日，发生日食。明帝下诏说：“朕继承祖业，没有善政。导致日月相互掩食，彗星在天上出现，水灾旱灾不时发生，庄稼没有收成，百姓没有余粮，下面生出忧愁。朕虽然日夜思索，但智能不足。过去楚庄王时没有灾害，他仍然感到恐惧，向上天请求指出过失；鲁哀公时祸事巨大，上天并未降下谴责。现在的异动变化，还望可以挽救。主管官吏要勤于政事，匡救朕的无德。古代有卿士献诗，师出箴言百士劝谏。群臣应提出批评意见，不要有所忌讳。”

冬十月，冬祭光武庙，开始献上《文始》《五行》《武德》之舞。

甲子日，明帝跟着皇太后到章陵，察看过去的庐舍。十二月戊辰日，明帝从章陵返回洛阳。

这年，建造北宫及各官府。京师及七个郡国发大水。

永平四年（61）春二月辛亥日，明帝下诏说：“朕亲自耕种藉田，祈祷农事丰收。京师冬季没有大雪，春季不温暖湿润，烦劳百官，蓄积精气，向神明祈祷求福。幸而近来又降下及时雨，冬麦得到润泽。现在赏赐公卿一半的俸禄。主管官吏要勤勉政事，遵循时令，务必刑罚公平。”

秋九月戊寅日，千乘王刘建去世。

冬十月乙卯日，司徒郭丹、司空冯鲂被罢免。丙辰日，明帝任命河南尹范迁为司徒，太仆伏恭为司空。

十二月，陵乡侯梁松被关入监牢并死在狱中。

永平五年（62）春二月庚戌日，骠骑将军东平王刘苍被免职后回到封地；琅琊王刘京前往封国。

冬十月，明帝驾临邺县。与赵王刘栩在此相会。常山三老对明帝说：“陛下在元氏出生，希望能给予优待，免除赋税。”明帝下诏说：

其宜也。今永平之政，百姓怨结，而吏人求复，令人愧笑。重逆此县之拳拳，其复元氏县田租更赋六岁，劳赐县掾史，及门阑走卒。”至自邺。

十一月，北匈奴寇五原；十二月，寇云中，南单于击却之。

是岁，发遣边人在内郡者，赐装钱人二万。

六年春正月，沛王辅、楚王英、东平王苍、淮阳王延、琅邪王京、东海王政、赵王盱、北海王兴、齐王石来朝。

二月，王雒山出宝鼎，庐江太守献之。夏四月甲子，诏曰：“昔禹收九牧之金，铸鼎以象物，使人知神奸，不逢恶气。遭德则兴，迁于商、周；周德既衰，鼎乃沦亡。祥瑞之降，以应有德。方今政化多僻，何以致兹？《易》曰鼎象三公，岂公卿奉职得其理邪？太常其以礿祭之日，陈鼎于庙，以备器用。赐三公帛五十匹，九卿、二千石半之。先帝诏书，禁人上事言圣，而间者章奏颇多浮词，自今若有过称虚誉，尚书皆宜抑而不省，示不为谄子蚩也。”

冬十月，行幸鲁，祠东海恭王陵；会沛王辅、楚王英、济南王康、东平王苍、淮阳王延、琅邪王京、东海王政。十二月，还，幸阳城，遣使者祠中岳。壬午，车驾还宫。东平王苍、琅邪王京从驾来朝皇太后。

七年春正月癸卯，皇太后阴氏崩。二月庚申，葬光烈皇后。

秋八月戊辰，北海王兴薨。

是岁，北匈奴遣使乞和亲。

八年春正月己卯，司徒范迁薨。三月辛卯，太尉虞延为司徒，

“丰、沛、济阳，是祖先受命于天的地方，加恩报德，是应当的。如今永平的政事，百姓心怀怨恨，官员要求免除赋税，令人耻笑。如果不答应，难违此县父老的拳拳之心，现在免除元氏县田租更赋六年，分别慰劳赏赐县掾史，及门阑走卒。”明帝从邺县返回洛阳。

十一月，北匈奴侵犯五原；十二月侵犯云中，南单于将其击退。

这年，遣送在内地郡县的边民，赏赐行装费每人二万。

永平六年(63)春正月，沛王刘辅、楚王刘英、东平王刘苍、淮阳王刘延、琅琊王刘京、东海王刘政、赵王刘盱、北海王刘兴、齐王刘石前来朝见。

二月，王雒山出现在宝鼎，庐江太守将其献给朝廷。夏四月甲子日，明帝下诏说：“从前夏禹收集九州牧守的金属，铸造成鼎来象征万物，让人们了解神灵鬼怪，走入山林川泽不遭逢恶气。遇上有德之君就会出现，所以传到商、周；周德衰亡后，鼎也沉入泗水。吉祥事物的出现，是应验有德。如今政教多不清明，为什么会出现宝鼎呢？《易经》上说鼎象征着三公，难道是公卿奉行职事非常得体吗？太常在夏祭之日，将鼎放到宗庙，以备器用。赏赐三公帛五十匹，九卿二千石二十五匹。先帝曾经下过诏书，禁止人们上书称颂君主圣明，而近来有些奏章，颇多不切实际的言词，从今以后如果再有过分的赞誉，尚书都应扣下不再上报，表示不被谄媚之人讥笑。”

冬十月，明帝驾临鲁，祭祀东海恭王陵；会见沛王刘辅、楚王刘英、济南王刘康、东平王刘苍、淮阳王刘延、琅琊王刘京、东海王刘政。十二月，明帝返回时，到达阳城，派使者祭祀中岳嵩山。壬午日，明帝回到洛阳。东平王刘苍、琅琊王刘京跟随明帝前来朝见皇太后。

永平七年(64)春正月癸卯日，皇太后阴氏驾崩。二月庚申日，安葬光烈皇后。

秋八月戊辰日，北海王刘兴去世。

这年，北匈奴派使者请求和亲。

永平八年(65)春正月己卯日，司徒范迁去世。三月辛卯日，任命卫尉赵憙行太尉事。

遣越骑司马郑众报使北匈奴。初置度辽将军，屯五原曼柏。

秋，郡国十四雨水。

冬十月，北宫成。

丙子，临辟雍，养三老、五更。礼毕，诏三公募郡国中都官死罪系囚，减罪一等，勿笞，诣度辽将军营，屯朔方、五原之边县；妻子自随，便占著边县；父母同产欲相代者，恣听之。其大逆无道殊死者，一切募下蚕室。亡命者令赎罪各有差。凡徙者，赐弓弩衣粮。

壬寅晦，日有食之，既。诏曰："朕以无德，奉承大业，而下贻人怨，上动三光。日食之变，其灾尤大，《春秋》图谶所为至谴。永思厥咎，在予一人。群司勉修职事，极言无讳。"于是在位者皆上封事，各言得失。帝览章，深自引咎，乃以所上班示百官。诏曰："群僚所言，皆朕之过。人冤不能理，吏黠不能禁；而轻用人力，缮修宫宇，出入无节，喜怒过差。昔应门失守，《关雎》刺世；飞蓬随风，微子所叹。永览前戒，竦然兢惧。徒恐薄德，久而致怠耳。"

北匈奴寇西河诸郡。

九年春三月辛丑，诏郡国死罪囚减罪，与妻子诣五原、朔方占著，所在死者皆赐妻父若男同产一人复终身；其妻无父兄独有母者，赐其母钱六万，又复其口算。

夏四月甲辰，诏郡国以公田赐贫人各有差。令司隶校尉、部刺史岁上墨绶长吏视事三岁已上理状尤异者各一人，与计偕上。及尤太尉虞延为司徒，卫尉赵憙代行太尉职权。

明帝派越骑司马郑众回访北匈奴。开始设置度辽将军，驻守五原曼柏。

秋季，十四个郡国连降雨水。

冬十月，北宫建成。

丙子日，明帝驾临辟雍，供养三老、五更。礼毕，诏令三公向郡国各官府宣布凡死刑在押囚犯，减轻罪行一等，不要鞭笞，送到度辽将军兵营，驻守朔方、五原的边县；妻子儿女自愿跟随的，便登上边县户籍；父母同胞兄弟想替换的，听之任之。其中大逆不道非斩首不可的，一律下蚕室施腐刑。逃亡的令其赎罪，各有不同的赎金。凡是迁徙的，赏赐弓弩衣服粮食。

三十壬寅日，发生日食。明帝下诏说："朕因为缺乏德行，继承大业，对下造成人们怨恨，对上惊动日月星辰。日食之变，灾害最大，所以《春秋》的图谶中认为这是极大的谴责。朕长久反省过失，全在我一人身上。百官要勤勉政事，有话直说，不要忌讳。"于是在职官员都上书奏事，各自陈说政治得失。明帝阅览奏章后，深深地引咎自责，便将提出的意见，颁示百官。并下诏说："群臣所说的，都是朕的过错。百姓有冤屈不能平反，官吏阴险狡诈不能禁止；而轻易动用人力，修缮宫宇，出入没有节制，喜怒不能适中。过去君主荒废政事，贤人用《关雎》讽刺；心神不定像飞蓬随风，微子感叹。朕观览以前的这些告诫，感到毛骨竦然，战战兢兢。惟恐缺乏德行，长久会更加懈怠。"

北匈奴侵犯西河诸郡。

永平九年（66）春三月辛丑日，诏令对郡国死罪囚犯减免罪行，与妻子儿女到五原、朔方落户，死在当地的都赏赐妻子的父亲或同胞兄弟一人终身免除赋税；妻子没有父兄只有母亲的，赏赐母亲六万钱，还免除其口赋。

夏四月甲辰日，诏令郡国将公田赏赐贫民各有不同。令司隶校尉、部刺史每年上报任职三年以上佩戴墨绶的长吏，以及政绩优异不政理者，亦以闻。

是岁，大有年。为四姓小侯开立学校，置《五经》师。

十年春二月，广陵王荆有罪，自杀，国除。

夏四月戊子，诏曰："昔岁五谷登衍，今兹蚕麦善收，其大赦天下。方盛夏长养之时，荡涤宿恶，以报农功。百姓勉务桑稼，以备灾害。吏敬厥职，无令惩堕。"

闰月甲午，南巡狩，幸南阳，祠章陵。日北至，又祠旧宅。礼毕，召校官弟子作雅乐，奏《鹿鸣》，帝自御埙篪和之，以娱嘉宾。还，幸南顿，劳飨三老、官属。

冬十一月，征淮阳王延会平舆，征沛王辅会睢阳。

十二月甲午，车驾还宫。

十一年春正月，沛王辅、楚王英、济南王康、东平王苍、淮阳王延、中山王焉、琅邪王京、东海王政来朝。

秋七月，司隶校尉郭霸下狱死。

是岁，漅湖出黄金，庐江太守以献。时麒麟、白雉、醴泉、嘉禾所在出焉。

十二年春正月，益州徼外夷哀牢王相率内属，于是置永昌郡，罢益州西部都尉。

夏四月，遣将作谒者王吴修汴渠，自荥阳至于千乘海口。

五月丙辰，赐天下男子爵，人二级，三老、孝悌、力田人三级，流民无名数欲占者人一级；鳏、寡、孤、独、笃癃、贫无家属不能自存者粟，人三斛。诏曰："昔曾、闵奉亲，竭观致养；仲尼葬子，有棺无椁。丧贵致哀，礼存宁俭。今百姓送终之制，竞为奢靡。生者无担的各一人,与计吏一起上京。对政绩不佳的,也要上报。

这年,收成很好。为樊、郭、阴、马四姓外戚子弟创立学校,设置《五经》师。

永平十年(67)春二月,广陵王刘荆有罪,自杀,废除封国。

夏四月戊子日,明帝下诏说:“去年五谷丰登,今年蚕麦又好,现在决定大赦天下。如今正是盛夏,万物生长之时,应当清除所有旧恶,有利于农事。百姓要勤于农事,防备灾害。官吏要尽职尽责,不要犯罪堕落。”

闰十月甲午日,明帝南巡视察,到达南阳,祭祀章陵。夏至日,明帝祭祀旧居。礼毕,召集校官弟子奏雅乐,唱《鹿鸣》,明帝亲自吹起埙篪相应和,与嘉宾同乐。返回时,明帝到达南顿,慰劳犒赏三老、官属。

冬十一月,明帝征召淮阳王刘延到平舆会面,征召沛王刘辅到睢阳会面。

十二月甲午日,明帝返回洛阳。

永平十一年(68)春正月,沛王刘辅、楚王刘英、济南王刘康、东平王刘苍、淮阳王刘延、中山王刘焉、琅琊王刘京、东海王刘政前来朝见。

秋七月,司隶校尉郭霸被关入监牢并死在狱中。

这年,巢湖出现黄金,庐江太守将其献给朝廷。当时麒麟、白雉、醴泉、嘉禾出现在各地。

永平十二年(69)春正月,益州界外蛮夷哀牢王率领全族归附朝廷,于是设置永昌郡,罢免益州西部都尉。

夏四月,明帝派将作谒者王吴修建汴渠,从荥阳到千乘海口。

五月丙辰日,赏赐天下男子爵位,每人二级,三老、孝悌、力田每人三级,没有户籍想入籍的流民每人一级;鳏、寡、孤、独、疾病缠身、贫困无家属不能自谋生计的,每人发粟三斛。明帝下诏说:“过去曾子、闵子侍奉双亲,都竭尽全力奉养;孔子安葬儿子时,有棺无石之储，而财力尽于坟土。伏腊无糟糠，而牲牢兼于一奠。糜破积世之业，以供终朝之费，子孙饥寒，绝命于此，岂祖考之意哉！又车服制度，恣极耳目。田荒不耕，游食者众。有司其申明科禁，宜于今者，宣下郡国。”

秋七月乙亥，司空伏恭罢。乙未，大司农牟融为司空。

冬十月，司隶校尉王康下狱死。

是岁，天下安平，人无徭役，岁比登稔，百姓殷富，粟斛三十，牛羊被野。

十三年春二月，帝耕于籍田。礼毕，赐观者食。

三月，河南尹薛昭下狱死。

夏四月，汴渠成。辛巳，行幸荥阳，巡行河渠。乙酉，诏曰：“自汴渠决败，六十余岁，加顷年以来，雨水不时，汴流东侵，日月益甚，水门故处，皆在河中，漭瀁广溢，莫测圻岸，荡荡极望，不知纲纪。今兖、豫之人，多被水患，乃云县官不先人急，好兴它役。又或以为河流入汴，幽、冀蒙利，故曰左堤强则右堤伤，左右俱强则下方伤，宜任水势所之，使人随高而处，公家息壅塞之费，百姓无陷溺之患。议者不同，南北异论，朕不知所从，久而不决。今既筑堤理渠，绝水立门，河、汴分流，复其旧迹，陶丘之北，渐就壤坟，故荐嘉玉絜牲，以礼河神。东过洛汭，叹禹之绩。今五土之宜，反其正色，滨渠下田，赋与贫人，无令豪右得固其利，庶继世宗《瓠子》之作。”因遂度河，登太行，进幸上党。壬寅，车驾还宫。

椁。办理丧事贵在表达哀思，礼仪方面宁可俭约。如今百姓送终的行为，争相攀比奢靡。导致活着的人没有一石米的存粮，所有财力全部用在坟土上。伏日、腊日没有糟糠可食，而将牲牢用在一次祭奠上。历代的积蓄，一个早晨就挥霍掉，子孙饥寒交迫，就这样断送了性命，这岂是祖先的期望！还有车马服饰，极尽奢华。田地荒芜，不去耕种，游手好闲的人越来越多。主管官吏应申明各种法律禁令，适用于现在的，向郡国宣布执行。”

秋七月乙亥日，司空伏恭被罢免。乙未日，明帝任命大司农牟融为司空。

冬十月，司隶校尉王康被关入监牢并死在狱中。

这年，天下安定太平，人们不用服徭役，五谷连年丰收，百姓殷实富足，粟每斛三十钱，牛羊遍布田野。

永平十三年（70）春二月，明帝在藉田耕作。礼毕，赏赐观者酒食。

三月，河南尹薛昭被关入监牢并死在狱中。

夏四月，汴渠建成。辛巳日，明帝到达荥阳，巡视河渠。乙酉日，下诏说：“自从汴渠毁坏，已经有六十多年，加上近年以来，雨水不断，汴河的水流向东侵蚀，越来越严重，水门故址，都在河中，河水浩渺无边，望不到岸，极目滔滔，不知道如何治理。现在兖、豫的百姓，多遭水患，都说县官不先急人之急，只让他们服其他劳役。又有人认为黄河流入汴水，幽州、冀州获利，所以说左堤强则右堤伤，左右都强则下方伤，应当根据水势的流向，让百姓住在高地，公家可以省下堵塞水流的费用，百姓也没有被水淹没的忧患。这些议论者意见不同，南北说法各异，朕不知道该听谁的，所以此事久而不决。现在已经筑堤理渠，断水立门，让黄河、汴水分流，恢复旧的河道，陶丘以北，平壤土阜，慢慢形成，因而备好嘉玉洁牲，祭祀河神。朕向东经过洛水入黄河处时，感叹夏禹的功绩。现在山林、川泽、丘陵、坟衍、原隰五土适宜，恢复土性，靠近水渠的下田，交给贫民，不要让豪强独占其利，希望能继承世宗《瓠子》诗中治理黄河的伟业。”于是明帝渡过黄河，登上太行山，然后到达上党。壬寅日，明帝返回洛阳。

冬十月壬辰晦，日有食之。三公免冠自劾。制曰："冠履勿劾。灾异屡见，咎在朕躬，忧惧遑遑，未知其方。将有司陈事，多所隐讳，使君上壅蔽，下有不畅乎？昔卫有忠臣，灵公得守其位。今何以和穆阴阳，消伏灾谴？刺史、太守详刑理冤，存恤鳏孤，勉思职焉。"

十一月，楚王英谋反，废，国除，迁于泾县，所连及死徙者数千人。

是岁，齐王石薨。

十四年春三月甲戌，司徒虞延免，自杀。夏四月丁巳，钜鹿太守南阳邢穆为司徒。

前楚王英自杀。

夏五月，封故广陵王荆子元寿为广陵侯。

初作寿陵。

十五年春二月庚子，东巡狩。辛丑，幸偃师。诏亡命自殊死以下赎：死罪缣四十匹，右趾至髡钳城旦舂十匹，完城旦至司寇五匹；犯罪未发觉，诏书到日自告者，半入赎。征沛王辅会睢阳。进幸彭城。癸亥，帝耕于下邳。

三月，征琅邪王京会良成，征东平王苍会阳都，又征广陵侯及其三弟会鲁。祠东海恭王陵。还，幸孔子宅，祠仲尼及七十二弟子。亲御讲堂，命皇太子、诸王说经。又幸东平。辛卯，进幸大梁，至定陶，祠定陶恭王陵。夏四月庚子，车驾还宫。

改信都为乐成国，临淮为下邳国。封皇子恭为钜鹿王，党为乐成王，衍为下邳王，畅为汝南王，昞为常山王，长为济阴王。赐天下男子爵，人三级；郎、从官视事二十岁已上帛百匹，十岁已上二十匹，冬十月三十壬辰日，发生日食。三公脱去帽子检举自己的过失。明帝命令说：“你们先戴好帽子，不要弹劾自己。灾异屡次出现，过失都在朕身上，朕感到忧虑不安，不知道该怎么办才好。难道是官吏上奏事情时，多有所忌讳而隐瞒不说，使朕在上受到蒙蔽，下面的情况不能顺利上达吗？过去卫灵公无道，幸有忠臣辅佐才得以守住其位。现在如何才能调和阴阳，消除灾祸呢？刺史、太守要仔细审案，平反冤狱，慰问鳏孤，恪尽职守。”

十一月，楚王刘英谋反，废掉王位，废除封国，迁到泾县，牵连而死以及被流放的有数千人。

这年，齐王刘石去世。

永平十四年（71）春三月甲戌日，司徒虞延被罢免，自杀。夏四月丁巳日，明帝任命钜鹿太守南阳人邢穆为司徒。

前楚王刘英自杀。

夏五月，明帝封原广陵王刘荆的儿子刘元寿为广陵侯。

开始修建寿陵。

永平十五年（72）春二月庚子日，明帝东巡视察。辛丑日，明帝驾临偃师。诏令逃亡的从斩首以下的可以赎罪：死罪交纳细绢四十匹，砍掉右脚到髡钳、城旦、舂刑交纳十匹，完城旦到司寇交纳五匹；犯罪未被发现，诏书到达那日前自首的，交纳的赎金减半。征召沛王刘辅在睢阳会面。然后明帝到达彭城。癸亥日，明帝在下邳耕作。

三月，明帝征召琅琊王刘京在良成会面，征召东平王刘苍在阳都会面，又征召广陵侯及其三弟在鲁会面。祭祀东海恭王陵。返回时，明帝到达孔子故居，祭祀孔子及七十二弟子。亲到讲堂，命令皇太子、诸王讲解经书。又到东平。辛卯日，到达大梁，至定陶，祭祀定陶恭王陵。夏四月庚子日，明帝返回洛阳。

朝廷改信都为乐成国，临淮为下邳国。封皇子刘恭为钜鹿王，刘党为乐成王，刘衍为下邳王，刘畅为汝南王，刘昞为常山王，刘长为济阴王。赏赐天下男子爵位，每人三级；郎、从官任职二十年以上帛百匹，十年以上二十匹，十年以下十匹，官府吏五匹，书佐、小史三匹。

十岁已下十匹，官府吏五匹，书佐、小史三匹。令天下大酺五日。乙巳，大赦天下，其谋反大逆及诸不应宥者，皆赦除之。

冬，车骑校猎上林苑。

十二月，遣奉车都尉窦固、驸马都尉耿秉屯凉州。

十六年春二月，遣太仆祭肜出高阙，奉车都尉窦固出酒泉，驸马都尉耿秉出居延，骑都尉来苗出平城，伐北匈奴。窦固破呼衍王于天山，留兵屯伊吾卢城。耿秉、来苗、祭肜并无功而还。

夏五月，淮阳王延谋反，发觉。癸丑，司徒邢穆、驸马都尉韩光坐事下狱死，所连及诛死者甚众。

戊午晦，日有食之。

六月丙寅，大司农西河王敏为司徒。

秋七月，淮阳王延徙封阜陵王。

九月丁卯，诏令郡国中都官死罪系囚减死罪一等，勿笞，诣军营，屯朔方、敦煌；妻子自随，父母同产欲求从者，恣听之；女子嫁为人妻，勿与俱。谋反大逆无道不用此书。

是岁，北匈奴寇云中，云中太守廉范击破之。

十七年春正月，甘露降于甘陵。北海王睦薨。

二月乙巳，司徒王敏薨。三月癸丑，汝南太守鲍昱为司徒。

是岁，甘露仍降，树枝内附，芝草生殿前，神雀五色翔集京师。西南夷哀牢、儋耳、僬侥、槃木、白狼、动黏诸种，前后慕义贡献；西域诸国遣子入侍。夏五月戊子，公卿百官以帝威德怀远，祥物显应，乃并集朝堂，奉觞上寿。制曰："天生神物，以应王者；远人慕化，实由有德。朕以虚薄，何以享斯？唯高祖、光武圣德所被，不敢有辞。其敬举觞，太常择吉日策告宗庙。其赐天下男子爵，人二级，三老、孝悌、力田人三级，流人无名数欲占者人一级；鳏、寡、命令天下欢饮五日。乙巳日，大赦天下，除去谋反大逆及其他不应宽恕的，全部赦免其罪。

冬季，乘车马到上林苑打猎。

十二月，派奉车都尉窦固、驸马都尉耿秉驻守凉州。

永平十六年(73)春二月，派太仆祭肜从高阙出兵，奉车都尉窦固从酒泉出兵，驸马都尉耿秉从居延出兵，骑都尉来苗从平城出兵，讨伐北匈奴。窦固在天山击败呼衍王，留兵驻守伊吾卢城。耿秉、来苗、祭肜都无功而返。

夏五月，淮阳王刘延谋反，被发觉。癸丑日，司徒邢穆、驸马都尉韩光因事获罪，被关入监牢并死在狱中，牵连被杀的人很多。

三十戊午日，发生日食。

六月丙寅日，明帝任命大司农西河人王敏为司徒。

秋七月，改封淮阳王刘延为阜陵王。

九月丁卯日，诏令郡国各官府对犯有死罪的在押囚犯免死并减罪一等，不要笞打，送到军营，驻守朔方、敦煌；妻子儿女自愿跟随的，父母同胞兄弟想一起去的，随他们的意愿；女子已嫁为人妻的，不要同往。谋反大逆不道的，不适用此诏令。

这年，北匈奴侵犯云中，云中太守廉范将其击败。

永平十七年(74)春正月，甘陵降下及时雨。北海王刘睦去世。

二月乙巳日，司徒王敏去世。三月癸丑日，明帝任命汝南太守鲍昱为司徒。

这年，甘露频频降临，树枝连生在一起，殿前长出芝草，五色神雀飞到京师群集一处。西南夷哀牢、儋耳、僬侥、槃木、白狼、动黏各族，前后慕义进贡；西域各国派儿子入朝侍奉。夏五月戊子日，公卿百官因为明帝威德怀远，祥物显应，于是聚集朝堂，举杯敬酒，祝颂长寿。明帝命令说："天生神物，以应王者；远方的人仰慕教化，实际上是因为朝廷有德。朕空虚浅薄，怎么能承受这种美誉呢？只有高祖、光武帝圣德普照，没有话说。让我们恭敬地举起酒杯，太常选择孤、独、笃癃、贫不能自存者粟，人三斛；郎、从官视事十岁以上者，帛十匹。中二千石、二千石下至黄绶，贬秩奉赎，在去年以来皆还赎。”

秋八月丙寅，令武威、张掖、酒泉、敦煌及张掖属国，系囚右趾已下任兵者，皆一切勿治其罪，诣军营。

冬十一月，遣奉车都尉窦固、驸马都尉耿秉、骑都尉刘张出敦煌昆仑塞，击破白山虏于蒲类海上，遂入车师。初置西域都护、戊己校尉。

是岁，改天水为汉阳郡。

十八年春三月丁亥，诏曰：“其令天下亡命，自殊死已下赎：死罪缣三十匹，右趾至髡钳城旦舂十匹，完城旦至司寇五匹；吏人犯罪未发觉，诏书到自告者，半入赎。”

夏四月己未，诏曰：“自春已来，时雨不降，宿麦伤旱，秋种未下，政失厥中，忧惧而已。其赐天下男子爵，人二级，及流民无名数欲占者人一级；鳏、寡、孤、独、笃癃，贫不能自存者粟，人三斛。理冤狱，录轻系。二千石分祷五岳四渎。郡界有名山大川能兴云致雨者，长吏各絜斋祷请，冀蒙嘉澍。”

六月己未，有星孛于太微。

焉耆、龟兹攻西域都护陈睦，悉没其众。北匈奴及车师后王围戊己校尉耿恭。

秋八月壬子，帝崩于东宫前殿。年四十八。遗诏无起寝庙，藏主于光烈皇后更衣别室。帝初作寿陵，制令流水而已，石椁广一丈吉日策告宗庙。现在赏赐天下男子爵位，每人二级，三老、孝悌、力田每人三级，没有户籍想入籍的流民每人一级；鳏、寡、孤、独、疾病缠身、家贫不能自谋生计的，每人发粟三斛；郎、从官任职十年以上的，帛十匹。中二千石、二千石以下至黄绶，遭受贬职出钱赎罪的，从去年以来都退还所有赎金。”

秋八月丙寅日，明帝命令武威、张掖、酒泉、敦煌及张掖属国，被判砍掉右脚以下刑罚还能当兵的在押囚犯，都不要治他们的罪，送入军营。

冬十一月，明帝派奉车都尉窦固、驸马都尉耿秉、骑都尉刘张从敦煌昆仑塞出兵，在蒲类海上打败白山胡虏，然后进入车师。开始设置西域都护、戊己校尉。

这年，改天水为汉阳郡。

永平十八年（75）春三月丁亥日，明帝下诏说：“令天下逃亡的人，自斩首以下可以赎罪：死罪交纳细绢三十匹，砍掉右脚到髡钳、城旦、舂刑交纳十匹，完城旦到司寇交纳五匹；官吏百姓犯罪未被发觉，诏书到达前自首的，交纳的赎金减半。”

夏四月己未日，明帝下诏说：“自从入春以来，一直没有按时下雨，冬麦被干旱所伤，秋种没有播下，政事失当，朕感到忧愁恐惧。现在赏赐天下男子爵位，每人二级，以及没有户籍想入籍的流民每人一级；鳏、寡、孤、独、疾病缠身、家贫不能自谋生计的，每人发粟三斛。平反冤狱，释放轻罪囚犯。二千石分别向五岳四渎祈祷。郡界有名山大川能兴云致雨的，长吏各自净洁身心，诚敬斋戒，祈求神明，希望能降下及时雨。”

六月己未日，有彗星出现在太微。

焉耆、龟兹攻打西域都护陈睦，陈睦全军覆没。北匈奴及车师后王包围戊己校尉耿恭。

秋八月壬子日，明帝在东宫前殿驾崩，终年四十八岁。遗诏令不修建寝庙，将神主牌位藏在光烈皇后更衣别室。明帝开始建造寿陵时，曾下令只要能不积水就可以了，石椁宽一丈二尺，长二丈五尺，不二尺，长二丈五尺，无得起坟。万年之后，扫地而祭，杅水脯糒而已。过百日，唯四时设奠，置吏卒数人供给洒扫，勿开修道。敢有所兴作者，以擅议宗庙法从事。

帝遵奉建武制度，无敢违者。后宫之家，不得封侯与政。馆陶公主为子求郎，不许，而赐钱千万。谓群臣曰："郎官上应列宿，出宰百里，苟非其人，则民受其殃，是以难之。"故吏称其官，民安其业，远近肃服，户口滋殖焉。

论曰：明帝善刑理，法令分明。日晏坐朝，幽枉必达。内外无幸曲之私，在上无矜大之色。断狱得情，号居前代十二。故后之言事者，莫不先建武、永平之政。而钟离意、宋均之徒，常以察慧为言，夫岂弘人之度未优乎？

赞曰：显宗丕承，业业兢兢。危心恭德，政察奸胜。备章朝物，省薄坟陵。永怀废典，下身遵道。登台观云，临雍拜老。懋惟帝绩，增光文考。

要起坟。万年之后，人们只要扫地祭祀，清除积水就可以了。百日之后，只要四时祭祀，设置吏卒数人供给洒扫，不要再开修道路。敢有所兴建的，以擅议宗庙法论罪。

明帝遵照建武时期的制度，没有任何敢违抗的。后宫的亲属，不得封侯参政。馆陶公主曾经为儿子谋求郎官一职，明帝没有答应，而是赐钱千万。他对群臣说："郎官对应天上的星宿，出京做官管辖百里之地，如果选人不当，百姓就会遭殃，因此不能答应。"所以明帝时期官吏尽职尽责，百姓安居乐业，远近心悦诚服，户口有所增加。

评论说：明帝擅长刑罚，法令分明。每日坐朝，冤屈都能得到伸张。内外没有侥幸偏袒的私心，在上也没有骄傲自大的神色。断案合情合理，数量号称仅有前代的十分之二。所以后来的人们谈及朝政，无不推崇建武、永平之政的。而钟离意、宋均等人，常常因明帝明察秋毫而心怀不满，这难道是容人之度方面还不够宽大吗？

赞辞说：明帝承天受命，兢兢业业。心存戒惧而谦逊恭谨，政治严明而铲除奸佞。完备朝仪礼乐制度，丧事上面俭省节约。长久怀念明堂之礼，选拔官吏遵循法度。登上灵台观察云气，亲临辟雍拜谢三老。为了帝绩而勤勉努力，给先帝功业增光添彩。

卷三

章帝纪第三

肃宗孝章皇帝讳炟，显宗第五子也。母贾贵人。永平三年，立为皇太子。少宽容，好儒术，显宗器重之。

十八年八月壬子，即皇帝位，年十九。尊皇后曰皇太后。

壬戌，葬孝明皇帝于显节陵。

冬十月丁未，大赦天下。赐民爵，人二级，为父后及孝悌、力田人三级，脱无名数及流人欲占者人一级，爵过公乘得移与子若同产子；鳏、寡、孤、独、笃癃、贫不能自存者粟，人三斛。诏曰："朕以眇身，托于王侯之上，统理万机，惧失厥中，兢兢业业，未知所济。深惟守文之主，必建师傅之官。《诗》不云乎：'不愆不忘，率由旧章。'行太尉事节乡侯憙三世在位，为国元老；司空融典职六年，勤劳不怠。其以憙为太傅，融为太尉，并录尚书事。'三事大夫，莫肯夙夜'，《小雅》之所伤也。'予违汝弼，汝无面从'，股肱之正义也。群后百僚勉思厥职，各贡忠诚，以辅不逮。申敕四方，称朕意焉。"

十一月戊戌，蜀郡太守第五伦为司空。

诏征西将军耿秉屯酒泉。遣酒泉太守段彭救戊己校尉耿恭。

甲辰晦，日有食之。于是避正殿，寝兵，不听事五日。诏有司各上封事。

肃宗孝章皇帝名炟，是明帝的第五子。母亲是贾贵人。永平三年（60），立为皇太子。年少宽容，喜好儒术，显宗很器重他。

永平十八年（75）八月壬子日，即皇帝位，当时十九岁。尊皇后为皇太后。

壬戌日，葬孝明皇帝于显节陵。

冬十月丁未日，大赦天下。赏赐天下男子爵位，每人二级，继承父业及孝悌、力田每人三级，没有户籍的百姓及想入籍的流民每人一级，公乘以上的爵位可以转给儿子或兄弟的儿子；鳏、寡、孤、独、疾病缠身、家贫不能自谋生计的，每人发粟三斛。章帝下诏说："朕以微末之身，托于王侯之位上，统理万机，害怕失去公正，兢兢业业，不知道怎样做才好。朕深知遵循先王法度的君主，必须要设置师傅这一官职。《诗经》中不是说过吗：'成王没有过失，也不妄为，是因为事事遵循周公昔日的典章。'代行太尉职权的节乡侯赵憙，三朝为官，是国家的元老；司空牟融，掌管政事六年，勤劳不怠。如今任命赵憙为太傅，牟融为太尉，并总领尚书事。'三公大夫，晨昏不省'，《小雅》认为不对。'君王有过失，臣子应及时辅正，并当面指出'，《尚书·益稷》所说的道理，才是国家股肱之臣要遵循的大义。公卿百官应努力做好分内之事，各尽忠诚，来匡辅朕的不足。现在明白向四方宣示诏令，希望满足我的意愿。"

十一月戊戌日，任命蜀郡太守第五伦为司空。

诏令征西将军耿秉驻守酒泉。派酒泉太守段彭援救戊己校尉耿恭。

三十甲辰日，发生日食。于是章帝避正殿，停止用兵，五天不处理政事。诏令主管官吏各自上书奏事。

十二月癸巳，有司奏言：“孝明皇帝圣德淳茂，劬劳日昃，身御浣衣，食无兼珍。泽臻四表，远人慕化，僬侥、儋耳，款塞自至。克伐鬼方，开道西域，威灵广被，无思不服。以烝庶为忧，不以天下为乐。备三雍之教，躬养老之礼。作登歌，正予乐，博贯六艺，不舍昼夜。聪明渊塞，著在图谶。至德所感，通于神明。功烈光于四海，仁风行于千载。而深执谦谦，自称不德，无起寝庙，扫地而祭，除日祀之法，省送终之礼，遂藏主于光烈皇后更衣别室。天下闻之，莫不凄怆。陛下至孝烝烝，奉顺圣德。臣愚以为更衣在中门之外，处所殊别，宜尊庙曰显宗，其四时禘祫，于光武之堂，间祀悉还更衣，共进《武德》之舞，如孝文皇帝祫祭高庙故事。”制曰：“可。”

是岁，牛疫。京师及三州大旱，诏勿收兖、豫、徐州田租、刍稿，其以见谷赈给贫人。

建初元年春正月，诏三州郡国：“方春东作，恐人稍受禀，往来烦剧，或妨耕农。其各实核尤贫者，计所贷并与之。流人欲归本者，郡县其实禀，令足还到，听过止官亭，无雇舍宿。长吏亲躬，无使贫弱遗脱，小吏豪右得容奸妄。诏书既下，勿得稽留，刺史明加督察尤无状者。”

丙寅，诏曰：“比年牛多疾疫，垦田减少，谷价颇贵，人以流亡。方春东作，宜及时务。二千石勉劝农桑，弘致劳来。群公庶尹，各推精诚，专急人事。罪非殊死，须立秋案验。有司明慎选举，进柔良，退贪猾，顺时令，理冤狱。‘五教在宽’，帝《典》所美；‘恺悌君子’，《大雅》所叹。布告天下，使明知朕意。”

十二月癸巳日，主管官吏奏报说：“孝明皇帝圣德淳厚，终日辛苦，身穿浣衣，食无兼味。他的恩泽遍及天下，远方之人仰慕教化，僬侥、儋耳，到边界归顺。他征讨鬼方，开道西域，声威远播，无不臣服。他以民众的生活为忧，不以统治天下为乐。他完备三雍的教化，躬行养老的礼仪。登堂奏歌，正予乐，博通六艺，昼夜不停。他聪明渊博，深远诚实，显示在图谶。他的至德感天动地，联通神明。功业光照四海，仁风流传千年。却坚持谦逊，自称缺乏德行，不修建自己的寝庙，只用扫地进行祭祀，废除每日祭祀的制度，省去送终的礼仪，将神主牌位藏在光烈皇后的更衣别室。天下人听说后，无不为之感到悲伤。陛下至孝淳厚，奉行圣德。臣愚以为更衣别室在中门之外，地点特殊，应当尊庙号为显宗，四时予以祭祀，在光武庙堂中举行，平常祭祀都回更衣别室中进行，共同进献《武德》之舞，像孝文皇帝祭祀高庙的先例一样。”章帝批示：“可以。”

这年，发生牛瘟。京师及三州大旱，朝廷诏令不用收取兖、豫、徐州的田租和草料，并用现存粮食赈济贫民。

建初元年（76）春正月，章帝诏令三州郡国：“现在正是春耕之时，担心将少量粮食给贫民，往来程序烦杂，有时会妨碍农事。应分别核实那些特别贫困的百姓，连同借贷一并给他们。流民想返回家乡的，郡县要备足口粮，让他们可以回到家乡，任凭他们在驿站官亭中休息，不要收取任何钱财。长吏要亲自过问此事，不要遗漏贫弱之民，而让小吏豪强在其中作弊。诏书下达后，不要拖延，刺史要明令督察那些罪大恶极的人。”

丙寅日，章帝下诏说：“这些年牛多次发生瘟疫，已开垦的田地减少，谷价变得非常贵，人口因此流亡。现在正值春耕之时，应当即使进行农事。二千石官吏要劝勉百姓从事农桑，使大家勤于耕作。公卿百官，要竭尽全力，专心致力于百姓之事。除了被判斩首的囚犯，其他的都要等到秋后再审理。主管官吏要慎重选取贤才，任用柔顺良善的人，斥退贪婪狡猾的人，顺应时令，审理冤狱。‘五教的根本在于宽’，这是《尚书·舜典》所赞美的；‘品德优良，平易近人的君子，才能成为酒泉太守段彭讨击车师，大破之。罢戊己校尉官。

二月，武陵澧中蛮叛。

三月甲寅，山阳、东平地震。己巳，诏曰："朕以无德，奉承大业，夙夜栗栗，不敢荒宁。而灾异仍见，与政相应。朕既不明，涉道日寡；又选举乖实，俗吏伤人，官职耗乱，刑罚不中，可不忧与！昔仲弓季氏之家臣，子游武城之小宰，孔子犹诲以贤才，问以得人。明政无大小，以得人为本。夫乡举里选，必累功劳。今刺史、守相不明真伪，茂才、孝廉岁以百数，既非能显，而当授之政事，甚无谓也。每寻前世举人贡士，或起甽亩，不系阀阅。敷奏以言，则文章可采；明试以功，则政有异迹。文质彬彬，朕甚嘉之。其令太傅、三公、中二千石、二千石、郡国守相举贤良方正能直言极谏之士各一人。"

夏五月辛酉，初举孝廉、郎中宽博有谋，任典城者，以补长、相。

秋七月辛亥，诏以上林池籞田赋与贫人。

八月庚寅，有星孛于天市。

九月，永昌哀牢夷叛。

冬十月，武陵郡兵讨叛蛮，破降之。

十一月，阜陵王延谋反，贬为阜陵侯。

二年春三月辛丑，诏曰："比年阴阳不调，饥馑屡臻。深惟先帝忧人之本，诏书曰'不伤财，不害人'，诚欲元元去末归本。而今贵戚近亲，奢纵无度，嫁娶送终，尤为僭侈。有司废典，莫肯举察。《春秋》之义，以贵理贱。今自三公，并宜明纠非法，宣振威风。朕百姓的父母官'，这是《大雅·泂酌》所称赞的。布告天下，使百姓明白朕的心意。"

酒泉太守段彭攻打车师国，大败敌军。之后朝廷撤去戊己校尉官。

二月，武陵澧中蛮夷叛乱。

三月甲寅日，山阳、东平发生地震。己巳日，章帝下诏说："朕作为缺乏德行之人，继承帝业，日夜战栗不安，不敢荒废懈怠，贪图安逸。而灾异仍然不断出现，这与为政不公是相应的。朕本来就不贤明，执政时间很短；加上选取的人员名不副实，平庸的官吏伤害百姓，官职混乱，刑罚不当，怎能不让人发愁呢！从前仲弓是季氏的家臣，子游是武城的小宰，孔子仍然教诲他们要推举贤才，询问是否可以得到德才兼备之人的帮助。清明的政治无论大小，都以得到贤人作为根本。乡里举荐人才，一定要多下功夫。现在刺史、守相不明真伪，每年举荐的茂才、孝廉有上百个，既然不是能干的人，却要当面授予政事，实在是不合理。每次念及前代推荐的举人贡士，有的起于田间垄亩，不是什么有功勋的世家。要他们上书奏事，文采飞扬；试用为官，政绩优异。文质彬彬，朕非常赞赏。现在令太傅、三公、中二千石、二千石、郡国守相，举荐贤良方正能直言极谏之士各一人。"

夏五月辛酉日，各郡国开始举荐孝廉和宽厚博学有谋略的郎中，能主掌一城之事的，来补为县长、国相。

秋七月辛亥日，章帝诏令把上林苑圈住的田地给予贫民。

八月庚寅日，有彗星出现在天市垣。

九月，永昌哀牢蛮夷叛乱。

冬十月，武陵郡兵征讨叛蛮，打败他们，并迫使其投降。

十一月，阜陵王刘延谋反，被贬为阜陵侯。

建初二年（77）春三月辛丑日，章帝下诏说："近年阴阳不调，多次发生饥荒。朕深思先帝忧虑百姓的根本，是诏书所说的'不伤财，不害民'，确实希望民众可以去末归本。但如今贵戚近亲，奢侈放纵，毫无限度，嫁娶送终，尤其过分奢侈。官吏违法乱纪，无人敢进行在弱冠，未知稼穑之艰难，区区管窥，岂能照一隅哉！其科条制度所宜施行，在事者备为之禁，先京师而后诸夏。”

甲辰，罢伊吾卢屯兵。

永昌、越嶲、益州三郡民、夷讨哀牢，破平之。

夏四月戊子，诏还坐楚、淮阳事徙者四百余家，令归本郡。

癸巳，诏齐相省冰纨、方空縠、吹纶絮。

六月，烧当羌叛，金城太守郝崇讨之，败绩，羌遂寇汉阳。秋八月，遣行车骑将军马防讨平之。

十二月戊寅，有星孛于紫宫。

三年春正月己酉，宗祀明堂。礼毕，登灵台，望云物。大赦天下。

三月癸巳，立贵人窦氏为皇后。赐爵，人二级，三老、孝悌、力田人三级，民无名数及流民欲占者人一级；鳏、寡、孤、独、笃癃、贫不能自存者粟，人五斛。

夏四月己巳，罢常山呼沲石臼河漕。

行车骑将军马防破烧当羌于临洮。

闰月，西域假司马班超击姑墨，大破之。

冬十二月丁酉，以马防为车骑将军。

武陵溇中蛮叛。

是岁，零陵献芝草。

四年春二月庚寅，太尉牟融薨。

夏四月戊子，立皇子庆为皇太子。赐爵，人二级，三老、孝悌、检举。《春秋》之义，以贵理贱。现在从三公起，都应明白纠正不法行为，宣扬振作威风。朕在弱冠之年，不知道农事的艰难，区区管窥之见，岂能照亮一方！所应施行的科条制度，任何人都要无条件遵守，先京师开始，然后推行到地方。”

甲辰日，朝廷撤去伊吾卢的驻军。

永昌、越巂、益州三郡的百姓和蛮夷讨伐哀牢，将其打败，平定这里。

夏四月戊子日，章帝诏令因楚王刘基和淮阳王刘延谋反而受牵连流放的四百多家，全部返回原郡。

癸巳日，章帝诏令诵念齐国国相，撤去冰纨、方空縠、吹纶絮三服官。

六月，烧当羌叛乱，金城太守郝崇前往讨伐，被打败，羌人就侵犯汉阳。秋八月，章帝派代理车骑将军马防征讨并平定叛乱。

十二月十六日，有彗星出现在紫宫。

建初三年（78）春正月己酉日，章帝在明堂祭祀祖先。礼毕，登上灵台，远望云气。大赦天下。

三月癸巳日，章帝立贵人窦氏为皇后。赏赐天下男子爵位，每人二级，三老、孝悌、力田每人三级，没有户籍的百姓及想入籍的流民每人一级；鳏、寡、孤、独、疾病缠身、家贫不能自谋生计的，每人发粟五斛。

夏四月己巳日，停建常山、呼沱、石臼河漕。

代理车骑将军马防在临洮击败烧当羌。

闰月，西域假司马班超攻打姑墨，大胜。

冬十二月丁酉日，朝廷任命马防为车骑将军。

武陵溇中蛮夷叛乱。

这年，零陵进献芝草。

建初四年（79）春二月庚寅日，太尉牟融去世。

夏四月戊子日，立皇子刘庆为皇太子。赏赐天下男子爵位，每人二力田人三级，民无名数及流人欲自占者人一级；鳏、寡、孤、独、笃癃、贫不能自存者粟，人五斛。

己丑，徙钜鹿王恭为江陵王，汝南王畅为梁王，常山王昞为淮阳王。辛卯，封皇子伉为千乘王，全为平春王。

五月丙辰，车骑将军马防罢。

甲戌，司徒鲍昱为太尉，南阳太守桓虞为司徒。

六月癸丑，皇太后马氏崩。秋七月壬戌，葬明德皇后。

冬，牛大疫。

十一月壬戌，诏曰："盖三代导人，教学为本。汉承暴秦，褒显儒术，建立《五经》，为置博士。其后学者精进，虽曰承师，亦别名家。孝宣皇帝以为去圣久远，学不厌博，故遂立《大》《小夏侯尚书》，后又立《京氏易》。至建武中，复置《颜氏》《严氏春秋》，《大》《小戴礼》博士。此皆所以扶进微学，尊广道艺也。中元元年诏书，《五经》章句烦多，议欲减省。至永平元年，长水校尉鯈奏言，先帝大业，当以时施行。欲使诸儒共正经义，颇令学者得以自助。孔子曰：'学之不讲，是吾忧也。'又曰：'博学而笃志，切问而近思，仁在其中矣。'於戏，其勉之哉！"于是下太常，将、大夫、博士、议郎、郎官及诸生、诸儒会白虎观，讲议《五经》同异，使五官中郎将魏应承制问，侍中淳于恭奏，帝亲称制临决，如孝宣甘露石渠故事，作《白虎议奏》。

是岁，甘露降泉陵、洮阳二县。

五年春二月庚辰朔，日有食之。诏曰："朕新离供养，愆咎众著，上天降异，大变随之。《诗》不云乎：'亦孔之丑。'又久旱伤麦，忧心惨切。公卿已下，其举直言极谏，能指朕过失者各一人，遣诣公车，将亲览问焉。其以岩穴为先，勿取浮华。"

级，三老、孝悌、力田每人三级，没有户籍的百姓及想入籍的流民每人一级；鳏、寡、孤、独、疾病缠身、家贫不能自谋生计的，每人发粟五斛。

己丑日，章帝改钜鹿王刘恭为江陵王，汝南王刘畅为梁王，常山王刘昞为淮阳王。辛卯日，封皇子刘伉为千乘王，刘全为平春王。

五月丙辰日，车骑将军马防被罢免。

甲戌日，章帝任命司徒鲍昱为太尉，南阳太守桓虞为司徒。

六月癸丑日，皇太后马氏驾崩。秋七月壬戌日，安葬明德皇后。

冬季，发生大规模牛瘟。

十一月壬戌日，章帝下诏说："夏、商、周三代引导民众，是以教学为本。汉朝承继暴秦之后，褒崇宣扬儒术，建立《五经》，设置博士。此后学者精进学业，虽说继承老师学业，但又别为一家之学。孝宣皇帝认为离圣人久远，学不厌博，所以就设立《大夏侯尚书》《小夏侯尚书》，后来又设立《京氏易》。到建武年间，恢复设置《颜氏春秋》《严氏春秋》《大戴礼》《小戴礼》博士。这都是用来扶助微学，尊广道艺。中元元年（56）诏书，《五经》章句繁多，商议想要减少。到永平元年（58），长水校尉樊儵上奏说，先帝大业，应当及时施行。要使诸儒一起正确理解经义，也让学者得以自我提高。孔子说：'不讲究学术，这是我担忧的。'又说：'学识渊博而志向坚定，深入询问又思考眼前，那么仁就在其中了。'唉，大家努力吧！"于是从太常以下，将、大夫、博士、议郎、郎官及诸生、诸儒在白虎观会集，讲议《五经》的异同，章帝让五官中郎将魏应承制问，侍中淳于恭奏报，他亲自称制裁决，如孝宣皇帝甘露年间诸儒在石渠台研讨经义的旧例，作《白虎通》。

这年，泉陵、洮阳二县降下及时雨。

建初五年（80）春二月初一庚辰日，发生日食。章帝下诏说："朕刚刚遭受太后去世的痛苦，各种问题丛生，上天又降下异象，巨大的变故随之而来。《诗经·小雅》中不是说过吗：'日食是不好的现象。'加上天气长久干旱，伤害小麦，朕心中十分担忧。公卿以下的官甲申，诏曰："《春秋》书'无麦苗'，重之也。去秋雨泽不适，今时复旱，如炎如焚。凶年无时，而为备未至。朕之不德，上累三光，震栗忉忉，痛心疾首。前代圣君，博思咨诹，虽降灾咎，辄有开匮反风之应。令予小子，徒惨惨而已。其令二千石理冤狱，录轻系；祷五岳四渎，及名山能兴云致雨者，冀蒙不崇朝徧雨天下之报。务加肃敬焉。"

三月甲寅，诏曰："孔子曰：'刑罚不中，则人无所措手足。'今吏多不良，擅行喜怒，或案不以罪，迫胁无辜，致令自杀者，一岁且多于断狱，甚非为人父母之意也。有司其议纠举之。"

荆、豫诸郡兵讨破武陵溇中叛蛮。

夏五月辛亥，诏曰："朕思迟直士，侧席异闻。其先至者，各以发愤吐懑，略闻子大夫之志矣，皆欲置于左右，顾问省纳。建武诏书又曰，尧试臣以职，不直以言语笔札。今外官多旷，并可以补任。"

戊辰，太傅赵憙薨。

冬，始行月令迎气乐。

是岁，零陵献芝草。有八黄龙见于泉陵。西域假司马班超击疏勒，破之。

六年春二月辛卯，琅邪王京薨。

夏五月辛酉，赵王盱薨。

吏，应举荐直言极谏，能指出朕过失的各一人，送到公车，朕将亲自会见询问。举荐的人，应以岩穴偏僻之地为先，切不要选取那些浮华不实的人。”

甲申日，章帝下诏说：“《春秋》记载‘无麦苗’，意思是民以食为天。去年秋季雨水不及时，今年又遭遇干旱，土地像火一样烧。荒年随之而来，而防备的工作还没有做好。朕因为缺乏德行，对上累及日、月、星辰三光生怒，我战栗恐惧，痛心疾首。前代圣贤君王，深谋远虑，善于询问意见，虽然上天降下灾害，还有像成王开启金匮反风起禾之应。如今到我这里，只能面对心中的忧愁苦闷罢了。现在命令二千石官吏审理冤狱，释放轻罪囚犯；去五岳四渎以及能兴云致雨的名山祈祷，希望得到明天早晨就能普降喜雨的好报。大家一定要虔诚肃穆啊。”

三月甲寅日，章帝下诏说：“孔子说：‘刑罚不得当，就会让百姓手足无措。’现在官吏多数不良，按照自己的喜怒擅自行事，有的审案不根据罪状，胁迫无辜之人，以致一年中自杀的，多于判处死刑的，这根本不是为人父母的本意。主管官吏应督察检举。”

荆、豫诸郡兵击败武陵溇中叛乱的蛮夷。

夏五月辛亥日，章帝下诏说：“朕希望得到正直之士，谦恭地倾听他们的高见。希望首先到达的，各自吐露内心的愤懑，从而大致了解他们的志向，对于这些人，朕都想将他们安置在左右，作为顾问，省察采纳他们的意见。建武年间的诏书又说，尧以官职试用臣子，不能仅凭借他们的谈吐和文笔。如今外地的官职多有空缺，可以让这些人去补任。”

戊辰日，太傅赵憙去世。

冬季，开始实行月令，迎气乐。

这年，零陵进献芝草。有八条黄龙出现在泉陵。西域假司马班超攻打疏勒，获胜。

建初六年（81）春二月辛卯日，琅琊王刘京去世。

夏五月辛酉日，赵王刘盱去世。

六月丙辰，太尉鲍昱薨。

辛未晦，日有食之。

秋七月癸巳，以大司农邓彪为太尉。

七年春正月，沛王辅、济南王康、东平王苍、中山王焉、东海王政、琅邪王宇来朝。

夏六月甲寅，废皇太子庆为清河王，立皇子肇为皇太子。

己未，徙广平王羡为西平王。

秋八月，饮酎高庙，禘祭光武皇帝、孝明皇帝。甲辰，诏："《书》云'祖考来假'，明哲之祀。予末小子，质又菲薄，仰惟先帝烝烝之情，前修禘祭，以尽孝敬。朕得识昭穆之序，寄远祖之思。今年大礼复举，加以先帝之坐，悲伤感怀。乐以迎来，哀以送往，虽祭亡如在，而空虚不知所裁，庶或飨之。岂亡克慎肃雍之臣，辟公之相，皆助朕之依依。今赐公钱四十万，卿半之，及百官执事各有差。"

九月甲戌，幸偃师，东涉卷津，至河内。下诏曰："车驾行秋稼，观收获，因涉郡界。皆精骑轻行，无它辎重。不得辄修道桥，远离城郭，遣吏逢迎，刺探起居，出入前后，以为烦扰。动务省约，但患不能脱粟瓢饮耳。所过欲令贫弱有利，无违诏书。"遂览淇园。己酉，进幸邺，劳飨魏郡守令已下，至于三老、门阑、走卒，赐钱各有差。劳赐常山、赵国吏人，复元氏租赋三岁。辛卯，车驾还宫。诏天下系囚减死一等，勿笞，诣边戍；妻子自随，占著所在；父母同产欲相从者，恣听之；有不到者，皆以乏军兴论。及犯殊死，一切募下蚕室；其女子宫。系囚鬼薪、白粲已上，皆减本罪各一等，输司寇作。亡命赎：死罪入缣二十匹，右趾至髡钳城旦舂十匹，完城旦至司寇三匹，吏人有罪未发觉，诏书到自告者，半入赎。

六月丙辰日，太尉鲍昱去世。

三十辛未日，发生日食。

秋七月癸巳日，章帝任命大司农邓彪为太尉。

建初七年（82）春正月，沛王刘辅、济南王刘康、东平王刘苍、中山王刘焉、东海王刘政、琅琊王刘宇前来朝见。

夏六月甲寅日，章帝废皇太子刘庆为清河王，立皇子刘肇为皇太子。

己未日，改封广平王刘羡为西平王。

秋八月，在高庙饮醇酒，大祭光武皇帝、孝明皇帝。甲辰日，章帝下诏说：“《尚书》中说‘祖考来到’，意思是明哲的祭祀，能让祖考之神来到。朕微不足道，资质浅薄，仰赖先帝的淳厚之情，前来举行祭祀，以尽孝敬。朕得以了解昭穆之序，寄托对远祖的思念。今年大礼再次举行，又新加先帝神坐，心中悲伤感怀。用礼乐迎接来者，用哀声送走去者，虽然祭祀的亡人如在眼前，但空虚不知从何而来，只希望来享受这祭典。怎么会没有谨慎严肃的臣子，诸侯百官都来助朕祭祀。现在赏赐公钱四十万，卿钱二十万，百官执事各有不同。”

九月甲戌日，章帝驾临偃师，东渡卷津，到达河内。章帝下诏说：“朕行走在秋季的庄稼中间，查看收获的情况，因而经过郡界。都是精骑轻行，没有其他辎重。不要修建道路桥梁，这次出行远离城郭，勿派官吏逢迎，伺候起居，前呼后拥，增加烦扰。一切行动务必节省，朕只希望能脱粟瓢饮就可以了。所过之处，只想让贫弱之人有利，千万不要违背我这诏书上所说。”于是章帝游览了淇园。己酉日，到达邺县，慰劳犒赏魏郡守令以下，到三老、门阑、走卒，赏赐钱财各有不同。慰劳赏赐常山、赵国的官吏百姓，免除元氏县租税三年。辛卯日，章帝返回洛阳。诏令天下对在押囚犯免死并减轻罪行一等。不要鞭笞，送往边境戍守；妻子儿女自愿跟随的，登上当地户籍；父母和同胞兄弟想一同前去的，不要限制；有不去的，都以耽误军用物资征集调拨论处。被判斩首的，一律下蚕室施腐刑；女子处宫刑。鬼薪、白粲以上的，都减轻罪行一等，送到边地做苦工。逃亡的赎罪：死罪交纳细绢二十匹，砍掉右脚到髡钳、城旦、舂刑交纳十匹，完城冬十月癸丑，西巡狩，幸长安。丙辰，祠高庙，遂有事十一陵。遣使者祠太上皇于万年，以中牢祠萧何、霍光。进幸槐里。岐山得铜器，形似酒樽，献之。又获白鹿。帝曰："上无明天子，下无贤方伯。'人之无良，相怨一方。'斯器亦曷为来哉？"又幸长平，御池阳宫，东至高陵，造舟于泾而还。每所到幸，辄会郡县吏人，劳赐作乐。十一月，诏劳赐河东守、令、掾以下。十二月丁亥，车驾还宫。

是岁，京师及郡国螟。

八年春正月壬辰，东平王苍薨。三月辛卯，葬东平宪王，赐銮辂、龙旗。

夏六月，北匈奴大人率众款塞降。

冬十二月甲午，东巡狩，幸陈留、梁国、淮阳、颍阳。戊申，车驾还宫。

诏曰："五经剖判，去圣弥远，章句遗辞，乖疑难正，恐先师微言将遂废绝，非所以重稽古，求道真也。其令群儒选高才生，受学《左氏》《谷梁春秋》《古文尚书》《毛诗》，以扶微学，广异义焉。"

是岁，京师及郡国螟。

元和元年春正月，中山王焉来朝。日南徼外蛮夷献生犀、白雉。

闰月辛丑，济阴王长薨。

二月甲戌，诏曰："王者八政，以食为本，故古者急耕稼之业，致耒耜之勤，节用储蓄，以备凶灾，是以岁虽不登而人无饥色。自旦到司寇交纳三匹，官吏百姓有罪未被发现，诏书到达前自首的，交纳的赎金减半。

冬十月癸丑日，章帝巡行西方，驾临长安。丙辰日，祭祀高庙，以及十一陵。派使者在万年陵祭祀太上皇，用猪、羊祭祀萧何、霍光。然后到达槐里。岐山获得铜器，形似酒樽，献给章帝。又获白鹿。章帝说："上面没有英明的天子，下面就没有贤良的地方长官。'人君没有良好的德行，就只能令一方百姓怨声载道。'这些尊贵的器物出现又能代表什么呢？"章帝又驾临长平，到达池阳宫，东至高陵，并舟为桥，渡过泾水后返回。每到一地，就会召集郡县官民，慰劳赏赐，饮酒作乐。十一月，诏令慰劳赏赐河东守、令、掾以下的官吏。十二月丁亥日，章帝返回洛阳。

这年，京师及郡国发生螟灾。

建初八年(83)春正月壬辰日，东平王刘苍去世。三月辛卯日，安葬东平宪王，赐銮辂、龙旗。

夏六月，北匈奴首领带领部众到塞下归降。

冬十二月甲午日，章帝东巡视察，到陈留、梁国、淮阳、颍阳。戊申日，返回洛阳。

章帝下诏说："剖析五经，因为离圣人的年代久远，所以章句遗辞，错误疑难不易校正，朕担心先师的微言大义将要废绝，这是不重视考察古事，不求真道的做法。现在命令群儒选择高才学生，学习《左氏春秋》《穀梁春秋》《古文尚书》《毛诗》，扶持衰微的经学，弘扬新颖的义理。"

这年，京师及郡国发生螟灾。

元和元年(84)春正月，中山王刘焉前来朝见。日南界外蛮夷进献生犀、白雉。

闰正月辛丑日，济阴王刘长去世。

二月甲戌日，章帝下诏说："帝王施行八政，以粮食为本，所以古代重视农业，致力于辛勤打造农具，节省费用，增加储蓄，防备灾牛疫已来，谷食连少，良由吏教未至，刺史、二千石不以为负。其令郡国募人无田欲徙它界就肥饶者，恣听之。到在所，赐给公田，为雇耕佣，赁种饷，贳与田器，勿收租五岁，除算三年。其后欲还本乡者，勿禁。”

夏四月己卯，分东平国，封宪王苍子尚为任城王。

六月辛酉，沛王辅薨。

秋七月丁未，诏曰：“《律》云‘掠者唯得榜、笞、立’。又《令丙》，箠长短有数。自往者大狱已来，掠考多酷，鉆钻之属，惨苦无极。念其痛毒，怵然动心。《书》曰‘鞭作官刑’，岂云若此？宜及秋冬理狱，明为其禁。”

八月甲子，太尉邓彪罢，大司农郑弘为太尉。

癸酉，诏曰：“朕道化不德，吏政失和，元元未谕，抵罪于下。寇贼争心不息，边野邑屋不修。永惟庶事，思稽厥衷，与凡百君子，共弘斯道。中心悠悠，将何以寄？其改建初九年为元和元年。郡国中都官系囚减死一等，勿笞，诣边县；妻子自随，占著在所。其犯殊死，一切募下蚕室；其女子宫。系囚鬼薪、白粲以上，皆减本罪一等，输司寇作。亡命者赎，各有差。”

丁酉，南巡狩，诏所经道上，郡县无得设储跱。命司空自将徒支柱桥梁。有遣使奉迎，探知起居，二千石当坐。其赐鳏、寡、孤、独、不能自存者粟，人五斛。

九月乙未，东平王忠薨。

辛丑，幸章陵，祠旧宅园庙，见宗室故人，赏赐各有差。冬十月己未，进幸江陵，诏庐江太守祠南岳，又诏长沙、零陵太守祠长沙荒，因此年成不好时人们也不会挨饿。自发生牛瘟以来，谷物连年减少，这确实是官吏缺乏责任心，刺史、二千石不以民众事物为忧。现在命令郡国募集那些没有田地而想迁徙到其他富饶地方的人，任凭其行动。到达所在地后，赐给公田，为他们雇请佣工，贷给种粮，借给农具，不收租税五年，免除算赋三年。以后有想返回家乡的，不禁止。”

夏四月己卯日，朝廷重新划分了东平国，封宪王刘苍的儿子刘尚为任城王。

六月辛酉日，沛王刘辅去世。

秋七月丁未日，章帝下诏说：“《律》规定‘问案只能榜击、鞭笞、罚站。’又《令丙》规定，打人的木杖有固定的长短。从过去查看大狱以来，拷问多用残酷刑罚，钻、凿、刀锯之类，凄惨无比。我想到这些痛苦，心中十分害怕。《尚书》中说‘用鞭笞作为官刑’，难道真是如此吗？应当在秋冬审理案件时，明令禁止酷刑。”

八月甲子日，太尉邓彪被罢免，章帝任命大司农郑弘为太尉。

癸酉日，章帝下诏说：“朕的道化缺乏德行，政事失和，百姓无知，在下抵偿罪责。寇贼入侵之心不死，边地的村舍得不到修整。朕长久思考此事，希望可以解决问题，与众多君子，共同弘扬大道。我心悠悠，用什么来寄托？现在决定改建初九年为元和元年。郡国各官府对在押囚犯免死并减轻罪行一等，不要鞭笞，送到边县；妻子儿女自愿跟随的，登上当地户籍。被判斩首的，一律下蚕室施腐刑；女子处宫刑。鬼薪、白粲以上的，都减轻罪行一等，送到边地做苦工。逃亡的赎罪，各有不同的赎金。”

丁酉日，章帝南巡视察，诏令途经的路上，郡县不得提前准备。命令司空自带工匠架设桥梁。有派人恭迎，探听起居，二千石官吏当获罪。赏赐鳏、寡、孤、独、不能自谋生计的，每人发粟五斛。

九月乙未日，东平王刘忠去世。

辛丑日，章帝驾临章陵，祭祀旧宅园庙，接见宗室故人，赏赐各有不同。冬十月己未日，然后到达江陵，诏令庐江太守祭祀南岳，又诏定王、舂陵节侯、郁林府君。还，幸宛。十一月己丑，车驾还宫，赐从者各有差。

十二月壬子，诏曰：“《书》云：‘父不慈，子不祗，兄不友，弟不恭，不相及也。’往者妖言大狱，所及广远，一人犯罪，禁至三属，莫得垂缨仕宦王朝。如有贤才而没齿无用，朕甚怜之，非所谓与之更始也。诸以前妖恶禁锢者，一皆蠲除之，以明弃咎之路，但不得在宿卫而已。”

二年春正月乙酉，诏曰：“《令》云‘人有产子者复，勿筭三岁’。今诸怀妊者，赐胎养谷人三斛，复其夫，勿算一岁，著以为令。”又诏三公曰：“方春生养，万物莩甲，宜助萌阳，以育时物。其令有司，罪非殊死且勿案验，及吏人条书相告不得听受，冀以息事宁人，敬奉天气。立秋如故。夫俗吏矫饰外貌，似是而非，揆之人事则悦耳，论之阴阳则伤化，朕甚餍之，甚苦之。安静之吏，悃愊无华，日计不足，月计有余。如襄城令刘方，吏人同声谓之不烦，虽未有它异，斯亦殆近之矣。间敕二千石各尚宽明，而今富奸行赂于下，贪吏枉法于上，使有罪不论而无过被刑，甚大逆也。夫以苛为察，以刻为明，以轻为德，以重为威，四者或兴，则下有怨心。吾诏书数下，冠盖接道，而吏不加理，人或失职，其咎安在？勉思旧令，称朕意焉。”

二月甲寅，始用《四分历》。

诏曰：“今山川鬼神应典礼者，尚未咸秩。其议增修群祀，以祈丰年。”

丙辰，东巡狩。己未，凤皇集肥城。乙丑，帝耕于定陶。诏曰：“三老，尊年也。孝悌，淑行也。力田，勤劳也。国家甚休之。其赐令长沙、零陵太守祭祀长沙定王、舂陵节侯、郁林府君。返回时，来到宛县。十一月己丑日，章帝回到洛阳，赏赐随从各有不同。

十二月壬子日，章帝下诏说："《尚书》中说：'父不慈，子不敬，兄不友，弟不恭，是因为彼此不亲近啊。'过去对妖言大狱，株连甚广，一人犯罪，累及父、母、妻三族，不能在王朝出任官职。即使有贤才也会没齿不用，朕感到十分怜悯，这不是所谓与民众重新开始的做法。现在凡是以前因妖恶受到禁锢的，一律免除，表明弃恶为善之路，但不得在宫中值宿，担任警卫。"

元和二年（85）春正月乙酉日，章帝下诏说："《令》规定'百姓有生孩子的，免除租税，不收算赋三年'。现在怀孕的，赏赐养胎谷每人三斛，丈夫免除租税，不收算赋一年，明确为法令。"又诏令三公说："春季正值生养之时，万物发芽，应助萌阳，使发育应时。现在命令主管官吏，除了被判斩首的囚犯，暂且不要审问，官吏百姓条陈告状的，也不要受理，希望息事宁人，敬奉天气。立秋后照旧办理。俗吏故意做表面文章，似是而非，揣度人事则悦耳动听，谈论阴阳就有伤造化，朕对此很厌恶，十分苦恼。安分的官吏，诚朴无华，暂时看不到好坏，日久就能显现出来。如襄城令刘方，官民异口同声地说他不怕麻烦，虽然没有什么特别之处，但做官也算到了一定境界。以前敕令二千石官吏施政要宽大清明，而今奸诈的富人在下面行贿，贪污的官吏在上面枉法，让有罪者不被惩治，而无过者遭受刑罚，是最大的倒行逆施。把苛求当作明察，把刻薄当作英明，把轻民当作德政，把重刑当作威严，这四者兴起，下面就有怨恨。我的诏书多次下达，官吏来往于道路上，而吏治却没有变好，有的还失职，其中的过失到底在何处？希望大家好好执行过去的法令，以合乎我的心意。"

二月甲寅日，开始使用《四分历》。

章帝下诏说："如今应祭祀的山川鬼神都没有次序。现在应商议增加各种祭祀，祈求丰年。"

丙辰日，章帝东巡视察。己未日，凤凰在肥城聚集。乙丑日，章帝在定陶耕作。下诏说："三老，德高望重。孝悌，品行美好。力田，帛人一匹，勉率农功。”使使者祠唐尧于成阳灵台。辛未，幸太山，柴告岱宗。有黄鹄三十从西南来，经祠坛上，东北过于宫屋，翱翔升降。进幸奉高。壬申，宗祀五帝于汶上明堂。癸酉，告祠二祖、四宗，大会外内群臣。丙子，诏曰：“朕巡狩岱宗，柴望山川，告祀明堂，以章先勋。其二王之后，先圣之胤，东后蕃卫，伯父伯兄，仲叔季弟，幼子童孙，百僚从臣，宗室众子，要荒四裔，沙漠之北，葱领之西，冒耏之类，跋涉悬度，陵践阻绝，骏奔郊畤，咸来助祭。祖宗功德，延及朕躬。予一人空虚多疚，纂承尊明，盥洗享荐，惭愧祗栗。《诗》不云乎：‘君子如祉，乱庶遄已。’历数既从，灵耀著明，亦欲与士大夫同心自新。其大赦天下。诸犯罪不当得赦者，皆除之。复博、奉高、嬴，无出今年田租、刍稿。”戊寅，进幸济南。三月己丑，进幸鲁，祠东海恭王陵。庚寅，祠孔子于阙里，及七十二弟子，赐褒成侯及诸孔男女帛。壬辰，进幸东平，祠宪王陵。甲午，遣使者祠定陶太后、恭王陵。乙未，幸东阿，北登太行山，至天井关。夏四月乙巳，客星入紫宫。乙卯，车驾还宫。庚申，假于祖祢，告祠高庙。

五月戊申，诏曰：“乃者凤皇、黄龙、鸾鸟比集七郡，或一郡再见，及白乌、神雀、甘露屡臻。祖宗旧事，或班恩施。其赐天下吏爵，人三级；高年、鳏、寡、孤、独帛，人一匹。《经》曰：‘无侮鳏寡，惠此茕独。’加赐河南女子百户牛酒，令天下大酺五日。赐公卿已下钱帛各有差；及洛阳人当酺者布，户一匹，城外三户共一匹。赐博士员弟子见在太学者布，人三匹。令郡国上明经者，口十万以上五人，不满十万三人。”

改庐江为六安国，江陵复为南郡。徙江陵王恭为六安王。

勤劳辛苦。国家十分敬重他们。现在决定赏赐每人一匹帛，勉励农功。”派使者在成阳灵台祭祀尧帝。辛未日，章帝到达泰山，烧柴告祭岱宗。有三十只黄鹄从西南飞来，经过祭坛上空，去东北方时飞过宫屋，翱翔上下。然后到达奉高。壬申日，在汶上明堂祭祀五帝。癸酉日，祭祠二祖、四宗，大会内外群臣。丙子日，章帝下诏说：“朕巡视岱宗，烧柴望祭山川，祭祠明堂，以彰显先帝的功勋。商周二王的后代，先圣孔子的后裔，东方诸侯的蕃卫，伯父伯兄，仲叔季弟，幼子童孙，百官从臣，宗室众子，要荒四裔，沙漠以北，葱岭以西，西域之人，跋涉悬度，跨越阻隔，骏奔郊畤，都来助祭。祖宗功德，延续到朕。朕一直心虚愧疚，继承尊明，盥洗祭品，惭愧恐惧。《诗经·小雅》中不是说：‘君子自有福禄，祸乱也可以快速停止。’四分历已经实行，日月显明，也是想与士大夫同心自新。现在决定大赦天下。所犯罪行不应当赦免的，一律免除罪责。免去博、奉高、嬴的今年赋税，不要收取今年的田租、草料。”戊寅日，章帝到达济南。三月己丑日，帝到达鲁，祭祀东海恭王陵。庚寅日，在阙里祭祀孔子，及七十二弟子，赏赐褒成侯及孔氏男女帛。壬辰日，章帝到达东平，祭祀宪王陵。甲午日，章帝派使者祭祀定陶太后、恭王陵。乙未日，章帝到达东阿，北登太行山，至天井关。夏四月乙巳日，有客星进入紫宫。乙卯，章帝返回洛阳。庚申日，前往祖庙，祭祠高帝。

五月戊申日，章帝下诏说：“近来凤凰、黄龙、鸾鸟聚集在七郡，有的郡还再次出现，其他白乌、神雀、甘露多次降临。按照祖宗的旧例，有的要赏赐恩惠。现在赐给天下官吏爵位，每人三级；高年、鳏、寡、孤、独帛，每人一匹。《经》说：‘不要欺侮鳏寡孤独，要让他们受到恩惠。’决定加赐河南女子每百户牛酒若干，下令天下百姓欢饮五天。赏赐公卿以下钱帛各有不同；洛阳人当酺的布，每户一匹，城外的三户共分一匹。赏赐现在太学中的博士员弟子布，每人三匹。命令郡国举荐通晓经学的人，人口十万以上的五人，不满十万的三人。”

朝廷改庐江为六安国，江陵恢复为南郡。改封江陵王刘恭为六安王。

秋七月庚子，诏曰："《春秋》于春每月书'王'者，重三正，慎三微也。律十二月立春，不以报囚。《月令》冬至之后，有顺阳助生之文，而无鞠狱断刑之政。朕咨访儒雅，稽之典籍，以为王者生杀，宜顺时气。其定律，无以十一月、十二月报囚。"

九月壬辰，诏："凤皇、黄龙所见亭部无出二年租赋。加赐男子爵，人二级；先见者帛二十匹，近者三匹，太守三十匹，令、长十五匹，丞、尉半之。《诗》云：'虽无德与汝，式歌且舞。'它如赐爵故事。"

丙申，征济南王康、中山王焉会烝祭。

冬十一月壬辰，日南至，初闭关梁。

三年春正月乙酉，诏曰："盖君人者，视民如父母，有憯怛之忧，有忠和之教，匍匐之救。其婴儿无父母亲属，及有子不能养食者，禀给如律。"

丙申，北巡狩，济南王康、中山王焉、西平王羡、六安王恭、乐成王党、淮阳王昞、任城王尚、沛王定皆从。辛丑，帝耕于怀。

二月壬寅，告常山、魏郡、清河、钜鹿、平原、东平郡太守、相曰："朕惟巡狩之制，以宣声教，考同遐迩，解释怨结也。今'四国无政，不用其良'，驾言出游，欲亲知其剧易。前祠园陵，遂望祀华、霍，东祡岱宗，为人祈福。今将礼常山，遂徂北土，历魏郡，经平原，升践堤防，询访耆老，咸曰'往者汴门未作，深者成渊，浅则泥涂'。追惟先帝勤人之德，底绩远图，复禹弘业，圣迹滂流，至于海表。不克堂构，朕甚惭焉。《月令》，孟春善相丘陵土地所宜。今肥田尚多，未有垦辟。其悉以赋贫民，给与粮种，务尽地力，勿令游手。所过县邑，听半入今年田租，以劝农夫之劳。"

秋七月庚子日，章帝下诏说："《春秋》在春季每月书写'王'，原因是重视三正，审慎三微。十二月立春，律历中规定不能判决囚犯。《月令》上有冬至之后顺阳助生的记载，而没有审理案件，对囚犯判刑的作法。朕询问儒士，考查典籍，都说天子决定生杀，应顺应时节天气。现在制定律历，十一月、十二月不能判决囚犯。"

九月壬辰日，章帝下诏说："凤凰、黄龙出现过的亭部，免除两年租税。加赐男子爵位，每人二级；赏赐先看到的帛二十匹，近处看的三匹，太守三十匹，县令、县长十五匹，丞、尉减半。《诗经》上说：'虽然没有对你施加恩德，也应该边歌边舞表示快乐。'其他一如赐爵先例。"

丙申日，朝廷征召济南王刘康、中山王刘焉参加祭祀。

冬十一月壬辰日，冬至，开始关闭关口和桥梁。

元和三年（86）春正月乙酉日，章帝下诏说："作为君王，要像父母一样对待百姓，为他们忧虑操心，教他们忠诚谦和，遇到困难无力丧葬时予以帮助。婴儿没有父母亲属，以及有子女不能养活的，按照法律供给粮食。"

丙申日，章帝北巡视察，济南王刘康、中山王刘焉、西平王刘羡、六安王刘恭、乐成王刘党、淮阳王刘昞、任城王刘尚、沛王刘定，都跟随前往。辛丑日，章帝在怀县耕作。

二月壬寅日，章帝对常山、魏郡、清河、钜鹿、平原、东平郡的太守、国相说："朕希望通过巡视的制度，来宣扬声威教化，考察远近，化解怨结。如今'四方治政无方，是因为没有任用贤良之人'，朕出来巡视，是想亲自了解其中的难易。从前祭祀园陵，然后望祀华山霍山，东登岱宗烧柴祭天，为人祈福。现在朕将礼拜常山，然后前往北地，历魏郡，经平原，登上堤防，寻访耆老，都说'过去没有修建汴渠时，深的地方成了渊，浅的地方成了泥潭。'追怀先帝勤于民事的美德，深谋远虑，恢复夏禹治水的大业，圣迹流布，至于海外。不能继承大业，朕感到非常惭愧。《月令》上说，孟春要善于察看丘陵土地适宜种植的作物。现在肥沃的田地仍然很多，还没有开垦。应全部乙丑，敕侍御史、司空曰：“方春，所过无得有所伐杀。车可以引避，引避之；騑马可辍解，辍解之。《诗》云：‘敦彼行苇，牛羊勿践履。’《礼》，人君伐一草木不时，谓之不孝。俗知顺人，莫知顺天。其明称朕意。”

戊辰，进幸中山，遣使者祠北岳。出长城。癸酉，还幸元氏，祠光武、显宗于县舍正堂；明日又祠显宗于始生堂，皆奏乐。三月丙子，诏高邑令祠光武于即位坛。复元氏七年徭役。己卯，进幸赵。庚辰，祠房山于灵寿。辛卯，车驾还宫。赐从行者各有差。

夏四月丙寅，太尉郑弘免，大司农宋由为太尉。

五月丙子，司空第五伦罢，太仆袁安为司空。

秋八月乙丑，幸安邑，观盐池。九月，至自安邑。

冬十月，北海王基薨。

烧当羌叛，寇陇西。

是岁，西域长史班超击斩疏勒王。

章和元年春三月，护羌校尉傅育追击叛羌，战殁。

夏四月丙子，令郡国中都官系囚减死一等，诣金城戍。

六月戊辰，司徒桓虞免。癸卯，司空袁安为司徒，光禄勋任隗为司空。

秋七月癸卯，齐王晃有罪，贬为芜湖侯。壬子，淮阳王昞薨。

鲜卑击破北单于，斩之。

烧当羌寇金城，护羌校尉刘盱讨之，斩其渠帅。

交给贫民，并给予粮食和种子，务必充分发挥地力，不让人们游手好闲。朕经过的县邑，只交纳今年田租的一半，以勉励农夫的辛苦。”

乙丑日，章帝敕令侍御史、司空说：“现在正值春季，所过之处不得砍伐杀害。车子可以让路避开的，就让路避开；道路狭窄要解下旁马前行的，就解下旁马。《诗经》上说：‘路旁茂盛的芦苇，牛羊不要践踏。’《礼记》上说，君王随意践踏一草一木，不得其时，称为不孝。俗人只知道顺应人情，而不知道顺应天时。希望大家明白朕的心意。”

戊辰日，章帝驾临中山，派使者祭祀北岳。到长城外。癸酉日，返回元氏，在县舍正堂祭祀光武帝、明帝；第二天又在始生堂祭祀明帝，都奏乐。三月丙子日，诏令高邑令在即位坛祭祀光武帝。免除元氏七年徭役。己卯日，章帝到达赵。庚辰日，在灵寿祭祀房山。辛卯日，章帝返回洛阳。赏赐随行人员各有不同。

夏四月丙寅日，太尉郑弘被罢免，章帝任命大司农宋由为太尉。

五月丙子日，司空第五伦被罢免，章帝任命太仆袁安为司空。

秋八月乙丑日，章帝驾临安邑，察看盐池。九月，从安邑回到洛阳。

冬十月，北海王刘基去世。

烧当羌叛乱，入侵陇西。

这年，西域长史班超斩杀疏勒王。

章和元年（87）春三月，护羌校尉傅育追击叛羌，战死。

夏四月丙子日，朝廷命令郡国各官府对在押囚犯免死并减轻罪行一等，送到金城戍守。

六月戊辰日，司徒桓虞被罢免。癸卯日，章帝任命司空袁安为司徒，光禄勋任隗为司空。

秋七月癸卯日，齐王刘晃有罪，贬为芜湖侯。壬子日，淮阳王刘昞去世。

鲜卑打败北单于，将他杀死。

烧当羌入侵金城，护羌校尉刘盱前往讨伐，斩杀他们的首领。

壬戌，诏曰："朕闻明君之德，启迪鸿化，缉熙康乂，光照六幽，讫惟人面，靡不率俾，仁风翔于海表，威霆行乎鬼区。然后敬恭明祀，膺五福之庆，获来仪之贶。朕以不德，受祖宗弘烈。乃者凤皇仍集，麒麟并臻，甘露宵降，嘉谷滋生，芝草之类，岁月不绝。朕夙夜祗畏上天，无以彰于先功。今改元和四年为章和元年。"

秋，令是月养衰老，授几杖，行糜粥饮食。其赐高年二人共布帛各一匹，以为醴酪。死罪囚犯法在丙子赦前而后捕系者，皆减死，勿笞，诣金城戍。

八月癸酉，南巡狩。壬午，遣使者祠昭灵后于小黄园。甲申，征任城王尚会睢阳。戊子，幸梁。己丑，遣使祠沛高原庙，丰枌榆社。乙未，幸沛，祠献王陵，征会东海王政。乙未晦，日有食之。九月庚子，幸彭城，东海王政、沛王定、任城王尚皆从。辛亥，幸寿春。壬子，诏郡国中都官系囚减死罪一等，诣金城戍；犯殊死者，一切募下蚕室；其女子宫；系囚鬼薪、白粲已上，减罪一等，输司寇作。亡命者赎：死罪缣二十匹，右趾至髡钳城旦舂七匹，完城旦至司寇三匹；吏民犯罪未发觉，诏书到自告者，半入赎。复封阜陵侯延为阜陵王。己未，幸汝阴。冬十月丙子，车驾还宫。

北匈奴屋兰储等率众降。

是岁，西域长史班超击莎车，大破之。月氏国遣使献扶拔、师子。

二年春正月，济南王康、阜陵王延、中山王焉来朝。

二月壬辰，帝崩于章德前殿，年三十三。遗诏无起寝庙，一如先帝法制。

壬戌日，章帝下诏说：“朕听说明君之德，在于启迪教化，保持社会安定太平，光照天地，遍及每一个人，没有不相率而行的，仁风翔于海外，声威震于四方。然后恭敬祭祀，享受五福之庆，获得凤凰来仪之兆。朕缺乏德行，继承祖宗大业。近来凤凰多次聚集，麒麟一起到来，甘露夜间降临，嘉谷滋润而生，灵芝之类的瑞草，连年不绝。朕日夜敬畏上天，却不能彰显祖先的功业。现在改元和四年为章和元年。”

秋，下令当月要供养老人，授予几杖，赏赐稀粥饮食。现在赐给高年两人共分一匹帛，以及甜酒奶酪。死罪囚犯在四月丙子日大赦前犯法而后逮捕的，都免死，不鞭笞，送到金城戍守。

八月癸酉日，章帝南巡视察。壬午日，派使者在小黄园祭祀昭灵后。甲申日，征召任城王刘尚到睢阳会面。戊子日，章帝到达梁国。己丑日，派使者祭祀沛县的高祖原庙，丰县的枌榆社。乙未日，章帝到达沛县，祭祀献王陵，征召并会见东海王刘政。三十乙未日，发生日食。九月庚子日，章帝到达彭城，东海王刘政、沛王刘定、任城王刘尚随行。辛亥日，章帝到达寿春。壬子日，诏令郡国各官府对在押囚犯免死并减轻罪行一等，送到金城戍守；被判斩首的，一律下蚕室施腐刑；女子处宫刑；鬼薪、白粲以上的，减轻罪行一等，送到边地做苦工。逃亡的赎罪：死罪交纳细绢二十匹，砍掉右脚到髡钳、城旦、舂刑交纳七匹，完城旦到司寇交纳三匹；官吏百姓犯罪未被发现，诏书到达前自首的，交纳的赎金减半。又封阜陵侯刘延为阜陵王。己未日，章帝到达汝阴。冬十月丙子日，章帝返回洛阳。

北匈奴屋兰储等带领部众归降。

这年，西域长史班超攻打莎车国，大胜。月氏国派使者进献扶拔、狮子。

章和二年（88）春正月，济南王刘康、阜陵王刘延、中山王刘焉前来朝见。

二月壬辰日，章帝在章德前殿驾崩，享年三十三岁。遗诏中说不修建寝庙，一切遵照先帝时的制度。

论曰：魏文帝称“明帝察察，章帝长者”。章帝素知人厌明帝苛切，事从宽厚。感陈宠之义，除惨狱之科。深元元之爱，著胎养之令。奉承明德太后，尽心孝道。割裂名都，以崇建周亲。平徭简赋，而人赖其庆。又体之以忠恕，文之以礼乐。故乃蕃辅克谐，群后德让。谓之长者，不亦宜乎！在位十三年，郡国所上符瑞，合于图书者数百千所。乌呼懋哉！

赞曰：肃宗济济，天性恺悌。於穆后德，谅惟渊体。左右艺文，斟酌律礼。思服帝道，弘此长懋。儒馆献歌，戎亭虚候。气调时豫，宪平人富。

评论说："魏文帝称'明帝善于分析明辨，章帝却是忠厚长者。'"章帝素知人们厌恶明帝行事苛刻，自己凡事便宽容厚道。他被陈宠讲的大义感动，于是废除了残酷的刑罚。他深爱百姓，颁布了养胎法令。他尊奉明德太后，尽心孝道。他分割名都，推崇周朝分封至亲的制度。他平均徭役，减轻赋税，使百姓从中受益。他又体察百官讲究忠恕，治理天下注重礼乐。因而蕃辅和谐，公卿谦让。称他为忠厚长者，不也很合适嘛！章帝在位十三年，郡国献上的祥瑞，记载在图书中的有成百上千处。啊，真是值得赞美呀！

赞辞说：肃宗盛仪，天性和乐平易。他美好的品德，确实深远广大。论决六艺群书，斟酌刑律礼法。向往帝王治国之道，发扬光大，长久兴盛。因而儒馆献歌，戎亭无事。气顺时调，法令平稳，百姓富足。

卷四

和帝殇帝纪第四

孝和皇帝讳肇，肃宗第四子也。母梁贵人，为窦皇后所谮，忧卒，窦后养帝以为己子。建初七年，立为皇太子。

章和二年二月壬辰，即皇帝位，年十岁。尊皇后曰皇太后，太后临朝。

三月丁酉，改淮阳为陈国，楚郡为彭城国，西平并汝南郡，六安复为庐江郡。遗诏徙西平王羡为陈王，六安王恭为彭城王。

癸卯，葬孝章皇帝于敬陵。

庚戌，皇太后诏曰："先帝以明圣，奉承祖宗至德要道，天下清静，庶事咸宁。今皇帝以幼年，茕茕在疚，朕且佐助听政。外有大国贤王并为蕃屏，内有公卿大夫统理本朝，恭己受成，夫何忧哉！然守文之际，必有内辅以参听断。侍中宪，朕之元兄，行能兼备，忠孝尤笃，先帝所器，亲受遗诏，当以旧典辅斯职焉。宪固执谦让，节不可夺。今供养两宫，宿卫左右，厥事已重，亦不可复劳以政事。故太尉邓彪，元功之族，三让弥高，海内归仁，为群贤首，先帝褒表，欲以崇化。今彪聪明康强，可谓老成黄耇矣。其以彪为太傅，赐爵关内侯，录尚书事，百官总己以听，朕庶几得专心内位。於戏！群公其勉率百僚，各修厥职，爱养元元，绥以中和，称朕意焉。"

辛酉，有司上奏："孝章皇帝崇弘鸿业，德化普洽，垂意黎民，留念稼穑。文加殊俗，武畅方表，界惟人面，无思不服。巍巍荡荡，孝和皇帝名肇，是肃宗的第四子。母亲是梁贵人，因被窦皇后诬陷，忧郁而死，窦皇后就收养和帝作为自己的儿子。建初七年（82），立为皇太子。

章和二年（88）二月壬辰日，即皇帝位，当时十岁。尊皇后为皇太后，太后临朝听政。

三月丁酉日，改淮阳为陈国，楚郡为彭城国，西平并入汝南郡，六安恢复为庐江郡。章帝遗诏中改封西平王刘羡为陈王，六安王刘恭为彭城王。

癸卯日，在敬陵安葬孝章皇帝。

庚戌日，皇太后下诏说："先帝明达圣哲，奉承祖宗至德要道，天下清静，万事安宁。如今皇帝年幼，身体有病，我暂且辅佐听政。外有大国贤王作为蕃屏，内有公卿大夫统理本朝，拱手受成，还有什么可担心的！然而遵守先王法度，一定要有内辅参与听政决断。侍中窦宪，是我的长兄，品行与才能兼备，为人尤其忠孝，被先帝器重，亲自接受遗诏，应当按照旧制担任辅政之职。窦宪坚持谦让，不可夺节。现在供养两宫，宿卫左右，事务已经很繁重，也不可以再劳烦他处理政事了。原太尉邓彪，是功臣的后代，他三次让弟弟继承爵位，风格高尚，海内归附仁德，列为群贤之首，先帝嘉奖表彰，想让大家效仿。如今邓彪耳聪目明，身体康健，可谓老成持重。现在任命邓彪为太傅，赏赐关内侯爵位，总领尚书事，百官都听从他，我就可以专心内位了。呜呼！群公应勤勉率领百官，各自履行职责，爱抚百姓，使万物各得其所，国家平稳安定，那就称我的心了。"

辛酉日，主管官吏上奏："孝章皇帝光大帝业，道德教化遍及天下，关怀百姓，重视农事。文治播及异域，武功震慑远方，国内民众，没有不归顺的。道德崇高，恩泽博大，没有人能与他相比。《周颂》

莫与比隆。《周颂》曰：‘於穆清庙，肃雍显相。’请上尊庙曰肃宗，共进《武德》之舞。”制曰：“可。”

癸亥，陈王羡、彭城王恭、乐成王党、下邳王衍、梁王畅始就国。

夏四月丙子，谒高庙。丁丑，谒世祖庙。

戊寅，诏曰：“昔孝武皇帝致诛胡、越，故权收盐铁之利，以奉师旅之费。自中兴以来，匈奴未宾，永平末年，复修征伐。先帝即位，务休力役，然犹深思远虑，安不忘危，探观旧典，复收盐铁，欲以防备不虞，宁安边境。而吏多不良，动失其便，以违上意。先帝恨之，故遗戒郡国罢盐铁之禁，纵民煮铸，入税县官如故事。其申敕刺史、二千石，奉顺圣旨，勉弘德化，布告天下，使明知朕意。”

五月，京师旱。诏长乐少府桓郁侍讲禁中。

冬十月乙亥，以侍中窦宪为车骑将军，伐北匈奴。

安息国遣使献师子、扶拔。

永元元年春三月甲辰，初令郎官诏除者得占丞、尉，以比秩为真。

夏六月，车骑将军窦宪出鸡鹿塞，度辽将军邓鸿出椆阳塞，南单于出满夷谷，与北匈奴战于稽落山，大破之，追至私渠比鞮海。窦宪遂登燕然山，刻石勒功而还。北单于遣弟右温禺鞮王奉奏贡献。

秋七月乙未，会稽山崩。

闰月丙子，诏曰：“匈奴背叛，为害久远。赖祖宗之灵，师克有捷，丑虏破碎，遂扫厥庭，役不再籍，万里清荡，非朕小子眇身所能克堪。有司其案旧典，告类荐功，以章休烈。”

说：‘清静的神庙气氛庄严肃穆，高贵的助祭显得恭敬虔诚。’请求尊奉庙号为肃宗，共进《武德》之舞。”和帝批复说：“可以。”

癸亥日，陈王刘羡、彭城王刘恭、乐成王刘党、下邳王刘衍、梁王刘畅开始前往封国。

夏四月丙子日，和帝拜谒高祖庙。十六日，拜谒世祖庙。

戊寅日，皇太后下诏说：“以前孝武皇帝征讨胡、越，所以暂时收回盐铁之利，作为供给军队出征的费用。自从中兴以来，匈奴还没有归附，永平末年，又出兵攻打。先帝即位，一心想休养生息，但仍然深思远虑，安不忘危，参考旧时的制度，再次收回盐铁之利，以防不测，安定边境。而官吏多数行为不良，举措不当，违背了皇上的心意。先帝非常痛恨，所以遗诏告诫郡国废除盐铁的禁令，让百姓随意煮盐铸铁，按照原来的规定纳税。现在申明敕令刺史、二千石，顺从皇上的旨意，发扬道德教化，布告天下，使百姓明白朕的心意。”

五月，京师发生旱灾。皇太后诏令长乐少府桓郁到宫中为和帝讲学。

冬十月乙亥日，和帝任命侍中窦宪为车骑将军，讨伐北匈奴。

安息国派使者进献狮子、扶拔。

永元元年(89)春三月甲辰日，朝廷开始诏令郎官可以自己上报，出京补任为县丞、县尉，俸禄按照实职给予。

夏六月，车骑将军窦宪从鸡鹿塞出兵，度辽将军邓鸿从榈阳塞出兵，南单于从满夷谷出兵，与北匈奴在稽落山交战，大败敌军，一直追到私渠比鞮海。窦宪于是登上燕然山，刻石记功后返回。北单于派弟弟右温禺鞮王上书进贡。

秋七月乙未日，会稽山崩裂。

闰七月丙子日，和帝下诏说：“匈奴背叛，为害久远。仰赖祖宗之灵，军队克敌制胜，敌人被打得大败，扫荡匈奴王庭，不用再征调兵力，万里边疆，平静安定，这不是朕这样的微末之身所能做到的。主管官吏应该按照旧有的制度，将功绩告祭上天，表彰将士的美善英烈。”

九月庚申，以车骑将军窦宪为大将军，以中郎将刘尚为车骑将军。

冬十月，令郡国弛刑输作军营。其徙出塞者，刑虽未竟，皆免归田里。

庚子，阜陵王延薨。

是岁，郡国九大水。

二年春正月丁丑，大赦天下。

二月壬午，日有食之。

己亥，复置西河、上郡属国都尉官。

夏五月庚戌，分太山为济北国，分乐成、涿郡、勃海为河间国。丙辰，封皇弟寿为济北王，开为河间王，淑为城阳王，绍封故淮阳王昞子侧为常山王。赐公卿以下至佐史钱布各有差。

己未，遣副校尉阎磐讨北匈奴，取伊吾卢地。

丁卯，绍封故齐王晃子无忌为齐王，北海王睦子威为北海王。

车师前后王并遣子入侍。

月氏国遣兵攻西域长史班超，超击降之。

六月辛卯，中山王焉薨。

秋七月乙卯，大将军窦宪出屯凉州。九月，北匈奴遣使称臣。

冬十月，遣行中郎将班固报命南单于。遣左谷蠡王师子出鸡鹿塞，击北匈奴于河云北，大破之。

三年春正月甲子，皇帝加元服，赐诸侯王、公、将军、特进、中二千石、列侯、宗室子孙在京师奉朝请者黄金，将、大夫、郎吏、从官帛。赐民爵及粟帛各有差，大酺五日。郡国中都官系囚死罪赎缣，至司寇及亡命，各有差。庚辰，赐京师民酺，布两户共一匹。

九月庚申日，和帝任命车骑将军窦宪为大将军，中郎将刘尚为车骑将军。

冬十月，朝廷命令郡国将解除枷锁的犯人，送到军营做苦工。流放到塞外的，刑期虽然未完，都免罪返回田里。

庚子日，阜陵王刘延去世。

这年，九个郡国发大水。

永元二年（90）春正月丁丑日，大赦天下。

二月壬午日，发生日食。

己亥日，朝廷恢复设置西河、上郡的属国都尉官。

夏五月庚戌日，朝廷分泰山郡为济北国，分乐成、涿郡、渤海为河间国。丙辰日，和帝封皇弟刘寿为济北王，刘开为河间王，刘淑为城阳王，诏封原淮阳王刘昞的儿子刘侧为常山王。赏赐公卿以下至佐史钱、布各有不同。

己未日，朝廷派副校尉阎磐讨伐北匈奴，攻占伊吾卢地。

丁卯日，和帝诏封原齐王刘晃的儿子刘无忌为齐王，北海王刘睦的儿子刘威为北海王。

车师前后王都派儿子入朝侍奉。

月氏国派兵攻打西域长史班超，班超反击使其投降。

六月辛卯日，中山王刘焉去世。

秋七月乙卯日，大将军窦宪出兵驻扎凉州。九月，北匈奴派使者前来称臣。

冬十月，和帝派行中郎将班固回访南单于。派左谷蠡王师子从鸡鹿塞出兵，在河云以北攻打北匈奴，大败北匈奴。

永元三年（91）春正月甲子日，和帝行冠礼，赏赐在京师奉朝请的诸侯王、公、将军、特进、中二千石、列侯、宗室子孙黄金，将、大夫、郎吏、从官帛。赏赐天下男子爵位及粟帛各有不同，下令全国百姓欢饮五天。诏令郡国各官府对在押囚犯，犯有死罪的交纳细绢赎罪，到司寇及亡命各有不同。庚辰日，赏赐京师百姓酒食，两户共分一匹布。

二月，大将军窦宪遣左校尉耿夔出居延塞，围北单于于金微山，大破之，获其母阏氏。

夏六月辛卯，尊皇太后母比阳公主为长公主。

辛丑，阜陵王种薨。

冬十月癸未，行幸长安。诏曰："北狄破灭，名王仍降，西域诸国，纳质内附，岂非祖宗迪哲重光之鸿烈欤？寤寐叹息，想望旧京。其赐行所过二千石长吏已下及三老、官属钱帛，各有差；鳏、寡、孤、独、笃癃、贫不能自存者粟，人三斛。"

十一月癸卯，祠高庙，遂有事十一陵。诏曰："高祖功臣，萧、曹为首，有传世不绝之义。曹相国后容城侯无嗣。朕望长陵东门，见二臣之垅，循其远节，每有感焉。忠义获宠，古今所同。可遣使者以中牢祠，大鸿胪求近亲宜为嗣者，须景风绍封。以章厥功。"

十二月，复置西域都护、骑都尉、戊己校尉官。

庚辰，至自长安，减弛刑徒从驾者刑五月。

四年春正月，北匈奴右谷蠡王於除鞬自立为单于，款塞乞降。遣大将军左校尉耿夔授玺绶。

三月癸丑，司徒袁安薨。闰月丁丑，太常丁鸿为司徒。

夏四月丙辰，大将军窦宪还至京师。

六月戊戌朔，日有食之。丙辰，郡国十三地震。

窦宪潜图弑逆。庚申，幸北宫。诏收捕宪党射声校尉郭璜，璜子侍中举，卫尉邓叠，叠弟步兵校尉磊，皆下狱死。使谒者仆射收宪大将军印绶，遣宪及弟笃、景就国，到皆自杀。

是夏，旱，蝗。

二月，大将军窦宪派左校尉耿夔从居延塞出兵，在金微山围攻北单于，大胜，俘获北单于的母亲。

夏六月辛卯日，尊皇太后的母亲比阳公主为长公主。

辛丑日，阜陵王刘种去世。

冬十月癸未日，和帝驾临长安。下诏说："北狄破灭，名王接连投降，西域各国，送来质子，归附朝廷，这难道不是祖宗庇佑所完成的大业吗？朕日夜叹息，希望回到旧京。现在赏赐所过之处二千石长吏以下及三老，属官钱帛，各有不同；鳏、寡、孤、独、疾病缠身、家贫不能自谋生计的，每人发粟三斛。

十一月癸卯日，和帝祭祀高庙，以及十一陵。下诏说："高祖时的功臣，以萧何、曹参为首，有流传后世而不致断绝的大义。曹相国的后代容城侯没有后嗣。朕遥望长陵东门，看见两位大臣的坟墓，追思他们的名节，不由地心怀感动。凭借忠义获得恩宠，古今的做法都是相同的。现在派使者用猪羊祭祀，大鸿胪寻找近亲中适合作为后嗣的人，在景风到来之际，继续封爵。以表彰功绩。"

十二月，朝廷恢复设置西域都护、骑都尉、戊己校尉官。

庚辰日，和帝从长安返回，解除枷锁跟随出行的犯人减刑五月。

永元四年（92）春正月，北匈奴右谷蠡王於除鞬自立为单于，到塞下请求归降。和帝派大将军左校尉耿夔授予他玺绶。

三月癸丑日，司徒袁安去世。闰三月丁丑日，和帝任命太常丁鸿为司徒。

夏四月丙辰日，大将军窦宪回到京师。

六月初一戊戌日，发生日食。丙辰日，十三个郡国发生地震。

窦宪暗中谋划弑君。庚申日，和帝驾临北宫。诏令逮捕窦宪的同党射声校尉郭璜，郭璜的儿子侍中郭举，卫尉邓叠，邓叠的弟弟步兵校尉邓磊，都被关入监牢，并死在狱中。派谒者仆射收回窦宪的大将军印绶，令窦宪及弟弟窦笃、窦景前往封国，到达后都自杀了。

这年夏季，发生旱灾和蝗灾。

秋七月己丑，太尉宋由坐党宪自杀。

八月辛亥，司空任隗薨。

癸丑，大司农尹睦为太尉，录尚书事。

丁巳，赐公卿以下至佐史钱谷各有差。

冬十月己亥，宗正刘方为司空。

十二月壬辰，诏："今年郡国秋稼为旱蝗所伤，其什四以上勿收田租、刍稿；有不满者，以实除之。"

武陵零陵澧中蛮叛。烧当羌寇金城。

五年春正月乙亥，宗祀五帝于明堂，遂登灵台，望云物。大赦天下。

戊子，千乘王伉薨。

辛卯，封皇弟万岁为广宗王。

二月戊戌，诏有司省减内外厩及凉州诸苑马。自京师离宫果园上林广成囿悉以假贫民，恣得采捕，不收其税。

丁未，诏曰："去年秋麦入少，恐民食不足。其上尤贫不能自给者户口人数。往者郡国上贫民，以衣履釜鬵为赀，而豪右得其饶利。诏书实核，欲有以益之，而长吏不能躬亲，反更征召会聚，令失农作，愁扰百姓。若复有犯者，二千石先坐。"

甲寅，太傅邓彪薨。

戊午，陇西地震。

三月戊子，诏曰："选举良才，为政之本。科别行能，必由乡曲。而郡国举吏，不加简择，故先帝明敕在所，令试之以职，乃得充选。又德行尤异，不须经职者，别署状上。而宣布以来，出入九年，二千石曾不承奉，恣心从好，司隶、刺史讫无纠察。今新蒙赦令，且复秋七月己丑日，太尉宋由因是窦宪同党而自杀。

八月辛亥日，司空任隗去世。

癸丑日，和帝任命大司农尹睦为太尉，总领尚书事。

丁巳日，赏赐公卿以下到佐史钱谷各不等。

冬十月己亥日，任命宗正刘方为司空。

十二月壬辰日，和帝下诏说："今年郡国秋季的庄稼遭受旱灾和蝗灾，损失十分之四以上的，不再收取田租、草料；其它损失不到十分之四的，按照实际情况免除。"

武陵零陵澧中蛮夷叛乱。烧当羌侵犯金城。

永元五年（93）春正月乙亥日，和帝在明堂祭祀五帝，然后登上灵台，看天地云物气象。大赦天下。

戊子日，千乘王刘伉去世。

辛卯日，和帝封皇弟刘万岁为广宗王。

二月戊戌日，和帝诏令主管官吏减少皇宫内外马厩及凉州各苑的马匹。从京师离宫的果园到上林苑、广成囿的土地全部借给贫民，任其采捕，不收取租税。

丁未日，和帝下诏说："去年麦子收成减少，朕担心百姓粮食不足。现在下令上报特别贫困不能自给自足的户口人数。从前郡国上报贫民，将衣履釜鬵作为财产，计算其贫穷程度，贫民怕加重负担，便把东西卖出，豪强得以低价买进，从而获利。诏令核实，想有益于贫民，长吏不能亲自去办，反而召集百姓聚会商议，以致耽误农时，骚扰百姓。如果现在再有触犯的，首先拿二千石官吏先行论罪。"

甲寅日，太傅邓彪去世。

戊午日，陇西发生地震。

三月戊子日，和帝下诏说："选拔杰出的人才，是为政的根本。甄别品行与才能，一定要通过乡里举荐。然而郡国推举官吏，不加选择，所以先帝明令各地，试用后再任职，合格的才能入选。德行特别突出的，不需要经过试用，另外进行上报。但诏令宣布以来，前后九申敕，后有犯者，显明其罚。在位不以选举为忧，督察不以发觉为负，非独州郡也。是以庶官多非其人。下民被奸邪之伤，由法不行故也。”

庚寅，遣使者分行贫民，举实流冗，开仓赈禀三十余郡。

夏四月壬子，封阜陵王种兄鲂为阜陵王。

六月丁酉，郡国三雨雹。

秋九月辛酉，广宗王万岁薨，无子，国除。

匈奴单于於除鞬叛，遣中郎将任尚讨灭之。

壬午，令郡县劝民蓄蔬食以助五谷。其官有陂池，令得采取，勿收假税二岁。

冬十月辛未，太尉尹睦薨。十一月乙丑，太仆张酺为太尉。

是岁，武陵郡兵破叛蛮，降之。护羌校尉贯友讨烧当羌，羌乃遁去。南单于安国叛，骨都侯喜斩之。

六年春正月，永昌徼外夷遣使译献犀牛、大象。

己卯，司徒丁鸿薨。

二月乙未，遣谒者分行禀贷三河、兖、冀、青州贫民。

许侯马光自杀。

丁未，司空刘方为司徒，太常张奋为司空。

三月庚寅，诏流民所过郡国皆实禀之，其有贩卖者勿出租税，又欲就贱还归者，复一岁田租、更赋。

年，二千石官吏从不按照规定办事，一心遵循自己的爱好，司隶、刺史也从来没有进行纠察。现在颁布新的赦令，并且重新申明赦令，以后再有触犯的，一定加以处罚。在位者不把选拔人才当一回事，督察者不以发觉此类错误作为职责，这不仅仅是州郡的责任。是很多官吏不称职造成的。百姓被他们的奸诈邪恶伤害，是法令得不到执行的原因。”

庚寅日，和帝派使者分别巡视贫民，核实流离失所的人数，打开仓廪用粮食赈济的有三十多个郡。

夏四月壬子日，和帝封阜陵王刘种的哥哥刘鲂为阜陵王。

夏六月丁酉日，三个郡国降下冰雹。

秋九月辛酉日，广宗王刘万岁去世，没有儿子，废除封国。

匈奴单于於除鞬叛乱，和帝派中郎将任尚前往讨伐，将其消灭。

壬午日，朝廷命令郡县劝告百姓储藏蔬菜食物来贴补五谷。官府的池塘，可以让民众采摘捕捞，两年不要收取租税。

冬十月辛未日，太尉尹睦去世。十一月乙丑日，和帝任命太仆张酺为太尉。

这年，武陵郡兵击败叛蛮，使其归降。护羌校尉贯友征讨烧当羌，羌人逃走。南单于安国叛乱，骨都侯喜将其杀死。

永元六年(94)春正月，永昌界外蛮夷派使者通过翻译，进献犀牛、大象。

己卯日，司徒丁鸿去世。

二月乙未日，和帝派谒者分别巡视，把粮食借给三河、兖、冀、青州的贫民。

许侯马光自杀。

丁未日，和帝任命司空刘方为司徒，太常张奋为司空。

三月庚寅日，朝廷诏令流民所过的郡国都要根据实际情况赈济粮食，流民有贩卖的不要收取租税，有想回家乡的，免除一年田租、更赋。

丙寅，诏曰：“朕以眇末，承奉鸿烈。阴阳不和，水旱违度，济河之域，凶馑流亡，而未获忠言至谋，所以匡救之策。寤寐永叹，用思孔疚。惟官人不得于上，黎民不安于下，有司不念宽和，而竞为苛刻，覆案不急，以妨民事，甚非所以上当天心，下济元元也。思得忠良之士，以辅朕之不逮。其令三公、中二千石、二千石、内郡守相举贤良方正能直言极谏之士各一人。昭岩穴，披幽隐，遣诣公车，朕将悉听焉。”帝乃亲临策问，选补郎吏。

夏四月，蜀郡徼外羌率种人遣使内附。

五月，城阳王淑薨，无子，国除。

六月己酉，初令伏闭尽日。

秋七月，京师旱。诏中都官徒各除半刑，谪其未竟，五月已下皆免遣。丁巳，幸洛阳寺，录囚徒，举冤狱。收洛阳令下狱抵罪，司隶校尉、河南尹皆左降。未及还宫而澍雨。

西域都护班超大破焉耆、尉犁，斩其王。自是西域降服，纳质者五十余国。

南单于安国从弟子逢侯率叛胡亡出塞。九月癸丑，以光禄勋邓鸿行车骑将军事，与越骑校尉冯柱、行度辽将军朱徽、使匈奴中郎将杜崇讨之。冬十一月，护乌桓校尉任尚率乌桓、鲜卑，大破逢侯，冯柱遣兵追击，复之。

诏以勃海郡属冀州。

武陵溇中蛮叛，郡兵讨平之。

七年春正月，行车骑将军邓鸿、度辽将军朱徽、中郎将杜崇皆丙寅日，和帝下诏说："朕以微末之身，继承大业。导致阴阳不调，水旱都超过往日，济水黄河流域，遭受灾荒的百姓四处流亡，但没有获得忠言良策，进行挽救。朕日夜长叹，忧思急切。官吏在上面做的不好，黎民在下面就感到不安，主管之人不讲宽和，竞相苛刻，反复审理无关紧要的案件，妨碍农事，这对上不能符合天意，对下不能让百姓获益。朕想得到忠良之士，来辅佐改正朕的不足之处。现在下令三公、中二千右、二千石、内郡守相举荐贤良方正，能直言极谏之士各一人。将隐居在穷乡僻壤的贤人请出来，送到公车，朕将亲自听取他们的意见。"于是和帝亲临策问，选补郎吏。

夏四月，蜀郡界外羌族率领族人派使者归附朝廷。

五月，城阳王刘淑去世，没有儿子，废除封国。

六月己酉日，因为"伏日万鬼行"，和帝开始下令整天闭户，不做其他事情。

秋七月，京师发生旱灾。诏令各官府对在押囚犯都减少一半刑期，没有服完的进行流放，不满五月的一律免除刑罚，遣散放回。丁巳日，和帝驾临洛阳官舍，审查囚徒情况，平反冤狱。逮捕洛阳县令，将其关入监牢，予以惩治，司隶校尉、河南尹都被贬官。和帝还没回到宫中，就天降大雨。

西域都护班超大胜焉耆国、尉犁国，杀死他们的国王。从此西域降服，送交质子的有五十多国。

南单于安国堂弟的儿子逢侯带领叛乱的胡人逃出塞外。九月癸丑日，和帝令光禄勋邓鸿代行车骑将军职权，与越骑校尉冯柱、代理度辽将军朱徽、使匈奴中郎将杜崇前往讨伐。冬十一月，护乌桓校尉任尚带领乌桓、鲜卑的士兵，大胜逢侯，冯柱派兵追击，再次击败他们。

朝廷诏令将渤海郡划归冀州。

武陵溇中蛮夷叛乱，郡兵前往征讨并平定。

永元七年(95)春正月，代理车骑将军邓鸿、度辽将军朱徽、中郎将杜崇都被关入监牢，并死在狱中。

下狱死。

夏四月辛亥朔，日有食之。帝引见公卿问得失，令将、大夫、御史、谒者、博士、议郎、郎官会廷中，各言封事。诏曰：“元首不明，化流无良，政失于民，谪见于天。深惟庶事，五教在宽，是以旧典因孝廉之举，以求其人。有司详选郎官宽博有谋才任典城者三十人。”既而悉以所选郎出补长、相。

五月辛卯，改千乘国为乐安国。

六月丙寅，沛王定薨。

秋七月乙巳，易阳地裂。九月癸卯，京师地震。

八年春二月己丑，立贵人阴氏为皇后。赐天下男子爵，人二级，三老、孝悌、力田三级，民无名数及流民欲占者一级；鳏、寡、孤、独、笃癃、贫不能自存者粟，人五斛。

夏四月癸亥，乐成王党薨。

甲子，诏赈贷并州四郡贫民。

五月，河内、陈留蝗。

南匈奴右温禺犊王叛，为寇。秋七月，行度辽将军庞奋、越骑校尉冯柱追讨之，斩右温禺犊王。

车师后王叛，击其前王。

八月辛酉，饮酎。诏郡国中都官系囚减死一等，诣敦煌戍。其犯大逆，募下蚕室；其女子宫。自死罪已下，至司寇及亡命者入赎，各有差。

九月，京师蝗。吏民言事者，多归责有司。诏曰：“蝗虫之异，殆不虚生，万方有罪，在予一人，而言事者专咎自下，非助我者也。朕寤寐恫矜，思弭忧衅。昔楚严无灾而惧，成王出郊而反风。将何夏四月初一辛亥日，发生日食。和帝召见公卿询问得失，命将、大夫、御史、谒者、博士、议郎、郎官会集宫中，各自上书奏事。下诏说："天子不贤明，德化没有很好传布，为政失去民心，上天也进行谴责。朕深思此事，父义、母慈、兄友、弟恭、子孝这五教的根本在于宽和，因此旧时的制度通过举孝廉的方式，来找到德才兼备之人。主管官吏要仔细选出郎官中宽博有谋、才能胜任一方的三十人。"并立即将选出的郎官都出京补任为县长、侯相。

五月辛卯日，朝廷改千乘国为乐安国。

六月丙寅日，沛王刘定去世。

秋七月乙巳日，易阳发生地裂。九月癸卯日，京师发生地震。

永元八年（96）春二月己丑日，立贵人阴氏为皇后。赏赐天下男子爵位，每人二级，三老、孝悌、力田每人三级，没有户籍的百姓及想入籍的流民每人一级；鳏、寡、孤、独、疾病缠身、家贫不能自谋生计的，每人发粟五斛。

夏四月癸亥日，乐成王刘党去世。

甲子日，朝廷诏令赈济并州四郡的贫民。

五月，河内、陈留发生蝗灾。

南匈奴右温禺犊王叛乱，四处侵犯。秋七月，代理度辽将军庞奋、越骑校尉冯柱追击征讨，杀死右温禺犊王。

车师后王叛乱，攻打他的前王。

八月辛酉日，饮醇酒。朝廷诏令郡国各官府对在押囚犯免死并减轻罪行一等，送到敦煌戍守。犯大逆不道之罪的，一律下蚕室施腐刑；女子实施宫刑。自死罪以下，至司寇及逃亡的交纳赎金赎罪，分别入赎各有等差。

九月，京师发生蝗灾。官民议论政事，多归咎于主管官吏。和帝下诏说："蝗灾的变异，不是无故发生的，万方有罪，根源全在朕一人身上，而言事者归咎于下面，这不是帮助朕。朕日夜惶恐不安，思想非以匡朕不逮，以塞灾变？百僚师尹勉修厥职，刺史、二千石详刑辟，理冤虐，恤鳏寡，矜孤弱，思惟致灾兴蝗之咎。”

庚子，复置广阳郡。

冬十月乙丑，北海王威有罪自杀。

十二月辛亥，陈王羡薨。

丁巳，南宫宣室殿火。

九年春正月，永昌徼外蛮夷及掸国重译奉贡。

三月庚辰，陇西地震。

癸巳，济南王康薨。

西域长史王林击车师后王，斩之。

夏四月丁卯，封乐成王党子巡为乐成王。

六月，蝗、旱。戊辰，诏：“今年秋稼为蝗虫所伤，皆勿收租、更、刍稿；若有所损失，以实除之，余当收租者亦半入。其山林饶利，陂池渔采，以赡元元，勿收假税。”秋七月，蝗虫飞过京师。

八月，鲜卑寇肥如，辽东太守祭参下狱死。

闰月辛巳，皇太后窦氏崩。丙申，葬章德皇后。

烧当羌寇陇西，杀长吏，遣行征西将军刘尚、越骑校尉赵世等讨破之。

九月庚申，司徒刘方策免，自杀。

甲子，追尊皇妣梁贵人为皇太后。冬十月乙酉，改葬恭怀梁皇后于西陵。

十一月癸卯，光禄勋河南吕盖为司徒。十二月丙寅，司空张奋常紧张。从前楚庄王因为无灾，向天求过，成王怀疑周公，天刮大风。大家将怎样匡正朕的不足之处，来阻止灾害呢？百官师尹努力履行本职工作，刺史、二千石仔细审理案件，平反冤狱，抚恤鳏寡，怜悯孤弱，反省蝗灾产生的过失。”

庚子日，恢复设置广阳郡。

冬十月乙丑日，北海王刘威有罪自杀。

十二月辛亥日，陈王刘羡去世。

丁巳日，南宫宣室殿发生火灾。

永元九年（97）春正月，永昌界外蛮夷及掸国，通过辗转翻译，通言交纳贡品。

三月庚辰日，陇西发生地震。

癸巳日，济南王刘康去世。

西域长史王林攻击车师后王，将他杀死。

夏四月丁卯日，封乐成王刘党的儿子刘巡为乐成王。

六月，发生蝗灾、旱灾。戊辰日，和帝下诏说：“今年秋季的庄稼为蝗虫所伤，都不要收取田租、更赋、草料；如果有什么损失，按照实际情况免除，其余应当收取租税的，也要减半交纳。用山林的丰厚之利，和陂池的捕捞采集所得，来周济百姓，不再收取租税。”秋七月，蝗虫飞过京师。

八月，鲜卑入侵肥如，辽东太守祭参被关入监牢，并死在狱中。

闰八月辛巳日，皇太后窦氏驾崩。丙申日，安葬章德皇后。

烧当羌入侵陇西，杀死长吏，和帝派代理征西将军刘尚、越骑校尉赵世等人击败了他们。

九月庚申日，司徒刘方被和帝以策书免官，自杀。

甲子日，追尊皇妣梁贵人为皇太后。冬十月乙酉日，将恭怀梁皇后改葬在西陵。

十一月癸卯日，和帝任命光禄勋河南人吕盖为司徒。十二月丙寅罢。壬申，太仆韩棱为司空。

己丑，复置若卢狱官。

十年春三月壬戌，诏曰："堤防沟渠，所以顺助地理，通利壅塞。今废慢懈弛，不以为负。刺史、二千石其随宜疏导。勿因缘妄发，以为烦扰，将显行其罚。"

夏五月，京师大水。

秋七月己巳，司空韩棱薨。八月丙子，太常太山巢堪为司空。

九月庚戌，复置廪牺官。

冬十月，五州雨水。

十二月，烧当羌豪迷唐等率种人诣阙贡献。

戊寅，梁王畅薨。

十一年春二月，遣使循行郡国，禀贷被灾害不能自存者，令得渔采山林池泽，不收假税。

丙午，诏郡国中都官徒及笃癃老小女徒各除半刑，其未竟三月者，皆免归田里。

夏四月丙寅，大赦天下。

己巳，复置右校尉官。

秋七月辛卯，诏曰："吏民逾僭，厚死伤生，是以旧令节之制度。顷者贵戚近亲，百僚师尹，莫肯率从，有司不举，怠放日甚。又商贾小民，或忘法禁，奇巧靡货，流积公行。其在位犯者，当先举正。市道小民，但且申明宪纲，勿因科令，加虐羸弱。"

十二年春二月，旄牛徼外白狼、貗薄夷率种人内属。

日，司空张奋被罢免。壬申日，任命太仆韩棱为司空。

己丑日，朝廷恢复设置若卢狱官。

永元十年（98）春三月壬戌日，和帝下诏说：“堤防沟渠，是用来顺应地理，通畅阻塞的。现在废弃懈怠，不认为是失误。刺史、二千石应随时疏导。但不得因此随意征调民力，造成烦扰，否则将根据情况处罚。”

夏五月，京师发大水。

秋七月己巳日，司空韩棱去世。八月丙子日，和帝任命太常太山巢堪为司空。

九月庚戌日，朝廷恢复设置廪牺官。

冬十月，五州连降雨水。

十二月，烧当羌首领迷唐等率领族人到京师进贡。

戊寅日，梁王刘畅去世。

永元十一年（99）春二月，和帝派使者巡行郡国，将粮食借给遭受灾害不能自谋生计的百姓，令他们可以在山林池泽捕捞采集，不收租税。

丙午日，朝廷诏令郡国各官府对在押囚犯及疾病缠身、年老、幼小和女犯人都减少一半刑期，还有三月没有服完的，都免罪返回田里。

夏四月丙寅日，大赦天下。

己巳日，朝廷恢复设置右校尉官。

秋七月辛卯日，和帝下诏说：“官民超越本分，进行厚葬，妨害活人，因而过去的法令，规定了限制的制度。近来贵戚近亲，百官师尹，都不肯遵循，主管官吏也不进行举报，放任自流，日益严重。又有的商人小民，忘记法律禁令，贩卖奇巧之物和奢侈品，公然囤积居奇。在位的犯禁者，应当首先改正。市道小民，姑且申明法纪，不要依据法令，虐待老弱。”

永元十二年（100）春二月，旄牛界外白狼、貗薄蛮夷率领族人诏贷被灾诸郡民种粮。赐下贫、鳏、寡、孤、独、不能自存者，及郡国流民，听入陂池渔采，以助蔬食。

三月丙申，诏曰："比年不登，百姓虚匮。京师去冬无宿雪，今春无澍雨，黎民流离，困于道路。朕痛心疾首，靡知所济。'瞻仰昊天，何辜今人？'三公朕之腹心，而未获承天安民之策。数诏有司，务择良吏。今犹不改，竞为苛暴，侵愁小民，以求虚名，委任下吏，假势行邪。是以令下而奸生，禁至而诈起。巧法析律，饰文增辞，货行于言，罪成乎手，朕甚病焉，公卿不思助明好恶，将何以救其咎罚？咎罚既至，复令灾及小民。若上下同心，庶或有瘳。其赐天下男子爵，人二级，三老、孝悌、力田三级，民无名数及流民欲占者人一级；鳏、寡、孤、独、笃癃、贫不能自存者粟，人三斛。"

壬子，赐博士员弟子在太学者布，人三匹。

夏四月，日南象林蛮夷反，郡兵讨破之。

闰月，赈贷敦煌、张掖、五原民下贫者谷。

戊辰，秭归山崩。

六月，舞阳大水，赐被水灾尤贫者谷，人三斛。

秋七月辛亥朔，日有食之。九月戊午，太尉张酺免。丙寅，大司农张禹为太尉。

冬十一月，西域蒙奇、兜勒二国遣使内附，赐其王金印紫绶。

是岁，烧当羌复叛。

十三年春正月丁丑，帝幸东观，览书林，阅篇籍，博选术艺之归附朝廷。

诏令借给各郡受灾百姓种子和粮食。赏赐特别贫困、鳏、寡、孤、独、不能自谋生计的，及郡国流民，任凭他们进入陂池捕捞采集，来补充蔬食。

三月十四日，和帝下诏说：“近年收成不好，百姓缺乏衣食。京师去年冬季没有降雪，今年春季没有下雨，黎民流离失所，困于道路。朕痛心疾首，不知道怎样救济他们。‘仰问苍天，为什么要让无辜之人遭受饥寒呢？’三公是朕的心腹，但没有提出承奉天道安抚人民的计策。朕多次诏令主管官吏，务必选择贤能的官吏。现在仍然没有改变，竞相苛刻暴虐，侵害百姓，以求虚名，让下面的官吏，假借权力，行邪恶之事。所以诏命一下，奸邪立刻产生，禁令刚到，欺诈随之而起。这些人玩弄法令，曲解律例，增饰文辞，办事需要贿赂，百姓动辄定罪，朕非常头痛，公卿都不思考如何明辨是非，怎样才能挽救咎罚呢？咎罚既然出现，又只能遭殃百姓了。如果上下一心，共同纠正，应该能做得更好。现在赏赐天下男子爵位，每人二级，三老、孝悌、力田每人三级，没有户籍的百姓及想入籍的流民每人一级；鳏、寡、孤、独、疾病缠身、家贫不能自谋生计的，每人发粟三斛。”

壬子日，和帝赏赐在太学的博士员弟子布，每人三匹。

夏四月，日南象林蛮夷造反，郡兵将其击败。

闰五月，朝廷赈济谷物给敦煌、张掖、五原中特别贫困的百姓。

戊辰日，秭归山崩塌。

六月，舞阳发大水，和帝赏赐遭受水灾特别贫困的谷物，每人三斛。

秋七月初一辛亥日，发生日食。九月戊午日，太尉张酺被罢免。丙寅日，和帝任命大司农张禹为太尉。

冬十一月，西域蒙奇、兜勒两国派使者归附朝廷，赐其国王金印紫绶。

这年，烧当羌再次叛乱。

永元十三年（101）春正月丁丑日，和帝驾临东观，参观书林，阅士以充其官。

二月，任城王尚薨。

丙午，赈贷张掖、居延、朔方、日南贫民及孤、寡、羸弱不能自存者。

秋八月，诏象林民失农桑业者，赈贷种粮，禀赐下贫谷食。

己亥，北宫盛馔门阁火。

护羌校尉周鲔击烧当羌，破之。

荆州雨水。九月壬子，诏曰：“荆州比岁不节，今兹淫水为害，余虽颇登，而多不均浃，深惟四民农食之本，惨然怀矜。其令天下半入今年田租、刍稿；有宜以实除者，如故事。贫民假种食，皆勿收责。”

冬十一月，安息国遣使献师子及条枝大爵。

丙辰，诏曰：“幽、并、凉州户口率少，边役众剧，束修良吏，进仕路狭。抚接夷狄，以人为本。其令缘边郡口十万以上岁举孝廉一人，不满十万二岁举一人，五万以下三岁举一人。”

鲜卑寇右北平，遂入渔阳，渔阳太守击破之。

戊辰，司徒吕盖罢。十二月丁丑，光禄勋鲁恭为司徒。

辛卯，巫蛮叛，寇南郡。

十四年春二月乙卯，东海王政薨。

缮修故西海郡，徙金城西部都尉以戍之。

三月戊辰，临辟雍，飨射，大赦天下。

夏四月，遣使者督荆州兵讨巫蛮，破降之。

庚辰，赈贷张掖、居延、敦煌、五原、汉阳、会稽流民下贫谷，览文籍，广选通晓经艺之士充当官吏。

二月，任城王刘尚去世。

丙午日，赈济张掖、居延、朔方、日南的贫民及孤、寡、羸弱不能自谋生计的人。

秋八月，和帝诏令对象林失去农桑业的百姓，赈济种子和粮食，赐给特别贫困的人谷物。

己亥日，北宫盛馔门阁起火。

护羌校尉周鲔攻打烧当羌，将其击败。

荆州连降雨水。九月壬子日，和帝下诏说："荆州连年歉收，如今霪雨为害，虽然有些收成，但好坏不均，朕深思士农工商以粮食为本，不禁悲痛怜悯。现在命令天下今年交纳一半的田租、草料；有应按照实际情况免除的，就依据旧例免除。借给贫民的种子和粮食，都不要收回欠债。"

冬十一月，安息国派使者进献狮子及条枝驼鸟。

丙辰日，和帝下诏说："幽、并、凉州户口很少，承担的边地徭役繁多，当地贤能的官吏，晋升之路狭窄。安抚接接待夷狄，全靠合适人选。现在命令边境十万人口以上的郡，每年举荐孝廉一人，不满十万人口的，两年举荐一人，五万人口以下的，三年举荐一人。"

鲜卑侵犯右北平，然后入侵渔阳，渔阳太守将其击败。

戊辰日，司徒吕盖被罢免。十二月丁丑日，和帝任命光禄勋鲁恭为司徒。

辛卯日，巫蛮叛乱，侵犯南郡。

永元十四年（102）春二月乙卯日，东海王刘政去世。

整修原西海郡，调派金城西部都尉前往戍守。

三月戊辰日，和帝驾临辟雍，宴饮宾客，与诸侯举行射箭之礼。大赦天下。

夏四月，派使者监督荆州兵征讨巫蛮，打败他们，使其投降。

庚辰日，赈济张掖、居延、敦煌、五原、汉阳、会稽的流民及特各有差。

五月丁未，初置象林将兵长史官。

六月辛卯，废皇后阴氏，后父特进纲自杀。

秋七月甲寅，诏复象林县更赋、田租、刍稿二岁。

壬子，常山王侧薨。

是秋，三州雨水。冬十月甲申，诏："兖、豫、荆州今年水雨淫过，多伤农功。其令被害什四以上皆半入田租、刍稿；其不满者，以实除之。"

辛卯，立贵人邓氏为皇后。

丁酉，司空巢堪罢。十一月癸卯，大司农徐防为司空。

是岁，初复郡国上计补郎官。

十五年春闰月乙未，诏流民欲还归本而无粮食者，过所实禀之，疾病加致医药；其不欲还归者，勿强。

二月，诏禀贷颍川、汝南、陈留、江夏、梁国、敦煌贫民。

夏四月甲子晦，日有食之。五月戊寅，南阳大风。

六月，诏令百姓鳏寡渔采陂池，勿收假税二岁。

秋七月丙寅，济南王错薨。

复置涿郡故安铁官。

九月壬午，南巡狩，清河王庆、济北王寿、河间王开并从。赐所过二千石长吏以下、三老、官属及民百年者钱布，各有差。是秋，四州雨水。冬十月戊申，幸章陵，祠旧宅。癸丑，祠园庙，会宗室于旧庐，劳赐作乐。戊午，进幸云梦，临汉水而还。十一月甲申，车驾还宫，赐从臣及留者公卿以下钱布，各有差。

别贫困的人谷物，各有不同。

五月丁未日，开始设置象林将兵长史官。

六月辛卯日，废掉皇后阴氏，皇后的父亲特进阴纲自杀。

秋七月甲寅日，诏令免除象林县更赋、田租、草料两年。

壬子日，常山王刘侧去世。

这年秋季，三州连降雨水。冬十月甲申日，和帝下诏说："兖、豫、荆州今年雨水过多，大伤农事。现在命令遭受灾害损失在十分之四以上的都交纳一半的田租、草料；损失不到十分之四的，按照实际情况免除。"

辛卯日，立贵人邓氏为皇后。

丁酉日，司空巢堪被罢免。十一月癸卯日，和帝任命大司农徐防为司空。

这年，朝廷开始恢复设置郡国上计补郎官。

永元十五年（103）春闰正月乙未日，朝廷诏令流民想回原籍而没有粮食的，由经过的地方根据实际情况赈济粮食，有病的提供医药；不想回原籍的，不要强迫。

二月，朝廷诏令将粮食借给颍川、汝南、陈留、江夏、梁国、敦煌的贫民。

夏四月三十甲子日，发生日食。五月戊寅日，南阳刮起大风。

六月，朝廷诏令百姓中鳏、寡的可以在陂池捕捞采集，不收租税两年。

秋七月丙寅日，济南王刘错去世。

朝廷恢复设置涿郡原安铁官。

九月壬午日，和帝南巡视察，清河王刘庆、济北王刘寿、河间王刘开一同跟随。赏赐所过之处二千石长吏以下、三老、官属及百岁的百姓钱和布，各有不同。这年秋季，四州连降雨水。冬十月戊申日，和帝驾临章陵，祭祀旧宅。癸丑日，和帝祭祀园庙，在旧宅会见宗室，慰劳赏赐作乐。戊午日，和帝到达云梦，来到汉水边后返回。十一月甲申日，和帝返回洛阳，赏赐随行的臣子和留守的公卿以下钱和布，各有不同。

十二月庚子，琅邪王宇薨。

有司奏，以为夏至则微阴起，靡草死，可以决小事。

是岁，初令郡国以日北至案薄刑。

十六年春正月己卯，诏贫民有田业而以匮乏不能自农者，贷种粮。

二月己未，诏兖、豫、徐、冀四州比年雨多伤稼，禁沽酒。夏四月，遣三府掾分行四州，贫民无以耕者，为雇犁牛直。

五月壬午，赵王商薨。

秋七月，旱。戊午，诏曰："今秋稼方穗而旱，云雨不沾，疑吏行惨刻，不宣恩泽，妄拘无罪，幽闭良善所致。其一切囚徒于法疑者勿决，以奉秋令。方察烦苛之吏，显明其罚。"

辛酉，司徒鲁恭免。庚午，光禄勋张酺为司徒。

辛巳，诏令天下皆半入今年田租、刍稿；其被灾害者，以实除之。贫民受贷种粮及田租、刍稿，皆勿收责。

八月己酉，司徒张酺薨。冬十月辛卯，司空徐防为司徒，大鸿胪陈宠为司空。

十一月己丑，行幸缑氏，登百岯山，赐百官从臣布，各有差。

北匈奴遣使称臣贡献。

十二月，复置辽东西部都尉官。

元兴元年春正月戊午，引三署郎召见禁中，选除七十五人，补谒者、长、相。

高句骊寇郡界。

十二月庚子日，琅琊王刘宇去世。

主管官吏上奏，因为夏至到了，阴气初生，靡草死掉，可以决断小的案件。

这年，第一次诏令郡国在夏至审理轻罪案件。

永元十六年(104)春正月己卯日，朝廷诏令对有田业但因缺乏不能自行耕作的贫民，借给种子和粮食。

二月己未日，朝廷诏令兖、豫、徐、冀四州连年多雨，庄稼受灾，禁止酿酒。夏四月，和帝派三府掾分别巡视四州，对无力耕作的贫民，为其租借犁牛农具。

五月壬午日，赵王刘商去世。

秋七月，发生旱灾。戊午日，和帝下诏说："今年秋季的庄稼刚抽穗就遭遇旱灾，没有得到一点雨水，怀疑是官吏行为凶狠刻毒，不宣扬朝廷恩泽，随便捉拿无辜，囚禁好人所导致。应将依据法律定罪还有疑问的一切囚徒，不要处决，等到秋季再进行审理。考察行事烦苛的官吏，查明后予以处罚。"

辛酉，司徒鲁恭被罢免。庚午日，任命光禄勋张酺为司徒。

辛巳日，诏令天下今年都只用交纳一半的田租、草料；遭受灾害的，按照实际情况免除。借给贫民的种子、粮食及田租、草料，都不要收回欠债。

八月己酉日，司徒张酺去世。冬十月辛卯日，和帝任命司空徐防为司徒，大鸿胪陈宠为司空。

十一月己丑日，和帝驾临缑氏，登上百岯山，分别赏赐百官随从人员布匹不等。

北匈奴派使者称臣进贡。

十二月，恢复设置辽东西部都尉官。

元兴元年(105)春正月戊午日，和帝在宫中召见三署郎，选拔七十五人，补任谒者、长、相。

高句骊侵犯郡界。

夏四月庚午，大赦天下，改元元兴。宗室以罪绝者，悉复属籍。

五月癸酉，雍地裂。

秋九月，辽东太守耿夔击貊人，破之。

冬十二月辛未，帝崩于章德前殿，年二十七。立皇子隆为皇太子。赐天下男子爵，人二级，三老、孝悌、力田人三级，民无名数及流民欲占者人一级；鳏、寡、孤、独、笃癃、贫不能自存者粟，人三斛。

自窦宪诛后，帝躬亲万机。每有灾异，辄延问公卿，极言得失。前后符瑞八十一所，自称德薄，皆抑而不宣。旧南海献龙眼、荔支，十里一置，五里一候，奔腾阻险，死者继路。时临武长汝南唐羌，县接南海，乃上书陈状。帝下诏曰："远国珍羞，本以荐奉宗庙。苟有伤害，岂爱民之本。其敕太官勿复受献。"由是遂省焉。

论曰：自中兴以后，逮于永元，虽颇有弛张，而俱存不扰，是以齐民岁增，辟土世广。偏师出塞，则漠北地空；都护西指，则通译四万。岂其道远三代，术长前世？将服叛去来，自有数也？

孝殇皇帝讳隆，和帝少子也。元兴元年十二月辛未夜，即皇帝位，时诞育百余日。尊皇后曰皇太后，太后临朝。

北匈奴遣使称臣，诣敦煌奉献。

延平元年春正月辛卯，太尉张禹为太傅，司徒徐防为太尉，参录尚书事，百官总己以听。封皇兄胜为平原王。癸卯，光禄勋梁鲔为司徒。

夏四月庚午日，大赦天下，改元元兴。因犯罪断绝关系的宗室，全都恢复属籍。

五月癸酉日，雍地发生地裂。

秋九月，辽东太守耿夔攻打貊人，将其打败。

冬十二月辛未日，和帝在章德前殿驾崩，终年二十七岁。立皇子刘隆为皇太子。赏赐天下男子爵位，每人二级，三老、孝悌、力田每人三级，没有户籍的百姓及想入籍的流民每人一级；鳏、寡、孤、独、疾病缠身、家贫不能自谋生计的，每人发粟三斛。

自从窦宪自杀后，和帝亲理国政。每当有灾异出现，他总是询问公卿，畅谈得失。在位期间，前后共出现了八十一处祥瑞，他都自称德行浅薄，不进行宣扬。过去南海进献龙眼、荔枝时，十里一驿，五里一站，驿马日夜奔腾在险阻的道路上，跑死的马不绝于路。当时临武县长汝南人唐羌，因任职的县与南海相接，于是上书说明了这些情况。和帝下诏说："远方属国送来的珍馐美味，本来是献给宗庙的。如果因此造成伤害，不符合爱民的本意。现在命令太官不要再接受这种奉献。"从此这项差事终止了。

评论说：自从光武中兴后，一直到永元年间，国事虽然有张有弛，却没有出现纷扰，所以人口每年增加，开辟的疆土越来越多。偏师出塞，匈奴逃走，使漠北成为空旷之地；都护远征西域，让五十多国归降，语言通译四万里。难道是他们的治国之策超过了夏、商、周三代，他们的驭臣之术比前世高明吗？或者敌人的背叛与投降，自有上天的定数呢？

孝殇皇帝名隆，是和帝的小儿子。元兴元年（105）十二月辛未日夜，即皇帝位，当时他才出生一百多天。尊皇后为皇太后，太后临朝听政。

北匈奴派使者称臣，到敦煌进贡。

延平元年（106）春正月辛卯日，太后任命太尉张禹为太傅，任命司徒徐防为太尉，参与总领尚书事，百官总摄己职，听从他的指挥。封皇兄刘胜为平原王。癸卯日，任命光禄勋梁鲔为司徒。

三月甲申，葬孝和皇帝于慎陵，尊庙曰穆宗。

丙戌，清河王庆、济北王寿、河间王开、常山王章始就国。

夏四月庚申，诏罢祀官不在祀典者。

鲜卑寇渔阳，渔阳太守张显追击，战没。

丙寅，以虎贲中郎将邓骘为车骑将军。

司空陈宠薨。

五月辛卯，皇太后诏曰："皇帝幼冲，承统鸿业，朕且权佐助听政，兢兢寅畏，不知所济。深惟至治之本，道化在前，刑罚在后。将稽中和，广施庆惠，与吏民更始。其大赦天下。自建武以来诸犯禁锢，诏书虽解，有司持重，多不奉行，其皆复为平民。"

壬辰，河东垣山崩。

六月丁未，太常尹勤为司空。

郡国三十七雨水。己未，诏曰："自夏以来，阴雨过节，煖气不效，将有厥咎。寤寐忧惶，未知所由。昔夏后恶衣服，菲饮食，孔子曰'吾无间然'。今新遭大忧，且岁节未和，彻膳损服，庶有补焉。其减太官、导官、尚方、内署诸服御珍膳靡丽难成之物。"

丁卯，诏司徒、大司农、长乐少府曰："朕以无德，佐助统政，夙夜经营，惧失厥衷。思惟治道，由近及远，先内后外。自建武之初以至于今，八十余年，宫人岁增，房御弥广。又宗室坐事没入者，犹托名公族，甚可愍焉。今悉免遣，及掖庭宫人，皆为庶民，以抒幽隔郁滞之情。诸官府、郡国、王侯家奴婢姓刘及疲癃羸老，皆上其名，务令实悉。"

秋七月庚寅，敕司隶校尉、部刺史曰："夫天降灾戾，应政而至。间者郡国或有水灾，妨害秋稼。朝廷惟咎，忧惶悼惧。而郡国欲三月甲申日，在慎陵安葬孝和皇帝，尊庙号为穆宗。

丙戌日，清和王刘庆、济北王刘寿、河间王刘开、常山王刘章开始前往封国。

夏四月庚申日，太后诏令罢免没有参加祭祀典礼的官吏。

鲜卑侵犯渔阳，渔阳太守张显追击，张显战死。

丙寅日，任命虎贲中郎将邓骘为车骑将军。

司空陈宠去世。

五月辛卯日，皇太后下诏说："皇帝年幼，继承大业，我暂且辅佐听政，战战兢兢，不知道如何去做。我深思治理国家的根本，应当教化在前，刑罚在后。我将探究中庸之道，广施恩惠，与吏民共同前进。现在决定大赦天下。自建武年间以来囚禁的犯人，诏书虽让释放，但主管官吏行事慎重，多不执行，如今都恢复为平民。"

壬辰日，河东垣县发生山崩。

六月丁未日，太后任命太常尹勤为司空。

三十七个郡国连降雨水。己未日，皇太后下诏说："自夏季以来，阴雨过多，暖气不足，这说明当政者有过失。我日夜忧虑惶恐，不知道怎么做才好。从前夏后氏衣着朴素，饭菜简单，孔子说'我对此没有意见'。现在刚刚遭受大的忧患，并且时节不和，应减少衣食方面的费用，或者有所补益。省去太官、导官、尚方、内署各种服饰、珍馐以及奢华难得办到的事物。"

丁卯日，皇太后诏令司徒、大司农、长乐少府说："我缺乏德行，辅佐皇帝统理朝政，日夜思索，惟恐失职。我考虑治国之道，应由近及远，先内后外。自建武初年到现在，已经八十多年，宫人每年增加，房屋越来越多。因获罪没入宫的宗室，仍然托名公族，十分可怜。现在全都免罪遣散，以及掖庭宫人，一律成为平民，以抒发他们被幽闭的郁闷之情。各官府、郡国、王侯家姓刘的奴婢以及年老多病的，都上报名单，务必全部落实。"

秋七月庚寅日，皇太后敕令司隶校尉、部刺史说："天降灾害，是为政不善所导致的。近来有的郡国发生水灾，伤害秋季的庄稼。

获丰穰虚饰之誉，遂覆蔽灾害，多张垦田，不揣流亡，竞增户口，掩匿盗贼，令奸恶无惩，署用非次，选举乖宜，贪苛惨毒，延及平民。刺史垂头塞耳，阿私下比，'不畏于天，不愧于人'。假贷之恩，不可数恃，自今以后，将纠其罚。二千石长吏其各实核所伤害，为除田租、刍稿。"

八月辛亥，帝崩。癸丑，殡于崇德前殿。年二岁。

赞曰：孝和沉烈，率由前则。王赫自中，赐命强慝。抑没祥符，登显时德。殇世何早，平原弗克。

朝廷有咎，忧愁惶恐。然而郡国只想获得丰收的虚假声誉，于是隐瞒灾害，多报垦田，不估计流亡人数，竞相增报户口，藏匿盗贼，使奸恶之人得不到惩罚，任用官吏不是按照政绩依次升迁，举荐的人才也不合适，贪婪暴虐，残酷狠毒，殃及平民。刺史不问不闻，装聋作哑，处事不公，庇护坏人，'不畏惧上天，不有愧于人'。小恩小惠，是不能长久收买人心的，从今以后，将进行纠正惩罚。二千石长吏应各自核实受灾情况，免除交纳的田租、草料。"

八月辛亥日，殇帝驾崩。癸丑日，在崇德前殿出殡。年仅两岁。

赞辞说：和帝沉毅刚烈，是由于遵从祖先传统的结果。勃然大怒惩治大恶，制服了窦宪这样的奸佞。从不宣扬祥瑞，能任用邓彪这样众望所归的人才。殇帝夭折，像平原王刘胜一样不能承担重任而享有天下。

卷五

安帝纪第五

恭宗孝安皇帝讳祜，肃宗孙也。父清河孝王庆，母左姬。帝自在邸第，数有神光照室，又有赤蛇盘于床笫之间。年十岁，好学《史书》，和帝称之，数见禁中。

延平元年，庆始就国，邓太后特诏留帝清河邸。

八月，殇帝崩，太后与兄车骑将军邓骘定策禁中。其夜，使骘持节，以王青盖车迎帝，斋于殿中。皇太后御崇德殿，百官皆吉服，群臣陪位，引拜帝为长安侯。皇太后诏曰："先帝圣德淑茂，早弃天下。朕奉皇帝，夙夜瞻仰日月，冀望成就。岂意卒然颠沛，天年不遂，悲痛断心。朕惟平原王素被痼疾，念宗庙之重，思继嗣之统，唯长安侯祜质性忠孝，小心翼翼，能通《诗》《论》，笃学乐古，仁惠爱下。年已十三，有成人之志。亲德系后，莫宜于祜。《礼》'昆弟之子犹己子'；《春秋》之义，为人后者为之子，不以父命辞王父命。其以祜为孝和皇帝嗣，奉承祖宗，案礼仪奏。"又作策命曰："惟延平元年秋八月癸丑，皇太后曰：咨长安侯祜：孝和皇帝懿德巍巍，光于四海；大行皇帝不永天年。朕惟侯孝章帝世嫡皇孙，谦恭慈顺，在孺而勤，宜奉郊庙，承统大业。今以侯嗣孝和皇帝后。其审君汉国，允执其中。'一人有庆，万民赖之。'皇帝其勉之哉！"读策毕，太尉奉上玺绶，即皇帝位，年十三。太后犹临朝。

恭宗孝安皇帝名祜，是章帝的孙子。他的父亲是河孝王刘庆，他的母亲是左姬。安帝自从住在父王邸第，多次有神光照在室内，又有赤蛇盘旋在他的床第之间。他在十岁时，喜好学习《史书》，和帝很是称许他，数次被召入宫中。

延平元年（106），刘庆开始前往封国，邓太后特意颁发诏书让安帝留在清河府第。

八月，殇帝驾崩，太后与她的兄长车骑将军邓骘在宫内定册尊立天子。这天晚上，太后令邓骘持符节，用王青盖车迎接安帝，让安帝在殿中斋戒。皇太后驾临崇德殿，百官都身穿吉服，群臣陪同在侧，将安帝引出来拜为长安侯。皇太后颁发诏书说："先帝道德高尚美善，早早舍弃天下而去。我侍候皇帝，早晚仰视日月，期望皇帝能有所成就。怎料皇帝忽然发生变故，未能享有天年，悲痛之情断人心肠。我想着平原王素来患有经久难治的疾病，考虑到宗庙的重要，帝位继承的大统，只有长安侯刘祜本性忠诚孝顺，做事小心翼翼，能够通晓《诗经》《论语》，专心好学喜欢古代典籍，为人仁厚爱护下士。年纪已有十三岁，有成人的意志。亲近有德维系后人，没有比刘祜更适宜的了。《礼记》称'兄弟的儿子如同自己的儿子'；依照《春秋》的意思，过继成为他人后代的人就是那人的儿子，不拿父亲的命令来推却祖父之的命令。现在让刘祜做孝和皇帝的子嗣，继承祖宗帝业，依照礼节和仪式上奏。"又颁发策书说："延平元年秋八月癸丑日，皇太后说：'咨长安侯刘祜：孝和皇帝美德巍然，照耀四海；新帝未能享有天年早早去世。我想着长安侯是孝章帝的嫡嗣皇孙，为人谦逊恭谨善良和顺，还是幼童时就十分勤奋，适合供奉郊庙，继承帝位大业。今天让长安侯做孝和皇帝子嗣。要谨慎统治汉国，真诚地坚持中庸之道。'天子一人有善行福泽，万民都依赖他得到安九月庚子，谒高庙。辛丑，谒光武庙。

六州大水。己未，遣谒者分行虚实，举灾害，赈乏绝。

丙寅，葬孝殇皇帝于康陵。

乙亥，陨石于陈留。

西域诸国叛，攻都护任尚，遣副校尉梁慬救尚，击破之。

冬十月，四州大水，雨雹。诏以宿麦不下，赈赐贫人。

十二月甲子，清河王薨，使司空持节吊祭，车骑将军邓骘护丧事。

乙酉，罢鱼龙曼延百戏。

永初元年春正月癸酉朔，大赦天下。

蜀郡徼外羌内属。

戊寅，分犍为南部为属国都尉。

禀司隶、兖、豫、徐、冀、并州贫民。

二月丙午，以广成游猎地及被灾郡国公田假与贫民。

丁卯，分清河国封帝弟常保为广川王。

庚午，司徒梁鲔薨。

三月癸酉，日有食之。诏公卿内外众官、郡国守相，举贤良方正、有道术之士，明政术、达古今、能直言极谏者，各一人。

己卯，永昌徼外僬侥种夷贡献内属。

甲申，葬清河孝王，赠龙旗、虎贲。

夏五月甲戌，长乐卫尉鲁恭为司徒。

宁。’皇帝要以此为努力的目标啊！”朗读策书结束，太尉恭敬地呈上玉玺，安帝即皇帝位，这一年他十三岁。太后仍然临朝听政。

九月庚子日，安帝拜谒高庙。辛丑日，拜谒光武庙。

六个州发洪水。己未日，朝廷派遣谒者分别前往各处察看虚实，上报灾害情况，赈济缺乏食物用品的灾民。

丙寅日，将孝殇皇帝安葬在康陵。

乙亥日，有陨石出现在陈留。

西域各国发动叛乱，攻打都护任尚，朝廷派遣副校尉梁慬营救任尚，将其击败。

冬十月，四个州发洪水，降下冰雹。朝廷下诏因冬麦没有下来，赈就赏赐穷人。

十二月甲子日，清河王去世，朝廷令司空持符节吊唁，车骑将军邓骘总领丧事。

乙酉日，罢去鱼龙曼延百戏。

永初元年（107）春正月初一癸酉日，大赦天下。

蜀郡界外羌人归附朝廷。

戊寅日，朝廷分犍为南部为属国都尉。

用粮食赈济司隶、兖、豫、徐、冀、并州的贫民。

二月丙午日，朝廷下令将广成游猎的地方及受灾郡国的公田借给贫民。

丁卯日，分清河国，安帝封自己的弟弟刘常保为广川王。

庚午日，司徒梁鲔去世。

三月癸酉日，发生日食。安帝诏令公卿、内外众官、郡国守相，举荐贤良方正、有道术之士，明晓政术、通达古今、能直言极谏的，各一人。

己卯日，永昌界外僬侥种夷人归附进贡。

甲申日，安葬清河孝王，赠龙旗、虎贲。

夏五月甲戌日，安帝任命长乐卫尉鲁恭为司徒。

丁丑，诏封北海王睦孙寿光侯普为北海王。

九真徼外夜郎蛮夷举土内属。

六月戊申，爵皇太后母阴氏为新野君。

丁巳，河东地陷。

壬戌，罢西域都护。

先零种羌叛，断陇道，大为寇掠，遣车骑将军邓骘、征西校尉任尚讨之。丁卯，赦除诸羌相连结谋叛逆者罪。

秋九月庚午，诏三公明申旧令，禁奢侈，无作浮巧之物，殚财厚葬。

是日，太尉徐防免。辛未，司空尹勤免。

癸酉，调扬州五郡租米，赡给东郡、济阴、陈留、梁国、下邳、山阳。

丁丑，诏曰："自今长吏被考竟未报，自非父母丧无故辄去职者，剧县十岁、平县五岁以上，乃得次用。"

壬午，诏太仆、少府减黄门鼓吹，以补羽林士；厩马非乘舆常所御者，皆减半食；诸所造作，非供宗庙园陵之用，皆且止。

丙戌，诏死罪以下及亡命赎，各有差。

庚寅，太傅张禹为太尉，太常周章为司空。

冬十月，倭国遣使奉献。

辛酉，新城山泉水大出。

十一月丁亥，司空周章密谋废立，策免，自杀。

戊子，敕司隶校尉、冀并二州刺史："民讹言相惊，弃捐旧居，老弱相携，穷困道路。其各敕所部长吏，躬亲晓喻。若欲归本郡，丁丑日，安帝诏封北海王刘睦的孙子寿光侯刘普为北海王。

九真界外夜郎蛮夷全部归附朝廷。

六月戊申日，安帝封皇太后的母亲阴氏为新野君。

丁巳日，河东发生地陷。

壬戌日，朝廷撤去西域都护。

先零种羌叛乱，切断陇道，大肆侵犯劫掠，安帝派车骑将军邓骘、征西校尉任尚前往讨伐。丁卯日，赦免各羌人相互勾结阴谋叛逆的罪行。

秋九月庚午日，安帝诏令三公申明旧令，禁止奢侈，不要制作浮华奇巧的冥物，耗费钱财进行厚葬。

这天，太尉徐防被罢免。辛未日，司空尹勤被罢免。

癸酉日，朝廷征调扬州等五郡的租米，赈济东郡、济阴、陈留、梁国、下邳、山阳。

丁丑日，安帝下诏说："从现在开始，长吏被考问完后却没有决断，倘若不是父母丧事无故离职的，官吏多的县十年以上，官吏少的县五年以上，才能依次重新起用。"

壬午日，诏令太仆、少府减少黄门鼓吹，用来补充羽林士；厩马不是乘舆经常御用的，草料都减半；制造的器物，不是供宗庙园陵之用的，全部暂时停止。

丙戌日，朝廷诏令死罪以下及逃亡的可以赎罪，各有不同的赎金。

庚寅日，安帝任命太傅张禹为太尉，太常周章为司空。

冬十月，倭国派使者进贡。

辛酉日，新城山泉水大量涌出。

十一月丁亥日，司空周章密谋废掉安帝，另立新君，被安帝用策书免官，自杀。

戊子日，安帝敕令司隶校尉、冀并二州刺史说："百姓因谣言受到惊扰，离开自己的旧居，老弱互相搀扶，在道路上穷困潦倒。应敕在所为封长檄；不欲，勿强。”

十二月乙卯，颍川太守张敏为司空。

是岁，郡国十八地震；四十一雨水，或山水暴至；二十八大风，雨雹。

二年春正月，禀河南、下邳、东莱、河内贫民。

车骑将军邓骘为种羌所败于冀西。

二月乙丑，遣光禄大夫樊准、吕仓分行冀兖二州，禀贷流民。

夏四月甲寅，汉阳城中火，烧杀三千五百七十人。

五月，旱。丙寅，皇太后幸洛阳寺及若卢狱，录囚徒，赐河南尹、廷尉、卿及官属以下各有差，即日降雨。

六月，京师及郡国四十大水，大风，雨雹。

秋七月戊辰，诏曰：“昔在帝王，承天理民，莫不据琁机玉衡，以齐七政。朕以不德，遵奉大业，而阴阳差越，变异并见，万民饥流，羌貊叛戾。夙夜克己，忧心京京。间令公卿郡国举贤良方正，远求博选，开不讳之路，冀得至谋，以鉴不逮，而所对皆循尚浮言，无卓尔异闻。其百僚及郡国吏人，有道术明习灾异阴阳之度琁机之数者，各使指变以闻。二千石长吏明以诏书，博衍幽隐，朕将亲览，待以不次，冀获嘉谋，以承天诫。”

闰月辛丑，广川王常保薨，无子，国除。

癸未，蜀郡徼外羌举土内属。

九月庚子，诏王国官属墨绶下至郎、谒者，其经明任博士，居乡里有廉清孝顺之称，才任理人者，国相岁移名，与计偕上尚书，公府通调，令得外补。

令各所属长吏，亲自告知百姓，不要上当。如果有想回本郡的，当地政府发给证明文书；不想回去的，就不要强制。”

十二月乙卯日，安帝任命颍川太守张敏为司空。

这年，十八个郡国发生地震，四十一个郡国连降雨水，有的地方山洪暴发；二十八个郡国刮起大风，降下冰雹。

永初二年（108）春正月，朝廷用粮食赈济河南、下邳、东莱，河内的贫民。

车骑将军邓骘在冀县以西被种羌击败。

二月乙丑日，安帝派光禄大夫樊准、吕仓分别巡视冀、兖二州，把粮食借给流民。

夏四月甲寅日，汉阳城中发生火灾，烧死三千五百七十人。

五月，发生旱灾。丙寅日，皇太后到洛阳寺及若卢狱，审查囚徒的情况，赏赐河南尹、廷尉、卿及官属以下各有不同，当天下起雨。

六月，京师及四十个郡国发大水、刮大风、下冰雹。

秋七月戊辰日，安帝下诏说：“从前的帝王，承奉天道治理人民，没有不掌握天文仪器，了解日月五星的变化的。我缺乏德行，遵奉大业，而阴阳不调，变异不停出现，万民饥饿流离，羌貊兴起叛乱。我日夜反省，忧心忡忡。不久前命令公卿郡国举荐贤良方正之士，远求博选，打开不忌讳之路，希望获得极好的谋略，来弥补朕的不足之处，但得到的只是一些因循旧守、浮华不实的言论，没有远见卓识。现在命令百官及郡国官吏，有通晓道术、熟习灾异阴阳、研究天文律令的，让他们说明问题所在。二千石长吏申明诏书，广泛阐述其中的深奥道理，我将亲自阅览，给予优待，希望能获得高明的治国谋略，以接受上天的儆戒。”

闰七月辛丑日，广川王刘常保去世，没有儿子，废除封国。

癸未日，蜀郡界外羌人全部归附朝廷。

九月庚子日，安帝诏令王国官属墨绶以下至郎官、谒者，其中通晓经学能够担任博士的，在乡里居住有清廉孝顺的名声，才能可以治理百姓的，国相每年要造册备文，与计吏共同上报尚书，公府统一选冬十月庚寅，禀济阴、山阳、玄菟贫民。

征西校尉任尚与先零羌战于平襄，尚军败绩。

十一月辛酉，拜邓骘为大将军，征还京师，留任尚屯陇右。先零羌滇零称天子于北地，遂寇三辅，东犯赵、魏，南入益州，杀汉中太守董炳。

十二月辛卯，禀东郡、钜鹿、广阳、安定、定襄、沛国贫民。

广汉塞外参狼羌降，分广汉北部为属国都尉。

是岁，郡国十二地震。

三年春正月庚子，皇帝加元服。大赦天下。赐王、主、贵人、公、卿以下金帛各有差；男子为父后，及三老、孝悌、力田爵，人二级，流民欲占者人一级。

遣骑都尉任仁讨先零羌，不利，羌遂破没临洮。

高句骊遣使贡献。

三月，京师大饥，民相食。壬辰，公卿诣阙谢。诏曰："朕以幼冲，奉承鸿业，不能宣流风化，而感逆阴阳，至令百姓饥荒，更相啖食。永怀悼叹，若坠渊水。咎在朕躬，非群司之责，而过自贬引，重朝廷之不德。其务思变复，以助不逮。"癸巳，诏以鸿池假与贫民。

壬寅，司徒鲁恭免。夏四月丙寅，大鸿胪九江夏勤为司徒。

三公以国用不足，奏令吏人入钱谷，得为关内侯、虎贲羽林郎、五大夫、官府吏、缇骑、营士各有差。

己巳，诏上林、广成苑可垦辟者，赋与贫民。

用，以便外补官吏。

冬十月庚寅日，朝廷用粮食赈济济阴、山阳、玄菟的贫民。

征西校尉任尚与先零羌在平襄交战，任尚的军队被打败。

十一月辛酉日，任命邓骘为大将军，召他返回京师，留任尚驻守陇右。先零羌的滇零在北地自称天子，然后入侵三辅，向东进犯赵、魏，向南攻入益州，杀死汉中太守董炳。

十二月辛卯日，朝廷用粮食赈济东郡、钜鹿、广阳、安定、定襄、沛国的贫民。

广汉塞外参狼羌归降，分广汉北部为属国都尉。

这年，十二个郡国发生地震。

永初三年（109）春正月庚子日，安帝行冠礼。大赦天下。赏赐王、主、贵人、公、卿以下金帛各有不同；赏赐继承父业的男子，及三老、孝悌、力田爵位，每人二级，想入籍的流民每人一级。

派骑都尉任仁征讨先零羌，战事不利，羌人便攻破临洮。

高句骊派使者进贡。

三月，京师发生大饥荒，饥民互食。壬辰日，公卿到宫中谢罪认错。安帝下诏说："朕年幼时，继承大业，不能宣扬教化，反而弄得阴阳错乱，导致百姓发生饥荒，出现人吃人之事。让朕长久哀伤叹息，就好像坠入深渊中。过错都在我一人身上，不是百官的责任，而你们却引咎自责，加重了朝廷的不德。大家务必思考解决的方法，以弥补朕的不足之处。"癸巳日，安帝诏令将鸿池借给贫民，让他们在其中捕鱼。

壬寅日，司徒鲁恭被罢免。夏四月丙寅日，安帝任命大鸿胪九江人夏勤为司徒。

三公认为国家经费不足，奏请让官吏百姓交纳钱谷，购买官职，关内侯、虎贲羽林郎、五大夫、官府吏、缇骑、营士的价格各有不同。

己巳日，安帝诏令上林苑、广成苑可以开垦的土地，租给贫民。

甲申，清河王虎威薨。五月丙申，封乐安王宠子延平为清河王。

丁酉，沛王正薨。

癸丑，京师大风，

六月，乌桓寇代郡、上谷、涿郡。

秋七月，海贼张伯路等寇略缘海九郡，遣侍御史庞雄督州郡兵讨破之。

庚子，诏长吏案行在所，皆令种宿麦蔬食，务尽地力，其贫者给种饷。

九月，雁门乌桓及鲜卑叛，败五原郡兵于高渠谷。

冬十月，南单于叛，围中郎将耿种于美稷。十一月，遣行车骑将军何熙讨之。

十二月辛酉，郡国九地震。乙亥，有星孛于天苑。

是岁，京师及郡国四十一雨水雹。并凉二州大饥，人相食。

四年春正月元日，会，彻乐，不陈充庭车。

辛卯，诏以三辅比遭寇乱，人庶流冗，除三年逋租、过更、口算、刍稿；禀上郡贫民各有差。

海贼张伯路复与勃海、平原剧贼刘文河、周文光等攻厌次，杀县令，遣御史中丞王宗督青州刺史法雄讨破之。

度辽将军梁慬、辽东太守耿夔讨破南单于于属国故城。

丙午，诏减百官及州郡县奉各有差。

二月丁巳，禀九江贫民。

南匈奴寇常山。

乙丑，初置长安、雍二营都尉官。

乙亥，诏自建初以来，诸祆言它过坐徙边者，各归本郡；其没甲申日，清河王刘虎威去世。五月丙申日，安帝封乐安王刘宠的儿子刘延平为清河王。

丁酉日，沛王刘正去世。

癸丑日，京师刮起大风。

六月，乌桓侵犯代郡、上谷、涿郡。

秋七月，海贼张伯路等侵犯缘海九郡，安帝派侍御史庞雄监督州郡士兵击败他们。

庚子日，朝廷诏令长吏巡视京城地区，都叫种宿麦蔬食，务必竭尽地力，贫民给予种子和粮食。

九月，雁门乌桓及鲜卑叛乱，在高渠谷击败五原郡兵。

冬十月，南单于叛乱，在美稷包围中郎将耿种。十一月，安帝派代理车骑将军何熙前往征讨。

十二月辛酉日，九个郡国发生地震。乙亥日，有彗星出现于天苑星。

这年，京师及四十一个郡国降下冰雹。并、凉二州发生大饥荒，人食人。

永初四年（110）春正月元日，举行朝会，因为饥荒，撤去乐器，不在殿庭陈列车辇仪仗。

辛卯日，诏令因为三辅地区连年遭受侵扰，人口流散，免除三年欠租、过更、口赋、草料；用粮食赈济上郡的贫民，各有不同。

海贼张伯路又与渤海、平原的大盗刘文河、周文光等攻打厌次，杀死县令，派御史中丞王宗监督青州刺史法雄击败他们。

度辽将军梁慬、辽东太守耿夔在属国故城击败南单于。

丙午日，朝廷诏令减少百官及州郡县官吏的俸禄各有不同。

二月丁巳日，朝廷用粮食赈济九江的贫民。

南匈奴入侵常山。

乙丑日，朝廷开始设置长安、雍二营都尉官。

乙亥日，安帝诏令自建初年间以来，因各类妖言和其他过错被流入官为奴婢者，免为庶人。

诏谒者刘珍及《五经》博士，校定东观《五经》、诸子、传记、百家艺术，整齐脱误，是正文字。

三月，南单于降。

先零羌寇褒中，汉中太守郑勤战殁。徙金城郡都襄武。

戊子，杜陵园火。癸巳，郡国九地震，夏四月，六州蝗。丁丑，大赦天下。秋七月乙酉，三郡大水。己卯，骑都尉任仁下狱死。

九月甲申，益州郡地震。

冬十月甲戌，新野君阴氏薨，使司空持节护丧事。

大将军邓骘罢。

五年春正月庚辰朔，日有食之。丙戌，郡国十地震。

己丑，太尉张禹免。甲申，光禄勋李脩为太尉。

二月丁卯，诏省减郡国贡献太官口食。

先零羌寇河东，遂至河内。

三月，诏陇西徙襄武，安定徙美阳，北地徙池阳，上郡徙衙。

夫馀夷犯塞，杀伤吏人。

闰月丁酉，赦凉州河西四郡。

戊戌，诏曰："朕以不德，奉郊庙，承大业，不能兴和降善，为人祈福。灾异蜂起，寇贼纵横，夷狄猾夏，戎事不息，百姓匮乏，疲于征发。重以蝗虫滋生，害及成麦，秋稼方收，甚可悼也。朕以不明，统理失中，亦未获忠良以毗阙政。《传》曰：'颠而不扶，危而不持，则将焉用彼相矣。'公卿大夫将何以匡救，济斯艰戹，承天诫哉？盖为政之本，莫若得人，褒贤显善，圣制所先。'济济多士，放边境的，都返回本郡；没入官府为奴婢的，免为庶人。

安帝诏令谒者刘珍及《五经》博士，校定东观《五经》、诸子、传记、百家艺术，整理脱误，校正文字。

三月，南单于归降。

先零羌侵犯褒中，汉中太守郑勤战死。朝廷将金城郡治所迁到襄武。

戊子日，杜陵园发生火灾。癸巳日，九个郡国发生地震。夏四月，六州发生蝗灾。丁丑日，大赦天下。秋七月乙酉日，三郡发大水。己卯日，骑都尉任仁被关入监牢，并死在狱中。

九月甲申日，益州郡发生地震。

冬十月甲戌日，新野君阴氏去世，安帝派司空持符节监督丧事。

大将军邓骘被罢免。

永初五年（111）春正月初一庚辰日，发生日食。丙戌日，十个郡国发生地震。

己丑日，太尉张禹被罢免。甲申日，安帝任命光禄勋李脩为太尉。

二月丁卯日，朝廷诏令减少郡国进贡给太官的口食。

先零羌侵犯河东，然后到达河内。

三月，朝廷诏令陇西迁襄武，安定迁美阳，北地迁池阳，上郡迁衙县。

夫馀夷侵犯边塞，杀伤官民。

闰四月丁酉日，朝廷赦免凉州河西四郡的犯人。

戊戌日，和帝下诏说：“我以满德之射，祭祀郊庙，继承大业，不能兴和降善，为人们祈福。反而灾异并起，寇贼纵横，夷狄侵扰，战事不息，以致百姓贫穷，税役繁重。加上蝗虫滋生，伤害麦子，稻不结实，秋收无望，令人悲痛。我因为不贤明，统治失当，也没有获得忠良来辅助朝政。《论语》上说：‘摔倒了不去搀扶，十分危险了不能拉一把，那何必要你这个引导者呢。’公卿大夫应当如何匡正补救，赈济艰难困苦，应对上天的儆戒呢？为政的根本，莫过于获得人才，嘉文王以宁。’思得忠良正直之臣，以辅不逮。其令三公、特进、侯、中二千石、二千石、郡守、诸侯相举贤良方正，有道术、达于政化、能直言极谏之士，各一人，及至孝与众卓异者，并遣诣公车，朕将亲览焉。”

六月甲辰，乐成王巡薨。

秋七月己巳，诏三公、特进、九卿、校尉，举列将子孙明晓战陈任将帅者。

九月，汉阳人杜琦、王信叛，与先零诸种羌攻陷上邽城。十二月，汉阳太守赵博遣客刺杀杜琦。

是岁，九州蝗，郡国八雨水。

六年春正月庚申，诏越嶲置长利、高望、始昌三苑，又令益州郡置万岁苑，犍为置汉平苑。

三月，十州蝗。

夏四月乙丑，司空张敏罢。

己卯，太常刘恺为司空。

五月，旱。丙寅，诏令中二千石下至黄绶，一切复秩还赎，赐爵各有差。

戊辰，皇太后幸雒阳寺，录囚徒，理冤狱。

六月壬辰，豫章、员溪、原山崩。

辛巳，大赦天下。

遣侍御史唐喜讨汉阳贼王信，破斩之。

冬十一月辛丑，护乌桓校尉吴祉下狱死。

是岁，先零羌滇零死，子零昌复袭伪号。

七年春正月庚戌，皇太后率大臣命妇谒宗庙。

二月丙午，郡国十八地震。

夏四月乙未，平原王胜薨。

奖贤人，宣扬善事，是圣人法制中最重要的。‘有众多大臣辅佐，文王才能安定天下。’我想得到忠良正直的臣子，以弥补不足之处。现在命令三公、特进、侯、中二千石、二千石、郡守、诸侯相举荐贤良方正，有道术、通达政教、能直言极谏之士，各一人，以及极尽孝道、与众不同的，一并送到公车，朕将亲自阅览。”

六月甲辰日，乐成王刘巡去世。

秋七月己巳日，安帝诏令三公、特进、九卿、校尉，举荐子孙中通晓战阵，能担任将帅的人。

九月，汉阳人杜琦、王信叛乱，与先零诸种羌攻陷上邽城。十二月，汉阳太守赵博派刺客杀死杜琦。

这年，九州发生蝗灾，八个郡国连降雨水。

永初六年（112）春正月庚申日，朝廷诏令越嶲郡设置长利、高望、始昌三苑，又令益州郡设置万岁苑，犍为郡设置汉平苑。

三月，十州发生蝗灾。

夏四月乙丑日，司空张敏被罢免。

己卯日，安帝任命太常刘恺为司空。

五月，发生旱灾。丙寅日，诏令中二千石以下到黄绶的官吏，都恢复原来的俸禄，赏赐爵位各有不同。

戊辰日，皇太后到洛阳寺，讯问并记录囚徒罪行情况，清理冤狱。

六月壬辰日，豫章、员溪、原山发生山崩。

辛巳日，大赦天下。

安帝派侍御史唐喜征讨汉阳贼寇王信，将其击败并杀死。

冬十一月辛丑日，护乌桓校尉吴祉被关入监牢，并死在狱中。

这年，先零羌的滇零死去，他的儿子零昌又承袭伪号。

永初七年（113）春正月庚戌日，皇太后率领大臣命妇拜谒宗庙。

二月丙午日，十八个郡国发生地震。

夏四月乙未日，平原王刘胜去世。

丙申晦，日有食之。五月庚子，京师大雩。

秋，护羌校尉侯霸、骑都尉马贤破先零羌。

八月丙寅，京师大风，蝗虫飞过洛阳。诏赐民爵。郡国被蝗伤稼十五以上，勿收今年田租；不满者，以实除之。

九月，调零陵、桂阳、丹阳、豫章、会稽租米，赈给南阳、广陵、下邳、彭城、山阳、庐江、九江饥民；又调滨水县谷输敖仓。

元初元年春正月甲子，改元元初。赐民爵，人二级，孝悌、力田人三级，爵过公乘，得移与子若同产、同产子，民脱无名数及流民欲占者人一级；鳏、寡、孤、独、笃癃、贫不能自存者谷，人三斛，贞妇帛，人一匹。

二月已卯，日南地坼。三月癸酉，日有食之。

夏四月丁酉，大赦天下。京师及郡国五旱、蝗。诏三公、特进、列侯、中二千石、二千石、郡守举敦厚质直者，各一人。

五月，先零羌寇雍城。

六月丁巳，河东地陷。

秋七月，蜀郡夷寇蚕陵，杀县令。

九月乙丑，太尉李脩罢。先零羌寇武都、汉中，绝陇道。

辛未，大司农山阳司马苞为太尉。

冬十月戊子朔，日有食之。先零羌败凉州刺史皮阳于狄道。

乙卯，诏除三辅三岁田租、更赋、口算。

十一月。是岁，郡国十五地震。

二年春正月，诏禀三辅及并、凉六郡流冗贫人。

蜀郡青衣道夷奉献内属。

三十丙申日，发生日食。五月庚子日，京师举行雩祭求雨。

秋季，护羌校尉侯霸、骑都尉马贤击败先零羌。

八月丙寅日，京师刮起大风，蝗虫飞过洛阳。安帝诏令赏赐天下男子爵位。郡国庄稼被蝗虫所伤损失在十分之五以上的，不收今年田租；损失不到十分之五的，按照实际情况免除田租。

九月，征调零陵、桂阳、丹阳、豫章、会稽的租米，赈济南阳、广陵、下邳、彭城、山阳、庐江、九江的饥民；又调集滨水县的谷物送到敖仓。

元初元年（114）春正月甲子日，改元元初。赏赐天下男子爵位，每人二级，孝悌、力田每人三级，公乘以上的爵位，可以转给儿子或兄弟、兄弟的儿子，没有户籍的百姓以及想入籍的流民每人一级；鳏、寡、孤、独、疾病缠身、家贫不能自谋生计的，每人发谷三斛；贞节妇人，每人发帛一匹。

二月己卯日，日南发生地裂。三月癸酉日，发生日食。

夏四月丁酉日，大赦天下。京师及五个郡国发生旱灾、蝗灾。诏令三公、特进、列侯、中二千石、二千石、郡守举荐敦厚正直之士各一人。

五月先零羌侵犯雍城。

六月丁巳日，河东发生地陷。

秋七月，蜀郡夷侵犯蚕陵，杀死县令。

九月乙丑日，太尉李脩被罢免。先零羌侵犯武都、汉中，断绝陇道。

辛未日，任命大司农山阳人司马苞为太尉。

冬十月初一戊子日，发生日食。先零羌在狄道击败凉州刺史皮阳。

乙卯日，诏令免除三辅地区三年的田租、更赋、口赋。

十一月。这年，十五个郡国发生地震。

元初二年（115）春正月，朝廷诏令用粮食赈济三辅及并、凉六郡的流散贫民。

蜀郡青衣道夷进贡归附。

修理西门豹所分漳水为支渠，以溉民田。

二月戊戌，遣中谒者收葬京师客死无家属及棺椁朽败者，皆为设祭；其有家属，尤贫无以葬者，赐钱人五千。辛酉，诏三辅、河内、河东、上党、赵国、太原各修理旧渠，通利水道，以溉公私田畴。

三月癸亥，京师大风。先零羌寇益州，遣中郎将尹就讨之。

夏四月丙午，立贵人阎氏为皇后。

五月，京师旱，河南及郡国十九蝗。甲戌，诏曰："朝廷不明，庶事失中，灾异不息，忧心悼惧。被蝗以来，七年于兹，而州郡隐匿，裁言顷亩。今群飞蔽天，为害广远，所言所见，宁相副邪？三司之职，内外是监，既不奏闻，又无举正。天灾至重，欺罔罪大。今方盛夏，且复假贷，以观厥后。其务消救灾眚，安辑黎元。"

六月丙戌，太尉司马苞薨。洛阳新城地裂。

秋七月辛巳，太仆太山马英为太尉。

八月，辽东鲜卑围无虑县。九月，又攻夫犁营，杀县令。壬午晦，日有食之。

冬十月，遣中郎将任尚屯三辅。诏郡国中都官系囚减死一等，勿笞，诣冯翊、扶风屯，妻子自随，占著所在；女子勿输。亡命死罪以下赎，各有差。其吏人聚为盗贼，有悔过者，除其罪。

乙未，右扶风仲光、安定太守杜恢、京兆虎牙都尉耿溥与先零羌战于丁奚城，光等大败，并没。左冯翊司马钧下狱，自杀。

十一月庚申，郡国十地震。

修理西门豹所分漳水为支渠，用来灌溉民田。

二月戊戌日，安帝派中谒者收殓埋葬客死京师没有家属及棺椁腐朽的人，都为他们陈设祭品；有家属，但特别贫困无力埋葬的，每人赐钱五千。辛酉日，诏令三辅、河内、河东、上党、赵国、太原都修理旧渠，疏通水道，用来灌溉公田私田。

三月癸亥日，京师刮起大风。先零羌侵犯益州，安帝派中郎将尹就前往征讨。

夏四月丙午日，安帝立贵人阎氏为皇后。

五月，京师发生旱灾，河南及十九个郡国发生蝗灾。二十日，安帝下诏说："朝廷不明，政事失当，灾害变异不止，朕忧心忡忡。遭受蝗灾以来，前后已有七年，而州郡隐瞒情况不报，只说受灾几顷几亩。现在成群的蝗虫遮天蔽日，为害深远，所言所见，难道相符吗？三司之职，无论内外都要监督，既不向上奏报，又不进行纠正。天灾这样严重，欺君罔上的罪过更大。如今正值盛夏，暂且免予追究罪责，以观后效。现在务必消除灾害，以安抚百姓。"

六月丙戌日，太尉司马苞去世。洛阳新城发生地裂。

秋七月辛巳日，安帝任命太仆太山马英为太尉。

八月，辽东鲜卑包围无虑县。九月，又攻打夫犁营，杀死县令。三十壬午日，发生日食。

冬十月，安帝派中郎将任尚驻守三辅。诏令郡国各官府对在押囚犯免死并减轻罪行一等，不要鞭笞，送到左冯翊、右扶风屯垦，妻子儿女自愿跟随的，登上当地户籍；女子不要送去。逃亡和死罪以下的赎罪，各有不同的赎金。官民聚集为盗贼，有悔过表现的，免除其罪。

乙未日，右扶风仲光、安定太守杜恢、京兆虎牙都尉耿溥与先零羌在丁奚城交战，仲光等人大败，全都战死。左冯翊司马钧被关入监牢，自杀。

十一月庚申日，十个郡国发生地震。

十二月，武陵澧中蛮叛，州郡击破之。己酉，司徒夏勤罢。庚戌，司空刘恺为司徒，光禄勋袁敞为司空。

三年春正月甲戌，修理太原旧沟渠，溉灌官私田。东平陆上言木连理。

苍梧、郁林、合浦蛮夷反叛，二月，遣侍御史任逴督州郡兵讨之。

郡国十地震。三月辛亥，日有食之。

丙辰，赦苍梧、郁林、合浦、南海吏人为贼所迫者。

夏四月，京师旱。

五月，武陵蛮复叛，州郡讨破之。癸酉，度辽将军邓遵率南匈奴击先零羌于灵州，破之。

越嶲徼外夷举种内属。

六月，中郎将任尚遣兵击破先零羌于丁奚城。

秋七月，武陵蛮复叛，州郡讨平之。缑氏地坼。

九月辛巳，赵王宏薨。

冬十一月，苍梧、郁林、合浦蛮夷降。丙戌，初听大臣、二千石、刺史行三年丧。

癸卯，郡国九地震。

十二月丁巳，任尚遣兵击破先零羌于北地。

四年春二月乙巳朔，日有食之。乙卯，大赦天下。壬戌，武库灾。

夏四月戊申，司空袁敞薨。己巳，鲜卑寇辽西，辽西郡兵与乌桓击破之。

五月丁丑，太常李郃为司空。

六月戊辰，三郡雨雹。

十二月，武陵澧中蛮夷叛乱，州郡出兵将其击败。己酉日，司徒夏勤被罢免。庚戌日，安帝任命司空刘恺为司徒，光禄勋袁敞为司空。

元初三年(116)春正月甲戌日，修理太原的旧沟渠，灌溉官田私田。东平陆上报有树连理生长。

苍梧、郁林、合浦蛮夷反叛，二月，安帝派侍御史任逴监督州郡兵讨伐。

十个郡国发生地震。三月辛亥日，发生日食。

丙辰日，朝廷赦免苍梧、郁林、合浦、南海被贼人胁迫的官民。

夏四月，京师发生旱灾。

五月，武陵蛮夷再次叛乱，州郡出兵将其击败。癸酉日，度辽将军邓遵率领南匈奴在灵州攻打先零羌，并将其击败。

越巂界外蛮夷率领族人归附朝廷。

六月，中郎将任尚派兵在丁奚城打败先零羌。

秋七月，武陵蛮夷再次叛乱，州郡出兵平定他们。缑氏发生地裂。

九月辛巳日，赵王刘宏去世。

冬十一月，苍梧、郁林、合浦蛮夷归降。丙戌日，开始听任大臣、二千石、刺史守丧三年。

癸卯日，九个郡国发生地震。

十二月丁巳日，任尚派兵在北地打败先零羌。

元初四年(117)春二月初一乙巳日，发生日食。乙卯日，大赦天下。壬戌日，武库发生火灾。

夏四月戊申日，司空袁敞去世。己巳日，鲜卑侵犯辽西，辽西郡兵与乌桓击败他们。

五月丁丑日，安帝任命太常李郃为司空。

六月戊辰日，三个郡国降下冰雹。

秋七月辛丑，陈王钧薨。京师及郡国十雨水。诏曰："今年秋稼茂好，垂可收获，而连雨未霁，惧必淹伤。夕惕惟忧，思念厥咎。夫霖雨者，人怨之所致。其武吏以威暴下，文吏妄行苛刻，乡吏因公生奸，为百姓所患苦者，有司显明其罚。又《月令》'仲秋养衰老，授几杖，行糜粥'。方今案比之时，郡县多不奉行。虽有糜粥，糠秕相半，长吏怠事，莫有躬亲，甚违诏书养老之意。其务崇仁恕，赈护寡独，称朕意焉。"

九月，护羌校尉任尚使客刺杀叛羌零昌。

冬十一月己卯，彭城王恭薨。

十二月，越嶲夷寇遂久，杀县令。

甲子，任尚及骑都尉马贤与先零羌战于富平上河，大破之。虔人羌率众降，陇右平。

是岁，郡国十三地震。

五年春正月，越嶲夷叛。

二月壬戌，中山王宪薨。

三月，京师及郡国五旱，诏禀遭旱贫人。

夏六月，高句骊与秽貊寇玄菟。

秋七月，越嶲蛮夷及旄牛豪叛，杀长吏。丙子，诏曰："旧令制度，各有科品，欲令百姓务崇节约。遭永初之际，人离荒戹，朝廷躬自菲薄，去绝奢饰，食不兼味，衣无二彩。比年虽获丰穰，尚乏储积，而小人无虑，不图久长，嫁娶送终，纷华靡丽，至有走卒奴婢被绮縠，著珠玑。京师尚若斯，何以示四远？设张法禁，恳恻分明，而有司惰任，讫不奉行。秋节既立，鸷鸟将用，且复重申，以观后效。"

秋七月辛丑日，陈王刘钧去世。京师及十个郡国连降雨水。安帝下诏说：“今年秋季的庄稼长势茂盛，马上就可以收获，然而阴雨连绵，一定会受到伤害。朕日夜恐惧，思考原因。连续下雨，是人民怨恨所造成的。武官借威势欺压下属，文官妄行苛刻，乡吏假公济私，是为百姓所患难而痛苦的，主管官吏应明确惩罚。又《月令》上说‘仲秋要赡养老人，授予几杖，赏赐糜粥。’现在正是清理户籍和人口的时候，但郡县多不执行。虽然准备了糜粥，却掺杂了一半糠秕，长吏懒于治事，没有亲自处理的，严重违背诏书养老的本意。务必崇尚仁恕，赈济保护寡独，做得称我的心意。”

九月，护羌校尉任尚派刺客杀死叛乱羌人的首领零昌。

冬十一月己卯日，彭城王刘恭去世。

十二月，越嶲夷侵犯遂久，杀死县令。

甲子日，任尚及骑都尉马贤与先零羌在富平上河交战，把他们打败。虔人羌率领部众归降，陇右平定。

这年，十三个郡国发生地震。

元初五年(118)春正月，越嶲蛮夷叛乱。

二月壬戌日，中山王刘宪去世。

三月，京师及五个郡国发生旱灾，朝廷诏令用粮食赈济遭受旱灾的贫民。

夏六月，高句骊与秽貊侵犯玄菟。

秋七月，越嶲蛮夷及旄牛首领叛乱，杀死长吏。丙子日，安帝下诏说：“过去的法令制度，各有等级，想让百姓务必崇尚节约。永初年间，人们遭受灾荒苦难，朝廷亲行勤俭节约，杜绝奢侈浪费，食不兼味，衣无二采。今年虽获丰收，仍少积蓄，而小人没有考虑，不想长远，嫁娶送终，奢侈豪华，甚至走卒奴婢也身穿绫罗，佩戴珍宝。京师尚且是这样，如何能为四方做出表率呢？设置的法律禁令，清楚明白，而主管官吏，懒惰放任，不能遵照执行。秋天来了，刑罚将开，现在一次重申，以观后效。”

八月丙申朔，日有食之。鲜卑寇代郡，杀长吏。冬十月，鲜卑寇上谷。

十二月丁巳，中郎将任尚有罪，弃市。

是岁，郡国十四地震。

六年春二月乙巳，京师及郡国四十二地震，或坼裂，水泉涌出。

壬子，诏三府选掾属高第，能惠利牧养者各五人，光禄勋与中郎将选孝廉郎宽博有谋，清白行高者五十人，出补令、长、丞、尉。乙卯，诏曰："夫政，先京师，后诸夏。《月令》仲春'养幼小，存诸孤'，季春'赐贫穷，赈乏绝，省妇使，表贞女'，所以顺阳气，崇生长也。其赐人尤贫困、孤弱、单独谷，人三斛；贞妇有节义十斛，甄表门闾，旌显厥行。"

三月庚辰，始立六宗，祀于洛城西北。

夏四月，会稽大疫，遣光禄大夫将太医循行疾病，赐棺木，除田租、口赋。

沛国、勃海大风，雨雹。五月，京师旱。

六月丁丑，乐成王宾薨。丙戌，平原王得薨。

秋七月，鲜卑寇马城，度辽将军邓遵率南单于击破之。

九月癸巳，陈王竦薨。

十二月戊午朔，日有食之，既。郡国八地震。

是岁，永昌、益州蜀郡夷叛，与越嶲夷杀长吏，燔城邑，益州刺史张乔讨破降之。

永宁元年春正月甲辰，任城王安薨。

三月丁酉，济北王寿薨。车师后王叛，杀部司马。沈氏羌寇八月初一丙申日，发生日食。鲜卑侵犯代郡，杀死长吏。冬十月，鲜卑侵犯上谷。

十二月丁巳日，中郎将任尚有罪，斩首于市。

这年，十四个郡国发生地震。

元初六年（119）春二月乙巳日，京师及四十二个郡国发生地震，有的地方出现地裂，泉水涌出。

壬子日，安帝诏令三府选拔掾吏高贵门弟，能有利于治理的各五人，光禄勋与中郎将挑选孝廉和郎官中宽容博学有谋略，品行廉洁高尚的五十人，出任令、长、丞、尉。乙卯日，安帝下诏说："治理国家，要先京师，后各地。《月令》上说仲春'抚育幼小，恤养孤儿'，季春'赏赐贫穷困苦的百姓，赈济不能维持生计的民众，减少妇女从事的劳动，表彰贞洁的女子'，是为了顺应阳气，崇尚生长。现在赏赐特别贫困、孤苦无依、独自一人的，每人发谷三斛；有节操义行的贞洁妇人，每人发谷十斛。表彰她们的家庭，彰显美好的德行。"

三月庚辰日，朝廷开始改立六宗为天地四方之宗，在洛阳城西北祭祀。

夏四月，会稽发生大瘟疫，安帝派光禄大夫带太医巡察疾病，赏赐棺木，免除田租、口赋。

沛国、勃海刮起大风、降下冰雹。五月，京师发生旱灾。

六月丁丑日，乐成王刘宾去世。丙戌日，平原王刘得去世。

秋七月，鲜卑侵犯马城，度辽将军邓遵率领南单于击败他们。

九月癸巳日，陈王刘竦去世。

十二月初一戊午日，发生日食。八个郡国发生地震。

这年，永昌、益州蜀郡蛮夷叛乱，与越嶲蛮夷一起杀死长吏，焚烧城邑，益州刺史张乔击败他们并使其投降。

永宁元年（120）春正月甲辰日，任城王刘安去世。

三月丁酉日，济北王刘寿去世。车师后王叛乱，杀死部司马。沈张掖。

夏四月丙寅，立皇子保为皇太子，改元永宁，大赦天下。赐王、主、三公、列侯下至郎吏、从官金帛；又赐民爵及布粟各有差。己巳，绍封陈王羡子崇为陈王，济北王子苌为乐成王，河间王子翼为平原王。壬午，琅邪王寿薨。

六月，沈氐种羌叛，寇张掖，护羌校尉马贤讨沈氐羌，破之。

秋七月乙酉朔，日有食之。

冬十月己巳，司空李郃免。癸酉，卫尉庐江陈褒为司空。

自三月至是月，京师及郡国三十三大风，雨水。

十二月，永昌徼外掸国遣使贡献。

戊辰，司徒刘恺罢。

辽西鲜卑降。

癸酉，太常杨震为司徒。

是岁，郡国二十三地震。夫馀王遣子诣阙贡献。烧当羌叛。

建光元年春正月，幽州刺史冯焕率二郡太守讨高句骊、秽貊，不克。

二月癸亥，大赦天下。赐诸园贵人、王、主、公、卿以下钱布各有差。以公、卿、校尉、尚书子弟一人为郎、舍人。

三月癸巳，皇太后邓氏崩。丙午，葬和熹皇后。丁未，乐安王宠薨。

戊申，追尊皇考清河孝王曰孝德皇，皇妣左氏曰孝德皇后，祖妣宋贵人曰敬隐皇后。

夏四月，秽貊复与鲜卑寇辽东，辽东太守蔡讽追击，战殁。

氐羌侵犯张掖。

夏四月丙寅日，安帝立皇子刘保为皇太子，改元永宁，大赦天下。赏赐王、主、三公、列侯以下至郎吏、从官金帛；又赏赐天下男子爵位及布粟各有不同。己巳日，诏封陈王刘羡的儿子刘崇为陈王，济北王刘寿的儿子刘苌为乐成王，河间王刘开的儿子刘翼为平原王。壬午日，琅琊王刘寿去世。

六月，沈氐种羌叛乱，侵犯张掖，护羌校尉马贤征讨沈氐羌，将其击败。

秋七月初一乙酉日，发生日食。

冬十月己巳日，司空李郃被罢免。癸酉日，安帝任命卫尉庐江陈褒为司空。

自三月到这月，京师及三十三个郡国刮起大风，连降雨水。

十二月，永昌界外掸国派使者进贡。

戊辰日，司徒刘恺被罢免。

辽西鲜卑归降。

癸酉日，安帝任命太常杨震为司徒。

这年，二十三个郡国发生地震。夫馀王派儿子到京师进贡。烧当羌叛乱。

建光元年（121）春正月，幽州刺史冯焕率领两郡太守征讨高句骊、秽貊，没有获胜。

二月癸亥日，安帝大赦天下。赏赐诸园贵人、王、主、公、卿以下钱布各有不同。从公、卿、校尉、尚书子弟中选拔一人担任郎官、舍人。

三月癸巳日，皇太后邓氏驾崩。丙午日，安葬和熹皇后。丁未日，乐安王刘宠去世。

戊申日，安帝追尊皇考清河孝王为孝德皇帝，皇妣左氏为孝德皇后，祖妣宋贵人为敬隐皇后。

夏四月，秽貊又与鲜卑侵犯辽东，辽东太守蔡讽追击，战死。

丙辰，以广川并清河国。

丁巳，尊孝德皇元妃耿氏为甘陵大贵人。

甲子，乐成王苌有罪，废为临湖侯。

己巳，令公、卿、特进、侯、中二千石、二千石、郡国守相，举有道之士各一人。赐鳏、寡、孤、独、贫不能自存者谷，人三斛。

甲戌，辽东属国都尉庞奋，承伪玺书杀玄菟太守姚光。

五月庚辰，特进邓骘及度辽将军邓遵，并以谮自杀。丙申，贬平原王翼为都乡侯。

秋七月己卯，改元建光，大赦天下。

壬寅，太尉马英薨。

八月，护羌校尉马贤讨烧当羌于金城，不利。

甲子，前司徒刘恺为太尉。

鲜卑寇居庸关，九月，云中太守成严击之，战殁。鲜卑围乌桓校尉于马城，度辽将军耿夔救之。

戊子，幸卫尉冯石府。是秋，京师及郡国二十九雨水。

冬十一月己丑，郡国三十五地震，或坼裂。诏三公以下，各上封事陈得失。遣光禄大夫案行，赐死者钱，人二千。除今年田租。其被灾甚者，勿收口赋。鲜卑寇玄菟。

庚子，复断大臣二千石以上服三年丧。

癸卯，诏三公、特进、侯、卿、校尉，举武猛堪将帅者各五人。

丙午，诏京师及郡国被水雨伤稼者，随顷亩减田租。

甲子，初置渔阳营兵。

丙辰日，将广川并入清河国。

丁巳日，安帝尊孝德皇元妃耿氏为甘陵大贵人。

甲子日，乐成王刘苌有罪，废为临湖侯。

己巳日，安帝诏令公、卿、特进、侯、中二千石、二千石、郡国守相，举荐有道之士各一人。赏赐鳏、寡、孤、独、家贫不能自谋生计的，每人发谷三斛。

甲戌日，辽东属国都尉庞奋，接受伪造的玺书杀死玄菟太守姚光。

五月庚辰日，特进邓骘及度辽将军邓遵，都因被人诬陷而自杀。丙申日，贬平原王刘翼为都乡侯。

秋七月己卯日，改元建光，大赦天下。

壬寅日，太尉马英去世。

八月，护羌校尉马贤在金城讨伐烧当羌，战事不利。

甲子日，安帝任命前司徒刘恺为太尉。

鲜卑侵犯居庸关，九月，云中太守成严攻打鲜卑，战死。鲜卑在马城包围乌桓校尉，度辽将军耿夔前往援救。

戊子日，安帝驾临卫尉冯石府。这年秋季，京师及二十九个郡国连降雨水。

冬十一月己丑日，三十五个郡国发生地震，有的地方出现地裂。诏令三公以下，各自上奏，陈述得失。安帝派光禄大夫巡行各处，赏赐死者钱，每人两千。免除今年田租。受灾严重的，不再收取口赋。鲜卑侵犯玄菟。

庚子日，朝廷再次停止二千石以上的大臣守丧三年。

癸卯日，安帝诏令三公、特进、侯、卿、校尉，举荐能任将帅的勇猛之士各五人。

丙午日，朝廷诏令京师及郡国庄稼遭受水灾的，按照顷亩减免田租。

甲子日，开始设置渔阳营兵。

冬十二月，高句骊、马韩、秽貊围玄菟城，夫馀王遣子与州郡并力讨破之。

延光元年春二月，夫馀王遣子将兵救玄菟，击高句骊、马韩、秽貊，破之，遂遣使贡献。

三月丙午，改元延光。大赦天下。还徙者，复户邑属籍。赐民爵及三老、孝悌、力田，人二级；加赐鳏、寡、孤、独、笃癃、贫不能自存者粟，人三斛；贞妇帛，人二匹。

夏四月癸未，京师郡国二十一雨雹。癸巳，司空陈褒免。

五月庚戌，宗正彭城刘授为司空。

己巳，改乐成国为安平，封河间王开子得为安平王。

六月，郡国蝗。秋七月癸卯，京师及郡国十三地震。高句骊降。

虔人羌叛，攻谷罗城，度辽将军耿夔讨破之。

八月戊子，阳陵园寝火。辛卯，九真言黄龙见无功。

己亥，诏三公、中二千石，举刺史、二千石、令、长、相，视事一岁以上至十岁，清白爱利，能敕身率下，防奸理烦，有益于人者，无拘官簿。刺史举所部，郡国太守相举墨绶，隐亲悉心，勿取浮华。

九月甲戌，郡国二十七地震。

冬十月，鲜卑寇雁门、定襄。十一月，鲜卑寇太原。烧当羌豪降。

十二月，九真徼外蛮夷贡献内属。

是岁，京师及郡国二十七雨水，大风，杀人。诏赐压溺死者年冬十二月，高句骊、马韩、秽貊包围玄菟城，夫馀王派儿子与州郡合力将其击败。

延光元年（122）春二月，夫馀王派儿子率兵援救玄菟，攻打高句骊、马韩、秽貊，将其击败，于是这些国家就派使者进贡。

三月丙午日，改元延光。大赦天下。遣返流放者，恢复户口所在地的属籍。赏赐天下男子爵位及三老、孝悌、力田，每人二级；加赐鳏、寡、孤、独、疾病缠身、家贫不能自谋生计的，每人发粟三斛；贞节妇人，每人发帛两匹。

夏四月癸未日，京师及二十一个郡国降下冰雹。癸巳日，司空陈褒被罢免。

五月庚戌日，安帝任命宗正彭城人刘授为司空。

己巳日，朝廷改乐成国为安平国，封河间王刘开的儿子刘得为安平王。

六月，郡国发生蝗灾。秋七月癸卯日，京师及十三个郡国发生地震。高句骊归降。

虔人羌叛乱，攻打谷罗城，度辽将军耿夔将其击败。

八月戊子日，阳陵园寝发生火灾。辛卯日，九真郡上报黄龙出现在无功县。

己亥日，诏令三公、中二千石，举荐刺史、二千石、令、长、相，任职一年以上至十年，清白爱民利民，自身勤勉率下，作下属表率，防备奸邪之人，处理繁杂事务，有益于百姓的，不一定按照常规晋升可以越级提升。刺史举荐部下，郡国太守举荐墨绶，要亲自审查，尽心公事，不要选取那些浮华不实的人。

九月甲戌日，二十七个郡国发生地震。

冬十月，鲜卑侵犯雁门、定襄。十一月，鲜卑侵犯太原。烧当羌首领归降。

十二月，九真界外蛮夷归附进贡。

这年，京师及二十七个郡国连降雨水，刮起大风，有人死去。诏七岁以上钱，人二千；其坏败庐舍、失亡谷食，粟，人三斛；又田被淹伤者，一切勿收田租；若一家皆被灾害而弱小存者，郡县为收敛之。虔人羌反攻谷罗城，度辽将军耿夔讨破之。

二年春正月，旄牛夷叛，寇灵关，杀县令。益州刺史蜀郡西部都尉讨之。

诏选三署郎及吏人能通《古文尚书》《毛诗》《穀梁春秋》各一人。

丙辰，河东、颍川大风。夏六月壬午，郡国十一大风。九真言嘉禾生。

丙申，北海王普薨。

秋七月，丹阳山崩。

八月庚午，初令三署郎通达经术任牧民者，视事三岁以上，皆得察举。

九月，郡国五雨水。

冬十月辛未，太尉刘恺罢。甲戌，司徒杨震为太尉，光禄勋东莱刘熹为司徒。

十一月甲辰，校猎上林苑。鲜卑败南匈奴于曼柏。

是岁，分蜀郡西部为属国都尉。京师及郡国三地震。

三年春二月丙子，东巡狩。丁丑，告陈留太守，祠南顿君、光武皇帝于济阳，复济阳今年田租、刍稿。庚寅，遣使者祠唐尧于成阳。戊子，济南上言，凤皇集台县丞霍收舍树上。赐台长帛五十匹，丞二十匹，尉半之，吏卒人三匹。凤皇所过亭部，无出今年田租。赐男子爵，人二级。辛卯，幸太山，柴告岱宗。齐王无忌、北海王翼、乐安王延来朝。壬辰，宗祀五帝于汶上明堂。

癸巳，告祀二祖、六宗，劳赐郡县，作乐。

令赏赐七岁以上压死溺死的，每人两千钱；房屋损坏、失去粮食的，每人发粟三斛；另外田地被淹伤的，都不再收取田租；如果一家人都受灾死去而仅存弱小的，郡县为其收殓。虔人羌攻打谷罗城，度辽将军耿夔击败他们。

延光二年（123）春正月，旄牛蛮夷叛乱，侵犯灵关，杀死县令。益州刺史蜀郡西部都尉前往讨伐。

朝廷诏令选拔三署郎官及官吏中能通晓《古文尚书》《毛诗》《穀梁春秋》的各一人。

丙辰日，河东、颍川刮起大风。夏六月壬午日，十一个郡国刮起大风。九真郡上报有嘉禾长出。

丙申日，北海王刘普去世。

秋七月，丹阳发生山崩。

八月庚午日，安帝开始命令三署郎官中通晓经术，能治理百姓的，任职三年以上，都能得到察举。

九月，五个郡国连降雨水。

冬十月辛未日，太尉刘恺被罢免。甲戌日，安帝任命司徒杨震为太尉，光禄勋东莱刘熹为司徒。

十一月甲辰日，安帝在上林苑打猎。鲜卑在曼柏击败南匈奴。

这年，分蜀国西部为属国都尉。京师及三个郡国发生地震。

延光三年（124）春二月丙子日，安帝东巡视察。丁丑日，告知陈留太守，在济阳祭祀南顿君、光武皇帝，免除济阳今年田租、草料。庚寅日，安帝派使者在成阳祭祀唐尧。戊子日，济南上报，凤凰聚集在台县县丞霍收所住房屋的树上。赏赐台县县长帛五十匹，县丞二十匹，县尉减半，吏卒每人三匹。凤凰飞过的亭部，免除今年田租。赏赐天下男子爵位，每人二级。辛卯日，安帝到泰山，烧柴向岱宗祷告。齐王刘无忌、北海王刘翼、乐安王刘延前来朝见。壬辰日，安帝在汶上明堂祭祀五帝。

癸巳日，安帝告祭高祖、光武二祖，以及孝文、孝武、孝宣、孝三月甲午，陈王崇薨。戊戌，祀孔子及七十二弟子于阙里，自鲁相、令、丞、尉及孔氏亲属、妇女、诸生悉会，赐褒成侯以下帛各有差。还，幸东平，至东郡，历魏郡、河内。壬戌，车驾还京师，幸太学。是日，太尉杨震免。

夏四月乙丑，车驾入宫，假于祖祢。壬戌，沛国言甘露降丰县。戊辰，光禄勋冯石为太尉。

五月，南匈奴左日逐王叛，使匈奴中郎将马翼讨破之。日南徼外蛮夷内属。

六月，鲜卑寇玄菟。庚午，阆中山崩。辛未，扶风言白鹿见雍。辛巳，遣侍御史分行青冀二州灾害，督录盗贼。

秋七月丁酉，初复右校令、左校令丞官。日南徼外蛮豪帅诣阙贡献。冯翊言甘露降频阳、衙。颍川上言木连理。白鹿、麒麟见阳翟。鲜卑寇高柳。梁王坚薨。

八月辛巳，大鸿胪耿宝为大将军。戊子，颍川上言麒麟一、白虎二见阳翟。

九月丁酉，废皇太子保为济阴王。乙巳，诏郡国中都官死罪系囚减罪一等，诣敦煌、陇西及度辽营；其右趾以下及亡命者赎，各有差。辛亥，济南上言黄龙见历城。庚申晦，日有食之。

冬十月，行幸长安。壬午，新丰上言凤皇集西界亭。丁亥，会三辅守、令、掾史于长安，作乐。

闰月乙未，祠高庙，遂有事十一陵，历观上林、昆明池。遣使者祠太上皇于万年，以中牢祠萧何、曹参、霍光。

十一月乙丑，至自长安。

十二月乙未，琅邪言黄龙见诸县。

元、孝明、孝章六宗，慰劳赏赐郡县，饮酒作乐。

三月甲午日，陈王刘崇去世。戊戌日，安帝在阙里祭祀孔子及七十二弟子，自鲁相、令、丞、尉及孔氏亲属、妇女、诸生都参加集会，赏赐褒成侯以下帛各有不同。返回的路上，安帝驾临东平，到达东郡，经过魏郡、河内。壬戌日，安帝回到京师，来到太学。这天，太尉杨震被罢免。

夏四月乙丑日，安帝入宫，来到祖庙。壬戌日，沛国上报丰县降下及时雨。戊辰日，任命光禄勋冯石为太尉。

五月，南匈奴左日逐王叛乱，安帝派匈奴中郎将马翼将其击败。日南界外蛮夷归附朝廷。

六月，鲜卑侵犯玄菟。庚午日，阆中发生山崩。辛未日，右扶风上报白鹿出现在雍县。辛巳日，安帝派侍御史分别巡视青、冀二州的灾害，监督逮捕盗贼。

秋七月丁酉日，朝廷开始恢复设置右校令丞官、左校令丞官。日南界外蛮夷首领到京师进贡。左冯翊上报频阳、衙县。颍川上报有树连理生长。白鹿、麒麟出现在阳翟。鲜卑侵犯高柳。梁王刘坚去世。

八月辛巳日，任命大鸿胪耿宝为大将军。戊子日，颍川上报有一头麒麟、两只白虎出现在阳翟。

九月丁酉日，安帝废皇太子刘保为济阴王。乙巳日，诏令郡国各官府对犯有死罪的在押囚犯减免罪行一等，送到敦煌、陇西及度辽营；砍掉右脚以下及逃亡的赎罪，各有不同。辛亥日，济南上报黄龙出现在历城。三十庚申日，发生日食。

冬十月，安帝驾临长安。壬午日，新丰上报凤凰聚集在西界亭。丁亥日，安帝在长安会见三辅守、令、掾史，饮酒作乐。

闰十月乙未日，安帝祭祀高庙，以及十一陵，游览上林苑、昆明池。派使者在万年祭祀太上皇，用中牢祭祀萧何、曹参、霍光。

十一月乙丑日，安帝从长安返回。

十二月乙未日，琅琊上报黄龙出现在诸县。

是岁，京师及郡国二十三地震；三十六雨水，疾风，雨雹。

四年春正月壬午，东郡言黄龙二、麒麟一见濮阳。

二月乙亥，下邳王衍薨。甲辰，南巡狩。

三月戊午朔，日有食之。庚申，幸宛，帝不豫。辛酉，令大将军耿宝行太尉事。祠章陵园庙，告长沙、零陵太守，祠定王、节侯、郁林府君。乙丑，自宛还。丁卯，幸叶，帝崩于乘舆，年三十二。秘不敢宣，所在上食问起居如故。庚午，还宫。辛未夕，乃发丧。尊皇后为皇太后。太后临朝，以后兄大鸿胪阎显为车骑将军，定策禁中，立章帝孙济北惠王寿子北乡侯懿。

甲戌，济南王香薨。乙酉，北乡侯即皇帝位。

夏四月丁酉，太尉冯石为太傅，司徒刘熹为太尉，参录尚书事；前司空李郃为司徒。

辛卯，大将军耿宝、中常侍樊丰、侍中谢恽、周广、乳母野王君王圣，坐相阿党，丰、恽、广下狱死，宝自杀，圣徙雁门。己酉，葬孝安皇帝于恭陵。庙曰恭宗。

六月乙巳，大赦天下。诏先帝巡狩所幸，皆半入今年田租。

秋七月，西域长史班勇击车师后王，斩之。丙午，东海王肃薨。

冬十月丙午，越巂山崩。辛亥，少帝薨。

是冬，京师大疫。

论曰：孝安虽称尊享御，而权归邓氏，至乃损彻膳服，克念政道。然令自房帷，威不逮远，始失根统，归成陵敝。遂复计金授官，移民逃寇，推咎台衡，以答天眚。既云哲妇，亦“惟家之索”矣。

这年，京师及二十三个郡国发生地震；三十六个郡国降大雨、刮大风、下冰雹。

延光四年（125）春正月壬午日，东郡上报有两条黄龙、一头麒麟出现在濮阳。

二月乙亥日，下邳王刘衍去世。甲辰日，安帝南巡视察。

三月初一戊午日，发生日食。庚申日，安帝到达宛县，感到身体不舒服。辛酉日，安帝命令大将军耿宝代行太尉职权。祭祀章陵园庙，告知长沙、零陵太守，祭祀定王、节侯、郁林府君。乙丑日，安帝从宛县返回。丁卯日，安帝到达叶县，在乘舆中驾崩，终年三十二岁。随行车驾严守秘密，不敢对外宣布，所到之处照旧进献饮食询问起居。庚午日，返回京师。辛未日晚，才发丧。尊皇后为皇太后。太后临朝听政，任命哥哥大鸿胪阎显为车骑将军，在宫中谋划，立章帝的孙子济北惠王刘寿的儿子北乡侯刘懿为帝。

甲戌日，济南王刘香去世。乙酉日，北乡侯即皇帝位。

夏四月丁酉日，太后任命太尉冯石为太傅，司徒刘熹为太尉，参与总领尚书事；任命前司空李郃为司徒。

辛卯日，大将军耿宝、中常侍樊丰、侍中谢恽、周广、乳母野王君王圣，因结党营私，图谋不轨，樊丰、谢恽、周广被关入监牢，并死在狱中，耿宝自杀，王圣流放雁门。己酉日，在恭陵安葬孝安皇帝。庙号为恭宗。

六月乙巳日，大赦天下。诏令先帝巡行经过的地方，都减半交纳今年田租。

秋七月，西域长史班勇攻打车师后王，将其杀死。丙午日，东海王刘肃去世。

冬十月丙午日，越巂发生山崩。辛亥日，少帝去世。

这年冬季，京师发生大瘟疫。

评论说：安帝虽然称帝拥有天下，但权力掌握在邓太后手中，他平时节省衣食所需，在政事上尽心尽力。然而号令却出自宫闱，声威不能远播，开始失去皇权，最终形成汉室衰败凋敝的局面。后来又计赞曰：安德不升，秕我王度。降夺储嫡，开萌邪蠹。冯石承欢，杨公逢怒。彼日而微，遂祲天路。

入钱谷卖官鬻爵，内迁百姓躲避外敌，将过错推诿给三公，以应对上天的儆戒。既然妇人干政，也自然会导致“国破家亡”了。

赞辞说：安帝德行不够，器度不行。立下太子后，又将他废掉，纵容江京等国家的奸佞。宠幸卫尉冯石，并任命他为太傅。又听信樊丰的谗言，免去太尉杨震的职务。君道不明，政教混乱，所以汉祚逐渐开始衰微。

卷六

顺帝冲帝质帝纪第六

孝顺皇帝讳保，安帝之子也。母李氏，为阎皇后所害。永宁元年，立为皇太子。延光三年，安帝乳母王圣、大长秋江京、中常侍樊丰谮太子乳母王男、厨监邴吉，杀之，太子数为叹息。王圣等惧有后祸，遂与丰、京共搆陷太子，太子坐废为济阴王。明年三月，安帝崩，北乡侯立，济阴王以废黜，不得上殿亲临梓宫，悲号不食，内外群僚莫不哀之。及北乡侯薨，车骑将军阎显及江京，与中常侍刘安、陈达等白太后，秘不发丧，而更征立诸国王子，乃闭宫门，屯兵自守。

十一月丁巳，京师及郡国十六地震。是夜，中黄门孙程等十九人共斩江京、刘安、陈达等，迎济阴王于德阳殿西钟下，即皇帝位，年十一。近臣尚书以下，从辇到南宫，登云台，召百官。尚书令刘光等奏言："孝安皇帝圣德明茂，早弃天下。陛下正统，当奉宗庙，而奸臣交搆，遂令陛下龙潜蕃国，群僚远近莫不失望。天命有常，北乡不永，汉德盛明，福祚孔章。近臣建策，左右扶翼，内外同心，稽合神明。陛下践祚，奉遵鸿绪，为郊庙主，承续祖宗无穷之烈，上当天心，下猒民望。而即位仓卒，典章多缺，请条案礼仪，分别具奏。"制曰："可。"乃召公卿百僚，使虎贲、羽林士屯南、北宫诸门。阎显兄弟闻帝立，率兵入北宫，尚书郭镇与交锋刃，遂斩显弟卫尉景。戊午，遣使者入省，夺得玺绶，乃幸嘉德殿，遣侍御史持节收阎显及其弟城门校尉耀、执金吾晏，并下狱诛。己未，开门，罢屯兵。壬戌，诏司隶校尉："惟阎显、江京近亲当伏辜诛，其余务崇宽贷。"壬申，谒高庙。癸酉，谒光武庙。

孝顺皇帝名保，是安帝的儿子。他的母亲李氏，被阎皇后杀害。永宁元年(120)，刘保被立为皇太子。延光三年(124)，安帝乳母王圣、大长秋江京、中常侍樊丰诬陷太子乳母王男、厨监邴吉，将其杀死，太子刘保多次为此叹息。王圣等人害怕留有后患，就与樊丰、江京一起捏造罪名陷害太子，太子因此获罪被废为济阴王。第二年三月，安帝驾崩，北乡侯即帝位，济阴王刘保因为已经被废，不得亲自上殿祭奠安帝的棺木，刘保悲伤痛哭不肯吃饭，内外群臣无不哀怜他。等到北乡侯去世后，车骑将军阎显及江京，与中常侍刘安、陈达等告知太后，保守秘密不通知其他人，而计划另征立诸国王子为帝，于是刘保关闭宫门，屯兵自守。

十一月丁巳日，京师及十六个郡国发生地震。这天夜晚，中黄门孙程等十九人一起斩杀了江京、刘安、陈达等人，将济阴王刘保迎接到德阳殿西钟下，登上皇帝位，这年刘保十一岁。尚书以下的近臣，跟随御辇到达南宫，登临云台，召集百官。尚书令刘光等上奏说："孝安皇帝的圣德光明美盛，早早舍弃天下而去。陛下承袭汉室正统，本应供奉祖先宗庙，然而奸臣互相构陷，于是使得陛下屈居诸侯国内，远近群臣无不失望。好在天命有一定的规律，北乡侯寿命不长久，汉德昌明，福禄显明。近臣出谋献策，左右辅助护持，内外同心协力，通过神明的考核。陛下即位，遵从大统，是国家政权的主人，继承延续祖宗无尽的功业，于上承担上天的意志，于下满足民众的期望。然而匆忙急迫间登上帝位，法令制度多有缺失，请准许我们按条整理礼仪，分别具奏。"皇帝诏书说："可以。"故而顺帝召集公卿群臣，命虎贲、羽林士驻守南、北众宫门。阎显兄弟听闻顺帝刘保即位，率领士兵进入北宫，尚书郭镇与其刀锋相接，最终斩杀了阎显的弟弟任卫尉的阎景。戊午日，顺帝派遣使者入宫，夺得天子印玺，顺帝便亲临嘉德乙亥，诏益州刺史罢子午道，通褒斜路。

己卯，葬少帝以诸王礼。司空刘授免。赐公卿以下钱谷各有差。十二月甲申，以少府河南陶敦为司空。

令郡国守相视事未满岁者，一切得举孝廉吏。

癸卯，尚书奏请下有司，收还延光三年九月丁酉以皇太子为济阴王诏书。奏可。

京师大疫。

辛亥，诏公卿、郡守、国相，举贤良方正能直言极谏之士各一人。尚书令以下从辇幸南宫者，皆增秩赐布各有差。

永建元年春正月甲寅，诏曰：“先帝圣德，享祚未永，早弃鸿烈。奸慝缘间，人庶怨讟，上干和气，疫疠为灾。朕奉承大业，未能宁济。盖至理之本，稽弘德惠，荡涤宿恶，与人更始。其大赦天下。赐男子爵，人二级，为父后、三老、孝悌、力田人三级，流民欲自占者一级；鳏、寡、孤、独、笃癃、贫不能自存者粟，人五斛；贞妇帛，人三匹。坐法当徙，勿徙；亡徒当传，勿传。宗室以罪绝，皆复属籍。其与阎显、江京等交通者，悉勿考。勉修厥职，以康我民。”

辛未，皇太后阎氏崩。

辛巳，太傅冯石、太尉刘熹、司徒李郃免。

殿，派遣侍御史持符节捉拿阎显及其弟弟任城门校尉的阎耀、任执金吾的阎晏，将他们一并关入狱中诛杀。己未日，打开宫门，撤销了驻守各宫门的兵卒。壬戌日，顺帝诏令司隶校尉说："唯独阎显、江京的近亲应当承担罪责被诛杀，剩下的人务必以宽容饶恕为主。"壬申日，拜谒高庙。癸酉日，拜谒光武庙。

乙亥日，顺帝下诏命益州刺史取消子午道，开通褒斜路。

己卯日，依照众诸侯王丧礼的规制安葬少帝北乡侯。司空刘授被免除官职。赐予公卿以下官员钱财谷物各有不同。十二月甲申日，让少府河南陶敦担任司空。

命令郡国守相治事不满一年的，全部都得推举孝廉之吏。

癸卯日，尚书奏请下属有关官员，收回延光三年九月丁酉日让皇太子刘保做济阴王的诏书。奏请之事被允准。

京师瘟疫大规模流行。

辛亥日，顺帝诏令公卿、郡守、国相，推举贤良方正能直言极谏之士各一人。尚书令以下官员跟从御辇到达南宫的，都增加俸禄并赐予数量各有不同的布匹。

永建元年（126）春正月甲寅，顺帝下诏说："先帝拥有至高无上的道德，然而在位年数并不长久，早早舍弃伟大功业而去。邪恶之人乘隙闹事，百姓怨恨毁谤，上冲和气，瘟疫成灾。朕承接大业，未能安定匡济天下。然而治国之本，在于考查个人恩泽，洗除大恶人，给予人们重新开始的机会。现大赦天下。赏赐天下男子爵位，每人二级，继承父业的、三老、孝悌、力田每人三级，想入籍的流民每人一级；鳏、寡、孤、独、疾病缠身、家贫不能自谋生计的，每人发粟五斛；守节的妇人，每人发帛三匹。犯法获罪应当流放的，不要流放；脱离户籍逃亡在外应当被传唤抓捕的，不要传唤抓捕。宗室因犯罪断绝关系，都恢复属籍。那些与阎显、江京等人勾结串通的，全都不要追究。努力做好自己职务分内的事，来安定我朝民众。"

辛未日，皇太后阎氏去世。

辛巳日，太傅冯石、太尉刘熹、司徒李郃被免去官职。

二月甲申，葬安思皇后。

丙戌，太常桓焉为太傅；大鸿胪朱宠为太尉，参录尚书事，长乐少府九江朱伥为司徒。赐百官随辇宿卫及拜除者布各有差。

陇西钟羌叛，护羌校尉马贤讨破之。

夏五月丁丑，诏幽、并、凉州刺史，使各实二千石以下至黄绶，年老劣弱不任军事者，上名。严敕障塞，缮设屯备，立秋之后，简习戎马。

六月己亥，封济南王错子显为济南王。

秋七月庚午，卫尉来历为车骑将军。

八月，鲜卑寇代郡，代郡太守李超战殁。

九月辛亥，初令三公、尚书入奏事。

冬十月辛巳，诏减死罪以下徙边；其亡命赎，各有差。

丁亥，司空陶敦免。

鲜卑犯边。庚寅，遣黎阳营兵出屯中山北界。告幽州刺史，其令缘边郡增置步兵，列屯塞下。调五营弩师，郡举五人，令教习战射。

壬寅，廷尉张皓为司空。

甲辰，诏以疫疠水潦，令人半输今年田租；伤害什四以上，勿收责；不满者，以实除之。

十二月辛巳，赐王、主、贵人、公卿以下布各有差。

二年春正月戊申，乐安王鸿来朝。

丁卯，常山王章薨。

二月甲申，埋葬安思皇后。

丙戌日，顺帝任命太常桓焉为太傅；任命大鸿胪朱宠为太尉，参录尚书事，任命长乐少府九江朱伥为司徒。赐予随从御辇护卫及拜授官职的官员数量不同的布匹。

陇西钟羌发动叛乱，护羌校尉马贤征讨并击败了他们。

夏五月丁丑日，顺帝诏令幽、并、凉州刺史，命他们各自核实二千石以下至县丞、县尉等用黄色丝带系印的官吏，年老体弱不能胜任军事活动的，上报他们的名字。紧密整治边防要塞，修缮设置屯军武备，立秋之后，训练兵马。

六月己亥日，顺帝封济南王刘错的儿子刘显为济南王。

秋七月庚午日，顺帝任命卫尉来历为车骑将军。

八月，鲜卑侵犯代郡，代郡太守李超战死。

九月辛亥日，开始令三公、尚书入宫向顺帝陈述事情。

冬十月辛巳日，顺帝颁发诏书命减免死罪以下的囚犯迁往边地；那些逃亡在外的命他们赎罪，所需的赎物各有不同。

丁亥日，司空陶敦被免去官职。

鲜卑侵犯边地。庚寅日，顺帝派遣黎阳士兵出兵在中山北界驻扎。谕告幽州刺史，让其令沿边各郡增设步兵，安排他们在边塞附近驻扎。征调五营弩师，每郡举荐五人，令弩师教授他们攻战射击。

壬寅日，顺帝任命廷尉张皓为司空。

甲辰日，顺帝颁发诏书因瘟疫大雨，令百姓今年缴纳一半田租；田地受灾十分之四以上的百姓，不要收取田租；不满十分之四的，依照实际情况予以免除。

十二月辛巳日，赐予王、公主、贵人、公卿以下数量不同的布匹。

永建二年（127）春正月戊申日，乐安王刘鸿前来朝觐。

丁卯日，常山王刘章去世。

二月，鲜卑寇辽东、玄菟。

甲辰，诏禀贷荆、豫、兖、冀四州流冗贫人，所在安业之；疾病致医药。

护乌桓校尉耿晔率南单于击鲜卑，破之。

三月，旱，遣使者录囚徒。

疏勒国遣使奉献。

夏六月乙酉，追尊谥皇妣李氏为恭愍皇后，葬于恭北陵。

西域长史班勇、敦煌太守张朗讨焉耆、尉犁、危须三国，破之；并遣子贡献。

秋七月甲戌朔，日有食之。

壬午，太尉朱宠、司徒朱伥罢。庚子，太常刘光为太尉，录尚书事；光禄勋许敬为司徒。

辛丑，下邳王成薨。

三年春正月丙子，京师地震，汉阳地陷裂。甲午，诏实核伤害者，赐年七岁以上钱，人二千；一家被害，郡县为收敛。乙未，诏勿收汉阳今年田租、口赋。

夏四月癸卯，遣光禄大夫案行汉阳及河内、魏郡、陈留、东郡，禀贷贫人。

六月，旱。遣使者录囚徒，理轻系。

甲寅，济南王显薨。

秋七月丁酉，茂陵园寝灾，帝缟素避正殿。辛亥，使太常王龚持节告祠茂陵。

九月，鲜卑寇渔阳。

冬十二月己亥，太傅桓焉免。

二月，鲜卑侵犯辽东、玄菟。

甲辰日，顺帝诏令官府将粮食借给荆、豫、兖、冀四州流离失所的穷人，他们所在的地方官府要让他们安于本业；对于那些患有疾病的穷苦百姓要给予医药。

护乌桓校尉耿晔率南单于攻打鲜卑，击败了对方。

三月，发生旱灾，顺帝派遣使者查阅囚犯案卷。

疏勒国派遣使者前来进献礼物。

夏六月乙酉日，顺帝追尊皇妣李氏的谥号为恭愍皇后，将其葬在恭北陵。

西域长史班勇、敦煌太守张朗征讨焉耆、尉犁、危须三国，将其击败；三国一同派遣皇子前来进献礼物。

秋七月初一甲戌日，发生日食。

壬午日，太尉朱宠，司徒朱伥被罢除官职。庚子日，顺帝任命太常刘光为太尉，录尚书事；任命光禄勋许敬为司徒。

辛丑日，下邳王刘成去世。

永建三年（128）春正月丙子日，京师地震，汉阳地面塌陷开裂。甲午日，朝廷诏令核实受到伤害的百姓，七岁以上的赐予钱财，每人二千；全家被害的，郡县为其收殓遗体。乙未日，诏令不要收取汉阳今年的田租、口赋。

夏四月癸卯日，顺帝派遣光禄大夫巡视汉阳及河内、魏郡、陈留、东郡，将粮食借给穷人。

六月，发生旱灾。顺帝派遣使者查阅囚犯案卷，处理其中罪轻的囚犯。

甲寅日，济南王刘显去世。

秋七月丁酉日，茂陵庙寝发生火灾，顺帝穿着白色衣服避离正殿。辛亥日，顺帝命太常王龚持符节到茂陵祭告。

九月，鲜卑侵犯渔阳。

冬十二月己亥日，太傅桓焉被免去官职。

是岁，车骑将军来历罢。

四年春正月丙寅，诏曰："朕托王公之上，涉道日寡，政失厥中，阴阳气隔，寇盗肆暴，庶狱弥繁，忧悴永叹，疢如疾首。《诗》云：'君子如祉，乱庶遄已。'三朝之会，朔旦立春，嘉与海内洗心自新。其赦天下。从甲寅赦令已来复秩属籍，三年正月已来还赎。其阎显、江京等知识婚姻禁锢，一原除之。务崇宽和。敬顺时令，遵典去苛，以称朕意。"

丙子，帝加元服。赐王、主、贵人、公卿以下金帛各有差。赐男子爵及流民欲占者人一级，为父后、三老、孝悌、力田人二级；鳏、寡、孤、独、笃癃、贫不能自存帛，人一匹。

二月戊戌，诏以民入山凿石，发泄藏气，敕有司检察所当禁绝，如建武、永平故事。

夏五月壬辰，诏曰："海内颇有灾异，朝廷修政，太官减膳，珍玩不御。而桂阳太守文砻，不惟竭忠，宣畅本朝，而远献大珠，以求幸媚，今封以还之。"

五州雨水。秋八月庚子，遣使实核死亡，收敛禀赐。

丁巳，太尉刘光、司空张皓免。

九月，复安定、北地、上郡归旧土。

癸酉，大鸿胪庞参为太尉，录尚书事。太常王龚为司空。

冬十一月庚辰，司徒许敬免。

这一年，车骑将军来历被罢除官职。

永建四年(129)春正月丙寅日，顺帝下诏说：“朕寄身于众王公之上，研究为政之道的时间日渐减少，因而国政失之中和，天地阴阳之气隔绝不通，盗贼肆意施暴，刑狱诉讼之事越发繁多，为此让我忧伤不已长久叹息，内心烦热得头痛脑胀。《诗经》说：‘君子如果乐于纳谏，灾乱就会快速结束。’正月初一是一年、一月、一日开始的时候，初一也是立春时节，嘉奖海内那些洗心革面改过自新的人。现大赦天下。甲寅赦令以来的囚犯恢复官位属籍，永建三年正月以来的囚犯可以归还赎罪的钱财。那些因与阎显、江京等人认识或有婚姻关系而被禁锢的，一律赦免。务必要以宽和处理为主。恭敬地依照时节行事，遵从典籍去除苛政，来合乎朕的心意。”

丙子日，顺帝举行冠礼。赏赐王、公主、贵人、公卿以下数量不同的金钱布帛。赏赐天下男子及想要入籍的流民爵位每人一级，赏赐继承父业的、三老、孝悌、力田爵位每人二级；赏赐鳏、寡、孤、独、疾病缠身、家贫不能自谋生计的布帛，每人帛一匹。

二月戊戌日，朝廷诏令因平民入山凿石，导致藏气流泄的，主管官吏对于那些应当彻底禁止的要予以检察，依照建武、永平年间的旧例处理。

夏五月壬辰日，顺帝下诏说：“海内灾异频发，朝廷修明政教，太官减少膳食，不使用供玩赏的珍贵物品。然而桂阳太守文砻，不想着竭尽忠诚，传布本朝教化，反而从远方献上大珠，来谋求亲近宠幸，如今将大珠密封好退还给他。”

五个州雨水成灾。秋八月庚子日，顺帝派遣使者核实遭受水灾而死的百姓，将其收殓安葬并赐与粮食。

丁巳日，太尉刘光、司空张皓被免除官职。

九月，朝廷恢复安定、北地、上郡将其迁回旧地。

癸酉日，顺帝任命大鸿胪庞参为太尉，录尚书事。任命太常王龚为司空。

冬十一月庚辰日，司徒许敬被免去官职。

鲜卑寇朔方。

十二月乙卯，宗正刘崎为司徒。

是岁，分会稽为吴郡。拘弥国遣使贡献。

五年春正月，疏勒王遣侍子，及大宛、莎车王皆奉使贡献。

夏四月，京师旱。辛巳，诏郡国贫人被灾者，勿收责今年过更。京师及郡国十二蝗。

冬十月丙辰，诏郡国中都官死罪系囚皆减罪一等，诣北地、上郡、安定戍。

乙亥，定远侯班始坐杀其妻阴城公主，腰斩，同产皆弃市。

六年春二月庚午，河间王开薨。

三月辛亥，复伊吾屯田，复置伊吾司马一人。

秋九月辛巳，缮起太学。

护乌桓校尉耿晔遣兵击鲜卑，破之。

丁酉，于阗王遣侍子贡献。

冬十一月辛亥，诏曰："连年灾潦，冀部尤甚。比蠲除实伤，赡恤穷匮，而百姓犹有弃业，流亡不绝。疑郡县用心怠惰，恩泽不宣。《易》美'损上益下'，《书》称'安民则惠'。其令冀部勿收今年田租、刍稿。"

十二月，日南徼外叶调国、掸国遣使贡献。

壬申，客星出牵牛。

于阗王遣侍子诣阙贡献。

阳嘉元年春正月乙巳，立皇后梁氏。赐爵，人二级，三老、孝鲜卑侵犯朔方。

十二月乙卯日，顺帝任命宗正刘崎为司徒。

这年，朝廷划分会稽的部分地区设立吴郡。拘弥国派遣使者前来进献礼物。

永建五年（130）春正月，疏勒王派遣儿子入朝陪侍顺帝，大宛、莎车王都派来使者进献礼物。

夏四月，京师发生旱灾。辛巳日，顺帝颁发诏书说郡国遭受旱灾的穷人，不要收取他们今年的过更费。京师及十二个郡国发生蝗灾。

冬十月丙辰日，顺帝诏令郡国各官府对死罪在押囚犯都减轻罪行一等，将他们迁到北地、上郡、安定负责戍守。

乙亥日，定远侯班始因杀害自己的妻子阴城公主获罪，被腰斩，他的同母兄弟都被杀于闹市，并弃尸。

永建六年（131）春二月庚午日，河间王刘开去世。

三月辛亥日，朝廷恢复在伊吾的屯田，又设置了伊吾司马一人。

秋九月辛巳日，修建太学。

护乌桓校尉耿晔派遣兵马攻打鲜卑，击败了对方。

丁酉日，于阗王派遣儿子入朝陪侍顺帝并进献礼物。

冬十一月辛亥日，顺帝下诏说："连年发生水灾，冀部尤为严重。屡屡对遭受水灾伤害的百姓予以免除田租，救济穷困的民众。然而还有百姓丢弃本业，流亡的百姓不曾断绝。顺帝怀疑是郡县懒惰不用心，没有显扬朝廷的恩惠赏赐。《易经》赞美'减少君主的利益来有益于下面的百姓'的举措，《尚书》称许'使民众安定就是给予他们恩惠'的观点。现令冀部不要收取今年的田租、草料。"

十二月，日南域外的叶调国、掸国派遣使者前来进献礼物。

壬申日，有客星出现在牵牛星。

于阗王派遣儿子入朝陪侍顺帝并进献礼物。

阳嘉元年（132）春正月乙巳日，立梁氏为皇后。赏赐天下男子爵悌、力田三级，爵过公乘，得移与子若同产、同产子，民无名数及流民欲占著者人一级；鳏、寡、孤、独、笃癃、贫不能自存者粟，人五斛。

二月，海贼曾旌等寇会稽，杀句章、鄞、鄮三县长，攻会稽东部都尉。诏缘海县各屯兵戍。

丁巳，皇后谒高庙、光武庙，诏禀甘陵贫人，大小口各有差。

京师旱。庚申，敕郡国二千石各祷名山岳渎，遣大夫、谒者诣嵩高、首阳山，并祠河、洛，请雨。戊辰，雩。

以冀部比年水潦，民食不赡，诏案行禀贷，劝农功，赈乏绝。

甲戌，诏曰："政失厥和，阴阳隔并，冬鲜宿雪，春无澍雨。分祷祈请，靡神不禜。深恐在所慢违'如在'之义，今遣侍中王辅等，持节分诣岱山、东海、荥阳、河、洛，尽心祈焉。"

三月，杨州六郡妖贼章河等寇四十九县，杀伤长吏。

庚寅，帝临辟雍飨射，大赦天下，改元阳嘉。诏宗室绝属籍者，一切复籍；禀冀州尤贫民，勿收今年更、租、口赋。

夏五月戊寅，阜陵王恢薨。

秋七月，史官始作候风地动铜仪。

丙辰，以太学新成，试明经下第者补弟子，增甲、乙科员各十人。除郡国耆儒九十人补郎、舍人。

九月，诏郡国中都官系囚皆减死一等，亡命者赎，各有差。

鲜卑寇辽东。

位，每人二级，三老、孝悌、力田每人三级，爵位超过八级的，得转移给儿子或者同母兄弟、同母兄弟的儿子，没有户籍的百姓及想要入籍的流民每人一级；鳏、寡、孤、独、疾病缠身、家贫不能自谋生计的，每人发粟五斛。

二月，海贼曾旌等侵犯会稽，杀死句章、鄞、鄮三县的县长，攻打会稽东部都尉。顺帝下诏命沿海众县各自屯兵防守。

丁巳日，皇后拜谒高庙、光武庙，顺帝诏令给予甘陵穷人谷物，大人小儿数量不同。

京师发生旱灾。庚申日，顺帝命郡国秩禄为二千石的官吏各自向名山岳渎祈祷，派遣大夫、谒者前往嵩高、首阳山，一并祭祀黄河、洛水，求雨。戊辰日，举行雩祭祈雨。

因冀部连年发生水灾，百姓食物不足，顺帝诏令命人巡视并将粮食借给百姓，劝勉农耕，赈济食用缺乏的人。

甲戌日，顺帝下诏说："国政失之中和，阴阳也不协调。冬天很少下雪，春季也没有及时的好雨。分别祭祀祈求，没有神灵不去祭拜。深恐轻慢违背'祭神如神在'的道理，如今派遣侍中王辅等。持符节分别前往岱山、东海、荥阳、黄河、洛水，尽心祈祷。"

三月，杨州六郡妖贼章河等侵犯四十九县，杀死打伤各县长吏。

庚寅日，顺帝亲临辟雍宴饮宾客并举行射箭之礼，大赦天下，更改年号为阳嘉。诏令在谱籍中除名的宗室，一律恢复属籍；给予冀州尤为贫困的民众谷物，不要收取今年的更赋、田租、口赋。

夏五月戊寅日，阜陵王刘恢去世。

秋七月，史官开始制造候风地动铜仪。

丙辰日，因太学刚刚建成，考试明经落榜的候补弟子，增加甲、乙科员各十人。朝廷让郡国内年高博学的九十位儒者补任郎官、舍人。

九月，顺帝诏令郡国各官府对在押囚犯都免死并减轻罪行一等，逃亡在外的可以赎罪，所需赎物的数量各有不同。

鲜卑侵犯辽东。

冬十一月甲申，望都、蒲阴狼杀女子九十七人，诏赐狼所杀者钱，人三千。

辛卯，初令郡国举孝廉，限年四十以上，诸生通章句，文吏能笺奏，乃得应选；其有茂才异行，若颜渊、子奇，不拘年齿。

十二月丁未，东平王敞薨。

庚戌，复置玄菟郡屯田六部。

闰月丁亥，令诸以诏除为郎，年四十以上课试如孝廉科者，得参廉选，岁举一人。

戊子，客星出天苑。

辛卯，诏曰："间者以来，吏政不勤，故灾咎屡臻，盗贼多有。退省所由，皆以选举不实，官非其人，是以天心未得，人情多怨。《书》歌股肱，《诗》刺三事。今刺史、二千石之选，归任三司。其简序先后，精核高下，岁月之次，文武之宜，务存厥衷。"

庚子，恭陵百丈庑灾。

是岁，起西苑，修饰宫殿。

二年春二月甲申，诏以吴郡、会稽饥荒，贷人种粮。

三月，使匈奴中郎将王稠率左骨都侯等击鲜卑，破之。

辛酉，除京师耆儒年六十以上四十八人补郎、舍人及诸王国郎。

夏四月，复置陇西南部都尉官。

己亥，京师地震。五月庚子，诏曰："朕以不德，统奉鸿业，无以奉顺乾坤，协序阴阳，灾眚屡见，咎征仍臻。地动之异，发自京冬十一月甲申日，望都、蒲阴狼杀死九十七位女子，顺帝诏令赐予被郎所杀的人钱财，每人三千。

辛卯日，朝廷开始令郡国荐举孝廉，年龄限定在四十岁以上，通晓章句的儒生，能写奏章的文吏，才能应选；对于那些有美好才能优异品行，如颜渊、子奇那般的不受年龄限制。

十二月丁未日，东平王刘敞去世。

庚戌日，恢复设置玄菟郡屯田六部。

闰十二月丁亥日，顺帝令那些被诏命拜任为郎官，年纪在四十以上考过如孝廉科的，能够参加察举，每年推举一人。

戊子日，有客星出现在天苑。

辛卯日，顺帝下诏说："近来，官吏政绩不佳，因而祸殃屡屡降临，各地多有盗贼。静下心来反省造成这一情况的原由，都是因为选举不合乎实际，任用了不适当的官员，因此没有得到天意，人们心中多有怨言。《尚书》歌咏股肱之臣，《诗经》讽刺不肯夙夜为国操劳的三公。如今刺史、二千石的选举，归三司任免。仔细甄别先后次序，认真考核才德高下，遵循时间顺序，文才武略要相称，务必存有中正之心。"

庚子日，安帝恭陵百丈堂下周庑遭火灾。

这年，兴建西苑，修饰宫殿。

阳嘉二年（133）春二月甲申日，顺帝诏令因吴郡、会稽发生饥荒，借贷给百姓种子粮食。

三月，让匈奴中郎将王稠率左骨都侯等攻打鲜卑，将其击败。

辛酉日，任命京师四十八位年纪在六十以上博学的儒者补任郎官、舍人及诸王国郎。

夏四月，朝廷恢复设置陇西南部都尉官。

己亥日，京师地震。五月庚子日，顺帝下诏说："我以薄德之身，统奉帝业，没有办法奉承顺应乾坤，调和阴阳，导致灾殃频频出现，咎戾惩师，矜矜祗畏，不知所裁。群公卿士将何以匡辅不逮，奉答戒异？异不空设，必有所应，其各悉心直言厥咎，靡有所讳。”

戊午，司空王龚免。六月辛未，太常鲁国孔扶为司空。

疏勒国献师子、封牛。

丁丑，洛阳地陷。是月，旱。

秋七月己未，太尉庞参免。八月己巳，大鸿胪沛国施延为太尉。

鲜卑寇代郡。

冬十月庚午，行礼辟雍，奏应钟，始复黄钟，作乐器随月律。

三年春二月己丑，诏以久旱，京师诸狱无轻重皆且勿考竟，须得澍雨。

三月庚戌，益州盗贼劫质令长，杀列侯。

夏四月丙寅，车师后部司马率后部王加特奴等掩击匈奴，大破之，获其季母。

五月戊戌，制诏曰："昔我太宗，丕显之德，假于上下，俭以恤民，政致康乂。朕秉事不明，政失厥道，天地谴怒，大变仍见。春夏连旱，寇贼弥繁，元元被害，朕甚愍之。嘉与海内洗心更始。其大赦天下，自殊死以下谋反大逆诸犯不当得赦者，皆赦除之。赐民年八十以上米，人一斛，肉二十斤，酒五斗；九十以上加赐帛，人二匹，絮三斤。"

秋七月庚戌，钟羌寇陇西、汉阳。冬十月，护羌校尉马续击罚相继而来。接连到来。地动的灾异，从京师开始，令我战栗恐惧，不知道怎样处理。群臣卿士将用什么匡辅朕的不足，恭敬地接受对答上天警戒的灾异呢？灾异不是白白设置的，必然有其对应的不足，你们各自尽心直言朕的过失，不要有所避忌。”

戊午日，司空王龚被免去官职。六月辛未日，让太常鲁国孔扶担任司空。

疏勒国进献狮子、峰牛。

丁丑日，洛阳地面塌陷。这月，发生旱灾。

秋七月己未日，太尉庞参被免去官职。八月己巳，让太鸿胪沛国施延担任太尉。

鲜卑侵犯代郡。

冬十月庚午日，在辟雍举行礼仪，奏应钟之律，开始恢复黄钟律，制作乐器要依从月律。

阳嘉三年（134）春二月己丑日，顺帝诏令因长期干旱，京师众监狱里的犯人不论罪行轻重暂且不要过度刑讯，须要等到及时雨降临后再办。

三月庚戌日，益州盗贼劫持令长做人质，杀死列侯。

夏四月丙寅日，车师后部司马率后部王加特奴等袭击匈奴，大举击败了匈奴，抓获了匈奴首领的叔母。

五月戊戌日，顺帝下诏说：“过去我朝太宗皇帝，大显之德，安抚上下臣民，节俭生活来怜恤百姓，因而使得政局安定太平。我处理事情不精明，国家大事有失偏颇，天地愤怒而谴责我，大的灾异频繁出现。春夏连续干旱，盗匪越发繁多，平民百姓受到伤害，我非常怜恤他们。嘉奖还没那些改过自新重新开始的人。现大赦天下，除自斩首死刑以下犯有大逆不道谋反罪的囚犯不应当获得赦免外，其他囚犯全都赦免。赐予八十岁以上的百姓稻米，每人一斛，肉每人二十斤，酒每人五斗；九十岁以上的加赐布帛，每人二匹，棉絮每人三斤。”

秋七月庚戌日，钟羌侵犯陇西、汉阳。冬十月，护羌校尉马续将破之。

十一月壬寅，司徒刘崎、司空孔扶免。乙巳，大司农南郡黄尚为司徒，光禄勋河东王卓为司空。

丙午，武都塞上屯羌及外羌攻破屯官，驱略人畜。

四年春二月丙子，初听中官得以养子为后，世袭封爵。

自去冬旱，至于是月。

谒者马贤击钟羌，大破之。

夏四月甲子，太尉施延免。戊寅，执金吾梁商为大将军，前太尉庞参为太尉。

六月己未，梁王匡薨。秋七月己亥，济北王登薨。

闰月丁亥朔，日有食之。

冬十月，乌桓寇云中。十一月，围度辽将军耿晔于兰池，发诸郡兵救之，乌桓退走。

十二月甲寅，京师地震。

永和元年春正月，夫馀王来朝。

乙卯，诏曰："朕秉政不明，灾眚屡臻。典籍所忌，震食为重。今日变方远，地摇京师，咎征不虚，必有所应。群公百僚其各上封事，指陈得失，靡有所讳。"

己巳，宗祀明堂，登灵台，改元永和，大赦天下。

秋七月，偃师蝗。

冬十月丁亥，承福殿火，帝避御云台。

十一月丙子，太尉庞参罢。

十二月，象林蛮夷叛。

乙巳，以前司空王龚为太尉。二年春正月，武陵蛮叛，围充县，其击败。

十一月壬寅日，司徒刘崎、司空孔扶被免去官职。乙巳日，顺帝任命大司农南郡黄尚为司徒，任命光禄勋河东王卓为司空。

丙午日，武都塞上屯守的羌人及塞外的羌人击败屯官，驱赶抢掠百姓牲畜。

阳嘉四年(135)春二月丙子日，朝廷开始允许宦官收养儿子作为后嗣，世代承袭其封爵。

自去年冬季开始干旱，直到本月才结束。

谒者马贤攻打钟羌，大举击败了对方。

夏四月甲子日，太尉施延被免去官职。戊寅日，顺帝任命执金吾梁商为将军，任命前太尉庞参为太尉。

六月己未日，梁王刘匡去世。秋七月己亥日，济北王刘登去世。

闰八月初一丁亥日，发生日食。

冬十月，乌桓侵犯云中。十一月，乌桓贼人将度辽将军耿晔围困在兰池，顺帝征调各郡兵马前去救援，乌桓军队战败撤走。

十二月甲寅日，京师地震。

永和元年(136)春正月，夫馀王前来朝觐。

乙卯日，顺帝下诏说："朕执政不贤明，灾殃屡次降临。典籍记载中忌讳的，以地震日食最为严重。如今日食发生在远处，地震却在京师发生。这种咎戾的征兆不是虚幻的，一定是实际事物的反应。群臣百僚应各自上书言事，指明并陈述朝政得失，不要有所避忌。"

己巳日，在明堂祭祀祖宗，登临灵台，更改年号为永和，大赦天下。

秋七月，偃师发生蝗灾。

冬十月丁亥日，承福殿起火，顺帝避离正殿驾临云台。

十一月丙子日，太尉庞参被罢除官职。

十二月，象林蛮夷发动叛乱。

乙巳日，顺帝让前任司空王龚担任太尉。永和二年(137)春正又寇夷道。

二月，广汉属国都尉击破白马羌。

武陵太守李进击叛蛮，破之。

三月辛亥，北海王翼薨。

乙卯，司空王卓薨。丁丑，光禄勋冯翊郭虔为司空。

夏四月丙申，京师地震。

五月，日南叛蛮攻郡府。

秋七月，九真、交阯二郡兵反。

八月庚子，荧惑犯南斗。

江夏盗贼杀邾长。

冬十月甲申，行幸长安，所过鳏、寡、孤、独、贫不能自存者赐粟，人五斛。庚子，幸未央宫，会三辅郡守、都尉及官属，劳赐作乐。十一月丙午，祠高庙。丁未，遂有事十一陵。丁卯，京师地震。十二月乙亥，至自长安。

三年春二月乙亥，京师及金城、陇西地震，二郡山岸崩，地陷。戊子，太白犯荧惑。

夏四月，九江贼蔡伯流寇郡界，及广陵，杀江都长。

戊戌，遣光禄大夫案行金城、陇西，赐压死者年七岁以上钱，人二千；一家皆被害，为收敛之。除今年田租，尤甚者勿收口赋。

闰月，蔡伯流等率众诣徐州刺史应志降。

己酉，京师地震。

五月，吴郡丞羊珍反，攻郡府，太守王衡破斩之。

六月辛丑，琅邪王遵薨。

九真太守祝良、交阯刺史张乔慰诱日南叛蛮，降之，岭外平。

月，武陵蛮反叛，围攻充县，又侵犯夷道。

二月，广汉属国都尉击败白马羌。

武陵太守李进攻打反叛的蛮人，将其击败。

三月辛亥日，北海王刘翼去世。

乙卯日，司空王卓去世。丁丑日，顺帝任命光禄勋冯翊郭虔为司空。

夏四月丙申日，京师地震。

五月，日南反叛的蛮人进攻郡府。

秋七月，九真、交阯两郡士兵造反。

八月庚子日，荧惑星冲撞南斗六星。

江夏盗贼杀死邾县县长。

冬十月甲申日，顺帝到达长安，赏赐所过之处鳏、寡、孤、独、疾病缠身、家贫不能自谋生计的，每人发粟五斛。庚子日，顺帝到达未央宫，会见三辅郡守、都尉及官属，对他们予以慰劳赏赐并奏乐。十一月初二，祭祀高庙。初三，祭祀十一陵。二十三日，京师地震。十二月乙亥日，从长安回来。

永和三年（138）春二月乙亥日，京师及金城、陇西发生地震，金城陇西两郡的山崖崩裂，地面塌陷。戊子日，太白星冲撞荧惑星。

夏四月，九江贼寇蔡伯流侵犯郡界，到达广陵，杀死江都县长。

戊戌日，顺帝派遣光禄大夫巡视金城、陇西，赐予七岁以上被压死的百姓钱财，每人二千；一家都被害的，为其收殓下葬。免除今年田租，遭受地震伤害尤其严重的不收取人口税。

闰四月，蔡伯流等率部众到徐州刺史应志那里归降。

己酉日，京师地震。

五月，吴郡丞羊珍谋反，攻打郡府，太守王衡将其击败并斩杀。

六月辛丑日，琅琊王刘遵去世。

九真太守祝良、交阯刺史张乔抚慰劝诱日南反叛的蛮人，使其秋七月丙戌，济北王多薨。

八月己未，司徒黄尚免。九月己酉，光禄勋长沙刘寿为司徒。

丙戌，令大将军、三公各举故刺史、二千石及见令、长、郎、谒者、四府掾属刚毅武猛有谋谟任将帅者各二人，特进、卿、校尉各一人。

冬十月，烧当羌寇金城，护羌校尉马贤击破之，羌遂相招而叛。

十二月戊戌朔，日有食之。

四年春正月庚辰，中常侍张逵、蘧政、杨定等有罪诛，连及弘农太守张凤、安平相杨皓，下狱死。

三月乙亥，京师地震。

夏四月癸卯，护羌校尉马贤讨烧当羌，大破之。

戊午，大赦天下。赐民爵及粟帛各有差。

五月戊辰，封故济北惠王寿子安为济北王。

秋八月，太原郡旱，民庶流冗。癸丑，遣光禄大夫案行禀贷，除更赋。

冬十月戊午，校猎上林苑，历函谷关而还。十一月丙寅，幸广成苑。

五年春二月戊申，京师地震。

夏四月庚子，中山王弘薨。

南匈奴左部句龙大人吾斯、车纽等叛，围美稷。

五月，度辽将军马续讨吾斯、车纽，破之，使匈奴中郎将陈龟迫杀南单于。

己丑晦，日有食之。

投降，岭外被平定。

秋七月丙戌日，济北王刘多去世。

八月己未日，司徒黄尚被免去官职。九月己酉日，顺帝任命光禄勋长沙刘寿为司徒。

丙戌日，顺帝令大将军、三公各自推举过去担任过刺史、二千石的及现在正担任令、长、郎、谒者、四府掾属的官员中的刚毅武猛有谋略能胜任将帅之职的各二人，特进、卿、校尉各一人。

冬十月，烧当羌侵犯金城，护羌校尉马贤将其击败。羌人于是互相招引一同反叛。

十二月初一戊戌日，发生日食。

永和四年（139）春正月庚辰日，中常侍张逵、蘧政、杨定等有罪被诛杀，牵连涉及到了弘农太守张凤、安平相杨皓，他们都被关入牢狱而死。

三月乙亥日，京师地震。

夏四月癸卯日，护羌校尉马贤征讨烧当羌，大举击败了对方。

戊午日，朝廷大赦天下。赐予百姓数量等级各有不同的爵位及粟帛。

五月戊辰日，顺帝封已故的济北惠王刘寿的儿子刘安为济北王。

秋八月，太原郡发生旱灾，平民百姓流离失所。癸丑日，顺帝派遣光禄大夫巡视并将粮食借贷给百姓，免除其更赋。

冬十月戊午日，顺帝在上林苑打猎，经函谷关返回。十一月丙寅，到达广成苑。

永和五年（140）春二月戊申日，京师地震。

夏四月庚子日，中山王刘弘去世。

南匈奴左部句龙大人吾斯、车纽等发动叛乱，围攻美稷县。

五月，度辽将军马续征讨吾斯、车纽，将其打败，派匈奴中郎将陈龟逼近杀死了南单于。

五月的最后一天己丑日，发生日食。

且冻羌寇三辅，杀令长。

丁丑，令死罪以下及亡命赎，各有差。

九月，令扶风、汉阳筑陇道坞三百所，置屯兵。

辛未，太尉王龚罢。

且冻羌寇武都，烧陇关。

壬午，太常桓焉为太尉。

丁亥，徙西河郡居离石，上郡居夏阳，朔方居五原。

句龙吾斯等东引乌桓，西收羌胡，寇上郡，立车纽为单于。冬十一月辛巳，遣使匈奴中郎将张耽击破之，车纽降。

六年春正月丙子，征西将军马贤与且冻羌战于射姑山，贤军败没，安定太守郭璜下狱死。

诏贷王、侯国租一岁。

闰月，巩唐羌寇陇西，遂及三辅。

二月丁巳，有星孛于营室。

三月，武威太守赵冲讨巩唐羌，破之。

庚子，司空郭虔免。

丁巳，河间王政薨。

丙午，太仆赵戒为司空。

夏五月庚子，齐王无忌薨。

使匈奴中郎将张耽大破乌桓、羌胡于天山。

巩唐羌寇北地。

秋七月甲午，诏假民有赀者户钱一千。

八月丙辰，大将军梁商薨；壬戌，河南尹梁冀为大将军。

且冻羌侵犯三辅，杀死县令县长。

丁丑日，顺帝令死罪以下及逃亡在外的囚犯可以赎罪，赎物的多少各有不同。

九月，命令扶风、汉阳修筑陇道防守城堡三百所，并置兵士屯守。

辛未日，太尉王龚被罢除官职。

且冻羌侵犯武都，焚烧陇关。

壬午日，顺帝任命太常桓焉为太尉。

丁亥日，朝廷将西河郡迁到离石，将上郡迁到夏阳，将朔方迁到五原。

句龙吾斯等在东面击退乌桓，在西面占取羌胡，侵犯上郡，立车纽为单于。冬十一月二辛巳日，顺帝派遣使匈奴中郎将张耽将其击败，车纽归降。

永和六年（141）春正月丙子日，征西将军马贤与且冻羌在射姑山交战，马贤率领的军队被且冻羌歼灭，安定太守郭璜被关入牢狱而死。

顺帝下诏命借贷王、侯国田租一年。

闰正月，巩唐羌侵犯陇西，最后波及到三辅。

二月丁巳日，有彗星出现在营室星。

三月，武威太守赵冲征讨巩唐羌，将其击败。

庚子日，司空郭虔被免去官职。

丁巳日，河间王刘政去世。

丙午日，顺帝任命太仆赵戒为司空。

夏五月庚子日，齐王刘无忌去世。

使匈奴中郎将张耽在天山大举击败乌桓、羌胡。

巩唐羌侵犯北地。

秋七月甲午日，顺帝诏令向有资财的百姓每户借一千钱。

八月丙辰日，大将军梁商去世；壬戌日，顺帝任命河南尹梁冀为九月，诸种羌寇武威。

辛亥晦，日有食之。

冬十月癸丑，徙安定居扶风，北地居冯翊。

十一月庚子，以执金吾张乔行车骑将军事，将兵屯三辅。

汉安元年春正月癸巳，宗祀明堂，大赦天下，改元汉安。

二月丙辰，诏大将军、公、卿举贤良方正、能探赜索隐者各一人。

秋七月，始置承华厩。

八月，南匈奴左部大人句龙吾斯与薁鞬台耆等反叛。

丁卯，遣侍中杜乔、光禄大夫周举、守光禄大夫郭遵、冯羡、栾巴、张纲、周栩、刘班等八人分行州郡，班宣风化，举实臧否。

九月庚寅，广陵盗贼张婴等寇郡县。

冬十月辛未，太尉桓焉、司徒刘寿免。甲戌，行车骑将军张乔罢。十一月壬午，司隶校尉赵峻为太尉，大司农胡广为司徒。

癸卯，诏大将军、三公选武猛试用有效验任为将校者各一人。

是岁，广陵贼张婴等诣太守张纲降。

二年春二月丙辰，鄯善国遣使贡献。

夏四月庚戌，护羌校尉赵冲与汉阳太守张贡击烧何羌于参䜌，破之。

六月乙丑，荧惑犯镇星。

丙寅，立南匈奴守义王兜楼储为南单于。

大将军。

九月，各部羌人侵犯武威。

九月三十辛亥日，发生日食。

冬十月癸丑日，将安定迁到扶风，北地迁到冯翊。

十一月庚子日，让执金吾张乔代行车骑将军职务，率兵屯守三辅。

汉安元年(142)春正月癸巳日，在明堂祭祀祖宗，大赦天下，更改年号为汉安。

二月丙辰日，顺帝诏令大将军、公、卿荐举贤良方正、能探究深奥道理搜索隐秘事情的士人各一人。

秋七月，开始设置承华厩蓄马。

八月，南匈奴左部大人句龙吾斯与薁鞬台耆等反叛。

丁卯日，顺帝派遣侍中杜乔、光禄大夫周举、试用光禄大夫郭遵、冯羡、栾巴、张纲、周栩、刘班等八人分别巡视州郡，颁布宣示风俗教化，举出实际情况进行好评评定。

九月庚寅日，广陵盗贼张婴等人侵犯郡县。

冬十月辛未日，太尉桓焉、司徒刘寿被免去官职。甲戌日，代理车骑将军张乔被罢除官职。十一月壬午日，任命司隶校尉赵峻为太尉，任命大司农胡广为司徒。

癸卯日，顺帝诏令大将军、三公挑选威武勇猛试用达到预期效果能胜任将校之职的各一人。

这年，广陵盗贼张婴等到太守张纲那里归降。

汉安二年(143)春二月丙辰日，鄯善国派遣使者前来进献礼物。

夏四月庚戌日，护羌校尉赵冲与汉阳太守张贡在参緃攻打烧何羌，将其击败。

六月乙丑日，荧惑星冲撞土星。

丙寅日，大汉立南匈奴守义王兜楼储为南单于。

冬十月辛丑，令郡国中都官系囚殊死以下出缣赎，各有差；其不能入赎者，遣诣临羌县居作二岁。

甲辰，减百官奉。丙午，禁沽酒，又贷王、侯国租一岁。

闰月，赵冲击烧当羌于阿阳，破之。

十一月，使匈奴中郎将马寔遣人刺杀句龙吾斯。

十二月，杨、徐盗贼攻烧城寺，杀略吏民。

是岁，凉州地百八十震。

建康元年春正月辛丑，诏曰："陇西、汉阳、张掖、北地、武威、武都，自去年九月已来，地百八十震，山谷坼裂，坏败城寺，杀害民庶。夷狄叛逆，赋役重数，内外怨旷，惟咎叹息。其遣光禄大夫案行，宣畅恩泽，惠此下民，勿为烦扰。"

三月庚子，沛王广薨。

领护羌校尉卫琚追讨叛羌，破之。

南郡、江夏盗贼寇掠城邑，州郡讨平之。

夏四月，使匈奴中郎将马寔击南匈奴左部，破之，于是胡羌、乌桓悉诣寔降。

辛巳，立皇子炳为皇太子，改年建康，大赦天下。赐人爵各有差。

秋七月丙午，清河王延平薨。

八月，杨、徐盗贼范容、周生等寇掠城邑，遣御史中丞冯赦督州郡兵讨之。

庚午，帝崩于玉堂前殿，时年三十。遗诏无起寝庙，敛以故服，珠玉玩好皆不得下。

论曰：古之人君，离幽放而反国祚者有矣，莫不矫鉴前违，审冬十月辛丑日，朝廷令郡国各官府让斩首以下的在押囚犯交纳细绢赎罪，各有不同；其中不能交纳细绢赎罪的，遣送他们到临羌县服劳役二年。

甲辰日，顺帝削减百官俸禄。丙午日，禁止卖酒买酒，又向王、侯国借贷田租一年。

闰十月，赵冲在阿阳攻打烧当羌，将其击败。

十一月，使匈奴中郎将马寔派人刺杀句龙吾斯。

十二月，杨州、徐州盗贼进攻焚烧官舍，杀戮掳掠官员民众。

这年，凉州一百八十处地方发生地震。

建康元年（144）春正月辛丑日，顺帝下诏说："陇西、汉阳、张掖、北地、武威、武都，自去年九月以来，有一百八十处地方发生地震，山谷开裂，官舍坏败，压死庶民。夷狄发动叛乱，赋税徭役既重又繁，时夫怨女，内外抱恨，想到这些咎戾，不胜叹息。现派遣光禄大夫前往巡视，传布恩泽，施惠于百姓，让他们不要受此烦扰。"

三月庚子日，沛王刘广去世。

领护羌校尉卫琚追击征讨反叛的羌人，将其击败。

南郡、江夏盗贼侵犯劫掠城邑，州郡征讨平定了他们。

夏四月，使匈奴中郎将马寔攻打南匈奴左部，将其击败，于是胡羌、乌桓全都到马寔那里投降。

辛巳日，顺帝立皇子刘炳为皇太子，更改年号为建康，大赦天下。赏赐百姓等级不同的爵位。

秋七月丙午日，清河王刘延平去世。

八月，杨州、徐州盗贼范容、周生等侵犯劫掠城邑，顺帝派遣御史中丞冯赦督导州郡兵马征讨他们。

庚午日，顺帝在玉堂前殿驾崩，时年三十。颁发遗诏不得建造寝庙，以旧有的衣服收敛尸体，珠玉珍宝等供玩赏的物品都不得陪葬。

评论说：古代的君主，遭受幽禁放逐而重返帝位的确实是有的，识情伪，无忘在外之忧，故能中兴其业。观夫顺朝之政，殆不然乎？何其效僻之多与？

孝冲皇帝讳炳，顺帝之子也。母曰虞贵人。

建康元年立为皇太子，其年八月庚午，即皇帝位，年二岁。尊皇后曰皇太后。太后临朝。

丁丑，以太尉赵峻为太傅；大司农李固为太尉，参录尚书事。

九月丙午，葬孝顺皇帝于宪陵，庙曰敬宗。

是日，京师及太原、雁门地震，三郡水涌土裂。

庚戌，诏三公、特进、侯、卿、校尉，举贤良方正幽逸修道之士各一人，百僚皆上封事。

己未，九江太守丘腾有罪，下狱死。

杨州刺史尹耀、九江太守邓显讨贼范容等于历阳，军败，耀、显为贼所殁。

冬十月，日南蛮夷攻烧城邑，交阯刺史夏方招诱降之。

壬申，常山王仪薨。

己卯，零陵太守刘康坐杀无辜，下狱死。

十一月，九江盗贼徐凤、马勉等称“无上将军”，攻烧城邑。

己酉，令郡国中都官系囚减死一等，徙边；谋反大逆，不用此令。

十二月，九江贼黄虎等攻合肥。

是岁，群盗发宪陵。护羌校尉赵冲追击叛羌于鹯阴河，战殁。

他们无不匡正借鉴先前的过失，审察识别人情的真伪，不忘流放在外的艰难险阻，因而能中兴帝业。考查顺帝时的朝政，大概不也是这样吗？为何他效仿了那么多僻陋之举呢？

孝冲皇帝名炳，是顺帝的儿子。他的母亲叫虞贵人。

建康元年被立为皇太子，这一年八月庚午日，登上帝位，当时二岁。尊皇后为皇太后。太后临朝听政。

丁丑日，太后让太尉赵峻担任太傅；让大司农李固担任太尉，参录尚书事。

九月丙午日，将孝顺皇帝埋葬在宪陵，庙号为敬宗。

这天，京师及太原、雁门发生地震，这三个郡的大水翻涌土地开裂。

庚戌日，太后诏令三公、特进、侯、卿、校尉，推举贤良方正隐居修道之士各一人，群臣都上书言事。

己未日，九江太守丘腾有罪，被关入牢狱而死。

杨州刺史尹耀、九江太守邓显在历阳征讨贼寇范容等人，战败，尹耀、邓显被贼寇杀害。

冬十月，日南蛮夷进攻焚烧城邑，交阯刺史夏方对其招引劝诱使他们投降。

壬申日，常山王刘仪去世。

己卯日，零陵太守刘康因杀害无辜获罪，被关入牢狱而死。

十一月，九江盗贼徐凤、马勉等自称“无上将军”，进攻焚烧城邑。

己酉日，朝廷令郡国各官府对在押囚犯免死并减轻罪行一等，将其迁到边地；犯谋反大逆不道之罪的，不可以依照这条赦令处理。

十二月，九江贼寇黄虎等进攻合肥。

这年，有一群盗贼挖掘宪陵。护羌校尉赵冲在鹯阴河追击反叛的羌人，在战争中死亡。

永嘉元年春正月戊戌，帝崩于玉堂前殿，年三岁。清河王蒜征至京师。

孝质皇帝讳缵，肃宗玄孙。曾祖父千乘贞王伉，祖父乐安夷王宠，父勃海孝王鸿，母陈夫人。冲帝不豫，大将军梁冀征帝到洛阳都亭。及冲帝崩，皇太后与冀定策禁中，丙辰，使冀持节，以王青盖车迎帝入南宫。丁巳，封为建平侯，其日即皇帝位，年八岁。

己未，葬孝冲皇帝于怀陵。

广陵贼张婴等复反，攻杀堂邑、江都长。九江贼徐凤等攻杀曲阳、东城长。

甲申，谒高庙，乙酉，谒光武庙。

二月，豫章太守虞续坐赃，下狱死。

乙酉，大赦天下，赐人爵及粟帛各有差。还王侯所削户邑。

彭城王道薨。

叛羌诣左冯翊梁并降。

三月，九江贼马勉称“黄帝”。九江都尉滕抚讨马勉、范容、周生，大破斩之。

夏四月壬申，雩。

庚辰，济北王安薨。

丹阳贼陆宫等围城，烧亭寺，丹阳太守江汉击破之。

五月甲午，诏曰：“朕以不德，托母天下，布政不明，每失厥中。自春涉夏，大旱炎赫，忧心京京，故得祷祈明祀，冀蒙润泽。前虽得雨，而宿麦颇伤；比日阴云，还复开霁。寤寐永叹，重怀惨结。将二千石、令长不崇宽和，暴刻之为乎？其令中都官系囚罪非殊死考未竟者，一切任出，以须立秋。郡国有名山大泽能兴云雨者，二千永嘉元年（145）春正月戊戌日，冲帝在玉堂前殿驾崩，当时三岁。清河王刘蒜被征召到京师。

孝质皇帝名缵，是章帝的玄孙。他的曾祖父是千乘贞王刘伉，祖父是乐安夷王刘宠，父亲是勃海孝王刘鸿，母亲是陈夫人。冲帝患病，大将军梁冀召请质帝到洛阳都亭。等到冲帝驾崩，皇太后与梁冀在宫内定册尊立天子，丙辰日，令梁冀持符节，以王青盖车迎接质帝入南宫。丁巳日，被封为建平侯，当日即皇帝位，时年八岁。

己未日，将孝冲皇帝安葬在怀陵。

广陵贼寇张婴等再次造反，进攻杀害堂邑、江都县长。九江贼寇徐凤等进攻杀害曲阳、东城县长。

甲申日，拜谒高庙。乙酉日，拜谒光武庙。

二月，豫章太守虞续因贪污获罪，被关入牢狱而死。

乙酉日，大赦天下。赏赐百姓等级数量不同的爵位粟帛。归还王侯被削减的户邑。

彭城王刘道去世。

反叛的羌人到左冯翊梁并那里归降。

三月，九江贼寇马勉自称“黄帝”。九江都尉滕抚征讨马勉、范容、周生，大举将他们击败斩杀。

夏四月壬申日，举行雩礼祈雨。

庚辰日，济北王刘安去世。

丹阳贼寇陆宫等围攻丹阳城，焚烧驿站，丹阳太守江汉将其击败。

五月甲午日，朝廷下诏说：“我以薄德之身，将天下托付给母后治理，施政不贤明，每每有失中正之道。从春季进入夏季，天气干旱炽热，朕忧愁不断，因而只得祭祀祈祷，期冀能蒙受雨露的滋润。先前虽然得到了雨露，然而冬麦受伤颇为严重；近来阴云密布，最终却复归于放晴。朕日日夜夜长久叹息，心怀沉重忧伤郁结。难道是二千石、县令县长不崇尚宽厚谦和，残暴刻毒造成的吗？现在命令各官石长吏各絜斋请祷，竭诚尽礼。又兵役连年，死亡流离，或支骸不敛，或停棺莫收，朕甚愍焉。昔文王葬枯骨，人赖其德。今遣使者案行，若无家属及贫无资者，随宜赐恤，以慰孤魂。”

是月，下邳人谢安应募击徐凤等，斩之。

丙辰，诏曰：“孝殇皇帝虽不永休祚，而即位逾年，君臣礼成。孝安皇帝承袭统业，而前世遂令恭陵在康陵之上，先后相逾，失其次序，非所以奉宗庙之重，垂无穷之制。昔定公追正顺祀，《春秋》善之。其令恭陵次康陵，宪陵次恭陵，以序亲秩，为万世法。”

六月，鲜卑寇代郡。

秋七月庚寅，阜陵王代薨。

庐江盗贼攻寻阳，又攻盱台，滕抚遣司马王章击破之。

九月庚戌，太傅赵峻薨。

冬十一月己丑，南阳太守韩昭坐赃下狱死。

丙午，中郎将滕抚击广陵贼张婴，破之。

丁未，中郎将赵序坐事弃市。

历阳贼华孟自称“黑帝”，攻杀九江太守杨岑，滕抚率诸将击孟等，大破斩之。

本初元年春正月丙申，诏曰：“昔尧命四子，以钦天道，《鸿范》九畴，休咎有象。夫瑞以和降，异因逆感，禁微应大，前圣所重。顷者，州郡轻慢宪防，竞逞残暴，造设科条，陷入无罪。或以喜怒驱逐长吏，恩阿所私，罚枉仇隙，至令守阙诉讼，前后不绝。送故府对没有犯斩首死罪且拷问还未结束的在押囚犯，全都取保出狱，以待立秋后处理。郡国内有能兴云布雨的名山大泽的，二千石长吏各自斋戒向其祈祷，表现出最大限度的诚意与礼仪。加之又连年战争，百姓死亡流离，有的人肢体骸骨得不到收敛，有的人停着棺材无法下葬，朕很是哀怜他们。过去文王埋葬枯骨，人们仰仗他的仁德。如今派遣使者前去巡视，如果有死者没有家属及贫穷没有资财埋葬的，依照情况赐给家属钱财予以抚恤，来慰藉孤独无依的魂灵。”

这月，下邳人谢安响应招募攻打徐凤等人，将其斩杀。

丙辰日，朝廷下诏说：“孝殇皇帝虽然在皇位上并不长久，然而即位时间也超过一年，君臣之间的礼仪已然形成。孝安皇帝承袭帝王之业，而前代竟令安帝的恭陵在殇帝康陵的上面，先后颠倒，次序缺失，这并非是供奉无比重要的宗庙应有的做法，也不是可以传之无穷的体制。过去鲁定公改正祭祀的次序，《春秋》赞许他。现在命令恭陵居于康陵的后面，宪陵居于恭陵的后面，依照血统的亲疏远近规定次序，作为万世效法的准则。”

六月，鲜卑侵犯代郡。

秋七月庚寅日，阜陵王刘代去世。

庐江盗贼攻打寻阳，又攻打盱台，滕抚派司马王章将其击败。

九月庚戌日，太傅赵峻去世。

冬十一月己丑日，南阳太守韩昭因贪污获罪被关入牢狱而死。

丙午日，中郎将滕抚攻打广陵贼寇张婴，将其击败。

丁未日，中郎将赵序因事获罪被斩于闹市。

历阳贼寇华孟自称“黑帝”，攻打杀害九江太守杨岑，滕抚率终将攻打华孟等人，大举将其击败斩杀。

本初元年（146）春正月丙申日，朝廷下诏说：“过去尧命令他的四个儿子，恭敬地对待天道。《鸿范》划分了九类治国的根本大法，吉凶善恶各有其象兆。福瑞因合乎天道而降临，灾异因违背天道而感应。在微小时予以禁止让其不至于造成大的过错，这是古代圣贤迎新，人离其害，怨气伤和，以致灾眚。《书》云：‘明德慎罚。’方春东作，育微敬始。其敕有司，罪非殊死，且勿案验，以崇在宽。”

壬子，广陵太守王喜坐讨贼逗留，下狱死。

二月庚辰，诏曰：“九江、广陵二郡数离寇害，残夷最甚。生者失其资业，死者委尸原野。昔之为政，一物不得其所，若己为之，况我元元，婴此困毒。方春戒节，赈济乏戹，掩骼埋胔之时。其调比郡见谷，出禀穷弱，收葬枯骸，务加埋恤，以称朕意。”

夏四月庚辰，令郡国举明经，年五十以上、七十以下诣太学。自大将军至六百石，皆遣子受业，岁满课试，以高第五人补郎中，次五人太子舍人。又千石、六百石、四府掾属、三署郎、四姓小侯先能通经者，各令随家法，其高第者上名牒，当以次赏进。

五月庚寅，徙乐安王为勃海王。

海水溢。戊申，使谒者案行，收葬乐安、北海人为水所漂没死者，又禀给贫羸。

庚戌，太白犯荧惑。

六月丁巳，大赦天下，赐民爵及粟帛各有差。

所重视的。近来，州郡不尊重法令禁律，竞相肆行残暴之举，胡乱制订法令条文，使没有犯罪的人陷入不利境地。有的人凭借个人喜怒驱逐长吏，恩惠偏袒自己人，惩罚冤枉所仇恨的人，使得守候在宫门前诉讼的人，前后络绎不绝。欢送卸任的官吏迎接新来接替的官吏，人们遭受其害，怨气过大伤害天地中和之气，导致灾异发生。《尚书》说：'崇尚美德谨慎处理刑罚之事。'如今正是春季耕作之时，开始谨慎养育微小的万物。现在命令有关部门，对于没有犯斩首死罪的囚犯，姑且不要调查询问，以崇尚宽和。"

壬子日，广陵太守王喜因征讨贼寇时中途逗留获罪，被关入牢狱而死。

二月庚辰日，朝廷下诏说："九江、广陵两郡多次遭到贼寇迫害，伤残死亡最为严重。活着的人倾家荡产，死了的人委尸原野。过去治理国家，一件事物没有得到适当的处理，就仿若是自己造成的，何况我的平民百姓，遭受此等苦难。现在正当春季时节，是赈济困苦百姓，收葬暴露在野外的尸骨的时候。如今征调邻郡现存粮食，给予穷苦人，周济贫穷老幼，收葬尸骸，务必要加以掩埋安置，来合乎朕的心意。"

夏四月庚辰日，令郡国推举通晓经义之士，年龄在五十以上、七十以下的到太学。从大将军到禄秩为六百石的官吏，都要让儿子跟随老师学习，年岁到了就参加考试，成绩优秀的五人补任郎中，成绩次等的五人任太子舍人。还有千石、六百石、四府掾属、三署郎、四姓小侯率先能通晓经义的，令他们各自依从家学，其中成绩优秀的呈上名册，应当依次予以赞赏奖掖。

五月庚寅日，改封乐安王为勃海王。

海水泛滥成灾。戊申日，令谒者前往巡视，收殓埋葬那些被海水冲没而死的乐安、北海人，还命其给予贫穷瘦弱的百姓食物。

庚戌日，太白星冲撞荧惑星。

六月丁巳日，朝廷大赦天下，赏赐百姓等级数量不同的爵位及粟帛。

闰月甲申，大将军梁冀潜行鸩弑，帝崩于玉堂前殿，年九岁。

丁亥，太尉李固免。戊子，司徒胡广为太尉，司空赵戒为司徒，与梁冀参录尚书事。太仆袁汤为司空。

赞曰：孝顺初立，时髦允集。匪砥匪革，终沦嬖习。保阿传土，后家世及。冲夭未识，质弑以聪。陵折在运，天绪三终。

闰六月甲申日，大将军梁冀秘密以鸩酒毒死质帝，质帝在玉堂前殿驾崩，时年九岁。

丁亥日，太尉李固被免去官职。戊子日，太后任命司徒胡广为太尉，任命司空赵戒为司徒，与梁冀参录尚书事。任命太仆袁汤为司空。

赞辞说：顺帝刚刚即位的时候，当时的杰出人物都聚集在他左右。但是他既不磨砺自己也不变革政治，最终将政权沦落到他所宠爱亲近的小人手中。负责抚养教育皇子的妇女传土地给后代，皇后的家族世代承袭爵位。冲帝在还不能辨别是非的时候夭折，质帝因聪慧而被杀。被欺侮杀害而夭折在于天运，天子的世系三次早早终结。

卷七

桓帝纪第七

孝桓皇帝讳志，肃宗曾孙也。祖父河间孝王开，父蠡吾侯翼，母匽氏。翼卒，帝袭爵为侯。

本初元年，梁太后征帝到夏门亭，将妻以女弟。会质帝崩，太后遂与兄大将军冀定策禁中，闰月庚寅，使冀持节，以王青盖车迎帝入南宫，其日即皇帝位，时年十五。太后犹临朝政。

秋七月乙卯，葬孝质皇帝于静陵。

齐王喜薨。

辛巳，谒高庙、光武庙。

丙戌，诏曰："孝廉、廉吏皆当典城牧民，禁奸举善，兴化之本，恒必由之。诏书连下，分明恳恻，而在所玩习，遂至怠慢，选举乖错，害及元元。顷虽颇绳正，犹未惩改。方今淮夷未殄，军师屡出，百姓疲悴，困于征发。庶望群吏，惠我劳民，蠲涤贪秽，以祈休祥。其令秩满百石，十岁以上，有殊才异行，乃得参选。臧吏子孙，不得察举。杜绝邪伪请托之原，令廉白守道者得信其操。各明守所司，将观厥后。"

九月戊戌，追尊皇祖河间孝王曰孝穆皇，夫人赵氏曰孝穆皇后，皇考蠡吾侯曰孝崇皇。冬十月甲午，尊皇母匽氏为孝崇博园孝桓皇帝名志，是汉章帝的曾孙。他的祖父是河间孝王刘开，他的父亲是蠡吾侯刘翼，他的母亲是匽氏。刘翼去世后，桓帝继承他的爵位成为蠡吾侯。

本初元年（146），梁太后征召桓帝到夏门亭，打算把自己的妹妹嫁给他做妻子。恰好赶上汉质帝驾崩，梁太后于是与兄长大将军梁冀在宫内定册尊立天子，闰月庚寅日，让梁冀持符节，以王青盖车迎接桓帝入南宫，就在这天即皇帝位，这一年桓帝十五岁。梁太后仍然临朝听政。

秋七月乙卯，将孝质皇帝葬在了静陵。

齐王刘喜去世。

辛巳日，桓帝拜谒高庙、光武庙。

丙戌日，桓帝下诏说："有孝心廉洁的人，不贪赃枉法的官吏，都应当守土牧民，惩治奸邪之徒举荐贤善之辈，振兴教化的根本，必须要遵循这样的法则。接连降下诏书，意思清楚显明言辞诚恳痛切，然而在地方的官吏不认真对待，于是导致放纵怠惰，选举官员违背法则，使平民百姓受到伤害。不久前虽然略微得到纠正，但没有未鉴于先前的过失而有所改变。如今淮夷尚未被殄灭，军队屡屡出征，百姓疲劳困苦，为桓帝不断征调募集人力物资所困。希望众官吏，宠爱我疲惫的人民，清除贪污之人，来祈祷上天赐予吉祥。现在命令秩禄满百石，任职十年以上，有卓越才气优异品行的人，才可以参加选拔。贪官的子孙，不可以经由推荐任官。断绝奸邪诈伪托人办事的源头，使廉正清白坚守道德的人可以不怀疑自己的操行。各自明确奉行自己所主管的职务，我将观察以后的表现。"

九月戊戌，桓帝追加皇祖河间孝王的尊号为孝穆皇，追加夫人赵氏的尊号为孝穆皇后，追加皇考蠡吾侯的尊号为孝崇皇。冬十月甲贵人。

建和元年春正月辛亥朔，日有食之。诏三公、九卿、校尉各言得失。

戊午，大赦天下。赐吏更劳一岁；男子爵，人二级，为父后及三老、孝悌、力田人三级；鳏、寡、孤、独、笃癃、贫不能自存者粟，人五斛；贞妇帛，人三匹。灾害所伤什四以上，勿收田租；其不满者，以实除之。

二月，荆扬二州人多饿死，遣四府掾分行赈给。

沛国言黄龙见谯。

夏四月庚寅，京师地震。诏大将军、公、卿、校尉举贤良方正能直言极谏者各一人。又命列侯、将、大夫、御史、谒者、千石、六百石、博士、议郎、郎官各上封事，指陈得失。又诏大将军、公、卿、郡、国举至孝笃行之士各一人。

壬辰，诏州郡不得迫胁驱逐长吏。长吏臧满三十万而不纠举者，刺史、二千石以纵避为罪。若有擅相假印绶者，与杀人同弃市论。

丙午，诏郡国系囚减死罪一等，勿笞。唯谋反大逆，不用此书。又诏曰："比起陵茔，弥历时岁，力役既广，徒隶尤勤。顷雨泽不沾，密云复散，傥或在兹。其令徒作陵者减刑各六月。"

是月，立阜陵王代兄勃遒亭侯便为阜陵王。

郡国六地裂，水涌井溢。芝草生中黄藏府。

六月，太尉胡广罢，大司农杜乔为太尉。

秋七月，勃海王鸿薨，立帝弟蠡吾侯悝为勃海王。

午日，尊奉皇母匽氏为孝崇博园贵人。

建和元年（147）春正月初一辛亥日，发生日食。诏令三公、九卿、校尉各自言说桓帝得失。

戊午日，桓帝大赦天下。赏赐官吏一年的官龄；赏赐天下男子爵位，每人二级，继承父业的及三老、孝悌、力田每人三级；鳏、寡、孤、独、疾病缠身、家贫不能自谋生计的，每人发粟五斛；贞节妇人，每人发帛三匹。田地被灾害所伤部分占十分之四以上的，不要收取他们的田租；不满十分之四的，依照实情予以免除。

二月，荆州扬州两州的人大多饿死，桓帝派遣大将军，太尉，司徒，司空四府掾分别予以赈给。

沛国上奏称有黄龙在谯郡出现。

夏四月庚寅日，京师地震。桓帝诏令大将军、公、卿、校尉推举贤良方正能以正直的言辞极力劝谏君主的各一人。又命列侯、将、大夫、御史、谒者、千石、六百石、博士、议郎、郎官各自上书言事，在建瓯，指明并陈述桓帝得失。又诏令大将军、公、卿、郡、国推举至孝笃行之士各一人。

壬辰日，朝廷诏令州郡不可以威迫驱逐长吏。长吏贪污钱财满三十万却不揭发荐举的，刺史、二千石以纵容包庇罪论处。如若有擅自将印绶借给他人的人，与杀人者一样按弃市之刑论处。

丙午日，朝廷诏令郡国对在押囚犯免死并减轻罪行一等，不得使用笞刑。唯独图谋反叛大逆不道的罪行，不可以依照本诏书处理。之后桓帝又下诏说："最近建造陵墓，历时较久，既已广泛地征用了民力，服劳役的狱囚又尤为劳倦。近来雨水还没沾湿地面，浓云又再度散去，恐怕就在于此。如今令修造陵墓的囚徒各减刑六个月。"

这月，桓帝立阜陵王刘代的兄长勃遒亭侯刘便为阜陵王。

六个郡国发生地裂，井水涌流而出。中黄藏府内长出瑞草灵芝。

六月，太尉胡广被罢除官职，桓帝任命大司农杜乔为太尉。

秋七月，勃海王刘鸿去世。桓帝立弟弟蠡吾侯刘悝为勃海王。

八月乙未，立皇后梁氏。

九月丁卯，京师地震。

太尉杜乔免，冬十月，司徒赵戒为太尉，司空袁汤为司徒，前太尉胡广为司空。

十一月，济阴言有五色大鸟见于己氏。

戊午，减天下死罪一等，戍边。

清河刘文反，杀国相射暠，欲立清河王蒜为天子，事觉伏诛。蒜坐贬为尉氏侯，徙桂阳，自杀。

前太尉李固、杜乔皆下狱死。

陈留盗贼李坚自称皇帝，伏诛。

二年春正月甲子，皇帝加元服。庚午，大赦天下。赐河间、勃海二王黄金各百斤，彭城诸国王各五十斤；公主、大将军、三公、特进、侯、中二千石、二千石、将、大夫、郎吏、从官、四姓及梁邓小侯、诸夫人以下帛，各有差。年八十以上赐米、酒、肉，九十以上加帛二匹，绵三斤。

三月戊辰，帝从皇太后幸大将军梁冀府。

白马羌寇广汉属国，杀长吏，益州刺史率板楯蛮讨破之。

夏四月丙子，封帝弟硕为平原王，奉孝崇皇祀。尊孝崇皇夫人马氏为孝崇园贵人。

嘉禾生大司农帑藏。五月癸丑，北宫掖廷中德阳殿及左掖门火，车驾移幸南宫。

六月，改清河为甘陵，立安平王得子经侯理为甘陵王。

秋七月，京师大水。河东言木连理。

八月乙未日，桓帝册立梁氏为皇后。

九月丁卯日，京师地震。

太尉杜乔被免去官职，冬十月，桓帝任命司徒赵戒为太尉，任命司空袁汤接为司徒，任命前任太尉胡广为司空。

十一月，济阴上奏称有五色大鸟在己氏县出现。

戊午日，朝廷下令对天下囚犯减死罪一等，命他们戍守边疆。

清河刘文造反，杀掉了国相射暠，想要立清河王刘蒜为天子，事情败露后伏法被诛。刘蒜因此获罪被贬为尉氏侯，迁到桂阳，自杀而亡。

前任太尉李固、杜乔都被关入牢狱而死。

陈留盗贼李坚自称皇帝，伏法被诛。

建和二年（148）春正月甲子日，桓帝举行冠礼。庚午日，大赦天下。赐予河间王、勃海王每人黄金百斤，赐予彭城诸国王每人黄金五十斤；赐予公主、大将军、三公、特进、侯、中二千石、二千石、将、大夫、郎吏、从官、樊郭阴马四姓外戚子弟及梁、邓小侯、诸夫人以下布帛，每人得到的数量各有不同。八十岁以上的赐予米、酒、肉，九十岁以上的加赐帛二匹，绵三斤。

三月戊辰日，桓帝跟随皇太后亲临大将军梁冀府。

白马羌贼寇侵犯广汉属国，杀掉了广汉属国的长吏，益州刺史率板楯蛮兵卒击败了对方。

夏四月丙子日，桓帝封弟弟刘硕为平原王，负责遵奉祭祀孝崇皇。尊孝崇皇夫人马氏为孝崇园贵人。

嘉禾生于大司农藏金币的地方。五月癸丑日，北宫旁舍中的德阳殿及左边的小门起火，桓帝移驾至南宫。

六月，朝廷将清河改名为甘陵，立安平王刘得的儿子经侯刘理为甘陵王。

秋七月，京师遭遇水灾。河东上奏称有两棵树的枝叶连生在一起。

冬十月，长平陈景自号“黄帝子”，署置官属，又南顿管伯亦称“真人”，并图举兵，悉伏诛。

三年春三月甲申，彭城王定薨。

夏四月丁卯晦，日有食之。五月乙亥，诏曰：“盖闻天生蒸民，不能相理，为之立君，使司牧之。君道得于下，则休祥著乎上；庶事失其序，则咎征见乎象。间者，日食毁缺，阳光晦暗，朕祗惧潜思，匪遑启处。传不云乎：‘日食修德，月食修刑。’昔孝章帝愍前世禁徙，故建初之元，并蒙恩泽，流徙者使还故郡，没入者免为庶民。先皇德政，可不务乎！其自永建元年迄乎今岁，凡诸妖恶，支亲从坐，及吏民减死徙边者，悉归本郡；唯没入者不从此令。”

六月庚子，诏大将军、三公、特进、侯，其与卿、校尉举贤良方正能直言极谏之士各一人。

乙卯，震宪陵寝屋。秋七月庚申，廉县雨肉。八月乙丑，有星孛于天市。京师大水。九月己卯，地震。庚寅，地又震。诏死罪以下及亡命者赎，各有差。郡国五山崩。

冬十月，太尉赵戒免。司徒袁汤为太尉，大司农河内张歆为司徒。

十一月甲申，诏曰：“朕摄政失中，灾眚连仍，三光不明，阴阳错序。监寐寤叹，疢如疾首。今京师厮舍，死者相枕，郡县阡陌，处处有之，甚违周文掩胔之义。其有家属而贫无以葬者，给直，人三千，丧主布三匹；若无亲属，可于官壖地葬之，表识姓名，为设祠祭。又徒在作部，疾病致医药，死亡厚埋藏。民有不能自振及流移冬十月，长平陈景自号“黄帝子”，部署设置官属，还有南顿管伯也自称“真人”，二人一起图谋起兵，都伏法被诛。

建和三年（149）春三月甲申日，彭城王刘定去世。

夏四月三十丁卯日，发生日食。五月乙亥日，桓帝下诏说：“听闻上天生育众民，众民不能互相管理，所以为他们设立君主，使官员治理他们。为君之道如果得到下边民众的拥戴，那么吉祥美好就会显现于上天；如果诸事失去应有的次序，那么天灾的征验就会在天象上表现出来。近来，太阳出现日食亏缺，阳光昏暗无光，朕敬慎畏惧潜心思考，没有闲暇时间过安宁的日子。传中不是说：‘出现日食要修养德行，出现月食要整治刑罚。’过去孝章帝怜恤前代被囚禁放逐的犯人，因此建初元年（76），犯人都蒙受恩泽，使流放的人返回之前的郡中，没入官署为奴的免为庶民。先皇这些有益于民众的政治措施，可以不追求学习嘛！从永建元年（126）至今，凡是妖恶不正之人，旁支亲属连坐，以及减免死刑放逐边地的官民，全都返回先前的郡中；唯独没入官署为奴的不遵从此诏令处理。”

六月庚子日，桓帝诏令大将军、三公、特进、侯，与卿、校尉推举贤良方正能以正直的言辞极力劝谏君主的士人各一人。

六月乙卯日，宪陵寝屋遇到地震。秋七月庚申日，廉县的雨如肉块般落下。八月乙丑日，有彗星出现在天市星。京师遭遇水灾。九月己卯日，发生地震。庚寅日，又发生地震。桓帝诏令死罪以下及逃亡的人可以用财物脱罪，所需财物的多少各有不同。五个郡国发生山崩。

冬十月，太尉赵戒被免去官职，桓帝任命司徒袁汤为太尉，任命大司农河内张歆为司徒。

十一月甲申日，桓帝下诏说：“我在施政中失去却中和，灾殃接连发生，太阳月亮星星黯淡不明，阴气阳气错乱失序。即使睡觉时也在叹息不能入眠，内心烦热得头痛脑胀。现京师贫民住所，死亡的人相互枕卧着，郡县的田间小路上，处处有尸体可见，极大地违背了周文王掩埋尸体的义举。死者有家属却因家中贫困没有钱埋葬的，给予钱财，每人三千，给予主持丧事的人布三匹；如若没有亲属，可者，禀谷如科。州郡检察，务崇恩施，以康我民。”

和平元年春正月甲子，大赦天下，改元和平。

乙丑，诏曰：“曩者遭家不造，先帝早世。永惟大宗之重，深思嗣续之福，询谋台辅，稽之兆占。既建明哲，克定统业，天人协和，万国咸宁。元服已加，将即委付，而四方盗窃，颇有未静，故假延临政，以须安谧。幸赖股肱御侮之助，残丑消荡，民和年稔，普天率土，遐迩洽同。远览‘复子明辟’之义，近慕先姑归授之法，及今令辰，皇帝称制。群公卿士，虔恭尔位，勠力一意，勉同断金。‘展也大成’，则所望矣。”

二月，扶风妖贼裴优自称皇帝，伏诛。

甲寅，皇太后梁氏崩。

三月，车驾徙幸北宫。

甲午，葬顺烈皇后。

夏五月庚辰，尊博园匽贵人曰孝崇皇后。

秋七月，梓潼山崩。

冬十一月辛巳，减天下死罪一等，徙边戍。

元嘉元年春正月，京师疾疫，使光禄大夫将医药案行。

癸酉，大赦天下，改元元嘉。

二月，九江、庐江大疫。

以埋葬在官府空地，标记好姓名，为其举行祭祀。被判刑而罚作劳役的人，患病就给予医药，死亡就隆重埋葬。平民无法自给，或流散迁移的，官府依照规制给予粮食。州郡要查看情况，务必重视恩赐百姓，来使我的国民安康。”

和平元年（150）春正月甲子日，朝廷大赦天下，更改年号为和平。

乙丑日，桓帝下诏说：“过去国家遭遇不幸的事情，先帝过早去世。常念祖宗帝业的重要，深思子孙后代的福分，与三公宰辅商议计策，通过占卜卜问吉凶。建立好明智的制度后，便能安定帝国大业，天人和谐融洽，万国宁静无事。王冠已经加身，即将把国家大事委任托付于我，然而四方盗窃频发，颇不平静，因此暂且延缓亲理政务，来等待天下安定。幸亏依靠左右之人辅助我抵御外侮，残余的敌人被消除，人民和顺谷物丰收，四海之内，远近协和统一。远览周公‘还政于成王’的义行，近慕阎太后归政授权于先帝的法则，趁今天这个吉日，皇帝行使天子职权。所有公卿大臣，忠厚端肃地待在自己的官位上，齐心协力，一起努力战胜重重困难。‘必定能达成伟大成就’，这就是我所希望的呀。”

二月，扶风妖贼裴优自称皇帝，伏法被诛。

甲寅日，皇太后梁氏去世。

三月，桓帝迁回北宫。

甲午日，安葬顺烈皇后。

夏五月庚辰日，尊博园匽贵人为孝崇皇后。

秋七月，梓潼发生山崩。

冬十一月辛巳日，朝廷下令对天下囚犯减死罪一等，将他们迁到边地守卫边疆。

元嘉元年（151）春正月，京师出现瘟疫，桓帝命光禄大夫携带医药巡视。

癸酉日，大赦天下，更改年号为元嘉。

二月，九江、庐江瘟疫流行。

甲午，河间王建薨。夏四月己丑，安平王得薨。

京师旱。任城、梁国饥，民相食。

司徒张歆罢，光禄勋吴雄为司徒。

秋七月，武陵蛮叛。

冬十月，司空胡广罢。

十一月辛巳，京师地震。

闰月庚午，任城王崇薨。太常黄琼为司空。

二年春正月，西域长史王敬为于寘国所杀。

丙辰，京师地震。

夏四月甲寅，孝崇皇后匽氏崩。庚午，常山王豹薨。五月辛卯，葬孝崇皇后于博陵。

秋七月庚辰，日有食之。八月，济阴言黄龙见句阳，金城言黄龙见允街。冬十月乙亥，京师地震。

十一月，司空黄琼免。十二月，特进赵戒为司空。

右北平太守和旻坐臧，下狱死。

永兴元年春二月，张掖言白鹿见。

三月丁亥，幸鸿池。

夏五月丙申，大赦天下，改元永兴。

丁酉，济南王广薨，无子，国除。

秋七月，郡国三十二蝗。河水溢。百姓饥穷，流冗道路，至有数十万户，冀州尤甚。诏在所赈给乏绝，安慰居业。

冬十月，太尉袁汤免，太常胡广为太尉。司徒吴雄罢，司空赵戒免；以太仆黄琼为司徒，光禄勋房植为司空。

十一月丁丑，诏减天下死罪一等，徙边戍。

甲午日，河间王刘建去世。夏四月己丑日，安平王刘得去世。

京师大旱，任城、梁国发生饥荒，人吃人。

司徒张歆罢去官职，桓帝任命光禄勋吴雄为司徒。

秋七月，武陵蛮发动叛乱。

冬十月，司空胡广罢去官职。

十一月辛巳日，京师地震。

闰十二月庚午日，任城王刘崇去世。太常黄琼被任命为司空。

元嘉二年（152）春正月，西域长史王敬被于窴国杀害。

丙辰日，京师地震。

夏四月甲寅日，孝崇皇后匽氏去世。庚午日，常山王刘豹去世。五月庚午日，将孝崇皇后安葬在博陵。

秋七月庚辰日，发生日食。八月，济阴上奏称有黄龙在句阳县出现，金城上奏称有黄龙在允街县出现。冬十月乙亥日，京师地震。

十一月，司空黄琼被免去官职。十二月，桓帝任命特进赵戒为司空。

右北太守和旻因贪污获罪，被关入牢狱而死。

永兴元年（153）春二月，张掖上奏称看到了白鹿。

三月丁亥日，桓帝亲临鸿池。

夏五月丙申日，朝廷大赦天下，更改年号为永兴。

丁酉日，济南王刘广去世，没有儿子，封国被撤除。

秋七月，郡国之十二处发生蝗灾。黄河水泛滥成灾。百姓饥饿困穷，在道路上流散，达到数十万户，冀州的流民尤为多。桓帝诏令所在地方官府对食用缺乏的民众给予救济，安慰他们定居立业。

冬十月，太尉袁汤被免去官职，桓帝任命太常胡广为太尉。司徒吴雄被免去官职，司空赵戒被免去官职，让太仆黄琼担任司徒，光禄勋房植担任司空。

十一月丁丑日，桓帝诏令对天下囚犯减死罪一等，将他们迁到是岁，武陵太守应奉招诱叛蛮，降之。

二年春正月甲午，大赦天下。

二月辛丑，初听刺史、二千石行三年丧服。

癸卯，京师地震，诏公、卿、校尉举贤良方正能直言极谏者各一人。诏曰：“比者星辰谬越，坤灵震动，灾异之降，必不空发。敕己修政，庶望有补。其舆服制度有逾侈长饰者，皆宜损省。郡县务存俭约，申明旧令，如永平故事。”

六月，彭城泗水增长逆流。诏司隶校尉、部刺史曰：“蝗灾为害，水变仍至，五谷不登，人无宿储。其令所伤郡国种芜菁以助人食。”

京师蝗。东海朐山崩。

九月丁卯朔，日有食之。诏曰：“朝政失中，云汉作旱，川灵涌水，蝗螽孳蔓，残我百谷，太阳亏光，饥馑荐臻。其不被害郡县，当为饥馁者储。天下一家，趣不糜烂，则为国宝。其禁郡国不得卖酒，祠祀裁足。”

太尉胡广免，司徒黄琼为太尉。闰月，光禄勋尹颂为司徒。

减天下死罪一等，徙边戍。

蜀郡李伯诈称宗室，当立为“太初皇帝”，伏诛。

冬十一月甲辰，校猎上林苑，遂至函谷关，赐所过道傍年九十以上钱，各有差。

太山、琅邪贼公孙举等反叛，杀长吏。

永寿元年春正月戊申，大赦天下，改元永寿。

边地守卫边疆。

这年，武陵太守应奉招引反叛的少数民族，使之归降。

永兴二年（154）春正月甲午日，大赦天下。

二月辛丑日，开始听凭刺史、二千石服丧三年。

癸卯日，京师地震，诏令公、卿、校尉推举贤良方正能以正直的言辞极力劝谏君主的贤才各一人。桓帝下诏说："近来天上的星辰错乱越位，地神震动，异常灾祸的将领，必然不是无故发生的。告诫自己修明政教，希望能够有所补助。车舆冠服等各自仪仗制度过度装饰奢华的，都应当减少省去。郡县务必要俭约行事，郑重申明旧时的法令，如永平年间所做的一样。"

六月，彭城泗水上涨倒流。桓帝向司隶校尉、部刺史下诏说："蝗灾为害天下，水灾还连续到来，五谷不熟，人们没有储粮。现令遭遇灾伤的郡国种植芜菁来补助人们吃食的不足。"

京师遭逢蝗灾，东海朐山发生山崩。

九月初一丁卯日，发生日食。桓帝下诏说："朝政失去中和，上天制造大旱，河神喷涌大水，蝗虫滋长，毁坏百谷，太阳缺少光芒，连年发生灾荒。那些没有遭逢灾害的郡县，应当为饥饿的百姓储存粮食。天下一家，粮食只要尚未腐烂，就是国家之宝。现颁发禁令命郡国不得卖酒，祭祀尽量节制。"

太尉胡广被免去官职，桓帝任命司徒黄琼为太尉。闰九月，任命光禄勋尹颂为司徒。

对天下囚犯减死罪一等，将他们迁到边地守卫边疆。

蜀郡李伯谎称自己是皇室子孙，应当被立为"太初皇帝"，伏法被诛。

冬十一月甲辰日，桓帝在上林苑打猎，到达函谷关，赐钱给所经过的道旁九十岁以上的老人，钱数多少各有不同。

太山、琅琊贼公孙举等人反叛，杀死当地的长吏。

永寿元年（155）春正月戊申日，大赦天下，更改年号为永寿。

二月，司隶、冀州饥，人相食。敕州郡赈给贫弱。若王侯吏民有积谷者，一切貣十分之三，以助禀贷；其百姓吏民者，以见钱雇直。王侯须新租乃偿。

夏四月，白乌见齐国。

六月，洛水溢，坏鸿德苑。南阳大水。

司空房植免，太常韩縯为司空。

诏太山、琅邪遇贼者，勿收租、赋，复更、算三年。又诏被水死流失尸骸者，令郡县钩求收葬，及所唐突压溺物故，七岁以上赐钱，人二千。坏败庐舍，亡失谷食，尤贫者禀，人二斛。

巴郡、益州郡山崩。

秋七月，初置太山、琅邪都尉官。

南匈奴左薁鞬台耆、且渠伯德等叛，寇美稷，安定属国都尉张奂讨除之。

二年春正月，初听中官得行三年服。

二月甲申，东海王臻薨。

三月，蜀郡属国夷叛。

秋七月，鲜卑寇云中。太山贼公孙举等寇青、兖、徐三州，遣中郎将段颎讨，破斩之。

冬十一月，置太官右监丞官。

十二月，京师地震。

三年春正月己未，大赦天下。

夏四月，九真蛮夷叛，太守兒式讨之，战殁；遣九真都尉魏朗击破之。复屯据日南。

闰月庚辰晦，日有食之。

二月，司隶、冀州发生饥荒，人吃人。桓帝命州郡救济施恩于贫穷衰弱的百姓。如果王侯官员富民有积谷的，一例借贷出十分之三，来辅助官府借粮食给饥民；其中百姓官员，用现钱支付费用。王侯待收到新租后就补还。

夏四月，有白羽之乌在齐国出现。

六月，洛水泛滥成灾，冲毁鸿德苑。南阳遭遇水灾。

司空房植被免去官职，桓帝任命太常韩縯为司空。

桓帝诏令太山、琅琊遭遇贼人侵犯的百姓，不要收取他们的田租、赋税，免除更赋、算赋三年。又诏令遭遇水灾而死尸骸散失的，郡县要搜寻尸骸并将其收敛埋葬，以及那些被撞死压死淹死的，七岁以上的赐予钱财，每人二千。对于那些屋舍被毁，粮食丢失，尤为贫困的人给予谷物，每人二斛。

巴郡、益州郡发生山崩。

秋七月，朝廷开始在太山、琅琊设置都尉官。

南匈奴左薁鞬台耆、且渠伯德等发动叛乱，侵犯美稷，安定属国都尉进行征讨并将他们除去。

永寿二年（156）春正月，开始听凭中官服丧三年。

二月甲申日，东海王刘臻去世。

三月，蜀郡属国的夷人发动叛乱。

秋七月，鲜卑侵犯云中。太山贼寇公孙举等侵犯青、兖、徐三州，桓帝命中郎将段颎征讨，击败并斩杀了公孙举等人。

冬十一月，设置太官右监丞一官。

十二月，京师地震。

永寿三年（157）春正月己未日，大赦天下。

夏四月，九真蛮夷发动叛乱，太守兒式进行征讨，在作战中身亡；桓帝派九真都尉魏朗击败了蛮夷。又在日南驻扎据守。

闰五月最后一天庚辰日，发生日食。

六月，初以小黄门为守宫令，置冗从右仆射官。

京师蝗。秋七月，河东地裂。
冬十一月，司徒尹颂薨。
长沙蛮叛，寇益阳。
司空韩縯为司徒，太常北海孙朗为司空。
延熹元年春三月己酉，初置鸿德苑令。
夏五月己酉，大会公卿以下，赏赐各有差。

甲戌晦，日有食之。京师蝗。
六月戊寅，大赦天下，改元延熹。
丙戌，分中山置博陵郡，以奉孝崇皇园陵。大雩。

秋七月己巳，云阳地裂。
甲子，太尉黄琼免，太常胡广为太尉。
冬十月，校猎广成，遂幸上林苑。
十二月，鲜卑寇边，使匈奴中郎将张奂率南单于击破之。

二年春二月，鲜卑寇雁门。
己亥，阜陵王便薨。
蜀郡夷寇蚕陵，杀县令。
三月，复断刺史、二千石行三年丧。
夏，京师雨水。
六月，鲜卑寇辽东。
秋七月，初造显阳苑，置丞。
丙午，皇后梁氏崩。乙丑，葬懿献皇后于懿陵。
大将军梁冀谋为乱。八月丁丑，帝御前殿，诏司隶校尉张彪将六月，桓帝开始让小黄门担任守宫令，设置冗从右仆射官一官。

京师发生蝗灾。秋七月，河东发生地裂。

冬十一月，司徒尹颂去世。

长沙蛮发动叛乱，侵犯益阳。

桓帝任命司空韩縯为司徒，太常北海孙朗为司空。

延熹元年（158）春三月己酉日，开始设置鸿德苑令一官。

夏五月己酉日，桓帝召集公卿以下官吏举行盛大集会，对官员的赏赐各有不同。

这月最后一天甲戌日，发生日食。京师发生蝗灾。

六月戊寅日，大赦天下，更改年号为延熹。

丙戌日，朝廷划分中山部分地区设置博陵郡，来供奉孝崇皇园陵。举行雩礼祈雨。

秋七月己巳日，云阳发生地裂。

甲子日，太尉黄琼被免去官职，桓帝任命太常胡广为太尉。

冬十月，桓帝在广成打猎，御驾亲临上林苑。

十二月，鲜卑侵犯边地，桓帝命匈奴中郎将张奂率南单于击败了鲜卑。

延熹二年（159）春二月，鲜卑侵犯雁门。

己亥日，阜陵王刘便去世。

蜀郡夷侵犯蚕陵，杀死县令。

三月，再次禁止刺史、二千石服丧三年。

夏季，京师雨水成灾。

六月，鲜卑侵犯辽东。

秋七月，朝廷开始兴建显阳苑，设置显阳苑丞一官。

丙午日，皇后梁氏去世。乙丑日，将懿献皇后安葬在懿陵。

大将军梁冀密谋造反。八月丁丑日，桓帝驾临前殿，诏令司隶兵围冀第，收大将军印绶，冀与妻皆自杀。卫尉梁淑、河南尹梁胤、屯骑校尉梁让、越骑校尉梁忠、长水校尉梁戟等，及中外宗亲数十人，皆伏诛。太尉胡广坐免。司徒韩縯、司空孙朗下狱。

壬午，立皇后邓氏，追废懿陵为贵人冢。诏曰："梁冀奸暴，浊乱王室。孝质皇帝聪敏早茂，冀心怀忌畏，私行杀毒。永乐太后亲尊莫二，冀又遏绝，禁还京师，使朕离母子之爱，隔顾复之恩。祸害深大，罪衅日滋。赖宗庙之灵，及中常侍单超、徐璜、具瑗、左悺、唐衡、尚书令尹勋等激愤建策，内外协同，漏刻之间，桀逆枭夷。斯诚社稷之祐，臣下之力，宜班庆赏，以酬忠勋。其封超等五人为县侯，勋等七人为亭侯。"于是旧故恩私，多受封爵。

大司农黄琼为太尉，光禄大夫中山祝恬为司徒，大鸿胪梁国盛允为司空。初置秘书监官。

冬十月壬申，行幸长安。乙酉，幸未央宫。甲午，祠高庙。十一月庚子，遂有事十一陵。

壬寅，中常侍单超为车骑将军。

十二月己巳，至自长安，赐长安民粟人十斛，园陵人五斛，行所过县三斛。

烧当等八种羌叛，寇陇右，护羌校尉段颎追击于罗亭，破之。

天竺国来献。

三年春正月丙申，大赦天下。

丙午，车骑将军单超薨。

闰月，烧何羌叛，寇张掖，护羌校尉段颎追击于积石，大破之。

校尉张彪率兵包围梁冀的府第，收走梁冀大将军印绶，梁冀与妻子全都自杀。卫尉梁淑、河南尹梁胤、屯骑校尉梁让、越骑校尉梁忠、长水校尉梁戟等人，以及京师内外亲族几十人，全都伏法被诛。太尉胡广因为这件事被免去官职。司徒韩縯、司空孙朗被关入牢狱。

壬午日，桓帝立邓氏为皇后，追废懿陵为贵人冢。桓帝下诏说："梁冀奸恶横暴，将王室搅得十分混乱。孝质皇帝天资聪敏年幼时便才华出众，梁冀存有顾忌恐惧之心，私自毒杀孝质皇帝。永乐太后亲近尊贵无比，梁冀又加以阻止，不准太后返回京师，使得朕远离母亲与儿子间的爱，隔断了母亲生养抚育的恩惠。祸害深重广大，罪恶逐日增多。倚靠宗庙之灵，以及中常侍单超、徐璜、具瑗、左悺、唐衡、尚书令尹勋等人激励奋发出谋献策，宫廷内外齐心协力，极短的时间内，凶暴忤逆之徒就被诛戮。这真是社稷的庇佑，臣下的助力，应当颁发赏赐，来酬谢尽忠且有勋绩的臣子。现封单超等五人为县侯，尹勋等七人为亭侯。"其他旧故宠幸之人，大多被封爵。

桓帝任命大司农黄琼为太尉，光禄大夫中山祝恬为司徒，大鸿胪梁国盛允为司空。开始设置秘书监一官。

冬十月壬申日，桓帝出行至长安。乙酉日，桓帝亲临未央宫。甲午日，祭祀高庙。十一月庚子日，使巡狩祭天告至十一陵。

壬寅日，任命中常侍单超为车骑将军。

十二月己巳日，自长安返回，赐予长安百姓每人粟十斛。园陵百姓每人五斛，途经之县每人三斛。

烧当等八个羌人部落发动叛乱，侵犯陇右，护羌校尉段颎在罗亭追击叛贼，击败了他们。

天竺国前来进献礼物。

延熹三年（160）春正月丙申日，大赦天下。

丙午日，车骑将军单超去世。

闰正月，烧当羌发动叛乱，侵犯张掖，护羌校尉段颎在积石追击叛贼，大举击败了对方。

白马令李云坐直谏，下狱死。

夏四月，上郡言甘露降。五月甲戌，汉中山崩。

六月辛丑，司徒祝恬薨。秋七月，司空盛允为司徒，太常虞放为司空。

长沙蛮寇郡界。

九月，太山、琅邪贼劳丙等复叛，寇掠百姓，遣御史中丞赵某持节督州郡讨之。

丁亥，诏无事之官权绝奉，丰年如故。

冬十一月，日南蛮贼率众诣郡降。

勒姐羌围允街，段颎击破之。

太山贼叔孙无忌攻杀都尉侯章。十二月，遣中郎将宗资讨破之。

武陵蛮寇江陵，车骑将军冯绲讨，皆降散。荆州刺史度尚讨长沙蛮，平之。

四年春正月辛酉，南宫嘉德殿火。戊子，丙署火。大疫。二月壬辰，武库火。

司徒盛允免，大司农种暠为司徒。三月，省冗从右仆射官。太尉黄琼免。夏四月，太常刘矩为太尉。

甲寅，封河间王开子博为任城王。

五月辛酉，有星孛于心。丁卯，原陵长寿门火。己卯，京师雨雹。六月，京兆、扶风及凉州地震。庚子，岱山及博尤来山并颓裂。

己酉，大赦天下。

司空虞放免，前太尉黄琼为司空。

犍为属国夷寇钞百姓，益州刺史山昱击破之。

白马令李云因直言规谏而获罪，被关入牢狱而死。

夏四月，上郡上奏称上天降下及时雨。五月甲戌日，汉中发生山崩。

六月辛丑日，司徒祝恬去世。秋七月，桓帝任命司空盛允为司徒，太常虞放为司空。

长沙蛮侵犯郡界。

九月，太山、琅琊贼人劳内等再次反叛，侵犯劫掠百姓，桓帝命御史中丞赵某持符节督导州郡征讨贼人。

丁亥日，桓帝诏令没有事务的官员断绝俸禄，遇上丰年时再按照从前一般发放俸禄。

冬十一月，日南蛮贼率众到郡内归降。

勒姐羌包围了允街县，段颎击败了对方。

太山贼人叔孙无忌攻打杀死了都尉侯章。十二月，桓帝派中郎将宗资征讨击败了贼人。

武陵蛮侵犯江陵，车骑将军冯绲进行征讨，蛮人都降的降，逃散的逃散。荆州刺史度尚征讨长沙蛮，平定了对方。

延熹四年（161）春正月辛酉日，南宫嘉德殿起火。戊子日，丙署起火。瘟疫流行。二月壬辰日，武库起火。

司徒盛允被免去官职，桓帝任命大司农种暠为司徒。三月，免除冗从右仆射一官。太尉黄琼被免去官职。夏四月，任命太常刘矩为太尉。

甲寅日，桓帝封河间王刘开的儿子刘博为任城王。

五月辛酉日，有彗星出现在心星。丁卯日，原陵长寿门起火。己卯日，京师降下冰雹。六月，京兆、扶风及凉州发生地震。庚子日，岱山及博县尤来山一同崩裂。

己酉日，大赦天下。

司空虞放被免去官职，桓帝任命前任太尉黄琼为司空。

犍为属国夷攻劫掠夺百姓，益州刺史山昱击败了他们。

零吾羌与先零诸种并叛，寇三辅。

秋七月，京师雩。

减公卿以下奉，貣王侯半租。占卖关内侯、虎贲、羽林、缇骑营士、五大夫钱各有差。

九月，司空黄琼免，大鸿胪刘宠为司空。

冬十月，天竺国来献。

南阳黄武与襄城惠得、昆阳乐季訞言相署，皆伏诛。

先零沈氏羌与诸种羌寇并凉二州，十一月，中郎将皇甫规击破之。

十二月，夫馀王遣使来献。

五年春正月，省太官右监丞。

壬午，南宫丙署火。

三月，沈氏羌寇张掖、酒泉。

壬午，济北王次薨。

夏四月，长沙贼起，寇桂阳、苍梧。

惊马逸象突入宫殿。乙丑，恭陵东阙火。戊辰，虎贲掖门火。己巳，太学西门自坏。五月，康陵园寝火。

长沙、零陵贼起，攻桂阳、苍梧、南海、交阯，遣御史中丞盛脩督州郡讨之，不克。

乙亥，京师地震。诏公、卿各上封事。甲申，中藏府承禄署火。秋七月己未，南宫承善闼火。

鸟吾羌寇汉阳、陇西、金城，诸郡兵讨破之。

八月庚子，诏减虎贲、羽林住寺不任事者半奉，勿与冬衣；其公卿以下给冬衣之半。

零吾羌与先零众部族一起发动叛乱，侵犯三辅。

秋七月，京师举行雩祭祈雨。

削减公卿以下官吏的俸禄，借贷王侯一半的租赋。估价出售关内侯、虎贲、羽林、缇骑营士、五大夫等官爵，钱数各有不同。

九月，司空黄琼被免去官职，桓帝任命鸿胪刘宠为司空。

冬十月，天竺国前来进献礼物。

南阳黄武与襄城惠得、昆阳乐季一起散播妖言迷惑百姓，都伏法被诛。

先零沈氐羌与各部羌族侵犯并、凉二州，十一月，中郎将皇甫规击败了羌人。

十二月，夫馀王派遣使者前来进献礼物。

延熹五年（162）春正月，免除太官右监丞一官。

壬午日，南宫丙署起火。

三月，沈氐羌侵犯张掖、酒泉。

壬午日，济北王刘次去世。

夏四月，长沙贼人起事，侵犯桂阳、苍梧。

受惊的马儿和奔走的大象突然进入宫殿。乙丑日，恭陵东阙起火。戊辰日，虎贲小门起火。己巳日，太学西门自然腐坏。五月，康陵庙寝起火。

长沙、零陵贼人起事，攻打桂阳、苍梧、南海、交阯，桓帝让御史中丞盛脩督导州郡征讨贼人，没有攻克。

乙亥日，京师发生地震。桓帝下诏命公、卿各自上书言事。甲申日，中藏府承禄署起火。秋七月己未日，南宫承善闼起火。

鸟吾羌侵犯汉阳、陇西、金城，众郡兵马征讨击败了羌贼。

八月庚子日，桓帝诏令削减虎贲、羽林军中疲弱不能胜任军事的住寺一半俸禄，不要发放冬衣给他们；公卿以下官员给与一半冬衣。

艾县贼焚烧长沙郡县，寇益阳，杀令。又零陵蛮亦叛，寇长沙。

己卯，罢琅邪都尉官。

冬十月，武陵蛮叛，寇江陵，南郡太守李肃坐奔北弃市；辛丑，以太常冯绲为车骑将军，讨之。假公卿以下奉。又换王侯租以助军粮，出濯龙中藏钱还之。十一月，冯绲大破叛蛮于武陵。

京兆虎牙都尉宗谦坐臧，下狱死。

滇那羌寇武威、张掖、酒泉。

太尉刘矩免，太常杨秉为太尉。

六年春二月戊午，司徒种暠薨。

三月戊戌，大赦天下。

卫尉颍川许栩为司徒。

夏四月辛亥，康陵东署火。

五月，鲜卑寇辽东属国。

秋七月甲申，平陵园寝火。

桂阳盗贼李研等寇郡界。

武陵蛮复叛，太守陈奉与战，大破降之。

陇西太守孙羌讨滇那羌，破之。

八月，车骑将军冯绲免。

冬十月丙辰，校猎广成，遂幸函谷关、上林苑。

十一月，司空刘宠免。

南海贼寇郡界。

十二月，卫尉周景为司空。

七年春正月庚寅，沛王荣薨。

三月癸亥，陨石于鄠。

艾县贼人焚烧长沙郡县，侵犯益阳，杀死县令。还有零陵蛮也反叛，侵犯长沙。

己卯日，朝廷罢除琅琊都尉官。

冬十月，武陵蛮发动叛乱，侵犯江陵，南郡太守李肃因临阵脱逃，被斩于闹市。辛丑日，让太常冯绲担任车骑将军，征讨蛮贼。借公卿以下官员的俸禄。又换王侯租赋来补助军粮，拿出濯龙中藏府的钱补还王侯。十一月，冯绲在武陵大举击败了反叛的蛮人。

京兆虎牙都尉宗谦因贪污获罪，被关入牢狱而死。

滇那羌侵犯武威、张掖、酒泉。

太尉刘矩被免去官职，桓帝任命太常杨秉为太尉。

延熹六年（163）春二月戊午日，司徒种暠去世。

三月戊戌日，大赦天下。

任命卫尉颍川许栩为司徒。

夏四月辛亥日，康陵东署起火。

五月，鲜卑侵犯辽东属国。

秋七月甲申日，平陵庙寝起火。

桂阳盗贼李研等侵犯郡界。

武陵蛮再次发动叛乱，太守陈奉与之交战，大举击败并降伏了他们。

陇西太守孙羌征讨滇那羌，将其击败。

八月，车骑将军冯绲被免去官职。

冬十月丙辰日，桓帝在广成打猎，于是亲临函谷关、上林苑。

十一月，司空刘宠被免去官职。

南海贼侵犯郡界。

十二月，桓帝任命卫尉周景为司空。

延熹七年（164）春正月庚寅日，沛王刘荣去世。

三月癸亥日，有陨石降落在鄠县。

夏四月丙寅，梁王成薨。

五月己丑，京师雨雹。

秋七月辛卯，赵王乾薨。

野王山上有死龙。

荆州刺史度尚击零陵、桂阳盗贼及蛮夷，大破平之。

冬十月壬寅，南巡狩。庚申，幸章陵，祠旧宅，遂有事于园庙，赐守令以下各有差。戊辰，幸云梦，临汉水；还，幸新野，祠湖阳、新野公主、鲁哀王、寿张敬侯庙。

护羌校尉段颎击当煎羌，破之。

十二月辛丑，车驾还宫。

八年春正月，遣中常侍左悺之苦县，祠老子。

勃海王悝谋反，降为廮陶王。

丙申晦，日有食之。诏公、卿、校尉举贤良方正。

二月己酉，南宫嘉德署黄龙见。千秋万岁殿火。

太仆左称有罪自杀。

癸亥，皇后邓氏废。河南尹邓万世、虎贲中郎将邓会下狱死。

护羌校尉段颎击罕姐羌，破之。

三月辛巳，大赦天下。

夏四月甲寅，安陵园寝火。

丁巳，坏郡国诸房祀。

济阴、东郡、济北河水清。

五月壬申，罢太山都尉官。丙戌，太尉杨秉薨。

六月丙辰，缑氏地裂。

桂阳胡兰、朱盖等复反，攻没郡县，转寇零陵，零陵太守陈球夏四月丙寅日，梁王刘成去世。

五月己丑日，京师降下冰雹。

秋七月辛卯日，赵王刘乾去世。

野王山上有死龙。

荆州刺史度尚攻打零陵、桂阳盗贼及蛮夷，大举击败并平定了他们。

冬十月壬寅日，桓帝南巡视察。庚申日，桓帝亲临章陵，祭祀旧宅，于是巡狩祭天告至园庙，给予守令以下官吏赏赐各有不同。戊辰日，桓帝亲临云梦，到达汉水；返回时，亲临新野，祭祀湖阳、新野公主、鲁哀王、寿张敬侯庙。

护羌校尉段颎攻打当煎羌，击败了羌人。

十二月辛丑日，御驾返回皇宫。

延熹八年（165）春正月，派遣中常侍左悺前往苦县，祭祀老子。

勃海王刘悝谋反，被降为廮陶王。

这月最后一天丙申日，发生日食。桓帝下诏命公、卿、校尉荐举贤良方正的人。

二月己酉日，南宫嘉德署出现黄龙。千秋万岁殿起火。

太仆左称有罪自杀。

癸亥日，皇后邓氏被废。河南尹邓万世、虎贲中郎将邓会被关入牢狱而死。

护羌校尉段颎攻打罕姐羌，将其击败。

三月辛巳日，大赦天下。

夏四月甲寅日，安陵庙寝起火。

丁巳日，郡国众祠堂被毁。

济阴、东郡、济北的黄河水十分清澈。

五月壬申日，朝廷罢除太山都尉一官。丙戌日，太尉杨秉去世。

六月丙辰日，缑氏发生地裂。

桂阳胡兰、朱盖等人再次反叛，攻下郡县后，转而侵犯零陵，零拒之；遣中郎将度尚、长沙太守抗徐等击兰、盖，大破斩之。苍梧太守张叙为贼所执，又桂阳太守任胤背敌畏懦，皆弃市。

闰月甲午，南宫长秋和欢殿后钩楯、掖庭、朔平署火。

六月，段颎击当煎羌于湟中，大破之。

秋七月，太中大夫陈蕃为太尉。

八月戊辰，初令郡国有田者亩敛税钱。

九月丁未，京师地震。

冬十月，司空周景免，太常刘茂为司空。

辛巳，立贵人窦氏为皇后。

勃海妖贼盖登等称“太上皇帝”，有玉印、珪、璧、铁券，相署置，皆伏诛。

十一月壬子，德阳殿西阁、黄门北寺火，延及广义、神虎门，烧杀人。

使中常侍管霸之苦县，祠老子。

九年春正月辛卯朔，日有食之。诏公、卿、校尉、郡国举至孝。

沛国戴异得黄金印，无文字，遂与广陵人龙尚等共祭井，作符书，称“太上皇”，伏诛。

己酉，诏曰：“比岁不登，民多饥穷，又有水旱疾疫之困。盗贼征发，南州尤甚。灾异日食，谴告累至。政乱在予，仍获咎征。其令大司农绝今岁调度征求，及前年所调未毕者，勿复收责。其灾旱盗贼之郡，勿收租，余郡悉半入。”

三月癸巳，京师有火光转行，人相惊譟。

司隶、豫州饥死者什四五，至有灭户者，遣三府掾赈禀之。

陵太守陈球进行抵御；桓帝派遣中郎将度尚、长沙太守抗徐等攻打胡兰、朱盖，大举击败并斩杀了他们。苍梧太守张叙被贼人捉住，还有桂阳太守任胤逃避敌人胆怯软弱，两人都被斩于闹市。

闰七月甲午日，南宫长秋和欢殿后钩楯、掖庭、朔平署起火。

六月，段颎在湟中攻打当煎羌，大举击败了对方。

秋七月，朝廷任命太中大夫陈蕃为太尉。

八月戊辰日，开始命郡国有田的百姓按田亩数量交税。

九月丁未日，京师地震。

冬十月，司空周景被免去官职，桓帝任命太常刘茂为司空。

辛巳日，立贵人窦氏为皇后。

渤海妖贼盖登等人号称“太上皇帝”，设置有玉印、珪、璧、铁券，官吏，都伏法被诛。

十一月壬子日，德阳殿西阁、黄门北寺起火，大火延伸到广义、神虎门，烧死了人。

让中常侍管霸前往苦县，祭祀老子。

延熹九年（166）春正月初一辛卯日，发生日食。桓帝下诏命公、卿、校尉、郡国荐举至孝之人。

沛国戴异获得黄金印，印上没有文字，于是与广陵人龙尚等一同祭拜井神，写作符书，号称“太上皇”，伏法被诛。

己酉日，桓帝下诏说：“农作物连年歉收，民众大多饥饿困穷，又有水灾旱灾瘟疫的困苦。盗贼征用百姓的人力物资，南州尤为严重。出现日食这样的异常现象，上天的谴责警告接连到来。这是政治紊乱所造成的，责任完全在我，所以频繁地遭受咎戾和惩罚。现命大司农停止今年向百姓征集调用人力物资，以及前年调用尚未完成的，都不要再索求欠债。对于那些受到旱灾盗贼侵害的郡，不要收取田租，其他郡都只收一半。”

三月癸巳日，京师有火光辗转而行，人们彼此惊异喧闹。

司隶、豫州因饥饿而死的人有十分之四五，甚至有全家都被饿陈留太守韦毅坐臧自杀。

夏四月，济阴、东郡、济北、平原河水清。

司徒许栩免。五月，太常胡广为司徒。

六月，南匈奴及乌桓、鲜卑寇缘边九郡。

秋七月，沈氐羌寇武威、张掖。诏举武猛，三公各二人，卿、校尉各一人。

太尉陈蕃免。

庚午，祠黄、老于濯龙宫。

遣使匈奴中郎将张奂击南匈奴、乌桓、鲜卑。

九月，光禄勋周景为太尉。

南阳太守成瑨、太原太守刘质，并以谮弃市。

司空刘茂免。

大秦国王遣使奉献。

冬十二月，洛城傍竹柏枯伤。

光禄勋汝南宣酆为司空。

南匈奴、乌桓率众诣张奂降。

司隶校尉李膺等二百余人受诬为党人，并坐下狱，书名王府。

永康元年春正月，先零羌寇三辅，中郎将张奂破平之。当煎羌寇武威，护羌校尉段颎追击于鸾鸟，大破之。西羌悉平。

夫馀王寇玄菟，太守公孙域与战，破之。

夏四月，先零羌寇三辅。

五月丙申，京师及上党地裂。

庐江贼起，寇郡界。

壬子晦，日有食之。诏公、卿、校尉举贤良方正。

死的，桓帝派遣三府掾拿粮食赈救他们。

陈留太守韦毅因贪污获罪自杀身亡。

夏四月，济阴、东郡、济北、平原的黄河水十分清澈。

司徒许栩被免去官职。五月，桓帝任命太常胡广为司徒。

六月，南匈奴及乌桓、鲜卑侵犯沿边九郡。

秋七月，沈氐羌侵犯武威、张掖。桓帝下诏命令荐举武猛、三公各二人，卿、校尉各一人。

太尉陈蕃被免去官职。

庚午日，在濯龙宫祭祀黄帝、老子。

朝廷派遣使匈奴中郎将张奂攻打南匈奴、乌桓、鲜卑。

九月，任命光禄勋周景为太尉。

南阳太守成瑨、太原太守刘质，两个一起因诬陷罪被斩首示众。

司空刘茂被免去官职。

大秦国王派遣使者前来进献礼物。

冬十二月，洛城旁的竹柏枯败雕残。

任命光禄勋汝南宣酆为司空。

南匈奴、乌桓率部众到张奂那里归降。

司隶校尉李膺等二百多人被诬陷为党人，一同获罪被关入牢狱，将他们的名字记录在王府。

永康元年（167）春正月，先零羌侵犯三辅，中郎将张奂击败平定了对方。当煎羌侵犯武威，护羌校尉段颎追击至鸾鸟，大举击败了当煎羌。西羌全都被平定。

夫馀王侵犯玄菟，太守公孙域与之交战，击败了他。

夏四月，先零羌侵犯三辅。

五月丙申日，京师及上党发生地裂。

庐江贼人起事，侵犯郡界。

三十壬子日，发生日食。桓帝下诏命公、卿、校尉举荐贤良方正。

六月庚申，大赦天下，悉除党锢，改元永康。

丙寅，阜陵王统薨。

秋八月，魏郡言嘉禾生，甘露降。巴郡言黄龙见。

六州大水，勃海海溢。诏州郡赐溺死者七岁以上钱，人二千；一家皆被害者，悉为收敛；其亡失谷食，禀人三斛。

冬十月，先零羌寇三辅，使匈奴中郎将张奂击破之。

十一月，西河言白菟见。

十二月壬申，复瘿陶王悝为勃海王。

丁丑，帝崩于德阳前殿，年三十六。戊寅，尊皇后曰皇太后，太后临朝。

是岁，复博陵、河间二郡，比丰、沛。

论曰：前史称桓帝好音乐，善琴笙。饰芳林而考濯龙之宫，设华盖以祠浮图、老子，斯将所谓"听于神"乎！及诛梁冀，奋威怒，天下犹企其休息。而五邪嗣虐，流衍四方。自非忠贤力争，屡折奸锋，虽愿依斟流彘，亦不可得已。

赞曰：桓自宗支，越跻天禄。政移五幸，刑淫三狱。倾宫虽积，皇身靡续。

六月庚申日，朝廷大赦天下，免除所有党人的禁锢，更改年号为永康。

丙寅日，阜陵王刘统去世。

秋八月，魏郡上奏称长出了奇特美好的谷物，并有甘美的雨露降下。巴郡上奏称有黄龙现身。

六州遭遇水灾，渤海海水泛滥。桓帝下诏命州郡赐予七岁以上溺亡者，每人二千钱；一家都遭受水灾而亡的，为其收殓尸骨；对于丢失粮食的，每人给予谷物三斛。

冬十月，先零羌侵犯三辅，桓帝派匈奴中郎将张奂攻打击败了他们。

十一月，西河上奏称有白菟出现。

十二月壬申日，恢复廮陶王刘悝为勃海王。

丁丑日，桓帝在德阳前殿驾崩，时年三十六岁。戊寅日，尊皇后为皇太后，太后临朝听政。

这年，恢复博陵、河间二郡，同丰、沛一般。

评论说：从前的史籍称桓帝喜好音乐，擅长琴笙。以芳林装饰已修建成的濯龙宫，布置华盖来祭祀佛陀、老子，这或许就是所谓的“听于神”吧！等到桓帝诛杀梁冀，展现震怒时，天下仍然企望他休养生息。然而单超、徐璜、左悺、唐衡、具瑗五位邪臣相继为虐，造成的毒害流布四方。倘若不是忠诚贤良的臣子极力劝谏，屡次挫伤奸臣的气焰，纵使愿意像夏帝相那般依附于斟氏、像周厉王那般逃到彘，也无法实现。

赞辞说：桓帝出自刘氏宗族的支派，越位登上上天所授予的禄位。政权转移到五位邪臣手中，滥用刑罚造成了三宗冤案。宫殿内虽然聚集了许多美人，但没有诞下皇子使得皇位无人继承。

卷八

灵帝纪第八

孝灵皇帝讳宏，肃宗玄孙也。曾祖河间孝王开，祖淑，父苌，世封解渎亭侯，帝袭侯爵。母董夫人。桓帝崩，无子，皇太后与父城门校尉窦武定策禁中，使守光禄大夫刘儵持节，将左右羽林至河间奉迎。

建宁元年春正月壬午，城门校尉窦武为大将军。己亥，帝到夏门亭，使窦武持节，以王青盖车迎入殿中。庚子，即皇帝位，年十二。改元建宁。以前太尉陈蕃为太傅，与窦武及司徒胡广参录尚书事。

使护羌校尉段颎讨先零羌。

二月辛酉，葬孝桓皇帝于宣陵，庙曰威宗。

庚午，谒高庙。辛未，谒世祖庙。大赦天下。赐民爵及帛各有差。

段颎大破先零羌于逢义山。

闰月甲午，追尊皇祖为孝元皇，夫人夏氏为孝元皇后，考为孝仁皇，夫人董氏为慎园贵人。

夏四月戊辰，太尉周景薨。司空宣酆免，长乐卫尉王畅为司空。

五月丁未朔，日有食之。诏公卿以下各上封事，及郡国守相举有道之士各一人，又故刺史、二千石清高有遗惠，为众所归者，皆诣公车。

太中大夫刘矩为太尉。

六月，京师雨水。

孝灵皇帝名宏，是汉章帝的玄孙。他的曾祖是河间孝王刘开，祖父是刘淑，父亲是刘苌，世代被封为解渎亭侯，灵帝承袭了解渎亭侯这一爵位。母亲是董夫人。桓帝驾崩后，没有儿子，皇太后与父亲城门校尉窦武在宫内定册尊立天子，派守光禄大夫刘儵持符节，率左右羽林军到河间迎接天子。

建宁元年（168）春正月壬午日，皇太后任命城门校尉窦武为大将军。己亥日，灵帝到达夏门亭，皇太后让窦武持符节，以王青盖车迎接灵帝进入殿中。庚子日，灵帝登上帝位，时年十二岁。更改年号为建宁。让前任太尉陈蕃担任太傅，与窦武及司徒胡广参录尚书事。

朝廷命护羌校尉段颎征讨先零羌。

二月辛酉日，将孝桓皇帝安葬在宣陵，庙号为威宗。

庚午日，灵帝拜见高庙。辛未日，拜见世祖庙。大赦天下。赐予民间有功者爵位及布帛各有不同。

段颎在逢义山大举击败了先零羌。

闰三月甲午日，灵帝追尊皇祖为孝元皇，夫人夏氏为孝元皇后，皇考为孝仁皇，夫人董氏为慎园贵人。

夏四月戊辰日，太尉周景去世。司空宣酆被免去官职，任命长乐卫尉王畅为司空。

五月初一丁未日，发生日食。灵帝下诏命公卿以下官员各自上书言事，以及郡国守相荐举有道人士各一人，还有以前的刺史、二千石清雅高洁遗惠百姓，为民众所向往拥护的，都到公车听命。

灵帝任命太中大夫刘矩为太尉。

六月，京师雨水成灾。

秋七月，破羌将军段颎复破先零羌于泾阳。

八月，司空王畅免，宗正刘宠为司空。

九月辛亥，中常侍曹节矫诏诛太傅陈蕃、大将军窦武及尚书令尹勋、侍中刘瑜、屯骑校尉冯述，皆夷其族。皇太后迁于南宫。司徒胡广为太傅，录尚书事。司空刘宠为司徒，大鸿胪许栩为司空。

冬十月甲辰晦，日有食之。令天下系囚罪未决入缣赎，各有差。

十一月，太尉刘矩免，太仆沛国闻人袭为太尉。

十二月，鲜卑及濊貊寇幽并二州。

二年春正月丁丑，大赦天下。

三月乙巳，尊慎园董贵人为孝仁皇后。

夏四月癸巳，大风，雨雹。诏公卿以下各上封事。

五月，太尉闻人袭罢，司空许栩免。六月，司徒刘宠为太尉，太常许训为司徒，太仆长沙刘嚣为司空。

秋七月，破羌将军段颎大破先零羌于射虎塞外谷，东羌悉平。

九月，江夏蛮叛，州郡讨平之。

丹阳山越贼围太守陈夤，夤击破之。

冬十月丁亥，中常侍侯览讽有司奏前司空虞放、太仆杜密、长乐少府李膺、司隶校尉朱寓、颍川太守巴肃、沛相荀昱、河内太守魏朗、山阳太守翟超皆为钩党，下狱，死者百余人，妻子徙边，诸附从者锢及五属。制诏州郡大举钩党，于是天下豪桀及儒学行义者，一切结为党人。

秋七月，破羌将军段颎又在泾阳击败先零羌。

八月，司空王畅被免去官职，灵帝任命宗正刘宠为司空。

九月辛亥日，中常侍曹节诈称灵帝诏书诛杀太傅陈蕃、大将军窦武及尚书令尹勋、侍中刘瑜、屯骑校尉冯述，这些人都被灭族。皇太后迁到南宫。任命司徒胡广为太傅，录尚书事。任命司空刘宠为司徒，大鸿胪许栩为司空。

冬十月三十甲辰日，发生日食。朝廷下令天下被关在狱中还未判决的囚犯交纳细绢赎罪，细绢的数量各有不同。

十一月，太尉刘矩被免去官职，灵帝任命太仆沛国闻人袭为太尉。

十二月，鲜卑及濊貊侵犯幽并二州。

建宁二年（169）春正月丁丑日，大赦天下。

三月乙巳日，尊慎园董贵人为孝仁皇后。

夏四月癸巳日，刮起大风，降下冰雹。灵帝下诏命公卿以下官员各自秘密上书对国事批评建议，检举揭发。

五月，太尉闻人袭被罢免官职，司空许栩被罢免官职。六月，灵帝任命司徒刘宠为太尉，任命太常许训为司徒，任命太仆长沙刘嚣为司空。

秋七月，破羌将军段颎在射虎塞外谷大举击败了先零羌，东羌全都被平定。

九月，江夏蛮发动叛乱，州郡进行征讨并将其平定。

丹阳山越贼围攻太守陈夤，陈夤击败了他们。

冬十月丁亥日，中常侍侯览教唆有关官员上奏称前任司空虞放、太仆杜密、长乐少府李膺、司隶校尉朱寓、颍川太守巴肃、沛相荀昱、河内太守魏朗、山阳太守翟超都是相互牵连的同党，将他们关入牢狱中，死亡的有一百多人，他们的妻子儿女被放逐到边地，凡是有附带从属关系的以及五服内的亲属都要遭到监禁。皇帝诏令州郡大规模地检举揭发党羽，于是天下豪杰及尊崇儒学躬行仁义的人，全都被归结为党人。

戊戌晦，日有食之。

十一月，太尉刘宠免，太仆郭禧为太尉。

鲜卑寇并州。

是岁，长乐太仆曹节为车骑将军，百余日罢。

三年春正月，河内人妇食夫，河南人夫食妇。

三月丙寅晦，日有食之。

夏四月，太尉郭禧罢，太中大夫闻人袭为太尉。秋七月，司空刘嚣罢。八月，大鸿胪桥玄为司空。

九月，执金吾董宠下狱死。

冬，济南贼起，攻东平陵。

郁林乌浒民相率内属。

四年春正月甲子，帝加元服，大赦天下。赐公卿以下各有差，唯党人不赦。

二月癸卯，地震，海水溢，河水清。

三月辛酉朔，日有食之。

太尉闻人袭免，太仆李咸为太尉。

诏公卿至六百石各上封事。

大疫，使中谒者巡行致医药。

司徒许训免，司空桥玄为司徒。夏四月，太常来艳为司空。

五月，河东地裂，雨雹，山水暴出。

秋七月，司空来艳免。

癸丑，立贵人宋氏为皇后。

司徒桥玄免。太常宗俱为司空，前司空许栩为司徒。

三十戊戌日，发生日食。

十一月，太尉刘宠被免去官职，任命太仆郭禧为太尉。

鲜卑侵犯并州。

这年，任命长乐太仆曹节为车骑将军，一百多天后辈被罢除。

建宁三年（170）春正月，河内有妇人将自己的丈夫吃了，河南有丈夫把自己的妻子吃了。

三月三十丙寅日，发生日食。

夏四月，太尉郭禧被罢除官职，任命太中大夫闻人袭为太尉。秋七月，司空刘嚣被罢除官职。八月，任命大鸿胪桥玄为司空。

九月，执金吾董宠被关入牢狱而死。

冬，济南贼人起事，进攻东平陵。

郁林乌浒百姓共同归附。

建宁四年（171）春正月甲子日，灵帝举行冠礼，大赦天下。给予公卿以下官员赏赐各有不同，唯有党人不被赦免。

二月癸卯日，发生地震，海水泛滥，黄河水变得清澈。

三月初一辛酉日，发生日食。

太尉闻人袭被免去官职，任命太仆李咸为太尉。

灵帝下诏命公卿至六百石官员各自秘密上书，提出批评建议，检举揭发。

瘟疫流行，灵帝派中谒者往来视察给予医药。

司徒许训被免去官职，灵帝任命司空桥玄为司徒。夏四月，任命太常来艳为司空。

五月，河东发生地裂，降下冰雹，山中水流暴涌而出。

秋七月，司空来艳被免去官职。

癸丑日，立贵人宋氏为皇后。

司徒桥玄被免去官职。灵帝任命太常宗俱为司空，任命前任司空许栩为司徒。

冬，鲜卑寇并州。

熹平元年春三月壬戌，太傅胡广薨。

夏五月己巳，大赦天下，改元熹平。

长乐太仆侯览有罪，自杀。

六月，京师雨水。

癸巳，皇太后窦氏崩。秋七月甲寅，葬桓思皇后。

宦官讽司隶校尉段颎捕系太学诸生千余人。冬十月，渤海王悝被诬谋反，丁亥，悝及妻子皆自杀。

十一月，会稽人许生自称“越王”，寇郡县，遣杨州刺史臧旻、丹阳太守陈夤讨破之。

十二月，司徒许栩罢，大鸿胪袁隗为司徒。

鲜卑寇并州。

是岁，甘陵王恢薨。

二年春正月，大疫，使使者巡行致医药。

丁丑，司空宗俱薨。

二月壬午，大赦天下。

以光禄勋杨赐为司空。

三月，太尉李咸免。夏五月，以司隶校尉段颎为太尉。

沛相师迁坐诬罔国王，下狱死。

六月，北海地震。东莱，北海海水溢。

秋七月，司空杨赐免，太常颍川唐珍为司空。

冬十二月，日南徼外国重译贡献。

太尉段颎罢。

鲜卑寇幽并二州。

癸酉晦，日有食之。

冬，鲜卑侵犯并州。

熹平元年（172）春三月壬戌日，太傅胡广去世。

夏五月己巳日，朝廷大赦天下，更改年号为熹平。

长乐太仆侯览有罪，自杀。

六月，京师雨水成灾。

癸巳日，皇太后窦氏去世。秋七月甲寅日，埋葬桓思皇后。

宦官教唆司隶校尉段颎抓捕拘禁太学众学生一千多人。冬十月，勃海王刘悝被诬告谋反，丁亥日，刘悝及其妻子儿女全都自杀。

十一月，会稽人许生自称“越王”，侵犯郡县，灵帝派遣杨州刺史臧旻、丹阳太守陈夤征讨击败了许生等人。

十二月，司徒许栩被罢除官职，灵帝任命大鸿胪袁隗为司徒。

鲜卑侵犯州。

这年，甘陵王刘恢去世。

熹平二年（173）春正月，瘟疫流行，灵帝派遣使者往来视察给予医药。

丁丑日，司空宗俱去世。

二月壬午日，大赦天下。

灵帝让光禄勋杨赐担任司空。

三月，太尉李咸被免去官职。夏五月，让司隶校尉段颎担任太尉。

沛相师迁因诬陷毁谤国王获罪，被关入牢狱而死。

六月，北海发生地震。东莱、北海海水泛滥。

秋七月，司空杨赐被免去官职，灵帝任命太常颍川唐珍为司空。

冬十二月，日南边外国辗转通译语言，进行献礼。

太尉段颎被罢除官职。

鲜卑侵犯幽并二州。

三十癸酉日，发生日食。

三年春正月，夫馀国遣使贡献。

二月己巳，大赦天下。

太常陈耽为太尉。

三月，中山王畅薨，无子，国除。

夏六月，封河间王利子康为济南王，奉孝仁皇祀。

秋，洛水溢。

冬十月癸丑，令天下系囚罪未决，入缣赎。

十一月，杨州刺史臧旻率丹阳太守陈寅，大破许生于会稽，斩之。

任城王博薨。

十二月，鲜卑寇北地，北地太守夏育追击破之。鲜卑又寇并州。

司空唐珍罢，永乐少府许训为司空。

四年春三月，诏诸儒正《五经》文字，刻石立于太学门外。

封河间王建子佗为任城王。

夏四月，郡国七大水。

五月丁卯，大赦天下。

延陵园灾，遣使者持节告祠延陵。

鲜卑寇幽州。

六月，弘农、三辅螟。

遣守宫令之盐监，穿渠为民兴利。

令郡国遇灾者，减田租之半；其伤害十四以上，勿收责。

冬十月丁巳，令天下系囚罪未决，入缣赎。

熹平三年（174）春正月，夫馀国派遣使者前来进献礼物。

二月己巳日，大赦天下。

灵帝任命太常陈耽为太尉。

三月，中山王刘畅去世，没有儿子，废除封国。

夏六月，灵帝封河间王刘利的儿子刘康为济南王，供奉祭祀孝仁皇。

秋，洛水泛滥。

冬十月癸丑日，朝廷下令天下被关在狱中还未判罪的囚犯，交纳细绢赎罪。

十一月，杨州刺史臧旻率丹阳太守陈寅，在会稽大举击败了许生，将其斩杀。

任城王刘博去世。

十二月，鲜卑侵犯北地，北地太守夏育追击击败了对方。鲜卑又侵犯并州。

司空唐珍被罢除官职，灵帝任命永乐少府许训为司空。

熹平四年（175）春三月，灵帝下诏命众儒校对《五经》文字，刻校对好的《五经》刻在石头上立于太学门外。

封河间王刘建的儿子刘佗为任城王。

夏四月，七个郡国遭遇水灾。

五月丁卯日，大赦天下。

延陵园发生火灾，派遣使者持符节告祭延陵。

鲜卑侵犯幽州。

六月，弘农、三辅遭遇螟虫灾害。

灵帝派遣守宫令前往盐监，穿凿渠水为民众兴办有利之事。

朝廷下令郡国遭遇灾殃的百姓，减免田租一半；遭受损伤达十分之四以上的，不要收取田租。

冬十月丁巳日，朝廷下令天下被关在狱中还未判决的囚犯，交纳拜冲帝母虞美人为宪园贵人，质帝母陈夫人为渤海孝王妃。

改平准为中准，使宦者为令，列于内署。自是诸署悉以阉人为丞、令。

五年夏四月癸亥，大赦天下。

益州郡夷叛，太守李颙讨平之。

复崇高山名为嵩高山。

大雩。使侍御史行诏狱亭部，理冤枉，原轻系，休囚徒。

五月，太尉陈耽罢，司空许训为太尉。

闰月，永昌太守曹鸾坐讼党人，弃市。诏党人门生故吏父兄子弟在位者，皆免官禁锢。

六月壬戌，太常南阳刘逸为司空。

秋七月，太尉许训罢，光禄勋刘宽为太尉。

冬十月壬午，御殿后槐树自拔倒竖。

司徒袁隗罢。十一月丙戌，光禄大夫杨赐为司徒。

十二月，甘陵王定薨。

试太学生年六十以上百余人，除郎中、太子舍人至王家郎、郡国文学吏。

是岁，鲜卑寇幽州。沛国言黄龙见谯。

六年春正月辛丑，大赦天下。

二月，南宫平城门及武库东垣屋自坏。

夏四月，大旱，七州蝗。

鲜卑寇三边。

市贾民为宣陵孝子者数十人，皆除太子舍人。

细绢赎罪。

拜冲帝的母亲虞美人为宪园贵人，质帝的母亲陈夫人为渤海孝王妃。

将平准改中准，令宦者担任中准令，列入内署。从这之后众官署都以阉人担任丞、令。

熹平五年（176）夏四月癸亥日，大赦天下。

益州郡夷人发动叛乱，太守李颙进行征讨并平定了他们。

将崇高山的名字恢复为嵩高山。

举行雩礼祈雨。灵帝命侍御史代为行使诏狱亭部的职权，处理冤狱，赦免罪轻的囚犯，对在服苦役的囚犯，让他们得到休息。

五月，太尉陈耽被罢除官职，任命司空许训为太尉。

闰五月，永昌太守曹鸾因为替党人辩冤而获罪，被处以弃市之刑。灵帝下诏命党人的门生及旧时的属吏父亲兄长儿子弟弟居官位的，都免去官职不得为官。

六月壬戌日，灵帝任命太常南阳刘逸为司空。

秋七月，太尉许训被罢除官职，灵帝任命光禄勋刘宽为太尉。

冬十月壬午日，御殿后面的槐树自己拔根而起并倒立起来。

司徒袁隗被罢除官职。十一月丙戌日，灵帝任命光禄大夫杨赐为司徒。

十二月，甘陵王刘定去世。

朝廷任用六十以上的一百多名太学生，让他们担任郎中、太子舍人甚至于王家郎、郡国文学吏。

这年，鲜卑侵犯幽州。沛国上奏称有黄龙出现在谯。

熹平六年（177）春正月辛丑日，大赦天下。

二月，南宫平城门及武库东面的围墙房屋自然腐坏。

夏四月，发生旱灾，七个州遭遇蝗灾。

鲜卑侵犯东、西、北三边。

商人小民自称是为桓帝守孝的宣陵孝子的有几十人，都被任命秋七月，司空刘逸免，卫尉陈球为司空。

八月，遣破鲜卑中郎将田晏出云中，使匈奴中郎将臧旻与南单于出雁门，护乌桓校尉夏育出高柳，并伐鲜卑，晏等大败。

冬十月癸丑朔，日有食之。

太尉刘宽免。

帝临辟雍。

辛丑，京师地震。

辛亥，令天下系囚罪未决，入缣赎。

十一月，司空陈球免。十二月甲寅，太常河南孟𩳐为太尉。庚辰，司徒杨赐免。太常陈耽为司空。

鲜卑寇辽西。

永安太仆王旻下狱死。

光和元年春正月，合浦、交阯乌浒蛮叛，招引九真、日南民攻没郡县。

太尉孟𩳐罢。

二月辛亥朔，日有食之。

癸丑，光禄勋陈国袁滂为司徒。

己未，地震。

始置鸿都门学生。

三月辛丑，大赦天下，改元光和。

太常常山张颢为太尉。

夏四月丙辰，地震。

侍中寺雌鸡化为雄。

为太子舍人。

秋七月，司空刘逸被免去官职，灵帝任命卫尉陈球为司空。

八月，灵帝派遣破鲜卑中郎将田晏指挥军队前往云中，命匈奴中郎将臧旻与南单于指挥军队前往雁门，护乌桓校尉夏育指挥军队前往高柳，一起征伐鲜卑，田晏等人失败惨重。

冬十月初一癸丑日，发生日食。

太尉刘宽被免去官职。

灵帝驾临辟雍。

辛丑日，京师发生地震。

辛亥日，朝廷下令天下被关在狱中还未判罪的囚犯，交纳细绢赎罪。

十一月，司空陈球被免去官职。十二月甲寅日，灵帝任命太常河南孟彧为太尉。庚辰日，司徒杨赐被免去官职。任命太常陈耽为司空。

鲜卑侵犯辽西。

担任永安太仆的王旻被关入牢狱而死。

光和元年（178）春正月，合浦、交阯乌浒蛮发动叛乱，引诱九真、日南民众攻下郡县。

太尉孟彧被罢除官职。

二月初一辛亥日，发生日食。

癸丑日，灵帝任命光禄勋陈国袁滂为司徒。

己未日，发生地震。

开始设置鸿都门学校教授学生。

三月辛丑日，朝廷大赦天下，更改年号为光和。

任命太常常山张颢为太尉。

夏四月丙辰日，发生地震。

侍中寺内的雌鸡变成了雄鸡。

司空陈耽免，太常来艳为司空。

五月壬午，有白衣人入德阳殿门，亡去不获。六月丁丑，有黑气堕所御温德殿庭中。秋七月壬子，青虹见御坐玉堂后殿庭中。八月，有星孛于天市。

九月，太尉张颢罢，太常陈球为太尉。司空来艳薨。冬十月，屯骑校尉袁逢为司空。

皇后宋氏废，后父执金吾酆下狱死。

丙子晦，日有食之。

十一月，太尉陈球免。十二月丁巳，光禄大夫桥玄为太尉。

是岁，鲜卑寇酒泉。京师马生人。初开西邸卖官，自关内侯、虎贲、羽林，入钱各有差。私令左右卖公卿，公千万，卿五百万。

二年春，大疫，使常侍、中谒者巡行致医药。

三月，司徒袁滂免，大鸿胪刘郃为司徒。乙丑，太尉桥玄罢，太中大夫段颎为太尉。

京兆地震。

司空袁逢罢，太常张济为司空。

夏四月甲戌朔，日有食之。

辛巳，中常侍王甫及太尉段颎并下狱死。

丁酉，大赦天下，诸党人禁锢小功以下皆除之。

东平王端薨。

五月，卫尉刘宽为太尉。

秋七月，使匈奴中郎将张脩有罪，下狱死。

冬十月甲申，司徒刘郃、永乐少府陈球、卫尉阳球、步兵校尉刘纳谋诛宦者，事泄，皆下狱死。

司空陈耽被免去官职，灵帝任命太常来艳为司空。

五月壬午日，有一位身着白衣的人进入德阳殿门，逃遁没被抓住。六月丁丑日，有黑气降落在灵帝所处的温德殿庭中。秋七月壬子日，有青虹在灵帝所坐的玉堂后殿庭中出现。八月，有彗星出现在天市星。

九月，太尉张颢被罢除官职，灵帝任命太常陈球为太尉，司空来艳去世。冬十月，任命屯骑校尉袁逢为司空。

皇后宋氏被废除，皇后的父亲执金吾宋酆被关入牢狱而死。

三十丙子日，发生日食。

十一月，太尉陈球被免去官职。十二月丁巳日，灵帝任命光禄大夫桥玄为太尉。

这年，鲜卑侵犯酒泉。京师有马生出人来。朝廷开始在西园开设邸舍出卖官位，关内侯、虎贲、羽林，所需要的钱财各有不同。灵帝私下命令左右卖公卿之位，公卖一千万，卿卖五百万。

光和二年（179）春季，瘟疫流行，灵帝命常侍、中谒者往来视察给予医药。

三月，司徒袁滂被免去官职，灵帝任命大鸿胪刘郃为司徒。乙丑日，太尉桥玄被罢除官职，任命太中大夫段颎为太尉。

京兆发生地震。

司空袁逢被罢除官职，灵帝任命太常张济为司空。

夏四月初一甲戌日，发生日食。

辛巳日，中常侍王甫及太尉段颎一起被关入牢狱而死。

丁酉日，大赦天下，众党人五服第四等以下的亲属都解除禁锢。

东平王刘端去世。

五月，灵帝任命卫尉刘宽为太尉。

秋七月，使匈奴中郎将张脩有罪，被关入牢狱而死。

冬十月甲申日，司徒刘郃、永乐少府陈球、卫尉阳球、步兵校尉刘纳密谋诛杀宦官，事情泄漏，都被关入牢狱而死。

巴郡板楯蛮叛，遣御史中丞萧瑗督益州刺史讨之，不克。

十二月，光禄勋杨赐为司徒。

鲜卑寇幽并二州。

是岁，河间王利薨。洛阳女子生儿，两头四臂。

三年春正月癸酉，大赦天下。

二月，公府驻驾庑自坏。

三月，梁王元薨。

夏四月，江夏蛮叛。

六月，诏公卿举能通《古文尚书》《毛诗》《左氏》《穀梁春秋》各一人，悉除议郎。

秋，表是地震，涌水出。

八月，令系囚罪未决，入缣赎，各有差。

冬闰月，有星孛于狼、弧。

鲜卑寇幽、并二州。

十二月己巳，立贵人何氏为皇后。

是岁，作罼圭、灵昆苑。

四年春正月，初置騄骥厩丞，领受郡国调马。豪右辜搉，马一匹至二百万。

二月，郡国上芝英草。夏四月庚子，大赦天下。

交阯刺史朱儁讨交阯、合浦乌浒蛮，破之。

六月庚辰，雨雹。秋七月，河南言凤皇见新城，群鸟随之；赐新城令及三老、力田帛，各有差。九月庚寅朔，日有食之。

巴郡板循蛮发动叛乱，灵帝派遣御史中丞萧瑗督导益州刺史征讨，没有攻克。

十二月，任命光禄勋杨赐为司徒。

鲜卑侵犯幽并二州。

这年，河间王刘利去世。洛阳有一位女子生下一个儿子，长着两个头四条胳膊。

光和三年（180）春正月癸酉日，大赦天下。

二月，公府停车棚自然腐坏。

三月，梁王刘元去世。

夏四月，江夏蛮发动叛乱。

六月，灵帝下诏命公卿荐举能精通《古文尚书》《毛诗》《左氏》《穀梁春秋》的贤才各一人，都被任命为议郎。

秋，表是县发生地震，地下有水涌出。

八月，朝廷下令被关在狱中还未判罪的囚徒，交纳细绢赎罪，细绢的数量各有不同。

冬闰月，有彗星出现在狼星、弧星。

鲜卑侵犯幽、并二州。

十二月己巳日，灵帝立贵人何氏为皇后。

这年，修造罼圭苑、灵昆苑。

光和四年（181）春正月，朝廷开始设置騄骥厩丞一官，管理接受郡国调来的好马。在世家大族的聚敛垄断之下，一匹马的价格达到二百万钱。

二月，郡国献上芝英草。夏四月庚子日，大赦天下。

交阯刺史朱儁征讨讨攻交阯、合浦乌浒的蛮贼，击败了他们。

六月庚辰日，降下冰雹。秋七月，河南上奏称在新城出现凤凰，群鸟追随在凤凰身后；赐予新城令及三老、力田布帛，布帛数量各有不同。九月初一庚寅日，发生日食。

太尉刘宽免，卫尉许馘为太尉。

闰月辛酉，北宫东掖庭永巷署灾。

司徒杨赐罢。冬十月，太常陈耽为司徒。

鲜卑寇幽并二州。

是岁帝作列肆于后宫，使诸采女贩卖，更相盗窃争斗。帝著商估服，饮宴为乐。又于西园弄狗，著进贤冠，带绶。又驾四驴，帝躬自操辔，驱驰周旋，京师转相放效。

五年春正月辛未，大赦天下。

二月，大疫。

三月，司徒陈耽免。

夏四月，旱。

太常袁隗为司徒。

五月庚申，永乐宫署灾。秋七月，有星孛于太微。

巴郡板楯蛮诣太守曹谦降。

癸酉，令系囚罪未决，入缣赎。

八月，起四百尺观于阿亭道。

冬十月，太尉许馘罢，太常杨赐为太尉。

校猎上林苑，历函谷关，遂巡狩于广成苑。十二月，还，幸太学。

六年春正月，日南徼外国重译贡献。

二月，复长陵县，比丰、沛。三月辛未，大赦天下。

夏，大旱。

秋，金城河水溢。五原山岸崩。

始置圃囿署，以宦者为令。

冬，东海、东莱、琅邪井中冰厚尺余。

太尉刘宽被免去官职，灵帝任命卫尉许馘为太尉。

闰九月辛酉日，北宫东面的掖庭永巷署发生火灾。

司徒杨赐被罢除官职。冬十月，灵帝任命太常陈耽为司徒。

鲜卑侵犯幽并二州。

这年灵帝在后宫开设成列的商铺，让众多彩女做买卖生意，采女们互相盗窃力求取胜。灵帝身穿商人服饰，设宴饮酒作乐。又在西园戏弄狗，给狗穿上进贤冠，佩上绶带。又驾着四头驴，灵帝亲自操纵着缰绳，驱动着驴奔驰追逐，京师之人竞相模仿。

光和五年（182）春正月辛未日，大赦天下。

二月，瘟疫流行。

三月，司徒陈耽被免去官职。

夏四月，发生旱灾。

灵帝任命太常袁隗为司徒。

五月庚申日，永乐宫署发生火灾。秋七月，有彗星出现在太微星。

巴郡板循蛮到太守曹谦那里归降。

癸酉日，朝廷下令被关在狱中还未判罪的囚犯，交纳细绢赎罪。

八月，在阿亭道建造四百尺高的楼台。

冬十月，太尉许馘被免去官职，灵帝任命太常杨赐为太尉。

灵帝在上林苑打猎，途径函谷关，就在广成苑巡行。十二月，返回，驾临太学。

光和六年（183）春正月，日南边外国辗转翻译通晓语言，贡献礼物。

二月，恢复长陵县的设置，同丰、沛一般。三月辛未日，大赦天下。

夏季，发生旱灾。

秋季，金城河水泛滥。五原临水的山崖倒塌。

开始设置圃囿署，让宦官担任圃囿令。

冬季，东海、东莱、琅琊井中结冰厚达一尺多。

大有年。

中平元年春二月，钜鹿人张角自称“黄天”，其部帅有三十六方，皆著黄巾，同日反叛。安平、甘陵人各执其王以应之。

三月戊申，以河南尹何进为大将军，将兵屯都亭。置八关都尉官。壬子，大赦天下党人，还诸徙者，唯张角不赦。诏公卿出马、弩，举列将子孙及吏民有明战阵之略者，诣公车。遣北中郎将卢植讨张角，左中郎将皇甫嵩、右中郎将朱儁讨颍川黄巾。庚子，南阳黄巾张曼成攻杀郡守褚贡。

夏四月，太尉杨赐免，太仆弘农邓盛为太尉。司空张济罢，大司农张温为司空。

朱儁为黄巾波才所败。

侍中向栩、张钧坐言宦者，下狱死。

汝南黄巾败太守赵谦于邵陵。广阳黄巾杀幽州刺史郭勋及太守刘卫。

五月，皇甫嵩、朱儁复与波才等战于长社，大破之。

六月，南阳太守秦颉击张曼成，斩之。

交阯屯兵执刺史及合浦太守来达，自称“柱天将军”，遣交阯刺史贾琮讨平之。

皇甫嵩、朱儁大破汝南黄巾于西华。诏嵩讨东郡，朱儁讨南阳。卢植破黄巾，围张角于广宗。宦官诬奏植，抵罪。遣中郎将董卓攻张角，不克。

洛阳女子生儿，两头共身。

秋七月，巴郡妖巫张脩反，寇郡县。

河南尹徐灌下狱死。

八月，皇甫嵩与黄巾战于仓亭，获其帅。

这年是大丰年。

中平元年(184)春二月,钜鹿人张角自称“黄天”,他的部队统率有三十六方兵众,这些兵卒都佩戴着黄巾,在同一日反叛。安平、甘陵人各自捉拿自己的王来响应。

三月戊申日,灵帝让河南尹何进担任大将军,领兵在都亭驻扎。设置了八关都尉官。壬子日,大赦天下党人,让迁往边地的众人返回本郡,唯独张角不被宽赦。灵帝下诏命公卿拿出马匹、弩弓,推举列将子孙及官吏百姓有通晓作战阵法方略的,到公车听命。派遣北中郎将卢植征讨张角,左中郎将皇甫嵩、右中郎将朱儁征讨颍川黄巾军。庚子日,南阳黄巾军首领张曼成攻打杀死了郡守褚贡。

夏四月,太尉杨赐被免去官职,灵帝任命太仆弘农邓盛为太尉。司空张济被罢除官职,任命大司农张温为司空。

朱儁被黄巾军将领波才击败。

侍中向栩、张钧因谈论宦官而获罪,被关入牢狱而死。

汝南黄巾军在邵陵击败太守赵谦。广阳黄巾军杀掉了幽州刺史郭勋及太守刘卫。

五月,皇甫嵩、朱儁又在长社与波才等交战,大举击败了波才。

六月,南阳太守秦颉攻打张曼成,将其斩杀。

屯驻在交阯的兵士捉拿了刺史及合浦太守来达,自称“柱天将军”,灵帝派遣交阯刺史贾琮征讨平定了他们。

皇甫嵩、朱儁在西华大举击败了汝南黄巾军。灵帝下诏命皇甫嵩征讨东郡,朱儁征讨南阳。卢植击败黄巾军,将张角于围困在广宗。宦官捏造罪名向灵帝告发卢植,卢植受到相应的惩处。灵帝派遣中郎将董卓攻打张角,没能攻克。

洛阳有一位女子生下一个儿子,长有两颗头共用一个身子。

秋七月,巴郡妖巫张脩谋反,侵犯郡县。

河南尹徐灌被关入牢狱而死。

八月,皇甫嵩与黄巾军大战于仓亭,俘获了对方的头领。

乙巳，诏皇甫嵩北讨张角。

九月，安平王续有罪诛，国除。

冬十月，皇甫嵩与黄巾贼战于广宗，获张角弟梁。角先死，乃戮其尸。以皇甫嵩为左车骑将军。十一月，皇甫嵩又破黄巾于下曲阳，斩张角弟宝。

湟中义从胡北宫伯玉与先零羌叛，以金城人边章、韩遂为军帅，攻杀护羌校尉伶徵、金城太守陈懿。

癸巳，朱儁拔宛城，斩黄巾别帅孙夏。

诏减太官珍羞，御食一肉；厩马非郊祭之用，悉出给军。

十二月己巳，大赦天下，改元中平。

是岁，下邳王意薨，无子，国除。郡国生异草，备龙蛇鸟兽之形。

二年春正月，大疫。

琅邪王据薨。

二月己酉，南宫大灾，火半月乃灭。癸亥，广阳门外屋自坏。

税天下田，亩十钱。

黑山贼张牛角等十余辈并起，所在寇钞。

司徒袁隗免。三月，廷尉崔烈为司徒。

北宫伯玉等寇三辅，遣左车骑将军皇甫嵩讨之，不克。

夏四月庚戌，大风，雨雹。

五月，太尉邓盛罢，太仆河内张延为太尉。

秋七月，三辅螟。

左车骑将军皇甫嵩免。八月，以司空张温为车骑将军，讨北宫乙巳日，灵帝下诏命皇甫嵩北上征讨张角。

九月，安平王刘续有罪被诛杀，废除封国。

冬十月，皇甫嵩与张角大战于广宗，俘获了张角的弟弟张梁。张角在这之前已经死亡，于是斩辱张角的尸体。让皇甫嵩担任左车骑将军。十一月，皇甫嵩又在下曲阳击败了黄巾军，斩杀了张角的弟弟张宝。

湟中义从胡北宫伯玉与先零羌发动叛乱，灵帝让金城人边章、韩遂担任军队统帅，攻打杀死了护羌校尉伶徵、金城太守陈懿。

癸巳日，朱儁攻得宛城，斩杀了黄巾军偏军统帅孙夏。

灵帝下诏命减少太官珍美佳肴，御膳只备一种肉菜；马棚里不是用来郊祭的马，一律拿出作军马。

十二月己巳日，大赦天下，更改年号为中平。

这一年，下邳王刘意去世，没有儿子，废除封国。郡国长出奇异的草，具备龙蛇鸟兽的样子。

中平二年（185）春正月，瘟疫流行。

琅琊王刘据去世。

二月己酉日，南宫遭遇大规模火灾，大火经过半个月才熄灭。癸亥日，广阳门外屋自然腐坏。

朝廷征收天下田地的赋税，每亩十钱。

黑山贼张牛角等十多伙人一同起事，到处攻劫掠夺。

司徒袁隗被免去官职。三月，任命廷尉崔烈为司徒。

北宫伯玉等侵犯三辅，灵帝派遣左车骑将军皇甫嵩征讨，没有成功。

夏四月庚戌日，刮起大风，降下冰雹。

五月，太尉邓盛被罢除官职，灵帝任命太仆河内张延为太尉。

秋七月，三辅发生螟灾。

左车骑将军皇甫嵩被免去官职。八月，灵帝让司空张温担任车伯玉。九月，特进杨赐为司空。冬十月庚寅，司空杨赐薨，光禄大夫许相为司空。

前司徒陈耽、谏议大夫刘陶坐直言，下狱死。

十一月，张温破北宫伯玉于美阳，因遣荡寇将军周慎追击之，围榆中；又遣中郎将董卓讨先零羌。慎、卓并不克。

鲜卑寇幽、并二州。

是岁，造万金堂于西园。洛阳民生儿，两头四臂。

三年春二月，江夏兵赵慈反，杀南阳太守秦颉。

庚戌，大赦天下。

太尉张延罢。车骑将军张温为太尉，中常侍赵忠为车骑将军。

复修玉堂殿，铸铜人四，黄钟四，及天禄、虾蟆，又铸四出文钱。

五月壬辰晦，日有食之。

六月，荆州刺史王敏讨赵慈，斩之。

车骑将军赵忠罢。

秋八月，怀陵上有雀万数，悲鸣，因斗相杀。

冬十月，武陵蛮叛，寇郡界，郡兵讨破之。

前太尉张延为宦人所谮，下狱死。

十二月，鲜卑寇幽并二州。

四年春正月己卯，大赦天下。

二月，荥阳贼杀中牟令。

骑将军，征讨北宫伯玉。九月，任命特进杨赐为司空。冬十月庚寅日，司空杨赐去世，任命光禄大夫许相为司空。

前任司徒陈耽、谏议大夫刘陶因直言进谏而获罪，被关入牢狱而死。

十一月，张温在美阳击败北宫伯玉，灵帝就派遣荡寇将军周慎追击，将北宫伯玉围困在榆中；又派遣中郎将董卓征讨先零羌；周慎、董卓都没能获胜。

鲜卑侵犯幽、并二州。

这年，在西园修造万金堂。洛阳一位百姓生下一个儿子，长着两颗头四条手臂。

中平三年（186）春二月，江夏士兵赵慈造反，杀掉了南阳太守秦颉。

庚戌日，大赦天下。

太尉张延被罢除官职。灵帝任命车骑将军张温为太尉，任命中常侍赵忠为车骑将军。

再次修建玉堂殿，铸造了四个铜人，四座黄钟，以及天禄，虾蟆等，还铸造了四出文钱。

五月三十壬辰日，发生日食。

六月，荆州刺史王敏征讨赵慈，将其斩杀。

车骑将军赵忠被罢除官职。

秋八月，怀陵上方出现数万只雀，先是哀鸣不止，接着互相争斗残杀。

冬十月，武陵蛮发动叛乱，侵犯郡界，郡中士兵进行征讨并击败了他们。

前太尉张延被宦官所诬陷毁谤，被关入牢狱而死。

十二月，鲜卑侵犯幽、并二州。

中平四年（187）春正月己卯日，大赦天下。

二月，荥阳贼寇杀死了中牟令。

己亥，南宫内殿罘罳自坏。

三月，河南尹何苗讨荥阳贼，破之，拜苗为车骑将军。

夏四月，凉州刺史耿鄙讨金城贼韩遂，鄙兵大败，遂寇汉阳，汉阳太守傅燮战没。扶风人马腾、汉阳人王国并叛，寇三辅。

太尉张温免，司徒崔烈为太尉。五月，司空许相为司徒，光禄勋沛国丁宫为司空。

六月，洛阳民生男，两头共身。

渔阳人张纯与同郡张举举兵叛，攻杀右北平太守刘政、辽东太守杨终、护乌桓校尉公綦稠等。举自称天子，寇幽、冀二州。

秋九月丁酉，令天下系囚罪未决，入缣赎。

冬十月，零陵人观鹄自称“平天将军”，寇桂阳，长沙太守孙坚击斩之。

十一月，太尉崔烈罢，大司农曹嵩为太尉。

十二月，休屠各胡叛。

是岁，卖关内侯，假金印紫绶，传世，入钱五百万。

五年春正月，休屠各胡寇西河，杀郡守邢纪。

丁酉，大赦天下。

二月，有星孛于紫宫。

黄巾余贼郭太等起于西河白波谷，寇太原、河东。

三月，休屠各胡攻杀并州刺史张懿，遂与南匈奴左部胡合，杀其单于。

夏四月，汝南葛陂黄巾攻没郡县。

己亥日，南宫内殿的罘罳屏风自然腐坏。

三月，河南尹何苗征讨荥阳贼寇，将其击败，灵帝任命何苗为车骑将军。

夏四月，凉州刺史耿鄙征讨金城贼人韩遂，耿鄙率领的士兵失败惨重，韩遂侵犯汉阳，汉阳太守傅燮作战而死。扶风人马腾、汉阳人王国一起发动叛乱，侵犯三辅。

太尉张温被免去官职，灵帝任命司徒崔烈为太尉。五月，任命司空许相为司徒，任命光禄勋沛国丁宫为司空。

六月，洛阳有一位百姓生下一个男孩，长有两颗头共用一个身子。

渔阳人张纯与同郡的张举举兵反叛，攻打杀死了右北平太守刘政、辽东太守杨终、护乌桓校尉公綦稠等。张举自称天子，侵犯幽、冀二州。

秋九月丁酉日，朝廷下令天下被关在狱中还未判罪的囚犯，交纳细绢赎罪。

冬十月，零陵人观鹄自称“平天将军”，侵犯桂阳，长沙太守孙坚攻击并斩杀了他。

十一月，太尉崔烈被罢除官职，灵帝任命大司农曹嵩为太尉。

十二月，休屠各胡发动叛乱。

这年，出卖关内侯一职，授予金印紫绶，能够传给后代，价钱为五百万。

中平五年（188）春正月，休屠各胡侵犯西河，杀害了郡守邢纪。

丁酉日，大赦天下。

二月，有彗星出现在紫宫星。

黄巾军残存的贼寇郭太等人在西河白波谷起兵，侵犯太原、河东。

三月，休屠各胡攻打杀害了并州刺史张懿，接着与南匈奴左部胡联合，杀死了南匈奴单于。

夏四月，汝南葛陂黄巾军攻陷郡县。

太尉曹嵩罢。五月，永乐少府樊陵为太尉。

六月丙寅，大风。

太尉樊陵罢。

益州黄巾马相攻杀刺史郗俭，自称天子，又寇巴郡，杀郡守赵部，益州从事贾龙击相，斩之。

郡国七大水。

秋七月，射声校尉马日磾为太尉。

八月，初置西园八校尉。

司徒许相罢，司空丁宫为司徒。光禄勋南阳刘弘为司空。卫尉董重为票骑将军。

九月，南单于叛，与白波贼寇河东。遣中郎将孟益率骑都尉公孙瓒讨渔阳贼张纯等。

冬十月，青、徐黄巾复起，寇郡县。

甲子，帝自称“无上将军”，耀兵于平乐观。

十一月，凉州贼王国围陈仓，右将军皇甫嵩救之。

遣下军校尉鲍鸿讨葛陂黄巾。

巴郡板楯蛮叛，遣上军别部司马赵瑾讨平之。

公孙瓒与张纯战于石门，大破之。

是岁，改刺史，新置牧。

六年春二月，左将军皇甫嵩大破王国于陈仓。

三月，幽州牧刘虞购斩渔阳贼张纯。

下军校尉鲍鸿下狱死。

夏四月丙午朔，日有食之。

太尉马日磾免，幽州牧刘虞为太尉。

丙辰，帝崩于南宫嘉德殿，年三十四。戊午，皇子辩即皇帝位，太尉曹嵩被罢除官职。五月，灵帝任命永乐少府樊陵为太尉。

六月丙寅日，刮起大风。

太尉樊陵被罢除官职。

益州黄巾军首领马相攻打杀死了刺史郗俭，自称天子，又入侵巴郡，杀害了郡守赵部，益州从事贾龙攻击马相，将其斩杀。

七个郡国发生水灾。

秋七月，灵帝任命射声校尉马日磾为太尉。

八月，开始设置西园八校尉。

司徒许相被罢除官职，灵帝任命司空丁宫为司徒。任命光禄勋南阳刘弘为司空。任命卫尉董重为骠骑将军。

九月，南单于发动叛乱，与白波贼寇侵犯河东。灵帝派遣中郎将孟益率领骑都尉公孙瓒征讨渔阳贼寇张纯等。

冬十月，青州、徐州的黄巾军再度起事，侵犯郡县。

甲子日，灵帝自称"无上将军"，在平乐观检阅军队。

十一月，凉州贼寇王国围攻陈仓，右将军皇甫嵩前去救援。

灵帝派遣下军校尉鲍鸿征讨葛陂黄巾军。

巴郡板楯蛮发动叛乱，灵帝派遣上军别部司马赵瑾征讨平定了蛮贼。

公孙瓒与张纯在石门交战，大举击败了张纯。

这年，更改刺史的称号，新设置了牧。

中平六年(189)春二月，左将军皇甫嵩在陈仓大举击败了王国。

三月，幽州牧刘虞悬赏斩杀了渔阳贼人张纯。

下军校尉鲍鸿被关入牢狱而死。

夏四月初一丙午日，发生日食。

太尉马日磾被免去官职，任命幽州牧刘虞为太尉。

丙辰日，灵帝驾崩于南宫嘉德殿，时年三十四岁。戊午日，皇子刘年十七。尊皇后曰皇太后，太后临朝。大赦天下，改元为光熹。封皇弟协为渤海王。后将军袁隗为太傅，与大将军何进参录尚书事。上军校尉蹇硕下狱死。五月辛巳，票骑将军董重下狱死。六月辛亥，孝仁皇后董氏崩。

辛酉，葬孝灵皇帝于文陵。

雨水。

秋七月，甘陵王忠薨。

庚寅，孝仁皇后归葬河间慎陵。

徙渤海王协为陈留王。司徒丁宫罢。

八月戊辰，中常侍张让、段珪等杀大将军何进，于是虎贲中郎将袁术烧东西宫，攻诸宦者。庚午，张让、段珪等劫少帝及陈留王幸北宫德阳殿。何进部曲将吴匡与车骑将军何苗战于朱雀阙下，苗败斩之。辛未，司隶校尉袁绍勒兵收伪司隶校尉樊陵、河南尹许相及诸阉人，无少长皆斩之。让、珪等复劫少帝、陈留王走小平津。尚书卢植追让、珪等，斩数人，其余投河而死。帝与陈留王协夜步逐荧光行数里，得民家露车，共乘之。

辛未，还宫。大赦天下，改光熹为昭宁。

并州牧董卓杀执金吾丁原。司空刘弘免，董卓自为司空。

九月甲戌，董卓废帝为弘农王。

自六月雨，至于是月。

论曰：《秦本纪》说赵高谲二世，指鹿为马，而赵忠、张让亦给灵帝不得登高临观，故知亡敝者同其致矣。然则灵帝之为灵也优哉！

赞曰：灵帝负乘，委体宦孽。征亡备兆，小雅尽缺。麋鹿霜露，辩即皇帝位，年十七岁。尊皇后为皇太后，太后临朝听政。大赦天下，更改年号为光熹。封皇上的弟弟刘协为渤海王。太后任命后将军袁隗为太傅，与大将军何进参录尚书事。上军校尉蹇硕被关入牢狱而死。五月辛巳日，骠骑将军董重被关入牢狱而死。六月辛亥日，孝仁皇后董氏去世。

辛酉日，将孝灵皇帝葬于文陵。

雨水过多。

秋七月，甘陵王刘忠去世。

庚寅日，孝仁皇后归葬河间慎陵。

改封渤海王刘协为陈留王。司徒丁宫被罢除官职。

八月戊辰日，中常侍张让、段珪等杀害了大将军何进，于是虎贲中郎将袁术烧毁东西宫，攻打众宦官。庚午日，张让、段珪等将少帝及陈留王刘协劫持到北宫德阳殿。何进军中部将吴匡与车骑将军何苗在朱雀阙下作战，何苗战败被斩杀。辛未日，司隶校尉袁绍领兵捉拿伪司隶校尉樊陵、河南尹许相及众宦官，不论长少全都斩杀。张让、段珪等又劫持着少帝、陈留王逃往小平津。尚书卢植追击张让、段珪等人，斩杀了几人，剩下的投入河中死亡。皇帝与陈留王刘协夜晚步行追逐着萤光走了数里，获得百姓家一辆没有车盖车帷的车子，一同乘着车赶路。

辛未日，陈留王返回宫中。大赦天下，将年号光熹改为昭宁。

并州牧董卓杀死了执金吾丁原。司空刘弘被免去官职，董卓自己担任司空。

九月甲戌日，董卓废除皇帝为弘农王。

大雨从六月开始下，直到这个月才停。

评论说：《史记·秦本纪》称赵高欺骗秦二世，指鹿为马，而赵忠、张让也骗灵帝说不能登高而看，所以知道败亡的君主道理是相同的。然而灵帝的谥号却叫做“灵”也算是好的了！

赞辞说：灵帝在位的时候，政权落入宦官之手。败亡的征兆已遂栖宫卫。

经全都具备，小雅全都缺失。宫中长出荆棘麋鹿游走其间，最终栖息在皇帝的宫殿里。

卷九

献帝纪第九

孝献皇帝讳协，灵帝中子也。母王美人，为何皇后所害。中平六年四月，少帝即位，封帝为勃海王，徙封陈留王。

九月甲戌，即皇帝位，年九岁。迁皇太后于永安宫。大赦天下。改昭宁为永汉。丙子，董卓杀皇太后何氏。

初令侍中、给事黄门侍郎员各六人。赐公卿以下至黄门侍郎家一人为郎，以补宦官所领诸署，侍于殿上。

乙酉，以太尉刘虞为大司马。董卓自为太尉，加鈇钺、虎贲。丙戌，太中大夫杨彪为司空。甲午，豫州牧黄琬为司徒。

遣使吊祠故太傅陈蕃、大将军窦武等。冬十月乙巳，葬灵思皇后。

白波贼寇河东，董卓遣其将牛辅击之。

十一月癸酉，董卓为相国。十二月戊戌，司徒黄琬为太尉，司空杨彪为司徒，光禄勋荀爽为司空。

省扶风都尉，置汉安都护。

诏除光熹、昭宁、永汉三号，还复中平六年。

初平元年春正月，山东州郡起兵以讨董卓。

辛亥，大赦天下。

癸酉，董卓杀弘农王。

白波贼寇东郡。

二月乙亥，太尉黄琬、司徒杨彪免。

孝献皇帝刘协，是灵帝排行居中的儿子。他的母亲王美人，被何皇后所杀害。中平六年（189）四月，少帝即位，献帝当时被封为渤海王，后又改封为陈留王。

九月甲戌日，献帝即皇帝位，时年九岁。将皇太后迁往永安宫。大赦天下。将年号昭宁改为永汉。丙子日，董卓杀掉皇太后何氏。

开始令侍中、给事黄门侍郎各设置六位成员。赐予公卿以下至黄门侍郎，每家出一人为郎，以替代原由宦官所担任的各署令，在殿上服侍。

乙酉日，献帝让太尉刘虞担任大司马。董卓自己担任太尉，加赐铁钺、虎贲。丙戌日，任命太中大夫杨彪为司空。甲午日，任命豫州牧黄琬为司徒。

并派遣使者吊唁已经去世的太傅陈蕃、大将军窦武等。冬十月乙巳日，埋葬灵思皇后。

白波贼寇侵犯河东，董卓派遣自己的部将牛辅攻击贼寇。

十一月癸酉日，董卓担任相国。十二月戊戌日，献帝任命司徒黄琬为太尉，任命司空杨彪为司徒，任命光禄勋荀爽为司空。

朝廷撤消扶风都尉一官，设置汉安都护。

献帝下诏废除光熹、昭宁、永汉三个年号，恢复到中平六年。

初平元年（190）春正月，山东州郡起兵征讨董卓。

辛亥日，大赦天下。

癸酉日，董卓杀死弘农王。

白波贼寇侵犯东郡。

二月乙亥日，太尉黄琬、司徒杨彪被免去官职。

庚辰，董卓杀城门校尉伍琼、督军校尉周珌。以光禄勋赵谦为太尉，太仆王允为司徒。

丁亥，迁都长安。董卓驱徙京师百姓悉西入关，自留屯毕圭苑。

壬辰，白虹贯日。

三月乙巳，车驾入长安，幸未央宫。

己酉，董卓焚洛阳宫庙及人家。

戊午，董卓杀太傅袁隗、太仆袁基，夷其族。

夏五月，司空荀爽薨。六月辛丑，光禄大夫种拂为司空。

大鸿胪韩融、少府阴修、执金吾胡母班、将作大匠吴脩、越骑校尉王瓌安集关东，后将军袁术、河内太守王匡各执而杀之，唯韩融获免。

董卓坏五铢钱，更铸小钱。

冬十一月庚戌，镇星、荧惑、太白合于尾。

是岁，有司奏，和、安、顺、桓四帝无功德，不宜称宗，又恭怀、敬隐、恭愍三皇后并非正嫡，不合称后，皆请除尊号。制曰："可。"孙坚杀荆州刺史王叡，又杀南阳太守张咨。

二年春正月辛丑，大赦天下。

二月丁丑，董卓自为太师。

袁术遣将孙坚与董卓将胡轸战于阳人，轸军大败。董卓遂发掘洛阳诸帝陵。夏四月，董卓入长安。

六月丙戌，地震。

秋七月，司空种拂免，光禄大夫济南淳于嘉为司空。太尉赵谦罢，太常马日磾为太尉。

九月，蚩尤旗见于角、亢。

庚辰日，董卓杀掉城门校尉伍琼、督军校尉周珌。献帝让光禄勋赵谦担任太尉，太仆王允担任司徒。

丁亥日，迁都长安。董卓驱逐京师百姓都向西迁入关内，自己留在毕圭苑驻军。

壬辰日，有白色的长虹贯穿太阳。

三月乙巳日，御驾进入长安，到达未央宫。

己酉日，董卓烧毁洛阳宫庙及民家。

戊午日，董卓杀掉太傅袁隗、太仆袁基，将他们灭族。

夏五月，司空荀爽去世。六月辛丑日，献帝任命光禄大夫种拂为司空。

大鸿胪韩融、少府阴修、执金吾胡母班、将作大匠吴脩、越骑校尉王瓌安定聚合关东，后将军袁术、河内太守王匡将他们分别抓获杀掉，唯独韩融得到赦免。

董卓废止五铢钱，改铸小钱。

冬十一月庚戌日，土星、火星、金星在尾宿会合。

这年，主管官吏上奏，称和帝、安帝、顺帝、桓帝没有功业德行，不应当被称作宗，还有恭怀、敬隐、恭愍三位皇后都不是正室，不适合被称作后，请求把他们的尊号全都撤除。献帝下诏说："可以。"孙坚杀掉荆州刺史王叡，又杀掉了南阳太守张咨。

初平二年（191）春正月辛丑日，大赦天下。

二月丁丑日，董卓自己担任太师。

袁术派遣部将孙坚在阳人与董卓部将胡轸交战，胡轸率领的军队失败惨重。董卓于是令人发掘洛阳众帝陵墓。夏四月，董卓进入长安。

六月丙戌日，发生地震。

秋七月，司空种拂被免去官职，献帝任命光禄大夫济南淳于嘉为司空。太尉赵谦被罢除官职，任命太常马日磾为太尉。

九月，有蚩尤旗星出现在角星、亢星。

冬十月壬戌，董卓杀卫尉张温。

十一月，青州黄巾寇太山，太山太守应劭击破之。黄巾转寇勃海，公孙瓒与战于东光，复大破之。

是岁，长沙有人死经月复活。

三年春正月丁丑，大赦天下。

袁术遣将孙坚攻刘表于襄阳，坚战殁。

袁绍及公孙瓒战于界桥，瓒军大败。

夏四月辛巳，诛董卓，夷三族。司徒王允录尚书事，总朝政，遣使者张种抚慰山东。

青州黄巾击杀兖州刺史刘岱于东平。东郡太守曹操大破黄巾于寿张，降之。

五月丁酉，大赦天下。

丁未，征西将军皇甫嵩为车骑将军。

董卓部曲将李傕、郭汜、樊稠、张济等反，攻京师。六月戊午，陷长安城，太常种拂、太仆鲁旭、大鸿胪周奂、城门校尉崔烈、越骑校尉王颀并战殁，吏民死者万余人。李傕等并自为将军。

己未，大赦天下。

李傕杀司隶校尉黄琬，甲子，杀司徒王允，皆灭其族。丙子，前将军赵谦为司徒。

秋七月庚子，太尉马日磾为太傅，录尚书事。八月，遣日磾及太仆赵岐，持节慰抚天下。车骑将军皇甫嵩为太尉。司徒赵谦罢。

九月，李傕自为车骑将军，郭汜后将军，樊稠右将军，张济镇东将军。济出屯弘农。

甲申，司空淳于嘉为司徒，光禄大夫杨彪为司空，并录尚书事。

冬十月壬戌日，董卓杀掉卫尉张温。

十一月，青州黄巾军侵犯太山，太山太守应劭将其击败。黄巾军转而侵犯渤海，公孙瓒与其交战于东光，又将其大举击败。

这年，长沙有人死了一个月后又复活。

初平三年(192)春正月丁丑日，大赦天下。

袁术派遣部将孙坚在襄阳进攻刘表，孙坚在战争中死亡。

袁绍与公孙瓒在界桥交战，公孙瓒率领的军队失败惨重。

夏四月辛巳日，杀死董卓，并灭其父、母、妻三族。司徒王允录尚书事，统管朝政，派遣使者张种安抚慰勉山东百姓。

青州黄巾军在东平攻击杀死了兖州刺史刘岱。东郡太守曹操在寿张大举击败了黄巾军，降伏了他们。

五月丁酉日，大赦天下。

丁未日，任命征西将军皇甫嵩为车骑将军。

董卓部曲中的将领李傕、郭汜、樊稠、张济等人造反，攻打京师。六月戊午日，占领长安城，太常种拂、太仆鲁旭、太鸿胪周奂、城门校尉崔烈、越骑校尉王颀一同在战争中死亡，死去的官吏百姓有一万多人。李傕等人都自己担任将军。

己未日，大赦天下。

李傕杀掉司隶校尉黄琬，甲子日，杀掉司徒王允，将二人全都灭族。丙子日，任命前将军赵谦为司徒。

秋七月庚子日，献帝任命太尉马日磾为太傅，录尚书事。八月，派遣马日磾及太仆赵岐，持符节安抚天下百姓。任命车骑将军皇甫嵩为太尉。司徒赵谦被罢除官职罢。

九月，李傕自己担任车骑将军，郭汜任后将军，樊稠任右将军，张济任镇东将军。张济出京在弘农驻扎。

甲申日，献帝任命司空淳于嘉为司徒，任命光禄大夫杨彪为司空，一同录尚书事。

冬十二月，太尉皇甫嵩免。光禄大夫周忠为太尉，参录尚书事。

四年春正月甲寅朔，日有食之。

丁卯，大赦天下。

三月，袁术杀杨州刺史陈温，据淮南。

长安宣平城门外屋自坏。

夏五月癸酉，无云而雷。六月，扶风大风，雨雹。华山崩裂。

太尉周忠免，太仆朱儁为太尉，录尚书事。

下邳贼阙宣自称天子。

雨水。遣侍御史裴茂讯诏狱，原轻系。六月辛丑，天狗西北行。

九月甲午，试儒生四十余人，上第赐位郎中，次太子舍人，下第者罢之。诏曰："孔子叹'学之不讲'，不讲则所识日忘。今耆儒年逾六十，去离本土，营求粮资，不得专业。结童入学，白首空归，长委农野，永绝荣望，朕甚愍焉。其依科罢者，听为太子舍人。"

冬十月，太学行礼，车驾幸永福城门，临观其仪，赐博士以下各有差。

辛丑，京师地震。有星孛于天市。

司空杨彪免，太常赵温为司空。

公孙瓒杀大司马刘虞。

十二月辛丑，地震。

司空赵温免，乙巳，卫尉张喜为司空。

冬十二月，太尉皇甫嵩被免去官职。献帝任命光禄大夫周忠为太尉，参录尚书事。

初平四年（193）春正月初一甲寅日，发生日食。

丁卯日，大赦天下。

三月，袁术杀掉杨州刺史陈温，占有淮南。

长安宣平城门外屋自然腐坏。

夏五月癸酉日，天空无云却打雷。六月，扶风刮起大风，降下冰雹。华山发生崩裂。

太尉周忠被免除官职，献帝任命太仆朱儁为太尉，录尚书事。

下邳贼寇阙宣自称天子。

雨水成灾。派遣侍御史裴茂审讯由献帝亲自下诏定罪关入狱中的囚犯，宽赦罪轻的囚犯。六月辛丑日，天狗星向西北运行。

九月甲午日，朝廷对四十多名儒生进行考试，成绩上等的赐予郎中一职，次等的赐予太子舍人一职，下等的罢除。献帝下诏说："孔子叹息'只学习不复习'，如果不复习学问那么所记住的东西就会日渐遗忘。如今年过六十的博学的老儒者，离开原来生长的地方，谋求粮食钱财，不能够一心研究学问。还是开始结发的孩童时就进入学校学习，年纪老大时却一无所成，长期投身田野从事农耕，永远断绝了出仕求荣的希望，朕很是哀怜他们。他们中依照考试等第被罢除的，接纳他们任太子舍人。"

冬十月，太学举行仪式，献帝御驾亲临永福城门，观看太学举行的仪式，分别给予博士以下不同的赏赐。

辛丑日，京师地震。有彗星出现在天市星。

司空杨彪被免去官职，献帝任命太常赵温为司空。

公孙瓒杀掉大司马刘虞。

十二月辛丑日，发生地震。

司空赵温被免去官职，乙巳日，献帝任命卫尉张喜为司空。

是岁，琅邪王容薨。

兴平元年春正月辛酉，大赦天下，改元兴平。甲子，帝加元服。二月壬午，追尊谥皇妣王氏为灵怀皇后，甲申，改葬于文昭陵。丁亥，帝耕于藉田。

三月，韩遂、马腾与郭汜、樊稠战于长平观，遂、腾败绩，左中郎将刘范、前益州刺史种劭战殁。

夏六月丙子，分凉州河西四郡为廱州。

丁丑，地震；戊寅，又震。乙巳晦，日有食之，帝避正殿，寝兵，不听事五日。大蝗。

秋七月壬子，太尉朱儁免。戊午，太常杨彪为太尉，录尚书事。

三辅大旱，自四月至于是月。帝避正殿请雨，遣使者洗囚徒，原轻系。是时谷一斛五十万，豆麦一斛二十万，人相食啖，白骨委积。帝使侍御史侯汶出太仓米豆，为饥人作糜粥，经日而死者无降。帝疑赋恤有虚，乃亲于御坐前量试作糜，乃知非实，使侍中刘艾出让有司。于是尚书令以下皆诣省阁谢，奏收侯汶考实。诏曰：“未忍致汶于理，可杖五十。”自是之后，多得全济。

八月，冯翊羌叛，寇属县，郭汜、樊稠击破之。

九月，桑复生椹，人得以食。

司徒淳于嘉罢。

冬十月，长安市门自坏。

以卫尉赵温为司徒，录尚书事。

十二月，分安定、扶风为新平郡。

是岁，杨州刺史刘繇与袁术将孙策战于曲阿，繇军败绩，孙策遂据江东。太傅马日磾薨于寿春。

这年，琅琊王刘容去世。

兴平元年(194)春正月辛酉日，朝廷大赦天下，更改年号为兴平。甲子日，献帝举行冠礼。二月壬午日，追加皇妣王氏的谥号为灵怀皇后，甲申日，将其改葬在文昭陵。丁亥日，献帝躬耕于藉田。

三月，韩遂、马腾与郭汜、樊稠在长平观对战，韩遂、马腾战败，左中郎将刘范、前益州刺史种劭战死。

夏六月丙子日，划分凉州河西四郡为廱州。

丁丑日，发生地震；戊寅日，又发生地震。三十乙巳日，发生日食。献帝避离正殿，停止战争，五天不处理朝政。发生大规模蝗灾。

秋七月壬子日，大尉朱儁被免去官职。戊午日，献帝任命太常杨彪为太尉，录尚书事。

三辅发生大旱，从四月开始一直持续到这个月。献帝避离正殿祈雨，派遣使者清理囚徒，宽赦罪轻的囚犯。这时谷一斛五十万钱，豆麦一斛二十万钱，以致于有人吃人之事发生，到处堆满白骨。献帝令侍御史侯汶取出太仓米豆，为饥民制作糜粥，经过一天死亡人数没有降低。献帝怀疑布施赈济不实，就亲自在御座前试验制作糜粥，于是知道确实不实。命侍中刘艾出宫责备有关官员，因此尚书令以下官员都到省阁谢罪，上奏请求逮捕侯汶考按实情。献帝下诏说："不忍心将侯汶交给法理处置，可以将其杖打五十。"从这之后，饥民大多得到了保护和赈济。

八月，冯翊羌发动叛乱，侵犯属县，郭汜、樊稠将其击败。

九月，桑树再次长出桑葚，人们得以食用。

司徒淳于嘉被罢除官职。

冬十月，长安市门自然腐坏。

让卫尉赵温担任司徒，录尚书事。

十二月，划分安定、扶风成为新平郡。

这年，杨州刺史刘繇与袁术部将孙策交战于曲阿，刘繇战败，孙策就占有了江东。太傅马日磾在寿春去世。

二年春正月癸丑，大赦天下。

二月乙亥，李傕杀樊稠而与郭汜相攻。三月丙寅，李傕胁帝幸其营，焚宫室。

夏四月甲午，立贵人伏氏为皇后。

丁酉，郭汜攻李傕，矢及御前。是日，李傕移帝幸北坞。

大旱。

五月壬午，李傕自为大司马。六月庚午，张济自陕来和傕、汜。

秋七月甲子，车驾东归。郭汜自为车骑将军，杨定为后将军，杨奉为兴义将军，董承为安集将军，并侍送乘舆。张济为票骑将军，还屯陕。八月甲辰，幸新丰。冬十月戊戌，郭汜使其将伍习夜烧所幸学舍，逼胁乘舆。杨定、杨奉与郭汜战，破之。壬寅，幸华阴，露次道南。是夜，有赤气贯紫宫。张济复反，与李傕、郭汜合。十一月庚午，李傕、郭汜等追乘舆，战于东涧，王师败绩，杀光禄勋邓泉、卫尉士孙瑞、廷尉宣播、大长秋苗祀、步兵校尉魏桀、侍中朱展、射声校尉沮儁。壬申，幸曹阳，露次田中。杨奉、董承引白波帅胡才、李乐、韩暹及匈奴左贤王去卑，率师奉迎，与李傕等战，破之。十二月庚辰，车驾乃进。李傕等复来追战，王师大败，杀略宫人，少府田芬、大司农张义等皆战殁。进幸陕，夜度河。乙亥，幸安邑。

是岁，袁绍遣将麴义与公孙瓒战于鲍丘，瓒军大败。

建安元年春正月癸酉，郊祀上帝于安邑，大赦天下，改元建安。

二月，韩暹攻卫将军董承。

夏六月乙未，幸闻喜。秋七月甲子，车驾至洛阳，幸故中常侍赵兴平二年（195）春正月癸丑日，大赦天下。

二月乙亥日，李傕杀掉樊稠并且与郭汜互相攻打。三月丙寅日，李傕挟持献帝到达自己的军营，焚烧宫室。

夏四月甲午日，立贵人伏氏为皇后。

丁酉日，郭汜攻打李傕，箭矢射到献帝所在的地方。这天，李傕将献帝转移到北坞。

发生大旱。

五月壬午日，李傕自己担任大司马。六月庚午日，张济从陕县而来调和李傕、郭汜。

秋七月甲子日，御驾东归。郭汜自封为车骑将军，杨定任后将军，杨奉任兴义将军，董承任安集将军，一同服侍护送献帝。张济担任骠骑将军，返回去屯驻陕县。八月甲辰日，御驾到达新丰。冬十月戊戌日，郭汜令自己的部将伍习在夜间焚烧献帝住的学舍，胁迫御驾。杨定、杨奉与郭汜对战，击败了郭汜。壬寅日，献帝到达华阴，在道南的野外露宿休息。这天夜间，红色的云气穿过紫宫星。张济再次返回，与李傕、郭汜联合。十一月庚午日，李傕、郭汜等追赶御驾，在东涧交战，献帝的军队战败，杀死了光禄勋邓泉、卫尉士孙瑞、廷尉宣播、大长秋苗祀、步兵校尉魏桀、侍中朱展、射声校尉沮儁。壬申日，献帝到达曹阳，在田中露宿休息。杨奉、董承带着白波统帅胡才、李乐、韩暹及匈奴左贤王去卑，率军迎接，与李傕等人对战，将其击败。十二月庚辰日，御驾才得以前进。李傕等又来追击，献帝的军队失败惨重，李傕等杀戮掳掠宫人，少府田芬、大司农张义等都在战斗中死亡。献帝前进到陕县，在夜晚渡过黄河。乙亥日，到达安邑。

这年，袁绍派遣部将麹义与公孙瓒交战于鲍丘，公孙瓒的军队失败惨重。

建安元年（196）春正月癸酉日，献帝祭祀上帝于安邑郊外，大赦天下，改年号为建安。

二月，韩暹进攻卫将军董承。

夏六月乙未日，献帝到达闻喜。秋七月甲子日，御驾到达洛阳，忠宅。丁丑，郊祀上帝，大赦天下。己卯，谒太庙。八月辛丑，幸南宫杨安殿。

癸卯，安国将军张杨为大司马，韩暹为大将军，杨奉为车骑将军。

是时，宫室烧尽，百官披荆棘，依墙壁间。州郡各拥强兵，而委输不至，群僚饥乏，尚书郎以下自出采稆，或饥死墙壁间，或为兵士所杀。

辛亥，镇东将军曹操自领司隶校尉，录尚书事。曹操杀侍中台崇、尚书冯硕等。封卫将军董承为辅国将军，伏完等十三人为列侯，赠沮儁为弘农太守。

庚申，迁都许。己巳，幸曹操营。

九月，太尉杨彪、司空张喜罢。冬十一月丙戌，曹操自为司空，行车骑将军事，百官总己以听。

二年春，袁术自称天子。三月，袁绍自为大将军。

夏五月，蝗。秋九月，汉水溢。

是岁饥，江淮间民相食。袁术杀陈王宠。孙策遣使奉贡。

三年夏四月，遣谒者裴茂率中郎将段煨讨李傕，夷三族。

吕布叛。

冬十一月，盗杀大司马张杨。

十二月癸酉，曹操击吕布于徐州，斩之。

四年春三月，袁绍攻公孙瓒于易京，获之。

卫将军董承为车骑将军。

夏六月，袁术死。

是岁，初置尚书左右仆射。武陵女子死十四日复活。

献帝亲临已故中常侍赵忠的住宅。丁丑日，于郊外祭祀上帝，大赦天下。己卯日，拜谒太庙。八月辛丑日，献帝亲临南宫杨安殿。

癸卯日，献帝任命安国将军张杨为大司马，任命韩暹为大将军，任命杨奉为车骑将军。

当时，宫室尽数被烧毁，百官砍倒荆棘，倚靠在墙壁间居住。州郡各自聚集有强大的军队，而物资却没有运到，百官又饿又乏，尚书郎以下的官员亲自出采才稆谷充饥，有人在墙壁间饿死，有人则被兵士杀死。

辛亥日，镇东将军曹操自己统领司隶校尉职务，录尚书事。曹操杀掉侍中台崇、尚书冯硕等人。封卫将军董承为辅国将军，封伏完等十三人为列侯，赠授沮儁为弘农太守。

庚申日，迁都许昌。己巳日，献帝到达曹操的军营。

九月，太尉杨彪、司空张喜被罢除官职。冬十一月丙戌日，曹操自己担任司空，代行车骑将军职权，百官都听从他的号令。

建安二年（197）春季，袁术自称天子。三月，袁绍自己担任大将军。

夏五月，发生蝗灾。秋九月，汉水泛滥。

这年发生饥荒，江淮间有人吃人之事。袁术杀掉陈王刘宠。孙策派遣使者纳贡。

建安三年（198）夏四月，献帝派遣谒者裴茂率中郎将段煨征讨李傕，灭其父、母、妻三族。

吕布叛乱。

冬十一月，盗贼杀掉大司马张杨。

十二月癸酉日，曹操在徐州攻击吕布，将其斩杀。

建安四年（199）春三月，袁绍在易京攻打公孙瓒，将其俘获。

献帝任命卫将军董承为车骑将军。

夏六月，袁术去世。

这年，开始设置尚书左右仆射。武陵有一女子死亡十四天后又复活。

五年春正月，车骑将军董承、偏将军王服、越骑校尉种辑受密诏诛曹操，事泄。壬午，曹操杀董承等，夷三族。

秋七月，立皇子冯为南阳王。壬午，南阳王冯薨。

九月庚午朔，日有食之。诏三公举至孝二人，九卿、校尉、郡国守相各一人。皆上封事，靡有所讳。

曹操与袁绍战于官度，绍败走。

冬十月辛亥，有星孛于大梁。

东海王祗薨。

是岁，孙策死，弟权袭其余业。

六年春二月丁卯朔，日有食之。

七年夏五月庚戌，袁绍薨。

于窴国献驯象。

是岁，越巂男子化为女子。

八年冬十月己巳，公卿初迎冬于北郊，总章始复备八佾舞。

初置司直官，督中都官。

九年秋八月戊寅，曹操大破袁尚，平冀州，自领冀州牧。

冬十月，有星孛于东井。

十二月，赐三公已下金帛各有差。自是三年一赐，以为常制。

十年春正月，曹操破袁谭于青州，斩之。

夏四月，黑山贼张燕率众降。

秋九月，赐百官尤贫者金帛各有差。

十一年春正月，有星孛于北斗。

建安五年（200）春正月，车骑将军董承、偏将军王服、越骑校尉种辑接受秘诏诛杀曹操，结果事情泄漏。壬午日，曹操杀掉董承等人，并灭掉他们父、母、妻三族。

秋七月，献帝立皇子刘冯为南阳王。壬午日，南阳王刘冯去世。

九月初一庚午日，发生日食。献帝下诏命三公荐举至孝之士二人，命九卿、校尉、郡国守相各自荐举一人。都要呈上密封的奏章，不得有所避忌。

曹操与袁绍在官渡大战，袁绍战败逃走。

冬十月辛亥日，有彗星出现在大梁星。

东海王刘祗去世。

这年，孙策死亡，他的弟弟孙权继承了他留下的基业。

建安六年（201）春二月初一丁卯日，发生日食。

建安七年（202）夏五月庚戌日，袁绍去世。

于窴国献上驯养的大象。

这年，越嶲有一男子变成了女子。

建安八年（203）冬十月己巳日，公卿初次在北郊举行迎冬之礼，乐官开始恢复准备八佾舞。

开始设置司直官，督导中都官。

建安九年（204）秋八月戊寅日，曹操大举击败袁尚，平定冀州，自己兼任冀州牧。

冬十月，有彗星出现在东井星。

十二月，献帝赐予三公以下官员数量不同的金钱布匹。从这之后每三年赏赐一回，成为通常的制度。

建安十年（205）春正月，曹操在青州击败袁谭，将其斩杀。

夏四月，黑山贼人张燕率部众归降。

秋九月，朝廷赐予尤为贫穷的百官数量不同的金钱布匹。

建安十一年（206）春正月，有彗星出现在北斗星。

三月，曹操破高干于并州，获之。

秋七月，武威太守张猛杀雍州刺史邯郸商。

是岁，立故琅邪王容子熙为琅邪王。齐、北海、阜陵、下邳、常山、甘陵、济北、平原八国皆除。

十二年秋八月，曹操大破乌桓于柳城，斩其蹋顿。

冬十月辛卯，有星孛于鹑尾。

乙巳，黄巾贼杀济南王赟。

十一月，辽东太守公孙康杀袁尚、袁熙。

十三年春正月，司徒赵温免。

夏六月，罢三公官，置丞相、御史大夫。癸巳，曹操自为丞相。

秋七月，曹操南征刘表。

八月丁未，光禄勋郗虑为御史大夫。

壬子，曹操杀太中大夫孔融，夷其族。

是月，刘表卒，少子琮立，琮以荆州降操。

冬十月癸未朔，日有食之。

曹操以舟师伐孙权，权将周瑜败之于乌林、赤壁。

十四年冬十月，荆州地震。

十五年春二月乙巳朔，日有食之。

十六年秋九月庚戌，曹操与韩遂、马超战于渭南，遂等大败，关西平。

是岁，赵王赦薨。

十七年夏五月癸未，诛卫尉马腾，夷三族。

六月庚寅晦，日有食之。

秋七月，洧水、颍水溢。螟。

三月，曹操在并州击败高幹，将其俘获。

秋七月，武威太守张猛杀掉雍州刺史邯郸商。

这年，立已故的故琅琊王刘容的儿子刘熙为琅琊王。齐、北海、阜陵、下邳、常山、甘陵、济北、平原八国都被废除。

建安十二年（207）秋八月，曹操在柳城大举击败了乌桓，斩杀了乌桓首领蹋顿。

冬十月辛卯日，有彗星出现在鹑尾星。

乙巳日，黄巾贼寇杀掉济南王刘赟。

十一月，辽东太守公孙康杀掉袁尚、袁熙。

建安十三年（208）春正月，司徒赵温被免去官职。

夏六月，朝廷罢除三公官，设置丞相、御史大夫。癸巳日，曹操自己担任丞相。

秋七月，曹操南下征讨刘表。

八月丁未日，献帝任命光禄勋郗虑为御史大夫。

壬子日，曹操杀掉太中大夫孔融，并将其灭族。

这月，刘表去世，幼子刘琮继承了爵位，带领荆州归降曹操。

冬十月初一癸未日，发生日食。

曹操以水军进攻孙权，孙权部将周瑜在乌林、赤壁击败曹操。

建安十四年（209）冬十月，荆州地震。

建安十五年（210）春二月初一乙巳日，发生日食。

建安十六年（211）秋庚戌日，曹操与韩遂、马超对战于渭南，韩遂等人失败惨重，关西被平定。

这年，赵王刘赦去世。

建安十七年（212）夏五月癸未日，曹操诛杀卫尉马腾，灭其父、母、妻三族。

六月三十庚寅日，发生日食。

秋七月，洧水、颍水泛滥。发生螟灾。

八月，马超破凉州，杀刺史韦康。

九月庚戌，立皇子熙为济阴王，懿为山阳王，邈为济北王，敦为东海王。

冬十二月，星孛于五诸侯。

十八年春正月庚寅，复《禹贡》九州。

夏五月丙申，曹操自立为魏公，加九锡。

大雨水。

徙赵王珪为博陵王。

是岁，岁星、镇星、荧惑俱入太微。彭城王和薨。

十九年，夏四月，旱。五月，雨水。

刘备破刘璋，据益州。

冬十月，曹操遣将夏侯渊讨宋建于枹罕，获之。

十一月丁卯，曹操杀皇后伏氏，灭其族及二皇子。

二十年春正月甲子，立贵人曹氏为皇后。赐天下男子爵，人一级，孝悌、力田二级。赐诸王侯公卿以下谷各有差。

秋七月，曹操破汉中，张鲁降。

二十一年夏四月甲午，曹操自进号魏王。

五月己亥朔，日有食之。

秋七月，匈奴南单于来朝。

是岁，曹操杀琅邪王熙，国除。

二十二年夏六月，丞相军师华歆为御史大夫。

冬，有星孛于东北。

是岁大疫。

二十三年春正月甲子，少府耿纪、丞相司直韦晃起兵诛曹操，不克，夷三族。

三月，有星孛于东方。

二十四年春二月壬子晦，日有食之。

八月，马超攻下凉州，杀掉刺史韦康。

九月庚戌日，献帝立皇子刘熙为济阴王，刘懿为山阳王，刘邈为济北王，刘敦为东海王。

冬十二月，有彗星出现在五诸侯星区。

建安十八年（213）春正月庚寅日，恢复《禹贡》有关九州的记载。

夏五月丙申日，曹操自立为魏公，加九锡。

雨水过大成灾。

改封赵王刘珪为博陵王。

这年，岁星、镇星、荧惑都进入太微。彭城王刘和去世。

建安十九年（214），夏四月，天旱。五月，雨水成灾。

刘备击败刘璋。占有益州。

冬十月，曹操派遣部将夏侯渊在枹罕征讨宋建，俘获了宋建。

十一月丁卯日，曹操杀掉皇后伏氏，灭掉皇后的亲族及二皇子。

建安二十年（215）春正月甲子日，立贵人曹氏为皇后。赏赐天下男子爵位，每人一级，孝悌、力田每人二级。赏赐众王侯公卿以下谷物数量各有不同。

秋七月，曹操攻下汉中，张鲁归降。

建安二十一年（216）夏四月甲午日，曹操自己进封号为魏王。

五月初一己亥日，发生日食。

秋七月，匈奴南单于前来朝觐。

这一年，曹操杀掉琅邪王刘熙，废除封国。

建安二十二年（217）夏六月，曹操任命丞相军师华歆为御史大夫。

冬季，有彗星出现在东北方。

这年瘟疫大规模流行。

建安二十三年（218）春正月甲子日，少府耿纪、丞相司直韦晃起兵诛杀曹操，未能成功，被灭父、母、妻三族。

三月，有彗星出现在东方。

建安二十四年（219）春二月三十壬子日，发生日食。

夏五月，刘备取汉中。

秋七月庚子，刘备自称汉中王。

八月，汉水溢。

冬十一月，孙权取荆州。

二十五年春正月庚子，魏王曹操薨。子丕袭位。

二月丁未朔，日有食之。

三月，改元延康。

冬十月乙卯，皇帝逊位，魏王丕称天子。奉帝为山阳公，邑一万户，位在诸侯王上，奏事不称臣，受诏不拜，以天子车服郊祀天地，宗庙、祖、腊皆如汉制，都山阳之浊鹿城。四皇子封王者，皆降为列侯。

明年，刘备称帝于蜀，孙权亦自王于吴，于是天下遂三分矣。

魏青龙二年三月庚寅，山阳公薨。自逊位至薨，十有四年，年五十四，谥孝献皇帝。八月壬申，以汉天子礼仪葬于禅陵，置园邑令丞。

太子早卒，孙康立五十一年，晋太康六年薨。子瑾立四年，太康十年薨。子秋立二十年，永嘉中为胡贼所杀，国除。

论曰：《传》称鼎之为器，虽小而重，故神之所宝，不可夺移。至令负而趋者，此亦穷运之归乎！天厌汉德久矣，山阳其何诛焉！

赞曰：献生不辰，身播国屯。终我四百，永作虞宾。

夏五月，刘备取得汉中。

秋七月庚子日，刘备自称汉中王。

八月，汉水泛滥。

冬十一月，孙权取得荆州。

建安二十五年（220）春正月庚子日，魏王曹操去世。儿子曹丕继承爵位。

二月初一丁未日，发生日食。

三月，改年号为延康。

冬十月乙卯日，献帝让出帝位，魏王曹丕称天子。遵奉献帝为山阳公，赐予献帝食邑一万户，位居众诸侯王之上，上奏事情时不称臣，接受召命时不用行拜礼，以天子车舆服饰在郊外祭祀天地，宗庙、祖、腊月的祭祀都依照汉制，在山阳浊鹿城定都。被封王的四位皇子，都降为列侯。

第二年，刘备在蜀称帝，孙权也在吴称王，于是天下最终分为了三大部分。

魏青龙二年（234）三月庚寅日，山阳公去世。从他让出帝位到去世，有十四年，享年五十四岁，谥号为孝献皇帝。八月壬申日，依照汉天子礼仪葬在禅陵，为其陵园设置园邑令丞。

献帝的太子早早去世，孙子刘康立五十一年，晋太康六年（285）去世。他的儿子刘瑾立四年，于太康十年（289）去世。刘瑾的儿子刘秋立二十一年，永嘉年间被胡贼杀死，封国被废除。

评论说：《左传》称鼎作为一种器物，虽然体积很小却十分贵重，因而是神灵所珍视的宝物，是不可以随便抢夺移动的。至今却被背负着前行，这也就是穷尽的国运归于此时了！上天厌恶汉德已经很久了，为什么要过多谴责山阳公呐！

赞辞说：献帝生不得时，自身不断迁移国家也遭逢艰难困顿。汉室四百年的国祚在他手上终结，永远像尧子朱丹一样被视作失位之君。

卷十上

皇后纪第十上

夏、殷以上，后妃之制，其文略矣。《周礼》王者立后，三夫人，九嫔，二十七世妇，八十一女御，以备内职焉。后正位宫闱，同体天王。夫人坐论妇礼，九嫔掌教四德，世妇主丧、祭、宾客，女御序于王之燕寝。颁官分务，各有典司。女史彤管，记功书过。居有保阿之训，动有环佩之响。进贤才以辅佐君子，哀窈窕而不淫其色。所以能述宣阴化，修成内则，闺房肃雍，险谒不行也。故康王晚朝，《关雎》作讽；宣后晏起，姜氏请愆。及周室东迁，礼序凋缺。诸侯僭纵，轨制无章。齐桓有如夫人者六人，晋献升戎女为元妃，终于五子作乱，冢嗣遘屯。爰逮战国，风宪逾薄，适情任欲，颠倒衣裳，以至破国亡身，不可胜数。斯固轻礼弛防，先色后德者也。

秦并天下，多自骄大，宫备七国，爵列八品，汉兴，因循其号，而妇制莫厘。高祖帷薄不修，孝文衽席无辩。然而选纳尚简，饰玩少华。自武、元之后，世增淫费，至乃掖庭三千，增级十四。妖幸毁政之符，外姻乱邦之迹，前史载之详矣。

夏朝、商朝之前，有关后妃制度的记载，文字是十分粗略的。依据《周礼》君王册立有皇后，三夫人，九嫔，二十七世妇，八十一女御，来承担嫔妃在宫中应尽的职守。皇后在后宫中居中正之位，同天子地位相当。夫人负责坐着讲说妇人之礼，九嫔主管教授妇德、妇言、妇容、妇功四德，世妇主管丧事、祭祀、宾客等事，女御主管后妃侍寝君王的次序。赐授官位分配职务，各人有各人主管的事务。女史持红管笔，书写记录后宫众人的功绩与过错。休息时有抚养教育贵族子女的妇女在旁指导，行走间伴随有环佩之声。荐举才德出众的女子来辅佐君主，爱惜幽静美好的女子却不沉溺于对方的美色。因而能够继承发扬妇女的教化，修养达到妇人应遵守的行为准则，闺房之内庄严和谐，邪恶不正私请任用其亲戚的行为就不会发生。所以，当周康王沉于女色而推迟上朝时，诗人作《关雎》予以讽劝；宣后姜氏晚起导致周宣王很晚才起床，姜氏便主动请求惩处。等到周室东迁洛邑时，礼仪制度遭到摧残破坏残缺不全。诸侯越礼放纵，法度规制杂乱无章。齐桓公有六位如夫人，晋献公将骊戎之女骊姬升为嫡妻。桓公最终造成五子作乱的局面，献公听信骊姬的谗言使得太子遭难被杀。于是等到战国时，风纪法度愈发淡薄，顺着性情恣意而为不加节制地放纵欲望，宠幸姬妾贵贱颠倒，以至于国家灭亡丢了性命的君王，不可胜数。这些行为确实是蔑视礼仪放松警惕，重色轻德的缘故啊。

秦朝吞并六国取得天下后，过于骄傲自大，后宫里充满七国美人，设有皇后、夫人、美人、良人、八子、七子、长使、少使八个爵位，汉朝兴建后，沿袭了秦朝的爵号，而没有治理后宫制度。高祖时男女关系秽乱放荡，孝文帝时后妃间不注重尊卑礼仪。然而挑选纳娶尚且简省，装饰玩赏品很少有华丽的。自从汉武帝、汉元帝之后，一代及光武中兴，斫彫为朴，六宫称号，唯皇后、贵人。贵人金印紫绶，奉不过粟数十斛。又置美人、宫人、采女三等，并无爵秩，岁时赏赐充给而已。汉法常因八月算人，遣中大夫与掖庭丞及相工，于洛阳乡中阅视良家童女，年十三以上，二十已下，姿色端丽，合法相者，载还后宫，择视可否，乃用登御。所以明慎聘纳，详求淑哲。明帝聿遵先旨，宫教颇修，登建嫔后，必先令德，内无出阃之言，权无私溺之授，可谓矫其敝矣。向使因设外戚之禁，编著甲令，改正后妃之制，贻厥方来，岂不休哉！虽御己有度，而防闲未笃，故孝章以下，渐用色授，恩隆好合，遂忘淄蠹。

自古虽主幼时艰，王家多衅，必委成冢宰，简求忠贤，未有专任妇人，断割重器。唯秦芈太后始摄政事，故穰侯权重于昭王，家富于嬴国。汉仍其谬，知患莫改。东京皇统屡绝，权归女主，外立者四帝，临朝者六后，莫不定策帷帟，委事父兄，贪孩童以久其政，抑明贤以专其威。任重道悠，利深祸速。身犯雾露于云台之上，家婴缧绁于圄犴之下。湮灭连踵，倾辀继路。而赴蹈不息，燋烂为期，终于陵夷大运，沦亡神宝。《诗》《书》所叹，略同一揆。故考列行迹，以为《皇后本纪》。虽成败事异，而同居正号者，并列于篇。其以私恩追尊，非当时所奉者，则随它事附出。亲属别事，各依列传。其余无所见，则系之此纪，以缵西京外戚云尔。

代增加不正当的花费，甚至于后宫美人有三千之多，品级增加到十四级。因姿色美艳而得到君主宠幸是毁坏政治的征兆，外戚弄权乱国的劣迹，前代的史籍已经记载得十分详细了。

等到光武帝中兴汉朝后，去掉雕饰崇尚质朴，六宫称号，只剩下皇后、贵人。贵人配有黄金印章和紫色绶带，俸禄不超过十斛粟。又设有美人、宫人、采女三个品级，都没有爵禄，只在每年的固定时间给予赏赐当作供给罢了。汉朝的法度常常趁着八月征收算赋时，派遣中大夫与掖庭丞及相工，在洛阳乡中查看清白人家的少女，年龄在十三岁以上，二十岁以下，仪态容貌端庄秀丽，符合所规定的相貌标准的，就将其载回后宫，再次进行挑选考察，可以的才进荐给天子。之所以这样，是为了公开审慎地挑选，以求得娴淑聪慧的女子。明帝遵循先帝意旨，宫中礼教颇为美善，晋升册立嫔妃皇后，必然将美德放在首位，后宫不越职过问宫外朝堂之事，权力不因偏爱而授予，可谓匡正了从前的弊病。如果乘机设立限定外戚的禁令，将其编入朝堂颁发的重要法令之中，改正后妃制度，流传给后世，难道不好嘛！明帝虽然约束自己很有分寸，然而防范外戚不够有力，因而章帝以后，逐渐凭借美色授予权力，恩宠隆盛情投意合，于是忘却了德行败坏政权倾毁的危险。

自古代以来虽然君主年幼时局势艰难，王室多有争端，但必然会委任冢宰处理政务，挑选寻求忠诚贤明的人，从来没有专门任用妇人，从而断送天下的情况。只有秦芈太后开始治理政事，所以她的弟弟穰侯的权势重于昭王，家中拥有的资财也比秦国多。汉朝沿袭这一错误，知道这样做的危害却不加以改正。汉室帝王相传的世系屡屡断绝，权力归属于妇人，自宫外迎接册立的天子有四个，临朝听政的太后有六位，她们全都在宫闱内筹谋，将政事委托给父亲兄弟，她们贪求让孩童担任天子来使自己的政权长久，抑制才干伟异通达的贤人来独揽权势威力。她们担负的责任重大而路途遥远需要经过长期的努力，获得的利益越多灾祸也降临得越快。窦太后被幽居于云台之上身患疾病，家人被关入牢狱之中。灭亡的相继不绝，翻车的不绝于路。然而追逐向前的人不曾停息，灭亡的时间越来越近，终光武郭皇后讳圣通，真定槀人也。为郡著姓。父昌，让田宅财产数百万与异母弟，国人义之。仕郡功曹。娶真定恭王女，号郭主，生后及子况。昌早卒。郭主虽王家女，而好礼节俭，有母仪之德。更始二年春，光武击王郎，至真定，因纳后，有宠。及即位，以为贵人。

建武元年，生皇子彊。帝善况小心谨慎，年始十六，拜黄门侍郎。二年，贵人立为皇后，彊为皇太子，封况绵蛮侯。以后弟贵重，宾客辐凑。况恭谦下士，颇得声誉。十四年，迁城门校尉。其后，后以宠稍衰，数怀怨怼。十七年，遂废为中山王太后，进后中子右翊公辅为中山王，以常山郡益中山国。徙封况大国，为阳安侯。后从兄竟，以骑都尉从征伐有功，封为新郪侯，官至东海相。竟弟匡为发干侯，官至太中大夫。后叔父梁，早终，无子。其婿南阳陈茂，以恩泽封南䜌侯。

二十年，中山王辅复徙封沛王，后为沛太后。况迁大鸿胪。帝数幸其第，会公卿诸侯亲家饮燕，赏赐金钱缣帛，丰盛莫比，京师号况家为金穴。二十六年，后母郭主薨，帝亲临丧送葬，百官大会，于天命逐渐趋于衰微，天子之位沦丧。《诗经》《尚书》所慨叹的，和这种情况大致是相同的。因此考订编排她们的事迹，撰成《皇后本纪》。虽然成功失败的情形有所不同，但同样居于正式名位的，并列于书籍之中。其他凭借私恩被追尊为皇后的，并非当时被尊奉为皇后的，就跟随其他事情附带列出。她们亲属的事迹，各自依照列传记载。剩下没有被记载在列传内的，就写在此纪里，来继承西汉《汉书·外戚传》的编撰方式罢了。

光武郭皇后名圣通，是真定稾县人。是郡里有声望的族姓。父亲郭昌，将数百万田宅财产让给同父异母的弟弟，国人认为他十分讲义气。郭昌担任郡功曹。娶了真定恭王的女儿，号称郭主，生下皇后郭皇后及儿子郭况。郭昌早早去世。郭主虽然是王侯之女，却爱好礼仪为人节俭，有身为人母的仪范德行。更始二年（24）春，光武帝攻击王郎，行至真定，就娶了郭皇后。等到光武帝即位，封郭皇后为贵人。

建武元年（25），郭皇后诞下皇子刘彊。光武帝赞许郭况做事小心谨慎，郭况刚刚十六岁时，就被任命为黄门侍郎。建武二年（26），光武帝将郭皇后从贵人立为皇后，封刘彊为皇太子，封郭况为绵蛮侯。郭况由于是皇后的弟弟而身份尊贵，宾客都聚集在他身边。郭况谦虚恭敬地对待地位比自己低的士人，颇有声望。建武十四年（38），迁升为城门校尉。从这之后，郭皇后因光武帝对她的恩宠略微有所减少，多次心怀怨愤。建武十七年（41），郭皇后最终被废为中山王太后，进升郭皇后排行居中的儿子右翊公刘辅为中山王，将常山郡加到中山国里。改封郭况到富庶强大的诸侯国，为阳安侯。郭皇后的堂兄郭竟，以骑都尉的身份跟随光武帝征伐有功，被封为新郪侯，官至东海相。郭竟的弟弟郭匡被封为发干侯，官至太中大夫。郭皇后的叔父郭梁，早早去世，没有儿子。他的女婿南阳人陈茂，凭借恩泽被封为南䜌侯。

建武二十年（44），中山王刘辅又被改封为沛王，郭皇后被改封为沛太后。郭况升任大鸿胪。光武帝数次亲临他的府第，会同公卿诸侯姻戚宴饮，赏赐给他的金钱缣帛，丰盛无比，京师称呼郭况家为遣使者迎昌丧柩，与主合葬，追赠昌阳安侯印绶，谥曰思侯。二十八年，后薨，葬于北芒。

帝怜郭氏，诏况子璜尚淯阳公主，除璜为郎。显宗即位，况与帝舅阴识、阴就并为特进，数授赏赐，恩宠俱渥。礼待阴、郭，每事必均。永平二年，况卒，赠赐甚厚，帝亲自临丧，谥曰节侯，子璜嗣。

元和三年，肃宗北巡狩，过真定，会诸郭，朝见上寿，引入倡饮甚欢。以太牢具上郭主冢，赐粟万斛，钱五十万。永元初，璜为长乐少府，子举为侍中，兼射声校尉。及大将军窦宪被诛，举以宪女婿谋逆，故父子俱下狱死，家属徙合浦，宗族为郎吏者，悉免官。新郪侯竟初为骑将，从征伐有功，拜东海相。永平中卒，子嵩嗣；嵩卒，追坐染楚王英事，国废。建初二年，章帝绍封嵩子勤为伊亭侯，勤无子，国除。发干侯匡，官至大中大夫，建武三十年卒，子勋嗣；勋卒，子骏嗣，永平十三年，亦坐楚王英事，失国。建初三年，复封骏为观都侯，卒，无子，国除。郭氏侯者凡三人，皆绝国。

论曰：物之兴衰，情之起伏，理有固然矣。而崇替去来之甚者，必唯宠惑乎？当其接床笫，承恩色，虽险情赘行，莫不德焉。及至移意爱，析嬿私，虽惠心妍状，愈献丑焉。爱升，则天下不足容其高；欢队，故九服无所逃其命。斯诚志士之所沉溺，君人之所抑金穴。建武二十六年(50),郭皇后的母亲郭主去世,光武帝亲临丧礼为其送葬,百官大规模地聚集在一起,光武帝派遣使者迎接郭昌的灵柩,与郭主合葬在一起,追赠郭昌阳安侯印绶,谥号为思侯。建武二十八年(52),郭皇后去世,葬在北邙山。

光武帝哀怜郭氏,下诏命郭况的儿子郭璜娶淯阳公主为妻,任命郭璜为郎官。明帝即位,郭况与明帝的舅舅阴识、阴就一起任特进,明帝数次授予赏赐,恩宠都十分深厚。对阴氏、郭氏以礼相待,每件事都必定公平处理。永平二年(59),郭况去世,赠送赏赐很是丰厚,明帝亲自前去参观丧礼,谥号为节侯,儿子郭璜继承了他的爵位。

元和三年(86),章帝北行巡狩,途经真定会见郭氏众人,郭氏一族朝见祝寿,被引入拜见章帝听乐宴饮很是欢乐。以牛、羊、猪三牲具备的太牢之礼祭祀郭主的坟墓,赐予粟一万斛,钱五十万。永元初年,郭璜担任长乐少府,儿子郭举担任侍中,兼任射声校尉。等到大将军窦宪被诛时,郭举因为是窦宪的女婿犯了谋逆罪,所以父子二人都被关入牢狱而死,家属被迁往合浦,宗族中担任郎官的,全都被免去官职。新郪侯郭竟起初为骑兵将领,跟随皇帝征伐有功,被任命为东海相。永平年间去世,儿子郭嵩继承了他的爵位;郭嵩去世,因与楚王刘英谋反有牵连而被追究罪责,封国被撤除。建初二年(77),章帝续封郭嵩的儿子郭勤为伊亭侯,郭勤没有儿子,封国被撤除。发干侯郭匡,官至大中大夫,建武三十年(54)去世,儿子郭勋继承了他的爵位;郭勋去世,儿子郭骏继承了他的爵位,永平十三年(70),也因楚王刘英谋反之事获罪,失去封国。建初三年(78),又封郭骏为观都侯,去世后,没有儿子,封国被撤除。郭氏被封为侯的共三人,封国都因没有后嗣继承而被撤除。

评论说:事物的兴旺衰败,情势的起起伏伏,都有其原本的规律。而导致兴废盛衰变化最为严重的原因,必定唯有被所宠爱之人迷惑这一条吗?当其承受床第之欢,享有天子的好感时,纵使行为危险形貌丑陋,也无不被当作是美善的。等到天子情谊改变时,二人间的欢爱私情消散,纵使内心明慧形态美丽,也更加显得丑态毕露。爱扬，未或违之者也。郭后以衰离见贬，恚怨成尤，而犹恩加别馆，增宠党戚。至乎东海逡巡，去就以礼，使后世不见隆薄进退之隙，不亦光于古乎！

光烈阴皇后讳丽华，南阳新野人。初，光武适新野，闻后美，心悦之。后至长安，见执金吾车骑甚盛，因叹曰："仕宦当作执金吾，娶妻当得阴丽华。"更始元年六月，遂纳后于宛当成里，时年十九。及光武为司隶校尉，方西之洛阳，令后归新野。及邓奉起兵，后兄识为之将，后随家属徙淯阳，止于奉舍。

光武即位，令侍中傅俊迎后，与湖阳、宁平主诸宫人俱到洛阳，以后为贵人。帝以后雅性宽仁，欲崇以尊位，后固辞，以郭氏有子，终不肯当，故遂立郭皇后。建武四年，从征彭宠，生显宗于元氏。九年，有盗劫杀后母邓氏及弟䜣，帝甚伤之，乃诏大司空曰："吾微贱之时，娶于阴氏，因将兵征伐，遂各别离。幸得安全，俱脱虎口。以贵人有母仪之美，宜立为后，而固辞弗敢当，列于媵妾。朕嘉其义让，许封诸弟。未及爵土，而遭患逢祸，母子同命，愍伤于怀。《小雅》曰：'将恐将惧，惟予与汝。将安将乐，汝转弃予。'风人之戒，可不慎乎？其追爵谥贵人父陆为宣恩哀侯，弟䜣为宣义恭侯，以弟就嗣哀侯后。及尸柩在堂，使大中大夫拜授印绶，如在国列侯礼。魂而有灵，嘉其宠荣！"

意上升时，天不都不足以容纳它的高大；喜爱下降后，全天下都没有可以逃命的地方。这的确是志士为之沉溺，是因为君王之所抑扬进退，没有违背这个规律的。郭皇后因宠幸衰减而被弃置贬黜，怨恨成了过错，光武帝却仍然能施与恩泽将其迁往别馆，增加对其党亲的宠爱。至于东海恭王主动退让太子之位，离开或留下都遵照礼仪，使得后世看不见器重轻视前进后退之间的仇怨，不也比古人光荣嘛！

光烈阴皇后名丽华，南阳新野人。起初，光武帝到达新野，听闻阴皇后样貌美丽，心中十分爱慕她。后来光武帝到长安，看到执金吾车马极其盛多，就感叹道："做官当做执金吾，娶妻当娶阴丽华。"故而在更始元年(23)六月，于宛城当成里娶了阴皇后，当时阴皇后十九岁。等到光武成为司隶校尉，将要向西到达洛阳，让阴皇后返回新野。等到邓奉起兵时，阴皇后的兄长阴识是邓奉的将领，阴皇后跟随家属迁往淯阳，在邓奉家中住下。

光武帝即位后，令侍中傅俊迎接阴皇后回宫，阴皇后与湖阳公主、宁平公主众宫人一起到达洛阳，封阴皇后为贵人。光武帝因阴皇后本性宽厚仁慈，想要让她坐上皇后高位以示崇敬，阴皇后执意辞让，因郭氏为光武帝生有儿子，始终不肯当皇后，因此最终立郭氏为皇后。建武四年(28)，跟从光武帝征伐彭宠，在元氏诞下明帝。建武九年(33)，有盗贼抢劫并杀害了阴皇后的母亲邓氏及弟弟阴䜣，光武帝极为伤心，就颁发诏书给大司空说："我在地位低微的时候，娶了阴氏，由于要率兵征伐，于是同她别离，幸亏获得了安全，都从虎口逃脱。因为阴贵具有人母的美好仪范，应当被立为皇后，然而她却执意辞让不敢接受，最终身居姬妾之列。朕赞美她基于大义的谦让之举，许诺要给她的弟弟们封爵。还没来得及赐予爵位土地，就遭遇了灾祸，母子一同丧命，让我心中哀伤不已。《小雅》说：'惊惶害怕的时候，只有我与你一起面对。安宁喜乐的时候，你却弃我而去。'诗人的警告，可以不小心对待吗？现追封阴贵人的父亲阴陆的爵位谥号为宣恩哀侯，弟弟阴䜣为宣义恭侯，让弟弟阴就继承哀侯的爵位。趁着盛有尸体的棺材还停在灵堂，令大中大夫拜授印绶，依照所在封国分封列侯的礼仪。魂魄有灵，会喜欢这份荣宠吧！"

十七年，废皇后郭氏而立贵人。制诏三公曰："皇后怀执怨怼，数违教令，不能抚循它子，训长异室。宫闱之内，若见鹰鹯。既无《关雎》之德，而有吕、霍之风，岂可托以幼孤，恭承明祀。今遣大司徒涉、宗正吉持节，其上皇后玺绶。阴贵人乡里良家，归自微贱。'自我不见，于今三年。'宜奉宗庙，为天下母。主者详案旧典，时上尊号。异常之事，非国休福，不得上寿称庆。"后在位恭俭，少嗜玩，不喜笑谑。性仁孝，多矜慈。七岁失父，虽已数十年，言及未曾不流涕。帝见，常叹息。

显宗即位，尊后为皇太后。永平三年冬，帝从太后幸章陵，置酒旧宅，会阴、邓故人诸家子孙，并受赏赐。七年，崩，在位二十四年，年六十，合葬原陵。

明帝性孝爱。追慕无已。十七年正月，当谒原陵，夜梦先帝、太后如平生欢。既寤，悲不能寐，即案历，明旦日吉，遂率百官及故客上陵。其日，降甘露于陵树，帝令百官采取以荐。会毕，帝从席前伏御床，视太后镜奁中物，感动悲涕，令易脂泽装具。左右皆泣，莫能仰视焉。

明德马皇后讳某，伏波将军援之小女也。少丧父母。兄客卿敏惠早夭，母蔺夫人悲伤发疾慌惚。后时年十岁，干理家事，敕制僮御，内外咨禀，事同成人。初，诸家莫知者，后闻之，咸叹异焉。后尝久疾，太夫人令筮之，筮者曰："此女虽有患状而当大贵，兆不可建武十七年(42),光武帝废除郭皇后而立阴贵人为皇后。颁发诏书给三公说:“郭皇后怀藏怨愤,数次违背教令,不能安抚其他皇子,抚育教诲侧室。宫闱之内的人们,看见她仿若看见了像鹰鹯般凶狠残忍的人一般。既没有《关雎》中所描述的女子美德,却有吕后、霍后的气势,怎可将年幼孤弱的皇子托付给她,让她恭敬奉行祭祀神明的职责。如今派遣大司徒戴涉、宗正刘吉持符节,命其交上皇后印玺。阴贵人出自乡里良家,在我地位低微时就嫁给了我。正如《诗经》所说‘从我们无法相见算起,至今已有三年时光。’应当让她奉行祭祀宗庙之责,成为天下之母。主管立后事宜的官员要详细考查旧时的制度,按时呈上皇后尊号。异乎寻常的事情,不是国家的福瑞,不可以祝寿道贺。”阴皇后居于后位时恭谨俭约,很少有贪图享乐的时候,不喜欢嬉笑戏谑。生性仁爱孝顺,多怀怜惜慈爱之心。七岁时失去父亲,虽然已过去了几十年,但提到时没有不伤心落泪的。光武帝看见,常常叹息不已。

明帝即位后,尊阴皇后为皇太后。永平三年(60)冬季,明帝随太后到章陵,在旧宅中摆下酒宴,会见阴氏、邓氏故人及各家子孙,全都得到了赏赐。永平七年(64),去世,在位二十四年,享年六十岁,同光武帝合葬于原陵。

明帝天性孝顺仁爱,对光武帝和太后追念思慕不已。永平十七年(74)正月,应当拜谒原陵,明帝在夜晚梦到先帝、太后如生前一般欢乐。醒来后,悲伤得无法入眠,立即查看历书,发现第二天就是吉日,就率百官及故旧宾客到原陵拜谒。当天,上天于陵园树木降下甘美的雨露,明帝令百官采取甘露祭献。聚会结束,明帝从席前伏在御床上,看着太后镜匣中的物品,心生触动悲痛流泪,令人更换脂粉、香油等化妆用品及镜匣。左右侍从全都低声哭泣,不能仰视。

明德马皇后名字失传,是伏波将军马援年纪最小的女儿。她年少时父母双亡。她的哥哥马克卿灵敏聪慧,不幸早年夭折,母亲蔺夫人因过度悲伤而发病精神恍惚。马皇后这年十岁,料理家中事务,整治管束仆从,内外事务都向她请示,她像成人一样从容应对。起初,各家没人知道这一情况,后来听闻了,全都惊叹不已。马皇后曾久病言也。”后又呼相者使占诸女，见后，大惊曰：“我必为此女称臣。然贵而少子，若养它子者得力，乃当逾于所生。”

初，援征五溪蛮，卒于师，虎贲中郎将梁松、黄门侍郎窦固等因谮之，由是家益失势，又数为权贵所侵侮。后从兄严不胜忧愤，白太夫人绝窦氏婚，求进女掖庭。乃上书曰：“臣叔父援孤恩不报，而妻子特获恩全，戴仰陛下，为天为父。人情既得不死，便欲求福。窃闻太子、诸王妃匹未备，援有三女，大者十五，次者十四，小者十三，仪状发肤，上中以上。皆孝顺小心，婉静有礼。愿下相工，简其可否。如有万一，援不朽于黄泉矣。又援姑姊妹并为成帝婕妤，葬于延陵。臣严幸得蒙恩更生，冀因缘先姑，当充后宫。”由是选后入太子宫。时年十三。奉承阴后，傍接同列，礼则修备，上下安之。遂见宠异，常居后堂。

显宗即位，以后为贵人。时后前母姊女贾氏亦以选入，生肃宗。帝以后无子，命令养之。谓曰：“人未必当自生子，但患爱养不至耳。”后于是尽心抚育，劳悴过于所生。肃宗亦孝性淳笃，恩性天至，母子慈爱，始终无纤介之间。后常以皇嗣未广，每怀忧叹，荐达左右，若恐不及。后宫有进见者，每加慰纳。若数所宠引，辄增隆遇。永平三年春，有司奏立长秋宫，帝未有所言。皇太后曰：“马贵人德冠后宫，即其人也。”遂立为皇后。

不愈，太夫人令人为她占卜，占卜者说："此女虽有患病的情状但必当获得显贵的地位，卜兆不可言说啊。"后来又让相者为众女占卜，相者看见马皇后，十分惊讶地说："我必然会对此女称臣。然而她虽然尊贵却命中少子，如若将别人的儿子抚养好，应当比自己生的还好。"

起初，马援征讨五溪蛮，在军中去世，虎贲中郎将梁松、黄门侍郎窦固等人趁机谗毁他，自此以后马家日益失去权势，又数次被权贵侵凌侮慢。马皇后的堂兄马严忧愤不已，告诉太夫人断绝与窦氏的婚姻，请求将马家女儿送入后宫。因而上书说："臣叔父马援有负皇恩不曾报答，他的妻子儿女却获得特别的恩泽而得以保全，他们拥戴敬仰陛下，把您视作上天当成父亲。人之常情，既然能免除一死，就想谋求幸福。我私底下听闻太子、众王的妃子配偶还没有安排好，马援有三个女儿，大女儿十五岁，二女儿十四岁，小女儿十三岁，仪表容貌头发皮肤，都在上中等以上。且都十分孝顺小心，温婉娴静有礼节。愿陛下派出相工察看，检验她们可不可以入宫。如果万一有女儿被选上，马援就可以在黄泉永远不朽了。还有马援的姑姐妹都是成帝的婕妤，被葬在延陵。臣马严有幸承蒙恩情复兴，期望能依靠先姑这层关系，让马家的女儿能够进入后宫。"因此将马皇后选入太子宫中。马皇后当时十三岁。马皇后奉承阴皇后，与太子的其他妃子应酬，礼法美善完备，上下都安宁无事。因此得到了异于众人的恩宠与重视，时常被叫入后宫居住。

明帝即位后，立马皇后为贵人。当时马皇后前母姐姐的女儿贾氏也被选入宫中，诞下章帝。明帝因马皇后没有儿子，命令她养育章帝。对她说："人不见得要自己生儿子，只是担心爱护抚育做不到位罢了。"马皇后就竭尽心思抚育章帝，付出的劳累辛苦要超过自己所生的孩子。章帝也生性孝顺质朴笃厚，天生拥有感恩之心，母慈子爱，始终没有一点儿细微的嫌隙。马皇后时常因为皇子太少，心存忧虑叹息不断，推荐引进左右妃子，好像唯恐做不到位。后宫妃子有进见明帝得到宠幸的，每每予以安抚接纳。如若多次得到明帝的召见宠幸，就增加对其的优厚待遇。永平三年春，有关官员奏请立后，明帝不说话。皇太后说："马贵人德冠后宫，正是皇后的最佳人选。"

先是数日，梦有小飞虫无数赴著身，又入皮肤中而复飞出。既正位宫闱，愈自谦肃。身长七尺二寸，方口，美发。能诵《易》，好读《春秋》《楚辞》，尤善《周官》《董仲舒书》。常衣大练，裙不加缘。朔望诸姬主朝请，望见后袍衣疏粗，反以为绮縠，就视，乃笑。后辞曰："此缯特宜染色，故用之耳。"六宫莫不叹息。帝尝幸苑囿离宫，后辄以风邪露雾为戒，辞意款备，多见详择。帝幸濯龙中，并召诸才人，下邳王已下皆在侧，请呼皇后。帝笑曰："是家志不好乐，虽来无欢。"是以游娱之事希尝从焉。

十五年，帝案地图，将封皇子，悉半诸国。后见而言曰："诸子裁食数县，于制不已俭乎？"帝曰："我子岂宜与先帝子等乎？岁给二千万足矣。"时楚狱连年不断，囚相证引，坐系者甚众。后虑其多滥，乘间言及，恻然。帝感悟之，夜起仿偟，为思所纳，卒多有所降宥。时诸将奏事及公卿较议难平者，帝数以试后。后辄分解趣理，各得其情。每于侍执之际，辄言及政事，多所毗补，而未尝以家私干。故宠敬日隆，始终无衰。

及帝崩，肃宗即位，尊后曰皇太后。诸贵人当徙居南宫，太后感析别之怀，各赐王赤绶，加安车驷马，白越三千端，杂帛二千匹，黄金十斤。自撰《显宗起居注》，削去兄防参医药事。帝请曰："黄门舅旦夕供养且一年，既无褒异，又不录勤劳，无乃过乎！"太后曰："吾不欲令后世闻先帝数亲后宫之家，故不著也。"

章帝就立马皇后为皇后。

在此之前的几天，马皇后梦到有无数小飞虫扑在她身上，接着钻入她的皮肤里又飞出来。身居皇后之位后，愈发谦恭庄敬。她身高七尺二寸，嘴型方正，长着一头美丽的秀发。能背诵《易经》，好读《春秋》《楚辞》，尤其精通《周礼》《董仲舒书》。她常常穿着用粗帛制成了衣裳，裙子不镶边。初一十五众姬妾公主前来拜见，远远望见马皇后衣袍布料粗疏，反而以为是用绫绸绉纱制成的，走上前仔细看，便笑了。马皇后解释说："这种粗帛特别适合染色，所以用它做衣服。"六宫之人无不为之叹息。明帝常幸游苑囿离宫，皇后总是以风邪露雾入体等来告诫他，言辞诚恳周全，大多被审慎采纳。明帝到濯龙园中，并召来众才人陪侍，下邳王以下都在身侧，众人请求将皇后叫来。明帝笑着说："皇后没有喜好玩乐的意向，纵使来了也不会感到欢乐。"所以游戏娱乐之事马皇后很少参加。

永平十五年(72)，明帝查看地图，准备分封皇子，每个皇子的封地都只有众封国的一半。马皇后看见后说道："众皇子才几个县的食邑，按规定来说岂不是太俭约了吗？"明帝说："我的儿子怎么适合与先帝的儿子同等对待呢？每年给两千万就足够了。"当时楚王刘英谋反的案件接连几年没有结束，囚犯间互相举证攀引，因被牵连获罪的有很多。马皇后担忧其中虚妄不实的过多，便找机会对明帝谈及此事，并流露出悲痛的神情。明帝受到感触而醒悟，夜晚起身来回走动，思量着马皇后所说的话，最终许多人得到了减罪宽赦。当时众将领上奏之事及公卿评论驳议难以定夺的，明帝多次用来考察皇后。马皇后就判别其中的意趣道理，每件事都合乎情理。每次服侍明帝时，总会提及政事，所说的话对于政事大多有所增益补阙，却未曾拿家事请求明帝。因此得到的宠爱敬重日益深厚，始终没有衰减。

等到明帝驾崩，章帝即位后，尊马皇后为皇太后。按规定众贵人应当迁居南宫，马太后感怀别离，赐予她们王侯佩戴的赤色丝带，加上由四匹马拉的安车，白越布三千端，杂帛二千匹，黄金十斤。亲自编撰《显宗起居注》，从书中削去兄长马防参与医治先帝之事。章帝请求道："担任黄门侍郎的舅舅日夜为先帝提供医药近一年，既没有建初元年，欲封爵诸舅，太后不听。明年夏，大旱，言事者以为不封外戚之故，有司因此上奏，宜依旧典。太后诏曰：“凡言事者皆欲媚朕以要福耳。昔王氏五侯同日俱封，其时黄雾四塞，不闻澍雨之应。又田蚡、窦婴，宠贵横恣，倾覆之祸，为世所传。故先帝防慎舅氏，不令在枢机之位。诸子之封，裁令半楚、淮阳诸国，常谓‘我子不当与先帝子等’。今有司奈何欲以马氏比阴氏乎！吾为天下母，而身服大练，食不求甘，左右但著帛布，无香薰之饰者，欲身率下也。以为外亲见之，当伤心自敕，但笑言太后素好俭。前过濯龙门上，见外家问起居者，车如流水，马如游龙，仓头衣绿褠，领袖正白，顾视御者，不及远矣。故不加谴怒，但绝岁用而已，冀以默愧其心，而犹懈怠，无忧国忘家之虑。知臣莫若君，况亲属乎？吾岂可上负先帝之旨，下亏先人之德，重袭西京败亡之祸哉！”固不许。

帝省诏悲叹，复重请曰：“汉兴，舅氏之封侯，犹皇子之为王也。太后诚存谦虚，奈何令臣独不加恩三舅乎？且卫尉年尊，两校尉有大病，如令不讳，使臣长抱刻骨之恨。宜及吉时，不可稽留。”

太后报曰：“吾反覆念之，思令两善。岂徒欲获谦让之名，而使帝受不外施之嫌哉！昔窦太后欲封王皇后之兄，丞相条侯言受高祖约，无军功，非刘氏不侯。今马氏无功于国，岂得与阴、郭中予以特殊的褒扬嘉奖，又不记载他的辛劳，只怕是有些过分了吧！”马太后说：“我不想令后世听闻先帝多次亲近后宫妃嫔的家族，因此不予以记载。”

建初元年(76)，章帝想要为诸位舅舅封爵，马太后不听从。第二年夏天，发生大旱，议论朝政的人认为是不封外戚的缘故，有关官员因此上奏，称应当依照过去的制度分封外戚。马太后颁发诏书说：“议论朝政的人都是想逢迎我来谋求富贵罢了。过去成帝在同一天为太后王氏的五个弟弟封侯，那时四方充满黄色的雾气，没听说有应时之雨响应降落。还有田蚡、窦婴，尊荣显贵专横放肆，覆灭的灾祸，为世人所流传。因此先帝谨慎防备舅家，不让他们担任重要职位。众皇子得到的封地，只有楚、淮阳众封国的一半。常说‘我的儿子不应该与先帝的儿子同等’。如今有关官员为何想要拿马氏与我阴氏相比呐！我作为天下之母，却身穿粗帛制成的衣服，饮食不讲求美味可口，左右侍从也只穿着帛布，没有香薰的装饰，是想以自己的言行为天下人做表率。我原以为外戚见我如此，会扪心反省而自加劝勉，不想他们只是笑说太后素来喜欢俭朴。先前经过濯龙门上，见到询问起居的外家人，只见其车如流水，马如游龙，奴仆身穿绿色臂衣，衣领衣袖颜色纯白，回头看我的侍从，差他们太远了。我故意不对他们加以谴责，只是断绝了他们一年的用费罢了，是期望他们暗中羞愧，但他们仍然态度轻慢不庄重，没有忧国忘家的心思。了解臣子的无过于君主，更何况是自家亲属呢？我怎能对上辜负先帝的意旨，对下有损先祖的恩德，重蹈西京外戚败亡的灾祸呐！”执意不许封外戚。

章帝看过诏书后悲叹不已，又重新请求道：“汉室兴起后，舅氏封侯，犹如皇子封王一般。太后诚然要保存谦虚的美名，但为何独独不让儿臣加恩于三位舅舅呢？况且做卫尉的舅舅年事已高，两位做校尉的舅舅患有重病，假使他们逝世，儿臣将永远抱有刻骨的遗恨。应当趁着吉时予以封爵，不可以耽搁。”

马太后回复道：“我反复思考这件事，想要令两者都好。我难道只是想要得到谦让的美名，而使皇帝受到不对外家施与恩泽的猜疑嘛！过去窦太后想要封王皇后的兄长，丞相条侯说秉承高祖定下盟约，没有兴之后等邪？常观富贵之家，禄位重叠，犹再实之木，其根必伤。且人所以愿封侯者，欲上奉祭祀，下求温饱耳。今祭祀则受四方之珍，衣食则蒙御府余资，斯岂不足，而必当得一县乎？吾计之孰矣，勿有疑也。夫至孝之行，安亲为上。今数遭变异，谷价数倍，忧惶昼夜，不安坐卧，而欲先营外封，违慈母之拳拳乎！吾素刚急，有匈中气，不可不顺也。若阴阳调和，边境清静，然后行子之志。吾但当含饴弄孙，不能复关政矣。”

时新平主家御者失火，延及北阁后殿。太后以为己过，起居不欢。时当谒原陵，自引守备不慎，惭见陵园，遂不行。初，太夫人葬，起坟微高，太后以为言，兄廖等即时减削。其外亲有谦素义行者，辄假借温言，赏以财位。如有纤介，则先见严恪之色，然后加谴。其美车服不轨法度者，便绝属籍，遣归田里。广平、钜鹿、乐成王车骑朴素，无金银之饰，帝以白太后，太后即赐钱各五百万。于是内外从化，被服如一，诸家惶恐，倍于永平时。乃置织室，蚕于濯龙中，数往观视，以为娱乐。常与帝旦夕言道政事，及教授诸小王，论议经书，述叙平生，雍和终日。

四年，天下丰稔，方垂无事，帝遂封三舅廖、防、光为列侯。并辞让，愿就关内侯。太后闻之，曰：“圣人设教，各有其方，知人情性莫能齐也。吾少壮时，但慕竹帛，志不顾命。今虽已老，而复‘戒之在得’，故日夜惕厉，思自降损。居不求安，食不念饱。冀乘此道，军功，不是刘氏子孙的不可以封侯。如今马氏对于国家并无功劳，怎可与阴氏、郭氏这样中兴汉室的皇后同等呢？时常看见富贵人家，同时拥有俸禄爵位，犹如一年结两次果实的果树，树根必定会受到损伤。况且人们之所以希望封侯，于上是想供奉祭祀先祖，于下只是追求温饱而已。如今马氏祭祀上蒙受四方的珍宝，衣食上蒙受府库的余资，这难道不足够，而必须得得到一个县的食邑吗？我已经仔细计议过了，不要再抱有怀疑。至孝的行为，以使父母安宁为上。而今多次遭逢意外，谷价数倍于从前，我日夜忧惧，坐卧不安，你却想要先封外亲，违背慈母真挚诚恳的心意嘛！我向来刚正急躁，胸中有气，不能不使之畅达通顺。如若阴阳调和融洽，边境清净无事，然后再来施行你的意向吧。那时我只应当含着糖逗孙子，不能再过问政事了。”

当时新平主家侍从引发火灾，大火烧到北阁后殿。马太后认为是自己的过错，日常生活很不开心。当时应当前去拜谒原陵，马太后主动承认有守御防备不够谨慎的过错，羞于面对汉室先祖，于是不肯前往。当初，太夫人埋葬后，所起的坟略微有些高，马太后指了出来，马太后的兄长马廖等人立刻加以削减。对待谦恭恬淡有忠义之行的外亲，就言语宽容温和，赏与钱财官位。假如有一点儿微小的过错，就先显现出庄严恭敬的神色，然后再予以谴责。车舆服饰过度华美不遵循法度的，便断绝其族籍，将其遣返回乡里。广平王、钜鹿王、乐成王车马朴素，没有用金银制品装饰，章帝将这一情况告知马太后，马太后立即给他们各赐钱五百万。于是皇宫内外全都听从教化，衣服被子等没有差别，众家族恐惧不安，比永平时期还要谦逊。于是设置织室，在濯龙园中养蚕，马太后多次前往观瞻，当作消遣的乐事。时常与章帝早晚议论政事，以及教授众小皇子，讲议经书，叙述生平，从早到晚一派和睦。

建初四年（79），天下农作物丰收，边陲没有战事，章帝就封马廖、马防、马光三个舅舅为列侯。他们全都谦逊推让，表示愿意当关内侯。马太后听闻这件事后，说：“圣人实施教化，对待不同的人有不同的教化方法，因为知道人的性情是不可能完全一样的。我年少豪壮之时，只仰慕那些留名史册的人，志向远大而不顾虑性命的长不负先帝。所以化导兄弟，共同斯志，欲令瞑目之日，无所复恨。何意老志复不从哉？万年之日长恨矣！”廖等不得已，受封爵而退位归第焉。

太后其年寝疾，不信巫祝小医，数敕绝祷祀。至六月，崩。在位二十三年，年四十余。合葬显节陵。

贾贵人，南阳人。建武末选入太子宫，中元二年生肃宗，而显宗以为贵人。帝既为太后所养，专以马氏为外家，故贵人不登极位，贾氏亲族无受宠荣者。及太后崩，乃策书加贵人王赤绶，安车一驷，永巷宫人二百，御府杂帛二万匹，大司农黄金千斤，钱二千万。诸史并阙后事，故不知所终。

章德窦皇后讳某，扶风平陵人，大司徒融之曾孙也。祖穆，父勋，坐事死，事在《窦融传》。勋尚东海恭王彊女沘阳公主，后其长女也。家既废坏，数呼相工问息耗，见后者皆言当大尊贵，非臣妾容貌。年六岁能书，亲家皆奇之。建初二年，后与女弟俱以选例入见长乐宫，进止有序，风容甚盛。肃宗先闻后有才色，数以讯诸姬傅。及见，雅以为美，马太后亦异焉，因入掖庭，见于北宫章德殿。后性敏给，倾心承接，称誉日闻。明年，遂立为皇后，妹为贵人。七年，追爵谥后父勋为安成思侯。后宠幸殊特，专固后宫。

初，宋贵人生皇太子庆，梁贵人生和帝。后既无子，并疾忌之，短。如今虽然已经老了，却也懂得‘人年老了要以贪得无厌为戒’，因此日夜保持警惕，想着自己要谦逊退让。居住不追求安逸，吃饭不吃太饱。期望凭借这样的方式，能不辜负先帝的意旨。所以教化开导自己的兄弟，让他们与我共同遵循这个志向，想要使我闭上眼睛的那天，没有再可遗恨的。为何现在又不听从我老年的志愿？让遗恨万年啊！”马廖等人无可奈何，接受封爵后却辞退官位返回宅第。

马太后在这年患重病卧床，不相信巫师小医，多次命令不得设祭祈求鬼神。等到六月时，马太后去世。在位二十三年，享年四十多岁。与明帝合葬于显节陵。

贾贵人，南阳人。建武末年被选入太子宫中，中元二年（57）诞下章帝，而明帝将她封为贵人。章帝是被马太后养育大的，只把马氏当作外家，因此贾贵人没有登上太后之位，贾氏亲族也没有得到宠荣的。等到马太后去世后，章帝就颁发策书加赠贾贵人王侯佩戴的赤色丝带，由四匹马拉的安车，永巷宫官人二百，御府杂帛二万匹，大司农黄金一千斤，钱二千万。众史籍都缺少有关贾贵人后事的记载，因此不知道她的结局。

章德窦皇后名字失传，扶风平陵人，是大司徒窦融的曾孙女。祖父窦穆，父亲窦勋，因事获罪而死，详见《窦融传》。窦勋娶了东海恭王刘彊的女儿沘阳公主为妻，窦皇后是窦勋的长女。家族败落后，多次叫来相工询问家中兴衰，相工们看见窦皇后都说她会极其尊贵，并不是臣妾容貌。窦皇后六岁时就能写文，亲家都对此感到十分奇异。建初二年，窦皇后与妹妹一同依照挑选良家女的成规进入长乐宫拜见天子，窦皇后进退有序，风采仪容很是美好。章帝先前听闻窦皇后富有才华姿貌，多次向众姬及负责辅导保育皇子皇女的傅母询问她的事情。等到看见她本人时，认为她很是美丽，马太后也认为她很特别，就让她进入掖庭，在北宫章德殿面见她。窦皇后生性敏捷，尽心交际，对她的赞誉日益传播出去。于是在第二年，被册立为皇后，她的妹妹被封为贵人。建初七年（82），给窦皇后的父亲窦勋追加爵谥为安成思侯。窦皇后受到与众不同的宠爱，在后宫中独断专行。

起初，宋贵人诞下皇太子刘庆，梁贵人诞下和帝。窦皇后没有生数间于帝，渐致疏嫌。因诬宋贵人挟邪媚道，遂自杀，废庆为清河王，语在《庆传》。

梁贵人者，褒亲愍侯梁竦之女也。少失母，为伯母舞阴长公主所养。年十六，亦以建初二年与中姊俱选入掖庭为贵人。四年，生和帝。后养为己子。欲专名外家而忌梁氏。八年，乃作飞书以陷竦。竦坐诛，贵人姊妹以忧卒。自是宫房惵息，后爱日隆。

及帝崩，和帝即位，尊后为皇太后。皇太后临朝，尊母沘阳公主为长公主，益汤沐邑三千户，兄宪，弟笃、景，并显贵，擅威权，后遂密谋不轨，永元四年，发觉被诛。

九年，太后崩，未及葬，而梁贵人姊嫕上书陈贵人枉殁之状。太尉张酺、司徒刘方、司空张奋上奏，依光武黜吕太后故事，贬太后尊号，不宜合葬先帝。百官亦多上言者。帝手诏曰："窦氏虽不遵法度，而太后常自减损。朕奉事十年，深惟大义，礼，臣子无贬尊上之文。恩不忍离，义不忍亏。案前世上官太后亦无降黜，其勿复议。"于是合葬敬陵。在位十八年。

帝以贵人酷殁，敛葬礼阙，乃改殡于承光宫，上尊谥曰恭怀皇后，追服丧制，百官缟素，与姊大贵人俱葬西陵，仪比敬园。

和帝阴皇后讳某，光烈皇后兄执金吾识之曾孙也。后少聪慧，下儿子后，对二人都十分妒忌，数次在章帝面前挑拨她们与章帝的关系，逐渐导致她们被章帝疏远嫌弃。窦皇后趁机诬陷宋贵人心怀邪念行巫蛊之术，最终宋贵人自杀，皇太子刘庆被废为清河王，详见《刘庆传》。

梁贵人，是褒亲愍侯梁竦的女儿。她少时丧母，被伯母舞阴长公主抚养长大。十六岁时，也在建初二年与家中排行居中的姐姐一同被选入掖庭做贵人。建初四年，诞下和帝。窦皇后将他当作自己的儿子养育。想要使自己的外家独占外戚之名而忌惮梁氏。于是在建初八年，写匿名信陷害梁竦，梁竦获罪被诛杀，梁贵人姐妹双双忧郁而亡。从这之后后宫人人因恐惧而屏息不言，窦皇后收到的宠爱一天比一天多。

等到章帝驾崩，和帝即位后，尊窦皇后为皇太后。窦太后临朝听政，尊自己的母亲沘阳公主为长公主，增加了三千户供长公主收取赋税的私邑。她的兄长窦宪，弟弟窦笃、窦景，一并显达富贵起来，独揽威势权力，后来竟然密谋不轨。永元四年（92），阴谋被察觉后遭到诛杀。

永元九年（97），窦太后去世，还没来得及下葬，梁贵人的姐姐梁嫕就上书陈述梁贵人枉死的情况。太尉张酺、司徒刘方、司空张奋一起上奏，请求按照光武帝降黜吕太后的旧例，贬黜窦太后尊号，认为她不应与先帝合葬。百官中也有许多上奏谈论这件事的。和帝亲笔书写诏书说："窦氏虽然不遵循法度，而太后却经常主动退让。朕继承帝统已经十年，深思大义，就礼仪来说，没有臣子贬黜尊上的典章。不忍断绝恩情，亏损道义。考查前代上官太后也没有遭到降黜，你们不要再议论这件事了。"于是将窦太后同章帝合葬于敬陵。窦太后在位共十八年。

和帝因梁贵人惨死，入殓埋葬缺少相应的礼仪，就将其灵柩改停在承光宫，上尊谥为恭怀皇后，补行服丧的礼制，百官穿着白色丧服，将梁贵人与其姐姐大贵人一起埋葬在西陵，仪制与葬在敬园的宋贵人一样。

和帝阴皇后名字失传，是光烈皇后兄长执金吾阴识的曾孙女。

善书艺。永元四年，选入掖庭，以先后近属，故得为贵人。有殊宠。八年，遂立为皇后。

自和熹邓后入宫，爱宠稍衰，数有恚恨。后外祖母邓朱出入宫掖。十四年夏，有言后与朱共挟巫蛊道，事发觉，帝遂使中常侍张慎与尚书陈褒于掖庭狱杂考案之。朱及二子奉、毅与后弟轶、辅、敞辞语相连及，以为祠祭祝诅，大逆无道。奉、毅、辅考死狱中。帝使司徒鲁恭持节赐后策，上玺绶，迁于桐宫，以忧死。立七年，葬临平亭部。父特进纲自杀，轶、敞及朱家属徙日南比景县，宗亲外内昆弟皆免官还田里。永初四年，邓太后诏赦阴氏诸徙者悉归故郡，还其资财五百余万。

和熹邓皇后讳绥，太傅禹之孙也。父训，护羌校尉；母阴氏，光烈皇后从弟女也。后年五岁，太傅夫人爱之，自为翦发。夫人年高目冥，误伤后额，忍痛不言。左右见者怪而问之，后曰："非不痛也，太夫人哀怜为断发，难伤老人意。故忍之耳。"六岁能《史书》，十二通《诗》《论语》。诸兄每读经传，辄下意难问。志在典籍，不问居家之事。母常非之，曰："汝不习女工以供衣服，乃更务学，宁当举博士邪？"后重违母言，昼修妇业，暮诵经典，家人号曰"诸生"。父训异之，事无大小，辄与详议。

永元四年，当以选入，会训卒，后昼夜号泣，终三年不食盐菜，憔悴毁容，亲人不识之。后尝梦扪天，荡荡正青，若有钟乳状，乃仰嗽饮之。以讯诸占梦，言尧梦攀天而上，汤梦及天而咶之，斯皆圣王阴皇后年少时十分聪慧，擅长书法。永元四年，被选入掖庭，因为是先皇后关系较近的亲属，所以得以成为贵人。受到了特殊的宠爱。在永元八年（96），被立为皇后。

自从和熹邓后入宫后，和帝对阴皇后的宠爱逐渐减少，阴皇后多次心怀怨恨。阴皇后的外祖母邓朱频繁出入宫中。永元十四年（102）夏季，有人进言称阴皇后与邓朱行巫蛊之术，事情被发觉后，和帝就派中常侍张慎与尚书陈褒在掖庭狱里会审查问。邓朱及她的两个儿子邓奉、邓毅与阴皇后的弟弟阴轶、阴辅、阴敞的口供互相牵连涉及，张慎等人认为他们通过祭祀祝告鬼神加祸于他人，犯有大逆不道的重罪。邓奉、邓毅、阴辅在狱中被拷问而死。和帝命司徒鲁恭持符节赐予阴皇后策书，让阴皇后交上印玺，前往桐宫，阴皇后因忧郁而死。被立位皇后共七年，葬在临平亭部。阴皇后父特进阴纲自杀，阴轶、阴敞及邓朱家属被迁往日南比景县，内外宗亲兄弟都被免去官职遣送回乡里。永初四年（110），邓太后颁发赦令让遭到流放的阴氏众人全都返回故乡，归还给他们五百多万资财。

和熹邓皇后名绥，是太傅邓禹的孙女。父亲邓训，任护羌校尉；母亲阴氏，是光烈皇后堂弟的女儿。邓皇后五岁时，太傅夫人十分喜爱她，亲手为她修剪头发。夫人年事已高眼睛昏花，误伤了她的额头，她忍痛不说。身边看到的人感到十分奇怪询问缘由，她说："并非不感到疼痛，而是太夫人出于怜爱为我剪断头发，不好伤害老人的心意，因而才忍痛不说罢了。"邓皇后六岁时能通晓《史书》，十二岁时能通晓《诗经》《论语》。众兄长每次阅读经传时，她总是出难题考问。她将志向放在典籍上，不过问家中事务。她的母亲经常反对她这么做，说："你不学习女工提供衣服，却反而做什么学问，难道你要应举博士吗？"邓皇后难以违背母亲的话，白天学习妇功，夜晚背诵经书，家里称她为"诸生"。父亲邓训认为她异于常人，事情无论大小，总是同她详细商议。

永元四年，邓皇后原本应当被选入后宫，正好遇上邓训去世，邓皇后日夜大声哭泣，整整三年不吃加盐的蔬菜，面容哀戚憔悴，连亲人都无法认出她。邓皇后曾梦到自己拿手抚摸苍天，苍天宽广浩之前占，吉不可言。又相者见后惊曰："此成汤之法也。"家人窃喜而不敢宣。后叔父陔言："常闻活千人者，子孙有封。兄训为谒者，使修石臼河，岁活数千人。天道可信，家必蒙福。"初，太傅禹叹曰："吾将百万之众，未尝妄杀一人，其后世必有兴者。"

七年，后复与诸家子俱选入宫。后长七尺二寸，姿颜姝丽，绝异于众，左右皆惊。八年冬，入掖庭为贵人，时年十六。恭肃小心，动有法度。承事阴后，夙夜战兢。接抚同列，常克己以下之，虽宫人隶役，皆加恩借。帝深嘉爱焉。及后有疾，特令后母兄弟入视医药，不限以日数。后言于帝曰："宫禁至重，而使外舍久在内省，上令陛下有幸私之讥，下使贱妾获不知足之谤。上下交损，诚不愿也。"帝曰："人皆以数入为荣，贵人反以为忧，深自抑损，诚难及也。"每有宴会，诸姬贵人竞自修整，簪珥光采，袿裳鲜明，而后独著素，装服无饰。其衣有与阴后同色者，即时解易。若并时进见，则不敢正坐离立，行则偻身自卑。帝每有所问，常逡巡后对，不敢先阴后言。帝知后劳心曲体，叹曰："修德之劳，乃如是乎！"后阴后渐疏，每当御见，辄辞以疾。时帝数失皇子，后忧继嗣不广，恒垂涕叹息，数选进才人，以博帝意。

瀚呈纯青色，上面仿若有钟乳之类的东西，她于是仰头用嘴吸吮喝下。拿这个梦询问占门者，对方说尧梦到攀着向上爬，汤梦到自己到天跟前用舌头舔天，这都是圣王当王前的征兆，吉祥得无法用言语表达。还有看相者看见邓皇后后惊讶地说："这是成汤的骨相啊。"家人暗自窃喜却不敢宣扬。邓皇后的叔父邓陔说："时常听闻能使一千人活命的人，子孙会得到封赏。兄长训任谒者时，命人修理石臼河，一年救活了几千人。天道可信的话，家中必定会得福。"当初，太傅邓禹慨叹说："我统领百万之多的兵众，不曾滥杀过一个人，我的后代子孙必然有兴旺发达的。"

永元七年（95），邓皇后又与各家女子一起被选入后宫。邓皇后身高七尺二寸，姿容美丽，独特不凡，左右都感到十分惊奇。永元八年冬季，进入掖庭成为贵人，当时十六岁。邓皇后做事谦恭严肃处处小心，一举一动都遵循法度。为阴皇后办事，时时充满恐惧警惕。接待抚慰和自己地位相当的妃嫔，常常克制约束自己来谦让他人，即使对待宫人仆役，都给予恩惠宽容。和帝十分赞许宠爱她。等到邓皇后患病时，和帝特令她的母亲兄弟入宫探视照顾医药等事，并且不限制天数。邓皇后对和帝说："后宫是至关重要的地方，而使外戚长久留在后宫内，上令陛下蒙受宠爱偏私的非议，下使臣妾遭到不知满足的谤毁。上下都受到损害，我实在不愿意这样。"和帝说："人们都以外家能屡次进入后宫为荣，贵人反而把这当作烦忧，深深地限制自己，实在是让人难以企及呀。"每次有宴会，众姬妾贵人争竞相修饰仪表整理妆容，发簪耳饰光彩溢目，上衣下群鲜艳亮丽，而唯独邓皇后穿着素色衣裳，装扮服饰不加修饰。她身上的衣服有与阴皇后同色的，立刻解下换掉。如若和阴皇后同时进见和帝，则不敢正身而坐与皇后并立，行走时则弯下身子以示谦卑。和帝每次提问，她常等一会儿后才回答，不敢先于阴皇后发言。和帝知道邓皇后的劳心苦思和体察深入，慨叹道："修养德行的劳苦，竟然达到了这种程度啊！"后来阴皇后逐渐被和帝疏远，每当和帝召见邓皇后时，邓皇后总是称病推辞。当时和帝数次失去皇子，邓皇后忧心能够继承帝位的皇嗣太少，经常落泪叹息，多次选进才人，以获得和帝的心意来诞下更多阴后见后德称日盛，不知所为，遂造祝诅，欲以为害。帝尝寝病危甚，阴后密言："我得意，不令邓氏复有遗类！"后闻，乃对左右流涕言曰："我竭诚尽心以事皇后，竟不为所祐，而当获罪于天。妇人虽无从死之义，然周公身请武王之命，越姬心誓必死之分，上以报帝之恩，中以解宗族之祸，下不令阴氏有人豕之讥。"即欲饮药，宫人赵玉者固禁之，因诈言属有使来，上疾已愈。后信以为然，乃止。明日，帝果瘳。

十四年夏，阴后以巫蛊事废，后请救不能得，帝便属意焉。后愈称疾笃，深自闭绝。会有司奏建长秋宫，帝曰："皇后之尊，与朕同体，承宗庙，母天下，岂易哉！唯邓贵人德冠后庭，乃可当之。"至冬，立为皇后。辞让者三，然后即位。手书表谢，深陈德薄，不足以充小君之选。是时，方国贡献，竞求珍丽之物，自后即位，悉令禁绝，岁时但供纸墨而已。帝每欲官爵邓氏，后辄哀请谦让，故兄骘终帝世不过虎贲中郎将。

元兴元年，帝崩，长子平原王有疾，而诸皇子夭没，前后十数，后生者辄隐秘养于人间。殇帝生始百日，后乃迎立之。尊后为皇太后，太后临朝。和帝葬后，宫人并归园，太后赐周、冯贵人策曰："朕与贵人托配后庭，共欢等列，十有余年。不获福祐，先帝早弃天下，孤心茕茕，靡所瞻仰，夙夜永怀，感怆发中。今当以旧典分归外园，惨结增叹，《燕燕》之诗，曷能喻焉？其赐贵人王青盖车，采饰辂，皇嗣。

阴皇后见邓皇后贤德的声誉日益盛传，不知道该如何做，就祝告鬼神降下灾祸，想要以此来伤害邓皇后。和帝曾卧病在床病势非常危急，阴皇后暗中说："如果我那天得志，不会让邓氏还有人存活！"邓皇后听闻后，便对左右之人流着眼泪说："我竭尽心力和忠诚来服侍皇后，竟不为她所保护，反而将获罪于天。妇人虽然没有自杀来追随其死的大义，然而周公请求用自己的身体代替武王患病，越姬发誓愿追随楚昭王而死最终为救昭王自杀，我也愿追随皇帝而去，上以报答皇帝的恩情，中以解除宗族的灾祸，下不使阴氏有人豕之讥。"说完即刻想要喝药自杀，一位叫做赵玉的宫人极力制止她，接着谎称恰好遇到使者前来，说皇上的疾病已经痊愈了。邓皇后信以为真，才停止自杀。第二天，和帝果真病愈了。

永元十四年夏季，阴皇后因行巫蛊之事被废，邓皇后为其求情未果，和帝便倾向于立等皇后为后。邓皇后越发称病重推辞宠幸，深深杜绝与和帝交往。正好遇上有关官员奏请册立皇后，和帝说："皇后的尊位，与朕地位相当，供奉宗庙，母仪天下，怎会容易呐！唯有邓贵人德冠后，才可以承担这一重任。"到了冬季，将邓皇后立为皇后。邓皇后再三辞让，然后才登上后位。她亲笔写下奏章谢恩，深深地陈述自己德行浅薄，不足以充当皇后之选。这时，四方诸侯之国进献礼物，竞相追求珍奇美丽的物品，自从邓皇后即位，全都彻底禁止，每年只需给予纸墨而已。和帝每每想要赏赐官职爵位给邓氏，邓皇后总是哀求谦让，因此她的兄长邓骘终和帝之世不过是虎贲中郎将。

元兴元年（105），和帝驾崩，长子平原王患有疾病，而其他众皇子全都早早死亡，前后有十多个，之后诞下的皇子就被秘密养在民间。殇帝出生才一百多天，邓皇后将其迎接回宫中立为天子。尊邓皇后为皇太后，邓太后临朝处理国事。和帝下葬后，宫人都返回园中，邓太后赐予周贵人、冯贵人策书说："我与贵人都被婚配于后宫之中，品级相同共同欢乐，已经有十多年了。没能得到幸福和保佑，先帝早早舍弃天下而去，内心孤独无依，没有可以瞻仰的对象，日夜伤怀，发骖马各一驷，黄金三十斤，杂帛三千匹，白越四千端。”又赐冯贵人王赤绶，以未有头上步摇、环佩，加赐各一具。

是时新遭大忧，法禁未设。宫中亡大珠一箧，太后念，欲考问，必有不辜。乃亲阅宫人，观察颜色，即时首服。又和帝幸人吉成，御者共枉吉成以巫蛊事，遂下掖庭考讯，辞证明白。太后以先帝左右，待之有恩，平日尚无恶言，今反若此，不合人情，更自呼见实核，果御者所为。莫不叹服，以为圣明。常以鬼神难征，淫祀无福，乃诏有司罢诸祠官不合典礼者。又诏赦除建武以来诸犯妖恶，及马、窦家属所被禁锢者，皆复之为平人。减大官、导官、尚方、内者服御珍膳靡丽难成之物，自非供陵庙，稻粱米不得导择，朝夕一肉饭而已。旧太官汤官经用岁且二万万，太后敕止，曰杀省珍费，自是裁数千万。及郡国所贡，皆减其过半。悉斥卖上林鹰犬。其蜀、汉扣器九带佩刀，并不复调。止画工三十九种。又御府、尚方、织室锦绣、冰纨、绮縠、金银、珠玉、犀象、玳瑁、彫镂玩弄之物，皆绝不作。离宫别馆储峙米糒薪炭，悉令省之。又诏诸园贵人，其宫人有宗室同族若羸老不任使者，令园监实核上名，自御北宫增喜观阅问之，恣其去留，即日免遣者五六百人。

及殇帝崩，太后定策立安帝，犹临朝政。以连遭大忧，百姓苦自内心地感慨悲伤。而今应当依照旧时的制度将你们分别归到外园，忧伤郁结徒增叹息，抒发离别之情的《燕燕》之诗，怎能说明心中的伤情呢？现赐予贵人王青盖车，用彩色装饰车辂，骖马各一驷，黄金三十斤，杂帛三千匹，白越四千端。”又赐予冯贵人王侯佩戴的赤色丝带，因其头没有佩戴步摇、环佩，追加赐予步摇、环佩各一副。

当时刚遭受死丧大事，刑罚禁令还没能制定。宫中丢了一箧大珠，邓太后心中盘算，如果拷打审问，必定有人蒙受冤屈。于是亲自察看所有宫人，观察他们的神情面色，偷窃者马上就坦白服罪。又有受和帝宠幸的吉成，驾驭马车的人一同冤枉吉成使用巫术加害于人，于是关入掖庭刑拷审讯，口供明白无误。但邓太后认为吉成是先帝身边侍从，先帝待他有恩，平时都不会说中伤他的话，如今却反而如此，不合乎人的常情，便重新叫来有关人等进行核实，结果是驾驭马车的人专门冤枉他。宫中没有不赞叹并佩服太后的做法的，认为她英明圣哲。太后常常认为鬼神之事使人难以信服，不当祭和妄滥的祭祀不会享受福佑，于是诏令有关部门罢免那些不符合典礼的祠官。又诏令赦免自光武帝建武年间以来犯有妖言惑众之罪的人，以及马、窦家属中所有被关押的人，都把他们恢复成平民身份。减少大官、导官、尚方、内者所享用的服饰、车马、器用、饮食等一切奢华难成之物，除非是要供奉陵庙，平时吃的稻粱米不能精挑细选，早晚吃一肉饭就行了。过去太官、汤官每年要用二万万经费，邓太后下令停止，说削减奢侈享受所用的开支，自此减少数千万的开销。到了郡国所进献的贡品，都减去一半以上。把上林苑的鹰犬全都卖了。蜀郡、广汉郡进献的用金玉等镶嵌的九带佩刀，一律不再征调。停止画工三十九种。又诏令御府、尚方、织室锦绣、冰纨、绫绸绉纱、金银、珠玉、犀象、玳瑁、雕镂玩弄之物，一律不准再制作。离宫别馆储备的米粮木炭，都节省使用。又诏令各园贵人，其宫人有宗室同族如果体弱年高、不能任用的，让园监核实上报名册，亲自到北宫增喜观逐一询问，任凭他们是去是留，当日免除职务并遣送回乡的有五六百人。

等到殇帝驾崩，邓太后决定国策立长安侯刘祜为安帝，仍摄政役，殇帝康陵方中秘藏，及诸工作，事事减约，十分居一。

诏告司隶校尉、河南尹、南阳太守曰：“每览前代外戚宾客，假借威权，轻薄謥詷，至有浊乱奉公，为人患苦。咎在执法怠懈，不辄行其罚故也。今车骑将军骘等虽怀敬顺之志，而宗门广大，姻戚不少，宾客奸猾，多干禁宪。其明加检敕，勿相容护。”自是亲属犯罪，无所假贷。太后愍阴氏之罪废，赦其徙者归乡，敕还资财五百余万。永初元年，爵号太夫人为新野君，万户供汤沐邑。

二年夏，京师旱，亲幸洛阳寺录冤狱。有囚实不杀人而被考自诬，羸困舆见，畏吏不敢言，将去，举头若欲自诉。太后察视觉之。即呼还问状，具得枉实，即时收洛阳令下狱抵罪。行未还宫，澍雨大降。

三年秋，太后体不安，左右忧惶，祷请祝辞，愿得代命。太后闻之，即谴怒，切敕掖庭令以下，但使谢过祈福，不得妄生不祥之言。旧事，岁终当飨遣卫士，大傩逐疫。太后以阴阳不和，军旅数兴，诏飨会勿设戏作乐，减逐疫侲子之半，悉罢象橐驼之属。丰年复故。太后自入宫掖，从曹大家受经书，兼天文、算数。昼省王政，夜则诵读，而患其谬误，惧乖典章，乃博选诸儒刘珍等及博士、议郎、四府掾史五十余人，诣东观雠校传记。事毕奏御，赐葛布各有差。又诏中官近臣于东观受读经传，以教授宫人，左右习诵，朝夕济济。及新野君薨，太后自侍疾病，至乎终尽，忧哀毁损，事加于常。赠以长公主赤绶、东园秘器、玉衣绣衾，又赐布三万匹，钱三千万。骘等遂固让钱布不受。使司空持节护丧事，仪比东海恭王，谥曰敬听政。因接连遭受和帝、殇帝驾崩的丧事，老百姓苦于沉重的劳役，殇帝安葬在康陵，陵墓中的陪葬之物以及所有丧葬工作，事事俭省节约，只有过去的十分之一。

邓太后诏示司隶校尉、河南尹、南阳太守说：“每次看到前代外戚宾客，凭借皇亲权威，轻薄草率，乃至搅扰公事，被人厌恨。察其原因错在于执法松懈，不立刻执行其惩罚的缘故。如今车骑将军邓骘等人虽心怀敬重顺从的想法，而宗族广大，姻戚不少，宾客诡计多端，多有触犯规定禁例的法典。应当明令其严加检查整顿，不许互相宽容袒护。”从此亲属犯罪，没有任何宽容饶恕。邓太后怜恤阴皇后因罪而废，赦免那些受她牵连而被流放的族人返回家乡，诏令归还资财五百余万。永初元年（107），安帝尊封邓太后的母亲阴氏爵号为新野君，赐万户供汤沐邑。

永初二年（108）夏季，京师大旱，邓太后亲自到洛阳寺审查记录冤案。有一囚徒实际并没有杀人而被严刑拷问只能自行承认妄加之罪，瘦弱困乏被抬着来见邓太后，他害怕官吏不敢说实话，将要离开的时候，抬起头像要陈述什么。太后仔细看并发现了这件事，马上叫他回来询问情况，了解到他的全部受冤实情，立刻下令逮捕洛阳令关入监牢抵偿罪责。太后此行还没返回宫中，就降下及时雨来。

永初三年（109）秋季，邓太后身体不适，身边的人忧愁恐惧，向鬼神祈求祷告，希望能用自己的命来代替。太后听说后，马上斥责他们，严令掖庭令以下，只能向神灵承认错误祷告求福，不能胡乱地说些不吉利的话。按照旧例，到年末的时候应当用酒食招待那些要回家的卫士，举行祷祭来驱除疫鬼。太后认为阴阳不和，军队频繁出战，诏令宴会不要安排娱乐活动寻求欢乐，驱除疫鬼用到的童子数量减少一半，一律取消大象、骆驼等动物。丰收之年则又恢复原样。太后自从进入宫掖，跟随班昭学习经书，兼习天文、算数。白天管理朝廷，晚上则背诵诗书，担心发生错误，害怕违背典章制度，于是广泛地选择像刘珍等那样的儒生及博士、议郎、四府掾史五十多人，到东观校对传记。事情完成以后上奏皇帝，分别赐给他们数量不同的葛布。又诏令中官近臣在东观受读经书传记，以便教授宫人，左右侍从学习君。太后谅暗既终，久旱，太后比三日幸洛阳，录囚徒，理出死罪三十六人，耐罪八十人，其余减罪死右趾已下至司寇。

七年正月，初入太庙，斋七日，赐公卿百僚各有差。庚戌，谒宗庙，率命妇群妾相礼仪，与皇帝交献亲荐，成礼而还。因下诏曰："凡供荐新味，多非其节，或郁养强孰，或穿掘萌牙，味无所至而夭折生长，岂所以顺时育物乎！传曰：'非其时不食。'自今当奉祠陵庙及给御者，皆须时乃上。"凡所省二十三种。

自太后临朝，水旱十载，四夷外侵，盗贼内起。每闻人饥，或达旦不寐，而躬自减彻，以救灾戹，故天下复平，岁还丰穰。

元初五年，平望侯刘毅以太后多德政，欲令早有注记，上书安帝曰："臣闻易载羲农而皇德著，书述唐虞而帝道崇，故虽圣明，必书功于竹帛，流音于管弦。伏惟皇太后膺大圣之姿，体乾坤之德，齐踪虞妃，比迹任姒。孝悌慈仁，允恭节约，杜绝奢盈之源，防抑逸欲之兆。正位内朝，流化四海。及元兴、延平之际，国无储副，仰观乾象，参之人誉，援立陛下为天下主，永安汉室，绥静四海。又遭水潦，东州饥荒。垂恩元元，冠盖交路，菲薄衣食，躬率群下，损膳解骖，以赡黎苗。恻隐之恩，犹视赤子。克己引愆，显扬仄陋。崇晏晏之政，敷在宽之教。兴灭国，继绝世，录功臣，复宗室。追还徙人，蠲除禁锢。政非惠和，不图于心；制非旧典，不访于朝。弘德洋诵读，从早到晚座无虚席。到邓太后的母亲新野君去世前，太后亲自侍候疾病，一直到呼吸停止，太后忧愁哀伤，身体更不如以前了，丧事的礼仪规格超过日常的标准。给新野君赠予长公主赤绶、东园秘器、玉衣绣衾，又赏赐布三万匹，钱三千万。邓骘等人于是坚决推让不接受赏赐的钱布。太后派司空持符节监督丧事，仪制比照东海恭王，谥号为敬君。太后结束守孝，久旱不雨，太后连续三日到洛阳，审查记录犯人，审理出死罪三十六人，剃去鬓须的耐罪八十人，其余减免死罪及砍掉右足以下送到司寇。

永初七年（113）正月，邓太后开始进入太庙，斋戒七日，给公卿百官的赏赐各有不同。庚戌日，祭拜宗庙，率领命妇及群妾协助祭拜仪式，与皇帝交替献酒亲自进呈贡品，祭礼完成以后回京。太后因此下诏令说："只要是供献新品，多半不是当季获取的，有的用温室培育人工催熟，有的在萌芽时就采摘挖掘，味道还没有形成就中途不让它们生长了，这难道是顺应时宜而培育万物吗！传记上说：'不是正常时令的东西不吃。'从现在开始，祭祀陵庙及供宫中食用之物，都应当到了时节才能献上。"这样，一共减免二十三种食用之物。

自从邓太后临朝听政以来，有十年水旱灾害，外族入侵，国内盗贼肆虐。每当听到百姓饿着肚子，太后就整晚睡不着，而亲自裁减用度，以此来救济苦难，所以天下恢复安定，农事还得到丰收。

元初五年（118），平望侯刘毅认为太后有很多仁德的政绩，想尽早把她的功德记录下来，便上书安帝说："臣听说《易经》上记载了伏羲氏和神农氏的事迹，而他们的恩德显著，《尚书》中记述了唐尧和虞舜的事迹，而他们的治国之道被世人推崇，所以虽然他们是英明圣哲，但一定要把功业写在竹帛上，把德音留在管弦上。臣思考皇太后秉受大圣的英姿，体现天地的盛德，与舜的妻子娥皇、女英并列，与周文王母太任、武王母太姒彼此相当。她孝养父母心怀慈爱，诚实勤勉，躬行节俭，杜绝奢侈过度的根源，预防抑制贪图安逸的征兆。她在内朝担任太后，风化传布到四海。到了和帝元兴、殇帝延平年间，国无太子，太后抬头观天象，参考众人的赞誉，扶立陛下为天下君主，使汉室长久稳固，使天下得到安抚平定。又遭受水淹，溢，充塞宇宙；洪泽丰沛，漫衍八方。华夏乐化，戎狄混并。丕功著于大汉，硕惠加于生人。巍巍之业，可闻而不可及；荡荡之勋，可诵而不可名。古之帝王，左右置史；汉之旧典，世有注记。夫道有夷崇，治有进退。若善政不述，细异辄书，是为尧汤负洪水大旱之责，而无咸熙假天之美；高宗成王有雉雊迅风之变，而无中兴康宁之功也。上考诗书，有虞二妃，周室三母，修行佐德，思不逾阈。未有内遭家难，外遇灾害，览总大麓，经营天物，功德巍巍若兹者也。宜令史官著《长乐宫注》《圣德颂》，以敷宣景耀，勒勋金石，县之日月，摅之罔极，以崇陛下烝烝之孝。”帝从之。

六年，太后诏征和帝弟济北、河间王子男女年五岁以上四十余人，又邓氏近亲子孙三十余人，并为开邸第，教学经书，躬自监试。尚幼者，使置师保，朝夕入宫，抚循诏导，恩爱甚渥。乃诏从兄河南尹豹、越骑校尉康等曰：“吾所以引纳群子，置之学官者，实以方今东州闹饥荒。她给百姓施予恩泽，官吏们在道路上交错往来，刻苦俭约衣食，亲自率领群下，降低饮食标准，以财物救人困急，来供养民众。对百姓常怀恻隐之心的恩德，如同对待刚出生的婴儿。她严格要求自己，承担罪过，明察荐举出身微贱而德才兼备的人。提倡安和的政治，传布宽容的教化。让灭亡的国家重新振兴，让断绝后代的人重新延续，记录功臣，恢复宗室。她让被流放的人返回原籍，免除对他们的监禁。施政如果不是仁爱和顺的，心里则不会去考虑；制度如果不符合旧典的，就不会在朝廷之内广泛地征求意见。她巨大的恩德广泛传播，填满整个宇宙；巨大的恩惠足够充足，在八方泛滥。华夏乐意受教化，戎狄联合归附。凭借其伟大的功业在大汉声名显著，巨大的恩惠施加在百姓身上。崇高的功业，只可仰望而不可接近；伟大的勋绩，只可颂扬而不可用言语表达。古代的帝王，设左右史官来记事记言；汉室的旧制，每世都有记录。道路有平坦有高峻，治政有前进有后退。如果善政不加记叙，细小的异事却总被写下来，这便是唐尧商汤负洪水大旱的责任，而没有记下他们广大的像天那样的美德；殷王武丁、周成王有雄鸡鸣叫、迅风疾雨那样的变异之兆，而没有武丁中兴、成王时天下安宁的功绩。对前代的《诗经》《尚书》加以考查，有虞舜的妻子娥皇、女英二妃，周室有王季的母亲太姜、文王的母亲太任、武王的母亲太姒三母，她们做到了修养德行、辅佐德政，送迎不出门，见兄弟不过门限，而不超越礼教界限。从没有内遭家难，外遇灾害，总理朝政，经营天地万物，功德深厚就像当今的皇太后那样。应当命史官撰写《长乐宫注》《圣德颂》，以此宣扬她的光辉荣耀，并且把她的勋德雕刻在金石上，像日月一样高悬在天上，无穷尽地传播下去，以此表示陛下深厚的孝心。”安帝同意了刘毅的建议。

元初六年(119)，邓太后下诏令征召和帝的弟弟济北王、河间王的四十多个年龄在五岁以上的子女，再加上三十多个邓氏近亲子孙，都为他们开设府第，教授经书，并亲自监督他们考试。对于年龄还小的，让人安排师保，从早到晚入宫，安抚教导他们，对他们有很深厚的感情。接着下诏书给堂兄河南尹邓豹、越骑校尉邓康等人，对他承百王之敝，时俗浅薄，巧伪滋生，《五经》衰缺，不有化导，将遂陵迟，故欲褒崇圣道，以匡失俗。传不云乎：'饱食终日，无所用心，难矣哉！'今末世贵戚食禄之家，温衣美饭，乘坚驱良，而面墙术学，不识臧否，斯故祸败所从来也。永平中，四姓小侯皆令入学，所以矫俗厉薄，反之忠孝。先公既以武功书之竹帛，兼以文德教化子孙，故能束修，不触罗网。诚令儿曹上述祖考休烈，下念诏书本意，则足矣。其勉之哉！"

康以太后久临朝政，心怀畏惧，托病不朝。太后使内人问之。时宫婢出入，多能有所毁誉，其耆宿者皆称中大人，所使者乃康家先婢，亦自通中大人。康闻，诟之曰："汝我家出，尔敢尔邪！"婢怒，还说康诈疾而言不逊。太后遂免康官，遣归国，绝属籍。

永宁二年二月，寝病渐笃，乃乘辇于前殿，见侍中、尚书，因北至太子新所缮宫。还，大赦天下，赐诸园贵人、王、主、群僚钱布各有差。诏曰："朕以无德，托母天下，而薄祐不天，早离大忧。延平之际，海内无主，元元厄运，危于累卵。勤勤苦心，不敢以万乘为乐，上欲不欺天愧先帝，下不违人负宿心，诚在济度百姓，以安刘氏。自谓感彻天地，当蒙福祚，而丧祸内外，伤痛不绝。顷以废病沈滞，久不得侍祠，自力上原陵，加欬逆唾血，遂至不解。存亡大分，无可柰何。公卿百官，其勉尽忠恪，以辅朝廷。"三月崩。在位二十年，年四十一。合葬顺陵。

们说："我之所以招致接纳这些孩子们，让他们跟着学官学习，实在是因为如今继承了历代帝王的一切弊病，时下的习俗浅薄，虚伪不实不断滋生，《五经》之义衰落欠缺，如果没有教化开导，将会渐趋衰败，所以我想赞扬推崇圣人的道义，来纠正不正的风尚。传书上不是说过吗：'整天吃饱饭，什么事也不关心，这就很危险啊！'如今处在衰亡时期的贵族外戚等享受俸禄的家族，穿的暖吃的好，乘坐好车驾驭良马，而不学无术见识浅薄，分不清善恶，这本来就是一切灾祸和失败的由来。明帝永平年中，樊、郭、阴、马四姓外戚子弟都被命令入学，就是用来矫正世俗警惕浅薄，让他们返回忠孝之道。我的先祖已经凭借战功被书写在竹帛上，又用文德教化子孙，所以能约束自己，不触犯法网。应当让儿孙辈上要遵循祖先的文德武功，下要体会我这篇诏书的本来用意，那就足够了。大家勉励吧！"

邓康因邓太后长期临朝听政，心里害怕，推托生病不进宫朝请。太后派宫婢去问候，当时宫婢出入宫中，多数能对人有所毁损或赞誉，其中老年而有权势的宫人都被称为中大人。这次太后派出去的原本是邓康家以前的婢女，她也通报时自称中大人。邓康知道后，辱骂她说："你是从我家出去的，你竟然敢这样！"那个宫婢大怒，还说邓康假称患病并且出言不逊。太后便罢免邓康的官职，把他遣送回封国，削绝属籍。

永宁二年（121）二月，邓太后患病不起病情日渐严重，便乘坐辇车到前殿，召见侍中、尚书，并趁机往北到太子新整修好的宫殿。回去后，大赦天下，赏赐给各园贵人、王子、公主、百官钱布的数量各有区别。邓太后下诏书说："我本是无德行之人，却母仪天下，而缺少上天的佑助，过早经历与先帝的生死离别。在殇帝延平年间，天下无主，百姓遭遇不幸，国家面临的困难就像堆迭起来的鸡蛋那样危险。我勤勤恳恳，费尽心思，不敢因是万乘之国而自喜，上求不欺骗天和有愧于先帝，下求不违背民意和辜负本心，真心实意地救济百姓，以便让刘氏天下得以安定。自认为感动了天地，应当蒙受福禄，但和帝、殇帝以及我的母亲新野君相继去世，让我不断地伤心痛苦。近来因为老病沉重经久不愈，有很长时间不能陪从祭祀，自己努力到了原陵祭祀，论曰：邓后称制终身，号令自出，术谢前政之良，身阙明辟之义，至使嗣主侧目，敛衽于虚器，直生怀懑，悬书于象魏。借之仪者，殆其惑哉！然而建光之后，王柄有归，遂乃名贤戮辱，便孽党进，衰斁之来，兹焉有征。故知持权引谤，所幸者非己；焦心恤患，自强者唯国。是以班母一说，阖门辞事；爱侄微愆，髡剔谢罪。将杜根逢诛，未值其诚乎！但蹊田之牛，夺之已甚。

却咳喘的更严重以致吐出血来，于是治不了了。生死存亡，大限已至，无可奈何。公卿百官，希望尽力做到忠诚恭谨，来辅助朝廷。”太后于三月去世。在位二十年，享年四十一岁。与和帝合葬于顺陵。

评论说：邓太后摄政听政一直到终年，号令都出自自己之手，政术不如周公的那样优良，自身的过错在于不懂还政于君的大义，导致继位的君主畏惧不敢正视，恭恭敬敬，空有帝王的名位而无其实，杜根等正直的儒生心怀愤懑，给朝廷上书，请太后还政于天子。借用天子的威仪，这种行为大概是在迷惑世人！然而建光年以后，虽然权柄回到了安帝手里，却有名贤受刑被辱，谄媚进谗的佞人结党营私，王朝衰败的到来，已经有明显的征兆了。所以知道邓太后执掌朝政大事容易招来谤言，不是她自身幸运；她忧虑祸患，自己努力图强只是为了国家。因此通过班昭的一番劝说后，邓太后同意兄长邓骘因母死请求辞官退职；邓太后宠爱的侄儿邓凤犯了一点小错，其父邓骘就剃去邓凤的头发向天下谢罪。把杜根杀死，的确是因为太后不相信他吧！这像因牛践踏了田，就抢走人家的牛一样，处罚得太重了。

卷十下

皇后纪第十下

安思阎皇后讳姬，河南荥阳人也。祖父章，永平中为尚书，以二妹为贵人。章精力晓旧典，久次，当迁以重职，显宗为后宫亲属，竟不用，出为步兵校尉。章生畅，畅生后。

后有才色。元初元年，以选入掖庭，甚见宠爱，为贵人。二年，立为皇后。后专房妒忌，帝幸宫人李氏，生皇子保，遂鸩杀李氏。三年，以后父侍中畅为长水校尉，封北宜春侯，食邑五千户。四年，畅卒，谥曰文侯，子显嗣。

建光元年，邓太后崩，帝始亲政事。显及弟景、耀、晏并为卿校，典禁兵。延光元年，更封显长社县侯，食邑万三千五百户，追尊后母宗为荥阳君。显、景诸子年皆童龀，并为黄门侍郎。后宠既盛，而兄弟颇与朝权，后遂与大长秋江京、中常侍樊丰等共谮皇太子保，废为济阴王。

四年春，后从帝幸章陵，帝道疾，崩于叶县。后、显兄弟及江京、樊丰等谋曰："今晏驾道次，济阴王在内，邂逅公卿立之，还为大害。"乃伪云帝疾甚，徙御卧车。行四日，驱驰还宫。明日，诈遣司徒刘熹诣郊庙社稷，告天请命。其夕，乃发丧。尊后曰皇太后。皇太后临朝，以显为车骑将军仪同三司。

安思阎皇后名姬，河南荥阳人。祖父阎章，在永平年间担任尚书，把他的两个妹妹送到宫里做贵人。阎章专心竭力通晓古代的典籍，长时间担任原来的官职，理当升迁到重要官职，但孝明帝因为他是后宫亲属，最终不用，只让他担任步兵校尉。阎章生了阎畅，阎畅生了皇后阎姬。

皇后阎姬有才华和姿色。安帝元初元年（114），被选入掖庭，非常得宠，被封为贵人。元初二年（115），立为皇后。阎皇后受安帝专宠，怀妒忌之心，安帝临幸宫人李氏，生下皇子刘保，阎皇后就用鸩酒毒杀李氏。元初三年（116），安帝让阎皇后的父亲侍中阎畅做长水校尉，并封为北宜春侯，把五千户封给他做食邑。元初四年（117），阎畅去世，谥号文侯，儿子阎显继承其侯位。

建光元年（121），邓太后驾崩，安帝开始亲自掌管国家政事。阎显和他的弟弟阎景、阎耀、阎晏都任卿校，主管禁兵。延光元年（122），安帝改封阎显为长社县侯，把一万三千五百户封给他做食邑，并为阎皇后的母亲宗追加荥阳君的尊号。阎显、阎景的几个儿子都很幼小，全给了黄门侍郎的官职。阎皇后受到安帝非凡的宠幸，她的兄弟也都参与到朝政大权，于是阎皇后与大长秋江京、中常侍樊丰等共同诬害皇太子刘保，刘保被废为济阴王。

延光四年（125）春季，阎皇后随安帝一起到章陵，安帝在路上生病，在叶县驾崩。阎皇后、阎显兄弟和江京、樊丰等合谋说："现在皇帝在途中驾崩，济阴王还在宫内，如果一旦朝廷公卿立他为帝，回去必生大祸。"便谎说安帝病得非常严重，把安帝抬到卧车里。走了四天，策马快奔，返回宫中。第二天，假装派司徒刘熹到郊庙祭社稷，祭告上天请求保全安帝性命。这天晚上，才宣布安帝的死讯。尊阎皇后为皇太后。皇太后摄政听政，任命阎显为车骑将军，仪制同于三公。

太后欲久专国政，贪立幼年，与显等定策禁中，迎济北惠王子北乡侯懿，立为皇帝。显忌大将军耿宝位尊权重，威行前朝，乃风有司奏宝及其党与中常侍樊丰、虎贲中郎将谢恽、恽弟侍中笃、笃弟大将军长史宓、侍中周广、阿母野王君王圣、圣女永、永婿黄门侍郎樊严等，更相阿党，互作威福，探刺禁省，更为唱和，皆大不道。丰、恽、广皆下狱死，家属徙比景；宓、严减死，髡钳；贬宝为则亭侯，遣就国，自杀；王圣母子徙雁门。于是景为卫尉，耀城门校尉，晏执金吾，兄弟权要，威福自由。

少帝立二百余日而疾笃，显兄弟及江京等皆在左右。京引显屏语曰："北乡侯病不解，国嗣宜时有定。前不用济阴王，今若立之，后必当怨，又何不早征诸王子，简所置乎？"显以为然。及少帝薨，京白太后，征济北、河间王子。未至，而中黄门孙程合谋杀江京等，立济阴王，是为顺帝。显、景、晏及党与皆伏诛，迁太后于离宫，家属徙比景。明年，太后崩。在位十二年，合葬恭陵。

帝母李氏瘗在洛阳城北，帝初不知，莫敢以闻。及太后崩，左右白之，帝感悟发哀，亲到瘗所，更以礼殡，上尊谥曰恭愍皇后，葬恭北陵，为策书金匮，藏于世祖庙。

顺烈梁皇后讳妠，大将军商之女，恭怀皇后弟之孙也。后生，有光景之祥。少善女工，好《史书》，九岁能诵《论语》，治《韩诗》，大义略举。常以列女图画置于左右，以自监戒。父商深异之，阎太后想长久执掌国家政事，贪求立年纪小的皇帝，与阎显等在宫中商定策略，接回济北惠王刘寿的儿子北乡侯刘懿，立为皇帝。阎显嫉妒大将军耿宝官位高权势大，在安帝一朝很有威望，就暗示有司参奏耿宝和其同党与中常侍樊丰、虎贲中郎将谢恽、谢恽的弟弟侍中谢笃、谢笃的弟弟大将军长史谢宓、侍中周广、阿母野王君王圣、王圣的女儿王永、王永的丈夫黄门侍郎樊严等，相互结为朋党，结党营私，恃仗权势，欺凌弱小，刺探宫中秘事，互相配合，都是罪大恶极之人。樊丰、谢恽、周广都被投入监牢死去，他们的家属被流放到比景；谢宓、樊严减免死罪，被处以削掉毛发，用铁圈束颈的刑罚；把耿宝贬为则亭侯，送他去封国，耿宝自杀身亡；王圣母子被流放到雁门。于是阎景被任命为卫尉，阎耀被任命为城门校尉，阎晏被任命为执金吾，兄弟们官高势大，任意妄自尊大，恃势弄权。

少帝刘懿立为皇帝刚过了二百多天，就病得严重，阎显兄弟和江京等人都在少帝身边。江京拉着阎显避人密语说：“北乡侯的病是好不了的，皇位继承人应当尽早确定。过去不拥立济阴王，现在如果立他为帝，以后他一定会怨恨咱们，又为什么不尽早招请所有皇子前来，挑选一位适合继承帝位的人呢？”阎显认为他说得很对。等到少帝驾崩，江京禀告阎太后，招请济北王、河间王的儿子。但他们还没有到了京城，而中黄门孙程与人共同谋划杀了江京等人，拥立济阴王为帝，这就是顺帝。阎显、阎景、阎晏及其同党都被处死刑，阎太后被迁到离宫，他们的家属被流放到比景。第二年，阎太后去世。她在位十二年，与安帝合葬于恭陵。

顺帝的母亲李氏被葬在洛阳城北，顺帝起初不知道，也没人敢告诉他。等到阎太后去世，身边的人才向他禀告了这件事，顺帝有所感触而醒悟，心里十分难过，便亲自到坟地，重新依礼制举行丧葬仪式，上尊谥为恭愍皇后，葬在恭北陵，将写有此事的简策放入金柜内，藏在世祖庙中。

顺烈梁皇后名妠，是大将军梁商之女，恭怀皇后弟弟的孙女。梁皇后一出生，就有日月光辉的吉利征兆。皇后年少时擅长女功，喜欢读《史书》，九岁能熟读《论语》，研究《韩诗》，书里的大道理都能窃谓诸弟曰：“我先人全济河西，所活者不可胜数。虽大位不究，而积德必报。若庆流子孙者，傥兴此女乎？”

永建三年，与姑俱选入掖庭，时年十三。相工茅通见后，惊，再拜贺曰：“此所谓日角偃月，相之极贵，臣所未尝见也。”太史卜兆得寿房，又筮得《坤》之《比》，遂以为贵人。常特被引御，从容辞于帝曰：“夫阳以博施为德，阴以不专为义，螽斯则百，福之所由兴也。愿陛下思云雨之均泽，识贯鱼之次序，使小妾得免罪谤之累。”由是帝加敬焉。

阳嘉元年春，有司奏立长秋宫，以乘氏侯商先帝外戚，《春秋》之义，娶先大国，梁小贵人宜配天祚，正位坤极。帝从之，乃于寿安殿立贵人为皇后。后既少聪惠，深览前世得失，虽以德进，不敢有骄专之心，每日月见谪，辄降服求愆。

建康元年，帝崩。后无子，美人虞氏子炳立，是为冲帝。尊后为皇太后，太后临朝。冲帝寻崩，复立质帝，犹秉朝政。

时杨、徐剧贼寇扰州郡，西羌、鲜卑及日南蛮夷攻城暴掠，赋敛烦数，官民困竭。太后夙夜勤劳，推心杖贤，委任太尉李固等，拔用忠良，务崇节俭。其贪叨罪慝，多见诛废。分兵讨伐，群寇消夷。故海内肃然，宗庙以宁。而兄大将军冀鸩杀质帝，专权暴滥，忌害忠良，数以邪说疑误太后，遂立桓帝而诛李固。太后又溺于宦官，多领悟举例。它经常把列女画像放在身旁，用来自我鉴察往事、警戒将来。她父亲梁商觉得非常奇怪，暗地里对他的弟弟们说："我们的祖先保全了河西，活下来的老百姓数也数不过来。虽然当时没有得到显贵的官位，但是积下的德一定能得到好的回报。如果福泽能流传到子孙后代，难道就从这女子开始？"

顺帝永建三年（128），梁皇后和她姑姑一起被选入掖庭，当时她年满十三岁。相工茅通见到她后，吃了一惊，又祝贺说："这就是人们所说的日角偃月的面相，是极贵之相，臣还从没有见到过。"太史占卜得到寿星房宿的征兆，又用蓍草占得《坤》变《比》的好卦，顺帝就封她做贵人。她常常被特意召去侍寝，但她言辞从容地辞谢了顺帝，说："皇帝广泛地施与众人是德，后妃不专宠不独占是义，子孙众多，福泽就因此会降临兴盛。希望陛下能像云雨那样把恩泽均匀地施与后妃，明白后妃像成串的鱼那样按先后次序受恩泽的意义，让小妾我可以免受罪责毁谤的拖累。"从此顺帝对她更加敬重了。

阳嘉元年（132）春季，有司奏请立长秋宫，因乘氏侯梁商是章帝的外戚，根据《春秋》中的大义得知，君主娶妻应先娶大国女子，梁小贵人应该够得上上天赐福，可正居皇后之位。顺帝听从了这个奏议，就在寿安殿把贵人梁妠立为皇后。梁皇后年少时就聪明而有智慧，深入考察了前世的兴衰得失，虽然她是因德行进皇后之位，却不敢有骄矜专制的想法，每当日蚀月蚀，上天降下责罚，她就穿上素服反省己过。

建康元年（144），顺帝驾崩。梁皇后没有子嗣，美人虞氏的儿子刘炳被立为皇帝，这就是冲帝。尊梁皇后为皇太后，太后摄政听政。冲帝不久后驾崩，又立质帝，梁太后仍掌握朝政。

当时，杨州、徐州有大盗骚扰州郡，西羌、鲜卑及日南蛮夷攻打城池肆意掠夺，征收赋税名目繁杂，官民极度穷困。梁太后日夜操劳，真心地对待和依靠贤德的人，委任太尉李固等人，提拔任用忠良之士，努力推行节俭。贪得无厌、罪大恶极之人，多被诛杀或贬斥。朝廷又派兵分别讨伐，贼寇被全部消灭。因此，天下皆安，宗庙社稷因此而安宁。然而梁太后的哥哥大将军梁冀用鸩酒毒杀质帝，独揽所封宠，以此天下失望。

和平元年春，归政于帝，太后寝疾遂笃，乃御辇幸宣德殿，见宫省官属及诸梁兄弟。诏曰："朕素有心下结气，从间以来，加以浮肿，逆害饮食，浸以沈困，比使内外劳心请祷。私自忖度，日夜虚劣，不能复与群公卿士共相终竟。援立圣嗣，恨不久育养，见其终始。今以皇帝、将军兄弟委付股肱，其各自勉焉。"后二日而崩。在位十九年，年四十五。合葬宪陵。

虞美人者，以良家子年十三选入掖庭，又生女舞阳长公主。自汉兴，母氏莫不尊宠。顺帝既未加美人爵号，而冲帝早夭，大将军梁冀秉政，忌恶佗族，故虞氏抑而不登，但称"大家"而已。

陈夫人者，家本魏郡，少以声伎入孝王宫，得幸，生质帝。亦以梁氏故，荣宠不及焉。

熹平四年，小黄门赵祐、议郎卑整上言："《春秋》之义，母以子贵。隆汉盛典，尊崇母氏，凡在外戚，莫不加宠。今冲帝母虞大家，质帝母陈夫人，皆诞生圣皇，而未有称号。夫臣子虽贱，尚有追赠之典，况二母见在，不蒙崇显之次，无以述遵先世，垂示后世也。"帝感其言，乃拜虞大家为宪陵贵人，陈夫人为渤海孝王妃，使中常侍持节授印绶，遣太常以三牲告宪陵、怀陵、静陵焉。

孝崇匽皇后讳明，为蠡吾侯翼媵妾，生桓帝。桓帝即位，明大权，残暴无度，妒忌忠良，多次用邪说迷惑贻误梁太后，便立桓帝而杀李固。梁太后又对宦官过分信任，给了很多封赏宠赐，因此天下失望，不得人心。

桓帝和平元年（150）春季，梁太后将政权交还给桓帝，卧病在床并且病情越来越严重，就乘辇车到宣德殿，召见宫内的官属以及梁氏诸兄弟。下诏书说："我一向有心郁气结的老病，近日以来，又增加了浮肿，不想吃饭，渐渐地异常乏力，近来让宫内宫外为我劳心祈祷。我自己估计，日夜虚弱，终归不能再与各位公卿大人相处了。扶立了英明的皇帝，继承大统，遗憾的是不能长久地教养，看到他的结局。如今我把皇帝、将军兄弟托付给各位大臣，希望你们互相勉励，善自珍重。"两天过后，梁太后去世。在位十九年，享年四十五岁。与顺帝合葬于宪陵。

虞美人，以良家女的身份，在年满十三岁时被选入掖庭，生冲帝，又生女舞阳长公主。从汉朝兴盛以后，母氏没有不受尊重宠幸的。顺帝既没有给她加美人的爵号，而冲帝又早死，大将军梁冀把持朝政，憎恨他族，所以虞氏受到压制而不能晋升，只是被称作"大家"罢了。

陈夫人，家原本住在魏郡，年少时因声伎的身份选入孝王宫，得到孝王刘鸿的宠幸，生下质帝。也是因为梁氏的缘故，没有得到应有的恩宠。

灵帝熹平四年（175），小黄门赵祐，议郎卑整上书说："根据《春秋》中的大义，母凭子贵。汉朝从兴盛以来的盛典，尊崇母氏，一旦是外戚，没有不增加恩宠的。如今冲帝的母亲虞大家，质帝的生母陈夫人，都生下天子，却没有称号。臣子虽然地位低下，还有追赠的恩典，何况二位母亲还健在，假如她们不能享受尊贵显要的地位，就没有用到遵循先世的典则，而留传以示后人了。"灵帝被他们说的话所感动，就封虞大家为宪陵贵人，陈夫人为渤海孝王妃，派中常侍持符节授印绶，派太常用猪、牛、羊三牲祭告顺帝宪陵、冲帝怀陵、质帝静陵。

孝崇匽皇后名明，是蠡吾侯刘翼的姬妾，生下桓帝。桓帝即天年，追尊翼为孝崇皇，陵曰博陵，以后为博园贵人。和平元年，梁太后崩，乃就博陵尊后为孝崇皇后。遣司徒持节奉策授玺绶，赍乘舆器服，备法物。宫曰永乐。置太仆、少府以下，皆如长乐宫故事。又置虎贲、羽林卫士，起宫室，分钜鹿九县为后汤沐邑。在位三年，元嘉二年崩。以帝弟平原王石为丧主，敛以东园画梓寿器、玉匣、饭含之具，礼仪制度比恭怀皇后。使司徒持节，大长秋奉吊祠，赙钱四千万，布四万匹，中谒者仆射典护丧事，侍御史护大驾卤簿。诏安平王豹、河间王建、勃海王悝，长社、益阳二长公主，与诸国侯三百里内者，及中二千石、二千石、令、长、相，皆会葬。将作大匠复土，缮庙，合葬博陵。

桓帝懿献梁皇后讳女莹，顺烈皇后之女弟也。帝初为蠡吾侯，梁太后征，欲与后为婚，未及嘉礼，会质帝崩，因以立帝。明年，有司奏太后曰："《春秋》迎王后于纪，在涂则称后。今大将军冀女弟，膺绍圣善。结婚之际，有命既集，宜备礼章，时进征币。请下三公、太常案礼仪。"奏可。于是悉依孝惠皇帝纳后故事，聘黄金二万斤，纳采雁璧乘马束帛，一如旧典。建和元年六月始入掖庭，八月立为皇后。

时太后秉政而梁冀专朝，故后独得宠幸，自下莫得进见。后藉姊兄荫势，恣极奢靡，宫幄彫丽，服御珍华，巧饰制度，兼倍前世。及皇太后崩，恩爱稍衰。后既无子，潜怀怨忌，每宫人孕育，鲜得全者。帝虽迫畏梁冀，不敢谴怒，然见御转稀。至延熹三年，后以忧恚崩，在位十三年，葬懿陵。其岁，诛梁冀，废懿陵为贵人冢焉。

子位，第二年，追尊刘翼为孝崇皇，赐陵为博陵，封匽皇后为博园贵人。和平元年（150），梁太后去世，桓帝就到博陵尊匽皇后为孝崇皇后。派司徒持符节奉策书授印玺，送来车马、器物和衣服，备好帝王用于仪仗、祭祀的器物。住的宫殿叫永乐宫。设置太仆、少府以下官员，都按照长乐宫的旧制。又安排虎贲、羽林卫士，修建宫室，把钜鹿九县分给孝崇皇后做汤沐邑。在位三年，元嘉二年（152）去世。桓帝的弟弟平原王刘石做丧事的主持人，入殓用的是东园制作的画梓棺木、玉匣、口中含珠，葬礼的礼仪制度比照恭怀皇后。派司徒持符节，大长秋奉吊祭，为助办丧事而赠送四千万，布四万匹，中谒者仆射主持办理丧事，侍御史护送大驾仪仗。诏令安平王刘豹、河间王刘建、勃海王刘悝，长社、益阳二长公主，与方圆三百里以内的各国诸侯，以及俸禄官职为中二千石、二千石、令、长、相全来参加葬礼。由将作大匠主管掘穴下棺，建陵墓，修缮祭庙，与孝崇皇合葬在博陵。

桓帝懿献梁皇后名女莹，是顺烈皇后的妹妹。在当初桓帝还是蠡吾侯时，梁太后征召他入宫，想让他和梁皇后结婚，还没来得及举办婚礼，正赶上质帝驾崩，桓帝被拥立为帝。第二年，有关部门奏请太后说："根据《春秋》记载到纪地迎接王后，在路上就称皇后了。如今大将军梁冀的妹妹，应该接受皇后之位。在结婚之际，已经有太后的昭令允许结亲，应当备好礼仪规章，按时行纳征礼以便成亲。请命三公、太常按照礼仪办事。"太后准奏。一切按照孝惠皇帝迎娶皇后的做法，聘礼为黄金二万斤，纳采用雁、璧、乘马、束帛，全部按照旧的典章规定。建和元年（147）六月，梁皇后始入掖庭，八月立为皇后。

当时梁太后掌握朝政，而梁冀独揽大权，所以梁皇后受到专宠，自她以下的妃嫔不能见皇帝。梁皇后凭着姐姐哥哥的庇护和势力，便任意妄为，挥霍无度，宫室帐幕奇巧华丽，服饰车马器用珍贵华美，工巧装饰的规格，是前世的数倍。等到梁太后去世，桓帝对她的宠爱日渐衰退。梁皇后没有儿子，暗怀怨恨嫉妒，每当宫人有孕育，很少有能保全的。桓帝虽然受到逼迫而惧怕梁冀，不敢责骂梁皇后，然而皇后见到桓帝的机会日见稀少。到了延熹三年（160），梁皇桓帝邓皇后讳猛女，和熹皇后从兄子邓香之女也。母宣，初适香，生后。改嫁梁纪，纪者，大将军梁冀妻孙寿之舅也。后少孤，随母为居，因冒姓梁氏。冀妻见后貌美，永兴中进入掖庭，为采女，绝幸。明年，封兄邓演为南顿侯，位特进。演卒，子康嗣。及懿献后崩，梁冀诛，立后为皇后。帝恶梁氏，改姓为薄，封后母宣为长安君。四年，有司奏后本郎中邓香之女，不宜改易它姓，于是复为邓氏。追封赠香车骑将军安阳侯印绶，更封宣、康大县，宣为昆阳君，康为沘阳侯，赏赐巨万计。宣卒，赗赠葬礼，皆依后母旧仪。以康弟统袭封昆阳侯，位侍中；统从兄会袭安阳侯，为虎贲中郎将；又封统弟秉为淯阳侯。宗族皆列校、郎将。

帝多内幸，博采宫女至五六千人，及驱役从使，复兼倍于此。而后恃尊骄忌，与帝所幸郭贵人更相谮诉。八年，诏废后，送暴室，以忧死。立七年。葬于北邙。从父河南尹万世及会皆下狱死。统等亦系暴室，免官爵，归本郡，财物没入县官。

桓思窦皇后讳妙，章德皇后从祖弟之孙女也。父讳武。延熹八年，邓皇后废，后以选入掖庭为贵人，其冬，立为皇后，而御见甚稀，帝所宠唯采女田圣等。永康元年冬，帝寝疾，遂以圣等九女皆为贵人。及崩，无嗣，后为皇太后。太后临朝定策，立解犊亭侯宏，是为灵帝。

后因忧愁愤恨而病逝，在位十三年，葬于懿陵。这年，梁冀被杀，把懿陵废为贵人冢。

桓帝邓皇后名猛女，是和熹皇后堂兄的儿子邓香之女。母亲名宣，先嫁邓香为妻，生下皇后。后改嫁梁纪，梁纪是大将军梁冀妻子孙寿的舅舅。邓皇后年少时丧父，随母亲住在梁纪家，因此假称姓梁。梁冀妻子看见邓皇后容貌美丽，在桓帝永兴年间推荐她入掖庭，封为采女，受到桓帝的极度宠爱。第二年，她的哥哥邓演被封为南顿侯，位特进。邓演去世，其子邓康继承侯位。等到懿献梁皇后梁女莹去世，梁冀被杀，桓帝立邓猛女为皇后。桓帝憎恨梁氏，把邓皇后的姓改为薄，封她的母亲宣为长安君。延熹四年（161），有司上书说邓皇后原来是郎中邓香之女，不应该改成他姓，于是恢复成邓姓。追封并赐予邓香车骑将军安阳侯的印绶，改封母亲宣、侄子邓康大的县，宣被封为昆阳君，邓康被封为沘阳侯，赏赐的钱财以数万来计算。宣去世，送来车、马等物来助办葬礼，都按照皇后母亲原来应有的礼仪办理后事。由邓康的弟弟邓统袭封昆阳侯，担任侍中；邓统的堂兄邓会袭封安阳侯，担任虎贲中郎将；又封邓统的弟弟邓秉为淯阳侯。邓氏宗族都担任校、郎将诸官。

桓帝有很多宠爱的姬妾，博采宫宫女的数量多达五六千人，加上供役使随从使唤的人，人数更是有数倍。而邓皇后仗着自己地位尊贵就骄矜忌妒，与受桓帝宠幸的郭贵人互相谗毁攻讦。延熹八年（165），桓帝下诏废后，将邓后送入暴室，邓后因忧虑而死。她在位七年。葬在北邙。她的叔父河南尹邓万世和她的堂兄邓会都关入监牢而死。邓统等人也被囚禁在暴室，免去他们的官爵，送回原郡，其财物被官府没收充公。

桓思窦皇后名妙，是章德皇后从祖弟弟的孙女。父亲名窦武。延熹八年（165），邓皇后被废，窦后被选入掖庭，封为贵人，那年冬季，桓帝立她为皇后，但皇帝见她的机会非常稀少，宠爱的只有采女田圣等人。永康元年（167）冬季，桓帝卧病在床，于是把田圣等九位采女封为贵人。等到桓帝驾崩，没有子嗣，窦后被尊为皇太后。太后临朝听政决定国策，立解犊亭侯刘宏为帝，这就是灵帝。

太后素忌忍，积怒田圣等，桓帝梓宫尚在前殿，遂杀田圣。又欲尽诛诸贵人，中常侍管霸、苏康苦谏，乃止。时太后父大将军武谋诛宦官，而中常侍曹节等矫诏杀武，迁太后于南宫云台，家属徙比景。

窦氏虽诛，帝犹以太后有援立之功，建宁四年十月朔，率群臣朝于南宫，亲馈上寿。黄门令董萌因此数为太后诉怨，帝深纳之，供养资奉有加于前。中常侍曹节、王甫疾萌附助太后，诬以谤讪永乐宫，萌坐下狱死。熹平元年，太后母卒于比景，太后感疾而崩。立七年。合葬宣陵。

孝仁董皇后讳某，河间人。为解犊亭侯苌夫人，生灵帝。建宁元年，帝即位，追尊苌为孝仁皇，陵曰慎陵，以后为慎园贵人。及窦氏诛，明年，帝使中常侍迎贵人，并征贵人兄宠到京师，上尊号曰孝仁皇后，居南宫嘉德殿，宫称永乐。拜宠执金吾。后坐矫称永乐后属请，下狱死。

及窦太后崩，始与朝政，使帝卖官求货，自纳金钱，盈满堂室。中平五年，以后兄子卫尉脩侯重为票骑将军，领兵千余人。初，后自养皇子协，数劝帝立为太子，而何皇后恨之，议未及定而帝崩。何太后临朝，重与太后兄大将军进权势相害，后每欲参干政事，太后辄相禁塞。后忿恚詈言曰："汝今辀张，怙汝兄耶？当敕票骑断何进头来。"何太后闻，以告进。进与三公及弟车骑将军苗等奏："孝仁皇后使故中常侍夏恽、永乐太仆封谞等交通州郡，辜较在所珍宝货赂，悉入西省。蕃后故事不得留京师，舆服有章，膳羞有品。请永乐后迁宫本国。"奏可。何进遂举兵围骠骑府，收重，重免官自杀。后忧怖，疾病暴崩，在位二十二年。民间归咎何氏。丧还河间，合葬慎陵。

窦太后性格一向妒忌残忍，长时间对田圣等人郁结仇恨，桓帝的灵柩还停放在前殿，就将田圣杀死。又想杀光所有贵人，中常侍管霸、苏康苦心竭力地规劝，才不再实行。这时窦太后的父亲窦武计划诛杀宦官，而中常侍曹节等人假托灵帝诏书杀死窦武，把窦太后迁到南宫云台居住，其家属被流放到比景。

窦氏虽然被诛灭，灵帝仍旧念及窦太后有扶立自己为帝的功劳，于建宁四年（171）十月初一，率领群臣到南宫拜见太后，亲自献上寿礼。黄门令董萌因此多次为太后陈诉怨愤，灵帝全部采纳，对太后的资给供养比以前有所增加。中常侍曹节、王甫厌恶董萌亲近帮助太后，便诬陷他毁谤讥刺灵帝的生母，董萌被治罪关入监牢而死。熹平元年（172），窦太后的母亲死在比景，太后患病而死。她在位七年。与桓帝合葬于宣陵。

孝仁董皇后，河间人。她是解犊亭侯刘苌的夫人，生下灵帝。建宁元年（168），灵帝即皇帝位，追尊刘苌为孝仁皇，赐陵为慎陵，封董皇后为慎园贵人。等到窦武被诛，第二年，灵帝派遣中常侍迎接慎园贵人，并征召贵人的哥哥董宠入京，给贵人上尊号为孝仁皇后，居南宫嘉德殿，住的宫殿称永乐宫。董宠被任命为执金吾。后来董宠因谎说永乐后请托而获罪，关入监狱而死。

等到窦太后去世，董皇后开始参与朝政大事，让灵帝出卖官位索取财货，自己收取金钱，堆满整个堂室。中平五年（188），灵帝让董皇后哥哥的儿子卫尉脩侯董重做骠骑将军，领兵千余人。起初，董皇后亲自养育皇子刘协，多次劝灵帝把刘协立为太子，而何皇后却怨恨她，商议的事还没能定下来而灵帝就驾崩了。何太后临朝听政，董重与何太后哥哥大将军何进的权势相互妨碍，董皇后每次想参与并干涉朝政大事，何太后总要阻拦她。董皇后气愤地骂道：“你现在这么嚣张，是仗着你哥哥的权势吗？应当命骠骑将军董重把何进的头砍下来。”何太后听到这话，就去说给何进听。何进和三公以及他的弟弟车骑将军何苗等人向皇帝上书：“孝仁皇后支使前中常侍夏恽、永乐太仆封谞等人勾结州郡，搜刮聚敛所在地的珍宝财物，全部送入永乐宫。按照旧日的制度蕃后不能留在京城，车舆冠服有一定的规灵帝宋皇后讳某，扶风平陵人也，肃宗宋贵人之从曾孙也。建宁三年，选入掖庭为贵人。明年，立为皇后。父酆，执金吾，封不其乡侯。

后无宠而居正位，后宫幸姬众，共谮毁。初，中常侍王甫枉诛勃海王悝及妃宋氏，妃即后之姑也。甫恐后怨之，及与太中大夫程阿共构言皇后挟左道祝诅，帝信之。光和元年，遂策收玺绶。后自致暴室，以忧死。在位八年。父及兄弟并被诛。诸常侍、小黄门在省闼者，皆怜宋氏无辜，共合钱物，收葬废后及酆父子，归宋氏旧茔皋门亭。

帝后梦见桓帝怒曰："宋皇后有何罪过，而听用邪孽，使绝其命？勃海王悝既已自贬，又受诛毙。今宋氏及悝自诉于天，上帝震怒，罪在难救。"梦殊明察。帝既觉而恐，以事问于羽林左监许永曰："此何祥？其可攘乎？"永对曰："宋皇后亲与陛下共承宗庙，母临万国，历年已久，海内蒙化，过恶无闻。而虚听谗妒之说，以致无辜之罪，身婴极诛，祸及家族，天下臣妾，咸为怨痛。勃海王悝，桓帝母弟也。处国奉藩，未尝有过。陛下曾不证审，遂伏其辜。昔晋侯失刑，亦梦大厉被发属地。天道明察，鬼神难诬。宜并改葬，以安冤魂。反宋后之徙家，复勃海之先封，以消厥咎。"帝弗能用，寻亦崩焉。

定，饮食有一定的品级。请永乐后把宫殿搬到她原本的封国去。”皇帝准奏。何进便领兵包围骠骑府，捉拿董重，董重被免去官职，自杀身亡。董皇后忧愁害怕，突然病重去世，在位二十二年。民间把这件事归罪于何氏。孝仁皇后的灵柩送归河间，与刘苌合葬于慎陵。

灵帝宋皇后，扶风平陵人，是章帝宋贵人的从曾孙。灵帝建宁三年（170），被选入掖庭封为贵人。第二年，被立为皇后。父亲宋酆，担任执金吾，封不其乡侯。

宋皇后不得灵帝宠爱却居皇后之位，后宫受宠的众多姬妾，联合起来谗间毁谤宋皇后。起初，中常侍王甫对无罪的勃海王刘悝及其妃宋氏乱加杀害，这位宋妃就是宋皇后的姑姑。王甫害怕宋皇后对他心存怨恨，就与太中大夫程阿一起进谗言诬陷皇后用巫蛊之术祝告鬼神降祸于人，灵帝相信了。光和元年（178），下达策书，收回皇后的印玺。宋皇后自己走进暴室，因忧虑而死。她在位八年。她的父亲及兄弟都被杀害。那些在禁中的常侍、小黄门，都可怜宋氏无辜，共同凑钱凑物，收殓宋皇后及宋酆父子的尸骨，送回到宋氏旧茔地皋门亭埋葬。

灵帝后来梦见桓帝斥责他说：“宋皇后有什么罪过，你却听从任用那些奸邪小人，让他们了断了她的性命？勃海王刘悝既已自行贬黜，却又受诛杀。如今宋氏及刘悝向上天陈诉冤情，上帝震怒，你犯的罪很难挽救了。”这个梦特别清楚明白。灵帝醒来后很害怕，就拿这件事向羽林左监许永询问说：“这个梦有什么吉凶的预兆？可以努力消去它吗？”许永回答说：“宋皇后与皇上一同承担宗庙，以母仪亲临万国，已经过了很多年，国境之内都受她的教化，从来没有听说有什么过错。而皇上无缘无故地听信忌妒陷害她的话，让她蒙受无辜的罪名，遭到诛杀，祸患牵连到她的家族，天下所有臣妾，都为她感到怨恨哀痛。勃海王刘悝，是桓帝母亲的弟弟。以藩国的身份事奉朝廷，从来就没有什么过失。陛下竟然不验证审察，就让他承担罪责而死。过去晋侯失去刑罚，也梦见大鬼，披散着长发拖到地上，是因晋侯杀了大鬼的子孙后代。天道清楚明白，鬼神很难欺骗它。应灵思何皇后讳某，南阳宛人。家本屠者，以选入掖庭。长七尺一寸。生皇子辩，养于史道人家，号曰史侯。拜后为贵人，甚有宠幸。性强忌，后宫莫不震慑。

光和三年，立为皇后。明年，追号后父真为车骑将军、舞阳宣德侯，因封后母兴为舞阳君。时王美人任娠，畏后，乃服药欲除之，而胎安不动，又数梦负日而行。四年，生皇子协，后遂酖杀美人。帝大怒，欲废后，诸宦官固请得止。董太后自养协，号曰董侯。

王美人，赵国人也。祖父苞，五官中郎将。美人丰姿色，聪敏有才明，能书会计，以良家子应法相选入掖庭。帝愍协早失母，又思美人，作《追德赋》《令仪颂》。

中平六年，帝崩，皇子辩即位，尊后为皇太后。太后临朝。后兄大将军进欲诛宦官，反为所害；舞阳君亦为乱兵所杀。并州牧董卓被征，将兵入洛阳，陵虐朝庭，遂废少帝为弘农王而立协，是为献帝。扶弘农王下殿，北面称臣。太后鲠涕，群臣含悲，莫敢言。董卓又议太后蹴迫永乐宫，至令忧死，逆妇姑之礼，乃迁于永安宫，因进酖，弑而崩。在位十年。董卓令帝出奉常亭举哀，公卿皆白衣会，不成丧也。合葬文昭陵。

初，太后新立，当谒二祖庙，欲斋，辄有变故，如此者数，竟不克。时有识之士心独怪之，后遂因何氏倾没汉祚焉。

当另择墓地一同安葬他们，来让冤魂安息。让宋皇后那些被牵连而流放的族人都返回原籍，恢复勃海王原来的封爵，以此消去那个过错。”灵帝没有接受许永的建议，没过多久灵帝也驾崩了。

灵思何皇后，是南阳宛城人。家里原来是屠户，被选入掖庭。身高七尺一寸。生下皇子刘辩，养在史道人的家里，号为史侯。因此何后被封为贵人，很受灵帝的宠爱。她性格刚愎而猜忌之心强，后宫妃嫔没有不害怕她的。

光和三年（180），她被立为皇后。第二年，追尊她父亲何真为车骑将军、舞阳宣德侯，又封她母亲兴为舞阳君。当时王美人怀孕，害怕何皇后，就吃药想把胎儿打掉，但胎儿安然无恙，她又多次梦见背着太阳行走。光和四年（181），生下王美人皇子刘协，何皇后便用鸩酒毒杀王美人。灵帝大怒，想废掉何皇后，众宦官坚持向灵帝请求才得以停止。董太后亲自养育刘协，他被称为董侯。

王美人，是赵国人。祖父赵苞，曾做五官中郎将。王美人姿态丰盈相貌美丽，聪明有才智，能写会算，以良家子的身份根据皇宫选择妃嫔、宫女所规定的标准相貌被选入掖庭。灵帝哀怜刘协年幼时就失去母亲，心里又思念王美人，作《追德赋》《令仪颂》。

中平六年（189），灵帝驾崩，皇子刘辩即皇帝位，尊何皇后为皇太后。太后临朝听政。太后的哥哥大将军何进企图杀死宦官，反被宦官害死；太后的母亲舞阳君也被乱兵杀害。并州牧董卓被征召，率军入洛阳，欺压凌辱朝廷，就把少帝刘辩废为弘农王而拥立刘协为帝，这就是献帝。董卓扶弘农王走下大殿，北面称臣。何太后抽抽噎噎流下眼泪，群臣怀着悲哀的感情，无人敢言。董卓又指责何太后欺压永乐宫的孝仁董皇后，导致她因忧虑而死，违背了婆媳之礼，就让何太后搬到永安宫，趁机进献毒酒，毒死了她。她在位十年。董卓让献帝到奉常亭表示哀悼，公卿大臣都身穿白衣聚在一起参加丧礼，这不符合为太后承办丧葬的礼仪。她与灵帝合葬于文昭陵。

起初，何太后新立，应当拜祭二祖庙，正要清心洁身，却生变故，像这样发生了好几次，最终也没有去成。当时有见识的人心里感到奇怪，后来就是因为何氏才灭亡了汉朝天下。

明年，山东义兵大起，讨董卓之乱。卓乃置弘农王于阁上，使郎中令李儒进酖，曰："服此药，可以辟恶。"王曰："我无疾，是欲杀我耳！"不肯饮。强饮之，不得已，乃与妻唐姬及宫人饮宴别。酒行，王悲歌曰："天道易兮我何艰！弃万乘兮退守蕃。逆臣见迫兮命不延，逝将去汝兮适幽玄！"因令唐姬起舞，姬抗袖而歌曰："皇天崩兮后土颓，身为帝兮命夭摧。死生路异兮从此乖，奈我茕独兮心中哀！"因泣下呜咽，坐者皆歔欷。王谓姬曰："卿王者妃，势不复为吏民妻。自爱，从此长辞！"遂饮药而死。时年十八。

唐姬，颍川人也。王薨，归乡里。父会稽太守瑁欲嫁之，姬誓不许。及李傕破长安，遣兵钞关东，略得姬。傕因欲妻之，固不听，而终不自名。尚书贾诩知之，以状白献帝。帝闻感怆，乃下诏迎姬，置园中，使侍中持节拜为弘农王妃。

初平元年二月，葬弘农王于故中常侍赵忠成圹中，谥曰怀王。

帝求母王美人兄斌，斌将妻子诣长安，赐第宅田业，拜奉车都尉。

兴平元年，帝加元服。有司奏立长秋宫。诏曰："朕禀受不弘，遭值祸乱，未能绍先，以光故典。皇母前薨，未卜宅兆，礼章有阙，中心如结。三岁之戚，盖不言吉，且须其后。"于是有司乃奏追尊王美人为灵怀皇后，改葬文昭陵，仪比敬、恭二陵，使光禄大夫持节行司空事奉玺绶，斌与河南尹骆业复土。

第二年，山东义兵大起，讨伐董卓的专权暴政。董卓便把弘农王软禁在阁上，命郎中令李儒进献毒酒，对弘农王说："服用这个药，可以祛邪避灾。"弘农王说："我没有病，是你想杀我而已！"不肯喝。李儒强迫他喝，不得已，就与他的妻子唐姬及宫人摆宴畅饮告别。酒宴还在进行中，弘农王哀声歌唱道："天道变了啊我是何等艰难啊！舍去万乘之位啊退守一方做藩王。逆臣现在逼迫我啊生命不能延续下去，我将离你们而去啊到那阴曹地府去！"因而叫唐姬起身跳舞，唐姬举袖而歌："皇天崩塌啊后土坍弛，身为皇帝啊而命短夭折。我和你生死的道路不同啊从此分离，怎奈我孤独无依啊心中悲痛！"于是眼泪流下抽抽噎噎，在坐的人都哀叹悲泣。弘农王对唐姬说："你是藩王的妃子，势必不会再做一般官吏与庶民的妻子了。希望你自爱，从此永别了！"弘农王就喝下毒酒而死。当时年仅十八岁。

唐姬，是颍川人。弘农王去世，回到家乡。她父亲会稽太守唐瑁想让她改嫁，唐姬立下誓愿绝不答应。等到李傕领兵攻破长安，派兵抢掠关东，抢走唐姬。李傕想娶她做妻子，唐姬坚决不答应，并且最后也不愿自通名姓。尚书贾诩知道了这件事，上奏禀告给献帝。献帝听到后感慨悲伤，就下诏书迎回唐姬，安排在园内，命令侍中手持符节封唐姬为弘农王妃。

初平元年（190）二月，献帝把弘农王埋葬在原中常侍赵忠建好的墓穴中，赐谥号为怀王。

献帝找到了他母亲王美人的哥哥王斌，王斌带着妻儿到了长安，献帝赏赐给他宅第田业，让他担任奉车都尉。

兴平元年（194），献帝行冠礼。有司奏请立皇后。献帝下诏书说："朕天性不够宽容，遭遇灾祸和动乱，不能继承先祖的大业，而发扬光大旧有的典章制度。此前皇母去世，没有占卜到适合的墓地，礼仪规章有所欠缺，心中忧虑郁积。三年丧期，不应当提到吉事，立皇后一事还是等到以后再说。"于是有司奏请追尊王美人为灵怀皇后，另择墓地安葬在文昭陵，葬礼的仪式规模比照章帝的敬陵和安斌还，迁执金吾，封都亭侯，食邑五百户。病卒，赠前将军印绶，谒者监护丧事。长子端袭爵。

献帝伏皇后讳寿，琅邪东武人，大司徒湛之八世孙也。父完，沈深有大度，袭爵不其侯，尚桓帝女阳安公主，为侍中。

初平元年，从大驾西迁长安，后时入掖庭为贵人。兴平二年，立为皇后，完迁执金吾。帝寻而东归，李傕、郭汜等追败乘舆于曹阳，帝乃潜夜度河走，六宫皆步行出营。后手持缣数匹，董承使符节令孙徽以刃胁夺之，杀傍侍者，血溅后衣。既至安邑，御服穿敝，唯以枣栗为粮。建安元年，拜完辅国将军，仪比三司。完以政在曹操，自嫌尊戚，乃上印绶，拜中散大夫，寻迁屯骑校尉。十四年卒，子典嗣。

自帝都许，守位而已，宿卫兵侍，莫非曹氏党旧姻戚。议郎赵彦尝为帝陈言时策，曹操恶而杀之。其余内外，多见诛戮。操后以事入见殿中，帝不任其愤，因曰："君若能相辅，则厚；不尔，幸垂恩相舍。"操失色，俯仰求出。旧仪，三公领兵朝见，令虎贲执刃挟之。操出，顾左右，汗流浃背，自后不敢复朝请。董承女为贵人，操诛承而求贵人杀之。帝以贵人有妊，累为请，不能得。后自是怀惧，乃与父完书，言曹操残逼之状，令密图之。完不敢发。至十九年，事乃露泄。操追大怒，遂逼帝废后，假为策曰："皇后寿，得由卑贱，登显尊极，自处椒房，二纪于兹。既无任、姒徽音之美，又乏谨身养己之福，而阴怀妒害，苞藏祸心，弗可以承天命，奉祖宗。今使御史帝的恭陵，派光禄大夫持符节代行司空事献上印玺，王斌与河南尹骆业负责掘穴下棺、修建陵墓。

王斌回到长安后，升任执金吾，封都亭侯，享五百户食邑。他因病去世后，赠给他前将军印绶，谒者负责监护丧事。其长子王瑞袭爵。

献帝伏皇后名寿，琅琊东武人，是大司徒伏湛的八世孙。皇后的父亲伏完，为人沉着，心胸宽广，承袭不其侯的爵位，娶桓帝之女阳安公主为妻，担任侍中。

初平元年（190），她跟从献帝西迁长安，在当时进入掖庭封为贵人。兴平二年（195），献帝立她为皇后，伏完升任执金吾。不久，献帝东归洛阳，李傕、郭汜等人领兵在曹阳追上并打败护送献帝的军队，献帝于是趁黑夜偷渡黄河逃走，六宫妃嫔都步行逃出营地跟随献帝。伏皇后手里拿着好几匹细绢，董承让符节令孙徽用刀逼迫夺取，将皇后身旁的侍者杀死，血飞溅到了伏皇后的衣赏上。等到了安邑，献帝穿的衣服都破烂不堪，只能把枣栗当做粮食来吃。建安元年（196），献帝让伏完担任辅国将军，仪制比照三公。伏完认为朝政全在曹操之手，心里顾及自己是皇上的外戚，于是献上辅国将军的印绶，改做中散大夫，不久转任屯骑校尉。建安十四年（209）去世，儿子伏典继承其爵位。

自从献帝迁都许昌，仅仅是守着虚位罢了，宫禁中的警卫和侍从，无不是曹氏的党羽故旧和姻亲。议郎赵彦曾经向献帝陈述时策，遭曹操厌恶而将他杀死。其余内外，也有很多人遭到杀害。曹操后来因为有事进入殿中朝见献帝，献帝忍受不了心中的愤怒，因而说："你如果还想辅佐我，就希望您厚待我；否则的话，就希望您施予恩泽将我废了吧。"曹操因惊恐而改变脸色，应付了几声，请求出去。按照旧有的规定，三公携带兵器朝见皇帝，应让虎贲卫士手拿刀剑用胳膊夹着前往。曹操退出之后，看向四周，汗流得满背都是，从此以后他再也不敢朝见献帝了。董承的女儿被封为贵人，曹操杀死董承，又要求把贵人也杀了。献帝因为贵人有身孕，所以多次为她求情，最终曹操也没能同意。伏皇后从这以后心怀恐惧，于是给她父亲伏完大夫郗虑持节策诏，其上皇后玺绶，退避中宫，迁于它馆。呜呼伤哉！自寿取之，未致于理，为幸多焉。”又以尚书令华歆为郗虑副，勒兵入宫收后。闭户藏壁中，歆就牵后出。时帝在外殿，引虑于坐。后被发徒跣行泣过诀曰：“不能复相活邪？”帝曰：“我亦不知命在何时！”顾谓虑曰：“郗公，天下宁有是邪？”遂将后下暴室，以幽崩。所生二皇子，皆酖杀之。后在位二十年，兄弟及宗族死者百余人，母盈等十九人徙涿郡。

献穆曹皇后讳节，魏公曹操之中女也。建安十八年，操进三女宪、节、华为夫人，聘以束帛玄纁五万匹，小者待年于国。十九年，并拜为贵人。及伏皇后被弑，明年，立节为皇后。魏受禅，遣使求玺绶，后怒不与。如此数辈，后乃呼使者入，亲数让之，以玺抵轩下，因涕泣横流曰：“天不祚尔！”左右皆莫能仰视。后在位七年。魏氏既立，以后为山阳公夫人。自后四十一年，魏景初元年薨，合葬禅陵，车服礼仪皆依汉制。

论曰：汉世皇后无谥，皆因帝谥以为称。虽吕氏专政，上官临制，亦无殊号。中兴，明帝始建光烈之称，其后并以德为配，至于贤写信，说了曹操凶残威逼的情况，让她父亲秘密图谋杀死曹操。伏完不敢动手。到建安十九年（214），事情被泄露了。曹操追查此事，非常气愤，便逼迫献帝废黜伏皇后，并假冒皇帝之名做了策书说："皇后伏寿，出身低下，而登上最高的尊位，处于皇后之位，到现在已有二十多年。既没有文王母太任、武王母太姒那样的德音之美，而又缺乏严正涵养自己身心之福，却心怀妒忌，包藏祸心，不可以秉承天命，供奉祖宗。如今派御史大夫郗虑持符节策书，上缴皇后的印玺，退出中宫，迁到别的宫。唉！可悲啊！伏寿自作自受，未受审讯，已经很幸运了！"又让尚书令华歆当郗虑的副手，指挥军队入宫收捕伏后。伏后关闭宫门躲藏在墙壁中，华歆就走近拉出伏后。当时献帝正在外殿，招呼郗虑就坐。伏后披散着头发光着脚步行哭着经过献帝面前辞别说："不能再让我活下去吗？"献帝说："我也不知道我能活到什么时候啊！"回头对郗虑说："郗公！天下难道有这种事吗？"于是郗虑将伏后关入暴室，囚禁而死。她生下的二位皇子，都被用毒酒毒杀了。伏后在位二十年，她的兄弟及宗族被杀死的有一百多人，她的母亲盈等十九人被流放到涿郡。

献穆曹皇后名节，是魏公曹操的第二个女儿。建安十八年（213），曹操把三个女儿曹宪、曹节、曹华送入宫中为夫人，拿束帛玄纁五万匹作为订婚的信物，年纪小的女儿留在封国等待长大。建安十九年（214），她们都被封为贵人。等到伏皇后被杀，第二年，献帝立曹节为皇后。魏承受汉献帝禅让的帝位，派使者索要玺绶，曹皇后愤怒而不给。像这样多次索要，曹皇后才喊使者进来，亲自斥责他，并把玺绶扔到窗下，满脸都是泪水，对他说："上天是不会保佑你们的！"身边的人都不忍抬头看皇后。曹皇后在位七年。曹魏已经建立，封曹皇后为山阳公夫人。此后又过了四十一年，魏景初元年（237）曹皇后去世（应是魏景元元年，即260年去世），与献帝合葬于禅陵，车舆礼服的葬礼礼仪都按照汉朝的旧制。

评论说：汉代皇后没有谥号，都是按照帝王的谥号来称呼她们。虽然有吕后独揽朝政，上官皇后临朝听政，但是也没有特殊的称号。光武帝中兴，明帝继位，开始为他的母亲光武阴皇后建立光烈的愚优劣，混同一贯，故马、窦二后俱称德焉。其余唯帝之庶母及蕃王承统，以追尊之重，特为其号，如恭怀、孝崇之比是也。初平中，蔡邕始追正和熹之谥，其安思、顺烈以下，皆依而加焉。

赞曰：坤惟厚载，阴正乎内。诗美好逑，易称归妹。祁祁皇孋，言观贞淑。媚兹良哲，承我天禄。班政兰闺，宣礼椒屋。既云德升，亦曰幸进。身当隆极，族渐河润。视景争晖，方山并峻。乘刚多阻，行地必顺。咎集骄满，福协贞信。庆延自己，祸成谁衅。

汉制，皇女皆封县公主，仪服同列侯。其尊崇者，加号长公主，仪服同蕃王。诸王女皆封乡、亭公主，仪服同乡、亭侯。肃宗唯特封东平宪王苍、琅邪孝王京女为县公主。其后安帝、桓帝妹亦封长公主，同之皇女。其皇女封公主者，所生之子袭母封为列侯，皆传国于后。乡、亭之封，则不传袭。其职僚品秩，事在《百官志》。不足别载，故附于后纪末。

皇女义王，建武十五年封舞阳长公主，适延陵乡侯太仆梁松。

称号，之后都是按照德行来配给谥号，至于她们谁贤谁愚谁优谁劣，都混在一起，从不改变，所以明帝马皇后的谥号是明德，章帝窦皇后的谥号是章德，她们都以德而称。其余只有帝王生育自己的庶母及蕃王中继承王位的，因为追加尊号而受到尊重，特别为他们加称号，如和帝的生母是章帝梁贵人，赐谥号为恭怀，桓帝的生母是蠡吾侯刘翼的媵妾，赐谥号为孝崇便是如此。献帝初平年中，蔡邕开始按照《谥法》改正和熹邓皇后的谥号，从这以后，安思阎皇后、顺烈梁皇后以下的皇后，都按照《谥法》而加谥号。

史臣赞辞说：坤为地，地厚而能载万物，女为阴，女应该正位于内。《诗经》说后妃有《关雎》之德，所以是君子很好的配偶，《易经》讲归妹的卦象，喻男女心动相爱而成眷属。众多的后妃，都表现出贞洁善良的品质。爱戴贤明睿智的君王，承受上天赐予的福禄。她们在兰闺颁布政令，在椒屋宣扬礼仪教化。有的因德行而升至皇后之位，正如明德马皇后、和熹邓皇后那样。也有因受皇帝的宠爱而进皇后之位，就像安思阎皇后、灵思何皇后那样。她们身在至高的地位，家族逐渐受到恩泽。看到眼前的景象，就想争取更多的光辉。孤绝的方山，都想陡削耸立。阴柔上于阳刚，必定多方受阻。坤德柔顺，必定顺畅无阻。过错是会合骄傲自满而来，福禄是协调正直诚实而至。吉庆的延续全在于自己，祸患的形成是该归罪于谁。

根据汉代的制度，皇帝的女儿都被封为县公主，其礼服规定与列侯相同。其中更受尊敬推崇的，加长公主的称号，其礼服规定与藩王相同。所有诸侯王的女儿都被封为乡、亭公主，其礼服规定与乡、亭侯相同。孝章皇帝只是特别给东平宪王刘苍、琅琊孝王刘京的女儿加封为县公主。从此之后安帝、桓帝的妹妹也被封为长公主，与皇帝的女儿有相同的待遇。但凡皇帝的女儿被封为公主的，她们生下的儿子继承其母亲的爵位被封为列侯，都可以传位给子孙后代。诸侯王的女儿被封为乡、亭公主的，她们的封爵则不能继续承袭。有关她们的职僚品秩，详见《百官志》。不必另外再记录，所以另外加在皇后纪的后面。

皇女义王，建武十五年（39）被封为舞阳长公主，嫁给延陵乡侯松坐诽谤诛。

皇女中礼，十五年封涅阳公主，适显亲侯大鸿胪窦固，肃宗尊为长公主。

皇女红夫，十五年封馆陶公主，适驸马都尉韩光。光坐与淮阳王延谋反诛。

皇女礼刘，十七年封淯阳公主，适阳安侯长乐少府郭璜。璜坐与窦宪谋反诛。

皇女绶，二十一年封郦邑公主，适新阳侯世子阴丰。丰害主，诛死。

世祖五女。

皇女姬，永平二年封获嘉长公主，适杨邑侯将作大匠冯柱。

皇女奴，三年封平阳公主，适大鸿胪冯顺。

皇女迎，三年封隆虑公主，适牟平侯耿袭。

皇女次，三年封平氏公主。

皇女致，三年封沁水公主，适高密侯邓乾。

皇女小姬，十二年封平皋公主，适昌安侯侍中邓蕃。

皇女仲，十七年封浚仪公主，适輓侯黄门侍郎王度。

皇女惠，十七年封武安公主，适征羌侯世子黄门侍郎来棱，安帝尊为长公主。

皇女臣，建初元年封鲁阳公主。

皇女小迎，元年封乐平公主。

皇女小民，元年封成安公主。

显宗十一女。

太仆梁松为妻。梁松因诋毁他人而获罪被处死。

皇女中礼，建武十五年被封为涅阳公主，嫁给显亲侯大鸿胪窦固为妻，章帝尊她为长公主。

皇女红夫，建武十五年被封为馆陶公主，嫁给驸马都尉韩光为妻。韩光因参与淮阳王刘延的谋反而获罪被杀。

皇女礼刘，建武十七年（41）被封为淯阳公主，嫁给阳安侯长乐少府郭璜为妻。郭璜因参与窦宪的谋反而获罪被杀。

皇女绶，建武二十一年（45）被封为郦邑公主，嫁给新阳侯世子阴丰为妻。阴丰杀死郦邑公主，因此被处死。

世祖光武皇帝有以上五位皇女。

皇女姬，永平二年（59）被封为获嘉长公主，嫁给杨邑侯将作大匠冯柱为妻。

皇女奴，永平三年（60）被封为平阳公主，嫁给大鸿胪冯顺为妻。

皇女迎，永平三年被封为隆虑公主，嫁给牟平侯耿袭为妻。

皇女次，永平三年被封为平氏公主。

皇女致，永平三年被封为沁水公主，嫁给高密侯邓乾为妻。

皇女小姬，永平十二年（69）被封为平皋公主，嫁给昌安侯侍中邓蕃为妻。

皇女仲，永平十七年（74）被封为浚仪公主，嫁给軑侯黄门侍郎王度为妻。

皇女惠，永平十七年被封为武安公主，嫁给征羌侯世子黄门侍郎来棱为妻，安帝尊她为长公主。

皇女臣，建初元年（76）被封为鲁阳公主。

皇女小迎，建初元年被封为乐平公主。

皇女小民，建初元年被封为成安公主。

显宗孝明皇帝有以上十一位皇女。

皇女男，建初四年封武德长公主。

皇女王，四年封平邑公主，适黄门侍郎冯由。

皇女吉，永元五年封阴安公主。

肃宗三女。

皇女保，延平元年封修武长公主。

皇女成，元年封共邑公主。

皇女利，元年封临颍公主。适即墨侯侍中贾建。

皇女兴，元年封闻喜公主。

和帝四女。

皇女生，永和三年封舞阳长公主。

皇女成男，三年封冠军长公主。

皇女广，永和六年封汝阳长公主。

顺帝三女。

皇女华，延熹元年封阳安长公主，适不其侯辅国将军伏完。

皇女坚，七年封颍阴长公主。

皇女修，九年封阳翟长公主。

桓帝三女。

皇女某，光和三年封万年公主。

灵帝一女。

皇女男，建初四年（79）被封为武德长公主。

皇女王，建初四年被封为平邑公主，嫁给黄门侍郎冯由为妻。

皇女吉，永元五年（93）被封为阴安公主。

肃宗孝章皇帝有以上三位皇女。

皇女保，延平元年（106）被封为修武长公主。

皇女成，延平元年被封为共邑公主。

皇女利，延平元年被封为临颍公主。嫁给即墨侯侍中贾建为妻。

皇女兴，延平元年被封为闻喜公主。

和帝有以上四位皇女。

皇女生，永和三年（138）被封为舞阳长公主。

皇女成男，永和三年被封为冠军长公主。

皇女广，永和六年（141）被封为汝阳长公主。

顺帝有以上三位皇女。

皇女华，延熹元年（158）被封为阳安长公主，嫁给不其侯辅国将军伏完为妻。

皇女坚，延熹七年（164）被封为颍阴长公主。

皇女修，延熹九年（166）被封为阳翟长公主。

桓帝有以上三位皇女。

皇女某，光和三年（180）被封为万年公主。

灵帝有以上一位皇女。

卷十一

志第一　律历上

律准　候气

古之人论数也，曰“物生而后有象，象而后有滋，滋而后有数”。然则天地初形，人物既著，则算数之事生矣。记称大桡作甲子，隶首作数。二者既立，以比日表，以管万事。夫一、十、百、千、万，所同用也；律、度、量、衡、历，其别用也。故体有长短，检以度；物有多少，受以量；量有轻重，平以权衡；声有清浊，协以律吕；三光运行，纪以历数。然后幽隐之情，精微之变，可得而综也。

汉兴，北平侯张苍首治律历。孝武正乐，置协律之官。至元始中，博征通知钟律者，考其意义，羲和刘歆典领条奏，前史班固取以为志。而元帝时，郎中京房（房字君明）知五声之音，六律之数。上使太子太傅（韦）玄成（字少翁）、谏议大夫章，杂试问房于乐府。房对：“受学故小黄令焦延寿，六十律相生之法：以上生下，皆三生二，以下生上，皆三生四，阳下生阴，阴上生阳，终于中吕，而十二律毕矣。中吕上生执始，执始下生去灭，上下相生，终于南事，六十律毕矣。夫十二律之变至于六十，犹八卦之变至于六十四也。宓羲作古人有关数理的分析，说：“万事万物一旦产生，便具有了象，具有象之后才得以生发，生发而后产生数。”因而天与地在一片混沌中逐渐分明，并初步形成，人、事、物也随之出现，于是，便产生了算数。据史料记载，上古轩辕时期的大桡氏发明了用天干地支的方法即甲子来记载日月，黄帝的史官始创了算术。记法和算法创立之后，人们便可以通过它们来校准观测日影变化的仪器，从而统领万物。一、十、百、千、万等，成了万物通用的计数单位；乐律、长度、容积、重量、历法等也离不开数字，数字被广泛地运用到各个领域。因此想衡量物体的长短，可通过长度来测量；想知道物质有多少，可通过容积来计算；想称量物体的轻重，可通过重量来权衡；想分辨声音的清浊，可通过律吕来校准。想了解日、月、星辰的运行规律，可通过历法来推测。这样一来，万事万物中幽隐而不为人知的事理便得以分明，那些精微、细小不便于被人察觉的现象也都被全面、系统地剖析出来。

汉室初兴，北平侯张苍率先开始研究律历。汉孝武帝时期，着手校准音律，并设置协律官员。到了汉平帝元始年间，开始广泛征聘精通音律之人，深度研究乐律的义理，羲和刘歆负责编撰整理，并逐条分析上奏，由班固负责编撰整理前朝史籍，编著《律历志》。而此前汉元帝时期，郎中京房深谙五音六律的义理。汉元帝命太子太傅韦玄成、谏议大夫王章在乐府测问京房许多相关问题。京房答道：“我从师于已故的小黄县令焦延寿，并在传统六律的基础上，提出六十律律制：以上律衍生下律，都是按照三分之二的比率，以下律衍生上律，则都是按照三分之四的比率，在阳律下衍生阴律，在阴律上

《易》，纪阳气之初，以为律法。建日冬至之声，以黄钟为宫，太蔟为商，姑洗为角，林钟为徵，南吕为羽，应钟为变宫，蕤宾为变徵。此声气之元，五音之正也。故各统一日，其余以次运行，当日者各自为宫，而商徵以类从焉。《礼运篇》曰'五声、六律、十二管还相为宫'，此之谓也。以六十律分期之日，黄钟自冬至始，及冬至而复，阴阳寒燠风雨之占生焉。于以检摄群音，考其高下，苟非革木之声，则无不有所合。《虞书》曰'律和声'，此之谓也。"房又曰："竹声不可以度调，故作准以定数。准之状如瑟，长丈而十三弦，隐间九尺，以应黄钟之律九寸；中央一弦，下有画分寸，以为六十律清浊之节。"房言律详于歆所奏，其术施行于史官，候部用之。文多不悉载。故总其本要，以续《前志》。

《律术》曰：阳以圆为形，其性动。阴以方为节，其性静。动者数三，静者数二。以阳生阴，倍之；以阴生阳，四之，皆三而一。阳生阴曰下生，阴生阳曰上生。上生不得过黄钟之浊，下生不得及黄钟之清。皆参天两地，圆盖方覆，六耦承奇之道也。黄钟，律吕之首，而生十一律者也。其相生也，皆三分而损益之。是故十二律之，得十七万七千一百四十七，是为黄钟之实。又以二乘而三约之，是为衍生阳律，以此类推，并于中吕律结束，这就是全部的十二律。中吕律上衍生执始律，执始律下衍生去灭律，如此上下相生，于南事律结束，这便是我所提出的完备的六十律了。从十二律演变至六十律，就好比从八卦衍生出六十四卦一样。伏羲氏著《易经》，以阳气的萌动为开端，并将其作为音律的初始。由此确定冬至日的音律是以黄钟律为宫，以太蔟律为商，以姑洗律为角，以林钟律为徵，以南吕律为羽，以应钟律为变宫，以蕤宾律为变徵。这便是声气律动的本原，即五音的正统。因此以上五律各统领一日，其余各律依次运行，每日分别以一律为宫，而商、徵则以其相对应的音律依次匹配。《礼记·礼运篇》中有载：‘五音没有固定的宫声，由六律、十二管轮流充任’，说的就是这个意思。以六十律分别对应一年中的日子，从冬至日开始，以黄钟为宫，直到第二年冬至日，恰好又是以黄钟为宫结束。阴阳、寒暑、风雨的预测也都是由此推算出来的。根据这种律制来统率众多音律，研究不同音律的高低，只要不是皮革、草木发出的声音，就没有不相匹配的乐律。据《虞书》记载：‘以音律协和乐声’，说的就是这个意思。”京房接着说道：“竹管发出的律声无法进行调校，因此制作准来确定六十律之数。准的外形酷似瑟，一丈多长，而且有十三根弦，隐间的长度为九尺，这个长度正好与黄钟律的九寸相对应；中央一弦，下面刻有分寸刻度，以此划分六十律高低音律。”京房所论述的律制比刘歆逐条分析上奏的还要详尽。他的六十律制由史官进行核验、评测，后来在占卜时得到广泛运用。关于律历的相关内容很多，无法一一尽述。因此大致概括出其中的主要内容，作为《前汉书·律历志》的续编。

据《律术》记载：用圆来代表阳，属性易动。用方来代表阴，属性好静。易动对应的数字为三，好静对应的数字为二。由阳律生发阴律，乘以二；以阴律生发阳律，乘以四，都以三分之一为比率。由阳律生发阴律称为下生，阴律生发阳律称为上生。上生的律不得高于黄钟的浊音，下生的律不得超过黄钟的清音。这同样是天三地二，圆盖覆盖方底，六个偶数的阴律承顺六个奇数的阳律的规律。黄钟，作为律吕的开端，衍生出其余十一律。它们之间的相生法，均以三分损益下生林钟之实。又以四乘而三约之，是为上生太蔟之实。推此上下，以定六十律之实。以九三之，数万九千六百八十三为法。于律为寸，于准为尺。不盈者十之，所得为分；又不盈十之，所得为小分。以其余正其强弱。

黄钟，十七万七千一百四十七。 下生林钟。 黄钟为宫，太蔟商，林钟徵。

一日。 律，九寸。 准，九尺。

色育，十七万六千七百七十六。 下生谦待。 色育为宫，未知商，谦待徵。

六日。 律，八寸九分小分八微强。 准，八尺九寸万五千九百七十三。

执始，十七万四千七百六十二。 下生去灭。 执始为宫，时息商，去灭徵。

六日。 律，八寸八分小分七大强。 准，八尺八寸万五千五百一十六。

丙盛，十七万二千四百一十。 下生安度。 丙盛为宫，屈齐商，安度徵。

六日。 律，八寸七分小分六微弱。 准，八尺七寸万一千六百七十九。

分动，十七万八十九。 下生归嘉。 分动为宫，随期商，归嘉徵。

六日。 律，八寸六分小分四强。 准，八尺六寸一分的方法计算。因此十二律的总和是十七万七千一百四十七，并将它作为黄钟律的实数。再用二乘以黄钟实数，所得之数除以三，即为下生林钟律的实数。再用四乘以林钟实数，所得之数除以三，即为上生太蔟律的实数。依此类推，由此分别推算出六十律的实数。连续将九个三相乘，得到一万九千六百八十三，即为诸律实数的共同法数。用这个数字分别与各律的律数相除，对于律而言，得数即为寸数，对于准而言，得数即为尺数。用寸数的余数乘以十，所得整数为律管分数；用不满一分的余数再乘以十，所得称为小分数。若仍有余数，则以四舍五入法根据数值标明厘数强弱。

黄钟的实数，十七万七千一百四十七。 下生林钟。 黄钟为宫，太蔟为商，林钟为徵。

所统领之日为一日，即冬至日。 律，九寸。 准，九尺。

色育的实数，十七万六千七百七十六。 下生谦待。 色育为宫，未知为商，谦待为徵。

所统领之日为六日。 律，八寸九分小分八微强。 准，八尺九寸一万五千九百七十三。

执始的实数，十七万四千七百六十二。 下生去灭。 执始为宫，时息为商，去灭为徵。

所统领之日为六日。 律，八寸八分小分七大强。 准，八尺八寸一万五千五百一十六。

丙盛的实数，十七万二千四百一十。 下生安度。 丙盛为宫，屈齐为商，安度为徵。

所统领之日为六日。 律，八寸七分小分六微弱。 准，八尺七寸一万一千六百七十九。

分动的实数，十七万零八十九。 下生归嘉。 分动为宫，随期为商，归嘉为徵。

所统领之日为六日。 律，八寸六分小分四强。 准，八尺六寸八千一百五十二。

质末，十六万七千八百。 下生否与。 质末为宫，形晋商，否与徵。

六日。 律，八寸五分小分二半强。 准，八尺五寸四千九百四十五。

大吕，十六万五千八百八十八。 下生夷则。 大吕为宫，夹钟商，夷则徵。

八日。 律，八寸四分小分三弱。 准，八尺四寸五千五百八。

分否，十六万三千六百五十四。 下生解形。 分否为宫，开时商，解形徵。

八日。 律，八寸三分小分一强。 准，八尺三寸二千八百五十一。

凌阴，十六万一千四百五十二。 下生去南。 凌阴为宫，族嘉商，去南徵。

八日。 律，八寸二分小分一弱。 准，八尺二寸五百一十四。

少出，十五万九千二百八十。 下生分积。 少出为宫，争南商，分积徵。

六日。 律，八寸小分九强。 准，八尺万八千一百六十。

太蔟，十五万七千四百六十四。 下生南吕。 太蔟为宫，姑洗商，南吕徵。

一日。 律，八寸。 准，八尺。

未知，十五万七千一百三十四。 下生白吕。 未知为宫，南授商，白吕徵。

八千一百五十二。

质末的实数，十六万七千八百。 下生否与。 质末为宫，形晋为商，否与为徵。

所统领之日为六日。 律，八寸五分小分二半强。 准，八尺五寸四千九百四十五。

大吕的实数，十六万五千八百八十八。 下生夷则。 大吕为宫，夹钟为商，夷则为徵。

所统领之日为八日。 律，八寸四分小分三弱。 准，八尺四寸五千五百零八。

分否的实数，十六万三千六百五十四。 下生解形。 分否为宫，开时为商，解形为徵。

所统领之日为八日。 律，八寸三分小分一强。 准，八尺三寸二千八百五十一。

凌阴的实数，十六万一千四百五十二。 下生去南。 凌阴为宫，族嘉为商，去南为徵。

所统领之日为八日。 律，八寸二分小分一弱。 准，八尺二寸五百一十四。

少出的实数，十五万九千二百八十。 下生分积。 少出为宫，争南为商，分积为徵。

所统领之日为六日。 律，八寸小分九强。 准，八尺一万八千一百六十。

太蔟的实数，十五万七千四百六十四。 下生南吕。 太蔟为宫，姑洗为商，南吕为徵。

所统领之日为一日。 律，八寸。 准，八尺。

未知的实数，十五万七千一百三十四。 下生白吕。 未知为宫，南授为商，白吕为徵。

六日。　律，七寸九分小分八强。　准，七尺九寸万六千三百八十三。

时息，十五万五千三百四十四。　下生结躬。　时息为宫，变虞商，结躬徵。

六日。　律，七寸八分小分九少强。　准，七尺八寸万八千一百六十六。

屈齐，十五万三千二百五十三。　下生归期。　屈齐为宫，路时商，归期徵。

六日。　律，七寸七分小分九弱。　准，七尺七寸万六千九百三十九。

随期，十五万一千一百九十。　下生未卯。　随期为宫，形始商，未卯徵。

六日。　律，七寸六分小分八强。　准，七尺六寸万五千九百九十二。

形晋，十四万九千一百五十六。　下生夷汗。　形晋为宫，依行商，夷汗徵。

六日。　律，七寸五分小分八弱。　准，七尺五寸万五千三百三十五。

夹钟，十四万七千四百五十六。　下生无射。　夹钟为宫，中吕商，无射徵。

六日。　律，七寸四分小分九强。　准，七尺四寸万八千一十八。

开时，十四万五千四百七十。　下生闭掩。　开时为宫，南中商，闭掩徵。

八日。　律，七寸三分小分九微强。　准，七尺三寸万七千八百四十一。

所统领之日为六日。 律，七寸九分小分八强。 准，七尺九寸一万六千三百八十三。

时息的实数，十五万五千三百四十四。 下生结躬。 时息为宫，变虞为商，结躬为徵。

所统领之日为六日。 律，七寸八分小分九少强。 准，七尺八寸一万八千一百六十六。

屈齐的实数，十五万三千二百五十三。 下生归期。 屈齐为宫，路时为商，归期为徵。

所统领之日为六日。 律，七寸七分小分九弱。 准，七尺七寸一万六千九百三十九。

随期的实数，十五万一千一百九十。 下生未卯。 随期为宫，形始为商，未卯为徵。

所统领之日为六日。 律，七寸六分小分八强。 准，七尺六寸一万五千九百九十二。

形晋的实数，十四万九千一百五十六。 下生夷汗。 形晋为宫，依行为商，夷汗为徵。

所统领之日为六日。 律，七寸五分小分八弱。 准，七尺五寸一万五千三百三十五。

夹钟的实数，十四万七千四百五十六。 下生无射。 夹钟为宫，中吕为商，无射为徵。

所统领之日为六日。 律，七寸四分小分九强。 准，七尺四寸一万八千零一十八。

开时的实数，十四万五千四百七十。 下生闭掩。 开时为宫，南中为商，闭掩为徵。

所统领之日为八日。 律，七寸三分小分九微强。 准，七尺三寸一万七千八百四十一。

族嘉，十四万三千五百一十三。 下生邻齐。 族嘉为宫，内负商，邻齐徵。

八日。 律，七寸二分小分九微强。 准，七尺二寸万七千九百五十四。

争南，十四万一千五百八十二。 下生期保。 争南为宫，物应商，期保徵。

八日。 律，七寸一分小分九强。 准，七尺一寸万八千三百二十七。

姑洗，十三万九千九百六十八。 下生应钟。 姑洗为宫，蕤宾商，应钟徵。

一日。 律，七寸一分小分一微强。 准，七尺一寸二千一百八十七。

南授，十三万九千六百七十六。 下生分乌。 南授为宫，南事商，分乌徵。

六日。 律，七寸小分九大强。 准，七尺万八千九百三十。

变虞，十三万八千八十四。 下生迟内。 变虞为宫，盛变商，迟内徵。

六日。 律，七寸小分一半强。 准，七尺三千三十。

路时，十三万六千二百二十五。 下生未育。 路时为宫，离宫商，未育徵。

六日。 律，六寸九分小分二微强。 准，六尺九寸四千一百二十三。

形始，十三万四千三百九十二。 下生迟时。 形始为宫，制时商，迟时徵。

族嘉的实数，十四万三千五百一十三。下生邻齐。族嘉为宫，内负为商，邻齐为徵。

所统领之日为八日。律，七寸二分小分九微强。准，七尺二寸一万七千九百五十四。

争南的实数，十四万一千五百八十二。下生期保。争南为宫，物应为商，期保为徵。

所统领之日为八日。律，七寸一分小分九强。准，七尺一寸一万八千三百二十七。

姑洗的实数，十三万九千九百六十八。下生应钟。姑洗为宫，蕤宾为商，应钟为徵。

所统领之日为一日。律，七寸一分小分一微强。准，七尺一寸二千一百八十七。

南授的实数，十三万九千六百七十六。下生分乌。南授为宫，南事为商，分乌为徵。

所统领之日为六日。律，七寸小分九大强。准，七尺一万八千九百三十。

变虞的实数，十三万八千零八十四。下生迟内。变虞为宫，盛变为商，迟内为徵。

所统领之日为六日。律，七寸小分一半强。准，七尺三千零三十。

路时的实数，十三万六千二百二十五。下生未育。路时为宫，离宫为商，未育为徵。

所统领之日为六日。律，六寸九分小分二微强。准，六尺九寸四千一百二十三。

形始的实数，十三万四千三百九十二。下生迟时。形始为宫，制时为商，迟时为徵。

五日。 律，六寸八分小分三弱。 准，六尺八寸五千四百七十六。

依行，十三万二千五百八十二。 上生色育。 依行为宫，谦待商，色育徵。

七日。 律，六寸七分小分三半强。 准，六尺七寸七千五十九。

中吕，十三万一千七十二。 上生执始。 中吕为宫，去灭商，执始徵。

八日。 律，六寸六分小分六弱。 准，六尺六寸万一千六百四十二。

南中，十二万九千三百八。 上生丙盛。 南中为宫，安度商，丙盛徵。

七日。 律，六寸五分小分七微弱。 准，六尺五寸万三千六百八十五。

内负，十二万七千五百六十七。 上生分动。 内负为宫，归嘉商，分动徵。

八日。 律，六寸四分小分八微强。 准，六尺四寸万五千九百五十八。

物应，十二万五千八百五十。 上生质末。 物应为宫，否与商，质末徵。

七日。 律，六寸三分小分九强。 准，六尺三寸万八千四百七十一。

蕤宾，十二万四千四百一十六。 上生大吕。 蕤宾为宫，夷则商，大吕徵。

一日。 律，六寸三分小分二微强。 准，六尺三寸所统领之日为五日。 律，六寸八分小分三弱。 准，六尺八寸五千四百七十六。

依行的实数，十三万二千五百八十二。 上生色育。 依行为宫，谦待为商，色育为徵。

所统领之日为七日。 律，六寸七分小分三半强。 准，六尺七寸七千零五十九。

中吕的实数，十三万一千零七十二。 上生执始。 中吕为宫，去灭为商，执始为徵。

所统领之日为八日。 律，六寸六分小分六弱。 准，六尺六寸一万一千六百四十二。

南中的实数，十二万九千三百零八。 上生丙盛。 南中为宫，安度为商，丙盛为徵。

所统领之日为七日。 律，六寸五分小分七微弱。 准，六尺五寸一万三千六百八十五。

内负的实数，十二万七千五百六十七。 上生分动。 内负为宫，归嘉为商，分动为徵。

所统领之日为八日。 律，六寸四分小分八微强。 准，六尺四寸一万五千九百五十八。

物应的实数，十二万五千八百五十。 上生质末。 物应为宫，否与为商，质末为徵。

所统领之日为七日。 律，六寸三分小分九强。 准，六尺三寸一万八千四百七十一。

蕤宾的实数，十二万四千四百一十六。 上生大吕。 蕤宾为宫，夷则为商，大吕为徵。

所统领之日为一日。 律，六寸三分小分二微强。 准，六尺三四千一百三十一。

南事，十二万四千一百五十四。 不生。 南事穷，无商、徵，不为宫。

七日。 律，六寸三分小分一弱。 准，六尺三寸一千五百三十一。

盛变，十二万二千七百四十一。 上生分否。 盛变为宫，解形商，分否徵。

七日。 律，六寸二分小分三半强。 准，六尺二寸七千六十四。

离宫，十二万一千八十九。 上生凌阴。 离宫为宫，去南商，凌阴徵。

七日。 律，六寸一分小分五微强。 准，六尺一寸万二百二十七。

制时，十一万九千四百六十。 上生少出。 制时为宫，分积商，少出徵。

八日。 律，六寸小分七弱。 准，六尺万三千六百二十。

林钟，十一万八千九十八。 上生太蔟。 林钟为宫，南吕商，太蔟徵。

一日。 律，六寸。 准，六尺。

谦待，十一万七千八百五十一。 上生未知。 谦待为宫，白吕商，未知徵。

五日。 律，五寸九分小分九弱。 准，五尺九寸万七千二百一十三。

去灭，十一万六千五百八。 上生时息。 去灭为宫，结躬商，寸四千一百三十一。

南事的实数，十二万四千一百五十四。　不生。　南事为终止律，无商律、徵律，不为宫。

所统领之日为七日。　律，六寸三分小分一弱。　准，六尺三寸一千五百三十一。

盛变的实数，十二万二千七百四十一。　上生分否。　盛变为宫，解形为商，分否为徵。

所统领之日为七日。　律，六寸二分小分三半强。　准，六尺二寸七千零六十四。

离宫的实数，十二万一千零八十九。　上生凌阴。　离宫为宫，去南为商，凌阴为徵。

所统领之日为七日。　律，六寸一分小分五微强。　准，六尺一寸一万零二百二十七。

制时的实数，十一万九千四百六十。　上生少出。　制时为宫，分积为商，少出为徵。

所统领之日为八日。　律，六寸小分七弱。　准，六尺一万三千六百二十。

林钟的实数，十一万八千零九十八。　上生太蔟。　林钟为宫，南吕为商，太蔟为徵。

所统领之日为一日。　律，六寸。　准，六尺。

谦待的实数，十一万七千八百五十一。　上生未知。　谦待为宫，白吕为商，未知为徵。

所统领之日为五日。　律，五寸九分小分九弱。　准，五尺九寸一万七千二百一十三。

去灭的实数，十一万六千五百零八。　上生时息。　去灭为宫，结时息徵。

七日。 律，五寸九分小分二弱。 准，五尺九寸三千七百八十三。

安度，十一万四千九百四十。 上生屈齐。 安度为宫，归期商，屈齐徵。

六日。 律，五寸八分小分四弱。 准，五尺八寸七千七百八十六。

归嘉，十一万三千三百九十三。 上生随期。 归嘉为宫，未卯商，随期徵。

六日。 律，五寸七分小分六微强。 准，五尺七寸万一千九百九十九。

否与，十一万一千八百六十七。 上生形晋。 否与为宫，夷汗商，形晋徵。

五日。 律，五寸六分小分八强。 准，五尺六寸万六千四百二十二。

夷则，十一万五百九十二。 上生夹钟。 夷则为宫，无射商，夹钟徵。

八日。 律，五寸六分小分二弱。 准，五尺六寸三千六百七十二。

解形，十万九千一百三。 上生开时。 解形为宫，闭掩商，开时徵。

八日。 律，五寸五分小分四强。 准，五尺五寸八千四百六十五。

去南，十万七千六百三十五。 上生族嘉。 去南为宫，邻齐商，族嘉徵。

八日。 律，五寸四分小分六大强。 准，五尺四寸躬为商，时息为徵。

所统领之日为七日。 律，五寸九分小分二弱。 准，五尺九寸三千七百八十三。

安度的实数，十一万四千九百四十。 上生屈齐。 安度为宫，归期为商，屈齐为徵。

所统领之日为六日。 律，五寸八分小分四弱。 准，五尺八寸七千七百八十六。

归嘉的实数，十一万三千三百九十三。 上生随期。 归嘉为宫，未卯为商，随期为徵。

所统领之日为六日。 律，五寸七分小分六微强。 准，五尺七寸一万一千九百九十九。

否与的实数，十一万一千八百六十七。 上生形晋。 否与为宫，夷汗为商，形晋为徵。

所统领之日为五日。 律，五寸六分小分八强。 准，五尺六寸一万六千四百二十二。

夷则的实数，十一万零五百九十二。 上生夹钟。 夷则为宫，无射为商，夹钟为徵。

所统领之日为八日。 律，五寸六分小分二弱。 准，五尺六寸三千六百七十二。

解形的实数，十万九千一百零三。 上生开时。 解形为宫，闭掩为商，开时为徵。

所统领之日为八日。 律，五寸五分小分四强。 准，五尺五寸八千四百六十五。

去南的实数，十万七千六百三十五。 上生族嘉。 去南为宫，邻齐为商，族嘉为徵。

所统领之日为八日。 律，五寸四分小分六大强。 准，五尺四万三千四百六十八。

分积，十万六千一百八十八。上生争南。分积为宫，期保商，争南徵。

七日。律，五寸三分小分九半强。准，五尺三寸万八千六百八十一。

南吕，十万四千九百七十六。上生姑洗。南吕为宫，应钟商，姑洗徵。

一日。律，五寸三分小分三强。准，五尺三寸六千五百六十一。

白吕，十万四千七百五十六。上生南授。白吕为宫，分乌商，南授徵。

五日。律，五寸三分小分二强。准，五尺三寸四千三百七十一。

结躬，十万三千五百六十三。上生变虞。结躬为宫，迟内商，变虞徵。

六日。律，五寸二分小分六强。准，五尺二寸万二千一百一十四。

归期，十万二千一百六十九。上生路时。归期为宫，未育商，路时徵。

六日。律，五寸一分小分九微强。准，五尺一寸万七千八百五十七。

未卯，十万七百九十四。上生形始。未卯为宫，迟时商，形始徵。

六日。律，五寸一分小分二微强。准，五尺一寸四千一百七。

夷汗，九万九千四百三十七。上生依行。夷汗为宫，色育寸一万三千四百六十八。

分积的实数，十万六千一百八十八。 上生争南。 分积为宫，期保为商，争南为徵。

所统领之日为七日。 律，五寸三分小分九半强。 准，五尺三寸一万八千六百八十一。

南吕的实数，十万四千九百七十六。 上生姑洗。 南吕为宫，应钟为商，姑洗为徵。

所统领之日为一日。 律，五寸三分小分三强。 准，五尺三寸六千五百六十一。

白吕的实数，十万四千七百五十六。 上生南授。 白吕为宫，分乌为商，南授为徵。

所统领之日为五日。 律，五寸三分小分二强。 准，五尺三寸四千三百七十一。

结躬的实数，十万三千五百六十三。 上生变虞。 结躬为宫，迟内为商，变虞为徵。

所统领之日为六日。 律，五寸二分小分六强。 准，五尺二寸一万二千一百一十四。

归期的实数，十万二千一百六十九。 上生路时。 归期为宫，未育为商，路时为徵。

所统领之日为六日。 律，五寸一分小分九微强。 准，五尺一寸一万七千八百五十七。

未卯的实数，十万零七百九十四。 上生形始。 未卯为宫，迟时为商，形始为徵。

所统领之日为六日。 律，五寸一分小分二微强。 准，五尺一寸四千一百零七。

夷汗的实数，九万九千四百三十七。 上生依行。 夷汗为宫，色商，依行徵。

七日。 律，五寸小分五强。 准，五尺万二百二十。

无射，九万八千三百四。 上生中吕。 无射为宫，执始商，中吕徵。

八日。 律，四寸九分小分九强。 准，四尺九寸万八千五百七十三。

闭掩，九万六千九百八十。 上生南中。 闭掩为宫，丙盛商，南中徵。

八日。 律，四寸九分小分三弱。 准，四尺九寸五千三百三十三。

邻齐，九万五千六百七十五。 上生内负。 邻齐为宫，分动商，内负徵。

七日。 律，四寸八分小分六微强。 准，四尺八寸万一千九百六十六。

期保，九万四千三百八十八。 上生物应。 期保为宫，质末商，物应徵。

八日。 律，四寸七分小分九半强。 准，四尺七寸万八千七百七十九。

应钟，九万三千三百一十二。 上生蕤宾。 应钟为宫，大吕商，蕤宾徵。

一日。 律，四寸七分小分四微强。 准，四尺七寸八千十九。

分乌，九万三千一百一十七。 上生南事。 分乌穷次，无徵，不为宫。

七日。 律，四寸七分小分三微强。 准，四尺七寸育为商，依行为徵。

所统领之日为七日。 律，五寸小分五强。 准，五尺一万零二百二十。

无射的实数，九万八千三百四。 上生中吕。 无射为宫，执始为商，中吕为徵。

所统领之日为八日。 律，四寸九分小分九强。 准，四尺九寸一万八千五百七十三。

闭掩的实数，九万六千九百八十。 上生南中。 闭掩为宫，丙盛为商，南中为徵。

所统领之日为八日。 律，四寸九分小分三弱。 准，四尺九寸五千三百三十三。

邻齐的实数，九万五千六百七十五。 上生内负。 邻齐为宫，分动为商，内负为徵。

所统领之日为七日。 律，四寸八分小分六微强。 准，四尺八寸一万一千九百六十六。

期保的实数，九万四千三百八十八。 上生物应。 期保为宫，质末为商，物应为徵。

所统领之日为八日。 律，四寸七分小分九半强。 准，四尺七寸一万八千七百七十九。

应钟的实数，九万三千三百一十二。 上生蕤宾。 应钟为宫，大吕为商，蕤宾为徵。

所统领之日为一日。 律，四寸七分小分四微强。 准，四尺七寸八千零一十九。

分乌的实数，九万三千一百一十七。 上生南事。 分乌为生律次序中接近尾声之律，无徵音，不为宫。

所统领之日为七日。 律，四寸七分小分三微强。 准，四尺七六千五十九。

迟内，九万二千五十六。 上生盛变。 迟内为宫，分否商，盛变徵。

八日。 律，四寸六分小分八弱。 准，四尺六寸万五千一百四十二。

未育，九万八百一十七。 上生离宫。 未育为宫，凌阴商，离宫徵。

八日。 律，四寸六分小分一少强。 准，四尺六寸二千七百五十二。

迟时，八万九千五百九十五。 上生制时。 迟时为宫，少出商，制时徵。

六日。 律，四寸五分小分五强。 准，四尺五寸万二百一十五。

截管为律，吹以考声，列以物气，道之本也。术家以其声微而体难知，其分数不明，故作准以代之。准之声，明畅易达，分寸又粗。然弦以缓急清浊，非管无以正也。均其中弦，令与黄钟相得，案画以求诸律，无不如数而应者矣。

音声精微，综之者解。元和元年，待诏候钟律殷彤上言："官无晓六十律以准调音者，故待诏严崇具以准法教子男宣，宣通习。愿召宣补学官，主调乐器。"诏曰："崇子学审晓律，别其族，协其声者，审试。不得依托父学，以聋为聪。声微妙，独非莫知，独是莫晓。以律错吹，能知命十二律不失一，方为能传崇学耳。"太史丞弘寸六千零五十九。

迟内的实数，九万二千零五十六。 上生盛变。 迟内为宫，分否为商，盛变为徵。

所统领之日为八日。 律，四寸六分小分八弱。 准，四尺六寸一万五千一百四十二。

未育的实数，九万零八百一十七。 上生离宫。 未育为宫，凌阴为商，离宫为徵。

所统领之日为八日。 律，四寸六分小分一少强。 准，四尺六寸二千七百五十二。

迟时的实数，八万九千五百九十五。 上生制时。 迟时为宫，少出为商，制时为徵。

所统领之日为六日。 律，四寸五分小分五强。 准，四尺五寸一万零二百一十五。

以截取竹管的长度为律，通过吹奏来校准音高，根据音调排列次序，并以其对应节气，这便是道之根本。擅长天文历算的学者们因竹管发出的声音太过微弱，不便于分辨音高，再加上竹管长短难以掌握，误差之下分厘之数无法精准计算，因而制作准来代替竹管。准发出的声音，清楚畅达，刻度尺寸分明，便于识别。然而，同一准弦也会因其松紧度不同，而发出高低不同的声音，因此完全脱离律管也无法调校音准。这就需要预先调校好准的中弦，使其与黄钟律的音高相同，然后根据准上的刻度来推算其他诸律，这样调校音准，便再没有与刻度不符的音律了。

有关音律的义理精深且微妙，只有博学综练之人才能领悟其中的奥妙。元和元年（84），待诏候殷肜就音律一事上书道："朝中没有通晓六十律律制的学者，也没有会使用准调音的人，已故待诏严崇曾将用准调音的全部学问传授给他的儿子宣，如今，严宣已深谙此道。臣请求召严宣填补学官之缺，负责调校乐器音准。"诏书道："若试十二律，其二中，其四不中，其六不知何律，宣遂罢。自此律家莫能为准施弦，候部莫知复见。熹平六年，东观召典律者太子舍人张光等问准意。光等不知，归阅旧藏，乃得其器，形制如房书，犹不能定其弦缓急。音不可书以晓人，知之者欲教而无从，心达者体知而无师，故史官能辨清浊者遂绝。其可以相传者，唯大搉常数及候气而已。

夫五音生于阴阳，分为十二律，转生六十，皆所以纪斗气效物类也。天效以景，地效以响，即律也。阴阳和则景至，律气应则灰除。是故天子常以日冬夏至御前殿，合八能之士，陈八音，听乐均，度晷景，候钟律，权土炭，效阴阳。冬至阳气应，则乐均清，景长极，黄钟通，土炭轻而衡仰。夏至阴气应，则乐均浊，景短极，蕤宾通，土炭重而衡低。进退于先后五日之中。八能各以候状闻，太史封上。效则和，否则占。候气之法，为室三重，户闭，涂衅必周，密布缇缦。室中以木为案，每律各一，内庳外高，从其方位，加律其上，以葭莩灰抑其内端，案历而候之。气至者灰动。其为气所动者其灰散，人及风所动者其灰聚。殿中候，用玉律十二。惟二至乃候灵台，用竹律六十。候日如其历。

严崇之子果然精通乐律，并能区分不同音调音阶，协调乐声的话，要对他进行考核。若未能参透其父关于音律的全部学问，只是滥竽充数，加之音律精深微妙，又岂是个别人夸他精通或者个别人说他不行就可以妄下定论的，因此必须通过考核。考核时，将十二律管的次序打乱后，让他辨音，若他能准确无误地分辨出十二音律，并且不出一点差错，才算得上是传承了严崇的绝学。”于是，太史丞弘根据旨意用十二律管对严宣进行考核，其中严宣只答对两律，有四律出错，还有六个律管，严宣分辨不出是什么律，因此，他没能通过考核。此后，音律学者中再无人能为准设弦，相关部门也再无人通晓、使用以准定音的方法。熹平六年（177），汉灵帝在东观召见掌管音律的太子舍人张光等人，并向他们询问准的义理。张光等人答不上来，回府后才从收藏的旧物中找到这件器物，它的外形和京房所描述的一模一样，只是仍然没有人能调校准弦的松紧。音律无法单纯靠书面的讲解传授于后人，深谙音律之人苦于找不到虚心求学的弟子，而具有天赋，略通音律的人却苦于找不到良师，因此太史官中能明辨六十律，并可调校音律清浊的人就这样绝迹了。唯一传承下来的，只有取常数的近似值和候气的方法而已。

阴阳运化生成五音，五音具体又分为十二律，在十二律的基础上又衍生出六十律，这些音律分别与一年中的二十四节气以及星宿运行相对应，还能体现物类感应。上天通过日影的变化来体现运化，大地通过声响来体现感应，这就是所谓的音律。若阴阳调和，则正午时分的日影长短就合乎标准，若律管与气候相应，则置于律管中的葭灰就会飞出。因此，历代天子总是在冬至、夏至日亲自驾临前殿，召集从事乐律和天文观测的有关官员，陈设八音乐器，聆听乐律的清浊，测量正午日影的长短，通过律管的变化占验节气，权衡土炭的轻重，以此来征验阴阳调和的变化。冬至日，阳气开始生发，则乐律清扬，日影最长，黄钟律管通达，土炭轻而衡器会翘起。夏至日，阴气开始生发，于是乐律重浊，日影最短，蕤宾律管通达，土炭重而衡器会低垂。这几种测量方法的精准度，前后误差一般不会超过五天。从事乐律和天文的有关官员分别将测候的情况上报给太史令，太史令再将测候的结果

封好后呈报给天子。测候结果与阴阳相对应，则表示天地一片祥和，反之则需要进行占卜，预测吉凶。候气的方法是，建造三重密室，紧闭门户，用牲畜的血涂抹密室的墙壁缝隙，四周挂满橘红色的帷幕。密室内设置木制几案十二个，每个几案上放置一根律管，几案以内低外高呈阶梯状陈设，分别根据乐律所对应的月份排列方位，并在对应的几案上放置相应的律管，将葭灰倒入律管内，根据历法记载等待相应的节气出现。每当节气来临时，相应律管中的葭灰就会自行飞去。而且若因节气所至而使葭灰飞出的，葭灰呈分散状，若因人或风所触导致葭灰飞出的，葭灰呈聚合状。宫中测候，使用的是十二支玉制律管。只有冬至、夏至日，才会在观象台进行测候，使用的是竹制律管六十根。具体的测候时间遵照历法中所记载的日期。

卷十二

志第二　律历中

贾逵论历　永元论历　延光论历

汉安论历　熹平论历　论月食

自太初元年始用《三统历》，施行百有余年，历稍后天，朔先历朔，或在晦，月见。考其行，日有退无进，月有进无退。建武八年中，太仆朱浮、太中大夫许淑等数上书，言历朔不正，宜当改更。时分度觉差尚微，上以天下初定，未遑考正。至永平五年，官历署七月十六日月食。待诏杨岑见时月食多先历，即缩用算上为日，上言："月当十五日食，官历不中"。诏书令岑普候，与官历课。起七月，尽十一月，弦望凡五，官历皆失，岑皆中。庚寅，诏令岑署弦望月食官，复令待诏张盛、景防、鲍邺等以《四分法》与岑课。岁余，盛等所中多岑六事。十二年十一月丙子，诏书令盛、防代岑署弦望月食加时。《四分》之术，始颇施行。是时盛、防等未能分明历元，综校分度，故但用其弦望而已。

自从太初元年(前104)启用《三统历》开始,已经施行了一百多年,历法所推测的时间比实际天象运行时间稍有延迟,日月运行的实际合朔时间(真朔)如果比历法中所推算的朔日(历朔)要早,或者日月运行的实际合朔时间在前月的月末,那么这两种情况都可能会导致历法中所推算的朔日清晨时分月亮在东方出现,或者傍晚时分月亮在西方出现的情况。考察日月运行的度数,发现太阳的行度有退无进,而月亮的行度却有进无退。建武八年(32),太仆朱浮、太中大夫许淑等人多次上书,认为现行历法的合朔时间不精确,应进行修改。然而当时,汉武帝认为史官们所提出的日月行度的误差较小,同时,天下才刚平定不久,还没有时间考虑修正历法之事。直到永平五年(62),官历中标注当年七月十六日将发生月食。待诏杨岑通过观测发现,当时的月食大多发生在历法标注的日期之前,于是他便采用"算上"法将时间缩减了一天,因此上书道:"月食应该发生在七月十五日,官历的推算不精准。"汉明帝诏命杨岑进行更加详细的观测,并对照官历查找误差。从七月起至十一月止,共五次弦望,官历都不准确,而杨岑推算的时间都是正确的。庚寅日,汉明帝诏命杨岑为专职标注弦望、月食时辰的官员,而后又命张盛、景防、鲍邺等人根据《四分历》的算法,与杨岑的推算结果进行比对。时间过去一年多,张盛等人的推算结果有六项比杨岑推算得更为精确。永平十二年(69)十一月丙子日,皇帝下诏命张盛、景防代替杨岑标注弦望、月食的时辰。《四分历》也逐渐开始被运用。因为当时,张盛、景防等人还未能明确《四分历》的上元所在,对日月星辰运行的分度理论也尚先是，九年，太史待诏董萌上言历不正，事下三公、太常知历者杂议，讫十年四月，无能分明据者。至元和二年，《太初》失天益远，日、月宿度相觉浸多。而候者皆知冬至之日日在斗二十一度，未至牵牛五度，而以为牵牛中星，后天四分日之三，晦朔弦望差天一日，宿差五度。章帝知其谬错，以问史官，虽知不合，而不能易，故召治历编䜣、李梵等综校其状。二月甲寅，遂下诏曰："朕闻古先圣王，先天而天不违，后天而奉天时。《河图》曰：'赤九会昌，十世以光，十一以兴。'又曰：'九名之世，帝行德，封刻政。'朕以不德，奉承大业，夙夜祗畏，不敢荒宁。予末小子，托在于数终，曷以续兴，崇弘祖宗，拯济元元？《尚书琁玑钤》曰：'述尧世，放唐文。'《帝命验》曰：'顺尧考德，题期立象。'且三、五步骤，优劣殊轨，况乎顽陋，无以克堪，虽欲从之，末由也已。每见图书，中心恧焉。间者以来，政治不得，阴阳不和，灾异不息，疠疫之气，流伤于牛，农本不播。夫庶征休咎，五事之应，咸在朕躬，信有阙矣，将何以补之？《书》曰：'惟先假王正厥事。'又曰：'岁二月，东巡狩，至岱宗，柴，望秩于山川。遂觐东后，叶时月正日。'祖尧岱宗，同律度量，考在玑衡，以正历象，庶乎有益。《春秋保乾图》曰：'三百年斗历改宪。'史官用太初邓平术，有余分一，在三百年之域，行度转差，浸以谬错。琁玑不正，文象不稽。冬至之日日在斗二十一度，而历以为牵牛中星。先立春一日，则《四分》数之立春日也。以折狱断大刑，于气已迕，用望平和随时之义，盖亦远矣。今改行《四分》，以遵于尧，以顺孔圣奉天之文。冀百君子越有民，同心敬授，傥获咸熙，以明予祖之遗功。"于是《四分》施行。而䜣、梵犹以为元首十一月当先大，欲以合耦弦望，命有常日，而十九岁不得七闰，晦朔失实。行之未期，章帝复发圣思，考之经谶，使左中郎将贾逵问治历者卫未进行综合校正，所以也只是运用了《四分历》中关于弦望、月食时辰的推算方法而已。

在这之前，永平九年（66），太史待诏董萌曾上书阐明历法不精确之事，汉明帝诏命将此事交给三公、太常及其下属中通晓历法的官员共同商讨，直到永平十年（67）四月，依然无人能提出明确地处理方案。到了元和二年（85），《太初历》所推测的时间与实际天象的误差越来越大，日月星宿的行度误差愈发明显。而负责天文观测的官员都知道冬至日太阳的位置应在北斗星二十一度，距离牵牛星五度之处，然而《太初历》却预测冬至日太阳的位置是在牵牛星的中央星，这样一来，《太初历》所预测的冬至日将比实际的冬至日时间晚四分之三日，所预测的每月初一、十五等晦朔弦望的时间也与实际的时间相差一天，日月星辰的行度相差五度。汉章帝深知官历存在谬误，便向太史官征询意见，太史官们虽然也知道官历与实际天象不符，但却无能为力，因此汉章帝诏命治历官员编䜣、李梵等人对《太初历》进行综合校验，并从中找出官历与天象不符的种种情况。二月甲寅日，汉章帝下诏说："我听说古代的圣贤帝王，能预知天命而天意有所不为，天运已至，则奉行天时。《河图》中有载：'赤帝之子汉高祖刘邦的九世孙将会兴盛隆昌，十世孙将会使祖业发扬光大，十一世时将更加兴旺。'又说：'九世帝王奉行德政，封禅祭祀天地，并将政绩刻在巨石上向上天报告。'朕德行不敷，继承了帝王大业，时刻谨怀敬畏之心，鞠躬尽瘁，不敢荒废政务贪图安宁。朕作为帝王后辈子孙，历数将尽，朕该凭借什么来光复中兴，弘扬祖宗的威德，拯救万民于水深火热之中呢？据《尚书琁玑钤》记载：'遵循帝尧治世方略，效法陶唐开明盛世。'据《帝命验》中有载：'沿袭帝尧的治政之道，探究他的遗德，取法万物之象，创建历法周期。'朕本想效法三皇五帝，怎奈他们的治政手段各异，且每个时代的优劣也各有不同，更何况朕生性愚顽孤陋，实在无以担当，即使想择善而从，却不知从何做起。每当朕看到图谱中所记载的圣王伟业，心中便羞愧万分。近来，朕治政不力，导致阴阳不相调和，天下灾异不断，时疾瘟疫盛行，致使耕牛受损，农业也随之受到严重影响。各种吉凶征兆，承、李崇、太尉属梁鲔、司徒掾严勖、太子舍人徐震、钜鹿公乘苏统及䜣、梵等十人，以为月当先小。据《春秋经》书朔不书晦者，朔必有明晦，不朔必在其月也。即先大，则一月再朔，后月无朔，是明不可必。梵等以为当先大，无文正验，取欲谐耦十六日望，月朓昏，晦当灭而已。又晦与合同时，不得异日。又上知䜣、梵穴见，敕毋拘历已班，天元始起之月当小。定，后年历数遂正。永元中，复令史官以《九道法》候弦望，验无有差跌。逵论集状，后之议者，用得折衷，故详录焉。

风雨雷电五事之应，都是由于朕的德行不足所引发的，确实存在的过失，该以什么来补救呢？《尚书》有载：‘只有先通过帝王修正自己的过失。’又说：‘每年农历二月，需向东方巡游，抵达泰山后烧柴祭天，还需望祭于山川。最后觐见东方青帝，使阴阳调和，四时合洽。’朕欲效法帝尧，东封泰山，统一乐律与度量衡，考察北斗七星的行度，并以此为依据修正历法与实际天象之间的误差，希望会有所补益。《春秋保乾图》中有载：‘每三百年，历法应做一次修改。’如今的太史官仍然沿用的是太初元年由邓平制定的历法，每年的误差虽小余一分，但经过三百年之久，日月星宿的行度误差便日积月累，变得愈发明显了。再加上观测天文的仪器尚不完善，对于天象的观测自然也谈不上精准了。冬至日太阳的行度应为斗宿二十一度，然而《太初历》却认为太阳处于牵牛宿的中央星。《太初历》中推算的立春前日，根据《四分历》推算，这一天实际上正是立春日。若在这一天断案、处决犯人，则会与立春时宜生长不宜杀伐的自然法则相抵触，与帝王要以平和治政、顺应时势的方略更是相去甚远。如今，改为启用《四分历》，以遵循帝尧治政之道，遵从孔子奉行天时的遗训。希望上至文武百官下至平民百姓，同心同德，敬授民时，不误耕种，如果因此而万象更新，朕也可向天下彰显祖宗的功德。”从那时起，《四分历》被启用。然而编訢、李梵等人认为元首的第一个十一月应当是大月，想通过这种方法来调整弦望时间，使它在固定的时间出现，可是这样做的结果是十九年当中闰月不足七个，预测的每月初一、三十的日期也和实际日期不符。《四分历》启用不到一年，汉章帝又进行了更加深入的思考，他亲自考证经史谶纬，又命左中郎将贾逵咨询治历官卫承、李崇、太尉属梁鲔、司徒掾严勖、太子舍人徐震、钜鹿公乘苏统以及编訢、李梵等十余人，就元首的第一个十一月应当是大月还是小月的问题，逐个征求大家的意见，大多数人认为元首月应为小月。根据《春秋》只记载朔日不记载晦日的规则推知，每月有初一日就必然会有三十日，初一日未必会在该月，但每月都会有合朔的一天。如果从元首开始，历月的排序为先大后小，那么第一个月中便会出现两次合朔，而第二个月则没有初一日，这就违背了月首必有合朔逵论曰："《太初历》冬至日在牵牛初者，牵牛中星也。古黄帝、夏、殷、周、鲁冬至日在建星，建星即今斗星也。《太初历》斗二十六度三百八十五分，牵牛八度。案行事史官注，冬、夏至日常不及《太初历》五度，冬至日在斗二十一度四分度之一。石氏《星经》曰：'黄道规牵牛初直斗二十度，去极二十五度。'于赤道，斗二十一度也。《四分法》与行事候注天度相应。《尚书·考灵曜》：'斗二十二度，无余分，冬至在牵牛所起'。又编䜣等据今日所在未至牵牛中星五度于斗二十一度四分一，与《考灵曜》相近，即以明事。元和二年八月，诏书曰'石不可离'，令两候，上得算多者。太史令玄等候元和二年至永元元年，五岁中课日行及冬至斗二十一度四分一，合古历建星《考灵曜》日所起，其星间距度皆如石氏故事。他术以为冬至日在牵牛初者，自此遂黜也。"

的规则，显然是不合理的。而李梵等人却坚持认为，元首历月排序应先大后小，这种说法没有任何文献支撑，只是他们想将望日调整为每月十五日，而晦日月光必定会消失而已。又，他们还提出晦日即每月三十日必须与合朔是同一天，而不应是其他的日子。又，汉章帝经过深思熟虑后知道，编䜣、李梵关于元首历月排序的见解具有一定的局限性，于是下诏说：不必拘泥于已经颁行的历法，元首第一个月应为小月。决定之后，从此每年的岁时气候才终于步入正轨。到了和帝永元年间，和帝又命太史官根据《九道法》来测候弦望的时辰，而《九道法》的测候结果几乎没有任何误差。贾逵对《九道法》给予肯定，他将论述的内容进行了收集整理，后世研讨历法的学者可将其作为参考依据，因此详细记录如下：

贾逵论述道："《太初历》中预测冬至日太阳位于牵牛星初度，即牵牛星的中央星。远古时代的《黄帝历》《夏历》《殷历》《周历》《鲁历》五家历法都认为冬至日太阳位于建星，建星也就是如今的北斗星。《太初历》中标注的北斗星的距度星为二十六度三百八十五分，牵牛星的距度星为八度。根据太史官观测天体运行所做的标注，冬至、夏至日太阳通常位于《太初历》所标注的行度位置后五度，因此，冬至日太阳的实际位置为北斗星二十一又四分之一度。石氏《星经》中有载：'据黄道测量，牵牛星初度位置相当于北斗星二十度，距离北天极二十五度。'而这个位置相对于赤道而言，就是北斗星二十一度。《四分历》中标注的冬至日太阳位置与太史官的观测结果一致。《尚书·考灵曜》中认为：'北斗星的距度星为二十二度整，没有余分，冬至日太阳位于牵牛星的初度'。又，编䜣等人观测得出，如今冬至日太阳所处牵牛星中央星后五度，即北斗星二十一又四分之一度，这个结果与《考灵曜》中的数值相差无几，便马上奏明皇帝。元和二年（85）八月，皇帝下诏说：'观测天象不可脱离石氏《星经》'，于是诏命太史官对冬至日太阳所处位置的两种说法与实测结果进行比对，并将最符合实际的结果据实上奏。太史令玄等人从元和二年开始对其进行实时观测，直至永元元年（89），历经五年时间，均测得太阳在冬至日的运行位置为北斗星二十一又四分之一度，和远古五逵论曰：“以《太初历》考汉元尽太初元年日食二十三事，其十七得朔，四得晦，二得二日；新历七得朔，十四得晦，二得二日。以《太初历》考太初元年尽更始二年二十四事，十得晦；以新历十六得朔，七得二日，一得晦。以《太初历》考建武元年尽永元元年二十三事，五得朔，十八得晦；以新历十七得朔，三得晦，三得二日。又以新历上考《春秋》中有日朔者二十四事，失不中者二十三事。天道参差不齐，必有余，余又有长短，不可以等齐。治历者方以七十六岁断之，则余分消长稍得一日。故《易》金火相革之封《象》曰：‘君子以治历明时。’又曰：‘汤、武革命，顺乎天应乎人。’言圣人必历象日月星辰，明数不可贯数千万岁，其间必改更，先距求度数，取合日月星辰所在而已。故求度数，取合日月星辰，有异世之术。《太初历》不能下通于今，新历不能上得汉元。一家历法必在三百年之间，故谶文曰‘三百年斗历改宪’。汉兴，当用《太初》而不改，下至太初元年百二岁乃改。故其前有先晦一日合朔，下至成、哀，以二日为朔，故合朔多在晦，此其明效也。”

家历法关于冬至日太阳位于建星、《考灵曜》冬至日太阳位于北斗星二十二度的说法基本相符，各星宿的距度星数值则与石氏《星经》中所记载的旧的测算结果相符。其他认为冬至日太阳位于牵牛星初度的历法，从此也就废除不用了。”

贾逵论述道：“通过《太初历》推算从汉高祖元年（206）到太初元年（104）所发生过的二十三次日食，其中十七次在初一日出现，四次在三十日出现，二次在初二日出现；而如果是通过《四分历》推算的话，则有七次在初一日出现，十四次在三十日出现，二次在初二日出现。通过《太初历》推算从太初元年（104）到更始二年（24）所发生过的二十四次日食，其中有十次在三十日出现；用《四分历》推算的话，则有十六次在初一日出现，七次在初二日出现，一次在三十日出现。通过《太初历》推算从建武元年（25）到永元元年（89）所发生过的二十三次日食，其中五次在初一日出现，十八次在三十日出现；用《四分历》推算的话，则有十七次在初一日出现，三次在三十日出现，三次在初二日出现。又，通过《四分历》对《春秋》中所记载的二十四个初一日进行复算，其中有二十三个都不准确。由于太阳和月亮的运转周期不同，导致年和月的长度不同，经过换算，每年的月数、天数以及每月的天数都不可能被整除，必定会有余分，因为余分的大小也各不相同，不可能存在整倍数关系，很难使余分除尽。史官们经过不断地探索与研究，才确定七十六年为一个大的循环周期，在这个周期当中，年数、月数和天数的余分才能被除尽，并共同积满一日。因此《易经》中金火相革的《象》卦中说：‘君子通过研究历法来明辨四季的变化。’又说：‘汤、武革命，上顺天道，下应民心。’也就是说，圣人必须要重视日月星辰运行的轨迹变化，应该清楚地知道历法中的各项数据不可能在千万年间一成不变，其间必须要进行适时修改，具体的做法是先确定距度星的行度，然后根据数值来确定日月星辰的具体位置。然而推算距度星的行度，确定日月星辰的位置，不同的时代算法也各有不同。这就是《太初历》不能沿用至今，而《四分历》同样也无法推算汉朝初年历日的原因。一种历法的最大适用范围是三百年，所以谶纬书中有‘历法每经过三百年，应进行修逵论曰："臣前上傅安等用黄道度日月弦望多近。史官一以赤道度之，不与日月同，于今历弦望至差一日以上，辄奏以为变，至以为日却缩退行。于黄道，自得行度，不为变。愿请太史官日月宿簿及星度课，与待诏星象考校。奏可。臣谨案：前对言冬至日去极一百一十五度，夏至日去极六十七度，春秋分日去极九十一度。《洪范》：'日月之行，则有冬夏'。《五纪论》：'日月循黄道，南至牵牛；北至东井，率日日行一度，月行十三度十九分度七'也。今史官一以赤道为度，不与日月行同，其斗、牵牛、东井、舆鬼，赤道得十五，而黄道得十三度半；行东壁、奎、娄、轸、角、亢，赤道七度，黄道八度；或月行多而日月相去反少，谓之日却。案黄道值牵牛，出赤道南二十五度，其直东井、舆鬼，出赤道北二十五度。赤道者为中天，去极俱九十度，非日月道，而以遥准度日月，失其实行故也。以今太史官候注考元和二年九月已来月行牵牛、东井四十九事，无行十一度者；行娄、角三十七事，无行十五六度者，如安言。问典星待诏姚崇、井毕等十二人，皆曰'星图有规法，日月实从黄道，官无其器，不知施行'。案甘露二年大司农中丞耿寿昌奏：'以图仪度日月行，考验天运状，日月行至牵牛、东井，日过一度，月行十五度，至娄、角，日行一度，月行十三度，赤道使然，此前世所共知也。'如言黄道有验，合天，日无前却，弦望不差一日。比用赤道密近，宜施用。上中多臣校。"

改’的说法。汉室初兴之时，就采用《太初历》了，然而却未及时做出修改，直至一百零二年后的太初元年才进行修改。因此在太初改历之前，才会在三十日的前一天便出现日月合朔的情况，后来到了成帝、哀帝时期，他们将初二日定为历法中的朔日，因此日月合朔大多会出现在历法中的三十日，这些实例都验证了不及时修改历法的后果。”

贾逵论述道：“过去臣曾经上奏，傅安等人通过黄道度数来推算日月运行位置、弦望时间等，推算结果与实际天象基本吻合。太史官们一律按赤道度数推算，这种推算方法与日月运行的实际行度不符，如今历法中的弦望时辰误差超过一日以上，于是他们上奏说，发生了变异，甚至认为太阳出现退行现象。如果是根据黄道度数来推算，则可得到准确的行度，不存在变异之说。臣请求将太史官观测日月星辰运行以及列宿的簿册交由待诏星象官员进行查验比对。皇上准奏。臣谨案：臣之前回答皇上的提问时说过，冬至日太阳距离北天极一百一十五度，夏至日太阳距离北天极六十七度，春分日和秋分日太阳距离北天极九十一度。据《尚书·洪范》记载：‘日月运行形成冬季与夏季’。据《五纪论》记载：‘日月沿着黄道运行，冬季运行至赤道之南，最南端到达牵牛星。夏季运行至赤道之北，最北端到达东井星。平均每天，太阳运行一度，月亮运行十三又十九分之七度’。如今，太史官们一律通过赤道度数推算，完全不考虑日月运行的实际情况，譬如北斗星、牵牛星、东井星与舆鬼星等，从赤道度数中测得它们运行了十五度，而从黄道度数中则可测得，它们的运行行度为十三度半；日月运行经过东壁星、奎星、娄星、轸星、角星、亢星时，从赤道度数中测得它们的行度为七度，而从黄道度数中则可测得它们的行度为八度。有时月亮运行过快，从而使日月之间的距离反而缩小，人们将这种现象称之为太阳退行。又，黄道与牵牛星相交时，测得其位置处于赤道以南二十五度，当黄道与东井星、舆鬼星相交时，测得其位置处于赤道以北二十五度。当赤道居中时，赤道上的任意点距离北天极都是九十一度，但日月运行并不以它为轨道，只是通过它来遥测日月运行的行度，因为它偏离了日月运行的实际轨道，因此通过它遥测的日月行度才会出现差错。如今参照太史官所记录的日月运行案逵论，永元四年也，至十五年七月甲辰，诏书造太史黄道铜仪。以角为十三度，亢十，氐十六，房五，心五，尾十八，箕十，斗二十四四分度之一，牵牛七，须女十一，虚十，危十六，营室十八，东壁十，奎十七，娄十二，胃十五，昴十二，毕十六，觜三，参八，东井三十，舆鬼四，柳十四，星七，张十七，翼十九，轸十八，凡三百六十五度四分度之一。冬至日在斗十九度四分度之一。史官以部日月行，参弦望，虽密近而不为注日。仪，黄道与度转运，难以候，是以少循其事。

的实际数值，再比对元和二年九月以来月亮运行至牵牛星、东井星的四十九次数值，并没有每日运行十一度的情况；再考察月亮运行至娄星、角星的三十七次数值，也没有每日运行十五至十六度的情况，和傅安的说法一致。臣曾经询问过典星待诏姚崇、井毕等十二人，他们一致认为：‘根据星图及注释说明，太阳和月亮实际上是沿着黄道运行的，但是当时测量天象的仪器当中并没有测量黄道的仪器，也没人知道该如何通过黄道来推算日月运行的行度。’又，甘露二年（前52）大司农中丞耿寿昌曾上奏说：‘通过浑天仪来测量日月的运行行度，观测天体的运行情况，从而推算出日月行至牵牛星、东井星时，太阳每日运行的行度超过一度，而月亮每日运行的行度为十五度，当日月行至娄星、角星时，太阳每日运行的行度为一度，而月亮每日运行的行度为十三度，这是通过赤道遥测日月运行行度造成的误差，也是前人共知的事实。’综上所述，通过黄道来推算日月运行行度的方法得到了肯定，它与天象的实际运行情况基本相符，也不存在太阳退行的现象，而且对比弦望的时辰与日月的实际运行时间，误差也不会超过一天。因此，通过黄道度数来推算日月运行行度，比通过赤道度数推算日月行度的方法更加精准可靠，适合运用于实测当中。上报给朝中众大臣进行考校。”

案贾逵关于黄道度数的论述是在永元四年（92）提出的，直到永元十五年（103）七月甲辰日，和帝才诏命工匠制造供太史官们使用的测量黄道度数的铜制浑天仪。仪器中规定，角星的距离为十三度，亢星的距离为十度，氐星的距离为十六度，房星的距离为五度，心星的距离为五度，尾星的距离为十八度，箕星的距离为十度，斗星的距离为二十四又四分之一度，牵牛星的距离为七度，须女星的距离为十一度，虚星的距离为十度，危星的距离为十六度，营室星的距离为十八度，东壁星的距离为十度，奎星的距离为十七度，娄星的距离为十二度，胃星的距离为十五度，昴星的距离为十二度，毕星的距离为十六度，觜星的距离为三度，参星的距离为八度，东井星的距离为三十度，舆鬼星的距离为四度，柳星的距离为十四度，星宿的距离为七度，张星的距离为十七度，翼星的距离为十九度，轸星的距离为十八逵论曰："又今史官推合朔、弦、望、月食加时，率多不中，在于不知月行迟疾意。永平中，诏书令故太史待诏张隆以《四分法》署弦、望、月食加时。隆言能用《易》九、六、七、八爻知月行多少。今案隆所署多失。臣使隆逆推前手所署，不应，或异日，不中天乃益远，至十余度。梵、统以史官候注考校，月行当有迟疾，不必在牵牛、东井、娄、角之间，又非所谓朓、侧匿，乃由月所行道有远近出入所生，率一月移故所疾处三度，九岁九道一复，凡九章，百七十一岁，复十一月合朔旦冬至，合《春秋》《三统》九道终数，可以知合朔、弦、望、月食加时。据官注天度为分率，以其术法上考建武以来月食凡三十八事，差密近，有益，宜课试上。"

案史官旧有《九道术》，废而不修。熹平中，故治历郎梁国宗度，总计为三百六十五又四分之一度。冬至日太阳位于北斗星十九又四分之一度。太史官们通过它来推算日月运行的行度，并将它作为确定弦望时辰的参考数值，虽然推算结果的确比较精准，但是太史官们仍然不会用黄道度数推算出的数值作为官历中的标注。因为黄道测量仪中的黄道与刻度环相连并一起转动，测量过程中，操作比较困难，因此太史官们很少通过它来进行实测。

贾逵论述道："现如今太史官们推算合朔、弦望和月食的时辰，结果大多不准确，原因在于他们不知道月亮的运行速度时快时慢。永平年间，明帝诏命原太史待诏张隆通过《四分历》推算并标注出弦望、月食的时辰。张隆说他能通过《易经》中的九爻、六爻、七爻、八爻来推算月亮运行的行度。如今考究张隆根据《易经》所推算出的弦望、月食时辰，大多都不准确。臣曾命人逆推张隆过去的弦望时辰，并与之前的推算结果相比对，结果几乎都不一致，更有甚者，两次推算的日期也不一样，张隆所推算的日月运行的位置与实际运行轨迹相差甚远，误差有时会超过十几度。最近李梵、苏统等人对太史官的观测记录进行查验，发现月亮的运行速度的确时快时慢，而且这种运转速度的变化并非只发生在牵牛星、东井星和娄星、角星之间，也不是所谓的'三十日月亮在西方出现'和'初一日月亮在东方出现'，这种变化是由于月亮在运行的过程中距离黄道的远近不同而产生的，月亮处于运行速度最快的位置时，平均一个月便能运行三度，如此运行九年之后，月亮才重新回归原始位置，周而复始地运行九章，共计一百七十一年之后，合朔再一次与十一月初一的冬至日重合，这个运行周期恰好与《春秋》《三统历》中所记载的九道终数相吻合，可以通过它精准地推算出合朔、弦望和月食的时辰。将太史官们观测天象时所标注的周天的度数作为分率，用这种全新的《九道法》上推、查验自从建武元年以来的三十八次月食，推算结果均与实际天象相符，误差也很小，可见对于月亮的运行及月食的推算而言，《九道法》是比较有效的，在今后的天象观测中可以持续使用，同时臣将与旧有的推算方法进行比较，并及时上奏。"

案太史官旧藏书籍中本就有一部《九道术》，只是后来废除不整上《九道术》，诏书下太史，以参旧术，相应。部太子舍人冯恂课校。恂亦复作《九道术》，增损其分，与整术并校，差为近。太史令飏上以恂术参弦、望。然而加时犹复先后天，远则十余度。

永元十四年，待诏太史霍融上言："官漏刻率九日增减一刻，不与天相应，或时差至二刻半，不如夏历密。"诏书下太常，令史官与融以仪校天，课度远近。太史令舒、承、梵等对："案官所施漏法《令甲》第六《常符漏品》，孝宣皇帝三年十二月乙酉下，建武十年二月壬午诏书施行。漏刻以日长短为数，率日南北二度四分而增减一刻。一气俱十五日，日去极各有多少。今官漏率九日移一刻，不随日进退。夏历漏随日南北为长短，密近于官漏，分明可施行。"其年十一月甲寅，诏曰："告司徒、司空：漏所以节时分，定昏明。昏明长短，起于日去极远近，日道周，不可以计率分，当据仪度，下参晷景。今官漏以计率分昏明，九日增减一刻，违失其实，至为疏数以耦法。太史待诏霍融上言，不与天相应。太常史官运仪下水，官漏失天者至三刻。以晷景为刻，少所违失，密近有验。今下《晷景漏刻四十八箭》，立成斧官府当用者。计吏到，班予《四十八箭》。"文多，故魁取二十四气日所在，并黄道去极、晷景、漏刻、昏明中星刻于下。

用，再无人研修此书了。熹平年间，前治历郎梁国人宗整曾进献过一部《九道术》，灵帝诏命将此书交付太史官研究，太史官将《九道术》与当时在用的官历进行参校，发现二者的内容基本一致。灵帝便安排太子舍人冯恂通过实测来校验此书。经过研究实测，冯恂对原作《九道术》中的数据略作增减，得到一部全新的《九道术》，用它与宗整进献的旧版《九道术》同时进行校验，结果发现冯恂所作的新版《九道术》推算结果更加精准。太史令单飏上书请求通过冯恂的新术来推算弦、望时辰。然而他所推算出来的弦、望时辰仍然与实测天象存在或多或少的误差，月亮运行的行度最大误差高达十余度。

永元十四年（102），太史待诏霍融上书说："如今法定的漏刻制度，每九天昼夜刻度增减一刻，这项规定与实际的昼夜长短变化情况不相符，有时误差高达二刻半，不如《夏历》精准。"和帝诏命太常，责令所属太史官员与霍融一起，通过浑天仪器校验日月星辰的运行情况，检测现行漏刻制度存在的误差。太史令单舒与其属下卫承、李梵等人复奏道："根据官府现行的漏刻制度《令甲》第六篇《常符漏品》中所载，漏刻制度起源于孝宣皇帝三年十二月乙酉日，后来，建武十年（34）二月壬午日，光武帝再次下诏，重新施行该法。漏刻法是根据每日昼夜长短的变化确定刻度，通常情况下，太阳每向南或向北运行二度四分，昼夜的刻数就分别增减一刻。在二十四节气中，每个节气都是十五天，太阳距离北天极的距离也各不相同。如今法定的漏刻制度，一律按每九天昼夜分别增减一刻执行，这项规定并没有遵循太阳的南北位移规律。《夏历》中漏刻度数的长短是根据太阳的南北位移决定的，因此它比现行的法定漏刻制度更为精准，测量准确且便于操作。"当年十一月甲寅日，和帝诏命天下："通告司徒、司空：漏刻制度是用来把握昼夜时辰，明确晨昏时刻的。晨昏之间昼夜的长短变化，是由太阳与北天极之间的距离远近决定的，太阳的运行轨道呈圆周形，因此不能简单地用一个刻度常量来表示昼夜的长短，应该根据浑天仪测得的数据，并参照每日午时日影长短变化的真实情况来确定漏刻度数。如今，法定的漏刻制度只是根据一成不变的增减率来划分晨昏时刻，每九天昼夜的刻数分别增减一刻，昔《太初历》之兴也，发谋于元封，启定于元凤，积三十年，是非乃审。及用《四分》，亦于建武，施于元和，讫于永元，七十余年，然后仪式备立，司候有准。天事幽微，若此其难也！中兴以来，图谶漏泄，而《考灵曜》《命历序》皆有甲寅元，其所起在四分庚申元后百一十四岁，朔差却二日。学士修之于草泽，信向以为得正。及《太初历》以后天为疾，而修之者云："百四十四岁而太岁超一辰，百七十一岁当弃朔余六十三，中余千一百九十七，乃可常行"。自太初元年至永平十一年，百七十一，当去分而不去，故令益有疏阔。此二家常挟其术，庶几施行，每有讼者，百寮会议，群儒骋思，论之有方，益于多闻识之，故详录焉。

这种测量方法与昼夜变化的实际情况不符，以它来计时实在是不严谨。太史待诏霍融上书，指出现行漏刻制度不符合日月运行的规律。太常史官通过浑天仪实测后发现，现行的漏刻制度误差已超过三刻。将浑天仪所测数据结合正午日影长短测量出的昼夜刻数，则几乎没有误差，符合日月运行的真实情况。现颁布《日影漏刻四十八箭表》，即日起官府漏刻制度应遵照此表执行。等到各地负责上计的官员进京时，再将新的漏刻制度颁布给他们。”本诏书内容过多，因此只节选了其中的主要条目，分别包括太阳在二十四节气日时的行度和黄道距离北天极的度数、太阳正午时分日影的长度、昼夜漏刻度数以及晨昏时分中星的名称等项。

从前《太初历》的确立和执行，是从汉武帝元封年间便开始谋划，直到汉昭帝元凤年间才得以施行的，经过三十年反复地推敲与论证，最终才有了定论。到后来《四分历》的启用，也是经历了从建武年间到元和二年的漫长的验证过程，直到永元年间为止，前后共经历了七十多年，然后浑天仪和推演算式才得以完备，从那时起，天文观测才有了标准。天文等自然现象精深微妙，若要做到了如指掌确实是困难重重！自光武帝中兴以来，经史谶纬类古籍流传至民间，而其中《考灵曜》《命历序》两部书中均有关于历元在甲寅年的记载，其起算点是从《四分历》中历元庚申年之后的一百一十四岁开始，初一日也比《四分历》中的初一日晚了二天。有学士在民间苦心钻研这一历法，并对其推崇备至，犹如得到了正宗真传的宝典。等到《太初历》出现了历法滞后于实际天象的弊端后，研习《太初历》的学者们提出：“一百四十四年后，太岁会超出一辰，一百七十一年后，应去掉朔余六十三分，去掉中余一千一百九十七分，经过这样修改后《太初历》才可以继续正常使用。”自太初元年（前104）至永元十一年（99），早已超过一百七十一年了，上述两项余分应该去除却没有去除，所以才导致《太初历》误差越来越大，不够精准。两派不同历法的学者们经常试图用他们的学术说服皇帝，采纳并施行他们的历法，因此争论不断，文武百官反复研讨论证，同时引发众多儒生唇枪舌剑，矛盾双方各执己见，见识广博自然更具有智慧，对于历史上的几安帝延光二年，中谒者亶诵言当用甲寅元，河南梁丰言当复用《太初》。尚书郎张衡、周兴皆能历，数难诵、丰，或不对，或言失误。衡、兴参案仪注，考往校今，以为《九道法》最密。诏书下公卿详议。太尉恺等上侍中施延等议："《太初》过天，日一度，弦望失正，月以晦见西方，食不与天相应；元和改从《四分》，《四分》虽密于《太初》，复不正，皆不可用。甲寅元与天相应，合图谶，可施行。"博士黄广、大行令任佥议，如《九道》。河南尹祉、太子舍人李泓等四十人议："即用甲寅元，当除《元命苞》天地开辟获麟中百一十四岁，推闰月六直其日，或朔、晦、弦、望，二十四气宿度不相应者非一。用《九道》为朔，月有比三大二小，皆疏远。元和变历，以应《保乾图》'三百岁斗历改宪'之文。《四分历》本起图谶，最得其正，不宜易。"恺等八十四人议，宜从《太初》。尚书令忠上奏："诸从《太初》者，皆无他效验，徒以世宗攘夷廓境，享国久长为辞。或云孝章改《四分》，灾异卒甚，未有善应。臣伏惟圣王兴起，各异正朔，以通三统。汉祖受命，因秦之纪，十月为年首，闰常在岁后。不稽先代，违于帝典。太宗遵修，三阶以平，黄龙以至，刑犴以错，五是以备。哀、平之际，同承《太初》，而妖孽累仍，痾祸非一。议者不以成数相参，考真求实，而泛采妄说，归福《太初》，致咎《四分》。《太初历》众贤所立，是非已定，永平不审，复革其弦望。《四分》有谬，不可施行，元和凤鸟不当应历而翔集。远嘉前造，则表其休；近讥后改，则隐其福。漏见曲论，未可为是。臣辄复重难衡、兴，以为五纪论推步行度，当时比诸术为近，然犹未稽于古。及向子歆欲以合《春秋》，横断年数，损夏益周，考之表纪，差谬数百。两历相课，六千一百五十六岁，而《太初》多一日。冬至日直斗，而云在牵牛。迂阔不可复用，昭然如此。史官所共见，非独次争论了解得越多收益越大，因此详细记录此事。

安帝延光二年（123），中谒者亶诵上书说应当改用甲寅元历，河南郡人梁丰又上书说应当恢复《太初历》。尚书郎张衡、周兴都精通历法，他们多次质疑亶诵和梁丰，指出他们所推崇的历法或者是与实际天象不符，或者是推算存在较大误差。张衡、周兴将浑天仪观测到的天象数据，结合古今各种历法一一校验之后提出了他们的见解，即还是《九道法》最为精准。安帝诏命将上述各家见解交付公卿详细讨论。太尉刘恺等人奏上侍中施延等人的合议，道："《太初历》推算的日月行度与实际天象不符，太阳的行度误差约为一度，弦望时辰也不准确，有时月亮甚至会在三十日出现在西方，《太初历》所推算的月食时间也和实际发生月食的时间不符。元和年间改用《四分历》，和《太初历》相比，《四分历》虽然相对精准，但《四分历》也存在不严谨之处，两种历法都不是很可靠。只有甲寅元历的推算结果与实际天象相吻合，又符合谶纬的记载，可以广泛施行。"博士黄广、大行令任佥二人合议，认同《九道法》的精准度。河南尹祉、太子舍人李泓等四十人合议道："若启用甲寅元历，则应该去除《元命苞》所记载的从开天辟地到《春秋》绝笔的获麟之年，其间共计一百一十四年的时间，而推算的闰月时间常与实际的闰月时间不一致，还有初一日、三十日、弦望时辰不准确的情况，二十四节气日太阳行度与实际行度不符等误差也不止一处。如果采用《九道法》推算初一日，则有可能出现连续三个大月或者连续两个小月的现象，都不严谨。元和年间修改历法，是应验了《保乾图》中'每经过三百年就要修改历法'的说法。《四分历》起源于经史谶纬类典籍，是最正宗的历法，不适合再修改。"刘恺等八十四人合议，主张恢复《太初历》。尚书令忠上奏道："那些主张恢复《太初历》的学者们，再无其他有力证据，只是以世宗孝武皇帝平定夷狄、开疆扩土、执政时间最长为理由。或者是说孝章皇帝改用《四分历》后，频繁发生灾异，而没有祥瑞的征兆。臣愚见，圣王兴起之时，都有各自的正朔之日，以使天、地、人三者通达。汉高祖受命之初，沿袭先秦历法，以十月作为一年的开始，而常常将闰月设置于年终九月之后。前朝没有可参考衡、兴。前以为《九道》密近，今议者以为有阙，及甲寅元复多违失，皆未可取正。昔仲尼顺假马之名，以崇君之义。况天之历数，不可任疑从虚，以非易是。”上纳其言，遂寝改历事。

的历法，也有违于帝典的置闰原则。所幸太宗孝文皇帝谨遵祖制、执掌天下，才出现了天上三阶平、地上黄龙现的祥瑞之兆，开创了刑法形同虚设，四季风调雨顺的太平盛世。到了哀帝、平帝执政时期，虽然也同样沿用《太初历》，但是却妖孽频出，祸不单行。学者们不认真校验已有的历史数据，寻找事实真相，反而散布虚妄邪说，将一切福瑞都归功于《太初历》，却将所有的灾祸都归罪于《四分历》。《太初历》的创立出自众贤之手，因此是非早有定论，永平年间出现失准现象，又导致弦望时辰也发生了改变。如果《四分历》真的存在谬误，不可施行的话，那么元和年间改用《四分历》之后，就不会出现凤鸟翔集来栖的祥瑞了。褒奖远古时代所创立的旧历，一味表彰它的美善，抨击后世改用的新历，隐藏其福瑞之兆。如此漏洞百出的荒谬言论，是苍白无力的。臣再次质疑张衡、周兴等人。臣认为，在当时，根据刘向所著的《五纪论》推算日月行度，比其他任何历法的推算结果更接近实际天象，然而他的推算方法却没有任何历史依据可考。直到刘向的儿子刘歆子承父业后，才将相关内容增补到以《太初历》为基础的《三统历》中，刘歆为了使《太初历》推算出的弦望时间与《春秋》中所载的弦望时间相合，便简单粗暴地修改了年数，还人为减少了夏朝的年数，增补到周朝的年数中，通过考证现存的古史资料可知，《三统历》所存在的谬误，竟与事实相差数百年。另外，将《太初历》与《四分历》进行对比与校验，发现每隔六千一百五十六年，《太初历》就会比《四分历》多出一天。冬至日，太阳的位置明明是在北斗星，而《太初历》却认为太阳位于牵牛星。《太初历》的不严谨之处，致使它不能再被使行，这一点显而易见。而针对这一点，众位史官早已达成共识，并非只有张衡、周兴二人独见。不久前，张衡、周兴二人提出，《九道法》是目前最精准的历法，经过论证，有人发现了《九道法》中存在的疏漏，说到甲寅元历，它的违天失准之处更多，总而言之，《太初历》《九道法》，甲寅元历都不能作为官历使用。从前，孔子顺从假马的名号，以确立尊崇君主的道理。何况是关乎天运的历法，不能以疑惑不实的言论为依据，以免用错误的东西取代了本来正确的东西。”安帝接受了他的谏言，最终以其他历法取代《四分顺帝汉安二年，尚书侍郎边韶上言："世微于数亏，道盛于得常。数亏则物衰，得常则国昌。孝武皇帝摅发圣思，因元封七年十一月甲子朔旦冬至，乃诏太史令司马迁、治历邓平等更建《太初》，改元易朔，行夏之正，《乾凿度》八十一分之四十三为日法。设清台之候，验六异，课效觕密，《太初》为最。其后刘歆研机极深，验之《春秋》，参以《易》道，以《河图帝览嬉》《雒书乾曜度》推广《九道》，百七十一岁进退六十三分，百四十四岁一超次，与天相应，少有阙谬。从太初至永平十一年，百七十一岁，进退余分六十三，治历者不知处之，推得十二度弦望不效，挟废术者得窜其说。至元和二年，小终之数浸过，余分稍增，月不用晦朔而先见。孝章皇帝以《保乾图》'三百年斗历改宪'，就用《四分》。以太白复枢甲子为癸亥，引天从算，耦之目前。更以庚申为元，既无明文，托之于获麟之岁，又不与《感精符》单阏之岁同。史官相代，因成习疑，少能钩深致远，案弦望足以知之。"诏书下三公、百官杂议。

历》之事就此作罢。

顺帝汉安二年（143），尚书侍郎边韶上书说：“世道衰落是历法有误造成的，世道昌盛是历法精准使然。历数有所亏缺则万物衰败，历数精准了便会国运昌隆。孝武皇帝思虑圣明，于元封七年（104）十一月甲子日恰逢冬至，于是诏命太史令司马迁、治历邓平等人创建《太初历》，并更改年号与正朔，遵行以春季第一个月作为正月的夏历。又根据《乾凿度》中所记载的以八十一分之四十三作为朔望月日数小余，八十一分作为法数。在清台进行天文观测，实测气、朔、弦、望、日食、月食六项数据，并根据实测结果考证、校验旧历是否精准，最终结论是，《太初历》是迄今为止推算最为精准的历法。其后刘歆通过对《太初历》的深入、细致的研究，推演《春秋》经传，结合《周易》阴阳原理，根据《河图帝览嬉》《洛书乾曜度》所载相关内容，推演出《九道法》，刘歆提出每经过一百七十一年时间，小余分数应当去除六十三分，每隔一百四十四年，岁星会超越一次，这个结论与天象相符，很少会出现误差。从太初元年（前104）到永平十一年（68），恰好是一百七十一年，按照刘歆的说法，那一年，小余应该去除六十三分。然而当时担任编历工作的官员并不了解具体的操作方法，仍然采用旧历的推算方法，从而导致十二次弦望时辰都出现了偏差，这便给了某些企图废弃旧历的人一次可乘之机，再次提出更换新历的言论。到了元和二年，一百七十一年后的小终之数圆满，又过了很多年，本该去除的小余分数又略有增长，产生误差，致使还没到三十日和初一日，新月便提前出现了。孝章皇帝根据《春秋保乾图》中所载的‘历法每三百年就应该进行修改’的说法，决定将旧历改为《四分历》。将金星会合周期的起始时间从甲子日改为癸亥日，同时使天体的运行周期随着历法的时间进行调整，这样做的目的是使天体运行时间与《四分历》的基本周期相匹配。还将庚申年作为历元，然而这次修改历元之事在经史典籍中却找不到相关的文字记载，只能以《春秋》的绝笔之年作为依据了，把它与《感精符》中所记载的以单阏年作为历元的历法相比，也不相同。太史官员世代相传，大家都因袭成法，无人提出异议，即使遇到有疑问的东西也太史令虞恭、治历宗䜣等议："建历之本，必先立元，元正然后定日法，法定然后度周天以定分至。三者有程，则历可成也。《四分历》仲纪之元，起于孝文皇帝后元三年，岁在庚辰。上四十五岁，岁在乙未，则汉兴元年也。又上二百七十五岁，岁在庚申，则孔子获麟。二百七十六万岁，寻之上行，复得庚申。岁岁相承，从下寻上，其执不误。此《四分历》元明文图谶所著也。太初元年岁在丁丑，上极其元，当在庚戌，而曰丙子，言百四十四岁超一辰，凡九百九十三超，岁有空行八十二周有奇，乃得丙子。案岁所超，于天元十一月甲子朔旦冬至，日月俱超。日行一度，积三百六十五度四分度一而周天一帀，名曰岁。岁从一辰，日不得空周天，则岁无由超辰。案百七十一岁二蔀一章，小余六十三，自然之数也。夫数出于杪曶，以成毫氂，毫氂积累，以成分寸。两仪既定，日月始离。初行生分，积分成度。日行一度，一岁而周，故为术者，各生度法，或以九百四十，或以八十一。法有细觕，以生两科，其归一也。日法者，日之所行分也。日垂令明，行有常节，日法所该，通远无已，损益毫氂，差以千里。自此言之，数无缘得有亏弃之意也。今欲饰平之失，断法垂分，恐伤大道。以步日月行度，终数不同，四章更不得朔余一。虽言《九道》去课进退，恐不足以补其阙。且课历之法，晦朔变弦，以月食天验，昭著莫大焉。今以去六十三分之法为历，验章和元年以来日变二十事，月食二十八事，与《四分历》更失，定课相除，《四分》尚得多，而又便近。孝章皇帝历度审正，图仪晷漏，与天相应，不可复尚。《文曜钩》曰：'高辛受命，重黎说文。唐尧即位，羲和立浑。夏后制德，昆吾列神。成周改号，苌弘分官。'《运斗枢》曰：'常占有是习以为常，很少有人会主动探索更为深奥精妙的天文义理，只要根据太史官亲测的弦望时间与历法推算的时间相比对，便可知道历法是否准确。”皇帝下诏将边韶的奏章下达给三公及文武百官共同评议。

太史令虞恭、治历宗䜣等人合议道：“建立新历的关键所在，首先必须要确立一个正确的历元，历元准确了，而后才能据此确定日法，日法定好后，再度量周天，确定春分、秋分、冬至、夏至的具体时刻。上述几项都有据可循，便可以顺利地编制历法了。《四分历》第二纪的历元，是以孝文皇帝后元三年（前161）庚辰年作为起点的。追溯至四十五年前，为乙未年，正是汉朝的开国元年，即汉高祖元年（前206）。再往前推二百七十五年，为庚申年，正是孔子著《春秋》绝笔的获麟之年。从那时再向前推二百七十六万年，又是庚申年。如此岁岁相接，自下而上不断追溯，没有出现差错。而上述的二百七十六万年前的庚申年，恰恰是《四分历》的历元所在，也是经史谶纬中有据可考的《四分历》的上元了。太初元年（前104）为丁丑年，追溯它的历元，应该为庚戌年，然而刘歆却称它为丙子年，按照刘歆的说法，六十甲子的顺序每隔一百四十四年便会发生一次跳辰现象，所以在从上元到太初元年这个时间段中，共发生过九百九十三次跳辰，以十二时辰为一周的方法计算，太岁累计发生跳辰现象有八十二周之多，因此才推算出上元为丙子年。又，太岁发生跳辰现象的时刻，必然会发生在天元十一月朔旦冬至日，如果太岁固有的连续顺序被跳空一辰，那么与这一年相匹配的日月天数自然也会随之一起跳空。太阳每天运行的行度为一度，一年的运行行度累计为三百六十五又四分之一度，恰好是一个周天，称为一岁。太阳运行一岁对应太岁行走一辰，既然太阳环绕周天的运行轨迹不可能跳空，那么太岁跳辰的说法也就没有理论依据了。又，一百七十一年二蔀一章，小余六十三分，这些都是自然形成的数值。这些数值的出现，都是从微乎其微开始的，逐渐积累而形成毫厘，毫厘又形成分寸。从天文学的角度来看，自从形成天地，日月便开始各行其道地运行。运行的初始阶段产生了极其微小的分，日积月累，无数微小的分形成一度。太阳每天运经，世史所明。'《洪范五纪论》曰：'民间亦有黄帝诸历，不如史官记之明也。'自古及今，圣帝明王，莫不取言于羲和、常占之官，定精微于晷仪，正众疑，秘藏中书，改行《四分》之原。及光武皇帝数下诏书，草创其端。孝明皇帝课校其实，孝章皇帝宣行其法。君更三圣，年历数十，信而征之，举而行之。其元则上统开辟，其数则复古《四分》。宜如甲寅诏书故事。"奏可。

行一度，经过一年的时间正好完成一个周天，所以从事历法研究的学者，各自确立与其所研制的历法相应的度法，有的以九百四十分为一度，有的以八十一分为一度。有的度法详尽，有的度法粗浅，因此所形成的历法也各不相同，尽管如此，不同历法所要达到的目标却是一致的。所谓日法，其实就是太阳一天所运行的分数之和。太阳遵循一定的规律普照大地，它的运行有不变的规律，日法所呈现出的数值，对于与之相对应的历法而言，具有永恒的意义，日法即使出现一丝一毫的偏差，日久天长也会造成相差千里的失误。从这个意义上说，日法的小余分数是没有理由被增减的。如今为了掩饰邓平的失误，周期性地割断原定历法中的日法，舍弃部分小余分数，臣唯恐这样做的后果会伤及大道。如果按照这种方式来推算日月的行度，一个周期终结时所得到的数值与《太初历》所推算的数值不相等，四章之后，朔日之数的总和必定会有小余一分，若采用弃分之说，则朔日之和必有小余一分的规律就不存在了。即使根据《九道法》推算的弦望时辰与实际测量的弦望时辰相差不大，但误差小这一优点也不足以抵消它不符合常理的缺点。而且校验历法是否缜密精准的方法，除了通过观测晦、朔、望、弦之外，还可以通过观测月食进行检测，这也是最精准、可靠的校验手段，没有比这种方法更为显著的了。如今以每隔一百七十一年去除小余六十三分的算法来推算历法中的日食、月食发生时间，校验自章和元年（87）以来共发生过的二十次日食、二十八次月食，校验结果与《四分历》推算出的时间相对比，可以说是各有得失，但经过仔细核对发现，《四分历》的准确率更多一些，而且算法相对简便、快捷。孝章皇帝对于历法曾做过精深、缜密的审定，当时绘制的星图，制作的浑天仪、日晷、漏壶等工具，其测量结果都与天象相符，这些都是后人所法超越的伟大成就。据《文曜钩》记载：‘高辛氏受命称帝，重黎为他解说天文。唐尧即位，由羲和始创浑天仪。夏后施行德教，将天文官昆吾列为天神。成周改定国号，苌弘分掌天官。’《运斗枢》有载：‘常占留下经典，为历代史官们参考。’《洪范五纪论》中有载：‘即使《黄帝历》等诸家历法在民间被广泛流传，也不如史官们记述得详尽清晰。’从古至今，在处理历灵帝熹平四年，五官郎中冯光、沛相上计掾陈晃言：“历元不正，故妖民叛寇益州，盗贼相续为害。历当用甲寅为元而用庚申，图纬无以庚申为元者。近秦所用代周之元。太史治历郎中郭香、刘固意造妄说，乞本庚申元经纬明文。受虚欺重诛。”乙卯，诏书下三府，与儒林明道者详议，务得道真。以群臣会司徒府议。

议郎蔡邕议，以为：

历数精微，去圣久远，得失更迭，术无常是。汉兴承秦，历用《颛顼》，元用乙卯。百有二岁，孝武皇帝始改正朔，历用《太初》，元用丁丑，行之百八十九岁。孝章皇帝改从《四分》，元用庚申。今光、晃各以庚申为非，甲寅为是。案历法，黄帝、颛顼、夏、殷、周、鲁，凡六家，各自有元。光、晃所据，则殷历元也。他元虽法问题时，圣帝明王无不参照羲和、常占之类天文官员的意见，在精微天体的观测上，无不利用日晷和浑天仪来进行测量，并通过数据来消除民众的疑惑，统一认识，至于为何要改用《四分历》，在皇家书库秘藏的典籍中，一定可以找到改用《四分历》的相关记载。到光武帝执政时期，曾针对修改历法一事多次颁布诏书，这一举动也可被视作是改用《四分历》的开端。到了孝明帝执政时期，曾对《四分历》的精准度做过校验，直到孝章皇帝执政时期，才最终诏告天下，正式启用《四分历》。经过三代君王数十年的考证与斟酌，终于明确了《四分历》的使用价值与可信度，并开始正式启用《四分历》。它的历元从开天辟地之初起算，而基本常数则恢复古《四分历》的原状。总而言之，今后的历法仍应遵循孝章皇帝元和二年二月甲寅日颁布的诏书中所规定的旧例执行。”顺帝批准了虞恭等人的奏议。

灵帝熹平四年（175），五官郎中冯光、沛相上计掾陈晃上书说：“因为现行的官历历元不正，所以导致民间不断有妖民、贼寇引发叛乱，侵扰益州安宁，盗贼、土匪猖獗，为害一方百姓。应该以甲寅年作为历法的历元，而现行的官历却是以庚申年作为历元的，图谶和纬书中从未有过以庚申年作为历元的先例。以庚申年作为历元，那是秦朝取代周朝之后所采用的历元。太史治历郎中郭香、刘固却恣意妄言说庚申元源于图谶和纬书。臣等请求追根溯源，彻查庚申元在谶纬中的相关记载和真实来历。如果确实有据可考，则臣等甘愿承受欺君的罪责。”乙卯日，灵帝诏命三公府，责令三公立即召集文武百官以及儒林深谙历法的学者详尽探讨此奏章，务必查明事实真相。群臣在司徒府聚集，共同参与讨论。

议郎蔡邕上书道：

历数之学精深微妙，如今距离创始历数的先圣之人已时隔久远，其间曾出现过多部历法，这些历法相互更迭，各有得失，没有哪部历法是永恒不变的。汉朝建立之初，沿用秦朝的各项制度，其中在历法方面，也是沿袭了秦人所用的《颛顼历》，它是以乙卯年作为历元的。使用《颛顼历》一百零二年之后，孝武皇帝更改正朔，改用《太初历》，并以丁丑年作为历元，《太初历》共使用了一百八十九年。到不明于图谶，各自一家之术，皆当有效于当时。武帝始用《太初》丁丑之元，有六家纷错，争讼是非。太史令张寿王挟甲寅元以非汉历，杂候清台，课在下第，卒以疏阔，连见劾奏，《太初》效验，无所漏失。是则虽非图谶之元，而有效于前者也。及用《四分》以来，考之行度，密于《太初》，是又新元效于今者也。延光元年，中谒者亶诵亦非《四分》庚申，上言当用《命历序》甲寅元。公卿百寮参议正处，竟不施行。且三光之行，迟速进退，不必若一。术家以算追而求之，取合于当时而已。故有古今之术。今之不能上通于古，亦犹古术之不能下通于今也。《元命苞》《乾凿度》皆以为开辟至获麟二百七十六万岁；及《命历序》积获麟至汉，起庚午蔀之二十三岁，竟己酉、戊子及丁卯蔀六十九岁，合为二百七十五岁。汉元年岁在乙未，上至获麟则岁在庚申。推此以上，上极开辟，则元在庚申。谶虽无文，其数见存。而光、晃以为开辟至获麟二百七十五万九千八百八十六岁，获麟至汉百六十一岁，转差少一百一十四岁。云当满足，则上违《乾凿度》《元命苞》，中使获麟不得在哀公十四年，下不及《命历序》获麟至汉相去四蔀年数，与奏记谱注不相应。

孝章皇帝执政时期，将《太初历》改为《四分历》，以庚申年作为历元。如今冯光、陈晃等人提出使用庚申年作为历元不合理，应该以甲寅年作为历元。又，古代历法包括《黄帝历》《颛顼历》《夏历》《殷历》《周历》《鲁历》六家，分别有各自的历元年。冯光、陈晃等人所依据的，实则是《殷历》的历元。其他几种历元虽然没有明确记载于图谶纬书之中，但也都自成一派，成为各家专属之术，在当时的历法中应该也是行之有效的。汉武帝时，最先采用《太初历》作为官历，当他诏命以丁丑年作为历元后，推崇六家古历的学者们纷纷提出异议，争辩是非。太史令张寿王坚持以《殷历》中的甲寅元来质疑汉朝新历《太初历》，还组织了许多学者在清台观象，以此来校验评议诸家古历的精准度，结果太史令张寿王所推崇的甲寅元被评为下等，最终张寿王也终因甲寅元的疏漏与粗浅屡受弹劾，同时，《太初历》也经受住了实测的考验，它的缜密程度与精准度也得到了验证。由此可见《太初历》的丁丑元虽然不是图谶纬书中公认的历元，但它在前朝的历法使用中也曾经是行之有效的。自从改用《四分历》以来，人们将实测结果与历法所推算的日月行度进行对比，发现《四分历》比《太初历》更为精准，这就充分证明了《四分历》的庚申元对于如今的时代也是行之有效的。安帝延光元年（122），中谒者亶诵也提出反对《四分历》中庚申元的观点，上书说应当采用《命历序》中的甲寅元。公卿百僚们纷纷呈上奏议，就如何正确处理历元问题发表了各自的看法，最终安帝驳回亶诵的上奏，不予采纳他的意见。况且日、月、星辰的运行存在延迟与超常的变速情况，并不是以统一的速率运行。历法学者们用算术的方法逆推上古某甲子朔旦恰逢冬至日，并认为应将其作为历元，其真正的目的不过是为了使因此历元编制而成的新历法能与当时的实际天象相符罢了。因此历法才有了古、今之分。如今现行的历法无法适用于古代的记历，正如古代的历法同样不适用于今天的记历一样。《元命苞》《乾凿度》两书均记载了从开天辟地到《春秋》绝笔的获麟之年，共计二百七十六万年；而《命历序》一书是从《春秋》绝笔的获麟之年直至汉元年的积岁，起始于《殷历》庚午蔀的第二十三年，其间包含了己酉、戊子两个整蔀，直当今历正月癸亥朔，光、晃以为乙丑朔。乙丑之与癸亥，无题勒款识可与众共别者，须以弦望晦朔光魄亏满可得而见者，考其符验。而光、晃历以《考灵曜》为本，二十八宿度数及冬至日所在，与今史官甘、石旧文错异，不可考校；以今浑天图仪检天文，亦不合于《考灵曜》。光、晃诚能自依其术，更造望仪，以追天度，远有验于图书，近有效于三光，可以易夺甘、石，穷服诸术者，实宜用之。难问光、晃，但言图谶，所言不服。元和二年二月甲寅制书曰："朕闻古先圣王，先天而天不违，后天而奉天时。史官用太初邓平术，冬至之日，日在斗二十一度，而历以为牵牛中星。先立春一日，则四分数之立春也，而以折狱断大刑，于气已迕，用望平和，盖亦远矣。今改行《四分》，以遵于尧，以顺孔圣奉天之文。"是始用《四分历》庚申元之诏也。深引《河》《雒》图谶以为符验，非史官私意独所兴构。而光、晃以为香、固意造妄说，违反经文，谬之甚者。昔尧命羲和历象日月星辰，舜叶时月正日。汤、武革命，治历明时，可谓正矣，且犹遇水遭旱，戒以'蛮夷猾夏，寇贼奸宄'。而光、晃以为阴到丁卯蔀的第六十九年为止，共计二百七十五年。汉高祖元年，为乙未年，追溯至《春秋》绝笔的获麟之年，则为庚申年。由此再向前追溯至远古的开天辟地之时，刚好是《四分历》中上元所在的庚申年。谶纬中虽然没有明确的文字记载，确定它就是《四分历》的上元，但谶纬中所记载的自从开天辟地以来所积存的年数还是可以推算出庚申元的。然而冯光、陈晃等人却认为从开天辟地到获麟之年共计是二百七十五万九千八百八十六年，从获麟之年到汉元年的积岁为一百六十一年，转差少了一百一十四年。他们说这些年数也是符合实际情况的，但是这种情况向上则有违《乾凿度》《元命苞》的观点，就实际而言，导致获麟之年不可能是鲁哀公十四年了，与《春秋》中所记载的内容不符，向下来说，又达不到《命历序》中所记载的，从获麟之年至汉元年，共计四蔀的年数，这种说法更是与各类历史资料的记载都不相符了。

根据如今的历法推算可知，明年正月初一日为癸亥日，冯光、陈晃却认为正月初一应该是乙丑日。那么实际的天象究竟是以乙丑日合朔为准，还是以癸亥日合朔为准，天上也没有明确的题字可以让大家一目了然地辨识清楚，必须在弦、望、晦、朔发生时，通过观测月相的盈亏来验证。而冯光、陈晃却忽略这些不提，只以《考灵曜》作为评判依据，此书中所载的二十八星宿度数以及冬至日太阳的位置，都和如今太史官们所信用的《甘石星经》的旧文存在差异，对错根本无从考校，用现在的浑天仪来实测天文，观测结果也与《考灵曜》中的数据不符。如果冯光、陈晃二人能自圆其说，根据他们的学术观点重新改造浑天仪，并进行实地观测，以事实证明他们的观点不仅可以验证古人的图谶纬书，而且对观测现在的日、月、星辰的运行同样行之有效，权威足可以取代《甘石星经》，并使推崇其他历法的学者们心服口服，那就确实可以考虑采纳他们的意见。然而冯光、张晃二人在面对大家的质疑时，就只是说一句：这些观点都源于图谶，这样的回答是无法令大家信服的。元和二年二月甲寅日，孝章皇帝颁布诏书：“我听说古代的圣贤帝王，预测天命而天如其愿，天运已至而奉行天时。如今太史官们依然沿用的是汉武帝太初元年（前104）邓平制阳不和，奸臣盗贼，皆元之咎，诚非其理。元和二年乃用庚申，至今九十二岁，而光、晃言秦所用代周之元，不知从秦来，汉三易元，不常庚申。光、晃区区信用所学，亦妄虚无造欺语之愆。至于改朔易元，往者寿王之术已课不效，亶诵之议不用，元和诏书文备义著，非群臣议者所能变易。

太尉耽、司徒隗、司空训以邕议劾光、晃不敬，正鬼薪法。诏书勿治罪。

《太初历》推月食多失。《四分》因《太初》法，以河平癸巳为元，施行五年。永元元年，天以七月后闰食，术以八月。其二年正月定的历法，冬至日太阳的实际位置是北斗星二十一度，而《太初历》却认为太阳位于牵牛星的中央星。《太初历》中立春的前一天，根据《四分历》推算则已是立春日了。如果在这天判刑断案，处决死囚，那将和立春日宜生不宜杀的义理相违背，与祈愿平和的初衷大相径庭。如今改用《四分历》，是遵循了帝尧敬顺昊天的治世之道，顺应了孔子奉行天时的遗训。”这就是开始采用《四分历》庚申元时所颁布的诏书。诏书中还大量引证了《河图》《洛书》等图谶纬书的观点作为依据，足见该历法绝非太史官员仅凭私意就能虚构、推行得了的。然而冯光、陈晃却妄言说它是郭香、刘固等人恣意编造的虚妄之说，还指责它违反了经文的相关记载，真是荒谬至极。从前，帝尧委派羲和根据日、月、星辰的位移制定历法，帝舜合理地协调四季和日月，调校日序，力求准确无误。商汤、周武王改朝换代之后，整治历法以顺应天时，这些君王的做法可说是非常英明了，尽管如此也还是难以避免水旱灾害的发生，以及“蛮夷扰乱华夏，贼寇为非作歹”的事件出现。而冯光、陈晃二人却把诸多阴阳不和的自然现象以及奸臣、盗贼猖獗的事例都归罪于庚申元，简直是毫无道理。从元和二年行用庚申元至今，共计九十二年，而冯光、陈晃二人却说它是秦朝取代周朝之后所使用的历元。他们不知道自从秦朝灭亡以来，汉朝曾三次更改历元，并非只使用庚申元。冯光、陈晃二人仅凭有限的历法知识，固执己见，反而指责他人妄说，事实上他们才是真正难逃虚妄欺诈之罪。至于更改历元、重新确定朔日的观点，以往张寿王、亶诵也曾提出过，已经被验证是行不通的，亶诵的提议也被驳回不用。章帝元和诏书以详尽的文字对《四分历》的合理性做出明确的阐述，并非群臣妄加评论就能动摇和改变的。

太尉陈耽、司徒袁隗、司空许训根据蔡邕的论议，劾奏冯光、陈晃二人公然诋毁章帝颁行的《四分历》，实属大不敬之罪，按律应判罚充鬼薪之役。灵帝诏告三公，对于冯光、陈晃二人不必治罪。

用《太初历》推算月食的发生时间，总是会出现失误。《四分历》因循《太初历》的推算方法，并以汉成帝河平元年（前28）癸巳作为历元，谁知才使用了五年便出现了问题。和帝永元元年（89）实十二日，蒙公乘宗绀上书言："今月十六日月当食，而历以二月。"至期如绀言。太史令巡上绀有益官用，除待诏。甲辰，诏书以绀法署。施行五十六岁，至本初元年，天以十二月食，历以后年正月，于是始差。到熹平三年，二十九年之中，先历食者十六事。常山长史刘洪上作《七曜术》。甲辰诏属太史部郎中刘固、舍人冯恂等课效。复作《八元术》，固等作《月食术》，并已相参。固术与《七曜术》同，月食所失，皆以岁在己未当食四月，恂术以三月，官历以五月。太史上课，到时施行中者。丁巳，诏书报可。

其四年，绀孙诚上书言："受绀法术，当复改，今年十二月当食，而官历以后年正月。"到期如言，拜诚为舍人。丙申，诏书听行诚法。

光和二年岁在己未，三月、五月皆阴，太史令修部舍人张恂等推计行度，以为三月近，四月远。诚以四月。奏废诚术，施用恂术。其三年，诚兄整前后上书言："去年三月不食，当以四月。史官废诚正术，用恂不正术。"整所上五属太史，太史主者终不自言"三月近，四月远"。食当以见为正，无远近。诏书下太常："其详案注记，平议术之要，效验虚实。"太常就耽上选侍中韩说、博士蔡较、谷际天象是在闰七月发生月食，而历法推算的时间却是八月。第二年正月十二日，蒙县公乘宗绀上书道："据推算，本月十六日将发生月食，而历法却标注为二月发生月食。"正月十六日，果然如宗绀所言，发生了月食。太史令巡上书说宗绀是国家的栋梁之材，于是和帝任命宗绀为待诏。甲辰日，和帝又昭告天下，今后以宗绀的方法来推算并标注月食的发生时间。宗绀的推算方法前后共施行了五十六年，直到质帝本初元年，实际天象是十二月发生月食，而历法所标注的月食发生时间却是次年的正月，从那时起，宗绀的推算方法也出现了误差。从汉质帝本初元年（146）到汉灵帝熹平三年（174）的二十九年间，实际月食发生时间早于历法推算时间的事件共发生了十六次。常山长史刘洪呈献新作《七曜术》。甲辰日，灵帝下诏将《七曜术》交由太史部郎中刘固、舍人冯恂等人进行校验。在《七曜术》的基础上，冯恂再著《八元术》，刘固等人著《月食术》，这些文献在日后的编历工作中都起到了相互参证的作用。《月食术》与《七曜术》的推算结果一致，预测己未年的月食将在四月出现，而冯恂根据《八元术》推算，则认为月食将出现在三月，官历推算的月食时间是五月。太史令上书，建议等到己未年时，根据实测结果进行评定，从而确定使用哪家历法。丁巳日，灵帝下诏同意本奏。

熹平四年（175），宗绀的孙子宗诚上书道："臣研习祖父宗绀所授历法发现，现行历法应适当进行修改，比如今年十二月将出现月食，而根据祖父宗绀原法推算的官历则标注为明年正月出现月食。"到了十二月，果然如宗诚所说，于是任命宗诚为舍人。丙申日，灵帝下诏批准使用宗诚的方法。

汉灵帝光和二年（179）正值己未年，原计划根据月食发生时间的实测结果来判定各家历法的准确性，谁知从三月至五月都是阴雨天，无法进行实测。太史令安排布置舍人冯恂等人根据日月行度进行推算，结果一致认为三月出现月食的说法比较贴近事实，四月出现月食的说法则与实际天象相差很远。而根据宗诚的推算方法也认为会在四月出现月食。因此，太史令奏请灵帝废弃宗诚的推算方法，改用冯恂的历术。光和三年（180），宗诚的哥哥宗整前后多次上书道：

城门候刘洪、右郎中陈调于太常府，覆校注记，平议难问。恂、诚各对。恂术以五千六百四十月有九百六十一食为法，而除成分，空加县法。推建武以来，俱得三百二十七食，其十五食错。案其官素注，天见食九十八，与两术相应，其错辟二千一百。诚术以百三十五月二十三食为法，乘除成月，从建康以上减四十一，建康以来减三十五，以其俱不食。恂术改易旧法，诚术中复减损，论其长短，无以相逾。各引书纬自证，文无义要，取追天而已。夫日月之术，日循黄道，月从九道。以赤道仪，日冬至去极俱一百一十五度。其入宿也，赤道在斗二十一，而黄道在斗十九。两仪相参，日月之行，曲直有差，以生进退。故月行井、牛，十四度以上；其在角、娄，十二度以上。皆不应率不行。以是言之，则术不差不改，不验不用。天道精微，度数难定，术法多端，历纪非一，未验无以知其是，未差无以知其失。失然后改之，是然后用之，此谓允执其中。今诚术未有差错之谬，恂术未有独中之异，以无验改未失，是以检将来为是者也。诚术百三十五月月二十三食，其文在书籍，学者所修，施行日久。官守其业，经纬日月，厚而未愆，信于天文，述而不作。恂久在候部，详心善意，能揆仪度，定立术数，推前校往，亦与见食相应。然协历正纪，钦若昊天，宜率旧章，如甲辰、丙申诏书，以见食为比。今宜施用诚术，弃放恂术，史官课之，后有效验，乃行其法，以审术数，以顺改易。耽以说等议奏闻，诏书可。恂、整、诚各复上书，恂言不当施诚术，整言不当复恂术，为洪议所侵，事下永安台覆实，皆不如恂、诚等言。劾奏谩欺。诏书报，恂、诚各以二月奉赎罪，整適作左校二月。遂用洪等，施行诚术。

“去年月食的出现不在三月，而应该是在四月。太史官废弃了宗诚准确的推算方法，而采用了冯恂不准确的历术。”宗整前五次上书已获批转，交由太史官校验，然而太史官中的主要负责人却一直没用采纳他的意见，始终坚持“三月近，四月远”的说法。究竟有没有发生月食，应该以事实为依据，而不该是比较贴近或相差很远之类的说辞。灵帝因此诏命太常道：“务必详细考查天象实测记录，对存在争议的各家之术进行核查校验，最终分辨出虚实对错。”太常就耽上奏，请求选调侍中韩说、博士蔡较、谷城门候刘洪、右郎中陈调四人前往太常府，协助完成校验工作，四人对天象实测记录进行逐条核对、校验，评议并质疑冯、宗两家历法。冯恂、宗诚二人各自回答了大家的提问。结论如下：“冯恂推算月食的方法是以五千六百四十个月内共出现过九百六十一次月食作为周期，而忽略了前人所习用的余分，凭空延长了月食出现的周期。按照他的方法推算自建武元年（25）至今共计三百二十七次月食，其中有十五次推算是不准确的。又，根据天文官员素日观测所做的天象记录来看，在一定时期内，实际观测到的月食为九十八次，与两家推算的结果倒也吻合，其错辟二千一百。宗诚推月食术的方法是以一百三十五个月内共出现过二十三次月食作为周期，然后依法进行乘除，从而得出月食出现的具体月份，另外又减去建康元年（144）之前的四十一次月食，和建康元年之后的三十五次月食，因为这七十六次月食实际上并没有出现。冯恂的历术是改变了前人惯用的旧法，而宗诚的历术则是从推算的结果中又自行去掉了一部分，若评价这两家历法的高下，也确实没什么过人之处。他二人分别引用纬书中的言论来证明自己的观点，事实上，这样的引文也并没有什么实际的价值，不过是为了追合天象罢了。日月的运行规律，太阳是以黄道为运行轨道，月亮是以九道为运行轨道。用测量赤道角度的浑天仪来观测太阳和月亮的运行情况，冬至日，太阳距离北天极都是一百一十五度。就入宿度而言，冬至日，从赤道测量太阳的位置为北斗星二十一度，而从黄道测量太阳的位置则为北斗星十九度。将赤道测量仪、黄道测量仪所测得的数据进行比对发现，日月行度存在曲直差异，所以太阳和月亮每天的行程，产生了超常或延迟的变

化。因此，根据赤道度数推算，月亮运行至井星、牵牛星时，行度为十四度以上，而当它运行至角星、娄星时，行度却在十二度以下。月亮的运行轨迹，不可能不符合这个运动频率。总而言之，若旧的历法没有出现误差就不要轻易改变它，新的历法在未得到验证之前也不可贸然使用。天道精深微妙，行度难以测定，推算日月行度的方法多种多样，相关历法也不是仅此一部，在没有应验之前，无法确定它的精准度，在没有出现误差之前，也无法确定它是否失效。在确定了旧历法已经失效后，再考虑修改它，在校验了新历法确实精准合理后，才能加以启用，这才是所谓公允的中庸之道。如今，宗诚的历术并没有出现明显的差错，而冯恂的历术也没有什么异乎寻常的出众之处，用未得到校验的历术取代尚未失效的历术，这是以'将来会应验'这种虚幻的妄想作为评判标准了。宗诚的历术以一百三十五个月内共出现二十三次月食作为周期，这种推算方法源自《三统历》以来的相关史料记载，历代天文学者所研习的，以及太史官们长期使用的都是这个算法。太史官们通过此法推算日月行度，从未出现过大的偏差，所做的各类推算也与实际天象基本吻合，宗诚的行为充其量是阐述前人学说，自己并无创见。冯恂从事测候工作多年，他潜心钻研，善于推测，同时又能熟练运用仪器，精准测量日月行度，创立新的历术，并倒推历史上的月食时间，大多与实际的月食记录相符。然而修改历法，是敬顺昊天的大事，适宜遵循古代典章行事，例如从前的甲辰日诏书和丙申日诏书曾明确规定，只有当新历法中所预测的月食时间应验后，才考虑启用新的历法。根据这一规定，如今仍然应该继续使用宗诚的历术，暂时放弃冯恂的历术，可命太史官继续考察冯恂的历术，若日后确实得到效验，才能启用冯恂的历术，这样做，不仅对历法的评定持有审慎的态度，同时也有利于新历的顺利推行与改革。”就耽将韩说、蔡较等四人合写的评议上奏给灵帝，灵帝复诏同意本奏。之后，冯恂、宗整、宗诚三人又分别上书，冯恂表示不应当施行宗诚的历术，宗整则争辩说不应当再使用冯恂的历术，还说刘洪等人的评议侵害了宗诚的历术。灵帝看过三人的奏疏后，诏命将此事交由永安台的官员去复查核实，经查，事实并非如冯恂、宗诚所说的光和二年，万年公乘王汉上《月食注》。自章和元年到今年凡九十三岁，合百九十六食。与官历河平元年月错，以己巳为元。事下太史令修，上言："汉所作注不与见食相应者二事，以同为异者二十九事"。尚书召谷城门候刘洪，敕曰："前郎中冯光、司徒掾陈晃各讼历，故议郎蔡邕共补续其志。今洪其诣修，与汉相参，推元课分，考校月食。审己巳元密近，有师法，洪便从汉受；不能，对。"洪上言："推汉己巳元，则《考灵曜》旃蒙之岁乙卯元也，与光、晃甲寅元相经纬。于以追天作历，校三光之步，今为疏阔。孔子纬一事见二端者，明历兴废，随天为节。甲寅历于孔子时效；己巳《颛顼》秦所施用，汉兴草创，因而不易。至元封中，迂阔不审，更用《太初》，应期三百改宪之节。甲寅、己巳谶虽有文，略其年数，是以学人各传所闻，至于课校，罔得厥正。夫甲寅元天正正月甲子朔旦冬至，七曜之起，始于牛初。乙卯之元人正己巳朔旦立春，三光聚天庙五度。课两元端，闰余差百五十二分之三，朔三百四，中节之余二十九。以效信难聚，汉不解说，但言先人有书而已。以汉成注参官施行，术不同二十九事，不中见食二事。案汉习书，见己巳元，谓朝不闻，不知圣人独有兴废之义，史官有附天密术。甲寅、己巳，前已施行，效后格而不用。河平疏阔，史官已废之，而汉以去事分争，殆非其意。虽有师法，与无同。课又不近密。其说蔀数，术家所共知，无所采取。"遣汉归乡里。

那样。永安台官员据此上奏弹劾三人欺君罔上。灵帝下诏书做出答复如下：扣发冯恂、宗诚二人两个月的俸禄作为惩罚，谪配宗整到左校营服劳役两个月。最终采纳了刘洪等人的建议，重新施行宗诚的历术。

灵帝光和二年，万年县公乘王汉呈献所著《月食注》。据此书推算，从章帝章和元年（87）到光和二年（179）总共九十三年间，共发生月食一百九十六次。《月食注》是以己巳年为历元，与现行官历以河平元年（前28）为历元不同，所以它们推算出的月食时间也不同。灵帝将此事交由太史令修进行审定，太史令修通读此书后，上书道："王汉所著的《月食注》中标注的月食时间有两次与实际天象不符，还有二十九次月食时间与官历推算的时间相同，而他却认为存在差异。"灵帝命尚书传召谷城门候刘洪前来觐见，并下诏说："此前郎中冯光、司徒掾陈晃二人因历法之事争论不休，原议郎蔡邕曾参与调停并共同补续《律历志》。如今刘洪可诣访太史令修，与王汉一起研习，推究历元，验核余分，考校月食时间。如果通过校验发现，己巳元历确实可以精确推算出月食时间，而且也有法可依，那么刘洪便开始师从王汉，学习新历法的相关知识；如果新历法达不到精准无误，则要据实禀报。"刘洪上书道："王汉以己巳年作为历元，这便与《考灵曜》一书中所记载的以旃蒙单阏之年即乙卯年作为历元的观点相同，与冯光、陈晃二人所推崇的甲寅元历相似。用这样的历术编订历法，校验日、月、星辰的行度，如今看来显然是不够周密的。《考灵曜》中同样也记载了关于甲寅元的内容，孔子也曾在纬书中提到，一部历法并载了两种历元，可见历法的兴废更改，应该根据实际的天体运行情况做出相应的调整。甲寅元历在孔子时代是精准有效的；而以己巳年作为历元的《颛顼历》一直被秦朝所行用，汉朝建立之初，诸事草创，百废待兴，因而沿袭了秦朝旧历而未作修改。直到元封年间，天文学者们发现，当时的历法与实际观测到的天象之间存在较大偏差，于是便改用《太初历》，这种做法恰恰与古人三百年便应该修改历法的观点不谋而合。虽然甲寅元和己巳元在图谶纬书中都有记载，但学者们却往往忽略了它的积年之数，只是断章取

义的各传所闻，从而在校验过程中，他们的观点才经不起推敲，与现实不符。《殷历》的上元是以夏历甲寅年十一月作为岁首，甲子日朔旦恰逢冬至日，此时太阳、月亮和五大行星恰好位于牵牛星初度的位置。《颛顼历》的上元是以夏历乙卯年正月作为岁首，己巳日朔旦恰逢立春，此时太阳、月亮和星辰汇聚于天庙星五度。将这两部历法的开端数据进行比对发现，这两部历法之间闰余相差一百五十二分之三；合朔相差三百零四分，中气和节气的余分相差二十九分。但是若想精准推究日、月、星辰汇聚的确切年份却是十分困难的，就连王汉也说不清楚，只是说先人流传下来的书中有详细记载而已。以王汉所注的《月食注》与现行官历相参校发现，结论相同而推算方法不同的月食共有二十九次，推算失误的有两次。又，王汉曾阅读过一些相关书籍，也曾见到过以己巳年作为历元的历法，他认为朝廷不了解己巳元历，却不知道圣人早已认识到历法有兴废更改，并非一成不变的义理，也不知道如今的太史官早已掌握了切合实际天象的精密之术。甲寅元历和己巳元历早在前朝就已经施行过，在当时也是行之有效的，后来因其与实际天象产生偏差便废弃不用了。河平元历关于月食的推算方法不周密，太史官早已将它废止，而王汉却凭借这一过时的言论引发新的争论，这大概并非他的本意。他所推崇的历术虽然也有法可依，但由于观点陈旧，也就相当于没什么理论依据了。将他的推算结果与实际的月食时间相校验，也算不上精准。《月食注》中还对‘蔀’这一历法周期常数进行阐述，但这些内容其实是历算学者们所共知的常识，毫无新意可取。”灵帝看完刘洪的奏疏后命人将王汉遣送回乡。

卷十三

志第三　律历下

历法

昔者圣人之作历也，观琁玑之运，三光之行，道之发敛，景之长短，斗纲所建，青龙所躔，参伍以变，错综其数，而制术焉。

天之动也，一昼一夜而运过周，星从天而西，日违天而东。日之所行与运周，在天成度，在历成日。居以列宿，终于四七，受以甲乙，终于六旬。日月相推，日舒月速，当其同所，谓之合朔。舒先速后，近一远三，谓之弦。相与为衡，分天之中，谓之望。以速及舒，光尽体伏，谓之晦。晦朔合离，斗建移辰，谓之月。日月之行，则有冬有夏；冬夏之间，则有春有秋。是故日行北陆谓之冬，西陆谓之春，南陆谓之夏，东陆谓之秋。日道发南，去极弥远，其景弥长，远长乃极，冬乃至焉。日道敛北，去极弥近，其景弥短，近短乃极，夏乃至焉。二至之中，道齐景正，春秋分焉。

从前，古代先圣在创立历法时，首先要通过璇玑观察天体的运行规律，以及日、月、星辰的运行轨道，重点记录太阳在黄道上的起始点和每日正午时分日影的长短变化，夜晚观测北斗星斗柄的指向和苍龙星的运行轨迹，再用三辰五行的运行义理将这些错综复杂的数据进行参照对比，而后才能制定出切实可行的历法。

天不停运转，一昼一夜便能运转略大于一个周天的度数，恒星跟随着天自东向西运行，太阳则是自西向东运行，它与天的运行方向恰好相反。太阳每天运行的距离与运行度数，在天上称为一度，在历法中即为一天。太阳在天上的运行轨迹是用恒星的位置来表示的，遍历二十八星宿即为一周，运行的日期则用代表天干地支的甲子、乙丑来命名，共计六十天为一个循环。太阳和月亮周而复始不停运行，太阳运行缓慢而月亮运行的速度较快，当太阳与月亮相交时，便称为合朔。当运行缓慢的太阳位于星宿前端，而运行较快的月亮却位于星宿后端，且测得最远距离正好是最近距离的三倍时，所产生的月相称为弦。当太阳与月亮分处两端，且它们之间的距离刚好平分周天时，所产生的月相称为望。当运行较快的月亮即将与运行缓慢的太阳相交时，月亮便会失去光芒，月体也因此隐伏不见，这时所产生的月相称为晦。晦、朔之日，太阳与月亮分别相交、分离，每相交、分离一次，北斗星的斗柄便依次运转指向下一辰位，天文学中将这段时间称为月。太阳和月亮的运转形成了冬季和夏季；在冬夏之间，又有春季和秋季。因此，当太阳运行至北方七宿星域时，即为冬季，当太阳运行至西方七宿星域时，即为春季，当太阳运行至南方七宿星域时，即为夏季，当太阳运行至东方七宿星域时，即为秋季。当太阳处于日周于天，一寒一暑，四时备成，万物毕改，摄提迁次，青龙移辰，谓之岁。岁首至也，月首朔也。至朔同日谓之章，同在日首谓之蔀，蔀终六旬谓之纪，岁朔又复谓之元。是故日以实之，月以闰之，时以分之，岁以周之，章以明之，蔀以部之，纪以记之，元以原之。然后虽有变化万殊，赢朒无方，莫不结系于此而禀正焉。

极建其中，道营于外，琁衡追日，以察发敛，光道生焉。孔壶为漏，浮箭为刻，下漏数刻，以考中星，昏明生焉。日有光道，月有九行，九行出入而交生焉。朔会望衡，邻于所交，亏薄生焉。月有晦朔，星有合见，月有弦望，星有留逆，其归一也，步术生焉。金、水承阳，先后日下，速则先日，迟而后留，留而后逆，逆与日违，违而后速，速与日竞，竞又先日，迟速顺逆，晨夕生焉。日、月、五纬各有终原，而七元生焉。见伏有日，留行有度，而率数生焉。参差齐之，多少均之，会终生焉。引而伸之，触而长之，探赜索隐，钩深致远，无运行轨道的最南端时，它与北天极之间的距离最远，这时所测得的正午日影也最长，这是一年当中日影最长的时刻，也是冬季的终极，即冬至日。当太阳处于运行轨道的最北端时，它与北天极的距离最近，这时所测得的正午日影也就最短，这是一年当中日影最短的时刻，也正是夏季的终极，即夏至日。在冬至与夏至之间，当太阳位于黄道与赤道的交点时，会形成两个交点，每当太阳运行至这两个交点时，正午日影刚好投向正西和正东，这便是平分春季、秋季的春分和秋分。

太阳运行一周，形成一个寒暑周期，于是也就有了春、夏、秋、冬四季的更迭，万物也随季节变化发生改变，摄提星迁移一次，苍龙星位移一辰，这个周期称为岁。冬至日即为一岁之首，朔日即为一月之首。冬至日和朔日在同一天的，称为章，若岁首、月首和日首处于同一时间的，称为蔀，从蔀首的甲子日到下一个蔀首为甲子日的循环称为纪，岁名和朔日一律恢复初始状态的历法周期称为元。因此，日是天文周期中最基础的单位，月要通过闰月来调节，一岁以四季来区分时段，四季轮转一个周期便是一岁，章使人们更加明晰岁和月的关系，蔀是历法编撰工作中的基础分部，纪通过天干地支的方法来记录日序，元则标志着编历计时一律恢复初始状态。以这些天文要素为依据，即使日月星辰的运行变化多端，或延迟，或超常，不按常规运行，也都可以通过以上这些天文要素进行推算和分析，从而找到正确的解决方案。

天极位于地球的中心，赤道环绕于其外，通过璇玑玉衡跟踪测量太阳的运行轨迹，发现太阳总是在赤道的南北两侧沿着一定的轨道运行，即最南端运行至冬至点，最北端则运行至夏至点，如此一来，人们便发现了黄道的存在。取底部带有一个孔洞的壶，制成漏壶，壶中插入附有刻度的浮箭，壶内水不断流出，水位下降，浮箭上的刻度便会发生变化，人们通过刻数的变化对中天恒星进行计时观测，从而确定了黄昏与黎明的具体时间。太阳的运行轨道是黄道，而月亮的运行轨道却有九条，这九条轨道出入于黄道之间，分别与黄道产生两个交点。朔是太阳与月亮会合时形成的天象，望是太阳与幽辟潜伏，而不以其精者然。故阴阳有分，寒暑有节，天地贞观，日月贞明。

若夫祐术开业，淳燿天光，重黎其上也。承圣帝之命若昊天，典历象三辰，以授民事，立闰定时，以成岁功，羲和其隆也。取象金火，革命创制，治历明时，应天顺民，汤、武其盛也。及王德之衰也，无道之君乱之于上，顽愚之史失之于下。夏后之时，羲和淫湎，废时乱日，胤乃征之。纣作淫虐，丧其甲子，武王诛之。夫能贞而明之者，其兴也勃焉；回而败之者，其亡也忽焉。巍巍乎若道天地之纲纪，帝王之壮事，是以圣人宝焉，君子勤之。

月亮平分周天时形成的天象，如果朔、望时太阳与月亮的位置恰好位于交点附近一定范围的区域内，便会出现日食或月食的天象。月亮有晦、朔的区别，行星有显现和隐伏的变化，月亮有弦、望的差异，行星除顺行之外，还会有滞留或逆行的现象，这些天文现象的产生，总而言之，都是由月亮、行星与太阳之间的会合周期不同形成的，从而产生了研究日月星辰运行规律的推算天象的历法。金星和水星距离太阳最近，因此它们所承载的日光也就最多，它们总是围绕在太阳周围运行，当它们的运行方向与太阳一致，并且运行速度较快时，便会超越太阳，当它们运行速度较慢时，便会出现短暂的滞留或逆行，逆行一段时间后，再次出现滞留的现象，而后改为加速顺行，好像刻意与太阳竞争一样，并最终超越太阳，运行到太阳前面，金星、水星的迟、速、顺、逆的运行变化，往往出现在清晨或黄昏时分。太阳、月亮和五大行星的运行分别有各自的起始点，因此便产生了七元。行星的显现与隐伏都有固定的天数，滞留或运行也都有一定的度数，由此便可推算出它们的运行速率。各种天体的运转周期参差不齐，运转速率各有不同，要想使它们协调统一，从同一起点出发再次同时到达终点，于是便产生了日月星辰的会终周期。天文学者们在此基础上引申出天体运行的共性，而后触类旁通，无论多么精深微妙、幽深远大的义理，只要潜心钻研、不断探索，最终都能看清事物的本质。因此，阴阳有所分别，寒暑各有节气，归根结底，就是天地遵循正道运化，日月按照规律运行。

为了辅佐帝王创立基业，颛顼时代的南正重和火正黎最早开创了天文历法事业并将其发扬光大。帝尧时代的羲和氏谨遵圣帝之命，敬顺天意，创立历法，观测日月星辰的变化，指导百姓适时劳作，他们还设置闰月以顺应四季的变化，以此确保一年当中不同季节所对应的月份固定不变。商朝的成汤和周朝的武王，从《周易》金火相革之卦中获得启发，他们经过变革，创立新制，通过历法来明辨时节日序，遵照天命，顺应民心，因此商朝、周朝曾盛极一时。延续到后世，直到王德日渐衰败，上有无道的昏君作乱，下有冥顽不灵的史官因失职而造成失误。夏后氏时期，负责掌管历法的史官羲和氏沉迷于酒夫历有圣人之德六焉：以本气者尚其体，以综数者尚其文，以考类者尚其象，以作事者尚其时，以占往者尚其源，以知来者尚其流。大业载之，吉凶生焉，是以君子将有兴焉，咨焉而以从事，受命而莫之违也。若夫用天因地，揆时施教，颁诸明堂，以为民极者，莫大乎月令。帝王之大司备矣，天下之能事毕矣。过此而往，群忌苟禁，君子未之或知也。

斗之二十一度，去极至远也，日在焉而冬至，群物于是乎生。故律首黄钟，历始冬至，月先建子，时平夜半。当汉高皇帝受命四十有五岁，阳在上章，阴在执徐，冬十有一月甲子夜半朔旦冬至，日月闰积之数皆自此始，立元正朔，谓之《汉历》。又上两元，而月食五星之元，并发端焉。

色，造成时节和日序的混乱，于是胤侯奉夏帝仲康之命前去征讨他。商朝末年，纣王暴虐成性，荒淫无度，甚至丧失了记录日期的甲子之序，于是周武王出兵将其诛伐。由此可见，任何朝代，若能精准把握天象，制定出行之有效的历法，这个朝代便可勃然兴起；反之，那些违背了观象标准，败坏历法的王朝，终将走向灭亡。历法的意义深远而伟大，它既是天地间的伦常纲纪，也是帝王应推崇重视的伟大事业，所以圣人视其如珍宝，君子则勤勉地从事于历法的研究和制定工作。

历法的特质与圣人之德有六点相同之处：以力量强大的本气作为万物的根本，成为令人尊崇的主体，在特定时期，针对特定主题，运用大量原始数据和观点进行归纳整理，并提炼令人尊崇的文字，通过考察事物的类比关系，发掘事物内在规律，对现实生活具有极大的指导意义，通过对四时更迭和春种、秋收等自然规律的总结与归纳，具有指导时节日序的作用，想推究历史的人可以通过它追本溯源，想预知未来的人可参照历法中万物的发展规律，探究未知的领域。所有发生过的重大事件，历法当中都有相应记载，而关于该事件成功与否的吉凶之说在历法中也是有迹可循的，所以，当君子将要有所作为时，必定会事先咨询如何才能趋吉避凶，而后欣然接受建议而不敢违背天意。说到借助天时、地利，审时度势地施行教化，帝王在明堂颁布诏令，对于百姓而言，没有比月令更重要的了。通过颁布月令，使帝王大权在握而政令更加完备，天下人所应奉行的重要事情也就全部完成了。除此之外，历法中的种种禁忌，君子就没必要完全了解了。

北斗星二十一度，是太阳距离北天极最远的地方，当太阳运行至此时，即为冬至日，于是万物由此时开始进入萌芽状态。因此，乐律以黄钟为首，历法以冬至为首，月份则以夏历十一月，即冬至所处的建子月作为开端，时间则以夜半开始。在汉高祖领受天命，建立汉朝后的第四十五年，正值那年的十天干为庚，十二地支为辰，冬十一月甲子夜半合朔，同时又恰逢冬至日，日月运行的余分积数都从那个时间开始计算，于是便以该时间作为历元，更改了正朔，当时所推行历数之生也，乃立仪、表，以校日景。景长则日远，天度之端也。日发其端，周而为岁，然其景不复，四周千四百六十一日，而景复初，是则日行之终。以周除日，得三百六十五四分度之一，为岁之日数。日日行一度，亦为天度。察日月俱发度端，日行十九周，月行二百五十四周，复会于端，是则月行之终也。以日周除月周，得一岁周天之数。以日一周减之，余十二十九分之七，则月行过周及日行之数也，为一岁之月。以除一岁日，为一月之数。月之余分积满其法，得一月，月成则其岁大。月四时推移，故置十二中以定月位。有朔而无中者为闰月。中之始曰节，与中为二十四气。以除一岁日，为一气之日数也。其分积而成日为没，并岁气之分，如法为一岁没。没分于终中，中终于冬至，冬至之分积如其法得一日，四岁而终。月分成闰，闰七而尽，其岁十九，名之曰章。章首分尽，四之俱终，名之曰蔀。以一岁日乘之，为蔀之日数也。以甲子命之，二十而复其初，是以二十蔀为纪。纪岁青龙未终，三终岁后复青龙为元。

的历法称为《汉历》。根据《汉历》追溯两元之前的月食周期和五大行星的会合周期，也都符合此历元的庚辰岁冬十一月甲子夜半合朔，又恰逢冬至日的时辰，因此《汉历》从当时启用。

产生历数之后，要设立相应的浑天仪和圭表，通过浑天仪来观测日月五星的行度，通过圭表来测量每日正午时分日影的长短变化。当日影最长时，则表示太阳距离北天极最远，这也是太阳周天度数的开端。太阳从这个点开始运行，再次回到这个点时即为一岁，但是当太阳再次回到这个点时所测得的日影长度却和初次测得的日影长度不一致，当太阳如此循环四周，总共运行了一千四百六十一日后，所测得的日影长度才和初次测得的结果一样，这才是太阳运行的完整周期。用一个完整周期内太阳所运行的周数除以总天数一千四百六十一日，得到三百六十五又四分之一日，即为一岁的日数。太阳每天运行一度，这也是周天的一度。观察发现，太阳和月亮同时从天度开端处出发，当太阳运行十九周，而月亮运行二百五十四周之后，两者才会再次会合于天度开端处，这便是月亮的运行周期。用太阳的运行周数十九除以月亮的运行周数二百五十四，便得到月亮一岁之中所运行的周天数。以此数减去太阳的周天数一，余数为十二又十九分之七，则为月亮在一岁中超越太阳的次数，这个数值也恰恰是一岁之中朔望月数。用它除以一岁的日数三百六十五又四分之一，得到二十九又九百四十分之四百九十九，这便是一个朔望月的日数。至于大小月的形成，则是以月数的余分四百九十九与前月剩余的余分相加，当所得之数大于或等于分母九百四十时，此月便多一日，成为有三十日的大月。反之则为小月。月份在四季之间推移，因此需要设置十二个中气，用来确定四季中的月份。只有包含了中气的月份，才是具有序数的正常月份，只有合朔而没有中气的月份便是闰月。中气是根据一年当中的气候变化划分出的十二个时间点，它的起点称为节气，一年当中有十二个节气，十二个中气，它们共同组成二十四节气。用二十四除以一岁的日数三百六十五又四分之一，得到十五又三十二分之七，这便是一个节气的日数。当节气的日数余分累积成一日时，这日便称为没日。一岁中二十四节气的余分共计一百六十八，除以分母元法，四千五百六十。

纪法，千五百二十。

纪月，万八千八百。

蔀法，七十六。

蔀月，九百四十。

章法，十九。

章月，二百三十五。

周天，千四百六十一。

日法，四。

蔀日，二万七千七百五十九。

没数，二十一。

通法，四百八十七。

没法，七，因为章闰。

日余，百六十八。

中法，三十二。

三十二，得到五又四分之一，这就是一岁当中没日的天数。当没日的余分终尽时，必为中气，而中气又是以冬至为终点，当冬至的余分累积到与分母三十二相等时，便得到一日，这样的循环每四年发生一次。通过积累月的余分形成闰月，置闰七次之后余分终尽，置闰七次的周期共计为十九年，称为一章。章首时，朔日小余分数与闰余都是终尽的，四章之后，朔日小余分数与闰余再次同时终尽，因此四章便形成历法中的另一个重要周期，名为蔀。用一岁的日数三百六十五又四分之一乘以一蔀的总年数七十六，得到二万七千七百五十九，这便是一蔀的总日数。用干支甲子等为名，来计算蔀的日数，从甲子开始，历经二十蔀后，重新恢复到初始状态，蔀首仍为甲子日，因此得出，二十蔀为一纪。在一纪的岁数中，青龙星并同有回复到初始位置，要历经三纪后，青龙星才能恢复到初始的位置，这个周期则称为元。

元法，四千五百六十。

纪法，一千五百二十。

纪月，一万八千八百。

蔀法，七十六。

蔀月，九百四十。

章法，十九。

章月，二百三十五。

周天，一千四百六十一。

日法，四。

蔀日，二万七千七百五十九。

没数，二十一。

通法，四百八十七。

没法，七，此数也是章闰之数。

日余，一百六十八。

中法，三十二。

大周，三十四万三千三百三十五。

月周千一十六。

月食数之生也，乃记月食之既者。率二十三食而复既，其月百三十五，率之相除，得五月二十三之二十而一食。以除一岁之月，得岁有再食五百一十三分之五十五也。分终其法，因以与蔀相约，得四与二十七，互之，会二千五十二，二十而与元会。

元会，四万一千四十。

蔀会，二千五十二。

岁数，五百一十三。

食数，千八十一。

月数，百三十五。

食法，二十三。

推入蔀术曰：以元法除去上元，其余以纪法除之，所得数从天纪，算外则所入纪也。不满纪法者，入纪年数也。以蔀法除之，所得数从甲子蔀起，算外，所入纪岁名命之，算上，即所求年太岁所在。

推月食所入蔀会年，以元会除去上元，其余以蔀会除之，所得大周，三十四万三千三百三十五。

月周，一千零一十六。

有关月食的数据，是通过分析和测算以往的月食记录得出的。通常情况下，每发生二十三次月食之后，会出现一次月全食，两次月全食之间相隔一百三十五个月，用二十三除以一百三十五，得到五又二十三分之二十，也就是说，每隔五双二十三分之二十年便会发生一次月食。用这个数除以一中的月数十二又十九分之七，得到二又五百一十三分之五十五，也就是说每年平均发生月食的次数为二又五百一十三分之五十五。若要余分终尽，则需历经五百一十三年，用五百一十三与蔀的岁数七十六相约，得到公约数为十九，余数分别为四与二十七，将三数互乘，得到二千零五十二，这便是蔀会，再乘以二十得到四万一千零四十，这便是元会。

元会，四万一千零四十。

蔀会，二千零五十二。

岁数，五百一十三。

食数，一千零八十一。

月数，一百三十五。

食法，二十三。

推算入蔀年数的具体算法是：用元法除以上元积年数，用除得的商数中的余数除以纪法，然后将所得商数按照天、地、人三纪的顺序从天纪算起，即余数不够除以纪法的，入天纪。余数除以纪法而后得一的，入地纪。余数除以纪法而后得二的，入人纪。不满纪法的余数就是入纪年数。用蔀法除以这个年数，所得的商数按20蔀的顺序从甲子蔀起算，即年数不够除以蔀法的，入甲子蔀，年数除以蔀法得一的，入癸卯蔀，得二的，入壬午蔀，以此类推，不满蔀法的余数就是入蔀年数，各按所入纪的岁名来命名，算上之法，也就是所求之年太岁的干支所在。

推算月食所入蔀会年的算法是，用元会除以上元积年数，将除以二十七乘之，满六十除去之，余以二十除所得数，从天纪，算外，所入纪，不满二十者，数从甲子蔀起，算外，所入蔀会也。其初不满蔀会者，入蔀会年数也。各以所入纪岁名命之，算上，即所求年太岁所在。

天纪岁名	地纪岁名	人纪岁名	蔀首
庚辰	庚子	庚申	甲子一
丙申	丙辰	丙子	癸卯二
壬子	壬申	壬辰	壬午三
戊辰	戊子	戊申	辛酉四
甲申	甲辰	甲子	庚子五
庚子	庚申	庚辰	己卯六
丙辰	丙子	丙申	戊午七
壬申	壬辰	壬子	丁酉八
戊子	戊申	戊辰	丙子九
甲辰	甲子	甲申	乙卯十
庚申	庚辰	庚子	甲午十一
丙子	丙申	丙辰	癸酉十二
壬辰	壬子	壬申	壬子十三
戊申	戊辰	戊子	辛卯十四
甲子	甲申	甲辰	庚午十五
庚辰	庚子	庚申	己酉十六
丙申	丙辰	丙子	戊子十七
壬子	壬申	壬辰	丁卯十八
戊辰	戊子	戊申	丙午十九
甲申	甲辰	甲子	乙酉二十

推天正术，置入蔀年减一，以章月乘之，满章法得一，名为积

得的商数的余数，用蔀会除以这个余数，然后再用除得的商数乘以二十七，其乘积为积蔀数，积蔀数超过六十或者是六十的整倍数的，应将此数去掉，然后用二十除以剩余的积蔀数，将所得的商数从天纪算起，余数算尽之外，就是所入纪，不满二十的积蔀数，则应从甲子蔀算起，余数算尽之外，就是所入蔀会。演算之初，不满蔀会之数的即为入蔀会之年数。各按所入纪的岁名来命名，算上之法，也就是所求之年太岁的干支所在。

天纪岁名	地纪岁名	人纪岁名	蔀首
庚辰	庚子	庚申	甲子一
丙申	丙辰	丙子	癸卯二
壬子	壬申	壬辰	壬午三
戊辰	戊子	戊申	辛酉四
甲申	甲辰	甲子	庚子五
庚子	庚申	庚辰	己卯六
丙辰	丙子	丙申	戊午七
壬申	壬辰	壬子	丁酉八
戊子	戊申	戊辰	丙子九
甲辰	甲子	甲申	乙卯十
庚申	庚辰	庚子	甲午十一
丙子	丙申	丙辰	癸酉十二
壬辰	壬子	壬申	壬子十三
戊申	戊辰	戊子	辛卯十四
甲子	甲申	甲辰	庚午十五
庚辰	庚子	庚申	己酉十六
丙申	丙辰	丙子	戊子十七
壬子	壬申	壬辰	丁卯十八
戊辰	戊子	戊申	丙午十九
甲申	甲辰	甲子	乙酉二十

推算天正的方法是，用入蔀年数减去一，再用章月乘以所得差

月，不满为闰余，十二以上，其岁有闰。

推天正朔日，置入蔀积月，以蔀日乘之，满蔀月得一，名为积日，不满为小余，积日以六十除去之，其余为大余，以所入蔀名命之，算尽之外，则前年天正十一月朔日也。小余四百四十一以上，其月大。求后月朔，加大余二十九，小余四百九十九，小余满蔀月得一，上加大余，命之如前。

一术，以大周乘年，周天乘闰余减之，余满蔀月，则天正朔日也。

推二十四气术曰：置入蔀年减一，以日余乘之，满中法得一，名曰大余，不满为小余，大余满六十除去之，其余以蔀名命之，算尽之外，则前年冬至之日也。

求次气，加大余十五，小余七，除命之如前，小寒日也。

推闰月所在，以闰余减章法，余以十二乘之，满章闰数得一，满四以上亦得一算之数，从前年十一月起，算尽之外，闰月也。或进退，以中气定之。

推弦、望日，因其月朔大小余之数，皆加大余七，小余三百五十九四分三，小余满蔀月得一，加大余，大余命如法，得上值，然后用所得的乘积除以章法，商数就是积月数，商数中的余数即为闰余。闰余大于等于十二的，则表示该岁有闰月。

推算天正朔日的方法是，用入蔀积月数乘以蔀日，然后用所得的乘积除以蔀月，所得的商数即为积日数，商数中的余数即为小余，用六十除以积日数，所得的商数中的余数即为大余，用入蔀的干支为大余命名，从该入蔀名算起，大余算尽之外，即为前一年的天正十一月初一。小余大于等于四百四十一的，则表示该月为大月。若想推算下个月的初一日，则应在大余上加二十九，小余上加四百九十九，如果所得的小余之和足够减去蔀月数，那么则在减去蔀月数之后，在大余上加一，日期的命名方法如前。

还有一种算法是，用大周乘以入蔀积年，再用所得的乘积减去周天与闰余的乘积，然后用所得的差值除以蔀月，所得的商数即为积日数，商数中的余数即为小余，最后根据前法即可推算出天正十一月初一日。

二十四节气的推算方法是：用入蔀年数减去一，再用这个差值乘以日余，用所得的乘积除以中法，所得的商数即为大余，商数中的余数即为小余，除去大余中满六十或六十的整倍数，余数用蔀名来命名，余数算尽之外，即为前一年的冬至日。

求冬至后的下一个节气，在前法中提到的大余数上加十五，小余数上加七，接下来，除去大余中满六十或六十的整倍数，以及用蔀名命名，皆与前法同，按照这种方法推算出冬至后的下一个节气，即为小寒。

推算闰月所在的方法是，用闰余减去章法，将所得的差值乘以十二，再用所得的乘积除以章闰，若算得的商数余数够四以上，便在商数上加一，然后以所得商数从前一年的十一月起推算，余数算尽之外，即为闰月所在。通过这种算法推算出的闰月，有时会提前，有时会推后，最终可以通过闰月中没有中气这个原则来确定闰月的准确时间。

推算弦、望时间的方法是，在当月朔的大余上加七，小余上加三百五十九又四分之三，若算得的小余之和满蔀月，则应减去蔀月，弦。又加得望，次下弦，又后月朔。其弦、望小余二百六十以下，每以百刻乘之，满蔀月得一刻，不满其所近节气夜漏之半者，以算上为日。

推没灭术，置入蔀年减一，以没数乘之，满日法得一，名为积没，不尽为没余。以通法乘积没，满没法得一，名为大余，不尽为小余。大余满六十除去之，其余以蔀名命之，算尽之外，前年冬至前没日也。求后没，加大余六十九，小余四，小余满没法，从大余，命之如前，无分为灭。

一术，以十五乘冬至小余，以减通法，余满没法得一，则天正后没也。

推合朔所在度，置入蔀积日以蔀月乘之，满大周除去之，其余满蔀月得一，名为积度，不尽为余分。积度加斗二十一度，加二百三十五分，以宿次除之，不满宿，则日月合朔所在星度也。求后合朔，加度二十九，加分四百九十九，分满蔀月得一度，经斗除二百三十五分。

一术，以闰余乘周天，以减大周，余满蔀月得一，合以斗二十一度四分一，则天正合朔日月所在度。

并在大余上加一，大余以蔀首命名，方法如前，按照这种方法推算出的，即为上弦日。按照这种方法再加一次，即得望日，再加二次，即得下弦日，再加三次，即得下一个月的朔日。如果弦、望小余在二百六十以下，则可乘以每日刻数一百，然后除以蔀月，所得的商数即是该弦、望时夜半之后的刻数，如果该刻数小于与之相邻的节气夜漏刻数的一半，那么该弦、望日的命名方式可稍稍变通，采用“算上”法来确定。

推算没日和灭日的方法是，用入蔀年数减去一，再用这个差值乘以没数，然后将所得的乘积除以日法，所得的商数即为积没，除不尽的余数即为没余。用通法乘以积没，用所得的乘积除以没法，所得的商数即为大余，除不尽的余数即为小余。如果大余数满六十或者是六十的整倍数，则应减去此数，所得余数用蔀名命名，余数算尽之外，即为前一年冬至前的没日。求下一个没日，则是在前一个没日的大余上加六十九，小余上加四，如果小余之和足以减去没法，则应减去没法，同时在大余上加一，然后按照前法以蔀名来命名，如果该没日除大余之外，再无小余分数，则称之为灭日。

还有一种算法是，用十五乘以冬至日小余，然后用这个乘积减去通法，再用没法除以所得的差值，由此所得的商数即为从冬至日开始到下一个没日之间的积日数，从冬至日名算起，余数算尽之外，即得下一个没日。

推算合朔时，日月所处的宿度，用蔀月乘以入蔀积月，若乘积在大周之上，则应除去大周或大周的整倍数，所得余数满蔀月则积数为一，名为积度，差值中的余数即为余分。用积度数加上北斗星二十一度二百三十五分，用所得之和依次减去北斗星之后各宿度值，直到余数再无法减去某一宿度时，即得日月合朔时所处的宿度。若想推算下一次日月合朔所在，只需在前次合朔的宿度上加二十九度，再加上四百九十九分，当余分之和满减蔀月时得一度，其他算法同前法，注，若经过北斗星，应减去二百三十五分。

还有一种算法是，用闰余乘以周天，然后用这个乘积减去大周，再用蔀月除以这个差值，所得的商数加上北斗星二十一又四分之一推日所在度，置入蔀积日之数，以蔀法乘之，满蔀日除去之，其余满蔀法得一，为积度，不尽为余分。积度加斗二十一度，加十九分，以宿次除去之，则夜半日所在宿度也。

求次日，加一度。求次月，大加三十度，小加二十九度，经斗除十九分。

一术，以朔小余减合朔度分，即日夜半所在。其分二百三十五约之，十九乘之。

推月所在度，置入蔀积日之数，以月周乘之，满蔀日除去之，其余满蔀法得一，为积度，不尽为余分。积度加斗二十一十九分，除如上法，则所求之日夜半月所在宿度也。

求次日，加十三度二十八分。求次月，大加三十五度六十一分，月小二十二度三十三分，分满法得一度，经斗除十九分。其冬下旬月在张、心署之，谓昼漏分后尽漏尽也。

一术，以蔀法除朔小余，所得以减日半度也。余以减分，即月夜半所在度也。

推日明所入度分术曰：置其月节气夜漏之数，以蔀法乘之，度，其他算法同前法，这样便可推算出天正十一月合朔时，日月所处的宿度。

推算太阳所在宿度的方法是，用蔀法乘以入蔀积日，再用所得的乘积除以蔀日，去掉商数中的整数，取其余数，用蔀法除以该余数，所得的商数即为积度，除不尽的余数即为余分。用积度加上北斗星二十一度，再加十九余分，然后依次减去北斗星之后各宿度值，直到余数再无法减去某一宿度时，即得夜半太阳所处的宿度。

求次日太阳所处宿度的方法是，在前一日的太阳宿度值上加一度。求一个月之后的太阳宿度的方法是，如果是大月，则在上文求得的太阳宿度上加三十度，如果是小月，则加二十九度即可，注，若经过北斗星时，应减去十九分。

还有一种算法是，用朔小余之数减去合朔时日月所处星宿的宿度和分，即得到初一日夜半太阳所处的星宿的宿度和分。注，还要将所得之数的余分除以二百三十五，然后再乘以十九。

推算月亮所在宿度的方法是，用月周乘以入蔀积日数，再用蔀日除以所得之积，去掉商数中的整数部分，而取其余数，然后用蔀法除以该余数，所得的商数即为积度，除不尽的即为余分。积度加上北斗星二十一度，再加上十九分，最后依次减去北斗星之后各宿度，直至余数再无法减去某一个宿度时，即得所求之日夜半月亮所处的宿度。

求下一个月亮所在宿度的方法是，在前文月亮所在宿度的基础上加十三度二十八分即可。求下一个月月亮所在宿度的方法是，如果是大月，则在前文月亮所在宿度的基础上加三十五度六十一分，如果是小月，则加二十二度三十三分，余分之和满减蔀法之后加一度，注，若经过北斗星，应减去十九分。如果在冬季各月下旬推算月亮处在张宿或心宿时，则应在历法中注明，这是针对白昼漏刻漏尽之后到黑夜漏刻漏尽之前这个时段而言的。

还有一种算法是，用蔀法除以朔小余，再用所得的商数减去初一日夜半太阳所在的宿度，然后用除不尽的余数减去太阳所在的宿度余分，所得到的差值即为朔日夜半月亮所在宿度和余分。

推算天明时太阳所处的宿度和余分，具体算法是：用蔀法乘以二百除之，得一分，即夜半到明所行分也。以增夜半日所在度分，为明所在度分也。

求昏日所入度，以夜半到明日所行分减蔀法，其余即夜半到昏所行分也。以加夜半所在度分，为昏日所在度也。

推月明所入度分术曰：置其节气夜漏之数，以月周乘之，以二百除之，为积分。积分满蔀法得一，以增夜半度，即月明所在度也。

求昏月所入度：以明积分减月周，其余满蔀法得一度，加夜半，则昏月所在度也。

推弦、望日所入星度术曰：置合朔度分之数，加七度三百五十九分四分三，以宿次除之，即得上弦日所入宿度分也。

求望、下弦，加除如前法，小分满四从大分，大分满蔀月从度。

推弦、望月所入星度术曰：置月合朔度分之数，加度九十八，加分六百五十三半，以宿次除之，即上弦月所入宿度分也。

求望、下弦，加除如前分，满蔀月从度。

推月食术曰：置入蔀会年数，减一，以食数乘之，满岁数得一，名曰积食，不满为食余。以月数乘积食，满食法得一，名为积所求日临近的节气的夜漏刻数，用这个乘积除以二百，所得的商即为夜半到天明这个时间段内，太阳的行度，再用这个数值加上夜半时太阳所在的宿度和余分，所得的和即为天明时太阳所在的宿度和余分。

求黄昏时太阳所在宿度的方法是，用夜半到天明太阳的行度减去蔀法，所得的差值即为夜半到黄昏这个时间段内太阳的行度，再用这个分数加上夜半时太阳所处的宿度和余分，所得的和即为黄昏时太阳所在的宿度和余分。

推算天明时月亮所在宿度和余分的算法是：用月周乘以所求日相邻节气的夜漏刻数，再用这个乘积除以二百，所得的商数即为积分。再用蔀法除以积分，积分满蔀法得一，然后再加上夜半月亮所在的宿度和余分，所得的和即为天明时月亮所在的宿度和余分。

求黄昏时月亮所在宿度的方法是：用天明时月亮行度的积分减去月周，所得的差值余分满蔀法得一度，再以此数加上夜半时月亮所在的宿度，其和即为黄昏时月亮所在的宿度。

推算弦、望时太阳所在宿度的方法是，用合朔时太阳所在的宿度和余分加上七度三百五十九又四分之三分，然后按顺序除以宿度，所得即为上弦时太阳所在的宿度和余分。

求望、下弦时太阳所在宿度的方法是：根据上条推算上弦时太阳所在宿度和余分，加度、分如前法，即得望时太阳所在的宿度和余分；再加一次，即得下弦时太阳所在的宿度和余分，小分之和满四，得一大分，大分之和满蔀月，即得一度。

推算弦、望时月亮所在的宿度，具体算法是：用合朔时月亮所在的宿度和余分加上九十八度六百五十三分半，然后按顺序减去宿度，即得上弦时月亮所在的宿度和余分。

求望、下弦时月亮所在，根据上条推算上弦时月亮所在的宿度和余分，加除如前法，即得望时月亮所在的宿度和余分，再加一次，即得下弦时月亮所在的宿度和余分，分数之和满蔀月，即得一度。

推算月食的方法是：用入蔀会年数减去一，再乘以食数，再用岁数除以这个乘积，所得商数中整数部分名为积食，余数部分名为食月，不满为月余分。积月以章月除去之，其余为入章月数。当先除入章闰，乃以十二除去之，不满者命以十一月，算尽之外，则前年十一月前食月也。求入章闰者，置入章月，以章闰乘之，满章月得一，则入章闰数也。余分满二百二十四以上至二百三十一，为食在闰月。闰或进退，以朔日定之。求后食，加五月二十分，满法得一月数，命之如法，其分尽食算上。

推月食朔日术曰：置食积月之数，以二十九乘之，为积日。又以四百九十九乘积月，满蔀月得一，以并积日，以六十除之，其余以所会蔀名命之，算尽之外，则前年天正前食月朔日也。

求食日，加大余十四，小余七百一十九半，小余满蔀月为大余，大余命如前，则食日也。

求后食朔及日，皆加大余二十七，小余六百一十五。其月余分不满二十者，又加大余二十九，小余四百九十九。其食小余者，当以漏刻课之，夜漏未尽，以算上为日。

一术，以岁数去上元，余以为积月，以百一十二乘之，满月数去之，余满食法得一，则天正后食。

余。用月数乘以积食，再用食法除以这个乘积，满食法得一，所得的商数中整数部分名为积月，余数部分名为月余分。用章月除以积月，所得商数的余数部分即为入章月数。应先从入章月数中去掉闰月之数，再除以十二，不满十二的剩余入章月数，从十一月算起，余数算尽之外，就是前一年十一月之前发生月食的月份。求入章闰月的方法是，用章闰乘以入章月数，再用章月除以这个乘积，满章月得一，所得的商数即为入章闰月之数。如果余分在二百二十四至二百三十一之间的，则表示月食发生在闰月。闰月有时提前，有时推后，难以确定，可根据闰月朔日之后只有节气而没有中气这一规律加以判断。求下一次月食时间的方法是，用前一次月食的月次和月余分加上五月二十分，月余分之和积满食法时，得一月并加入月数，月次的命名方法同前文，当月余分恰好减完没有余数时，则以“算上之法”命名月序。

推算有月食之月的朔日，具体方法是：用二十九乘以食积月之数，所得的乘积即为积日。再用四百九十九乘以积月，用蔀月除以这个乘积，满蔀月得一，所得的商数并入积日之数，然后再用六十除以积日之数，去掉商数中的整娄部分，只取其余数以所入蔀会来命名，余数算尽之外，即为前一年天正十一月之前发生月食之月的朔日。

求月食之日的方法是，根据前文所得发生月食之月朔日的大、小余分，大余加十四，小余加七百一十九分半，小余之和满减蔀月，大余加一，大余命名同前法，所得即为月食之日。

求下一个发生月食之月的朔日以及月食之日的方法是，根据前文所得发生月食之月的朔日的大、小余分，大余加二十七，小余加六百一十五，所得即为下一个发生月食之月的朔日。用同样的数值加上前一个月食之日的大、小余分，所得即为下一个月食之日。如果该月月余分不足二十，则还需要再加上大余二十九，小余四百九十九。月食之日的小余应当换算为漏刻之数，如果月食发生的时刻为夜半之后，夜漏未尽之时，则该月食日以“算上之法”命名。

还有一种算法是，用岁数除以上元以来的积年数，去掉商数中的整数部分，将所得余数换算为积月数，再乘以一百一十二，然后用这个乘积除以月数，所得的商数去掉整数部分，只用余数除以食法，推诸加时，以十二乘小余，先减如法之半，得一时，其余乃以法除之，所得算之数从夜半子起，算尽之外，则所加时也。

推诸上水漏刻：以百乘其小余，满其法得一刻；不满法什之，满法得一分。积刻先减所入节气夜漏之半，其余为昼上水之数。过昼漏去之，余为夜上水数。其刻不满夜漏半者，乃减之，余为昨夜未尽，其弦望其日。

五星数之生也，各记于日，与周天度相约而为率。以章法乘周率为月法，章月乘日率，如月法，为积月月余。以月之日乘积月，为朔大小余。乘为入月日余。以日法乘周率为日度法，以周率去日率，余以乘周天，如日度法，为积度度余也。日率相约取之，得二千九百九十万一千六百二十一亿五十八万二千三百，而五星终，如蔀之数，与元通。

木

周率：四千三百二十七。日率：四千七百二十五。合积月：十三。月余：四万一千六百六。月法：八万二千二百一十三。大余：

所得商数即为从天正十一月到发生月食之月的月数。

推算各种天象的发生时刻，具体算法是，用十二乘以小余，先减去乘积中法数的一半，得一时，用所得的差值除以法数，将所得的商数并入前得一时之数，按时序从夜半子时起算，算尽之外，即为该天象发生的时刻。

推算各种天象发生时上水漏刻数的方法是：有一百乘以小余，再用法数除以这个乘积，所得商数即为夜半之后积刻之数；用余数乘以十再除以法数，所得商数即为不足一刻的积分数。先从积刻、积分中减去与该日邻近节气的夜漏刻数的一半，则剩余部分即为昼漏上水的刻数。在过完昼漏刻数之后，则剩余部分即为夜漏上水的刻数。如果积刻之数小于夜漏刻数的一半，则应以积刻数减去夜漏刻数的一半，所得差值为前一夜未尽的刻数，当弦、望发生于夜半之后时，则以“算上之法”命名日序。

五大行星运行数据的产生，来源于它们与太阳的会合周期天数，用会合的周期天数与周天度数相除，分别得到这五大行星的周率和日率。用章法乘以周率，所得的乘积即为月法，再用章月乘以日率，用所得的乘积除以月法，所得的商数即为合积月，余数即为月余。用一个月的天数乘以合积月，其乘积即为朔大余及小余。用蔀日乘以月余，用月法乘以朔小余，然后将两个乘积相加，用所得的和数与章法乘以章月的乘积相约，再用所得的商数除以日度法，其商数即为入月日，余数即为日余。用日法乘以周率，所得即为日度法，用周率减去日率，用所得的差值乘以周天，再用所得的乘积除以日度法，所得的商数即为积度，余数即为度余。五个日率之间能相约的先相约，约简之后再一一互乘，得到最小公倍数为二千九百九十万一千六百二十一亿零五十八万二千三百，这便是五大行星在某点两次与太阳会合的年数，用蔀法七十六乘以这个年数，所得的数值，才能与一元的年数相通。

木星

周率：四千三百二十七。日率：四千七百二十五。合积月：十三。月余：四万一千六百六。月法：八万二千二百一十三。大余：

二十三。小余：八百四十七。虚分：九十三。入月日：十五。日余：万四千六百四十一。日度法：万七千三百八。积度：三十三。度余：万三百一十四。

火

周率：八百七十九。日率：千八百七十六。合积月：二十六。月余：六千六百三十四。月法：万六千七百一。大余：四十七。小余：七百五十四。虚分：一百八十六。入月日：十二。日余：千八百七十二。日度法：三千五百一十六。积度：四十九。度余：一百一十四。

土

周率：九千九十六。日率：九千四百一十五。合积月：十二。月余：十三万八千六百三十七。月法：十七万二千八百二十四。大余：五十四。小余：三百四十八。虚分：五百九十二。入月日：二十四。日余：二千一百六十三。日度法：三万六千三百八十四。积度：十二。度余：二万九千四百五十一。

金

周率：五千八百三十。日率：四千六百六十一。合积月：九。月余：九万八千四百五。月法：十一万七百七十。大余：二十五。小余：七百三十一。虚分：二百九。入月日：二十六。日余：二百八十一。日度法：二万三千三百二十。积度：二百九十二。度余：二百八十一。

水

周率：万一千九百八。日率：千八百八十九。合积月：一。月余：二十一万七千六百六十三。月法：二十二万六千二百五十二。大余：二十九。小余：四百九十九。虚分：四百四十一。入月日：二十七。日余：四万四千八百五。日度法：四万七千六百三十二。积度：五十七。度余：四万四千八百五。

二十三。小余：八百四十七。虚分：九十三。入月日：十五。日余：一万四千六百四十一。日度法：一万七千三百零八。积度：三十三。度余：一万零三百一十四。

火星

周率：八百七十九。日率：一千八百七十六。合积月：二十六。月余：六千六百三十四。月法：一万六千七百零一。大余：四十七。小余：七百五十四。虚分：一百八十六。入月日：十二。日余：一千八百七十二。日度法：三千五百一十六。积度：四十九。度余：一百一十四。

土星

周率：九千零九十六。日率：九千四百一十五。合积月：十二。月余：十三万八千六百三十七。月法：十七万二千八百二十四。大余：五十四。小余：三百四十八。虚分：五百九十二。入月日：二十四。日余：二千一百六十三。日度法：三万六千三百八十四。积度：十二。度余：二万九千四百五十一。

金星

周率：五千八百三十。日率：四千六百六十一。合积月：九。月余：九万八千四百零五。月法：十一万零七百七十。大余：二十五。小余：七百三十一。虚分：二百零九。入月日：二十七。日余：二百八十一。日度法：二万三千三百二十。积度：二百九十二。度余：二百八十一。

水星

周率：一万一千九百零八。日率：一千八百八十九。合积月：一。月余：二十一万七千六百六十三。月法：二十二万六千二百五十二。大余：二十九。小余：四百九十九。虚分：四百四十一。入月日：二十八。日余：四万四千八百零五。日度法：四万七千六百三十二。积度：五十七。度余：四万四千八百零五。

推五星术，置上元以来，尽所求年，以周率乘之，满日率得一，名为积合；不尽名为合余。合余以周率除之，不得焉退岁；无所得，星合其年，得一合前年，二合前二年。金、水积合奇为晨，偶为夕。其不满周率者反减之，余为度分。

推星合月，以合积月乘积合为小积，又以月余乘积合，满其月法得一，从小积为积月，不尽为月余。积月满纪月去之，余为入纪月。每以章闰乘之，满章月得一为闰；不尽为闰余。以闰减入纪月，其余以十二去之，余为入岁月数，从天正十一月起，算外，星合所在之月也。其闰余满二百二十四以上至二百三十一星合闰月。闰或进退，以朔制之。

推朔日，以蔀日乘入纪月，满蔀月得一为积日，不尽为小余。积日满六十去之，余为大余，命以甲子，算外，星合月朔日。

推入月日，以蔀日乘月余，以其月法乘朔小余，从之，以四千四百六十五约之，所得满日度法得一，为入月日，不尽为日余。以朔命入月日，筭外，星合日也。

推合度，以周天乘度分，满日度法得一为积度，不尽为度余。以推算五大行星与太阳会合年数的方法是，用周率乘以自上元以来直到所求之年的终尽年数，再除以日率，满日率得一，所得的商数即为积合；除不尽的余数即为合余。用周率除以合余，所得的商数即为应退回的年数；如果无法除得商数，则说明会合就发生在当年，若商数得一，则表示会合发生在前一年，商数得二，则表示会合发生在二年前。金星、水星的积合之数若为奇数，则表现为晨合，若它们的积合之数是偶数，则表现为夕合。如果合余小于周率，则应用合余数减去周率，所得的差值即为度分。

推算五大行星与太阳会合月份的方法是，用合积月乘以积合，所得即为小积，再用月余乘以积合，用所得的乘积除以月法，满月法得一，将所得的商数加上小积，所得的和数即为积月，除不尽的余数即为月余。用积月除以纪月，去掉商数中的整数部分，所得余数即为入纪月数。用章闰乘以入纪月数，再用这个乘积除以章月，满章月得一，所得的商数即为闰月之数；余数则为闰余。用闰月数减去入纪月数，再用所得的差值除以十二，所得的商数去掉其整数部分，余数即为入岁月数，从天正十一月算起，算尽之外，即为五大行星与太阳会合时的月份。注，当闰余在二百二十四到二百三十一之间时，五大行星与太阳的会合时间发生在闰月。因为闰月有时提前，有时延迟，难以确定，可根据合朔之后只有节气而没有中气这一原则进行判断。

推算五大行星合日之月的朔日，具体方法是，用蔀日乘以入纪月数，再用这个乘积除以蔀月，满蔀月得一，所得的商数即为积日，余数即为小余。用积日除以六十，去掉商数中的整数部分，余数即为大余，用大余配合干支日序从甲子算起，算尽之外，即为五大行星合日之月的朔日。

推算五大行星合日的入月日，具体方法是：用蔀日乘以月余，再用这个乘积加上月法与朔小余的乘积，用所得的和数除以四千四百六十五，然后再用这个商数除以日度法，满日度法得一，所得的商数即为入月日，余数即为日余。用入月日数配合干支日序从朔日算起，算尽之外，所得即为五大行星合日的入月日。

推算五大行星合日所在的星宿度数，具体方法是，用周天乘以斗二十一四分一命度，算外，星合所在度也。

一术，加退岁一，以减上元，满八十除去之，余以没数乘之，满日法得一，为大余，不尽为小余。以甲子命大余，则星合岁天正冬至日也。以周率乘小余，并度余，余满日度法从度，即至后星合日数也，命以冬至。求后合月，加合积月于入岁月，加月余于月余，满其月法得一，从入岁月。入岁月满十二去之，有闰计焉，余命如前，算外，后合月也。金、水加晨得夕，加夕得晨。

求朔日，以大小余加今所得，其月余得一月者，又加大余二十九，小余四百九十九，小余满蔀月得一，加大余，大余命如前。

求入月日，以入月日日余加今所得，余满日度法得一，从日。其前合月朔小余满其虚分者，空加一日。日满月先去二十九，其后合月朔小余不满四百九十九，又减一日，其余命如前。

求合度，以积度度余加今所得，余满日度法得一从度，命如度分，用所得的乘积除以日度法，满日度法得一，所得商数即为积度，余数即为度余。用积度、度余之数配合二十八星宿的宿度顺序从北斗星二十一又四分之一度算起，算尽之外，即为五大行星合日所在的星宿度数。

还有一种方法是，用应退岁数加一，用这个和数减去自上元以来的年数，用所得的差值除以八十，去掉商数中的整数部分，而用没数乘以差值中的余数，再用所得的乘积除以日法，满日法得一，所得商数即为大余，余数即为小余。用大余数配合干支从甲子日算起，算尽之外，所得即为五大行星合日之年天正十一月冬至日。用周率乘以冬至日小余，再加上度余，再用所得的和数除以日度法，满日度则得一度，再加上之前所得的积度，所得度数即为自天正十一月冬至日到五大行星合日的日数，日期命名之法从冬至日开始推算。求下一次行星合日月份的方法是，用合积月加上入岁月，同时将它们的月余相加，用所得的和数除以月法，满月法得一，并将所得的商数加上入岁月。若入岁月在十二以上，则减去十二及十二的整倍数，如果遇到闰月的年份，则应将闰月一同减去，命名之法参照前文，算尽之外，所得即为下一次五大行星合日的月份。注，若金星、水星本次为晨合，则下一次为夕合，若本次为夕合，则下一次为晨合。

求下一次五大行星合日之月朔日的方法是，用大小余加当前所得的大小余，若所得月余足以减去月法，则满月余得一月，再加上大余二十九，小余四百九十九，若小余之和足以减去蔀月，则减去蔀月之数，满蔀月得一，然后在大余上再加一，将所得的大余数配合干支日序命名如前。

求下一次行星合日的入月日，具体方法是，用入月日、日余加上当前所得的入月日、日余，如果所得的和数足以减去日度法，则满日度法得一日，并在入月日上加一。如果前一次合日时月朔小余之数在虚分以上，则入月日应少算一日。如果入月日日数积满一月，则应先从入月日总数中减去二十九，若下一次五大行星合日之月的朔小余在四百九十九以下，则还应再减去一日，其日余的命名之法如前文。

求下一次行星合日所在星宿度数的方法是，用积度、度余加上当前，经斗除如周率矣。

木，晨伏，十六日七千三百二十分半，行二度万三千八百一十一分，在日后十三度有奇，而见东方。见顺，日行五十八分度之十一，五十八日行十一度。微迟，日行九分，五十八日行九度。留不行，二十五日。旋逆，日行七分度之一，八十四日退十二度。复留，二十五日。复顺，五十八日行九度，又五十八日行十一度，在日前十三度有奇，而夕伏西方。除伏逆，一见三百六十六日，行二十八度。伏复十六日七千三百二十分半，行二度万三千八百一十一分，而与日合。凡一终，三百九十八日有万四千六百四十一分，行星三十三度与万三百一十四分，通率日行四千七百二十五分之三百九十八。

火，晨伏，七十一日二千六百九十四分，行五十五度二千二百五十四分半，在日后十六度有奇，而见东方。见顺，日行二十三分度之十四，百八十四日行百一十二度。微迟，日行十二分，九十二日行四十八度。留不行，十一日。旋逆，日行六十二分度之十七，六十二日退十七度。复留，十一日。复顺，九十二日，行四十八度，又百八十四日行百一十二度，在日前十六度有奇，而夕伏西方。除伏逆，一见六百三十六日，行三百三度。伏复，七十一日二千六百九十四分，行五十五度二千二百五十四分半，而与日合。凡一终，七百七十九日有千八百七十二分，行星四百一十四度与九百九十三分。通率日行千八百七十六分之九百九十七。

前所得的积度、度余，如果度余之和足以减去日度法，则应减去日度法数，满日度数得一，再加上之前所得的度数，此外度数命名之法如前，如果运行经过北斗星，则应从度余中减去与周率相等的数值。

木星，早晨隐伏，经过十六天又七千三百二十分半，运行二度一万三千八百一十一分，位于太阳后位十三度多时，于清晨在东方出现。出现时为顺行，每日运行五十八分之十一度，五十八日内运行十一度。然后运行速度稍减，每日运行九分，五十八日内运行九度。然后滞留在原地二十五日。再次运行时转为逆行，每日运行七分之一度，八十四日内退行十二度。然后再次滞留在原地二十五日。再次运行时又转为顺行，五十八日内运行九度，又经过五十八日，运行十一度，位于太阳前方十三度多时，于夜晚在西方隐伏。木星出现的运行周期为三百六十六天，用顺行的总度数减去其逆行的总度数，得出木星共运行的有效度数为二十八度。隐伏后又经历十六天又七千三百二十分半，运行二度又一万三千八百一十一分，而后与太阳会合。也就是说，木星与太阳的一个会合周期为三百九十八天又一万四千六百四十一分，共运行三十三度又一万零三百一十四分，平均每天运行的度数为四千七百二十五分之三百九十八度。

火星，早晨隐伏，经过七十一天又二千六百九十四分，运行五十五度二千二百五十四分半，位于太阳后位十六度多时，于清晨在东方出现。出现时为顺行，每天运行二十三分之十四度，一百八十四天内运行一百一十二度。然后运行速度稍减，每日运行十二分，九十二天内运行四十八度。然后滞留在原地十一日。再次运行时转为逆行，每日运行六十二分之十七度，六十二天内退行十七度。然后再次滞留在原地十一日。再次运行时又转为顺行，九十二天内运行四十八度，又经过一百八十四日，运行一百一十二度，位于太阳前方十六度多，于夜晚在西方隐伏。火星出现的运行周期为六百三十六天，用顺行的总度数减去其逆行的总度数，得出火星共运行的有效度数为三百零三度。隐伏后又经历七十一天又二千六百九十四分，运行五十五度又二千二百五十四分半，而后与太阳会合。也就是说，火星与太阳的一个会合周期为七百七十九天又一千八百七十二土，晨伏，十九日千八十一分半，行三度万四千七百二十五分半，在日后十五度有奇，而见东方。见顺，日行四十三分度之三，八十六日行六度。留不行，三十三日。旋逆，日行十七分度之一，百二日退六度。复留，三十三日。复顺，八十六日，行六度，在日前十五度有奇，而夕伏西方。除伏逆，一见三百四十日，行六度。伏复，十九日千八十一分半，行三度万四千七百二十五分半，与日合。凡一终，三百七十八日有二千一百六十三分，行星十二度与二万九千四百五十一分。通率日行九千四百一十五分之三百一十九。

金，晨伏，五日，退四度，在日后九度，而见东方。见逆，日行五分度之三，十日，退六度。留不行，八日。旋顺，日行四十六分度之三十三，四十六日行三十三度。而疾，日行一度九十一分度之十五，九十一日行百六度。益疾，日行一度二十二分，九十一日行百一十三度，在日后九度，而晨伏东方。除伏逆，一见二百四十六日，行二百四十六度。伏四十一日二百八十一分，行五十度二百八十一分，而与日合。一合二百九十二日二百八十一分，行星如之。

金，夕伏，四十一日二百八十一分，行五十度二百八十一分，在日前九度，而见西方。见顺，疾，日行一度九十一分度之二十二，九十一日行百一十三度。微迟，日行一度十五分，九十一日行百六度。而分，共运行四百一十四度又九百九十三分。平均每天运行的度数为一千八百七十分之九百九十七度。

土星，早晨隐伏，经过十九天又一千零八十一分半，运行三度一万四千七百二十五分半，位于太阳后位十五度多时，于清晨在东方出现。出现时为顺行，每天运行四十三分之三度，八十六天内运行六度。然后滞留在原地三十三日。再次运行时转为逆行，每日运行十七分之一度，一百零二日内退行六度。然后再次滞留在原地三十三日。再次运行时又转为顺行，八十六天内运行六度，位于太阳前方十五度多时，于夜晚在西方隐伏。土星出现的运行周期为三百四十天，用顺行的总度数减去其逆行的总度数，得出土星共运行的有效度数为六度。隐伏后又经历十九天又一千零八十一分半，运行三度一万四千七百二十五分半，而后与太阳会合。也就是说，土星与太阳的一个会合周期为三百七十八天又二千一百六十三分，共运行十二度又二万九千四百五十一分。平均每天运行九千四百一十五分之三百一十九度。

金星，早晨隐伏，经过五天后，退行四度，位于太阳后位九度时，于清晨在东方出现。出现时为逆行，每日运行五分之三度，十天内退行六度。然后滞留在原地八日。再次运行时转为顺行，每天运行四十六分之三十三度，四十六天内运行三十三度。之后运行速度加快，每天运行一又九十一分之十五度，九十一日内运行一百零六度。然后运行速度继续加快，每天运行一度又十二分，九十一日内运行一百一十三度，位于太阳后位九度时，于清晨在东方隐伏。金星出现的运行周期为二百四十六天，用顺行的总度数减去其逆行的总度数，得出金星共运行的有效度数为二百四十六度。隐伏后又经历四十一天又二百八十一分，运行五十度二百八十一分，而后与太阳会合。也就是说，金星与太阳的一个会合周期为二百九十二日又二百八十一分，运行的度数与运行所经历的时间一致。

金星，夜晚隐伏，经过四十一天后，运行五十度二百八十一分，位于太阳前方九度时，于夜晚在西方出现。出现时为顺行，运行速度很快，每天运行一又九十一分之二十二度，九十一天内运行益迟，日行四十六分度之三十三，四十六日行三十三度。留不行，八日。旋逆，日行五分度之三，十日退六度，在日前九度，而夕伏西方。除伏逆，一见二百四十六日，行二百四十六度，伏五日，退四度而复合。凡再合一终，五百八十四日有五百六十二分，行星如之。通率日行一度。

水，晨伏，九日，退七度，在日后十六度，而见东方。见逆，一日退一度。留不行，二日。旋顺，日行九分度之八，九日行八度。而疾，日行一度四分度之一，二十日行二十五度，在日后十六度，而晨伏东方。除伏逆，一见三十二日，行三十二度，伏十六日四万四千八百五分，行三十二度四万四千八百五分，而与日合。一合五十七日有四万四千八百五分，行星如之。

水，夕伏，十六日四万四千八百五分，行三十二度四万四千八百五分，在日前十六度，而见西方。见顺，疾，日行一度四分度之一，二十日行二十五度。而遅，日行九分度之八，九日行八度。留不行，二日。旋逆，一日退一度，在日前十六度，而夕伏西方。除伏逆，一见三十二日，行三十二度，伏九日，退七度而复合。凡再合一终，百一十五日有四万一千九百七十八分，行星如之。通率日行一度。

一百一十三度。然后运行速度稍减，每天运行一度十五分，九十一天内运行一百零六度。而后运行速度继续变更慢，每天运行四十六分之三十三度，四十六天内运行三十三度。然后滞留在原地八天。再次运行时转为逆行，每天运行五分之三度，十天内退行六度，位于太阳前方九度时，于夜晚在西方隐伏。金星出现的运行周期为二百四十六日，用顺行的总度数减去逆行的总度数，得出金星共运行的有效度数为二百四十六度。隐伏后又经历五日，退行四度，而后与太阳再次会合。也就是说，金星以两次与太阳会合作为一个会合周期，共运行五百八十四天又五百六十二分，运行的度数与运行周期所经历的时间一致。平均每天运行一度。

水星，早晨隐伏，经过九天后退行七度，位于太阳后位十六度时，于早晨在东方出现。出现时为逆行，一日内退行一度。然后滞留在原地二天。再次运行时转为顺行，每天运行九分之八度，九天内运行八度。之后运行速度加快，每天运行一又四分之一度，二十天内运行二十五度，位于太阳后位十六度时，于清晨在东方隐伏。水星出现的运行周期为三十二日，用顺行的总度数减去逆行的总度数，得出水星共运行的有效度数为三十二度，隐伏后经历十六天四万四千八百零五分，运行三十二度又四万四千八百零五分，而后与太阳会合。也就是说，水星与太阳的一个会合周期为五十七天又四万四千八百零五分，运行度数与运行所经历的时间一致。

水星，夜晚隐伏，经过十六天四万四千八百零五分，运行三十二度四万四千八百零五分，位于太阳前方十六度时，于夜晚在西方出现。出现时为顺行，运行速度很快，每天运行一又四分之一度，二十天内运行二十五度。而后运行速度减慢，每天运行九分之八度，九天内运行八度。然后滞留在原地二日。再次运行时转为逆行，一天内退行一度，位于太阳前方十六度时，于夜晚在西方隐伏。水星出现的运行周期为三十二天，用顺行的总度数减去逆行的总度数，得出水星共运行的有效度数为三十二度。隐伏后又经历九天，退行七度，而后与太阳重新会合。也就是说，水星以两次与太阳会合作为一个会合周期，共运行一百一十五天又四万一千九百七十八分，运行的度数与步术，以步法伏日度分，加星合日度余，命之如前，得星见日度也。行分母乘之，分如日度法而一，分不尽如半法以上，亦得一，而日加所行分，满其母得一度。逆顺母不同，以当行之母乘故分，如故母，如一也。留者承前，逆则减之，伏不书度。经斗除如行母，四分具一。其分有损益，前后相放。其以赤道命度，进加退减之。其步以黄道。

月名

天正十一月	十二月	正月	二月	三月	四月	五月	六月	七月	八月	九月	十月
冬至	大寒	雨水	春分	谷雨	小满	夏至	大暑	处暑	秋分	霜降	小雪

斗二十六四分退二　牛八　女十二进一　虚十进二　危十七进二　室十六进三　壁九进一

北方九十八度四分一

奎十六　娄十二退一　胃十四退一　昴十一退二　毕十六退三　觜二退三　参九退四

西方八十度

井三十三退三　鬼四　柳十五　星七进一　张十八进一

运行周期所经历的时间一致。平均每天运行一度。

推算五大行星运行宿度的方法是，根据步法提供的伏日数、日余分以及伏行度数、度余分，分别与已知的、该行星与太阳的会合日、日余分以及会合时所在的宿度、度余分相加，所得的日序、度名命名之法如前文，这样即可得出该行星初现日、日余分及其出现时所在的宿度、度余分。用初现日的行度分分母乘以其已有的度余分，再用所得的乘积除以日度法，所得的商数即为新度余分数。若余数在日度法半数以上，也可算作一分，再加上该行星每天运行的分数，积满分母时也计一分。逆行与顺行时度分分母不同，因此应该用已有的分母乘以原度分，再除以原分母，所得的商数即为新度分。若该行星出现滞留，则宿度不变，与前日位置相同。若该行星出现逆行时，则每日应减去该行星一日运行的度、分，若该行星进入隐伏状态时，则不再推算、记录其所至宿度。该行星经过北斗星时，应减去现行分母四分之一的度分数。在推算过程中，余分的数值在取舍时会有增有减，在运算过程中要尽量使所增减之数可以相互补益，这样才不至于出现较大的偏差。推算行星的宿度，是通过赤道进行测量的，可根据赤道宿度值进行加减换算，而后得出黄道宿度值，进为加，退为减。推算行星的宿度，应以黄道值为准。

月名

天正十一月	十二月	正月	二月	三月	四月	五月	六月	七月	八月	九月	十月
冬至	大寒	雨水	春分	谷雨	小满	夏至	大暑	处暑	秋分	霜降	小雪

斗二十六四分退二　牛八　女十二进一　虚十进二　危十七进二　室十六进三　壁九进一

北方九十八度四分一

奎十六　娄十二退一　胃十四退一　昴十一退二　毕十六退三　觜二退三　参九退四

西方八十度

井三十三退三　鬼四　柳十五　星七进一　张十八进一　翼

翼十八进二　轸十七进一

南方百一十二度

角十二　亢九退一　氐十五退二　房五退三　心五退三　尾十八退三　箕十一退三

东方七十五度

右赤道度周天三百六十五度四分一

斗二十四四分一　牛七　女十一　虚十　危十六　室十八　壁十

北方九十六度四分一

奎十七　娄十二　胃十五　昴十二　毕十六　觜三　参八

西方八十三度

井三十　鬼四　柳十四　星七　张十七　翼十九　轸十八

南方百九度

角十三　亢十　氐十六　房五　心五　尾十八　箕十

东方七十七度

右黄道度三百六十五四分一

黄道去极，日景之生，据仪、表也。漏刻之生，以去极远近差乘节气之差。如远近而差一刻，以相增损。昏明之生，以天度乘昼漏，夜漏减之，二百而一，为定度。以减天度，余为明；加定度一为昏。其余四之，如法为少，二为半；三为太。不尽，三之，如法为强，余半法以上以成强。强三为少，少四为度，其强二为少弱也。又以日度余为少强，而各加焉。

十八进二 轸十七进一

南方百一十二度

角十二 亢九退一 氐十五退二 房五退三 心五退三 尾十八退三 箕十一退三

东方七十五度

以上赤道度周天三百六十五度四分一

斗二十四四分一 牛七 女十一 虚十 危十六 室十八 壁十

北方九十六度四分一

奎十七 娄十二 胃十五 昴十二 毕十六 觜三 参八

西方八十三度

井三十 鬼四 柳十四 星七 张十七 翼十九 轸十八

南方百九度

角十三 亢十 氐十六 房五 心五 尾十八 箕十

东方七十七度

以上黄道度三百六十五四分一

黄道到北天极的距离以及正午时分日影的长度，会随着节气的变化发生改变，需要通过浑天仪和日表来进行观测，以确定准确的数值。漏刻数的推算方法是，用前后两个节气之间，黄道距离北天极的远近差值乘以冬至、夏至时的漏刻差值，然后再除以冬至、夏至时黄道距离北天极的远近差值，所得刻数即为两个节气之间的漏刻之差。根据所得的刻数加减已知的节气昼夜漏刻数，即可推算出另一个节气的漏刻数。二十四节气昏明中星的推算方法是，用周天度数乘以昼漏刻数，再用夜漏刻数减去所得的乘积，再除以二百，所得商

二十四气	日所在	黄道去极	晷景	昼漏刻	夜漏刻	昏中星	旦中星
冬至	斗二十一度八分退二	百一十五度	丈三尺	四十五	五十五	奎六弱	亢二少强退一
小寒	女二度七分进一	百一十三强	丈二尺三寸	四十五八分	五十四二分	娄六半强退一	氐七少弱退二
大寒	虚五度十四分进二	百一十大弱	丈一尺	四十六八分	五十三二分	胃十一半强退一	心半退三
立春	危十度二十一分进二	百六少强	九尺六寸	四十八六分	五十一四分	毕五少弱退三	尾七半弱退三
雨水	室八度二十八分进三	百一强	七尺九寸五分	五十八分	四十九二分	参六半弱退四	箕大弱退三
惊蛰	壁八度三分进一	九十五强	六尺五寸	五十三三分	四十六七分	井十七少弱退三	斗少退二
春分	奎十四度十分	八十九强	五尺二寸五分	五十五八分	四十四二分	鬼四	斗十一弱退二
清明	胃一度十七分退一	八十三少弱	四尺一寸五分	五十八三分	四十一七分	星四大进一	斗二十一半退二
谷雨	昴二度二十四分退二	七十七大强	三尺二寸	六十五分	三十九五分	张十七进一	牛六半
立夏	毕六度三十一分退三	七十三少弱	二尺五寸二分	六十二四分	三十七六分	翼十七大进二	女十少进一
	六分	大弱	八分	九分	一分	大弱	大弱

数即为定度。用定度减去周天度数，所得的差值即为明中星积度；用定度数加上一，所得即为昏中星积度。用四乘以求定度时除不尽的余数，再除以原法数，然后可根据所得的商数多少，确定度余分，即得一，为少，得二，为半；得三，为太。再用余数乘以三，再除以原法数，得一，为强，若余数超过法数一半的，也算作强。三倍的强为少，四倍的少为度，二倍的强为少弱。也可将太阳所在的宿度、度余用少、强来表示，将太阳所在宿度、度余分别与昏、明中星的积度、度余相加，根据二十八星宿的排序如前法计算，即可得昏、明中星。

二十四气	日所在	黄道去极	晷景	昼漏刻	夜漏刻	昏中星	旦中星
冬至	斗二十一度 八分 退二	百一十五度	丈三尺	四十五	五十五	奎六 弱	亢二 少强 退一
小寒	女二度 七分 进一	百一十三 强	丈二尺三寸	四十五 八分	五十四 二分	娄六 半强 退一	氐七 少弱 退二
大寒	虚五度 十四分 进二	百一十 大弱	丈一尺	四十六 八分	五十三 二分	胃十一 半强 退一	心 半 退三
立春	危十度 二十一分 进二	百六 少强	九尺六寸	四十八 六分	五十一 四分	毕五 少弱 退三	尾七 半弱 退三
雨水	室八度 二十八分 进三	百一 强	七尺九寸 五分	五十 八分	四十九 二分	参六 半弱 退四	箕 大弱 退三
惊蛰	壁八度 三分 进一	九十五 强	六尺五寸	五十三 三分	四十六 七分	井十七 少弱 退三	斗 少 退二
春分	奎十四度 十分	八十九 强	五尺二寸 五分	五十五 八分	四十四 二分	鬼四	斗十一 弱 退二
清明	胃一度 十七分 退一	八十三 少弱	四尺一寸 五分	五十八 三分	四十一 七分	星四 大 进一	斗二十一 半 退二
谷雨	昴二度 二十四分 退二	七十七 大强	三尺二寸	六十 五分	三十九 五分	张十七 进一	牛六 半
立夏	毕六度 三十一分 退三	七十三 少弱	二尺五寸 二分	六十二 四分	三十七 六分	翼十七 大 进二	女十 少 进一
	六分	大弱	八分	九分	一分	大弱	大弱

小满	参四度退四	六十九	尺九寸	六十三	三十六	角	危进二
芒种	井十度十三分退三	六十七少弱	尺六寸八分	六十四九分	三十五一分	亢五大退一	危十四强进二
夏至	井二十五度二十分退三	六十七强	尺五寸	六十五	三十五	氐十二少弱退二	室十二少弱进三
小暑	柳三度二十七分	六十七大强	尺七寸	六十四七分	三十五三分	尾一大强退三	奎二大强
大暑	星四度二分进一	七十	二尺	六十三八分	三十六二分	尾十五半弱退三	娄三大退一
立秋	张十二度九分进一	七十三半强	二尺五寸五分	六十二三分	三十七七分	箕九大强退三	胃九大弱退一
处暑	翼九度十六分进二	七十八半强	三尺三寸三分	六十二分	三十九八分	斗十少退二	毕三大退三
白露	轸六度二十三分进一	八十四少强	四尺三寸五分	五十七八分	四十二二分	斗二十一强退二	参五半弱退四
秋分	角四度三十分	九十半强	五尺五寸	五十五二分	四十四八分	牛五少	井十六少强退三
寒露	亢八度五分退一	九十六大强	六尺八寸五分	五十二六分	四十七四分	女七大进一	鬼三少强
霜降	氐十四度十二分退二	百二少强	八尺四寸	五十三分	四十九七分	虚六大进二	星三大强进一
立冬	尾四度十九分退三	百七少强	丈	四十八二分	五十一八分	危八强进二	张十五大强进一
小雪	箕一度二十六分退三	百一十一弱	丈一尺四寸	四十六七分	五十三三分	室三半强进三	翼十五大强进二
大雪	斗六度一分退二	百一十三大强	丈二尺五寸六分	四十五五分	五十四五分	壁半强进一	轸十五弱进一

中星以日所在为正，日行四岁乃终，置所求年二十四气小余四之，如法为少、大，余不尽，三之，如法为强、弱，以减节气昏明中星，而各定矣。强，正；弱，负也。其强弱相减，同名相去，异名从

小满	参四度退四	六十九	尺九寸	六十三	三十六	角	危进二
芒种	井十度十三分退三	六十七少弱	尺六寸八分	六十四九分	三十五一分	亢五大退一	危十四强进二
夏至	井二十五度二十分退三	六十七强	尺五寸	六十五	三十五	氐十二少弱退二	室十二少弱进三
小暑	柳三度二十七分	六十七大强	尺七寸	六十四七分	三十五三分	尾一大强退三	奎二大强
大暑	星四度二分进一	七十	二尺	六十三八分	三十六二分	尾十五半弱退三	娄三大退一
立秋	张十二度九分进一	七十三半强	二尺五寸五分	六十二三分	三十七七分	箕九大强退三	胃九大弱退一
处暑	翼九度十六分进二	七十八半强	三尺三寸三分	六十二分	三十九八分	斗十少退二	毕三大退三
白露	轸六度二十三分进一	八十四少强	四尺三寸五分	五十七八分	四十二二分	斗二十一强退二	参五半弱退四
秋分	角四度三十分	九十半强	五尺五寸	五十五二分	四十四八分	牛五少	井十六少强退三
寒露	亢八度五分退一	九十六大强	六尺八寸五分	五十二六分	四十七四分	女七大进一	鬼三少强
霜降	氐十四度十二分退二	百二少强	八尺四寸	五十三分	四十九七分	虚六大进二	星三大强进一
立冬	尾四度十九分退三	百七少强	丈	四十八二分	五十一八分	危八强进二	张十五大强进一
小雪	箕一度二十六分退三	百一十一弱	丈一尺四寸	四十六七分	五十三三分	室三半强进三	翼十五大强进二
大雪	斗六度一分退二	百一十三大强	丈二尺五寸六分	四十五五分	五十四五分	壁半强进一	轸十五弱进一

昏明中星的推算方法是，以太阳所处的位置为准，太阳的运行要经过四年的时间才会回归起始点，用所求之年二十四节气的小余乘以四，再用所得的乘积除以中法三十二，商数得一，为少，得二，

之。从强进少为弱，从弱退少而强。从上元太岁在庚辰以来，尽熹平三年，岁在甲寅，积九千四百五十五岁也。

论曰：《易》有太极，是生两仪。两仪之分尚矣，乃有皇犧。皇犧之有天下也，未有书计。历载弥久，暨于黄帝，班示文章，重黎记注，象应著名，始终相验，准度追元，乃立历数。天难谌斯，是以五、三迄于来今，各有改作，不通用。故黄帝造历，元起辛卯，而颛顼用乙卯，虞用戊午，夏用丙寅，殷用甲寅，周用丁巳，鲁用庚子。汉兴承秦，初用乙卯，至武帝元封，不与天合，乃会术士作《太初历》，元以丁丑。王莽之际，刘歆作《三统》，追《太初》前卅一元，得五星会庚戌之岁，以为上元。《太初历》到章帝元和，旋复疏阔，征能术者课校诸历，定朔稽元，追汉四十五年庚辰之岁，追朔一日，乃与天合，以为《四分历》元。加六百五元一纪，上得庚申。有近于纬，而岁不摄提，以辨历者得开其说，而其元鲜与纬同，同则或不得于天。然历之兴废，以疏密课，固不主于元。光和元年中，议郎蔡邕、郎中刘洪补续《律历志》。邕能著文，清浊钟律，洪能为算，述叙三光。今考论其业，义指博通，术数略举，是以集录为上下篇，放续《前志》，以备一家。

为半，得三，为太，用余数乘以三，所得的乘积仍然除以中法，商数得一，为强，得二，为弱，然后用这个节气的小余换算所得的度余减去前表所列出的昏明中星宿度、度余，所得即为所求之年二十四节气的昏明中星的准确定位。强为正数，弱为负数。附有强、弱名号的数值彼此相减，如果强、弱同名相减，则消去名号，所得的差值中不会再出现强、弱字样。如果强、弱异名相减，则所得差值的名号与减数的名号相同，被减数原有的名号被消去。从强进少为弱，从弱退少为强。从上元太岁正值庚辰年，直到熹平三年甲寅岁末，共计九千四百五十五岁。

评论说：《易经》中有太极，由太极而产生两仪。两仪分为阳仪和阴仪的说法由来已久，后来才有了伏羲氏。在伏羲统治天下时，既没有文字，也没有筹算。又经历了漫长的岁月更迭之后，直到黄帝时期，才出现了文字，人们用文字著成文章，昭示天下人知晓，自从南正重、火正黎开始，才有了天文观测记录，他们观测相应的天象并为天体命名，他们还监测各种天文周期的起始时间，并进行反复校验，他们依据太阳、月亮及五大行星的运行轨迹追溯历元，创建历法。然而天道高深精妙，变化多端，历法也不可能一成不变，所以从三皇五帝时期直到现在，历朝历代的历法都有所修改，互不通用。因此，黄帝创造的历法，采用的是辛卯元，而颛顼则采用的是乙卯元，虞舜采用的是戊午元，夏朝采用的是丙寅元，殷朝采用的是甲寅元，周朝采用的是丁巳元，鲁采用的是庚子元。汉朝初兴，沿袭秦朝旧制，最初也采用的是《颛顼历》的乙卯元，直到汉武帝元封年间，才发现《颛顼历》与实际天象不符，最终才召集术士创建《太初历》，并以太初元年丁丑岁作为历元。到了王莽时期，刘歆在《太初历》的基础上，创立了《三统历》，《太初历》向上追溯三十一元，推算出五大行星与太阳会合于庚戌年甲子夜半冬至日，并以此时间点作为《三统历》的上元。《太初历》沿用至汉章帝元和年间时，也变得粗疏而不周密，与实际天象不符，章帝召集精通历法的学者们对诸家历法进行校验评价，重新确定合朔时间，查考历元，一直追溯到汉朝建国第四十五年庚辰岁时，朔日退减一日，才能与实际天象相符，于是决定以庚辰岁赞曰：象因物生，数本杪曶。律均前起，准调后发。该核衡琁，检会日月。

作为《四分历》的历元。又向前追加了六百零五元一纪，得到上元庚申。这种说法与纬书中的所载的观点相近，只是岁名不是从摄提开始的，这就为那些自以为是的辨历者们提供了借口，但是反对者们所提出的历元大多与纬书所记载的说法不符，与纬书所载的说法相同的历元却又与实际天象不符。然而，历法的兴废，应该根据其疏密程度来评定，与历元是从哪一年开始的没有必然联系。光和元年，议郎蔡邕、郎中刘洪二人共同补续了《律历志》。蔡邕善于写文章，又深谙音律，刘洪擅长运算，精通天文学。如今，考查论证他二人通力完成的杰作，文中义理博通，术数大略，完备无遗，因此特采集、编录为上、下两卷，依照《汉书·律历志》体例，作为它的续编，以备一家之言。

赞辞说：天象是由天地万物的存在而产生的，数量则是由细微的杪忽累积而成。前人早已创造出十二律与五韵，后来又在此基础上衍生出六十律。创建历法，则先要通过浑天仪监测七曜的行度，然后才能校验其历法是否符合日、月、星辰的运行规律。

卷十四

志第四　礼仪上

合朔　立春　五供　上陵　冠　夕牲

耕　高禖　养老　先蚕　祓禊

夫威仪，所以与君臣，序六亲也。若君亡君之威，臣亡臣之仪，上替下陵，此谓大乱。大乱作，则群生受其殃，可不慎哉！故记施行威仪，以为《礼仪志》。

礼威仪，每月朔旦，太史上其月历，有司、侍郎、尚书见读其令，奉行其政。朔前后各二日，皆牵羊酒至社下以祭日。日有变，割羊以祠社，用救日。日变。执事者冠长冠，衣皂单衣，绛领袖缘中衣，绛袴袜，以行礼，如故事。

立春之日，夜漏未尽五刻，京师百官皆衣青衣，郡国县道官下至斗食令史皆服青帻，立青幡，施土牛耕人于门外，以示兆民，至立夏。唯武官不。立春之日，下宽大书曰："制诏三公：方春东作，敬始慎微，动作从之。罪非殊死，且勿案验，皆须麦秋。退贪残，进柔良，下当用者，如故事。"

正月上丁，祠南郊。礼毕，次北郊，明堂，高庙，世祖庙，谓之五供。五供毕，以次上陵。

西都旧有上陵。东都之仪，百官、四姓亲家妇女、公主、诸王所谓威严的礼仪，是用来协调君臣上下，排列六亲尊卑的。如果君主失去君主的威严，大臣失去大臣的礼节，上下失序、纲纪废坠，这叫做大乱。如果大乱兴起，那么百姓就会遭受祸害，怎能不慎重对待啊！因此记录汉代施行的威严礼仪，编为《礼仪志》。

举行威严的礼仪，每月初一，太史呈上当月月历，然后相关官吏、侍郎、尚书阅读月历上的条令，执行月历上的政策。在初一前后各两天内，都牵羊提酒到社坛来祭祀日神。如果太阳发生异变，就宰羊祭祀土神，来挽救太阳的异变。太阳发生异变时，主管官员要头戴七寸长冠，身穿黑色单衣，贴身的内衣在衣领、衣袖处用大红绲边，大红裤袜，以此行礼，都按照旧例。

立春当天，夜漏还剩下五刻时，京城百官都身穿青色衣服，上至州郡、封国、县或道的官员，下到俸禄微薄的令史都头戴青色头巾，立起青色幡旗，在东门外放置泥制的赶牛耕地像，用来告知百姓，一直到立夏都不改变。唯有武官不用如此。立春当天，下达宽大诏书说："皇帝命令三公：现正值春耕时节，行事要细心谨慎，要跟随百姓劳动。罪不至死的犯人，暂且不审理判决，全都要等到秋后小麦成熟后判决。贬退贪婪凶残的人，任用柔顺良善的人，派遣适用的人，都按照旧例。"

正月上旬的丁日，到京城南郊祭天。仪式结束后，再依次前往北郊，明堂，高祖庙，世祖庙祭祀，这就叫做"五供"。五供礼毕，再依次到祖先陵墓祭祀。

西都长安时有一套祭祀陵墓的旧礼。东都洛阳所施行的礼仪，大夫、外国朝者侍子、郡国计吏会陵。昼漏上水，大鸿胪设九宾，随立寝殿前。钟鸣，谒者治礼引客，群臣就位如仪。乘舆自东厢下，太常导出，西向拜，止旋升阼阶，拜神坐。退坐东厢，西向。侍中、尚书、陛者皆神坐后。公卿群臣谒神坐，太官上食，太常乐奏食举，举《文始》《五行》之舞。礼乐阕，君臣受赐食毕，郡国上计吏以次前，当神轩占其郡国谷价，民所疾苦，欲神知其动静。孝子事亲尽礼，敬爱之心也。周遍如礼。最后亲陵，遣计吏，赐之带佩。八月饮酎，上陵，礼亦如之。

凡斋，天地七日，宗庙、山川五日，小祠三日。斋日内有污染，解斋，副倅行礼。先斋一日，有污秽灾变，斋祀如仪。大丧，唯天郊越绋而斋，地以下皆百日后乃斋，如故事。

正月甲子若丙子为吉日，可加元服，仪从《冠礼》。乘舆初缁布进贤，次爵弁，次武弁，次通天。以据，皆于高祖庙如礼谒。王公以下，初加进贤而已。

正月，天郊，夕牲。昼漏未尽十八刻初纳，夜漏未尽八刻初纳，进熟献，太祝送，旋，皆就燎位，宰祝举火燔柴，火然，天子再拜，兴，有司告事毕也。明堂、五郊、宗庙、太社稷、六宗夕牲，皆以昼漏十四刻初纳，夜漏未尽七刻初纳，进熟献，送神，还，有司告事朝廷百官、樊郭阴马四姓外戚妇女、公主、诸王大夫、外国使臣的遣子、郡国掌管簿籍的官员都聚集到陵园。给昼漏壶加满水，大鸿胪设好九个等级的宾客，按照等级站在祖先陵墓正殿前。等到钟声响后，谒者司礼接引宾客进入，群臣按照礼仪各就各位。皇帝从东厢走下，由太常引导而出，面向西方拜揖，暂停，再转身登上东阶，拜神位。礼毕退坐东厢，面朝西方。侍中、尚书、执兵仗侍立于陛侧的警卫都站到神位之后。公卿和群臣拜谒神位，由太官向神位献食，太常安排演奏食举之曲，跳《文始》《五行》之舞。音乐停止，百官受赐的食物吃完，各郡国负责簿籍的官员依次上前，当着神轩上报各自郡国的谷价，百姓所忧虑的问题和受到的苦难，想让神灵知道各自郡国治理的情况。这是孝子侍奉双亲完全符合礼，表现出的敬爱之心啊。按照礼仪全都上报祭祀后。最后皇帝亲自拜谒祖先陵墓，遣返郡国负责簿籍的官员，赏赐给他们腰带上的佩饰。到了八月举行正尊卑的饮酎礼时，皇帝祭祀祖先陵墓时，所举行的礼仪也是如此。

凡是祭祀前的斋戒，祭祀天地需斋戒七天，祭祀宗庙、山川需斋戒五天，祭祀群神需斋戒三天。斋戒期内受到污染，就解除斋戒，附添供品再次行礼。在预定的斋戒前一天，收到污染的供品或发生灾变，则斋戒祭祀依然照常进行。如果遇到大丧，只有祭天礼可以不受私丧的限制可以按期斋戒，其他祭地礼及以下的各种祭祀都必须在服丧百日后才能斋戒，都按照旧例。

正月的甲子日或丙子日是吉日，可给满二十岁的男子举行加冠礼，依照《冠礼》进行。皇帝举行冠礼开始戴的是缁布进贤冠，然后是雀弁冠，之后是武弁冠，最后是通天冠。每戴完一种冠，都要依礼谒拜高祖庙。王公以下举行加冠礼，只需戴一次进贤冠就可以了。

正月，祭天礼，在祭祀前察看祭品。昼漏壶还剩十八刻初交给煮肉的人，夜漏壶还剩八刻初交给煮肉的人，进献烹熟的祭品，太祝将祭品送上，转身返回，天子群臣都站到燎位，宰祝举火焚烧柴堆上的玉帛和祭品，柴堆燃烧后，天子拜了再拜，起身后，有关官吏宣布祭礼完毕。在明堂祭天、配祀祖宗，在东南西北中五郊设祭迎毕。六宗燔燎，火大然，有司告事毕。

正月始耕。昼漏上水初纳，执事告祠先农，已享。耕时，有司请行事，就耕位，天子、三公、九卿、诸侯、百官以次耕。力田种各耰讫，有司告事毕。是月令曰："郡国守相皆劝民始耕，如仪。诸行出入皆鸣钟，皆作乐。其有灾眚，有他故，若请雨、止雨，皆不鸣钟，不作乐。"

仲春之月，立高禖祠于城南，祀以特牲。

明帝永平二年三月，上始帅群臣躬养三老、五更于辟雍。行大射之礼。郡、县、道行乡饮酒于学校，皆祀圣师周公、孔子，牲以犬。于是七郊礼乐三雍之义备矣。

养三老、五更之仪，先吉日，司徒上太傅若讲师故三公人名，用其德行年耆高者一人为老，次一人为更也。皆服都纻大袍单衣，皂缘领袖中衣，冠进贤，扶玉杖。五更亦如之，不杖。皆斋于太学讲堂。其日，乘舆先到辟雍礼殿，御坐东厢，遣使者安车迎三老、五更。天子迎于门屏，交礼，道自阼阶，三老升自宾阶。至阶，天子揖如礼。三老升，东面，三公设几，九卿正履，天子亲袒割牲，执酱而馈，执爵而酳，祝鲠在前，祝饐在后。五更南面，公进供礼，亦如之。明日皆诣阙谢恩，以见礼遇大尊显故也。

气，在宗庙祭祀祖宗，在太社稷坛祭祀土神、谷神，祭祀六神时都要在祭祀前察看祭品，都在昼漏壶过十四刻初交给煮肉的人，在夜漏壶还剩七刻初交给煮肉的人，进献烹熟的祭品，太祝送神，转身返回，有关官吏宣布祭礼完毕。祭祀六神则要烧柴祭天，等火熊熊燃烧后，有关官吏再宣布祭礼完毕。

正月天子开始亲自到田间耕作。昼漏壶上满水初就交给煮肉的人，相关官员宣布祭祀先农神，祭享结束。等到亲自耕作的时间，相关官员请求开始，各就耕位，天子、三公、九卿、诸侯、百官按次序亲自耕作。合力耕田、播种、各自平整土地后，相关官员宣布此事完毕。当月下令说："各郡郡守和诸侯国辅相都要劝勉百姓开始耕种，按照礼仪中的规定。太守和辅相出入时都要敲钟，都要奏乐。倘如有自然灾害发生，或有其他特殊事由，像是久旱求雨、久雨求止，都不敲钟，不奏乐。"

仲春二月，要在京城南面建立高禖神的祠庙，只用一种牲畜祭祀。

明帝永平二年（59）三月，明帝开始率领群臣在辟雍里亲自以礼奉养三老、五更。举行大射礼。郡、县、道在当地学校举行乡饮酒礼，都祭祀圣师周公、孔子，用犬当做祭品。于是七郊祭祀五帝和天地的礼乐、三雍宫的礼义就齐备了。

奉养三老、五更的礼仪，先要确定吉日，司徒上奏太傅、讲道儒师或传经高僧过去曾授予三公品秩的老人名单，选用其中德行高尚、年寿已高的一人为"三老"，稍次的一人为"五更"。都穿着苎麻布制成的精美大袍和单衣，贴身中衣的衣领衣袖用黑色绲边，头戴进贤冠，手持王杖。五更也和三老的穿戴相同，但手不持王杖。都在太学讲堂里斋戒。到了行礼当天，皇帝先到辟雍礼殿，坐在礼殿东侧的厢房，派遣使者用安车去迎接三老、五更。天子站在门屏之间迎接，相对而拜，然后皇帝登上东阶，三老登上西阶。登上阶后，天子行拱手礼。三老登上礼殿，朝东站立，三公为其设置几案，九卿为其扶正鞋履，皇帝亲自袒右膊去切割牲肉，拿着肉酱供三老进食，拿着酒爵供三老用酒漱口，派专人在饭前祝祷不哽阻，在饭后祝祷不哽噎。

是月，皇后帅公卿诸侯夫人蚕。祠先蚕，礼以少牢。

是月上巳，官民皆絜于东流水上，曰洗濯祓除去宿垢疢为大絜。絜者，言阳气布畅，万物讫出，始絜之矣。

五更登上礼殿朝南站立，由三公奉上贡品，也像天子对三老那样侍奉。第二天三老、五更都来到朝堂谢恩，来感谢皇帝对他们的礼遇和尊崇。

同月，皇后带领公、卿、诸侯的夫人开始亲自养蚕。以此祭祀先蚕神，用羊和猪做祭品的少牢礼祭祀。

同月上巳日，官吏和百姓都在东流水洗濯污垢，说这是通过洗浴来举行祓除祭用于去除污垢和病症的大洁。洁，说的是阳气遍布通畅，万物全都萌生时，才可举行大洁的禊祭。

卷十五

志第五　礼仪中

立夏之日，夜漏未尽五刻，京都百官皆衣赤，至季夏衣黄，郊。其礼：祠特，祭灶。

自立春至立夏尽立秋，郡国上雨泽。若少，府郡县各扫除社稷；其旱也，公卿官长以次行雩礼求雨。闭诸阳，衣皂，兴土龙，立土人舞僮二佾，七日一变如故事。反拘朱索社，伐朱鼓。祷赛以少牢如礼。

拜皇太子之仪：百官会，位定，谒者引皇太子当御坐殿下，北面；司空当太子西北，东面立。读策书毕，中常侍持皇太子玺绶东向授太子。太子再拜，三稽首。谒者赞皇太子臣某，中谒者称制曰“可”。三公升阶上殿，贺寿万岁。因大赦天下。供赐礼毕，罢。

拜诸侯王公之仪：百官会，位定，谒者引光禄勋前。谒者引当拜者前，当坐伏殿下。光禄勋前，一拜，举手曰：“制诏其以某为某。”读策书毕，谒者称臣某再拜。尚书郎以玺印绶付侍御史。侍御史前，东面立，授玺印绶。王公再拜顿首三。赞谒者曰：“某王臣某立夏当天，夜漏壶还剩下五刻时，京城百官都身穿红色衣服，到了夏末六月改穿黄色衣服，郊外祭祀赤帝。其礼仪规定：用牛祭祀，祭祀灶神。

从立春到立夏再到立秋，各郡国上报期间的降雨情况。如果雨水量少，府郡县就各自清扫祭祀社稷坛求雨；如果久旱成灾，朝中公卿和各郡长官就按次序举行雩祭求雨。要禁用各种代表阳气的事物，身穿黑色衣服，兴造土制龙塑，树立两列跳舞的土制僮仆，每过七天就按照旧例规定改变其方位。反过来取下缠在土地神像上的红色丝绳，敲打朱色的鼓。祷社报赛要按照礼的规定用羊和猪做祭品的少牢礼祭祀。

授予皇太子的礼仪：百官聚集，站定位置，谒者接引皇太子来到皇帝御座的殿下，朝北站立；司空应当在皇太子的西北方，朝东站立。宣读策书完毕后，中常侍手持皇太子玺印面向东方授予皇太子。皇太子拜了再拜，稽首三次。谒者引导皇太子接受并称臣某，中谒者代行皇帝职权说“可以”。三公自堂下上殿，祝寿万岁。于是大赦天下罪犯。等上供和赏赐的礼仪完毕，就结束了。

授予诸侯王公的礼仪：百官聚集，站定位置，谒者接引光禄勋上前。谒者又接引应当受封的诸侯王公上前，当着座位伏身在殿下。光禄勋走上前，拜了一次，举手宣布说：“皇帝命令某人为某职。”宣读策书完毕后，谒者引导说臣某再拜。尚书郎把玺印交付侍御史。侍新封，某公某初，谢。”中谒者报谨谢。赞者立曰：“皇帝为公兴。”皆冠，谢，起就位。供赐礼毕，罢。

仲夏之月，万物方盛。日夏至，阴气萌作，恐物不楙。其礼：以朱索连荤菜，弥牟朴蛊钟。以桃印长六寸，方三寸，五色书文如法，以施门户。代以所尚为饰。夏后氏金行，作苇茭，言气交也。殷人水德，以螺首，慎其闭塞，使如螺也。周人木德，以桃为更，言气相更也。汉兼用之，故以五月五日，朱索五色印为门户饰，以难止恶气。日夏至，禁举大火，止炭鼓铸，消石冶皆绝止。至立秋，如故事。是日浚井改水，日冬至，钻燧改火云。

先立秋十八日，郊黄帝。是日夜漏未尽五刻，京都百官皆衣黄。至立秋，迎气于黄郊，乐奏黄钟之宫，歌《帝临》，冕而执干戚，舞《云翘》《育命》，所以养时训也。

立秋之日，夜漏未尽五刻，京都百官皆衣白，施皂领缘中衣，迎气于白郊。礼毕，皆衣绛，至立冬。

立秋之日，自郊礼毕，始扬威武，斩牲于郊东门，以荐陵庙。其仪：乘舆御戎路，白马朱鬛，躬执弩射牲。牲以鹿麛。太宰令、谒者各一人，载获车，驰驷送陵庙。还宫，遣使者赍束帛以赐武官。武官肄兵，习战阵之仪、斩牲之礼，名曰貙刘。兵、官皆肄孙、吴兵法六十四阵，名曰乘之。立春，遣使者赍束帛以赐文官。貙刘之礼：祠先虞，执事告先虞已，烹鲜时，有司乃逡巡射牲。获车毕，有司告御史上前，朝东站立，授予玺印。受封王公下拜两次、叩头三次。赞谒者说："某王臣某新受封，某公某刚授爵，谢恩。"中谒者说敬谨辞谢。赞礼的人起身说："皇帝为公兴。"都带冠帽，受册封的人拜谢，起身进入座位。等上供和赏赐的礼仪完毕，就结束了。

仲夏五月，万物正盛。到了夏至当天，阴气开始萌生，恐怕万物不在茂盛兴旺。这时要举行礼仪：用红绳系上有辛味的蔬菜，用细纻布击打蛊钟。用长六寸、方三寸的桃印，其上按照旧制用五色书写辟邪的文字，放置在门户上。各代都用所崇尚的东西作为饰品。夏后氏崇尚金德，就编织成苇索，说这是阴阳二气相交的象征。殷商人崇尚水德，就制作出形似螺蛳的龙子椒图头像，说这是慎重闭塞的象征。周人崇尚木德，用桃木雕刻成木偶，说这是使阴阳两气相互更替的象征。汉代兼用三代的旧俗，所以在五月五日，把红绳、五色桃木印做为门户的装饰品，用来驱逐鬼疫恶气。到了夏至日，还禁止点燃大火，禁止鼓风扇火进行冶炼铸造，煎炼火硝等都绝对禁止。直到立秋，都按照旧制禁止。当天还要疏通水井，改用新水，到了冬至日，则要钻木取火，改用新火。

立秋前十八天，要在郊外祭祀黄帝。当天夜漏壶还剩五刻时，京城百官都身穿黄色衣服。到了立秋日，要在中郊迎气祭祀黄帝，演奏黄钟宫调的乐曲，歌唱《帝临》之歌，头戴冠冕并且手执干戚，跳《云翘》《育命》之舞，用这些来保持先王的遗教。

立秋当天，当夜漏壶还剩五刻时，京城百官都身穿白色衣服，贴身穿着衣领带有黑色绲边的中衣，要在西郊迎秋气祭祀白帝。行礼完毕，都身穿赤色衣服，直到立冬。

立秋当天，西郊祭祀白帝的礼仪完毕，开始耀武扬威，在城郊东门斩杀祭品，用来进献陵墓宗庙。其礼仪是：皇帝乘坐兵车，驾着白马朱鬣，亲手执弩射杀祭品。祭品要用大小鹿。太宰令、谒者各一人，用车载着禽兽等猎物，疾驰送往陵墓宗庙。于是皇帝乘车回宫，派遣使者拿着捆为一束的五匹帛馈赐给武官。武官练兵，演习战阵的仪式、斩杀祭品的礼仪，叫做貙刘。兵士、军官都演习孙膑、吴起兵法中的六十四阵，叫做乘之。到了立春，天子派遣使者拿着捆为一束事毕。

仲秋之月，县道皆案户比民。年始七十者，授之以玉杖，餔之糜粥。八十九十，礼有加赐。玉杖长九尺，端以鸠鸟为饰。鸠者，不噎之鸟也。欲老人不噎。是月也，祀老人星于国都南郊老人庙。

季秋之月，祠星于城南坛心星庙。

立冬之日，夜漏未尽五刻，京都百官皆衣皂，迎气于黑郊。礼毕，皆衣绛，至冬至绝事。

冬至前后，君子安身静体，百官绝事，不听政，择吉辰而后省事。绝事之日，夜漏未尽五刻，京都百官皆衣绛，至立春。诸五时变服，执事者先后其时皆一日。

日冬至、夏至，阴阳晷景长短之极，微气之所生也。故使八能之士八人，或吹黄钟之律间竽；或撞黄钟之钟；或度晷景，权水轻重，水一升，冬重十三两；或击黄钟之磬；或鼓黄钟之瑟，轸间九尺，二十五弦，宫处于中，左右为商、徵、角、羽；或击黄钟之鼓。先之三日，太史谒之。至日，夏时四孟，冬则四仲，其气至焉。

先气至五刻，太史令与八能之士郎坐于端门左塾。大予具乐器，夏赤冬黑，列前殿之前西上，钟为端。守宫设席于器南，北面东上，正德席，鼓南西面，令晷仪东北。三刻，中黄门持兵，引太史令、八能之士入自端门，就位。二刻，侍中、尚书、御史、谒者皆的五匹帛赏赐给文官。貙刘礼规定：祭祀先虞，主管官员宣布祭祀先虞完毕，烹煮鲜鱼时，相关官员就从容不迫地去射猎牲兽。等到载着禽兽等猎物的获车回来，有关官吏宣告貙刘礼毕。

仲秋八月，各县、各道都要清点户籍和人口。年纪满七十的老人，皇帝就授予他们饰有玉鸠的手杖，请他们喝粥。年纪满八十、九十的老人，按照礼仪赏赐更多。皇帝授予的王杖长九尺，顶端用玉鸠作为装饰。鸠，是一种不会哽噎的鸟。如此是期望老人吃饭也不会哽噎。当月，在京城南郊的老人庙祭祀老人星。

季秋九月，在京城南郊的祭坛心星庙祭祀心宿。

立冬当天，夜漏壶还剩五刻时，京城百官都身穿黑色衣服，在北郊迎接冬气祭祀黑帝。礼仪完毕，都身穿深红色衣服，一直到冬至百官停止办公才结束。

冬至日前后，君子安歇、静养身体，百官停止办公，不坐朝处理政务，等择定良辰后再处理政务。停止办公当天，夜漏壶还剩五刻时，京城百官都身穿深红色衣服，一直到立春。在这五个时令改变衣服时，主管官员在时令交替前后改变衣服时都和别人相差一日。

冬至日、夏至日，是昼夜在晷表上日影最长或最短的一天，这也是微弱的阴阳二气开始萌发的时候。所以需要八名能调和阴阳律历五音的八能异士，有的用竽吹奏出黄钟的曲调；有的撞钟演奏黄钟的曲调；有的测量晷表的投影，衡量水的轻重，冬至日的一升水，重十三两；有的敲磬演奏黄钟的曲调；有的弹瑟演奏黄钟的曲调，琴长九尺，二十五弦，宫音处于中间位置，左右两侧分别发出商音、徵音、角音、羽音；有的敲鼓演奏黄钟的曲调。此前三天，太史前往谒见。到夏至日和冬至日，在夏至日的四孟时辰即寅时、巳时、申时、亥时，冬至日则是四仲时辰即子时、卯时、午时、酉时，阴阳二气就到了。

阴阳二气到来的五刻前，太史令和八能异士就坐在正殿南门左侧的堂屋。大予乐令准备好所有的乐器，乐器夏天用赤色、冬天用黑色，陈列在前殿之前以西面为上，钟摆在首位。守宫官在乐器南边摆设好坐席，面向北方以东面为上，是正德官的坐席，设在鼓的南面，面向西方，命令掌管测量日影，确定时刻的官员在东北方。还剩陛。一刻，乘舆亲御临轩，安体静居以听之。太史令前，当轩溜北面跪。举手曰："八能之士以备，请行事。"制曰"可"。太史令稽首曰"诺"。起立少退，顾令正德曰："可行事。"正德曰"诺"。皆旋复位。正德立，命八能士曰："以次行事，间音以竽。"八能曰"诺"。五音各三十为阕。正德曰："合五音律。"先唱，五音并作，二十五阕，皆音以竽。讫，正德曰："八能士各言事。"八能士各书板言事。文曰："臣某言，今月若干日甲乙日冬至，黄钟之音调，君道得，孝道褒。"商臣，角民，徵事，羽物，各一板。否则召太史令各板书，封以皂囊，送西陛，跪授尚书，施当轩，北面稽首，拜上封事。尚书授侍中常侍迎受，报闻。以小黄门幡麾节度。太史令前白礼毕。制曰"可"。太史令前稽首曰"诺"。太史命八能士诣太官受赐。陛者以次罢。日夏至礼亦如之。

季冬之月，星回岁终，阴阳以交，劳农大享腊。

先腊一日，大傩，谓之逐疫。其仪：选中黄门子弟年十岁以上，十二以下，百二十人为侲子。皆赤帻皂制，执大鼗。方相氏黄金四目，蒙熊皮，玄衣朱裳，执戈扬盾。十二兽有衣毛角。中黄门行之，冗从仆射将之，以逐恶鬼于禁中。夜漏上水，朝臣会，侍中、尚书、御史、谒者、虎贲、羽林郎将执事，皆赤帻陛卫。乘舆御前殿。黄门令奏曰："侲子备，请逐疫。"于是中黄门倡，侲子和，曰："甲作食殃，胇三刻的时候，中黄门手持兵器，接引太史令、八能异士从端门进入，各就各位。还剩二刻的时候，侍中、尚书、御史、谒者都肃立在前殿台阶下。还剩一刻的时候，皇帝亲临前殿，安歇、静息等待行礼。太史令上前，当着殿堂檐下滴水的地方朝北跪下。举手说："八能异士已经准备好了，请下令行事。"皇帝下令说"可以"。太史令行稽首礼说"是"。起立后又向后稍退几步，回过头命令正德官说："可以行事了。"正德官说"是"。全都马上回到各自的位置。正德官立定后，命令八能异士说："按照规定的次序各行其事，期间用竽来演奏乐曲。"八能异士说"是"。于是五种音阶各演奏三十曲为一阕。正德官又说："五种音律合奏。"率先领唱，之后五音齐奏，演奏二十五阕，都用竽来演奏。奏乐结束后，正德官说："八能异士各言其事。"八能异士各自在笏板上写下要上奏的事。笏板上写的是："臣某言，当月几天后的某干支日是冬至，使用黄钟曲调协调，君道得以成功，孝道受到褒扬。"商音代表群臣，角音代表百姓，徵音代表百事，羽音代表万物，每种音阶各写一板。否则就召令太史令为每种音阶各写一板，用黑绸口袋密封，送上西阶，跪着呈给尚书，在轩槛旁边行礼，面朝北方行稽首礼，呈上密封的奏书。尚书交由御前中常侍接受，然后上报皇帝听闻。这些都由小黄门用幡旗指挥调度。太史令上前报告礼毕。皇帝下令说"可以了"。太史令上前行稽首礼说"是"。太史令命令八能异士到太官处接受赏赐。手执兵器侍立在阶侧的警卫依次散去。到了夏至日的礼仪也是如此。

季冬十二月，在年终星辰回到原位，阴阳二气交替，劝勉农耕并且在岁终合祀先王。

在岁终腊祭前一天，举行岁末禳祭，被称作是驱除瘟疫。其礼仪是：选用的中黄门年龄要在十岁以上，十二岁以下，共计一百二十人做为童子。全都头戴红色头巾，身穿黑衣，手执大拨浪鼓。方相氏戴着四眼黄金面具，身上蒙着熊皮，身穿黑衣红裳，手执戈、举着盾。十二兽神穿衣、披毛、戴角。中黄门指挥着他们，冗从仆射率领着他们，在宫禁中到处驱逐恶鬼。夜漏壶加满水时，朝中百官聚集，侍中、尚书、御史、谒者、虎贲、羽林郎将各司其事，都头戴红色头巾在皇帝胃食虎，雄伯食魅，腾简食不祥，揽诸食咎，伯奇食梦，强梁、祖明共食磔死寄生，委随食观，错断食巨，穷奇、腾根共食蛊。凡使十二神追恶凶，赫女躯，拉女干，节解女肉，抽女肺肠。女不急去，后者为粮！”因作方相与十二兽舞。嚾呼，周遍前后省三过，持炬火，送疫出端门；门外驺骑传炬出宫，司马阙门门外五营骑士传火弃雒水中。百官官府各以木面兽能为傩人师讫，设桃梗、郁櫑、苇茭毕，执事陛者罢。苇戟、桃杖以赐公、卿、将军、特侯、诸侯云。

是月也，立土牛六头于国都郡县城外丑地，以送大寒。

飨遣故卫士仪：百官会，位定，谒者持节引故卫士入自端门。卫司马执幡钲护行。行定，侍御史持节慰劳，以诏恩问所疾苦，受其章奏所欲言。毕飨，赐作乐，观以角抵。乐阕罢遣，劝以农桑。

每月朔、岁首，为大朝受贺。其仪：夜漏未尽七刻，钟鸣，受贺。及贽，公、侯璧，中二千石、二千石羔，千石、六百石雁，四百石以下雉。百官贺正月。二千石以上上殿称万岁。举觞御坐前。司空奉羹，大司农奉饭，奏食举之乐。百官受赐宴飨，大作乐。其每朔，唯十月旦从故事者，高祖定秦之月，元年岁首也。

的御前护卫。皇帝统御前殿。黄门令上奏说："腊月禳祭的童子已经齐备，请开始驱逐疫鬼。"于是中黄门领唱，童子应和，说："甲作吃凶鬼，胇胃吃猛虎，雄伯吃精魅，腾简吃不祥鬼，揽诸吃灾祸，伯奇吃噩梦，强梁、祖明一起吃裂体鬼和寄生鬼，委随吃显形鬼，错断吃巨大鬼，穷奇、腾根一起吃蛊惑鬼。共使十二兽神追逐凶恶之鬼，肢解你的身躯，拉断你的躯干，断裂你的骨肉，抽出你的肠肺。你们还不赶快逃走，落在后边的就要成为十二兽神的粮食！"于是开始跳方相神和十二兽神的舞蹈。欢呼喊叫，围绕宫禁前后仔细搜索三遍，手持火炬，驱送瘟神出端门；门外驾着车马的骑兵传递火炬出皇宫，司马阙门外的五营骑兵将传递的火炬抛入洛水中。百官官府各自用木制面具模仿兽神举行傩礼后，又准备桃木木偶，郁垒神荼神像，编织苇索后，执事和手持兵器肃立阶侧的警卫相继散去。用过的芦苇戟、桃木杖就赏赐给公、卿、将军、特侯、诸侯来驱邪。

当月之内，要在国都郡县城外东北偏北的丑地立起六头土牛，来送走大寒。

设宴遣送旧日退伍卫士的礼仪是：百官聚集，各就各位后，谒者拿着旄节接引退伍卫士从宫殿的正南门进入。卫司马手持幡旗、敲钲护送。来到应到位置站定，侍御史拿着旄节慰问犒劳，然后皇帝赐予恩惠，询问退伍卫士们有什么困苦，接受他们陈述心中想法的奏章。宴飨完毕，赏赐奏乐，观看角抵摔跤。乐曲结束、各自遣回家乡，鼓励他们参加农耕和蚕桑。

每当该月初一、新年元旦，皇帝大会诸侯群臣接受朝贺。其礼仪是：当夜漏壶还剩七刻时，鸣钟，接受朝贺。等到群臣献上礼品时，三公、诸侯献上璧玉，中二千石、二千石品级的官员献上羔羊，千石、六百石品级的官员献上大雁，四百石以下的官员献上野鸡。百官都庆贺正月节。二千石以上的公侯九卿上殿欢呼"万岁"。举起酒杯在皇帝座前。司空捧着羹汤，大司农捧着饭食，弹奏起举行宴会时专用的乐曲。百官受赐饮宴，乐曲大作。每月初一，只有十月初一遵循旧例庆贺，因为这是高祖平定秦朝的月份，所以定为元年年初。

卷十六

志第六　礼仪下

大丧　诸侯王列侯始封贵人公主薨

不豫，太医令丞将医入，就进所宜药。尝药监、近臣中常侍、小黄门皆先尝药，过量十二。公卿朝臣问起居无间。太尉告请南郊，司徒、司空告请宗庙，告五岳、四渎、群祀，并祷求福。疾病，公卿复如礼。

登遐，皇后诏三公典丧事。百官皆衣白单衣，白帻不冠。闭城门、宫门。近臣中黄门持兵，虎贲、羽林、郎中署皆严宿卫，宫府各警，北军五校绕宫屯兵，黄门令、尚书、御史、谒者昼夜行陈。三公启手足色肤如礼。皇后、皇太子、皇子哭踊如礼。沐浴如礼。守宫令兼东园匠将女执事，黄緜、缇缯、金缕玉柙如故事。饭唅珠玉如礼。槃冰如礼。百官哭临殿下。是日夜，下竹使符告郡国二千石、诸侯王。竹使符到，皆伏哭尽哀。小敛如礼。东园匠、考工令奏东园秘器，表里洞赤，虡文画日、月、鸟、龟、龙、虎、连璧、偃月，牙桧梓宫如故事。大敛于两楹之间。五官、左右虎贲、羽林五将，各将所部，执虎贲戟，屯殿端门陛左右厢，中黄门持兵陛殿上。夜漏，群臣入。昼漏上水，大鸿胪设九宾，随立殿下。谒者引诸侯王立殿下，西面北上；宗室诸侯、四姓小侯在后，西面北上。治礼引三公就位，殿下北面；特进次中二千石；列侯次二千石；六百石、博士在后；群臣陪位者皆重行，西上。位定，大鸿胪言具，谒者以闻。皇后东向，贵人、公主、宗室妇女以次立后；皇太子、皇子在东，西向；皇子少退皇帝身体有疾，太医令、太医丞率领御医入宫，就病情进言所适宜的药。尝药监、亲近的中常侍、小黄门都要先行尝药，制作的药量要达到十二成。公卿朝臣不停探问皇帝的起居情况。太尉到南郊祈求上天，司徒、司空在宗庙祈求历代先祖，祭告五岳、四渎和列在祀典中的神祇，并祷求神灵给皇帝赐福消灾。病重的话，公卿百官仍按照上述礼仪执行。

皇帝驾崩，皇后下诏命三公负责丧事。百官都身穿白色单衣，头裹白色发巾而不戴头冠。紧闭城门、宫门。亲近的中黄门手持兵器，虎贲、羽林、郎中各署不论昼夜都严加防卫，皇宫官署各自警备，北军五校围绕皇宫屯兵驻守，黄门令、尚书、御史、谒者昼夜巡行军阵。三公要按照礼制揭开单被查看死者的手脚肤色。皇后、皇太子、其他皇子要按照礼制一边啼哭一边顿足。按照礼制为死者沐浴净身。守宫令兼东园匠率领女执事，按照旧制给死者铺上黄色丝绵、赤黄色的丝织品、穿上金缕玉衣。按照礼制把珠、玉、贝、米等物纳入死者口中。按照礼制在大盘中放好冰块。百官都在殿下豪哭哀悼。在皇帝驾崩的当天晚上，下发竹制信符相告各郡国二千石级的官、诸侯王。竹制信符到达，都伏地豪哭、竭尽哀思。都按照礼制给死者沐浴、穿衣、覆衾。东园匠、考工令上奏请出显贵使用的棺材，内外通红，供桌上绘有日、月、乌、龟、龙、虎、并连璧玉、横卧半弦月，按照旧制用牙桧装饰棺材。把已装裹的尸体放入棺材停放在举行祭奠的地方。五官中郎将、左右虎贲中郎将、左右羽林中郎将五将，各自率领自己的部下，手持虎贲戟，驻扎在殿正南门陛侧左右两厢，中黄门手持兵器站在殿阶上。夜漏壶开始计时，群臣进入内殿。昼漏壶上满水后，大在南，北面：皆伏哭。大鸿胪传哭，群臣皆哭。三公升自阼阶，安梓宫内珪璋诸物，近臣佐如故事。嗣子哭踊如礼。东园匠、武士下钉衽，截去牙。太常上太牢奠，太官食监、中黄门、尚食次奠，执事者如礼。太常、大鸿胪传哭如仪。

三公奏《尚书·顾命》，太子即日即天子位于柩前，请太子即皇帝位，皇后为皇太后。奏可。群臣皆出，吉服入会如仪。太尉升自阼阶，当柩御坐北面稽首，读策毕，以传国玉玺绶东面跪授皇太子，即皇帝位。中黄门掌兵以玉具、随侯珠、斩蛇宝剑授太尉，告令群臣，群臣皆伏称万岁。或大赦天下。遣使者诏开城门、宫门，罢屯卫兵。群臣百官罢，入成丧服如礼。兵官戎。三公，太常如礼。

故事：百官五日一会临，故吏二千石、刺史、在京都郡国上计掾史皆五日一会。天下吏民发丧临三日。先葬二日，皆旦晡临。既葬，释服，无禁嫁娶、祠祀。佐史以下，布衣冠帻，绖带无过三寸，临庭中。武吏布帻大冠。大司农出见钱谷，给六丈布直。以葬，大红十五日，小红十四日，纤七日，释服。部刺史、二千石、列侯在国者及关内侯、宗室长吏及因邮奉奏，诸侯王遣大夫一人奉奏，吊臣请驿马露布，奏可。

鸿胪设置好九宾席位，随同站立在殿下。谒者接引诸侯王站立在殿下，面向西方、以北为上；宗室诸侯、樊郭阴马四姓小侯站在诸侯王身后，面向西方、以北为上。治礼郎接引三公各就其位，站在殿下面向北方；特进官站在中二千石身后；列侯站在二千石身后；六百石、博士站在最后；其余陪同的群臣都排成两行，以西为上。各就各位站定，大鸿胪宣布准备已毕，谒者报告给皇家亲属。皇后面向东方，贵人、公主、宗室妇女依次站立皇后身后；皇太子、皇子站在东面，面向西方；皇子稍微后退站在南面，面向北方：都伏地痛哭。大鸿胪传哭，群臣全都应声同哭。三公从东阶而上，安放棺椁内的珪璋等各种陪葬物，按照旧例近臣辅佐安放。按照礼制嫡长子一边痛哭一边顿足。东园匠和武士钉上钉子和木楔封棺，截去牙。太常献上牛、羊、猪俱备的太牢祭奠，太官食监、中黄门、尚食等官吏依次祭奠，执事者按照礼制去做。太常、大鸿胪又按照礼制传哭。

三公上奏《尚书·顾命》相关记载，太子即日起在灵柩之前即皇帝之位，现在也请皇太子即皇帝位，皇后改为皇太后。奏章被允许。群臣都退出，按照礼仪改穿祭祀礼服入会。太尉从东阶登上宫殿，当着灵柩前的御座向北行稽首礼，宣读策书完毕后，捧着传国玉玺，面向东方跪着授予皇太子，即皇帝之位。中黄门手持兵器把玉具剑、随侯宝珠、斩蛇宝剑授予太尉，命令群臣朝贺，群臣都伏地山呼“万岁”。有时新皇帝还会宣布大赦天下。派遣使者下诏大开城门、宫门，遣散绕宫驻扎的卫兵。群臣百官散会。根据礼制再换上丧服服丧。兵官身穿戎装。三公、太常根据礼制行事。

旧例：百官每过五天就要到灵柩前聚集吊唁一次，曾担任二千石的官吏、刺史、在京城的各郡国上计掾史都要每过五天吊唁一次。天下官吏和百姓发丧后吊唁三天。在下葬的两天前，早晚都要吊唁。等下葬后，就脱下丧服，不禁止官吏和百姓的嫁娶、祭祀。佐史以下的小吏，身穿布衣，头戴布巾，丧服所用的麻布带不超过三寸，在官府的庭中吊唁。武官则头戴布巾上戴武冠。大司农拿出钱谷，供给六丈布的价钱。等下葬后，身穿大功丧服十五日，小功丧服十四日，黑经白纬的纤服七日，然后就脱下丧服。部刺史、二千石、列侯在封国的以及以木为重，高九尺，广容八历，裹以苇席。巾门、丧帐皆以簟。车皆去辅幡，疏布恶轮。走卒皆布褠帻。太仆四轮輈为宾车，大练为屋幙。中黄门、虎贲各二十人执绋。司空择土造穿。太史卜日。谒者二人，中谒者仆射、中谒者副将作，油缇帐以覆坑。方石治黄肠题凑便房如礼。

大驾，太仆御。方相氏黄金四目，蒙熊皮，玄衣朱裳，执戈扬盾，立乘四马先驱。旂之制，长三仞，十有二游，曳地，画日、月、升龙，书旐曰“天子之柩”。谒者二人立乘六马为次。大驾甘泉卤簿，金根容车，兰台法驾。丧服大行载饰如金根车。皇帝从送如礼。太常上启奠。夜漏二十刻，太尉冠长冠，衣斋衣，乘高车，诣殿止车门外。使者到，南向立，太尉进伏拜受诏。太尉诣南郊。未尽九刻，大鸿胪设九宾随立，群臣入位，太尉行礼。执事皆冠长冠，衣斋衣。太祝令跪读谥策，太尉再拜稽首。治礼告事毕。太尉奉谥策，还诣殿端门。太常上祖奠。中黄门尚衣奉衣登容根车。东园武士载大行，司徒却行道立车前。治礼引太尉入就位，大行车西少南，东面奉策，太史令奉哀策立后。太常跪曰“进”，皇帝进。太尉读谥策，藏金匮。皇帝次科藏于庙。太史奉哀策苇箧诣陵。太尉旋复公位，再拜立哭。太常跪曰“哭”，大鸿胪传哭，十五举音，止哭。太常行遣奠皆如礼。请哭止哭如仪。

关内侯、宗室长吏可托邮驿进奏，诸侯王派遣一名大夫进奏，吊唁的臣子请求用驿马来传递不缄封的文书，新帝同意其所请奏。

把木当成祭木，高九尺，宽可容纳八历，用苇席包裹。巾门、丧帐都用竹席。车子都去掉车轮旁的辅和车箱两边的轓，用粗布装饰粗陋无饰的车子。走卒都身穿粗布单衣和头戴粗布头巾。太仆驾着四轮车辕作为殡车，用粗帛做为车幕。中黄门、虎贲中郎将各率二十人牵引灵车送葬。司空选择宝地营造陵墓。太史占卜选定发丧日期。谒者二人，中谒者仆射，中谒者副将使用，油布、橘缇、帐幕来覆盖新挖的墓道。按照礼制用石板以及用柏木枋堆垒在陵寝椁室四周修筑象征生人卧居的便房。

皇帝出行，太仆驾车。方相氏戴上四目的黄金面具，蒙上熊皮，身穿赤黑礼服、红色下衣，手执长戈、扬起盾牌，站立乘着四马车作为先驱。旗子的样式是，长三仞，有十二条飘带，拖到地面，上面画有日、月、飞升的龙，旗子上写"天子的灵柩"。两位谒者站立乘着六马车紧跟其后。皇帝出行甘泉宫的扈从仪仗，金根车载运死者衣冠、画像，法驾仪仗载运文书。为先帝服丧的车子装饰与金根车相同。按照礼仪皇帝在之后跟随送葬。太常上奏先帝的灵柩启迁前所进行的奠礼。夜漏壶二十刻时，太尉头戴七寸长冠，身穿斋戒专用衣服，乘坐高车，来到殿门外停车。皇帝使者来到，面朝南立，太尉上前伏地叩拜接受皇帝诏命。太尉前往南郊。夜漏壶还剩九刻时，大鸿胪安排九宾随同站立，群臣各就各位，太尉行礼。执事官员都头戴七寸长冠，身穿斋戒专用衣服。太祝令跪地宣读刻有帝后上谥诏书的简册，太尉拜了再拜行稽首礼。治礼郎宣告事情结束。太尉捧持刻有帝后上谥诏书的简册，回到宫殿正南门。太常上禀出殡前一天晚上的祖奠礼，中黄门、尚衣官手捧死者的衣冠登上容根车。东园官署的武士们用车载着先帝灵柩，司徒后退到道路中站在柩车前。治礼郎接引太尉进入就位，站在先帝灵柩车西边稍稍偏南的位置上，面朝东方捧着刻有帝后上谥诏书的简册，太史令捧着颂扬皇帝生前功德的韵文站在后面。太常跪着说"进"，皇帝进入。太尉宣读简册，完了之后收藏在金色盒子内。皇帝之后把简册和韵文收藏在太庙。

昼漏上水，请发。司徒、河南尹先引车转，太常跪曰“请拜送”。载车著白系参缪绋，长三十丈，大七寸为挽，六行，行五十人。公卿以下子弟凡三百人，皆素帻委貌冠，衣素裳。校尉三百人，皆赤帻不冠，绛科单衣，持幢幡。候司马丞为行首，皆衔枚。羽林孤儿、《巴俞》擢歌者六十人，为六列。铎司马八人，执铎先。大鸿胪设九宾，随立陵南羡门道东，北面；诸侯、王公、特进道西，北面东上；中二千石、二千石、列侯宜九宾东，北面西上。皇帝白布幕素里，夹羡道东，西向如礼。容车幄坐羡道西，南向，车当坐，南向，中黄门尚衣奉衣就幄坐。车少前，太祝进醴献如礼。司徒跪曰“大驾请舍”，太史令自车南，北面读哀策，掌故在后，已哀哭。太常跪曰“哭”，大鸿胪传哭如仪。司徒跪曰“请就下位”，东园武士奉下车。司徒跪曰“请就下房”，都导东园武士奉车入房。司徒、太史令奉谥、哀策。

东园武士执事下明器。筲八盛，容三升，黍一，稷一，麦一，粱一，稻一，麻一，菽一，小豆一。瓮三，容三升，醯一，醢一，屑一。黍饴。载以木桁，覆以疏布。甒二，容三升，醴一，酒一。载以木桁，覆以功布。瓦镫一。彤矢四，轩輖中，亦短卫。彤矢四，骨，短卫。彤弓一。卮八，牟八，豆八，笾八，形方酒壶八。槃匜一具。杖、几各太史捧送韵文收藏在苇箧内前往陵园。太尉回到自己原来的官位，拜了再拜后肃立。太常跪着说“哭”，大鸿胪传哭，十五时放声哀哭，停止哀哭后。依照礼制太常举行葬礼中的祭奠。依照固定礼仪请哭、止哭。

昼漏壶装满水，请示灵柩车出发。司徒、河南尹先行引导灵柩车转动，太常跪着说“请求拜送”。载着灵柩的车盖着白色的布、系着拉棺材用的大绳，长三十丈，大七寸就安排一名挽，挽分为六行，每行五十人。公卿以下子弟共三百人，都包白头巾，戴委貌冠，身穿白下衣。校尉三百人，都包红头巾，不戴冠帽，身穿深红色单衣，举着旌旗之类。由候司马丞做为每行首人，全都口中衔枚防止出声。羽林孤儿、《巴俞》民歌手六十人，分为六行。铎司马八人，手持铎先行。大鸿胪指定九宾所处的位置，都跟随站立在陵墓南面、墓门外道路东，面向北方；诸侯、王公、特进官们站在墓道西面，面向北方、以东为上；中二千石、二千石官、列侯站在九宾东面，面向北方、以西为上。皇帝坐在白布、生绢制成的帐篷中，帐篷紧挨墓道东张设，依照礼制面向西方。载运死者衣冠、画像的容车帐幕设在墓道西边，面向南方，车正对着皇帝御座，面朝南方，中黄门、尚衣官捧着先帝的衣冠坐在垂帐的座位上。灵柩车稍微靠前，依照礼仪太祝向先帝灵柩进献甜酒。司徒跪着说“先帝的大驾请住下休息”，太史令便从灵柩车的南边，面朝北方宣读颂扬皇帝生前功德的韵文，掌故官站在其后面，哀哭后。太常跪着说“哭”，按照礼仪大鸿胪传哭。司徒跪着说“先帝请下位”，于是东园官署的武士捧着灵柩下车。司徒跪着说“先帝请下房”，都引导着东园官署的武士护送灵柩车进入墓房。司徒、太史令捧着刻有帝后上谥诏书的简册、颂扬皇帝生前功德的韵文。

东园官署的武士和执事官员将陪葬的明器放入墓中。八个筲，容量三升，一个盛黍，一个盛稷，一个盛麦，一个盛粱，一个盛稻，一个盛麻，一个盛菽，一个盛小豆。三口瓮，容量三升，一口盛醋，一口盛肉酱，一口盛姜桂碎屑。黍米糖浆。放在木架上，用素布覆盖。两个瓦甒，容量三升，一个装甜酒，一个装酒。放在木架上，用功布覆盖。一个瓦镫。四枝朱漆箭，轻重质量适中，都是短羽。四枝朱漆箭，一。盖一。钟十六，无虡。镈四，无虡。磬十六，无虡。埙一，箫四，笙一，篪一，柷一，敔一，瑟六，琴一，竽一，筑一，坎侯一。干、戈各一，笮一，甲一，胄一。挽车九乘，刍灵三十六匹。瓦灶二，瓦釜二，瓦甑一。瓦鼎十二，容五升。匏勺一，容一升。瓦案九。瓦大杯十六，容三升。瓦小杯二十，容二升。瓦饭槃十。瓦酒樽二，容五斗。匏勺二，容一升。

祭服衣送皆毕，东园匠曰“可哭”，在房中者皆哭。太常、大鸿胪请哭止如仪。司徒曰“百官事毕，臣请罢”，从入房者皆再拜，出，就位。太常导皇帝就赠位。司徒跪曰“请进赠”，侍中奉持鸿洞。赠玉珪长尺四寸，荐以紫巾，广袤各三寸，缇里，赤纁周缘；赠币，玄三纁二，各长尺二寸，广充幅。皇帝进跪，临羡道房户，西向，手下赠，投鸿洞中，三。东园匠奉封入藏房中。太常跪曰“皇帝敬再拜，请哭”，大鸿胪传哭如仪。太常跪曰“赠事毕”，皇帝促就位。容根车游载容衣。司徒至便殿，并輂骑皆从容车玉帐下。司徒跪曰“请就幄”，导登。尚衣奉衣，以次奉器衣物，藏于便殿。太祝进醴献。凡下，用漏十刻。礼毕，司空将校复土。

皇帝、皇后以下皆去粗服，服大红，还宫反庐，立主如礼。桑木主尺二寸，不书谥。虞礼毕，祔于庙，如礼。

先大驾日游冠衣于诸宫诸殿，群臣皆吉服从会如仪。皇帝近臣丧服如礼。醳大红，服小红，十一升都布练冠。醳小红，服纤。醳骨制箭镞，短羽。一张朱漆弓。八个酒卮，八个瓦牟，八个高脚盘，八个竹筵，八个方形酒壶。一套盥洗用具。拐杖、几案各一个。一个盖。十六个钟，没有悬挂的架子。四个镈钟，没有悬挂的架子。十六个磬，没有悬挂的架子。一个埙，四根箫，一个笙，一根篪，一个柷，一个敔，六把瑟，一把琴，一个竽，一个筑，一把箜篌。盾牌、长戈各一个，一个竹制箭笮，一副甲，一副胄。九乘挽车，三十六匹草扎马。二个瓦灶，二个瓦釜，一个瓦甑。十二个瓦鼎，容量五升。一个匏勺，容量一升。九个陶制短足盘。十六个瓦制大杯，容量三升。二十个瓦制小杯，容量二升。十个瓦制饭盘。两个瓦制酒樽，容量五斗。两个匏勺，容量一升。

身穿祭服送葬结束后，东园匠说“可以哭了”，在墓室里的人全都痛哭起来。依照礼仪应由太常、大鸿胪请哭、止哭。司徒对皇帝说“百官的礼仪已毕，臣请示离去”，跟从皇帝进入墓室的人都向灵柩拜了再拜，出墓室，各就各位。太常引导皇帝出墓室到赠位站定。司徒跪着说“请献上殉葬赠礼”，侍中端庄地捧着赠礼前往连通的鸿洞。所赠玉珪长一尺四寸，用紫巾衬托，长宽各三寸，桔红色内衬，四周大红色绲边；所赠布帛，三块黑色、两块浅红色，各长一尺二寸，宽一幅。皇帝上前跪下，临近墓道墓室门口，面向西方，亲手将赠礼投入鸿洞中，前后三次。东园匠端庄地把墓室上的鸿洞封好。太常跪着说“皇帝恭敬地拜了再拜，请哭”，按照礼仪大鸿胪传哭。太常跪着说“赠事结束”，皇帝马上就位。容根车就载着先帝生前的衣冠游行。司徒来到别殿，一同驾车跟随容车来到玉帐下。司徒跪着说“请进入帐幕就坐”，引导登高。尚衣官、奉衣官，依照次序捧着器皿、衣物，收藏到别殿。太祝进献甜酒。大凡下葬的礼仪，共用漏壶十刻。礼毕，司空和将校把掘出的土盖在墓室上再修建陵墓。

皇帝、皇后以下的人都脱下粗恶丧服，改穿大功丧服，回宫后重返墓旁之屋，根据礼仪建立神主。桑木神主高一尺二寸，其上不写谥号。葬后的虞祭完毕，奉神主祔祭于祖庙，按照礼仪执行。

大驾仪仗出发的前一天把先帝衣冠拿到各宫各殿游行，按照礼仪规定群臣都要穿上祭祀礼服跟随其后。依照礼仪皇帝近臣都要纤，服留黄，冠常冠。近臣及二千石以下皆服留黄冠。百官衣皂。每变服，从哭诣陵会如仪。祭以特牲，不进毛血首。司徒、光禄勋备三爵如礼。

太皇太后、皇太后崩，司空以特牲告谥于祖庙如仪。长乐太仆、少府、大长秋典丧事，三公奉制度，他皆如礼仪。

合葬：羡道开通，皇帝谒便房，太常导至羡道，去杖，中常侍受，至柩前，谒，伏哭止如仪。辞，太常导出，中常侍授杖，升车归宫。已下，反虞立主如礼。诸郊庙祭服皆下便房。五时朝服各一袭在陵寝，其余及宴服皆封以箧笥，藏宫殿后阁室。

诸侯王、列侯、始封贵人、公主薨，皆令赠印玺、玉柙银缕；大贵人、长公主铜缕。诸侯王、贵人、公主、公、将军、特进皆赐器，官中二十四物。使者治丧，穿作，柏椁，百官会送，如故事。诸侯王、公主、贵人皆樟棺，洞朱，云气画。公、特进樟棺黑漆。中二千石以下坎侯漆。朝臣中二千石、将军，使者吊祭，郡国二千石、六百石以至黄绶，皆赐常车驿牛赠祭。宜自佐史以上达，大敛皆以朝服。君临吊若遣使者，主人免绖去杖望马首如礼。免绖去杖，不敢以戚凶服当尊者。自王、主、贵人以下至佐史，送车骑导从吏卒，各如其官府。载饰以盖，龙首鱼尾，华布墙，纁上周，交络前后，云气画帷裳。中二千石以上有辎，左龙右虎，朱鸟玄武；公侯以上加倚鹿伏熊。千石以下，缁布盖墙，鱼龙首尾而已。二百石黄绶以下至于处士，皆以簟席为墙盖。其正妃、夫人、妻皆如之。诸侯王，傅、相、中穿上丧服服丧。脱下大功丧服，穿上小功丧服，头戴十一升的粗布练冠。脱下小功祭服，穿上细纹纤服。脱下细纹纤服，穿上黑黄色衣，头戴常见礼冠。近臣及二千石以下的大臣都头戴黑黄色冠。百官都身穿黑衣。每次改换穿戴服饰，都依照礼仪跟随帝后到死者陵墓凭吊哭泣。在此期间只用一种牲畜祭祀陵墓，不进献牲畜头、毛、血。依照礼仪司徒、光禄勋准备三杯酒祭祀。

太皇太后、皇太后去世，依照礼仪司空只用一种牲畜祭祀把赠谥的制诰告于祖庙。长乐宫太仆、少府、大长秋主持办理丧事，三公奉行制度典仪，其他细节都按照礼仪要求。

合葬礼：开通墓道，皇帝谒拜放有棺木的墓室，太常引导其来到墓道，放下丧杖，交由中常侍，来到灵柩之前，谒拜，依照礼仪伏地痛哭止哭。辞行后，由太常引导而出，中常侍交还丧杖，登车回宫。等下葬之后，按照礼仪在返回时举行虞祭立起神主。死者生前祭祀天地、祖先的礼服都下葬于放有棺木的墓室，五个时令的朝服各一袭安放在陵寝，其余常服和闲服都封在竹制箧笥之中，藏在陵墓宫殿后的阁室中。

诸侯王、列侯、始封贵人、公主去世，都下令赠予印玺、银缕玉衣；大贵人、长公主去世则用铜缕玉衣。诸侯王、贵人、公主、公、将军、特进官去世都赐予器物，即是宫中的二十四种器物。皇帝派遣使者承办丧葬事宜，挖掘墓室，柏木棺椁，百官聚集出殡，按照旧例。诸侯王、公主、贵人都用樟木棺椁，通体红漆，其上绘有云气。公、特进官用樟木棺椁、通体黑漆。中二千石以下的棺椁用坎侯漆。朝臣中二千石、将军去世，皇帝派遣使者吊唁，地方郡国二千石、六百石到铜印黄绶官吏去世，都赏赐插有太常旗的仪仗车和驿牛祭奠。佐使官以上都应该上报，百官都用朝服来参加大殓礼。皇帝若派遣使者临丧哭吊，依照礼仪丧事主家要去除头上和腰上的麻带、放下丧杖、向着马首行礼。去除头上和腰上的麻带、放下丧杖，是不敢用丧服冒犯尊者。自王、公主、贵人以下到佐史，送葬的车骑、前导后从、吏卒，各自按照其官府的标准。灵柩车上有装饰和伞盖，龙头鱼尾，花布装饰车四面，浅绛色装饰上沿一周，在前后交织，车旁帷幔上绘尉、内史典丧事，大鸿胪奏谥，天子使者赠璧帛，载日命谥如礼。下陵，群臣醳粗服如仪，主人如礼。

赞曰：大礼虽简，鸿仪则容。天尊地卑，君庄臣恭。质文通变，哀敬交从。元序斯立，家邦乃隆。

有云气。中二千石以上的官则用有帷盖的辎重车，左饰青龙、右饰白虎，并饰有朱雀、玄武；公侯以上再加上倚鹿、伏熊。千石以下的官吏，用黑布盖住四面，只有在收尾装饰有鱼龙罢了。至于二百石黄绶以下到隐居不仕的人去世，都用竹席覆盖四周。其人的正妃、夫人、妻去世所用葬饰都相同。诸侯王去世，傅、相、中尉、内史承办丧葬事宜，大鸿胪上奏谥号，天子派遣使者赠予玉璧绢帛，按照礼仪在出殡日给予谥号。下葬陵墓后，按照礼仪群臣脱下粗服，丧事主家则按照礼仪。

赞辞说：大礼虽然简约，但却盛大典仪威严。天尊高地卑低，君庄严臣恭敬。质朴华美通变，悲痛庄敬依从。根本秩序建立，家国才会兴隆。

卷十七

志第七　祭祀上

光武即位告天　郊　封禅

祭祀之道，自生民以来则有之矣。豺獭知祭祀，而况人乎！故人知之至于念想，犹豺獭之自然也，顾古质略而后文饰耳。自古以来王公所为群祀，至于王莽，《汉书·郊祀志》既著矣，故今但列自中兴以来所修用者，以为《祭祀志》。

建武元年，光武即位于鄗，为坛营于鄗之阳。祭告天地，采用元始中郊祭故事。六宗群神皆从，未以祖配。天地共犊，余牲尚约。其文曰："皇天上帝，后土神祇，眷顾降命，属秀黎元，为民父母，秀不敢当。群下百僚，不谋同辞。咸曰王莽篡弑窃位，秀发愤兴义兵，破王邑百万众于昆阳，诛王郎、铜马、赤眉、青犊贼，平定天下，海内蒙恩，上当天心，下为元元所归。谶记曰：'刘秀发兵捕不道，卯金修德为天子。'秀犹固辞，至于再，至于三。群下曰：'皇天大命，不可稽留。'敢不敬承。"

二年正月，初制郊兆于雒阳城南七里，依鄗。采元始中故事。为圆坛八陛，中又为重坛，天地位其上，皆南乡，西上。其外坛上为五帝位。青帝位在甲寅之地，赤帝位在丙巳之地，黄帝位在丁未之地，白帝位在庚申之地，黑帝位在壬亥之地。其外为壝，重营皆紫，以像紫宫；有四通道以为门。日月在中营内南道，日在东，月在西，祭祀活动，自有百姓以来就开始举行了。豺和獭都知道捕猎前的祭祀，更何况是人呢！所以人懂得想念而举行祭祀，就像是豺和獭在自然中的行为，只是古时祭祀活动质朴简约而到了后世礼节仪式繁多罢了。自古以来的王侯公卿所举行的各种祭祀活动，直到王莽时期，《汉书·郊祀志》中都有所记载，所以现在只列举从光武帝中兴以来所修订使用的祭祀活动，写成《祭祀志》。

建武元年（25），光武帝在鄗县即位，在鄗县城南修建祭祀的坛营。祭告天地，采用的是西汉平帝元始年间郊祭的旧例。尊祀的六神都是祭祀的对象，没有以祖先配祀。天地的祭品共用一犊，其余的祭品也崇尚节约。其祭文说："皇天上帝，后土神祇，眷念百姓而降下天命，向刘秀嘱托天下百姓，当做百姓的父母，刘秀不敢当。群臣百官，不谋而同。都说王莽弑君篡位，窃夺君位，刘秀发愤兴起义兵，在昆阳大破王邑的百万之众，诛杀消灭王郎、铜马、赤眉、青犊等贼寇，平定天下，四海之内蒙受其恩，在上顺从天意，在下万民所归。谶记说：'刘秀发兵讨伐无道，卯金之日修德登基为天子。'刘秀还是坚决推辞，一而再，再而三。群臣说：'皇天之命，不可拖延。'岂敢不敬承天命。"

建武二年（26）正月，开始在洛阳城南七里围起祭坛的土界，按照鄗县的祭坛样式。采用西汉平帝元始年间的旧例。建起圆形祭坛，有八层台阶，又在祭坛中间建起一层祭坛，天地的神位安放在这层祭坛上，都面朝南方，以西为上。外坛上安放有五帝的神位。青帝神位在东方甲寅之地，赤帝神位在南方丙巳之地，黄帝神位在中央丁未之地，白帝神位在西方庚申之地，黑帝神位在北方壬亥之地。

北斗在北道之西，皆别位，不在群神列中。八陛，陛五十八醊，合四百六十四醊。五帝陛郭，帝七十二醊，合三百六十醊。中营四门，门五十四神，合二百一十六神。外营四门，门百八神，合四百三十二神。皆背营内乡。中营四门，门封神四，外营四门，门封神四，合三十二神。凡千五百一十四神。营即壝也。封，封土筑也。背中营神，五星也，及中宫宿五官神及五岳之属也。背外营神，二十八宿外宫星，雷公、先农、风伯、雨师、四海、四渎、名山、大川之属也。

至七年五月，诏三公曰："汉当郊尧。其与卿大夫、博士议。"时侍御史杜林上疏，以为"汉起不因缘尧，与殷周异宜，而旧制以高帝配。方军师在外，且可如元年郊祀故事"。上从之。语在《林传》。

陇、蜀平后，乃增广郊祀，高帝配食，位在中坛上，西面北上。天、地、高帝、黄帝各用犊一头，青帝、赤帝共用犊一头，白帝、黑帝共用犊一头，凡用犊六头。日、月、北斗共用牛一头，四营群神共用牛四头，凡用牛五头。凡乐奏《青阳》《朱明》《西皓》《玄冥》，及《云翘》《育命》舞。中营四门，门用席十八枚，外营四门，门用席三十六枚，凡用席二百一十六枚，皆莞簟，率一席三神。日、月、北斗无陛郭醊。既送神，焚俎实于坛南巳地。

建武三十年二月，群臣上言，即位三十年，宜封禅泰山。诏书外坛之外是四面矮墙，重重环绕的土垒都是紫色，以此来象征天帝居住的紫宫；有四条通道作为门。日月的神位在中营里的南面通道，日神位在东侧，月神位在西侧，北斗神位在北面通道的西侧，都分别设有神位，不在群神的行列中。八层台阶，每层有五十八次连续祭祀，合计四百六十四次连续祭祀。五帝神位所在的台阶外侧，每一处五帝神位外侧都要有七十二次连续祭祀，合计三百六十次连续祭祀。中营有四个门，每个门都有五十四位神，合计二百一十六位神。外营有四个门，每个门都有一百零八位神，合计四百三十二位神。都背靠土垒、面向中原。中营的四个门，每个门有四位有封的神，外营的四个门，每个门有四位有封的神，合计三十二位有封的神。总计有一千五百一十四个神位。营就是四周的矮墙。封就是封土筑垒。背向中营的神位有，金、木、水、火、土五星，以及中宫星宿、五官神和五岳神之类的神位。背向外营的神位有，二十八宿外宫星，雷公、先农、风伯、雨师、四海、四渎、名山、大川之类的神位。

到了建武七年（31）五月，光武帝下诏三公说："汉朝应当郊祀尧帝。此事你们和卿大夫、博士商议一下。"当时的侍御史杜林上疏，认为"汉朝兴起不是因为尧帝的庇荫，和殷、周二代的郊祀制度应当作出区别，而旧制是以高帝配祀。如今军队在外，暂且可以沿用建武元年郊祀的旧例。"皇帝听从了他的建议。详见《杜林传》。

陇、蜀地区平定以后，就扩大了郊祀的规模，高帝袝祭，神位在中坛之上，面向西方，以北为上。天、地、高帝、黄帝各用一头小牛，青帝、赤帝共用一头小牛，白帝、黑帝共用一头小牛，共计用六头小牛祭祀。日、月、北斗星共用一头牛，四营群神共用四头牛，共计用五头牛祭祀。所演奏乐曲有《青阳》《朱明》《西皓》《玄冥》，以及配有舞蹈《云翘》《育命》。中间土垒的四个门，每个门都用十八张席，外面土垒的四个门，每个门都用三十六张席，合计使用二百一十六张席，都是蒲席和竹席，大致一张席上安放有三个神位。日、月、北斗星的神位没有在台阶外侧的连续祭祀。送神之后，在祭坛南面的巳地焚烧放在俎上祭献的食品。

建武三十年（54）二月，群臣上书，皇帝即位三十年，应当封禅曰："即位三十年，百姓怨气满腹，吾谁欺，欺天乎？曾谓泰山不如林放，何事污七十二代之编录！桓公欲封，管仲非之。若郡县远遣吏上寿，盛称虚美，必髡，兼令屯田。"从此群臣不敢复言。三月，上幸鲁，过泰山，告太守以上过故，承诏祭山及梁父。时虎贲中郎将梁松等议："《记》曰'齐将有事泰山，先有事配林'，盖诸侯之礼也。河岳视公侯，王者祭焉。宜无即事之渐，不祭配林。"

三十二年正月，上斋，夜读《河图会昌符》，曰："赤刘之九，会命岱宗。不慎克用，何益于承。诚善用之，奸伪不萌"。感此文，乃诏松等复案索《河》《雒》谶文言九世封禅事者。松等列奏，乃许焉。

初，孝武帝欲求神仙，以扶方者言黄帝由封禅而后仙，于是欲封禅。封禅不常，时人莫知。元封元年，上以方士言作封禅器，以示群儒，多言不合古，于是罢诸儒不用。三月，上东上泰山，乃上石立之泰山颠。遂东巡海上，求仙人，无所见而还。四月，封泰山。恐所施用非是，乃秘其事。语在《汉书·郊祀志》。

上许梁松等奏，乃求元封时封禅故事，议封禅所施用。有司奏当用方石再累置坛中，皆方五尺，厚一尺，用玉牒书藏方石。牒厚泰山。光武帝下诏说:“即位三十年,百姓心怀怨气,朕欺骗了谁,欺骗了上天吗?难道可以说泰山府君还不如鲁国人林放,为什么要用此事玷污七十二代君王到泰山封禅的记录呢!齐桓公打算封禅泰山,管仲认为祥瑞没有到来所以不该前去封禅。如果郡县派遣属下官吏远道而来给朕祝寿,极力称颂不切实际的美德,必定处以髡刑,兼罚前去屯田。”从此群臣不敢再提起封禅的事。三月,光武帝临幸鲁地,路过泰山,告知泰山郡太守上面提到的典故,太守奉诏祭祀泰山和梁父山。当时虎贲中郎将梁松等人议论说:“《礼记》中说‘齐国准备要封禅泰山,要先行配祭泰山附近的配林’,这大概就是诸侯的礼仪。黄河五岳视为公侯,王者前来祭祀。应当不用这样做,不必祭祀附近的配林。”

建武三十二年(56)正月,光武帝斋戒,夜晚阅读《河图会昌符》,其中说:“汉朝到了第九世的时候,应当承接天命巡视到泰山封禅。如果不能谨慎对待这次封禅,对承接天命就没有任何益处。实在应该善加运用,诡诈虚假的事就不会萌生了”。光武帝从中有所感触,于是就诏令梁松等人再次查阅《河图》《洛书》中的谶文提到的汉朝九世应当封禅的事。梁松等人上奏《河图》《洛书》中查到的谶文,光武帝允许了。

起初,汉武帝打算寻访神仙,根据方士们所说黄帝是因为封禅然后才得以成仙,于是汉武帝打算封禅。封禅是不常举行的典仪,当时的人都不知道封禅的礼制。元封元年(前110),武帝根据方士所说的准备了封禅的器物,展示给儒生们看,儒生大多都说这不符合古代的礼制,武帝于是没有采用儒生们的意见。三月,武帝从东面登上泰山,还登上了立于泰山之巅的石头。接着东巡海上,寻访仙人,什么神仙也没有见到而返回。四月,武帝封禅泰山。担心封禅所使用的器具、礼仪不合旧制,于是就对封禅的事秘而不宣。详见《汉书·郊祀志》。

光武帝允许了梁松等人封禅泰山的奏书,于是访求武帝元封年间封禅的旧制,商议封禅所使用的器物、礼仪。相关官吏上奏说应当用两块方石垒放在祭坛中,方石全都边长五尺,厚一尺,用玉制简五寸，长尺三寸，广五寸，有玉检。又用石检十枚，列于石傍，东西各三，南北各二，皆长三尺，广一尺，厚七寸。检中刻三处，深四寸，方五寸，有盖。检用金缕五周，以水银和金以为泥。玉玺一方寸二分，一枚方五寸。方石四角又有距石，皆再累。枚长一丈，厚一尺，广二尺，皆在圆坛上。其下用距石十八枚，皆高三尺，厚一尺，广二尺，如小碑，环坛立之，去坛三步。距石下皆有石跗，入地四尺。又用石碑，高九尺，广三尺五寸，厚尺二寸，立坛丙地，去坛三丈以上，以刻书。上以用石功难，又欲及二月封，故诏松欲因故封石空检，更加封而已。松上疏争之，以为“登封之礼，告功皇天，垂后无穷，以为万民也。承天之敬，尤宜章明。奉图书之瑞，尤宜显著。今因旧封，窜寄玉牒故石下，恐非重命之义。受命中兴，宜当特异，以明天意”。遂使泰山郡及鲁趣石工，宜取完青石，无必五色。时以印工不能刻玉牒，欲用丹漆书之；会求得能刻玉者，遂书。书秘刻方石中，命容玉牒。

二月，上至奉高，遣侍御史与兰台令史，将工先上山刻石。文曰：“维建武三十有二年二月，皇帝东巡狩，至于岱宗，柴，望秩于山川，班于群神，遂觐东后。从臣太尉憙、行司徒事特进高密侯禹等。汉宾二王之后在位。孔子之后褒成侯，序在东后，蕃王十二，咸来助祭。《河图赤伏符》曰：‘刘秀发兵捕不道，四夷云集龙斗野，四七之际火为主。’《河图会昌符》曰：‘赤帝九世，巡省得中，治平则封，诚合帝道孔矩，则天文灵出，地祇瑞兴。帝刘之九，会命岱宗，诚善用之，奸伪不萌。赤汉德兴，九世会昌，巡岱皆当。天地扶牒文书藏在方石之中。玉制简牒厚五寸，长一尺三寸，宽五寸，有玉制的封箧。然后再用十枚封闭方石的石检，排列在方石一旁，东西两侧各三枚，南北两侧各两枚，都长三尺，宽一尺，厚七寸。石检中间刻三处凹槽，深四寸，边长五寸，有石盖。用金线缠绕石检五圈，再用水银和金粉和成封泥。一方玉玺边长一寸二分，一枚边长五寸。方石的四角还有距石，都垒放两层。每块距石长一丈，厚一尺，宽二尺，都垒放在圆形祭坛上。圆形祭坛之下用十八块距石，都高三尺，厚一尺，宽二尺，像小石碑一样，环绕圆形祭坛摆放，距离祭坛三步远。距石下面都有石基座，埋入地下四尺深。再用一块石碑，高九尺，宽三尺五寸，厚一尺二寸，立在祭坛的南方，距离祭坛三丈以上，用来雕刻文字。光武帝认为用石料加工起来很艰难，又打算赶在二月封禅，因此诏告梁松打算沿用之前的封石和空检，只是重新加封而已。梁松上书争辩，他认为“登上泰山封禅之礼，是向皇天报告功绩，将流传到无穷后世，都是为了黎民百姓啊。恭敬承奉天道，尤其应当昭明。承奉《河图》《洛书》中的祥瑞，尤其应当显著。如今沿用旧的封禅器物，更改玉牒并混入以前的封石下面，恐怕并非重视承天之命。承受天命中兴汉室，应当与过往不同，以此来显明上天之意”。光武帝于是就派遣泰山郡和鲁地的官员督促石工，应当挑选质地优良的青石，不必选用五色石。当时因为刻印工匠不能雕刻玉牒，打算用红漆书写封禅文书；恰逢寻求到能刻玉的工匠，才在玉牒上雕刻。玉牒书秘刻在方石之中，使方石能放下玉牒。

建武三十二年（56）二月，光武帝抵达奉高县，派遣侍御史和兰台令史，率领工匠先行登上泰山雕刻石碑。告天文书说：“在建武三十二年二月，皇帝到东面巡狩，到达泰山，举行柴礼祭天，按照等级望祭山川，遍祭群神，然后朝拜东方神祇。随从的太尉赵憙、兼任司徒一职后特进的高密侯邓禹等人。汉朝在二王之后继承。孔子的后代褒成侯，排在东方神祇之后，还有十二位藩王，都前来协助祭祀。《河图赤伏符》说：‘刘秀发兵讨伐无道，四夷云集逐鹿天下，二八功臣火德为主。’《河图会昌符》说：‘火德皇帝九世孙，巡行视察得以中，天下太平封禅泰山，实在是符合帝王之道和孔子之法，那九，崇经之常。汉大兴之，道在九世之王。封于泰山，刻石著纪，禅于梁父，退省考五。’《河图合古篇》曰：‘帝刘之秀，九名之世，帝行德，封刻政。’《河图提刘予》曰：‘九世之帝，方明圣，持衡拒，九州平，天下予。”《雒书甄曜度》曰：‘赤三德，昌九世，会修符，合帝际，勉刻封。’《孝经钩命决》曰：‘予谁行，赤刘用帝，三建孝，九会修，专兹竭行封岱青。’《河》《雒》命后，经谶所传。昔在帝尧，聪明密微，让与舜庶，后裔握机。王莽以舅后之家，三司鼎足冢宰之权势，依托周公、霍光辅幼归政之义，遂以篡叛，僭号自立。宗庙堕坏，社稷丧亡，不得血食，十有八年。杨、徐、青三州首乱，兵革横行，延及荆州，豪杰并兼，百里屯聚，往往僭号。北夷作寇，千里无烟，无鸡鸣狗吠之声。皇天眷顾皇帝，以匹庶受命中兴，年二十八载兴兵起，是以中次诛讨，十有余年，罪人则斯得。黎庶得居尔田，安尔宅。书同文，车同轨，人同伦。舟舆所通，人迹所至，靡不贡职。建明堂，立辟雍，起灵台，设庠序。同律、度、量、衡。修五礼，五玉，三帛，二牲，一死，贽。吏各修职，复于旧典。在位三十有二年，年六十二。乾乾日昃，不敢荒宁，涉危历险，亲巡黎元，恭肃神祇，惠恤耆老，理庶遵古，聪允明恕。皇帝唯慎《河图》《雒书》正文，是月辛卯，柴，登封泰山。甲午，禅于梁阴。以承灵瑞，以为兆民，永兹一宇，垂于后昆。百寮从臣，郡守师尹，咸蒙祉福，永永无极。秦相李斯燔《诗》《书》，乐崩礼坏。建武元年已前，文书散亡，旧典不具，不能明经文，以章句细微相况八十一卷，明者为验，又其十卷，皆不昭晳。子贡欲去告朔之饩羊，子曰：‘赐也，尔爱其羊，我爱其礼。’后有圣人，正失误，刻石记。”

么上天的灵验就会出现，大地的祥瑞兴起。刘姓皇帝第九代，承接天命封泰山，要是能善加利用封禅，诡诈虚假就不会发生。汉朝火德兴起，第九代兴盛隆昌，巡封泰山都是应当的。天地都扶助“九”数，是尊崇经学常有的准则。汉朝大为兴旺，大道在于第九世的帝王。在泰山筑土为坛、报天之功，雕刻石头记载此文，在泰山下的梁父山辟场祭地、报地之德，事后反省五帝的功绩。’《河图合古篇》说：‘皇帝刘秀，恰是汉朝的第九代皇帝，皇帝实行德政，封禅泰山，雕刻政绩。’《河图提刘予》说：‘第九代的帝王，正是明达圣哲，掌握国家政权，平定九州，获得天下。’《洛书甄曜度》说：‘火德皇帝有三德，昌盛直到第九代，恰逢祥瑞的征兆，正处光武帝之时，封禅并雕刻政绩。’《孝经钩命决》说：‘跟着谁人走，火德的刘姓皇帝，三次建立孝行，第九代恰逢发扬光大，专心全力到泰山封禅。’《河图》《洛书》天命之后，经义图谶所流传。昔日在位的尧帝，聪慧贤明，邃密微妙，把王位禅让给舜帝，自己的后裔做为臣下。王莽依仗身为尊贵外戚，三司等同太宰的权势，假托周公、霍光辅佐政治而又归还政权的大义，终于篡位叛逆，僭越封号自立为帝。汉室宗庙败坏，国家社稷灭亡，不能受享祭品，长达一十八年。杨、徐、青三州首先发生叛乱，战争横行，蔓延到了荆州，四方豪杰兼并，割据百里聚集，往往僭越自号。北方匈奴侵扰，千里荒无人烟，没有鸡鸣狗叫的声音。皇天眷顾皇帝，以平民之身承接天命中兴汉室，二十八岁兴兵，依次诛杀征伐，经过了十多年，罪人悉数伏法。百姓得以乐业、得以安居。书同文，车同轨，人同伦。舟车所通，人迹所至，无不朝贡。建立明堂祭祀，兴办辟雍教育、修建灵台供奉，设立庠序学校。统一音律、长短、容积、轻重。整治吉、凶、军、宾、嘉五种礼制，璜、璧、璋、珪、琮五种玉，纁帛、玄帛、黄帛三种织物，小羊、大雁两种牲畜，一种雉鸟，拜见尊长的礼物。官吏各司其职，恢复至西汉旧制。皇帝在位三十二年，今年已有六十二岁。虽然已到暮年，仍然不敢荒废懈怠，贪图安逸，身涉危难，经历险阻，亲自巡视黎明百姓，谦恭肃穆祭祀神祇，加恩体恤年老士绅，遵循旧制治理百姓，聪慧公允，明信宽厚。皇帝慎重对待《河图》《洛书》的正文，当月的辛卯日，举行柴二十二日辛卯晨，燎祭天于泰山下南方，群神皆从，用乐如南郊。诸王、王者后二公、孔子后褒成君，皆助祭位事也。事毕，将升封。或曰："泰山虽已从食于柴祭，今亲升告功，宜有礼祭。"于是使谒者以一特牲于常祠泰山处，告祠泰山，如亲耕、貙刘、先祠、先农、先虞故事。至食时，御辇升山，日中后到山上更衣，早晡时即位于坛，北面。群臣以次陈后，西上，毕位升坛。尚书令奉玉牒检，皇帝以寸二分玺亲封之，讫，太常命人发坛上石，尚书令藏玉牒已，复石覆讫，尚书令以五寸印封石检。事毕，皇帝再拜，群臣称万岁。命人立所刻石碑，乃复道下。

二十五日甲午，禅，祭地于梁阴，以高后配，山川群神从，如元始中北郊故事。

四月己卯，大赦天下，以建武三十二年为建武中元元年，复博、奉高、嬴勿出元年租、刍稿。以吉日刻玉牒书函藏金匮，玺印封之。

礼祭天，登上泰山筑土为坛、报天之功。甲午日，在梁父山北面辟场祭地、报地之德。以此承受上天所显示的灵瑞，本为万民安乐，永保汉室一统，功垂后代子孙。文武百官、侍从大臣和郡守、师尹，都承蒙福佑，长远不尽。秦朝丞相李斯焚烧《诗》《书》，使得礼乐崩坏。建武元年以前，文书散佚丢失，旧制散失不全，不能明晓经文，因此阐说经文章句的细微差别共有八十一卷，经过经师的明显验证，又有十卷，都讲的不够清楚。子贡打算取消诸侯每月初一宰杀活羊祭祀宗庙，孔子说：'端木赐啊，你看重那只羊，然而我更看重背后的礼仪。'后世如果有圣人出世，请纠正此次封禅中的失误，把这些事都刻记在石碑上。"

二十二日辛卯日早晨，在泰山南面的山下焚烧玉帛、牲畜来祭天，附带祭祀山川众神，祭祀使用的音乐和在南郊祭天的音乐相同。诸王、王者的后代卫、宋二公、孔子的后代褒成君，都各就各位辅助祭祀。祭天典仪结束，将要登上泰山封禅。有人说："泰山虽然已经配享烧柴祭天时的祭品，如今皇帝亲自登上泰山向皇天报告功绩，应当有礼品祭献。"于是就派遣谒者在经常祭祀泰山的地方只进献一种牲畜，以此告祭泰山，其礼仪就如同亲耕、貙刘、先祠、先农、先虞等旧例。到了吃早饭时，光武帝乘坐御辇登上泰山，中午过后到达山上更换衣服的地方，晚饭时光武帝就位于泰山山顶的祭坛，面向北方。群臣依次排列在后，以西为上，各自站定后登上祭坛。尚书令捧着玉牒检，光武帝用边长一寸二分的玉玺亲自密封，玉牒秘封好后，太常命人开启祭坛上的方石，尚书令把玉牒藏在方石中后，又把方石盖上恢复原样，尚书令用五寸印玺在石检的封泥上盖印封缄。这些事结束后，光武帝拜了再拜，群臣山呼万岁。光武帝命人立好雕刻有封禅文书的石碑，就从原路返回下山了。

二十五日甲午日，辟场祭地、报地之德，在泰山下的梁父山北面举行祭地，以汉高祖的皇后吕雉配享祭祀，附带山川群神一同祭祀，祭祀的礼仪和在北郊祭地的旧制相同。

四月己卯日，光武帝大赦天下，把建武三十二年改为建武中元元年（56），免除博县、奉高县、嬴县在元年的税租、刍稿税。在吉日乙酉，使太尉行事，以特告至高庙。太尉奉匮以告高庙，藏于庙室西壁石室高主室之下。

雕刻玉牒书函藏在金柜之中，盖印封缄。乙酉日，光武帝派遣太尉前去祭祀，只用一种牲畜到汉高祖陵庙祭祀。太尉捧着金柜祭祀高祖庙、相告祖先，把金柜藏在庙室西侧石室高祖庙的主室下面。

卷十八

志第八　祭祀中

北郊　明堂　辟雍　灵台　迎气

增祀　六宗　老子

是年初营北郊，明堂、辟雍、灵台未用事。迁吕太后于园。上薄太后尊号曰高皇后，当配地郊高庙。语在《光武纪》。

北郊在雒阳城北四里，为方坛四陛。三十三年正月辛未，郊。别祀地祇，位南面西上，高皇后配，西面北上，皆在坛上，地理群神从食，皆在坛下，如元始中故事。中岳在未，四岳各在其方孟辰之地，中营内。海在东；四渎河西，济北，淮东，江南；他山川各如其方，皆在外营内。四陛醊及中外营门封神如南郊。地祇、高后用犊各一头，五岳共牛一头，海、四渎共牛一头，群神共二头。奏乐亦如南郊。既送神，瘗俎实于坛北。

明帝即位，永平二年正月辛未，初祀五帝于明堂，光武帝配。五帝坐位堂上，各处其方。黄帝在未，皆如南郊之位。光武帝位在青帝之南少退，西面。牲各一犊，奏乐如南郊。卒事，遂升灵台，以望云物。

建武中元元年（56）初次营建北郊祭坛，明堂、辟雍、灵台还没有祭祀活动。把祖庙中吕太后的牌位迁往墓园中。追赠薄太后的尊号为高皇后，应当在高祖庙配祀地神。详见《光武纪》。

北郊祭坛在洛阳城北四里的地方，是方形祭坛并且有四层台阶。建武三十三年（57）正月辛未日，郊祀天地。另外祭祀地神，神位面向南方、以西为上，配祀高皇后，神位面向西方、以北为上，神位都在祭坛之上，配享地理山川群神，神位都在祭坛之下，如同在元始年间郊祀的旧制。中岳嵩山的神位在西南偏南的未位，其余四岳的神位在各自对应方向的孟辰之位，中营之内。大海的神位在东面；四渎中黄河的神位在西面，济水的神位在北面，淮河的神位在东面，长江的神位在南面；其他山川诸神的神位按照各自所在的方位，都排列在外营之内。四层台阶连续祭祀以及中、外营门有封的神位的布置如同南郊祭坛。地神、高皇后各用一头小牛，五岳共用一头牛，大海、四渎共用一头牛，其他山川诸神共用两头牛祭祀。演奏的乐曲也如同南郊祭坛。送神结束后，把俎上所盛祭献的食品都掩埋在祭坛北面。

明帝即位后，永平二年（59）正月辛未日，初次在明堂祭祀五帝，配祀光武帝。五帝的座位陈列堂上，各自放置在自己的方位。黄帝座位在中央丁未之地，都如同在南郊祭坛的位置。光武帝的神位在东方青帝的神位稍南一些，面朝西方。祭品各用一头小牛，演奏的乐曲也如同南郊祭坛。祭祀结束后，明帝就登上灵台，来观察云气预测凶吉。

迎时气，五郊之兆。自永平中，以《礼谶》及《月令》有五郊迎气服色，因采元始中故事，兆五郊于雒阳四方。中兆在未，坛皆三尺，阶无等。

立春之日，迎春于东郊，祭青帝句芒。车旗服饰皆青。歌《青阳》，八佾舞《云翘》之舞。及因赐文官太傅、司徒以下缣各有差。

立夏之日，迎夏于南郊，祭赤帝祝融。车旗服饰皆赤。歌《朱明》，八佾舞《云翘》之舞。

先立秋十八日，迎黄灵于中兆，祭黄帝后土。车旗服饰皆黄。歌《朱明》，八佾舞《云翘》《育命》之舞。

立秋之日，迎秋于西郊，祭白帝蓐收。车旗服饰皆白。歌《西皓》，八佾舞《育命》之舞。使谒者以一特牲先祭先虞于坛，有事，天子入囿射牲，以祭宗庙，名曰貙刘。语在《礼仪志》。

立冬之日，迎冬于北郊，祭黑帝玄冥。车旗服饰皆黑。歌《玄冥》，八佾舞《育命》之舞。

章帝即位，元和二年正月，诏曰："山川百神，应祀者未尽。其议增修群祀宜享祀者。"

二月，上东巡狩，将至泰山，道使使者奉一太牢祠帝尧于济阴成阳灵台。上至泰山，修光武山南坛兆。辛未，柴祭天地群神如故事。壬申，宗祀五帝于孝武所作汶上明堂，光武帝配，如雒阳明堂为迎接五时之气，在京城的五郊划定祭坛的范围。自永平年间以来，根据《礼谶》和《月令》的记载在京城的五郊祭祀五帝、迎接五气而改换服饰色彩，于是采用元始年间的旧制，在洛阳四方划定东郊、南郊、西郊、北郊、中郊五座祭坛的范围。中郊的祭坛划定在丁未之地，祭坛都高三尺，台阶没有等级差别。

立春当天，在洛阳城外东郊八里的祭坛举行春祭，祭祀青帝句芒。车辆、旗帜、服饰都采用青色。唱《青阳》之歌，排成八列的队形共计六十四人跳《云翘》之舞。明帝就在此时赏赐文官太傅、司徒以下的官吏各不相等的双丝细绢。

立夏当天，在洛阳城外南郊七里的祭坛举行夏祭，祭祀赤帝祝融。车辆、旗帜、服饰都采用红色。唱《朱明》之歌，排成八列的队形共计六十四人跳《云翘》之舞。

立秋前十八天，在洛阳中央祭坛范围之内迎接黄灵神，祭祀黄帝和后土。车辆、旗帜、服饰都采用黄色。唱《朱明》之歌，排成八列的队形共计六十四人跳《云翘》《育命》之舞。

立秋当天，在洛阳城外西郊九里的祭坛举行秋祭，祭祀白帝蓐收。车辆、旗帜、服饰都采用白色。唱《西皓》之歌，排成八列的队形共计六十四人跳《育命》之舞。皇帝派遣谒者只用一种牲畜在祭坛上先行祭祀先虞，巡狩祭天告至，天子进入园囿中射杀牲畜，用来祭祀宗庙，叫做貙刘。详见《礼仪志》。

立冬当天，在洛阳城外北郊六里的祭坛举行冬祭，祭祀黑帝玄冥。车辆、旗帜、服饰都采用黑色。唱《玄冥》之歌，排成八列的队形共计六十四人跳《育命》之舞。

章帝即位，元和二年（85）正月，章帝下诏说："山川百神，应当祭祀的神灵还没有被全部祭祀。群臣商议修订祀典、增加应当祭祀的神灵。"

同年二月，章帝到东方巡查邦国州郡，快到泰山时，在路上派遣使者进献牛、羊、猪三牲齐备的太牢到济阴成阳灵台祭祀尧帝。章帝到达泰山，命人修缮光武帝在泰山南面划分的祭坛范围。辛未日，按照旧制烧柴祭祀天地群神。壬申日，在孝武帝所修建的汶上明堂祭祀祀。癸酉，更告祀高祖、太宗、世宗、中宗、世祖、显宗于明堂，各一太牢。卒事，遂觐东后，飨赐王侯群臣。因行郡国，幸鲁，祠东海恭王，及孔子、七十二弟子。四月，还京都。庚申，告至，祠高庙、世祖，各一特牛。又为灵台十二门作诗，各以其月祀而奏之。和帝无所增改。

安帝即位，元初六年，以《尚书》欧阳家说，谓六宗者，在天地四方之中，为上下四方之宗。以元始中故事，谓六宗《易》六子之气日、月、雷公、风伯、山、泽者为非是。三月庚辰，初更立六宗，祀于雒阳西北戌亥之地，礼比太社也。

延光三年，上东巡狩，至泰山，柴祭，及祠汶上明堂，如元和二年故事。顺帝即位，修奉常祀。

桓帝即位十八年，好神仙事。延熹八年，初使中常侍之陈国苦县祠老子。九年，亲祠老子于濯龙。文罽为坛，饰淳金釦器，设华盖之坐，用郊天乐也。

五帝，配祀光武帝，如同洛阳明堂的祭礼那样。癸酉日，再次在汶上明堂告祭高祖、太宗、世宗、中宗、世祖、显宗，每个神位都都用牛、羊、猪三牲齐备的太牢当作祭品。祭祀完毕，就朝觐东方神灵，赏赐王侯群臣酒宴。趁此机会巡视郡国，临幸鲁国时，祭祀东海恭王刘疆，以及孔子、孔门七十二弟子。同年四月，返回京城洛阳。庚申日，祭神告知皇帝回京，祭祀高庙、世祖庙，各用一头牛作为祭牲。章帝又为洛阳灵台十二门作诗，命人按照每月祭祀曾祖和高祖的日子送上。和帝对于祭祀没有什么增改。

安帝即位后，元初六年（119），根据《尚书》欧阳家的学说，认为尊祀的六神，在天地四方之中，是上下四方之宗。根据元始年间的旧制，称尊祀六神是《周易》六子之气日、月、雷公、风伯、山、泽的说法是不对的。三月庚辰日，首次重新确立尊祀六神，在洛阳西北戌亥之地祭祀六神，祭礼比照祭祀土神和谷神的仪式。

延光三年（124），安帝到东方巡查邦国州郡，到达泰山，烧柴祭天，还在汶上明堂祭祀，如同元和二年的旧制。顺帝即位，修缮供奉固定的祭祀。

桓帝即位十八年，喜好追求神仙之类的事。延熹八年（165），初次派遣中常侍到陈国苦县祭祀老子。延熹九年（166），桓帝亲自到濯龙祭祀老子。用带有花纹的毛毡覆盖祭坛，使用纯金等装饰器物，设置带有华盖的座位，演奏祭天的乐曲。

卷十九

志第九　祭祀下

宗庙　社稷　灵星　先农　迎春

光武帝建武二年正月，立高庙于雒阳。四时祫祀，高帝为太祖，文帝为太宗，武帝为世宗，如旧。余帝四时春以正月，夏以四月，秋以七月，冬以十月及腊，一岁五祀。三年正月，立亲庙雒阳，祀父南顿君以上至舂陵节侯。时寇贼未夷，方务征伐，祀仪未设。至十九年，盗贼讨除，戎事差息，于是五官中郎将张纯与太仆朱浮奏议："礼，为人子事大宗，降其私亲。礼之设施，不授之与自得之异意。当除今亲庙四。孝宣皇帝以孙后祖，为父立庙于奉明，曰皇考庙，独群臣侍祠。愿下有司议先帝四庙当代亲庙者及皇考庙事。"下公卿、博士、议郎。大司徒涉等议："宜奉所代，立平帝、哀帝、成帝、元帝庙，代今亲庙。兄弟以下，使有司祠。宜为南顿君立皇考庙，祭上至舂陵节侯，群臣奉祠。"时议有异，不著。上可涉等议，诏曰："以宗庙处所未定，且祫祭高庙。其成、哀、平且祠祭长安故高庙。其南阳舂陵岁时各且因故园庙祭祀。园庙去太守治所远者，在所令长行太守事侍祠。惟孝宣帝有功德，其上尊号曰中宗。"于是雒阳高庙四时加祭孝宣、孝元，凡五帝。其西庙成、哀、平三帝主，四时祭于故高庙。东庙京兆尹侍祠，冠衣车服如太常祠陵庙之礼。南顿君以上至节侯，皆就园庙。南顿君称皇考庙，钜鹿都尉称皇祖考庙，郁林太守称皇曾祖考庙，节侯称皇高祖考庙，在所郡县侍祠。

光武帝建武二年（26）正月，在洛阳修建高祖庙。四季举行祖先神主的大合祭，以高帝为太祖，文帝为太宗，武帝为世宗，按照旧制。其余皇帝在四季中的正月春祭，四月夏祭，七月秋祭，十月和腊月冬祭，一年祭祀五次。建武三年（27）正月，光武帝在洛阳设立祖庙，祭祀父亲南顿君刘钦以上直到舂陵节侯刘买。当时寇贼尚未平定，光武帝正致力于讨伐征战，祭祀的典仪尚未制定。到建武十九年（43），盗贼被讨伐铲除，战争也基本平定，于是五官中郎将张纯和太仆朱浮上奏商议："所谓礼，就是身为人子要祭祀嫡系祖宗，要降低自己亲属的祭祀。礼的设立和施行，不授予礼和自行取得礼的意义是不同的。应当除去如今祖庙中祭祀的四个神位。孝宣皇帝以孙辈的身份把祖父的神位排在后面，在奉明为父亲设立宗庙，称作皇考庙，只有群臣陪同祭祀。希望皇帝下诏让相关官吏讨论用先帝四庙来代替现在的四座祖庙以及皇考庙的事。"光武帝把这件事下交公卿、博士、议郎商议。大司徒戴涉等人上奏商议："应当尊奉替代，设立平帝、哀帝、成帝、元帝庙，代替如今的祖庙。兄弟以下的神位，派遣相关官吏祭祀。应当为南顿君设立皇考庙，祭祀南顿君以上直到舂陵节侯，由群臣祭祀。"当时的讨论有不同意见，但没有记载。光武帝同意了戴涉等人的建议，光武帝下诏说："因为宗庙的地点尚未确定，可暂且在高祖庙合祭祖先神主。其中成帝、哀帝、平帝的神位暂且在长安的前高祖庙中祭祀。至于南阳舂陵节侯的神位暂且每年按时在自己的陵墓中的前宗庙祭祀。陵墓中的宗庙离太守官署远的，就由所在地的县令、县长代行太守的职责陪同祭祀。只有孝宣帝功德卓越，给他奉上庙号尊称中宗。"于是洛阳的高祖庙在四季增加二十六年，有诏问张纯，禘祫之礼不施行几年。纯奏："礼，三年一祫，五年一禘。毁庙之主，陈于太祖；未毁庙之主，皆升合食太祖；五年再殷祭。旧制，三年一祫，毁庙主合食高庙，存庙主未尝合。元始五年，始行禘礼。父为昭，南向；子为穆，北向。父子不并坐，而孙从王父。禘之为言谛，禘諟昭穆，尊卑之义。以夏四月阳气在上，阴气在下，故正尊卑之义。祫以冬十月，五谷成熟，故骨肉合饮食。祖宗庙未定，且合祭。今宜以时定。"语在《纯传》。上难复立庙，遂以合祭高庙为常。后以三年冬祫五年夏禘之时，但就陈祭毁庙主而已，谓之殷。太祖东面，惠、文、武、元帝为昭，景、宣帝为穆。惠、景、昭三帝非殷祭时不祭。光武皇帝崩，明帝即位，以光武帝拨乱中兴，更为起庙，尊号曰世祖庙。以元帝于光武为穆，故虽非宗，不毁也。后遂为常。

祭祀孝宣帝、孝元帝，再加上高帝、文帝和武帝，共计五位皇帝。西京长安的高祖庙供奉成帝、哀帝、平帝三位帝王的神位，一年四季在长安的前高祖庙中祭祀。东京洛阳的宗庙由京兆尹陪同祭祀，头冠、车舆、礼服按照太常祭祀皇帝陵庙的礼仪。南顿君以上直到春陵节侯的神位，都转移到陵墓所在的宗庙祭祀。南顿君的宗庙称做皇考庙，钜鹿都尉刘回的宗庙称做皇祖考庙，郁林太守刘外的宗庙称做皇曾祖考庙，春陵节侯的宗庙称做皇高祖考庙，由宗庙所在地的郡县长官陪同祭祀。

建武二十六年（50），光武帝下诏询问张纯，合祭诸祖神主的禘祭和祖庙大祭的祫祭有多少年不曾施行了。张纯上奏说："根据礼法，三年举行一次祫祭，五年举行一次禘祭。撤除宗庙、不再祭祀的神主，都陈放在太祖庙；没有撤除宗庙的神主，都按照规定于太祖庙中合祭；五年再举行一次盛大的祭典。按照旧的祭祀制度，三年举行一次祫祭，撤除宗庙、不再祭祀的神主于高祖庙中合祭，宗庙尚存的神主不参加合祭。元始五年（5），首次施行合祭诸祖神主的禘祭。父辈神主位于始祖的左侧，称作昭，面向南方；子辈神主位于始祖的右方，称作穆，面向北方。父子两辈不相邻放置，孙辈神主随这祖父放置。禘祭之所以叫禘祭，就是仔细审谛昭穆制度，明确长幼尊卑的意义。由于夏季四月时阳气在上，阴气在下，所以这时举行禘祭是为了匡正长幼尊卑的意义。祫祭在冬季十月举行，那时五谷都已成熟，因此把神主聚集在一处就可以享受祭祀时的祭品。先祖的宗庙尚未确定，暂且实行合祭。如今应该根据四季来确定禘祭和祫祭的时间。"详见《张纯传》。光武帝认为重新设立宗庙太过困难，就把远近祖先的神主安放在高祖庙合祭作为常制。之后每隔三年的冬季祫祭、每隔五年的夏季禘祭的时候，只陈列合祭撤除宗庙的神主而已，称作殷祭。太祖神主面向东方，惠帝、文帝、武帝、元帝的神主称作昭，放于始祖左侧，景帝、宣帝的神主称作穆，放于始祖右侧。惠帝、景帝、昭帝三帝的神主不是殷祭时不陈列祭祀。光武帝驾崩，明帝即位，因为光武帝拨乱反正中兴汉室，明帝为他重新设立宗庙，尊称为世祖庙。因为元帝的神主对于光武帝的神主来说是右侧明帝临终遗诏，遵俭无起寝庙，藏主于世祖庙更衣。孝章即位，不敢违，以更衣有小别，上尊号曰显宗庙，间祠于更衣，四时合祭于世祖庙。语在《章纪》。章帝临崩，遗诏无起寝庙，庙如先帝故事。和帝即位不敢违，上尊号曰肃宗。后帝承尊，皆藏主于世祖庙，积多无别，是后显宗但为陵寝之号。永元中，和帝追尊其母梁贵人曰恭怀皇后，陵。以窦后配食章帝，恭怀后别就陵寝祭之。和帝崩，上尊号曰穆宗。殇帝生三百余日而崩，邓太后摄政，以尚婴孙，故不列于庙，就陵寝祭之而已。安帝以清河孝王子即位，建光元年，追尊其祖母宋贵人曰敬隐后，陵曰敬北陵。亦就陵寝祭，太常领如西陵。追尊父清河孝王曰孝德皇，母曰孝德后，清河嗣王奉祭而已。安帝以谗害大臣，废太子，及崩，无上宗之奏。后以自建武以来无毁者，故遂常祭，因以其陵号称恭宗。顺帝即位，追尊其母曰恭愍后，陵曰恭北陵。就陵寝祭，如敬北陵。顺帝崩，上尊号曰敬宗。冲质帝皆小崩，梁太后摄政，以殇帝故事，就陵寝祭。凡祠庙讫，三公分祭之。桓帝以河间孝王孙蠡吾侯即位，亦追尊祖考，王国奉祀。语在《章和八王传》。帝崩，上尊号曰威宗，无嗣。灵帝以河间孝王曾孙解犊侯即位，亦追尊祖考。语在《章和八王传》。灵帝时，京都四时所祭高庙五主，世祖庙七主，少帝三陵，追尊后三陵，凡牲用十八太牢，皆有副倅。故高庙三主亲毁之后，亦但殷祭之岁奉祠。灵帝崩，献帝即位。初平中，相国董卓、左中郎将蔡邕等以和帝以下，功德无殊，而有过差，不应为宗，及余非宗者追尊三后，皆奏毁之。四时所祭，高庙一祖二宗，及近帝四，凡七帝。

穆位，虽然元帝并不是光武帝同一嫡系的祖先，也没有撤除他的宗庙。后来就作为常制。

明帝临终前留下遗诏，要遵循节俭、不要为他另建寝庙，把他的神主安放在世祖庙的便殿中即可。章帝即位，不敢违逆明帝的遗命，把世祖庙的便殿略微作出区别，奉上尊号称为显宗庙，在祭祀的间隙到便殿祭祀，四季在世祖庙合祭。详见《章帝纪》。章帝临终前，也留下遗诏不准为他设立寝庙，神主就像先帝时的旧制那样安放在世祖庙的便殿里。和帝即位后不敢违逆章帝的遗命，奉上尊号称为肃宗。之后的皇帝都沿袭长辈的做法，都把先帝的神主安放在世祖庙，神主积累安放得多了就没有了区别，从此之后显宗就只是明帝陵寝的称号了。永元年间，和帝为自己的母亲梁贵人追加尊号为恭怀皇后，因为窦太后配祀章帝，恭怀皇后的神主就另外安放在陵寝祭祀。和帝驾崩，奉上尊号称为穆宗。殇帝生下三百多天后就驾崩了，由邓太后代理朝政，她认为殇帝还只是个婴孩，因此没有位列在宗庙内，只在陵寝祭祀他的神主而已。安帝以清河孝王儿子的身份即位，建光元年（121），为他的祖母宋贵人追加尊号为敬隐后，陵墓敬称北陵。也在陵寝祭祀其神主，太常按照西陵的规模举行祭祀。为父亲清河孝王刘庆追加尊号为孝德皇，母亲也尊称孝德后，由清河国继位的诸侯王祭祀而已。安帝以谗毁迫害大臣的罪名，废黜太子，等到安帝驾崩，没有大臣上奏为他奉上宗庙的尊号。后来因为自建武年间就没有皇帝被撤除宗庙的，所以就按照通常祭祀安帝的神主，根据他的陵墓的尊号称他为恭宗。等顺帝即位，为他的母亲追加尊称为恭愍后，陵墓称为恭北陵。在陵寝祭祀她的神主，祭祀礼仪就像敬北陵那样。顺帝驾崩，奉上尊号称为敬宗。冲帝和质帝驾崩时都尚且年幼，梁太后代理朝政，按照殇帝时的旧例，就在陵寝祭祀他们的神主。总是在宗庙祭祀结束后，由三公分别前去祭祀他们。桓帝以河间孝王刘开的孙子蠡吾侯的身份即位，也为自己的祖先追加尊号，由河间王国祭祀。详见《章和八王传》。桓帝驾崩，奉上尊号称为威宗，他没有后嗣。灵帝以河间孝王的曾孙解犊侯的身份即位，也为自己的祖先追加尊号。详见《章和八王传》。灵帝时，京城洛阳四季所古不墓祭，汉诸陵皆有园寝，承秦所为也。说者以为古宗庙前制庙，后制寝，以象人之居前有朝，后有寝也。《月令》有“先荐寝庙”，《诗》称“寝庙弈弈”，言相通也。庙以藏主，以四时祭。寝有衣冠几杖象生之具，以荐新物。秦始出寝，起于墓侧，汉因而弗改，故陵上称寝殿，起居衣服象生人之具，古寝之意也。建武以来，关西诸陵以转久远，但四时特牲祠；帝每幸长安谒诸陵，乃太牢祠。自雒阳诸陵至灵帝，皆以晦望二十四气伏腊及四时祠。庙日上饭，太官送用物，园令、食监典省，其亲陵所宫人随鼓漏理被枕，具盥水，陈严具。

建武二年，立太社稷于雒阳，在宗庙之右，方坛，无屋，有墙门而已。二月八月及腊，一岁三祠，皆太牢具，使有司祠。《孝经援神契》曰：“社者，土地之主也。稷者，五谷之长也。”《礼记》及《国祭祀的有，高族庙中五位皇帝的神主，世祖庙中七位皇帝的神主，三位早夭皇帝的陵寝，追加尊号的恭怀皇后、敬隐后和恭愍后的三座陵墓，一共使用十八份太牢来祭祀，都有附添的供品。因此前高祖庙供奉的成帝、哀帝、平帝三帝的神主撤除之后，也只在举行盛大祭典的年份祭祀。灵帝驾崩后，献帝即位。初平年间，相国董卓、左中郎将蔡邕等人认为和帝以下的皇帝，功德没有突出的地方，但却有不少过失和差错，不应该在宗庙中享受祭祀，以及被其追加尊号的三位皇后，都上奏请求撤除他们的神主。四季所祭祀的，高祖庙中有高祖一祖、太宗和世宗二宗，以及最近的光武帝、明帝、章帝、和帝等四帝，一共七位皇帝。

古时不在墓前祭祀，汉代各个陵墓都在墓园中建有的寝庙，这样做是继承了秦朝的旧制。解说者认为古时在宗庙前建庙，在宗庙后建寝殿，是象征皇帝生前的住所前有朝廷，后有寝宫。《礼记·月令》有“粮食要先献给寝庙”的说法，《诗经·小雅·巧言》则说“寝庙巍然高大”，所说的意思相通。宗庙用来安放神主，按照四季祭祀。寝殿中有衣冠、几案、手杖等象征死者生前的器物，到了祭祀时就供献上新的物品。从秦朝开始建造寝殿，就建造在陵墓的旁边，汉朝因此沿袭秦制没有更改，因此陵墓旁边的地上建筑叫做寝殿，殿内的起居、衣服都象征着墓主人活着的时候，这是寝殿的古意。自建武年间以来，虽然函谷关以西的汉代诸陵距离京城洛阳路途遥远，但在四季祭祀时也会献上只用一种牲畜的特牲；皇帝每次临幸长安祭拜诸陵，才献上牛、羊、猪都具备的太牢祭品。从洛阳诸陵直到灵帝，都在月末、十五、二十四节气、夏季伏日、十二月的腊日以及四时的祭祀。在祭祀日给亡者奉上饭食，太官送上新的物品，园令、食监官负责典仪，其中跟随皇帝祭拜陵墓的宫人，随着鼓声和漏壶来整理寝殿中的被子枕头，准备好盥洗水，摆放梳妆化妆用品。

建武二年（26），在洛阳设立祭祀土神和谷神的太社稷，太社稷位于宗庙的右边，方形祭坛，没有屋顶，只有围墙和大门而已。每年二月、八月以及腊月，一年祭祀三次，都用牛、羊、猪三牲具备的太牢祭祀，派遣相关官吏主持祭祀。《孝经援神契》说：“社，就是土语》皆谓共工氏之子曰句龙，为后土官，能平九土，故祀以为社。烈山氏之子曰柱，能植百谷疏，自夏以上祀以为稷，至殷以柱久远，而尧时弃为后稷，亦植百谷，故废柱，祀弃为稷。大司农郑玄说，古者官有大功，则配食其神。故句龙配食于社，弃配食于稷。郡县置社稷，太守、令、长侍祠，牲用羊豕。唯州所治有社无稷，以其使官。古者师行平有载社主，不载稷也。国家亦有五祀之祭，有司掌之，其礼简于社稷云。

汉兴八年，有言周兴而邑立后稷之祀，于是高帝令天下立灵星祠。言祠后稷而谓之灵星者，以后稷又配食星也。旧说，星谓天田星也。一曰，龙左角为天田官，主谷。祀用壬辰位祠之。壬为水，辰为龙，就其类也。牲用太牢，县邑令长侍祠。舞者用童男十六人。舞者象教田，初为芟除，次耕种、芸耨、驱爵及获刈、舂簸之形，象其功也。

县邑常以乙未日祠先农于乙地，以丙戌日祠风伯于戌地，以己丑日祠雨师于丑地，用羊豕。

立春之日，皆青幡帻，迎春于东郭外。令一童男冒青巾，衣青衣，先在东郭外野中。迎春至者，自野中出，则迎者拜之而还，弗祭。三时不迎。

地之主。稷，就是五谷之长。”《礼记》和《国语》都说共工氏的儿子名叫句龙，担任土地官，能够治理九州的土地，所以把他当作土神祭祀。烈山氏的儿子名叫柱，能种植百谷蔬菜，从夏代以前就把他当作谷神祭祀，到了殷代因为柱的事迹已经太过久远，而尧帝的时候弃担任负责农事的后稷官，也教导百姓种植百谷，因此废弃对柱的祭祀，而把弃当作谷神祭祀。大司农郑玄说，古时的官员立下大功，就在祭祀神灵时配享祭祀。因而祭祀土神时句龙配享祭祀，祭祀谷神时弃配享祭祀。郡县都设置有社稷坛，太守、县令、县长负责祭祀，祭牲使用羊和猪。而州治只有祭土神的社坛、没有祭谷神的稷坛，这是因为州郡的刺史是奉命出任的官员。古代军队行进时只运载土地神的神位，不运载稷神的神位。国家也有门神、户神、井神、灶神、中霤神这五种祭祀，相关官吏负责主管，这五种祭祀的礼仪比祭祀土神和谷神简约一些。

汉朝兴起第八年，有人说周朝兴起后在每个城邑都设立祭祀后稷的祭坛，于是高帝命令天下都设立灵星祠。说祭祀后稷又叫做灵星，因为后稷又配享灵星的祭祀。根据旧时说法，主管农事的星名叫天田星。一说，东方苍龙七宿的左角星就是天田星，主管农事。祭祀要用壬辰位来祭祀。壬是五行中的水，辰是地支中的龙，把二者归于一类。祭牲使用牛、羊、猪三牲齐备的太牢，县邑的县令和县长祭祀。命令十六名童男跳舞祭祀。舞蹈象征教人种田，起初是模仿除草的动作，然后是模仿耕种、除草、驱赶鸟雀和收割、舂谷簸糠的动作，象征着灵星和后稷的功劳。

县邑经常在乙未日的乙地祭祀先农，在丙戌日的戌地祭祀风伯，在己丑日的丑地祭祀雨师，都使用羊和猪来祭祀。

立春当天，人们高举青色旗帜、头戴青色头巾，在东城外举行迎春的祭礼。让一名童男头上戴着青巾，身上穿着青衣，先到东城外的田野中。迎春的人群到达后，童男就从田野里出现，而迎春的人就向他行礼参拜后回城，不举行祭祀。夏季、秋季、冬季这三个季节不举行迎接节气的礼仪。

论曰：臧文仲祀爰居，而孔子以为不知。《汉书·郊祀志》著自秦以来迄于王莽，典祀或有未修，而爰居之类众焉。世祖中兴，蠲除非常，修复旧祀，方之前事邈殊矣。尝闻儒言，三皇无文，结绳以治，自五帝始有书契。至于三王，俗化彫文，诈伪渐兴，始有印玺以检奸萌，然犹未有金玉银铜之器也。自上皇以来，封泰山者，至周七十二代。封者，谓封土为坛，柴祭告天，代兴成功也。《礼记》所谓"因名山升中于天"者也。易姓则改封者，著一代之始，明不相袭也。继世之王巡狩，则修封以祭而已。自秦始皇、孝武帝封泰山，本由好仙信方士之言，造为石检印封之事也。所闻如此。虽诚天道难可度知，然其大较犹有本要。天道质诚，约而不费者也。故牲有犊，器用陶匏，殆将无事于检封之间，而乐难攻之石也。且唯封为改代，故曰岱宗。夏康、周宣，由废复兴，不闻改封。世祖欲因孝武故封，实继祖宗之道也。而梁松固争，以为必改。乃当夫既封之后，未有福，而松卒被诛死。虽罪由身，盖亦诬神之咎也。且帝王所以能大显于后者，实在其德加于民，不闻其在封矣。言天地者莫大于《易》，《易》无六宗在中之象。若信为天地四方所宗，是至大也。而比太社，又为失所，难以为诚矣！

评论说：春秋时鲁国大夫臧文仲命鲁国人祭祀海鸟爰居，而孔子却认为这是不明智的举动。《汉书·郊祀志》中记载了从秦朝以来直到王莽时期的祭祀，按常礼举行的大祭或许有些没有收录其中，而像是祭祀海鸟爰居之类不明智的举动却有很多。世祖光武帝中兴汉室，废除那些不合常礼的祭祀，修整恢复旧有的祭祀，距离前代的祭祀活动已经很久远了。曾经听闻儒生们的见解，三皇时代没有文字，用结绳记事的办法治理国家，从五帝开始才有了文字。到了三王时期，习俗教化逐渐变成了雕绘文采，巧诈虚伪的风气逐渐兴起，开始有了用印玺来检查奸邪之事是否萌生，但还是没有金玉银铜制作的器物。从上古的帝王以来，到泰山封禅的，一直到周朝共有七十二代。封，就是堆土筑坛，烧柴祭天，向上天报告更迭兴起已经功成。这就是《礼记·礼器》所记载“通过祭祀名山来向上天报告成功”啊。改朝换代就要重新封禅，表明这是一个新朝代的开始，表明不沿袭前朝的祭祀。继承先世的皇帝巡视邦国州郡，则仅仅是修缮先前封禅的祭坛来祭祀而已。自从秦始皇、汉武帝封禅泰山，本来是因为他们喜好神仙、听信方士不死的言论，制作了石检、印玺、封泥等封禅相关的器物。所听说的封禅就是这样。虽然天道确实难以测度，但是天道还是有大概的纲领。天道质朴诚信，崇尚简约而不喜欢浪费。因此祭牲要用小牛，祭祀的礼器要用陶匏，这大概是天道对封禅用的器物不感兴趣，而比较欣赏难以加工雕刻的石碑。而且只有封禅泰山才标志着改朝换代，所以称泰山为岱宗。夏王少康、周宣王，都使夏、周两朝从衰落到复兴，没有听说他们重新封禅泰山。世祖打算沿用孝武帝之前封禅使用的器物，是真正地继承祖宗的做法。而梁松极力谏阻，认为一定要改换之前的器物。然而在封禅泰山之后，也没有降下福佑，而梁松最终却遭到诛杀。虽然梁松的罪行是咎由自取，大概也有欺骗神灵的罪过。况且帝王之所以能扬名后世，实际上在于他们把恩德施加于百姓，没有听说是因为封禅了泰山。谈论天地的著作没有超过《易经》的，《易经》中没有尊祀六神在其中的卦象。如果真的被天地四方所尊崇，那这就是最大的了。而封禅泰山和设立太社祭坛相比，又有所失当，很难表明封禅赞曰：天地禋郊，宗庙享祀，咸秩无文，山川具止。淫乃国紊，典惟皇纪。肇自盛敬，孰崖厥始？

者的诚心！

赞辞说：郊祀天地诸神，宗庙享受祭祀，有次序无记载，山川都受祭祀。过度导致紊乱，准则参照法制。始于尊崇恭敬，最早祭祀的谁？

卷二十

志第十　天文上

王莽三　光武十二

《易》曰："天垂象，圣人则之。庖犧氏之王天下，仰则观象于天，俯则观法于地。"观象于天，谓日月星辰。观法于地，谓水土州分。形成于下，象见于上。故曰天者北辰星，合元垂燿建帝形，运机授度张百精。三阶九列，二十七大夫，八十一元士，斗、衡、太微、摄提之属百二十官，二十八宿各布列，下应十二子。天地设位，星辰之象备矣。

三皇迈化，协神醇朴，谓五星如连珠，日月若合璧。化由自然，民不犯慝。至于书契之兴，五帝是作。轩辕始受《河图斗苞授》，规日月星辰之象，故星官之书自黄帝始。至高阳氏，使南正重司天，北正黎司地。唐、虞之时羲仲、和仲，夏有昆吾，汤则巫咸，周之史佚、苌弘，宋之子韦，楚之唐蔑，鲁之梓慎，郑之裨灶，魏石申夫，齐国甘公，皆掌天文之官。仰占俯视，以佐时政；步变擿微，通洞密至；采祸福之原，睹成败之势。秦燔《诗》《书》，以愚百姓，六经典籍，残为灰炭，星官之书，全而不毁。故《秦史》书始皇之时，彗孛大角，大角以亡，有大星与小星斗于宫中，是其废亡之征。至汉兴，景、武之际，司马谈，谈子迁，以世黎氏之后，为太史令，迁著《史

《周易》说："上天展示星象，圣人以之为准。伏羲治理天下时，他仰观天象，俯察地理。"观测天象，是指观测太阳、月亮、行星、恒星的运行。观察地理，是指观察水域、陆地、九州、分野的状态。下界的地形、地貌有所变化，上界的各种天象相应而生。因此人们说那高悬中天的北极星，聚合元气、降下光芒、建立帝王之政，运转机衡、安排星度、设置众星官名。有对应三公的三阶即三台星，有对应九卿的九列即四象，五星、有对应二十七名大夫的星官，有对应八十一名元士的星官，还有像北斗七星、七星中的玉衡、太微垣的众星、木星之类的一百二十个星官，二十八宿各自分布陈列于天穹，对应着下界的十二个分野。于是天上地下的万物各得其所，众星的各种形态就齐备了。

三皇努力教化天下，顺从神意躬行纯朴，于是金、木、水、火、土五星同现如串连着的珍珠，太阳、月亮同升相会正像大小契合的玉璧。三皇遵循自然天道教化万民，百姓因而不会犯上作恶。至于文字的产生和兴起，创造于五帝之时。轩辕黄帝刚刚得到《河图斗苞授》时，便观察日月星辰运行的现象，所以讲述星官的书在黄帝时开始出现。到颛顼帝时，颛顼命担任南正的重负责观测天象之职，命担任北正的黎掌管土地、人民之事。唐尧、虞舜之时有羲仲、和仲，夏朝有昆吾，商朝有巫咸，周朝的史佚、苌弘，宋国的子韦，楚国的唐蔑，鲁国的梓慎，郑国的裨灶，魏国的石申夫，齐国的甘公，他们都是掌管观察天文的官员。他们仰观天象、俯察地理，通过这种方式辅佐当时的国政；他们推算天体的变化，揭示精微的情形，通晓、洞达运行之理，透彻理解变化之道；他们从天象中搜寻出福祸的缘由，观记》，作《天官书》。成帝时，中垒校尉刘向，广《洪范》灾条作五纪皇极之论，以参往行之事。孝明帝使班固叙《汉书》，而马续述《天文志》。今绍《汉书》作《天文志》，起王莽居摄元年，迄孝献帝建安二十五年，二百一十五载。言其时星辰之变，表象之应，以显天戒，明王事焉。

王莽地皇三年十一月，有星孛于张，东南行五日不见。孛星者，恶气所生，为乱兵，其所以孛德。孛德者，乱之象，不明之表。又参然孛焉，兵之类也，故名之曰孛。孛之为言，犹有所伤害，有所妨蔽。或谓之彗星，所以除秽而布新也。张为周地。星孛于张，东南行即翼、轸之分。翼、轸为楚，是周、楚地将有兵乱。后一年正月，光武起兵舂陵，会下江、新市贼张卬、王常及更始之兵亦至，俱攻破南阳，斩莽前队大夫甄阜、属正梁丘赐等，杀其士众数万人。更始为天子，都雒阳，西入长安，败死。光武兴于河北，复都雒阳，居周地，除秽布新之象。

测到成败的趋势。秦朝焚毁《诗经》《尚书》，为的是让百姓愚昧，儒家“六经”典籍，付之一炬化为灰炭，而讲述星官的书籍，却得到保全未遭损毁。因此《秦史》中记载了秦始皇时代的天象，说一颗彗星出现在亢宿的大角星附近，大角因彗星的明亮而黯淡无光，另外又有明亮的大星和无名小星在紫微垣中往来离合、相互冲突，这些都是秦朝即将衰亡的征兆。到汉朝兴起后，在景帝、武帝年间，司马谈，以及他的儿子司马迁，因为是颛顼帝时担任北正的黎氏的后代，二人先后出任太史令。司马迁编纂《史记》，并撰写了《天官书》。成帝年间，中垒校尉刘向敷陈了《尚书·洪范》中关于灾异的条目，就年、月、日、星辰运行、历法五纪和帝王统治天下的准则作出了论述，为的是检验过去的人事是否与天象相应和。明帝命班固著述《汉书》，并命马续撰写《汉书·天文志》。现在笔者接着《汉书·天文志》中的记录撰写本书的《天文志》，时间起始于王莽摄政的居摄元年（6），终于献帝建安二十五年（220），共计二百一十五年。《天文志》记录了这段时间内的星辰异变，以及表现出的征兆，目的是彰明上天对人事的告戒，阐明帝王为政治国之道。

王莽地皇三年（22）十一月，有彗星突然出现在张宿，它向东南方向运行了五天之后便黯淡下来不可目见。被称为孛星的彗星是由恶气生成的，它预示着兵乱的发生，它是用于扰乱德政的天体。德政受到扰乱，就会产生朝政混乱的现象，这是朝政不清明的表征。彗星的出现又是错乱的，轨迹常与其他星辰相冲突，是与战争同类的现象，所以称之为“孛”。“孛”字在语义上，还有有所伤害、有所妨碍和遮蔽的意思。还有一种说法认为，彗星是上天用以除旧布新的。张宿对应的是周天子下辖之地的分野。彗星先是出现在张宿区域，之后又向东南运行来到翼宿与轸宿的区域。翼宿、轸宿对应的是楚国的分野，这便预示着周、楚之地将有战乱。下一年的正月，光武帝在舂陵起兵反抗新朝，适逢长江自南郡以下的流域即下江地区和楚地的新市地区的以张印、王常为首的义军以及更始帝刘玄的兵马也加入了战斗，于是各路义军合力攻陷了被王莽改称为前队郡的南阳郡，并斩杀了王莽政权的前队大夫即南阳太守甄阜以及职同郡都尉四年六月，汉兵起南阳，至昆阳。莽使司徒王寻、司空王邑将诸郡兵，号曰百万众，已至者四十二万人；能通兵法者六十三家，皆为将帅，持其图书器械。军出关东，牵从群象虎狼猛兽，放之道路，以示富强，用怖山东。至昆阳山，作营百余，围城数重，或为冲车以撞城，为云车高十丈以瞰城中，弩矢雨集，城中负户而汲。求降不听，请出不得。二公之兵自以必克，不恤军事，不协计虑。莽有覆败之变见焉。昼有云气如坏山，堕军上，军人皆厌，所谓营头之星也。占曰："营头之所堕，其下覆军，流血三千里。"是时光武将兵数千人赴救昆阳，奔击二公兵，并力猋发，号呼声动天地，虎豹惊怖败振。会天大风，飞屋瓦，雨如注水。二公兵乱败，自相贼，就死者数万人。竞赴滍水，死者委积，滍水为之不流。杀司徒王寻。军皆散走归本郡。王邑还长安，莽败，俱诛死。营头之变，覆军流血之应也。

四年秋，太白在太微中，烛地如月光。太白为兵，太微为天廷。太白赢而北入太微，是大兵将入天子廷也。是时莽遣二公之兵至昆的属正梁丘赐等人，剿灭了几万人的王莽军队。各路义军拥立刘玄为天子，并在洛阳定都，刘玄后来向西攻入长安，但最终战败而死。光武帝在黄河以北壮大了力量，最终也在洛阳定都，居于从前周天子的辖地，这正是除旧布新之预兆。

地皇四年（23）六月，光武帝刘秀从南阳郡出兵，汉军一直推进到昆阳县。王莽派司徒王寻、司空王邑率领各郡兵马抵挡刘秀，莽军号称百万大军，已经调集起来的有四十二万人；其中有六十三人通晓兵法，他们都被任命为将帅，手中各拿兵书、兵器。莽军离开函谷关向东进发，随大军一同前进的还有军士们牵拉着的大群象、虎、狼之类的猛兽，莽军将猛兽置于道路之上，借此炫耀新朝的财富充裕、力量强大，并打算以此震慑崤山以东的光武帝的军队。莽军抵达昆阳山后，便扎下一百多座军营，将昆阳城重重包围，莽军时而打造冲车撞击昆阳城墙，时而打造十丈高的云车窥探城中情况，弩箭常如雨点般向昆阳城内袭来，城里百姓打水时只能背着门板。城中请求投降也不许，想弃城而出也不能。司徒王寻和司空王邑麾下的各郡人马自认为定能攻陷昆阳，于是他们既不关心战事，也不共谋计略。此时，预示着莽军覆灭落败的异象出现了。白昼时，一团云气如倒塌的大山一般，坠落在莽军军营上空，官兵们都很厌恶这样的异象，这就是人们所说的营头星。占卜记录中曾有言："在营头星所陨落的地方，下方的军队将遭大败，败军血流成河、伤亡惨重。"这时，光武帝率领着几千人的军队赶来营救昆阳城，汉军突袭了王寻、王邑的人马，汉军兵将勠力同心、气势迅猛，喊杀之声震天动地，虎豹受惊四散奔逃。当时恰好狂风骤起，屋瓦飞散，大雨如注。王寻、王邑的军队陷入大乱、败阵而逃，莽军或是自相妨害，或是引颈受戮，最终战死数万人。他们竞相跳入滍水，溺死者充塞河道，滍水因此而断流。最终，司徒王寻为汉军所杀。残余的莽军全都作鸟兽散，逃回各自家乡。王邑逃回长安，等王莽落败后，他和王莽都被处死。出现营头星的异象正是军队覆灭伤亡惨重的预兆。

地皇四年（23）秋季，金星位于太微垣中，其光芒远超寻常，照在大地上如月光般明亮。金星象征战事，太微垣是天帝的宫廷。当金阳，已为光武所破。莽又拜九人为将军，皆以虎为号。九虎将军至华阴，皆为汉将邓晔、李松所破。进攻京师仓，将军韩臣至长门。十月戊申，汉兵自宣平城门入。二日己酉，城中少年朱弟、张鱼等数千人起兵攻莽，烧作室门，斧敬法闼。商人杜吴杀莽渐台之上，校尉公宾就斩莽首。大兵蹈藉宫廷之中。仍以更始入长安，赤眉贼立刘盆子为天子，皆以大兵入宫廷，是其应也。

光武建武九年七月乙丑，金犯轩辕大星。十一月乙丑，金又犯轩辕。轩辕者，后宫之官，大星为皇后，金犯之为失势。是时郭后已失势见疏，后废为中山太后，阴贵人立为皇后。

十年三月癸卯，流星如月，从太微出，入北斗魁第六星，色白。旁有小星射者十余枚，灭则有声如雷，食顷止。流星为贵使，星大者使大，星小者使小。太微天子廷，北斗魁主杀。星从太微出，抵北斗魁，是天子大使将出，有所伐杀。十二月己亥，大流星如缶，出柳西南行入轸。且灭时，分为十余，如遗火状。须臾有声，隐隐如雷。柳为周，轸为秦、蜀。大流星出柳入轸者，是大使从周入蜀。是时光武帝使大司马吴汉发南阳卒三万人，乘船泝江而上，击蜀白帝公孙述。又命将军马武、刘尚、郭霸、岑彭、冯骏平武都、巴郡。十二年十月，汉进兵击述从弟卫尉永，遂至广都，杀述女婿史兴。威虏将军冯骏拔江州，斩述将田戎。吴汉又击述大司马谢丰，斩首星的运行速度变快并且从北方进入太微垣时，这是大军将侵入天子宫廷的预兆。这时王莽派往昆阳的王寻和王邑的人马，已经败于光武帝之手。于是王莽又任命了九名将军，并都赐以“虎”的称号。九名虎将军进军到华阴后，都被汉将邓晔、李松击败。汉军紧接着便进攻长安粮仓京师仓，将军韩臣攻到了长门宫。十月初一戊申日，汉军从宣平城门攻入长安。十月初二己酉日，长安城中的朱弟、张鱼等几千名少年起兵向王莽发起进攻，他们烧毁了作室工场的大门，用斧头劈开了敬法殿的宫门。商人杜吴杀死了逃到建章宫渐台上的王莽，王莽的首级被校尉公宾就斩下。大批军队在长安的宫廷之中奔走践踏。随后长安频频易主，先是更始帝进入长安，后是赤眉军立刘盆子为天子，他们都率领大量兵将进入宫廷，这些都应验了金星进入太微垣的天象。

光武帝建武九年（33）七月乙丑日，金星从轩辕星官的下方迫近到轩辕大星七寸以内的位置。十一月乙丑日，金星又从轩辕星官下方迫近到距离轩辕星官七寸以内的位置。轩辕是象征后宫的星官，轩辕大星对应皇后。金星迫近轩辕大星是皇后失去权势的征兆。当时，郭皇后已经失去权势并为光武帝所疏远，后来朝廷将郭皇后废黜为中山太后，并册立阴贵人为皇后。

建武十年（34）三月癸卯日，出现了明亮似月的流星群，流星从太微垣飞出，其中第六颗流星飞入北斗星的魁即天枢、天璇、天玑、天权等四星组成的斗身中，此星颜色发白。该流星的近旁又有十几颗小流星一同飞过，这些流星的光芒熄灭后发出了雷鸣般的响声，一顿饭的时间后响声停止。流星是尊贵的使者，大流星是高级别的使者，小流星是低级别的使者。太微垣象征天子宫廷，北斗星的斗身主管杀伐。流星从太微垣离开，飞至北斗星的斗身，这表示天子将派出重要的使节，将要施行杀伐之事。十二月己亥日，出现了一颗大小似缶的大流星，该流星从柳宿西南方离开飞入轸宿。它在将要熄灭时，分散为十余颗小流星，光芒如遗落的火种般微弱。片刻后便发出声响，恰似雷鸣。柳宿对应着周地的分野，轸宿对应着秦和蜀地的分野。大流星从柳宿出发进入井宿，象征着重要的使者从周地进入蜀地。这五千余级。臧宫破涪，杀述弟大司空恢。十一月丁丑，汉护军将军高午刺述洞胸，其夜死。明日，汉入屠蜀城，诛述大将公孙晃、延岑等，所杀数万人，夷灭述妻宗族万余人以上。是大将出伐杀之应也。其小星射者，及如遗火分为十余，皆小将随从之象。有声如雷隐隐者，兵将怒之征也。

十二年正月己未，小星流百枚以上，或西北，或正北，或东北，二夜止。六月戊戌晨，小流星百枚以上，四面行。小星者，庶民之类。流行者，移徙之象也。或西北，或东北，或四面行，皆小民流移之征。是时西北讨公孙述，北征卢芳。匈奴助芳侵边，汉遣将军马武、骑都尉刘纳、阎兴军下曲阳、临平、呼沱，以备胡。匈奴入河东，中国未安，米谷荒贵，民或流散。后三年，吴汉、马武又徙雁门、代郡、上谷、关西县吏民六万余口，置常山关、居庸关以东，以避胡寇。是小民流移之应。

十五年正月丁未，彗星见昴，稍西北行入营室，犯离宫，三月乙未，至东壁灭，见四十九日。彗星为兵入除秽，昴为边兵，彗星出之为有兵至。十一月，定襄都尉阴承反，太守随诛之。卢芳从匈奴入时，光武帝派大司马吴汉从南阳调集了三万兵力，汉军乘船沿长江逆流而上，前去讨伐割据蜀地的白帝公孙述。光武帝又命将军马武、刘尚、郭霸、岑彭、冯骏平定蜀地的武都和巴郡。建武十二年（36）十月，吴汉挥师讨伐公孙述的堂弟卫尉公孙永，最终攻至广都城，杀死了公孙述的女婿史兴。威虏将军冯骏攻下了江州，斩杀了公孙述的部将田戎。吴汉又对公孙述的大司马谢丰发起进攻，斩杀了五千多名敌军。臧宫攻占了涪城，斩杀了公孙述的弟弟大司空公孙恢。十一月丁丑日，汉军的护军将军高午刺穿了公孙述的胸口，公孙述当天晚上身亡。第二天，吴汉攻破蜀都成都，杀尽城民，处死了公孙述的大将公孙晃、延岑等人，吴汉军杀死了几万人，公孙述妻子的一万多名族人都被杀尽。这就是朝廷派出大将行杀伐之事的应验。那些在大流星近旁飞过的小星，以及大流星最终分散为十几颗像遗落的火种般的小流星的现象，都象征着大将有偏将随从。流星隐没后发出隐隐的雷声，这是兵将激奋的征兆。

建武十二年正月己未日，有一百颗以上的小流星飞落，它们或飞向西北，或飞向正北，或飞向东北，流星雨持续两夜后才停止。六月戊戌日早晨，又有一百颗以上的小流星飞落，它们向四面八方飞散。小流星是普通百姓的象征。小流星的散落是百姓迁徙的象征。小流星或飞向西北，或飞向东北，或飞向四面八方，这些都是平民百姓流亡、迁徙的迹象。当时，朝廷派兵攻打西北方的公孙述，讨伐北方的卢芳。又因为匈奴帮助卢芳入侵边境，于是大汉朝派捕虏将军马武、骑都尉刘纳、阎兴率军驻扎在钜鹿郡的下曲阳县、临平县、呼沱河一带，以便防备匈奴。匈奴最终侵入了河东郡，中原因此动荡不安，粮食歉收、粮价高企，有的百姓流离失所。三年后，吴汉、马武又将雁门郡、代郡、上谷郡等潼关以西郡县的六万多口官吏、百姓迁出故土，并将其安置在常山关、居庸关以东地区，为的是让他们免遭匈奴的侵扰。这便是象征平民百姓流离、迁徙的天象有所应验了。

建武十五年（39）正月丁未日，有彗星出现在昴宿区域，并渐渐向西北运行进入室宿区域，迫近室宿的离宫星官，同年三月乙未日，彗星运行到壁宿区域后光芒消失，该彗星一共显现了四十九天。彗星是居高柳，至十六年十月降，上玺绶。一曰，昴星为狱事。是时大司徒欧阳歙以事系狱，逾岁死。营室，天子之常宫；离宫，妃后之所居。彗星入营室，犯离宫，是除宫室也。是时郭皇后已疏，至十七年十月，遂废为中山太后，立阴贵人为皇后，除宫之象也。

三十年闰月甲午，水在东井二十度，生白气，东南指，炎长五尺，为彗，东北行，至紫宫西藩止，五月甲子不见，凡见三十一日。水常以夏至放于东井，闰月在四月，尚未当见而见，是赢而进也。东井为水衡，水出之为大水。是岁五月及明年，郡国大水，坏城郭，伤禾稼，杀人民。白气为丧，有炎作彗，彗所以除秽。紫宫，天子之宫，彗加其藩，除宫之象。后三年，光武帝崩。

三十一年七月戊午，火在舆鬼一度，入鬼中，出尸星南半度，十月己亥，犯轩辕大星。又七星间有客星，炎二尺所，西南行，至明年二月二十二日，在舆鬼东北六尺所灭，凡见百一十三日。荧惑为凶衰，舆鬼尸星主死亡，荧惑入之为大丧。轩辕为后宫。七星，周地。客星居之为死丧。其后二年，光武崩。

军队降临除旧布新的象征，昴宿象征边境的战事，彗星在昴宿出现象征着军队的到来。同年十一月，定襄都尉阴承反叛，叫随的定襄太守处死了阴承。同时，卢芳从匈奴地区回到汉地的高柳县居住，到建武十六年（40）十月时，卢芳向汉朝投降，并将自己僭号称帝后所用的玉玺、绶带献给朝廷。另外的一种解释是，昴宿主管刑狱之事。当时大司徒欧阳歙因罪入狱，一年后死在狱中。室宿象征天子常住的宫室；离宫象征后妃的宫室。彗星进入室宿区域，又迫近离宫星官，象征着清除宫室、宫廷易主。这时郭皇后已经为光武帝所疏远，到建武十七年（41）十月时，朝廷最终将郭皇后废黜为中山太后，而册立阴贵人为皇后，清除宫室、宫廷易主的征兆应验了。

建武三十年（54）闰月甲午日，水星位于井宿二十度处，此处同时出现白色的光焰，光焰指向东南方，长达五尺，白色光焰最终化为彗星，并向东北运行，彗星到达紫微垣西部边境后停止，并于五月甲子日消失不见，彗星一共显现了三十一天。水星常在夏至时位于井宿，而建武三十年的闰月是四月，还没到水星应当出现在井宿的时候水星反倒出现，说明水星因运行节奏变快而提前进入了井宿区域。井宿象征着管理水利的官员，水星出现在井宿象征着涝灾的发生。这一年五月到下一年，各郡各国爆发洪涝，洪水冲毁了城墙，毁坏了庄稼，淹死了百姓。白气象征祸乱，白气的光焰变长后就化为彗星，彗星是天帝用于除旧布新的。紫微垣代表天子宫廷，彗星侵凌了紫微垣西境，这是清除宫室、宫廷易主的象征。三年后，光武帝驾崩。

建武三十一年（55）七月戊午日，火星运行到鬼宿的舆鬼星官一度的位置，之后进入鬼宿当中，出现在鬼宿的积尸星官以南半度的位置，十月己亥日，火星迫近了轩辕星官的大星。同时，内含七颗星的星宿出现了彗星，其光焰长约二尺，向西南运行，到第二年的二月二十二日，该彗星在舆鬼星官东北方约九尺的位置隐没，一共显现了一百一十三天。火星象征着丧生，舆鬼和积尸主管死亡，火星进入鬼宿区域象征着王室成员的丧生。轩辕星官象征着后宫。星宿对应着周地的分野。彗星出现在星宿预示着周地将有殒命之人。自此两年之后，光武帝驾崩。

中元二年八月丁巳，火犯太微西南角星，相去二寸。十月戊子，大流星从西南东北行，声如雷。火犯太微西南角星，为将相。后太尉赵憙、司徒李䜣坐事免官。大流星为使。中郎将窦固、扬虚侯马武、扬乡侯王赏将兵征西也。

建武中元二年（57）八月丁巳日。火星迫近了太微垣西南角的星，相距不过两寸。十月戊子日，有大流星出现，从西南向东北飞流，并发出雷鸣般的声响。为火星所迫近的太微垣西南角的星象征着将相。后来，太尉赵憙、司徒李䜣因事遭到罢免。大流星象征着使者。那时，中郎将窦固、扬虚侯马武、扬乡侯王赏率军西征。

卷二十一

志第十一　天文中

明十二　章五　和三十三　殇一

安四十六　顺二十三　质三

孝明永平元年四月丁酉，流星大如斗，起天市楼，西南行，光照地。流星为外兵，西南行为西南夷。是时益州发兵击姑复蛮夷大牟替灭陵，斩首传诣雒阳。

三年六月丁卯，彗星出天船北，长二尺所，稍北行至亢南，见三十五日去。天船为水，彗出之为大水。是岁伊、雒水溢，到津城门，坏伊桥；郡七县三十二皆大水。

四年八月辛酉，客星出梗河，西北指贯索，七十日去。梗河为胡兵。至五年十一月，北匈奴七千骑入五原塞，十二月又入云中，至原阳。贯索，贵人之牢。其十二月，陵乡侯梁松坐怨望悬飞书诽谤朝廷下狱死，妻子家属徙九真。

七年正月戊子，流星大如杯，从织女西行，光照地。织女，天之真女，流星出之，女主忧。其月癸卯，光烈皇后崩。

明帝永平元年（58）四月丁酉日，出现了一颗大如量斗的流星，该流星从天市垣市楼星官出发，向西南运行，其光芒照亮了大地。流星象征着境外的战事，流星向西南运行象征战事发生在西南夷。当时朝廷调集益州的军队讨伐了姑复蛮夷大牟部落的替灭陵，官军斩下替灭陵的首级送往洛阳。

永平三年（60）六月丁卯日，有彗星出现在胃宿天船星官以北的位置，该彗星长约二尺，渐渐向北运行最终到达亢宿的南边，在显现了三十五天后消失不见。天船象征着水，彗星出现在天船象征着涝灾。同年伊水、洛水水位暴涨漫过堤坝，洪水漫延到洛阳城的津门，冲毁了伊水上的桥梁；有七个郡的三十二个县都暴发了洪水。

永平四年（61）八月辛酉日，有彗星出现在氐宿的梗河星官，彗尾指向其西北方天市垣的贯索星官，该彗星在出现了七十天后消失。梗河象征着胡人的军队。到永平五年（62）十一月时，七千名北匈奴骑兵侵入五原郡边关，之后又在十二月入侵了云中郡，一直攻到原阳县。贯索象征着权贵之人的牢狱。永平四年十二月，陵乡侯梁松因心怀怨恨张挂匿名信诽谤朝廷而入狱并最终死在狱中，他的妻儿和家属都被流放到九真郡。

永平七年（64）正月戊子日，出现了一颗像杯子般大小的流星，该流星从牛宿的织女星官向西运行，其光芒照亮了大地。织女是天帝的孙女，流星出现在织女星官，象征着祸患将要发生在皇后或太后身上。本月癸卯日，光烈皇后驾崩。

八年六月壬午，长星出柳、张三十七度，犯轩辕，刺天船，陵太微，气至上阶，凡见五十六日去。柳，周地。是岁多雨水，郡十四伤稼。

九年正月戊申，客星出牵牛，长八尺，历建星至房南，灭见至五十日。牵牛主吴、越，房、心为宋。后广陵王荆与沈凉、楚王英与颜忠各谋逆，事觉，皆自杀。广陵属吴，彭城古宋地。

十三年闰月丁亥，火犯舆鬼，为大丧，质星为大臣诛戮。其十二月，楚王英与颜忠等造作妖书谋反，事觉，英自杀，忠等皆伏诛。

十四年正月戊子，客星出昴，六十日，在轩辕右角稍灭。昴主边兵。后一年，汉遣奉车都尉显亲侯窦固、驸马都尉耿秉、骑都尉耿忠、开阳城门候秦彭、太仆祭肜，将兵击匈奴。一曰，轩辕右角为贵相，昴为狱事，客星守之为大狱。是时考楚事未讫，司徒虞延与楚王英党与黄初、公孙弘等交通，皆自杀，或下狱伏诛。

十五年十一月乙丑，太白入月中，为大将戮，人主亡，不出三年。后三年，孝明帝崩。

十六年正月丁丑，岁星犯房右骖，北第一星不见，辛巳乃见。房右骖为贵臣，岁星犯之为见诛。是后司徒邢穆，坐与阜陵王延交通知逆谋自杀。四月癸未，太白犯毕。毕为边兵。后北匈奴寇边，入永平八年（65）六月壬午日，有一颗光芒颇长的长达三十七度的彗星出现在柳宿与张宿之间，该彗星先是迫近了轩辕星官，而后刺入了天船星官，之后又凌越了太微垣，彗星的光芒延伸至太微垣三台星官的上台星，一共显现了五十六天后才消失。柳宿对应着周地的分野。当年淫雨霏霏，有十四个郡歉收。

永平九年（66）正月戊申日，有彗星出现在牛宿区域，该彗星长达八尺，彗星掠过斗宿的建星官后到达房宿以南，从显现到消失共计五十日。牛宿对应着吴地和越地的分野，房宿与心宿对应着宋地的分野。后来，广陵王刘荆勾结沈凉，楚王刘英勾结颜忠，二王各自先后阴谋造反，叛逆之事被朝廷察觉后，二王都自杀身亡。广陵是从前的吴地，楚都彭城是古时的宋地。

永平十三年（70）闰七月丁亥日，火星迫近鬼宿，象征着王室成员的丧生，火星同时迫近了鬼宿中央的质星，即积尸星官，这是大臣被处死的征兆。同年十二月，楚王刘英勾结颜忠等人制造邪书，阴谋造反，罪行暴露后，刘英自杀，颜忠等人全都遭到处死。

永平十四年（71）正月戊子日，有彗星出现在昴宿，该彗星一共显现了六十天，最终在轩辕星官右角星附近消失。昴宿主管边境的战事。后年，汉朝派遣奉车都尉显亲侯窦固、驸马都尉耿秉、骑都尉耿忠、开阳城门候秦彭、太仆祭肜，率军讨伐匈奴。另外一种解释是，轩辕星官的右角星象征着尊贵的宰相，昴宿象征着刑狱之事，彗星先后出现在昴宿和轩辕右角之侧，象征着尊贵的宰相将被判以重罪。当时朝廷对楚王刘英谋反案的审察尚未了结，朝廷发现司徒虞延与楚王刘英的同党黄初、公孙弘等人相勾结，这些人大多自杀，或入狱后受到处死。

永平十五年（72）十一月乙丑日，金星与月亮相合，象征着三年之内将会有大将丧生或君王驾崩之事。三年后，明帝驾崩。

永平十六年（73）正月丁丑日，木星迫近了房宿的右骖星，并掩盖了这颗房宿北部第一颗星的光芒，到第四天的辛巳日时右骖星才再次出现。房宿的右骖星象征着显贵的大臣，木星迫近右骖星预示着云中，至渔阳。使者高弘发三郡兵追讨，无所得。太仆祭肜坐不进下狱。

十八年六月己未，彗星出张，长三尺，转在郎将，南入太微，皆属张。张，周地，为东都。太微，天子廷。彗星犯之为兵丧。其八月壬子，孝明帝崩。

孝章建初元年，正月丁巳，太白在昴西一尺。八月庚寅，彗星出天市，长二尺所，稍行入牵牛三度，积四十日稍灭。太白在昴为边兵，彗星出天市为外军，牵牛为吴、越。是时蛮夷陈纵等及哀牢王类牢反，攻巂唐城。永昌太守王寻走奔楪榆，安夷长宋延为羌所杀。以武威太守傅育领护羌校尉，马防行车骑将军，征西羌。又阜陵王延与子男鲂谋反，大逆无道，得不诛，废为侯。

二年九月甲寅，流星过紫宫中，长数丈，散为三，灭。十二月戊寅，彗星出娄三度，长八九尺，稍入紫宫中，百六日稍灭。流星过，入紫宫，皆大人忌。后四年六月癸丑，明德皇后崩。

元和二年四月丁巳，客星晨出东方，在胃八度，长三尺，历阁道入紫宫，留四十日灭。阁道、紫宫，天子之宫也。客星犯入留久为大丧。后四年，孝章帝崩。

显贵的大臣将遭处死。这之后司徒邢穆因与阜陵王刘延相勾结，知道刘延阴谋造反却并未通报而获罪，邢穆最终自杀。四月癸未日，金星迫近毕宿。毕宿象征着边境的战事。后来，北匈奴进犯边境，侵入云中郡，最终攻至渔阳郡。使者高弘调集三郡兵马追击匈奴，但毫无斩获。太仆祭肜因犯下避战不进军之罪而入狱。

永平十八年（75）六月己未日，有彗星出现在张宿，该彗星长达三尺，彗星运行到太微垣的郎将星后回转，又向南进入太微垣中，它的轨迹都在张宿的区域内。张宿对应着周地的分野，正包括了东都洛阳。太微垣代表着天子的宫廷。彗星迫近太微垣象征着战争和死亡之事。同年八月壬子日，明帝驾崩。

章帝建初元年（76），正月丁巳日，金星运行到昴宿以西一尺的位置。八月庚寅日，有彗星出现在天市垣，该彗星长约二尺，它渐渐运行至牛宿三度处，显现了四十天后渐渐消失。金星运行到昴宿象征着边境的战事，彗星出现在天市垣象征着外夷入侵，牛宿对应着吴、越之地的分野。当时，西南夷地区的蛮夷陈纵等人和哀牢王类牢叛汉，贼军攻陷了永昌郡郡治巂唐城。永昌太守王寻逃到楪榆县。另外，临近西羌地区的金城郡安夷县县长宋延死于羌人之手。于是朝廷任命武威太守傅育兼任护羌校尉，命马防代理车骑将军，下令二人讨伐西羌。另外，阜陵王刘延和儿子刘鲂谋反，大逆不道，二人最终得以免死，但刘延的王位遭到废黜并被贬为阜陵侯。

建初二年（77）九月甲寅日，有流星掠过紫微垣，该流星长达数丈，在分裂为三颗小星后，渐渐消失。十二月戊寅日，有彗星出现在娄宿三度，该彗星长约八、九尺，它渐渐运行到紫微垣中，在显现了一百零六日后渐渐隐没。无论是流星掠过紫微垣，还是彗星进入紫微垣，都是尊贵之人所应忌讳的。四年后的建初六年六月癸丑日，明德皇后驾崩。

章帝元和二年（85）四月丁巳日，有彗星于清晨出现在东方，该彗星起初位于胃宿八度，长达三尺，它行经奎宿的阁道星官，进入紫微垣，在此区域逗留了四十天后消失。阁道、紫微垣，都象征着天子的宫殿。彗星迫近紫微垣并长久逗留象征着王室成员的丧生。四年孝和永元元年正月辛卯，有流星起参，长四丈，有光，色黄白。二月，流星起天棓，东北行三丈所灭，色青白。壬申，夜有流星起太微东蕃，长三丈。三月丙辰，流星起天津。壬戌，有流星起天将军，东北行。参为边兵，天棓为兵，太微天廷，天津为水，天将军为兵，流星起之皆为兵。其六月，汉遣车骑将军窦宪、执金吾耿秉，与度辽将军邓鸿出朔方，并进兵临私渠北鞮海，斩虏首万余级，获生口牛马羊百万头。日逐王等八十一部降，凡三十余万人。追单于至西海。是岁七月，又雨水漂人民，是其应。

二年正月乙卯，金、木俱在奎，丙寅，水又在奎。奎主武库兵，三星会又为兵丧。辛未，水、金、木在娄，亦为兵，又为匿谋。二月丁酉，有流星大如桃，起紫宫东蕃，西北行五丈稍灭。四月丙辰，有流星大如瓜，起文昌东北，西南行至少微西灭。有顷音如雷声，已而金在轩辕大星东北二尺所。八月丁未，有流星如鸡子，起太微西，东南行四丈所消。十月癸未，有流星大如桃，起天津，西行六丈所消。十一月辛酉，有流星大如拳，起紫宫，西行到胃消。

三年九月丁卯，有流星大如鸡子，起紫宫，西南至北斗柄间后，章帝驾崩。

和帝永元元年（89）正月辛卯日，有流星从参宿飞出，其光芒长四丈，熠熠生辉，呈黄白色。二月，有流星从紫微垣的天棓星官飞出，该流星向东北方运行了大约三丈远后消失，呈青白色。壬申日夜晚，有流星从太微垣东部边境飞出，其光芒长三丈。三月丙辰日，有流星从女宿的天津星官飞出。壬戌日，有流星从天将军星官飞出，向东北运行。参宿象征边境战事，天棓星官也象征战事，太微垣象征天子宫廷，天津星官象征水涝，天将军星官亦象征战事，流星从以上各星官飞出都预示着战争的爆发。同年六月，大汉派遣车骑将军窦宪、执金吾耿秉，并会齐度辽将军邓鸿自朔方郡出击塞外，三将率军齐头并进一直攻到私渠比鞮海附近，汉军斩首了一万多名北匈奴，缴获的牛、马、羊之类的牲口多达百万。日逐王等人麾下的八十一个匈奴部落都投降了，降众共计三十多万人。汉军继续追击北匈奴单于，大军推进到西海。这年七月，还出现了降雨过多、百姓遭灾的祸乱，也是流星所预兆之事的应验。

永元二年（90）正月乙卯日，金星和木星运行到奎宿区域，丙寅日，水星也运行到奎宿。奎宿主管军械库的兵器，金、木、水三星会聚于奎宿又象征着战争和死亡之事。辛未日，水、金、木三星运行到娄宿，这也象征着战事，又象征着反叛的阴谋。二月丁酉日，出现了一颗桃子般大小的流星，该流星从紫微垣东部边境飞出，向西北方运行了五丈远后渐渐消失。四月丙辰日，出现了一颗大小似瓜的流星，该流星从紫微垣的文昌星官东北方飞出，向西南方运行到太微垣的少微星官以西后消失。不久后有雷鸣般的响声传出，后来金星运行到轩辕星官大星东北方约二尺远的地方。八月丁未日，出现了一颗鸡蛋般大小的流星，该流星从太微垣以西飞出，向东南方运行约四丈远后消失。十月癸未日，出现了一颗桃子般大小的流星，该流星从女宿的天津星官飞出，向西运行约六丈远后消隐不见。十一月辛酉日，出现了一颗大小似拳头的流星，该流星从紫微垣飞出，向西运行到胃宿后消失。

永元三年（91）九月丁卯日，出现了一颗鸡蛋般大小的流星，该消。紫宫天子宫，文昌、少微为贵臣，天津为水，北斗主杀。流星起，历紫宫、文昌、少微、天津，文昌为天子使，出有兵诛也。窦宪为大将军，宪弟笃、景等皆卿、校尉，宪女弟婿郭举为侍中、射声校尉，与卫尉邓叠母元俱出入宫中，谋为不轨。至四年六月丙辰发觉，和帝幸北宫，诏执金吾、五校勒兵屯南、北宫，闭城门，捕举。举父长乐少府璜及叠，叠弟步兵校尉磊，母元，皆下狱诛。宪弟笃、景等皆自杀。金犯轩辕，女主失势。窦氏被诛，太后失势。

五年四月癸巳，太白、荧惑、辰星俱在东井。七月壬午，岁星犯轩辕大星。九月，金在南斗魁中。火犯房北第一星。东井，秦地，为法。三星合，内外有兵，又为法令及水。金入斗口中，为大将将死。火犯房北第一星，为将相。其六年正月，司徒丁鸿薨。七月水，大漂杀人民，伤五谷。许侯马光有罪自杀。九月，行车骑将军事邓鸿、越骑校尉冯柱发左右羽林、北军五校士及八郡迹射、乌桓、鲜卑，合四万骑，与度辽将军朱徽、护乌桓校尉任尚、中郎将杜崇征叛胡。十二月，车骑将军鸿坐追虏失利，下狱死；度辽将军徽、中郎将崇皆抵罪。

七年正月丁未，有流星起天津，入紫宫中灭。色青黄，有光。二月癸酉，金、火俱在参。戊寅，金、火俱在东井。八月甲寅，水、土、流星从紫微垣飞出，向西南方运行到北斗斗柄的三星之间后消失。紫微垣象征着天子的宫廷，文昌星官、少微星官象征着尊贵的大臣，天津星官象征水涝，北斗主管杀勠。流星出现后，途经紫微垣、文昌、少微、天津，文昌星官象征天子的使者，流星现于文昌区域说明要出现战争和诛杀之事。当时窦宪是大将军，窦宪的弟弟窦笃、窦景等人都是卿或校尉，窦宪的妹夫郭举任侍中兼射声校尉，他们和卫尉邓叠的母亲元都可以任意出入宫廷，于是他们阴谋造反。到永元四年（92）六月丙辰日，窦宪等人的阴谋暴露，和帝来到洛阳北宫，并命令执金吾和北军五校尉率禁军驻守洛阳南宫和北宫，同时命禁军紧闭城门，之后收捕了郭举。郭举的父亲长乐少府郭璜以及邓叠，还有邓叠的弟弟步兵校尉邓磊，以及邓叠的母亲元，都被关入监牢并在之后处死。窦宪的弟弟窦笃、窦景等人都自杀身亡。同时还出现了金星迫近轩辕星官的天象，象征着皇后或太后的失势。窦氏一族遭到处死后，窦太后便失去了权势。

永元五年（93）四月癸巳日，金星、火星、水星都运行到井宿区域。七月壬午日，木星迫近轩辕星官的大星。九月，金星运行到南斗六星即斗星官的斗身之中。同时，火星迫近了房宿北部的第一颗星。井宿对应着秦地的分野，象征着法度。金、火、水三星会集于井宿，是国境内外都有战事的象征，此外也象征着执法和水涝。金星运行到南斗斗口中，预示着将有大将丧命。火星迫近房宿北部第一颗星，是将相有难之兆。永元六年（94）正月，司徒丁鸿去世。其年七月暴发洪灾，大量百姓溺亡，庄稼遭到破坏。许侯马光因罪自杀。九月，代理车骑将军职务的邓鸿和越骑校尉冯柱调集了左右羽林禁军、北军五校禁军以及八个郡的寻迹而射的弓兵，再加上乌桓、鲜卑的军队，共计四万骑兵，并会同度辽将军朱徽、护乌桓校尉任尚、中郎将杜崇讨伐反叛的南匈奴。十二月，车骑将军邓鸿追击贼虏逗留不前延误战机致使作战失利，邓鸿因此获罪被捕入狱之后死在狱中；度辽将军朱徽、中郎将杜崇也都因罪受到惩处。

永元七年（95）正月丁未日，有流星从女宿的天津星官飞出，流星进入紫微垣后消失。该流星呈青黄色，熠熠生辉。二月癸酉日，金金俱在轸。十一月甲戌，金、火俱在心。十二月己卯，有流星起文昌，入紫宫消。丙辰，火、金、水俱在斗。流星入紫宫，金、火在心，皆为大丧。三星合轸为白衣之会，金、火俱在参、东井，皆为外兵，有死将。三星俱在斗，有戮将，若有死相。八年四月乐成王党，七月乐成王宗皆薨。将兵长史吴棽坐事征下狱诛。十月，北海王威自杀。十二月，陈王羡薨。其九年闰月，皇太后窦氏崩。辽东鲜卑反，太守祭参不追虏，征下狱诛。九月，司徒刘方坐事免官，自杀。陇西羌反，遣执金吾刘尚行征西将军事，越骑校尉节乡侯赵世发北军五校、黎阳、雍营及边胡兵三万骑，征西羌。

十一年五月丙午，流星大如瓜，起氐，西南行，稍有光，白色。占曰："流星白，为有使客，大为大使，小亦小使。疾期疾，迟亦迟。大如瓜为近小，行稍有光为迟也。又正王日，边方有受王命者也。"明年二月，蜀郡旄牛徼外夷白狼楼薄种王唐缯等率种人口十七万归义内属，赐金印紫绶钱帛。

十二年十一月癸酉，夜有苍白气，长三丈，起天园，东北指军市，见积十日。占曰："兵起，十日期岁。"明年十一月，辽东鲜卑二千星和火星均位于参宿。戊寅日，金星和火星又都运行到井宿。八月甲寅日，水、土、金三星都运行到轸宿。十一月甲戌日，金星和火星又都运行到心宿。十二月己卯日，有流星从文昌星官飞出，流星进入紫微垣后消失。丙辰日，火、金、水三星都位于斗宿。流星进入紫微垣，金星和火星都运行到心宿，这些都是王室成员殒命的征兆。水、土、金三星会集于轸宿也象征着王室成员的逝世。金星、火星均位于参宿或均位于井宿，都象征着边境外的战事，并预示着将军之死。火、金、水三星都位于斗宿，象征着将军伏法，或是辅相之死。永元八年（96）四月乐成王刘党去世，七月乐成王刘宗去世。同时将兵长史吴棽因罪入狱并遭处死。十月，北海王刘威自杀。十二月，陈王刘羡去世。永元九年（97）闰月，皇太后窦氏驾崩。同时，辽东郡鲜卑叛汉，太守祭参因在讨伐中没有追击贼军，被召回京城押入监牢后处死。九月，司徒刘方因罪遭到罢免，最终他自杀身亡。与此同时，陇西羌人反叛，朝廷派执金吾刘尚代理征西将军职务，并命刘尚与越骑校尉节乡侯赵世一同调集北军五校、黎阳、雍营的汉军以及边境的胡兵，组成三万名骑兵的大军征讨西羌。

永元十一年（99）五月丙午日，出现了一颗大小似瓜的流星，它从氐宿飞出，向西南方运行，该流星略微有些光亮，呈白色。占卜记录中曾有言：“出现白色的流星，象征着使者出行，流星大表示使者级别较高，流星小表示使者级别较低。流星的飞行速度快表示使者很快就会到来，飞行速度慢表示使者较晚才会到达。流星大小似瓜表示使者来自临近的小国。流星在飞行中亮光微弱说明速度较慢，表示使者将较晚抵达。另外，该流星恰好是在适于天子行事的王日出现，这表示边境地区将有领受天子命令之人。”第二年二月，蜀郡旄牛县边境外白狼和楼薄部族的蛮夷在首领唐缯等人的率领下，一共十七万人归附了汉朝，和帝赐给唐缯等人金印信、紫绶带以及金钱、布帛。

永元十二年（100）十一月癸酉日，一颗呈苍白色光芒的彗星在夜晚出现，其光芒长达三丈，从毕宿的天园星官飞出，彗尾向东北方井宿的军市星官，该彗星一共显现了十天。占卜记录中曾有言：“这象余骑寇右北平。

十三年十一月乙丑，轩辕第四星间有小客星，色青黄。轩辕为后宫，星出之，为失势。其十四年六月辛卯，阴皇后废。

十六年四月丁未，紫宫中生白气如粉絮。戊午，客星出紫宫西行至昴，五月壬申灭。七月庚午，水在舆鬼中。十月辛亥，流星起钩陈，北行三丈，有光，色黄。白气生紫宫中为丧。客星从紫宫西行至昴为赵。舆鬼为死丧。钩陈为皇后，流星出之为中使。后一年，元兴元年十二月，和帝崩，殇帝即位一年又崩，无嗣，邓太后遣使者迎清河孝王子即位，是为孝安皇帝，是其应也。清河，赵地也。

元兴元年二月庚辰，有流星起角、亢五丈所。四月辛亥，有流星起斗，东北行到须女。七月己巳，有流星起天市五丈所，光色赤。闰月辛亥，水、金俱在氐。流星起斗，东北行至须女。须女，燕地。天市为外军。水、金会为兵诛。其年，辽东貊人反，钞六县，发上谷、渔阳、右北平、辽西乌桓讨之。

孝殇帝延平元年正月丁酉，金、火在娄。金、火合为烁，为大人忧。是岁八月辛亥，孝殇帝崩。

孝安永初元年五月戊寅，荧惑逆行守心前星。八月戊申，客星征着战争的爆发，彗星显现了十天，战事将在一年后发生。”第二年十一月，辽东郡一带的鲜卑有二千多骑兵进犯了右北平郡。

永元十三年（101）十一月乙丑日，轩辕星官的第四颗星附近有一颗小新星忽然出现，呈青黄色。轩辕星官象征着后宫，此处出现新星，象征皇后将失去权势。永元十四年六月辛卯日，阴皇后遭到废黜。

永元十六年（104）四月丁未日，紫微垣中出现了像粉絮一般的白色光辉。十一天后的戊午日，白色光辉化为彗星离开紫微垣向西运行抵达昴宿，到五月壬申日时该彗星消失。七月庚午日，水星运行到鬼宿中。十月辛亥日，有流星从紫微垣的钩陈星官中飞出，向北运行了三丈远，该流星散发着光亮，呈黄色。白色光辉出现在紫微垣中象征着死亡之事。彗星从紫微垣向西运行抵达昴宿，昴宿对应赵地的分野。鬼宿也象征着死亡之事。钩陈星官象征皇后，流星从钩陈飞出表示宫中派出了使者。后年，元兴元年（105）十二月，和帝驾崩，殇帝即位一年后亦驾崩，殇帝没有子嗣，于是邓太后派使者迎接清河孝王刘庆之子刘祜回京即位，刘祜就是安帝，这正是上述天象的应验。清河国即为赵地。

元兴元年（105）二月庚辰日，有流星从角宿、亢宿间飞出，在空中飞过长约五丈的距离。四月辛亥日，有流星从斗宿飞出，之后向东北飞行直至女宿。七月己巳日，有流星从天市垣飞出，该流星在空中飞过长约五丈的距离，并散发出红色的光辉。闰月辛亥日，水星和金星都运行到氐宿。同时有流星从斗宿飞出，之后向东北飞行直至女宿。女宿对应着燕地的分野。流星从天市垣飞出象征着外敌入侵。水星、金星会聚象征着战事和诛戮。同年，辽东郡一带的貊人叛汉，劫掠了六个县，朝廷从上谷郡、渔阳郡、右北平郡以及辽西一带的乌桓调集军队讨伐貊人。

殇帝延平元年（106）正月丁酉日，金星、火星都运行娄宿。金星和火星相合并且摇曳闪烁，象征着显贵之人将遭厄难。这年八月辛亥日，殇帝驾崩。

安帝永初元年（107）五月戊寅日，火星出现逆行并在心宿三星在东井、弧星西南。心为天子明堂，荧惑逆行守之，为反臣。客星在东井，为大水。是时，安帝未临朝，邓太后摄政，邓骘为车骑将军，弟弘、悝、阊皆以校尉封侯，秉国势。司空周章意不平，与王尊、叔元茂等谋，欲闭宫门，捕将军兄弟，诛常侍郑众、蔡伦，劫刺尚书，废皇太后，封皇帝为远国王。事觉，章自杀。东井、弧皆秦地。是时羌反，断陇道，汉遣骘将左右羽林、北军五校及诸郡兵征之。是岁郡国四十一县三百一十五雨水。四渎溢，伤秋稼，坏城郭，杀人民，是其应也。

二年正月戊子，太白昼见。

三年正月庚戌，月犯心后星。己亥，太白入斗中。十二月，彗星起天菀南，东北指，长六七尺，色苍白。太白昼见，为强臣。是时邓氏方盛，月犯心后星，不利子。心为宋。五月丁酉，沛王正薨，太白入斗中，为贵相凶。天菀为外军，彗星出其南为外兵。是后使羌、氐讨贼李贵，又使乌桓击鲜卑，又使中郎将任尚、护羌校尉马贤击羌，皆降。

四年六月甲子，客星大如李，苍白，芒气长二尺，西南指上阶星。癸酉，太白入舆鬼。指上阶，为三公。后太尉张禹、司空张敏皆免官。太白入舆鬼，为将凶。后中郎将任尚坐赃千万，槛车征，弃市。

中靠前的星旁停留。八月戊申日，有新星忽然出现在井宿弧矢星官的西南方。心宿象征着天子宣明政教的明堂，火星逆行后停留在心宿旁，象征着大臣谋反。新星出现在井宿是涝灾的征兆。此时，安帝尚未亲政，而由邓太后管理朝政，邓太后之兄邓骘任车骑将军，邓骘之弟邓弘、邓悝、邓阊都凭借校尉之职获得封侯，邓氏一族把持了国家大权。司空周章对此愤愤不平，他和王尊、叔元茂等人谋划，打算锁住宫门，收捕车骑将军邓骘兄弟，处死常侍郑众与蔡伦，还打算劫持并杀害尚书，废黜邓太后，并将安帝废黜为边远地区的诸侯王。阴谋败露后，周章自杀。井宿和其中的弧矢都对应着秦地的分野。这时滇零部落和种羌部落造反，羌人阻断了入陇道路，朝廷派邓骘率领左右羽林、北军五校的禁军以及各郡兵马前去讨伐。同年有四十一个郡国、三百一十五个县淫雨霏霏。长江、黄河、淮河、济水的河水漫过河堤，冲毁了秋天的庄稼，冲塌了城墙，淹死了百姓，这正是上述天象的应验。

永初二年(108)正月戊子日，金星在白昼显现。

永初三年(109)正月庚戌日，月亮迫近了心宿三星中靠后的星。己亥日，金星运行到斗宿中。十二月，有彗星从昴宿的天苑星官以南飞出，彗尾指向东北，该彗星长达六七尺，呈苍白色。金星在白昼显现，象征有大臣擅权。这时邓氏正权势滔天，月亮迫近心宿中靠后的庶子星，这对于子辈而言是凶兆。心宿对应着宋地的分野。五月丁酉日，沛王刘正去世，金星运行到斗宿中，象征着有贵人之相者将遭厄难。天苑象征着境外的军队，彗星出现在天苑星官以南是边境爆发战事的征兆。这之后，朝廷命令羌人、氐人讨伐叛贼李贵，又命令乌桓攻打鲜卑，还命中郎将任尚、护羌校尉马贤征讨西羌，叛军都投降了。

永初四年(110)六月甲子日，出现了一颗李子般大小的彗星，该彗星呈苍白色，光芒长达二尺，彗尾指向西南方三台星官的上台星。癸酉日，金星运行到鬼宿区域。彗尾指向上台星，象征三公将遭祸难。后来，太尉张禹、司空张敏都遭到罢免。金星运行到鬼宿，是将军有难的凶兆。此后，中郎将任尚因贪污上千万钱获罪，朝廷用囚车将他押回京城处死，尸体被弃于闹市示众。

五年六月辛丑，太白昼见，经天。元初元年三月癸酉，荧惑入舆鬼。二年九月辛酉，荧惑入舆鬼中。三年三月，荧惑入舆鬼中。五月丙寅，太白入毕口。七月甲寅，岁星入舆鬼。闰月己未，太白犯太微左执法。十一月甲午，客星见西方，己亥在虚、危，南至胃、昴。四年正月丙戌，岁星留舆鬼中。乙未，太白昼见丙上。四月壬戌，太白入舆鬼中。己巳，辰星入舆鬼中。五月己卯，辰星犯岁星。六月丙申，荧惑入舆鬼中，戊戌，犯舆鬼大星。九月辛巳，太白入南斗口中。五年三月丙申，镇星犯东井钺星。五月庚午，辰星犯舆鬼质星。丙戌，太白犯钺星。六年四月癸丑，太白入舆鬼。六月丙戌，荧惑在舆鬼中。丁卯，镇星在舆鬼中。辛巳，太白犯左执法。自永初五年到永宁，十年之中，太白一昼见经天，再入舆鬼，一守毕，再犯左执法，入南斗，犯钺星。荧惑五入舆鬼。镇星一犯东井钺星，一入舆鬼。岁星、辰星再入舆鬼。凡五星入舆鬼中，皆为死丧。荧惑、太白甚犯钺、质星为诛戮。斗为贵将。执法为近臣。客星在虚、危为丧。为哭泣。昴、毕为边兵，又为狱事。至建光元年三月癸巳，邓太后崩；五月庚辰，太后兄车骑将军骘等七侯皆免官，自杀，是其应也。

延光二年八月己亥，荧惑出太微端门。三年二月辛未，太白犯昴。五月癸丑，太白入毕。九月壬寅，镇星犯左执法。四年，太白入永初五年（111）六月辛丑日，金星在白昼显现，并行经天球子午圈。元初元年（114）三月癸酉日，火星运行到鬼宿区域。元初二年（115）九月辛酉日，火星又运行到鬼宿中。元初三年（116）三月，火星再此运行到鬼宿中。五月丙寅日，金星运行到毕宿的网口中。七月甲寅日，木星运行到鬼宿区域。闰月己未日，金星迫近太微垣的左执法星。十一月甲午日，有彗星出现于西方，己亥日时彗星运行到虚宿、危宿之间，之后又向南运行到胃宿、昴宿区域。元初四年（117）正月丙戌日，木星停留于鬼宿中。乙未日，金星于白昼时显现在南偏东南的方位上。四月壬戌日，金星运行到鬼宿中。己巳日，水星运行到鬼宿中。五月己卯日，水星迫近木星。六月丙申日，火星运行到鬼宿中。戊戌日，火星迫近鬼宿中的大星。九月辛巳日，金星运行到南斗六星即斗星官的斗口中。元初五年（118）三月丙申日，土星迫近井宿的钺星官。五月庚午日，水星迫近鬼宿中的积尸星官。丙戌日，金星迫近井宿的钺星官。元初六年（119）四月癸丑日，金星运行到鬼宿。六月丙戌日，火星运行到鬼宿中。丁卯日，土星运行到鬼宿中。辛巳日，金星迫近左执法星。从永初五年到永宁元年，十年之中，金星经过天球子午圈一次，行经鬼宿两次，停留在毕宿旁一次，迫近太微垣左执法星两次，之后运行到斗星官斗口中，最后迫近井宿的钺星官。火星行经鬼宿五次。土星迫近井宿的钺星官一次，行经鬼宿一次。木星与水星各行经鬼宿两次。凡是金、木、水、火、土五星运行到鬼宿中，都象征着死亡之事。火星或金星过度地迫近钺星官或积尸星官，都是处死和杀戮之事的征兆。斗宿象征着大将。执法星象征天子亲近的臣子。彗星运行到虚宿、危宿区域象征着死亡和使人落泪之事。昴宿和毕宿不仅象征着边境的战事，还象征着牢狱之事。到建光元年（121）三月癸巳日，邓太后驾崩；五月庚辰日，邓太后之兄车骑将军邓骘等邓家的七位侯爵都遭到罢免，最终全部都自杀，这正是上述天象的应证。

延光二年（123）八月己亥日，火星出现在太微垣左、右执法星之间的端门区域。延光三年（124）二月辛未日，金星迫近昴宿。五月癸丑日，金星运行到毕宿。九月壬寅日，土星迫近左执法星。延光四舆鬼中。六月壬辰，太白出太微。九月甲子，太白入斗口中。十一月，客星见天市。荧惑出太微，为乱臣。太白犯昴、毕，为边兵，一曰大人当之。镇星犯左执法，有诛臣。太白入舆鬼中，为大丧。太白出太微，为中宫有兵；入斗口，为贵将相有诛者。客星见天市中，为贵丧。是时大将军耿宝、中常侍江京、樊丰、小黄门刘安与阿母王圣、圣子女永等并构谮太子保，并恶太子乳母男、厨监邴吉。三年九月丁酉，废太子为济阴王，以北乡侯懿代。杀男、吉，徙其父母妻子日南。四年三月丁卯，安帝巡狩，从南阳还，道寝疾，至叶崩，阎后与兄卫尉显、中常侍江京等共隐匿，不令群臣知上崩，遣司徒刘喜等分诣郊庙，告天请命，载入北宫。庚午夕发丧，尊阎氏为太后。北乡侯懿病薨，京等又不欲立保，白太后，更征诸王子择所立。中黄门孙程、王国、王康等十九人，共合谋诛显、京等，立保为天子，是为孝顺皇帝。皆奸人强臣狂乱王室，其于死亡诛戮，兵起宫中，是其应。

孝顺永建二年二月癸未，太白昼见三十九日。闰月乙酉，太白昼见东南维四十一日。八月乙巳，荧惑入舆鬼。太白昼见，为强臣。荧惑为凶。舆鬼为死丧。质星为诛戮。是时中常侍高梵、张防、将作大匠翟酺、尚书令高堂芝、仆射张敦、尚书尹就、郎姜述、杨凤等，及兖州刺史鲍就、使匈奴中郎将张国、金城太守张笃、敦煌太年(125),金星运行到鬼宿中。六月壬辰日,金星出现在太微垣。九月甲子日,金星运行到斗星官的斗口之中。十一月,有新星忽然出现在天市垣。火星出现于太微垣象征着乱臣贼子的出现。金星迫近昴宿或毕宿象征着边境将有战事,另外也被认为是君王有难的象征。土星迫近左执法星是大臣遭到处死的征兆。金星运行到鬼宿中象征着王室成员的逝世。金星出现在太微垣象征着宫廷将遭兵祸;金星运行到斗星官的斗口象征着尊贵的将相将遭处死。新星出现于天市垣是权贵之人去世之兆。这时,大将军耿宝、中常侍江京、樊丰、小黄门刘安勾结安帝的乳母王圣以及王圣的女儿永等人一同罗织罪名诬陷太子刘保,并对刘保的乳母王男、官监邴吉怀恨在心。延光三年九月丁酉日,安帝废掉了刘保的太子之位并将其贬为济阴王,而册立北乡侯刘懿代替刘保做太子。朝廷又处死了王男、邴吉,并将他们的父母、妻儿流放到日南郡。延光四年三月丁卯日,安帝巡行各郡国,之后安帝在从南阳郡返京途中卧病,行经南阳郡叶县时安帝驾崩,阎皇后随同她的兄长卫尉阎显、中常侍江京等人一同隐瞒了安帝的死亡,没有让群臣知道安帝已经去世,他们派遣司徒刘喜等人分别前往郊庙,祭告天帝并向上天请示,之后将安帝灵柩运入洛阳北宫。最后朝廷在庚午日夜晚举行了丧事,朝廷尊阎皇后为皇太后。时任太子北乡侯刘懿后来病逝,江京等人仍不愿拥立刘保为帝,他们向阎太后禀报,建议将各诸侯国的皇子召入京城,并从中另选出一位扶立为帝。中黄门孙程、王国、王康等十九人一同谋划诛杀了阎显、江京等人,他们拥立刘保为天子,刘保就是汉顺帝。这些都是一些奸邪之人和擅权之臣胡作非为、扰乱王室之事,这些事最终发展到多人遭到处死,宫廷遭遇兵祸的地步,正是上述天象的应验。

顺帝永建二年(127)二月癸未日,金星于白昼时显现,一共持续了三十九日之久。闰月乙酉日,金星于白昼时在东南方显现,一共持续了四十一天。八月乙巳日,火星运行到鬼宿。金星于白昼显现象征着宫中有权臣擅权。火星是凶兆。鬼宿象征死亡之事。积尸星官是处死和杀戮之事的征兆。这时,中常侍高梵、张防、将作大匠翟酺、尚书令高堂芝、仆射张敦、尚书尹就、尚书郎姜述、杨凤等人,以及兖州刺守张朗，相与交通，漏泄，就、述弃市，梵、防、酺、芝、敦、凤、就、国皆抵罪。又定远侯班始尚阴城公主坚得，斗争杀坚得，坐要斩马市，同产皆弃市。

六年四月，荧惑入太微中，犯左、右执法西北方六寸所。十月乙卯，太白昼见。十二月壬申，客星芒气长二尺余，西南指，色苍白，在牵牛六度。客星芒气白为兵。牵牛为吴、越。后一年，会稽海贼曾於等千余人烧句章，杀长吏，又杀鄞、鄮长，取官兵，拘杀吏民，攻东部都尉；扬州六郡逆贼章何等称将军，犯四十九县，大攻略吏民。

阳嘉元年闰月戊子，客星气白，广二尺，长五丈，起天菀西南。主马牛，为外军，色白为兵。是时，敦煌太守徐白使疏勒王盘等兵二万人入于窴界，虏掠斩首三百余级。乌桓校尉耿晔使乌桓亲汉都尉戎末瘣等出塞，钞鲜卑，斩首，获生口财物；鲜卑怨恨，钞辽东、代郡，杀伤吏民。是后，西戎、北狄为寇害，以马牛起兵，马牛亦死伤于兵中，至十余年乃息。

永和二年五月戊申，太白昼见。八月庚子，荧惑犯南斗。斗为吴。明年五月，吴郡太守行丞事羊珍与越兵弟叶、吏民吴铜等二百余人起兵反，杀吏民，烧官亭民舍，攻太守府。太守王衡距守，吏兵史鲍就、使匈奴中郎将张国、金城太守张笃、敦煌太守张朗，他们相互勾结图谋不轨，事情败漏后，尹就、姜述被处死，尸体被弃于闹市示众，高梵、张防、翟酺、高堂芝、张敦、杨凤、鲍就、张国等人都因罪受到惩处。另外，迎娶了阴城公主刘坚得为妻的定远侯班始之后在和刘坚得的争斗中杀死了刘坚得，班始因此获罪被腰斩于马市，和班始一母所生的兄弟姐妹也被处死示众。

永建六年（131）四月，火星运行到太微垣中，之后迫近到左、右执法星西北方大约六寸远的地方。十月乙卯日，金星于白昼时显现。十二月壬申日，出现了一颗光芒两尺有余的彗星，该彗星彗尾指向西南，呈苍白色，出现在牛宿六度的位置。彗星光芒呈白色象征着战事。牛宿对应着吴越之地的分野。一年后，会稽郡一带的海盗曾於等一千多人在句章县放火烧城，海盗杀死了句章县的长官，又杀死鄞、鄮二县县长，他们俘虏军官和士卒，拘押、杀害当地的官吏与百姓，还对东部都尉驻地发动进攻；同时，扬州六郡的叛贼章何等人自称将军，他们率军进犯了四十九个县，对当地的官吏与百姓大加攻击和劫掠。

阳嘉元年（132）闰月戊子日，出现了一颗光芒呈白色的彗星，该彗星宽二尺，长五丈，从昴宿的天苑星官西南方飞出。天苑星官主管牧马、牧牛，又象征着境外的军队，彗星呈白色亦是将有战事的征兆。当时，敦煌太守徐白指派疏勒国王盘等人率领两万兵马攻入于寘国领地，疏勒军大加掠夺并斩杀了三百名于寘人。同时，乌桓校尉耿晔派遣乌桓亲汉都尉戎末瘣等人出兵塞外，戎末瘣率军劫掠鲜卑，他们斩杀鲜卑人，又夺取了他们的牲口与财物；鲜卑极为愤恨，于是劫掠了辽东郡、代郡，并打死、打伤当地官吏、百姓。这之后，西方和北方的异族常常进犯边境、为害一方，这些战事都是因掠夺马、牛而生，而马和牛也在战火中死伤惨重，边患直到十多年后才平息。

永和二年（137）五月戊申日，金星在白昼时显现。八月庚子日，火星迫近斗宿。斗宿对应着吴地的分野。第二年五月，吴郡郡丞羊珍勾结越地的兵卒叶以及吴铜等二百多名官吏、平民起兵造反，叛军杀害官吏、百姓，烧毁官府驿站、百姓房屋，并攻打太守府。太守王衡坚格杀珍等。又九江贼蔡伯流等数百人攻广陵、九江，烧城郭，杀江都长。

三年二月辛巳，太白昼见，戊子，在荧惑西南，光芒相犯。辛丑，有流星大如斗，从西北东行，长八九尺，色赤黄，有声隆隆如雷。三月壬子，太白昼见。六月丙午，太白昼见。八月乙卯，太白昼见。闰月甲寅，辰星入舆鬼。己酉，荧惑入太微。乙卯，太白昼见。太白者，将军之官，又为西州。昼见，阴盛，与君争明。荧惑与太白相犯，为兵丧。流星为使，声隆隆，怒之象也。辰星入舆鬼，为大臣有死者。荧惑入太微，乱臣在廷中。是时，大将军梁商父子秉势，故太白常昼见也。其四年正月，祀南郊，夕牲，中常侍张逵、蘧政、杨定、内者令石光、尚方令傅福等与中常侍曹腾、孟贲争权，白帝言腾、贲与商谋反，矫诏命收腾、贲，贲自解说，顺帝寤，解腾、贲缚。逵等自知事不从，各奔走，或自刺，解貂蝉投草中逃亡，皆得免。其六年，征西将军马贤击西羌于北地射姑山下，父子为羌所没杀，是其应也。

四年七月壬午，荧惑入南斗犯第三星。五年四月戊午，太白昼见。八月己酉，荧惑入太微。斗为贵相，为扬州，荧惑犯入之为兵丧。其六年，大将军商薨。九江、丹阳贼周生、马勉等起兵攻没郡县。梁氏又专权于天廷中。

守太守府，官兵最终在战斗中杀死了羊珍等人。另外，盘踞在九江郡的蔡伯流等几百名贼寇进犯了广陵、九江二郡，贼军焚烧城邑，还杀害了广陵郡江都县县长。

永和三年（138）二月辛巳日，金星于白昼时显现，戊子日，金星运行到火星的西南方，二星相距不过七寸，光芒互相触及。辛丑日，出现了一颗大小似斗的流星，该流星从西北向东运行，光迹长达八九尺，呈红黄色，并发出隆隆如雷的响声。三月壬子日、六月丙午日、八月乙卯日三天，金星均于白昼时显现。闰月甲寅日，水星运行到鬼宿。己酉日，火星运行到太微垣。乙卯日，金星于白昼显现。金星象征着将军，又象征着西部的州郡。金星于白昼时显现说明阴气旺盛，属于阴气的臣子将与君主一争高下。火星与金星相接近象征着战争和死亡。流星是天帝的使者，流星响声隆隆象征着天帝发怒。水星运行到鬼宿，是大臣中有将死之人的象征。火星运行到太微垣，是宫廷中出现乱臣贼子的象征。这时，大将军梁商父子倚势擅权，所以金星常在白昼显现。永和四年（139）正月，顺帝到京城南郊祭天，祭祀前夕查看作为贡品的牲畜时，中常侍张逵、蘧政、杨定以及内者令石光、尚方令傅福等人因与中常侍曹腾、孟贲争夺权力，于是向顺帝告状，说曹腾、孟贲勾结梁商行谋反之事，并假托顺帝诏令将曹腾、孟贲收押，孟贲为自己辩解，顺帝因而醒悟，他为曹腾、孟贲松绑。张逵等人知道事情未能如其所料后，便各自逃走，有的刺破自己的面孔，并把帽子上代表宦官身份的貂尾和附蝉扔到草从中而逃，他们最终都得以逃脱。永和六年（141），征西将军马贤在北地郡的射姑山下向西羌发动进攻，马贤父子都死于和西羌的交战中，这正是上述天象的应验。

永和四年七月壬午日，火星运行到斗宿中南斗六星的斗口处，迫近了斗口的第三颗星。永和五年（140）四月戊午日，金星于白昼时显现。八月己酉日，火星运行到太微垣。斗宿象征着尊贵的辅相，对应着扬州的分野，火星迫近并运行到斗宿中象征着战争与死亡之事。永和六年（141），大将军梁商去世。同年，九江、丹阳二郡一带的贼寇周生、马勉等人率军攻陷郡府、县城。同时，梁氏一族仍在宫廷之六年二月丁巳，彗星见东方，长六七尺，色青白，西南指营室及坟墓星。丁丑，彗星在奎一度，长六尺，癸未昏见，西北历昴、毕，甲申，在东井，遂历舆鬼、柳、七星、张，光炎及三台，至轩辕中灭。营室者，天子常宫。坟墓主死。彗星起而在营室、坟墓，不出五年，天下有大丧。后四年，孝顺帝崩。昴为边兵，又为赵。羌周马父子后遂为寇。又刘文劫清河相射暠，欲立王蒜为天子，暠不听，杀暠，王闭门距文，官兵捕诛文，蒜以恶人所劫，废为尉氏侯，又徙为犍阳都乡侯，薨，国绝。历东井、舆鬼为秦，皆羌所攻钞。炎及三台，为三公。是时，太尉杜乔及故太尉李固为梁冀所陷入，坐文书死。及至注、张为周，灭于轩辕中为后宫。其后懿献后以忧死，梁氏被诛，是其应也。

汉安二年，正月己亥，太白昼见。五月丁亥，辰星犯舆鬼。六月乙丑，荧惑光芒犯镇星。七月甲申，太白昼见。辰星犯舆鬼为大丧。荧惑犯镇星为大人忌。明年八月，孝顺帝崩，孝冲明年正月又崩。

孝质本初元年，三月癸丑，荧惑入舆鬼，四月辛巳，太白入舆鬼，皆为大丧。五月庚戌，太白犯荧惑，为逆谋。闰月一日，孝质帝为梁冀所鸩，崩。

中把持着朝政。

永和六年二月丁巳日，在东方天空出现一颗彗星，该彗星长六七尺，呈青白色，彗尾朝西南方指向室宿和危宿的坟墓四星之间的方位。丁丑日时，该彗星运行到奎宿一度，长度变为六尺，癸未日黄昏时，彗星再次出现并向西北运行，行经昴宿、毕宿，到甲申日时，该彗星运行到井宿，于是它又行经鬼宿、柳宿、星宿与张宿，其光芒触及了三台星官，最终一直运行到轩辕星官后才消失。室宿象征着天子常住的宫殿。坟墓四星主管死亡之事。彗星出现并从室宿、坟墓四星之间飞出，五年之内，天下必有王室成员殒命。四年后，顺帝驾崩。昴宿象征边境的战事，又对应着赵地的分野。西羌的周马父子后来终究反叛进犯汉朝。此外，刘文劫持了清河国国相射暠，并企图拥立清河王刘蒜为天子，射暠不肯屈从，刘文便杀害了他，刘蒜紧闭宫门将刘文阻拦在外。后来，官军收捕并处死了刘文，而刘蒜则因遭恶人劫持获罪并被贬为尉氏侯，后来又被流放到桂阳并改封为都乡侯，刘蒜最终自杀身亡，他的封国后继无人。彗星经过的井宿、鬼宿都对应着秦地的分野，都是遭到西羌攻打和劫掠的地方。彗星光焰所触及的三台星官象征着三公。这时，太尉杜乔和前任太尉李固都因梁冀陷害而入狱，并因被诬陷和刘文有文书往来而遭到处死。彗星经过的柳宿、星宿与张宿都对应着周地的分野，彗星在轩辕星官消失象征着后宫有难。在这之后的桓帝年间，懿献皇后因忧郁而死，梁氏一族遭到处死，这便是上述天象的应验。

顺帝汉安二年（143），正月己亥日，金星于白昼显现。五月丁亥日，水星迫近鬼宿。六月乙丑日，火星的光芒迫近土星。七月甲申日，金星于白昼显现。水星迫近鬼宿象征着王室成员的逝世。火星迫近土星是尊贵之人所应忌讳的。第二年八月，顺帝驾崩，下一年正月，冲帝又驾崩了。

质帝本初元年（146），三月癸丑日，火星运行到鬼宿。四月辛巳日，金星运行到鬼宿，这都是王室成员逝世的征兆。五月庚戌日，金星迫近火星，象征着叛逆的阴谋。闰六月初一日，质帝因遭梁冀下毒，最终驾崩。

卷二十二

志第十二　天文下

桓三十八　灵二十　献九　陨石

孝桓建和元年八月壬寅，荧惑犯舆鬼质星。二年二月辛卯，荧惑行在舆鬼中。三年五月己丑，太白行入太微右掖门，留十五日，出端门。丙申，荧惑入东井。八月己亥，镇星犯舆鬼中南星。乙丑，彗星芒长五尺，见天市中，东南指，色黄白，九月戊辰不见。荧惑犯舆鬼为死丧，质星为戮臣，入太微为乱臣。镇星犯舆鬼为丧。彗星见天市中为贵人。至和平元年二月甲寅，梁太后崩，梁冀益骄乱矣。

元嘉元年二月戊子，太白昼见。永兴二年闰月丁酉，太白昼见。时上幸后宫采女邓猛，明年，封猛兄演为南顿侯。后四岁，梁皇后崩，梁冀被诛，猛立为皇后，恩宠甚盛。

永寿元年三月丙申，镇星逆行入太微中，七十四日去左掖门。七月己未，辰星入太微中，八十日去左掖门。八月己巳，荧惑入太微，二十一日出端门。太微，天子廷也。镇星为贵臣妃后，逆行为匿谋。辰星入太微为大水，一曰后宫有忧。是岁雒水溢至津门，南阳大水。荧惑留入太微中，又为乱臣。是时梁氏专政。九月己酉，昼有流星长二尺所，色黄白。癸巳，荧惑犯岁星，为奸臣谋，大将戮。

桓帝建和元年（147）八月壬寅日，火星迫近鬼宿的积尸星官。建和二年（148）二月辛卯日，火星运行到鬼宿中。建和三年（149）五月己丑日，金星运行到太微垣右执法星以西的右掖门，在此停留十五日后，金星从左、右执法星之间的端门离开了太微垣。丙申日，火星运行到井宿。八月己亥日，土星迫近鬼宿南端的星。乙丑日，一颗光芒长达五尺的彗星出现在天市垣中，彗尾指向东南，呈黄白色，该彗星到九月戊辰日时消失。火星迫近鬼宿象征着死亡之事，迫近积尸星官象征着将有大臣遭到处死，金星运行到太微垣中象征着有乱臣贼子。土星迫近鬼宿象征着死亡之事。彗星在天市垣中出现象征着尊贵之人遭难。到和平元年（150）二月甲寅日，梁太后驾崩后，梁冀更加骄横妄为。

桓帝元嘉元年（151）二月戊子日，金星于白昼显现。桓帝永兴二年（154）闰月丁酉日，金星又于白昼显现。这时桓帝对后宫中选自民间的宫女邓猛甚为宠幸，并于第二年封邓猛之兄邓演为南顿侯。四年后，懿献梁皇后去世，梁冀遭到处死，邓猛则被册立为皇后，并深受桓帝恩宠。

桓帝永寿元年（155）三月丙申日，土星出现逆行并运行到太微垣中，七十四天后火星从左执法星以东的左掖门离开太微垣。七月己未日，水星运行到太微垣中，八十天后水星从左掖门离开太微垣。八月己巳，火星运行到太微垣中，二十一天后从左、右执法星之间的端门离开太微垣。太微垣象征着天子的宫廷。土星象征着尊贵的大臣以及皇后和嫔妃，土星逆行象征着阴谋的酝酿。水星运行到太微垣象征着涝灾，一说是后宫有难的征兆。这一年，洛水暴涨，河水过堤二年六月甲寅，辰星入太微，遂伏不见。辰星为水，为兵，为妃后，八月戊午，太白犯轩辕大星，为皇后。其三年四月戊寅，荧惑入东井口中，为大臣有诛者。其七月丁丑，太白犯心前星，为大臣。后二年七月，懿献皇后以忧死。大将军梁冀使太仓令秦宫刺杀议郎邴尊，又欲杀邓后母宣，事觉，桓帝收冀及妻寿襄城君印绶，皆自杀。诛诸梁及孙氏宗族，或徙边。是其应也。

延熹四年三月甲寅，荧惑犯舆鬼质星。五月辛酉，客星在营室，稍顺行，生芒长五尺所，至心一度，转为彗。荧惑犯舆鬼质星，大臣有戮死者。五年十月，南郡太守李肃坐蛮夷贼攻盗郡县，取财物一亿以上，入府取铜虎符，肃背敌走，不救城郭；又监黎阳谒者燕乔坐赃，重泉令彭良杀无辜，皆弃市。京兆虎牙都尉宋谦坐赃，下狱死。客星在营室至心作彗，为大丧。后四年，邓后以忧死。

六年十一月丁亥，太白昼见。是时邓后家贵盛。

七年七月戊辰，辰星犯岁星。八月庚戌，荧惑犯舆鬼质星。庚申，岁星犯轩辕大星。十月丙辰，太白犯房北星。丁卯，辰星犯太白。

蔓延到洛阳城津门，南阳郡遭遇涝灾。火星运行到太微垣中并逗留于此，是朝中有乱臣贼子的征兆。此时恰值梁氏把持朝政。九月己酉日，一颗光芒长约二尺的流星于白昼出现，该流星呈黄白色。癸巳日，火星迫近木星，这是奸臣图谋不轨、大将将遭处死的征兆。

永寿二年（156）六月甲寅日，水星运行到太微垣中，最终隐没不见。水星象征着水灾、战事和后妃，八月戊午日，金星迫近轩辕星官中的大星，这是皇后有难的征兆。永寿三年（157）四月戊寅日，火星运行到井宿的井口中，这象征着大臣中将有遭到处死之人。同年七月丁丑日，金星迫近心宿三星中靠前的星，这是大臣有难之兆。二年后的七月，懿献梁皇后因忧郁而死。同时，大将军梁冀指使太仓令秦宫刺杀议郎邴尊，还企图杀害邓皇后的母亲宣，阴谋败露后，桓帝收回梁冀的大将军印绶和梁冀妻子孙寿的襄城君印绶，夫妻二人全都自杀。之后梁氏与孙氏的宗亲或遭朝廷处死，或被流放于边远之地。这些事正是上述天象的应验。

延熹四年（161）三月甲寅日，火星迫近鬼宿的积尸星官。五月辛酉日，有一颗星忽然出现在室宿，该星渐渐向东运行，光芒逐渐增长到五尺左右，待其运行到心宿一度时，该星变为彗星。火星迫近鬼宿的积尸星官，这象征着大臣中将有遭到处死之人。延熹五年（162）十月，南郡太守李肃因抵抗蛮夷入侵不力获罪，当时蛮夷贼军攻入郡县劫掠，夺走了一亿以上的财物，还攻入太守府抢走铜虎符，而李肃避战而逃，没有救援城邑；此外，奉皇命出使黎阳营监察军务的谒者燕乔因贪污获罪，左冯翊重泉县令彭良因杀害无辜之人获罪，他们均被处死示众。京兆虎牙都尉宋谦因贪污获罪，并在入狱后死去。始现于室宿的星运行至心宿时变为彗星，这是王室成员殒命的征兆。自延熹四年起又过了四年，邓皇后因忧郁而死。

延熹六年（163）十一月丁亥日，金星于白昼时显现。此时邓皇后一族尊贵而显赫。

延熹七年（164）七月戊辰日，水星迫近木星。八月庚戌日，火星迫近鬼宿的积尸星官。庚申日，木星迫近轩辕星官的大星。十月丙辰日，金星迫近房宿北端的星。丁卯日，水星迫近金星。十二月乙丑日，十二月乙丑，荧惑犯轩辕第二星。辰星犯岁星为兵。荧惑犯质星有戮臣。岁星犯轩辕为女主忧。太白犯房北星为后宫。其八年二月，太仆南乡侯左胜以罪赐死，胜弟中常侍上蔡侯悺、北乡侯党皆自杀。癸亥，皇后邓氏坐执左道废，迁于桐宫死，宗亲侍中沘阳侯邓康、河南尹邓万、越骑校尉邓弼、虎贲中郎将安阳侯邓会、侍中监羽林左骑邓德、右骑邓寿、昆阳侯邓统、淯阳侯邓秉、议郎邓循皆系暴室，万、会死，康等免官。又荆州刺史芝、交阯刺史葛祗皆为贼所拘略，桂阳太守任胤背敌走，皆弃市，荧惑犯舆鬼质星之应也。

八年五月癸酉，太白犯舆鬼质星。壬午，荧惑入太微右执法。闰月己未，太白犯心前星。十月癸酉，岁星犯左执法。十一月戊午，岁星入太微，犯左执法。九年正月壬辰，岁星入太微中，五十八日出端门。六月壬戌，太白行入舆鬼。七月乙未，荧惑行舆鬼中，犯质星。九月辛亥，荧惑入太微西门，积五十八日。永康元年正月庚寅，荧惑逆行入太微东门，留太微中，百一日出端门。七月丙戌，太白昼见经天。太白犯心前星，太白犯舆鬼质星有戮臣。荧惑入太微为贼臣。太白犯心前星为兵丧。岁星入太微犯左执法，将相有诛者。岁星入守太微五十日，占为人主。太白、荧惑入舆鬼，皆为死丧，又犯质星为戮臣。荧惑留太微中百一日，占为人主。太白昼见经天为兵，忧在大人。其九年十一月，太原太守刘瓆、南阳太守成瑨皆坐杀无辜，荆州刺史李隗为贼所拘，尚书郎孟玽坐受金漏言，皆弃市。永康元年十二月丁丑，桓帝崩，太傅陈蕃，大将军窦武、尚书令尹勋、黄门令山冰等皆枉死，太白犯心，荧惑留守太微之应也。

火星迫近轩辕星官北起第二颗星。水星迫近木星是战事的征兆。火星迫近积尸星官是大臣遭到处死的征兆。木星迫近轩辕星官的大星是皇后有难的征兆。金星迫近房宿北端的星象征着后宫有难。延熹八年（165）二月，太仆南乡侯左胜因罪受到赐死。左胜的弟弟中常侍上蔡侯左悺、北乡侯左党都自杀身亡。癸亥日，邓皇后因施行巫蛊之类的邪术遭到废黜，她被遣送到桐宫并死于此地，她的同姓亲族侍中泚阳侯邓康、河南尹邓万、越骑校尉邓弼、虎贲中郎将安阳侯邓会、侍中监羽林左骑邓德、监羽林右骑邓寿、昆阳侯邓统、淯阳侯邓秉、议郎邓循都被关押到收容后宫有罪之女的暴室中，邓万、邓会最终死去，邓康等人均遭罢免。与此同时，荆州刺史芝、交阯刺史葛祗都沦为贼寇的俘虏，桂阳太守任胤避战而逃，三人都被处死示众，这正是火星迫近积尸星官为大臣遭到处死之兆的应证。

延熹八年五月癸酉日，金星迫近鬼宿的积尸星官。壬午日，火星运行到太微垣右执法星附近。闰月己未日，金星迫近心宿三星中前端的星。十月癸酉日，木星迫近左执法星。十一月戊午日，木星运行到太微垣，迫近左执法星。延熹九年（166）正月壬辰日，木星运行到太微垣中，并于五十八天后从左、右执法星之间的端门离开太微垣。六月壬戌日，金星运行到鬼宿。七月乙未日，火星运行到鬼宿中，迫近积尸星官。九月辛亥日，火星从太微垣西门进入太微垣，火星总计在太微垣中逗留了五十八天。永康元年（167）正月庚寅日，火星发生逆行并从太微垣东门进入太微垣，之后火星便逗留于太微垣中，并在一百零一天后才从端门离开太微垣。七月丙戌日，金星于白昼时显现并行经天球子午圈。金星迫近心宿三星中前端的星，或是迫近鬼宿的积尸星官，这些都是大臣将遭处死的征兆。火星运行到太微垣象征着乱臣贼子的出现。金星迫近心宿前端的星也是战事和死亡的征兆。木星运行到太微垣并迫近左执法星，表示将相中将有遭到处死之人。木星运行到太微垣并一连五十天停留在太微垣之侧，根据占卜可知天子将遭祸难。金星、火星运行到鬼宿，二者均是死亡之事的征兆，另外，二星先后迫近积尸星官象征着将有大臣遭处死。火星在太微垣中停留一百零一天，根据占卜可知天子将遭祸难。金星于白昼时显孝灵帝建宁元年六月，太白在西方，入太微，犯西蕃南头星。太微，天廷也。太白行其中，宫门当闭，大将被甲兵，大臣伏诛。其八月，太傅陈蕃、大将军窦武谋欲尽诛诸宦者；其九月辛亥，中常侍曹节、长乐五官史朱瑀觉之，矫制杀蕃、武等，家属徙日南比景。

熹平元年十月，荧惑入南斗中。占曰："荧惑所守为兵乱。"斗为吴。其十一月，会稽贼许昭聚众自称大将军，昭父生为越王，攻破郡县。

二年四月，有星出文昌，入紫宫，蛇行，有首尾无身，赤色，有光炤垣墙。八月丙寅，太白犯心前星。辛未，白气如一匹练，冲北斗第四星。占曰："文昌为上将贵相。太白犯心前星，为大臣。"后六年，司徒刘郃为中常侍曹节所谮，下狱死。白气冲北斗为大战。明年冬，扬州刺史臧旻、丹阳太守陈寅，攻盗贼苴康，斩首数千级。

光和元年四月癸丑，流星犯轩辕第二星，东北行入北斗魁中。八月，彗星出亢北，入天市中，长数尺，稍长至五六丈，赤色，经历现并行经天球子午圈既是暴发战事的征兆，也是人物君将遭祸患之兆。延熹九年十一月，太原太守刘瓆、南阳太守成瑨都因处死无辜之人获罪，荆州刺史李隗因被叛贼俘虏获罪，尚书郎孟珰因受贿泄密获罪，三人都被斩于闹市。永康元年十二月丁丑日，桓帝驾崩，同时，太傅陈蕃、大将军窦武、尚书令尹勋、黄门令山冰等人都蒙冤而死，这些都是金星迫近心宿以及火星停于太微垣之侧所预兆之事的应验。

灵帝建宁元年（168）六月，金星出现在西方天空，之后运行到太微垣中，迫近太微右垣南端的右执法星。太微垣是天帝的宫廷。金星在太微垣中运行，象征着宫门应当紧闭，大将披坚执锐，大臣将遭处死。同年八月，太傅陈蕃、大将军窦武一同商议打算将众位宦官全部处死；同年九月辛亥日，中常侍曹节、长乐五官史朱瑀察觉了陈蕃和窦武的计划，于是曹节、朱瑀假托灵帝的命令杀害了陈蕃、窦武等人，并将他们的家属流放到日南郡比景县。

熹平元年（172）十月，火星运行到南斗六星的斗口中。占卜记录中曾有言："火星居于哪个星宿之侧，哪个星宿所对应的分野便有战乱。"斗宿对应着吴地的分野。同年十一月，会稽郡一带的贼寇许昭聚众叛汉并自称大将军，贼寇拥立许昭的父亲许生为越王，贼军攻陷了郡府和众多县城。

熹平二年（173）四月，有星出现于紫微垣边缘的文昌星官附近，并继续向紫微垣中运行，其运行轨迹如蛇行般蜿蜒曲折，该星有首有尾而无身，呈红色，其光芒在紫微垣边缘极为明显。八月丙寅日，金星迫近心宿前端的星。辛未日，出现了一匹白练般的白色光气，光气直冲向北斗星官的第四星天权星。占卜记录中曾有言："文昌星官象征着地位尊贵的将领和辅相。金星迫近心宿前端的星是大臣有难的征兆。"六年后，司徒刘郃遭中常侍曹节诬陷，并在入狱后死去。白色光气直冲北斗象征着大战将至。第二年冬季，扬州刺史臧旻、丹阳太守陈寅讨伐了贼寇苴康，数千名敌军遭到斩首。

光和元年（178）四月癸丑日，有流星出现并迫近了轩辕星官的第二星，流星之后飞往东北并运行到北斗斗身中。八月，有彗星出现于亢宿北部，之后运行到天市垣中，该彗星长达数尺，而后渐渐增长十余宿，八十余日，乃消于天菀中。流星为贵使，轩辕为内宫，北斗魁主杀。流星从轩辕出抵北斗魁，是天子大使将出，有伐杀也。至中平元年，黄巾贼起，上遣中郎将皇甫嵩、朱儁等征之，斩首十余万级。彗除天市，天帝将徙，帝将易都。至初平元年，献帝迁都长安。

三年冬，彗星出狼、弧，东行至于张乃去。张为周地，彗星犯之为兵乱。后四年，京都大发兵击黄巾贼。

五年四月，荧惑在太微中，守屏。七月，彗星出三台下，东行入太微，至太子、幸臣，二十余日而消。十月，岁星、荧惑、太白三合于虚，相去各五六寸，如连珠。占曰："荧惑在太微为乱臣。"是时中常侍赵忠、张让、郭胜、孙璋等，并为奸乱。彗星入太微，天下易主。至中平六年，宫车晏驾。岁星、荧惑、太白三合于虚为丧。虚，齐也。明年，琅邪王据薨。

光和中，国皇星东南角去地一二丈，如炬火状，十余日不见。占曰："国皇星为内乱，外内有兵丧。"其后黄巾贼张角烧州郡，朝廷遣将讨平，斩首十余万级。中平六年，宫车晏驾，大将军何进令司隶校尉袁绍私募兵千余人，阴跱雒阳城外，窃呼并州牧董卓使将兵至京都，共诛中官，对战南、北宫阙下，死者数千人，燔烧宫室，迁都西京。及司徒王允与将军吕布诛卓，卓部曲将郭汜、李傕旋兵攻长安，公卿百官吏民战死者且万人。天下之乱，皆自内发。

至五六丈，并呈现出红色的光辉，该彗星行经了十几个星宿，在显现了八十多天后，才在天苑星官消失。流星是尊贵的使者，轩辕星官代表后宫，北斗斗身主管杀伐。流星从轩辕星官飞出后到达北斗斗身，这象征着天子将要派出高级的使者，并施行杀伐之事。到中平元年（184）时，黄巾军发动了叛乱，灵帝派遣中郎将皇甫嵩、朱儁等人镇压黄巾军，最终汉军斩杀了十多万贼兵。彗星扫过天市垣，这象征着天帝将要迁徙，而人君将要迁都。到初平元年（190）时，献帝迁都到长安。

光和三年（180）冬季，有彗星出现于井宿的天狼星与弧矢星官之间，该彗星向东运行并在到达张宿后才消失。张宿对应着周地的分野，彗星迫近张宿是战乱的征兆。四年后，灵帝在京城调集大量兵力讨伐黄巾军。

光和五年（182）四月，火星运行到太微垣中并停留于内屏星官之侧。七月，有彗星出现在三台星官下方，该彗星向东运行进入太微垣，并行经太子星、幸臣星，彗星在显现了二十多天后消失。十月，木星、火星与金星汇聚在虚宿，三星各自相隔五六寸的距离，在天幕中宛若一串宝珠。占卜记录中曾有言："火星出现在太微垣象征着奸臣作乱。"这时，中常侍赵忠、张让、郭胜、孙璋等人相互勾结胡作非为。彗星运行到太微垣象征着新君即位。到中平六年（189）时，灵帝驾崩。木星、火星、金星汇聚在虚宿象征着死亡之事。虚宿对应着齐地的分野。第二年，琅邪王刘据去世。

光和年间，忽然有国皇星出现在天球东南方距离地平一两丈的位置，其形状像点燃的火把，该彗星在显现了十多天后消失不见。占卜记录中曾有言："国皇星象征着内乱的暴发，京城内将有战争和死亡之事。"后来，黄巾军在首领张角的率领下在各州郡放火，朝廷派遣将领讨伐并平定了他们，汉军斩杀了十多万黄巾军。中平六年，灵帝驾崩，大将军何进命司隶校尉袁绍私自募集了一千多名士兵，并在洛阳城外暗中准备，何进又密令并州牧董卓派遣兵将来到京城，打算由袁、董两军一同讨伐宦官，两军与宦官在洛阳南宫、北宫门下交战，战死者多达数千，战火烧毁了洛阳的宫殿，朝廷最终迁都到长安。等中平二年十月癸亥，客星出南门中，大如半筵，五色喜怒稍小，至后年六月消。占曰："为兵。"至六年，司隶校尉袁绍诛灭中官，大将军部曲将吴匡攻杀车骑将军何苗，死者数千人。

三年四月，荧惑逆行守心后星。十月戊午，月食心后星。占曰："为大丧。"后三年而灵帝崩。

五年二月，彗星出奎，逆行入紫宫，后三出，六十余日乃消。六月丁卯，客星如三升椀，出贯索，西南行入天市，至尾而消。占曰："彗除紫宫，天下易主。客星入天市，为贵人丧。"明年四月，宫车晏驾。中平中夏，流星赤如火，长三丈，起河鼓，入天市，抵触宦者星，色白，长二三丈，后尾再屈，食顷乃灭，状似枉矢。占曰："枉矢流发，其宫射，所谓矢当直而枉者，操矢者邪枉人也。"中平六年，大将军何进谋尽诛中官，中官觉，于省中杀进：俱两破灭，天下由此遂大坏乱。

六年八月丙寅，太白犯心前星，戊辰犯心中大星。其日未冥四刻，大将军何进于省中为诸黄门所杀。己巳，车骑将军何苗为进部司徒王允和将军吕布处死了董卓后，董卓麾下的将领郭汜、李傕立刻起兵攻打长安，有近万名的公卿百官和官吏百姓死在了这场战乱中。可见国家的祸乱，都是从内部酝酿的。

灵帝中平二年（185）十月癸亥日，有新星忽然出现在角宿的南门星官当中，起初，该星大小恰似半张坐席，呈现出五种颜色并忽明忽暗地闪烁着，之后便渐渐变小，到次年六月时消失。占卜记录中曾有言：“这是战事的征兆。”到中平六年时，司隶校尉袁绍剿灭了宦官势力，另外，大将军何进麾下的将领吴匡向车骑将军何苗发起进攻并杀死了何苗，经此一役有数千人战死。

中平三年（186）四月，火星发生逆行并停留在心宿三星中后端的星之侧。十月戊午日，月亮遮掩了心宿后端的星。占卜记录中曾有言：“这些都象征着王室成员的去世。”三年后，灵帝驾崩。

中平五年（188）二月，有彗星出现在奎宿，并于之后自东向西逆行至紫微垣中，此后该彗星又三次出入于紫微垣中，最终在显现了六十多天后消失。六月丁卯日，出现了一颗三升水碗般大小的彗星，该彗星出现于天市垣的贯索星官附近，之后向西南方运行进入天市垣当中，并在到达尾宿后消失。占卜记录中更有言：“彗星扫过紫微垣，象征着天下易主。彗星运行到天市垣是尊贵之人将死之兆。”第二年四月，灵帝驾崩。中平五年夏季的第二个月，出现了一颗红似火焰的流星，其光芒长达三丈，该流星从牛宿的河鼓星官飞出，之后运行到天市垣中，并触及了宦者星官，此时流星变为白色，光芒变为二三丈，稍后流星的余迹两度弯曲，并在一顿饭的时间后最终消失，该流星形似弯曲的箭矢。占卜记录中曾有言：“当有状似弯曲箭矢的流星飞出时，它所射向的星官所对应的下界之人将遭祸难。之所以理当笔直的箭矢却变得弯曲，是因为拿着箭矢的人亦是奸邪之人。”中平六年，大将军何进谋划杀尽宦官，宦官们也察觉了他的计划，于是在宫禁中杀死了何进；最终双方势力一并败亡，从此天下就陷入巨大的混乱之中。

中平六年八月丙寅日，金星迫近心宿前端的星，戊辰日，金星又迫近心宿中央的大星。在戊辰日这天，离入夜尚有一个小时的时候，曲将吴匡所杀。

孝献初平二年九月，蚩尤旗见，长十余丈，色白，出角、亢之南。占曰：“蚩尤旗见，则王征伐四方。”其后丞相曹公征讨天下且三十年。

四年十月，孛星出两角间，东北行入天市中而灭。占曰：“彗除天市，天帝将徙，帝将易都。”是时上在长安，后二年东迁，明年七月，至雒阳，其八月，曹公迎上都许。

建安五年十月辛亥，有星孛于大梁，冀州分也。时袁绍在冀州。其年十一月，绍军为曹公所破。七年夏，绍死，后曹公遂取冀州。

九年十一月，有星孛于东井舆鬼，入轩辕太微。十一年正月，星孛于北斗，首在斗中，尾贯紫宫，及北辰。占曰：“彗星扫太微宫，人主易位。”其后魏文帝受禅。

十二年十月辛卯，有星孛于鹑尾。荆州分也，时荆州牧刘表据荆州，益州从事周群以为荆州牧将死而失土。明年秋，表卒，以小子琮自代。曹公将伐荆州，琮惧，举军诣公降。

十七年十二月，有星孛于五诸侯。周群以为西方专据土地者，皆将失土。是时益州牧刘璋据益州，汉中太守张鲁别据汉中，韩遂据凉州，宗建别据枹罕。明年冬，曹公遣偏将击凉州。十九年，获宗建；韩遂逃于羌中，病死。其年秋，璋失益州。二十年秋，曹公攻汉大将军何进在宫禁之中死于众宦官之手。第二天己巳日，车骑将军何苗为何进麾下将领吴匡所杀。

献帝初平二年（191）九月，蚩尤旗彗星出现，该彗星有十多丈长，呈白色，于角宿、亢宿以南现身。占卜记录中曾有言："蚩尤旗出现时，王者就会征伐四方。"此后，丞相曹操转战四方将近三十年。

初平四年（193）十月，有彗星出现于角宿一与角宿二之间，该彗星向东北方向运行并在进入天市垣后消失。占卜记录中曾有言："彗星扫过天市垣，这象征着天帝将要迁徙，人君将要迁都。"此时献帝尚在长安，两年后朝廷东迁，并于下一年（建安元年，196年）的七月抵达洛阳，同年八月，曹操将献帝迎至许县并定都于此。

建安五年（200）十月辛亥日，有彗星出现大梁星次，即胃、昴、毕三宿区域，大梁星次对应着冀州的分野。此时袁绍势力正占据着冀州。同年十一月，袁绍军败于曹操之手。建安七年（202）夏季，袁绍逝世，这之后曹操就夺取了冀州。

建安九年（204）十一月，有彗星出现于井宿和鬼宿区域，该彗星先后运行到轩辕星官和太微垣当中。建安十一年（206）正月，有彗星出现于北斗区域，彗头位于斗身中，彗尾则贯穿紫微垣触及到北极星。占卜记录中曾有言："彗星扫过太微垣，高居君位之人将有所改换。"这之后，魏文帝曹丕接受了献帝的禅让。

建安十二年（207）十月辛卯日，有彗星出现在鹑尾星次，即翼宿、轸宿区域，鹑尾对应着荆州的分野。此时荆州牧刘表正占据着荆州，益州从事周群认为荆州牧刘表将要逝世，而荆州也将落入他人之手。第二年秋季，刘表去世，临终前他指派小儿子刘琮代替自己继任荆州牧。到后来曹操将要攻打荆州之时，刘琮惊惧不安，他最终率全军归降曹操。

建安十七年（212）十二月，有慧星出现于太微垣的五诸侯星官。周群认为割据西部州郡之人，都将丧失领地。此时益州牧刘璋正占据着益州，汉中太守张鲁则另外占据着益州的汉中郡，韩遂占据着凉州，宋建则另外占据着凉州的枹罕县。第二年冬季，曹操派副将攻打中，鲁降。

十八年秋，岁星、镇星、荧惑俱入太微，逆行留守帝坐百余日。占曰：“岁星入太微，人主改。”

二十三年三月，孛星晨见东方二十余日，夕出西方，犯历五车、东井、五诸侯、文昌、轩辕、后妃、太微，锋炎指帝坐。占曰：“除旧布新之象也。”

殇帝延平元年九月乙亥，陨石陈留四。《春秋》僖公十六年，陨石于宋五，传曰陨星也。董仲舒以为从高反下之象。或以为庶人惟星，陨，民困之象也。

桓帝延熹七年三月癸亥，陨石右扶风一，鄠又陨石二，皆有声如雷。

凉州。建安十九年（214），曹军俘虏了宗建；韩遂逃亡到西羌，最终病死在那里。同年秋季，刘璋没能保住益州。建安二十年（215）秋季，曹操攻占汉中，张鲁投降。

建安十八年（213）秋季，木星、土星、火星都运行到太微垣，之后三星均发生逆行并停留在五帝座星官之侧达一百多天。占卜记录中曾有言："木星运行到太微垣，象征着人君将发生改变。"

建安二十三年（218）三月，有彗星于清晨出现在东方天空，二十多天后，该彗星在黄昏时出现在西方天空，在此期间该彗星行经并迫近了毕宿的五车星官、井宿、五诸侯星官、紫微垣的文昌星官、星宿的轩辕星官、轩辕星官的大星、太微垣，并且彗尾的光芒直指五帝座星官。占卜记录中曾有言："这是除旧布新之兆。"

殇帝延平元年（106）九月乙亥日，有四颗陨石坠落在陈留郡。根据《春秋》的记载，鲁僖公十六年（前644），有五颗陨石坠落在宋国，经传上说陨石是陨落的星体。董仲舒认为这是位居高位之人从高位回到下位的象征。也有说法认为黎民百姓对应着天上的繁星，星体陨落是百姓困苦的征兆。

桓帝延熹七年三月癸亥日，有一颗陨石坠落在右扶风，另有两颗坠落在右扶风的鄠县，陨石在坠落时都发出雷鸣般的响声。

卷二十三

志第十三　五行一

貌不恭　淫雨　服妖　鸡祸　青眚

屋自坏　讹言　旱　谣　狼食人

《五行传》说及其占应，《汉书·五行志》录之详矣。故泰山太守应劭、给事中董巴、散骑常侍谯周并撰建武以来灾异。今合而论之，以续《前志》云。

《五行传》曰："田猎不宿，饮食不享，出入不节，夺民农时，及有奸谋，则木不曲直。"谓木失其性而为灾也。又曰："貌之不恭，是谓不肃。厥咎狂，厥罚恒雨，厥极恶。时则有服妖，时则有龟孽，时则有鸡祸，时则有下体生上之痾，时则有青眚、青祥，惟金沴木。"说云：气之相伤谓之沴。

建武元年，赤眉贼率樊崇、逢安等共立刘盆子为天子。然崇等视之如小儿，百事自由，初不恤录也。后正旦至，君臣欲共飨，既坐，酒食未下，群臣更起，乱不可整。时大司农杨音案剑怒曰："小儿戏尚不如此！"其后遂破坏，崇、安等皆诛死。唯音为关内侯，以寿终。

光武崩，山阳王荆哭不哀，作飞书与东海王，劝使作乱。明

《五行传》中所阐述的观点以及征兆的应验，在《汉书·五行志》有详细的记载。已故泰山太守应劭、给事中董巴、散骑常侍谯周等人都曾撰著过自建武以来的灾异变化。如今，综合他们的观点并加以论述，以接续之前的《汉书·五行志》。

《五行传》中说："如果君王不注重时节，过度田猎，饮食上不行享献之礼，出入宫廷不遵守法度，毫无节制，占用农时，以及心存奸谋，则会导致木不再具有生长、生发、条达舒畅的属性。"也就是说，木失去了它的本来属性则会成为灾祸。又说："君王仪容不庄严恭谨，就是不恭敬。其过失表现为狂妄，将遭受的惩罚是连续不断地降雨，它的危害是相当凶险的。有时会出现服妖，有时则会出现龟孽，有时是鸡祸，有时还会有下体生于上身的怪病，有时则是青眚、青祥的凶兆，这是金克木的表现。"有人注解道：五行之气相伤相克称为沴。

建武元年（25），赤眉军首领樊崇、逄安等人共同拥立刘盆子为天子。然而，樊崇等人视刘盆子如小孩，并不放在眼里，行事随心所欲，起初他们并不担心会因此受到惩罚。后来，在正月初一那天，君臣们打算共同宴饮，众人落座后，酒宴还未开始，群臣便纷纷起身，场面混乱不堪。当时大司农杨音手握剑柄怒斥道："就算是小孩子的游戏也不至于这样混乱！"从那之后，赤眉军势力衰败，樊崇、逄安等人都被诛杀。只有杨音被封为关内侯，寿终正寝。

光武帝驾崩，山阳王刘荆吊唁时并非真心哀痛，他飞书给东海帝以荆同母弟，太后在，故隐之。后徙王广陵，荆遂坐复谋反自杀也。

章帝时，窦皇后兄宪以皇后甚幸于上，故人人莫不畏宪。宪于是强请夺沁水长公主田，公主畏宪，与之，宪乃贱顾之。后上幸公主田，觉之，问宪，宪又上言借之。上以后故，但谴敕之，不治其罪。后章帝崩，窦太后摄政，宪秉机密，忠直之臣与宪忤者，宪多害之，其后宪兄弟遂皆被诛。

桓帝时，梁冀秉政，兄弟贵盛自恣，好驱驰过度，至于归家，犹驰驱入门，百姓号之曰“梁氏灭门驱驰”。后遂诛灭。

和帝永元十年，十三年，十四年，十五年，皆淫雨伤稼。

安帝元初四年秋，郡国十淫雨伤稼。

永宁元年，郡国三十三淫雨伤稼。

建光元年，京都及郡国二十九淫雨伤稼。是时羌反久未平，百姓屯戍，不解愁苦。

延光元年，郡国二十七淫雨伤稼。

二年，郡国五连雨伤稼。

顺帝永建四年，司隶、荆、豫、兖、冀部淫雨伤稼。

六年，冀州淫雨伤稼。

王，劝他起兵反叛。明帝念及刘荆是他的同胞弟弟，况且太后仍然在世，因此便将此事隐忍下来。后来迁封他为广陵王，刘荆最终因再次谋反而自杀。

章帝执政时期，窦皇后的兄长窦宪因为皇后备受皇帝的宠爱而骄横跋扈，所以没有人不畏惧他的。于是窦宪强行抢夺了沁水长公主的田产，公主害怕窦宪，只得把田产让给他，谁知他反而更加瞧不起公主。后来，章帝驾临公主的封地，发现了此事，于是便询问窦宪，他竟然谎称田产是他向公主暂借的。章帝因为皇后的缘故，只是小小地处罚了他一下，但并未治他的罪。后来章帝驾崩，窦太后管理朝政，窦宪执掌机密要职，忠直的朝臣中但凡有忤逆他的，大多被他迫害而死，最后窦氏兄弟全都被诛杀。

桓帝执政时期，梁冀执掌朝政，梁氏兄弟个个位高权重，恣意妄为，梁冀酷爱策马疾驰，而且超越了常度，甚至回家时也不下马，而是纵马飞奔进府，百姓称之为“梁氏灭门驱驰”。后来梁氏果然被诛灭。

和帝永元十年（98）、十三年（101）、十四年（102）、十五年（103），持续降雨，导致庄稼严重受损。

安帝元初四年（117）秋季，十个郡国持续降雨，导致庄稼严重受损。

永宁元年（120），三十三个郡国持续降雨，导致庄稼严重受损。

建光元年（121），京都及二十九个郡国持续降雨，导致庄稼严重受损。当时，正值羌族造反，时局动荡，久久不得太平，百姓被迫驻守边境，生活的愁苦无法排解。

延光元年（122），二十七个郡国持续降雨，导致庄稼严重受损。

延光二年（123），五个郡国持续不断地降雨，导致庄稼严重受损。

顺帝永建四年（129），司隶、荆州、豫州、兖州、冀州等多地持续降雨，导致庄稼严重受损。

永建六年（131），冀州持续降雨，导致庄稼严重受损。

桓帝延熹二年夏，霖雨五十余日。是时，大将军梁冀秉政，谋害上所幸邓贵人母宣，冀又擅杀议郎邴尊。上欲诛冀，惧其持权日久，威势强盛，恐有逆命，害及吏民，密与近臣中常侍单超等图其方略。其年八月，冀卒伏罪诛灭。

灵帝建宁元年夏，霖雨六十余日。是时大将军窦武谋变废中官。其年九月，长乐五官史朱瑀等共与中常侍曹节起兵，先诛武，交兵阙下，败走，追斩武兄弟，死者数百人。

熹平元年夏，霖雨七十余日。是时中常侍曹节等，共诬曰勃海王悝谋反，其十月诛悝。

中平六年夏，霖雨八十余日。是时灵帝新弃群臣，大行尚在梓宫，大将军何进与佐军校尉袁绍等共谋欲诛废中官。下文陵毕，中常侍张让等共杀进，兵战京都，死者数千。

更始诸将军过雒阳者数十辈，皆帻而衣妇人衣绣拥䯻。时智者见之，以为服之不中，身之灾也，乃奔入边郡避之。是服妖也。其后更始遂为赤眉所杀。

桓帝元嘉中，京都妇女作愁眉、啼妆、堕马髻、折要步、龋齿笑。所谓愁眉者，细而曲折。啼妆者，薄拭目下，若啼处。堕马髻者，作一边。折要步者，足不在体下。龋齿笑者，若齿痛，乐不欣欣。始自大将军梁冀家所为，京都歙然，诸夏皆放效。此近服妖也。梁冀二世上将，婚媾王室，大作威福，将危社稷。天诫若曰：兵马将往收捕，妇女忧愁，踧眉啼泣，吏卒掣顿，折其要脊，令髻倾邪，虽强语笑，无复气味也。到延熹二年，举宗诛夷。

桓帝延熹二年（159）夏季，连绵大雨持续了五十多天。当时，正值大将军梁冀执掌朝政，他谋害了皇帝所宠爱的邓贵人的母亲宣，又擅自将议郎邴尊杀死。皇帝本想处死梁冀，但又害怕他掌权朝政过久，势力强盛，一旦他抗旨不遵，引发叛乱，则会殃及无辜的官吏和庶民，于是便暗中与亲近大臣中常侍单超等人商议策略。同年八月，梁冀最终认罪伏法，被处死。

灵帝建宁元年（168）夏季，连绵大雨持续下了六十多天。当时，大将军窦武图谋废除宦官。同年九月，长乐五官史朱瑀等人与中常侍曹节等人共同起兵，率先诛杀窦武，双方在城阙下发生激战，窦武落败而逃，曹节等人追斩窦武兄弟，死于那场战争的有数百人。

熹平元年（172）夏季，连绵大雨持续下了七十多天。当时，中常侍曹节等人，共同诬告勃海王刘悝密谋造反，同年十月，刘悝被处死。

中平六年（189）夏季，连绵大雨持续下了八十多天。当时，灵帝刚刚驾崩，遗体还在梓宫未下葬，大将军何进便与佐军校尉袁绍等人共同密谋企图诛杀废除宦官。待到梓宫下葬文陵礼毕，中常侍张让等人共同诛杀何进，双方在京都交战，死于战争的有数千人。

更始帝时期，他的部下众将率领数十队大军经过洛阳时，将士们都裹着头巾，身穿妇人的绣花衣服，外搭无袖上衣。当时有智者看到此情此景后，认为他们的着装不合乎礼制，会惹火上身，就纷纷逃往边远郡县躲避灾难。这就是所谓的服妖。后来，后来更始帝果然是被赤眉军诛杀的。

桓帝元嘉年间，京都妇女流行愁眉、啼妆、堕马髻、折腰步、龋齿笑等另类且扭捏的姿态。所谓愁眉，是指细而曲折的眉妆，貌似发愁时皱着的眉头。所谓啼妆，是指用脂粉薄施于眼角下方，貌似啼哭的痕迹。所谓堕马髻，是指将发髻偏垂于一侧，似堕非堕的样子。所谓折腰步，是指走路时摆动腰部，貌似双脚不在身体下面的扭捏步态。所谓龋齿笑，是指发笑时故意做作，仿佛牙痛的样子，不露出欣喜之笑。这种装扮最初源于大将军梁冀的妻子，曾在京都风靡一时，后来中原地区的诸侯国妇女也都纷纷效仿。这种行为类似于服妖。

延熹中，梁冀诛后，京都帻颜短耳长，短上长下。时中常侍单超、左悺、徐璜、具瑗、唐衡在帝左右，纵其奸慝。海内愠曰：一将军死，五将军出。家有数侯，子弟列布州郡，宾客杂袭腾翥，上短下长，与梁冀同占。到其八年，桓帝因日蚀之变，乃拜故司徒韩寅为司隶校尉，以次诛鉏，京都正清。

延熹中，京都长者皆著木屐；妇女始嫁，至作漆画五采为系。此服妖也。到九年，党事始发，传黄门北寺，临时惶惑，不能信天任命，多有逃走不就考者，九族拘系，及所过历，长少妇女皆被桎梏，应木屐之象也。

灵帝建宁中，京都长者皆以苇方笥为妆具，下士尽然。时有识者窃言：苇方笥，郡国谳箧也，今珍用之，此天下人皆当有罪谳于理官也。到光和三年癸丑赦令诏书，吏民依党禁锢者赦除之，有不见文，他以类比疑者谳。于是诸有党郡皆谳廷尉，人名悉入方笥中。

灵帝好胡服、胡帐、胡床、胡坐、胡饭、胡空侯、胡笛、胡舞，京梁冀是世袭的大将军，梁氏还与王室通婚，因此嚣张跋扈，作威作福，权势之大已危及国家。上天的警示仿佛是说：国家的兵马即将前往梁氏进行抓捕，妇女愁容满面，皱着眉头啼哭，吏卒生拉硬拽，折断了她们的腰脊，使她们的发髻偏垂向一侧，即使是强颜欢笑，也不再有欣喜得意的韵味。到了延熹二年，梁氏最终被诛灭全族。

延熹年间，梁冀被处斩后，京都人的头巾为包裹额头部位的较短，垂在两耳旁的较长，整体形状看起来上短下长。当时中常侍单超、左悺、徐璜、具瑗、唐衡等人常在桓帝身旁侍奉，对于他们的奸恶行为，桓帝也是放纵不管。世人怨怒道：斩杀了一个将军，又出来五个这样的将军。这五大将军家中，都有数人被封侯，其子弟也是遍布各州、郡为官，就连他们的宾客、门人也都纷纷升迁，当时的时局与头巾上短下长的形状极为相似，与梁冀的占兆相同。到了延熹八年（165），桓帝因发生日食的变异，就任命前司徒韩寅为司隶校尉，之后依次铲除了五侯势力，京都的风气才得以平正清明。

延熹年间，京都中的达官显贵都喜欢穿着木屐；女性初嫁为人妇，到了夫家后，还要在木屐上绘制漆画，并且系上五彩的带子。这就是所谓的服妖。到了延熹九年（166），爆发了党锢之祸，党人被传唤至黄门署北寺狱，人们面对灾祸惶恐不安，但又不甘心听天由命，于是有许多人为了逃避刑讯拷问而逃走，这些人的九族因此受牵连被捕，他们所到之处，若是谁敢收留他们，则全家老少连同妇女都将被一起拘捕，这就应验了木屐的征兆。

灵帝建宁年间，京都中的达官显贵都喜欢用苇草编织的方形盛器作为梳妆用具，下至普通百姓也都是这样。当时有智慧的人私下谈论说：苇方笥，是郡国用来存放断狱案卷的箱子，如今把它作为珍贵的盛器使用，这是天下人都背负罪案在司法官处的征兆啊。到了光和三年（180）癸丑日，朝廷颁布大赦诏令，凡是受党人牵连而被禁锢的官吏与庶民，全部赦免无罪，对于那些没有案卷却也受到牵连的人，要重新进行公开审理。于是诸多有党人的郡都将案卷上呈给廷尉，人名全都装在苇方笥里。

灵帝酷爱胡服、胡帐、胡床、胡坐、胡饭、胡箜篌、胡笛、胡舞，于都贵戚皆竞为之。此服妖也。其后董卓多拥胡兵，填塞街衢，虏掠宫掖，发掘园陵。

灵帝于宫中西园驾四白驴，躬自操辔，驱驰周旋，以为大乐。于是公卿贵戚转相放效，至乘辎軿以为骑从，互相侵夺，贾与马齐。案《易》曰："时乘六龙以御天。"行天者莫若龙，行地者莫如马。《诗》云："四牡骙骙，载是常服。""檀车煌煌，四牡彭彭。"夫驴乃服重致远，上下山谷，野人之所用耳，何有帝王君子而骖服之乎！迟钝之畜，而今贵之。天意若曰：国且大乱，贤愚倒植，凡执政者皆如驴也。其后董卓陵虐王室，多援边人以充本朝，胡夷异种，跨蹈中国。

熹平中，省内冠狗带绶，以为笑乐。有一狗突出，走入司徒府门，或见之者，莫不惊怪。京房《易传》曰："君不正，臣欲篡，厥妖狗冠出。"后灵帝宠用便嬖子弟，永乐宾客、鸿都群小，传相汲引，公卿牧守，比肩是也。又遣御史于西邸卖官，关内侯顾五百万者，赐与金紫；诣阙上书占令长，随县好丑，丰约有贾。强者贪如豺虎，弱者略不类物，实狗而冠者也。司徒古之丞相，壹统国政。天戒若曰：宰相多非其人，尸禄素餐，莫能据正持重，阿意曲从；今在位者皆如狗也，故狗走入其门。

灵帝数游戏于西园中，令后宫采女为客舍主人，身为商贾服。

是京都的贵戚们也都竞相效仿。这就是所谓的服妖。后来，董卓聚集大量胡兵，填塞了街道和通路，掳掠皇宫，掘了皇家的陵墓。

灵帝在宫中的西园内驾驭着用四匹白驴套的车，他亲自持缰，扬鞭策驴，车子疾驰盘旋，他以此为乐。于是公卿贵戚们也都竞相效仿，甚至有人将妇女乘坐的有屏蔽的车子当作出行的车骑，他们相互争抢毛驴，导致驴价飙升，与马价一样高。根据《易·乾·彖》中所载："时乘六龙以御天。"在天上巡游没有比乘龙更合适的了，在地上行走没有比马更合适的了。《诗经》中说："四匹强壮的马拉车，运载常服。""光亮的檀木戎车，用四匹强壮有力的骏马拉着。"驴不过是用来运载重物到远方，翻山越岭、上山下谷，为农夫日常使用的牲畜，哪有帝王、君子将驴作为驾车之马来使用的啊！驴是生性迟钝的牲畜，如今却变得如此贵重。上天的警示仿佛在说：国家将面临大乱，贤士与愚者将被颠倒，凡是执政的人都像驴一样愚蠢。后来，董卓欺凌侵害王室，提拔了一大批边郡之人入朝为官，胡夷等少数民族跨越边界践踏中原。

熹平年间，皇宫内流行给狗穿衣戴帽，佩系绶带，并以此为乐。其中有一只狗突然冲出皇宫，跑进司徒府的府门，看见它的人，没有不感到惊讶奇怪的。京房《易传》中说："君王的言行不端正，臣下将要篡位，这种事情的征兆就是狗戴帽子冲出来。"后来，灵帝宠信谄媚的奸臣子弟，永乐宫的宾客、鸿都门的学生等，都相互引荐，通过这种手段被提拔起来的公卿、州牧、太守等官员，比比皆是。灵帝还派御史公然在西邸卖官，关内侯价值五百万钱，赐予金印紫绶；还可以到京阙上书求任县令、县长等官职，价格的高低根据县的好坏而定。这些人当中，强横之人贪婪如狼，软弱之人则如傀儡一般，这就是现实生活中穿衣戴帽的狗啊。司徒是古代的丞相，统领国政。上天的警示仿佛在说：宰相之位总是不得其人，尸位素餐，身居高位却做不到正直持重，只会阿谀逢迎，曲意他人；如今身居高位的人都像狗一般，所以才会有狗跑入司徒府的府门。

灵帝曾多次在西园中嬉游，他命后宫的宫女装扮成客舍老板，行至舍，采女下酒食，因共饮食以为戏乐。此服妖也。其后天下大乱。

献帝建安中，男子之衣，好为长躬而下甚短，女子好为长裙而上甚短。时益州从事莫嗣以为服妖，是阳无下而阴无上也，天下未欲平也。后还，遂大乱。

灵帝光和元年，南宫侍中寺雌鸡欲化雄，一身毛皆似雄，但头冠尚未变。诏以问议郎蔡邕。邕对曰："貌之不恭，则有鸡祸。宣帝黄龙元年，未央宫雌鸡化为雄，不鸣无距。是岁元帝初即位，立王皇后。至初元元年，丞相史家雌鸡化为雄，冠距鸣将。是岁后父禁为阳平侯，女立为皇后。至哀帝晏驾，后摄政，王莽以后兄子为大司马，由是为乱。臣窃推之，头，元首，人君之象；今鸡一身已变，未至于头，而上知之，是将有其事而不遂成之象也。若应之不精，政无所改，头冠或成，为患兹大。"是后张角作乱称黄巾，遂破坏。四方疲于赋役，多叛者。上不改政，遂至天下大乱。

桓帝永兴二年四月丙午，光禄勋吏舍壁下夜有青气，视之，得玉钩、玦各一。钩长七寸二分，玦周五寸四分，身中皆雕镂。此青祥也。玉，金类也。七寸二分，商数也。五寸四分，徵数也。商为臣，徵为事，盖为人臣引决事者不肃，将有祸也。是时梁冀秉政专恣，后四岁，梁氏诛灭也。

自己则穿着商人的衣服。他来到客舍前，宫女便陈设酒食款待他，而后他们一同饮酒，以此为乐。这就是所谓的服妖。后来，天下大乱。

献帝建安年间，男子的服饰流行上身超长而下身极短，女子的服饰则流行裙子很长而上衣很短。当时，益州从事莫嗣认为这就是服妖，是阳气没有收敛而阴气没有生发造成的，这种现象会导致天下不太平。后来，果然天下大乱。

灵帝光和元年（178），南宫侍中寺的雌鸡即将变成雄鸡，只见它通体的羽毛看起来就像雄鸡一样，只是头上的鸡冠还没有变。皇帝下诏书给议郎蔡邕询问此事，蔡邕对策道："君王的仪容不庄重肃敬就会引发鸡祸。宣帝黄龙元年（前49），未央宫就曾出现过雌鸡变雄鸡的类似事件，变异后的鸡不会啼叫，没有鸡距。那年，元帝才刚刚即位，就册封了王皇后。到了初元元年（前48），丞相府长史家的雌鸡也变成雄鸡，那只鸡有鸡冠，有鸡距，还能啼叫，而且还能率领鸡群。那一年，皇后的父亲王禁被封为阳平侯，女儿被册封为皇后。到哀帝驾崩后，王皇后管理朝政，王莽凭借着皇后兄长儿子的身份担任了大司马一职，从那时起成了王室的祸乱。臣暗自猜测，头代表的是元首，是人君的象征；如今雌鸡只是身体发生改变，还未到达头部，陛下便有所察觉了，这应该是将要发生事变最终却无法得逞的征兆。如果处理不得当，不能及时修改政令，一旦鸡冠发生变化，恐怕会引发极大的祸乱。"此后，张角造反，自称黄巾军，东汉王朝最终败亡。面对着沉重的赋税与徭役，四面八方的民众穷困潦倒、疲惫不堪，反叛者与日俱增。皇上不及时修改政令，最终导致天下大乱。

桓帝永兴二年（154）四月丙午日夜晚，光禄勋的房舍墙壁下冒出青气，经过察看后发现一块玉钩和一块玉玦。玉钩长七寸二分，玉玦周长五寸四分，玉钩和玉玦上都雕刻着镂空的花纹。这就是所谓的青祥。玉，属金类。七寸二分恰好是音律中商音的值，五寸四分是徵音的值。商代表臣子，徵代表事件，这件事是在暗示，身为大臣，决断事情不够肃敬，这种过失将导致灾难降临。当时，梁冀执政，他专横跋扈，恣意妄为，四年后，梁氏全族被诛灭。

延熹五年，太学门无故自坏。襄楷以为太学前疑所居，其门自坏，文德将丧，教化废也。是后天下遂至丧乱。

永康元年十月壬戌，南宫平城门内屋自坏。金沴木，木动也。其十二月，宫车晏驾。

灵帝光和元年，南宫平城门内屋、武库屋及外东垣屋前后顿坏。蔡邕对曰："平城门，正阳之门，与宫连，郊祀法驾所由从出，门之最尊者也。武库，禁兵所藏。东垣，库之外障。《易传》曰：'小人在位，上下咸悖，厥妖城门内崩。'《潜潭巴》曰：'宫瓦自堕，诸侯强陵主。'此皆小人显位乱法之咎也。"其后黄巾贼先起东方，库兵大动。皇后同父兄何进为大将军，同母弟苗为车骑将军，兄弟并贵盛，皆统兵在京都。其后进欲诛废中官，为中常侍张让、段珪等所杀，兵战宫中阙下，更相诛灭，天下兵大起。

三年二月，公府驻驾庑自坏，南北三十余间。

中平二年二月癸亥，广阳城门外上屋自坏也。

献帝初平二年三月，长安宣平城门外屋无故自坏。至三年夏，司徒王允使中郎将吕布杀太师董卓，夷三族。

兴平元年十月，长安市门无故自坏。至二年春，李傕、郭汜斗长安中，傕迫劫天子，移置傕坞，尽烧宫殿、城门、官府、民舍，放兵寇钞公卿以下。冬，天子东还雒阳，傕、汜追上到曹阳，虏掠乘舆辎重，杀光禄勋邓渊、廷尉宣播、少府田邠等数十人。

延熹五年（162），太学门突然无故自行损坏。襄楷认为太学是前疑官的居所，大门无故自毁，这是文德即将丧失，教化即将废止的征兆。后来，天下果然出现了道德沦丧，混乱不堪的局面。

永康元年（167）十月壬戌日，南宫平城门内的房屋突然自行损坏。这是金克木，木为所动的缘故。同年十二月，桓帝驾崩。

灵帝光和元年，南宫平城门内的房屋、武器库以及外围东墙的房屋顷刻间先后自毁。蔡邕对策道："平城门，属于坐北朝南的正阳门，它与宫殿相连，郊祀天地时，皇帝的车驾要通过此门出城，它是所有宫门中最尊贵的。武器库是皇家军队存放武器的地方。外围东墙是武器库的外部屏障。《易传》中有载：'小人掌管朝廷，君臣之间易产生逆乱，它的征兆就是城门内的房屋崩塌。'《潜潭巴》中有载：'宫中的砖瓦自行脱落，象征着诸侯势力日益强大，已经威胁君王。'这类事件都是由小人占据显贵高位造成的，这是悖乱法纪的罪责。"后来，黄巾军最先在东方起义，武器库中的兵器被大量动用。皇后的同父胞兄何进任大将军，同母胞弟何苗任车骑将军，兄弟二人都是位高权重，在京都统兵。后来，何进企图诛杀废除宦官，被中常侍张让、段珪等人所杀，双方在宫中阙下发生激战，互相残杀，天下因此而硝烟四起。

三年二月，公府停放车驾的廊屋突然自行毁坏，南北二宫共损毁廊屋三十多间。

中平二年（185）二月癸亥日，广阳城门外的房屋突然自行毁坏。

献帝初平二年（191）三月，长安宣平城门外的房屋无故自行毁坏。到了初平三年（192）夏季，司徒王允派遣中郎将吕布将太师董卓诛杀，后将其三族诛灭。

兴平元年（194）十月，长安城集市的大门突然无故自行毁坏。到兴平二年（195）春季，李傕、郭汜在长安城中发生激战，李傕劫持献帝，移居到他的堡子之中，并将宫殿、城门、官府和民宅全部烧毁，他还放纵士兵攻占抢掠公卿以及下属官员的府邸。冬季，献帝向东返回

《五行传》曰："好攻战，轻百姓，饰城郭，侵边境，则金不从革。"谓金失其性而为灾也。又曰："言之不从，是谓不乂。厥咎僭，厥罚恒阳，厥极忧。时则有诗妖，时则有介虫之孽，时则有犬祸，时则有口舌之痾，时则有白眚、白祥、惟木沴金。"介虫，刘歆传以为毛虫。乂，治也。

安帝永初元年十一月，民讹言相惊，司隶、并、冀州民人流移。时邓太后专政。妇人以顺为道，故《礼》"夫死从子"之命。今专主事，此不从而僭也。

世祖建武五年夏，旱。《京房传》曰："欲德不用，兹谓张，厥灾荒，其旱阴云不雨，变而赤因四阴。众出过时，兹谓广，其旱不生。上下皆蔽，兹谓隔，其旱天赤三月，时有雹杀飞禽。上缘求妃，兹谓僭，其旱三月大温亡云。君高台府，兹谓犯，阴侵阳，其旱万物根死，有火灾。庶位逾节，兹谓僭，其旱泽物枯，为火所伤。"是时天下僭逆者未尽诛，军多过时。

章帝章和二年夏，旱。时章帝崩后，窦太后兄弟用事奢僭。

和帝永元六年秋，京都旱。时雒阳有冤囚，和帝幸雒阳寺，录洛阳，李傕、郭汜率兵一路追赶献帝至曹阳，他们掳掠了献帝的车乘与辎重，杀死光禄勋邓渊、廷尉宣播、少府田邠等数十人。

《五行传》有载："君王热衷于战争，无视民生疾苦，加固城郭，侵扰邻国边境，这种行为就会导致金属不以人的意愿被塑造。"这句话的意思是，金丧失了它可塑性极强的属性，必将导致灾祸降临。又说："臣下不遵从君王的旨意，这就是所谓的不乂。它的过失是僭越，相应的惩罚是太阳持续暴晒，令人极度忧愁。有时会出现诗妖，有时是引发介虫之孽，有时引发犬祸，有时会出现口舌怪病，还有时则会出现白眚、白祥，这是木克金的征兆。"介虫，刘歆注释为毛虫。乂，指治理。

安帝永初元年（107）十一月，民间谣言四起，百姓惊恐不安，司隶、并州、冀州多地百姓流离失所，四处逃亡。当时，邓太后专权朝政。女性应以顺随作为妇道，所以《礼记》中有"夫死从子"的说法。如今，邓太后独断专行，这是不顺随的僭越之举。

世祖建武五年（29）夏季，天下大旱。《京氏易传》中有载："君王不起用贤能之人，这种行为叫做张皇，它所引发的灾祸就是荒年，旱情的具体表象是阴云密布却迟迟没有降雨，天气酷热难耐，四方阴沉压抑。军队出征超过规定期限还没有返回，这种行为叫做旷废，旱情的具体表象是五谷不升。君臣异心，上下蔽塞，这种行为叫做隔阂，旱情的具体表象是三个月内，天气酷热难耐，时常会出现冰雹砸死飞禽的现象。国君广纳妃子，这种行为叫做僭溢，旱情的具体表象是三个月持续高温，万里无云。君王大兴土木，搭建高台府署，这种行为叫犯上，即为阴气冲犯阳气，旱情的具体表象是万物从根部枯死，同时伴有火灾。官吏超越法度职责，这种行为叫做僭越，旱情的具体表象是沼泽地里的生物会枯槁而死，就像被火烧死一样。"当时，天下僭逆之人还未被完全铲除，军队出征也总是超过规定期限没有返回。

章帝章和二年（88）夏季，天下大旱。当时，正值章帝刚刚驾崩不久，窦太后的兄弟窦宪、窦景执掌朝政，奢靡僭妄。

和帝永元六年（94）秋季，京都出现旱情。当时，洛阳存在冤狱囚徒，理冤囚，收令下狱抵罪。行未还宫，澍雨降。

安帝永初六年夏，旱。

七年夏，旱。

元初元年夏，旱。

二年夏，旱。

六年夏，旱。

顺帝永建三年夏，旱。

五年夏，旱。

阳嘉二年夏，旱。时李固对策，以为奢僭所致也。

冲帝永憙元年夏，旱。时冲帝幼崩，太尉李固劝太后兄梁冀立嗣帝，择年长有德者，天下赖之，则功名不朽。年幼未可知，如后不善，悔无所及。时太后及冀贪立年幼，欲久自专，遂立质帝，八岁。此不用德。

桓帝元嘉元年夏，旱。是时梁冀秉政，妻子并受封，宠逾节。

延熹元年六月，旱。

灵帝熹平五年夏，旱。

六年夏，旱。

光和五年夏，旱。

六年夏，旱。是时常侍、黄门僭作威福。

事件，和帝亲临洛阳寺署，审理冤狱案件，彻查受冤屈的囚犯，并将洛阳县令收押入狱，以抵偿他们的罪责。和帝此行还未返回宫中，已经是天降大雨。

安帝永初六年（112）夏季，出现旱情。

永初七年（113）夏季，出现旱情。

元初元年（114）夏季，出现旱情。

元初二年（115）夏季，出现旱情。

六年夏季，出现旱情。

顺帝永建三年（128）夏季，出现旱情。

永建五年（130）夏季，出现旱情。

阳嘉二年（133）夏季，出现旱情。当时，李固因旱情回答皇帝的策问，他认为天下大旱是由君臣奢靡僭妄导致的。

冲帝永憙元年（145）夏季，出现旱情。当时，正值冲帝年幼驾崩，太尉李固劝太后的兄长梁冀，建议他在选择新君时，应选择年龄略长的仁德宽厚之人，这样不仅天下人信赖拥戴新君，就连梁氏的功绩也可以功名不朽。年幼之人性情未定，将来会变成什么样子无法预知，若长大成人后品行不端正，到时候后悔就来不及了。然而当时，太后和梁冀更倾向于拥立年幼之人，他们想以此长久僭越朝政，便拥立了八岁的质帝。这就是用人不当，没有起用仁德之人的例子。

桓帝元嘉元年（151）夏季，天下大旱。当时，梁冀执掌朝政，他的妻子和儿子同时受封，朝廷赐予梁氏的荣宠已经超出了应有的礼制。

延憙元年（158）六月，天下大旱。

灵帝憙平五年（176）夏季，出现旱情。

憙平六年（177）夏季，出现旱情。

光和五年（182）夏季，出现旱情。

光和六年（183）夏季，出现旱情。当时，常侍、黄门僭越制度，作献帝兴平元年秋，长安旱。是时，李傕、郭汜专权纵肆。

更始时，南阳有童谣曰："谐不谐，在赤眉。得不得，在河北。"是时更始在长安，世祖为大司马平定河北。更始大臣并僭专权，故谣妖作也。后更始遂为赤眉所杀，是更始之不谐在赤眉也。世祖自河北兴。

世祖建武六年，蜀童谣曰："黄牛白腹，五铢当复。"是时公孙述僭号于蜀，时人窃言王莽称黄，述欲继之，故称白；五铢，汉家货，明当复也。述遂诛灭。王莽末，天水童谣曰："出吴门，望缇群。见一蹇人，言欲上天；令天可上，地上安得民！"时隗嚣初起兵于天水，后意稍广，欲为天子，遂破灭。嚣少病蹇。吴门，冀郭门名也。缇群，山名也。

顺帝之末，京都童谣曰："直如弦，死道边。曲如钩，反封侯。"案顺帝即世，孝质短祚，大将军梁冀贪树疏幼，以为己功，专国号令，以赡其私。太尉李固以为清河王雅性聪明，敦诗悦礼，加又属亲，立长则顺，置善则固。而冀建白太后，策免固，征蠡吾侯，遂即至尊。固是日幽毙于狱，暴尸道路，而太尉胡广封安乐乡侯、司徒赵戒厨亭侯、司空袁汤安国亭侯云。

桓帝之初，天下童谣曰："小麦青青大麦枯，谁当获者妇与姑。丈人何在西击胡，吏买马，君具车，请为诸君鼓咙胡。"案元嘉中凉威作福。

献帝兴平元年（194）秋季，长安出现旱情。当时，李傕、郭汜等人独揽大权，行事恣意放纵。

更始帝时期，南阳郡流传着这样一首童谣说：“谐不谐，在赤眉。得不得，在河北。”当时，更始帝在长安，光武帝以大司马的身份平定了河北。更始帝的大臣们全都僭妄行事，专揽大权，所以才会出现谣妖。后来，更始帝果然被赤眉军所杀，这就是童谣中所说的，更始帝的成败取决于赤眉。而光武帝则兴起于河北。

光武帝建武六年（30），蜀地流传着这样一首童谣说：“黄牛白腹，五铢当复。”当时，公孙述觊觎皇权，在蜀地称帝，百姓们私下议论，王莽崇尚黄色，故称“黄牛”，公孙述企图步王莽后尘，因他崇尚白色，故称“白腹”。五铢钱代表的是汉室的货币，说明汉王朝将会光复。后来，公孙述果然被诛灭。王莽末年，天水郡流传着这样一首童谣说：“出吴门，望缇群。见一蹇人，言欲上天；令天可上，地上安得民！”当时，隗嚣初为天水郡吏，并于当地起兵造反，随后，他的野心越来越大，竟然企图自立为帝，结果以失败告终，郁郁而死。隗嚣从小便有跛脚的毛病。吴门，是冀县城门的名称。缇群是山名。

顺帝末年，京都流传着这样一首童谣说：“直如弦，死道边。曲如钩，反封侯。”按，顺帝驾崩，质帝又是位短命皇帝，大将军梁冀为了继续把持朝政，便拥立了皇族中关系较为疏远的年幼者为帝，并以此作为自己的功绩，专权国事发号施令。太尉李固认为清河王禀赋聪慧，又知书达理，注重礼制，再加上清河王又是皇族中的近亲，拥立较为年长的清河王为帝，必定会得到百姓的拥戴，江山基业也会长久稳固。而梁冀却向何太后陈词，建议策免李固太尉的职务，征召蠡吾侯入京继承帝位。同一天，李固被囚禁，身死狱中，尸体还被置于道路上示众，而太尉胡广被封为安乐乡侯，司徒赵戒被封为厨亭侯，司空袁汤被封为安国亭侯。

桓帝初年，天下流传着这样一首童谣说：“小麦青青大麦枯，谁当获者妇与姑。丈人何在西击胡，吏买马，君具车，请为诸君鼓咙胡。”按，元嘉年间，凉州诸多羌族部落同时造反，他们南下入侵蜀州诸羌一时俱反，南入蜀、汉，东抄三辅，延及并、冀，大为民害。命将出众，每战常负，中国益发甲卒，麦多委弃，但有妇女获刈之也。吏买马，君具车者，言调发重及有秩者也。请为诸君鼓咙胡者，不敢公言，私咽语。

桓帝之初，京都童谣曰："城上乌，尾毕逋。公为吏，子为徒。一徒死，百乘车。车班班，入河间。河间姹女工数钱，以钱为室金为堂。石上慊慊舂黄粱。梁下有悬鼓，我欲击之丞卿怒。"案此皆谓为政贪也。城上乌，尾毕逋者，处高利独食，不与下共，谓人主多聚敛也。公为吏，子为徒者，言蛮夷将畔逆，父既为军吏，其子又为卒徒往击之也。一徒死，百乘车者，言前一人往讨胡既死矣，后又遣百乘车往。车班班，入河间者，言上将崩，乘舆班班入河间迎灵帝也。河间姹女工数钱，以钱为室金为堂者，灵帝既立，其母永乐太后好聚金以为堂也。石上慊慊舂黄粱者，言永乐虽积金钱，慊慊常苦不足，使人舂黄粱而食之也。梁下有悬鼓，我欲击之丞卿怒者，言永乐主教灵帝，使卖官受钱，所禄非其人，天下忠笃之士怨望，欲击悬鼓以求见，丞卿主鼓者，亦复谄顺，怒而止我也。

桓帝之初，京都童谣曰："游平卖印自有平，不辟豪贤及大姓。"案到延熹之末，邓皇后以谴自杀，乃以窦贵人代之，其父名武字游平，拜城门校尉。及太后摄政，为大将军，与太傅陈蕃合心戮力，惟德是建，印绶所加，咸得其人，豪贤大姓，皆绝望矣。

郡、汉中郡，向东劫掠三辅，危及并州、冀州，对百姓生活造成了极大的危害。朝廷派遣将领出兵征讨，岂料逢战必败，于是便向中原地区加倍征召士卒，青壮劳力被征入伍，导致麦子成熟后无人收割，大多烂在田里，只有妇女们忙着收割。“吏买马，君具车”，是形容征召任务繁重，就连原本免于赋税的有秩之人也不得不购置车马，准备出征。“请为诸君鼓咙胡”，是说百姓不敢公然谈论此事，只能私下议论。

桓帝初年，京都流传着这样一首童谣说：“城上乌，尾毕逋。公为吏，子为徒。一徒死，百乘车。车班班，入河间，河间姹女工数钱，以钱为室金为堂。石上慊慊舂黄粱。梁下有悬鼓，我欲击之丞卿怒。”按，这首童谣主要描写的是当权者的贪婪。“城上乌，尾毕逋”，是说当权者身居高位，独占利益，不与属下分享，也是在说君王横征暴敛，搜刮民脂民膏。“公为吏，子为徒”，意思是说少数民族意欲造反，父亲、子相继被征入伍，一同出征。“一徒死，百乘车”，意思是说讨伐胡人时，前面战死一人，后观又会有百乘车增援上去。“车班班，入河间”，意思是说皇帝即将驾崩，百官络绎不绝前往河间迎立新君灵帝。“河间姹女工数钱，以钱为室金为堂”，意思是说灵帝即位，他的母亲永乐太后酷爱聚敛钱财，金玉满堂。“石上慊慊舂黄粱”，意思是说永乐太后积累了许多金钱，仍然欲壑难填，不知满足，命人舂黄粱而食之。“梁下有悬鼓，我欲击之丞卿怒”，意思是说永乐太后教唆灵帝，让他卖官敛财，导致国家俸禄所供给的都是些无德无才之人，天下忠厚笃厚的仁人志士都怨恼忿恨，想要击打悬鼓求见皇帝，然而看管悬鼓的丞卿们又都是些谄媚顺从的小人，他们生气地制止了我的行为。

桓帝初年，京都流传着这样一首童谣说：“游平卖印自有平，不辟豪贤及大姓。”按，到了延熹末年，邓皇后被废黜后位，自杀身亡，于是皇帝册封窦贵人为皇后，窦皇后的父亲名叫窦武，字游平，当时官拜城门校尉。等到窦太后管理朝政之后，窦武升任大将军，与太傅陈蕃同心合力，用人唯贤，这样一来，朝中官员个个都很称职，那些豪强和世家大族，因此都绝望了。

桓帝之末，京都童谣曰：“茅田一顷中有井，四方纤纤不可整。嚼复嚼，今年尚可后年铙。”案《易》曰：“拔茅茹以其汇，征吉。”茅喻群贤也。井者，法也。于时中常侍管霸、苏康憎疾海内英哲，与长乐少府刘嚣、太常许咏、尚书柳分、寻穆、史佟、司隶唐珍等，代作唇齿。河内牢川诣阙上书：“汝、颍、南阳，上采虚誉，专作威福；甘陵有南北二部，三辅尤甚。”由是传考黄门北寺，始见废阁。茅田一顷者，言群贤众多也。中有井者，言虽阨穷，不失其法度也。四方纤纤不可整者，言奸慝大炽，不可整理。嚼复嚼者，京都饮酒相强之辞也。言食肉者鄙，不恤王政，徒耽宴饮歌呼而已也。今年尚可者，言但禁锢也。后年铙者，陈、窦被诛，天下大坏。

桓帝之末，京都童谣曰：“白盖小车何延延。河间来合谐，河间来合谐！”案解犊亭属饶阳河间县也。居无几何而桓帝崩，使者与解犊侯皆白盖车从河间来。延延，众貌也。是时御史刘儵建议立灵帝，以儵为侍中，中常侍侯览畏其亲近，必当间己，白拜儵泰山太守，因令司隶迫促杀之。朝廷少长，思其功效，乃拔用其弟郃，致位司徒，此为合谐也。

灵帝之末，京都童谣曰：“侯非侯，王非王，千乘万骑上北芒。”案到中平六年，史侯登蹑至尊，献帝未有爵号，为中常侍段珪等数十人所执，公卿百官皆随其后，到河上，乃得来还。此为非侯非王上北芒者也。

桓帝末年，京都流传着这样一首童谣说："茅田一顷中有井，四方纤纤不可整。嚼复嚼，今年尚可后年铙。"按，《易经》中有载："拔茅草时连它的根茎一起牵连拔出，因为物以类聚，这是吉祥的征兆。"这里的茅，比喻的是群贤。井，指的是法度。在当时，中常侍管霸、苏康等人憎恨天下德才兼备之士，他们与长乐少府刘嚣、太常许咏、尚书柳分、寻穆、史佟、司隶唐珍等人相互勾结，狼狈为奸。河内人牢川到京都上书诬告说："汝南、颍川、南阳诸郡党人，上求虚名，作威作福；甘陵郡党人划分南北势力，三辅之地的党人活动更是猖獗。"朝廷就将党人传唤至黄门署北寺狱进行拷问，党人因此被禁锢不得为官，不得与人交往。"茅田一顷"，意思是说党人之中有众多贤士。"中有井"，意思是说党人虽然身处困境，但行为举止仍不失法度。"四方纤纤不可整"，意思是说奸诈邪恶之人，气焰嚣张，无法整治。"嚼复嚼"，是京都饮酒时彼此劝饮的说辞。这句童谣的意思是说，那些酒肉之徒目光短浅，不为国家命运担忧，只知道沉溺于饮酒作乐而已。"今年尚可"，意思是说今年还只是对党人采取禁锢的手段。"后年铙"，指的是陈蕃、窦武等人被杀，天下大乱。

桓帝末年，京都流传着这样一首童谣说："白盖小车何延延。河间来合谐，河间来合谐！"按，饶阳河间县人刘宏世袭了解犊亭侯的爵位。没过多久，桓帝驾崩，朝中迎立新君的使者与解犊亭侯一同乘坐着白色车盖的车子从河间进京。"延延"，形容车辆众多的样子。当时拥立灵帝即位是御史刘儵提出的建议，朝廷就任命刘儵为侍中，中常侍侯览担心刘儵借机接近灵帝诟病自己，那样必然会造成灵帝与自己的疏远，于是他建议任命刘儵为泰山太守，从而伺机命司隶校尉迫杀了刘儵。灵帝长大成人后，念及刘儵功绩卓绝，便提拔任用了他的弟弟刘郃，官拜司徒，这就是童谣中合谐的意思。

灵帝末年，京都流传着这样一首童谣说："侯非侯，王非王，千乘万骑上北芒。"按，到了中平六年（189），史侯刘辩登上帝位，当时，献帝还未受封帝王爵号，他们被中常侍段珪等数十人劫持，公卿百官都紧随其后，直到黄河边，最终，才得以返回皇宫。这就是童谣中所说的侯不像侯，王不像王，兄弟二人一起上北芒山的意思。

灵帝中平中，京都歌曰："承乐世董逃，游四郭董逃，蒙天恩董逃，带金紫董逃，行谢恩董逃，整车骑董逃，垂欲发董逃，与中辞董逃，出西门董逃，瞻宫殿董逃，望京城董逃，日夜绝董逃，心摧伤董逃。"案"董"谓董卓也，言虽跋扈，纵其残暴，终归逃窜，至于灭族也。

献帝践祚之初，京都童谣曰："千里草，何青青。十日卜，不得生。"案千里草为董，十日卜为卓。凡别字之体，皆从上起，左右离合，无有从下发端者也。今二字如此者，天意若曰：卓自下摩上，以臣陵君也。青青者，暴盛之貌也。不得生者，亦旋破亡。

建安初，荆州童谣曰："八九年间始欲衰，至十三年无孑遗。"言自中兴以来，荆州无破乱，及刘表为牧，民又丰乐，至此逮八九年。当始衰者，谓刘表妻当死，诸将并零落也。十三年无孑遗者，言十三年表又当死，民当移诣冀州也。

顺帝阳嘉元年十月中，望都蒲阴狼杀童儿九十七人。时李固对策，引京房《易传》曰"君将无道，害将及人，去之深山以全身，厥妖狼食人。"陛下觉寤，比求隐滞，故狼灾息。

灵帝建宁中，群狼数十头入晋阳南城门啮人。

灵帝中平年间，京都流传着这样一首民谣说：“承乐世董逃，游四郭董逃，蒙天恩董逃，带金紫董逃，行谢恩董逃，整车骑董逃，垂欲发董逃，与中辞董逃，出西门董逃，瞻宫殿董逃，望京城董逃，日夜绝董逃，心摧伤董逃。”按，民谣中的“董”，指的是董卓，意思是说虽然他嚣张跋扈，放纵残暴，但最终还是落得四处逃窜，诛灭全族的下场。

献帝即位之初，京都流传着这样一首童谣说：“千里草，何青青。十日卜，不得生。”按，“千里草”指的是董卓的“董”字，十日卜指的是董卓的“卓”。但凡分析字的结构，都是从这个字的上部说起，左右离合，没有从字的下半部分论起的。如今董卓这两个字这样拆分，仿佛是天意在暗示人们：董卓是以下犯上，以低微的官职近逼高官，以臣子的身份欺凌君王。“青青”，形容突然茂盛的样子。“不得生”，意思是说董卓最终将难逃失败灭亡宿命。

建安初年，荆州一带流传着这样一首童谣说：“八九年间始欲衰，至十三年无孑遗。”意思是说，自从东汉建立以来，荆州从未受到战乱的影响，直到刘表担任荆州牧之后，百姓生活更加丰裕安乐，这样的康乐一直持续到建安八九年。“当始衰”，指的是刘表的妻子将逝，他的部下众将，实力也逐渐削减。“十三年没有孑遗”，意思是说建安十三年（208）刘表病逝，百姓被迫迁居至冀州。

顺帝阳嘉元年（132）十月间，望都县、蒲阴县发生了狼咬死儿童九十七人的惨烈事件。当时，李固上书，引用《京氏易传》中的观点：“君将无道，害将及人，去之深山以全身，厥妖狼食人。”皇帝幡然醒悟，不断寻访、起用那些隐居不仕或仕宦不得升进的贤士，狼灾因此而得以平息。

灵帝建宁年间，一个有着数十头狼的狼群突然窜入晋阳南城门咬伤当地百姓。

卷二十四

志第十四　五行二

灾火　草妖　羽虫孽　羊祸

《五行传》曰："弃法律，逐功臣，杀太子，以妾为妻，则火不炎上。"谓火失其性而为灾也。又曰："视之不明，是谓不哲。厥咎舒，厥罚常燠，厥极疾。时则有草妖，时则有蠃虫之孽，时则有羊祸，时则有赤眚、赤祥，惟水沴火。"蠃虫，刘歆传以为羽虫。

建武中，渔阳太守彭宠被征。书至，明日潞县火，灾起城中，飞出城外，燔千余家，杀人。京房《易传》曰："上不俭，下不节，盛火数起，燔宫室。"儒说火以明为德而主礼。时宠与幽州牧朱浮有隙，疑浮见浸谮，故意狐疑，其妻劝无应征，遂反叛攻浮，卒诛灭。

和帝永元八年十二月丁巳，南宫宣室殿火。是时和帝幸北宫，窦太后在南宫。明年，窦太后崩。

十三年八月己亥，北宫盛馔门阁火。是时和帝幸邓贵人，阴后宠衰怨恨，上有欲废之意。明年，会得阴后挟伪道事，遂废迁于桐宫，以忧死，立邓贵人为皇后。

《五行传》有载："君王弃法律于不顾，驱逐功臣，杀害太子，以妾为妻，则会导致火焰不向上燃烧。"也就是说，当火焰丧失了它的本来属性便会引发灾祸。又说："君王不能明察秋毫，这种行为叫做不明智。往往表现为迟缓，它将引发的灾祸是天气持续温热，最为严重的后果疾病。有时会出现草妖，有时会出现蠃虫之孽，有时会出现羊祸，有时还会出现赤眚、赤祥，这便是水克火。"蠃虫，刘歆在《五行传》中认为其指的是羽虫。

建武年间，渔阳太守彭宠被征召入朝。诏书到达后，第二天路县发生了火灾，火灾是在城中燃起的，火星子飞溅到城外，烧毁了一千多户人家，大火导致很多人丧生。《京氏易传》中有载："居高位者生活不节俭，属下生活不减省，就会频繁引发大火，最终焚毁宫殿。"儒学家们认为，火以明亮为德并以礼制为根本。当时，彭宠与幽州牧朱浮有嫌隙，他怀疑朱浮觐见时向皇帝进谗言诋毁自己，故而心中产生了狐疑猜忌，他的妻子劝他不要应征入朝，于是他起兵造反，攻打朱浮，最终被诛灭全族。

和帝永元八年（96）十二月丁巳日，南宫宣室殿发生火灾。所幸当时和帝驾临北宫，只有窦太后居住在南宫，第二年，窦太后驾崩。

永元十三年（101）八月己亥日，北宫盛馔门旁边的小门失火。当时，和帝宠爱邓贵人，阴皇后因失宠而心生怨恨，皇帝已经动了要废黜她的念头。第二年，恰巧皇帝得知阴皇后参与巫蛊之事，和帝便废黜了她皇后的称号，命她迁往桐宫居住，阴皇后最终忧郁而死，邓贵人被册封为皇后。

十五年六月辛酉，汉中城固南城门灾。此孝和皇帝将绝世之象也。其后二年，宫车晏驾，殇帝及平原王皆早夭折，和帝世绝。

安帝永初二年四月甲寅，汉阳阿阳城中失火，烧杀三千五百七十人。先是和帝崩，有皇子二人，皇子胜长，邓皇后贪殇帝少，欲自养长立之。延平元年，殇帝崩。胜有厥疾不笃，群臣咸欲立之，太后以前既不立胜，遂更立清河王子，是为安帝。司空周章等心不厌服，谋欲诛邓氏，废太后、安帝，而更立胜。元年十一月，事觉，章等被诛。其后凉州叛羌为害大甚，凉州诸郡寄治冯翊、扶风界。及太后崩，邓氏被诛。

四年三月戊子，杜陵园火。

元初四年二月壬戌，武库火。是时羌叛，大为寇害，发天下兵以攻御之，积十余年未已，天下厌苦兵役。

延光元年八月戊子，阳陵园寝殿火。凡灾发于先陵，此太子将废之象也。若曰：不当废太子以自翦，如火不当害先陵之寝也。明年，上以谗言废皇太子为济阴王。后二年，宫车晏驾。中黄门孙程等十九人起兵殿省，诛贼臣，立济阴王。

四年秋七月乙丑，渔阳城门楼灾。

顺帝永建三年七月丁酉，茂陵园寝灾。

阳嘉元年，恭陵庑灾，及东西莫府火。太尉李固以为奢僭所致。陵之初造，祸及枯骨，规广治之尤饰。又上欲更造宫室，益台观，故火起莫府，烧材木。

永元十五年（103）六月辛酉日，汉中郡城固县南城门发生火灾。这是孝和皇帝将要断绝子嗣的象征。两年之后，和帝驾崩，殇帝及平原王都早早夭折，和帝的后嗣断绝。

安帝永初二年（108）四月甲寅日，汉阳郡阿阳城中失火，大火烧死三千五百七十人。先是和帝驾崩，留有二位皇子，皇子刘胜居长，邓皇后贪图殇帝年幼，想亲自将他抚养长大后拥立他作新君。延平元年（106），殇帝驾崩。刘胜患有突然昏厥的疾病，但病情并不严重，群臣都想拥立他为新君，而邓太后却认为，既然之前没有立刘胜为帝，那么这次便改立了清河王刘庆的儿子，这就是后来的安帝。司空周章等人心存不满，企图诛杀邓氏，废掉邓太后和安帝，而改立刘胜为帝。元年十一月，事情败露，周章等人被处死。后来，凉州的羌人反叛朝廷，对中原地区造成极大的危害，凉州各郡把治所迁设在冯翊、左扶风境内。等到邓太后驾崩后，邓氏全族被诛灭。

永初四年（110）三月戊子日，杜陵陵园发生火灾。

元初四年（117）二月壬戌日，武器库失火。当时，正值羌人反叛朝廷，他们烧杀抢掠，大举入侵中原，朝廷征调全国兵力进行防御，战争持续了十多年，始终没有平息，百姓们厌恶沉重的兵役，生活痛苦不堪。

延光元年（122）八月戊子日，阳陵陵园寝殿发生火灾。凡是火灾发生在先帝陵园的，都是太子将要被废的象征。仿佛上天在警示世人：不应该废黜太子以削减自己的实力，就如同火灾不应该焚毁先帝的陵寝一样。第二年，皇帝听信谗言废黜太子，封他为济阴王。两年后安帝驾崩，中黄门孙程等十九人分别在宫中和台省起兵造反，诛杀贼臣，拥立济阴王为帝。

延光四年（125）秋七月乙丑日，渔阳郡城门失火。

顺帝永建三年（128）七月丁酉日，茂陵陵园的寝殿发生火灾。

阳嘉元年（132），恭陵堂下的围廊发生火灾，火势蔓延至东西幕府。太尉李固认为这是奢侈僭妄所致。最初修建恭陵时，曾掘开前人的坟墓，恭陵建筑规模宏大，装饰无比华丽。又，顺帝打算扩建宫永和元年十月丁未，承福殿火。先是爵号阿母宋娥为山阳君；后父梁商本国侯，又多益商封；商长子冀当继商爵，以商生在，复更封冀为襄邑侯；追号后母为开封君，皆过差非礼。

汉安元年三月甲午，雒阳刘汉等百九十七家为火所烧，后四年，宫车比三晏驾，建和元年君位乃定。

桓帝建和二年五月癸丑，北宫掖庭中德阳殿火，及左掖门。先是梁太后兄冀挟奸枉，以故太尉李固、杜乔正直，恐害其事，令人诬奏固、乔而诛灭之。是后梁太后崩，而梁氏诛灭。

延熹四年正月辛酉，南宫嘉德殿火。戊子，丙署火。二月壬辰，武库火。五月丁卯，原陵长寿门火。先是亳后因贱人得幸，号贵人，为后。上以后母宣为长安君，封其兄弟，爱宠隆崇，又多封无功者。去年春，白马令李云坐直谏死。至此彗除心、尾，火连作。

五年正月壬午，南宫丙署火。四月乙丑，恭北陵东阙火。戊辰，虎贲掖门火。五月，康陵园寝火。甲申，中藏府承禄署火。七月己未，南宫承善闼内火。

六年四月辛亥，康陵东署火。七月甲申，平陵园寝火。

八年二月己酉，南宫嘉德署、黄龙、千秋万岁殿皆火。四月甲寅，安陵园寝火。闰月，南宫长秋、和欢殿后钩盾、掖庭朔平署各室，增设楼台宫观，所以引发幕府失火，建筑用的木料全被烧毁。

永和元年(136)十月丁未日，承福殿发生火灾。在此之前，顺帝赐封乳母宋娥山阳君的封号；皇后的父亲梁商本是国侯，皇帝又额外给了他许多赏赐；梁商的长子梁冀本应世袭梁商的封爵，但因为梁商健在，于是皇帝额外赐封梁冀为襄邑侯；追封皇后的母亲为开封君，这些都是不合礼制的僭妄之举。

汉安元年(142)三月甲午日，洛阳刘汉等一百九十七家被大火烧毁，四年之后，孝顺、孝冲、孝质三位皇帝接连驾崩，直到建和元年(147)，皇位才确立下来。

桓帝建和二年(148)五月癸丑日，北宫掖庭中德阳殿发生火灾，火势蔓延到左掖门。在此之前，梁太后的兄长梁冀怀藏奸邪不正之心，唯恐刚正不阿的前太尉李固、杜乔等人阻挠自己行事，就教唆他人诬陷李固、杜乔，从而将他们杀害。后来，梁太后驾崩，梁氏全族被诛灭。

延熹四年(161)正月辛酉日，南宫嘉德殿发生火灾。戊子日，丙署失火。二月壬辰日，武器库失火。五月丁卯日，原陵长寿门发生火灾。在此之前，亳后以卑贱的身份得到桓帝宠爱，被封为贵人，不久又册立为后。桓帝又册封皇后的母亲宣为长安君，遍封皇后的兄弟，隆宠盛极一时，桓帝还封赏了很多无功之人。前一年春季，白马县令李云因为上书直谏被处死。至此彗星侵犯心宿、尾宿，从而频繁引发火灾。

延熹五年(162)正月壬午日，南宫丙署发生火灾。四月乙丑日，恭北陵东阙发生火灾。戊辰日，虎贲掖门发生火灾。五月，康陵陵园寝殿发生火灾。甲申日，中藏府承禄署发生火灾。七月己未日，南宫承善闼内发生火灾。

延熹六年(163)四月辛亥日，康陵东署发生火灾。七月甲申日，平陵陵园寝殿发生火灾。

延熹八年(165)二月己酉日，南宫嘉德署、黄龙殿、千秋万岁殿皆发生火灾。四月甲寅日，安陵陵园寝殿发生火灾。闰月，南宫长秋宫、和欢殿后钩盾、掖庭朔平署分别发生火灾。十一月壬子日，德阳火。十一月壬子，德阳前殿西阁及黄门北寺火，杀人。

九年三月癸巳，京都夜有火光转行，民相惊譟。

灵帝熹平四年五月，延陵园灾。

光和四年闰月辛酉，北宫东掖庭永巷署灾。

五年五月庚申，德阳前殿西北入门内永乐太后宫署火。

中平二年二月己酉，南宫云台灾。庚戌，乐成门灾，延及北阙，度道西烧嘉德、和欢殿。案云台之灾自上起，榱题数百，同时并然，若就县华镫，其日烧尽，延及白虎、威兴门、尚书、符节、兰台。夫云台者，乃周家之所造也，图书、术籍、珍玩、宝怪皆所藏在也。京房《易传》曰："君不思道，厥妖火烧宫。"是时黄巾作慝，变乱天常，七州二十八郡同时俱发，命将出众，虽颇有所禽，然宛、广宗、曲阳尚未破坏，役起负海，杼柚空悬，百姓死伤已过半矣。而灵帝曾不克己复礼，虐侈滋甚，尺一雨布，驺骑电激，官非其人，政以贿成，内嬖鸿都，并受封爵。京都为之语曰："今兹诸侯岁也。"天戒若曰：放贤赏淫，何以旧典为？故焚其台门秘府也。其后三年，灵帝暴崩，续以董卓之乱，火三日不绝，京都为丘墟矣。

献帝初平元年八月，霸桥灾。其后三年，董卓见杀。

庶征之恒燠，《汉书》以冬温应之。中兴以来，亦有冬温，而记前殿西阁及黄门北寺发生火灾，大火导致多人丧生。

延熹九年（166）三月癸巳日，京都夜间有火光绕行，致使百姓惶恐不安。

灵帝熹平四年（175）五月，延陵陵园发生火灾。

光和四年（181）闰月辛酉日，北宫东掖庭永巷署发生火灾。

光和五年（182）五月庚申日，德阳前殿西北入门内永乐太后宫署发生火灾。

中平二年（185）二月己酉日，南宫云台发生火灾。庚戌日，乐成门发生火灾，火势一直蔓延至北阙，又穿过西道燃烧至嘉德殿、和欢殿。按，云台的这场火灾最初是从殿顶燃起的，伸出房檐的椽子有数百根，在同一时间自燃，仿佛悬挂着数百盏华灯，这数百根椽子当天全部烧尽，之后火势又蔓延至白虎门、威兴门、尚书台、符节署、兰台等处。云台，始建于周朝，皇家的图书、术籍和奇珍异宝都珍藏在这里。《京氏易传》中有载：“君王不思正道，便会引发妖火燃烧宫殿的灾祸。”当时，黄巾军霍乱天下，违背天道，变古乱常，致使七州二十八郡同时起兵反叛，朝廷派遣将帅出征讨伐，虽然也缉捕了几个叛军头目，但宛郡、广宗郡、曲阳郡境内的黄巾军仍未平定，征兵令从海边一直颁布至内地，百姓深受沉重的兵役之苦，无法从事正常的耕织劳作，死于战争的百姓已经超过半数。面对这种情形，灵帝并没有及时修正自己，恢复礼制，仍然暴虐奢侈，甚至变本加厉，颁布的诏书如雨点一般四处散布，驾驭车马的骑士如雷电般迅疾威猛，委派的官员无法胜任其职，以贿赂的手段从事各种政治活动，皇帝十分宠信鸿都门的学生，都赐封他们爵位。因此京都的人流传着这样一句话：“今年是诸侯年呀。”这场大火仿佛是上天在警示世人：放逐贤人，奖赏小人，那些旧的典章制度还有什么用？因此焚烧云台以及宫中珍藏秘籍的宫殿。三年后，灵帝突然驾崩，紧接着便是董卓之乱，三日内城中大火不熄，京都变成一片废墟。

献帝初平元年（190）八月，霸桥发生火灾。三年后，董卓被杀。

征候中的持续温热，《汉书》中的相关记载是通过暖冬应验的。

不录云。

安帝元初三年，有瓜异本共生，八瓜同蒂，时以为嘉瓜。或以为瓜者外延，离本而实，女子外属之象也。是时阎皇后初立，后阎后与外亲耿宝等共谮太子，废为济阴王，更外迎济北王子犊立之，草妖也。

桓帝延熹九年，雒阳城局竹柏叶有伤者。占曰："天子凶。"

灵帝熹平三年，右校别作中有两樗树，皆高四尺所，其一株宿夕暴长，长丈余，大一围，作胡人状，头目鬓须发备具。京房《易传》曰："王德衰，下人将起，则有木生人状。"

五年十月壬午，御所居殿后槐树，皆六七围，自拔，倒竖根在上。

中平元年夏，东郡，陈留济阳、长垣，济阴冤句、离狐县界，有草生，其茎靡累肿大如手指，状似鸠雀龙蛇鸟兽之形，五色各如其状，毛羽头目足翅皆具。近草妖也。是岁黄巾贼始起。皇后兄何进，异父兄朱苗，皆为将军，领兵。后苗封济阳侯，进、苗遂秉威权，持国柄，汉遂微弱，自此始焉。

中平中，长安城西北六七里空树中，有人面生鬓。

献帝兴平元年九月，桑复生椹，可食。

安帝延光三年二月戊子，有五色大鸟集济南台，十月，又集新丰，时以为凤皇。或以为凤皇阳明之应，故非明主，则隐不见。凡五东汉建立以来，也有暖冬，但却没有相关记载。

安帝元初三年（116），生长在不同藤蔓上的瓜竟然共生在一起，八个瓜共生在同一个瓜蒂上，当时有人认为这是吉祥之瓜。也有人认为瓜具有向外延伸的特性，离开藤蔓并结出果实，这是女子外属的象征。当时，阎氏刚册封皇后不久，之后她便与外戚耿宝等人共同诬陷太子，致使太子被废为济阴王，还迎立济北王刘寿的儿子刘犊为帝，这种瓜果异本共生的现象就是草妖。

桓帝延熹九年（166），洛阳城局内的竹叶和柏叶有受损的迹象。占辞说："天子大凶。"

灵帝熹平三年（174），右校别作中有两棵樗树，高都有四尺左右，其中一棵，一夜之间竟然暴长，长到一丈多高，一围粗，外形长成胡人的样貌，头部、眼睛、两鬓以及须发，一应俱全。《京氏易传》中有载："君王的德泽衰微，属下将会兴起，便会出现树木长成人形的异象。"

熹平五年（176）十月壬午日，皇帝寝宫后面的槐树，直径都有六七围，突然凭空拔出，并呈根部在上倒立的姿态。

中平元年（184）夏季，东郡，陈留郡的济阳县、长垣县，济阴郡的冤句县、离狐县境内，生长出一种草，它的根茎堆积成如手指般的肿块，形状就像鸠雀、龙蛇、鸟兽一样，五颜六色也分别与它们的形状相合，毛、羽、头、目、足、翅也都一应俱全。这就是类似于草妖的异象。同年，黄巾军叛贼初兴，皇后的兄长何进，异父同母的兄长朱苗，都以将军的身份领兵前去征讨。后来，朱苗被赐封为济阳侯，何进、朱苗也因此手握重权，把持住国家的命脉，汉王朝的衰败也就是从那时开始的。

中平年间，位于长安城西北方六七里外的一株空树，它的外形犹如生着鬓发的人脸。

献帝兴平元年（194）九月，桑树两次结出桑葚，可食。

安帝延光三年（124）二月戊子日，有长着五色羽毛的大鸟聚集于济南台，十月，又聚集在新丰县城，当时的人们认为这就是凤凰。

色大鸟似凤者，多羽虫之孽。是时安帝信中常侍樊丰、江京、阿母王圣及外属耿宝等谗言，免太尉杨震，废太子为济阴王，不悊之异也。章帝末，号凤皇百四十九见。时直臣何敞以为羽孽似凤，翱翔殿屋，不察也。记者以为其后章帝崩，以为验。案宣帝、明帝时，五色鸟群翔殿屋，贾逵以为胡降征也。帝多善政，虽有过，不及至衰缺，末年胡降二十万口，是其验也。帝之时，羌胡外叛，谗慝内兴，羽孽之时也。《乐叶图征》说五凤皆五色，为瑞者一，为孽者四。

桓帝元嘉元年十一月，五色大鸟见济阴己氏。时以为凤皇。此时政治衰缺，梁冀秉政阿枉，上幸亳后，皆羽孽时也。

灵帝光和四年秋，五色大鸟见于新城，众鸟随之，时以为凤皇。时灵帝不恤政事，常侍、黄门专权，羽孽之时也。众鸟之性，见非常班駮，好聚观之，至于小爵希见枭者，虓见犹聚。

中平三年八月中，怀陵上有万余爵，先极悲鸣，已因乱斗相杀，皆断头，悬著树枝枳棘。到六年，灵帝崩，大将军何进以内宠外嬖，积恶日久，欲悉纠黜，以隆更始冗政，而太后持疑，事久不决。进从中出，于省内见杀，因是有司荡涤虔刘，后禄而尊厚者无余矣。夫陵者，高大之象也。天戒若曰：诸怀爵禄而尊厚者，还自相害至灭亡也。

有人认为凤凰是阳明的象征，所以如果没有出现圣明的君王，凤凰就隐而不现。凡是长着五色羽毛类似凤凰的大鸟，多半属于羽虫之孽。当时，安帝听信了中常侍樊丰、江京、乳母王圣以及外戚耿宝等人的谗言，罢免了太尉杨震的职务，废掉太子刘保封他为济阴王，这就是不明智所引发的异象。章帝末年，这种被称为凤凰的五色大鸟共出现了一百四十九次。当时，刚正不阿的忠臣何敞认为这种酷似凤凰的羽虫之孽，在宫殿上方翱翔，是皇帝不明智的象征。记录此事的人认为，后来章帝驾崩，是此异象的应验。又，西汉宣帝、东汉明帝执政时期，也出过五色大鸟成群翱翔在宫殿之上的景象，贾逵认为那是胡人即将投降的象征。当时这两位皇帝有许多善政，虽然他们也会有过失，但这些过失不足以导致政权衰微，到这两位皇帝执政的末年，二十万胡人前来归降，这便是应验。安帝执政时期，既要面临羌人反叛的外患，又要应对奸佞小人陷害忠良的内忧，正是羽虫之孽出现的时候。据《乐叶图征》记载，五凤都长着五色的羽毛，但具有祥瑞之兆的只有其中一种，其他四种都是灾殃孽物。

桓帝元嘉元年（151）十一月，有五色大鸟出现在济阴己氏县，当时的人们认为这就是凤凰。当时，政治腐败，日渐衰微，梁冀执政偏私而有失公正，皇上宠爱亳后，正是羽虫之孽出现的时候。

灵帝光和四年（181）秋季，有长着五色羽毛的大鸟出现在新城县，身后还有郡鸟追随，当时的人们认为这种五色大鸟就是凤凰。当时，灵帝不理朝政，常侍、黄门宦官专权，正是羽虫之孽出现的时候。群鸟的本性是见到羽毛五彩斑斓，异于寻常的禽鸟，就喜欢聚集观看，甚至于没有见过枭的雏雀，乍一见到时，也会聚集观看。

中平三年（186）八月间，怀陵的上空出现了一万多只雀鸟，它们先是悲哀地鸣叫，随后便相互争斗乱作一团，厮杀过后都断了头，尸体悬挂在树枝或枳棘上。中平六年（189），灵帝驾崩，他生前对内宠信宦官，对外亲信小人，积恶已久，于是大将军何军打算彻查这些人的罪行并加以贬斥，将他们一网打尽，以此来变革朝政，扭转腐败混乱的政局，而何太后对此事犹豫再三，迟迟未作出决定。何进出宫时被杀宫门，因此有关官员借机逃脱了被杀戮的危机，后来受禄而尊桓帝建和三年秋七月，北地廉雨肉似羊肋，或大如手。近赤祥也。是时梁太后摄政，兄梁冀专权，枉诛汉良臣故太尉李固、杜乔，天下冤之。其后梁氏诛灭。

厚的人就所剩无几了。陵，即是高大的象征。群鸟盘旋于怀陵之上，相互厮杀的异象，仿佛是上天在警示世人：诸多享受着丰厚俸禄的达官显贵们，最终将自相残杀直至灭亡。

桓帝建和三年（149）秋季七月，北地郡廉县境内突然有类似羊肋的肉从天而降，有的如手掌般大小。这类似于赤色祥。当时，梁太后代理朝政，太后的兄长梁冀独断专权，枉杀了汉朝忠良原太尉李固、杜乔，天下人都为他们感到冤屈。此后，梁氏全族被诛灭。

卷二十五

志第十五　五行三

大水　水变色　大寒　雹

冬雷　山鸣　鱼孽　蝗

《五行传》曰："简宗庙，不祷祠，废祭祀，逆天时，则水不润下"谓水失其性而为灾也。又曰："听之不聪，是谓不谋。厥咎急，厥罚恒寒，厥极贫。时则有鼓妖，时则有鱼孽，时则有豕祸，时则有耳痾，时则有黑眚、黑祥，惟火沴水。"鱼孽，刘歆传以为介虫之孽，谓蝗属也。

和帝永元元年七月，郡国九大水，伤稼。京房《易传》曰："颛事有知，诛罚绝理，厥灾水。其水也，雨杀人，陨霜，大风，天黄。饥而不损，兹谓泰，厥水水杀人。辟遏有德，兹谓狂，厥水水流杀人，已水则地生虫。归狱不解，兹谓追非，厥水寒杀人。追诛不解，兹谓不理，厥水五谷不收。大败不解，兹谓皆阴，厥水流入国邑，陨霜杀谷。"是时和帝幼，窦太后摄政，其兄窦宪干事，及宪诸弟皆贵显，并作威虓虐，尝所怨恨，辄任客杀之。其后窦氏诛灭。

《五行传》有载："怠慢宗庙，不祈祷神福，废除祭祀之礼，不顺应天时，这些行为都将导致水无法滋养土地。"也就是说，当水丧失了它的属性后，便会引发灾祸。又说："君王听政不聪，这种行为叫做不谋。主要表现为苛急，它将引发的灾祸是持续寒冷，最为严重的后果是贫穷乏财。有时会出现鼓妖，有时会出现鱼孽，有时会出现猪祸，有时会出现耳病，甚至有时还会出现黑眚和黑祥，这是火克水的征象。"鱼孽，刘歆在《五行传》中认为，这是介虫之孽，这里的介虫，指的是蝗虫一类的昆虫。

和帝永元元年（89）七月，有九个郡国同时发生特大水灾，庄稼严重受损。《京氏易传》中有载："君王独断专行，自以为是，杀戮惩罚，灭绝天理，这种行为将引发的灾祸便是水灾。这里所指的水灾包括天降大雨致人死亡，降霜，飓风以及天地一片昏黄。百姓饥荒而皇帝不知适当减少饮食和玩乐，这种行为叫做奢侈骄纵，它将引发的灾祸便是降水致人死亡。排挤和阻遏贤德之人，这种行为叫做狂妄，它将引发的灾祸是大水泛滥，致人死亡，待到洪水退去后土地便会生虫。不明示罪责，便归罪于他人，这种行为叫做因循错误，它将引发的灾祸是冻死人。不明示罪责而追加惩罚，这种行为叫做有违公理，它将引发的灾祸是五谷不升。不明示罪责而大为败坏他人，这种行为叫做昏暗不明，它将引发的灾祸是洪水泛滥，淹没国都和城邑，突然出现霜降天气，五谷被冻死。"当时，和帝年幼，由窦太后代为执掌朝政，她的兄长窦宪独断专权，以至于窦宪的弟弟们个个尊贵十二年六月，颍川大水，伤稼。是时和帝幸邓贵人，阴有欲废阴后之意，阴后亦怀恚怨。一曰，先是恭怀皇后葬礼有阙，窦太后崩后，乃改殡梁后，葬西陵，征舅三人皆为列侯，位特进，赏赐累千金。

殇帝延平元年五月，郡国三十七大水，伤稼。董仲舒曰："水者，阴气盛也。"是时，帝在襁抱，邓太后专政。

安帝永初元年冬十月辛酉，河南新城山水虣出，突坏民田，坏处泉水出，深三丈。是时司空周章等以邓太后不立皇太子胜而立清河王子，故谋欲废置。十一月，事觉，章等被诛。是年郡国四十一水出，漂没民人。《谶》曰："水者，纯阴之精也。阴气盛洋溢者，小人专制擅权，妒疾贤者，依公结私，侵乘君子，小人席胜，失怀得志，故涌水为灾。"

二年，大水。

三年，大水。

四年，大水。

五年，大水。

六年，河东池水变色，皆赤如血。是时邓太后犹专政。

延光三年，大水，流杀民人，伤苗稼。是时安帝信江京、樊丰及阿母王圣等谗言，免太尉杨震，废皇太子。

质帝本初元年五月，海水溢乐安、北海，溺杀人物。是时帝幼，显要，兄弟几个一同作威作福、暴虐跋扈，凡是曾经和他们结有仇怨的人，他们便会派刺客将其杀害。后来，窦氏全族被诛灭。

永元十二年（100）六月，颍川郡发大水，庄稼严重受损。当时，和帝因宠爱邓贵人，便暗暗产生了废掉阴皇后的念头，阴皇后也是心怀怨恨。还有一种说法，在此之前，恭怀皇后的葬礼有礼数不周之处，直到窦太后驾崩后，才又改葬恭怀皇后，将她安葬在西陵。同时征召恭怀皇后的三个兄弟入朝，都赐封他们为列侯，授予特进的官职，并赏赐千金财物。

殇帝延平元年（106）五月，三十七个郡国发大水，庄稼严重受损。董仲舒说："发生水灾，这是阴气过盛的表现。"当时，殇帝还是襁褓中嗷嗷待哺的婴儿，邓太后执掌朝政，独断专权。

安帝永初元年（107）冬季，十月辛酉日，河南新城县突然暴发山洪，洪水将农田冲毁，被冲毁的农田中竟然有泉水涌出，水深三丈。当时，司空周章等人因为邓太后不立皇太子刘胜，反而拥立清河王的儿子为帝，所以密谋要废掉邓太后。十一月，事情败露，周章等人被处死。那一年，全国有四十一个郡国发大水，百姓在洪水中丧生。《谶》中有载："水，属纯阴之精华。阴气过盛，则水便会充满外溢，这是小人独断专行，专制揽权，妒贤嫉能，假公济私，侵陵君子，小人得志的表现，所以才会导致洪水泛滥成灾。"

永初二年（108），发生水灾。

永初三年（109），发生水灾。

永初四年（110），发生水灾。

永初五年（111），发生水灾。

永初六年（112），河东郡的池水突然变成血红色。当时，邓太后仍然独断专权，执掌朝政。

延光三年（124），发大水，百姓在洪水中丧生，庄稼严重受损。当时，安帝听信江京、樊丰及乳母王圣等人的谗言，罢免了太尉杨震的官职，废黜了皇太子。

质帝本初元年（146）五月，海水突然暴涨，淹没了乐安国和北海梁太后专政。

桓帝建和二年七月，京师大水。去年冬，梁冀枉杀故太尉李固、杜乔。

三年八月，京都大水。是时梁太后犹专政。

永兴元年秋，河水溢，漂害人物。

二年六月，彭城泗水增长，逆流。

永寿元年六月，雒水溢至津阳城门，漂流人物。是时梁皇后兄冀秉政，疾害忠直，威权震主。后遂诛灭。

延熹八年四月，济北河水清。九年四月，济阴、东郡、济北、平原河水清。襄楷上言："河者诸侯之象，清者阳明之征，岂独诸侯有规京都计邪？"其明年，宫车晏驾，征解犊亭侯为汉嗣，即尊位，是为孝灵皇帝。

永康元年八月，六州大水，勃海海溢，没杀人。是时桓帝奢侈淫祀，其十一月崩，无嗣。

灵帝建宁四年二月，河水清。五月，山水大出，漂坏庐舍五百余家。

熹平二年六月，东莱、北海海水溢出，漂没人物。

三年秋，雒水出。

四年夏，郡国三水，伤害秋稼。

光和六年秋，金城河溢，水出二十余里。

国，百姓在洪水中丧生，各种农作物严重受损。当时，质帝尚且年幼，梁太后独揽朝政。

桓帝建和二年（148）七月，京师发大水。前一年冬季，梁冀枉杀了前太尉李固、杜乔。

建和三年（149）八月，京都再次发大水。当时，朝政仍然由梁太后一人独揽。

永兴元年（153）秋季，黄河水泛滥成灾，百姓在洪水中丧生，财产及农作物严重受损。

永兴二年（154）六月，彭城国泗水暴涨，河水出现逆流的异象。

永寿元年（155）六月，洛水暴涨，泛滥成灾，洪水一直流到津阳城门，百姓及其财物被洪水冲走。当时，梁皇后的兄长梁冀执掌朝政，他妒贤嫉能，残害忠良，权势盛极一时，功高盖主。后来，终究还是被诛灭全族。

延熹八年（165）四月，黄河济北郡河段的水质突然变得很清澈。延熹九年（166）四月，济阴、东郡、济北、平原等河段的黄河水水质也突然变得很清澈。襄楷上书道："黄河是诸侯的象征，河水清澈是阳气明朗之象，难道是说，诸侯有觊觎皇位，窥伺京都的阴谋吗？"第二年，桓帝驾崩，朝廷征召解犊亭侯以汉室后嗣的身份，入朝继承帝位，这就是后来的孝灵皇帝。

永康元年（167）八月，有六个州发大水，渤海水位上涨，泛滥成灾，百姓在洪水中丧生。当时，桓帝骄纵奢靡，祭祀时不遵循礼制。同年十一月，桓帝驾崩，没有子嗣。

灵帝建宁四年（171）二月，黄河水突然变得很清澈。五月，暴发了严重的山洪，冲毁民宅五百多间。

熹平二年（173）六月，东莱郡、北海国海水暴涨，泛滥成灾，当地居民及其财物被洪水淹没。

熹平三年（174）秋季，洛水水位上涨，泛滥成灾。

熹平四年（175）夏季，三个郡国发大水，秋季的庄稼严重受损。

光和六年（183）秋季，黄河金城郡河段的水位上涨，河水泛中平五年，郡国六水大出。

献帝建安二年九月，汉水流，害民人。是时天下大乱。

十八年六月，大水。

二十四年八月，汉水溢流，害民人。

庶征之恒寒。

灵帝光和六年冬，大寒，北海、东莱、琅邪井中冰厚尺余。

献帝初平四年六月，寒风如冬时。

和帝永元五年六月，郡国三雨雹，大如鸡子。是时和帝用酷吏周纡为司隶校尉，刑诛深刻。

安帝永初元年，雨雹。二年，雨雹，大如鸡子。三年，雨雹，大如雁子，伤稼。刘向以为雹，阴胁阳也。是时邓太后以阴专阳政。

元初四年六月戊辰，郡国三雨雹，大如杅杯及鸡子，杀六畜。

延光元年四月，郡国二十一雨雹，大如鸡子，伤稼。是时安帝信谗，无辜死者多。

三年，雨雹，大如鸡子。

桓帝延熹四年五月己卯，京都雨雹，大如鸡子。是时桓帝诛杀过差，又宠小人。

七年五月己丑，京都雨雹。是时皇后邓氏僭侈，骄恣专幸。明年废，以忧死，其家皆诛。

灵帝建宁二年四月，雨雹。

四年五月，河东雨雹。

滥，长达二十多里。

中平五年（188），有六个郡国发大水。

献帝建安二年（197）九月，汉水泛滥横流，危害百姓生活。当时，天下大乱。

建安十八年（213）六月，发生水灾。

建安二十四年（219）八月，汉水暴涨，泛滥成灾，危害百姓生活。

征候中的持续低温。

灵帝光和六年（183）冬季，极寒天气，北海、东莱、琅琊等郡国的水井内结了一尺多厚的冰。

献帝初平四年（193）六月，刺骨的寒风犹如冬季的风一般凛冽。

和帝永元五年（93）六月，三个郡国下的冰雹如鸡蛋大小。当时，和帝任命酷吏周纡为司隶校尉，他手段残忍，刑罚苛毒。

安帝永初元年，下冰雹。二年，下的冰雹如鸡蛋大小。三年，下的冰雹如雁蛋大小，庄稼严重受损。刘向认为，冰雹的产生是由于阴气胁迫阳气所致。当时，邓太后以阴柔的女主身份代为掌管朝政。

元初四年（117）六月戊辰日，三个郡国下的冰雹如杯碗和鸡蛋大小，六畜被冰雹砸死。

延光元年（122）四月，二十一个郡国下的冰雹如鸡蛋大小，庄稼严重受损。当时，安帝听信谗言，处死了大量无罪之人。

延光三年（124），下的冰雹如鸡蛋大小。

桓帝延熹四年（162）五月己卯日，京都下的冰雹如鸡蛋大小。当时，桓帝过度杀戮，同时又宠信小人。

延熹七年（164）五月己丑日，京都下冰雹。当时，皇后行为僭妄，奢靡无度，恣意骄纵，独占专宠。第二年被废，最终忧郁而死，她的家族也全部被诛灭。

灵帝建宁二年（169）四月，下冰雹。

建宁四年（171）五月，河东郡下冰雹。

光和四年六月，雨雹，大如鸡子。是时常侍、黄门用权。

中平二年四月庚戌，雨雹，伤稼。

献帝初平四年六月，右扶风雹如斗。

和帝元兴元年冬十一月壬午，郡国四冬雷。是时皇子数不遂，皆隐之民间。是岁，宫车晏驾，殇帝生百余日，立以为君；帝兄有疾，封为平原王，卒，皆夭无嗣。

殇帝延平元年九月乙亥，陈留雷，有石陨地四。

安帝永初六年十月丙戌，郡六冬雷。

七年十月戊子，郡国三冬雷。

元初元年十月癸巳，郡国三冬雷。

三年十月辛亥，汝南、乐浪冬雷。

四年十月辛酉，郡国五冬雷。

六年十月丙子，郡国五冬雷。

永宁元年十月，郡国七冬雷。

建光元年十月，郡国七冬雷。

延光四年，郡国十九冬雷。是时太后摄政，上无所与。太后既崩，阿母王圣及皇后兄阎显兄弟更秉威权，上遂不亲万机，从容宽仁任臣下。

桓帝建和三年六月乙卯，雷震宪陵寝屋。先是梁太后听兄冀枉杀李固、杜乔。

灵帝熹平六年冬十月，东莱冬雷。

中平四年十二月晦，雨水，大雷电，雹。

献帝初平三年五月丙申，无云而雷。

四年五月癸酉，无云而雷。

光和四年(181)六月,下的冰雹如鸡蛋大小。当时,正值常侍、黄门等宦官当权。

中平二年(185)四月庚戌日,下冰雹,庄稼严重受损。

献帝初平四年六月,右扶风下了斗大的冰雹。

和帝元兴元年(105)冬季,十一月壬午日,四个郡国在冬季响雷。当时,皇子大多夭折,于是后来出生的皇子只得隐藏在民间抚养。那年,和帝驾崩,殇帝才诞生一百多天,便被立为新君;殇帝的兄长身患疾病,被封为平原王,最终还是夭折了,没有留下子嗣。

殇帝延平元年(106)九月乙亥日,陈留郡响雷,同时伴有四颗陨石坠落。

安帝永初六年(112)十月丙戌日,六个郡在冬季出现响雷。

永初七年(113)十月戊子日,三个郡国在冬季出现响雷。

元初元年(114)十月癸巳日,三个郡国在冬季出现响雷。

元初三年(116)十月辛亥日,汝南郡、乐浪郡在冬季出现响雷。

元初四年(117)十月辛酉日,五个郡国在冬季出现响雷。

元初六年(119)十月丙子日,五个郡国在冬季出现响雷。

永宁元年(120)十月,七个郡国在冬季出现响雷。

建光元年(121)十月,七个郡国在冬季出现响雷。

延光四年(125),十九个郡国在冬季出现响雷。当时,邓太后代理朝政,安帝终日无所事事。邓太后驾崩之后,乳母王圣及皇后的兄长阎显兄弟轮流把持朝政,皇帝无需亲理政务,从容宽仁地听任臣下的摆布。

桓帝建和三年(149)六月乙卯日,宪陵陵园的寝殿被雷击中。在此之前,梁太后任由兄长梁冀枉杀李固和杜乔。

灵帝熹平六年(177)冬季十月,东莱郡在冬季出现响雷。

中平四年(187)十二月三十日,有降雨,同时伴有巨雷和冰雹。

献帝初平三年(192)五月丙申日,万里无云,却出现响雷。

初平四年(193)五月癸酉日,万里无云却出现响雷。

建安七八年中，长沙醴陵县有大山常大鸣如牛呴声，积数年。后豫章贼攻没醴陵县，杀略吏民。

灵帝熹平二年，东莱海出大鱼二枚，长八九丈，高二丈余。明年，中山王畅、任城王博并薨。

和帝永元四年，蝗。

八年五月，河内、陈留蝗。九月，京都蝗。九年，蝗从夏至秋。先是西羌数反，遣将军将北军五校征之。

安帝永初四年夏，蝗。是时西羌寇乱，军众征距，连十余年。

五年夏，九州蝗。

六年三月，去蝗处复蝗子生。

七年夏，蝗。

元初元年夏，郡国五蝗。

二年夏，郡国二十蝗。

延光元年六月，郡国蝗。

顺帝永建五年，郡国十二蝗。是时鲜卑寇朔方，用众征之。

永和元年秋七月。偃师蝗。去年冬，乌桓寇沙南，用众征之。

桓帝永兴元年七月，郡国三十二蝗。是时梁冀秉政无谋宪，苟贪权作虐。

二年六月，京都蝗。

永寿三年六月，京都蝗。

延熹元年五月，京都蝗。

灵帝熹平六年夏，七州蝗。先是鲜卑前后三十余犯塞。是岁护乌桓校尉夏育、破鲜卑中郎将田晏、使匈奴中郎将臧旻将南单于以建安七八年间，长沙郡醴陵县境内有座大山，时常发出牛吼般的巨响，这种情况持续了数年不止。后来，豫章郡的贼寇攻陷醴陵县，烧杀抢掠，危害官员和百姓的生活。

灵帝熹平二年（173），东莱郡的海里出现了二条大鱼，大鱼长八九丈，高二丈多。第二年，中山王刘畅、任城王刘博在同一年薨逝。

和帝永元四年（92），发生蝗灾。

永元八年（96）五月，河内郡和陈留郡同时发生蝗灾。九月，京都也发生蝗灾。九年，从夏季到秋季持续发生蝗灾。在此之前，西羌少数民族数次起兵造反，朝廷派大将军统率北军五校前去讨伐。

安帝永初四年（110）夏季，发生蝗灾。当时，正值西羌少数民族入侵中原，朝廷派军队前去征讨，战争持续了十多年。

永初五年（111）夏季，九州发生蝗灾。

永初六年（112）三月，蝗虫所到之处，再次出现蝗虫幼虫。

永初七年（113）夏季，发生蝗灾。

元初元年（114）夏季，五个郡国发生蝗灾。

元初二年（115）夏季，二十个郡国发生蝗灾。

延光元年（122）六月，郡国发生蝗灾。

顺帝永建五年（130），十二个郡国发生蝗灾。当时，鲜卑族贼寇入侵朔方郡，朝廷派军队前去征讨。

永和元年（136）秋季七月，偃师县发生蝗灾。前一年的冬季，乌桓贼寇入侵沙南城，朝廷派军队前去征讨。

桓帝永兴元年（153）七月，三十二个郡国发生蝗灾。当时，正值梁冀执掌朝政，他无视法令，贪图权势，残害无辜。

永兴二年（154）六月，京都发生蝗灾。

永寿三年（157）六月，京都发生蝗灾。

延熹元年（158）五月，京都发生蝗灾。

灵帝熹平六年夏季，七个州发生蝗灾。在此之前，鲜卑先后三十多次入侵边塞。那一年，护乌桓校尉夏育、破鲜卑中郎将田晏、使匈下，三道并出讨鲜卑。大司农经用不足，殷敛郡国，以给军粮。三将无功，还者少半。

光和元年诏策问曰："连年蝗虫至冬踊，其咎焉在？"蔡邕对曰："臣闻《易传》曰：'大作不时，天降灾，厥咎蝗虫来。'《河图秘征篇》曰：'帝贪则政暴而吏酷，酷则诛深必杀，主蝗虫。'蝗虫，贪苛之所致也。"是时百官迁徙，皆私上礼西园以为府。

献帝兴平元年夏，大蝗。是时天下大乱。

建安二年五月，蝗。

奴中郎将臧旻统率南单于以下各部，兵分三路，共同出兵讨伐鲜卑。大司农苦于经费不足，便向郡国大肆搜刮，搜刮来的钱财用来供应军粮。结果三路军将并没有取得什么功绩，而且只有少一半的兵卒还朝。

光和元年（178），灵帝下诏策问："蝗虫连年成灾，直到冬季仍然活动猖獗，问题究竟是出在哪里？"蔡邕对答策问说："据臣所知《京氏易传》中有载：'不注重时节的大兴土木，上天便会降下灾祸，具体表现即为蝗灾。'《河图秘征篇》中有载：'帝王贪婪则会导致暴政，而且官吏残酷，官吏残酷则刑法苛毒，必然会过度杀戮，所引发的灾祸就是蝗灾。'蝗灾，是君王贪婪和苛毒所致的。"当时，百官升迁调任，都会私下到西园赠送财礼，来充实皇家的府库。

献帝兴平元年（194）夏季，发生蝗灾。当时天下大乱。

建安二年（197）五月，发生蝗灾。

文白对照

二十四史新译

後漢書

五

主编 楼宇烈
执行主编 梁光玉 萧祥剑
〔南朝宋〕范晔 撰 谦德书院 译

团结出版社

图书在版编目（ＣＩＰ）数据

后汉书 / (南朝宋) 范晔著 ; 谦德书院译 . -- 北京 :
团结出版社 , 2024.12
ISBN 978-7-5234-0577-2

Ⅰ . ①后… Ⅱ . ①范… ②谦… Ⅲ . ①《后汉书》-
译文 Ⅳ . ① K234.204.2

中国国家版本馆 CIP 数据核字 (2023) 第 208361 号

责任编辑：梁光玉
封面设计：肖宇岐

出　版：团结出版社
（北京市东城区东皇城根南街 84 号 邮编：100006）
电　话：（010）65228880 65244790
网　址：http://www.tjpress.com
E-mail：zb65244790@vip.163.com
经　销：全国新华书店
印　装：北京印匠彩色印刷有限公司

开　本：145mm × 210mm　32 开
印　张：113.25　　字　数：2195 千字
版　次：2024 年 12 月 第 1 版　　印　次：2024 年 12 月 第 1 次印刷

书　号：978-7-5234-0577-2
定　价：480.00 元（全五册）

目 录

第五册

卷一百三—卷一百二十

卷一百三

刘虞公孙瓒陶谦列传第六十三

刘虞字伯安，东海郯人也。祖父嘉，光禄勋。虞初举孝廉，稍迁幽州刺史，民夷感其德化，自鲜卑、乌桓、夫馀、秽貊之辈，皆随时朝贡，无敢扰边者，百姓歌悦之。公事去官。中平初，黄巾作乱，攻破冀州诸郡，拜虞甘陵相，绥抚荒余，以蔬俭率下。迁宗正。

后车骑将军张温讨贼边章等，发幽州乌桓三千突骑，而牢禀逋悬，皆畔还本国。前中山相张纯私谓前太山太守张举曰："今乌桓既畔，皆愿为乱，凉州贼起，朝廷不能禁。又洛阳人妻生子两头，此汉祚衰尽，天下有两主之征也。子若与吾共率乌桓之众以起兵，庶几可定大业。"举因然之。四年，纯等遂与乌桓大人共连盟，攻蓟下，燔烧城郭，虏略百姓，杀护乌桓校尉箕稠、右北平太守刘政、辽东太守阳终等，众至十余万，屯肥如。举称"天子"，纯称"弥天将军安定王"，移书州郡，云举当代汉，告天子避位，敕公卿奉迎。纯又使乌桓峭王等步骑五万，入青冀二州，攻破清河、平原，杀害吏民。朝廷以虞威信素著，恩积北方，明年，复拜幽州牧。虞到蓟，罢省屯兵，务广恩信。遣使告峭王等以朝恩宽弘，开许善路。又设赏购举、纯。举、纯走出塞，余皆降散。纯为其客王政所杀，送首诣虞。灵帝遣使者就拜太尉，封容丘侯。

及董卓秉政，遣使者授虞大司马，进封襄贲侯。初平元年，复刘虞，字伯安，东海郡郯县人。祖父刘嘉，担任光禄勋。刘虞起初被举荐为孝廉，之后升迁为幽州刺史，百姓和少数民族都被他的德业所感化，鲜卑、乌桓、夫馀、秽貊之类的部落，都按时朝贡，没有胆敢扰乱边境的，百姓欣喜而歌颂刘虞。因为公事而辞去官职。中平初年，黄巾作乱，攻克冀州各郡，任命刘虞为甘陵相，安抚受灾后的百姓，用俭朴作为部下的表率。后来升迁为宗正。

之后车骑将军张温讨伐边章等贼寇，征调幽州乌桓三千名用于冲锋陷阵的精锐骑兵，因为粮饷拖欠，都逃回本国。前中山相张纯暗中对前泰山太守张举说："如今乌桓既然已经反叛，四处都想作乱，凉州贼寇兴起，朝廷不能制止。又有一名洛阳人的妻子生下有两个脑袋的儿子，这是汉室国祚衰尽的表现，天下将有两名人主的兆头。您如果和我共同率领乌桓的军队起兵，差不多可以成就大业。"张举同意他的观点。中平四年（187），张纯等人因为和乌桓的首领共同结盟，进攻蓟下，焚烧城郭，虏掠百姓，杀害护乌桓校尉箕稠、右北平太守刘政、辽东太守阳终等人，所属部队增至十多万人，驻扎在肥如县。张举称为"天子"，张纯称为"弥天将军安定王"，发送公文通告州郡，说张举应当取代汉朝，告知天子让位，敕令公卿奉迎。张纯又命乌桓峭王等步兵骑兵共五万人，进驻青、冀二州，攻破清河、平原，杀害官吏和平民。朝廷因为刘虞向来有威信，在北方积累不少恩德，第二年，刘虞又官拜幽州牧。刘虞来到蓟县，裁减屯驻兵士，广布恩德信义。派遣使者告知峭王等人朝廷恩泽宽弘，允许他们走改过自新的道路。又设置悬赏捉拿张举、张纯。张举、张纯逃往塞外，其余的部众都投降或者四散。张纯被自己的宾客王政所杀，把首级送给了刘虞。灵帝派遣使者任命刘虞为太尉，被封为容丘侯。

等到董卓执政的时候，派遣使者授予刘虞大司马一职，加封襄征代袁隗为太傅。道路隔塞，王命竟不得达。旧幽部应接荒外，资费甚广，岁常割青、冀赋调二亿有余，以给足之。时处处断绝，委输不至，而虞务存宽政，劝督农植，开上谷胡市之利，通渔阳盐铁之饶，民悦年登，谷石三十。青、徐士庶避黄巾之难归虞者百余万口，皆收视温恤，为安立生业，流民皆忘其迁徙。虞虽为上公，天性节约，敝衣绳履，食无兼肉，远近豪俊夙僭奢者，莫不改操而归心焉。

初，诏令公孙瓒讨乌桓，受虞节度。瓒但务会徒众以自强大，而纵任部曲，颇侵扰百姓，而虞为政仁爱，念利民物，由是与瓒渐不相平。二年，冀州刺史韩馥、勃海太守袁绍及山东诸将议，以朝廷幼冲，逼于董卓，远隔关塞，不知存否，以虞宗室长者，欲立为主。乃遣故乐浪太守张岐等赍议，上虞尊号。虞见岐等，厉色叱之曰："今天下崩乱，主上蒙尘。吾被重恩，未能清雪国耻。诸君各据州郡，宜共勠力，尽心王室，而反造逆谋，以相垢误邪！"固拒之。馥等又请虞领尚书事，承制封拜，复不听。遂收斩使人。于是选掾右北平田畴、从事鲜于银蒙险间行，奉使长安。献帝既思东归，见畴等大悦。时虞子和为侍中，因此遣和潜从武关出，告虞将兵来迎。道由南阳，后将军袁术闻其状，遂质和，使报虞遣兵俱西。虞乃使数千骑就和奉迎天子，而术竟不遣之。

贡侯。初平元年（190），又征召他代替袁隗担任太傅。因为道路阻塞，王命竟然没法传达。旧时幽州连接着边远地区，耗资甚多，每年都要割取青州、冀州的赋税两亿多，用来供足他们所需。当时处处交通断绝，转运的物资难以送到，但刘虞处理政事务求宽大，劝勉督促百姓种植，开放上谷和少数民族通商，和盐铁商业富饶的渔阳通达，百姓喜悦年年丰收，谷物一石三十钱。青州、徐州的百姓为了躲避黄巾之难前来归附刘虞的有一百多万人，刘虞都收容照顾、体贴抚慰，为他们安生立业，流民都忘记了自己是迁徙逃难而来的。刘虞虽贵为上公，天性节约，身穿破衣、脚穿草鞋，吃饭时不会准备两种肉菜，远近那些势大才高、向来过分奢侈的人，没有不改变操行、真心归附的。

起初，皇帝下诏命令公孙瓒讨伐乌桓，受刘虞的调度。公孙瓒只是一心聚集兵众来加强自身，却放纵部下，经常侵扰百姓，而刘虞处理政事仁厚慈爱，心系百姓，因此和公孙瓒理念逐渐不和。初平二年（191），冀州刺史韩馥、勃海太守袁绍和山东诸将商议，认为皇帝年龄幼小，被董卓逼迫，诸将被关口要塞所阻隔，不知皇帝的近况，因为刘虞是宗室中德高望重的长者，打算拥立刘虞为皇帝。于是就派遣前乐浪太守张岐等人携持着奏议拜见，上加给刘虞皇帝的尊号。刘虞会见张岐等人，面色严肃地叱骂说："如今天下大乱，皇帝流亡蒙尘。我受皇帝重恩，不能清洗国耻。诸君各自占据州郡，应当勠力同心，尽心辅佐王室，却让我造反发动叛乱，是让我蒙耻受害吗！"刘虞坚决拒绝这件事。韩馥等人又请他兼管任尚书事务，秉承皇帝旨意授予官职，也没有听从。就把使者收押斩杀了。于是挑选掾右北平田畴、从事鲜于银冒险暗中行进，奉命前往长安。献帝本打算东归，看见田畴等人心中大喜。当时刘虞的儿子刘和担任侍中，因此派遣刘和暗中从武关出发，告诉刘虞带兵前来迎接。途经南阳时，后将军袁术听说了这个情况，就扣押刘和当做人质，使遣使者报告刘虞发兵一同向西。刘虞就派遣几千名骑兵接上刘和一同去奉迎天子，而袁术竟然不放刘和离去。

初，公孙瓒知术诈，固止虞遣兵，虞不从，瓒乃阴劝术执和，使夺其兵，自是与瓒仇怨益深。和寻得逃术还北，复为袁绍所留。瓒既累为绍所败，而犹攻之不已，虞患其黩武，且虑得志不可复制，固不许行，而稍节其禀假。瓒怒，屡违节度，又复侵犯百姓。虞所赉赏典当胡夷，瓒数抄夺之。积不能禁，乃遣驿使奉章陈其暴掠之罪，瓒亦上虞禀粮不周，二奏交驰，互相非毁，朝廷依违而已。瓒乃筑京于蓟城以备虞。虞数请瓒，辄称病不应。虞乃密谋讨之，以告东曹掾右北平魏攸。攸曰："今天下引领，以公为归，谋臣爪牙，不可无也。瓒文武才力足恃，虽有小恶，固宜容忍。"虞乃止。

顷之攸卒，而积忿不已。四年冬，遂自率诸屯兵众合十万人以攻瓒。将行，从事代郡程绪免胄而前曰："公孙瓒虽有过恶，而罪名未正。明公不先告晓使得改行，而兵起萧墙，非国之利。加胜败难保，不如驻兵，以武临之，瓒必悔祸谢罪，所谓不战而服人者也。"虞以绪临事沮议，遂斩之以徇。戒军士曰："无伤余人，杀一伯珪而已。"时州从事公孙纪者，瓒以同姓厚待遇之。纪知虞谋而夜告瓒。瓒时部曲放散在外，仓卒自惧不免，乃掘东城欲走。虞兵不习战，又爱人庐舍，敕不听焚烧，急攻围不下。瓒乃简募锐士数百人，因风纵火，直冲突之。虞遂大败，与官属北奔居庸县。瓒追攻之，三日城陷，遂执虞并妻子还蓟，犹使领州文书。会天子遣使者段训增虞封邑，督六州事；拜瓒前将军，封易侯，假节督幽、并、青、冀。瓒乃诬虞前与袁绍等欲称尊号，胁训斩虞于蓟市。先坐而咒曰："若虞应为天子者，天当风雨以相救。"时旱势炎盛，遂斩焉。传首京起初，公孙瓒得知袁术狡诈，坚决制止刘虞派兵，刘虞没有听从，公孙瓒就在暗中劝说袁术扣押刘和，让他夺取刘虞的兵士，从此之后刘虞和公孙瓒的仇怨越来越深。刘和不久后得以从袁术那里逃脱返回北方，又被袁绍所扣留。公孙瓒虽然多次被袁绍所打败，却还是不停攻击，刘虞担心他滥用武力，又想到他一旦得志就难以再控制他，坚决不放行，而且稍微节制他的俸禄。公孙瓒发怒，多次违反刘虞的调度，又开始侵犯百姓。刘虞所赏赐典当给胡夷的东西，公孙瓒又多次强抢掠夺。长久以来无法制止，就派遣驿使奉奏章陈述公孙瓒强劫财物的罪行，公孙瓒也上奏刘虞供给粮食不周，二人的奏章纷至沓来，互相诋毁，朝廷只是模棱两可地处理而已。公孙瓒就在蓟城筑起高台来防备刘虞。刘虞多次邀请公孙瓒，公孙瓒总是假借生病不去。刘虞就秘密谋划讨伐公孙瓒，把这件事告诉了东曹掾右北平魏攸。魏攸说："如今天下的人引颈期盼，真心归附于您，谋臣和爪牙，缺一不可啊。公孙瓒文治、武功、才干足以依靠，虽有些小恶行，应当容忍。"刘虞才停止了讨伐公孙瓒的打算。

不久魏攸去世，而刘虞郁积的忿恨难以消除。初平四年（193）冬季，就亲自率领屯驻的兵士们共计十万人来进攻公孙瓒。准备出发时，担任从事的代郡程绪脱掉身上的甲胄走上前说："公孙瓒虽然犯下罪过，但讨伐他罪过的理由不正当。您不先告诫让他改正，而是同室操戈，不利于国家。再加上胜败难以保证，不如驻扎军队，用武力胁制他，公孙瓒一定会后悔造成祸害而谢罪，这是所谓的不战斗而让人屈服的办法。"刘虞认为程绪临近交战而提出异议，就斩杀了他来对三军宣示。告诫军士们说："不要伤害他人，只杀公孙伯珪一人就行了。"当时州里有名从事名叫公孙纪，公孙瓒因为和他同姓给以他优厚的待遇。公孙纪得知了刘虞的谋划趁着夜色告诉了公孙瓒。当时公孙瓒的部队都分散在外，仓促之间担心自己难以幸免，就挖掘东城打算逃走。刘虞的兵士不练习作战，又爱惜百姓的房舍，敕令不允许焚烧，急攻包围不下。公孙瓒就简选招募精锐士兵几百人，趁着风势纵火，径直向刘虞部队冲杀突围。于是刘虞军队大败，和官属一同向北逃到居庸县。公孙瓒紧追其后，三天后城池攻陷，于师，故吏尾敦于路劫虞首归葬之。瓒乃上训为幽州刺史。虞以恩厚得众，怀被北州，百姓流旧，莫不痛惜焉。

初，虞以俭素为操，冠敝不改，乃就补其穿。及遇害，瓒兵搜其内，而妻妾服罗纨，盛绮饰，时人以此疑之。和后从袁绍报瓒云。

公孙瓒字伯珪，辽西令支人也。家世二千石。瓒以母贱，遂为郡小吏。为人美姿貌，大音声，言事辩慧。太守奇其才，以女妻之。后从涿郡卢植学于缑氏山中，略见书传。举上计吏。太守刘君坐事槛车征，官法不听吏下亲近，瓒乃改容服，诈称侍卒，身执徒养，御车到洛阳。太守当徙日南，瓒具豚酒于北芒上，祭辞先人，酹觞祝曰："昔为人子，今为人臣，当诣日南。日南多瘴气，恐或不还，便当长辞坟茔。"慷慨悲泣，再拜而去，观者莫不叹息。既行，于道得赦。

瓒还郡，举孝廉，除辽东属国长史。尝从数十骑出行塞下，卒逢鲜卑数百骑。瓒乃退入空亭，约其从者曰："今不奔之，则死尽矣。"乃自持两刃矛，驰出冲贼，杀伤数十人，瓒左右亦亡其半，遂是生擒了刘虞和他的妻子、儿子返回蓟，还让他管理州郡的文书。恰逢天子派遣使者段训前来增加刘虞的封邑，督办六州事宜；授予公孙瓒前将军一职，被封为易侯，假以符节督办幽、并、青、冀四州事宜。公孙瓒诬陷刘虞之前和袁绍等人打算称皇帝的尊号，胁迫段训在蓟市斩杀刘虞。先坐下而祈祷说："如果刘虞应该当天子，老天应当降下风雨来相救。"当时天下大旱十分炎热，因此斩杀了刘虞。把首级传回京城，旧部下尾敦在半路上劫下刘虞的首级运回故乡埋葬了。公孙瓒就上奏举荐段训为幽州刺史。刘虞因为仁爱笃实得到百姓的拥护，恩义遍布北州，不管是迁入还是祖居的百姓，没有不为他惋惜哀痛的。

起初，刘虞的操守向来是节俭朴素，帽子破了也不换新的，只是把破了的地方补好接着戴。等到遇害以后，公孙瓒的兵士搜查刘虞的家里，发现他的妻妾身穿精美的衣服，打扮华丽的妆饰，当时的人因此怀疑刘虞的操守。刘和后来跟从袁绍报复公孙瓒。

公孙瓒，字伯珪，辽西郡令支县人。家中世代担任食邑二千石的官职。公孙瓒因为生母出身低贱，就在郡中担任小吏。他容貌俊美，声音洪亮，说话办事聪慧善辩。太守觉得他才干不凡，就把自己的女儿嫁给他。之后跟着涿郡卢植在缑氏山中学习，略微懂一些书籍传记。被举荐为上计吏。太守刘君因事获罪用囚车关押送回京城，依照朝廷法令不允许下属靠近，公孙瓒就改换了仪容服饰，谎称自己是服侍他的兵卒，亲身带着路上所需的衣食用品，跟随囚车来到洛阳。太守应当被流放到日南，公孙瓒在北邙山上备下酒肉祭品，祭祀辞别祖先，洒酒祝祷说："昔日为人子，如今为人臣，应当跟随您到日南去。日南多有瘴气，恐怕是回不来了，就在此永别祖先的坟墓。"情绪激动悲伤哭泣，拜了又拜就离去了，前来观看的人没有不叹息的。启程之后，在半路上遇到赦免。

公孙瓒返回郡里，被举荐为孝廉，担任辽东属国长史。曾经带领数十名骑兵前往塞下，突然遭遇数百鲜卑骑兵。公孙瓒就撤退到一个空亭子中，简要地对他的部下们说："今天不奋勇杀敌，就都会得免。

中平中，以瓒督乌桓突骑，车骑将军张温讨凉州贼。会乌桓反畔，与贼张纯等攻击蓟中，瓒率所领追讨纯等有功，迁骑都尉。张纯复与畔胡丘力居等寇渔阳、河间、勃海，入平原，多所杀略。瓒追击战于属国石门，虏遂大败，弃妻子逾塞走，悉得其所略男女。瓒深入无继，反为丘力居等所围于辽西管子城，二百余日，粮尽食马，马尽煮弩楯，力战不敌，乃与士卒辞诀，各分散还。时多雨雪，队阬死者十五六，虏亦饥困，远走柳城。诏拜瓒降虏校尉，封都亭侯，复兼领属国长史。职统戎马，连接边寇。每闻有警，瓒辄厉色愤怒，如赴仇敌，望尘奔逐，或继之以夜战。虏识瓒声，惮其勇，莫敢抗犯。

瓒常与善射之士数十人，皆乘白马，以为左右翼，自号“白马义从”。乌桓更相告语，避白马长史。乃画作瓒形，驰骑射之，中者咸称万岁。虏自此之后，遂远窜塞外。

瓒志扫灭乌桓，而刘虞欲以恩信招降，由是与虞相忤。初平二年，青、徐黄巾三十万众入勃海界，欲与黑山合。瓒率步骑二万人，逆击于东光南，大破之，斩首三万余级。贼弃其车重数万两，奔走度河。瓒因其半济薄之，贼复大破，死者数万，流血丹水，收得生口七万余人，车甲财物不可胜算，威名大震。拜奋武将军，封蓟侯。

瓒既谏刘虞遣兵就袁术，而惧术知怨之，乃使从弟越将千余死在这里。”于是自己手持两刃长矛，奔驰而出冲向贼寇，杀伤贼寇数十人，公孙瓒的部下们也死了一半，这才得以幸免。

中平年间，命令公孙瓒统领乌桓突骑，和车骑将军张温一起讨伐凉州贼寇。恰逢乌桓反叛，和贼寇张纯等人攻打蓟中，公孙瓒率领其部下追击讨伐张纯等人有功，升迁为骑都尉。张纯又和背叛的胡人丘力居等人侵犯渔阳、河间、勃海，攻入平原，大肆杀戮掳掠。公孙瓒在属国石门和他们追击交战，敌寇大败，抛弃妻子、儿女越过边塞逃跑，贼寇所掳掠的男女悉数夺回。公孙瓒深入敌方没有后援，反被丘力居等人包围在辽西管子城，共计二百多天，粮食吃完了就吃军马，军马吃完了就煮熟弩上盾上的皮革，奋力战斗仍然不支，就和士卒们诀别，各自分散突围而回，当时雨雪天很多，死在途中的人有十之五六，贼寇也是饥饿困顿，远遁柳城。朝廷任命公孙瓒为降虏校尉，被封为都亭侯，又兼领属国长史。他主管军事，地接边寇。每次听闻敌情，公孙瓒总是神色严厉、满面怒气，如同去找仇人报仇，看到敌人的飞扬的尘土就追杀过去，有时还夜以继日地交战。敌寇听到他的名声，都忌惮他的勇猛，没人敢抵抗和进犯。

公孙瓒经常和几十名善长射箭的人，都身骑白马，作为左右两翼，自称是“白马义从”。乌桓人互相转告，要避开身骑白马的长史。还画了公孙瓒的画像，骑马疾行瞄准画像，射中的人就高呼万岁。贼寇从此之后，只能逃窜到塞外。

公孙瓒立志剪除乌桓，而刘虞却打算用恩德信义来招降，因此和刘虞意见相左。初平二年（191），青州、徐州三十万黄巾贼寇进入勃海地界，打算和黑山的贼寇会合。公孙瓒率领步兵骑兵两万人，在东光之南迎击，大破黄巾，斩下首级三万多。贼寇丢弃的辎重车辆多达几万辆，连忙渡过黄河。公孙瓒趁他们渡到一半时逼近，再次大破贼寇，死了几万人，献血染红了河水，生擒七万多俘虏，兵车、铠甲、财物多到数不清，公孙瓒威名大震。官拜奋武将军，被封为蓟侯。

公孙瓒既然劝谏刘虞派兵支援袁术，而担心袁术知道后记恨骑诣术自结。术遣越随其将孙坚，击袁绍将周昕，越为流矢所中死。瓒因此怒绍，遂出军屯槃河，将以报绍。乃上疏曰："臣闻皇羲已来，君臣道著，张礼以导人，设刑以禁暴。今车骑将军袁绍，托承先轨，爵任崇厚，而性本淫乱，情行浮薄。昔为司隶，值国多难，太后承摄，何氏辅朝。绍不能举直措枉，而专为邪媚，招来不轨，疑误社稷，至令丁原焚烧孟津，董卓造为乱始。绍罪一也。卓既无礼，帝主见质。绍不能开设权谋，以济君父，而弃置节传，迸窜逃亡。忝辱爵命，背违人主，绍罪二也。绍为勃海，当攻董卓，而默选戎马，不告父兄，至使太傅一门，累然同毙。不仁不孝，绍罪三也。绍既兴兵，涉历二载，不恤国难，广自封植。乃多引资粮，专为不急，割刻无方，考责百姓，其为痛怨，莫不咨嗟。绍罪四也。逼迫韩馥，窃夺其州，矫刻金玉，以为印玺，每有所下，辄皂囊施检，文称诏书。昔亡新僭侈，渐以即真。观绍所拟，将必阶乱。绍罪五也。绍令星工伺望祥妖，赂遗财货，与共饮食，克会期日，攻钞郡县。此岂大臣所当施为？绍罪六也。绍与故虎牙都尉刘勋，首共造兵，勋降服张杨，累有功效，而以小忿枉加酷害。信用谗慝，济其无道，绍罪七也。故上谷太守高焉，故甘陵相姚贡，绍以贪惏，横责其钱，钱不备毕，二人并命。绍罪八也。《春秋》之义，子以母贵。绍母亲为傅婢，地实微贱，据职高重，享福丰隆。有苟进之志，无虚退之心，绍罪九也。又长沙太守孙坚，前领豫州刺史，遂能驱走董卓，扫除陵庙，忠勤王室，其功莫大。绍遣小将盗居其位，断绝坚粮，不得深入，使董卓久不服诛。绍罪十也。昔姬周政弱，王道陵迟，天子迁徙，诸侯背畔，故齐桓立柯会之盟，晋文为践土之会，伐荆楚以致菁茅，诛曹、卫以章无礼。臣虽阘茸，名非先贤，蒙被朝恩，负荷重任，职在鈇钺，奉辞伐罪，辄与诸将州郡共讨绍等。若大事克捷，罪人斯得，庶续桓文忠诚之效。"遂举兵攻绍，于是冀州诸城悉畔从瓒。

他，就命堂弟公孙越率领一千多名骑兵前往袁术那里和他结交。袁术派遣公孙越跟随他的部将孙坚，攻打袁绍的部将周昕，公孙越被飞箭射中去世。公孙瓒因此怨恨袁绍，就出兵驻扎在槃河，打算找袁绍报仇。因此公孙瓒上书说："臣下听说自伏羲氏以来，君臣之道显明，宣扬礼仪来教导人们，设置刑罚来制止暴乱。如今车骑将军袁绍，凭借先帝的厚恩，官职高贵显要，而他生性淫乱，品行轻浮。昔日担任司隶校尉，正值国家多灾多难，太后代为处理国政，大将军何氏辅佐朝政。袁绍不能选任正直贤良的人，而专门做奸邪谄媚的事，招来不轨之徒，贻误国家社稷，导致丁原焚烧孟津，董卓成为祸乱之始。这是袁绍的第一条罪状。董卓不遵守臣子之礼，把皇帝当做人质。袁绍不能出谋划策，来帮助皇帝，而是丢弃符节，流窜逃亡。辱没了他的爵位官职，背叛了皇帝。这是袁绍的第二条罪状。袁绍在勃海郡任职，应当讨伐董卓，但却在暗中选拔兵马，不告诉自己的父兄，导致他叔父太傅袁隗一门，遭到连累被董卓所杀，不仁不孝，这是袁绍的第三条罪状。袁绍起兵征讨，历时二年，不体恤国家危难，大肆扶植势力。还大力储存钱粮，专门做些不急迫的事，不择手段，拷打勒索百姓，百姓对他的怨恨，没有不叹息的。这是袁绍的第四条罪状。逼迫韩馥，窃取抢夺他的州郡，私下雕刻金石，伪造皇帝的印玺，每次下达文书，总是用黑绸口袋加印密封，谎称这是皇帝的诏书。昔日王莽篡汉的行为，也是逐渐僭越来达到目的。观察袁绍的所做作为，将来一定会引发大乱。这是袁绍的第五条罪状。袁绍让通晓星象的人察看祸福征兆，贿赂钱财给他，和他一同吃喝，约定日期，前去侵扰掳掠郡县。这难道是身为一个大臣应当做的吗？这是袁绍的第六条罪状。袁绍和前虎牙都尉刘勋，开始是共同起兵的，刘勋降服了张杨，屡建功绩，而袁绍却因为一点儿小矛盾就枉加迫害。听信任用邪恶奸佞的人，来帮助他为非作歹，这是袁绍的第七条罪状。前上谷太守高焉，前甘陵相姚贡，袁绍贪得无厌，残暴地向他们要钱，钱财没有备齐，二人一同毙命。这是袁绍的第八条罪状。依照《春秋》的大义，子以母贵。袁绍的母亲身为侍婢，地位实在卑微低贱，他却身居高位，生活舒适优裕。有苟且进取、谋求高位的志向，绍惧，乃以所佩勃海太守印绶授瓒从弟范，遣之郡，欲以相结。而范遂背绍，领勃海兵以助瓒。瓒乃自署其将帅为青、冀、兖三州刺史，又悉置郡县守令，与绍大战于界桥。瓒军败还蓟。绍遣将崔巨业将兵数万攻围故安不下，退军南还。瓒将步骑三万人追击于巨马水，大破其众，死者七八千人。乘胜而南，攻下郡县，遂至平原，乃遣其青州刺史田揩据有齐地。绍复遣兵数万与揩连战二年，粮食并尽，士卒疲困，互掠百姓，野无青草。绍乃遣子谭为青州刺史，揩与战，败退还。

是岁，瓒破禽刘虞，尽有幽州之地，猛志益盛。前此有童谣曰："燕南垂，赵北际，中央不合大如砺，唯有此中可避世。"瓒自以为易地当之，遂徙镇焉。乃盛修营垒，楼观数十，临易河，通辽海。

刘虞从事渔阳鲜于辅等，合率州兵，欲共报瓒。辅以燕国阎柔素有恩信，推为乌桓司马。柔招诱胡汉数万人，与瓒所置渔阳太守没有谦虚退让的心思，这是袁绍的第九条罪状。又有长沙太守孙坚，之前兼领豫州刺史，所以能够驱逐董卓，清扫皇陵宗庙，对王室忠心勤劳，功劳卓著。袁绍派遣小将窃据他的官职，断绝他的粮饷供应，让他不能深入敌阵，致使董卓长久以来不能伏法。这是袁绍的第十条罪状。昔日周朝政治衰落，仁义治国的观念沦丧，天子迁徙，诸侯背叛，所以齐桓公订立柯会之盟，晋文公召集践土之盟，齐桓公讨伐荆楚使其进贡菁茅，晋文公攻击曹、卫以昭示他们对王室的无礼。臣下虽然是地位卑贱的人，名声比不上先贤，承蒙皇恩，肩负重任，在军队供职，奉严正言辞讨伐罪人，在此和诸将和各州郡共同讨伐袁绍等人。如果大功告成，罪人都被生擒，或许能够重续齐桓公、晋文公忠诚的事绩。”随即公孙瓒出兵进攻袁绍，于是冀州各城悉数背叛袁绍而转投公孙瓒。

袁绍恐惧，就把自己佩带的勃海太守印绶授予公孙瓒的堂弟公孙范，派遣他前往勃海，打算以此来和公孙瓒和解相交。而公孙范立即背叛了袁绍，率领勃海兵士来帮助公孙瓒。公孙瓒就安排部署麾下将帅担任青、冀、兖三州的刺史，又悉数安排郡守县令，和袁绍在界桥大战。公孙瓒兵败返回蓟县。袁绍派遣部将崔巨业领兵数万围攻故安不下，退兵撤回南面。公孙瓒率领步兵骑兵三万人在巨马水追击敌人，大破袁绍军队，死者七八千人。乘胜南下，攻破沿途郡县，直接到达平原，就派遣麾下青州刺史田揩占据齐地。袁绍又派兵数万和田揩连续作战二年，双方粮食都吃完了，士卒疲劳困顿，互相抢掠对方的百姓，野外连青草都没有了。袁绍就派遣他的儿子袁谭担任青州刺史，田揩与其交战，战败而回。

这一年，公孙瓒击败生擒刘虞，尽数占有幽州之地，壮志更盛。之前有童谣说：“燕地南陲，赵地北际，中间正好大如砺，唯有此处可避世。”公孙瓒自认为易县就是歌谣所说的地方，随即迁徙到易县。并且大修营垒，建筑楼观数十座，靠近易河，直通辽海。

刘虞麾下的从事渔阳鲜于辅等人，联合各自率领的州郡军队，打算一同来找公孙瓒报仇。鲜于辅认为燕国阎柔向来有恩德信义，邹丹战于潞北，斩丹等四千余级。乌桓峭王感虞恩德，率种人及鲜卑七千余骑，共辅南迎虞子和，与袁绍将麹义合兵十万，共攻瓒。兴平二年，破瓒于鲍丘，斩首二万余级。瓒遂保易京，开置屯田，稍得自支。相持岁余，麹义军粮尽，士卒饥困，余众数千人退走。瓒徼破之，尽得其车重。

是时旱蝗谷贵，民相食。瓒恃其才力，不恤百姓，记过忘善，睚眦必报，州里善士名在其右者，必以法害之。常言“衣冠皆自以职分富贵，不谢人惠”。故所宠爱，类多商贩庸儿。所在侵暴，百姓怨之。于是代郡、广阳、上谷、右北平各杀瓒所置长吏，复与辅、和兵合。瓒虑有非常，乃居于高京，以铁为门。斥去左右，男人七岁以上不得入易门。专侍姬妾，其文簿书记皆汲而上之。令妇人习为大言声，使闻数百步，以传宣教令。疏远宾客，无所亲信，故谋臣猛将，稍有乖散。自此之后，希复攻战。或问其故。瓒曰：“我昔驱畔胡于塞表，扫黄巾于孟津，当此之时，谓天下指麾可定。至于今日，兵革方始，观此非我所决，不如休兵力耕，以救凶年。兵法百楼不攻。今吾诸营楼橹千里，积谷三百万斛，食此足以待天下之变。”

建安三年，袁绍复大攻瓒。瓒遣子续请救于黑山诸帅，而欲自将突骑直出，傍西山以断绍后。长史关靖谏曰：“今将军将士，莫不怀瓦解之心，所以犹能相守者，顾恋其老小，而恃将军为主故耳。

推举他担任乌桓司马。阎柔招募来胡、汉共数万人，和公孙瓒所任命的渔阳太守邹丹在潞北交战，斩杀邹丹等人的首级共计四千多。乌桓峭王感念刘虞的恩德，率领族人和鲜卑人的七千多名骑兵，会同鲜于辅南下迎接刘虞的儿子刘和，和袁绍部将麹义联合兵力共计十万，一同攻打公孙瓒。兴平二年（195），在鲍丘击败公孙瓒，斩首二万多级。公孙瓒就退守易京，屯田种粮，逐渐能够自给自足。相持了一年多，麹义军粮耗尽，士卒饥饿困顿，剩下还有数千人向后撤退。公孙瓒截击打败了他们，麹义的车辆辎重被尽数缴获。

当时因为旱灾蝗灾导致粮价昂贵，饥民相食。公孙瓒自恃有才干和能力，不体恤百姓，记录过失忘记善行，瞪眼这样极小的仇恨也一定会报复，州郡中的有德之士名声超过他的，他必定会想办法诬告罪名来加害他。常说“搢绅都认为应当按照官职来享受富贵，不应该感激别人的恩惠。”所以他所宠爱的，大多是商贩之类的俗人。所到之处侵扰冒犯，百姓怨声载道。于是代郡、广阳、上谷、右北平各地都杀死公孙瓒所任命的长吏，又和鲜于辅、刘和的兵力联合，公孙瓒担心发生意外，就居住在高台上，用铁筑门。屏退左右的人，男人七岁以上不允许进入易京高台的大门。只让姬妾们服侍，所有的公册、簿籍、书信都用绳子吊上高台。命令妇人们练习大声说话，使声音可以传播百步之远，来传达他的命令。疏远宾客，没有亲信，因此他麾下的谋臣猛将，逐渐产生背离的想法。从此之后，很少再去进攻作战。有人问他原因。公孙瓒说：“我昔日在塞外驱逐反叛的胡人，在孟津扫荡黄巾贼寇，当时那种情况，认为天下稍作指挥就可以平定。到了今天，战争方兴未艾，看情况并非是我所能解决的，不如停战而努力耕田，来救济荒年。兵法上说不进攻瞭望敌情的高台。如今我各种营帐高台绵延千里，积蓄了谷物三百万斛，有了这些粮食就足以等待天下的变化。”

建安三年（198），袁绍再次大举进攻公孙瓒。公孙瓒派遣儿子公孙续向黑山的首领们求救，而自己打算亲率精锐骑兵径直突围，沿着西山以截断袁绍的后路。长史关靖劝谏说：“如今将军麾下的将坚守旷日，或可使绍自退。若舍之而出，后无镇重，易京之危，可立待也。”瓒乃止。绍渐相攻逼，瓒众日蹙，乃却，筑三重营以自固。

四年春，黑山贼帅张燕与续率兵十万，三道来救瓒。未及至，瓒乃密使行人赍书告续曰：“昔周末丧乱，僵尸蔽地，以意而推，犹为否也。不图今日亲当其锋。袁氏之攻，状若鬼神，梯冲舞吾楼上，鼓角鸣于地中，日穷月急，不遑启处。鸟厄归人，滀水陵高，汝当碎首于张燕，驰骤以告急。父子天性，不言而动。且厉五千铁骑于北隰之中，起火为应，吾当自内出，奋扬威武，决命于斯。不然，吾亡之后，天下虽广，不容汝足矣。”绍候得其书，如期举火，瓒以为救至，遂便出战。绍设伏，瓒遂大败，复还保中小城。自计必无全，乃悉缢其姊妹妻子，然后引火自焚。绍兵趣登台斩之。

关靖见瓒败，叹恨曰：“前若不止将军自行，未必不济。吾闻君子陷人于危，必同其难，岂可以独生乎！”乃策马赴绍军而死。续为屠各所杀。田揩与袁绍战死。

鲜于辅将其众归曹操，操以辅为度辽将军，封都亭侯。阎柔将部曲从曹操击乌桓，拜护乌桓校尉，封关内侯。

士，没有不怀着瓦解的心思，之所以还能在这里守卫将军，是顾念自家的老小，而依仗将军是他们的主公罢了。再坚守一段日子，或许可以让袁绍自己退兵。如果抛下易京直冲出去，身后没有权威人物的镇守，易京的危亡，立刻就会看到啊。”公孙瓒这才放弃。袁绍的攻势逐步逼近，公孙瓒的军队日渐紧迫，就后退撤军，修筑三层营垒来加固自身防御。

建安四年（199）春季，黑山贼寇的首领张燕和公孙续率兵十万，分为三路来救援公孙瓒。大军还未到达，公孙瓒就秘密派遣使者带着书信告诉公孙续说：“昔日周朝末年时局动乱，死尸遍地，根据情理推断，总是不相信有这样的事发生。没想到今天我亲自感受到了如此锐利的情势。袁氏的攻势，如同有鬼神相助，云梯冲车攻击于我的高楼之上，战鼓号角吹响于我军阵地之下，情势一天天危急，没有片刻喘息的功夫。飞鸟危急之时只好投入人的怀抱，湍急的水流终会漫上高坡，你应当拼上性命告知张燕，飞奔前去报告事态紧急，请求支援。父子天生的亲情，不须多言也会有所感应。并且请火速率领五千铁骑到北边的低湿地带中埋伏，点火作为信号，我会从城内杀出，振奋声势，在那里决一死战。否则，我死之后，天下虽大，却没有你能立足的地方了。”袁绍的侦斥候截获这封信，按照约定时间点火，公孙瓒以为救援到了，于是就出城交战。袁绍早就设下埋伏，于是公孙瓒大败，又退回守卫城中的小城。自忖必定难以保全，就把他的姐妹、妻子、儿女悉数勒死，然后点火自焚。袁绍的兵士急忙冲上高台斩杀了他。

关靖看到公孙瓒败亡，叹息抱恨说：“之前如果没有劝阻将军自己冲出城去，未必战事会如此不济。我听说君子误让别人陷入危难的境地，一定会和那人共同承受灾难，怎能独自存活呢！”就策马奔向袁绍军中赴死。公孙续被屠各所杀。田揩和袁绍交战而死。

鲜于辅率领他的部众投降了曹操，曹操任命鲜于辅为度辽将军，被封为都亭侯。阎柔率着部下跟随曹操出击乌桓，官拜护乌桓校尉，被封为关内侯。

张燕既为绍所败，人众稍散。曹操将定冀州，乃率众诣邺降，拜平北将军，封安国亭侯。

论曰：自帝室王公之胄，皆生长脂腴，不知稼穑，其能厉行饬身，卓然不群者，或未闻焉。刘虞守道慕名，以忠厚自牧。美哉乎，季汉之名宗子也！若虞瓒无间，同情共力，纠人完聚，稸保燕、蓟之饶，缮兵昭武，以临群雄之隙，舍诸天运，征乎人文，则古之休烈，何远之有！

陶谦字恭祖，丹阳人也。少为诸生，仕州郡，四迁为车骑将军张温司马，西讨边章。会徐州黄巾起，以谦为徐州刺史，击黄巾，大破走之，境内晏然。

时董卓虽诛，而李傕、郭汜作乱关中。是时四方断绝，谦每遣使间行，奉贡西京。诏迁为徐州牧，加安东将军，封溧阳侯。是时徐方百姓殷盛，谷实甚丰，流民多归之。而谦信用非所，刑政不理。别驾从事赵昱，知名士也，而以忠直见疏，出为广陵太守。曹宏等谗慝小人，谦甚亲任之，良善多被其害。由斯渐乱。下邳阙宣自称"天子"，谦始与合从，后遂杀之而并其众。

初，曹操父嵩避难琅邪，时谦别将守阴平，士卒利嵩财宝，遂袭杀之。初平四年，曹操击谦，破彭城傅阳。谦退保郯，操攻之不能克，乃还。过拔取虑、睢陵、夏丘，皆屠之。凡杀男女数十万人，鸡犬无余，泗水为之不流，自是五县城保，无复行迹。初三辅遭李傕乱，百姓流移依谦者皆歼。

兴平元年，曹操复击谦，略定琅邪、东海诸县，谦惧不免，欲张燕被袁绍打败后，麾下逐渐四散。曹操打算平定冀州时，他率领部众前往邺城归降，官拜平北将军，被封为安国亭侯。

评论说：从来帝王贵族的后代，都生长在富贵之家，不懂农事，其中能够警饬己身，卓尔不群的人，还没有听说过。刘虞坚守正道、爱好名誉，以忠厚作为自己的修养。多么高尚啊，真是汉末有名望的宗室后代啊！如果刘虞、公孙瓒二人亲密无间，同心协力，聚集民众重新团聚，蓄积力量保护燕、蓟之地的富饶，整治武备显扬武威，以此来威慑群雄之际，不依靠天运，只依靠人事，那么古代那样彪炳的功业，还能差得远吗！

陶谦，字恭祖，丹阳人。年少时是儒生，在州郡内任职，四次升迁之后担任车骑将军张温的司马，到西面讨伐边章。恰逢徐州黄巾起事，就任命陶谦为徐州刺史，攻打黄巾，打败了黄巾并赶走他们，境内安定下来。

当时董卓虽然已被诛杀，而李傕、郭汜还在关中作乱。当时四方交通断绝，陶谦每次派遣使者沿小路出行，到长安奉献贡品。朝廷下诏升迁他为徐州牧，加封安东将军，被封为溧阳侯。当时徐州地方百姓众多，谷物充足，流民大多逃往这里。但陶谦用人不得其所，又不理刑法政令。别驾从事赵昱，是知名人士，而因为忠诚正直被疏远，出任广陵太守。曹宏等邪恶奸佞的人，陶谦对他们却十分信任重用，好人大多被他们所害。徐州从此逐渐混乱。下邳阎宣（阙宣）自称“天子”，陶谦当初和他联合，后来直接杀死他还兼并了他的部众。

起初，曹操的父亲曹嵩到琅琊避难，当时陶谦的部将守卫阴平，士兵们贪图曹嵩的财宝，就趁其不备杀害了他。初平四年（193），曹操攻打陶谦，攻破彭城傅阳。陶谦撤退坚守郯县，曹操无法攻克，就撤退了。路过时攻克了取虑、睢陵、夏丘，都遭到了屠杀。杀死的男女共计数十万人，鸡犬不留，泗水因此被尸体堵塞无法流通，从此这五县的城池堡垒之中，再也没有人的踪迹。起初三辅一带遭受李傕之乱，流亡转徙到陶谦这里的百姓全遭杀害。

兴平元年（194），曹操再次攻打陶谦，攻克平定琅琊、东海等走归丹阳。会张邈迎吕布据兖州，操还击布。是岁，谦病死。

初，同郡人笮融，聚众数百，往依于谦，谦使督广陵、下邳、彭城运粮。遂断三郡委输，大起浮屠寺。上累金盘，下为重楼，又堂阁周回，可容三千许人，作黄金涂像，衣以锦彩。每浴佛，辄多设饮饭，布席于路，其有就食及观者且万余人。及曹操击谦，徐方不安，融乃将男女万口、马三千匹走广陵。广陵太守赵昱待以宾礼。融利广陵资货，遂乘酒酣杀昱，放兵大掠，因以过江，南奔豫章，杀郡守朱皓，入据其城。后为杨州刺史刘繇所破，走入山中，为人所杀。

昱字元达，琅邪人。清己疾恶，潜志好学，虽亲友希得见之。为人耳不邪听，目不妄视。太仆种拂举为方正。

赞曰：襄贲励德，维城燕北。仁能洽下，忠以卫国。伯珪疏犷，武才趫猛。虞好无终，绍势难并。徐方歼耗，实谦为梗。

县，陶谦恐惧不能幸免，打算逃往丹阳。恰逢张邈迎接吕布占据兖州，曹操调转军队迎战吕布。同年，陶谦因病去世。

起初，同郡人笮融，聚集数百人，前往投奔陶谦，陶谦命他督查广陵、下邳、彭城运粮事宜。于是他就截断了三郡转运的物资，大举建造佛寺。上面有层叠的黄金承露盘，下面是修建的重重楼阁，周围还有殿堂楼阁，可以容纳三千多人，制做镀金佛像，都穿上华美的丝织衣服。每到浴佛的时候，总要准备大量饮食，在道路两旁摆下宴席，来吃饭和来观看的大概有一万多人。等到曹操攻打陶谦时，徐州地方动荡不安，笮融就带领男女共计数万人、马共计三千匹逃到广陵。广陵太守赵昱用接待贵宾的礼仪善待他。笮融贪图广陵的钱财货物，就乘喝酒尽兴到了半醉时杀了赵昱，放纵兵士大肆掠夺，带着财物渡过长江，往南逃往豫章，杀死郡守朱皓，进入占据了他的城池。后来笮融被杨州刺史刘繇所打败，逃入深山，被他人所杀。

赵昱，字元达，琅琊人。以清廉律己、痛恨恶人，专心致志喜好学习，即使是亲友也很少能见到他。为人耳朵不乱听，眼睛不乱看。太仆种拂荐举他为方正。

赞辞说：襄贲侯励行仁德，在燕北连城卫国。仁义能谐和下属，忠心能保家卫国。公孙瓒粗豪强悍，打起仗矫捷勇猛。刘虞仁爱无善终，袁绍与他难并行。徐州悲惨遭杀戮，实为陶谦所妨碍。

卷一百四上

袁绍列传第六十四上

袁绍字本初，汝南汝阳人，司徒汤之孙。父成，五官中郎将。绍壮健好交结，大将军梁冀以下莫不善之。

绍少为郎，除濮阳长，遭母忧去官。三年礼竟，追感幼孤，又行父服。服阕，徙居洛阳。绍有姿貌威容，爱士养名。既累世台司，宾客所归，加倾心折节，莫不争赴其庭，士无贵贱，与之抗礼，辎軿柴毂，填接街陌。内官皆恶之。中常侍赵忠言于省内曰："袁本初坐作声价，好养死士，不知此儿终欲何作。"叔父太傅隗闻而呼绍，以忠言责之，绍终不改。

后辟大将军何进掾，为侍御史、虎贲中郎将。中平五年，初置西园八校尉，以绍为佐军校尉。

灵帝崩，绍劝何进征董卓等众军，胁太后诛诸宦官，转绍司隶校尉。语已见《何进传》。及卓将兵至，骑都尉太山鲍信说绍曰："董卓拥制强兵，将有异志，今不早图，必为所制。及其新至疲劳，袭之可禽也。"绍畏卓，不敢发。顷之，卓议欲废立，谓绍曰："天下之主，宜得贤明，每念灵帝，令人愤毒。董侯似可，今当立之。"绍曰："今上富于春秋，未有不善宣于天下。若公违礼任情，废嫡立庶，恐众议未安。"卓案剑叱绍曰："竖子敢然！天下之事，岂不在我？我欲为之，谁敢不从！"绍诡对曰："此国之大事，请出与太傅袁绍，字本初，汝南郡汝阳县人，司徒袁汤之孙。袁绍的父亲袁成，曾任五宫中郎将。袁绍身体健壮，喜爱结交朋友，自大将军梁冀以下的官吏，无不与之交好。

袁绍年少时担任郎官，授任濮阳县长，后来遭逢母亲去世而辞官。守丧三年结束后，袁绍回忆往事，感叹自己幼时丧父，又为父亲守丧。丧期结束后，袁绍迁居洛阳。袁绍外貌俊朗，仪容庄严，敬重士人，注重名声。袁绍族中世代有人位列三公，归附向往的宾客，再加上袁绍诚心结交，屈己礼贤，因此士人无不争相前来拜访，士人不论贵贱，袁绍都会视为平等，以礼相待，各种车马挤满了街巷。朝臣都十分厌恶袁绍。中常侍赵忠在宫中说："袁本初肆意抬高自己名声身价，沽名钓誉，喜欢豢养死士，不知道这小子意欲何为。"袁绍的叔父太傅袁隗听闻这些话，叫来袁绍，拿赵忠的话斥责袁绍，但袁绍依旧不改。

后来袁绍受到大将军何进的征召担任掾吏，之后袁绍又担任侍御史、虎贲中郎将。中平五年（188），朝廷初设西园八校尉，授任袁绍为佐军校尉。

灵帝驾崩后，袁绍劝说何进征召董卓等各路军队进京，胁迫太后诛除朝中宦官。何进让袁绍调任司隶校尉。这件事已详载于《何进传》中。等到董卓率军入京后，骑都尉泰山人鲍信游说袁绍道："董卓掌握着强大的军队，将来恐会生出二心，如今不早点有所谋划，将来必会受制于董卓。现下董卓刚刚入京，人疲马乏，趁此时机袭击董卓，可将其擒获。"袁绍畏惧董卓，不敢发兵。不久之后，董卓便商议想废黜天子另立新君，董卓对袁绍说："天下之主，应当是贤明之人。每次想到灵帝，都令人愤恨。董侯似乎尚可，如今应当拥立他为帝。"袁绍说："当今皇上春秋正盛，从未对天下做出什么不利之事，议之。”卓复言“刘氏种不足复遗”。绍勃然曰：“天下健者，岂惟董公！”横刀长揖径出。悬节于上东门，而奔冀州。

董卓购募求绍。时侍中周珌、城门校尉伍琼为卓所信待，琼等阴为绍说卓曰：“夫废立大事，非常人所及。袁绍不达大体，恐惧出奔，非有它志。今急购之，势必为变。袁氏树恩四世，门生故吏遍于天下，若收豪杰以聚徒众，英雄因之而起，则山东非公之有也。不如赦之，拜一郡守，绍喜于免罪，必无患矣。”卓以为然，乃遣授绍勃海太守，封邟乡侯。绍犹称兼司隶。

初平元年，绍遂以勃海起兵，与从弟后将军术、冀州牧韩馥、豫州刺史孔伷、兖州刺史刘岱、陈留太守张邈、广陵太守张超、河内太守王匡、山阳太守袁遗、东郡太守桥瑁、济北相鲍信等同时俱起，众各数万，以讨卓为名。绍与王匡屯河内，伷屯颍川，馥屯邺，余军咸屯酸枣，约盟，遥推绍为盟主。绍自号车骑将军，领司隶校尉。

董卓闻绍起山东，乃诛绍叔父隗，及宗族在京师者，尽灭之。卓乃遣大鸿胪韩融、少府阴循、执金吾胡母班、将作大匠吴循、越骑校尉王瓌譬解绍等诸军。绍使王匡杀班、瓌、吴循等，袁术亦执杀阴循，惟韩融以名德免。

是时豪杰既多附绍，且感其家祸，人思为报，州郡蜂起，莫不倘若公违背礼法，任性妄为，废嫡立庶，恐会招致众人非议。”董卓手按佩剑怒斥袁绍说：“你这竖子怎敢如此说话！天下之事，岂不由我做主？我欲为之，谁敢不从！”袁绍诈称：“此乃国之大事，请公与太傅共同商议。”董卓再次说道“皇位不足以继续传给刘氏之人”。袁绍勃然大怒，说：“天下强健之士，岂是只有你董公！”说罢横陈佩刀，长揖一礼，径自出门离去。袁绍将符节悬挂在上东门上，弃官奔往冀州。

董卓悬赏缉拿袁绍。当时侍中周珌、城门校尉伍琼得到董卓的信任，伍琼等人暗中为袁绍开解，游说董卓道：“废立大事，非常人所能参与的。袁绍不顾大局，恐惧出逃，并不是心存它想。如今急着悬赏缉拿袁绍，势必会生出其他变故。袁氏四世施恩结好，门生旧部遍布天下，倘若袁绍招揽豪杰，聚集徒众，英雄之士就会随之奋起，到那时恐怕太行山以东就非公所有了。不如将其赦免，让袁绍拜任郡守，袁绍见自己被免罪，一定会十分欣喜，这样将来也必然不会招致祸患。”董卓赞同伍琼的谏言，于是派人授任袁绍为勃海太守，赐封邟乡侯。在名义上袁绍还兼任司隶校尉。

初平元年（190），袁绍在勃海郡起兵，袁绍与堂弟后将军袁术、冀州牧韩馥、豫州刺史孔伷、兖州刺史刘岱、陈留太守张邈、广陵太守张超、河内太守王匡、山阳太守袁遗、东郡太守桥瑁、济北国相鲍信等人同时举兵，各路军队有数万人，以讨伐董卓为号。袁绍与王匡戍守河内郡，孔伷戍守颍川郡，韩馥戍守邺城，其余军队都戍守酸枣县，众人缔结盟约，推选袁绍为盟主。袁绍自称车骑将军，总领司隶校尉。

董卓听闻袁绍在山东起兵，便诛杀了袁绍的叔父袁隗，以及袁氏在京师的宗族，尽数夷灭。董卓又派大鸿胪韩融、少府阴循、执金吾胡母班、将作大匠吴循、越骑校尉王瓌游说瓦解袁绍等各路军队。袁绍命王匡斩杀胡母班、王瓌、吴循等人，袁术也拘捕斩杀了阴循，唯有韩融因德高望重得以幸免。

当时天下豪杰大多归附袁绍，而且众人都感慨袁氏一族遭受横以袁氏为名。韩馥见人情归绍，忌方得众，恐将图己，常遣从事守绍门，不听发兵。桥瑁乃诈作三公移书，传驿州郡，说董卓罪恶，天子危逼，企望义兵，以释国难。馥于是方听绍举兵。乃谋于众曰："助袁氏乎？助董氏乎？"治中刘惠勃然曰："兴兵为国，安问袁、董？"馥意犹深疑于绍，每贬节军粮，欲使离散。

明年，馥将麹义反畔，馥与战失利。绍既恨馥，乃与义相结。绍客逢纪谓绍曰："夫举大事，非据一州，无以自立。今冀部强实，而韩馥庸才，可密要公孙瓒将兵南下，馥闻必骇惧。并遣辩士为陈祸福，馥迫于仓卒，必可因据其位。"绍然之，益亲纪，即以书与瓒。瓒遂引兵而至，外托董卓，而阴谋袭馥。绍乃使外甥陈留高幹及颍川荀谌等说馥曰："公孙瓒乘胜来南，而诸郡应之。袁车骑引军东向，其意未可量也。窃为将军危之。"馥惧，曰："然则为之奈何？"谌曰："君自料宽仁容众，为天下所附，孰与袁氏？"馥曰："不如也。""临危吐决，智勇迈于人，又孰与袁氏？"馥曰："不如也。""世布恩德，天下家受其惠，又孰与袁氏？"馥曰："不如也。"谌曰："勃海虽郡，其实州也。今将军资三不如之势，久处其上，袁氏一时之杰，必不为将军下也。且公孙提燕、代之卒，其锋不可当。夫冀州天下之重资，若两军并力，兵交城下，危亡可立而待也。夫袁氏将军之旧，且为同盟。当今之计，莫若举冀州以让袁氏，必厚德将军，公孙瓒不能复与之争矣。是将军有让贤之名，而身安于太山也。愿勿有疑。"馥素性恇怯，因然其计。馥长史耿武、别驾闵纯、骑都尉沮授闻而谏曰："冀州虽鄙，带甲百万，谷支十年。袁绍孤客穷军，仰我鼻息，譬如婴儿在股掌之上，绝其哺乳，立可饿祸，众人都想为袁绍报仇，因而各个州郡蜂拥而起的义士军队，无不以袁氏为名。韩馥见到袁绍已是众心所向，担心袁绍势力强大，众人拥护，恐袁绍将来会谋害自己，所以经常派从事把守在袁绍门前，不让他发兵。桥瑁便佯装三公发出公文，通过驿站传给各个州郡，诉说董卓所作的罪恶，天子境遇危急，盼望义兵前来，解除国难。韩馥这才同意袁绍举兵。韩馥与众人商议说："我应该帮助袁氏？还是帮助董氏？"治中刘惠勃然大怒说："举兵应当是为了国家，岂会问兵助袁氏、董氏？"而韩馥依旧怀疑袁绍，经常扣减军粮，想使军心动摇，军队离散。

第二年，韩馥的属将鞠义反叛，韩馥与鞠义交战，韩馥失利。袁绍对韩馥已经心生怨恨，便与鞠义联合。袁绍的门客逢纪对袁绍说："谋立大事，若不占领一个州，则无法立足。如今冀州实力雄厚，而韩馥一介庸才，可以秘密联络公孙瓒，让其率军南下，韩馥闻讯必然惊慌恐惧。同时派一名善辩之士向韩馥陈述祸福利害。韩馥迫于突如其来的变故，到那时我们必能占据其位。"袁绍赞同逢纪的建议，愈发亲近信任逢纪，袁绍立刻给公孙瓒写信。之后公孙瓒率兵而至，他们表面上声称讨伐董卓，实际暗中袭击韩馥。袁绍派外甥陈留郡人高幹以及颍川郡人荀谌等人前往游说韩馥："公孙瓒乘胜南下，而诸郡纷纷响应。袁车骑率军东行，意图难料。臣等担心将军的安危。"韩馥顿感忧惧，说："既如此我该如何？"荀谌说："君自认为宽和仁厚，包容众人，为天下民心所归附，这一点君相较于袁氏，怎么样？"韩馥答："我不如袁绍。""面临危难作出决断，智勇胜过常人，这一点君相较于袁氏，又怎么样？"韩馥答："我不如袁绍。""家族中世代广施恩惠，使得天下之士受其恩惠，这一点君相较于袁氏，又怎么样？"韩馥答："我不如袁绍。"荀谌说："勃海虽是一个郡，但其地域广阔堪比一州。如今将军在这三个方面都不如袁绍，但官职却久居袁绍之上，袁氏是当世豪杰，必然不会一直在将军之下。况且公孙瓒率领燕、代的兵士，势不可挡。冀州乃天下要地，倘若两军联合，会师城下，那么危亡之境翘足可待。袁氏是将军故杀。奈何欲以州与之？”馥曰；“吾袁氏故吏，且才不如本初。度德而让，古人所贵，诸君独何病焉？”先是，馥从事赵浮、程涣将强弩万人屯孟津，闻之，率兵驰还，请以拒绍，馥又不听。乃避位，出居中常侍赵忠故舍，遣子送印绶以让绍。

绍遂领冀州牧，承制以馥为奋威将军，而无所将御。引沮授为别驾，因谓授曰：“今贼臣作乱，朝廷迁移。吾历世受宠，志竭力命，兴复汉室。然齐桓非夷吾不能成霸，勾践非范蠡无以存国。今欲与卿勠力同心，共安社稷，将何以匡济之乎？”授进曰：“将军弱冠登朝，播名海内。值废立之际，忠义奋发，单骑出奔，董卓怀惧，济河而北，勃海稽服。拥一郡之卒，撮冀州之众，威陵河朔，名重天下。若举军东向，则黄巾可扫；还讨黑山，则张燕可灭；回师北首，则公孙必禽；震胁戎狄，则匈奴立定。横大河之北，合四州之地，收英雄之士，拥百万之众，迎大驾于长安，复宗庙于洛邑，号令天下，诛讨未服。以此争锋，谁能御之！比及数年，其功不难。”绍喜曰：“此吾心也。”即表授为奋武将军，使监护诸将。

旧，而且又是同盟。当今之计，不如将整个冀州让给袁绍，袁绍必会对将军感恩戴德，公孙瓒也不会再与您争锋了。这样将军既赢得让贤之名，而且身家性命也可以稳如泰山。希望将军不要心存疑虑。”韩馥素来生性怯懦，便答应的了荀谌的建议。韩馥的长史耿武、别驾闵纯、骑都尉沮授闻讯，向韩馥谏言道：“冀州虽然鄙陋，尚有百万披甲勇士，囤积的粮食足以支撑十年。袁绍外来孤身一人，率领处于困境的孤军，仰我鼻息，譬如婴儿在股掌之上，断绝哺乳，就能立刻将其饿杀。将军为何要将冀州送给袁绍？”韩馥说：“我曾是袁氏的属吏，而且才华不如本初。衡量自身德行能力而选择让位，这是古人所看重的。诸君为何不赞同呢？”在此之前，韩馥的从事赵浮、程涣率领一万名强健的射手驻扎在孟津，他们听闻这件事后，率军飞驰赶回，请求出兵抵抗袁绍，韩馥又没有同意。之后韩馥让位，搬出冀州府邸，迁居中常侍赵忠的旧居，韩馥派儿子将冀州牧的印绶送给袁绍。

袁绍由此总领冀州牧，秉承朝廷旨意授任韩馥为奋威将军，却不允许韩馥统率军队。袁绍选任沮授为别驾，袁绍对沮授：“如今奸臣作乱，朝廷迁移。我的家族世代承蒙皇恩，我立志竭尽毕生精力，兴复汉室。然而齐桓公若没有管仲则不能成就霸业，勾践若没有范蠡则无法保全越国。如今我愿与卿勠力同心，共安社稷，应当如何匡时济世呢？”沮授进谏道：“将军弱冠之年，就已入朝为官，扬名海内。正值董卓妄议废立之际，将军满怀忠义，奋然而起，将军孤身一人骑马出逃，董卓因而心怀畏惧。将军渡过黄河北上，勃海郡中无不敬服。将军拥有一郡之卒，继而又聚集冀州之众，威震河北，名显天下。将军若举兵东行，则可铲除黄巾叛军；率军讨伐黑山贼匪，则可将张燕诛灭；班师北上，则必能将公孙瓒擒获；震摄戎狄之徒，则匈奴立刻平定。将军横扫黄河以北，兼并四州之地，招揽英雄之士，拥有百万之众，将军于长安迎接天子，于洛阳复立宗庙，号令天下，诛讨尚未臣服之人。将军以此争锋，谁能与之抗衡！待数年之后，便能建功立业。”袁绍大喜，说：“这正是我心中所想。”袁绍即刻上表，奏请朝廷提拔沮授为奋武将军，命沮授督察诸将。

魏郡审配，钜鹿田丰，并以正直不得志于韩馥。绍乃以丰为别驾，配为治中，甚见器任。馥自怀猜惧，辞绍索去，往依张邈。后绍遣使诣邈，有所计议，因共耳语。馥时在坐，谓见图谋，无何，如厕自杀。

其冬，公孙瓒大破黄巾，还屯槃河，威震河北，冀州诸城无不望风响应。绍乃自击之。瓒兵三万，列为方陈，分突骑万匹，翼军左右，其锋甚锐。绍先令麹义领精兵八百，强弩千张，以为前登。瓒轻其兵少，纵骑腾之，义兵伏楯下，一时同发，瓒军大败，斩其所置冀州刺史严纲，获甲首千余级。麹义追至界桥，瓒敛兵还战，义复破之，遂到瓒营，拔其牙门，余众皆走。绍在后十数里，闻瓒已破，发鞍息马，唯卫帐下强弩数十张，大戟士百许人。瓒散兵二千余骑卒至，围绍数重，射矢雨下。田丰扶绍，使却入空垣。绍脱兜鍪抵地，曰："大丈夫当前斗死，而反逃垣墙闲邪？"促使诸弩竞发，多伤瓒骑。众不知是绍，颇稍引却。会麹义来迎，骑乃散退。三年，瓒又遣兵至龙凑挑战，绍复击破之。瓒遂还幽州，不敢复出。

四年初，天子遣太仆赵岐和解关东，使各罢兵。瓒因此以书譬绍曰："赵太仆以周、邵之德，衔命来征，宣扬朝恩，示以和睦，旷若开云见日，何喜如之！昔贾复、寇恂争相危害，遇世祖解纷，遂同舆并出。衅难既释，时人美之。自惟边鄙，得与将军共同斯好，此诚将军之羞，而瓒之愿也。"绍于是引军南还。

魏郡人审配，钜鹿人田丰，两人都因为人正直而得不到韩馥的重用。袁绍便命田丰担任别驾，审配担任治中，十分信任和器重两人。韩馥心怀疑惧，向袁绍辞别离去，前往投靠张邈。后来袁绍派使者去拜访张邈，商议某事，两人低声耳语。当时韩馥在座，见此情景以为他们要图谋自己，自觉无路可逃，到厕所自杀了。

同年冬季，公孙瓒大破黄巾军，班师戍守在槃河，威震黄河以北，冀州诸城无不闻风响应。袁绍亲自率军攻打公孙瓒。公孙瓒率军三万，排成方阵，另外分出一万名精锐骑兵在前冲锋，护卫方阵两侧，公孙瓒的军队锐不可挡。袁绍先命令麴义率领精兵八百名，强健射手一千名，作为前锋。公孙瓒轻视麴义兵少，命令骑兵冲锋杀敌，麴义的兵卒都埋伏在盾牌下，同时奋起反攻，公孙瓒的军队大败，麴义斩杀了公孙瓒所任的冀州刺史严纲，斩获敌军首级一千余级。麴义追击至界桥，公孙瓒召集余军返回再战，麴义再次将其打败，之后麴义追击至公孙瓒的营地，攻下营地牙门，公孙瓒余下的兵卒溃逃奔走。袁绍在后面十几里的地方，听闻公孙瓒已败，解下马鞍，休整兵马，只在营帐外部署的数十名强健射手，一百余名持戟的卫士。公孙瓒的两千多名散兵很快来到，将袁绍的营帐包围了数重，箭矢如雨点般向袁绍的营帐射去。田丰扶着袁绍，让袁绍退到一处空墙后面躲避。袁绍摘下头盔扔到地上，说："大丈夫应当冲锋战死，怎能退到墙后躲避？"袁绍催促射手放箭，射伤不少公孙瓒的骑兵。公孙瓒的兵士不知是袁绍，众人渐渐后退。这时恰好麴义前来迎接袁绍，公孙瓒的骑兵这才退散。初平三年（192），公孙瓒又派兵前往龙凑县挑战，袁绍再次将公孙瓒击败。之后公孙瓒退回幽州，不敢再出兵征战。

初平四年（193）初，天子派太仆赵岐调解关东各路军队，命他们各自罢兵。公孙瓒趁机给袁绍写信，信中晓谕道："赵太仆身具周公、邵公之德，奉命前来征召，宣扬朝廷恩典，命众人和睦息兵，譬如开云见日，不胜欣喜！从前贾复、寇恂相互争斗，遇世祖为其排解纠纷，之后两人同车并出，仇隙得以消解，当时人们纷纷称赞。我思虑自己身处边远鄙陋之地，得以与将军共结友好，这着实是将军的蒙三月上巳，大会宾徒于薄落津。闻魏郡兵反，与黑山贼干毒等数万人共覆邺城，杀郡守。坐中客家在邺者，皆忧怖失色，或起而啼泣，绍容貌自若，不改常度。贼有陶升者，自号“平汉将军”，独反诸贼，将部众逾西城入，闭府门，具车重，载绍家及诸衣冠在州内者，身自扞卫，送到斥丘。绍还，因屯斥丘，以陶升为建义中郎将。六月，绍乃出军，入朝歌鹿肠山苍岩谷口，讨干毒。围攻五日，破之，斩毒及其众万余余级。绍遂寻山北行，进击诸贼左髭丈八等，皆斩之，又击刘石、青牛角、黄龙、左校、郭大贤、李大目、于氐根等，复斩数万级，皆屠其屯壁。遂与黑山贼张燕及四营屠各、雁门乌桓战于常山。燕精兵数万，骑数千匹，连战十余日，燕兵死伤虽多，绍军亦疲，遂各退。麹义自恃有功，骄纵不轨，绍召杀之，而并其众。

兴平二年，拜绍右将军。其冬，车驾为李傕等所追于曹阳，沮授说绍曰：“将军累叶台辅，世济忠义。今朝廷播越，宗庙残毁，观诸州郡，虽外托义兵，内实相图，未有忧存社稷恤人之意。且今州城粗定，兵强士附，西迎大驾，即宫邺都，挟天子而令诸侯，稿士马以讨不庭，谁能御之？”绍将从其计。颍川郭图、淳于琼曰：“汉室陵迟，为日久矣，今欲兴之，不亦难乎？且英雄并起，各据州郡，连徒聚众，动有万计，所谓秦失其鹿，先得者王。今迎天子，动辄表闻，从之则权轻，违之则拒命，非计之善者也。”授曰：“今迎朝廷，于义为得，于时为宜。若不早定，必有先之者焉。夫权不失几，功不厌速，愿其图之。”帝立既非绍意，竟不能从。

羞，却是我的心愿。”于是袁绍率军南下返回。

三月上巳之日，袁绍在薄落津大会宾客徒众。听闻魏郡的兵士造反，联合黑山贼寇干毒等数万人攻占邺城，杀害郡守，当时在座宾客中有家住邺县的，无不忧愁害怕，惊慌失色，有人起身涕泣，而袁绍神态自若，不失平常的风度。贼寇中有个名叫陶升的贼人，自称“平汉将军”，唯独他一人反对其他贼寇的行为，陶升率领部众从城西翻墙入城，关闭郡府大门，准备好行李车马，载着袁绍的家眷以及其他家住邺城的名门世族，亲自守卫护送，送至斥丘县。袁绍返回后，就此屯兵于斥丘县，并将陶升任命为建义中郎将。六月，袁绍出兵，进入朝歌鹿肠山苍岩谷口，征讨干毒。围攻五日，击败干毒，斩杀干毒及其部众一万多人。袁绍沿着鹿肠山向北行军，进击左髭丈八等其他贼寇，将其全部斩杀。又进击刘石、青牛角、黄龙、左校、郭大贤、李大目、于氐根等人，再次斩杀数万贼寇，将其营垒尽数摧毁。之后袁绍又与黑山贼寇张燕以及匈奴的四营屠各、雁门乌桓交战于常山。张燕有数万精兵、数千骑兵，双方连战十多天，张燕的军队死伤虽多，但袁绍的军队也已人疲马乏，于是双方各自退兵。麹义自以为立下战功，骄横放纵，行事不轨，袁绍召来麹义将其斩杀，兼并了麹义的军队。

兴平二年（195），献帝诏令袁绍拜任右将军。同年冬季，献帝被李傕等人追逼至曹阳县，沮授向袁绍谏言道：“将军族中累世官至三公宰辅之位，世代秉承忠义。如今天子流亡在外，宗庙被毁，反观各个州郡，虽然表面假托义兵之名，但内心实际相互图谋，未有忧虑社稷，体恤百姓之意。况且如今冀州大致平定，兵马强盛，士人归附，将军西行迎接天子，定都邺城，并在邺城修建皇宫，挟天子而令诸侯，畜养兵马来讨伐反叛不臣之人，到那时谁能与将军抗衡？”袁绍打算听从沮授的计策。颍川人郭图、淳于琼说：“汉室日渐衰败，为时已久。如今意欲振兴汉室，岂不是太难了？况且天下英雄群起，各自占据州郡，联合门徒聚集部众，动辄数以万计，这正是所谓的‘秦朝失去帝位，先得者为王’。如今将军打算迎接天子，那么将来但凡绍有三子：谭字显思，熙字显雍，尚字显甫。谭长而惠，尚少而美。绍后妻刘有宠，而偏爱尚，数称于绍，绍亦奇其姿容，欲使传嗣。乃以谭继兄后，出为青州刺史。沮授谏曰："世称万人逐兔，一人获之，贪者悉止，分定故也。且年均以贤，德均则卜，古之制也。愿上惟先代成败之诫，下思逐兔分定之义。若其不改，祸始此矣。"绍曰："吾欲令诸子各据一州，以视其能。"于是以中子熙为幽州刺史，外甥高幹为并州刺史。

建安元年，曹操迎天子都许，乃下诏书于绍，责以地广兵多而专自树党，不闻勤王之师而但擅相讨伐。绍上书曰：

臣闻昔有哀叹而霜陨，悲哭而崩城者。每读其书，谓为信然，于今况之，乃知妄作。何者？臣出身为国，破家立事，至乃怀忠获衅，抱信见疑，昼夜长吟，剖肝泣血，曾无崩城陨霜之应，故邹衍、杞妇何能感彻。

臣以负薪之资，拔于陪隶之中，奉职宪台，擢授戎校。常侍张让等滔乱天常，侵夺朝威，贼害忠德，扇动奸党。故大将军何进忠有事就要上表奏明，到那时将军遵从皇命则权力被削弱，不遵从则是违旨抗命，这并非善计良策。”沮授说：“现下迎接天子，于义而言合情合理，于时而言时机合宜。若不及早决断，必会有人抢占先机。权变不可错失良机，建功立业也不会嫌其迅速，希望将军审慎思虑，早作决断。”献帝即位原本并非袁绍的意愿，最终袁绍没有采纳沮授的谏言。

袁绍有三子：袁谭字显思，袁熙字显雍，袁尚字显甫。袁谭年长而聪颖，袁尚年少而俊朗。袁绍的继室刘氏深得袁绍宠爱，而刘氏偏爱袁尚，多次在袁绍面前称赞袁尚，袁绍也惊讶袁尚的仪容，便打算让袁尚承袭家业。于是袁绍将袁谭过继给兄长，并让袁谭出外担任青州刺史。沮授谏言道：“世间流传，有万人逐兔，只要有一个人将兔子捕获，其他谋求之人都会作罢，这是因为兔子的名分已经确定，已经属于某个人了。再者选任继承者，若年龄相仿就考量谁更加贤能，德行相当就通过占卜决定，这是古制。希望将军于上深思前代成败之诫，于下考虑逐兔确定名分之义。倘若将军不加以改变，灾祸将自此开始。”袁绍说：“我打算让诸子各自治理一州，以此观察他们的才能。”于是袁绍任命二儿子袁熙为幽州刺史，外甥高幹为并州刺史。

建安元年(196)，曹操迎接天子，定都许县，朝廷下诏袁绍，指责他地广兵多并独断专行，勾结党羽，从未听闻相助王室的勤王之师只会相互讨伐。袁绍上书奏言：

臣听闻从前有人蒙冤，仰天哀叹而五月飞霜，有人战死，亲人悲伤痛哭而城墙崩塌。臣每次读到这些故事，臣深信不疑，而依如今情势来看，才知这些都是虚妄之作。为什么？臣舍身为国，舍弃自家庭而立下功业，最终满心忠诚却遭祸难，坚守信义反受猜疑，臣昼夜长吟，剖肝泣血，也没有招致城墙崩塌、天降冰霜的感应，所以邹衍、杞梁妻又如何感通上天。

臣以微贱之资，从罪隶之中得到提拔，得以奉职御史府，之后又被提拔在军中任职。常侍张让等人扰乱天纲，侵犯朝廷权威，残害国疾乱，义心赫怒，以臣颇有一介之节，可责以鹰犬之功，故授臣以督司，咨臣以方略。臣不敢畏惮强御，避祸求福，与进合图，事无违异。忠策未尽而元帅受败，太后被质，宫室焚烧，陛下圣德幼冲，亲遭厄困。时进既被害，师徒丧沮，臣独将家兵百余人，抽戈承明，竦剑翼室，虎叱群司，奋击凶丑，曾不浃辰，罪人斯殄。此诚愚臣效命之一验也。

会董卓乘虚，所图不轨。臣父兄亲从，并当大位，不惮一室之祸，苟惟宁国之义，故遂解节出奔，创谋河外。时卓方贪结外援，招悦英豪，故即臣勃海，申以军号，则臣之与卓，未有纤芥之嫌。若使苟欲滑泥扬波，偷荣求利，则进可以享窃禄位，退无门户之患。然臣愚所守，志无倾夺，故遂引会英雄，兴师百万，饮马孟津，歃血漳河。会故冀州牧韩馥怀挟逆谋，欲专权势，绝臣军粮，不得踵系，至使猾虏肆毒，害及一门，尊卑大小，同日并戮。鸟兽之情，犹知号呼。臣所以荡然忘哀，貌无隐戚者，诚以忠孝之节，道不两立，顾私怀己，不能全功。斯亦愚臣破家徇国之二验也。

又黄巾十万焚烧青、兖，黑山、张杨蹈藉冀域。臣乃旋师，奉辞伐畔。金鼓未震，狡敌知亡，故韩馥怀惧，谢咎归土，张杨、黑山同时乞降。臣时辄承制，窃比窦融，以议郎曹操权领兖州牧。会公孙瓒师旅南驰，陆掠北境，臣即星驾席卷，与瓒交锋。假天之威，每战辄克。臣备公族子弟，生长京辇，颇闻俎豆，不习干戈；加自乃祖先臣以来，世作辅弼，咸以文德尽忠，得免罪戾。臣非与瓒角戎马之势，争战阵之功者也。诚以贼臣不诛，《春秋》所贬，苟云利国，专忠德之士，煽动奸党。原大将军何进忠心为国，痛恨祸乱，满怀正义之心，勃然奋起，大将军认为臣身具微细的忠正之节，可以胜任驱使奔走之责，所以授以臣督察之职，与臣商议方略。臣不敢畏惧豪强，避祸求福，便与何进将军一同谋划，所议之事没有分歧。忠谋未成而何进将军却已殒命，太后遭到挟持，宫室惨遭焚毁，陛下圣德却年纪尚小，身陷困厄之境。当时何进惨遭杀害，朝中将士灰心失望，臣独自率领百余名家兵，在承明堂上斩杀宦官，持剑进入路寝旁室，叱令百官，奋力击杀奸贼叛臣，不满十二日，便将罪人诛灭殆尽。这是愚臣尽忠效命之一证。

适逢董卓乘虚多位，所图不轨。臣的父兄亲族，都在朝中身居高位，却不畏惧全族蒙祸，唯有思虑安邦定国之义，所以臣摘下符节出逃河南，在此谋划大业。当时董卓正妄图勾结外援，招揽英豪，所以命臣担任渤海太守，授予臣爵位以及将军称号。臣与董卓，未有丝毫嫌隙和仇怨。假若臣贪求同流合污，随俗浮沉，偷荣求利，那么臣进可以空享禄位，退不会有家族之患。然而臣愚以为坚持自守，志向不会被倾夺，所以臣招揽英雄，兴师百万，在孟津饮马休整，在漳河歃血盟誓。恰逢原冀州牧韩馥怀挟谋逆，妄图专权，断绝臣的军粮，使臣无法继续战斗，以至于奸敌恣意荼毒生灵，祸及臣全族，袁氏族中不论尊卑老少，同日被诛。鸟兽之情，尚且知道悲号哀鸣。臣之所以能忘却哀情，悲痛之情荡然无存，外表不露忧戚之貌，着实是因为忠孝之节，不能两全，若顾私怀己，则无法成就功业。这也是愚臣舍家殉国之二证。

再者十万黄巾军焚毁青州、兖州，黑山贼寇、张杨践踏侵占冀州。于是臣班师，奉命征讨叛贼。金鼓尚未敲响，狡猾的叛贼就知晓将要败亡，故而韩馥心怀恐惧，谢罪让位，归还土地，张杨、黑山贼寇同时乞降。臣当时秉承朝廷旨意，私下自比窦融，举荐议郎曹操总领兖州牧。恰逢公孙瓒率军南行，掳掠北境，臣即刻星夜奔驰，大军压境，与公孙瓒交战。臣借天之威，每次交战都能胜利。臣身为公族子弟，生长与京师之中，颇闻俎豆祭祀之礼，但对于率军打仗并不熟之不疑。故冒践霜雪，不惮劬勤，实庶一捷之福，以立终身之功。社稷未定，臣诚耻之。太仆赵岐衔命来征，宣明陛下含弘之施，蠲除细故，与下更新，奉诏之日，引师南辕。是臣畏怖天威，不敢怠慢之三验也。

又臣所上将校，率皆清英宿德，令名显达，登锋履刃，死者过半，勤恪之功，不见书列。而州郡牧守，竞盗声名，怀持二端，优游顾望，皆列土锡圭，跨州连郡，是以远近狐疑，议论纷错者也。臣闻守文之世，德高者位尊；仓卒之时，功多者赏厚。陛下播越非所，洛邑乏祀，海内伤心，志士愤惋。是以忠臣肝脑涂地，肌肤横分而无悔心者，义之所感故也。今赏加无劳，以携有德；杜黜忠功，以疑众望。斯岂腹心之远图？将乃谗慝之邪说使之然也？臣爵为通侯，位二千石。殊恩厚德，臣既叨之，岂敢窥觊重礼，以希彤弓玈矢之命哉？诚伤偏裨列校，勤不见纪，尽忠为国，翻成重愆。斯蒙恬所以悲号于边狱，白起歔欷于杜邮也。太傅日磾位为师保，任配东征，而耗乱王命，宠任非所，凡所举用，皆众所捐弃。而容纳其策，以为谋主，令臣骨肉兄弟，还为仇敌，交锋接刃，构难滋甚。臣虽欲释甲投戈，事不得已。诚恐陛下日月之明，有所不照，四聪之听有所不闻，乞下臣章，咨之群贤，使三槐九棘，议臣罪戾。若以臣今行权为衅，则桓、文当有诛绝之刑；若以众不讨贼为贤，则赵盾可无书弑之贬矣。臣虽小人，志守一介。若使得申明本心，不愧先帝，则伏首欧刀，褰衣就镬，臣之愿也。惟陛下垂《尸鸠》之平，绝邪谄之论，无令愚臣结恨三泉。

悉；加之自臣祖先入仕以来，世代担任辅佐之臣，都通过文德尽忠，未犯下罪过。臣并非要与公孙瓒较量军队之势，争夺作战之功，实在是因为贼臣不诛，为《春秋》所鄙视，若能有利于国家。即便专权也毫不迟疑。因此臣冒霜踏雪，不畏辛劳，实在希望通过一次战争，立下终生之功。社稷未定，臣着实感到羞耻。太仆赵岐奉命前来征召，宣明陛下宽宏之恩，消除前怨琐事，与臣重新开始。臣接到诏书之日，便率军南下，班师回朝。这是臣畏惧天威，不敢怠慢之三证。

再者臣所举荐的将帅校尉，大多是清正廉洁或年老有德之人，他们美名显达，登锋履刃，冲锋陷阵，战死牺牲者超过半数，他们勤勉恭谨之功，未见书传载述。而州牧郡守，纷纷博取虚名，怀挟二心，首鼠两端，犹豫不决，心存顾忌，他们无一不裂土封侯，治理的范围跨州连郡，远近之士心生疑虑，议论纷纷。臣听闻遵守周文王法度的朝代，德高者位尊；纷乱之时，功多者赏厚。陛下流离失所，洛阳宗庙无人祭祀，海内为之伤心，志士为之愤慨。因此忠臣肝脑涂地，肌肤分裂而不后悔，正是忠义所感之故。如今封赏无功之人，使有德之士离心；贬黜忠义之臣，使众人所望感到疑惑。这些岂是陛下心中的长远谋划？又或是奸佞的谗言邪说所致？臣受封通侯，位列二千石。殊恩厚德，臣已然享有，岂敢再觊觎朝廷重礼，希求得到彤弓玈矢的赏赐呢？臣实在感伤众多的偏将校尉，辛苦效命却不被记载，尽忠为国反成重罪。这是蒙恬在狱中悲痛号哭，白起在杜邮歔欷抽泣的原因。太傅马日磾位为师保，奉命东征，但其搅乱皇命，宠信任用的官员都不合格，凡是马日磾选拔举荐的官员，都遭到众人的厌弃。而马日磾采纳这些人的计策，他们身为主谋，使臣骨肉兄弟，反目成仇，刀兵相见，仇怨越来越深。臣虽然想放下武器，停止战争，但事态尚未结束。臣实在担心陛下虽有日月之明，也有地方照不到；耳听四方，也有事情听不到。臣奏请陛下将臣的奏章下发给群臣，向众贤询问，让三公九卿议臣之过。倘若众人认为臣权宜行事有罪，那么齐桓公、晋文公当受诛绝之刑；倘若众人认为不去讨伐贼寇为贤良，那么赵盾也无须背负弑君之名了。臣虽然微不足道，但坚守耿介正直的节操。若能使臣申明本心，不愧先帝，即便臣伏首接受斩刑，解衣于是以绍为太尉，封邺侯。时曹操自为大将军，绍耻为之下，伪表辞不受。操大惧，乃让位于绍。二年，使将作大匠孔融持节拜绍大将军，锡弓矢节钺，虎贲百人，兼督冀、青、幽、并四州，然后受之。

绍每得诏书，患有不便于己，乃欲移天子自近，使说操以许下埤湿，洛阳残破，宜徙都甄城，以就全实。操拒之。田丰说绍曰："徙都之计，既不克从，宜早图许，奉迎天子，动托诏令，响号海内，此算之上者。不尔，终为人所禽，虽悔无益也。"绍不从。四年春，击公孙瓒，遂定幽土，事在《瓒传》。

绍既并四州之地，众数十万，而骄心转盛，贡御稀简。主簿耿包密白绍曰："赤德衰尽，袁为黄胤，宜顺天意，以从民心。"绍以包白事示军府僚属，议者以包妖妄宜诛。绍知众情未同，不得已乃杀包以弭其迹。于是简精兵十万，骑万匹，欲出攻许，以审配、逢纪统军事，田丰、荀谌及南阳许攸为谋主，颜良、文丑为将帅。沮授进说曰："近讨公孙，师出历年，百姓疲敝，仓库无积，赋役方殷，此国之深忧也。宜先遣使献捷天子，务农逸人。若不得通，乃表曹操隔我王路，然后进屯黎阳，渐营河南，益作舟船，缮修器械，分遣精骑，抄其边鄙，令彼不得安，我取其逸。如此可坐定也。"郭图、审配曰："兵书之法，十围五攻，敌则能战。今以明公之神武，连河朔之强众，以伐曹操，其势譬若覆手。今不时取，后难图也。"授曰："盖救乱诛暴，谓之义兵；恃众凭强，谓之骄兵。义者无敌，骄者先灭。曹操奉迎天子，建宫许都。今举师南向，于义则违。且庙胜之策，不接受烹刑，臣也心甘情愿。希望陛下留意《诗经·尸鸠》中均平公正之义，杜绝邪恶谄谀之论，勿使愚臣含恨三泉。

于是献帝命袁绍担任太尉，赐封邺侯。当时曹操自称大将军，袁绍耻于位列曹操之下，装作上表推辞，不接受封赏。曹操大为惊惧，便让位给袁绍。建安二年（197），献帝派将作大匠孔融持节，诏令袁绍拜任大将，赐予袁绍弓箭、符节、斧钺，以及虎贲勇士一百名，同时命袁绍兼管冀、青、幽、并四州，袁绍这才接受任命。

袁绍每次接到诏书，总担心会对自己不利，于是袁绍想让天子迁居，离自己近些，便派人游说曹操，说许县地势低洼而且潮湿，洛阳又残破不堪，应当迁都甄城，将国都建立在地域完整，物产富裕的地方。曹操拒绝这么做。田丰向袁绍谏言道："迁都之计，既然没有被采纳，那就应当及早谋取许县，奉迎天子，这样就可以借诏令之名行事，号令海内，此为上策。否则，将军终将会受制于人，到那时就追悔莫及了。"袁绍没有采纳。建安四年（199）春季，袁绍攻打公孙瓒，平定了幽州。此事详载于《公孙瓒传》中。

袁绍既已兼并四州之地，拥兵数十万，因而骄纵之心日渐强盛，给朝廷的进贡也越来越稀少简陋。主簿耿包暗中对袁绍说："汉室气运衰败殆尽，袁氏是舜帝之后，应当承顺天意，以从民心。"袁绍将耿包所言告知军府僚属，论议的官员都认为耿包所言荒诞虚妄，应当处死。袁绍知晓众人意见不同，不得已只能杀了耿包，以此平息此事。于是袁绍挑选精兵十万，骑兵一万，打算出兵攻打许县，袁绍命审配、逢纪统领军事，命田丰、荀谌以及南阳人许攸担任主要谋士，命颜良、文丑担任将帅。沮授进谏道："近来讨伐公孙瓒，军队在外历经数年，百姓疲惫困乏，仓库没有囤积的粮食，赋税徭役达到顶峰，这些都是国家忧虑不已的事情。应当先派遣使者向天子进献捷报，重视农耕，使百姓得以休养生息。若此计不通，就上表奏言曹操阻拦我通达朝廷的路径，然后进军黎阳，逐渐向河南扩展，还应当制造舟船，整修兵器，分派精锐骑兵，抄击曹操的边境地区，使其不得安宁，而我军安逸等待。如此必能胜利。"郭图、审配说："兵书在强弱。曹操法令既行，士卒精练，非公孙瓒坐受围者也。今弃万安之术，而兴无名之师，窃为公惧之。”图等曰：“武王伐纣，不为不义；况兵加曹操，而云无名！且公师徒精勇，将士思奋，而不及时早定大业，所谓‘天与不取，反受其咎’。此越之所以霸，吴之所以灭也。监军之计，在于持牢，而非见时知几之变也。”绍纳图言。图等因是谮沮授曰：“授监统内外，威震三军，若其浸盛，何以制之！夫臣与主同者昌，主与臣同者亡，此《黄石》之所忌也。且御众于外，不宜知内。”绍乃分授所统为三都督，使授及郭图、淳于琼各典一军，未及行。

五年，左将军刘备杀徐州刺史车胄，据沛以背曹操。操惧，乃自将征备。田丰说绍曰：“与公争天下者，曹操也。操今东击刘备，兵连未可卒解，今举军而袭其后，可一往而定。兵以几动，斯其时也。”绍辞以子疾，未得行。丰举杖击地曰：“嗟乎，事去矣！夫遭难遇之几，而以婴儿病失其会，惜哉！”绍闻而怒之，从此遂疏焉。

曹操畏绍过河，乃急击备，遂破之。备奔绍，绍于是进军攻许。田丰以既失前几，不宜便行，谏绍曰：“曹操既破刘备，则许下中记载的方法，兵马比敌人多十倍则能将其包围，多五倍则能进攻，力量相当则可交战。如今以明公的神明威武，联合黄河以北的英雄豪杰，讨伐曹操，其势易如反掌。眼下不及时出兵讨伐，将来就很难了。”沮授说：“救乱诛暴，称之为义兵；仗恃人多势众，称之为骄兵。义兵没有敌手，骄兵率先败亡。曹操奉迎天子，建都许都。如今将军举兵南行，于义相违。况且克敌制胜的谋略，不在于兵力强弱。曹操制定的法令既已施行，士卒精练，绝非公孙瓒那种坐以待毙之辈。如今舍弃万全之策，而兴无名之师，臣等为公忧惧。”郭图等人说：“武王伐纣，不能称之为不义；何况兵加曹操，岂能说是无名！再者公所率军队精强勇猛，将士振奋踊跃，倘若不及时早定大业，那就正是所谓的‘上天赐予而不取得，则将反受其咎’。这正是越国之所以称霸，吴国之所以灭亡的缘故。监军之计，在于稳妥固守，而非见到时运推移就预知事态变化的权宜之计。”袁绍采纳了郭图的谏言。郭图等人借机谗毁沮授说：“沮授统理内外，威震三军，若其势力逐渐强盛，那将如何压制他呢？臣子顺从君主，则权力在于君主，国家将会昌盛，君主顺从臣子，则权力在于臣子，国家将会灭亡，这是《黄石公三略》中所忌讳的。况且率军在外，不宜参预内政。”于是袁绍将沮授所统军队分设三名都督，让沮授以及郭图、淳于琼各典一军，但还未施行。

建安五年（200），左将军刘备斩杀徐州刺史车胄，占据沛县背叛曹操。曹操惊惧，亲自率军讨伐刘备。田丰游说袁绍道：“与公争天下者，是曹操，曹操如今率军东行，刘备，双方交战不可能很快结束，现在若公举兵袭击曹操后方，必能一举成功。举兵应当伺机而动，现在正是时候。”袁绍推脱儿子患病，没有出兵。田丰用拐杖敲击地面，悲叹道：“嗟乎，大事远去！好不容易遇到千载难逢的时机，竟然因为婴孩生病而错失良机，实在可惜啊！”袁绍闻言大怒，从此疏远了田丰。

曹操担心袁绍渡过黄河，于是抓紧攻打刘备，大破刘备。刘备投奔袁绍，袁绍因此进兵攻打许县。田丰认为先前已错失良机，现非复空虚。且操善用兵，变化无方，众虽少，未可轻也。今不如久持之。将军据山河之固，拥四州之众，外结英雄，内修农战，然后简其精锐，分为奇兵，乘虚迭出，以扰河南，救右则击其左，救左则击其右，使敌疲于奔命，人不得安业，我未劳而彼已困，不及三年，可坐克也。今释庙胜之策而决成败于一战，若不如志，悔无及也。”绍不从。丰强谏忤绍，绍以为沮众，遂械系之。乃先宣檄曰：

盖闻明主图危以制变，忠臣虑难以立权。曩者强秦弱主，赵高执柄，专制朝命，威福由己，终有望夷之祸，污辱至今。及臻吕后，禄、产专政，擅断万机，决事禁省，下陵上替，海内寒心。于是绛侯、朱虚兴威奋怒，诛夷逆暴，尊立太宗，故能道化兴隆，光明融显。此则大臣立权之明表也。

司空曹操祖父腾，故中常侍，与左悺、徐璜并作妖孽，饕餮放横，伤化虐人。父嵩，乞匄携养，因臧买位，舆金辇宝，输货权门，窃盗鼎司，倾覆重器。操奸阉遗丑，本无令德，僄狡锋侠，好乱乐祸。幕府董统鹰扬，扫夷凶逆，续遇董卓侵官暴国，于是提剑挥鼓，发命东夏，广罗英雄，弃瑕录用，故遂与操参咨策略，谓其鹰犬之才，爪牙可任。至乃愚佻短虑，轻进易退，伤夷折衄，数丧师徒。幕府辄复分兵命锐，修完补辑，表行东郡太守、兖州刺史，被以虎文，授以偏师，奖就威柄，冀获秦师一克之报。而遂乘资跋扈，肆行酷烈，割剥元元，残贤害善。故九江太守边让，英才俊逸，以直言正色，论不阿谄，身被枭悬之戮，妻孥受灰灭之咎。自是士林愤痛，人在就不宜出兵，田丰向袁绍谏言道：“曹操已经击败刘备，许县就不再是空虚无人之境。而且曹操善于用兵，变化无常，其兵马虽少，但不可轻视。如今不如与曹操打持久战。将军仰仗山河之固，拥有四州之众，外招揽英雄豪杰，内重视农耕，屯田备战。然后挑选精锐，作为出其不意，袭击敌方的奇兵，趁虚而入，轮番出战，以此扰乱黄河以南。敌军救右则击其左；救左则击其右，使得敌军疲于奔命，百姓无法安居，我军尚未疲劳而敌方已经困乏，不满三年，我军便能坐等胜利。如今放弃克敌制胜的计策而想一战定成败，倘若未能如愿，那就追悔莫及了。”袁绍不听。田丰再三劝谏，得罪了袁绍，袁绍认为田丰扰乱军心，便下令拘捕田丰。之后袁绍率先发布檄文，声讨曹操，檄文说：

听闻明主居安思危以应对突发事变，忠臣考虑祸难以确立权宜之策。过去秦朝强盛而秦二世弱小，赵高掌权，专制朝命，赏罚都由赵高自己决定，最终赵高在望夷宫逼迫秦二世自杀，耻辱之名延续至今。到了吕后之世，吕禄、吕产专政，擅断朝政，决断国事，臣子凌驾于上，君主尚无作为，上下失序，纲纪废弛，海内无不寒心。于是绛侯、朱虚侯愤然起兵，诛除暴逆，拥立太宗，因此使得德教风化重新昌盛，天子光辉再次显明。这是大臣遇事权宜机变的明证。

司空曹操的祖父曹腾，原为中常侍，与左悺、徐璜联合祸乱朝廷，性情贪婪，行事放纵，败坏风化，残害百姓。曹操的父亲曹嵩，乞求曹腾将其收为养子，通过行贿换取官职。车中装载着金银珍宝，送给豪门权贵，窃居重臣之位，倾覆国家社稷。曹操乃宦官之后，本没有高尚之德，剽悍狡诈，行为放荡，仗势凌人，喜欢制造动乱灾祸。大将军袁绍督导统率，部众勇猛如鹰，夷灭凶恶暴逆的阉人，无论老少一律斩杀，之后又遇到董卓扰乱朝政，残害朝臣，于是大将军袁绍手提利剑，擂动战鼓，发兵东面，广罗英雄，不及过失前嫌，录用人才，于是便与曹操共同商讨，定立计谋，称赞曹操有可供奔走出力之才，可谓是勇武之士，能与其共谋大事。怎知曹操愚昧轻佻，思虑短浅，轻率冒进，兵败逃窜，受伤受挫，损兵折将。大将军再次拨给曹怨天怒，一夫奋臂，举州同声，故躬破于徐方，地夺于吕布，彷徨东裔，蹈据无所。幕府惟强干弱枝之义，且不登畔人之党，故复援旍擐甲，席卷赴征，金鼓响震，布众破沮，拯其死亡之患，复其方伯之任。是则幕府无德于兖土，而有大造于操也。

会后銮驾东反，群虏乱政。时冀州方有北鄙之警，匪遑离局，故使从事中郎徐勋就发遣操，使缮修郊庙，翼卫幼主。而便放志专行，威劫省禁，卑侮王僚，败法乱纪，坐召三台，专制朝政，爵赏由心，刑戮在口，所爱光五宗，所怨灭三族，群谈者受显诛，腹议者蒙隐戮，道路以目，百辟钳口，尚书记期会，公卿充员品而已。

故太尉杨彪，历典二司，元纲极位。操因睚眦，被以非罪，搒楚并兼，五毒俱至，触情放慝，不顾宪章。又议郎赵彦，忠谏直言，议有可纳，故圣朝含听，改容加锡。操欲迷夺时明，杜绝言路，擅收立杀，不俟报闻。又梁孝王先帝母弟，坟陵尊显，松柏桑梓，犹宜恭肃。操率将吏士，亲临发掘，破棺裸尸，掠取金宝，至令圣朝流涕，士民伤怀。又署发丘中郎将、摸金校尉，所过毁突，无骸不露。身处三公之官，而行桀虏之态，污国虐民，毒施人鬼。加其细政苛惨，科防互设，缯缴充蹊，阬阱塞路，举手挂网罗，动足蹈机陷，是以兖、操精锐兵马，为曹操整顿补充兵力，并上表举荐曹操担任东郡太守、兖州刺史，赐予曹操武官的虎纹单衣，授予他辅佐作战的侧翼军队，帮助他执掌权力，希望可以得到像秦军一样克敌制胜的回报。然而曹操竟仗着这些兵马，专横跋扈，恣意妄为，残酷暴烈，剥削百姓，残贤害善。原九江太守边让，英俊洒脱，才能超群，因其直言正色，不会阿谀谄媚，最终残遭斩首示众，他的妻儿也身受屠戮。自此之后曹操招致天下士人的愤恨，人怨天怒，一夫奋臂，举州同声，因此曹操兵败徐州，地盘被吕布夺去，曹操仓皇逃亡东部边地，没有毫厘的据守立足之地。大将军想到强干弱枝之义，而且不愿助长叛党势力，因此大将军再次高举战旗，身披铠甲，以席卷之势追击吕布，战鼓震响，吕布兵败，士气颓废，拯救曹操于生死之间，恢复了曹操郡守州牧之职。虽然大将军对兖州百姓没有施予什么恩德，但对曹操却有大恩。

后来恰逢天子东返，群虏乱政。当时冀州又传来公孙灿进攻的警报，大将军无瑕离开职守，因此大将军派从事中郎徐勋前往曹操那里，命曹操修缮郊庙，护卫幼主。而曹操竟然放纵心志，独断专行，威逼天子，凌辱朝臣，败法乱纪，召令三台，专擅朝政，封爵赏赐全由自己的心意，刑罚诛戮全在他的一句话，他所爱者则光耀其五宗，他所怨者则诛灭其三族，群谈者公开论罪，腹议者暗中诛杀。百姓道路相遇，只能以目示意，百官沉默不言，尚书仅能记录朝廷期会的情况，公卿只是在朝中充数目而已。

原太尉杨彪，历任司空和司徒，位极人臣。曹操只因睚眦之怨，就给他强加罪名，收押下狱，鞭挞拷打，五毒酷刑全部用尽，肆意妄为，无视法令典章。再者议郎赵彦，忠谏直言，他的谏言有值得采纳的地方，所以皇上倾听并予以接受，皇上给予赏赐。曹操意欲颠倒黑白，迷惑天子，断绝言路，便擅自拘捕赵彦，并立即将其诛杀，而且此事不等上奏天子。再者梁孝王是先帝的同母弟，陵墓尊贵显赫，陵园中的松柏桑梓，尚且应当以恭敬肃穆之心对待。曹操却率领将帅兵卒，亲临发掘，破坏棺木，裸露尸骸，掠取金银珍宝，致使当朝流涕，士民伤怀。并且曹操设置发丘中郎将、摸金校尉，所过之处被挖掘豫有无聊之人，帝都有呼嗟之怨。

历观古今书籍所载，贪残虐烈无道之臣，于操为甚。莫府方诘外奸，未及整训，加意含覆，冀可弥缝。而操豺狼野心，潜包祸谋，乃欲桡折栋梁，孤弱汉室，除忠害善，专为枭雄。往岁伐鼓北征，讨公孙瓒，强御桀逆，拒围一年。操因其未破，阴交书命，欲托助王师，以见掩袭，故引兵造河，方舟北济。会行人发露，瓒亦枭夷，故使锋芒挫缩，厥图不果。屯据敖仓，阻河为固，乃欲运螳螂之斧，御隆车之隧。莫府奉汉威灵，折冲宇宙，长戟百万，胡骑千群，奋中黄、育、获之士，骋良弓劲弩之势，并州越太行，青州涉济、漯，大军泛黄河以角其前，荆州下宛、叶而掎其后。雷震虎步，并集虏廷，若举炎火以焚飞蓬，覆沧海而注熛炭，有何不消灭者哉？

当今汉道陵迟，纲弛网绝，操以精兵七百，围守宫阙，外称陪卫，内以拘质，惧篡逆之祸，因斯而作。乃忠臣肝脑涂地之秋，烈士立功之会也。可不勖哉！

乃先遣颜良攻曹操别将刘延于白马，绍自引兵至黎阳。沮授临行，会其宗族，散资财以与之。曰："势存则威无不加，势亡则不保一身。哀哉！"其弟宗曰："曹操士马不敌，君何惧焉？"授曰："以曹兖州之明略，又挟天子以为资，我虽克伯圭，众实疲敝，而主骄将忲，军之破败，在此举矣。杨雄有言：'六国蚩蚩，为嬴弱姬。'今之谓乎！"曹操遂救刘延，击颜良斩之。绍乃度河，壁延津南。沮授临毁坏，尸骸无不暴露在外。曹操身处三公之位，却行暴虐凶残之事，祸乱国家，残害百姓，人鬼也受其荼毒。加上曹操苛政暴虐，设置禁令刑律，严加防范，设计陷害层出不穷，陷阱充斥道路，举手挂罗网，动足踏陷阱。因此兖州、豫州民不聊生，帝都遍是呼号哀叹之声。

纵观古今书籍所载，贪残暴虐无道之臣，无人能胜过曹操。大将军正忙于攻讦外贼，还未来得整饬内政，对曹操格外包容，希望曹操能弥补过错。而曹操豺狼野心，暗藏祸谋，妄图摧毁国家栋梁，孤弱汉室，除忠害善，专行强横狠戾之事。往年大将军击鼓北征，讨伐公孙瓒，公孙瓒强力抵抗，双方拉锯一年之久。曹操趁战事尚未结束，便暗中与公孙瓒书信往来，意欲假借援助我军之名，突袭我军，所以曹操率军抵达黄河，乘船北渡。恰巧曹操派往公孙瓒的使者暴露，公孙瓒也被诛灭，因此曹操锋芒受挫，，其阴谋也未能得逞。曹操屯兵敖仓，依仗黄河作为屏障，便妄图螳臂当车。大将军承奉汉室神威，克敌制胜，纵横天下，拥兵百万，骑兵上千，率领如中黄伯、夏育、乌获的勇士，手持良弓劲弩，并州援军跨越太行山，青州援军渡过济水、漯水，大军渡过黄河，直逼敌营，荆州军队攻破宛县、叶县，拖住了曹操的后方，各路军队威如雷震，势如猛虎，合力直击敌营，如同高举烈火焚烧蓬草，倾倒沧海浇灭火炭，还有什么是不能被剿灭的呢？

当今汉室气数日趋衰败，纲纪废弛，曹操以精兵七百，围守皇宫，对外声称是陪侍护卫，对内实则是挟持天子，恐怕篡逆之祸，自此开始。眼下正值忠臣肝脑涂地之秋，志士建功立业之时，怎可不共勉！

于是袁绍先派遣颜良前往白马县攻打曹操的别将刘延，袁绍亲自率军前往黎阳。沮授临行时，召集宗族，将家财分散给众人。沮授说：“若能保全则威势无处不会增加；若战败则自身难保。可悲啊！”沮授的弟弟沮宗说：“曹操的兵马不敌袁绍的兵马，君在忧惧什么？”沮授说：“以曹兖州的高明智谋，又以挟持天子作为有利条件，我军虽然将公孙瓒打败，但将帅士卒也的确疲惫不已，而主帅骄傲，船叹曰："上盈其志，下务其功，悠悠黄河，吾其济乎！"遂以疾退，绍不许而意恨之，复省其所部，并属郭图。

绍使刘备、文丑挑战，曹操又击破之，斩文丑。再战而禽二将，绍军中大震。操还屯官度，绍进保阳武。沮授又说绍曰："北兵虽众，而劲果不及南军；南军谷少，而资储不如北。南幸于急战，北利在缓师。宜徐持久，旷以日月。"绍不从。连营稍前，渐逼官度，遂合战。操军不利，复还坚壁。绍为高橹，起土山，射营中，营中皆蒙楯而行。操乃发石车击绍楼，皆破，军中呼曰"霹雳车"。绍为地道欲袭操，操辄于内为长堑以拒之。又遣奇兵袭绍运车，大破之，尽焚其谷食。

相持百余日，河南人疲困，多畔应绍。绍遣淳于琼等将兵万余人北迎粮运。沮授说绍可遣蒋奇别为支军于表，以绝曹操之钞。绍不从。许攸进曰："曹操兵少而悉师拒我，许下余守势必空弱。若分遣轻军，星行掩袭，许拔则操为成禽。如其未溃，可令首尾奔命，破之必也。"绍又不能用。会攸家犯法，审配收系之，攸不得志，遂奔曹操，而说使袭取淳于琼等，琼等时宿在乌巢，去绍军四十里。操自将步骑五千人，夜往攻破琼等，悉斩之。

将领奢侈，我军是否会败亡，就在此举了。杨雄曾说：‘六国悖乱，削弱了周王室，最终被秦国吞并。’当今之势正是如此！”曹操援救刘延，反击颜良并将其斩杀。之后袁绍渡过黄河，在延津的南面修建营垒。沮授面对船只感叹道：“主上志满气骄，部下急功近利，悠悠黄河，我还能渡过去吗？”于是沮授称病请求归隐离去，袁绍不同意并且对沮授心生恨意，后来削减沮授所率部众，交由郭图统辖。

袁绍派刘备、文丑向曹操发出挑战，曹操再次击败两人，将文丑斩杀。再战则曹操生擒了袁绍的二名将领，袁绍军中大震。曹操班师屯兵官度，袁绍进军阳武县。沮授又向袁绍谏言道：“北军虽然兵马众多，但士气决断不及南军；南军粮少，而且积蓄储备不如北军。南军幸于速战速决，北军利在持久抗击。我军应当采用缓慢持久的战术，拖延时间，我军必能胜利。”袁绍不听。袁绍将营寨连在一起，慢慢向前行军，逐渐直逼官度，于是双方交战，曹军的战况失利，再次退回营寨坚守。袁绍准备了攻城用的楼橹车，又堆起土山，向曹操营中射箭，曹操营中的将士都头顶盾牌行走。于是曹操也准备了攻城用的发石车来攻击袁绍的楼橹车，楼橹车全被摧毁，袁绍军中称之为“霹雳车”。袁绍挖掘地道打算袭击曹操，曹操立刻命令将士在营内挖掘长的壕沟，以此阻拦袁军。曹操又派奇兵偷袭袁绍运送粮草物资的车辆，车辆全部遇袭，曹军将袁军的粮草全部焚毁。

双方相持了一百多天，黄河以南的将士百姓已经疲困不堪，很多人背叛曹操投靠袁绍。袁绍派淳于琼等人率兵一万余人，北行迎接运粮的军队。沮授劝谏袁绍说，可以派蒋奇另率一支军队作为淳于琼的外援，以阻绝曹操的劫掠。袁绍没有采纳。许攸进言道：“曹操兵少并且全军都在抗击我军，许县余下的守卫必然空虚软弱。倘若我军能另派一支轻骑，连夜奔袭，攻占许县则自然就能生擒曹操。假若曹军尚未溃散，也能令他们首尾奔命，那么打败曹操就是必然的。”袁绍又没有采纳。恰逢许攸的家人犯法，审配将其收捕下狱，许攸自觉不得志，便离开袁绍投奔曹操，并且向曹操谏言袭击淳于琼等人。淳于琼等人当时在乌巢休息，距袁绍的军队还有四十里。曹操亲自率领步兵、骑兵五千人，连夜攻袭淳于琼等人，将其悉数斩杀。

初，绍闻操击琼，谓长子谭曰："就操破琼，吾拔其营，彼固无所归矣。"乃使高览、张郃等攻操营，不下。二将闻琼等败，遂奔操。于是绍军惊扰，大溃。绍与谭等幅巾乘马，与八百骑度河，至黎阳北岸，入其将军蒋义渠营。至帐下，把其手曰："孤以首领相付矣。"义渠避帐而处之。使宣令焉。众闻绍在，稍复集。余众伪降，曹操尽阬之，前后所杀八万人。

沮授为操军所执，乃大呼曰："授不降也，为所执耳。"操见授谓曰："分野殊异，遂用圮绝，不图今日乃相得也。"授对曰："冀州失策，自取奔北。授知力俱困，宜其见禽。"操曰："本初无谋，不相用计。今丧乱过纪，国家未定，方当与君图之。"授曰："叔父、母、弟悬命袁氏，若蒙公灵，速死为福。"操叹曰："孤早相得，天下不足虑也。"遂赦而厚遇焉。授寻谋归袁氏，乃诛之。

绍外宽雅有局度，忧喜不形于色，而性矜愎自高，短于从善，故至于败。及军还，或谓田丰曰："君必见重。"丰曰："公貌宽而内忌，不亮吾忠，而吾数以至言迕之。若胜而喜，必能赦我，战败而怨，内忌将发。若军出有利，当蒙全耳，今既败矣，吾不望生。"绍还，曰："吾不用田丰言，果为所笑。"遂杀之。

官度之败，审配二子为曹操所禽。孟岱与配有隙，因蒋奇言于起初，袁绍听闻曹操袭击淳于琼，对长子袁谭说："即便曹操打败淳于琼，我在此地率军攻打曹操的营地，曹操必然一无所获，走投无路。"于是袁绍派高览、张郃等人攻打曹操营地，尚未攻破。二将听闻淳于琼等人兵败，他们便投奔曹操。袁军闻讯惊惧恐慌，自乱阵脚，彻底溃散。袁绍与袁谭等人头戴幅巾，骑马飞驰，与八百骑兵渡过黄河，到达黄河北岸的黎阳县，进入麾下将领蒋义渠的军营。袁绍行至帐下，拉着蒋义渠的手说："孤将身家性命交托于你了。"蒋义渠将自己的营帐让给袁绍。以便袁绍发布号令，统率将士。众将听闻袁绍在蒋义渠那里，他们又逐渐汇聚到一处。余下部众假装向曹操投降，曹操将他们尽数活埋，前后所杀八万人。

沮授被曹军俘虏，他大声呼喊道："我并未向曹操投降，而是被曹军擒获。"曹操见到沮授，对沮授说："你我身在不同的阵营之中，因而没有来往，但谁曾想今日以这样的方式相间。"沮授回答道："袁冀州失策，自取败亡。我的学识才能有限，自然会被擒获。"曹操说："袁本初无谋，没有采纳君的计策。如今天下动乱长达十二年，国家依旧未能平定，正想与君共图天下。"沮授说："我的叔父、母亲、弟弟的性命都在袁氏手中，若承蒙公的威灵，我请求速死。"曹操感叹道："孤若能早些遇到君，天下则不足为虑了。"于是曹操赦免了沮授，并给予厚待。而沮授依旧在谋划逃回袁氏那里，曹操无奈将其诛杀。

袁绍外表宽厚能容有气度，忧喜不形于色，而其生性却自傲执拗，固执己见，不听善言，因此导致兵败。等到袁绍率军返回，有人对田丰说："君必会受到重用。"田丰说："袁公表面宽仁但内心疑忌，不相信我的忠诚，而且我数次谏言冒犯袁公。若袁公得胜，内心欣喜，必能赦免我，战败则心生怨恨，内心的疑忌将会升起。若这次出师有利，则我能得以保全，如今既已战败，我已经没有活命的希望了。"袁绍返回后，说："我没有采纳田丰的谏言，果然被他耻笑。"于是将田丰诛杀。

官渡之战失败后，审配的两个儿子被曹操所擒。孟岱与审配有绍曰："配在位专政，族大兵强，且二子在南，必怀反畔。"郭图、辛评亦为然。绍遂以岱为监军，代配守邺。护军逢纪与配不睦，绍以问之，纪对曰："配天性烈直，每所言行，慕古人之节，不以二子在南为不义也，公勿疑之。"绍曰："君不恶之邪？"纪曰："先所争者私情，今所陈者国事。"绍曰"善"。乃不废配，配由是更协。

冀州城邑多畔，绍复击定之。自军败后发病，七年夏，薨。未及定嗣，逢纪、审配宿以骄侈为谭所病，辛评、郭图皆比于谭而与配、纪有隙。众以谭长，欲立之。配等恐谭立而评等为害，遂矫绍遗命，奉尚为嗣。

嫌隙，便通过蒋奇向袁绍进言道：“审配在任专政擅权，族大兵强，而且两个儿子被曹操所擒，审配必定心怀反叛。”郭图、辛评也有相同的观点。于是袁绍命孟岱担任监军，接替审配戍守邺城。护军逢纪与审配不和，袁绍向逢纪询问审配是否心怀反叛，逢纪回答说：“审配生性忠烈刚直，凡是一言一行，无不倾慕古人的志节，不会因为自己的两个儿子被曹操所擒而做出不义之事，公不要怀疑审配。”袁绍说：“君难道不憎恶审配吗？”逢纪说：“先前所争是为私情，而今所说是为国事。”袁绍说“有道理。”因此袁绍没有罢免审配。自此审配、逢纪的关系更加和睦。

冀州的许多城邑反叛袁绍，袁绍再次将这些城邑收复。袁绍自从战败后，就身患疾病，建安七年（202）夏季，袁绍去世。袁绍还未确定继承人，逢纪、审配素来因为骄侈而受到袁谭的诟病，辛评、郭图都亲近袁谭而与审配、逢纪有嫌隙。众人认为袁谭年长，打算拥立袁谭。审配等人担心袁谭即位后，辛评等人加害自己，便假托袁绍遗命，拥立袁尚为继承人。

卷一百四下

袁绍刘表列传第六十四下

谭自称车骑将军，出军黎阳。尚少与其兵，而使逢纪随之。谭求益兵，审配等又议不与。谭怒，杀逢纪。

曹操度河攻谭，谭告急于尚，尚乃留审配守邺，自将助谭，与操相拒于黎阳。自九月至明年二月，大战城下，谭、尚败退。操将围之，乃夜遁还邺。操进军，尚逆击破操，操军还许。谭谓尚曰："我铠甲不精，故前为曹操所败。今操军退，人怀归志，及其未济，出兵掩之，可令大溃，此策不可失也。"尚疑而不许，既不益兵，又不易甲。谭大怒，郭图、辛评因此谓谭曰："使先公出将军为兄后者，皆是审配之所构也。"谭然之。遂引兵攻尚，战于外门。谭败，乃引兵还南皮。

别驾王修率吏人自青州往救谭，谭还欲更攻尚，问修曰："计将安出？"修曰："兄弟者，左右手也。譬人将斗而断其右手，曰'我必胜若'，如是者可乎？夫弃兄弟而不亲，天下其谁亲之？属有谗人交斗其间，以求一朝之利，愿塞耳勿听也。若斩佞臣数人，复相亲睦，以御四方，可横行于天下。"谭不从。尚复自将攻谭，谭战大败，婴城固守。尚围之急，谭奔平原，而遣颍川辛毗诣曹操请救。

刘表以书谏谭曰：

天降灾害，祸难殷流，初交殊族，卒成同盟，使王室震荡，彝袁谭自称车骑将军，出兵黎阳县。袁尚给袁谭的兵马很少，并且派逢纪跟随袁谭。袁谭请求增派兵马，审配等人又论议，不给袁谭增兵，袁谭大怒，杀了逢纪。

曹操渡过黄河攻伐袁谭，袁谭向袁尚告急，于是袁尚留下审配戍守邺城，自己亲自率军援救袁谭，在黎阳县与曹操交战。从九月到第二年二月，双方大战于城下，袁谭、袁尚败退。曹操率军将其包围，袁谭、袁尚连夜逃回邺城。曹操继续进军，袁尚迎击曹操，大破曹操，曹军撤回许县。袁谭对袁尚说："我军铠甲不精，因此先前被曹操打败。如今曹操撤军，他们人人都想返归，趁他们尚未渡过黄河，我们出兵伏击，可令其彻底溃败，此策机不可失。"袁尚心存疑虑，没有同意，袁尚既不给袁谭增派兵力，又不给袁谭更换精良的兵器。袁谭大怒，郭图、辛评借机向袁谭进言道："让先公把将军出嗣，过继给兄长为后的，都是审配的主意。"袁谭认为有道理。便率兵攻打袁尚，双方在邺城的外城门交战，袁谭战败，率军撤回南皮县。

别驾王修率领官吏百姓从青州前去相救袁谭，袁谭打算再次反攻袁尚，询问王修："有何良策？"王修说："兄弟，就像左右手。假如有人将要战斗却将自己的右手斩断，说'我必能胜利'，您觉得这样可行吗？舍弃兄弟而互不相亲，天下之人，谁还会与他亲近？近来有属下进献谗言，搬弄是非，挑拨离间致使自相残杀，以求一时之利，希望您塞耳勿听也。若能斩杀数名佞臣，兄弟之间重新亲睦，重归于好，以此抵御四方的敌人，则能横行天下。"袁谭不听。袁尚再次亲自率军攻打袁谭，袁谭大败，环城坚守。袁尚围攻，锐不可当，袁谭奔逃至平原郡，并派颍川人辛毗向曹操求救。

刘表写信劝谏袁谭，信中写道：

天降灾害，祸难频发。起初各姓豪杰相聚，形成同盟，令王室震伦攸斁。是以智达之士，莫不痛心入骨，伤时人不能相忍也。然孤与太公，志同愿等，虽楚魏绝邈，山河迥远，戮力乃心，共奖王室，使非族不干吾盟，异类不绝吾好，此孤与太公无贰之所致也。功绩未卒，太公殂陨，贤胤承统，以继洪业。宣奕世之德，履丕显之祚，摧严敌于邺都，扬休烈于朔土，顾定疆宇，虎视河外，凡我同盟，莫不景附。何悟青蝇飞于竿旌，无忌游于二垒，使股肱分成二体，匈膂绝为异身。初闻此问，尚谓不然，定闻信来，乃知阏伯、实沈之忿已成，弃亲即仇之计已决，旃旆交于中原，暴尸累于城下。闻之哽咽，若存若亡，昔三王、五伯，下及战国，君臣相弑，父子相杀，兄弟相残，亲戚相灭，盖时有之。然或欲以成王业，或欲以定霸功，皆所谓逆取顺守，而徼富强于一世也。未有弃亲即异，兀其根本，而能全于长世者也。

昔齐襄公报九世之仇，士匄卒荀偃之事，是故《春秋》美其义，君子称其信。夫伯游之恨于齐，未若太公之忿于曹也；宣子之臣承业，未若仁君之继统也。且君子违难不适仇国，交绝不出恶声，况忘先人之仇，弃亲戚之好，而为万世之戒，遗同盟之耻哉！蛮夷戎狄将有诮让之言，况我族类，而不痛心邪！

夫欲立竹帛于当时，全宗祀于一世，岂宜同生分谤，争校得失乎？若冀州有不弟之傲，无惭顺之节，仁君当降志辱身，以济事为务。事定之后，使天下平其曲直，不亦为高义邪？今仁君见憎于夫人，未若郑庄之于姜氏；昆弟之嫌，未若重华之于象敖。然庄公卒荡，伦常悖乱，因此智慧敏达之士，无不痛心入骨，对于当世之人不能相互忍让而伤怀不已。然而孤与您的父亲，太公袁绍，志同愿等，虽然荆州、冀州两地阻隔，山河相距遥远，但孤与太公勠力同心，共同辅助汉室，非同族不能扰乱我们的同盟，异类无法断绝我们的友谊，这是我与太公同心同德、心无二志的结果。可惜功业尚未建立，太公不幸陨命归天，贤良子孙承袭世统，以继洪业。宣扬累世之德，履行显明之福，在邺都摧折劲敌，在北方光大盛美的事业，回身平定疆宇，虎视黄河以南，凡我同盟，无不心向依附。何曾想谗佞之人登上殿堂，就像费无忌一样进献谗言，挑拨离间，使得股肱被分离，前胸和脊背被切断。起初我听闻此事，尚且不以为然，直到后来确切的消息传来，才知道阏伯伯、实沈之忿已成，抛弃亲情、反目成仇之计已定，两军战旗交汇于中原，尸骸暴露在外，堆积于城下。我闻此消息，不禁哽咽，感慨若存若亡。从前的夏、商、周三王，春秋五霸，下至战国，君臣相弑，父子相杀，兄弟相残，亲戚相灭，这些事情时常发生。然而在这其中，或是想成就王业，或是想定立霸功，这都是身为诸侯而以武力夺取帝位，即位之后又以文德法令治理天下，因此能得到一世的富强。从未有抛弃至亲，亲近异族，动摇自己的根本，而又能长久保全于世的人。

过去齐襄公夷灭纪国，以报九世之仇，晋国大夫士匄完成荀偃的遗愿，因此《春秋》之中赞美他们的道义，君子称道他们的忠信。荀偃对齐国的仇恨，不及太公对曹操的忿恨；士匄承袭荀偃的遗业，不及将军之弟继承大统。而且君子即便为了避难也不会逃往敌国，相互绝交也不会散播对方的坏话，何况忘记先人之仇，抛弃亲戚之好，而成为万世之戒，同盟之耻！蛮夷戎狄还会有责问之言，何况是我族类，岂能不感到痛心！

将军意欲名留于青史，保全宗祀于一世，怎么可以手足相残，互相诽谤，计较得失？若是袁尚有不悌之傲，无惭顺之节，仁君也应当降志辱身，以辅佐完成大业为务。待大业完成之后，让天下百姓评判是非曲直，这样岂不彰显仁君的高义？如今太夫人对仁君的憎恶，不崇大隧之乐，象敖终受有鼻之封。愿捐弃百痾，追摄旧义，复为母子昆弟如初。今整勒士马，瞻望鹄立。

又与尚书谏之，并不从。

曹操遂还救谭，十月至黎阳。尚闻操度河，乃释平原还邺。尚将吕旷、高翔畔归曹氏，谭复阴刻将军印，以假旷、翔。操知谭诈，乃以子整娉谭女以安之，而引军还。

九年三月，尚使审配守邺，复攻谭于平原。配献书于谭曰："配闻良药苦口而利于病，忠言逆耳而便于行。愿将军缓心抑怒，终省愚辞。盖《春秋》之义，国君死社稷，忠臣死君命。苟图危宗庙，剥乱国家，亲疏一也。是以周公垂涕以髭管、蔡之狱，季友歔欷而行叔牙之诛。何则？义重人轻，事不获已故也。昔先公废黜将军以续贤兄，立我将军以为嫡嗣，上告祖灵，下书谱牒，海内远近，谁不备闻！何意凶臣郭图，妄画蛇足，曲辞谄媚，交乱懿亲。至令将军忘孝友之仁，袭阏、沈之迹，放兵钞突，屠城杀吏，冤魂痛于幽冥，创痍被于草棘。又乃图获邺城，许赏赐秦胡，其财物妇女，豫有分数。又云：'孤虽有老母，趣使身体完具而已。'闻此言者，莫不悼心挥涕，使太夫人忧哀愦隔，我州君臣监寐悲叹。诚拱默以听执事之图，则惧违《春秋》死命之节，诒太夫人不测之患，损先公不世之业。我将军辞不获命，以及馆陶之役。伏惟将军至孝蒸蒸，发于岐嶷，友于之性，生于自然，章之以聪明，行之以敏达，览古今之举措，睹兴败之征符，轻荣财于粪土，贵名位于丘岳。何意奄然迷沉，堕贤哲之操，积怨肆忿，取破家之祸！翘企延颈，待望仇敌，委慈亲于虎狼及郑庄公之于母亲姜氏；兄弟之间的嫌隙仇怨，不及重华之于弟弟象敖。然而郑庄公最终与母亲重新团聚，母子和好如初，象敖最终受封有鼻国，位至诸侯。希望仁君舍弃前怨，追念旧义，使得母子兄弟的亲情恢复如初。闲暇我正在整饬兵马，延颈而立，期盼瞻望仁君的心意。

刘表又写信劝谏袁尚，但是袁谭、袁尚都没有听从。

曹操率军返回援救袁谭，十月到达黎阳。袁尚听闻曹操渡过黄河，便离开平原郡，返回邺城。袁尚麾下将领吕旷、高翔叛逃，归降曹操，袁谭又暗中雕刻将军印，并送给了吕旷、高翔。曹操知晓袁谭狡猾，便让儿子曹整迎娶袁谭的女儿，以此安抚袁谭，然后曹操率军返归。

建安九年（204）三月，袁尚命审配戍守邺城，再次率军在平原军攻伐袁谭。审配上书向袁谭谏言道："在下听闻良药苦口利于病，忠言逆耳利于行。希望将军舒心抑怒，看完在下的愚辞。《春秋》之义，乃是国君死社稷，忠臣死君命。倘若有人妄图危害宗庙，侵乱国家，无论亲疏都要接受相同的罪罚。因此周公垂涕处死管叔、蔡叔，季友悲泣诛杀叔牙。为什么？是因为义重人轻，不得已而为之。从前先公把将军出嗣，过继给贤兄为后，立袁尚将军为嫡嗣，上敬告祖宗神灵，下写入宗族谱牒，海内远近，无人不闻！谁料凶逆之臣郭图，画蛇添足，曲意谄媚，挑拨离间，致使将军忘却孝顺友爱之义，重蹈阏伯、实沈之迹，放纵兵士抄掠突袭，屠城杀吏，幽冥之下冤魂哀痛，荒僻之地遍布伤者。之后将军又打算攻克邺城，答应赏赐秦胡之人，对掳掠来的财物和妇女，提前做好分配。还说：'孤虽有老母，不过是让孤的身体健全而已。'闻此言者，无不痛心疾首，挥泪涕泣，致使太夫人忧愁哀伤，悲痛烦闷，我冀州官吏闻言，日夜悲叹。假若我拱手沉默，听任将军如此行事，恐怕有违《春秋》所讲的死命之节，给太夫人带来不测之患，损害先公不世之业。袁尚将军辞不获命，双方在馆陶交战。在下想将军至孝宽厚，幼年时就已显露；友爱兄弟的天性，与生俱来，彰显聪明才智，行为敏捷通达，博览古今举之牙，以逞一朝之志，岂不痛哉！若乃天启尊心，革图易虑，则我将军匍匐悲号于将军股掌之上，配等亦当敷躬布体以听斧锧之刑。如又不悛，祸将及之。愿熟详吉凶，以赐环玦。”谭不纳。

曹操因此进攻邺，审配将冯礼为内应，开突门内操兵三百余人。配觉之，从城上以大石击门，门闭，入者皆死。操乃凿堑围城，周回四十里，初令浅，示若可越。配望见，笑而不出争利。操一夜浚之，广深二丈，引漳水以灌之。自五月至八月，城中饿死者过半。尚闻邺急，将军万余人还救城，操逆击破之。尚走依曲漳为营，操复围之，未合，尚惧，遣阴夔、陈琳求降，不听。尚还走蓝口，操复进，急围之。尚将马延等临阵降，众大溃，尚奔中山。尽收其辎重，得尚印绶节钺及衣物，以示城中，城中崩沮。审配令士卒曰：“坚守死战，操军疲矣。幽州方至，何忧无主！”操出行围，配伏弩射之，几中。以其兄子荣为东门校尉，荣夜开门内操兵，配拒战城中，生获配。操谓配曰：“吾近行围，弩何多也？”配曰：“犹恨其少。”操曰：“卿忠于袁氏，亦自不得不尔。”意欲活之。配意气壮烈，终无挠辞，见者莫不叹息，遂斩之。全尚母妻子，还其财宝。高幹以并州降，复为刺史。

措，遍观兴衰征兆，轻视显耀财物如粪土，看重名誉志节如山岳。岂料将军执迷不悟，舍弃贤哲之操，积怨日久，肆意泄愤，落得家破人亡的地步！将军桥头踮足，延颈期盼着仇敌，将自己的至亲置于虎狼之口，以逞一朝之志，岂不令人痛心！若上天能重新启发将军的心意，使将军打消仇怨，回心转意，那么袁尚将军甘愿匍匐悲号于将军的股掌之上，审配等人愿意俯身听任将军的斧锧之刑。若将军依旧不愿悔改，则将大祸临头。希望将军仔细考虑祸福吉凶，赐予答复，尽快返归。”袁谭没有采纳。

曹操趁机进攻邺城，审配的属将冯礼作为曹操的内应，打开城门之外的突门，放入三百多名曹军，审配察觉此事后，从城上用大石头砸向城门，城门关闭，入城的曹军全部斩杀。曹操围绕着城墙挖了一条壕沟，全长四十里，起初下令挖得浅些，看似可以轻松翻越。审配见此行为，只是笑笑，并没有出城争夺。于是曹操在一夜之间将壕沟拓宽挖深，宽度和深度可达二丈，再引来漳水灌入壕沟中，使得邺城与外界断绝往来。从五月至八月，城内饿死者过半。袁尚听闻邺城危急，率兵一万多人返回援救邺城，曹操迎击，大破袁尚，袁尚逃至漳水弯曲处扎营，曹操再次包围袁尚，曹军尚未合围，袁尚惊惧，便派阴夔、陈琳求降，曹操没有答应。袁尚只能调头逃往蓝口，曹操再次进军，包围了袁尚，事态紧急。袁尚麾下将领马延等人临阵投降，部众溃散，袁尚奔逃至中山。曹操将袁尚的粮草物资尽数缴获，并将袁尚的印绶、符节、斧钺以及衣物，向城中百姓展示，城中溃散。审配命令士卒：“坚守死战，曹军已经疲困不堪。幽州援军正向这边赶来，何须担忧没有主帅！”曹操出来巡视围城情况，审配埋伏弓箭手，射杀曹操，几乎射中。审配任命兄长的儿子审荣为东门校尉，审荣夜晚打开城门放入曹军，审配在城中抗击曹军，最终曹军生擒审配。曹操对审配说：“我近来巡视围城情况，你的弓弩怎会这么多？”审配说：“犹恨箭少。”曹操说：“卿忠于袁氏，不得不这么做。”曹操打算留审配一命。而审配意气壮烈，始终没有屈服投降之辞，见者无不叹息，曹操最终将其斩杀。曹操放过袁尚母亲、妻儿，并将财宝归还。高幹献出并州投降曹操，高幹继续担任刺史。

曹操之围邺也，谭复背之，因略取甘陵、安平、勃海、河间，攻尚于中山。尚败，走故安从熙，而谭悉收其众，还屯龙凑。

十二月，曹操讨谭，军其门。谭夜遁走南皮，临清河而屯。明年正月，急攻之。谭欲出战，军未合而破。谭被发驱驰，追者意非恒人，趋奔之。谭堕马，顾曰："咄，儿过我，我能富贵汝。"言未绝口，头已断地。于是斩郭图等，戮其妻子。

熙、尚为其将焦触、张南所攻，奔辽西乌桓。触自号幽州刺史，驱率诸郡太守令长背袁向曹，陈兵数万。杀白马盟，令曰："违者斩！"众莫敢仰视，各以次歃。至别驾代郡韩珩，曰："吾受袁公父子厚恩，今其破亡，智不能救，勇不能死，于义阙矣。若乃北面曹氏，所不能为也！"一坐为珩失色。触曰："夫举大事，当立大义。事之济否，不待一人，可卒珩志，以厉事君。"曹操闻珩节，甚高之，屡辟不至，卒于家。

高幹复叛，执上党太守，举兵守壶口关。十一年，曹操自征幹，幹乃留其将守城，自诣匈奴求救，不得，独与数骑亡，欲南奔荆州。上洛都尉捕斩之。

十二年，曹操征辽西，击乌桓。尚、熙与乌桓逆操军，战败走，乃与亲兵数千人奔公孙康于辽东。尚有勇力，先与熙谋曰："今到辽东，康必见我，我独为兄手击之，且据其郡，犹可以自广也。"康亦曹操围攻邺城，袁谭再次背叛曹操，袁谭借机攻破了甘陵、安平、渤海、河间，再次进军中山，攻打袁尚。袁尚战败，奔逃至故安县，投靠袁熙，袁谭将袁尚的部众全部收入麾下，率军返回，屯兵龙凑县。

十二月，曹操讨伐袁谭，在龙凑县的城门外扎营，袁谭连夜逃往南皮县，在清河边扎营驻守。第二年正月，曹操抓紧攻打袁谭，袁谭想迎战，尚未交战袁谭的部队就已溃散，袁谭披散头发，策马飞驰逃命，追赶袁谭的人猜想自己所追的不是一般人，便加快速度，拼命追赶。袁谭堕马，回头说："喂，你放了我，我能让你富贵。"袁谭话未说完，头已落地。曹操斩杀郭图等人，将他们的妻儿也一并斩杀。

袁熙、袁尚受到部将焦触、张南的攻击，袁熙、袁尚出逃，投靠辽西郡的乌桓。焦触自号幽州刺史，命令幽州所辖各郡太守、县令县长，背袁向曹，拥兵数万，焦触杀了白马，进行盟誓，焦触命令州中官员说："违者斩！"众人都不敢仰视，纷纷依照次序歃血盟誓。轮到别驾代郡人韩珩时，韩珩说："我受袁公父子厚恩，如今袁氏兵败逃亡，智不能挽救袁氏于危难之时，勇不能为袁氏而死，于道义而言，我已然行有缺漏。若让我向曹操俯首称臣，我做不到！"在座的人闻言，都为韩珩大惊失色。焦触说："举大事者，当立大义。事情能否成功，也不在一人，可以成全韩珩的志节，以此劝勉激励其他事奉君主之人。"曹操听闻韩珩的志节，十分赞赏，数次征召韩珩，韩珩都没有应召，最终韩珩在家中去世。

高幹再次反叛，收捕上党太守，举兵镇守壶口关。建安十一年（206），曹操亲自率军讨伐高幹，于是高幹留下部将守城，自己前往匈奴求救，匈奴没有派兵援救，高幹只能与数名骑兵逃亡，高幹意欲南下逃往荆州。上洛县都尉抓获高幹并斩杀。

建安十二年（207），曹操进军辽西郡，攻打乌桓。袁尚、袁熙与乌桓迎击曹军，战败出逃，与数千亲兵前往辽东投奔公孙康。袁尚勇猛又有力气，便先与袁熙商议："如今来到辽东，公孙康必来见我心规取尚以为功，乃先置精勇于厩中，然后请尚、熙。熙疑不欲进，尚强之，遂与俱入。未及坐，康叱伏兵禽之，坐于冻地。尚谓康曰：“未死之间，寒不可忍，可相与席。”康曰：“卿头颅方行万里，何席之为！”遂斩首送之。

康，辽东人。父度，初避吏为玄兔小吏，稍仕。中平元年，还为本郡守。在职敢杀伐，郡中名豪与己夙无恩者，遂诛灭百余家。因东击高句骊，西攻乌桓，威行海畔。时王室方乱，度恃其地远，阴独怀幸。会襄平社生大石丈余，下有三小石为足，度以为己瑞。初平元年，乃分辽东为辽西、中辽郡，并置太守，越海收东莱诸县，为营州刺史，自立为辽东侯、平州牧，追封父延为建义侯。立汉二祖庙。承制设坛墠于襄平城南，郊祀天地，藉田理兵，乘鸾辂九旒旄头羽骑。建安九年，司空曹操表为奋威将军，封永宁乡侯。度死，康嗣，故遂据辽土焉。

刘表字景升，山阳高平人，鲁恭王之后也。身长八尺余，姿貌温伟。与同郡张俭等俱被讪议，号为“八顾”，诏书捕案党人，表亡走得免。党禁解，辟大将军何进掾。

初平元年，长沙太守孙坚杀荆州刺史王叡，诏书以表为荆州刺们，我一人，亲手为兄长杀了他，就此占据辽东，还可以扩展自己的势力。”公孙康也在设法抓获袁尚，以此向曹操邀功，于是公孙康先在马厩中布下精锐勇士，然后去请袁尚、袁熙。袁熙起疑不愿入内，袁尚再三让袁熙入内，袁熙只好于袁尚一同进去。两人还未坐下，公孙康大声呼喊伏兵将两人擒获，公孙康让两人坐在结冰的地上。袁尚对公孙康说：“未死之时，寒冷无法忍受，能否让我们坐在席子上。”公孙康说：“卿的头颅马上要行至万里之外，要席子有什么用！”说罢公孙康将两人斩首，送予曹操。

公孙康，辽东郡人。父亲公孙度，起初为躲避狱吏的追捕，前往玄兔郡担任小吏，后来渐渐入仕为官。中平元年（184），公孙度返回辽东担任太守。公孙度在职期间果敢杀伐，郡中与公孙度没有旧恩的世族豪强，公孙度诛灭了百余家。之后公孙度东击高句骊，西攻乌桓，威行海畔。当时汉室正值纷乱，公孙度仗着辽东地处偏远，暗自庆幸。恰逢襄平县的土地庙中出现了一块一丈多高的大石头，底部有三块小石头作为支撑，公孙度认为对于自己来说这是祥瑞。初平元年（190），公孙度将辽东分为辽西、中辽郡，并设置太守。公孙度又渡海攻占收复了东莱诸县，设置营州刺史，自立为辽东侯、平州牧，追封自己的父亲公孙延为建义侯。修建高祖庙和世祖庙。又依制在襄平城南设立祭坛，在郊外祭祀天地，分出公田私田，治理军队，乘坐天子的鸾辂车，树起天子所用的旌旗，采用天子仪仗，前面有旄头骑兵开路，周围还有羽林骑兵。建安九年（204），司空曹操上表举荐公孙度担任奋威将军，受封永宁乡侯。公孙度去世后，公孙康承袭爵位，因而公孙康占据辽东一带。

刘表，字景升，山阳国高平县人，鲁恭王刘余之后。刘表身高八尺有余，性情温和，身材魁梧。与同郡张俭等人都遭到别人的诋毁非议，被称为“八顾”，朝廷下诏拘捕审查同党，刘表出逃得以幸免。禁止列入党籍者出任官职的禁令解除以后，刘表得到大将军何进的征召，担任掾吏。

初平元年（190），长沙太守孙坚杀了荆州刺史王叡，朝廷下诏命史。时江南宗贼大盛，又袁术阻兵屯鲁阳，表不能得至，乃单马入宜城，请南郡人蒯越、襄阳人蔡瑁与共谋画。表谓越曰："宗贼虽盛而众不附，若袁术因之，祸必至矣。吾欲征兵，恐不能集，其策焉出？"对曰："理平者先仁义，理乱者先权谋。兵不在多，贵乎得人。袁术骄而无谋，宗贼率多贪暴。越有所素养者，使人示之以利，必持众来。使君诛其无道，施其才用，威德既行，襁负而至矣。兵集众附，南据江陵，北守襄阳，荆州八郡可传檄而定。公路虽至，无能为也。"表曰："善。"乃使越遣人诱宗贼帅，至者十五人，皆斩之而袭取其众。唯江夏贼张虎、陈坐拥兵据襄阳城，表使越与庞季往譬之，乃降。江南悉平。诸守令闻表威名，多解印绶去。表遂理兵襄阳，以观时变。

袁术与其从兄绍有隙，而绍与表相结，故术共孙坚合从袭表。表败，坚遂围襄阳。会表将黄祖救至，坚为流箭所中死，余众退走。及李傕等入长安，冬，表遣使奉贡。傕以表为镇南将军、荆州牧，封成武侯，假节，以为己援。

建安元年，骠骑将军张济自关中走南阳，因攻穰城，中飞矢而死。荆州官属皆贺。表曰："济以穷来，主人无礼，至于交锋，此非牧意，牧受吊不受贺也。"使人纳其众，众闻之喜，遂皆服从。三年，长沙太守张羡率零陵、桂阳三郡畔表，表遣兵攻围，破羡，平之。于是开土遂广，南接五领，北据汉川，地方数千里，带甲十余万。初，荆州人情好扰，加四方骇震，寇贼相扇，处处麋沸。表招诱刘表担任荆州刺史。当时江南一带有许多以同宗族为主结成的贼寇，再者袁术率军驻守鲁阳县，道路不通，刘表无法前往荆州就任，只能独自一人，单枪匹马进入宜城，刘表请南郡人蒯越、襄阳人蔡瑁共同商议谋划。刘表对蒯越说："宗贼虽然势力强盛但部众并不愿归附他们，若这些势力被袁术利用，灾祸必将来临。我打算征兵，又担心集结不到人马，诸位有什么良策？"蒯越回答说："治理太平安定之地就先要推行仁义，治理纷乱之地就先要运用权谋。兵不在多，贵在得到合适的人才。袁术骄而无谋，宗贼大多贪婪暴虐。我平素训练属下，若派人晓之以利害，这些宗贼必会率众前来。使君诛杀其中的无道之人，任用其中的有才之士，恩威并重，威德已行，百姓定会携幼扶老前来投靠使君。兵集众附，南据江陵，北守襄阳，荆州所辖八郡只需发布檄文即可平定。即便袁公路来到，也无能为力。"刘表说："好主意。"于是刘表让蒯越派人去引诱宗贼首领，引诱来了十五人，将他们全部斩杀并且袭击兼并了余下部众。只有江夏贼张虎、陈坐拥兵据守襄阳城，刘表派蒯越与庞季前往晓以利害，张虎、陈坐投降。江南一带全被平定。诸位太守县令听闻刘表的威名，大多解下印绶离去。于是刘表整顿军队，镇守襄阳，以观时局变化。

袁术与堂兄袁绍有嫌隙，而袁绍与刘表有来往，所以袁术联合孙坚袭击刘表。刘表兵败，之后孙坚围攻襄阳。恰逢刘表麾下部将黄祖前来援救，孙坚被流箭射中而亡，余下部众全部败退逃亡。等到李傕等人进入长安，同年冬季，刘表派遣使者向朝廷纳贡。李傕举荐刘表担任镇南将军、荆州牧，受封成武侯，持节，充当自己的援军。

建安元年（196），骠骑将军张济从关中逃往南阳，借机攻打穰城，被飞箭射中而亡。荆州官吏都来向刘表庆贺。刘表说："张济穷途末路，逃至南阳，我身为主人，未尽宾主之礼，以至于双方交战，这并非我的心意，我接受吊唁，不接受庆贺。"刘表派人接收了张济余下的人马，余下人马闻讯大喜，都愿意归顺刘表。建安三年（198），长沙太守张羡率零陵、桂阳三郡叛离刘表，刘表派兵围攻，大破张羡，平定了叛乱。于是刘表开疆拓土，占据的疆域越来越广，南接五有方，威怀兼洽，其奸猾宿贼更为效用，万里肃清，大小咸悦而服之。关西、兖、豫学士归者盖有千数，表安慰赈赡，皆得资全。遂起立学校，博求儒术，綦母闿、宋忠等撰立《五经》章句，谓之后定。爱民养士，从容自保。

及曹操与袁绍相持于官度，绍遣人求助，表许之，不至，亦不援曹操，且欲观天下之变。从事中郎南阳韩嵩、别驾刘先说表曰："今豪桀并争，两雄相持，天下之重在于将军。若欲有为，起乘其敝可也；如其不然，固将择所宜从。岂可拥甲十万，坐观成败，求援而不能助，见贤而不肯归！此两怨必集于将军，恐不得中立矣。曹操善用兵，且贤俊多归之，其势必举袁绍，然后移兵以向江汉，恐将军不能御也。今之胜计，莫若举荆州以附曹操，操必重德将军，长享福祚，垂之后嗣，此万全之策也。"蒯越亦劝之。表狐疑不断，乃遣嵩诣操，观望虚实。谓嵩曰："今天下未知所定，而曹操拥天子都许，君为我观其衅。"嵩对曰："嵩观曹公之明，必得志于天下。将军若欲归之，使嵩可也；如其犹豫，嵩至京师，天子假嵩一职，不获辞命，则成天子之臣，将军之故吏耳。在君为君，不复为将军死也。惟加重思。"表以为惮使，强之。至许，果拜嵩侍中、零陵太守。及还，盛称朝廷曹操之德，劝遣子入侍。表大怒，以为怀贰，陈兵诟嵩，将斩之。嵩不为动容，徐陈临行之言。表妻蔡氏知嵩贤，谏止之。表犹怒，乃考杀从行者。知无它意，但囚嵩而已。

岭，北据汉川，方圆数千里，披甲兵士有十余万。起初，荆州的民情喜欢躁动，加之四方纷乱，寇贼猖獗，处处动荡不安。刘表招降有方，威德并用，奸猾宿贼更是为刘表所用，万里之域全太平安定，无论老少都对刘表心悦诚服。关西、兖州、豫州数以千计的学士前来投奔刘表，刘表给予慰问安抚，这些人都能得到财物赈济。刘表因此修建学校，广求儒学名士，刘表又命綦母闿、宋忠等人编撰确定《五经》章句，称之为《后定》。刘表爱民养士，从容自保。

等到曹操与袁绍在官度交战，僵持不下时，袁绍派人请求援助，刘表应允，但并未派出援兵，也没有援助曹操，并且刘表只想静观天下之变。刘表的从事中郎南阳郡人韩嵩、别驾刘先游说刘表道："如今豪杰群起纷争，两雄僵持不下，争夺天下的关键在于将军。若将军想有所作为，便可趁他们疲惫时起兵，出其不意，攻其不备；若不愿如此，就选择心悦诚服者，向其归顺。将军怎可拥兵十万，坐观成败，别人求援而不能相助，遇到贤者又不肯归顺！这样一来两方必定都会怨恨将军，将军恐怕无法继续保持中立了。曹操善用兵，而且贤俊之士大多归顺曹操，依其形势而言，曹操必能打败袁绍，然后调兵直逼长江、汉水一带，到那时恐怕将军无法抵御了。如今最好的办法，不如献出整个荆州以此归顺曹操，曹操必对将军感激不尽，如此将军则能长享福祚，传之后嗣，此乃万全之策。"蒯越也劝谏刘表。而刘表心中狐疑，迟迟不作决断，派韩嵩去曹操那里，观望虚实。刘表对韩嵩说："如今天下尚未平定，不知鹿死谁手，而曹操挟天子定都许县，君替我去打探一下消息。"韩嵩回答说："依我来看，以曹公之明，必定志在天下。将军若想归顺曹操，派我前去即可；若将军还在犹豫，我到了京师，天子授予我一个官职，我不敢推辞，那我就成了天子之臣，将军的旧吏。在天子身边就为天子尽忠，不能再为将军效命了。希望将军慎重考虑。"刘表以为韩嵩害怕出使，便强迫韩嵩出使。韩嵩到达许县之后，朝廷果然诏令韩嵩拜任侍中、零陵太守。等到韩嵩返回后，韩嵩大加称赞朝廷以及曹操的恩德，劝说刘表让儿子入朝奉侍。刘表大怒，认为韩嵩心怀二志，于是刘表陈列军队，大骂韩嵩，准备将其斩杀。韩嵩面不改色，不为所动，从容地讲述临走六年，刘备自袁绍奔荆州，表厚相待结而不能用也。十三年，曹操自将征表，未至。八月，表疽发背卒。在荆州几二十年，家无余积。

二子：琦，琮。表初以琦貌类于己，甚爱之，后为琮娶其后妻蔡氏之侄，蔡氏遂爱琮而恶琦，毁誉之言日闻于表。表宠耽后妻，每信受焉。又妻弟蔡瑁及外甥张允并得幸于表，又睦于琮。而琦不自宁，尝与琅邪人诸葛亮谋自安之术。亮初不对。后乃共升高楼，因令去梯，谓亮曰："今日上不至天，下不至地，言出子口而入吾耳，可以言未？"亮曰："君不见申生在内而危，重耳居外而安乎？"琦意感悟，阴规出计。会表将江夏太守黄祖为孙权所杀，琦遂求代其任。

及表病甚，琦归省疾，素慈孝，允等恐其见表而父子相感，更有托后之意，乃谓琦曰："将军命君抚临江夏，其任至重。今释众擅来，必见谴怒。伤亲之欢，重增其疾，非孝敬之道也。"遂遏于户外，使不得见。琦流涕而去，人众闻而伤焉。遂以琮为嗣。琮以侯印授琦。琦怒，投之地，将因奔丧作难。会曹操军至新野，琦走江南。蒯越、韩嵩及东曹掾傅巽等说琮归降。琮曰："今与诸君据全楚之地，守先君之业，以观天下，何为不可？"巽曰："逆顺有大体，强弱有定势。以人臣而拒人主，逆道也；以新造之楚而御中国，必危也；以刘备而敌曹公，不当也。三者皆短，欲以抗王师之锋，必亡之道时说过的话。刘表的妻子蔡氏知晓韩嵩的贤明，劝阻刘表。刘表的怒火依旧未息，便拷问随行者并将其击杀。刘表知晓韩嵩并无他意，只是将韩嵩囚禁而已。

建安六年（201），刘备离开袁绍，前往荆州，刘表厚待刘备，两人结交，但刘表没有任用刘备。建安十三年（208），曹操亲自率军讨伐刘表，还未到达荆州。同年八月，刘表背上生出痈疮，最终病逝。刘表在荆州近二十年，家中没有多余的积蓄。

刘表有两个儿子：刘琦，刘琮。起初刘表觉得刘琦长得像自己，因而十分喜爱刘琦，后来刘表为刘琮迎娶了继室蔡氏的侄女为妻，因此蔡氏逐渐喜爱刘琮而厌恶刘琦，蔡氏每天都会向刘表讲一些毁誉两兄弟的话。刘表宠爱继室，每次听闻这些话都深信不疑。再者刘表的妻弟蔡瑁以及外甥张允都得到刘表的信任与重用，他们又亲睦刘琮。因而刘琦愈发不安，曾经向琅琊郡人诸葛亮求教保全之术。诸葛亮起初没有回答。后来两人一同登上高楼，刘琦借机命人拿走梯子，对诸葛亮说：“今日上不至天，下不至地，话出于您口而入于我耳，您可以为我解惑了吗？”诸葛亮说：“君难道没有看过申生在内而危，重耳居外而安吗？”刘琦心中顿悟，暗中谋划出外生活的计策，恰好刘表的部将江夏太守黄祖被孙权所杀，刘琦趁机请求出外接替其职。

后来刘表病重，刘琦回来探病。刘琦素来慈孝，张允等人担心刘琦见到刘表之后，父子之情由内而发，相互感应，而刘表更有托付后事、让刘琦继嗣之意，便对刘琦说：“将军命君镇守江夏，其任至关重大。如今君擅自丢下部众擅自归来探病，必会受到责问。这样做有损父子之情，加重将军的病情，绝非孝敬之道。”于是张允等人将刘琦挡在门外，不让刘琦见到父亲。刘琦流涕而去，众人听闻无不感伤。后来刘琮成为继承人。刘琮授予刘琦侯印，刘琦大怒，将侯印摔到地上，准备借奔丧之时趁机起兵发难。恰逢曹操的军队抵达新野，刘琦逃至江南。蒯越、韩嵩以及东曹掾傅巽等人游说刘琮归降曹操。刘琮说：“如今与诸君占据整个楚地，镇守先君之业，以观天下也。将军自料何与刘备？”琮曰：“不若也。”巽曰：“诚以刘备不足御曹公，则虽全楚不能以自存也。诚以刘备足御曹公，则备不为将军下也。愿将军勿疑。”

及操军到襄阳，琮举州请降，刘备奔夏口。操以琮为青州刺史，封列侯。蒯越等侯者十五人。乃释嵩之囚，以其名重，甚加礼待，使条品州人优劣，皆擢而用之。以嵩为大鸿胪，以交友礼待之。蒯越光禄勋，刘光尚书令。初，表之结袁绍也，侍中从事邓义谏不听。义以疾退，终表世不仕，操以为侍中，其余多至大官。

操后败于赤壁，刘备表琦为荆州刺史。明年卒。

论曰：袁绍初以豪侠得众，遂怀雄霸之图，天下胜兵举旗者，莫不假以为名。及临场决敌，则悍夫争命；深筹高议，则智士倾心。盛哉乎，其所资也！《韩非》曰：“佷刚而不和，愎过而好胜，嫡子轻而庶子重，斯之谓亡征。”刘表道不相越，而欲卧收天运，拟踪三分，其犹木禺之于人也。

赞曰：绍姿弘雅，表亦长者。称雄河外，擅强南夏。鱼俪汉舳，云屯冀马。窥图讯鼎，禋天类社。既云天工，亦资人亮。矜强少成，坐谈奚望。回皇冢嬖，身颓业丧。

之变，为何不可？”傅巽说：“或悖逆或归顺存在重要的原则，或强或弱有定势。以人臣的身份去抗击人主，此乃悖逆之道；以新建立的楚地去抵御中原，必然危亡；以刘备之势去抵抗曹公，刘备尚且不敌。这三方面都不占优势，而将军却想以楚军来抗击王师，这是必亡之道。将军以为，自己相比于刘备，如何？”刘琮说：“我不如刘备。”傅巽说：“若以刘备之势尚且不足以抵御曹公，那么将军即便有整个楚地，也无法保全自身。若以刘备之势足以抵御曹公，那么刘备也不会屈于将军之下了。希望将军勿疑。”

等到曹操的军队抵达襄阳，刘琮举整个荆州请降，刘备逃至夏口城。曹操任命刘琮为青州刺史，封刘琮为列侯。蒯越等十五人受封侯爵。曹操解除了韩嵩的囚禁，因为韩嵩享有盛名，所以曹操厚加礼遇，并让韩嵩鉴别评定荆州士人的优劣，优者全部予以提拔任用。曹操任命韩嵩为大鸿胪，以朋友之礼相待。曹操又任命蒯越为光禄勋，刘光为尚书令。起初，刘表与袁绍结交，侍中从事邓义劝谏刘表，刘表不听，邓义称病隐退，终刘表之世邓义都没有再入仕为官，后来曹操任命邓义为侍中。其余大多位列大官。

后来曹操兵败赤壁，刘备上表举荐刘琦担任荆州刺史。第二年刘琦去世。

评论说：袁绍最初因豪迈仗义而赢得众心，因而心怀称雄称霸之图，天下凡是能当兵战斗，举旗起义者，无不声称袁绍之名。等到临阵决战，则勇悍士争相为其效命；谋筹论议，则智士为其倾心。当时袁绍的势力多么强大啊！《韩非子》中讲：“凶狠刚戾而不和，固执己见而好胜，轻嫡子而重庶子，这是败亡的征兆。”刘表的能力并不出众，没有胜过其他人，却妄想躺着等待天命，打算三分天下，这如同木偶与人抗衡，着实是异想天开。

赞辞说：袁绍容姿高雅，刘表亦为长者。一人称雄黄河以北，一人驰骋南部之地。在汉水陈列鱼丽阵，战船以此排列，相互连接，冀州的战马如云般聚集，无法计数。暗中谋划，问鼎王位，将要举兵，因此禋祀上天，类祭社神。既然说代天行事，却也要仰赖人的忠

信。逞强之人少有成功，空谈妄论有何希望。在嫡子与爱子之间犹疑不定，最终殒命，大业倾覆。

卷一百五

刘焉袁术吕布列传第六十五

刘焉字君郎，江夏竟陵人也，鲁恭王后也。肃宗时，徙竟陵。焉少任州郡，以宗室拜郎中。去官居阳城山，精学教授。举贤良方正，稍迁南阳太守、宗正、太常。

时灵帝政化衰缺，四方兵寇，焉以为刺史威轻，既不能禁，且用非其人，辄增暴乱，乃建议改置牧伯，镇安方夏，清选重臣，以居其任。焉乃阴求为交阯，以避时难。议未即行，会益州刺史郗俭在政烦扰，谣言远闻，而并州刺史张懿、凉州刺史耿鄙并为寇贼所害，故焉议得用。出焉为监军使者，领益州牧，太仆黄琬为豫州牧，宗正刘虞为幽州牧，皆以本秩居职。州任之重，自此而始。

是时益州贼马相亦自号“黄巾”，合聚疲役之民数千人，先杀绵竹令，进攻雒县，杀郗俭，又击蜀郡、犍为，旬月之间，破坏三郡。马相自称“天子”，众至十余万人，遣兵破巴郡，杀郡守赵部。州从事贾龙，先领兵数百人在犍为，遂纠合吏人攻相，破之，龙乃遣吏卒迎焉。焉到，以龙为校尉，徙居绵竹。抚纳离叛，务行宽惠，而阴图异计。

沛人张鲁，母有恣色，兼挟鬼道，往来焉家，遂任鲁以为督义司马，遂与别部司马张修将兵掩杀汉中太守苏固，断绝斜谷，杀使者。鲁既得汉中，遂复杀张修而并其众。

刘焉，字君郎，江夏郡竟陵县人，鲁恭王刘余的后代。章帝时，迁居竟陵。刘焉年少时在州郡任职，因是汉室宗亲而拜任郎中。辞官后居住在阳城山，醉心学问，教授弟子。后来刘焉被举荐为贤良方正，逐渐升任南阳太守、宗正、太常。

当时灵帝的政治教化衰微，存在缺漏，海内兵寇群起，刘焉认为刺史的权威太轻，既不能禁止动乱，而且没有选任合适的人选来担任，因而暴乱不断增加，于是刘焉建议改置牧伯一职，镇抚四方，挑选朝中重臣，来担任这一官职。刘焉暗中乞求担任交阯太守，以避时乱。刘焉的建议尚未实行，就恰逢益州刺史郗俭治政烦扰百姓，谣言远播，而并州刺史张懿、凉州刺史耿鄙均被寇贼所害，因而刘焉的建议得到朝廷采纳。刘焉出外担任监军使者，总领益州牧，太仆黄琬担任豫州牧，宗正刘虞担任幽州牧，均以原先的俸禄就任新职。州牧之重，自此开始。

当时益州贼寇马相也自称“黄巾”，聚集数千名苦于劳役的百姓，先杀了绵竹县令，再进攻雒县，杀了郗俭，之后又进攻蜀郡、犍为郡，一个月内，马相就攻破三个郡。马相自称“天子”，部众多达十余万人。马相派兵攻破巴郡，杀了巴郡太守赵部。益州从事贾龙，此前率领数百名士兵戍守犍为郡，因而召集当地官吏百姓讨伐马相，将其击败，贾龙派吏卒迎接刘焉。刘焉就任后，将贾龙任命为校尉，将州府迁至绵竹县。刘焉抚慰收容背离反叛的百姓，务求实行宽惠之政，而暗中图谋不轨。

沛国人张鲁，其母颇有姿色，并且知晓些歪门邪道的神鬼之法，因而与刘焉有往来，刘焉便将张鲁任命为督义司马，张鲁与其他部队的司马张修，共同率兵袭击汉中太守苏固，阻断斜谷道，杀害往来使者。张鲁攻占汉中郡后，就将张修杀害，吞并了张修的军队。

焉欲立威刑以自尊大，乃托以佗事，杀州中豪强十余人，士民皆怨。初平二年，犍为太守任岐及贾龙并反，攻焉。焉击破，皆杀之。自此意气渐盛，遂造作乘舆车重千余乘。焉四子，范为左中郎将，诞治书御史，璋奉车都尉，并从献帝在长安，唯别部司马瑁随焉在益州。朝廷使璋晓譬焉，焉留璋不复遣。兴平元年，征西将军马腾与范谋诛李傕，焉遣叟兵五千助之，战败，范及诞并见杀。焉既痛二子，又遇天火烧其城府车重，延及民家，馆邑无余，于是徙居成都，遂疽发背卒。

州大吏赵韪等贪璋温仁，立为刺史。诏书因以璋为监军使者，领益州牧，以韪为征东中郎将。先是荆州牧刘表表焉僭拟乘舆器服，韪以此遂屯兵朐䏰备表。

初，南阳、三辅民数万户流入益州，焉悉收以为众，名曰“东州兵”。璋性柔宽无威略，东州人侵暴为民患，不能禁制，旧士颇有离怨。赵韪之在巴中，甚得众心，璋委之以权。韪因人情不辑，乃阴结州中大姓。建安五年，还共击璋，蜀郡、广汉、犍为皆反应。东州人畏见诛灭，乃同心并力，为璋死战，遂破反者，进攻韪于江州，斩之。

张鲁以璋暗懦，不复承顺。璋怒，杀鲁母及弟，而遣其将庞羲等攻鲁，数为所破。鲁部曲多在巴土，故以羲为巴郡太守。鲁因袭取之，遂雄于巴汉。

刘焉想通过设立严刑峻法来妄自尊大，树立淫威，便假托其他事，将州内的十余名豪强斩杀，致使州内士人百姓心生怨怼。初平二年（191），犍为太守任岐以及贾龙一并造反，攻打刘焉，刘焉将其击败，两人全部被杀。自此以后，刘焉的气焰逐渐强盛，制造了天子所乘的乘舆以及一千多辆军队所用的辎重车。刘焉有四个儿子，刘范担任左中郎将，刘诞担任治书御史，刘璋担任奉车都尉，他们都在长安，伴随献帝左右，唯有别部司马刘瑁跟随刘焉在益州。献帝派刘璋晓喻劝导刘焉，而刘焉却将刘璋留下，不让刘璋返回长安。兴平元年（194），朝廷征诏西将军马腾与刘范谋划诛伐李傕，刘焉派蜀兵五千人相助，最终战败，刘范以及刘诞被杀，刘焉痛失两子后，又遇到天火烧毁州府官衙以及辎重车，大火蔓延，祸及民宅，馆舍城邑烧毁殆尽，于是刘焉将州府迁至成都，后来刘焉背生痈疮，去世。

州郡长官赵韪等人欣赏刘璋为人温厚仁慈，便举荐刘璋为刺史。献帝下诏将刘璋任命为监军使者，总领益州牧，将赵韪任命为征东中郎将。此前荆州牧刘表上表劾奏刘焉心怀僭越，仿制天子所用的乘舆器物服饰，赵韪因此屯兵朐䏰县，以防刘表。

起初，南阳郡、京城三辅有数万户流民进入益州，刘焉将他们悉数收留，成为自己的部众，名为“东州兵”。刘璋生性温柔宽和，没有威严谋略。东州百姓侵扰益州，欺凌掳掠益州百姓，为祸一方，州府无法镇压禁止，益州的士人百姓颇为怨恨，并萌发背离之心。赵韪在巴中，甚得众心，刘璋将州府大权委托于赵韪。赵韪趁民情不和，人心背离，便暗中勾结益州的世家大族。建安五年（200），赵韪率军攻打刘璋，蜀郡、广汉郡、犍为郡纷纷响应赵韪。东州百姓担心被诛灭，于是同心协力，效命于刘璋，与赵韪死战，最终刘璋打败叛军，在江州攻打赵韪，最终将赵韪斩杀。

张鲁见刘璋愚昧懦弱，不再顺从于刘璋。刘璋大怒，杀了张鲁的母亲和弟弟，派遣部将庞羲等人讨伐张鲁，但多次被张鲁打败。张鲁的部下多是巴郡人，所以刘璋命庞羲担任巴郡太守。张鲁趁机攻袭巴郡，自此张鲁在巴郡、汉中一带称雄。

十三年，曹操自将征荆州，璋乃遣使致敬。操加璋振威将军，兄瑁平寇将军。璋因遣别驾从事张松诣操，而操不相接礼。松怀恨而还，劝璋绝曹氏，而结好刘备。璋从之。

十六年，璋闻曹操当遣兵向汉中讨张鲁，内怀恐惧，松复说璋迎刘备以拒操。璋即遣法正将兵迎备。璋主簿巴西黄权谏曰："刘备有枭名，今以部曲遇之，则不满其心，以宾客待之，则一国不容二主，此非自安之道。"从事广汉王累自倒悬于州门以谏。璋一无所纳。

备自江陵驰至涪城，璋率步骑数万与备会。张松劝备于会袭璋，备不忍。明年，出屯葭萌。松兄广汉太守肃惧祸及己，乃以松谋白璋，收松斩之，敕诸关戍勿复通。备大怒，还兵击璋，所在战克。十九年，进围成都，数十日，城中有精兵三万人，谷支一年，吏民咸欲拒战。璋言："父子在州二十余岁，无恩德以加百姓，而攻战三载，肌膏草野者，以璋故也。何心能安！"遂开城出降，群下莫不流涕。备迁璋于公安，归其财宝，后以病卒。

明年，曹操破张鲁，定汉中。

鲁字公旗。初，祖父陵，顺帝时客于蜀，学道鹤鸣山中，造作符书，以惑百姓。受其道者辄出米五斗，故谓之"米贼"。陵传子衡，衡传于鲁，鲁遂自号"师君"。其来学者，初名为"鬼卒"，后号"祭酒"。祭酒各领部众，众多者名曰"理头"。皆校以诚信，不听建安十三年（208），曹操亲率军队征讨荆州，刘璋派使者向曹操表示敬意。曹操将刘璋加封为振威将军，将刘璋的兄长刘瑁加封为平寇将军。刘璋派遣别驾从事张松前去拜谒曹操，而曹操没有依礼接待。张松怀恨在心，返回后劝谏刘璋不要与曹操来往，并劝谏要与刘备交好。刘璋采纳了张松的谏言。

建安十六年（211），刘璋听闻曹操将要发兵汉中，讨伐张鲁，内心恐惧，张松再次劝谏刘璋迎接刘备以抵抗曹操。刘璋立刻派遣法正率军迎接刘备。刘璋的主簿巴郡西部的黄权谏言道："刘备有枭雄之名，如今若是以部下之礼来接待刘备，则无法让其满意；若是以宾客之礼来接待，则一国不容二主，也非保全自身之道。"刘璋的从事广汉郡人王累，将自己倒吊在益州城门上，意欲劝谏刘璋，刘璋一律不予采纳。

刘备从江陵飞驰前往涪城，刘璋率数万名步兵骑兵与刘备会合。张松劝谏刘备在会合时袭击刘璋，刘备于心不忍。第二年，刘备屯兵葭萌县。张松的兄长广汉太守张肃担心祸及己身，就将张松的密谋告知刘璋，刘璋将张松收捕斩杀，并敕令边境的所有关隘封锁道路，严加防守。刘备大怒，调转军队攻打刘璋，刘备军队所到之处全部攻克，百战百胜。建安十九年（214），刘备进军围攻成都，历经数十日，但城中仍然有三万精兵，储存的粮食尚且够支持一年，城中官吏百姓纷纷奏请出城迎战。刘璋说："我父子二人在益州二十多年，没有什么恩德施予益州百姓，却招致三年战乱，百姓曝尸荒野，罪责在我刘璋。我如何能心安！"说罢打开城门，出城投降，属下百姓无不悲泣流涕。刘备将刘璋迁到公安县，并将其财宝归还，后来刘璋病逝。

第二年，曹操打败张鲁，平定汉中郡。

张鲁字公旗。起初，张鲁的祖父张陵，顺帝时客居蜀郡，在鹤鸣山中修习道术，制作符篆，迷惑百姓。想追随张陵的必须先拿出五斗米，因此被称为"米贼"。张陵传授给儿子张衡，张衡传授给儿子张鲁，张鲁自称"师君"。前来学道的人，一开始被称为"鬼卒"，后来欺妄，有病但令首过而已。诸祭酒各起义舍于路，同之亭传，县置米肉以给行旅。食者量腹取足，过多则鬼能病之。犯法者先加三原，然后行刑。不置长吏，以祭酒为理，民夷信向。朝廷不能讨，遂就拜鲁镇夷中郎将，领汉宁太守。通其贡献。

韩遂、马超之乱，关西民奔鲁者数万家。时人有地中得玉印者，群下欲尊鲁为汉宁王。鲁功曹阎圃谏曰："汉川之民，户出十万，四面险固，财富土沃，上匡天子，则为桓文，次方窦融，不失富贵。今承制署置，势足斩断。遽称王号，必为祸先。"鲁从之。

鲁自在汉川垂三十年，闻曹操征之，至阳平，欲举汉中降。其弟卫不听，率众数万，拒关固守。操破卫，斩之。鲁闻阳平已陷，将稽颡归降。阎圃说曰："今以急往，其功为轻，不如且依巴中，然后委质，功必多也。"于是乃奔南山。左右欲悉焚宝货仓库。鲁曰："本欲归命国家，其意未遂。今日之走，以避锋锐，非有恶意。"遂封藏而去。操入南郑，甚嘉之。又以鲁本有善意，遣人慰安之。鲁即与家属出逆，拜镇南将军，封阆中侯，邑万户，将还中国，待以客礼。封鲁五子及阎圃等皆为列侯。

鲁卒，谥曰原侯。子富嗣。

论曰：刘焉睹时方艰，先求后亡之所，庶乎见几而作。夫地广被称为“祭酒”。每名祭酒都会统领部众，部众多的被称为“理头”。他们一律以诚实信义作为准则，不得有任何欺瞒，若是有人患病，只是让他自己交代所犯的过错而已。诸位祭酒各自在路边兴建义舍，就像驿站一样，义舍之中悬挂米和肉，以供来往行人所需。需要的人根据食量取用，过多取用则会招致鬼魅令其生病。犯法的人会先有三次赦免的机会，过后则会用刑。他们不设官吏，则是以祭酒进行治理，民众都信服归顺。朝廷无力讨伐，于是命张鲁拜任镇夷中郎将，总领汉宁太守，并接受他的进贡。

韩遂、马超之乱爆发，有数万户关西百姓投奔张鲁。当时有人从地下里得到一枚玉印，张鲁的属下想尊张鲁为汉宁王。张鲁的功曹阎圃谏言道：“汉川的百姓，超过十万户，汉川四面险固，境内财货富足，土地肥沃，您于上可以匡扶天子，成就像齐桓公和晋文公那样的功绩，其次也可以效仿窦融，不失富贵。如今秉承天子之命选用官吏，权势足以决断一切政务。听别人的意见冒然称王，必将埋下祸根。”张鲁听从了阎圃的谏言。

张鲁治理汉川将近三十年，听闻曹操前来征讨，已至阳平关，张鲁想举整个汉中向曹操投降。张鲁的弟弟张卫不听，率众数万，据关固守。曹操击败张卫，将张卫斩杀。张鲁听闻阳平关已经沦陷，打算跪地请降。阎圃游说张鲁：“如今因事态紧急而投降，则功绩较轻，不如暂且据守巴中一带，然后再向曹操投诚，这样功绩才能显著。”于是张鲁逃往南山。左右属吏意欲将全部的珍宝、仓库焚毁，张鲁说：“本想归顺朝廷，但未能实现。今日出逃，是为了躲避曹操的军队，并非有什么恶意。”于是将珍宝封存离去。曹操进军南郑县，对张鲁的行为大加赞赏。又认为张鲁原本存有善意，便派人对其进行慰问。张鲁随即率家属出来迎接，曹操授任张鲁为镇南将军，封阆中侯，食邑一万户。曹操打算返回中原，以宾客之礼接待张鲁，并且将张鲁的五个儿子以及阎圃等人封为列侯。

张鲁去世，谥号为原侯，他的儿子张富承袭爵位。

评论说：刘焉目睹时局艰难，世道纷乱，事先谋求一处可以保则骄尊之心生，财衍则僭奢之情用，固亦恒人必至之期也。璋能闭隘养力，守案先图，尚可与岁时推移，而遽输利器，静受流斥，所谓羊质虎皮，见豺则恐，吁哉！

袁术字公路，汝南汝阳人，司空逢之子也。少以侠气闻，数与诸公子飞鹰走狗，后颇折节。举孝廉，累迁至河南尹、虎贲中郎将。

时董卓将欲废立，以术为后将军。术畏卓之祸，出奔南阳。会长沙太守孙坚杀南阳太守张咨，引兵从术。刘表上术为南阳太守，术又表坚领豫州刺史，使率荆、豫之卒，击破董卓于阳人。

术从兄绍因坚讨卓未反，远，遣其将会稽周昕夺坚豫州。术怒，击昕走之。绍议欲立刘虞为帝，术好放纵，惮立长君，托以公义不肯同，积此衅隙遂成。乃各外交党援，以相图谋，术结公孙瓒，而绍连刘表。豪桀多附于绍，术怒曰："群竖不吾从，而从吾家奴乎！"又与公孙瓒书，云绍非袁氏子，绍闻大怒。初平三年，术遣孙坚击刘表于襄阳，坚战死。公孙瓒使刘备与术合谋共逼绍，绍与曹操会击，皆破之。四年，术引军入陈留，屯封丘。黑山余贼及匈奴於扶罗等佐术，与曹操战于匡亭，大败。术退保雍丘，又将其余众奔九江，杀杨州刺史陈温而自领之，又兼称徐州伯。李傕入长安，欲结术为援，乃授以左将军，假节，封阳翟侯。

初，术在南阳，户口尚数十百万，而不修法度，以钞掠为资，奢全时间长、比别处后沦陷的地方，可谓是见机行事。地域辽阔则傲慢尊大之心萌发；财货丰足则僭越奢靡之欲横行，这些本就是常人必会出现的情状。刘璋能闭守关隘，养精蓄锐，守卫先人功业，尚可以随着岁月推移，坚守数年，但刘璋交出权力，静待流贬，真可谓是身披虎皮的羊，见到豺狼依然会惊恐不安，可叹！

袁术，字公路，汝南郡汝阳县人，司空袁逢之子。袁术年少时以豪侠仗义而闻名，经常与诸位公子游猎，后来改掉陋习。袁术被举荐为孝廉，历经多次升迁，官至河南尹、虎贲中郎将。

当时董卓意欲废黜天子，另立新帝，将袁术任命为后将军。袁术担心董卓之祸会殃及己身，便逃往南阳。恰逢长沙太守孙坚杀了南阳太守张咨，率军投奔袁术。刘表上书举荐袁术担任南阳太守，袁术又上书举荐孙坚总领豫州刺史，袁术派孙坚率领荆州、豫州的士卒，前往阳人聚击败了董卓。

袁术的堂兄袁绍趁孙坚征讨董卓，路途遥远，尚未返回时，派遣部将会稽人周昕夺取了孙坚的豫州。袁术大怒，击败周昕并将其驱逐。袁绍商议想立刘虞为帝，袁术行为放纵，畏惧拥立年长的皇帝，便假托是公众的意见不肯同意，于是袁术与袁绍两人因此产生了隔阂。两人各自结党为援，以便各自图谋。袁术结交公孙瓒，而袁绍联合刘表。豪杰之士大多归附于袁绍，袁术大怒说："这些竖子不追随我，反而去追随我家的奴仆！"袁术又给公孙瓒写信，说袁绍并非袁氏子，袁绍闻言大怒。初平三年（192），袁术派孙坚在襄阳攻打刘表，孙坚战死。公孙瓒派刘备与袁术联合，共同谋议逼退袁绍，袁绍与曹操联合反攻，刘备与袁术全被打败。初平四年（193），袁术率军进入陈留，戍守封丘县。黑山余下的贼寇以及匈奴於扶罗等人辅佐袁术，在匡亭与曹操交战，袁术大败。退守雍丘，袁术又率余下部众前往九江，杀了扬州刺史陈温，自己统领扬州，又兼称徐州伯。李傕进入长安，意欲结交袁术作为援军，便授任袁术为左将军，并授予假节的称号，可以斩杀违反军令者，封袁术为阳翟侯。

起初，袁术在南阳时，户口尚有数十百万户，而袁术不制定法恣无猒，百姓患之。又少见谶书，言“代汉者当涂高”，自云名字应之。又以袁氏出陈为舜后，以黄代赤，德运之次，遂有僭逆之谋。又闻孙坚得传国玺，遂拘坚妻夺之。兴平二年冬，天子播越，败于曹阳。术大会群下，因谓曰：“今海内鼎沸，刘氏微弱。吾家四世公辅，百姓所归，欲应天顺民，于诸君何如？”众莫敢对。主簿阎象进曰：“昔周自后稷至于文王，积德累功，参分天下，犹服事殷。明公虽奕世克昌，孰若有周之盛？汉室虽微，未至殷纣之敝也。”术嘿然，使召张范。范辞疾，遣弟承往应之。术问曰“昔周室陵迟，则有桓文之霸；秦失其政，汉接而用之。今孤以土地之广，士人之众，欲徼福于齐桓，拟迹于高祖，可乎？”承对曰：“在德不在众。苟能用德以同天下之欲，虽云匹夫，霸王可也。若陵僭无度，干时而动，众之所弃，谁能兴之！”术不说。

自孙坚死，子策复领其部曲，术遣击杨州刺史刘繇，破之，策因据江东。策闻术将欲僭号，与书谏曰：“董卓无道，陵虐王室，祸加太后，暴及弘农，天子播越，宫庙焚毁，是以豪桀发愤，沛然俱起。元恶既毙，幼主东顾，乃使王人奉命，宣明朝恩，偃武修文，与之更始。然而河北异谋于黑山，曹操毒被于东徐，刘表僭乱于南荆，公孙叛逆于朔北，正礼阻兵，玄德争盟，是以未获从命，櫜弓戢戈。当谓使君与国同规，而舍是弗恤，完然有自取之志，惧非海内企望之意也。成汤讨桀，称‘有夏多罪’；武王伐纣，曰‘殷有重罚’。此二王者，虽有圣德，假使时无失道之过，无由逼而取也。今主上非有恶于天下，徒以幼小胁于强臣，异于汤武之时也。又闻幼令，以抢掠积聚财物，奢靡放纵，肆意挥霍，贪得无厌，百姓苦不堪言。袁术年少时曾看过谶书，书中说“取代汉室，必是当涂高”，声称与自己的名字相应。又认为袁氏源于陈国大夫辕涛涂，为舜的后裔。五行之中火生土，那么以黄代赤，是五德运行的次序，因而心存僭越，妄图谋逆。袁术又听闻孙坚得到了传国玺印，就将孙坚的妻子拘押，想夺走传国玉玺。兴平二年（195）冬季，献帝流亡在外，在曹阳被打败。袁术大会部下，就此情状对他们说：“如今天下纷乱，时局动荡，刘氏微弱。我袁氏一族历经四世位列三公辅佐朝廷，百姓所归，我想应天顺民，诸位意下如何？”众人都不敢应答。主簿阎象进谏道：“从前周朝从后稷到文王，积德累功，拥有三分之二的天下，依然还要臣服奉事殷朝。明公即便世代昌盛，又怎能与周朝的兴盛相比？汉室即便衰微，也没有到殷纣王那样衰败的地步。”袁术沉默不语，派人征召张范，张范称病推辞，派弟弟张承前往应召。袁术问张承：“从前周室逐渐衰微，才有齐桓公、晋文公之霸；秦朝有失政道，汉室得以承接。如今我的领地广阔，士民众多，打算向齐桓公求福，效仿汉高祖，是否可行呢？”张承回答道：“关键在于自身之德，而不在于人是否众多。倘若能躬行仁德，天下民心之所向，就算是一介匹夫，也可堪称霸王。倘若心存僭越，不加节制，违背时势去做，则是众之所弃，谁又如何能昌盛！”袁术听后心中不悦。

起初，袁术在南阳时，户口尚有数十百万户，而袁术不制定法令，以抢掠积聚财物，奢靡放纵，肆意挥霍，贪得无厌，百姓苦不堪言。袁术年少时曾看过谶书，书中说“取代汉室，必是当涂高”，声称与自己的名字相应。又认为袁氏源于陈国大夫辕涛涂，为舜的后裔。五行之中火生土，那么以黄代赤，是五德运行的次序，因而心存僭越，妄图谋逆。袁术又听闻孙坚得到了传国玺印，就将孙坚的妻子拘押，想夺走传国玉玺。兴平二年（195）冬季，献帝流亡在外，在曹阳被打败。袁术大会部下，就此情状对他们说：“如今天下纷乱，时局动荡，刘氏微弱。我袁氏一族历经四世位列三公辅佐朝廷，百姓所归，我想应天顺民，诸位意下如何？”众人都不敢应答。主簿阎象进谏道：“从前周朝从后稷到文王，积德累功，拥有三分之二的天下，依然主明智聪敏，有夙成之德，天下虽未被其恩，咸归心焉。若辅而兴之，则旦、奭之美，率土所望也。使君五世相承，为汉宰辅，荣宠之盛，莫与为比，宜效忠守节，以报王室。时人多惑图纬之言，妄牵非类之文，苟以悦主为美，不顾成败之计，古今所慎，可不孰虑！忠言逆耳，驳议致憎，苟有益于尊明，无所敢辞。”术不纳，策遂绝之。

建安二年，因河内张炯符命，遂果僭号，自称“仲家”。以九江太守为淮南尹，置公卿百官，郊祀天地。乃遣使以窃号告吕布，并为子娉布女。布执术使送许。术大怒，遣其将张勋、桥蕤攻布，大败而还。术又率兵击陈国，诱杀其王宠及相骆俊，曹操乃自征之。术闻大骇，即走度淮，留张勋、桥蕤于蕲阳，以拒操。操击破斩蕤，而勋退走。术兵弱，大将死，众情离叛，加天旱岁荒，士民冻馁，江、淮间相食殆尽。时舒仲应为术沛相，术以米十万斛与为军粮，仲应悉散以给饥民。术闻怒，陈兵将斩之。仲应曰：“知当必死，故为之耳。宁可以一人之命，救百姓于涂炭。”术下马牵之曰：“仲应，足下独欲享天下重名，不与吾共之邪？”

术虽矜名尚奇，而天性骄肆，尊己陵物。及窃伪号，淫侈滋甚，媵御数百，无不兼罗纨，厌粱肉，自下饥困，莫之简恤。于是资实空尽，不能自立。四年夏，乃烧宫室，奔其部曲陈简、雷薄于灊山。复为简等所拒，遂大困穷，士卒散走。忧懑不知所为，遂归帝号于绍，曰：“禄去汉室久矣，天下提挈，政在家门。豪雄角逐，分割疆宇。

还要臣服奉事殷朝。明公即便世代昌盛，又怎能与周朝的兴盛相比？汉室即便衰微，也没有到殷纣王那样衰败的地步。”袁术沉默不语，派人征召张范，张范称病推辞，派弟弟张承前往应召。袁术问张承：“从前周室逐渐衰微，才有齐桓公、晋文公之霸；秦朝有失政道，汉室得以承接。如今我的领地广阔，士民众多，打算向齐桓公求福，效仿汉高祖，是否可行呢？”张承回答道：“关键在于自身之德，而不在于人是否众多。倘若能躬行仁德，天下民心之所向，就算是一介匹夫，也可堪称霸王。倘若心存僭越，不加节制，违背时势去做，则是众之所弃，谁又如何能昌盛！”袁术听后心中不悦。

建安二年（197），袁术凭借河内郡人张炯进献的符命，最终僭越妄称帝号，自称“仲家”。袁术将九江太守任命为淮南尹，设置公卿百官，在郊外祭祀天地，袁术派使者将僭越的帝号告知吕布。并为自己的儿子求娶吕布的女儿。吕布拘捕袁术的使者并将其押往许县。袁术大怒，派部将张勋、桥蕤攻打吕布，两人大败而归。袁术又率军进攻陈国，诱杀陈王刘宠以及陈国国相骆俊，于是曹操亲自率军讨伐袁术。袁术闻讯大惊，即刻逃命，渡过淮河，把张勋、桥蕤留在蕲阳，抗击曹操。曹操攻破蕲阳，斩杀桥蕤，而张勋兵败逃命。袁术兵力衰弱，大将殒命，众叛亲离。加上天旱饥荒，士卒百姓饥寒交迫，长江、淮河一带已经弹尽粮绝。当时舒仲应担任袁术的沛国国相，袁术交予舒仲应十万斛米作为军粮，舒仲应将全部粮食都分散给饥民。袁术听闻后大怒，陈列军队打算斩杀舒仲应。舒仲应说：“臣自知必死无疑，故而这么做。臣宁愿以一人之命，救百姓于水深火热之中。”袁术下马拉着舒仲应的手说：“仲应，足下是打算独享天下美名，而不愿与我共享吗？”

袁术虽然追求名声，但生性骄纵放肆，妄自尊大，蔑视他人。在袁术窃居尊号后，荒淫奢靡更胜从前。姬妾多达数百人，她们无一不是身穿绫罗绸缎，享用珍馐佳肴，而治下之民饥饿困顿，袁术不加以省察抚恤。如此资财竭尽，无法自立。建安四年（199）夏季，袁术焚毁宫室，前往灊山投奔部下陈简、雷薄。却再次被陈简等人拒绝，此与周末七国无异，唯强者兼之耳。袁氏受命当王，符瑞炳然。今君拥有四州，人户百万，以强则莫与争大，以位则无所比高。曹操虽欲扶衰奖微，安能续绝运，起已灭乎！谨归大命，君其兴之。”绍阴然其计。

术因欲北至青州从袁谭，曹操使刘备徼之，不得过，复走还寿春。六月，至江亭。坐箦床而叹曰：“袁术乃至是乎！”因愤慨结病，欧血死。妻子依故吏庐江太守刘勋。孙策破勋，复见收视，术女入孙权宫；子曜仕吴为郎中。

论曰：“天命符验，可得而见，未可得而言也。然大致受大福者，归于信顺乎！夫事不以顺，虽强力广谋，不能得也。谋不可得之事，日失忠信，变诈妄生矣。况复苟肆行之，其以欺天乎！虽假符僭称，归将安所容哉！

吕布字奉先，五原九原人也。以弓马骁武给并州。刺史丁原为骑都尉，屯河内，以布为主簿，甚见亲待。灵帝崩，原受何进召，将兵诣洛阳，为执金吾。会进败，董卓诱布杀原而并其兵。

卓以布为骑都尉，誓为父子，甚爱信之。稍迁至中郎将，封都亭侯。卓自知凶恣，每怀猜畏，行止常以布自卫。尝小失卓意，卓拔手戟掷之。布拳捷得免，而改容顾谢，卓意亦解。布由是阴怨于卓。卓又使布守中阁，而私与傅婢情通，益不自安。因往见司徒王袁术的境地极尽穷困窘迫，身边士卒溃散离去。袁术满心愁闷，不知该如何是好，便将帝号赠予袁绍，袁术说："福禄久离汉室，天下帮扶，政权出自私门。天下豪雄彼此较量，分割疆土。这与周朝末年七国争霸无异，最终只有强者兼并统一他国。袁氏承受天命，理当称王，统治天下，符兆显明昭著。如今君拥有四州，人口多达百万，论势力无人都与君匹敌，论地位无人能与君比肩。曹操虽然意欲扶持衰弱的汉室，但他又如何能延续断绝的国运，重振衰亡的朝廷！我谨将天命赠予君，希望君能将其振兴。"袁绍默许袁术的计策。

袁术想北上前往青州追随袁谭，曹操派刘备阻拦，袁术无法通过，再次返回寿春。六月，袁术到达江亭。袁术坐在床板上叹息道："我袁术竟落得如此地步！"因此心中愤恨不平，郁积成疾，最终吐血而亡。袁术的妻儿投靠袁术的属下原庐江太守刘勋。孙策打败刘勋，袁术的妻儿又得到了孙策的收容照顾。袁术的女儿被纳入孙权的后宫；儿子袁曜在吴国担任郎中。

评论说：天命的应验，可以见到，但无法言表。然而大致享有极大福禄的人，无不归结于践行忠信、顺应天命吧！做事不顺应天命，即便拼尽全力，集思广益，也无法成功。谋划不可能成功之事，则会导致忠信逐渐丧失，诡变奸诈就会逐渐萌发。何况继续心存侥幸，肆意妄为，岂不是欺骗上天！袁术利用符命，僭越称帝，就算是赠予他人又怎能为百姓所容！

吕布，字奉先，五原郡九原县人。吕布因擅长弓马、骁勇英武在并州任职。刺史丁原担任骑都尉，屯兵河内郡，命吕布担任主簿，对吕布十分亲近信任。灵帝驾崩后，丁原受到何进的征召，率军前往洛阳，担任执金吾。恰逢何进败亡，董卓引诱吕布诛杀丁原，而且吞并了丁原的军队。

董卓命吕布担任骑都尉，两人发誓成为父子，董卓对吕布十分宠爱信任。后来吕布逐渐升任中郎将，受封都亭侯。董卓自知凶残肆意，经常心存猜疑惧怕，出行常要吕布跟随，保护自己。吕布曾有一次违逆了董卓的意愿，董卓拔出手戟，掷向吕布。吕布身手敏捷躲允，自陈卓几见杀之状。时允与尚书仆射士孙瑞密谋诛卓，因以告布，使为内应。布曰：“如父子何？”曰：“君自姓吕，本非骨肉。今忧死不暇，何谓父子？掷戟之时，岂有父子情也？”布遂许之，乃于门刺杀卓，事已见《卓传》。允以布为奋威将军，假节，仪同三司，封温侯。

允既不赦凉州人，由是卓将李傕等遂相结，还攻长安。布与傕战，败，乃将数百骑，以卓头系马鞍，走出武关，奔南阳。袁术待之甚厚。布自恃杀卓，有德袁氏，遂恣兵钞掠。术患之。布不安，复去从张杨于河内。时李傕等购募求布急，杨下诸将皆欲图之。布惧，谓杨曰：“与卿州里，今见杀，其功未必多。不如生卖布，可大得傕等爵宠。”杨以为然。有顷，布得走投袁绍，绍与布击张燕于常山。燕精兵万余，骑数千匹。布常御良马，号曰赤菟，能驰城飞堑，与其健将成廉、魏越等数十骑驰突燕阵，一日或至三四，皆斩首而出。连战十余日，遂破燕军。布既恃其功，更请兵于绍，绍不许，而将士多暴横，绍患之。布不自安，因求还洛阳。绍听之，承制使领司隶校尉，遣壮士送布而阴使杀之。布疑其图己，乃使人鼓筝于帐中，潜自遁出。夜中兵起，而布已亡。绍闻，惧为患，募遣追之，皆莫敢逼，遂归张杨。道经陈留，太守张邈遣使迎之，相待甚厚，临别把臂言誓。

开手戟，而吕布改换仪容，回来向董卓谢罪，董卓也气消了。但吕布因此记恨董卓。董卓又命吕布戍守内院，而吕布暗中与董卓的侍女私通，吕布心中越发难安。便前去拜谒司徒王允，告诉王允自己险些被董卓诛杀的情形。当时王允与尚书仆射士孙瑞正在密谋诛杀董卓，王允就将谋划告知吕布，让吕布做内应。吕布说："我与董卓誓为父子，这该如何？"王允说："君自姓吕，本非亲生骨肉。如今君连忧虑生死都来不及了，如何能顾得上父子关系？董卓向君掷戟之时，可曾念及父子之情？"吕布答应了王允为其做内应，于是吕布在内院门口刺杀董卓，此事详载于《董卓传》中。之后王允命吕布担任奋威将军，加封假节的称号，仪仗与三司相同，赐封温侯。

王允不愿赦免凉州的兵将，因此董卓麾下部将李傕等人联合兵力，率军反攻长安。吕布与李傕交战，战败，吕布便率领数百骑兵，将董卓的首级系在马鞍上，逃出武关，奔向南阳。袁术厚待吕布，吕布自以为斩杀董卓。有恩于袁氏，于是吕布就放纵手下兵士四处劫掠。袁术对此十分担忧，吕布内心不安，再次离开袁术前往河内投奔张杨。当时李傕等人悬赏缉拿吕布，事态十分紧急，张杨麾下的诸位将领都想抓获吕布领赏。吕布越发忧惧，对张杨说："我与卿是同乡，如今若是将我斩杀，卿未必能立下大功。不如留我活口，卿将我献出去，便能让李傕等人对能大加赞赏，得到爵位和宠信。"张杨同意这样做。不久之后，吕布借机出逃投奔袁绍，袁绍与吕布在常山攻打张燕。张燕有一万左右精兵，数千名骑兵。吕布常常骑着一匹良马，名为赤菟，此马能飞跃城墙，跨过壕沟，吕布与麾下健将成廉、魏越等数十人，骑马驰骋，冲出张燕的军阵，一日可达三四次，每次都能斩下敌人首级，全身而退。双方交战一连十余日，最终大破张燕。吕布自以为立下战功，再次向袁绍请兵，袁绍不同意，而吕布麾下将士大多凶残强暴，四处横行，袁绍十分担忧。吕布自觉不安，便请求返回洛阳。袁绍应允，袁绍奉朝廷旨意命吕布担任司隶校尉，派勇士护送吕布，但袁绍暗中下令斩杀吕布。吕布怀疑袁绍在暗中图谋，意欲斩杀自己，于是吕布便派人在营帐中弹筝，自己悄悄出逃。等到夜晚起兵抓捕吕布时，吕布早已逃走了。袁绍闻讯后，担心吕布会成为自己的邈字孟卓，东平人，少以侠闻。初辟公府，稍迁陈留太守。董卓之乱，与曹操共举义兵。及袁绍为盟主，有骄色，邈正义责之。绍既怨邈，且闻与布厚，乃令曹操杀邈。操不听，然邈心不自安。兴平元年，曹操东击陶谦，令其将武阳人陈宫屯东郡。宫因说邈曰："今天下分崩，雄桀并起。君拥十万之众，当四战之地，抚剑顾眄，亦足以为人豪，而反受制，不以鄙乎！今州军东征，其处空虚，吕布壮士，善战无前，迎之共据兖州，观天下形势，俟时事变通，此亦从横一时也。"邈从之，遂与弟超及宫等迎布为兖州牧，据濮阳，郡县皆应之。

曹操闻而引军击布，累战，相持百余日。是时旱蝗少谷，百姓相食，布移屯山阳。二年间，操复尽收诸城，破布于钜野，布东奔刘备。邈诣袁术求救，留超将家属屯雍丘。操围超数月，屠之，灭其三族。邈未至寿春，为其兵所害。

时刘备领徐州，居下邳，与袁术相拒于淮上。术欲引布击备，乃与布书曰："术举兵诣阙，未能屠裂董卓。将军诛卓，为术报耻，功一也。昔金元休南至封丘，为曹操所败。将军伐之，令术复明目于遐迩，功二也。术生年以来，不闻天下有刘备，备乃举兵与术对战。凭将军威灵，得以破备，功三也。将军有三大功在术，术虽不敏，奉以死生。将军连年攻战，军粮苦少，今送米二十万斛。非唯此祸患，便悬赏派人追捕吕布，但众人没有一个敢靠近吕布，因而吕布又归顺张杨。途中经过陈留，太守张邈派人迎接吕布，厚待吕布，临别时两人把臂盟誓。

张邈，字孟卓，东平郡人，年少时以行侠仗义而闻名。起初张邈得到公府的征召，逐渐升任陈留太守。董卓之乱时，张邈与曹操共举义兵。后来袁绍成为盟主，面露骄傲之情，张邈正言指责袁绍，袁绍对张邈心怀怨怼，又听闻张邈与吕布交好，便命曹操诛杀张邈。曹操不听，但张邈自己内心不安。兴平元年（194）。曹操率兵东行，攻伐陶谦，派麾下将领武阳县人陈宫屯兵东郡。陈宫借此游说张邈："如今天下分崩离析，群雄英杰四起，君拥兵十万，身处四面受敌之地，抚剑环顾，也足以成为人中豪杰，反而受制于人，岂不是很鄙夷吗！如今州郡的军队东行征讨，当地空虚，吕布是位勇士，英勇善战，无人能敌，君不如迎接吕布，与其一同据守兖州，观察天下形势，静待时事变化，如此也可以纵横一时。"张邈采纳了陈宫的谏言，与弟弟张超以及陈宫等人迎接吕布，吕布担任兖州牧，据受濮阳，所属郡县无不响应。

曹操闻讯便率军攻伐吕布，双方数次交战，僵持一百多天。当时正遭逢干旱和蝗灾，庄稼歉收，缺少粮食，百姓相食。吕布将军队迁移至山阳郡戍守。兴平二年（195）之时，曹操再次将兖州诸城尽数收复，在钜野大破吕布，吕布向东出逃，投奔刘备。张邈前往袁术那里求救，留下张超带领家眷部属屯守雍丘。曹操围剿张超，长达数月，后来曹操屠城，夷灭张氏三族。张邈未到寿春，便遭属下兵士所害。

当时刘备总领徐州，屯兵下邳，与袁术在淮河一带互相对峙。袁术意欲联合吕布攻打刘备，于是给吕布写信，信中说："我举兵前往京城，未能将董卓诛杀肢解。而将军杀了董卓，为我报仇雪恨，这是第一件功绩。从前金元休南行至封丘，被曹操打败，将军征讨曹操，使我再次看清远近事态，这是第二件功绩。我有生以来，从未听闻过天下有刘备此人，而刘备却举兵与我对战。凭借将军的威势，得止，当骆驿复致。凡所短长亦唯命。”布得书大悦，即勒兵袭下邳，获备妻子。备败走海西，饥困，请降于布。布又恚术运粮不复至，乃具车马迎备，以为豫州刺史，遣屯小沛。布自号徐州牧。术惧布为己害，为子求婚，布复许之。

术遣将纪灵等步骑三万以攻备，备求救于布。诸将谓布曰：“将军常欲杀刘备，今可假手于术。”布曰：“不然。术若破备，则北连太山，吾为在术围中，不得不救也。”便率步骑千余，驰往赴之。灵等闻布至，皆敛兵而止。布屯沛城外，遣人招备，并请灵等与共飨饮。布谓灵曰：“玄德，布弟也，为诸君所困，故来救之。布性不喜合斗，但喜解斗耳。”乃令军候植戟于营门，布弯弓顾曰：“诸君观布射戟小支，中者当各解兵，不中可留决斗。”布即一发，正中戟支。灵等皆惊，言“将军天威也”。明日复欢会，然后各罢。

术遣韩胤以僭号事告布，因求迎妇，布遣女随之。沛相陈珪恐术报布成姻，则徐杨合从，为难未已。于是往说布曰：“曹公奉迎天子，辅赞国政，将军宜与协同策谋，共存大计。今与袁术结姻，必受不义之名，将有累卵之危矣。”布亦素怨术，而女已在涂，乃追还绝婚，执胤送许，曹操杀之。

以打败刘备，这是第三件功绩。将军对于我来说有这三大功绩，我虽然不通达聪颖，但我愿意誓死效命。将军连年征讨交战，苦于缺少军粮，如今我送上二十万斛大米。不止这些，之后还会源源不断地送来粮食。我会听从将军的吩咐。”吕布收到书，看后大喜，即刻率兵偷袭下邳，擒获了刘备的妻儿。刘备兵败逃往海西县，饥饿困顿，向吕布投降。袁术没有继续送来粮食，吕布对其心生怨恨，便备好车马迎接刘备，并任命刘备为豫州刺史，派刘备戍守小沛。吕布自称徐州牧。袁术担心吕布会加害自己，便为儿子向吕布求亲，吕布再次应允。

袁术派麾下将士纪灵等人率步兵、骑兵三万人攻打刘备，刘备向吕布求援。众将对吕布说：“将军时常想杀掉刘备，如今可利用袁术将其铲除。”吕布说：“不可。倘若袁术打败刘备，那么袁术所占据的地域，则会向北绵延与泰山相连，而我自身也会在袁术的包围之中，所以我不得不施救。”于是吕布率领一千多名步兵、骑兵，骑马飞驰前往援救。纪灵等人听闻吕布到来，全部收起武器停止交战。吕布在小沛的城外驻扎，派人叫来刘备，一并将纪灵等人也请来，一同宴饮。吕布对纪灵说：“玄德，是我的兄弟，被诸君所围困，我故来相救。我生性不喜众人相斗，只喜欢劝人和解。”于是吕布命令军吏在军营门口立起一把长戟，吕布挽弓，回头对众人说：“诸君看我向长戟的下半部分射箭，若能射中，诸君应当各自撤兵休战，若没射中则可以留下决斗。”吕布说罢便射出一箭，正中长戟上小支。纪灵等人都大吃一惊，说“将军神威”。第二天众人又相聚甚欢，之后各自撤军。

袁术派韩胤将自己心存僭越、妄图称帝的事情告诉了吕布，并趁此请求迎娶新妇，吕布让女儿跟随韩胤回去。沛国国相陈珪担心若袁术答应了吕布，两家结为姻亲，则徐州和杨州就会合纵，将来会祸患无穷。于是陈珪前去游说吕布：“曹公迎立天子，辅佐国政，将军应当与曹公协同谋划，共存大计，如今将军与袁术结为姻亲，必会蒙受不义之名，将会出现累卵之危。”吕布素来也对袁术心存怨恨，但陈珪欲使子登诣曹操，布固不许，会使至，拜布为左将军，布大喜，即听登行，并令奉章谢恩。登见曹操，因陈布勇而无谋，轻于去就，宜早图之。操曰："布狼子野心，诚难久养，非卿莫究其情伪。"即增珪秩中二千石，拜登广陵太守。临别，操执登手曰："东方之事，便以相付。"令阴合部众，以为内应。始布因登求徐州牧，不得。登还，布怒，拔戟斫机曰："卿父劝吾协同曹操，绝婚公路。今吾所求无获，而卿父子并显重，但为卿所卖耳。"登不为动容，徐对之曰："登见曹公，言养将军譬如养虎，当饱其肉，不饱则将噬人。公曰：'不如卿言。譬如养鹰，饥即为用，饱则飏去。'其言如此。"布意乃解。

袁术怒布杀韩胤，遣其大将张勋、桥蕤等与韩暹、杨奉连势，步骑数万，七道攻布。布时兵有三千，马四百匹，惧其不敌，谓陈珪曰："今致术军，卿之由也，为之奈何？"珪曰："暹、奉与术，卒合之师耳。谋无素定，不能相维。子登策之，比于连鸡，势不俱栖，立可离也。"布用珪策，与暹、奉书曰："二将军亲拔大驾，而布手杀董卓，俱立功名，当垂竹帛。今袁术造逆，宜共诛讨，奈何与贼还来伐布？可因今者同力破术，为国除害，建功天下，此时不可失也。"又许破术兵，悉以军资与之。暹、奉大喜，遂共击勋等于下邳，大破之，生禽桥蕤，余众溃走，其所杀伤、堕水死者殆尽。

女儿已经上路，吕布又将女儿追回，将婚事作废，拘捕韩胤并将其押送至许县，曹操将韩胤斩杀。

陈珪打算派儿子陈登去拜谒曹操，吕布再三不答应，恰逢朝廷的使者到来，诏令吕布拜任左将军，吕布大喜，随即允许陈登出发拜谒曹操，并让陈登向朝廷奉上奏章表示谢恩。陈登见到曹操后，陈述吕布有勇无谋，决定投靠或背弃都十分轻率，应当尽早将其铲除。曹操说："吕布狼子野心，着实难以久留，若非卿则无人能了解吕布的真伪。"说罢曹操随即将陈珪的俸禄增加至中二千石，命陈登拜任广陵太守。临别之际，曹操握着陈登的手说："东面的事情，就托付给卿了。"曹操让陈登暗中聚集部众，作为内应。起初吕布打算通过陈登向朝廷求得徐州牧一职，没有实现。陈登返回，吕布大怒，拔出长戟砍在几案上说："卿的父亲劝我与曹操协同谋划，劝我将与袁公路的姻亲作废。如今我所求的未能实现，而卿父子全都显贵，唯有我被卿所出卖罢了。"陈登闻言面不改色，镇定自若地回答道："我面见曹公，说养将军如养虎，应当用肉将其喂饱，倘若喂不饱则将会吃人。曹公说：'并非如卿所言一般。养将军如养鹰，让其饥饿则会为己所用，倘若喂饱则会飞走了。'曹公所言就是如此。"吕布听后，心中的怒意才消解。

袁术知晓吕布将韩胤拘捕，最终致使韩胤被曹操所杀，心中大怒，派麾下大将张勋、桥蕤等人与韩暹、杨奉联合起来，率数万名步兵骑兵，兵分七路围攻吕布。当时吕布只有三千兵力，四百匹马，担心自己无法抵挡，便对陈珪说："如今招致袁术军队的攻伐，全是因为卿，卿认为眼下该如何？"陈珪说："韩暹、杨奉与袁术，不过是仓促之间聚集起来的军队罢了。策略谋划在原先就没有确定，无法长久维持。臣的儿子陈登谋划，敌军好比捆在一起的鸡，相互牵制，行动不能一致，势必不能在同一处栖息，很快就可使他们离散。"吕布采纳了陈珪的计策，给韩暹、杨奉写信，信中说："两位将军曾亲自将皇上救回，而我手刃董卓，都立下丰功伟绩，将来定当会名留青史。如今袁术造反谋逆，应当共同诛讨。为何两位将军要与贼寇合谋，反过时太山臧霸等攻破莒城，许布财币以相结，而未及送，布乃自往求之。其督将高顺谏止曰："将军威名宣播，远近所畏，何求不得，而自行求赂。万一不克，岂不损邪？"布不从。既至莒，霸等不测往意，固守拒之，无获而还。顺为人清白有威严，少言辞，将众整齐，每战必克。布性决易，所为无常。顺每谏曰："将军举动，不肯详思，忽有失得，动辄言误。误事岂可数乎？"布知其忠而不能从。

建安三年，布遂复从袁术，遣顺攻刘备于沛，破之。曹操遣夏侯惇救备，为顺所败。操乃自将击布，至下邳城下。遗布书，为陈祸福。布欲降，而陈宫等自以负罪于操，深沮其计，而谓布曰："曹公远来，势不能久。将军若以步骑出屯于外，宫将余众闭守于内。若向将军，宫引兵而攻其背；若但攻城，则将军救于外。不过旬月，军食毕尽，击之可破也。"布然之。布妻曰："昔曹氏待公台如赤子，犹舍而归我。今将军厚公台不过于曹氏，而欲委全城，捐妻子，孤军远出乎？若一旦有变，妾岂得为将军妻哉！"布乃止。而潜遣人求救于袁术，自将千余骑出。战败走还，保城不敢出。术亦不能救。

来攻伐我呢？两位将军可趁此时机，与我合力打败袁术，为国除害，为天下再建功业，机不可失啊。”吕布又应允，若打败袁术，就将缴获的车马物资全部赠予他们。韩暹、杨奉大喜，于是联合兵力，在下邳攻打张勋等人，大破袁术的军队，生擒桥蕤，余下部众溃散败走，被杀、落水的兵卒死伤殆尽。

当时泰山人臧霸等人攻破莒城，答应会赠予吕布财物，以此结交吕布，但臧霸还未将财物送去，吕布就亲自前去讨要。吕布麾下的督将高顺劝谏吕布不要这样做，说：“将军威名广播，远近都心生畏惧，所求之物无一不能得到，将军反而要亲自前去索要财物？万一没能得到，岂不有损威严？”吕布不听。吕布到达莒城之后，臧霸等人不知道吕布的来意，坚守莒城，将吕布拒之城外，最终吕布一无所获，空手返回。高顺为人廉洁，举止威严，少言寡语，不善言辞，而治下的将士兵众整齐，每战必胜。吕布生性善变，随意改变决定，所作所为变化无常。高顺每每劝谏吕布：“将军行事举止，不肯周详思虑，经常出现失误，说话动不动就会有差错。失误之事岂可以计数？”吕布明知高顺的忠心，但就是不采纳他的谏言。

建安三年（198），吕布再次投靠袁术，吕布派高顺攻打位于沛县的刘备，大破刘备。曹操派夏侯惇援救刘备，也被高顺打败。于是曹操亲自率军攻伐吕布，曹操的军队到达下邳城下。曹操给吕布写信，信中陈述祸福。吕布打算投降，而陈宫等人因此前自己得罪过曹操，便从中极力阻挠，并对吕布说：“曹公自远而来，势必不会坚持很久，将军若率步兵骑兵戍守城外，我则会率余下士卒镇守城内。若曹操进军攻伐将军，我则会率军出城，从后面进攻曹军；若曹操只攻城，将军则能从城外救援。不超过一个月，曹军粮草消耗殆尽，到那时将军反攻则能打败曹操。”吕布赞同陈宫的建议。吕布的妻子说：“从前曹氏厚待陈公台如赤子一般，陈公台尚且会舍弃曹操而归顺我们。如今将军虽然厚待陈公台，但也并未超过曹氏，将军却打算把全城托付给陈公台，丢下妻儿，孤军远征吗？倘若一旦发生变故，妾难道能继续做将军的妻子吗！”吕布闻言作罢。派人悄悄向袁术求救，亲自率曹操堑围之，壅沂、泗以灌其城，三月，上下离心。其将侯成使客牧其名马，而客策之以叛。成追客得马，诸将合礼以贺成。成分酒肉，先入诣布而言曰："蒙将军威灵，得所亡马，诸将齐贺，未敢尝也，故先以奉贡。"布怒曰："布禁酒而卿等酝酿，为欲因酒共谋布邪？"成忿惧，乃与诸将共执陈宫、高顺，率其众降。布与麾下登白门楼。兵围之急，令左右取其首诣操。左右不忍，乃下降。布见操曰："今日已往，天下定矣。"操曰："何以言之？"布曰："明公之所患不过于布，今已服矣。令布将骑，明公将步，天下不足定也。"顾谓刘备曰："玄德，卿为坐上客，我为降虏，绳缚我急，独不可一言邪？"操笑曰："缚虎不得不急。"乃命缓布缚。刘备曰："不可。明公不见吕布事丁建阳、董太师乎？"操颔之。布目备曰："大耳儿最叵信！"操谓陈宫曰："公台平生自谓智有余，今意何如？"宫指布曰："是子不用宫言，以至于此。若见从，未可量也。"操又曰："奈卿老母何？"宫曰："老母在公，不在宫也。夫以孝理天下者，不害人之亲。"操复曰："奈卿妻子何？"宫曰："宫闻霸王之主，不绝人之祀。"固请就刑，遂出不顾，操为之泣涕。布及宫、顺皆缢杀之，传首许市。

赞曰：焉作庸牧，以希后福。曷云负荷？地堕身逐。术既叨贪，布亦翻覆。

领一千多名骑兵出城，吕布战败退回城内，坚守下邳不敢出城。袁术也无法援救。

曹操围绕着下邳城挖掘深沟，堵住了沂水、泗水准备水淹下邳城，三个月后，城内将帅兵士上下离心。吕布麾下将领侯成命门客为自己放牧名马，而门客骑上名马叛逃离去。侯成追上门客要回名马，诸将带着礼物祝贺侯成。侯成分散酒肉，先入内面见吕布说："蒙将军神威，名马失而复得，诸将都来祝贺，臣未敢品尝，先献给将军享用。"吕布大怒道："我禁酒而诸卿酿酒，你们是想借酒来谋害我吗？"侯成既愤恨又恐惧，便联合诸将捉获了陈宫、高顺，率领麾下部众投降曹操。吕布与麾下兵士登上白门楼。城外围攻的事态十分紧急，吕布命左右将自己的脑袋砍下去向曹操投降。左右兵士心中不忍，最终吕布出城投降。吕布见到曹操说："从今往后，天下将会安定了。"曹操说："何处此言？"吕布说："明公所担心的不过是我吕布，如今我已经归降。让我率领骑兵，明公率领步兵，平定天下轻而易举。"吕布又回头对刘备说："玄德，卿为坐上客，我为归降虏。绳子捆得太紧了，卿难道不能为我说句话吗？"曹操笑着说："捆绑猛虎不能不紧。"曹操下令捆绑吕布的绳索可以略松。刘备说："不可。明公难道没有听闻吕布奉事丁建阳、董太师之事吗？"曹操摇头不再为其松开绳索。吕布怒视着刘备说："你这大耳之子最不可信！"曹操对陈宫说："公台平生自认为聪明睿智，神机妙算，如今你认为如何？"陈宫指着吕布说："此人不肯听我一言，才落得如此地步。倘若肯采纳我的计谋，将来难以预料。"曹操又说："卿的老母亲该当如何？"陈宫说："老母如何取决于明公，而不取决于我。以孝治天下之人，不会害人之尊亲。"曹操又说："卿的妻儿该当如何？"陈宫说："我听闻霸王之主，不会断绝人之祭祀。"陈宫坚决要求受死，走出城门不再回头，曹操为之流泪惋惜。吕布以及陈宫、高顺全被绞杀，他们的首级被送到许县的集市示众。

赞辞说：刘焉担任庸州牧，是希望后世可以享福，岂料后世承继功业？最终失去土地，身受驱逐。袁术生性贪婪，吕布同样倾覆败亡。

卷一百六

循吏列传第六十六

初，光武长于民间，颇达情伪，见稼穑艰难，百姓病害，至天下已定，务用安静，解王莽之繁密，还汉世之轻法。身衣大练，色无重彩，耳不听郑卫之音，手不持珠玉之玩，宫房无私爱，左右无偏恩。建武十三年，异国有献名马者，日行千里，又进宝剑，贾兼百金，诏以马驾鼓车，剑赐骑士。损上林池籞之官，废骋望弋猎之事。其以手迹赐方国者，皆一札十行，细书成文。勤约之风，行于上下。数引公卿郎将，列于禁坐。广求民瘼，观纳风谣。故能内外匪懈，百姓宽息。自临宰邦邑者，竞能其官。若杜诗守南阳，号为“杜母”，任延、锡光移变边俗，斯其绩用之最章章者也。又第五伦、宋均之徒，亦足有可称谈。然建武、永平之间，吏事刻深，亟以谣言单辞，转易守长。故朱浮数上谏书，箴切峻政，钟离意等亦规讽殷勤，以长者为言，而不能得也。所以中兴之美，盖未尽焉。自章、和以后，其有善绩者，往往不绝。如鲁恭、吴祐、刘宽及颍川四长，并以仁信笃诚，使人不欺；王堂、陈宠委任贤良，而职事自理：斯皆可以感物而行化也。边凤、延笃先后为京兆尹，时人以辈前世赵、张。又王涣、任峻之为洛阳令，明发奸伏，吏端禁止，然导德齐礼，有所未充，亦一时之良能也。今缀集殊闻显迹，以为《循吏篇》云。

起初，光武帝在民间长大，深知人情冷暖，真诚虚伪，亲眼目睹农事艰难，百姓疾苦，等到天下已定，光武帝治政务求平稳宁静，解除王莽时期的苛责政令，恢复此前汉室的宽松条文。身穿粗帛简衣，颜色不会多彩华丽。耳不听郑卫之音，手不持珠玉之玩，后宫没有偏爱之妃，左右没有偏恩之臣。建武十三年(37)，异国进献名马，能日行千里，又进献宝剑，价值可抵百金。光武帝下诏马驾鼓车，剑赐骑士。光武帝又削减上林园囿之官，废弃驰骋游猎之事。光武帝赐予各地以及诸侯的手书，都是一札十行，字迹细小。勤俭之风，盛行宫中。光武帝经常召见公卿郎将，他们列于御座之前。光武帝向他们广求百姓的疾苦，收集民谣。因此朝廷内外不敢懈怠，百姓也因宽政而得以休养生息。从上至下各级官吏，恪尽职守，勤勉治政。譬如杜诗担任南阳太守，百姓尊称其为“杜母”，任延、锡光通过政令教化使得边境的习俗发生改变，这些都是政绩卓越显著的官员。还有第五伦、宋均等人，也有许多地方值得称道。然而建武、永平年间，光武帝治政趋于苛刻，经常因为民谣等一面之辞，就将郡守县令等官员罢免换人。故而朱浮数次上书谏言，规劝勿施苛政，钟离意等人也频繁规劝告诫，他们以长者的身份谏言说话，但也没有被采纳。因此汉室中兴虽然昌盛安定，但其中依旧有不足之处。自章帝、和帝以后，政绩卓越的官吏，层出不穷，接连不断。譬如鲁恭、吴祐、刘宽以及出身颍川的四位县长，他们都是仁信笃诚之士，使得之下的百姓都不会相互欺诈；王堂、陈宠委任贤良，而政事自然能得到治理：这些都可以感化万物而使得政教大行的官吏。边凤、延笃先后担任京兆尹，当时百姓将他们媲美前朝的赵广汉、张敞。还有王涣、任峻身为洛阳县令，揭发审察隐蔽的奸邪行径，令行禁止，政治清明，虽然以道德礼乐教导感化百姓，有些方面不够完备充分，但他们也是当时贤良能干的官卫飒字子产，河内修武人也。家贫好学问，随师无粮，常佣以自给。王莽时，仕郡历州宰。

建武二年，辟大司徒邓禹府。举能案剧，除侍御史，襄城令。政有名迹，迁桂阳太守。郡与交州接境，颇染其俗，不知礼则。飒下车，修庠序之教，设婚姻之礼。期年间，邦俗从化。

先是含洭、浈阳、曲江三县，越之故地，武帝平之，内属桂阳。民居深山，滨溪谷，习其风土，不出田租。去郡远者，或且千里。吏事往来，辄发民乘船，名曰“传役”。每一吏出，徭及数家，百姓苦之。飒乃凿山通道五百余里，列亭传，置邮驿。于是役省劳息，奸吏杜绝。流民稍还，渐成聚邑，使输租赋，同之平民。又耒阳县出铁石，佗郡民庶常依因聚会，私为冶铸，遂招来亡命，多致奸盗。飒乃上起铁官，罢斥私铸，岁所增入五百余万。飒理恤民事，居官如家，其所施政，莫不合于物宜。视事十年，郡内清理。

二十五年，征还。光武欲以为少府，会飒被疾，不能拜起，敕以桂阳太守归家，须后诏书。居二岁，载病诣阙，自陈困笃，乃收印绶，赐钱十万，后卒于家。

南阳茨充代飒为桂阳。亦善其政，教民种殖桑柘麻纻之属，吏。现下收集整理他们的显著事迹，编撰《循吏篇》。

卫飒，字子产，河内郡修武县人。家境贫寒，但喜好学问，卫飒跟着老师学习，但没有粮食生活，经常以为人做工来维持生计。王莽时，卫飒担任州刺史。

建武二年（26），大司徒邓禹征召卫飒并授予其官职。后来因卫飒善于处理繁杂政务而得到举荐，因而担任侍御史，襄城县令。卫飒政绩卓越，美名远扬，升任桂阳太守。桂阳郡与交州相接，受交州民俗的影响很深，百姓不知礼法。卫飒就任以后，兴建学校，推行教化，制定婚姻之礼。一年时间，当地民俗大变。

先前的含洭、浈阳、曲江三县，原本属于越地，武帝平定越地后，才归属于桂阳郡。当地百姓生活在深山之中，沿着溪边耕种，遵照原来的风俗习惯，不向朝廷缴纳田租。一些远离郡府的地方，有的可达近千里。官吏往来处理政务，总会需要征调百姓撑船接送，称其为“传役”。每当有官吏外出，都会命令数家百姓往来接送，百姓因此苦不堪言。于是卫飒凿山修路，达五百余里，修传舍，设驿站。这样不仅减省劳役，使得百姓可以休养生息，也杜绝了奸吏作威作福，欺压百姓。后来流亡在外的百姓陆续返归，渐渐聚成城邑，便让他们开始缴纳赋税，与其他地方的百姓一样。另外耒阳县出产铁矿，其他郡的百姓时常聚在这里，私自炼铁，因此招来许多亡命之徒，致使此地经常发生奸盗之事。卫飒便上书奏请在当地设置负责铸造铁器的官员，禁止私人铸铁，当地每年增加五百多万的税收。卫飒体恤民情。居官如家，爱民如子，卫飒所施行的政策，无不合乎事理，顺应民俗。卫飒任职十年，郡中上下一片安定清明。

建武二十五年（49），朝廷征召卫飒，卫飒返归京师。光武帝想让卫飒担任少府，恰好卫飒患病，无法起身就任，光武帝便命卫飒以桂阳太守的身份归家养病，待痊愈后接受任命的诏书。两年后，卫飒带病来到宫中，自陈病重，无法就任，光武帝只好收回卫飒的印绶，赐钱十万。后来卫飒在家中去世。

南阳郡人茨充代替卫飒担任桂阳太守，茨充也能普施仁政。茨劝令养蚕织屦，民得利益焉。

任延字长孙，南阳宛人也。年十二，为诸生，学于长安，明《诗》《易》《春秋》，显名太学，学中号为“任圣童”。值仓卒，避兵之陇西。时隗嚣已据四郡，遣使请延，延不应。

更始元年，以延为大司马属，拜会稽都尉。时年十九，迎官惊其壮。及到，静泊无为，唯先遣馈礼祠延陵季子。时天下新定，道路未通，避乱江南者皆未还中土，会稽颇称多士。延到，皆聘请高行如董子仪、严子陵等，敬待以师友之礼。掾吏贫者，辄分奉禄以赈给之。省诸卒，令耕公田，以周穷急。每时行县，辄使慰勉孝子，就餐饭之。

吴有龙丘苌者，隐居太末，志不降辱。王莽时，四辅三公连辟，不到。掾史白请召之。延曰：“龙丘先生躬德履义，有原宪、伯夷之节。都尉扫洒其门，犹惧辱焉，召之不可。”遣功曹奉谒，修书记，致医药，吏使相望于道。积一岁，苌乃乘辇诣府门，愿得先死备录。延辞让再三，遂署议曹祭酒。苌寻病卒，延自临殡，不朝三日。是以郡中贤士大夫争往宦焉。

建武初，延上书愿乞骸骨，归拜王庭。诏征为九真太守。光武引见，赐马杂缯，令妻子留洛阳。九真俗以射猎为业，不知牛耕，民常告籴交阯，每致困乏。延乃令铸作田器，教之垦辟。田畴岁岁开广，百姓充给。又骆越之民无嫁娶礼法，各因淫好，无适对匹，不识充教导百姓种植桑柘、纻麻之类的作物，还教导百姓养蚕、编织鞋子，百姓因此受益。

任延，字长孙，南阳郡宛县人。十二岁时，作为学生，游学于长安。任延通晓《诗经》《易经》《春秋》，闻名于太学，在太学中，人们称其为“任圣童”。正值天下纷乱，任延前往陇西躲避兵乱。当时隗嚣已经占据了陇西四郡，隗嚣派人延请任延，任延没有答应。

更始元年（23），任延担任大司马属吏，拜任会稽都尉。任延时年十九岁，迎接任延的官员见他如此年轻，不由大惊。任延就任之后，没有着手治理，只是派人带着祭品，先去祭祀延陵季子。当时天下初定，道路不通，中原前来江南避乱的士人百姓都尚未返回，因而会稽郡有许多有才之士。任延到任后，聘请这些品行高洁之士，譬如董子仪、严子陵等人，并以师友之礼相待。郡府中有些生活贫困的掾吏，任延总会用自己的俸禄来救济他们。任延裁减兵卒属吏，让他们耕种公田，以此赈济穷困之人。任延每次巡行各县时，都会派人抚慰孝子，并与他们一起用餐。

吴地有位名叫龙丘苌的人，隐居于太末县，志向坚定，不会屈身受辱。王莽时，四辅三公接连征召龙丘苌，但龙丘苌都没有应召。掾吏向任延谏言，请任延征召龙丘苌。任延说：“龙丘先生品德卓越，躬行道义，有原宪、伯夷的节操。即便我身为都尉，为他上门洒扫，尚且担心这样会使他受辱，下令征召绝对不可行。”任延派功曹前去拜谒龙丘苌，带去书信，送去医药，前来拜谒使者众多，相望于道。过了一年，龙丘苌坐车来到郡府，表示愿意在死之前接受郡府的任命。任延再三推辞，最终让龙丘苌暂代议曹祭酒。不久之后龙丘苌病逝，任延亲临殡殓，连续三日没有处理政务。自此郡中贤能的士大夫争相前往郡府任职，为任延效力。

建武初年，任延上书奏请辞职，返回京城拜谒光武帝。光武帝下诏任命任延为九真太守。光武帝召见任延，并赐予马匹以及各种丝织品，让其妻儿留在洛阳。九真郡以射猎为业，不知农耕，百姓常常要到交阯郡去买粮，以至于百姓的生活常常窘困贫乏。于是任延下父子之性，夫妇之道。延乃移书属县，各使男年二十至五十，女年十五至四十，皆以年齿相配。其贫无礼娉，令长吏以下各省奉禄以赈助之。同时相娶者二千余人。是岁风雨顺节，谷稼丰衍。其产子者，始知种姓。咸曰："使我有是子者，任君也。"多名子为"任"。于是徼外蛮夷夜郎等慕义保塞，延遂止罢侦候戍卒。

初，平帝时，汉中锡光为交阯太守，教导民夷，渐以礼义，化声侔于延。王莽末，闭境拒守。建武初，遣使贡献，封盐水侯。领南华风，始于二守焉。

延视事四年，征诣洛阳，以病稽留，左转睢阳令，九真吏人生为立祠。拜武威太守，帝亲见，戒之曰："善事上官，无失名誉。"延对曰："臣闻忠臣不私，私臣不忠。履正奉公，臣子之节。上下雷同，非陛下之福。善事上官，臣不敢奉诏。"帝叹息曰："卿言是也。"

既之武威，时将兵长史田绀，郡之大姓，其子弟宾客为人暴害。延收绀系之，父子宾客伏法者五六人。绀少子尚乃聚会轻薄数百人，自号将军，夜来攻郡。延即发兵破之。自是威行境内，吏民累息。

郡北当匈奴，南接种羌，民畏寇抄，多废田业。延到，选集武令铸造农具，教导百姓开垦田地。就这样九真郡的耕地年年增加，百姓自给自足。还有骆越民族的百姓，毫无嫁娶礼法，完全根据自己的情欲喜好，没有固定的配偶，不知父子之性，夫妇之道。任延便向所属各县发出公文，要求二十岁至五十岁之间的男子，十五岁至四十岁之间的女子，一律按照年龄相互婚配。有些人家境贫穷拿不出聘礼嫁妆，任延就让县长以下的官吏，每人拿出一部分俸禄来帮助他们。最终有两千多人同时婚娶。这一年风调雨顺，庄稼丰收。之前婚娶的那些人生下孩子，才知道有宗族姓氏之分。他们都说："让我有孩子的，是任君。"很多人为孩子取名为"任"。塞外的蛮夷、夜郎等族因此仰慕任延的德义，自愿为汉室守护边塞，于是任延撤掉了侦察守边的士卒。

起初，平帝时，汉中郡人锡光曾担任交阯太守，锡光教导当地夷民，使他们逐渐知晓礼义。锡光推行教化，享有和任延一样的美誉。王莽末年，锡光封锁郡境，严加防守。建武初年，锡光派使者向朝廷进贡，受封盐水侯。岭南之地出现中原的礼教风俗，从这两位太守开始。

任延任职四年，受到征召前往洛阳，因病在途中滞留，贬为睢阳县令。九真郡的官吏百姓在任延活着时就为他修建了祠堂。后来任延拜任武威太守。光武帝亲自召见，告诫任延说："尽心奉事上级长官，做事切勿有失名誉。"任延回答到："臣听闻忠臣不私，私臣不忠。躬行正道，克己奉公，这是臣子之节。上下官员串通一气，并非陛下之福。尽心奉事上级长官，臣不敢奉诏。"光武帝叹息，说："卿所言甚是。"

任延到达武威郡之后，当时负责统领军队的长史田绀，是郡内的世家大族，其族中的子弟及门客，鱼肉乡里，欺凌百姓，任延将田绀收捕下狱，田绀父子以及门客，有五六人伏法认罪。田钳的小儿子田尚因此聚集了数百名举止轻薄的人，自称将军，要在夜晚攻打郡府。任延随即派兵围剿。此后任延威名大震，官吏和百姓谨慎守法。

武威郡北临匈奴，南接羌族，百姓畏惧外族的侵扰掳掠，很多略之士千人，明其赏罚，令将杂种胡骑休屠黄石屯据要害，其有警急，逆击追讨。虏恒多残伤，遂绝不敢出。

河西旧少雨泽，乃为置水官吏，修理沟渠，皆蒙其利。又造立校官，自掾吏子孙，皆令诣学受业，复其徭役。章句既通，悉显拔荣进之。郡遂有儒雅之士。

后坐擅诛羌不先上，左转召陵令。显宗即位，拜颍川太守。永平二年，征会辟雍，因以为河内太守。视事九年，病卒。

少子恺，官至太常。

王景字仲通，乐浪䛁邯人也。八世祖仲，本琅邪不其人。好道术，明天文。诸吕作乱，齐哀王襄谋发兵，而数问于仲。及济北王兴居反，欲委兵师仲，仲惧祸及，乃浮海东奔乐浪山中，因而家焉。父闳，为郡三老。更始败，土人王调杀郡守刘宪，自称大将军、乐浪太守。建武六年，光武遣太守王遵将兵击之。至辽东，闳与郡决曹史杨邑等共杀调迎遵，皆封为列侯，闳独让爵。帝奇而征之，道病卒。

景少学《易》，遂广窥众书，又好天文术数之事，沉深多伎艺。辟司空伏恭府。时有荐景能理水者，显宗诏与将作谒者王吴共修作浚仪渠。吴用景墕流法，水乃不复为害。

初，平帝时，河、汴决坏，未及得修。建武十年，阳武令张汜上人家荒废农事。任延到任后，挑选了一千名善武之士，明定赏罚，命他们率领混杂居住在休屠的胡骑以及黄石族的兵卒屯据要害之地，若有有紧急情况，立刻率兵迎战追讨。贼虏每战多有伤亡，此后便不敢再侵扰武威郡。

原先河西一带少雨，任延便设置负责水利的官员，让他们修建沟渠，百姓都能从中获利。任延又兴建学校，并设置掌管学校的官员，任延下令自掾吏以下官吏的子孙，全部到学校学习，免去他们的徭役。在他们通晓经义章句后，全部提拔并授予官职。自此武威郡中有了儒雅之士。

后来任延因没有事先上报就擅自诛杀羌人，而被贬为召陵县令。明帝即位，任延拜任颍川太守。永平二年（59），明帝征召任延前往辟雍，之后又命其担任河内太守。任延任职九年，最终病逝。

任延的小儿子任恺，官至太常。

王景，字仲通，乐浪郡䛁邯县人。八世祖王仲，原本为琅琊郡不其县人。王仲爱好道术，明晓天象。吕氏一族作乱时，齐哀王刘襄密谋起兵，多次向王仲请教。等到济北王刘兴居造反时，意欲让王仲率领军队。王仲担心祸及己身，便横渡大海，向东逃至乐浪山中，因而在乐浪郡定居。王景的父亲王闳，是郡中的三老。更始帝败亡后，当地人王调杀了郡守刘宪，自称大将军、乐浪太守。建武六年（30），光武帝派太守王遵率军讨伐王调。军队行至辽东时，王闳与郡决曹史杨邑等人共同将王调诛杀，迎接王遵。他们几人都受封为列侯，唯有王闳没有接受封赏的爵位。光武帝对此十分惊奇，征召王闳，但王闳在前往京师的途中病逝了。

王景年少时修习《易经》，之后广读群书，王景还喜欢天文数术之事，性情沉稳，会很多种技艺。司空伏恭征召王景。当时有人举荐王景善于治水，明帝下诏让王景与将作谒者王吴共同修建浚仪渠。王吴采用王景提出的修筑堤坝来控制水位的方法，河水不再泛滥成灾。

起初，平帝时，黄河、汴水决堤，还没来得及修补堤坝。建武十言："河决积久，日月侵毁，济渠所漂数十许县。修理之费，其功不难。宜改修堤防，以安百姓。"书奏，光武即为发卒。方营河功，而浚仪令乐俊复上言："昔元光之间，人庶炽盛，缘堤垦殖，而瓠子河决，尚二十余年，不即拥塞。今居家稀少，田地饶广，虽未修理，其患犹可。且新被兵革，方兴役力，劳怨既多，民不堪命。宜须平静，更议其事。"光武得此遂止。后汴渠东侵，日月弥广，而水门故处，皆在河中，兖、豫百姓怨叹，以为县官恒兴佗役，不先民急。永平十二年，议修汴渠，乃引见景，问以理水形便。景陈其利害，应对敏给，帝善之。又以尝修浚仪，功业有成，乃赐景《山海经》《河渠书》《禹贡图》，及钱帛衣物。夏，遂发卒数十万，遣景与王吴修渠筑堤，自荥阳东至千乘海口千余里。景乃商度地势，凿山阜，破砥绩，直截沟涧，防遏冲要，疏决壅积，十里立一水门，令更相洄注，无复溃漏之患。景虽简省役费，然犹以百亿计。明年夏，渠成。帝亲自巡行，诏滨河郡国置河堤员吏，如西京旧制。景由是知名。王吴及诸从事掾史皆增秩一等。景三迁为侍御史。十五年，从驾东巡狩，至无盐，帝美其功绩，拜河堤谒者，赐车马缣钱。

建初七年，迁徐州刺史。先是杜陵杜笃奏上《论都》，欲令车驾迁还长安。耆老闻者，皆动怀土之心，莫不眷然伫立西望。景以宫庙已立，恐人情疑惑，会时有神雀诸瑞，乃作《金人论》，颂洛邑之年（34），阳武县令张汜上书奏言：“黄河决堤历时已久，连年泛滥，济渠将沿途的数十个县淹没。治水的花费，并不难筹集。应当修补堤防，以此安定百姓。”奏书呈上之后，光武帝立刻征调士卒。准备开始修补堤坝，治理水患，而浚仪县令乐俊又上书奏言：“从前武帝元光年间，人口繁盛，沿着黄河的堤坝开垦种植，而黄河的瓠子堤决堤，历经二十多年，在当时没有立刻阻塞修补。如今人口稀少，田地广阔，虽然还没有修补堤坝，但造成的水患尚且能承受。况且兵乱刚刚结束，又要大兴徭役，劳怨积累地多了，百姓将会不堪重负。应当先让百姓休养生息，天下稳定后，再商议此事。”光武帝看了奏书便停止治水。后来汴渠向东泛滥，越来越严重，原先水闸所在的地方，都已经没入黄河之中。兖州、豫州的百姓怨叹连天，认为朝廷总会兴起其他徭役，却不先解决百姓的最疾苦的水患。永平十二年（69），朝廷商议治理汴渠，于是明帝召见王景，询问治水的有利地势。王景陈述其中利害，对答如流，明帝赞同王景的策略。又因为王景曾经治理过浚仪渠，效果显著，便赐予王景《山海经》《河渠书》《禹贡图》以及钱帛衣物。到了夏季，朝廷征调数十万士卒，派王景与王吴修渠筑堤，自荥阳县东至千乘县入海口，长达一千多里。王景于是根据地势，测量高度，开凿山陵，清理水中沙石，阻断山间的分支，在要害之处修筑堤坝，疏通阻塞，每十里修建一座水闸，使得河水可以回流，减少冲击，不再有河水决堤泛滥之患。王景虽然有减省人力财力的耗费，但依旧耗费数以百亿。第二年夏季，汴渠堤坝修筑完成。明帝亲自巡行，并下诏让黄河沿岸的郡国遵照西汉旧制，设置管理河堤的官吏。王景由此闻名。王吴以及诸位从事掾史的俸禄都增加一等。王景历经三迁而担任侍御史。永平十五年（72），王景跟随明帝东行巡狩，到达无盐县，明帝褒奖王景的功绩，命其拜任河堤谒者，并赐予车马、丝绸和钱币。

建初七年（82），王景迁任徐州刺史。此前杜陵县人杜笃曾呈上《论都赋》，奏请将都城迁回长安。一些德高望重的老者听闻后，都萌生了重迁故土的想法，无不引颈期盼，伫立西望。王景认为皇宫宗庙已经在洛阳建成，突然迁都恐会使得人心浮动，恰巧当时有神雀美，天人之符，文有可采。

明年，迁庐江太守。先是百姓不知牛耕，致地力有余而食常不足。郡界有楚相孙叔敖所起芍陂稻田。景乃驱率吏民，修起芜废，教用犁耕，由是垦辟倍多，境内丰给。遂铭石刻誓，令民知常禁。又训令蚕织，为作法制，皆著于乡亭，庐江传其文辞。卒于官。

初，景以为《六经》所载，皆有卜筮，作事举止，质于蓍龟，而众书错糅，吉凶相反，乃参纪众家数术文书，冢宅禁忌，堪舆日相之属，适于事用者，集为《大衍玄基》云。

秦彭字伯平，扶风茂陵人也。自汉兴之后，世位相承。六世祖袭，为颍川太守，与群从同时为二千石者五人，故三辅号曰“万石秦氏”。彭同产女弟，显宗时入掖庭为贵人，有宠。永平七年，以彭贵人兄，随四姓小侯擢为开阳城门候。十五年，拜骑都尉，副驸马都尉耿秉北征匈奴。

建初元年，迁山阳太守。以礼训人，不任刑罚。崇好儒雅，敦明庠序。每春秋飨射，辄修升降揖让之仪。乃为人设四诫，以定六亲长幼之礼。有遵奉教化者，擢为乡三老，常以八月致酒肉以劝勉之。吏有过咎，罢遣而已，不加耻辱。百姓怀爱，莫有欺犯。兴起稻田数千顷，每于农月，亲度顷亩，分别肥塉，差为三品，各立文簿，藏之乡县。于是奸吏跼蹐，无所容诈。彭乃上言，宜令天下齐同其制。诏书以其所立条式，班令三府，并下州郡。

等众多祥瑞显现，于是王景撰写《金人论》，赞颂洛邑之美，以及天人感应之符，文章颇有文采。

第二年，王景迁任庐江太守。在此之前，庐江的百姓不知道用牛耕地，致使土地肥沃但所产的粮食不足。郡内有原先楚国国相孙叔敖所开凿的芍陂，可以浇灌稻田。于是王景率领当地官吏百姓，重新开垦原先的荒地，教导百姓用犁耕地，自此之后开垦的田地成倍增加，郡内的粮食充足。王景将禁令刻在石头上，让百姓都能知晓遵守。王景还教导百姓养蚕织布，并将具体方法著录在乡亭之中。庐江郡还流传着王景所著的方法。最终王景在任上去世。

起初，王景认为《六经》所载，都有关于卜筮的内容，行事举止，都会通过蓍草和龟甲进行占卜，然而相关书籍种类繁多，内容错杂混乱，所述吉凶征验相反，于是王景参照众家的数术书籍，造宅送葬的禁忌，阴阳风水以及通过日月星辰占卜等方法，选取其中适用的部分，集合编撰成《大衍玄基》。

秦彭，字伯平，右扶风茂陵县人。自汉朝建立之后，秦氏一族世代有人在朝为官。秦彭的六世祖秦袭，曾担任颍川太守，在同一时间，族中的堂兄弟以及子侄辈中有五人官至二千石，因此三辅地区称其为“万石秦氏”。秦彭的胞妹，在明帝时入宫为贵人，颇受宠幸。永平七年（64），秦彭以贵人兄长的身份，秦彭跟随着外戚樊、郭、阴、马四姓的子弟一同得到提拔，担任开阳城门候。永平十五年（72），秦彭拜任骑都尉，作为驸马都尉耿秉的副将北征匈奴。

建初元年（76），秦彭升任山阳太守。秦彭以礼义训导百姓，不施刑罚。秦彭崇尚儒雅，重视教育。每逢春秋飨射之礼时，总是举行升降揖让之仪。秦彭为百姓立下四条训诫，以此确定六亲长幼之礼。若有人遵奉教化，则就将其提拔为乡三老，每逢八月都会送去酒肉以示勉励。若有官吏犯下过错，也只是免职遣归而已，并不使其受辱。百姓都爱戴秦彭，无人敢欺骗冒犯。秦彭开垦了数千顷稻田，每到农事繁忙的季节，秦彭都会亲自测量田地数量，辨别土地的肥沃和贫瘠，分为三等，分别登记造册，藏在县乡之中。因此奸吏不敢妄在职六年，转颍川太守，仍有凤皇、麒麟、嘉禾、甘露之瑞，集其郡境。肃宗巡行，再幸颍川，辄赏赐钱谷，恩宠甚异。章和二年卒。

彭弟惇、褒，并为射声校尉。

王涣字稚子，广汉郪人也。父顺，安定太守。涣少好侠，尚气力，数通剽轻少年。晚而改节，敦儒学，习《尚书》，读律令，略举大义。为太守陈宠功曹，当职割断，不避豪右。宠风声大行，入为大司农。和帝问曰："在郡何以为理？"宠顿首谢曰："臣任功曹王涣以简贤选能，主簿镡显拾遗补阙，臣奉宣诏书而已。"帝大悦，涣由此显名。

州举茂才，除温令。县多奸猾，积为人患。涣以方略讨击，悉诛之。境内清夷，商人露宿于道。其有放牛者，辄云以属稚子，终无侵犯。在温三年，迁兖州刺史，绳正部郡，风威大行。后坐考妖言不实论。岁余，征拜侍御史。

永元十五年，从驾南巡，还为洛阳令。以平正居身，得宽猛之宜。其冤嫌久讼，历政所不断，法理所难平者，莫不曲尽情诈，压塞群疑。又能以谲数发擿奸伏。京师称叹，以为涣有神算。元兴元年，病卒。百姓市道莫不咨嗟。男女老壮皆相与赋敛，致奠醊以千数。

为，无法欺诈百姓以及上级。秦彭上书奏言，说应当让天下郡县都实行这种制度。于是章帝下诏，依照秦彭所列的条文制度，先颁布给三府，再下发到各个州郡。

秦彭任职六年，之后调任颍川太守。颍川郡常有凤凰、麒麟、嘉禾、甘露等种种祥瑞，在郡内频繁出现。章帝巡行天下，再次来到颍川郡，赏赐秦彭钱粮，恩宠非常。秦彭在章和二年（88）去世。

秦彭的弟弟秦惇、秦褒，两人都担任射声校尉。

王涣，字稚子，广汉郪县人。王涣的父亲王顺，曾担任安定太守。王涣年少时喜欢行侠助人，崇尚武力，经常和一些勇猛强悍的少年交往。后来他改变志向操行，重视儒学，修习《尚书》，阅读律令，大略了解其中要义。后来王涣担任太守陈宠的功曹，任职期间，做事果决，不畏豪强。陈宠也因此声名远扬，得以入京担任大司农。和帝问陈宠："之前你担任郡守时，是如何治理郡县的？"陈宠顿首谢罪说："臣任用功曹王涣来选贤任能，任用主簿镡显来弥补疏漏，匡正过失。臣不过是宣读诏令罢了。"和帝听后大喜。王涣也由此显名。

后来州府举荐王涣为茂才，拜任温县县令。县内有很多奸猾之徒，长期为祸百姓。王涣采取策略计谋讨伐打击这些人，他们悉数被诛。自此县内太平，商人露宿于路边也不会担心。还有放牛的人，总会说牛是王涣的，自始至终都不会有人来偷牛。王涣担任温县县令三年，之后升任兖州刺史，王涣依照法律来匡正所辖郡县的治理，因此王涣的声名远扬。后来王涣因调查妖言不实而被判罪。一年后，朝廷再次征召王涣拜任侍御史。

永元十五年（103），王涣跟随和帝南巡，返回后担任洛阳县令。王涣行事公平，为人正直，施政宽严合宜。那些很久之前冤案以及诉讼，历经数任县令都无法决断的，还有依照法理都难以评判的案子，王涣都能剖析案情的真假，弄清疑点。还能运用奇谋异术，挖掘隐蔽的坏人坏事。京师为之称叹，认为王涣有神机妙算的本领。元兴元年（105），王涣病逝。无论是集市中还是走在路上的百姓，无不哀叹。男女老少相互凑集送葬，上千人前来祭奠。

涣丧西归，道经弘农，民庶皆设槃桉于路。吏问其故，咸言平常持米到洛，为卒司所钞，恒亡其半。自王君在事，不见侵枉，故来报恩。其政化怀物如此。民思其德，为立祠安阳亭西，每食辄弦歌而荐之。

永初二年，邓太后诏曰：“夫忠良之吏，国家所以为理也。求之甚勤，得之至寡。故孔子曰：‘才难不其然乎！’昔大司农朱邑、右扶风尹翁归，政迹茂异，令名显闻，孝宣皇帝嘉叹愍惜，而以黄金百斤策赐其子。故洛阳令王涣，秉清修之节，蹈羔羊之义，尽心奉公，务在惠民，功业未遂，不幸早世，百姓追思，为之立祠。自非忠爱之至，孰能若斯者乎！今以涣子石为郎中，以劝劳勤。”延熹中，桓帝事黄老道，悉毁诸房祀，唯特诏密县存故太傅卓茂庙，洛阳留王涣祠焉。

镡显后亦知名，安帝时为豫州刺史。时天下饥荒，竞为盗贼，州界收捕且万余人。显愍其困穷，自陷刑辟，辄擅赦之，因自劾奏。有诏勿理。后位至长乐卫尉。

自涣卒后，连诏三公特选洛阳令，皆不称职。永和中，以剧令勃海任峻补之。峻擢用文武吏，皆尽其能，纠剔奸盗，不得旋踵，一岁断狱，不过数十，威风猛于涣，而文理不及之。峻字叔高，终于太山太守。

许荆字少张，会稽阳羡人也。祖父武，太守第五伦举为孝廉。

王涣的灵柩西行返归故乡，途经弘农郡，百姓都在路边摆上祭品祭奠。官吏询问原因，他们说以前要将粮食运往洛阳，总会遭到沿途兵卒的抢掠，往往到达时就已损失一半。自从王涣任职之后，再也没有发生过此前抢掠的事情，故来报恩。王涣就是如此推行政教，感化百姓。百姓感念王涣的恩德，在安阳亭西面修建祠庙，每次祭奠时都会抚琴奏乐，奉上祭品。

永初二年(108)，邓太后下诏："忠良之吏，是国家得以治理的根源。朝廷虽然频繁寻求这些人才，但能入朝辅佐的却非常少。所以孔子说：'人才难得，不是吗！'从前的大司农朱邑、右扶风尹翁归，政绩卓越，声名远扬，孝宣皇帝赞叹两人的品行，两人去世，孝宣皇帝惋惜哀叹，下诏赐予他们的儿子黄金百斤。原洛阳县令王涣，秉持清廉淡泊之节，践行《诗经·羔羊》之义，尽心奉公，务在惠民，功业未遂，不幸早世，百姓追思，为其修建祠庙。若不是忠心仁爱到了极点，百姓怎能如此感念王涣！今任命王涣的儿子王石为郎中，以此劝勉那些尽忠职守的官吏。"延熹年间，桓帝推崇黄老之道，将祠庙全部损毁，唯独特意下诏保留位于密县的原太傅卓茂的祠庙，以及位于洛阳的王涣的祠庙。

镡显后来同样声名远扬，安帝时担任豫州刺史。当时天下遭遇饥荒，许多百姓沦为盗贼，豫州境内就有将近一万多人被收捕。镡显怜悯这些人因为生活穷困，无奈之下才违反法令，镡显也会时常擅自赦免这些百姓，镡显因此自我弹劾，检举自己的过失。安帝下诏不再追究。后来镡显官至长乐卫尉。

自从王涣去世之后，朝廷接连下诏，让三公特别选拔官吏继任洛阳县令，但都不称职。永和年间，朝廷命剧县县令勃海郡人任峻补任洛阳县令。任峻提拔选任文武官吏，使他们各尽其能，纠举奸人盗贼，决不退缩，一年之间要审断的案件，不过数十件。任峻在治政威猛，胜过王涣，但在文德教化方面不及王涣。任峻字叔高，最终在担任太山太守时去世。

许荆，字少张，会稽郡阳羡县人。许荆的祖父许武，被太守第五武以二弟晏、普未显，欲令成名，乃请之曰："礼有分异之义，家有别居之道。"于是共割财产以为三分，武自取肥田广宅奴婢强者，二弟所得并悉劣少。乡人皆称弟克让而鄙武贪婪，晏等以此并得选举，武乃会宗亲，泣曰："吾为兄不肖，盗声窃位，二弟年长，未豫荣禄，所以求得分财，自取大讥。今理产所增，三倍于前，悉以推二弟，一无所留。"于是郡中翕然，远近称之。位至长乐少府。

荆少为郡吏，兄子世尝报仇杀人，怨者操兵攻之。荆闻，乃出门逆怨者，跪而言曰："世前无状相犯，咎皆在荆不能训导。兄既早没，一子为嗣，如令死者伤其灭绝，愿杀身代之。"怨家扶荆起，曰："许掾郡中称贤，吾何敢相侵？"因遂委去。荆名誉益著。太守黄兢举孝廉。

和帝时，稍迁桂阳太守。郡滨南州，风俗脆薄，不识学义。荆为设丧纪婚姻制度，使知礼禁。尝行春到耒阳县，人有蒋均者，兄弟争财，互相言讼。荆对之叹曰："吾荷国重任，而教化不行，咎在太守。"乃顾使吏上书陈状，乞诣廷尉。均兄弟感悔，各求受罪。在事十二年，父老称歌。以病自上，征拜谏议大夫，卒于官。桂阳人为立庙树碑。

荆孙馘，灵帝时为太尉。

孟尝字伯周，会稽上虞人也。其先三世为郡吏，并伏节死难。

伦举为孝廉。许武因为两个弟弟许晏、许普尚未显达，想让他们成就美名，许荆将他们叫来说：“《仪礼》有分开别居之义，一家人也有各立门户之理。”于是他们将财产分为三份，许武挑走了肥沃的田地、宽敞的住宅、强干的奴婢，两个弟弟所得都是又差又少。同乡的百姓都称赞两个弟弟谦让，而对于许武贪婪的行为非常鄙视，许晏和许普因此得到举荐。这时许武才召集宗亲，流着泪说：“我身为兄长品行不端，盗声窃位，两个弟弟逐渐长大，但还没有得到功名利禄，所以要求分财产，自己甘愿招来乡里的讥讽。如今我管理的这些财产比以前增加了三倍，我将所有的财产让给两个弟弟，不留一件。”郡内知晓此事，都不再讥讽许荆，郡中远近无不称赞许武。后来许武位至长乐少府。

许荆年少时担任郡吏，他兄长的儿子许世曾因报仇而杀人，仇家手持兵器前来追讨许世。许荆听闻后，出门迎接那些仇家，下跪并说道：“许世此前无状冒犯，一切罪责都在我，是我不能及时训导侄儿。兄长早逝，只有这一个儿子，倘若侄儿死亡，则会使兄长的血脉断绝，我愿以己身相代。”仇家扶起许荆，说：“许掾在郡中称贤，我等岂敢冒犯？”仇家就此离去。许荆也因此更加声名远扬。太守黄兢举荐许荆为孝廉。

和帝时，许荆逐渐升任桂阳太守。桂阳郡临近南州，风俗轻薄，风气不淳厚，百姓不知学问礼义。许荆为其定立婚丧嫁娶的制度，使得百姓知晓礼法禁令。许荆曾经在春季出巡，行至耒阳县时，有个名叫蒋均的人，兄弟之间争夺家财，而相互争讼。许荆面对蒋均兄弟，感叹道：“我肩负国家重担，位至太守，而教化不行，罪在太守。”于是许荆回头命令属吏向朝廷上书，陈奏此事，并奏请前往廷尉接受刑罚。蒋均兄弟顿时悔悟，各自请求受罚。许荆在任十二年，郡中父老称扬赞颂。后来许荆患病，上书自陈，结果受到朝廷的征召，拜任谏议大夫，最终许荆在任上去世。桂阳百姓为其立庙树碑。

许荆的孙子许馘，灵帝时担任太尉。

孟尝，字伯周，会稽郡上虞县人。孟尝的祖先三代曾担任郡吏，尝少修操行，仕郡为户曹史。上虞有寡妇至孝养姑。姑年老寿终，夫女弟先怀嫌忌，乃诬妇厌苦供养，加鸩其母，列讼县庭。郡不加寻察，遂结竟其罪。尝先知枉状，备言之于太守，太守不为理。尝哀泣外门，因谢病去，妇竟冤死。自是郡中连旱二年，祷请无所获。后太守殷丹到官，访问其故，尝诣府具陈寡妇冤诬之事。因曰："昔东海孝妇，感天致旱，于公一言，甘泽时降。宜戮讼者，以谢冤魂，庶幽枉获申，时雨可期。"丹从之，即刑讼女而祭妇墓，天应澍雨，谷稼以登。

尝后策孝廉，举茂才，拜徐令。州郡表其能，迁合浦太守。郡不产谷实，而海出珠宝，与交阯比境，常通商贩，贸籴粮食。先时宰守并多贪秽，诡人采求，不知纪极，珠遂渐徙于交阯郡界。于是行旅不至，人物无资，贫者死饿于道。尝到官，革易前敝，求民病利。曾未逾岁，去珠复还，百姓皆反其业，商货流通，称为神明。

以病自上，被征当还，吏民攀车请之。尝既不得进，乃载乡民船夜遁去。隐处穷泽，身自耕佣。邻县士民慕其德，就居止者百余家。

桓帝时，尚书同郡杨乔上书荐尝曰："臣前后七表言故合浦太守孟尝，而身轻言微，终不蒙察。区区破心，徒然而已。尝安仁弘义，耽乐道德，清行出俗，能干绝群。前更守宰，移风改政，去珠复还，饥民蒙活。且南海多珍，财产易积，掌握之内，价盈兼金，而尝都因守节而死。孟尝年少时勤修操行，担任郡中的户曹史。上虞县有位寡妇生性至孝，奉养婆婆，婆婆年老寿终，小姑子此前心怀猜忌，便诬陷寡妇供养婆婆心生厌烦，毒杀了自己的母亲，在县衙进行诉讼。郡府不加审察，直接结案定罪。孟尝在此之前就知晓寡妇是被冤枉的，就将详情禀报给太守，但太守没哟理会。孟尝在郡府门外哀泣，之后就称病辞官。寡妇最终含冤而死。自此之后郡中连旱两年，无论如何祈祷都毫无作用。继任的太守殷丹上任后，询问干旱的原因，孟尝来到郡府，向殷丹详述了寡妇被诬陷冤死之事，孟尝说："从前东海有位孝妇。冤感上天，招致旱灾，于公为其申辩，沉冤得雪后上天立刻降下甘霖。您应当惩治诬告之人，为其伸冤，时雨可期。"殷丹听从孟尝的谏言，立刻惩处了诬告的女子并且前往寡妇墓前祭奠，上天感应大雨倾盆，庄稼得以丰收。

后来孟尝接到策命，成为孝廉，又经过举荐成为茂才。拜任徐县县令。州郡上表，奏言孟尝的才能，孟尝升任合浦太守。合浦郡不产粮食，但海中出产珍珠。合浦郡与交阯郡相邻，常常互通商贸，买卖粮食。先前的太守大多贪婪，命令百姓捞取，不知极限，珍珠逐渐转移到交阯郡内。因此往来旅客不再踏足合浦郡，当地的百姓物资匮乏，有些贫穷百姓都饿死在路边。孟尝到任后，革除此前的弊政，体恤百姓疾苦，为百姓谋利。未满一年，先前流失的珍珠就重新回到合浦郡，百姓都能回归本业，商货流通，当地百姓将孟尝称赞为神明。

后来孟尝因病上书，受到朝廷征召返回京师，合浦郡的官吏百姓抓着孟尝的车子，挽留孟尝。孟尝无法启程，便趁夜色坐着乡里的民船悄悄离去。孟尝隐居在荒僻的水泽旁，亲自耕种。邻县的士人百姓仰慕孟尝的品德，有一百多户人家搬来与孟尝住在一处。

桓帝时，尚书同郡人杨乔上书举荐孟尝，奏书中说："臣先后七次上表，奏言举荐原合浦太守孟尝，但臣人微言轻，始终得不到陛下明察。臣剖心进谏，仅仅是枉然而已。孟尝安心于躬行仁爱大义，醉心于修养道德，品行高洁脱俗，才干卓然超群。此前孟尝担任太守单身谢病，躬耕垄次，匿景藏采，不扬华藻。实羽翮之美用，非徒腹背之毛也。而沉沦草莽，好爵莫及，廊庙之宝，弃于沟渠。且年岁有讫，桑榆行尽，而忠贞之节，永谢圣时。臣诚伤心，私用流涕。夫物以远至为珍，士以稀见为贵。槃木朽株，为万乘用者，左右为之容耳。王者取士，宜拔众之所贵。臣以斗筲之姿，趋走日月之侧。思立微节，不敢苟私乡曲。窃感禽息，亡身进贤。”尝竟不见用。年七十，卒于家。

第五访字仲谋，京兆长陵人，司空伦之族孙也。少孤贫，常佣耕以养兄嫂。有闲暇，则以学文。仕郡为功曹，察孝廉，补新都令。政平化行，三年之间，邻县归之，户口十倍。

迁张掖太守。岁饥，粟石数千，访乃开仓赈给以救其敝。吏惧谴，争欲上言。访曰：“若上须报，是弃民也。太守乐以一身救百姓！”遂出谷赋人。顺帝玺书嘉之。由是一郡得全。岁余，官民并丰，界无奸盗。

迁南阳太守，去官。拜护羌校尉，边境服其威信。卒于官。

刘矩字叔方，沛国萧人也。叔父光，顺帝时为司徒。矩少有高节，以叔父辽未得仕进，遂绝州郡之命。太尉朱宠、太傅桓焉嘉其志义，故叔辽以此为诸公所辟，拜议郎，矩乃举孝廉。

时，移风改政，使得流失的珍珠重新回到合浦郡，饥民也得以存活。而且南海盛产珍珠，因此很容易积蓄财产，郡内所产的珍珠，价值超过黄金，但孟尝只身赴任，因病辞官，亲自耕种，隐居远方，不张扬自己的才华。孟尝着实是能够辅佐社稷的肱股之臣，并非徒有盛名的无用之徒。然而孟尝隐没在乡野之中，高官厚禄尚未加身，身为朝廷宝器，却被抛弃在沟渠之间。况且孟尝年岁将尽，已至暮年，而其忠贞之节，却在圣朝长期得不到肯定。臣实在伤心，私下悲泣。器物以远方而至为珍，士人以稀少难得为贵。曲枝朽木，之所以能被天子所用，是因为经过左右工匠的雕刻修饰。王者任用士人，应当在众人中挑选品行高洁之士。臣以斗筲之姿，奉事天子之侧，思虑建立微不足道的节操，不敢因为孟尝是同乡而徇私，臣感念禽息舍身举荐之德，因而舍命进贤。”但孟尝最终也没有得到任用。享年七十岁，在家中去世。

第五访，字仲谋，京兆长陵县人，是司空第五伦的族孙。第五访年少丧父，家境贫困，经常受雇为人耕种来奉养兄嫂。若有空闲，就会修习学问。后来第五访担任郡府功曹，又经过察举成为孝廉，补任新都县令。第五访治政平允，推行教化，三年之间，邻县的百姓都来归附第五访，新都县的户口比过去增加了十倍。

后来第五访升任张掖太守。恰逢荒年，一石粮食价值数千钱，于是第五访开仓施粮，赈济饥民。官吏害怕被问罪，纷纷向第五访谏言。第五访说：“若是上书等待回复，则是弃民于不顾。我身为太守，愿以己身匡救百姓！”随后第五访开仓施粮。顺帝赐予玺书，以示嘉奖。全郡的百姓也因此得以存活。一年多后，郡府以及百姓家中的粮食都很丰足，郡内没有奸人盗贼出现。

后来第五访迁任南阳太守，之后又辞官。再后来第五访拜任护羌校尉，边境百姓都敬服他的威信。最终第五访在任上去世。

刘矩，字叔方，沛国萧县人。刘矩的叔父刘光，顺帝时曾担任司徒。刘矩年少时就有高尚的节操，因为叔父刘辽还未入仕为官，所以刘矩拒绝了州郡的任命。太尉朱宠、太傅桓焉赞赏刘矩的志节稍迁雍丘令，以礼让化之，其无孝义者，皆感悟自革。民有争讼，矩常引之于前，提耳训告，以为忿恚可忍，县官不可入，使归更寻思。讼者感之，辄各罢去。其有路得遗者，皆推寻其主。在县四年，以母忧去官。

后太尉胡广举矩贤良方正，四迁为尚书令。矩性亮直，不能谐附贵势，以是失大将军梁冀意，出为常山相，以疾去官。时冀妻兄孙祉为沛相，矩惧为所害，不敢还乡里，乃投彭城友人家。岁余，冀意少悟，乃止。补从事中郎，复为尚书令，迁宗正、太常。

延熹四年，代黄琼为太尉。琼复为司空，矩与琼及司徒种暠同心辅政，号为贤相。时连有灾异，司隶校尉以劾三公。尚书朱穆上疏，称矩等良辅，及言殷汤、高宗不罪臣下之义。帝不省，竟以蛮夷反叛免。后复拜太中大夫。

灵帝初，代周景为太尉。矩再为上公，所辟召皆名儒宿德。不与州郡交通。顺辞默谏，多见省用。复以日食免。因乞骸骨，卒于家。

刘宠字祖荣，东莱牟平人，齐悼惠王之后也。悼惠王子孝王将闾，将闾少子封牟平侯，子孙家焉。父丕，博学，号为通儒。

宠少受父业，以明经举孝廉，除东平陵令，以仁惠为吏民所爱。母疾，弃官去。百姓将送塞道，车不得进，乃轻服遁归。

和道义，因此三公征召刘叔辽，刘叔辽拜任议郎，刘矩也被举荐为孝廉。

后来刘矩逐渐升任雍丘县令。刘矩以礼让教化当地百姓，那些不孝不义的人，都会幡然醒悟，洗心易行。百姓若有争讼之事，刘矩都会将他们叫到面前，殷切训诫，告诉他们忿怒怨恨可以忍耐，但不要随意前往县衙进行诉讼，刘矩会让他们回去，深思熟虑后再做决定。诉讼的人深受感触，无不作罢各自离去。有人在路上捡到东西，都会找寻失主。刘矩任职四年，因母亲去世而辞官。

后来太尉胡广举荐刘矩为贤良方正，刘矩经过四次升迁担任尚书令。刘矩生性诚实正直，不会攀附权贵，因此刘矩为大将军梁冀所不喜，刘矩出外担任常山国相，后来刘矩因病辞官。当时梁冀妻子的兄长孙祉担任沛国国相，刘矩担心会被孙祉所害，不敢返归家乡，前往彭城投奔朋友。一年多后，梁冀略有醒悟，停止迫害刘矩。后来刘矩补任从事中郎，再次担任尚书令，升任宗正、太常。

延熹四年（161），刘矩代替黄琼担任太尉。黄琼再次担任司空，刘矩与黄琼以及司徒种暠同心辅政，被称为贤相。当时灾异连续出现，司隶校尉以此劾奏三公。尚书朱穆上疏，称赞刘矩等人为良辅，并奏言殷商成汤、高宗武丁时不罪臣下之义。但桓帝没有觉察醒悟，最终以蛮夷反叛为由，将刘矩免职。后来刘矩又拜任太中大夫。

灵帝初年，刘矩代替周景担任太尉。刘矩再次位列三公，刘矩所征召的都是名儒以及德高望重之士。他不与州郡官员有私交。他暗中进谏，言辞逊顺，大多能被灵帝采纳。后来因为日食再次被免职。借此刘矩奏请辞官，在家中去世。

刘宠，字祖荣，东莱郡牟平县人，是齐悼惠王刘肥的后代。齐悼惠王之子齐孝王刘将闾，刘将闾的小儿子被封为牟平侯，其子孙便在牟平县定居。刘宠的父亲刘丕，博学多闻，被称为通儒。

刘宠年少时受到父亲的教导，以通晓经学而被举为孝廉，授任东平陵县令。刘宠因仁爱惠民而受到当地官吏百姓的爱戴。后来母亲患病，刘宠辞官归家。百姓前去送别刘宠，以至于道路阻塞，车马无后四迁为豫章太守，又三迁拜会稽太守。山民愿朴，乃有白首不入市井者，颇为官吏所扰。宠简除烦苛，禁察非法，郡中大化。征为将作大匠。山阴县有五六老叟，龙眉皓发，自若邪山谷间出，人赍百钱以送宠。宠劳之曰："父老何自苦？"对曰："山谷鄙生，未尝识郡朝。它守时吏发求民间，至夜不绝，或狗吠竟夕，民不得安。自明府下车以来，狗不夜吠，民不见吏。年老遭值圣明，今闻当见弃去，故自扶奉送。"宠曰："吾政何能及公言邪？勤苦父老！"为人选一大钱受之。

转为宗正、大鸿胪。延熹四年，代黄琼为司空，以阴雾愆阳免。顷之，拜将作大匠，复为宗正。建宁元年，代王畅为司空，频迁司徒、太尉。二年，以日食策免，归乡里。

宠前后历宰二郡，累登卿相，而清约省素，家无货积。尝出京师，欲息亭舍，亭吏止之，曰："整顿洒扫，以待刘公，不可得也。"宠无言而去，时人称其长者。以老病卒于家。

弟方，官至山阳太守。方有二子：岱字公山，繇字正礼。兄弟齐名称。

董卓入洛阳，岱从侍中出为兖州刺史。虚己爱物，为士人所附。初平三年，青州黄巾贼入兖州，杀任城相郑遂，转入东平。岱击之，战死。

法前进，于是刘宠改换便服，轻装离开。

后来刘宠经过四次升迁担任豫章太守，之后又经过三次转任，拜任会稽太守。当地百姓朴实敦厚，有些人已经头发花白，都没有去过街市，百姓颇受官吏的侵扰。刘宠到任后废除繁杂苛细的法令，监察禁止非法行径，郡中得以治理，教化大行。后来朝廷征召刘宠拜任将作大臣。山阴县有五六名老叟，眉发花白，从若邪山的山谷间走出来，每人带着一百钱去送别刘宠。刘宠慰劳他们说："诸位父老何必如此劳苦？"老叟们回答道："我们生于山谷，鄙陋无知，从未见过郡守。其他的太守在任职期间，属下官吏搜刮民脂民膏，甚至到夜晚都不停止，有时狗通宵吠叫，百姓不得安宁。自从明府到任以来，狗不夜吠，民不见吏。我们直到年老才得遇如此圣明的郡守，如今听闻明府将要离去，故而我们相互搀扶，特来送别。"刘宠说："我的治理如何能如诸位所言呢？诸位父老受累了！"刘宠便从每人的钱中挑了一枚价值高的收下。

后来刘宠转任宗正、大鸿胪。延熹四年（161），刘宠代替黄琼担任司空，因天气阴雾，阳气过盛而被免官。不久，朝廷又命刘宠拜任将作大匠，刘宠再次担任宗正。建宁元年（168），刘宠代替王畅担任司空，历任司徒、太尉。建宁二年，刘宠因日食而被灵帝下策书免官，返归乡里。

刘宠前后历任两郡太守，多次位列卿相，但刘宠清廉节俭，家无余财。刘宠曾经从京师外出，途中想在驿亭的客舍休息，亭吏劝阻刘宠，说："我们整理洒扫，以待刘公，您不可在这里休息。"刘宠默然离开，当时百姓称其为长者。最终刘宠年老，在家中病逝。

刘宠的弟弟刘方，官至山阳太守。刘方有两个儿子：刘岱和刘繇，刘岱字公山，刘繇字正礼。兄弟两人声名相当。

董卓入洛阳后，刘岱从侍中的职位上，出外转任兖州刺史。刘岱谦虚爱物，士人无不归附刘岱。初平三年（192），青州黄巾军攻入兖州，杀害任城国相郑遂，之后调转方向攻入东平县。刘岱抗击黄巾军，最终战死。

兴平中，繇为杨州牧、振威将军。时袁术据淮南，繇乃移居曲阿。值中国丧乱，士友多南奔，繇携接收养，与同优剧，甚得名称。袁术遣孙策攻破繇，因奔豫章，病卒。

仇览字季智，一名香，陈留考城人也。少为书生淳默，乡里无知者。年四十，县召补吏，选为蒲亭长。劝人生业，为制科令，至于果菜为限，鸡豕有数，农事既毕，乃令子弟群居，还就黉学。其剽轻游恣者，皆役以田桑，严设科罚。躬助丧事，赈恤穷寡。期年称大化。览初到亭，人有陈元者，独与母居，而母诣览告元不孝。览惊曰："吾近日过舍，庐落整顿，耕耘以时。此非恶人，当是教化未及至耳。母守寡养孤，苦身投老，奈何肆忿于一朝，欲致子以不义乎？"母闻感悔，涕泣而去。览乃亲到元家，与其母子饮，因为陈人伦孝行，譬以祸福之言。元卒成孝子。乡邑为之谚曰："父母何在在我庭，化我鸤枭哺所生。"

时考城令河内王涣，政尚严猛，闻览以德化人，署为主簿。谓览曰："主簿闻陈元之过，不罪而化之，得无少鹰鹯之志邪？"览曰："以为鹰鹯，不若鸾凤。"涣谢遣曰："枳棘非鸾凤所栖，百里岂大贤之路？今日太学曳长裾，飞名誉，皆主簿后耳。以一月奉为资，勉卒景行。"

览入太学。时诸生同郡符融有高名，与览比宇，宾客盈室。览常自守，不与融言。融观其容止，心独奇之，乃谓曰："与先生同郡壤，邻房牖。今京师英雄四集，志士交结之秋，虽务经学，守之何兴平年间，刘繇担任扬州牧、振威将军。当时袁术占据淮南，刘繇不得已将州府移至曲阿县。恰逢中原动乱，许多士人南下逃亡，刘繇接待收留他们，与他们共患难，同甘苦，甚得赞誉。袁术派孙策攻破刘繇所在的曲阿县，刘繇逃往豫章郡，最终病逝。

仇览，字季智，一名仇香，陈留郡考城县人。年少身为书生，淳厚寡言，乡里百姓没人知晓他。仇览四十岁时，县里召他补任属吏，后来授任蒲亭长。仇览劝勉百姓从事一种职业以此谋生，并且定立了制度法令，确定了种植瓜果蔬菜的限额，养殖鸡猪等家禽的数量。农事结束后，就让治下的子弟聚在一处，前往学校学习。还有一些人强悍轻浮、行为放纵，仇览便让他们都去种田养蚕，严明赏罚。仇览还亲自帮助百姓处理丧事，赈济穷困无助的百姓。一年之间，教化大行。仇览到任之初，有个人名叫陈元，独自与母亲住在一起，而母亲面见仇览状告陈元不孝。仇览惊讶不已，说："近来我路过你家，看到房舍整洁，按时耕种。他并非恶人，应当是教化不到位。母亲守寡，养育孤儿，含辛茹苦，垂垂老矣，怎能为了泄一时之愤，而陷自己的儿子于不义呢？"母亲闻言悔悟，涕泣而去。仇览亲自前往陈元家中，同陈元母子饮酒，借此为他们讲解人伦孝行，晓谕祸福利害。最终陈元成为孝子。乡里为此流传着一句谚语："父母何在？在我家中，鸱枭受我感化，反哺报恩。"

当时考城县令河内郡人王涣，治政崇尚严猛，听闻仇览以德化人，便让仇览暂任主簿。王涣对仇览说："主簿听闻陈元之过，没有治罪反而对其进行教化，是否少了鹰鹯追捕鸟雀的威猛？"仇览说："成为鹰鹯，不如成为鸾凤。"王涣婉拒仇览说："枳棘并非鸾凤栖身之处，百里之县岂是大贤施展才华之所？如今在太学之中，那些身穿长裾，沽名钓誉的人，都是不及主簿。我送给您一个月的俸禄，以勉励主簿最终能成就崇高的德行。"

后来仇览进入太学。当时身为学生的同郡人符融声名远扬，与仇览是邻居，符融的房间宾客满室。而仇览常常坚守操行，不与符融交流。符融观察仇览的仪容举止，心中不禁觉得奇怪，便对仇览说：

固？”览乃正色曰：“天子修设太学，岂但使人游谈其中！”高揖而去，不复与言。后融以告郭林宗，林宗因与融赍刺就房谒之，遂请留宿。林宗嗟叹，下床为拜。

览学毕归乡里，州郡并请，皆以疾辞。虽在宴居，必以礼自整。妻子有过，辄免冠自责。妻子庭谢，候览冠，乃敢升堂。家人莫见喜怒声色之异。后征方正，遇疾而卒。

三子皆有文史才，少子玄，最知名。

童恢字汉宗，琅邪姑幕人也。父仲玉，遭世凶荒，倾家赈恤，九族乡里赖全者以百数。仲玉早卒。

恢少仕州郡为吏，司徒杨赐闻其执法廉平，乃辟之。及赐被劾当免，掾属悉投刺去，恢独诣阙争之。及得理，掾属悉归府，恢杖策而逝。由是论者归美。

复辟公府，除不其令。吏人有犯违禁法，辄随方晓示。若吏称其职，人行善事者，皆赐以酒肴之礼，以劝励之。耕织种收，皆有条章。一境清静，牢狱连年无囚。比县流人归化，徙居二万余户。民尝为虎所害，乃设槛捕之，生获二虎。恢闻而出，咒虎曰：“天生万物，唯人为贵。虎狼当食六畜，而残暴于人。王法杀人者死，伤人则论法。汝若是杀人者，当垂头服罪；自知非者，当号呼称冤。”一虎低头闭目，状如震惧，即时杀之。其一视恢鸣吼，踊跃自奋，遂令放释。吏人为之歌颂。青州举尤异，迁丹阳太守，暴疾而卒。

“我与先生是同乡，又是邻居。如今各地英雄汇集京师，正是志士结交之际，虽说要醉心于经学，但何必要如此固步自封呢？”仇览严肃地说道：“天子修建太学，岂是让人在这里游玩闲谈的！”说罢仇览高揖而去，不再与符融讲话。后来符融将此事告诉了郭林宗，于是郭林宗与符融带着名帖去拜谒仇览，仇览请他们留宿。郭林宗连连称叹，下床礼拜。

仇览学成返归乡里，州郡纷纷延请仇览，但他都称病推辞。仇览即便闲居在家，也必定会克己复礼。妻儿有过，仇览常会免冠自责。妻儿在堂下认错，等仇览戴好冠，才敢登上厅堂。家人没见过仇览喜怒变化以及声色有异。后来仇览被征召为方正，正值仇览病逝。

仇览的三个儿子颇具文史之才。小儿子仇玄，最是知名。

童恢，字汉宗，琅琊郡姑幕县人。父亲童仲玉，遭遇荒年，散尽家财赈救饥民，九族乡里仰赖童仲玉的救济，得以存活的百姓数以百计。但童仲玉早逝。

童恢年少时担任州郡属吏，司徒杨赐听闻童恢执法清廉公平，便下令征召。之后杨赐遭到弹劾被免官时，属下的掾史纷纷留下名帖，解职离去，唯有童恢独自前往朝廷为杨赐申辩。等到杨赐得以平反，那些掾属又统统回到司徒府，而童恢却策马离去。后来每每论及此事，无不称赞童恢。

后来三公府再次征召童恢，授任不其县令。当地的官吏百姓若是有人违反法律禁令，童恢都会依据当时情状晓谕告知；若是有官吏尽心称职，百姓行善，童恢都赐予美酒佳肴，以示嘉奖劝勉。耕织种收，都有章程。县内清明安定，牢狱连年没有一个囚犯。流亡在邻县百姓纷纷前来归附，有两万余户迁居至不其县。当地百姓曾苦于老虎的侵害，童恢便设栏捕虎，生擒了两只老虎。童恢闻讯出来，怒斥道：“天生万物，唯人为贵。虎狼当以六畜为食，但你们却伤害人类。王法规定杀人者要被处死，伤人这则依法论罪。你们若是杀了人，就低头认罪；若是没有，就呼号鸣冤。”其中一只老虎低头闭目，神情弟翊字汉文，名高于恢，宰府先辟之。翊阳喑不肯仕，及恢被命，乃就孝廉，除须昌长。化有异政，吏人生为立碑。闻举将丧，弃官归。后举茂才，不就。卒于家。

赞曰："政畏张急，理善亨鲜。推忠以及，众瘼自蠲。一夫得情，千室鸣弦。怀我风爱，永载遗贤。

恐惧，童恢下令立刻诛杀。另外一只老虎看着童恢吼叫，跳跃奋起，童恢下令将其释放。官吏和百姓为之称颂。青州举荐童恢政绩优异，童恢升任丹阳太守，最终因突发疾病去世。

童恢的弟弟童翊，字汉文，声名胜过童恢，宰府最先征召童翊。但童翊佯装患病无法讲话，不肯入仕为官。等到童恢得到任用，入仕为官后，童翊才接受举荐成为孝廉，授任须昌县长。童翊政绩优异，教化大行，在童翊活着时，官吏和百姓就为其立碑。童翊听闻举荐他的人去世，便辞官返归。后来童翊被举为茂才，但他没有接受，童翊在家中去世。

赞辞说：治政最怕严苛，理大国若烹小鲜。尽心竭力，推己及人，百姓的疾苦自会消除。郡县长官根据民情推行教化，官吏治政有道，百姓则能生活安乐。感怀他们的教化仁政，永载先贤事迹。

卷一百七

酷吏列传第六十七

汉承战国余烈，多豪猾之民。其并兼者则陵横邦邑，桀健者则雄张闾里。且宰守旷远，户口殷大。故临民之职，专事威断，族灭奸轨，先行后闻。肆情刚烈，成其不桡之威。违众用己，表其难测之智。至于重文横入，为穷怒之所迁及者，亦何可胜言。故乃积骸满阱，漂血十里。致温舒有虎冠之吏，延年受屠伯之名，岂虚也哉！若其揣挫强势，摧勒公卿，碎裂头脑而不顾，亦为壮也。

自中兴以后，科网稍密，吏人之严害者，方于前世省矣。而阉人亲娅，侵虐天下。至使阳球磔王甫之尸，张俭剖曹节之墓。若此之类，虽厌快众愤，亦云酷矣！俭知名，故附《党人篇》。

董宣字少平，陈留圉人也。初为司徒侯霸所辟，举高第，累迁北海相。到官，以大姓公孙丹为五官掾。丹新造居宅，而卜工以为当有死者，丹乃令其子杀道行人，置尸舍内，以塞其咎。宣知，即收丹父子杀之。丹宗族亲党三十余人，操兵诣府，称冤叫号。宣以丹前附王莽，虑交通海贼，乃悉收系剧狱，使门下书佐水丘岑尽杀之。青州以其多滥，奏宣考岑，宣坐征诣廷尉。在狱，晨夜讽诵，无忧色。及当出刑，官属具馔送之，宣乃厉色曰："董宣生平未曾食人之食，况死乎！"升车而去。时同刑九人，次应及宣，光武驰使驺骑特原宣刑，且令还狱。遣使者诘宣多杀无辜，宣具以状对，言水丘岑受臣旨意，罪不由之，愿杀臣活岑。使者以闻，有诏左转宣怀令，令青州勿案岑罪。岑官至司隶校尉。

汉朝承继战国动乱之景，多有强横狡诈之民。有些人兼并土地，欺压百姓，横行邦邑，豪强仗势称霸，鱼肉乡里，况且郡县辖地辽阔，户口众多。故而郡县长官，专权武断，一人犯法，全族受诛，先斩后奏。逞其刚烈之气，成其不屈之威。排众议，用己见，彰显其高深莫测之智。至于罗织罪名，陷人入狱，迁怒无辜，同样数不胜数，不可尽言。因此有的地方尸骸遍地，堆满坑洞，血流十里。譬如王温舒治下有残暴之吏，严延年身受屠伯之名，这些岂能有假！倘若其中有人能打压强暴，抑制公卿，即便断送性命也无所顾虑，也堪称壮烈。

自光武中兴之后，法令逐渐周密，官吏残暴迫害百姓的事情，相较前朝有所减少。但阉人外戚，侵虐天下。以至于阳球将王甫分尸，张俭挖开曹节的坟墓。诸如此类，虽然平息众怨，大快人心，但也称得上是残酷！张俭负有盛名，故而附载于《党人篇》之中。

董宣，字少平，陈留郡圉县人。起初董宣受到司徒侯霸的征召，经过考核，因成绩优异而得到举荐，经过数次升迁担任北海国相。董宣就任后，将郡中世家大族公孙丹任命为五官掾。公孙丹新修居所，占卜的人认为将会有人死去，公孙丹便让儿子杀了路上的行人，将尸体置于屋内，以此抵补罪过。董宣知晓此事后，立刻将公孙丹父子斩杀。公孙丹的宗族亲党有三十多人，手持兵器前往董宣府邸，喊冤呼号，董宣认为公孙丹此前攀附王莽，担心这些人串通海贼，于是董宣将他们全部收捕，关在剧县的监狱中，并且下令让门下书佐水丘岑将他们统统杀掉。青州刺史认为董宣滥刑，于是上书劾奏董宣，奏请调查水丘岑，董宣因此获罪受召前往廷尉监狱。在狱中，董宣早晚读诵经文，面无忧色。等到要出狱受刑时，属吏给董宣送来饭菜。董宣厉色呵斥道：“我董宣生平从未吃过别人给的食物，何况在临死后江夏有剧贼夏喜等寇乱郡境，以宣为江夏太守。到界，移书曰："朝廷以太守能禽奸贼，故辱斯任。今勒兵界首，檄到，幸思自安之宜。"喜等闻，惧，即时降散。外戚阴氏为郡都尉，宣轻慢之，坐免。

后特征为洛阳令。时湖阳公主苍头白日杀人，因匿主家，吏不能得。及主出行，而以奴骖乘，宣于夏门亭候之，乃驻车叩马，以刀画地，大言数主之失，叱奴下车，因格杀之。主即还宫诉帝，帝大怒，召宣，欲箠杀之。宣叩头曰："愿乞一言而死。"帝曰："欲何言？"宣曰："陛下圣德中兴，而纵奴杀良人，将何以理天下乎？臣不须箠，请得自杀。"即以头击楹，流血被面。帝令小黄门持之，使宣叩头谢主，宣不从，强使顿之，宣两手据地，终不肯俯。主曰："文叔为白衣时，臧亡匿死，吏不敢至门。今为天子，威不能行一令乎？"帝笑曰："天子不与白衣同。"因敕强项令出。赐钱三十万，宣悉以班诸吏。由是搏击豪强，莫不震栗。京师号为"卧虎"。歌之曰："枹鼓不鸣董少平。"

之前！”董宣登车离去。当时有九人一同受刑，董宣在第二个。光武帝速派使者飞驰赶到刑场，特别赦免董宣的死刑，并下令将董宣押回监狱。光武帝派使者诘问董宣滥杀无辜的原因，董宣将具体情状上报使者，并说水丘岑是受自己的旨意，罪不在他。自己愿意伏诛来保全水丘岑。使者将这些情况奏明光武帝，光武帝下诏将董宣贬为怀县县令，并诏令青州刺史不要再调查水丘岑。后来水丘岑官至司隶校尉。

后来江夏郡有大盗夏喜等人，在郡内为祸百姓。朝廷命董宣担任江夏太守。董宣来到江夏郡后，发布公文说：“朝廷之所以任命我为太守，是认为我能擒获奸贼，平定一方。如今我已在江夏郡内召集军队，只要檄文一到，希望你们好自为之。”夏喜等人闻讯，大为惊惧，立刻归降逃散。外戚阴氏担任郡都尉，董宣轻慢阴氏，因此被免官。

后来光武帝特别征召董宣，命其担任洛阳县令。当时湖阳公主的奴仆在光天化日之下行凶杀人，之后藏匿在湖阳公主家中，官吏无法抓捕。等到湖阳公主外出，让这名奴仆陪乘。董宣在夏门亭等候湖阳公主，拦下公主的车马，用刀划地，高声陈述公主的过错，怒叱奴仆下车，当场格杀。湖阳公主立刻进宫将此事告诉了光武帝，光武帝大怒，召见董宣，想将董宣杖杀。董宣叩头说：“臣乞求说一句话再死。”光武帝说：“你还想说什么？”董宣说：“陛下圣德，汉室得以中兴，而公主却纵奴杀害良民，如此，陛下将如何治理天下？臣无须杖杀，臣奏请自杀。”说罢便用头撞向柱子，血流满面。光武帝命小黄门扶着董宣，让董宣向公主叩头谢罪，董宣不从，便让小黄门强按着董贤的头，董宣两手撑地，坚决不肯低头。公主说：“文叔还是平民百姓时，藏匿罪犯，官吏尚且不敢上门抓捕。如今贵为天子，难道天子的威严不再一个县长之上吗？”光武帝笑着说：“天子不同于平民百姓。”光武帝便称董宣为“强项令”，敕令董宣出去。光武帝赐予董宣三十万钱，董宣悉数分给属下官吏。此后董宣打击豪强，众人无不惊惧战栗，京师称其为“卧虎”，民间歌颂董宣道：“警鼓不鸣董少平。”

在县五年。年七十四，卒于官。诏遣使者临视，唯见布被覆尸，妻子对哭，有大麦数斛、敝车一乘。帝伤之，曰："董宣廉絜，死乃知之！"以宣尝为二千石，赐艾绶，葬以大夫礼。拜子并为郎中，后官至齐相。

樊晔字仲华，南阳新野人也。与光武少游旧。建武初，征为侍御史，迁河东都尉，引见云台。初，光武微时，尝以事拘于新野，晔为市吏，馈饵一笥，帝德之不忘，仍赐晔御食，及乘舆服物。因戏之曰："一笥饵得都尉，何如？"晔顿首辞谢。及至郡，诛讨大姓马适匡等。盗贼清，吏人畏之。数年，迁杨州牧，教民耕田种树理家之术。视事十余年，坐法左转轵长。

隗嚣灭后，陇右不安，乃拜晔为天水太守。政严猛，好申韩法，善恶立断。人有犯其禁者，率不生出狱，吏人及羌胡畏之。道不拾遗。行旅至夜，聚衣装道傍，曰"以付樊公"。凉州为之歌曰："游子常苦贫，力子天所富。宁见乳虎穴，不入冀府寺。大笑期必死，忿怒或见置。嗟我樊府君，安可再遭值！"视事十四年，卒官。

永平中，显宗追思晔在天水时政能，以为后人莫之及，诏赐家钱百万。子融，有俊才，好黄老，不肯为吏。

李章字第公，河内怀人也。五世二千石。章习《严氏春秋》，经明教授，历州郡吏。光武为大司马，平定河北，召章置东曹属，数从征伐。

董宣在洛阳县任职五年，享年七十四岁，在任上去世。光武帝下诏派使者前往吊唁探视，只见尸体用布覆盖，妻儿对哭。家中只有数斛大麦、一辆破车。光武帝大为感伤，说：“董宣廉洁，死后才知！”董宣曾担任过二千石的官员，光武帝以此赐予绿色印绶，以大夫的礼制下葬。光武帝诏令董宣的儿子董并拜任郎中，后来董并官至齐国国相。

樊晔，字仲华，南阳郡新野县人。与光武帝有旧交。建武初年，樊晔受到征召担任侍御史，转任河东都尉，光无度在云台接见樊晔。起初，光武帝还处于微贱之时，曾因某事在新野县被拘捕，当时樊晔担任市吏，送给光武帝一笥糕饼，光武帝感德不忘，常常赐予樊晔御膳，以及车马服饰。因而光武帝开玩笑说：“一笥糕饼换得都尉，如何？”樊晔顿首致谢。樊晔到郡后，诛讨世家大族马适匡等人，将盗贼肃清，官吏百姓心生敬畏。数年后，樊晔升任扬州牧，教导百姓耕田种树治家之术。樊晔在任十多年，因做事犯法而被贬为轵县县长。

隗嚣败亡后，陇右一带不安宁，光武帝诏令樊晔拜任天水太守。樊晔为政严猛，推崇申不害、韩非的法家治政的观点，对于善恶之事明察立断。若有人违犯禁令，大多无法活着出狱，官吏百姓及羌胡无不畏惧。经过樊晔的治理，郡中逐渐道不拾遗。旅客到了夜晚，就将行李放在路边，说“已经交付给樊公了。”凉州百姓歌颂樊晔道：“游子常贫苦，勤勉天赐富。宁见乳虎穴，不进天水衙。大笑终必死，忿怒或可生。叹我樊府君，何处再相遇！”樊晔任职十四年，最终在任上去世。

永平年间，明帝追思樊晔在天水任职时的政绩，认为后世无人能及，明帝下诏赐予樊晔的家眷钱百万。樊晔的儿子樊融，才华卓越，喜好黄老之术，不肯为吏。

李章，字第公，河内郡怀县人。家中五世官至二千石。李章修习《严氏春秋》，通晓经典后，教授弟子门生，李章历任州郡的属吏。光武帝还是大司马时，平定河北，征召李章到东曹任职，李章多次跟光武即位，拜阳平令。时赵、魏豪右往往屯聚，清河大姓赵纲遂于县界起坞壁，缮甲兵，为在所害。章到，乃设飨会，而延谒纲。纲带文剑，被羽衣，从士百余人来到。章与对宴饮，有顷，手剑斩纲，伏兵亦悉杀其从者，因驰诣坞壁，掩击破之，吏人遂安。

迁千乘太守，坐诛斩盗贼过滥，征下狱免。岁中拜侍御史，出为琅邪太守。时北海安丘大姓夏长思等反，遂囚太守处兴，而据营陵城。章闻，即发兵千人，驰往击之。掾吏止章曰："二千石行不得出界，兵不得擅发。"章按剑怒曰："逆虏无状，囚劫郡守，此何可忍！若坐讨贼而死，吾不恨也。"遂引兵安丘城下，募勇敢烧城门，与长思战，斩之，获三百余级，得牛马五百余头而还。兴归郡，以状上帝，悉以所得班劳吏士。后坐度人田不实征，以章有功，但司寇论。月余免刑归。复征，会病卒。

周纡字文通，下邳徐人也。为人刻削少恩，好韩非之术。少为廷尉史。

永平中，补南行唐长。到官，晓吏人曰："朝廷不以长不肖，使牧黎民，而性仇猾吏，志除豪贼，且勿相试！"遂杀县中尤无状者数十人，吏人大震。迁博平令。收考奸臧，无出狱者。以威名迁齐相，亦颇严酷，专任刑法，而善为辞案条教，为州内所则。后坐杀无辜，复左转博平令。

随光武帝出征讨伐。

光武帝即位后，李章拜任阳平县令。当时赵、魏两地的豪强经常聚集在一起，清河县的世家大族赵纲便在县内筑起堡垒，整顿兵器，为害一方。李章到任后，置酒设宴，延请赵纲。赵纲佩戴宝剑，身披羽衣，率领百余名兵士赴宴。李章与赵纲对饮，片刻之后，李章手持利剑，斩杀赵纲，宴会上伏兵也将跟随赵纲的兵士统统斩杀，之后李章飞驰前往堡垒，出兵袭击，最终将堡垒攻破，官吏百姓随之安定。

后来李章升任千乘太守，又因滥杀盗贼，受到征召，下狱免官。一年内又拜任侍御史，出外担任琅琊太守。当时北海郡安丘县的世家大族夏长思等人造反，他们囚禁了太守处兴，占据了营陵城。李章听闻，立刻出兵千人，飞驰前往讨伐反贼。掾吏劝阻李章说："二千石的官员不得擅离郡界，不得擅自发兵。"李章手按佩剑，怒斥道："反贼无状，囚劫郡守，此事怎可容忍！倘若我因讨贼而死，我毫无怨言！"于是李章兵临安丘城下，招募勇士烧毁城门，李章与夏长思交战，斩杀夏长思，斩获反贼三百余人，缴获五百余头牛马，而后返回。处兴返回郡府后，将这件事上报朝廷，李章将所有的战利品都犒赏了出征的将士。后来李章因调查度量人口田地不实，而受到征召，因为李章此前平乱有功，只是被罚往边境戍边御敌。一个多月后得到赦免，返归家中。后来朝廷再此征召李章，但恰逢李章病逝。

周纡，字文通，下邳郡徐县人。为人严苛寡恩，喜好韩非法家之术。年少时担任廷尉史。

永平年间，周纡补任南行唐县长。周纡上任后，告知当地官吏说："朝廷不认为我没有才干，命我来治理黎民百姓，而我生性讨厌奸猾的官吏，志在铲除豪强大盗，你们切勿以身试法！"周纡诛杀县中数十名行径尤为无状之徒，官吏百姓大惊。后来周纡升任博平县令。周纡收捕拷问不法之徒，无人能活着出狱。周纡因治政严酷而升任齐国国相，但治理齐国依旧颇为严酷，专用刑罚，而周纡又擅长书写文书教令，而被州内所效法。后来周纡因错杀无辜，再次被贬为建初中，为勃海太守。每赦令到郡，辄隐闭不出，先遣使属县尽决刑罪，乃出诏书。坐征诣廷尉，免归。

纡廉絜无资，常筑墼以自给，肃宗闻而怜之，复以为郎，再迁召陵侯相。廷掾惮纡严明，欲损其威，乃晨取死人断手足，立寺门。纡闻，便往至死人边。若与死人共语状。阴察视口眼有稻芒，乃密问守门人曰："悉谁载藁入城者？"门者对："唯有廷掾耳。"又问铃下："外颇有疑令与死人语者不？"对曰："廷掾疑君。"乃收廷掾考问，具服"不杀人，取道边死人"。后人莫敢欺者。

征拜洛阳令。下车，先问大姓主名，吏数闾里豪强以对，纡厉声怒曰："本问贵戚若马、窦等辈，岂能知此卖菜佣乎？"于是部吏望风旨，争以激切为事。贵戚跼蹐，京师肃清。皇后弟黄门郎窦笃从宫中归，夜至止奸亭，亭长霍延遮止笃，笃苍头与争，延遂拔剑拟笃，而肆詈恣口。笃以表闻。诏召司隶校尉、河南尹诣尚书谴问，遣剑戟士收纡送廷尉诏狱。数日贳出。帝知纡奉法疾奸，不事贵戚，然苛惨失中，数为有司所奏，八年，遂免官。

后为御史中丞。和帝即位，太傅邓彪奏纡在任过酷，不宜典司京辇。免归田里。后窦氏贵盛，笃兄弟秉权，睚眦宿怨，无不僵仆。纡自谓无全，乃柴门自守，以待其祸。然笃等以纡公正，而怨隙有素，遂不敢害。

博平县令。

建初年间，周纡担任勃海太守。每逢朝廷下达赦令，周纡都会将赦令藏起来不公布，先派人到所属各县将罪犯尽快处决，然后才公布诏书。后来周纡受召前往廷尉问罪，最终免官归家。

周纡为官廉洁，没有余财，常常以烧制砖坯为生。章帝听闻，怜悯周纡，再次任命周纡为郎官，经过两次升迁担任召陵侯相。廷掾畏惧周纡治政严明，想挫其威名，于是某日早晨找到一具尸体，断下手足，立在府衙门前。周纡闻讯，便走到尸体旁边，佯装在与尸体讲话的样子。暗中观察口眼处，发现有稻芒，于是秘密询问守门人："你知道是谁载着禾秆入城？"守门人回答道："唯有廷掾一人。"周纡又问侍从："外面有谁在怀疑我与死人对话？"侍从回答说："廷掾怀疑君。"于是周纡下令将廷掾收捕拷问，廷掾招认"没有杀人，从路边找来的尸体"。后来无人再敢欺骗周纡。

朝廷征召周纡拜任洛阳县令，周纡到任后，先询问当地世家大族的姓名，属吏将闾里豪强的姓名逐一上报。周纡厉声怒叱："本来要问那些诸如马氏、窦氏等权贵外戚，怎会了解这些卑贱的卖菜佣呢？"于是属吏遵照周纡的旨意，争相以激进行事。权贵外戚无不慌张局促，京师得以肃清。皇后的弟弟黄门郎窦笃从宫中返回，夜晚在止奸亭过夜，亭长霍延阻拦窦笃，窦笃的仆役与霍延发生争执，霍延拔剑指着窦笃，并且肆意谩骂，口无遮拦。窦笃将此事上表禀奏章帝，章帝诏令，征召司隶校尉、河南尹前往尚书府接受审问，又派剑戟士将周纡收捕送往廷尉诏狱。数日后周纡得到赦免出狱。章帝知晓周纡奉守法令，憎恶奸邪，不事权贵，然而过度苛刻暴虐，有失中正，多次受到有关官员的奏劾，建初八年（83），周纡被免官。

后来周纡担任御史中丞。和帝即位后，太傅邓彪劾奏周纡为官期间治政过于严酷，不宜在朝中纠察百官。于是周纡被免官，返归乡里。后来窦氏显贵，势力强盛，窦笃兄弟擅政专权，凡是与其有小仇旧怨之人，无不遭受报复迫害，身死殒命。周纡自知无法保全性命，于是闭门自守，等待殃祸来临。然而窦笃等人认为周纡为人公正，而永元五年，复征为御史中丞。诸窦虽诛，而夏阳侯瓌犹尚在朝。纡疾之，乃上疏曰："臣闻臧文仲之事君也，见有礼于君者，事之如孝子之养父母；见无礼于君者，诛之如鹰鹯之逐鸟雀。案夏阳侯瓌，本出轻薄，志在邪僻，学无经术，而妄构讲舍，外招儒徒，实会奸桀。轻忽天威，侮慢王室，又造作巡狩封禅之书，惑众不道，当伏诛戮，而主者营私，不为国计。夫涓流虽寡，浸成江河；爝火虽微，卒能燎野，履霜有渐，可不惩革？宜寻吕产专窃之乱，永惟王莽篡逆之祸，上安社稷之计，下解万夫之惑。"会瓌归国，纡迁司隶校尉。

六年夏旱，车驾自幸洛阳录囚徒，二人被掠生虫，坐左转骑都尉。七年，迁将作大匠。九年，卒于官。

黄昌字圣真，会稽余姚人也。本出孤微。居近学官，数见诸生修庠序之礼，因好之，遂就经学。又晓习文法，仕郡为决曹。刺史行部，见昌，甚奇之，辟从事。

后拜宛令，政尚严猛，好发奸伏。人有盗其车盖者，昌初无所言，后乃密遣亲客至门下贼曹家掩取得之，悉收其家，一时杀戮。大姓战惧，皆称神明。

朝廷举能，迁蜀郡太守。先太守李根年老多悖政，百姓侵冤。及昌到，吏人讼者七百余人，悉为断理，莫不得所。密捕盗帅一人，胁使条诸县强暴之人姓名居处，乃分遣掩讨，无有遗脱。宿恶大且嫌隙已经由来已久，因此不再加害周纡。

永元五年（93），周纡再次受召担任御史中丞。窦氏一族中很多人虽已伏诛，但夏阳侯窦瑰依然在朝。周纡对此十分厌恶，于是上疏奏言：“臣听闻臧文仲事君，见到对待国君有礼的，臧文仲就如孝子之养父母般奉事他；见到对待国君无礼的，臧文仲就如鹰鹯之逐鸟雀般诛灭他。经调查，夏阳侯窦瑰本性轻薄，心怀邪僻，对于经术一无所知，而窦瑰擅自修建讲舍，对外招收儒生门徒，但实际则属聚集奸诈狡猾之徒。轻视天威，侮慢皇室，又捏造天子巡狩封禅之书，迷惑百姓，大逆不道，罪当伏诛，而主管官员营私舞弊，不为国家考虑。细小之流，渐成长江黄河；星星之火，终能燎原。脚踩薄霜就知道坚厚的冰层将会形成，怎可不防微杜渐，痛改前非？陛下应当深思吕产专权之乱，永记王莽篡逆之祸，上安社稷之计，下解万民之惑。”当时恰逢窦瑰被遣归封国，周纡升任司隶校尉。

永元六年（94）夏季，有旱灾发生，和帝亲临洛阳的监狱，巡察囚犯，有两人遭受严刑拷打，以至于伤口生虫，因此周纡被贬为骑都尉。永元七年（95），周纡迁任将作大匠。永元九年（97），周纡在任上去世。

黄昌，字圣真，会稽郡余姚县人。黄昌出身微贱。家住学校附近，经常能见到儒生在学校修习礼仪，心生羡慕，于是黄昌开始学习经学，之后又能精通法令条文，担任郡决曹。后来刺史巡行所辖郡县，见到黄昌，十分欣赏，授任黄昌为从事。

后来黄昌拜任宛县县令，治政崇尚严猛，喜欢揭露潜藏的奸邪之徒。有人偷走县衙的车盖，起初黄昌美说什么，之后秘密派遣亲近的门客，前往主管盗贼的官员的家中，乘其不备将盗贼抓获，并且将盗贼的家人也全部收押，将他们全部斩杀。世家大族无不为之震惊战栗，都称赞黄昌如神明般审断案件。

朝廷选贤举能，黄昌升任蜀郡太守。前任太守李根年老，治政多有错乱，百姓蒙冤。黄昌到任后，前来申诉的官吏百姓就有七百多人，黄昌逐一重新审理，案件审断无不合理恰当。黄昌秘密抓获了一奸，皆奔走它境。

初，昌为州书佐，其妇归宁于家，遇贼被获，遂流转入蜀为人妻。其子犯事，乃诣昌自讼。昌疑母不类蜀人，因问所由。对曰：“妾本会稽余姚戴次公女，州书佐黄昌妻也。妾尝归家，为贼所略，遂至于此。”昌惊，呼前谓曰：“何以识黄昌邪？”对曰：“昌左足心有黑子，常自言当为二千石。”昌乃出足示之。因相持悲泣，还为夫妇。

视事四年，征，再迁陈相。县人彭氏旧豪纵，造起大舍，高楼临道。昌每出行县，彭氏妇人辄升楼而观。昌不喜，遂敕收付狱，案杀之。

又迁为河内太守，又再迁颍川太守。永和五年，征拜将作大匠。汉安元年，进补大司农，左转太中大夫，卒于官。

阳球字方正，渔阳泉州人也。家世大姓冠盖。球能击剑，习弓马。性严厉，好申韩之学。郡吏有辱其母者，球结少年数十人，杀吏，灭其家，由是知名。初举孝廉，补尚书侍郎，闲达故事，其章奏处议，常为台阁所崇信。出为高唐令，以严苛过理，郡守收举，会赦见原。

辟司徒刘宠府，举高第。九江山贼起，连月不解。三府上球有理奸才，拜九江太守。球到，设方略，凶贼殄破，收郡中奸吏尽杀之。

名盗贼首领，迫使他将各个县内的暴徒姓名以及住址逐一供出，再分别派人前去捉拿，无一逃脱。郡中大奸大恶之徒，全部逃往其他郡县。

起初，黄昌担任州书佐，他的妻子回娘家省亲，途中遇到贼匪，被擒，之后辗转到蜀郡，成了别人的妻子。原配妻子的儿子犯了法，她到黄昌那里申诉。黄昌怀疑她不像蜀郡人，于是就询问她的来历，她回答说："妾本是会稽郡余姚县戴次公之女，州书佐黄昌之妻。且曾经归娘家省亲，途中被贼匪所掳，才到了此地。"黄昌大惊，叫她上前，继续询问："你如何辨认黄昌？"她回答道："黄昌左脚心有颗黑痣，他曾说足心有黑痣将会官至二千石。"黄昌伸出左脚让她看。两人相拥而泣，重新成为夫妻。

黄昌担任蜀郡太守四年，受到朝廷征召，升任陈国国相。陈国属县有一户彭氏的人家，素来骄横跋扈，建起一座很大的宅子，高楼面对着街道。黄昌每次外出巡行属县，彭氏家中的妇人就会登上高楼观看。黄昌心中不喜，下令将彭氏收捕下狱，审讯后处死。

后来黄昌又升任河内太守，之后又迁任颍川太守。永和五年（140），黄昌受到征召，拜任将作大匠。汉安元年（142），黄昌进补大司农，之后又被贬为太中大夫，最终黄昌在任上去世。

阳球，字方正，渔阳郡泉州县人。世代为官，是当地的世家大族。阳球擅长击剑，修习骑射。性情严厉，喜欢申不害、韩非的法家之学。有名郡吏欺辱了阳球的母亲，阳球便聚集了数十名少年，不仅杀了那名郡吏，而且灭了郡吏全家，由此阳球知名。最初阳球被举荐为孝廉，补任尚书侍郎。阳球熟知前朝政事，他的奏章和决策，常常得到尚书的推崇采纳。后来阳球出外担任高唐县令，因为治政过于严苛，被郡守收押弹劾，恰逢赦令，免于罪罚。

后来司徒刘宠征召阳球担任属吏，阳球经考核，成绩优异而得到举荐。九江郡山贼频发，为祸一方，接连数月都没能平息。三公府上书举荐阳球有整治奸邪之才，朝廷诏令阳球拜任九江太守。阳球到任后，巧施奇谋妙计，凶恶山贼尽数消灭，并将郡中奸吏全部收捕迁平原相。出教曰：“相前莅高唐，志扫奸鄙，遂为贵郡所见枉举。昔桓公释管仲射钩之仇，高祖赦季布逃亡之罪。虽以不德，敢忘前义。况君臣分定，而可怀宿昔哉！今一蠲往愆，期诸来效。若受教之后而不改奸状者，不得复有所容矣。”郡中咸畏服焉。时天下大旱，司空张颢条奏长吏苛酷贪污者，皆罢免之。球坐严苦，征诣廷尉，当免官。灵帝以球九江时有功，拜议郎。

迁将作大匠，坐事论。顷之，拜尚书令。奏罢鸿都文学，曰：“伏承有诏敕中尚方为鸿都文学乐松、江览等三十二人图象立赞，以劝学者。臣闻《传》曰：‘君举必书。书而不法，后嗣何观！’案松、览等皆出于微蔑，斗筲小人，依凭世戚，附托权豪，俯眉承睫，徼进明时。或献赋一篇，或鸟篆盈简，而位升郎中，形图丹青。亦有笔不点牍，辞不辩心，假手请字，妖伪百品，莫不被蒙殊恩，蝉蜕滓浊。是以有识掩口，天下嗟叹。臣闻图象之设，以昭劝戒，欲令人君动鉴得失。未闻竖子小人，诈作文颂，而可妄窃天官，垂象图素者也。今太学、东观足以宣明圣化。愿罢鸿都之选，以消天下之谤。”书奏不省。

时中常侍王甫、曹节等奸虐弄权，扇动外内，球尝拊髀发愤曰：“若阳球作司隶，此曹子安得容乎？”光和二年，迁为司隶校尉。王斩杀。

后来阳球迁任平原国相。阳球发布教令："我此前担任高唐县长，志在扫除奸邪。幸得贵郡所见而得到举荐。从前齐桓公不计较管仲射中衣带钩之仇，汉高祖赦免季布逃亡之罪。我虽然无德，但也不敢忘记前人的道义。何况君臣名分已定，怎可对于旧事继续心怀芥蒂呢？如今我将以往的罪行过错，一笔勾销，以观后效。倘若在接受教令之后，依旧不改奸邪行径，则对其不再宽容。"平原国中上下看后无不敬畏顺服。当时天下大旱，司空张颢上书，将苛刻严酷、贪污受贿的郡县官吏，逐一陈奏灵帝，这些官员一律被罢免。阳球因为治政苛刻严酷，受召前往廷尉，原本应当被免官。灵帝因阳球在九江郡任职时有功，便命阳球拜任议郎。

后来阳球升任将作大匠，因为某事被论罪惩处。不久之后，阳球又拜任尚书令。阳球上书奏请罢黜鸿都文学，奏书中说："朝廷下诏，敕令中尚方为鸿都文学乐松、江览等三十二人描绘画像并书写赞辞，以此勉励求学之人。臣听闻《左传》中记载：'君主的政令举措，都会记录下来。倘若记载的内容不合法度，后嗣子孙如何效仿学习！'经调查，乐松、江览等人都出身卑贱，不过是些斗筲小人，他们依靠累世的亲戚关系，攀附权贵豪强，俯首低眉，察言观色，谄媚逢迎，在清明圣朝，侥幸得到任用。他们有的进献一篇赋文，有的在竹简上写满鸟篆文字，就可以位升郎中，并且为他们绘制丹青，也有人不识章句，辞不达意，请人代笔，怪诞乖谬的行为百出，他们无不蒙受皇恩殊宠，如同幼蝉脱壳一般，摆脱微贱之身。因此有识之士掩口沉默，天下嗟叹不已。臣听闻之所以要描绘画像，是为了昭示百姓，劝诫士人，也想让为人君者可以洞察政治得失。从未听闻竖子小人，伪造几篇歌功颂德的文章，就能妄图窃居朝中官职，并要为其描绘画像。如今太学、东观足以宣明圣化。希望陛下废除鸿都学士的选拔，以消天下之谤。"奏书呈上之后，没有回应。

当时中常侍王甫、曹节等人奸虐弄权，朝廷内外，为之动摇，阳球曾经拍着大腿，愤怒地说："倘若我阳球担任司隶校尉，怎会容忍甫休沐里舍，球诣阙谢恩，奏收甫及中常侍淳于登、袁赦、封昺、中黄门刘毅、小黄门庞训、朱禹、齐盛等，及子弟为守令者，奸猾纵恣，罪合灭族。太尉段颎谄附佞幸，宜并诛戮。于是悉收甫、颎等送洛阳狱，及甫子永乐少府萌、沛相吉。球自临考甫等，五毒备极。萌谓球曰："父子既当伏诛，少以楚毒假借老父。"球曰："若罪恶无状，死不灭责，乃欲求假借邪？"萌乃骂曰："尔前奉事吾父子如奴，奴敢反汝主乎！今日困吾，行自及也！"球使以土窒萌口，箠朴交至，父子悉死杖下。颎亦自杀。乃僵磔甫尸于夏城门，大署牓曰"贼臣王甫"。尽没入财产，妻子皆徙比景。

球既诛甫，复欲以次表曹节等，乃敕中都官从事曰："且先去大猾，当次案豪右。"权门闻之，莫不屏气。诸奢饰之物，皆各缄縢，不敢陈设。京师畏震。

时顺帝虞贵人葬，百官会丧还，曹节见磔甫尸道次，慨然抆泪曰："我曹自可相食，何宜使犬舐其汁乎？"语诸常侍，今且俱入，勿过里舍也。节直入省，白帝曰："阳球故酷暴吏，前三府奏当免官，以九江微功，复见擢用。愆过之人，好为妄作，不宜使在司隶，以骋毒虐。"帝乃徙球为卫尉。时球出谒陵，节敕尚书令召拜，不得稽留尺一。球被召急，因求见帝，叩头曰："臣无清高之行，横蒙鹰犬之任。前虽纠诛王甫、段颎，盖简落狐狸，未足宣示天下。愿假臣一月，必令豺狼鸱枭，各服其辜。"叩头流血。殿上呵叱曰："卫尉扞诏邪！"至于再三，乃受拜。

曹子安之徒？”光和二年(179)，阳球升任司隶校尉。王甫在家中休沐，阳球前往宫中谢恩，并上书奏请逮捕王甫以及中常侍淳于登、袁赦、封羽、中黄门刘毅、小黄门庞训、朱禹、齐盛等人，以及他们担任郡守县令的子弟之中，只要是奸猾狡诈，行为放纵的，罪当灭族，阳球还劾奏太尉段颎谄媚逢迎，趋炎附势，应当一并受诛。于是将王甫、段颎及王甫的儿子永乐少府王萌、沛国国相王吉等人，全部收捕押送至洛阳监狱。阳球亲自审问王甫等人，经过严刑拷打。王萌对阳球说：“我们父子既然罪当受诛，还请宽待老父，少施酷刑。”阳球说：“你罪大恶极，死有余辜，还想奢求宽待吗？”王萌大骂道：“从前你奉事我们父子如同奴仆，奴仆怎敢以下犯上，冒犯主子！如今我身陷囹圄，将来也会轮到你！”阳球命人用土堵住王萌的嘴，棍棒交叠而下，王甫父子都死于杖下。段颎也自杀了。阳球便在夏城门将王甫分尸，张贴告示，上面大写着“贼臣王甫”。并且将王甫的家产全部没收，妻子儿女也都流放到比景县。

阳球诛杀了王甫之后，接着想依次劾奏曹节等人，便敕令中都官从事说：“暂且先清除大奸大恶之徒，再惩处豪门大族。”权贵豪族闻讯，无不收敛。各种奢侈之物，全部封存，不敢再摆出来，京师为之震惊战栗。

当时顺帝的虞贵人下葬，百官参加葬礼后返回，曹节见到路旁已经被割裂的王甫的尸首，悲痛感慨，擦着眼泪说：“我们之间可以自相残杀，但是怎可让野狗来舔舐王甫的血汁呢？”曹节告诉诸位常侍，今日暂且先全部回宫，不要返回私宅。曹节径直入宫，向灵帝禀奏：“阳球本是名酷吏，此前三公劾奏阳球，阳球理当被免官。因为任职九江时的微细之功，再次得到提拔任用。这样曾犯下罪过之人，往往喜欢胡作非为，阳球不宜继续担任司隶校尉，以免放任他的狠毒暴虐。”于是灵帝将阳球贬为卫尉。当时阳球正在外拜祭皇陵。曹节敕令尚书令将阳球召回，立刻拜任卫尉，不得有所滞留耽搁。阳球见召回的命令如此紧急，便想求见灵帝，叩头说：“臣无清高之行，却身负鹰犬之任，此前虽然纠举诛杀了王甫、段颎等人，但也只其冬，司徒刘郃与球议收案张让、曹节，节等知之，共诬白郃等。语已见《陈球传》。遂收球送洛阳狱，诛死，妻子徙边。

王吉者，陈留浚仪人，中常侍甫之养子也。甫在《宦者传》。吉少好诵读书传，喜名声，而性残忍。以父秉权宠，年二十余，为沛相。晓达政事，能断察疑狱，发起奸伏，多出众议。课使郡内各举奸吏豪人诸常有微过酒肉为臧者，虽数十年犹加贬弃，注其名籍。专选剽悍吏，击断非法。若有生子不养，即斩其父母，合土棘埋之。凡杀人皆磔尸车上，随其罪目。宣示属县。夏月腐烂，则以绳连其骨，周遍一郡乃止，见者骇惧。视事五年，凡杀万余人。其余惨毒刺刻，不可胜数。郡中惴恐，莫敢自保。及阳球奏甫，乃就收执，死于洛阳狱。

论曰：古者敦庬，善恶易分。至于画衣冠，异服色，而莫之犯。叔世偷薄，上下相蒙，德义不足以相洽，化导不能以惩违，遂乃严刑痛杀，随而绳之，致刻深之吏，以暴理奸，倚疾邪之公直，济忍苛之虐情。汉世所谓酷能者，盖有闻也。皆以敢捍精敏，巧附文理，风行霜烈，威誉喧赫。与夫断断守道之吏，何工否之殊乎！故严君蚩黄霸之术，密人笑卓茂之政，猛既穷矣，而犹或未胜。然朱邑不以笞辱加物，袁安未尝鞫人臧罪，而猾恶自禁，人不欺犯。何者？以为是铲除了些无足轻重的狐狸，尚未将根源肃清，不足以宣示天下。臣奏请再给臣一个月的时间，必会使豺狼鸱枭之辈，统统认罪伏法。”阳球叩头以至于流血。殿上的官吏呵叱道：“卫尉阳球是想违抗诏命吗！”呵叱再三，阳球才接受了任命。

这年冬季，司徒刘郃与阳球商议，将张让、曹节收捕审问，曹节等人闻讯，共同诬陷刘郃等人。此事详载于《陈球传》。最终阳球被收捕，送至洛阳监狱，阳球被处死，他的妻儿被流放到边疆。

王吉，陈留郡浚仪县人，是中常侍王甫的养子。王甫详载于《宦者传》。王吉年少时喜欢诵读书籍传记，追求名声，但生性残忍。因为其父执掌朝政，又备受宠信，因此王吉二十多岁时，就担任沛国国相。王吉通晓政事，擅长审断疑难案件，揭露潜藏的奸邪行径，行事作风出人意料。王吉经常督促敕令郡内各县，揭发奸吏豪强，甚至是接受酒肉贿赂这样细微的过错都会被检举，即便这些事情已经过去数十年，依旧会被免去职位，弃置不用，并且还会注销他们的名籍。王吉专门挑选一些勇猛强悍的属吏，打击非法。倘若有人生子不养，就将父母斩杀，并且放入荆棘掩埋。王吉但凡凡杀人，都会将其分尸，装在车上，连同其所犯罪名，在其属县游行示众。夏季尸体腐烂，就用绳子将骨头连起来，直到游行全郡为止，看见的人无不惊骇恐惧。王吉任职五年，共诛杀一万多人。其余惨遭严刑拷打的，不可胜数。沛国之内人人惊惧，只求自保。直到阳球劾奏王甫时，王吉才被收押，最终死于洛阳狱中。

评论说：古时的人性淳朴忠厚，善恶易分。假若犯了罪，只是在衣冠上做上标记，在服饰上图上象征的颜色，那么人们就不敢再犯了。末代世风日下，上下相欺，道德礼义不足以使百姓和睦相处，教化劝导不足以惩治违逆，因而施加严刑竣法，随后相互效法，以至于出现酷吏，以暴治奸，倚仗着大众疾恶如仇的公直之心，助长了官吏残忍苛刻的施虐之情。汉世所谓的以严刑峻法为能的酷吏，素有耳闻。他们都是因为果敢强捍，明察敏捷，巧附文法，迅猛严酷，威名显赫。与那些忠诚专一，坚守道义的官吏相比，优劣差异怎会如此悬威辟既用，而苟免之行兴；仁信道孚，故感被之情著。苟免者威隙则奸起，感被者人亡而思存。由一邦以言天下，则刑讼繁措，可得而求乎！

赞曰：大道既往，刑礼为薄。斯人散矣，机诈萌作。去杀由仁，济宽非虐。末暴虽胜，崇本或略。

殊！因此严延年讥笑黄霸以宽恕为政，密县官吏嘲笑卓茂不通政务，即便施以严刑峻法，治理依然不能尽善尽美。然而朱邑没有施加鞭笞来羞辱他人，袁安治下从未有人犯下贪污受贿之罪而受到审讯，而奸邪刁滑的行为自然就禁止了，百姓也不敢有所欺骗冒犯。为什么？因为严刑峻法使用之后，则苟且希求赦免的行为就会兴起，仁信道义为人所信服，故而身受感化的心情就会显著。苟且希求赦免的人，只要权威一有空隙，则奸邪就会再次出现，身受感化的人，即便人已去世则思念犹存。由一邦而论天下，刑罚和诉讼繁多错杂，由此可知！

赞辞说：正道既已丧失，刑法礼教逐渐衰微。人心背离溃散，机巧狡诈则会萌发。施以仁德，感化众人，则能免于杀戮，治政严宽相济，并不需要一直暴虐。酷暴为政化之末，虽赢得胜利，但治政应当追求的根本之道却被忽略了。

卷一百八

宦者列传第六十八

《易》曰：“天垂象，圣人则之。”宦者四星，在皇位之侧，故《周礼》置官，亦备其数。阍者守中门之禁，寺人掌女宫之戒。又云“王之正内者五人”。《月令》：“仲冬，命阉尹审门闾，谨房室。”《诗》之《小雅》，亦有《巷伯》刺谗之篇。然宦人之在王朝者，其来旧矣。将以其体非全气，情志专良，通关中人，易以役养乎？然而后世因之，才任稍广，其能者，则勃貂、管苏有功于楚、晋，景监、缪贤著庸于秦、赵。及其敝也，则竖刁乱齐，伊戾祸宋。

汉兴，仍袭秦制，置中常侍官。然亦引用士人，以参其选，皆银珰左貂，给事殿省。及高后称制，乃以张卿为大谒者，出入卧内，受宣诏命。文帝时，有赵谈、北宫伯子，颇见亲幸。至于孝武，亦爱李延年。帝数宴后庭，或潜游离馆，故请奏机事，多以宦人主之。至元帝之世，史游为黄门令，勤心纳忠，有所补益。其后弘恭、石显以佞险自进，卒有萧、周之祸，损秽帝德焉。

中兴之初，宦官悉用阉人，不复杂调它士。至永平中，始置员数，中常侍四人，小黄门十人。和帝即祚幼弱，而窦宪兄弟专总权威，内外臣僚，莫由亲接，所与居者，唯阉宦而已。故郑众得专谋禁中，终除大憝，遂享分土之封，超登宫卿之位。于是中官始盛焉。

《易经》中讲:“上天垂示各种现象,圣人效法它。”天上有四颗代表宦官的星星,它们在代表皇帝的星星旁边,因此《周礼》设置各种官员,同样将宦官设置完备。阍人掌管皇宫内廷外苑的门禁,寺人掌管宫中女官宫女的戒命。《周礼》中还记载“由五名宦官负责君王的寝宫。”《礼记·月令》中记载:“仲冬之时,命令统管宦官的官员检查宫门出入,谨守宫室的开闭。”《诗经·小雅》中,也有《巷伯》这样身受谗毁而讽谏周幽王的诗篇。宦官在朝中担任职务,由来已久。可能是因为他们身体残缺,想法单一,心无二念,可以与嫔妃宫女来往,容易役使吧?然而后世沿用宦官,任用的范围和职能逐渐扩大,其中才能卓越的,譬如勃貂、管苏有功于晋文公、楚恭王,景监、缪贤分别向秦孝公、赵惠文王举荐贤才。这其中也有倾覆国家的宦官,譬如竖刁乱齐,伊戾祸宋。

汉室建国后,沿用秦制,设置中常侍。但也会选任士人,担任中常侍一职。他们都冠前佩带银铛,貂尾加于冠左,在宫中和台省供职。等到了高后称制,将张卿任命为大谒者,出入高后寝宫,传达诏令。文帝时,有赵谈、北宫伯子,颇受宠信。到了孝武帝时,也颇为宠信李延年。武帝经常在后宫宴饮,有时前往离宫游玩,所以朝臣要奏请机密要事,多由宦官负责或传递。到元帝时,史游担任黄门令,尽心竭力,进献忠言,对政事多有补益。后来的弘恭、石显以谄媚阴险而得到宠信,最终导致萧望之自杀、周堪终身不得为官的祸难,损害玷污了帝王的圣德。

光武中兴之初,宦官全部选用阉人,不再混杂任用其他士人。到永平年间,开始设置宦官定额:中常侍四人,小黄门十人。和帝即位时年纪尚幼,而窦宪兄弟独揽朝政,内外臣僚,无人能接近和帝,伴随和帝起居的,只有宦官而已。因此有宦官郑众,得以单独与和帝自明帝以后，迄乎延平，委用渐大，而其员稍增，中常侍至有十人，小黄门二十人，改以金珰右貂，兼领卿署之职。邓后以女主临政，而万机殷远，朝臣国议，无由参断帷幄，称制下令，不出房闱之间，不得不委用刑人，寄之国命。手握王爵，口含天宪，非复掖廷永巷之职，闺牖房闼之任也。其后孙程定立顺之功，曹腾参建桓之策，续以五侯合谋，梁冀受钺，迹因公正，恩固主心，故中外服从，上下屏气。或称伊、霍之勋，无谢于往载；或谓良、平之画，复兴于当今。虽时有忠公，而竟见排斥。举动回山海，呼吸变霜露。阿旨曲求，则光宠三族；直情忤意，则参夷五宗。汉之纲纪大乱矣。

若夫高冠长剑，纡朱怀金者，布满宫闱；苴茅分虎，南面臣人者，盖以十数。府署第馆，棋列于都鄙；子弟支附，过半于州国。南金、和宝、冰纨、雾縠之积，盈仞珍臧；嫱媛、侍儿、歌童、舞女之玩，充备绮室。狗马饰雕文，土木被缇绣。皆剥割萌黎，竞恣奢欲。构害明贤，专树党类。其有更相援引，希附权强者，皆腐身熏子，以自衒达。同敝相济，故其徒有繁，败国蠹政之事，不可单书。所以海内嗟毒，志士穷栖，寇剧缘间，摇乱区夏。虽忠良怀愤，时或奋发，而言出祸从，旋见孥戮。因复大考钩党，转相诬染。凡称善士，莫不离被灾毒。窦武、何进，位崇戚近，乘九服之嚣怨，协群英之势力，而以疑留不断，至于殄败。斯亦运之极乎！虽袁绍龚行，芟夷无商议密谋，最终诛灭了窦宪，于是郑众得以享受封地爵位，一跃成为皇后宫中的大长秋。自此之后，宦官之势逐渐强盛。

自明帝以后，到延平年间，任用宦官的范围逐渐扩大，人数也略有增加，中常侍增加至十人，小黄门增加至二十人，冠前改为佩戴金珰，貂尾加于冠右，兼领九卿之职。邓太后临朝朝政，政事纷繁，日理万机，朝臣论议国家大事，没有办法到后宫之中参与决断，而邓太后下达诏令，不出所居宫室之间，因而不得不任用宦官，将国家的命运寄托于宦官身上。宦官手握封爵大权，口含朝廷法令，此时的宦官已然不再是穿梭于掖庭、永巷，奔走于后宫内廷之间的官职了。后来的宦官孙程有拥立顺帝的功绩，曹腾参与了拥立桓帝的计策，之后又相继出现五名中常侍合谋，诛杀梁冀。他们所为出于公允正义，恩情牢记在桓帝心中，因此朝中内外无不敬服顺从，上下无不谨慎畏惧。有人称赞他们有伊尹、霍光的功勋，毫不逊色于前朝忠勇之士；有人称赞他们有张良、陈平的计谋，运筹帷幄之才重新现世。即便当时朝中也有忠心之臣，却遭到排斥。宦官的举止行动可以移山倒海，呼吸之间可以凝霜结露。倘若对他们谄媚奉承，曲意逢迎，则能光耀三族；倘若生性直率，违逆了他们的心意，则五服亲眷都会惨遭诛戮。汉室的朝纲法纪自此大乱。

自明帝以后，到延平年间，任用宦官的范围逐渐扩大，人数也略有增加，中常侍增加至十人，小黄门增加至二十人，冠前改为佩戴金珰，貂尾加于冠右，兼领九卿之职。邓太后临朝朝政，政事纷繁，日理万机，朝臣论议国家大事，没有办法到后宫之中参与决断，而邓太后下达诏令，不出所居宫室之间，因而不得不任用宦官，将国家的命运寄托于宦官身上。宦官手握封爵大权，口含朝廷法令，此时的宦官已然不再是穿梭于掖庭、永巷，奔走于后宫内廷之间的官职了。后来的宦官孙程有拥立顺帝的功绩，曹腾参与了拥立桓帝的计策，之后又相继出现五名中常侍合谋，诛杀梁冀。他们所为出于公允正义，恩情牢记在桓帝心中，因此朝中内外无不敬服顺从，上下无不谨慎畏惧。有人称赞他们有伊尹、霍光的功勋，毫不逊色于前朝忠勇之士；有人余，然以暴易乱，亦何云及！自曹腾说梁冀，竟立昏弱。魏武因之，遂迁龟鼎。所谓“君以此始，必以此终”，信乎其然矣！

郑众字季产，南阳犨人也。为人谨敏有心几。永平中，初给事太子家。肃宗即位，拜小黄门，迁中常侍。和帝初，加位钩盾令。

时窦太后秉政，后兄大将军宪等并窃威权，朝臣上下莫不附之，而众独一心王室，不事豪党，帝亲信焉。及宪兄弟图作不轨，众遂首谋诛之，以功迁大长秋。策勋班赏，每辞多受少。由是常与议事。中官用权，自众始焉。

十四年，帝念众功美，封为鄛乡侯，食邑千五百户。永初元年，和熹皇后益封三百户。

元初元年卒，养子闳嗣。闳卒，子安嗣。后国绝。桓帝延熹二年，绍封众曾孙石雠为关内侯。

蔡伦字敬仲，桂阳人也。以永平末始给事宫掖，建初中，为小黄门。及和帝即位，转中常侍，豫参帷幄。

伦有才学，尽心敦慎，数犯严颜，匡弼得失。每至休沐，辄闭门绝宾，暴体田野。后加位尚方令。永元九年，监作秘剑及诸器械，莫不精工坚密，为后世法。

自古书契多编以竹简，其用缣帛者谓之为纸。缣贵而简重，并不便于人。伦乃造意，用树肤、麻头及敝布、鱼网以为纸。元兴元年奏上之，帝善其能，自是莫不从用焉，故天下咸称“蔡侯纸”。

称赞他们有张良、陈平的计谋，运筹帷幄之才重新现世。即便当时朝中也有忠心之臣，却遭到排斥。宦官的举止行动可以移山倒海，呼吸之间可以凝霜结露。倘若对他们谄媚奉承，曲意逢迎，则能光耀三族；倘若生性直率，违逆了他们的心意，则五服亲眷都会惨遭诛戮。汉室的朝纲法纪自此大乱。

郑众，字季产，南阳郡犨县人。郑众为人谨慎机敏，富有心计。永平年间，郑众开始在太子府任职。章帝即位后，郑众拜任小黄门，升任中常侍。和帝初年，郑众加位钩盾令。

当时窦太后秉政，窦太后的兄长大将军窦宪等人窃居权位，把持朝政，朝臣上下，无人不依附窦宪等人，唯独郑众心向王室，不勾结豪强，因此和帝颇为亲近信任郑众。等到窦宪兄弟欲行不轨时，郑众率先谋划将他们诛杀，郑众也因功升任大长秋。和帝为其记述功勋，分发奖赏，郑众每次辞多受少。因此和帝常与郑众商议国事。宦官用权，始于郑众。

永元十四年（102），和帝念郑众功绩卓越，封其为鄛乡侯，食邑一千五百户。永初元年（107），和熹皇后为郑众加封三百户。

元初元年（114）郑众去世，养子郑闳承袭爵位，郑闳去世，其子郑安承袭爵位。后来封国断绝。桓帝延熹二年（159），封郑众的曾孙郑石雠为关内侯。

蔡伦，字敬仲，桂阳郡人。永平末年，蔡伦开始在宫中任职。建初年间，蔡伦担任小黄门。直到和帝即位后，蔡伦转任中常侍，参加政事的决断。

蔡伦才学横溢，尽心奉公，敦厚谨慎。多次触犯龙颜，忠言直谏，匡弼政事得失。每逢休沐，蔡伦都会闭门谢客，微行田野。后来蔡伦升任尚书令。永元九年（97），蔡伦负责监督制造宝剑以及各种器械，无不精巧坚固，为后世所效法。

自古书写文字，大多需要先编制竹简，在竹简上书写，还有用缣帛书写的，他们将缣帛称为纸。缣帛昂贵而竹简笨重，都不便于人们使用。于是蔡伦首创，用树皮、碎麻以及破布、渔网造纸。元兴元年元初元年，邓太后以伦久宿卫，封为龙亭侯，邑三百户。后为长乐太仆。四年，帝以经传之文多不正定，乃选通儒谒者刘珍及博士良史诣东观，各雠校汉家法，令伦监典其事。

伦初受窦后讽旨，诬陷安帝祖母宋贵人。及太后崩，安帝始亲万机，敕使自致廷尉。伦耻受辱，乃沐浴整衣冠，饮药而死。国除。

孙程字稚卿，涿郡新城人也。安帝时，为中黄门，给事长乐宫。

时邓太后临朝，帝不亲政事。小黄门李闰与帝乳母王圣常共谮太后兄执金吾悝等，言欲废帝，立平原王德，帝每忿惧。及太后崩，遂诛邓氏而废平原王，封闰雍乡侯；又小黄门江京以谗谄进，初迎帝于邸，以功封都乡侯，食邑各三百户。闰、京并迁中常侍，江京兼大长秋，与中常侍樊丰、黄门令刘安、钩盾令陈达及王圣、圣女伯荣扇动内外，竞为侈虐。又帝舅大将军耿宝、皇后兄大鸿胪阎显更相阿党，遂枉杀太尉杨震，废皇太子为济阴王。

明年帝崩，立北乡侯为天子。显等遂专朝争权，乃讽有司奏诛樊丰，废耿宝、王圣，及党与皆见死徙。

十月，北乡侯病笃。程谓济阴王谒者长兴渠曰："王以嫡统，本无失德，先帝用谗，遂至废黜。若北乡疾不起，共断江京、阎显，事乃可成。"渠等然之。又中黄门南阳王康，先为太子府史，自太子之

（105）蔡伦将这一发明上奏和帝，和帝十分赞赏蔡伦的才能。此后大家都使用这种纸，因此天下将这种纸称为“蔡侯纸”。

元初元年（114），邓太后以蔡伦长期宿卫宫禁，封蔡伦为龙亭侯，食邑三百户，后来蔡伦担任长乐宫太仆。元初四年（117），安帝以经传虽多但未经校订改正，便挑选学识渊博的儒者、谒者，如刘珍以及博士良史前往东观，各自校对各自学派的典籍，安帝诏令蔡伦监督负责此事。

蔡伦起初受窦太后的暗示，诬陷安帝祖母宋贵人。直到窦太后去世，安帝开始亲政，安帝敕令蔡伦自行前往廷尉，接受调查审讯。蔡伦耻于受辱，便沐浴清洁，整饬衣冠，服药而亡。并将其封国撤销。

孙程，字稚卿，涿郡新城县人。安帝时，孙程担任中黄门，在长乐宫任职。

当时邓太后临朝称制，安帝尚未亲政。小黄门李闰与安帝乳母王圣常常谗毁太后的兄长执金吾邓悝等人，声称他们意欲废帝，拥立平原王刘德，安帝每每愤恨恐惧。等到邓太后去世，安帝诛灭邓氏并且废黜了平原王，将李闰封为雍乡侯；此外小黄门江京以进献谗言，逢迎巴结而得到任用，当初江京前往清河王邸迎接安帝即位，因功受封都乡侯。李闰和江京的食邑各三百户，两人同时升任中常侍，江京兼任大长秋，他们与中常侍樊丰、黄门令刘安、鉤盾令陈达以及王圣、王圣之女王伯荣，一起煽动朝廷内外，行径肆无忌惮，暴虐无常。此外安帝的舅舅大将军耿宝、皇后的兄长大鸿胪阎显相互勾结，冤杀太尉杨震，废皇太子为济阴王。

第二年安帝驾崩，朝廷立北乡侯为天子。于是阎显等人独揽朝政，争权夺利，暗示有关官员劾奏将樊丰诛杀，废黜耿宝、王圣，他们的党羽，有的被诛杀，有的被流放。

同年十月，北乡侯病重。孙程对济阴王的谒者长兴渠说：“济阴王曾被册立为太子，身为正统，本无失德之处，先帝听信谗言，以至于惨遭废黜。倘若北乡侯患病无法痊愈，诸位联手将江京、阎显铲除，废，常怀叹愤。又长乐太官丞京兆王国，并附同于程。至二十七日，北乡侯薨。阎显白太后，征诸王子简为帝嗣。未及至，十一月二日，程遂与王康等十八人聚谋于西钟下，皆截单衣为誓。四日夜，程等共会崇德殿上，因入章台门。时江京、刘安及李闰、陈达等俱坐省门下，程与王康共就斩京、安、达，以李闰权势积为省内所服，欲引为主，因举刃胁闰曰："今当立济阴王，无得摇动。"闰曰："诺。"于是扶闰起，俱于西钟下迎济阴王立之，是为顺帝。召尚书令、仆射以下，从辇幸南宫云台，程等留守省门，遮扞内外。

阎显时在禁中，忧迫不知所为，小黄门樊登劝显发兵，以太后诏召越骑校尉冯诗、虎贲中郎将阎崇，屯朔平门，以御程等。诱诗入省，太后使授之印，曰："能得济阴王者封万户侯，得李闰者五千户侯。"显以诗所将众少，使与登迎吏士于左掖门外。诗因格杀登，归营屯守。显弟卫尉景遽从省中还外府，收兵至盛德门。程传召诸尚书使收景。尚书郭镇时卧病，闻之，即率直宿羽林出南止车门，逢景从吏士，拔白刃，呼曰："无干兵。"镇即下车，持节诏之。景曰："何等诏？"因斫镇，不中。镇引剑击景堕车，左右以戟叉其匈，遂禽之，送廷尉狱，即夜死。旦日，令侍御史收显等送狱，于是遂定。下诏曰："夫表功录善，古今之通义也。故中常侍长乐太仆江京、黄门令刘安、钩盾令陈达与故车骑将军阎显兄弟谋议恶逆，倾乱天下。中黄门孙程、王康、长乐太官丞王国、中黄门黄龙、彭恺、孟叔、李建、王成、张贤、史汎、马国、王道、李元、杨佗、陈予、赵封、李刚、魏猛、苗光等，怀忠愤发，戮力协谋，遂扫灭元恶，以定王室。《诗》不云乎：'无言不仇，无德不报。'程为谋首，康、国协同。其则大事可成。”兴渠等人赞同。此外中黄门南阳郡人王康，原先为太子府史，自太子被废，常常悲叹，心怀愤激。还有长乐宫太官丞京兆人王国，也与孙程结为同党，并与之密谋。到了十月二十七日，北乡侯病逝。阎显禀报太后，征召诸侯王的儿子入宫，从中挑选皇位继承人。这些王子尚未进京入宫，十一月二日，孙程便与王康等十八人聚集在西钟下密谋策划，他们都以截下单衣为誓。十一月四日夜晚，孙程等人在崇德殿会合，之后进入章台门。当时江京、刘安以及李闰、陈达等人都坐在宫门下，孙程与王康共同将江京、刘安、陈达斩杀，因为李闰长期掌权，其权势为宫中所臣服，孙程便想引以他为主，来震慑其他宦官，孙程举刀威胁李闰说：“如今当拥立济阴王，不得动摇。”李闰说：“我答应你。”于是孙程扶起李闰，众人都聚集在西钟下，迎立济阴王，是为顺帝。之后召令尚书令、仆射以下的官员，跟随御辇前往南宫云台，孙程等人留守宫门，断绝皇宫内外的往来。

阎显当时身在宫中，忧愁焦急不知所措，小黄门樊登劝阎显发兵，以太后的诏令，召越骑校尉冯诗、虎贲中郎将阎崇，戍守朔平门，抵抗孙程等人。阎显引诱冯诗入宫，太后派人赐予冯诗印绶，说：“若有人能抓获济阴王，赐封万户侯，抓获李闰，赐封五千户侯。”阎显因冯诗所率兵士不多，便让冯诗与樊登一起在左掖门外迎接援军。冯诗趁机将樊登格杀，返回营地继续驻守。阎显的弟弟卫尉阎景急忙从宫中返回卫尉府，召集军队赶往盛德门。孙程传召，命诸位尚书将阎景抓获。当时尚书郭镇卧病，闻讯，立刻率领当时值夜的羽林郡向南出发，到达转动车马进出的旁门，遇到阎景的随从兵士，郭镇拔出利剑，呼喊道：“不要行动。”郭镇随即下车，手持符节，宣读诏令。阎景说：“是何等的诏书？”说罢就举刀砍向郭镇，没有砍中，郭镇拔剑反击，阎景坠落车下，左右兵士用戟叉住阎景的胸膛，因而阎景被擒，将其送往廷尉监狱，当晚阎景就死了。第二天，命令侍御史将阎显等人收捕并送至监狱，朝中由此安定。顺帝下诏说：“表彰功绩，记录善行，此乃古今之通义。原中常侍长乐宫太仆江京、黄门令刘安、钩盾令陈达与原车骑将军阎显兄弟，心怀奸恶，密谋逆乱，倾乱天下。中黄门孙程、王康、长乐宫太官丞王国、中黄门黄龙、彭封程为浮阳侯，食邑万户；康为华容侯，国为郦侯，各九千户；黄龙为湘南侯，五千户；彭恺为西平昌侯，孟叔为中庐侯，李建为复阳侯，各四千二百户；王成为广宗侯，张贤为祝阿侯，史汎为临沮侯，马国为广平侯，王道为范县侯，李元为褒信侯，杨佗为山都侯，陈予为下隽侯，赵封为析县侯，李刚为枝江侯，各四千户；魏猛为夷陵侯，二千户；苗光为东阿侯，千户。”是为十九侯。加赐车马金银钱帛各有差。李闰以先不豫谋，故不封。遂擢拜程骑都尉。

永建元年，程与张贤、孟叔、马国等为司隶校尉虞诩讼罪，怀表上殿，呵叱左右。帝怒，遂免程官，因悉遣十九侯就国，后徙封程为宜城侯。程既到国，怨恨恚怼，封还印绶、符策，亡归京师，往来山中。诏书追求，复故爵土，赐车马衣物，遣还国。

三年，帝念程等功勋，悉征还京师。程与王道、李元皆拜骑都尉，余悉奉朝请。阳嘉元年，程病甚，即拜奉车都尉，位特进。及卒，使五官郎将追赠车骑将军印绶，赐谥刚侯。侍御史持节监护丧事，乘舆幸北部尉传，瞻望车骑。

程临终，遗言上书，以国传弟美。帝许之，而分程半，封程养子寿为浮阳侯。后诏书录微功，封兴渠为高望亭侯。四年，诏宦官养子悉听得为后，袭封爵，定著乎令。

恺、孟叔、李建、王成、张贤、史汎、马国、王道、李元、杨佗、陈予、赵封、李刚、魏猛、苗光等人，心怀忠义，昂扬激愤，勠力协谋，最终得以歼灭首恶，安定王室。《诗经》中不是讲过吗：'讲话都会得到回应，德行一定会得到报答。'孙程主导谋划，王康、王国协同。如今将孙程封为浮阳侯，食邑万户；王康封为华容侯，王国封为郦侯，食邑各九千户；黄龙封为湘南侯，食邑五千户；彭恺封为西平昌侯，孟叔封为中庐侯，李建封为复阳侯，食邑各四千二百户；王成封为广宗侯，张贤封为祝阿侯，史汎封为临沮侯，马国封为广平侯，王道封为范县侯，李元封为褒信侯，杨佗封为山都侯，陈予封为下隽侯，赵封封为析县侯，李刚封为枝江侯，食邑各四千户；魏猛封为夷陵侯，食邑两千户；苗光封为东阿侯，食邑千户。"是为十九侯。顺帝又加赐他们车马金银钱帛，各有差别。李闰因先前没有参加谋划，故而没有封赏。后来顺帝提拔孙程，授任骑都尉。

永建元年（126），孙程与张贤、孟叔、马国等人为司隶校尉虞诩申诉，拿着奏表上殿，呵叱顺帝身边的官吏。顺帝大怒，将孙程免官，连同十九侯全部遣归封国，后来顺帝改封孙程为宜城侯。孙程到达封国之后，心生怨怼愤恨，孙程将印绶、符策封还，逃回京师，往来山中。顺帝下诏找寻孙程，恢复孙程原来的爵位封地，并赐予车马衣物，将孙程遣归封国。

永建三年（128），顺帝念孙程等人的功绩，将他们全部召回京师。孙程与王道、李元都拜任骑都尉，其余几人，顺帝全部准许他们定期参加朝会。阳嘉元年（132），孙程病重，顺帝授任孙程为奉车都尉，位至特进。等到孙程病逝，顺帝派五官郎将追赠孙程车骑将军印绶，赐予谥号为刚侯。侍御史持节监护丧事，顺帝亲临北部尉的传舍，瞻望送葬的车骑。

孙程临终时，留下遗言，向顺帝上书，想将封国传给弟弟孙美。顺帝应允，但将孙程的封地分出一半，将孙程的养子孙寿封为浮阳侯，将那一半的封地赐给了孙寿。后来顺帝下诏奖励细微功绩之人，将兴渠封为高望亭侯。阳嘉四年（135），顺帝下诏，宦官的养子都可王康、王国、彭恺、王成、赵封、魏猛六人皆早卒。黄龙、杨佗、孟叔、李建、张贤、史汎、王道、李元、李刚九人与阿母山阳君宋娥更相货赂，求高官增邑，又诬罔中常侍曹腾、孟贲等。永和二年，发觉，并遣就国，减租四分之一。宋娥夺爵归田舍。唯马国、陈予、苗光保全封邑。

初，帝见废，监太子家小黄门籍建、傅高梵、长秋长赵熹、丞良贺、药长夏珍皆以无过获罪，建等坐徙朔方。及帝即位，并擢为中常侍。梵坐臧罪，减死一等。建后封东乡侯，三百户。

贺清俭退厚，位至大长秋。阳嘉中，诏九卿举武猛，贺独无所荐。帝引问其故，对曰："臣生自草茅，长于宫掖，既无知人之明，又未尝交知士类。昔卫鞅因景监以见，有识知其不终。今得臣举者，匪荣伊辱。"固辞之。及卒，帝思贺忠，封其养子为都乡侯，三百户。

曹腾字季兴，沛国谯人也。安帝时，除黄门从官。顺帝在东宫，邓太后以腾年少谨厚，使侍皇太子书，特见亲爱。及帝即位，腾为小黄门，迁中常侍。桓帝得立，腾与长乐太仆州辅等七人，以定策功，皆封亭侯，腾为费亭侯，迁大长秋，加位特进。

腾用事省闼三十余年，奉事四帝，未尝有过。其所进达，皆海内名人，陈留虞放、边韶、南阳延固、张温、弘农张奂、颍川堂谿典等。时蜀郡太守因计吏赂遗于腾，益州刺史种暠于斜谷关搜得其书，上奏太守，并以劾腾，请下廷尉案罪。帝曰："书自外来，非腾之以作为宦官的后代，承袭封爵，并且将此写入法令。

王康、王国、彭恺、王成、赵封、魏猛六人全都早逝。黄龙、杨佗、孟叔、李建、张贤、史汎、王道、李元、李刚九人与顺帝的乳母山阳君宋娥相互行贿，以此谋求高官，增加食邑，又诬陷毁谤中常侍曹腾、孟贲等人。永和二年(137)，事情被察觉，他们全被遣归封国，并且扣减四分之一的租税所得。宋娥被褫夺爵位，遣归乡村。唯有马国、陈予、苗光保全了封邑。

起初，顺帝身为太子，遭到废黜时，监督太子府的小黄门籍建、太子傅高梵、长秋长赵熹、太子府丞良贺、东宫药长夏珍全都没有过错，却受到牵连而获罪，籍建等人被流放至朔方郡。等到顺帝即位，将他们全都提拔，升任中常侍。高梵因贪污受贿，减免死罪一等。后来籍建受封东乡侯，食邑三百户。

良贺为人清廉俭朴，谦逊仁厚，位至大长秋。阳嘉年间，顺帝诏令九卿举荐勇猛之士，唯独良贺无所举荐。顺帝召见良贺，询问原因，良贺回答道："臣生于民间，长于宫中，既没有知人之明，也从未与有才之士结交。从前商鞅通过景监而得以面见秦王，有识之士明白商鞅不会善终。如今得臣举荐的士人，对他们而言，并非荣耀，而是耻辱。"良贺坚持拒绝举荐。良贺去世后，顺帝思念良贺的忠心，将良贺的养子封为都乡侯，食邑三百户。

曹腾，字季兴，沛国谯县人。安帝时，任命曹腾为黄门从官。顺帝还是太子时，邓太后觉得曹腾年少，为人谨慎忠厚，便让其侍奉皇太子读书，对于曹腾，格外的亲近信任。等到顺帝即位，曹腾担任小黄门，后升任中常侍。桓帝即位后，曹腾与长乐宫太仆州辅等七人，因谋立桓帝有功，全部受封为亭侯，曹腾被封为费亭侯，升任大长秋，加位特进。

曹腾在宫中任职三十余年，奉事四位帝王，从未犯下过错。凡是曹腾所举荐的，都是海内名人，诸如陈留郡人虞放、边韶、南阳郡人延固、张温、弘农郡人张奂、颍川郡人堂谿典等人。当时蜀郡太守通过计吏向曹腾行贿，益州刺史种暠在斜谷关搜出两人往来的书信，上过。”遂寝暠奏。腾不为纤介，常称暠为能吏，时人嗟美之。

腾卒，养子嵩嗣。种暠后为司徒，告宾客曰：“今身为公，乃曹常侍力焉。”

嵩灵帝时货赂中官及输西园钱一亿万，故位至太尉。及子操起兵，不肯相随，乃与少子疾避乱琅邪，为徐州刺史陶谦所杀。

单超，河南人；徐璜，下邳良城人；具瑗，魏郡元城人；左悺，河南平阴人；唐衡，颍川郾人也。桓帝初，超、璜、瑗为中常侍，悺、衡为小黄门史。

初，梁冀两妹为顺桓二帝皇后，冀代父商为大将军，再世权戚，威振天下。冀自诛太尉李固、杜乔等，骄横益甚，皇后乘势忌恣，多所鸩毒，上下钳口，莫有言者。帝逼畏久，恒怀不平，恐言泄，不敢谋之。延熹二年，皇后崩，帝因如厕，独呼衡问：“左右与外舍不相得者皆谁乎？”衡对曰：“单超、左悺前诣河南尹不疑，礼敬小简，不疑收其兄弟送洛阳狱，二人诣门谢，乃得解。徐璜、具瑗常私忿疾外舍放横，口不敢道。”于是帝呼超、悺入室，谓曰：“梁将军兄弟专固国朝，迫胁外内，公卿以下从其风旨。今欲诛之，于常侍意何如？”超等对曰：“诚国奸贼，当诛日久。臣等弱劣，未知圣意何如耳。”帝曰：“审然者，常侍密图之。”对曰：“图之不难，但恐陛下复中狐疑。”帝曰：“奸臣胁国，当伏其罪，何疑乎！”于是更召璜、瑗等五人，遂定其议，帝啮超臂出血为盟，于是诏收冀及宗亲党与悉诛之。悺、衡迁中常侍。封超新丰侯，二万户，璜武原侯，瑗东武阳侯，各万五千户，赐钱各千五百万；悺上蔡侯，衡汝阳侯，各万三千户，赐钱各千三百万。五人同日封，故世谓之“五侯”。又封书劾奏蜀郡太守，一并弹劾曹腾，种暠奏请将两人收押至廷尉治罪。桓帝说："书信源自外面，并不是曹腾之过。"于是桓帝将种暠的奏书搁置一旁，没有处理。而曹腾并没有因此而心生嫌隙，还常常称赞种暠是位能干的官吏，当时人都赞叹曹腾。

曹腾去世，养子曹嵩承袭爵位。种暠后来官至司徒，告诉宾客说："如今我能列位三公，都是得力于曹常侍。"

曹嵩在灵帝时，贿赂宦官以及向西园送钱多达一亿万，因此位至太尉。曹嵩的儿子曹操起兵后，曹嵩不肯相随，与小儿子曹疾前往琅琊避乱，最终被徐州刺史陶谦所杀。

单超，河南郡人；徐璜，下邳郡良城县人；具瑗，魏郡元城县人；左悺，河南郡平阴县人；唐衡，颍川郡郾县人。桓帝初年，单超、徐璜、具瑗担任中常侍，左悺、唐衡担任小黄门史。

起初，梁冀的两个妹妹分别是顺、桓二帝的皇后，梁冀代替父亲梁商担任大将军，父子两世，权倾朝野，威震天下。梁冀自从诛杀了太尉李固、杜乔等人后，日渐傲慢专横，皇后也仗着权势，行径放肆，嫉妒跋扈，鸩杀了不少宫人嫔妃，宫中上下，人人闭口不言，无人敢有异议。桓帝长期受到威逼，心中常常愤愤不平，密谋又害怕因言语外泄，所以不敢着手惩治他们。延熹二年（159），皇后去世，桓帝借着如厕的机会，单独喊来唐衡询问："左右官员有那些人与皇后一族关系不和？"唐衡回答道："单超、左悺此前去拜谒河南尹梁不疑，礼数稍有怠慢，梁不疑就将两人的兄弟收押送往洛阳监狱，徐璜、具瑗常痛恨皇后的族人放肆蛮横，但口不敢言。"于是桓帝召单超、左悺来到寝宫，对他们说："梁将军兄弟专权擅政，威逼内外，公卿以下无不依照他们的旨意行事，如今朕意欲将其诛杀，诸位常侍的意下如何？"单超等人回答道："梁将军兄弟着实是国之奸贼，早当诛杀。臣等软弱无能，不知陛下圣意如何。"桓帝说："既然如此，诸位常侍就开始密谋吧。"单超回答道："谋划不难，只怕陛下再次狐疑不决。"桓帝说："奸臣祸国，理当伏罪，有何犹疑！"于是桓帝再次召见徐璜、具瑗等五人，随后决定要铲除梁氏一族。桓帝咬破单超小黄门刘普、赵忠等八人为乡侯。自是权归宦官，朝廷日乱矣。

超病，帝遣使者就拜车骑将军。明年薨，赐东园秘器，棺中玉具，赠侯将军印绶，使者理丧。及葬，发五营骑士，将军、侍御史护丧，将作大匠起冢茔。

其后四侯转横，天下为之语曰："左回天，具独坐，徐卧虎，唐两堕。"皆竞起第宅，楼观壮丽，穷极伎巧。金银罽毦，施于犬马。多取良人美女以为姬妾，皆珍饰华侈，拟则宫人，其仆从皆乘牛车而从列骑。又养其疏属，或乞嗣异姓，或买苍头为子，并以传国袭封。兄弟姻戚皆宰州临郡，辜较百姓，与盗贼无异。

超弟安为河东太守，弟子匡为济阴太守，璜弟盛为河内太守，悺弟敏为陈留太守，瑗兄恭为沛相，皆为所在蠹害。

璜兄子宣为下邳令，暴虐尤甚。先是求故汝南太守下邳李暠女不能得，及到县，遂将吏卒至暠家，载其女归，戏射杀之，埋著寺内。时下邳县属东海，汝南黄浮为东海相，有告言宣者，浮乃收宣家属，无少长悉考之。掾史以下固谏争。浮曰："徐宣国贼，今日杀之，明日坐死，足以瞑目矣。"即案宣罪弃市，暴其尸以示百姓，郡中震栗。璜于是诉怨于帝，帝大怒，浮坐髡钳，输作右校。五侯的手臂，歃血为盟。于是桓帝下诏将梁冀以及其宗亲党羽收捕入狱，一律诛杀。后来左悺、唐衡升任中常侍，单超受封为新丰侯，食邑两万户，徐璜受封为武原侯，具瑗受封为东武阳侯，食邑各一万五千户，每人赐钱一千五百万，左悺受封为上蔡侯，唐衡受封为汝阳侯，食邑各一万三千户，每人赐钱一千三百万。五人同日受封，因此世称“五侯”。另外桓帝还将小黄门刘普、赵忠等八人封为乡侯。从此权归宦官，朝廷日渐混乱。

后来单超患病，桓帝派使者前往授任其为车骑将军。第二年单超病逝，桓帝下诏赐予棺木，以及棺中玉器，追赠侯将军印绶，使者负责治丧。到了下葬时，桓帝征调五营骑士，将军、侍御史护送灵柩下葬，并诏令将作大匠为单超修筑坟茔。

后来其余四侯的行径逐渐变得专横，因此天下流传着一句俗语：“左悺扭转乾坤，具瑗骄贵无偶，徐璜残暴凶横，唐衡肆意妄为。”四侯争相修建宅邸，楼观华丽，穷极技巧。金银、毛毡、羽饰，用来装饰犬马。还娶了很多良人美女作为姬妾，这些女子打扮华丽，装饰奢侈，效法宫人。他们的仆从都乘坐牛车并且能结成长队。此外他们还供养着旁系亲属，或是收养异姓为嗣，或是购买奴仆为子，并且将爵位封地传给这些养子。四侯的兄弟姻亲都担任州郡之长，剥削百姓，与盗贼无异。

单超的弟弟单安担任河东太守，单安的儿子单匡担任济阴太守，徐璜的弟弟徐盛担任河内太守，左悺的弟弟左敏担任陈留太守，具瑗的兄长具恭担任沛国国相，都是在当地为祸一方。

徐璜兄长的儿子徐宣担任下邳县令，徐宣暴虐非常。此前徐宣求娶原汝南太守下邳人李暠之女，李暠没有同意，徐宣上任后，就率吏卒前往李暠家，将李暠的女儿带回，戏弄并将其射杀，埋在县衙内。当时下邳县属于东海，汝南人黄浮担任东海国相，有人向黄浮告发徐宣，黄浮便抓了徐宣及其家属，无论老少一律拷打审问。掾史以下的吏卒再三劝阻黄浮，黄浮说：“徐宣乃是国贼，今日杀之，明天受死，足以瞑目了。”黄浮立即审断罪行，判处徐宣死刑，斩首示众，陈宗族宾客虐遍天下，民不堪命，起为寇贼。七年，衡卒，亦赠车骑将军，如超故事。璜卒，赙赠钱布，赐冢茔地。

明年，司隶校尉韩演因奏悺罪恶，及其兄太仆南乡侯称请托州郡，聚敛为奸，宾客放纵，侵犯吏民。悺、称皆自杀。演又奏瑗兄沛相恭臧罪，征诣廷尉。瑗诣狱谢，上还东武侯印绶，诏贬为都乡侯，卒于家。超及璜、衡袭封者，并降为乡侯，租入岁皆三百万，子弟分封者，悉夺爵土。刘普等贬为关内侯。

侯览者，山阳防东人。桓帝初为中常侍，以佞猾进，倚势贪放，受纳货遗以巨万计。延熹中，连岁征伐，府帑空虚，乃假百官奉禄，王侯租税。览亦上缣五千匹，赐爵关内侯。又托以与议诛梁冀功，进封高乡侯。

小黄门段珪家在济阴，与览并立田业，近济北界，仆从宾客侵犯百姓，劫掠行旅。济北相滕延一切收捕，杀数十人，陈尸路衢。览、珪大怨，以事诉帝，延坐多杀无辜，征诣廷尉，免。延字伯行，北海人，后为京兆尹，有理名，世称为长者。

览等得此愈放纵。览兄参为益州刺史，民有丰富者，辄诬以大逆，皆诛灭之，没入财物，前后累亿计。太尉杨秉奏参，槛车征，于道自杀。京兆尹袁逢于旅舍阅参车三百余两，皆金银锦帛珍玩，不可胜数。览坐免，旋复复官。

尸于外以示百姓，东海百姓惊惧战栗。徐璜于是向桓帝诉苦，桓帝大怒，诏令剃去黄浮的头发，用铁圈束颈，押送至右校服劳役。五侯的宗族宾客荼毒天下，民不聊生，被迫沦为贼寇。延熹七年（164），唐衡去世，桓帝同样将其追赠为车骑将军，丧仪与单超一样。徐璜去世，桓帝赠钱布，赐予墓地。

第二年，司隶校尉韩演因劾奏左悺的罪行，以及左悺的兄长太仆南乡侯左称，请托州郡为自己处理私事，搜刮民财，狼狈为奸，他们的宾客肆意妄为，侵害官吏百姓。左悺、左称全部自杀。韩演又劾奏具瑗的兄长沛国国相具恭贪污受贿，具恭受召前往廷尉。具瑗在狱中认罪，交还东武侯印绶，桓帝诏令将具恭贬为都乡侯，最终具恭在家中去世。承袭单超及徐璜、唐衡爵位的后人，全被贬为乡侯，租税收入每年都有三百万，他们的子弟有受到分封的，一律褫夺爵位封地。刘普等人被贬为关内侯。

侯览，山阳郡防东县人。桓帝初年担任中常侍，以奸邪狡诈而得到任用，侯览仗着权势贪婪放纵，收受贿赂不可计数。延熹年间，朝廷连年征伐，国库空虚，于是朝廷向百官借取俸禄，向王侯借取租税。侯览也奉上五千匹缣帛，得以赐爵关内侯。侯览又假托参与密谋诛杀梁冀，立下功绩，因而晋封高乡侯。

小黄门段珪家在济阴郡，与侯览一同置办田产，济阴郡临近济北界，他们的仆从宾客侵扰百姓，劫掠行人，济北国相滕延将这些人一并收捕，斩杀数十人，将尸体陈列在路边。侯览、段珪听闻后极度怨恨滕延，向桓帝诉说此事，最终滕延因滥杀无辜，受召前往廷尉，被免官。滕延字伯行，北海郡人，后来滕延担任京兆尹，因善于治政而声名远扬，世人尊称滕延为长者。

滕延被免后，侯览等人愈加放纵。侯览的兄长侯参担任益州刺史，当地若有富裕的人家，侯参都会诬陷他们大逆不道，将他们统统诛杀，然后没收他们的财物，由此获得的财物前前后后加起来数以亿计。太尉杨秉劾奏侯参，用囚车押送侯参，途中侯参自杀。京兆尹袁逢在旅舍抄检侯参的三百余辆车子，车内装的都是金银锦帛珍建宁二年，丧母还家，大起茔冢。督邮张俭因举奏览贪侈奢纵，前后请夺人宅三百八十一所，田百一十八顷。起立第宅十有六区，皆有高楼池苑，堂阁相望，饰以绮画丹漆之属，制度重深，僭类宫省。又豫作寿冢，石椁双阙，高庑百尺，破人居室，发掘坟墓。虏夺良人，妻略妇子，及诸罪衅，请诛之。而览伺候遮截，章竟不上。俭遂破览冢宅，藉没资财，具言罪状。又奏览母生时交通宾客，干乱郡国。复不得御。览遂诬俭为钩党，及故长乐少府李膺、太仆杜密等，皆夷灭之。遂代曹节领长乐太仆。

熹平元年，有司举奏览专权骄奢，策收印绶，自杀。阿党者皆免。

曹节字汉丰，南阳新野人也。其本魏郡人，世吏二千石。顺帝初，以西园骑迁小黄门。桓帝时，迁中常侍，奉车都尉。建宁元年，持节将中黄门虎贲羽林千人，北迎灵帝，陪乘入宫。及即位，以定策封长安乡侯，六百户。

时窦太后临朝，后父大将军武与太傅陈蕃谋诛中官，节与长乐五官史朱瑀、从官史共普、张亮、中黄门王尊、长乐谒者腾是等十七人，共矫诏以长乐食监王甫为黄门令，将兵诛武、蕃等，事已具《蕃》《武传》。节迁长乐卫尉，封育阳侯，增邑三千户；甫迁中常侍，黄门令如故；瑀封都乡侯，千五百户；普、亮等五人各三百户；余十一人皆为关内侯，岁食租二千斛。

玩，不可胜数。侯览因此受到牵连被免官，但是不久之后，侯览又官复原职。

建宁二年（169），侯览因母亲去世回家，大修坟墓。督邮张俭借此劾奏侯览贪婪奢侈，胡作非为，前后掠夺他人宅第三百八十一所，田地一百一十八顷。修建宅第十六所，这些宅第都有高楼池苑，堂阁相望，饰以华美的彩绘花纹，漆以朱漆，规模庞大，院落层叠，僭越礼制，仿照皇宫。侯览还又预先为自己修建坟墓，准备石椁，坟墓前的两边建有阁楼，堂下的廊屋，高达百尺，侯览毁人居所，掘人坟墓。抢夺良民，奸污妇女，掳掠孩童等种种罪行，张俭奏请诛杀侯览。而侯览伺机阻截了张俭的奏书，奏书最终没有上呈灵帝。张俭于是拆毁侯览的房屋坟墓，没收侯览的财物，将侯览所犯罪行逐一上奏。张俭又劾奏侯览的母亲生前勾结宾客，干预郡国政务，但张俭的奏书依旧没有上达天听。侯览诬陷张俭勾结朋党，以及原长乐宫少府李膺、太仆杜密等人，一同被诛。之后侯览代替曹节担任长乐宫太仆。

熹平元年（172），有关官吏劾奏侯览独断专权，骄横奢靡，灵帝下策书，收回侯览的印绶，侯览自杀。攀附侯览及其同党全被免职。

曹节，字汉丰，南阳郡新野县人。曹节原是魏郡人，家中世代有担任二千石的官吏。顺帝初年，曹节以西园骑升任小黄门。桓帝时，升任中常侍，奉车都尉。建宁元年（168），曹节持节率领中黄门、虎贲勇士、羽林军一千人，北迎灵帝，与灵帝同车入宫。灵帝即位后，曹节因迎立天子有功而受封长安乡侯，食邑六百户。

当时窦太后临朝称制，窦太后的父亲大将军窦武与太傅陈蕃谋划诛除宦官，曹节与长乐宫五官史朱瑀、从官史共普、张亮、中黄门王尊、长乐谒者腾是等十七人，一同假托皇帝诏令，任命长乐宫食监王甫为黄门令，率兵诛杀窦武、陈蕃等人，事情已经详载于《陈蕃传》《窦武传》。后来曹节升任长乐宫卫尉，被封为育阳侯，食邑增加三千户；王甫升任中常侍，依旧担任黄门令；朱瑀被封为都乡侯，食邑一千五百户；共普、张亮等五人食邑各三百户；余下十一人都受封关先是瑀等阴于明堂中祷皇天曰："窦氏无道，请皇天辅皇帝诛之，令事必成，天下得宁。"既诛武等，诏令太官给塞具，赐瑀钱五千万，余各有差，后更封华容侯。二年，节病困，诏拜为车骑将军。有顷疾瘳，上印绶，罢，复为中常侍，位特进，秩中二千石，寻转大长秋。

熹平元年，窦太后崩，有何人书朱雀阙，言"天下大乱，曹节、王甫幽杀太后，常侍侯览多杀党人，公卿皆尸禄，无有忠言者。"于是诏司隶校尉刘猛逐捕，十日一会。猛以诽书言直，不肯急捕，月余，主名不立。猛坐左转谏议大夫，以御史中丞段颎代猛，乃四出逐捕，及太学游生，系者千余人。节等怨猛不已，使颎以它事奏猛，抵罪输左校。朝臣多以为言，乃免刑，复公车征之。

节遂与王甫等诬奏桓帝弟勃海王悝谋反，诛之。以功封者十二人。甫封冠军侯。节亦增邑四千六百户，并前七千六百户。父兄子弟皆为公卿列校、牧守令长，布满天下。

节弟破石为越骑校尉，越骑营五百妻有美色，破石从求之，五百不敢违，妻执意不肯行，遂自杀。其淫暴无道，多此类也。

光和二年，司隶校尉阳球奏诛王甫及子长乐少府萌、沛相吉，皆死狱中。时连有灾异，郎中梁人审忠以为朱瑀等罪恶所感，乃上书曰："臣闻理国得贤则安，失贤则危，故舜有臣五人而天下理，汤举伊尹不仁者远。陛下即位之初，未能万机，皇太后念在抚育，权内侯，每岁享有租税两千斛。

此前朱瑀等人暗中在明堂向皇天祈祷：“窦氏无道，请皇天帮助皇帝将其诛杀，使得此事必成，天下得以安宁。”窦武等人伏诛之后，灵帝诏令太官准备祭祀的器具，并赐予朱瑀五千万钱，其余人受到的封赏各有差别，后来将朱瑀改封为华容侯。建宁二年（169），曹节病重，灵帝下诏授任曹节为车骑将军。不久之后曹节痊愈，曹节交还印绶，结束车骑将军一职，继续担任中常侍，位至特进，俸禄为中二千石，不久之后曹节转任大长秋。

熹平元年（172），窦太后去世，不知何人在朱雀阙上写道“天下大乱，曹节、王甫囚禁诛杀太后，常侍侯览滥杀朋党，公卿大臣无一不是是尸位素餐，朝中无人进献忠言。”于是灵帝诏令司隶校尉刘猛搜捕此人，每十日进行一次奏报。刘猛认为朱雀阙上的文字说的是事实，不肯抓紧搜捕，一个多月后，也没有找出是何人所为。刘猛因此被贬为谏议大夫，灵帝诏令御史中丞段颎代替刘猛，段颎到处搜捕，甚至于祸及在太学游学的学生，多达一千余人被捕。曹节等人对于刘猛怨恨不已，让段颎以其他事由劾奏刘猛，刘猛最终被遣至左校服劳役。有许多朝臣为刘猛求情，灵帝便免去刘猛的刑罚，后来刘猛再次受到了公车署的征召。

曹节与王甫等人共同诬陷桓帝的弟弟勃海王刘悝谋反，刘悝被诛。此事之后，因功受封的有十二人。王甫被封为冠军侯。曹节也增加食邑四千六百户，连同先前的食邑，共有七千六百户。这些人的父兄子弟全都官至公卿列校、牧守令长，布满天下。

曹节的弟弟曹破石担任越骑校尉，越骑营之中有位伍长的妻子有美色，曹破石向伍长讨要其妻，伍长不敢违，但其妻执意不肯，因而自杀。曹氏一族的淫暴无道，诸如此类。

光和二年（179），司隶校尉阳球奏请诛杀王甫及其子长乐宫少府王萌、沛国国相王吉，他们都死于狱中。当时灾异频发，郎中梁国人审忠认为是朱瑀等人罪恶滔天而招致灾异，便上书说：“臣听闻治国理政，得贤则安，失贤则危，故而舜有五位贤臣辅佐而天下安定，商汤时摄政，故中常侍苏康、管霸应时诛殄。太傅陈蕃、大将军窦武考其党与，志清朝政。华容侯朱瑀知事觉露，祸及其身，遂兴造逆谋，作乱王室，撞蹋省闼，执夺玺绶，迫胁陛下，聚会群臣，离间骨肉母子之恩，遂诛蕃、武及尹勋等。因共割裂城社，自相封赏。父子兄弟被蒙尊荣，素所亲厚布在州郡，或登九列，或据三司。不惟禄重位尊之责，而苟营私门，多蓄财货，缮修第舍，连里竟巷。盗取御水以作鱼钓，车马服玩拟于天家。群公卿士杜口吞声，莫敢有言。州牧郡守承顺风旨，辟召选举，释贤取愚。故虫蝗为之生，夷寇为之起。天意愤盈，积十余年。故频岁日食于上，地震于下，所以谴戒人主，欲令觉悟，诛鉏无状。昔高宗以雊雊之变，故获中兴之功。近者神祇启悟陛下，发赫斯之怒，故王甫父子应时馘截，路人士女莫不称善，若除父母之仇。诚怪陛下复忍孽臣之类，不悉殄灭。昔秦信赵高，以危其国；吴使刑人，身遘其祸。虞公抱宝牵马，鲁昭见逐乾侯，以不用宫之奇、子家驹以至灭辱。今以不忍之恩，赦夷族之罪，奸谋一成，悔亦何及！臣为郎十五年，皆耳目闻见，瑀之所为，诚皇天所不复赦。愿陛下留漏刻之听，裁省臣表，扫灭丑类，以答天怒。与瑀考验，有不如言，愿受汤镬之诛，妻子并徙，以绝妄言之路。”章寝不报。节遂领尚书令。四年，卒，赠车骑将军。后瑀亦病卒，皆养子传国。

审忠字公诚，宦官诛后，辟公府。

任用伊尹而不仁者得以远离朝廷。陛下即位之初，未能亲政，皇太后念及陛下尚须抚育，权且摄政，因此中常侍苏康、管霸随即被诛。太傅陈蕃、大将军窦武调查他们的党羽，志在肃清朝政。华容侯朱瑀知晓事情败露，恐会祸及己身，于是造反谋逆，祸乱王室，践踏朝廷，劫夺玺绶，迫胁陛下，聚集群臣，离间骨肉母子之恩，将陈蕃、窦武以及尹勋等人诛灭。之后他们又分裂城邑邦国，自相封赏。父子兄弟全都蒙享尊荣，致使平素与他们亲厚的人遍散布州郡，有的荣登九卿，有的据守三司。但是他们不思虑禄厚位尊之职，反而结党营私，囤积财货，修造宅邸，充斥里巷，毗连不绝。他们还盗取宫中御水以作钓鱼玩乐之用，车马服饰，器用赏玩之物，堪比天家。群公卿士闭口不言，无人敢提出异议。州牧郡守承顺他们的旨意，征召选举，拒贤任愚。因此蝗虫泛滥，夷寇起兵。天意愤恨至极，长达十余年。所以连年发生日食和地震，这是在警示人主，使人主得以觉悟，诛灭无状之徒。从前殷高宗在祭祀成汤时，有野雉飞到鼎耳上鸣叫，因此殷高宗修德勤政，商朝得以中兴。近来神祇昭示陛下，发雷霆之怒。故而王甫父子及时被诛，路上行人，不论男女，无不拍手称快，就如同将父母的仇人铲除一般。但是陛下却再次容忍这些奸佞的宠臣，继续任用曹节等宦官，没有将其彻底铲除。从前秦朝宠信赵高，最终国家倾覆，吴国任用宦官阍人，最终吴王余祭身遭横祸。虞公怀抱垂棘之璧，牵马投降，鲁昭公驱逐季氏，最终逃往乾侯，都是因为他们没有听从宫子奇、子家驹的谏言，以至于灭国受辱。如今陛下不忍铲除宦官，赦免他们本该被诛灭宗族的大罪，他们的奸谋一旦得逞，到那时后悔莫及！臣担任郎官十五年，所述之言都是耳闻目见，朱瑀所为，着实是皇天都无法再次赦免的。希望陛下留出片刻时间，裁断审察臣的奏书，诛除奸邪，以应天怒。查验朱瑀的供词，若与臣所言不符，臣愿受烹煮之刑，妻儿一并被流放，以此断绝臣妄言之路。”审忠的奏章被搁置，没有答复。曹节总领尚书令。光和四年（181），曹节去世，灵帝追赠车骑将军。后来朱瑀也病逝，两人都由养子承袭封国。

审忠，字公诚，宦官被诛后，受到三公府的征召。

吕强字汉盛，河南成皋人也。少以宦者为小黄门，再迁中常侍。为人清忠奉公。灵帝时，例封宦者，以强为都乡侯。强辞让恳恻，固不敢当，帝乃听之。因上疏陈事曰：

臣闻诸侯上象四七，下裂王土，高祖重约非功臣不侯，所以重天爵明劝戒也。伏闻中常侍曹节、王甫、张让等，及侍中许相，并为列侯。节等宦官祐薄，品卑人贱，谗谄媚主，佞邪徼宠，放毒人物，疾妒忠良，有赵高之祸，未被轘裂之诛，掩朝廷之明，成私树之党。而陛下不悟，妄授茅土，开国承家，小人是用。又并及家人，重金兼紫，相继为蕃辅。受国重恩，不念尔祖，述修厥德，而交结邪党，下比群佞。陛下或其琐才，特蒙恩泽。又授位乖越，贤才不升，素餐私倖，必加荣擢。阴阳乖剌，稼穑荒蔬，人用不康，罔不由兹。臣诚知封事已行，言之无逮，所以冒死干触陈愚忠者，实愿陛下损改既谬，从此一止。

臣又闻后宫彩女数千余人，衣食之费，日数百金，比谷虽贱，而户有饥色。案法当贵而今更贱者，由赋发繁数，以解县官，寒不敢衣，饥不敢食。民有斯厄，而莫之恤。宫女无用，填积后庭，天下虽复尽力耕桑，犹不能供。昔楚女悲愁，则西宫致灾，况终年积聚，岂无忧怨乎！夫天生蒸民，立君以牧之。君道得，则民戴之如父母，仰之犹日月，虽时有征税，犹望其仁恩之惠。《易》曰："悦以使民，民忘其劳；悦以犯难，民忘其死。"储君副主，宜讽诵斯言；南面当国，宜履行其事。

吕强，字汉盛，河南郡成皋县人。年少时以宦官的身份担任小黄门，后来升任中常侍。吕强为人清正忠诚，奉公尽职。灵帝时，循例封赏宦官，吕强被封为都乡侯。吕强再三推辞，真诚恳切，不愿接受封赏，灵帝便依从了吕强的意愿。吕强借此上书陈事，奏书说：

臣听说诸侯于上象征二十八星宿，于下接受天子的裂土而封，高祖立下重要的约定，非功臣不得封侯，这么做为了重视官爵，明示奖惩。臣听闻中常侍曹节、王甫、张让等人，以及侍中许相，全部受封列侯。曹节等人身为宦官福分浅薄，德卑人贱，谗谄媚主，奸邪邀宠，残害才士，妒恨忠良，犯下赵高指鹿为马，残杀胡亥之祸，却未遭车裂之诛，掩盖朝廷之明，培植私人之党。然而陛下没能察觉醒悟，胡乱授予爵位，使他们建立封国，传承后世，任用小人。而且连同他们的家人，无一不是佩金印系紫绶，相继担任辅佐之臣。他们身受重恩，却不感念祖先，修养自身德行，反而结交邪党，勾结奸佞。陛下也许因为他们身上某些微不足道的小才，而特别赐予恩泽。此外陛下授予他们的官职，与他们的德才并不相称，使得贤才得不到提拔重用，反而尸位素餐的人深受陛下宠爱，必会荣升高位。如此阴阳不和，农事荒废，百姓不安，全是因为朝廷赏罚不明，随意封赏之过。臣明知封侯之事已经实施，即便现在谏言也无济于事，之所以臣冒死触犯龙颜，向陛下陈述自己的愚忠之言，着实希望陛下改正错误，及时止损，从此不再这样做。

臣又听闻后宫的宫女多达数千余人，衣食之费，每日就要消耗数百金。近来粮食虽然便宜，但依旧有百姓面露饥色。按理，粮食应当略贵，但如今的价格反而更贱了，其原因在于郡县征税频繁，因此百姓将粮食贱卖以满足官府，百姓寒不敢衣，饥不敢食。百姓遭受如此困厄，朝廷却不加以体恤慰问。宫女无用，充满后宫，天下百姓就算是尽全力耕田养蚕，也依旧无法满足宫中需求。从前楚国女子被废，居于西宫，无奈只能悲愁哀叹，更何况宫女终年困于宫中，岂会没有忧怨！天生万民，设立君主来治理他们。倘若君主施政合乎道义，则万民就像敬爱父母一样拥戴他，像仰望日月一样敬仰他，即便又承诏书，当于河间故国起解渎之馆。陛下龙飞即位，虽从藩国，然处九天之高，岂宜有顾恋之意。且河间疏远，解渎邈绝，而当劳民单力，未见其便。又今外戚四姓贵倖之家，及中官公族无功德者，造起馆舍，凡有万数，楼阁连接，丹青素垩，雕刻之饰，不可单言。丧葬逾制，奢丽过礼，竞相放效，莫肯矫拂。《穀梁传》曰："财尽则怨，力尽则怼。"《尸子》曰："君如杅，民如水，杅方则水方，杅圆则水圆。"上之化下，犹风之靡草。今上无去奢之俭，下有纵欲之敝，至使禽兽食民之甘，木土衣民之帛。昔师旷谏晋平公曰："梁柱衣绣，民无褐衣；池有弃酒，士有渴死；厩马秣粟，民有饥色。近臣不敢谏，远臣不得畅。"此之谓也。

又闻前召议郎蔡邕对问于金商门，而令中常侍曹节、王甫等以诏书喻旨。邕不敢怀道迷国，而切言极对，毁刺贵臣，讥呵竖宦。陛下不密其言，至令宣露，群邪项领，膏唇拭舌，竞欲咀嚼，造作飞条。陛下回受诽谤，致邕刑罪，室家徙放，老幼流离，岂不负忠臣哉！今群臣皆以邕为戒，上畏不测之难，下惧剑客之害，臣知朝廷不复得闻忠言矣。故太尉段颎，武勇冠世，习于边事，垂发服戎，功成皓首，历事二主，勋烈独昭。陛下既已式序，位登台司，而为司隶校尉阳球所见诬胁，一身既毙，而妻子远播。天下惆怅，功臣失望。宜征邕更授任，反颎家属，则忠贞路开，众怨以弭矣。

时常会征税，百姓依然会期盼君主的仁政恩泽。《易经》中记载：“若先使百姓心悦诚服，再让百姓做事，百姓则会忘记辛劳；若先使百姓心悦诚服，再让百姓攻坚克难，百姓则会舍生忘死。”一国储君，应当牢记这些话；有朝一日，南面称尊，即位执政，应当践行这些话。

臣又接到诏书，陛下打算在原来的封国，河间国修建解渎馆。陛下龙飞即位，虽然陛下此前出身藩国，但如今已身处九天之上的高位，岂能再有顾恋往日之意？况且河间国远离京师，修建解渎馆的路途遥远，修建起来劳民费力，未见其中的便利之处。再者，如今位尊而又蒙受宠幸的四姓外戚，以及没有功绩的宦官和皇族宗亲，他们兴建的宅邸房舍，数以万计，楼阁相连，丹青白垩，雕刻之饰，不可尽述。丧葬之仪逾越法制，服饰奢华超过礼制，众人争相效法，无人愿意改正。《穀梁传》中记载：“财尽则怨，力尽则怼。”《尸子》中记载：“君主如盆，民如水，盆方则水方，盆圆则水圆。”朝廷教化百姓，犹如风吹草倒。如今在上者不能去奢就俭，为下者就有纵欲成风，致使禽兽牲畜吃着上好的美味，土木建筑覆盖着华丽的布帛。从前师旷劝谏晋平公：“房梁屋柱裹着锦绣布帛，百姓尚无粗布衣服；池中有废弃不用的酒，士人尚且因渴而亡；喂马用粮食，百姓有饥色。近臣不敢谏言，远臣无法畅言。”指的就是这种情况。

臣又听闻此前陛下在金商门召见议郎蔡邕，询问疑难，而诏令中常侍曹节、王甫等人带着诏书前去晓谕陛下旨意。蔡邕不敢因身怀道术而迷乱国家，所以直言不讳，竭力对答，讽刺贵臣，责难宦官。对于蔡邕的谏言，陛下没有保密，致使外泄，群邪放纵不羁，不听王命，意欲谗毁，争相诅咒，编造匿名信中伤蔡邕。陛下反而听信对蔡邕诽谤，致使蔡邕被判罪，其全家被流放，一家老少流离失所，这么做岂不是有负忠臣！如今群臣都以蔡邕为戒，对上害怕遭受不测之祸，对下忧惧遇到刺客之害，臣知朝廷再也无法听到忠言直谏了。原太尉段颎，武勇冠世，熟知边疆事物，年少从军，人至暮年功成名就，先后奉事桓、灵两位皇帝，功勋显著。陛下既然已经依次封赏，段颎已位至三公，身列宰辅，但段颎受到司隶校尉阳球的诬陷胁迫，最终帝知其忠而不能用。

时帝多稸私臧，收天下之珍，每郡国贡献，先输中署，名为“导行费”。强上疏谏曰：

天下之财，莫不生之阴阳，归之陛下。归之陛下，岂有公私？而今中尚方敛诸郡之宝，中御府积天下之缯，西园引司农之臧，中厩聚太仆之马，而所输之府，辄有导行之财。调广民困，费多献少，奸吏因其利，百姓受其敝。又阿媚之臣，好献其私，容谄姑息，自此而进。

旧典选举委任三府，三府有选，参议掾属，咨其行状，度其器能，受试任用，责以成功。若无可察，然后付之尚书。尚书举劾，请下廷尉，覆案虚实，行其诛罚。今但任尚书，或复敕用。如是，三公得免选举之负，尚书亦复不坐，责赏无归，岂肯空自苦劳乎！

夫立言无显过之咎，明镜无见玼之尤。如恶立言以记过，则不当学也；不欲明镜之见玼，则不当照也。愿陛下详思臣言，不以记过见玼为责。

书奏不省。

中平元年，黄巾贼起，帝问强所宜施行。强欲先诛左右贪浊者，大赦党人，料简刺史、二千石能否。帝纳之，乃先赦党人。于是诸常侍人人求退，又各自征还宗亲子弟在州郡者。中常侍赵忠、夏身死，连同段颎的妻儿都被驱逐至远方。天下闻之无不惆怅，功臣闻之无不失望。陛下应当重新征召蔡邕并授予职位，让段颎的家属返回家乡，如此则能使忠贞之路敞开，而众怨也会消除。

灵帝知晓吕强忠心，但不能采纳他的谏言。

当时灵帝囤积了许多收藏，尽收天下之珍，每次郡国向朝廷进贡时，须先向内署送礼，名为“导行费”。吕强就此上书谏言：

天下之财，无一不是禀承阴阳而生，全部归陛下所有。既然全部归陛下所有，岂会有公私之分？而如今中尚方敛聚诸郡的珍宝，宫中御府囤积积天下的丝帛，西园引入大司农掌管的储藏，宫中的车马房汇聚了太仆豢养的马匹，而各地向朝廷进献，都会向有关官署另付为所献之物做导引的导行费。征税范围广而百姓穷困，所收的赋税多而进献的少，奸吏从中获利，百姓深受其害。还有谄媚阿谀之臣，喜欢进献他们的私藏，奉承谄媚的人被无原则宽容，自此得到任用。

旧法中规定，由三公府负责选拔官吏，三府有了人选，再由掾史参与论议，询问被选人的情况，考量他们的才能，接受考核再予以任用，责令他们成就功业。倘若在任上没有是可考察的地方，就将其交由尚书。由尚书上奏弹劾，奏请将其押至廷尉，由廷尉调查虚实，实行诛罚。如今全权交由尚书负责，有时陛下直接下令任用某人，既然如此，三公可以免去选拔官吏的责任，尚书也不再承担弹劾的责任，赏罚无所归，岂会有人愿意白费辛苦！

著书立说没有彰显过错之罪。明镜也没有照见缺点之过，倘若厌恶在著书立说中记述过错，那就不要去学习；倘若不愿意明镜照见缺点，那就不要去照镜子。希望陛下详思臣见，不要因为记述过错、照见缺点而降下责罚。

吕强的奏书呈上之后，灵帝没有理睬。

中平元年（184），黄巾军造反，灵帝询问吕强应当如何解决。吕强谏言，先诛杀左右的贪腐之臣，大赦受牵连的官吏，考核刺史、二千石的官吏是否称职。灵帝采纳吕强的谏言。诏令先赦免受牵连的官吏。由此诸位常侍纷纷奏请辞职，并且各自将在州郡任职的宗亲子恽等遂共构强，云“与党人共议朝廷，数读《霍光传》。强兄弟所在并皆贪秽”。帝不悦，使中黄门持兵召强。强闻帝召，怒曰：“吾死，乱起矣。丈夫欲尽忠国家，岂能对狱吏乎！”遂自杀。忠、恽复谮曰：“强见召未知所问，而就外草自屏，有奸明审。”遂收捕宗亲，没入财产焉。

时，宦者济阴丁肃、下邳徐衍、南阳郭耽、汝阳李巡、北海赵祐等五人称为清忠，皆在里巷，不争威权。巡以为诸博士试甲乙科，争弟高下，更相告言，至有行赂定兰台漆书经字，以合其私文者，乃白帝，与诸儒共刻《五经》文于石，于是诏蔡邕等正其文字。自后《五经》一定，争者用息。赵祐博学多览，著作校书，诸儒称之。

又小黄门甘陵吴伉，善为风角，博达有奉公称。知不得用，常托病还寺舍，从容养志云。

张让者，颍川人；赵忠者，安平人也。少皆给事省中，桓帝时为小黄门。忠以与诛梁冀功封都乡侯。延熹八年，黜为关中侯，食本县租千斛。

灵帝时，让、忠并迁中常侍，封列侯，与曹节、王甫等相为表里。节死后，忠领大长秋。让有监奴典任家事，交通货赂，威形喧赫。扶风人孟佗，资产饶赡，与奴朋结，倾竭馈问，无所遗爱。奴咸德之，问佗曰：“君何所欲？力能办也。”曰：“吾望汝曹为我一拜耳。”时宾客求谒让者，车恒数百千两，佗时诣让，后至，不得进，弟召回。中常侍赵忠、夏恽等人联合构陷吕强，说：“吕强与其朋党共议朝政，多次阅读《霍光传》，意欲废帝，另立新皇。吕强兄弟所在之处，无一处不是在贪脏枉法。”灵帝不悦，派中黄门带着武器前去征召吕强。吕强听闻灵帝征召，大怒说：“我死，则祸乱必起。大丈夫理当效忠国家，岂能面对区区狱吏！”说罢吕强自杀。赵忠、夏恽继续诬陷吕强说：“吕强听闻征召，不加询问，就在外面的野草丛中自杀，其中必有奸谋，应当仔细调查。”之后就将吕强的宗亲收捕，并且没收财产。

当时，宦官济阴郡人丁肃、下邳郡人徐衍、南阳郡人郭耽、汝阳郡人李巡、北海郡人赵祐等五人，有清正忠诚之称，他们都居于里巷之中，没有参与争权夺利，李巡认为诸博士参加甲乙科考试，争夺成绩高下，互相检举告发，甚至有人行贿，私自篡改兰台的漆书经字，以求与他自己的文章相合，于是李巡将此事禀奏灵帝，希望能与诸位儒生共同将《五经》的内容刻在石碑上，于是灵帝下诏，命蔡邕等人校正文字。自此之后《五经》的内容得以确定，争论的人也随之停息。赵祐博学多识，其撰写著作，校验书籍，受到诸位儒生的称赞。

另外小黄门甘陵县人吴伉，擅长风角占卜之术，博学通达，有克己奉公之称。自知得不到任用，便经常称病，回到官舍休息，性情从容，长养志节。

张让，颍川郡人；赵忠，安平县人。两人年少时就在宫中任职，桓帝时两人担任小黄门。赵忠因参与诛杀梁冀有功，而被封为都乡侯。延熹八年（165），赵忠被贬为关中侯，享受本县的租税千斛。

灵帝时，张让、赵忠一同升任中常侍，受封列侯。与曹节、王甫等人相互勾结，串通一气。曹节死后，赵忠总领大长秋。张让有奴仆负责家中事务，张让与人勾结，收受贿赂，威势赫赫。右扶风人孟佗，资产富足，与张让的奴仆结为朋党，倾尽所有贿赂奴仆，毫无保留。奴仆都感激孟佗，问孟佗：“君有什么想要的？我们尽力去办。”孟佗说：“我希望你们向我行一次拜礼。”当时上门求见张让的宾客，停监奴乃率诸仓头迎拜于路，遂共舆车入门。宾客咸惊，谓佗善于让，皆争以珍玩赂之。佗分以遗让，让大喜，遂以佗为凉州刺史。

是时让、忠及夏恽、郭胜、孙璋、毕岚、栗嵩、段珪、高望、张恭、韩悝、宋典十二人，皆为中常侍，封侯贵宠，父兄子弟布列州郡，所在贪残，为人蠹害。黄巾既作，盗贼糜沸，郎中中山张钧上书曰："窃惟张角所以能兴兵作乱，万人所以乐附之者，其源皆由十常侍多放父兄、子弟、婚亲、宾客典据州郡，辜榷财利，侵掠百姓，百姓之冤无所告诉，故谋议不轨，聚为盗贼。宜斩十常侍，县头南郊，以谢百姓，又遣使者布告天下，可不须师旅，而大寇自消。"天子以钧章示让等，皆免冠徒跣顿首，乞自致洛阳诏狱，并出家财以助军费。有诏皆冠履视事如故。帝怒钧曰："此真狂子也。十常侍固当有一人善者不？"钧复重上，犹如前章，辄寝不报。诏使廷尉、侍御史考为张角道者，御史承让等旨，遂诬奏钧学黄巾道，收掠死狱中。而让等实多与张角交通。后中常侍封谞、徐奏事独发觉坐诛，帝因怒诘让等曰："汝曹常言党人欲为不轨，皆令禁锢，或有伏诛。今党人更为国用，汝曹反与张角通，为可斩未？"皆叩头云："故中常侍王甫、侯览所为。"帝乃止。

明年，南宫灾。让、忠等说帝令敛天下田亩税十钱，以修宫室。发太原、河东、狄道诸郡材木及文石，每州郡部送至京师，黄门常着的车子常常有数百前辆。孟佗当时也去拜谒张让，因为来的迟，车子已经进不去了，张让的奴仆就率领众多奴仆，在路上迎接礼拜孟佗，之后又合力将孟佗的的车子抬进门。拜访的宾客无不震惊，以为孟佗与张让交好，纷纷拿着珍宝奇玩贿赂孟佗。孟佗将一部分送给张让，张让大喜，便让孟佗拜任凉州刺史。

当时张让、赵忠及夏恽、郭胜、孙璋、毕岚、栗嵩、段珪、高望、张恭、韩悝、宋典共十二人，全部担任中常侍，受封侯爵，地位显贵，深受宠信，他们的父子兄弟遍布州郡，为官作宰，他们贪婪残暴，为祸百姓。黄巾军起兵造反后，盗贼蜂起，天下动乱。郎中中山郡人张钧上书奏言："臣认为张角之所以能兴兵作乱，成千上万的人愿意追随他，其根源大多在于十常侍，他们放任父兄、子弟、姻亲、宾客统领州郡，大肆敛财，侵掠百姓，百姓的冤屈无处申诉，故而谋划不法行径，聚集一处沦为盗贼。陛下应当斩杀十常侍，将他们的首级悬挂于南郊，以此向百姓谢罪，再派遣使者布告天下，如此则无须用兵，那些强寇巨盗自会消散。"灵帝将张钧的奏章拿给张让等人看，他们全部免冠赤足，顿首谢罪，乞求自行前往洛阳诏狱，并献出家财充当军费。灵帝下诏，让他们都戴好冠帽，穿好鞋子，和以前一样处理政务。灵帝怒斥张钧道："真是狂妄竖子。十常侍中难道没有一个好的官吏吗？"张钧又再次上书，内容和上次一样。但被搁置一边没有上报灵帝。灵帝下诏，命廷尉、侍御史调查有谁在效仿张角的道术，御史秉承张让等人的意旨，诬陷张钧学习践行黄巾军的邪门歪道，下令将张钧收捕拷问，张钧蒙冤死在狱中。但实际是张让等人多与张角交往勾结。后来中常侍封谞、徐奉勾结黄巾军的事情败露被杀，灵帝因而怒斥张让等人："你们常说朋党欲行不轨，下令一律禁止他们为官，甚至有人伏诛丧命，如今朋党却为国所用，反而你们与张角暗通款曲，如此是否可杀？"张让等人都叩头说："此乃原中常侍王甫、侯览所为。"灵帝无奈作罢。

第二年，南宫发生火灾。张让、赵忠等人游说灵帝下诏，向天下征收田税，每亩增加十钱，用来修缮宫室。又征调太原郡、河东郡、侍辄令谴呵不中者，因强折贱买，十分雇一，因复货之于宦官，复不为即受，材木遂至腐积，宫室连年不成。刺史、太守复增私调，百姓呼嗟。凡诏所征求，皆令西园驺密约敕，号曰“中使”，恐动州郡，多受赇赂。刺史、二千石及茂才孝廉迁除，皆责助军修宫钱，大郡至二三千万，余各有差。当之官者，皆先至西园谐价，然后得去。有钱不毕者，或至自杀。其守清者，乞不之官，皆迫遣之。

时钜鹿太守河内司马直新除，以有清名，减责三百万。直被诏，怅然曰：“为民父母，而反割剥百姓，以称时求，吾不忍也。”辞疾，不听，行至孟津，上书极陈当世之失，古今祸败之戒，即吞药自杀。书奏，帝为暂绝修宫钱。

又造万金堂于西园，引司农金钱缯帛，仞积其中。又还河间买田宅，起第观。帝本侯家，宿贫，每叹桓帝不能作家居，故聚为私臧，复臧寄小黄门常侍钱各数千万。常云：“张常侍是我公，赵常侍是我母。”宦官得志，无所惮畏，并起第宅，拟则宫室。帝常登永安侯台，宦官恐其望见居处，乃使中大人尚但谏曰：“天子不当登高，登高则百姓虚散。”自是不敢复升台榭。

明年，遂使钩盾令宋典缮修南宫玉堂。又使掖庭令毕岚铸铜人四列于仓龙、玄武阙，又铸四钟，皆受二千斛，县于玉堂及云台殿前。又铸天禄虾蟆，吐水于平门外桥东，转水入宫。又作翻车渴乌，施于桥西，用洒南北郊路，以省百姓洒道之费。又铸四出文钱，钱皆狄道县等诸郡县的木材及有花纹的石头，每当州郡将这些材料送到京师，黄门常侍总会呵叱其中有些木石不合格，因而强行折价贱买，十分的材料，仅有一分的价钱，之后再将这些材料卖给宦官，宦官又不能立刻接受，最终木材腐朽，宫室连年无法修缮。刺史、太守又私加征调的数量，百姓呼号哀叹。凡是诏令有所征求，都会派西园的骑士秘密前往郡县，约束训诫，号称“中使”，他们恐吓骚扰州郡，多受贿赂。刺史、二千石的官员以及茂才、孝廉受到提拔任用，都责令他们捐钱以助军需和修缮宫室，大郡要出两三千万，其余州郡各有差别。将要上任的官吏，都必须先去西园论定价格，然后才能就任。有人钱不够，以至于自杀。还有些清廉自守的人，乞求不去就任，却要逼迫他们就任。

当时钜鹿太守河内郡人司马直，得到新的任命，因其有清廉之名，便将价格降低，责令交三百万。司马直接到诏令，心中惆怅，说道：“为民父母，反而要剥削百姓，以满足时下的弊政，我于心不忍。”因此司马直称病辞官，但没有得到准许。司马直行至孟津，上书奏言，极尽当世之失，古今历朝祸乱败亡之戒，之后司马直吞药自杀。奏书呈上之后，灵帝暂停征收修缮宫室的钱。

后来灵帝又在西园修建万金堂，在其中堆满了司农掌管的金钱缯帛。又回到河间国购置田宅，兴建宅第楼观。灵帝原本出身诸侯，素来贫穷，常常叹息桓帝未能置办家财，因此灵帝聚敛财物作为私产，又在诸位小黄门常侍那里各寄存了数千万钱。灵帝常说：“张常侍是我父，赵常侍是我母。”当时宦官得志，无所忌惮，众人纷纷兴建宅邸，效仿着宫室的式样。灵帝时常登上永安宫的高台，宦官担心灵帝会望见他们兴建的宅邸，就派中大人尚但劝谏灵帝：“天子不应当登高，登高则百姓将会背离而散。”此后灵帝不敢再登上台榭观望。

第二年，灵帝派钩盾令宋典修缮南宫玉堂。又派掖廷令毕岚铸造四座铜人，摆放在东面的苍龙门、北面的玄武门。又铸造了四座钟，大小都可容下两千斛粮食，挂在玉堂及云台殿前。又铸造了天禄虾蟆，放置在平门外的桥东，天禄虾蟆口中吐水，水流流入宫中。又四道。识者窃言侈虐已甚，形象兆见，此钱成，必四道而去。及京师大乱，钱果流布四海。复以忠为车骑将军，百余日罢。

六年，帝崩。中军校尉袁绍说大将军何进，令诛中官以悦天下。谋泄，让、忠等因进入省，遂共杀进。而绍勒兵斩忠，捕宦官无少长悉斩之。让等数十人劫质天子走河上。追急，让等悲哭辞曰："臣等殄灭，天下乱矣。惟陛下自爱！"皆投河而死。

论曰：自古丧大业绝宗禋者，其所渐有由矣。三世以嬖色取祸，嬴氏以奢虐致灾，西京自外戚失祚，东都缘阉尹倾国。成败之来，先史商之久矣。至于衅起宦夫，其略犹或可言。何者？刑余之丑，理谢全生，声荣无晖于门阀，肌肤莫传于来体，推情未鉴其敝，即事易以取信，加渐染朝事，颇识典物，故少主凭谨旧之庸，女君资出内之命，顾访无猜惮之心，恩狎有可悦之色。亦有忠厚平端，怀术纠邪；或敏才给对，饰巧乱实；或借誉贞良，先时荐誉。非直苟恣凶德，止于暴横而已。然真邪并行，情貌相越，故能回惑昏幼，迷瞀视听，盖亦有其理焉。诈利既滋，朋徒日广，直臣抗议，必漏先言之间，至戚发愤，方启专夺之隙，斯忠贤所以智屈，社稷故其为墟。《易》曰："履霜坚冰至。"云所从来久矣。今迹其所以，亦岂一朝一夕哉！

制造水车汲水旋转，放置在桥西，用以泼洒南北郊的道路，来减省百姓洒扫道路的烦费。又铸造四出文钱，钱的外表有四道斜纹。有见识的人私下议论，说朝廷已经极尽肆意，征兆已然出现，此钱铸成，必将四方溃散。后来京师大乱，四出文钱钱果然流布四海。灵帝再次任命赵忠为车骑将军，一百多天后被罢免。

中平六年（189），灵帝驾崩，中军校尉袁绍游说大将军何进，令其诛杀宦官以悦天下。但计谋外泄，张让、赵忠等人趁何进入宫，将何进诛杀。袁绍率兵斩杀赵忠，拘捕宦官，无论老少一律斩杀。张让等数十人劫持少帝作为人质逃到黄河边，后面的追兵追得很紧，张让等人悲哭哀号，向少帝辞别："臣等被尽数铲除，天下将大乱！希望陛下珍重！"说罢全部投河自尽。

评论说："自古丢失国家大业、断绝宗族祭祀的事件，其原因并非一朝一夕所能形成的，都是由来已久。夏、商、周三代因沉迷女色而招祸，秦始皇因奢侈暴虐而致灾，西汉因外戚而国祚丧失，东汉因宦官而国家倾覆。成败之因，在以前的史籍中就已有论述。至于归咎于宦官，尚有可论之处。为什么？宦官遭受阉割，是刑余之人，他们不如常人，声名荣誉无法光耀家族。肌肤血气无法传于后代，推究事理未能看出弊端危害，他们做事容易取得信任，加之沾染朝政，颇为熟知典章制度，因此少主依靠他们谨慎练达的庸才，皇后利用他们出入前朝后宫的方便。他们往来察访则没有猜疑忌惮之心，对他们施以宠爱则有可悦之色。但宦官中也有忠厚正直，心怀道术，纠举奸邪之人；或才思敏捷，应对迅速，运用巧计混淆事实；或搏取忠良之誉，率先举荐赞美贤才良士。并非全是肆意为恶，行径横暴之人。然而忠贞奸邪并行，有的貌似忠诚，而内情奸恶，因此能迷惑昏君幼主，混淆视听，大抵也有一定的道理在其中。谋求奸利之心既已萌发，朋党徒众也日渐增多，忠直之臣谏言抗议，其忠言却被外泄，身陷囹圄，至亲外戚满心愤怒，意欲施以诛戮，反被宦官所杀。这是忠贤之士无法施展抱负，国家社稷最终倾覆的原因。《易经》中记载："脚踩薄霜，则知坚冰将至。"这就是说冰冻三尺非一日之寒，而是赞曰:“任失无小,过用则违。况乃巷职,远参天机。舞文巧态,作惠作威。凶家害国,夫岂异归!

循序渐进，由来已久，今日到了这种地步，岂会是一朝一夕所致？

赞辞说：任人的失误无大小，过度的信任重用则会出现违逆命令的想象。何况区区居于宫巷的宦官，竟然僭越干预朝政机密。宦官舞文弄墨，扰乱法令纲纪，阿谀奉承，作威作福。危害家族，祸乱国家，结局又怎麽能不同呢？

卷一百九上

儒林列传第六十九上

昔王莽、更始之际，天下散乱，礼乐分崩，典文残落。及光武中兴，爱好经术，未及下车，而先访儒雅，采求阙文，补缀漏逸。先是四方学士多怀协图书，遁逃林薮。自是莫不抱负坟策，云会京师，范升、陈元、郑兴、杜林、卫宏、刘昆、桓荣之徒，继踵而集。于是立《五经》博士，各以家法教授，《易》有施、孟、梁丘、京氏，《尚书》欧阳、大小夏侯，《诗》齐、鲁、韩，《礼》大小戴，《春秋》严、颜、凡十四博士，太常差次总领焉。

建武五年，乃修起太学，稽式古典，笾豆干戚之容，备之于列，服方领习矩步者，委它乎其中。中元元年，初建三雍。明帝即位，亲行其礼。天子始冠通天，衣日月，备法物之驾，盛清道之仪，坐明堂而朝群后，登灵台以望云物，袒割辟雍之上，尊养三老五更。飨射礼毕，帝正坐自讲，诸儒执经问难于前，冠带缙绅之人，圜桥门而观听者盖亿万计。其后复为功臣子孙、四姓末属别立校舍，搜选高能以受其业，自期门羽林之士，悉令通《孝经》章句，匈奴亦遣子入学。济济乎，洋洋乎，盛于永平矣！

建初中，大会诸儒于白虎观，考详同异，连月乃罢。肃宗亲临称制，如石渠故事，顾命史臣，著为通义。又诏高才生受《古文尚往昔王莽、更始年间，天下纷乱，礼乐崩坏，典文残缺。到了光武中兴，光武帝爱好经术，还没有登基为帝时，就先开始访求儒雅之士，搜集散落残缺的经典，修补辑录有缺漏的书籍。从前四方学士大多带着典籍，逃入山林避世而居。在此之后学士儒者无不带着典籍，云集京师，范升、陈元、郑兴、杜林、卫宏、刘昆、桓荣等人，接踵而至汇聚京师。于是朝廷设立《五经》博士，各人按照自家学派的师法来教授学生，《易经》有施氏、孟氏、梁丘氏、京氏之学，《尚书》有欧阳氏、大小夏侯之学，《诗经》有齐、鲁、韩之学，《礼记》有大小戴之学，《春秋》有严氏、颜氏之学，共十四家学派的博士，太常依次总领他们。

建武五年（29），朝廷修建太学，考究效仿古时的制度，将祭祀所用的笾豆以及武舞所执的盾和斧钺，都摆放在太学之中，身穿方领儒服、学习矩步的儒生，在其中徐行，举止雍容自得，恪守礼仪。中元元年（56），朝廷修建辟雍、明堂、灵台。明帝即位后，亲临举行典礼。他头戴通天冠，身穿有日月星辰文饰的衣服，完备所用的仪仗车驾和相关器物，以旄头骑兵在前清道，端坐明堂接见公卿，登上灵台观望云气，在辟雍袒露右膊切割祭肉，尊养三老五更。飨射之礼结束后，明帝端坐亲自讲授经学，众多儒生手执经书，上前向明帝请教疑难，官吏士绅，围绕在辟雍桥门之间观看听讲的人不计其数。后来明帝又为功臣子孙、四姓贵族的支属另立校舍，挑选学术精深的学者教授学业，自期门护卫、羽林禁军，全都要通晓《孝经》章句，匈奴也派子弟前往太学学习。当时人才涌现，盛况空前，在永平年间达到鼎盛！

建初年间，章帝在白虎观召集诸派的儒生，详考经术的异同，连续数月才结束。章帝亲临观摩，就像西汉宣帝时众儒生在石渠阁书》《毛诗》《穀梁》《左氏春秋》，虽不立学官，然皆擢高第为讲郎，给事近署，所以网罗遗逸，博存众家。孝和亦数幸东观，览阅书林。及邓后称制，学者颇懈。时樊准、徐防并陈敦学之宜，又言儒职多非其人，于是制诏公卿妙简其选，三署郎能通经术者，皆得察举。自安帝览政，薄于艺文，博士倚席不讲，朋徒相视怠散，学舍颓敝，鞠为园蔬，牧儿荛竖，至于薪刈其下。顺帝感翟酺之言，乃更修黉宇，凡所造构二百四十房，千八百五十室。试明经下第补弟子，增甲乙之科员各十人，除郡国耆儒皆补郎、舍人。本初元年，梁太后诏曰："大将军下至六百石，悉遣子就学，每岁辄于乡射月一飨会之，以此为常。"自是游学增盛，至三万余生。然章句渐疏，而多以浮华相尚，儒者之风盖衰矣。党人既诛，其高名善士多坐流废，后遂至忿争，更相言告，亦有私行金货，定兰台漆书经字，以合其私文。熹平四年，灵帝乃诏诸儒正定《五经》，刊于石碑，为古文、篆、隶三体书法以相参检，树之学门，使天下咸取则焉。

初，光武迁还洛阳，其经牒秘书载之二千余两，自此以后，参倍于前。及董卓移都之际，吏民扰乱，自辟雍、东观、兰台、石室、宣明、鸿都诸藏典策文章，竞共剖散，其缣帛图书，大则连为帷盖，小乃制为縢囊。及王允所收而西者。裁七十余乘，道路艰远，复弃其半矣。后长安之乱，一时焚荡，莫不泯尽焉。

东京学者猥众，难以详载，今但录其能通经名家者，以为《儒论议经术一样。章帝诏令史臣，编撰《白虎通义》。章帝又诏令才华卓越的儒生学习《古文尚书》《毛诗》《穀梁》《左氏春秋》，虽然不能立于学官，但是成绩优异的可以提拔担任讲郎，在章帝身边的官署任职，这是为了网罗遗才，博采众长。后来和帝也多次驾临东观，览阅群书。等到邓太后临朝称制，学者颇有懈怠。当时樊准、徐防共同上书陈奏应当督促教学，又奏言说儒生大多不能胜任其职，于是邓太后制诏公卿精心选拔士人，三署中有精通经术的郎官，都可以得到举荐。安帝亲政以后，不重视儒学，博士不再设座讲学，弟子惰怠散漫，学校荒废，变成菜园，牧童樵夫，都在里面打柴割草。顺帝有感于翟酺之言，于是重新修建学舍，共建造房屋二百四十座，一千八百五十间。明经考试中落榜的考生补为太学学生，将甲乙两科的名额各增加十人，让郡国之中的博学的老儒都补任郎官、舍人。本初元年(146)，梁太后下诏说："大将军以下至六百石的官员，都派遣子弟前往太学学习，每年在演习乡射的月份举行集会，以此为常例。"自此游学的风气逐渐兴盛，在太学学习的人逐渐增多，多达三万余人。然而章句之学逐渐粗疏，大多崇尚浮华之辞，儒者之风也逐渐衰微。再者朋党遭受诛杀，显名有德之士大多遭到流贬，后来彼此愤怒相争，互相告发，也有人私下行贿，篡改兰台中藏书的内容，以此应合其掌握的经学。熹平四年(175)，灵帝诏令诸儒核定《五经》，将经文内容刻在石碑上，用古文、篆书、隶书三种字体互相参证，把石碑立在太学门前，让天下人以此为标准。

起初，光武帝迁都洛阳，装载经牒藏书的车子有二千余辆，自此以后，典籍藏书增加至以前的三倍之多。到了董卓迁都长安时，官吏百姓纷乱，收藏在辟雍、东观、兰台、石室、宣明、鸿都的典籍文章，全都被割裂剖散，那些缣帛所制的书籍，大的被连成帷盖，小的被制成縢囊。等到王允将这些残卷收拢运往西京长安时，只剩七十余车，前往长安的道路艰远，途中又丢了一半。再后来长安大乱，一时间这些残卷遭到焚毁，最终化为乌有。

东京洛阳的学者众多，难以详载，如今这部书中只记载了通晓经林篇》。其自有列传者，则不兼书。若师资所承，宜标名为证者，乃著之云。

《前书》云：田何传《易》授丁宽，丁宽授田王孙，王孙授沛人施雠、东海孟喜、琅邪梁丘贺，由是《易》有施、孟、梁丘之学。又东郡京房受《易》于梁国焦延寿，别为京氏学。又有东莱费直，传《易》，授琅邪王横，为费氏学。本以古字，号《古文易》。又沛人高相传《易》，授子康及兰陵毋将永，为高氏学。施、孟、梁丘、京氏四家皆立博士，费、高二家未得立。

刘昆字桓公，陈留东昏人，梁孝王之胤也。少习容礼。平帝时，受《施氏易》于沛人戴宾。能弹雅琴，知清角之操。

王莽世，教授弟子恒五百余人。每春秋飨射，常备列典仪，以素木瓠叶为俎豆，桑弧蒿矢，以射"菟首"。每有行礼，县宰辄率吏属而观之。王莽以昆多聚徒众，私行大礼，有僭上心，乃系昆及家属于外黄狱。寻莽败得免。既而天下大乱，昆避难河南负犊山中。

建武五年，举孝廉，不行，遂逃，教授于江陵。光武闻之，即除为江陵令。时县连年火灾，昆辄向火叩头，多能降雨止风。征拜议郎，稍迁侍中、弘农太守。

先是崤、黾驿道多虎灾，行旅不通。昆为政三年，仁化大行，虎皆负子度河。帝闻而异之。二十二年，征代杜林为光禄勋。诏问昆曰："前在江陵，反风灭火，后守弘农，虎北度河，行何德政而致是事？"昆对曰："偶然耳。"左右皆笑其质讷。帝叹曰："此乃长学的名家，以此编撰《儒林传》，自有列传的，书中不再赘述。如果有师承，应当列举姓名为证的，也会在书中记述。

《汉书》中记载：田何传授丁宽《易经》，丁宽教授田王孙，田王孙教授沛郡人施雠、东海人孟喜、琅琊人梁丘贺，因此《易经》有施氏、孟氏、梁丘氏之学。又有东郡人京房跟随梁国人焦延寿学习《易经》，另有京氏之学。又有东莱郡人费直，传授《易经》，教授琅琊人王横，形成费氏之学。《易经》原本以古文字记述，号称《古文易经》。又有沛县人高相传授《易经》，教授其子高康以及兰陵人毋将永，形成高氏之学。施氏、孟氏、梁丘氏、京氏四家都得以立于学官成为博士，费氏、高氏两家没有被立为博士。

刘昆，字桓公，陈留郡东昏县人，是梁孝王刘武的后代。刘昆年少时修习礼仪。平帝时，刘昆跟随沛县人戴宾学习《施氏易》，刘昆能弹古琴，知晓清角之操。

到了王莽时，刘昆教授的弟子常达五百多人。每到春秋两季举行飨射礼时，刘昆常常详列典仪，用未经油漆雕饰的白木和瓠瓜叶制成礼器，用桑木弓和蓬蒿箭举行射礼，在射礼时歌唱“菟首”之诗。每次行礼，县宰总会率领吏属前往观礼。王莽认为刘昆聚集众多弟子门生，私行大礼，有僭上之心，于是将刘昆及其家属收捕，关押在外黄县的监狱中。不久王莽败亡，刘昆及其家属才得以免去牢狱之灾。紧接着天下大乱，刘昆在河南的负犊山中躲避兵乱。

建武五年（29），刘昆被举为孝廉，但刘昆没有接受，随后逃离，在江陵县教授经学。光武帝听闻后，随即命刘昆担任江陵县令。当时江陵县连年发生火灾，刘昆总是会向火叩头，便能使上天降雨，能使风停止。后来朝廷征召刘昆命其拜任议郎，之后刘昆又升任侍中、弘农太守。

在此之前崤、黾驿道多有老虎为祸，往来旅客无法通行。刘昆为政三年，仁化大行，老虎都背着幼虎渡过黄河离开。光武帝听闻此事甚感奇异。建武二十二年（46），光武帝征召刘昆代替杜林担任光禄勋。光武帝诏问刘昆：“从前您在江陵，使得风向反转将火扑灭，者之言也。”顾命书诸策。乃令入授皇太子及诸王小侯五十余人。二十七年，拜骑都尉。三十年，以老乞骸骨，诏赐洛阳第舍，以千石禄终其身。中元二年卒。

子轶，字君文，传昆业，门徒亦盛。永平中，为太子中庶子。建初中，稍迁宗正，卒官，遂世掌宗正焉。

洼丹字子玉，南阳育阳人也。世传《孟氏易》。王莽时，常避世教授，专志不仕，徒众数百人。建武初，为博士，稍迁，十一年，为大鸿胪。作《易通论》七篇，世号《洼君通》。丹学义研深，《易》家宗之，称为大儒。十七年，卒于官，年七十。

时中山觟阳鸿，字孟孙，亦以《孟氏易》教授，有名称，永平中为少府。

任安字定祖，广汉绵竹人也。少游太学，受《孟氏易》，兼通数经。又从同郡杨厚学图谶，究极其术。时人称曰：“欲知仲桓问任安。”又曰：“居今行古任定祖。”学终，还家教授，诸生自远而至。初仕州郡。后太尉再辟，除博士，公车征，皆称疾不就。州牧刘焉表荐之，时王涂隔塞，诏命竟不至。年七十九，建安七年，卒于家。

杨政字子行，京兆人也。少好学，从代郡范升受《梁丘易》，善后来您担任弘农太守，老虎北渡黄河离开，您推行了什么样的德政才能出现这样的异事呢？”刘昆回答说：“只是偶然而已。”左右的人都笑刘昆木讷。光武帝感叹道：“这才是长者之言。”光武帝命人将这些事迹记录下来。并且让刘昆入宫教授皇太子及诸侯王、封侯的功臣外戚子弟五十余人。建武二十七年（51），刘昆拜任骑都尉。建武三十年（54），刘昆因年老辞官还乡，光武帝下诏赐予刘昆位于洛阳的宅邸，终身享受千石的俸禄。中元二年（57）刘昆去世。

刘昆的儿子刘轶，字君文，继承父亲刘昆的遗业，继续教授经学，弟子门生众多。永平年间，刘轶担任太子中庶子。建初年间，刘轶逐渐升任宗正，最终刘轶在任上去世，后来刘氏后人世代担任宗正。

洼丹，字子玉，南阳郡育阳县人。世代传授《孟氏易》。王莽时，洼丹隐居避世，教授经学，立志不入仕途，弟子门生有数百人。建武初年，洼丹担任博士，之后逐渐升迁，建武十一年（35），洼丹担任大鸿胪。编撰《易通论》七篇。世称《洼君通》。洼丹学问渊博，为研究《易经》的学者所尊奉，称其为大儒。建武十七年（41），洼丹在任上去世，享年七十岁。

当时中山人觟阳鸿，字孟孙，同样教授《孟氏易》，负有盛名，永平年间觟阳鸿担任少府。

任安，字定祖，广汉郡绵竹县人。年少时游学于太学，学习《孟氏易》，同时又通晓其他经学。任安又跟随同郡人杨厚学习图谶，穷尽其术。当时人称其说：“想了解杨仲桓就向任安询问。”又有人说：“身处今世却践行古道，便是任定祖。”任安学成之后，返回家乡教授学生，学生都是从远方而来。任安起初在州郡任职。后来太尉两次征召任安，授任博士，公车署也征召任安，但任安都称病推辞，不愿就任。州牧刘焉上表举荐任安，但当时来往的道路阻塞，诏命最终没有送达。任安享年七十九岁，建安七年（202），任安在家中去世。

杨政，字子行，京兆人。杨政年少好学，跟随代郡人范升学习说经书。京师为之语曰："说经铿铿杨子行。"教授数百人。

范升尝为出妇所告，坐系狱，政乃肉袒，以箭贯耳，抱升子潜伏道傍，候车驾，而持章叩头大言曰："范升三娶，唯有一子，今适三岁，孤之可哀。"武骑虎贲惧惊乘舆，举弓射之，犹不肯去；旄头又以戟叉政，伤胸，政犹不退。哀泣辞请，有感帝心，诏曰："乞杨生师。"即尺一出升，政由是显名。

为人嗜酒，不拘小节，果敢自矜，然笃于义。时帝婿梁松、皇后弟阴就，皆慕其声名，而请与交友。政每共言论，常切磋恳至，不为屈挠。尝诣杨虚侯马武，武难见政，称疾不为起。政入户，径升床排武，把臂责之曰："卿蒙国恩，备位藩辅，不思求贤以报殊宠，而骄天下英俊，此非养身之道也。今日动者刀入胁。"武诸子及左右皆大惊，以为见劫，操兵满侧，政颜色自若。会阴就至，责数武，令为交友。其刚果任情，皆如此也。建初中，官至左中郎将。

张兴字君上，颍川鄢陵人也。习《梁丘易》以教授。建武中，举孝廉为郎，谢病去，复归聚徒。后辟司徒冯勤府，勤举为孝廉，稍迁博士。永平初，迁侍中祭酒。十年，拜太子少傅。显宗数访问经术。既而声称著闻，弟子自远至者，著录且万人，为梁丘家宗。十四年，卒于官。

子鲂，传兴业，位至张掖属国都尉。

《梁氏易》，杨政擅长讲解经书。京师的人称赞杨政说："讲解经书铿锵有力的，便是杨子行。"杨政教授数百名学生。

范升曾被已经休弃的妻子所告，被关押在狱中。杨政于是袒露上身，用箭穿耳，抱着范升的儿子潜藏在路旁，等待皇帝的车马，杨政拿着伸冤的奏书叩头大喊："范升三娶，唯有一子，至今才三岁，现在成了孤儿，实在可怜。"骑卒和虎贲害怕惊扰到皇帝，举起弓箭射向杨政，杨政依然不愿离去；先驱骑兵又用长戟叉向杨政，杨政的胸脯被刺伤，杨政依旧不肯后退。杨政哀泣陈情，皇帝深受感动，下诏说："放了杨生的老师。"随即放了范升。杨政因此显名。

杨政为人嗜酒，不拘小节，勇敢果决，自尊自大，但重视情义。当时光武帝的女婿梁松，皇后的弟弟阴就，都仰慕杨政的名望，想与杨政结为好友。杨政每次与人交流，言辞恳切，互相勉励，不屈不挠。杨政曾经前去拜访杨虚侯马武，马武不愿见杨政，便称病不能起床。杨政直接闯入府中，径直走到床前拉起马武，杨政抓着马武的手臂责难道："卿承蒙国恩，位居藩王，辅佐天子，却不思虑寻求贤人以报答殊宠，反而傲视天下英才，这并非养身之道。今日卿若敢动，刀就刺进卿的肋间。"马武的几个儿子及左右侍从见此都大为惊惧，以为马武遭到劫持，他们全都手持兵器，围在杨政的周围，而杨政却神态自若，面不改色。恰逢这时阴就到来，阴就指责马武，让马武与杨政结为好友。杨政的刚毅果断，率性而为，就是如此。建初年间，杨政官至左中郎将。

张兴，字君上，颍川郡鄢陵县人。修习《梁丘易》并教授弟子。建武年间，张兴经过举孝廉而担任郎官，但张兴称病辞去官职，返回家乡继续教授弟子门生。后来司徒冯勤征召张兴为属吏，冯勤举荐张兴为孝廉，后来张兴逐渐升任博士。永平初年，张兴升任侍中祭酒。永平十年（67），张兴拜任太子少傅。明帝多次向张兴询问经术。张兴自此声名远扬，从远方慕名前来的学生，登记入册的就有近万人，后来张兴为梁丘氏之学所尊奉。永平十四年（71），张兴在任上去世。

张兴的儿子张鲂，继承父亲张兴的遗业，教授《梁氏易》，张鲂戴凭字次仲，汝南平舆人也。习《京氏易》。年十六，郡举明经，征试博士，拜郎中。

时诏公卿大会，群臣皆就席，凭独立。光武问其意。凭对曰："博士说经皆不如臣，而坐居臣上，是以不得就席。"帝即召上殿，令与诸儒难说，凭多所解释。帝善之，拜为侍中，数进见问得失。帝谓凭曰："侍中当匡补国政，勿有隐情。"凭对曰："陛下严。"帝曰："朕何用严？"凭曰："伏见前太尉西曹掾蒋遵，清亮忠孝，学通古今，陛下纳肤受之诉，遂致禁锢，世以是为严。"帝怒曰："汝南子欲复党乎？"凭出，自系廷尉，有诏敕出。后复引见，凭谢曰："臣无謇谔之节，而有狂瞽之言，不能以尸伏谏，偷生苟活，诚惭圣朝。"帝即敕尚书解遵禁锢，拜凭虎贲中郎将，以侍中兼领之。

正旦朝贺，百僚毕会，帝令群臣能说经者更相难诘，义有不通，辄夺其席以益通者，凭遂重坐五十余席。故京师为之语曰："解经不穷戴侍中。"在职十八年，卒于官，诏赐东园梓器，钱二十万。

时南阳魏满字叔牙，亦习《京氏易》，教授。永平中，至弘农太守。

孙期字仲彧，济阴成武人也。少为诸生，习《京氏易》《古文尚书》。家贫，事母至孝，牧豕于大泽中，以奉养焉。远人从其学者，皆执经垄畔以追之，里落化其仁让。黄巾贼起，过期里陌，相约不犯位至张掖属国都尉。

戴凭，字次仲，汝南郡平舆县人。修习《京氏易》。十六岁时，郡里举荐戴凭为明经，朝廷征召戴凭参加博士考试，后来戴凭拜任郎中。

当时光武帝诏令公卿集会，群臣全都入席，只有戴凭还站着。光武帝询问戴凭原因。戴凭回答道："博士讲解经义都不及臣，但他们却坐在臣之上，因此臣没有入席。"光武帝立刻召戴凭上殿，命戴凭与诸儒论辩经义，戴凭能解释出许多方面。光武帝对其十分欣赏。命戴凭拜任侍中，光武帝多次召见戴凭询问政治得失。光武帝对戴凭说："侍中应当匡正补救国政，不要有所隐瞒。"戴凭回答道："陛下施政有些严苛。"光武帝说："朕如何严苛？"戴凭说："臣见到前太尉西曹掾蒋遵，清正高洁，为人忠孝，学通今古，陛下听信诋毁之言，将其禁锢。世人因此认为陛下施政严苛。"光武帝大怒说："你这汝南竖子也想结党为祸吗？"戴凭出宫后，前往廷尉将自己拘禁，光武帝下诏放了戴凭。后来光武帝再次召见戴凭，戴凭谢罪道："臣没有正直敢言之节，却有愚昧无知之言，不能以尸相谏，苟且求活，实在愧对圣朝。"光武帝即刻命令尚书将蒋遵的禁锢解除，命戴凭拜任虎贲中郎将，以侍中的身份兼任。

正月初一朝廷举行朝贺，百官聚集，光武帝诏令群臣中能够讲解经义的官员，互相诘问辩难，若有经义讲解不通的，就夺去他的席位，将席位让给能讲解得通的人，戴凭因此得到了五十余张席位。所以京师为之称道："能讲解经义，了无穷尽的，便是戴侍中。"戴凭为官十八年，最终在任上去世，光武帝下诏赐予戴凭东园所制的棺材，二十万钱。

当时南阳郡人魏满字叔牙，也修习《京氏易》，教授弟子。永平年间，魏满官至弘农太守。

孙期，字仲彧，济阴郡成武县人。年少时作为学生求学，修习《京氏易》《古文尚书》。孙期家境贫穷，事母至孝，孙期在大泽中牧猪，以此来奉养母亲。从远方而来跟随孙期学习的人，都是手执经书孙先生舍。郡举方正，遣吏赍羊酒请期，期驱豕入草不顾。司徒黄琬特辟，不行，终于家。

建武中，范升传《孟氏易》，以授杨政，而陈元、郑众皆传《费氏易》，其后马融亦为其传。融授郑玄，玄作《易注》，荀爽又作《易传》，自是《费氏》兴，而《京氏》遂衰。

《前书》云：济南伏生传《尚书》，授济南张生及千乘欧阳生，欧阳生授同郡兒宽，宽授欧阳生之子，世世相传，至曾孙欧阳高，为《尚书》欧阳氏学；张生授夏侯都尉，都尉授族子始昌，始昌传族子胜，为大夏侯氏学；胜传从兄子建，建别为小夏侯氏学：三家皆立博士。又鲁人孔安国传《古文尚书》授都尉朝，朝授胶东庸谭，为《尚书》古文学，未得立。

欧阳歙字正思，乐安千乘人也。自欧阳生传《伏生尚书》，至歙八世，皆为博士。

歙既传业，而恭谦好礼让。王莽时，为长社宰。更始立，为原武令。世祖平河北，到原武，见歙在县修政，迁河南都尉，后行太守事。世祖即位，始为河南尹，封被阳侯。建武五年，坐事免官。明年，拜杨州牧，迁汝南太守。推用贤俊，政称异迹。九年，更封夜侯。

歙在郡，教授数百人，视事九岁，征为大司徒。坐在汝南臧罪千余万发觉下狱。诸生守阙为歙求哀者千余人，至有自髡剔者。平原礼震，年十七，闻狱当断，驰之京师，行到河内获嘉县，自系，上在田垄旁追着孙期求教，乡里百姓都受孙期的仁爱谦让所感。黄巾军起义后，途经孙期的乡里，黄巾军彼此约定不要侵扰孙先生的房舍。郡里举荐孙期为方正，派遣属吏带着羊和酒去延请孙期，孙期赶着猪群进入草地，头都不回。司徒黄琬特意征召孙期，孙期拒绝没有前往，最终孙期在家中去世。

建武年间，范升传授《孟氏易》，教授杨政，而陈元、郑众都在传授《费氏易》，后来马融也为《费氏易》作注。马融教授郑玄，郑玄编撰《易注》，荀爽又编撰《易传》，从此以后《费氏易》日渐兴盛，《京氏易》日渐衰微。

《汉书》中记载：济南人伏生传授《尚书》，教授济南郡人张生及千乘县人欧阳生，欧阳生教授同郡人兒宽，兒宽教授欧阳生之子，世世相传，到了曾孙欧阳高一代，形成《尚书》欧阳氏之学；张生教授夏侯都尉，夏侯都尉教授同族子弟夏侯始昌，夏侯始昌传授同族子弟夏侯胜，形成大夏侯氏之学；夏侯胜传授堂兄之子夏侯建，夏侯建另立小夏侯氏之学：这三家都得以立于学官成为博士。又有鲁国人孔安国传授《古文尚书》，教授都尉朝，都尉朝教授胶东人庸谭，形成《尚书》古文之学，但未能立于学官成为博士。

欧阳歙，字正思，乐安郡千乘县人。自欧阳生传授《伏生尚书》开始，到欧阳歙已经是第八代，历代都是博士。

欧阳歙继承家学，教授《伏生尚书》，为人恭谦好礼让。王莽时，欧阳歙担任长社县宰。更始帝即位，欧阳歙担任原武县令。光武帝平定河北，来到原武县，见到欧阳歙在县里修明政教，便让他升任河南都尉，后来代行太守之职。光武帝即位后，欧阳歙担任河南大尹，受封被阳侯。建武五年（29），欧阳歙因某件事被免官。第二年，欧阳歙拜任扬州牧，后来升任汝南太守。欧阳歙进用贤才，政绩卓越。建武九年（31），光武帝改封欧阳歙为夜侯。

欧阳歙在郡中任职，教授数百名弟子，为官九年，朝廷征召欧阳歙担任大司徒。欧阳歙曾在汝南任职时贪污千余万，这件事被察觉，欧阳歙因而被捕入狱。有千余名弟子守在宫门外为欧阳歙求情，有书求代歙死。曰："伏见臣师大司徒欧阳歙，学为儒宗，八世博士，而以臧咎当伏重辜。歙门单子幼，未能传学，身死之后，永为废绝，上令陛下获杀贤之讥，下使学者丧师资之益。乞杀臣身以代歙命。"书奏，而歙已死狱中。歙掾陈元上书追讼之，言甚切至，帝乃赐棺木，赠印绶，赙缣三千匹。

子復嗣。復卒，无子，国除。

济阴曹曾字伯山，从歙受《尚书》，门徒三千人，位至谏议大夫。子祉，河南尹，传父业教授。

又陈留陈弇，字叔明，亦受《欧阳尚书》于司徒丁鸿，仕为蕲长。

牟长字君高，乐安临济人也。其先封牟，春秋之末，国灭，因氏焉。

长少习《欧阳尚书》，不仕王莽世。建武二年，大司空弘特辟，拜博士，稍迁河内太守，坐垦田不实免。

长自为博士及在河内，诸生讲学者常有千余人，著录前后万人。著《尚书章句》，皆本之欧阳氏，俗号为《牟氏章句》。复征为中散大夫，赐告一岁，卒于家。

子纡，又以隐居教授，门生千人。肃宗闻而征之，欲以为博士，道物故。

的人甚至自行剃去头发愿为欧阳歙承担罪行。平原郡人礼震，十七岁，听闻这件案子将要判决，骑马飞驰前往京师，走到河内获嘉县，将自己绑缚，并上书请求代欧阳歙去死。礼震说："臣见到臣的老师大司徒欧阳歙，学为儒宗，家族历经八世都是博士，而欧阳歙因贪污而被判重罪。欧阳歙门户单薄，子嗣尚幼，还不能传承家学，欧阳歙身死之后，他的学问会永世断绝，于上陛下会落得杀害贤才的名声，于下会让求学的人失去良师的教导。臣奏请将臣斩杀，以臣命代替欧阳歙。"奏书虽然呈上，但欧阳歙已经死在狱中。欧阳歙的掾史陈元上书为欧阳歙追讼，言辞恳切，于是光武帝赐予欧阳歙棺木，追赠印绶，赐予助丧钱和缣帛三千匹。

欧阳歙的儿子欧阳復承袭爵位。欧阳復去世，无子，封国被撤销。

济阴郡人曹曾，字伯山，跟随欧阳歙学习《尚书》，曹曾教授的学弟子有三千人，曹曾官至谏议大夫。儿子曹祉，官至河南尹，曹祉继承父亲的遗业，教授经学。

又有陈留郡人陈弇，字叔明，也跟随司徒丁鸿学习《欧阳尚书》，后来担任蕲县县长。

牟长，字君高，乐安郡临济县人。牟长的祖先受封于牟地，春秋末年，封国覆灭，因此后世以牟为姓。

牟长年少时修习《欧阳尚书》，不愿在王莽时入仕为官。建武二年（26），大司空宋弘特意征召牟长，牟长拜任博士，后来升任河内太守，再后来牟长因垦田不实而被免官。

牟长自担任博士及河内太守，常常有千余人听牟长讲学，记录在册的前后有一万多人。牟长编撰《尚书章句》，都是依循欧阳氏之学所著，世称《牟氏章句》。后来牟长再次被征召担任中散大夫，光武帝准许牟长一年的病假，牟长归家治病，最终牟长在家中去世。

牟长的儿子牟纡，同样隐居避世，教授经学，弟子门生有千人。章帝听闻后便征召牟纡，想任命牟纡为博士，但牟纡在前往京师的途宋登字叔阳，京兆长安人也。父由，为太尉。

登少传《欧阳尚书》，教授数千人。为汝阴令，政为明能，号称“神父”。迁赵相，入为尚书仆射。顺帝以登明识礼乐，使持节临太学，奏定典律，转拜侍中。数上封事，抑退权臣，由是出为颍川太守。市无二价，道不拾遗。病免，卒于家，汝阴人配社祠之。

张驯字子儁，济阴定陶人也。少游太学，能诵《春秋左氏传》。以《大夏侯尚书》教授。辟公府，举高第，拜议郎。与蔡邕共奏定《六经》文字。擢拜侍中，典领秘书近署，甚见纳异。多因便宜陈政得失，朝廷嘉之。迁丹阳太守，化有惠政。光和七年，征拜尚书，迁大司农。初平中，卒于官。

尹敏字幼季，南阳堵阳人也。少为诸生。初习《欧阳尚书》，后受《古文》，兼善《毛诗》《穀梁》《左氏春秋》。

建武二年，上疏陈《洪范》消灾之术。时世祖方草创天下，未遑其事，命敏待诏公车，拜郎中，辟大司空府。

帝以敏博通经记，令校图谶，使蠲去崔发所为王莽著录次比。敏对曰：“谶书非圣人所作，其中多近鄙别字，颇类世俗之辞，恐疑误后生。”帝不纳。敏因其阙文增之曰：“君无口，为汉辅。”帝见而怪之，召敏问其故。敏对曰：“臣见前人增损图书，敢不自量，窃幸万一。”帝深非之，虽竟不罪，而亦以此沉滞。

中去世。

宋登，字叔阳，京兆长安人。父亲宋由，曾担任太尉。

宋登年少时传授《欧阳尚书》，教授弟子数千人。宋登担任汝阴县令，治政贤明，能力显著，号称“神父”。后来宋登升任赵国国相，再后来入朝担任尚书仆射。顺帝因宋登熟知礼乐，便派宋登持节前往太学，核定典章律令，后来宋登调任侍中。宋登多次呈上密奏，抑退权臣，因此宋登出外担任颍川太守。宋登在任期间，颍川市无二价，道不拾遗。后来宋登因病免官，在家中去世。汝阴百姓在社庙中祭祀宋登。

张驯，字子儁，济阴郡定陶县人。年少时游学于太学，能诵读《春秋左氏传》。教授《大夏侯尚书》。张驯得到公府的征召，经过考核成绩优秀，张驯得以拜任议郎。与蔡邕共同核定《六经》文字。后来张驯得到提拔拜任侍中，总领执掌秘书近署，广纳异议。张驯多次利用便宜之机向皇帝陈奏政治得失，朝廷对此十分赞赏。后来张驯升任丹阳太守，推行仁政。光和七年（184），朝廷征诏张驯命其拜任尚书，后来张驯升任大司农。初平年间，张驯在任上去世。

尹敏，字幼季，南阳郡堵阳县人。年少时作为学生求学。尹敏最初学习《欧阳尚书》，后来学习《古文尚书》，也擅长《毛诗》《穀梁》《左氏春秋》。

建武二年（26），尹敏上奏关于《洪范》中消灾的方法。当时光武帝初创天下，无瑕顾及此事，便命尹敏在公车署任待诏，后来诏令尹敏拜任郎中，前往大司空府就职。

光武帝认为尹敏精通经典，便命尹敏校订图谶，并让尹敏将此前崔发为王莽所载录的符命征兆删去。尹敏回答道：“谶书并非圣人所作，其中有很多鄙俗别字，颇似世俗之语，恐怕会误导后人。”光武帝没有采纳。尹敏根据书中的缺漏进行增补，写道：“君无口，为汉辅。”光武帝看后甚感奇怪，召见尹敏询问这么写的原因。尹敏回答道：“臣见到前人增减修改书中的内容，不自量力，臣也心存侥幸，万一被怪罪。”光武帝深感不满，虽然没有治尹敏的罪，但尹敏也与班彪亲善，每相遇，辄日旰忘食，夜分不寝，自以为钟期伯牙、庄周惠施之相得也。

后三迁长陵令。永平五年，诏书捕男子周虑。虑素有名称，而善于敏，敏坐系免官。及出，叹曰："瘖聋之徒，真世之有道者也。何谓察察而遇斯患乎？"十一年，除郎中，迁谏议大夫。卒于家。

周防字伟公，汝南汝阳人也。父扬，少孤微，常修逆旅，以供过客，而不受其报。

防年十六，仕郡小吏。世祖巡狩汝南，召掾史试经，防尤能诵读，拜为守丞。防以未冠，谒去。师事徐州刺史盖豫，受《古文尚书》。经明，举孝廉，拜郎中。撰《尚书杂记》三十二篇，四十万言。太尉张禹荐补博士，稍迁陈留太守，坐法免。年七十八，卒于家。

子举，自有传。

孔僖字仲和，鲁国鲁人也。自安国以下，世传《古文尚书》《毛诗》。曾祖父子建，少游长安，与崔篆友善。及篆仕王莽为建新大尹，尝劝子建仕。对曰："吾有布衣之心，子有衮冕之志，各从所好，不亦善乎！道既乖矣，请从此辞。"遂归，终于家。

僖与崔篆孙骃复相友善，同游太学，习《春秋》。因读吴王夫差时事，僖废书叹曰："若是，所谓画龙不成反为狗者。"骃曰："然。昔孝武皇帝始为天子，年方十八，崇信圣道，师则先王，五六年间，号胜文、景。及后恣己，忘其前之为善。"僖曰："书传若此多因此不得重用。

尹敏与班彪交好，两人每每相遇，常常相谈甚欢，废寝忘食，他们自比于钟子期与伯牙、庄周与惠施。

后来尹敏三次升迁，担任长陵县令。永平五年（62），明帝下诏拘捕一个名叫周虑的男子。周虑素来负有声望，并且与尹敏交好，尹敏因此受到牵连被免官，等到尹敏出狱，感叹道："聋哑之流，对事物不闻不问，闭目塞听，才是这世上真正有道之人。为何明察高洁之人要遭遇这样的祸患呢？"永平十一年（69），尹敏拜任郎中，后来迁任谏议大夫。最终在家里去世。

周防，字伟公，汝南郡汝阳县人。父亲周扬，年少时孤苦贫穷，曾经开设旅店，供过往的旅客住宿，但不收取报酬。

周防十六岁时，在郡府中担任小吏。光武帝巡狩汝南郡，召集郡中掾史测试经学，周防可以诵读经书，因而光武帝命周防拜任守丞一职。周防以自己还未及冠为由，奏请辞官。后来周防跟随徐州刺史盖豫，学习《古文尚书》。周防明晓经义后，经过举荐成为孝廉，拜任郎中。周防编撰《尚书杂记》三十二篇，共四十万字。太尉张禹举荐周防补任博士，后来周防逐渐升任陈留太守，又因犯法而被免官。享年七十八岁，在家中去世。

周防的儿子周举，有自己的传记。

孔僖，字仲和，鲁国鲁县人。从孔安国以后，世代传授《古文尚书》《毛诗》。曾祖父孔子建，年少时游学于长安，与崔篆交好。崔篆在王莽时入仕为官，担任建新大尹，崔篆曾劝孔子建入仕。孔子建回答道："我有布衣之心，你有为官之志，各随所好，岂不是很好！道不同不相为谋，就此作别。"孔子健返回家乡，在家中去世。

孔僖又与崔篆的孙子崔骃交好，一同在太学游学，学习《春秋》。读到吴王夫差的故事时，孔僖放下书感叹道："若是这样，这岂不是画虎不成反类狗。"崔骃说："是的。从前孝武皇帝即位，初为天子时，年方十八，孝武皇帝崇信圣道，效仿先王，五六年间，治政的盛矣！”邻房生梁郁儳和之曰：“如此，武帝亦是狗邪？”僖、骃默然不对。郁怒恨之，阴上书告骃、僖诽谤先帝，刺讥当世。事下有司，骃诣吏受讯。僖以吏捕方至，恐诛，乃上书肃宗自讼曰：“臣之愚意，以为凡言诽谤者，谓实无此事而虚加诬之也。至如孝武皇帝，政之美恶，显在汉史，坦如日月。是为直说书传实事，非虚谤也。夫帝者为善，则天下之善咸归焉；其不善，则天下之恶亦萃焉。斯皆有以致之，故不可以诛于人也。且陛下即位以来，政教未过，而德泽有加，天下所具也，臣等独何讥刺哉？假使所非实是，则固应悛改；傥其不当，亦宜含容，又何罪焉？陛下不推原大数，深自为计，徒肆私忿，以快其意。臣等受戮，死即死耳，顾天下之人，必回视易虑，以此事窥陛下心。自今以后，苟见不可之事，终莫复言者矣。臣之所以不爱其死，犹敢极言者，诚为陛下深惜此大业。陛下若不自惜，则臣何赖焉？齐桓公亲扬其先君之恶，以唱管仲，然后群臣得尽其心。今陛下乃欲以十世之武帝，远讳实事，岂不与桓公异哉？臣恐有司卒然见构，衔恨蒙枉，不得自叙，使后世论者，擅以陛下有所方比，宁可复使子孙追掩之乎？谨诣阙伏待重诛。”帝始亦无罪僖等意，及书奏，立诏勿问，拜僖兰台令史。

元和二年春，帝东巡狩，还过鲁，幸阙里，以太牢祠孔子及七十二弟子，作六代之乐，大会孔氏男子二十以上者六十三人，命况超过了文帝、景帝。但到后来放纵自己，肆意而为，忘记了先前勤勉治政的盛况。”孔僖说：“书中记载的这类事情太多了！”隔壁的学生梁郁插言附和道：“像你们所说的，武帝难道也是狗吗？”孔僖、崔骃沉默不语。梁郁心生怨恨，暗中上书告发崔骃、孔僖诽谤先帝，讥讽当世。朝廷将这件事交予有关官员审理，崔骃前往官府受讯。孔僖见逮捕他的官吏快要到来，害怕自己会被诛杀，于是孔僖向肃宗章帝上书，为自己申诉：“臣之愚意，认为凡是出言诽谤的人，都是没有事实却妄加诬蔑。至于孝武皇帝，治政的好坏，明明白白地记录在汉史之中，有如日月般显明。这是据实谈论书传中所记载的实事，并非妄加诽谤。皇帝为善，则天下之善都会归功于皇帝；皇帝为不善，则天下之恶也都会归咎于皇帝。这都有原因的，所以不能以此责罚他人。况且陛下即位以来，施政教化没有过失，德泽遍施百姓，天下都蒙受恩惠，臣等为何要出言讥讽呢？假若所非议的事情属实，则应当悔过改正；假若所言不实，也应当加以宽恕，又为何要治罪呢？陛下不从根本上推究治政方略，深谋远虑，仅仅为了发泄私忿，以满足内心的快意。臣等受诛，死便死了，但遍观天下之人，一定会回过头来改变看法，并会以这件事来探察陛下的好恶。自今以后，若是有人看到不合适的事情，也绝不会再提出谏言了。臣之所以不怕死，依旧敢直言劝谏，实在是为陛下爱惜来之不易的天下大业。陛下若是不爱惜，那臣这么做又为了什么呢？齐桓公亲自揭露前代国君的过错，以鼓励管仲谏言，然后群臣才敢尽心竭力，直言劝谏。如今陛下想因为自己是武帝的十世后人，就避讳隐瞒事实，这么做岂不是与桓公相差甚远吗？臣担心有关官员会匆忙定罪，构陷忠臣，致使忠臣含恨蒙冤，不能申诉，使后世评议的人，擅自以陛下作比较，难道可以再让后世子孙弥补遮掩吗？臣在宫门前等待重罚。”明帝本来也没有要治罪于孔僖等人的意思，奏书呈上之后，明帝便下诏不予降罪，并让孔僖拜任兰台令史。

元和二年（85）春，章帝巡绥东方，返回时经过鲁县，章帝前往孔子故里阙里，以太牢祭祀孔子及七十二弟子，演奏黄帝、尧、舜、儒者讲论。僖因自陈谢。帝曰："今日之会，宁于卿宗有光荣乎？"对曰："臣闻明王圣主，莫不尊师贵道。今陛下亲屈万乘，辱临敝里，此乃崇礼先师，增辉圣德。至于光荣，非所敢承。"帝大笑曰："非圣者子孙，焉有斯言乎！"遂拜僖郎中，赐褒成侯损及孔氏男女钱帛，诏僖从还京师，使校书东观。

冬，拜临晋令，崔骃以《家林》筮之，谓为不吉，止僖曰："子盍辞乎？"僖曰："学不为人，仕不择官，凶吉由己，而由卜乎？"在县三年，卒官，遗令即葬。

二子长彦、季彦，并十余岁。蒲坂令许君然劝令反鲁。对曰："今载柩而归，则违父令；舍墓而去，心所不忍。"遂留华阴。

长彦好章句学，季彦守其家业，门徒数百人。延光元年，河西大雨雹，大者如斗。安帝诏有道术之士极陈变眚，乃召季彦见于德阳殿，帝亲问其故。对曰："此皆阴乘阳之征也。今贵臣擅权，母后党盛，陛下宜修圣德，虑此二者。"帝默然，左右皆恶之。举孝廉，不就。三年，年四十七，终于家。

初，平帝时王莽秉政，乃封孔子后孔均为褒成侯，追谥孔子为褒成宣尼。及莽败，失国。建武十三年，世祖复封均子志为褒成侯。志卒，子损嗣。永元四年，徙封褒亭侯。损卒，子曜嗣。曜卒，子完嗣。世世相传，至献帝初，国绝。

禹、汤、周六代的音乐，召集孔氏一族中二十岁以上的男子六十三人，命令儒者讨论。孔僖向章帝谢恩。章帝说：“今日之会，对于卿的宗庙，是否是一种光荣呢？”孔僖回答道：“臣听闻明王圣主，无不尊师重道。如今陛下纡尊降贵，亲临臣的故乡，这是崇敬先师，使圣德增辉。至于光荣，臣不敢当。”章帝大笑说：“不是圣人的子孙，不会说出这样的话啊！”于是章帝让孔僖拜任郎中，并赏赐褒成侯孔损及孔氏男女钱帛，诏令孔僖跟随章帝一同回京，命孔僖在东观校订典籍。

当年冬季，孔僖拜任临晋县令，崔骃通过崔篆所著的《易林》占卜，卜得的结果不吉，崔骃便阻止孔僖说：“你为什么不辞官呢？”孔僖说：“学习不是为了他人，入仕不要选择官职，凶吉由自己所定，还是由占卜的结果而定呢？”孔僖在县里任职三年，最终在任上去世，孔僖曾留下遗嘱要就地埋葬。

孔僖有两个儿子，孔长彦、孔季彦，两人都只有十多岁。蒲坂县令许君然劝他们两人返回鲁县，他们回答道：“如今若是载着父亲的灵柩返归，则违反了父亲的遗嘱；若是舍弃父亲的墓冢离去，则于心不忍。”于是他们留在华阴县。

孔长彦喜好章句学，孔季彦继承家族遗业，教授经学，弟子门生有数百人。延光元年（122），河西降下大雨冰雹，大的冰雹如同斗一般大。安帝诏令有道术之士尽陈灾异，在德阳殿召见孔季彦，安帝亲自询问孔季彦出现异象的原因。孔季彦回答道：“这都是阴在阳之上的征兆。如今贵臣擅权，母后外戚党羽强盛，陛下应当勤修圣德，深思这两件事。”安帝沉默不语，左右的人对此都憎恶孔季彦。后来孔季彦经过举荐成为孝廉，但他没有前往就任。延光三年（124），孔季彦四十七岁，在家中去世。

起初，西汉平帝时王莽秉政，赐封孔子的后人孔均为褒成侯，追谥孔子为褒成宣尼君。王莽覆灭后，孔氏后人失去了封国。建武十三年（37），光武帝再次将孔均的儿子孔志封为褒成侯。孔志去世后，其子孔损承袭爵位。永元四年（92），和帝将孔损改封为褒亭杨伦字仲理，陈留东昏人也。少为诸生，师事司徒丁鸿，习《古文尚书》。为郡文学掾。更历数将，志乖于时，以不能人间事，遂去职，不复应州郡命。讲授于大泽中，弟子至千余人。元初中，郡礼请，三府并辟，公车征，皆辞疾不就。

后特征博士，为清河王傅。是岁，安帝崩，伦辄弃官奔丧，号泣阙下不绝声。阎太后以其专擅去职，坐抵罪。

顺帝即位，诏免伦刑，遂留行丧于恭陵。服阕，征拜侍中。是时邵陵令任嘉在职贪秽，因迁武威太守，后有司奏嘉臧罪千万，征考廷尉，其所牵染将相大臣百有余人。伦乃上书曰："臣闻《春秋》诛恶及本，本诛则恶消；振裘持领，领正则毛理。今任嘉所坐狼藉，未受辜戮，猥以垢身，改典大郡，自非案坐举者，无以禁绝奸萌。往者湖陆令张叠、萧令驷贤、徐州刺史刘福等，衅秽既章，咸伏其诛，而豺狼之吏至今不绝者，岂非本举之主不加之罪乎？昔齐威之霸，杀奸臣五人，并及举者，以弭谤讟。当断不断，《黄石》所戒。夫圣王所以听僮夫匹妇之言者，犹尘加嵩岱，雾集淮海，虽未有益，不为损也。惟陛下留神省察。"奏御，有司以伦言切直，辞不逊顺，下之。尚书奏伦探知密事，激以求直。坐不敬，结鬼薪。诏书以伦数进忠言，特原之，免归田里。

侯。孔损去世后，其子孔曜承袭爵位。孔曜去世，其子孔完承袭爵位。此后爵位封国代代相传，直到献帝初年，封国断绝。

杨伦，字仲理，陈留郡东昏县人。年少时作为学生求学，师从司徒丁鸿，学习《古文尚书》。杨伦担任郡中的文学掾。历经了数任郡将，杨伦因为志向与时世不合，不懂人际交往，便辞去官职，之后不再回应州郡的诏命。杨伦在大湖泽旁讲授经学，教授的弟子有一千多人。元初年间，郡里以礼延请杨伦，三府共同征召，并且公车署也在征诏杨伦，但杨伦一律称病婉拒，不接受任命。

后来朝廷特意征诏杨伦为博士，命杨伦担任清河王太傅。同年，安帝驾崩，杨伦弃官前往奔丧，在宫阙之下痛哭不止。阎太后因杨伦擅离职守，将其治罪。

顺帝即位，下诏赦免了杨伦的刑罚，让杨伦留在恭陵服丧。丧期结束后，顺帝征召杨伦让其拜任侍中。当时邵陵县令任嘉在任职期间贪污受贿，反而升任武威太守，后来有关官员弹劾任嘉贪污受贿多达千万，朝廷征召任嘉前往廷尉接受审问，受到此案牵连的将相大臣一百多人。于是杨伦上书奏言："臣听闻《春秋》中讲诛除奸恶要找到根源，根源清除干净则奸恶自会消失；整理裘衣要拿着衣领，衣领正了则皮毛自会理顺。如今任嘉所犯罪大恶极，不但没有受到诛戮，反而以卑劣之身，升任郡守治理大郡，倘若不能一并惩处当初举荐任嘉的人，则无法禁绝奸邪行径。从前湖陆县令张叠、萧县县令驷贤、徐州刺史刘福等人，所犯罪行昭然若揭，他们全部认罪伏诛，然而豺狼之吏至今不绝，这难道不是因为所举荐之人没有受到惩处的原因吗？从前齐威王治政，斩杀奸臣五人，连同举荐他们的人也受到惩处，这才止息了怨恨与非议。当断不断，反受其乱，这是《黄石公三略》中所训戒的道理。圣王之所以要听取平民百姓的意见，就如同尘土加在嵩山、泰山的山顶，云雾聚集在淮河、海域的上空一样，虽然没有什么益处，但也不会有什么损失。希望陛下留神省察。"奏书上呈顺帝。有关官员认为杨伦的谏言恳切率直，但措辞不逊，奏请将杨伦下狱。尚书奏言杨伦探知国家机密，言辞激切来表现自己的正阳嘉二年，征拜太中大夫。大将军梁商以为长史。谏诤不合，出补常山王傅，病不之官。诏书敕司隶催促发遣，伦乃留河内朝歌，以疾自上，曰："有留死一尺，无北行一寸。刎颈不易，九裂不恨。匹夫所执，强于三军。固敢有辞。"帝乃下诏曰："伦出幽升高，宠以藩傅，稽留王命，擅止道路，托疾自从，苟肆狷志。"遂征诣廷尉，有诏原罪。

伦前后三征，皆以直谏不合。既归，闭门讲授，自绝人事。公车复征，逊遁不行，卒于家。

中兴，北海牟融习《大夏侯尚书》，东海王良习《小夏侯尚书》，沛国桓荣习《欧阳尚书》。荣世习相传授，东京最盛。扶风杜林传《古文尚书》，林同郡贾逵为之作训，马融作传，郑玄注解，由是《古文尚书》遂显于世。

直，犯了不敬罪，最终被判处鬼薪的刑罚。顺帝下诏杨伦多次进献忠言，特予宽宥，将其免官返归乡里。

阳嘉二年（133），朝廷征召杨伦并让其拜任太中大夫。大将军梁商命杨伦担任长史。杨伦的谏言与梁商的心意不合，因而杨伦出外补任常山王太傅，但杨伦因病没有就任。顺帝下诏命司隶校尉催促杨伦前往就任，杨伦逗留在河内、朝歌之间，因病上书，奏言说："臣留在此地，最终就算是必死无疑，也不向北前行一寸。哪怕是杀头臣也不改变心意，虽九死但臣依旧不悔。匹夫所守之志，比三军还重要。臣斗胆请辞。"顺帝便下诏说："杨伦出身低微，升任高职，蒙受宠信担任藩王太傅，但杨伦不遵王命，擅自在途中停留，称病推托，肆意狂狷。"于是顺帝征召杨伦前往廷尉，之后又下诏宽恕了杨伦的过错。

杨伦前后三次受到征召，但都因直言进谏不合上意而被免官。归家之后，杨伦闭门讲授经学，不与人来往。公车署再次征召杨伦，杨伦躲避不去应召，最终在家中去世。

光武中兴，北海人牟融修习《大夏侯尚书》，东海人王良修习《小夏侯尚书》，沛国人桓荣修习《欧阳尚书》。桓荣家中世代修习传授《欧阳尚书》，《欧阳尚书》在东京十分兴盛。右扶风杜林传授《古文尚书》，杜林的同郡人贾逵为《古文尚书》作训，马融为之作传，郑玄为之注解，自此《古文尚书》彰显于世。

卷一百九下

儒林列传第六十九下

《前书》鲁人申公受《诗》于浮丘伯，为作诂训，是为《鲁诗》；齐人辕固生亦传《诗》，是为《齐诗》；燕人韩婴亦传《诗》，是为《韩诗》；三家皆立博士。赵人毛苌传《诗》，是为《毛诗》，未得立。

高诩字季回，平原般人也。曾祖父嘉，以《鲁诗》授元帝，仕至上谷太守。父容，少传嘉学，哀、平间为光禄大夫。

诩以父任为郎中，世传《鲁诗》。以信行清操知名。王莽篡位，父子称盲，逃，不仕莽世。光武即位，大司空宋弘荐诩，征为郎，除符离长。去官，后征为博士。建武十一年，拜大司农。在朝以方正称。十三年，卒官，赐钱及冢田。

包咸字子良，会稽曲阿人也。少为诸生，受业长安，师事博士右师细君，习《鲁诗》《论语》。王莽末，去归乡里，于东海界为赤眉贼所得，遂见拘执。十余日，咸晨夜诵经自若，贼异而遣之。因住东海，立精舍讲授。光武即位，乃归乡里。太守黄谠署户曹史，欲召咸入授其子。咸曰："礼有来学，而无往教。"谠遂遣子师之。

举孝廉，除郎中。建武中，入授皇太子《论语》，又为其章句。

《汉书》中记载鲁国人申公跟随浮丘伯学习《诗经》，为《诗经》作注解，是为《鲁诗》；齐国人辕固生也传授《诗经》，是为《齐诗》，燕国人韩婴也传授《诗经》，是为《韩诗》；这三家都得以立于学官成为博士。赵国人毛苌传授《诗经》，是为《毛诗》，没有被立为博士。

高诩，字季回，平原郡般县人。高诩的曾祖父高嘉，曾教授西汉元帝《鲁诗》，官至上谷太守。高诩的父亲高容，年少时继承高嘉的学问，西汉哀帝、平帝时担任光禄大夫。

高诩因父亲的缘故而担任郎中，家族世代传授《鲁诗》。高诩因品行忠诚、操守高洁而知名。王莽篡位时，父子二人都称眼盲，出逃，不在王莽时期入朝为官。光武帝即位，大司空宋弘举荐高诩，朝廷征召高诩为郎官，又授任符离县长。后来高诩辞官，又被征召担任博士。建武十一年（35），高诩拜任大司农。高诩在朝中以为官刚正不阿而受人称扬。建武十三年（37），高诩在任上去世，光武帝赐予高诩钱财及墓地。

包咸，字子良，会稽郡曲阿县人。年少时作为学生求学，后来前往长安求学，师从博士右师细君，学习《鲁诗》《论语》。王莽末年，包咸返归乡里，在东海郡被赤眉军所擒获，深受拘押。期间十多天，包咸早晚诵经，神情自若，赤眉军对此大为惊异，便放了包咸。包咸因此住在东海郡，建造精舍讲授学问。光武帝即位后，包咸才回到家乡。太守黄谠命包咸担任户曹史，想召包咸去家中教授自己的儿子。包咸说："依礼，有前来求学的，没有前去教授的。"黄谠便让儿子前往拜包咸为师。

后来包咸被举为孝廉，授任郎中。建武年间，包咸入宫教授皇太拜谏议大夫、侍中、右中郎将。永平五年，迁大鸿胪。每进见，锡以几杖，入屏不趋，赞事不名。经传有疑，辄遣小黄门就舍即问。

显宗以咸有师傅恩，而素清苦，常特赏赐珍玩束帛，奉禄增于诸卿，咸皆散与诸生之贫者。病笃，帝亲辇驾临视。八年，年七十二，卒于官。

子福，拜郎中，亦以《论语》入授和帝。

魏应字君伯，任城人也。少好学。建武初，诣博士受业，习《鲁诗》。闭门诵习，不交僚党，京师称之。后归为郡吏，举明经，除济阴王文学。以疾免官，教授山泽中，徒众常数百人。永平初，为博士，再迁侍中。十三年，迁大鸿胪。十八年，拜光禄大夫。建初四年，拜五官中郎将，诏入授千乘王伉。

应经明行修，弟子自远方至，著录数千人。肃宗甚重之，数进见，论难于前，特受赏赐。时会京师诸儒于白虎观，讲论《五经》同异，使应专掌难问，侍中淳于恭奏之，帝亲临称制，如石渠故事。明年，出为上党太守，征拜骑都尉，卒于官。

伏恭字叔齐，琅邪东武人，司徒湛之兄子也。湛弟黯，字稚文，以明《齐诗》，改定章句，作《解说》九篇，位至光禄勋，无子，以恭为后。

恭性孝，事所继母甚谨，少传黯学，以任为郎。建武四年，除剧令。视事十三年，以惠政公廉闻。青州举为尤异，太常试经第一，子《论语》，又分析解释《论语》的章句。后来包咸授任谏议大夫、侍中、右中郎将。永平五年（62），包咸升任大鸿胪。包咸每次进见明帝，明帝都会恩准他使用几杖，入朝不必趋行，在请求谒见时有关官员不直呼他的名字。明帝对经传有疑问时，总派小黄门到包咸的家中请教询问。

明帝认为包咸对自己有师恩，但包咸素来清苦，明帝经常赏赐其珍玩束帛，俸禄也比其他公卿多，但包咸都会将这些东西分给家境贫困的学生。包咸病重时，明帝亲自前往探视。永平八年（65），包咸享年七十二岁，在任上去世。

包咸的儿子包福，拜任郎中，同样入宫教授和帝《论语》。

魏应，字君伯，任城县人。年少好习。建武初年，魏应向博士求学，学习《鲁诗》。魏应闭门诵读，不交结朋友，京师为之称道。后来魏应归家担任郡吏，经过举荐明经，拜受济阴王的文学官。后来魏应因病免官，在山泽中教授经学，弟子门生常常有数百人。永平初年，魏应担任博士，后升任侍中。永平十三年（70），魏应升任大鸿胪。永平十八年（75），拜任光禄大夫。建初四年（79），拜任五官中郎将，受诏入宫教授千乘王刘伉。

魏应通晓经术，品行高洁，弟子自远方而来求教，记录在册的就有数千人。章帝十分器重魏应，魏应数次进见，在章帝面前论议疑难，章帝都会给予特殊的赏赐。当时京师的儒生都聚集在白虎观，讲论《五经》的异同，章帝派魏应专门负责提出疑难，侍中淳于恭向章帝奏报，章帝亲临主持，如同石渠阁的旧例一样。第二年，魏应出外担任上党太守，后又受到征召担任授骑都尉，最终在任上去世。

伏恭，字叔齐，琅琊郡东武县人，是司徒伏湛兄长的儿子。伏湛的弟弟伏黯，字稚文，明晓《齐诗》，修订《齐诗》章句，撰写《解说》九篇，伏黯位至光禄勋。伏湛无子，以伏恭为后。

伏恭性情至孝，侍奉继母甚为恭谨，年少时继承伏黯的学问，因而担任郎官。建武四年（28），伏恭拜受剧县县令。就任十三年，拜博士，迁常山太守。敦修学校，教授不辍，由是北州多为伏氏学。永平二年，代梁松为太仆。四年，帝临辟雍，于行礼中拜恭为司空，儒者以为荣。

初，父黯章句繁多，恭乃省减浮辞，定为二十万言。在位九年，以病乞骸骨罢，诏赐千石奉以终其身。十五年，行幸琅邪，引遇如三公仪。建初二年冬，肃宗行飨礼，以恭为三老。年九十，元和元年卒，赐葬显节陵下。

子寿，官至东郡太守。

任末字叔本，蜀郡繁人也。少习《齐诗》，游京师，教授十余年。友人董奉德于洛阳病亡，末乃躬推鹿车，载奉德丧致其墓所，由是知名。为郡功曹，辞以病免。后奔师丧，于道物故。临命，敕兄子造曰："必致我尸于师门，使死而有知，魂灵不惭；如其无知，得土而已。"造从之。

景鸾字汉伯，广汉梓潼人也。少随师学经，涉七州之地。能理《齐诗》《施氏易》，兼受《河》《洛》图纬，作《易说》及《诗解》，文句兼取《河》《洛》，以类相从，名为《交集》。又撰《礼内外记》，号曰《礼略》。又抄风角杂书，列其占验，作《兴道》一篇。及作《月令章句》。凡所著述五十余万言。数上书陈救灾变之术。州郡辟命不就。以寿终。

薛汉字公子，淮阳人也。世习《韩诗》，父子以章句著名。汉少传父业，尤善说灾异谶纬，教授常数百人。建武初，为博士，受诏校以遍施仁政、清廉公正而闻名。青州举荐伏恭政绩卓越，太常测试经学，伏恭成绩第一，因而拜任博士，后升任常山太守。伏恭广修学校，教授学问，接连不断，因此北州大多是伏氏之学。永平二年（59），伏恭代替梁松担任太仆。永平四年（61），明帝亲临辟雍，在举行典礼时授任伏恭为司空，儒者以此为荣。

起初，伏恭的父亲伏黯所著的《齐诗》章句的内容十分繁多，伏恭于是删减掉其中的浮泛多余之辞，最终定为二十万字。伏恭担任司空九年，因病辞官还乡，明帝下诏赏赐伏恭终身享有千石的俸禄。永平十五年（72），明帝巡幸琅琊郡，召见伏恭时依照三公的礼仪。建初二年（77）冬，章帝举行飨礼，尊奉伏恭为三老。伏恭享年九十岁，元和元年（84）去世，章帝赏赐伏恭葬在显节陵下。

伏恭的儿子伏寿，官至东郡太守。

任末，字叔本，蜀郡繁县人。年少时学习《齐诗》，在京师游学，教授经学十多年。任末的朋友董奉德在洛阳病逝，任末便亲自推着鹿车，载着董奉德的棺材送到墓地安葬，任末因此闻名。后来任末担任郡功曹，因病辞官。后来任末为老师奔丧，在途中去世。临死时，任末告诫兄长的儿子任造说："一定要将我的尸身送到老师那里，如果死后还有知觉，那么魂灵就不会感到愧疚；如果死后没有知觉，入土埋葬而已。"任造遵从任末的遗嘱行事。

景鸾，字汉伯，广汉郡梓潼县人。年少时跟随老师学习经学，遍涉七州。景鸾熟习《齐诗》《施氏易》，同时还学习《河图》《洛书》以及图谶和纬书，撰写了《易说》及《诗解》，文章的词句选取了《河图》《洛书》的内容，按照类别划分，名为《交集》。又撰写了《礼内外记》，号称《礼略》。又从风角杂书中摘录部分内容，列举占卜的征验，撰写《兴道》一篇。以及撰写《月令章句》。景鸾所撰写的著作文章共有五十多万字。景鸾多次上书陈奏挽救灾异的方法。州郡征召景鸾，但景鸾没有应召。寿终正寝。

薛汉，字公子，淮阳人。家中世代修习《韩诗》，薛汉父子都因通晓章句而闻名。薛汉年少时便继承父亲的学问，尤其擅长讲解灾异定图谶。当世言《诗》者，推汉为长。永平中，为千乘太守，政有异迹。后坐楚事辞相连，下狱死。弟子犍为杜抚、会稽澹台敬伯、钜鹿韩伯高最知名。

杜抚字叔和，犍为武阳人也。少有高才。受业于薛汉，定《韩诗章句》。后归乡里教授。沉静乐道，举动必以礼。弟子千余人。后为骠骑将军东平王苍所辟，及苍就国，掾史悉补王官属，未满岁，皆自劾归。时抚为大夫，不忍去，苍闻，赐车马财物遣之。辟太尉府。建初中，为公车令，数月卒官。其所作《诗题约义通》，学者传之，曰《杜君法》云。

召驯字伯春，九江寿春人也。曾祖信臣，元帝时为少府。父建武中为卷令，俶傥不拘小节。

驯少习《韩诗》，博通书传，以志义闻，乡里号之曰“德行恂恂召伯春”。累仕州郡，辟司徒府。建初元年，稍迁骑都尉，侍讲肃宗。拜左中郎将，入授诸王。帝嘉其义学，恩宠甚崇。出拜陈留太守，赐刀剑钱物。元和二年，入为河南尹。章和二年，代任隗为光禄勋，卒于官，赐冢茔陪园陵。

孙休，位至青州刺史。

杨仁字文义，巴郡阆中人也。建武中，诣师学习《韩诗》，数年归，静居教授。仕郡为功曹，举孝廉，除郎。太常上仁经中博士，仁自以年未五十，不应旧科，上府让选。

谶纬，教授的弟子门生常有数百人。建武初年，薛汉担任博士，受诏校定图谶。当世之人提及能讲解《诗经》的儒者，众人都推举薛汉为首。永平年间，薛汉担任千乘太守，政绩卓越。后来薛汉受到楚王造反的牵连而获罪，被拘捕入狱而死。薛汉的弟子犍为郡人杜抚、会稽郡人澹台敬伯、钜鹿郡人韩伯高最为知名。

杜抚，字叔和，犍为郡武阳县人。年少时便才能超群。跟随薛汉学习，编定《韩诗章句》。后来杜抚返归乡里教授经学。杜抚沉静乐道，举止行为都遵照礼法。教授的弟子门生有千余人。后来杜抚受到骠骑将军东平王刘苍的征召，等到刘苍前往封国时，原来的将军掾史全部补任诸侯国属官，不到一年，全都自劾离去。当时杜抚担任大夫，不忍离去，刘苍听闻后，赐予杜抚车马财物，并将杜抚送回家乡。后来杜抚又受到了太尉府的征召。建初年间，杜抚担任公车令，数月之后在任上去世。杜抚所著的《诗题约义通》，学者广为传诵，世称《杜君法》。

召驯，字伯春，九江寿春人。曾祖召信臣，在西汉元帝时担任少府。其父在建武年间担任卷县县令，为人豪爽洒脱，不拘小节。

召驯年少时修习《韩诗》，博通经传，以志节而闻名。乡里都称赞召驯“德行恭谨召伯春”。召驯多次在州郡中任职，后来受到司徒府的征召。建初元年（76），召驯升任骑都尉，为章帝讲学。后召驯拜任左中郎将，入宫教授诸侯王。章帝十分欣赏召驯的学问，对召驯的恩宠甚厚。后来召驯出外拜任陈留太守，章帝赐其刀剑钱物。元和二年（85），召驯入京担任河南尹。章和二年（88），召驯代替任隗担任光禄勋，在任上去世，章帝赐予召驯墓地陪葬在园陵之中。

召驯的孙子召休，位至青州刺史。

杨仁，字文义，巴郡阆中县人。建武年间，跟随老师学习《韩诗》，数年之后返归乡里，闲居在家，教授经学。后来杨仁在郡中为官，担任功曹，后来被举为孝廉，拜受郎官。太常上书举荐杨仁担任经中博士，杨仁认为自己不满五十岁，不符合已有的法制，便上书太常府拒绝了举荐。

显宗特诏补北宫卫士令，引见，问当世政迹。仁对以宽和任贤，抑黜骄戚为先。又上便宜十二事，皆当世急务。帝嘉之，赐以缣钱。

及帝崩，时诸马贵盛，各争欲入宫，仁被甲持戟，严勒门卫，莫敢轻进者。肃宗既立，诸马共谮仁刻峻，帝知其忠，愈善之，拜什邡令。宽惠为政，劝课掾史弟子，悉令就学。其有通明经术者，显之右署，或贡之朝，由是义学大兴。垦田千余顷。行兄丧去官。

后辟司徒桓虞府。掾有宋章者，贪奢不法，仁终不与交言同席，时人畏其节。后为阆中令，卒于官。

赵晔字长君，会稽山阴人也。少尝为县吏，奉檄迎督邮，晔耻于厮役，遂弃车马去。到犍为资中，诣杜抚受《韩诗》，究竟其术。积二十年，绝问不还，家为发丧制服。抚卒乃归。州召补从事，不就。举有道。卒于家。

晔著《吴越春秋》《诗细历神渊》。蔡邕至会稽，读《诗细》而叹息，以为长于《论衡》。邕还京师，传之，学者咸诵习焉。

时山阳张匡，字文通。亦习《韩诗》，作章句。后举有道，博士征，不就。卒于家。

卫宏字敬仲，东海人也。少与河南郑兴俱好古学。

初，九江谢曼卿善《毛诗》，乃为其训。宏从曼卿受学，因作《毛诗序》，善得《风雅》之旨，于今传于世。后从大司空杜林更受明帝特别下诏命杨仁补任北宫卫士令，明帝召见杨仁，询问当世的政治得失。杨仁回答说应当以宽和施政，任人唯贤，罢退骄横妄为的外戚为先。杨仁又上书陈奏了十二件有利国家的事情，都是当世急务。明帝对此十分赞赏，赐予杨仁丝绸和钱财。

等到明帝驾崩后，外戚马氏日渐显赫，都争相想要入宫，杨仁身披铠甲，手持兵戟，严守皇宫，没有人敢冒然闯进宫中。章帝即位后，马氏一族共同诬陷杨仁行事苛刻严酷，章帝知晓杨仁忠义，愈发器重杨仁，后来杨仁拜任什邡县令。杨仁为政宽厚仁惠，鼓励督促掾史家中的子弟，让他们全都进入学校学习知识。其中有人若能通晓经术，杨仁便向上司举荐，有的贡献朝廷，因此什邡县经学大兴。杨仁召集百姓开垦田地千余顷。后来杨仁为兄长服丧而辞去官职。

后来司徒桓虞征召杨仁。司徒府中有一位名叫宋章的掾史，贪婪奢靡，不遵法度，杨仁始终不与他同席交谈，当时众人敬畏杨仁的气节。后来杨仁担任阆中县令。在任上去世。

赵晔，字长君，会稽郡山阴县人。年少时曾担任县吏，赵晔带着公文前去迎接督邮，这让赵晔觉得成为受人驱使的仆役十分羞耻，便丢掉车马离开了。赵晔来到犍为郡资中县，跟随杜抚学习《韩诗》，穷究其术。前后共有二十年，杳无音讯，家人为他办理了丧事。一直到杜抚去世，赵晔才返归故乡。州府征召赵晔补任从事，赵晔没有前往。后来赵晔被举为有道之士。最终赵晔在家中去世。

赵晔著有《吴越春秋》《诗细历神渊》。蔡邕来到会稽郡，在读到《诗细历神渊》时颇为感叹，认为此书比《论衡》写得好。蔡邕返回京师，将《诗细历神渊》传播开来，学者都在诵习这本书。

当时山阳郡人张匡，字文通，也修习《韩诗》，章句。后来张匡被举荐为有道之士，召他擔任博士，张匡没有就任。在家中去世。

卫宏，字敬仲，东海人。年少时与河南人郑兴全都爱好古文经学。

起初，九江郡人谢曼卿钻研《毛诗》，并为《毛诗》作了注解。卫宏跟随谢曼卿学习，因而撰写了《毛诗序》，卫宏掌握了《诗经》中《风雅》的要旨，至今依然流传于世。后来卫宏跟随大司空杜林学习

《古文尚书》，为作《训旨》。时济南徐巡师事宏，后从林受学，亦以儒显，由是古学大兴。光武以为议郎。

宏作《汉旧仪》四篇，以载西京杂事；又著赋、颂、诔七首，皆传于世。

中兴后，郑众、贾逵传《毛诗》，后马融作《毛诗传》，郑玄作《毛诗笺》。

《前书》鲁高堂生，汉兴传《礼》十七篇。后瑕丘萧奋以授同郡后苍，苍授梁人戴德及德兄子圣、沛人庆普。于是德为《大戴礼》，圣为《小戴礼》，普为《庆氏礼》，三家皆立博士。孔安国所献《礼》古经五十六篇及《周官经》六篇，前世传其书，未有名家。中兴已后，亦有《大》《小戴》博士，虽相传不绝，然未有显于儒林者。建武中，曹充习庆氏学，传其子褒，遂撰《汉礼》，事在《褒传》。

董钧字文伯，犍为资中人也。习《庆氏礼》。事大鸿胪王临。元始中，举明经，迁廪牺令，病去官。建武中，举孝廉，辟司徒府。

钧博通古今，数言政事。永平初，为博士。时草创五郊祭祀，及宗庙礼乐，威仪章服，辄令钧参议，多见从用，当世称为通儒。累迁五官中郎将，常教授门生百余人。后坐事左转骑都尉。年七十余，卒于家。

中兴，郑众传《周官经》，后马融作《周官传》，授郑玄，玄作《周官注》。玄本习《小戴礼》，后以古经校之，取其义长者，故为郑氏学。玄又注小戴所传《礼记》四十九篇，通为《三礼》焉。

《古文尚书》，为《古文尚书》撰写《训旨》。当时济南郡人徐巡师从卫宏，后来徐巡又跟随杜林学习，同样以儒学而显名，因此古文经学大兴。光武帝时命卫宏担任议郎。

卫宏撰写了《汉旧仪》四篇，用意记载西京长安的杂事；又撰写了赋、颂、诔七首，都流传于世。

光武中兴之后，郑众、贾逵传授《毛诗》，后来马融撰写《毛诗传》，郑玄撰写《毛诗笺》。

《汉书》记载鲁国人高堂生，在汉朝建立后传授《礼记》十七篇。后来瑕丘县人萧奋教授同郡人后苍，后苍教授梁国人戴德以及戴德兄长的儿子戴圣、沛县人庆普。于是戴德形成《大戴礼记》，戴圣形成《小戴礼记》，庆普形成《庆氏礼记》，这三家都立于学官成为博士。孔安国献出的古经《礼记》五十六篇和《周官经》六篇，在西汉时就已广为流传，但尚未有名家出现。光武中兴以后，也有《大戴礼记》《小戴礼记》博士，虽然相传不绝，但在儒林中没有名家。建武年间，曹充修习庆氏之学，传授自己的儿子曹褒，编撰《汉礼》，详见于《曹褒传》。

董钧，字文伯，犍为郡资中县人。修习《庆氏礼》。师从大鸿胪王临。西汉平帝元始年间，董钧被举荐为明经，升任廪牺令，后来董钧因病辞官。建武年间，董钧被举荐为孝廉，司徒府征召董钧。

董钧博通古今，数次上书奏言政事得失。永平初年，董钧担任博士。当时朝廷正在起草准备五郊祭祀的相关事宜，以及祭祀宗庙所用的礼乐，帝王百官的威仪服饰，都会让董钧参与商议，所提出的谏言大多都被采用，当世称其为通儒。董钧逐渐升任五官中郎将，教授的弟子门生常常有一百多人。后来董钧因某件事而被贬为骑都尉。董钧享年七十多岁，在家中去世。

光武中兴后，郑众传授《周官经》，后来马融编撰《周官传》，教授郑玄，郑玄编撰《周官注》。郑玄原本学习《小戴礼记》，后来郑玄用古经进行校对，从中选取好的方面，另成一派，称为郑氏之学。郑玄又为小戴所传授的《礼记》撰写注解四十九篇，共称为《三礼》。

《前书》齐胡母子都传《公羊春秋》，授东平嬴公，嬴公授东海孟卿，孟卿授鲁人眭孟，眭孟授东海严彭祖、鲁人颜安乐。彭祖为《春秋》严氏学，安乐为《春秋》颜氏学，又瑕丘江公传《穀梁春秋》，三家皆立博士。梁太傅贾谊为《春秋左氏传训诂》，授赵人贯公。

丁恭字子然，山阳东缗人也。习《公羊严氏春秋》。恭学义精明，教授常数百人，州郡请召不应。建武初，为谏议大夫、博士，封关内侯。十一年，迁少府。诸生自远方至者，著录数千人，当世称为大儒。太常楼望、侍中承宫、长水校尉樊儵等皆受业于恭。二十年，拜侍中祭酒、骑都尉，与侍中刘昆俱在光武左右，每事咨访焉。卒于官。

周泽字稺都，北海安丘人也。少习《公羊严氏春秋》，隐居教授，门徒常数百人。建武末，辟大司马府，署议曹祭酒。数月，征试博士。中元元年，迁黾池令。奉公克己，矜恤孤羸，吏人归爱之。永平五年，迁右中郎将。十年，拜太常。

泽果敢直言，数有据争。后北地太守廖信坐贪秽下狱，没入财产，显宗以信臧物班诸廉吏，唯泽及光禄勋孙堪、大司农常冲特蒙赐焉。是时京师翕然，在位者咸自勉励。

堪字子稺，河南缑氏人也。明经学，有志操，清白贞正，爱士大夫，然一毫未尝取于人，以节介气勇自行。王莽末，兵革并起，宗族老弱在营保间，堪常力战陷敌，无所回避，数被创刃，宗族赖之，郡中咸服其义勇。

《汉书》中记载齐国人胡母子都传授《公羊春秋》，教授东平郡人嬴公，嬴公教授东海人孟卿，孟卿教授鲁国人眭孟，眭孟教授东海人严彭祖、鲁国人颜安乐。严彭祖开创《春秋》严氏之学，颜安乐开创《春秋》颜氏之学，又瑕丘江公传授《榖梁春秋》，这三家全都立于学官成为博士。梁国太傅贾谊编撰《春秋左氏传训诂》，教授赵国人贯公。

丁恭，字子然，山阳东缗县人。通晓《公羊严氏春秋》。丁恭学识渊博，教授的弟子门生常常有数百人，州郡请召丁恭，但丁恭没有接受。建武初年，丁恭担任谏议大夫、博士，受封关内侯。建武十一年(35)，丁恭升任少府。从自远方而来求学的弟子，记录在册的就有数千人，当世称其为大儒。太常楼望、侍中承宫、长水校尉樊儵等人都师从丁恭。建武二十年(44)，丁恭拜任侍中祭酒、骑都尉，与侍中刘昆一同奉事在光武帝的左右，光武帝每当有政事都会向他们询问。最终丁恭在任上去世。

周泽，字穉都，北海郡安丘县人。年少时修习《公羊严氏春秋》，后来隐居在家，教授经学，弟子门生常常有数百人。建武末年，大司马府征召周泽，周泽暂任议曹祭酒。数月之后，周泽受到征召测试博士。建武中元元年(56)，周泽迁任黾池令。周泽奉公克己，体恤孤寡老弱，当地的官吏和百姓都十分爱戴他。永平五年(62)，周泽升任右中郎将。永平十年(67)，拜任太常。

周泽果敢直言，多次据理争辩，向朝廷谏言。后来北地太守廖信因贪污而下狱，并将廖信的财产全部没收，明帝将没收的赃物赏赐给朝中廉洁的官吏，只有周泽和光禄勋孙堪、大司农常冲三人得到了明帝的赏赐。当时京师安定，在位的官员都自相勉励。

孙堪，字子穉，河南郡缑氏县人。孙堪明晓经学，心有志向和节操，品行清廉，忠贞正直，礼敬士大夫，但是从未向别人索取一分一毫，以操守高洁、勇敢无畏自居。王莽末年，兵革并起，孙堪族中老弱在纷争危亡之间，孙堪常常冲锋陷阵，无所回避，孙堪数次负伤，宗族依靠孙堪才免于遇难。郡中都敬佩孙堪的忠义勇敢。

建武中，仕郡县。公正廉絜，奉禄不及妻子，皆以供宾客。及为长吏，所在有迹，为吏人所敬仰。喜分明去就。尝为县令，谒府，趋步迟缓，门亭长谴堪御吏，堪便解印绶去，不之官。后复仕为左冯翊，坐遇下促急，司隶校尉举奏免官。数月，征为侍御史，再迁尚书令。永平十一年，拜光禄勋。

堪清廉，果于从政，数有直言，多见纳用。十八年，以病乞身，为侍中骑都尉，卒于官。堪行类于泽，故京师号曰“二稺”。

十二年，以泽行司徒事，如真。泽性简，忽威仪，颇失宰相之望。数月，复为太常。清絜循行，尽敬宗庙。常卧疾斋宫，其妻哀泽老病，窥问所苦。泽大怒，以妻干犯斋禁，遂收送诏狱谢罪。当世疑其诡激。时人为之语曰：“生世不谐，作太常妻，一岁三百六十日，三百五十九日斋。”十八年，拜侍中骑都尉。后数为三老五更。建初中致仕，卒于家。

钟兴字次文，汝南汝阳人也。少从少府丁恭受《严氏春秋》。恭荐兴学行高明，光武召见，问以经义，应对甚明。帝善之，拜郎中，稍迁左中郎将。诏令定《春秋》章句，去其复重，以授皇太子。又使宗室诸侯从兴受章句。封关内侯。兴自以无功，不敢受爵。帝曰：“生教训太子及诸王侯，非大功邪？”兴曰：“臣师丁恭。”于是复封恭，而兴遂固辞不受爵，卒于官。

建武年间，孙堪入仕为官，在郡县任职。孙堪公正廉洁，俸禄没有交予妻子补贴家用，全都用来供给宾客。等到孙堪担任长吏，所到之处政绩卓越，为当地的官吏百姓所敬仰。孙堪任用或是罢退属吏公私分明。孙堪曾经担任县令，前去谒见郡守，孙堪的车马行走缓慢，郡府的门亭长谴责孙堪的车夫，孙堪便解下印绶离去，不再为官。后来孙堪再次入仕担任左冯翊，因为对待属下严苛，司隶校尉上奏弹劾，将孙堪免官。数月后，朝廷征召孙堪担任侍御史，后来升任尚书令。永平十一年（68），孙堪拜任光禄勋。

孙堪为人清廉，治政果断，数次直言进谏，大多被采纳。永平十八年（75）孙堪因病请求辞官，后来孙堪担任侍中骑都尉，在任上去世，孙堪的行事作风与周泽相似，所以京师称他们二人为“二稺”。

永平十二年（69），周泽代任司徒，后来正式就任。周泽品性简朴，不注重威仪，颇失宰相的威望。数月后，周泽重新担任太常。周泽为政清廉，恪守礼法，敬奉宗庙。周泽常常卧病，在斋戒的宫舍中休息，周泽的妻子哀念他年老有疾，便前去探望询问周泽有什么不舒服，周泽大怒，认为妻子触犯了斋禁，就将妻子收捕送入诏狱谢罪。当世之士认为周泽行事怪异偏激。当时民间流传了一句俗语：“活在世上不顺利，做了太常的妻子，一年三百六十天，有三百五十九天在斋戒。”永平十八年（75），周泽拜任侍中骑都尉。后来周泽多次成为三老五更。建初年间辞官致仕，在家中去世。

钟兴，字次文，汝南郡汝阳县人。年少时师从少府丁恭，学习《严氏春秋》。丁恭举荐钟兴说他学识渊博，品行高洁，光武帝召见钟兴，询问经义，钟兴回答十分清楚。光武帝欣赏钟兴的才学，命其拜任郎中，后来渐渐升任左中郎将。光武帝诏令钟兴校勘《春秋》章句，删除书中重复的内容，并以此教授皇太子。光武帝又让宗室诸侯跟随钟兴学习《春秋》章句。光武帝封钟兴为关内侯。钟兴认为自己没有立下功劳，不敢接受封爵位。光武帝说：“先生教导太子及诸位王侯，这难道不是大功吗？”钟兴说：“这都是仰仗臣的老师丁恭教导臣。”于是光武帝又封赏了丁恭，但钟兴再三辞让没有接受爵位，甄宇字长文，北海安丘人也。清静少欲。习《严氏春秋》，教授常数百人。建武中，为州从事，征拜博士，稍迁太子少傅，卒于官。

传业子普，普传子承。承尤笃学，未尝视家事，讲授常数百人。诸儒以承三世传业，莫不归服之。建初中，举孝廉，卒于梁相。子孙传学不绝。

楼望字次子，陈留雍丘人也。少习《严氏春秋》。操节清白，有称乡闾。建武中，赵节王栩闻其高名，遣使赍玉帛请以为师，望不受。后仕郡功曹。永平初，为侍中、越骑校尉，入讲省内。十六年，迁大司农。十八年，代周泽为太常。建初五年，坐事左转太中大夫，后为左中郎将。教授不倦，世称儒宗，诸生著录九千余人。年八十，永元十二年，卒于官，门生会葬者数千人，儒家以为荣。

程曾字秀升，豫章南昌人也。受业长安，习《严氏春秋》，积十余年，还家讲授。会稽顾奉等数百人常居门下。著书百余篇，皆《五经》通难，又作《孟子章句》。建初三年，举孝廉，迁海西令，卒于官。

张玄字君夏，河内河阳人也。少习《颜氏春秋》，兼通数家法。建武初，举明经，补弘农文学，迁陈仓县丞。清净无欲，专心经书，方其讲问，乃不食终日。及有难者，辄为张数家之说，令择从所安，诸儒皆伏其多通，著录千余人。

最终在任上去世。

甄宇，字长文，北海郡安丘县人。甄宇为人清净少欲。通晓《严氏春秋》，教授的弟子门生常常有数百人。建武年间，甄宇担任州从事，后来受召拜任博士，逐渐升任太子少傅，在任上去世。

甄宇将学问传授给儿子甄普，甄普又传授给儿子甄承，甄承格外好学，从来没有管过家中事务，甄承讲授经学，听讲的弟子门生常常有数百人。诸位儒生因甄承家中三代传授经学，无不信服。建初年间，甄承被举为孝廉，最终在担任梁国国相时去世。甄氏子孙传承家学，没有断绝。

楼望，字次子，陈留郡雍丘县人。年少时修习《严氏春秋》。楼望操守清白，乡里百姓时常称赞。建武年间，赵节王刘栩听闻楼望的高名，派使者带着玉帛前去，礼请楼望担任老师，楼望没有接受。后来楼望入仕为官担任郡功曹。永平初年，楼望担任侍中、越骑校尉，入宫讲授经学。永平十六年（73），升任大司农。永平十八年（75），代替周泽担任太常。建初五年（80），楼望因某件事被贬为太中大夫，后来楼望担任左中郎将。楼望教授弟子勤勉不倦，世人称其为儒宗，记录在册的弟子门生有九千余人。楼望享年八十岁，永元十二年（100），在任上去世，前来送葬弟子门生有数千人，儒家以此为荣。

程曾，字秀升，豫章郡南昌县人。程曾在长安求学，修习《严氏春秋》，共有十多年，后来程曾回到家中教授经学，会稽郡人顾奉等数百人跟随程曾学习经学。程曾著书一百多篇，都是关于《五经》的疑难，程曾又撰写了《孟子章句》。建初三年（78），程曾被举为孝廉，升任海西县令，在任上去世。

张玄，字君夏，河内郡河阳县人。年少时修习《颜氏春秋》，兼通数家学问。建武初年，张玄经过举明经，补任弘农文学，后来升任陈仓县丞。张玄清净无欲，醉心于经书，当张玄在讲授经学时，常常一天都不吃饭。遇到有人向他请教疑难，张玄总会援引数家的学说来讲解，让请教的人选择自己认为合适的解说。诸儒都佩服张玄学识广博，记录在册的弟子门生有一千多人。

玄初为县丞，尝以职事对府，不知官曹处，吏白门下责之。时右扶风琅邪徐业，亦大儒也，闻玄诸生，试引见之，与语，大惊曰："今日相遭，真解蒙矣！"遂请上堂，难问极日。

后玄去官，举孝廉，除为郎。会《颜氏》博士缺，玄试策第一，拜为博士。居数月，诸生上言玄兼说《严氏》《宣氏》，不宜专为《颜氏》博士。光武且令还署，未及迁而卒。

李育字元春，扶风漆人也。少习《公羊春秋》。沉思专精，博览书传，知名太学，深为同郡班固所重。固奏记荐育于骠骑将军东平王苍，由是京师贵戚争往交之。州郡请召，育到，辄辞病去。

常避地教授，门徒数百。颇涉猎古学。尝读《左氏传》，虽乐文采，然谓不得圣人深意，以为前世陈元、范升之徒更相非折，而多引图谶，不据理体，于是作《难左氏义》四十一事。

建初元年，卫尉马廖举育方正，为议郎。后拜博士。四年，诏与诸儒论《五经》于白虎观，育以《公羊》义难贾逵，往返皆有理证，最为通儒。

再迁尚书令。及马氏废，育坐为所举免归。岁余复征，再迁侍中，卒于官。

何休字邵公，任城樊人也。父豹，少府。休为人质朴讷口，而雅有心思，精研《六经》，世儒无及者。以列卿子诏拜郎中，非其好张玄担任县丞之初，曾经因公事要上报郡府，但不知道相关的官署在哪，郡府的官吏告诉守门人斥责张玄。当时右扶风琅琊郡人徐业，也是一位大儒，听闻张玄是为儒生，便召见张玄，徐业与之交谈，大惊说："今日相逢，真正解开了我的疑问！"于是徐业请张玄上堂，向张玄请教疑难，长达一整天。

后来张玄辞官，再次被举荐为孝廉，授任郎官。正好《颜氏春秋》博士有缺，张玄的试策成绩第一，因而拜任博士。任职数月后，众多儒生上书奏言说张玄应当同时讲解《严氏春秋》《宣氏春秋》，不应当只担任《颜氏春秋》的博士。光武帝下诏让张玄暂时回到官署任职，但还没来得及调任张玄就去世了。

李育，字元春，扶风郡漆县人。年少时修习《公羊春秋》。钻研学问，专心致志，博览群书，在太学里很有名气，深得同郡人班固的重视。班固上奏向骠骑将军东平王刘苍举荐李育，在此之后京师的贵戚都争相与李育交好。州郡招请李育，李育到任之后，又以患病辞官。

李育避世隐居，教授经学，弟子门生有数百人。李育还涉猎古文经学。李育曾拜读《左氏传》，虽然李育喜欢书中的文采，但还是认为《左氏传》没有将圣人的至深之意表达出来。李育认为前代的陈元、范升等人又彼此非难，并且援引了许多的图谶，没有依据事理，于是李育撰写《难左氏义》四十一事。

建初元年（76），卫尉马廖举荐李育为方正，授任议郎。后来李育拜任博士。建初四年（79），章帝诏令命李育与诸位儒生在白虎观讲论《五经》，李育以《公羊春秋》与贾逵论辩，提问与应答都有义理相佐，人们称李育为通儒。

后来李育又升任尚书令。等到马氏遭到废黜，李育因是马廖所举荐的而受到牵连，免官归家。一年多后朝廷再次征召李育，李育升任侍中，在任上去世。

何休，字邵公，任城郡樊县人。父亲何豹，曾担任少府。何休为人质朴，不善言辞，但是心思细腻，一心钻研《六经》，当时的儒生没也，辞疾而去。不仕州郡。进退必以礼。

太傅陈蕃辟之，与参政事。蕃败，休坐废锢，乃作《春秋公羊解诂》，覃思不窥门，十有七年。又注训《孝经》《论语》、风角七分，皆经纬典谟，不与守文同说。又以《春秋》驳汉事六百余条，妙得《公羊》本意。休善历算，与其师博士羊弼，追述李育意以难二传，作《公羊墨守》《左氏膏肓》《穀梁废疾》。

党禁解，又辟司徒。群公表休道术深明，宜侍帷幄，幸臣不悦之，乃拜议郎，屡陈忠言。再迁谏议大夫，年五十四，光和五年卒。

服虔字子慎，初名重，又名祇，后改为虔，河南荥阳人也。少以清苦建志，入太学受业。有雅才，善著文论，作《春秋左氏传解》，行之至今。又以《左传》驳何休之所驳汉事六十条。举孝廉，稍迁，中平末，拜九江太守。免，遭乱行客，病卒。所著赋、碑、诔、书记、《连珠》、《九愤》，凡十余篇。

颍容字子严，陈国长平人也。博学多通，善《春秋左氏》，师事太尉杨赐。郡举孝廉，州辟，公车征，皆不就。初平中，避乱荆州，聚徒千余人。刘表以为武陵太守，不肯起。著《春秋左氏条例》五万余言，建安中卒。

谢该字文仪，南阳章陵人也。善明《春秋左氏》，为世名儒，门徒数百千人。建安中，河东人乐详条《左氏》疑滞数十事以问，该皆有人能比得上何休。何休以列卿子弟的身份受诏拜任郎中，但这不是何休所喜欢的，便称病辞官。何休没有在州郡任职。无论进退必会遵照礼法。

何休受到太傅陈蕃的征召，让何休参与政事。陈蕃因诛灭宦官的事情外泄而被杀，何休也因此受到牵连被革除官职，终身不得再入仕为官，于是何休撰写《春秋公羊解诂》，醉心钻研，闭门谢客，前后共有十七年。何休又为《孝经》《论语》、风角七分撰写注解，著述的内容全都贯通古今典籍，与此前恪守成规的旧说不同。又引用《春秋》驳斥汉室政令六百余条，熟知《公羊春秋》的义理。何休擅长历法算术，与他的老师博士羊弼，追述李育的学说来责难《春秋》的其他两传，何休撰写《公羊墨守》《左氏膏肓》《穀梁废疾》。

朋党终身不得入仕为官的禁令解除后，何休又得到了司徒的征召。群臣上表称赞何休精通经术，学问广博，应当在天子左右奉事，受到宠幸的臣子心生不悦，后来何休拜任议郎，多次陈奏忠言，后又升任谏议大夫，何休享年五十四岁，光和五年（182）去世。

服虔，字子慎，起初名叫服重，又改名为服祇，后来再次改名为服虔，河南郡荥阳县人。服虔年少时生活清苦，但不失志节，后来服虔进入太学求学。服虔才智超群，擅长写文章，服虔撰写的《春秋左氏传解》，流传至今。服虔又以《左传》驳斥何休此前驳斥的汉室政令六十条。后来服虔经过举荐成为孝廉，逐渐升迁，中平末年，服虔拜任九江太守。被免官之后，又遭逢动乱，逃亡在外，因病去世。服虔所著的赋、碑、诔、书记、《连珠》、《九愤》，共有十多篇。

颍容，字子严，陈国长平县人。颍容学识广博，精通《左氏春秋》，师从太尉杨赐。郡里举荐颍容为孝廉，州府征召，公车署征召，颍容没有前往。初平年间，颍容在荆州躲避战乱，聚集一千多名徒众。刘表任命颍容为武陵太守，颍容不肯就任。颍容编撰《春秋左氏条例》五万多字，颍容在建安年间去世。

谢该，字文仪，南阳郡章陵县人。谢该通晓《春秋左氏》，是当世名儒，弟子门生有数百千人。建安年间，河东郡人乐详列出《左氏为通解之，名为《谢氏释》，行于世。

仕为公车司马令，以父母老，托疾去官。欲归乡里，会荆州道断，不得去。少府孔融上书荐之曰："臣闻高祖创业，韩、彭之将征讨暴乱，陆贾、叔孙通进说《诗》《书》。光武中兴，吴、耿佐命，范升、卫宏修述旧业，故能文武并用，成长久之计。陛下圣德钦明，同符二祖，劳谦厄运，三年乃讙。今尚父鹰扬，方叔翰飞，王师电鸷，群凶破殄，始有櫜弓卧鼓之次，宜得名儒，典综礼纪。窃见故公车司马令谢该，体曾、史之淑性，兼商、偃之文学，博通群艺，周览古今，物来有应，事至不惑，清白异行，敦悦道训。求之远近，少有畴匹。若乃巨骨出吴，隼集陈庭，黄能入寝，亥有二首，非夫洽闻者，莫识其端也。隽不疑定北阙之前，夏侯胜辩常阴之验，然后朝士益重儒术。今该实卓然比迹前列，间以父母老疾，弃官欲归，道路险塞，无由自致。猥使良才抱朴而逃，逾越山河，沉沦荆楚，所谓往而不反者也。后日当更馈乐以钓由余，克像以求傅说，岂不烦哉？臣愚以为可推录所在，召该令还。楚人止孙卿之去国，汉朝追匡衡于平原，尊儒贵学，惜失贤也。"书奏，诏即征还，拜议郎。以寿终。

建武中，郑兴、陈元传《春秋左氏》学。时尚书令韩歆上疏，欲为《左氏》立博士，范升与歆争之未决，陈元上书讼《左氏》，遂春秋》中数十条疑难，向谢该请教，谢该为乐详一一讲解，并编撰了书籍，名为《谢氏释》，流传于世。

谢该入仕担任公车司马令，因父母年老，谢该便称病辞官。想返归故乡，恰逢荆州的道路不通，谢该无法返回家乡。少府孔融上书举荐谢该，奏言说："臣听闻高祖开创伟业，韩信、彭越等人率军征讨暴乱，陆贾、叔孙通为高祖讲解《诗经》《尚书》，制定礼仪。光武中兴，吴汉、耿弇尽心辅佐，范升、卫宏著述旧业，故而光武帝能文武兼用，成久汉室的长久之计。陛下圣德明察，与二祖相同，勤劳谦恭却遭逢厄运，灵帝驾崩，三年之丧结束。如今尚父威武如鹰，方叔振奋勇猛，王师风驰电掣，群凶败亡伏诛，如今安定太平，藏弓息鼓，战事停息，应当任用名儒，明确礼法纲纪。臣见到原公车司马令谢该，有曾参、史鱼那样纯善的秉性，又有卜高、言偃那样卓越的学问，博通六艺，遍览古今，待物随心自如，处事明白不惑，为人廉洁，品行优异，崇尚道义训诫。遍寻远近，鲜有能有与之匹敌的人。如同吴国得到一副巨人骸骨，派使者向孔子请教，有隼鸟被击杀落在陈湣公的庭院，陈湣公派使者想孔子请教，晋平公梦到有黄熊进入寝宫，韩宣子向子产请教，晋悼公夫人款待舆人，史赵将七十三岁另做解释，说是亥有二首六身，若不是博学多闻之士，则无法知晓其中缘由。隽不疑在皇宫北面辨认真假卫太子，夏侯胜直谏天气久阴不雨是有臣子造反的征验，从此之后朝廷更加重视儒术。如今谢该才学卓越比肩前贤，因父母年老患病，辞官归家，但道路阻塞，无法通行。使得良才抱朴而逃，翻越山河，沦落荆楚之地，最终往而不返。若往后要效仿秦穆公赠送女乐来得到由余，效仿武丁刻绘画像来寻求傅说，难道不烦琐吗？臣愚以为任命谢该合适的官职，下诏让谢该返回。楚人向春申君谏言阻止孙卿离开楚国，汉室在平原郡提拔匡衡，尊儒重学，是担心错失了贤才！"奏书呈上之后，献帝诏令立刻将谢该征回，授任议郎，最终谢该寿终正寝。

建武年间，郑兴、陈元传授《左氏春秋》。当时尚书令韩歆上书，想为《左氏春秋》设立博士，范升与韩歆争论不休，没有决断，以魏郡李封为《左氏》博士。后群儒蔽固者数廷争之。及封卒，光武重违众议，而因不复补。

许慎字叔重，汝南召陵人也。性淳笃，少博学经籍，马融常推敬之，时人为之语曰："《五经》无双许叔重。"为郡功曹，举孝廉，再迁除洨长。卒于家。

初，慎以《五经》传说臧否不同，于是撰为《五经异义》，又作《说文解字》十四篇，皆传于世。

蔡玄字叔陵，汝南南顿人也。学通《五经》，门徒常千人，其著录者万六千人。征辟并不就。顺帝特诏征拜议郎，讲论《五经》异同，甚合帝意。迁侍中，出为弘农太守，卒官。

论曰：自光武中年以后，干戈稍戢，专事经学，自是其风世笃焉。其服儒衣，称先王，游庠序，聚横塾者，盖布之于邦域矣。若乃经生所处，不远万里之路，精庐暂建，赢粮动有千百，其耆名高义开门受徒者，编牒不下万人，皆专相传祖，莫或讹杂。至有分争王庭，树朋私里，繁其章条，穿求崖穴，以合一家之说。故杨雄曰："今之学者，非独为之华藻，又从而绣其鞶帨。"夫书理无二，义归有宗，而硕学之徒，莫之或徙，故通人鄙其固焉，又雄所谓"譊譊之学，各习其师"也。且观成名高第，终能远至者，盖亦寡焉，而迂滞若是矣。然所谈者仁义，所传者圣法也。故人识君臣父子之纲，家知违邪归正之路。

陈元上书称颂《左氏》，朝廷就将魏郡人李封任命为《左氏春秋》的博士。后来那些迂拙固执的儒生多次在朝廷中论辩。等到李封去世后，光武帝违反大家的意见，不再补任博士。

许慎，字叔重，汝南郡召陵县人。许慎性情质朴敦厚，年少时博览经书典籍，马融十分敬重他。当时人们为之称道说："钻研《五经》无人能及的便是许叔重。"后来许慎担任郡功曹，经过举荐成为孝廉，之后许慎两次升迁担任洨县县长。最终在家中去世。

起初，许慎认为《五经》中对于人物事理的解说褒贬不一，于是许慎编撰了《五经异义》，又撰写了《说文解字》十四篇，都流传于世。

蔡玄，字叔陵，汝南郡南顿县人。精通《五经》，弟子门生常常有一千多人，记录在册的弟子门生有一万六千人。朝廷以及三公征召，但蔡玄都没有接受。顺帝特意下诏，征召蔡玄授任议郎，蔡玄讲论《五经》的异同，甚合顺帝的心意。后来蔡玄升任侍中，出外担任弘农太守，最终在任上去世。

评论说：自光武自兴以后，干戈止息，专注经学，自此民间风俗逐渐变得纯朴。士人们身穿儒衣，出言必先称颂先王功绩，徘徊于学校，汇聚于私塾，这样的盛况遍布四海之内。经学博士，不远万里而来，修建的读书讲学之所，带着粮食前来求教的人动辄数以千百计，那些声名远扬，行有高义，开门授徒的名儒，其记录在册的弟子门生不下万人，他们都是专心教授，传承师法，没有邪说混杂其中。有的在朝廷之上论辩，私下结交朋党，创立繁琐的章法教条，深究一些虚无的解释，穿凿附会，以合一家之说。故而扬雄说："如今的学者，不仅文辞华丽，以至于烦碎。"书理无二，义归有宗，而饱学之徒，没有胡乱改变所学的学问，因此学问渊博又通达事理的人鄙视他们的固执，并且扬雄又认为"世间学派纷杂，各承其师"。况且纵观成名高第，最终能从远方而来的儒者，十分稀少。竟是如此的固执不通。然而他们出言谈论的是仁义道德，教学传授的是圣人之法。因此人人得以明识君臣父子之纲，家家知晓远邪归正之路。

自桓、灵之间，君道秕僻，朝纲日陵，国隙屡启，自中智以下，靡不审其崩离；而权强之臣，息其窥盗之谋，豪俊之夫，屈于鄙生之议者，人诵先王言也，下畏逆顺势也。至如张温、皇甫嵩之徒，功定天下之半，声驰四海之表，俯仰顾眄，则天业可移，犹鞠躬昏主之下，狼狈折札之命，散成兵，就绳约，而无悔心，暨乎剥桡自极，人神数尽，然后群英乘其运，世德终其祚。迹衰敝之所由致，而能多历年所者，斯岂非学之效乎？故先师垂典文，褒励学者之功，笃矣切矣。不循《春秋》，至乃比于杀逆，其将有意乎！

赞曰：斯文未陵，亦各有承。涂分流别，专门并兴。精疏殊会，通阂相征。千载不作，渊原谁澄？

自桓帝、灵帝之世，君道废弛，朝纲日渐衰微，纷争屡现，中等水平以下的人，无一不是在静观天下分崩离析之势；而手握权势之臣，平息造反篡位的阴谋，豪俊智勇之士，屈从鄙陋之徒的论议。这是因为人人称诵先王圣言，政治教化虽然败落，但经典书籍在民间盛行，臣子百姓畏惧谋逆顺从之势。就像张温、皇甫嵩等人，建立平定天下之功，声名驰骋四海之外，在俯仰回顾、转瞬即逝之间，就能将天下大业易主，但依旧鞠躬尽瘁而忠于昏主，领受诏命而身陷危难，解散军队，身受拘制，却无后悔之心。等到汉祚终结，人神数尽，在此之后天下群英雄趁机奋起，争夺天下，最终曹丕称帝，献帝被废。推究汉室衰败的原因，却又能残喘绵延这么久，这难道不是儒学的效用吗？所以先师留下典文，褒奖学者的之劳，用意着实深远。不遵行《春秋》之义，那么屠戮谋逆将会比比皆是，儒家的思想是多么的深远！

赞辞说：经学典章还未衰败，各派学者继承各自的经学。发展出不同的学派，讲解经义，自成一家，共同兴盛。或是精深或是粗浅，或是通达或是闭塞。远离圣人日久，已经无法知晓对错，若是千载难现的圣人，也不再著述，那么是非混杂，谁能分辨清楚呢？

卷一百十上

文苑列传第七十上

杜笃字季雅，京兆杜陵人也。高祖延年，宣帝时为御史大夫。笃少博学，不修小节，不为乡人所礼。居美阳，与美阳令游，数从请托，不谐，颇相恨。令怒，收笃送京师。会大司马吴汉薨，光武诏诸儒诔之，笃于狱中为诔，辞最高，帝美之，赐帛免刑。

笃以关中表里山河，先帝旧京，不宜改营洛邑，乃上奏《论都赋》曰：

臣闻知而复知，是为重知。臣所欲言，陛下已知，故略其梗概，不敢具陈。昔般庚去奢，行俭于亳，成周之隆，乃即中洛。遭时制都，不常厥邑。贤圣之虑，盖有优劣；霸王之姿，明知相绝。守国之势，同归异术：或弃去阻阸，务处平易；或据山带河，并吞六国；或富贵思归，不顾见袭；或掩空击虚，自蜀汉出；即日车驾，策由一卒；或知而不从，久都墝埆。臣不敢有所据。窃见司马相如、杨子云作辞赋以讽主上，臣诚慕之，伏作书一篇，名曰《论都》，谨并封奏如左。

杜笃字季雅，京兆杜陵县人。他的高祖父是杜延年，在西汉宣帝时担任御史大夫。杜笃年轻时便学识渊博，但他并不注意培养自己在细微之处的为人之道，所以同乡之人对他并无敬意。后来杜笃旅居右扶风美阳县，和美阳县令过从甚密，他多次请美阳县令帮自己办私事，但每次都遭到拒绝，于是二人彼此极为憎恨。最终美阳县令怒不可遏，他拘捕了杜笃并将其押送京城入狱。后来适逢大司马吴汉逝世，光武帝命令众位儒生作诔文哀悼吴汉，杜笃在狱中完成了一篇诔文，他的作品文辞最佳，光武帝对其大加称赞，最终光武帝将布帛赏赐给他并免去了他的刑罚。

杜笃认为长安所在的关中一带外有长河、内有崇山，而且是西汉先帝的旧日国都，所以觉得不应当改在洛阳营建京城，于是他在奏书中呈上《论都赋》一篇，赋文是：

微臣听说对于已知之事再次追求彻底的知晓，这才是真正的明了。微臣所想陈述的道理，陛下已然明晓，所以微臣谨简述大概，并不敢条分缕析。从前盘庚为了荡涤奢靡之风而离开旧都，迁都到亳以便厉行节俭，周朝于成王之时渐趋兴隆，于是迁都到地处九州中心的洛阳。先王根据当时情势确立都城，定都于何处并非一成不变。上古圣贤的思虑，大概也会有优劣之分；霸主、王者的姿态，其差异巨大不言自明。对于采用何等姿态保卫国家，其目标一致而方式各有不同：有的如周公一般放弃、远离险要之地，定要建都于平坦宽广之处；有的如秦国一般依山傍河据险自守，乘地利之便最终吞并六国；有的如项羽一般因富贵思乡而定都楚国彭城，全然不顾此地易遭突袭；有的如高祖一般突袭空虚之地、攻打薄弱之处，从易守难攻的蜀汉出兵；高祖听罢谏言当天便前往长安，而定都关中之策出自一名卫兵；也有的人明知有理却不肯采纳，久久地定都于土地贫皇帝以建武十八年二月甲辰，升舆洛邑，巡于西岳。推天时，顺斗极，排阊阖，入函谷，观阸于崤、黾，图险于陇、蜀。其三月丁酉，行至长安。经营宫室，伤愍旧京，即诏京兆，乃命扶风，斋肃致敬，告觐园陵。凄然有怀祖之思，喟乎以思诸夏之隆。遂天旋云游，造舟于渭，北斻泾流。千乘方毂，万骑骈罗，衍陈于岐、梁，东横乎大河。瘗后土，礼邠郊。其岁四月，反于洛都。明年，有诏复函谷关，作大驾宫、六王邸、高车厩于长安。修理东都城门，桥泾、渭。往往缮离观，东临霸、浐，西望昆明，北登长平，规龙首，抚未央，覛平乐，仪建章。

是时山东翕然狐疑，意圣朝之西都，惧关门之反拒也。客有为笃言："彼埳井之潢污，固不容夫吞舟；且洛邑之渟瀯，曷足以居乎万乘哉？咸阳守国利器，不可久虚，以示奸萌。"笃未甚然其言也，故因为述大汉之崇，世据廱州之利，而今国家未暇之故，以喻客意。曰：

瘠之地。微臣不敢贸然根据旧例妄下判断。但微臣看到司马相如和扬雄用创作辞赋的方式来讽谏天子，微臣确实对二人颇为仰慕，因此微臣斗胆写下一文，名为《论都》，微臣郑重地将此文一并封于奏书之中，其文如下。

陛下于建武十八年（42）二月甲辰日，从洛阳登车出发，来到西岳巡行。朝廷推算天时选择良辰吉日，谨遵北斗星和北极星的运转，推开国都的天门，向西进入函谷关，陛下在崤山、黾池一睹难行的地势，在陇、蜀之地测绘险要的地形。并于同年三月丁酉日，驾临长安。朝廷筹划重建宫殿、住宅，痛心于旧时京城的破败，随即向京兆尹发号，于是向右扶风施令，要求百姓斋戒表示敬意，朝拜先帝园陵上报功业。陛下面带愁容因思念祖宗而悲伤；又因想到天下的复兴而喟然长叹。之后陛下有如旋转的苍天、飘荡的白云一般逍遥遨游，在渭河上舟船相并筑为舟桥，接着向北渡过渭水支流泾河。数以千计的马车两两并行，上万的骑兵成对罗列于此，千军万马散布、列阵在岐山、梁山之间，向东行进横渡黄河。将供品掩埋祭祀后土，在郊地郊外祭祀皇天。同年四月，返回洛阳。第二年，朝廷下令修缮函谷关，并在长安兴建天子行宫、六座王府，高车马厩。又下令修理长安城东侧的外城门，并在泾河和渭河上造桥。朝廷还下令翻修各处离宫，东边的离宫可俯瞰霸水、浐水，西边的离宫可眺望昆明池，北边的离宫高居于长平坂上，仿建龙首山上的旧时离宫，到未央宫巡视参照其法式，观察平乐观的形制，测定建章宫的规格。

当时崤山以东的臣民一同心生疑虑，认为圣明的朝廷在将在西边的长安定都，害怕朝廷设立关卡反与山东地区相抵敌。有位客人对微臣说：“那聚集在废弃枯井中的死水，本就容不下可吞舟船的大鱼；况且以洛阳这样的水流回旋不前的小池，又怎足以让坐拥万辆兵车的天子安居于此呢？咸阳是保卫朝廷安危的国之利器，不可以长久地空虚、闲置，将其展示给图谋作乱之徒。”微臣对客人的意见并不是非常赞同，所以微臣便为他讲述了大汉的隆盛，和世代占据廱州的益处，以及眼下朝廷无暇经营廱州的缘故，来开导客人焦虑的心昔在强秦，爰初开畔，霸自岐、雝，国富人衍，卒以并兼，桀虐作乱。天命有圣，托之大汉。大汉开基，高祖有勋，斩白蛇，屯黑云，聚五星于东井，提干将而呵暴秦。蹈沧海，跨昆仑，奋彗光，扫项军，遂济人难，荡涤于泗、沂。刘敬建策，初都长安。太宗承流，守之以文。躬履节俭，侧身行仁，食不二味，衣无异采，赈人以农桑，率下以约己，曼丽之容不悦于目，郑、卫之声不过于耳，佞邪之臣不列于朝，巧伪之物不鬻于市，故能理升平而刑几措。富衍于孝景，功传于后嗣。

是时孝武因其余财府帑之蓄，始有钩深图远之意，探冒顿之罪，校平城之仇。遂命票骑，勤任卫青，勇惟鹰扬，军如流星，深之匈奴，割裂王庭，席卷漠北，叩勒祁连，横分单于，屠裂百蛮。烧罽帐，系阏氏，燔康居，灰珍奇，椎鸣镝，钉鹿蠡，驰阬岸，获昆弥，虏傚侲，驱骡驴，驭宛马，鞭駃騠。拓地万里，威震八荒。肇置四郡，据守敦煌。并域属国，一郡领方。立候隅北，建护西羌。捶驱氐、僰，寥狼邛、莋。东攡乌桓，蹂辚濊貊。南羁钩町，水剑强越。残夷文身，海波沫血。郡县日南，漂概朱崖。部尉东南，兼有黄支。连缓耳，琐雕题，摧天督，牵象犀，椎蜂蛤，碎瑠璃，甲玳瑁，戕觜觿。于是同穴裘褐之域，共川鼻饮之国，莫不袒跣稽颡，失气虏伏。非夫大汉之盛，世藉雝土之饶，得御外理内之术，孰能致功若斯！故创意。微臣说道：

在从前强大的秦国之时，开疆拓土于此刚刚开始，霸业之兴起自岐山、雝州，国家渐渐富强、人丁兴旺，最终秦国凭此兼并天下，却如夏桀一般暴虐作乱。多亏天命自有圣明之德，大汉秉承神意领受托付。大汉创立基业，高祖屡建奇功，白蛇为其所斩，头顶祥云屯聚，高祖驾临霸上之时五星会聚于井宿方位，他手持干将宝剑对残暴的秦朝大声斥责。高祖不顾艰险踏入沧海，翻越昆仑，奋起彗星般的光芒，将项羽的军队扫清，最终救民于水火，在泗水、沂水一带诛灭项羽。刘敬为高祖出谋划策，开始将长安作为都城。太宗继承高祖传下的基业，以文德治国守护先祖余绪。太宗亲自践行节俭持国之道，忧心于推行仁义而辗转反侧，每顿饮食菜肴仅有一样，身着之衣毫无繁复颜色，文帝用鼓励农事的政策帮助百姓致富，用自我约束的方式成为群臣榜样，既不乐于美丽的姿色来到自己眼前，也不愿让郑、卫的靡靡之音传到耳畔，使谄媚奸恶的臣下在朝中无所容身，严禁不合法度的伪劣品在市场出售，所以文帝能将天下治理得井然有序并且几乎不用刑罚。这份富足一直持续到景帝年间，丰功伟绩代代流传于后世子孙。

这时，武帝凭借大汉所积累下的富余财富和府库中的国用，开始产生对远方异族用兵的想法，意在彻查冒顿侮辱吕后的罪恶，追究高祖被困平城的仇恨。于是武帝向骠骑将军霍去病下令，频频委任卫青以重任，二人的勇猛如飞扬的雄鹰，行军迅速如流星飞逝而过，天兵深入匈奴腹地，击破瓦解匈奴王庭，横扫漠北势如卷席，乘胜追击控制祁连，汉军斩下单于首级，清剿瓦解各路蛮夷。烧毁毛毡帐蓬，拘押单于妻室，烧毁勾结匈奴的康居，使奇珍异宝化为灰烬，锤击制造响箭的冒顿，用钉钉死左右鹿蠡王，大军越过重重沟壑，赢得昆弥归顺之心，俘虏西域徼国马官，将骡和驴赶回中原，既驾着大宛国的千里马，又骑駃騠骏马加鞭驰骋。开辟疆土方圆万里，大汉威震四面八方。开始设立河西四郡，官军驻扎据守敦煌。一统西域归于属国都尉治下，仅凭敦煌一郡统领西域各国。在北方边疆筑起望楼、业于高祖，嗣传于孝惠，德隆于太宗，财衍于孝景，威盛于圣武，政行于宣、元，侈极于成、哀，祚缺于孝平。传世十一，历载三百，德衰而复盈，道微而复章，皆莫能迁于廱州，而背于咸阳。宫室寝庙，山陵相望，高显弘丽，可思可荣，羲、农已来，无兹著明。

夫廱州木帝皇所以育业，霸王所以衍功，战士角难之场也。《禹贡》所载，厥田惟上。沃野千里，原隰弥望。保殖五谷，桑麻条畅。滨据南山，带以泾、渭，号曰陆海，蠢生万类。楩柟檀柘，蔬果成实。畎渎润淤，水泉灌溉，渐泽成川，粳稻陶遂。厥土之膏，亩价一金。田田相如，鐇钁株林。火耕流种，功浅得深。既有蓄积，阸塞四临：西被陇、蜀，南通汉中，北据谷口，东阻嵚岩。关函守峣，山东道穷；置列汧、陇，廱偃西戎；拒守褒斜，岭南不通；杜口绝津，朔方无从。鸿渭之流，径入于河；大船万艘，转漕相过；东综沧海，西纲流沙；朔南暨声，诸夏是和。城池百尺，阸塞要害。关梁之险，多所衿带。一卒举礌，千夫沉滞；一人奋戟，三军沮败。地势便利，介堡垒，为管辖西羌设立护羌校尉。讨伐驱逐氐人、僰人，袭扰邛都、筰都蛮夷。东征剿灭乌桓，驱车践踏濊貊。南征控制番邦钩町，渡海诛灭强敌南越。大败身有刺青的越人，海波、水沫为鲜血染红。日南一带设立郡县，大汉威势迫近朱崖。在东南设置东部都尉，同时获得黄支国归顺。束缚儋耳夷人，锁缚文身之蛮，挫败天竺之国，牵走大象、犀牛，敲开产珠之蚌，砸碎五色瑠璃，取下玳瑁甲壳，猎获觜觿大龟。于是穴居的挹娄和身穿粗糙毛皮的北狄之地，以及同在一河中洗澡、用鼻子喝水的骆越一带，土人无不袒露身躯、赤裸双足、以头抢地，魂消魄散如奴隶、俘虏一般。如果不是因为大汉正当盛世，而且世代有赖于雍州的富饶，加之掌握了抵御外邦、治理本土的妙法，哪位天子能够取得这样的功绩！所以大汉在高祖之时创建，由惠帝继承大统，文帝时道德隆盛，景帝时民殷国富，武帝时声威赫赫，宣帝、元帝之时美政通行，成帝、哀帝之时奢侈至极，平帝之时帝位遭到篡夺。汉朝大统共传十一代，国祚绵长历经三百年，朝廷之德曾有衰微却又重归丰沛，治国正道曾逢衰落却又再次彰明，从镇压诸吕并拥立文帝到废昌邑王而宣帝中兴，大汉历次的衰而复起都未能脱离雍州而发生，或是远离咸阳而存在。长安昔日的宫室和宗庙，沿着山陵相对而立，高耸醒目、恢弘华丽，值得思念、引以为荣，自从伏羲、神农以来，未有王朝如此辉煌。

雍州本是上古帝王借以孕育基业，称霸之秦借以广建功勋，将士浴血奋战直至牺牲的所在。根据《尚书·禹贡》记载，此处土地为最上等。方圆千里尽是良田，平原草泽遍布眼前。可使五谷安然滋长，桑树棉麻枝繁叶茂。临近凭依山岳南麓，泾河、渭河恰似衣带，号称物产丰饶之地，万物萌动生长于此。梗楠檀柘树木丛生，蔬菜瓜果春华秋实，结成果实。沟渠遍野、放淤肥田，河水山泉灌溉无忧，低湿之地终成河流，粳米稻谷尽情生长。此处耕地如此肥沃，一亩地价一斤黄金。肥沃程度随处相似，只需挖去抽枝树桩。烧灰施肥、灌溉播种，不费气力、收获丰厚。粮草、积蓄已经充足，据险扼守统辖四方：西有陇、蜀山川掩护，南连汉中易守难攻，占据谷口北面设防，东依崤山抵御中原。封闭函谷、把守峣关，崤山以东走投无胄剽悍，可与守近，利以攻远。士卒易保，人不肉袒。肇十有二，是为赡腴。用霸则兼并，先据则功殊；修文则财衍，行武则士要；为政则化上，篡逆则难诛；进攻则百克，退守则有余：斯固帝王之渊囿，而守国之利器也。

逮及亡新，时汉之衰，偷忍渊囿，篡器慢违，徒以势便，莫能卒危。假之十八，诛自京师。天畀更始，不能引维，慢藏招寇，复致赤眉。海内云扰，诸夏灭微。群龙并战，未知是非。于时圣帝，赫然申威。荷天人之符，兼不世之姿。受命于皇上，获助于灵祇。立号高邑，搴旗四麾。首策之臣，运筹出奇；虓怒之旅，如虎如螭。师之攸向，无不靡披。盖夫燔鱼剸蛇，莫之方斯。大呼山东，响动流沙。要龙渊，首镆铘，命腾太白，亲发狼、弧。南禽公孙，北背强胡，西平陇、冀，东据洛都。乃廓平帝宇，济蒸人于涂炭，成兆庶之亹亹，遂兴复乎大汉。

路；汧水、陇山布下大军，西方异族受阻不前；据守褒水、斜水河谷，通往岭南之路断绝；阻绝谷口、封锁渡口，欲赴朔方无路可行。渭河浩浩荡荡，径直注入黄河；大船数以万计，运粮往来经过；治理东方直抵沧海，控制西方远至沙漠；北方南方声威已达，中原各地响应教化。城高池深皆达百尺，阻遏、庇护要害之处。关隘、桥梁之类的紧要之地，如同扎紧衣带般严防死守。一名战士举起大石，千名士卒停滞不前；仅需一人挥动长戟，整支大军受挫败北。地形利于作战，武士轻捷勇猛，近可据险防守，远征亦无不便。士卒不觉防守困难，断然不会裸露身投降。天下各州共计十二，雍州土地最为肥沃。在这个地方，施行王霸之道就能兼并天下，率先占据便可建立奇功伟业；修明文教国家钱粮就会充盈；推行武力士卒就会渴求功名；勤政就使教化自上流播万民，篡权谋逆之人就会难以诛杀；出兵征伐四方就会百战百胜，退回关隘防守亦是绰绰有余：这里确实是汇聚帝王的深渊和园囿，而且是守护国都的宝地和要冲。

到死有余辜的新朝，当时正值大汉衰微，王莽窃取帝王之所，篡夺神器轻慢作乱，仅凭关中地利之便，无人能够予以突袭。暂为君主一十八年，长安城内王莽伏诛。天赐雍州归于刘玄，刘玄无法维系朝纲，为政轻忽招致贼寇，引来赤眉再次落败。天下动荡恰似行云，中原各地沦亡衰微。各路义军彼此交战，鹿死谁手尚未可知。正当此时圣明光武，奋然起兵施展神威。承蒙天应人事降下的征兆，身怀世间罕有的天赋英姿。光武秉承上天的意志，从天地神明获得助力。光武帝在高邑即位，拔取敌旗、四方用兵。张良率先筹谋妙计，陈平屡次制定奇策；大军勇猛似虎怒吼，横暴如虎、凶悍如螭。光武天兵所到之处，逆贼无不望风披靡。至于那武王意欲煮鱼祭天、高祖醉酒斩蛇起义，比之光武亦落下风。崤山以东高声呼喊，玉音声震西陲沙漠。光武腰悬龙渊宝剑，镆铘大戟高举过头，奉战神太白之命纵横驰骋，应天狼、弧星之兆亲调大军。在南方擒获公孙述，北面击退强悍匈奴，西面平定了陇、冀之地，东面占领洛阳定都。最终廓清平定天下，从灾难和污浊中拯救百姓，使黎民重获安乐生息不绝，于是大汉便因而振兴复苏。

今天下新定，矢石之勤始瘳，而主上方以边垂为忧，忿葭萌之不柔，未遑于论都而遗思廱州也。方躬劳圣思，以率海内，厉抚名将，略地疆外，信威于征伐，展武乎荒裔。若夫文身鼻饮缓耳之王，椎结左衽鐻鍝之君，东南殊俗不羁之国，西北绝域难制之邻，靡不重译纳贡，请为藩臣。上犹谦让，而不伐勤。意以为获无用之虏，不如安有益之民；略荒裔之地，不如保殖五谷之渊；远救于已亡，不若近而存存也。今国家躬修道德，吐惠含仁，湛恩沾洽，时风显宣。徒垂意于持平守实，务在爱育元元，苟有便于王政者，圣主纳焉。何则？物罔挹而不损，道无隆而不移，阳盛则运，阴满则亏，故存不忘亡，安不讳危，虽有仁义，犹设城池也。

客以利器不可久虚，而国家亦不忘乎西都，何必去洛邑之渟瀯与？

笃后仕郡文学掾，以目疾，二十余年不窥京师。

笃之外高祖破羌将军辛武贤，以武略称。笃常叹曰："杜氏文明善政，而笃不任为吏；辛氏秉义经武，而笃又怯于事。外内五世，至笃衰矣！"

女弟适扶风马氏。建初三年，车骑将军马防击西羌，请笃为从如今天下刚刚恢复安定，往日频繁的战事这才开始减少，然而陛下正担忧于边境的骚乱，愤怒于远方之人的桀骜不驯，尚无暇商议定都之事并留心于考虑雍州是否合宜。陛下正亲自殚精竭虑，由此率领天下万民，勉励抚慰著名将领，攻城略地、开疆拓土，在征战之中证明大汉声威之盛，在化外边地展示大汉武力之强。至于那些以文身为俗、用鼻子饮水、以垂耳为俗的首领，发髻似椎、前襟向左、佩戴耳环的酋长，东南地区习俗不同且不肯归顺的国家，西北极其遥远之地难以控制的邻邦，他们无不通过辗转翻译献上贡品，并请求成为拱卫汉室的臣子、属国。而陛下仍保持着谦让之风，并不因勤政而自夸。陛下认为得到毫无用途的异族归附，不如让有益于国事的百姓安心；攻占化外边地的贫瘠土地，不如保有五谷安然滋长的所在；赴远方救援已失守的领地，不如就近守护、经营现有的疆土。如今朝廷亲力亲为修明道德，广施恩惠、心怀仁慈，恩泽深厚、甘霖普降，风教应时传扬各处。朝廷只是着意于主持公正、脚踏实地，致力于爱护抚育黎民百姓，如果有利于仁政、王道的意见，圣明的陛下便会采纳。为什么呢？取用万物不过度，万物就不会减少；践行大道不偏激，就不会有违正道。过盛的阳气就会动摇，盈溢的阴气就会减损，所以生存时不要忘记灭亡，安全时不要忌讳危险，所以即使国君已经怀有仁爱正义之心，也仍要设立城墙和护城河。

客人认为雍州作为护国的宝地和要冲不可以长久空虚，然而朝廷也并非忘记了西都长安，既然这样朝廷又何必离开这如水流回旋不前的小池一般的洛阳呢？

杜笃后来在郡府出任文学掾，因为患有眼病，所以他二十多年都没有想望过到京城为官。

杜笃的外高祖破羌将军辛武贤，因能征惯战而名。杜笃常叹息道："杜氏一族通晓国法、善于为政，而我杜笃却不能胜任政事；辛氏一族谨遵道义、长于治军，而我杜笃却又胆小怕事。辛氏和杜氏的盛名已经流传了五代，可惜到了我杜笃这一代就衰微了呀！"

杜笃的妹妹嫁到了右扶风的马家。建初三年（78），车骑将军事中郎，战没于射姑山。

所著赋、诔、吊、书、赞、《七言》、《女诫》及杂文，凡十八篇。又著《明世论》十五篇。

子硕，豪侠，以货殖闻。

王隆字文山，冯翊云阳人也。王莽时，以父任为郎，后避难河西，为窦融左护军。建武中，为新汲令。能文章，所著诗、赋、铭、书凡二十六篇。

初，王莽末，沛国史岑子孝亦以文章显，莽以为谒者，著颂、诔、《复神》、《说疾》凡四篇。

夏恭字敬公，梁国蒙人也。习《韩诗》《孟氏易》，讲授门徒常千余人。王莽末，盗贼从横，攻没郡县，恭以恩信为众所附，拥兵固守，独安全。光武即位，嘉其忠果，召拜郎中，再迁太山都尉。和集百姓，甚得其欢心。

恭善为文，著赋、颂、诗、《励学》凡二十篇。年四十九卒官，诸儒共谥曰宣明君。

子牙，少习家业，著赋、颂、赞、诔凡四十篇。举孝廉，早卒，乡人号曰文德先生。

傅毅字武仲，扶风茂陵人也。少博学。永平中，于平陵习章句，因作《迪志诗》曰：

咨尔庶士，迨时斯勖。日月逾迈，岂云旋复！哀我经营，旅力靡马防奉命讨伐西羌，马防请杜笃担任从事中郎，最终杜笃在射姑山战死。

杜笃著有赋、诔、吊、书、赞、《七言》、《女诫》和杂文，共计十八篇。他又著有《明世论》十五篇。

杜笃之子杜硕，是行侠仗义之士，以善于经商而闻名。

王隆字文山，左冯翊云阳县人。新朝王莽时，他因父亲在新朝为官获任为郎，后来他逃往河西地区躲避战乱，在窦融手下担任左护军。建武年间，王隆出任新汲县令。他文笔甚佳，他所创作的诗、赋、铭、书共计二十六篇。

起初，在王莽执政末期，沛国的史官岑子孝也因文采斐然而扬名，王莽任命他为谒者，岑子孝著有颂、诔、《复神》、《说疾》共计四篇。

夏恭字敬公，梁国蒙县人。他专精于修习《韩诗》和《孟氏易》，听他讲学的弟子常有一千多人。王莽执政末期，强盗、贼寇横行无忌，四处攻陷郡府县城，夏恭因广施恩泽、取信于民而受到众人的投奔和依附，他屯聚人马、防守严密，周遭只有夏恭一家安然无恙。光武帝即位后，表彰了他的忠诚和果敢，并召他入朝担任郎中，后来夏恭两度升迁官至泰山郡都尉。当地百姓在夏恭的管理下团结而和睦，夏恭深受百姓爱戴。

夏恭擅长创作文章，他著有赋、颂、诗、《励学》等作品共计二十篇。夏恭四十九时在任上去世，众位儒生一起追谥他为“宣明君”。

夏恭之子夏牙，年轻时修习家传的学问，著有赋、颂、赞、诔等作品共计四十篇。夏牙曾被推举为孝廉，他英年早逝，同乡尊称他为“文德先生”。

傅毅字武仲，右扶风茂陵县人。他在年轻时就学识渊博。永平年间，他在右扶风平陵县研习分析经文章节、句读的学问，研习之余傅毅顺便创作了《迪志诗》，他在诗中说：

可叹呀众多的学子，希望诸位及时自勉。时光飞逝、岁月已晚，及。在兹弱冠，靡所庶立。

於赫我祖，显于殷国。二迹阿衡，克光其则。武丁兴商，伊宗皇士。爰作股肱，万邦是纪。奕世载德，迄我显考。保膺淑懿，缵修其道。汉之中叶，俊乂式序。秩彼殷宗，光此勋绪。

伊余小子，秽陋靡逮。惧我世烈，自兹以坠。谁能革浊，清我濯溉？谁能昭暗，启我童昧？先人有训，我讯我诰。训我嘉务，诲我博学。爰率朋友，寻此旧则。契阔夙夜，庶不懈忒。

秩秩大猷，纪纲庶式。匪勤匪昭，匪壹匪测。农夫不怠，越有黍稷，谁能云作，考之居息？二事败业，多疾我力。如彼遵衢，则罔所极。二志靡成，聿劳我心。如彼兼听，则溷于音。

於戏君子，无恒自逸。徂年如流，鲜兹暇日。行迈屡税，胡能有迄。密勿朝夕，聿同始卒。

毅以显宗求贤不笃，士多隐处，故作《七激》以为讽。

建初中，肃宗博召文学之士，以毅为兰台令史，拜郎中，与班固、贾逵共典校书。毅追美孝明皇帝功德最盛，而庙颂未立，乃依《清庙》作《显宗颂》十篇奏之，由是文雅显于朝廷。

车骑将军马防，外戚尊重，请毅为军司马，待以师友之礼。及马氏败，免官归。

谁说青春能够重返！可悲我有心行仁义，虽已尽力却仍未逮。值此二十弱冠之年，未能有幸立身扬名。

呜呼傅说名声赫赫，殷商名相万世显扬。功绩可与伊尹相比，又能光大伊尹之道。高宗武丁振兴殷商，只因尊崇美善之士。于是傅说成为辅弼，治理天下井井有条。傅氏淳德累世积聚，一直传至我的高祖。长保、秉承美德至善，延续修明祖先正道。宣帝临朝大汉中兴，俊才依次出任要职。商王之后大汉历代，重用傅氏勋业显耀。

但我这个平庸晚辈，猥琐浅薄力有不逮。忧心傅家世代功业，从我这代便要衰败。谁能革除我的污浊，引来清泉荡涤我身？谁能用光一扫黑暗，启迪我这愚昧之辈？祖先训示世代相传，赐我批评、赐我告诫。教导我要务求完美，教诲我要广泛学习。于是带领朋友同道，依循这先代的准则。勤勉用功夜以继日，希望不会懈怠有失。

大道何等清明美好，众多准则以此为法。松懈不能昭明大道；分心不能透彻掌握。农夫力耕从不怠惰，才能带来五谷丰登，谁能勉力有所作为，闲居休息哪能成功？用心不专败坏祖业，反而多耗自身气力。真像这样踏上邪路，终点何处便不可知。心怀异志一事无成，徒然费心自讨麻烦。真像这样没有主见，入耳之声乱成一团。

呜呼！才德出众之人，不要经常自我放纵。年华易逝恰如流水，闲暇之日不可多有。远行客常放马休息，旅途怎能到达终点？勤勉努力不舍昼夜，有始有终谨遵此道。

傅毅认为明帝访求贤才不够真心实意，贤能之士大多隐居不仕，因此他创作了《七激》借以讽谏明帝。

建初年间，章帝广泛地征召文学之士为官，朝廷任命傅毅为兰台令史，同时任命他为郎中，派他和班固、贾逵一起校勘宫中藏书。傅毅追怀明帝认为他功德盛大，但是赞美明帝的宗庙颂歌尚未写就，于是他便仿效《周颂·清庙》创作了十篇《显宗颂》献给朝廷，自此傅毅的文学才华便在朝廷中传扬。

车骑将军马防是位高权重的外戚，他请傅毅到将军府中担任军司马，并以对待老师、朋友的礼仪和傅毅相处。等到马氏一族败亡永元元年，车骑将军窦宪复请毅为主记室，崔骃为主簿。及宪迁大将军，复以毅为司马，班固为中护军。宪府文章之盛，冠于当世。

毅早卒，著诗、赋、诔、颂、祝文、《七激》、连珠凡二十八篇。

黄香字文彊，江夏安陆人也。年九岁，失母，思慕憔悴，殆不免丧，乡人称其至孝。年十二，太守刘护闻而召之，署门下孝子，甚见爱敬。香家贫，内无仆妾，躬执苦勤，尽心奉养。遂博学经典，究精道术，能文章，京师号曰“天下无双江夏黄童”。

初除郎中，元和元年，肃宗诏香诣东观，读所未尝见书。香后告休，及归京师，时千乘王冠，帝会中山邸，乃诏香殿下，顾谓诸王曰：“此‘天下无双江夏黄童’者也。”左右莫不改观。后召诣安福殿言政事，拜尚书郎，数陈得失，赏赉增加。常独止宿台上，昼夜不离省闼，帝闻善之。

永元四年，拜左丞，功满当迁，和帝留，增秩。六年，累迁尚书令。后以为东郡太守，香上疏让曰：“臣江淮孤贱，愚蒙小生，经学行能，无可算录。遭值太平，先人余福，得以弱冠特蒙征用，连阶累任，遂极台阁。讫无纤介称，报恩效死，诚不意悟，卒被非望，显后，傅毅遭到罢免回到故乡。

永元元年（89），车骑将军窦宪又请傅毅出任主记室，同时任命崔骃为主簿。等到窦宪升任大将军后，窦宪又任命傅毅为司马，同时任命班固为中护军。窦宪的大将军府有众多文学之士荟萃于此，其数量在当时冠绝其他官署。

傅毅英年早逝，他著有的诗、赋、诔、颂、祝文、《七激》、连珠共计二十八篇。

黄香字文彊，江夏郡安陆县人。他才九岁的时候，母亲就去世了，黄香极为思念母亲以至于形容憔悴，差点在丧期未满之时就死掉。同乡之人都称赞他是大孝子。黄香十二岁时，江夏太守刘护听说了他的孝行便召见了他，并让他投在自己门下以“孝子”之名暂领虚职，黄香深受刘护的喜爱和敬重。黄香家境贫寒，家里没有奴仆婢女，他亲自操劳于辛苦的家事，全心全意地供奉、赡养父亲。最终黄香习得了大量经典，精心研究各种学问，并且有出色的文笔。他在京城有“天下无双江夏黄童”的雅号。

起初黄香担任郎中，到元和元年（84）时，章帝命令黄香到洛阳南宫的东观觐见，黄香在这里读到了未曾见过的典籍。后来黄香请假归乡，等到他返回京城后，当时朝廷正在为千乘王刘伉举行加冠礼，章帝在洛阳的中山国馆舍和各位诸侯王相会，之后章帝就命令黄香站到宫殿的台阶之下，然后回头对各位诸侯王说：“这位就是‘天下无双江夏黄童’。”于是章帝身边众人无不因此对黄香另眼相看。后来章帝又将黄香召至安福殿和他商讨政事，并任命黄香为尚书郎，黄香因此多次向朝廷陈述为政得失，所获的赏赐也日渐增加。他常常独自一个人在尚书台留宿，从早到晚都不曾离开宫中，章帝听说后对黄香大加称赞。

永元四年（92），和帝任命黄香为尚书左丞，黄香在尚书左丞一职上为政期限已满后应当升迁，和帝仍令他留任尚书左丞，但增加了他的俸禄。永元六年（94），黄香多次升迁官至尚书令。后来朝廷任命他为东郡太守，黄香上书推辞道：“微臣是江淮之地的孤苦卑拜近郡，尊位千里。臣闻量能授官，则职无废事；因劳施爵，则贤愚得宜。臣香小丑，少为诸生，典郡从政，固非所堪，诚恐蒙顿，孤忝圣恩。又惟机密端首，至为尊要，复非臣香所当久奉。承诏惊惶，不知所裁。臣香年在方刚，适可驱使。愿乞余恩，留备冗官，赐以督责小职，任之宫台烦事，以毕臣香蝼蚁小志，诚瞑目至愿，土灰极荣。”帝亦惜香干用，久习旧事，复留为尚书令，增秩二千石，赐钱三十万。是后遂管枢机，甚见亲重，而香亦祗勤物务，忧公如家。

十二年，东平清河奏訞言卿仲辽等，所连及且千人。香科别据奏，全活甚众。每郡国疑罪，辄务求轻科，爱惜人命，每存忧济。又晓习边事，均量军政，皆得事宜。帝知其精勤，数加恩赏，疾病存问，赐医药。在位多所荐达，宠遇甚盛，议者讥其过幸。

贱之人，是愚顿无知的晚辈，经术学问、品行、能力，全都没有可取之处。有幸正逢太平盛世，秉承先人传世之福，这才能够在弱冠之时承蒙朝廷破格征辟录用，步步高升、连任要职，最终高居尚书之位。微臣终究未建丝毫值得称道之功，本应献出生命报效隆恩，然而实在出乎微臣所料，忽然承蒙恐难达成之望，获任京城附近东郡太守，地位尊贵辖地方圆千里。微臣听说先评估能力后授予官位，应尽之职务就不会耽搁；根据功劳大小授予爵位，贤人愚人就能各得其所。微臣黄香卑微鄙陋，儿时不过一名儒生，治理大郡处理政务，本非微臣所能胜任，实在担心在下愚钝，将有愧于陛下隆恩。微臣又想到尚书令掌管机密位高权重，是极为尊贵、重要的职务，也并非微臣黄香所能长久效命之位。接到诏令诚惶诚恐，不知应当如何决断。微臣黄香正值壮年，适合朝廷差遣使唤。希望得到残留之恩，留在虚职之位待用，愿获赐督察责罚的低微之职，受命从事尚书台的繁琐杂务，凭此便能让微臣黄香蝼蚁般的渺小志向全部实现，以上确实是可使微臣甘心瞑目的最大心愿，是微臣化为土灰之后最大的荣耀。”和帝也因为一方面爱惜黄香的才干，另一方面二人共事已久已成习惯，所以继续让黄香留任尚书令，并将他的俸禄增加到二千石，又赏赐了三十万钱。这以后朝廷的关键事务就由黄香负责，和帝对他极为亲近、器重，同时黄香也恭恭敬敬地勤于事务，像操心家事一般忧心国事。

永元十二年（100），东平国、清河郡以妖言惑众的罪名上书检举了卿仲辽等人，近千人受到牵连。黄香对嫌犯们的案情做出甄别据实上奏，保全了很多人的性命。每当各郡各国将证据不足的疑案上报朝廷，黄香总会力求从轻处罚，他认为人命关天，所以常怀关切、救济之心。黄香又精通熟悉边防事务，他调整权衡各项军中政务，大小诸事的处理都恰如其分。和帝知道他一心一意勤劳为国，所以多次予以赏赐，黄香患病之时亦致以慰问，并赐予医药。黄香为官期间推荐了很多贤才，所受的恩宠极为丰厚，谈论此事之人对黄香过分受宠大加指责。

延平元年，迁魏郡太守。郡旧有内外园田，常与人分种，收谷岁数千斛。香曰："《田令》'商者不农'，《王制》'仕者不耕'，伐冰食禄之人，不与百姓争利。"乃悉以赋人，课令耕种。时被水年饥，乃分奉禄及所得赏赐班赡贫者，于是丰富之家各出义谷，助官禀贷，荒民获全。后坐水潦事免，数月，卒于家。

所著赋、笺、奏、书、令凡五篇。子琼，自有传。

刘毅，北海敬王子也。初封平望侯，永元中，坐事夺爵。毅少有文辩称。元初元年，上《汉德论》并《宪论》十二篇。时刘珍、邓耽、尹兑、马融共上书称其美，安帝嘉之，赐钱三万，拜议郎。

李尤字伯仁，广汉雒人也。少以文章显。和帝时，侍中贾逵荐尤有相如、杨雄之风，召诣东观，受诏作赋，拜兰台令史。稍迁，安帝时为谏议大夫，受诏与谒者仆射刘珍等俱撰《汉记》。后帝废太子为济阴王，尤上书谏争。顺帝立，迁乐安相。年八十三卒。所著诗、赋、铭、诔、颂、《七叹》、《哀典》凡二十八篇。

尤同郡李胜，亦有文才，为东观郎，著赋、诔、颂、论数十篇。

苏顺字孝山，京兆霸陵人也。和安间以才学见称。好养生术，隐处求道。晚乃仕，拜郎中，卒于官。所著赋、论、诔、哀辞、杂文凡十六篇。

延平元年(106),黄香升任魏郡太守。此前,郡府内外有耕地和菜园,官府常将这些田地分派给百姓耕种,每年能收获几千斛粮食。黄香说:"《田令》提出'商人不可务农',《王制》提出'官吏不可耕田',凿冰以备丧葬祭礼的达官贵族和享受朝廷俸禄的人,不应和百姓争夺利益。"于是黄香把郡府内外的耕地和菜园都赐给了百姓,并督促命令他们勤加耕种。当时魏郡因遭遇了水灾而年成不好,黄香为了周济饥民就将自己的俸禄和得到的赏赐分给了他们,当地富户也因此各自取出赈灾的粮食,对官府借粮给百姓助一臂之力,于是饥民得以保全性命。后来黄香因涝灾遭到罢免,几个月后,他在家中去世。

黄香著有赋、笺、奏、书、令共计五篇。黄香之子是黄琼,他的事迹另载于其他的传记中。

刘毅是北海敬王之子。起初,朝廷封他为平望县县侯,等到永元年间,刘毅因罪爵位受到剥夺。刘毅年轻时便因文采和辩才著称。元初元年(114),刘毅将《汉德论》和《宪论》十二篇进献朝廷。当时刘珍、邓耽、尹兑、马融一同上书称赞《汉德论》和《宪论》文笔甚佳,安帝于是嘉奖刘毅,赐给他三万钱,并任命他为议郎。

李尤字伯仁,广汉郡雒县人。年轻时就因文才而出名。和帝时期,侍中贾逵向朝廷举荐李尤说他的作品有司马相如和扬雄的风格,于是和帝将他召到洛阳南宫的东观,李尤在东观奉命创作赋体文,同时担任兰台令史。后来李尤渐渐高升,到安帝时期官至谏议大夫,并奉命和谒者仆射刘珍等人一同撰写《汉记》。后来安帝废黜了太子并将其贬为济阴王,李尤上书直言劝谏。顺帝即位后,他升任为乐安相。李尤八十三岁时逝世。他所创作的诗、赋、铭、诔、颂、《七叹》、《哀典》共计二十八篇。

李胜和李尤同为广汉郡人氏,他也颇有文才,李胜官至东观郎,他所创作的赋、诔、颂、论共计数十篇。

苏顺字孝山,京兆霸陵人。他在和帝、安帝时期因博学多才而著称。苏顺嗜好延年益寿之术,他隐居修炼追求得道。直到晚年苏顺才出仕,他担任郎中一职,最终在任内去世。苏顺著有赋、论、诔、哀时三辅多士，扶风曹众伯师亦有才学，著诔、书、论四篇。

又有曹朔，不知何许人，作《汉颂》四篇。

刘珍字秋孙，一名宝，南阳蔡阳人也。少好学。永初中，为谒者仆射。邓太后诏使与校书刘騊駼、马融及五经博士，校定东观“五观”、诸子传记、百家艺术，整齐脱误，是正文字。永宁元年，太后又诏珍与騊駼作建武已来名臣传，迁侍中、越骑校尉。延光四年，拜宗正。明年，转卫尉，卒官。著诔、颂、连珠凡七篇。又撰《释名》三十篇，以辩万物之称号云。

葛龚字元甫，梁国宁陵人也。和帝时，以善文记知名。性慷慨壮烈，勇力过人。安帝永初中，举孝廉，为太官丞，上便宜四事，拜荡阴令。辟太尉府，病不就。州举茂才，为临汾令。居二县，皆有称绩。著文、赋、碑、诔、书记凡十二篇。

王逸字叔师，南郡宜城人也。元初中，举上计吏，为校书郎。顺帝时，为侍中。著《楚辞章句》行于世。其赋、诔、书、论及杂文凡二十一篇。又作《汉诗》百二十三篇。

子延寿，字文考，有俊才。少游鲁国，作《灵光殿赋》。后蔡邕亦造此赋，未成，及见延寿所为，甚奇之，遂辍翰而已。曾有异梦，意恶之，乃作《梦赋》以自厉。后溺水死，时年二十余。

辞、杂文共计十六篇。

当时三辅地区人才济济，右扶风人氏曹众，字伯师，他也是富有才学之人，曹众著有诔、书、论共计四篇。

还有一位叫曹朔的文学之士，不知他是何方人氏，著有《汉颂》四篇。

刘珍字秋孙，又名刘宝，是南阳郡蔡阳县人。刘珍年轻时醉心治学。永初年间，刘珍担任谒者仆射。邓太后下诏让刘珍和担任校书的刘騊駼、马融会同各位五经博士，一起校定收藏于东观的《五经》、诸子传记以及记载百家术数、方技的书籍，众人理清缺漏、错误，订正典籍文字。永宁元年（120），太后又命令刘珍和刘騊駼为建武年间以来的名臣创作传记，同年，刘珍相继升任侍中、越骑校尉。延光四年（125），朝廷任命他为宗正。第二年，刘珍转任卫尉，并在担任卫尉期间逝世。刘珍著有诔、颂、连珠共计七篇。他还创作了《释名》三十篇，为的是辨明世间万物的名称。

葛龚字元甫，梁国宁陵县人。和帝时期，葛龚因擅于创作官府文书而名声遐迩。他性格豪爽、气概豪健，勇敢强壮超越常人。安帝永初年间，葛龚被推举为孝廉，之后出任太官丞，他向朝廷上书陈说了利国利民的四项建议，于是朝廷又任命他为荡阴县令。后来葛龚受到太尉府征召，但他因病未能赴召。而后州府又举荐他为茂才，接着就任命葛龚为临汾县令。在担任荡阴、临汾二县县令期间，葛龚的政绩都颇为人所称道。葛龚著有文、赋、碑、诔、书记共计十二篇。

王逸字叔师，南郡宜城县人。元初年间，王逸被举荐为上计吏，而后在朝中担任校书郎。顺帝时期，王逸官至侍中。王逸所著的《楚辞章句》最终通行世间。他所创作的赋、诔、书、论和杂文共计二十一篇。王逸还创作了《汉诗》一百二十三篇。

王逸之子王延寿，字文考，是才智出众之士。年轻时王延寿曾赴鲁国游学，并创作了《灵光殿赋》。后来蔡邕也要为灵光殿作赋，但一直未能写就，等到他见到王延寿的作品后，他对此文啧啧称奇，于是他就停下笔来不再创作了。王延寿曾作过一个怪梦，他感到很不崔琦字子玮，涿郡安平人，济北相瑗之宗也。少游学京师，以文章博通称。初举孝廉，为郎。河南尹梁冀闻其才，请与交。冀行多不轨，琦数引古今成败以戒之，冀不能受。乃作《外戚箴》。其辞曰：

赫赫外戚，华宠煌煌。昔在帝舜，德隆英、皇。周兴三母，有莘崇汤。宣王晏起，姜后脱簪。齐桓好乐，卫姬不音。皆辅主以礼，扶君以仁，达才进善，以义济身。

爰暨末叶，渐已颓亏。贯鱼不叙，九御差池。晋国之难，祸起于丽。惟家之索，牝鸡之晨。专权擅爱，显己蔽人。陵长间旧，圮剥至亲。并后匹嫡，淫女毙陈。匪贤是上，番为司徒。荷爵负乘，采食名都。诗人是刺，德用不忧。暴辛惑妇，拒谏自孤。蝠蛇其心，纵毒不辜。诸父是杀，孕子是刳。天怒地忿，人谋鬼图。甲子昧爽，身首分离。初为天子，后为人螭。

非但耽色，母后尤然。不相率以礼，而竞奖以权。先笑后号，卒以辱残。家国泯绝，宗庙烧燔。末嬉丧夏，褒姒毙周，妲己亡殷，赵灵沙丘。戚姬人豕，吕宗以败。陈后作巫，卒死于外。霍欲鸩子，身乃罹废。

愉快，就创作了《梦赋》勉励自己。后来王延寿溺水而死，年仅二十多岁。

崔琦字子玮，涿郡安平县人，他是济北国国相崔瑗的同宗。年轻时他在京师游学，以文采斐然、学识渊博著称。起初崔琦被推举为孝廉，而后出任为郎。当时担任河南尹的梁冀听说了崔琦的才华，便希望能和他结交。梁冀常有违法乱纪之举，崔琦就多次引用从古至今成败得失的例子以此劝戒梁冀，但梁冀却不肯接受。于是崔琦创作了《外戚箴》。其文如下：

外戚之家地位显赫，光彩荣耀明亮辉煌。从前虞舜为帝之时，女英、娥皇尊崇道德。三位贤妃振兴周朝，商汤隆盛有莘出力。宣王晨间起床颇迟，拔下簪子姜后致歉。齐国桓公嗜好俗乐，卫姬不听郑卫之音。她们都运用礼教辅佐主上，运用仁德协助人君，举荐人才、进陈良言，凭借道义修养自身。

自从到了王朝末期，礼义渐渐沦于衰颓。临幸妃子不依次序，九御之法亦有违背。晋国父子相残之难，祸乱根源正是骊姬。国破家亡推想缘由，正因母鸡越权报晓。把持朝政、独占宠爱，夸耀自己、打压他人，凌驾尊长、离间故旧，破坏割裂至亲之情。妾后等同、庶嫡相匹，夏姬淫荡葬送陈国。贤能之士不受尊崇，番本外戚却任司徒。小人封爵代替君子，著名都城为其采邑。诗人讥刺此等乱象，只因朝廷德行浅薄。纣王暴虐惑于女色，拒受劝谏一意孤行。残酷之心狠如蝮蛇，肆意迫害无辜之人。叔父比干为其所杀，怀孕妇女开膛破肚。皇天、后土勃然大怒，生人、魂魄心有图谋。甲子之日拂晓之时，纣王受刑身首异处。起初曾为皇天之子，最后却成人间鬼魅。

不光国君沉迷美色，母后尤其败坏朝纲。不用礼义互相引领，反而竞相争夺权力。起初欢笑而后号啕，突然蒙受耻辱、伤害。家族败亡、邦国沦丧，先祖宗庙付之一炬。妹喜德薄夏朝消亡，褒姒受宠周朝覆灭，妲己惑主殷朝沦丧，赵武灵王死于沙丘。戚姬惨遭人豕酷刑，吕氏一族因此毁灭。陈皇后施巫蛊之术，最终被废死于冷宫。霍皇后要毒死太子，自己于是遭到废黜。

故曰：无谓我贵，天将尔摧；无恃常好，色有歇微；无怙常幸，爱有陵迟；无曰我能，天人尔违。患生不德，福有慎机。日不常中，月盈有亏。履道者固，杖势者危。微臣司戚，敢告在斯。

琦以言不从，失意，复作《白鹄赋》以为风。梁冀见之，呼琦问曰："百官外内，各有司存，天下云云，岂独吾人之尤，君何激刺之过乎！"琦对曰："昔管仲相齐，乐闻讥谏之言；萧何佐汉，乃设书过之吏。今将军累世台辅，任齐伊、公，而德政未闻，黎元涂炭，不能结纳贞良，以救祸败，反复欲钳塞士口，杜蔽主听，将使玄黄改色，马鹿易形乎？"冀无以对，因遣琦归。

后除为临济长，不敢之职，解印绶去。冀遂令刺客阴求杀之。客见琦耕于陌上，怀书一卷，息辄偃而咏之。客哀其志，以实告琦，曰："将军令吾要子，今见君贤者，情怀忍忍，可亟自逃，吾亦于此亡矣。"琦得脱走，冀后竟捕杀之。

所著赋、颂、铭、诔、箴、吊、论、《九咨》、《七言》，凡十五篇。

边韶字孝先，陈留浚仪人也。以文章知名，教授数百人。韶口辩，曾昼日假卧，弟子私嘲之曰："边孝先，腹便便。懒读书，但欲眠。"韶潜闻之，应时对曰："边为姓、孝为字。腹便便，'五经'笥。

所以说：不要认为自己高贵，上天自会将你摧毁；不要仗着常受宠爱，美貌总有衰减之日；不要凭借总受宠幸，恩爱会有衰退之时；不要自夸才智过人，天意人事不会如愿。祸患源于德行浅薄，福分生自谨慎、巧妙。太阳不能常在中天，月满则亏难以周全。遵行正道之人无恙，依仗权势之人有难。微臣心中承受悲戚，所以胆在此告知。

崔琦因自己的进言未被采纳，胸中志向不得施展，于是又创作《白鹄赋》讽谏梁冀。梁冀读罢奏书，便召来崔琦问道："朝廷内外群臣，百官各司其职，天下都是如此，难道唯独我有过错吗，你为何如此过度地斥责我！"崔琦答道："此前管仲担任齐国宰相，乐于听取他人批评、劝谏之言；萧何担任汉朝丞相，于是设置官吏记录自己之过。如今将军世代官居三公、宰辅之位，职责可与伊尹、周公相当，但是未曾听闻您的执政利国利民，黎民百姓陷于苦难饱受摧残，您不肯结交忠诚、良善之士，借此挽救逼近的灾祸和失败，反而仍想限制、阻止劝诫，蒙蔽天子、隔绝言路、妨碍纳谏，难道要让黑和黄改变本色，马和鹿交换形体吗？"梁冀哑口无言，于是打发崔琦回去了。

后来梁冀任命崔琦为临济县县长，崔琦不敢奉梁冀之命赴任，就解下印信、绶带离开了。梁冀命刺客暗地里找到崔琦并把他杀掉。刺客看见崔琦在田间耕地，衣襟里装着一卷书，休息时就仰卧在地开卷诵读。刺客因崔琦的志气而心生同情，于是和崔琦说了实话，他说："梁将军命我袭击您，现在我发现您是位贤人，我实在难下狠心，希望您赶快逃走，从这以后我也要逃跑了。"于是崔琦得以脱身，后来梁冀终究还是抓到崔琦杀害了他。

崔琦著有赋、颂、铭、诔、箴、吊、论、《九咨》、《七言》，共计十五篇。

边韶字孝先，陈留郡浚仪县人。边韶因文笔甚佳而闻名，他开馆讲学，门下有几百名弟子。边韶能言善辩，他曾经在大白天和衣而睡，于是弟子们私下里嘲笑他说："此人是边韶，满腹是肥膘。读书他但欲眠，思经事。寐与周公通梦，静与孔子同意。师而可嘲，出何典记？”嘲者大惭。韶之才捷皆此类也。

桓帝时，为临颍侯相，征拜太中大夫，著作东观。再迁北地太守，入拜尚书令。后为陈相，卒官。著诗、颂、碑、铭、书、策凡十五篇。

犯懒，只想睡大觉。”边韶暗地里听到了，立刻回应道：“‘边’是本人姓，‘孝’是本人字。虽说肚子大，‘五经’藏于此。只想睡大觉，静思经籍义。睡着后周公托梦于我，宁静中孔子懂我心意。老师可以嘲笑，出自那部典籍。”嘲笑边韶的学生听罢此言很是惭愧。边韶才思敏捷的事例，都是如此这般。

桓帝年间，边韶出任临颍侯国国相，之后被召回朝中担任太中大夫，并在洛阳南宫的东观从事创作。后来边韶历经两度升迁官至北地太守，而后又入朝担任尚书令。其后他又出任陈国国相，并在国相任内去世。边韶著有诗、颂、碑、铭、书、策共计十五篇。

卷一百十下

文苑列传第七十下

张升字彦真，陈留尉氏人，富平侯放之孙也。升少好学，多关览，而任情不羁。其意相合者，则倾身交结，不问穷贱；如乖其志好者，虽王公大人，终不屈从。常叹曰："死生有命，富贵在天。其有知我，虽胡越可亲；苟不相识，从物何益？"

仕郡为纲纪，以能出守外黄令。吏有受赇者，即论杀之。或讥升守领一时，何足趋明威戮乎？对曰："昔仲尼暂相，诛齐之侏儒，手足异门而出，故能威震强国，反其侵地。君子仕不为己，职思其忧，岂以久近而异其度哉？"遇党锢去官，后竟见诛，年四十九。

著赋、诔、颂、碑、书，凡六十篇。

赵壹字元叔，汉阳西县人也。体貌魁梧，身长九尺，美须豪眉，望之甚伟。而恃才倨傲，为乡党所摈，乃作《解摈》。后屡抵罪，几至死，友人救得免。壹乃贻书谢恩曰：

昔原大夫赎桑下绝气，传称其仁；秦越人还虢太子结脉，世著张升字彦真，陈留郡尉氏县人，他是富平侯张放的孙子。张升年轻时醉心于治学，博览群书，而且率性而行、无拘无束。如果是心意相通之人，张升就谦卑恭敬地与其结交，对此人贫贱与否不予过问；如果此人和他志趣相违，即使是王公、高官，张升也终究不会违心地服从。张升总是叹息道："是死是活自有命数，富裕、尊贵在于上天。如果是和我交心之人，即便化外蛮夷也值得我去亲近，如果彼此形同陌路，追求功名利禄之类的外物又有什么好处？"

起初，张升在陈留郡担任纲纪一职，后因才能卓著离开郡府在外黄县令之位上试用。县衙的官吏一旦接受贿赂，张升立即将其判处死刑。有人挖苦张升说不过是在短时间内暂理县令，哪里值得在仓促之间展现威风，行使生杀大权呢？张升答道："从前孔子暂为主持齐鲁夹谷会盟的傧相，他命令司马处死献舞的齐国侏儒，斩下他们的手足后将尸首抛出，正因如此孔子才能威震强大的齐国，使齐国归还他们所侵占的鲁国领土。君子做官并非为了个人私利，所优先考虑、引以为忧的是为朝廷尽忠，哪会因为任职时间长短而改变他的意志呢？"张升最终因遭遇了禁止党人为官之事而被迫退职，后来竟然遭到处死，时年四十九岁。

张升著有赋、诔、颂、碑、书，共计六十篇。

赵壹字元叔，汉阳郡西县人。赵壹体形魁梧，身高九尺，长着一部漂亮的胡须和一对浓眉，整个人看上去很是伟岸。然而，他仗着自己才华过人而高傲自大，受到同乡的排斥，于是他创作了《解摈》。后来他又多次因罪遭到惩处，差点丧命，终因友人相救而逃得一命。赵壹于是送去书信感谢救命之恩，他在信中说：

从前赵盾用肉干救活了桑树下饿得断气的人，他的仁慈人所传其神。设曩之二人不遭仁遇神，则结绝之气竭矣。然而糒脯出乎车軨，针石运乎手爪。今所赖者，非直车軨之糒脯，手爪之针石也。乃收之于斗极，还之于司命，使干皮复含血，枯骨复被肉，允所谓遭仁遇神，真所宜传而著之。余畏禁，不敢班班显言，窃为《穷鸟赋》一篇。其辞曰：

有一穷鸟，戢翼原野。罼网加上，机阱在下，前见苍隼，后见驱者，缴弹张右，羿子彀左，飞丸激矢，交集于我。思飞不得，欲鸣不可，举头畏触，摇足恐堕。内独怖急，乍冰乍火。幸赖大贤，我矜我怜，昔济我南，今振我西。鸟也虽顽，犹识密恩，内以书心，外用告天。天乎祚贤，归贤永年，且公且侯，子子孙孙。

又作《刺世疾邪赋》，以舒其怨愤。曰：

伊五帝之不同礼，三王亦又不同乐，数极自然变化，非是故相反驳。德政不能救世溷乱，赏罚岂足惩时清浊？春秋时祸败之始，战国愈复增其荼毒。秦、汉无以相逾越，乃更加其怨酷。宁计生民之命，唯利己而自足。

于兹迄今，情伪万方。佞谄日炽，刚克消亡。舐痔结驷，正色徒行。妪媀名势，抚拍豪强。偃蹇反俗，立致咎殃。捷慑逐物，日富月颂；扁鹊救活了脉相缓慢、停顿的虢国太子，他的神奇名扬万世。假使从前的那两位落难之人没有遇到仁慈的赵盾和神奇的扁鹊，那么他们就会命丧黄泉断气而亡了。然而干粮、肉干出自于马车之中，砭石之针由人的手指运用。现在我所赖以保全性命的，不只是车中的干粮、肉干，不只是手指间的石针。还有赖于您将我从帝王的天罚下救回，并将我的性命交还掌管生命的司命神，使我干枯的皮肤重新充满血液，朽烂的骨头重新裹上肌肉，在下蒙您搭救确实是如人们所说的遇到了仁慈而神奇的救主，实在是应当让此事得到传扬和记载。在下害怕犯忌，不敢将遭遇和谢意说清道明，于是暗自创作了一篇《穷鸟赋》。赋文说：

"一只陷于困境的鸟，拢翅不飞止于原野。罗网布于天空之上，身下尽是机关、陷阱，前方忽见苍鹰狩猎，后方又见猎人追逐，右方是拉开的弹弓，系绳弹丸蓄势待发；左方是拉满的弓弦，射手恰似后羿一般，弹丸飞快、箭矢迅疾，一同射出向我袭来。想要飞走哪能成行，想要鸣叫哪敢发声，抬头害怕撞上罗网，晃脚担心落入陷坑。心中只有惊恐急切，忽觉胆寒、忽觉心焦。幸而有赖大贤相救，同情在下、怜悯在下，从前在南曾蒙搭救，如今在西助我逃脱。区区鸟儿虽然愚钝，仍然懂得洪恩浩荡，敛藏恩情铭刻心头，宣扬恩情上告皇天。皇天啊赐福于大贤，赐他长命、寿比南山，既为三公、又为王侯，福祚绵长泽被子孙。"

赵壹又写下了《刺世疾邪赋》，以此抒发他的愤恨。赋文是：

五帝时的礼教各自有别，三王时的乐制亦不相同。气数已尽变化自然而至，是非黑白本就彼此相违。为政以德未曾能够拯救如此混乱世风，赏罚分明难道足以惩罚时弊激浊扬清？春秋时代正是祸乱与败亡之始，战国时期的毒害更又变本加厉。秦、汉苛政彼此并无高下之别，改朝换代竟使残酷愈发增加。哪肯考虑给百姓活路，只顾利己和自求满足。

直到此时、止于今日，巧诈虚伪变化万千。谄媚之徒日益嚣张，刚强成事之人消亡。舔痔疮者四马驾车，正直之士徒步而行。求名昌。浑然同惑，孰温孰凉。邪夫显进，直士幽藏。

原斯瘼之攸兴，实执政之匪贤。女谒掩其视听兮，近习秉其威权。所好则钻皮出其毛羽，所恶则洗垢求其瘢痕。虽欲竭诚而尽忠，路绝崄而靡缘。九重既不可启，又群吠之狺狺。安危亡于旦夕，肆嗜欲于目前。奚异涉海之失柂，积薪而待燃？荣纳由于闪揄，孰知辨其蚩妍？故法禁屈挠于势族，恩泽不逮于单门。宁饥寒于尧舜之荒岁兮，不饱暖于当今之丰年。乘理虽死而非亡，违义虽生而匪存。

有秦客者，乃为诗曰："河清不可俟，人命不可延。顺风激靡草，富贵者称贤。文籍虽满腹，不如一囊钱。伊优北堂上，抗脏倚门边。

鲁生闻此辞，系而作歌曰："势家多所宜，欬唾自成珠。被褐怀金玉，兰蕙化为刍。贤者虽独悟，所困在群愚。且各守尔分，勿复空驰驱。哀哉复哀哉，此是命矣夫！"

光和元年，举郡上计到京师。是时司徒袁逢受计，计吏数百人皆拜伏庭中，莫敢仰视，壹独长揖而已。逢望而异之，令左右往让之，曰："下郡计吏而揖三公，何也？"对曰："昔郦食其长揖汉王，今揖三公，何遽怪哉？"逢则敛衽下堂，执其手，延置上坐，因问西方事，大悦，顾谓坐中曰："此人汉阳赵元叔也。朝臣莫有过之者，吾请为诸君分坐。"坐者皆属观。既出，往造河南尹羊陟，不得见。

求权卑躬屈膝，面对豪强逢迎巴结。保持高傲不合时俗，立刻招来罪责灾祸；匆忙惊惧追求外物，逐日逐月富足昌盛。众人迷乱是非不分，何者为温？何者为凉？奸邪之辈显达得志，刚正之人归隐埋没。

推求这般弊病产生的根源，实在因为执政者无才无德。受宠姬妾使他不能明察兼听，亲近之臣把持他的威势权柄。对喜爱之人就尽力提拔，钻破皮肤只为羽毛快长；对厌恶之人就吹毛求疵，洗去污垢务求找到疤痕。贤士虽想一心一意尽献衷心，可惜仕途极为艰险无路可行。朝廷之门已然无法开启，又有猛犬狂吠阻碍前路。危在旦夕依然安之若素，此时此刻照旧纵欲无度。何异于正在渡过大海反而丢失船舵，高卧柴堆之上静待柴薪引燃？只因奸滑谄媚便受宠信、重用，哪曾想过考量他的才能高下？所以国法朝纲屈居名门望族之下，寒门细族不为朝廷恩泽所及。我宁可在尧舜之时的荒年挨饿受冻，也不愿在当今之世的乐岁丰衣足食。坚守公理，虽然牺牲然而精神永存；违背正义，即使全躯不过行尸走肉。

有位秦国来客，眼见世乱如此于是作诗感叹道："岂可等待黄河变清，延续生命着实困难。顺应世风压制细草，富豪权贵可称大贤。寒士虽有满腹才学，价值不如一袋铜钱。谄媚之徒高居北堂，耿直之士倚靠门边。"

鲁国儒生听罢秦国来客之诗，就接着作诗唱和道："豪门行事总合时宜，只言片语自成珍珠。怀才之士身着粗衣，香草竟被喂养牲畜。贤人虽能独自清醒，却只能与群愚为伍。暂且各自安于现状，莫再白白奔波忙碌。呜呼哀哉呜呼哀哉，这就是那宿命了吧！"

光和元年（178），赵壹被推举为郡府的上计掾到京城呈递计簿。当时，收取上计簿的是司徒袁逄，几百名上计掾都跪倒在司徒府的庭院中向袁逄叩头行礼，没有一人胆敢抬头直视，唯独赵壹只是高举双手行了一个拱手礼而已。袁逄远远地看到赵壹，认为他非同常人，于是命令身边的属官去责问他，属官问道："区区郡府的上计掾拜见三公反而只行了拱手礼，为什么？"赵壹答道："从前郦食其高举双手向汉王行拱手礼，如今在下向三公行拱手礼，有什么好惊壹以公卿中非陟无足以托名者，乃日往到门，陟自强许通，尚卧未起，壹径入上堂，遂前临之，曰："窃伏西州，承高风旧矣，乃今方遇而忽然，奈何命也！"因举声哭，门下惊，皆奔入满侧。陟知其非常人，乃起，延与语，大奇之。谓曰："子出矣。"陟明旦大从车骑奉谒造壹。时诸计吏多盛饰车马帷幕，而壹独柴车草屏，露宿其傍，延陟前坐于车下，左右莫不叹愕。陟遂与言谈，至熏夕，极欢而去，执其手曰："良璞不剖，必有泣血以相明者矣！"陟乃与袁逢共称荐之。名动京师，士大夫想望其风采。

及西还，道经弘农，过候太守皇甫规，门者不即通，壹遂遁去。门吏惧，以白之。规闻壹名大惊，乃追书谢曰："蹉跌不面，企德怀风，虚心委质，为日久矣。侧闻仁者愍其区区，冀承清诲，以释遥悚。今旦外白有一尉两计吏，不道屈尊门下，更启乃知已去。如印绶可投，夜岂待旦。惟君明睿，平其夙心。宁当慢傲，加于所天。事在悖惑，不足具责。傥可原察，追修前好，则何福如之！谨遣主簿奉慌、奇怪的呢?”袁逢于是整理衣襟走下堂来，握着赵壹的手，把他邀请到上座入席，并询问他关于西方郡县的政事，听了赵壹的回答袁逢大为欢喜，他回头对座席中的众人说道:“此人就是汉阳郡的赵元叔。朝中群臣无人比他更有才干，希望各位允许我让赵元叔另于尊位就座。”于是在坐众人都把目光投向了赵壹。离开司徒府后，赵壹前去拜访河南尹羊陟，但未能受到接见。赵壹认为公卿中无人有像羊陟一般的好名声而值得自己依附，于是他每天都前往羊陟府第门前求见，羊陟无奈便勉强允许门卫让赵壹觐见，当时，羊陟仍然卧病在床无法起身，而赵壹竟直接走进正厅，之后又上前来到羊陟床边，他对羊陟说道:“在下在那临近西方边陲的汉阳郡时就对大人有钦佩之意，长久以来在下都承蒙着您那高尚风操的教化，可如今在下刚刚与您相见，您却要撒手人寰，如此命运我该如何是好!”说罢赵壹就放声大哭，羊陟门下的属官们颇为讶异，他们都跑进卧房，于是羊陟的床边挤满了人。羊陟明白了，这赵壹并非平庸之辈，于是羊陟强支病体，请赵壹入座并与他交谈，谈话间对赵壹的才干大感惊讶。羊陟对赵壹说:“您能够立身扬名了。”第二天一早，羊陟在大批车马的随从下拜见了赵壹。当时众位上计掾都乘坐着装饰华丽的车马，挂着精致的帷幕，然而唯独赵壹的马车极为简陋，挂着草编的帘子，赵壹就在车旁露宿，赵壹请羊陟进前在车下落座，周围众人无不惊叹错愕。羊陟于是和赵壹长谈，一直聊到黄昏时分，极尽快意之后才告辞离开，他握着赵壹的手说:“优良的璞玉始终未能剖开，一定有人泣血痛哭来宣明它的精美。”羊陟于是和袁逢一起向朝廷推荐了赵壹。赵壹的名声因而震动京城，士大夫都仰慕于他的风采。

等到赵壹西归汉阳时，途中经过了弘农郡，于是他前去问候太守皇甫规，守门的人没有立刻为他通报，赵壹于是避开太守府尽速离开了。守门官差害怕了，便将情况告诉了皇甫规。皇甫规听到赵壹的名字后大吃一惊，于是他补写了一封致歉信并派人送给赵壹，信中说:“我一时失足犯下错误因此没能和您相见，然而我景仰您的德行，归心于您的风范，长保谦虚、心怀钦佩，已经很久了!我听说仁慈之士对平庸之辈充满同情，因此我希望能承蒙您的教诲，来使我那远书。下笔气结，汗流竟趾。”壹报曰：“君学成师范，缙绅归慕，仰高希骥，历年滋多。旋辕兼道，渴于言侍，沐浴晨兴，昧旦守门，实望仁兄，昭其悬迟。以贵下贱，握发垂接，高可敷玩坟典，起发圣意；下则抗论当世，消弭时灾。岂悟君子，自生怠倦，失恂恂善诱之德，同亡国骄惰之志！盖见机而作，不俟终日，是以夙退自引，畏使君劳。昔人或历说而不遇，或思士而无从，皆归之于天，不尤于物。今壹自谴而已，岂敢有猜！仁君忽一匹夫，于德何损？而远辱手笔，追路相寻，诚足愧也。壹之区区，曷云量已，其嗟可去，谢也可食，诚则顽薄，实识其趣。但关节疢动，膝灸坏溃，请俟它日，乃奉其情。辄诵来贶，永以自慰。”遂去不顾。

离于您的惶恐之心得到宽慰。今早门外差役报告说有一名郡尉、两名上计掾求见，我不曾料到是您屈尊登门造访，后来再开门时才知道您已经离去。如果我能抛下官印和绶带擅离职守，我会连夜将您请回怎会等到天亮。希望您明察知晓其中缘由，宽恕我此前的轻慢之心。我怎能如此傲慢，用这样的态度对待您。此事都是出于我的过失和糊涂，不值得您大动干戈地加以责怪。如果您能谅解、体察我的苦衷，允许我和您重修前好，那么还有什么福份可与此相比呢！我恭敬地派主簿为您送上书信。我在写下此信时呼吸困难，汗如雨下一直流到脚上。”赵壹回信说：“您学富五车、当世榜样，广为士大夫所归心、向往，世人景仰您高山般的大德，钦佩您骏马般的大才，仰慕者多年以来与日俱增。前来拜谒您的车马往来于道路、日夜兼程，众人都渴望在您左右侍奉，他们沐浴更衣、早早起床，刚刚破晓便已在门前守候，大家实在是对仁兄寄以重望，对您的挂念和仰慕显而易见。如果能屈尊礼遇卑微之人，如周公般不及沐浴握着湿发接待士子，那么上可用详述、玩味先代典籍中至理的方式，启发天子善政之心；下可在言论上与当今的歪理邪说相抗衡，扫清眼下祸乱、灾难。哪曾想到您作为君子，竟然自生松懈倦怠之意，丢掉了循循善诱导人向善的美德，却有了导致亡国的骄傲怠惰之心！君子看到时机合适便会采取行动，不会整天等待坐失良机，所以在下早早告退、自行离去，担心让您受累。古人有的游说过多位君主却始终未获赏识，有的想求得贤能之士却始终没有门径，这些遗憾都只能归因于天命，而不应归罪于外物。如今我赵壹只敢自我谴责而已，哪里敢对您有所猜忌！仁君在接待一个平民时有所疏忽，这对您的大德又有何损失？反而却委屈您远远地送来亲笔信，沿路追赶寻找在下，实在是令在下大感愧疚啊。我赵壹的心思真是卑微，为何不自量力想要拜见仁君您，孔子曾说：‘嗟来之食应当拒绝，但施恩者致歉之后便可接受’，虽然我实在愚钝浅薄，但的确能够理解其中的道理。可是在下关节发热的疾病复发，膝盖灼痛、皮肤溃烂，还请您静待其他合适的时日，到那时在下就可奉还您的恩情，在下会常常诵读您的亲笔信，永久地借此安慰我心中的遗憾。”赵壹回信之后就动身离开不再理会皇甫规。

州郡争致礼命，十辟公府，并不就，终于家。初袁逢使善相者相壹，云“仕不过郡吏”，竟如其言。

著赋、颂、箴、诔、书、论及杂文十六篇。

刘梁字曼山，一名岑，东平宁阳人也。梁宗室子孙，而少孤贫，卖书于市以自资。

常疾世多利交，以邪曲相党，乃著《破群论》。时之览者，以为“仲尼作《春秋》，乱臣知惧，今此论之作，俗士岂不愧心”。其文不存。

又著《辩和同之论》。其辞曰：

夫事有违而得道，有顺而失义，有爱而为害，有恶而为美。其故何乎？盖明智之所得，暗伪之所失也。是以君子之于事也，无适无莫，必考之以义焉。

得由和兴，失由同起，故以可济否谓之和，好恶不殊谓之同。《春秋传》曰：“和如羹焉，酸苦以剂其味，君子食之以平其心。同如水焉，若以水济水，谁能食之？琴瑟之专一，谁能听之？”是以君子之行，周而不比，和而不同，以救过为正，以匡恶为忠。经曰：“将顺其美，匡救其恶，则上下和睦能相亲也。”

不少州郡官府都争相给赵壹送去聘礼和任用令，三公府也曾十次征召赵壹，但历次征召他都没有赴召，最后在家中去世。起初，袁逢曾让善于相面的人为赵壹看相，相面的人说："此人做不了比郡吏更大的官"，最终赵壹的仕途果然正如相面的人所说。

赵壹著有赋、颂、箴、诔、书、论以及杂文，各种作品共计十六篇。

刘梁字曼山，又名刘岑，东平国宁阳县人。刘梁是天子宗亲的子孙，但是他年少丧父、家境贫寒，靠在集市卖书来自谋生计。

世人大多为势利而结交，因同为奸邪之辈而拉帮结派，刘梁常常对此大为痛恨，于是他写下了《破群论》。当时读过此文之人都认为："孔子完成了《春秋》，乱国之臣心生畏惧，现在这篇《破群论》问世，庸俗的士子怎不会心生惭愧"。但这篇文章没能流传至今。

刘梁又创作了《辩和同之论》。论文说：

世间之事有的违背心愿却合乎道理，有的顺应人心却不合正义，有些行动出于喜爱却引发了灾祸，有些行动出于厌恶却成全了好事。这其中的原因是什么呢？因为人们总是在发现事物的好处时表现得敏锐而睿智，而在事物的坏处面前却愚昧无知、自欺欺人。所以德才兼备的君子的行事之道是：没有必须遵从某种方式或是绝不采取某种做法的讲究，他一定会以义为准则来做出考量。

成功因和谐、齐心而达成，失败因附和、勾结而招致，所以用合乎道义的善举裨补不合道义的恶行就叫和谐、齐心，而将善举和恶行不加分辨地混为一谈就叫附和、勾结。《春秋传》说："和谐、齐心就像羹汤，先用酸味和苦味调和它的味道，君子服下此汤之后便能使心境平和。附和、勾结好比清水，如果在清水中再加入清水，谁能以此为食？用单一的调子演奏琴和瑟，谁能欣赏得了？"所以君子的处事方式是：团结众人而不互相勾结，追求和谐而不盲目附和，将补救过失视为正直，将匡正邪恶视为忠义。《左传》说："如果能顺应世间的美善之意，匡救世间的邪恶之心，那么君臣、父子、夫妇便能上下和睦、相亲相爱了。"

昔楚恭王有疾，召其大夫曰："不谷不德，少主社稷。失先君之绪，覆楚国之师，不谷之罪也。若以宗庙之灵，得保首领以殁，请为灵若厉。"大夫许诸。及其卒也，子囊曰："不然。夫事君者，从其善，不从其过。赫赫楚国，而君临之，抚正南海，训及诸夏，其宠大矣。有是宠也，而知其过，可不谓恭乎！"大夫从之。此违而得道者也。及灵王骄淫，暴虐无度，芋尹申亥从王之欲，以殡于乾溪，殉之二女。此顺而失义者也。鄢陵之役，晋楚对战，阳谷献酒，子反以毙。此爱而害之者也。臧武仲曰："孟孙之恶我，药石也；季孙之爱我，美疢也。疢毒滋厚，石犹生我。"此恶而为美者也。孔子曰："智之难也！有臧武仲之智，而不容于鲁国。抑有由也。作不顺而施不恕也。"盖善其知义，讥其违道也。

夫知而违之，伪也；不知而失之，闇也。闇与伪焉，其患一也。患之所在，非徒在智之不及，又在及而违之者矣。故曰"智及之仁不能守之，虽得之，必失之"也。《夏书》曰："念兹在兹，庶事恕施。"忠智之谓矣。

从前楚恭王生病时，他召见了各位大夫嘱咐道："寡人既没有赡养先父，也没有修养德行，年少无知之时却执掌治国大权。没能传承先父的功业，又葬送了楚国的大军，这是我既不孝又无德的罪过啊。如果因为宗庙中先祖英魂的保佑，使我能够保全首级而死，请大家追谥我为祸乱国家的'灵王'或者滥杀无辜的'厉王'。大夫们最终答应了楚恭王的愿望。等到楚恭王去世后，子囊说："不能依大王的遗嘱行事。因为侍奉国君之人，可以遵从国君的良善之令，但不能盲从他的错误意见。楚国是何等的声威赫赫，而治理它的正是我们的国君，他安抚、平定了南海之地，训诫遍及了中原各国，他的荣耀很是盛大了。我们的国君有这样的荣耀，而且知道他犯下的过错，怎能不追谥他为过而能改的'恭王'呢！"大夫们同意了子囊的看法。这就是有些事违背心愿却合乎道理的明证。到后来楚灵王在位时，他骄横、荒淫，暴虐无度，担任芋尹的申亥顺从灵王的心愿，将他葬在乾溪旁，并让自己的两个女儿为灵王殉葬。这就是有些事顺应人心却不合正义的明证。鄢陵之战，晋、楚相争，小仆阳谷为主人献酒解渴，司马子反因醉酒而送命。这便是因喜爱而引发了灾祸的例子。臧武仲说："孟孙反感我，这是疗救我的良药、砭石；季孙宠爱我，这是能让我患病的溺爱。疾病对我的毒害与日俱增，然而砭石却可以让我活命。"这便是因厌恶却成全了好事的例子。孔子说："正确运用智慧很难啊！臧武仲虽然有智慧，却不被鲁国所容。或许是有原因的呀。他的作为不合道理而且不以仁恕行事。"孔子称赞臧武仲懂得伦理上的正义，同时批评他违背了人世的规律。

懂得道理却在行动中违背它，这是诈伪；不懂得道理而在行动中有过失，这是糊涂。糊涂和诈伪，它们会造成的祸害是一致的。祸害的根源，不仅仅源于自己的智慧不足以懂得道理，而且源于智慧足以懂得道理反倒违背道理。所以说"智慧足以治理国家但仁德不足以守住国家，那么即使能得到国家，最终也一定会失去"。《夏书》说："心里想着要做某件事情那么就要设身处地地行事；对一切事情都要先扩充自己的仁爱之心然后再施行。"这样才是所谓的兼具忠诚和智慧。

故君子之行，动则思义，不为利回，不为义疚，进退周旋，唯道是务。苟失其道，则兄弟不阿；苟得其义，虽仇雠不废。故解狐蒙祁奚之荐，二叔被周公之害，勃鞮以逆文为成，傅瑕以顺厉为败，管苏以憎忤取进，申侯以爱从见退，考之以义也。故曰："不在逆顺，以义为断；不在憎爱，以道为贵。"《礼记》曰："爱而知其恶，憎而知其善。"考义之谓也。

桓帝时，举孝廉，除北新城长。告县人曰："昔文翁在蜀，道著巴汉，庚桑琐隶，风移碨磥。吾虽小宰，犹有社稷，苟赴期会，理文墨，岂本志乎！"乃更大作讲舍，延聚生徒数百人，朝夕自往劝诫，身执经卷，试策殿最，儒化大行。此邑至后犹称其教焉。

特召入拜尚书郎，累迁。后为野王令，未行。光和中，病卒。

孙桢，亦以文才知名。

边让字文礼，陈留浚仪人也。少辩博，能属文。作《章华赋》，虽多淫丽之辞，而终之以正，亦如相如之讽也。其辞曰：

所以才德兼备的君子在为人处事时，行动之前都会思考此举是否符合道义，他不会为私利而作恶，也不会因行义而心忧，一言一行、交往应酬，只会追求合乎道义。如果有违他所遵行的道义，那么就算是对兄弟他也不会苟同；如果合乎他所遵行的道义，即使是对仇人他也不会拒斥。所以解狐虽为祁奚的仇人却仍得到了祁奚的推荐，管叔、蔡叔虽为周公弟弟但仍为周公所诛杀，勃提披起初虽反封晋文公后来却帮助了晋文公，傅瑕因顺从郑厉公并帮他复位而落败身亡，管苏因忤逆楚恭王而遭到厌恶却得以进爵，申侯因迎合楚恭王而受到宠爱却遭到放逐，以上的事情之所以有这样的结局，是因为人们用道义作为考量标准。所以说："评价他人时，不应考虑他对自己是违逆还是顺从，所应运用的判断标准是义；不应考虑自己对他是憎恨还是喜爱，所应看重的判断标准是道。"《礼记》说："喜爱某人但仍深知他的缺陷，憎恨某人但仍深知他的优长。"说的就是应将道义作为考量标准。

桓帝年间，刘梁被推举为孝廉，之后获任北新城县县长。刘梁向全县官民宣告说："前朝的文翁担任蜀郡太守时，他兴办学校使巴蜀、汉中的道德教化名扬天下，庚桑楚身份低微，却也改变了碨磥山的风俗。我虽为小小的县官，但我治理的仍是一块王土，得过且过地在固定的期限内施行政令，审判罪案、处理诉状，哪里是我本来的志向呢！"于是刘梁转而大事兴办学堂，招徕、聚集了几百名学生，日日夜夜亲自前去规劝告诫诸生勤于治学，刘梁本人手执经卷，主持考试、评定优劣，儒学的教化因此遍行于北新城。北新城县的官民们到后来也仍对刘梁的教化赞不绝口。

刘梁受到朝廷特召入朝担任尚书郎，历经多次升迁。后来朝廷任命他为野王县县令，但他并未赴任。灵帝光和年间，刘梁因病逝世。

刘梁之孙刘桢，他也因文学才华而扬名。

边让字文礼，陈留郡浚仪县人。边让在年轻时就能言善辩、学识渊博，而且善于写作。他所创作的《章华赋》，虽然有不少浮华艳楚灵王既游云梦之泽，息于荆台之上。前方淮之水，左洞庭之波，右顾彭蠡之隩，南眺巫山之阿。延目广望，骋观终日。顾谓左史倚相曰："盛哉斯乐，可以遗老而忘死也！"于是遂作章华之台，筑乾谿之室，穷木土之技，单珍府之实，举国营之，数年乃成。设长夜之淫宴，作《北里》之新声。于是伍举知夫陈、蔡之将生谋也。乃作斯赋以讽之：

胄高阳之苗胤兮，承圣祖之洪泽。建列藩于南楚兮，等威灵于二伯。超有商之大彭兮，越隆周之两虢。达皇佐之高勋兮，驰仁声之显赫。惠风春施，神武电断，华夏肃清，五服攸乱。旦垂精于万机兮，夕回辇于门馆。设长夜之欢饮兮，展中情之嬿婉。竭四海之妙珍兮，尽生人之秘玩。

尔乃携窈窕，从好仇，径肉林，登糟丘，兰肴山竦，椒酒渊流。激玄醴于清池兮，靡微风而行舟。登瑶台以回望兮，冀弥日而消忧。于是招宓妃，命湘娥，齐倡列，郑女罗。扬《激楚》之清宫兮，展新声而长歌。繁手超于《北里》，妙舞丽于《阳阿》。金石类聚，丝竹群分。被轻袿，曳华文，罗衣飘颻，组绮缤纷。纵轻躯以迅赴，若孤鹄之失群；振华袂以逶迤，若游龙之登云。于是欢嬿既洽，长夜向半，琴瑟易调，繁手改弹，清声发而响激，微音逝而流散。振弱支而丽的文辞，但最终以正论作结，也正与司马相如以讽谏为创作辞赋的宗旨类似。赋文说：

楚灵王结束了他在云梦泽的游赏，来到荆台上休息。他的前方是淮河的流水，左边是洞庭湖的波浪，向右回顾可见彭蠡湖那弯曲的湖岸，向南眺望可见巫山的山坳。楚灵王放眼四望，极目远眺了一整天。于是他回头对担任左史的倚相说："这游览苑囿真是乐趣十足啊，能让我忘掉年老和死亡！"于是楚灵王就下令兴建了章华台，又在乾谿修筑了馆舍，穷尽了各式建筑技艺，耗尽了宝库中的珍藏，倾尽全国之力营建此台，经年累月之后终于落成。楚灵王在台上彻夜举办不合礼制的宴会，演奏如《北里》舞曲一般萎靡粗俗的新奇音乐。于是伍举便料到阴谋将酝酿于陈国和蔡国之中。他就创作了这篇赋来规劝楚灵王：

"大王本是颛顼帝的后代传人啊，继承了神圣先祖的浩荡恩惠。众多藩国建立于南方的楚地啊，您的赫赫神威匹敌齐桓、晋文。远超帮助商朝兴立的大彭国啊，超越振兴周朝的虢仲和虢叔。达成获贤相辅佐的大功一件啊，传扬教化之声的伟业多卓著。仁惠的善政如春般普施万民，英明威武而又似雷电般明断，中原的敌国尽为您彻底扫清，远离城郊的五服为您所治理。清晨倾注心力处理诸项要务啊，黄昏时分回转辇车来到宫中。彻夜大摆宴席，恣欢畅饮美酒啊；倾吐内心真情，既安乐又和美。遍览那四海之内的奇珍异宝啊，尽享世人所难得一见的玩物。

"于是和娴静的美女携手，由美好的伴侣相随，行经悬挂肉条而成的密林，登上酒糟堆成的山丘，香气如兰的佳肴如此之多高耸似山，用椒浸制的美酒如深潭之水般流淌。在清澈的池中用桨激起甘泉啊，顺微风所向放舟优游于水上。登上玉砌的楼台后回首遥望啊，希望整日在此远眺消除烦忧。于是招来了洛水神女般的宫人，向湘水之神般的女妓下令，让歌姬整齐地列队于台前，使表演郑舞之女遍立阶下。《激楚》那清越的宫调半空飞扬啊，奏起新颖的妙音并放声高歌。演奏手法的繁复超过了《北里》，舞姿的精妙比《阳阿》

纡绕兮，若绿繁之垂干，忽飘飖以轻逝兮，似鸾飞于天汉。舞无常态，鼓无定节，寻声响应，修短靡跌。长袖奋而生风，清气激而绕结。尔乃妍媚递进，巧弄相加，俯仰异容，忽兮神化。体迅轻鸿，荣曜春华，进如浮云，退如激波。虽复柳惠，能不咨嗟！于是天河既回，淫乐未终，清籥发徵，《激楚》扬风。于是音气发于丝竹兮，飞响轶于云中。比目应节而双跃兮，孤雌感声而鸣雄。美繁手之轻妙兮，嘉新声之弥隆。于是众变已尽，群乐既考。归乎生风之广夏兮，修黄轩之要道。携西子之弱腕兮，援毛嫔之素肘。形便娟以婵媛兮，若流风之靡草。美仪操之姣丽兮，忽遗生而忘老。

尔乃清夜晨，妙技单，收尊俎，彻鼓盘。惘焉若酲，抚剑而叹。虑理国之须才，悟稼穑之艰难。美吕尚之佐周，善管仲之辅桓。将超世而作理，焉沉湎于此欢！于是罢女乐，堕瑶台。思夏禹之卑宫，慕有虞之土阶。举英奇于仄陋，拔髦秀于蓬莱。君明哲以知人，官随任而处能。百揆时叙，庶绩咸熙。诸侯慕义，不召同期。继高阳之更美。金石制成的乐器以类相聚，弦乐器和管乐器分置同群。舞姬身披长袖轻扬的华服，拖着纹饰精美的裙摆，轻柔的绸衣随风飘扬，绶带和绫罗色彩缤纷。轻盈的身躯飞快地腾跃而起，体态轻灵恰似鸿雁离群落单；挥动那舒展自如的漂亮衣袖，好似蛟龙游动蜿蜒而上青云。于是欢宴已至和乐融融之佳境，漫漫长夜的一半将要流逝，抚琴弹瑟的音调有所变更，奏乐的繁复手法有所改换，清亮的乐曲响起，听来激越昂扬；微弱的余音逝去，渐渐流转消散。四肢柔软在轻摇间回环萦绕啊，正如繁茂的绿树垂下的枝条，忽而轻盈地飘荡要离你而去啊，仿佛鸾凤翩翩飞逝直达银河。舞蹈没有恒常的姿态，鼓点没有固定的节拍，舞姿随鼓声相应改变，曲调的长短全无差错。飘飘长袖在挥动间扬起香风，香风激起歌声余韵缠绕升腾。于是美丽娇媚的女子依次进前，舞姿愈加趋于巧妙和诱惑，她们的容姿在刹那间更易，霎时便有宛若神助的变化。身体迅捷、轻似鸿雁，容姿艳丽、貌若春花，趋近时如浮云飘摇，退离时似波涛激荡。即便是柳下惠复生，又哪能不赞赏、叹服！于是银河已经渐渐暗淡，靡靡之音仍未停息，清越的籥管传出徵调，昂扬的《激楚》掀起长风。于是乐音和清气从那管弦中流出啊，声响飞出青天之上直达云中。比目鱼和着节奏双双跃出水面啊，落单的雌鸟有感于乐音而向雄鸟鸣叫。繁复手法的轻灵巧妙为人称赞啊，新颖乐曲的绵长盛大众人激赏。直至此时每支舞蹈的变化都已穷尽，各色乐曲的演奏已然结束。回到那清风频频的高大宫室中啊，修习黄帝那养生的精妙道法。牵着西施般美女那细弱的手腕啊，挽着毛嫱般佳丽那雪白的臂弯。她们的体态轻盈而美好啊，如风中娇弱难支的细草。赞美那芳容和美好的节操啊，忽将自身和年老抛于脑后。

“于是欢宴后的宁静之夜将逝、晨曦微露，歌舞的精妙技艺已尽展于章华台，盛酒之樽和盛肉之俎已全部收起，鼓和可以弹奏的盘子亦皆尽撤下。灵王如醉酒般心情迷茫，边手按宝剑一边叹息。考虑到天下大治对人才的急需，领悟到春种秋收的艰辛和困难。激赏于姜子牙协助文王、武王，赞叹于管仲辅佐齐桓公称霸。定要将国家治理得卓越出众，怎能沉溺于这样荒淫的享乐！于是灵王遣散了歌舞绝轨，崇成、庄之洪基。虽齐桓之一匡，岂足方于大持？尔乃育之以仁，临之以明。致虔报于鬼神，尽肃恭乎上京。驰淳化于黎元，永历世而太平。

大将军何进闻让才名，欲辟命之，恐不至，诡以军事征召。既到，署令史，进以礼见之。让善占射，能辞对，时宾客满堂，莫不羡其风。府掾孔融、王朗并修刺候焉。

议郎蔡邕深敬之，以为让宜处高任，乃荐于何进曰：“伏惟幕府初开，博选清英，华发旧德，并为元龟。虽振鹭之集西雍，济济之在周庭，无以或加。窃见令史陈留边让，天授逸才，聪明贤智。髫龀夙孤，不尽家训。及就学庐，便受大典。初涉诸经，见本知义，授者不能对其问，章句不能逮其意。心通性达，口辩辞长。非礼不动，非法不言。若处狐疑之论，定嫌审之分，经典交至，捡括参合，众夫寂焉，莫之能夺也。使让生在唐、虞，则元、凯之次，运值仲尼，则颜、冉之亚，岂徒俗之凡偶近器而已者哉！阶级名位，亦宜超然。若复随辈而进，非所以章瑰伟之高价，昭知人之绝明也。传曰：‘函牛之鼎以亨鸡，多汁则淡而不可食，少汁则熬而不可熟。”此言大器之于小用，固有所不宜也。邕窃悁邑，怪此宝鼎未受牺牛大羹之和，久在煎熬脔割之间。愿明将军回谋垂虑，裁加少纳，责之机密，展之伎，拆毁了雕栏玉砌的楼台。追思夏禹那低矮的宫室，仰慕虞舜那土制的庭阶。从鄙陋低微之人中推举出众的贤才，从蓬蒿草野中擢拔才智过人的俊杰。国君因贤明睿智而明于鉴别人才，官吏无需严加管理便能理政得法。辅弼之臣无不遵从上意，众多事业全都渐趋兴旺。四方诸侯倾慕国君仁义，未受召集一同前来朝见。灵王继承颛顼帝的未竟之业，尊崇楚成王和楚庄王的大业。即便是齐桓公匡正天下之功，怎能匹敌这号令四方的伟绩？于是灵王用仁慈去养育万民，用贤明去治理天下。虔诚地将楚国事业上告鬼神，将严谨和恭敬尽献于周天子。使淳厚的教化遍及黎民百姓；德政永传万世，后人长享太平。”

大将军何进听说了边让才华横溢的美名后，有意征召他并授予官职，但又担心他不来赴召，于是诈称有战事发生借此征召边让。边让赴召后，暂任令史一职，何进在接见他时礼遇有加。边让擅长射覆的游戏，也长于应酬答对，当时大将军府中的宾客充满厅堂，他们无不羡慕边让的风范、气度。大将军府中的属官孔融、王朗都向他送去名帖前往问候。

议郎蔡邕很是敬重边让，他认为边让应该升任更高的职务，于是蔡邕便向何进推荐边让说：“在下考虑到如今大将军幕府刚刚建立，明公广选精英，白发长者和德高望重的老臣，都成为府内可备咨询得失的有识之士。即使是如白鹭般清白的贤士如白鹭振翅而飞般会集于文王的辟雍，使周王朝廷从此人才济济，其盛况也不能超过眼下的大将军府。依在下愚见，令史陈留郡人边让，上天授予他卓越的才华，天资聪颖而又贤能多智。幼年之时他便早早丧父，未完全领受家学的教诲。但等他来到学堂求学后，便受教并研习重要典籍。刚开始学习各部经典时，便能窥见根本明晓义理，老师无法回答他的问题，经籍的释义他并不满意。慧心通明、生性达观，能言善辩、口若悬河。不做违反礼制之事，不说背离古法之言。若要对可疑的学说下定论，或是在审度嫌疑时作判断，他便能同时引用各种经典，可与法度验证相合，于是众人无从置喙，无人能改变他的想法。假使力用。若以年齿为嫌，则颜回不得贯德行之首，子奇终无理阿之功。苟堪其事，古今一也。”

让后以高才擢进，屡迁，出为九江太守，不以为能也。

初平中，王室大乱，让去官还家。恃才气，不屈曹操，多轻侮之言。建安中，其乡人有构让于操，操告郡就杀之。文多遗失。

郦炎字文胜，范阳人，郦食其之后也。炎有文才，解音律，言论给捷，多服其能理。灵帝时，州郡辟命，皆不就。有志气，作诗二篇曰：

大道夷且长，窘路狭且促。修翼无卑栖，远趾不步局。舒吾陵霄羽，奋此千里足。超迈绝尘驱，倏忽谁能逐。贤愚岂常类，禀性在清浊。富贵有人籍，贫贱无天录。通塞苟由己，志士不相卜。陈平敖里社，韩信钓河曲。终居天下宰，食此万钟禄。德音流千载，功名重边让生在尧、舜时代，他便仅次于八元八凯的后裔，有幸身逢孔子之世，他也只会位居颜回、冉有之后，那里只是平庸的凡夫俗子而已呢！他的地位、名声，也应远超众人。如果大将军仍要按照论资排辈的方式按部就班地提拔边让，这种做法恐怕既不能表明珍奇般的卓异之士的宝贵，也不能昭示您独具慧眼、善于识人之才。传说：‘用能放下一头牛的巨鼎来烹煮一只鸡，汁水过多，鸡肉就变得太淡不好吃，汁水过少，就使得熬制不易煮不熟。’这话说的就是将大的器物用在小的地方，本来就是不合适的。在下私自心生烦愦，很是奇怪这样的宝鼎竟然并未用于调和以祭祀用牛所制作的肉羹的味道，反而总被用在煎肉、熬汤、切碎肉块上。希望将军反复思量、多加考虑，取舍之后稍稍采纳浅见，推荐边让从事机要之务，使他能尽展能力和作用。如果因为担心边让年轻却身居高位会招致众人不满而不予提拔，那么颜回便不能名列德行高洁之人的首位，子奇终究没有机会立下治理阿县之功。如果边让能够胜任要职，那就说明不能论资排辈的道理从古至今都是一样的。”

后来边让凭才能出众获得提拔任用，他频频升官，最终出任为九江太守，但他并不认为屡屡高升能显出自己的才能。

献帝初平年间，朝廷极为混乱，于是边让辞官回家。他自负才气过人，不愿屈身为曹操效命，还说了不少轻蔑侮辱曹操的话。建安年间，边让的同乡当中有人在曹操面前诬陷边让，曹操就转告陈留郡郡府要他们立刻杀掉边让。边让的文章有很多都遗失了。

郦炎字文胜，范阳县人，他是郦食其的后人。郦炎有文学才能，通晓音律，他在发表议论时思维敏锐、口才甚佳，不少人都佩服他的才能和思路。灵帝年间，州郡官府多次征召郦炎并授予他官职，历次任命他都未曾赴任，郦炎志向高远，他写下两首诗抒发自己的志气：

宽阔的大道平坦又漫长，逼仄的窄路既狭小又短促。长翼鸟不栖于卑下之地，远行的健足步伐不局促。舒展我直上青云的羽翼，迈开这日行千里的双足。我不同凡俗与人世隔绝，行动迅疾有谁能够赶超。贤者、愚人岂有固定分类，关键在于天性清浊之别。富贵之人山岳。

灵芝生河洲，动摇因洪波。兰荣一何晚，严霜瘁其柯。哀哉二芳草，不植太山阿。文质道所贵，遭时用有嘉。绛、灌临衡宰，谓谊崇浮华。贤才抑不用，远投荆南沙。抱玉乘龙骥，不逢乐与和。安得孔仲尼，为世陈四科！

炎后风病慌忽。性至孝，遭母忧，病甚发动。妻始产而惊死，妻家讼之，收系狱。炎病不能理对，熹平六年，遂死狱中，时年二十八。尚书卢植为之诔赞，以昭其懿德。

侯瑾字子瑜，敦煌人也。少孤贫，依宗人居。性笃学，恒佣作为资，暮还辄爇柴以读书。常以礼自牧，独处一房，如对严宾焉。州郡累召，公车有道征，并称疾不到。作《矫世论》以讥切当时。而徙入山中，覃思著述。以莫知于世，故作《应宾难》以自寄。又案《汉记》撰中兴以后行事，为《皇德传》三十篇，行于世。余所作杂文数十篇，多亡失。西河人敬其才而不敢名之，皆称为侯君云。

可见载于典籍，贫贱之人不可留名青史。得志与否权且由我取舍，有志之士不会看相问卜。陈平仅能傲视乡里之人，韩信垂钓于弯曲的河岸。终能成为治理天下之人，享受这多达万钟的俸禄。二人美名传于千年之后，功绩和名声比山岳更重。

灵芝生长在河中的小洲，随汹涌的波涛摇摆缥缈。兰花开放之日如此之晚，它的枝条在寒霜中枯槁。可悲啊这两株芬芳珍草，没能生长在泰山的山坳。文雅、质朴当为世道所重，身逢明时贤士应获提拔。周勃、灌婴高居宰辅之位，竟然诬陷贾谊推崇浮华。虽有贤才却遭贬抑罢黜，远远地流放到荆南长沙。身怀大才以骏马为坐骑，却无法遇到伯乐与卞和。怎能让孔子于当今复生，重为世人陈说孔门四科！

郦炎后来得了疯病精神错乱。他的本性便非常孝顺，因此到母亲去世时，他的疯病发作得很厉害。妻子刚生下孩子便因受他惊吓而死，妻子家到官府状告郦炎，官府将他逮捕入狱。郦炎疯病发作没法在公堂上回答质问，最终在熹平六年（177）时，郦炎在狱中身亡，时年二十八岁。尚书卢植为郦炎作了一篇诔文并称赞他，为的是彰显郦炎的美德。

侯瑾字子瑜，敦煌郡人氏。侯瑾的父亲在他很小时就去世了，加之侯瑾家境贫寒，于是他便托身于同族门下生活。侯瑾天生醉心于治学，经常靠给人作工为生，晚上一回家就点燃柴火接着火光读书。他常常通过礼法修养自己的德行，哪怕是独处一室，他在举手投足间也表现得像是有一位尊敬的客人正在他面前。州郡官府多次征召侯瑾为官，公车也推举他为有道并征召他入京，然而历次征召侯瑾都托词生病而不去赴召。侯瑾为了批评当时的世风而创作了《矫世论》。他进而远离世俗迁居于山中，从此过着沉思、创作的生活。他又因为自己不被世人理解，所以创作了《应宾难》来寄托自己的情志。此外，他查验《汉记》并撰写了光武帝兴复汉室之后的事迹，完成了《皇德传》三十篇，此书风行一时。侯瑾其余的作品是几十篇杂文，这些杂文有不少都遗失了。西河人非常敬重他的才华以至于不敢高彪字义方，吴郡无锡人也。家本单寒，至彪为诸生，游太学。有雅才而讷于言。尝从马融欲访大义，融疾不获见，乃覆刺遗融书曰："承服风问，从来有年，故不待介者而谒大君子之门，冀一见龙光，以叙腹心之愿。不图遭疾，幽闭莫启。昔周公旦父文兄武，九命作伯，以尹华夏，犹挥沐吐餐，垂接白屋，故周道以隆，天下归德。公今养痾傲士，故其宜也。"融省书惭，追谢还之，彪逝而不顾。

后郡举孝廉，试经第一，除郎中，校书东观，数奏赋、颂、奇文，因事讽谏，灵帝异之。

时京兆第五永为督军御史，使督幽州，百官大会，祖饯于长乐观。议郎蔡邕等皆赋诗，彪乃独作箴曰："文武将坠，乃俾俊臣。整我皇纲，董此不虔。古之君子，即戎忘身。明其果毅，尚其桓桓。吕尚七十，气冠三军，诗人作歌，如鹰如鹯。天有太一，五将三门；地有九变，丘陵山川；人有计策，六奇五间：总兹三事，谋则咨询。无曰己能，务在求贤，淮阴之勇，广野是尊。周公大圣，石碏纯臣，以威克爱，以义灭亲。勿谓时险，不正其身。勿谓无人，莫识己真。忘富遗贵，福禄乃存。枉道依合，复无所观。先公高节，越可永遵。佩藏斯戒，以厉终身。"邕等甚美其文，以为莫尚也。

直呼他的名讳，众人都尊称他为“侯君”。

高彪字义方，吴郡无锡县人。高彪家原本低微而贫困，到高彪成为诸生时，他在太学求学。高彪才智过人但口齿笨拙。他曾师从马融想向他求教经籍的要义，正巧碰上马融生病因而未能获得接见，于是高彪又送去名帖并致信给马融说：“晚生钦佩您的美名并承蒙您风采的陶冶，一直以来已经有很多年了，所以晚生等不及同仁牵线搭桥就直接登门拜见了您这位尊贵的君子，本希望一睹您出众的风采，并且向您倾吐衷肠。不想正碰上您生病修养，宅门紧闭不得开启。从前的圣贤周公旦，他的父亲是文王、哥哥是武王，同时又获封最高的九命之爵并出任为伯成为众官之长，以此权势治理中原，但他仍多次中断沐浴挥洒着水滴，或是吐出刚进嘴的食物，急匆匆地屈尊接待贫困低微的士子，所以西周的持国之道因而兴盛，天下万民都归心于西周的德政。但您如今是因为养病才轻慢了士子，因此那也是理所应当的。”马融读罢高彪的信后心生羞惭，于是马融又追上高彪向他道歉并请他返回自己家中，然而高彪不予理睬并离开了。

后来郡府举荐高彪为孝廉，他在经术的考核中名列第一，于是朝廷任命他为郎中，并命他到洛阳南宫的东观校勘藏书，高彪多次为朝廷献上赋、颂、奇文，他从大小诸事出发通过自己的创作对朝廷加以规劝，灵帝认为高彪的文章不同凡响。

这时京兆人第五永出任督军御史，将要出使幽州监督那里的战事，朝中群臣大事集会，并在长乐观设宴祭祀路神为第五永送行。议郎蔡邕等人都作诗相赠，唯独高彪作了一篇箴说：“文治武功将要倾颓，才使贤臣身担大任。整顿大汉国法朝纲，匡正这些无礼乱臣。先古之时大雅君子，用兵作战奋不顾身。明晓古人果敢坚毅，崇尚先贤威武勇猛。太公吕尚古稀之年，勇气冠绝全军上下，诗人作歌赞其英姿，威武如鹰、勇猛似鹞。帝星北辰独居天顶，‘五将’环绕、‘三门’毕开；用兵之地九种变化，丘陵山川因地制宜；善战之人足智多谋，六出妙计、离间五法：您统揽天、地、人三事，筹谋应向众人咨询。不可妄称自有大才，要务在于求访贤士，韩信已是智勇双全，却仍尊后迁外黄令，帝敕同僚临送，祖于上东门，诏东观画彪像以劝学者。彪到官，有德政，上书荐县人申徒蟠等。病卒于官，文章多亡。

子岱，亦知名。

张超字子并，河间鄚人也，留侯良之后也。有文才。灵帝时，从车骑将军朱儁征黄巾，为别部司马。著赋、颂、碑文、荐、檄、笺、书、谒文、嘲，凡十九篇。超又善于草书，妙绝时人，世共传之。

祢衡字正平，平原般人也。少有才辩，而尚气刚傲，好矫时慢物。兴平中，避难荆州。建安初，来游许下。始达颍川，乃阴怀一刺，既而无所之适，至于刺字漫灭。是时许都新建，贤士大夫四方来集。或问衡曰："盍从陈长文、司马伯达乎？"对曰："吾焉能从屠沽儿耶！"又问："荀文若、赵稚长云何？"衡曰："文若可借面吊丧，稚长可使监厨请客。"唯善鲁国孔融及弘农杨修。常称曰："大儿孔文举，小儿杨德祖。余子碌碌，莫足数也。"融亦深爱其才。

李左车为师。周公大德才智绝伦，石碏为臣忠诚纯正，严守国法克制爱意，出于大义诛灭至亲。请不要说时局险恶，而不端正自身修养。请不要说世无伯乐，无人能够赏识自己。抛开财富、放下尊贵，福分利禄才可长存。背离正道迎合时俗，再不值得多看一眼。您的先祖节操高尚，更加值得永远遵奉。敬重、心怀先祖训戒，终生借此自我勉励。”蔡邕等人对高彪的箴大加称赞，认为这是难以超越的作品。

后来高彪升任为外黄县县令，灵帝命高彪的同僚亲自去为他送行，一行人在上东门设下酒宴祭祀了路神，灵帝命令东观绘制高彪的画像用于劝勉治学之人。高彪就任外黄县县令后，施行了利民的德政，并向朝廷上书举荐了外黄县的申徒蟠等人。高彪最终因病在任上去世，高彪的文章有不少都遗失了。

高彪之子高岱，也是名声卓著之士。

张超字子并，河间郡鄚县人，他是留侯张良的后人。张超颇有文学才华。灵帝年间，他随同车骑将军朱儁镇压黄巾军，在朱儁麾下担任别部司马。张超著有赋、颂、碑文、荐、檄、笺、书、谒文、嘲，作品共计十九篇。张超又擅长草书，其草书的精妙在当时无人能及，世人都在传播他的书法作品。

祢衡字正平，平原郡般县人。祢衡年轻时就多才而善辩，但他常常意气用事，加之刚直傲岸，又喜欢背逆时俗轻慢他人。献帝兴平年间，祢衡到荆州避难。建安初年，他又来到颍川郡的许县交游士人。刚刚来到颍川郡，祢衡就暗自将一张名帖放在衣襟里，不久后，祢衡仍未寻得合意的安身之所，以至于名帖上的字也模糊难辨了。这时，朝廷刚刚在许县定都，贤明的士大夫从全国各地汇聚于此。有人问祢衡说：“为何不投奔陈群、司马朗呢？”祢衡答道：“我怎能投奔宰牲、卖酒的家伙呢！”此人又问：“那荀彧、赵融怎么样呢？”祢衡说：“荀文若可以凭着一副好面孔参加吊丧，赵稚长胃口好，可以让他监督做菜宴请宾客。”祢衡只欣赏鲁国孔融和弘农郡杨修。他常说：“也就大儿子孔文举，小儿子杨德祖算得上人才。其他的小子都平庸至极，实在不值一提呀。”孔融也非常看重祢衡的才华。

衡始弱冠，而融年四十，遂与为交友。上疏荐之曰：“臣闻洪水横流，帝思俾乂，旁求四方，以招贤俊。昔孝武继统，将弘祖业，畴咨熙载，群士响臻。陛下睿圣，纂承基绪，遭遇厄运，劳谦日昃。惟岳降神，异人并出。窃见处士平原祢衡，年二十四，字正平，淑质贞亮，英才卓砾。初涉艺文，升堂睹奥，目所一见，辄诵于口，耳所瞥闻，不忘于心。性与道合，思若有神。弘羊潜计，安世默识，以衡准之，诚不足怪。忠果正直，志怀霜雪，见善若惊，疾恶若仇。任座抗行，史鱼厉节，殆无以过也。鸷鸟累伯，不如一鹗。使衡立朝，必有可观。飞辩骋辞，溢气坌涌，解疑释结，临敌有余。昔贾谊求试属国，诡系单于；终军欲以长缨，牵致劲越。弱冠慷慨，前世美之。近日路粹、严象，亦用异才擢拜台郎，衡宜与为比。如得龙跃天衢，振翼云汉，扬声紫微，垂光虹蜺，足以昭近署之多士，增四门之穆穆。钧天广乐，必有奇丽之观；帝室皇居，必蓄非常之宝。若衡等辈，不可多得。《激楚》《杨阿》，至妙之容，台牧者之所贪；飞兔、騕褭，绝足奔放，良、乐之所急。臣等区区，敢不以闻。”

融既爱衡才，数称述于曹操。操欲见之，而衡素相轻疾，自称狂病，不肯往，而数有恣言。操怀忿，而以其才名，不欲杀之。闻衡善击鼓，乃召为鼓史，因大会宾客，阅试音节。诸史过者，皆令脱其祢衡只是个刚过二十岁不久的年轻人，而孔融已经四十岁了，却竟和祢衡结为朋友。孔融向朝廷上书推荐祢衡说：“（以下引用自咱们自己的《昭明文选》）臣听闻洪水横流、泛滥成灾时，尧帝欲使洪水得到治理，于是便向各方广泛征求，以招引才德兼备的贤士。从前汉武帝继承王位，将弘扬祖先创下的基业，四处访求能发扬昔日功业之人，众士群起响应，纷纷而至。陛下圣明通达，继承祖先基业，虽遭逢艰难困苦之境，却勤谨谦恭，终日求贤不敢懈怠。四岳降下神明之灵，殊异之才与此同生。我看到的处士祢衡，平原郡人，年方二十四岁，字正平，资质美好，忠贞诚信，才智卓绝；初涉典籍，便可登堂入室，一窥其中高深之意；文章只需看上一遍，便可背诵如流；偶然听闻之事，也会牢记于心；自性与天道相合，思维敏捷如有神助。桑弘羊素有心计，张安世擅长默识，若拿祢衡与他们相比，确实不足称奇。祢衡忠诚、果敢、正直，心志如霜雪般高洁，看到善事便无比惊喜，反之则嫉恶如仇。任座行为高尚，史鱼节操崇高，恐怕也无法超过祢衡。上百只鸷鸟，也不如一鹗。假使让祢衡在朝为官，必有可观之处。当他施展辩才，高谈阔论，定会盛气奔涌；他解决疑难问题的能力，即使面对顽敌，也绰绰有余。从前，贾谊请求让他为典属国之官，立誓活捉匈奴单于；终军自请，欲用长缨擒获强敌南越国王。他们年少有为，慷慨激昂，颇得前人美誉。近日，路粹、严象，同样以杰出才能，被提拔为尚书郎，祢衡足可与他们相比。他若能如巨龙腾跃于天路，振翼于云霄，扬名于帝王之宫，大放光彩于朝廷，足以显示当今朝廷人才众多，更增四门之庄敬。天上的音乐，必有新奇瑰丽的观赏效果；帝王皇室的居所，必定积聚着很多贤士。像祢衡等人，实为不可多得。《激楚》《阳阿》之乐，柔美、绰约之容，正是掌管乐舞技艺者之所爱；飞兔、騕褭这样的良马，飞驰千里，正是王良、伯乐所急需。臣等微末之辈，怎敢不将实情呈与陛下听闻？”

孔融已然对祢衡的才华甚是看重，于是多次在曹操面前称赞、述说祢衡的贤能。于是曹操便想引见祢衡，然而祢衡一向对曹操既轻视又厌恶，他就自称得了疯癫病，不肯前往，而且还说了不少放肆的话。曹操从此怀恨在心，但因为祢衡的才华和美名，所以不打算取故衣，更着岑牟单绞之服。次至衡，衡方为《渔阳》参挝，蹀躞而前，容态有异，声节悲壮，听者莫不慷慨。衡进至操前而止，吏诃之曰："鼓史何不改装，而轻敢进乎？"衡曰："诺。"于是先解衵衣，次释余服，裸身而立，徐取岑牟、单绞而着之，毕，复参挝而去，颜色不怍。操笑曰："本欲辱衡，衡反辱孤。"

孔融退而数之曰："正平大雅，固当尔邪？"因宣操区区之意。衡许往。融复见操，说衡狂疾，今求得自谢。操喜，敕门者有客便通，待之极晏。衡乃著布单衣、疏巾，手持三尺棁杖，坐大营门，以杖捶地大骂。吏白："外有狂生，坐于营门，言语悖逆，请收案罪。"操怒，谓融曰："祢衡竖子，孤杀之犹雀鼠耳。顾此人素有虚名，远近将谓孤不能容之，今送与刘表，视当何如。"于是遣人骑送之。临发，众人为之祖道，先供设于城南，乃更相戒曰："祢衡勃虐无礼，今因其后到，咸当以不起折之也。"及衡至，众人莫肯兴，衡坐而大号。众问其故，衡曰："坐者为冢，卧者为尸，尸冢之间，能不悲乎！"

他性命。曹操听说祢衡善于击鼓，于是召见祢衡任命他为鼓史，并趁势大事召集宾客，考核查验各位鼓史击鼓的节奏如何。鼓史们经过曹操面前时，都受命脱下他们本来的衣服，换上鼓史的岑牟帽和暗黄色的单绞薄衣。轮到祢衡时，祢衡将要用参挝之法演奏《渔阳》，他小步上前，容颜和姿态一反往日，演奏时鼓声音节悲壮，听众无不情绪激昂、感叹不已。演奏完毕后，祢衡走到曹操面前驻足傲立，曹操身边的官吏呵斥他道："鼓史为什么不换上鼓史之衣，就胆敢轻率地上前觐见？"祢衡说："遵命。"于是他先脱去内衣，之后又褪下其余的衣服，一丝不挂地立于众目睽睽之下，最后祢衡缓缓地拿来岑牟帽、单绞衣并不慌不忙地穿起来，穿好后，又用参挝之法演奏了一番后便离开了，自始至终脸上毫无羞惭之色。曹操笑道："本打算侮辱祢衡，祢衡反倒侮辱了我。"

孔融向曹操告退后责备祢衡说："祢正平你是大雅君子，君子本来就应当如此吗？"孔融顺势又向祢衡讲明了曹操诚挚的求贤之心。于是祢衡便答应去向曹操谢罪。孔融再次拜见曹操，并说祢衡得了癫狂症，现在祢衡请求能向曹操谢罪。曹操很高兴，命令门卫一有来客就立即通报，曹操等待祢衡一直等到很晚。直到此时，祢衡才穿着布单衣、戴着粗布头巾，手持三尺长的大木杖，坐在军营门外，他用木杖捶地破口大骂。官吏向曹操报告说："外面有个狂人，坐在军营门口，口吐叛逆之辞，在下提请收捕此人治他的罪。"曹操生气了，便对孔融说："祢衡这小子，我杀他就像杀一只麻雀、老鼠而已。只是念及这人一向有些虚名，我若杀了他，远方和周边的士子会说我不能宽以待人，现在我要把他送到刘表那里，看看会怎么样。"于是曹操派人打发祢衡骑马离开。临行时，曹营众人为祢衡祭祀路神，众人先行来到许都城南并设下酒宴，之后就互相告诫说："祢衡悖理违情、狂妄无礼，现在趁他之后才来，我等应该都不起身相迎，以此挫他的傲气。"等祢衡到来，众人无一起身，于是祢衡坐在地上放声号哭。众人问祢衡为何如此，祢衡说："坐着的人是坟头，躺着的人是尸首，我身处尸首、坟头之间，能不悲痛吗！"

刘表及荆州士大夫先服其才名，甚宾礼之，文章言议，非衡不定。表尝与诸文人共草章奏，并极其才思。时衡出，还见之，开省未周，因毁以抵地。表怃然为骇。衡乃从求笔札，须臾立成，辞义可观。表大悦，益重之。

后复侮慢于表，表耻不能容，以江夏太守黄祖性急，故送衡与之，祖亦善待焉。衡为作书记，轻重疏密，各得体宜。祖持其手曰："处士，此正得祖意，如祖腹中之所欲言也。"

祖长子射为章陵太守，尤善于衡。尝与衡俱游，共读蔡邕所作碑文，射爱其辞，还恨不缮写。衡曰："吾虽一览，犹能识之，唯其中石缺二字为不明耳。"因书出之，射驰使写碑还校，如衡所书，莫不叹伏。射时大会宾客，人有献鹦鹉者，射举卮于衡曰："愿先生赋之，以娱嘉宾。"衡揽笔而作，文无加点，辞采甚丽。

后黄祖在蒙冲船上，大会宾客，而衡言不逊顺，祖惭，乃诃之，衡更熟视曰："死公！云等道？"祖大怒，令五百将出，欲加箠，衡方大骂，祖恚，遂令杀之。祖主簿素疾衡，即时杀焉。射徒跣来救，不及。祖亦悔之，乃厚加棺敛。衡时年二十六，其文章多亡云。

起初刘表和荆州的士大夫开始都钦佩祢衡的才华和名望，非常恭敬地用上宾之礼接待祢衡，众人创作文章、发表看法时，若非祢衡出马便不能有所定论。刘表曾与众位文人一同起草呈给朝廷的奏章，他们都竭尽了自己的才思。当时祢衡正出门在外，等他回来后看到了奏章，他便开卷观览，然而尚未读罢，祢衡就撕毁奏章扔在地上。刘表大为惊骇。祢衡于是向刘表求得笔和竹简，很快就写成了，辞采和文义都很出色。刘表非常高兴，愈发器重祢衡。

后来祢衡又侮辱、轻慢了刘表，刘表受了羞辱便无法再容忍祢衡，刘表认为江夏太守黄祖性情急躁，因而将祢衡打发到黄祖手下，黄祖对祢衡也礼遇有加。祢衡为黄祖撰写书信和公文，文义安排得主次分明，篇篇都写得恰到好处。黄祖握着祢衡的手说道："处士，这文章正合我的心意，和我心里想说的话分毫不差。"

黄祖的大儿子黄射时任章陵太守，他和祢衡的关系非常好。黄射曾与祢衡一同外出游历，两人一起读到了蔡邕所作的碑文，黄射很喜爱碑文的词句，打道回府后对自己未能将其誊抄下来感到遗憾。祢衡说："我虽然只是看了一遍，但还能记得碑文，只是其中因碑石破损而缺漏的两个字无从得知而已。"祢衡于是将碑文写了出来，黄射派人飞马前去抄写碑文并带回来校对，抄件和祢衡所写一字不差，众人无不因此赞叹、佩服。有一次黄射召集了大批宾客，有位客人献上了鹦鹉，黄射举起酒卮向祢衡敬酒并说："希望先生为鹦鹉作一篇赋，借此让贵客们感到愉快。"祢衡拿起笔来一挥而就，无需任何修改，辞藻极为华丽。

后来黄祖将大批宾客召集到蒙冲船上并大摆宴席，而祢衡却对黄祖出言不逊，黄祖深感蒙羞，就斥责了祢衡，而祢衡竟然盯着黄祖仔细端详并说："死老头，你怎么不继续唠叨了？"黄祖大怒，命令负责行刑的五百将祢衡带出去，打算对祢衡施以鞭杖之刑，而祢衡仍大骂不止，黄祖怒气更盛，就下令杀掉祢衡。黄祖的主簿一向妒忌祢衡，祢衡因而便立刻遭到杀害。黄射赤着脚赶来相救，但已经来不及了。后来黄祖也对杀掉祢衡心生悔意，于是用极高的规格收殓了赞曰：情志既动，篇辞为贵。抽心呈貌，非彫非蔚。殊状共体，同声异气。言观丽则，永监淫费。

祢衡的遗体。祢衡时年二十六岁，他的文章有很多都遗失了。

赞辞说：情感、心志有所触动，化作文章颇为可贵。衷肠流溢现于目前，无需雕琢、无需藻绘。情状多样、文风相通，心声相同、文气各异。语有可观、典赡有法，常防丽词、冗言拖累。

卷一百十一

独行列传第七十一

孔子曰：“与其不得中庸，必也狂狷乎！”又云：“狂者进取，狷者有所不为也。”此盖失于周全之道，而取诸偏至之端者也。然则有所不为，亦将有所必为者矣；既云进取，亦将有所不取者矣。如此，性尚分流，为否异适矣。

中世偏行一介之夫，能成名立方者，盖亦众也。或志刚金石，而剋扞于强御。或意严冬霜，而甘心于小谅。亦有结朋协好，幽明共心；蹈义陵险，死生等节。虽事非通圆，良其风轨有足怀者。而情迹殊杂，难为条品；片辞特趣，不足区别。措之则事或有遗，载之则贯序无统。以其名体虽殊，而操行俱绝，故总为《独行篇》焉。庶备诸阙文，纪志漏脱云尔。

谯玄字君黄，巴郡阆中人也。少好学，能说《易》《春秋》。仕于州郡。成帝永始二年，有日食之灾，乃诏举敦朴逊让有行义者各一人。州举玄，诣公车，对策高第，拜议郎。

帝始作期门，数为微行。立赵飞燕为皇后，后专宠怀忌，皇子多横夭折。玄上书谏曰：“臣闻王者承天，继宗统极，保业延祚，莫急胤嗣。故《易》有干蛊之义，《诗》咏众多之福。今陛下圣嗣未立，天下属望，而不惟社稷之计，专念微行之事，爱幸用于所惑，曲意留于非正。窃闻后宫皇子产而不育。臣闻之怛然，痛心伤剥，窃怀忧孔子说："与其不能与中庸之人交友，那也一定要与志向高远以及拘谨自守的人交友。"又说："志向高远的人积极进取，拘谨自守的人有所不为。"这大概是因为无法做到周全完备，只好退而求其次，取其偏颇甚至极端的办法。既然这样，那么他们就会有所不为，也将会有所必为；既然提及进取，也将会有所不取。如此这样，人的品性喜好不同，为与不为，各有各的观点与看法。

汉朝出现了操守独特，品行卓越的人，其中能成名立德的，也不在少数。有的人志向如金石般坚定，而能抵御豪强；有的人意识如冬霜般凛冽，而能心怀诚信。也有的人结为好友，生死同心；有的人坚守道义，不惧艰险，存殁同节。虽然他们的事迹并非不是十分圆满，但其中的处事作风着实值得怀念。而其中的情状实在复杂，难以鉴别评价。简短的言辞意趣特殊，不足以有所区别，列举出来则事情或许会遗漏；记录下来则次第顺序难分伯仲，他们的名位身份虽然不同，但品行操守都很出色，所以将其归总撰写《独行篇》，或许可以弥补本书传文的缺失，纪志的脱漏。

谯玄，字君黄，巴郡阆中县人。年少好习，能讲解《易经》《春秋》。出仕州郡。成帝永始二年（前15），有日食出现，成帝下诏各州郡举荐一名敦厚朴实、谦逊礼让、躬行仁义的士人。州郡举荐谯玄，谯玄前往公车署，回答策问，成绩优秀，拜任议郎。

成帝最初设置期门官，多次微服出游。立赵飞燕为皇后，赵飞燕享受专宠，生性忌妒，致使皇子多有意外而早夭。谯玄上书谏言："臣听闻王者承受天命，继承宗族，统领天下，保全祖业，延续帝位，最重要的莫过于子孙后嗣，所以《易经》载有子承父业的干父之蛊，《诗经》吟咏子孙兴旺是一国之福。如今陛下圣嗣未立，天下为之期盼，陛下不思虑国家社稷之计，却醉心微服出游之事，宠幸用于惑乱国，不忘须臾。夫警卫不修，则患生非常。忽有醉酒狂夫，分争道路。既无尊严之仪，岂识上下之别。此为胡狄起于毂下，而贼乱发于左右也。愿陛下念天下之至重，爱金玉之身，均九女之施，存无穷之福，天下幸甚。”

时数有灾异，玄辄陈其变。既不省纳，故久稽郎官。后迁太常丞，以弟服去职。

平帝元始元年，日食，又诏公卿举敦朴直言。大鸿胪左咸举玄诣公车对策，复拜议郎，迁中散大夫。四年，选明达政事能班化风俗者八人。时并举玄，为绣衣使者，持节，与太仆任恽等分行天下，观览风俗，所至专行诛赏。事未及终，而王莽居摄，玄于是纵使者车，变易姓名，间窜归家，因以隐遁。

后公孙述僭号于蜀，连聘不诣。述乃遣使者备礼征之；若玄不肯起，便赐以毒药。太守乃自赍玺书至玄庐，曰：“君高节已著，朝廷垂意，诚不宜复辞，自招凶祸。”玄仰天叹曰：“唐尧大圣，许由耻仕；周武至德，伯夷守饿。彼独何人，我亦何人。保志全高，死亦奚恨！”遂受毒药。玄子瑛泣血叩头于太守曰：“方今国家，东有严敌，兵师四出。国用军资或不常充足。愿奉家钱千万，以赎父死。”太守为请，述听许之。玄遂隐藏田野，终述之世。

时兵戈累年，莫能修尚学业，玄独训诸子勤习经书。建武十一之女，心思留于不正之道。臣听闻后宫皇子产下却都早夭，臣闻之满怀哀伤，痛心不已，时刻不忘。警卫不备，则祸患常生。忽然有醉酒狂夫，在路上发生争执，陛下微服出游，既然已经没有尊严之仪，岂会有人能辨识上下之别。这就如同胡狄起于陛下的车辇之下，祸乱发于陛下左右。希望陛下思虑天下至重之事，爱惜金玉之身，后宫嫔妃应当雨露均沾，留存无穷之福，如此则天下幸甚。”

当时灾异频发，谯玄陈奏灾变之事。成帝没有省察采纳，因此谯玄久居郎官之职。后来谯玄升任太常丞，又因弟弟去世而辞去官职。

平帝元始元年(1)，发生日食，平帝又诏令公卿大臣举荐敦厚朴实、能直言进谏的士人。大鸿胪左咸举荐谯玄，谯玄前往公车署回答策问，再次拜任议郎，后来升任中散大夫。元始四年(4)，朝廷要选任八名明达政事、能移风易俗的官吏。当时群臣都举荐谯玄，因此谯玄担任绣衣使者，持节，与太仆王恽等人分行天下，考察风俗，所到之处可以独断赏罚之事。但这件事还未结束，王莽便身居摄政之位，独揽大权，谯玄于是舍弃了绣衣使者的车马，改名换姓，私自逃窜归家，由此隐居避世。

后来公孙述在蜀郡僭越称帝，多次聘请谯玄，谯玄都没有前往。于是公孙述备下厚礼，派遣使者前去征召谯玄；并且下令倘若谯玄不肯应召，便赐以毒药。太守亲自带着玺书来到谯玄家中，说：“君的高节，已经天下闻名，朝廷有意请君入仕为官，君着实不宜再三推辞，自招凶祸。”谯玄仰天而叹，说：“唐尧大圣，尚且还有许由耻于出仕为官，为其臣子，周武至德，依旧还有伯夷不食周粟，饿死守节。他们是什么样的人，我又是什么样的人。保全志向高节，死又有何惧！”于是谯玄选择了毒药。谯玄的儿子谯瑛泣血叩头，对太守说：“如今的国家，东边有强敌，兵戈四起，国家用度以及军饷粮草时有不足，愿奉上千万家产，以赎父亲一死。”太守为其求情，公孙述听后应允了谯瑛的请求。从此谯玄隐居田野，直到公孙述败亡。

当时连年战乱，无人能修习学业，唯独谯玄训诫子弟要勤习经年卒。明年，天下平定，玄弟庆以状诣阙自陈。光武美之，策诏本郡祠以中牢，敕所在还玄家钱。

时亦有犍为费贻，不肯仕述，乃漆身为厉，阳狂以避之，退藏山薮十余年。述破后，仕至合浦太守。

瑛善说《易》，以授显宗，为北宫卫士令。

李业字巨游，广汉梓潼人也。少有志操，介特。习《鲁诗》，师博士许晃。元始中，举明经，除为郎。

会王莽居摄，业以病去官，杜门不应州郡之命。太守刘咸强召之，业乃载病诣门。咸怒，出教曰："贤者不避害，譬犹彀弩射市，薄命者先死。闻业名称，故欲与之为治，而反托疾乎？"令诣狱养病，欲杀之。客有说咸曰："赵杀鸣犊，孔子临河而逝。未闻求贤而胁以牢狱者也。"咸乃出之，因举方正。王莽以业为酒士，病不之官，遂隐藏山谷，绝匿名迹，终莽之世。

及公孙述僭号，素闻业贤，征之，欲以为博士，业固疾不起。数年，述羞不致之，乃使大鸿胪尹融持毒酒奉诏命以劫业：若起，则受公侯之位；不起，赐之以药。融譬旨曰："方今天下分崩，孰知是非，而以区区之身，试于不测之渊乎！朝廷贪慕名德，旷官缺位，于今七年，四时珍御，不以忘君。宜上奉知己，下为子孙，身名俱全，不亦优乎！今数年不起，猜疑寇心，凶祸立加，非计之得者也。"业乃叹曰："危国不入，乱国不居。亲于其身为不善者，义所不从。君书。建武十一年（35）谯玄去世。第二年，天下平定，谯玄的弟弟谯庆前往京师，将谯玄此前不愿为公孙述之臣的事情陈奏朝廷，光武帝欣赏谯玄的节义，诏令巴郡以中牢之礼祭奠谯玄，并且敕令归还谯玄的家产。

当时，还有犍为郡人费贻，不肯为公孙述之臣，于是费贻将身上涂上漆，装作厉鬼，假装疯颠，以此来躲避公孙述，费贻藏入山中十余年。公孙述败亡后，费贻才入仕为官，官至合浦太守。

谯瑛擅长讲解《易经》，入宫教授明帝《易经》，后来谯瑛担任北宫卫士令。

李业，字巨游，广汉郡梓潼县人。年少时满怀志向节操，孤高特立，不随流俗。修习《鲁诗》，师从博士许晃。元始年间，李业被举荐为明经，授任郎官。

恰逢王莽摄政，李业称病辞官，闭门不出，不接受州郡的诏命。太守刘咸强行征召李业，李业只好抱病登门，刘咸大怒，出来教训李业说："贤者不避害，譬如有弓弩射向集市，薄命者先死。您的盛名早有耳闻，所以想请您与我一同治理州郡，你为何称病再三拒绝？"刘咸命李业在狱中养病，意欲将其杀害。有门客游说刘咸道："赵简子杀害窦鸣犊，孔子面临黄河，没有渡河就直接返回了。从未听闻求贤反而将贤者关进牢狱，以此相威胁。"刘咸这才将李业放出来，之后又举荐李业为方正。王莽任命李业为酒士，李业称病没有就任，后来李业隐居山谷，隐名绝迹，直到王莽败亡。

后来公孙述僭越称帝，一向听闻李业是位贤者，便下令征召，想任其为博士，李业再三称病，不肯动身应召。过了数年，公孙述因为李业没有前来应召而觉得难为情，于是派大鸿胪尹融带着毒药和诏书，以此威逼李业应召，公孙述还下令：倘若李业愿意应召，则授予其公侯之位；倘若不愿应召，则赐下毒药。尹融向李业解释道："如今天下四分五裂，岂会清楚谁是谁非，而君为何要以微不足道之身，来试验深不可测之渊！朝廷仰慕君的名德，朝中留出的官位，至今已有七年，一年四季御用的珍馐美食，也没有忘了君。君应当对上敬奉朝廷子见危授命，何乃诱以高位重饵哉？”融见业辞志不屈，复曰：“宜呼室家计之。”业曰：“丈夫断之于心久矣，何妻子之为？”遂饮毒而死。述闻业死，大惊，又耻有杀贤之名，乃遣使吊祠，赙赠百匹。业子翚逃辞不受。

蜀平，光武下诏表其闾，《益部纪》载其高节，图画形象。

初，平帝时，蜀郡王皓为美阳令，王嘉为郎。王莽篡位，并弃官西归。及公孙述称帝，遣使征皓、嘉，恐不至，遂先系其妻子。使者谓嘉曰：“速装，妻子可全。”对曰：“犬马犹识主，况于人乎！”王皓先自刎，以首付使者。述怒，遂诛皓家属。王嘉闻而叹曰：“后之哉！”乃对使者伏剑而死。

是时犍为任永及业同郡冯信，并好学博古。公孙述连征命，待以高位，皆托青盲，以避世难。永妻淫于前，匿情无言；见子入井，忍而不救。信侍婢亦对信奸通。及闻述诛，皆盥洗更视曰：“世适平，目即清。”淫者自杀。光武闻而征之，并会病卒。

刘茂字子卫，太原晋阳人也。少孤，独侍母居。家贫，以筋力致养，孝行著于乡里。及长，能习《礼经》，教授常数百人。哀帝时，察孝廉，再迁五原属国候，遭母忧去官。服竟后为沮阳令。会王莽篡位，茂弃官，避世弘农山中教授。

的知遇之恩，对下要为子孙着想，身名两全，难道不好吗！但如今君过了数年都不愿应召，朝廷怀疑君有谋逆之心，凶祸将会立刻降临，如此行事并不是什么好办法。”李业感叹道：“危国不入，乱国不居。亲近品行不善之人，是道义所不许的。君子见危授命，为何要用高位厚禄来引诱呢？”尹融见李业意志坚定，誓死不屈，又说：“君应当招呼家人，共同商议。”李业说：“大丈夫心中早有决断，何须询问妻儿？”李业饮毒自尽。公孙述听闻李业死了，不由大惊，又耻于背负残杀贤者之名，于是就派使者前去吊祭，并赐予百匹布帛。李业的儿子李翚躲避推辞，不愿接受。

蜀郡平定之后，光武帝下诏表彰李业一家。在《益部纪》中记载了李业高尚的节操，并为其描绘肴图像。

起初，平帝时，蜀郡的王皓担任美阳县令，王嘉担任郎官。王莽篡位，他们两人全都辞官西归。到了公孙述称帝时，派遣使者前去征召王皓、王嘉，公孙述担心他们不愿应召，就事先拘捕了他们的妻儿。使者对王嘉说：“赶紧准备行装，这样你的妻儿还可保全。”王嘉回答道：“犬马尚且识主，何况是人！”王皓先自刎，将首级交予使者。公孙述大怒，于是将王皓的家人全部诛杀。王嘉听闻后感叹：“我来晚了！”于是也在使者面前伏剑而死。

当时犍为郡人任永及与李业同郡的冯信，两人都好学，博览古今。公孙述多次征召，许以高官厚禄，但他们都假托患有青光眼，已经失明，以此躲避祸乱。任永的妻子在任永面前与人通奸，任永隐瞒无言；见到儿子掉入井中，也忍耐不救。冯信的侍婢也在冯信的面前与人通奸。直到听闻公孙述被诛，任永、冯信才洗漱，重新视物，说：“世道太平，眼睛也能重见光明了。”之前通奸的人都自杀了。光武帝听闻这些事情后，下令征召他们，恰好他们病逝。

刘茂，字子卫，太原郡晋阳县人。年少丧父。独自侍奉母亲。刘茂家境贫穷，只能以干苦力来奉养母亲，其孝行传遍乡里。等刘茂长大之后，修习《礼经》，教授的弟子门生常常有数百人。哀帝时，刘茂被举为孝廉，后来升任五原属国候，又因母亲去世而辞官。等到丧期建武二年，归，为郡门下掾。时赤眉二十余万众攻郡县，杀长吏及府掾史。茂负太守孙福逾墙藏空穴中，得免。其暮，俱奔盂县。昼则逃隐，夜求粮食。积百余日，贼去，乃得归府。明年，诏书求天下义士。福言茂曰："臣前为赤眉所攻，吏民坏乱，奔走趣山。臣为贼所围，命如丝发，赖茂负臣逾城，出保盂县。茂与弟触冒兵刃，缘山负食，臣及妻子得度死命，节义尤高。宜蒙表擢，以厉义士。"诏书即征茂拜议郎，迁宗正丞。后拜侍中，卒官。

延平中，鲜卑数百余骑寇渔阳，太守张显率吏士追出塞，遥望虏营烟火，急趣之。兵马掾严授虑有伏兵，苦谏止，不听。显蹙令进，授不获已，前战，伏兵发，授身被十创，殁于阵。显拔刃追散兵，不能制，虏射中显，主簿卫福、功曹徐咸遽赴之，显遂堕马，福以身拥蔽，虏并杀之。朝廷愍授等节，诏书褒叹，厚加赏赐，各除子一人为郎中。

永初二年，剧贼毕豪等入平原界，县令刘雄将吏士乘船追之。至厌次河，与贼合战。雄败，执雄，以矛刺之。时小吏所辅前叩头求哀，愿以身代雄。豪等纵雄而刺辅，贯心洞背即死。东郡太守捕得豪等，具以状上。诏书追伤之，赐钱二十万，除父奉为郎中。

温序字次房，太原祁人也。仕州从事。建武二年，骑都尉弓里戍将兵平定北州，到太原，历访英俊大人，问以策谋。戍见序奇结束，刘茂担任沮阳县令。恰逢王莽篡位，于是刘茂辞官，在弘农郡的山中隐居避世，并在此教授学问。

建武二年（26），刘茂从山中返归，担任郡府门下掾史。当时二十余万赤眉军进攻郡县，杀害长吏以及郡府掾史。刘茂背着太守孙福，翻墙出逃，躲进一处空洞中，得以幸免。当天傍晚，两人逃往孟县。白天隐蔽躲藏，夜晚寻找食物。就这样过了一百多天，赤眉军离开后，两人才得以返归郡府。第二年，光武帝下诏遍求天下义士。孙福上奏举荐刘茂："臣此前被为赤眉军所攻，官吏百姓混乱躲避，逃往山中，臣为贼寇所围，命如丝发，仰赖刘茂背着臣翻越城墙，出逃孟县。刘茂又与其弟身陷兵刃，在山中寻找食物，臣与妻儿得以度过兵乱保全性命，刘茂节甚特高。刘茂应当得到表彰提拔，以此勉励那些忠义之士。"光武帝下诏立刻征召刘茂拜任议郎，之后升任宗正丞。后刘茂拜任侍中，在任上去世。

延平中，有数百名鲜卑贼虏进犯渔阳郡，太守张显率领兵士追出边塞，张显遥望敌营的烟火，便下令抓紧追赶。兵马掾严授担心会有伏兵，苦心谏言，劝张显停止进军，但张显不听。张显依旧催促前进，严授不得已，只好在前冲锋，果然伏兵骤起反击，严授身受十多处创伤，阵亡。张显拔刀追赶散落的士兵，但没有什么作用，贼虏射中张显，主簿卫福、功曹徐咸立刻追过去，张显坠马，卫福用身体保护张显，贼虏将他们全部杀害。朝廷感怀严授等人的节义，诏书褒奖称赞，厚加赏赐，授任每人的其中一子为郎中。

永初二年（108），巨寇毕豪等人进犯平原县，县令刘雄率领兵士乘船追击。到达厌次河，两方交战，刘雄战败，被擒，贼寇用矛刺刘雄。当时有位名叫所辅的小吏，上前向贼寇叩头求哀，愿以己身代替刘雄受死。毕豪等人放了刘雄，而将所辅刺死，矛贯穿心背，所辅当场死亡。最终东郡太守将毕豪等人抓获，将具体情况上奏朝廷。安帝下诏书追悼所辅，赐钱二十万，将所辅的父亲所奉任命为郎中。

温序，字次房，太原郡祁县人。担任州从事。建武二年（26），骑都尉弓里戍率军平定北州，来到太原，遍访俊杰英才，向他们请教之，上疏荐焉。于是征为侍御史，迁武陵都尉，病免官。

六年，拜谒者，迁护羌校尉。序行部至襄武，为隗嚣别将苟宇所拘劫。宇谓序曰："子若与我并威同力，天下可图也。"序曰："受国重任，分当效死，义不贪生苟背恩德。"宇等复晓譬之。序素有气力，大怒，叱宇等曰："虏何敢迫胁汉将！"因以节檛杀数人。贼众争欲杀之。宇止之曰："此义士死节，可赐以剑。"序受剑，衔须于口，顾左右曰："既为贼所迫杀，无令须污土。"遂伏剑而死。

序主簿韩遵、从事王忠持尸归敛。光武闻而怜之，命忠送丧到洛阳，赐城傍为冢地，赙谷千斛、缣五百匹，除三子为郎中。长子寿，服竟为邹平侯相。梦序告之曰："久客思乡里。"寿即弃官，上书乞骸骨归葬。帝许之，乃反旧茔焉。

彭脩字子阳，会稽毗陵人也。年十五时，父为郡吏，得休，与脩俱归，道为盗所劫。脩困迫，乃拔佩刀前持盗帅曰："父辱子死，卿不顾死邪？"盗相谓曰："此童子义士也，不宜逼之。"遂辞谢而去。乡党称其名。

后仕郡为功曹。时西部都尉宰晁行太守事，以微过收吴县狱吏，将杀之。主簿钟离意争谏甚切，晁怒，使收缚意，欲案之，掾史莫敢谏。脩排阁直入，拜于庭，曰："明府发雷霆于主簿，请闻其过。"晁曰："受教三日，初不奉行，废命不忠，岂非过邪？"脩因拜曰："昔任座面折文侯，朱云攀毁栏槛，自非贤君，焉得忠臣？今庆策略计谋。弓里戍见到温序，十分欣赏他的才华，便上数举荐温序，于是朝廷征召温序授任侍御史，迁任武陵都尉，后来因病免官。

建武六年（30），温序拜任谒者，升任护羌校尉。温序巡行所辖之地，行至襄武，被隗嚣手下的别将苟宇所劫持。苟宇对温序说：“您若愿意与我勠力同心，则天下可图。”温序说：“身负国家重任，理当为国家尽忠效死，道义所在，不可贪生怕死，背弃皇恩。”苟宇等人反复劝说温序，晓谕其中利害。温序素有气力，大怒，叱责苟宇等人：“叛臣贼虏岂敢威逼汉将！”温序拿起鞭子打倒数人。众贼虏争相奋起要将温序斩杀，苟宇制止道：“此乃义士为守节而死，可赐以剑。”温序拿着剑，口含胡须，临难不屈，环顾左右说：“既然已经被贼虏逼迫自杀，那就不要再让胡须被泥土弄脏。”说完伏剑而死。

温序手下的主簿韩遵、从事王忠为温序收尸入殓，归乡下葬。光武帝听闻此事，哀怜温序的忠贞，便下诏命令王忠等人前往洛阳送葬，赐予洛阳城旁边的一块地，作为温序的坟冢，并赐予粮食千斛、缣帛五百匹，又将温序的三个儿子授任为郎中。长子温寿，守孝结束后担任邹平侯相。一次温寿梦到父亲告诉他说：“客居他乡很久了，非常思念家乡。”温寿随即辞官，上书奏请将父亲的骸骨带回家乡安葬。光武帝准许了温寿的奏请，于是温寿返归家乡，将父亲安葬在祖坟中。

彭脩，字子阳，会稽郡毗陵县人。十五岁时，父亲担任郡吏，某日休息，其父与彭脩一道回家，途中被盗匪劫持，彭脩在困窘之际，拔出佩刀挟持盗匪首领说：“父亲受辱，儿子死命，卿难道不怕死吗？”盗匪互相交谈：“此童子乃为义士，不宜相逼。”于是盗匪向彭脩父子谢罪后离去。自此只有彭脩闻名乡里乡里。

后来彭脩在郡中担任功曹。当时西部都尉宰晁代任太守，因为一些轻微的过错就将吴县狱吏收捕，意欲将其诛杀，主簿钟离意直言劝谏，言辞恳切，宰晁大怒，又命人将钟离意收捕，打算进行审讯，众多掾史无人再敢谏言。彭脩推门直入，在庭中行拜礼，说：“明府对主簿雷霆震怒，请问主簿犯了什么错？”宰晁说：“他接到命令三日，明府为贤君，主簿为忠臣。”晁遂原意罚，贳狱吏罪。

后州辟从事。时贼张子林等数百人作乱，郡言州，请脩守吴令。脩与太守俱出讨贼，贼望见车马，竞交射之，飞矢雨集。脩障扞太守，而为流矢所中死，太守得全。贼素闻其恩信，即杀弩中脩者，余悉降散。言曰：“自为彭君故降，不为太守服也。”

索卢放字君阳，东郡人也。以《尚书》教授千余人。初署郡门下掾。更始时，使者督行郡国，太守有事，当就斩刑，放前言曰：“今天下所以苦毒王氏，归心皇汉者，实以圣政宽仁故也。而传车所过，未闻恩泽。太守受诛，诚不敢言，但恐天下惶惧，各生疑变。夫使功者不如使过，愿以身代太守之命。”遂前就斩。使者义而赦之，由是显名。

建武六年，征为洛阳令，政有能名。以病乞身。徙谏议大夫，数纳忠言，后以疾去。

建武末，复征不起，光武使人舆之，见于南宫云台，赐谷二千斛，遣归，除子为太子中庶子。卒于家。

周嘉字惠文，汝南安城人也。高祖父燕，宣帝时为郡决曹掾。太守欲枉杀人，燕谏不听，遂杀囚而黜燕。囚家守阙称冤，诏遣覆完全没有奉行，不听诏命，行为不忠，这难道不是过错？”彭脩再拜，谏言道：“从前任座当面反驳魏文侯，忠言直谏，朱云舍命进谏，死抱大殿的栏杆以至于折断，若自身并非贤君，怎会有忠臣出现？如今臣庆贺明府为贤君，主簿为忠臣。”于是宰晁宽宥了钟离意的刑罚，赦免了狱吏的过错。

后来州部征召彭脩授任从事。当时贼虏张子林等数百人作乱，郡府将此事上奏州部，延请彭脩代任吴县县令。彭脩与太守一同前去讨贼，贼虏望见彭脩两人的车马，争相放箭，箭矢如雨点般密集。彭脩用身子护住太守，最终飞来的箭射死，而太守得以保全。贼虏素闻彭脩的恩德信义，当即杀了那个射死彭脩的贼虏，其余的贼虏悉数投降四散。贼虏说：“我们是因为彭君而降，并不是因为太守而归服。”

索卢放，字君阳，东郡人。教授千余人学习《尚书》。索卢放起初担任郡府的门下掾。更始时，使者巡行郡国，太守犯下过错，理当处斩。索卢放上前谏言：“如今天下怨恨王莽，归心皇汉的原因，就是因为汉室施政宽仁。但使者驿车所过之处，未闻恩泽。太守犯错受诛，着实不敢再妄议什么，但恐怕天下会因此惶惶不安，生出各种变故。重新任用有功之人，不如继续任用有过之人，臣愿以己身代替太守受诛。”于是索卢放上前就斩。使者认为索卢放为人忠义，便将其赦免。索卢放由此显名。

建武六年（30），索卢放受到征召，担任洛阳令，政绩卓越，享有美名。后来索卢放因病奏请辞官，又调任谏议大夫，多次进献忠言，后来索卢放因病辞官。

建武末年，索卢放再次受到征召，但他没有启程应召，光武帝派人用车子将索卢放载到京师，光武帝在南宫云台召见索卢放，并赐予两千斛粮食，再将索卢放送回家，将索卢放的儿子任命为太子中庶子。最终索卢放在家中去世。

周嘉，字惠文，汝南郡安城县人。高祖父周燕，宣帝时在郡府担任决曹掾。太守意欲枉杀无辜，周燕谏言劝阻，太守不听，最终太守考。燕见太守曰："愿谨定文书，皆著燕名，府君但言时病而已。"出谓掾史曰："诸君被问，悉当以罪推燕。如有一言及于府君，燕手剑相刃。"使乃收燕系狱。屡被掠楚，辞无屈桡。当下蚕室，乃叹曰："我平王之后，正公玄孙，岂可以刀锯之余下见先君？"遂不食而死。燕有五子，皆至刺史、太守。

嘉仕郡为主簿。王莽末，群贼入汝阳城，嘉从太守何敞讨贼，敞为流矢所中，郡兵奔北，贼围绕数十重，白刃交集，嘉乃拥敞，以身扞之。因呵贼曰："卿曹皆人隶也。为贼既逆，岂有还害其君者邪？嘉请以死赎君命。"因仰天号泣。群贼于是两两相视，曰："此义士也！"给其车马，遣送之。

后太守寇恂举为孝廉，拜尚书侍郎。光武引见，问以遭难之事。嘉对曰："太守被伤，命悬寇手。臣实驽怯，不能死难。"帝曰："此长者也。"诏嘉尚公主，嘉称病笃，不肯当。

稍迁零陵太守，视事七年，卒，零陵颂其遗爱，吏民为立祠焉。

嘉从弟畅，字伯持，性仁慈，为河南尹。永初二年，夏旱，久祷无应，畅因收葬洛城傍客死骸骨凡万余人。应时澍雨，岁乃丰稔。位至光禄勋。

范式字巨卿，山阳金乡人也，一名氾。少游太学，为诸生，与汝南张劭为友。劭字元伯。二人并告归乡里。式谓元伯曰："后二年当还，将过拜尊亲，见孺子焉。"乃共克期日。后期方至，元伯具以白母，请设馔以候之。母曰："二年之别，千里结言，尔何相信之审杀了无辜囚犯，并且将周燕贬黜。囚犯的家人守在宫门前喊冤，宣帝诏令复查案件，周燕拜见太守并说："希望府君慎重审定文书，都要署上臣周燕的名字，府君只需说当时患病即可。"周燕出来后对众多掾史说："诸君接受审问时，将罪名都推在我身上。假若你们有一言提及府君，我必用刀剑将其手刃。"使者将周燕收捕下狱。历经多次拷打审讯，都没有改变供词。最终周燕被带入蚕室，遭受宫刑，周燕感叹道："我是周平王之后，正公之玄孙，怎可在遭受刀锯之刑后去见先君呢？"于是周燕绝食而死。周燕有五个儿子，全都官至刺史、太守。

周嘉在郡中担任主簿。王莽末年，群贼攻入汝阳城，周嘉跟随太守何敞讨伐贼寇，何敞被飞箭射中，郡兵败逃，贼寇将他们团团围住，有数十重，刀剑相交，周嘉护住何敞，以己身抵挡刀剑。周燕呵斥群贼道："你们原本是奴隶，沦为贼寇已经是大逆不道，怎敢再加害自己的长官？我愿以死赎回长官的命。"周嘉仰天号泣。群贼面面相觑，说："此乃义士！"之后贼寇给了周嘉车马，遣将他们送走。

后来太守寇恂举荐周嘉为孝廉，周嘉拜任尚书侍郎。光武召见周嘉，询问此前遭遇贼寇之事。周嘉回答道："太守负伤，命悬贼寇之手，臣实在胆懦，没能为国捐躯。"光武帝说："此乃有德之人。"于是光武帝下诏命周嘉娶公主为妻，但周嘉称病重，没有接受。

后来周嘉逐渐升任零陵太守，任职七年，去世。零陵百姓称颂他的恩德，当地官吏百姓为他修建祠庙。

周嘉的堂弟周畅，字伯持，生性仁慈，担任河南尹。永初二年（108），夏季干旱，祈祷了很久都没有下雨，周畅为客死在洛阳城附近的人收敛下葬，共有一万多具遗骸，当时立刻大雨倾盆，当年的庄稼也是丰收。后来周畅位至光禄勋。

范式，字巨卿，山阳郡金乡县人，一名氾。年少时作为学生游学于太学，与汝南郡人张劭交好，结为朋友。张劭，字元伯。两人一同告辞还乡。范式对张劭说："两年以后，我将去您家中拜谒令尊令堂，并看望您的儿子。"于是两人定下日期。后来约定的日期快到了，张劭邪？”对曰：“巨卿信士，必不乖违。”母曰：“若然，当为尔酝酒。”至其日，巨卿果到，升堂拜饮，尽欢而别。

式仕为郡功曹。后元伯寝疾笃，同郡郅君章、殷子徵晨夜省视之。元伯临尽，叹曰：“恨不见吾死友！”子徵曰：“吾与君章尽心于子，是非死友，复欲谁求？”元伯曰：“若二子者，吾生友耳。山阳范巨卿，所谓死友也。”寻而卒。式忽梦见元伯玄冕垂缨屣履而呼曰：“巨卿，吾以某日死，当以尔时葬，永归黄泉。子未我忘，岂能相及？”式怳然觉寤，悲叹泣下，具告太守，请往奔丧。太守虽心不信而重违其情，许之。式便服朋友之服，投其葬日，驰往赴之。式未及到，而丧已发引，既至圹，将窆，而柩不肯进。其母抚之曰：“元伯，岂有望邪？”遂停柩移时，乃见有素车白马，号哭而来。其母望之曰：“是必范巨卿也。”巨卿既至，叩丧言曰：“行矣元伯！死生路异，永从此辞。”会葬者千人，咸为挥涕。式因执绋而引，柩于是乃前。式遂留止冢次，为修坟树，然后乃去。

后到京师，受业太学。时诸生长沙陈平子亦同在学，与式未相见，而平子被病将亡，谓其妻曰：“吾闻山阳范巨卿，烈士也，可以托死。吾殁后，但以尸埋巨卿户前。”乃裂素为书，以遗巨卿。既终，妻从其言。时式出行适还，省书见瘗，怆然感之，向坟揖哭，以为死友。乃营护平子妻儿，身自送丧于临湘。未至四五里，乃委素书于柩上，哭别而去。其兄弟闻之，寻求不复见。长沙上计掾史到便将范式前来拜访的事情告诉了母亲，请母亲准备好饭食，等待范式的到来。张劭母亲说："两年之别，千里之约，你为何如此肯定他会来呢？"张劭答道："巨卿为人诚实，言而有信，必定不会失约。"母亲说："若是这样，那就应当为你们酿造美酒。"到了约定的日子，范式果然前来拜访，两人到堂前相互拜见，举杯欢饮，尽兴而别。

后来范式担任郡功曹。张劭身患重病，同郡人郅君章、殷子徵早晚前来看望。张劭临终时，叹息道："只可惜见不到我的死友了！"殷子徵说："我与郅君章尽心尽力地照顾你，我们不是死友，你的死友在哪里呢？"张劭说："你们两位，是我的生友，山阳范巨卿，便是我的死友。"不久之后张劭去世。范式在恍惚间梦到张劭头戴黑冠，有冠带垂下，神色匆忙呼喊道："巨卿，我于某日身死，将会彼时下葬，永归黄泉。你若没有忘了我，能否赶来为我送别？"范式忽然醒来，悲叹泣下，将此事禀报太守，请求准许他前去奔丧。太守虽然心中不信，但他们之间的感情难以违逆，于是就同意了范式的请求。范式身穿为朋友服丧的丧服，在下葬之前，飞驰奔赴。然而范式还未到达，张劭的灵柩已经出发，抬至墓穴前，即将下葬时，灵柩一动不动，不愿被放入墓穴中。张劭的母亲抚摸着灵柩说："元伯，难道你还有什么遗愿吗？"于是将灵柩暂时放下，等待一段时间，只见素车白马，有人号哭而来。张劭的母亲张望，说道："此人必是范巨卿。"范式到了之后，向灵柩叩头，哭喊道："元伯你怎么走了！死生路异，从此永次。"当时有千人来参加葬礼，见此情景无不悲痛流泪。范式在前执绋引导，灵柩这才向前移动。葬礼结束后，范式便住在坟墓旁，为张劭修坟栽树，之后才离去。

后来范式来到京师，求学于太学。当时儒生长沙郡陈平子同在太学，与范式从未谋面，但陈平子病患临终时，对妻子说："我听闻山阳范巨卿，是位忠义之士，可以托付生死大事。我死后，将我的遗体埋在范巨卿门前。"陈平子撕下一块素绢，写了一封信，留给范式。陈平子病逝后，妻子遵照陈平子的遗言去做。当时范式恰好外出返回，看过陈平子留下的书信以及坟墓后，悲痛感伤，向坟作揖哭泣，将陈京师，上书表式行状，三府并辟，不应。

举州茂才，四迁荆州刺史。友人南阳孔嵩，家贫亲老，乃变名姓，佣为新野县阿里街卒。式行部到新野，而县选嵩为导骑迎式。式见而识之，呼嵩，把臂谓曰："子非孔仲山邪？"对之叹息，语及平生。曰："昔与子俱曳长裾，游息帝学，吾蒙国恩，致位牧伯，而子怀道隐身，处于卒伍，不亦惜乎！"嵩曰："侯嬴长守于贱业，晨门肆志于抱关。子欲居九夷，不患其陋。贫者士之宜，岂为鄙哉！"式敕县代嵩，嵩以为先佣未竟，不肯去。

嵩在阿里，正身厉行，街中子弟皆服其训化。遂辟公府。之京师，道宿下亭，盗共窃其马，寻问知其嵩也，乃相责让曰："孔仲山善士，岂宜侵盗乎！"于是送马谢之。嵩官至南海太守。

式后迁庐江太守，有威名，卒于官。

李善字次孙，南阳淯阳人，本同县李元苍头也。建武中疫疾，元家相继死没，唯孤儿续始生数旬，而赀财千万，诸奴婢私共计议，欲谋杀续，分其财产。善深伤李氏而力不能制，乃潜负续逃去，隐山阳瑕丘界中，亲自哺养，乳为生湩。推燥居湿，备尝艰勤。续虽在孩抱，奉之不异长君，有事辄长跪请白，然后行之。闾里感其行，皆相率修义。续年十岁，善与归本县，修理旧业。告奴婢于长吏，悉平子视为死友。于是范式一路护送陈平子的妻儿，亲自前往临湘县送葬。在距离临湘县四五里的地方，范式将书信放在灵柩上，悲哭辞别离去。陈平子的兄弟听闻此事后，遍寻范式，但没有找到。后来长沙郡上计掾史来到京师，上书陈奏范式所做之事，三府都征召范式，但范式没有应召。

后来州部举荐范式为茂才，四次升迁担任荆州刺史。范式的朋友南阳郡孔嵩，家境贫穷，双亲年迈，于是孔嵩改名换姓，受雇成为新野县阿里街的小卒。范式巡行至新野县，县里选孔嵩担任前导的骑士，迎接范式。范式认出了孔嵩，叫住孔嵩，拉着孔嵩的手臂说："你是孔仲山吗？"两人相视而叹，言及平生的经历。范式说："从前我与你都身穿长裾，游学于太学，我承蒙国恩，位至刺史，而你心怀道义，学问广博，却隐瞒身份，身处士卒之中，着实可惜啊！"孔嵩说："侯嬴长居贱业，看守城门，却依然潇洒快意，怡然自得。孔子身居九夷之地，也没有嫌弃鄙陋。贫穷对于士人而言，再自然不过了，岂能算是鄙贱呢！"范式敕令县府找人将孔嵩替换下来，孔嵩却认为先前受雇的日期未到，不肯离去。

孔嵩在阿里街，修身正行，严于律己，街中子弟都服从他的教化。后来公府征召孔嵩。孔嵩前往京师，途中在亭下休息，有几名盗贼合伙偷了他的马，不久盗贼们得知是孔嵩的马，互相斥责道："孔仲山是位贤善之士，我们岂能偷走他的马？"于是盗贼又将马送还，并向孔嵩谢罪。后来孔嵩官至南海太守。

后来范式升任庐江太守，有威名，最终在任上去世。

李善，字次孙，南阳郡淯阳县人，原本是同县人李元家中的奴仆。建武年间疾疫肆虐，李元的家人相继病逝，只留下一个出生才数十天的孤儿，名叫李续，而家中有千万资财，家中的奴婢私下共同商议，想将李续杀害，瓜分李家的财产。李善为李氏一族深感哀痛，却无力阻止，于是李善背着李续，悄悄逃走，躲在山阳县、瑕丘县一带，李善亲自抚育孤儿，他的双乳竟然生出乳汁。李善将干燥的地方让给婴儿，自己睡在婴儿便溺后的湿处，尝尽艰辛。李续虽然年幼，尚收杀之。时钟离意为瑕丘令，上书荐善行状。光武诏拜善及续并为太子舍人。

善，显宗时辟公府，以能理剧，再迁日南太守。从京师之官，道经淯阳，过李元冢。未至一里，乃脱朝服，持鉏去草。及拜墓，哭泣甚悲，身自炊爨，执鼎俎以修祭祀。垂泣曰："君夫人，善在此。"尽哀，数日乃去。到官，以爱惠为政，怀来异俗。迁九江太守，未至，道病卒。

续至河间相。

王忳字少林，广汉新都人也。忳尝诣京师，于空舍中见一书生疾困，愍而视之。书生谓忳曰："我当到洛阳，而被病，命在须臾。腰下有金十斤，愿以相赠，死后乞藏骸骨。"未及问姓名而绝。忳即鬻金一斤，营其殡葬，余金悉置棺下，人无知者。后归数年，县署忳大度亭长。初到之日，有马驰入亭中而止。其日，大风飘一绣被，复堕忳前，即言之于县，县以归忳。忳后乘马到雒县，马遂奔走，牵忳入它舍。主人见之喜曰："今禽盗矣。"问忳所由得马，忳具说其状，并及绣被。主人怅然良久，乃曰："被随旋风与马俱亡，卿何阴德而致此二物？"忳自念有葬书生事，因说之，并道书生形貌及埋金处。主人大惊号曰："是我子也。姓金名彦。前往京师，不知所在，何意卿乃葬之。大恩久不报，天以此章卿德耳。"忳悉以被马还之，彦父不取，又厚遗忳。忳辞让而去。时彦父为州从事，因告新都令，假忳休，自与俱迎彦丧，余金俱存。忳由是显名。

在怀抱之中，但李善侍奉他，与侍奉年长的主人没有两样，有事李善就会长跪禀明，然后再去做。乡里被李善的行为所感动，纷纷效仿，开始遵行礼义。李续十岁时，李善带他返回家乡，重理旧业。向县府长吏告发谋财的奴婢，长吏将他们全部收捕处死。当时钟离意担任瑕丘县令，上书奏言李善的事迹。光武帝下诏让李善和李续都拜任太子舍人。

在明帝时公府征召李善，因为李善有处理繁难事务的才能，后来李善升任日南太守。从京师前往就职，途经淯阳，路过李元的坟冢。距离坟冢一里之外时，李善就脱去朝服，手持锄头除草。到了拜扫坟墓时，李善悲哭不已，亲自烧火煮饭，准备鼎俎，祭祀李元。李善流泪说："主君、夫人，李善在此。"李善极尽哀伤，数日后离去。李善到任后，以慈爱仁惠为政，甚至引来了其他地方的百姓。后来李善迁任九江太守，未到任，在路上病逝。

李续官至河间国相。

王忳，字少林，广汉郡新都县人。王忳曾前往京师，在一间空房子中见到一名书生身患重病，王忳心生怜悯前去查探。书生对王忳说："我要前往洛阳，无奈患病，性命只在须臾之间，腰下有十斤金子，愿意以此相赠，在我死后，请你将我的尸骨埋葬。"王忳还没来得及询问书生的姓名，书生就死了。王忳立刻卖掉了一斤金子，为书生收殓下葬，王忳将余下的金子全部放在棺材之下，无人知晓。之后王忳返归家乡，又过了数年，县里任命王忳为大度亭长。在到任之日，有匹马飞驰到亭中停下。当日，大风吹下一床绣被，再次落在王忳面前，王忳立刻将这些事情上报县府，县府决定马和绣被归王忳所有。后来王忳骑这匹马前往雒县，这匹马飞驰奔跑，将王忳载入一户人家中。这家的主人看到后大喜，说："今日竟将盗马贼抓住了！"主人问王忳这匹马是如何得来的，王忳将得到马以及绣被的前后情状一并告知了主人。主人愁怅良久，才说："绣被随大风吹走，连同马匹一起丢失，卿有何阴德而可以得到这两样东西？"王忳细想只有收葬书生的事，于是就将这件事讲给主人，并且描述了书生的形貌以及埋藏仕郡功曹，州治中从事。举茂才，除郿令。到官，至斄亭。亭长曰："亭有鬼，数杀过客，不可宿也。"忳曰："仁胜凶邪，德除不祥，何鬼之避！"即入亭止宿。夜中闻有女子称冤之声。忳咒曰："有何枉状，可前求理乎？"女子曰："无衣，不敢进。"忳便投衣与之。女子乃前诉曰："妾夫为涪令，之官过宿此亭，亭长无状，贼杀妾家十余口，埋在楼下，悉取财货。"忳问亭长姓名。女子曰："即今门下游徼者也。"忳曰："汝何故数杀过客？"对曰："妾不得白日自诉，每夜陈冤，客辄眠不见应，不胜感恚，故杀之。"忳曰："当为汝理此冤，勿复杀良善也。"因解衣于地，忽然不见，明旦召游徼诘问，具服罪，即收系，及同谋十余人悉伏辜。遣吏送其丧归乡里，于是亭遂清安。

张武者，吴郡由拳人也。父业，郡门下掾，送太守妻子还乡里，至河内亭，盗夜劫之，业与贼战死，遂亡失尸骸。武时年幼，不及识父。后之太学受业，每节，常持父遗剑，至亡处祭醊，泣而还。太守第五伦嘉其行，举孝廉。遭母丧过毁，伤父魂灵不返，因哀恸绝命。

金子的地方。主人大惊，呼号道："这是我的儿子。姓金名彦。前往京师，不知所踪，哪曾想竟然是卿将其安葬。大恩久不报，上天以此来彰显卿的恩德。"王忳将绣被和马还给了金彦的父亲。金彦的父亲不收，还赠予王忳厚礼，王忳推辞不受而后离开了。当时金彦的父亲担任州从事，就将把这件事告诉了新都县令，县令给王忳批假，自己与王忳一起去迎接金彦的灵柩，余下的金子都在。王忳由此显名。

后来王忳担任郡功曹，又担任州治中从事。王忳被举荐为茂才，授任郿县县令。前往就任的途中，走到斄亭。亭长说："亭中有鬼，多次杀害过路的旅客，不可在这里过夜。"王忳说："仁胜凶邪，德除不祥，有什么鬼可避的！"随即就进入亭中休息过夜。夜晚听闻有女子喊冤。王忳祷告说："有何冤情，可否上前来讲述？"女子说："妾没有衣服，不敢进。"王忳丢给她一件衣服。女子便上前申诉："妾的丈夫曾是涪县县令，前往就任时途径此亭，在这里过夜，亭长无状，残杀妾家十余口，埋在楼下，妾家的财物全被抢走了。"王忳询问亭长姓名。女子说："就是现在在您门下任职的游徼官。"王忳说："你为何要多次杀害过路的旅客？"女子回答道："妾无法在白天自诉，每日夜晚向他们陈述冤情，但他们依旧在睡觉没有回应，妾不胜愤恨，所以将他们杀害。"王忳说："将会为你审理冤案，莫要再残杀良善之人了。"女子听后，将衣服脱下，落在地上，忽然消失不见了。第二天王忳召来游徼官盘问，游徼官承认了所有罪行，王忳即刻将其收捕下狱，还有与其同谋的十余人全都伏诛。王忳派属吏将那名女子及其家眷的尸骨，送归乡里，此后斄亭恢复安宁。

张武，吴郡由拳县人。父亲张业，担任郡府的门下掾，曾护送太守的妻儿返归乡里，走到河内亭，夜晚遭到盗匪抢劫，张业与盗匪交战，最终殒命，尸骸也没有找到。张武当时年幼，不记得父亲的相貌。后来张武游学于太学，每逢年节，张武常手持父亲的遗剑，前往父亲殒命的地方祭奠，哀泣而返。太守第五伦赞赏张武的品行，将其举荐为孝廉。后来张武遭逢母亲去世，哀伤过度，又哀伤父亲的魂灵无法返归故土，最终张武悲痛过度而死。

陆续字智初，会稽吴人也。世为族姓。祖父闳，字子春，建武中为尚书令。美姿貌，喜著越布单衣，光武见而好之，自是常敕会稽郡献越布。

续幼孤，仕郡户曹史。时岁荒民饥，太守尹兴使续于都亭赋民饘粥。续悉简阅其民，讯以名氏。事毕，兴问所食几何？续因口说六百余人，皆分别姓字，无有差谬。兴异之。刺史行部，见续，辟为别驾从事。以病去，还为郡门下掾。

是时楚王英谋反，阴疏天下善士。及楚事觉，显宗得其录，有尹兴名，乃征兴诣廷尉狱。续与主簿梁宏、功曹史驷勋及掾史五百余人诣洛阳诏狱就考，诸吏不堪痛楚，死者大半。唯续、宏、勋掠考五毒，肌肉消烂，终无异辞。续母远至京师，觇候消息，狱事特急，无缘与续相闻，母但作馈食，付门卒以进之，续虽见考苦毒，而辞色慷慨，未尝易容，唯对食悲泣，不能自胜。使者怪而问其故。续曰："母来不得相见，故泣耳。"使者大怒，以为门卒通传意气，召将案之。续曰："因食饷羹，识母所自调和，故知来耳。非人告也。"使者问："何以知母所作乎？"续曰："母尝截肉未尝不方，断葱以寸为度，是以知之。"使者问诸谒舍，续母果来，于是阴嘉之，上书说续行状。帝即赦兴等事，还乡里，禁锢终身。续以老病卒。

长子稠，广陵太守，有理名。中子逢，乐安太守。少子褒，力行好学，不慕荣名，连征不就。褒子康，已见前传。

陆续，字智初，会稽郡吴县人。世代为世族大姓。祖父陆闳，字子春，建武年间担任尚书令。陆闳外貌俊美，爱穿越布制成的单衣，光武帝见后也十分喜欢，此后光武帝常敕令会稽郡进献越布。

陆续幼时丧父，后来担任郡府的户曹史。当时遭遇荒年，百姓饥饿，太守尹兴派陆续在都亭向灾民施粥。陆续查访所有的灾民，询问姓名。施粥结束后，尹兴询问有多少灾民？陆续回答说有六百余人，并且将姓名登记造册，没有差误。尹兴大为惊异。后来刺史巡行所辖郡县，见到了陆续，征召陆续担任别驾从事。陆续因病辞官，回到郡府继续担任门下掾。

当时楚王刘英谋反，暗中遍寻天下善士，等到楚王谋反之事被发觉，明帝得了记录善士的名单，有尹兴的名字，于是征召尹兴前往廷尉监狱。陆续与主簿梁宏、功曹史驷勋及掾史五百余人前往洛阳诏狱接受调查审讯，众多官吏不堪痛楚，有一大半死在狱中，只有陆续、梁宏、驷勋经受了严刑拷问，肌肉溃烂，但他们始终没有改变供辞。陆续的母亲不辞劳苦，从远方赶到京师，打听消息，因为案件特别紧急，无法与陆续见面。母亲只能做了些吃食，交予狱卒转送给陆续。陆续虽然经受了严刑拷打，但言辞慷慨，神情从容，面色从未改变，唯独看到母亲送来的吃食悲痛哭泣，不能自已。使者觉得奇怪，便向陆续询问原因。陆续说："母亲来了，却无法相见，因此哭泣。"使者听后大怒，以为监狱的门卒暗通款曲，召来门卒准备审讯治罪。陆续说："因为我吃送来的饭食，认出是母亲亲手烹制的，故而知晓母亲来过，并非他人告知。"使者问："你如何知晓是你母亲烹制的饭食呢？"陆续说："母亲切肉，无一不方，切葱以寸为度，因此我知晓这是母亲烹制的。"使者向客栈询问情况，陆续的母亲果然来过，于是心中暗暗称叹，上书奏言陆续在狱中的事情，于是明帝立刻赦免了尹兴等人，遣归乡里，终身不得入仕为官。最终陆续年老病逝。

陆续的长子陆稠，官至广陵太守，治政的名声远扬。次子陆逢，官至乐安太守。小儿子陆褒，博闻好学，亲身践行，不慕荣名，接连受到征召都没有应召。陆褒的儿子陆康，前传已有记述。

戴封字平仲，济北刚人也。年十五，诣太学，师事鄮令东海申君。申君卒，送丧到东海，道当经其家。父母以封当还，豫为娶妻。封暂过拜亲，不宿而去。还京师卒业。时同学石敬平温病卒，封养视殡敛，以所赍粮市小棺，送丧到家。家更敛，见敬平行时书物皆在棺中，乃大异之。封后遇贼，财物悉被略夺，唯余缣七匹，贼不知处，封乃追以与之，曰："知诸君乏，故送相遗。"贼惊曰："此贤人也。"尽还其器物。

后举孝廉，光禄主事，遭伯父丧去官。诏书求贤良方正直言之士，有至行能消灾伏异者，公卿郡守各举一人。郡及大司农俱举封。公车征，陛见，对策第一，擢拜议郎。迁西华令。时汝、颍有蝗灾，独不入西华界。时督邮行县，蝗忽大至。督邮其日即去，蝗亦顿除，一境奇之。其年大旱，封祷请无获，乃积薪坐其上以自焚。火起而大雨暴至，于是远近叹服。

迁中山相。时诸县囚四百余人，辞状已定，当行刑。封哀之，皆遣归家，与克期日，皆无违者。诏书策美焉。

永元十二年，征拜太常，卒官。

李充字大逊，陈留人也。家贫，兄弟六人同食递衣。妻窃谓充曰："今贫居如此，难以久安。妾有私财，愿思分异。"充伪酬之曰："如欲别居，当酝酒具会，请呼乡里内外，共议其事。"妇从充置酒戴封，字平仲，济北郡刚县人。十五岁时，前往太学求学，师从鄮县令东海郡人申君。申君去世，戴封前往东海送葬，途中会经过自己家。戴封的父母以为戴封要回家了，便预先为他娶妻。戴封路过家门，只是在家中待了一会，拜见过双亲，没有过夜就启程离开前往送葬，后来戴封回到京师继续完成学业。当时戴封的同学石敬平因热病去世，戴封前去照顾并且为其殡殓，用自己带的粮食买了一副小棺，戴封将棺椁送回石敬平的家中。石敬平的家人在重新装殓时，见到石敬平生前的书籍物品都在棺中，大感惊异。后来戴封遇见盗贼，财物全被抢掠一空，只剩下七匹缣帛，盗贼没有发现缣帛，戴封追上去将缣帛送给了盗贼，说："我知晓诸位穷困，故而将这些缣帛送给你们。"盗贼惊讶道："此乃贤人。"因此盗贼将抢来的东西尽数归还。

后来戴封被举为孝廉，担任光禄事，因遭逢伯父去世而辞官。和帝下诏找寻贤良方正，敢于直谏之士，以及有卓越的品行能消除灾异的人，公卿郡守各举一人。郡守及大司农都荐举了戴封。公车署征召，和帝召见，戴封回答策问的成绩第一，因而得到提拔担任议郎。后来戴封迁任西华县令。当时汝水、颍河一带有蝗灾，但蝗虫唯独不入西华县境内。当时督邮巡行各县，忽然有大量蝗虫飞来，督邮当日离去，蝗虫也顿时消失了，县中称奇。当年大旱，戴封祈雨无效，于是戴封堆起柴火，坐在上面点火自焚。点燃后大雨卒然而至，远近百姓不禁叹服。

后来戴封升任中山国相。当时中山国所辖各县有四百多名囚犯，罪名已定，将要行刑。戴封哀悯这些囚犯，就将这些囚犯全部遣送归家与亲人见面，戴封与他们规定了返回的日期，到了那天没有一个人违背约定，全部如期返回。朝廷听闻，下诏予以褒奖。

永元十二年（100），朝廷征召戴封拜任太常，最终在任上去世。

李充，字大逊，陈留郡人。家境贫穷，兄弟六人，同在一处吃饭，交替穿一件衣服。李充的妻子私下对李充说："如今家中已经如此窘困，难以为继，妾有些私财，妾想不如分家为好。"李充假装答宴客。充于坐中前跪白母曰："此妇无状，而教充离间母兄，罪合遣斥。"便呵叱其妇，逐令出门，妇衔涕而去。坐中惊肃，因遂罢散。充后遭母丧，行服墓次，人有盗其墓树者，充手自杀之。服阕，立精舍讲授。

太守鲁平请署功曹，不就。平怒，乃援充以捐沟中，因谪署县都亭长。不得已，起亲职役。后和帝公车征，不行。延平中，诏公卿、中二千石各举隐士大儒，务取高行，以劝后进，特征充为博士。时鲁平亦为博士，每与集会，常叹服焉。

充迁侍中。大将军邓骘贵戚倾时，无所下借，以充高节，每卑敬之。尝置酒请充，宾客满堂，酒酣，骘跪曰："幸托椒房，位列上将。幕府初开，欲辟天下奇伟，以匡不逮，惟诸君博求其器。"充乃为陈海内隐居怀道之士，颇有不合。骘欲绝其说，以肉啖之。充抵肉于地，曰："说士犹甘于肉！"遂出，径去。骘甚望之。同坐汝南张孟举往让充曰："一日闻足下与邓将军说士未究，激刺面折，不由中和，出言之责，非所以光祚子孙者也。"充曰："大丈夫居世，贵行其意，何能远为子孙计哉！"由是见非于贵戚。

迁左中郎将，年八十八，为国三老。安帝常特进见，赐以几杖。卒于家。

缪肜字豫公，汝南召陵人也。少孤，兄弟四人，皆同财业。及应:“若是想分家,应当酿酒设宴,请来乡里内外的亲友邻居,共议此事。”妻子依照李充说的话,置酒宴客。席间李充跪在母亲面前,说:“此妇无状,挑拨离间,教唆儿子与母亲兄长分家,依罪,应当将其逐出家门,遣归娘家。”于是李充将妻子呵叱一通,驱逐出门,妻子含泪离去。席间的宾客大为震惊,无人作声,随后众人散去。后来李充的母亲去世,李充在墓旁守孝,有人偷挖栽在墓旁的树,李充手刃盗贼。守孝结束后,李充修建精舍,讲授学问。

太守鲁平请李充代任功曹,李充没有就任。鲁平大怒,就将李充推进沟中,后来又将其降职,命其代任县中的都亭长。李充不得已,前往就职。后来和帝下诏让公车署征召李充,李充没有应召。延平年间,朝廷下诏公卿、中二千石的官员每人举荐一位隐士大儒,务必要举荐品行高尚的人,以此激励劝勉后进,朝廷特意征召李充授任博士。当时鲁平也担任博士,每次集会,对李充常常赞叹佩服。

后来李充升任侍中。大将军邓骘贵为外戚,权倾当世,对任何人都不屑一顾,只因李充志节高尚,所以邓骘每每卑下己身,以礼相待。某次邓骘置酒宴请李充,宾客满堂,酒过三巡后,邓骘跪下说道:“幸为外戚,位列上将,将军幕府刚刚开设,我想招揽天下奇人伟才,以此匡扶帮助我所不及的地方,希望诸位遍寻人才。”于是李充向邓骘陈述天下隐居而心怀道义之士,言辞与邓骘的观点颇有不合。邓骘不想让李充继续说下去,便给李充夹了一块肉。李充把肉扔到地上,说:“说士难道爱吃肉!”说罢起身,径直离开。邓骘对李充心生怨恨。同席的汝南人张孟举过后责备李充说:“昨天听足下与邓将军谈士,还没说完,就当面出言指责,这不是中和之道,出言不逊的结果,不是给子孙造福。”李充说:“大丈夫居世,贵在遵从自己的意愿行事,如何能为子孙忧思远虑呢!”自此之后,李充得罪了朝中贵戚。

后来李充升任左中郎将,八十八岁时,被尊为了国家三老。安帝特意召见李充,赐予几杖。李充最终在家中去世。

缪肜,字豫公,汝南郡召陵县人。年幼丧父,兄弟四人,共守家各娶妻，诸妇遂求分异，又数有斗争之言。肜深怀愤叹，乃掩户自挝曰：“缪肜，汝修身谨行，学圣人之法，将以齐整风俗，奈何不能正其家乎！”弟及诸妇闻之，悉叩头谢罪，遂更为敦睦之行。

仕县为主簿。时县令被章见考，吏皆畏惧自诬，而肜独证据其事。掠考苦毒，至乃体生虫蛆，因复传换五狱，逾涉四年，令卒以自免。

太守陇西梁湛召为决曹史。安帝初，湛病卒官，肜送丧还陇西。始葬，会西羌反叛，湛妻子悉避乱它郡，肜独留不去，为起坟冢。乃潜穿井旁以为窟室，昼则隐窜，夜则负土，及贼平而坟已立。其妻子意肜已死，还见大惊。关西咸称传之，共给车马衣资，肜不受而归乡里。

辟公府，举尤异，迁中牟令。县近京师，多权豪。肜到，诛诸奸吏及托名贵戚宾客者百有余人，威名遂行。卒于官。

陈重字景公，豫章宜春人也。少与同郡雷义为友，俱学《鲁诗》《颜氏春秋》。太守张云举重孝廉，重以让义，前后十余通记，云不听。义明年举孝廉，重与俱在郎署。

有同署郎负息钱数十万，责主日至，诡求无已，重乃密以钱代还。郎后觉知而厚辞谢之。重曰：“非我之为，将有同姓名者。”终不言惠。又同舍郎有告归宁者，误持邻舍郎绔以去。主疑重所取，重不自申说，而市绔以偿之。后宁丧者归，以绔还主，其事乃显。

业。后来兄弟几人陆续娶妻，妯娌便想分家，而且时常有斗争之言。缪肜满怀愤慨悲叹，于是关起门，自己打自己，说："缪肜，你修身正己，言行谨慎，学圣人之法，是想将来能齐整风俗，奈何现下都无法做到齐家啊！"缪肜的弟弟以及诸位妯娌闻言，都叩头谢罪，于是一改往日争斗之象，家中趋于亲善和睦。

后来缪肜担任县中的主簿。当时县令遭受弹劾，接受调查审讯，县衙的属吏无一不是忧恐畏惧，自己胡乱认罪，唯独缪肜能证明此事。缪肜经受严刑拷打，甚至身体已经生出蛆虫，后来辗转更换了五座监狱，历经四年之久，案件终于查清，县令和缪肜得以获免。

太守陇西郡人梁湛征召缪肜，命其担任决曹史。安帝初年，梁湛在任上病逝，缪肜将梁湛的棺椁送回陇西。刚刚下葬，就遇到西羌反叛，梁湛的妻儿都逃到其他郡躲避兵乱，缪肜独自留下没有离开，为梁湛修筑坟茔。暗中在井旁挖出一个密室，白天躲在里面，夜晚背土筑坟，等到羌贼得以平叛时，坟茔也已建好了。梁湛的妻儿以为缪肜已死，等回来见到缪肜毫发无损，并且坟茔已经建好，不由大惊。关西百姓都在称颂缪肜的义举，送给缪肜车马衣服财物，但缪肜没有接受，返归家乡。

后来公府征召缪肜，缪肜因政绩优异而得到举荐，升任中牟县令。中牟县离京师很近，因此有很多权贵豪强，缪肜到任后，诛杀了百余名奸吏以及假托贵戚门客、仗势欺人的人，此后缪肜威名大震。最终缪肜在任上去世。

陈重，字景公，豫章郡宜春县人。年少时与同郡人雷义交好，两人都修习《鲁诗》《颜氏春秋》。太守张云举荐陈重为孝廉，陈重想将名额让给雷义，便给张云写信，前后写了十几封，张云始终没有同意。雷义在第二年同样被举为孝廉，陈重与雷义都在郎署任职。

与陈重在同一官署任职的一位郎官，欠债连同利息有数十万，债主每日都来要债，没完没了，陈重偷偷代其将债还清。这位郎官后来得知此事，便要重谢陈重。陈重说："并非我所为，可能是与我同名同名的人所做的吧。"陈重始终没有提及自己代他偿还债务。还有一名重后与义俱拜尚书郎，义代同时人受罪，以此黜退。重见义去，亦以病免。

后举茂才，除细阳令。政有异化，举尤异，当迁为会稽太守，遭姊忧去官。后为司徒所辟，拜侍御史，卒。

雷义字仲公，豫章鄱阳人也。初为郡功曹，尝擢举善人，不伐其功。义尝济人死罪，罪者后以金二斤谢之，义不受。金主伺义不在，默投金于承尘上。后葺理屋宇，乃得之。金主已死，无所复还，义乃以付县曹。

后举孝廉，拜尚书侍郎，有同时郎坐事当居刑作。义默自表取其罪，以此论司寇。同台郎觉之，委位自上，乞赎义罪。顺帝诏皆除刑。

义归，举茂才，让于陈重，刺史不听，义遂阳狂被发走，不应命。乡里为之语曰："胶漆自谓坚，不如雷与陈。"三府同时俱辟二人。义遂为守灌谒者。使持节督郡国行风俗，太守令长坐者凡七十人。旋拜侍御史，除南顿令，卒官。

子授，官至苍梧太守。

范冉字史云，陈留外黄人也。少为县小吏，年十八，奉檄迎督邮，冉耻之，乃遁去。到南阳，受业于樊英。又游三辅，就马融通经，历年乃还。

与陈重同寝室的郎官告假回家，误拿了隔壁寝室郎官裤子。失主怀疑是陈重拿走了，陈重也没有申辩，自己买了一条裤子还给了失主。后来告假归家的郎官返回，将裤子还给了失主，这件事才水落石出。

后来陈重与雷义全都拜任尚书郎，雷义代别人领受罪罚，因此被罢黜免官，陈重见雷义遭到斥退，自己也称病辞官。

后来陈重被举荐为茂才，拜任细阳县令。陈重推行教化，施以仁政，因政绩优异得到举荐，正当要升任会稽太守时，遭逢姐姐去世，辞官。后来司徒征召陈重，拜任侍御史，去世。

雷义，字仲公，豫章郡鄱阳县人。起初担任郡功曹，曾经得到提拔被举荐为贤善之人，自己没有四处夸耀自己的功绩，依旧谦逊低调行事。雷义曾经救下一名死刑犯，后来这名罪犯送给雷义二斤金子表示感谢，雷义没有接受。这名罪犯趁雷义不在，悄悄将金子放到天花板上。后来雷义整修房屋，才发现了这些金子。但当时金子的主人已死，无法送还，雷义就将金子交给了县曹。

后来雷义被举荐为孝廉，拜任尚书侍郎，当时有名郎官犯罪，理当受刑，雷义默默自己上表，认下了罪行，因此被判处前往边疆戍边。同署的尚书郎发觉了此事，辞去职位，上表自陈，请求为雷义赎罪。顺帝下诏免去了他们的刑罚。

雷义归乡后，被举荐为茂才，雷义将名额让给陈重，刺史没有采纳，雷义便装疯卖傻，披散着头发四处奔走，不接受举荐。乡里人为此作了一句俗语说："胶漆自谓坚，不如雷与陈。"后来三府同时征召两人。雷义代任灌谒者。奉命持节督察各个郡国的治理，巡视各地的风俗教化，因此而获罪的太守、县令、县长多达七十人。不久之后雷义拜任侍御史，又担任南顿县令，最终在任上去世。

雷义的儿子雷授，官至苍梧太守。

范冉，字史云，陈留郡外黄县人。年少时担任县衙小吏，十八岁时，奉檄文迎接督邮，范冉耻于做这类事情，于是逃跑。来到南阳，跟随樊英学习。后来又游学于三辅，跟随马融学习，历经数年后，范冉通晓经学，然后才返归家乡。

冉好违时绝俗，为激诡之行。常慕梁伯鸾、闵仲叔之为人。与汉中李固、河内王奂亲善，而鄙贾伟节、郭林宗焉。奂后为考城令，境接外黄，屡遣书请冉，冉不至。及奂迁汉阳太守，将行，冉乃与弟协步赍麦酒，于道侧设坛以待之。冉见奂车徒骆驿，遂不自闻，惟与弟共辩论于路。奂识其声，即下车与相揖对。奂曰："行路仓卒，非陈契阔之所，可共到前亭宿息，以叙分隔。"冉曰："子前在考城，思欲相从，以贱质自绝豪友耳。今子远适千里，会面无期，故轻行相候，以展诀别。如其相追，将有慕贵之讥矣。"便起告违，拂衣而去。奂瞻望弗及，冉长逝不顾。

桓帝时，以冉为莱芜长，遭母忧，不到官。后辟太尉府，以狷急不能从俗，常佩韦于朝。议者欲以为侍御史，因遁身逃命于梁沛之间，徒行敝服，卖卜于市。

遭党人禁锢，遂推鹿车，载妻子，捃拾自资。或寓息客庐，或依宿树荫。如此十余年，乃结草室而居焉。所止单陋，有时粮粒尽，穷居自若，言貌无改。闾里歌之曰："甑中生尘范史云，釜中生鱼范莱芜。"

及党禁解，为三府所辟，乃应司空命。是时西羌反叛，黄巾作难，制诸府掾属不得妄有去就。冉首自劾退，诏书特原不理罪。又辟太尉府，以疾不行。

中平二年，年七十四，卒于家。临命遗令敕其子曰："吾生于昏范冉行事违背时俗，与众不同，喜欢特立独行，标新立异。范冉时常仰慕梁伯鸾、闵仲叔的为人。与汉中的李固、河内的王奂交好，却对贾伟节、郭林宗之流十分鄙夷。后来王奂担任考城县令，辖境与外黄县相接，王奂多次给范冉写信，请范冉前往考城县，范冉没有去。等到王奂升任汉阳太守，准备前往就任时，范冉才与弟弟范协带着麦酒步行为其送行，他们在路边设坛等待王奂。范冉见到王奂的车马以及随从络绎不绝地走过来，也不呼喊王奂，只是与弟弟在路边辩论。王奂听出是范冉的声音，立刻下车与其相见问候。王奂说："行路仓卒，这里不是叙旧的地方，可同我到前面的亭中歇息，以叙分离之思。"范冉说："你先前在考城县任职，我曾想去找你，但因自身微贱，不敢高攀。如今你要远行千里，会面无期，所以我轻装疾行，在此等候，与你辞别。倘若我追随你，将会招来倾慕权贵的讥讽。"范冉说完便起身告辞，拂衣而去。王奂远望着，直到看不见范冉，而范冉头也不回，潇洒远去。

桓帝时，范冉担任莱芜县长，遭逢母亲去世，无法就任。后来范冉受到太尉府的征召，但因为自己性情急躁，不能随顺时俗，便经常佩戴着韦皮去上朝，以此警醒自己。有论议的大臣想举荐范冉担任侍御史，范冉便逃往梁国、沛郡之间隐居，他身穿破旧的衣服，徒步在街市上，以为人占卜为生。

后来范冉遭朋党牵连，禁止在朝为官。于是范冉推着鹿车，载着妻儿，靠拾取麦穗维持生计，有时在客栈中过夜，有时依靠在树荫下歇息。如此过了十多年，才盖了一间茅草屋，由此定居下来。住的地方十分简陋，有时粮食竭尽，范冉依旧从容自若，言貌不改。乡里因此歌唱道："甑中生尘范史云，釜中生鱼范莱芜。"

等到禁止为官的禁令解除以后，三公府都征召范冉，范冉前往司空府应召。当时西羌反叛，黄巾军作乱，朝廷诏令各府的属吏不得轻易任命或随意离开，范冉上书自劾，奏请辞职，朝廷下诏破例宽恕了范冉的过错。范冉又受到太尉府的征召，但范冉称病，没有应召。

中平二年（185），范冉享年七十四岁，在家中去世。范冉在临终闇之世，值乎淫侈之俗，生不得匡世济时，死何忍自同于世！气绝便敛，敛以时服，衣足蔽形，棺足周身，敛毕便穿，穿毕便埋。其明堂之奠，干饭寒水，饮食之物，勿有所下。坟封高下，令足自隐。知我心者李子坚、王子炳也。今皆不在，制之在尔，勿令乡人宗亲有所加也。”于是三府各遣令史奔吊。大将军何进移书陈留太守，累行论谥，佥曰宜为贞节先生。会葬者二千余人，刺史郡守各为立碑表墓焉。

戴就字景成，会稽上虞人也。仕郡仓曹掾，杨州刺史欧阳参奏太守成公浮臧罪，遣部从事薛安案仓库簿领，收就于钱唐县狱。幽囚考掠，五毒参至。就慷慨直辞，色不变容。又烧鋘斧，使就挟于肘腋。就语狱卒：“可熟烧斧，勿令冷。”每上彭考，因止饭食不肯下，肉焦毁堕地者，掇而食之。主者穷竭酷惨，无复余方，乃卧就覆船下，以马通薰之。一夜二日，皆谓已死，发船视之，就方张眼大骂曰：“何不益火，而使灭绝！”又复烧地，以大针刺指爪中，使以把土，爪悉堕落。主者以状白安，安呼见就，谓曰：“太守罪秽狼藉，受命考实，君何故以骨肉拒扞邪？”就据地答言：“太守剖符大臣，当以死报国。卿虽衔命，固宜申断冤毒，奈何诬枉忠良，强相掠理，令臣谤其君，子证其父！薛安庸騃，忸行无义，就考死之日，当白之于天，与群鬼杀汝于亭中。如蒙生全，当手刃相裂！”安深奇其壮节，即解械，更与美谈，表其言辞，解释郡事。征浮还京师，免归乡里。

前留下遗嘱，告诫儿子说：“我生于昏暗之世，正值奢靡成风，生时无法匡世济时，死了又何必流于世俗，随波逐流！在我断气之后立刻装殓，装殓只需穿上平常的衣服，衣服能遮蔽形体，棺材能容下尸身即可，装殓完毕后就挖墓穴，墓穴挖好之后就下葬。此后的祭奠，像干饭冷水这些饮食之物，都不要供奉。坟冢的高度，只要足够掩埋即可。知我心者是李子坚、王子炳二人，但如今他们都不在，你们照此办就可以了，不要给同乡绝亲族添麻烦。”于是三公府各自派令史前来吊唁。大将军何进给陈留太守写信，多次讲述范冉的生平事迹，论定谥号，众人都认为范冉的谥号应定为“贞节先生”。有两千多人前来参加葬礼，刺史郡守各自在范冉的墓前立碑，以此宣扬范冉的贤善。

戴就，字景成，会稽郡上虞县人。担任郡府的仓曹掾，杨州刺史欧阳参劾奏太守成公浮贪污受贿，派部从事薛安查验仓库的账簿文书等，将戴就收捕关押至钱塘县狱。戴就经受幽禁审问，严刑拷打。但戴就依然慷慨陈辞，泰然自若。狱卒又烧红鋘斧，命令戴就夹在手肘和腋下。戴就对狱卒说：“可以将鋘斧再烧红一些，不要让它变冷了。”戴就在每次拷问之前，都不会进食，每次拷问结束后，身上的肉都被烧焦，落在地上，戴就都会将肉捡起来吃掉。主审官用尽了各种残暴手段，没有什么其他手段可用了，于是让戴就躺在倒扣的船下，点燃马粪来熏他。历经两天一夜，众人都以为戴就已死，将船翻过来一看，戴就正睁着双眼大骂：“为何不让火再烧得旺，反而让火熄灭！”狱卒又烧灼地面，将大针刺入戴就指甲中，再让戴就抓土，指甲随之全部脱落。主审官将这种情况上报薛安，薛安召见戴就，对戴就说：“太守罪恶滔天，我奉命查验实情，君为何还要用骨肉之躯负隅顽抗呢？”戴就双手撑地，回答道：“太守是朝廷剖符任命的大臣，理当以死报国。卿虽奉命，那就应当秉公查验，审断冤情，为何要诬陷忠良，屈打成招，歪曲事实，迫使臣子诋毁主君，儿子证明父过！你薛安昏庸愚昧，惯行不义，我被拷问致死之日，定会禀报上天，与群鬼一道将你杀死在亭中。倘若我幸得保全，必会将你手刃分尸。”薛安被戴就的忠义壮节大为震惊，立刻解开戴就的枷锁，两人太守刘宠举就孝廉，光禄主事，病卒。

赵苞字威豪，甘陵东武城人。从兄忠，为中常侍，苞深耻其门族有宦官名势，不与忠交通。

初仕州郡，举孝廉，再迁广陵令。视事三年，政教清明，郡表其状，迁辽西太守。抗厉威严，名振边俗。以到官明年，遣使迎母及妻子，垂当到郡，道经柳城，值鲜卑万余人入塞寇钞，苞母及妻子遂为所劫质，载以击郡。苞率步骑二万，与贼对阵。贼出母以示苞，苞悲号谓母曰："为子无状，欲以微禄奉养朝夕，不图为母作祸。昔为母子，今为王臣，义不得顾私恩，毁忠节，唯当万死，无以塞罪。"母遥谓曰："威豪，人各有命，何得相顾，以亏忠义！昔王陵母对汉使伏剑，以固其志，尔其勉之。"苞即时进战，贼悉摧破，其母妻皆为所害。苞殡敛母毕，自上归葬。灵帝遣策吊慰，封鄃侯。

苞葬讫，谓乡人曰："食禄而避难，非忠也；杀母以全义，非孝也。如是，有何面目立于天下！"遂欧血而死。

向栩字甫兴，河内朝歌人，向长之后也。少为书生，性卓诡不伦。恒读《老子》，状如学道。又似狂生，好被发，著绛绡头。常于灶北坐板床上，如是积久，板乃有膝踝足指之处。不好语言而喜长啸。宾客从就，辄伏而不视。有弟子，名为"颜渊""子贡""季路""冉有"之辈。或骑驴入市，乞匄于人。或悉要诸乞儿俱归止畅谈，薛安将戴就所言上表朝廷，解释了太守的案情。朝廷征召成公浮前往京师，将成公浮免职遣归乡里。

太守刘宠举荐戴就为孝廉，戴就担任光禄主事，最终病逝。

赵苞，字威豪，甘陵郡东武城人。堂兄赵忠，担任中常侍，赵苞觉得门族中有宦官的名声权势是奇耻大辱，便不与赵忠来往。

赵苞最初在州郡任职，被举为孝廉，升任广陵县令。赵苞治事三年，政教清明，郡府将赵苞的政绩上表朝廷，后来赵苞升任辽西太守。赵苞品行高尚，作风威严，名震边境，当地的风俗也随之改变。赵苞就任的第二年，派遣属吏前去迎接母亲和妻儿，快到辽西郡时，途径柳城县，恰巧遇到一万多名鲜卑人入塞攻劫掳掠，赵苞的母亲及妻儿遭到劫持，鲜卑人用车载着她们，进犯辽西郡。赵苞率两万步骑，与贼对阵。贼寇将赵苞的母亲带出来，让赵苞见到自己的母亲，赵苞悲泣呼号，对母亲说："为子无状，本想以微薄的俸禄，孝养母亲，没想到反而招来灾祸害了母亲。昔为母子，今为王臣，道义无法让我顾念私恩而毁损忠节，唯有万死，否则无法抵罪。"母亲远远地望着赵苞，对他说："威豪，人各有命，怎能只顾念亲情，而有损忠义！从前王陵的母亲在汉使面前伏剑自尽，以此坚定王陵的志向，你当共勉！"赵苞听后立刻出兵进攻，最终贼寇全被击败，赵苞的母亲和妻儿全部被杀。赵苞为母亲收敛完毕后，上书自请归乡安葬。灵帝派人带着陪葬清单前去吊唁，并封赵苞为鄃侯。

赵苞安葬完母亲后，对同乡说："享受俸禄却逃避祸难，是为不忠；杀害母亲来保全忠义，是为不孝。这样的人，有何面目立于天下！"之后赵苞呕血而死。

向栩，字甫兴，河内郡朝歌县人，是向长的后代。向栩年少时是为学生，性情古怪，异于常人。经常拜读《老子》，好似研习道学的模样。而且行为狂妄放荡，喜欢披散头发，头戴红色头巾，时常坐在灶北面的木板床上，经年累月，木板上就留下了膝盖、脚踝、脚趾的痕迹。向栩不爱说话，却喜欢长啸。宾客前来拜访，向栩就趴着，视而不见。向栩有弟子，为弟子取名为"颜渊""子贡""季路""冉有"等。

宿，为设酒食。时人莫能测之。郡礼请辟，举孝廉、贤良方正、有道，公府辟，皆不到。又与彭城姜肱、京兆韦著并征，栩不应。

后特征，到，拜赵相。及之官，时人谓其必当脱素从俭，而栩更乘鲜车，御良马，世疑其始伪。及到官，略不视文书，舍中生蒿莱。

征拜侍中，每朝廷大事，侃然正色，百官惮之。会张角作乱，栩上便宜，颇讥刺左右，不欲国家兴兵，但遣将于河上北向读《孝经》，贼自当消灭。中常侍张让谗栩不欲令国家命将出师，疑与角同心，欲为内应。收送黄门北寺狱，杀之。

谅辅字汉儒，广汉新都人也。仕郡为五官掾。时夏大旱，太守自出祈祷山川，连日而无所降。辅乃自暴庭中，慷慨咒曰："辅为股肱，不能进谏纳忠，荐贤退恶，和调阴阳，承顺天意，至令天地否隔，万物焦枯，百姓喁喁，无所诉告，咎尽在辅。今郡太守改服责己，为民祈福，精诚恳到，未有感彻。辅今敢自祈请，若至日中不雨，乞以身塞无状。"于是积薪柴聚茭茅以自环，搆火其傍，将自焚焉。未及日中时，而天云晦合，须臾澍雨，一郡沾润，世以此称其至诚。

刘翊字子相，颍川颍阴人也。家世丰产，常能周施而不有其惠。曾行于汝南界中，有陈国张季礼远赴师丧，遇寒冰车毁，顿滞道路。翊见而谓曰："君慎终赴义，行宜速达。"即下车与之，不告向栩有时骑驴前往集市，向人乞讨。有时邀请众多乞儿到他家过夜，并为他们准备酒食。当时人们不理解向栩的行为。郡府礼请征召，将向栩举为孝廉、贤良方正、有道之士，公府征召向栩，但向栩都没有应召。之后向栩又与彭城人姜肱、京兆人韦著一同受到征召，向栩没有应召。

后来朝廷特别征召向栩，向栩来到京师，拜任赵国国相。向栩前往就任时，当时的人们都认为向栩必会低调朴素，但向栩反而改乘华丽的车子，驾着良马，世人怀疑向栩本身就十分虚伪。向栩到任后，从来不处理文书公务，甚至官舍中杂草丛生。

后来向栩受到征召，拜任侍中，每当朝中发生大事，朝臣论议时，向栩威严凛然，言辞刚直，因而遭到百官的忌惮。恰逢张角起兵作乱，向栩上书陈奏便宜之事，奏书中颇为讥讽灵帝左右的官吏，向栩不主张国家用兵，只需派遣将帅在黄河边，面朝北读颂《孝经》，反贼自会消灭。中常侍张让进献谗言，说向栩不让国家派遣将帅，出兵平叛，怀疑向栩与张角同心，意欲成为内应。于是朝廷将向栩收捕送至黄门北寺狱，向栩最终被杀。

谅辅，字汉儒，广汉郡新都县人。担任郡府的五官掾。当时夏季大旱，太守亲自向山川祈祷，但接连数日都没有降雨。于是谅辅脱去衣服，站在庭中，言辞慷慨激奋，祈祷道：“我身为辅佐太守的肱骨之臣，不能进谏纳忠，荐贤退恶，和调阴阳，承顺天意，致使天地隔绝，万物焦枯，百姓引颈期盼，无处诉说，一切罪责都在我身上。如今太守改换衣服，责备自身，为民祈福，精诚恳切，却依然感通上天。我现在斗胆自行祈请，倘若到日中之时，依旧不降雨，我愿以己身抵偿罪责。”于是谅辅堆积火干草，将自己围起来，在旁边准备了火种，打算自焚。还没到日中之时，天上就出现乌云，须臾之间大雨倾盆，全郡都得到了雨水的滋润。世人因此称叹谅辅至诚感通。

刘翊，字子相，颍川郡颍阴县人。家产丰足，家境殷实，时常周济贫困，但不接受别人的报答。某次刘翊曾行至汝南境内，遇到陈国的张季礼要前往远方，奔赴老师的丧礼，但因天寒，车子损毁，停姓名，自策马而去。季礼意其子相也，后故到颍阴，还所假乘。翊闭门辞行，不与相见。

常守志卧疾，不屈聘命。河南种拂临郡，引为功曹，翊以拂名公之子，乃为起焉。拂以其择时而仕，甚敬任之。阳翟黄纲恃程夫人权力，求占山泽以自营植。拂召翊问曰："程氏贵盛，在帝左右，不听则恐见怨，与之则夺民利，为之奈何？"翊曰："名山大泽不以封，盖为民也。明府听之，则被佞倖之名矣。若以此获祸，贵子申甫，则自以不孤也。"拂从翊言，遂不与之。乃举翊为孝廉，不就。

后黄巾贼起，郡县饥荒，翊救给乏绝，资其食者数百人。乡族贫者，死亡则为具殡葬，嫠独则助营妻娶。

献帝迁都西京，翊举上计掾。是时寇贼兴起，道路隔绝，使驿稀有达者。翊夜行昼伏，乃到长安。诏书嘉其忠勤，特拜议郎，迁陈留太守。翊散所握珍玩，唯余车马，自载东归。出关数百里，见士大夫病亡道次，翊以马易棺，脱衣敛之。又逢知故困馁于路，不忍委去，因杀所驾牛，以救其乏。众人止之，翊曰："视没不救，非志士也。"遂俱饿死。

王烈字彦方，太原人也。少师事陈寔，以义行称。乡里有盗牛者，主得之，盗请罪曰："刑戮是甘，乞不使王彦方知也。"烈闻而止在路上。刘翊见到后对张季礼说："君慎终追远，奔赴老师的丧礼，应当快些到达。"刘翊立刻下车，将车子给了张季礼，没有告诉他自己的姓名，便策马扬鞭离开了。张季礼猜想此人就是刘翊，后来张季礼专程来到颍阴，将车子还给刘翊。但刘翊闭门远行，没有与张季礼相见。

刘翊坚守志节，声称患病，不屈从违志接受任命。河南郡人种拂前往颍川郡中就任，延请刘翊担任功曹，刘翊因种拂是名公种暠之子，便起身就任。种拂认为刘翊是择时而仕，便对刘翊十分敬重信任。阳翟县人黄纲仗恃着程夫人的权势，想霸占山泽，自行经营。种拂召见刘翊询问："程氏显贵，常伴皇上左右，若是不顺从黄纲，恐怕会招致仇怨，若是将山泽给了黄纲，则是侵夺民利，该怎么办？"刘翊回答道："不把名山大泽赐封给私人，正是为了百姓。明府若是顺从了黄纲，则会背上谄媚权贵的名声，若是因此而招致祸患，令郎申甫自然不会成为孤儿。"种拂采纳了刘翊的话，没有将山泽给了黄纲。后来种拂举荐刘翊为孝廉，但刘翊没有接受。

后来黄巾军叛乱，郡县发生饥荒，刘翊救济困窘的百姓，给予粮食的有数百人。乡里以及族中贫困的人家，去世则会帮助准备相关用具，收敛埋葬，有寡妇鳏夫则会帮助嫁娶。

献帝迁都长安，刘翊担任负责前往京师上报计簿的上计掾。当时贼寇四起，道路断绝，就连驿站传送文书的使驿都很少能到达长安。刘翊夜行昼伏，终于到达长安。献帝下诏褒奖刘翊的忠诚勤劳，特别授任刘翊为议郎，又升任陈留太守。刘翊散尽手中的珍玩，唯独留下车马，乘车东归。刘翊出关数百里后，在路边见到一位已经病亡的士大夫，刘翊便以马换取棺材，脱下衣服为死者收殓。路上又遇到旧交好友困乏饥饿，刘翊不忍离去，就把驾车的牛杀了，以解救困乏饥饿。众人都制止刘翊，刘翊说："见死不救，并非志士所为。"最终全都饿死。

王烈，字彦方，太原郡人。年少时师从陈寔，以行为忠义而受到称颂。乡里有人偷牛，失主抓住了盗贼，盗贼向失主请罪，说："我甘使人谢之，遗布一端。或问其故，烈曰："盗惧吾闻其过，是有耻恶之心。既怀耻恶，必能改善，故以此激之。"后有老父遗剑于路，行道一人见而守之，至暮，老父还，寻得剑，怪而问其姓名，以事告烈。烈使推求，乃先盗牛者也。诸有争讼曲直，将质之于烈，或至涂而反，或望庐而还。其以德感人若此。

察孝廉，三府并辟，皆不就。遭黄巾、董卓之乱，乃避地辽东，夷人尊奉之。太守公孙度接以昆弟之礼，访酬政事。欲以为长史。烈乃为商贾自秽，得免。曹操闻烈高名，遣征不至。建安二十四年，终于辽东，年七十八。

赞曰：乘方不忒，临义罔惑。惟此刚絜，果行育德。

愿接受刑罚，请您不要让王彦方知晓此事。”王烈听闻便派人向盗贼表示感谢，送给盗贼一端布。有人询问王烈这么做的原因，王烈说：“盗贼害怕我知晓他犯下的过错，这是因为他有耻恶之心。既然有耻恶之心，必能改过从善，所以以此来激励他。”后来有位老翁把剑遗落在路上，一名行人见到后，就在那里守候，到了傍晚，老翁返回，找到了剑，心生奇怪就询问此人的姓名，之后老翁将这件事告诉了王烈。王烈派人寻找，结果是先前偷牛的那个人。凡是发生争讼曲直是非，要找王烈审断评定时，有人走在路上就折返，有人望见王烈的住所就返回。王烈就是这样以德感人。

后来王烈被举为孝廉，三公府都在征召王烈，但王烈都没有应召。后来遭逢黄巾、董卓之乱，王烈前往辽东避难，当地的夷人对王烈十分尊重。太守公孙度以兄弟之礼相待，向王烈询问政事。公孙度想请王烈担任长史，王烈于是以身为商贾来贬低自己，最终得以免去为官。曹操听闻王烈高名，派人征召，但王烈没有应召。建安二十四年（219），王烈在辽东去世，享年七十八岁。

赞辞说：独行之士，奉行方正，不出差错。面对道义，没有疑惑。唯有如此刚正高洁，才能使行为果断，并以此培养高尚的品德。

卷一百十二上

方术列传第七十二上

仲尼称《易》有君子之道四焉，曰“卜筮者尚其占”。占也者，先王所以定祸福，决嫌疑，幽赞于神明，遂知来物者也。若夫阴阳推步之学，往往见于坟记矣。然神经怪牒、玉策金绳，关扃于明灵之府、封縢于瑶坛之上者，靡得而窥也。至乃《河》《洛》之文，龟龙之图，箕子之术，师旷之书，纬候之部，钤决之符，皆所以探抽冥赜，参验人区，时有可闻者焉。其流又有风角、遁甲、七政、元气、六日七分、逢占、日者、挺专、须臾、孤虚之术，及望云省气，推处祥妖，时亦有以效于事也。而斯道隐远，玄奥难原，故圣人不语怪神，罕言性命。或开末而抑其端，或曲辞以章其义，所谓“民可使由之，不可使知之”。

汉自武帝颇好方术，天下怀协道艺之士，莫不负策抵掌，顺风而届焉。后王莽矫用符命，及光武尤信谶言，士之赴趣时宜者，皆骋驰穿凿，争谈之也。故王梁、孙咸名应图箓，越登槐鼎之任，郑兴、贾逵，以附同称显，桓谭、尹敏，以乖忤沦败。自是习为内学，尚奇文，贵异数，不乏于时矣。是以通儒硕生，忿其奸妄不经，奏议慷慨，以为宜见藏摈。子长亦云：“观阴阳之书，使人拘而多忌。”盖为此也。

孔子提及《易经》中讲述了四种君子之道，其中一种就是“通过龟甲和筮草进行占卜”。所谓“占”，是先王用来确定祸福，决断疑难，得到神明暗中的辅助，以此知晓未来所发生的事情。至于那些推演阴阳天象历法的学说，往往在古书上存有记载。但是那些记载怪异的书籍、用金绳穿起来的秘籍，都隐藏在神明秘境，封锁在瑶台仙界，如今已经无法再见到了。至于《河图》《洛书》之文，玄龟黄龙所负之图，箕子所讲述的五行阴阳之术，师旷所著的占卜灾异之书，纬书以及《尚书中候》等关于占验符瑞之书，《玉钤篇》以及《玄女六韬要决》中讲述测验成败之符，这些都是用来探索深奥义理，参验人间之事的，有时还可以略有耳闻。它们的流派有风角、遁甲、七政、元气、六日七分、逢占、日者、挺专、须臾、孤虚之术等，以及通过观察自然之气，推究判断吉凶妖异，有时也可以应验。但此道隐微高深，玄妙难明，因此孔子从来不讲怪力乱神，很少提及性命利益。有时只提结果不讲开端，有时言辞微妙讲明大意，这就是所谓的“让百姓都遵从照做，而不让百姓知晓其中缘由”。

汉室自武帝时起，十分喜好方术，天下通晓方术之士，无不背着书策，成群结队，闻风而至。后来王莽假托符命，篡汉夺位，到了光武帝时，对于谶言更加深信，为了迎合当时风气的术士，全都蜂拥而至来到京城，企图穿凿附会，争相谈论。所以王梁、孙咸因图谶符命而得到封赏，官至三公，郑兴、贾逵，因依附谶语进谏忠言而名声显扬，桓谭、尹敏，因忤逆圣意而遭到贬黜。自此之后，研究图谶，推崇奇文，钻研异术的人，层出不穷，数不胜数。因此博通古今的饱学之士，对于其奸诈荒诞的行径感到十分气忿，纷纷奏议，言辞慷慨，认为应当停止推崇图谶之风。司马迁也说：“阅读阴阳之书，会使人受到束缚而且忌讳的地方会变多。”说的就是这些。

夫物之所偏，未能无蔽。虽云大道，其硋或同。若乃《诗》之失愚，《书》之失诬。然则数术之失，至于诡俗乎？如令温柔敦厚而不愚，斯深于《诗》者也；疏通知远而不诬，斯深于《书》者也；极数知变而不诡俗，斯深于数术者也。故曰："苟非其人，道不虚行。"意者多迷其统，取遣颇偏，甚有虽流宕过诞亦失也。

中世张衡为阴阳之宗，郎顗咎征最密，余亦班班名家焉。其徒亦有雅才伟德，未必体极艺能。今盖纠其推变尤长，可以弘补时事，因合表之云。

任文公，巴郡阆中人也。父文孙，明晓天官风角秘要。文公少修父术，州辟从事。哀帝时，有言越巂太守欲反，刺史大惧，遣文公等五从事检行郡界，潜伺虚实。共止传舍，时暴风卒至，文公遽趣白诸从事促去，当有逆变来害人者，因起驾速驱。诸从事未能自发，郡果使兵杀之，文公独得免。

后为治中从事。时天大旱，白刺史曰："五月一日，当有大水。其变已至，不可防救，宜令吏人豫为其备。"刺史不听，文公独储大船。百姓或闻，颇有为防者。到其日旱烈，文公急命促载，使白刺史，刺史笑之。日将中，天北云起，须臾大雨，至晡时，湔水涌起十余丈，突坏庐舍，所害数千人。文公遂以占术驰名。辟司空掾。平帝即位，称疾归家。

万物都有偏颇，不可能没有缺点，就算是至圣大道，有些方面的弊端也是一样的。有人认为《诗经》虽然内容真实，但近乎愚昧；《尚书》虽然内容广博，但近乎虚妄。既然这样，那么数术的弊端，不就是诡欺世人吗？倘若有人能做到温柔敦厚而远离愚昧，则是深明精通《诗经》的人；倘若有人能博通知远而远离虚妄，则是深明精通《尚书》的人；倘若有人能穷极数术的变化而不诡欺世人，则是深明精通数术的人。古人说："若不是精通了解此道的人，就不要让其践行此道。"意思是说世人大多沉迷其中，各执己见，以偏概全，甚至有人不知节制，行为已是荒诞，也是数术的弊端。

光武帝中兴，张衡是阴阳占卜学说的宗师，郎顗最擅长过错灾祸的应验，除此之外还有很多精通数术的名家，他们的弟子门生也极具才华，未必能遵循天道，钻研技艺。如今将一些擅长推演，可以对时事有所补益的人，合在一章，予以记述表彰。

任文公，巴郡阆中县人。父亲任文孙，精通天象和风角。任文公年少时跟随父亲学习占卜之术，州郡征召任文公担任从事。哀帝时，有人说越巂太守意欲造反，巴郡刺史大为惊惧，便派任文公等五名从事巡查郡界，暗中查探虚实。他们无人在一家客栈中休息，当时突然刮起暴风，任文公连忙叫其他从事赶紧离开客栈，他说将会有变乱来临害人性命，任文公连忙起身离开。其他从事还未动身，造反的郡兵就将他们杀害，只有任文公一人幸免。

后来任文公担任治中从事，当时天气大旱，任文公向刺史谏言："五月一日，将会有大水来临，异变已至，无法阻止挽救，应当让属吏百姓早作准备。"刺史不听，任文公独自准备了一条大船，有的百姓有所耳闻，也会做出防备，到了五月一日，天气依旧干旱，烈日高悬，任文公就连忙命人将提前准备的东西搬上船，并派人禀报刺史，刺史一笑而过。快到正午时，北面的天空乌云骤起，须臾之间大雨倾盆，到了下午申时，湔水暴涨十余丈，冲毁房舍，有数千人遇难。此后任文公因占卜而闻名。后来任文公受到征召担任司空府掾吏。平帝即位后，任文公称病归家。

王莽篡后，文公推数，知当大乱，乃课家人负物百斤，环舍趋走，日数十，时人莫知其故。后兵寇并起，其逃亡者少能自脱，惟文公大小负粮捷步，悉得完免。遂奔子公山，十余年不被兵革。

公孙述时，蜀武担石折。文公曰："噫！西州智士死，我乃当之。"自是常会聚子孙，设酒食。后三月果卒。故益部为之语曰："任文公，智无双。"

郭宪字子横，汝南宋人也。少师事东海王仲子。时王莽为大司马，召仲子，仲子欲往。宪谏曰："礼有来学，无有往教之义。今君贱道畏贵，窃所不取。"仲子曰："王公至重，不敢违之。"宪曰："今正临讲业，且当讫事。"仲子从之，日晏乃往。莽问："君来何迟？"仲子具以宪言对，莽阴奇之。及后篡位，拜宪郎中，赐以衣服。宪受衣焚之，逃于东海之滨。莽深忿恚，讨逐不知所在。

光武即位，求天下有道之人，乃征宪拜博士。再迁，建武七年，代张堪为光禄勋。从驾南郊。宪在位，忽回向东北，含酒三潠。执法奏为不敬。诏问其故。宪对曰："齐国失火，故以此厌之。"后齐果上火灾，与郊同日。

八年，车驾西征隗嚣。宪谏曰："天下初定，车驾未可以动。"宪乃当车拔佩刀以断车靷。帝不从，遂上陇。其后颍川兵起，乃回驾而还。帝叹曰："恨不用子横之言。"

王莽篡位后，任文公推演历运之数，知晓大乱将至，于是告诫家人要背着百斤重的东西，绕着房屋小跑，每天跑数十趟，当时家人不知其中缘由。后来兵寇四起，逃亡的百姓很少能逃脱，唯独任文公一家老小背着粮食还能走得很快，最终一家人全部免于兵难。任文公一家逃到子公山，十余年都没有遇到战乱。

公孙述曾占据益州称帝时，蜀地的武担山上的石头断裂。任文公说："唉！西州的智士将要死亡，或许会应验在我身上。"自此之后常常召集子孙，设下酒食，三个月后，任文公果真去世。故而益州流传着这样一句话："任文公，智无双。"

郭宪，字子横，汝南郡宋公国人。年少时师从东海郡人王仲子。当时王莽担任大司马，征召王仲子，王仲子意欲前往。郭宪谏言道："礼有来学，而无往教。如今君轻视道学，畏惧权贵，我不赞同君的做法。"王仲子说："王公位高权重，我不敢违抗。"郭宪说："如今君正在讲课，应当等讲完之后再去。"王仲子采纳了郭宪的谏言，等课讲完时，天色已晚，王仲子才动身前往。王莽问："君为何来迟？"王仲子将郭宪的话禀报给了王莽，王莽暗自惊奇不已。后来王莽篡位，命郭宪拜任郎中，赐以衣服。郭宪接受衣服后就将衣服焚毁，逃往东海之滨。王莽听闻后，深感愤怒，下令追讨，但郭宪已不知所踪。

光武帝即位后，寻求天下有道之人，于是征召郭宪担任博士。后来两次升迁，建武七年（31），郭宪代替张堪担任光禄勋。他跟随光武帝前往南郊祭天。郭宪在自己的位子上，忽然转向东北方，喷了三口酒。执法官劾奏郭宪大不敬。光武帝诏问其中缘故。郭宪回答道："齐国失火，所以用此压制火势。"后来齐国果真上报发生火灾，与前往南郊祭天是同一天。

建武八年（32），光武帝想率军西行讨伐隗嚣，郭宪向光武帝谏言道："天下初定，陛下不可御驾亲征。"于是郭宪拔出佩刀将车的革带砍断。光武帝没有听从，最终还是率军攻上了陇山。后来颍川兵起，光武帝才率军回朝。光武帝感叹道："后悔当初没听子横的话。"

时匈奴数犯塞，帝患之，乃召百僚廷议。宪以为天下疲敝，不宜动众。谏争不合，乃伏地称眩瞀，不复言。帝令两郎扶下殿，宪亦不拜。帝曰："常闻'关东觥觥郭子横'，竟不虚也。"宪遂以病辞退，卒于家。

许杨字伟君，汝南平舆人也。少好术数。王莽辅政，召为郎，稍迁酒泉都尉。及莽篡位，杨乃变姓名为巫医，逃匿它界。莽败，方还乡里。

汝南旧有鸿郤陂，成帝时，丞相翟方进奏毁败之。建武中，太守邓晨欲修复其功。闻杨晓水脉，召与议之。杨曰："昔成帝用方进之言，寻而自梦上天，天帝怒曰：'何故败我濯龙渊？'是后民失其利，多致饥困。时有谣歌曰：'败我陂者翟子威，饴我大豆，亨我芋魁。反乎覆，陂当复。'昔大禹决江疏河，以利天下。明府今兴立废业，富国安民，童谣之言，将有征于此。诚愿以死效力。"晨大悦，因署杨为都水掾，使典其事。杨因高下形势，起塘四百余里，数年乃立。百姓得其便，累岁大稔。

初，豪右大姓因缘陂役，竞欲辜较在所，杨一无听，遂共谮杨受取赇赂。晨遂收杨下狱，而械辄自解。狱吏恐，遽白晨。晨惊曰："果滥矣。太守闻忠信可以感灵，今其效乎！"即夜出杨，遣归。时天大阴晦，道中若有火光照之，时人异焉。后以病卒。晨于都宫为杨起庙，图画形像，百姓思其功绩，皆祭祀之。

高获字敬公，汝南新息人也。为人尼首方面。少游学京师，与光武有旧。师事司徒欧阳歙。歙下狱当断，获冠铁冠，带鈇锧，诣当时匈奴数次侵犯边塞，光武帝对此十分忧心，于是召集百僚廷议。郭宪认为天下疲敝，不宜兴师动众，大动干戈。郭宪的谏言不合圣意，于是他伏地称头昏眼花，不再讲话。光武帝让两名侍郎将郭宪搀扶下殿，郭宪也没有拜辞。光武帝说："常听闻'关东刚直郭子横'，此话不假。"郭宪称病，辞官归家，最终在家中去世。

许杨，字伟君，汝南郡平舆县人。年少时喜好术数。王莽辅政时，召其担任郎官，之后升任酒泉都尉。王莽篡位后，许杨改名换姓成为巫医，逃匿到其他地方。直到王莽败亡后，许杨方才返归乡里。

汝南郡旧时有个名为鸿郤陂的湖泊，成帝时，丞相翟方进奏言将鸿郤陂毁坏填平。建武年间，太守邓晨想重新修建一处湖泊，听闻许杨通晓水脉，便召请许杨商议此事。许杨说："从前成帝采纳翟方进所言，不久之后成帝梦到上天，天帝大怒说：'为什么要败毁我的濯龙渊？'自此之后百姓失去了鸿郤陂带来的好处，很多百姓因此饥饿困顿。当时有一首歌谣唱道：'败我池塘翟子威，为我煮大豆，为我烹芋头。好处当重现，湖泊当修复。'从前大禹挖开堤岸，疏通长江、黄河，以利天下，如今明府要兴立废业，重新修建池塘，富国安民，童谣之言，将会在此应验。臣着实愿意以死效力。"邓晨大喜，于是授任许杨为都水掾，命他主掌此事。许杨根据地势的高低，修建起四百余里的湖泊，历经数年才建成。百姓从中得到了好处，连年丰收。

起初，豪门大族凭借修湖之便，争相敛财，谋求私利，许杨一概不听，于是这些豪门大族共同诬陷许杨收受贿赂。邓晨将许杨收押下狱。而绑缚许杨的刑具会自动松脱。狱吏惶恐，立刻禀报了邓晨。邓晨大惊，说："果真是冤枉了许杨，我听闻忠信可以感动神灵，如今是应验了！"当晚就放了许杨，让他回家。当时天色十分阴沉，路上似有火光映照，当时人们都十分惊异。后来许杨因病去世。邓晨在都宫为许杨修建祠庙，绘制肖像，百姓思念许杨的功绩，都前去祭祀。

高获，字敬公，汝南郡新息县人。外貌像尼首山，四方高中间低，脸型还是方形。年少时曾游学于京师，与光武帝有旧交。高获师阙请歙。帝虽不赦，而引见之。谓曰："敬公，朕欲用子为吏，宜改常性。"获对曰："臣受性于父母，不可改之于陛下。"出便辞去。

三公争辟不应。后太守鲍昱请获，既至门，令主簿就迎，主簿但使骑吏迎之，获闻之，即去。昱遣追请获，获顾曰："府君但为主簿所欺，不足与谈。"遂不留。时郡境大旱。获素善天文，晓遁甲，能役使鬼神。昱自往问何以致雨，获曰："急罢三部督邮，明府当自北出，到三十里亭，雨可致也。"昱从之，果得大雨。每行县，辄轼其闾。获遂远遁江南，卒于石城。石城人思之，共为立祠。

王乔者，河东人也。显宗世，为叶令。乔有神术，每月朔望，常自县诣台朝。帝怪其来数，而不见车骑，密令太史伺望之。言其临至，辄有双凫从东南飞来。于是候凫至，举罗张之，但得一只舄焉。乃诏尚方詠视，则四年中所赐尚书官属履也。每当朝时，叶门下鼓不击自鸣，闻于京师。后天下玉棺于堂前，吏人推排，终不摇动。乔曰："天帝独召我邪？"乃沐浴服饰寝其中，盖便立覆。宿昔葬于城东，土自成坟。其夕，县中牛皆流汗喘乏，而人无知者。百姓乃为立庙，号叶君祠。牧守每班录，皆先谒拜之。吏人祈祷，无不如应。若有违犯，亦立能为祟。帝乃迎取其鼓，置都亭下，略无复声焉。或云此即古仙人王子乔也。

从司徒欧阳歙。欧阳歙拘捕下狱，要被判罪时，高获头戴铁冠，身负刑具，前往宫中请求赦免欧阳歙。光武帝虽然没有赦免欧阳歙，但还是召见了高获。对高获说：“敬公，朕想让你入朝为官，你应当改改你的脾性。”高获回答道：“臣脾性源自父母，不会因为陛下而有所改变。”于是高获出宫离去。

三公争相征高获，但高获都没有应召。后来太守鲍昱延请高获，高获来到郡府门口，鲍昱派主簿去迎接，而主簿只是派了骑吏去迎接，高获听闻后，立刻离去。鲍昱派人去追高获，高获回头对来的人说道：“府君只是被主薄所欺骗，但已经不足以与之交谈。”最终高获也没有留下。当时郡内大旱，高获素来擅长天文，通晓遁甲，能役使鬼神。鲍昱亲自前去向高获请教如何才能求得降雨，高获说：“立即罢免三部督邮，明府应当亲自北行出城，到三十里亭，便能降下雨水。”鲍显照做，果然天降大雨。鲍昱每次巡行郡县，都会路过高获的门前，手扶车前的横木致敬。后来高获远遁江南，在石城去世。石城的百姓怀念高获，共同为他修建祠庙。

王乔，河东郡人。明帝时，担任叶县县令。王乔会仙术，每月初一、十五，常常从叶县前往宫中朝见明帝。明帝见王乔这么频繁的来往京师，却没有见到他的车马，觉得十分奇怪，便让太史暗中察看。后来太史向明帝禀报说王乔到来时，总有两只野鸭从东南方飞来。于是明帝命人等野鸭飞来，张开罗网将其捕获，但最终只得到一只鞋。明帝便诏尚方进行检查，这只鞋子是永平四年（61）赐给尚书官属的。每当王乔要朝见明帝时，叶县门下的鼓不击自鸣，京师也能听到鼓声。后来从天上降下一口玉棺到堂前，县衙的官吏上前推动，但玉棺始终一动不动。王乔说：“这是天帝只召我一人前去吗？”于是王乔沐浴更衣后躺进棺中，棺盖立刻盖好。第二天一早，官吏将玉棺葬在城东，泥土自然形成坟堆。当晚，县中的牛全都流汗喘气，而人们不知道原因。百姓为王乔立庙，名为叶君祠。州牧、郡守每次到任，都会先来拜谒。官吏百姓在叶君祠祈祷，无不应验。倘若有人违逆冒犯，也立即降下灾祸。明帝将叶县的鼓迎至京城，放在都亭下，但鼓谢夷吾字尧卿，会稽山阴人也。少为郡吏，学风角占候。太守第五伦擢为督邮。时乌程长有臧衅，伦使收案其罪。夷吾到县，无所验，但望阁伏哭而还。一县惊怪，不知所为。及还，白伦曰："窃以占候，知长当死。近三十日，远不过六十日，游魂假息，非刑所加，故不收之。"伦听其言，至月余，果有驿马赍长印绶，上言暴卒。伦以此益礼信之。

举孝廉，为寿张令，稍迁荆州刺史，迁钜鹿太守。所在爱育人物，有善绩。及伦作司徒，令班固为文荐夷吾曰："臣闻尧登稷、契，政隆太平；舜用皋陶，政致雍熙。殷、周虽有高宗、昌、发之君，犹赖傅说、吕望之策，故能克崇其业，允协大中。窃见钜鹿太守会稽谢夷吾，出自东州，厥土涂泥，而英姿挺特，奇伟秀出。才兼四科，行包九德，仁足济时，知周万物。加以少膺儒雅，韬含六籍，推考星度，综校图录，探赜圣秘，观变历征，占天知地，与神合契，据其道德，以经王务。昔为陪隶，与臣从事，奋忠毅之操，躬史鱼之节，董臣严纲，勖臣懦弱，得以免戾，寔赖厥勋。及其应选作宰，惠敷百里，降福弥异，流化若神，爰牧荆州，威行邦国。奉法作政，有周、召之风；居俭履约，绍公仪之操。寻功简能，为外台之表；听声察实，为九伯之冠。迁守钜鹿，政合时雍。德量绩谋，有伊、吕、管、晏之任；阐弘道奥，同史苏、京房之伦。虽密勿在公，而身出心隐，不殉名以求誉，不驰骛以要宠，念存逊遁，演志箕山。方之古贤，实有伦序；采之于今，超焉绝俗。诚社稷之元龟，大汉之栋甍。宜当拔擢，使登鼎司。上令三辰顺轨于历象，下使五品咸训于嘉时，必致休征克昌之庆，非徒循法奉职而已。臣以顽驽，器非其畴，尸禄负乘，自此再也没有发出声响。有人说这是古时的仙人王子乔。

谢夷吾，字尧卿，会稽郡山阴县人。年少时担任郡吏，学习风角和占候。太守第五伦提拔他担任督邮。当时乌程县长有贪赃的嫌疑，第五伦派谢夷吾将乌程县长收押审问。谢夷吾到了乌程县后，并没有查验案情，只是望着县衙伏地而哭，然后返回。乌程县的百姓大为惊怪，不知所作为何。等到谢夷吾返回，禀报第五伦说："我通过占候之术，知道乌程县长快死了，近则三十日，远不过六十日，精气游散，苟延残喘，无须刑罚加身，所以没有将其收捕。"第五伦听信了谢夷吾的话，一个月多月后，果真有驿使送来了乌程县长的印绶，并上报说乌程县长暴毙而亡。此后第五伦更加礼敬信服谢夷吾了。

谢夷吾被举为孝廉，担任寿张县令，之后升任荆州刺史，又任钜鹿太守。谢夷吾所到之处，都会爱护百姓，政绩卓越。后来第五伦担任司徒时，便让班固写文举荐谢夷吾，文中写道："臣听闻尧任用后稷、契，政治昌隆，天下太平；舜任用皋陶，国家和乐，安定升平。殷、周虽然有高宗武丁、文王姬昌、武王姬发等圣君，但依然要仰赖傅说、吕望的策略，因此这些君主才能建立功业，稳定皇权。臣见到钜鹿太守会稽人谢夷吾，来自东州，当地环境恶劣，而谢夷吾英姿挺拔，庄严出众。才兼四科，行包九德，心怀仁义足以济世，学问渊博饱览万物。再加上年少时就接受教育，为人儒雅，饱学六经，推究天文星象，整理图谶符命，探究圣道奥秘，观察灾变征验，占天知地，与神明相合，根据他的道德才能，他足以处理政务。以前谢夷吾曾担任臣的属吏，与臣共事，他身具忠毅之操，躬行史鱼之节，监督臣严明纲纪，激励臣摒弃懦弱，臣得以免于罪罚，着实是仰赖谢夷吾的功劳。等到他担任地方长官，惠施百里，普降福泽，没有因人而异，流布教化，如有神助，后来谢夷吾担任荆州刺史，威严遍及邦国。奉行法令，处理政务，有周公、召公之风；平日践行节俭，秉承公仪休之操。寻求有功之士，举荐有才之人，堪为刺史郡守之表；听闻消息察验虚实，堪为九州方伯之冠，后来谢夷吾迁守钜鹿，政治合洽，时世太平。考察谢夷吾的德行、功绩、智谋，可以承受伊尹、吕尚、管夕惕若厉。愿乞骸骨，更授夷吾，上以光七曜之明，下以厌率土之望，庶令微臣塞咎免悔。”

后以行春乘柴车，从两吏，冀州刺史上其仪序失中，有损国典，左转下邳令。豫克死日，如期果卒。敕其子曰：“汉末当乱，必有发掘露骸之祸。”使悬棺下葬，墓不起坟。

时博士勃海郭凤亦好图谶，善说灾异，吉凶占应。先自知死期，豫令弟子市棺敛具，至其日而终。

杨由字哀侯，蜀郡成都人也，少习《易》，并七政、元气、风云占候。为郡文学掾。时有大雀夜集于库楼上，太守廉范以问由。由对曰：“此占郡内当有小兵，然不为害。”后二十余日，广柔县蛮夷反，杀伤长吏，郡发库兵击之。又有风吹削哺，太守以问由。由对曰：“方当有荐木实者，其色黄赤。”顷之，五官掾献橘数包。

由尝从人饮，敕御者曰：“酒若三行，便宜严驾。”既而趣去。后主人舍有斗相杀者，人请问何以知之。由曰：“向社中木上有鸠仲、晏婴的重任，阐明发扬数术的深奥义理，足以比肩史苏、京房的学问。谢夷吾虽然身居要职，但心向归隐，不为了虚名美誉而放弃生命，不为了恩宠利益而攀附权贵，心存归隐之念，向往箕山之节。与古贤相比，谢夷吾有伦理次序；与今贤相较，谢夷吾又超凡脱俗。真可谓是社稷之元龟，大汉之栋梁，朝廷应当予以提拔，使其肩负重臣之职，上可令日月星三辰顺轨运行，下可使五常之教得以推行，一定会使得汉室昌盛，这不仅仅是守法奉职就能做到的。臣愚笨不堪，才能浅薄，无法与谢夷吾相提并论，尸位素餐，恬居其位，终日戒惧，如临危境。臣愿请求辞官归家，让位给谢夷吾，于上使七曜星得以闪耀光芒，于下使四海百姓的希望得到满足，希望能让臣弥补罪过，免于后悔。”

后来谢夷吾乘坐简陋的车子，在春日时出巡，有两名属吏跟随，冀州刺史上奏弹劾说他仪制不合礼法，有损国家典章，因此谢夷吾被贬为下邳县令。谢夷吾预先知道自己去世的时间，结果真的在这一天去世。谢夷吾曾告诫儿子说：“汉末之时将会大乱，必会发生掘坟曝尸之祸。”让儿子悬棺下葬，墓地不起坟头。

当时博士勃海郡人郭凤也喜好图谶，善于讲述灾异，占卜吉凶都得以应验。他也预先知道自己的死期，让弟子买好棺材殓具，到了那天果真去世。

杨由，字哀侯，蜀郡成都人。年少时修习《易经》，兼修七政、元气、风云占候。杨由担任郡中的文学掾吏。当时有鸵鸟在夜晚聚集在武库的楼上，太守廉范向杨由询问原因，杨由回答道：“根据占卜的结果，郡内将会有小规模的兵乱，但不足为害。”二十多天后，广柔县的蛮夷造反，残杀县里的官吏，州郡调派军队前去平息叛乱。还有大风将札牍削下的碎片吹落，太守向杨由询问原因。杨由回答道：“这将会有人前来进献果实，果实的颜色是红黄色。”不久之后，五官掾史进献了数包橘子。

杨由曾与人饮酒，他告诫车夫说：“若是酒过三巡，就应当整备车驾，赶快离开。”过了不久，杨由便催促离开。后来主人家中发生斗斗，此兵贼之象也。”其言多验。著书十余篇，名曰《其平》。终于家。

李南字孝山，丹阳句容人也。少笃学，明于风角。和帝永元中，太守马棱坐盗贼事被征，当诣廷尉，吏民不宁，南特通谒贺。棱意有恨，谓曰：“太守不德，今当即罪，而君反相贺邪？”南曰：“旦有善风，明日中时应有吉问，故来称庆。”旦日，棱延望景晏，以为无征；至晡，乃有驿使赍诏书原停棱事。南问其迟留之状。使者曰：“向度宛陵浦里舡，马踠足，是以不得速。”棱乃服焉。后举有道，辟公府，病不行，终于家。

南女亦晓家术，为由拳县人妻。晨诣爨室，卒有暴风，妇便上堂从姑求归，辞其二亲。姑不许，乃跪而泣曰：“家世传术，疾风卒起，先吹灶突及井，此祸为妇女主爨者，妾将亡之应。”因著其亡日。乃听还家，如期病卒。

李郃字孟节，汉中南郑人也。父颉，以儒学称，官至博士。郃袭父业，游太学，通《五经》。善《河》《洛》风星，外质朴，人莫之识。县召署幕门候吏。

和帝即位，分遣使者，皆微服单行，各至州县，观采风谣。使者二人当到益部，投郃候舍。时夏夕露坐，郃因仰观，问曰：“二君发京师时，宁知朝廷遣二使邪？”二人默然，惊相视曰：“不闻也。”问何以知之。郃指星示云：“有二使星向益州分野，故知之耳。”

殴，甚至出现死伤，有人询问杨由是如何知晓的。杨由回答道：“之前在社庙的树上有鸠鸟在打架，这是兵贼之象。”杨由所言大多得到了应验。他著书十余篇，名为《其平》。最终在家中去世。

李南，字孝山，丹阳郡句容县人。年少时专心好学，精通风角。和帝永元年间，太守马棱因盗贼案受到朝廷征召，前往廷尉，官吏百姓都惶恐不安，李南却前去拜谒道贺。马棱心生恨意，对李南说：“我身为太守，德行欠缺，如今要被治罪，君反而向我道贺，为什么？”李南说：“早晨有善风，明日中午应该会有好消息，故而前来道贺。”第二天早上，马棱引颈以待，以为李南所言没有应验；到了下午，真的有驿使带着诏书赦免马棱的罪行。李南询问驿使为何迟到。驿使说：“之前途经宛陵县浦里𣲗时，马蹄受伤，所以走得很慢，没能按时到达。”马棱因此心服。后来李南被举为有道之士，得到了公府的征召，但因病没有前往，李南最终在家中去世。

李南的女儿也通晓家中方术，嫁予由拳县人为妻。某日清晨李氏来到厨房，突然暴风大作，李氏便去正堂请求婆婆允许自己归家，向自己的父母辞别，婆婆没有同意，李氏便跪地哭泣道：“我家世代传授方术，狂风骤起，先吹向灶上的烟囱，然后又吹向水井，这说明主持炊事的妇女将有灾祸降临，这是妾将死的预兆。”于是李氏写下了自己的死期。婆婆同意她回家，最终李氏果真在那天病逝。

李郃，字孟节，汉中郡南郑县人。父亲李颉，以儒学著称，官至博士。李郃承袭父业，游学于太学，李郃精通《五经》。擅长《河图》《洛书》以及风角星象，外貌质朴，没有人知道他的才能。县衙征召李郃担任幕门候吏。

和帝即位后，派遣使者，他们都微服独行，各自前往州县，观察民俗，收集民谣。有两名使者来到益州，在李郃负责的候舍中休息。当时正是夏季晚上，他们在外纳凉，李郃仰望天空，问道：“两位使者离开京师启程时，是否知晓朝廷派了两位使者前来？”两人沉默相视，惊讶不已，说：“不知道。”两位使者询问李郃是如何知晓的。李郃指着星星说：“有两颗使星向益州分野移动，故而知晓。”

后三年，其使者一人拜汉中太守，郃犹为吏。太守奇其隐德，召署户曹史。时大将军窦宪纳妻，天下郡国皆有礼庆，郡亦遣使。郃进谏曰："窦将军椒房之亲，不修礼德，而专权骄恣，危亡之祸可翘足而待。愿明府一心王室，勿与交通。"太守固遣之，郃不能止。请求自行，许之。郃遂所在留迟，以观其变。行至扶风，而宪就国自杀，支党悉伏其诛。凡交通宪者，皆为免官，唯汉中太守不豫焉。

郃岁中举孝廉，五迁尚书令，又拜太常。元初四年，代袁敞为司空，数陈得失，有忠臣节。在位四年，坐请托事免。

安帝崩，北乡侯立，复为司徒。及北乡侯病，郃阴与少府河南陶范、步兵校尉赵直谋立顺帝，会孙程等事先成，故郃功不显。明年，坐吏民疾病，仍有灾异，赐策免。将作大匠翟酺上郃"潜图大计，以安社稷"，于是录阴谋之功，封郃涉都侯，辞让不受。年八十余，卒于家。门人上党冯胄独制服，心丧三年，时人异之。

胄字世威，奉世之后也。常慕周伯况、闵仲叔之为人，隐处山泽，不应征辟。

郃子固，已见前传。弟子历，字季子。清白有节，博学善交，与郑玄、陈纪等相结。为新城长，政贵无为。亦好方术。时天下旱，县界特雨。官至奉车都尉。

段翳字元章，广汉新都人也。习《易经》，明风角。时有就其学者，虽未至，必豫知其姓名。尝告守津吏曰："某日当有诸生二人，三年后，其中一名使者拜任汉中太守，李郃依旧担任属吏。汉中太守惊叹李郃施德而不为人知，便征召李郃担任户曹史。当时大将军窦宪娶妻，天下郡国前去送礼道贺，汉阳郡也派使者前往。李郃进谏道："窦将军虽是皇后至亲，但他不修礼德，擅权专断，骄纵妄为，危亡之祸翘足而待，希望明府心向汉室，不要与窦宪有交往。"太守却坚持要派使者前往，李郃无法阻止。便请求让自己前去，太守准许了。李郃便在途中滞留，以观其变。当李郃走到右扶风时，窦宪已被遣归封国并已自杀，其党羽悉数伏诛。但凡是与窦宪有交往的人，都被免官，唯独汉中太守没有参与其中，免于灾殃。

李郃在这一年被举为孝廉，经过五次升迁担任尚书令，之后又拜任太常。元初四年（117），李郃代替袁敞担任司空，数次奏言政治得失，有忠臣的气节。李郃在位四年，最终因接受请托而被免官。

安帝驾崩，北乡侯即位，李郃再次担任司徒。后来北乡侯患病，李郃便暗中与少府河南人陶范、步兵校尉赵直谋划拥立顺帝，恰巧孙程等人率先成功，顺帝即位，所以李郃的功劳并没有显现。第二年，因为朝中许多官吏以及百姓患病，灾异频繁，朝廷赐予李郃策书，而后李郃被免官。将佐大匠翟酺上书为李郃奏言"暗中谋划大计，以安社稷"。于是朝廷又将李郃暗中谋划的功绩记录下来，并将李郃封为涉都侯，但他推辞没有接受。李郃享年八十多岁，在家中去世。只有门生上党人冯胄缝制了丧服，为李郃服心丧三年，当时的百姓都十分诧异。

冯胄，字世威，冯奉世之后。冯胄素来仰慕周伯况、闵仲叔的为人，冯胄隐居在山泽之间，不接受朝廷以及官府的征召。

李郃的儿子李固，在前面的传记中已有记载。李郃弟弟的儿子李历，字季子。为人清廉，怀有志节，博学善交，与郑玄、陈纪等人结为好友。李历曾担任新城县长，推崇无为而治。李历也喜爱方术，当时天下大旱，唯独新城县依旧风调雨顺。李历官至奉车都尉。

段翳，字元章，广汉郡新都县人。修习《易经》，精通风角。当时有人慕名而来，向段翳求学，就算是人未到，段翳也已预先知晓来荷担问翳舍处者，幸为告之。”后竟如其言。又有一生来学，积年，自谓略究要术，辞归乡里。翳为合膏药，并以简书封于筒中，告生曰：“有急发视之。”生到葭萌，与吏争度，津吏檛破从者头。生开筒得书，言到葭萌，与吏斗头破者，以此膏裹之。生用其言，创者即愈。生叹服，乃还卒业。翳遂隐居窜迹，终于家。

廖扶字文起，汝南平舆人也。习《韩诗》《欧阳尚书》，教授常数百人。父为北地太守，永初中，坐羌没郡下狱死。扶感父以法丧身，惮为吏。及服终而叹曰：“老子有言：‘名与身孰亲？’吾岂为名乎！”遂绝志世外。专精经典，尤明天文、谶纬，风角、推步之术。州郡公府辟召皆不应。就问灾异，亦无所对。

扶逆知岁荒，乃聚谷数千斛，悉用给宗族姻亲，又敛葬遭疫死亡不能自收者。常居先人冢侧，未曾入城市。太守谒焕，先为诸生，从扶学。后临郡，未到，先遣吏修门人之礼，又欲擢扶子弟，固不肯，当时人因号为北郭先生。年八十，终于家。

二子，孟举、伟举，并知名。

折像字伯式，广汉雒人也。其先张江者，封折侯，曾孙国为郁林太守，徙广汉，因封氏焉。国生像。

国有赀财二亿，家僮八百人。像幼有仁心，不杀昆虫，不折萌者的姓名。段翳曾对守津吏说："某日将会有两名学生，挑着行李来询问我的居所，希望你予以告知。"后来果真如段翳所言。后来又有一名学生前来求学，历经数年，自认为已经大致了解了其中的精妙义理了，便辞归乡里。段翳为其调制了一剂膏药，写下一封简书，一并封在竹筒中，告诉学生说："倘若遇到急事，打开看看。"学生走到葭萌河时，与掌管渡口的津吏发生争执，津吏将随从者的头打破了。学生打开竹筒打开简书，简书上写着走到葭萌，有人会与津吏相斗，并且头会被打破，用此膏药包扎。学生照做，伤者立即就痊愈了。学生不禁叹服，于是掉头返回完成学业。段翳避世隐居，最终在家中去世。

廖扶，字文起，汝南郡平舆县人。修习《韩诗》《欧阳尚书》，教授的弟子门生常常有数百人。父亲曾担任北地太守，永初年间，其父因羌族进犯北地郡而被收押下狱，最终在狱中去世，廖扶感慨父亲因触犯法令而死，因此畏惧成为官吏。廖扶丧期结束，感叹道："老子曾说：'名誉与生命，哪个更重要？'我岂会看重名誉？"于是廖扶断绝俗念。一心钻研经典，尤其精通天文、谶纬、风角、推演之术。州郡公府征召廖扶前去任职，全都被廖扶拒绝。就算是有人向廖扶询问灾异的情况，他也一概不回答。

廖扶预先知晓某年会发生饥荒，于是他事先囤积了数千斛的粮食，当饥荒发生，廖扶就将所有的粮食用于赈济宗族姻亲，还会帮助那些因瘟疫而亡无法入殓的百姓下葬。廖扶常常住在先人的坟冢旁，未曾进入城市生活。太守谒焕，最初身为学生，曾跟随廖扶学习，后来担任太守，还未就任，便先派属吏送给廖扶谢师的酬金，又想帮扶提拔廖扶的子弟，廖扶再三拒绝，当时百姓称廖扶为北郭先生。廖扶享年八十岁，在家中去世。

廖扶有两个儿子，分别是廖孟举、廖伟举，全都声名远扬。

折像，字伯式，广汉郡雒县人。其先祖张江，受封为折侯。曾孙折国担任郁林太守，后来迁居广汉，便以封号作为姓氏。折国生折像。

折国家中资财多达二亿，僮仆有八百人。折像幼时就怀有仁心，牙。能通《京氏易》，好黄老言。及国卒，感多藏厚亡之义，乃散金帛资产，周施亲疏。或谏像曰："君三男两女，孙息盈前，当增益产业，何为坐自殚竭乎？"像曰："昔斗子文有言：'我乃逃祸，非避富也。'吾门户殖财日久，盈满之咎，道家所忌。今世将衰，子又不才。不仁而富，谓之不幸。墙隙而高，其崩必疾也。"智者闻之咸服焉。

自知亡日，召宾客九族饮食辞诀，忽然而终。时年八十四。家无余资，诸子衰劣如其言云。

樊英字季齐，南阳鲁阳人也。少受业三辅，习《京氏易》，兼明《五经》。又善风角、星算，《河》《洛》七纬，推步灾异。隐于壶山之阳，受业者四方而至。州郡前后礼请不应；公卿举贤良方正、有道，皆不行。

尝有暴风从西方起，英谓学者曰："成都市火甚盛。"因含水西向漱之，乃令记其日时。客后有从蜀都来，云"是日大火，有黑云卒从东起，须臾大雨，火遂得灭"。于是天下称其术艺。

安帝初，征为博士。至建光元年，复诏公车赐策书，征英及同郡孔乔、李昺、北海郎宗、陈留杨伦、东平王辅六人，唯郎宗、杨伦到洛阳，英等四人并不至。

永建二年，顺帝策书备礼，玄纁征之，复固辞疾笃。乃诏切责郡县，驾载上道。英不得已，到京，称病不肯起。乃强舆入殿，犹不以礼屈。帝怒，谓英曰："朕能生君，能杀君；能贵君，能贱君；能富君，能贫君。君何以慢朕命？"英曰："臣受命于天。生尽其命，天不杀昆虫，不折嫩芽。折像精通《京氏易》，喜好黄老之言。等折国去世后，折像有感于老子“多藏必厚亡”之义，于是折像将家中的金帛资产全部散尽，不论亲疏关系，都予以周济施舍。有人劝折像：“君有三子两女，子孙满堂，君应当拓展家业，为何要坐观家产耗尽呢？”折像说：“从前斗子文曾说：‘我是为了躲避殃祸，而非非为了避开财富。’我家聚财日久，过于盈满所招致来的灾祸，是为道家所忌。如今世道将衰，子孙又不才。不仁而富，是为不幸。墙有缝隙反而砌得很高，必然会很快崩塌！”智者听闻折像所言，对他都十分敬服。

折像自知去世的时间，便召集宾客九族，设宴欢饮并与他们告别，然后忽然间就去世了。折像享年八十四岁，家中没有多余的资产，他的几个儿子都像折像所言那般颓废顽劣。

樊英，字季齐，南阳郡鲁阳县人。年少时在三辅求学，修习《京氏易》，兼修《五经》。又擅长风角、星算，《河图》《洛书》七纬，还能推演灾异。樊英隐居在壶山的南面，前来求学的人从四方而至。州郡前后多次礼请樊英，他都没有答应。公卿举荐樊英为贤良方正、有道之士，樊英都没有接受。

曾有一次，西面有暴风刮来，樊英对学生说：“成都集市的火势非常大。”于是樊英含水向西方喷出，并让学生记下具体的时间。后来有客人从成都来，他说“某天发生大火，突然有黑云从东方升起，顷刻之间降下大雨，大火得以熄灭。”于是天下都对樊英的数术称赞不已。

安帝即位之初，征召樊英拜任博士。到了建光元年（121），安帝又下诏，命公车赐予樊英策书，并征召樊英以及同郡的孔乔、李昺、北海的郎宗、陈留的杨伦、东平的王辅共六人，唯有郎宗、杨伦来到洛阳，樊英等四人都没有前去洛阳应召。

永建二年（127），顺帝赐下策书，备下厚礼，准备了黑红两色的布帛前去征召樊英，但樊英以病重再三推辞。于是顺帝下诏叱责郡县，命令郡县驾车送樊英前往京城。樊英不得已，等到了京城，樊英依旧称病不肯起身进宫。于是用轿子强行抬入殿中，但樊英依旧不愿也；死不得其命，亦天也。陛下焉能生臣，焉能杀臣！臣见暴君如见仇雠，立其朝犹不肯，可得而贵乎？虽在布衣之列，环堵之中，晏然自得，不易万乘之尊，又可得而贱乎？陛下焉能贵臣，焉能贱臣！臣非礼之禄，虽万钟不受；若申其志，虽箪食不厌也。陛下焉能富臣，焉能贫臣！”帝不能屈，而敬其名，使出就太医养疾，月致羊酒。

至四年三月，天子乃为英设坛席，令公车令导，尚书奉引，赐几杖，待以师傅之礼，延问得失。英不敢辞，拜五官中郎将。数月，英称疾笃，诏以为光禄大夫，赐告归。令在所送谷千斛，常以八月致牛一头，酒三斛；如有不幸，祠以中牢。英辞位不受，有诏譬旨勿听。

英初被诏命，佥以为必不降志，及后应对，又无奇谟深策，谈者以为失望。初，河南张楷与英俱征，既而谓英曰：“天下有二道，出与处也。吾前以子之出，能辅是君也，济斯人也。而子始以不訾之身，怒万乘之主；及其享受爵禄，又不闻匡救之术，进退无所据矣。”

英既善术，朝廷每有灾异，诏辄下问变复之效，所言多验。

初，英著《易章句》，世名樊氏学，以图纬教授。颍川陈寔少从以礼屈从。顺帝大怒，对樊英说："朕能让君生，也能让君死；能让君显贵，也能让君微贱；能让君富足，也能让君贫穷。而君为何要怠慢朕命？"樊英说："臣受命于天。若能安享天年，是由天定；若不能安享天年，也是由天定。陛下如何能让我生，又如何能让我死！臣见暴君如见仇敌，臣都不愿站在暴君的朝堂之上，臣又如何能变得显贵？臣虽身在布衣之列，住在陋室之中，但臣安适自得，就算是万乘之尊也不会对臣有什么改变，臣又如何能变得微贱？陛下如何能让臣显贵，又如何能让臣微贱！对于不合礼法的俸禄，即便有万钟之多，臣也不会接受；倘若能实现臣的志向，即便只有一箪食，臣也不会心生厌恶。陛下如何能让臣富足，又如何能让臣贫穷！"顺帝无法使樊英屈从，反而更加尊敬樊英，便让樊英出宫前往太医院养病，每月送给樊英羊和酒。

到了永建四年（129）三月，顺帝为樊英筑坛设席，并诏令公车和尚书在前导引，赐予几杖，以老师之礼相待，向樊英请教政治得失。樊英不敢推辞，拜任五官中郎将。数月后，樊英上书称病重，顺帝下诏命樊英拜任光禄大夫，赐假准其归家养病。并诏令樊英所在的郡县，送给樊英粮食千斛，每年八月送一头牛，三斛酒，假若发生不幸，则以中牢之礼祭祀。樊英拒接官职没有接受，顺帝下诏只管晓谕诏令，不要听樊英所言。

樊英接到诏命之初，众人都认为樊英一定不会降志屈从，后来樊英前往应召，并且樊英没有提出什么奇谋妙策，谈论之人无不失望。起初，河南人张楷与樊英一同受到征召，之后张楷对樊英说："天下之路无非有两条，出仕为官与隐居不仕。我以前以为你出仕为官，能辅助君主，救济百姓。而你一开始就以无价之身，激怒万乘之主；后来当你享受爵禄，又没有听闻你提出什么匡救时世之术，这可谓是进退无据了。"

樊英精通方术，朝廷每有灾异发生，都会下诏向樊英询问消除灾异，恢复正常的方法，樊英所言大多都很灵验。

起初，樊英编撰《易章句》，世称樊氏之学，樊英教授图谶和纬英学。尝有疾，妻遣婢拜问，英下床答拜。寔怪而问之。英曰：“妻，齐也，共奉祭祀，礼无不答。”其恭谨若是。年七十余，卒于家。

孙陵，灵帝时以谄事宦人为司徒。

陈郡郤巡学传英业，官至侍中。

论曰：汉世之所谓名士者，其风流可知矣。虽弛张趣舍，时有未纯，于刻情修容，依倚道艺，以就其声价，非所能通物方，弘时务也。及征樊英、杨厚，朝廷若待神明，至竟无它异。英名最高，毁最甚。李固、朱穆等以为处士纯盗虚名，无益于用，故其所以然也。然而后进希之以成名，世主礼之以得众，原其无用亦所以为用，则其有用或归于无用矣。何以言之？夫焕乎文章，时或乖用；本乎礼乐，适末或疏。及其陶搢绅，藻心性，使由之而不知者，岂非道邈用表，乖之数迹乎？而或者忽不践之地，赊无用之功，至乃诮諃远术，贱斥国华，以为力诈可以救沦敝，文律足以致宁平，智尽于猜察，道足于法令，虽济万世，其将与夷狄同也。孟轲有言曰：“以夏变夷，不闻变夷于夏。”况有未济者乎！

书。颍川人陈寔年少时就师从樊英。樊英曾有一次生病，妻子派婢女去拜问，而樊英则要下床回拜。陈寔感到奇怪便向樊英请教。樊英说："妻，是齐的意思，夫妻二人共同供奉祭祀，依礼应当回拜。"樊英的恭谨就是如此。樊英享年七十多岁，在家中去世。

樊英的孙子樊陵，灵帝时通过攀附谄媚宦官而担任司徒。

陈郡的郤巡，继承樊英的遗业，官至侍中。

评论说：汉朝所谓的名士，他们的风流潇洒可想而知了。虽然他们进退取舍，有时用心不纯，但他们润饰性情，修饰仪容，依傍方术，使得自己声名远扬，身价抬高，而他们并非能通晓万物变化之理，推行当世之要。朝廷征召樊英、杨厚将他们奉若神明，而他们并没有异于常人之处。樊英的名声最大，而诋毁也最重。李固、朱穆等人因是隐士，完全是沽名钓誉，徒有其名，对当世没有任何裨益，所以他们没有受到赞誉。然而后进之士希望借此成名，君主对他们以礼相待而赢得民心。原本无用的东西会变得有用，而那些有用的东西就会变得无用了。何出此言？文章虽优美，若时局凋敝则不会被采用；礼乐虽重要，若遭逢末世则会被荒废。至于陶冶士大夫，修养其心性，让他们都遵从照做，而不让他们知晓其中缘由，这难道不是其中义理深奥而源于常用，与数术的义理不同吗？而有人忽视实践的作用，耗费无用之功，至于谴责讥刺礼乐教化，贬低排斥心怀道义的隐逸之士，认为运用暴力欺诈可以挽救没落衰颓的世道，政令法律足以让天下安定太平用文害和法令足可以逢到天下的安定和太平，心智全部用于揣测观察占卜的结果，方术用来代替借法律政令，虽能匡救万世，但这些做法与夷狄无异。孟轲曾说："只有华夏改变夷狄，从未听闻夷狄改变华夏。"更何况是方术不精的人呢！

卷一百十二下

方术列传第七十二下

唐檀字子产，豫章南昌人也。少游太学，习《京氏易》《韩诗》《颜氏春秋》，尤好灾异星占。后还乡里，教授常百余人。

元初七年，郡界有芝草生，太守刘祗欲上言之，以问檀。檀对曰："方今外戚豪盛，阳道微弱，斯岂嘉瑞乎？"祗乃止。永宁元年，南昌有妇人生四子，祗复问檀变异之应。檀以为京师当有兵气，其祸发于萧墙。至延光四年，中黄门孙程扬兵殿省，诛皇后兄车骑将军阎显等，立济阴王为天子，果如所占。

永建五年，举孝廉，除郎中。是时白虹贯日，檀因上便宜三事，陈其咎征。书奏，弃官去。著书二十八篇，名为《唐子》。卒于家。

公沙穆字文乂，北海胶东人也。家贫贱，自为儿童不好戏弄，长习《韩诗》《公羊春秋》，尤锐思《河》《洛》推步之术。居建成山中，依林阻为室，独宿无侣。时暴风震雷，有声于外呼穆者三，穆不与语。有顷，呼者自牖而入，音状甚怪，穆诵经自若，终亦无它妖异，时人奇之。后遂隐居东莱山，学者自远而至。

有富人王仲，致产千金。谓穆曰："方今之世，以货自通，吾奉百万与子为资，何如？"对曰："来意厚矣。夫富贵在天，得之有命。

唐檀，字子产，豫章郡南昌县人。年少时游学于太学，修习《京氏易》《韩诗》《颜氏春秋》，尤为喜爱研究灾异以及占星。后来返归乡里，教授的弟子门生常有百余人。

元初七年（120），郡中长出芝草，太守刘祗想上报，便向唐檀询问。唐檀回答道："如今外戚之势强盛，君道微弱，这岂是祥瑞之兆？"刘祗只能作罢。永宁元年（120），南昌有位妇人生了四个孩子，刘祗再次向唐檀询问会发生什么变故灾异。唐檀认为京师将会发生兵乱，祸端源于萧墙之内，到了延光四年（125），中黄门孙程从宫中起兵，诛杀了皇后的兄长车骑将军阎显等人，拥立济阴王为天子，果真如唐檀所言。

永建五年（130），唐檀被举为孝廉，授任郎中。当时出现了白虹贯日的异象，唐檀便上书奏言三件便宜之事，陈述灾祸报应。奏书呈上之后，唐檀弃官离去。唐檀著书二十八篇，名为《唐子》。最终在家中去世。

公沙穆，字文乂，北海郡胶东县人。家境贫困，孩提时就不喜欢玩耍，长大后修习《韩诗》《公羊春秋》，尤其醉心于《河图》《洛书》以及推演之术。后来公沙穆住在建成山中，依傍山林险阻之地修建房舍，独自居住没人做伴。当时狂风大作，雷声轰鸣，外面传来一个声音，呼喊公沙穆很多次，公沙穆没有理睬。不一会儿，呼喊者从窗户进入，声音外形都十分怪异，但是公沙穆照常诵经，神情自若，最终再也没有出现过其他妖异，当时的百姓听闻此事无不感到惊奇。后来公沙穆隐居于东莱山，求学的人远道而来。

有位名叫王仲的富人，家产累至千金。对公沙穆说："当今之世，大家有了财货，一些事情自然就能办到，我送给您百万家财作为以货求位，吾不忍也。”

后举孝廉，以高第为主事，迁缯相。时缯侯刘敞，东海恭王之后也，所为多不法，废嫡立庶，傲很放恣。穆到官，谒曰：“臣始除之日，京师咸谓臣曰‘缯有恶侯’，以吊小相。明侯何因得此丑声之甚也？幸承先人之支体，传茅土之重，不战战兢兢，而违越法度，故朝廷使臣为辅。愿改往修来，自求多福。”乃上没敞所侵官民田地，废其庶子，还立嫡嗣。其苍头儿客犯法，皆收考之。因苦辞谏敞，敞涕泣为谢，多从其所规。

迁弘农令。县界有螟虫食稼，百姓惶惧。穆乃设坛谢曰：“百姓有过，罪穆之由，请以身祷。”于是暴雨，既霁而螟虫自销，百姓称曰神明，永寿元年，霖雨大水，三辅以东莫不湮没。穆明晓占候，乃豫告令百姓徙居高地，故弘农人独得免害。

迁辽东属国都尉，善得吏人欢心。年六十六卒官。六子皆知名。

许曼者，汝南平舆人也。祖父峻，字季山，善卜占之术，多有显验，时人方之前世京房。自云少尝笃病，三年不愈，乃谒太山请命，行遇道士张巨君，授以方术。所著《易林》，至今行于世。

曼少传峻学。桓帝时，陇西太守冯绲始拜郡，开绶笥，有两赤蛇分南北走。绲令曼筮之，卦成，曼曰：“三岁之后，君当为边将，官有东名，当东北行三千里。复五年，更为大将军，南征。”延熹元本钱，如何？”公沙穆回答道：“感谢您的厚爱，但是富贵在天，得之有命，用财货求得尊位，我不愿这样做。”

后来公沙穆被举为孝廉，因考核的成绩十分优异而担任主事，升任缯国国相。当时的缯侯刘敞，是东海恭王的后人，其所作所为多有不法，刘敞废黜嫡子，册立庶子，倨傲狠戾，肆意妄为。公沙穆到任之后，前去拜谒刘敞，说：“臣在拜任缯国国相之日，京师的人都对臣说‘缯国有恶侯’，都为我感到悲伤，为何明侯会落得如此丑恶的名声呢？明侯幸承先人血脉，承袭王侯的重任，不能战战兢兢，恪守本分，反而违越法度，因此朝廷命臣前来辅佐。希望明侯改往修来，自求多福。”朝廷没收了刘敞所侵占的官田和私田，废黜了刘敞的庶子，重新册立嫡子。刘敞府上的仆役犯了法，不论老幼，全都收捕审迅。公沙穆苦口婆心，忠言劝谏，刘敞痛哭悔过，感谢公沙穆的劝谏，后来刘敞多次听从公沙穆的规劝。

后来公沙穆迁任弘农县令。县内出现螟虫啃食庄稼，百姓十分惶恐。公沙穆便设坛，祈祷谢罪道：“百姓有过，全在公沙穆，愿以己身，为民祝祷。”于是天降暴雨，雨过天晴止后，那些螟虫都自行消失，百姓将公沙穆称为神明。永寿元年（155），连绵大雨，以至于发生水灾，三辅以东无不受灾被淹。公沙穆精通占候之术，事先告知百姓，让百姓迁居高地，所以唯有弘农县的百姓免于灾害。

后来公沙穆迁任辽东属国都尉，深得当地官吏百姓的欢心。公沙穆享年六十六岁，在任上去世。六个儿子都声名远扬。

许曼，汝南郡平舆县人。祖父许峻，字季山，擅长卜占之术，大部分会应验。当时的百姓人将其比作前朝的京房。许曼自称年少时曾生过一场大病，三年都没有痊愈，于是前去太山拜谒，请求延命，路遇道士张巨君，传授自己方术。许曼编撰的《易林》，流传至今。

许曼年少时继承祖父许峻的遗业。桓帝时，陇西太守冯绲在拜任之初，打开盛放印绶的箱子，有两条赤蛇分别向南北方向爬行。冯绲让许曼进行占卜，卦成之后，许曼说：“三年之后，君将会担任边境守将，官职中带有“东”字，会向东北方行军三千里。再过五年，君年，绲出为辽东太守，讨鲜卑，至五年，复拜车骑将军，击武陵蛮贼，皆如占。其余多此类云。

赵彦者，琅邪人也。少有术学。延熹三年，琅邪贼劳丙与太山贼叔孙无忌杀都尉。攻没琅邪属县，残害吏民。朝廷以南阳宗资为讨寇中郎将，杖钺将兵，督州郡合讨无忌。彦为陈《孤虚》之法，以贼屯在莒，莒有五阳之地，宜发五阳郡兵，从孤击虚以讨之。资具以状上，诏书遣五阳兵到。彦推遁甲，教以时进兵，一战破贼，燔烧屯坞，徐兖二州一时平夷。

樊志张者，汉中南郑人也。博学多通，隐身不仕。尝游陇西，时破羌将军段颎出征西羌，请见志张。其夕，颎军为羌所围数重，因留军中，三日不得去。夜谓颎曰："东南角无复羌，宜乘虚引出，住百里，还师攻之，可以全胜。"颎从之，果以破贼。于是以状表闻。又说其人既有梓慎、焦、董之识，宜翼圣朝，咨询奇异。于是有诏特征，会病终。

单飏字武宣，山阳湖陆人也。以孤特清苦自立，善明天官、算术。举孝廉，稍迁太史令，侍中。出为汉中太守，公事免。后拜尚书，卒于官。

初，熹平末，黄龙见谯，光禄大夫桥玄问飏："此何祥也？"飏曰："其国当有王者兴。不及五十年，龙当复见，此其应也。"魏郡人殷登密记之。至建安二十五年春，黄龙复见谯，其冬，魏受禅。

会升任大将军，率军南征。”延熹元年（158），冯绲担任辽东太守，率军讨伐鲜卑。到了第五年，冯绲又拜任车骑将军，率军前往武陵征讨蛮贼，这些事情和当初许曼占卜的结果如出一辙，其余的事情多是如此。

赵彦，琅琊郡人。年少时学习方术。延熹三年（160），琅琊贼人劳丙与太山贼人叔孙无忌将都尉杀害，攻陷了琅琊郡的属县，残害当地官吏百姓。朝廷让南阳郡人宗资担任讨寇中郎将，宗资手持斧钺统率军队，督促州郡联合征讨叔孙无忌。赵彦为宗资陈列《孤虚》之法，赵彦认为贼人屯聚在莒县，莒县附近有城阳、南武阳、开阳、阳都、安阳等五阳之地，应当征调五阳郡兵，用从孤击虚的方法出兵征讨。宗资将具体情况上报朝廷，灵帝下诏征调五阳郡兵前往。赵彦推演遁甲之术，指导军队依照时机进兵，仅一战就将贼人打败，将贼人防御用的堡垒烧毁，徐州、兖州一时平定夷人。

樊志张，汉中郡南郑县人。博学多闻，隐居不仕。樊志张曾游历陇西，当时破羌将军段颎出征西羌，礼请面见樊志张。当晚，段颎的军队被羌族重重包围，因此樊志张只能滞留军中，三日都无法离去。夜晚樊志张对段颎说：“东南角没有羌族，将军应当趁虚出兵，冲破包围，驻扎在百里之外，之后率军回击，这样便可全胜。”段颎采纳了樊志张的谏言，果真大破羌族。于是段颎将出征的情况上奏朝廷。并且奏言举荐，说樊志张有梓慎、焦延寿、董仲舒的才学和见闻，应当入仕为官，辅佐圣朝，向其咨询一些奇异之象。于是朝廷下诏特意征召樊志张，但是恰巧樊志张病逝。

单飏，字武宣，山阳郡湖陆县人。以孤高清苦而自立于世，擅长天官、算术。经过举荐成为孝廉，逐渐升任太史令、侍中。后来出外担任汉中太守，又因公事被免职。后来单飏拜任尚书，在任上去世。

起初，熹平末年，谯县有黄龙出现，光禄大夫桥玄询问单飏：“这是何种祥瑞？”单飏说：“国家将有王者兴起。不超过五十年，黄龙将会再次出现，这便是应验的征兆。”魏郡人殷登暗中将这件事记录下来。到了建安二十五年（220）春，谯县再次有黄龙出现，当韩说字叔儒，会稽山阴人也。博通《五经》，尤善图纬之学。举孝廉。与议郎蔡邕友善。数陈灾眚，及奏赋、颂、连珠。稍迁侍中。光和元年十月，说言于灵帝，云其晦日必食，乞百官严装。帝从之，果如所言。中平二年二月，又上封事，剋期宫中有灾。至日南宫大火。迁说江夏太守，公事免，年七十，卒于家。

董扶字茂安，广汉绵竹人也。少游太学，与乡人任安齐名，俱事同郡杨厚，学图谶。还家讲授，弟子自远而至。前后宰府十辟，公车三征，再举贤良方正、博士、有道，皆称疾不就。

灵帝时，大将军何进荐扶，征拜侍中，甚见器重。扶私谓太常刘焉曰："京师将乱，益州分野有天子气。"焉信之，遂求出为益州牧，扶亦为蜀郡属国都尉，相与入蜀。去后一岁，帝崩，天下大乱，乃去官还家。年八十二卒。

后刘备称天子于蜀，皆如扶言。蜀丞相诸葛亮问广汉秦密，董扶及任安所长。密曰"董扶褒秋毫之善，贬纤介之恶。任安记人之善，忘人之过"云。

郭玉者，广汉雒人也。初，有老父不知何出，常渔钓于涪水，因号涪翁。乞食人间，见有疾者，时下针石，辄应时而效，乃著《针经》《诊脉法》传于世。弟子程高寻求积年，翁乃授之。高亦隐迹不仕。玉少师事高，学方诊六微之技，阴阳隐侧之术。和帝时，为太医丞，多有效应。帝奇之，仍试令嬖臣美手腕者与女子杂处帷中，使玉各诊一手，问所疾苦。玉曰："左阳右阴，脉有男女，状若异人。

年冬季，魏王曹丕接受禅让，即位为帝建立魏国。

韩说，字叔儒，会稽县山阴县人。博通《五经》，尤其擅长图纬之学。被举荐为孝廉。与议郎蔡邕交好。韩说多次陈奏祸患灾殃，并且还呈上赋、颂、连珠。逐渐升任侍中。光和元年（178）十月，韩说向灵帝谏言，当月三十日必将会发生日食，奏请百官严装以待。灵帝听从了韩说的谏言，果真如其所言。中平二年（185）二月，韩说再次呈上密封的奏书，说在某段时间内宫中有灾。到了那天南宫发生大火。灵帝命韩说升任江夏太守，后来韩说因公事被免官。享年七十岁，在家中去世。

董扶，字茂安，广汉郡绵竹县人。年少时游学于太学，与同乡人任安齐名，两人都师从同郡人杨厚，修习图谶之学。后来董扶归家讲授，弟子门生都是自远方而来。董扶前后受到宰府十次征召，公车三次征召，又被举荐为贤良方正、博士、有道之士，但董扶都称病，没有前往应召。

灵帝时，大将军何进举荐董扶，灵帝征召其拜任侍中，对其十分器重。董扶私下对太常刘焉说："京师将乱，益州分野有天子气。"刘焉听信了董扶所言，于是刘焉奏请出外担任益州牧，董扶也担任蜀郡属国都尉，两人一同入蜀。董扶到任一年后，灵帝驾崩，天下大乱，于是董扶辞官还家。享年八十二岁，去世。

后来刘备在蜀成帝，一切都如董扶此前所言。蜀国丞相诸葛亮向广汉人秦密询问，董扶和任安各自的长处是什么。秦密说"董扶褒奖秋毫之善，贬斥点滴之恶。任安记人之善，忘人之过。"

郭玉，广汉郡雒县人。起初，有位不知从何而来的老父，常在涪水边钓鱼，因此众人称其为涪翁。涪翁有时也会向人们乞食，若是遇见病人，涪翁也会施针救治，效果立显。后来涪翁编撰了《针经》《诊脉法》流传于世。弟子程高找寻涪翁多年，于是涪翁将医术教授于他。后来程高也隐居不仕。郭玉年少时师从程高，学习问诊开方、六微之技，以及关于阴阳的隐微之术。和帝时，郭玉担任太医丞，治病十分灵验。和帝大为惊奇。于是和帝想测试郭玉的医术，就命一名臣疑其故。”帝叹息称善。

玉仁爱不矜，虽贫贱厮养，必尽其心力，而医疗贵人，时或不愈。帝乃令贵人羸服变处，一针即差。召玉诘问其状。对曰：“医之为言意也。腠理至微，随气用巧，针石之间，毫芒即乖。神存于心手之际，可得解而不可得言也。夫贵者处尊高以临臣，臣怀怖慑以承之。其为疗也，有四难焉：自用意而不任臣，一难也；将身不谨，二难也；骨节不强，不能使药，三难也；好逸恶劳，四难也。针有分寸，时有破漏，重以恐惧之心，加以裁慎之志，臣意且犹不尽，何有于病哉！此其所为不愈也。”帝善其对。年老卒官。

华佗字元化，沛国谯人也，一名旉。游学徐土，兼通数经。晓养性之术，年且百岁而犹有壮容，时人以为仙。沛相陈珪举孝廉，太尉黄琬辟，皆不就。

精于方药，处齐不过数种，心识分铢，不假称量，针灸不过数处。若疾发结于内，针药所不能及者，乃令先以酒服麻沸散，既醉无所觉，因刳破腹背，抽割积聚。若在肠胃，则断截湔洗，除去疾秽，既而缝合，傅以神膏，四五日创愈，一月之间皆平复。

佗尝行道，见有病咽塞者，因语之曰：“向来道隅有卖饼人，萍齑甚酸，可取三升饮之，病自当去。”即如佗言，立吐一蛇，乃悬于车而候佗。时佗小儿戏于门中，逆见，自相谓曰：“客车边有物，手腕秀美的嬖臣和一名女子混处在帷帐之内，让郭玉各诊一只手，和帝询问郭玉，是什么病证。郭玉回答道："脉象左阳右阴，有男女之分，好像是两个人，臣对此感到怀疑。"和帝赞叹郭玉的医术高超。

郭玉性情仁爱但不骄矜傲慢，就算是为贫奴贱仆诊治，必定会尽心竭力，反而在为显贵之人诊治，有时却不见效。和帝命达官显贵穿上破旧的衣服，改换去找郭玉问诊，郭玉仅施一针即能痊愈。和帝召郭玉诘问其中缘由，郭玉说："医即是意。皮肤肌肉之间空隙极其微细，随气运用巧妙的医术，针石之间，有丝毫偏差，其效果都会不同。臣在诊病时，神存于心手之际，可以意会，不可言传。显贵之人居高临下，臣心怀恐惧为其诊治。如此治疗，有四难：病人自作主张而不听臣的医嘱，是为一难；病人不注重爱护身体，是为二难；病人骨节不强健，无法用药，是为三难；病人好逸恶劳，是为四难。针有分寸之差，有时难免不到位，再加上臣心怀恐惧，施针用药慎之又慎，臣尚且不能专心致志，心无旁骛，又怎能治好病呢！这就是臣为显贵之人诊病，效果却不明显的原因。"和帝认为郭玉的话很有道理。后来郭玉年老，在任上去世。

华佗，字元化，沛国谯县人。一名旉。曾游学于徐州，兼通数经。明晓修心养性之术，将近百岁却依然是壮年时的容貌，当时人们以为华佗是神仙。沛国国相陈珪举荐华佗为孝廉，太尉黄琬征召华佗前往任职，但他都没有应召。

华佗精通方剂药学，药方不过是数味药，对于药的用量，心中有数，不需要秤来称重。针灸也不过数处。若是疾病发自内脏，针药不能及，华佗便让病人先将麻沸散用酒服下，等到病人被麻醉后失去知觉，便切开腹部或背部，割除病灶。若是病在肠胃，就将肠胃切断，清洗，割除病灶，结束后再将肠胃缝合，涂上疗效显著的药膏，四五天后创口愈合，一个月后完全康复。

某次，华佗走在路上，看到一个咽喉梗塞、呼吸不畅的人，便对病人说："刚才在路边有个卖饼的人，他所用的腌菜水很酸，你取三升喝下，病自当痊愈。"那个人照办，喝下腌菜水之后，立刻吐出一必是逢我翁也。”及客进，顾视壁北，悬蛇以十数，乃知其奇。

又有一郡守笃病久，佗以为盛怒则差。乃多受其货而不加功。无何弃去，又留书骂之。太守果大怒，令人追杀佗，不及，因瞋恚，吐黑血数升而愈。

又有疾者，诣佗求疗，佗曰：“君病根深，应当剖破腹。然君寿亦不过十年，病不能相杀也。”病者不堪其苦，必欲除之，佗遂下疗，应时愈。十年竟死。

广陵太守陈登忽患匈中烦懑，面赤，不食。佗脉之，曰：“府君胃中有虫，欲成内疽，腥物所为也。”即作汤二升，再服，须臾，吐出三升许虫，头赤而动，半身犹是生鱼脍，所苦便愈。佗曰：“此病后三期当发，遇良医可救。”登至期疾动，时佗不在，遂死。

曹操闻而召佗，常在左右，操积苦头风眩，佗针，随手而差。

有李将军者，妻病，呼佗视脉。佗曰：“伤身而胎不去。”将军言间实伤身，胎已去矣。佗曰：“案脉，胎未去也。”将军以为不然。妻稍差，百余日复动，更呼佗。佗曰：“脉理如前，是两胎。先生者去，血多，故后儿不得出也。胎既已死，血脉不复归，必燥著母脊。”乃为下针，并令进汤。妇因欲产而不通。佗曰：“死胎枯燥，条蛇，那个人便将蛇挂在车上，等待华佗归来后拜谢。当时华佗的儿子正在家中玩耍，迎见此人，相互说道："客人车边挂着东西，一定是来见家父的。"等到客人进屋，看到北面的墙壁上，挂着十数条蛇，便知晓华佗医术的奇妙之处。

还有一位郡守，身患重病已经很久了，华佗认为病人必须在盛怒之下才能痊愈。于是华佗收了郡守许多财物却不开始治病，不久之后华佗便离开了，还留下一封信大骂郡守。郡守果然大怒，下令追杀华佗，但没有追上，于是郡守在盛怒之下，急火攻心，吐出数升黑血，之后病就痊愈了。

还有一位病人，来到华佗处，请求华佗为自己医治，华佗说："君的的病根深重，应当剖腹治疗。但君的寿数不过十年，此病也不会危及性命。"但病人不堪忍受病痛，一定要让华佗为自己根治。于是华佗就进行治疗，病当时就痊愈了，那位病人果真在十年后去世。

广陵太守陈登忽然间胸中烦闷，面赤，不思饮食。华佗为其诊脉，说："府君胃中有虫，将会长成内疽，这是因为腥物而引起的。"于是华佗煮了两升药汤，陈登服用了两次，片刻之后，陈登吐出三升左右的虫子，头赤而动，后半身像生鱼脍，陈登的病立刻痊愈。华佗说："此病在三年后还会发作，倘若能遇到良医则可救。"陈登在三年后，疾病如期复发，但当时华佗不在，陈登最终病逝。

曹操听闻关于华佗的事迹，便召华佗前来，常在自己左右。曹操长期患有头风之证，发作时头晕目眩，痛苦不已，华佗为曹彩施针治疗，随即病愈。

有位李将军，妻子患病，请来华佗诊治，华佗说："生产时伤了身体，而且胎儿并未产下。"将军说怀孕生产期间，身体确实有损，但胎儿却已生下。华佗说："依照脉像，胎儿并未生下，依旧留在体内。"将军认为华佗所言不实。妻子的病稍稍好转，一百多天后再次出现胎动，将军又将华佗请来。华佗说："脉像和前次一样，是双胞胎。在生第一胎时，因为失血过多，所以第二胎无法顺利产下。第二胎势不自生。”使人探之，果得死胎，人形可识，但其色已黑。佗之绝技，皆此类也。

为人性恶，难得意，且耻以医见业，又去家思归，乃就操求还取方，因托妻疾，数期不反。操累书呼之，又敕郡县发遣，佗恃能厌事，犹不肯至。操大怒，使人廉之，知妻诈疾，乃收付狱讯，考验首服。荀彧请曰：“佗方术实工，人命所悬，宜加全宥。”操不从，竟杀之。佗临死，出一卷书与狱吏，曰：“此可以活人。”吏畏法不敢受，佗不强与，索火烧之。

初，军吏李成苦欬，昼夜不寐。佗以为肠痈，与散两钱服之，即吐二升脓血，于此渐愈。乃戒之曰：“后十八岁，疾当发动，若不得此药，不可差也。”复分散与之，后五六岁，有里人如成先病，请药甚急，成愍而与之，乃故往谯更从佗求，适值见收，意不忍言。后十八年，成病发，无药而死。

广陵吴普、彭城樊阿皆从佗学。普依准佗疗，多所全济。

佗语普曰：“人体欲得劳动，但不当使极耳。动摇则谷气得销，血脉流通，病不得生，譬犹户枢，终不朽也。是以古之仙者为导引之事，熊经鸱顾，引挽腰体，动诸关节，以求难老。吾有一术，名五禽之戏：一曰虎，二曰鹿，三曰熊，四曰猿，五曰鸟。亦以除疾，兼利已经死在腹中了，血脉无法循环周流，必然会使母体焦躁患病。”于是华佗为其施针，并让其服药。妇人意欲生产但又生不下来。华佗说：“死胎已经干枯，势必无法自然生下。”华佗命人伸手探察，果然取出死胎，胎儿已经长出人形，但皮肤发黑。华佗的绝妙医术，诸如此类。

华佗性情粗暴，因此难以得志，而且华佗也耻于以行医为业，又离家日久，思乡心切，于是华佗就向曹操请求，说自己要回去取药方，之后又假托妻子患病，过了数年都没有返回。曹操多次召他回去，并且敕令当地郡县打发华佗返回，但华佗自视甚高，不愿再为曹操诊病，始终不肯启程。曹操大怒，命人前去察验，得知华佗妻子是谎称患病，于是就将华佗抓捕下狱，经过审讯，华佗认罪。荀彧向曹操求情说：“华佗医术精湛，能挽救人命，应当予以宽恕。”曹操不听，最终杀了华佗。华佗临死前，拿出一卷医书交予狱吏，说：“此书可以救人性命。”狱吏担心会犯法，受到牵连，因此不敢接受，华佗也没有勉强，要来火种，一把火将书烧掉了。

起初，军吏李成苦于咳疾，不论白天夜晚都无法入睡。华佗认为是肠痈，于是给了李成两钱药，李成服下后，马上吐出两升脓血，之后咳疾逐渐痊愈了。华佗告诫李成说：“十八年后，此疾还会发作，倘若没有此药，便不能痊愈。”于是华佗又给了李成同样的药。五六年后，有位同乡患病，其病症和李成之前的病一样，向李成求药，十分紧急，李成怜悯他，将自己的药给了他。于是李成便再此前往谯县，向华佗求药，恰巧华佗被抓捕下狱，李成不忍开口。十八年后，李成病发，无药而死。

广陵人吴普、彭城人樊阿都师从华佗，学习医术。吴普遵照华佗的教诲，救活了很多人。

华佗对吴普说：“人体要经常活动，但不要过度。经常活动则能使得食物消化，血脉流通，不易生病，就如同门轴一样，经常转动，不会受到虫蛀侵蚀。所以古时的神仙常常做导引养生之术，状如黑熊攀枝，鸱鸟回顾，伸展身体，活动关节，以此求得长寿。我有一套蹄足，以当导引。体有不快，起作一禽之戏，怡而汗出，因以著粉，身体轻便而欲食。”普施行之，年九十余，耳目聪明，齿牙完坚。

阿善针术。凡医咸言背及匈藏之间不可妄针，针之不可过四分，而阿针背入一二寸，巨阙匈藏乃五六寸，而病皆瘳。阿从佗求方可服食益于人者，佗授以漆叶青黏散：漆叶屑一斗，青黏十四两，以是为率。言久服，去三虫，利五藏，轻体，使人头不白。阿从其言，寿百余岁。漆叶处所而有。青黏生于丰、沛、彭城及朝歌间。

汉世异术之士甚众，虽云不经，而亦有不可诬，故简其美者列于传末：

泠寿光、唐虞、鲁女生三人者，皆与华佗同时。寿光年可百五六十岁，行容成公御妇人法，常屈颈鷮息，须发尽白，而色理如三四十时，死于江陵。唐虞道赤眉、张步家居里落，若与相及，死于乡里不其县。鲁女生数说显宗时事，甚明了，议者疑其时人也。董卓乱后，莫知所在。

徐登者，闽中人也。本女子，化为丈夫。善为巫术。又赵炳，字公阿，东阳人，能为越方。时遭兵乱，疾疫大起，二人遇于乌伤溪水之上，遂结言约，共以其术疗病。各相谓曰：“今既同志，且可各试所能。”登乃禁溪水，水为不流，炳复次禁枯树，树即生荑，二人相视而笑，共行其道焉。

活动的方法，名为五禽戏：一为虎戏，二为鹿戏，三为熊戏，四为猿戏，五为鸟戏。经常做也可以驱除疾病，同时有利于手足，可以代替神仙的导引之术。当身体不快时，起身作一套五禽戏，身体出汗，畅快舒爽，之后再使用药粉，这样身体轻便而且有食欲。”吴普照做，已经九十多岁了，依旧耳聪目明，牙齿完好坚实。

樊阿擅长针灸，一般的医者都认为背部以及胸部脏腑之间不可随意施针，倘若要施针，那么针刺入的深度不可超过四分，但樊阿在背部施针，刺入的深度达一两寸，在巨阙穴以及胸部脏腑处施针便能达五六寸，而病人却都能痊愈。樊阿向华佗求取服食后能有益人体的药方，华佗将漆叶青黏散传授给樊阿，药方是：漆叶末一斗，青黏草十四两，以此为比例。华佗告诉樊阿长期服用，可以除去体内的寄生虫，有利于五脏，能使身体轻盈，头发不白。樊阿照做，活到一百多岁。漆叶遍地都是。青黏草长在丰邑、沛县、彭城以及朝歌一带。

汉朝有很多修习奇方异术的人，虽说不合常法，但也有不可诋毁，所以挑选一些卓越优秀之士，撰写在本传的末尾：

泠寿光、唐虞、鲁女生三人，都是与华佗处于同一时代。泠寿光约有一百五六十岁，他采用容成公的御妇人之法，常常弯曲脖子，如鶮鸟一样引气呼吸，虽然须发全白，但肌肤却犹如三四十岁一般，最终在江陵去世。唐虞经过赤眉军樊崇、割据军阀张步曾居住的村落里巷，就如同似曾相识一般。唐虞最终在家乡不其县去世。鲁女生多次讲述明帝时期的事情，而且极其清楚明了，论议的人都怀疑鲁女生是那个时候的人。董卓之乱后，鲁女生不知所踪。

徐登，闽中人，原本是位女子，后来转变为男子。徐登擅长巫术。还有赵炳，字公阿，东阳县人，知晓古时越人所施的禁咒之术。当时遭逢兵乱，疾疫大作。两人在乌伤溪上相遇，于是立下约定，一起运用自己的方术为百姓治病。两人商议道：“既然如今我们志趣相同，姑且试试各自的水平。”徐登向溪水施展禁咒，溪水就不在流动；赵炳向枯树施展禁咒，枯树立刻发芽，两人相视而笑，一起运用道术救助他人。

登年长，炳师事之。贵尚清俭，礼神唯以东流水为酌，削桑皮为脯。但行禁架，所疗皆除。

后登物故，炳东入章安，百姓未之知也。炳乃故升茅屋，梧鼎而爨，主人见之惊懅，炳笑不应。既而爨孰，屋无损异。又尝临水求度，船人不和之，炳乃张盖坐其中，长啸呼风，乱流而济，于是百姓神服，从者如归。章安令恶其惑众，收杀之。人为立祠室于永康，至今蚊蚋不能入也。

费长房者，汝南人也。曾为市掾。市中有老翁卖药，悬一壶于肆头，及市罢，辄跳入壶中。市人莫之见，唯长房于楼上睹之，异焉，因往再拜奉酒脯。翁知长房之意其神也，谓之曰："子明日可更来。"长房旦日复诣翁，翁乃与俱入壶中。唯见玉堂严丽，旨酒甘肴盈衍其中，共饮毕而出。翁约不听与人言之。后乃就楼上候长房曰："我神仙之人，以过见责，今事毕当去，子宁能相随乎？楼下有少酒，与卿为别。"长房使人取之，不能胜，又令十人扛之，犹不举。翁闻，笑而下楼，以一指提之而上。视器如一升许，而二人饮之终日不尽。

长房遂欲求道，而顾家人为忧。翁乃断一青竹，度与长房身齐，使悬之舍后。家人见之，即长房形也，以为缢死，大小惊号，遂殡葬之。长房立其傍，而莫之见也。于是遂随从入深山，践荆棘于群虎之中，留使独处，长房不恐。又卧于空室，以朽索悬万斤石于心徐登年长，赵炳以师礼奉事徐登。他们崇尚清俭，在祭神时，只取东流水为酒，削下桑树皮为肉干。他们只要施展禁咒，所治疗的疾病都能被根除，病人都能痊愈。

后来徐登去世，赵炳东行前往章安县，当地百姓并不知晓赵炳。于是赵炳故意到一户人家的茅屋顶上，支起鼎来烧火做饭，主人见了大为惊惧，赵炳却笑而不答，不一会儿饭就做好了，而茅屋没有丝毫损坏。还有一次，赵炳曾来到河边，请求船夫载自己渡河。船夫没有答应，赵炳便打开伞，坐在伞中，长啸一声唤来一阵风，乘着风横渡到对岸。自此之后百姓敬服，前来追随赵炳的人多如归家一般。章安县令厌恶赵炳通过禁咒来迷惑百姓，将其收捕斩杀。百姓在永康县为赵炳修建祠庙，至今连蚊蚋都无法飞进祠庙内。

费长房，汝南郡人，曾经担任管理集市的市掾。集市中有位卖药的老翁，在店铺门前挂了一只壶，等到散集之后，老瓮就跳入壶中，集市上无人看见。唯有费长房在楼上看到了这一景象，感到十分惊异。于是费长房前往拜谒老翁，并且奉上美酒肉干。老翁知晓费长房的来意，是因为看到自己异于常人之处而来的，便对费长房说："你明日再来。"费长房第二天再次来找老翁，老翁便带着费长房一同进入壶中。只见壶内富丽堂皇，庄严华丽，美酒佳肴充满其中，两人畅饮结束后，从壶中出来。老翁与费长房约定，不可向别人言及此事。后来老翁上楼对费长房说："我本是神仙，因犯错而受到责罚，如今事情已经结束，我将要离开了，你愿意随我一同离开吗？楼下有些酒，特来与卿告别。"费长房派人下楼取酒，却拿不动，又派十人去抬，依旧抬不动。老翁听闻，笑着下楼，仅用一个指头就将酒提上来了。费长房观察那个酒器，差不多只能装一升酒而已，可是两人对饮了一整天，也没有喝完。

费长房想跟随老瓮学习道术，但又顾念家人会为此忧心。老翁便砍下一段青竹，与费长房等高，将青竹挂在屋后。家人所见到的，就是费长房的身形，以为费长房自缢而死。一家老小惊呼哀号，之后出殡下葬。真正的费长房就站在旁边，但家人却看不见。从此之后上，众蛇竞来啮索且断，长房亦不移。翁还，抚之曰："子可教也。"复使食粪，粪中有三虫，臭秽特甚，长房意恶之。翁曰："子几得道，恨于此不成，如何！"

长房辞归，翁与一竹杖，曰："骑此任所之，则自至矣。既至，可以杖投葛陂中也。"又为作一符，曰："以此主地上鬼神。"长房乘杖，须臾来归，自谓去家适经旬日，而已十余年矣。即以杖投陂，顾视则龙也。家人谓其久死，不信之。长房曰："往日所葬，但竹杖耳。"乃发冢剖棺，杖犹存焉。遂能医疗众病，鞭笞百鬼，及驱使社公。或在它坐，独自恚怒，人问其故，曰："吾责鬼魅之犯法者耳。"

汝南岁岁常有魅，伪作太守章服，诣府门椎鼓者，郡中患之。时魅适来，而逢长房谒府君，惶惧不得退，便前解衣冠，叩头乞活。长房呵之云："便于中庭正汝故形！"即成老鳖，大如车轮，颈长一丈。长房复令就太守服罪，付其一札，以敕葛陂君。魅叩头流涕，持札植于陂边，以颈绕之而死。

后东海君来见葛陂君，因淫其夫人，于是长房劾系之三年，而东海大旱。长房至海上，见其人请雨，乃谓之曰："东海君有罪，吾前系于葛陂，今方出之使作雨也。"于是雨立注。

费长房跟随老翁进入深山，脚踩荆棘，身围群虎，老翁让费长房留下一个人生活，费长房没有害怕恐惧。又让费长房睡在一间空屋里，用一根腐朽的绳索吊着一块万斤重的石头，悬挂在费长房的心窝之上，还有许多蛇来啃咬绳索，绳索快要被咬断，费长房依旧没有移动分毫。老翁回来后，抚摸费长房说："孺子可教。"老瓮又让费长房吃粪便，粪中有虫子，臭秽非常，费长房感到十分恶心。老翁说："你就要得道了，可惜这一关没有成功，功亏一篑，真是无可奈何啊！"

费长房辞别老翁，返归家乡，老翁给他一根竹杖，说："骑上它任你要去什么地方，它都可以自动前往。到地方之后，可以将竹杖丢进葛陂之中。"老瓮又为费长房准备了一道符，说："此符可以掌管地上的鬼神。"费长房骑着竹杖，须臾之间就到家了，自以为离家不过才十天，但实际已经过了十多年。费长房将竹杖投入葛陂，回头一看竹杖竟变成一条龙了。家人都觉得费长房已经死去很久了，不信他还活着。费长房说："往日下葬的，只是一根竹杖而已"于是挖开坟墓，打开棺椁，当时的那根竹杖还在棺内。从此之后费长房能医百病，鞭笞百鬼，甚至能驱使土地神。有时费长房闲坐，独自发怒，别人询问原因，费长房说："我正在责难犯法的鬼魅！"

汝南郡年年有鬼魅作祟，有的鬼魅穿上礼服，伪装成太守的样子，在郡府门前击鼓，郡中百姓无不忧患。某次有鬼魅刚到郡府门前，恰巧遇到费长房前来拜谒府君，鬼魅惶恐不已，也无法退离，便上前解下衣冠，叩头乞求饶命。费长房大声呵斥道："就在庭中现出原形！"这只鬼魅立刻变成一只老鳖，大如车轮，颈长一丈。费长房又让它向太守认罪，并交给它一封书札，以此严敕葛陂君。鬼魅叩头，痛哭流涕，拿着书札立在葛陂边，最终颈绕书札而死。

后来东海君来拜访葛陂君，因其奸淫了葛陂君的夫人，于是费长房向天帝弹劾东海君，将东海君拘禁了三年，东海郡也因此大旱。费长房来到海边，见到当地百姓在求雨，便对众人说："东海君有罪，之前我将它拘禁在了葛陂，如今将东海君放出来，让其作雨。"于是片刻之后，下起大雨。

长房曾与人共行，见一书生黄巾被裘，无鞍骑马，下而叩头，长房曰："还它马，赦汝死罪。"人问其故，长房曰："此狸也，盗社公马耳。"又尝坐客，而使至宛市鲊，须臾还，乃饭。或一日之间，人见其在千里之外者数处焉。

后失其符，为众鬼所杀。

蓟子训者，不知所由来也。建安中，客在济阴宛句。有神异之道。尝抱邻家婴儿，故失手堕地而死，其父母惊号怨痛，不可忍闻，而子训唯谢以过误，终无它说，遂埋藏之。后月余，子训乃抱儿归焉。父母大恐，曰："死生异路，虽思我儿，乞不用复见也。"儿识父母，轩渠笑悦，欲往就之，母不觉揽取，乃实儿也。虽大喜庆，心犹有疑。乃窃发视死儿，但见衣被，方乃信焉。于是子训流名京师，士大夫皆承风向慕之。

后乃驾驴车，与诸生俱诣许下。道过荥阳，止主人舍，而所驾之驴忽然卒僵，蛆虫流出，主遽白之。子训曰："乃尔乎？"方安坐饭，食毕，徐出以杖扣之，驴应声奋起，行步如初，即复进道。其追逐观者常有千数。既到京师，公卿以下候之者，坐上恒数百人，皆为设酒脯，终日不匮。

后因遁去，遂不知所止。初去之日，唯见白云腾起，从旦至暮，如是数十处。时有百岁翁，自说童儿时见子训卖药于会稽市，颜色不异于今。后人复于长安东霸城见之，与一老公共摩挲铜人，相谓曰："适见铸此，已近五百岁矣。"顾视见人而去，犹驾昔所乘驴车费长房曾与人同行，见到一位书生头戴黄巾，身披裘衣，骑着一匹没有马鞍的马，遇到费长房后下马叩头。费长房说：“将马还回去，免你死罪。”其他人询问原因，费长房说：“这是只狐狸，偷了土地神的马。”还有一次，费长房宴客，自己前往宛县的集市上买腌鱼，片刻间就回来了，没有耽误吃饭。还有在一日之间，有人见到费长房在千里之外的好几处地点同时出现。

后来，费长房将符弄丢了，最终被众鬼所杀。

蓟子训，不知他从何处而来。建安年间，客居在济阴郡宛句县。身怀异术。蓟子训曾抱着邻家的婴儿，故意失手使得婴儿堕地而死，其父母惊号怨痛，令人不忍听闻，但是蓟子训只是简单的道歉，声称是因为失手所致，也没有其他说法，父母就将婴儿埋葬，过了一个多月，蓟子训抱着婴儿回来了。婴儿的父母大为惊恐，对蓟子训说：“死生异路，虽然思念我儿，但还是请求不要再见了。”但是婴儿识得父母，喜悦欢笑，想到父母那里，母亲不禁将婴儿抱过来去，发现真的是自己的儿子。虽然心中大喜，但心里依旧存有疑惑，于是偷偷挖开死去儿子的坟墓，只见到了衣被，这才相信自己的儿子回来了。由此蓟子训流名京师，士大夫都顺应名声而仰慕蓟子训。

后来蓟子训驾着驴车，与弟子门生一同前往许县。途径荥阳，在主人家休息，而驾车的驴忽然间死去，并有蛆虫流出，主人连忙将这件事情告诉了蓟子训。蓟子训说：“真的吗？”当时众人正在安坐用餐，用餐结束，蓟子训慢慢走出来，用拐杖敲击驴子，驴子应声奋起，行动如初，蓟子训便重新准备上路。那些追着前来观看的人常有千数之多。蓟子训到达京师之后，公卿以下等待拜谒蓟子训的官员，仅座席上就常有数百人，蓟子训都为他们设下美酒佳肴，整天招待宾客都不会匮乏。

后来蓟子训隐遁离去，不知所踪。在蓟子训离开之日，只见白云升腾，从朝至暮，有数十处出现这样的场景。当时有位百岁老翁，自称在孩提之时，曾见到蓟子训在会稽的集市上卖过药，面容和现在无异。后来又有人在长安东面的霸城见到蓟子训，与一位老人一同摩也。见者呼之曰:“蓟先生小住。”并行应之,视若迟徐,而走马不及,于是而绝。

刘根者,颍川人也。隐居嵩山中。诸好事者自远而至,就根学道,太守史祈以根为妖妄,乃收执诣郡,数之曰:“汝有何术,而诬惑百姓?若果有神,可显一验事。不尔,立死矣。”根曰:“实无它异,颇能令人见鬼耳。”祈曰:“促召之,使太守目睹,尔乃为明。”根于是左顾而啸,有顷,祈之亡父祖近亲数十人,皆反缚在前,向根叩头曰:“小儿无状,分当万坐。”顾而叱祈曰:“汝为子孙,不能有益先人,而反累辱亡灵!可叩头为吾陈谢。”祈惊惧悲哀,顿首流血,请自甘罪坐。根嘿而不应,忽然俱去,不知在所。

左慈字元放,庐江人也。少有神道。尝在司空曹操坐,操从容顾众宾曰:“今日高会,珍羞略备,所少吴松江鲈鱼耳。”放于下坐应曰:“此可得也。”因求铜盘贮水,以竹竿饵钓于盘中,须臾引一鲈鱼出。操大拊掌笑,会者皆惊。操曰:“一鱼不周坐席,可更得乎?”放乃更饵钩沉之,须臾复引出,皆长三尺余,生鲜可爱。操使目前鲙之,周浃会者。操又谓曰:“既已得鱼,恨无蜀中生姜耳。”放曰:“亦可得也。”操恐其近即所取,因曰:“吾前遣人到蜀买锦,可过敕使者,增市二端。”语顷,即得姜还,并获操使报命。后操使蜀反,验问增锦之状及时日早晚,若符契焉。

挲着一个铜人，他们交谈道：“适才观察铸造的铜人，已有近五百年了。”回头看到有人前来，蓟子训便起身离去，依旧驾着往日所乘的驴车。见到蓟子训的人喊道：“蓟先生请留下小住。”蓟子训边走边答应，看似驴车走得很慢，但是骑马追赶，怎么也赶不上，此后蓟子训便杳无音讯。

刘根，颍川人。隐居嵩山。诸多喜爱道术的人从远方而来，跟随刘根学习，太守史祈认为刘根所行的是妖术，便将刘根拘捕送至郡府，斥责刘根道：“你有什么法术，在这里蒙骗百姓？若真的有神，就让其显身，看看是否灵验，否则，予以立刻处死。”刘根说：“其实也没有什么异术，只是能叫人看见鬼魂罢了。”史祈说：“赶快召来鬼魂，让太守亲眼瞧见，这样才能弄明白你所行的法术。”刘根于是朝左看去并长啸一声，片刻之间，史祈过世的父亲、祖父等近亲数十人，全都将双手反绑，走到刘根面前，向刘根叩头道：“小儿无状，罪该万死。”那些鬼魂回头怒叱史祈：“你身为后世子孙，不能有益先人，反而让亡灵受辱，可替我们向刘根叩头谢罪。”史祈惊惧不已，悲痛万分，顿首流血，自请甘愿受罚，刘根嘿嘿一笑，没有回应，忽然间刘根和那些鬼魂一同消失离开，刘根不知所踪。

左慈，字元放，庐江人。年少时就已知晓神道仙术。左慈曾到司空曹操那里作客，曹操从容地对众位宾客说道：“今日盛会，略备珍馐，但缺少吴松江的鲈鱼。”左慈在下回应道：“此事办得到。”于是左慈求得一个铜盘，其中贮水，用竹竿在盘中垂钓，片刻之间就钓出一条鲈鱼。曹操拍手大笑，在座宾客都十分惊奇。曹操说：“一条鱼不够在座宴饮，是否再多钓几条？”左慈于是换了鱼饵，再次沉入盘中，片刻之间又钓出许多条鲈鱼，鱼身都有三尺多长，活蹦乱跳，惹人喜爱。曹操命人当场制成鱼鲙，让在座宾客都能品尝到美味。曹操又说：“鲈鱼已经品尝到了，但可惜没有蜀中一带的生姜。”左慈说：“此事也能办到。”曹操怕左慈就近找来些生姜，便说：“我此前派人到蜀地购买蜀锦，请你告知使者，再多买两端蜀锦？”话刚说完，左慈就已把生姜带回，而且一并带回了曹操所派使者的回信。后来曹后操出近郊，士大夫从者百许人，慈乃为赍酒一升，脯一斤，手自斟酌，百官莫不醉饱。操怪之，使寻其故，行视诸垆，悉亡其酒脯矣。操怀不喜，因坐上收，欲杀之，慈乃却入壁中，霍然不知所在。或见于市者，又捕之，而市人皆变形与慈同，莫知谁是。后人逢慈于阳城山头，因复逐之，遂入走羊群。操知不可得，乃令就羊中告之曰："不复相杀，本试君术耳。"忽有一老羝屈前两膝，人立而言曰："遽如许。"即竞往赴之，而群羊数百皆变为羝，并屈前膝人立，云"遽如许"，遂莫知所取焉。

计子勋者，不知何郡县人，皆谓数百岁，行来于人间。一旦忽言日中当死，主人与之葛衣，子勋服而正寝，至日中果死。

上成公者，密县人也。其初行久而不还，后归，语其家云："我已得仙。"因辞家而去。家人见其举步稍高，良久乃没云。陈寔、韩韶同见其事。

解奴辜、张貂者，亦不知是何郡国人也。皆能隐沦，出入不由门户。奴辜能变易物形，以诳幻人。

又河南有麴圣卿，善为丹书符劾，厌杀鬼神而使命之。

又有编盲意，亦与鬼物交通。

初，章帝时有寿光侯者，能劾百鬼众魅，令自缚见形。其乡人有妇为魅所病，侯为劾之，得大蛇数丈，死于门外。又有神树，人止操的使者从蜀地返回，曹操查问加购蜀锦的情形以及前后时间，与左慈所言完全相同。

后来曹操出城游玩，前往近郊，跟随的士大夫有一百多人，左慈带了一升酒，一斤肉干，左慈亲自给众人斟酒，百官无不酒醉饭饱。曹操感到十分奇怪，派人探寻其中缘由，巡查周围的酒馆，却发现酒馆中的酒和肉干都不见了。曹操心中不喜，便想将左慈拘捕收押，并且想杀了他，左慈便躲入墙壁之中，忽然间不知所踪。有人在集市上见到左慈，曹操又派人去集市上抓捕，然而集市上的人都变成左慈的样子，全然不知谁是左慈。后来有人在阳城山头遇到左慈，曹操再次派人去追捕，左慈便逃入羊群之中。曹操心知抓不住左慈，于是让人到羊群中告诉左慈："不再追杀你了，原本是想试验君的本领罢了。"忽然有一头老公羊弯曲前腿的膝盖，如人一般站起来说道："为何突然间会这样做。"追捕的官兵立即上前，争相想将其抓捕，但是几百只羊都变成了老公羊的样子，全都弯曲前腿膝盖，如人般站立，并说"为何突然间会这样做"官兵不知道该抓哪一只。

计子勋，不知是哪一郡县的人，众人都说他已有数百岁了，往来于人间。某日计子勋忽然说自己将在日中时死去，主人用葛布为其制作了一件衣服，计子勋穿好后躺在床上，到了日中时分，计子勋果真去世。

上成公，密县人。起初在外云游，很久没有回家，后来归家，告诉家人："我已成仙。"之后辞别家人而去。家人见他的脚步逐渐升高，过了好一会儿，上成公消失在云中。陈寔、韩韶都看目睹了此事。

解奴辜、张貂，也不知是哪一郡国的人。他们都可以隐没身形，不由大门出入。解奴辜能变化物体的形状，以此欺骗迷惑他人。

还有河南有位方士名为麹圣卿，善用丹砂书写克制鬼神的符咒，镇压鬼神使其。

还有一位方士名为编盲意，同样能与鬼神来往。

起初，章帝时有位寿光侯，能压制弹劾百鬼众魅，令其束缚己身，现出原形。寿光侯同乡有位妇人因鬼魅而患病，寿光侯施咒将鬼者辄死，鸟过者必坠，侯复劾之，树盛夏枯落，见大蛇长七八丈，悬死其间。帝闻而征之。乃试问之："吾殿下夜半后，常有数人绛衣被发，持火相随，岂能劾之乎？"侯曰："此小怪，易销耳。"帝伪使三人为之，侯劾三人，登时仆地无气。帝大惊曰："非魅也，朕相试耳。"解之而苏。

甘始、东郭延年、封君达三人者，皆方士也。率能行容成御妇人术，或饮小便，或自倒悬，爱啬精气，不极视大言。甘始、元放、延年皆为操所录，问其术而行之。君达号"青牛师"。凡此数人，皆百余岁及二百岁也。

王真、郝孟节者，皆上党人也。王真年且百岁，视之面有光泽，似未五十者。自云："周流登五岳名山，悉能行胎息胎食之方，嗽舌下泉咽之，不绝房室。"孟节能含枣核，不食可至五年十年。又能结气不息，身不动摇，状若死人，可至百日半年。亦有室家。为人质谨不妄言，似士君子。曹操使领诸方士焉。

北海王和平，性好道术，自以当仙。济南孙邕少事之，从至京师。会和平病殁，邕因葬之东陶。有书百余卷，药数囊，悉以送之。后弟子夏荣言其尸解，邕乃恨不取其宝书仙药焉。

赞曰：幽贶罕征，明数难校。不探精远，曷感灵效？如或迂讹，实乖玄奥。

魅制伏，最终鬼魅现形是一条数丈长的大蛇，死于门外。还有一棵神树，人只要在树下歇息必会死亡，鸟只要从树上飞过必会坠落。寿光侯再次施咒将其制伏，那棵神树便在盛夏之时枯萎凋谢，只见有一条长七八丈的大蛇，悬挂在树上死去。章帝听闻这些事情，便征召寿光侯入宫。章帝试探着问他："我的寝殿在过了下半夜后，常有数人，身穿绛色衣服，披散着头发，手持火把互相跟随，你可以施咒制伏他们吗？"寿光侯说："只是些小物，很容易解决。"章帝命三人假扮鬼魅，寿光侯施咒制伏三人，三人立即倒地断气了。章帝大惊，说："这并非鬼魅，是朕想试验你的本领而已。"寿光侯解除符咒，三人便苏醒了。

甘始、东郭延年、封君达三人，都是方士。他们能施行容成公的御妇人之法，或饮小便，或使自己倒悬，他们爱惜精气，不会极力远望，不会高声谈论。甘始、左慈、东郭延年都得到了曹操的任用，曹操向他们询问方术并且照做。并为封君达赐封号为"青牛师"。这些人，都有一百多岁甚至两百岁。

王真、郝孟节，都是上党郡人。王真将近一百岁，看上去脸有光泽，似乎还不满五十岁。王真说："我周游攀登五岳名山，能采用胎息胎食之方，用津液嗽口，然后咽下，房事不断。"郝孟节能将枣核含在口中，可以长达五年十年不进饮食。还能屏气，断绝呼吸，身不动摇，状若死人，这样可保持一百天甚至半年。郝孟节也有妻室。郝孟节为人诚实谨慎，从不妄言，似士人君子一般。曹操让他统领诸位方士。

北海人王和平，生性喜爱道术，自认为可以成仙。济南人孙邕自小奉事王和平，孙邕跟随王和平来到京师。恰巧王和平病逝，于是孙邕将其葬在东陶县。王和平留下百余卷书，数袋药，孙邕将这些全部送人。后来王和平弟子夏荣称王和平已经得道成仙了，孙邕遗憾没有将王和平的宝书仙药留下。

赞辞说：神灵的赐予很少会有征兆，有少数的征兆也难以校验。不去探索精妙深远的义理，如何能感受到灵验呢？倘若因辗转流传而失真，那就真的是与玄秘奥义相背离了。

卷一百十三

逸民列传第七十三

《易》称“遁之时义大矣哉”。又曰：“不事王侯，高尚其事。”是以尧称则天，不屈颍阳之高；武尽美矣，终全孤竹之絜。自兹以降，风流弥繁，长往之轨未殊，而感致之数匪一。或隐居以求其志，或回避以全其道，或静己以镇其躁，或去危以图其安，或垢俗以动其概，或疵物以激其清。然观其甘心畎亩之中，憔悴江海之上，岂必亲鱼鸟乐林草哉，亦云性分所至而已。故蒙耻之宾，屡黜不去其国；蹈海之节，千乘莫移其情。适使矫易去就，则不能相为矣。彼虽硁硁有类沽名者，然而蝉蜕嚣埃之中，自致寰区之外，异夫饰智巧以逐浮利者乎！荀卿有言曰“志意修则骄富贵，道义重则轻王公”也。

汉室中微，王莽篡位，士之蕴藉义愤甚矣。是时裂冠毁冕，相携持而去之者，盖不可胜数。杨雄曰：“鸿飞冥冥，弋者何篡焉。”言其违患之远也。光武侧席幽人，求之若不及，旌帛蒲车之所征贲，相望于岩中矣。若薛方、逢萌聘而不肯至，严光、周党、王霸至而不能屈。群方咸遂，志士怀仁，斯固所谓“举逸民天下归心”者乎！肃宗亦礼郑均而征高凤，以成其节。自后帝德稍衰，邪孽当朝，

《易经》说:“君子及时退隐是意义重大的”。又说:“不侍奉王侯,超然物外,孤芳自赏,使自己的德行高尚。”所此尧帝以天为法治理天下,也无法屈折居于颍水之北的巢父、许由他们的高尚节操;周武王可说是一个尽善尽美的人,最终只能成全孤竹君之子伯夷、叔齐耻食周粟的清白名声。从此之后,隐逸之风更加盛行,多数隐居避世的人事迹并无差异,而各自隐居的目的不一。有的人隐居山野以寻求自己的志向;有的人回避他人以成全自己的理念,有的人寻求心静以安定急躁的性情;有的人躲避危险以求得自身的安全,有的人厌恶世俗来树立自己的节操;有的人批评事物来激励自己的清高。然而看他们心甘情愿在田野之间,枯槁瘦弱在江海之上,难道一定是亲近鱼鸟、喜爱林草吗,这也不过是天性不同所致而已。所以柳下惠这样的客卿即使蒙受耻辱,屡遭罢黜仍然不离开齐国;鲁仲连这样的高节之士宁愿跳海也不愿尊秦为帝,即使受封千乘也不能改变他的决心。如果要他们改变决定,那是不可能做到的。他们虽然那些浅陋固执的样子象是沽名钓誉者的模样,然而他们却从纷扰的尘世中脱离出来,远离人世之外,和那些粉饰智慧机巧去追名逐利的人还是不一样的吧!荀子有句话说:“志向高尚就会轻视富贵,看重道义就会轻视王公。”

汉室中道衰微,王莽篡位,士人胸中暗含义愤甚是强烈。当时撕毁冠冕,相互扶持离开官位的人,不可胜数。扬雄说:“鸿雁飞入冥冥深空,射手又该怎么猎取呢。”说的就是那些躲避祸患远走高飞的人。光武帝即位,空出上座等待隐士,求贤唯恐不及,用束帛、蒲车去征聘隐士,在山中络绎不绝。像薛方、逢萌受聘却不肯前来,严光、周党、王霸等人前来却不肯屈从。当时万方面都已顺遂,志士也归服于仁德,这不就是所谓的“任用遁世隐居的贤人而使全国民心处子耿介，羞与卿相等列，至乃抗愤而不顾，多失其中行焉。盖录其绝尘不反，同夫作者，列之此篇。

野王二老者，不知何许人也。初，光武贰于更始，会关中扰乱，遣前将军邓禹西征，送之于道。既反，因于野王猎，路见二老者即禽。光武问曰："禽何向？"并举手西指，言"此中多虎，臣每即禽，虎亦即臣，大王勿往也。"光武曰："苟有其备，虎亦何患。"父曰："何大王之谬邪！昔汤即桀于鸣条，而大城于亳；武王亦即纣于牧野，而大城于郏鄏。彼二王者，其备非不深也。是以即人者，人亦即之，虽有其备，庸可忽乎！"光武悟其旨，顾左右曰："此隐者也。"将用之，辞而去，莫知所在。

向长字子平，河内朝歌人也。隐居不仕，性尚中和，好通《老》《易》。贫无资食，好事者更馈焉，受之取足而反其余。王莽大司空王邑辟之，连年乃至，欲荐之于莽，固辞乃止。潜隐于家。读《易》至《损》《益》卦，喟然叹曰："吾已知富不如贫，贵不如贱，但未知死何如生耳。"建武中，男女娶嫁既毕，敕断家事勿相关，当如我死也。于是遂肆意，与同好北海禽庆俱游五岳名山，竟不知所终。

逢萌字子康，北海都昌人也。家贫，给事县为亭长。时尉行过亭，萌候迎拜谒，既而掷楯叹曰："大丈夫安能为人役哉！"遂去之长安学，通《春秋经》。时王莽杀其子宇，萌谓友人曰："三纲绝归于一统”吗？章帝也礼遇郑均并且征聘高凤，来成全他们的名节。从此之后帝德渐衰，奸佞小人主持朝廷政务，隐士们不同于流俗，与那些执政的大臣站到一起感到羞耻，甚至于激昂愤慨头也不回地离去，大多数人偏离了中庸之道。这里记录那些从此超脱尘世隐居不出的人，连同那些隐居不仕的人，列在这篇里面。

野王县有两位老人，不知道是什么地方的人。起初，光武帝对更始帝已有二心，恰逢关中骚乱，光武帝派遣前将军邓禹西征，在路上送别。光武帝返回后，顺便在野王县打猎，路上见到两位老人也在打猎。光武帝问：“打猎要去哪个方向？”两位老人一齐伸手指向西面，说“这地方有许多老虎，臣每次打猎时，老虎也准备猎杀我，大王千万不要去。”光武帝说：“我已有所准备，老虎又有什么可忧虑的呢！”两位老人说：“大王怎么能说这样荒谬的话！昔日商汤在鸣条讨伐夏桀，而在亳地建造庞大的城市；周武王也在牧野讨伐殷纣王，而在郏鄏建造庞大的城市。这两位圣王，所做的准备并非不够充分。所以靠近别人的人，别人也会靠近他，虽然已有防备，怎么可以有所疏忽呢！”光武帝领悟了话中的含义，对身边的人说：“这二位老人的隐士啊。”想要任用他们，他们却推辞离去，不知所踪。

向长，字子平，河内郡朝歌县人。隐居不愿做官，性情崇尚中和，通晓《老子》《易经》。家贫没有钱财粮食，热心的人送给他食物，他只留下了够吃的量退回多余的。王莽的大司空王邑征召向长想授予他官职，连续多年向长才来，王邑想把他推荐给王莽，向长坚决推辞才谢绝了。隐居在家。读《易经》至《损》《益》二卦，深深地叹气说：“我已经知道富不如贫，贵不如贱，但还不知道死和生比起来怎么样。”建武年间，他的儿女娶嫁之事都办完后，考虑决定与家中事物断绝，对家人说就当他已经死了吧。于是就肆意放纵，与志趣相同的北海禽庆一起游历五岳名山，不知所终。

逢萌，字子康，北海郡都昌县人。家里贫困，在县里供职担任亭长。当时县尉经过亭，逢萌迎候拜见，之后丢下盾牌叹息说：“大丈夫怎能听人当差遣呢！”于是前往长安学习，通晓《春秋经》。当时王矣！不去，祸将及人。”即解冠挂东都城门，归，将家属浮海，客于辽东。

萌素明阴阳，知莽将败，有顷，乃首戴瓦盎，哭于市曰：“新乎新乎！”因遂潜藏。

及光武即位，乃之琅邪劳山，养志修道，人皆化其德。

北海太守素闻其高，遣吏奉谒致礼，萌不答。太守怀恨而使捕之。吏叩头曰：“子康大贤，天下共闻，所在之处，人敬如父，往必不获，秖自毁辱。”太守怒，收之系狱，更发它吏。行至劳山，人果相率以兵弩捍御。吏被伤流血，奔而还。后诏书征萌，托以老耄，迷路东西，语使者云：“朝廷所以征我者，以其有益于政，尚不知方面所在，安能济时乎？”即便驾归。连征不起，以寿终。

初，萌与同郡徐房、平原李子云、王君公相友善，并晓阴阳，怀德秽行。房与子云养徒各千人，君公遭乱独不去，侩牛自隐。时人谓之论曰：“避世墙东王君公。”

周党字伯况，太原广武人也。家产千金。少孤，为宗人所养，而遇之不以理，及长，又不还其财。党诣乡县讼，主乃归之。既而散与宗族，悉免遣奴婢，遂至长安游学。

初，乡佐尝众中辱党，党久怀之。后读《春秋》，闻复仇之义，便辍讲而还，与乡佐相闻，期剋斗日。既交刃，而党为乡佐所伤，困顿。乡佐服其义，舆归养之，数日方苏，既悟而去。自此敕身修志，莽杀了自己的儿子王宇，逄萌对朋友说："三纲已经断绝！要是还不赶紧离开，灾祸将要蔓延到你我头上。"立即辞去官职解下头冠挂在东都城门上，回家后，将家属带过渤海，客居在辽东。

逄萌向来通晓阴阳之术，知道王莽将要战败，没过多久，他就头戴瓦盆，在街市上哭道："新朝啊新朝啊！"之后就躲藏起来。

等到光武帝即位，逄萌在琅琊崂山隐居，养志修道，周围人都被他的德行所感化。

北海太守素来听说逄萌的品德高尚，派遣官吏前往拜见送礼，逄萌没有回复。太守怀恨在心而让之前的官吏去逮捕他。那官吏叩头说："逄子康是大贤，天下人都知晓，他所在的地方，人们恭敬尊重他就像自己的父亲，如此前去一定没有收获，只是自取毁辱罢了。"太守听后大怒，将官吏收入牢中囚禁，又派其他官吏前往。那官吏走到崂山，当地人们果然联合起来用兵弩抵御官兵，官吏受伤流血，跑回官府。后来朝廷下诏征召逄萌，逄萌推托年老体衰，迷失方向不辨东西，对前来的使者说："朝廷之所以征召我，是因为我对朝政有益处，但我尚且无法分辨方向，又怎能济世呢？"就立即驾车回去。连年征召都不出仕，享尽天年。

起初，逄萌与同郡的徐房、平原李子云、王君公交往亲近，都通晓阴阳之学，怀念恩德行为放纵。徐房与李子云各自养有学徒千人，王君公遭遇动乱独自没有离开，靠撮合买牛来自行隐居。当时的人评论说："在墙东隐居的是王君公啊。"

周党，字伯况，太原郡广武县人。家产有千金。年少时就成为孤儿，被同族之人所收养，却待他不好，等到长大后，又不归还周党的财产。周党就到乡县打官司，裁决把家产归还给他。不久后他把家产分于宗族，家中奴婢悉数遣散，于是自己来到长安游学。

起初，乡佐曾经当众侮辱周党，周党铭记于心。后来读《春秋》，得知复仇的道理，便辍学返回，告诉乡佐，定下日期决斗。既已交锋，而周党被乡佐所伤，性命垂危。乡佐佩服他的义气，用车子带他回家州里称其高。

及王莽窃位，托疾杜门。自后贼暴从横，残灭郡县，唯至广武，过城不入。

建武中，征为议郎，以病去职，遂将妻子居黾池。复被征，不得已，乃着短布单衣，穀皮绡头，待见尚书。及光武引见，党伏而不谒，自陈愿守所志，帝乃许焉。

博士范升奏毁党曰："臣闻尧不须许由、巢父，而建号天下；周不待伯夷、叔齐，而王道以成。伏见太原周党、东海王良、山阳王成等，蒙受厚恩，使者三聘，乃肯就车。及陛见帝廷，党不以礼屈，伏而不谒，偃蹇骄悍，同时俱逝。党等文不能演义，武不能死君，钓采华名，庶几三公之位。臣愿与坐云台之下，考试图国之道。不如臣言，伏虚妄之罪。而敢私窃虚名，夸上求高，皆大不敬。"书奏，天子以示公卿。诏曰："自古明王圣主必有不宾之士。伯夷、叔齐不食周粟，太原周党不受朕禄，亦各有志焉。其赐帛四十匹。"党遂隐居黾池，著书上下篇而终。邑人贤而祠之。

初，党与同郡谭贤伯升、雁门殷谟君长，俱守节不仕王莽世。建武中，征并不到。

王霸字儒仲，太原广武人也。少有清节。及王莽篡位，弃冠带，绝交宦。建武中，征到尚书，拜称名，不称臣。有司问其故。霸曰："天子有所不臣，诸侯有所不友。"司徒侯霸让位于霸。阎阳毁之曰："太原俗党，儒仲颇有其风。"遂止。以病归，隐居守志，茅屋蓬户。连征不至，以寿终。

休养，数日才苏醒，醒来后就离开了。从此警醒自身、修身养性，州里都称赞他品格高尚。

等到王莽篡位时，周党假托生病闭门不出。以后贼寇暴虐横行，残杀毁灭各个郡县，唯有到了广武，经过城门不进入。

建武年间，朝廷征召周党担任议郎，他因病辞官，于是带领妻子在渑池居住。之后又被征召，逼不得已，就穿着短布单衣，縠皮头巾，在尚书台等待召见。等到引导入见光武帝，周党伏地而不拜谒，自行陈述希望保持志向，光武帝这才同意了。

博士范升上奏毁谤周党说："臣听说尧帝不必许由、巢父，而在天下建立名号；周朝不等伯夷、叔齐，而以仁义统治天下。臣见太原周党、东海王良、山阳王成等人，蒙受朝廷厚恩，使者再三征召，才肯上车前来。等到谒见陛下，周党不行礼屈从，伏地而不拜谒，傲慢骄悍，与陛下同时离去。周党等人文不能阐述道理，武不能以死报国，谋取好名声，几乎位列三公之位。臣愿和他们一起坐在云台之下，考试治国之道。如果不像臣所说的，愿承认所犯下虚妄之罪。而敢私自窃取虚名，对陛下夸口求取高位，都是大不敬。"奏书呈上，光武帝拿给公卿看。诏书道："自古以来明王圣主必定有不臣服的隐士。伯夷、叔齐不吃周朝的粮食，太原周党不接受朕的俸禄，也是人各有志。赐周党帛四十匹。"周党就在渑池隐居，著书有上下两篇而去世。同邑的人都认为周党贤明而建祠纪念他。

起初，周党与同郡的谭贤、雁门的殷谟，都坚守节操不在王莽的新朝做官。建武年间，都征召不去朝廷。

王霸，字儒仲，太原郡广武县人。年少时就有高洁的节操。等到王莽篡位时，丢弃冠带，绝交官宦。建武年间，征召担任尚书，拜谒光武帝时只称姓名，不称臣。有关官员问他缘故。王霸说："天子有不肯臣服的人，诸侯有不愿交往的人。"司徒侯霸让位给王霸。阎阳毁谤王霸说："太原的庸俗团体，王儒仲沾染这种风气颇深。"于是就停止了。王霸称病回家，隐居山野坚守志向，茅屋蓬户。接连征召都不前往，享尽天年。

严光字子陵，一名遵，会稽余姚人也。少有高名，与光武同游学。及光武即位，乃变名姓，隐身不见。帝思其贤，乃令以物色访之。后齐国上言："有一男子，披羊裘钓泽中。"帝疑其光，乃备安车玄纁，遣使聘之。三反而后至。舍于北军。给床褥，太官朝夕进膳。

司徒侯霸与光素旧，遣使奉书。使人因谓光曰："公闻先生至，区区欲即诣造，迫于典司，是以不获。愿因日暮，自屈语言。"光不答，乃投札与之，口授曰："君房足下：位至鼎足，甚善。怀仁辅义天下悦，阿谀顺旨要领绝。"霸得书，封奏之。帝笑曰："狂奴故态也。"车驾即日幸其馆。光卧不起，帝即其卧所，抚光腹曰："咄咄子陵，不可相助为理邪？"光又眠不应，良久，乃张目熟视，曰："昔唐尧著德，巢父洗耳。士故有志，何至相迫乎！"帝曰："子陵，我竟不能下汝邪？"于是升舆叹息而去。

复引光入，论道旧故，相对累日。帝从容问光曰："朕何如昔时？"对曰："陛下差增于往。"因共偃卧，光以足加帝腹上。明日，太史奏客星犯御坐甚急。帝笑曰："朕故人严子陵共卧耳。"

除为谏议大夫，不屈，乃耕于富春山，后人名其钓处为严陵濑焉。建武十七年，复特征，不至。年八十，终于家。帝伤惜之，诏下郡县赐钱百万、谷千斛。

严光，字子陵，又名严遵，会稽郡余姚县人。年少时就有很高的名望，与光武帝一同周游学习。等到光武帝即位后，严光就改名换姓，隐藏身份不相见。光武帝思念他的贤能，就下令派人根据他的外观轮廓去四处访求。后来齐国上书说："有一名男子，身披羊皮衣在湖泽中钓鱼。"光武帝怀疑这就是严光，就准备好可乘坐的安车、和玄黑色浅红色的布帛，派遣使者前去聘请他。往返了三次后才到来。让严光住宿在军营中。准备好床褥，由太官早晚送餐。

司徒侯霸和严光是旧相识，派遣使者送信。使者对严光说："侯公听说先生您来了，迫不及待地想要前来拜访，迫于职责在身，所以没有前来。希望您能在傍晚时，屈尊到他那里去聊聊。"严光不回答，就扔过来一个写有文字的木简，口头传授说："侯君房先生：官位做到司徒，很好。希望你心怀仁德辅以道义，那么天下百姓喜悦，阿谀奉承顺着旨意，就会引来杀身之祸。"侯霸看到了回信，封存上奏给光武帝。光武帝笑着说："严光还是这狂放不羁的老脾气。"于是驾上车马上到严光所在的房舍去。这时严光躺着没有起身，光武帝走进卧室，摸着严光的肚子说："唉呀严子陵，你就不能帮助我治理国家吗？"严光又睡着了不回答，过了许久，才睁大眼睛注目细看光武帝，说："古时唐尧以德行闻名，巢父听完还是清洗耳朵怕被污染。人各有志，何必这样逼迫呢！"光武帝说："严子陵，我竟然不能使你屈就吗？"于是登上车子叹息着离去了。

之后光武帝又请严光进宫，谈论过去发生的事，二人相对聊了数日。光武帝从容地问严光："朕和从前比有什么变化？"回答说："陛下比过去有所长进。"于是二人一同仰卧睡觉，严光把脚放在光武帝的肚子上。第二天，太史报上奏说天象显示有客星冒犯帝星，情况甚是紧急。光武帝笑着说："那是朕和老朋友严子陵一同仰卧睡觉罢了！"

光武帝授予严光谏议大夫一职，严光不肯屈就，就在富春山种地。后人把严光曾经钓鱼的地方叫作严陵濑。建武十七年（41），又特地派人前去特地征召严光，仍然不肯前来。严光活到八十岁，死在井丹字大春，扶风郿人也。少受业太学，通《五经》，善谈论，故京师为之语曰："《五经》纷纶井大春。"性清高，未尝修刺候人。

建武末，沛王辅等五王居北宫，皆好宾客，更遣请丹，不能致。信阳侯阴就，光烈皇后弟也，以外戚贵盛，乃诡说五王，求钱千万，约能致丹，而别使人要劫之。丹不得已，既至，就故为设麦饭葱叶之食，丹推去之，曰："以君侯能供甘旨，故来相过，何其薄乎？"更置盛馔，乃食。及就起，左右进辇。丹笑曰："吾闻桀驾人车，岂此邪？"坐中皆失色。就不得已而令去辇。自是隐闭不关人事，以寿终。

梁鸿字伯鸾，扶风平陵人也。父让，王莽时为城门校尉，封修远伯，使奉少昊后，寓于北地而卒。鸿时尚幼，以遭乱世，因卷席而葬。

后受业太学，家贫而尚节介，博览无不通，而不为章句。学毕，乃牧豕于上林苑中。曾误遗火延及它舍。鸿乃寻访烧者，问所去失，悉以豕偿之。其主犹以为少。鸿曰："无它财，愿以身居作。"主人许之。因为执勤，不懈朝夕。邻家耆老见鸿非恒人，乃共责让主人，而称鸿长者。于是始敬异焉，悉还其豕。鸿不受而去，归乡里。

势家慕其高节，多欲女之，鸿并绝不娶。同县孟氏有女，状肥丑而黑，力举石臼，择对不嫁，至年三十。父母问其故。女曰："欲家中。光武帝哀伤惋惜，下诏郡县赐给百万钱、千斛粮食。

井丹，字大春，扶风郡郿县人。少时在太学中学习，通晓《五经》，善于言谈议论，所以京师的人称他是："《五经》渊博井大春。"性格清高，从来没有置备名帖拜访他人。

建武末年，沛王刘辅等五位诸侯王居住在北宫，都喜好宾客，轮流派人延请井丹，都不能请来。信阳侯阴就，是光烈皇后的弟弟，凭借外戚的身份高贵显赫，于是欺骗五王，只要求得千万钱，就约定能把井丹请来，而另外派人在半路劫持他。井丹不得已，已经到来，阴就故意为他准备麦饭葱叶之类的食物，井丹把食物推到一边准备离开，说："我认为君侯能准备美味的食物，所以才来拜访，为何这样轻视我呢？"于是另外准备奉盛的饭食，这才吃饭。等到阴就起身，左右的人推来辇车上前请他上车，井丹笑着说："我听说夏桀就曾用人来驾车，难道就是这样吗？"在坐宾客都大惊失色。阴就不得已而命人推走辇车。从此井丹闭门深居不闻世事，享尽天年。

梁鸿，字伯鸾，扶风郡平陵县人。父亲梁让，王莽时担任过城门校尉，被封为修远伯，因为王莽以梁让作为少昊帝的后代，他寓居在北地而去世。梁鸿当时尚且年幼，因遭逢乱世，就卷着席子把父亲梁让安葬。

后来梁鸿在太学中学习，家中贫寒并且崇尚节俭，他博览群书没有不通晓的，但不喜欢分析古文的章句。学业结束后，他就在上林苑中放猪。曾有一次因为疏忽失火蔓延到别人家的房子。梁鸿拜访被烧的人家，问清火灾的损失情况，用全部的猪作为赔偿。那家主人还觉得少。梁鸿说："我再也没有别的财产，愿以自己作为佣人补偿您。"主人同意了。因为梁鸿提主人做工，早晚勤奋不懈。邻家老人看出梁鸿并非一般人，就一起指责那家主人，而称梁鸿为有德行的人。从此主人才开始特别敬重梁鸿，把他的猪悉数退还。梁鸿不肯接受而离去，回归乡里。

有权势的人家仰慕梁鸿能坚守高尚的节操，大多都想把女儿嫁给他，都被梁鸿谢绝说不娶。同县孟家有个女儿，体胖貌丑黝黑，力得贤如梁伯鸾者。”鸿闻而娉之。女求作布衣、麻屦，织作筐缉绩之具。及嫁，始以装饰入门。七日而鸿不答。妻乃跪床下请曰：“窃闻夫子高义，简斥数妇，妾亦偃蹇数夫矣。今而见择，敢不请罪。”鸿曰：“吾欲裘褐之人，可与俱隐深山者尔。今乃衣绮缟，傅粉墨，岂鸿所愿哉？”妻曰：“以观夫子之志耳。妾自有隐居之服。”乃更为椎髻，着布衣，操作而前。鸿大喜曰：“此真梁鸿妻也。能奉我矣！”字之曰德曜，名孟光。

居有顷，妻曰：“常闻夫子欲隐居避患，今何为默默？无乃欲低头就之乎？”鸿曰：“诺。”乃共入霸陵山中，以耕织为业，咏《诗》《书》，弹琴以自娱。仰慕前世高士，而为四皓以来二十四人作颂。

因东出关，过京师，作《五噫之歌》曰：“陟彼北芒兮，噫！顾览帝京兮，噫！宫室崔嵬兮，噫！人之劬劳兮，噫！辽辽未央兮，噫！”肃宗闻而非之，求鸿不得。乃易姓运期，名燿，字侯光，与妻子居齐鲁之间。

有顷，又去适吴。将行，作诗曰：“逝旧邦兮遐征，将遥集兮东南。心惙怛兮伤悴，志菲菲兮升降。欲乘策兮纵迈，疾吾俗兮作谗。竞举枉兮措直，咸先佞兮唌唌。固靡惭兮独建，冀异州兮尚贤。聊逍摇兮遨嬉，缵仲尼兮周流。傥云睹兮我悦，遂舍车兮即浮。过季札兮延陵，求鲁连兮海隅。虽不察兮光貌，幸神灵兮与休。惟季春兮华阜，麦含含兮方秀。哀茂时兮逾迈，愍芳香兮日臭。悼吾气大到能举起石臼，选择结婚对象都不满意还未出嫁，已经三十岁了。父亲问其原因。女儿说：“我想找一个像梁伯鸾那样贤德的人。”梁鸿听说后就请媒人行娉礼。女方要求用布衣、麻葛鞋、编织箩筐、纺织等工具当作嫁妆。等到出嫁时，才开始梳洗打扮进门。一连七天梁鸿都没搭理妻子。妻子就跪在床前请罪道：“我听说您的品德高尚，疏远了很多求爱的女子，妾身也很傲气地拒绝过很多男子。现在被您选为妻子却不搭理我，怎敢不来向您请罪。”梁鸿说：“我想找一个能够穿衣俭朴的妻子，可以和我一同到深山里隐居。现在你身穿华丽的衣服，脸上涂满脂粉，这难道是我所希望的妻子吗？”妻子说：“我这身打扮是故意考验您，妾身自有隐居穿的俭朴衣服。”于是把头发改梳椎髻，身穿布衣，一边干活一边走上前来。梁鸿大喜地说：“这才真是我梁鸿的妻子啊！能够和我过一辈子啊！”于是给她取字叫德曜，名叫孟光。

过了一段时间，妻子说：“常听您说想隐居山野躲避祸患，现在为什么没有什么表示呢？难道是想低头迁就吗？”梁鸿说：“你说得对啊。”于是夫妻二人一同进入霸陵山中，以耕地织布为业，诵读《诗经》《尚书》，弹琴用来自娱自乐，仰慕前代中的隐士，并未商山四皓以来的二十四位隐士写颂。

之后梁鸿向东出关，经过京城，写下一首《五噫之歌》说：“登上北芒山啊，噫！环视帝京城啊，噫！宫室高入云啊，噫！人民的辛劳啊，噫！深邃又未尽啊，噫！”章帝听后想要责怪他，派人四处寻找梁鸿却没找到。于是梁鸿就换姓为运期，改名为燿，字侯光，与妻子居住在齐鲁之间。

过了一段时间，梁鸿又准备到吴国。将要出发前，写诗说：“离开故国啊游历远方，从远聚集啊奔赴东南。心情忧伤啊又感悲戚，志向起伏啊升降不定。想骑骏马啊放纵驰骋，憎恶世俗啊谗言伤人。任用奸邪啊罢黜贤良，争相谗佞啊频进谗言。所言无愧啊于世独立，希冀异州啊崇尚贤德。姑且逍遥啊游玩戏耍，继承孔子啊周游各地。拨云见日啊我心欢喜，放弃车马啊改乘船舟。求见季札啊来到延陵，心兮不获，长委结兮焉究！口嚣嚣兮余讪，嗟恇恇兮谁留？”

遂至吴，依大家皋伯通，居庑下，为人赁舂。每归，妻为具食，不敢于鸿前仰视，举案齐眉。伯通察而异之，曰：“彼佣能使其妻敬之如此，非凡人也。”乃方舍之于家。鸿潜闭著书十余篇。疾且困，告主人曰：“昔延陵季子葬子于嬴博之间，不归乡里，慎勿令我子持丧归去。”及卒，伯通等为求葬地于吴要离冢傍。咸曰：“要离烈士，而伯鸾清高，可令相近。”葬毕，妻子归扶风。

初，鸿友人京兆高恢，少好《老子》，隐于华阴山中。及鸿东游思恢，作诗曰：“鸟嘤嘤兮友之期，念高子兮仆怀思，想念恢兮爰集兹。”二人遂不复相见。恢亦高抗，终身不仕。

高凤字文通，南阳叶人也。少为书生，家以农亩为业，而专精诵读，昼夜不息。妻尝之田，曝麦于庭，令凤护鸡。时天暴雨，而凤持竿诵经，不觉潦水流麦。妻还怪问，凤方悟之。其后遂为名儒，乃教授业于西唐山中。

邻里有争财者，持兵而斗，凤往解之，不已，乃脱巾叩头，固请曰：“仁义逊让，奈何弃之！”于是争者怀感，投兵谢罪。

凤年老，执志不倦，名声著闻。太守连召请，恐不得免，自言本巫家，不应为吏，又诈与寡嫂讼田，遂不仕。建初中，将作大匠求见鲁连啊来到海隅。虽不查知啊先贤尊颜，有幸神灵啊与我欢庆。唯有季春啊百花盛开，小麦孕穗啊正是秀丽。好景不常啊时光流逝，哀怜芳香啊日渐腐臭。哀悼我心啊不能实现，郁积已久啊没有尽头！众口谗毁啊不停谤我，哀叹恐惧啊谁人可留？”

于是梁鸿来到吴地，投靠当地的世家望族名叫皋伯通的人，住在走廊下，受雇替人舂米。每次回家，妻子都准备好食物，不敢在梁鸿面前抬眼直视，把托盘举到眉眼的高度递给丈夫。皋伯通发现后觉得惊异，说：“这个舂米工能让他的妻子这样敬重，一定不是普通人。”于是这才让他居住在家里。梁鸿隐居不出写了十多篇文章。后来生病到了垂危之际，告诉主人说：“昔日延陵的季札把儿子埋葬在嬴、博一带，没有葬回乡里，我死后千万不要让我儿子扶着我的灵柩回乡。”等到梁鸿去世后，皋伯通等人想要把他埋葬在吴国烈士要离的坟墓旁。人们都说：“要离是吴国烈士，而梁伯鸾品德高尚，可以让他们离得近些。”葬礼结束后，妻子和儿子回扶风去了。

起初，梁鸿的朋友京兆人高恢，年少时就喜好《老子》，隐居于华阴山中。等到梁鸿东游思念高恢，写诗说：“禽鸟和鸣啊盼望朋友，念及高恢啊思念好友，思念高恢啊能够相聚。”两人最终也没能再相见。高恢也是刚正不屈的人，终身未曾作官。

高凤，字文通，南阳郡叶县人。从小就是读书人，家中以耕田为业，而他专心读书，昼夜不息。妻子曾去田中劳动，在庭院晾晒麦子，叫高凤看着鸡别偷吃粮食。这时天降暴雨，而高凤手持竹竿诵读经书，没有察觉雨后积水已经流到麦子里。妻子回来后觉得奇怪责问他，高凤才醒悟。后来高凤成为了著名学者，在西唐山中传授知识。

邻居有争夺财产的人，拿着兵器互相打斗，高凤前去解劝，双方还不停止，他就脱下头巾连连叩头，坚决请求说：“宽厚正直、谦逊忍让，怎么都忘了呢？”于是争斗双方心怀感动，放下武器向他承认过错。

高凤年老时，坚持素志不知疲倦，名声远扬。太守连续征召聘请，高凤恐怕不得逃脱，自称本是司巫之家，不应当做官，又假称与任隗举凤直言，到公车，托病逃归。推其财产，悉与孤兄子。隐身渔钓，终于家。

论曰：先大夫宣侯尝以讲道余隙，寓乎逸士之篇。至《高文通传》，辍而有感，以为隐者也，因著其行事而论之曰："古者隐逸，其风尚矣。颍阳洗耳，耻闻禅让；孤竹长饥，羞食周粟。或高栖以违行，或疾物以矫情，虽轨迹异区，其去就一也。若伊人者，志陵青云之上，身晦泥污之下，心名且犹不显，况怨累之为哉！与夫委体渊沙，鸣弦揆日者，不其远乎！"

台佟字孝威，魏郡邺人也。隐于武安山，凿穴为居，采药自业。建初中，州辟不就。刺史行部，乃使从事致谒。佟载病往谢。刺史乃执贽见佟曰："孝威居身如是，甚苦，如何？"佟曰："佟幸得保终性命，存神养和。如明使君奉宣诏书，夕惕庶事，反不苦邪？"遂去，隐逸，终不见。

韩康字伯休，一名恬休，京兆霸陵人。家世著姓。常采药名山，卖于长安市，口不二价，三十余年。时有女子从康买药，康守价不移。女子怒曰："公是韩伯休那？乃不二价乎？"康叹曰："我本欲避名，今小女子皆知有我，何用药为？"乃遁入霸陵山中。博士公车连征不至。桓帝乃备玄纁之礼，以安车聘之。使者奉诏造康，康不得已，乃许诺。辞安车，自乘柴车，冒晨先使者发。至亭，亭长以韩征君当过，方发人牛修道桥。及见康柴车幅巾，以为田叟也，使寡居的嫂子为了田地打官司，于是不去做官。建初年间，担任将作大匠一职的任隗举荐高凤能够直言，到了公车官署之中，假借生病逃跑回家。辞让自己的财产，全部归哥哥家已成孤儿的侄子所有。自己则隐藏身份隐居钓鱼，在家中享尽天年。

评论说：先大夫宣侯在讲学的间隙，收集整理隐士的事迹寄托心志。谈到《高文通传》时，放下书卷有感而发，认为高凤是真正的隐士，就根据他的事迹而评论说："古人隐居不仕，是当时的风尚。许由在颍阳清洗耳朵，是因为听到禅让而感到羞耻；孤竹君遗孤伯夷、叔膏长久挨饿，是因为吃周朝的粮食而感到羞愧。有的隐士隐居妙处而有违常行，有的隐士厌恶外物而有违常情，虽然各自经历有所区别，但他们的选择却是一致的。像高凤这样的人，志向凌于青云之上，却身处晦暗污泥之下，思想和名声尚且不为人知，又哪有的忧患呢？和像屈原那样纵身一跃、沉于泥沙，像嵇康那样临刑抚琴、坦荡无私的人相比，不是相差太远了吗？"

台佟，字孝威，魏郡邺县人。在武安山隐居，开凿山洞为居室，以采药为业。建初年间，州府征召他不前去。刺史出巡，就派遣从事前去谒见台佟。台佟称病前去谢绝。刺史就拿着礼物会见台佟说："台孝威这样立身处世，太苦了，该怎么办呢？"台佟说："我有幸能够安然无恙、保全性命，想要存养精神、保养身心。如果像使君奉令宣布诏书，日夜为些小事操劳，反而不是更苦吗？"于是就离开了，隐居山林，始终避而不见刺史。

韩康，字伯休，又名恬休，京兆霸陵县人。出生于有名望的大族。经常到名山上采药，再拿到长安的市集上去卖，绝不二价，就这样过了三十多年。当时有位女子从韩康处买药，韩康坚持药价不降。女子气愤地说："你是韩伯休吗？竟然不能讲价的吗？"韩康叹气说："我本想着隐姓埋名，可如今小姑娘都知道有我这个人，卖药还有什么用呢？"于是就到霸陵山中隐居去了。博士、公车接连征召都不前往。桓帝就备了玄黑色、浅红色的布帛作为延聘的礼品，派遣安车聘请他。使者奉诏书造访韩康家，韩康逼不得已，只能答应。推辞赏夺其牛。康即释驾与之。有顷，使者至，夺牛翁乃征君也。使者欲奏杀亭长。康曰："此自老子与之，亭长何罪！"乃止。康因道逃遁，以寿终。

矫慎字仲彦，扶风茂陵人也。少好黄老，隐遁山谷，因穴为室，仰慕松、乔导引之术。与马融、苏章乡里并时，融以才博显名，章以廉直称，然皆推先于慎。

汝南吴苍甚重之，因遗书以观其志曰："仲彦足下：勤处隐约，虽乘云行泥，栖宿不同，每有西风，何尝不叹！盖闻黄老之言，乘虚入冥，藏身远遁，亦有理国养人，施于为政。至如登山绝迹，神不著其证，人不睹其验。吾欲先生从其可者，于意何如？昔伊尹不怀道以待尧舜之君。方今明明，四海开辟，巢许无为箕山，夷齐悔入首阳。足下审能骑龙弄凤，翔嬉云间者，亦非狐兔燕雀所敢谋也。"慎不答。年七十余，竟不肯娶。后忽归家，自言死日，及期果卒。后人有见慎于敦煌者，故前世异之，或云神仙焉。

慎同郡马瑶，隐于汧山，以兔罝为事。所居俗化，百姓美之，号马牧先生焉。

戴良字叔鸾，汝南慎阳人也。曾祖父遵，字子高，平帝时，为侍御史。王莽篡位，称病归乡里。家富，好给施，尚侠气，食客常三四百人。时人为之语曰："关东大豪戴子高。"

赐的安车，自行乘坐柴车前往，清晨在使者之前先行出发了。来到亭，亭长得知应征的隐士韩康将要路过这里，就派人牵来牛修理道路和桥梁。等看见韩康身坐柴车、头戴幅巾而来，以为他就是普通种田的老人，便派人将拉车的牛抢走。韩康就解下拉柴车的牛送给他。过了不久，使者到来，发现被抢走牛的老人正是应征的隐士。使者想要上奏杀掉亭长。韩康说："这头牛是老头我送给他的，亭长有什么罪呢？"使者才作罢。韩康在半路上就逃跑了，尽享天年。

矫慎，字仲彦，扶风郡茂陵县人。年少时喜好黄帝、老子的学说，隐居于山谷之中，用山洞做为居室，仰慕赤松子、王子乔导引养生之的方法。和马融、苏章是同乡同时期的人，马融以高才博学著名，苏章以清廉正直著称，但人们都首推矫慎。

汝南的吴苍特别看重矫慎，于是寄信给他来观察他的志向说："矫仲彦足下：隐居时勤劳尽力，虽然地位高下悬殊，居住的地方不同，每当西风吹拂，何尝不叹息！听说黄帝、老子的言论，凌空飞上青冥，藏匿身形远遁，也有治理国家、养养人民，能够施行政务的话。就像登上高山、断绝踪迹，神见不着印证，人看不见应验。我想从先生得到正确的选择，您的意见是怎样的呢？昔日伊尹不胸怀道术以等待尧帝、舜帝这样的君王。如今是明举贤才之世，四海开辟，巢父、许由不必隐居于箕山，伯夷、叔齐后悔隐遁首阳山。足下真能骑龙弄凤，翱翔嬉游在云间的，想也并非是狐兔燕雀所敢想象的。"矫慎没有回答。年龄已经七十多岁，竟还不肯娶妻。后来忽然回到家，自己说出将死的日期，到了那天果然去世了。后来有人在敦煌见过矫慎，所以前人都感到奇异，有人说他是神仙啊。

矫慎的同郡人马瑶，隐居在汧山，以用网捕兔为业。所隐居的地方风俗受到教化，百姓们都赞美他，称他是马牧先生。

戴良，字叔鸾，汝南郡慎阳县人。曾祖父戴遵，字子高，平帝时，担任侍御史。王莽篡位时，假称有病返回乡里。家中富有，喜好施舍，崇尚侠气，食客经常有三四百人。当时的人们这样评价他："关东的富豪戴子高。"

良少诞节，母憙驴鸣，良常学之以娱乐焉。及母卒，兄伯鸾居庐啜粥，非礼不行，良独食肉饮酒，哀至乃哭，而二人俱有毁容。或问良曰："子之居丧，礼乎？"良曰："然。礼所以制情佚也，情苟不佚，何礼之论！夫食旨不甘，故致毁容之实。若味不存口，食之可也。"论者不能夺之。

良才既高达，而论议尚奇，多骇流俗。同郡谢季孝问曰："子自视天下孰可为比？"良曰："我若仲尼长东鲁，大禹出西羌，独步天下，谁与为偶！"

举孝廉，不就。再辟司空府，弥年不到，州郡迫之，乃遁辞诣府，悉将妻子，既行在道，因逃入江夏山中。优游不仕，以寿终。

初，良五女并贤，每有求姻，辄便许嫁，疏裳布被、竹笥木屐以遣之。五女能遵其训，皆有隐者之风焉。

法真字高卿，扶风郿人，南郡太守雄之子也。好学而无常家，博通内外图典，为关西大儒。弟子自远方至者，陈留范冉等数百人。

性恬静寡欲，不交人间事。太守请见之，真乃幅巾诣谒。太守曰："昔鲁哀公虽为不肖，而仲尼称臣。太守虚薄，欲以功曹相屈，光赞本朝，何如？"真曰："以明府见待有礼，故敢自同宾末。若欲吏之，真将在北山之北，南山之南矣。"太守戄然，不敢复言。

辟公府，举贤良，皆不就。同郡田弱荐真曰："处士法真，体兼四业，学穷典奥，幽居恬泊，乐以忘忧，将蹈老氏之高踪，不为玄纁屈也。臣愿圣朝就加衮职，必能唱《清庙》之歌，致来仪之凤矣。"

戴良年少时放纵不拘，母亲喜欢听驴叫，戴良经常学驴叫以供母亲娱乐。等到母亲去世后，哥哥戴伯鸾住在守孝的房子住喝粥，不符合礼法的行为不做，戴良却独自吃肉饮酒，感到哀恸就放声大哭，而二人都有些消瘦了。有人问戴良：“你这样守孝，符合礼法吗？”戴良说：“肯定的。礼是用来规制感情放荡的，如果情感不放荡的话，礼又从何说起呢？我吃美食而不感觉不到美味，所以面容消瘦，如果嘴里没法尝出味道，吃什么都可以。”和他谈论的人说不过他。

戴良才高而通达，而所发表的言论奇特，大多惊世骇俗。同郡的谢季孝问：“你自己认为天下谁能和你相比？”戴良说：“我就像孔子生长在鲁国，大禹出生在西羌，独步天下，谁能和我相比！”

戴良被推举为孝廉，不前往。又征召到司空府任职，一年了都还没前往，州郡强迫他，这才闪烁其词来到司空府，把妻子孩子悉数带上，走到半路，就逃入江夏山中。闲暇自得不去做官，尽享天年。

起初，戴良的五个女儿都很贤淑，每每有前来求婚的，都答应求亲订立婚约，用粗衣布被、竹笥木屐作为嫁妆。五个女儿都能遵守父亲的训导，都有隐士的风范。

法真字高卿，扶风郡郿县人，是南郡太守法雄的儿子。好学而从不固定于一家之言，博通内外图书经典，是关西的大儒。弟子从远方而来求学的，有陈留来的范冉等数百人。

法真性格恬适安静、清净寡欲，不关心人间俗事。太守求见他，法真就头戴幅巾前往谒见。太守说：“昔日的鲁哀公虽然不够贤明，但孔仲尼仍然称臣。我这个太守空虚浅薄，想请您屈就功曹一职，多个方面辅佐本朝。怎么样呢？”法真说：“因为太守您这样以礼相待，所以我敢把自己等同于末等宾客。如果想任用我当官，我将在北山之北，南山之南等您了。”太守听后觉得奇惧，不敢再说什么了。

征兆到公府任职，又被举荐为德才兼备，法真都不前往。同郡的田弱举荐法真说：“隐士法真，精通《诗经》《尚书》、礼乐这四业，学识穷尽深奥的典籍，隐居淡泊，快乐得忘记忧愁，将追随老莱子的会顺帝西巡，弱又荐之。帝虚心欲致，前后四征。真曰："吾既不能遁形远世，岂饮洗耳之水哉？"遂深自隐绝，终不降屈。友人郭正称之曰："法真名可得闻，身难得而见，逃名而名我随，避名而名我追，可谓百世之师者矣！"乃共刊石颂之，号曰玄德先生。年八十九，中平五年，以寿终。

汉阴老父者，不知何许人也。桓帝延熹中，幸竟陵，过云梦，临沔水，百姓莫不观者，有老父独耕不辍。尚书郎南阳张温异之，使问曰："人皆来观，老父独不辍，何也？"老父笑而不对。温下道百步，自与言。老父曰："我野人耳，不达斯语。请问天下乱而立天子邪？理而立天子邪？立天子以父天下邪？役天下以奉天子邪？昔圣王宰世，茅茨采椽，而万人以宁。今子之君，劳人自纵，逸游无忌。吾为子羞之，子何忍欲人观之乎！"温大惭。问其姓名，不告而去。

陈留老父者，不知何许人也。桓帝世，党锢事起，守外黄令陈留张升去官归乡里，道逢友人，共班草而言。升曰："吾闻赵杀鸣犊，仲尼临河而反；覆巢竭渊，龙凤逝而不至。今宦竖日乱，陷害忠良，贤人君子其去朝乎？夫德之不建，人之无援，将性命之不免，奈何？"因相抱而泣。老父趋而过之，植其杖，太息言曰："吁！二大夫何泣之悲也？夫龙不隐鳞，凤不藏羽，网罗高县，去将安所？虽泣何及乎！"二人欲与之语，不顾而去，莫知所终。

高尚言行，不为玄黑色、淡红色的聘礼所屈就。臣希望圣朝能前往授予他三公的职位，一定能唱起《清庙》之歌，以至有凤来仪。”恰逢顺帝巡视西面，田弱又举荐他。顺帝虚心相请，前后四次前去征召。法真说：“我既然不能避世隐居，又岂会喝下许由清洗耳朵的水？”于是深居山野、与世隔绝。他的朋友郭正称赞他说：“法真的名字世间可以听说，真身却难得一见，逃避名声而名声跟随着他，隐姓埋名而名字追赶着他，可以称得上百世师表了。”于是一同刻在石头上赞颂他，叫他为玄德先生。法真活了八十九岁，在中平五年（188），享尽天年。

汉阴老父，不知是哪里的人。桓帝延熹年间，皇上临幸竟陵，经过云梦，驾临沔水，百姓没有不前去观看的，只有一名老父独自耕种不停。担任尚书郎的南阳人张温觉得奇异，派人前去问道：“人们都前来观看，只有老父独耕不停，为什么呢？”老父笑而不答。张温走下道路走了百步，亲自来到老父面前聊天。老父说：“我是山野粗人，听不懂这话。请问是因为天下动乱而设立天子呢？还是天下得以治理而设立天子呢？设立天子是为了作天下人的父亲呢？还是役使天下百姓来供养天子呢？昔日圣王治理天下，草屋木椽，而万民得以安宁。如今你所说的天子，劳役百姓而放纵自己，放纵游乐而无所禁忌。我替你感到羞愧，你怎么忍心想让百姓去观看呢？”张温听了十分惭愧。他想问老父的姓名，老父不告而别。

陈留老父，不知是哪里的人。桓帝在位时，党锢之事四起，外黄代理县令陈留人张升辞去官职返回乡里，路上遇到朋友，一起铺开草席坐地谈心。张升说：“我听说春秋时赵国杀了窦鸣犊，孔子走到河边又回去了；凤巢倾覆、龙渊枯竭，龙凤都已经逝去不再到来了。如今宦官一天一天开始作乱，陷害忠良的人，贤人君子还不离开朝廷吗？德行不建立，人也没有援助，将来性命难免不保，怎么办？”于是二人相拥哭泣。有一名老父疾走路过，扶着手杖，叹息说：“唉！二位大夫为什么哭得这样悲伤呢？龙不隐藏鳞片，凤不隐藏羽毛的话，到时候网罗高挂，又能去什么地方呢？即使哭泣也来不及了吧！”二人想和他再聊聊，老父头也不回地离去了，不知所终。

庞公者，南郡襄阳人也。居岘山之南，未尝入城府。夫妻相敬如宾。荆州刺史刘表数延请，不能屈，乃就候之。谓曰："夫保全一身，孰若保全天下乎？"庞公笑曰："鸿鹄巢于高林之上，暮而得所栖；鼋鼍穴于深渊之下，夕而得所宿。夫趣舍行止，亦人之巢穴也。且各得其栖宿而已，天下非所保也。"因释耕于垄上，而妻子耘于前。表指而问曰："先生苦居畎亩而不肯官禄，后世何以遗子孙乎？"庞公曰："世人皆遗之以危，今独遗之以安。虽所遗不同，未为无所遗也。"表叹息而去。后遂携其妻子登鹿门山，因采药不反。

赞曰：江海冥灭，山林长往。远性风疏，逸情云上。道就虚全，事违尘枉。

庞公，南郡襄阳县人。居住在岘山之南，从未进入过城内官府。夫妻二人相敬如宾。荆州刺史刘表数次邀请他，不能让他屈就，于是就亲自去拜访他。对他说：“您保全自己一人，怎么比得上保全天下呢？”庞公笑着说：“鸿鹄把巢建在树林之上，晚上才能够栖息；鼋鼍把洞打在深渊之下，晚上才能够过夜。所选择的一举一动，也是人的巢穴啊。暂且得到各自的栖息之处而已，天下并非我所能保全的啊。”于是庞公把农具放在田垄上，而妻子还在前面除草。刘表指着问：“先生辛苦地在田野中居住劳动却不肯接受官禄，以后要留给子孙后代什么呢？”庞公说：“世人都留给子孙后代危险的东西，如今只有我留下安宁。虽然留的东西不同，不算什么也没留下吧。”刘表叹息着离去。后来庞公带着妻子登上鹿门山，假借采药再也没有回来。

赞辞说：隐士在江海之上远离尘世，在山林之中一去不返。他们避世的性情就像和风缓吹，他们超脱的感情就像云霄高而深远。道要回避俗世才能完备，事要远离人世就会徒然。

卷一百十四

列女列传第七十四

《诗》《书》之言女德尚矣。若夫贤妃助国君之政，哲妇隆家人之道，高士弘清淳之风，贞女亮明白之节，则其徽美未殊也，而世典咸漏焉。故自中兴以后，综其成事，述为《列女篇》。如马、邓、梁后别见前纪，梁嫕、李姬各附家传，若斯之类，并不兼书。余但搜次才行尤高秀者，不必专在一操而已。

勃海鲍宣妻者，桓氏之女也，字少君。宣尝就少君父学，父奇其清苦，故以女妻之，装送资贿甚盛。宣不悦，谓妻曰："少君生富骄，习美饰，而吾实贫贱，不敢当礼。"妻曰："大人以先生修德守约，故使贱妾侍执巾栉。既奉承君子，唯命是从。"宣笑曰："能如是，是吾志也。"妻乃悉归侍御服饰，更着短布裳，与宣共挽鹿车归乡里。拜姑礼毕，提瓮出汲，修行妇道，乡邦称之。

宣，哀帝时官至司隶校尉。子永，中兴初为鲁郡太守。永子昱从容问少君曰："太夫人宁复识挽鹿车时不？"对曰："先姑有言：'存不忘亡，安不忘危。'吾焉敢忘乎！"永、昱已见前传。

太原王霸妻者，不知何氏之女也。霸少立高节，光武时，连征不仕。霸已见《逸人传》。妻亦美志行。初，霸与同郡令狐子伯为

《诗经》《尚书》论述妇女应具备的品德由来已久。至于贤德的后妃能辅助国君处理政务，足智多谋的妇人兴盛家族之道，品行高尚的妇女弘扬高洁淳正的风气，从一而终的贞洁妇女彰明清白的操守，则她们的美德没有什么不同，而世间的典籍都遗漏这些记载。所以自光武帝中兴以来，把妇女们的事迹汇总到一起，撰成《列女篇》。像马皇后、邓皇后、梁皇后另见于之前的《皇后记》记载，梁嫕、李姬各附在家族传中，像她们这样的情况，不再此篇叙述。其余的女子仅寻找才智德行尤为高雅清秀的，不必只着眼于操守这一方面而已。

勃海鲍宣的妻子，是桓氏的女儿，字少君。鲍宣曾在少君的父亲那里求学，父亲惊奇他的生活清苦，所以就把女儿嫁给他，嫁妆中的财货特别多。鲍宣心有不悦，对妻子说："少君生于富有人家带有骄气，习惯于打扮自己，而我实在是贫穷低贱，不敢接受这样的礼物。"妻子说："父亲认为您修养德性、保持俭朴，所以使贱妾拿着手巾、梳子伺候您。既然侍奉您，那就全都听从您的安排。"鲍宣笑着说："能做到这样，符合我的志向啊。"妻子就全部退还侍从和服饰，换上短布衣裳，与鲍宣一起拉着鹿车返回乡里。拜见婆婆行礼结束后，提着水瓮外出打水。修养妇人的道德，乡邦中人都称赞她。

鲍宣，哀帝时官职做到司隶校尉。儿子鲍永，中兴初年担任鲁郡太守。鲍永的儿子鲍昱休息时问少君："太夫人您还记得那时挽鹿车的情景吗？"回答说："我去世的婆婆说过：'活着的时候不忘故人，安全的环境不忘危险。'我怎么敢忘记呢？"鲍永、鲍昱的事迹已经记载于前面的传记。

太原人王霸的妻子，不知是谁家的女儿。王霸年少时就树立高尚的节操，光武帝在位时，连续征召他多次都不前往做官。王霸的事友，后子伯为楚相，而其子为郡功曹。子伯乃令子奉书于霸，车马服从，雍容如也。霸子时方耕于野，闻宾至，投耒而归，见令狐子，沮怍不能仰视。霸目之，有愧容，客去而久卧不起。妻怪问其故，始不肯告，妻请罪，而后言曰："吾与子伯素不相若，向见其子容服甚光，举措有适，而我儿曹蓬发历齿，未知礼则，见客而有惭色。父子恩深，不觉自失耳。"妻曰："君少修清节，不顾荣禄。今子伯之贵孰与君之高？奈何忘宿志而惭儿女子乎！"霸屈起而笑曰："有是哉！"遂共终身隐遁。

广汉姜诗妻者，同郡庞盛之女也。诗事母至孝，妻奉顺尤笃。母好饮江水，水去舍六七里，妻常泝流而汲。后值风，不时得还，母渴，诗责而遣之。妻乃寄止邻舍，昼夜纺绩，市珍羞，使邻母以意自遗其姑。如是者久之，姑怪问邻母，邻母具对。姑感惭呼还，恩养愈谨。其子后因远汲溺死，妻恐姑哀伤，不敢言，而托以行学不在。姑嗜鱼鲙，又不能独食，夫妇常力作供鲙，呼邻母共之。舍侧忽有涌泉，味如江水，每旦辄出双鲤鱼，常以供二母之膳。赤眉散贼经诗里，弛兵而过，曰："惊大孝必触鬼神。"时岁荒，贼乃遗诗米肉，受而埋之，比落蒙其安全。

永平三年，察孝廉，显宗诏曰："大孝入朝，凡诸举者一听平迹详见《逸民传》。他的妻子也有高尚的志向和品行。起初，王霸与同郡的令狐子伯做朋友，后来令狐子伯担任楚相，而令狐家的儿子担任郡中功曹。令狐子伯就命儿子去给王霸送信，车、马、服饰、仆从，都是雍容华贵的样子。王霸的儿子当时正在田中耕种，听闻有客人拜访，丢下耒耜回到家里，见了令狐家的儿子，沮丧惭愧到不敢抬头仰视。王霸看见了，面有愧色，客人离开后就在床上久卧不起。妻子感到奇怪问他原因，开始王霸不肯说，妻子自请罪责，王霸这才说："我和令狐子伯向来不同，刚才看见他的儿子容貌、服饰都焕发光彩，行为举止很合礼大方，可我的儿子头发蓬乱、牙齿稀疏，不懂礼法，见到客人时面露有惭愧神色。父子之情深厚，不知不觉自己感到内心空虚。"妻子说："君年少时追求高洁的节操，不顾念功名利禄。现在令狐子伯的显贵哪比得上您的清高？怎么忘了您向来的志向而为儿子女儿感到惭愧呢？"王霸突然起身、笑着说："是这样的啊！"于是就一同终身隐居。

广汉人姜诗的妻子，是同郡人庞盛的女儿。姜诗侍奉母亲极其孝顺，妻子奉承顺应尤为忠实。婆婆喜欢喝江水，水源离家有六七里，妻子常常逆着水流去打水。后来遇上暴风，没能准时回家，婆婆口渴，姜诗就责备妻子并且想遣送她回家。妻子就寄居在邻居家，昼夜不停纺纱缉麻，买来珍馐美味，让邻家母亲以自己的名义送给婆婆。像这样过了很久，婆婆感到奇怪就询问邻家母亲，邻家母亲据实相告。婆婆既感动又惭愧她叫回家，供养更加恭谨。她的儿子后来因为到远处打水失足淹死，妻子担心婆婆哀伤，不敢说实话，而是假称儿子外出游学不在家。婆婆喜欢吃生鱼片，又不能一个人吃，夫妇二人经常努力工作供给母亲生鱼片，喊来邻家母亲一起吃，房舍旁忽然涌出泉水，味道和江水一样，每天早上总是出现两条鲤鱼，经常用来供给两位老人吃。赤眉军溃散的贼兵经过姜诗所在的乡里，都放下武器通过，说："惊动了大孝的人一定会触怒鬼神。"当时正值收成不好的荒年，贼兵就送给姜诗米肉，姜诗接受后就埋了起来，邻近的村庄也蒙受其保护安全。

永平三年（60），经考察被举荐为孝廉，显宗下诏说："大孝的之。”由是皆拜郎中。诗寻除江阳令，卒于官。所居治，乡人为立祀。

沛郡周郁妻者，同郡赵孝之女也，字阿。少习仪训，闲于妇道，而郁骄淫轻躁，多行无礼。郁父伟谓阿曰：“新妇贤者女，当以道匡夫。郁之不改，新妇过也。”阿拜而受命，退谓左右曰：“我无樊卫二姬之行，故君以责我。我言而不用，君必谓我不奉教令，则罪在我矣。若言而见用，是为子违父而从妇，则罪在彼矣。生如此，亦何聊哉！”乃自杀。莫不伤之。

扶风曹世叔妻者，同郡班彪之女也，名昭，字惠班，一名姬。博学高才。世叔早卒，有节行法度。兄固著《汉书》，其八表及《天文志》未及竟而卒，和帝诏昭就东观臧书阁踵而成之。帝数召入宫，令皇后诸贵人师事焉，号曰大家。每有贡献异物，辄诏大家作赋颂。及邓太后临朝，与闻政事。以出入之勤，特封子成关内侯，官至齐相。时《汉书》始出，多未能通者，同郡马融伏于阁下，从昭受读，后又诏融兄续继昭成之。

永初中，太后兄大将军邓骘以母忧，上书乞身，太后不欲许，以问昭。昭因上疏曰：“伏惟皇太后陛下，躬盛德之美，隆唐虞之政，辟四门而开四聪，采狂夫之瞽言，纳刍荛之谋虑。妾昭得以愚朽，身当盛明，敢不披露肝胆，以效万一。妾闻谦让之风，德莫大焉，故典坟述美，神祇降福。昔夷齐去国，天下服其廉高；太伯违邠，孔子称为三让。所以光昭令德，扬名于后者也。《论语》曰：‘能人进入朝廷当官，所有举荐者一概同等待遇。”因此都官拜郎中。姜诗不久后被任命为江阴令，死在任期之中。所居住的地方得以治理，乡里人们为他立牌祭祀。

沛郡人周郁的妻子，是同郡赵孝的女儿，字阿。赵阿在少女时就学习礼仪，熟悉妇女之道，可周郁骄纵放荡、轻率浮躁，做事大多缺乏礼貌。周郁的父亲周伟对赵阿说：“新媳妇是贤人家的女儿，应当用正道匡助扶持丈夫。周郁没有改过，是新媳妇的过错啊。”赵阿下拜而接受命令，退下后对左右的人说：“我没有楚国樊姬、齐国卫姬那样的品行，所以公公责备我。我劝了但他不听，公公一定会说我不遵守他的命令，那么罪责在我身上。如果劝了有用，那就是儿子不听父亲的话而听从媳妇，那么罪责就在他身上了。这样活着，还有什么意思呢！”于是赵阿就自杀了。没有不为她哀伤的人。

扶风人曹世叔的妻子，是同郡班彪的女儿，名叫班昭，字惠班，又名姬。知识渊博、才高八斗。世叔很早就去世了，班昭节操品行合乎规矩。哥哥班固著有《汉书》，其中八表和《天文志》没来得及写完就去世了，和帝下诏命班昭到东观藏书阁继承班固未竟之志写完。皇帝数次召班昭进宫，命皇后和诸位贵人以师礼对待班昭，称之为“大家（gū）”。每逢各地进献奇珍异物，就下诏叫“大家”吟赋作颂。等到邓太后亲临当政时，让班昭参与并处理政事。由于班昭出入宫廷很勤勉，特例封赏班昭的儿子曹成为关内侯，官职做到了齐相。当时《汉书》刚刚出来，很多人没法读懂，同郡的马融拜伏在阁下，和班昭学习诵读《汉书》，后来又下诏命马融的哥哥马续接着把班昭未完之书写完。

永初年间，太后的哥哥大将军邓骘因为母亲去世，上书自请离职，太后不想答应，就征召询问班昭，班昭就呈上奏疏说：“臣妾认为皇太后陛下，自身所具有的崇高品德已经很完美了，兴隆唐尧、虞舜那样的太平盛世，广开四方之门远闻四方的言论，采纳无知狂人说得没有见识的话，接受山野村夫的计划和考量。臣妾自身愚昧而衰朽，身处昌明的时代，怎敢不竭诚相告呢，来报效朝廷的万分之一。

以礼让为国，于从政乎何有。'由是言之，推让之诚，其致远矣。今四舅深执忠孝，引身自退，而以方垂未静，拒而不许；如后有毫毛加于今日，诚恐推让之名不可再得。缘见逮及，故敢昧死竭其愚情。自知言不足采，以示虫蚁之赤心。"太后从而许之。于是骘等各还里第焉。

作《女诫》七篇，有助内训。其辞曰：

鄙人愚暗，受性不敏，蒙先君之余宠，赖母师之典训。年十有四，执箕帚于曹氏，于今四十余载矣。战战兢兢，常惧黜辱，以增父母之羞，以益中外之累。夙夜劬心，勤不告劳，而今而后，乃知免耳。吾性疏顽，教道无素，恒恐子穀负辱清朝。圣恩横加，猥赐金紫，实非鄙人庶几所望也。男能自谋矣，吾不复以为忧也。但伤诸女方当适人，而不渐训诲，不闻妇礼，惧失容它门，取耻宗族。吾今疾在沉滞，性命无常，念汝曹如此，每用惆怅。间作《女诫》七章，愿诸女各写一通，庶有补益，裨助汝身。去矣，其勖勉之！

卑弱第一：古者生女三日，卧之床下，弄之瓦砖，而斋告焉。卧之床下，明其卑弱，主下人也。弄之瓦砖，明其习劳，主执勤也。斋告先君，明当主继祭祀也。三者盖女人之常道，礼法之典教矣。谦让恭敬，先人后己，有善莫名，有恶莫辞，忍辱含垢，常若畏惧，是臣妾听说谦让的美德，没有比这更高尚的了，所以古书经典记载谦让这种美德，神明赐福。昔日伯夷、叔齐兄弟离开本国，天下人都佩服他们的志向高洁；太伯离开邠地让位给弟弟，孔子称赞其崇高的品德为‘三让’。这就是将美德发扬光大，在后世扬名的缘故。《论语》说：‘如果能用礼让来治理国家，那还有什么困难呢？’这样说来，推让之风，影响十分深远啊。如今大将军这样执着于忠孝之道，引退离职，而陛下以边陲还未安定，拒不同意；如果以后出现细微的过失掩盖了今天的美德，只怕推让的美名难以再获得了。只是现在还来得及，臣妾才敢冒着死罪竭尽表达自己的衷情。自知言论不足以采纳，只是表示小人的一片赤诚之心罢了。”太后听从了班昭的意见。于是邓骘等人各自告老还乡了。

班昭写《女诫》七篇，有助于对妇女训诫和教育。七篇内容是：

在下班昭自认愚钝、不明事理，天生禀赋也不聪明，承蒙先父班彪的的恩泽，仰赖母亲的教诲。我十四岁时，嫁到曹家操持内务，到如今已有四十多年了。我战战兢兢，经常害怕受到贬斥侮辱，给父母带来羞愧，给家庭内外带来连累。我日夜不停劳心劳神，辛勤但不敢向别人诉苦，自此之后，才可以免于忧愁辛劳。我本性懒散顽钝，教导无方，经常担心儿子曹之穀（曹成）有负于清明的朝廷。承蒙圣恩施加，赐以儿子曹谷金印紫绶，实在不是我所敢奢望的。儿子能够终于朝廷、自善其身了，我不用再为他担忧了。然而忧愁女儿们将要出嫁，而不对你们逐渐加以教导，不知晓妇人应遵守的礼仪，担心在夫家有失仪容，使父兄宗族蒙羞。我如今疾病沉重、经久不愈，性命无常不定，想到你们这样，每次都感到惆怅。近来我写下《女诫》七篇，希望女儿们各自都抄写一遍，希望多少有些益处，增益你们自身。去吧，希望能够勉励你们！

第一，卑微柔弱。古人生下女儿三天之后，就让女儿在床下面睡觉，让她玩织布用的纺锤，并且将生下女孩一事斋告宗庙。在床下面睡觉，是表明妇女应当卑微柔弱，显示以谦卑的态度待人。让她玩织布用的纺锤，是表明妇女要长期辛劳，显示她亲自劳作。将生下女谓卑弱下人也。晚寝早作，勿惮夙夜，执务私事，不辞剧易，所作必成，手迹整理，是谓执勤也。正色端操，以事夫主，清静自守，无好戏笑，絜齐酒食，以供祖宗，是谓继祭祀也。三者苟备，而患名称之不闻，黜辱之在身，未之见也。三者苟失之，何名称之可闻，黜辱之可远哉！

夫妇第二：夫妇之道，参配阴阳，通达神明，信天地之弘义，人伦之大节也。是以《礼》贵男女之际，《诗》著《关雎》之义。由斯言之，不可不重也。夫不贤，则无以御妇；妇不贤，则无以事夫。夫不御妇，则威仪废缺；妇不事夫，则义理堕阙。方斯二事，其用一也。察今之君子，徒知妻妇之不可不御，威仪之不可不整，故训其男，检以书传，殊不知夫主之不可不事，礼义之不可不存也。但教男而不教女，不亦蔽于彼此之数乎！《礼》，八岁始教之书，十五而至于学矣。独不可依此以为则哉！

敬慎第三：阴阳殊性，男女异行。阳以刚为德，阴以柔为用，男以强为贵，女以弱为美。故鄙谚有云："生男如狼，犹恐其尫；生女如鼠，犹恐其虎。"然则修身莫若敬，避强莫若顺。故曰敬顺之道，妇人之大礼也。夫敬非它，持久之谓也。夫顺非它，宽裕之谓也。持久者，知止足也。宽裕者，尚恭下也。夫妇之好，终身不离。房室周孩一事斋告宗庙，是表明她将要负责继承祭祀祖先的责任。这三点大概是妇女该遵循的法则，这是从古至今礼法的典章教化。谦让恭敬，先人后己，做了好事不声张，做了错事不推脱，忍辱负重，经常表现出害怕的样子，这就是所谓的以谦卑的态度待人。晚睡早起，不因日夜辛劳而感到畏惧，亲自处理自己分内的事情，不管是困帷还是容易都不推辞，做什么事情就一定会成功，亲手整理完善事物，这就是所谓的亲自劳作。神色端庄、品行端正，以此来侍奉丈夫，性情宁静，自持操守，不喜好嬉笑打闹，准备好洁净的酒饭和祭品，用来供奉祭祀祖宗，这就是负责继承祭祀祖先的责任。如果这三点都做到了，还担心好名声不为人所知晓，自身还遭受贬斥侮辱，从来没有见到有这样的事。如果没有做到这三点，又有什么美名值得为他人所知，又怎么免得了贬斥侮辱呢！

第二，夫妻关系。夫妻间的道义，阴阳配合，通达神明之间，绝对是天地间的大义，是人伦中的大道。所以《礼记》重视男女的婚配，《诗经》著有《关雎》表明的道理。由此可说，夫妻间的道义不可以不重视。丈夫没有贤德品行，就无法驾驭领导妻子；妻子不够贤惠，就无法侍奉丈夫。丈夫驾驭不了妻子，就会丧失应有的威仪；妻子侍奉不了丈夫，就会毁坏做妻子的道义。刚才所说的这两方面，作用是一样的。观察当今的君子，只知道不可不管束妻子，不能不整肃自己的威仪，所以教育儿子时，就用古书、经传上的话，却不知道丈夫是不可以不侍奉的，礼节、道义是不可以不力行的。但只是教育儿子而不教育女儿，不也是偏执不明吗？《礼记》说，男孩八岁开始接受教育，十五岁就教他立志成人的学问。难道就不可以这样教育女孩呢？

第三，恭敬谨慎。阴阳本性不同，男女行为有别。阳以阳刚为德行，阴以阴柔为所用，男子以阳刚为贵，女子以柔弱为美。所以有俗语说："生下像狼一样刚强的儿子，还担心他柔弱；生下像老鼠一样柔弱的女儿，还担心她像老虎。"既然这样，那么陶冶身心什么都比不上恭敬，避其锋芒什么都比不上顺从。所以说恭敬顺从的道理，是旋，遂生媟黩。媟黩既生，语言过矣。语言既过，纵恣必作。纵恣既作，则侮夫之心生矣。此由于不知止足者也。夫事有曲直，言有是非。直者不能不争，曲者不能不讼。讼争既施，则有忿怒之事矣。此由于不尚恭下者也。侮夫不节，谴呵从之；忿怒不止，楚挞从之。夫为夫妇者，义以和亲，恩以好合，楚挞既行，何义之存？谴呵既宣，何恩之有？恩义俱废，夫妇离矣。

妇行第四：女有四行，一曰妇德，二曰妇言，三曰妇容，四曰妇功。夫云妇德，不必才明绝异也；妇言，不必辩口利辞也；妇容，不必颜色美丽也；妇功，不必工巧过人也。清闲贞静，守节整齐，行己有耻，动静有法，是谓妇德。择辞而说，不道恶语，时然后言，不厌于人，是谓妇言。盥浣尘秽，服饰鲜絜，沐浴以时，身不垢辱，是谓妇容。专心纺绩，不好戏笑，絜齐酒食，以奉宾客，是谓妇功。此四者，女人之大德，而不可乏之者也。然为之甚易，唯在存心耳。古人有言："仁远乎哉？我欲仁，而仁斯至矣。"此之谓也。

专心第五：《礼》，夫有再娶之义，妇无二适之文，故曰夫者天也。天固不可逃，夫固不可离也。行违神祇，天则罚之；礼义有愆，夫则薄之。故《女宪》曰："得意一人，是谓永毕；失意一人，是谓永妇女最重要的行为准则。恭敬不是别的，说的是长久相处的道理；顺从不是别的，说的是宽容厚道的道理。长久相处，说的是凡事要知止知足、不要贪得无厌；宽容厚道，说的是凡事要谦恭卑下、忍辱负重。夫妻之间亲爱，终身都不会分离。在房间之内周旋嬉戏，就会行为放荡不庄重。行为放荡不庄重一旦发生，言语就会不恭敬。言语一旦不恭敬，必定会放纵恣意。放纵恣意一旦发生，那么侮辱丈夫的想法就诞生了。这都是由于不能知止知足、贪得无厌。事情有曲也有直，言论有对也有错。正确的不能不争辨，错误的不能不争论，争吵一旦发生，就会愤怒相向的事情了。这都是由于没有谦恭卑下、忍辱负重。侮辱丈夫不加以节制，就会遭到谴责呵斥；愤怒一旦无法控制，就会遭到鞭打杖责。作为夫妻，应当遵循和睦亲善的礼义，情投意合的恩爱，一旦做出鞭打杖责的事情，哪里还有礼义可言？一旦出现谴责呵斥呵斥的情况，哪里遗还有恩爱可言？恩爱和礼义都已经废弃，夫妻也就要分离了。

第四，妇女行为。妇女有四种日常行为规范，一是妇德，二是妇言，三是妇容，四是妇功。妇德，不一定富有才智、独特不凡；妇言，不一定善于辩论、言辞犀利妇容，不一定容貌美丽、娇娆动人；妇功，不一定手艺精巧、细致过人。情性淑静，守节端正，有羞耻心，动静有度，这就是所谓的妇德。说话前措辞，不说恶毒的话，不在背后非议，不要惹人讨厌，这就是所谓的妇言。清洗尘土脏秽，服饰洁净无瑕，定期沐浴清洗，不纳垢以侮辱，这就是所谓的妇容。专心纺纱缉麻，不好嬉笑打闹，准备洁净酒饭，用来招待宾客，这就是所谓的妇功。这四点，是妇女坚定遵守的重要准则，是不可缺少的。然而这些做起来很容易，只需要心怀这种念头就可以了。古人说："仁难道离我们很远吗？我想要到达仁，这就是仁来了。"妇女行为规范就是这个意思。

第五，用心专一。根据《礼记》，丈夫有再婚另娶的道理，妇女却没有再嫁的记载，所以说丈夫就是妻子的天。天是无法逃离的，丈夫也是不可以背离的。行为乖戾逮违背了神祇，上天就会降下神讫。”由斯言之，夫不可不求其心。然所求者，亦非谓佞媚苟亲也，固莫若专心正色。礼义居絜，耳无涂听，目无邪视，出无冶容，入无废饰，无聚会群辈，无看视门户，此则谓专心正色矣。若夫动静轻脱，视听陕输，入则乱发坏形，出则窈窕作态，说所不当道，观所不当视，此谓不能专心正色矣。

曲从第六：夫得意一人，是谓永毕；失意一人，是谓永讫。欲人定志专心之言也。舅姑之心，岂当可失哉？物有以恩自离者，亦有以义自破者也。夫虽云爱，舅姑云非，此所谓以义自破者也。然则舅姑之心奈何？固莫尚于曲从矣。姑云不尔而是，固宜从令；姑云尔而非，犹宜顺命。勿得违戾是非，争分曲直。此则所谓曲从矣。故《女宪》曰：“妇如影响，焉不可赏！”

和叔妹第七：妇人之得意于夫主，由舅姑之爱己也；舅姑之爱己，由叔妹之誉己也。由此言之，我臧否誉毁，一由叔妹，叔妹之心，复不可失也。皆莫知叔妹之不可失，而不能和之以求亲，其蔽也哉！自非圣人，鲜能无过！故颜子贵于能改，仲尼嘉其不贰，而况妇人者也！虽以贤女之行，聪哲之性，其能备乎！是故室人和则谤掩，外内离则恶扬。此必然之势也。《易》曰：“二人同心，其利断金。同心之言，其臭如兰。”此之谓也。夫嫂妹者，体敌而尊，恩疏而义亲。若淑媛谦顺之人，则能依义以笃好，崇恩以结援，使徽美罚；礼义方面犯下过错，丈夫就会轻视。所以《女宪》说："让一个人满意，就可以说是一辈子幸福美满；无法让一个人满意，就可以说是一辈子断送幸福。"如此说来，不可不寻求丈夫的心意。然而所寻求的，也不是通过谄媚讨好、卑贱侍奉，没有比用心专一、态度严正更好的了。礼义方面注重清白，耳朵不听道路上的传闻，眼睛不要斜着眼睛看，出门不要打扮得妖媚，进门不要卸妆，不要聚众结伙聚会，不要经常看着门口，这就是所谓的用心专一、态度严正。如果行为举止轻佻，眼神闪烁轻佻，进门就头发散乱、放浪形骸，出门就妖冶作态，说不应该说出的话，看不应当看到的东西，这就是所谓的不能做到用心专一、态度严正了。

第六，委屈顺从。让一个人满意，就可以说是一辈子幸福美满；无法让一个人满意，就可以说是一辈子断送幸福。这是要妇女志向坚定、用心专一的言论。公婆的欢心，又怎么可以失去呢？事情有虽然感情恩爱而自己仍遭受离弃的，也有虽然遵守礼义而自己仍受到伤害的。丈夫虽说感情恩爱，但公婆却并不这样想，这就是所说的虽然遵守礼义而自己仍受到伤害的。然而如何讨公婆的欢心呢？没有比委屈顺从更好的了。婆婆做错了事但实际上是对的，一定要顺从婆婆的命令；婆婆表示如此你觉得不对，还要顺从婆婆的命令。千万不要违背公婆发生口舌纠纷，争论分辨是非对错。这就是所谓的委屈顺从了。所以《女宪》说："妇女像影子随着形体、回响随着声音一样，怎么会得不到欢心和赞赏呢？"

第七，和谐小姑。妇女能够得到丈夫的钟意，是由于公公婆婆疼爱自己；公公婆婆疼爱自己，是由于小姑赞美自己。如此说来，对我的褒贬评论、称赞毁谤，完全取决于小姑，小姑的欢心，也不可以丢失。一般人都不知道小姑的欢心不可丢失，但不能做到于小姑和谐相处以请求亲近，这是很糊涂的啊！人非圣贤，怎能不犯错！所以颜回的可贵之处在于知错能改，孔仲尼也称赞他能够不犯同样的错误，更何况妇女呢！即使以有贤惠聪明的行为，聪慧明智的天性，又怎能够完备呢？所以家人和睦坏话也会被遮掩袒护；内外离心坏话显章，而瑕过隐塞，舅姑矜善，而夫主嘉美，声誉曜于邑邻，休光延于父母。若夫蠢愚之人，于嫂则托名以自高，于妹则因宠以骄盈。骄盈既施，何和之有！恩义既乖，何誉之臻！是以美隐而过宣，姑忿而夫愠，毁訾布于中外，耻辱集于厥身，进增父母之羞，退益君子之累。斯乃荣辱之本，而显否之基也。可不慎哉！然则求叔妹之心，固莫尚于谦顺矣。谦则德之柄，顺则妇之行。凡斯二者，足以和矣。《诗》云："在彼无恶，在此无射。"其斯之谓也。

马融善之，令妻女习焉。

昭女妹曹丰生，亦有才惠，为书以难之，辞有可观。

昭年七十余卒，皇太后素服举哀，使者监护丧事。所著赋、颂、铭、诔、问、注、哀辞、书、论、上疏、遗令，凡十六篇。子妇丁氏为撰集之，又作《大家赞》焉。

河南乐羊子之妻者，不知何氏之女也。羊子尝行路，得遗金一饼，还以与妻。妻曰："妾闻志士不饮盗泉之水，廉者不受嗟来之食，况拾遗求利，以污其行乎！"羊子大惭，乃捐金于野，而远寻师学。一年来归，妻跪问其故。羊子曰："久行怀思，无它异也。"妻乃引刀趋机而言曰："此织生自蚕茧，成于机杼，一丝而累，以至于寸，累寸不已，遂成丈匹。今若断斯织也，则捐失成功，稽废时月。夫子就会恶名远扬。这是必定会出现的状况。《易经》说："两个人能够心志相同，就像锋利的刀剑可以斩断金属；同心同德的人说话，犹如兰花一样芬芳。"说的就是这个道理。嫂子和小姑，不分上下尊卑，因为恩情而疏远但因为道义而亲近。如果是闲雅贞静、谦逊恭顺的人，就能够和小姑根据道义而结成知己，崇尚恩情而结交攀援，而彰显美德，而且过失得以掩盖，公公婆婆夸奖，丈夫又赞美，美好的名声传播于邻里之间，盛美的光华一直延伸到父母家里。如果是愚蠢的人，作为嫂子则假借他人姓名来抬高自己，作为小姑则恃宠而骄。骄傲自满一旦滋生，哪里还有什么和谐呢！恩情道义一旦乖离，哪里还有什么美好的名声呢！所以美名则被掩盖而恶名四处传扬，婆婆生气而丈夫愤怒，诋毁中伤传遍家庭内外，耻辱集中于自身，进则让父母蒙羞，退则让丈夫烦恼。这是荣耀耻辱的根本，褒奖毁谤的根基。不能够不慎重啊！想要寻求小姑的欢心，没有比崇尚谦逊恭顺更好的了。谦逊是德行的根本，恭顺是妇女行为的准则。能够做到这两点，就足以和小姑和谐相处了。《诗经》说："在那里没有人憎恶，在这里没有人讨厌。"说的就是这个意思。

马融很欣赏《女诫》，命妻子和女儿学习。

班昭的小姑曹丰生，也很有才能和智慧，曾写文章反驳班昭，文辞也有可可取之处。

班昭七十多岁去世，皇太后身穿白色丧服表示哀恸，派遣使者负责丧事。班昭所著的赋、颂、铭、诔、问、注、哀辞、书、论、上疏、遗令，一共十六篇。由儿媳妇丁氏编纂成集，又写一篇《大家赞》。

河南人乐羊子的妻子，不知是谁家的女儿。乐羊子曾在路上，拾到别人遗失的一块金饼，回家后交给妻子。妻子说："妾身听说节操高尚的人不喝盗泉的水，清廉的人不吃别人侮辱的施舍，更何况是捡别人丢的金子，来糟蹋自己的好名声呢？"乐羊子听后十分惭愧，于是就把拾的金子丢在野外，并到远方从师学习。只过了一年就回来了，妻子跪着问他缘故。乐羊子说："出去久了有点想家，没有什么别的原因。"妻子就拿着刀走到织布机前说："这些布来自于蚕茧，在织积学，当日知其所亡，以就懿德。若中道而归，何异断斯织乎？”羊子感其言，复还终业，遂七年不反。妻常躬勤养姑，又远馈羊子。

尝有它舍鸡谬入园中，姑盗杀而食之，妻对鸡不餐而泣。姑怪问其故。妻曰：“自伤居贫，使食有它肉。”姑竟弃之。

后盗欲有犯妻者，乃先劫其姑。妻闻，操刀而出。盗人曰：“释汝刀从我者可全，不从我者，则杀汝姑。”妻仰天而叹，举刀刎颈而死。盗亦不杀其姑。太守闻之，即捕杀贼盗，而赐妻缣帛，以礼葬之，号曰“贞义”。

汉中程文矩妻者，同郡李法之姊也，字穆姜。有二男，而前妻四子。文矩为安众令，丧于官。四子以母非所生，憎毁日积，而穆姜慈爱温仁，抚字益隆，衣食资供皆兼倍所生。或谓母曰：“四子不孝甚矣，何不别居以远之？”对曰：“吾方以义相导，使其自迁善也。”及前妻长子兴遇疾困笃，母恻隐自然，亲调药膳，恩情笃密。兴疾久乃瘳，于是呼三弟谓曰：“继母慈仁，出自天受。吾兄弟不识恩养，禽兽其心。虽母道益隆，我曹过恶亦已深矣！”遂将三弟诣南郑狱，陈母之德，状己之过，乞就刑辟。县言之于郡，郡守表异其母，蠲除家徭，遣散四子，许以修革。自后训导愈明，并为良士。

布机上用梭子织成，一丝一丝累积起来，才成为一寸，一寸一寸累积起来，才成为一丈一匹。如果现在割断这些布，就是前功尽弃，浪费了时间。您在外面积累学问，应该每天都知道自己所欠缺的知识，逐渐成就美德。如果半途而废，和现在割断这些布有什么不同呢？”乐羊子听后深受感动，又回去完成学业，于是七年没有回家。妻子常常亲自劳作、侍奉婆婆，又到远方给乐羊子送食物。

曾经别人家的鸡误入乐羊子家的园中，婆婆杀死鸡后据为己有并且做熟准备吃掉，妻子面对鸡肉不动筷子反而眼泪直流。婆婆问她什么原因。妻子说：“我感伤家里太穷，导致桌上放着别人家的鸡肉。”婆婆听后就把鸡肉扔掉了。

后来有强盗想侮辱乐羊子的妻子，就先劫持了她婆婆，乐羊子妻子知道后，执刀走出。强盗说：“把你的刀放下听我的话可以保全性命，不听我的，就杀掉你的婆婆。”乐羊子妻子仰天长叹，举刀自刎而死。强盗也没有杀害她的婆婆。太守听说这件事，立刻派人逮捕追杀强盗，赏赐给乐羊子亡妻一些绢帛，按照礼节埋葬她，号称“贞义”。

汉中人程文矩的妻子，是同郡李法的姐姐，字穆姜。夫妻育有两个儿子，而前妻生有四个儿子。程文矩担任安众令，死在任期之中。四个儿子因为并非是李穆姜亲生，憎恶诋毁的念头日渐积累，而李穆姜慈爱温厚，抚养更加用心，衣食供给都比亲生儿子加倍增多。有人对李穆姜说：“这四个孩子真是不孝，为什么不让他们搬到别处离你远一点呢？”李穆姜回答说：“我用道义来引导他们，是想让他们自己改过向善呢。”后来前妻的长子程兴病重，后母李穆姜恻隐之心自然而生，亲自调理药汤和膳食，恩情深厚。程兴病了很久才痊愈，于是叫来三个弟弟说：“继母慈善仁爱，是出自天性。我们兄弟不认继母的爱护和养育，真是禽兽一样的心肠。虽然母爱日益深厚，我们犯下的错误也很深了。”于是带三个弟弟来到南郑监狱，陈述继母的恩德，也叙述了自己的罪过，请求受到刑法的处罚。县府上报给郡府，郡守表彰了李穆姜，免除他家的徭役，遣走这四个儿子回家，允许他穆姜年八十余卒。临终敕诸子曰："吾弟伯度，智达士也。所论薄葬，其义至矣。又临亡遗令，贤圣法也。令汝曹遵承，勿与俗同，增吾之累。"诸子奉行焉。

孝女曹娥者，会稽上虞人也。父盱，能弦歌，为巫祝。汉安二年五月五日，于县江泝涛迎婆娑神，溺死，不得尸骸。娥年十四，乃沿江号哭，昼夜不绝声，旬有七日，遂投江而死。至元嘉元年，县长度尚改葬娥于江南道傍，为立碑焉。

吴许升妻者，吕氏之女也，字荣。升少为博徒，不理操行，荣尝躬勤家业，以奉养其姑。数劝升修学，每有不善，辄流涕进规。荣父积忿疾升，乃呼荣欲改嫁之。荣叹曰："命之所遭，义无离贰！"终不肯归。升感激自厉，乃寻师远学，遂以成名。寻被本州辟命，行至寿春，道为盗所害。刺史尹耀捕盗得之。荣迎丧于路，闻而诣州，请甘心仇人。耀听之。荣乃手断其头，以祭升灵。后郡遭寇贼，贼欲犯之，荣逾垣走，贼拔刀追之。贼曰："从我则生，不从我则死。"荣曰："义不以身受辱寇虏也！"遂杀之。是日疾风暴雨，雷电晦冥，贼惶惧叩头谢罪，乃殡葬之。

汝南袁隗妻者，扶风马融之女也，字伦。隗已见前传。伦少有才辩。融家世丰豪，装遣甚盛。及初成礼，隗问之曰："妇奉箕帚而已，何乃过珍丽乎？"对曰："慈亲垂爱，不敢逆命。君若欲慕鲍宣、梁鸿之高者，妾亦请从少君、孟光之事矣。"隗又曰："弟先兄举，们改过自新。从此以后经过李穆姜的训导更加贤明，都成为贤士。

穆姜八十多岁去世。临终前告诫几个儿子说："我弟弟伯度，是聪慧敏达的人。他对于薄葬有过论述，意义深远。他临死前的嘱咐，都是圣贤的法令。叫你们遵从，不要和世俗相同，增加我的负担。"几个儿子都照着去做。

有孝行的女儿曹娥，是会稽郡上虞县人。父亲曹盱，能拉弦伴奏歌唱，担任能通鬼神的巫祝。汉安二年（143）五月五日，曹盱在县江逆着水流迎接婆娑神，溺水而死，没找到尸体。曹娥当时刚十四岁，就沿着江水痛哭，昼夜不听地哭，十七天后，她便投江而死。到了元嘉元年（151），县长度尚迁移曹娥的墓葬到江南道旁，为她立碑作为纪念。

吴郡人许升的妻子，是吕氏的女儿，字荣。许升年轻时是个赌徒，不注重操行，吕荣经常亲自操劳家务，用来侍奉婆婆。几次规劝丈夫研习学问，每当许升做了坏事，吕荣就流着眼泪鼻涕规劝。吕荣之父对于女婿许升的忿恨郁积于心，就叫女儿改嫁他人。吕荣叹息说："我命中注定碰上他，按照道义不该有离异的心思。"始终不肯回娘家。许升听后十分感激并且勉励自己，就远去寻找老师学习，后来成就美名。不久后许升被本州征召，走到寿春时，在路上被强盗所杀害。刺史尹耀追捕到了强盗。吕荣在路上迎丧，听到消息后就赶往州里，请求满足她的心愿杀掉仇人才行。尹耀同意了。吕荣就亲手砍下仇人的头，用来祭奠丈夫的在天之灵。后来她所居住的郡遭遇贼寇，贼寇想要侵犯她，吕荣跳墙逃走，贼寇拔刀追赶。贼寇说："听我的话就能活命，不听的话就只有死路一条。"吕荣说："按照道义我决不让身体受到贼寇的侮辱。"于是贼寇就杀害了她。这一天狂风暴雨，雷电阴沉，贼寇惶恐赶忙叩头请罪，于是把吕荣殡葬。

汝南人袁隗的妻子，是扶风人马融的女儿，字伦。袁隗的事迹已见于前面的传。马伦年少时才智机辩。马融家世富裕豪贵，嫁妆十分丰盛。等到婚礼刚结束，袁隗问她说："妇女只是从事家内洒扫之类的事，为什么置办地过于珍奇华丽呢？"马伦回答说："这是慈爱世以为笑。今处姊未适，先行可乎？”对曰：“妾姊高行殊邈，未遭良匹，不似鄙薄，苟然而已。”又问曰：“南郡君学穷道奥，文为辞宗，而所在之职，辄以货财为损，何邪？”对曰：“孔子大圣，不免武叔之毁；子路至贤，犹有伯寮之愬。家君获此，固其宜耳。”隗默然不能屈，帐外听者为惭。隗既宠贵当时，伦亦有名于世。年六十余卒。

伦妹芝，亦有才义。少丧亲长而追感，乃作《申情赋》云。

酒泉庞淯母者，赵氏之女也，字娥。父为同县人所杀，而娥兄弟三人，时俱病物故，仇乃喜而自贺，以为莫己报也。娥阴怀感愤，乃潜备刀兵，常帷车以候仇家。十余年不能得。后遇于都亭，刺杀之。因诣县自首。曰：“父仇已报，请就刑戮。”禄福长尹嘉义之，解印绶欲与俱亡。娥不肯去。曰：“怨塞身死，妾之明分；结罪理狱，君之常理。何敢苟生，以枉公法！”后遇赦得免。州郡表其闾。太常张奂嘉叹，以束帛礼之。

沛刘长卿妻者，同郡桓鸾之女也。鸾已见前传。生一男五岁而长卿卒，妻防远嫌疑，不肯归宁。儿年十五，晚又夭殁。妻虑不免，乃豫刑其耳以自誓。宗妇相与愍之，共谓曰：“若家殊无它意；假令有之，犹可因姑姊妹以表其诚，何贵义轻身之甚哉！”对曰：“昔的双亲爱护我，我不敢违背双亲的命令。您如果仰慕鲍宣、梁鸿那样的品德高尚，妾身也能模仿少君、孟光那样的事。”袁隗又说：“弟弟在哥哥之前被举荐做官，世人以此为笑话。如今你的姐姐还尚未出嫁，你在她之前出嫁也可以吗？”马伦回答说：“妾身的姐姐品行高尚出众，没有遇到佳偶，不像那些浅薄的人，随随便便找个人而已。”袁隗又问：“你的父亲南郡太守学问深奥，文学方面可以说是辞赋宗师，而做官的时候，经常因为货财损害自己的名声，这是为什么呢？”马伦回答说：“孔子这样的大圣人，也不免被武叔所诋毁；子路这样的大贤人，也还有公伯寮的控告。我父亲遇到这种情况，也是应该的啊。”袁隗沉默不语、不能使妻子理屈，帐外听着的人感到惭愧。袁隗在当时已经尊荣显贵，马伦也闻名于世。六十多岁才去世。

马伦的妹妹马芝，也有才学道义。年少时就失去父母之后回忆往事有感而发，就写下《申情赋》。

酒泉人庞淯的母亲，赵氏的女儿，字娥。父亲被同县人所杀害，而赵娥的兄弟三人，当时都因病去世了，仇人于是感到窃喜甚至自行庆贺，以为不会有人再向他寻仇。赵娥暗中感到愤慨，于是偷偷地准备兵器，经常坐在带帷幔的车里等候仇家。十多年不能得手。后来在都亭与仇人相遇，直接用兵器杀了他。于是赵娥就到县里自首。她说：“父亲的大仇已报，我自请刑罚。”担任禄福（原文为福禄，误）长的尹嘉赞许赵娥此举合乎道义，就解下印绶想和她一同逃走。赵娥不肯离去。她说：“怨恨已经相抵只求身死，这是妾身明确的本分；审判定罪处理案件，也是君的本分。怎么敢苟且偷生，徇私枉法。”后来遇到大赦免于死罪。州郡在她居住的闾前给予表彰。太常张奂对她的事迹表示赞叹，送来一束帛作为馈赠的礼物。

沛国刘长卿的妻子，是同郡人桓鸾的女儿。桓鸾的事迹详见前传。妻子生下一个男孩五岁时刘长卿去世，妻子为预防远避嫌疑，不肯回娘家向父母请安。儿子十五岁时，又短命夭折。妻子考虑免不了要改嫁，于是提前割掉自己的耳朵表示决心。同姓宗族的妇女都很我先君五更，学为儒宗，尊为帝师。五更已来，历代不替，男以忠孝显，女以贞顺称。《诗》云：‘无忝尔祖，聿修厥德。’是以豫自刑翦，以明我情。”沛相王吉上奏高行，显其门闾，号曰“行义桓釐”，县邑有祀必膰焉。

安定皇甫规妻者，不知何氏女也。规初丧室家，后更娶之。妻善属文，能草书，时为规答书记，众人怪其工。及规卒时，妻年犹盛，而容色美。后董卓为相国，承其名，娉以軿辎百乘，马二十匹，奴婢钱帛充路。妻乃轻服诣卓门，跪自陈请，辞甚酸怆。卓使傅奴侍者悉拔刀围之，而谓曰：“孤之威教，欲令四海风靡，何有不行于一妇人乎！”妻知不免，乃立骂卓曰：“君羌胡之种，毒害天下，犹未足邪！妾之先人，清德奕世。皇甫氏文武上才，为汉忠臣。君亲非其趣使走吏乎？敢欲行非礼于尔君夫人邪！”卓乃引车庭中，以其头县轭，鞭扑交下。妻谓持杖者曰：“何不重乎？速尽为惠。”遂死车下。后人图画，号曰“礼宗”云。

南阳阴瑜妻者，颍川荀爽之女也，名采，字女荀。聪敏有才艺。年十七，适阴氏。十九产一女，而瑜卒。采时尚丰少，常虑为家所逼，自防御甚固。后同郡郭奕丧妻，爽以采许之，因诈称病笃，召采。既不得已而归，怀刃自誓。爽令傅婢执夺其刃，扶抱载之，犹忧致愤激，敕卫甚严。女既到郭氏，乃伪为欢悦之色，谓左右曰：“我本立同情她，都和她说：“你家并没有别的意思；假如有别的意思，还可以让姑姑来表明你心中的诚意，何必为了看重道义而轻视自身到如此程度呢！”回答说：“之前我家的先祖担任五更长老，学问可称儒者的宗师，被尊为帝师。担任五更长老以来，历代没有荒废，男子以忠孝出名，女子以贞顺著称。《诗经》说：‘感念先祖，才能修德。’所以提前自行割下耳朵，来表明我的决心。”沛相王吉上奏她品行高尚的事迹，在她所居住的门闾给予表彰，号称“行义桓釐”，县邑中有祭祀活动一定给她送去祭祀用的熟肉。

安定人皇甫规的妻子，不知道是哪家的女儿。皇甫规之前的妻子去世，之后另娶了她。妻子擅长撰写文章，能写草书，经常替皇甫规从事文书的工作，众人惊讶文书如此细致精巧。等到皇甫规去世后，妻子年纪尚轻，而且容貌美丽。后来董卓担任相国一职，敬奉皇甫规妻子的名声，就用一百辆軿车和辎车，二十匹马，奴婢金钱布帛作为聘礼。皇甫规妻子就穿着便衣来到董卓门前，跪下来自行陈述理由，言辞甚是凄怆。董卓命令奴仆和侍从悉数拔出刀包围她，并且说：“我的刑法和教化，将使天下听命于我，为什么在你一个妇人身上反而行不通？”皇甫规妻子知道此劫难免，就站起来破口大骂董卓：“你这羌胡之子，毒害天下人，还不够吗！妾身的祖先，世世代代品德高尚。我丈夫皇甫氏文武才能都属上等，是汉室忠臣。你难道不是他所驱使小官吗？竟敢对你上司的夫人做出这种非礼的事？”董卓于是把车子拉到庭院中，将皇甫规妻子的头吊在车轭之上，用鞭子和棍棒一齐抽打。皇甫规妻子对手拿棒棍的人说：“为什么不下重手呢？快点打死我让我解脱。”于是就死于车下。后来的人把她的形象画下来，号称“礼宗”。

南阳人阴瑜的妻子，是颍川人荀爽的女儿，名采，字女荀。聪慧灵敏、多才多艺。十七岁时，嫁到阴家。十九岁时生下一名女儿，而阴瑜却去世了。荀采当时年纪尚轻，经常担心家里人逼她改嫁，自我防范十分牢固。后来同郡人郭奕的妻子去世，荀爽决定把荀采许配给他，就谎称自己病情严重，召荀采回家。荀采逼不得已只能回娘家，身怀利刃暗下决心。荀爽命令左右的侍婢抢下她的利刃，双手扶着她上志与阴氏同穴，而不免逼迫，遂至于此，素情不遂，奈何？”乃命使建四灯，盛装饰，请奕入相见，共谈，言辞不辍。奕敬惮之，遂不敢逼，至曙而出。采因敕令左右办浴。既入室而掩户，权令侍人避之，以粉书扉上曰：“尸还阴。”“阴”字未及成，惧有来者，遂以衣带自缢。左右翫之不为意，比视，已绝，时人伤焉。

犍为盛道妻者，同郡赵氏之女也，字媛姜。建安五年，益部乱，道聚众起兵，事败，夫妻执系，当死。媛姜夜中告道曰：“法有常刑，必无生望。君可速潜逃，建立门户，妾自留狱，代君塞咎。”道依违未从。媛姜便解道桎梏，为赍粮货。子翔时年五岁，使道携持而走。媛姜代道持夜，应对不失。度道已远，乃以实告吏，应时见杀。道父子会赦得归。道感其义，终身不娶焉。

孝女叔先雄者，犍为人也。父泥和，永建初为县功曹。县长遣泥和拜檄谒巴郡太守，乘船堕湍水物故，尸丧不归。雄感念怨痛，号泣昼夜，心不图存，常有自沉之计。所生男女二人，并数岁，雄乃各作囊，盛珠环以系儿，数为诀别之辞。家人每防闲之，经百许日后稍懈，雄因乘小船，于父堕处恸哭，遂自投水死。弟贤，其夕梦雄告之：“却后六日，当共父同出。”至期伺之，果与父相持，浮于江上。郡县表言，为雄立碑，图象其形焉。

车，还担心她因为忧愁而导致愤怒激动，下令防卫十分严密。女儿荀采已到郭家，就假装出喜悦的样子，对左右的人说：“我本来立志要和丈夫阴瑜死后合葬一处，而免不了被家中所逼，才来到这里，心中情意不能顺心，该怎么办呢？”于是命侍婢拿出四盏灯，盛装打扮，请郭奕进入相见，一起聊天，说个不停。郭奕对她感到敬畏，就不敢逼迫她成亲，直到天亮才出来。荀采命左右侍婢准备沐浴用具。进入房间关上门，下令让侍从回避，用粉在门扉上写下：“尸还阴。”“阴”字还来不及写完，害怕有人到来，就用衣带自缢而死。左右的人由于松懈大意没放在心上，等到发现时，荀采已经气绝，当时的人为她感到哀伤。

犍为人盛道的妻子，是同郡人赵家的女儿，字媛姜。建安五年（200），益州部大乱，盛道聚众起兵，事情败露，夫妻都被逮捕，应当被处死。赵媛姜夜里告诉盛道说：“法律中规定有该受的刑罚，一定没有生还的希望。君可以赶快偷跑，建立门户，妾身自己留在狱中，代君抵偿罪过。”盛道还没有拿定主意。赵媛姜便解开盛道身上的脚镣手铐，替他准备钱粮。儿子盛翔当时只有五岁，让盛道带着他一并逃走。赵媛姜代替丈夫盛道持夜，回答没有差错。估计盛道已经逃远，就把实情告知狱吏，立刻就被斩杀了。盛道父子恰好遇上大赦得以回家。盛道感激妻子的道义，终身不再娶。

有孝行的女儿叔先雄，犍为人。父亲叔泥和，永建初年在县里担任功曹。县长派遣叔泥和带着书信拜谒巴郡太守，乘船时不小心坠入湍急的水流中去世，尸体失落没法运回家。叔先雄感伤思念父亲、无比怨恨哀痛，昼夜嚎啕大哭，心中丧失活下去的念头，经常有投水自沉的想法。她所生的一对儿女，都长到了几岁，叔先雄为儿女各作了一个袋子，盛着缀珠环饰系在儿女身上，说了多次诀别的话。家人时刻防备约束着她，经过一百多天后稍有松懈，叔先雄就乘坐小船，在父亲坠入水中的地方放声痛哭，之后自己投水而死。弟弟叔贤，那天晚上梦见姐姐叔先雄告诉他说：“六天之后，我将和父亲一起浮出水面。”到了那天叔贤在岸边等待，果然叔先雄与父亲叔泥和互相陈留董祀妻者，同郡蔡邕之女也，名琰，字文姬。博学有才辩，又妙于音律。适河东卫仲道。夫亡无子，归宁于家。兴平中，天下丧乱，文姬为胡骑所获，没于南匈奴左贤王，在胡中十二年，生二子。曹操素与邕善，痛其无嗣，乃遣使者以金璧赎之，而重嫁于祀。

祀为屯田都尉，犯法当死，文姬诣曹操请之。时公卿名士及远方使驿坐者满堂，操谓宾客曰："蔡伯喈女在外，今为诸君见之。"及文姬进，蓬首徒行，叩头请罪，音辞清辩，旨甚酸哀，众皆为改容。操曰："诚实相矜，然文状已去，奈何？"文姬曰："明公厩马万匹，虎士成林，何惜疾足一骑，而不济垂死之命乎！"操感其言，乃追原祀罪。时且寒，赐以头巾履袜。操因问曰："闻夫人家先多坟籍，犹能忆识之不？"文姬曰："昔亡父赐书四千许卷，流离涂炭，罔有存者。今所诵忆，裁四百余篇耳。"操曰："今当使十吏就夫人写之。"文姬曰："妾闻男女之别，礼不亲授。乞给纸笔，真草唯命。"于是缮书送之，文无遗误。

后感伤乱离，追怀悲愤，作诗二章。其辞曰：

汉季失权柄，董卓乱天常。志欲图篡弑，先害诸贤良。逼迫迁旧邦，拥主以自强。海内兴义师，欲共讨不祥。卓众来东下，金甲耀日光。平土人脆弱，来兵皆胡羌。猎野围城邑，所向悉破亡。斩截无搀扶，一同浮于江面上。郡县上书启奏叔先雄的事迹，为叔先雄立碑，画出她的画像。

陈留人董祀的妻子，是同郡人蔡邕的女儿，名琰，字文姬。蔡文姬知识渊博又有才智机辨，又精通音律。她嫁给河东人卫仲道，丈夫去世两人没有孩子，就回到娘家。兴平年间，天下动乱。蔡文姬被胡骑掳去，被南匈奴的左贤王所得，在匈奴生活了十二年，生下两个儿子。曹操向来和蔡邕要好，悲痛蔡邕没有后嗣，就派遣使者用黄金和玉璧把蔡文姬赎回，而且重新嫁给董祀。

董祀担任屯田都尉时，触犯刑法应当处死，蔡文姬到曹操那里求情。当时高官名士和远道而来的使者端坐满堂，曹操对宾客们说："蔡伯喈的女儿就在门外，现在我给大家请进来见一下。"等到蔡文姬进来，蓬头光脚，叩头请罪，言谈清晰明辨，意思十分悲哀痛苦，大家听后都为她动容。曹操说："你的情况确实可怜，但是文书已经送走了，该怎么办？"蔡文姬说："您的马厩里有良马上万匹，勇士多如树林，为什么舍不得一个跑的快的骑兵，而不去救垂死的人呢！"曹操被蔡文姬所感动，便追回成命赦免了董祀的罪过。当时天气寒冷，曹操就赐给蔡文姬头巾鞋袜等御寒。曹操借此问蔡文姬："听说夫人家中有很多你父亲传下来的古代典籍，还能记得吗？"蔡文姬说："从前我死去的父亲赐给我四千多卷古书，但因为流离失所、民生涂炭，没有保存下来。现在妾身所能背诵默写下来的，只剩四百多篇了。"曹操说："我现在就派十名书吏到夫人家去记录下来。"蔡文姬说："妾身听说男女有别，按照礼节我不能亲自传授。请您赐给我一些纸笔，楷书草书都可以写。"于是蔡文姬抄完书稿送给曹操，文章没有一点遗漏和错误。

之后蔡文姬对因为战乱而离散逃亡十分感伤，追忆悲愤往事，写下诗两首。诗的内容是：

汉末政权旁落，董卓逆乱天常。一心谋权篡位，先害诸位贤良。逼迫迁移旧都，挟持天子自强。国内兴起义军，意图共讨不祥。董卓人马东下，金甲闪耀日光。平原士兵瘦弱，逆贼都是胡羌。胡羌包围城孑遗，尸骸相撑拒。马边县男头，马后载妇女。长驱西入关，迥路险且阻。还顾邈冥冥，肝脾为烂腐。所略有万计，不得令屯聚。或有骨肉俱，欲言不敢语。失意机微间，辄言毙降虏。要当以亭刃，我曹不活汝。岂复惜性命，不堪其詈骂。或便加棰杖，毒痛参并下。旦则号泣行，夜则悲吟坐。欲死不能得，欲生无一可。彼苍者何辜，乃遭此厄祸！边荒与华异，人俗少义理。处所多霜雪，胡风春夏起。翩翩吹我衣，肃肃入我耳。感时念父母，哀叹无穷已。有客从外来，闻之常欢喜。迎问其消息，辄复非乡里，邂逅徼时愿，骨肉来迎己。己得自解免，当复弃儿子。天属缀人心，念别无会期。存亡永乖隔，不忍与之辞。儿前抱我颈，问母欲何之。“人言母当去，岂复有还时。阿母常仁恻，今何更不慈？我尚未成人，奈何不顾思！”见此崩五内，恍惚生狂痴。号泣手抚摩，当发复回疑。兼有同时辈，相送告离别。慕我独得归，哀叫声摧裂。马为立踟蹰，车为不转辙。观者皆歔欷，行路亦呜咽。去去割情恋，遄征日遐迈。悠悠三千里，何时复交会？念我出腹子，匈臆为摧败。既至家人尽，又复无中外。城郭为山林，庭宇生荆艾。白骨不知谁，从横莫覆盖。出门无人声，豺狼号且吠。茕茕对孤景，怛咤糜肝肺。登高远眺望，魂神忽飞逝。奄若寿命尽，旁人相宽大。为复强视息，虽生何聊赖！托命于新人，竭心自勖厉。流离成鄙贱，常恐复捐废。人生几何时，怀忧终年岁！

其二章曰：

嗟薄祐兮遭世患，宗族殄兮门户单。身执略兮入西关，历险阻兮之羌蛮。山谷眇兮路曼曼，眷东顾兮但悲叹。冥当寝兮不能安，饥当食兮不能餐，常流涕兮眦不乾，薄志节兮念死难，虽苟活兮无形颜。惟彼方兮远阳精，阴气凝兮雪夏零。沙漠壅兮尘冥冥，有草木兮春不荣。人似禽兮食臭腥，言兜离兮状窈停。岁聿暮兮时迈邑，所向悉数灭亡。杀人不留活口，尸骸互相支撑。马旁悬挂男头，马后载着妇女。长驱向西入关，道路漫长险阻。归途遥远晦暗，内心已然破碎。所掳人数上万，不得令其聚集。有的骨肉俱俘，想说而又难言。细微意见冲突，扬言击毙俘虏。应当用刀刺杀，我等取你性命。谁还爱惜性命，只是不堪辱骂。有时棍棒交加，痛楚交加而下。白天哭号前行，夜晚哀叹休息。求死不能做到，求生无计可施。上苍我有何罪，招致如此大祸！蛮荒中原相异，俗人不讲道理。居所多有霜雪，春夏北风吹过。风吹衣裳翩然，风声入耳呼啸。感伤思念父母，不停唉声叹气。有客从外而来，心中经常欢喜。相迎打探消息，总是不同乡里，心愿意外实现，骨肉前来相迎。自己得以脱身，又要抛弃儿子。血亲人心相连，分别后无会期。生死之间永隔，不忍母子分离。儿子抱住脖子，问我欲往何处。“听说您将离去，岂有相聚之时。母亲平日仁爱，今日怎么不慈？我等尚未成年，母亲何不眷念！”此景煎熬内心，恍惚如狂似痴。边痛哭边抚摸，临行前又迟疑。加上同来俘虏，和我告别相送。羡慕我独自回，哀嚎声心悲痛。骏马站立徘徊，车轮停止转动。观看的人唏嘘，路过的人呜咽。路上割舍眷恋，赶路日渐行远。悠悠路途三千，何时能再相见？想起亲生儿子，心中悲痛欲绝。到家家人死尽，又无其他亲人。城池变成山林，庭宇杂草丛生。白骨不知是谁，交错无人掩埋。出门荒无人烟，豺狼号叫狂吠。身影孤独无依，内心惊痛悲恻。登高眺望远方，神魂忽然飞逝。奄奄一息濒死，旁人劝慰自己。还是苟全活命，虽生百无聊赖！再嫁托付身命，竭尽心力勉励。流离失所卑贱，担忧又被抛弃。人生又有多长，终生心怀忧虑。

第二首的内容是：

感叹福薄啊遭遇祸患，宗族遭戮啊门单户薄。身被掳掠啊进入西关，历经艰险啊到达羌蛮。山谷高远啊路途漫漫，眷念东方啊只剩叹息。夜幕降临啊不能安睡，饥饿难耐啊不能吃饭。经常流泪啊眼角湿润，志节浅薄啊想要殉难，虽然苟活啊没脸见人。只有那里啊远离太阳，阴气凝聚啊盛夏飘雪。沙漠阻塞啊尘土昏暗，虽有草木啊征，夜悠长兮禁门扃。不能寐兮起屏营，登胡殿兮临广庭。玄云合兮翳月星，北风厉兮肃泠泠。胡笳动兮边马鸣，孤雁归兮声嘤嘤。乐人兴兮弹琴筝，音相和兮悲且清。心吐思兮匈愤盈，欲舒气兮恐彼惊，含哀咽兮涕沾颈。家既迎兮当归宁，临长路兮捐所生。儿呼母兮号失声，我掩耳兮不忍听。追持我兮走茕茕，顿复起兮毁颜形。还顾之兮破人情，心怛绝兮死复生。

赞曰：端操有踪，幽闲有容。区明风烈，昭我管彤。

春不茂盛。人似禽兽啊食物腥臭，语言难懂啊深目高鼻。一年将尽啊时光飞逝，黑夜漫长啊禁止出门。不能入睡啊感到惶恐，登上胡殿啊来到庭院。黑云汇聚啊遮蔽星月，北风凄厉啊肃杀冷清。吹奏胡笳啊边马嘶鸣，孤雁归群啊叫声嘤嘤。乐师兴起啊弹奏琴筝，音乐相和啊悲恸凄清。心潮澎湃啊胸中积愤，想要抒情啊担心惊扰，悲伤哽咽啊泪流脖颈。家中迎接啊就要回乡，临行之前啊抛弃骨肉。儿子呼喊啊失声痛哭，捂住两耳啊不忍听到。随后追赶啊孤独无依，跌倒再起啊面容憔悴。回头看望啊亲情破碎，心中悲苦啊死去活来。

赞辞说：妇女们的操守端正有迹可寻，性格安详文雅宽宏大量。区分明晰风教德业，昭明妇女的功过记载于历史中。

卷一百十五

东夷列传第七十五

《王制》云："东方曰夷。"夷者，柢也，言仁而好生，万物柢地而出。故天性柔顺，易以道御，至有君子、不死之国焉。夷有九种，曰畎夷、于夷、方夷、黄夷、白夷、赤夷、玄夷、风夷、阳夷。故孔子欲居九夷也。

昔尧命羲仲宅嵎夷，曰旸谷，盖日之所出也。夏后氏太康失德，夷人始畔。自少康已后，世服王化，遂宾于王门，献其乐舞。桀为暴虐，诸夷内侵，殷汤革命，伐而定之。至于仲丁，蓝夷作寇。自是或服或畔，三百余年。武乙衰敝，东夷浸盛，遂分迁淮、岱，渐居中土。

及武王灭纣，肃慎来献石砮、楛矢。管、蔡畔周，乃招诱夷狄，周公征之，遂定东夷。康王之时，肃慎复至。后徐夷僭号，乃率九夷以伐宗周，西至河上。穆王畏其方炽，乃分东方诸侯，命徐偃王主之。偃王处潢池东，地方五百里，行仁义，陆地而朝者三十有六国。穆王后得骥騄之乘，乃使造父御以告楚，令伐徐，一日而至。于是楚文王大举兵而灭之。偃王仁而无权，不忍斗其人，故致于败。乃北走彭城武原县东山下，百姓随之者以万数，因名其山为徐山。厉王无道，淮夷入寇，王命虢仲征之，不克，宣王复命召公伐而平之。及幽王淫乱，四夷交侵，至齐桓修霸，攘而却焉。及楚灵会申，亦来豫盟。后越迁琅邪，与共征战，遂陵暴诸夏，侵灭小邦。

《礼记·王制》说："东方称为夷。"夷是根的意思，是说上天有仁爱之心并且爱惜生灵，万物扎根于泥土而长出地面。因此居于东方之人生性柔顺，容易用道义来统治他们，以至于有君子国、不死国出现于此。夷分为九支，他们是畎夷，于夷，方夷，黄夷，白夷，赤夷，玄夷，风夷，阳夷。所以孔子想住在九夷地区。

从前尧命令羲仲住在嵎夷，那儿有个地方叫做旸谷，是太阳升起的地方。夏王太康犯了荒于国事的过错，于是夷人开始反叛夏朝。从少康之后，夷人世代顺服天子的教化，于是到天子门前归顺，进献他们的音乐舞蹈。夏桀的统治凶暴残虐，东夷的各个部族侵扰内地，直到商王成汤变革天命，推翻了夏桀的统治之后，才征讨并平定了夷地。到仲丁之时，蓝夷进犯内地。自这以后的三百多年，夷人有时归顺，有时背叛。到武乙之时，商朝已经衰败，东夷则逐渐强盛，于是他们分别迁居到淮河、泰山一带，渐渐定居于中原地区。

到周武王诛灭商纣王时，肃慎国前来献上石制箭镞和楛木箭矢。管叔、蔡叔背叛周朝，于是招揽引诱夷狄各部一同作乱，周公征讨管叔、蔡叔，终于平定了东夷。周康王时，肃慎国再次前来进献。后来徐夷冒用天子名号，竟然率领九夷进犯宗周，向西进攻到黄河岸边。周穆王对正处强盛之时的徐夷感到畏惧，就将东方的诸侯国分割出去，指派徐偃王统领。徐偃王控制了潢池以东，领地方圆五百里，偃王施行仁义，从陆地上前来朝见的就有三十六个国家。周穆王后来得到骏马赤骥、騄耳，于是派造父驾着骏马赴楚国求助，命令楚国攻打徐国，造父只用了一天就到了。于是楚文王派出大军攻打并灭掉了徐国。徐偃王仁慈但没有权谋，不忍心让百姓战斗，所以导致失败。徐偃王于是败逃至彭城武原县东山脚下，跟随他的百姓数以万计，因而人们把东山称为徐山。周厉王时，厉王残暴无道，又有淮夷秦并六国，其淮、泗夷皆散为民户。陈涉起兵，天下崩溃，燕人卫满避地朝鲜，因王其国。百有余岁，武帝灭之，于是东夷始通上京。王莽篡位，貊人寇边。建武之初，复来朝贡。时辽东太守祭肜威詟北方，声行海表，于是濊、貊、倭、韩，万里朝献，故章、和已后，使聘流通。逮永初多难，始入寇钞；桓、灵失政，渐滋曼焉。

自中兴之后，四夷来宾，虽时有乖畔，而使驿不绝，故国俗风土，可得略记。东夷率皆土著，憙饮酒歌舞，或冠弁衣锦，器用俎豆。所谓中国失礼，求之四夷者也。凡蛮、夷、戎、狄总名四夷者，犹公、侯、伯、子、男皆号诸侯云。

夫馀国，在玄菟北千里。南与高句骊，东与挹娄，西与鲜卑接，北有弱水。地方二千里，本濊地也。

初，北夷索离国王出行，其侍儿于后妊身，王还，欲杀之。侍儿曰："前见天上有气，大如鸡子，来降我，因以有身。"王囚之，后遂生男。王令置于豕牢，豕以口气嘘之，不死。复徙于马兰，马亦如之。王以为神，乃听母收养，名曰东明。东明长而善射，王忌其猛，复欲杀之。东明奔走，南至掩㴲水，以弓击水，鱼鳖皆聚浮水上，东明乘之得度，因至夫馀而王之焉。于东夷之域，最为平敞，土宜五侵扰，厉王派虢征讨淮夷，不能取胜，周宣王又派召公前去征讨，召公平定了淮夷。到周幽王时，幽王荒淫暴乱，四方的夷人相继入侵，直到齐桓公重整霸业，才击退了外族。到楚灵王在中国会盟时，淮夷也参与其中。后来越国迁徙到琅琊，与淮夷一同征战，于是它们欺凌中原各诸侯国，侵犯并灭掉小国家。

秦国吞并六国后，淮夷、泗夷都分散为普通民家。陈涉起兵，秦朝的统治崩溃了，燕国人卫满逃至朝鲜以避汉朝兵锋，后乘势夺取了朝鲜国的统治权。一百多年后，武帝灭掉了朝鲜，自此东夷才和汉朝有了来往。王莽篡位时，貊人侵犯边境。建武初年，貊人再次前来朝贡。当时辽东太守祭肜威震北方，声望流传海外，于是濊、貊、倭、韩各族从万里之外入朝贡献，所以章帝、和帝以后，使者互相往来。到永初年间灾难频繁之际，东夷开始入侵劫掠；桓帝、灵帝时朝政混乱，东夷侵扰的祸乱渐渐滋长蔓延。

自光武帝中兴以后，四方的夷人前来宾服，虽然经常出现反叛，但传译信使的往来并未中断，所以这些国家的风俗习惯及地理环境，都能够粗略地记载下来。东夷一般都在一地世代定居，喜欢喝酒、唱歌和跳舞，有时头戴帽子，身穿精美的丝绸衣服，以俎、豆为日常用具。这正是人们所说的华夏丧失的礼仪可以在四夷那里找到。把蛮、夷、戎、狄各族总称为四夷，就好像把公、侯、伯、子、男都称为诸侯一样。

夫馀国，位于玄菟郡以北一千里。南面同高句骊相接，东面同挹娄毗邻，西面同鲜卑接壤，北面有弱水。领地方圆二千里，原本是濊人的领地。

起初，北夷索离国国王外出远行，他的侍女在他出行后怀孕了，国王回来以后，打算处死她。侍女说：“之前见到天上有团气，像鸡蛋那么大，它落到我身上，我就因此有了身孕。”国王将她囚禁，后来就生下一个男婴。国王下令将这男婴丢到猪圈里，猪用嘴对他呵气，但他并没有死。又将他丢到马棚里，马也像猪那样对他呵气，男婴依然健康。国王认为这男孩是神，就任凭孩子的母亲收养他，取名谷。出名马、赤玉、貂豽，大珠如酸枣。以员栅为城，有宫室、仓库、牢狱。其人粗大强勇而谨厚，不为寇钞。以弓矢刀矛为兵。以六畜名官，有马加、牛加、狗加，其邑落皆主属诸加。食饮用俎豆，会同拜爵洗爵，揖让升降。以腊月祭天，大会连日，饮食歌舞，名曰“迎鼓”。是时断刑狱，解囚徒。有军事亦祭天，杀牛，以蹄占其吉凶。行人无昼夜，好歌吟，音声不绝。其俗用刑严急，被诛者皆没其家人为奴婢。盗一责十二。男女淫皆杀之，尤治恶妒妇，既杀，复尸于山上。兄死妻嫂。死则有椁无棺。杀人殉葬，多者以百数。其王葬用玉匣，汉朝常豫以玉匣付玄菟郡，王死则迎取以葬焉。

建武中，东夷诸国皆来献见。二十五年，夫馀王遣使奉贡，光武厚答报之，于是使命岁通。至安帝永初五年，夫馀王始将步骑七八千人寇钞乐浪，杀伤吏民，后复归附。永宁元年，乃遣嗣子尉仇台诣阙贡献，天子赐尉仇台印绶金彩。顺帝永和元年，其王来朝京师，帝作黄门鼓吹、角抵戏以遣之。桓帝延熹四年，遣使朝贺贡献。永康元年，王夫台将二万余人寇玄菟，玄菟太守公孙域击破之，斩首千余级。至灵帝熹平三年，复奉章贡献。夫馀本属玄菟，献帝时，其王求属辽东云。

叫东明。东明长大以后善于射箭，国王忌惮他的勇猛，又想杀掉他。东明逃走，向南逃到掩淲水，他用弓击打水面，结果鱼鳖都聚集起来浮到水面上，东明乘着鱼鳖得以过河，于是便到达夫馀当了那儿的国王。在东夷地区，夫馀国的领土最为平坦开阔，其土壤适于播种五谷。夫馀国还出产名马、红色的玉、貂豽，和个头像酸枣一样的大珠。他们用木棒树立的圆形栅栏围成城墙，城中有宫室、仓库和监狱。那儿的人体形粗壮高大，生性顽强勇敢而又谨慎敦厚，不做攻劫掠夺之事。他们用弓箭和刀矛作为武器。他们的官职是用六畜来命名的，有马加、牛加、狗加，各个部落都分属诸官统领。饮食方面他们用俎、豆作为餐具，礼制方面在部落长官面见国王和互相聘问的聚会上，也有拜爵洗爵、作揖谦让和登堂下阶的礼仪。他们在腊月举行祭天仪式，盛大聚会持续数天，人们聚餐畅饮，载歌载舞，这样的仪式称为“迎鼓”。在仪式期间禁绝刑罚，释放囚犯。发生战事也要举行祭天仪式，仪式上要宰牛并用牛蹄占卜吉凶。不管白天黑夜，路上的行人都喜爱歌唱吟咏，其声连续不断。那里的习俗是用刑严酷，被处死的人他们的家人都被收为奴婢。盗窃者将被判以其赃物十二倍的处罚。通奸的男女都被处死，对善妒妇女的惩治尤为严酷，处死后，又抛尸山上示众。兄死则弟娶嫂为妻。人死后入殓有外棺而没有内棺。他们杀活人殉葬，殉葬人数多的数以百计。他们的国王下葬以玉匣为棺，汉朝常预先将玉匣交给玄菟郡，夫馀王死时夫馀国人便来迎取玉匣埋葬国王。

建武年间，东夷各国都来进宫和朝见天子。建武二十五年(49)，夫馀王派使者入朝纳贡，光武帝给他们的回报很丰厚，自此使者每年互相往来。到安帝永初五年(111)，夫馀王率领七八千人的步兵和骑兵头一次开始入侵劫掠乐浪郡，打死打伤官吏百姓，后来又归顺汉朝。永宁元年(120)，夫馀王派王储尉仇台赴朝堂进贡，天子赐给尉仇台印信、绶带、黄金和彩色的丝织品。顺帝永和元年(136)，夫馀王来京师朝拜，天子为夫馀王举办了黄门鼓吹曲的演奏和角抵戏来为他送行。桓帝延熹四年(161)，夫馀王派使者入朝庆贺并进奉贡品。永康元年(167)，夫馀王夫台率领两万多人入侵玄菟郡，玄菟太守公挹娄，古肃慎之国也。在夫馀东北千余里，东滨大海，南与北沃沮接，不知其北所极。土地多山险。人形似夫馀，而言语各异。有五谷、麻布，出赤玉、好貂。无君长，其邑落各有大人。处于山林之间，土气极寒，常为穴居，以深为贵，大家至接九梯。好养豕，食其肉，衣其皮。冬以豕膏涂身，厚数分，以御风寒。夏则裸袒，以尺布蔽其前后。其人臭秽不絜，作厕于中，圜之而居。自汉兴已后，臣属夫馀。种众虽少，而多勇力，处山险，又善射，发能入人目。弓长四尺，力如弩。矢用楛，长一尺八寸，青石为镞，镞皆施毒，中人即死。便乘船，好寇盗，邻国畏患，而卒不能服。东夷夫馀饮食类此皆用俎豆，唯挹娄独无，法俗最无纲纪者也。

高句骊，在辽东之东千里，南与朝鲜、濊貊，东与沃沮，北与夫馀接。地方二千里，多大山深谷，人随而为居。少田业，力作不足以自资，故其俗节于饮食，而好修宫室。东夷相传以为夫馀别种，故言语法则多同，而跪拜曳一脚，行步皆走。凡有五族，有消奴部、绝奴部、顺奴部、灌奴部、桂娄部。本消奴部为王，稍微弱，后桂娄部代之。其置官，有相加、对卢、沛者、古邹大加、主簿、优台、使者、帛衣先人。武帝灭朝鲜，以高句骊为县，使属玄菟，赐鼓吹伎人。其俗淫，皆絜净自憙，暮夜辄男女群聚为倡乐。好祠鬼神、社稷、零星，以十月祭天大会，名曰“东盟”。其国东有大穴，号禭神，亦以十孙域打败了夫台，斩首一千多人。到灵帝熹平三年（174），夫馀王再次奉上奏章，进奉贡品。夫馀本隶属于玄菟郡，献帝时，夫馀王请求归属于辽东郡管理。

挹娄，是古时肃慎人的国家。挹娄在夫馀东北方向一千多里远的地方，东临大海，南与北沃沮接壤，至于其北境所至何处就不得而知了。那地方有许多山势险要之处。人的形貌与夫馀人类似，但语言各不相同。那里有五谷、麻布，出产红色的玉和上等的貂。挹娄国没有国君和长官，但他们的部落各有首领。他们生活在山林之中，由于当地气候极为寒冷，所以他们一般居住在洞穴里，并把洞穴深邃作为尊贵的表现，大户人家的洞穴极深以至于需要九部相接的梯子才能出入。他们喜欢养猪，吃猪肉，穿猪皮制成的衣服。冬天把猪油涂在身上，厚达几分，以此抵御冷风和寒气。夏天就赤身露体，仅用一尺布遮在身前身后。那儿的人生活习惯肮脏不爱干净，厕所建在聚落正中，人们便围着厕所居住。从汉朝兴起以后，挹娄便臣服归属于夫馀国。挹娄部族人口虽少，但推崇勇猛和力量，他们生活在山势险要之处，而且擅长射箭，一射便能射中人眼。弓长四尺，力量和弩相当。箭用楛木制作，长一尺八寸，箭镞用青石制作，上面都抹着毒药，人被射中便立即死去。他们善于驾船，喜好侵扰劫掠，邻近的国家对他们又怕又恨，但终究不能制服他们。东夷夫馀的饮食器具一般都用俎、豆，惟独挹娄不用，这是风俗习惯最不讲秩序规则的国家。

高句骊，在辽东郡东边一千里远的地方，南面与朝鲜、濊貊相接，东面与沃沮毗邻，北面与夫馀接壤。领地方圆二千里，有许多大山和深谷，人们就依随山谷定居。高句骊缺乏田地，即使努力耕作也不能自给，因此那里的习俗是在饮食方面节省，但喜欢修建宫室。在东夷地区，相传高句骊是夫馀的支系，所以他们的语言和法度多有相同，而且跪拜时都拖着一只脚，走动时总要跑起来。高句骊总共有五个部族，有消奴部，绝奴部，顺奴部，灌奴部，桂娄部。原先消奴部为各部统领，之后渐渐衰弱，后来桂娄部取代了它。高句骊设置的官职，有相加、对卢、沛者、古邹大加、主簿、优台、使者、帛衣先人。武帝灭掉朝鲜后，将高句骊设为县，划属玄菟郡管辖，并赐给高句骊鼓月迎而祭之。其公会衣服皆锦绣，金银以自饰。大加、主簿皆著帻，如冠帻而无后；其小加著折风，形如弁。无牢狱，有罪，诸加评议便杀之，没入妻子为奴婢。其昏姻皆就妇家，生子长大，然后将还，便稍营送终之具。金银财币尽于厚葬，积石为封，亦种松柏。其人性凶急，有气力，习战斗，好寇钞，沃沮、东濊皆属焉。

句骊一名貊，有别种，依小水为居，因名曰小水貊。出好弓，所谓"貊弓"是也。

王莽初，发句骊兵以伐匈奴，其人不欲行，强迫遣之，皆亡出塞为寇盗。辽西大尹田谭追击，战死。莽令其将严尤击之，诱句骊侯驺入塞，斩之，传首长安。莽大说，更名高句骊王为下句骊侯，于是貊人寇边愈甚。建武八年，高句骊遣使朝贡，光武复其王号。二十三年冬，句骊蚕支落大加戴升等万余口诣乐浪内属。二十五年春，句骊寇右北平、渔阳、上谷、太原，而辽东太守祭肜以恩信招之，皆复款塞。

后句骊王宫生而开目能视，国人怀之，及长勇壮，数犯边境。和帝元兴元年春，复入辽东，寇略六县，太守耿夔击破之，斩其渠帅。安帝永初五年，宫遣使贡献，求属玄菟。元初五年，复与濊貊寇玄菟，攻华丽城。建光元年春，幽州刺史冯焕、玄菟太守姚光、辽吹乐队和女歌舞艺人。那里的风俗放荡，都喜欢洁净并自我欣赏，男男女女一入夜就聚在一起唱歌跳舞杂耍玩乐。高句骊人喜欢祭祀先祖和神灵，土神和谷神以及主农事的零星，在十月祭天并举办盛大的聚会，名为“东盟”。高句骊东部有一个大洞穴，称做燧神，人们也在十月迎接并祭祀它。那些集会的人们都身穿色彩鲜艳、花纹精美的丝制衣服，并用金银饰品打扮自己。大加、主簿都头戴帻巾，像冠帻但没有后边；小加则头戴折风冠，形状像弁。高句骊不设监狱，凡出现犯法的行为，众加官商量后便处死罪犯，并将罪犯的妻子儿女收为奴婢。他们的婚俗都是男子到女方家成婚，孩子出生后，待孩子长大，然后男子再把孩子带回去，随即便逐渐筹办送终所需的器具。金银钱财全部投入到盛大的葬礼中，他们把石头堆积起来筑成坟，坟上也种植松柏。那里的人性情凶暴急躁，有力气，善于作战争斗，喜欢攻劫掠夺，沃沮、东濊都隶属于高句骊统治。

句骊又称为貊，貊人另有一个分支，他们依靠小河生活，因此被称为“小水貊”。句骊出产良弓，就是所谓的“貊弓”。

王莽初年，朝廷征调句骊军队来讨伐匈奴，那里的人不肯出征，王莽强迫他们上路，他们都逃出边塞当了强盗。辽西大尹田谭追击出逃的句骊人，战死了。王莽命令部将严尤攻打句骊，严尤诱骗句骊侯驺进入边关，斩杀了他，并将其首级送到长安。王莽非常高兴，将高句骊王的称号贬为下句骊侯，结果貊人对边境的进犯更加严重。建武八年（32），高句骊派使者入朝进贡，于是光武帝恢复了高句骊王的称号。建武二十三年（47）冬季，句骊国蚕支落部族的大加戴升等一万多人来到乐浪郡归附朝廷。建武二十五年（49）春季，句骊进犯右北平、渔阳、上谷、太原，但辽东太守祭肜用恩德信义招抚了句骊人，他们又都叩塞门前来通好。

后来有一位句骊王宫，一出生便能睁开眼睛看东西，句骊人都归向于他。等宫长大变得勇猛强壮后，他多次进犯边疆。和帝元兴元年（105）春季，句骊王宫再次入侵辽东郡，侵犯劫掠了六个县，太守耿夔击败了句骊军，斩杀了他们的首领。安帝永初五年（111），句骊王东太守蔡讽等，将兵出塞击之，捕斩濊貊渠帅，获兵马财物。宫乃遣嗣子遂成将二千余人逆光等，遣使诈降；光等信之，遂成因据险阸以遮大军，而潜遣三千人攻玄菟、辽东，焚城郭，杀伤二千余人。于是发广阳、渔阳、右北平、涿郡属国三千余骑同救之，而貊人已去。夏，复与辽东鲜卑八千余人攻辽队，杀略吏人。蔡讽等追击于新昌，战殁，功曹耿耗、兵曹掾龙端、兵马掾公孙酺以身扞讽，俱殁于陈，死者百余人。秋，宫遂率马韩、濊貊数千骑围玄菟。夫馀王遣子尉仇台将二万余人，与州郡并力讨破之，斩首五百余级。

是岁宫死，子遂成立。姚光上言欲因其丧发兵击之，议者皆以为可许。尚书陈忠曰："宫前桀黠，光不能讨，死而击之，非义也。宜遣吊问，因责让前罪，赦不加诛，取其后善。"安帝从之。明年，遂成还汉生口，诣玄菟降。诏曰："遂成等桀逆无状，当斩断葅醢，以示百姓，幸会赦令，乞罪请降。鲜卑、濊貊连年寇钞，驱略小民，动以千数，而裁送数十百人，非向化之心也。自今已后，不与县官战斗而自以亲附送生口者，皆与赎直，缣人四十匹，小口半之。"

遂成死，子伯固立。其后濊貊率服，东垂少事。顺帝阳嘉元宫派使者进贡，请求归属玄菟郡管辖。元初五年（118），句骊又与濊貊入侵玄菟郡，并攻打乐浪郡华丽城。建光元年（121）春季，幽州刺史冯焕、玄菟太守姚光、辽东太守蔡讽等人率领军队远出边塞攻打句骊和濊貊，抓捕并斩杀了濊貊首领，缴获许多武器、马匹和财物。宫于是派王储遂成率领二千多人迎接姚光等人，并派使者假装投降；姚光等人相信了句骊人，遂成便趁机占据险要地形来阻击汉军，并暗中派遣三千人攻打玄菟、辽东郡，叛军在城市放火，打死打伤了两千多人。朝廷于是从广阳国、渔阳郡、右北平郡、涿郡征调其属国的三千多骑兵一同援救，但貊人已经退兵。建光元年夏季，貊人又与辽东一带鲜卑人的八千多人合兵进攻辽队县，杀害、劫掠官吏百姓。蔡讽等人追击敌人直到新昌，蔡讽战死，而功曹耿耗、兵曹掾龙端、兵马掾公孙酺因在战斗中用身体保护蔡讽，也一同死于战场，最终战死者有一百多人。建光元年秋季，宫竟然率领马韩、濊貊的几千骑兵围攻玄菟郡。夫馀王派儿子尉仇台率领二万多人，与州郡部队合力击败句骊王，并斩首了五百多名敌军。

这一年（建光元年，121年）宫死了，他的儿子遂成继位。姚光向安帝进言说想趁句骊人服丧之时出兵讨伐，参加商议的人都认为可以准许。尚书陈忠说：“宫活着的时候凶悍狡诈，姚光没能讨伐他，现在趁他死了而去攻打句骊，这不合道义。应当派使者去祭奠宫并慰问句骊人，顺便谴责他们以往的罪行，但却赦免其罪行而不予以惩治，以求句骊人将来能有好的表现。”安帝采纳了他的意见。第二年，遂成将俘获的汉人归还朝廷，到玄菟郡归降。天子下诏书说：“遂成等人凶暴忤逆、丑恶无礼，本应处以斩首断肢剁成肉酱之刑，以之展示百姓，幸而遇到赦免的诏令，他们才得以请求免罪归降。鲜卑、濊貊连年入侵劫掠，所驱赶掳掠的百姓，常常数以千计，然而送回的人数不过几十、几百，这不是有归顺之心者该有的行为。自今以后，不同朝廷打仗而且自己归顺朝廷并送还所掳掠的人口的，都送给细绢作为赎回的代价，每人可得四十匹细绢，送回小孩给二十匹。”

遂成死后，他的儿子伯固继位。此后濊貊人相继归顺，东部边年，置玄菟郡屯田六部。质、桓之间，复犯辽东西安平，杀带方令，掠得乐浪太守妻子。建宁二年，玄菟太守耿临讨之，斩首数百级，伯固降服，乞属玄菟云。

东沃沮在高句骊盖马大山之东，东滨大海；北与挹娄、夫馀，南与濊貊接。其地东西夹，南北长，可折方千里。土肥美，背山向海，宜五谷，善田种，有邑落长帅。人性质直强勇，便持矛步战。言语、食饮、居处，衣服，有似句骊。其葬，作大木椁，长十余丈，开一头为户，新死者先假埋之，令皮肉尽，乃取骨置椁中。家人皆共一椁，刻木如主，随死者为数焉。

武帝灭朝鲜，以沃沮地为玄菟郡。后为夷貊所侵，徙郡于高句骊西北，更以沃沮为县，属乐浪东部都尉。至光武罢都尉官，后皆以封其渠帅，为沃沮侯。其土迫小，介于大国之间，遂臣属句骊。句骊复置其中大人遂为使者，以相监领，责其租税，貂、布、鱼、盐、海中食物，发美女为婢妾焉。

又有北沃沮，一名置沟娄，去南沃沮八百余里。其俗皆与南同。界南接挹娄。挹娄人憙乘船寇抄，北沃沮畏之，每夏辄臧于岩穴，至冬船道不通，乃下居邑落。其耆老言，尝于海中得一布衣，其形如中人衣，而两袖长三丈。又于岸际见一人乘破船，顶中复有面，与语不通，不食而死。又说海中有女国，无男人。或传其国有神井，窥之辄生子云。

疆便很少发生战事了。阳嘉元年（132），朝廷在玄菟郡设立六部屯田。质帝、桓帝年间，濊貊人再次入侵辽东郡西安平一带，杀害了带方令，掳走了乐浪太守的妻子和孩子。建宁二年（169），玄菟太守耿临征讨濊貊，斩首数百名敌军，伯固最终投降，并请求归属玄菟郡管辖。

东沃沮国位于高句骊国盖马大山以东的地方，东临大海；北面与挹娄、夫馀相接，南面与濊貊接壤。其领土东西向狭窄，南北向长，折合下来方圆千里。东沃沮土地肥沃，背靠山岭而面向大海，适宜播种五谷，那里的人们擅于耕种，有部落头领。东沃沮人性格纯朴正直、顽强勇敢，熟习于手持长矛徒步作战。他们的语言、饮食、住所、穿衣打扮，都类似于句骊人。他们的丧葬风俗是，制作一个大号的木制外棺，长十几丈，并打开木棺的一头作为入口，刚去世的人先暂时埋葬，使其肉体分解消失，之后才取出骸骨安置在外棺中。一家人的尸骨都会安置在一个外棺里，并将死者生前的形貌雕刻到木头上，所刻人像的数目便依随死者数量而定。

武帝灭掉朝鲜，并把沃沮之地设为玄菟郡。之后沃沮遭到夷貊入侵，朝廷又将玄菟郡迁至高句骊西北方，而把沃沮改为县，归属乐浪郡东部都尉管辖。到光武帝时取消了都尉官一职，之后都将沃沮之地赐给沃沮人的首领，并赐封号沃沮侯。沃沮国国土狭小，夹在大国之间，于是便向句骊国称臣。句骊又任命沃沮的首领为使者，来相互监督管理，并向沃沮征收租税，以及貂、布、鱼、盐，海产品，又征调沃沮的美女去作婢女和小妾。

还有北沃沮地区，又名置沟娄，距离南沃沮有八百多里。那里的风俗都与南沃沮相同。北沃沮的南部边界与挹娄接壤。挹娄人喜爱驾着船只攻劫掠夺，北沃沮人害怕他们，于是每到夏天便躲藏到山洞中，直到冬天河道冻结船只不能通行时，才下山住进村落。那里德高望重的老人说，曾经在海上找到一件粗布衣服，它的外形像是中等体型的人穿的，但两条袖子却有三丈长。又曾在岸边见到一个人驾着条破船，此人头顶上又长了一副面孔，跟他说话但言语不通，他不濊北与高句骊、沃沮，南与辰韩接，东穷大海，西至乐浪。濊及沃沮、句骊，本皆朝鲜之地也。昔武王封箕子于朝鲜，箕子教以礼义田蚕，又制八条之教。其人终不相盗，无门户之闭。妇人贞信。饮食以笾豆。其后四十余世，至朝鲜侯准，自称王。汉初大乱，燕、齐、赵人往避地者数万口，而燕人卫满击破准而自王朝鲜，传国至孙右渠。元朔元年，濊君南闾等畔右渠，率二十八万口诣辽东内属，武帝以其地为苍海郡，数年乃罢。至元封三年，灭朝鲜，分置乐浪、临屯、玄菟、真番四部。至昭帝始元五年，罢临屯、真番，以并乐浪、玄菟。玄菟复徙居句骊。自单单大领已东，沃沮、濊貊悉属乐浪。后以境土广远，复分领东七县，置乐浪东部都尉。自内属已后，风俗稍薄，法禁亦浸多，至有六十余条。建武六年，省都尉官，遂弃领东地，悉封其渠帅为县侯，皆岁时朝贺。

无大君长，其官有侯、邑君、三老。耆旧自谓与句骊同种，言语法俗大抵相类。其人性愚悫，少嗜欲，不请匄。男女皆衣曲领。其俗重山川，山川各有部界，不得妄相干涉。同姓不昏。多所忌讳，疾病死亡，辄捐弃旧宅，更造新居。知种麻，养蚕，作绵布。晓候星宿，豫知年岁丰约。常用十月祭天，昼夜饮酒歌舞，名之为“舞天”。又祠虎以为神。邑落有相侵犯者，辄相罚，责生口牛马，名之为“责祸”。杀人者偿死。少寇盗。能步战，作矛长三丈，或数人共持之。乐浪檀弓出其地。又多文豹，有果下马，海出班鱼，使来皆献之。

吃东西最终便死去了。老人又说海中有个女儿国，没有男人。有的传说称女儿国有一口神井，对井观看便能生下孩子。

濊地北面与高句骊、沃沮毗邻，南面与辰韩接壤，东面直抵大海，西面直到乐浪郡。濊和沃沮、句骊，原先都是朝鲜的领地。从前周武王把箕子分封在朝鲜，箕子把礼节、仪式和种地、养蚕的技术教给百姓，又制订八项法规。那里的人始终不做偷盗之事，也用不着关门闭户。妇女贞节守信。饮食上用笾和豆作为器皿。从箕子治理朝鲜四十多代之后，到准做朝鲜侯时，准自封为王。汉朝初年秩序混乱，从燕国、齐国、赵国前往朝鲜避难的人数以万计，而燕国人卫满打败了准自己统治朝鲜，之后把王位传给孙子右渠。元朔元年（前128），濊的首领南闾等人背叛了右渠，率领二十八万人来到辽东郡归附朝廷，武帝将濊地设为苍海郡，几年以后才撤销。到元封三年（前108），武帝灭掉朝鲜，在朝鲜分别设立乐浪、临屯、玄菟、真番四个郡。到始元五年（前82），朝廷撤销临屯、真番二郡，将其并入乐浪郡和玄菟郡。又将玄菟郡治迁至句骊。于是从单单大岭以东，沃沮和濊貊都归属于乐浪郡。后来由于乐浪郡领土广阔辽远，又分割为岭东七县，并设置乐浪东部都尉一职。自从濊归附朝廷以后，其风尚习俗逐渐衰微轻薄，法律禁令也逐渐增加，多达六十多条。建武六年（30），朝廷撤销了都尉官，于是便放弃了岭东的土地，将其全部赐给濊人的首领并封他们为县侯，首领们都按年岁、季节进京朝拜祝贺。

濊人没有总领各部落的国君，他们的官职有侯、邑君、三老。当地德高望重的老人说他们与句骊是同一种族，语言、法律和习俗也大致相似。那里的人生性愚笨刚直，没什么肉体感官上的贪欲，也不愿向别人乞求。男女都穿衣领弯曲的衣服。他们的习俗是崇尚山岳河流，各处山川河流都划有地域边界，相互不得妄加干涉。同姓的人不通婚。他们有很多忌讳，如一旦有人因病身亡，他们就抛弃原先的住宅，再建新屋。他们懂得种麻，养蚕，织绵布。也通晓观测星宿，能事先知道农作物收成如何。他们一般在十月举办祭天仪式，韩有三种：一曰马韩、二曰辰韩、三曰弁辰。马韩在西，有五十四国，其北与乐浪，南与倭接。辰韩在东，十有二国，其北与濊貊接。弁辰在辰韩之南，亦十有二国，其南亦与倭接。凡七十八国，伯济是其一国焉。大者万余户，小者数千家，各在山海间，地合方四千余里，东西以海为限，皆古之辰国也。马韩最大，共立其种为辰王，都目支国，尽王三韩之地。其诸国王先皆是马韩种人焉。

马韩人知田蚕，作绵布。出大栗如梨。有长尾鸡，尾长五尺。邑落杂居，亦无城郭。作土室，形如冢，开户在上。不知跪拜。无长幼男女之别。不贵金宝锦罽，不知骑乘牛马，唯重璎珠，以缀衣为饰，及县颈垂耳。大率皆魁头露紒，布袍草履。其人壮勇，少年有筑室作力者，辄以绳贯脊皮，縋以大木，嚾呼为健。常以五月田竟祭鬼神，昼夜酒会，群聚歌舞，舞辄数十人相随蹋地为节。十月农功毕，亦复如之。诸国邑各以一人主祭天神，号为“天君”。又立苏涂，建大木以县铃鼓，事鬼神。其南界近倭，亦有文身者。

从早到晚喝酒、唱歌、跳舞，称之为“舞天”。又把老虎当作神来祭祀。村落间互相侵犯了权益，便互相处罚，罚对方用人口、牛马赔偿，称之为“责祸”。杀人者以命抵罪。他们很少做侵扰劫掠之事。濊人善于徒步作战，他们制作的矛有三丈长，有时几个人一起拿一根矛。乐浪檀弓就出产于濊。濊地还盛产豹子，更产一种可从果树下通过的矮种马，海里出产班鱼，使者入朝时候都会献上这些物产。

韩地有三个种族：一种叫马韩，另一种叫辰韩，还有一种叫弁辰。马韩在韩地西部，有五十四个国家，马韩北面同乐浪郡毗邻，南面同倭接壤。辰韩在韩地东部，有十二个国家，辰韩北面同濊貊相接。弁辰在辰韩的南面，也有十二个国家，弁辰南部也同倭接壤。韩地共计有七十八个国家，伯济是其中的一国。大国人口有一万多户，小国有几千户，各自分布在山岭和大海之间，大小国家的领地合计四千多里见方，东西方向以大海为边界，都属于古代的辰国。马韩的领地最大，于是各国一同拥立马韩的人为辰王，定都目支国，统治三韩的所有领地。各国的国王原先都是马韩种族的人。

马韩人懂得种田养蚕，制作绵布。那里出产像梨一样大的栗子。当地有一种长尾鸡，尾羽有五尺长。马韩人在村落中不分尊卑混杂居住，也没有形成城市。他们用土造房屋，形状像坟冢，并把门开在屋顶上。他们不懂跪拜之礼。没有男女老少的分别。他们不看重金银珍宝和彩丝毛料，不会骑牛马和驾车，惟独看重玉珠，他们把玉珠缝在衣服上作为装饰品，并用玉珠制成项链耳坠。他们一般不戴冠帽露出发髻，身穿布袍，脚穿草鞋。那里的人强壮勇猛，在建筑房屋时负责出力的年轻人们，就把绳子穿过脊背的皮肤，把大木料吊在绳子上，并在劳作时发出呐喊声以示强壮。马韩人常在五月份耕种完毕后祭祀先祖和神灵，从早到晚喝酒聚会，大家聚到一起唱歌跳舞，跳舞时总是几十人相伴用脚踏地打着节拍。十月份农事结束后，也是如此。各国村落各安排一人负责祭祀天神，此人称作“天君”。又设立一片名为苏涂的地域，并在此地竖起大木头挂上铃鼓，于此供奉先祖和神灵。马韩的南部边境靠近倭，因此也有文身的人。

辰韩，耆老自言秦之亡人，避苦役，适韩国，马韩割东界地与之。其名国为邦，弓为弧，贼为寇，行酒为行觞，相呼为徒，有似秦语，故或名之为秦韩。有城栅屋室。诸小别邑，各有渠帅，大者名臣智，次有俭侧，次有樊秖，次有杀奚，次有邑借。土地肥美，宜五谷。知蚕桑，作缣布。乘驾牛马。嫁娶以礼。行者让路。国出铁。濊、倭、马韩并从市之。凡诸货易，皆以铁为货。俗憙歌舞饮酒鼓瑟。儿生欲令其头扁，皆押之以石。

弁辰与辰韩杂居，城郭衣服皆同，言语风俗有异。其人形皆长大，美发，衣服絜清。而刑法严峻。其国近倭，故颇有文身者。

初，朝鲜王准为卫满所破，乃将其余众数千人走入海，攻马韩，破之，自立为韩王。准后灭绝，马韩人复自立为辰王。建武二十年，韩人廉斯人苏马諟等诣乐浪贡献。光武封苏马諟为汉廉斯邑君，使属乐浪郡，四时朝谒。灵帝末，韩、濊并盛，郡县不能制，百姓苦乱，多流亡入韩者。

马韩之西，海岛上有州胡国。其人短小，髡头，衣韦衣，有上无下。好养牛豕。乘船往来货市韩中。

倭在韩东南大海中，依山岛为居，凡百余国。自武帝灭朝鲜，使驿通于汉者三十许国，国皆称王，世世传统。其大倭王居邪马台国。乐浪郡徼，去其国万二千里，去其西北界拘邪韩国七千余里。其地大较在会稽东冶之东，与朱崖、儋耳相近，故其法俗多同。

辰韩，那里德高望重的老人自称是秦朝时的逃亡者，他们为躲避苦役，而来到韩国，马韩把东部领地分给他们居住。他们称“国”为“邦”，称“弓”为“弧”，称“贼”为“寇”，称“行酒”为“行觞”，彼此以“徒”相称，类似于秦朝的语言，所以有人称他们为秦韩。辰韩建有围墙、栅栏和房屋。那些小的城邑，各自有首领，位高权重的叫臣智，稍低一级的叫俭侧，又低一级的叫樊秖，再低一级的叫杀奚，更低一级的叫邑借。辰韩土地肥沃，适宜播种五谷。他们懂得养蚕种桑，纺丝织布。他们能够驾车和骑牛马，遵照礼仪嫁女、娶妇。路上行人互相让道。辰韩出产铁。濊、倭、马韩都向辰韩购买。他们的所有贸易，都用铁作为货币。那里的习俗喜欢唱歌跳舞、喝酒弹琴。生下孩子后希望让他的头变扁，便都用石头压在孩子脑袋上。

弁辰人和辰韩人混居，他们的城郭和衣服都一样，而语言和风俗有差异。那里人的身形都很高大，头发漂亮，衣服干净。但刑法严酷。弁辰国靠近倭国，因此有很多文身的人。

起初，朝鲜王准被卫满打败，他就率领剩下的几千人逃到海上，并攻打马韩，击败马韩后，自立为韩王。准的后代断绝，于是马韩人又拥立本族人为辰王。建武二十年(44)，韩国廉斯邑的苏马諟等人到乐浪郡进贡。光武帝封苏马諟为汉廉斯邑君，命他归属乐浪郡管辖，并四季入朝拜见。灵帝末年，韩、濊一同强盛起来，而郡县不能够控制他们，百姓苦于动乱，不少人流亡到韩国。

马韩西边的海岛上，有一个州胡国。那里的人身材矮小，留着光头，穿皮制上衣，仅有上衣而没有下衣。他们喜欢养牛、养猪，驾着船来韩国做生意。

倭在韩东南方向的大海中，倭人在靠近山的地方和海岛上居住，总计有一百多个国家。自从武帝灭掉朝鲜，从倭地派遣传译信使和汉来往的国家有三十个左右，每个国家的首领都自称为王，此传统世代相传。他们的大倭王住在邪马台国。乐浪郡的边界，距邪马台国有一万二千里，距倭西北边境的拘邪韩国有七千多里。倭地大致在会稽郡东冶的东边，靠近朱崖、儋耳，所以他们的风俗习惯多有相同。

土宜禾稻、麻纻、蚕桑，知织绩为缣布。出白珠、青玉。其山有丹土。气温腝，冬夏生菜茹。无牛马虎豹羊鹊。其兵有矛、楯、木弓、竹矢或以骨为镞。男子皆黥面文身，以其文左右大小别尊卑之差。其男衣皆横幅结束相连。女人被发屈紒，衣如单被，贯头而著之；并以丹朱坋身，如中国之用粉也。有城栅屋室。父母兄弟异处，唯会同男女无别。饮食以手，而用笾豆。俗皆徒跣，以蹲踞为恭敬。人性嗜酒。多寿考，至百余岁者甚众。国多女子，大人皆有四五妻，其余或两或三。女人不淫不妒。又俗不盗窃，少争讼。犯法者没其妻子，重者灭其门族。其死停丧十余日，家人哭泣，不进酒食，而等类就歌舞为乐。灼骨以卜，用决吉凶。行来度海，令一人不栉沐，不食肉，不近妇人，名曰"持衰"。若在涂吉利，则雇以财物；如病疾遭害，以为持衰不谨，便共杀之。

建武中元二年，倭奴国奉贡朝贺，使人自称大夫，倭国之极南界也。光武赐以印绶。安帝永初元年，倭国王帅升等献生口百六十人，愿请见。

桓、灵间，倭国大乱，更相攻伐，历年无主。有一女子名曰卑弥呼，年长不嫁，事鬼神道，能以妖惑众，于是共立为王。侍婢千人，少有见者，唯有男子一人给饮食，传辞语。居处宫室楼观城栅，皆持兵守卫。法俗严峻。

倭地土壤适合种植稻谷、大麻和苎麻，还适合养蚕种桑，倭人懂得编织、捻麻线制作丝织品。那里出产白珠和青玉。山上有红土。气候温暖，无论冬夏都能生长蔬菜。那里没有牛、马、虎、豹、羊、鹊。他们的兵器有矛、盾、木弓，竹箭有的配有骨制箭镞。男人都在脸上、身上刺绘出文字和花纹，以这些花纹的左右、大小来区别尊卑贵贱。那里男子穿衣都是把整幅布帛横过来两头扎住连在一起。女子披着头发，发髻弯曲，衣服像薄被，穿过头去套在身上；并把红色颜料抹在身上，就像中国人用化妆粉。他们有围墙、栅栏和房屋。父母和兄弟分开居住，只在聚会时不讲男女有别。吃喝用手，并且用笾、豆盛食物。他们都习惯赤脚走路，认为屈膝蹲坐着是恭敬的表现。人们生性酷爱喝酒。大多数都很长寿，活到一百多岁的人非常多。国内女性较多，首领们都有四五个妻子，其他人有的有两个，有的有三个。女子不淫乱也不妒忌。并且那里没有偷盗的习俗，很少因争执而相互控告。违法者的妻子和孩子要被没收，情节严重的全族人都被处死。人死了要停尸十多天，家人们为他哭丧，不吃饭不喝酒，而其他吊丧的人则唱歌跳舞以劝慰哀情。他们炙烤骨头进行占卜，以此判断吉凶。倭人往来出入或要渡海时，便命令一个人忌梳洗，忌吃肉，忌女色，称之为“持衰”。如果旅途顺利，就付给持衰的人报酬；如果在途中生病或是遇害，就认为是持衰的人不严谨，就一同把他处死。

建武中元二年（57），倭奴国使者献上贡品向天子朝拜祝贺，使者自称大夫，倭奴国在倭国的最南端。光武帝赐给倭奴国印信和绶带。永初元年（107），倭国王帅升等人献上一百六十个奴隶，希望能够朝见。

桓帝、灵帝年间，倭国发生严重骚乱，小国间互相攻打，多年没有国君。有一位叫卑弥呼的女子，年长后也不出嫁，她运用鬼神的道术，能够用妖术迷惑大家，于是大家一同拥立她为国王。她有上千名侍女，很少有人能见到她，只有一个男子供给她饮食，传她的话。她日常居住的宫殿、高楼和围墙、栅栏上，都是手拿兵器的卫兵。卑弥自女王国东度海千余里至拘奴国，虽皆倭种，而不属女王。自女王国南四千余里，至朱儒国，人长三四尺。自朱儒东南行船一年，至裸国、黑齿国，使驿所传，极于此矣。

会稽海外有东鳀人，分为二十余国。又有夷洲及澶洲。传言秦始皇遣方士徐福将童男女数千人入海，求蓬莱神仙不得，徐福畏诛不敢还，遂止此洲，世世相承，有数万家。人民时至会稽市。会稽东冶县人有入海行遭风，流移至澶洲者。所在绝远，不可往来。

论曰："昔箕子违衰殷之运，避地朝鲜。始其国俗未有闻也，及施八条之约，使人知禁，遂乃邑无淫盗，门不夜扃，回顽薄之俗，就宽略之法，行数百千年，故东夷通以柔谨为风，异乎三方者也。苟政之所畅，则道义存焉。仲尼怀愤，以为九夷可居。或疑其陋。子曰："君子居之，何陋之有！"亦徒有以焉尔。其后遂通接商贾，渐交上国。而燕人卫满扰杂其风，于是从而浇异焉。《老子》曰："法令滋章，盗贼多有。"若箕子之省简文条而用信义，其得圣贤作法之原矣！

赞曰：宅是嵎夷，曰乃旸谷。巢山潜海，厥区九族。嬴末纷乱，燕人违难。杂华浇本，遂通有汉。眇眇偏译，或从或畔。

呼治下的风俗习惯非常严肃。

从女王国向东渡海一千多里便到达拘奴国，那里虽然都是倭人，但不属于女王管辖。从女王国向南四千多里，到达侏儒国，那里的人身高三四尺。从侏儒国乘船向东南方走一年，可到裸国、黑齿国，传译信使能到的地方，就到此为止了。

会稽郡海外有东鳀人，分别建立了二十多个国家。海外还有夷洲和澶洲。传说秦始皇派方士徐福带领几千名童男童女远渡重洋，寻找蓬莱神仙而没有成功，徐福畏于极刑而不敢回来，就定居在夷洲上，世代相继，人口有几万家。百姓有时会来会稽郡做买卖。会稽东冶县有人出海后遭遇大风，最终漂流到澶洲。那些非常遥远的地方，人们就没办法往来了。

评论说：从前箕子远离殷商衰微的国运，到朝鲜避难。起初朝鲜的风俗无人知晓，等到箕子施行八项协定，使当地人懂得了法禁后，于是城中就没有了淫乱和盗窃之事，夜不闭户，扭转了愚钝浅薄的习俗，迈向了宽大而不苛责的法治，箕子的政策一直实行了几百几千年，因此整个东夷之地都形成了温和恭谨的风尚，和另外三方的异族不同。如果政治通达，那么道德和正义就会留存于此。孔子对时局心怀激愤，认为九夷之地可以居住。有人却怀疑九夷鄙陋。孔子回应道：“高尚的人居于此地，有什么鄙陋的呢！”也但孔子也只能徒然地有这种想法罢了。之后朝鲜就有了商人往来贸易，并渐渐与朝廷通好。然而燕国人卫满扰乱了那里的风气，于是淳朴的风尚也随之变得轻浮。《老子》说：“法律愈是繁杂显明，盗贼就愈是增加。”像箕子这样精简法律而以信用和道义治民的，大概是求得了圣贤制订法律的根本吧！

赞辞说：羲仲安家在那嵎夷，那有一地名叫旸谷。或住山里或住海滨，因而分出九个种族。秦朝末年天下大乱，燕人离乡于此避难。华夷混杂风气浮薄，最终连通中土大汉。辽远之地语言不通，有时归顺有时反叛。

卷一百十六

南蛮西南夷列传第七十六

昔高辛氏有犬戎之寇，帝患其侵暴，而征伐不克。乃访募天下，有能得犬戎之将吴将军头者，购黄金千镒。邑万家，又妻以少女。时帝有畜狗，其毛五采，名曰槃瓠。下令之后，槃瓠遂衔人头造阙下，群臣怪而诊之，乃吴将军首也。帝大喜，而计槃瓠不可妻之以女，又无封爵之道，议欲有报而未知所宜。女闻之，以为帝皇下令，不可违信，因请行。帝不得已，乃以女配槃瓠。槃瓠得女，负而走入南山，止石室中。所处险绝，人迹不至。于是女解去衣裳，为仆鉴之结，着独力之衣。帝悲思之，遣使寻求，辄遇风雨震晦，使者不得进。经三年，生子一十二人，六男六女。槃瓠死后，因自相夫妻。织绩木皮，染以草实，好五色衣服。制裁皆有尾形。其母后归，以状白帝，于是使迎致诸子。衣裳班兰，语言侏离，好入山壑，不乐平旷。帝顺其意，赐以名山广泽。其后滋蔓，号曰蛮夷。外痴内黠，安土重旧。以先父有功，母帝之女，田作贾贩，无关梁符传，租税之赋。有邑君长，皆赐印绶，冠用獭皮。名渠帅曰精夫，相呼为姎徒。今长沙武陵蛮是也。

从前高辛氏时发生犬戎入侵，高辛氏忧虑于犬戎的侵略和暴行，但去讨伐他们又没能取胜。于是高辛氏向全中国寻访征召，有能斩下犬戎将领吴将军首级的人，赏黄金一千镒。另有一万户的封地，还把小女儿嫁给他。高辛氏当时养了一只狗，它有五彩色的毛皮，名叫槃瓠。高辛氏下令后，槃瓠就叼着一颗人头来到王宫下，百官觉得奇怪便上前察看，竟然是吴将军的首级。高辛氏很高兴，但一想又不能把女儿嫁给它，又没有给狗封地授官的道理，他和百官商议想报答狗却不知道怎样才合适。高辛氏的女儿听说了此事，认为天子下了命令，便不能失信，于是她请求嫁给槃瓠。高辛氏无可奈何，于是将女儿嫁给槃瓠。槃瓠得到天子的女儿后，便背着她跑进南山，住在石洞中。他们定居在险峻的地方，外人难以进入。于是天子的女儿褪下本来的衣裙，扎起“仆鉴”的发髻，穿上“独立”的衣服。高辛氏心中忧伤思念女儿，便派使者进山寻找，但总是碰上狂风暴雨天雷阵阵的昏暗天气，使者没法前进。过了三年，他们生了十二个孩子，六个男孩，六个女孩。槃瓠去世之后，孩子们就互相结为夫妻。他们用麻线和树皮制成衣服，用草叶和果实给衣服染上颜色，他们喜欢穿五彩的衣服，在制作剪裁时都设计出尾巴的形状。孩子们的母亲后来回到京城，把自己婚后的情况告知天子，于是高辛氏命人将孩子们招入朝中。他们的衣服色彩斑斓，语言怪异难懂，喜欢在高山深谷中生活，不喜欢平坦宽广的土地。天子顺应他们的心意，将有名的高山、大湖赐给他们居住。他们的后代逐渐繁衍开来，称为蛮夷。他们外表愚痴而内里聪明狡猾，留恋故土且不轻易改变旧俗。因为他们的先父立下功劳，母亲是天子的女儿，所以他们种田无需缴纳租税，做生意无需符节印信便可出入关口、桥梁。城邑的首领，都受赐印信、绶带，他们的帽子用獭皮制成。他们称大首领为“精夫”，彼此之间其在唐虞，与之要质，故曰要服。夏商之时，渐为边患。逮于周世，党众弥盛。宣王中兴，乃命方叔南伐蛮方，诗人所谓“蛮荆来威”者也。又曰：“蠢尔蛮荆，大邦为仇。”明其党众繁多，是以抗敌诸夏也。

平王东迁，蛮遂侵暴上国。晋文侯辅政，乃率蔡共侯击破之。至楚武王时，蛮与罗子共败楚师，杀其将屈瑕。庄王初立，民饥兵弱，复为所寇。楚师既振，然后乃服，自是遂属于楚。鄢陵之役，蛮与恭王合兵击晋。及吴起相悼王，南并蛮越，遂有洞庭、苍梧。秦昭王使白起伐楚，略取蛮夷，始置黔中郡。汉兴，改为武陵。岁令大人输布一匹，小口二丈，是谓賨布。虽时为寇盗，而不足为郡国患。

光武中兴，武陵蛮夷特盛。建武二十三年，精夫相单程等据其险隘，大寇郡县。遣武威将军刘尚发南郡、长沙、武陵兵万余人，乘船泝沅水入武溪击之。尚轻敌入险，山深水疾，舟船不得上。蛮氏知尚粮少入远，又不晓道径，遂屯聚守险。尚食尽引还，蛮缘路徼战，尚军大败，悉为所没。二十四年，相单程等下攻临沅，遣谒者李嵩、中山太守马成击之，不能克。明年春，遣伏波将军马援、中郎将刘匡、马武、孙永等，将兵至临沅，击破之。单程等饥困乞降，会援病卒，谒者宗均听悉受降。为置吏司，群蛮遂平。

称呼为“姎徒”。如今长沙郡的武陵蛮就是他们的后人。

在唐尧、虞舜的时代，中原人与蛮夷立盟，因此称其为“要服”。到夏朝、商朝时，蛮夷逐渐成为边境的祸患。到了周朝，蛮夷的种族更加壮大。周宣王时国家复兴，于是周宣王命令方叔南征伐蛮夷地区，这就是《诗经》所说的“蛮荆归服于方叔的威风”。《诗经》又说：“你们这愚蠢的蛮荆人，竟敢与泱泱大国结仇。”这说明了蛮夷的种族繁盛，因此和中国对抗。

周平王东迁后，蛮夷于是侵犯欺凌中原各国。当时晋文侯辅佐朝政，于是率领蔡共侯击败了蛮夷。到楚武王时，蛮夷同罗子一同击败了楚军，杀死了楚将屈瑕。在楚庄王刚刚登基，百姓饥饿、军队弱小之时，楚国又遭蛮夷入侵。到楚国军队强大以后，蛮夷这才顺服，自此就归属了楚国。鄢陵之战中，蛮夷和楚共王组成联军同晋军交战。到吴起辅佐楚悼王时，楚国向南吞并了蛮越，于是占领了洞庭湖、苍梧山一带。后来秦昭王派白起攻打楚国，夺取了蛮夷，开始设立黔中郡。汉朝建立后，将黔中郡改为武陵郡。命令蛮夷的成年人每年献上一匹布，小孩子每年献上二丈布，称为“賨布”。蛮夷虽然常常侵扰劫掠，但并不能为郡国带来祸乱。

光武帝兴复汉室后，武陵郡的蛮夷特别强盛。建武二十三年（47），精夫相单程等人倚仗蛮夷的险要之地，大举侵扰郡县。光武帝派武威将军刘尚调集南郡、长沙、武陵三郡部队一万多人，乘船溯沅水逆流而上到武溪征讨相单程。刘尚轻敌深入险境，那里山壑幽深河水湍急，船队无法前进。蛮人知道刘尚部队粮草不足却深入远境，而且又不熟悉道路，于是聚集兵马驻守于险要之地。粮草耗尽后刘尚领兵撤退，遭蛮军沿途截击，刘尚军大败，全军覆没。建武二十四年（48），相单程等人攻打沅水下游的临沅，朝廷派谒者李嵩、中山太守马成征讨相单程，不能取胜。第二年春季，朝廷派出伏波将军马援、中郎将刘匡、马武、孙永等人，他们领兵来到临沅，打败了相单程。相单程等人饥饿困顿请求投降，恰逢马援病逝，于是谒者宗均接受了全体蛮夷的投降。朝廷在蛮夷设立了官员、官署，众蛮终肃宗建初元年，武陵澧中蛮陈从等反叛，入零阳蛮界。其冬，零阳蛮五里精夫为郡击破从，从等皆降。三年冬，溇中蛮覃皃健等复反，攻烧零阳、作唐、孱陵界中。明年春，发荆州七郡及汝南、颍川弛刑徒吏士五千余人，拒守零阳，募充中五里蛮精夫不叛者四千人，击澧中贼。五年春，覃皃健等请降，不许。郡因进兵与战于宏下，大破之，斩皃健首，余皆弃营走还溇中，复遣乞降，乃受之。于是罢武陵屯兵，赏赐各有差。

和帝永元四年冬，溇中、澧中蛮潭戎等反，燔烧邮亭，杀略吏民，郡兵击破降之。安帝元初二年，澧中蛮以郡县徭税失平，怀怨恨，遂结充中诸种二千余人，攻城杀长吏。州郡募五里蛮六亭兵追击破之，皆散降。赐五里、六亭渠帅金帛各有差。明年秋，溇中、澧中蛮四千人并为盗贼。又零陵蛮羊孙、陈汤等千余人，著赤帻，称将军，烧官寺，抄掠百姓。州郡募善蛮讨平之。

顺帝永和元年，武陵太守上书，以蛮夷率服，可比汉人，增其租赋。议者皆以为可。尚书令虞诩独奏曰："自古圣王不臣异俗，非德不能及，威不能加，知其兽心贪婪，难率以礼。是故羁縻而绥抚之，附则受而不逆，叛则弃而不追。先帝旧典，贡税多少，所由来久矣。今猥增之，必有怨叛。计其所得，不偿所费，必有后悔。"帝不从。其冬、澧中、溇中蛮果争贡布非旧约，遂杀乡吏，举种反叛。明于平定。

章帝建初元年（76），武陵郡澧中地区的蛮人陈从等人叛汉，侵入了零阳蛮的领地。这年冬季，零阳地区五里族的精夫帮武陵郡打败了陈从，陈从等人全部投降。建初三年（78）冬季，溇中地区的蛮人覃兒健等人再次反叛，攻打零阳、作唐、孱陵三县并放火烧城。第二年春季，朝廷从荆州七个郡和汝南、颍川二郡调集了解除枷锁的囚犯和官吏士兵共计五千多人，坚守零阳城，并招募充中部落五里族的精夫和未反叛的四千名蛮人，攻打澧中的叛贼。建初五年（80）春季，覃兒健等人请求投降，朝廷拒绝了。郡守趁机进军与覃兒健在宏下交战，大败覃兒健，斩了他的首级，其余蛮兵都放弃军营败逃溇中，并再次派人请求投降，朝廷这才接受了。于是朝廷撤走武陵驻军，对官兵们论功行赏。

和帝永元四年（92）冬季，溇中、澧中地区的蛮人在潭戎等人的率领下叛汉，他们烧毁驿馆，对官吏和百姓或杀或掳。郡国部队击败潭戎并降服了他。安帝元初二年（115），澧中地区的蛮人认为郡县规定的徭役、赋税不公平，他们心怀怨恨，就联合充中部落各族蛮人两千多，攻打城池并杀害高级官员。州郡招募五里族的蛮人和六亭的部队追击并打败了叛军，他们全都溃散投降。朝廷对五里和六亭的首领们论功行赏，赐给钱物。第二年秋季，溇中、澧中地区有四千名蛮人一同做了贼寇。又有零陵地区的蛮人羊孙、陈汤等一千多人，头扎红巾，自称将军，烧毁衙门，劫掠百姓。州郡招募归顺了的蛮人征讨并平定了叛贼。

顺帝永和元年（136），武陵太守上书进言，认为蛮夷都已归顺，可以等同于汉人了，应该增加他们的租税。一同讨论的大臣们都认为可行。惟独尚书令虞诩进言说："自古以来，圣明的天子都不会接受习俗不同的异族成为自己的臣民，并非因为德泽不能遍及于他们，威权不能施加于他们，而是因为知道他们人性泯灭贪婪无度，难以用礼义来统领。因此圣明的天子对他们笼络牵制并封爵以安抚，他们来归附便接受但不恭迎，反叛了便放弃而不追究。先帝所定的法年春，蛮二万人围充城，八千人寇夷道。遣武陵太守李进讨破之，斩首数百级，余皆降服。进乃简选良吏，得其情和。在郡九年，梁太后临朝，下诏增进秩二千石，赐钱二十万。桓帝元嘉元年秋，武陵蛮詹山等四千余人反叛，拘执县令，屯结深山。至永兴元年，太守应奉以恩信招诱，皆悉降散。

永寿三年十一月，长沙蛮反叛，屯益阳。至延熹三年秋，遂抄掠郡界，众至万余人，杀伤长吏。又零陵蛮入长沙。冬，武陵蛮六千余人寇江陵，荆州刺史刘度、谒者马睦、南郡太守李肃皆奔走。肃主簿胡爽扣马首谏曰："蛮夷见郡无儆备，故敢乘间而进。明府为国大臣，连城千里，举旄鸣鼓，应声十万，奈何委符守之重，而为逋逃之人乎！"肃拔刃向爽曰："掾促去！太守今急，何暇此计。"爽抱马固谏，肃遂杀爽而走。帝闻之，征肃弃市，度、睦减死一等，复爽门闾，拜家一人为郎。于是以右校令度尚为荆州刺史，讨长沙贼，平之。又遣车骑将军冯绲讨武陵蛮，并皆降散。军还，贼复寇桂阳，太守廖析奔走。武陵蛮亦更攻其郡，太守陈奉率吏人击破之，斩首三千余级，降者二千余人。至灵帝中平三年，武陵蛮复叛，寇郡界，州郡击破之。

规，应缴赋税为几何，通行至今已经很长时间了。现在突然增加租税，定会引发怨恨和反叛。计算一下这加赋我们所能得到的，并抵不上我们所付的代价，如果加赋将来一定后悔。”皇帝没采纳。这年冬季，澧中、溇中地区的蛮人果然因为应纳賨布不合旧制而发起抗争，于是杀害乡里官吏，各族蛮人都反叛了。第二年春天，两万名蛮人包围了充城，八千人入侵夷道。朝廷派武陵太守李进征讨并打败了他们，并对几百人处以斩首，剩下的全部投降。李进于是选贤任能，使蛮夷心悦诚服。李进任武陵太守九年后，梁太后梁妠掌权亲理国政，下诏书把李进的俸禄增为二千石，并赏赐二十万钱。桓帝元嘉元年（151）秋季，武陵地区的蛮人詹山等四千多人叛汉，他们俘虏了县令，盘踞深山。到永兴元年（153），武陵太守应奉用恩德和信义劝导招抚蛮人，他们便全部投降散伙。

永寿三年（157）十一月，长沙郡蛮人叛汉，盘踞在益阳县。到延熹三年（160）秋季，蛮人就开始在全郡劫掠，他们聚集到一万多人，打死打伤高级官员。同时又有零陵地区的蛮人入侵长沙。同年冬季，武陵郡有六千多蛮人入侵江陵县，荆州刺史刘度、谒者马睦、南郡太守李肃都想逃走。李肃的主簿胡爽拉住马头规劝说：“蛮夷见到南郡毫无警戒防备，所以才敢趁虚而入。太守您是国家的重臣，治下城池相连千里，升起军旗敲响军鼓，就有十万大军应声而起，为何推脱郡守的重任，反而要做临阵脱逃之人！”李肃拔出刀指着胡爽说：“辅佐官你赶紧让开！本官现在急得很，哪有功夫考虑这些。”胡爽抱住马极力劝阻，李肃就杀掉胡爽逃走了。皇帝知道后，召来李肃处以死刑并陈尸街头示众，刘度、马睦判处死罪但减刑一等，免除胡爽一家的徭役赋税，并任命家中一人为郎官。于是朝廷任命右校令度尚为荆州刺史，征讨长沙叛贼，并平定了他们。又派车骑将军冯绲征讨武陵叛贼，武陵蛮人也都投降溃散。军队班师后，叛贼又入侵桂阳郡，太守廖析逃走。武陵郡的蛮人也再次祸乱武陵，太守陈奉率领官吏百姓打败了他们，并对三千人处以斩首，投降的有二千多人。到灵帝中平三年，武陵郡的蛮人再次反叛，在郡内劫掠，州郡部队击败了他们。

《礼记》称“南方曰蛮，雕题交阯”。其俗男女同川而浴，故曰交阯。其西有啖人国，生首子辄解而食之，谓之宜弟。味旨，则以遗其君，君喜而赏其父。取妻美，则让其兄。今乌浒人是也。

交阯之南有越裳国。周公居摄六年，制礼作乐，天下和平，越裳以三象重译而献白雉，曰：“道路悠远，山川岨深，音使不通，故重译而朝。”成王以归周公。公曰：“德不加焉，则君子不飨其质；政不施焉，则君子不臣其人。吾何以获此赐也！”其使请曰：“吾受命吾国之黄耇曰：‘久矣，天之无烈风雷雨，意者中国有圣人乎？有则盍往朝之。’”周公乃归之于王，称先王之神致，以荐于宗庙。周德既衰，于是稍绝。

及楚子称霸，朝贡百越。秦并天下，威服蛮夷，始开领外，置南海、桂林、象郡。汉兴，尉佗自立为南越王，传国五世。至武帝元鼎五年，遂灭之，分置九郡，交阯刺史领焉。其珠崖、儋耳二郡在海洲上，东西千里，南北五百里。其渠帅贵长耳，皆穿而缒之，垂肩三寸。武帝末，珠崖太守会稽孙幸调广幅布献之，蛮不堪役，遂攻郡杀幸。幸子豹合率善人还复破之，自领郡事，讨击余党，连年乃平。豹遣使封还印绶，上书言状，制诏即以豹为珠崖太守。威政大行，献命岁至。中国贪其珍赂，渐相侵侮，故率数岁一反。元帝初元三年，遂罢之。凡立郡六十五岁。

《礼记》说“南方的异族称为‘蛮’，他们额头刺花纹、男女共浴”。因那里的习俗是男女在一条河里洗澡，所以称为交阯。交阯以西有食人国，他们总是把生下的第一个孩子肢解吃掉，说对后面生的孩子有好处。如果头胎的味道很好，就把他献给国君，国君一高兴便会赏赐孩子的父亲。那里的人娶了漂亮的妻子，就让给哥哥。他们的后裔便是如今的乌游人。

交阯以南是越裳国。周公摄政六年时，订立礼仪，完善了礼仪制度和典礼音乐，于是天下太平，越裳国使者驾着三只象一路上经过多种语言的转译终于来到中国为周成王献上白野鸡，他说：“越裳距此路途遥远，山势交错河流深广，音信使者难以互通，因此辗转翻译后才得以朝见。”成王把白野鸡送给周公。周公说：“没有将恩德施加于他人，那么君子就不会享用他人的礼品；没有将善政施行于那里，那么君子也不会将那里的百姓做为自己的臣民。我怎能接受这样的赏赐呢！”越裳国使者请求说：“我接受了我国长老的命令：‘这样的好天气已经持续很久啦，没有狂风大作没有雷雨交加，我猜是中国出了位圣人吧？有圣人的话何不去朝见他呢。’”周公于是把白野鸡还给了成王，赞美先王的神灵招致了异国的归服，并把白野鸡进献于宗庙。周朝的德治衰退后，于是和越裳国的来往便逐渐断绝了。

到楚王称霸时，使百越各族朝见献礼。秦朝吞并天下，用武力使蛮夷归服，这才拓展了岭南的土地，设置南海、桂林、象郡。汉朝建立后，尉佗自封为南越王，南越国共传五代。到武帝元鼎五年（前112），终於灭掉了南越，朝廷将其地划分为九个郡，并设置交阯刺史管理。其中珠崖、儋耳两郡都在海岛上，此岛东西长一千里，南北长五百里。那里的首领们把长耳朵作为尊贵的象征，他们穿破耳朵上的皮吊上挂坠，耳朵垂到肩上有三寸长。武帝末年，珠崖太守会稽人孙幸为筹措贡品而向百姓征调宽幅布匹，蛮人受不了劳役，就攻下郡府杀掉孙幸。孙幸的儿子孙豹联合并率领未作乱的百姓回城击败了叛贼，自己管理郡内事务，并征讨残余叛贼，接连数年后才终于平定。孙豹装好太守的印信绶带，派使者归还朝廷，并上书说明情况，逮王莽辅政，元始二年，日南之南黄支国来献犀牛。凡交阯所统，虽置郡县，而言语各异，重译乃通。人如禽兽，长幼无别。项髻徒跣，以布贯头而著之。后颇徙中国罪人，使杂居其间，乃稍知言语，渐见礼化。

光武中兴，锡光为交阯，任延守九真，于是教其耕稼，制为冠履，初设媒娉，始知姻娶，建立学校，导之礼义。

建武十二年，九真徼外蛮里张游，率种人慕化内属，封为归汉里君。明年，南越徼外蛮夷献白雉、白菟。至十六年，交阯女子徵侧及其妹徵贰反，攻郡。徵侧者，麊泠县雒将之女也。嫁为朱鸢人诗索妻，甚雄勇。交阯太守苏定以法绳之，侧忿，故反。于是九真、日南、合浦蛮里皆应之，凡略六十五城，自立为王。交阯刺史及诸太守仅得自守。光武乃诏长沙、合浦、交阯具车船，修道桥，通障溪，储粮谷。十八年，遣伏波将军马援、楼船将军段志，发长沙、桂阳、零陵、苍梧兵万余人讨之。明年夏四月，援破交阯，斩徵侧、徵贰等，余皆降散。进击九真贼都阳等，破降之。徙其渠帅三百余口于零陵。于是领表悉平。

武帝便下令任命孙豹为珠崖太守。从此珠崖郡大力推行强力的政令，每年都向朝廷派送贡品和使者。朝廷贪图珠崖的珍宝财物，逐渐加重了对蛮人的欺侮、盘剥，所以珠崖大概每隔几年就发生一场叛乱。元帝初元三年（前46），朝廷终于撤销了珠崖郡。珠崖郡一共设立了六十五年。

到王莽辅佐朝政时，元始二年（2），日南郡南边的黄支国前来献上犀牛。凡是归属交阯管理的地区，虽都设立了郡县，但土人们却语言不通，需经多次转译才能互相交流。那里的人像禽兽一样，不讲长幼尊卑。他们把发髻梳在脖子后面而且赤脚走路，把头从布中间穿过去套在身上。后来朝廷把不少罪犯流放到此地，让他们在这里和当地人混居，这才渐渐懂得了土人的语言，土人也逐渐受到了礼仪的教化。

光武帝兴复汉室后，任命锡光为交阯太守，任延为九真太守，于是他们教给当地人耕种技术，教他们制作鞋帽，并开始施行媒妁嫁娶的制度，当地人这才知道了婚嫁之礼，又为他们建立学校，并用礼法道义引导他们。

建武十二年（36），九真郡外的蛮人张游，他倾慕中原教化而率领同族的人归顺中原，朝廷封他为归汉里君。第二年，南越境外的蛮夷献上白野鸡和白兔。到建武十六年（40），交阯的徵侧、徵贰姐妹二人叛汉，攻打交阯郡。徵侧，是麊泠县雒将的女儿。徵侧是朱鸢人诗索的妻子，非常强壮勇敢。交阯太守苏定以法律制裁了徵侧，徵侧心生愤恨，所以反叛朝廷。于是九真、日南、合浦三郡蛮人都响应徵侧，叛军一共攻下了六十五座城邑，徵侧自封为王。交耻刺史和各郡太守仅能自保无力平叛。光武帝于是下令命长沙、合浦、交阯三郡准备战车、战船，铺路架桥，开通河道，储备粮食。建武十八年（42），朝廷派出伏波将军马援、楼船将军段志，并调派长沙、桂阳、零陵、苍梧部队一万多人讨伐徵侧。第二年夏季四月，马援攻破交阯，斩杀了徵侧、徵贰等人，残余的叛军全都投降溃散。官兵又向九真郡叛贼都阳等人发起进攻，击败了都阳并令其投降。马援将三百多肃宗元和元年，日南徼外蛮夷究不事人邑豪献生犀、白雉。和帝永元十二年夏四月，日南、象林蛮夷二千余人寇掠百姓，燔烧官寺，郡县发兵讨击，斩其渠帅，余众乃降。于是置象林将兵长史，以防其患。安帝永初元年，九真徼外夜郎蛮夷举土内属，开境千八百四十里。元初二年，苍梧蛮夷反叛，明年，遂招诱郁林、合浦蛮汉数千人攻苍梧郡。邓太后遣侍御史任逴奉诏赦之，贼皆降散。延光元年，九真徼外蛮贡献内属。三年，日南徼外蛮复来内属。顺帝永建六年，日南徼外叶调王便遣使贡献，帝赐调便金印紫绶。

永和二年，日南、象林徼外蛮夷区怜等数千人攻象林县，烧城寺，杀长吏。交阯刺史樊演发交阯、九真二郡兵万余人救之。兵士惮远役，遂反，攻其府。二郡虽击破反者，而贼势转盛。会侍御史贾昌使在日南，即与州郡并力讨之，不利，遂为所攻。围岁余而兵谷不继，帝以为忧。明年，召公卿百官及四府掾属，问其方略，皆议遣大将，发荆、杨、兖、豫四万人赴之。大将军从事中郎李固驳曰："若荆、杨无事，发之可也。今二州盗贼槃结不散，武陵、南郡蛮夷未辑，长沙、桂阳数被征发，如复扰动，必更生患。其不可一也。又兖、豫之人卒被征发，远赴万里，无有还期，诏书迫促，必致叛亡。其不可二也。南州水土温暑，加有瘴气，致死亡者十必四五。其不可三也。远涉万里，士卒疲劳，比至领南，不复堪斗。其不可四也。"军行三十里为程，而去日南九千余里，三百日乃到，计人禀五升，用米六十万斛，不计将吏驴马之食，但负甲自致，费便若此。其不可五也。设军到所在，死亡必众，既不足御敌，当复更发，此为刻割心腹以补四支。其不可六也。九真、日南相去千里，发其吏民，名叛军首领迁到零陵居住。于是五岭以南之地全部平定。

章帝元和元年(84),日南郡境外的蛮夷究不事人的部族首领献上活犀牛、白野鸡。和帝永元十二年(100)夏四月,日南、象林二郡蛮夷两千多人侵犯劫掠百姓,焚烧官署,郡县派兵征讨,并斩杀了他们的首领,叛贼残党就投降了。於是朝廷在象林设置将兵长史一职,以防备蛮夷作乱。安帝永初元年(107),九真郡境外的夜郎人以全部领地归顺朝廷,使汉朝开拓了方圆一千八百四十里的土地。元初二年(115),苍梧的蛮夷反叛,第二年,他们竟招引郁林郡、合浦郡的数千名蛮人、汉人攻打苍梧郡。邓太后邓绥派侍御史任逴奉皇命赦免乱党,于是乱贼全部投降溃散。延光元年(122),九真郡境外的蛮人献上贡品归顺朝廷。延光三年(124),日南郡境外的蛮人再次前来归顺。顺帝永建六年(131),日南郡境外的叶调王便派使者入朝进贡,顺帝将金印信、紫绶带赐给叶调王便。

永和二年(137),日南郡象林县边境外以区怜为首的几千名蛮人攻打象林县,他们烧毁城邑、官署,杀害高级官员。交阯刺史樊演派出交阯、九真二郡部队一万多人前往援救。士兵们害怕到远方作战,就发动哗变,攻打郡府。二郡虽然镇压了哗变,然而乱贼的势力却强大起来。恰好侍御史贾昌正出访日南郡,他便与州郡合力讨伐乱贼,战况不利,而且竟让贼军占了攻势。乱贼围攻了一年多使官军粮草告急,顺帝对此忧虑难安。第二年,顺帝召集公卿百官和四府的辅佐官,询问他们有何方法和计略,他们都提议派遣大将,并从荆州、杨州、兖州、豫州派出四万兵力赶往救援。大将军府的从事中郎李固反驳说:“如果荆州、杨州没有战事,那派这二州的部队也可以。但如今荆州、杨州的强盗、小偷盘踞作乱并未溃散,武陵郡和南郡的蛮夷叛军也并未平定,而长沙郡、桂阳郡的部队已屡经征调,再让荆、杨二州发生骚动,必定又生祸乱。这是不能派兵的第一条理由。另外如果突然征调兖州、豫州的部队,派往远方作战,并且归期难料,加之诏令紧急,定会使士兵背叛逃亡。这是不能如此的第二条理由。此外南方地区气候炎热,又有蒸腾的毒气,十分之四五的人定会因此而亡。这是不能如此的第三条理由。何况行军至万里之外,士兵犹尚不堪，何况乃苦四州之卒，以赴万里之艰哉！其不可七也。前中郎将尹就讨益州叛羌，益州谚曰：‘虏来尚可，尹来杀我。’后就征还，以兵付刺史张乔。乔因其将吏，旬月之间，破殄寇虏。此发将无益之效，州郡可任之验也。宜更选有勇略仁惠任将帅者，以为刺史、太守，悉使共住交阯。今日南兵单无谷，守既不足，战又不能。可一切徙其吏民北依交阯，事静之后，又命归本。还募蛮夷，使自相攻，转输金帛，以为其资。有能反间致头首者，许以封侯列土之赏。故并州刺史长沙祝良，性多勇决，又南阳张乔，前在益州有破虏之功，皆可任用。昔太宗就加魏尚为云中守，哀帝即拜龚舍为太山太守。宜即拜良等，便道之官。”四府悉从固议，即拜祝良为九真太守，张乔为交阯刺史。乔至，开示慰诱，并皆降散。良到九真，单车入贼中，设方略，招以威信，降者数万人，皆为良筑起府寺。由是岭外复平。

建康元年，日南蛮夷千余人复攻烧县邑，遂扇动九真，与相连劳累，等到了岭南，便已不能承担战斗任务了。这是不能如此的第四条理由。部队一天行军三十里，而日南郡在九千多里之外，要三百天才能到达，按每人每天五升粮食计算，共需六十万斛的粮食，这还并未计入将官和驴马的粮草，只是背着铠甲徒步进军，花费费便已达此等程度。这是不能如此的第五条理由。假使军队到了日南，兵员损失也一定很大，已经不足以抗敌平叛了，又要再次发兵补充，这是切下心和腹来补全损伤的四肢。这是不能如此的第六条理由。九真郡离日南郡一千里远，朝廷派遣九真的官民出征，他们尚且不能忍受，何况竟要让这四州的士兵受苦，奔赴万里之外的苦境！这是不能如此的第七条理由。从前中郎将尹就受命讨伐益州叛乱的羌人，益州的民谚说：'贼寇来了还不要紧，尹就来了却要我命。'后来朝廷召回尹就，将部队移交益州刺史张乔。张乔接手了尹就麾下的将领、官员，用一个月的时间，击败并消灭了入侵的羌人。这便是另派将领没有益处，而州郡政府可以信赖的明证。应当另选智勇双全且有仁慈恩惠之心的将领，任命为刺史、太守，并让他们都暂住交阯郡。现在日南郡军队弱小粮草匮乏，不足以自守，亦无法迎战。可以把当地官员百姓一律向北迁移到交阯郡托身，战事平息之后，再令他们回归故土。此外再招募蛮人，使其相互战斗，并将钱物送给我方蛮人，作为酬劳。如果有人能使乱贼内讧并招降其首领，便将爵位和土地封赏给他。前任并州刺史长沙人祝良，生性勇敢果断，还有南阳人张乔，之前任益州刺史时有平叛的功绩，此二人都堪当重任。从前文帝立刻就升任魏尚重为云中太守，哀帝立刻就拜授龚舍为太山太守。现在也应当立刻任命祝良等人，并让他们抄近路尽快赴任。”四府官员都赞成李固的意见，顺帝便任命祝良为九真太守，张乔为交阯刺史。张乔到任后，对蛮人们或教导，或解释，或抚慰，或劝诱，蛮人们便都一起投降散伙。祝良到九真郡后，仅乘一车便来到乱贼营中，他制定了方针策略，以威严和信义招降了蛮人，归降者数以万计，他们都为祝良重建官邸。自此五岭以南重归安定。

建康元年（144），日南郡又有一千多名蛮人攻打并烧毁县城，结。交阯刺史九江夏方开恩招诱，贼皆降服。时梁太后临朝，美方之功，迁为桂阳太守。桓帝永寿三年，居风令贪暴无度，县人朱达等及蛮夷相聚，攻杀县令，众至四五千人，进攻九真，九真太守兒式战死。诏赐钱六十万，拜子二人为郎。遣九真都尉魏朗讨破之，斩首二千级，渠帅犹屯据日南，众转强盛。延熹三年，诏复拜夏方为交阯刺史。方威惠素著，日南宿贼闻之，二万余人相率诣方降。灵帝建宁三年，郁林太守谷永以恩信招降乌浒人十余万内属，皆受冠带，开置七县。熹平二年冬十二月，日南徼外国重译贡献。光和元年，交阯、合浦乌浒蛮反叛，招诱九真、日南，合数万人，攻没郡县。四年，刺史朱儁击破之。六年，日南徼外国复来贡献。

巴郡南郡蛮，本有五姓：巴氏、樊氏、瞫氏，相氏，郑氏。皆出于武落钟离山。其山有赤黑二穴，巴氏之子生于赤穴，四姓之子皆生黑穴。未有君长，俱事鬼神，乃共掷剑于石穴，约能中者，奉以为君。巴氏子务相乃独中之，众皆叹。又令各乘土船，约能浮者，当以为君。余姓悉沉，唯务相独浮。因共立之，是为廪君。乃乘土船，从夷水至盐阳。盐水有神女，谓廪君曰：“此地广大，鱼盐所出，愿留共居。”廪君不许。盐神暮辄来取宿，旦即化为虫，与诸虫群飞，掩蔽日光，天地晦冥。积十余日，廪君恩其便，因射杀之，天乃开明。廪君于是君乎夷城，四姓皆臣之。廪君死，魂魄世为白虎。巴氏以虎饮人血，遂以人祠焉。

还竟然煽动九真郡蛮人，一同勾结作乱。交阯刺史九江人夏方施以恩典招降他们，乱贼全部归顺。当时梁太后梁妠掌管权亲理国政，她赞扬夏方的功劳，并升任他为桂阳太守。桓帝永寿三年，九真郡居风县令极其贪婪暴虐，县民朱达等人伙同蛮人，攻打县城并杀害县令，贼众多达四五千人，他们进犯九真郡，九真太守兒式因此牺牲。桓帝下诏赏赐兒式家六十万钱，并拜授他的两个儿子为郎官。朝廷派九真郡都尉魏朗征讨并击败了叛贼，对两千人处以斩首，但乱贼的头领仍屯兵据守日南郡，势力强大起来。延熹三年，桓帝下诏再次拜授夏方为交阯刺史。夏方的威信和恩德素来显赫，日南郡作乱已久的叛贼听闻此事后，两万多人便相继拜见夏方归降朝廷。灵帝建宁三年（170），郁林太守谷永以恩德和信义招降了十多万乌浒人归顺，他们都接受了朝廷的的封爵，其领地设置为七个县。熹平二年（173）冬十二月，日南郡境外之国经多次转译入朝进贡。光和元年（178），交阯郡、合浦郡的乌浒人叛汉，他们又招纳九真、日南二郡的蛮人，总计数万乱党，攻占各地郡县。光和四年（181），交阯刺史朱儁击败了乱贼。光和六年（183），日南郡境外之国家再次入朝进贡。

巴郡和南郡的蛮人，原本是五个氏族：巴氏，樊氏，瞫氏，相氏，郑氏。他们都起源于武落钟离山。那山上有红、黑色两个洞窟，巴氏的族人出身于红窟，其他四族都出身于黑窟。他们没有部落首领，而都事奉先祖和神灵，于是他们一同向石洞中投剑，约定谁能投中，大家便拥戴他为国君。惟独巴氏的族人务相投中了，大家赞叹不已。族人们又决定让大家各驾本地小船，约定谁能驾船浮游，大家便应当立他为首领。其他四族的人船都沉了，只有务相的船还浮着。于是他们拥立务相为首领，就是廪君。廪君便驾着船，顺着夷水来到盐阳。盐水边有位女神，她对廪君说："这里土地广阔，盛产鱼和盐，希望你能留下来和我一起生活。"廪君拒绝了。盐水女神一到晚上便来和廪君过夜，早晨就变成飞虫，与很多虫子群聚纷飞，虫群遮蔽了太阳，天地之间陷入昏暗。这样的日子持续了十多天，廪君等到了机会，便趁机射死了女神化作的飞虫，天空这才重现光明。廪君因此在夷城称王，其他四族都臣服于他。廪君去世后，魂魄世世代代都化及秦惠王并巴中，以巴氏为蛮夷君长，世尚秦女，其民爵比不更，有罪得以爵除。其君长岁出赋二千一十六钱，三岁一出义赋千八百钱。其民户出幏布八丈二尺，鸡羽三十鍭。汉兴，南郡太守靳彊请一依秦时故事。

至建武二十三年，南郡潳山蛮雷迁等始反叛，寇掠百姓，遣武威将军刘尚将万余人讨破之，徙其种人七千余口置江夏界中，今沔中蛮是也。和帝永元十三年，巫蛮许圣等以郡收税不均，怀怨恨，遂屯聚反叛。明年夏，遣使者督荆州诸郡兵万余人讨之。圣等依凭阻隘，久不破。诸军乃分道并进，或自巴郡、鱼复数路攻之，蛮乃散走，斩其渠帅，乘胜追之，大破圣等。圣等乞降，复悉徙置江夏。灵帝建宁二年，江夏蛮叛，州郡讨平之。光和三年，江夏蛮复反，与庐江贼黄穰相连结，十余万人，攻没四县，寇患累年。庐江太守陆康讨破之，余悉降散。

板楯蛮夷者，秦昭襄王时有一白虎，常从群虎数游秦、蜀、巴、汉之境，伤害千余人。昭王乃重募国中有能杀虎者，赏邑万家，金百镒。时，有巴郡阆中夷人，能作白竹之弩，乃登楼射杀白虎。昭王嘉之，而以其夷人，不欲加封，乃刻石盟要，复夷人顷田不租，十妻不算，伤人者论，杀人者得以倓钱赎死。盟曰：“秦犯夷，输黄龙一双；夷犯秦，输清酒一钟。”夷人安之。

为白虎。巴氏族人因为虎喝人血，就用活人来祭祀廪君。

到秦惠王吞并巴中时，任命巴氏作为蛮夷的首领，巴氏族人世代上娶秦国女子，他们的百姓有相当于第四等不更的爵位，犯了罪能用爵位免除。巴氏的首领们每年交税两千零一十六钱，每三年交一次一千八百钱的义赋。那里的百姓每户需缴纳幏布八丈二尺，和三十根鸡毛。汉朝建立后，南郡太守靳彊请求朝廷完全沿袭秦朝时的旧制。

到建武二十三年（47），南郡潳山地区的蛮夷雷迁等人开始反叛，侵犯劫掠百姓，朝廷派武威将军刘尚率一万多人征讨并击败了他们，并将潳山蛮的七千多名族人迁移安置在江夏郡内，如今的的沔中蛮人便是他们的后裔。和帝永元十三年（101），巫县蛮人许圣等人认为郡守征税不公平，心有怨恨，便纠集起来反叛。第二年夏天，朝廷派钦差统率荆州各郡部队一万多人征讨许圣。许圣等人据险固守，很长时间攻不下来。各路兵马于是分道推进，有的部队取道巴郡、鱼复等路进攻，蛮人这才溃散逃走，官军斩杀了他们的首领，并乘胜追击，大败许圣等人。许圣等人乞求投降，朝廷又将他们全部迁移安置在江夏。灵帝建宁二年（169），江夏郡蛮人反叛，州郡官府将其征讨平定。光和三年（180），江夏郡蛮人再次反叛，并和庐江强盗黄穰互相勾结，聚众十多万，攻陷了四个县，连年入侵作乱。庐江太守陆康征讨并击败了乱贼，余部全都投降散伙。

板楯蛮夷，秦昭襄王时有一只白虎，经常跟着一群老虎屡次活动在秦、蜀、巴、汉地区，使一千多人受伤。于是昭王在国内重金招募能杀掉老虎的人，悬赏一万户封地，一百镒黄金。当时，巴郡阆中有位夷人，能用白竹制弩，他就登上高楼射死了白虎。昭王要嘉奖他，但因他是夷人，不想封给他土地，就和夷人定下盟约刻于石上，田地不足一顷则免除租税，妻室不满十人则免除丁口税，伤了人判罪，杀了人可用财物赎回死罪。盟约说：“秦人侵害夷人，送夷人一双黄铜铸成的龙；夷人侵害秦人，送秦人一钟清淳的美酒。”夷人对盟约很满意。

至高祖为汉王，发夷人还伐三秦。秦地既定，乃遣还巴中，复其渠帅罗、朴、督、鄂、度、夕、龚七姓，不输租赋，余户乃岁入賨钱，口四十。世号为板楯蛮夷。阆中有渝水，其人多居水左右。天性劲勇，初为汉前锋，数陷陈。俗喜歌舞，高祖观之，曰："此武王伐纣之歌也。"乃命乐人习之，所谓巴渝舞也。遂世世服从。

至于中兴，郡守常率以征伐。桓帝之世，板楯数反，太守蜀郡赵温以恩信降服之。灵帝光和三年，巴郡板楯复叛，寇掠三蜀及汉中诸郡。灵帝遣御史中丞萧瑗督益州兵讨之，连年不能克，帝欲大发兵，乃问益州计吏，考以征讨方略。汉中上计程包对曰："板楯七姓，射杀白虎立功，先世复为义人。其人勇猛，善于兵战。昔永初中，羌入汉川，郡县破坏，得板楯救之，羌死败殆尽，故号为神兵。羌人畏忌，传语种辈，勿复南行。至建和二年，羌复大入，实赖板楯连摧破之。前车骑将军冯绲南征武陵，虽受丹阳精兵之锐，亦倚板楯以成其功。近益州郡乱，太守李颙亦以板楯讨而平之。忠功如此，本无恶心。长吏乡亭，更赋至重，仆役箠楚，过于奴虏，亦有嫁妻卖子，或乃至自颈割，虽陈冤州郡，而牧守不为通理。阙庭悠远，不能自闻。含怨呼天，叩心穷谷。愁苦赋役，困罹酷刑。故邑落相聚，以致叛戾。非有谋主僭号，以图不轨。今但选明能牧守，自然安集，不烦征伐也。"帝从其言，遣太守曹谦宣诏赦之，即皆降服。至中平五年，巴郡黄巾贼起，板楯蛮夷因此复叛，寇掠城邑，遣西园上军别部司马赵瑾讨平之。

到高祖做汉王时，他派夷人回军进攻三秦之地。平定三秦后，高祖就命夷人返回巴地，对于夷人首领罗、朴、督、鄂、度、夕、龚七大家族，高祖免除了他们的赋税，其余人家就每年缴纳赋税，每口人四十钱。他们世世代代以板楯蛮夷为名。阆中有条渝水，那里的百姓大都定居在渝水两岸。板楯蛮夷生性坚强勇敢，起初充当汉军前锋时，屡次攻破敌阵。他们有喜爱歌舞的风俗，高祖欣赏后，说："这是周武王讨伐商纣王时唱的歌。"便命令歌舞艺人们演练，这就是人们所说的"巴渝舞"。于是板楯蛮夷世世代代都顺从朝廷。

到光武帝兴复汉室后，郡守经常率领板椐蛮夷的军队去作战。桓帝时，板楯蛮夷多次反叛，太守蜀郡人赵温用恩德和信义招降了他们。灵帝光和三年（180），巴郡的板楯蛮夷再次反叛，入侵劫掠蜀郡、广汉郡、犍为郡和汉中各郡。灵帝派御史中丞萧瑗统领益州军队前去平叛，连续多年都没能取胜，灵帝计划派大军征讨，于是向益州掌管当地数据的计吏询问，来研究平叛的计划和策略。汉中的上计程包回答说："板楯蛮夷七大氏族，其先祖射杀白虎立下了功，前朝对其有'义人'之称。那里的人天性勇猛，善于作战。从前永初年间，羌人入侵汉川，作乱周边郡县，因得到板楯蛮夷的救援，羌人一败涂地全军覆没，所以把板楯蛮夷称为'神兵'。羌人害怕他们，在族中传言相告，不可再次南征。到建和二年（148），羌人又大举入侵，实在是有赖于板楯蛮夷一次次地将其击败。前任车骑将军冯绲南征武陵郡蛮人时，虽然麾下是丹阳的精锐，也需仰仗板楯蛮夷才得以立下大功。近年益州各郡蛮夷作乱，太守李颙也是率领板楯部队征讨并平叛的。板楯蛮夷为朝廷如此尽忠建功，本没有作恶的想法。而当地大小官吏，征收的代兵役税愈加沉重，对他们的役使和判处的杖刑之严苛，超过了对待奴隶和敌虏，还有的人卖掉妻儿，有的竟至于割颈自尽，百姓们虽向州郡官府陈诉冤情，但州牧、郡守不予上达也不予办理。巴地和朝廷相距遥远，百姓无法让天子听闻自己的惨状。他们心怀哀怨求告苍天，在荒荒山深谷中痛苦地捶胸。因重税和劳役而悲愁受苦，因严刑峻法而困顿受难。因此各村的百姓集合起来，以至于背叛朝廷。并非有主使要自立为王，图谋反叛。如今只需选任廉西南夷者，在蜀郡徼外。有夜郎国，东接交阯，西有滇国，北有邛都国，各立君长。其人皆椎结左衽，邑聚而居，能耕田。其外又有嶲、昆明诸落，西极同师，东北至叶榆，地方数千里。无君长，辫发，随畜迁徙无常。自嶲东北有莋都国，东北有冉駹国，或土著，或随畜迁徙。自冉駹东北有白马国，氐种是也。此三国亦有君长。

夜郎者，初有女子浣于遯水，有三节大竹流入足间，闻其中有号声，剖竹视之，得一男儿，归而养之。及长，有才武，自立为夜郎侯，以竹为姓。武帝元鼎六年，平南夷，为牂柯郡，夜郎侯迎降，天子赐其王印绶。后遂杀之。夷獠咸以竹王非血气所生，甚重之，求为立后。牂柯太守吴霸以闻，天子乃封其三子为侯。死，配食其父。今夜郎县有竹王三郎神是也。

初，楚顷襄王时，遣将庄豪从沅水伐夜郎，军至且兰，椓船于岸而步战。既灭夜郎，因留王滇池。以且兰有椓船牂柯处，乃改其名为牂柯。牂柯地多雨潦，俗好巫鬼禁忌，寡畜生，又无蚕桑，故其郡最贫。句町县有桄桹木，可以为面，百姓资之。公孙述时，大姓龙、傅、尹、董氏，与郡功曹谢暹保境为汉，乃遣使从番禺江奉贡。光武嘉之，并加褒赏。桓帝时，郡人尹珍自以生于荒裔，不知礼义，明贤能的州牧、郡守，板楯蛮夷自会安然归顺，无须烦劳兴兵征讨。”灵帝采纳了程包的进言，于是派太守曹谦宣读诏令赦免板楯蛮夷，他们立刻全部归降。到中平五年（188），巴郡的黄巾军举兵作乱，板楯蛮夷因而再次反叛，入侵劫掠城市都邑，朝廷派西园上军别部司马赵瑾征讨并平定了他们。

西南夷，在蜀郡郡界之外。其地有夜郎国，东边与交阯接壤，西边是滇国，北边是邛都国，他们都各有首领。那里的人穿衣打扮都是发如椎状前襟向左，他们过着集体生活，善于耕作。此外西南夷地区还有巂、昆明各部落，向西直到同师，向东北直到叶榆，领地方圆几千里。这些部落没有首领，人们蓄着发辫，跟着畜群迁移不定。在巂部落的东北方是莋都国，莋都国东北方是冉駹国，那里的人们有的定居一处，有的随畜群迁徙。在冉駹国的东北方是白马国，是氐人的国家。这三个国家也有首领。

夜郎国，起初有位女子正在遯水边洗衣服，一根三节的大竹子漂到她的双脚间，她听到竹节中有大哭的声音，便剖开竹子查看，发现一个男婴，她把婴儿带回家抚养。到长大后，他能文能武，自封为夜郎侯，用“竹”作为自己的姓氏。武帝元鼎六年（前111），朝廷平定南夷，在其地设立牂柯郡，夜郎侯亲迎汉使并归降朝廷，武帝于是将国王的印信和绶带赐给他。后来最终还是处死了夜郎侯。夷獠都认为竹王并非凡人之子，十分敬重他，请求朝廷让他的后代即位。牂柯太守吴霸将情况禀告朝廷，武帝于是将竹王的三个儿子封为侯。儿子去世后，与父亲竹王合祭于祠堂中。如今夜郎县所供奉的竹王三郎神便是他们。

起初，楚顷襄王时，楚王派将领庄豪顺着沅水去讨伐夜郎，进军到且兰时，楚军在岸上钉下木桩系泊船只然后徒步作战。庄豪灭掉夜郎后，便顺势留在滇池称王了。因为且兰是钉下了系泊船只的木桩的地方，于是将此地改名为“牂柯”。牂柯之地多雨多涝，人们以巫术等鬼神之术为习俗，有种种忌讳，他们很少饲养牲畜，而且也不养蚕种桑，因此牂牁是最贫困的郡。句町县出产桄榔树，可以用来磨面，乃从汝南许慎、应奉受经书图纬，学成，还乡里教授，于是南域始有学焉。珍官至荆州刺史。

滇王者，庄蹻之后也。元封二年，武帝平之，以其地为益州郡，割牂柯、越嶲各数县配之。后数年，复并昆明地，皆以属之此郡。有池，周回二百余里，水源深广，而末更浅狭，有似倒流，故谓之滇池。河土平敞，多出鹦鹉、孔雀，有盐池田渔之饶，金银畜产之富。人俗豪忲。居官者皆富及累世。

及王莽政乱，益州郡夷栋蚕、若豆等起兵杀郡守，越嶲姑复夷人大牟亦皆叛，杀略吏人。莽遣宁始将军廉丹，发巴蜀吏人及转兵谷卒徒十余万击之。吏士饥疫，连年不能克而还。以广汉文齐为太守，造起陂池，开通溉灌，垦田二千余顷。率厉兵马，修障塞，降集群夷，甚得其和。及公孙述据益土，齐固守拒险，述拘其妻子，许以封侯，齐遂不降。闻光武即位，乃间道遣使自闻。蜀平，征为镇远将军，封成义侯。于道卒，诏为起祠堂，郡人立庙祀之。

建武十八年，夷渠帅栋蚕与姑复、楪榆、梇栋、连然、滇池、建伶、昆明诸种反叛，杀长吏。益州太守繁胜与战而败，退保朱百姓们把它当做粮食。公孙述割据称帝时，牂柯郡大族龙、傅、尹、董四家，和郡功曹谢暹反对公孙述并为朝廷保卫领地，于是他们派使者顺着番禺江入朝进贡。光武帝称赞了他们，并予以赏赐。桓帝时，牂柯郡人尹珍认为自己出身在这边远之地，因而不懂礼法制度，于是他先后师从汝南人许慎、应奉学习儒家经典和谶纬神学，学成后，回到家乡教学，自此以后南方地区才开始有了学校。尹珍做官做到荆州刺史。

滇王，是庄蹻的后人。元封二年（前109），武帝平定滇国，并在滇国领地上设立了益州郡，还从牂柯、越巂二郡分割出几个县划归到益州郡。几年后，又将昆明之地合并进来，都归于益州郡管辖。滇地有一片湖泊，湖岸全长二百多里，源头水域又深又宽，入河口水域则又浅又窄，湖水如倒流一般，所以称之为滇池。那里河水平静宽阔，土地平坦宽广，盛产鹦鹉、孔雀，有很多盐池、农田和渔场，又有丰富的金银矿藏和畜牧产品。当地风气奢侈。做官的人都世代过着富裕生活。

到王莽篡汉朝政混乱之际，益州郡的夷人栋蚕、若豆等人率众起事杀害郡守，越巂郡锱姑复夷人大牟也一同聚众反叛，杀害并劫掠官吏、百姓。王莽派宁始将军廉丹，征调巴蜀的官吏、百姓和运送军粮的士卒共计十多万人攻打夷人。官兵们又饿又病，一连数年无法取胜而被迫撤退。王莽任命广汉人文齐担任太守，文齐修建水库，引水灌溉，开垦土地二千多顷。他激励麾下部队，在边关筑起要塞，降服并招安了起事夷人，和夷人的关系非常和睦、融洽。到公孙述割据益州时，文齐占据险要之地严防死守，公孙述囚禁了他的妻子孩子，许诺封他为侯，文齐最终也没有投降。文齐听说光武帝即位，便派使者走小道向光武帝通报情况。蜀地平定后，光武帝征召他为镇远将军，封他为成义侯。文齐在入京路上去世，光武帝下诏为他兴建祠堂，于是益州郡的百姓建好了祠堂祭祀他。

建武十八年（42），夷人首领栋蚕纠集姑复、楪榆、梇栋、连然、滇池、建伶、昆明各县夷人反叛，杀害县官。益州太守繁胜与其交战提。十九年，遣武威将军刘尚等发广汉、犍为、蜀郡人及朱提夷，合万三千人击之。尚军遂度泸水，入益州界。群夷闻大兵至，皆弃垒奔走，尚获其羸弱、谷畜。二十年，进兵与栋蚕等连战数月，皆破之。明年正月，追至不韦，斩栋蚕帅，凡首虏七千余人，得生口五千七百人，马三千疋，牛羊三万余头，诸夷悉平。

肃宗元和中，蜀郡王追为太守，政化尤异，有神马四匹出滇池河中，甘露降，白乌见，始兴起学校，渐迁其俗。灵帝熹平五年，诸夷反叛，执太守雍陟。遣御史中丞朱龟讨之，不能克。朝议以为郡在边外，蛮夷喜叛，劳师远役，不如弃之。太尉掾巴郡李颙建策讨伐，乃拜颙益州太守，与刺史庞芝发板楯蛮击破平之，还得雍陟。颙卒后，夷人复叛，以广汉景毅为太守，讨定之。毅初到郡，米斛万钱，渐以仁恩，少年间，米至数十云。

哀牢夷者，其先有妇人名沙壹，居于牢山。尝捕鱼水中，触沉木若有感，因怀妊，十月，产子男十人。后沉木化为龙，出水上。沙壹忽闻龙语曰："若为我生子，今悉何在？"九子见龙惊走，独小子不能去，背龙而坐，龙因舐之。其母鸟语，谓背为九，谓坐为隆，因名子曰九隆。及后长大，诸兄以九隆能为父所舐而黠，遂共推以为王。后牢山下有一夫一妇，复生十女子，九隆兄弟皆娶以为妻，后渐相滋长。种人皆刻画其身，象龙文，衣皆着尾。九隆死，世世相继。乃分置小王，往往邑居，散在溪谷。绝域荒外，山川阻深，生人以来，未尝交通中国。

却没能取胜，便退守朱提县。建武十九年，朝廷派武威将军刘尚等人征调广汉、犍为、蜀郡三郡部队和朱提县夷兵，共计一万三千人讨伐叛贼。刘尚军就渡过泸水，进入益州郡内。各族夷人听说大军来到，都放弃堡垒逃跑了，刘尚俘虏了瘦弱的夷人，缴获了粮食和牲畜。建武二十年，刘尚进军和栋蚕的部队一连激战数月之久，并将叛贼全部击败。第二年正月，官军追击到不韦县，斩杀了栋蚕，并斩首夷人七千多，生擒五千七百人，缴获马三千匹，牛羊三万多头，各部夷人全部平定。

章帝元和年间，蜀郡人王追担任益州郡太守，政治和教化尤为优异，有四匹神马出现在滇池县的水中，更有天降甘霖，白乌现身，王追便开始兴建学校，逐渐改善了益州风俗。灵帝熹平五年（176），益州郡各族夷人反叛，俘获了太守雍陟。朝廷派御史中丞朱龟前往平叛，没能取胜。在朝中商议的文武百官认为益州郡地处边远，又有容易反叛的蛮夷，与其让军队劳顿派去远方打仗，不如放弃益州。太尉府辅佐官巴郡人李颙定计征讨，于是朝廷拜授李颙为益州太守，他同益州刺史庞芝征调了板楯蛮人打败平定了各族夷人，并救回雍陟。李颙去世后，夷人再次反叛，朝廷任命广汉人景毅担任益州太守，他讨伐并平定了叛乱。景毅刚到益州时，米价是一斛一万钱，景毅渐渐地以仁慈和恩德改善治理，没过几年，米价便降到了几十钱。

关于哀牢夷人，起初有位名叫沙壹的女子，住在牢山。从前她在水中捕鱼，碰到沉没的树木后好像有了感应，因此便有了身孕，十个月后，生下十个儿子。后来沉没的树木变成了龙，现身于水面之上。沙壹忽然听到龙对她说："你为我生了儿子，现在他们都在哪儿呢？"见到龙后九个儿子都惊慌地逃跑，惟独最小的儿子因为不会走而无法离开，他陪着龙坐着，龙便舔了舔他。沙壹说话像鸟叫一样难懂，她把"陪"说成"九"，把"坐"说成"隆"，于是给小儿子取名叫九隆。到后来九隆长大成人，哥哥们认为九隆被父亲舔过所以聪明，便一起拥立他做国王。后来牢山脚下的一对夫妻，他们又生下十个女孩，兄弟十人把她们都娶来做妻子，他们繁衍生息渐渐人丁兴旺。哀建武二十三年，其王贤栗遣兵乘箄船，南下江、汉，击附塞夷鹿茤。鹿茤人弱，为所禽获。于是震雷疾雨，南风飘起，水为逆流，翻涌二百余里，箄船沉没，哀牢之众，溺死数千人。贤栗复遣其六王将万人以攻鹿茤，鹿茤王与战，杀其六王。哀牢耆老共埋六王，夜虎复出其尸而食之，余众惊怖引去。贤栗惶恐，谓其耆老曰："我曹入边塞，自古有之，今攻鹿茤，辄被天诛，中国其有圣帝乎？天祐助之，何其明也！"二十七年，贤栗等遂率种人户二千七百七十，口万七千六百五十九，诣越嶲太守郑鸿降，求内属，光武封贤栗等为君长。自是岁来朝贡。

永平十二年，哀牢王柳貌遣子率种人内属，其称邑王者七十七人，户五万一千八百九十，口五十五万三千七百一十一。西南去洛阳七千里，显宗以其地置哀牢、博南二县，割益州郡西部都尉所领六县，合为永昌郡。始通博南山，度兰仓水，行者苦之。歌曰："汉德广，开不宾。度博南，越兰津。度兰仓，为它人。"

哀牢人皆穿鼻儋耳，其渠帅自谓王者，耳皆下肩三寸，庶人则至肩而已。土地沃美，宜五谷、蚕桑。知染采文绣，罽毲帛叠，兰干细布，织成文章如绫锦。有梧桐木华，绩以为布，幅广五尺，絜白牢族人都纹身，描绘着龙的图案，衣服上都设计出尾巴的样式。九隆死后，家族代代相传。族人们于是分别设立小首领，人们常常聚居生活，城邑散步在溪边和山谷。哀牢人居住在人迹罕至的偏远之地，山川幽深道路阻隔，自从哀牢人发源于此地，他们都未曾和中原有过往来。

建武二十三年，哀牢王贤栗派军队乘竹筏，南下至长江、汉水地区，攻打靠近汉朝边塞的鹿茤夷人。鹿茤人实力弱小，因此被哀牢人俘获。当此之时忽起惊雷骤雨，南风大作，江水倒流，波涛汹涌的江水绵延两千多里，淹没了哀牢人的竹筏，哀牢人的军队，几千人溺水身亡。贤栗又派六名首领率一万人攻打鹿茤，鹿茤王和哀牢人激战，杀了这六名首领。哀牢国德高望重的老人们一起埋葬了六位首领，可是夜里老虎又将他们的尸身挖出来吃掉，哀牢的残余部队大为惊恐引兵撤退。贤栗很害怕，对长老们说："我们攻打中国边塞，这是自古以来的传统，如今攻打鹿茤，却总遭上天惩罚，中原难道出了位圣明的帝王吗？上天在保佑和帮助中国，这是很明显的事呀！"建武二十七年，贤栗等人率领族人二千七百七十户，人口共计一万七千六百五十九，来到越嶲太守郑鸿这里向朝廷投降，请求归顺，光武帝将贤栗等人封为首领。自此以后哀牢人每年都入朝进贡。

永平十二年（69），哀牢王柳貌派儿子率领族人归顺朝廷，全族有邑王称号的是七十七人，居民有五万一千八百九十户，人口共计五十五万三千七百一十一。哀牢国西南部距洛阳有七千里，明帝在他们的领地上设立哀牢、博南两个县，与从益州郡西部都尉辖地划出的六个县合并在一起，设立为永昌郡。当初开通了博南山山路，建好澜沧江渡口时，行路人为其所苦。歌谣说："汉朝恩德多深广，未服之地终开拓。登博南道翻高山，辟兰津渡越洪波。渡过汹涌澜沧江，便成异地他乡客。"

哀牢人都鼻子穿孔，耳朵下垂，那些自称为王的部落首领们，耳朵都垂到了肩下三寸的地方，百姓们的耳朵不过垂到肩部而已。哀牢土地肥沃，适合播种五谷和养蚕种桑。他们懂得给织物染色、刺绣不受垢污。先以覆亡人，然后服之。其竹节相去一丈，名曰濮竹。出铜、铁、铅、锡、金、银、光珠、虎魄、水精、琉璃、轲虫、蚌珠、孔雀、翡翠、犀、象、猩猩、貊兽。云南县有神鹿两头，能食毒草。

先是，西部都尉广汉郑纯为政清絜，化行夷貊，君长感慕，皆献土珍，颂德美。天子嘉之，即以为永昌太守。纯与哀牢夷人约，邑豪岁输布贯头衣二领，盐一斛，以为常赋，夷俗安之。纯自为都尉、太守，十年卒官。建初元年，哀牢王类牢与守令忿争，遂杀守令而反叛，攻嶲唐城。太守王寻奔楪榆。哀牢三千余人攻博南，燔烧民舍。肃宗募发越嶲、益州、永昌夷汉九千人讨之。明年春，邪龙县昆明夷卤承等应募，率种人与诸郡兵击类牢于博南，大破斩之。传首洛阳，赐卤承帛万匹，封为破虏傍邑侯。

永元六年，郡徼外敦忍乙王莫延慕义，遣使译献犀牛、大象。九年，徼外蛮及掸国王雍由调遣重译奉国珍宝，和帝赐金印紫绶，小君长皆加印绶、钱帛。

永初元年，徼外僬侥种夷陆类等三千余口举种内附，献象牙、水牛、封牛。永宁元年，掸国王雍由调复遣使者诣阙朝贺，献乐及幻人，能变化吐火，自支解，易牛马头。又善跳丸，数乃至千。自言我海西人。海西即大秦也，掸国西南通大秦。明年元会，安帝作乐于庭，封雍由调为汉大都尉，赐印绶、金银、彩缯各有差也。

的技术，不论是毛毯、毛毡、棉纱织物，还是兰干布和细密的棉布，他们都能为其编织出各色花纹就像纤薄艳丽的丝织品一般。当地有一种花中生白毛的梧桐树，花毛可以纺织成布，宽五尺，又洁白又耐脏。先把它盖在死者身上，而后制成寿衣为死者穿上。哀牢地区的竹子竹节有一丈长，名叫濮竹。那里出产铜、铁、铅、锡、金、银、光珠、琥珀、水晶、琉璃、海贝、珍珠、孔雀、翡翠、犀牛、大象、猩猩、貊兽。云南县有双头神鹿，能吃有毒的植物。

从前，永昌郡西部都尉广汉人郑纯为官清廉，他在夷人当中推行教化，首领们对他既感动又仰慕，都献上土产和珍宝，称颂他品德高尚。明帝为了嘉奖郑纯，便任命他为永昌太守。郑纯同哀牢夷人约定，部族豪族每年缴纳两件布制贯头衣、一斛盐，作为固定的租税，夷人对此心满意足。郑纯从都尉做到太守，为官十年逝于任内。建初元年，哀牢王类牢因愤怒而与县令起了争执，就杀了县令起兵造反，攻打嶲唐城。益州太守王寻逃到楪榆县。哀牢叛军三千多人又攻打博南县，烧毁民房。章帝从越嶲、益州、永昌三郡征调了九千名夷人和汉人前去征讨。第二年春天，邪龙县的昆明族卤承等人响应招募，率领本族军队与各郡军队合兵攻打在博南的类牢，最终大败叛军并斩杀了类牢。他们将类牢的首级献到洛阳，章帝赐给卤承一万匹布帛，封他为破虏傍邑侯。

永元六年（94），永昌郡郡界外的敦忍乙王莫延仰慕朝廷的仁义，派懂汉文的使者献上犀牛和大象。永元九年，郡界外的蛮人和掸国国君雍由调派遣使者经过多次转译献来国内的珍宝，和帝将金印信和紫绶带赐给雍由调，小首领们也都获赐印信绶带和金钱布帛。

永初元年，域外的僬侥夷人陆类率领整个部族三千多人归顺朝廷，他们献来象牙、水牛、封牛。永宁元年（120），掸国国君雍由调又派使者入朝祝贺，献上乐曲和魔术艺人，他们能变化身体口喷火焰，肢解自己的身体，交换牛马的脑袋。他们还擅长杂耍抛接球，抛接次数竟能上千。他们自称是海西人。海西就是大秦，掸国西南通往邛都夷者，武帝所开，以为邛都县。无几而地陷为汙泽，因名为邛池，南人以为邛河。后复反叛。元鼎六年，汉兵自越嶲水伐之，以为越嶲郡。其土地平原，有稻田。青蛉县禺同山有碧鸡金马，光景时时出见。俗多游荡，而喜讴歌，略与牂柯相类。豪帅放纵，难得制御。

王莽时，郡守枚根调邛人长贵，以为军候。更始二年，长贵率种人攻杀枚根，自立为邛谷王，领太守事。又降于公孙述。述败，光武封长贵为邛谷王。建武十四年，长贵遣使上三年计，天子即授越嶲太守印绶。十九年，武威将军刘尚击益州夷，路由越嶲。长贵闻之，疑尚既定南边，威法必行，己不得自放纵，即聚兵起营台，招呼诸君长，多酿毒酒，欲先以劳军，因袭击尚。尚知其谋，即分兵先据邛都，遂掩长贵诛之，徙其家属于成都。

永平元年，姑复夷复叛，益州刺史发兵讨破之，斩其渠帅，传首京师。后太守巴郡张翕，政化清平，得夷人和。在郡十七年，卒，夷人爱慕，如丧父母。苏祈叟二百余人，赍牛羊送丧，至翕本县安汉，起坟祭祀。诏书嘉美，为立祠堂。

安帝元初三年，郡徼外夷大羊等八种，户三万一千，口十六万七千六百二十，慕义内属。时郡县赋敛烦数，五年，卷夷大大秦。第二年元旦君臣朝会时，安帝在宫中举办音乐表演，将雍由调封为汉大都尉，赐给他数目不一的印信、绶带、金银、彩绢。

邛都夷，是武帝所开拓的地区，武帝将此地设为邛都县。没过多久那里地面下陷变成了一片湖泊，因此称其为邛池，南方人称其为邛河。后来邛都夷人再次反叛。元鼎六年，汉兵渡过嶲水镇压了邛都夷，并将其地设立为越嶲郡。那里土地平坦，能开垦稻田。青蛉县的禺同山上有碧鸡神和金马神，它们的神迹经常出现。邛都夷人有漫游的风俗习惯，而且喜欢唱歌，习俗大致类似于牂柯人。邛都夷的首领任性不羁，难以控制。

王莽时，越嶲太守枚根提拔邛都夷人长贵，让他担任曲的军候。更始二年（24），长贵率领族人起兵杀害了枚根，自立为邛谷王，篡夺太守职权。之后又投降公孙述。公孙述败亡后，光武帝将长贵封为邛谷王。建武十四年（38），长贵派使者向朝廷呈上三年的计簿，光武帝随即授予长贵越嶲太守的印信和绶带。建武十九年，武威将军刘尚受命讨伐益州的叛乱夷人，途径越嶲郡。长贵得知此事，怀疑刘尚平定南方后，一定会推行严厉的法令，自己便无法肆意妄为，于是他调集兵马筑起营垒和瞭望台，纠集各部夷人首领，并酿制大量毒酒，企图先献毒酒慰劳汉军，之后趁机袭击刘尚。刘尚知道了长贵的阴谋，随即分派兵力先占邛都，然后趁其不备突袭长贵并杀了他，将他的家人迁移到成都。

永平元年（58），姑复县夷人再次反叛，益州刺史派军队讨伐并击败了他们，斩了他们的首领，将首级献至京师。后来越嶲太守是巴郡人张翕，他的执政与教化清廉公正，争取到了夷人的和睦相处。张翕做太守十七年，去世时，爱戴仰慕他的夷人们，好像父母去世一样。苏祈县来了二百多位老人，他们带上牛羊为张翕送殡，一直送到张翕的故乡安汉县，人们为张翕修建坟墓并祭祀他。明帝下诏书称赞张翕，为他修建祠堂。

安帝元初三年（116），越嶲郡郡界外的夷人大羊等八个部族，共三万一千户，十六万七千六百二十口人，仰慕仁义而归顺朝廷。当时牛种封离等反畔，杀遂久令。明年，永昌、益州及蜀郡夷皆叛应之，众遂十余万，破坏二十余县，杀长吏，燔烧邑郭，剽略百姓，骸骨委积，千里无人。诏益州刺史张乔选堪能从事讨之。乔乃遣从事杨竦将兵至楪榆击之，贼盛未敢进，先以诏书告示三郡，密征求武士，重其购赏。乃进军与封离等战，大破之，斩首三万余级，获生口千五百人，资财四千余万，悉以赏军士。封离等惶怖，斩其同谋渠帅，诣竦乞降，竦厚加慰纳。其余三十六种皆来降附。竦因奏长吏奸猾侵犯蛮夷者九十人，皆减死。州中论功未及上，会竦病创卒，张乔深痛惜之，乃刻石勒铭，图画其像。天子以张翕有遗爱，乃拜其子湍为太守。夷人欢喜，奉迎道路。曰："郎君仪貌类我府君。"后湍颇失其心，有欲叛者，诸夷耆老相晓语曰："当为先府君故。"遂以得安。后顺桓间，广汉冯颢为太守，政化尤多异迹云。

莋都夷者，武帝所开，以为莋都县。其人皆被发左衽，言语多好譬类，居处略与汶山夷同。土出长年神药，仙人山图所居焉。元鼎六年，以为沈黎郡。至天汉四年，并蜀为西部，置两都尉，一居旄牛，主徼外夷；一居青衣，主汉人。

永平中，益州刺史梁国朱辅，好立功名，慷慨有大略。在州数岁，宣示汉德，威怀远夷。自汶山以西，前世所不至，正朔所未加。

的郡县政府频繁征税，元初五年，卷夷大牛种部族的封离等人叛汉，杀害了遂久县令。第二年，永昌、益州和蜀郡三郡的夷人全都响应封离发动叛乱，部众竟达十多万，贼军作乱二十多个县，杀害县令，烧毁城邑，抢劫百姓，受害者尸骨成堆，千里之内杳无人烟。安帝下诏书命益州刺史张乔从州从事中选任得力干将征讨夷人。张乔于是派从事杨竦领兵到楪榆县进攻贼军，但贼军声势正盛，杨竦没敢进军，他先将诏令招贴于三郡各地，秘密地招募勇士，悬以重赏。之后杨竦才进军和封离等人交战，最终大败封离，斩杀三万多人，生擒一千五百人，缴获的钱财四千多万，全都用来奖赏士卒。封离等人惊恐不安，便火并了同伙的首领，到杨竦处乞求投降，杨竦以宽厚待之安抚并招纳了他。最终，另外的三十六个部族也都前来归顺。于是杨竦就上奏将奸诈狡猾并且欺压蛮夷的九十个官员上报朝廷，朝廷将其全部判处死罪免死之刑。益州政府评定功绩还没来得及上报朝廷，不巧杨竦却因伤殉职，张乔深感痛惜，于是将杨竦的功绩刻于石上，并绘制杨竦画像以示表彰。因为张翕的仁德为夷人所怀念，安帝就任命他的儿子张湍担任越嶲太守。夷人们很高兴，在路上恭迎张湍，他们说："您的相貌和我们老太守真像啊。"张湍后来很不得人心，有的夷人想造反，各族长老开导他们说："就当看在老太守的份上吧。"于是因此民心得以安宁。后来在顺帝、桓帝年间，广汉人冯颢担任越嶲太守，他的政绩和教化尤为优异。

莋都夷，是武帝所开拓的地区，武帝将此地设为莋都县。那里的人都披散头发前襟向左，他们说话大多爱用比喻，居住环境和汶山郡夷人较为相像。莋都之地出产一种延年益寿的草药，仙人山图就住在那里。元鼎六年，朝廷将此地设为沈黎郡。到天汉四年（前97），朝廷将沈黎郡并入蜀郡作为其西部地区，并设置两名都尉，一名驻地在旄牛县，管辖郡界外的夷人，一名驻地在青衣县，管辖汉人。

明帝永平年间，任益州刺史的是梁国人朱辅，他喜欢建立功名，正气昂扬，深谋远虑。在职多年，他宣扬汉朝恩德，以其威信招抚白狼、槃木、唐菆等百余国，户百三十余万，口六百万以上，举种奉贡，称为臣仆。辅上疏曰："臣闻《诗》云：'彼徂者岐，有夷之行。'传曰：'岐道虽僻，而人不远。'诗人诵咏，以为符验。今白狼王唐菆等慕化归义，作诗三章。路经邛来大山零高坂，峭危峻险，百倍岐道。襁负老幼，若归慈母。远夷之语，辞意难正。草木异种，鸟兽殊类。有犍为郡掾田恭与之习狎，颇晓其言，臣辄令讯其风俗，译其辞语。今遣从事史李陵与恭护送诣阙，并上其乐诗。昔在圣帝，舞四夷之乐；今之所上，庶备其一。"帝嘉之，事下史官，录其歌焉。

《远夷乐德歌诗》曰：

大汉是治，堤官隗构。与天合意。魏冒逾糟。吏译平端，罔驿刘脾。不从我来。旁莫支留。闻风向化，征衣随旅。所见奇异。知唐桑艾。多赐缯布，邪毗䋺𦁏。甘美酒食。推潭仆远。昌乐肉飞，拓拒苏便。屈申悉备。局后仍离。蛮夷贫薄，偻让龙洞。无所报嗣。莫支度由。愿主长寿，阳雒僧鳞。子孙昌炽。莫穉角存。

《远夷慕德歌诗》曰：

蛮夷所处，偻让皮尼。日入之部。且交陵悟。慕义向化，绳动随旅。归日出主。路旦拣雒。圣德深恩，圣德渡诺。与人富厚。魏菌度洗。冬多霜雪，综邪流藩。夏多和雨。莋邪寻螺。寒温时适，藐浔泸漓。部人多有。菌补邪推。涉危历险，辟危归险。不远万里。莫受万柳。去俗归德，术叠附德。心归慈母。仍路孳摸。

了远方的夷人。汶山以西的地区，历来没有人去过，中原的历法也从未在那里推行。在那里的白狼、槃木、唐菆等一百多个国家，共有一百三十多万户家庭，人口六百万以上，他们全族人向朝廷进贡，自称为臣仆。朱辅上奏疏说："臣下听闻《诗经》说：'百姓投奔岐山来，岐山道路多平坦。'传说：'赴岐道路虽偏僻，民心所向不觉远。'诗人所吟咏的历史，我认为得到了验证。如今白狼王唐菆等人因仰慕中原教化而归附仁义之朝，并作诗三首献上。途中他们翻过邛来大山的零高坡，那山路陡峭险峻，比去岐山的道路艰险百倍。他们背着老人和婴儿远赴中国，如同孩子回到慈母身边。远方夷人的语言，意思难以核实。植物、鸟兽的种类，也与中原相异。犍为郡的掾吏田恭和他们很亲近，通晓他们的语言，臣下便命他询问那里的风俗，翻译他们的语言。现在臣下派从事史李陵和田恭护送他们入朝，并献上他们可以配乐歌唱的诗歌。上古圣明帝王之时，人们欣赏四方夷人的配乐舞蹈；现在所献上的，或许算得上其中之一。"皇帝称赞了夷人的诗歌，命史官记载夷人入朝之事，并记录下他们的诗歌。

《远夷乐德歌诗》说：

大汉安宁天下平，君权神授合天意。上国使臣心公正，虽是异族不慢待。听闻此事来归附，满眼所见皆称奇。丝绸布匹赏赐多，好酒好菜恣意食。音乐婉转绕梁飞，进退礼仪皆完备。化外之民不富足，无以为报心羞耻。惟愿天子寿无疆，子孙万代终不止。（编者注：原文小字为李贤所注用汉字表示夷人歌诗的发音。原文下同。）

《远夷慕德歌诗》说：

蛮夷家乡在何方，在那红日落山处。仰慕仁义和教化，归附明主日升处。圣明天子恩德广，予以赏赐甚丰厚。纷纷扬扬之冬雪，飘飘洒洒之夏雨。寒暑变化正适时，人丁兴旺不用愁。踏平坎坷历艰险，万里跋涉归汉地。荡涤旧俗顺德政，恰似游子见慈母。

《远夷怀德歌》曰：

荒服之外，荒服之仪。土地墝埆。犁籍怜怜。食肉衣皮，阻苏邪犁。不见盐谷。莫砀粗沐。吏译传风，罔译传微。大汉安乐。是汉夜拒。携负归仁，踪优路仁。触冒险陕。雷折险陇。高山岐峻，伦狼藏幢。缘崖磻石。扶路侧禄。木薄发家，息落服淫。百宿到洛。理历髭雒。父子同赐，捕茝菌毗。怀抱匹帛。怀稿匹漏。传告种人，传室呼敕。长愿臣仆。陵阳臣仆。

肃宗初，辅坐事免。是时郡尉府舍皆有雕饰，画山神海灵奇禽异兽，以眩燿之，夷人益畏惮焉。和帝永元十二年，旄牛徼外白狼、楼薄蛮夷王唐缯等，遂率种人十七万口，归义内属。诏赐金印紫绶，小豪钱帛各有差。

安帝永初元年，蜀郡三襄种夷与徼外汙衍种并兵三千余人反叛，攻蚕陵城，杀长吏。二年，青衣道夷邑长令田，与徼外三种夷三十一万口，赍黄金、旄牛毦，举土内属。安帝增令田爵号为奉通邑君。延光二年春，旄牛夷叛，攻零关，杀长吏，益州刺史张乔与西部都尉击破之。于是分置蜀郡属国都尉，领四县如太守。桓帝永寿二年，蜀郡夷叛，杀略吏民。延熹二年，蜀郡三襄夷寇蚕陵，杀长吏。四年，犍为属国夷寇郡界，益州刺史山昱击破之，斩首千四百级，余皆解散。灵帝时，以蜀郡属国为汉嘉郡。

冉駹夷者，武帝所开，元鼎六年，以为汶山郡。至地节三年，夷人以立郡赋重，宣帝乃省并蜀郡为北部都尉。其山有六夷七羌九氏，各有部落。其王侯颇知文书，而法严重。贵妇人，党母族。死则烧其尸。土气多寒，在盛夏冰犹不释，故夷人冬则避寒，入蜀为佣，夏则违暑，反其众邑，皆依山居止，累石为室，高者至十余丈，

《远夷怀德歌》说：

远离京畿荒服外，土地贫瘠生计难。主食为肉衣为皮，不种五谷不制盐。使臣传播汉风习，安康快乐实可羡。扶老携幼归仁德，不畏坎坷历艰险。山势陡峭路崎岖，登罢悬崖攀山岩。草木零落离故乡，及至洛阳已百天。父亲儿子同受赏，怀抱布匹和丝绢。传话通告全族人，长做汉臣是心愿。

章帝初年，朱辅因事获罪而遭罢免。当时的都尉府邸都有雕刻装饰，雕出山海神灵、珍奇鸟兽的样子，以此向夷人炫耀，夷人更害怕了。和帝永元十二年(100)，旄牛县县界外白狼、楼薄部族的国王唐缯等人，率领全族十七万人，心向仁义而归附朝廷。和帝下诏赐给唐缯金印信和紫绶带，赐给小首领的金钱布帛数目不一。

安帝永初元年，蜀郡三襄族夷人纠集边境外的汙衍族共三千多人发动叛乱，他们攻打蚕陵县，杀害县令。永初二年，青衣驿道夷人的乡邑长官令田，率领族人与边境外的三族夷人共计三十一万，携带黄金、牦牛毛的饰品，并献上全部领地归附朝廷。安帝将令田的官爵升为奉通邑君。安帝延光二年(123)春，旄牛县夷人反叛，他们攻打零关县，杀害县令，益州刺史张乔与蜀郡西部都尉击败了旄牛夷。于是在蜀郡又另外设置了蜀郡属国都尉，治下四个县，职权相当于太守。桓帝永寿二年(156)，蜀郡夷人反叛，杀害劫掠官吏百姓。延熹二年(159)，蜀郡三襄族夷入侵蚕陵县，杀害县令。延熹四年，犍为郡属国的夷人入侵犍为郡，益州刺史山昱镇压了他们，对一千四百人处以斩首，残余贼众全部散伙。灵帝时，将蜀郡属国改设为汉嘉郡。

冉駹夷，是武帝所开拓的地区。元鼎六年，朝廷将此地设为汶山郡。到地节三年(66)，夷人认为设为郡后租税负担太重，宣帝于是将汶山郡并入蜀郡并设北部都尉管辖。那里的山区有六族夷人、七族羌人、九族氐人，他们各有本族部落。他们的王侯很有学问，但制定的法度很严苛。他们敬重妇女，以母亲为家族核心。他们为为邛笼。又土地刚卤，不生谷粟麻菽，唯以麦为资，而宜畜牧。有旄牛，无角，一名童牛，肉重千斤，毛可为毦。出名马。有灵羊，可疗毒。又有食药鹿，鹿麑有胎者，其肠中粪亦疗毒疾。又有五角羊、麝香、轻毛毼鸡、牲牲。其人能作旄毡、班罽、青顿、毞毲、羊羧之属。特多杂药。地有咸土，煮以为盐。麡羊牛马，食之皆肥。

其西又有三河、槃于虏，北有黄石、北地、卢水胡，其表乃为徼外。灵帝时，复分蜀郡北部为汶山郡云。

白马氐者，武帝元鼎六年开，分广汉西部，合以为武都。土地险阻，有麻田，出名马、牛、羊、漆、蜜。氐人勇戆抵冒，贪货死利。居于河池，一名仇池，方百顷，四面斗绝。数为边寇，郡县讨之，则依固自守。元封三年，氐人反叛，遣兵破之，分徙酒泉郡。昭帝元凤元年，氐人复叛，遣执金吾马適建、龙頟侯韩增、大鸿胪田广明，将三辅、太常徒讨破之。

及王莽篡乱，氐人亦叛。建武初，氐人悉附陇蜀。及隗嚣灭，其酋豪乃背公孙述降汉，陇西太守马援上复其王侯君长，赐以印绶。后嚣族人隗茂反，杀武都太守。氐人大豪齐锺留为种类所敬信，威服诸豪，与郡丞孔奋击茂，破斩之。后亦时为寇盗，郡县讨破之。

死者举行火葬。那里的气候常年寒冷，到盛夏之时冰雪仍不消融，所以一到冬季，夷人为了避寒就到蜀郡做佣人，到了夏季，就回本村避暑。他们都靠山而居，房屋用石头筑成，有的房屋高达十多丈，称为“邛笼”。土地既坚硬又含盐，谷、粟、麻、豆难以生长，只有麦子可作粮食，但却适合畜养和放牧。那里出产牦牛，没有角，又名童牛，重达千斤，毛可以做成毛毡和饰品。也出产好马。也出产羚羊，有解毒功效。还有一种食药鹿，怀胎之时，其肠内粪便也可解毒。还出产五角羊、麝香、轻毛毼鸡、牲牲。那里的人擅长制作牦牛毛毡、彩色毛毯、青顿、兽毛布、羊毛织物之类的毛织品。那里尤为多产各类药材。当地有一种咸土，可以煮来制盐，那里的麢、羊、牛、马都喂养得很肥壮。

冉駹的西边还有三河族、槃于族，北边有黄石族、北地族、卢水族，出了冉駹就是境外了。灵帝年间，又将冉駹从蜀郡北部分出来重设为汶山郡。

白马氐，是武帝在元鼎六年所开拓的地区，朝廷分出广汉郡西部，与白马地区合并起来设为武都郡。这里地势险要难以通行，人们开垦了麻田，此地出产好马、牛、羊、漆树、蜂蜜。氐人勇猛愚直，粗鲁冒失，贪图钱财，为利而死。他们生活在河池地区，此地又名仇池，方圆一百顷，四面山势陡峭险峻。氐人常常入侵边境，郡县征讨他们，他们就据险固守。元封三年（前108），氐人反叛，朝廷发兵击败了他们，并将部分氐人迁移到酒泉郡。昭帝元凤元年（前80），氐人再次反叛，朝廷派执金吾马適建、龙頟侯韩增、大鸿胪田广明，率领三辅地区和太常所属的囚犯击败了氐人。

到王莽篡汉朝政混乱时，氐人也反叛。光武帝建武初年，氐人全部归附了陇西和蜀地的割据势力。到隗嚣败亡后，氐人的首领才背弃公孙述转投汉朝。陇西太守马援上奏请求恢复氐人首领的身份，朝廷于是赐给他们印信和绶带。后来隗嚣的同族人隗茂反叛，杀害武都郡太守。氐人的大首领齐锺留为各部族所敬重信赖，各部首领都服从于他的权势，他同武都郡丞孔奋合力讨伐隗茂，击败并处死了论曰："汉氏征伐戎狄，有事边远，盖亦与王业而终始矣。至于倾没疆垂，丧师败将者，不出时岁，卒能开四夷之境，款殊俗之附。若乃文约之所沾渐，风声之所周流，几将日所出入处也。著自山经、水志者，亦略及焉。虽服叛难常，威泽时旷，及其化行，则缓耳雕脚之伦，兽居鸟语之类，莫不举种尽落，回面而请吏，陵海越障，累译以内属焉。故其录名中郎、校尉之署，编数都护、部守之曹，动以数百万计。若乃藏山隐海之灵物，沉沙栖陆之玮宝，莫不呈表怪丽，雕被宫幄焉。又其賨幏火毳驯禽封兽之赋，軨积于内府；夷歌巴舞殊音异节之技，列倡于外门。岂柔服之道，必足于斯？然亦云致远者矣。蛮夷虽附阻岩谷，而类有土居，连涉荆、交之区，布护巴、庸之外，不可量极。然其凶勇狡算，薄于羌狄，故陵暴之害，不能深也。西南之徼，尤为劣焉。故关守永昌，肇自远离，启土立人，至今成都焉。"

赞曰："百蛮蠢居，仞彼方徼。镂体卉衣，凭深阻峭。亦有别夷，屯彼蜀表。参差聚落，纡余岐道。往化既孚，改襟输宝。俾建永昌，同编亿兆。"

隗茂。后来齐锺留也时常入侵劫掠，最终为郡县所镇压。

评论说："汉朝对西北方戎狄的征讨，和在边疆地区的军事行动，大致也伴随了汉朝的兴衰。有时会落到领土沦陷、损兵折将的境地，但不过多久，终究能开辟四方夷人的土地，迎来异俗之民的归附。至于朝廷的文书和盟约所到达之处，教化和威名所流传之地，几乎遍及了从日出到日落的各个地区。以山经、水志为首的书籍，也粗略地涉及了这些地方的情况。虽然夷人时而归附时而反叛反复不定，虽然朝廷声威恩泽的影响也经常中断，然而一旦教化推行，不论是长耳垂肩脚刺花纹的部落，还是穴居山洞语言难懂的种族，无一不全族归顺，改变态度愿意归服，他们越过大海高山的阻隔，通过多次转译请求归附朝廷。所以他们的姓名登记在了中郎和校尉的官署中，户口编入了都护和郡守的部门下，归顺人口常常多达几百万。至于藏在深山、没于海底的珍品，埋在沙中、栖于陆地的宝藏，无不将其奇异瑰丽呈现世间，装饰在宫廷帷幔中。夷人们还将賨布、石棉布、驯服的飞禽和巨大的走兽之类的贡品装在车上，运送到朝廷府库储藏；献上夷人乐歌、巴人舞蹈之类的声音节奏异于中原的艺术，艺人们列队于宫廷门外。难道仅以安抚归顺者的方法，就必定足以使夷人顺服了吗？但是也确实可以说是招致了远方的种族归顺。蛮夷虽然托身于高山溪谷，但大多定居于某地，他们的村邑接连坐落在荆州、交州地区，遍布在巴地、庸地境外，聚居点不可胜数。但夷人凶恶狡猾的程度，逊于西羌和北狄，因此他们入侵作乱的危害，不会特别严重。西南边境外的夷人，势力尤其弱小。因此能招降夷人归顺并设永昌郡管辖，始于击退他们的侵略行径，朝廷开拓疆土使百姓安居此地，到如今已发展出了城邑。"

赞辞说："各族蛮夷小群聚居，遍布边疆数量不少。身刺花纹草服蔽体，依托深山峭壁阻道。另外亦有蛮夷部族，聚居在那蜀外之遥。各个部落四散分布，蜿蜒曲折赴岐之道。昔日教化为夷所服，移风易俗进献珍宝，把永昌郡设立于此，万亿华夷同属汉朝。"

卷一百十七

西羌列传第七十七

西羌之本，出自三苗，姜姓之别也。其国近南岳。及舜流四凶，徙之三危，河关之西南羌地是也。滨于赐支，至乎河首，绵地千里。赐支者，《禹贡》所谓析支者也。南接蜀、汉徼外蛮夷，西北鄯善、车师诸国。所居无常，依随水草。地少五谷，以产牧为业。其俗氏族无定，或以父名母姓为种号。十二世后，相与婚姻，父没则妻后母，兄亡则纳釐嫂，故国无鳏寡，种类繁炽。不立君臣，无相长一，强则分种为酋豪，弱则为人附落，更相抄暴，以力为雄。杀人偿死，无它禁令。其兵长在山谷，短于平地，不能持久，而果于触突，以战死为吉利，病终为不祥。堪耐寒苦，同之禽兽。虽妇人产子，亦不避风雪。性坚刚勇猛，得西方金行之气焉。

王政修则宾服，德教失则寇乱。昔夏后氏太康失国，四夷背叛。及后相即位，乃征畎夷，七年然后来宾。至于后泄，始加爵命，由是服从。后桀之乱，畎夷入居邠岐之间，成汤既兴，伐而攘之。及殷室中衰，诸夷皆叛。至于武丁，征西戎、鬼方，三年乃克。故其诗曰："自彼氐羌，莫敢不来王。"

西羌的祖先，源出于古代的三苗国，是姜姓的一支。西羌祖先的国家靠近南岳。到舜流放了四名凶恶的酋长之时，他们迁移到三危山地区，就是如今河关西南的羌人地区。此地在赐支河边，领地一直达到赐支河源头，占地千里见方。赐支，就是《禹贡》所说的析支。此地南部和蜀、汉边界外面的蛮夷接壤，西北部和鄯善、车师等国毗邻。西羌人居无定所，跟随水源和牧草过着迁徙生活。这里的土地五谷难以生长，人们以畜牧为业。西羌的习俗是氏族成员不稳定，有的氏族用父亲的名字和母亲的姓作为部族称号。氏族成员在十二代人之后，才可通婚，父亲死后便娶继母为妻，兄长死后便娶寡嫂为妻，因此西羌国没有鳏夫和寡妇，人口繁盛。西羌国不立国君和臣子，没有人做首领。势力强大就另立部族进入统治集团，势力弱小就沦为大族的附属部落。他们互相掠夺，以强者为尊。除了杀人偿命，就没有其他禁令了。西羌军队擅长在山地河谷作战，而不擅长在平原作战；他们短于长时间对峙，但能果断地冲锋陷阵，他们把战死当做吉祥之事，而认为病死是不吉利的。西羌人像野兽一般，能忍受严寒和困苦。即便妇女生产时，也不躲避风雪。他们天性坚强勇猛，获得了五行中西方金行之气。

中原王朝治国有方，四夷就归顺臣服；丢掉了德政和教化，四夷就侵略为害。从前夏王太康失去君位，四夷背叛中原。到夏王相即位时，朝廷于是征讨畎夷，七年后畎夷入朝访问。到夏王泄时，朝廷开始为畎夷封爵，自此才臣服夏朝。夏桀时朝政混乱，畎夷侵入并迁居于邠、岐一带。成汤建立商朝后，朝廷讨伐并击退了畎夷。到商朝中期衰弱时，四夷全都背叛。到商王武丁时，武丁征讨西戎、鬼方，三年后才终于平定。所以诗歌说："那些氐人和羌人，谁敢不来见商王。"

及武乙暴虐，犬戎寇边，周古公逾梁山而避于岐下。及子季历，遂伐西落鬼戎。太丁之时，季历复伐燕京之戎，戎人大败周师。后二年，周人克余无之戎，于是太丁命季历为牧师。自是之后，更伐始呼、翳徒之戎，皆克之。及文王为西伯，西有昆夷之患，北有猃狁之难，遂攘戎狄而戍之，莫不宾服。及率西戎，征殷之叛国以事纣。

及武王伐商，羌、髳率师会于牧野。至穆王时，戎狄不贡，王乃西征犬戎，获其五王，又得四白鹿，四白狼，王遂迁戎于太原。夷王衰弱，荒服不朝，乃命虢公率六师伐太原之戎，至于俞泉，获马千匹。厉王无道，戎狄寇掠，乃入犬丘，杀秦仲之族。王命伐戎，不克。及宣王立四年，使秦仲伐戎，为戎所杀。王乃召秦仲子庄公，与兵七千人，伐戎破之，由是少却。后二十七年，王遣兵伐太原戎，不克。后五年，王伐条戎、奔戎，王师败绩。后二年，晋人败北戎于汾隰，戎人灭姜侯之邑。明年，王征申戎，破之。后十年，幽王命伯士伐六济之戎，军败，伯士死焉。其年，戎围犬丘，虏秦襄公之兄伯父。时幽王昏虐，四夷交侵，遂废申后而立褒姒。申侯怒，与戎寇周，杀幽王于郦山，周乃东迁洛邑，秦襄公攻戎救周。后二年，邢侯大破北戎。

及平王之末，周遂陵迟，戎逼诸夏，自陇山以东，及乎伊、洛，往往有戎。于是渭首有狄、貆、邽、冀之戎，泾北有义渠之戎，洛川有大荔之戎，渭南有骊戎，伊、洛间有杨拒、泉皋之戎，颍首以西到商王武乙时武乙为政残暴，犬戎侵犯边境，周太王古公亶父翻越梁山到岐山脚下避难。到太王儿子季历时，季历就征讨西落鬼戎。商王太丁时，季历又攻打燕京戎族，却大败于戎人。两年后，周人击败了余无戎族，于是太丁将季历任命为“牧师”。自此以后，季历又征讨了始呼戎族和翳徒戎族，都获得了胜利。到周文王继任西伯时，周的西部有昆夷为害，北部有殓狁作乱，于是文王击退了戎狄并驻兵防守，戎狄没有不臣服的。文王于是率领西戎军队，讨伐反叛殷商的国家以此侍奉纣王。

到周武王讨伐商朝时，羌人、髳人率军与周的军队在牧野会师。到周穆王时，戎狄不向周朝进贡，穆王于是西征犬戎，俘虏了犬戎的五位王，又俘获四只白鹿、四匹白狼，穆王于是命犬戎迁居到太原。周夷王时周朝衰弱，最远的荒服之地的戎人不来朝拜，夷王就命令虢国国君率领天子的军队讨伐太原戎族，一直打到俞泉，缴获一千匹马。周厉王时朝政混乱，戎狄入侵劫掠中原，竟然侵入犬丘，杀害了秦国国君秦仲的族人，厉王下令讨伐戎人，没有取胜。到周宣王继位的第四年（前824），宣王派秦仲讨伐戎人，秦仲死于戎人之手。宣王于是召来秦仲的儿子秦庄公，给他七千兵力，秦庄公讨伐并击败了戎人，自此戎人势力稍有退却。二十七年后，宣王派军队讨伐太原戎族，没有成功。五年后，宣王出兵讨伐条戎、奔戎，天子的军队也打了败仗。两年后，晋国军队在汾水边击败了北戎，而戎人也侵占了姜侯的领地。一年后，宣王讨伐申戎，获得了胜利。十年后，周幽王命令伯士讨伐六济的戎人，作战失败，伯士战死。这一年，戎人围攻犬丘，俘虏了秦襄公的哥哥和伯父。当时幽王昏庸暴虐，正值四方夷人相继入侵之时，幽王竟废掉申后而立褒姒为王后。申侯发怒了，就与戎人一同入侵周朝，在郦山杀害了幽王，于是周王室东迁至洛邑，当时秦襄公讨伐戎人援救了周朝。两年后，邢侯大败北戎。

到平王末年，周朝终究是渐渐衰落了。戎人逼近中原各国，从陇山以东地区，一直到伊水、洛水流域，处处都有戎人。这时候，渭水源头有狄戎、貆戎、邦戎、冀戎，泾水北边有义渠戎族，洛水有有蛮氏之戎。当春秋时，间在中国，与诸夏盟会。鲁庄公伐秦取邽、冀之戎。后十余岁，晋灭骊戎。是时，伊、洛戎强，东侵曹、鲁，后十九年，遂入王城，于是秦、晋伐戎以救周。后二年，又寇京师，齐桓公征诸侯戍周。后九年，陆浑戎自瓜州迁于伊川，允姓戎迁于渭汭，东及轘辕。在河南山北者号曰阴戎，阴戎之种遂以滋广。晋文公欲修霸业，乃赂戎狄通道，以匡王室。秦穆公得戎人由余，遂霸西戎，开地千里。及晋悼公，又使魏绛和诸戎，复修霸业。是时，楚、晋强盛，威服诸戎，陆浑、伊、洛、阴戎事晋，而蛮氏从楚。后陆浑叛晋，晋令荀吴灭之。后四十四年，楚执蛮氏而尽囚其人。是时义渠、大荔最强，筑城数十，皆自称王。

至周贞王八年，秦厉公灭大荔，取其地。赵亦灭代戎，即北戎也。韩、魏复共稍并伊、洛、阴戎，灭之。其遗脱者皆逃走，西逾汧、陇。自是中国无戎寇，唯余义渠种焉。至贞王二十五年，秦伐义渠，虏其王。后十四年，义渠侵秦至渭阴。后百许年，义渠败秦师于洛。后四年，义渠国乱，秦惠王遣庶长操将兵定之，义渠遂臣于秦。后八年，秦伐义渠，取郁郅。后二年，义渠败秦师于李伯。明年，秦伐义渠，取徒泾二十五城。及昭王立，义渠王朝秦，遂与昭王母宣太后通，生二子。至王赧四十三年，宣太后诱杀义渠王于甘泉宫，因起兵灭之，始置陇西、北地、上郡焉。

大荔戎族，渭水南岸有骊戎，伊水、洛水之间有杨拒戎族和泉皋戎族，颍水源头以西有蛮氏戎族。在春秋时代，戎人有时会进入中原，与各诸侯国会盟。鲁庄公攻打秦国时，击败了邦戎和冀戎。十多年后，晋国灭掉了骊戎。当时，伊水、洛水边的戎族很强大，向东进犯曹国、鲁国，十九年后，竟攻入周天子的国都，于是秦国、晋国讨伐戎人以援救天子。两年后，戎人又进犯京城，齐桓公召集了各国军队驻守周王室领地。九年后，陆浑戎族从瓜州迁徙到伊川，允姓戎族迁徙到渭水、汭水一带，向东直到轘辕山。活动于黄河以南，大山以北的称为阴戎，阴戎的种族于是繁衍兴旺。晋文公想称霸诸侯，就贿赂戎狄使他们开放入京道路，以便于辅佐周王室。秦穆公得到戎人由余的帮助，于是称霸西戎，拓张了上千里疆土。到晋悼公时，悼公又派魏绛与诸戎交好，晋国再次称霸诸侯。当时，楚国、晋国非常强盛，以武力使各个戎族臣服，陆浑戎、伊戎、洛戎、阴戎臣服于晋国，而蛮氏戎臣服于楚国。后来陆浑戎反叛晋国，晋国派荀吴讨灭了陆浑戎。又过了四十四年，楚国掌控了蛮氏戎并将所有的族人囚禁起来。当时义渠戎族、大荔戎族最为强大，建起几十座城邑，都自命为王。

到周贞王八年（前461），秦厉公灭掉大荔戎族，占领了大荔的领地。赵国也灭掉了代戎，就是北戎。韩国、魏国也一同逐渐蚕食伊水、洛水的戎族和阴戎的领地，最终将他们吞并。这些残余的戎族都逃走了，逃到汧水、陇山以西的地方。自此中原便再无戎人侵扰，仅存义渠戎族一支。到贞王二十五年（前444），秦国讨伐义渠，俘虏了义渠王。十四年后，义渠入侵秦国一直打到渭水南岸。大约一百年后，义渠在洛水击败了秦国军队。四年后，义渠国爆发内乱，秦惠王派庶长操率领军队帮助义渠平定了内乱，义渠于是臣服于秦国。八年后，秦国攻打义渠，攻占了郁郅。两年后，义渠在李伯击败了秦国军队。一年后，秦国攻打义渠，攻占了徒泾等二十五座城池。到秦昭王继位时，义渠王入秦朝见秦王，于此期间就与昭王的母亲宣太后私通，生下两个儿子。到周赧王四十三年（前272），宣太后在甘泉宫诱杀了义渠王，趁势发兵灭掉了义渠，自此设置了陇西郡、北地郡、上郡。

戎本无君长，夏后氏末及商周之际，或从侯伯征伐有功，天子爵之，以为藩服。春秋时，陆浑、蛮氏戎称子，战国世，大荔、义渠称王，及其衰亡，余种皆反旧为酋豪云。

羌无弋爰剑者，秦厉公时为秦所拘执，以为奴隶。不知爰剑何戎之别也。后得亡归，而秦人追之急，藏于岩穴中得免。羌人云爰剑初藏穴中，秦人焚之，有景象如虎，为其蔽火，得以不死。既出，又与劓女遇于野，遂成夫妇。女耻其状，被发覆面，羌人因以为俗，遂俱亡入三河间。诸羌见爰剑被焚不死，怪其神，共畏事之，推以为豪。河湟间少五谷，多禽兽，以射猎为事，爰剑教之田畜，遂见敬信，庐落种人依之者日益众。羌人谓奴为无弋，以爰剑尝为奴隶，故因名之。其后世世为豪。

至爰剑曾孙忍时，秦献公初立，欲复穆公之迹，兵临渭首，灭狄獂戎。忍季父卬畏秦之威，将其种人附落而南，出赐支河曲西数千里，与众羌绝远，不复交通。其后子孙分别，各自为种，任随所之。或为牦牛种，越巂羌是也；或为白马种，广汉羌是也；或为参狼种，武都羌是也。忍及弟舞独留湟中，并多娶妻妇。忍生九子为九种，舞生十七子为十七种，羌之兴盛，从此起矣。

戎人原本没有国君，夏朝末期和商周之时，有的戎族因跟随诸侯王征战而立下功，天子封给他们爵位，视其为距离王都最远的藩国。春秋时期，陆浑戎族、蛮氏戎族首领受封为子爵，战国时期，大荔戎族、义渠戎族首领则受封为王，到戎族衰亡时，残余部族的首领都恢复为以往的“酋豪”称号。

有一个叫无弋爰剑的羌人，他在秦厉公时被秦国俘获，沦为奴隶。不知道爰剑属于哪一支戎族。后来爰剑得以逃回，而秦国人紧追不舍，他藏在山洞中得以逃脱。羌人说当初爰剑藏在山洞里时，秦人想放火烧死他，但出现了一个像虎一样的幻象，为他挡住了火，因此爰韧才能活下来。爰剑逃出山洞后，又在野外遇到一位受了劓刑的女子，于是两人结为夫妻。女子为自己的相貌感到羞耻，就披散头发盖住脸部，这以后羌人便将披发作为习俗。两人于是一同逃到黄河、赐支河、湟水之间的地方。羌人们发现爰剑没有被火烧死，对他的神奇感到惊讶，便一起心怀敬畏地侍奉他，并推举他作酋豪。黄河、湟水之间的土地五谷难以生长，而盛产禽鸟和野兽，羌人便以打猎为生，爰韧教给他们种田和养殖的技术，最终受到了羌人的敬重和信任，部落里的投奔他的族人日益增加。羌人把“奴”称为“无弋”，因为爰剑曾做过奴隶，所以用“无弋”称呼他。爰剑的后人世世代代都担任羌人的首领。

到爰剑的曾孙忍担任首领时，秦献公刚刚继位，献公想恢复穆公时称霸西戎的功业，于是进攻渭水源头地区，灭掉了狄貆戎。忍的小叔印惧怕秦国的威势，他带领自己的族人和附属部落南迁，离开赐支河河湾地区又向西转移了几千里远，迁居到离其他羌人部族极其遥远的地方，不再往来。这以后印部族的后代分散开来，各自建立部族，印任凭他们随处迁居。有的形成了牦牛部族，越嶲郡的羌人就是他们；有的形成了白马部族，广汉郡的羌人就是他们；有的形成了参狼部族，武都郡的羌人就是他们。忍和弟弟舞独自留守湟中，并娶了很多妻子。忍的九个儿子建立了九个部族，舞的十七个儿子建立了十七个部族。羌人走向兴盛，就从此时开始。

及忍子研立，时秦孝公雄强，威服羌戎。孝公使太子驷率戎狄九十二国朝周显王。研至豪健，故羌中号其后为研种。及秦始皇时，务并六国，以诸侯为事，兵不西行，故种人得以繁息。秦既兼天下，使蒙恬将兵略地，西逐诸戎，北却众狄，筑长城以界之，众羌不复南度。

至于汉兴，匈奴冒顿兵强，破东胡，走月氏，威震百蛮，臣服诸羌。景帝时，研种留何率种人求守陇西塞，于是徙留何等于狄道、安故，至临洮、氐道、羌道县。及武帝征伐四夷，开地广境，北却匈奴，西逐诸羌，乃度河、湟，筑令居塞；初开河西，列置四郡，通道玉门，隔绝羌胡，使南北不得交关。于是障塞亭燧出长城外数千里。时先零羌与封养牢姐种解仇结盟，与匈奴通，合兵十余万，共攻令居、安故，遂围枹罕。汉遣将军李息、郎中令徐自为将兵十万人击平之。始置护羌校尉，持节统领焉。羌乃去湟中，依西海、盐池左右。汉遂因山为塞，河西地空，稍徙人以实之。

至宣帝时，遣光禄大夫义渠安国觇行诸羌，其先零种豪言："愿得度湟水，逐人所不田处以为畜牧。"安国以事奏闻，后将军赵充国以为不可听。后因缘前言，遂度湟水，郡县不能禁。至元康三年，先零乃与诸羌大共盟誓，将欲寇边。帝闻，复使安国将兵观之。安国至，召先零豪四十余人斩之，因放兵击其种，斩首千余级。于是诸羌怨怒，遂寇金城。乃遣赵充国与诸将将兵六万人击破平之。至研十三世孙烧当立。元帝时，彡姐等七种羌寇陇西，遣右将到忍的儿子研继位时，当时秦孝公雄健强悍，他用武力使羌人和戎人臣服。秦孝公派太子驷率领九十二个戎狄国的使臣朝见周显王。研是位非常强健而有威望的首领，所以羌人将其后代称为研族人。到秦始皇时，秦国致力于吞并六国，一心对付各个诸侯，没有向西用兵，所以羌人能够繁衍生息。秦国一统天下后，秦始皇派蒙恬率领军队开疆拓土，向西驱逐各戎族，向北击退众狄族，修筑长城将异族阻隔在外，羌人不再南下袭扰。

到汉朝建立时，匈奴单于冒顿军力强大，他打败了东胡，击退了月氏，威震各蛮族，使众羌族臣服。景帝时，研族人留何率领族人请求去镇守陇西边关，于是朝廷将留何等人迁移到狄道县、安故县，有些迁移到临洮、氐道、羌道各县。到武帝时武帝征讨四夷，开疆拓土，向北击退匈奴，向西驱逐众羌，于是汉军渡过黄河、湟水，在令居县修筑要塞；从此汉朝开辟了河西地区，设置酒泉、武威、张掖、敦煌四郡，开通了到玉门关的道路，并驻守玉门关阻隔了羌人和胡人的领地，使南北羌胡不能勾结。于是汉军筑起的要塞和烽火台延伸到长城以外几千里的地方。当时先零羌族与封养牢姐部族化解仇怨结为联盟，并与匈奴勾结，纠集了十多万军队，一同攻打令居县、安故县，最终包围了袍罕县。朝廷派将军李息、郎中令徐自为率领十万人的军队讨伐并平定了他们。朝廷由此开始设置护羌校尉，护羌校尉持掌符节负责管辖羌人。羌人于是离开了湟中地区，移居青海湖、盐池附近。汉军于是凭依凭山险筑起要塞，河西地区人口稀少，朝廷渐渐迁来人口充实河西之地。

到宣帝时，朝廷派光禄大夫义渠安国巡视各羌人部落，先零部族的酋豪说："希望能允许我率族人渡过湟水，到人们不种田的地方放牧。"安国将此事禀告宣帝，后将军赵充国认为不能采纳。后来先零部族按他们之前所说的，就渡过了湟水，郡县没能制止。到元康三年（前63），先零部族就会同各羌人部族举行了大规模的结盟立约，准备要入侵边境。宣帝得知此事，又派义渠安国率领军队前去巡视。义渠安国一到，便召来先零部族的四十多个酋豪处以斩首，军冯奉世击破降之。从爰剑种五世至研，研最豪健，自后以研为种号。十三世至烧当，复豪健，其子孙更以烧当为种号。自彡姐羌降之后数十年，四夷宾服，边塞无事。至王莽辅政，欲燿威德，以怀远为名，乃令译讽旨诸羌，使共献西海之地，初开以为郡，筑五县，边海亭燧相望焉。

滇良者，烧当之玄孙也。时王莽末，四夷内侵，及莽败，众羌遂还据西海为寇。更始、赤眉之际，羌遂放纵，寇金城、陇西。隗嚣虽拥兵而不能讨之，乃就慰纳，因发其众与汉相拒。建武九年，隗嚣死，司徒掾班彪上言："今凉州部皆有降羌，羌胡被发左衽，而与汉人杂处，习俗既异，言语不通，数为小吏黠人所见侵夺，穷恚无聊，故致反叛。夫蛮夷寇乱，皆为此也。旧制益州部置蛮夷骑都尉，幽州部置领乌桓校尉，凉州部置护羌校尉，皆持节领护，理其怨结，岁时循行，问所疾苦。又数遣使驿通动静，使塞外羌夷为吏耳目，州郡因此可得儆备。今宜复如旧，以明威防。"光武从之，即以牛邯为护羌校尉，持节如旧。及邯卒而职省。十年，先零豪与诸种相结，复寇金城、陇西，遣中郎将来歙等击之，大破。事已具《歙传》。十一年夏，先零种复寇临洮，陇西太守马援破降之。后悉归服，徙置天水、陇西、扶风三郡。明年，武都参狼羌反，援又破降之。事已具《援传》。

并趁势放出军队进攻先零部落，斩杀了一千多人。因此各部羌人都心生怨恨充满愤怒，于是进犯金城郡。朝廷就派赵充国与其他将领领兵六万讨伐并击败了羌人。到羌人以研为族号第十三代时，研的曾孙烧当继位。元帝时，彡姐等七支羌人部族进犯陇西郡，朝廷派右将军冯奉世击败了羌人并令其投降。羌人首领一职从爰剑开始五代之后传位到研，研非常强健而有威望，自此以后羌人以研为族号。又过了十三代后传位到烧当，烧当也是位强健而有威望的首领，他的后代又将族号更名为烧当。自彡姐部族归降之后的几十年来，四方夷人臣服朝廷，边疆地区没有战事。到王莽辅佐朝政时，朝廷想炫耀威势和德政，就借口安抚边地之民，派翻译将旨意传达给各部羌族，要他们一同将西海的领地献给汉朝，自此开辟了西海郡，修建了五座县城，并在西海郡边境修筑了一连串的烽火台。

滇良，是烧当的玄孙。滇良继位时正值王莽末年，当时四方夷人侵入中原，到王莽败亡后，各部羌人就重回故地盘踞在西海郡作乱。更始政权和赤眉起义之时天下大乱，羌人于是恣意妄为，进犯金城郡、陇西郡。隗嚣虽掌握军队却无力讨伐羌人，于是对羌人采取安抚招纳的办法，并乘便征调羌兵与汉朝对抗。建武九年（33），隗嚣去世，司徒掾班彪进谏说："如今凉州刺史部各地都有投降的羌人，羌胡之人披散头发前襟向左，习俗已然与汉人不同，语言又不通，却与汉人杂居，以至于他们经常被小官和恶人认出并劫掠，他们心怀愤恨穷困无助，因此激起了反叛。蛮夷入侵作乱的原因，尽在于此了。前代的制度是益州刺史部设立蛮夷骑都尉，幽州刺史部设立领乌桓校尉，凉州刺史部设立护羌校尉，他们都持掌符节治理并保卫边地，同时处理羌人心中的怨恨，每年四季巡行视察，询问民生疾苦。并且经常派出传译信使打探消息，让塞外的羌夷成为官府的情报人员，州郡政府由此可以对羌人有所警戒和防备。现在应当恢复前代的制度，以彰显朝廷的威势和戒备。"光武帝采纳了班彪的谏言，随即任命牛邯为护羌校尉，遵照旧制持掌符节。到牛邯去世时撤销了护羌校尉一职。建武十年（34），先零部族的酋豪与各部羌人勾结，再次进犯金城郡、陇西郡，朝廷派中郎将来歙等人讨伐羌人，取得自烧当至滇良，世居河北大允谷，种小人贫。而先零、卑湳并皆强富，数侵犯之。滇良父子积见陵易，愤怒，而素有恩信于种中，于是集会附落及诸杂种，乃从大榆入，掩击先零、卑湳，大破之，杀三千人，掠取财畜，夺居其地大榆中，由是始强。

滇良子滇吾立。中元元年，武都参狼羌反，杀略吏人，太守与战不胜，陇西太守刘盱遣从事辛都、监军掾李苞，将五千人赴武都，与羌战，斩其酋豪，首虏千余人。时武都兵亦更破之，斩首千余级，余悉降。时滇吾附落转盛，常雄诸羌，每欲侵边者，滇吾转教以方略，为其渠帅。二年秋，烧当羌滇吾与弟滇岸率步骑五千寇陇西塞，刘盱遣兵于枹罕击之，不能克，又战于允街，为羌所败，杀五百余人。于是守塞诸羌皆复相率为寇。遣谒者张鸿领诸郡兵击之，战于允吾、唐谷，军败，鸿及陇西长史田飒皆没。又天水兵为牢姐种所败于白石，死者千余人。

时烧何豪有妇人比铜钳者，年百余岁，多智算，为种人所信向，皆从取计策。时为卢水胡所击，比铜钳乃将其众来依郡县。种人颇有犯法者，临羌长收系比铜钳，而诛杀其种六七百人。显宗怜大胜。此事已记载于《来歙传》。建武十一年(35)夏，先零部族又进犯临洮县，陇西太守马援击败了他们并使其投降。后来先零部族全都归顺，朝廷将他们迁移到天水、陇西、扶风三郡。第二年，武都郡的参狼族羌人反叛，马援又将其击败并使其投降。此事已记载于《马援传》。

从烧当到滇良的这几代羌人，他们世代住在黄河以北的大允谷，部族弱小，百姓贫困。然而先零部族和卑湳部族却都强大而富足，多次侵扰烧当部族。滇良父子因部族长期受到欺凌轻慢，深感愤怒，并且他们又一向有恩于族人而颇有威望，于是滇良父子召集起附属部族和各路异族，从大榆谷进兵，对先零、卑湳二部族发动突然袭击，大败先零、卑湳，杀了三千人，掠走财物和牲畜，并夺取了大榆谷中部地区作为聚居地，自此开始走向强盛。

滇良的儿子滇吾继位。建武中元元年(56)，武都郡参狼族羌人反叛，杀害并劫掠官员百姓，武都太守与其交战却无法取胜，陇西太守刘盱派从事辛都、监军掾李苞率领五千人支援武都郡，陇西郡军队与羌人交战，斩杀了羌人的酋豪，斩首并俘虏了一千多人。与此同时武都郡军队也击败了羌人，斩首一千多人，残余羌人全部投降。当时滇吾治下的附属部族强大起来了，经常称雄于各族羌人，附属部族每次计划进犯边境时，滇吾就将谋略传授给他们，担任他们的大首领。建武中元二年(57)秋，烧当部族的滇吾与弟弟滇岸率领步兵和骑兵共五千人攻打陇西郡边境要塞，太守刘盱派军队在袍罕县与羌人交战，没有取胜，又与其在允街县交战，再次败给了羌人，军队损失五百多人。在此状况下原本守卫要塞的各族羌人都再次相继叛乱入侵边境。朝廷派谒者张鸿统领各郡军队讨伐羌人，与羌人在允吾县和唐谷城交战，结果战事不利，张鸿和陇西长史田飒都战死了。此外天水郡的军队又在白石县败给了牢姐部族，一千多人战死。

当时烧何部落的首领中有位叫比铜钳的妇女，她一百多岁了，颇有智谋，为族人们所信赖，大家都来请她出谋划策。当时烧何部族正为卢水胡所侵扰，比铜钳就率领族人来依附郡县。部族内常有犯法之，乃下诏曰：“昔桓公伐戎而无仁惠，故《春秋》贬曰：‘齐人’。今国家无德，恩不及远，羸弱何辜，而当并命！夫长平之暴，非帝者之功，咎由太守长吏妄加残戮。比铜钳尚生者，所在致医药养视，令招其种人，若欲归故地者，厚遣送之。其小种若束手自诣，欲效功者，皆除其罪。若有逆谋为吏所捕，而狱状未断，悉以赐有功者。”

永平元年，复遣中郎将窦固、捕虏将军马武等击滇吾于西邯，大破之。事已具武等传。滇吾远引去，余悉散降，徙七千口置三辅。以谒者窦林领护羌校尉，居狄道。林为诸羌所信，而滇岸遂诣林降。林为下吏所欺，谬奏上滇岸以为大豪，承制封为归义侯，加号汉大都尉。明年，滇吾复降，林复奏其第一豪，与俱诣阙献见。帝怪一种两豪，疑其非实，以事诘林。林辞窘，乃伪对曰；“滇岸即滇吾，陇西语不正耳。”帝穷验知之，怒而免林官。会凉州刺史又奏林臧罪，遂下狱死。谒者郭襄代领校尉事，到陇西，闻凉州羌盛，还诣阙，抵罪，于是复省校尉官。滇吾子东吾立，以父降汉，乃入居塞内，谨愿自守。而诸弟迷吾等数为寇盗。

肃宗建初元年，安夷县吏略妻卑湳种羌妇，吏为其夫所杀，安夷长宗延追之出塞，种人恐见诛，遂共杀延，而与勒姐及吾良二种的人，临羌县县长就逮捕并囚禁了比铜钳，并处死了六七百名烧何族人。明帝很同情他们，就下诏书说："从前齐桓公讨伐山戎有违仁慈和恩德之道，因此《春秋》将他贬称为'齐人'。如今我汉朝并无仁德，恩泽亦不能遍及远方，这些衰弱的羌人又有何罪过，反而被一同处死！从前秦军在长平活埋赵军，此等暴行可算不上是皇帝的功绩，眼下的过错是由于太守等郡县长官胡乱地杀害羌人。如果比铜钳还活着，当地郡县需为她求医送药并用心看护，再请她召回族人，族人里如果有想回到家乡的，赐予厚礼送走他们。那些小部族的人们如果不再作乱，主动拜见官府并愿意出力建功的，一律免罪。如果是那些阴谋反叛而遭官府拘捕，但罪行尚未判决的羌人，将其全部赐予立功的人为奴。"

永平元年（58），朝廷又派中郎将窦固、捕虏将军马武等人和滇吾在西邯水边交战，大败滇吾，此事已记载于马武等人的传中。滇吾退兵逃向远方，残余羌兵全部散伙并投降，之后朝廷将七千名羌人迁居到三辅之地。朝廷任命谒者窦林兼任护羌校尉，治所在狄道县。各族羌人都信任窦林，于是滇岸向窦林投降。窦林因受到下属欺骗，误将滇岸当做大首领上奏给明帝，之后奉明帝旨意封滇岸为归义侯，并赐给他汉大都尉的称号。第二年，滇吾也来投降，窦林又上奏说滇吾是大首领，并与他一道入朝进贡觐见。明帝很疑惑一个部族怎能有两个首领，怀疑其中有假，便向窦林追问此事。窦林无言以对，就撒谎说："滇岸就是滇吾，陇西话发音不准的缘故。"明帝追根究底厘清了实情，愤怒地罢免了窦林的官职。恰逢凉州刺史又将窦林贪污的罪行上报朝廷，最终窦林入狱并死于狱中。谒者郭襄代替窦林兼任护羌校尉一职，到陇西后，他知道了凉州羌人的强大，便违令返回京城，受到惩处，于是朝廷再次撤销了校尉之职。滇吾之子东吾继位后，因父亲归降了朝廷，他就迁居到边境之内，为人诚实谨慎、安守本分。但他的几个弟弟迷吾等人经常入侵劫掠。

章帝建初元年（76），安夷县的一名官吏把卑湳族的羌人女子抢来做妻子，最终被这位女子的丈夫所杀，安夷县长宗延为了逮捕相结为寇。陇西太守孙纯遣从事李睦及金城兵会和罗谷，与卑湳等战，斩首虏数百人。复拜故度辽将军吴棠领护羌校尉，居安夷。二年夏，迷吾遂与诸众聚兵，欲叛出塞。金城太守郝崇追之，战于荔谷，崇兵大败，崇轻骑得脱，死者二千余人。于是诸种及属国卢水胡悉与相应，吴棠不能制，坐征免。武威太守傅育代为校尉，移居临羌。迷吾又与封养种豪布桥等五万余人共寇陇西、汉阳，于是遣行车骑将军马防，长水校尉耿恭副，讨破之。于是临洮、索西、迷吾等悉降。防乃筑索西城，徙陇西南部都尉戍之，悉复诸亭候。至元和三年，迷吾复与弟号吾诸杂种反叛。秋，号吾先轻入寇陇西界，郡督烽掾李章追之，生得号吾，将诣郡。号吾曰："独杀我，无损于羌。诚得生归，必悉罢兵，不复犯塞。"陇西太守张纡权宜放遣，羌即为解散，各归故地，迷吾退居河北归义城。傅育不欲失信伐之，乃募人斗诸羌胡，羌胡不肯，遂复叛出塞，更依迷吾。

章和元年，育上请发陇西、张掖、酒泉各五千人，诸郡太守将之，育自领汉阳、金城五千人，合二万兵，与诸郡剋期击之，令陇西兵据河南，张掖、酒泉兵遮其西。并未及会，育军独进。迷吾闻之，徙庐落去，育选精骑三千穷追之，夜至建威南三兜谷，去虏数里，须旦击之，不设备。迷吾乃伏兵三百人，夜突育营。营中惊坏散走，育下马手战，杀十余人而死，死者八百八十人。及诸郡兵到，羌遂这对夫妇一直追出了边塞，卑湳族的羌人怕被牵连一并处死，就一起杀掉了宗延，并与勒姐和吾良两个部族勾结起来侵扰边地。陇西太守孙纯派从事李睦和金城郡的部队会师罗谷，官军与卑湳等部族交战，斩杀并俘虏了几百人。朝廷又任命原度辽将军吴棠兼任护羌校尉，治所在安夷县。建初二年（77）夏，迷吾终究还是伙同部下募集军队，打算叛逃到塞外。金城太守郝崇率军追击叛军，并与迷吾在荔谷交战，郝崇军大败，郝崇一人一马才捡回一命，军队损失两千多人。结果各羌人部族和居于金城郡的属国胡人卢水胡都响应了迷吾的叛乱，吴棠无法控制局面，因此获罪被召回京城革职。武威太守傅育替下吴棠接任护羌校尉，将治所改到临羌县。迷吾又勾结封养部族首领布桥等人领兵五万多人一同进犯陇西、汉阳二郡，朝廷于是派车骑将军马防为主帅，长水校尉耿恭为副将，讨伐并击败了迷吾。结果临洮、索西的羌人与迷吾等人全部投降。马防于是修筑索西城，将陇西南部都尉移驻于此，并将监视敌情的瞭望台和堡垒尽行恢复。到元和三年（86），迷吾和弟弟号吾以及各部异族再次反叛。元和三年秋季，号吾首先对陇西郡边境发动小规模袭扰，陇西郡掌管烽火的辅佐官李章发兵追击，生擒号吾，带着他觐见太守。号吾说："只杀我一人，羌人并无损失。如果能留我性命放我回去，各路羌人一定全部退兵，不再进犯边境。"陇西太守张纡审时度势暂且将号吾放了回去，羌人随即散伙，各自回到故乡，迷吾回到黄河以北的归义城居住。护羌校尉傅育出于信义没有对羌人用兵，就招募羌胡之人离间羌胡关系使其内斗，羌胡之人不愿意，羌人最终再次背叛逃出塞外，重归迷吾麾下。

章和元年（87），傅育上书请求从陇西、张掖、酒泉三郡各调五千兵力，分派给各郡太守统领，自己率领汉阳郡、金城郡的五千兵力，共计两万大军，傅育与各郡约好了进攻迷吾的日期，他命令陇西郡部队据守黄河南岸，张掖、酒泉郡部队在西边拦截迷吾退路。还没到进攻时间，傅育便独自率部进军。迷吾探得消息后，收起帐篷拔营逃走。傅育率领三千精锐骑兵紧追不舍，追到建威城南边的三兜谷时已是深夜，傅育军距贼兵几里远，便准备等天亮时发起进攻，于引去。育，北地人也。显宗初，为临羌长，与捕虏将军马武等击羌滇吾，功冠诸军；及在武威，威声闻于匈奴。食禄数十年，秩奉尽赡给知友，妻子不免操井臼。肃宗下诏追褒美之。封其子毅为明进侯，七百户。以陇西太守张纡代为校尉，将万人屯临羌。

迷吾既杀傅育，狃忕边利。章和元年，复与诸种步骑七千人入金城塞。张纡遣从事司马防将千余骑及金城兵会战于木乘谷，迷吾兵败走，因译使欲降，纡纳之。遂将种人诣临羌县，纡设兵大会，施毒酒中，羌饮醉，纡因自击，伏兵起，诛杀酋豪八百余人。斩迷吾等五人头，以祭育冢。复放兵击在山谷间者，斩首四百余人，得生口二千余人。迷吾子迷唐及其种人向塞号哭，与烧何、当煎、当阗等相结，以子女及金银娉纳诸种，解仇交质，将五千人寇陇西塞，太守寇盱与战于白石，迷唐不利，引还大、小榆谷，北招属国诸胡，会集附落，种众炽盛，张纡不能讨。永元元年，纡坐征，以张掖太守邓训代为校尉，稍以赏赂离间之，由是诸种少解。

东吾子东号立。是时号吾将其种人降。校尉邓训遣兵击迷唐，迷唐去大、小榆谷，徙居颇岩谷。和帝永元四年，训病卒，蜀郡太守聂尚代为校尉。尚见前人累征不克，欲以文德服之，乃遣驿使招呼迷唐，使还居大、小榆谷。迷唐既还，遣祖母卑缺诣尚，尚自送至塞是未作防备。然而迷吾竟于谷中埋伏了三百人，夜袭傅育军军营，营中士兵惊慌失措，四散奔逃，傅育下马亲自战斗，毙敌十人后牺牲，全军战死八百八十人。等各郡兵马赶到，羌人就引兵退去。傅育，北地郡人氏，显宗初年，傅育担任临羌县长，在捕虏将军马武等人麾下征讨羌人滇吾，功劳冠绝各路军队；到他担任武威太守时，他的威名为匈奴所知。为官几十年，他的俸禄全部资助了好友们，汲水、舂米之类的家务事都落在妻子儿女身上。章帝下诏赞美傅育并追赏他的功绩。傅育的儿子傅毅受封为明进侯，封地七百户。朝廷命陇西太守张纡接任护羌校尉一职，率一万兵力驻守临羌县。

迷吾杀害傅育后，逐渐习惯了入侵边境劫掠中原。章和元年，迷吾又率各部族步兵骑兵共七千人侵入金城郡边塞。张纡派从事司马防率一千多骑兵与金城郡部队会师于木乘谷并与迷吾交战，迷吾的军队战败逃走，迷吾于是派来译使想要投降，张纡接受了。迷吾于是率族人来到临羌县，张纡在受降集会上埋伏士兵，并在酒中下毒，羌人醉倒后，张纡便趁势亲自动手，同时伏兵齐出，处死八百多名羌人首领。张纡斩下迷吾等五人首级，将其祭献于傅育坟前。又放出部队扫荡山谷之间的羌人，处斩四百多人，生擒二千多人。迷吾的儿子迷唐和他们的族人对着边塞哀嚎痛哭，之后便与烧何、当煎、当阗等部族相互勾结，他们用子女通婚和奉送金银的方式招揽了各个部族，化解仇恨并交换人质，之后迷唐纠集了五千人马进犯陇西边塞，被太守寇盱阻击于白石县，迷唐不能取胜，便率军退回大、小榆谷，并从北边召集了各路汉朝属国胡兵，又纠集附属部族，兵力非常强大，张纡因此无力讨伐。永元元年（89），张纡因平叛失利之罪被召回，朝廷命张掖太守邓训接任护羌校尉一职，邓训逐渐地用封赏和贿赂的办法离间羌人和其他异族，于是各部族的联盟稍有松动。

东吾的儿子东号继位。当时号吾率族人投降朝廷。护羌校尉邓训派兵讨伐迷唐，迷唐率部撤出大、小榆谷，移居颇岩谷。和帝永元四年（92），邓训病逝，蜀郡太守聂尚接任护羌校尉。聂尚见历任校尉屡次镇压都未能成功，便想用仁德礼义使羌人归服，就派传译信下，为设祖道，令译田汜等五人护送至庐落。迷唐因而反叛，遂与诸种共生屠裂汜等，以血盟诅，复寇金城塞。五年，尚坐征免，居延都尉贯友代为校尉。友以迷唐难用德怀，终于叛乱，乃遣驿使构离诸种，诱以财货，由是解散。友乃遣兵出塞，攻迷唐于大、小榆谷，获首虏八百余人，收麦数万斛，遂夹逢留大河筑城坞，作大航，造河桥，欲度兵击迷唐。迷唐乃率部落远依赐支河曲。至八年，友病卒，汉阳太守史充代为校尉。充至，遂发湟中羌胡出塞击迷唐，而羌迎败充兵，杀数百人。明年，充坐征，代郡太守吴祉代为校尉。其秋，迷唐率八千人寇陇西，杀数百人，乘胜深入，胁塞内诸种羌共为寇盗，众羌复悉与相应，合步骑三万人，击破陇西兵，杀大夏长。遣行征西将军刘尚、越骑校尉赵代副，将北军五营、黎阳、雍营、三辅积射及边兵羌胡三万人讨之。尚屯狄道，代屯枹罕。尚遣司马寇盱监诸郡兵，四面并会。迷唐惧，弃老弱奔入临洮南。尚等追至高山。迷唐穷迫，率其精强大战。盱斩虏千余人，得牛马羊万余头。迷唐引去。汉兵死伤亦多，不能复追，乃还入塞。明年，尚、代并坐畏懦征下狱，免。谒者王信领尚营屯枹罕，谒者耿谭领代营屯白石。谭乃设购赏，诸种颇来内附。迷唐恐，乃请降。信、谭遂受降罢兵，遣迷唐诣阙。其余种人不满二千，饥窘不立，入居金城。和帝令迷唐将其种人还大、小榆谷。迷唐以为汉作河桥，兵来无常，故地不可复居，辞以种人饥饿，不肯远出。吴祉等乃多赐迷唐金帛，令籴谷市畜，促使出塞，种人更怀猜惊。十二年，遂复背叛，乃胁将湟中诸胡，寇钞而去。王信、耿谭、吴祉皆坐征，以酒泉太守周鲔代为校尉。明年，迷唐复还赐支河曲。

使招抚迷唐，允许他们返回大、小榆谷居住。迷唐回来后，派他的祖母卑缺拜访聂尚，之后聂尚亲自为卑缺送行一直送到边塞附近，并为她设宴祭祀路神，还派翻译田汜等五个人将她护送到羌人毡帐内。迷唐趁势反叛，竟与各部族人一道将田汜等人活活肢解，还用他们的血结盟发誓，并再次进犯金城郡边关。永元五年（93），聂尚因平叛失利之罪被召回革职，居延塞都尉贯友接任护羌校尉。贯友认为迷唐很难用道德感化，终究是会叛乱的，于是先派传译信使挑拨各羌人部族关系，用财物引诱他们，由此羌人联盟破裂。贯友这才派军队向边塞进军，在大、小榆谷大败迷唐，斩获羌人首级八百多颗，收割了几万斛麦子，然后沿逢留大河两岸修筑堡垒、船坞，造运兵大船，筑跨河大桥，要运兵过河讨伐迷唐。迷唐于是率部落远逃至赐支河河湾附近。到永元八年（96）时，贯友病逝，汉阳太守史充接任护羌校尉。史充一到任，就征调湟中地区的羌人胡人远赴塞外讨伐迷唐，然而羌人主动迎战并击败了史充的部队，杀掉数百名官兵。第二年，史充因平叛失利之罪被召回，代郡太守吴祉接任护羌校尉。这年秋天，迷唐率八千人进犯陇西郡，杀死几百人后，又乘胜深入，威胁边塞内的各族羌人和他一同作乱，各族羌人于是再次响应迷唐，纠集了步兵骑兵三万人，击败了陇西郡部队，杀害了大夏县长。朝廷派行征西将军刘尚为主帅，越骑校尉赵代为副将，率领北军五营的禁军和常驻于黎阳县、雍县、三辅地区的能寻迹而射的士兵以及边境的羌人胡人部队三路大军共计三万人讨伐迷唐。刘尚驻守狄道县，赵代驻守枹罕县。刘尚又派司马寇盱统领地方各郡的部队，于是四路大军一并会合。迷唐害怕了，抛弃老弱病残逃到临洮县南部。刘尚等人一直追击到高山下。迷唐陷于困境，便率精锐部队孤注一掷。寇盱斩杀贼兵一千多人，缴获牛、马、羊一万多头。迷唐退兵逃跑。汉军队也损失甚大，无法继续追击，就撤回边塞内。又过一年，刘尚、赵代因怯于作战而获罪被一同召回下狱，免去官职。谒者王信统领刘尚部队驻守袍罕县，谒者耿谭统领赵代部队驻守白石县。耿谭就悬赏招降羌人，各部落中来归顺的人很多。迷唐害怕了，就请求投降。于是王信、耿谭接受了迷唐的投降并宣布停战，之后初，累姐种附汉，迷唐怨之，遂击杀其酋豪，由是与诸种为仇，党援益疏。其秋，迷唐复将兵向塞，周鲔与金城太守侯霸，及诸郡兵、属国湟中月氏诸胡、陇西牢姐羌，合三万人，出塞至允川，与迷唐战。周鲔还营自守，唯侯霸兵陷陈，斩首四百余级。羌众折伤，种人瓦解，降者六千余口，分徙汉阳、安定、陇西。迷唐遂弱，其种众不满千人，远逾赐支河首，依发羌居。明年，周鲔坐畏懦征，侯霸代为校尉。安定降羌烧何种胁诸羌数百人反叛，郡兵击灭之，悉没入弱口为奴婢。

时西海及大、小榆谷左右无复羌寇。隃麋相曹凤上言："西戎为害，前世所患，臣不能纪古，且以近事言之。自建武以来，其犯法者，常从烧当种起。所以然者，以其居大、小榆谷，土地肥美，又近塞内，诸种易以为非，难以攻伐。南得钟存以广其众，北阻大河因以为固，又有西海鱼盐之利，缘山滨水，以广田蓄，故能强大，常雄诸种，恃其权勇，招诱羌胡。今者衰困，党援坏沮，亲属离叛，余胜兵者不过数百，亡逃栖窜，远依发羌。臣愚以为宜及此时，建复西命迷唐入朝觐见。迷唐部族只剩不到两千多人，他们饥饿窘困无法谋生，就到金城郡境内居住。和帝要迷唐率领族人回大、小榆谷居住。迷唐觉得汉军已在逢留大河上驾桥，军队随时可来，大、小榆谷再也无法居住，就借口族人又饥又饿，不愿率族人远赴塞外。护羌校尉吴祉等人就赐给迷唐及其族人很多钱物，让他买足粮食牲口，之后就催促迷唐率部离境，族人们心中更生疑虑、惊惶。永元十二年（100），迷唐一族终究再次反叛，他们劫持了湟中地区的各部胡人，烧杀掳掠后便逃走了。王信、耿谭、吴祉都因平叛失利之罪被召回，朝廷命酒泉太守周鲔接任护羌校尉。第二年，迷唐率部又回赐支河河湾定居。

起初，累姐部族归顺了汉朝，迷唐因此生怨，就进攻累姐部族杀害了他们的首领，并因此与各族羌人结仇，于是盟友越来越少。这年（和帝永元十三年，101年）秋天，迷唐又率军队进犯边塞，周鲔约同金城太守侯霸，并联合各郡军队、郡内属国湟中地区的各部月氏胡人和陇西郡的牢姐族羌人，共计三万兵马，远赴塞外，在允川与迷唐交战。周鲔退回营中据守以求自保，只有侯霸率兵攻入敌阵，斩杀敌军四百多。羌人损兵折将，族人四散奔逃，有六千多人投降，朝廷将他们分别迁居到汉阳、安定和陇西三郡。迷唐的势力终于衰弱了，他的部下已不足一千，只好越过赐支河河源远离故土，依附发羌部族为生。第二年，周鲔因畏战之罪被召回，侯霸接任护羌校尉。归降于安定郡的羌人烧何族又胁迫各族羌人几百名发动叛乱，郡部队将其剿灭，并把年幼的羌人全部收为奴婢。

当时青海湖以及大、小榆谷附近再无羌人入侵。隃麋侯相曹凤上书和帝说："西戎自古作乱边疆，前代便已忧虑于此，我不擅长回溯历史，姑且为您陈说本朝之事。自建武年间以来，羌人犯禁作乱，往往始于烧当部族。原因在于，他们所定居的大、小榆谷，土地肥沃，又在边境附近，便于各族寇边为非作歹，而进攻讨伐却颇为不易。南有钟存部族相助以此扩张兵力，北有黄河天险阻隔汉军易守难攻，又有青海湖盛产鱼盐的优势，依山傍水，利于耕种和畜牧的发海郡县，规固二榆，广设屯田，隔塞羌胡交关之路，遏绝狂狡窥欲之源。又殖谷富边，省委输之役，国家可以无西方之忧。”于是拜凤为金城西部都尉，将徙士屯龙耆。后金城长史上官鸿上开置归义、建威屯田二十七部，侯霸复上置东西邯屯田五部，增留、逢二部，帝皆从之。列屯夹河，合三十四部。其功垂立。至永初中，诸羌叛。乃罢。迷唐失众，病死。有一子来降，户不满数十。

东号子麻奴立。初随父降，居安定。时诸降羌布在郡县，皆为吏人豪右所徭役，积以愁怨。安帝永初元年夏，遣骑都尉王弘发金城、陇西、汉阳羌数百千骑征西域，弘迫促发遣，群羌惧远屯不还，行到酒泉，多有散叛。诸郡各发兵徼遮，或覆其庐落。于是勒姐、当煎大豪东岸等愈惊，遂同时奔溃。麻奴兄弟因此遂与种人俱西出塞。

先零别种滇零与钟羌诸种大为寇掠，断陇道。时羌归附既久，无复器甲，或持竹竿木枝以代戈矛，或负板案以为楯，或执铜镜以象兵，郡县畏懦不能制。冬，遣车骑将军邓骘，征西校尉任尚副，将五营及三河、三辅、汝南、南阳、颍川、太原、上党兵合五万人，屯汉阳。明年春，诸郡兵未及至，钟羌数千人先击败骘军于冀西，杀千余人。校尉侯霸坐众羌反叛征免，以西域都护段禧代为校尉。其冬，骘使任尚及从事中郎司马钧率诸郡兵与滇零等数万人战于展，所以能够强大起来，长久地称雄于各个部族，他们仗着实力强大，招引羌人胡人。现在他们正值衰弱窘困、孤立无援、众叛亲离之时，剩下还能作战的不过几百人，他们流窜逃匿，远去依附发羌。依臣下愚见当趁此机会，重在西海之地设立郡县，划分并屯兵于大、小榆谷，广泛设立屯田，切断羌胡的交流通道，从源头根除狂妄狡猾之徒图谋作乱的邪念。还应种植粮食以使边境富裕，免去百姓转运钱粮的劳役，由此国家不用为西部担忧了。”朝廷于是将曹凤任命为金城郡西部都尉，曹凤率由被流放者组成的部队进驻龙耆城。后来金城长史上官鸿奏请在归义城、建威城设立二十七部屯田，侯霸也奏请在邯水东西支流流域设立五部屯田，又在留、逢增加二部屯田，和帝采纳了二人的意见。屯田将接连设立于黄河两岸，共计三十四部。曹凤筹划的平羌之策眼看奏效。到安帝永初年间，各族羌人发动叛乱，屯田因此中止。迷唐失去支持，病死了。他的一个儿子前来投降，所率族人不过几十户。

东号的儿子麻奴继位。起初他随父亲投降朝廷，住在安定郡。当时投降的羌人都分散在各郡县，他们都沦为官吏和豪族的奴仆，心中满是忧愁和怨恨。安帝永初元年（107）夏季，朝廷派骑都尉王弘从金城、陇西、汉阳三郡征调了成百上千的羌人骑兵远征西域，王弘催促部队前进，羌人们害怕驻守远方不能归家，进军到酒泉时，流散叛逃的已经很多了。各郡都派出部队阻拦，有的官军掀翻了羌人的毡帐。因此勒姐部族和当煎部族的首领东岸等人更加惊慌，二部羌人便一齐逃散。麻奴和兄弟们便就率族人一同西逃塞外。

先零部族的另一分支滇零部族与钟羌各部族大肆寇边劫掠，阻断了入陇道路。当时羌人已经归顺很久了，不再有什么兵器盔甲，有的用竹竿树枝代替戈矛，有的背着门板桌案代替盾牌，有的拿着铜镜假装兵器，郡县官府软弱无能没法镇压。永初元年冬季，朝廷派车骑将军邓骘为主帅，征西校尉任尚为副将，统领五营的禁军以及囊括河东、河内、河南三郡的三河之地，囊括京兆、左冯翊、右扶风的三辅之地，加之汝南、南阳、颍川、太原、上党各郡部队共计五万兵平襄，尚军大败，死者八千余人。于是滇零等自称“天子”于北地，招集武都、参狼、上郡、西河诸杂种，众遂大盛，东犯赵、魏，南入益州，杀汉中太守董炳，遂寇钞三辅，断陇道。湟中诸县粟石万钱，百姓死亡不可胜数。朝廷不能制，而转运难剧，遂诏骘还师，留任尚屯汉阳，为诸军节度。朝廷以邓太后故，迎拜骘为大将军，封任尚乐亭侯，食邑三百户。

三年春，复遣骑都尉任仁督诸郡屯兵救三辅。仁战每不利，众羌乘胜，汉兵数挫。当煎、勒姐种攻没破羌县，钟羌又没临洮县，生得陇西南部都尉。明年春，滇零遣人寇褒中，燔烧邮亭，大掠百姓。于是，汉中太守郑勤移屯褒中。军营久出无功，有废农桑，乃诏任尚将吏兵还屯长安，罢遣南阳、颍川、汝南吏士，置京兆虎牙都尉于长安，扶风都尉于雍，如西京三辅都尉故事。时羌复攻褒中，郑勤欲击之。主簿段崇谏，以为虏乘胜，锋不可当，宜坚守待之。勤不从，出战，大败，死者三千余人，段崇及门下史王宗、原展以身扞刃，与勤俱死。于是徙金城郡居襄武。任仁战累败，而兵士放纵，槛车征诣廷尉诏狱死。段禧病卒，复以前校尉侯霸代之，遂移居张掖。五年春，任尚坐无功征免。羌遂入寇河东，至河内，百姓相惊，多奔南度河。使北军中候朱宠将五营士屯孟津，诏魏郡、赵国、常山、中山缮作坞候六百一十六所。

马，各路部队约定合兵驻守于汉阳。第二年春季，还没等到各郡部队会师，几千钟羌人便先在冀县以西击败了邓骘的军队，杀了一千多人。护羌校尉侯霸因各族羌人反叛被召回革职，朝廷派西域都护段禧接任护羌校尉。这年冬天，邓骘命副将任尚和从事中郎司马钧率各郡部队与滇零等部族几万叛军在平襄县交战，任尚军大败，牺牲了八千多人。这以后滇零等部族在北地郡僭称“天子”名号，招揽武都郡、参狼部落、上郡、西河郡各部异族，兵力于是更为强大，他们向东进犯赵、魏之地，向南入侵益州，杀害了汉中太守董炳，最终入侵劫掠三辅之地，阻断了入陇道路。于是湟中各县粮价飙升至一石一万钱，饿死百姓不计其数。朝廷无法控制乱局，而且粮草运输非常困难，于是下诏要邓骘班师，留下任尚驻守汉阳，统领各军。安帝因为邓骘是邓太后哥哥的缘故，亲迎邓骘并封他为大将军，并封任尚为乐亭侯，赐封地三百户。

永初三年（109）春，朝廷又派骑都尉任仁统领各郡屯兵救援三辅。任仁屡战屡败，羌人愈战愈勇，汉军多次受挫。当煎、勒姐部族攻占破羌县，钟羌部族又攻占临洮县，生擒陇西郡南部都尉。第二年春天，滇零派兵入侵褒中县，贼兵烧毁驿站，大肆劫掠百姓。因此，汉中太守郑勤移师褒中驻守。朝廷认为军队长期驻外却并无战功，反荒废了农事，于是下诏命任尚率官兵回长安驻军屯田，遣散驻于南阳、颍川、汝南三郡的官兵，并在长安设置京兆虎牙都尉，在雍县设立扶风都尉，遵照西汉时设三辅都尉的旧例。当时羌人再次入侵褒中县，郑勤想主动迎击。主簿段崇进谏反对，认为羌人锐气正盛，军势难以抵挡，应坚守城池等敌人进攻。郑勤不听，出城交战，结果大败，损兵折将三千多，段崇和门下史王宗、原展用身体为郑勤挡住兵刃，与郑勤一同牺牲。这以后朝廷将金城郡治所迁到陇西郡襄武县。任仁屡战屡败，而且军纪不整，朝廷用囚车将他押解至廷尉治罪，最终死于奉皇命定罪的监牢中。段禧病逝，朝廷又命前任护羌校尉侯霸接任，侯霸将治所转到张掖郡。永初五年（111）春，任尚因未建战功之罪被召回革职。于是羌人侵入河东郡，推进至河内郡，百姓相继陷入慌乱，许多人南渡黄河逃亡。朝廷命北军中候朱宠率北军五羌既转盛，而二千石、令、长多内郡人，并无守战意，皆争上徙郡县以避寇难。朝廷从之，遂移陇西徙襄武，安定徙美阳，北地徙池阳，上郡徙衙。百姓恋土，不乐去旧，遂乃刈其禾稼，发彻室屋，夷营壁，破积聚。时连旱蝗饥荒，而驱蹙劫略，流离分散，随道死亡，或弃捐老弱，或为人仆妾，丧其太半。复以任尚为侍御史，击众羌于上党羊头山，破之，诱杀降者二百余人，乃罢孟津屯。其秋，汉阳人杜琦及弟季贡、同郡王信等与羌通谋，聚众入上邽城，琦自称安汉将军。于是诏购募得琦首者，封列侯，赐钱百万，羌胡斩琦者赐金百斤，银二百斤。汉阳太守赵博遣刺客杜习刺杀琦，封习讨奸侯，赐钱百万。而杜季贡、王信等将其众据樗泉营。侍御史唐喜领诸郡兵讨破之，斩王信等六百余级，没入妻子五百余人，收金银彩帛一亿已上。杜季贡亡从滇零。六年，任尚复坐征免。滇零死，子零昌代立，年尚幼少，同种狼莫为其计策，以杜季贡为将军，别居丁奚城。七年夏，骑都尉马贤与侯霸掩击零昌别部牢羌于安定，首虏千人，得驴骡骆驼马牛羊二万余头，以畀得者。

元初元年春，遣兵屯河内，通谷冲要三十三所，皆作坞壁，设鸣鼓。零昌遣兵寇雍城，又号多与当煎、勒姐大豪共胁诸种，分兵钞掠武都、汉中。巴郡板楯蛮将兵救之，汉中五官掾程信率壮士与蛮共击破之。号多退走，还断陇道，与零昌通谋。侯霸、马贤将湟中营禁军驻守孟津渡口，并下诏命魏郡、赵国、常山国、中山国修缮并新建六百一十六处土墙、土堡。

羌人变得愈加强盛了，然而太守一级、县令一级和县长一级的官吏大多是内地人，却毫无防守作战的念头，都急着上书请求转移郡县官署以躲避羌人入侵的祸乱。朝廷批准了，于是将陇西郡治迁到襄武县，安定郡治迁到右扶风美阳县，北地郡治迁到左冯翊池阳县，上郡郡治迁到左冯翊衙县。百姓留恋故土，不愿背井离乡，政府就割掉他们的庄稼，拆毁他们的房屋，推平堡垒和土墙，销毁积攒的财物。当时旱灾、蝗灾、饥荒接连发生，加之官府驱赶甚急和乱民劫掠，百姓居无定所、妻离子散，一路上不断出现死者，有人抛弃老人小孩，有人沦为仆人婢妾，人口损失大半。朝廷又起用任尚为侍御史，任尚在上党郡羊头山与羌人交战，击败了他们，并把诱降的二百多人也杀掉了，于是撤走了孟津驻军。永初五年秋，汉阳人杜琦伙同弟弟季贡、同乡王信等人与羌人合谋，纠集人马夺占上邽城，杜琦自封“安汉将军”。于是朝廷下诏悬赏，凡能献上杜琦首级的封为列侯，赏钱一百万，羌胡人献上杜琦首级的，赏黄金一百斤，白银二百斤。刺客杜习奉汉阳太守赵博命刺杀了杜琦，朝廷封他为讨奸侯，赏钱一百万。而后杜季贡、王信等人率贼兵夺占了樗泉军营。侍御史唐喜率各郡部队击败了他们，将王信等六百多人处斩。将其妻子儿女五百多人收入官府，收缴的金银彩帛价值一亿以上。杜季贡逃走投靠滇零部族。永初六年（112），任尚再次因罪被召回革职。滇零死后，儿子零昌继位，零昌还年幼，同族人狼莫为他出谋划策，零昌任命杜季贡为将军，另驻守在丁奚城。永初七年（113）夏，骑都尉马贤与护羌校尉侯霸在安定郡袭击了零昌族分支牢羌族，斩杀敌人上千，并缴获驴、骡、骆驼、马、牛、羊两万多头，都赐给缴获者本人。

元初元年（114）春，朝廷派军驻守河内郡，在三十三处通道、山谷、冲要之地，都修筑土堡、土障，设置告警军鼓。零昌派兵进犯雍城，号多也与当煎、勒姐部族的首领一道胁持了各族羌人，分兵作乱于武都、汉中二郡。巴郡的板楯蛮人率部队救援武都、汉中，汉中属吏人及降羌胡于枹罕击之，斩首二百余级。凉州刺史皮杨击羌于狄道，大败，死者八百余人，杨坐征免。侯霸病卒，汉阳太守庞参代为校尉。参以恩信招诱之。二年春，号多等率众七千余人诣参降，遣诣阙，赐号多侯印绶遣之。参始还居令居，通河西道。而零昌种众复分寇益州，遣中郎将尹就将南阳兵，因发益部诸郡屯兵击零昌党吕叔都等。至秋，蜀人陈省、罗横应募，刺杀叔都，皆封侯赐钱。又使屯骑校尉班雄屯三辅，遣左冯翊司马钧行征西将军，督右扶风仲光、安定太守杜恢、北地太守盛包、京兆虎牙都尉耿溥、右扶风都尉皇甫旗等，合八千余人，又庞参将羌胡兵七千余人，与钧分道并北击零昌。参兵至勇士东，为杜季贡所败，于是引退。钧等独进，攻拔丁奚城，大克获。杜季贡率众伪逃。钧令光、恢、包等收羌禾稼，光等违钧节度，散兵深入，羌乃设伏要击之。钧在城中，怒而不救，光并没，死者三千余人。钧乃遁还，坐征自杀。庞参以失期军败抵罪，以马贤代领校尉事。后遣任尚为中郎将，将羽林、缇骑、五营子弟三千五百人，代班雄屯三辅。尚临行，怀令虞诩说尚曰："使君频奉国命讨逐寇贼，三州屯兵二十余万人，弃农桑，疲苦徭役，而未有功效，劳费日滋。若此出不克，诚为使君危之。"尚曰："忧惶久矣，不知所如。"诩曰："兵法弱不攻强，走不逐飞，自然之势也。今虏皆马骑，日行数百，来如风雨，去如绝弦。以步追之，势不相及，所以旷而无功也。为使君计者，莫如罢诸郡兵，各令出钱数千，二十人共市一马，如此，可舍甲胄，驰轻兵，以万骑之众，逐数千之虏，追尾掩截，其道自穷。便人利事，大功立矣。"尚大喜，即上言用其计。乃遣轻骑钞击杜季贡于丁奚城，斩首四百余级，获牛马羊数千头。

官五官掾程信率勇士与蛮人一道击败了贼军。号多撤退了，但回头破坏了入陇道路，并与零昌合谋。侯霸、马贤率湟中的官员百姓和归降的羌人、胡人在袍罕县击败号多，斩首二百多人。凉州刺史皮杨在狄道县与羌人交战，惨败，八百多人战死。皮杨因此获罪被召回革职。侯霸病逝后，汉阳太守庞参接任护羌校尉。庞参以恩德和信义招引并劝导羌人。元初二年（115）春，号多等人率七千多族人拜见庞参请求归降，庞参命他入朝面君，安帝赐给号多侯爵的印信和绶带后送走了他。庞参这才回到令居县居住，并打通了河西的道路。但零昌部族又分兵入侵益州，朝廷派中郎将尹就率南阳郡部队，之后又征调益州各郡的屯兵攻打零昌族党羽吕叔都等人。到秋天，蜀郡人陈省、罗横响应招募，刺杀了吕叔都，朝廷将他们都封为侯并赐予重金。朝廷又派屯骑校尉班雄进驻三辅，派左冯翊司马钧任征西将军，统领右扶风仲光、安定太守杜恢、北地太守盛包、京兆虎牙都尉耿溥、右扶风都尉皇甫旗等人，兵力共计八千多，庞参又率七千多羌胡部队，与司马钧兵分两路一同向北攻打零昌。庞参带兵推进到勇士县东边时，败于杜季贡，于是率军撤退。只有司马钧等人继续推进，光复丁奚城，大胜羌兵并缴获颇丰。杜季贡率军假意败逃。司马钧命仲光、杜恢、盛包等人收割羌人的庄稼，然而仲光等人有违司马钧调度，解散部队深入农田，羌人趁势安排伏兵半路截击他们。当时司马钧在丁奚城内，他赌气不发救兵，导致仲光等人全部战死，损兵折将三千多人。司马钧于是逃了回来，并因罪被召回，最终自杀。庞参因延误战机作战失败而被治罪，朝廷命马贤接任护羌校尉。后来朝廷命任尚担任中郎将，率领羽林军、缇骑、北军五营的禁军共三千五百人，接任班雄屯兵三辅。任尚出发时，怀县县令虞诩劝谏任尚说：“您奉旨出征驱逐乱贼已经很多次了，如今三个州的驻守部队已有二十多万，他们放弃耕作，疲于战事，然而平叛仍未见成效，耗费却日渐增加。如果这次作战不利，我实在是为您感到恐惧。”任尚说：“我已经为此担心害怕很久了，无计可施。”虞诩说：“根据兵法，弱军不可进攻劲旅，奔跑赶不上飞行，这是自然的形势。现在贼兵都骑马，一天能走几百里，袭来时如疾风骤雨，撤退时如离弦之箭，派步明年夏，度辽将军邓遵率南单于及左鹿蠡王须沈万骑，击零昌于灵州，斩首八百余级。封须沈为破虏侯，金印紫绶，赐金帛各有差。任尚遣兵击破先零羌于丁奚城。秋，筑冯翊北界候坞五百所。任尚又遣假司马募陷陈士，击零昌于北地，杀其妻子，得牛马羊二万头，烧其庐落，斩首七百余级，得僭号文书及所没诸将印绶。

四年春，尚遣当阗种羌榆鬼等五人刺杀杜季贡，封榆鬼为破羌侯。其夏，尹就以不能定益州，坐征抵罪，以益州刺史张乔领尹就军屯。招诱叛羌，稍稍降散。秋，任尚复募效功种号封刺杀零昌，封号封为羌王。冬，任尚将诸郡兵与马贤并进北地击狼莫，贤先至安定青石岸，狼莫逆击败之。会尚兵到高平，因合势俱进，狼莫等引退，乃转营迫之，至北地，相持六十余日，战于富平河上，大破之，斩首五千级，还得所略人男女千余人，牛马驴羊骆驼十余万头，狼莫逃走，于是西河虔人种羌万一千口诣邓遵降。

五年，邓遵募上郡全无种羌雕何等刺杀狼莫，赐雕何为羌侯，兵追击，自然赶不上，所以讨伐已久却无成效。我为您考虑，不如遣撤各郡屯兵，命他们每人出几千钱，二十个人就能合购一匹马，这样以来，部队可以褪下重甲，轻装上阵，用上万轻骑兵，追击几千贼军，搜寻他们的踪迹，出其不意地截击他们，自可将其逼至穷途末路。备战简便利于作战，建功立业指日可待。”任尚大喜，即刻上书建议采纳虞诩的计策。朝廷于是派轻骑兵在丁奚城包抄了杜季贡，斩首四百多人，缴获牛、马、羊几千头。

第二年（元初三年，116年）夏季，度辽将军邓遵率南匈奴王和左鹿蠡王须沈领一万名骑兵，在灵州县与零昌交战，斩杀八百多人，朝廷封须沈为破虏侯，赐给他金印信和紫绶带，其余诸人获赐钱物数目不等。任尚派兵在丁奚城击败了先零部族。秋季，在左冯翊北部边界筑起五百处警戒土堡。任尚又派代理司马招募了陷阵部队，在北地郡与零昌交战，并处死了零昌的妻子儿女，缴获牛、马、羊两万头，烧毁了他们的毡帐，斩首七百多人，收缴了羌人伪称“天子”名号的文书和他们所攫取的汉军将领的印信绶带。

元初四年（117）春，任尚派当阗族羌人榆鬼等五人刺杀了杜季贡，朝廷封榆鬼为破羌侯。这年夏天，尹就因没能平定益州羌乱而获罪，被召回判刑，朝廷命益州刺史张乔统领尹就的屯垦部队。张乔召揽并劝导作乱的羌人，羌人渐渐地或归降或散伙。秋天，任尚又招募效功族的号封刺杀了零昌，朝廷封号封为羌王。冬天，任尚率各郡部队与护羌校尉马贤兵分两路向北地郡进军攻打零昌的谋主狼莫，马贤军先到达了安定郡青石岸，狼莫主动迎战并击败了马贤。恰逢任尚军到达了安定郡高干县，于是两军会师并进，狼莫军见状撤退，汉军于是拔营逼近狼莫，到了北地郡，在六十多天的相持后，两军在富平县河上交战，汉军大败狼莫，斩杀贼兵五千人，救回一千多名被羌人掳走的男男女女，缴获牛、马、驴、羊、骆驼等牲畜十多万头，狼莫逃走了，于是西河流域的虔人族有一万一千名羌人拜见邓遵请求归降。

元初五年（118），邓遵招募上郡全无族羌人雕何等人刺杀了狼封遵武阳侯，三千户。遵以太后从弟故，爵封优大。任尚与遵争功，又诈增首级，受赇枉法，臧千万已上，槛车征弃市，没入田庐奴婢财物。自零昌、狼莫死后，诸羌瓦解，三辅、益州无复寇儆。

自羌叛十余年间，兵连师老，不暂宁息。军旅之费，转运委输，用二百四十余亿，府帑空竭。延及内郡，边民死者不可胜数，并凉二州遂至虚耗。

六年春，勒姐种与陇西种羌号良等通谋欲反，马贤逆击之于安故，斩号良及种人数百级，皆降散。

永宁元年春，上郡沈氏种羌五千余人复寇张掖。其夏，马贤将万人击之。初战失利，死者数百人，明日复战，破之，斩首千八百级，获生口千余人，马牛羊以万数，余虏悉降。时当煎种大豪饥五等，以贤兵在张掖，乃乘虚寇金城，贤还军追之出塞，斩首数千级而还。烧当、烧何种闻贤军还，率三千余人复寇张掖，杀长吏。初，饥五同种大豪卢忽、忍良等千余户别留允街，而首施两端。建光元年春，马贤率兵召卢忽斩之，因放兵击其种人，首虏二千余人，掠马牛羊十万头，忍良等皆亡出塞。玺书封贤安亭侯，食邑千户。忍良等以麻奴兄弟本烧当世嫡，而贤抚恤不至，常有怨心。秋，遂相结共胁将诸种步骑三千人寇湟中，攻金城诸县。贤将先零种赴击之，战于牧苑，兵败，死者四百余人。麻奴等又败武威、张掖郡兵于令居，因胁将先零、沈氏诸种四千余户，缘山西走，寇武威。贤追到鸾鸟，招引之，诸种降者数千，麻奴南还湟中。延光元年春，贤追到湟中，麻奴出塞度河，贤复追击战破之，种众散遁，诣凉州刺史宗汉降。麻奴等孤弱饥困，其年冬，将种众三千余户诣汉阳太守耿种降。安帝莫，朝廷封雕何为羌侯，封邓遵为武阳侯，封地三千户。邓遵因为是太后堂弟的缘故，爵位更高封地更大。任尚为与邓遵争功，又虚报羌人首级数目，还受贿违法，赃款达一千万钱以上，他被朝廷用囚车押解回京于闹市处死，田地房屋奴婢财物都被充公。零昌、狼莫败亡之后，各羌人部族瓦解，三辅、益州再无边患告急。

羌人叛汉以来的十几年间，战事连绵，军队疲敝，不曾有片刻休养。而作战的消耗，加上运输的费用，共耗资二百四十多亿，国库空虚。财政困难的影响已遍及内地各郡，边境地区死去的百姓更是不计其数，并州、凉州的财政最终归于枯竭。

元初六年（119）春，勒姐部族与陇西族羌人号良等人勾结阴谋造反，马贤在安故县迎战乱贼，斩杀了号良及其部族几百人，残兵全部投降散伙。

永宁元年（120）春，上郡沈氏部族的五千多名羌人再次进犯张掖郡。这年夏天，护羌校尉马贤率一万人攻打沈氏部族。初次交战，马贤军战败，数百人牺牲。第二天再战，击败了沈氏部族，斩杀敌人一千八百人，生擒一千多人，缴获马、牛、羊上万，残敌全部投降。那时当煎部族的首领饥五等人，趁马贤军还在张掖，就乘虚入侵金城郡，马贤回师追击饥五将其逐出国境，斩杀几千人后班师。烧当、烧何部族听说马贤军队撤退了，便率三千多人再次进犯张掖郡，杀害高级官员。起初，和饥五同族的首领卢忽、忍良等人率一千多户族人另外留居在允街县，而且态度动摇不定。建光元年（121）春，马贤领着军队招来卢忽并斩了他，之后放出部队恣意袭击卢忽族人，斩杀了两千多人，夺走的马、牛、羊有十万头，忍良等人都逃出边关。安帝下诏封马贤为安亭侯，封地一千户。麻奴兄弟本是烧当直系传人，但马贤对他们并无安抚和帮助，忍良等人因此内心常怀怨恨。秋天，忍良等人与麻奴兄弟勾结，他们一起胁迫各部族并率领三千步兵和骑兵入侵湟中，进攻金城郡各县。马贤率先零族人前去迎击，与贼军在牧场交战，马贤军失利，四百多人战死。麻奴等人又在令居县击败武威、张掖的郡属部队，之后胁持了先零、沈氏各部族的四千多户，沿祁连假金印紫绶，赐金银彩缯各有差。是岁，虔人种羌与上郡胡反，攻谷罗城，度辽将军耿夔将诸郡兵及乌桓骑赴击破之。三年秋，陇西郡始还狄道焉。麻奴弟犀苦立。

顺帝永建元年，陇西钟羌反，校尉马贤将七千余人击之，战于临洮，斩首千余级，皆率种人降。进封贤都乡侯。自是凉州无事。

至四年，尚书仆射虞诩上疏曰："臣闻子孙以奉祖为孝，君上以安民为明，此高宗、周宣所以上配汤、武也。《禹贡》雍州之域，厥田惟上。且沃野千里，谷稼殷积，又有龟兹盐池以为民利。水草丰美，土宜产牧，牛马衔尾，群羊塞道。北阻山河，乘阸据险。因渠以溉，水舂河漕。用功省少，而军粮饶足。故孝武皇帝及光武筑朔方，开西河，置上郡，皆为此也。而遭元元无妄之灾，众羌内溃，郡县兵荒二十余年。夫弃沃壤之饶，损自然之财，不可谓利；离河山之阻，守无险之处，难以为固。今三郡未复，园陵单外，而公卿选懦，容头过身，张解设难，但计所费，不图其安。宜开圣德，考行所长。"书奏，帝乃复三郡。使谒者郭璜督促徙者，各归旧县，缮城郭，置候驿。既而激河浚渠为屯田，省内郡费岁一亿计。遂令安定、北地、上郡及陇西、金城常储谷粟，令周数年。

山向西逃窜，侵入武威郡。马贤在鸾鸟县追到了羌人，马贤招引他们归降，各部族投降的有几千人，于是麻奴向南逃回湟中。延光元年（122）春，马贤追到了湟中，麻奴就逃出边关渡过黄河，马贤便继续追击并击败了麻奴，麻奴的族人四散奔逃，他们逃到凉州刺史宗汉处投降。麻奴等人孤立无援，又饿又累，这年冬天，率三千多户族人到汉阳太守耿种处投降。安帝授予麻奴金印信和紫绶带，赐给族人们数目不一的金银和彩色丝绸。这一年，虔人部族的羌人与上郡的胡人勾结反叛，进犯谷罗城，度辽将军耿夔率各郡部队和乌桓骑兵前去击败了他们。延光三年（124）秋，陇西郡官署驻地重新迁回狄道县。麻奴的弟弟犀苦继位。

顺帝永建元年（126），陇西郡的钟羌反叛，护羌校尉马贤率七千多人讨伐钟羌，两军在临洮交战，官军斩杀了一千多羌人，羌人便都领着族人们投降。朝廷加封马贤为都乡侯。自此凉州再无羌乱。

到永建四年（129），尚书仆射虞诩上奏说："我听说供奉祖先的孩子才称得上孝顺，济世安民的君主才称得上贤明，因此商高宗、周宣王能与商汤、周武王合祭于祠庙中。根据《禹贡》记载，雍州地区有上等的耕地。而且肥沃的田野方圆千里，收获的粮食堆满仓库，又有龟兹国的盐池造福于民。这里河水充沛、牧草茂盛，土地适合养殖放牧，牛马成群相接，羊群阻塞道路。北有高山、黄河作屏障，可利用地形据险而守。此地既可开渠引灌，亦可修水碓、通漕运。既省时省力，又军粮充足。从前孝武帝和光武帝之所以修建朔方城，开通河西走廊，设立上郡，都是因为这个缘故。而如今百姓遭此飞来横祸，各族羌人流窜中原，各郡县陷入战乱饥荒二十多年。放弃富饶的良田，耗损天赐的财富，称不上利国利民；远离黄河、高山的屏障，驻兵于无险可守之地，又怎能固若金汤。现在安定、北地、上郡并未恢复，长安城内先王陵园孤露于外，然而公卿大臣们胆小懦弱，得过且过，虚言妄语自我辩解，想方设法故意刁难，只论成本，不顾国家安全。陛下应彰显您无上的德行，推求出最佳的行动。"奏章呈上后，顺帝于是恢复三郡。朝廷派谒者郭璜监督敦促流亡的官员百姓各马贤以犀苦兄弟数背叛，因系质于令居。其冬，贤坐征免，右扶风韩皓代为校尉。明年，犀苦诣皓自言求归故地，皓复不遣。因转湟中屯田，置两河间，以逼群羌。皓复坐征，张掖太守马续代为校尉。两河间羌以屯田近之，恐必见图，乃解仇诅盟，各自儆备。续欲先示恩信，乃上移屯田还湟中，羌意乃安。至阳嘉元年，以湟中地广，更增置屯田五部，并为十部。二年夏，复置陇西南部都尉如旧制。

三年，钟羌良封等复寇陇西、汉阳，诏拜前校尉马贤为谒者，镇抚诸种。马续遣兵击良封，斩首数百级。四年，马贤亦发陇西吏士及羌胡兵击杀良封，斩首千八百级，获马牛羊五万余头，良封亲属并诣贤降。贤复进击钟羌且昌，且昌等率诸种十余万诣凉州刺史降。永和元年，马续迁度辽将军，复以马贤代为校尉。初，武都塞上白马羌攻破屯官，反叛连年。二年春，广汉属国都尉击破之，斩首六百余级，马贤又击斩其渠帅饥指累祖等三百级，于是陇右复平。明年冬，烧当种那离等三千余骑寇金城塞，马贤将兵赴击。斩首四百余级，获马千四百匹。那离等复西招羌胡，杀伤吏民。

四年，马贤将湟中义从兵及羌胡万余骑掩击那离等，斩之，获首虏千二百余级，得马骡羊十万余头。征贤为弘农太守，以来机为回本县，并重修城墙，重建侦报敌情的土堡和驿站。之后又修筑潜坝引水入渠并疏通渠道开展屯田，每年内地各郡因此能节省一亿钱。朝廷于是命令安定、北地、上郡、陇西、金城各郡时常储备粮食，要求能满足几年的周转。

因犀苦兄弟多次背叛，马贤便把他们留在令居县作人质。这年（永建四年，129）冬天，马贤因罪被召回革职，右扶风韩皓接任护羌校尉。第二年，犀苦拜见韩皓请求放自己重归故土，韩皓又不让他走。韩皓之后又将湟中的屯田移到湟水和黄河之间，以此威慑各族羌人。韩皓因罪被召回，张掖太守马续接任护羌校尉。因为屯田已经逼近了定居在湟水和黄河之间的羌人，他们担心自己定会成为汉军的目标，便化解仇恨结盟立约，各自戒备汉军。马续想先对羌人展示自己的恩惠和信义，就上书请求将屯田移回湟中，羌人这才放心。到阳嘉元年（132），因湟中土地辽阔，朝廷又在此增设五部屯田，共计十部。阳嘉二年（133）夏，朝廷按照旧制再次设立陇西南部都尉。

阳嘉三年（134），钟羌部族的良封等人又入侵陇西、汉阳二郡，顺帝下诏任命前任护羌校尉马贤为谒者，平定并安抚各族羌人。马续派兵击败了良封，斩杀敌军几百人。阳嘉四年（135），马贤又征调陇西的官兵和羌人胡人的部队击败并杀死了良封，斩杀敌军一千八百人，缴获马、牛、羊五万多头，良封的家人都到马贤处投降。马贤又率军攻打钟羌部族的且昌，且昌等人率领各族羌人十多万人到凉州刺史处投降。永和元年（136），马续调任度辽将军，朝廷又命马贤接任护羌校尉。起初，武都郡边境地区的白马部族击败了屯田官，为患多年。永和二年（137）春，广汉郡属国都尉击败了白马族，斩杀六百多人，马贤也斩杀了白马族首领饥指累祖等三百人，于是陇右重归安宁。第二年冬天，烧当族的那离率三千多骑兵入侵金城郡边关，马贤率军前去镇压。官军斩杀敌军四百多人，缴获一千四百匹马。那离等人又招揽西方的羌人、胡人作乱，打死打伤官员百姓。

永和四年（139），马贤率领湟中的志愿军和羌人胡人部队共计一万多名骑兵突袭那离等人，官军斩杀了那离，并斩杀贼军一千二百并州刺史，刘秉为凉州刺史，并当之职。大将军梁商谓机等曰："戎狄荒服，蛮夷要服，言其荒忽无常。而统领之道，亦无常法，临事制宜，略依其俗。今三君素性疾恶，欲分明白黑。孔子曰：'人而不仁，疾之已甚，乱也。'况戎狄乎！其务安羌胡，防其大故，忍其小过。"机等天性虐刻，遂不能从。到州之日，多所扰发。

五年夏，且冻、傅难种羌等遂反叛，攻金城，与西塞及湟中杂种羌胡大寇三辅，杀害长吏。机、秉并坐征。于是发京师近郡及诸州兵讨之，拜马贤为征西将军，以骑都尉耿叔副，将左右羽林、五校士及诸州郡兵十万人屯汉阳。又于扶风、汉阳、陇道作坞壁三百所，置屯兵，以保聚百姓。且冻分遣种人寇武都，烧陇关，掠苑马。六年春，马贤将五六千骑击之，到射姑山，贤军败，贤及二子皆战殁。顺帝愍之，赐布三千匹，谷千斛，封贤孙光为舞阳亭侯，租入岁百万。遣侍御史督录征西营兵，存恤死伤。

于是东西羌遂大合。巩唐种三千余骑寇陇西，又烧园陵，掠关中，杀伤长吏，郃阳令任頵追击，战死。遣中郎将庞浚募勇士千五百人顿美阳，为凉州援。武威太守赵冲追击巩唐羌，斩首四百余级，得马牛羊驴万八千余头，羌二千余人降。诏冲督河西四郡兵为节度。罕种羌千余寇北地，北地太守贾福与赵冲击之，不利。秋，诸种八九千骑寇武威，凉部震恐。于是复徙安定居扶风，北地多，缴获马、骡、羊十万多头。朝廷将马贤调任为弘农太守，任命来机为并州刺史，刘秉为凉州刺史，他们要同时赴任。大将军梁商对来机等人说："古人说戎狄远居荒服在九州之外，蛮夷居于要服在九州之内，这话是说戎狄之人反覆无常。因此统治他们的方法，便也应打破常规，根据具体情况采取适当的办法，要大致照顾到他们的习俗。现在你们这三位平素就是嫉恶如仇的人，凡事都要分个黑白。孔子说：'对那些不仁之人，如果太过憎恨，也会造成祸乱。'何况是对于戎狄之人呢！你们可一定要安抚羌胡之人，防范他们胡作非为，容忍他们小的过错。"但来机等人天生就暴虐冷酷，终究没能遵照梁商的建议。到任之后，他们屡次骚扰和征调羌胡百姓。

永和五年（140）夏，且冻、傅难等部族的羌人终究反叛了，他们攻破金城郡，联合在西塞和湟中杂居的羌胡部族大规模进犯三辅之地，贼军杀害郡县长官。来机、刘秉都因罪被召回。朝廷于是征调京城附近各郡和各州部队讨伐贼寇，任命马贤为征西将军，任命骑都尉耿叔为副将，二人率领左右羽林军、五校禁军和各州郡部队共计十万人驻守汉水北岸。又在右扶风、汉水北岸、陇中道路筑起三百座防御土堡，并派兵驻守，用以保护和收容百姓。且冻另派一批族人入侵武都郡，他们烧毁陇山关隘，抢走马场中的马匹。永和六年（141）春，马贤率五六千名骑兵进攻且冻，两军战于射姑山，马贤军战败，马贤和两个儿子都战死。顺帝十分痛惜，于是赐给马贤家三千匹布、一千斛粮食，并将马贤的孙子马光封为舞阳亭侯，每年租税收入一百万。朝廷又派侍御史将征西的各营士兵正式记录入册，并对死伤者的家人予以慰问和救济。

这以后东部和西部的羌人就结成了大联盟。巩唐部族的三千多名骑兵入侵陇西郡，再次烧毁王陵，劫掠关中百姓，打死打伤郡县官吏，郃阳县令任頵追击羌人，结果战死。朝廷派中郎将庞浚率领招募来的一千五百名勇士驻守美阳县，作为凉州的援军。武威太守赵冲追击巩唐部族，斩杀羌人四百多，缴获马、牛、羊、驴共一万八千多头，投降的羌人有二千多。朝廷下诏命赵冲统领河西四郡的部队。军居冯翊，遣行车骑将军执金吾张乔将左右羽林、五校士及河内、南阳、汝南兵万五千屯三辅。汉安元年，以赵冲为护羌校尉。冲招怀叛羌，罕种乃率邑落五千余户诣冲降。于是罢张乔军屯。唯烧何种三千余落据参䜌北界。三年夏，赵冲与汉阳太守张贡掩击之，斩首千五百级，得牛羊驴十八万头。冬，冲击诸种，斩首四千余级。诏冲一子为郎。冲复追击于阿阳，斩首八百级。于是诸种前后三万余户诣凉州刺史降。

建康元年春，护羌从事马玄遂为诸羌所诱，将羌众亡出塞。领护羌校尉卫瑶追击玄等，斩首八百余级，得牛马羊二十余万头。赵冲复追叛羌到建威鹯阴河。军度未竟，所将降胡六百余人叛走，冲将数百人追之，遇羌伏兵，与战殁。冲虽身死，而前后多所斩获，羌由是衰耗。永嘉元年，封冲子恺义阳亭侯。以汉阳太守张贡代为校尉。左冯翊梁并稍以恩信招诱之，于是离湳、狐奴等五万余户诣并降，陇右复平。并，大将军冀之宗人。封为鄠侯，邑二千户。

自永和羌叛，至乎是岁，十余年间，费用八十余亿。诸将多断盗牢禀，私自润入，皆以珍宝货赂左右，上下放纵，不恤军事，士卒不得其死者，白骨相望于野。

桓帝建和二年，白马羌寇广汉属国，杀长吏。是时西羌及湟中部族的一千多人入侵北地郡，北地太守贾福与赵冲一道迎击，没能取胜。永和五年秋，各族羌人共八九千名骑兵入侵武威郡，凉州官民大为惊恐。于是朝廷又将安定郡官府迁到右扶风，将北地郡官府迁到左冯翊，并派张乔兼任车骑将军和执金吾率领左右羽林军、五校禁军和河内、南阳、汝南的部队共计一万五千人驻守三辅地区。汉安元年(142)，朝廷任命赵冲为护羌校尉。赵冲对叛变羌人采取怀柔政策，罕族羌人这才率领各村五千多户到赵冲处投降。朝廷于是撤回了张乔的驻守部队。眼下只有烧何族的三千多个村落盘踞在参䜌县北部边界。汉安三年(144)夏，赵冲与汉阳太守张贡突袭了烧何族，斩杀了一千五百人，缴获牛、羊、驴十八万头。冬天，赵冲再次进攻各族羌人，斩杀了四千多人。朝廷下诏将赵冲的一个儿子任命为郎。赵冲又追击羌人与其战于阿阳县，斩杀羌人八百名。这以后羌人各族先后有三万多户到凉州刺史处投降。

建康元年(144)春，护羌从事马玄最终被羌人策反，率领羌人逃出边塞。代理护羌校尉卫瑶追击马玄等人，斩杀八百多人，缴获牛、马、羊二十多万头。赵冲又追击叛逃的羌人一直追到建威城鹯阴河。正当军队尚未全部渡河之际，赵冲麾下六百多投降的胡人叛变逃走，赵冲立即率几百人追赶，不想半路遇到羌人的伏兵，于是赵冲死于交战之中。赵冲虽然牺牲，但自他任护羌校尉以来战果颇丰，羌人自此衰落下去。永憙元年(145)，朝廷封赵冲的儿子赵恺为义阳亭侯。任命汉阳太守张贡接任护羌校尉。左冯翊梁并渐渐地用恩惠和信义招揽并引导羌人，于是离湳、狐奴族等五万多户羌人到梁并处投降，陇山以西之地再次安定下来。梁并，与大将军梁冀是同族。朝廷封他为鄠侯，封地二千户。

从永和年间羌人作乱到这一年，这十几年里，朝廷花费八十多亿。常有将领们贪污粮饷，中饱私囊，他们都用财宝贿赂皇帝的近臣，于是朝廷上下目无法纪，军队事务置若罔闻，士兵们死于非命，原野上尸骨累累。

桓帝建和二年(148)，白马部族的羌人进犯广汉属国，杀害长胡复畔为寇，益州刺史率板楯蛮讨破之，斩首招降二十万人。

永寿元年，校尉张贡卒，以前南阳太守第五访代为校尉，甚有威惠，西垂无事。延熹二年，访卒，以中郎将段颎代为校尉。时烧当八种寇陇右，颎击大破之。四年，零吾复与先零及上郡沈氏、牢姐诸种并力寇并、凉及三辅。会段颎坐事征，以济南相胡闳代为校尉。闳无威略，羌遂陆梁，覆没营坞，寇患转盛，中郎将皇甫规击破之。五年，沈氏诸种复寇张掖、酒泉，皇甫规招之，皆降。事已具《规传》。鸟吾种复寇汉阳，陇西、金城诸郡兵共击破之，各还降附。至冬，滇那等五六千人复攻武威、张掖、酒泉，烧民庐舍。六年，陇西太守孙羌击破之，斩首溺死三千余人。胡闳疾，复以段颎为校尉。

永康元年，东羌岸尾等胁同种连寇三辅，中郎将张奂追破斩之，事已具《奂传》。当煎羌寇武威，破羌将军段颎复破灭之，余悉降散。事已具《颎传》。灵帝建宁三年，烧当羌奉使贡献。中平元年，北地降羌先零种因黄巾大乱，乃与汉中羌、义从胡北宫伯玉等反，寇陇右。事已具《董卓传》。兴平元年，冯翊降羌反，寇诸县，郭汜、樊稠击破之，斩首数千级。

自爰剑后，子孙支分凡百五十种。其九种在赐支河首以西，及在蜀、汉徼北，前史不载口数。唯参狼在武都，胜兵数千人。其五十二种衰少，不能自立，分散为附落，或绝灭无后，或引而远去。

官。当时西羌和湟中的胡人再次叛变寇边，益州刺史率板楯蛮人讨伐并击败了他们，斩杀和招降的羌人共计二十万。

永寿元年（155），护羌校尉张贡逝世，朝廷任命原南阳太守第五访接任护羌校尉，第五访恩威并施，西部边境安然无事。延熹二年（159），第五访逝世，朝廷任命中郎将段颎接任护羌校尉。当时烧当族的八个部落入侵陇山以西地区，段颎迎战并取得大胜。延熹四年（161），零吾又纠集先零部族以及上郡的沈氏、牢姐各部族协力进犯并州、凉州和三辅地区。恰逢段颎因罪被召回，朝廷任命济南相胡闳接任护羌校尉。胡闳既无威望亦无谋略，羌人于是肆无忌惮，攻陷军营和堡垒，入侵作乱日甚一日，最终败于中郎将皇甫规之手。延熹五年（162），沈氏各部族再次进犯张掖、酒泉二郡，皇甫规对沈氏部族施以招抚，他们便全部投降。此事已记载于《皇甫规传》。鸟吾部族又进犯汉水北岸，陇西、金城各郡部队一同迎战并击败了鸟吾族，最终他们各回故地投降归顺。到冬天，滇那率领五六千人再次进犯武威、张掖、酒泉，百姓房屋尽遭贼军烧毁。延熹六年（163），陇西太守孙羌击败了滇那，三千多羌人被斩杀或溺毙。胡闳生病后，朝廷再次任命段颎为护羌校尉。

永康元年（167），东羌的岸尾等人威胁本族羌人接连入侵三辅地区，中郎将张奂率军追击击败了岸尾并斩下他的首级，此事已记载于《张奂传》。同年当煎部族进犯武威郡，破羌将军段颎再次击败并剿灭了羌人部队，残余羌人全部投降散伙。此事已记载于《段颎传》。灵帝建宁三年（170），烧当部族派使者入朝进贡。中平元年（184），北地郡归降的先零族羌人趁着黄巾军作乱，便伙同汉中地区的羌人和北宫伯玉麾下的本已归汉的胡人发动叛乱，进犯陇山以西。此事已记载于《董卓传》。兴平元年（194），归降于左冯翊的羌人发动叛乱，入侵各县，郭汜、樊稠击败了他们，斩杀羌人几千名。

自祖先爰剑之后，羌人的后代共分化为一百五十个部族。其中有九个部族定居在赐支河源头以西以及蜀、汉边界以北的地区，他们的人口数量没有记载于前朝史书。只知道定居武都郡的参狼部其八十九种，唯钟最强，胜兵十余万。其余大者万余人，小者数千人，更相钞盗，盛衰无常，无虑顺帝时胜兵合可二十万人。发羌、唐旄等绝远，未尝往来。氂牛、白马羌在蜀、汉，其种别名号，皆不可纪知也。建武十三年，广汉塞外白马羌豪楼登等率种人五千余户内属，光武封楼登为归义君长。至和帝永元六年，蜀郡徼外大牂夷种羌豪造头等率种人五十余万口内属，拜造头为邑君长，赐印绶。至安帝永初元年，蜀郡徼外羌龙桥等六种万七千二百八十口内属。明年，蜀郡徼外羌薄申等八种三万六千九百口复举土内属。冬，广汉塞外参狼种羌二千四百口复来内属。桓帝建和二年，白马羌千余人寇广汉属国，杀长吏，益州刺史率板楯蛮讨破之。

湟中月氏胡，其先大月氏之别也，旧在张掖、酒泉地。月氏王为匈奴冒顿所杀，余种分散，西逾葱领。其羸弱者南入山阻，依诸羌居止，遂与共婚姻。及骠骑将军霍去病破匈奴，取西河地，开湟中，于是月氏来降，与汉人错居。虽依附县官，而首施两端。其从汉兵战斗，随势强弱。被服饮食言语略与羌同，亦以父名母姓为种。其大种有七，胜兵合九千余人，分在湟中及令居。又数百户在张掖，号曰义从胡。中平元年，与北宫伯玉等反，杀护羌校尉泠徵、金城太守陈懿，遂寇乱陇右焉。

族，族中能作战的羌人有几千名。另有五十二个部落人少族弱，无法独立，分散为各大族的附属部落，有的后继无人归于消失，有的迁居别处远离中原。其余八十九个部族中，只有钟羌最为强大，可作战人口有十多万。其他部族的可作战人口多的有上万人，少的有几千人，他们互相劫掠，时而强盛时而衰败，到顺帝时羌人的可作战人口合计大约有二十万人。发羌、唐旄等部族距中原非常遥远，未曾和他们有过往来。氂牛、白马羌聚居在蜀、汉地区，其部族的确切名称，都已不为人知难以记载了。建武十三年（37），广汉郡边关外的白马羌在首领楼登等人的率领下全族五千多户归附朝廷，光武帝封楼登为归义君长。到和帝永元六年（94），蜀郡郡外的大牂夷部族在首领造头等人的率领下全族五十多万人归附朝廷，和帝任命造头为邑君长，赐给他印信和绶带。到安帝永初元年，蜀郡郡外的龙桥等六个羌人部族共一万七千二百八十人归附朝廷。第二年，蜀郡郡外的薄申等八个羌人部族共三万六千九百人也归附朝廷并献上全族土地郡。冬天，广汉边关外参狼部族的二千四百人又前来归附朝廷。桓帝建和二年，白马羌的一千多人进犯广汉属国，他们杀害郡县长官，益州刺史率板楯蛮人击败了他们。

湟中地区的月氏胡人，早先是大月氏的分支，本定居于张掖、酒泉地区。月氏王遭匈奴王冒顿杀害后，残余的族人分散开，有的越过葱岭向西迁徙。那些体弱的人则向南迁居到深山中，投靠到羌人部族里生活，之后便和羌人通婚。到骠骑将军霍去病击败匈奴，占领西河地区，开辟湟中地区之后，月氏胡人于是前来归降，并与汉人杂居。他们虽已归附朝廷，却仍游移不定。跟随汉军作战时，他们尽力与否随汉军是否有优势而变。他们的衣着、饮食、语言和羌人差不多，也和羌人一样把父亲的名字或母亲的姓氏作为部族名称。月氏胡有七个大部族，可作战人口共计九千多，这九千多人分布在湟中地区和令居县。还有几百户月氏胡居住在张掖郡，名为“义从胡”。中平元年，他们跟随北宫伯玉等人叛汉，杀害了护羌校尉泠徵、金城太守陈懿，于是侵入陇山以西地区作乱。

论曰：羌戎之患，自三代尚矣。汉世方之匈奴，颇为衰寡，而中兴以后，边难渐大。朝规失绥御之和，戎帅骞然诺之信。其内属者，或倥偬于豪右之手，或屈折于奴仆之勤。塞候时清，则愤怒而思祸；桴革暂动，则属鞬以鸟惊。故永初之间，群种蜂起。遂解仇嫌，结盟诅，招引山豪，转相啸聚，揭木为兵，负柴为械。谷马扬埃，陆梁于三辅；建号称制，恣睢于北地。东犯赵、魏之郊，南入汉、蜀之鄙，塞湟中，断陇道，烧陵园，剽城市，伤败踵系，羽书日闻。并、凉之士，特冲残毙，壮悍则委身于兵场，女妇则徽纆而为虏，发冢露胔，死生涂炭。自西戎作逆，未有陵斥上国若斯其炽也。和熹以女君亲政，威不外接。朝议惮兵力之损，情存苟安。或以边州难援，宜见捐弃；或惧疽食浸淫，莫知所限。谋夫回遑，猛士疑虑，遂徙西河四郡之人，杂寓关右之县。发屋伐树，塞其恋土之心；燔破赀积，以防顾还之思。于是诸将邓骘、任尚、马贤、皇甫规、张奂之徒，争设雄规，更奉征讨之命，征兵会众，以图其隙。驰骋东西，奔救首尾，摇动数州之境，日耗千金之资。至于假人增赋，借奉侯王，引金钱缣彩之珍，征粮粟盐铁之积。所以赂遗购赏，转输劳来之费，前后数十巨万。或枭剋酋健，摧破附落，降俘载路，牛羊满山。军书未奏其利害，而离叛之状已言矣。故得不酬失，功不半劳。暴露师徒，连年而无所胜。官人屈竭，烈士愤丧。段颎受事，专掌军任，资山西之猛性，练戎俗之态情，穷武思尽飙锐以事之。被羽前登，身当百死之陈，蒙没冰雪，经履千折之道。始殄西种，卒定东寇。若乃陷击之所歼伤，追走之所崩籍，头颅断落于万丈之山，支革判解于重崖之上，不可校计。其能穿窜草石，自脱于锋镞者，百不一二。而张奂盛称“戎狄一气所生，不宜诛尽，流血污野，伤和致妖”。是何言之迂乎！羌虽外患，实深内疾，若攻之不根，是养疾疴于心腹也。惜哉寇敌略定矣，而汉祚亦衰焉。呜呼！昔先王疆理九土，判别畿荒，知夷貊殊性，难以道御，故斥远诸华，薄其贡职，唯评论说：羌戎之人祸乱中原，从夏、商、周三代起由来已久了。同匈奴相比，汉朝时的羌戎显得相当弱小，但自光武帝兴复汉室之后，羌人作乱边疆渐趋严重。在处理羌戎事务上，朝廷决策失却了恩威并济的协调，军队将帅违背了言信行果的诚信。那些归附朝廷的羌人，有的为豪强欺凌陷于困苦窘迫，有的不得不放弃尊严做牛做马。边境土堡哨所全部拆除之时，他们便怒火中烧图谋反叛；汉军击鼓、披挂紧急战备之时，他们又如惊弓之鸟般惶恐。所以永初年间边防疲敝之时，各族羌人群起作乱。各族于是化解仇恨，结盟起誓，招揽山中大族串通一气，相继招呼同党纠集队伍，手举木杆当作武器，背上柴薪亦是武器。他们驾车纵马扬起尘土，作乱三辅肆无忌惮；他们僭称天子代行皇权，于北地郡胡作非为。向东进犯赵、魏城郊，向南入侵汉、蜀边境，隔绝湟中，切断陇道，烧毁皇陵，劫掠城市，战事不利的消息接踵而至，求援的告急文书天天都有。并州、凉州的百姓，备受摧残和杀害，强壮的男子被驱往前线，妇女被捆绑囚禁沦为俘虏。乱贼挖开坟冢、曝尸荒野，百姓陷于水深火热之境。自西戎作乱以来，大汉还从未遭受过如此惨烈的侵凌。和熹皇后以女子身份执掌朝政，大汉声威难以流播境外，朝中文武百官竟害怕耗损兵力，心中总有苟且偷安之意。有人认为边疆各州难以救援，应当将其放弃；有的害怕祸患蔓延天长日久，不知何时到头。献策之人犹豫惶恐，勇猛之士心存疑虑，最终竟将西河四郡百姓，迁到潼关以西各县杂居。官府拆房砍树，断绝百姓安土重迁之心；烧毁积蓄，严防百姓还归故土之意。这之后像邓骘、任尚、马贤、皇甫规、张奂等将领，便争着献上宏伟的规划，他们又奉了征讨平叛的诏命，手握兵权聚集人马，借此时机谋取私利。他们东征西讨，派兵各处救援，几个州的官民不得安宁，每天耗费物资可达千金。更有甚者竟派人增加赋税，并向王侯借用俸禄，他们用车运回金钱、彩绢，征收、囤积粮食、盐铁。用于贿赂、送礼、悬赏的费用，用于运输、慰劳、招募的费用，共计巨资几十万。有时斩杀了羌人首领，剿灭了附属部落，投降、被俘的挤满道路，缴获的牛羊漫山遍野。但军队公文不先上报战果和损失，反将羌人叛乱的情况先行说明。所以得不偿失，事倍功半。士卒与辞要而已。若二汉御戎之方，失其本矣。何则？先零侵境，赵充国迁之内地；当煎作寇，马文渊徙之三辅。贪其暂安之势，信其驯服之情，计日用之权宜，忘经世之远略，岂夫识微者之为乎？故微子垂泣于象箸，辛有浩叹于伊川也。

赞曰：金行气刚，播生西羌。氐豪分种，遂用殷强。虔刘陇北，假僭泾阳。朝劳内谋，兵惫外攘。

在外征战，连续多年却毫无斩获。官员竭忠尽智，壮士悲愤献身。段颎临危受命，主管作战任务，华山以西的出身赋予他勇猛的将才，西戎的习俗和情况亦为段颎所熟悉，他发挥军事才能，率领精兵猛将讨伐羌戎。段颎背军旗打头阵，亲身奔赴极其危险的战场，冒风雪履冰霜，穿过无数百折千回的山道。这才消灭了西部羌人，终于镇压东犯的敌寇。至于那些在迎击和进攻中所牺牲的官兵，在追击和逃跑中所崩溃瓦解的部队，首级被斩落在万丈深山中的征夫，残肢断臂挂在万重悬崖上的士卒，实在是不计其数。那些能穿行逃窜于草从山石之中，使自己免于刀箭伤害的，百人当中不过有一两个。然而张奂极力主张"戎狄和我们同生于天地之间，不应该把他们消灭殆尽，以至死者鲜血弄脏原野，破坏协和招致不祥"。这是何等迂腐的言论啊！羌人寇边虽属外患，实则源于内部隐忧，如果不斩草除根，就是让疾病在心腹要害处恶化。可惜敌寇差不多被平定之时，而大汉的国运也衰微了。呜呼！从前先王划分中国为九州，分别王畿和边地，他们明白异族的性情不同，难以用道德控制，所以将其驱离于华夏之外，减轻他们的贡赋，仅与其立约结盟而已。像前汉和后汉控制西戎的方法，在根本上就错了。为什么呢？先零部族寇边，赵充国将他们迁往内地；煎当部族入侵，马文渊将他们迁到三辅。他们贪图眼前的安宁，轻信羌人能够被驯服，只考虑一时变通，却忘记千秋大计，见微知著之人又怎会这么做呢？所以微子见到纣王用象牙筷而流下眼泪，辛有在伊川因人们议论而发出长叹。

赞辞说：金行之气勇猛刚强，流播塞外产生西羌。氐族首领率族融入，于是羌族人丁兴旺。陇北之地劫掠作乱，泾阳之地僭号称王。朝堂之内出谋划策，官军在外疲惫繁忙。

卷一百十八

西域列传第七十八

武帝时，西域内属，有三十六国。汉为置使者、校尉领护之。宣帝改曰都护。元帝又置戊己二校尉，屯田于车师前王庭。哀、平间，自相分割为五十五国。王莽篡位，贬易侯王，由是西域怨叛，与中国遂绝，并复役属匈奴。匈奴敛税重刻，诸国不堪命，建武中，皆遣使求内属，愿请都护。光武以天下初定，未遑外事，竟不许之。会匈奴衰弱，莎车王贤诛灭诸国，贤死之后，遂更相攻伐。小宛、精绝、戎庐、且末为鄯善所并。渠勒、皮山为于寘所统，悉有其地。郁立、单桓、孤胡、乌贪訾离为车师所灭。后其国并复立。永平中，北虏乃胁诸国共寇河西郡县，城门昼闭。十六年，明帝乃命将帅，北征匈奴，取伊吾卢地，置宜禾都尉以屯田，遂通西域，于寘诸国皆遣子入侍。西域自绝六十五载，乃复通焉。明年，始置都护、戊己校尉。及明帝崩，焉耆、龟兹攻没都护陈睦，悉覆其众，匈奴、车师围戊己校尉。建初元年春，酒泉太守段彭大破车师于交河城。章帝不欲疲敝中国以事夷狄，乃迎还戊己校尉，不复遣都护。二年，复罢屯田伊吾，匈奴因遣兵守伊吾地。时军司马班超留于寘，绥集诸国。和帝永元元年，大将军窦宪大破匈奴。二年，宪因遣副校尉阎槃将二千余骑掩击伊吾，破之。三年，班超遂定西域，因以超为都护，居龟兹。复置戊己校尉，领兵五百人，居车师前部高昌壁，又置戊部候，居车师后部候城，相去五百里。六年，班超复击破焉耆，于是五十余国悉纳质内属。其条支、安息诸国至于海濒四万里外，皆重译贡献。九年，班超遣掾甘英穷临西海而还。皆前世所不至，《山经》所未详，莫不备其风土，传其珍怪焉。于是远国蒙奇、兜勒皆来归服，遣使贡献。

武帝时，西域各国归附朝廷，共计三十六个国家。朝廷在西域设置了使者和校尉负责当地的管理和保卫工作。后来宣帝将使者、校尉之职改名为都护。元帝又设置了戊己二校尉掌管屯田事务，治所在车师前国的王庭中。哀帝、平帝年间，西域各国互相分裂为五十五个国家。王莽篡汉后，朝廷降低了西域诸王的爵位，西域各国因此心生不满反叛汉朝，于是断绝了与中国的往来，并再次投靠匈奴。匈奴对西域征以重税，西域各国难以忍受，于是在光武帝建武年间，全都派使者请求归附汉朝，希望重归都护治下。光武帝出于全国刚刚平定，无暇顾及外交的缘故，最终没有接受西域的归附。当时正值匈奴衰弱，莎车国国王贤吞并了西域各国，贤去世之后，各国就互相争霸。小宛、精绝、戎庐、且末等国为鄯善所吞并。渠勒、皮山二国归于于窴治下，土地也尽属于于窴。郁立、单桓、孤胡、乌贪訾离等国灭亡于车师之手。后来那些国家又一并独立。明帝永平年间，匈奴竟挟持西域各国与其一道进犯河西各郡县，各县城无奈在白天便紧锁城门。永平十六年（73），明帝才派出将领，率军北征匈奴，汉军占领了伊吾卢地，朝廷便在此设置宜禾都尉一职负责屯田事务，由此与西域交流的道路打通了。于窴等国都派儿子入朝侍奉皇帝。西域同中原断绝往来已有六十五年了，这才再次通好。第二年，朝廷开始于此设置都护、戊己校尉。到明帝驾崩时，焉耆、龟兹二国击败并杀害了都护陈睦，全歼了他的部队，同时匈奴、车师围攻戊己校尉。建初元年（76）春，酒泉太守段彭在交河城大败车师军队。章帝不愿因处理夷狄事务而消耗国力，于是召回戊己校尉，不再派都护到西域就任。建初二年，朝廷又撤销了伊吾地区的屯田，匈奴便趁机派兵驻守于伊吾地区。当时军司马班超正出使于窴，执行安抚招引西域各国的任务。和帝永元元年（89），大将军窦宪大败匈奴。永元二年（90），及孝和晏驾，西域背畔。安帝永初元年，频攻围都护任尚、段禧等，朝廷以其险远，难相应赴，诏罢都护。自此遂弃西域。北匈奴即复收属诸国，共为边寇十余岁。敦煌太守曹宗患其暴害，元初六年，乃上遣行长史索班，将千余人屯伊吾以招抚之，于是车师前王及鄯善王来降。数月，北匈奴复率车师后部王共攻没班等，遂击走其前王。鄯善逼急，求救于曹宗。宗因此请出兵击匈奴，报索班之耻，复欲进取西域。邓太后不许，但令置护西域副校尉，居敦煌，复部营兵三百人，羁縻而已。其后北虏连与车师入寇河西，朝廷不能禁，议者因欲闭玉门、阳关，以绝其患。

延光二年，敦煌太守张珰上书陈三策，以为“北虏呼衍王常展转蒲类、秦海之间，专制西域，共为寇钞。今以酒泉属国吏士二千窦宪就派副校尉阎槃率两千多名骑兵突袭驻守伊吾的匈奴，汉军最终击败了他们。永元三年（91），班超终于平定西域，朝廷便任命班超为都护，驻扎在龟兹。朝廷又重设戊己校尉一职，麾下有五百人的部队，驻扎在车师前部的高昌壁，并另设戊部候一职，驻扎在车师后部的候城，与高昌壁相距五百里。永元六年（94），班超再次击败焉耆，自此西域五十多个国家都献上人质归附汉朝。那些远在四万里外海边的条支、安息各国，都通过多次转译得以入朝进贡。永元九年（97），班超派属官甘英外出考察，甘英一直探索到西边的大海后才返回。旅途所及都是前人尚未踏足之处，和《山经》所未能详细记载之地，甘英将各地风土人情详细记录下来，将当地珍奇古怪之物运回中原。这之后远方的蒙奇国和兜勒国都前来臣服，并派使者入朝进贡。

到和帝驾崩时，西域各国发起叛乱。安帝永初元年（107），叛军多次围攻都护任尚、段禧等人，朝廷出于西域艰险遥远，难以接应救援的缘故，下诏撤销都护一职。自此汉朝就放弃了对西域的统治。北匈奴随即再次掌控了西域各国，他们对边境的联合入侵持续了十多年。敦煌太守曹宗对他们造成的祸乱感到担忧，元初六年（119），他便上书请求派代理长史索班前来支援，索班率一千多人进驻伊吾并招降安抚西域叛军，因此车师前国国王和鄯善王前来投降。几个月后，北匈奴又率领车师后国国王一同击败并杀害了索班等人，之后又击退了车师前国国王。鄯善因此陷于危急之中，鄯善王便向曹宗求救。曹宗因此上书朝廷请求允许自己派兵攻打匈奴，为索班雪耻，并且想进兵收复西域之地。邓太后没有批准，仅下令设置护西域副校尉一职，治所在敦煌，另为其分拨了三百兵力，只求能对西域达成笼络和控制。这之后匈奴纠集车师接连进犯河西之地，朝廷无法抵挡，因此有人谏言要封锁玉门关和阳关，以此断绝异族寇边的祸乱。

延光二年（123），敦煌太守张珰上书提出三条计策，认为“匈奴呼衍王经常在蒲类海和秦海之间辗转活动，匈奴控制了西域，两余人集昆仑塞，先击呼衍王，绝其根本，因发鄯善兵五千人胁车师后部，此上计也。若不能出兵，可置军司马，将士五百人，四郡供其犁牛、谷食，出据柳中，此中计也。如又不能，则宜弃交河城，收鄯善等悉使入塞，此下计也。”朝廷下其议。尚书陈忠上疏曰：“臣闻八蛮之寇，莫甚北虏。汉兴，高祖窘平城之围，太宗屈供奉之耻。故孝武愤怒，深惟久长之计，命遣虎臣，浮河绝漠，穷破虏庭。当斯之役，黔首陨于狼望之北，财币縻于卢山之壑，府库单竭，杼柚空虚，算至舟车，赀及六畜。夫岂不怀，虑久故也。遂开河西四郡，以隔绝南羌，收三十六国，断匈奴右臂。是以单于孤特，鼠窜远藏。至于宣、元之世，遂备蕃臣，关徼不闭，羽檄不行。由此察之，戎狄可以威服，难以化狎。西域内附日久，区区东望扣关者数矣，此其不乐匈奴慕汉之效也。今北虏已破车师，势必南攻鄯善，弃而不救，则诸国从矣。若然，则虏财贿益增，胆势益殖，威临南羌，与之交连。如此，河西四郡危矣。河西既危，不得不救，则百倍之役兴，不訾之费发矣。议者但念西域绝远，恤之烦费，不见先世苦心勤劳之意也。方今边境守御之具不精，内郡武卫之备不修，敦煌孤危，远来告急。复不辅助，内无以慰劳吏民，外无以威示百蛮。蹙国减土，经有明诫。臣以为敦煌宜置校尉，案旧增四郡屯兵，以西抚诸国。庶足折冲万里，震怖匈奴。帝纳之，乃以班勇为西域长史，将弛刑士五百人，西屯柳中。勇遂破平车师。自建武至于延光，西域三绝三通。顺帝永建二年，勇复击降焉耆。于是龟兹、疏勒、于窴、莎车等十七国皆来服从，而乌孙、葱领已西遂绝。六年，帝以伊吾旧膏腴之地，傍近西域，匈奴资之，以为钞暴，复令开设屯田如永元时事，置伊吾司马一人。自阳嘉以后，朝威稍损，诸国骄放，转相陵伐。元嘉二年，长史王敬为于窴所没。永兴元年，车师后王复反攻屯营。虽有降首，曾莫惩革，自此浸以疏慢矣。班固记诸国风土人俗，皆已详备《前书》。今撰建武以后其事异于先者，以为《西域族一起对边境发动入侵和劫掠。如今可以命酒泉属国的二千多名官兵在昆仑塞集结，先进攻呼衍王，斩除叛军主使，之后派鄯善的五千兵力威胁车师后国，这是上策。如果朝廷不愿用兵，可设置军司马一职，拨给他五百名官兵，并由河西四郡提供耕牛、粮食，让他们出兵进驻柳中，这是中策。如果此计也不愿采纳，就应当放弃交河城，将鄯善等国的人都迁徙至边关内，这是下策。”朝廷命大臣们就张珰的意见展开讨论。尚书陈忠上书说：“我听说八方蛮人的入侵，没有比匈奴更严重的。汉朝立国时，高祖曾陷于被匈奴围于平城的困境，文帝曾遭受屈尊向匈奴进贡的耻辱。所以武帝心怀愤怒，着意于筹划长久之计，下令派遣善战猛将，渡过黄河、穿越沙漠，攻入王庭斩草除根。在那时的战争中，很多百姓惨死在狼望的北面，大把财富消耗于卢山山谷中，府库内空无一物，织机上无线可纺，调用车船、征收牲畜，无一不需精打细算。武帝怎会没有想过这些困难，正因为他对此有长远的考虑。最终大汉开辟了河西的四个郡，切断匈奴与南边羌人的联系，收服了西域的三十六个国家，掌控西域正如斩断匈奴右臂。因此匈奴单于陷于孤立，只得抱头鼠窜藏身远方。到了宣帝、元帝时期，对西域各藩国的管理终于完备，自此边关无需封锁，告急文书不再上报。由此来看，戎狄可以用武力慑服，却难以用教化驯服。西域归顺朝廷时间已久，诚心实意东望中原多次请求来往交流，这是他们厌弃匈奴而仰慕汉朝的明证。现在匈奴已经攻陷车师，之后势必向南进攻鄯善，如果朝廷抛弃鄯善而不发救兵，那么其他国家都要投靠匈奴了。真像这样的话，匈奴的钱财物资就日益增长，胆量实力也渐趋壮大，其威势接近南羌后，便会与南羌相勾结，果真如此，河西四郡就危险了。河西一旦陷入危险，我们便不得不援救，到那时就得征发百倍于前的徭役，耗费不计其数的钱粮了。有些大臣只考虑到西域极其遥远的距离，和援救西域沉重的花费，却不曾考虑前人苦心勤劳的用意。现在边境的守城器械不够精良，内地各郡防卫并不充分，敦煌陷于危险孤立无援，从远方而来向朝廷告急。再不救援的话，对内无法对官员百姓奉上慰劳，对外无法向各方蛮夷展示威风。此等丧失国土的祸患，《诗经》已有明确的告诫。我认为应传》，皆安帝末班勇所记云。

西域内属诸国，东西六千余里，南北千余里，东极玉门、阳关，西至葱领。其东北与匈奴、乌孙相接。南北有大山，中央有河。其南山东出金城，与汉南山属焉。其河有两源，一出葱领东流，一出于寘南山下北流，与葱领河合，东注蒲昌海。蒲昌海一名盐泽，去玉门三百余里。

自敦煌西出玉门、阳关，涉鄯善，北通伊吾千余里，自伊吾北通车师前部高昌壁千二百里，自高昌壁北通后部金满城五百里。此其西域之门户也，故戊己校尉更互屯焉。伊吾地宜五谷、桑麻、蒲萄。其北又有柳中，皆膏腴之地。故汉常与匈奴争车师、伊吾，以制在敦煌设置校尉，并根据旧制增加河西四郡的驻军，以此让西域各国安心。这样大概足以将敌寇击退于万里之外，让匈奴陷入震惊和恐惧。”安帝采纳了陈忠的意见，于是任命班勇为西域长史，并释放五百名囚犯组成军队，由班勇率领向西进驻柳中。班勇于是攻陷并平定了车师。从建武年间到延光年间，西域和中原的往来中断了三次又恢复了三次。顺帝永建二年（127），班勇又击败并降服了焉耆。这以后龟兹、疏勒、于窴、莎车等十七个国家都来归顺，但乌孙、葱岭以西的地区最终与汉朝断绝往来。永建六年（131），顺帝因为伊吾本是丰饶之地，并且靠近西域，而匈奴从伊吾获得物资支援，在西域劫掠作乱，又下令按照和帝永元年间的办法在伊吾设立屯田，，设置伊吾司马一职。自顺帝阳嘉年间以后，汉朝的威势逐步下降，西域各国则傲慢放纵起来，相继发动叛乱。元嘉二年（152），长史王敬被于窴叛军杀害。永兴元年（153），车师后国国王再次反叛攻打汉朝驻军。虽然也有重新归降的国家，但其放纵的情况并未好转，从此逐渐对中原疏远、轻慢起来了。班固记录了西域各国的风俗习惯和地理环境，都在《前汉书》中有过详细记载。现在将建武之后异于前代的事情记录下来，编定为《西域传》，这些事情都是引述自安帝末年的班勇。

归附汉朝的西域各国，其领地东西长六千多里，南北长一千多里，向东到达玉门关、阳关，向西到达葱岭。领地的东北部与匈奴、乌孙接壤。领地的南边和北边都有山脉，中央有河流。其南部山脉向东延伸到金城郡，与汉朝的南山相连。中央的河流有两个源头：一处发源于葱岭，向东流去，一处发源于于窴境内的南部山脉山脚下，向北流去，两道源流都汇入葱岭河，最终向东注入蒲昌海。蒲昌海又名盐泽，距玉门关三百多里。

从敦煌出发向西离开玉门关、阳关，途经鄯善，之后向北来到伊吾有一千多里，从伊吾出发向北来到车师前国的高昌壁有一千二百里，从高昌壁出发向北来到车师后国的金满城有五百里。高昌壁和金满城是西域的门户，所以戊己二校尉的驻地在这两个地方轮换。伊西域焉。

自鄯善逾葱领出西诸国，有两道。傍南山北，陂河西行至莎车，为南道。南道西逾葱领，则出大月氏、安息之国也。自车师前王庭随北山，陂河西行至疏勒，为北道。北道西逾葱领，出大宛、康居、奄蔡、焉耆。

出玉门，经鄯善、且末、精绝三千余里至拘弥。

拘弥国居宁弥城，去长史所居柳中四千九百里，去洛阳万二千八百里。领户二千一百七十三，口七千二百五十一，胜兵千七百六十人。

顺帝永建四年，于寘王放前杀拘弥王兴，自立其子为拘弥王，而遣使者贡献于汉。敦煌太守徐由上求讨之，帝赦于寘罪，令归拘弥国，放前不肯。阳嘉元年，徐由遣疏勒王臣槃发二万人击于寘，破之，斩首数百级，放兵大掠，更立兴宗人成国为拘弥王而还。至灵帝熹平四年，于寘王安国攻拘弥，大破之，杀其王，死者甚众，戊己校尉、西域长史各发兵辅立拘弥侍子定兴为王。时人众裁有千口。其国西接于寘三百九十里。

于寘国居西城，去长史所居五千三百里，去洛阳万一千七百里。领户三万二千，口八万三千，胜兵三万余人。

建武末，莎车王贤强盛，攻并于寘，徙其王俞林为骊归王。明帝永平中，于寘将休莫霸反莎车，自立为于寘王。休莫霸死，兄子广德立，后遂灭莎车，其国转盛。从精绝西北至疏勒十三国皆服从。

吾的土地适合播种粮食、桑树、麻和葡萄。伊吾以北是柳中，这里也都是肥沃的土地。所以汉朝与匈奴经常为车师和伊吾展开争夺，为的是控制西域。

从鄯善翻过葱岭去往西域以西的国家，有两条道路。取道南部山脉的北侧，沿着中央河流往西走直至莎车，这是南道。从南道向西翻过葱岭，便可到达大月氏、安息。从车师前国王庭出发，贴着北部山脉，沿中央河流向西走直至疏勒，这是北道。从北道向西翻过葱岭，可到达大宛、康居、奄蔡、焉耆。

离开玉门关，途经鄯善、且末、精绝，到达拘弥，路程为三千多里。

拘弥国定都宁弥城，距西域长史的驻地柳中有四千九百里，距洛阳有一万二千八百里。治下有人家二千一百七十三户，人口七千二百五十一人，能作战的人口有一千七百六十人。

顺帝永建四年(129)，于窴国王放前杀死了拘弥国王兴，立自己的儿子为拘弥王，并派使者向汉朝进贡。敦煌太守徐由上书请求征讨放前，顺帝赦免了于窴的罪行，命于窴归还拘弥国的政权，但放前不愿意。阳嘉元年(132)，徐由派疏勒国王臣槃调集两万人马攻打于窴，官军击败了于窴，斩杀了数百人，并放纵军队大肆劫掠，官军重新拥立兴的同族人成国为拘弥王之后班师。到灵帝熹平四年(175)，于窴国王安国领兵攻打拘弥，取得大胜，安国杀死了拘弥王，遇难的拘弥百姓非常多，于是戊己校尉、西域长史各自发兵支持拘弥王的儿子定兴为国王，定兴曾入朝陪侍天子。当时拘弥的人口只有一千。拘弥国西境距于窴三百九十里。

于窴国定都西城，距西域长史的驻地有五千三百里，距洛阳有一万一千七百里，治下有人家三万二千户，人口八万三千人，能作战的人口有三万多人。

光武帝建武末年，莎车国国王贤实力强大，他率军攻打并吞并了于窴，将于窴国国王俞林流放并贬为骊归王。明帝永平年间，于窴的将领休莫霸反抗莎车，自己登基为于窴王。休莫霸去世后，他的哥哥的儿子广德即位，之后终于灭掉莎车，于窴国就由弱变强了。从精绝而鄯善王亦始强盛。自是南道自葱领以东，唯此二国为大。

顺帝永建六年，于窴王放前遣侍子诣阙贡献。元嘉元年，长史赵评在于窴病痈死，评子迎丧，道经拘弥。拘弥王成国与于窴王建素有隙，乃语评子云："于窴王令胡医持毒药著创中，故致死耳。"评子信之，还入塞，以告敦煌太守马达。明年，以王敬代为长史，达令敬隐核其事。敬先过拘弥，成国复说云："于窴国人欲以我为王，今可因此罪诛建，于窴必服矣。"敬贪立功名，且受成国之说，前到于窴，设供具请建，而阴图之。或以敬谋告建，建不信，曰："我无罪，王长史何为欲杀我？"旦日，建从官属数十人诣敬。坐定，建起行酒，敬叱左右执之，吏士并无杀建意，官属悉得突走。时成国主簿秦牧随敬在会，持刀出曰："大事已定，何为复疑？"即前斩建。于窴侯将输僰等遂会兵攻敬，敬持建头上楼宣告曰："天子使我诛建耳。"于窴侯将遂焚营舍，烧杀吏士，上楼斩敬，悬首于市。输僰欲自立为王，国人杀之，而立建子安国焉。马达闻之，欲将诸郡兵出塞击于窴，桓帝不听，征达还，而以宋亮代为敦煌太守。亮到，开募于窴，令自斩输僰。时输僰死已经月，乃断死人头送敦煌，而不言其状。亮后知其诈，而竟不能出兵。于窴恃此遂骄。

自于窴经皮山，至西夜、子合、德若焉。

国西北到疏勒国之间的十三个国家都臣服于于窴。同时鄯善国也开始强盛起来。自此葱岭以东的南道沿线的国家，只有这两个大国。

顺帝永建六年，于窴国王放前派儿子入朝陪侍天子并献上贡品。元嘉元年(151)，西域长史赵评因毒疮死于于窴，赵评的儿子便来迎接父亲的灵柩归乡，途经拘弥。拘弥国王成国和于窴国王建一向有仇怨，成国就对赵评的儿子说："于窴王让胡人医生把毒药敷在了令尊的疮上，因此造成了他的死亡。"赵评的儿子相信了成国的话，便回到边关内，把情况告诉了敦煌太守马达。第二年(元嘉二年，152年)，朝廷命王敬接任西域长史，马达要王敬暗中查明此事。王敬先到访拘弥，成国又对王敬说："于窴国的人想让我当他们的国王，现在可借毒死长史的罪名杀掉建，于窴不得不从。"王敬贪图建立功名，而且又接受了成国的说辞，于是到达于窴后，他便安排酒宴准备招待于窴国王建，但暗地里却对建有所图谋。有人将王敬的阴谋透露给建，建不相信，说："我清清白白，王长史为何要害我性命？"第二天早晨，建和几十名随行官员来见王敬。入坐后，建起身依次为同席者斟酒，王敬喝令手下将建拿下，官吏士兵们并没有处死建的想法，所以建的随从都得以突围逃走. 当时成国的主簿秦牧陪同王敬出席了宴会，他拿着刀站出来说："大事已定了，还犹豫什么？"随即上前斩杀了建。于窴的侯王和将领输僰等人于是召集军队攻打王敬，王敬拿着建的首级登上城楼宣告说："我是奉皇命处死建的。"最终，于窴的侯王和将领率军烧毁了营房，烧死、杀害官吏和士兵，并上楼斩杀了王敬，把王敬的首级挂在集市。输僰想自己登基做于窴王，于窴国民处死了他，之后建的儿子安国即位。马达知道后，想率各郡部队出边关讨伐于窴，桓帝没有同意，召回了马达，之后命宋亮接任敦煌太守。宋亮到任后，对于窴发出悬赏，命于窴人自己处斩输僰。当时输僰已经死了一个月了，于窴人便从输僰的尸体上砍下脑袋送到敦煌，并且隐瞒实情。宋亮后来才知道其中有假，但最终也没能出兵。于窴未遭惩处因此愈加骄慢。

从于窴出发经过皮山国，便到达西夜、子合、德若等国。

西夜国一名漂沙，去洛阳万四千四百里。户二千五百，口万余，胜兵三千人。地生白草，有毒，国人煎以为药，傅箭镞，所中即死。《汉书》中误云西夜、子合是一国，今各自有王。

子合国居呼鞬谷。去疏勒千里。领户三百五十，口四千，胜兵千人。

德若国领户百余，口六百七十，胜兵三百五十人。东去长史居三千五百三十里，去洛阳万二千一百五十里，与子合相接。其俗皆同。

自皮山西南经乌秅，涉悬度，历罽宾，六十余日行至乌弋山离国，地方数千里，时改名排持。

复西南马行百余日至条支。

条支国城在山上，周回四十余里。临西海，海水曲环其南及东北，三面路绝，唯西北隅通陆道。土地暑湿，出师子、犀牛、封牛、孔雀、大雀。大雀其卵如瓮。

转北而东，复马行六十余日至安息。后役属条支，为置大将，监领诸小城焉。

安息国居和椟城，去洛阳二万五千里。北与康居接，南与乌弋山离接。地方数千里，小城数百，户口胜兵最为殷盛。其东界木鹿城，号为小安息，去洛阳二万里。

章帝章和元年，遣使献师子、符拔。符拔形似麟而无角。和帝永元九年，都护班超遣甘英使大秦，抵条支。临大海欲度，而安息西夜国又名漂沙国，距洛阳一万四千四百里。西夜国有人家二千五百户，人口一万多，能作战的人口有三千人。当地出产一种白色的草，有毒，西夜国人将其熬成毒药，涂在箭头上，被射中的人立即身亡。《汉书》中误将西夜、子合混为一个国家，现在两国各有自己的国王。

子合国位于呼犍谷。子合国距疏勒有一千里。治下有人家三百五十户，人口四千人，能作战的人口有一千人。

德若国治下有一百多户人家，人口六百七十人，能作战的人口有三百五十人。德若国在西域长史驻地以西三千五百三十里的地方，距洛阳有一万二千一百五十里，德若国与子合国接壤。他们的风俗都相同。

从皮山国向西南经过乌秅国后，越过悬度山，再经过罽宾国，走六十多天后可到达乌弋山离国，国土方圆几千里，当时该国改名叫排持。

再向西南方向骑马前进，一百多天后到达条支国。

条支国都城建在山上，方圆四十多里。该国靠近西海，领土的南边、东边、北边都有海水环绕，这三个方向都没有陆路，只有西北角有陆路连通。条支土地温热潮湿，出产狮子、犀牛、封牛、孔雀、大雀。大雀的蛋像水瓮一样大。

从条支国北上之后再向东走，骑马六十多天可到达安息。条支国后来隶属并听命于安息，安息在条支派驻大将，监察并管理各座小城。

安息国定都和椟城，距离洛阳二万五千里。安息北面与康居接壤，南面与乌弋山离毗邻。其领土方圆几千里，有几百个小城，安息的户数、人口数和能作战的人数是西域各国中最多的。安息的东部边界上有个木鹿城，名为小安息，距离洛阳二万里。

章帝章和元年（87），安息派使者献上狮子、符拔。符拔长得像没有角的麒麟。和帝永元九年，西域都护班超派甘英出使大秦，甘英西界船人谓英曰："海水广大，往来者逢善风三月乃得度，若遇迟风，亦有二岁者，故入海人皆赍三岁粮。海中善使人思土恋慕，数有死亡者。"英闻之乃止。十三年，安息王满屈复献师子及条支大鸟，时谓之安息雀。

自安息西行三千四百里至阿蛮国。从阿蛮西行三千六百里至斯宾国。从斯宾南行度河，又西南至于罗国九百六十里，安息西界极矣。自此南乘海，乃通大秦。其土多海西珍奇异物焉。

大秦国一名犁鞬，以在海西，亦云海西国。地方数千里，有四百余城。小国役属者数十。以石为城郭。列置邮亭，皆垩塈之。有松柏诸木百草。人俗力田作，多种树蚕桑。皆髡头而衣文绣，乘辎軿白盖小车，出入击鼓，建旌旗幡帜。

所居城邑，周圜百余里。城中有五宫，相去各十里。宫室皆以水精为柱，食器亦然。其王日游一宫，听事五日而后遍。常使一人持囊随王车，人有言事者，即以书投囊中，王至宫发省，理其枉直。各有官曹文书。置三十六将，皆会议国事。其王无有常人，皆简立贤者。国中灾异及风雨不时，辄废而更立，受放者甘黜不怨。其人民皆长大平正，有类中国，故谓之大秦。

土多金银奇宝，有夜光璧、明月珠、骇鸡犀、珊瑚、虎魄、琉先到达了条支。甘英来到海边想渡海，但安息西部边境的船夫对他说："海水辽阔，来往的人趁着顺风也要三个月才能渡过去，如果遇到慢风，也有用了两年时间的人，所以出海的人都带着能吃三年的粮食。海上航行容易唤起人的思乡之情，常有人因此而死。"听了这话甘英便放弃出行。永元十三年（101），安息王满屈再次献上狮子和条支的大鸟，时人称其为"安息雀"。

从安息向西走三千四百里到达阿蛮国。从阿蛮国向西走三千六百里到达斯宾国。从斯宾国向南渡过大河，再向西南走九百六十里，就到达于罗国，安息的西部边界便止于此处。由此向南渡过大海，就通往大秦。大秦出产很多大海西部特有的珍奇物产。

大秦国又名犁鞬，因为地处大海以西，所以又得名海西国。领土方圆几千里，有城市四百多座。隶属并听命于大秦的小国有几十个。大秦国用石头筑为城墙。国内设有驿站，屋顶全用白土涂饰。那里生长着松柏等各类树木以及各种花草。那里的人们有致力于耕作的风习，还大量种植桑树养蚕。人们都剃去头发并穿着带花纹的衣服，他们乘坐着帷幔和车盖都是白色的小马车，外出和归来时都要敲鼓，城中树有各色旗帜。

大秦国民所安居的城市，方圆一百多里。城内有五座宫殿，彼此相距十里地。宫殿内的柱子都以水晶制成，餐具也是水晶制品。大秦国王每天造访一座宫殿并于此处理政事，五天后便开始下一轮的造访。国王经常安排一位随从拿着袋子跟在国王的车驾边，有谁要上书进言的话，就将文书放到袋子里，国王回宫后打开袋子查看文书，裁定其中的是非曲直。大秦国有各类官署和文官。又设有三十六位将领，商议国家事务时都需出席。大秦国王没有平庸之辈，人们都推选贤能之士担任国王。当国内出现灾害、异象或是风雨不合节令时，人们便将国王废黜再立新王，丢了王位的人坦然接受并不埋怨。那里的人都体型高大、身材挺拔，很像中原人，所以称其国为"大秦"。

当地盛产金银和珍奇宝物，有夜光璧、明月珠、骇鸡犀角、珊璃、琅玕、朱丹、青碧。刺金缕绣，织成金缕罽、杂色绫。作黄金涂、火浣布。又有细布，或言水羊毳，野蚕茧所作也。合会诸香，煎其汁以为苏合。凡外国诸珍异皆出焉。

以金银为钱，银钱十当金钱一。与安息、天竺交市于海中，利有十倍。其人质直，市无二价。谷食常贱，国用富饶。邻国使到其界首者，乘驿诣王都，至则给以金钱。其王常欲通使于汉，而安息欲以汉缯彩与之交市，故遮阂不得自达。至桓帝延熹九年，大秦王安敦遣使自日南徼外献象牙、犀角、玳瑁，始乃一通焉。其所表贡，并无珍异，疑传者过焉。

或云其国西有弱水、流沙，近西王母所居处，几于日所入也。《汉书》云“从条支西行二百余日，近日所入”，则与今书异矣。前世汉使皆自乌弋以还，莫有至条支者也。又云“从安息陆道绕海北行出海西至大秦，人庶连属，十里一亭，三十里一置，终无盗贼寇警。而道多猛虎、师子，遮害行旅，不百余人，赍兵器，辄为所食”。又言“有飞桥数百里可度海北”。诸国所生奇异玉石诸物，谲怪多不经，故不记云。

大月氏国居蓝氏城，西接安息，四十九日行，东去长史所居六千五百三十七里，去洛阳万六千三百七十里。户十万，口四十万，胜兵十余万人。

瑚、琥珀、琉璃、琅玕、朱丹、青碧。人们用金丝绣出花纹，织成金丝毡和各种颜色的细绸子。人们制作鎏金器物和石棉布。又出产一种精致的织物，有人说是用水羊毛和野蚕茧制成的。他们将各种香料混在一起，从香料的汁液中熬出苏合香。国外的各种珍奇物品都能在大秦找到。

大秦用金银作为钱币，十个银钱相当于一个金钱。大秦通过海路与安息、天竺通商，能赚十倍的利润。那儿的人朴实直爽，做买卖不爱讨价还价。粮价通常很低，国家经费充足。邻国使者进入大秦境内后，便能乘驿马去往国都，到国都后便能得到金钱的赏赐。大秦国王一直都想和汉朝互派使者，但安息想把汉的的彩色丝绸转卖到大秦，所以从中作梗使使者不能自行到达汉土。到桓帝延熹九年（166），大秦王安敦派使者从日南郡郡界外献来象牙、犀牛角、玳瑁，这才第一次和汉有了使者往来。使者呈奏书献上的贡品，并没有什么珍奇异物，所以人们怀疑关于大秦物产的传闻有些夸张了。

有人说大秦国的西边有危险的弱水和流沙，这里临近西王母的住所，快到日落之地了。《汉书》说："从条支向西走二百多天，就接近日落之地了"，这个说法就与本书不同了。前代的汉朝使者都是到达乌弋山离后就踏上归途，不曾有人到达过条支。又有人说："由安息的陆路绕到大海北岸前进，离开海西后就到了大秦，那里人口稠密，每十里就有一个驿亭，每三十里就有一个驿站，好久没有发出过抢劫、偷窃和入侵的警报了。但去大秦的路上有许多猛虎、狮子，它们阻拦并伤害路上行人，如果不是一百多人，拿着兵器一起上路，就会被它们吃掉。"又有人说"通过一座高高架起的几百里长的桥可以渡过大海到达北岸"。那里各国出产的珍奇玉石等物品，大多怪异不合常理，所以没有记录。

大月氏国定都蓝氏城，西边与安息接壤，从蓝氏城到安息要走四十九天，大月氏国在西域长史驻地以西六千五百三十七里的地方，距洛阳有一万六千三百七十里。大月氏国有十万户人家，人口四十万人，能作战的人口有十多万人。

初，月氏为匈奴所灭，遂迁于大夏，分其国为休密、双靡、贵霜、肸顿、都密，凡五部翖侯。后百余岁，贵霜翖侯丘就卻攻灭四翖侯，自立为王，国号贵霜王。侵安息，取高附地。又灭濮达、罽宾，悉有其国。丘就卻年八十余死，子阎膏珍代为王。复灭天竺，置将一人监领之。月氏自此之后，最为富盛，诸国称之皆曰贵霜王。汉本其故号，言大月氏云。

高附国在大月氏西南，亦大国也。其俗似天竺，而弱，易服。善贾贩，内富于财。所属无常，天竺、罽宾、安息三国强则得之，弱则失之，而未尝属月氏。《汉书》以为五翖侯数，非其实也。后属安息。及月氏破安息，始得高附。

天竺国一名身毒，在月氏之东南数千里。俗与月氏同，而卑湿暑热。其国临大水。乘象而战。其人弱于月氏，修浮图道，不杀伐，遂以成俗。从月氏、高附国以西，南至西海，东至磐起国，皆身毒之地。身毒有别城数百，城置长。别国数十，国置王。虽各小异，而俱以身毒为名，其时皆属月氏。月氏杀其王而置将，令统其人。土出象、犀、玳瑁、金、银、铜、铁、铅、锡，西与大秦通，有大秦珍物。又有细布、好毾㲪、诸香、石蜜、胡椒、姜、黑盐。

和帝时，数遣使贡献，后西域反畔，乃绝。至桓帝延熹二年、四年，频从日南徼外来献。

世传明帝梦见金人，长大，顶有光明，以问群臣。或曰："西方起初，月氏的国土为匈奴所侵吞，于是月氏人迁居到大夏，将国家分为休密、双靡、贵霜、肸顿、都密共五个部分，分设五名翎侯管辖。一百多年后，贵霜翎侯丘就卻攻打并灭掉了另外四个翎侯，自己登基做国王，国号为贵霜。贵霜王入侵安息，夺取了高附地区。又灭掉濮达、罽宾，吞并了它们的全部国土。丘就卻在八十多岁时去世，儿子阎膏珍继承了王位。贵霜又灭掉了天竺，并在天竺设置一名将领负责管理。自此以后，月氏成为西域最为富足强盛的国家，各国都把月氏称为贵霜王。汉朝沿用其本名，称之为大月氏。

高附国位于大月氏西南方，也是一个大国。高附的风俗与天竺类似，但百姓性情柔弱，易于制服。国人擅于经商，国内积累了不少财富。高附的宗主国并不固定，天竺、罽宾、安息三国哪国更强便得到高附，衰弱了就失去高附，但高附从未臣服于月氏。《汉书》将它算做五部翎侯之一，这并非事实。后来高附臣服于安息。到月氏击败安息时，才夺得高附。

天竺国又名身毒，在月氏东南方几千里的地方。那里的风俗与月氏相同，但地势低、湿气重，夏季气候炎热。天竺国靠近一条大河。天竺人作战时以大象为坐骑。当地人的性情比月氏人柔弱，他们信奉佛教，不杀生，最终形成了习俗。从月氏、高附国的西部边境开始，向南到西海，向东到磐起国，都是身毒的领地。除国都外身毒另有几百座城市，每座城设城长管辖。另有几十个属国，每个属国设国王管辖。这些国家虽然各有些许差异，但都自称为“身毒”，当时他们都臣服于月氏。月氏处死了他们的国王而另设将领，命将领们来管理天竺的臣民。天竺出产大象、犀牛、玳瑁、金、银、铜、铁、铅、锡，因其领土西部与大秦相通，所以这里也有大秦的名贵物产。天竺还出产精制的纺织品、上好的花毛毯、各色香料、蔗糖、胡椒、姜、黑色的盐。

和帝年间，天竺屡次派使者入朝进贡，后来西域发生叛乱，进贡这才中断。后来，在桓帝延熹二年（159）和延熹四年（161），天竺又多次从日南郡郡界外献来贡品。

世间传说明帝梦见一个金人，身形高大，头顶有亮光，明帝就此有神，名曰佛，其形长丈六尺而黄金色。”帝于是遣使天竺问佛道法，遂于中国图画形像焉。楚王英始信其术，中国因此颇有奉其道者。后桓帝好神，数祀浮图、老子，百姓稍有奉者，后遂转盛。

东离国居沙奇城，在天竺东南三千余里，大国也。其土气、物类与天竺同。列城数十，皆称王。大月氏伐之，遂臣服焉。男女皆长八尺，而怯弱。乘象、骆驼，往来邻国。有寇，乘象以战。

栗弋国属康居。出名马牛羊、蒲萄众果，其土水美，故蒲萄酒特有名焉。

严国在奄蔡北，属康居，出鼠皮以输之。

奄蔡国改名阿兰聊国，居地城，属康居。土气温和，多桢松、白草。民俗衣服与康居同。

莎车国西经蒲犁、无雷至大月氏，东去洛阳万九百五十里。

匈奴单于因王莽之乱，略有西域，唯莎车王延最强，不肯附属。元帝时，尝为侍子，长于京师，慕乐中国，亦复参其典法。常敕诸子，当世奉汉家，不可负也。天凤五年，延死，谥忠武王，子康代立。

光武初，康率傍国拒匈奴，拥卫故都护吏士妻子千余口，檄书河西，问中国动静，自陈思慕汉家。建武五年，河西大将军窦融乃承制立康为汉莎车建功怀德王、西域大都尉，五十五国皆属焉。

询问大臣们的看法。有人说:“西方有位神,名为佛,佛的法象身高一丈六尺而且通体金黄。”明帝于是派使者到天竺去请教佛教教义,之后中原便开始绘制佛的形像。楚王刘英最先开始崇信佛教,中原因此有了一些佛教徒。后来桓帝信奉神仙,多次祭拜佛和老子,民间也渐渐出现信众,之后佛教的信仰终于兴盛起来。

东离国定都沙奇城,地处天竺国东南三千多里的地方,是个大国。那里的土壤、气候和物产与天竺相同。东离国有几十座城市,各城城主都自称为王。后来大月氏对东离发起进攻,他们便向月氏称臣。东离国不论男女都身高八尺,但性格胆小懦弱。他们骑着象和骆驼,来往于邻国之间。有外敌入侵时,他们就骑着象作战。

栗弋国是康居的附属国。出产上等的马、牛、羊,还出产葡萄等各种水果。那里的水质极佳,所以葡萄酒非常有名。

严国位于奄蔡国北边,是康居的附属国,严国将本国出产的鼠皮运往康居。

奄蔡国更名为阿兰聊国,定都地城,是康居的附属国。当地气候温和,生长着很多桢松和白草。那里的风俗和衣着与康居相同。

从莎车国向西走,经过蒲犁、无雷就到了大月氏,莎车在洛阳以西一万零九百五十里的地方。

匈奴单于趁着王莽篡汉中原大乱之际,夺取了西域,只有在延统治下的莎车最为强大,不愿屈服。元帝年间,延曾入朝做过陪侍天子的侍子,他在京城长大,对中原充满仰慕和热爱,制定本国法律时也参考中原的典章法规。他经常嘱咐儿子们,要世代尊奉大汉,不可背叛。天凤五年(18),延去世了,谥号为忠武王,他的儿子康继承了王位。

光武帝初年,康率领邻国一同抗击匈奴,保护了原都护府官兵们的妻子孩子一千多口人,同时向河西地区送去文书,询问中原的情况,并表达自己对大汉的思念和仰慕。建武五年(29),河西大将军窦融于是奉皇命封康为汉莎车建功怀德王兼西域大都尉,五十五个九年，康死，谥宣成王。弟贤代立，攻破拘弥、西夜国，皆杀其王，而立其兄康两子为拘弥、西夜王。十四年，贤与鄯善王安并遣使诣阙贡献，于是西域始通。葱领以东诸国皆属贤。十七年，贤复遣使奉献，请都护。天子以问大司空窦融，以为贤父子兄弟相约事汉，款诚又至，宜加号位以镇安之。帝乃因其使，赐贤西域都护印绶，及车旗黄金锦绣。敦煌太守裴遵上言："夷狄不可假以大权，又令诸国失望。"诏书收还都护印绶，更赐贤以汉大将军印绶。其使不肯易，遵迫夺之，贤由是始恨。而犹诈称大都护，移书诸国，诸国悉服属焉，号贤为单于。贤浸以骄横，重求赋税，数攻龟兹诸国，诸国愁惧。

二十一年冬，车师前王、鄯善、焉耆等十八国俱遣子入侍，献其珍宝。及得见，皆流涕稽首，愿得都护，天子以中国初定，北边未服，皆还其侍子，厚赏赐之。是时贤自负兵强，欲并兼西域，攻击益甚。诸国闻都护不出，而侍子皆还，大忧恐，乃与敦煌太守檄，愿留侍子以示莎车，言侍子见留，都护寻出，冀且息其兵。裴遵以状闻，天子许之。二十二年，贤知都护不至，遂遗鄯善王安书，令绝通汉道。安不纳而杀其使。贤大怒，发兵攻鄯善。安迎战，兵败，亡入山中。贤杀略千余人而去。其冬，贤复攻杀龟兹王，遂兼其国。鄯善、焉耆诸国侍子久留敦煌，愁思，皆亡归。鄯善王上书，愿复遣子入侍，更请都护。都护不出，诚迫于匈奴。天子报曰："今使者大兵未能得出，如诸国力不从心，东西南北自在也。"于是鄯善、车师复附西域国家都归属于莎车治下。

建武九年（33），康去世了，谥号为宣成王。康的弟弟贤继承了王位，贤攻打并击败了拘弥国、西夜国，还将两国国王一并处死，转而扶立哥哥康的两个儿子为拘弥王、西夜王。建武十四年（38），贤和鄯善国王安一起派使者入朝进贡，自此西域和中原的往来恢复了。葱岭以东的各国都臣服于贤。建武十七年（41），贤再次派使者进贡，并请求朝廷重设西域都护。光武帝就此询问了大司空窦融的意见，窦融认为贤的父亲和他们兄弟几人曾相约侍奉汉朝，而且十分忠心、真诚，应当加官赐爵来安抚他。光武帝于是借着贤派来使者的机会，将西域都护的印信和绶带，以及相应品级的车子和旗帜、黄金和锦绣赐给了贤。敦煌太守裴遵上书进言说："夷狄之人不能交给他们很大权力，而且这也会使其他国家失望。"光武帝便下诏命令从贤那里收回西域都护的印绶，转而赐给贤汉大将军的印绶。贤的使者不愿更换，裴遵便强行把都护印绶夺回，贤自此开始怀恨在心。然而他仍然谎称自己是大都护，借此名号向各国发送文书，于是西域各国都臣服于他，称贤为单于。贤渐渐地傲慢专横起来，加重了对西域各国的赋税，并多次入侵龟兹等国家，各国因此忧惧交加。

建武二十一年（45）冬，车师前国、鄯善、焉耆等十八个国家都派王子入朝侍奉天子，并献上本国的珍宝。一见到光武帝，他们都流着眼泪行礼，希望朝廷能派驻都护，考虑到中原刚刚平定，北方边境仍有匈奴作乱，光武帝命各国入朝侍奉的王子都各归本国，并赐予厚礼。当时贤自恃军力强大，想一统西域，对各国的入侵更加剧烈了。各国听说朝廷未派都护，而且侍子都回来了，极为忧愁和恐惧，他们便向敦煌太守送去文书，希望能让侍子留下，这样莎车知道后，会认为既然侍子被留下了，那朝廷不久便会派出都护，各国希望能借此暂时拖延贤的入侵。裴遵将情况上报朝廷，光武帝同意了。到了建武二十二年（46），贤发现都护并不会来，就送信给鄯善王安，命他切断通往中原的道路。安没有屈从并杀掉了贤的使者。贤大怒，派军队攻打鄯善。安迎战侵略者，但最终失败，逃到山里。贤在鄯善杀匈奴，而贤益横。

妫塞王自以国远，遂杀贤使者，贤击灭之，立其国贵人驷鞬为妫塞王。贤又自立其子则罗为龟兹王。贤以则罗年少，乃分龟兹为乌垒国，徙驷鞬为乌垒王，又更以贵人为妫塞王。数岁，龟兹国人共杀则罗、驷鞬，而遣使匈奴，更请立王。匈奴立龟兹贵人身毒为龟兹王，龟兹由是属匈奴。

贤以大宛贡税减少。自将诸国兵数万人攻大宛，大宛王延留迎降，贤因将还国，徙拘弥王桥塞提为大宛王。而康居数攻之，桥塞提在国岁余，亡归，贤复以为拘弥王，而遣延留还大宛，使贡献如常。贤又徙于寘王俞林为骊归王，立其弟位侍为于寘王。岁余，贤疑诸国欲畔，召位侍及拘弥、姑墨、子合王，尽杀之，不复置王，但遣将镇守其国。位侍子戎亡降汉。封为守节侯。

莎车将君得在于寘暴虐，百姓患之。明帝永平三年，其大人都末出城，见野豕，欲射之。豕乃言曰："无射我，我乃为汝杀君得。"都末因此即与兄弟共杀君得。而大人休莫霸复与汉人韩融等杀都末兄弟，自立为于寘王，复与拘弥国人攻杀莎车将在皮山者，引兵归。于是贤遣其太子、国相，将诸国兵二万人击休莫霸，霸迎与战，莎车兵败走，杀万余人。贤复发诸国数万人，自将击休莫霸，霸害、掳掠了一千多人后才撤军。这年冬季，贤又攻打龟兹并杀害了龟兹王，随之吞并了龟兹国。鄯善、焉耆等国的侍子留在敦煌很久了，他们因忧愁思乡，最终都跑回本国。鄯善王上书朝廷，希望再派儿子入朝侍奉，并再次请求派驻都护。朝廷不派都护，确实是迫于匈奴寇边的压力。于是天子回信说："现在朝廷的使者和军队没法派出，假如西域各国对抵抗贤的入侵感到力不从心的话，东西南北各处你们自可以任意依附。"于是鄯善、车师再次依附匈奴，而贤也更加蛮横。

妫塞王自认为妫塞远离莎车，就杀掉了贤的使者，贤入侵并灭掉了妫塞国，扶立妫塞国贵族驷鞬为妫塞王。贤又扶立自己的儿子则罗做龟兹王。因为则罗年纪尚小，贤就从龟兹国划分出乌垒国，将驷鞬调任为乌垒王，另换一位贵族任命为妫塞王。几年后，龟兹国国民一起处死了则罗、驷鞬，并向匈奴派出使者，请求匈奴为龟兹扶立一位新王。匈奴扶立龟兹国贵族身毒为龟兹王，龟兹自此归属于匈奴。

贤认为大宛的贡品和赋税都有所减少。贤便亲自统领各国军队几万人向大宛进攻，大宛国王延留迎接了贤并向他投降，贤于是将延留带回莎车，将拘弥王桥塞提调任为大宛王。然而大宛遭到康居的多次进攻，于是桥塞提任大宛王一年多后，就逃回本国，贤让桥塞提复任为拘弥王，又派延留回国复任大宛王，并命延留进献足量的贡品。贤又将于寘王俞林调任为骊归王，扶立俞林的弟弟位侍继位于寘王。又过了一年多，贤怀疑各国想反叛，便召来位侍和拘弥、姑墨、子合的国王，将他们全都处死，不再设国王，只派将领领兵驻守这些国家。位侍的儿子戎逃到中原并请求投降，朝廷封他为守节侯。

莎车将领君得在于寘的统治凶暴残虐，百姓非常憎恨他。明帝永平三年（60），于寘贵族都末来到城外，他看到一只野猪，便想要射死它。野猪竟开口对都末说道："如果你不射我，我就为你杀死君得。"都末因此便与兄弟们一起杀掉了君得。然而于寘贵族休莫霸又和汉人韩融等人杀掉了都末兄弟，之后自己即位为于寘王，休莫霸又和拘弥国的人一起攻打并杀死了驻守在皮山国的莎车将领，之后班师复破之，斩杀过半，贤脱身走归国。休莫霸进围莎车，中流矢死，兵乃退。

于寘国相苏榆勒等共立休莫霸兄子广德为王。匈奴与龟兹诸国共攻莎车，不能下。广德承莎车之敝，使弟辅国侯仁将兵攻贤。贤连被兵革，乃遣使与广德和。先是广德父拘在莎车数岁，于是贤归其父，而以女妻之，结为昆弟，广德引兵去。明年，莎车相且运等患贤骄暴，密谋反城降于寘。于寘王广德乃将诸国兵三万人攻莎车。贤城守，使使谓广德曰："我还汝父，与汝妇，汝来击我何为？"广德曰："王，我妇父也，久不相见，愿各从两人会城外结盟。"贤以问且运，且运曰："广德女婿至亲，宜出见之。"贤乃轻出，广德遂执贤。而且运等因内于寘兵，虏贤妻子而并其国。锁贤将归，岁余杀之。

匈奴闻广德灭莎车，遣五将发焉耆、尉黎、龟兹十五国兵三万余人围于寘，广德乞降，以其太子为质，约岁给罽絮。冬，匈奴复遣兵将贤质子不居徵立为莎车王，广德又攻杀之，更立其弟齐黎为莎车王，章帝元和三年。时，长史班超发诸国兵击莎车，大破之，由是遂降汉。事已具《班超传》。

回国。因此，贤便派太子、国相率各附属国的军队共二万人攻打休莫霸，休莫霸也出兵迎战，最终莎车军队战败逃走，损兵折将一万多。贤又从各国征调了几万人的军队，亲征休莫霸，却再一次败给了休莫霸，损失大半军队，贤捡回一命逃回莎车。休莫霸进军围攻莎车，但身中流箭而死，于是于寘国便退兵了。

于寘国相苏榆勒等人一同扶立休莫霸哥哥的儿子广德为国王。当时匈奴与龟兹各国合兵也对莎车发起进攻，但没能攻克。广德趁莎车衰弱之际，派弟弟辅国侯仁率军攻打莎车王贤。贤对各国的接连进攻疲于应对，于是派使者同广德讲和。此前，广德的父亲已在莎车被关押了几年，于是贤便将广德的父亲送回于寘，并把女儿嫁给广德，自己也同广德结为兄弟，于是广德率兵离开。第二年（永平四年，61年），莎车国相且运等人痛恨贤的傲慢残暴，便密谋反叛并计划献出国都向于寘投降。于寘王广德于是率领各国军队共计三万对莎车发起进攻。贤据城防守，并派使者对广德说："我放回了令尊，还把女儿嫁给你，你为何还要攻打我？"广德说："大王，您是我的老丈人呀，我们已经很久没见面了，咱们各带两个随从在城外相见然后结盟吧。"贤就此询问且运的意见，且运说："女婿广德是您的至亲，应该出城见他。"贤于是轻装简从来到城外，广德便将贤拿下。同时且运等人趁势将于寘军队放入城中，于寘军俘虏了贤的妻子孩子之后吞并了莎车国。广德用铁链将贤锁了起来并押回于寘，一年多以后处死了他。

匈奴得知广德灭掉莎车的消息后，派出五位将领并征调了焉耆，尉黎、龟兹等十五个国家的三万多军队围攻于寘，广德请求投降，并把太子派去作人质，约定每年向匈奴上供毛毡和棉絮。冬天，匈奴又派军队把贤送来作人质的儿子不居徵带回莎车并扶立他为莎车王，于是广德再次攻打莎车并杀死了不居徵，改立自己的弟弟齐黎为莎车王，那时正是章帝元和三年（86）。当时长史班超调集西域各国军队攻打莎车，取得大胜，自此莎车便归降汉朝。此事已记载于《班超传》。

莎车东北至疏勒。

疏勒国去长史所居五千里，去洛阳万三百里。领户二万一千，胜兵三万余人。

明帝永平十六年，龟兹王建攻杀疏勒王成，自以龟兹左侯兜题为疏勒王。冬，汉遣军司马班超劫缚兜题，而立成之兄子忠为疏勒王。忠后反畔，超击斩之。事已具《超传》。

安帝元初中，疏勒王安国以舅臣磐有罪，徙于月氏，月氏王亲爱之。后安国死，无子，母持国政，与国人共立臣磐同产弟子遗腹为疏勒王。臣磐闻之，请月氏王曰："安国无子，种人微弱，若立母氏，我乃遗腹叔父也，我当为王。"月氏乃遣兵送还疏勒。国人素敬爱臣磐，又畏惮月氏，即共夺遗腹印绶，迎臣磐立为王，更以遗腹为磐槀城侯。后莎车连畔于窴，属疏勒，疏勒以强，故得与龟兹、于窴为敌国焉。

顺帝永建二年，臣磐遣使奉献，帝拜臣磐为汉大都尉，兄子臣勋为守国司马。五年，臣磐遣侍子与大宛、莎车使俱诣阙贡献。阳嘉二年，臣磐复献师子、封牛。至灵帝建宁元年，疏勒王汉大都尉于猎中为其季父和得所射杀，和得自立为王。三年，凉州刺史孟佗遣从事任涉将敦煌兵五百人，与戊己司马曹宽、西域长史张晏，将焉耆、龟兹、车师前后部，合三万余人，讨疏勒，攻桢中城，四十余日不能下，引去。其后疏勒王连相杀害，朝廷亦不能禁。

东北经尉头、温宿、姑墨、龟兹至焉耆。

焉耆国王居南河城，北去长史所居八百里，东去洛阳八千二百由莎车向东北走可到达疏勒。

疏勒国距西域长史的驻地有五千里，距洛阳有一万零三百里。治下有人家二万一千户，能作战的人口有三万多人。

明帝永平十六年，龟兹国王建攻打疏勒并杀死了国王成，自己任命龟兹的左侯兜题为疏勒王。冬天，朝廷派军司马班超劫走了兜题，并扶立成的哥哥的儿子忠为疏勒王。忠后来反叛朝廷，班超讨伐并杀掉了他。此事已记载于《班超传》。

安帝元初年间，疏勒国王安国因为舅舅臣磐犯了罪，而把他流放到月氏，月氏王和臣磐建立了亲密友爱的关系。后来安国去世后，因为没有儿子，所以由安国的母亲主持国家政事，她与国人一同扶立臣磐一母所生的弟弟的儿子遗腹为疏勒王。臣磐知道后，向月氏王请求说："安国没有儿子，他的本族也人丁不旺，如果要立国王母亲家的人为王，那我是遗腹的叔父，我应该当国王。"月氏王于是派军队护送臣磐回疏勒。疏勒国的百姓一向爱戴臣磐，加之对月氏的畏惧，便一起夺下遗腹的印信和绶带，迎接臣磐并扶立他为国王，而把遗腹改立为磐稾城侯。后来莎车背叛于窴，归附疏勒，疏勒因此强大起来，所以国力能够与龟兹、于窴相当。

顺帝永建二年，臣磐派使者入朝进贡，顺帝将臣磐任命为汉大都尉，将臣磐哥哥的儿子臣勋任命为守国司马。永建五年，臣磐派儿子入朝陪侍天子，侍子与大宛、莎车的使者一同入朝进贡。阳嘉二年（133），臣磐又献上狮子、封牛。到灵帝建宁元年（168）时，疏勒王汉大都尉在打猎时死于他最小的叔父和得箭下，和得自己即位为国王。阳嘉三年，凉州刺史孟佗派从事任涉率领着敦煌郡的五百名士兵，并会同戊己司马曹宽、西域长史张晏，率领了焉耆、龟兹、车师前国和后国的军队，共计三万多人，讨伐疏勒，官军攻打桢中城，四十多天仍未攻克，只好领兵退去。这以后疏勒国接连发生弑君者自立为王而后又被觊觎君位者杀死的乱象，但朝廷也无法阻止。

由疏勒向东北走经过尉头、温宿、姑墨、龟兹可到达焉耆。

焉耆国国王住在南河城，向北到长史驻地有八百里，向东到洛里。户万五千，口五万二千，胜兵二万余人。其国四面有大山，与龟兹相连，道险阸易守。有海水曲入四山之内，周匝其城三十余里。

永平末，焉耆与龟兹共攻没都护陈睦、副校尉郭恂，杀吏士二千余人。至永元六年，都护班超发诸国兵讨焉耆、危须、尉黎、山国，遂斩焉耆、尉黎二王首，传送京师，县蛮夷邸。超乃立焉耆左侯元孟为王，尉黎、危须、山国皆更立其王。至安帝时，西域背畔。延光中，超子勇为西域长史，复讨定诸国。元孟与尉黎、危须不降。永建二年，勇与敦煌太守张朗击破之，元孟乃遣子诣阙贡献。

蒲类国居天山西疏榆谷，东南去长史所居千二百九十里，去洛阳万四百九十里。户八百余，口二千余，胜兵七百余人。庐帐而居，逐水草，颇知田作。有牛、马、骆驼、羊畜。能作弓矢。国出好马。

蒲类本大国也，前西域属匈奴，而其王得罪单于，单于怒，徙蒲类人六千余口，内之匈奴右部阿恶地，因号曰阿恶国。南去车师后部马行九十余日。人口贫羸，逃亡山谷间，故留为国云。

移支国居蒲类地。户千余，口三千余，胜兵千余人。其人勇猛敢战，以寇钞为事。皆被发，随畜逐水草，不知田作。所出皆与蒲类同。

东且弥国东去长史所居八百里，去洛阳九千二百五十里。户三千余，口五千余，胜兵二千余人。庐帐居，逐水草，颇田作。其所阳有八千二百里。焉耆国有人家一万五千户、人口五万二千，能作战的人口有两万多人。焉耆国四面都有大山，有山路与龟兹相连，道路险要易守难攻。又有湖水弯弯曲曲地流入四面大山的包围中，环绕南河城的水流长达三十多里。

永平末年，焉耆伙同龟兹攻打并杀害了都护陈睦、副校尉郭恂，其余受害的官员和士兵有二千多人。到永元六年，西域都护班超调集各国军队讨伐焉耆、危须、尉黎、山国，最终对焉耆国国王和尉黎国国王处以斩首，并将首级送到京城，挂在招待蛮夷的官邸前示众。之后，班超扶立焉耆左侯元孟为国王，尉黎、危须、山国也都另立新君。到安帝时，西域反叛了朝廷。安帝延光年间，班超的儿子班勇担任西域长史，再次讨伐并平定了西域各国。然而焉耆国的元孟与尉黎、危须二国都不愿归降汉朝。永建二年，班勇与敦煌太守张朗击败了元孟，元孟这才派儿子入朝进贡。

蒲类国地处天山以西的疏榆谷，向东南到长史驻地有一千二百九十里，距洛阳有一万零四百九十里。蒲类国有人家八百多户、人口二千多人，能作战的人口有七百多人。他们住在帐篷里，迁徙于水草丰美的土地之间，而且掌握了很多耕作技术。蒲类国畜养牛、马、骆驼、羊等牲畜。蒲类人擅长制作弓箭。那里也出产好马。

蒲类本为大国，此前西域各国依附于匈奴的时候，蒲类国国王得罪了匈奴单于，单于很生气，便将蒲类的六千多名百姓迁离本国，迁到匈奴右部名为阿恶的地区，因此得名阿恶国。阿恶国向南到车师后国骑马要走九十多天。阿恶的蒲类人生活贫困、身体瘦弱，于是他们出逃到山谷里，所以留下来的蒲类人渐渐形成了一个国家。

移支国地处蒲类境内。有人家一千多户，人口三千多人，能作战的人口有一千多人。那里的人性情勇猛，勇于战斗，常做入侵劫掠的事情。移支人都披散头发，跟着牧群迁徙于水草丰美的土地之间，他们没有掌握耕作的技术。那里的物产都和蒲类相同。

东且弥国向东到西域长史驻地有八百里，到洛阳有九千二百五十里。东且弥国有人家三千多户，人口五千多人，能作战的人口有二千多出有亦与蒲类同。所居无常。

车师前王居交河城。河水分流绕城，故号交河。去长史所居柳中八十里，东去洛阳九千一百二十里。领户千五百余，口四千余，胜兵二千人。

后王居务涂谷，去长史所居五百里，去洛阳九千六百二十里。领户四千余，口万五千余，胜兵三千余人。

前后部及东且弥、卑陆、蒲类、移支，是为车师六国，北与匈奴接。前部西通焉耆北道，后部西通乌孙。

建武二十一年，与鄯善、焉耆遣子入侍，光武遣还之，乃附属匈奴。明帝永平十六年，汉取伊吾卢，通西域，车师始复内属。匈奴遣兵击之，复降北虏。和帝永元二年，大将军窦宪破北匈奴，车师震慑，前后王各遣子奉贡入侍，并赐印绶金帛。八年，戊己校尉索頵欲废后部王涿鞮，立破虏侯细致。涿鞮忿前王尉卑大卖己，因反击尉卑大，获其妻子。明年，汉遣将兵长史王林，发凉州六郡兵及羌虏胡二万余人，以讨涿鞮，获首虏千余人。涿鞮入北匈奴，汉军追击，斩之，立涿鞮弟农奇为王。至永宁元年，后王军就及母沙麻反畔，杀后部司马及敦煌行事。至安帝延光四年，长史班勇击军就，大破，斩之。

顺帝永建元年，勇率后王农奇子加特奴及八滑等，发精兵击北虏呼衍王，破之。勇于是上立加特奴为后王，八滑为后部亲汉人。他们住在帐篷里，迁徙于水草丰美的土地之间，也常从事于农耕。当地物产也与蒲类相同。人们居无定所。

车师前国定都交河城。此地有河水分成两股环城流过，因此此城得名“交河”。这里距西域长史的驻地柳中有八十里，向东到洛阳有九千一百二十里。治下有人家一千五百多户，人口四千多人，能作战的人口有二千人。

车师后国地处务涂谷，距西域长史驻地有五百里，距洛阳有九千六百二十里。治下有人家四千多户、人口一万五千多人，能作战的人口有三千多人。

车师前国和后国加上东且弥、卑陆、蒲类、移支，统称为车师六国，车师六国的北部与匈奴接壤。车师前国向西可通往焉耆境内的北道，车师后国向西可通往乌孙。

建武二十一年（45），车师与鄯善、焉耆派王子入朝侍奉天子，光武命他们回国，于是车师依附了匈奴。明帝永平十六年，汉军攻占了伊吾卢，打通了与西域的交流，车师再次开始归附朝廷。而匈奴派军攻打车师，车师于是再次投降了匈奴。和帝永元二年（90），大将军窦宪击败了北匈奴，车师大为震动心生畏惧，于是前国、后国国王各派儿子带着贡品入朝侍奉，他们一同获赐印信、绶带和钱物。永元八年（96），戊己校尉索頵想废黜后国国王涿鞮，而扶立破虏侯细致为国王。涿鞮因前国国王尉卑大出卖自己而心生愤怒，便趁势叛汉攻打尉卑大，俘虏了尉卑大的妻子和孩子。第二年，朝廷派将兵长史王林，调集凉州六郡的军队和羌胡军队共计二万多人，讨伐涿鞮，斩下的首级和俘虏的兵卒共计一千多。涿鞮逃入北匈奴的领地，汉军追击，最终斩杀了涿鞮，朝廷扶立涿鞮的弟弟农奇为后国国王。到永宁元年（120），车师后国国王军就和母亲沙麻叛汉，他们杀害了驻守车师后国的司马和敦煌的代理长史。到安帝延光四年（125），西域长史班勇攻打军就，取得大胜，最终对军就处以斩首。

顺帝永建元年（126），班勇率车师后国国王农奇的儿子加特奴和八滑等人，调集精锐部队攻打匈奴的呼衍王，最终击败了他。班侯。阳嘉三年夏，车师后部司马率加特奴等千五百人，掩击北匈奴于阊吾陆谷，坏其庐落，斩数百级，获单于母、季母及妇女数百人，牛、羊十余万头，车千余两，兵器什物甚众。四年春，北匈奴呼衍王率兵侵后部，帝以车师六国接近北虏，为西域蔽扞，乃令敦煌太守发诸国兵，及玉门关候、伊吾司马，合六千三百骑救之，掩击北虏于勒山，汉军不利。秋，呼衍王复将二千人攻后部，破之。桓帝元嘉元年，呼衍王将三千余骑寇伊吾，伊吾司马毛恺遣吏兵五百人于蒲类海东与呼衍王战，悉为所没，呼衍王遂攻伊吾屯城。夏，遣敦煌太守司马达将敦煌、酒泉，张掖属国吏士四千余人救之，出塞至蒲类海，呼衍王闻而引去，汉军无功而还。

永兴元年，车师后部王阿罗多与戊部候严皓不相得，遂忿戾反畔，攻围汉屯田且固城，杀伤吏士。后部候炭遮领余人畔阿罗多诣汉吏降。阿罗多迫急，将其母妻子从百余骑亡走北匈奴中，敦煌太守宋亮上立后部故王军就质子卑君为后部王。后阿罗多复从匈奴中还，与卑君争国，颇收其国人。戊校尉阎详虑其招引北虏，将乱西域，乃开信告示，许复为王，阿罗多乃诣详降。于是收夺所赐卑君印绶，更立阿罗多为王，仍将卑君还敦煌，以后部人三百帐别属役之，食其税。帐者，犹中国之户数也。

论曰：西域风土之载，前古未闻也。汉世张骞怀致远之略，班超奋封侯之志，终能立功西遐，羁服外域。自兵威之所肃服，财赂勇于是上书请求立加特奴为后国国王，封八滑为后部亲汉侯。阳嘉三年夏天，驻守在车师后国的司马率加特奴等一千五百人，在阊吾陆谷突袭了北匈奴人，摧毁了他们的帐篷，斩杀了几百人，并俘虏了单于的母亲、叔母还有几百名其他妇女，官军还缴获了十多万头牛羊、一千多辆车，以及大量的兵器和日常用具。阳嘉四年（135）春季，北匈奴呼衍王率军进犯车师后国，顺帝认为车师六国邻近北匈奴地界，是西域的屏障，因此命令敦煌太守调集西域各国军队，并会同玉门关候和伊吾司马，率领合计六千三百名骑兵驰援车师，在勒山对北匈奴发起了突袭，但汉军并未取胜。秋天，呼衍王又率二千人入侵车师后国，获得了胜利。桓帝元嘉元年（151），呼衍王率领三千多骑兵进犯伊吾，伊吾司马毛恺派出五百名官兵在蒲类湖以东与呼衍王交战，全军覆没，呼衍王于是对伊吾城的驻军发起进攻。元嘉元年夏季，朝廷派敦煌太守司马达率领敦煌、酒泉和张掖的少数民族属国的四千多名官兵救援伊吾，大军离开边关赶到蒲类湖时，呼衍王得到了风声率兵退走，汉军无功而返。

永兴元年，车师后国国王阿罗多因和戊部候严皓关系不佳，于是心怀忿恨反叛朝廷，围攻了汉军设立屯田的且固城，打死打伤官兵。然而车师后部候炭遮率领其余族人背叛阿罗多向汉朝官吏投降。迫于危急，阿罗多带上他的母亲、妻子、孩子随一百多骑兵逃往北匈奴地界，敦煌太守宋亮上书请求扶立原车师后国国王军就送来做人质的儿子卑君为车师后国国王。后来阿罗多又从匈奴回来，他与卑君争夺王位，笼络了很多国民。戊校尉阎详担心如果阿罗多招揽了北匈奴，将会祸乱西域，于是坦诚地和阿罗多表明态度，答应恢复他的王位，阿罗多这才向阎详投降。于是阎详夺回了赐给卑君的印信、绶带，重新扶立阿罗多为国王，将卑君仍旧带回敦煌，并从车师后国另调三百帐人家供卑君役使，并以三百帐人家的赋税作为他的俸禄。“帐”，相当于中原的“户”。

评论说：对于西域风俗习惯和自然环境的记载，是前代所未曾有过的。汉代的张骞胸怀着招致远方异族归顺的谋略，班超振奋起之所怀诱，莫不献方奇，纳爱质，露顶肘行，东向而朝天子。故设戊己之官，分任其事；建都护之帅，总领其权。先驯则赏籝金以赐龟绶，后服则系头颡而衅北阙。立屯田于膏腴之野，列邮置于要害之路。驰命走驿，不绝于时月；商胡贩客，日款于塞下。其后甘英乃抵条支而历安息，临西海以望大秦，拒玉门、阳关者四万余里，靡不周尽焉。若其境俗性智之优薄，产载物类之区品，川河领障之基源，气节凉暑之通隔，梯山栈谷绳行沙度之道，身热首痛风灾鬼难之域，莫不备写情形，审求根实。至于佛道神化，兴自身毒，而二汉方志莫有称焉。张骞但著地多暑湿，乘象而战，班勇虽列其奉浮图，不杀伐，而精文善法导达之功靡所传述。余闻之后说也，其国则殷乎中土，玉烛和气，灵圣之所降集，贤懿之所挺生，神迹诡怪，则理绝人区，感验明显，则事出天外。而骞、超无闻者，岂其道闭往运，数开叔叶乎？不然，何诬异之甚也！汉自楚英始盛斋戒之祀，桓帝又修华盖之饰。将微义未译，而但神明之邪？详其清心释累之训，空有兼遣之宗，道书之流也。且好仁恶杀，蠲敝崇善，所以贤达君子多爱其法焉。然好大不经，奇谲无已，虽邹衍谈天之辩，庄周蜗角之论，尚未足以概其万一。又精灵起灭，因报相寻，若晓而昧者，故通人多惑焉。盖导俗无方，适物异会，取诸同归，措夫疑说，则大道通矣。

收服西域以求封侯的志向，最终得以建功立业于远方的西土，笼络慑服那境外的异族。自从臣服于天兵的威势，屈从于财宝的诱惑，西域各国无不进献当地奇珍异宝，送来爱子入朝为质，他们摘下帽子露出头顶匍匐在地以肘前行，面朝东方朝拜天子。因此朝廷便设置戊己校尉，分管各国屯田事务；设置西域都护，总揽当地各项职权。各国当中先行归顺的赐黄金一笼和印信、绶带，迟迟臣服的就以绳系颈向朝廷谢罪。朝廷在肥沃的原野上设立屯田，沿交通要道设置邮亭驿馆。奉命奔走的使者，无时无刻不在路上；国内国外的商贩，日日夜夜造访边关。这以后甘英才途经安息、抵达条支，面向西海遥望大秦，这片在玉门关、阳关之外四万多里的土地，尽为甘英所遍历。举凡土著习俗和才智的高下，生长和出产物品的种类，山川河流等障碍的本源，四时寒暑的流转和间隔，以及那翻越高山的石梯，穿行山谷的栈道，悬索而上的山崖，横贯沙漠的道路，还有那使人身体滚烫、头痛不已、狂风大作、鬼魅横生的地域，甘英全都做了详尽的记录，仔细推求根源和实情。至于那崇信神妙变化的佛教，其发源地便是身毒，但佛教却并不为两汉的地方史志所称道。张骞只记录说身毒土地湿热，人们骑象作战，班勇虽然记载了身毒对佛陀的信奉，和不杀生的禁忌，但对佛教用精妙的文字和修成善果的方法来实现引导、通达人心的功效却并未记述。我对身毒佛教的见识源于汉代以后的议论，身毒比中原富饶，全年风调雨顺合乎农时，佛祖、神仙降临于此，贤德之人降生于此，神迹的奇特怪诞，异于人间常理，法力的应验显露，往往出乎意料。然而张骞、班超对此未曾耳闻，难道是因为往昔的运势已经闭塞，而天数已至衰败的时代？若非如此的话，怎会对其有这么大的曲解和异见！汉代自楚王刘英开始盛行侍奉佛陀的斋戒和祭祀，桓帝在祭祀佛陀的仪式中搭起帝王的车盖作为装饰。难道那些尚未译出的精微教义，却只是由神灵所昭示给人间的吗？仔细查验佛教那放弃思虑、戒除贪念的法则，无为有为、虚实两忘的宗旨，其思想正是道家一派。而且佛教看重仁德、厌恶杀戮，革除时弊，推崇善行，所以贤能通达的君子大多爱好佛法。然而佛教倾向于夸张以至不合常理，过分追求奇特怪诞，即使是邹衍对于宏赞曰：逖矣西胡，天之外区。土物琛丽，人性淫虚。不率华礼，莫有典书。若微神道，何恤何拘！

大天道的辩词，或是庄周关于蜗牛触角的言论，尚且不能涵盖佛经的万分之一。何况那些关于生死轮回无穷尽，因果报应无穷尽的理论，看似明白却使人糊涂，因此学识渊博的通人也常常感到疑惑。大概佛教认为引导世俗并无定法，顺应万物自能殊途同归，只需选用共通的理念，摒弃可疑的学说，那么正确的教义便得以调和了。

赞辞说：西域之地多遥远，远在天外的区域。物产珍奇又瑰丽，人的虚浮不自律。中原礼教不遵循，亦无典章和法律。如果不是修佛法，哪懂约束和体恤！

卷一百十九

南匈奴列传第七十九

《前书》直言《匈奴传》，不言南北，今称南者，明其为北生义也。以南单于向化尤深，故举其顺者以冠之。《东观记》称《匈奴南单于列传》，范晔因去其“单于”二字。

南匈奴醢落尸逐鞮单于比者，呼韩邪单于之孙，乌珠留若鞮单于之子也。自呼韩邪后，诸子以次立，至比季父孝单于舆时，以比为右薁鞬日逐王，部领南边及乌桓。

建武初，彭宠反畔于渔阳，单于与共连兵，因复权立卢芳，使入居五原。光武初，方平诸夏，未遑外事。至六年，始令归德侯刘飒使匈奴，匈奴亦遣使来献，汉复令中郎将韩统报命，赂遗金币，以通旧好。而单于骄踞，自比冒顿，对使者辞语悖慢，帝待之如初。初，使命常通，而匈奴数与卢芳共侵北边。九年，遣大司马吴汉等击之，经岁无功，而匈奴转盛，钞暴日增。十三年，遂寇河东，州郡不能禁。于是渐徙幽、并边人于常山关、居庸关已东，匈奴左部遂复转居塞内。朝廷患之，增缘边兵郡数千人，大筑亭候，修烽火。匈奴闻汉购求卢芳，贪得财帛，乃遣芳还降，望得其赏。而芳以自归为功，不称匈奴所遣，单于复耻言其计，故赏遂不行。由是大恨，入寇尤深。二十年，遂至上党、扶风、天水。二十一年冬，复寇上谷、中山，杀略钞掠甚众，北边无复宁岁。

《汉书》直接题为《匈奴传》，没有对匈奴做“南”“北”的区分，本书题为“南”匈奴，表明它是源于“北”匈奴这个概念。因为南单于对汉朝尤为顺从，所以选择用归顺的南匈奴为本传冠名。《东观记》题为《匈奴南单于列传》，范晔于是去掉了“单于”二字，定下了本卷的题目。（编者注：为了方便理解范晔为何改写成“南匈奴”，故把李贤的注解收录于此。）

南匈奴的醯落尸逐鞮单于名叫比，他是呼韩邪单于的孙子，乌珠留若鞮单于的儿子。从呼韩邪单于以后，他的子孙们依次继任单于，到比的最小的叔父孝单于舆时，舆将比封为右薁鞬日逐王，统辖匈奴南部边境和乌桓部族。

光武帝建武初年，彭宠在渔阳发动叛乱，匈奴单于和彭宠组成联军，趁势又暂时扶立卢芳为天子，将他送到五原居住。光武帝初年，朝廷正忙着平定中原，顾不上处理境外事务。到建武六年（30），朝廷才命归德侯刘飒出使匈奴，匈奴也派来使者上贡，朝廷又派中郎将韩统回访，送去金币，借此恢复了从前和匈奴的友好往来。然而单于傲慢自大，自比于曾经的雄主冒顿，和汉朝使者说话时轻慢无礼，但光武帝仍以往常的态度对待匈奴。起初，双方使者常有来往，但同时匈奴屡次勾结卢芳进犯北方边关。建武九年（33），朝廷派大司马吴汉等人讨伐匈奴，一年之后未见成效，匈奴却变得更加强大，对边境的劫掠和袭扰与日俱增。建武十三年（37），匈奴又进犯河东郡，州郡官府无力阻止。朝廷于是将幽州、并州边境的居民逐步迁移到常山关、居庸关以东，于是匈奴左部再次迁入汉朝境内居住。朝廷对此充满忧虑，又向边关各郡增派了几千士兵，并修建了大量瞭望敌情的岗亭、土堡，还筑起烽火台。那时，匈奴听说汉朝对卢芳发起悬赏，由于贪图财物，匈奴便派卢芳归降，盼着得到汉朝的赏金。然而卢芳却把归降说成是自己的功劳，并未说明自己是奉了匈奴之命，而单初，单于弟右谷蠡王伊屠知牙师以次当左贤王。左贤王即是单于储副。单于欲传其子，遂杀知牙师。知牙师者，王昭君之子也。昭君字嫱，南郡人也。初，元帝时，以良家子选入掖庭。时呼韩邪来朝，帝敕以宫女五人赐之。昭君入宫数岁，不得见御，积悲怨，乃请掖庭令求行。呼韩邪临辞大会，帝召五女以示之。昭君丰容靓饰，光明汉宫，顾景裴回，竦动左右。帝见大惊，意欲留之，而难于失信，遂与匈奴。生二子。及呼韩邪死，其前阏氏子代立，欲妻之，昭君上书求归，成帝敕令从胡俗，遂复为后单于阏氏焉。

比见知牙师被诛，出怨言曰："以兄弟言之，右谷蠡王次当立；以子言之，我前单于长子，我当立。"遂内怀猜惧，庭会稀阔。单于疑之，乃遣两骨都侯监领比所部兵。二十二年，单于舆死，子左贤王乌达鞮侯立为单于。复死，弟左贤王蒲奴立为单于。比不得立，既怀愤恨。而匈奴中连年旱蝗，赤地数千里，草木尽枯，人畜饥疫，死耗太半。单于畏汉乘其敝，乃遣使诣渔阳求和亲。于是遣中郎将李茂报命。而比密遣汉人郭衡奉匈奴地图，二十三年，诣西河太守求内附。两骨都侯颇觉其意，会五月龙祠，因白单于，言薁鞬日逐夙来欲为不善，若不诛，且乱国。时，比弟渐将王在单于帐下，闻之，于又因计策落空而耻于承认卢芳归降是他们的计谋，所以就没有得到汉朝的赏赐。匈奴因此极为恼火，对边境的入侵愈演愈烈。建武二十年（44），匈奴竟入侵到上党郡、右扶风、天水郡。建武二十一年（45）冬季，匈奴又侵入上谷、中山二郡，他们杀害、掳走了大量百姓同时搜刮了大量财物，北方边境再无安宁的岁月。

起初，单于的弟弟时任右谷蠡王的伊屠知牙师按次序应立为左贤王。左贤王便是匈奴的储君。然而单于想传位给自己的儿子，于是杀害了知牙师。知牙师，是王昭君的儿子。昭君表字为嫱，是南郡人。起初，在元帝年间，昭君以良家女子的身份入选后宫。当时呼韩邪单于来朝见天子，元帝下令将五名宫女赐给呼韩邪。当时昭君已进宫多年了，却不曾得到元帝的临幸，她的心中充满悲伤和怨恨，于是就请求掖庭令派自己出嫁匈奴。呼韩邪临行时朝廷大摆宴席，元帝召来这五名宫女给呼韩邪看。昭君仪态万方、妆扮靓丽，美丽的风采映照皇宫。昭君看着自己的身影徘徊于殿内，其美貌使周围的人都为之震惊。元帝见到昭君也对她的美貌大为惊叹，他想要留下昭君，但又不能失信于呼韩邪，最终把昭君送给了匈奴。昭君在匈奴生下两个儿子。到呼韩邪死后，呼韩邪原配王后的儿子继位，他想娶昭君为妻，昭君上书朝廷请求归汉，成帝却命昭君遵从胡人的习俗，于是昭君又成了新任单于的王后。

比看到知牙师被杀，便埋怨道："按照兄弟的长幼次序来说，右谷蠡王应当继位；按照儿子的长幼次序来说，我是前任单于的长子，我应当继位。"由此比的心中充斥着猜忌和恐惧，他便减少了对单于舆的朝见。舆因此怀疑比有二心，就派了两名骨都侯监视比麾下的军队。建武二十二年（46），单于舆去世，舆的儿子左贤王乌达鞮侯继承单于之位。后来乌达鞮侯也去世了，他的弟弟左贤王蒲奴继任为单于。比始终未能即位，心中的猜忌和恐惧已经变为愤恨。当时，匈奴国内遭遇了持续多年的旱灾和蝗灾，光秃秃的土地绵延几千里，花草树木全都枯死，人和牲畜陷于饥饿和瘟疫，三分之二的人畜都死去了。单于蒲奴害怕汉朝趁着匈奴衰弱而发动攻击，就派使者到渔阳驰以报比。比惧，遂敛所主南边八部众四五万人，待两骨都侯还，欲杀之。骨都侯且到，知其谋，皆轻骑亡去，以告单于。单于遣万骑击之，见比众盛，不敢进而还。

二十四年春，八部大人共议立比为呼韩邪单于，以其大父尝依汉得安，故欲袭其号。于是款五原塞，愿永为蕃蔽，扞御北虏。帝用五官中郎将耿国议，乃许之。其冬，比自立为呼韩邪单于。

二十五年春，遣弟左贤王莫将兵万余人击北单于弟薁鞬左贤王，生获之；又破北单于帐下，并得其众合万余人，马七千匹、牛羊万头。北单于震怖，却地千里。初，帝造战车，可驾数牛，上作楼橹，置于塞上，以拒匈奴。时人见者或相谓曰："谶言汉九世当却北狄地千里，岂谓此邪？"及是，果拓地焉。北部薁鞬骨都侯与右骨都侯率众三万余人来归南单于，南单于复遣使诣阙，奉藩称臣，献国珍宝，求使者监护，遣侍子，修旧约。

二十六年，遣中郎将段郴、副校尉王郁使南单于，立其庭，去五原西部塞八十里。单于乃延迎使者。使者曰："单于当伏拜受诏。"单于顾望有顷，乃伏称臣。拜讫，令译晓使者曰："单于新立，郡提出和亲。朝廷于是派中郎将李茂回访。与此同时比暗地里派汉人郭衡献上了匈奴地图，并在建武二十三年（47）时，造访西河太守请求归附汉朝。两位骨都侯隐约察觉到比的图谋，恰逢五月份匈奴在龙城举行祭祀，他们就向单于禀告，说薁鞬日逐王向来就对单于有不轨之心，如果不把他杀掉，就会使国家大乱。当时比的弟弟渐将王正在单于的营帐内，得知此事后，他驾快马向比报告。比很害怕，于是聚集了自己麾下南部边境八个部落的部队共计四五万人，准备等两位骨都侯回来的时候，便要杀了他们。骨都侯们快要到时，察觉了比的企图，便都轻装骑马逃去，并将情况禀报单于。单于派出一万骑兵讨伐比，但当他们发现比人多势众后，未敢前进就撤退了。

建武二十四年（48）春，八个部落的首领一道商议扶立比为呼韩邪单于，比因为他的祖父曾因归附汉朝而使部落安宁，所以想要承袭祖父“呼韩邪”的名号。于是比造访五原郡的边关，说愿意永为中原屏障，防御北境的敌寇。光武帝采纳了五官中郎将耿国的意见，就准许了比的请求。这年冬季，比自立为呼韩邪单于。

建武二十五年（49）春，南单于比派弟弟左贤王莫率领一万多人马对北单于的弟弟薁鞬左贤王发起进攻，最终生擒了薁鞬左贤王；之后又击败了北单于的部下，收编降卒一万多人，缴获七千匹马、一万头牛羊。北单于惊惧不已，退却了一千里。起初，光武帝打造了一批战车，能套几头牛来拉，车上还建有瞭望台，汉军将这些战车部署到边关，以此抵御匈奴。那时，注意到此事的人们有时会互相议论道：“有预言说汉朝传到第九代时就能将北狄击退一千里，难道说的就是这件事吗？”到现在，汉朝果真开辟了疆土。后来，北部薁鞬骨都侯和右骨都侯率三万多部下和族人归附了南单于比，于是比再次派使者入朝，向汉朝称臣，同时献上本国的珍宝，并请求朝廷派使者督察，还派来王子入朝陪侍，又和汉朝恢复了从前的盟约。

建武二十六年（50），光武帝派中郎将段郴、副校尉王郁回访南单于比，二人在比的王庭中站立不坐，这里距五原郡西部边关有八十里。单于于是邀请并欢迎了汉使者。使者说：“单于应趴下叩头诚惭于左右，愿使者众中无相屈折也。”骨都侯等见，皆泣下。郴等反命，诏乃听南单于入居云中。遣使上书，献骆驼二头，文马十匹。夏，南单于所获北虏薁鞬左贤王将其众及南部五骨都侯合三万余人畔归，去北庭三百余里，共立薁鞬左贤王为单于。月余日，更相攻击，五骨都侯皆死，左贤王遂自杀，诸骨都侯子各拥兵自守。秋，南单于遣子入侍，奉奏诣阙。诏赐单于冠带、衣裳、黄金玺、盭緺绶，安车羽盖，华藻驾驷，宝剑弓箭，黑节三，驸马二，黄金、锦绣、缯布万匹，絮万斤，乐器鼓车，棨戟甲兵，饮食什器。又转河东米糒二万五千斛，牛羊三万六千头，以赡给之。令中郎将置安集掾史将弛刑五十人，持兵弩随单于所处，参辞讼，察动静。单于岁尽辄遣奉奏，送侍子入朝，中郎将从事一人将领诣阙。汉遣谒者送前侍子还单于庭，交会道路。元正朝贺，拜祠陵庙毕，汉乃遣单于使，令谒者将送，赐彩缯千匹，锦四端，金十斤，太官御食酱及橙、橘、龙眼、荔支；赐单于母及诸阏氏、单于子及左右贤王、左右谷蠡王、骨都侯有功善者，缯彩合万匹。岁以为常。

匈奴俗，岁有三龙祠，常以正月、五月、九月戊日祭天神。南单于既内附，兼祠汉帝，因会诸部，议国事，走马及骆驼为乐。其大臣接受诏书。”比犹豫了一会儿，这才拜倒称臣。拜受了诏书后，比命翻译对汉使说明了情况：“单于刚刚即位，方才的跪拜礼让他在手下人面前深感屈辱，希望使者您不要再当众贬抑单于的身份。”骨都侯等人看到单于拜受诏书，都流下眼泪。段郴等人复命后，朝廷下诏允许南匈奴移居云中郡。于是南匈奴派使者上书谢恩，并献来两头骆驼和十匹饰有花纹的骏马。建武二十六年夏季，被南单于俘虏的北匈奴薁鞬左贤王带上自己的部下又伙同南部的五位骨都侯一共纠集了三万多人叛逃回北匈奴地界，在距北单于王庭三百多里的地方，他们一同扶立薁鞬左贤王为单于。一个多月后，他们发生了内讧，五位骨都侯都死了，左贤王便也自杀了，各位骨都侯的儿子们都拥兵自守。秋季，南单于比派王子入朝侍奉，并派人入朝呈上奏章。光武帝帝下诏赐给单于礼帽、腰带、衣服、黄金印玺、绿色和紫青色的绶带，以及可以乘坐的配有羽毛车盖的小车，华丽的四驾马车，宝剑和弓箭，三副黑色符节，两匹边马，又有黄金、精美的丝绸、一万匹绸布、一万斤绵絮，还有乐器和鼓车，仪仗用的戟和盔甲、兵器，餐具等日常用品。朝廷又从河东郡运来二万五千斛米粮，三万六千头牛羊，用于接济南匈奴。朝廷还下令在中郎将下加设属官安集掾史，并由安集掾史率领着五十名解除了枷锁的囚犯，带上兵器和弓弩随行在单于左右，同时参与处理诉讼案件，侦察边地情况。单于每到年末就派人呈上奏章，并另派一位王子入朝侍奉，王子由中郎将属下的一名从事送入宫中。朝廷也派谒者护送上一位入朝侍奉的王子回到单于王庭，双方在途中相会。每年元旦百官向天子朝拜祝贺，在祭拜了皇陵和祖庙后，朝廷就送走单于使者，并派谒者护送，同时赐给单于一千匹彩色丝绸，四端长的锦缎和十斤黄金，还有太官所制的御膳酱以及橙子、橘子、龙眼和荔枝；另有合计一万匹的彩色丝绸，分别赐给了单于的母亲和各位妻妾、单于的儿子和左右贤王、左右谷蠡王以及骨都侯中立下功劳的人。这样的制度成为了每年的常例。

匈奴的习俗是，每年会在龙城举行三次祭祀，一般在正月、五月、九月的戊日祭祀天神。南单于归附朝廷后，也同时祭祀汉天子，并趁此机会召集匈奴各部，商议国家事务，同时举行赛马和赛骆驼，以贵者左贤王，次左谷蠡王，次右贤王，次右谷蠡王，谓之四角；次左右日逐王，次左右温禺鞮王，次左右渐将王，是为六角；皆单于子弟，次第当为单于者也。异姓大臣左右骨都侯，次左右尸逐骨都侯，其余日逐、且渠、当户诸官号，各以权力优劣、部众多少为高下次第焉。单于姓虚连题。异姓有呼衍氏、须卜氏、丘林氏、兰氏四姓，为国中名族，常与单于婚姻。呼衍氏为左，兰氏、须卜氏为右，主断狱听讼，当决轻重，口白单于，无文书簿领焉。

冬，前畔五骨都侯子复将其众三千人归南部，北单于使骑追击，悉获其众。南单于遣兵拒之，逆战不利。于是复诏单于徙居西河美稷，因使中郎将段郴及副校尉王郁留西河拥护之，为设官府、从事、掾史。令西河长史岁将骑二千、弛刑五百人，助中郎将卫护单于，冬屯夏罢。自后以为常，及悉复缘边八郡。

南单于既居西河，亦列置诸部王，助为扞戍。使韩氏骨都侯屯北地，右贤王屯朔方，当于骨都侯屯五原，呼衍骨都侯屯云中，郎氏骨都侯屯定襄，左南将军屯雁门，栗籍骨都侯屯代郡，皆领部众为郡县侦罗耳目。北单于惶恐，颇还所略汉人，以示善意。钞兵每到南部下，还过亭候，辄谢曰："自击亡虏薁鞬日逐耳，非敢犯汉人也。"

二十七年，北单于遂遣使诣武威求和亲，天子召公卿廷议，不决。皇太子言曰："南单于新附，北虏惧于见伐，故倾耳而听，争欲此为乐。匈奴大臣中最为尊贵的是左贤王，其次是左谷蠡王，其次是右贤王，其次是右谷蠡王，这四位称为“四角”；其次是左右日逐王，其次是左右温禺鞮王，其次是左右渐将王，这六位称为“六角”：他们都是单于的儿子或兄弟，都是有资格依次继承单于之位的人。异姓大臣最为尊贵的是左右骨都侯，其次是左右尸逐骨都侯，此外还有日逐、且渠、当户等各种官位，他们的尊卑次序依照权力大小、部众的多少而定。单于姓虚连题。异姓族人有呼衍氏、须卜氏、丘林氏、兰氏四种，他们是匈奴国内的大族，经常和单于通婚。呼衍氏任左官，兰氏、须卜氏任右官，他们负责对案件做出审理和判决，对于判决的轻重，他们口头报告给单于，匈奴处理政务不用公文和簿册。

建武二十六年冬季，之前叛变的五位骨都侯的儿子们又带着三千名部下、族人逃回南匈奴，北匈奴单于派骑兵追击，最终将他们全部擒获。当时南匈奴单于曾派军队抵挡，却没有获胜。朝廷于是又下诏命单于迁到西河郡美稷县居住，然后派中郎将段郴和副校尉王郁驻守于西河郡保护单于，并为单于设立了官府，设置了从事、掾史等官员。朝廷又命令西河长史每年率领二千骑兵，五百名解除了枷锁的囚犯，帮助中郎将保护单于，长史的部队冬季驻守，夏季撤走。该驻军制度自此之后成为常例，同时朝廷又免去了边境八个郡的赋税和徭役。

南匈奴单于定居西河郡后，也设置了各部侯王，助力边境防务。单于派韩氏骨都侯驻守北地郡，右贤王驻守朔方郡，当于骨都侯驻守五原郡，呼衍骨都侯驻守云中郡，郎氏骨都侯驻守定襄郡，左南将军驻守雁门郡，栗籍骨都侯驻守代郡，他们都率部下在边境侦察巡逻，帮助郡县官府搜集情报。北单于惊惧不安，送还了很多当初掳走的汉人，以此向汉朝示好。北匈奴出来劫掠的军队每次到了南匈奴地界，在绕过汉军的岗亭和哨楼时，就向汉军道歉说：“我们是来追击逃走的薁鞬日逐王的，并非胆敢冒犯汉人。”

建武二十七年（51），北单于就派使者到武威向汉朝提出和亲，光武帝召集公卿们入朝商议，始终未有定论。皇太子建议道：“南匈归义耳。今未能出兵，而反交通北虏，臣恐南单于将有二心，北虏降者且不复来矣。”帝然之，告武威太守勿受其使。

二十八年，北匈奴复遣使诣阙，贡马及裘，更乞和亲，并请音乐，又求率西域诸国胡客与俱献见。帝下三府议酬答之宜。司徒掾班彪奏曰：

臣闻孝宣皇帝敕边守尉曰：“匈奴大国，多变诈。交接得其情，则却敌折冲；应对入其数，则反为轻欺。”今北匈奴见南单于来附，惧谋其国，故数乞和亲，又远驱牛马与汉合市，重遣名王，多所贡献，斯皆外示富强，以相欺诞也。臣见其献益重，知其国益虚，归亲愈数，为惧愈多。然今既未获助南，则亦不宜绝北，羁縻之义，礼无不答。谓可颇加赏赐，略与所献相当，明加晓告以前世呼韩邪、郅支行事。

报答之辞，令必有适，今立稿草并上，曰：“单于不忘汉恩，追念先祖旧约，欲修和亲，以辅身安国，计议甚高，为单于嘉之。往者，匈奴数有乖乱，呼韩邪、郅支自相仇隙，并蒙孝宣皇帝垂恩救护，故各遣侍子称藩保塞。其后郅支忿戾，自绝皇泽，而呼韩附亲，忠孝弥著。及汉灭郅支，遂保国传嗣，子孙相继。今南单于携众南向，款塞归命。自以呼韩嫡长，次第当立，而侵夺失职，猜疑相背，奴归顺朝廷还不久，北匈奴害怕被我们讨伐，所以他们都恭敬地倾听朝廷的意见，争着要归附汉朝。现在朝廷无力发兵支援驻守边境的南匈奴，如果此时我们反而和北匈奴通好，我恐怕不仅南匈奴单于会有二心，而且本就有意降汉的北匈奴人也不会再来了。”皇帝采纳了太子的意见，便命武威太守不要接待北匈奴的使者。

建武二十八年（52），北匈奴又派使者入朝，并献上马匹和皮衣，再次恳请和亲，并请求获赐汉的音乐，还请求允许他们带着西域各国的胡人一道入朝进贡朝拜。皇帝将此事交给太尉、司徒、司空三公府，命其商议一个妥当的答复。司徒掾班彪上书说：

我听说宣帝曾告诫戍边的太守和郡尉说：“匈奴是大国，他们策略多变而且为人狡诈。和匈奴交往时若能掌握匈奴的情况，就能够克敌制胜；谈判时若是中了他们的招数，就反被轻视、欺骗。”现在北匈奴看到南匈奴归顺了朝廷，便害怕我们对他们有所图谋，所以多次乞求和亲，还从远方赶来牛马和我们做买卖，他们两次派来显要的王侯，又献上大量贡品，这些举动都是在显摆他们的富强，想以此欺骗我们。我看到他们献上的贡品愈加贵重，便知道匈奴国力愈加衰弱，请求归附和和亲的次数越多，说明他们心中的恐惧就越强。既然现在还不能够帮助南匈奴，那么也就不宜贸然回绝北匈奴，怀柔笼络之道的要义便在于，对方以礼相待，我方亦应以礼相报。我认为可以稍微增加一些给他们的赏赐，价值应与他们所献来的贡品大致相当，并要开诚布公地将前代的呼韩邪和郅支的所作所为和他们说个明白。

回复的措辞，一定要恰当。现在我将拟好的初稿一并呈上，如下文：“单于您没有忘记汉朝的恩德，想起了祖先曾立下的盟约，因此想要与汉再结姻亲，以此得到帮助、保境安民，您的设想很好，我们对您表示赞赏。过去，匈奴屡次陷入内乱，呼韩邪和郅支互相仇视，但二人都得到了宣帝的开恩救助，所以他们都派来儿子入朝陪侍并做出了向朝廷称臣、为汉家戍边的决定。那以后郅支悖礼违情，自绝于朝廷的恩泽，而呼韩邪怀亲爱之心归附中原，忠孝之意愈发彰显。

数请兵将，归扫北庭，策谋纷纭，无所不至。惟念斯言不可独听，又以北单于比年贡献，欲修和亲，故拒而未许，将以成单于忠孝之义。汉秉威信，总率万国，日月所照，皆为臣妾。殊俗百蛮，义无亲疏，服顺者褒赏，畔逆者诛罚，善恶之效，呼韩、郅支是也。今单于欲修和亲，款诚已达，何嫌而欲率西域诸国俱来献见？西域国属匈奴，与属汉何异？单于数连兵乱，国内虚耗，贡物裁以通礼，何必献马裘？今赍杂缯五百匹，弓鞬韇丸一，矢四发，遣遗单于。又赐献马左骨都侯、右谷蠡王杂缯各四百匹，斩马剑各一。单于前言先帝时所赐呼韩邪竽、瑟、空侯皆败，愿复裁赐。念单于国尚未安，方厉武节，以战攻为务，竽瑟之用不如良弓利剑，故未以赍。朕不爱小物于单于，便宜所欲，遣驿以闻。”

帝悉纳从之。二十九年，赐南单于羊数万头。三十一年，北匈奴复遣使如前，乃玺书报答，赐以彩缯，不遣使者。

单于比立九年薨，中郎将段郴将兵赴吊，祭以酒米，分兵卫护之。比弟左贤王莫立，帝遣使者赍玺书镇慰，拜授玺绶，遗冠帻，绛单衣三袭，童子佩刀、绲带各一，又赐缯彩四千匹，令赏赐诸王、到汉朝灭掉郅支时，呼韩邪却最终保全了国家，传位于后代，子孙代代相承。如今南匈奴单于比已经带着部下和族人南下中原，与汉通好并归顺朝廷。比认为自己本是呼韩邪的嫡长孙，按序应继承王位，现在他的王位被篡夺，因此才心生猜忌无法再与贵国同心同德，他曾多次请求朝廷发兵支援，想要回到北方荡平贵国，他三番五次筹谋献策，为了复国无所不用其极。但朕认为不能对他偏听偏信，加之贵国连年入朝进贡，又有和亲之意，所以朕就拒绝了比的请求，希望借此成全您对朝廷的一片忠孝之心。大汉秉持威信，以此统领天下，日月光芒所及，尽为大汉臣民。蛮族虽有不同，汉却一视同仁，归顺者获得称赞和奖赏，叛逆者必受诛灭和惩罚，为善和为恶的后果，呼韩邪和郅支便是明证。如今您希望与汉和亲，朝廷也感受到了您的诚意，您又有何猜忌却想带着西域各国的使者一道前来进贡朝见呢？西域诸国归附了匈奴，又和归附大汉有何区别？另外，您的国家遭遇多次战乱，国力不济，贡品不过是用来相互致意的，您又何必献来骏马和裘皮？现在我们奉上杂缯五百匹，弓袋一个，箭矢四十八支，派使者给您送去。前来进献骏马的左骨都侯和右谷蠡王，我们也赐给他们每人四百匹杂缯和一把斩马剑。之前您说元帝赐给呼韩邪单于的竽、瑟和箜篌都已经损坏了，希望朝廷再次酌量赏赐。我们考虑贵国政局不稳，正值厉行尚武精神之际，正以作战为当务之急，那么竽瑟之类的乐器恐怕不如良弓利剑有用，所以没有让使者带去。朕并非吝啬于送您乐器，不过是想让送去的东西合乎您的实际需求，因此派去使者和您说明情况。”

光武帝采纳了班彪的意见和国书。建武二十九年（53），朝廷赐给南匈奴几万头羊。建武三十一年（55），北匈奴又一次像往常一样派来了使者，光武帝仅用诏书予以回复，并赐给他彩色丝绸，而没有派使者。

单于比在位九年后逝世，中郎将段郴率领军队前往吊唁，他用酒和米祭奠了比，并分派兵力保卫南匈奴。比的弟弟左贤王莫继位，光武帝派使者送去诏书致以安抚和慰问，并授予莫印玺和绶带，又骨都侯已下。其后单于薨，吊祭慰赐，以此为常。

丘浮尤鞮单于莫，中元元年立，一年薨，弟汗立。

伊伐於虑鞮单于汗，中元二年立。永平二年，北匈奴护于丘率众千余人来降。南部单于汗立二年薨，单于比之子適立。

醢僮尸逐侯鞮单于適，永平二年立。五年冬，北匈奴六七千骑入于五原塞，遂寇云中至原阳，南单于击却之，西河长史马襄赴救，虏乃引去。

单于適立四年薨，单于莫子苏立，是为丘除车林鞮单于。数月复薨，单于適之弟长立。

胡邪尸逐侯鞮单于长，永平六年立。时北匈奴犹盛，数寇边，朝廷以为忧。会北单于欲合市，遣使求和亲，显宗冀其交通，不复为寇，乃许之。

八年，遣越骑司马郑众北使报命，而南部须卜骨都侯等知汉与北虏交使，怀嫌怨欲畔，密因北使，令遣兵迎之。郑众出塞，疑有异，伺候果得须卜使人，乃上言宜更置大将，以防二虏交通。由是始置度辽营，以中郎将吴棠行度辽将军事，副校尉来苗、左校尉阎章、右校尉张国将黎阳虎牙营士屯五原曼柏。又遣骑都尉秦彭将兵屯美稷。其年秋，北虏果遣二千骑候望朔方，作马革船，欲度迎南部畔者，以汉有备，乃引去。复数寇钞边郡，焚烧城邑，杀略甚众，河西城门昼闭。帝患之。

赠予他帽子和头巾，还有大红色单衣三套，孩子用的佩刀和混纺的带子各一，朝廷又另赐四千匹彩色丝绸，下令赏给各位王、骨都侯及以下的各位官员。这以后每逢单于去世，朝廷便派使者前去吊唁、祭奠、慰问并送上赏赐，以此作为常例。

丘浮尤鞮单于莫，于建武中元元年（56）即位，在位一年后逝世，他的弟弟汗继位为单于。

伊伐於虑鞮单于汗，于建武中元二年（57）即位。永平二年（59），北匈奴护于丘率领一千多名部下、族人前来归降。南匈奴单于汗在位两年后逝世，单于比的儿子適继位。

醢僮尸逐侯鞮单于適，于永平二年即位。永平五年（62）冬天，北匈奴的六、七千名骑兵侵入五原郡边关，接着又进犯云中郡一直攻到原阳县，南匈奴单于暂时击退了他们，之后西河长史马襄也赶去救援，北匈奴这才撤军。

单于適在位四年后去世，单于莫的儿子苏继位，就是丘除车林鞮单于。几个月后苏又去世，单于適的弟弟长继位。

胡邪尸逐侯鞮单于长，于永平六年（63）即位。当时北匈奴仍很强大，屡次进犯边疆，朝廷对此感到忧虑。恰逢北匈奴想和汉朝通商，又派来使者请求和亲，而明帝也希望与北匈奴正常往来，借此使其不再寇边，就同意了他们的请求。

永平八年（65），朝廷派越骑司马郑众出使北匈奴回访，然而南匈奴的须卜骨都侯等人得知汉朝与北匈奴互派使者后，心生猜忌和怨恨，打算叛变，他们靠着与北匈奴使者的秘密联系，要北匈奴发兵接应他们。郑众离开边关后，怀疑情况有变，他们埋伏在半路守候果然抓到了须卜骨都侯的使者，于是向朝廷上奏说应当再派驻大将，以此防范南北匈奴勾结。自此朝廷开始设立度辽营屯兵，命中郎将吴棠代理度辽将军的职责，并派副校尉来苗、左校尉阎章和右校尉张国率领黎阳营和虎牙营的精兵驻扎于五原郡曼柏县。又派骑都尉秦彭率领部队驻扎于美稷县。这年秋天，北匈奴果然派来二千骑兵到朔方郡侦察，他们造好马皮船，想接应南匈奴的叛贼渡河，但因为汉十六年，乃大发缘边兵，遣诸将四道出塞，北征匈奴。南单于遣左贤王信随太仆祭肜及吴棠出朔方高阙，攻皋林温禺犊王于涿邪山。虏闻汉兵来，悉度漠去。肜、棠坐不至涿邪山免，以骑都尉来苗行度辽将军。其年，北匈奴入云中，遂至渔阳，太守廉范击却之。诏遣使者高弘发三郡兵追之，无所得。

建初元年，来苗迁济阴太守，以征西将军耿秉行度辽将军。时皋林温禺犊王复将众还居涿邪山，南单于闻知，遣轻骑与缘边郡及乌桓兵出塞击之，斩首数百级，降者三四千人。其年，南部苦蝗，大饥，肃宗禀给其贫人三万余口。七年，耿秉迁执金吾，以张掖太守邓鸿行度辽将军。八年，北匈奴三木楼訾大人稽留斯等，率三万八千人、马二万匹、牛、羊十余万，款五原塞降。

元和元年，武威太守孟云上言北单于复愿与吏人合市，诏书听云遣驿使迎呼慰纳之。北单于乃遣大且渠伊莫訾王等，驱牛马万余头来与汉贾客交易。诸王大人或前至，所在郡县为设官邸，赏赐待遇之。南单于闻，乃遣轻骑出上郡，遮略生口，钞掠牛马，驱还入塞。

二年正月，北匈奴大人车利、涿兵等亡来入塞，凡七十三辈。时北虏衰耗，党众离畔，南部攻其前，丁零寇其后，鲜卑击其左，西军早有防备，就领兵撤退了。后来，北匈奴又多次入侵边境各郡大加劫掠，他们放火烧毁城邑，杀害、掳走大量人口，黄河以西一带的城邑不得不白天就紧闭城门。明帝对此颇为忧虑。

永平十六年（73），朝廷于是从边疆各郡征调了大量兵力，派各位将领分四路出击塞外，北征匈奴。南匈奴单于派左贤王信跟随太仆祭肜和吴棠从朔方郡的高阙塞出关，对涿邪山的皋林温禺犊王发起进攻。敌虏得知汉军袭来，都穿过沙漠逃走。祭肜和吴棠因未能率军到达涿邪山而获罪革职，朝廷命骑都尉来苗兼任度辽将军。同年，北匈奴进犯云中郡，之后又侵入渔阳郡，最终为云中太守廉范所击退。明帝下诏派使者高弘调集了三个郡的部队追击匈奴，最终无功而返。

建初元年（76），来苗调任为济阴太守，朝廷命征西将军耿秉兼任度辽将军。那时皋林温禺犊王又率部下和族人回到涿邪山居住，南匈奴单于长得知后，派轻装骑兵与边境各郡官军以及乌桓军队一道离开边关攻打皋林温禺犊王，联军斩杀了几百人，投降的北匈奴有三四千。同年，南匈奴爆发蝗灾，造成严重饥荒，明帝为三万多口贫困百姓送去救济粮。建初七年（82），耿秉调任为执金吾，朝廷命张掖太守邓鸿兼任度辽将军。建初八年（83），北匈奴三木楼訾部落的首领稽留斯等人率领三万八千人以及两万匹马、十多万头牛羊，来到五原郡边关投降。

元和元年（84），武威太守孟云上书说北匈奴又一次希望与中原官民通商，天子下诏准许孟云派信使前去迎接、招揽并慰问、接待北匈奴。北匈奴单于于是派大且渠伊莫訾王等人，赶着一万多只牛马来和汉的商人做买卖。北匈奴的各位王爷、首领有时也会来到塞内，所到访的郡县会为他们安排住处，并加以赏赐和厚待。南匈奴单于听闻此事，就派轻装骑兵由上郡来到塞外，他们拦下并掳走北匈奴人，还劫掠商队的牛马，赶入塞内。

元和二年（85）正月，北匈奴的部落首领车利、涿兵等人逃亡到塞内，共计逃来七十三批。当时北匈奴江河日下，众叛亲离，南匈奴域侵其右，不复自立，乃远引而去。

单于长立二十三年薨，单于汗之子宣立。

伊屠於闾鞮单于宣，元和二年立。其岁，单于遣兵千余人猎至涿邪山，卒与北虏温禺犊王遇，因战，获其首级而还。冬，孟云上言："北虏以前既和亲，而南部复往钞掠，北单于谓汉欺之，谋欲犯塞，谓宜还南所掠生口，以慰安其意。"肃宗从太仆袁安议，许之。乃下诏曰："昔猃狁、獯粥之敌中国，其所由来尚矣。往者虽有和亲之名，终无丝发之效。墝埆之人，屡婴涂炭。父战于前，子死于后。弱女乘于亭障，孤儿号于道路。老母寡妻设虚祭，饮泣泪，想望归魂于沙漠之表，岂不哀哉！传曰：'江海所以能长百川者，以其下之也。'少加屈下，尚何足病？况今与匈奴君臣分定，辞顺约明，贡献累至，岂宜违信，自受其曲。其敕度辽及领中郎将庞奋倍雇南部所得生口，以还北虏。其南部斩首获生，计功受赏如常科。"于是南单于复令薁鞬日逐王师子将轻骑数千出塞掩击北虏，复斩获千人。北虏众以南部为汉所厚，又闻取降者岁数千人。

章和元年，鲜卑入左地击北匈奴，大破之，斩优留单于，取其匈奴皮而还。北庭大乱，屈兰、储卑、胡都须等五十八部，口二十万，胜兵八千人，诣云中、五原、朔方、北地降。

单于宣立三年薨，单于长之弟屯屠何立。

正面进攻，丁零人入侵后方，鲜卑人袭击左翼，西域各国进犯右侧，北匈奴再也无法立足于此，于是向远方退去。

单于长在位二十三年后去世，单于汗的儿子宣继位。

伊屠於闾鞮单于宣，于元和二年即位。这一年，单于宣派了一千多人出去打猎，队伍到了涿邪山时突然遭遇北匈奴温禺犊王的人马，于是双方大战，最终宣的军队斩下温禺犊王的首级后返回。同年冬天，武威太守孟云上书说："北匈奴此前已经与汉和亲，而南匈奴却又对北匈奴大加劫掠，北匈奴认为我们不守信用，又计划要进犯边关，我认为应当把南匈奴掳去的俘虏送回北匈奴，以安抚北匈奴的情绪。"章帝接受太仆袁安的意见，批准了孟云的奏书。于是章帝下诏说："古时的猃狁、獯粥便同中原作对，像这样的外族入侵由来已久了。从前汉朝和北匈奴的通婚虽说有和亲的名义，最终却毫无成效。托身于此险要之地的百姓，屡遭磨难。父亲在前线拼命，儿子却死在后方。柔弱的女子登上岗亭、堡垒远望征夫，父母双亡的孩子在路边号泣。老母和寡妇遥祭亡灵，无声饮泣，盼望着招回那沙漠之外的孤魂，怎不令人哀痛！传说：'长江、大海之所以堪为百川领袖，是因为它们能把自己放在较低的位置。'稍有屈尊，于我何损？何况现在大汉与匈奴的君臣名分已定，他们言辞顺从、盟约明确，接二连三献上贡品，我们怎能够违背信义，自己成为理亏的一方？朕诏令度辽将军和代理中郎将庞奋为南匈奴所劫走的俘虏付给北匈奴成倍的报酬。对于南匈奴斩杀、生擒北匈奴的战功，仍照例论功行赏。"于是南匈奴单于又命薁鞬日逐王师子率几千轻装骑兵出击塞外突袭北匈奴，又斩杀、生擒了一千人。北匈奴人认为南匈奴受到汉朝优待，又听说每年都有几千人归降。

章和元年（87），鲜卑攻入北匈奴左地，大败了北匈奴，斩杀了优留单于，鲜卑剥下单于的皮后班师。北匈奴举国大乱，屈兰、储卑、胡都须等五十八个部落，二十万人口，连同其中的八千可作战人口，分别到云中、五原、朔方、北地四郡投降。

单于宣在位三年后去世，单于长的弟弟屯屠何继位。

休兰尸逐侯鞮单于屯屠何，章和二年立。时北虏大乱，加以饥蝗，降者前后而至。南单于将并北庭，会肃宗崩，窦太后临朝。其年七月，单于上言："臣累世蒙恩，不可胜数。孝章皇帝圣思远虑，遂欲见成就，故令乌桓、鲜卑讨北虏，斩单于首级，破坏其国。今所新降虚渠等诣臣自言：'去岁三月中发虏庭，北单于创刈南兵，又畏丁令、鲜卑，遁逃远去，依安侯河西。今年正月，骨都侯等复共立单于异母兄右贤王为单于，其人以兄弟争立，并各离散。'臣与诸王骨都侯及新降渠帅杂议方略，皆曰宜及北虏分争，出兵讨伐，破北成南，并为一国，令汉家长无北念。又今月八日，新降右须日逐鲜堂轻从虏庭远来诣臣，言北虏诸部多欲内顾，但耻自发遣，故未有至者。若出兵奔击，必有响应。今年不往，恐复并壹。臣伏念先父归汉以来，被蒙覆载，严塞明候，大兵拥护，积四十年。臣等生长汉地，开口仰食，岁时赏赐，动辄亿万，虽垂拱安枕，惭无报效之地。愿发国中及诸部故胡新降精兵，遣左谷蠡王师子、左呼衍日逐王须訾将万骑出朔方，左贤王安国、右大且渠王交勒苏将万骑出居延，期十二月同会虏地。臣将余兵万人屯五原、朔方塞，以为拒守。臣素愚浅，又兵众单少，不足以防内外。愿遣执金吾耿秉、度辽将军邓鸿及西河、云中、五原、朔方、上郡太守并力而北，令北地、安定太守各屯要害，冀因圣帝威神，一举平定。臣国成败，要在今年。已敕诸部严兵马，讫九月龙祠，悉集河上。唯陛下裁哀省察！"太后以示耿秉。秉上言："昔武帝单极天下，欲臣虏匈奴，未遇天时，事遂无成。宣帝之世，会呼韩来降，故边人获安，中外为一，生人休息六十余年。及王莽篡位，变更其号，耗扰不止，单于乃畔。光武受命，复怀纳之，缘边坏郡得以还复。乌桓、鲜卑咸胁归义，威镇四夷，其效如此。今幸遭天授，北虏分争，以夷伐夷，国家之利，宜可听许。"秉因自陈受恩，分当出命效用。太后从之。

休兰尸逐侯鞮单于屯屠何，于章和二年（88）继位。当时北匈奴风雨飘摇，又遭遇饥荒和蝗灾，所以接连有北匈奴人向南匈奴投降。南匈奴单于打算吞并北匈奴之时，恰逢肃宗去世，窦太后亲掌国政。这年七月，单于屯屠何上书说：我世代承蒙朝廷恩德，恩德之重难以衡量。章帝圣明深谋远虑，最终决定实现平定北匈奴的伟业，因此命令乌桓、鲜卑讨伐北匈奴，斩下了单于的脑袋，使其国家陷入动荡。现在刚刚投降的虚渠等人向我透露说：'去年三月中旬北匈奴王庭沦陷，北匈奴单于一方面畏惧南匈奴的军势，另一方面又惮于丁令、鲜卑的威胁，于是就逃向远方，托身于安侯河西岸。今年正月，北匈奴的骨都侯等人又支持前任单于的异母兄右贤王继位，北匈奴人因兄弟二人争夺单于之位，也都各自分为两派。'于是我便和各位王、骨都侯以及刚刚归降的北匈奴首领共商大计，他们都说应当趁着北匈奴内讧，立即发兵讨伐，击败北匈奴成就南匈奴，最终统一为一个国家，使大汉无需再担心北境安危。本月初八，又有一位刚刚投降的右须日逐鲜堂轻车简从由北单于王庭远道而来拜访了我，他说大部分北匈奴部落都愿意归顺，只是因为耻于自行投降，所以还没有前来投奔。如果朝廷此时发兵奔袭，一定有人响应。今年再不抓住机会，北匈奴怕是又要团结起来。我想到自先父归顺大汉以来，多蒙朝廷的支持和包容，不但边防整饬，哨塔明亮，而且派驻大军悉心保护，关怀备至有四十年之久。我们这些在中原长大的晚辈，向来吃喝不愁，每年所获赏赐，往往数以万计，虽然无需辛劳便能高枕无忧，但却始终因无以为报而感到惭愧。现在我愿意调集南匈奴本部精兵以及各部落当地刚刚归降的北匈奴精兵，派左谷蠡王师子和左呼衍日逐王须訾率一万多骑兵由朔方郡出击塞外，再派左贤王安国、右大且渠王交勒苏率一万骑兵由居延塞出击塞外，和贵军约定在十二月会师于北匈奴之地。我率领其余一万兵力驻扎在五原郡和朔方郡边关，负责后方防守。我向来就不聪明、见识浅，加之兵力少、实力弱，难担安邦拒敌的重任。希望朝廷能派执金吾耿秉、度辽将军邓鸿以及西河、云中、五原、朔方、上郡五郡太守合力北征，并命北地、安定二郡太守分守各路紧要之地，希望能在圣上神威的护佑下，毕其功永元元年，以秉为征西将军，与车骑将军窦宪率骑八千，与度辽兵及南单于众三万骑，出朔方击北虏，大破之。北单于奔走，首虏二十余万人。事已具《窦宪传》。

二年春，邓鸿迁大鸿胪，以定襄太守皇甫棱行度辽将军。南单于复上求灭北庭，于是遣左谷蠡王师子等将左右部八千骑出鸡鹿塞，中郎将耿谭遣从事将护之。至涿邪山，乃留辎重，分为二部，各引轻兵两道袭之。左部北过西海至河云北，右部从匈奴河水西绕天山，南度甘微河，二军俱会，夜围北单于。大惊，率精兵千余人合战。单于被创，堕马复上，将轻骑数十遁走，仅而免脱。得其玉玺，获阏氏及男女五人，斩首八千级，生虏数千口而还。是时南部连克获纳降，党众最盛，领户三万四千，口二十三万七千三百，胜兵五万一百七十。故从事中郎将置从事二人，耿谭以新降者多，上增从事十二人。

于一役。我们匈奴的兴亡，关键就在今年。我已下令各部厉兵秣马，到九月龙城祭天之时，便全部集结于黄河沿岸。希望太后您节制哀情予以明断！太后将屯屠何的奏章给耿秉看。耿秉进言说："从前武帝几乎一统天下，当时便想令匈奴臣服，然而不得天时，最终功业未竟。宣帝年间，恰逢呼韩邪单于归顺朝廷，因此边境百姓重获安宁，汉匈亲如一家，国家得以休养生息六十多年。到王莽篡位时，伪朝降低了单于的封号，对匈奴的压榨和骚扰永无休止，因此才遭到单于的背叛。光武帝受命于天继承大统时，又恢复了对匈奴怀柔招纳的政策，于是毁于战乱的边境各郡才得以重建。乌桓、鲜卑都惮于天威归顺朝廷，大汉声威慑服四夷，以上便是明证。如今有幸赶上天赐良机，北匈奴陷入内讧，以夷制夷的策略，有利于国家，应当批准。"耿秉随即表示自己承蒙恩典，理当为国舍身效力。窦太后同意了他的请求。

永元元年（89），朝廷任命耿秉为征西将军，会同车骑将军窦宪麾下的八千骑兵，以及度辽将军和南匈奴单于麾下的三万骑兵，由朔方郡出塞讨伐北匈奴，最终取得大胜。北匈奴单于逃脱，其部队投降和被俘的有二十多万人。此事已经记载于《窦宪传》。

永元二年（90）春，邓鸿升任大鸿胪，朝廷任命定襄太守皇甫棱兼任度辽将军。南匈奴单于再次上书请求剿灭北匈奴，于是南匈奴派左谷蠡王师子等人率匈奴左部和右部的八千骑兵由鸡鹿塞离境，中郎将耿谭派从事领兵护卫。军队到达涿邪山后，便卸下辎重，分为两支，师子等人各率轻装部队分两路进军。左部兵马向北进军途经西海到达河云以北，右部兵马从匈奴河以西绕过天山，向南渡过甘微河，两军一同到达进攻地点，入夜后围攻北匈奴单于。单于大惊，率一千多精锐部队迎战。单于受伤落马，又赶忙爬上马背，只带了几十名轻骑兵逃走，才得以逃出重围。南匈奴军缴获了北匈奴单于的玉玺，俘虏了匈奴王后和五个子女，斩杀了八千人，生擒了几千人，而后班师回国。当时南匈奴捷报连连，接收了大量俘虏、降卒，部族人众达到顶峰，当时南匈奴治下有人家三万四千户，人口三年，北单于复为右校尉耿夔所破，逃亡不知所在。其弟右谷蠡王於除鞬自立为单于，将右温禺鞬王、骨都侯已下众数千人，止蒲类海，遣使款塞。大将军窦宪上书，立於除鞬为北单于，朝廷从之。四年，遣耿夔即授玺绶，赐玉剑四具，羽盖一驷，使中郎将任尚持节卫护屯伊吾，如南单于故事。方欲辅归北庭，会窦宪被诛。五年，於除鞬自畔还北，帝遣将兵长史王辅以千余骑与任尚共追诱将还斩之，破灭其众。

单于屯屠何立六年薨，单于宣弟安国立。

单于安国，永元五年立。安国初为左贤王而无称誉。左谷蠡王师子素勇黠多知，前单于宣及屯屠何皆爱其气决，故数遣将兵出塞，掩击北庭，还受赏赐，天子亦加殊异。是以国中尽敬师子，而不附安国。由是疾师子，欲杀之。其诸新降胡初在塞外，数为师子所驱掠，皆多怨之。安国因是委计降者，与同谋议。安国既立为单于，师子以次转为左贤王，觉单于与新降者有谋，乃别居五原界。单于每龙会议事，师子辄称病不往。皇甫棱知之，亦拥护不遣，单于怀愤益甚。

六年春，皇甫棱免，以执金吾朱徽行度辽将军。时单于与中郎将杜崇不相平，乃上书告崇，崇讽西河太守令断单于章，无由自闻。而崇因与朱徽上言："南单于安国疏远故胡，亲近新降，欲杀左二十三万七千三百人，可作战人口五万零一百七十人。以前从事中郎将下设两名从事，但耿谭因为最近投降的人很多，便上书请求将从事增设至十二人。

永元三年（91），北匈奴单于又被右校尉耿夔击败，不知逃往何处。他的弟弟右谷蠡王於除鞬自己即位为单于，於除鞬带着右温禺鞬王、骨都侯及其部下、族人共几千人，暂居蒲类海，接着派出使者造访边关请求归附。大将军窦宪上书朝廷，建立承认於除鞬的单于之位，朝廷采纳了。永元四年（92），朝廷派耿夔回访并授予於除鞬印玺、绶带，又赐给他四把玉剑，一辆配有羽毛车盖的四驾马车，同时派中郎将任尚持符节驻守伊吾卢保护於除鞬，一如此前对待南匈奴单于的旧制。正要帮於除鞬回到北匈奴王庭，却赶上窦宪伏法。永元五年（93），於除鞬自行叛逃到北匈奴，和帝派将兵长史王辅率一千多骑兵与任尚一道追赶并把他引诱回来，之后斩杀了於除鞬，剿灭了他的部下和族人。

单于屯屠何在位六年后去世，单于宣的弟弟安国继位。

单于安国，于永元五年即位。安国起初担任左贤王没什么声望。而左谷蠡王师子一向智勇双全，前任单于宣和屯屠何都欣赏他的坚决果断，所以多次派他领兵出击塞外，突袭北匈奴，师子凯旋后便受到赏赐，和帝也对他另眼相待。因此南匈奴人都敬重师子，而不与安国同心。安国因此憎恨师子，想杀掉他。有一批刚投降的、原本居于塞外的北匈奴人，当年曾多次遭到师子部队的驱赶和劫掠，他们大多也对师子心怀怨恨。安国因此把希望托付在这些投降的人身上，和他们共谋对策。安国继任单于后，师子依序升任左贤王，他察觉到单于和刚投降的人有阴谋，于是移驻于五原郡边境。单于每次趁龙城祭天商议国事时，师子总借口生病推脱不去。度辽将军皇甫棱知道后，也支持师子而不强令他赴会，单于心中的愤怒更加强烈。

永元六年（94）春，皇甫棱被免去度辽将军一职，朝廷任命执金吾朱徽兼任度辽将军。当时单于安国与中郎将杜崇关系不和，安国就上书控诉杜崇，杜崇劝西河太守帮忙截下安国的奏章，使安国无法贤王师子及左台且渠刘利等。又右部降者谋共迫胁安国，起兵背畔，请西河、上郡、安定为之儆备。”和帝下公卿议，皆以为“蛮夷反覆，虽难测知，然大兵聚会，必未敢动摇。今宜遣有方略使者之单于庭，与杜崇、朱徽及西河太守并力，观其动静。如无它变，可令崇等就安国会其左右大臣，责其部众横暴为边害者，共平罪诛。若不从命，令为权时方略，事毕之后，裁行客赐，亦足以威示百蛮”。帝从之。于是徽、崇遂发兵造其庭。安国夜闻汉军至，大惊，弃帐而去，因举兵及将新降者欲诛师子。师子先知，乃悉将庐落入曼柏城。安国追到城下，门闭不得入。朱徽遣吏晓譬和之，安国不听。城既不下，乃引兵屯五原。崇、徽因发诸郡骑追赴之急，众皆大恐，安国舅骨都侯喜为等虑并被诛，乃格杀安国。

安国立一年，单于適之子师子立。

亭独尸逐侯鞮单于师子，永元六年立。降胡五六百人夜袭师子，安集掾王恬将卫护士与战，破之。于是新降胡遂相惊动，十五部二十余万人皆反畔，胁立前单于屯屠何子薁鞬日逐王逢侯为单于，遂杀略吏人，燔烧邮亭庐帐，将车重向朔方，欲度漠北。于是遣行车骑将军邓鸿、越骑校尉冯柱、行度辽将军朱徽将左右羽林、北军五校士及郡国积射、缘边兵，乌桓校尉任尚将乌桓、鲜卑，合四万人讨之。时南单于及中郎将杜崇屯牧师城，逢侯将万余骑攻向朝廷呈报自己的意见。同时杜崇却趁机和朱徽一起上书说："南匈奴单于安国疏远结交已久的南匈奴人，却亲近那些刚刚投降的北匈奴人，他们企图杀害左贤王师子和左台且渠刘利等人。另外，北匈奴右部的降卒也计划着一同胁迫安国，逼他起兵造反，因此请朝廷下令命西河、上郡、安定三郡作好戒备。"和帝将奏章交给高官们商议，大家都认为"蛮夷之人反覆无常，虽然难以判明实情，但是面对朝廷大军，匈奴必定不敢生乱。现在应派胸怀韬略的使者造访单于王庭，与杜崇、朱徽及西河太守配合，观察形势。如果没有其他变故，便可命杜崇等人参与安国和近臣的议事，责备那些横行霸道为害边境的部下，并要求与安国一同镇压他们并治罪。如果安国拒不服从，便命杜崇等人采取权宜之策，等访问结束以后，便以主客的礼节削减给予安国的赏赐，此举亦足以向各路蛮夷展示大汉威权"。和帝采纳了他们的意见。于是朱徽、杜崇就调集兵马来到单于王庭。安国得知汉军来到，大为震惊，连夜离开庐帐去搬救兵，顺势起兵并纠集那群新近投降的北匈奴人打算杀掉师子。师子早已得到消息，便率领整个部落收起庐帐进驻曼柏城。安国追到城下，城门紧闭拦住去路。朱徽向安国派去官吏调解说和，安国置若罔闻。安国见无法攻下曼柏城，就率军进驻五原。于是杜崇、朱徽便调集各郡骑兵紧急追赶，安国的部下和族人见此极为惊恐，安国的舅舅骨都侯喜为等人担心同罪被杀，就杀掉了安国。

安国在位一年，单于适的儿子师子继位。

亭独尸逐侯鞮单于师子，于永元六年即位。那时，有五六百名投降的北匈奴人趁黑夜偷袭了师子，安集掾王恬率领单于的卫兵们与叛贼交战，最终击败了他们。这之后新近归降的北匈奴人就接连被惊动，十五各部落的二十多万降胡全都发动叛乱，他们胁前任单于屯屠何的儿子薁鞬日逐王逢侯即位为单于，接着就杀害、掳走官民，烧毁驿馆、帐篷，之后带着辎重向朔方郡前进，打算越过沙漠逃到漠北。朝廷于是派代理车骑将军邓鸿、越骑校尉冯柱和代理度辽将军朱徽率领左右羽林禁军、北军五营禁军以及各郡国的寻迹而射的弓围之，未下。冬，邓鸿等至美稷，逢侯乃乘冰度隘，向满夷谷。南单于遣子将万骑，及杜崇所领四千骑，与邓鸿等追击逢侯于大城塞，斩首三千余级，得生口及降者万余人。冯柱复分兵追击其别部，斩首四千余级。任尚率鲜卑大都护苏拔廆、乌桓大人勿柯八千骑，要击逢侯于满夷谷，复大破之。前后凡斩万七千余级。逢侯遂率众出塞，汉兵不能追。七年正月，军还。

冯柱将虎牙营留屯五原，罢遣鲜卑、乌桓、羌胡兵，封苏拔廆为率众王，又赐金帛。邓鸿还京师，坐逗留失利，下狱死。后帝知朱徽、杜崇失胡和，又禁其上书，以致反畔，皆征下狱死，以雁门太守庞奋行度辽将军。逢侯于塞外分为二部，自领右部屯涿邪山下，左部屯朔方西北，相去数百里。八年冬，左部胡自相疑畔，还入朔方塞，庞奋迎受慰纳之。其胜兵四千人，弱小万余口悉降，以分处北边诸郡。南单于以其右温禺犊王乌居战始与安国同谋，欲考问之。乌居战将数千人遂复反畔，出塞外山谷间，为吏民害。秋，庞奋、冯柱与诸郡兵击乌居战，其众降，于是徙乌居战众及诸还降者二万余人于安定、北地。冯柱还，迁将作大匠。逢侯部众饥穷，又为鲜卑所击，无所归，窜逃入塞者骆驿不绝。

手和边境部队为一路，又派乌桓校尉任尚率领乌桓、鲜卑部队为一路，两路共计四万大军对叛军发起进攻。当时南单于师子和中郎将杜崇正驻守牧师城，遭到了逢侯率领的一万多名骑兵的围攻，他们最终守住了牧师城。永元六年冬，邓鸿等人到达美稷县，逢侯就率军冒着冰封雪冻穿过关隘，向满夷谷转移。于是南单于师子派儿子率领上万骑兵，会同杜崇麾下的四千骑兵，以及邓鸿的部队追击逢侯并与其在大城塞交战，最终官军斩杀了三千多人，生擒和投降的乱贼有一万多人。同时冯柱又另率人马追击了逢侯的侧翼部队，斩杀了四千多人。之后任尚也率领鲜卑大都护苏拔廆和乌桓首领勿柯的八千骑兵，在满夷谷截击逢侯，又一次大败叛军。联军前后总共斩杀了一万七千多人。逢侯于是率部下、族人逃出塞外，汉军追赶不上。永元七年（95）正月，大军班师。

朝廷派冯柱率虎牙营留在五原郡驻守，同时遣散了鲜卑、乌桓和羌人、胡人的部队，又封鲜卑大都护苏拔廆为率众王，并赐给他黄金、丝绸。邓鸿回到京师后，因观望怯战延误战机获罪，入狱后死在狱中，后来和帝得知朱徽、杜崇和单于安国关系不佳，又拦截了单于的上书，这才激起了单于的反叛，于是和帝将他们召回关入监牢，最终二人死在狱中，朝廷任命雁门太守庞奋兼任度辽将军。逢侯的部众在边关外分为两部，自己率右部驻扎在涿邪山下，左部驻扎在朔方郡西北，两部相距几百里。永元八年（96）冬，左部胡人对逢侯心生怀疑便背叛了逢侯，返回朔方边关，庞奋迎接慰问了他们并将其迎入边关。左部的四千名可作战人口和一万多体弱年幼的人口，全都投降，朝廷将他们分别迁入北部边境的各郡居住。此前，南单于师子因右温禺犊王乌居战曾与安国合谋，打算拷问乌居战。乌居战于是纠集了几千人再度叛变，逃到边关外盘踞在高山深谷之间，为害官民。永元八年秋，庞奋、冯柱率各郡部队讨伐了乌居战，乌居战的部下投降，朝廷于是将乌居战的部下和那些归降的族人共计两万多人迁移到安定、北地二郡居住。冯柱回京后，升任将作大匠。那时逢侯的部下和族人已陷入饥饿窘迫的困境，再加上鲜卑的袭击，终于令单于师子立四年薨，单于长之子檀立。

万氏尸逐鞮单于檀，永元十年立。十二年，庞奋迁河南尹，以朔方太守王彪行度辽将军。南单于比岁遣兵击逢侯，多所虏获，收还生口前后以千数，逢侯转困迫。十六年，北单于遣使诣阙贡献，愿和亲，修呼韩邪故约。和帝以其旧礼不备，未许之，而厚加赏赐，不答其使。元兴元年，重遣使诣敦煌贡献，辞以国贫未能备礼，愿请大使，当遣子入侍。时邓太后临朝，亦不答其使，但加赐而已。

永初三年夏，汉人韩琮随南单于入朝，既还，说南单于云："关东水潦，人民饥饿死尽，可击也。"单于信其言，遂起兵反畔，攻中郎将耿种于美稷。秋，王彪卒。冬，遣行车骑将军何熙、副中郎庞雄击之。四年春，檀遣千余骑寇常山、中山，以西域校尉梁慬行度辽将军，与辽东太守耿夔击破之。事已具《慬》《夔传》。单于见诸军并进，大恐怖，顾让韩琮曰："汝言汉人死尽，今是何等人也？"乃遣使乞降，许之。单于脱帽徒跣，对庞雄等拜陈，道死罪。于是赦之，遇待如初，乃还所钞汉民男女及羌所略转卖入匈奴中者合万余人。五年，梁慬免，以云中太守耿夔行度辽将军。

元初元年，夔免，以乌桓校尉邓遵为度辽将军。遵，皇太后之从弟，故始为真将军焉。

四年，逢侯为鲜卑所破，部众分散，皆归北虏。五年春，逢侯他们无所适从，逃到边关内的人络绎不绝。

单子师子在位四年后去世，单于长的儿子檀继位。

万氏尸逐鞮单于檀，于永元十年（98）立为单于。永元十二年（100），庞奋调任河南尹，朝廷任命朔方太守王彪兼任度辽将军。南单于檀连年发兵袭击逢侯，俘虏的人口和缴获的财物很多，总计追回了上千名俘虏，使得逢侯的处境更加窘迫。永元十六年（104），北匈奴单于派使者入朝进贡，请求和亲，恢复从前呼韩邪单于与汉朝的盟约。和帝因为北匈奴献来的礼品不够完备，没有答应，只是回赠了大量赏赐，并未派使者回访。元兴元年（105），北单于再派使者造访敦煌献上礼品，并表示因为国家贫穷，所以无法送上丰厚的礼物，希望朝廷派遣使者，他将派儿子随使者入朝侍奉。当时是邓太后亲掌国政，邓太后也没有派使者回访，只是予以赏赐。

永初三年（109）夏，汉人韩琮陪同南单于檀入朝，回去以后，韩琮怂恿南单于说："关东发洪水，老百姓因饥饿都死光了，可以趁机攻打。"单于檀听信谗言，就率军叛汉，对驻守美稷县的中郎将耿种发动袭击。秋天，度辽将军王彪去世。冬天，朝廷派行车骑将军何熙和副中郎庞雄镇压单于檀。永初四年（110）春，檀派遣一千多名骑兵进犯常山国、中山国，朝廷命西域校尉梁慬兼任度辽将军，梁慬会同辽东太守耿夔击败了叛军。此事已记载于《梁慬传》和《耿夔传》。单于檀看到各路汉军一道袭来，极为惊恐，回头责备韩琮说："你说汉人死光了，现在这都是什么人啊？"于是派去使者乞求投降，官军同意了。檀摘下帽子、光着双脚，向庞雄等人下跪投降，说自己罪该万死。朝廷于是赦免了檀，仍像以往那样对待他，檀便将掳走的汉人男女和被羌人掳走卖到匈奴的汉人合计一万多人送回中原。永初五年（111），梁慬被革职，朝廷任命云中太守耿夔兼任度辽将军。

元初元年（114），耿夔被免职，朝廷任命乌桓校尉邓遵为度辽将军。邓遵是皇太后的堂弟，所以从邓遵开始度辽将军成为正式的军职。

元初四年（117），逢侯被鲜卑击败，部下和族人四散奔逃，都将百余骑亡还，诣朔方塞降，邓遵奏徙逢侯于颍川郡。

建光元年，邓遵免，复以耿夔代为度辽将军。时鲜卑寇边，夔与温禺犊王呼尤徽将新降者连年出塞，讨击鲜卑。还，复各令屯列冲要。而耿夔征发烦剧，新降者皆悉恨谋畔。

单于檀立二十七年薨，弟拔立。耿夔复免，以太原太守法度代为将军。

乌稽侯尸逐鞮单于拔，延光三年立。夏，新降一部大人阿族等遂反畔，胁呼尤徽欲与俱去。呼尤徽曰："我老矣，受汉家恩，宁死不能相随！"众欲杀之，有救者，得免。阿族等遂将妻子辎重亡去，中郎将马翼遣兵与胡骑追击，破之，斩首及自投河死者殆尽，获马牛羊万余头。冬，法度卒。四年，汉阳太守傅众代为将军。其冬，傅众复卒。永建元年，以辽东太守庞参代为将军。

先是朔方以西障塞多不修复，鲜卑因此数寇南部，杀渐将王。单于忧恐，上言求复障塞，顺帝从之。乃遣黎阳营兵出屯中山北界，增置缘边诸郡兵，列屯塞下，教习战射。

单于拔立四年薨，弟休利立。

去特若尸逐就单于休利，永建三年立。四年，庞参迁大鸿胪，以东平相宋汉代为度辽将军。阳嘉二年，汉迁太仆，以乌桓校尉耿晔代为度辽将军。永和元年，晔病征，以护羌校尉马续代为度辽将军。

投奔了北匈奴。元初五年（118）春，逢侯率一百多骑兵逃回边境，到朔方郡边关投降，邓遵上书请求让逢侯迁居到颍川郡。

建光元年（121），邓遵被免职，朝廷再次任命耿夔继任度辽将军。当时鲜卑进犯边境，耿夔和南匈奴的温禺犊王呼尤徽率领新近归降的胡人连年出击塞外，讨伐鲜卑。班师后，又命令部队在各处交通要道严防死守。然而耿夔频繁调兵、战事繁重，使得刚刚投降的胡人都心生怨恨图谋造反。

单于檀在位二十七年后去世，他的弟弟拔继任。耿夔又被革职，朝廷任命太原太守法度继任度辽将军。

乌稽侯尸逐鞮单于拔，于延光三年（124）即位。夏天，新近归降的某部落首领阿族等人终究还是反叛了，他们威胁温禺犊王呼尤徽，想让他一起叛逃，呼尤徽说："我老命一条，又多年承蒙大汉恩德，我宁可死也不会和你们走！"叛贼们想杀掉他，多亏有人相救，呼尤徽得以保全性命。阿族等人于是带着妻子儿女和辎重逃走，中郎将马翼便派出官军和胡人骑兵追击，并击败了他们，叛军或被斩首或跳河自杀，最终死伤殆尽，汉军缴获马、牛、羊一万多头。冬天，度辽将军法度去世。延光四年（125），汉阳太守傅众兼任度辽将军。这年冬天，傅众又去世了。永建元年（126），朝廷任命辽东太守庞参继任度辽将军。

在此之前朔方郡以西的要塞很多都久未修复，鲜卑趁机多次入侵南匈奴，渐将王因此丧命。单于拔又愁又怕，上书请求朝廷修复要塞，顺帝同意了。于是朝廷派黎阳营的精兵移驻中山国北界，并向边境各郡部队增派人马，军队驻扎在边关附近，练兵备战。

单于拔在位四年后去世，他的弟弟休利继位。

去特若尸逐就单于休利，于永建三年（128）即位。永建四年（129），庞参升任大鸿胪，朝廷任命东平国的相宋汉继任度辽将军。阳嘉二年（133），宋汉升任太仆，朝廷任命乌桓校尉耿晔继任度辽将军。永和元年（136），耿晔因病被召回，朝廷任命护羌校尉马续继任度辽将军。

五年夏，南匈奴左部句龙王吾斯、车纽等背畔，率三千余骑寇西河，因复招诱右贤王，合七八千骑围美稷，杀朔方、代郡长史。马续与中郎将梁并、乌桓校尉王元发缘边兵及乌桓、鲜卑、羌胡合二万余人，掩击破之。吾斯等遂更屯聚，攻没城邑。天子遣使责让单于，开以恩义，令相招降。单于本不豫谋，乃脱帽避帐，诣并谢罪。并以病征，五原太守陈龟代为中郎将。龟以单于不能制下，逼迫之，单于及其弟左贤王皆自杀。单于休利立十三年。龟又欲徙单于近亲于内郡，而降者遂更狐疑。龟坐下狱免。大将军梁商以羌胡新反，党众初合，难以兵服，宜用招降，乃上表曰："匈奴寇畔，自知罪极。穷鸟困兽，皆知救死，况种类繁炽，不可单尽。今转运日增，三军疲苦，虚内给外，非中国之利。窃见度辽将军马续素有谋谟，且典边日久，深晓兵要，每得续书，与臣策合。宜令续深沟高壁，以恩信招降，宣示购赏，明其期约。如此，则丑类可服，国家无事矣。"帝从之，乃诏续招降畔虏。商又移书续等曰："中国安宁，忘战日久。良骑野合，交锋接矢，决胜当时，戎狄之所长，而中国之所短也。强弩乘城，坚营固守，以待其衰，中国之所长，而戎狄之所短也。宜务先所长，以观其变，设购开赏，宣示反悔，勿贪小功，以乱大谋。"续及诸郡并各遵行。于是右贤王部抑鞮等万三千口诣续降。

永和五年（140）夏，南匈奴左部句龙王吾斯、车纽等人叛汉，他们率领三千多骑兵进犯西河郡，趁势又拉拢了右贤王，纠集了共计七八千骑兵围攻美稷县，叛军杀害了朔方郡和代郡的长史。度辽将军马续会同中郎将梁并和乌桓校尉王元调集边境部队以及乌桓、鲜卑、羌人、胡人部队总计两万多人，对叛军发起突袭并击溃了他们。吾斯等人于是转移到他处再次集结，并攻陷城邑。顺帝派使者责备单于休利，但出于恩义并未追究单于罪责，只命他招降叛军。休利本没有参与叛乱的阴谋，却摘下帽子离开帐篷，到梁并这里谢罪。然而梁并已因病被召回，五原太守陈龟继任了中郎将一职。陈龟因为休利没有管束好部下，便逼迫他认罪伏诛，休利和弟弟左贤王便都自杀了。单于休利在位十三年。陈龟又打算把休利的近亲迁到内地郡县居住，于是本已投降的叛军又心生疑虑。陈龟因此获罪入狱并被革职。大将军梁商认为羌人、胡人刚刚反叛，兵马也才会集不久，锐气正盛难以威服。应当采取招降之策，于是上书谏言说："匈奴造反发动侵略，知道自己罪孽深重，飞鸟走兽陷入困境，都知道要拼死抵抗，何况匈奴人口众多，绝无可能剿灭殆尽。如今向前线转运的钱粮与日俱增，大军久经征战早已疲惫不堪，消耗内部国力维持对外战争，无论如何都不利于中原。我认为度辽将军马续一向胸怀韬略，而且戍边已久，他通晓作战之道，每次我收到他的来信，都发现他的战法与我不谋而合。应当命马续深挖壕沟、高筑壁垒，用恩德和信义招降匈奴，同时宣明归降者可获赏赐，并开诚布公地讲明约定。这样，反叛之徒便可归服，国家也就平安无事。"顺帝采纳了梁商的意见，于是诏令马续招降反叛的南匈奴。梁商又给马续等人去信说："中原承平日久，早已没有了战争的记忆。说到以精锐骑兵在旷野交战，冒着箭雨短兵相接，一战定胜负，这是戎狄擅长的战法，却是中原部队的短处。说到凭借强弓劲弩据城而战，加固营垒坚守其中，以逸待劳，这是汉军擅长的战法，却是戎狄之人的短处。应优先发挥汉军优长，以此静观乱军生变，对归降者许以赏赐，告知匈奴可以悔改，勿因贪图些许战功，破坏平匈奴的大计。"马续和各郡官府都遵照梁商的指示行事。因此右贤王部的抑鞮等一万三千人到马续处投降。

秋，句龙吾斯等立句龙王车纽为单于。东引乌桓，西收羌戎及诸胡等数万人，攻破京兆虎牙营，杀上郡都尉及军司马，遂寇掠并、凉、幽、冀四州。乃徙西河治离石，上郡治夏阳，朔方治五原。冬，遣中郎将张耽将幽州乌桓诸郡营兵，击畔虏车纽等，战于马邑，斩首三千级，获生口及兵器牛羊甚众。车纽等将诸豪帅骨都侯乞降，而吾斯犹率其部曲与乌桓寇钞。六年春，马续率鲜卑五千骑到谷城击之，斩首数百级。张耽性勇锐，而善抚士卒，军中皆为用命。遂绳索相悬，上通天山，大破乌桓，悉斩其渠帅，还得汉民，获其畜生财物。夏，马续复免，以城门校尉吴武代为将军。

汉安元年秋，吾斯与薁鞬台耆、且渠伯德等复掠并部。

呼兰若尸逐就单于兜楼储先在京师，汉安二年立之。天子临轩，大鸿胪持节拜授玺绶，引上殿。赐青盖驾驷、鼓车、安车、驸马骑、玉具刀剑、什物，给彩布二千匹。赐单于阏氏以下金锦错杂具，軿车马二乘。遣行中郎将持节护送单于归南庭。诏太常、大鸿胪与诸国侍子于广阳城门外祖会，飨赐作乐，角抵百戏。顺帝幸胡桃宫临观之。冬，中郎将马寔募刺杀句龙吾斯，送首洛阳。建康元年，进击余党，斩首千二百级。乌桓七十万余口皆诣寔降，车重牛羊不可胜数。

单于兜楼储立五年薨。

永和五年秋，句龙部落的吾斯等人扶立句龙王车纽为单于。吾斯招引东方的乌桓、西方的羌戎，又纠集各路胡人共计几万兵马，击败了京兆的虎牙营军队，杀害了上郡的都尉和军司马，最终侵入并劫掠并、凉、幽、冀四州。于是朝廷将西河郡郡府迁至离石县，上郡郡府迁至夏阳县，朔方郡郡府迁至五原县。冬天，朝廷派中郎将张耽率幽州的乌桓部队和各郡的地方部队，讨伐叛变的车纽等人，官军与其在马邑交战，斩杀了三千人，俘虏大批敌军，并缴获大量武器和牛羊。车纽等人率各部首领和骨都侯请求投降，而吾斯仍率领部下勾结乌桓入侵劫掠。永和六年（141）春，度辽将军马续率五千鲜卑骑兵在谷城击败了吾斯，斩杀了几百人。张耽性格勇敢鉴定，而且善于抚恤部下，士兵们都愿意听命于他。最终士兵们将绳索悬在山崖上，翻过天山，大败乌桓，将乌桓首领全部斩杀，救回被掳走的汉朝百姓，缴获了乌桓的牲畜和财物。夏天，马续又被革职，朝廷任命城门校尉吴武继任度辽将军。

汉安元年（142）秋，吾斯纠集薁鞬台耆、且渠伯德等人再次劫掠并州地区。

呼兰若尸逐就单于兜楼储此前住在京师，于汉安二年（143）即位为单于。顺帝来到大殿前侧，大鸿胪持符节将印玺和绶带赐给单于兜楼储，之后带他上殿。顺帝赐给兜楼储配有青色车盖的四驾马车、鼓车、可以坐下的小车、边马一匹、饰有白玉的刀剑、各类杂物，又赐给彩布两千匹。赐给单于王后以下的人饰有黄金和彩色花纹的各种器物，和两辆两驾马车。并派代理中郎将持符节将兜楼储护送回南匈奴王庭。之后顺帝诏令太常、大鸿胪及其各国入朝陪侍的王子在洛阳广阳城门外举行祭路神的送别会，安排了宴会、乐舞，以及摔跤等杂技。顺帝来到胡桃宫上欣赏。汉安二年冬，中郎将马寔招募刺客杀掉句龙人吾斯，将其首级送往洛阳。建康元年（144），马寔剿灭吾斯残党，斩杀了一千二百人。于是乌桓的七十多万人都到马寔处投降，并带来不计其数的辎重和牛羊。

单于兜楼储在位五年后去世。

伊陵尸逐就单于居车儿，建和元年立。至永寿元年，匈奴左薁鞬台耆、且渠伯德等复畔，寇钞美稷、安定，属国都尉张奂击破降之。事已具《奂传》。

延熹元年，南单于诸部并畔，遂与乌桓、鲜卑寇缘边九郡，以张奂为北中郎将讨之，单于诸部悉降。奂以单于不能统理国事，乃拘之，上立左谷蠡王。桓帝诏曰："《春秋》大居正，居车儿一心向化，何罪而黜！其遣还庭。"

单于居车儿立二十五年薨，子某立。

屠特若尸逐就单于某，熹平元年立。六年，单于与中郎将臧旻出雁门击鲜卑檀石槐，大败而还。是岁，单于薨，子呼徵立。

单于呼徵，光和元年立。二年，中郎将张脩与单于不相能，脩擅斩之，更立右贤王羌渠为单于。脩以不先请而擅诛杀，槛车征诣廷尉抵罪。

单于羌渠，光和二年立。中平四年，前中山太守张纯反畔，遂率鲜卑寇边郡。灵帝诏发南匈奴兵，配幽州牧刘虞讨之。单于遣左贤王将骑诣幽州。国人恐单于发兵无已，五年，右部醢落与休著各胡白马铜等十余万人反，攻杀单于。

单于羌渠立十年，子右贤王於扶罗立。

持至尸逐侯单于於扶罗，中平五年立。国人杀其父者遂畔，共立须卜骨都侯为单于，而於扶罗诣阙自讼。会灵帝崩，天下大乱，单于将数千骑与白波贼合兵寇河内诸郡。时民皆保聚，钞掠无利，而兵遂挫伤。复欲归国，国人不受，乃止河东。须卜骨都侯为单于一伊陵尸逐就单于居车儿，建和元年（147）即位。到永寿元年（155），匈奴的左薁鞬台耆、且渠伯德等人再次叛变，入侵劫掠美稷县、安定县，属国都尉张奂击败并招降了他们。此事已记载于《张奂传》。

延熹元年（158），南匈奴各部一起叛变，之后勾结乌桓、鲜卑入侵边境九郡. 朝廷任命张奂为北中郎将讨伐叛军，各个部落全部投降。张奂认为居车儿无法统辖管理匈奴事务，就囚禁了他，并上书请求扶立左谷蠡王为单于。桓帝下诏说："《春秋》之义在于恪守正道，居车儿一心归服，因何罪过要废黜他！希望您将他送回王庭。"

单于居车儿在位二十五年后去世，他的名字未见记载的儿子继位。

屠特若尸逐就单于姓名未见记载，于熹平元年（172）即位。熹平六年（177），单于和中郎将臧旻由雁门关出击塞外攻打鲜卑首领檀石槐，结果大败而归。同年，单于去世，他的儿子呼徵继位。

单于呼徵，于光和元年（178）即位。光和二年（179），中郎将张脩因和呼徵关系不佳，自作主张处斩了呼徵，改立右贤王羌渠为单于。张脩因未向朝廷请示而擅自处死单于获罪，朝廷用囚车将他押往廷尉处以命抵罪。

单于羌渠，于光和二年即位。中平四年（187），前任中山太守张纯叛汉，竟勾结鲜卑进犯边境各郡。灵帝下诏调集南匈奴军队，由幽州牧刘虞率领，讨伐张纯。羌渠派左贤王率骑兵赶赴幽州。匈奴人害怕羌渠会不断地征调兵马，于是在中平五年（189），右部醢落和休著各胡人白马铜等人率十多万人反叛羌渠，他们向羌渠进攻并杀害了他。

单于羌渠在位十年，他的儿子右贤王於扶罗继位。

持至尸逐侯单于於扶罗，于中平五年（188）即位。处死他父亲的匈奴人于是也反叛了他，一同拥立须卜骨都侯做单于，这之后於扶罗便出发去朝廷上诉。然而恰逢灵帝驾崩，天下大乱，於扶罗单于便率几千骑兵勾结白波贼部队入侵河内地区各郡。当时百姓都聚众自卫，於扶罗的劫掠并无收获，而麾下部队却有所损耗。於扶罗又想回国，年而死，南庭遂虚其位，以老王行国事。

单于於扶罗立七年死，弟呼厨泉立。

单于呼厨泉，兴平二年立。以兄被逐，不得归国，数为鲜卑所钞。建安元年，献帝自长安东归，右贤王去卑与白波贼帅韩暹等侍卫天子，拒击李傕、郭汜。及车驾还洛阳，又徙迁许，然后归国。二十一年，单于来朝，曹操因留于邺，而遣去卑归监其国焉。

论曰："汉初遭冒顿凶黠，种众强炽。高祖威加四海，而窘平城之围。太宗政邻刑措，不雪愤辱之耻。逮孝武亟兴边略，有志匈奴，赫然命将，戎旗星属，候列郊甸，火通甘泉，而犹鸣镝扬尘，出入畿内，至于穷竭武力，单用天财，历纪岁以攘之。寇虽颇折，而汉之疲耗略相当矣。宣帝值虏庭分争，呼韩邪来臣，乃权纳怀柔，因为边卫，罢关徼之儆，息兵民之劳。龙驾帝服，鸣钟传鼓于清渭之上，南面而朝单于，朔、易无复匹马之踪，六十余年矣。后王莽陵篡，扰动戎夷，续以更始之乱，方夏幅裂。自是匈奴得志，狼心复生，乘间侵佚，害流傍境。及中兴之初，更通旧好，报命连属，金币载道，而单于骄踞益横，内暴滋深。世祖以用事诸华，未遑沙塞之外，忍愧思难，徒报谢而已。因徙幽、并之民，增边屯之卒。及关东稍定，陇、蜀已清，其猛夫扞将，莫不顿足攘手，争言卫、霍之事。帝方厌兵，间修文政，未之许也。其后匈奴争立，日逐来奔，愿修呼韩之好，以御北狄之冲，奉藩称臣，永为外扞。天子总揽群策，和而纳焉。乃诏有司开北鄙，择肥美之地，量水草以处之。驰中郎之使，尽法度以临之。制衣裳，备文物，加玺绂之绶，正单于之名。于是匈奴分破，始有南北二庭焉。仇衅既深，互伺便隙，控弦抗戈，觇望风而匈奴人不欢迎他，他于是留在河东郡平阳县。须卜骨都侯担任单于一年后去世，南匈奴于是不立单于，推举年长的王侯代理国事。

单于於扶罗在位七年后去世，他的弟弟呼厨泉继位。

单于呼厨泉，于兴平二年（195）即位。因为哥哥被国人驱逐，因此呼厨泉也无法归国，多次遭到鲜卑劫掠。建安元年（196），献帝从长安出发向东返回洛阳，右贤王去卑和白波贼首领韩暹等人一路上保护献帝，击退了李傕、郭汜的袭击。献帝车驾到达洛阳后，又移驾许县，之后右贤王去卑回到了平阳县。建安二十一年（216），呼厨泉单于前来朝见天子，曹操趁机将他留在邺县，转而派右贤王去卑回平阳县管理南匈奴。

评论说：汉朝初年正值凶暴狡诈的冒顿统治匈奴，当时匈奴人口众多军力强大。高祖军威赫赫平定天下，却在平城陷于匈奴包围。文帝为政宽厚、减轻刑罚，并未出击匈奴一雪前耻。到武帝时，朝廷屡发天兵经略边疆，志在平定北境剿灭匈奴，天子赫然震怒派遣名将，千军万马军旗多如繁星，哨塔已设置到国都郊外，烽火台修道甘泉宫旁，然而匈奴仍能响箭发令往来奔袭，王畿之地内外任意而行，以至于军队征调频仍士卒疲惫，大汉国库因此消耗殆尽，历经多年才得以击退匈奴。匈奴部众虽然颇受损失，然而汉朝死伤也大略与匈奴相当。宣帝时恰逢匈奴分裂相争，呼韩邪率部归降了大汉，朝廷权且接纳待以怀柔，呼韩邪感恩为汉戍边，于是边关无需壁垒森严，军民免去徭役之苦。当时骏马拉着天子车驾，宣帝在钟鼓声中来到渭桥之上，面向南方接见单于，朔方、易水一带再无胡骑行踪，边疆的安宁延续了六十多年。后来王莽僭越篡夺帝位，激起戎夷与中原的矛盾，平王莽后又有更始之乱，中华大地陷入分崩离析。由此匈奴得志，野心死灰复燃，趁机进犯汉土，祸乱蔓延边疆。到光武帝中兴之初，又和匈奴重归于好，来往使者络绎不绝，贡品、赏赐堆满道路。然而单于愈加骄横，侵犯边境日甚一日。光武帝致力于一统中原，无暇顾及沙漠边关之外，只得忍下耻辱权衡难处，只对匈奴致以答谢而已。于是朝廷将幽并百姓迁入内地，增加驻守边境的兵卒。到光尘，云屯鸟散，更相驰突，至于陷溃创伤者，靡岁或宁，而汉之塞地晏然矣。后亦颇为出师，并兵穷讨，命窦宪、耿夔之徒，前后并进，皆用果谲，设奇数，异道同会，究掩其窟穴，蹑北追奔三千余里，遂破龙祠，焚罽幕，阬十角，梏阏氏，铭功封石，倡呼而还。单于震慑屏气，蒙毡遁走于乌孙之地，而漠北空矣。若因其时势，及其虚旷，还南虏于阴山，归河西于内地，上申光武权宜之略，下防戎羯乱华之变，使耿国之算不谬于当世，袁安之议见从于后王，平易正直，若此其弘也。而窦宪矜三捷之效，忽经世之规，狼戾不端，专行威惠。遂复更立北虏，反其故庭，并恩两护，以私己福，弃蔑天公，坐树大鲠。永言前载，何恨愤之深乎！自后经纶失方，畔服不一，其为疢毒，胡可单言！降及后世，翫为常俗，终于吞噬神乡，丘墟帝宅。呜呼！千里之差，兴自毫端，失得之源，百世不磨矣。

武帝平定关东割据势力，收复陇西、三蜀之地，那些猛将，无不以脚踩地，挽起袖子，争着提议效仿卫青、霍去病平匈奴之事。光武帝不愿用兵，力行文治，没有同意。后来匈奴内乱争夺王位，日逐王比前来投奔，希望重修呼韩邪之时的友好关系，共同抵御北匈奴的攻击，单于恳请归顺中原，永为朝廷抵御外辱。天子综合考量百官建议，友好地接纳了单于归降。于是诏令官吏开垦北方边地，选择土地肥沃、水草丰美之处安置匈奴。朝廷派驻中郎将作为使者，修明法令监督统领南匈奴。为其制作中原衣服，推行华夏礼仪典章，授予印信、绶带，确立单于名分。自此匈奴分裂，开始出现南北两个王庭。南北匈奴已结深仇，互相窥伺进攻时机，拉弓射箭、短兵相接，侦察探听彼此动向，集结如云、分散似鸟，南北交相突袭攻打，以至于败军失地损兵折将，连年不得安宁，而汉家边塞则太平无事。后来朝廷又多次兴兵，与南匈奴合力追剿北匈奴，命令窦宪、耿夔等人，先后调兵进攻北匈奴，二人都施巧计，设奇谋，分兵进发会同一处，最终突袭匈奴巢穴，追击败军直到三千多里之外，终于攻陷龙城，烧尽帐篷，坑杀侯王，拘禁王后，刻石记功，凯歌回师。北单于惊恐不已、不敢呼息，毛毡蒙面逃往乌孙地区，于是漠北再无人烟。如果当时把握时机，趁北匈奴撤出领地，命南匈奴返回阴山，使河西重为汉土，那么不仅推行了光武帝曾经的权宜之策，而且防止了之后外族祸乱中原的变故，假使耿国的筹划在当时不被篡改，袁安的建议为后代帝王所接受，平和宽厚的德政，如此便能发扬光大大。而窦宪自负于三次胜利的经验，却轻视万世不易的铁律，凶狠暴虐心术不正，独断专行作威作福。窦宪竟再次扶立北匈奴单于，送他返回旧时王庭，南北匈奴共享皇恩，借此谋求个人利益，背弃、轻慢天子，坐看酿成大祸。读到这前代的记载，心中的遗憾和愤怒何其强烈！此后朝廷治理匈奴不得其法，匈奴时而反叛、时而归顺，造成的祸乱，实难以尽述！到汉朝之后的朝代，放松懈怠成常态，最终中原沦陷，皇宫化为废墟。呜呼！失之千里的大错，起于轻微的过失；成败的根源，亘古不变呀！

赞曰：匈奴既分，羽书稀闻。野心难悔，终亦纷纭。

赞辞说：匈奴分为南北之后，告急文书不再频繁。放纵之心难以悔改，最终依旧归于混乱。

卷一百二十

乌桓鲜卑列传第八十

乌桓者，本东胡也。汉初，匈奴冒顿灭其国，余类保乌桓山，因以为号焉。俗善骑射，弋猎禽兽为事。随水草放牧，居无常处。以穹庐为舍，东开向日。食肉饮酪，以毛毳为衣。贵少而贱老，其性悍塞。怒则杀父兄，而终不害其母，以母有族类，父兄无相仇报故也。有勇健能理决斗讼者，推为大人，无世业相继。邑落各有小帅，数百千落自为一部。大人有所召呼，则刻木为信，虽无文字，而部众不敢违犯。氏姓无常，以大人健者名字为姓。大人以下，各自畜牧营产，不相徭役。其嫁娶则先略女通情，或半岁百日，然后送牛马羊畜，以为娉币。婿随妻还家，妻家无尊卑，旦旦拜之，而不拜其父母。为妻家仆役，一二年间，妻家乃厚遣送女，居处财物一皆为办。其俗妻后母，报寡嫂，死则归其故夫。计谋从用妇人，唯斗战之事乃自决之。父子男女相对踞蹲。以髡头为轻便。妇人至嫁时乃养发，分为髻，著句决，饰以金碧，犹中国有簂步摇。妇人能刺韦作文绣，织氀毼。男子能作弓矢鞍勒，锻金铁为兵器。其土地宜穄及东墙。东墙似蓬草，实如穄子，至十月而熟。见鸟兽孕乳，以别四节。

乌桓，是东胡的一支。汉朝之初，匈奴首领冒顿灭掉了东胡，残余的东胡人依乌桓山居住，因而以“乌桓”作为族名。乌桓的习俗是善于骑马射箭，他们从事着用弓箭狩猎的活动。他们迁徙于水草丰美的地区之间过着游牧生活，并没有固定的住所。乌桓人把毡帐当作房屋，出口朝着太阳开在东侧。他们以肉和奶酪维生，用毛皮制成衣服。乌桓人看重年轻人却轻贱老者，性情勇敢而固执。他们发怒时甚至会杀死父亲和兄弟，但始终不会对母亲出手，因为母亲的背后有她的同族人撑腰，而父亲和兄弟却无人会为其报仇。勇猛强健而又善于处理纷争的人，乌桓人便推举他做首领，首领并不是世代承袭的。每个聚落各有各的小首领，几百几千个聚落结成一个部落。首领要召见某人时，便在木头上刻下记号作为书信，虽然没有文字，但部下和族人都不敢违抗。乌桓人的氏和姓都不固定，人们把杰出首领的名字作为姓氏。首领以下的人，都各自从事畜牧或者其他营生，不会相互役使。他们的婚俗是男方先掳走女子和她互通情意，半年或者一百天后，给女方家送去牛、马、羊等牲畜，以此作为聘礼。之后女婿跟着妻子回娘家，女婿对妻子家的人无论尊卑高下，每天都要向他们行拜礼，唯独不拜妻子的父母。男子在妻子家做仆人，一两年后，妻子家就备好丰厚的嫁妆把女儿送走，从住所到财物都由女方家备齐。乌桓的习俗是父亲死后可娶后母为妻，兄长死后可娶寡嫂为妻，后母、寡嫂死后仍与前夫合葬。乌桓人在生活中听从妇女的安排，只有搏斗和作战之事由男子作决断。父子间或男女间会面时都面对面蹲坐在一起。乌桓人为了轻便而剃去头发。女子到出嫁时才开始留头发，之后分为两股编成发髻，佩戴上句决，装饰上金玉饰品，就像中原女子佩戴簂步摇一样。乌桓女子善于在皮革上刺绣，编织毛织品。男子善于制作弓箭、箭矢、马鞍和马嚼子，还善于用铜铁俗贵兵死，敛尸以棺，有哭泣之哀，至葬则歌舞相送。肥养一犬，以彩绳缨牵，并取死者所乘马衣物，皆烧而送之，言以属累犬，使护死者神灵归赤山。赤山在辽东西北数千里，如中国人死者魂神归岱山也。敬鬼神，祠天地日月星辰山川及先大人有健名者。祠用牛羊，毕皆烧之。其约法：违大人言者，罪至死；若相贼杀者，令部落自相报，不止，诣大人告之，听出马牛羊以赎死；其自杀父兄则无罪；若亡畔为大人所捕者，邑落不得受之，皆徙逐于雍狂之地，沙漠之中。其土多蝮蛇，在丁令西南，乌孙东北焉。

乌桓自为冒顿所破，众遂孤弱，常臣伏匈奴，岁输牛马羊皮，过时不具，辄没其妻子。及武帝遣骠骑将军霍去病击破匈奴左地，因徙乌桓于上谷、渔阳、右北平、辽西、辽东五郡塞外，为汉侦察匈奴动静。其大人岁一朝见，于是始置护乌桓校尉，秩二千石，拥节监领之，使不得与匈奴交通。

昭帝时，乌桓渐强，乃发匈奴单于冢墓，以报冒顿之怨。匈奴大怒，乃东击破乌桓，大将军霍光闻之，因遣度辽将军范明友将二万骑出辽东邀匈奴，而虏已引去。明友乘乌桓新败，遂进击之，斩首六千余级，获其三王首而还。由是乌桓复寇幽州，明友辄破之。宣帝时，乃稍保塞降附。

打造兵器。那里的土壤适于种植穄子和东蘠。东蘠看着像蓬草，果实则像穄子，种下十个月后便成熟。乌桓人根据鸟兽繁衍、哺乳的时节，来区分四季。

乌桓习俗以战死者为贵，人们把尸体安放于棺材内，并以哭泣表达自己的哀情，到下葬时则以歌舞为死者送行。人们还把一条狗养得又肥又壮，用彩绳牵好，并把死者所骑的马和衣物也带到葬礼上，人们将狗和生前物品尽行焚化用以送别死者，意思是托付这只狗，让它将死者的灵魂护送回赤山。赤山在辽东地区西北方几千里之外的地方，乌桓人魂归赤山就像中原人魂归泰山一样。人们崇拜祖先和神灵，天地、日月、星辰、山川和勇健的先代首领都是他们的祭祀对象。他们用牛羊作为祭品，祭祀完毕后便将其焚化。乌桓人的法律是：违反首领命令，死罪；如果发生凶杀案件，就让部落间互相报复，如果纷争没有解决，就到首领处请求裁决，有罪的一方可以上缴马、牛、羊来免除死罪；杀死了自己的父亲、兄弟并无罪责；如果是因叛逃而被首领追捕的人，聚落不得窝藏，这些人都会被流放到荒远之地，或是沙漠之中。当地栖息着很多蝮蛇，乌桓位于丁令的西南，乌孙的东北。

乌桓自从被冒顿击败后，种众就变得势单力薄，常常要向匈奴称臣，人们每年献上牛、马、羊皮，谁要是错过了上贡的日子还没备好，匈奴就抓走他的妻子孩子。到武帝派骠骑将军霍去病攻占匈奴左部地区后，朝廷就乘便将乌桓人迁到上谷、渔阳、右北平、辽西、辽东五郡的边关外，帮助汉军侦察匈奴动向。乌桓首领每年朝见一次天子，由此朝廷开始设置护乌桓校尉，俸禄为二千石，校尉持符节监管乌桓，防止其与匈奴勾结。

昭帝年间，乌桓逐渐强盛起来，于是他们掘开了匈奴单于的坟墓，以此向冒顿复仇。匈奴人大怒，于是发兵东征击败了乌桓。大将军霍光得到消息后，就派度辽将军范明友率两万骑兵从辽东出击阻截匈奴，但匈奴已经撤退。范明友趁乌桓刚败给匈奴，就转而攻打乌桓，斩杀了六千多乌桓人，带着三名首领的首级班师。乌桓因此再及王莽篡位，欲击匈奴，兴十二部军，使东域将严尤领乌桓、丁令兵屯代郡，皆质其妻子于郡县。乌桓不便水土，惧久屯不休，数求谒去。莽不肯遣，遂自亡畔，还为抄盗，而诸郡尽杀其质，由是结怨于莽。匈奴因诱其豪帅以为吏，余者皆羁縻属之。

光武初，乌桓与匈奴连兵为寇，代郡以东尤被其害。居止近塞，朝发穹庐，暮至城郭，五郡民庶，家受其辜，至于郡县损坏，百姓流亡。其在上谷塞外白山者，最为强富。

建武二十一年，遣伏波将军马援将三千骑出五阮关掩击之。乌桓逆知，悉相率逃走，追斩百级而还。乌桓复尾击援后，援遂晨夜奔归，比入塞，马死者千余匹。

二十二年，匈奴国乱，乌桓乘弱击破之，匈奴转北徙数千里，漠南地空，帝乃以币帛赂乌桓。二十五年，辽西乌桓大人郝旦等九百二十二人率众向化，诣阙朝贡，献奴婢牛马及弓虎豹貂皮。

是时四夷朝贺，络驿而至，天子乃命大会劳飨，赐以珍宝。乌桓或愿留宿卫，于是封其渠帅为侯王君长者八十一人，皆居塞内，布于缘边诸郡，令招来种人，给其衣食，遂为汉侦候，助击匈奴、鲜卑。时，司徒掾班彪上言："乌桓天性轻黠，好为寇贼，若久放纵而无总领者，必复侵掠居人，但委主降掾史，恐非所能制。臣愚以为宜复置乌桓校尉，诚有益于附集，省国家之边虑。"帝从之，于是始次进犯幽州，但范明友随即击败了他们。宣帝年间，乌桓才渐渐归附朝廷依边关而居。

到王莽篡位时，王莽打算讨伐匈奴，他从十二个乌桓部落调集军队，派东域将严尤率乌桓、丁令部队进驻代郡，并将乌桓士兵的妻子孩子都留在郡内各县做人质。乌桓人不服水土，又害怕无休无止地驻守此地，多次请求朝廷希望离开。然而王莽不肯放行，于是乌桓人自行叛逃，并沿路掠夺，各郡因而将乌桓人质全部处死，因此与王莽结下仇怨。匈奴趁机招诱乌桓的各部首领出任官员，并以笼络控制之法使其余族人全部归附。

光武帝初年，乌桓勾结匈奴进犯边境，代郡以东地区遭受的祸乱最为严重。乌桓人聚居在靠近边关的地方，清晨从毡帐出发，傍晚便到达城外，五个郡的百姓，家家都遭乌桓袭扰，以至于郡县毁于战乱，百姓流离失所。当时，盘踞在上谷边关外白山下的乌桓，实力最为强大。

建武二十一年（45），朝廷派伏波将军马援率三千名骑兵从五阮关出塞截击乌桓。乌桓料到此事，全都接连逃走，官军追击并斩杀了上百人后班师。不想乌桓又从马援军的后方发动攻击，最终马援率军昼夜兼程逃回中原，到进入边关时，已损失了一千多匹军马。

建武二十一年（45），朝廷派伏波将军马援率三千名骑兵从五阮关出塞截击乌桓。乌桓料到此事，全都接连逃走，官军追击并斩杀了上百人后班师。不想乌桓又从马援军的后方发动攻击，最终马援率军昼夜兼程逃回中原，到进入边关时，已损失了一千多匹军马。

当时四方外族都来朝见祝贺，使者纷至沓来，光武帝于是下令设宴招待来宾，，赐予各色财宝。有的乌桓首领希望留下担任侍卫，于是朝廷加封了八十一名有侯王君长称号的乌桓首领，他们都受命留在边关内，朝廷将其分别派驻于边境各郡，命他们招降族人，归降族人都获赐衣服食物，于是他们便为汉军打探敌情，并协助讨伐匈奴和鲜卑。当时，司徒掾班彪上书说："乌桓人天性轻浮狡诈，有入侵劫掠的恶习，如果长期不派人统领加以约束，他们一定又会入复置校尉于上谷宁城，开营府，并领鲜卑，赏赐质子，岁时互市焉。

及明、章、和三世，皆保塞无事。安帝永初三年夏，渔阳乌桓与右北平胡千余寇代郡、上谷。秋，雁门乌桓率众王无何允，与鲜卑大人丘伦等，及南匈奴骨都侯，合七千骑寇五原，与太守战于九原高渠谷，汉兵大败，杀郡长吏。乃遣车骑将军何熙、度辽将军梁慬等击，大破之。无何乞降，鲜卑走还塞外。是后乌桓稍复亲附，拜其大人戎朱廆为亲汉都尉。

顺帝阳嘉四年冬，乌桓寇云中，遮截道上商贾车牛千余两，度辽将军耿晔率二千余人追击，不利，又战于沙南，斩首五百级。乌桓遂围晔于兰池城，于是发积射士二千人，度辽营千人，配上郡屯，以讨乌桓，乌桓乃退。永和五年，乌桓大人阿坚、羌渠等与南匈奴左部句龙吾斯反畔，中郎将张耽击破斩之，余众悉降。桓帝永寿中，朔方乌桓与休著屠各并畔，中郎将张奂击平之。延熹九年夏，乌桓复与鲜卑及南匈奴鲜卑寇缘边九郡，俱反，张奂讨之，皆出塞去。

灵帝初，乌桓大人上谷有难楼者，众九千余落，辽西有丘力居者，众五千余落，皆自称王；又辽东苏仆延，众千余落，自称峭王；右北平乌延，众八百余落，自称汗鲁王；并勇健而多计策。中平四年，前中山太守张纯畔，入丘力居众中，自号弥天安定王，遂为诸侵郡县劫掠百姓，把管理他们的任务只交给负责招降的掾史，恐怕掾吏们担不起这个职责。依在下愚见应当重新设置乌桓校尉一职，这确实有助于招揽乌桓，以减少朝廷对边关的忧虑。”光武帝采纳了班彪的谏言，于是开始在上谷郡宁城再次设置了乌桓校尉，并在此开设武将府邸，同时统领鲜卑。朝廷赏赐了当人质的乌桓王子，每年四季与乌桓通商。

到明帝、章帝、和帝三代，乌桓人都依边塞居住并未生事。安帝永初三年（109）夏，渔阳的乌桓和右北平的匈奴共计一千多人侵入了代郡、上谷郡。同年秋，雁门郡乌桓率众王无何允勾结鲜卑首领丘伦等人和南匈奴的骨都侯，纠集了共计七千名骑兵入侵五原郡，在九原县的高渠谷与五原太守交战，汉军大败，叛军杀害了郡县长官。朝廷于是派车骑将军何熙、度辽将军梁慬等人讨伐叛军，终于获得大胜。无何乞求投降，鲜卑人逃到边关外。此后乌桓又渐渐地和汉朝交好，朝廷任命乌桓首领戎朱廆为亲汉都尉。

顺帝阳嘉四年（135）冬，乌桓进犯云中郡，拦截了路上的一千多辆商人牛车，度辽将军耿晔率二千多人追击乌桓，没有得胜，之后又与乌桓在沙南交战，斩杀了五百贼军。然而最终乌桓把耿晔围困在兰池城，于是朝廷调集了二千名寻迹而射的弓兵，以及度辽营的一千士卒，还有上郡的驻军，命令他们征讨乌桓，乌桓这才撤退。永和五年（140），乌桓首领阿坚、羌渠等人勾结南匈奴左部的句龙王吾斯造反，中郎将张耽击败并处斩了他们，于是残余人马全部投降。桓帝永寿年间，朔方郡的乌桓和休著屠各一起叛汉，中郎将张奂击败了他们。延熹九年（166）夏，乌桓又和鲜卑以及南匈奴串通一气进犯边境九郡，他们同时发动叛乱，张奂讨伐了他们，残余叛军都逃往边关外。

灵帝初年，上谷郡的乌桓首领叫难楼，麾下有九千多个部落，辽西郡的首领叫丘力居，麾下有五千多个部落，两人都自封为王；另外，辽东郡的苏仆延，麾下有一千多个部落，苏仆延自封为峭王；右北平郡的乌延，麾下有八百多个部落，乌延自封为汗鲁王；二人都勇郡乌桓元帅，寇掠青、徐、幽、冀四州。五年，以刘虞为幽州牧，虞购募斩纯首，北州乃定。

献帝初平中，丘力居死，子楼班年少，从子蹋顿有武略，代立，总摄三郡，众皆从其号令。建安初，冀州牧袁绍与前将军公孙瓒相持不决，蹋顿遣使诣绍求和亲，遂遣兵助击瓒，破之。绍矫制赐蹋顿、难楼、苏仆延、乌延等，皆以单于印绶。后难楼、苏仆延率其部众奉楼班为单于，蹋顿为王，然蹋顿犹秉计策。广阳人阎柔，少没乌桓、鲜卑中，为其种人所归信，柔乃因鲜卑众，杀乌桓校尉邢举而代之。袁绍因宠慰柔，以安北边。及绍子尚败，奔蹋顿。时，幽、冀吏人奔乌桓者十万余户，尚欲凭其兵力，复图中国。会曹操平河北，阎柔率鲜卑、乌桓归附，操即以柔为校尉。建安十二年，曹操自征乌桓，大破蹋顿于柳城，斩之，首虏二十余万人。袁尚与楼班、乌延等皆走辽东，辽东太守公孙康并斩送之。其余众万余落，悉徙居中国云。

鲜卑者，亦东胡之支也，别依鲜卑山，故因号焉。其言语习俗与乌桓同。唯婚姻先髡头，以季春月大会于饶乐水上，饮晏毕，然后配合。又禽兽异于中国者，野马、原羊、角端牛，以角为弓，俗谓之角端弓者。又有貂、豽、鼲子，皮毛柔蠕，故天下以为名裘。

敢雄健，足智多谋。中平四年(187)，前任中山太守张纯反叛朝廷，他托身于丘力居麾下的部落中，自称为弥天安定王，张纯最终成为了各郡乌桓的元帅，率乌桓入侵劫掠了青、徐、幽、冀四州。中平五年(188)，朝廷任命刘虞为幽州牧，刘虞发出悬赏招募刺客取下张纯的首级，北部各州于是安定下来。

献帝初平年间，丘力居去世，他的儿子楼班还小，而侄子蹋顿善于指挥作战，于是蹋顿代替楼班继位，统领分布于三个郡的乌桓各部落，乌桓人都服从蹋顿指挥。献帝建安初年，当时冀州牧袁绍和前将军公孙瓒战事胶着，蹋顿派使者到袁绍处请求和亲，之后便派兵帮助袁绍攻打公孙瓒，并获得胜利。袁绍假托皇命赏赐了蹋顿、难楼、苏仆延、乌延等人，并将单于印绶赐给每个人。后来难楼和苏仆延率领他们的部落和族人拥立楼班为单于，而立蹋顿为王，但负责出谋划策的还是蹋顿。广阳人阎柔，年轻时沦为乌桓、鲜卑的俘虏，但却得到了他们的归附和信任，阎柔于是借鲜卑人之手，杀掉了乌桓校尉邢举后自己担任校尉。袁绍于是对阎柔施以恩宠和抚慰，在阎柔的帮助下维持北部边境的局势。到袁绍儿子袁尚败军之际，袁尚投奔了蹋顿。当时，幽州、冀州有十万多户官民逃往乌桓，袁尚想借助蹋顿的力量，再次夺回中原失地。恰逢曹操平定黄河以北，阎柔率鲜卑和乌桓人归附了曹操，曹操便任命阎柔为校尉。建安十二年(207)，曹操亲征乌桓，在柳城大败蹋顿，并斩下他的首级，同时斩首二十多万乌桓兵。袁尚和楼班、乌延等人都逃往辽东郡，辽东太守公孙康把他们全部处斩并将首级送到曹操处。乌桓残余的一万多个部落，全部迁居到中原了。

鲜卑，也是东胡的一支，他们则依鲜卑山居住，所以将“鲜卑”作为族号。鲜卑与乌桓有相同的语言和风俗。只是结婚时要先剃去头发，之后大批男女于春季的最后一个月在饶乐水边相会，酒足饭饱后，男女便结为夫妇。鲜卑有一些异于中原的动物，有野马、原羊、角端牛，用角端牛的角制成的弓，便是人们所说的角端弓。那里还有貂、豽、鼲子，它们的皮毛非常柔软，所以全天下都视其为名贵的裘皮。

汉初，亦为冒顿所破，远窜辽东塞外，与乌桓相接，未常通中国焉。光武初，匈奴强盛，率鲜卑与乌桓寇抄北边，杀略吏人，无有宁岁。建武二十一年，鲜卑与匈奴入辽东，辽东太守祭肜击破之，斩获殆尽，事已具《肜传》，由是震怖。及南单于附汉，北虏孤弱，二十五年，鲜卑始通驿使。

其后都护偏何等诣祭肜求自效功，因令击北匈奴左伊育訾部，斩首二千余级。其后偏何连岁出兵击北虏，还辄持首级诣辽东受赏赐。三十年，鲜卑大人於仇贲、满头等率种人诣阙朝贺，慕义内属。帝封於仇贲为王，满头为侯。时渔阳赤山乌桓歆志贲等数寇上谷。永平元年，祭肜复赂偏何击歆志贲，破斩之，于是鲜卑大人皆来归附，并诣辽东受赏赐，青、徐二州给钱岁二亿七千万为常。明章二世，保塞无事。

和帝永元中，大将军窦宪遣右校尉耿夔击破匈奴，北单于逃走，鲜卑因此转徙据其地。匈奴余种留者尚有十余万落，皆自号鲜卑，鲜卑由此渐盛。九年，辽东鲜卑攻肥如县，太守祭参坐沮败，下狱死。十三年，辽东鲜卑寇右北平，因入渔阳，渔阳太守击破之。延平元年，鲜卑复寇渔阳，太守张显率数百人出塞追之。兵马掾严授谏曰："前道险阻，贼势难量，宜且结营，先令轻骑侦视之。"显意甚锐，怒欲斩之。因复进兵，遇虏伏发，士卒悉走，唯授力战，身被十创，手杀数人而死。显中流矢，主簿卫福、功曹徐咸皆自投赴显，俱殁于阵。邓太后策书褒叹，赐显钱六十万，以家二人为郎，授、汉朝初年，鲜卑也被匈奴冒顿击败，他们远逃到辽东郡边关外，聚居在和乌桓接壤的地方，并未和汉朝建立频繁往来。光武帝初年，匈奴强大起来，并纠集鲜卑和乌桓进犯北部边境大加劫掠，他们杀害、掳掠当地官民，从此边境再无宁日。建武二十一年，鲜卑和匈奴入侵辽东郡，辽东太守祭肜击败了他们，并几乎将所有的贼军或斩杀、或俘虏，此事已记载于《祭肜传》，自此鲜卑人为汉朝的实力所震慑。到南单于归附汉朝，同时北匈奴势单力薄之际，在建武二十五年，鲜卑开始与汉朝有了使者往来。

这以后都护偏何等人到祭肜处请求允许自己出战立功，祭肜便命他们讨伐北匈奴的左伊育訾部，偏何等人斩杀了二千多北匈奴。之后偏何一连数年发兵攻打北匈奴，每逢班师都带着敌军首级到辽东太守处领赏。建武三十年（54），鲜卑首领於仇贲、满头等人率族人入朝拜见天子、送上祝贺，他们仰慕朝廷恩义并请求归附。光武帝封於仇贲为王，封满头为侯。当时渔阳郡赤山地区的乌桓歆志贲等人对上谷郡发动了多次入侵。永平元年（58），祭肜再次重赏偏何命其讨伐歆志贲，偏何击败了歆志贲并斩下首级，鲜卑各部首领因此都来归顺，他们一起到辽东太守处领受赏赐，同时青州、徐州每年对他们的二亿七千万钱资助成为了常例。明帝、章帝两代，鲜卑人为朝廷守护了边关的安宁。

和帝永元年间，大将军窦宪派右校尉耿夔击败北匈奴，使单于逃离本国，鲜卑人因此移居此处占据了北匈奴的领地。北匈奴还有十万以上的部落没有离开，他们都自称鲜卑人，从此鲜卑逐渐强大起来。永元九年（97），辽东郡的鲜卑攻打肥如县，辽东太守祭参因畏战兵败之罪，入狱后死在狱中。永元十三年（101），辽东郡的鲜卑进犯右北平郡，趁势又攻入渔阳郡，渔阳太守击败了他们。延平元年（106），鲜卑再次进犯渔阳郡，太守张显率几百人离开边关追击鲜卑。兵马掾严授劝谏说：“前方道路艰险难行，贼军多寡难以估计，应当暂且安营扎寨，先派轻装骑兵前去侦察。”张显的战意正在势头上，听了这话怒不可遏想要杀死严授。张显压服严授于是继续进军，福、咸各钱十万，除一子为郎。

安帝永初中，鲜卑大人燕荔阳诣阙朝贺，邓太后赐燕荔阳王印绶，赤车参驾，令止乌桓校尉所居宁城下，通胡市，因筑南北两部质馆。鲜卑邑落百二十部，各遣入质。是后或降或畔，与匈奴、乌桓更相攻击。

元初二年秋，辽东鲜卑围无虑县，州郡合兵固保清野，鲜卑无所得。复攻扶黎营，杀长吏。四年，辽西鲜卑连休等遂烧塞门，寇百姓。乌桓大人於秩居等与连休有宿怨，共郡兵奔击，大破之，斩首千三百级，悉获其生口牛马财物。五年秋，代郡鲜卑万余骑遂穿塞入寇，分攻城邑，烧官寺，杀长吏而去。乃发缘边甲卒、黎阳营兵，屯上谷以备之。冬，鲜卑入上谷，攻居庸关，复发缘边诸郡、黎阳营兵、积射士步骑二万人，屯列冲要。六年秋，鲜卑入马城塞，杀长吏，度辽将军邓遵发积射士三千人，及中郎将马续率南单于，与辽西、右北平兵马会，出塞追击鲜卑，大破之，获生口及牛羊财物甚众。又发积射士三千人，马三千匹，诣度辽营屯守。

永宁元年，辽西鲜卑大人乌伦、其至鞬率众诣邓遵降，奉贡结果遭到鲜卑埋伏，士兵全都四散奔逃，只有严授奋力作战，严授身受十多处伤，亲手杀敌数人后牺牲。张显中了流箭，主簿卫福、功曹徐咸都舍身攻入乱军中与张显并肩作战，最终他们都战死沙场。邓太后下策书赞扬张显等人，赐给张显家六十万钱，并任命张显家中两人为郎；赐给严授、卫福、徐咸每家各十万钱，每家各任命一个儿子为郎。

安帝永初年间，鲜卑首领燕荔阳入朝拜见并送上祝贺，邓太后赐给燕荔阳王印信、绶带，以及一辆红色的三驾马车，并命他在乌桓校尉驻地宁城城外住下，汉朝在此和胡人通商，之后建造了南北两座质馆用于安置前来投降和做人质的鲜卑人。于是一百二十个鲜卑部落，都派来人质。此后鲜卑时而投降、时而反叛，并与匈奴、乌桓互相攻打。

元初二年（115）秋，辽东郡鲜卑围攻无虑县，州郡部队合兵一处固守无虑城并清除郊野上可为敌军利用的物资和设施，鲜卑毫无战果。鲜卑于是又向扶黎营发起进攻，杀害长官。元初四年（117），辽西郡鲜卑连休等人竟烧毁边关城门，劫掠百姓。乌桓首领於秩居等人本就与连休有仇，他们联合辽西郡部队远程奔袭，大败连休，斩杀了一千三百人，俘虏、牛马和财物尽为汉军所获。元初五年（118）秋，代郡鲜卑的一万多名骑兵竟击破边关侵入中原，他们分兵进攻城市，烧毁官府，杀害长官后逃走。朝廷于是调集边境各郡的部队、黎阳营的士兵，命其进驻上谷郡做好防备。冬天，鲜卑进犯上谷郡，攻打居庸关，朝廷再次调集边境各郡部队、黎阳营士兵和寻迹而射的步弓手、马弓手共计两万人，命其分兵把守各个交通要道。元初六年（119）秋，鲜卑侵入马城边关，杀害长官，于是度辽将军邓遵调集了三千名寻迹而射的弓手，以及中郎将马续率领的南匈奴军队，最后与辽西郡、右北平郡的本地部队会合，联军离开边关追击鲜卑，并获得大胜，生擒大量俘虏，缴获很多牛羊、财物。朝廷又调集三千名寻迹而射的弓手，以及三千匹马，派驻度辽将军的军营。

永宁元年（120），辽西郡鲜卑首领乌伦、其至鞬率族人到邓遵献。诏封乌伦为率众王，其至鞬为率众侯，赐彩缯各有差。

建光元年秋，其至鞬复畔，寇居庸，云中太守成严击之，兵败，功曹杨穆以身捍严，与俱战殁。鲜卑于是围乌桓校尉徐常于马城。度辽将军耿夔与幽州刺史庞参发广阳、渔阳、涿郡甲卒，分为两道救之；常夜得潜出，与夔等并力并进，攻贼围，解之。鲜卑既累杀郡守，胆意转盛，控弦数万骑。延光元年冬，复寇雁门、定襄，遂攻太原，掠杀百姓。二年冬，其至鞬自将万余骑入东领候，分为数道，攻南匈奴于曼柏，薁鞬日逐王战死，杀千余人。三年秋，复寇高柳，击破南匈奴，杀渐将王。

顺帝永建元年秋，鲜卑其至鞬寇代郡，太守李超战死。明年春，中郎将张国遣从事将南单于兵步骑万余人出塞，击破之，获其资重二千余种。时辽东鲜卑六千余骑亦寇辽东玄菟，乌桓校尉耿晔发缘边诸郡兵及乌桓率众王出塞击之，斩首数百级，大获其生口牛马什物，鲜卑乃率种众三万人诣辽东乞降。三年，四年，鲜卑频寇渔阳、朔方。六年秋，耿晔遣司马将胡兵数千人，出塞击破之。冬，渔阳太守又遣乌桓兵击之，斩首八百级，获牛马生口。乌桓豪人扶漱官勇健，每与鲜卑战，辄陷敌，诏赐号“率众君”。

阳嘉元年冬，耿晔遣乌桓亲汉都尉戎朱廆率众王侯咄归等，出塞抄击鲜卑，大斩获而还，赐咄归等已下为率众王、侯、长，赐彩缯各有差。鲜卑后寇辽东属国，于是耿晔乃移屯辽东无虑城拒处投降，并献上贡品。安帝下诏封乌伦为率众王，封其至鞬为率众侯，按品级赐给他们数目不一的彩色丝绸。

建光元年（121）秋，其至鞬再次叛汉，进犯居庸关，云中太守成严迎击其至鞬，然而战事不利，功曹杨穆舍身保护成严，和成严一同战死沙场。之后鲜卑又将乌桓校尉徐常围困在马城。于是度辽将军耿夔和幽州刺史庞参调集广阳、渔阳、涿郡三郡部队，兵分两路救援徐常；徐常趁夜得以从马城潜逃，他与耿夔等人协力作战，攻打围城的贼军，解了马城之围。鲜卑已经杀害了数名郡守，胆量和野心也更加猖狂，总共有几万名骑射手。延光元年（122）冬天，鲜卑再次入侵雁门郡、定襄郡，最终打到太原郡，对百姓或掳走、或杀害。延光二年（123）冬，其至鞬亲自率领一万多名骑兵侵入东领哨所，鲜卑兵分几路，在曼柏击败了南匈奴，南匈奴的薁鞬日逐王战死，损兵折将一千多人。延光三年（124）秋，鲜卑又进犯高柳县，击败南匈奴，将渐将王杀害。

顺帝永建元年（126）秋，鲜卑首领其至鞬进犯代郡，太守李超战死。第二年春天，中郎将张国派从事率南匈奴步兵、骑兵共计一万多人出击塞外，官军击败了其至鞬，缴获辎重二千多批。当时辽东郡鲜卑的六千多名骑兵也对辽东、玄菟二郡发起了侵略，于是乌桓校尉耿晔调集了边境各郡部队与乌桓率众王合力出击塞外击败了鲜卑，斩杀了贼军数百人，生擒大量俘虏，缴获很多牛马和各样器具，于是鲜卑举族上下三万人到辽东太守处乞求归降。永建三年（128），永建四年（129），鲜卑屡次侵略渔阳郡、朔方郡。永建六年（131）秋，耿晔派司马率领几千匈奴部队，出击塞外击败了鲜卑。同年冬天，渔阳太守又派出乌桓部队击败了鲜卑，斩杀了八百名贼军，擒获了鲜卑的牛马和俘虏。乌桓豪杰扶漱官勇猛、强健，每次与鲜卑交战，总能攻陷敌军阵地，顺帝下诏赐给他“率众君”的封号。

阳嘉元年（132）冬，耿晔派乌桓的亲汉都尉戎朱魔率领咄归等诸位王侯，出击塞外包抄鲜卑，乌桓军战果颇丰班师回国，顺帝将咄归等王侯以及王侯以下的人依次封为率众王、率众侯、率众长，并之。二年春，匈奴中郎将赵稠遣从事将南匈奴骨都侯夫沈等，出塞击鲜卑，破之，斩获甚众，诏赐夫沈金印紫绶及缣彩各有差。秋，鲜卑穿塞入马城，代郡太守击之，不能克。后其至鞬死，鲜卑抄盗差稀。

桓帝时，鲜卑檀石槐者，其父投鹿侯，初从匈奴军三年，其妻在家生子。投鹿侯归，怪欲杀之。妻言尝昼行闻雷震，仰天视而雹入其口，因吞之，遂妊身，十月而产，此子必有奇异，且宜长视。投鹿侯不听，遂弃之。妻私语家令收养焉，名檀石槐。年十四五，勇健有智略。异部大人抄取其外家牛羊，檀石槐单骑追击之，所向无前，悉还得所亡者，由是部落畏服。乃施法禁，平曲直，无敢犯者，遂推以为大人。檀石槐乃立庭于弹汗山歠仇水上，去高柳北三百余里，兵马甚盛，东西部大人皆归焉。因南抄缘边，北拒丁零，东却夫馀，西击乌孙，尽据匈奴故地，东西万四千余里，南北七千余里，网罗山川水泽盐池。

永寿二年秋，檀石槐遂将三四千骑寇云中。延熹元年，鲜卑寇北边。冬，使匈奴中郎将张奂率南单于出塞击之，斩首二百级。二年，复入雁门，杀数百人，大抄掠而去。六年夏，千余骑寇辽东属国。九年夏，遂分骑数万人入缘边九郡，并杀掠吏人，于是复遣张依品级赐给他们数目不一的彩色丝绸。后来鲜卑又进犯辽东郡的乌桓属国，于是乌桓校尉耿晔就移驻辽东郡无虑县城以抵御鲜卑的进攻。阳嘉二年（133）春，匈奴中郎将赵稠派从事率领南匈奴的骨都侯夫沈等人，出击塞外讨伐鲜卑，匈奴军击败了鲜卑，斩杀、俘获大量敌军，顺帝下诏赐给夫沈金印信、紫绶带以及数目不一的彩色丝绸。秋天，鲜卑军击破边关侵入马城，代郡太守迎战鲜卑，但未能取胜。后来其至鞬死了，鲜卑对边境的劫掠才略有减少。

桓帝年间，出了一位叫檀石槐的鲜卑人，他的父亲叫投鹿侯，起初，投鹿侯在匈奴军队当了三年兵，他的妻子却在家生下一个儿子。投鹿侯回家后，他对此感到奇怪便要杀掉这个孩子。妻子说自己曾在白天外出时听到雷声，她抬头一看便有一粒冰雹落入她的嘴中，她顺势把冰雹咽了下去，于是就有了身孕，怀胎十月后孩子就出生了，妻子认为这孩子一定会很了不起，权且应该把他养大了再看。投鹿侯拒绝了妻子，最终还是把孩子抛弃了。投鹿侯的妻子背地里和娘家人说了这事请他们帮忙收养，并给孩子取名为檀石槐。到檀石槐十四、五岁时，他已经长成了一位有勇有谋的青年。某个部落的首领抢走了檀石槐外公外婆家的牛羊，檀石槐一人一骑追击劫匪，勇不可当，把被劫走的牛羊都夺了回来，自此以后本部落人都对檀石槐充满敬畏。于是檀石槐便在部落中推行法律和禁令，为人们裁决是非曲直，族人们无人敢违抗，最终大家推举他做首领。檀石槐于是在弹汗山的歠仇水边建起了王庭，坐落在高柳县以北三百多里的地方。檀石槐麾下的军队非常强大，东西两边的部落首领都归附于他。檀石槐于是向南劫掠汉朝边境，向抵御丁零，向东击退夫馀，向西讨伐乌孙，将匈奴旧有领地全部夺占，控制的地盘从东到西有一万四千多里，从南到北七千多里，领地内遍布着高山、大河、湖沼、盐池。

永寿二年（156）秋，檀石槐终究率三四千名骑兵对云中郡发动了侵略。延熹元年（158），鲜卑进犯北部边疆。同年冬，朝廷派匈奴中郎将张奂率南匈奴单于出击塞外讨伐鲜卑，最终斩杀了两百鲜卑人。延熹二年（159），鲜卑又入侵雁门郡，他们杀害了几百人，大肆奂击之，鲜卑乃出塞去。朝廷积患之，而不能制，遂遣使持印绶封檀石槐为王，欲与和亲。檀石槐不肯受，而寇抄滋甚。乃自分其地为三部，从右北平以东至辽东，接夫馀、濊貊二十余邑为东部，从右北平以西至上谷十余邑为中部，从上谷以西至敦煌、乌孙二十余邑为西部，各置大人主领之，皆属檀石槐。

灵帝立，幽、并、凉三州缘边诸郡无岁不被鲜卑寇抄，杀略不可胜数。熹平三年冬，鲜卑入北地，太守夏育率休著屠各追击破之。迁育为护乌桓校尉。五年，鲜卑寇幽州。六年夏，鲜卑寇三边。秋，夏育上言："鲜卑寇边，自春以来，三十余发，请征幽州诸郡兵出塞击之，一冬二春，必能禽灭。"朝廷未许。先是护羌校尉田晏坐事论刑被原，欲立功自效，乃请中常侍王甫求得为将，甫因此议遣兵与育并力讨贼。帝乃拜晏为破鲜卑中郎将。大臣多有不同，乃召百官议朝堂。议郎蔡邕议曰：

《书》戒猾夏，《易》伐鬼方，周有猃狁、蛮荆之师，汉有阗颜、瀚海之事。征讨殊类，所由尚矣。然而时有同异，势有可否，故谋有得失，事有成败，不可齐也。

掠夺后离开。延熹六年（163）夏，一千多鲜卑骑兵进犯辽东郡乌桓属国。延熹九年夏，鲜卑竟率几万名骑兵分兵攻入边境的九个郡，官吏百姓或遭杀害、或被掠夺，朝廷于是再派张奂对鲜卑发起进攻，鲜卑这才撤出边关离去。朝廷对鲜卑作乱忧虑已久，却无法镇压他们，于是派使者拿着印信、绶带要封檀石槐为王，打算同鲜卑和亲。檀石槐不愿接受，而且对边境的入侵劫掠愈加猖獗。之后，檀石槐将领地分为三块，从右北平郡向东到辽东郡为一块，这片与夫馀和濊貊接壤并分布有二十多个城邑的土地为东部，从右北平郡向西到上谷郡且下辖十多个城邑的土地为中部，从上谷郡向西到敦煌郡、乌孙国且下辖二十多个城邑的土地为西部，每片领地都分派一名首领统辖，他们都是檀石槐的部下。

灵帝即位后，幽州、并州、凉州的边境各郡连年遭鲜卑入侵劫掠，鲜卑杀害、掳走了不计其数的百姓。熹平三年（174）冬，鲜卑进犯北地郡，北地太守夏育率休著屠各部族的军队追击鲜卑并击败了他们。朝廷将夏育调任为护乌桓校尉。熹平五年（176），鲜卑进犯幽州。熹平六年（177）夏，鲜卑大举进攻边疆三州。同年秋，夏育上书说："鲜卑对边境的侵略，从春季开始，已经发生了三十多次，恳请朝廷调集幽州各郡部队出击塞外讨伐鲜卑，经过一两年的作战，一定能将鲜卑剿灭。"朝廷没有同意。在此之前护羌校尉田晏因事获罪被判刑后又受到赦免，现在田晏想立下战功为朝廷效力，就请求中常侍王甫帮自己谋求出战机会，王甫因此向灵帝建议派田晏领兵与夏育协力讨伐鲜卑。灵帝于是任命田晏为破鲜卑中郎将。很多大臣都不同意出兵，灵帝于是召集百官入朝商议。议郎蔡邕提议说：

《尚书》对蛮夷祸乱华夏有过告诫，《周易》曾记载商王武丁讨伐鬼方，周朝的方叔北伐猃狁、南征蛮荆，西汉将匈奴击退至阗颜山、瀚海。中原对蛮夷的征伐，是自古以来的要务。然而古今时代有相同和不同之处，古今形势有适合和不合之别，所以同样的策略却有得有失，类似的事业却有成有败，对于以往和当下切不可等量齐观。

武帝情存远略，志辟四方，南诛百越，北讨强胡，西伐大宛，东并朝鲜。因文、景之蓄，藉天下之饶，数十年间，官民俱匮。至乃兴盐铁酒榷之利，设告缗重税之令，民不堪命，起为盗贼，关东纷扰，道路不通。绣衣直指之使，奋鈇钺而并出。既而觉悟，乃息兵罢役，封丞相为富民侯。故主父偃曰："夫务战胜，穷武事，未有不悔者也。"夫以世宗神武，将相良猛，财赋充实，所拓广远，犹有悔焉。况今人财并乏，事劣昔时乎！

自匈奴遁逃，鲜卑强盛，据其故地，称兵十万，才力劲健，意智益生。加以关塞不严，禁网多漏，精金良铁，皆为贼有；汉人逋逃，为之谋主，兵利马疾，过于匈奴。昔段颎良将，习兵善战，有事西羌，犹十余年。今育、晏才策，未必过颎，鲜卑种众，不弱于曩时。而虚计二载，自许有成，若祸结兵连，岂得中休？当复征发众人，转运无已，是为耗竭诸夏，并力蛮夷。夫边垂之患，手足之蚧搔；中国之困，胸背之瘭疽。方今郡县盗贼尚不能禁，况此丑虏而可伏乎！

昔高祖忍平城之耻，吕后弃慢书之诟，方之于今，何者为甚？

天设山河，秦筑长城，汉起塞垣，所以别内外，异殊俗也。苟无蹙国内侮之患则可矣，岂与虫蚁校寇计争往来哉！虽或破之，岂可殄尽，而方今本朝为之旰食乎！

武帝心怀深远的谋略，志在开辟四境的疆土，向南诛灭百越，向北征讨匈奴，向西讨伐大宛，向东吞并朝鲜。依靠着文景二帝两朝的积蓄，凭借了四海之内万民的富足，对外征伐几十年后，官民一并陷入贫困。于是施行盐铁酒官营以聚敛财富，针对商贾课以重税并设告发制度，百姓不堪重负，被迫起兵造反，关东风雨飘摇，乱军阻遏道路。武帝派出直指绣衣使者，拿着斧钺镇压起义百姓。后来武帝从过错中醒悟，这才停止用兵、免除徭役，封丞相为富民侯。因此主父偃说："沉迷征伐，穷兵黩武，最终一定会后悔。"凭着武帝这般英明神武，手下尽是贤臣良将，财货税收充盈国库，开疆拓土尤为宽广，尚且感到悔不当初。何况如今人力财力全部匮乏，面临的困境比昔日还严重呢！

自匈奴逃往以来，鲜卑逐渐强盛，占据匈奴领地，纠集十万兵马，资质不凡强健有力，心机智谋与日俱增。加之边关防守松懈，法令颇多疏漏，精炼的金属、优质的铁器，都为鲜卑所占有；负罪逃跑的汉人，为鲜卑出谋划策。鲜卑武器锐利、战马追风，兵强马壮实力远胜匈奴。之前有段颎这样的良将，熟习军事、善于作战，他致力于征伐西羌，尚且花费了十多年。如今夏育和田晏的智略，不一定能超过段颎，而鲜卑部族的势力，也不弱于当时的西羌。然而夏育毫无根据地定下两年的时间，夸口能平定鲜卑，如果如果落得个战事连绵的局面，到时候如何收场？怕不是又要征调百姓，没完没了地转运钱粮，这完全是虚耗中原国力，反给蛮夷帮忙。边防的祸患，不过手脚上的疥疮；中原的危难，才是胸背上的毒疮。如今在郡县作乱的贼人尚且不能平定，何况这等强悍的鲜卑难道就能够制服吗！

从前高祖强忍平城被围的耻辱，吕后放下轻慢书信的羞辱，当时大汉面临的外族压力同现在相比，哪一个更沉重呢？

上天造就山川，秦代筑起长城，大汉修建边塞，以此分开了中原与外族，使汉土与习俗相异的边地隔绝开来。只要杜绝国土沦丧和内部战乱的祸患就可以了，莫非还要低贱、狡诈的蛮夷勾心斗角吗？虽然有时可以击败鲜卑，但我们又怎能将其剿灭，现在却反要让夫专胜者未必克，挟疑者未必败，众所谓危，圣人不任，朝议有嫌，明主不行也。昔淮南王安谏伐越曰："天子之兵，有征无战。言其莫敢校也。如使越人蒙死以逆执事，厮舆之卒，有一不备而归者，虽得越王之首，而犹为大汉羞之。"而欲以齐民易丑虏，皇威辱外夷，就如其言，犹已危矣，况乎得失不可量邪！昔珠崖郡反，孝元皇帝纳贾捐之言，而下诏曰："珠崖背畔，今议者或曰可讨，或曰弃之。朕日夜惟思，羞威不行，则欲诛之；通于时变，复忧万民。夫万民之饥与远蛮之不讨，何者为大？宗庙之祭，凶年犹有不备，况避不嫌之辱哉！今关东大困，无以相赡，又当动兵，非但劳民而已。其罢珠崖郡。"此元帝所以发德音也。夫恤民救急，虽成郡列县，尚犹弃之，况障塞之外，未尝为民居者乎！守边之术，李牧善其略，保塞之论，严尤申其要，遗业犹在，文章具存，循二子之策，守先帝之规，臣曰可矣。

帝不从，遂遣夏育出高柳，田晏出云中，匈奴中郎将臧旻率南单于出雁门，各将万骑，三道出塞二千余里。檀石槐命三部大人各帅众逆战，育等大败，丧其节传辎重，各将数十骑奔还，死者十七八。三将槛车征下狱，赎为庶人。冬，鲜卑寇辽西。光和元年冬，又寇酒泉，缘边莫不被毒。种众日多，田畜射猎不足给食，檀石朝廷为这等次要之事焦头烂额!

求胜心切未必能够得胜，心怀疑心未必便会败亡，大家所认定的危险之举，圣明的天子就不会采用；朝中百官所疑虑的建议，贤明的君主便不会施行。从前淮南王刘安劝谏武帝不要对越国用兵时说：“天子的军队，只需大兵压境而无需交战。意思是说天兵威力强大无人敢于反抗。如果逼迫越人以至于他们拼死抵抗朝廷的征伐，这将使得哪怕是卑微的士卒们，如果有谁不能毫发无损地回到中原，那么官军虽能斩下越王的首级，但大汉却依然为之蒙羞。”然而如今我们却打算牺牲大汉子民的性命去讨伐丑恶的敌人，以堂堂天子的赫赫声威去压服化外的蛮夷，即便是依照夏育等人所言行事，就已经很危险了，何况征讨的成败并无定数呢！从前珠崖郡土著造反，元帝接受了贾捐的谏言，于是下诏说：“对于珠崖郡反叛朝廷一事，眼下有人说可以讨伐叛贼，有人说应当放弃珠崖。朕夜以继日地思考此事，若是羞于威权无法通行于珠崖，就应诛灭叛贼；但朕权衡考量了形势的变化，又为百姓心忧。千万百姓深陷饥馑和无法讨伐远方蛮夷相比，孰轻孰重？宗庙祭祀之类的要务，碰到荒年尚且不能筹备万全，何况如今面临的不过是并无大碍的羞耻呢！现在关东地区灾情严重，朝廷还无法救济，此时再大动干戈，就不只是让百姓受苦这么简单了。应当撤销珠崖郡。”这便是元帝的仁德之言。为了周济百姓、救急赈灾，哪怕是已经设立了郡县的土地，尚且都要放弃，何况是远在边关之外，并未有汉民安居的土地呢！防守边境的方法，李牧善于施行相关的谋略；保卫关塞的主张，严尤已说明了其中的要领，李牧的功业尚存于世，严尤的文章流传至今，按照两人的策略施政，谨遵元帝的规劝行事，我认为就可以了。

灵帝没有采纳蔡邕的意见，最终派夏育从高柳县出击塞外，派田晏从云中县出塞，派匈奴中郎将臧旻率南匈奴部队从雁门关出击，三人各率一万骑兵，分三路进军到边关外二千多里的地方。檀石槐命令三部首领分别率领族人迎战，夏育等人遭到惨败，他们丢下符节和辎重，各自只带了几十名骑兵逃回，损兵折将十之七八。朝廷派三槐乃自徇行，见乌侯秦水广从数百里，水停不流，其中有鱼，不能得之。闻倭人善网捕，于是东击倭人国，得千余家，徙置秦水上，令捕鱼以助粮食。

光和中，檀石槐死，时年四十五，子和连代立。和连才力不及父，亦数为寇抄，性贪淫，断法不平，众畔者半。后出攻北地，廉人善弩射者射中和连，即死。其子骞曼年小，兄子魁头立。后骞曼长大，与魁头争国，众遂离散。魁头死，弟步度根立。自檀石槐后，诸大人遂世相传袭。

论曰：四夷之暴，其势互强矣。匈奴炽于隆汉，西羌猛于中兴。而灵献之间，二虏迭盛。石槐骁猛，尽有单于之地；蹋顿凶桀，公据辽西之土。其陵跨中国，结患生人者，靡世而宁焉。然制御上略，历世无闻；周、汉之策，仅得中下。将天之冥数，以至于是乎？

赞曰：二虏首施，鲠我北垂。道畅则驯，时薄先离。

辆囚车将三名败军之将押回京师投入监牢，三人用钱抵罪赎回了平民身份。熹平六年冬，鲜卑进犯辽西郡。光和元年（178）冬，鲜卑又入侵酒泉郡，酒泉郡边境各地无一幸免。鲜卑人口日益增多，仅凭耕种、畜牧和狩猎已不足以保证全族口粮，檀石槐于是亲自在各地巡察，发现乌侯秦水水面宽广可达数百里，而且河水积聚不流动，水里有鱼，但却难以捕捉。得知倭人善于用网捕鱼后，檀石槐就向东攻打倭人国，掳回了一千多户人家，他把倭人们安置在乌侯秦水边居住，命他们捕鱼以此弥补粮食短缺。

灵帝光和年间，檀石槐去世，享年四十五岁，他的儿子和连继任鲜卑首领。和连的才华和力量不如他的父亲，他也屡次进犯边境劫掠百姓，和连生性贪婪、荒淫，审理裁决不公正，有一半的族人都背叛了他。后来和连入侵北地郡时，廉县的一位神射手射中了他，和连随即身亡。和连的儿子骞曼还小，于是和连哥哥的儿子魁头即位。骞曼长大以后，和魁头争夺首领之位，鲜卑部落因而分崩离析。魁头去世后，他的弟弟步度根即位。从檀石槐担任首领之后，各部首领的位子于是由子孙世代继承。

评论说：四方夷人作乱中原，他们的势力轮流壮大起来。匈奴崛起于西汉兴盛之时，西羌在东汉复兴之际强大。而在灵帝、献帝年间，乌桓、鲜卑相继猖獗，檀石槐骁勇强悍，吞并了匈奴的全部领地；蹋顿凶恶横暴，肆意夺占辽西郡的领土。他们侵入中原，为害百姓，人民始终不得安宁。然而控制、抵御异族的良策，自古以来都未能提出；周朝、汉朝的策略，不过是中策和下策。难道是上天所决定的命运，导致了这样的结果吗？

赞辞说：乌桓、鲜卑归心不定，为患华夏北部边疆。道义畅行于是归顺，世道衰微立即背叛。

附录

刘昭《后汉书注补志序》

臣昭曰：昔司马迁作《史记》，爰建八《书》。班固因广，是曰十志。天人经纬，帝政纮维，区分源奥，开廓著述，创藏山之秘宝，肇刊石之遐贯。诚有繁于《春秋》，亦自敏于改作。

至乎永平，执简东观，纪传虽显，书志未闻。推检旧记，先有地理，张衡欲存炳发，未有成功。《灵宪》精远，天文已焕。自蔡邕大弘鸣条，寔多绍宣。协妙元卓，律历以详。承洽伯始，礼仪克举。郊庙社稷，祭祀该明。轮騑冠章，车服赡列。于是应、谯缵其业，董巴袭其轨。司马续书，总为八志。律历之篇，仍乎洪、邕所构；车服之本，即依董、蔡所立。仪祀得于往制，百官就乎故簿，并籍据前修，以济一家者也。

王教之要，国典之源，粲然略备，可得而知矣。既接继班《书》，通其流贯，体裁渊深，虽难逾等，序致肤约，有伤悬越。后之名史，弗能罢意。叔骏之书，是谓十典，矜缓杀青，竟亦不成。二子平业，俱称丽富，华辙乱亡，典则偕泯，雅言邃义，于是俱绝。沈、松因循，尤解功创，时改见句，非更搜求，加艺文以矫前弃，流书品采自近录。初平、永嘉，图籍焚丧，尘消烟灭，焉识其限。借南晋之新虚，为东汉之故实，是以学者亦无取焉。

臣下刘昭认为：西汉司马迁撰写《史记》，创立了八《书》的体例。班固在此基础上扩展，称之为十志。它们都涵盖了天人地理、帝政伟业等内容，阐述事物的本源和深奥之处，开辟了著述的广阔天地，创造了如同藏山一样的秘宝，开启了如同石刻一样的悠久传承。这确实比《春秋》更为繁富，也显示出作者在改作上的敏锐。

汉明帝永平年间，班固在东观校书，虽然纪传部分已经撰写，但书志部分还未见完整。通过推检旧有的记录，发现已有地理方面的内容。张衡想要保存并发扬光大这些内容，但最终未能成功。所撰写的《灵宪》精妙深远，使得天文学焕发光彩。自蔡邕大力弘扬古代音乐，确实多有继承并发扬光大，与元卓（李咸）等人共同协作，使得律历部分得以详尽。伯始（陈忠）在礼仪方面也有显著成就，使得郊庙社稷的祭祀活动更加完备，车轮马匹、冠冕服饰等也都详尽列举。在那时，应劭、谯周继续这一事业，董巴沿袭其轨迹，司马彪续写东汉史事，总共编成了八志。律历之篇，仍然沿用了洪、邕构建的框架；车服之本，则依据了董巴和蔡邕所设立的体例。礼仪、祭祀遵循了以前的制度，百官职责则依据了旧有的记录。这些都是借助前人的成果，来成就一家之言。

王教的要旨，国典的根源，都灿然完备，可以从中得知。既接续了班固《汉书》的十志，就要贯通其流脉，体裁虽然深邃，即使难以超越，但叙述的条理如果浅显简略，就会有所损伤，留下悬而未决的遗憾。后来的史书，不能忽视这一点。叔骏（华峤）的《汉后书》中的“志”部分，被称为十典，但因为成书过于迟缓而他却就去世了，最终也未能完成。两人的著书事业，都称得上富丽堂皇，但由于当时战乱频仍，典章最终也未能流传下来。典雅的言辞和深刻的义理，于是都湮灭了。谢沈、袁山松因循旧例，但也有些创新，时常改变句式，范晔《后汉》，良诚跨众氏，序或未周，志遂全阙。国史鸿旷，须寄勤闲，天才富博，犹俟改具。若草昧厥始，无相凭据，穷其身世，少能已毕。迁有承考之言，固深资父之力。太初以前，班用马《史》，十《志》所因，寔多往制。升入校部，出二十载，续《志》昭《表》，以助其间，成父述者，夫何易哉！况晔思杂风尘，心桡成毁，弗克员就，岂以兹乎！

夫辞润婉赡，可得起改，核求见事，必应写袭。故序例所论，备精与夺，及语八《志》，颇褒其美。虽出拔前群，归相沿也。又寻本书当作《礼乐志》，其《天文》《五行》《百官》《车服》，为名则同。此外诸篇，不著纪传，《律历》《郡国》，必依往式。晔遗书自序，应遍作诸志，《前汉》有者，悉欲备制，卷中发论，以正得失。书虽未明，其大旨也。曾台云构，所缺过乎榱桷；为山霞高，不终逾乎一篑。郁绝斯作，吁可痛哉！徒怀缵缉，理惭钩远，乃借旧志，注以补之。狭见寡陋，匪同博远，及其所值，微得论列，分为三十卷，以合范史。求于齐工，孰曰文类？比兹阙恨，庶贤乎己。

不是简单地搜集旧文。增加艺文来矫正前代的遗漏，散失的书目从近代采集整理。但东汉初平、西晋永嘉年间，图书典籍被战乱焚烧殆尽，一切都化为灰烬，哪里还能知道它们的界限呢？借用南晋的新资料，考证东汉的旧事，因此学者也无法从中取得什么。

范晔撰写的《后汉书》，诚然超越了前人所撰写的东汉史书，但序论部分可能还不够周全，志书则完全缺失。国史的鸿篇巨制，需要寄望于勤勉的学者，他们才华横溢，但还需要等待时机来完成。如果从一开始就撰写时，没有可凭借的资料，要想穷尽他们的一生时间，个人几乎是不可能完成的。司马迁有继承父亲遗志的言论，班固也深深受益于他父亲的帮助。西汉太初以前的历史，班固采用了司马迁《史记》中的部分内容，十《志》所依据的，大多是过去的制度。当这些资料被送入校书部后，又经过了二十年的时光，马续续写的《志》和班昭续写的《表》，来辅助完成班固未竟的事业。这哪里是一件容易的事情啊！更何况范晔的思想混杂，苟活于风尘之中，心志受到干扰和破坏，不能圆满完成他的著作，难道就是这个原因吗？

范晔《后汉书》言辞润色丰富婉约，阅读时可以使人受到启发。但核查事实、追求真相，则必须依据原有的记录。因此，序例所论述的，精确详尽，取舍得宜。司马彪八《志》的内容，虽然受到了一定的赞扬，但仍然是沿袭了前人的做法。再考察本书，本来应该有《礼乐志》，但《天文志》《五行志》《百官志》《车服志》等篇目，它们的名称虽然相同，但其他篇目并未在纪传中有所体现。《律历志》《郡国志》等篇目则必须依据过去的模式。范晔在遗书中自序说，他打算全部撰写诸志，《汉书》中有的，他都打算完备地记录下来。卷中发表议论，以纠正得失。虽然他的书没有明确阐明，但是其主旨就是如此。登上高大的台阁建筑，所缺失的构造正有榱桷；站在高山而彩霞更高，始终还是难以越过一篑土。为这部著作感到忧绝，曾为此痛惜地呼吁。我怀揣着继续编纂的志向，但惭愧于自己学识浅薄，无法钩沉致远，于是只能借助旧有的志书，并加以注释来补充。我的见解狭隘浅薄，不能与博学多才的人相提并论。但在我所接触到的资料中，昔褚生补子长之削少，马氏接孟坚之不毕，相成之义，古有之矣。引彼先志，又何猜焉？而岁代逾邈，立言湮散，义存广求，一隅未觌。兼钟律之妙，素揖校雠；参历算之微，有惭证辨。星候秘阻，图纬藏严，是须甄明，每用疑略，时或有见，颇邀傍遇，非览正部，事乖详密。今令行禁止，此书外绝，其有疏漏，谅不足诮。

稍微得到一些可以论述的内容，就将司马彪旧志分为三十卷，以与范晔的史书相配合。在寻求与范史相齐的过程中，谁说这些与之相提并论？比起这个遗憾，许多人都比我更贤明。

昔日西汉褚少孙增补了司马迁（子长）《史记》中缺少的篇章，马续接续了孟坚（班固）未完成的《汉书》，这种相互成就、共同完善的精神，自古就有。我引用司马彪的志书，又有何可猜疑的呢？然而，岁月流逝，许多言论和记载都已烟消云散，但是志在广泛求取，总会有一个地方没有被发现。兼备音乐、钟声的精妙之处，我虽曾恭敬地校勘过，历法算数的微妙之处，仍感惭愧于考证辨析。天文星象秘籍险要之处，图谶纬书的内容又隐藏严密。这些都需要我们仔细甄别和阐明。每当我遇到疑惑和简略之处，有时也能偶然得到一些见解，都会旁征博引，不是阅览正部，因此难免有疏漏和不详尽之处。如今有命令禁止私藏此类书籍，这部书外面已经没有了，存在的疏漏之处，还请谅解而不必过分苛责。（编者注：收录此文，意在让读者明白《后汉书》缺志而南朝梁刘昭将晋代司马彪《续汉书》之志抽出来，补入范书之中的原因。本次进行简单的白话翻译，错误之处恳请批评指正。）

文白对照

二十四史新译

後漢書

四

主编　楼宇烈

执行主编　梁光玉　萧祥剑

〔南朝宋〕范晔　撰　谦德书院　译

团结出版社

图书在版编目（C I P）数据

后汉书 / (南朝宋) 范晔著 ; 谦德书院译 . -- 北京 :
团结出版社 , 2024.12
ISBN 978-7-5234-0577-2

Ⅰ . ①后… Ⅱ . ①范… ②谦… Ⅲ . ①《后汉书》-
译文 Ⅳ . ① K234.204.2

中国国家版本馆 CIP 数据核字 (2023) 第 208361 号

责任编辑：梁光玉
封面设计：肖宇岐

出　版：团结出版社
（北京市东城区东皇城根南街 84 号 邮编：100006）
电　话：（010）65228880 65244790
网　址：http://www.tjpress.com
E-mail：zb65244790@vip.163.com
经　销：全国新华书店
印　装：北京印匠彩色印刷有限公司

开　本：145mm × 210mm　32 开
印　张：113.25　字　数：2195 千字
版　次：2024 年 12 月 第 1 版　印　次：2024 年 12 月 第 1 次印刷

书　号：978-7-5234-0577-2
定　价：480.00 元（全五册）

目 录

第四册

卷七十九—卷一百二

卷七十九

王充王符仲长统列传第三十九

王充字仲任，会稽上虞人也，其先自魏郡元城徙焉。充少孤，乡里称孝。后到京师，受业太学，师事扶风班彪。好博览而不守章句。家贫无书，常游洛阳市肆，阅所卖书，一见辄能诵忆，遂博通众流百家之言。后归乡里，屏居教授。仕郡为功曹，以数谏争不合去。

充好论说，始若诡异，终有理实。以为俗儒守文，多失其真，乃闭门潜思，绝庆吊之礼，户牖墙壁各置刀笔。著《论衡》八十五篇，二十余万言，释物类同异，正时俗嫌疑。

刺史董勤辟为从事，转治中，自免还家。友人同郡谢夷吾上书荐充才学，肃宗特诏公车征，病不行。年渐七十，志力衰耗，乃造《养性书》十六篇，裁节嗜欲，颐神自守。永元中，病卒于家。

王符字节信，安定临泾人也。少好学，有志操，与马融、窦章、张衡、崔瑗等友善。安定俗鄙庶孽，而符无外家，为乡人所贱。自和、安之后，世务游宦，当涂者更相荐引，而符独耿介不同于俗，以此遂不得升进。志意蕴愤，乃隐居著书三十余篇，以讥当时失得，不欲章显其名，故号曰《潜夫论》。其指讦时短，讨谪物情，足以观见当时风政，著其五篇云尔。

王充，字仲任，会稽郡上虞县人，其祖先是从魏郡元城县迁徙而来。王充年少丧父，乡里人称赞他孝顺。后来王充来到京师，在太学中求学，拜右扶风人班彪为师。王充博览群书却不拘泥于章句注解。因家贫无书，王充常在洛阳集市中游逛，翻阅那些售卖的书籍，他过目不忘，只看一遍就能成诵，因此王充通晓众流百家之言。后来他返回故乡，闭门谢客，专心教授学问。后来王充在州郡担任功曹，因多次谏诤不合郡守的旨意，王充辞职离去。

王充喜欢辩论义理，刚开始看起来奇特怪异，最后终却有理有实。他认为当时浅陋迂腐的儒士墨守成规，有很多人失掉了经典中的真意，于是他闭门潜思，谢绝庆贺和吊慰之事，家中的门、窗户、墙壁挂满了书写用的工具。他撰写了《论衡》八十五篇，共二十多万字，书中解释了万物的异同，匡正了时俗的疑问。

刺史董勤征召王充为从事，又改任治中，后来他辞官回家。他的朋友同郡人谢夷吾向朝廷上书举荐王充有才学，于是章帝下诏公车署特别征召他，王充因病没有应召。那时王充将近七十岁，耗费心力，著述《养性书》十六篇，论述人要节制欲念，养神自守。永元年间，王充在家中病逝。

王符，字节信，安定郡临泾县人。年少好学，有志向节操，他和马融、窦章、张衡、崔瑗等人交好。安定郡的习俗，瞧不起庶出子女，而王符是庶出，其外祖父家中又无人可以依仗，乡里人都看不起王符。从和帝、安帝以后，盛行离家外出做官，任职者又互相引荐故交知己，然而王符刚正不阿，不流于世俗，因此得不到晋升的机会。他内心烦闷愤恨，于是隐居著书三十多篇，来讽刺当时政治的得失，他不想暴露自己的名字，故而命名为《潜夫论》。书中抨击时政，指明事理，足以看出当时的政策与习俗，这里选出其中的五篇记录下来。

《贵忠篇》曰：

夫帝王之所尊敬者天也，皇天之所爱育者人也。今人臣受君之重位，牧天之所爱，焉可以不安而利之，养而济之哉？是以君子任职则思利人，达上则思进贤，故居上而下不怨，在前而后不恨也。《书》称“天工人其代之”。王者法天而建官，故明主不敢以私授，忠臣不敢以虚受。窃人之财犹谓之盗，况偷天官以私己乎！以罪犯人，必加诛罚，况乃犯天，得无咎乎？夫五世之臣，以道事君，泽及草木，仁被率土，是以福祚流衍，本支百世。季世之臣，以谄媚主，不思顺天，专杖杀伐。白起、蒙恬，秦以为功，天以为贼；息夫、董贤，主以为忠，天以为盗。《易》曰：“德薄而位尊，智小而谋大，鲜不及矣。”是故德不称，其祸必酷；能不称，其殃必大。夫窃位之人，天夺其鉴。虽有明察之资，仁义之志，一旦富贵，则背亲捐旧，丧其本心，疏骨肉而亲便辟，薄知友而厚犬马，宁见朽贯千万，而不忍贷人一钱，情知积粟腐仓，而不忍贷人一斗，骨肉怨望于家，细人谤讟于道。前人以败，后争袭之，诚可伤也。

历观前政贵人之用心也，与婴儿子其何异哉？婴儿有常病，贵臣有常祸，父母有常失，人君有常过。婴儿常病，伤于饱也；贵臣常祸，伤于宠也。哺乳多则生痫病，富贵盛而致骄疾。爱子而贼之，骄臣而灭之者，非一也。极其罚者，乃有仆死深牢，衔刀都市，岂非无功于天，有害于人者乎？夫鸟以山为埤而增巢其上，鱼以泉为浅而穿穴其中，卒所以得者饵也。贵戚愿其宅吉而制为令名，欲其门坚而造作铁枢，卒其所以败者，非苦禁忌少而门枢朽也，常苦崇财

《贵忠篇》中写道：

帝王尊敬的是上天，上天爱护养育的是百姓。如今人臣接受帝王授予的重位，治理上天爱护养育的百姓，怎能不让百姓平安而顺利，养育而救济他们呢？因此君子任职时就要考虑利益百姓，上位者就要考虑进用贤士，因此身居上位的人才不被下位的人抱怨，位居前列的人不被后面的人愤恨。《尚书》称“上天的职责由人完成”。帝王效法上天，设置官制，所以明主不敢以私心授任官职，忠臣不敢以德才缺失而接受官职。窃人之财尚且会被称为盗贼，何况是窃取上天赋予的官职以谋私利呢！侵犯他人，必定受到惩罚，更何况是触犯天条，怎能不受到责罚？唐尧、虞舜、夏、商、周时代的大臣，以道事君，恩泽被及草木，仁慈覆盖国土，因此他们的福祚流传广布，子孙昌盛，百世不衰。末代大臣，以胡乱妄言谄媚帝王，不考虑顺从天意，专靠杀伐得到权力。白起与蒙恬，秦朝认为他们是功臣，而上天认为他们是贼寇；息夫躬和董贤，帝王认为他们是忠臣，上天认为他们是强盗。《易经》中讲：“道德低下而地位尊贵，智力低下而谋略很多，很少能成功。”所以德行与之不称，遭受的祸患必定暴虐；才能与之不称，遭受的灾殃必定更大。那些窃居官位的人，上天就会狠狠地惩罚他。即便有明察之资，仁义之志，一旦富贵加身，就会背叛亲人抛弃故旧，丧失本心，疏离骨肉亲近小人，冷淡知心朋友，厚待犬马之交，宁愿让千万贯钱财腐烂，也不舍得借给别人一文，明知屯积在仓库的粮食霉烂，也不舍得借给别人一斗，骨肉至亲在家中怨恨，百姓在路上非议。前人败亡，后人依旧在沿袭，确实让人伤心。

历观前朝贵人的用心，与照顾婴儿有什么不同？婴儿时常生病，贵臣时常遭祸，父母时常会有疏失，人君时常有过。婴儿时常生病，是吃得太饱所致；贵臣时常遭祸，是受宠太过所致。哺乳过多则生痉挛之症，富贵过盛则致骄傲自满。溺爱孩子变成了祸害孩子，宠幸大臣变成了毁灭大臣，宠臣因专横跋扈走向败亡的，何止一两例。受极刑的人，有的死于深牢，有的被斩首示众，这岂不是无功于上天，而有害于百姓吗？鸟以高山为矮墙，在上面筑巢，鱼以深泉为浅水，在里面修建洞穴，便最终却因诱饵被捕获。皇亲国戚希望府宅吉详而货而行骄僭耳。

不上顺天心，下育人物，而欲任其私智，窃弄君威，反戾天地，欺诬神明。居累卵之危，而图太山之安；为朝露之行，而思传世之功。岂不惑哉！岂不惑哉！

《浮侈篇》曰：

王者以四海为家，兆人为子。一夫不耕，天下受其饥；一妇不织，天下受其寒。今举俗舍本农，趋商贾，牛马车舆，填塞道路，游手为巧，充盈都邑，务本者少，浮食者众。“商邑翼翼，四方是极。”今察洛阳，资末业者什于农夫，虚伪游手什于末业。是则一夫耕，百人食之，一妇桑，百人衣之，以一奉百，孰能供之！天下百郡千县，市邑万数，类皆如此。本末不足相供，则民安得不饥寒？饥寒并至，则民安能无奸轨？奸轨繁多，则吏安能无严酷？严酷数加，则下安能无愁怨？愁怨者多，则咎征并臻。下民无聊，而上天降灾，则国危矣。

夫贫生于富，弱生于强，乱生于化，危生于安。是故明王之养民，忧之劳之，教之诲之，慎微防萌，以断其邪。故《易》美节以制度，不伤财，不害民。《七月》之诗，大小教之，终而复始。由此观之，人固不可恣也。

今人奢衣服，侈饮食，事口舌而习调欺。或以谋奸合任为业，或以游博持掩为事。丁夫不扶犁锄，而怀丸挟弹，携手上山遨游，或好取土作丸卖之，外不足御寇盗，内不足禁鼠雀。或作泥车瓦狗取了一个美名，想让大门坚固而制作了铁门轴，最终却以失败衰亡而告终，并不是取名的禁忌太少以及门轴朽坏，而是常常苦于敛财太少，而行为骄横僭越所致啊。

为官者如果对上不顺应天心，对下不养育百姓，却想放任自以为是的聪明，暗中玩弄帝王的威信，反而会得罪了天地，欺骗了神明。身处极其危险之地，而图谋泰山般的安稳；做只顾眼前利益之事，却想立百世之功。不是很糊涂吗！不是很糊涂吗！

《浮侈篇》中写道：

帝王以四海为家，将万民看作自己的儿子。一夫不耕，天下受饿；一妇不织，天下受冻。如今举国上下的习俗是舍弃根本的农业，人人都去经商，牛马车辆，阻塞道路，不务正业，投机取巧的人，充满都邑，耕种的人少了，吃饭的人多了。《诗经》上说“商朝的都城繁荣昌盛，乃是天下四方的中心。”看看现在的洛阳，经商者是农夫的十倍，弄虚作假，游手好闲的人又是经商者的十倍。这就是一夫耕种，百人吃饭，一妇种桑养蚕织布，百人穿衣，以一人的劳作供百人享用，怎么能满足所需！天下有成百上千的郡县，市邑数以万计，都像这个样子。农业与商业不能互相满足，百姓怎能不挨饿受冻？饥寒并至，百姓怎能不犯法作乱？犯法作乱的人越来越多，官吏怎能不采用严刑管束？严刑越来越多，百姓怎能不惆怅怨恨？惆怅怨恨的人多了，灾祸就会出现。百姓生活穷困，加之天降灾难，国家就危险了。

富有而不节制就会变得贫穷，强大而骄纵就会变得弱小，明白道理而不修德就会出现动乱，仗着安定而不谨慎就会变得危险。所以贤明的帝王养育百姓，担心他们慰问他们，指导他们训诫他们，谨小慎微，防患于未然，以此从源头阻断邪念奸行。因此《易经》赞美用制度提倡节俭，不劳民伤财。《诗经·七月》中记载的，大到耕田种桑之事，小到搓制绳索之法，悉数教导，周而复始。由此看来，人本来就不可以放纵无度。

如今人们，衣服奢华，饮食奢侈，满足口舌之欲而欺骗他人。有人以合谋行奸为业，有人以游戏赌博为业。健壮的男子不扶犁锄，而怀揣弹丸弹弓，相约上山游玩，有人喜欢取土制作丹丸售卖，这些人诸戏弄之具，以巧诈小儿，此皆无益也。

《诗》刺“不绩其麻，市也婆娑”。又妇人不修中馈，休其蚕织，而起学巫祝，鼓舞事神，以欺诬细民，荧惑百姓妻女。羸弱疾病之家，怀忧愦愦，易为恐惧。至使奔走便时，去离正宅，崎岖路侧，风寒所伤，奸人所利，盗贼所中。或增祸重祟，至于死亡，而不知巫所欺误，反恨事神之晚，此妖妄之甚者也。

或刻画好缯，以书祝辞；或虚饰巧言，希致福祚；或糜折金彩，令广分寸；或断截众缕，绕带手腕；或裁切绮縠，缝紩成幡。皆单费百缣，用功千倍，破牢为伪，以易就难，坐食嘉谷，消损白日。夫山林不能给野火，江海不能实漏卮，皆所宜禁也。

昔孝文皇帝躬衣弋绨，革舄韦带。而今京师贵戚，衣服饮食，车舆庐第，奢过王制，固亦甚矣。且其徒御仆妾，皆服文组彩牒，锦绣绮纨，葛子升越，筩中女布。犀象珠玉，虎魄玳瑁，石山隐饰，金银错镂，穷极丽靡，转相夸咤。其嫁娶者，车軿数里，缇帷竟道，骑奴侍童，夹毂并引。富者竞欲相过，贫者耻其不逮，一飨之所费，破终身之业。古者必有命然后乃得衣缯丝而乘车马，今虽不能复古，宜令细民略用孝文之制。

古之葬者，厚衣之以薪，葬之中野，不封不树，丧期无数。后世圣人易之以棺椁，桐木为棺，葛采为缄，下不及泉，上不泄臭。

对外无法抵御贼寇，对内不能禁止鼠害和鸟雀。还有人制作泥车瓦狗等玩具，哄骗孩童，这类事情都毫无益处。

在《诗经》中曾讽刺道“妇女放下手中的麻，前往集市歌舞玩耍”。还有些妇女不管理家中事务，不养蚕织布，而去学习巫祝之术，鼓舞跳跃，故弄玄虚，以此欺骗百姓，迷惑百姓妻女。那些孱弱患病的人家，心中本来就愁闷不平，每到这个时候就特别害怕。但所谓的神婆巫女还让他们外出奔走，离开正房，躲在崎岖的路旁，以至于被风寒所伤，被奸人利用，被盗贼伤害。有人因为深信巫祝之术遭来灾祸，直至死去，都不知这一切都是巫祝之术欺骗误导所致，反而却后悔奉神太晚，这就是怪异荒诞之说特别厉害的地方。

有人在丝织品上画画，写上祝辞；有人用浮夸好听的话，求神降福；有人浪费金色的绸布，裁成方寸小块；有人截断很多种麻线，缠在手腕上；有人裁剪绫绸绉纱，缝缀成幡幢。他们浪费无数的缣帛，耗费上千倍的功夫，把有用的变成没用的，把容易的变成繁琐的，不劳作却吃着精美的食物，虚度光阴。山林不能用来供给野火，江海无法充实渗漏的酒器，这些都应该禁止。

从前孝文皇帝身穿黑色的粗厚缯衣，脚穿生皮做的鞋子，腰上佩戴不加装饰的皮带，他虽贵为天子却生活简朴。可如今京师的贵戚，衣服饮食，车辆府邸，奢侈的程度逾越了朝廷的典章礼制，已经十分过分了。就连他们的车夫、仆人、侍妾，都穿着有彩色花纹的丝衣，用着芭蕉纤维织成的细布，筩中布、细麻布应有尽有。犀牛角、象牙、珠宝、玉石、琥珀、玳瑁修饰出山石状的暗纹，金银错镂，极尽华丽奢靡，贵戚们无不互相夸耀。举行嫁娶之事时，车辆绵延数里，桔红色的帐幕遮满道路，骑奴、侍童排列在车的两旁引路。贵戚互相攀比，贫穷者以比不上贵戚为耻辱，一桌酒席的花费，就要破费奋斗终身的家业。古时候必须有帝王的诏令，才能身着绸缎、乘坐车马，如今即便无法恢复古制，也应当让百姓大致效仿孝文帝时的制度。

古代的葬礼，尸体盖上厚厚的柴草，葬在野外，不筑坟，不种树，也没有固定的丧期。后世圣人改用棺椁，用桐木作棺，用葛蔓中世以后，转用楸梓槐柏杶樗之属，各因方土，裁用胶漆，使其坚足恃，其用足任，如此而已。今者京师贵戚，必欲江南檽梓豫章之木。边远下土，亦竞相放效。夫檽梓豫章，所出殊远，伐之高山，引之穷谷，入海乘淮，逆河溯洛，工匠彫刻，连累日月，会众而后动，多牛而后致，重且千斤，功将万夫，而东至乐浪，西达敦煌，费力伤农于万里之地。古者墓而不坟，中世坟而不崇。仲尼丧母，冢高四尺，遇雨而崩，弟子请修之，夫子泣曰："古不修墓。"及鲤也死，有棺无椁。文帝葬芷阳，明帝葬洛南，皆不臧珠宝，不起山陵，墓虽卑而德最高。今京师贵戚，郡县豪家，生不极养，死乃崇丧。或至金缕玉匣，檽梓楩柟，多埋珍宝偶人车马，造起大冢，广种松柏，庐舍祠堂，务崇华侈。案鄗毕之陵，南城之冢，周公非不忠，曾子非不孝，以为褒君爱父，不在于聚财，扬名显亲，无取于车马。昔晋灵公多赋以雕墙，《春秋》以为不君；华元、乐举厚葬文公，君子以为不臣。况于群司士庶，乃可僭侈主上，过天道乎？

《实贡篇》曰：

国以贤兴，以谄衰；君以忠安，以佞危。此古今之常论，而时所共知也。然衰国危君，继踵不绝者，岂时无忠信正直之士哉，诚苦其道不得行耳。夫十步之间，必有茂草；十室之邑，必有忠信。是故乱殷有三仁，小卫多君子。今以大汉之广土，士民之繁庶，朝廷之捆绑棺材，于下挖掘的深度不及泉水，于上远离地面不要泄露臭气。中古以后，改用楸、梓、槐、柏、杝、樗等木作为原料，根据不同的土质，选用不同的胶漆，使棺材坚固结实，使用的时间足够长久，仅此而已。如今京师的贵戚，一定要用江南的檽、梓、豫樟等木材制作棺材，就连边远之地，也争相效仿。檽、梓、豫樟这些树木，产地遥远，要从高山砍伐，从深谷运出，经过海河，顺着淮河，逆着黄河、洛水运送上岸，经过工匠们日积月累的雕刻，经过许多劳动力的大力付出，经过许多牛的辛苦运送，制作成重达千斤的棺材，然后动用万人，东至乐浪郡，西达敦煌郡，耗费人力，伤害庄稼，跨越万里之遥。古时候只修墓，不筑坟，中古之时虽然筑坟，但是坟堆垒得不高。孔子的母亲去世后，坟高四尺，遭遇大雨坟冢垮塌，孔子的弟子请求重修，孔子哭着说："古时候不修墓啊。"后来孔子的儿子孔鲤去世时，只有内棺，没有外椁。文帝葬在芷阴，明帝葬在洛南，他们的墓里没有陪葬珠宝，墓地不起山陵，坟墓虽然低矮，可是德行高尚。如今京师的贵戚，郡县的豪强，父母活着的时候不尽力赡养，死后却大办丧事。有的甚至用金缕玉匣陪葬，棺木一定要用檽、梓、楩、楠等名贵木材，墓里陪葬着许多珍宝、偶人、车马，修建庞大坟冢，广种松柏，庐舍祠堂，务求奢靡华丽。考察鄗邑、毕邑周文王与周武王的陵墓，以及南城曾皙的坟墓，都很简朴，而周公并非不忠，曾子也并非不孝，他们认为褒君爱父，不在于花费多少钱财，扬名显亲，不在于陪葬多少车马。从前晋灵公征收很多赋税来装饰围墙，《春秋》认为晋灵公有失君王之道；春秋时期宋国大夫华元、乐举厚葬宋文公，君子认为他们没尽臣子的责任。何况是当今的百官、士人和百姓，他们僭越主上，岂不违背上天的意旨呢？

《实贡篇》中写道：

任用贤德之臣，国家就会兴盛，任用谄媚之臣，国家就会衰败；臣子忠心，君主就安定，臣子奸佞，君主就危险。这是古今不变的法则，也是当世公认的道理。然而因为国家衰败，导致君主危殆的事情接连不断，这哪里是时下没有忠信正直的人，这其实是苦于无法施行正道啊。十步之内，必有茂草；十室之邑，必有忠信之人。所以清明，上下之修正，而官无善吏，位无良臣。此岂时之无贤，谅由取之乖实。夫志道者少与，逐俗者多畴，是以朋党用私，背实趋华。其贡士者，不复依其质干，准其才行，但虚造声誉，妄生羽毛。略计所举，岁且二百。览察其状，则德侔颜、冉，详核厥能，则鲜及中人，皆总务升官，自相推达。夫士者贵其用也，不必求备。故四友虽美，能不相兼；三仁齐致，事不一节。高祖佐命，出自亡秦；光武得士，亦资暴莽。况太平之时，而云无士乎！

夫明君之诏也若声，忠臣之和也如响。长短大小，清浊疾徐，必相应也。且攻玉以石，洗金以盐，濯锦以鱼，浣布以灰。夫物固有以贱理贵，以丑化好者矣。智者弃短取长，以致其功。今使贡士必核以实，其有小疵，勿强衣饰，出处默语，各因其方，则萧、曹、周、韩之伦，何足不致，吴、邓、梁、窦之属，企踵可待。孔子曰："未之思也，夫何远之有？"

《爱日篇》曰：

国之所以为国者，以有民也。民之所以为民者，以有谷也。谷之所以丰殖者，以有民功也。功之所以能建者，以日力也。化国之日舒以长，故其民闲暇而力有余；乱国之日促以短，故其民困务而力不足。舒长者，非谓羲和安行，乃君明民静而力有余也。促短者，非动乱的商朝还有箕子、微子和比干三位仁人，小小的卫国还有许多君子。如今的大汉拥有广袤的土地，士人百姓众多且富庶，朝廷清明，上下遵行正道，可是却官无善吏，位无良臣。这哪里是当世没有贤人，这恐怕是任用不当吧。追随立志践行正道的人很少，追随时俗同流合污的人却很多，因此朋党之间互相营私，背离朴实而趋向浮华。那些举荐人才的官员，不再把士人的品质和才能作为举荐的标准，只是虚造声誉，乱加赞美之辞。大略估计他们举荐的人才，每年将近二百人。看看他们举荐士人的介绍，每个人的品德堪比颜回、冉有，但详细审查他们的能力，却很少有人能达到中等水平，他们只顾着升官，靠着互相举荐以达到高位。士人贵在发挥自己的长处，不必要求他完美无缺。所以孔门四友颜回、子贡、子师、子由虽然都很优秀，但每人都有自己的长处，并不是每个方面都擅长；商朝三仁箕子、微子、比干的品德达到了极致，但处理治国大事也并不十分周全。辅助高祖开创汉朝大业的人，来自败亡的秦朝；光武帝所拥有的人才，同样来自王莽的治下。何况太平之时，怎能说没有人才呢！

明君的号令好像呼声，忠臣的应和就像回音。不论呼声长短、大小、清浊、快慢，必定会有相对应的回声。况且玉需要石头磨砺，金子需要盐水浸泡，洗锦缎要用鱼鳔，洗布匹要用草木灰。万物本来就是以贱理贵，以丑化好。智者弃短取长，才能达到成功。如今举荐人才，一定要考核士人的真实才能，小的瑕疵，不必强加掩饰，自己举荐的是谁，不必谈论，要一视同仁，量才任用，那么譬如萧何、曹参、周勃、韩信这些能人，何患他们不会到来；譬如吴汉、邓禹、梁统、窦融这些贤才，踮起脚跟的时间就会等到。孔子说：“不努力追求，目标怎能不遥远？”

《爱日篇》中写道：

国之所以为国，是因为有百姓。百姓之所以为百姓，是因为百姓能生产粮食。粮食丰收，是百姓在辛勤劳作。百姓辛勤劳作能带来丰收的喜悦，是每天都在挥洒汗水。施行教化的国家，日子舒适长久，所以百姓悠闲而有余力；动乱的国家，日子窘促短暂，所以百姓困顿而力不足。日子舒适而长久，不是因为太阳能安然运行，而是君主圣谓分度损减，乃上暗下乱，力不足也。孔子称“既庶则富之，既富乃教之”。是故礼义生于富足，盗窃起于贫穷；富足生于宽暇，贫穷起于无日。圣人深知力者民之本，国之基也，故务省徭役，使之爱日。是以尧敕羲和，钦若昊天，敬授民时。明帝时，公车以反支日不受章奏，帝闻而怪曰：“民废农桑，远来诣阙，而复拘以禁忌，岂为政之意乎！”于是遂蠲其制。今冤民仰希申诉，而令长以神自畜，百姓废农桑而趋府廷者，相续道路，非朝餔不得通，非意气不得见。或连日累月，更相瞻视；或转请邻里，馈粮应对。岁功既亏，天下岂无受其饥者乎？

孔子曰：“听讼吾犹人也。”从此言之，中才以上，足议曲直，乡亭部吏，亦有任决断者，而类多枉曲，盖有故焉。夫理直则恃正而不桡，事曲则谄意以行赇。不桡故无恩于吏，行赇故见私于法。若事有反覆，吏应坐之，吏以应坐之故，不得不枉之于庭。以羸民之少党，而与豪吏对讼，其势得无屈乎？县承吏言，故与之同。若事有反覆，县亦应坐之，县以应坐之故，而排之于郡。以一民之轻，而与一县为讼，其理岂得申乎？事有反覆，郡亦坐之，郡以共坐之故，而排之于州。以一民之轻，与一郡为讼，其事岂获胜乎？既不肯理，故乃远诣公府。公府复不能察，而当延以日月。贫弱者无以旷旬，强富者可盈千日。理讼若此，何枉之能理乎？正士怀怨结而不见信，猾吏崇奸轨而不被坐，此小民所以易侵苦，而天下所以多困穷也。

明，百姓才能安定而有余力。日子窘促短暂，不是因为历书上的分度减少，而是上位者愚昧，下位者混乱，导致百姓力不足。孔子曾说“百姓已经众多就想办法让他们富足，已经富足就要推行教化”。因此礼义生于富足，而盗贼起于贫穷；富足生于百姓生活舒适安定，而贫穷起于百姓生活暗无天日。圣人深知劳动是百姓之本，国家之基。所以朝廷务求减少徭役，让百姓珍惜从事农事的时日。因此唐尧命令羲氏和氏两对兄弟分驻四方，敬顺天象，制定历法，敬授民时。明帝时，公车署以禁忌之日为由，不受理百姓呈上的奏章，明帝闻讯感到奇怪，说：“百姓荒废农事，不远万里来到京师，如果再因为禁忌之日不予处理，这难道是治政的本意吗！”明帝便废除了这项制度。如今含冤的百姓仰望朝廷，希望得到申诉的机会，可是县令、县长却以如神自居，很少露面，百姓荒废农事，到官府告状，络绎不绝，而官府却以不到办公时间不通报，心情不好不接见。有的百姓连日累月，轮流等待，才能见到官吏；有的百姓拜托邻里，贿赂粮食才能见到官差。因此而耽误了太多农事，天下岂能没有百姓不受饥饿？

孔子说：“审断诉讼，我与常人一样。”由此来看，中等才能以上的人，足能论述案情的是非曲直，乡亭部吏，也有审断案件的，但仍会出现很多冤案，此中必有原因。理直者倚仗正义之心不屈不挠，理屈者谄媚逢迎巴结行贿。不屈不挠对乡亭部吏没有好处，巴结行贿使得乡亭部吏徇私舞弊。如果案情反转，断案的乡亭部吏会受到牵连，因为断案的乡亭部吏会受到牵连，所以他们不得不在审判过程中徇私枉法。以羸弱百姓的身份，与有权势的乡亭部吏对簿公堂，怎能不蒙受委屈，而最终败诉？县吏相信乡亭部吏的话，所以只会维持原判。如果案情反转，县吏也会受到牵连，因为县吏也会受到牵连，所以推到郡府。以轻微的百姓身份，与一方县吏对簿公堂，百姓的冤情怎能申诉？如果案情反转，郡吏也会受到牵连，因为郡吏也会受到牵连，所以推到州部。以轻微的百姓身份，与一方郡吏对簿公堂，百姓岂能胜诉？州部不肯受理，百姓只得远道而来，到三公府鸣冤。如果三公府不能详察，案件只能一拖再拖。贫弱者坚持不了十天，强富者却可拖延千日。像这样审断诉讼，冤情何以平反？正义之士心怀冤且除上天感痛致灾，但以人功见事言之。自三府州郡，至于乡县典司之吏，辞讼之民，官事相连，更相检对者，日可有十万人。一人有事，二人经营，是为日三十万人废其业也。以中农率之，则是岁三百万人受其饥者也。然则盗贼何从而销，太平何由而作乎？《诗》云：“莫肯念乱，谁无父母？”百姓不足，君谁与足？可无思哉！可无思哉！

《述赦篇》曰：

凡疗病者，必知脉之虚实，气之所结，然后为之方，故疾可愈而寿可长也。为国者，必先知民之所苦，祸之所起，然后为之禁，故奸可塞而国可安也。今日贼良民之甚者，莫大于数赦赎。赦赎数，则恶人昌而善人伤矣。何以明之哉？夫谨敕之人，身不蹈非，又有为吏正直，不避强御，而奸猾之党横加诬言者，皆知赦之不久故也。善人君子，被侵怨而能至阙庭自明者，万无数人；数人之中得省问者，百不过一；既对尚书而空遣去者，复什六七矣。其轻薄奸轨，既陷罪法，怨毒之家冀其辜戮，以解畜愤，而反一概悉蒙赦释，令恶人高会而夸咤，老盗服臧而过门，孝子见仇而不得讨，遭盗者睹物而不敢取，痛莫甚焉！

夫养稂莠者伤禾稼，惠奸轨者贼良民。《书》曰：“文王作罚，刑兹无赦。”先王之制刑法也，非好伤人肌肤，断人寿命也；贵威奸惩恶，除人害也。故《经》称“天命有德，五服五章哉，天讨有罪，五刑五用哉”；《诗》刺“彼宜有罪，汝反脱之”。古者唯始受命之君，承大乱之极，寇贼奸轨，难为法禁，故不得不有一赦，与之结，得不到申诉，狡猾的官吏奸邪违法却不被治罪，这就是百姓容易受到侵害压迫，天下越来越困穷的原因。

除去上天所感降下灾难，仅以人为制造的灾难来说。上到三公府州郡，下到乡县典司之吏，诉讼的百姓，因案件的关系，相互检查，进行核验，每天大约有十万人。一人有事，两人参与，相当于每天有三十万人荒废了农事。以中等农民作为标准，那就相当于每年会有三百万人挨饿。照这样下去，盗贼如何能消除，太平盛世从何而来？《诗经》说："无人愿意怀念乱世，谁没有父母？"百姓不富足，君王怎能富足？值得思考！值得思考啊！

《述赦篇》中写道：

治病者，必须知道患者脉象的虚实，气郁结之处，然后才能开方，才能治愈疾病，患者也可以长寿。治国者，必须先了解百姓的疾苦，祸乱的根源，然后再颁布禁令，奸邪之人才能被制止，国家才能安定。如今对百姓损害最大的，莫过于用钱赎罪。用钱赎罪的次数越多，恶人越猖狂，善人越遭殃。用什么来证明呢？谨慎守法之人，不会以身试法，正直的官吏，不避豪强，可是那些奸猾之人，竟然胡乱诬陷他人，是因为他们都知道自己犯罪，不久就能花钱赎罪。善人君子，受到侵害到朝廷鸣冤的，一万人里面没有几个人；几人之中，能得到官吏审理的，一百人中不过一人；能被尚书亲自审问，最后不了了之，空手离去的，又有十分之六七。那些轻薄无礼，犯法作乱的人，一旦受到惩罚，仇恨他们的百姓就希望他们能被处死，以解除心头的积怨，可是他们一旦被免罪，得到释放，就会趾高气扬，自我夸耀，惯犯手持赃物，从失主门前扬长而过，孝子看见仇人但却无法声讨，被盗者看见自己丢失的东西，却不敢要回，没有比这更痛苦的了！

培养杂草，就会伤害庄稼，包庇犯法作乱的人，就会伤害百姓。《尚书》中讲道："周文王制定刑罚，绝不赦免犯人。"先王制定刑法的目的，并非喜欢对人严刑拷打，断人寿命；其重点在于威慑惩治恶人，为民除害。所以《尚书》中讲："上天任命有德之人，要用天子、诸侯、卿、大夫、士的礼制表彰他们，上天讨伐有罪之人，要用墨、劓、剕、宫、大辟五种刑罚惩治他们"；《诗经》讽刺"他应当被更新，颐育万民，以成大化。非以养奸活罪，放纵天贼也。夫性恶之民，民之豺狼，虽得放宥之泽，终无改悔之心。旦脱重梏，夕还囹圄，严明令尹，不能使其断绝。何也？凡敢为大奸者，才必有过于众，而能自媚于上者也。多散诞得之财，奉以谄谀之辞，以转相驱，非有第五公之廉直，孰不为顾哉？论者多曰："久不赦则奸轨炽而吏不制，宜数肆眚以解散之。"此未昭政乱之本源，不察祸福之所生也。

后度辽将军皇甫规解官归安定，乡人有以货得雁门太守者，亦去职还家，书刺谒规。规卧不迎，既入而问："卿前在郡食雁美乎？"有顷，又白王符在门。规素闻符名，乃惊遽而起，衣不及带，屣履出迎，援符手而还，与同坐，极欢。时人为之语曰："徒见二千石，不如一缝掖。"言书生道义之为贵也。符竟不仕，终于家。

仲长统字公理，山阳高平人也。少好学，博涉书记，赡于文辞。年二十余，游学青、徐、并、冀之间，与交友者多异之。并州刺史高干，袁绍甥也。素贵有名，招致四方游士，士多归附。统过干，干善待遇，访以当时之事。统谓干曰："君有雄志而无雄才，好士而不能择人，所以为君深戒也。"干雅自多，不纳其言，统遂去之。无几，干以并州叛，卒至于败。并冀之士皆以是异统。

判罪，你却替他开脱”。古时只有最初接受天命的君王，承接极乱之世，对盗贼、犯法作乱之徒，难以施行刑法和禁令，才不得不颁布一次赦令，让他们有机会改过自新，使百姓可以安居，以达到天下大化。但这并不是纵容奸邪，使罪人活命，更不是放纵违逆天意民心的坏人。生性邪恶的人，就好像是百姓中的豺狼，即使宽宥他们，释放他们回归山泽，却始终没有悔改之心。有些人早上解除了桎梏，晚上又被逮捕入狱，严明的令尹，也不能断绝他们的作恶之心。为什么？凡是敢成为大奸大恶之徒，一定有过人的才能，还会讨好自己的上司。他们多散不义之财，多说谄媚之言，以达到互相利用的目的，若没有司空第五伦那样的廉直，谁会不贪恋钱财呢？论者常说：“如果长久不赦免犯人，犯法作乱之徒就越来越猖獗，连官吏都没法制止他们，应该多多宽赦罪人，以此使他们瓦解。”这是论者不懂政乱的根源，不了解祸福的起因。

后来度辽将军皇甫规辞官卸任返归安定郡，有个同乡花钱买到雁门太守一职，此时也辞职回家，一次这人递上名帖想拜谒皇甫规。皇甫规躺在床上没有出去迎接，同乡进门后问他：“卿以前在郡府吃到的大雁，味道还可以吧？”片刻之间，又有人禀报说王符登门拜访。皇甫规平素就听闻王符的盛名，立刻慌忙起身，来不及系好衣服的带子，拖着鞋子出门迎接，皇甫规握着王符的手进屋，两人同坐，相谈甚欢。当时人们传唱道：“二千石的府尹，不如一位儒生。”是说书生道义可贵。王符终生没有做官，在家中去世。

仲长统，字公理，山阳郡高平县人。年少好学，博览群书，擅长文辞。二十多岁时，在青州、徐州、并州、冀州等地游学，和他交友的人大多称赞他天赋异禀。并州刺史高干是袁绍的外甥。高干素来崇敬有名望的人，招揽四方游士，士人大多归附高干。有一次，仲长统路过高干那里，高干热情地招待他，并问他当世的局势。仲长统对高干说：“君有伟大的志向却没有出众的才能，喜欢结交士人却不会选择人才，请君多多注意。”高干向来自以为贤能，便没有采纳仲长统的意见，之后仲长统就离开了。没过多久，高干因为在并州反叛被捕，最终败亡。并州、冀州的士人都因此事认为仲长统有知人之鉴。

统性俶傥，敢直言，不矜小节，默语无常，时人或谓之狂生。每州郡命召，辄称疾不就。常以为凡游帝王者，欲以立身扬名耳，而名不常存，人生易灭，优游偃仰，可以自娱，欲卜居清旷，以乐其志，论之曰：“使居有良田广宅，背山临流，沟池环市，竹木周布，场圃筑前，果园树后。舟车足以代步涉之艰，使令足以息四体之役。养亲有兼珍之膳，妻孥无苦身之劳。良朋萃止，则陈酒肴以娱之；嘉时吉日，则亨羔豚以奉之。蹰躇畦苑，游戏平林，濯清水，追凉风，钓游鲤，弋高鸿。讽于舞雩之下，咏归高堂之上。安神闺房，思老氏之玄虚；呼吸精和，求至人之仿佛。与达者数子，论道讲书，俯仰二仪，错综人物。弹《南风》之雅操，发清商之妙曲。消摇一世之上，睥睨天地之间。不受当时之责，永保性命之期。如是，则可以陵霄汉，出宇宙之外矣。岂羡夫入帝王之门哉！”又作诗二篇，以见其志，辞曰：

飞鸟遗迹，蝉蜕亡壳。腾蛇弃鳞，神龙丧角。至人能变，达士拔俗。乘云无辔，骋风无足。垂露成帏，张霄成幄。沆瀣当餐，九阳代烛。恒星艳珠，朝霞润玉。六合之内，恣心所欲。人事可遗，何为局促？

大道虽夷，见几者寡。任意无非，适物无可。古来绕绕，委曲如琐。百虑何为，至要在我。寄愁天上，埋忧地下。叛散《五经》，灭弃《风》《雅》。百家杂碎，请用从火。抗志山栖，游心海左。元气为舟，微风为柂。敖翔太清，纵意容冶。

仲长统生性倜傥，敢于直言，不拘小节，他有时沉默，有时言说，反复无常，当时人称之为狂生。每次州郡征召，仲长统常称病不应召。仲长统常认为但凡是游说帝王的人，不过是想立身扬名罢了，而名不常存，人生易灭，闲适自由，可以自娱自乐，他想选择在清静空阔之地居住，以愉悦心志，陶冶情操，他谈论道："假使我的居处有良田，有广宅，背山面水，小河环绕，竹子与树木遍布四周，前面是场圃，后面是果园。有舟车代替步行跋涉的艰辛，让身体能够充分休息。有各种珍馐佳肴奉养父母，妻子与儿女没有劳作的苦楚。好友欢聚一堂的时候，准备美酒佳肴使他们快乐；嘉时吉日，就杀猪宰羊侍奉神灵。在田园散步，在平地的树林游戏，在清水里涤荡身心，祓除罪恶，追逐凉风，垂钓游鲤，射击飞雁。在求雨坛下讽诵，在高堂之上吟诗作赋。在内室安神，思老庄之玄虚；呼吸精和之气，求至人之无己。与少数通达之人，论道讲书，俯仰于天地之间，评论人物之是非。弹奏出《南风》之高尚情操，弘扬少宫、少商二弦之清妙。逍遥于一世之上，睥睨于天地之间。不被当世人责难，永保性命之期。如此，则可以凌驾于天际，遨游于宇宙之外。谁还会羡慕进入帝王之门的人呢！"并且仲长统又作诗两篇，以明志向。诗中写道：

飞鸟离去之后，留下痕迹，蝉蛹蜕变之后，留下空壳。腾蛇飞升之时，丢弃自己的鳞甲，神龙腾跃之时，丢掉自己的头角。至人随俗而变，达士超凡脱俗。他们腾云的时候无须鞍辔，在风中驰骋无须双足。飞泄的露珠就是帐幕，摩天赤气就是帷幄。露水就是他们的晚餐，太阳就是他们的蜡烛。恒星就是艳丽的明珠，朝霞就是温润的美玉。他们在宇宙之间，随心所欲。人间之事均可遗忘，何必拘泥自己于狭小的境地呢？

大道虽然平坦，便能明察隐微之象的人却寥寥无几。清心寡欲就会无是无非，顺应大道就会无为无不为。古往今来俗事缠绕不断，屈身折节如同连环的锁链。千思万想意欲何为，关键在于调整自我。将愁苦寄予上天，将忧虑埋于地下。背弃《五经》，灭弃《风》《雅》。百家之言繁杂琐碎，请用一把火统统烧毁。立志在山上栖息，专心在海上游乐。元气为舟，微风为舵。在天空自由敖翔，让心尚书令荀彧闻统名，奇之，举为尚书郎。后参丞相曹操军事。每论说古今及时俗行事，恒发愤叹息。因著论名曰《昌言》，凡三十四篇，十余万言。

献帝逊位之岁，统卒，时年四十一。友人东海缪袭常称统才章足继西京董、贾、刘、杨。今简撮其书有益政者，略载之云。

《理乱篇》曰：

豪杰之当天命者，未始有天下之分者也。无天下之分，故战争者竞起焉。于斯之时，并伪假天威，矫据方国，拥甲兵与我角才智，程勇力与我竞雌雄，不知去就，疑误天下，盖不可数也。角知者皆穷，角力者皆负，形不堪复伉，势不足复校，乃始羁首系颈，就我之衔绁耳。夫或曾为我之尊长矣，或曾与我为等侪矣，或曾臣虏我矣，或曾执囚我矣。彼之蔚蔚，皆匈詈腹诅，幸我之不成，而以奋其前志，讵肯用此为终死之分邪？

及继体之时，民心定矣。普天之下，赖我而得生育，由我而得富贵，安居乐业，长养子孙，天下晏然，皆归心于我矣。豪杰之心既绝，士民之志已定，贵有常家，尊在一人。当此之时，虽下愚之才居之，犹能使恩同天地，威侔鬼神。暴风疾霆，不足以方其怒；阳春时雨，不足以喻其泽；周、孔数千，无所复角其圣；贲、育百万，无所复奋其勇矣。

彼后嗣之愚主，见天下莫敢与之违，自谓若天地之不可亡也，乃奔其私嗜，骋其邪欲，君臣宣淫，上下同恶。目极角觝之观，耳穷情肆意欢乐。

尚书令荀彧听闻仲长统的盛名，十分惊讶他的才学，于是便举荐仲长统担任尚书郎。后来仲长统在丞相曹操麾下，为其谋划军事。仲长统每次谈论古今及时俗之事，经常发愤叹息。于是他著述论说，取名《昌言》，共三十四篇，十万多字。

献帝让位那年，仲长统去世，享年四十一岁。友人东海郡的缪袭常称赞仲长统的才华足能继承董仲舒、贾谊、刘向、杨雄。如今择取仲长统书中对为政有益处的篇章，大略记载一些。

《理乱篇》中写道：

那些接受天命的豪杰，在天下还没分裂的时候就已经出现。天下还没有分裂，所以争斗之人纷纷崛起。当时那个时候，他们都假借天威，占据四方诸侯国，他们拥有甲兵，与我们比试才智，展示勇力，与我们一争高下，致使百姓不知该追随哪一方，令天下人迷惑不解，这样的人数不胜数。最后，比试才智者都用尽计谋，展示勇力者都极度疲乏，当时的形势已经不允许他们再相互对抗，当前的力量已经不值允许他们再次较量，这才投降伏罪，听任我们管理。有人曾经是我们的尊长，有人曾经是我们的同类，有人曾经掳掠过我们，有人曾经拘禁过我们。他们都闷闷不乐，他们都在心中咒骂我们，希望我们失败，他们就可以重新振作，以承前志，岂肯终生就这样认命呢？

等到天子继位之时，民心就安定了。普天之下，依靠我朝天子而得以繁育，依靠我朝天子而得以富贵，百姓安居乐业，养育子孙，天下太平安定，都归心于我朝。豪杰争斗之心已灭，士民效忠之志已定，不论是富贵人家，还是平常人家，都只尊重天子一人。这个时候，即便是愚昧无知、不求上进之人身居高位，也会施恩等同天地，施威比肩鬼神。暴风疾霆，不足以展示他的气势；阳春时雨，不足以赞美他的德泽；即便是周公、孔子再世，也无法与我朝角逐圣世之风；即便是孟贲、夏育再世，也无法展示他们的勇武。

后世继位的愚蠢帝王，见天下人不敢违背他，自认为可以像天地那样，不会消亡，便放纵自己的私嗜，纵容自己的邪欲，君臣公然郑、卫之声。入则耽于妇人，出则驰于田猎。荒废庶政，弃亡人物，澶漫弥流，无所底极。信任亲爱者，尽佞谄容说之人也；宠贵隆丰者，尽后妃姬妾之家也。使饿狼守庖厨，饥虎牧牢豚，遂至熬天下之脂膏，斲生人之骨髓。怨毒无聊，祸乱并起，中国扰攘，四夷侵叛，土崩瓦解，一朝而去。昔之为我哺乳之子孙者，今尽是我饮血之寇仇也。至于运徙势去，犹不觉悟者，岂非富贵生不仁，沉溺致愚疾邪？存亡以之迭代，政乱从此周复，天道常然之大数也。

又政之为理者，取一切而已，非能斟酌贤愚之分，以开盛衰之数也。日不如古，弥以远甚，岂不然邪？汉兴以来，相与同为编户齐民，而以财力相君长者，世无数焉。而清絜之士，徒自苦于茨棘之间，无所益损于风俗也。豪人之室，连栋数百，膏田满野，奴婢千群，徒附万计。船车贾贩，周于四方；废居积贮，满于都城。琦赂宝货，巨室不能容；马牛羊豕，山谷不能受。妖童美妾，填乎绮室；倡讴妓乐，列乎深堂。宾客待见而不敢去，车骑交错而不敢进。三牲之肉，臭而不可食；清醇之酎，败而不可饮。睇盼则人从其目之所视，喜怒则人随其心之所虑。此皆公侯之广乐，君长之厚实也。苟能运智诈者，则得之焉；苟能得之者，人不以为罪焉。源发而横流，路开而四通矣。求士之舍荣乐而居穷苦，弃放逸而赴束缚，夫谁肯为之者邪！夫乱世长而化世短。乱世则小人贵宠，君子困贱。当君子困贱之时，跼高天，蹐厚地，犹恐有镇厌之祸也。逮至清世，则复入于矫枉过正之检。老者耄矣，不能及宽饶之俗；少者方壮，将复困于衰乱之时。是使奸人擅无穷之福利，而善士挂不赦之罪辜。苟目能辩色，耳能辩声，口能辩味，体能辩寒温者，将皆以修絜为讳恶，设智巧以避之焉，况肯有安而乐之者邪？斯下世人主一切之大行淫乱之事，上下共同作恶。眼睛看着角抵游戏，耳朵听着郑国、卫国的靡靡之音。进入内室，则沉溺于妇人的怀抱，离开皇宫，则在旷野田猎。荒废国家政务，抛弃能人贤才，流连于纵逸快乐之中，没有底线。周围信任亲近的人，都是靠谄媚奉承生存之人；宠信显贵之人，都来自后妃姬妾之家。就好像让饿狼守着庖厨，恶虎看管笼里的猪，直至耗尽天下的钱财，伤害活人的骨髓。百姓仇恨烦闷，祸乱并起，中原扰攘纷乱，四方蛮夷侵扰反叛，国家土崩瓦解，群臣一朝散去。昔日养育的子孙，如今都变成吸血的仇人。直到时运丧失，权势改变，仍然不觉悟，难道不是富贵滋生不仁，沉溺导致愚昧？存亡因此更换交替，政乱从此周而复始，天道一向如此，这是命中注定的气数。

再有理政者，大多要衡量权宜，不能斟酌贤愚的分别，以开启盛衰的命数。如今的帝王治理国家不借鉴古制，又距离古代的清明政治太远，才导致国家难以持久，难道不是这样吗？自汉室建国以来，相互之间同为编入户籍的普通百姓，每代都有很多人以财力资助帝王。而那些廉洁的人，只能自己在杂草之间受苦，不能参与政事，对于时俗没有任何影响。那些豪强大户，房子连在一起有几百间，肥沃的田地望不到边，奴婢成群结队，依附于他们的徒附以万计数。他们坐船乘车的贸易，遍布四方；存放货物的库房，遍布都城。珍贵的财物，就连巨大的仓库都容纳不下；马、牛、羊、猪，就连山谷都容纳不下。美丽的少年、漂亮的婢妾，充满华丽的房屋；歌女舞女，排列于内堂。等候谒见的宾客不敢离去，车骑错杂却不敢进入。祭祀用的三牲肉，腐臭不堪，不能再吃；清醇的美酒，因变质而不能饮用。人们左右顾盼，跟着豪强的目光移动视线，人们揣摩他的心思，随其喜怒。这些都是公侯最大的乐趣，也是君长丰厚的财富。如果是善于应用诈巧的人，就能获取这一切；用巧诈的方式取得这一切，人们不觉得他有罪。水源打开以后，大水就会四处漫延，道路开通之后，人们就会四通八达。如果要求士人舍弃荣华富贵而甘守贫穷，丢弃放纵安逸的生活，奔赴约束限制的日子，谁肯这样做！乱世长而治世短。乱世时期，小人贵宠，君子困顿贫贱。君子困顿贫贱的时候，困愆也。

昔春秋之时，周氏之乱世也。逮乎战国，则又甚矣。秦政乘并兼之势，放虎狼之心，屠裂天下，吞食生人，暴虐不已，以招楚汉用兵之苦，甚于战国之时也。汉二百年而遭王莽之乱，计其残夷灭亡之数，又复倍乎秦、项矣。以及今日，名都空而不居，百里绝而无民者，不可胜数。此则又甚于亡新之时也。悲夫！不及五百年，大难三起，中间之乱，尚不数焉。变而弥猜，下而加酷，推此以往，可及于尽矣。嗟乎！不知来世圣人救此之道，将何用也？又不知天若穷此之数，欲何至邪？

《损益篇》曰：

作有利于时，制有便于物者，可为也。事有乖于数，法有翫于时者，可改也。故行于古有其迹，用于今无其功者，不可不变。变而不如前，易而多所败者，亦不可不复也。汉之初兴，分王子弟，委之以士民之命，假之以杀生之权。于是骄逸自恣，志意无厌。鱼肉百姓，以盈其欲；报蒸骨血，以快其情。上有篡叛不轨之奸，下有暴乱残贼之害。虽藉亲属之恩，盖源流形迹使之然也。降爵削土，稍稍割夺，卒至于坐食奉禄而已。然其洿秽之行，淫昏之罪，犹尚多焉。故浅其根本，轻其恩义，犹尚假一日之尊，收士民之用。况专之于国，擅之于嗣，岂可鞭笞叱咤，而使唯我所为者乎？时政彫敝，风处高天之中，局限于厚地之内，仍然担心有被镇压的祸患。到了清平盛世，又会进入纠正偏邪的法制。老者已老，不能赶上宽裕的时代；年少者正值壮年，他们将又困于衰乱的时期。奸人可以专享无穷的福利，善士需要承受不能赦免的罪责。如果眼睛能分辨颜色，耳朵能分辨声音，嘴巴能分辨味道，身体能分辨温寒，这些不能摒除物欲诱惑的人，都会视高尚纯洁当为厌恶丑恶，靠机谋与巧诈躲避祸患，况且还有人肯安于此事而很开心吗？这就是下一代帝王遭受祸端的原因。

从前春秋之时，正是周朝混乱的时候。到了战国，灾乱更加严重。秦始皇以兼并之权势，放虎狼之心，屠裂天下，吞食百姓，暴虐不已，因此招致楚汉交战带来的疾苦，比战国时期还惨烈。汉室延续二百年之后，遭逢王莽之乱，计算这期间死亡的人数，又是秦朝、项羽时期的几倍。直到现在，名都空置无人居住，百里之地荒废萧条，无人来往，这样的悲惨景象，不可胜数。又超过了王莽新政的时期。可悲啊！不到五百年，天下发生了三次大灾，在这期间出现的战乱，还没算在里面。灾变发生后，人与人之间相互猜疑，后来的情况就更加糟糕，推及以后，情况会糟糕到极点。唉！不知道来世圣人挽救混乱的局势，将采用什么方法？又不知道上天何时完结这样的劫数，又会向何处降灾呢？

《损益篇》中写道：

如果行动利于时政，制度便于事物，如此则可以施行。如果事情悖逆天时，法律不遵守时势，如此则要做出改变。所以在古代施行的制度有效果，在时下施行时不成功，就不得不改。改变之后却比不上以前，改变之后多失败，就恢复以前的制度。汉室建立之初，分封王室子弟，将百姓的命运托付给他们，授予他们生杀大权。从那以后他们骄奢淫逸，贪得无厌。他们鱼肉百姓，以满足自己的欲望；他们与骨血之亲淫乱，以满足自己的情欲。他们对上有篡叛不轨之奸，对下有暴乱残贼之害。虽然有皇室宗亲之恩，但造成这样的后果，大概也是源于形势的发展。后来朝廷降低爵位削减土地，逐渐压制他们的权力，最终诸侯只是坐享俸禄而已。然而他们的肮脏污俗移易，纯朴已去，智惠已来。出于礼制之防，放于嗜欲之域久矣，固不可授之以柄，假之以资者也。是故收其奕世之权，校其从横之势，善者早登，否者早去，故下土无壅滞之士，国朝无专贵之人。此变之善，可遂行者也。

井田之变，豪人货殖，馆舍布于州郡，田亩连于方国。身无半通青纶之命，而窃三辰龙章之服；不为编户一伍之长，而有千室名邑之役。荣乐过于封君，势力侔于守令。财赂自营，犯法不坐。刺客死士，为之投命。至使弱力少智之子，被穿帷败，寄死不敛，冤枉穷困，不敢自理。虽亦由网禁疏阔，盖分田无限使之然也。今欲张太平之纪纲，立至化之基趾，齐民财之丰寡，正风俗之奢俭，非井田实莫由也。此变有所败，而宜复者也。

肉刑之废，轻重无品，下死则得髡钳，下髡钳则得鞭笞。死者不可复生，而髡者无伤于人。髡笞不足以惩中罪，安得不至于死哉！夫鸡狗之攘窃，男女之淫奔，酒醴之赂遗，谬误之伤害，皆非值于死者也。杀之则甚重，髡之则甚轻。不制中刑以称其罪，则法令安得不参差，杀生安得不过谬乎？今患刑轻之不足以惩恶，则假臧货以成罪，托疾病以讳杀。科条无所准，名实不相应，恐非帝王之通法，圣人之良制也。或曰：过刑恶人，可也；过刑善人，岂可复哉？曰：若前政以来，未曾枉害善人者，则有罪不死也，是为忍于杀人，而不忍于刑人也。今令五刑有品，轻重有数，科条有序，名实有正，非杀人逆乱鸟兽之行甚重者，皆勿杀。嗣周氏之秘典，续吕侯之祥秽之行，放荡昏庸之罪，还有很多。所以朝廷从根本上削弱他们的权势，减少对他们的恩义，但诸侯依旧还能凭借一日之尊，收取封国百姓的赋税。何况诸侯能独掌封国的大权，能擅自决定继承人，怎么可以不施加干预训斥，而任他们为所欲为吗？如今政权凋敝，民俗改变，纯朴的风尚已经失去，智巧奸谋已经到来。僭越礼制，放纵嗜欲已经很久了，朝廷本就不应该授予他们权力，赋予他们可以为非作歹的资本。因此要收回他们累世之权，消减他们纵横之势，对善良者早日加封，将邪恶者早日废黜，因此诸侯国没有抑郁不得志的士人，朝廷没有独占尊位的人。这样的改变才属于好的改变，是可以推行下去的。

井田制变革后，豪强开始经商，他们的房舍遍布州郡，田地连接四方封国。身无半点官职，却穿着日月星以及龙纹的服饰；不是编户的一伍之长，却有千室之邑的仆役。荣誉享乐超过诸侯，势力等同于郡守。财货自己管理，犯法不被治罪。刺客死士，为其效命。致使那些力弱少智之人，被子帷帐都已损坏，家中人去世没钱收殓，只能寄放他方，蒙冤受难，不敢申诉。虽然这也是因为法网疏阔，但也是因为分田没有限度所致的。如今朝廷想要重整太平纲纪，建立至美教化的根基，让百姓财富均等，匡正奢靡的风俗，这些都不是实施井田制该有的情况。井田制的改革不成功，应当恢复原来的制度。

肉刑废除后，刑罚时轻时重，没有区分的标准，犯人减免死罪后改判髡钳刑，减免髡绀刑后改判鞭笞刑。死者不能复生，髡绀刑不会伤及人命。髡钳刑、鞭笞刑太轻，犯人不会害怕，不足以惩罚中等罪犯，怎么能废除肉刑呢！偷鸡摸狗之类的小贼，男女淫乱私奔，赠送美酒行贿，谬误造成的伤害，都不足以构成死罪。处以杀头罪，判处太重，处以髡绀刑，判处太轻。如果不制定合适的刑罚，以此与其所犯罪行相称，那么制定法令，怎能没有参差区别，杀害生命怎能不出现差错呢？现在担心的是，因刑法太轻不足以重治恶人，狱官便借罪犯贪赃加重罪罚，假托罪犯生病而将其暗杀，令其死于狱中。法律条文没有标准，名实不相应，这恐怕并非帝王制定的通法，圣人认为的良制。有人说：对恶人过度用刑，可以；对善人过度用刑，也刑，此又宜复之善者也。

《易》曰：“阳一君二臣，君子之道也；阴二君一臣，小人之道也。”然则寡者，为人上者也；众者，为人下者也。一伍之长，才足以长一伍者也；一国之君，才足以君一国者也；天下之王，才足以王天下者也。愚役于智，犹枝之附干，此理天下之常法也。制国以分人，立政以分事，人远则难绥，事总则难了。今远州之县，或相去数百千里，虽多山陵洿泽，犹有可居人种谷者焉。当更制其境界，使远者不过二百里。明版籍以相数阅，审什伍以相连持，限夫田以断并兼，定五刑以救死亡，益君长以兴政理，急农桑以丰委积，去末作以一本业，敦教学以移情性，表德行以厉风俗，核才艺以叙官宜，简精悍以习师田，修武器以存守战，严禁令以防僭差，信赏罚以验惩劝，纠游戏以杜奸邪，察苛刻以绝烦暴。审此十六者以为政务，操之有常，课之有限，安宁勿懈墮，有事不迫遽，圣人复起，不能易也。

向者，天下户过千万，除其老弱，但户一丁壮，则千万人也。遗漏既多。又蛮夷戎狄居汉地者尚不在焉。丁壮十人之中，必有堪为其什伍之长，推什长已上，则百万人也。又十取之，则佐史之才已上十万人也。又十取之，则可使在政理之位者万人也。以筋力用者可以这样？回答是：按照以前的政策，不曾错杀善人，现在犯下重罪却不处死犯人，就是忍心杀人，不忍心施加肉刑。如果现在使五刑有序，刑罚轻重有度，法律条文名实相符，除了杀人、谋反、乱伦等重罪，其他罪行就不要判处死刑。如果能继承周朝掌管国家的三部法典制定的制度，延续吕侯用刑审慎的态度，这应该又是恢复审慎用刑的好办法。

《易经》中讲道："阳卦一阳二阴，是君子之道；阴卦二阳一阴，是小人之道。"但是少数，是人上人；多数，是人下人。一伍之长，其才能足以统领一伍；一国之君，其才能足以统领一国；天下之王，其才能足以统治天下。愚者受智者役使，如同树枝依附树干，这是天下的常法。治理国家要合理地分配人才，修立政教要合理地分配事情，距离远的人难以安抚，事情聚集一起就很难处理。如今，偏远的州、县，有的距离数百里，甚至千里，虽然很多是山陵沼泽，仍然有能住人、种农作物的地方。朝廷应当重新制定地方界限，使远的不超过郡、县二百里。要明确制定户口册，以便阅览，编制什、伍户籍，以便相互扶持联系，按照人口授予田地，以便阻止兼并土地的情况发生，制定五刑，以便挽救犯死罪之人，增设朝廷官员，以便发展政治，重视农桑，以便储备粮食，约束商业，以便从事农业，敦促教学，以便加强思想修养，表彰德行，以便改善风俗，考核才能技艺，以便授予相宜的官职，挑选精悍之人，以便征伐与田猎，检修武器，以便防守与进攻，严格禁令，以便防止差错，确信赏罚，以便惩治恶人，劝勉善人，纠正游乐戏耍，以便杜绝奸邪，明察苛吏，以便杜绝烦扰暴虐。审察这十六项并作为政务，按照常规执行，限制范围加以考核，国家安定的时候不要懈怠，一旦出事也不会着急，即便圣人再现，也不能改变这样的做法。

以前，天下的户数超过千万，除去老弱，每户只出一名壮丁，就有千万。还有很多遗漏的人，而且居住在汉地的蛮夷、戎狄也没算在内。十名丁壮之中，必定有胜任什长、伍长的人，举荐为什长以上的官，就有百万人。再从十人中选出一人，能够担任书佐和曹史的，已经在十万人以上了。再从十人中选出一人，能够辅助朝廷理政的，达谓之人，人求丁壮；以才智用者谓之士，士贵耆老。充此制以用天下之人，犹将有储，何嫌乎不足也？故物有不求，未有无物之岁也；士有不用，未有少士之世也。夫如此，然后可以用天性，究人理，兴顿废，属断绝，网罗遗漏，拱柙天人矣。

或曰：善为政者，欲除烦去苛，并官省职，为之以无为，事之以无事，何子言之云云也？曰：若是，三代不足摹，圣人未可师也。君子用法制而至于化，小人用法制而至于乱。均是一法制也，或以之化，或以之乱，行之不同也。苟使豺狼牧羊豚，盗跖主征税，国家昏乱，吏人放肆，则恶复论损益之间哉！夫人待君子然后化理，国待蓄积乃无忧患。君子非自农桑以求衣食者也，蓄积非横赋敛以取优饶者也。奉禄诚厚，则割剥贸易之罪乃可绝也；蓄积诚多，则兵寇水旱之灾不足苦也。故由其道而得之，民不以为奢；由其道而取之，民不以为劳。天灾流行，开仓库以禀贷，不亦仁乎？衣食有余，损靡丽以散施，不亦义乎？彼君子居位为士民之长，固宜重肉累帛，朱轮四马。今反谓薄屋者为高，藿食者为清，既失天地之性，又开虚伪之名，使小智居大位，庶绩不咸熙，未必不由此也。得拘絜而失才能，非立功之实也。以廉举而以贪去，非士君子之志也。夫选用必取善士。善士富者少而贫者多，禄不足以供养，安能不少营私门乎？从而罪之，是设机置穽以待天下之君子也。

到万人。因体力被任用的，是劳动者，对他们的要求是身体要健壮；因才智被任用的，是士人，士人贵在德高望重。以这样的方式任用天下的人，还剩有储备的人才，怎么还嫌弃人才不够用呢？所以，只有物类不被寻求的情况，不存在没有物类的年代；只有不被任用的士人，没有缺少士的时人候。如此，然后就可以发掘人的天性，探究做人的道德规范，重振已经废弃的制度，接续已经断绝的法律，网罗遗漏的人才，达到天人合一的境界。

有人说：善于治理国家的人，先要革除烦苛的法令，合并官署，裁减冗员，行无私无欲之行，事无扰百姓之事，老子不是这样说过吗？也可以这么说：如果这样做事，夏、商、周三代不足以效法，圣人未必是我们的榜样。君子利用法制达到大化，小人利用法制达到大乱。同样是利用一样的法制，有的达到大化，有的达到大乱，只是行事的用心不同罢了。假如让豺狼放牧羊和猪，让盗跖主管征税，国家必定昏乱，官吏、百姓必定放肆，还怎么论述损益的长短呢！只有让君子治理天下，才能教化百姓，治理国家，国家蓄积丰厚，就没有祸患。君子不是自己务农以求取衣食解决温饱的人，国家蓄积不是靠横征暴敛达到富裕的目的。如果官吏的俸禄确实丰厚，侵夺贸易的罪就可以杜绝；如果国家的蓄积确实很多，乱兵、贼寇、水旱灾害就不会造成百姓的痛苦。所以通过正道取得的财富，百姓不认为是奢侈；通过正道取得的财富，百姓不觉得辛苦。天灾流行的时候，朝廷开仓把粮食借给百姓，不也是仁吗？衣食有余的时候，朝廷减损奢靡布施给百姓，不也是义吗？君子位居士民之长，本来就应该吃各种肉，穿各种布帛制成的衣服，乘坐朱轮四马车。如今却说居处简陋的人高洁，吃粗茶淡饭的人清廉，既失了天地赋予的本性，又打开了虚伪之名，让耍小聪明的人身居高位，使得各种事业不能兴起，未必不是这些原因。欲得清高反致自缚，最终失去有才能的人，这不是建功立业的实质。因廉洁而被举荐，因贪赃而被罢免，这不是朝廷任用士与君子的目的。选用人才必择善士。富有的善士少，贫穷的善士多，如果俸禄不能养活一家人，怎能不经营私人的产业呢？因此而定他的罪，是费尽心机设置陷阱，等待天下的君子犯罪啊。

盗贼凶荒，九州代作，饥馑暴至，军旅卒发，横税弱人，割夺吏禄，所恃者寡，所取者猥，万里悬乏，首尾不救，徭役并起，农桑失业，兆民呼嗟于昊天，贫穷转死于沟壑矣。今通肥饶之率，计稼穑之人，令亩收三斛，斛取一斗，未为甚多。一岁之间，则有数年之储，虽兴非法之役，恣奢侈之欲，广爱幸之赐，犹未能尽也。不循古法，规为轻税，及至一方有警，一面被灾，未逮三年，校计騫短，坐视战士之蔬食，立望饿殍之满道，如之何为君行此政也？二十税一，名之曰貊，况三十税一乎？夫薄吏禄以丰军用，缘于秦征诸侯，续以四夷，汉承其业，遂不改更，危国乱家，此之由也。今田无常主，民无常居，吏食日禀，禄班未定。可为法制，画一定科，租税十一，更赋如旧。今者土广民稀，中地未垦；虽然，犹当限以大家，勿令过制。其地有草者，尽曰官田，力堪农事，乃听受之。若听其自取，后必为奸也。

《法诫篇》曰：

《周礼》六典，冢宰贰王而理天下。春秋之时，诸侯明德者，皆一卿为政。爰及战国，亦皆然也。秦兼天下，则置丞相，而贰之以御史大夫。自高帝逮于孝成，因而不改，多终其身。汉之隆盛，是惟在焉。夫任一人则政专，任数人则相倚。政专则和谐，相倚则违戾。和谐则太平之所兴也，违戾则荒乱之所起也。光武皇帝愠数世之失权，忿强臣之窃命，矫枉过直，政不任下，虽置三公，事归台阁。自此以来，三公之职，备员而已；然政有不理，犹加谴责。而权移外戚之家，宠被近习之竖，亲其党类，用其私人，内充京师，外布列盗贼和灾荒，在九州递相出现，饥馑暴发，军旅征战，赋税繁多，百姓穷苦，朝廷消减官吏的俸禄，致使官吏赖以生存的物质变少，掠取百姓的钱财增多，国家财物困乏，首尾不能相救，徭役并起，农事无人打理，百姓向苍天呼喊，贫穷的百姓弃尸于沟壑。如今勘察土地肥沃的程度，计算粮食的收成，假使每亩地收获三斛粮食，每斛收取一斗税，也不是很多。一年之内，就能囤积下数年的储蓄，即使兴起非法的劳役，放纵奢侈的欲望，对宠幸者大力赏赐，也用不完。如果不遵循古法，规定的税赋较轻，等到一方出现警报，一方遭受灾害，等不到三年，再核算用度的亏缺，坐视战士靠粗食充饥，立望满道饿死的人，身为帝王，怎么能这样理政呢？以二十征一的税，被称为貊，税赋较轻，何况汉朝施行的是以三十征一的税呢？减少官吏的俸禄以增加军用，缘于秦朝征伐各诸侯国，接续讨伐四夷。汉朝继承秦朝建立大业，制度没有作出改变，致使国危家乱，这就是原因。如今田地没有固定的主人，百姓没有固定的居处，官吏制定俸禄的等级没能确定，每日都领取俸禄。如今朝廷应当制定法律制度，规定统一的法律条文，按照十取一征税，出钱雇人代为服兵役可以照旧。如今地广人稀，中原的土地还未开垦；即使如此，仍然应该限制豪强兼并土地，不让他们超出规定的范围。那些有草的土地，都作为官田，如果有擅长农事的百姓，就相信他们，让他们耕种。如果听任豪强自取土地，以后必定会发生奸邪之事。

《法诫篇》中写道：

《周礼》六典，冢宰辅助帝王治理天下。春秋之时，诸侯中的明德者，都是一卿执政。到了战国，也是如此。秦朝统一天下之后，开始设置丞相，御史大夫辅助丞相。从高帝到成帝，沿袭秦制没有改变，多数大臣终身任职。汉朝之所以能够隆盛，原因就是这些。只任用一人理政，政事就会专一，任用多人理政，就会相互推脱。政事专一，上下就和睦，互相推脱，上下就背离。上下和谐是太平盛世兴起的原因，上下背离是天下荒乱的原因。光武帝悲恨汉朝室数代帝王失去权势，忿恨强臣窃居天命，矫枉过直，不把政权交给臣下，虽然设置三公，但是政事归尚书管理。从那以后，三公之职，只是朝廷的郡，颠倒贤愚，贸易选举，疲驽守境，贪残牧民，挠扰百姓，忿怒四夷，招致乖叛，乱离斯瘼，怨气并作，阴阳失和，三光亏缺，怪异数至，虫螟食稼，水旱为灾，此皆戚宦之臣所致然也。反以策让三公，至于死免，乃足为叫呼苍天，号咷泣血者也。又中世之选三公也，务于清悫谨慎，循常习故者。是妇女之检柙，乡曲之常人耳，恶足以居斯位邪？势既如彼，选又如此，而欲望三公勋立于国家，绩加于生民，不亦远乎？昔文帝之于邓通，可谓至爱，而犹展申徒嘉之志。夫见任如此，则何患于左右小臣哉？至如近世，外戚宦竖请托不行，意气不满，立能陷人于不测之祸，恶可得弹正者哉！曩者任之重而责之轻，今者任之轻而责之重。昔贾谊感绛侯之困辱，因陈大臣廉耻之分，开引自裁之端。自此以来，遂以成俗。继世之主，生而见之，习其所常，曾莫之悟。呜呼，可悲夫！左手据天下之图，右手刎其喉，愚者犹知难之，况明哲君子哉！光武夺三公之重，至今而加甚，不假后党以权，数世而不行，盖亲疏之势异也。母后之党，左右之人，有此至亲之势，故其贵任万世。常然之败，无世而无之，莫之斯鉴，亦可痛矣。未若置丞相自总之。若委三公，则宜分任责成。夫使为政者，不当与之婚姻；婚姻者，不当使之为政也。如此，在位病人，举用失贤，百姓不安，争讼不息，天地多变，人物多妖，然后可以分此罪矣。

摆设罢了；可是一旦有政事没有妥善处理，朝廷依旧对三公追责。而政权转移到外戚手里，帝王的恩宠被及身旁的小臣，这些小臣亲近同党，任用自己的人，这些小臣于内充斥京师，于外遍布各郡，他们颠倒贤愚，致使朝廷选任贤者变成了买官卖官，愚钝无能者守卫边境，贪婪残暴者治理百姓，他们侵扰百姓，惹怒四夷，招致背叛，战乱不断，百姓离散。怨气并作，阴阳失和，日月星三光亏缺，灾异数至，虫类啃食庄稼，水旱成灾，这些都是外戚、宦官导致的。帝王却制策责备三公，甚至处死、免官，足以让三公呼号苍天，嚎啕泣血。再者汉朝中期选任三公，务必选拔清廉诚实、小心谨慎，遵循常规、熟知旧制的人。这就像为妇女制定的规矩，为乡野村民制定的办事准则，这样的人怎能身居重位，治理国家呢？这样执政，又这样选拔官员，还想让三公为国立功，有利于百姓，岂不是不现实？以前文帝对邓通，可谓至爱，可是丞相申徒嘉依然按汉法治邓通的罪。即便是自己信任的小臣，文帝依然依理行事，帝王左右的小臣有什么忧虑的呢？直到近世，如果外戚、宦官委托办事不成功，心下不满，就立即使人身陷不测之祸，这样朝中大臣怎敢弹劾纠正！以前的官员职责重大，罪罚较轻，现在的官员职责较轻，罪罚较重。贾谊曾经感叹绛侯周勃所受的困窘和侮辱，因而陈奏大臣的廉耻之分，开辟了大臣自裁的先例。从那以后，逐渐成俗。继位的帝王，经常就会见到这些事情，习以为常，没有丝毫醒悟。呜呼，可悲呀！左手掌握天下，右手随时准备刀刺咽喉，愚笨的人也知道不可以这样，何况是明哲君子呢！自光武帝剥取三公的重权，至今权力被剥夺得愈发严重，不赋予外戚权势，后世的数代帝王都没有遵守，这大概是亲疏势力在每位帝王心里不一样吧。母后的亲人，帝王身边的宦官、近臣，有这样亲近帝王的权势，所以地位变得尊贵，权力延续万世。像这样因为用人不当导致的失败，每代都有，但却没有人引以为鉴，实在是令人痛心。不如设置丞相负责全部的政事。如果委任三公重权，也应该明确每人的责任。朝廷委派掌握政权的人，不应该与帝王结亲；如果与帝王有姻亲关系，就不应该从政。这样，掌管政权的大臣如果让百姓困苦，不举荐贤人，导致百姓不安定，争讼不止，天地多灾，人物多邪恶，朝廷就或曰:“政在一人,权甚重也。曰:人实难得,何重之嫌?昔者霍禹、窦宪、邓骘、梁冀之徒,籍外戚之权,管国家之柄;及其伏诛,以一言之诏,诘朝而决,何重之畏乎?今夫国家漏神明于媟近,输权重于妇党,算十世而为之者八九焉。不此之罪而彼之疑,何其诡邪!

论曰:百家之言政者尚矣。大略归乎宁固根柢,革易时敝也。夫遭运无恒,意见偏杂,故是非之论,纷然相乖。尝试妄论之,以为世非胥、庭,人乖鷇饮,化迹万肇,情故萌生。虽周物之智,不能研其推变;山川之奥,未足况其纡险。则应俗适事,难以常条。如使用审其道,则殊涂同会;才爽其分,则一豪以乖。何以言之?若夫玄圣御世,则天同极,施舍之道,宜无殊典。而损益异运,文朴递行。用明居晦,回泬于曩时;兴戈陈俎,参差于上世。及至戴黄屋,服絺衣,丰薄不齐,而致化则一;亦有宥公族,黥国储,宽惨巨隔,而防非必同。此其分波而共源,百虑而一致者也。若乃偏情矫用,则枉直必过。故葛屦履霜,敝由崇俭;楚楚衣服,戒在穷赊;疏禁厚下,以尾大陵弱;敛威峻罚,以苛薄分崩。斯《曹》《魏》之刺,所以明乎国风;周、秦末轨,所以彰于微灭。故用舍之端,兴败资焉。是以繁简唯时,宽猛相济。刑书镌鼎,事有可详;三章在令,取贵能约。太叔致猛政之褒,国子流遗爱之涕,宣孟改冬日之和,平阳循画一之法。斯实弛张之弘致,可以征其统乎!数子之言当世失得皆究矣,然多谬通方之训,好申一隅之说。贵清静者,以席上为腐议;束名实者,以柱下为诞辞。或推前王之风,可行于当年;有引救敝之规,宜流于长世。稽之笃论,将为敝矣。如以舟无推陆之分,瑟非常调之音,不限局以疑远,不拘玄以妨素,则化枢各管其极,理略可得而可以对他们分别治罪了。

有人道：政权把握在一人手里，权力太重。回答道：人才难得，还疑虑什么权力太重？以前的霍禹、窦宪、邓骘、梁冀等人，凭借外戚之权，掌握国家之柄；等到他们伏诛，因为皇帝的一言之诏，第二天清晨就被处决，为何要担心畏惧权力太重？如今国家将神明之权外泄于狎昵亲近的小人，将重权交给外戚，算起来，十世帝王中，有八九位就是这样。不定后党的罪却怀疑三公权重，这是多么怪异啊！

评论说：百家讨论政事已经很久了。大略归结为巩固根基，改革时弊。各家遭遇的时运不同，观点也不同，好多意见偏激繁杂，所以是非之论，众说纷纭，各不相同。我也在这里尝试着妄加评论，我认为现在不是赫胥氏、大庭氏的时代，人人乖谬，放弃了无忧无虑的生活，教化的痕迹千变万化，人的欲望不断地萌生。即便有明晓万物的智慧，也不能从事情的表象推出事情的发展；山川的奥妙，不足以比拟它的盘曲凶险。应付世俗顺应时事，难以用事物的常理判断。依道而行，就会殊途同归；才能与职位不符，就会差之毫厘、失之千里。为什么这样说呢？如果让孔子治理天下，就会天下大同，施舍之道，也没有不同的法典。时代不同，损益不同，文、质就会交替使用。用时明显，存时隐晦，与过去不一致；发动战争与止息干戈，在上世没什么区别。等到乘坐黄缯盖车，穿着细葛布衣，厚薄不齐，却能达到教化统一；也有宽恕公族，对太子施行黥刑的，宽恕、施刑交错应用，而防非的目的相同。这些做法，波分而同源，思虑万千，目标一致。就像偏激，就像矫用，是非曲直都会太过。所以冬天穿着夏天的鞋子，弊端来源于太过节俭；衣冠楚楚，戒在奢侈；防制太宽，封建太广，就会使得朝廷弱而诸侯强；集中威势，严苛刑罚，就会因为太过苛薄，导致国家分崩离析。《诗经·曹风》《诗经·魏风》讽刺，是为了明白国风；周朝、秦朝末世，因此彰显出衰微破灭之象。所以取与舍，是兴盛与失败的资本。所以，繁与简的应用，要合时宜，宽与猛，要相互补充。春秋那时，刑法刻在鼎上，处理事情就有法可循；高帝与百姓约法三章，废除秦朝的苛法，贵在能够省时度事。郑国大言与?

赞曰:管视好偏,群言难一。救朴虽文,矫迟必疾。举端自理,滞隅则失。详观时蠹,成昭政术。

夫太叔得到猛政的赞美，子产受人爱戴，国人为他的去世流泪，晋国大夫赵盾一改赵衰温和的法律，以严苛治国，曹参代替萧何理政，遵循萧何的制度，因此获得百姓的称赞。这些做法有张有弛，可以效法！各位的话对当世政事的得失都研究了，然而在对为政的论述中多有错误，喜欢执一方偏见之说。重视清静者，认为儒学之说很迂腐；名家则认为老子之说虚伪荒唐。有人推崇前代帝王的治国之道，也许可以在当下实施；有人引用挽救时弊之法，应该永久流传。停滞不前而且确切的评论，将会成为现在的弊端。好像舟船不可以在陆地上推行一样，古法施于今，瑟不是经常要调之音，不受时代的局限，可以改弦更张，手握教化的枢机，可以各致其极，理论空说，可以大谈特谈吗?

赞辞说：狭隘的见识易生偏见，各家论说难以统一。纠正实质也需有所修饰，矫正迟钝必须迅速。做事之前要自我调理，偏执一隅必有损失。详察时弊，便可得到好的政治方略。

卷八十

孝明八王列传第四十

孝明皇帝九子：贾贵人生章帝；阴贵人生梁节王畅；余七王本书不载母氏。

千乘哀王建，永平三年封。明年薨。年少无子，国除。

陈敬王羡，永平三年封广平王。建初三年，有司奏遣羡与钜鹿王恭、乐成王党俱就国。肃宗性笃爱，不忍与诸王乖离，遂皆留京师。明年，案舆地图，令诸国户口皆等，租入岁各八千万。羡博涉经书，有威严，与诸儒讲论于白虎殿。七年，帝以广平在北，多有边费，乃徙羡为西平王，分汝南八县为国。及帝崩，遗诏徙封为陈王，食淮阳郡，其年就国。立三十七年薨，子思王钧嗣。

钧立，多不法，遂行天子大射礼。性隐贼，喜文法，国相二千石不与相得者，辄阴中之。憎怨敬王夫人李仪等，永元十一年，遂使客隗久杀仪家属。吏捕得久，系长平狱。钧欲断绝辞语，复使结客篡杀久。事发觉，有司举奏，钧坐削西华、项、新阳三县。十二年，封钧六弟为列侯。后钧取掖庭出女李娆为小妻，复坐削圉、宜禄、扶沟三县。永初七年，封敬王孙安国为耕亭侯。

钧立二十一年薨，子怀王竦嗣。立二年薨，无子，国绝。

孝明皇帝有九个儿子：贾贵人生章帝；阴贵人生梁节王刘畅；其余七王在本书《东观汉记》中没记载母亲姓氏。

千乘哀王刘建，在永平三年（60）受封。第二年去世。他年少无子嗣，封国废除。

陈敬王刘羡，在永平三年（60）受封为广平王。建初三年（78），有司上奏请求皇帝遣送广平王刘羡与钜鹿王刘恭、乐成王刘党都回到封国。章帝生性淳厚仁爱，不忍心与诸王分离，于是便都留在了京师。第二年，章帝诏令有司勘测各地的地理位置和形势，让各诸侯国户口数量都相等，租税收入每年各有八千万。刘羡博览经书，威武而严肃，与众儒生在白虎观讨论经学。建初七年（82），章帝认为广平县在北部边境，会花费不少边防费用，于是让刘羡改封西平王，划出汝南八县作为封国。章帝驾崩后，留下遗诏改封刘羡为陈王，享有淮阳郡的食邑，当年就前往封地。刘羡在位三十七年去世，其子思王刘钧继嗣。

刘钧继位后，多次违反法律，他居然举行了天子祭祀择士的大射礼。他天性阴险狠毒，喜欢法令条文，封国国相以及二千石官员中有不听从他号令的，便总是暗中加害他们。他憎恨敬王夫人李仪等人，永元十一年（99），他派门客隗久杀死李仪的家属。官吏抓住隗久，扣押在长平县监狱。刘钧打算杀人灭口、阻止陈述供词，于是就集结门客杀死隗久。事情泄露后，有司上奏朝廷举报他，刘钧被削去西华、项、新阳三县。永元十二年（100），和帝封刘钧的六弟为列侯。后来刘钧娶了被掖庭放出的女子李娆为妾，因再次触犯法律被削去圉、宜禄、扶沟三县。永初七年（113），朝廷封敬王的孙子刘安国为耕亭侯。

刘钧在位二十一年去世，其子怀王刘竦嗣位。在位二年去世，永宁元年，立敬王子安寿亭侯崇为陈王，是为顷王。立五年薨，子孝王承嗣。

承薨，子愍王宠嗣。熹平二年，国相师迁追奏前相魏愔与宠共祭天神，希幸非冀，罪至不道。有司奏遣使者案验。是时新诛勃海王悝，灵帝不忍复加法，诏槛车传送愔、迁诣北寺诏狱，使中常侍王酺与尚书令、侍御史杂考。愔辞与王共祭黄老君，求长生福而已，无它冀幸。酺等奏愔职在匡正，而所为不端，迁诬告其王，罔以不道，皆诛死。有诏赦宠不案。

宠善弩射，十发十中，中皆同处。中平中，黄巾贼起，郡县皆弃城走，宠有强弩数千张，出军都亭。国人素闻王善射，不敢反叛，故陈独得完，百姓归之者众十余万人。及献帝初，义兵起，宠率众屯阳夏，自称辅汉大将军。国相会稽骆俊素有威恩，时天下饥荒，邻郡人多归就之，俊倾资赈赡，并得全活。后袁术求粮于陈而俊拒绝之，术忿恚，遣客诈杀俊及宠，陈由是破败。

是时诸国无复租禄，而数见虏夺，并日而食，转死沟壑者甚众。夫人姬妾多为丹陵兵乌桓所略云。

彭城靖王恭，永平九年赐号灵寿王。十五年，封为钜鹿王。建初三年，徙封江陵王，改南郡为国。元和二年，三公上言江陵在京师正南，不可以封，乃徙为六安王，以庐江郡为国。肃宗崩，遗诏徙封彭城王，食楚郡，其年就国。恭敦厚威重，举动有节度，吏人敬爱无子，封国废除。

永宁元年（120），朝廷立敬王刘安国的儿子安寿亭侯刘崇为陈王，也就是顷王。他在位五年去世，其子孝王刘承嗣位。

刘承去世后，其子愍王刘宠嗣位。熹平二年（173），国相师迁追奏前国相魏愔与刘宠共祭天神，他们怀着侥幸心理，有着非分的期望，犯下大逆不道的罪行。有司上奏朝廷派遣使者查验此事。当时朝廷刚刚诛杀勃海王刘悝，灵帝不忍心再对刘宠施加刑法，于是下诏用槛车押送魏愔、师迁到北寺诏狱，派中常侍王酺与尚书令、侍御史共同审理案件。魏愔的供词说他与刘宠一起祭祀的是黄老君，只是请求有长生不老的福气罢了，没有其他想法。王酺等人上奏说魏愔的职责是匡正诸侯王，可他自己却品行不端，国相师迁诬告自己的国君，蒙蔽灵帝说愍王刘宠犯下大逆不道的罪过，全部处死。灵帝下诏赦免刘宠并且不再追查此事。

刘宠善弩射，十发十中，都能射在同一个地方。中平年间，黄巾兵起义，郡县官民都弃城逃走，刘宠有几千张强弩，率领军队在都亭驻守。封国百姓平时就听说愍王擅长射箭，就都不敢反叛他，所以唯独陈国得以保全，投奔陈国的百姓有十多万人。等到献帝初年，义兵纷起，刘宠率领部众在阳夏县屯兵，自称辅汉大将军。陈国相会稽郡人骆俊平时就有声威和恩泽，当时天下饥荒，邻郡的百姓大多跑来投奔，骆俊倾尽资财救济他们，使他们全部存活下来。后来袁术向陈国请求借粮但骆俊却拒绝了他，袁术非常愤怒，便派宾客用欺骗的手段杀死骆俊和刘宠，陈国从此破灭败亡。

当时各诸侯国已经没有租税的收入，又多次遭受黄巾军掳掠，连续几天才能吃一顿饭，因为战乱和饥荒死在沟渠里的有很多人。刘宠的夫人、姬妾多被丹陵兵和乌桓人抢走。

彭城靖王刘恭，在永平九年（66）被赐封号灵寿王。永平十五年（72）受封为钜鹿王。建初三年（78），改封江陵王，改南郡为江陵国。元和二年（85），三公上奏声称江陵国在京城的正南方，不适宜分封诸侯王，因此朝廷将刘恭改封为六安王，以庐江郡为封国。章帝驾崩后，留下遗诏改封刘恭为彭城王，享受楚郡的食邑，当年刘恭前之。永初六年，封恭子阿奴为竹邑侯。

元初三年，恭以事怒子酺，酺自杀。国相赵牧以状上，因诬奏恭祠祀恶言，大逆不道。有司奏请诛之。恭上书自讼。朝廷以其素著行义，令考实，无征，牧坐下狱，会赦免死。

恭立四十六年薨，子考王道嗣。元初五年，封道弟三人为乡侯，恭孙顺为东安亭侯。

道立二十八年薨，子顷王定嗣。本初元年，封定兄弟九人皆为亭侯。

定立四年薨，子孝王和嗣。和性至孝，太夫人薨，行丧陵次，毁胔过礼。傅相以闻。桓帝诏使奉牛酒迎王还宫。和敬贤乐施，国中爱之。初平中，天下大乱，和为贼昌务所攻，避奔东阿，后得还国。

立六十四年薨，孙祗嗣。立七年，魏受禅，以为崇德侯。

乐成靖王党，永平九年赐号重熹王，十五年封乐成王。党聪惠，善《史书》，喜正文字。与肃宗同年，尤相亲爱。建初四年，以清河之游、观津，勃海之东光、成平，涿郡之中水、饶阳、安平、南深泽八县益乐成国。及帝崩，其年就国。党急刻不遵法度。旧禁宫人出嫁，不得适诸国。有故掖庭技人哀置，嫁为男子章初妻，党召哀置入宫与通，初欲上书告之，党恐惧，乃密赂哀置姊焦使杀初。事发觉，党乃缢杀内侍三人，以绝口语。又取故中山简王傅婢李羽生为小妻。永元七年，国相举奏之。和帝诏削东光、鄡二县。

往封国。刘恭忠厚威严，举止都有分寸，官吏百姓都敬爱他。永初六年（112），朝廷封刘恭的儿子阿奴为竹邑侯。

元初三年（116），刘恭因事对儿子刘酺发怒，刘酺自杀。国相赵牧把这些情况上奏朝廷，而且趁机诬奏刘恭在祠祀时口出恶言，大逆不道。有司奏请诛杀他。刘恭上书为自己辩白。朝廷认为他向来躬行仁义，随即下令考察实际情况，没有找到相关证据，赵牧因诬陷他人被捕入狱，赶上朝廷大赦天下才免去死罪。

刘恭在位四十六年去世，其子考王刘道嗣位。元初五年（118），安帝封刘道的三个弟弟为乡侯，封刘恭的孙子刘顺为东安亭侯。

刘道在位二十八年去世，其子顷王刘定嗣位。本初元年（146），质帝封刘定的九个兄弟为亭侯。

刘定在位四年去世，其子孝王刘和嗣位。刘和生性极其孝顺，太夫人去世后，在陵墓旁举办丧事，他因居丧过度而极度瘦弱，超过了礼数。彭城国的太傅将此事上奏朝廷。于是桓帝下诏派人捧着牛肉、美酒迎接刘和回宫。刘和敬重贤士、乐善好施，彭城国百姓都爱戴他。初平年间，天下大乱，刘和被贼寇昌务攻打，逃到东阿县躲避，后来才回到封国。

刘和在位六十四年去世，其孙子刘祗嗣位。在位七年，魏文帝曹丕接受汉献帝的禅位，封刘祗为崇德侯。

乐成靖王刘党，在永平九年（66）被赐封号重熹王，在永平十五年（72）受封为乐成王。刘党聪惠过人，明晓《史书》，喜欢校正文字，与章帝年岁相同，且关系尤为亲密。建初四年（79），章帝把清河郡的游县、观津县，勃海郡的东光县、成平县，涿郡的中水县、饶阳县、安平县、南深泽共八县并入乐成国的范围之内。等到皇帝驾崩，同年刘党前往封国。他为人急躁苛刻、不遵守法度。汉朝旧例禁止宫人出嫁，也禁止嫁到诸侯国。有位原来在掖庭表演歌舞的艺人哀置，嫁给名叫章初的男子为妻，刘党召哀置进宫并与她通奸，章初想上奏朝廷告发刘党，刘党心中恐惧，便私下里贿赂哀置的姐姐哀焦派人杀死章初。等事情泄露后，刘党便勒死内侍三人，以避免泄露。

立二十五年薨，子哀王崇嗣。立二月薨，无子，国绝。

明年，和帝立崇兄修侯巡为乐成王，是为鳌王。立十五年薨，子隐王宾嗣。立八年薨，无子，国绝。

明年，复立济北惠王子苌为乐成王后。苌到国数月，骄淫不法，愆过累积，冀州刺史与国相举奏苌罪至不道。安帝诏曰："苌有腼其面，而放逸其心。知陵庙至重，承继有礼，不惟致敬之节，肃穆之慎，乃敢擅损牺牲，不备苾芬。慢易大姬，不震厥教。出入颠覆，风淫于家，娉取人妻，馈遗婢妾。殴击吏人，专己凶暴。愆罪莫大，甚可耻也。朕览八辟之议，不忍致之于理。其贬苌爵为临湖侯。朕无'则哲'之明，致简统失序，罔以尉承大姬，增怀永叹。"

延光元年，以河间孝王子得嗣靖王后。以乐成比废绝，故改国曰安平，是为安平孝王。

立三十年薨，子续立。中平元年，黄巾贼起，为所劫质，囚于广宗。贼平复国。其年秋，坐不道被诛。立三十四年，国除。

下邳惠王衍，永平十五年封。衍有容貌，肃宗即位，常在左右。建初初冠，诏赐衍师傅已下官属金帛各有差。四年，以临淮郡及九他又娶了原中山简王太傅的婢女李羽生做妾。永元七年(95)，乐成国相上奏朝廷举报此事。和帝下诏削去东光县、鄡县作为对他的惩罚。

刘党在位二十五年去世，其子哀王刘崇嗣位。在位两个月去世，无子，封国废除。

第二年，和帝立刘崇的哥哥修侯刘巡为乐成王，这就是釐王。在位十五年去世，其子隐王刘宾嗣位。在位八年去世，无子，封国废除。

第二年，安帝又立济北惠王的儿子刘苌为乐成王的后嗣。刘苌到乐成国才几个月，他就骄奢淫逸，违法乱纪，积累犯下很多罪过，冀州刺史与乐成国相上奏举报刘苌罪至大逆不道。安帝下诏道："刘苌恬不知耻，并且放纵内心。明知汉室的陵墓和宗庙非常重要，作为诸侯王的继承人要遵从礼制，而他不仅对汉室的宗庙不能保持敬重的礼节，还不能保持严肃庄重的态度，以至敢擅自减少祭祀时牲畜的数量，不能备齐祭品。对于乐成王妃怠惰玩忽，且对她的教诲无动于衷。他出入王宫之间颠覆放荡，在家中群居淫乱，强娶他人的妻子，随意赠送婢妾东西。他殴打官吏百姓，独断专行、凶狠残暴。他的罪过实在太大，实在是感到可耻啊。朕纵览八辟中可以宽恕犯人罪过的条例，不忍心对他依法治罪。就贬刘苌爵位为临湖侯。朕没有'知人'之明，导致诸侯国失去常规，无以安慰侍奉乐成王妃，只能白白地增添叹息罢了。"

延光元年(122)，安帝令河间孝王的儿子刘得作为靖王的后人嗣位。因为乐成国连接着废除封国，所以朝廷改乐成国为安平国，尊称刘得为安平孝王。

刘得在位三十年去世，其子刘续嗣位。中平元年(184)，黄巾军起义，刘续被劫持当作人质，扣押在广宗县。黄巾军被平定后又恢复安平国。当年秋季，因不行正道被判罪诛杀。在位三十四年，封国废除。

下邳惠王刘衍，在永平十五年(72)受封为诸侯王。刘衍长相俊美，章帝继位后，刘衍常常陪伴在身边。建初年间刘衍刚举行冠江之钟离、当涂、东城、历阳、全椒合十七县益下邳国。帝崩，其年就国。衍后病荒忽，而太子卬有罪废，诸姬争欲立子为嗣，连上书相告言。和帝怜之，使彭城靖王恭至下邳正其嫡庶，立子成为太子。

衍立五十四年薨，子贞王成嗣。永建元年，封成兄二人及惠王孙二人皆为列侯。

成立二年薨，子愍王意嗣。阳嘉元年，封意弟八人为乡、亭侯。中平元年，意遭黄巾，弃国走。贼平复国，数月薨。立五十七年，年九十。

子哀王宜嗣，数月薨，无子，建安十一年国除。

梁节王畅，永平十五年封为汝南王。母阴贵人有宠，畅尤被爱幸，国土租入倍于诸国。肃宗立，缘先帝之意，赏赐恩宠甚笃。建初二年，封畅舅阴棠为西陵侯。四年，徙为梁王，以陈留之郾、宁陵，济阴之薄、单父、己氏、成武，凡六县，益梁国。帝崩，其年就国。

畅性聪惠，然少贵骄，颇不遵法度。归国后，数有恶梦，从官卞忌自言能使六丁，善占梦，畅数使卜筮。又畅乳母王礼等，因此自言能见鬼神事，遂共占气，祠祭求福。忌等谄媚，云神言王当为天子。畅心喜，与相应答。永元五年，豫州刺史梁相举奏畅不道，考讯，辞不服。有司请征畅诣廷尉诏狱，和帝不许。有司重奏除畅国，徙九真，帝不忍，但削成武、单父二县。畅惭惧，上疏辞谢曰："臣天性狂愚，生在深宫，长养傅母之手，信惑左右之言。及至归国，不知防礼，章帝下诏赐刘衍师傅以下的官属各不相同的金帛等物。建初四年（79），章帝将临淮郡以及九江郡的钟离、当涂、东城、历阳、全椒共十七县并入下邳国。章帝驾崩，同年刘衍去封国就职。后来刘衍生病导致精神恍惚，而太子刘印因犯罪被废黜，众多姬妾争着想让自己的儿子继承嗣位，便接连不断地上奏朝廷表明自己能嗣位的理由。和帝可怜她们，于是派彭城靖王刘恭到下邳确立刘衍的继承人，立刘衍的儿子刘成为太子。

刘衍在位五十四年去世，其子贞王刘成嗣位。永建元年（126），顺帝把刘成的两位兄长以及惠王的两位孙子都封为列侯。

刘成在位二年去世，其子愍王刘意嗣位。阳嘉元年（132），顺帝封刘意的八位弟弟为乡侯、亭侯。中平元年（184），刘意遭到黄巾军袭击，他弃国逃跑。平定黄巾军后恢复封国，几个月后去世。在位五十七年，享年九十岁。

其子哀王刘宜嗣位，几个月后去世，无子，建安十一年（206）封国废除。

梁节王刘畅，在永平十五年（72）受封为汝南王。因其母阴贵人受明帝宠幸，所以刘畅尤其受宠，他封国土地的租税收入是其他诸侯国的一倍。章帝即位后，按照先帝的意愿，对刘畅赏赐丰厚也是恩宠有加。建初二年（77），章帝封刘畅的舅舅阴棠为西陵侯。建初四年（79），改封刘畅为梁王，将陈留郡的鄢县、宁陵县，济阴郡的薄县、单父县、己氏县、成武县，共六县，并入梁国。章帝驾崩，同年刘畅到封国就职。

刘畅生性聪惠，然而他年少时就贵宠骄横，极其不遵守法度。回到封国后，他经常做恶梦，从官卞忌说自己能驱使六丁神，善于根据梦境预测吉凶，刘畅多次让他占卜梦境。又有刘畅的乳母王礼等人，也借此说自己能看见鬼神，随即与刘畅一起观云气风色以测吉凶，祭祠祈福。卞忌等人谄媚刘畅，声称神仙说刘畅将来会居天子之位。刘畅心中欢喜，便和他们互相唱和。永元五年（93），豫州刺史梁相上奏检举刘畅大逆不道，施刑拷问后，刘畅拒绝认罪。有司上奏请求朝廷征召他并把他送到廷尉的昭狱中坐牢，和帝不允许。有禁。从官侍史利臣财物，荧惑臣畅。臣畅无所昭见，与相然诺，不自知陷死罪，以至考案。肌栗心悸，自悔无所复及。自谓当即时伏显诛，魂魄去身，分归黄泉。不意陛下圣德，枉法曲平，不听有司，横贷赦臣。战栗连月，未敢自安。上念以负先帝而令陛下为臣收污天下，诚无气以息，筋骨不相连。臣畅知大贷不可再得，自誓束身约妻子，不敢复出入失绳墨，不敢复有所横费。租入有余，乞裁食睢阳、谷孰、虞、蒙、宁陵五县，还余所食四县。臣畅小妻三十七人，其无子者愿还本家。自选择谨敕奴婢二百人，其余所受虎贲、官骑及诸工技、鼓吹、仓头、奴婢、兵弩、厩马皆上还本署。臣畅以骨肉近亲，乱圣化，污清流，既得生活，诚无心面目以凶恶复居大宫，食大国，张官属，藏什物。愿陛下加大恩，开臣自悔之门，假臣小善之路，令天下知臣蒙恩，得去死就生，颇能自悔。臣以公卿所奏臣罪恶诏书常置于前，昼夜诵读。臣小人，贪见明时，不能即时自引，惟陛下哀臣，令得喘息漏刻。若不听许，臣实无颜以久生，下入黄泉，无以见先帝。此诚臣至心。臣欲多还所受，恐天恩不听许。节量所留，于臣畅饶足。”诏报曰：“朕惟王至亲之属，淳淑之美，傅相不良，不能防邪，至令有司纷纷有言。今王深思悔过，端自克责，朕恻然伤之。志匪由于，咎在彼小子。一日克己复礼，天下归仁。王其安心静意，茂率休德。《易》不云乎：‘一谦而四益。小有言，终吉。’强食自爱。”畅固让，章数上，卒不许。

司又上奏请求废除刘畅的封国，让他迁到九真郡，和帝不忍心，只是削去刘畅封地中的成武、单父两县。刘畅既惭愧又害怕，上奏谢罪道："臣天性狂妄愚昧，在深宫出生，在保育的傅母身边长大，被近侍所迷惑还相信了他们的话。等回到封国后，臣不知道防备禁戒。从官、侍史为了谋取臣的财物，迷惑臣。臣没能明察，反而与他们相互应和，臣不自知已经身陷死罪，以至被拷问查办。臣感到心惊肉跳，后悔也来不及了。臣自以为应当服罪被立即诛杀示众，魂魄离身，命丧黄泉。没想到陛下圣德，曲法申恩，平处臣罪，不听从有司的建议，竭尽全力逾分赦免臣的罪过。臣数月感到害怕，不敢自安。臣在上有负先帝之恩也使陛下为了臣承受天下人的毁谤，实在是没有气息用来呼吸，筋骨不能相连。臣明白这样的宽大不可能再有，自己发誓约束自己以及妻子儿女，不敢再不遵守法规，不敢再奢侈浪费。臣的租税收入还有剩余，臣请求削去睢阳、谷孰、虞、蒙、宁陵五县的食邑，只留下剩余的四县作为食邑。臣有三十七位妾，那些没生过孩子的，臣愿意释放她们回家。臣选择谨慎自饬奴婢二百人，其余接受自王宫的虎贲、官骑以及诸工技、鼓吹、仓头、奴婢、兵弩、厩马都还回原来的官署。臣作为陛下的骨肉至亲，扰乱陛下对百姓的教化，污染清明的政治，既然承蒙陛下的恩德获得新生，实在是无心也无脸面再以凶恶的行径居住在富丽堂皇的宫殿，享受大国的食邑，扩充属官，收藏各种器具。愿陛下加大恩德，替臣打开自行忏悔的门，授予臣从善的路，让天下人知道臣蒙受圣恩，能够置之死地而后生，下定决心自我悔过。臣会把公卿上奏的罪状以及陛下的诏书经常放置在桌前，昼夜诵读。臣真是小人，贪恋政治清明的世代，不想立即自杀，只希望陛下可怜臣，让臣能有片刻喘息的机会。如果陛下不同意，臣实在没有颜面长久活在人世间，即便是下到黄泉，也无颜面见先帝。这确实是臣的至诚之心。臣愿意更多地归还之前不该享受的福禄，但又恐怕辜负陛下的恩德。臣会适当有所保留，对于臣来说这就已经足够了。"和帝回复诏书道："朕与王是骨肉至亲，知道王有仁厚善良，是傅相心存不良，致使王不能防范邪恶，导致有司纷纷上奏弹劾。如今王深刻反思悔过，特别自责，朕很悲伤。王并非有意犯错，罪责在于立二十七年薨，子恭王坚嗣。永元十六年，封坚弟二人为乡、亭侯。

坚立二十六年薨，子怀王匡嗣。永建二年，封匡兄弟七人为乡、亭侯。

匡立十一年薨，无子，顺帝封匡弟孝阳亭侯成为梁王，是为夷王。

立二十九年薨，子敬王元嗣。

立十六年薨，子弥嗣。立四十年，魏受禅，以为崇德侯。

淮阳顷王昞，永平五年封常山王，建初四年，徙为淮阳王，以汝南之新安、西华益淮阳国。

立十六年薨，未及立嗣，永元二年，和帝立昞小子侧复为常山王，奉昞后，是为殇王。

立十三年薨，父子皆未之国，并葬京师。侧无子，其月立兄防子侯章为常山王。和帝怜章早孤，数加赏赐。延平元年就国。

立二十五年薨，是为靖王。子顷王仪嗣。永建二年，封仪兄二人为亭侯。

仪立十七年薨，子节王豹嗣。元嘉元年，封豹兄四人为亭侯。

豹立八年薨，子暠嗣。三十二年，遭黄巾贼，弃国走，建安十一年国除。

卞忌、王礼那些小人。一天克己复礼，那么天下归于仁德。王要安定心意，勤勉修德。《易经》不是说：‘谦虚能使人得到很多益处。虽然小有讼言，最终也是大吉。’请王努力加餐、保重身体。”刘畅坚决辞让，多次上奏，和帝最终也没同意。

刘畅在位二十七年去世，其子恭王刘坚嗣位。永元十六年（104），皇帝封刘坚的两个弟弟为乡侯、亭侯。

刘坚在位二十六年去世，其子怀王刘匡嗣位。永建二年（127），皇帝封刘匡的兄弟七人为乡侯、亭侯。

刘匡在位十一年去世，无子，顺帝封刘匡的弟弟孝阳亭侯刘成为梁王，即为夷王。

刘成在位二十九年去世，其子敬王刘元嗣位。

刘元在位十六年去世，其子刘弥嗣位。刘弥在位四十年，魏文帝曹丕接受汉朝禅让，封刘弥为崇德侯。

淮阳顷王刘昞，在永平五年（62）受封为常山王，建初四年（79），改封为淮阳王，朝廷将汝南郡的新安县、西华县划入淮阳国。

刘昞在位十六年去世，没来得及立嗣。永元二年（90），和帝立刘昞的小儿子刘侧再次为常山王，奉祀刘昞后，即是殇王。

刘侧在位十三年去世，父子两人都没有到封国赴任，一同安葬于京城。刘侧无子，当月皇帝立他兄长刘防儿子侯爵刘章为常山王。和帝怜悯刘章小小年纪就成为孤儿，多次给予赏赐。延平元年（106）刘章回到封国。

刘章在位二十五年去世，即为靖王。其子顷王刘仪嗣位。永建二年（127），皇帝封刘仪的两位兄长为亭侯。

刘章在位十七年去世，其子节王刘豹嗣位。元嘉元年（151），皇帝封刘豹的四个哥哥为亭侯。

刘豹在位八年去世，其子刘暠嗣位。在位三十二年，遭遇黄巾军起义，弃国逃走，建安十一年（206）封国废除。

济阴悼王长，永平十五年封。建初四年，以东郡之离狐、陈留之长垣益济阴国。立十三年，薨于京师，无子，国除。

论曰：晏子称“夫人生厚而用利，于是乎正德以幅之，谓之幅利”。言人情须节以正其德，亦由布帛须幅以成其度焉。明帝封诸子，租岁不过二千万，马后为言而不得也。贤哉！岂徒俭约而已乎！知骄贵之无猒，嗜欲之难极也，故东京诸侯鲜有至于祸败者也。

赞曰：孝明传胤，维城八国。陈敬严重，彭城厚德。下邳婴痾，梁节邪惑。三藩夙龄，党惟荒忒。

济阴悼王刘长，在永平十五年（72）受封。建初四年（79），朝廷将东郡的离狐县、陈留郡的长垣县划入济阴国。刘长在位十三年，在京城去世，无子，封国废除。

评论说：晏子说“人生活在世间，物质丰厚而利用方便，于是匡正道德加以限制，这就是求利须有一定的限度”。意思是说人性应该节制才能端正德行，也像布帛须以幅来度量它的宽窄一样。明帝封赏诸子，每年租赋不过二千万，马皇后为他们讲话也无济于事。真是贤德啊！岂止是俭省节约而已啊！知道骄横贵显的贪心从不满足，嗜好欲望的心思难以终止，因此东汉的诸侯们很少有因为奢侈而招致灾祸与失败的人。

赞辞说：孝明帝继承帝位，皇子宗族分为八国。陈敬王刘羡威严庄重，彭城王刘恭恩德深厚。下邳惠王刘衍疾病缠身，梁节王刘畅为邪所惑。千乘哀王刘建、淮阳顷王刘昞、济阴悼王刘长早亡，乐成靖王刘党只是过分放纵自己。

卷八十一

李陈庞陈桥列传第四十一

李恂字叔英，安定临泾人也。少习《韩诗》，教授诸生常数百人。太守颍川李鸿请署功曹，未及到，而州辟为从事。会鸿卒，恂不应州命，而送鸿丧还乡里。既葬，留起冢坟，持丧三年。

辟司徒桓虞府。后拜侍御史，持节使幽州，宣布恩泽，慰抚北狄，所过皆图写山川、屯田、聚落百余卷，悉封奏上，肃宗嘉之。拜兖州刺史。以清约率下，常席羊皮，服布被。迁张掖太守，有威重名。时大将军窦宪将兵屯武威，天下州郡远近莫不修礼遗，恂奉公不阿，为宪所奏免。

后复征拜谒者，使持节领西域副校尉。西域殷富，多珍宝，诸国侍子及督使贾胡数遗恂奴婢、宛马、金银、香罽之属，一无所受。北匈奴数断西域车师、伊吾，陇沙以西使命不得通，恂设购赏，遂斩虏帅，县首军门。自是道路夷清，威恩并行。

迁武威太守。后坐事免，步归乡里，潜居山泽，结草为庐，独与诸生织席自给。会西羌反畔，恂到田舍，为所执获。羌素闻其名，放遣之。恂因诣洛阳谢。时岁荒，司空张敏、司徒鲁恭等各遣子馈粮，悉无所受。徙居新安关下，拾橡实以自资。年九十六卒。

李恂，字叔英，安定郡临泾县人。年少时学习《韩诗》，教授的弟子常常有数百人。太守颍川郡人李鸿延请李恂担任功曹，李恂尚未赴任，州里又征召他担任从事。恰逢李鸿去世，李恂没有去州里就任，而是护送李鸿的灵柩回故乡。安葬完毕，李恂留下来修筑冢坟，并服丧三年。

后来李恂受到司徒桓虞的征召。之后李恂拜任侍御史，持节出使幽州，宣布恩泽，慰抚北狄，李恂将沿途的山川、屯田、聚居村落等情况画成地图，共有百余卷，全部密封上奏朝廷，章帝对此十分赞赏。之后李恂拜任兖州刺史。李恂在任时清正廉洁正身率下，李恂常以羊皮为席，睡觉时盖布被。后来李恂迁任张掖太守，有威严庄重之名。当时大将军窦宪率军戍守武威郡，天下州郡无论远近，无不向窦宪送上厚礼，唯独李恂奉公守法，刚正不阿，不为所动，后来李恂遭到窦宪的弹劾而被免官。

后来李恂再次得到征召拜任谒者，命其持节总领西域校尉。西域诸国殷实富足，有很多奇珍异宝，诸国派往汉朝的侍子以及督使、胡人商贾多次将奴婢、大宛所产的马、金银、华丽的毛毡等物品送给李恂，李恂一概不受。北匈奴多次隔断了西域的车师国、伊吾国的往来，陇沙以西诸国不能互通，李恂设立封赏招募勇士，斩杀了贼虏首领，把首级悬挂在军门。自此之后来往道路通畅太平，朝廷的恩威得以并行。

后来李恂迁任武威太守。因某事被免，李恂步行返归故里，隐居在山泽之中，结草为庐，独自与弟子们编织草席，自给自足。恰逢西羌反叛，李恂在田间，被羌人擒获。羌人素闻李恂盛名，敬其为人，便将他释放。李恂为此前往洛阳向朝廷谢罪。当时发生饥荒，司空张敏、司徒鲁恭等人各自派儿子给李恂送去粮食，但李恂一律不受。后陈禅字纪山，巴郡安汉人也。仕郡功曹，举善黜恶，为邦内所畏。察孝廉，州辟治中从事。时刺史为人所上受纳臧赂，禅当传考，无它所赍，但持丧敛之具而已。及至，笞掠无算，五毒毕加，禅神意自若，辞对无变，事遂散释。车骑将军邓骘闻其名而辟焉，举茂才。时汉中蛮夷反畔，以禅为汉中太守。夷贼素闻其声，即时降服。迁左冯翊，入拜谏议大夫。

永宁元年，西南夷掸国王献乐及幻人，能吐火，自支解，易牛马头。明年元会，作之于庭，安帝与群臣共观，大奇之。禅独离席举手大言曰："昔齐鲁为夹谷之会，齐作侏儒之乐，仲尼诛之。又曰：'放郑声，远佞人。'帝王之庭，不宜设夷狄之技。"尚书陈忠劾奏禅曰："古者合欢之乐舞于堂，四夷之乐陈于门，故《诗》云'以《雅》以《南》，《韎》《任》《朱离》'。今掸国越流沙，逾县度，万里贡献，非郑卫之声，佞人之比，而禅廷讪朝政，请劾禅下狱。"有诏勿收，左转为玄菟候城障尉，诏"敢不之官，上妻子从者名"。禅既行，朝廷多讼之。会北匈奴入辽东，追拜禅辽东太守。胡惮其威强，退还数百里。禅不加兵，但使吏卒往晓慰之，单于随使还郡。禅于学行礼，为说道义以感化之。单于怀服，遗以胡中珍货而去。

及邓骘诛废，禅以故吏免。复为车骑将军阎显长史。顺帝即来李恂迁居新安县关下，靠捡拾野果、橡实来维持生计。李恂九十六岁去世。

陈禅，字纪山，巴郡安汉县人。在郡府担任功曹，陈禅推举善良的官吏，罢黜不好的官吏，当地百姓十分敬畏陈禅。经过考察陈禅被举荐为孝廉，州府征召陈禅担任治中从事。当时刺史由于收受贿赂而被人弹劾，陈禅因此受到牵连被逮捕，接受审查，陈禅被捕时没带任何随身衣物，只带了丧殓的物品。押入监狱后，陈禅接受了无数次的拷打，惨酷的刑罚全部用上，而陈禅依旧神态自如，供词始终不变，经过调查后陈禅得以释放。车骑将军邓骘听闻其名便征召陈禅，举为茂才。当时汉中郡的蛮夷反叛，朝廷任命陈禅为汉中太守。夷贼素闻陈禅的名声，便即刻归降。后来陈禅升任左冯翊，又入朝担任谏议大夫。

永宁元年（120），西南夷掸国国王进献舞乐及魔术艺人，他们能吐火，能肢解自身，能将牛马的头交换。第二年元旦朝会，他们入宫献艺，安帝与群臣共同观赏，大为惊奇。唯独陈禅起身离席，举起双手大声说："以前齐鲁两国在夹谷举行会盟，齐国安排了侏儒表演助兴，孔子奏言将侏儒斩杀。并说：'应当禁止郑国淫声，远离佞人。'帝王之庭，不应当让夷狄表演。"尚书陈忠劾奏陈禅道："古时的合欢之乐舞于堂，四夷之乐陈于门，因此《诗经》上说：'有《雅》乐有《南》乐，有《韎》乐、有《任》乐、有《朱离》乐。'如今掸国越过流沙，翻过县度山，不远万里前来朝廷进献，并非郑卫之声，不可将其比作佞人，而陈禅在朝堂上讥讪朝政，臣奏请将陈禅下狱。"安帝下诏不要收押，而将陈禅贬为玄菟郡候城县障尉，安帝再次下诏"若胆敢不去赴任，就向朝廷上报妻儿以及协从者的名单。"陈禅启程后，朝廷很多大臣为其申诉。恰逢北匈奴入侵辽东郡，安帝追拜陈禅为辽东太守。匈奴忌惮陈禅的威势，便后撤数百里。陈禅没有出兵，只是派吏卒前往施以晓喻抚慰，单于跟随使者返回辽东郡。陈禅教导单于礼法，为单于讲说道义，以此感化单于。单于心悦诚服，送给陈禅胡地的珍宝然后返回。

后来邓骘被诛，陈禅因是邓骘的故吏，所以受到牵连而被免官。

位，迁司隶校尉。明年，卒于官。

子澄，有清名，官至汉中太守。

禅曾孙宝，亦刚壮有禅风，为州别驾从事，显名州里。

庞参字仲达，河南缑氏人也。初仕郡，未知名，河南尹庞奋见而奇之，举为孝廉，拜左校令。坐法输作若卢。

永初元年，凉州先零种羌反畔，遣车骑将军邓骘讨之。参于徒中使其子俊上书曰："方今西州流民扰动，而征发不绝，水潦不休，地力不复。重之以大军，疲之以远戍，农功消于转运，资财竭于征发。田畴不得垦辟，禾稼不得收入，搏手困穷，无望来秋。百姓力屈，不复堪命。臣愚以为万里运粮，远就羌戎，不若总兵养众，以待其疲。车骑将军骘宜且振旅，留征西校尉任尚使督凉州士民，转居三辅。休徭役以助其时，止烦赋以益其财，令男得耕种，女得织纴，然后畜精锐，乘懈沮，出其不意，攻其不备，则边人之仇报，奔北之耻雪矣。"书奏，会御史中丞樊准上疏荐参曰："臣闻鸷鸟累百，不如一鹗。昔孝文皇帝悟冯唐之言，而赦魏尚之罪，使为边守，匈奴不敢南向。夫以一臣之身，折方面之难者，选用得也。臣伏见故左校令河南庞参，勇谋不测，卓尔奇伟，高才武略，有魏尚之风。前坐微法，输作经时。今羌戎为患，大军西屯，臣以为如参之人，宜在行伍。惟明诏采前世之举，观魏尚之功，免赦参刑，以为军锋，必有成效，宣助国威。"邓太后纳其言，即擢参于徒中，召拜谒者，使西督三辅诸军屯，而征邓骘还。

四年，羌寇转盛，兵费日广，且连年不登，谷石万余。参奏记于后来陈禅又在车骑将军阎显麾下担任长史。顺帝即位后,陈禅升任司隶校尉。第二年,陈禅在任去世。

陈禅的儿子陈澄,有清廉之名,官至汉中太守。

陈禅的曾孙陈宝,同样刚直勇猛,颇有陈禅的遗风,陈宝担任州别驾从事,在州里声名远扬。

庞参,字仲达,河南郡缑氏县人。起初在郡中担任官职,并不知名,河南尹庞奋见到庞参,对其颇为赞赏,举荐庞参为孝廉,命庞参拜任左校令。后来庞参因犯法被押送至若卢监狱服劳役。

永初元年(107),凉州先零羌族反叛,安帝派车骑将军邓骘前去讨伐。庞参在服劳役之中命其子庞俊上书奏言:"如今西州流民扰动,而征调民力以及物资接连不绝,水灾不止,地力也无法恢复,再加上大军出动,疲于戍守边境,农事被转运粮草耽误,资财被征发调派耗尽。田亩无法开垦,庄稼无法收割,生活困穷,无计可施,来年无望。百姓力竭,不堪繁重的徭役。臣愚认为万里运粮,远至羌戎,不如统率全军,休养生息,以等待敌方疲乏。车骑将军邓骘应当整队班师,留下征西校尉任尚监督凉州士民,转居三辅。停止徭役以助农时,停止赋税以增民财,使男子能够耕种,女子能够纺织,然后养精蓄锐,乘羌虏懈怠沮丧之时反击,出其不意,攻其不备,这样则边境百姓之仇得报,先前败逃之耻可雪。"奏书呈上,恰逢御史中丞樊准上书举荐庞参:"臣听闻百只鸷鸟,不如一只大雕。从前孝文皇帝感悟冯唐之言,而赦免了魏尚之罪,命魏尚担任云中太守,因而匈奴不敢南下。以一臣之身,解一方之难,是选任了合适的人才。臣见到原左校令庞参,有勇有谋,卓尔奇伟,高才武略,有魏尚之风。此前因犯小罪,服劳役已经很长时间了。如今羌戎为患,大军西屯,臣认为像庞参这样的人才,应在军中效命。臣希望陛下能颁布明诏,借鉴前世之举,纵观魏尚之功,赦免庞参之刑,让其充当先锋,这样必有成效,宣助国威。"邓太后采纳了樊准之言,即刻从受刑之人中提拔庞参,诏令其拜任谒者,命其西行督察三辅屯驻的各个军队,而征召邓骘返回。

永初四年(110),羌寇再次侵犯边境,军费日渐增多,而且粮食邓骘曰："比年羌寇特困陇右，供徭赋役为损日滋，官负人责数十亿万。今复募发百姓，调取谷帛，衒卖什物，以应吏求。外伤羌虏，内困征赋。遂乃千里转粮，远给武都西郡。涂路倾阻，难劳百端，疾行则钞暴为害，迟进则谷食稍损，运粮散于旷野，牛马死于山泽。县官不足，辄贷于民。民已穷矣，将从谁求？名救金城，而实困三辅。三辅既困，还复为金城之祸矣。参前数言宜弃西域，乃为西州士大夫所笑。今苟贪不毛之地，营恤不使之民，暴军伊吾之野，以虑三族之外，果破凉州，祸乱至今。夫拓境不宁，无益于强；多田不耕，何救饥敝！故善为国者，务怀其内，不求外利；务富其民，不贪广土。三辅山原旷远，民庶稀疏，故县丘城，可居者多。今宜徙边郡不能自存者，入居诸陵，田戍故县。孤城绝郡，以权徙之；转运远费，聚而近之；徭役烦数，休而息之。此善之善者也。"骘及公卿以国用不足，欲从参议，众多不同，乃止。

拜参为汉阳太守。郡人任棠者，有奇节，隐居教授。参到，先候之，棠不与言，但以薤一大本，水一盂，置户屏前，自抱孙儿伏于户下。主簿白以为倨。参思其微意，良久曰："棠是欲晓太守也。水者，欲吾清也。拔大本薤者，欲吾击强宗也。抱儿当户，欲吾开门恤孤也。"于是叹息而还。参在职，果能抑强助弱，以惠政得民。

元初元年，迁护羌校尉，畔羌怀其恩信。明年，烧当羌种号多等皆降，始复得还都令居，通河西路。时先零羌豪僭号北地，诏参将降羌及湟中义从胡七千人，与行征西将军司马钧期会北地击之。

连年歉收，每石粮食高达万余钱。庞参向邓骘上报："这些年羌寇侵扰陇右，为此提供的徭役赋税日渐繁重，官府负债达数十亿万。如今再次征发百姓，调取粮食钱帛，百姓变卖物什，以满足官吏的索求。于外遭受羌虏的侵扰，于内征收赋税困难重重。千里运粮，远送至武都西郡。路途遥远，历经千难万险，走得快则遭到劫掠，走得慢则粮食受损，运粮散于旷野，牛马死于山泽。郡县官衙财货不足，总要向百姓借贷索要。百姓已经极其困顿了，他们又能向谁去索求？名义上是解救援助金城，实际上是受困于三辅。三辅既已受困，反而会继续加重金城之祸。臣此前多数奏言，应当舍弃西域，却被西州士大夫所笑。如今倘若继续贪求不毛之地，而抚恤不堪为用的戎虏，致使军队暴露于伊吾之野，为三族之外的无关之人忧虑，蛮夷最终会攻破凉州，致使祸乱至今不休。开拓疆土却不得安宁，则无益于国家强盛；田地广阔却不去耕种，如何解救饥敝！因此善治国者，务必思虑内政，不求外利；务必让百姓富足，不贪广阔的疆域。三辅的山陵原野广袤辽远，民众稀少，因此有许多县邑是空的，可居住的地方甚多。现下应当将边郡无法自保的百姓，迁入各个陵园之中，就此屯田戍守故县。若在孤城绝郡，应当强制迁徙；若迁徙的路途遥远，耗费巨大，则让百姓就近聚集；徭役繁重，则应当暂停让百姓休养生息。这是善中之善的良策。"邓骘及公卿以国用不足，打算采纳庞参的建议，但有许多人不赞同，无奈将此事搁置。

后来庞参拜任汉阳太守。汉阳郡人任棠，节操卓然，隐居教授学问。庞参到任后，先去拜访任棠。任棠没有讲话，只是将一大棵薤草，一盂水放在照壁前，自己抱着孙子伏在门下。主簿将此情景向庞参回禀，认为任棠倨傲不逊。庞参思索其用意，过了良久说："任棠是想晓谕太守。水，是想让我为官清廉。拔一大棵薤草，是想让我打击豪强。抱着孙子伏在门下，是想让我打开府门抚慰孤寡。"说罢庞参叹息而回。庞参在职时，果真能抑强助弱，广施惠政深得民心。

元初元年（114），庞参升任护羌校尉，叛羌依旧怀念庞参的恩德。第二年，烧当羌族首领号多等人纷纷投降，庞参这才重新回到原来都邑令居县，开通河西之路。当时先零羌族的豪强在北地郡僭参于道为羌所败。既已失期，乃称病引兵还，坐以诈疾征下狱。校书郎中马融上书请之曰："伏见西戎反畔，寇钞五州，陛下愍百姓之伤痍，哀黎元之失业，单竭府库以奉军师。昔周宣猃狁侵镐及方，孝文匈奴亦略上郡，而宣王立中兴之功，文帝建太宗之号。非惟两主有明睿之姿，抑亦扞城有虓虎之助，是以南仲赫赫，列在《周诗》，亚夫赳赳，载于汉策。窃见前护羌校尉庞参，文武昭备，智略弘远，既有义勇果毅之节，兼以博雅深谋之姿。又度辽将军梁慬，前统西域，勤苦数年，还留三辅，功效克立，间在北边，单于降服。今皆幽囚，陷于法网。昔荀林父败绩于邲，晋侯使复其位；孟明视丧师于崤，秦伯不替其官。故晋景并赤狄之土，秦穆遂霸西戎。宜远览二君，使参、慬得在宽宥之科，诚有益于折冲，毗佐于圣化。"书奏，赦参等。

后以参为辽东太守。永建元年，迁度辽将军。四年，入为大鸿胪。尚书仆射虞诩荐参有宰相器能，以为太尉，录尚书事。是时三公之中，参名忠直，数为左右所陷毁，以所举用忤帝旨，司隶承风案之。时当会茂才孝廉，参以被奏，称疾不得会。上计掾广汉段恭因会上疏曰："伏见道路行人，农夫织妇，皆曰'太尉庞参，竭忠尽节，徒以直道不能曲心，孤立群邪之间，自处中伤之地'。臣犹冀在陛下之世，当蒙安全，而复以谗佞伤毁忠正，此天地之大禁，人主之至诫。昔白起赐死，诸侯酌酒相贺；季子来归，鲁人喜其纾难。夫国以贤化，君以忠安。今天下咸欣陛下有此忠贤，愿卒宠任，以安社稷。"书奏，诏即遣小黄门视参疾，太医致羊酒。

越称帝，安帝下诏庞参率领投降的羌族及湟中县归附的胡人共七千人，与行征西将军司马钧约定在北地郡汇合，共同征讨反羌。庞参在途中被反羌击败，耽误了行期，便称病率兵返回，因其诈称患病而征召下狱。校书郎中马融上书求情道："臣见到西戎反叛，劫掠五州，陛下悲悯百姓遭受战乱之苦，哀怜百姓之失去本业，竭尽府库的资财来供给军队所需。从前周宣王时猃狁侵扰镐京和方城，孝文帝时匈奴同样侵略上郡，而周宣王立中兴之功，孝文帝建太宗之号。并不是这两位君主有明睿之姿，也许是因为守卫疆土的将帅有勇士猛将的帮助，所以南仲功勋赫赫，列在《周诗》，周亚夫气势赳赳，载于汉史。臣见到前护羌校尉庞参，文武双全，智略弘远，既有义勇果毅之节，又有博雅深谋之姿。还有度辽将军梁慬，先前统率西域，勤苦数年，返归后留在三辅，立下非凡功勋，又在北边抗击戍守，单于降服。如今两人却都被关押囚禁，陷于法网。从前荀林父在邲城战败，晋景公最终命其官复原职；孟明视在崤丧师受辱，秦穆公却没有将其罢免。因此晋景公兼并赤狄之地，秦穆公称霸西戎之境。陛下应当远观这两位明君，以此为鉴，使庞参、梁慬得到宽宥之恩，这样着实有益于克敌制胜，有助于推行圣化。"奏书呈上之后，安帝赦免了庞参等人。

后来朝廷诏令庞参担任辽东太守。永建元年（126），庞参升任度辽将军。永建四年（129），庞参入朝担任大鸿胪。尚书仆射虞诩举荐庞参有宰相的才能，顺帝任命庞参为太尉，总领尚书事。当时在三公之中，庞参有忠直之名，数次遭到顺帝左右之臣的陷害毁谤，他们认为庞参所举荐的士人违逆圣旨，司隶校尉负责调查。当时恰逢得到举荐的茂才、孝廉汇聚朝廷，庞参因被弹劾，称疾没有参加。上计掾吏广汉郡人段恭借此朝会上书道："臣见到道路行人，农夫织妇，都说'太尉庞参，竭忠尽节，只是因为躬行正道不做违心之事，就被群邪孤立，自受诋毁诬陷'。臣依然希望在陛下之世，天下安定，政治清明，却依旧让谗佞伤毁忠正的事情重现，这是天地之大禁，人主之至诫。从前白起蒙冤被赐死，各国诸侯却酌酒相贺；季子归来，鲁人为其解除了国难而欣喜不已。国家因贤臣而得到大化，君王因忠臣后参夫人疾前妻子，投于井而杀之。参素与洛阳令祝良不平，良闻之，率吏卒入太尉府案实其事，乃上参罪，遂因灾异策免。有司以良不先闻奏，辄折辱宰相，坐系诏狱。良能得百姓心，洛阳吏人守阙请代其罪者，日有数千万人，诏乃原刑。

阳嘉四年，复以参为太尉。永和元年，以久病罢，卒于家。

陈龟字叔珍，上党泫氏人也。家世边将，便习弓马，雄于北州。

龟少有志气。永建中，举孝廉，五迁五原太守。永和五年，拜使匈奴中郎将。时南匈奴左部反乱，龟以单于不能制下，外顺内畔，促令自杀，坐征下狱免。后再迁，拜京兆尹。时三辅强豪之族，多侵枉小民。龟到，厉威严，悉平理其怨屈者，郡内大悦。

会羌胡寇边，杀长吏，驱略百姓，桓帝以龟世谙边俗，拜为度辽将军。龟临行，上疏曰："臣龟蒙恩累世，驰骋边垂，虽展鹰犬之用，顿毙胡虏之庭，魂骸不返，荐享狐狸，犹无以塞厚责，答万分也。臣至顽驽，器无铅刀一割之用，过受国恩，荣秩兼优，生年死日，永惧不报。臣闻三辰不轨，擢士为相；蛮夷不恭，拔卒为将。臣无文武之才，而忝鹰扬之任，上惭圣明，下惧素餐，虽殁躯体，无所云补。今西州边鄙，土地塉埆，鞍马为居，射猎为业，男寡耕稼之利，女乏机杼之饶，守塞候望，悬命锋镝，闻急长驱，去不图反。自而享有安宁。如今天下都为陛下有此忠贤之臣而感到欣喜，臣希望陛下信任重视此等忠臣，以安社稷。”奏书呈上之后，顺帝下诏即刻派小黄门探望庞参的病情，并派太医送去羊和酒。

后来庞参的夫人因憎恨庞参前妻之子，所以将其投入井中杀害。庞参素来与洛阳令祝良不和，祝良听闻此事，便率领吏卒前往太尉府查证此事，因而上书弹劾庞参的罪行，庞参因灾异发生而被免官。有关官员认为祝良没有提前上报，就擅自进入太尉府，折辱宰相，祝良被押入诏狱。祝良治政颇得民心，守在宫门前请求代其受刑的洛阳吏卒百姓，每天都有数千万人，最终顺帝下诏免去祝良的刑罚。

阳嘉四年（135），顺帝再次任命庞参为太尉。永和元年（136），庞参因久病而辞官，最终在家中去世。

陈龟，字叔珍，上党郡泫氏县人。家族世代担任边境守将，陈龟精通弓马，称雄北州。

陈龟年少时颇有志气。永建年间，被举为孝廉，经过五次升迁后担任五原太守。永和五年（140），陈龟拜任使匈奴中郎将。当时南匈奴左部造反叛乱，陈龟认为南单于无法治理约束部下，外顺内叛，威逼南单于自杀，陈龟也因此被判罪征召下狱，又得到赦免。后来经过两次升迁，陈龟拜任京兆尹。当时三辅的豪强大族，多次侵害欺枉百姓。陈龟到任之后，雷厉风行，执法威严，将所有冤案悉数平反，为那些蒙怨受屈者一一伸冤，郡内百姓大悦。

恰逢羌胡侵犯边境，残杀长吏，驱掠百姓，桓帝认为陈龟世代戍守边境，熟知边境风俗，便诏令陈龟拜任度辽将军。陈龟临行时，上书奏言道：“臣家族世代蒙受皇恩，驰骋边陲，即使臣尽展鹰犬之用，牺牲在胡虏之庭，魂魄遗骸不归汉室，成为狐狸的食物，却依旧无法承担重任，报答皇恩的万分之一。臣极度愚笨，才能低下，尚不如铅刀还能有一割之用，却过分蒙受国恩，荣誉官位都是十分优厚，生年死日，担心永远无法报效浩荡皇恩。臣听闻日月星运行失序，则要提拔士人为相；蛮夷行径不恭，心怀反叛，则要提拔兵卒为将。臣无文武之才，而忝居鹰扬之职，于上愧对圣明，于下忧惧尸位素餐，顷年以来，匈奴数攻营郡，残杀长吏，侮略良细。战夫身膏沙漠，居人首系马鞍。或举国掩户，尽种灰灭，孤儿寡妇，号哭空城，野无青草，室如悬磬。虽含生气，实同枯朽。往岁并州水雨，灾螟互生，稼穑荒耗，租更空阙。老者虑不终年，少壮惧于困厄。陛下以百姓为子，品庶以陛下为父，焉可不日昃劳神，垂抚循之恩哉！唐尧亲舍其子以禅虞舜者，是欲民遭圣君，不令遇恶主也。故古公杖策，其民五倍；文王西伯，天下归之。岂复舆金辇宝，以为民惠乎！近孝文皇帝感一女子之言，除肉刑之法，体德行仁，为汉贤主。陛下继中兴之统，承光武之业，临朝听政，而未留圣意。且牧守不良，或出中官，惧逆上旨，取过目前。呼嗟之声，招致灾害，胡虏凶悍，因衰缘隙。而令仓库单于豺狼之口，功业无铢两之效，皆由将帅不忠，聚奸所致。前凉州刺史祝良，初除到州，多所纠罚，太守令长，贬黜将半，政未逾时，功效卓然。实应赏异，以劝功能，改任牧守，去斥奸残。又宜更选匈奴乌桓护羌中郎将校尉，简练文武，授之法令，除并凉二州今年租更，宽赦罪隶，扫除更始。则善吏知奉公之祐，恶者觉营私之祸，胡马可不窥长城，塞下无候望之患矣。”帝觉悟，乃更选幽、并刺史，自营郡太守都尉以下，多所革易，下诏“为陈将军除并、凉一年租赋，以赐吏民”。龟既到职，州郡重足震栗，鲜卑不敢近塞，省息经用，岁以亿计。

即便臣为国效命牺牲，也无法弥补。如今西州地处边远，土地贫瘠，百姓以鞍马为居，以射猎为业，男子享受不到耕种的益处，女子缺乏纺织的富足，守塞瞭望，命悬于刀剑之上，听到警报奔驰逃亡，离去后便不想返回。近年来，匈奴多次攻伐驻军的郡县，残杀县长官吏，欺辱劫掠百姓。战士血洒沙漠，百姓首级悬于马鞍之上。有的举国上下闭门不出，有的惨遭屠戮，十室九空，孤儿寡妇，悲痛号哭，响彻空城，郊野无青草，室内空荡荡。虽有生气，实同枯朽。往年并州雨水连绵，虫灾泛滥，庄稼荒芜，租赋短缺。老者忧思得不到善终，少壮忧惧身处困厄。陛下以百姓为子，百姓以陛下为父，怎能不终日劳神，夙夜匪懈，抚慰四方臣民！唐尧没有将帝位传给亲子，而是禅让给虞舜，是想让百姓身逢圣君，不想让百姓遇到暴君。所以古公亶甫拄着拐杖迁居岐山，三年之后，追随前来的百姓是原先的五倍；文王西伯推行仁政，天下百姓纷纷携幼扶老来归附他。岂止是用车载满金玉宝货，才称得上是施惠于民吗！近来孝文皇帝有感于一位女子之言，而废除了肉刑，体德行仁，成为汉室的一朝贤主。陛下继中兴之统，承光武之业，临朝听政，却尚未留心政事。而且州牧郡守德才缺失，有的出身宦官而任职，担心违逆圣旨，惹祸上身。呼嗟哀叹之声不绝于耳，灾害频现，胡虏凶悍，趁虚而入。致使国库竭于豺狼之口，立下丰功伟业却没有铢两之财的效验，都是因为将帅不忠，群奸所致。前凉州刺史祝良，在刚到任时，就多加纠举惩处，其治下的太守令长，大半遭到贬黜，祝良治政没多久，就功效卓然。着实应当受到奖赏，以此勉励有功之臣，朝廷应当改换牧守，将那些奸邪残暴之徒贬黜驱逐。还应当改选匈奴、乌桓护羌中郎将校尉，挑选文武之臣，授之法令，取消并、凉二州今年的田赋租税，宽赦罪奴，除旧迎新。这样善吏就会知晓奉公之福，恶者就会觉察营私之祸，胡虏不会窥伺长城，塞下没有瞭望之患了。”桓帝有所醒悟，就改换了幽州、并州刺史，驻军的郡从太守都尉以下的官吏，有许多被革除改换，桓帝下诏“依照陈龟将军的建议，取消并、凉二州一年田赋租税，以赐当地的官吏百姓。”陈龟到职之后，州郡重足而立，兢兢业业，大为震栗，鲜卑不敢靠近边塞，省下的花费开支，每年数以亿计。

大将军梁冀与龟素有隙，谮其沮毁国威，挑取功誉，不为胡虏所畏。坐征还，遂乞骸骨归田里。复征为尚书。冀暴虐日甚，龟上疏言其罪状，请诛之。帝不省。自知必为冀所害，不食七日而死。西域胡夷，并、凉民庶，咸为举哀，吊祭其墓。

桥玄字公祖，梁国睢阳人也。七世祖仁，从同郡戴德学，著《礼记章句》四十九篇，号曰“桥君学”。成帝时为大鸿胪。祖父基，广陵太守。父肃，东莱太守。

玄少为县功曹。时豫州刺史周景行部到梁国，玄谒景，因伏地言陈相羊昌罪恶，乞为部陈从事，穷案其奸。景壮玄意，署而遣之。玄到，悉收昌宾客，具考臧罪。昌素为大将军梁冀所厚，冀为驰檄救之。景承旨召玄，玄还檄不发，案之益急。昌坐槛车征，玄由是著名。

举孝廉，补洛阳左尉。时梁不疑为河南尹，玄以公事当诣府受对，耻为所辱，弃官还乡里。后四迁为齐相，坐事为城旦。刑竟，征，再迁上谷太守，又为汉阳太守。时上邽令皇甫祯有臧罪，玄收考髡笞，死于冀市，一境皆震。郡人上邽姜岐，守道隐居，名闻西州。玄召以为吏，称疾不就。玄怒，敕督邮尹益逼致之，曰：“岐若不至，趣嫁其母。”益固争不能得，遽晓譬岐。岐坚卧不起。郡内士大夫亦竞往谏，玄乃止。时颇以为讥。后谢病免，复公车征为司徒长史，拜将作大匠。

大将军梁冀与陈龟素有嫌隙，于是梁冀便诬陷陈龟侵损国威，沽名钓誉，胡虏没有心生畏惧。因而陈龟被召回，陈龟因此奏请辞职返归乡里。后来陈龟再次受到征召担任尚书。梁冀的暴虐行径日甚一日，陈龟上书陈述其罪状，奏请诛杀梁冀。桓帝没有回应。陈龟自知必将会被梁冀所害，所以绝食七日而死。西域胡夷，并州、凉州的百姓，无不为其哀悼，在其墓前祭奠。

桥玄，字公祖，梁国睢阳县人。七世祖桥仁，曾跟随同郡人戴德学习，编著《礼记章句》四十九篇，号称“桥君学”。成帝时桥仁担任大鸿胪。祖父桥基，曾担任广陵太守。父亲严肃，曾担任东莱太守。

桥玄年少时担任县功曹。当时豫州刺史周景在外巡视，抵达梁国，桥玄谒见周景，桥玄借此伏地陈奏陈国国相羊昌的罪恶行径，乞求能让自己担任陈国从事，彻查其奸行。周景称赞桥玄的豪侠壮志，于是派其前往陈国。桥玄到任后，将羊昌的宾客悉数拘捕，并详细考问羊昌的罪行。羊昌素来与大将军梁冀交好，梁冀为此派人快马传书，飞驰前来相救。周景奉旨征召玄，桥玄没有照做，将征召的文书原封退还，并且抓紧调查。最终羊昌被关进囚车，押回京城，桥玄自此闻名。

后来桥玄被举为孝廉，补任洛阳左尉。当时梁不疑担任河南尹，桥玄因公事要到府衙对答，桥玄为此倍感耻辱，就弃官还乡。后来桥玄经过四次升迁担任齐国国相，又因某事被判服劳役，去修筑城墙。刑期结束后，受到征召，经过两次升迁担任上谷太守，之后又担任汉阳太守。当时上邽县令皇甫祯犯贪污罪，桥玄将其收捕审问，并且将其剃去头发，鞭笞拷打，最终皇甫祯死于冀县的集市上，一郡之内无不震栗。同郡的上邽县人姜岐，守道隐居，名闻西州。桥玄征召其为属吏，姜岐称病不肯应召。桥玄大怒，敕令督邮尹益逼迫姜岐就任，桥玄命令道：“姜岐如若不来，就令他的母亲改嫁。”尹益再三谏诤也没有成功，便连忙劝说晓谕姜岐。姜岐坚持卧病不起。郡内士大夫也纷纷赶往劝阻桥玄，桥玄这才作罢。当时桥玄因此事颇受世人讥讽。后来桥玄谢罪，称病被免，之后他又再次受到公车署的征召，桓帝末，鲜卑、南匈奴及高句骊嗣子伯固并畔，为寇钞，四府举玄为度辽将军，假黄钺。玄至镇，休兵养士，然后督诸将守讨击胡虏及伯固等，皆破散退走。在职三年，边境安静。

灵帝初，征入为河南尹，转少府、大鸿胪。建宁三年，迁司空，转司徒。素与南阳太守陈球有隙，及在公位，而荐球为廷尉。玄以国家方弱，自度力无所用，乃称疾上疏，引众灾以自劾。遂策罢。岁余，拜尚书令。时太中大夫盖升与帝有旧恩，前为南阳太守，臧数亿以上。玄奏免升禁锢，没入财贿。帝不从，而迁升侍中。玄托病免，拜光禄大夫。光和元年，迁太尉。数月，复以疾罢，拜太中大夫，就医里舍。

玄少子十岁，独游门次，卒有三人持杖劫执之，入舍登楼，就玄求货，玄不与。有顷，司隶校尉阳球率河南尹、洛阳令围守玄家。球等恐并杀其子，未欲迫之。玄瞋目呼曰："奸人无状，玄岂以一子之命而纵国贼乎！"促令兵进。于是攻之，玄子亦死。玄乃诣阙谢罪，乞下天下："凡有劫质，皆并杀之，不得赎以财宝，开张奸路。"诏书下其章。初自安帝以后，法禁稍弛，京师劫质，不避豪贵，自是遂绝。

玄以光和六年卒，时年七十五。玄性刚急无大体，然谦俭下士，子弟亲宗无在大官者。及卒，家无居业，丧无所殡，当时称之。

担任司徒长史，拜任将作大匠。

桓帝末年，鲜卑、南匈奴及高句骊的嗣子伯固一并造反，劫掠百姓，四府举荐桥玄为度辽将军，授黄钺。桥玄来到边境，休兵养士，然后指挥率领诸将、郡守讨伐胡虏及伯固等人，反贼纷纷败亡，四散奔逃。桥玄在职三年，边境安宁。

灵帝初年，桥玄受到征召，入朝担任河南尹，之后转任少府、大鸿胪。建宁三年（170），桥玄升任司空，又转任司徒。桥玄素来与南阳太守陈球有嫌隙，等到自己位列三公之后，反而举荐陈球为廷尉。桥玄认为当下国家正弱，衡量自己发挥不了什么作用，桥玄便称病上书，援引众灾以此自劾。于是灵帝策令免去其官职。一年多后，灵帝再次诏令桥玄拜任尚书令。当时太中大夫盖升对灵帝有旧恩，先前盖升担任南阳太守时，贪污受贿达数亿以上。桥玄上奏弹劾盖升，请求罢免盖升，并禁止其继续为官，没收其赃款。灵帝没有同意，反而提拔盖升为侍中。桥玄因此称病免职，后来桥玄又拜任光禄大夫。光和元年（178），桥玄升任太尉。数月后，桥玄再次因病被免，灵帝命其拜任太中大夫，在家中治病。

桥玄的小儿子十岁时，某次独自在门前玩耍，突然有三人手持棍棒将其劫持劫持，贼寇入舍登楼，向桥玄索要财物，桥玄不给。不久之后，司隶校尉陈球率河南尹、洛阳令围守在桥玄家。陈球等人害怕贼寇会将桥玄和他的儿子一并杀害，不愿逼迫贼寇。桥玄怒视高呼道："奸人无状，我岂会因一子之命而放纵祸乱国家的贼寇！"桥玄摧促命令进军擒贼。于是陈球出兵攻打贼寇，桥玄的儿子也在交战中被杀。桥玄便入宫谢罪，并且奏请灵帝诏令天下："凡是有贼寇劫持人质，全部杀掉，不得用财宝赎出人质，因为这样会大开奸路。"灵帝同意了桥玄的奏请，并将其奏书昭告天下，起初自安帝以后，法律禁令逐渐废弛，京师抢劫人质频繁发生，不论豪强富贵，无不遭殃，但自此之后贼寇绝迹，劫持的案件不再发生。

桥玄在光和六年（183）去世，时年七十五岁。桥玄性情刚厉急躁，不顾大体，但他谦逊节俭，礼贤下士，他的门生亲宗无人担任大官。等桥玄去世后，家中没有私产，举行丧礼也没有停灵的地方，当时初，曹操微时，人莫知者。尝往候玄，玄见而异焉。谓曰："今天下将乱，安生民者其在君乎！"操常感其知己。及后经过玄墓，辄悽怆致祭。自为其文曰："故太尉桥公，懿德高轨，泛爱博容。国念明训，士思令谟。幽灵潜翳，邈哉缅矣！操以幼年，逮升堂室，特以顽质，见纳君子。增荣益观，皆由奖助，犹仲尼称不如颜渊，李生厚叹贾复。士死知己，怀此无忘。又承从容约誓之言：'徂没之后，路有经由，不以斗酒只鸡过相沃酹，车过三步，腹痛勿怨。'虽临时戏笑之言，非至亲之笃好，胡肯为此辞哉？怀旧惟顾，念之悽怆。奉命东征，屯次乡里，北望贵土，乃心陵墓。裁致薄奠，公其享之！"

玄子羽，官至任城相。

论曰：任棠、姜岐，世著其清。结瓮牖而辞三命，殆汉阳之幽人乎？庞参躬求贤之礼，故民悦其政；桥玄厉邦君之威，而众失其情。夫岂力不足欤？将有道在焉。如令其道可忘，则强梁胜矣。语曰："三军可夺帅，匹夫不可夺志。"子贡曰："宁丧千金，不失士心。"昔段干木逾墙而避文侯之命，泄柳闭门不纳穆公之请。贵必有所屈，贱亦有所申矣。

赞曰：李叟勤身，甘饥辞馈。禅为君隐，之死靡贰。龟习边功，参起徒中。桥公识运，先觉时雄。

人们无不称叹。

起初，曹操在尚未显达时，无人知晓。曹操曾去拜访过桥玄，桥玄接见了曹操，对其颇感惊异，桥玄对曹操说：“如今天下将乱，安定百姓的重任或许要由君来完成！”曹操常常感念桥玄，并将桥玄视为知己。后来曹操经过桥玄的坟墓，心中无比悲伤，驻足祭奠。曹操为桥玄写下一篇祭文道：“故太尉桥公，德行高尚，泛爱博容。国家怀念其明训，士人追思其嘉谋。灵魂隐踪，世人缅怀。操在幼年，前来拜谒，以自身之顽质，得桥公赞赏。操后来加受荣耀，开阔眼界，都是源于桥公的称赞和扶助，犹如孔子自称不如颜渊，李生称叹贾复。士为知己者死，操怀念桥公无法忘记。操又听到桥公的从容约誓之言：‘在我死后，你路过我的坟前，倘若你不用一斗酒、一只鸡来祭奠，马车走出三步，你就会腹痛，到那时不要有所埋怨。’虽是临时戏笑之言，若不是至亲般厚遇，怎会对操讲这些话呢？怀旧思念，心中悲戚。操奉命东征，屯军乡里，北望桥公的故乡，心向陵墓。准备祭礼在此薄祭，请公享之！”

桥玄之子桥羽，官做到任城相。

评论说：任棠、姜岐，清廉之声闻名于世。虽然居于赤贫之家却多次拒绝授任的征召，这或许就是汉阳的隐士？庞参践行卑己求贤之礼，因此百姓对他的治理心悦诚服；桥玄振奋为官作宰之威，却逐渐失去民心。难道是能力不足？而是因为其中自有道理要遵守。倘若可以将这些道理遗忘，那么强暴凶残之徒则会手握权柄，横行四方了。《论语》中讲：“三军可夺帅，匹夫不可夺志。”子贡说：“宁丧千金，不失士心。”段干木翻墙来躲避魏文侯的授命，泄柳闭门来拒绝鲁穆公的延请。位贵者必然会有屈身卑己之时，卑贱者也必将会有实现抱负，舒展才华之际。

赞辞说：李恂勤于政事，甘受清贫也不接受馈赠。陈禅为君王镇守边境，至死没有二心。陈龟熟知边境风俗，建功立业，庞参在刑徒中得到提拔任用。桥公了解世态变化，率先认出一代枭雄。

卷八十二

崔骃列传第四十二

崔骃字亭伯，涿郡安平人也。高祖父朝，昭帝时为幽州从事，谏刺史无与燕剌王通。及剌王败，擢为侍御史。生子舒，历四郡太守，所在有能名。

舒小子篆，王莽时为郡文学，以明经征诣公车。太保甄丰举为步兵校尉，篆辞曰："吾闻伐国不问仁人，战陈不访儒士。此举奚为至哉？"遂投劾归。

莽嫌诸不附己者，多以法中伤之。时篆兄发以佞巧幸于莽，位至大司空。母师氏能通经学、百家之言，莽宠以殊礼，赐号义成夫人，金印紫绶，文轩丹毂，显于新世。

后以篆为建新大尹，篆不得已，乃叹曰："吾生无妄之世，值浇、羿之君，上有老母，下有兄弟，安得独洁己而危所生哉？"乃遂单车到官，称疾不视事，三年不行县。门下掾倪敞谏，篆乃强起班春。所至之县，狱犴填满。篆垂涕曰："嗟乎！刑罚不中，乃陷人于穽。此皆何罪，而至于是！"遂平理，所出二千余人。掾吏叩头谏曰："朝廷初政，州牧峻刻。宥过申枉，诚仁者之心；然独为君子，将有悔乎！"篆曰："邾文公不以一人易其身，君子谓之知命。如杀一大尹赎二千人，盖所愿也。"遂称疾去。

崔骃字亭伯，涿郡安平县人。他的高祖父崔朝，在西汉昭帝时担任幽州从事，他曾劝谏幽州刺史不要和燕剌王刘旦来往。等到燕剌王谋反失败后，崔朝升任为侍御史。崔朝之子崔舒，历任四个郡的太守，他在各郡都留下了贤能的美名。

崔舒的小儿子崔篆，新朝王莽年间担任主管郡内学校的郡文学，后来因通晓经术受召到公车署听候任用。太保甄丰举荐他担任步兵校尉。崔篆推辞道："在下听说不应向仁德之士询问征讨敌国之事，不应向儒生学者询问排兵布阵之法。为何您会推举在下担任步兵校尉呢？"于是崔篆检举了自己的过错后便回家去了。

王莽对拒绝依附自己的众人心怀不满，常常滥用法律陷害他们。当时，崔篆之兄崔发凭着溜须拍马、巧言令色而受到王莽宠幸，最终他官至大司空。崔篆的母亲师氏擅于研究儒家学术并通晓各家流派的学问，她因此受到王莽的恩宠和特别的礼遇，并获赐"义成夫人"的封号，有权佩戴金印信和紫绶带，还可以乘坐纹饰华美、朱红车轮的马车，她在新朝王莽之时地位显赫。

后来王莽任命崔篆为原名千乘郡现名建新郡的大尹，崔篆无可奈何，于是他深深地叹息道："我生在这个混乱不清的无妄年代，遇到的又是像浇和羿那样的昏暴君主，但是我上有老母，下有兄弟，我怎能只图自身高洁却使生养我的人遭受危险呢？"于是崔篆就一人一车来到郡府，他借口生病不理政务，连续多年春天不到治下各县巡行并鼓励农桑。为崔篆所亲近的属官倪敞予以劝谏，崔篆这才勉强起身颁布春季的政令。凡是他所巡行的县，县衙和乡镇的大小牢狱都关满了人。崔篆流着泪说："唉！刑罚不当，就是陷害百姓。他们都有什么罪呢，反而落到如此地步！"于是崔篆对案件做出公平的审理，有二千多人获得释放。属下叩头劝阻道："朝廷正当执政之建武初，朝廷多荐言之者，幽州刺史又举篆贤良。篆自以宗门受莽伪宠，惭愧汉朝，遂辞归不仕。客居荥阳，闭门潜思，著《周易林》六十四篇，用决吉凶，多所占验。临终作赋以自悼，名曰《慰志》。其辞曰：

嘉昔人之遘辰兮，美伊、傅之遌时。应规矩之淑质兮，过班、倕而裁之。协准矱之贞度兮，同断金之玄策。何天衢于盛世兮，超千载而垂绩。岂修德之极致兮，将天祚之攸适？

愍余生之不造兮，丁汉氏之中微。氛霓郁以横厉兮，羲和忽以潜晖。六柄制于家门兮，王纲漼以陵迟。黎、共奋以跋扈兮，羿、浞狂以恣睢。睹嫚臧而乘衅兮，窃神器之万机。思辅弼以媮存兮，亦号咷以詶咨。嗟三事之我负兮，乃迫余以天威。岂无熊僚之微介兮？悼我生之歼夷。庶明哲之末风兮，惧《大雅》之所讥。遂翕翼以委命兮，受符守乎艮维。恨遭闭而不隐兮，违石门之高踪。扬蛾眉于复关兮，犯孔戒之冶容。懿氓蚩之悟悔兮，慕白驹之所从。乃称疾而屡复兮，历三祀而见许。悠轻举以远遁兮，托峻峗以幽处。竫潜思于至赜兮，骋《六经》之奥府。皇再命而绍恤兮，乃云眷乎建武。运欃枪以电扫兮，清六合之土宇。圣德滂以横被兮，黎庶恺以鼓舞。辟四门以博延兮，彼幽牧之我举。分画定而计决兮，岂云贲乎鄙耇，遂悬车以絷马兮，绝时俗之进取。叹暮春之成服兮，阖衡门以初，所以州牧执法严苛。大尹您宽恕罪人，洗雪冤屈，确实是心怀仁慈；然而您势单力薄却独自一人践行君子之道，您或许会为此而后悔呀！”崔篆说：“邾文公不因自己一人的利害而有违于职责，君子称他是深知天命的有德之人。如果一名大尹受到处死却能换来两千名百姓的生命，那么这就是我所心甘情愿的。”崔篆最终托病辞官。

光武帝建武初年，朝中有不少人举荐崔篆，更有幽州刺史推举崔篆为贤能、良善之士。崔篆自认为崔氏一门深受伪帝王莽恩宠，因而心中对汉朝有愧，就推辞了朝廷的任命并回到家乡不再做官。后来崔篆旅居于荥阳县，他紧闭家门潜心钻研，创作了《周易林》六十四篇，以此判定吉凶，占卜的结果经常得到应验。崔篆临终时写了一篇赋自述伤痛，名为《慰志》。赋文是：

前人生正逢时值得称颂，赞美伊尹、傅说遭逢盛世。天资良善符合圆规、矩尺，遇到鲁班和倕助其裁夺。品行端正符合准绳、尺度，君臣同心妙策利可断金。何等盛世贤才通行无阻，千年之后功绩依然流传。难道美德当时已臻极致，天赐之福又将归于何处？

遗憾啊我一生无所成就，亲身遭逢汉室中道衰微。凶气、阴气密布横绝苍天，忽然袭来遮蔽白日光辉。权贵之臣专擅六项大权，朝纲毁弃渐渐趋于衰败。九黎、共工蛮横、发动叛乱，后羿、寒浞狂妄，放纵暴戾。王莽窥伺已久乘人不备，谋朝篡位窃夺帝王要务。此人本想辅政以图苟活，最终却又号哭咨询废帝。唉，三公的征召为我所拒，王莽便以天威逼我出仕。我岂不像熊僚心怀耿介？只是担心生母遭受毒害。明哲保身遗风或可效法，但我仍担心《大雅》的讥刺。最终收拢翅膀听天由命，接受符节赴东北任太守。遗憾身逢乱世却未归隐，有违石门隐士高尚言行。于君子之复关扬起蛾眉，巧饰之容触犯孔门戒律。敦厚者的悔悟多么美好，仰慕贤人所遵行的正道。于是托病屡屡请求退职，历经三年终于获得准许。我从容地飞扬逃向远方，托身于高山、隐居于幽僻。安然潜心于遥深的经义，心灵驰骋于《六经》之奥妙。上苍忧恤汉室再续天命，于是降下眷顾建武复兴。挥动彗星、闪电廓清寰宇，上下四方之乱一扫而净。浩荡的圣德遍扫轨。聊优游以永日兮，守性命以尽齿。贵启体之归全兮，庶不忝乎先子。

纂生毅，以疾隐身不仕。

毅生骃，年十三能通《诗》《易》《春秋》，博学有伟才，尽通古今训诂百家之言，善属文。少游太学，与班固、傅毅同时齐名。常以典籍为业，未遑仕进之事。时人或讥其太玄静，将以后名失实。骃拟杨雄《解嘲》，作《达旨》以答焉。其辞曰：

或说己曰："《易》称'备物致用'，'可观而有所合'，故能扶阳以出，顺阴而入。春发其华，秋收其实，有始有极，爰登其质。今子韫椟《六经》，服膺道术，历世而游，高谈有日，俯钩深于重渊，仰探远乎九乾，穷至赜于幽微，测潜隐之无源。然下不步卿相之廷，上不登王公之门，进不党以赞己，退不黩于庸人。独师友道德，合符曩真，抱景特立，与士不群。盖高树靡阴，独木不林，随时之宜，道贵从凡。于时太上运天德以君世，宪王僚而布官；临雍泮以恢儒，疏轩冕以崇贤；率惇德以厉忠孝，扬茂化以砥仁义；选利器于良材，求镆铘于明智。不以此时攀台阶，窥紫闼，据高轩，望朱阙，夫欲千里而咫尺未发，蒙窃惑焉。故英人乘斯时也，犹逸禽之赴深林，虻蚋之趣大沛。胡为嘿嘿而久沉滞也？"

布于天下，百姓因喜悦而精神振奋。朝廷求贤广开四方之门，那幽州刺史便推举在下。出谋划策这等辅国大业，怎需山野老朽加以妆点，于是挂起马车、拴好马匹，隔绝俗世、斩断进取之心。感叹暮春盛装出游之乐，关闭横木之门清扫人迹。姑且从早到晚安然闲适，保守性命以求尽享天年。以保全身体的善终为贵，希望先人不会因我蒙羞。

崔篆之子崔毅出生后，他因病隐居不再为官。

崔毅之子崔骃，十三岁便通晓《诗经》《易经》《春秋》，学识渊博，才能卓越，从古至今的解释字句的学问和各种流派的学说崔骃无不精通，文采也非常出色。崔骃年轻时曾在太学求学，他的名望和同时代的班固、傅毅相当。崔骃一直以钻研古今文献为业，无暇考虑做官之事。当时有些人讥笑他太过清静无为，或许是为了身后的名声而有意不遵从本心。崔骃模仿扬雄的《解嘲》，创作了《达旨》作为回应。赋文是：

有人劝在下说："《易经》曾有言'使自己的才能完备以求切于实用'，又说'德行有值得观览之处才能合于世用'，因此才能与德行到达一定程度才能顺应阳气而出从而有所作为，又能顺应阴气而入从而葆养身心。正如春天花朵盛开，秋天果实丰收，为人也应有始有终，于是那天赋的资质便得以提升。如今您胸怀《六经》要义，牢记道家妙旨，研习了历代的学问，高谈阔论为时已久，俯下身来于九重深渊探索深奥的义理，仰起头来于九天之上探索远大的妙道，于幽暗、隐秘之处穷究精微的至理，在不知源头之处推求潜藏的至道。但是，你既不到将相达官家串门，又不去拜见王公贵族，既不结纳同党来抬高自己，又不远离轻视那些庸才。只把道德当做老师和友人，言行符合先代的纯德，与身影为伴遗世独立，不与人结交离群索居。当知树木过高便无阴凉，一株树木难成森林，应当遵行合乎时俗之风，看重顺从凡俗之道。在如今这个时代天子施展圣德从而君临天下，以国法管理臣下并做出安排；陛下亲临辟雍、泮宫弘扬儒术，分赐轩车、冕服用以礼敬贤人；亲身遵循敦厚的德行从而激励臣民尽忠尽孝，宣扬美盛的教化从而磨炼践行仁义之志；陛下为了求得卓越答曰："有是言乎？子苟欲勉我以世路，不知其跌而失吾之度也。古者阴阳始分，天地初制，皇纲云绪，帝纪乃设，传序历数，三代兴灭。昔大庭尚矣，赫胥罔识。淳朴散离，人物错乖。高辛攸降，厥趣各违。道无常稽，与时张弛。失仁为非，得义为是。君子通变，各审所履。故士或掩目而渊潜，或盥耳而山栖；或草耕而仅饱，或木茹而长饥；或重聘而不来，或屡黜而不去；或冒訽以干进，或望色而斯举；或以役夫发梦于王公，或以渔父见兆于元龟。若夫纷纙塞路，凶虐播流，人有昏垫之厄，主有畴咨之忧，条垂藟蔓，上下相求。于是乎贤人授手，援世之灾，跋涉赴俗，急斯时也。昔尧含戚而皋陶谟，高祖叹而子房虑；祸不散而曹、绛奋，结不解而陈平权。及其策合道从，克乱弭冲，乃将镂玄珪，册显功，铭昆吾之冶，勒景、襄之钟。与其有事，则褰裳濡足，冠挂不顾。人溺不拯，则非仁也。当其无事，则躐缨整襟，规矩其步。德让不修，则非忠也。是以险则救俗，平则守礼，举以公心，不私其体。

的才华而选任良材，为了求得杰出的谋略而求助智者。你不趁此时机顺着台阶登高，向往步入宫廷，占据高车驷马，企望踏上朝堂，虽志在千里之外却没有前进分毫，真是令我大惑不解。出众之人会因时不我待而尽快抓住这个机会力争上游，正如逃脱的鸟儿奔赴密林，蚊虫飞虻赶去大泽。为什么要长期默默无闻，不能飞黄腾达呢？”

在下回答道：“真有这样的话吗？您打算勉励我在俗世有所作为，却不知这将使我犯下过错、失去分寸。古时阴气阳气刚刚分开，苍天大地方才创制，三皇整理、编排纲纪，五帝于是订立法律，纲纪法律流传数代，历经夏、商、周三代有所盛行、有所隐没。上古的大庭王时代已然久远，赫胥王时代无人铭记。因此世间淳朴之道消散，人情事理黑白颠倒。自从帝喾时代以来，众人志趣各自不同。道没有恒常的准则，而随时俗进退变化。虽将失去重要的仁看作坏事，却认可所得到的低于仁的义。君子不拘常规，通权达变，各自审视其所遵行之道。所以有的人如无泽会遮着眼睛跳入深渊逃走，有的人如许由会清洗耳朵隐居深山之中；有的人如伯成子高耕作维生、勉强不饿，有的人如鲍实常忍饥饿以草木为食；有的人如接舆面对丰厚的聘礼而不受，有的人如柳下惠多次遭罢免而不退职；有的人如伊尹冒着耻辱谋求官位，有的人为君王所见而受到重用；有的人如傅说身为奴隶而现身于武丁之梦，有的人如姜尚身为渔父而现身于文王卦象。至于乱世之时众多的恶徒充斥道路，凶暴之辈流散四境，百姓困于洪水滔天的灾祸，君王忧心向臣民征询意见，又将藤蔓垂下，上下求索良策。于是贤人施以援手，援救当世灾难，跋山涉水来到百姓中间，赶忙救济百姓脱离苦难。正如从前唐尧悲戚于是皋陶出谋划策，刘邦叹息于是子房深思熟虑；战乱未消曹参周勃奋力征伐，包围未能解除陈平献上妙计。等到他们的计策符合君王心意，谋略为君王所听从，战乱便平定、贼寇便归顺，朝廷就会雕刻黑色的玉器作为赏赐，为贤臣的赫赫之功赐以名爵，在昆吾山所产之铜所冶炼的鼎上铭刻功劳，在晋景公、郑襄公所铸的钟上刻下功绩。天下若发生变故，那就涉水而行不顾沾湿双脚，尽快行动不顾取下冠帽。百姓受难而不救，这不是仁义之道。天下若太平无事，那就抓牢帽带、整理衣

“今圣上之育斯人也，朴以皇质，雕以唐文。六合怡怡，比屋为仁。壹天下之众异，齐品类之万殊。参差同量，坏冶一陶。群生得理，庶绩其凝。家家有以乐和，人人有以自优。威械臧而俎豆布，六典陈而九刑厝。济兹兆庶，出于平易之路，虽有力牧之略，尚父之厉，伊、皋不论，奚事范、蔡？夫广厦成而茂木畅，远求存而良马絷，阴事终而水宿臧，场功毕而大火入。方斯之际，处士山积，学者川流，衣裳被宇，冠盖云浮。譬犹衡阳之林，岱阴之麓，伐寻抱不为之稀，艺拱把不为之数。悠悠罔极，亦各有得。彼采其华，我收其实。舍之则臧，己所学也。故进动以道，则不辞执珪而秉柱国；复静以理，则甘糟糠而安藜藿。

“夫君子非不欲仕也，耻夸毗以求举；非不欲室也，恶登墙而搂处。叫呼衒鬻，县旌自表，非随和之宝也。暴智燿世，因以干禄，非仲尼之道也。游不伦党，苟以徇己，汗血竞时，利合而友。子笑我之沉滞，吾亦病子屑屑而不已也。先人有则而我弗亏，行有枉径而我弗随。臧否在予，唯世所议。固将因天质之自然，诵上哲之高训；

襟，步伐合乎礼仪、规矩。若不修行谦让之德，那么就算不上忠诚。因此危险时就救助百姓，平安时则遵循礼义，以公众的愿望作为举动的出发点，而不被一己的私心所左右。

“当今圣上化育他的子民，运用三皇之道使百姓心地朴实，又运用唐尧之术使百姓温文尔雅。上下四方都欢心自得，家家户户都践行仁义。使天下的各种差异归于同一，使参差有别的万物整齐有序。使事物的不一致变得等同，在一个窑中烧制不同陶坯。众多的生灵得到治理，盛大的功业将要完成。家家都有幸福快乐的生活，人人都有引以为傲的优长。刀枪入库并弘扬礼义，彰明《周礼》所订的六项典则并将周朝衰微时推行的九种刑罚搁置不用。朝廷拯救万民于水火之中，让他们走在平坦宽广的道路上。因此虽然有黄帝之臣力牧一般的才略，尚父姜太公一般的威严，伊尹、皋繇暂且不论，又何况范雎、蔡泽？值此太平盛世，贤才并非急需。宽广高大的房屋已然建成因而茂盛的林木会更加蓬勃，不再需要远方的奇珍异宝因而骏马便可拴系于厩中，阴气主导的冬天结束水星便会隐藏不见，存放作物的场圃修建完毕心宿二便落入地平线之下。在现在这个时代，隐居不仕之人堆积如山，学者不断涌现多如川流，着大夫衣冠的大员遍布天下，头戴礼帽、车有顶盖的显贵多如浮云。正如衡山阳面的密林，即使砍伐了周长八尺的大树也不会使林木变的稀少，又如泰山阴面的山林，即使种下两扎粗的幼苗也不会使树木变得茂密。贤士众多，无穷无尽，每个人都各得其所。众人采撷那浮于表面的花朵，我则收获那基于根本的果实。不获任用那就退而隐居，这是我向圣贤所学到的。因此如果进取有道，那么再高的职位也不必推辞；如果静处反而合理，即使吃糠咽菜也可处之素然。

“君子并非不想做官，只是耻于用谄媚、逢迎求得举荐；并非不想娶得妻室，只是厌恶翻过院墙去搂抱处女。大呼小叫自我吹捧，挂其牌匾自我表彰，随侯珠、和氏璧无需如此吹嘘。炫示才智、夸耀于世，以此求取高官厚禄，这可不是孔子所奉行的正道。来往之人不伦不类，蝇营狗苟只图私利，劳心劳力迎合时俗，利益一致便成朋党。你笑我埋没草野，我也为你渺小的气概感到忧虑啊。前人具咏太平之清风，行天下之至顺。惧吾躬之秽德，勤百亩之不耘。縶余马以安行，俟性命之所存。昔孔子起威于夹谷，晏婴发勇于崔杼；曹刿举节于柯盟，卞严克捷于强御；范蠡错势于会稽，五员树功于柏举；鲁连辩言以退燕，包胥单辞而存楚；唐且华颠以悟秦，甘罗童牙而报赵；原衰见廉于壶飧，宣孟收德于束脯；吴札结信于丘木，展季效贞于门女；颜回明仁于度毂，程婴显义于赵武。仆诚不能编德于数者，窃慕古人之所序。”

元和中，肃宗始修古礼，巡狩方岳。骃上《四巡颂》以称汉德，辞甚典美，文多故不载。帝雅好文章，自见骃颂后，常嗟叹之，谓侍中窦宪曰：“卿宁知崔骃乎？”对曰：“班固数为臣说之，然未见也。”帝曰：“公爱班固而忽崔骃，此叶公之好龙也。试请见之。”骃由此候宪。宪屣履迎门，笑谓骃曰：“亭伯，吾受诏交公，公何得薄哉？”遂揖入为上客。居无几何，帝幸宪第，时骃适在宪所，帝闻而欲召见之。宪谏，以为不宜与白衣会。帝悟曰：“吾能令骃朝夕在傍，何必于此！”适欲官之，会帝崩。

窦太后临朝，宪以重戚出内诏命。骃献书诫之曰：

备的德行那我就不会缺乏，前人走错的道路那我就不会追随。是好是坏在下心中有数，世俗议论我自听之任之。在下将坚定地顺应自然的天资，吟诵先哲的高论；歌颂太平之世的清明风化，践行流播天下的根本公理。我担心自己怀有恶劣的品性，勤奋地耕耘于尚未除去恶德之草的百亩心田。拉紧我的马缰安稳前行，静待到达命定的隐居地。从前孔子在齐鲁夹谷会盟中树立威望，晏婴于弑君者崔杼面前振奋勇气；曹刿在齐鲁柯地会盟上彰显气节，卞庄子服丧完毕后接连击败强敌；范蠡在越王困于会稽时设下谋略，伍子胥在柏举击败楚军建立功勋；鲁仲连用雄辩的言论使燕军败退，包胥不以言辞而以泪水保全楚王；鹤发唐雎却使秦王醒悟救援魏国，童子甘罗在赵国为张唐开辟通路；赵衰清廉路上饥饿不吃壶中汤饭，赵盾送饿汉几束干肉而收获恩惠；季札将剑挂在坟旁树上完成约定，城门外偶遇女子展季展现了正直；颜回以预测车马失控来宣明仁德，程婴凭保全孤儿赵武彰显了义气。在下确实不能位居于这几位有德者之列，但在下仍谦恭地仰慕于古人口中的圣贤。”

章帝元和年间，章帝开始弘扬古时的礼制，到四方山岳巡行。崔骃献上《四巡颂》来颂扬汉德，文辞典雅优美，因篇幅很长此处不便记载。章帝一向喜爱文章，自从读了崔骃的颂以后，便常对崔骃赞叹不已，章帝对侍中窦宪说：“您可知道崔骃吗？”窦宪答道：“班固曾多次和我提到过他，但我和他未有一面之缘。”章帝说：“您欣赏班固却忽视了崔骃，这是叶公好龙呀。请您姑且见见他吧。”崔骃因此便拜访窦宪登门问候。窦宪鞋子都来不及穿好匆忙赶到门前迎接，他笑着对崔骃说道：“崔亭伯，我奉天子的旨意和您结交，怎能让您受到轻慢？”于是窦宪拱手行礼请崔骃入内并奉他为座上宾。崔骃在窦宪家没住多久，章帝便亲临窦府，当时崔骃正在府中，章帝知道后就想召见崔骃。窦宪劝阻了章帝，他认为天子和平头百姓见面是不合适的。章帝有所悔悟便说：“当初我若能让崔骃时时随侍左右，何必像今天这样！”朝廷正要为崔骃授予官位，恰逢章帝驾崩。

后来窦太后亲掌朝政，窦宪凭显贵的外戚身份负责传达窦太后的命令。崔骃献上文书劝诫窦宪说：

骃闻交浅而言深者，愚也；在贱而望贵者，惑也；未信而纳忠者，谤也。三者皆所不宜，而或蹈之者，思效其区区，愤盈而不能已也。窃见足下体淳淑之姿，躬高明之量，意美志厉，有上贤之风。骃幸得充下馆，序后陈，是以竭其拳拳，敢进一言。

传曰："生而富者骄，生而贵者傲。"生富贵而能不骄傲者，未之有也。今宠禄初隆，百僚观行，当尧舜之盛世，处光华之显时，岂可不庶几夙夜，以永众誉，弘申伯之美，致周、邵之事乎？语曰："不患无位，患所以立。"昔冯野王以外戚居位，称为贤臣；近阴卫尉克己复礼，终受多福。郯氏之宗，非不尊也；阳侯之族，非不盛也。重侯累将，建天枢，执斗柄。其所以获讥于时，垂愆于后者，何也？盖在满而不挹，位有余而仁不足也。汉兴以后，迄于哀、平，外家二十，保族全身，四人而已。《书》曰："鉴于有殷。"可不慎哉！

窦氏之兴，肇自孝文。二君以淳淑守道，成名先日；安丰以佐命著德，显自中兴。内以忠诚自固，外以法度自守，卒享祚国，垂祉于今。夫谦德之光，《周易》所美；满溢之位，道家所戒。故君子福大而愈惧，爵隆而益恭。远察近览，俯仰有则，铭诸几杖，刻诸盘杅。矜矜业业，无殆无荒。如此，则百福是荷，庆流无穷矣。

在下听说和交情很浅的人深入交谈，这是愚蠢的；身份卑微却拜访尊贵之人，这是糊涂的；未获信任却贸然进献忠言，是公然指责。这三种做法都是不合适的，然而有人却会如此行动，他是想献出自己卑微的忠心，心中的不甘郁结而且无法停止。在下看到您具有淳厚善良的天资，身怀高超明智的识量，情趣美好、砥砺志气，有圣贤的风范。在下有幸在低级官署任职，排在百官后列，因此在下希望倾尽自己诚恳的心意，斗胆献上意见。

传说："一出生便安享富裕的人自然会骄矜，一出生便地位尊贵的人自然会傲慢。"天生富有显贵却能不骄横、不自大的人，是不存在的。现在您刚刚开始享有深厚的恩宠和大量的财富，群臣百官都紧盯着您的行为举止，在如今这个恰如尧舜时代的盛世，置身于日月光辉明亮耀眼的时期，哪能不几乎夜以继日的尽心尽力，来使自己永远受到众人的称赞，弘扬申伯辅佐宣王的美德，成就周公、召公辅政的大业呢？《论语》曾有言："不担心失去官位，只担心自己没有胜任官位的才德。"从前冯野王凭外戚身份身居高位，众人称赞他是贤臣；近来卫尉阴兴自我约束，遵行礼义，最终获得很多福分。郑地的史丹一族，并非不是尊贵之家，阳平的王禁一门，并非不是世家大族。王家多人封侯、多人拜将，运转天枢、执掌斗柄，拱卫居于北辰的君王。但他们在当时受到谴责，罪过流传于后世，原因何在呢？在于他们权势滔天却不知谦卑退让，地位尊贵有余而仁义不足。从汉朝建立以来，一直到哀帝、平帝年间，一共二十家外戚，保全了家族和自身性命的皇后或妃子，只有四位而已。《尚书》说："把殷商当做镜子。"怎能不心怀谨慎呢！

窦家的兴起，始于文帝年间。文帝窦皇后的两位兄弟窦长君、窦少君因为淳厚善良、坚守正道，在之前便已成名；安丰侯窦融因辅佐受命于天的光武帝而彰明了自己的德行，扬名于中兴之时。他们用忠诚巩固自己的内在修养，用法度保持自己的外在行动，于是他们最终便能安享福分和封国，将幸福传承到如今。谦逊之德的好处，是《周易》所称赞的；过分尊荣的地位，是道家所戒备的。因此君子越是享有福分便越会忧惧，越是爵位显赫便越是恭敬。他们目光长及宪为车骑将军，辟骃为掾。宪府贵重，掾属三十人，皆故刺史、二千石，唯骃以处士年少，擢在其间。宪擅权骄恣，骃数谏之，及出击匈奴，道路愈多不法，骃为主簿，前后奏记数十，指切长短。宪不能容，稍疏之，因察骃高第，出为长岑长。骃自以远去，不得意，遂不之官而归。永元四年，卒于家。所著诗、赋、铭、颂、书、记、表、《七依》、《婚礼结言》、《达旨》、《酒警》合二十一篇。中子瑗。

瑗字子玉，早孤，锐志好学，尽能传其父业。年十八，至京师，从侍中贾逵质正大义，逵善待之，瑗因留游学，遂明天官、历数、《京房易传》、六日七分。诸儒宗之。与扶风马融、南阳张衡特相友好。初，瑗兄章为州人所杀，瑗手刃报仇，因亡命。会赦，归家。家贫，兄弟同居数十年，乡邑化之。

年四十余，始为郡吏。以事系东郡发干狱。狱掾善为《礼》，瑗间考讯时，辄问以《礼》说。其专心好学，虽颠沛必于是。后事释归家，为度辽将军邓遵所辟。居无何，遵被诛，瑗免归。

远，明察风险又近观自身，反躬自省，一举一动谨守法度，他们将自我劝勉的箴言铭刻在案几和手杖上，雕刻在浴盘和水盂上。小心谨慎、一丝不苟，不敢懈怠，不敢荒废。这样一来，就会承蒙众多福泽，吉庆永远流传。”

等到窦宪担任车骑将军时，窦宪征召崔骃来将军府做属官。窦宪的将军府职责重要，有三十名属官，此前都是刺史、太守等高官，唯独崔骃仅凭未曾做官的年轻人之身，就被提拔到将军府位居各位显贵之列。窦宪独揽大权傲慢、任性，崔骃曾多次规劝他。等到窦宪发兵讨伐匈奴时，他在开赴前线的路上更是多次不遵国法，崔骃身为主簿，上书劝谏窦宪共计数十次，谴责他的过错。窦宪无法容忍，便渐渐疏远了崔骃，窦宪乘便在考核中将崔骃评定为优秀，派他出任乐浪郡长岑县县长。崔骃自认为到遥远的地方为官，不合自己的志向，就没有赴任并返回家乡。永元四年（92），崔骃在家中去世。崔骃所创作的诗、赋、铭、颂、书、记、表、以及《七依》《婚礼结言》《达旨》《酒警》等作品一共二十一篇。崔瑗是他排行居中的儿子。

崔瑗字子玉，在他年纪尚小时父亲便离世了，然而他志向坚定，乐于治学，因此最终能够完全继承父亲的学问。崔瑗十八岁时，来到了洛阳，师从侍中贾逵请教并订正儒家经典的精要之处，贾逵非常友好地接待了崔瑗，于是他就留在洛阳求学，最终崔瑗通晓了天文、历法、《京房易传》、以及用八卦研究节气分配的“六日七分“法。各位儒生都把崔骃当做宗师。崔骃与左扶风人马融、南阳郡人张衡极为友好。起初，崔瑗之兄崔章为本州之人杀害，崔瑗亲手杀掉仇人为崔章报仇，之后便离家逃亡。后来恰逢大赦，崔瑗返回家中。崔瑗家境贫寒，崔家兄弟在一起住了几十年，同乡人都受到了他们的感化。

四十多岁的时候，崔瑗才在郡府谋得一个官位。后来却因意外事件被关押到东郡发干县的监牢。监狱的小吏善于研究《礼记》，崔瑗在接受审讯之余，总会向他请教《礼记》的学问。崔瑗乐于治学，一心一意，即使遭受磨难也一定不会放弃钻研。后来崔瑗在事件中的责任被免除之后他便回到家中，之后度辽将军邓遵又征召他到将军府中为官。崔瑗在府中任职没多久，邓遵就遭到处死，崔瑗因而被后复辟车骑将军阎显府。时阎太后称制，显入参政事。先是，安帝废太子为济阴王，而以北乡侯为嗣。瑗以侯立不以正，知显将败，欲说令废立，而显日沉醉，不能得见。乃谓长史陈禅曰："中常侍江京、陈达等，得以嬖宠惑蛊先帝，遂使废黜正统，扶立疏孽。少帝即位，发病庙中，周勃之征，于斯复见。今欲与长史君共求见，说将军白太后，收京等，废少帝，引立济阴王，必上当天心，下合人望。伊、霍之功，不下席而立，则将军兄弟传祚于无穷。若拒违天意，久旷神器，则将以无罪并辜元恶。此所谓祸福之会，分功之时。"禅犹豫未敢从。会北乡侯薨，孙程立济阴王，是为顺帝。阎显兄弟悉伏诛，瑗坐被斥。门生苏祇具知瑗谋，欲上书言状，瑗闻而遽止之。时陈禅为司隶校尉，召瑗谓曰："第听祇上书，禅请为之证。"瑗曰："此譬犹儿妾屏语耳，愿使君勿复出口。"遂辞归，不复应州郡命。

久之，大将军梁商初开莫府，复首辟瑗。自以再为贵戚吏，不遇被斥，遂以疾固辞。岁中举茂才，迁汲令。在事数言便宜，为人开稻田数百顷。视事七年，百姓歌之。

免官归家。

后来车骑将军阎显又征召崔瑗到将军府为官。当时阎太后亲掌朝政，阎显入朝参与处理政事。此前，安帝废黜了太子刘保将他贬为济阴王，转而册立北乡侯刘懿为继承人。崔瑗认为北乡侯成为太子不合礼法，便知道阎显将要倒台，他想说服阎显下令废黜北乡侯刘懿重立济阴王刘保为太子，然而阎显渐渐沉醉于自己的权势中，崔瑗始终没能受到接见。崔瑗就对长史陈禅说："中常侍江京、陈达等人，他们仗着自己受宠因而能够蛊惑先帝，最终诱骗先帝废黜了正统继承人，反而扶立嫔妃之子为太子。少帝刘懿即位不久，身在朝堂却突然害病，像周勃一般诛灭乱党、还政于正统的征兆，在眼下又出现了。如今在下想和长史您一同求见阎将军，说服将军向太后报告，并请求太后收押中常侍江京等人，废黜少帝刘懿，请回济阴王并拥立他为天子，如此一来必能对上顺应苍天心意，对下符合百姓希望。如伊尹、霍光一般的辅佐新君之功，不需离开座位就能成就，这样阎将军和阎家兄弟就能使福分永远地传承于后人。但如果违背天意，使帝位长久空虚，那么长史便会以无罪之身蒙受与罪魁祸首同等的罪孽。这正是所谓的决定祸福的时机，冒险一搏的时刻。"陈禅犹豫不决最终不敢听从。恰逢北乡侯刘懿病逝，孙程拥立济阴王刘保即位，刘保就是顺帝。之后阎显兄弟都遭到处死，崔瑗因身为阎显属官被罢免。崔瑗的再传弟子苏祇对崔瑗此前的计划知根知底，于是他打算上书向朝廷说明情况，崔瑗得知后便马上阻止了苏祇。陈禅在当时是司隶校尉，他请来崔瑗并对他说："只管任凭苏祇上书吧，在下也会为您作证。"崔瑗说："您现在和在下说的这些话就像孺子和女流避人耳目的密谈，希望您不要再说这种话了。"其后崔瑗告辞归家，不再接受州郡官府的任命。

很久之后，大将军梁商开始设立幕府，崔瑗又率先受到征召。但他自认为自己已经两次出任位高权重的外戚的下属，每次都不能实现志向并最终遭到罢免，崔瑗因为梁商亦是外戚而坚决推辞。就在同年崔瑗被举荐为茂才，并被任命为汲县县令。担任县令期间他多次提出治国良方，还帮助百姓开垦了几百顷稻田。崔瑗在汲县担任了汉安初，大司农胡广、少府窦章共荐瑗宿德大儒，从政有迹，不宜久在下位，由此迁济北相。时李固为太山太守，美瑗文雅，奉书礼致殷勤。岁余，光禄大夫杜乔为八使，徇行郡国，以臧罪奏瑗，征诣廷尉。瑗上书自讼，得理出。会病卒，年六十六。临终，顾命子寔曰："夫人禀天地之气以生，及其终也，归精于天，还骨于地。何地不可臧形骸，勿归乡里。其赗赠之物，羊豕之奠，一不得受。"寔奉遗令，遂留葬洛阳。

瑗高于文辞，尤善为书、记、箴、铭，所著赋、碑、铭、箴、颂、《七苏》、《南阳文学官志》、《叹辞》、《移社文》、《悔祈》、《草书势》、七言，凡五十七篇。其《南阳文学官志》称于后世，诸能为文者皆自以弗及。瑗爱士，好宾客，盛修肴膳，单极滋味，不问余产。居常蔬食菜羹而已。家无担石储，当世清之。

寔字子真，一名台，字元始。少沉静，好典籍。父卒，隐居墓侧。服竟，三公并辟，皆不就。

桓帝初，诏公卿郡国举至孝独行之士。寔以郡举，征诣公车，病不对策，除为郎。明于政体，吏才有余，论当世便事数十条，名曰《政论》。指切时要，言辩而确，当世称之。仲长统曰："凡为人主，宜写一通，置之坐侧。"其辞曰：

七年县令，百姓们都歌颂他的仁政。

顺帝汉安年间初期，大司农胡广、少府窦章一同向朝廷举荐崔瑗说他是年高德勋的鸿儒，政绩优异，不应当长期担任低级官吏，朝廷因此升任崔瑗为济北国国相。当时，李固正担任泰山太守，他欣赏崔瑗的文雅，就送去书信和礼物表达了深厚的仰慕之心。过了一年多，光禄大夫杜乔作为同日就任的八名使者之一，到自己负责的各个郡国巡行，他以贪污的罪名上奏检举崔瑗，崔瑗被召到廷尉处受审。崔瑗上书自我申辩，自证清白后获得释放。崔瑗恰巧在此时病逝，享年六十六岁。临终时，他给儿子崔寔留下遗言说："人是领受了天地之气才获得生命的，到他死去时，灵魂会重归苍天，遗骨会返回后土。所以哪有什么地方不能掩藏我的躯体呢，不要把我的遗体送回故乡安葬。获赠的那些用于治丧的财物，如用于祭祀的羊和猪，一律不能接受。"崔寔谨遵父亲遗命，最终将崔瑗就地安葬在洛阳。

崔瑗的文学造诣很高，尤其善于创作书、记、箴、铭，他所创作的赋、碑、铭、箴、颂、《七苏》、《南阳文学官志》、《叹辞》、《移社文》、《悔祈》、《草书势》、七言，共计五十七篇。他的《南阳文学官志》在后世颇负盛名，那些擅长写作的人都认为自己和崔瑗相差甚远。崔瑗珍爱重视士子，喜欢结交宾客，他常为士人们备办丰盛的佳肴美食，他所提供的珍馐美馔穷尽了世间各种风味，却毫不考虑为自己留下些财产。日常饮食不过是粗劣的事物和菜糊罢了。家中连一担、一石的粮食都没有存下，当时的人们都认为崔瑗很清廉。

崔寔字子真，他又名崔台，字元始。崔寔年轻时沉稳闲静，醉心于研究古今文献。父亲去世后，他便幽居在父亲墓旁不问世事。丧期结束后，三公府一起征召他，但他都没有接受。

桓帝初年，朝廷命令公卿和地方各郡国推举尤为孝顺的品行出众之人。崔寔承蒙郡府举荐，受召到公车署候命，后来崔寔因病未能入宫接受天子的策问，最终他出任为郎官。崔寔明晓为政方略，为政的才能绰绰有余，他在文章中陈明了几十条有利于当代政事的意见，题目叫《政论》。他对紧要的时弊提出批判，文章析理明确、言辞笃定切实，当时之人都对《政论》赞赏有加。仲长统说："所有国君，都自尧舜之帝，汤武之王，皆赖明哲之佐，博物之臣。故皋陶陈谟而唐虞以兴，伊、箕作训而殷周用隆。及继体之君，欲立中兴之功者，曷尝不赖贤哲之谋乎！凡天下所以不理者，常由人主承平日久，俗渐敝而不悟，政寖衰而不改，习乱安危，怢不自睹。或荒耽嗜欲，不恤万机；或耳蔽箴诲，厌伪忽真；或犹豫歧路，莫适所从；或见信之佐，括囊守禄；或疏远之臣，言以贱废，是以王纲纵弛于上，智士郁伊于下。悲夫！

自汉兴以来，三百五十余岁矣。政令垢玩，上下怠懈，风俗彫敝，人庶巧伪，百姓嚣然，咸复思中兴之救矣。且济时拯世之术，岂必体尧蹈舜然后乃理哉？期于补绽决坏，枝柱邪倾，随形裁割，要措斯世于安宁之域而已。故圣人执权，遭时定制，步骤之差，各有云设。不强人以不能，背急切而慕所闻也。盖孔子对叶公以来远，哀公以临人，景公以节礼，非其不同，所急异务也。是以受命之君，每辄创制；中兴之主，亦匡时失。昔盘庚愍殷，迁都易民；周穆有阙，甫侯正刑。俗人拘文牵古，不达权制，奇伟所闻，简忽所见，乌可与论国家之大事哉！故言事者，虽合圣德，辄见掎夺。何者？其顽士暗于时权，安习所见，不知乐成，况可虑始，苟云率由旧章而已。其达者或矜名妒能，耻策非已，舞笔奋辞，以破其义，寡不胜众，遂见摈弃。虽稷、契复存，犹将困焉。斯贾生之所以排于绛、灌，屈子之所以摅其幽愤者也。夫以文帝之明，贾生之贤，绛、灌之忠，而有此患，况其余哉！

应抄写一份，放在座席一旁。”文章说：

自从唐尧、虞舜担任帝王、到商汤、武王成为国君，他们治理国家都有赖于明智之士的辅佐，博学之臣的帮助。因此尧、舜因皋陶的出谋划策而振兴国家，商、周因伊尹、箕子的训戒而国力隆盛。到后世君王继承大统时，那些想要建立复兴国家之功的君主，何曾不需仰仗贤明睿智之臣的谋略呢！大凡天下治理不善的原因，常在于人君过久地安享于太平之世，时俗逐渐败坏而不醒悟，国政渐趋衰颓而不悔改，他们对乱象习以为常，对危难安之若素，转瞬间就将眼前时弊抛在脑后、视而不见。那些君王有的沉迷于追求感官享受，对纷繁的政务不管不顾；有的对规劝教诲充耳不闻，满足于谎言却轻贱真心；有的在岔路口犹豫不决，不知顺从何人、走向何方；有的对辅佐之人充满信任，但这些人却不献一策、尸位素餐；有的对忠臣良将颇为疏远，却因他们身份低微而不用其策，因此朝堂之上国法和纲纪松懈、废弛，草野之中贤才智者郁郁不得志。可悲啊！

自从汉朝创立以来，已经有三百五十多年了。如今朝廷宣布的政令有害而且轻率，京城和地方的官吏都懒惰、懈怠，社会风气败坏，众人奸猾虚伪，百姓骚动不安，全都盼着光武帝中兴汉朝那样的救济能再次到来。至于拯救人世的方法，哪是一定要遵行尧舜之道然后才能治理好的呢？只要是心念着补好衣缝开裂之处，用心于支撑住歪斜的大厦，根据形势做出取舍并采取行动，目的是使国家处于安定平静的境域而已就好。所以圣人会以权变为本，根据当时的状况确定做法，每个步骤的差异，各出自不同的筹划。圣人不会强人所难，背离当时迫切的需求却向往道传闻中的做法。孔子回答叶公说为政的要义在于使远方之民归附，回答鲁哀公说要义在于选拔人才，回答齐景公说要义在于节约用度，这些为政要义并非有根本上的不同，只是所针对的当务之急有所不同。因此受天命开创王朝的君王，总会创立新的制度；使王朝中道复兴的君王，也会纠正混乱的时俗。从前盘庚哀怜于殷商的动乱，就迁都使臣民更新；周穆王认为政策有所欠缺，就让吕侯改定刑律。但平庸之人却拘泥并受制于古时的记载，不明白灵活变通的道理，珍视并拔高自己听说的传闻，却量力度德，《春秋》之义，今既不能纯法八代，故宜参以霸政，则宜重赏深罚以御之，明著法术以检之。自非上德，严之则理，宽之则乱。何以明其然也？近孝宣皇帝明于君人之道，审于为政之理，故严刑峻法，破奸轨之胆，海内清肃，天下密如。荐勋祖庙，享号中宗。算计见效，优于孝文。及元帝即位，多行宽政，卒以堕损，威权始夺，遂为汉室基祸之主。政道得失，于斯可监。昔孔子作《春秋》，褒齐桓，懿晋文，叹管仲之功。夫岂不美文、武之道哉？诚达权救敝之理也。故圣人能与世推移，而俗士苦不知变，以为结绳之约，可复理乱秦之绪，《干戚》之舞，足以解平城之围。

怠慢轻视自己眼前的实际，怎能和这样的人议论国家大事呢！所以对政事发表意见的人们，他们的进言虽然符合上古圣贤的大德，却总是遭到指责和拒斥。为什么呢？那些顽冥不化之人短于根据实情变通行事，对现状安之若素，他们连乐观其成都做不到，更不消说他们怎能在事业之始就有所谋划，只是一律按照旧制办事而已。而那些通情达理之人当中也有溺于自夸、嫉贤妒能之辈，他们耻于和政见向左的人谋划，奋笔疾书，慷慨陈词，想要把他们的观点解释明白，然而他们寡不敌众，意见终究不被采纳。即便是稷、契这样的贤臣复生，他们也仍会碰壁。这便是贾谊被周勃、灌婴所排挤的原因，屈原作《离骚》抒发他内心怨愤的原故。凭着文帝那样的英明，贾谊那样的贤才，周勃、灌婴那样的忠心，尚且会有这样的忧患，何况是对于其他人呢！

在评估了自己的能力和德行之后再采取行动，这是《春秋》所推崇的义理。现在已经不能完全效法三皇五帝之道，所以应当同时运用齐桓、晋文的霸道之政，眼下就应该用有功重赏、有过严惩的方式来治理臣民，用宣扬彰明法家学说的方式来约束臣民。天子本人如果并不具备至上的德行，那么为政严格就能井然有序，为政宽大就会混乱失序。为何知道会如此呢？距今未远的西汉宣帝精通为君之道，明晓为政之理，因此他推行严刑峻法，使作奸犯科之人不敢作乱，天下归于清平，四海归于宁静。朝廷将宣帝的功勋进献于祖庙，宣帝因此享有中宗的谥号。宣帝的谋划所取得的效果，甚至优于文帝。然而到元帝即位时，他处理朝政常以宽大为怀，最终朝政因此混乱破败，皇权于此时开始遭到篡夺，君权旁落最终成为引发汉朝倾颓之祸的根源。不同为政之道的利弊，于此可以有所借鉴。从前孔子编写《春秋》，褒扬齐桓公，称颂晋文公，赞叹于管仲辅佐齐桓公称霸的功劳。但孔子又怎会不欣赏周文王、周武王的仁义之道呢？这实在是因为孔子明白应以通权达变来匡正时弊的道理。所以圣人是能够顺应形势做出改变的，而庸人却会因为不知变通而受苦，错误地认为用结绳记事之时的教化方式，可以重新治理秦代乱政的余绪，用大禹平定有苗的《干戚》之舞，足以解救被围困在平城的高祖。

夫熊经鸟伸，虽延历之术，非伤寒之理；呼吸吐纳，虽度纪之道，非续骨之膏。盖为国之法，有似理身，平则致养，疾则攻焉。夫刑罚者，治乱之药石也；德教者，兴平之粱肉也。夫以德教除残，是以粱肉理疾也；以刑罚理平，是以药石供养也。方今承百王之敝，值厄运之会。自数世以来，政多恩贷，驭委其辔，马骀其衔，四牡横奔，皇路险倾。方将柑勒鞬辀以救之，岂暇鸣和銮，清节奏哉？昔高祖令萧何作九章之律，有夷三族之令，黥、劓、斩趾、断舌、枭首，故谓之具五刑。文帝虽除肉刑，当劓者笞三百，当斩左趾者笞五百，当斩右趾者弃市。右趾者既殒其命，笞挞者往往至死，虽有轻刑之名，其实杀也。当此之时，民皆思复肉刑。至景帝元年，乃下诏曰："加笞与重罪无异，幸而不死，不可为人。"乃定律，减笞轻捶。自是之后，笞者得全。以此言之，文帝乃重刑，非轻之也；以严致平，非以宽致平也。必欲行若言，当大定其本，使人主师五帝而式三王，荡亡秦之俗，遵先圣之风，弃苟全之政，蹈稽古之踪，复五等之爵，立井田之制。然后选稷契为佐，伊吕为辅，乐作而凤皇仪，击石而百兽舞。若不然，则多为累而已。

模仿熊攀树、鸟伸脚的养生操，虽然是延年益寿的良方，但却治不好伤寒病；呼出恶浊之气，吸入清新之气，虽然是增加寿命的妙法，但不是接骨的药膏。治国的方法，恰似修养身体，康复后要予以保养，生病了就予以治疗。刑罚处分，是治理乱世的药和石针；德行教化，是振兴太平的珍馐美味。想用德行教化诛灭凶暴之徒，这是用美味佳肴治疗疾病。想用刑罚治理太平之世，这是用药和石针作予以保养。如今大汉继承了百代君王的弊政，正处在陷入厄运的时期。自从大汉建立数代以来，天子为政常对臣下予以恩宠和赏赐，这就像驾车却丢掉了辔头，马嘴里的嚼子脱落，四匹公马胡乱奔窜，为君正道险些倾覆。这时才用给马含上柑木、加上辔头、扎紧车辕的办法来挽救，怎能来得及让鸾铃与和铃的响声和谐，并使马车能应和着协调的节奏前进呢？从前高祖命令萧何制定了《九章律》，其中对诛灭三族的刑罚做了规定，应受诛灭三族的罪人要依序经受面部刻字、割鼻、斩双足、割舌头，砍首等五项刑罚，因此将这一刑罚命名为五刑毕备。文帝虽然废除了肉刑，并将割鼻之刑的改为三百杖刑，将斩左足改为五百杖刑，将斩右足改为处死并弃尸于闹市。然而本应经受斩右足的犯人却已然因肉刑的废除而丧命，经受杖刑的犯人也是常常被杖打致死，文帝时虽说有减轻刑罚之名，而实际上是将处死作为了刑罚。以至于在那个时期，百姓都希望恢复肉刑。到景帝元年（前156），朝廷才下令道：“增加杖刑的数量和死刑没有区别，即使侥幸不死，也没法过正常人的生活了。”于是修订法律，减少用刑的数量和杖打的力度。自此之后，受杖刑者便能够保全性命。这样说来，文帝是用重刑治国，并未减轻刑罚；是用严刑达成太平，并非用宽大达成太平。如果非要依照古训治国，就应当彻底地从根本着手，必须让君王师从五帝、效法三王，荡除亡秦的不良时俗，谨遵上古圣王的风范，抛弃暂图安稳的政策，踏上学古之人的足迹，恢复周朝的五等爵位，订立周朝的井田制度。然后还必须选用后稷、子契那样的贤臣作为助力，任命伊尹、吕尚那样的贤相作为辅佐，这样才能求得舜帝奏乐便有凤凰飞舞相配的祥瑞，才能见到乐师夔击打石磬百兽便会跳舞的吉兆。如果朝廷不能依此行事，那么以古法治国只会其后辟太尉袁汤、大将军梁冀府，并不应。大司农羊傅、少府何豹上书荐寔才美能高，宜在朝廷。召拜议郎，迁大将军冀司马，与边韶、延笃等著作东观。

出为五原太守。五原土宜麻枲，而俗不知织绩，民冬月无衣，积细草而卧其中，见吏则衣草而出。寔至官，斥卖储峙，为作纺绩、织纴，練缊之具以教之，民得以免寒苦。是时胡虏连入云中、朔方，杀略吏民，一岁至九奔命。寔整厉士马，严烽候，虏不敢犯，常为边最。

以病征，拜议郎，复与诸儒博士共杂定“五经”。会梁冀诛，寔以故吏免官，禁锢数年。

时鲜卑数犯边，诏三公举威武谋略之士，司空黄琼荐寔，拜辽东太守。行道，母刘氏病卒，上疏求归葬行丧。母有母仪淑德，博览书传。初，寔在五原，常训以临民之政，寔之善绩，母有其助焉。服竟，召拜尚书。寔以世方阻乱，称疾不视事，数月免归。

初，寔父卒，剽卖田宅，起冢茔，立碑颂。葬讫，资产竭尽，因穷困，以酤酿贩鬻为业。时人多以此讥之，寔终不改。亦取足而已，不致盈余。及仕官，历位边郡，而愈贫薄。建宁中病卒。家徒四壁带来更多的拖累罢了。

后来太尉袁汤、大将军梁冀相继征召崔寔到太尉府、大将军府内任职，崔寔都没有接受。大司农羊傅、少府何豹上书推荐崔寔说他才华横溢，能力卓越，应在朝中为官。因而桓帝征召了崔寔并任命他为议郎，之后又提拔他为大将军梁冀的司马，与边韶、延笃等人在洛阳南宫的东观著书立说。

后来崔寔出任五原太守。五原郡的土壤适合种麻，然而当地百姓并没有掌握织布和捻麻线的技术，百姓冬天没有衣服穿，只能堆起细草躺在草里取暖，需要和官吏见面就披着草出门。崔寔上任后，便动用并变卖府库中的储备物资，帮助百姓制造各种用于纺丝、捻麻线、织布、织綀布、做麻絮冬衣的工具并教给他们使用方法，百姓因此能够免遭严寒之苦。这时匈奴接连进犯云中、朔方二郡，杀害并掳走官吏百姓，一年当中高达九成的日子里官民们都在为抵抗匈奴而奔走忙碌。崔寔整顿、训练军队，加强烽火台和哨所的防备，匈奴就不敢再入侵，从此边境各郡中五原郡总是最为安定的地方。

后来崔寔因病被召回朝中，出任为议郎，并又和各位儒生、博士一同审订“五经”。适逢梁冀受诛，崔寔因曾为梁冀的属官而遭到罢免，并入狱服刑数年。

当时鲜卑多次入侵边境，朝廷命令三公推荐能征善战、多谋善断之人，司空黄琼举荐了崔寔，朝廷便任命他为辽东太守。崔寔赴任途中，母亲刘氏因病逝世，崔寔上书请求将母亲的遗体送回故乡安葬并安排丧事。崔寔之母刘氏是做母亲的典范，品德美好，而且她广泛阅览儒家典籍和解经之书。起初，崔寔担任五原太守时，刘氏经常教导他治理百姓的策略，因此崔寔能取得优异政绩，母亲的助力不可或缺。崔寔服丧结束后，朝廷征召了他并任命他为尚书。但崔寔认为世间正值军阀割据，据险作乱之时，于是他借口生病不肯到职，几个月后崔寔遭到罢免并回归故里。

起初，崔寔之父崔瑗去世后，崔寔标价卖掉了耕田和房屋，之后为父亲修建了墓地，并立起墓碑、刻下颂辞。安葬了亡父后，家产已经用尽，崔寔因此陷入穷困，便以酿酒卖酒为生。当时有很多人因立，无以殡敛，光禄勋杨赐、太仆袁逢、少府段颎为备棺椁葬具，大鸿胪袁隗树碑颂德。所著碑、论、箴、铭、答、七言、祠、文、表、记、书凡十五篇。

寔从兄烈，有重名于北州，历位郡守、九卿。灵帝时，开鸿都门榜卖官爵，公卿州郡下至黄绶各有差。其富者则先入钱，贫者到官而后倍输，或因常侍、阿保别自通达。是时，段颎、樊陵、张温等虽有功勤名誉，然皆先输货财而后登公位。烈时因傅母入钱五百万，得为司徒。及拜日，天子临轩，百僚毕会。帝顾谓亲幸者曰："悔不小靳，可至千万。"程夫人于傍应曰："崔公冀州名士，岂肯买官？赖我得是，反不知姝邪？"烈于是声誉衰减。久之不自安，从容问其子钧曰："吾居三公，于议者何如？"钧曰："大人少有英称，历位卿守，论者不谓不当为三公；而今登其位，天下失望。"烈曰："何为然也？"钧曰："论者嫌其铜臭。"烈怒，举杖击之。钧时为虎贲中郎将，服武弁，戴鹖尾，狼狈而走。烈骂曰："死卒，父檛而走，孝乎？"钧曰："舜之事父，小杖则受，大杖则走，非不孝也。"烈惭而止。烈后拜太尉。

此指责他，但崔寔始终没有改变自己的行动。他做生意只求足以维持生计罢了，并不赚取额外的钱财。等后来做官时，他连续在边境各郡任职，因此更加贫穷。崔寔于灵帝建宁年间去世。崔寔家里一贫如洗，家人没钱为他更衣入棺，光禄勋杨赐、太仆袁逢、少府段颎帮崔家准备了棺椁等安放遗体的器具，大鸿胪袁隗为崔寔树起墓碑并刻下称颂功德的碑文。崔寔所创作的碑、论、箴、铭、答、七言、祠、文、表、记、书等各种文体的作品共计十五篇。

崔寔的堂兄崔烈，在北方州郡享有很高的声望，他接连担任过郡守和朝中的高官。灵帝时，朝廷在洛阳皇宫鸿都门内开设的学校中张贴告示出售官爵，所售官爵的等级各有区别，上至朝中公卿和州郡长官下至六百石以下可佩戴黄绶带的下级官吏。那些富人就先交钱、后赴任，穷人便在就任后加倍付钱，有的人委托常侍、或者权贵家的老保姆私自打通门路。当时，段颎、樊陵、张温等人虽然功勋卓著，声名赫赫，然而他们都是先送上钱财之后才荣登三公之位的。崔烈当时托老保姆的关系奉上了五百万钱，这才得以出任司徒。等到授官之日，灵帝来到宫殿前方的屋檐下，百官也一同聚集于此。灵帝回头对宠臣说："后悔没再稍微抬抬价，可以抬到一千万钱。"程夫人在一旁答道："崔烈是名扬冀州的高人，他哪肯花钱求官？多亏了我他才肯献上五百万，这样的美事陛下反而还不知足呀？"崔烈的名望因此渐渐下降。久而久之崔烈自己也心生不安，他故作从容地问他的儿子崔钧说："我身居三公之位，对此人们有什么议论吗？"崔钧说："父亲年轻时名声很好，接连担任朝中和地方大员，议论的人们无不表示您担得起三公之职；然而现在您终于出任三公了，但天下人却很是失望。"崔烈说："为何如此呢？"崔钧说："议论此事的人们都嫌弃您出任司徒一事中的铜臭味。"崔烈大怒，举起手杖朝崔钧打去。崔钧当时官居虎贲中郎将一职，他戴着武官的帽子，帽上还饰有善斗的鹖的尾羽，却在父亲的杖下狼狈而逃。崔烈骂道："你这个该死的小卒子，父亲打你反倒逃跑，你这算得上是孝顺吗？"崔钧说："虞舜侍奉父亲，父亲打得轻他就忍受，打得重他就逃走，所以我这样不是不孝顺。"崔烈感到惭愧便住了手。后来崔烈又出任为太尉。

钧少交结英豪，有名称，为西河太守。献帝初，钧与袁绍俱起兵山东，董卓以是收烈付郿狱，锢之，锒铛铁锁。卓既诛，拜烈城门校尉。及李傕入长安，为乱兵所杀。

烈有文才，所著诗、书、教、颂等凡四篇。

论曰：崔氏世有美才，兼以沉沦典籍，遂为儒家文林。骃、瑗虽先尽心于贵戚，而能终之以居正，则其归旨异夫进趣者乎！李固，高絜之士也，与瑗邻郡，奉贽以结好。由此知杜乔之劾，殆其过矣。寔之《政论》，言当世理乱，虽晁错之徒不能过也。

赞曰：崔为文宗，世禅雕龙。建新耻洁，摧志求容。永矣长岑，于辽之阴。不有直道，曷取泥沉。瑗不言禄，亦离冤辱。子真持论，感起昏俗。

崔钧年轻时结交英雄豪杰，颇有名望，后来出任西河太守。献帝初年，崔钧和袁绍一起在崤山以东起兵，董卓因此拘捕了崔烈将他投入郿县监牢，并将崔烈禁锢起来，给他上了铁制的枷锁。董卓被处死后，朝廷任命崔烈为城门校尉。到李傕侵入长安时，崔烈死于乱兵之手。

崔烈很有写作才能，他所创作的诗歌、书信、教、颂等各种文体的作品共计四篇。

评论说：崔氏一族世代才学出色，同时醉心于研究古今文献，于是众多儒生聚集到崔氏门下。崔骃、崔瑗虽然起初尽心效力于皇亲国戚，然而最终能够遵循正道，这样看来崔氏一族的人生宗旨与贪求进取之人还是有所不同的呀！李固，是高洁之士，从前崔瑗担任济北国国相时李固在相邻的泰山郡任太守，李固向崔瑗送上礼物和他结为好友。由此可知杜乔巡行济北国时对崔瑗的弹劾，可能是甚为过分了。崔寔的《政论》，论及的是治理整顿当今乱局的大道，崔寔的文采即使是晁错之类的文臣也不能超过。

赞辞说：崔氏一门文坛宗师，崔氏文采世代继承。建新大尹不顾高洁，压抑壮志只为苟全。乐浪长岑距离遥远，地处在那辽水南岸。既然无法求得正道，何不选择安贫隐居。崔瑗向来不谈利禄，却仍遭受蒙冤之辱。崔寔《政论》宣明高见，感化治愈黑暗时俗。

卷八十三

周黄徐姜申屠列传第四十三

《易》曰："君子之道，或出或处，或默或语。"孔子称"蘧伯玉邦有道则仕，邦无道则可卷而怀也"。然用舍之端，君子之所以存其诚也。故其行也，则濡足蒙垢，出身以效时；及其止也，则穷栖茹菽，臧宝以迷国。

太原闵仲叔者，世称节士，虽周党之洁清，自以弗及也。党见其含菽饮水，遗以生蒜，受而不食。建武中，应司徒侯霸之辟。既至，霸不及政事，徒劳苦而已。仲叔恨曰："始蒙嘉命，且喜且惧；今见明公，喜惧皆去。以仲叔为不足问邪，不当辟也。辟而不问，是失人也。"遂辞出，投劾而去。复以博士征，不至。客居安邑。老病家贫，不能得肉，日买猪肝一片，屠者或不肯与，安邑令闻，敕吏常给焉。仲叔怪而问之，知，乃叹曰："闵仲叔岂以口腹累安邑邪？"遂去，客沛。以寿终。

仲叔同郡荀恁，字君大，少亦修清节。资财千万，父越卒，悉散与九族。隐居山泽，以求厥志。王莽末，匈奴寇其本县广武，闻

《易经》说:“君子的处世之道,有时出仕有时隐居,有时沉默不语有时发表高论。”孔子说“蘧伯玉国政清明就出来做官,国政黑暗就不参与时政并敛藏才能”。君子效力于国事抑或放弃利禄的缘由,都是出于要保持他的坦诚之心。所以君子若要有所作为,就会不顾沾污双脚,蒙受羞辱,献出身心以求效力于世间;君子若要无所用心,就会安于清贫生活、粗茶淡饭,藏起才能不顾国政陷于迷失、混乱。

太原郡人闵仲叔,世人都称赞他是持守节操之士,即使像周党那样的高洁清白之人,也认为自己比不上闵仲叔。周党曾看到闵仲叔以豆子和水维生,于是便把生蒜送给他,闵仲叔收下了生蒜却不吃。光武帝建武年间,闵仲叔接受了司徒侯霸的征召。到司徒府就职后,然而侯霸却不让闵仲叔参与政事,只是让他在一些琐事上劳心费力罢了。仲叔后悔地说:“起初承蒙明公授官的命令,在下又喜又惧;现在见到明公为人,喜惧全都消失。如果您认为在下的意见不值一问呢,就不应该征召在下。征召了在下却不征询意见,您这是错过了人才呀。”于是闵仲叔告辞退下,之后呈上了弹劾自己的文书便离开了。后来朝廷又征召他做博士,他没有应召。闵仲叔离开了家乡客居在河东郡安邑县。这时他又老又病而且家境贫寒,没有肉吃,他就每天买一片猪肝,屠户有时连猪肝都不愿卖给他,安邑县令得知此事后,便命令官差时不时地给闵仲叔送肉。闵仲叔感到奇怪便问官差为何如此,知道原因后,他便叹道:“闵仲叔怎能因自己的口腹之欲而拖累安邑县百姓的吃喝呢?”他便离开安邑,客居沛县。最终闵仲叔享尽天年而逝。

荀恁和闵仲叔同为太原郡人,字君大,年轻时也注意砥砺自己高洁的行操。荀恁家有万贯家财,他的父亲荀越去世后,他把家产全恁名节，相约不入荀氏间。光武征，以病不至。永平初，东平王苍为骠骑将军，开东阁延贤俊，辟而应焉。及后朝会，显宗戏之曰："先帝征君不至，骠骑辟君而来，何也？"对曰："先帝秉德以惠下，故臣可得不来。骠骑执法以检下，故臣不敢不至。"后月余，罢归，卒于家。

桓帝时，安阳人魏桓，字仲英，亦数被征。其乡人劝之行。桓曰："夫干禄求进，所以行其志也。今后宫千数，其可损乎？厩马万匹，其可减乎？左右悉权豪，其可去乎？"皆对曰："不可。"桓乃慨然叹曰："使桓生行死归，于诸子何有哉！"遂隐身不出。

若二三子，可谓识去就之概，候时而处。夫然，岂其枯槁苟而已哉？盖诡时审己，以成其道焉。余故列其风流，区而载之。

周燮字彦祖，汝南安城人，决曹掾燕之后也。燮生而钦颐折頞，丑状骇人。其母欲弃之，其父不听，曰："吾闻贤圣多有异貌。兴我宗者，乃此儿也。"于是养之。

始在髫髻，而知廉让；十岁就学，能通《诗》《论》；及长，专精《礼》《易》。不读非圣之书，不修贺问之好。有先人草庐结于冈畔，下有陂田，常肆勤以自给。非身所耕渔，则不食也。乡党宗族希部分给一家上下。荀恁隐居在山野草泽之中，借隐居之道追求实现他的志向。王莽末年，匈奴进犯到他的故乡广武县，在得知了荀恁高洁的名望和节操后，匈奴人便彼此约定不到荀氏里巷中打扰。后来光武帝征召荀恁，他托病没有赴召。明帝永平初年，东平王刘苍出任骠骑将军，他打开府第东面的小门招揽贤才、俊杰，荀恁接受了刘苍的征召。等到后来拜谒天子的时候，明帝和荀恁开玩笑说："先帝的征召您没有赴召，骠骑将军的征召您反倒接受了，为什么呢？"他回答道："先帝持守仁德意在赐臣民以恩惠，所以微臣可以不应召。骠骑将军执行法律意在考察臣民，所以微臣不敢不到此。"一多月后，荀恁遭到免官于是返回故乡，他最后在家中去世。

桓帝年间，安阳县人魏桓，字仲英，他也多次受到征召。他的同乡劝他赴召。魏桓却说："人谋取利禄、追求做官，目的是为了实现他的志向。当现在圣上后宫中的嫔妃数以千计，难道能够减少吗？皇家马厩中的马匹多达万匹，难道能够削减吗？天子近臣都是权贵、豪族出身，难道能够革除吗？"同乡人都答道："不能。"魏桓就感慨地叹息道："让我魏桓活着前去却丧命而归，对各位有什么好处呢！"因此魏桓避开众人不去赴召。

这两三位，可以说是明白了出仕与否的关键了，他们等到适当的时候才会做出决断。这样的话，他们哪里是形容憔悴地只图苟且偷安而已呢？他们的行动不合于时俗并且注意自我省察，从而达成了他们的志向。因此我依次记述他们的风采和杰出风范，根据他们的不同而分别记载。

周燮字彦祖，汝南郡安城县人，是决曹掾周燕的后代。周燮一出生就长着弯下巴、弯鼻梁，相貌丑陋令人害怕。他的母亲想抛弃他，但他的父亲却不同意，他的父亲说："我听说道德才智很高的圣贤常常生着一副奇异的相貌。能让我周家兴旺的，就是这个儿子呀。"于是夫妇坚持抚养周燮。

周燮刚刚三个月大修剪头发的时候，便已经懂得清廉和谦让；他十岁时到学校学习，便能通晓《诗经》《论语》；到长大时，他擅长研究《礼记》《易经》。周燮非圣贤之书不读，也不和外人应酬来往、得见者。

举孝廉、贤良方正，特征，皆以疾辞。延光二年，安帝以玄纁羔币聘樊，及南阳冯良，二郡各遣丞掾致礼。宗族更劝之曰："夫修德立行，所以为国。自先世以来，勋宠相承，君独何为守东冈之陂乎？"樊曰："吾既不能隐处巢穴，追绮季之迹，而犹显然不远父母之国，斯固以滑泥扬波，同其流矣。夫修道者，度其时而动。动而不时，焉得亨乎！"因自载到颍川阳城，遣门生送敬，遂辞疾而归。良亦载病到近县，送礼而还。诏书告二郡，岁以羊酒养病。

良字君郎。出于孤微，少作县吏。年三十，为尉从佐。奉檄迎督邮，即路慨然，耻在厮役，因坏车杀马，毁裂衣冠，乃遁至犍为，从杜抚学。妻子求索，踪迹断绝。后乃见草中有败车死马，衣裳腐朽，谓为虎狼盗贼所害，发丧制服。积十许年，乃还乡里。志行高整，非礼不动，遇妻子如君臣，乡党以为仪表。樊、良年皆七十余终。

黄宪字叔度，汝南慎阳人也。世贫贱，父为牛医。

培养交情。山脊边上有周氏祖先盖的草房，山脊下有山田，周燮常常在此尽力务农借此维持生计。不是自己亲自种的粮、捕的鱼，他就不吃。同乡、同族的人们很少能见到周燮。

后来周燮被推举为孝廉、贤良方正，还受到朝廷的特别征召，但他都托病推辞了。延光二年（123），安帝将黑色和浅红色的布匹、羊羔以及布帛作为礼品想要聘请周燮，以及南阳人冯良，汝南郡和南阳郡的郡府各派属官为周燮和冯良送上礼品。同族的人再三劝他道："你之所以修养品德、树立操行，就是为了效力于国家。从周氏先祖以来，周家立下的功勋、受到的恩宠代代传承，您为何要独自照料东山的山田呢？"周燮说："我既做不到隐居于鸟兽栖居之所，追随绮季之类古之隐士的足迹，而且也显而易见地还不能离开父母安居的故乡，我的行为本来就是搅浑河水扬起浊波，随那浊流一起飘荡了。修行自然之道的人，会在衡量了他所处的时势之后再采取行动。做出行动却不根据时势，哪能顺利呢！"于是周燮自己驾着车来到颍川郡阳城县，派他的再传弟子向朝廷致谢，之后他就托病推辞了任命便回家去了。冯良也带病来到洛阳附近的县城，送上自己收到的礼物后便返回故乡。安帝下达诏书告知汝南、南阳二郡，命令当地郡府每年为二人送去羊酒调理病情。

冯良字君郎。出身于势单力薄、地位低微的家族，年轻时他在县衙做过小官。三十岁时，他在县尉手下当随从。冯良接受了县衙用文书下达的命令前去迎接郡府派来的督邮，到了路上他心中感慨万分，为自己从事这样低贱的差使深感羞耻，因而他破坏了马车、杀掉了马，撕破自己的官服官帽，之后就逃到了犍为郡，跟从杜抚求学。冯良的妻子出来找他，找着找着冯良的踪迹便中断了。后来妻子才看到草丛中有坏掉的车和死掉的马，以及腐烂的衣物，她以为冯良遭到了猛兽或者强盗的袭击，于是她将死讯告知亲友并制作了丧服。共计十多年后，冯良才回到故乡。他的志向和行操高洁、完美，一举一动谨遵礼制，他对待妻子的方式如同君王对待臣下一样尊敬，同乡人都把他当做模范。周燮、冯良都是在七十多岁时去世的。

黄宪字叔度，汝南郡慎阳县人。黄宪家世代贫苦、低微，他的父颍川荀淑至慎阳，遇宪于逆旅，时年十四，淑竦然异之，揖与语，移日不能去。谓宪曰："子，吾之师表也。"既而前至袁阆所，未及劳问，逆曰："子国有颜子，宁识之乎？"阆曰："见吾叔度邪？"是时，同郡戴良才高倨傲，而见宪未尝不正容，及归，罔然若有失也。其母问曰："汝复从牛医儿来邪？"对曰："良不见叔度，不自以为不及；既睹其人，则瞻之在前，忽焉在后，固难得而测矣。"同郡陈蕃、周举常相谓曰："时月之间不见黄生，则鄙吝之萌复存乎心。"及蕃为三公，临朝叹曰："叔度若在，吾不敢先佩印绶矣。"太守王龚在郡，礼进贤达，多所降致，卒不能屈宪。郭林宗少游汝南，先过袁阆，不宿而退，进往从宪，累日方还。或以问林宗。林宗曰："奉高之器，譬诸泛滥，虽清而易挹。叔度汪汪若千顷陂，澄之不清，淆之不浊，不可量也。"

宪初举孝廉，又辟公府，友人劝其仕，宪亦不拒之，暂到京师而还，竟无所就。年四十八终，天下号曰"征君"。

论曰：黄宪言论风旨，无所传闻，然士君子见之者，靡不服深远，去玼吝。将以道周性全，无德而称乎？余曾祖穆侯以为宪隤然其处顺，渊乎其似道，浅深莫臻其分，清浊未议其方。若及门于孔亲是牛医。

颍川郡名士荀淑曾来到慎阳县，他在旅店遇到了黄宪，黄宪当时不过十四岁，荀淑惊讶于黄宪的才德，便向黄宪拱手行礼和他长谈，聊了很久也没能辞别。荀淑对黄宪说：“您，是我的表率。”这之后不久，荀淑继续赶路来到袁阆家，荀淑没来得及问候袁阆，便迎上前去问道：“您的家乡有位‘颜回’，您想知道是谁吗？”袁阆答道：“您是见到了我们的黄叔度吗？”当时，同为汝南郡人氏的戴良才华卓著但高傲自大，可他每次见到黄宪时都未曾不端正自己的容仪，等他回家后，戴良神色迷惘好象丢了什么东西似的。他的母亲问道：“你这是又从牛医的儿子那儿回来的吧？”戴良答道：“我没见到黄叔度时，不认为自己不如他；等见到他后，就像颜回仰慕孔子一样觉得他‘望去好像在前面，忽然间又像在后面’，若想能够估量黄宪的才德确实是很难呀。”同为汝南郡人氏的陈蕃、周举也经常互相说道：“一旦有些时候没能见到黄生，就觉得自己的粗俗浅薄再次萌发又重回心头。”等到陈蕃位列三公时，他在朝堂上叹道：“如果黄叔度还在世，我可不敢在他之前佩带三公的印绶啊。”汝南太守王龚治理汝南时，礼待并举荐才德兼备、名声显达的士人，不少士人都依附于王龚，但他始终没能将黄宪招揽至门下。太原郡名士郭林宗年轻时到汝南结交名士，他先拜访了袁阆，未在袁阆处留宿就离开了，郭林宗接着来到黄宪家，他留在那里几天后才踏上归途。有人问郭林宗为何他对待袁阆、黄宪有所不同。郭林宗说：“袁奉高的才干，可以比作从侧面或者从正面流出的泉水，虽然很清澈然而能够舀取获得。而黄叔度的才干恢弘博大像水面有千顷之广的湖泊，无法澄清，也无法搅浑，他的才干不可估量啊。”

黄宪起初被推举为孝廉，后来又受到三公府的征召，朋友们劝他做官，黄宪也未曾拒绝，然而他在京城并未久留就又返回家乡，最终并未谋的一官半职。黄宪终年四十八岁，人们都称他为“征君”。

评论说：关于黄宪发表过的言论和他为人处世的风格旨趣，到现在并没有什么传闻，然而当时曾见过他的读书人，无人不佩服他才德的深厚和宏阔，并革除自己道德上的瑕疵。难道是因为他的道氏，其殆庶乎！故尝著论云。

徐稚字孺子，豫章南昌人也。家贫，常自耕稼，非其力不食。恭俭义让，所居服其德。屡辟公府，不起。

时陈蕃为太守，以礼请署功曹，稚不免之，既谒而退。蕃在郡不接宾客，唯稚来特设一榻，去则县之。后举有道，家拜太原太守，皆不就。

延熹二年，尚书令陈蕃、仆射胡广等上疏荐稚等曰："臣闻善人天地之纪，政之所由也。《诗》云：'思皇多士，生此王国。'天挺俊乂，为陛下出，当辅弼明时，左右大业者也。伏见处士豫章徐稚、彭城姜肱、汝南袁闳、京兆韦著、颍川李昙，德行纯备，著于人听。若使擢登三事，协亮天工，必能翼宣盛美，增光日月矣。"桓帝乃以安车玄纁，备礼征之，并不至。帝因问蕃曰："徐稚、袁闳、韦著谁为先后？"蕃对曰："闳生出公族，闻道渐训。著长于三辅礼义之俗，所谓不扶自直，不镂自雕。至于稚者，爰自江南卑薄之域，而角立杰出，宜当为先。"

德已臻于完备，品性已达到完满，所以人们没法用言语和文字来传达他那盛大的德行品性吗？我的曾祖父穆侯范汪认为黄宪以柔处世顺应自然的变化，他的为人之道深不可测，他那才德中的浅显和精深之别无人能做到分辨明白，才德中的清洁与浑浊在于何处也无人能谈论一二。如果他曾赶得上到孔子门下求学，他的修养应该差不多接近完美了！所以我的曾祖父曾就此作文章发表议论。

徐稚字孺子，豫章郡南昌县人。他家境贫寒，经常亲自务农，不是他的劳动所得他便不吃。他为人恭敬、节俭、守义、谦让，邻居都佩服他品德高尚。徐稚曾多次受到三公府征召，但他不肯赴召做官。

当时陈蕃是豫章郡的太守，他以礼相待请徐稚暂任郡功曹，徐稚没能拒绝陈蕃的礼遇，但他拜见了陈蕃之后就告退了。陈蕃担任太守时对到访的宾客一概回绝，唯独徐稚来访时却特地为他安放一张卧榻，徐稚离开后就又悬挂起来。后来徐稚在察举中被推选为有道，负责授官的官员来到徐稚家任命他为太原太守，但徐稚都没有赴任。

延熹二年（159），尚书令陈蕃、仆射胡广等人上书向朝廷举荐徐稚等人说："臣等听说善良之士的言行可谓是天地间的法则，是处理国政时所应遵循的。《诗经》说：'德行美好的众多贤才，降生在我们这个国家。'上天孕育了这些才德出众之士，正是为陛下所创造的，应当让他们在当今的圣明之时辅佐国事，在陛下身旁协助造就伟大的事业。依臣等愚见身怀大才而未曾为官的豫章人徐稚、彭城人姜肱、汝南人袁闳、京兆人韦著、颍川人李昙，他们的道德品行纯厚完备，名扬天下。如果予以提拔让他们出任三公，辅佐陛下代行天道治理国家，定能对宣扬朝廷宏大的至德有所助益，使朝廷与日月同辉的光芒有所增加。"桓帝就将可以安坐的马车以及黑色、浅红色的布帛作为礼物，礼仪完备地征召他们，然而几位名士却都没有应召。桓帝于是询问陈蕃说："徐稚，袁闳、韦著三人的才德高下谁在先谁在后？"陈蕃答道："袁闳出身于公卿之家，从出生之日起便逐渐领受圣道的教导。韦著在以崇尚礼义为风气的三辅之地长大，所谓'蓬生麻中，不扶自直'，他的才德无需专门刻镂便会在三辅之地的风气中稚尝为太尉黄琼所辟，不就。及琼卒归葬，稚乃负粮徒步到江夏赴之，设鸡酒薄祭，哭毕而去，不告姓名。时会者四方名士郭林宗等数十人，闻之，疑其稚也，乃选能言语生茅容轻骑追之。及于涂，容为设饭，共言稼穑之事。临诀去，谓容曰："为我谢郭林宗，大树将颠，非一绳所维，何为栖栖不遑宁处？"及林宗有母忧，稚往吊之，置生刍一束于庐前而去。众怪，不知其故。林宗曰："此必南州高士徐孺子也。《诗》不云乎，'生刍一束，其人如玉。'吾无德以堪之。"

灵帝初，欲蒲轮聘稚，会卒，时年七十二。

子胤字季登，笃行孝悌，亦隐居不仕。太守华歆礼请相见，固病不诣。汉末寇贼从横，皆敬胤礼行，转相约敕，不犯其间。建安中卒。

李昙字云，少孤，继母严酷，昙事之愈谨，为乡里所称法。养亲行道，终身不仕。

姜肱字伯淮，彭城广戚人也。家世名族。肱与二弟仲海、季江，俱以孝行著闻。其友爱天至，常共卧起。及各娶妻，兄弟相恋，不能别寝，以係嗣当立，乃递往就室。

自动雕成。至于徐稚，他出身于那风气鄙陋、浮薄的江南之地，然而他的才德却能如竖起的角一般超出众人，所以应当以徐稚为先。”

徐稚曾经受到太尉黄琼的征召，但他没有赴召。等到黄琼去世后遗体被送回江夏故乡安葬，徐稚这才背着粮食步行赶到江夏吊丧，他安排了简单的酒菜以薄礼祭奠了黄琼，为黄琼哭了一场后就离开了，并未告知自己的姓名。当时相会于此的各路名士有包括郭林宗在内的几十人，他们听说有这样的事后，便怀疑此人是徐稚，于是他们推选了一位能言善辩的儒生茅容简单打点行礼骑马追赶徐稚。徐稚在途中被茅容赶上，茅容为他安排饭菜，并和他一起谈论务农之事。将要辞别时，徐稚对茅容说：“请您替我向郭林宗致谢，大树将要倾倒之时，不是一根绳子所能维系的，为何要忙忙碌碌地以至于无暇过安宁的生活呢？”等到郭林宗的母亲去世后，徐稚前去吊唁，他把一束青草放在守坟的小屋前就离开了。人们感到奇怪，不知道徐稚为何如此。郭林宗说：“这一定是南方的那位高尚的隐士徐孺子呀。《诗经》不是说过吗，‘用一束青草招待那白驹，它的主人品德美好如玉。’以我的德行可担不起这句话呀。”

灵帝初年，灵帝打算用蒲草裹轮的行驶安稳的马车聘请徐稚为官，徐稚却偏偏已经去世了，享年七十二岁。

徐稚之子徐胤字季登，他品行淳厚、孝敬父母、敬爱兄长，同样退居家乡不愿为官。太守华歆送去礼物请徐胤前来会面，徐胤托病并未拜会。东汉末年各路反贼作乱肆无忌惮，但他们都敬佩徐胤的守礼和高洁的品行，于是他们互相约定、嘱咐，不可侵扰徐胤安居的里巷。徐胤最终在献帝建安年间去世。

李昙字云，他还很小时父亲就去世了，继母对李昙非常严厉，但李昙却越发恭敬地侍奉她，因而他受到同乡人的称赞和效法。他一心奉养母亲、践行道义，终身不曾为官。

姜肱字伯淮，彭城国广戚县人。他家世代都是名门望族。姜肱和两个弟弟姜仲海、姜季江，都因为孝敬父母的德行而名声在外。他们兄弟间的友爱出自天性，三人常常一同睡觉、起床。等到他们各自娶了妻子之后，出于兄弟之间的彼此依恋，三人仍不愿分开睡觉，后肱博通“五经”，兼明星纬，士之远来就学者三千余人。诸公争加辟命，皆不就。二弟名声相次，亦不应征聘，时人慕之。

肱尝与季江谒郡，夜于道遇盗，欲杀之。肱兄弟更相争死，贼遂两释焉，但掠夺衣资而已。既至郡中，见肱无衣服，怪问其故，肱托以它辞，终不言盗。盗闻而感悔，后乃就精庐，求见征君。肱与相见，皆叩头谢罪，而还所略物。肱不受，劳以酒食而遣之。

后与徐稚俱征，不至。桓帝乃下彭城使画工图其形状。肱卧于幽暗，以被韬面，言患眩疾，不欲出风。工竟不得见之。

中常侍曹节等专执朝事，新诛太傅陈蕃、大将军窦武，欲借宠贤德，以释众望，乃白征肱为太守。肱得诏，乃私告其友曰：“吾以虚获实，遂藉声价。明明在上，犹当固其本志，况今政在阉竖，夫何为哉！”乃隐身遁命，远浮海滨。再以玄纁聘，不就。即拜太中大夫，诏书至门，肱使家人对云“久病就医”。遂羸服间行，窜伏青州界中，卖卜给食。召命得断，家亦不知其处，历年乃还。年七十七，熹平二年终于家。弟子陈留刘操追慕肱德，共刊石颂之。

来因为要传宗接代，他们才依次和自己的妻子同房。

姜肱对儒家五经的研究很广泛而且达到精通，他也通晓天文星象，远道而来的求学者有三千多人。各位公卿争相给姜肱送去越来越多的征召令，但他没有接受任何一项职务。两个弟弟的名声紧随姜肱之后，他们也没有接受征召和聘请，兄弟三人深受同时代人的仰慕。

姜肱曾和弟弟姜季江前往郡府拜会，夜晚在途中遇到了强盗，强盗打算杀了他们。姜肱兄弟争相要替对方赴死，强盗就把二人都放了，只是抢了他们的衣服和财物而已。等到达郡府之后，众人看到姜肱没有衣服，他们觉得奇怪便询问其中的缘故，姜肱用别的话当作借口，始终没有提到强盗之事。强盗们得知此事后受到感化，心有悔意，之后强盗竟来到姜肱的书斋，求见这位才德兼备的隐士。姜肱和强盗们会面，他们都叩头谢罪，而且要退还抢去的财物。但姜肱没有接受，用酒和饭菜慰劳了他们之后便把他们送走了。

后来姜肱与徐稚都受到征召，姜肱没有应召。桓帝就命令彭城国派画工画出姜肱的相貌。姜肱便躺在幽暗的房屋内，并把脸藏到被子里，声称得了眼花的病，不想受了风凉。画工最终没能看到他的相貌。

灵帝初年中常侍曹节等人独揽朝政，他们刚刚谋害了太傅陈蕃、大将军窦武，之后便想借着对贤德之士示以恩宠的方式，以此来让朝中百官放下心中怨恨，曹节等人便向灵帝提请任命姜肱为太守。姜肱收到诏书后，就私下里对他的朋友说：“我凭借虚名获得了实利，所以身价也因此而提高。即使有圣明之人在朝中统治，我也仍旧应当坚守那原本的志向，何况如今政权落到了那群宦官手里，我为何要领命呢？”姜肱便隐藏身份逃避朝廷的任命，浪迹于遥远的海滨。朝廷把黑色和浅红的布帛作为礼物再次聘请姜肱，但他仍然拒绝赴任。之后朝廷便又任命姜肱为太中大夫，并将诏书送上门来，姜肱让家人向使者回复说“姜肱久病不愈已经去看医生了”。这之后他就穿上破旧的衣服走小路离家，逃往青州地界藏身，并以为人占卜为生。于是朝廷的征召令便不再送达，家人也不知他身在何处，直到多申屠蟠字子龙，陈留外黄人也。九岁丧父，哀毁过礼。服除，不进酒肉十余年。每忌日，辄三日不食。

同郡缑氏女玉为父报仇，杀夫氏之党，吏执玉以告外黄令梁配，配欲论杀玉。蟠时年十五，为诸生，进谏曰："玉之节义，足以感无耻之孙，激忍辱之子。不遭明时，尚当表旌庐墓，况在清听，而不加哀矜！"配善其言，乃为谳得减死论。乡人称美之。

家贫，佣为漆工。郭林宗见而奇之。同郡蔡邕深重蟠，及被州辟，乃辞让之曰："申屠蟠禀气玄妙，性敏心通，丧亲尽礼，几于毁灭。至行美义，人所鲜能。安贫乐潜，味道守真，不为燥湿轻重，不为穷达易节。方之于邕，以齿则长，以德则贤。"

后郡召为主簿，不行。遂隐居精学，博贯"五经"，兼明图纬。始与济阴王子居同在太学，子居临殁，以身托蟠，蟠乃躬推辇车，送丧归乡里。遇司隶从事于河巩之间，从事义之，为封传护送，蟠不肯受，投传于地而去。事毕还学。

年之后他才回到家乡。姜肱在七十七岁的时候，于熹平二年（173）在家中去世。他的弟子陈留人刘操追念倾慕姜肱的德行，便和其他弟子一起在石碑上刻下颂扬他的文字。

申屠蟠字子龙，陈留郡外黄县人。申屠蟠九岁时父亲就去世了，他极为悲痛对父亲的哀悼超过了礼制所规。守孝结束后，他仍然连续十多年不沾酒肉。每到父亲忌日，他就绝食三天。

和申屠蟠同郡的缑姓女子缑玉为了替父亲报仇，杀死了丈夫家的亲属戚，官差逮捕了缑玉并向外黄县令梁配控告了她的罪行，梁配打算给缑玉定罪并将她处死。申屠蟠当时不过十五岁，还是一名正在学习的儒生，他规劝梁配道："缑玉的节操和义行，足够感化寡廉鲜耻的孙辈，激励含垢忍辱的子辈。即使她并未身处圣明的时代，官府也仍旧应当在她为父亲守坟的草屋旁立起牌坊表彰她的德行，何况如今朝政清平、朝廷从谏如流，难道官府却反而不对她致以同情么！"梁配认为申屠蟠说得对，就向朝廷提请从轻判处免去死罪。同乡之人都称赞申屠蟠的义举。

申屠蟠家境贫寒，就受雇做漆匠以此谋生。郭林宗见到他后认为他异于众人。同郡的蔡邕也非常欣赏申屠蟠，等到蔡邕受到州府征召时，他就推辞不受并希望将职位让给申屠蟠，他说："申屠蟠身怀天赋的奥妙气度，禀性聪敏且慧心通明，丧父守礼能尽心尽力，几乎使自己油尽灯枯。他品行卓著，珍视节义，很少有人能像他一样。他安于贫困，乐于隐居，体味圣道并保守本真，他如精铜一般不因气候的干燥潮湿而有重量上的变化，也不会因为穷困或者显达而改变自己的气节。和我蔡邕相比，申屠蟠在年龄上比我年长，在德行上比我更高。"

后来陈留郡府征召申屠蟠并打算任命他为主簿，但他没有应召。申屠蟠便隐居在家专心治学，最终将"五经"的学问全部研究透彻，同时他又通晓了有关图谶和纬书的术数之学。起初申屠蟠和济阴郡人王子居一起在太学学习，王子居在临终前，把自己的遗体托付给了申屠蟠，王子居死后申屠蟠就亲自推着辎重车，把王子居的遗体送回故乡安葬。途径河巩地区的时候申屠蟠遇到了司隶从事，从事认为申太尉黄琼辟，不就。及琼卒，归葬江夏，四方名豪会帐下者六七千人，互相谈论，莫有及蟠者。唯南郡一生与相酬对，既别，执蟠手曰："君非聘则征，如是相见于上京矣。"蟠勃然作色曰："始吾以子为可与言也，何意乃相拘教乐贵之徒邪？"因振手而去，不复与言。再举有道，不就。

先是京师游士汝南范滂等非讦朝政，自公卿以下皆折节下之。太学生争慕其风，以为文学将兴，处士复用。蟠独叹曰："昔战国之世，处士横议，列国之王，至为拥篲先驱，卒有阬儒烧书之祸，今之谓矣。"乃绝迹于梁砀之间，因树为屋，自同佣人。居二年，滂等果罹党锢，或死或刑者数百人，蟠确然免于疑论。后蟠友人陈郡冯雍坐事系狱，豫州牧黄琬欲杀之。或劝蟠救雍，蟠不肯行，曰："黄子琰为吾故邪，未必合罪。如不用吾言，虽往何益！"琬闻之，遂免雍罪。

大将军何进连征不诣，进必欲致之，使蟠同郡黄忠书劝曰："前莫府初开，至如先生，特加殊礼，优而不名，申以手笔，设几杖屠蟠是位义士，便帮他装好一份通关文书并派人护送，申屠蟠不愿接受，他把通关文书丢在地上便离开了。办完王子居的丧事后申屠蟠返回了太学。

后来太尉黄琼征召了申屠蟠并授予他官位，但他并未赴任。等到黄琼去世，遗体被送回江夏老家安葬时，从各地聚集于黄琼墓前的名士豪杰共有六七千人，他们互相闲谈，但却无人与申屠蟠交流。唯独南郡的一名儒生和申屠蟠相谈甚欢，临别时，儒生抓着申屠蟠的手说道："您如果没有受到聘请就一定会受到征召，像这样我们就能在京城相见了。"申屠蟠勃然大怒变了脸色说道："刚开始我以为您值得上与之交谈，哪想到你是个选择了拘泥礼教并甘于富贵的人呀！"于是申屠蟠甩开了儒生的手便离开了，不再和他说话。后来申屠蟠在察举中两次被推举为有道，但他没有接受。

此前云游四方的文士汝南郡的范滂等人来到了京城并恣意评论朝政得失，自公卿以下的百官都佩服他们的高论并自降身份对他们礼遇有加。太学的儒生们竞相仰慕他们的风范，儒生们认为学问将迎来兴盛，有德无官之人将再次受到起用。申屠蟠独自感叹到："从前的战国时代，也有有德无官之人恣意评论国政的现象，那时各国君王重用文士，甚至有国君会拿着扫帚在文士前方开道并清扫路面，但最终却发生了焚书坑儒的灾难，这说得便是如今的现象了。"于是申屠蟠来到梁国的砀县地区隐藏了行踪、断绝了音信，他依凭树木打造房屋，并把自己装扮成仆役的样子。他在这里住了两年后，范滂等人果然遭受"党锢之祸"，或被处死，或被判刑，有几百人，而申屠蟠则确确实实地免于被视为朋党并遭到惩罚的祸患。后来申屠蟠的朋友陈郡人氏冯雍因事入狱，豫州牧黄琬打算处死他。有人劝申屠蟠对冯雍施以援手，而申屠蟠却不愿前去，他说："黄琬难道是我的老友吗，况且他也未必应当治冯雍的罪。如果黄琬不愿采纳我的谏言，即便我去了又有何助益！"黄琬听说申屠蟠这样讲，就免去了对冯雍的惩罚。

大将军何进连续多次的征召申屠蟠未曾赴召，何进决意要召见他，便让和申屠蟠同为陈留郡人氏的黄忠写信劝说道："此前大将军之坐。经过二载，而先生抗志弥高，所尚益固。窃论先生高节有余，于时则未也。今颍川荀爽载病在道，北海郑玄北面受署。彼岂乐羁牵哉，知时不可逸豫也。昔人之隐，遭时则放声灭迹，巢栖茹薇。其不遇也，则裸身大笑，被发狂歌。今先生处平壤，游人间，吟典籍，袭衣裳，事异昔人，而欲远蹈其迹，不亦难乎！孔氏可师，何必首阳。"蟠不答。

中平五年，复与爽、玄及颍川韩融、陈纪等十四人并博士征，不至。明年，董卓废立，蟠及爽、融、纪等复俱公车征，唯蟠不到。众人咸劝之，蟠笑而不应。居无几，爽等为卓所胁迫，西都长安，京师扰乱。及大驾西迁，公卿多遇兵饥，室家流散，融等仅以身脱。唯蟠处乱末，终全高志。年七十四，终于家。

赞曰：琛宝可怀，贞期难对。道苟违运，理用同废。与其遐栖，岂若蒙秽？凄凄硕人，陵阿穷退。韬伏明姿，甘是堙暧。

幕府刚刚设立，对于聘请像先生这样的高人，大将军特地加以非同一般的礼遇，给予了没有直呼您姓名的优待，亲自写信向您表达心愿，还在安排给您的座席前放好了几案和手杖。一连两年不断地邀请您，但先生不屈的志向更加高远，对节义的崇尚更加坚定。可依在下愚见先生节操的高尚虽说绰绰有余，但您判断时势的眼光就有些短浅了。如今颍川名士荀爽拖着病体踏上为官之路，北海大儒郑玄朝见圣上接受任用。他们难道甘于受到束缚和牵绊吗？他们只是知道如今不是能够安享逸乐的时代了。古人的隐居之道，身逢清明之时就放弃名声、消除踪迹，师法巢父、采薇而食。当他们不得志时，就裸露身体、放声大笑，披散头发、佯狂高歌。现在先生身处平坦之地，优游于人世间，口中吟诵典籍，身穿上衣下裳，您行事之道异于古人，却还想追步远古隐者的足迹，这不也是难事一桩吗？您本可以师法孔子，何必学夷、齐到首阳山隐居呢？”申屠蟠并未予以回应。

中平五年（188），申屠蟠又和荀爽、郑玄以及颍川人氏韩融、陈纪等十四人一起受到征召并被任命为博士，申屠蟠没有赴召。第二年，董卓废黜少帝而扶立陈留王登基，申屠蟠以及荀爽、韩融、陈纪等人又都受到公车署的征召，最终只有申屠蟠未去应召。大家都劝他动身，便他却只是笑而不答。不久之后，荀爽等人在董卓的威胁和逼迫之下，同意向西迁都到长安，京城洛阳陷入混乱。等到天子踏上西迁之路时，很多高官大爵因战乱遭受饥饿，他们的家人也流离失散，在兵荒马乱之中韩融等人仅仅逃得一命。只有申屠蟠虽身处混乱的汉朝末世，最终却能保全高远的志操。七十四岁的时候，申屠蟠在家中去世。

赞辞说：宝贵的道德尚可怀有，但清平之时却难相会。若处事之道有违世运，理念、才能便一并作废。与其隐居于僻远之地，哪如身居乱朝之高位？高尚的隐者贫病交加，登上那山陵安贫、隐退。遮掩通明的贤人之相，甘于这样的敛身、沉埋。

卷八十四

杨震列传第四十四

杨震字伯起，弘农华阴人也。八世祖喜，高祖时有功，封赤泉侯。高祖敞，昭帝时为丞相，封安平侯。父宝，习《欧阳尚书》。哀、平之世，隐居教授。居摄二年，与两龚、蒋诩俱征，遂遁逃，不知所处。光武高其节。建武中，公车特征，老病不到，卒于家。

震少好学，受《欧阳尚书》于太常桓郁，明经博览，无不穷究。诸儒为之语曰："关西孔子杨伯起。"常客居于湖，不答州郡礼命数十年，众人谓之晚暮，而震志愈笃。后有冠雀衔三鳣鱼，飞集讲堂前，都讲取鱼进曰："蛇鳣者，卿大夫服之象也。数三者，法三台也。先生自此升矣。"年五十，乃始仕州郡。

大将军邓骘闻其贤而辟之，举茂才，四迁荆州刺史、东莱太守。当之郡，道经昌邑，故所举荆州茂才王密为昌邑令，谒见，至夜怀金十斤以遗震。震曰："故人知君，君不知故人，何也？"密曰："暮夜无知者。"震曰："天知，神知，我知，子知。何谓无知！"密愧而出。后转涿郡太守。性公廉，不受私谒。子孙常蔬食步行，故旧长者或欲令为开产业，震不肯，曰："使后世称为清白吏子孙，以此遗之，不亦厚乎！"

杨震字伯起，弘农郡华阴县人。杨家的八世祖杨喜，在高祖时立下功劳，获封为赤泉侯。杨震的高祖杨敞，在昭帝时担任丞相，并获封为安平侯。杨震之父杨宝，一心研习《欧阳尚书》。哀帝、平帝年间，杨宝隐居乡里开馆讲学。刘婴居摄二年（7），杨宝和龚胜、龚舍、蒋诩一起受到征召，杨宝就逃走了，没人知道他逃到了哪里。后来光武帝认为杨宝是气节高尚之人。于是在建武年间，朝廷特地征召杨宝到公车，但杨宝因年老多病没有赴召，最终他在家中去世。

杨震年轻时便喜欢学习，他师从太常桓郁学习《欧阳尚书》，最终杨震通晓经典、博览群书，对各种学问无不追根究底。众位儒生称他为："函谷关以西的当代孔子杨伯起。"杨震经常离开华阴县到湖县居住，他一连几十年对州郡官府送来的聘请之礼和授职之命都全无回应。很多人说他再不做官年纪就太大了，然而杨震不出仕的心意却更加坚定。后来飞来一只嘴里衔着三条鳣黄鳝的鹳雀，它停在了杨震讲学的讲堂前，协助杨震讲经的都讲把三条黄鳝取来献给杨震说："蛇和黄鳝长着黄底的黑色花纹，象征着卿大夫的礼服。黄鳝的数量是三，与三公的三相合，从此先生您要高升了。"杨震五十岁的时候，才开始在州郡官府任职。

大将军邓骘听说杨震才德兼备便征召了他，并推举他为茂才，杨震四度升迁后官至荆州刺史、东莱太守。当他到东莱郡赴任时，途中经过了昌邑县，从前他所推举的荆州茂才王密正是昌邑县令，王密前去拜见杨震，夜幕降临时他便拿出怀揣在衣襟里的十斤黄金要送给杨震。杨震说："我作为你的老朋友很了解你，你却不了解我这个老朋友，这是为什么呢？"王密说："深夜之时没人会知道的。"杨震说："天知，神知，我知，你知，怎能说没人知道！"王密听了这话便惭愧地离开了。后来杨震又被调任为涿郡太守。他生性公正廉洁，不元初四年，征入为太仆，迁太常。先是博士选举多不以实，震举荐明经名士陈留杨伦等，显传学业，诸儒称之。

永宁元年，代刘恺为司徒。明年，邓太后崩，内宠始横。安帝乳母王圣，因保养之勤，缘恩放恣；圣子女伯荣出入宫掖，传通奸赂。震上疏曰："臣闻政以得贤为本，理以去秽为务。是以唐虞俊乂在官，四凶流放，天下咸服，以致雍熙。方今九德未事，嬖幸充庭。阿母王圣出自贱微，得遭千载，奉养圣躬，虽有推燥居湿之勤，前后赏惠，过报劳苦，而无厌之心，不知纪极，外交属托，扰乱天下，损辱清朝，尘点日月。《书》诫牝鸡牡鸣，《诗》刺哲妇丧国。昔郑严公从母氏之欲，恣骄弟之情，几至危国，然后加讨，《春秋》贬之，以为失教。夫女子小人，近之喜，远之怨，实为难养。《易》曰：'无攸遂，在中馈。'言妇人不得与于政事也。宜速出阿母，令居外舍，断绝伯荣，莫使往来，令恩德两隆，上下俱美。惟陛下绝婉娈之私，割不忍之心，留神万机，诫慎拜爵，减省献御，损节征发。令野无《鹤鸣》之叹，朝无《小明》之悔，《大东》不兴于今，'劳止'不怨于下。拟踪往古，比德哲王，岂不休哉！"奏御，帝以示阿母等，内倖皆怀忿恚。而伯荣骄淫尤甚，与故朝阳侯刘护从兄瓌交通，瓌遂以为妻，得袭护爵，位至侍中。震深疾之，复诣阙上疏曰："臣闻高祖与群臣约，非功臣不得封，故经制父死子继，兄亡弟及，以防篡也。伏见诏书封故朝阳侯刘护再从兄瓌袭护爵为侯。护同产弟威，今犹见在。臣闻天子专封封有功，诸侯专爵爵有德。今瓌无佗功行，但以接受他人以私事相托的求见。杨震的儿子和孙子们总是餐餐无肉、出行徒步，他的一些老朋友和长辈们想让杨震给子孙们多攒下一些家产，杨震拒绝了，他说："让后世之人称呼我的孩子们为清官的子孙，把这个好名声留给他们，不也是很丰厚的遗产吗！"

元初四年（117），朝廷征召杨震入朝担任太仆，之后又升任为太常。从前选任博士时大多无需凭借真才实学，而杨震推荐了通晓经术的陈留人氏杨伦等名士，他们表现出了自己的学识并为儒生们传授学业，众位儒生对杨伦等人赞不绝口。

永宁元年（120），杨震代替刘恺继任司徒。第二年，邓太后驾崩，受到安帝宠爱的人开始变得专横。安帝的乳母王圣，因为养育安帝尽心尽力，便凭着自己受到的恩宠恣意妄为；王圣的女儿伯荣在宫中随意出入，四处勾结、行贿受贿。杨震上书说："微臣听说美政的根本在于求得贤才，治国的要务在于革除奸恶。因此尧舜之时俊杰为官，四名恶党处以流放，天下万民无不心服，尧舜凭此成就太平和乐。如今身怀九种美德的贤才不为朝廷所用，受到恩宠的身份低贱之人充塞朝廷。陛下的乳母王圣出身卑微，有幸碰上千载难逢的时机，得以侍奉养育陛下，虽然付出了让尿床的孩子睡在干处而自己睡在湿处的辛劳，但她前前后后获得的赏赐，对于回报她的劳苦已经绰绰有余。然而她的贪心毫不满足，不懂得凡事都有限度，竟然在后宫之外行串通、请托之事，朝野上下、四境之内皆受扰乱，朝廷的清明受到损害和侮辱，玷污了陛下、皇后的日月之光。《尚书》曾警诫过母鸡顶替公鸡报晓会招致祸患，《诗经》曾谴责过老谋深算的妇人将使国家灭亡。从前郑庄公顺从母亲偏爱弟弟的私欲，肆意放任弟弟的骄纵无度，几乎到了国家陷于危难之时，然后才对弟弟加以讨伐，《春秋》谴责了郑庄公，认为他对弟弟失于教诲。女子和小人，获得亲近便欢喜，受到疏远便生怨，实在是很难相处。《易经》说：'女子不可自行其是，只可负责烧火做饭。'就是说妇人不可参与政事啊。陛下应尽快让乳母出宫，让她住在皇宫之外，同时和伯荣断绝往来，严禁伯荣出入宫中，以使深厚的恩宠和盛大的德政兼备，朝野上下的政事都归于清平。希望陛下斩断眷恋乳母的私情，割除不忍责配阿母女，一时之间，既位侍中，又至封侯，不稽旧制，不合经义，行人喧哗，百姓不安。陛下宜览镜既往，顺帝之则。”书奏不省。

延光二年，代刘恺为太尉。帝舅大鸿胪耿宝荐中常侍李闰兄于震，震不从。宝乃自往候震曰：“李常侍国家所重，欲令公辟其兄，宝唯传上意耳。”震曰：“如朝廷欲令三府辟召，故宜有尚书敕。”遂拒不许，宝大恨而去。皇后兄执金吾阎显亦荐所亲厚于震，震又不从。司空刘授闻之，即辟此二人，旬日中皆见拔擢。由是震益见怨。

时诏遣使者大为阿母修第，中常侍樊丰及侍中周广、谢恽等更相扇动，倾摇朝廷。震复上疏曰：“臣闻古者九年耕必有三年之储，罚的仁心，专注于处理各项国家大事，对拜官封爵之事慎之又慎，减少百姓需要献纳的贡品，减轻徭役、降低赋税、节约民力。使民间再无《小雅·鹤鸣》中对贤人不获任用的感叹，朝中再无《小雅·小明》对自己在乱世做官的悔恨，谴责赋敛过重的《大东》不再流行于当今，百姓们不再发出‘真是辛苦’的悲怨之声。请陛下效法古时圣人之道，圣德便可与前代明君相当，难道不是美事一桩！”安帝读罢奏书，便将奏书给乳母王圣等人看，得宠的姬妾们都心怀愤恨。然而伯荣却更加骄纵淫乱，竟与已故朝阳侯刘护的堂兄刘瓌私通，刘瓌最终娶伯荣为妻，因此得以继承刘护的爵位，并官至侍中之位。杨震对此深恶痛绝，再次入朝上书说：“微臣听说高祖曾和百官约定，不是功臣便不得封爵，因此经义规定父亲死后儿子继承爵位，兄长死后弟弟继承爵位，为的是防止爵位受到篡夺。微臣看到陛下下令已故朝阳侯刘护的堂兄刘瓌可继承刘护的爵位获封为侯，刘护一母所生的弟弟刘威，如今依然在世。微臣听说天子只会封赏有功之人，只会为有德的诸侯封爵。现在刘瓌并没有其他功绩和德行，只是因为娶了陛下乳母之女为妻，便在顷刻之间，既出任侍中，又获得封侯，这种做法不见载于先代典章，也不符合经籍的义理，行人高声吵嚷，百姓忧虑不安。陛下应借鉴过去之事，谨遵身为帝王的法度。”安帝读罢奏书并未醒悟。

延光二年（123），杨震接替刘恺继任太尉。安帝的舅父大鸿胪耿宝向杨震举荐了中常侍李闰的哥哥到太尉府任职，杨震没有同意。耿宝便亲自前去问候杨震说：“李常侍为朝廷所倚重，朝廷想让您任用他的哥哥，我耿宝只是传达陛下的旨意罢了。”杨震说：“如果朝廷想让三公府任用此人，应该有尚书的命令。”于是杨震就回绝了耿宝没有准许此事，耿宝非常愤恨地离开了。皇后的哥哥执金吾阎显也把自己的亲近之人推荐给了杨震，杨震同样没有接受。司空刘授听闻此事，立刻为这两个人授予官职，十天之内两人都受到提拔。杨震因此更加为政敌所怨恨。

当时安帝下诏派使者为乳母王圣大事兴建宅第，同时中常侍樊丰和侍中周广、谢恽等人也相继鼓动安帝施行此事，朝纲国纪因此故尧遭洪水，人无菜色。臣伏念方今灾害发起，弥弥滋甚，百姓空虚，不能自赡。重以螟蝗，羌虏钞掠，三边震扰，战斗之役至今未息，兵甲军粮不能复给。大司农帑藏匮乏，殆非社稷安宁之时。伏见诏书为阿母兴起津城门内第舍，合两为一，连里竟街，雕修缮饰，穷极巧伎。今盛夏土王，而攻山采石，其大匠左校别部将作合数十处，转相迫促，为费巨亿。周广、谢恽兄弟，与国无肺腑枝叶之属，依倚近幸奸佞之人，与樊丰、王永等分威共权，属托州郡，倾动大臣。宰司辟召，承望旨意，招来海内贪污之人，受其货赂，至有臧锢弃世之徒复得显用。白黑溷淆，清浊同源，天下欢哗，咸曰财货上流，为朝结讥。臣闻师言：'上之所取，财尽则怨，力尽则叛。'怨叛之人，不可复使，故曰：'百姓不足，君谁与足？'惟陛下度之。"丰、恽等见震连切谏不从，无所顾忌，遂诈作诏书，调发司农钱谷、大匠见徒材木，各起家舍、园池、庐观，役费无数。

震因地震，复上疏曰："臣蒙恩备台辅，不能奉宣政化，调和阴阳，去年十二月四日，京师地动。臣闻师言：'地者阴精，当安静承阳。'而今动摇者，阴道盛也。其日戊辰，三者皆土，位在中宫，更加动摇。杨震又一次上书说："微臣听说上古之时耕种九年之后一定能攒下三年的存粮，所以唐尧之时虽有洪灾，但百姓并未受饿以致脸色不佳。微臣想到现在天灾已经爆发，灾祸愈演愈烈，百姓家无存粮，无法养活自己。加之螟蝗啃食稻麦，西羌之敌打家劫舍，三方边疆震动不安，平定边陲之战至今未曾断绝，兵器、甲胄、粮草无法再次供应。大司农所管理的资财日渐不足，现在实在不是国家太平的时候。微臣看到圣上下诏要为乳母在津城门内兴建宅第，一处宅第占去了两坊的土地，占去一整条大街、几个里的地界，雕刻、修饰、修缮、装点，极尽各种精巧技艺。现在正值盛夏土气旺盛之时，却反而开挖山体、采掘石料，将作大匠下属的左校又开设了几十处分部，各分部相互轮替急促地修建宅第，所消耗的费用数以亿计！周广、谢恽以及二人的兄弟们，他们并非朝廷心腹或者皇室宗亲，只是依靠着受宠的亲信和奸邪谄媚之徒，就与樊丰、王永等人二分威势、共掌大权，他们常对州郡官府有所嘱咐和请托，惊动了朝中群臣。辅政大臣征召、选任官员时，都要迎合他们的意图，获得任用的尽是四海之内的贪污之徒，辅政大臣接受他们的贿赂，甚至连因行贿受贿入狱并为世人所厌弃之辈也再次得到重用。官场之中黑白混淆，清浊合流，天下之人纷纷高声吵嚷，都说如今凭借财物便可成为上品之人，种种非议因朝廷混乱而生发。微臣曾听老师说过：'君王如果向百姓恣意索取，百姓一贫如洗就会生怨，百姓精疲力尽就会反叛。'怀怨叛逆之人，无法再次役使，所以说：'如果百姓缺衣少食、气力耗尽，那国君能同何人一起获得富足呢？'希望陛下能考虑微臣的妄言。"樊丰、谢恽等人看到杨震的多次直言规劝都不为安帝所采纳，他们因而没有了顾忌，便伪造诏书，向大司农征用钱粮，向将作大匠征调工匠、木材，每个人都为自己修建了府邸、带有池塘的园林、亭台楼阁，耗费了不计其数的人力和金钱。

后来杨震因为发生地震，再次上书说："微臣承蒙朝廷隆恩在三公之位凑数，却未能恭敬地宣明朝政和教化，以使阴阳二气协调和顺，去年十二月四日，京城发生地震。微臣听老师说过：'大地是阴气的精华，应当保持安稳宁静承载阳气。'因而现在大地动摇，是此中臣近官盛于持权用事之象也。臣伏惟陛下以边境未宁，躬自菲薄，宫殿垣屋倾倚，枝柱而已，无所兴造，欲令远近咸知政化之清流，商邑之翼翼也。而亲近幸臣，未崇断金，骄溢逾法，多请徒士，盛修第舍，卖弄威福。道路欢哗，众所闻见。地动之变，近在城郭，殆为此发。又冬无宿雪，春节未雨，百僚燋心，而缮修不止，诚致旱之征也。《书》曰：'僭恒阳若，臣无作威作福玉食。'唯陛下奋乾刚之德，弃骄奢之臣，以掩訞言之口，奉承皇天之戒，无令威福久移于下。"

震前后所上，转有切至，帝既不平之，而樊丰等皆侧目愤怨，俱以其名儒，未敢加害。寻有河间男子赵腾诣阙上书，指陈得失。帝发怒，遂收考诏狱，结以罔上不道。震复上疏救之曰："臣闻尧舜之世，谏鼓谤木，立之于朝；殷周哲王，小人怨詈，则还自敬德。所以达聪明，开不讳，博采负薪，尽极下情也。今赵腾所坐激讦谤语为罪，与手刃犯法有差。乞为亏除，全腾之命，以诱刍荛舆人之言。"帝不省，腾竟伏尸都市。

阴气之道太盛的缘故。那天既是戊日也是辰日又有地震，戊、辰、地震都属土，地震正发生在帝都，这是宦官近臣手中权力过大的象征。微臣恭敬地希望陛下能出于边疆战乱未消的缘故，亲自力行节俭，官殿、围墙和房屋的倾斜，只需支撑起来而已，没有需要开工兴修的地方，这样做是想让远处和近处的百姓都知道朝政和教化的清明，以及京城的庄严雄伟。而亲近受宠的谄媚之徒，并不崇尚君臣同心之义，他们骄横无度、僭越纲纪，大量征发百姓担任工徒，大规模地兴修宅第房屋，仗受宠而弄权作威作福。路上行人纷纷高声吵嚷，乱象为众人所耳闻目睹。地震的灾变，发生在京城，大概便是因此而起。另外去年冬季没有积雪，今年春季尚未降雨，群臣百官忧心如焚，然而宅第的兴建仍不停止，这实在是招致旱灾的征兆啊。《尚书》说：'为政有失，便有烈日当空久旱不雨的异象，身为人臣不可凭威权滥刑，不可凭行善获福，不可享用美食。'希望陛下振奋刚健的天子之德，革除生性骄横奢侈的佞臣，以使妖言惑众之人闭口不言，同时恭敬地接受皇天的告戒，不要让施威、致福的大权久久落于臣下之手。"

杨震自始至终所呈上的奏章，都是围绕裨补朝政而发的恳切、详尽的忠言，安帝已然怒火中烧，同时樊丰等人也都心怀愤恨对他侧目而视，但他们都因杨震是当世名儒，而未曾胆敢加害于他。不久河间国的男子赵腾入朝上书，指出并陈述了朝政的得失。安帝震怒，就将赵腾关押到奉皇命治罪的监狱中，并将他判为欺骗天子的大逆不道之罪。杨震为了搭救赵腾又上书劝谏说："微臣听说尧舜之时，供进谏时敲击的鼓和供人书写谏言的木柱，都树立在朝廷之中；商周之时的圣明之君，受到了平民百姓的抱怨和责骂，就会更加谨慎地培养自己的品德。目的是广纳谏言、明察过失，开辟直言不讳之路，博采卑贱者的想法，使民情全都得以上达。现在赵腾只是因为过分直率、激烈的揭露和诽谤而获罪，和因亲手杀人而犯法有所不同。恳请陛下减轻他的惩罚，保全他的性命，以引导割草打柴的百姓和低级的官吏都能畅所欲言。"但安帝并未悔悟，赵腾最终遭到处死并被弃尸于街头。

会三年春，东巡岱宗，樊丰等因乘舆在外，竞修第宅，震部掾高舒召大匠令史考校之，得丰等所诈下诏书，具奏，须行还上之。丰等闻，惶怖，会太史言星变逆行，遂共谮震云："自赵腾死后，深用怨怼；且邓氏故吏，有恚恨之心。"及车驾行还，便时太学，夜遣使者策收震太尉印绶，于是柴门绝宾客。丰等复恶之，乃请大将军耿宝奏震大臣不服罪，怀恚望，有诏遣归本郡。震行至城西几阳亭，乃慷慨谓其诸子门人曰："死者士之常分。吾蒙恩居上司，疾奸臣狡猾而不能诛，恶嬖女倾乱而不能禁，何面目复见日月！身死之日，以杂木为棺，布单被裁足盖形，勿归冢次，勿设祭祠。"因饮酖而卒，时年七十余。弘农太守移良承樊丰等旨，遣吏于陕县留停震丧，露棺道侧，谪震诸子代邮行书，道路皆为陨涕。

岁余，顺帝即位，樊丰、周广等诛死，震门生虞放、陈翼诣阙追讼震事。朝廷咸称其忠，乃下诏除二子为郎，赠钱百万，以礼改葬于华阴潼亭，远近毕至。先葬十余日，有大鸟高丈余，集震丧前，俯仰悲鸣，泪下沾地，葬毕，乃飞去。郡以状上。时连有灾异，帝感震之枉，乃下诏策曰："故太尉震，正直是与，俾匡时政，而青蝇点素，同兹在藩。上天降威，灾眚屡作，尔卜尔筮，惟震之故。朕之不德，用彰厥咎，山崩栋折，我其危哉！今使太守丞以中牢具祠，魂而有灵，傥其歆享。"于是时人立石鸟象于其墓所。

正当延光三年(124)的春季,安帝到东方巡行来到泰山,樊丰等人趁安帝不在京城,争相兴建府第,杨震在太尉府的属官高舒召见了将作大匠并命令太尉府官员调查樊丰等人大兴土木之事,最终得到了樊丰等人颁布给将作大匠的假诏书,杨震写好奏书,准备等安帝回京后呈上。樊丰等人得知消息后,惊惧不安。恰逢太史说出现了行星逆行的天象,于是樊丰等人就一起诬陷杨震说:“从赵腾一死,杨震就对陛下深为怨恨;而且他身为邓骘的老部下,早就对陛下怀恨在心。”等安帝结束巡行回到京后,安帝先来到太学等待入宫的吉时,当天晚上便派使者带着免职书收回了杨震的太尉印信和绶带,杨震就紧闭家门断绝了和宾客的往来。樊丰等人再次对杨震心生恨意,请托大将军耿宝上奏状告杨震说他身为大臣却不认罪,仍然心怀怨恨,因此安帝下令将杨震遣送回弘农郡故乡。杨震离开京城来到京城西面的几阳亭时,情绪激昂地对他的儿子和门徒们说:“死亡是人命中注定的。我承蒙朝廷隆恩身居高位,虽痛恨奸臣的狡猾却没能铲除他们,虽厌恶妇人受宠扰乱朝政却未能阻止,我还有何脸面再见昭昭日月?等到我死去之时,用杂色的木头为我打造棺材,剪下一块足以覆盖身体的单层布匹为我裹尸,无需送我归葬故乡并埋在先祖的坟墓之后,也无需为我安排祭祀。”说罢他就服毒而死,享年七十多岁。弘农太守移良听命于樊丰等人,派官差在陕县截停了杨震的灵柩,并将杨震的棺材丢在路边,还将杨震的儿子们贬职让他们代替邮亭的小吏负责送信,在道路上相遇的人们无不因此而落泪。

一年多后,顺帝即位,樊丰、周广等人被处死,杨震的再传弟子虞放、陈翼入朝为杨震的罪案鸣冤。朝中百官都说杨震确实是忠臣,顺帝就下诏任命杨震的两个儿子为郎,赐予杨震家一百万钱,用应有的礼制将杨震改葬于弘农郡华阴县的潼亭,远方和附近的人都来参加杨震的葬礼。离安葬还有十几天的时候,飞来一只一丈多高的大鸟,大鸟落到杨震的遗体前,忽而低头、忽而仰首发出悲伤的鸣叫,它流下的泪水浸湿了土地,直到葬礼结束之后,大鸟才飞离此处。弘农郡府将此情况上报了朝廷。当时灾异接连出现,顺帝有感于杨震的冤情,颁布诏书说:“已故太尉杨震,的确公正刚直,因此朝廷使震之被谮也，高舒亦得罪，以减死论。及震事显，舒拜侍御史，至荆州刺史。

震五子。长子牧，富波相。

牧孙奇，灵帝时为侍中，帝常从容问奇曰："朕何如桓帝？"对曰："陛下之于桓帝，亦犹虞舜比德唐尧。"帝不悦曰："卿强项，真杨震子孙，死后必复致大鸟矣。"出为汝南太守。帝崩后，复入为侍中卫尉，从献帝西迁，有功勤。及李傕胁帝归其营，奇与黄门侍郎钟繇诱傕部曲将宋晔、杨昂令反傕，傕由此孤弱，帝乃得东。后徙都许，追封奇子亮为阳成亭侯。

震少子奉，奉子敷，笃志博闻，议者以为能世其家。敷早卒，子众，亦传先业，以谒者仆射从献帝入关，累迁御史中丞。及帝东还，夜走度河，众率诸官属步从至太阳，拜侍中。建安二年，追前功封蓩亭侯。

震中子秉。

秉字叔节，少传父业，兼明《京氏易》，博通书传，常隐居教授。年四十余，乃应司空辟，拜侍御史，频出为豫、荆、徐、兖四州他匡正当时的朝政，而且当苍蝇般的小人玷污了清平的风气时，杨震亦在此处捍卫朝纲。如今上天降下神威，天灾频繁发生，占卜推求原因，是杨震的缘故。朕的德行浅薄，此罪因而暴露。山崩塌、屋梁折，朕将要危险了！现在朕命令弘农郡郡丞用猪和羊为杨震安排祭祀，精魂若有灵性，或许杨震的英魂会来享受这些祭品。”这之后人们便在杨震的墓地立起了大鸟的石像。

杨震被诬陷后，他的属官高舒也因牵连获罪，被判处减免死刑的刑罚。等到杨震的冤案昭雪后，高舒出任为侍御史，最终官至荆州刺史。

杨震有五个儿子。长子杨牧，官至富波侯国国相。

杨牧的孙子杨奇，在灵帝时担任侍中，灵帝曾平静悠闲地问杨奇说：“朕与桓帝相比怎么样呢？”杨奇答道：“陛下和桓帝相比，也就像虞舜的德行可与唐尧相比拟一般。”灵帝生气地说：“您刚直不屈，果真是杨震的子孙，您死后一定又能引来大鸟哀悼。”之后灵帝便让杨奇离京出任汝南太守。灵帝去世后，杨奇又回朝担任侍中卫尉，陪同献帝向西迁都到长安时，他立下了功劳。等到李傕将献帝挟持到他的军营中时，杨奇和黄门侍郎钟繇劝诱李傕的部曲将宋晔、杨昂让他们背叛李傕，自此李傕便势单力孤，献帝这才能够离开长安向东而行。后来献帝迁都到许县，朝廷追封杨奇之子杨亮为阳成亭侯。

杨震的小儿子是杨奉，杨奉之子是杨敷，杨敷志向坚定、博学洽闻，品评人物之人都认为他能传承杨氏的家学。杨敷英年早逝，他的儿子是杨众，他也传承了祖辈的学业，杨众在担任谒者仆射时陪同献帝进入函谷关迁都到长安，几度升迁后杨众官至御史中丞。等到献帝离开长安东归时，一行人在夜里渡过了黄河，杨众率朝中百官步行跟从献帝来到太阳县，之后出任为侍中。建安二年（197），朝廷因杨众之前的功劳追封他为蓩亭侯。

杨震排行居中的儿子是杨秉。

杨秉字叔节，年轻时继承了父亲的学业，同时通晓《京氏易》，他广泛研究各类经典和解经之书并达到精通，并一直隐居在家开馆讲刺史，迁任城相。自为刺史、二千石，计日受奉，余禄不入私门。故吏赍钱百万遗之，闭门不受。以廉洁称。

桓帝即位，以明《尚书》征入劝讲，拜太中大夫、左中郎将，迁侍中、尚书。帝时微行，私过幸河南尹梁胤府舍。是日大风拔树，昼昏，秉因上疏谏曰："臣闻瑞由德至，灾应事生。传曰：'祸福无门，唯人所召。'天不言语，以灾异谴告，是以孔子迅雷风烈必有变动。《诗》云：'敬天之威，不敢驱驰。'王者至尊，出入有常，警跸而行，静室而止，自非郊庙之事，则銮旗不驾。故《诗》称'自郊徂宫'，《易》曰'王假有庙，致孝享也'。诸侯如臣之家，《春秋》尚列其诫，况以先王法服而私出槃游！降乱尊卑，等威无序，侍卫守空宫，绂玺委女妾，设有非常之变，任章之谋，上负先帝，下悔靡及。臣奕世受恩，得备纳言，又以薄学，充在讲劝，特蒙哀识，见照日月，恩重命轻，义使士死，敢惮摧折，略陈其愚。"帝不纳。秉以病乞退，出为右扶风。太尉黄琼惜其去朝廷，上秉劝讲帷幄，不宜外迁，留拜光禄大夫。是时大将军梁冀用权，秉称病。六年，冀诛后，乃拜太仆，迁太常。

学。杨秉四十多岁的时候，才接受了司空府的征召，出任侍御史，之后他接连担任豫、荆、徐、兖四州刺史，后来又升任为任城国国相。杨秉自从担任刺史、国相之后，每年都计算出自己的实际任职天数并据此领取俸禄，多余的年俸他便不再接受。从前的属官带着数以百万计的钱要送还给杨秉，但他紧闭家门不肯接受。杨秉因廉洁而广受称赞。

桓帝即位后，杨秉因精通《尚书》而入宫担任劝讲为桓帝讲学，同时出任太中大夫、左中郎将，后来升任为侍中、尚书。桓帝常常微服出行，曾私下里到访河南尹梁胤的府第。这天狂风将树木连根拔起，白昼之时仍昏暗不明，杨秉趁势上书劝谏桓帝说："微臣听说祥瑞会因仁德而降临，灾祸会因变故而产生。《左传》说：'祸福的到来并非经由门户，而只能为人所召致。'上天不会明言，而用灾异发出谴责和告诫，因此孔子听到疾雷、遇到暴风定会改变神色。《诗经》说：'敬畏上天威严，不敢恣意放纵。'身为人君极为尊贵，出入宫室自有常例，警戒左右、禁止行人通行后才前行，清扫宫室并保证安全之后才下榻，倘若不是赴郊庙祭祀之事，銮旗车就无需在仪仗队中随驾。所以《诗经》提到'君王从城郊赶往宗庙'，《易经》提到'君王来到太庙，是为了向先祖献上祭祀'。连诸侯前往臣子之家的举动，《春秋》还会作出告诫，何况陛下竟身着先王衮服暗中出宫游玩！陛下自降身份扰乱贵贱尊卑之制，破坏了威仪应与地位相称的秩序，侍卫看守着并无天子的宫殿，玉玺和丝带委托于姬妾之手，假使发生意料之外的事变，出现任章刺杀宣帝之类的阴谋，往大里说陛下辜负了先帝，往小里说陛下自己也追悔莫及。微臣代代承蒙朝廷洪恩，得以愧居尚书之位，又凭借浅薄的学问，入宫充任陛下劝讲，微臣承蒙陛下爱护赏识，为朝廷日月之光所照耀，朝廷恩重如山、微臣性命微贱，士人为大义所驱使情愿赴死，因此微臣不敢畏于打击，大略陈述愚见。"然而桓帝没有接受杨秉的谏言。于是杨秉托病乞求退职，朝廷则命他离京出任右扶风。太尉黄琼对朝廷失去杨秉的辅佐感到可惜，便上书提请让杨秉在宫中担任劝讲，黄琼认为不应派杨秉到地方为官，应将他留在朝廷任命为光禄大夫。当时大将军梁冀把持朝政，延熹三年，白马令李云以谏受罪，秉争之不能得，坐免官，归田里。其年冬，复征拜河南尹。先是中常侍单超弟匡为济阴太守，以臧罪为刺史第五种所劾，窘急，乃赂客任方刺兖州从事卫羽。事已见《种传》。及捕得方，囚系洛阳，匡虑秉当穷竟其事，密令方等得突狱亡走。尚书召秉诘责，秉对曰："《春秋》不诛黎比而鲁多盗，方等无状，衅由单匡。刺执法之吏，害奉公之臣，复令逃窜，宽纵罪身，元恶大憝，终为国害。乞槛车征匡考核其事，则奸慝踪绪，必可立得。"而秉竟坐输作左校，以久旱赦出。

会日食，太山太守皇甫规等讼秉忠正，不宜久抑不用。有诏公车征秉及处士韦著，二人各称疾不至。有司并劾秉、著大不敬，请下所属正其罪。尚书令周景与尚书边韶议奏："秉儒学侍讲，常在谦虚；著隐居行义，以退让为节。俱征不至，诚违侧席之望，然逶迤退食，足抑苟进之风。夫明王之世，必有不召之臣，圣朝弘养，宜用优游之礼。可告在所属，喻以朝庭恩意。如遂不至，详议其罚。"于是重征，乃到，拜太常。

于是杨秉托病不接受任命。过了六年，梁冀被处死后，杨秉才出任为太仆，之后又升任为太常。

延熹三年（160），白马县令李云因直言进谏获罪，杨秉为他申辩但没有成功，并因此遭到罢免，回到故乡。这年冬季，朝廷再次征召杨秉并任命他为河南尹。此前中常侍单超的弟弟单匡担任济阴太守时，因贪污罪遭到兖州刺史第五种弹劾，单匡处境危急，他就买通刺客任方刺杀兖州从事卫羽。此事已记载于《第五种传》。等到任方遭到拘捕，监禁在洛阳后，单匡担心河南尹杨秉应该会彻查此事，便暗中命令任方等人越狱逃走。尚书召见了杨秉加以责问，杨秉回答说："根据《春秋》的记载鲁国因为没有处死黎比而盗贼多有，任方等人虽然犯下不可名状的大罪，但这罪行是因单匡而起。单匡派人刺杀执法官吏，谋害秉公办事之臣，之后又命令刺客逃走，宽容放纵罪人，单匡这个罪魁祸首极为人所痛恨，最终定会成为国家的祸害。请朝廷允许微臣用槛车将单匡押回洛阳核查他的罪行，那么恶党的踪迹和案件的线索，定能立刻得到。"然而杨秉竟因此获罪并被押往左校服劳役，之后因天久旱不雨得以提早获得免罪释放。

适逢出现日食，泰山太守皇甫规等人为杨秉鸣冤说他是忠诚正直之士，不应长久地受到降职不获任用。朝廷便命令公车征召杨秉和隐居不仕的名士韦著，但二人各自托病不肯赴召。负责检举的官吏以大不敬的罪名弹劾杨秉、韦著二人，并向朝廷提请准许二人所在郡县的官府对二人作出惩处。尚书令周景和尚书边韶商议后上奏说："杨秉曾因精通儒学担任侍讲，一直保有谦虚之心；韦著隐居不仕践行仁义，用推辞为官的方式树立节操。受到征召的二人都不愿赴召，这样的行为确实背离了朝廷礼待贤士的愿望，然而他们委屈自己归隐在家不受俸禄，如此义举足以抑制只图升官、务求利禄的风气。在圣明君主的时代，一定有不愿应召的贤臣，朝廷以宽宏之道保养万民，应当礼遇二人允许他们安享闲适。希望陛下晓谕二人所在郡县的官府，由官府将朝廷的恩情向二人予以说明。如果终究不肯应召，再仔细商议如何惩治他们。"于是朝廷再次征召杨秉，杨秉这才赴召，出任为太常。

五年冬，代刘矩为太尉。是时宦官方炽，任人及子弟为官，布满天下，竞为贪淫，朝野嗟怨。秉与司空周景上言：“内外吏职，多非其人，自顷所征，皆特拜不试，致盗窃纵恣，怨讼纷错。旧典，中臣子弟不得居位秉势，而今枝叶宾客布列职署，或年少庸人，典据守宰，上下忿患，四方愁毒。可遵用旧章，退贪残，塞灾谤。请下司隶校尉、中二千石、二千石、城门五营校尉、北军中候，各实核所部，应当斥罢，自以状言，三府廉察有遗漏，续上。”帝从之。于是秉条奏牧守以下匈奴中郎将燕瑗、青州刺史羊亮、辽东太守孙諠等五十余人，或死或免，天下莫不肃然。

时郡国计吏多留拜为郎，秉上言三署见郎七百余人，帑臧空虚，浮食者众，而不良守相，欲因国为池，浇濯衅秽。宜绝横拜，以塞觊觎之端。自此终桓帝世，计吏无复留拜者。

七年，南巡园陵，特诏秉从。南阳太守张彪与帝微时有旧恩，以车驾当至，因傍发调，多以入私。秉闻之，下书责让荆州刺史，以状副言公府。及行至南阳，左右并通奸利，诏书多所除拜。秉复上疏谏曰：“臣闻先王建国，顺天制官。太微积星，名为郎位，入奉宿卫，出牧百姓。皋陶诫虞，在于官人。顷者道路拜除，恩加竖隶，爵延熹五年（162）冬季，杨秉代替刘矩继任为太尉。这时正当宦官权势滔天之时，他们保举亲信和子弟担任各种官职，党羽遍布天下，竞相做出贪婪无度之事，朝廷和民间都怨气冲天。杨秉和司空周景一同上书说："朝中内外的官位之上，大多是不称其职之辈，近来所征召的官吏，官位都是特别授予的而无需经过考核，致使行窃之人放纵恣肆，杂乱的争执大量出现。依据前朝典章，宦官子弟不可身居高位、执掌权力，然而如今他们族内的旁支和门下的宾客遍布、占据各类职位、官署，有的年纪轻轻、才德浅薄，却占据地方长官之职，朝野上下无不气愤、厌恶，四方各地全都愁闷、痛恨。希望陛下遵循、采用先代典则，罢黜贪婪凶残的奸臣，遏止招致灾祸的诽谤。请陛下向司隶校尉、享禄中二千石的官吏、享禄二千石的官吏、城门五营校尉、北军中候下令，要求他们各自核实自己的部下，凡有应当予以罢免的，自行将那些官吏的情况上报朝廷，经过三公府考察仍有遗漏的，继续将其情况上报朝廷。"桓帝采纳了二人的意见。杨秉就将州牧、太守及其以下的不称其职之人的情况逐条上奏给朝廷，包括匈奴中郎将燕瑗、青州刺史羊亮、辽东太守孙諠等五十多人，这些人或被处死或遭罢免，全国的官吏无不重整严肃谨慎之风。

当时各郡各国掌管簿籍并每年负责上计的官吏到达京城后常会留在朝中担任郎官，杨秉上书说光禄勋下属的五官署、左署、右署三署中现有的郎官已有七百多人，国库日渐空虚，而无功受禄之人众多，同时无才无德的太守、国相，便想利用自己治下的郡国作为护城河，掩护他们洗刷自己的罪责和污秽之举。应当摒弃这种未经察举就任命计吏为郎的特选制度，为的是断绝官吏们企图得到高位的心思。从此到桓帝一朝结束，再没有计吏能留在朝中为官的。

延熹七年（163），顺帝南巡先帝陵墓，特地召来杨秉陪同前往。南阳太守张彪在桓帝尚未即位时曾有恩于桓帝，他因为桓帝将要亲临此地，就趁机征调民力物力，大量搜刮民脂民膏中饱私囊。杨秉得知此事后，就写信斥责荆州刺史，并另写一封信将情况上报三公府。等到桓帝到达南阳后，身边的近臣都为非法谋利之人打通关节，因此桓帝颁布诏书大量授予官职。杨秉又上书进谏道："微臣听说以货成，化由此败，所以俗夫巷议，白驹远逝，穆穆清朝，远近莫观。宜割不忍之恩，以断求欲之路。”于是诏除乃止。

时中常侍侯览弟参为益州刺史，累有臧罪，暴虐一州。明年，秉劾奏参，槛车征诣廷尉。参惶恐，道自杀。秉因奏览及中常侍具瑗曰：臣案国旧典，宦竖之官，本在给使省闼，司昏守夜，而今猥受过宠，执政操权。其阿谀取容者，则因公褒举，以报私惠；有忤逆于心者，必求事中伤，肆其凶忿。居法王公，富拟国家，饮食极肴膳，仆妾盈纨素，虽季氏专鲁，穰侯擅秦，何以尚兹！案中常侍侯览弟参，贪残元恶，自取祸灭，览顾知衅重，必有自疑之意，臣愚以为不宜复见亲近。昔懿公刑邴歜之父，夺阎职之妻，而使二人参乘，卒有竹中之难，《春秋》书之，以为至戒。盖郑詹来而国乱，四佞放而众服。以此观之，容可近乎？览宜急屏斥，投畀有虎。若斯之人，非恩所宥，请免官送归本郡。”书奏，尚书召对秉掾属曰：“公府外职，而奏劾近官，经典汉制有故事乎？”秉使对曰：“《春秋》赵鞅以晋阳之甲，逐君侧之恶。传曰：‘除君之恶，唯力是视。’邓通懈慢，申屠嘉召通诘责，文帝从而请之。汉世故事，三公之职无所不统。”尚书不能诘。帝不得已，竟免览官，而削瑗国。每朝廷有得失，辄尽忠规谏，多见纳用。

上古明君建立国家，会顺应天道设立官职。太微垣的五帝座之后聚集着二十五颗星，此二十五颗星名为郎官之位，在宫中则奉命值宿守卫，在宫外则管理一方百姓。皋陶曾告诫虞舜，为政的关键在于选贤任能。近来陛下在巡行的路上授予官职，将隆恩赐予卑贱的仆役，加官晋爵若能凭贿赂达成，朝政的风气便会因此败坏。所以鄙俗之人若在街巷中议论纷纷，白驹般的贤人将远离朝廷而去，本应庄严美好的清平的朝廷，如今远近的臣民都不愿一睹。陛下应割舍出于仁爱之心的恩情，借此斩断谋求满足私欲之路。”因此顺帝不再下诏授职。

当时中常侍侯览的弟弟侯参是益州刺史，他多次犯下贪污之罪，在益州推行残暴的统治。第二年，杨秉上奏弹劾侯参，朝廷下令用槛车将侯参押解到廷尉。侯参惊恐不安，在途中自杀。杨秉因而向朝廷上书谴责侯览和中常侍具瑗说：“微臣核查了大汉旧时的典章，身为宦官之人，原本的职责是在宫中担任使者负责上传下达，并执掌报告黄昏和守夜的任务，但如今宦官却忽然受到过分地宠幸，掌管政事、操持权柄。宦官们对待那些以阿谀奉承求得容身之人，就借着朝廷表彰、起用人才的机会，来回报自己个人收受的馈赠；对待那些违抗他们心意的人，定会罗织罪名加以中伤，肆意发泄他们的残暴和恨意。他们住所的规格以王公贵人为准，富有的程度可以与国家相比，饮食上享尽珍馐美馔，奴仆婢妾都身着白绢，即使是在鲁国专权的季氏，独揽秦国大权的穰侯，又怎能比如今的宦官更富贵呢！经调查中常侍侯览之弟侯参的罪行已然明确，他是贪婪残暴的罪大恶极之人，因而惹祸上身自取灭亡，侯览反省过后自知身有重罪，定会对朝廷心生猜忌，依微臣愚见不应再让他成为亲信。从前齐懿公掘出邴歜之父的遗骸并处以斩足之刑，又与阎职有夺妻之仇，然而懿公却让二人一个做仆役一个做车右，最终发生了命丧二人之手并被抛尸于竹林中的灾难，《春秋》记载了这件事，并将其作为最应警戒之事。郑詹从齐国逃到鲁国因而败坏了鲁国朝政，舜帝流放四名奸邪之人从而使众人心服。根据这些史事来看，陛下难道还能亲近侯览这样的人吗？陛下应当尽快罢免侯览，把他抛给猛兽。像这样的秉性不饮酒，又早丧夫人，遂不复娶，所在以淳白称。尝从容言曰："我有三不惑：酒、色、财也。"八年薨，时年七十四，赐茔陪陵。子赐。

赐字伯献。少传家学，笃志博闻。常退居隐约，教授门徒，不答州郡礼命。后辟大将军梁冀府，非其好也。出除陈仓令，因病不行。公车征不至，连辞三公之命。后以司空高第，再迁侍中、越骑校尉。

建宁初，灵帝当受学，诏太傅、三公选通《尚书》桓君章句宿有重名者，三公举赐，乃侍讲于华光殿中。迁少府、光禄勋。

熹平元年，青蛇见御坐，帝以问赐，赐上封事曰："臣闻和气致祥，乖气致灾，休征则五福应，咎征则六极至。夫善不妄来，灾不空发。王者心有所惟，意有所想，虽未形颜色，而五星以之推移，阴人，不是朝廷的恩德所应宽恕的，恳请陛下革除他的官职并将其遣送原籍。”奏书呈给桓帝之后，尚书召见了杨秉的属官并对他说：“太尉府本应负责宫禁外的职务，现在却弹劾天子身边的近臣，这在大汉从前的典章制度中可有先例？”杨秉的属官答道：“《春秋》记载了晋国的赵鞅发动晋阳的甲士，驱逐了君王身边的奸臣之事。《左传》说：‘除掉君王所憎恨之人，尽力到何种程度只看自己有多大的力量。’邓通懈怠而傲慢，申屠嘉召来邓通大加斥责，文帝听任申屠嘉之举并请求他原谅邓通。根据大汉的先例，三公分内没有不可管辖之事。”尚书听罢无法再作出质问。桓帝无可奈何，最终免除了侯览的官职，并削减了具瑗的封国。每当朝廷为政出现过失，杨秉总会竭尽忠心直言规劝，他的意见常会获得采用。

杨秉生性不好饮酒，另外他的夫人很早就去世了，但他竟然不再续弦，因此他的同乡和他为官之处的人们都称赞他敦厚质朴、品行纯洁。他曾平静悠闲地说过：“我不会迷恋于这三种事物：酒、色、财。”杨秉在延熹八年（165）去世，享年七十四岁，朝廷赐给他一块在皇陵旁的坟地。杨秉之子是杨赐。

杨赐字伯献。他年轻时便继承了家传的学问，一心治学、博学洽闻。杨赐常年引退在家隐居不仕，他为门徒讲学，并对州郡的以礼相聘和任命拒不接受。后来杨赐应召到大将军梁冀的官府任职，但这并不合他的心意。之后杨赐受命出任陈仓县令，却因病未能上路。后来杨赐受到公车的征辟却并未赴召，又接连推辞了三公府的任命。其后杨赐在司空府的考核中名列前茅，两度升迁先后担任侍中、越骑校尉。

灵帝建宁初年，灵帝到了应当从师学习的年纪，朝廷命令太傅、三公简选通晓《尚书》和桓荣、桓郁分析《尚书》章节、句读之学并且一向名声卓著之人，三公举荐了杨赐，于是杨赐便在华光殿中担任灵帝的侍讲。后来升任少府、光禄勋。

熹平元年（172），青蛇出现在天子宝座旁，灵帝向杨赐询问这其中的缘由，杨赐在向灵帝进呈的密封奏书中说：“微臣听说和顺之气能招来祥瑞，反常之气会导致灾祸，出现了美好的征兆那么五种福阳为其变度。以此而观，天之与人，岂不符哉？《尚书》曰：“天齐乎人，假我一日。”是其明征也。夫皇极不建，则有蛇龙之孽。《诗》云：‘惟虺惟蛇，女子之祥。’故《春秋》两蛇斗于郑门，昭公殆以女败；康王一朝晏起，《关雎》见几而作。夫女谒行则谗夫昌，谗夫昌则苞苴通，故殷汤以之自戒，终济亢旱之灾。惟陛下思乾刚之道，别内外之宜，崇帝乙之制，受元吉之祉，抑皇甫之权，割艳妻之爱，则蛇变可消，祯祥立应。殷戊、宋景，其事甚明。”

二年，代唐珍为司空，以灾异免。复拜光禄大夫，秩中二千石。五年，代袁隗为司徒。是时朝廷爵授，多不以次，而帝好微行，游幸外苑。赐复上疏曰：“臣闻天生蒸民，不能自理，故立君长使司牧之，是以唐虞兢兢业业，周文日昃不暇，明慎庶官，俊乂在职，三载考绩，以观厥成。而今所序用无佗德，有形势者，旬日累迁，守真之徒，历载不转，劳逸无别，善恶同流，《北山》之诗，所为训作。又闻数微行出幸苑囿，观鹰犬之势，极槃游之荒，政事日堕，大化陵迟。陛下不顾二祖之勤止，追慕五宗之美踪，而欲以望太平，是由曲表而欲直景，却行而求及前人也。宜绝慢傲之戏，念官人之重，割用板之恩，慎贯鱼之次，无令丑女有四殆之叹，遐迩有愤怨之声。臣分就应和而来，出现了不祥的征兆那么六种厄运就接踵而至。吉祥的降临不会没有原因，灾祸的到来不会毫无缘故。君王心有所思，意有所想，即使没有在神色上表现出来，但金木水火土五星已因此发生移动，阴阳二气的谐和程度也由此改变。这样看来，天意与人事，难道不是相合的吗？《尚书》说：‘上天若想让人间秩序井然，便无日不需借助人君的力量。’这便是天人感应的明证。君王为政没有彻底符合中正之道，便会有蛇龙现身的邪恶之象。《诗经》说：‘虺蛇呀虺蛇，那是女子的预兆。’所以《春秋》记载了郑国国都城门中两蛇相斗的异象，预示了郑昭公最终因女子的缘故而落败；周康王在一个早晨因王后没有呼唤而晚起，诗人见微知著因而作《关雎》予以讽喻。通过受宠女子请托之事盛行那么进谗诽谤之人就会猖獗，进谗诽谤之人猖獗那么行贿受贿之事就会流行，因此商汤以此自我警戒，最终将百姓从大旱灾中解救出来。希望陛下考虑践行刚健的天道，区分天子和皇后的内外之别而各司其职，崇尚商王帝乙下嫁女儿和周联姻的裁断，最终收获齐天洪福，抑制那些如受宠于褒姒的皇甫卿士之类的宠臣的权势，割舍对于美艳姬妾的宠爱，那么青蛇现身于宝座旁的异象便能够消灭，吉祥的征兆会立刻顺应人事之变而现。商王太戊和宋景公都用修养德行的方式消除了灾异，他们的先例非常明白足以证明微臣所言非虚。”

熹平二年（173），杨赐接替唐珍继任为司空，之后因出现灾异遭到罢免。后来杨赐又担任了光禄大夫，俸禄为年俸略微超过两千石的中二千石级别。熹平五年（176），杨赐接替袁隗继任为司徒。此时朝廷封爵，大多不按次序，同时灵帝沉溺于微服出行，到皇宫外的林苑中游赏。杨赐又上书劝谏道：“微臣听说上天创造了众多生民，但上天自己不能治理，所以扶立人君命人君管理百姓，因此唐尧、虞舜治理百姓认真谨慎、勤劳刻苦，周文王劳于政事到了中午仍无暇用膳，他们明察百官、慎于任用，为官之人全都才能出众，三年一次考核政绩，用来审察百官成就。而如今位居前列获得任用之人并没有什么额外的美德，攀龙附凤之人，十日之内多次升迁，保持本真之人，历经多年不受提拔，辛勤和安逸之人毫无分别，良善和奸恶之受恩偏特，忝任师傅，不敢自同凡臣，括囊避咎，谨自手书密上。

后坐辟党人免。复拜光禄大夫。光和元年，有虹蜺昼降于嘉德殿前，帝恶之，引赐及议郎蔡邕等入金商门崇德署，使中常侍曹节、王甫问以祥异祸福所在。赐仰天而叹，谓节等曰："吾每读《张禹传》，未尝不愤恚叹息，既不能竭忠尽情，极言其要，而反留意少子，乞还女婿。朱游欲得尚方斩马剑以理之，固其宜也。吾以微薄之学，充先师之末，累世见宠，无以报国。猥当大问，死而后已。"乃书对曰："臣闻之经传，或得神以昌，或得神以亡。国家休明，则鉴其德；邪辟昏乱，则视其祸。今殿前之气，应为虹蜺，皆妖邪所生，不正之象，诗人所谓蝃蝀者也。于《中孚经》曰：'蜺之比，无德以色亲。'方今内多嬖幸，外任小臣，上下并怨，喧哗盈路，是以灾异屡见，前后丁宁。今复投蜺，可谓孰矣。案《春秋谶》曰：'天投蜺，天下怨，海内乱。'加四百之期，亦复垂及。昔虹贯牛山，管仲谏桓公无近妃宫。《易》曰：'天垂象，见吉凶，圣人则之。'今妾媵嬖人阉尹之徒，共专国朝，欺罔日月，又鸿都门下，招会群小，造作赋说，以虫篆小技见宠于时，如驩兜、共工更相荐说，旬月之间，并各拔擢，乐松处常伯，任芝居纳言。郄俭、梁鹄俱以便辟之性，佞辩之人共理国事,《北山》之诗,便是为训诫如此情形而作。微臣又听说陛下多次微服出行到苑囿中游赏,观看鹰犬的姿态,恣意沉湎于游乐,处理政事日渐懈怠,万民之教渐趋衰微。陛下不曾顾念高祖、世祖的勤政之德,不曾追怀仰慕太宗、世宗、中宗、显宗、肃宗美政的事迹,却盼望成就太平盛世,这是使用了弯曲的圭表却想让日影笔直,后退着走路却想要追上前人。陛下应停止怠慢轻忽的玩乐,心系选贤任能的重任,割舍随意下诏封爵的恩典,谨慎安排百官的提拔次序,不要让钟离春一般的貌丑而才高的女子哀叹国家将要遭遇四桩危难,不要使远方和邻近的百姓都喊出愤怒怨恨的话语。微臣承蒙朝廷隆恩枉受偏爱和优待,有愧于担任陛下的师傅,因此微臣不敢把自己等同于一般的臣下,只知闭口不言躲避罪过,因而微臣恭敬地呈上亲手书写的密封奏章。”

后来杨赐因为征召反对宦官的党人而被罢免司徒之职。再次复任为光禄大夫。光和元年(178),有虹蜺于白昼降临在嘉德殿前,灵帝对此异象非常厌恶,便将杨赐和议郎蔡邕等人招来金商门崇德署,然后派中常侍曹节、王甫前去询问此等异象究竟是吉兆还是恶兆,是祸还是福。杨赐望天长叹,对曹节等人说:“我每次读《张禹传》时,没有哪次不因心中愤恨而叹息的,张禹已然不能竭尽忠心、倾吐真情,直言进陈治国要略,却反而把心思放在为小儿子求官,以及乞求成帝让女婿从边疆回到中原为官的事上。朱游想得到尚方斩马剑并用其惩办张禹,确实是理所当然。我凭借微薄的学问,在孔子门徒的末位凑数,多年来却承蒙朝廷恩宠,实在没有什么可以报答国家的。如今我身为鄙陋之人却受到圣上垂询,我必将尽陈忠言至死方休。”于是杨赐写信回答灵帝说:“微臣从儒学经典和解经之书中得知,国家或者因神之降临而昌盛,或者因此而灭亡。国政美好清平,神灵就观察该国的德政;为政失道、国君昏庸,神灵就尽睹亡国的灾祸。现在嘉德殿前的二气,应该是虹蜺,它们都产自邪恶的鬼祟,是反常的怪象,它们便是诗人所说的预兆人君有荒淫逸乐之举的蝃蝀。《中孚经》说:‘蜺之类的邪气,是无德的妇人以美色受宠的征召。’眼下宫廷之内有大量受宠的姬妾,宫廷之外宦官身居重任,朝野上下都心心，各受丰爵不次之宠，而令搢绅之徒委伏畎亩，口诵尧舜之言，身蹈绝俗之行，弃捐沟壑，不见逮及。冠履倒易，陵谷代处，从小人之邪意，顺无知之私欲，不念《板》《荡》之作，虺蜴之诫。殆哉之危，莫过于今。幸赖皇天垂象谴告。《周书》曰：'天子见怪则修德，诸侯见怪则修政，卿大夫见怪则修职，士庶人见怪则修身。'惟陛下慎经典之诫，图变复之道，斥远佞巧之臣，速征鹤鸣之士，内亲张仲，外任山甫，断绝尺一，抑止槃游，留思庶政，无敢怠遑。冀上天还威，众变可弭。老臣过受师傅之任，数蒙宠异之恩，岂敢爱惜垂没之年，而不尽其惓惓之心哉！"书奏，甚忤曹节等。蔡邕坐直对抵罪，徙朔方。赐以师傅之恩，故得免咎。

怀怨恨，百姓充斥道路高声议论，因此近来灾异频频出现，自始至终都是神灵在予以告诫。如今上天又使虹蜺降临在殿前，大祸可谓已然酿成了。研读《春秋谶》可以看到这样的话：‘上天降下虹蜺，天下万民生怨，四海之内大乱。’况且四百年的期限，也再次渐渐到来。从前虹横贯牛山，管仲劝桓公不要接近嫔妃之宫。《易经》说：‘上天降下异象，由此可知吉凶，圣人会以此为准则做出决断。’现在侍妾、宠臣、阉竖之徒，一同把持朝政，欺骗陛下。另外在鸿都门下的学校中，宦官招集了成群的宵小，他们只知舞文弄墨创作辞赋之类的浮丽之文，凭借雕琢文辞的小伎俩而在当时受到宠幸，宵小之徒互相吹捧类似驩兜、共工这样的恶徒相互推荐，十天半月之间，他们就都受到提拔，乐松成为天子近臣，任芝高居纳言之位。还有郄俭、梁鹄也都凭着谄媚逢迎的天性，花言巧语的心思，各自获封显赫的爵位和破格的宠幸，却使官宦和儒生之类的人埋没在田地之间，他们亲口诵读唐尧、虞舜的至言，亲身实践超越世俗的行动，他们身遭遗弃陷于困厄，始终不受征辟、任用。在如今的朝廷当中冠帽、鞋子上下颠倒，山陵、深谷相互转变，小人那奸邪的心意可获听信，无知者的私人欲念受到顺从，对《大雅》中《板》《荡》的讥刺和劝谏全不顾忌，对《正月》批判奸臣狠毒如蛇蝎的告诫毫不在意。世人对时政陷于危险的哀叹，没有比如今更沉重的了。但幸好有赖于上苍降下征兆对人事做出谴责和警告。《周书》说：‘天子看到异象就追求品德的完善，诸侯看到异象就追求为政的清明，卿大夫看到异象就专注地履行职责，士子百姓看到异象就着意于陶冶身心。’希望陛下慎重对待儒家经典的告诫，做出整顿朝纲、恢复清平之风的谋划，罢黜、远离谄媚狡诈的奸臣，尽快征召隐居不仕的贤才，在内亲近周朝张仲那样的能臣，在外任用周朝仲山甫那样的贤相，停止颁布诏书率意加官进爵，遏止在林苑中游乐玩赏之心，专注于处理繁多的政务，切不可敢于怠惰、松懈。如此一来便可期待上天收回神威，各种灾异便可消除。老臣受到朝廷分外信任成为陛下的师傅，屡次承蒙受到破格宠幸的天恩，微臣怎敢怜惜自己的风烛残年，却不倾尽自己诚挚恳切的忠心呢！”奏书呈上后，曹节等人颇为不满。蔡邕也因直言不讳受到其冬，行辟雍礼，引赐为三老。复拜少府、光禄勋，代刘郃为司徒。帝欲造毕圭灵琨苑，赐复上疏谏曰："窃闻使者并出，规度城南人田，欲以为苑。昔先王造囿，裁足以修三驱之礼，薪莱刍牧，皆悉往焉。先帝之制，左开鸿池，右作上林，不奢不约，以合礼中。今猥规郊城之地，以为苑囿，坏沃衍，废田园，驱居人，畜禽兽，殆非所谓'若保赤子'之义。今城外之苑已有五六，可以逞情意，顺四节也，宜惟夏禹卑宫，太宗露台之意，以尉下民之劳。"书奏，帝欲止，以问侍中任芝、中常侍乐松。松等曰："昔文王之囿百里，人以为小；齐宣五里，人以为大。今与百姓共之，无害于政也。"帝悦，遂令筑苑。

四年，赐以病罢。居无何，拜太常，诏赐御府衣一袭，自所服冠帻绶，玉壶革带，金错钩佩。

五年冬，复拜太尉。中平元年，黄巾贼起，赐被召会议诣省阁，切谏忤旨，因以寇贼免。

先是，黄巾帅张角等执左道，称大贤，以诳燿百姓，天下襁负归之。赐时在司徒，召掾刘陶告曰："张角等遭赦不悔，而稍益滋惩处，被流放到朔方郡。杨赐因曾为天子师傅的恩义，所以能够免除罪责。

那年（灵帝光和元年，178）冬季，朝廷在辟雍举行典礼，招来杨赐任命他为掌管教化的三老。之后朝廷又任命他为少府、光禄勋，并接替刘郃继任为司徒。后来灵帝打算兴建用于游猎的毕圭灵琨苑，杨赐又上书劝谏道：“微臣私下里得知使者全都出宫，前去丈量洛阳城南百姓的田地，并计划在此兴建林苑。从前的上古明君建造苑囿，其面积仅足够采用让开一面而从其他三个方向驱赶野兽的狩猎方式，同时打柴、种菜、割草、放牧之类的农事，都可到那里进行。大汉先帝的诏命是，在左面开挖鸿池，在右面兴建上林苑，兼顾了豪奢和俭约，以此切合礼仪。现在朝廷忽然丈量城郊的耕地，打算将田地改为苑囿，破坏了平坦的沃土，使田地和园圃荒废，赶走了当地居民，却蓄养珍禽异兽，这大概不是所谓‘像护理婴儿一般治理臣民’的真义。如今城外的林苑已有五六个之多，能够让陛下满足逸乐的心愿，顺利地进行四季的射猎，因此陛下应对夏禹轻贱宫殿，文帝不建露台的个中深意加以思索，为的是慰问犒劳百姓的辛苦。”奏书呈给灵帝后，灵帝便想放弃林苑的修建，他就此事询问了侍中任芝、中常侍乐松的意见。乐松等人说：“从前周文王的苑囿可达百里见方，而百姓仍认为狭小；齐宣王的苑囿不过五里见方，百姓却认为很大。现在陛下若与百姓一同享用苑囿，就不会有害于善政了。”灵帝听罢大喜，就下令兴建毕圭灵琨苑。

光和四年（181），杨赐因病免官。杨赐处于无官可做的状态没多久，便又出任太常，灵帝下令赐给他一套御府制作的礼服，还赐给他自己所穿戴的冠帽、头巾、绶带，自己所使用的玉壶、皮革腰带，以及饰有金纹的带钩和佩饰。

光和五年（182）冬季，杨赐再次出任太尉。中平元年（184），黄巾军发起叛乱，杨赐受召和百官一同来到朝廷议事，他直言劝谏触犯了灵帝的心意，因此被朝廷以贼寇造反的名义罢免。

在此之前，黄巾军的首领张角等人操持旁门左道，自称大贤良师，凭此欺骗迷惑百姓，全天下的百姓都背起襁褓中的孩子前去归蔓，今若下州郡捕讨，恐更骚扰，速成其患。且欲切敕刺史、二千石，简别流人，各护归本郡，以孤弱其党，然后诛其渠帅，可不劳而定，何如？”陶对曰：“此孙子所谓不战而屈人之兵，庙胜之术也。”赐遂上书言之。会去位，事留中。后帝徙南宫，阅录故事，得赐所上张角奏及前侍讲注籍，乃感悟，下诏封赐临晋侯，邑千五百户。初，赐与太尉刘宽、司空张济并入侍讲，自以不宜独受封赏，上书愿分户邑于宽、济。帝嘉叹，复封宽及济子，拜赐尚书令。数日出为廷尉，赐自以代非法家，言曰：“三后成功，惟殷于民，皋陶不与焉，盖吝之也。”遂固辞，以特进就第。

二年九月，复代张温为司空。其月薨。天子素服，三日不临朝，赠东园梓器襚服，赐钱三百万，布五百匹。策曰：“故司空临晋侯赐，华岳所挺，九德纯备，三叶宰相，辅国以忠。朕昔初载，授道帷幄，遂阶成勋，以陟大猷。师范之功，昭于内外，庶官之务，劳亦勤止。七在卿校，殊位特进，五登衮职，弭难乂宁。虽受茅土，未答厥勋，哲人其萎，将谁咨度！朕甚惧焉。礼设殊等，物有服章。今使左中郎将郭仪持节追位特进，赠司空骠骑将军印绶。”及葬，又使侍御史持节送丧，兰台令史十人发羽林骑轻车介士，前后部鼓吹，又敕骠骑将军官属司空法驾，送至旧茔。公卿已下会葬。谥文烈侯。

附张角。当时杨赐是司徒，他召来属官刘陶和他商议道：“张角等人受到赦免仍不悔过，势力反而日渐滋长，现在如果命令州郡官府抓捕讨伐，恐怕会引起更大的骚乱，加速他们造成更大的灾祸。我暂且打算严令各州郡的刺史、太守，对流亡的百姓做出甄别，并将其中真正的百姓护送回他们各自的故乡，借此可以孤立、削弱黄巾军的党羽，然后再诛杀他们的首领，这样便能不费辛劳就平定贼军，您觉得怎么样？”刘陶答道：“这便是孙子所说的不战而屈人之兵，预先在庙堂之内定下克敌之策。”于是杨赐就上书提出这个意见。但恰逢杨赐退职，他的奏书便留在了禁中。后来灵帝搬到洛阳南宫居住，阅览、记录过去的政事，发现了杨赐就镇压张角一事所进呈的奏书以及早先杨赐担任自己的侍讲时所注释的典籍，灵帝因此有所醒悟，下令封杨赐为临晋侯，封地内有一千五百户百姓。起初，杨赐和太尉刘宽、司空张济一同入宫担任灵帝的侍讲，所以当时杨赐认为唯独自己受到封赏是不合适的，他便上书希望分出自己的封地赐给刘宽、张济。灵帝大为赞叹，就又为刘宽和张济之子封爵，并任命杨赐为尚书令。几天后朝廷又任命杨赐为廷尉，杨赐认为自己家世代都不曾研习法家学说，便说：“尧舜时的伯夷、大禹和后稷都建立了功绩，他们让百姓变得富足，执掌司法的皋陶未能参与其中，他大概是为自己的狱官身份感到羞耻吧。”因此杨赐坚决推辞廷尉一职，最终他以并无实职的特进身份免官归家。

中平二年（185）九月，杨赐再次接替张温继任司空。不久之后他就在本月去世了。灵帝身穿白色的孝衣为杨赐服丧，一连三日未曾上朝，灵帝将东园打造的棺材和陪葬的衣服赠与杨赐家，并赏赐了三百万钱，以及五百匹布。灵帝颁布策书说：“已故司空临晋侯杨赐，他是高大的山岳所生，皋繇所说的九德全都具备，接连三朝担任宰相，竭尽忠心辅佐国家。从前朕尚年幼之时，他在宫中传授圣道，朕由此成就功勋，凭此踏上治国大道。他作为榜样的功绩，光芒显扬朝廷内外，他历任百官之职务，辛劳之外更有勤勉。七次出任卿校之职，破格身居特进之位，五度登上三公之列，消除灾异平定祸乱。即使受到封土授爵，未能回报他的功勋，贤能之人与世长辞，朕将和谁及小祥，又会焉。子彪嗣。

彪字文先，少传家学。初举孝廉，州举茂才，辟公府，皆不应。熹平中，以博习旧闻，公车征拜议郎，迁侍中、京兆尹。光和中，黄门令王甫使门生于郡界辜榷官财物七千余万，彪发其奸，言之司隶。司隶校尉阳球因此奏诛甫，天下莫不惬心。征还为侍中、五官中郎将，迁颍川、南阳太守，复拜侍中，三迁永乐少府、太仆、卫尉。

中平六年，代董卓为司空，其冬，代黄琬为司徒。明年，关东兵起，董卓惧，欲迁都以违其难。乃大会公卿议曰："高祖都关中十有一世，光武宫洛阳，于今亦十世矣。案《石包谶》，宜徙都长安，以应天人之意。"百官无敢言者。彪曰："移都改制，天下大事，故盘庚五迁，殷民胥怨。昔关中遭王莽变乱，宫室焚荡，民庶涂炭，百不一在。光武受命，更都洛邑。今天下无虞，百姓乐安，明公建立圣主，光隆汉祚，无故捐宗庙，弃园陵，恐百姓惊动，必有糜沸之乱。《石包室谶》，妖邪之书，岂可信用？"卓曰："关中肥饶，故秦得并吞六国。且陇右材木自出，致之甚易。又杜陵南山下有武帝故瓦陶灶数千所，并功营之，可使一朝而辨。百姓何足与议！若有前却，我请教商议！朕心中惊惧万分。应采用特等的礼仪安葬杨赐，随葬品应符合他尊贵的身份。现在朕派左中郎将郭仪拿着符节追赐杨赐特进之位，并赠予他司空和骠骑将军的印信、绶带。”等到杨赐下葬时，灵帝又派侍御史拿着符节为杨赐送丧，更派出十名兰台令史召集羽林骑的轻装兵车和带甲武士护送，仪仗队中又有前后部鼓吹的乐队，灵帝还下令用符合骠骑将军和司空等级的车驾运送杨赐的灵柩，一直将杨赐送回故乡的坟地。包括公卿在内的公卿以下的官员一同参加了杨赐的葬礼。朝廷追谥杨赐为文烈侯。杨赐逝世一周年后，公卿百官又会集到杨赐坟前举行小祥祭。杨赐之子杨彪继承了父亲的爵位。

杨彪字文先，年轻时便继承了家传的学问。一开始他被举荐为孝廉，后来州府又推举他为茂才，三公府也征辟他做官，然而历次征召杨彪都没有接受。灵帝熹平年间，杨彪凭着对史事的广泛学习，受到公车征召出任为议郎，之后接连升任为侍中、京兆尹。灵帝光和年间，黄门令王甫派依附在自己门下之人在京兆尹境内垄断买卖官府的财物并从中获利七千多万钱，杨彪检举了他们的罪行，将其上报给司隶。司隶校尉阳球因此向朝廷上奏提请处死王甫，天下无人不称心如意。朝廷将杨彪召回朝中先后任命他为侍中、五官中郎将，后来他又升任颍川、南阳太守，其后再次担任侍中，之后杨彪历经三度升迁相继出任永乐少府、太仆、卫尉。

中平六年（189），杨彪接替董卓继任司空，这年冬，他又接替黄琬继任司徒。第二年，函谷关以东的反董义军开始进军，董卓害怕了，便打算用迁都的方式避难。他就召集了不少朝中大员和他们商议说：“从高祖定都关中以来共传十一代帝王，光武帝定都洛阳，至今也有十代了。考查《石包谶》可知，如今理应迁都长安，为的是顺应上天和万民的意愿。”在场君臣无人敢予以反驳。杨彪说：“迁移国都、改变制度，是天下大事，因此盘庚五度迁都，商朝百姓都很气愤。从前关中遭受了王莽篡位以来的战乱蹂躏，宫殿付之一炬，百姓经受磨难，百人之中难存一条性命。于是光武帝秉承天命，将国都改为洛邑。如今天下太平，百姓安乐，明公扶立当朝天子，使大汉帝位重归光辉和隆盛，此时无缘无故放弃先祖宗庙，抛下先帝陵墓，在下以大兵驱之，可令诣沧海。”彪曰：“天下动之至易，安之甚难，惟明公虑焉。”卓作色曰：“公欲沮国计邪？”太尉黄琬曰：“此国之大事，杨公之言得无可思？”卓不答。司空荀爽见卓意壮，恐害彪等，因从容言曰：“相国岂乐此邪？山东兵起，非一日可禁，故当迁以图之，此秦、汉之势也。”卓意小解。爽私谓彪曰：“诸君坚争不止，祸必有归，故吾不为也。”议罢，卓使司隶校尉宣播以灾异奏免琬、彪等，诣阙谢，即拜光禄大夫。十余日，迁大鸿胪。从入关，转少府、太常，以病免。复为京兆尹、光禄勋，再迁光禄大夫。三年秋，代淳于嘉为司空，以地震免。复拜太常。兴平元年，代朱儁为太尉，录尚书事。及李傕、郭汜之乱，彪尽节卫主，崎岖危难之间，几不免于害。语在《董卓传》。及车驾还洛阳，复守尚书令。

建安元年，从东都许。时天子新迁，大会公卿，兖州刺史曹操上殿，见彪色不悦，恐于此图之，未得宴设，托疾如厕，因出还营。彪以疾罢。时袁术僭乱，操托彪与术婚姻，诬以欲图废置，奏收下担心百姓受到惊扰，定会产生如沸腾的糜粥一般的动乱。明公所说的《石包室谶》，是妖言惑众的邪书，其中谬论怎能轻信、采纳？”董卓说：“关中之地肥沃丰饶，所以占据此地的秦国能够吞并六国。而且陇山以西之地自有木材出产，容易获取。另外杜陵南山下有几千座武帝时烧瓦、烧陶的旧炉灶，伐木和烧制并力进行，无需很久便能重建宫殿。至于百姓的意见又哪里值得询问！如果有人胆敢退却，我便用大军驱赶他们，就算让他们开赴大海他们也不敢畏难反抗。”杨彪说：“撼动天下的太平很容易，使天下重归安定却很难，希望明公三思。”董卓脸色一变怒喝道：“您想阻止国家的重要谋划吗？”太尉黄琬说：“迁都是关系到国家的大事，杨司徒的话难道不值得想想吗？”董卓默然不语。司空荀爽看到董卓怒意正盛，担心他会杀害杨彪等人，就平静安然地说：“董相国莫非是满意于这样的目的吗？因为崤山以东的义军袭来，而且不是短时间内可以制止的，所以应当迁都暂避锋芒趁此另作谋划，如今正处于秦、汉相继之时的形势。”董卓因此怒意稍减。荀爽暗中对杨彪说：“几位坚持与董卓相争不愿放弃，必会惹祸上身，因此我没有这样做。”商议完毕，董卓命司隶校尉宣播以出现灾异的名义上奏提请罢免黄琬、杨彪等人，杨彪入朝谢罪，朝廷当即调任他为光禄大夫。十几天后，杨彪升任为大鸿胪。之后他随同朝廷迁都进入函谷关，相继历任少府、太常，后来因病免职。之后杨彪再次出任京兆尹、光禄勋，并再次升任光禄大夫。初平三年（192）秋季，杨彪接替淳于嘉继任司空，后来因地震免职。之后他又出任为太常。兴平元年（194），杨彪接替朱儁继任太尉，并总领尚书台事务。等到李傕、郭汜之乱时，杨彪倾尽全力坚持操守保卫献帝，杨彪辗转于坎坷的道路和危险的境地之间，差点没能幸免于难。这些事迹详见于《董卓传》中。等到献帝回到洛阳后，杨彪再次兼任尚书令。

建安元年（196），杨彪随朝廷一起迁都到许县。当时刚刚迁都，献帝大规模召见满朝公卿，兖州刺史曹操上殿后，看到杨彪面有愠色，他担心杨彪会在宫中对自己有所图谋，就在朝廷尚未设宴款待群臣时，便假托身有微恙要去厕所，曹操趁机出宫返回本营。后来狱，劾以大逆。将作大匠孔融闻之，不及朝服，往见操曰："杨公四世清德，海内所瞻。《周书》父子兄弟罪不相及，况以袁氏归罪杨公。《易》称'积善余庆'，徒欺人耳。"操曰："此国家之意。"融曰："假使成王杀邵公，周公可得言不知邪？今天下缨緌搢绅所以瞻仰明公者，以公聪明仁智，辅相汉朝，举直厝枉，致之雍熙也。今横杀无辜，则海内观听，谁不解体！孔融鲁国男子，明日便当拂衣而去，不复朝矣。"操不得已，遂理出彪。

四年，复拜太常，十年免。十一年，诸以恩泽为侯者皆夺封。彪见汉祚将终，遂称脚挛不复行，积十年。后子修为曹操所杀，操见彪问曰："公何瘦之甚？"对曰："愧无日磾先见之明，犹怀老牛舐犊之爱。"操为之改容。

修字德祖，好学，有俊才，为丞相曹操主簿，用事曹氏。及操自平汉中，欲因讨刘备而不得进，欲守之又难为功，护军不知进止何依。操于是出教，唯曰"鸡肋"而已。外曹莫能晓，修独曰："夫鸡肋，食之则无所得，弃之则如可惜，公归计决矣。"乃令外白稍严，操于此回师。修之几决，多有此类。修又尝出行，筹操有问外事，乃逆为答记，敕守舍儿："若有令出，依次通之。"既而果然。如是杨彪因病遭到罢免。当时袁术超越本分自称皇帝作乱一方，曹操借口杨彪与袁术是姻亲，诬陷说杨彪有图谋废掉献帝的打算，并上奏提请收押杨彪投入监牢，以大逆不道之罪弹劾杨彪。将作大匠孔融听说后，他来不及穿好朝服，便赶去会见曹操并劝阻道："杨公一家四代都持守着高洁的品德，广受四海之内士子的仰慕。根据《尚书·周书》可知，父子兄弟之间不宜因一人有罪而互相牵连，更何况您现在竟要将袁氏之过归罪于杨公。看来《易经》所说的'长期积德行善之家，可为子孙留下福泽'，不过是骗人的谎话而已。"曹操说："惩办杨彪是朝廷的意旨。"孔融回击道："假如周成王要杀掉召公，难道周公能说自己不知道吗？如今全天下的文武百官、贤达名士之所以景仰明公，是因为明公善于纳谏、明察秋毫、仁慈而多智，明公辅佐大汉朝廷，选贤任能、罢黜奸邪，使神州重归太平和乐。但如今您无故杀害清白之人，那天下之人看到此景、听闻此事，还有谁不会对您离心离德！我孔融也会因此回到鲁国安为一名普通男儿，明天我便会甩开衣袖弃您而去，不再入朝觐见了。"曹操无可奈何，就改判杨彪无罪释放了他。

建安四年（199），杨彪又出任为太常，之后又于建安十年（205）遭到罢免。建安十一年（206），所有因承蒙朝廷恩赐而有幸封侯之人都被剥夺了封号。杨彪看到大汉气数将尽，就假称自己小腿痉挛不再参与政事，如此状况持续了十年之久。后来杨彪的儿子杨修遭到曹操杀害，曹操见到杨彪后便问道："您为何如此消瘦？"杨彪答道："我很惭愧自己没有金日磾那样杀子尽忠的先见之明，还对儿子怀有老牛舔舐牛犊一般的爱意。"曹操因杨彪的话而动容。

杨修字德祖，他醉心于治学，才智超群，他是丞相曹操的主簿，为曹氏效力。等到曹操亲征平定了汉中之后，他想乘势讨伐刘备但战事不顺难以进军，他又想驻守此地但这样又难以成就功业，护军未得军令不知应该进军还是撤军。曹操于是下令，但却只是说了"鸡肋"二字而已。帐外各曹的属官无人明白曹操的意思，唯独杨修说道："鸡肋，吃掉它也没什么可吃的，扔掉它又好像颇为可惜，明公已经决定撤军了。"杨修就让帐外的属官向士卒们下达稍加戒备的命令，者三，操怪其速，使廉之，知状，于此忌修。且以袁术之甥，虑为后患，遂因事杀之。

修所著赋、颂、碑、赞、诗、哀辞、表、记、书凡十五篇。

及魏文帝受禅，欲以彪为太尉，先遣使示旨。彪辞曰：“彪备汉三公，遭世倾乱，不能有所补益。耄年被病，岂可赞惟新之朝？”遂固辞。乃授光禄大夫，赐几杖衣袍，因朝会引见，令彪著布单衣，鹿皮冠，杖而入，待以宾客之礼。年八十四，黄初六年卒于家。自震至彪，四世太尉，德业相继，与袁氏俱为东京名族云。

论曰：孔子称“危而不持，颠而不扶，则将焉用彼相矣”。诚以负荷之寄，不可以虚冒，崇高之位，忧重责深也。延、光之间，震为上相，抗直方以临权枉，先公道而后身名，可谓怀王臣之节，识所任之体矣。遂累叶载德，继踵宰相。信哉，“积善之家，必有余庆”。先世韦、平，方之蔑矣。

曹操于此时便率军撤退了。有关于杨修的这种见微知著而明于决断的例子，有很多都与此事相似。另外还有这样的事情，杨修曾因事外出，他料到曹操会询问关于外交和作战的对外之事，就预先写好回答问题的书信，并嘱咐看家的童子说："如果有军令下达，你就依次将书信呈报。"不久之后一切果然如杨修所料。这样的事情又发生了很多次，曹操很奇怪回信为何如此迅速，便派人调查，得知情由后，就因此对杨修心怀憎恨。曹操又因为杨修是袁术的外甥，担心他以后会成为祸患，于是借故杀掉了杨修。

杨修所创作的赋、颂、碑、赞、诗、哀辞、表、记、书等各种文体的作品共计十五篇。

等到魏文帝接受献帝禅让登基后，他打算任命杨彪为太尉，就预先派使者向杨彪传达了旨意。杨彪推辞说："汉朝时，杨彪在三公之位凑数，后来遭逢动荡不安的乱世，也没能对济世安民做出任何贡献。如今在下已是八十多岁的老朽，又身被重病，怎能升任除旧布新之朝的辅弼之责？"直到最后杨彪也坚决推辞。因此朝廷任命他为光禄大夫，并赐给他几案、手杖、礼服、礼袍，魏文帝趁百官朝见天子之时命人引见了杨彪，文帝让杨彪身著布单衣，头戴鹿皮冠，拄着手杖入宫，用迎接宾客的礼仪招待了他。杨彪享年八十四岁，他于黄初六年（225）在家中去世。从杨震直到杨彪，杨氏一族共有四代人担任过太尉，德行和学问也子孙相继，杨氏和袁氏都是东汉的名门望族。

评论说：孔子曾有一言："盲人处于危难却不去护持，将要摔倒却不去搀扶，那还用那个帮助盲人的相干什么呢"。朝廷确确实实地将重任托付给了宰辅，宰辅之位可不是能够冒名顶替的，身居这样崇高的官位，所忧虑之事繁重，所肩负之责重大。安帝延光年间，杨震官居太尉，他秉持刚直方正的态度与窃夺国柄的奸佞对抗，辅国以公道为先而把自身安危和名利抛于脑后，可谓是身怀一心为君的贤臣之节操，明白作为宰辅应遵循的准则。于是杨氏一族多年以来积善行德，代代相继出任宰相。这样看来此言非虚啊，"长期积德行善之家，可为子孙留下福泽"。前朝的韦贤父子和平当父子不过是两代人赞曰：杨氏载德，仍世柱国。震畏四知，秉去三惑。赐亦无讳，彪诚匪忒。修虽才子，渝我淳则。

相继成为丞相，与杨氏一族相比还是有所不及呀。

赞辞说：杨氏一门积善行德，世代贤相尽忠辅国。杨震廉洁心有敬畏：天知、神知、我知、你知，杨秉持节戒除私欲：美酒、佳人、金银财帛。杨赐进谏直言不讳，杨彪确实不违道德。杨修虽为精明才子，却有失杨氏淳德准则。

卷八十五

章帝八王传第四十五

孝章皇帝八子：宋贵人生清河孝王庆，梁贵人生和帝，申贵人生济北惠王寿、河间孝王开，四王不载母氏。

千乘贞王伉，建初四年封。和帝即位，以伉长兄，甚见尊礼。立十五年薨。

子宠嗣，一名伏胡。永元七年，改国名乐安。立二十八年薨，是为夷王。父子薨于京师，皆葬洛阳。

子鸿嗣。安帝崩，始就国。鸿生质帝。质帝立，梁太后下诏，以乐安国土卑湿，租委鲜薄，改鸿封勃海王。立二十六年薨，是为孝王。

无子，太后立桓帝弟蠡吾侯悝为勃海王，奉鸿祀。延熹八年，悝谋为不道，有司请废之。帝不忍，乃贬为廮陶王，食一县。

悝后因中常侍王甫求复国，许谢钱五千万。帝临崩，遗诏复为勃海王。悝知非甫功，不肯还谢钱。甫怒，阴求其过。初，迎立灵帝，道路流言悝恨不得立，欲钞征书，而中常侍郑飒、中黄门董腾并任侠通剽轻，数与悝交通。王甫司察，以为有奸，密告司隶校尉段颎。熹平元年，遂收飒送北寺狱。使尚书令廉忠诬奏飒等谋迎立悝，大逆不道。遂诏冀州刺史收悝考实，又遣大鸿胪持节与章帝有八个儿子：宋贵人所生的清河孝王刘庆，梁贵人所生的和帝刘肇，申贵人所生的济北惠王刘寿、河间孝王刘开，其余四王母亲的姓名未载于史册。

千乘贞王刘伉，于建初四年（79）获封为王。和帝即位后，和帝因为刘伉是自己的长兄，所以对他极为尊重并且礼遇有加。刘伉在位十五年后逝世。

刘伉之子刘宠继承了千乘王的王位，刘宠又名伏胡。永元七年（95），千乘国改名为乐安国。刘宠在位二十八年后逝世，谥号为夷王。父子二人都是在京城去世的，因此他们都安葬在洛阳。

刘宠之子刘鸿继承了乐安王王位。安帝驾崩后，刘鸿才离开京城前往封国就任。刘鸿的儿子是质帝刘缵。质帝继位后，梁太后下达了命令，她认为乐安国地势低下、土壤潮湿，而且上缴的租赋和转运给朝廷的贡品都很少，因此梁太后决定将刘鸿改封为勃海王。刘鸿在位二十六年后逝世，谥号为孝王。

刘鸿没有儿子，梁太后便册封桓帝之弟蠡吾侯刘悝为渤海王，并要求他在祖庙中供奉、祭祀刘鸿的牌位。延熹八年（165），刘悝图谋不轨，负责监察的官吏提请朝廷废黜刘悝。桓帝于心不忍，就将刘悝贬为廮陶王，俸禄为廮陶一县的租税。

刘悝后来想通过中常侍王甫请求朝廷恢复他的封国，并向王甫许诺事成之后将用五千万钱作为酬谢。桓帝临终时，下诏恢复了刘悝的渤海王王位。刘悝知道这并非王甫的功劳，便不肯付给王甫酬金。王甫大怒，就暗地里搜集刘悝的过失。起初，文武百官迎接、拥立灵帝时，路上行人都传言说刘悝因没能即位而怀恨在心，曾打算劫取朝廷征召灵帝入朝的文书，而且中常侍郑飒和中黄门董腾都是以行侠仗义为己任同时身体矫健、轻捷之人，他们恰恰和刘悝过从甚密。

宗正、廷尉之勃海，迫责悝。悝自杀。妃妾十一人，子女七十人，伎女二十四人，皆死狱中。傅、相以下，以辅导王不忠，悉伏诛。悝立二十五年国除。众庶莫不怜之。

平春悼王全，以建初四年封。其年薨，葬于京师。无子，国除。

清河孝王庆，母宋贵人。贵人，宋昌八世孙，扶风平陵人也。父杨，以恭孝称于乡间，不应州郡之命。杨姑即明德马后之外祖母也。马后闻杨二女皆有才色，迎而训之。永平末，选入太子宫，甚有宠。肃宗即位，并为贵人。建初三年，大贵人生庆，明年立为皇太子，征杨为议郎，褒赐甚渥。贵人长于人事，供奉长乐宫，身执馈馔，太后怜之。太后崩后，窦皇后宠盛，以贵人姊妹并幸，庆为太子，心内恶之，与母比阳主谋陷宋氏。外令兄弟求其纤过，内使御者侦伺得失。后于掖庭门邀遮得贵人书，云“病思生菟，令家求之”，因诬言欲作蛊道祝诅，以菟为厌胜之术，日夜毁谮，贵人母子遂渐见疏。

王甫在经过调查之后，认为其中必有阴谋，就暗中向司隶校尉段颎报告此事。熹平元年（172），朝廷拘捕了郑飒并将他关押到黄门署下辖的北寺监狱。王甫又让尚书令廉忠上奏诬陷郑飒等人说他们阴谋迎接刘悝并推立他为天子，犯了大逆不道之罪。朝廷便命令冀州刺史收捕刘悝并审问实情，又遣出大鸿胪带着符节和宗正、廷尉一道前往渤海国，逼迫刘悝认罪并严加责备他。刘悝最终自杀。刘悝的十一名妻妾，七十个儿女，以及二十四名歌女、舞女，也都殒命于监狱中。渤海国的傅、相和傅、相以下的官吏，也因未能尽到忠诚地辅导勃海王的职责，全都被处死。刘悝在位二十五年后封国遭到撤销。百姓们都很同情他。

平春悼王刘全，在章帝建初四年获封为王。同年，刘全逝世，朝廷将他安葬在京师。刘全没有儿子，封国遭到撤销。

清河孝王刘庆，他的母亲是宋贵人。宋贵人是文帝时的壮武侯宋昌的第八代孙女，是右扶风平陵县人。宋贵人的父亲宋杨，凭着待人恭敬、孝顺父母而颇受同乡称赞，他对于州郡官府的征召一概不受。宋杨的姑姑是明帝时明德马皇后的外祖母。马皇后听说宋杨的两个女儿都才色双全，就将二人接入宫中并予以教导。明帝永平末年，宋杨的两个女儿都入选太子宫，太子对二人非常宠爱。章帝即位后，二人都获封为贵人。建初三年（78），大贵人生下清河孝王刘庆，第二年，朝廷册立刘庆为皇太子，并将宋杨召入朝中任命为议郎，宋杨因此获得了极为丰厚的褒奖和赏赐。另一位贵人明于人情事故，在长乐宫侍奉太后，她亲自为太后进献饮食，深受马太后喜爱。马太后驾崩后，窦皇后在章帝身边很是得宠，她因为宋贵人姐妹二人都为章帝所宠爱，而且产下的子嗣刘庆也被册立为太子，所以心中对宋氏姐妹极为忌恨，便和自己的母亲沘阳公主阴谋陷害宋氏一门。在皇宫之外，母女二人让窦家兄弟对宋氏一族吹毛求疵；在皇宫之内，二人命勤杂小吏窥探两位贵人在言行上的过失。后来又在掖庭署的门前截获了宋贵人要寄去家里的书信，信中说“偶染微恙想养几只兔子解闷，请家人帮忙搜求”，窦皇后等人因此便诬陷宋贵人说她想施展巫术求神拜鬼行诅咒之事，这活兔子就是用来施厌胜之术的材料，她庆出居承禄观，数月，窦后讽掖庭令诬奏前事，请加验实。七年，帝遂废太子庆而立皇太子肇。肇，梁贵人子也。乃下诏曰："皇太子有失惑无常之性，爰自孩乳，至今益章，恐袭其母凶恶之风，不可以奉宗庙，为天下主。大义灭亲，况降退乎！今废庆为清河王。皇子肇保育皇后，承训怀衽，导达善性，将成其器。盖庶子慈母，尚有终身之恩，岂若嫡后事正义明哉！今以肇为皇太子。"遂出贵人姊妹置丙舍，使小黄门蔡伦考实之，皆承讽旨傅致其事，乃载送暴室。二贵人同时饮药自杀。帝犹伤之，敕掖庭令葬于樊濯聚。于是免杨归本郡。郡县因事复捕系之，杨友人前怀令山阳张峻、左冯翊沛国刘均等奔走解释，得以免罪。杨失志憔悴，卒于家。庆时虽幼，而知避嫌畏祸，言不敢及宋氏，帝更怜之，敕皇后令衣服与太子齐等。太子特亲爱庆，入则共室，出则同舆。及太子即位，是为和帝，待庆尤渥，诸王莫得为比，常共议私事。

们连日连夜地污蔑诽谤，宋贵人母子因而渐渐遭到章帝疏远。

后来朝廷命刘庆迁出太子宫改住在承禄观，几个月后，窦皇后对掖庭令旁敲侧击让他借此前宋贵人写信想要活兔之事上书诬陷宋贵人，同时提请朝廷核查个中实情。建初七年（82），章帝最终废黜了刘庆的太子之位而改立刘肇为皇太子。刘肇是梁贵人的儿子。朝廷于是下诏说："现任皇太子刘庆天生精神错乱、喜怒无常，在他尚需哺乳之时便已如此，到如今异状更为明显，恐怕是继承了他的生母那严重的癫狂病，这样的太子无法在宗庙供奉先祖，也不能胜任天子之责。根据《春秋》义理，为了维护道义连至亲都应予以处死，何况如今只不过是使刘庆的地位有所降低呢！现在朝廷决定废黜刘庆的太子之位改封他为清河王。皇子刘肇是由窦皇后养育至今，他在皇后的怀抱中接受教育，那善良的天性为皇后所引导，他必能成为可堪重任的大器。刘肇并非嫡子之时，养育他的窦皇后也并非其生母，但二人仍结下了毕生的恩情，然而即便如此又怎能与眼下相比呢？眼下刘肇已身为嫡子，由皇后抚养理所应当、正合礼义。现在朝廷册立刘肇为皇太子。"诏书颁布后，朝廷就将宋贵人姐妹二人送出掖庭迁往正室旁第三等的丙舍，并命小黄门蔡伦向二人审问实情，审讯之人都奉了窦皇后隐晦的意旨，附会罗织两位贵人的罪状，还竟然用车将二人送到有罪嫔妃居住的暴室。最终两位贵人一同服毒自尽。章帝还是对两人的死感到悲伤，便命令掖庭令将她们安葬在洛阳城北的樊濯村。之后朝廷又因此罢免了宋杨并打发他回到故乡。然而当地郡县官府又因事再次拘捕了宋杨，宋杨的朋友前怀县县令山阳郡人张峻和左冯翊沛国人刘均等人为解救宋杨奔波忙碌、多方申辩，终于使宋杨得以免去罪责。宋杨在愿望破灭之后心力憔悴，最终在家里去世。刘庆当时虽然年纪尚小，但已经懂得免遭嫌疑因而不敢惹祸，平时说话时不敢提起宋家，章帝就对刘庆更为怜悯，命令皇后给刘庆备办和太子同级的衣服。太子对刘庆格外友爱，在宫中便和刘庆同处一室，出宫时便和刘庆同乘一车。等到太子即位后，就是和帝，和帝给予刘庆的待遇尤为丰厚，远非其余各位诸侯王所能与之相比的，他们常在一起讨论私事。

后庆以长，别居丙舍。永元四年，帝移幸北宫章德殿，讲于白虎观，庆得入省宿止。帝将诛窦氏，欲得《外戚传》，惧左右不敢使，乃令庆私从千乘王求，夜独内之；又令庆传语中常侍郑众求索故事。及大将军窦宪诛，庆出居邸，赐奴婢三百人，舆马、钱帛、帷帐、珍宝、玩好充仞其第，又赐中傅以下至左右钱帛各有差。

庆多被病，或时不安，帝朝夕问讯，进膳药，所以垂意甚备。庆小心恭孝，自以废黜，尤畏事慎法。每朝谒陵庙，常夜分严装，衣冠待明；约敕官属，不得与诸王车骑竞驱。常以贵人葬礼有阙，每窃感恨，至四节伏腊，辄祭于私室。窦氏诛后，始使乳母于城北遥祠。及窦太后崩，庆求上冢致哀，帝许之，诏太官四时给祭具。庆垂涕曰："生虽不获供养，终得奉祭祀，私愿足矣。"欲求作祠堂，恐有自同恭怀梁后之嫌，遂不敢言。常泣向左右，以为没齿之恨。后上言外祖母王年老，遭忧病，下土无医药，愿乞诣洛阳疗疾。于是诏宋氏悉归京师，除庆舅衍、俊、盖、暹等皆为郎。

后来刘庆因为年纪渐长，离开承禄观自己住到正室旁第三等的丙舍。永元四年（92），和帝移驾亲临北宫章德殿，在白虎观和学者们讨论研习经义，刘庆因而能够进宫暂住。和帝打算诛灭窦氏一族，便想获得《外戚传》以效法旧例，但和帝担心身边侍从泄密而不敢让他们去找，便就命刘庆秘密地向千乘王讨要此书，之后的一个晚上，刘庆便独自一人将《外戚传》送入宫中交给和帝；和帝又命刘庆给中常侍郑众传话让他搜寻文帝和武帝诛杀薄昭、窦婴等外戚的史事。等到后来和帝诛杀了大将军窦宪后，朝廷允许刘庆出宫并住在属于他自己的王府中，还赐给刘庆三百名奴婢，此外，朝廷所赐的车马、金钱布帛、帷帐、珍宝和供玩赏的器物充斥于整个府第，而且负责教导诸侯王的中傅和中傅以下直到刘庆身边的近侍都从朝廷获得了数目不等的作为赏赐的金钱和布帛。

刘庆常常生病，有时心中不安，和帝每日每夜都派人问候，并送饭送药，和帝用这样的方式向刘庆致以充分的关怀。于是刘庆更加小心翼翼、恭敬孝顺，他因为自己是遭到废黜之人，所以格外谨小慎微、严守法纪。刘庆每次到先祖陵墓和宗庙祭拜时，常常在夜半时分就整装待发，穿戴整齐等待天明；同时约束、告诫自己的属下，驾车、骑马遇到其他诸侯王的车马时不可争先恐后。一直以来，刘庆都认为先母宋贵人的葬礼没有完全遵照礼制，所以私下里常常感到遗憾，每到四季祭祀和伏日、腊日的时候，他就在自己的房间祭祀宋贵人。朝廷诛杀窦氏兄弟后，刘庆才让乳母到洛阳城北用向远方祭拜的方式祭奠宋贵人。等到窦太后驾崩后，刘庆请求朝廷允许自己到先母的墓前悼念，和帝准许了这个请求，并命令掌管天子饮食和宴会的太官每年春夏秋冬之时为刘庆供给祭祀所需。刘庆流着眼泪说：“先母在世时虽没能获得我的供养，但辞世后我好歹能够献上供奉祭祀她，我心满意足了。”刘庆想请求朝廷为宋贵人兴建祠堂，但又害怕这样会有把宋贵人与和帝生母恭怀梁后等同的嫌疑，因而不敢向朝廷直言。他常因此事对着亲近之人哭泣，认为这是自己一辈子的憾事。后来刘庆上书说自己的外祖母王氏年事已高，因心忧而病重，然而封国地处偏远缺医少药，所以希望朝廷允许自己的外祖母到洛十五年，有司以日食阴盛，奏遣诸王侯就国。诏曰："甲子之异，责由一人。诸王幼稚，早离顾复，弱冠相育，常有《蓼莪》《凯风》之哀。选懦之恩，知非国典，且复须留。"至冬，从祠章陵，诏假诸王羽林骑各四十人。后中傅卫䜣私为臧盗千余万，诏使案理之，并责庆不举之状。庆曰："䜣以师傅之尊，选自圣朝，臣愚唯知言从事听，不甚有所纠察。"帝嘉其对，悉以䜣臧财赐庆。及帝崩，庆号泣前殿，呕血数升，因以发病。

明年，诸王就国，邓太后特听清河王置中尉、内史，赐什物皆取乘舆上御，以宋衍等并为清河中大夫。庆到国，下令："寡人生于深宫，长于朝廷，仰恃明主，垂拱受成。既以薄祐，早离顾复，属遭大忧，悲怀感伤。蒙恩大国，职惟藩辅，新去京师，忧心茕茕，夙夜屏营，未知所立。盖闻智不独理，必须明贤。今官属并居爵任，失得是均，庶望上遵策戒，下免悔咎。其纠督非枉，明察典禁，无令孤获怠慢之罪焉。"

邓太后以殇帝襁抱，远虑不虞，留庆长子祜与嫡母耿姬居阳治病。和帝就命令宋氏一家都回到京城，并将刘庆的舅舅宋衍、宋俊、宋盖、宋暹等人都任命为郎官。

永元十五年（103），负责观测天象的官吏认为日食出现是阴气过盛的征兆，官员们上奏请求遣送众位诸侯王到封国就任。和帝下诏说："甲子那天的日食异象，责任归于朕一人之身。各位诸侯王年幼之时，早早离开父母的养护，彼此养育才长大成人，他们常吟诵《蓼莪》《凯风》哀痛于自己未能孝敬父母。朕因软弱加恩于诸王，知道这不合国家制度，但仍让诸王暂留京城。"到了冬季，各位诸侯王随和帝到章陵祭祀，和帝下令为每位诸侯王各派羽林骑的四十名禁军作为扈从。后来刘庆的中傅卫䜣暗中贪污了一千多万钱，朝廷命令使者审理此案，并因刘庆未向朝廷检举这一情况而斥责了他。刘庆说："卫䜣以身为微臣师傅的尊贵身份，由圣明的朝廷选派，微臣愚钝只知道要对他言听计从，所以没有非常着意于纠正检查他的过失。"和帝对刘庆的回答大为称道，并将卫䜣的赃款全部赐给了刘庆。等到和帝驾崩时，刘庆在殿前高声痛哭，呕血数升，并因此患病。

第二年，众位诸侯王回到封国就任，邓太后特许清河王刘庆的封国中可以设置中尉、内史，赏赐给刘庆的各色服饰、器物都取自和帝所用，并将刘庆的舅父宋衍等人都任命为清河国的中大夫。刘庆到达封国后，便下令说："寡人自幼在深宫中生活，在朝廷里长大，只是仰仗着明君在位治理天下，垂衣拱手未尽心力便坐享其成。寡人已经因为福薄，早早远离双亲养护，最近又逢陛下驾崩，因而心中悲痛、哀伤。承蒙恩赐获封大国，保卫、辅佐应尽之职，寡人刚刚离开京城，孤独无依忧心忡忡。从早到晚惶恐、彷徨，不知应当如何是好。寡人听说即使智者也无法独自治国，定要有贤明之人从旁辅佐。现在各位属官都获封爵位、身负重任，万事得失由各位斟酌，希望大家对上遵守朝廷策书中的警戒，这样对下也能免于追悔莫及。诸位应当纠正、谴责寡人的过失与恶行，明于察觉寡人有违法令之举，不要使寡人蒙受为政有失的怠慢之罪。"

邓太后认为殇帝刘隆尚在襁褓之中，她担心殇帝发生意外便做清河邸。至秋，帝崩，立祐为嗣，是为安帝。太后使中黄门送耿姬归国。

帝所生母左姬，字小娥，小娥姊字大娥，犍为人也。初，伯父圣坐妖言伏诛，家属没官，二娥数岁入掖庭，及长，并有才色。小娥善《史书》，喜辞赋。和帝赐诸王宫人，因入清河第。庆初闻其美，赏傅母以求之。及后幸爱极盛，姬妾莫比。姊妹皆卒，葬于京师。

庆立凡二十五年，乃归国。其年病笃，谓宋衍等曰："清河埤薄，欲乞骸骨于贵人冢傍下棺而已。朝廷大恩，犹当应有祠室，庶母子并食，魂灵有所依庇，死复何恨？"乃上书太后曰："臣国土下湿，愿乞骸骨，下从贵人于樊濯，虽殁且不朽矣。及今口目尚能言视，冒昧干请。命在呼吸，愿蒙哀怜。"遂薨，年二十九。遣司空持节与宗正奉吊祭；又使长乐谒者仆射、中谒者二人副护丧事；赐龙旂九旒，虎贲百人，仪比东海恭王。太后使掖庭丞送左姬丧，与王合葬广丘。

子愍王虎威嗣。永初元年，太后封宋衍为盛乡侯，分清河为二国，封庆少子常保为广川王，子女十一人皆为乡公主，食邑奉。明年，常保薨，无子，国除。

出长远的考虑，将刘庆由妾所生的长子刘祜和正妻耿姬留在京城的清河王王府居住。到秋季时，殇帝驾崩，朝廷扶立刘祜继位，刘祜便是安帝。这之后邓太后派中黄门送耿姬返回清河国。

安帝的生母左姬，字小娥，左小娥的姐姐字大娥，是犍为郡人氏。起初，左小娥的伯父左圣因妖言惑众而获罪伏法，家属也被收入官府沦为仆役，小娥和大娥几岁大的时候就来到掖庭做宫女，等她们长大后，两人都才貌双全。小娥通晓史书，喜爱辞赋。后来和帝将宫女赐给各位诸侯王，二人因此就来到了清河王王府。刘庆起初便对两人的美貌有所耳闻，他便对养育自己的傅母予以赏赐请她帮自己得到小娥和大娥。后来两人极为受宠，其他姬妾难以相比。姐妹两人都去世之后，被安葬在京城。

在刘庆获封为王共二十五年后，他才回到清河国。同年刘庆病重，他对宋衍等人说："清河国地势低下土壤贫瘠，寡人想向朝廷请求死后归葬于生母宋贵人墓旁。寡人已经承蒙朝廷大恩，但还是应当立个祠堂，也许可以让我们母子二人一同享有后世子孙的供奉，这样我等的灵魂也能有栖身之所，寡人就算死了又能有何遗憾呢？"于是刘庆向邓太后上书说："微臣的封国地势低下、土地潮湿，希望能与先母归葬一处，和宋贵人一同下葬在樊濯村，这样肉体虽亡灵魂尚可不朽。所以微臣趁着自己现在口还能说，眼还能看，斗胆向朝廷提出恳请。微臣已在垂危之际，希望承蒙朝廷同情。"之后刘庆便去世了，时年二十九岁。朝廷派司空拿着符节和宗正一道前往供奉、祭奠；又命令长乐宫的谒者仆射和中谒者二人帮助治丧并保卫丧事的操办；朝廷又赏赐了刘庆天子才可使用的饰有九条丝带、上有龙纹的旗帜，以及一百名虎贲卫士，安葬刘庆的礼仪与安葬东海恭王刘彊等同。邓太后又命掖庭丞将左姬的灵柩从洛阳送来此处，与清河王刘庆合葬在广丘。

刘庆之子愍王刘虎威继位为清河国王。永初元年（107），邓太后封宋衍为盛乡侯，另外又将清河国分为清河国和广川国两个藩国，并封刘庆的小儿子刘常保为广川王，刘庆的十一个女儿都获封为乡公主，以封地缴纳的租税为俸禄。第二年，刘常保逝世，他没有儿子，虎威立三年薨，亦无子。邓太后复立乐安王宠子延平为清河王，是为恭王。

太后崩，有司上言："清河孝王至德淳懿，载育明圣，承天奉祚，为郊庙主。汉兴，高皇帝尊父为太上皇，宣帝号父为皇考，序昭穆，置园邑。太宗之义，旧章不忘。宜上尊号曰孝德皇，皇妣左氏曰孝德后，孝德皇母宋贵人追谥曰敬隐后。"乃告祠高庙，使司徒持节与大鸿胪奉策书玺绶清河，追上尊号；又遣中常侍奉太牢祠典，护礼仪侍中刘珍等及宗室列侯皆往会事。尊陵曰甘陵，庙曰昭庙，置令、丞，设兵车周卫，比章陵。复以广川益清河国。尊耿姬为甘陵大贵人。又封女弟侍男为涅阳长公主，别得为舞阴长公主，久长为濮阳长公主，直得为平氏长公主。余七主并早卒，故不及进爵。追赠敬隐后女弟小贵人印绶，追封谥宋杨为当阳穆侯。杨四子皆为列侯，食邑各五千户。宋氏为卿、校、侍中、大夫、谒者、郎吏十余人。孝德后异母弟次及达生二人，诸子九人，皆为清河国郎中。耿贵人者，牟平侯舒之孙也。贵人兄宝，袭封牟平侯。帝以宝嫡舅，宠遇甚渥，位至大将军，事已见《耿舒传》。

朝廷撤销了广川国。

刘虎威在位三年后逝世，他也没有儿子。邓太后又封立乐安王刘宠之子刘延平为清河王，刘延平便是清河恭王。

邓太后驾崩后，负责诸侯事务和礼仪制度的官吏们上书说：“清河孝王刘庆的盛德淳厚而美好，他的盛德承载、孕育了当今圣上，因此陛下秉承天命接受了君位，成为祭祀天地、先祖时的主祭人。大汉建立之时，高祖刘邦将父亲尊奉为太上皇，后来宣帝又尊称父亲为皇考，在祠庙中按左昭右穆的次序安放父亲的灵位，还为守护父亲陵园而在当地设立县邑，身为传宗接代之人的义理，以及旧时的典章不可忘却。陛下应当将清河孝王尊称为孝德皇，将亡母左氏尊称为孝德后，将孝德皇的生母宋贵人追谥为敬隐后。”于是安帝在宗庙祭祀时宣告了这项决定，之后命司徒拿着符节和大鸿胪一道带着追尊的策书和玉玺、绶带前往清河国，为刘庆追加孝德皇的尊号；安帝又派中常侍带着牛羊猪三牲齐备的祭品和有关祭祀的典制，会同暂时掌管礼仪的侍中刘珍等人以及皇亲国戚和众位诸侯一都参加为刘庆追加尊号的典礼。追尊刘庆的陵墓为甘陵，追尊他的祠庙为昭庙，朝廷又为甘陵设置了守陵的陵令和陵丞，并安排战车保卫，营建甘陵的礼制如同当初光武帝营建章陵一般。此外，朝廷又将广川国并入清河国。并尊称孝德皇刘庆正妻耿姬为甘陵大贵人。朝廷又封安帝之妹刘侍男为涅阳长公主，封刘别得为舞阳长公主，封刘久长为濮阳长公主，封刘直得为平氏长公主。其余七位公主都早早去世，所以未能赶上晋升爵位。朝廷又将小贵人的印信和绶带追赠给敬隐后之妹，并为敬隐后之父宋杨追封爵位、追封谥号，尊为当阳穆侯。另外，宋杨的四个儿子都获封为列侯，各自享有的俸禄为五千户人家的租赋。宋氏一族中共有十多人出任卿、校、侍中、大夫、谒者、郎吏等官位。安帝生母孝德后左姬的异母弟弟左次和左达生二人，以及他们的九个儿子，都出任为清河国郎中。刘庆正妻耿贵人是牟平侯耿舒的孙女。耿贵人之兄耿宝，继承了牟平侯的封号。安帝因为耿宝是先父正妻的兄长，是自己的嫡舅，所以对耿宝待之以深厚的恩宠，耿宝最终官至大将军，此事已记载于《耿舒传》。

立三十五年薨，子蒜嗣。冲帝崩，征蒜诣京师，将议为嗣。会大将军梁冀与梁太后立质帝，罢归国。

蒜为人严重，动止有度，朝臣太尉李固等莫不归心焉。初，中常侍曹腾谒蒜，蒜不为礼，宦者由此恶之。及帝崩，公卿皆正议立蒜，而曹腾说梁冀不听，遂立桓帝。语在《李固传》。蒜由此得罪。

建和元年，甘陵人刘文与南郡妖贼刘鲔交通，讹言清河王当统天下，欲共立蒜。事发觉，文等遂劫清河相谢暠，将至王宫司马门，曰："当立王为天子，暠为公。"暠不听，骂之，文因刺杀暠。于是捕文、鲔诛之。有司因劾奏蒜，坐贬爵为尉氏侯，徙桂阳，自杀。立三年，国绝。

梁冀恶清河名，明年，乃改为甘陵。梁太后立安平孝王子经侯理为甘陵王，奉孝德皇祀，是为威王。

理立二十五年薨，子贞王定嗣。

定立四年薨，子献王忠嗣。黄巾贼起，忠为国人所执，既而释之。灵帝以亲亲故，诏复忠国。忠立十三年薨，嗣子为黄巾所害，建安十一年，以无后，国除。

济北惠王寿，母申贵人，颍川人也，世吏二千石。贵人年十三，入掖庭。寿以永元二年封，分太山郡为国。和帝遵肃宗故事，兄弟皆留京师，恩宠笃密。有司请遣诸王归藩，不忍许之，及帝崩，乃刘延平在位三十五年后逝世，他的儿子刘蒜继承了清河王之位。冲帝刘炳驾崩后，朝廷将刘蒜征召到京城，正要商议扶立刘蒜继承帝位。恰逢大将军梁冀和梁太后扶立了质帝登基，于是朝廷免去了刘蒜的继位者资格并命他回到封国。

刘蒜为人严谨慎重，言行举止不违礼法，朝中百官如太尉李固等人都对他有归附之意。起初，中常侍曹腾曾前去拜见刘蒜，但刘蒜并未以礼相待，因此刘蒜便遭到了宦官的憎恨。等到质帝驾崩后，满朝公卿都秉持公心提议扶立刘蒜为帝，然而曹腾游说梁冀不要听从，最终梁冀等人拥立桓帝即位。此事详见《李固传》。刘蒜因此获罪。

建和元年（147），清河国甘陵县人氏刘文和南郡妖言惑众的贼寇刘鲔勾结，造谣说清河王刘蒜应当统治天下，打算一起扶立刘蒜为帝。阴谋败露后，刘文等人就劫持了清河国国相谢暠，他们将谢暠带到清河王宫的司马门前，说道："应当扶立清河王王为天子，您可位列三公。"谢暠坚决不从，并痛骂刘文等人，刘文因而刺死了谢暠。这之后朝廷就拘捕了刘文、刘鲔并将他们处死。负责监察的官吏就上书弹劾了刘蒜，刘蒜因罪降爵被贬为尉氏侯，并被流放到桂阳郡，刘蒜最终自尽。刘蒜在位三年，这之后清河国没有了继承人。

梁冀厌恶清河国的国名，第二年，就将国名改为甘陵。同时梁太后扶立安平孝王之子经侯刘理为甘陵王，并由刘理负责供奉并祭祀孝德皇刘庆，刘理便是甘陵威王。

刘理在位二十五年后逝世，他的儿子贞王刘定继承了王位。

刘定在位四年后逝世，刘定之子献王刘忠继承了王位。后来黄巾军起兵造反，刘忠被甘陵国百姓拘押，不久后又放了他。灵帝出于对亲人应待之以友爱的缘故，下令恢复了刘忠的封国。刘忠在位十三年后逝世，他那本应继位的嫡长子死于黄巾军之手，献帝建安十一年（206），因为刘忠没有继承人，所以朝廷撤销了甘陵国。

济北惠王刘寿，他的母亲是申贵人，申贵人是颍川郡人，申家世代都有人官至太守。申贵人十三岁时，便被选入掖庭。刘寿在永元二年（90）获封为王，朝廷分出泰山郡的一部分设立为济北国。和帝遵就国。永初元年，邓太后封寿舅申转为新亭侯。寿立三十一年薨。自永初已后，戎狄叛乱，国用不足，始封王薨，减赙钱为千万，布万匹；嗣王薨，五百万，布五千匹。时，唯寿最尊亲，特赙钱三千万，布三万匹。

子节王登嗣。永宁元年，封登弟五人为乡侯，皆别食太山邑。

登立十五年薨，子哀王多嗣。

多立三年薨，无子。永和四年，立战乡侯安国为济北王，是为釐王。

安国立十年薨，子孝工次嗣。本初元年，封次弟猛为亭侯。次九岁丧父，至孝。建和元年，梁太后下诏曰："济北王次以幼年守藩，躬履孝道，父没哀恸，焦毁过礼，草庐土席，衰杖在身，头不枇沐，体生疮肿。谅暗已来二十八月，自诸国有忧，未之闻也，朝廷甚嘉焉。《书》不云乎：'用德章厥善。'《诗》云：'孝子不匮，永锡尔类。'今增次封五千户，广其土宇，以慰孝子恻隐之劳。"

次立七年薨，子鸾嗣。鸾薨，子政嗣。政薨，无子，建安十一年，国除。

照章帝时的先例，让各位诸侯王兄弟都留在京师而不去封国就任，和帝对兄弟们恩宠有加，彼此间十分亲密。负责诸侯事务的官吏提请朝廷将各位侯王派回封国，但和帝不忍心批准该提议，等到和帝逝世后，各位侯王才回到封国就任。安帝永初元年，邓太后将刘寿的舅舅申转封为新亭侯。刘寿在位三十一年后逝世。从永初年间以来，西戎和北狄的异族便常常发动叛乱，由于朝廷经费不足，于是朝廷决定：刚刚封王之人逝世后，可从朝廷获赐的丧葬费将降为一千万钱，以及一万匹布；应当继承王位之人逝世后，可获丧葬费五百万钱，以及五千匹布。当时，只有刘寿是最为尊敬祖先和父母的，因此在他去世时朝廷破例赐予他三千万丧葬费，以及三万匹布。

刘寿之子节王刘登继承了济北王之位。永宁元年（120），朝廷将刘登的五个弟弟封为乡侯，都另外以济北国之外泰山郡治下乡邑的租赋为俸禄。

刘登在位十五年后逝世，他的儿子哀王刘多继承了王位。

刘多在位三年后逝世，他没有儿子。在永和四年（139），朝廷选立战乡侯刘安国为济北王，刘安国就是为济北釐王。

刘安国在位十年后逝世，他的儿子孝王刘次继承了王位。本初元年（146），朝廷封刘次之弟刘猛为亭侯。刘次九岁时父亲就去世了，他非常孝顺。桓帝建和元年，梁太后下令说：“济北王刘次小小年纪就担任藩国之王，亲身践行孝亲之道，父亲死后极为悲痛，心焦过度身体虚弱，草屋服丧、席地而卧，身披丧服、孝杖在手，头发不梳不洗，身体生疮肿涨。自刘次居丧以来已有二十八个月，自从各国有诸侯王逝世以来，从未听说有能像刘次一般至诚守孝的藩王，朝廷对此孝行极为称道。《尚书》中不是有这样的话吗：‘朝廷应施展道德彰明那善行义举。’《诗经》说：‘孝子的孝心、孝行永不匮乏，将永远赐福于与你的同族。’现在朝廷决定为刘次增加五千户封地，扩大他的国土，目的是抚慰孝子因难忍丧父之痛而付出的心力。”

刘次在位七年后逝世，他的儿子刘鸾继承了王位。刘鸾逝世后，刘鸾之子刘政继承了王位。刘政逝世后，他没有儿子来继承王位，于河间孝王开，以永元二年封，分乐成、勃海、涿郡为国。延平元年就国。开奉遵法度，吏人敬之。永宁元年，邓太后封开子翼为平原王，奉怀王胜祀；子德为安平王，奉乐成王党祀。

开立四十二年薨，子惠王政嗣。政傲佷，不奉法宪。顺帝以侍御史吴郡沈景有强能称，故擢为河间相。景到国谒王，王不正服，箕踞殿上。侍郎赞拜，景峙不为礼。问王所在，虎贲曰："是非王邪？"景曰："王不服，常人何别！今相谒王，岂谒无礼者邪！"王惭而更服，景然后拜。出住宫门外，请王傅责之曰："前发京师，陛下见受诏，以王不恭，使相检督。诸君空受爵禄，而无训导之义。"因奏治罪。诏书让政而诘责傅。景因捕诸奸人上案其罪，杀戮尤恶者数十人，出冤狱百余人。政遂为改节，悔过自修。阳嘉元年，封政弟十三人皆为亭侯。

政立十年薨，子贞王建嗣。建立十年薨，子安王利嗣。利立二十八年薨，子陔嗣。陔立四十一年，魏受禅，以为崇德侯。

蠡吾侯翼，元初六年邓太后征济北、河间王诸子诣京师，奇翼是朝廷在献帝建安十一年时，撤销了济北国。

河间孝王刘开，他在和帝永元二年获封为王，朝廷将乐成国、渤海郡和涿郡的部分辖地合并为河间国。刘开在延平元年（106）到封国就任。刘开谨遵法度，赢得了官吏和百姓的爱戴。安帝永宁元年，邓太后将刘开之子刘翼封为平原王，负责供奉并祭祀平原怀王刘胜；邓太后又将刘开之子刘德封为安平王，负责供奉并祭祀乐成王刘党。

刘开在位四十二年后逝世，他的儿子惠王刘政继承了王位。刘政待人傲慢凶狠，不守国法朝纲。顺帝因为侍御史吴郡人氏沈景有精明强干的美誉，所以提拔他担任河间相。沈景到达河间国后便前去拜见河间王刘政，刘政不穿礼服，张开双腿傲慢地坐在殿上。侍郎高声宣读应行的礼仪，而沈景却挺身伫立并不行礼。沈景问众人河间王在何处？虎贲卫士说："这不就是大王吗？"沈景说："为王之人不着王服，和普通人有什么分别！现在本国相是来拜见王的，难道是来拜见无礼之人的吗！"刘政感到惭愧便换好礼服，这之后沈景才行了拜礼。沈景出宫走到门外后就停下脚步，他将负责教导、匡扶诸侯王的王傅请来斥责道："此前我从京城出发时，我应召见到陛下并领受了诏命，陛下因为河间王行事缺乏礼数，让我担任国相负责检查监督。你们白白享受官爵、俸禄，却没有履行教训、引导河间王的义务。"于是沈景向朝廷上书提请对王傅等官吏予以惩处。顺帝下诏责备了刘政并质问、谴责了王傅。沈景便逮捕了多名奸诈之徒并上奏朝廷请求查办他们的罪行，最终处死了几十个罪大恶极之人，释放了一百多名蒙冤获罪之人。刘政因此改变了志气和操守，从错误中醒悟并开始修养自己的品行。顺帝阳嘉元年（132），朝廷将刘政的十三个弟弟都封为亭侯。

刘政在位十年后逝世，他的儿子贞王刘建继承了王位。刘建在位十年后逝世，刘建之子安王刘利继承了王位。刘利在位二十八年后逝世，刘利之子刘陔继承了王位，刘陔在位四十一年后，魏王接受了献帝禅让，朝廷将刘陔改封为崇德侯。

刘开之子、桓帝之父是蠡吾侯刘翼，元初六年（119）时，邓太后美仪容，故以为平原怀王后焉。留在京师。岁余，太后崩。安帝乳母王圣与中常侍江京等谮邓骘兄弟及翼，云与中大夫赵王谋图不轨，窥觎神器，怀大逆心。贬为都乡侯，遣归河间。翼于是谢宾客，闭门自处。永建五年，父开上书，愿分蠡吾县以封翼，顺帝从之。

翼卒，子志嗣，为大将军梁冀所立，是为桓帝。梁太后诏追尊河间孝王为孝穆皇，夫人赵氏曰孝穆后，庙曰清庙，陵曰乐成陵；蠡吾先侯曰孝崇皇，庙曰烈庙，陵曰博陵。皆置令、丞，使司徒持节奉策书、玺绶，祠以太牢。建和二年，更封帝兄都乡侯硕为平原王，留博陵，奉翼后。尊翼夫人马氏为孝崇博园贵人，以涿郡之良乡、故安，河间之蠡吾三县为汤沐邑。硕嗜酒，多过失，帝令马贵人领王家事。建安十一年，国除。

解渎亭侯淑，以河间孝王子封。淑卒，子苌嗣。苌卒，子宏嗣，为大将军窦武所立，是为灵帝。建宁元年，窦太后诏追尊皇祖淑为孝元皇，夫人夏氏曰孝元后，陵曰敦陵，庙曰靖庙；皇考苌为孝仁皇，夫人董氏为慎园贵人，陵曰慎陵，庙曰奂庙。皆置令、丞，使司徒持节之河间奉策书、玺绶，祠以太牢，常以岁时遣中常侍持节之河间奉祠。

在京城召见了济北王、河间王的儿子们，邓太后认为刘翼的仪容俊美出众，所以把他作为和帝长子平原怀王刘胜的继承人，将他留在京城。一年多后，邓太后逝世。安帝的乳母王圣与中常侍江京等人向安帝进谗诬陷邓骘兄弟和刘翼，说他们和邓太后身边的宫女中大人赵玉图谋不轨，打算伺机窃夺帝位，心怀大逆不道之意。安帝就将刘翼贬为都乡侯，并将他遣送回河间国。刘翼因此谢绝了宾客的拜访，紧闭房门独自居住。永建五年（130），刘翼之父刘开上书，希望朝廷能将河间国治下的蠡吾县封给刘翼，顺帝答应了刘开的请求。

刘翼去世后，他的儿子刘志继承了爵位，刘志后来在大将军梁冀的辅佐下登基，他便是桓帝。这之后，梁太后便下令为桓帝祖父河间孝王刘开追加孝穆皇的尊号，并追尊刘开的夫人赵氏为孝穆后，追尊刘开的宗庙为清庙，追尊他的陵墓为乐成陵；又追尊蠡吾先侯刘翼为孝崇皇，追尊刘翼的宗庙为烈庙，追尊他的陵墓为博陵。朝廷在乐成陵和博陵都设置了守陵的陵令、陵丞，并命司徒拿着符节在刘开和刘翼的墓前献上追尊的策书以及孝穆皇和孝崇皇的玉玺、绶带，又用牛、羊、猪三牲祭祀了桓帝的先祖、先父。建和二年（148），朝廷改封桓帝之兄都乡侯刘硕为平原王，并命他留在博陵，作为刘翼的子嗣供奉刘翼。朝廷又将刘翼的夫人马氏尊称为孝崇博园贵人，并把涿郡的良乡县、故安县，以及河间国的蠡吾等三县封给平原王刘硕作为收取赋税以备斋戒沐浴之用的汤沐邑。刘硕好酒贪杯，常有过失，于是桓帝让马贵人统管平原王的家事。献帝建安十一年，朝廷撤销了平原国。

解渎亭侯刘淑，凭河间孝王之子的身份获封为侯。刘淑逝世后，他的儿子刘苌继承了爵位。刘苌逝世后，刘苌之子刘宏继承了爵位，刘宏后来在大将军窦武的辅佐下登基，他便是灵帝。建宁元年（168），窦太后下令追尊灵帝的先祖刘淑为孝元皇，追尊刘淑的夫人夏氏为孝元后，追尊刘淑的陵墓为敦陵，追尊他的宗庙为靖庙；又追尊灵帝的先父刘苌为孝仁皇，追尊刘苌的夫人董氏为慎园贵人，追尊他的陵墓为慎陵，追尊他的宗庙为奂庙。朝廷在敦陵和慎陵都设置了守陵的陵令、陵丞，并命司徒拿着符节到河间国献上追尊刘淑和熹平三年，使使拜河间安王利子康为济南王，奉孝仁皇祀。

康薨，子赟嗣，建安十二年，为黄巾贼所害。子开嗣，立十三年，魏受禅，以为崇德侯。

城阳怀王淑，以永元二年分济阴为国。立五年薨，葬于京师，无子，国除，还并济阴。

广宗殇王万岁，以永元五年封，分钜鹿为国。其年薨，葬于京师。无子，国除，并还钜鹿。

平原怀王胜，和帝长子也。不载母氏。少有痼疾，延平元年封。立八年薨，葬于京师。无子，邓太后立乐安夷王宠子得为平原王，奉胜后，是为哀王。

得立六年薨，无子，永宁元年，太后又立河间王开子都乡侯翼为平原王嗣。安帝废之，国除。

论曰：传称吴子夷昧，甚德而度，有吴国者，必其子孙。章帝长者，事从敦厚，继祀汉室，咸其苗裔，古人之言信哉！

赞曰：章祚不已，本枝流祉。质惟伉孙，安亦庆子。河间多福，桓、灵承祀。济北无骄，皇恩宠饶。平原抱痼，三王薨朝。振振子孙，或秀或苗。

刘苌的策书以及孝元皇和孝仁皇的玉玺和绶带，又用牛、羊、猪三牲祭祀了灵帝的先祖、先父，每逢春夏秋冬，朝廷总会派中常侍拿着符节到河间国祭祀刘淑和刘苌。

熹平三年（174），朝廷派遣使者将河间安王刘利之子刘康封为济南王，由刘康负责供奉并祭祀孝仁皇刘苌。

刘康逝世后，他的儿子刘赟继承了济南王之位，建安十二年（207），刘赟遭到黄巾军杀害。刘赟之子刘开继承了济南王之位，刘开在位十三年后，魏王接受了献帝的禅让，朝廷改封刘开为崇德侯。

城阳怀王刘淑，在和帝永元二年由朝廷分封在从济阴郡划分出的一块封地上。刘淑在位五年后逝世，之后被安葬在京城。刘淑没有儿子，朝廷就撤销了城阳国，仍将城阳国领地并入济阴郡。

广宗殇王刘万岁，在永元五年（93）获封为王，朝廷从钜鹿郡划出一片领地作为他的封国。刘万岁于同年逝世，之后被安葬在京城。刘万岁没有儿子，朝廷就撤销了广宗国，仍将广宗国领地并入钜鹿郡。

平原怀王刘胜是和帝的长子。刘胜母亲的姓名未载于史册。刘胜年轻时身患顽疾，他在殇帝延平元年获封为王。刘胜在位八年后逝世，之后被安葬在京城。刘胜没有儿子，邓太后便将乐安夷王刘宠之子刘得选立为平原王，由刘得作为刘胜的子嗣供奉刘胜，刘得便是哀王。

刘得在位六年后逝世，他没有儿子，于是在安帝永宁元年时，邓太后又选立河间王刘开之子都乡侯刘翼为平原王的继承人，后来安帝废黜了刘翼的王位，并撤销了平原国。

评论说：《左传》曾称赞吴王夷昧，说他德行高尚并且谨守法度，将来能继承吴国大统的，一定是他的子孙。章帝也是德高望重的长者，他行事奉行朴实忠厚之道，因而继承汉朝帝位的，都是他的后人，古人的话真是确凿无疑呀！

赞辞说：章帝福祚永传后世，洪福泽被嫡子、庶子。质帝正是刘伉之孙，安帝亦为刘庆之子。河间诸王福分多多，桓帝、灵帝主持祭祀。济北刘次谦恭行孝，朝廷恩宠赏赐不少。平原怀王身患顽疾，又有三王死于洛阳。子孙后代人丁兴旺，有的成材、有的早夭。

卷八十六

张王种陈列传第四十六

张皓字叔明，犍为武阳人也。六世祖良，高帝时为太子少傅，封留侯。皓少游学京师，永元中，归仕州郡，辟大将军邓骘府，五迁尚书仆射，职事八年，出为彭城相。

永宁元年，征拜廷尉。皓虽非法家，而留心刑断，数与尚书辩正疑狱，多以详当见从。时安帝废皇太子为济阴王，皓与太常桓焉、太仆来历廷争之，不能得。事已具《来历传》。退而上疏曰："昔贼臣江充，造构谗逆，至令戾园兴兵，终及祸难。后壶关三老一言，上乃觉悟，虽追前失，悔之何逮！今皇太子春秋方始十岁，未见保傅九德之义，宜简贤辅，就成圣质。"书奏不省。

及顺帝即位，拜皓司空，在事多所荐达，天下称其推士。时清河赵腾上言灾变，讥刺朝政，章下有司，收腾系考，所引党辈八十余人，皆以诽谤当伏重法。皓上疏谏曰："臣闻尧舜立敢谏之鼓，三王树诽谤之木，《春秋》采善书恶，圣主不罪刍荛。腾等虽干上犯法，所言本欲尽忠正谏。如当诛戮，天下杜口，塞谏争之源，非所以昭德示后也。"帝乃悟，减腾死罪一等，余皆司寇。四年，以阴阳不和策免。

阳嘉元年，复为廷尉。其年卒官，时年八十三。遣使者吊祭，赐葬地于河南县。子纲。

张皓，字叔明，犍为郡武阳县人。六世祖是张良，高帝时担任太子少傅，被封为留侯。张皓年少时在京城游学，永元年间，回到州郡任职，被征召前往大将军邓骘府中任职，经过五次升迁官拜尚书仆射，在职八年，出京担任彭城相。

永宁元年（120），张皓被征召为廷尉。张皓虽然并非法家，但却留心断案，经常和尚书辩明悬案，他的意见大多因详审允当而被采纳。当时安帝废黜皇太子为济阴王，张皓和太常桓焉、太仆来历在朝廷上极力谏诤，没有结果。事情详见《来历传》。张皓退朝后又上书说："昔日贼臣江充，捏造诽谤他人谋逆，导致戾太子起兵，最终发生灾难。之后壶关三老令狐茂上书言明戾太子冤屈，武帝这才醒悟，虽然追悔先前的过失，后悔也来不及了！如今皇太子才刚刚十岁，还没见过保傅、学习九德的真义，应当挑选有贤明的人前去辅佐，致使他成就神圣的秉性。"他的奏书呈上却没有被采纳。

等到顺帝即位，张皓官拜司空，在职期间推举引进不少人才，天下称赞他能推举贤才。当时清河人赵腾上书谈论灾变，嘲笑讽刺朝政，朝廷的诏书下达相关官吏，收捕赵腾拘留拷问，所牵涉出的党羽有八十多人，都因为诽谤朝廷而应当判以重刑。张皓上书劝谏顺帝说："臣听说尧舜设立敢谏鼓，三王树立诽谤木，《春秋》采录善行、书写恶事，贤明的皇帝不加罪于草野村夫。赵腾等人虽然冒犯朝政、违犯法律，但他所说本来是想竭尽忠心、直言规劝。如果这样应当遭到诛杀，那天下百姓都会闭口不谈，堵塞谏诤的源流，并非是宏扬美德用来昭示后人的方法啊。"顺帝这才醒悟，减免赵腾死罪一等，其余的交由司寇处理。四年，因为阴阳不和张皓遭到免职。

阳嘉元年（132），张皓再次担任廷尉。同年在任上去世，享年八十三岁。朝廷派遣使者来吊祭，赏赐葬地于河南县。儿子名叫张纲。

纲字文纪。少明经学。虽为公子，而厉布衣之节。举孝廉不就，司徒辟高第为侍御史。时顺帝委纵宦官，有识危心。纲常感激，慨然叹曰："秽恶满朝，不能奋身出命扫国家之难，虽生吾不愿也。"退而上书曰："《诗》曰：'不愆不忘，率由旧章。'寻大汉初隆，及中兴之世，文、明二帝，德化尤盛。观其理为，易循易见，但恭俭守节，约身尚德而已。中官常侍不过两人，近幸赏赐裁满数金，惜费重人，故家给人足。夷狄闻中国优富，任信道德，所以奸谋自消而和气感应。而顷者以来，不遵旧典，无功小人皆有官爵，富之骄之而复害之，非爱人重器，承天顺道者也。伏愿陛下少留圣思，割损左右，以奉天心。"书奏不省。

汉安元年，选遣八使徇行风俗，皆耆儒知名，多历显位，唯纲年少，官次最微。余人受命之部，而纲独埋其车轮于洛阳都亭，曰："豺狼当路，安问狐狸！"遂奏曰："大将军冀，河南尹不疑，蒙外戚之援，荷国厚恩，以刍荛之资，居阿衡之任，不能敷扬五教，翼赞日月，而专为封豕长蛇，肆其贪叨，甘心好货，纵恣无底，多树谄谀，以害忠良。诚天威所不赦，大辟所宜加也。谨条其无君之心十五事，斯皆臣子所切齿者也。"书御，京师震竦。时冀妹为皇后，内宠方盛，诸梁姻族满朝，帝虽知纲言直，终不忍用。

时广陵贼张婴等众数万人，杀刺史、二千石，寇乱扬徐间，积十余年，朝廷不能讨。冀乃讽尚书，以纲为广陵太守，因欲以事中张纲，字文纪，年少时通晓经学。虽然身为公子，却磨砺布衣的节操。被举荐为孝廉也不前往，司徒因为他通过考核并且成绩优异就任命他为侍御史。当时顺帝委从宦官，有识之士都心存戒惧。张纲经常心情激动，慨然长叹说："朝中布满污秽恶浊，我却不能挺身而出扫除国家的危难，虽然还活着但我心中不愿啊！"因此退朝后上书说："《诗经》说：'不犯过失不会遗忘，遵循旧日典章制度。'从大汉最初兴隆，到中兴的时候，文帝、明帝二位先帝，道德教化尤为兴盛。观看他们的治理措施，易于遵循、显而易见，只是恭谨俭约、保守节操，约束自身、崇尚道德而已。那时中官常侍设置不得超过两人，宠幸的近臣赏赐才不过几金，爱惜花费、慎重待人，所以百姓家家丰衣足食。夷狄听说中国富饶，讲求信义道德，所以奸邪计谋自然消除并且和气感应自生。而最近以来，不遵循旧日典章，没有功绩的小人都享有官爵，让他们富足又让他们骄奢到了最后再惩治他们，这并非是爱惜百姓重视栋梁，奉承天命、顺从道义啊。只愿皇帝陛下稍加圣思，减损左右近臣，来尊重天意。"奏书呈上，皇帝却没有采纳。

汉安元年（142），朝廷挑选派遣八名使者出行视察风俗，其中都是当世闻名的年老博学的儒生，大多身居高位，只有张纲年少，官位最低。其余的人接受命令持法，而只有张纲一人在洛阳都亭埋下车轮，说："豺狼已然当道，为何要找狐狸！"就上奏说："大将军梁冀，河南尹不疑，蒙受外戚的提拔，享受国家的深厚恩德，凭借乡野村夫的资质，身居辅弼国家的宰相重任，不能传播宣扬五常教化，辅佐皇上，而专门去作贪暴的长蛇，大肆贪污，对于收受礼物十分满意，肆意放纵、欲壑难填，培植谄媚阿谀的党羽，用来陷害忠良。实在是天道威严也不能赦免，应当加以大辟极刑的。恭谨条列他们心中没有皇帝的十五件事，都是臣子们所咬牙切齿的。"奏书呈到御前，京城震惊。当时梁冀的妹妹是皇后，受皇帝的宠爱正盛，和梁氏有姻亲关系的家族遍布朝廷，皇帝虽然知道张纲所言正直，最终还是不忍采用。

当时广陵贼寇张婴等聚集数万人，杀害了刺史、二千石的官员，侵扰扬州、徐州之间，过了十多年，朝廷无力讨伐。梁冀就暗示尚书，之。前遣郡守，率多求兵马，纲独请单车之职。既到，乃将吏卒十余人，径造婴垒，以慰安之，求得与长老相见，申示国恩。婴初大惊，既见纲诚信，乃出拜谒。纲延置上坐，问所疾苦。乃譬之曰："前后二千石多肆贪暴，故致公等怀愤相聚。二千石信有罪矣，然为之者又非义也。今主上仁圣，欲以文德服叛，故遣太守，思以爵禄相荣，不愿以刑罚相加，今诚转祸为福之时也。若闻义不服，天子赫然震怒，荆、扬、兖、豫大兵云合，岂不危乎？若不料强弱，非明也；弃善取恶，非智也；去顺效逆，非忠也；身绝血嗣，非孝也；背正从邪，非直也；见义不为，非勇也：六者成败之几，利害所从，公其深计之。"婴闻，泣下，曰："荒裔愚人，不能自通朝廷，不堪侵枉，遂复相聚偷生，若鱼游釜中，喘息须臾间耳。今闻明府之言，乃婴等更生之晨也。既陷不义，实恐投兵之日，不免孥戮。"纲约之以天地，誓之以日月，婴深感悟，乃辞还营。明日，将所部万余人与妻子面缚归降。纲乃单车入婴垒，大会，置酒为乐，散遣部众，任从所之；亲为卜居宅，相田畴；子弟欲为吏者，皆引召之。人情悦服，南州晏然。朝廷论功当封，梁冀遏绝，乃止。天子嘉美，征欲擢用纲，而婴等上书乞留，乃许之。

纲在郡一年，年四十六卒。百姓老幼相携，诣府赴哀者不可胜数。纲自被疾，吏人咸为祠祀祈福，皆言"千秋万岁，何时复见此任命张纲为广陵太守，打算用此事来中伤他。之前派遣的郡守，大多是向朝廷多要些兵马，只有张纲一人请求单车赴任。到任后，只率领十几名吏卒，直接前往张婴的阵前，安抚他们，请求和他们的首领相见，申明表示国家对他们的恩德。张婴起初大为震惊，等看出张纲的一颗诚心后，就出面拜谒张纲。延请张纲居于上座，张纲询问张婴生活上有什么困难。他告知张婴说："之前任职的二千石大多肆无忌惮地贪婪暴虐，所以致使你们众人心怀愤激、聚集一处。二千石的官员才是真正有罪的人啊，然而您们现在的做法也是不义的行为。如今皇帝仁德圣明，打算用礼乐教化来平息叛乱，所以派我前来，想以获得国家的官爵俸禄为荣，不愿将刑罚加于你们身上，如今实在是你们转祸为福的时机啊。要是听到义理还是不服从朝廷，天子勃然大怒，荆州、扬州、兖州、豫州士兵云集，难道不是更加危险吗？要是不料想双方强弱，这是不明白事理啊；抛弃善事改行恶事，这是不明智啊；放弃顺从而去效法叛逆，这是不忠诚啊；贸然身死、没有子孙，这是不孝顺啊；背离正道、从事邪恶，这不正直啊；见义不为，这是不勇敢啊：这六点是成败的关键，利害相连，您应该深入周密地谋划一下啊。"张婴听后，哭泣起来，说："边远地区的愚钝之人，不能和朝廷通达，不堪忍受侵害而受到冤枉，不得已才聚集在一起苟且偷生，就像鱼在锅里游一样，获得片刻喘息之机罢了。如今听了太守的话，是我张婴等人死而复生的时候了。既然已经陷入不义之举，实在是担心投降那天，免不了遭到奴役杀戮。"张纲以天地作为约定，以日月做为誓言，张婴深有感触，就辞别张纲返回军营。第二天，带领自己麾下的一万多人和妻子子女双手反绑前去投降。张纲就单车进入张婴军营，大肆聚会，饮酒为乐，遣散贼寇，任凭各自离去；亲自为他们找寻住宅，查看田地；子弟想去当官的，都引见征召。百姓心悦诚服，南州从此安定。朝廷论功应当封赏张纲，梁冀阻止此事，从而没有封赏他。天子称赞张纲，打算征召提拔任用张纲，而张婴等人上书乞求让张纲留在广陵，朝廷就允许了他们的请求。

张纲在郡中任职一年，四十六岁时去世。郡中百姓扶老携幼，来到郡府前奔丧的人不可胜数。张纲自从生病，差役都为他祭祀祈君”。张婴等五百余人制服行丧，送到犍为，负土成坟。诏曰：“故广陵太守张纲，大臣之苗，剖符统务，正身导下，班宣德信，降集剧贼张婴万人，息干戈之役，济蒸庶之困，未升显爵，不幸早卒。婴等缞杖，若丧考妣，朕甚愍焉！”拜纲子续为郎中，赐钱百万。

王龚字伯宗，山阳高平人也。世为豪族。初举孝廉，稍迁青州刺史，劾奏贪浊二千石数人，安帝嘉之，征拜尚书。建光元年，擢为司隶校尉，明年迁汝南太守。政崇温和，好才爱士，引进郡人黄宪、陈蕃等。宪虽不屈，蕃遂就吏。蕃性气高明，初到，龚不即召见之，乃留记谢病去。龚怒，使除其录。功曹袁阆请见，言曰：“闻之传曰‘人臣不见察于君，不敢立于朝’。蕃既以贤见引，不宜退以非礼。”龚改容谢曰：“是吾过也。”乃复厚遇待之。由是后进知名之士莫不归心焉。阆字奉高。数辞公府之命，不修异操，而致名当时。

永建元年，征龚为太仆，转太常。四年，迁司空，以地震策免。

永和元年，拜太尉。在位恭慎，自非公事，不通州郡书记。其所辟命，皆海内长者。龚深疾宦官专权，志在匡正，乃上书极言其状，请加放斥。诸黄门恐惧，各使宾客诬奏龚罪，顺帝命亟自实。前掾李固时为大将军梁商从事中郎，乃奏记于商曰：“今旦闻下太尉王公敕令自实，未审其事深浅何如。王公束修厉节，敦乐艺文，不求苟得，不为苟行，但以坚贞之操，违俗失众，横为谗佞所构毁，众福，都说“千秋万年，什么时候能再见到这样的君子”。张婴等五百多人身穿丧服举办丧事，一直送行到犍为，背土筑坟。朝廷下诏说：“已故的广陵太守张纲，是大臣的后代，授予官职统领事务，以身作则、教化百姓，宣传晓谕恩德、威信，招降聚集巨贼张婴以及部下一万多人，平定了未来的战争，拯救了百姓的困苦，没有升迁到显贵的爵位，却不幸早死。张婴等人身披丧服、手持丧杖，好像死了父母一样悲伤，朕对他的死甚是哀怜！”张纲的儿子张续官拜郎中，赏赐百万钱。

王龚，字伯宗，山阳郡高平县人。世代为豪门大族。起初被推举为孝廉，不久后升迁为青州刺史，上奏弹劾贪污的二千石官员数人，安帝为了嘉奖他，征召他为尚书。建光元年(121)，王龚擢升为司隶校尉，第二年升迁为汝南太守。王龚为政崇尚温和，喜好有才的士人，举荐同郡之人黄宪、陈蕃等人。黄宪虽然不屈从，陈蕃却前去做官。陈蕃性情高傲，刚到任的时候，王龚没有立即召见他，陈蕃就留下字条然后假借生病离开了。王龚得知后大怒，要除去名录中陈蕃的名字。功曹袁阆请求相见，对王龚说：“听说传说‘人臣不被皇帝所了解，不敢在朝为官’。陈蕃既然因为贤明而被举荐，就不应当因违礼而除名。”王龚听后动容，然后谢罪说：“这是我的过错啊！”就又对陈蕃施以优厚的待遇。因此之后的知名士人都真心归附王龚。袁阆，字奉高。数次推辞公府的征召，不追求独特的节操，在当时享有盛名。

永建元年(126)，朝廷征召王龚为太仆，调任太常。永建四年(129)，王龚升迁为司空，因为地震受到免官。

永和元年(136)，王龚官拜太尉。在职期间谦恭谨慎，只要不是公事，就不和州郡互通书信。他所征召任命的，都是海内德高望重的长者。王龚深恶痛疾宦官专权，立志匡扶国政。就上书极力陈述宦官的罪状，请皇帝加以放逐。黄门们感到恐惧，各自命宾客上书诬蔑王龚有罪，顺帝命王龚赶快如实自报。前掾李固当时担任大将军梁商的从事中郎，就上书向梁商陈述意见说：“今天早上听说皇帝下达命令让王龚先生如实自报，不知这件事究竟如何。王龚先生心存敬意、人闻知，莫不叹栗。夫三公尊重，承天象极，未有诣理诉冤之义。纤微感概，辄引分决，是以旧典不有大罪，不至重问。王公沉静内明，不可加以非理。卒有它变，则朝廷获害贤之名，群臣无救护之节矣。昔绛侯得罪，袁盎解其过，魏尚获戾，冯唐诉其冤，时君善之，列在书传。今将军内倚至尊，外典国柄，言重信著，指㧑无违，宜加表救，济王公之艰难。语曰：'善人在患，饥不及餐。'斯其时也。"商即言之于帝，事乃得释。

龚在位五年，以老病乞骸骨，卒于家。子畅。

论曰：张皓、王龚，称为推士，若其好通汲善，明发升荐，仁人之情也。夫士进则世收其器，贤用即人献其能。能献既已厚其功，器收亦理兼天下。其利甚博，而人莫之先，岂同折枝于长者，以不为为难乎？昔柳下惠见抑于臧文，淳于长受称于方进。然则立德者以幽陋好遗，显登者以贵涂易引。故晨门有抱关之夫，柱下无朱文之轸也。

畅字叔茂。少以清实为称，无所交党。初举孝廉，辞病不就。大将军梁商特辟举茂才，四迁尚书令，出为齐相。征拜司隶校尉，转渔阳太守。所在以严明为称。坐事免官。是时政事多归尚书，桓帝特诏三公，令高选庸能。太尉陈蕃荐畅清方公正，有不可犯之色，由激励节操，崇尚音乐、笃爱文艺，不谋求那些不当得而获得的东西，不去做那些不当做而去做的行为，但却因为坚守节操，违背世俗、失去朝中百官的支持，被坏人横加诬蔑毁谤，众人听了，没有不叹息战栗的。三公地位尊贵，承奉天道、达到顶点，没有合理诉说冤屈的义理。细微的感叹，总是招致有罪的决断，这是旧的典章规定中所没有的大罪，不必因为身犯重罪而被审问。王龚先生沉稳闲静、内心光明，不可以对他不讲道理。卒然发生变故，就是朝廷会获得损害贤人的名声，群臣也没有尽到救护的气节啊。昔日绛侯周勃获罪，袁盎替他争辩最终无罪释放，魏尚获罪，冯唐为他申诉冤屈，当时文帝称赞他们的做法，这些事都记载在典籍当中。如今将军在内倚仗皇帝的至尊之位，在外掌握国家大权，所说的话很有分量，命令也没有人敢违抗，应当上书营救，拯救王龚先生于此回的艰难之中。俗话说：'善良的人担心别人时，饿着肚子顾不得吃饭。'说得就是现在啊。”梁商立即上书向顺帝禀报，事情才得以解决。

王龚在职五年，因为年老多病请求退职，在家里去世。王龚儿子名叫王畅。

评论说：张皓、王龚，因为推举贤才而受到称赞，至于他们喜好推举贤才，提拔人才举荐升迁，是仁人的天性啊。举荐士人就可以让他们的才能被当世所用，任用贤者就可以让他们贡献才能。贡献了才能就能增加自己的功绩，才干被当世所用就能治理天下。其中的利益十分广博，而没有人敢为人先，岂能像鞠躬来礼敬长者一样，以不去做就认为此事难办呢？昔日柳下惠在臧文仲那里屈从，淳于长接受方准的称赞举荐。那么树立德业的人因为卑微而被遗忘，登上高位的人因为地位显赫而被推举。所以掌管城门的小吏中有侯嬴那样的贤人，御史之中没有乘坐精美华贵车子的高官了。

王畅，字叔茂。年少时因为清正朴实而著称，很少和人结交。起初被举荐为孝廉，假借生病推辞不前往。大将军梁商特地举荐他为茂才，四次升迁到尚书令，出京担任齐相。后被征召为司隶校尉，调任渔阳太守。王畅任职的时候都以严肃公正而被人称颂。因事获罪遭到罢免。当时朝廷政事大多归尚书负责，桓帝特地下诏三公，命其是复为尚书。

寻拜南阳太守。前后二千石逼惧帝乡贵戚，多不称职。畅深疾之，下车奋厉威猛，其豪党有衅秽者，莫不纠发。会赦，事得散。畅追恨之，更为设法，诸受臧二千万以上不自首实者，尽入财物；若其隐伏，使吏发屋伐树，堙井夷灶，豪右大震。功曹张敞奏记谏曰："五教在宽，著之经典。汤去三面，八方归仁。武王入殷，先去炮格之刑。高祖鉴秦，唯定三章之法。孝文皇帝感一缇萦，蠲除肉刑。卓茂、文翁、召父之徒，皆疾恶严刻，务崇温厚。仁贤之政，流闻后世。夫明哲之君，网漏吞舟之鱼，然后三光明于上，人物悦于下。言之若迂，其效甚近。发屋伐树，将为严烈，虽欲惩恶，难以闻远。以明府上智之才，日月之曜，敷仁惠之政，则海内改观，实有折枝之易，而无挟山之难。郡为旧都侯甸之国，园庙出于章陵，三后生自新野，士女沾教化，黔首仰风流，自中兴以来，功臣将相，继世而隆。愚以为恳恳用刑，不如行恩；孳孳求奸，未若礼贤。舜举皋陶，不仁者远。随会为政，晋盗奔秦。虞、芮入境，让心自生。化人在德，不在用刑。"畅深纳敞谏，更崇宽政，慎刑简罚，教化遂行。

郡中豪族多以奢靡相尚，畅常布衣皮褥，车马羸败，以矫其敝。同郡刘表时年十七，从畅受学。进谏曰："夫奢不僭上，俭不逼高标准选拔有功绩和有才能的人。太尉陈蕃举荐王畅廉洁正直、公平正义，有不可侵犯的本色，因此再次担任尚书。

不久后王畅官拜南阳太守。前几任的郡守受到压力而畏惧帝乡的本姓亲族，大多不称职。王畅对他们深恶痛绝，到任之后自己奋起威猛，豪强结成的朋党中有犯过错的，没有一个不被查办揭发的。恰逢朝廷大赦，事情就此平息。王畅想起往事感到悔恨，就想办法，授受赃款二千万以上而不自首认罪的官吏，尽数没收他们的财物；如果有隐瞒的人，就派遣官吏拆屋拔树，填平井灶，豪门大族大为震动。功曹张敞陈述意见劝谏说："五常教化旨在宽大，已经记录在经典其中。商汤网开三面，八方都归附他的仁德仁政。武王进入殷地，首先废除纣王的炮烙之刑。汉高祖吸取秦代的教训，只是约法三章。孝文皇帝被缇萦上书救父的行为所感动，废除了肉刑。卓茂、文翁、召父之类的人，但都疾恶如仇，都崇尚温柔宽厚。仁爱贤明的政治，流传于后世。那些通达事理的君主，法网可漏吞舟大鱼，然后日、月、星三光照耀其上，人物喜悦其下。这些话看似遥远，但效果却是可以立现。拆屋拔树，是将要采取严厉手段，虽然是打算憎恶惩戒，却是难以传播到远方。凭借您这上等的智慧才华，犹如日月的光辉，施行仁厚的政治，那么四海之内就会有所改观，实在是有折断树枝礼敬长者这么容易，而没有夹着泰山跨越北海那么困难。南阳是王畿外围千里之内的旧都城，宗庙出于章陵，光烈皇后、和帝阴后、邓后这三名皇后都在新野出生。男女都沾染教化，百姓都仰慕风流，自从中兴以来，功臣将相，继承先世、代代兴隆。我个人愚见急切用刑，不如施与恩德；勤勉寻奸，不若礼遇贤者。舜任用皋陶，不讲仁德的小人就会退避三舍了。晋国任命随会治理国家，晋国的盗贼就逃到秦国去了。虞君、芮君二人进入周国境内，谦让的心思自然而生。教化百姓在于道德，而不在于刑罚。"王畅完全同意并采纳了张敞的劝谏，执政改为崇尚宽大，谨慎用刑、简化刑罚，教化逐渐得以施行。

南阳郡中的世家大族，大多以奢侈挥霍为风尚，王畅则经常布衣皮褥，车马破旧瘦弱，用来矫正当时不良风俗。同郡的刘表当时十七下，循道行礼，贵处可否之间。蘧伯玉耻独为君子。府君不希孔圣之明训，而慕夷齐之末操，无乃皎然自贵于世乎？”畅曰：“昔公仪休在鲁，拔园葵，去织妇；孙叔敖相楚，其子被裘刈薪。夫以约失之鲜矣。闻伯夷之风者，贪夫廉，懦夫有立志。虽以不德，敢慕遗烈。”

后征为长乐卫尉。建宁元年，迁司空，数月，以水灾策免。明年，卒于家。

子谦，为大将军何进长史。谦子粲，以文才知名。

种暠字景伯，河南洛阳人，仲山甫之后也。父为定陶令，有财三千万。父卒，暠悉以赈恤宗族及邑里之贫者。其有进趣名利，皆不与交通。始为县门下史。时河南尹田歆外甥王谌，名知人。歆谓之曰：“今当举六孝廉，多得贵戚书命，不宜相违，欲自用一名士以报国家，尔助我求之。”明日，谌送客于大阳郭，遥见暠，异之。还白歆曰：“为尹得孝廉矣，近洛阳门下史也。”歆笑曰：“当得山泽隐滞，近洛阳吏邪？”谌曰：“山泽不必有异士，异士不必在山泽。”歆即召暠于庭，辩诘职事。暠辞对有序，歆甚知之，召署主簿，遂举孝廉，辟太尉府，举高第。

顺帝末，为侍御史。时所遣八使光禄大夫杜乔、周举等，多所纠奏，而大将军梁冀及诸宦官互为请救，事皆被寝遏。暠自以职主刺举，志案奸违，乃复劾诸为八使所举蜀郡太守刘宣等罪恶章露，岁，师从王畅学习。直言规劝说：“奢侈不僭越上级，俭朴不逼迫下属，遵循正道、行使礼法，珍贵的是在可不可以之间。蘧伯玉以独自是君子而感到可耻。府君您不谋求孔圣人明确的训诫，反而仰慕叔夷、伯齐那微不足道的操行。难道是因为自己高洁就想比世人高贵吗？”王畅说：“昔日公仪休在鲁国担任国相，拔掉园中葵菜，驱赶织布的妻子；孙叔敖担任楚相，他的儿子被着毛皮砍柴。很少有因为俭朴而犯错的。听说了伯夷的高风亮节，贪污的人会变得廉洁，怯懦的人会立下壮志。我虽然缺乏德行，却仰慕古人遗留的风操。”

后来王畅被征召为长乐卫尉。建宁元年（168），升迁司空，过了几个月，因为水灾而被免官。第二年，王畅在家里去世。

儿子名叫王谦，担任大将军何进的长史。王谦的儿子名叫王粲，以文才出名。

种暠，字景伯，河南郡洛阳县人，是仲山甫的后代。父亲担任定陶令，有财产三千万。父亲去世，种暠把这笔钱悉数用在赈济宗族和抚恤县里的贫人。那些追求名利的人，种暠都不和他们交往。起初种暠担任县门下吏。当时河南尹田歆的外甥王谌，因为善于鉴察人的品行才能而出名。田歆对王谌说：“如今要举荐六名孝廉，我却收到了不少本姓亲族的命令，又不应当相违背，我打算自己用一位名士来报效国家，你帮我寻找一下。”第二天，王谌在大阳郭送别客人，远远地看见了种暠，认为他品行不凡。回去后告诉田歆说：“我为您寻得一位孝廉，就是附近的洛阳门下吏啊。”田歆笑着说：“应当在隐居山泽不出仕的人中挑选，怎么选出一名洛阳吏啊？”王谌说：“山泽中不一定有能人异人，能人异人也不一定隐居在山泽中。”田歆立即在前庭召见种暠，辩难诘问他本职工作。种暠回答地很有条理，田歆十分赏识他，征召他为代理主簿，还举荐他为孝廉，其后他被征召进入太尉府任职，经过考核、成绩优异。

顺帝末年，担任侍御史。当时所派遣的八使者光禄大夫杜乔、周举等人，大多都被察举弹劾，而大将军梁冀和宦官们互相包庇说情，所检举的事情都搁置了。种暠自认为他的职责就是检举奸恶，志宜伏欧刀。又奏请敕四府条举近臣父兄及知亲为刺史、二千石尤残秽不胜任者，免遣案罪。帝乃从之。擢暠监太子于承光宫。中常侍高梵从中单驾出迎太子，时太傅杜乔等疑不欲从，惶惑不知所为。暠乃手剑当车，曰："太子国之储副，人命所系。今常侍来无诏信，何以知非奸邪？今日有死而已。"梵辞屈，不敢对，驰命奏之。诏报，太子乃得去。乔退而叹息，愧暠临事不惑。帝亦嘉其持重，称善者良久。

出为益州刺史。暠素慷慨，好立功立事。在职三年，宣恩远夷，开晓殊俗，岷山杂落皆怀服汉德。其白狼、槃木、唐菆、邛、僰诸国，自前刺史朱辅卒后遂绝；暠至，乃复举种向化。时永昌太守冶铸黄金为文蛇，以献梁冀，暠纠发逮捕，驰传上言，而二府畏懦，不敢案之，冀由是衔怒于暠。会巴郡人服直聚党数百人，自称"天王"，暠与太守应承讨捕，不克，吏人多被伤害。冀因此陷之，传逮暠、承。太尉李固上疏救曰："臣伏闻讨捕所伤，本非暠、承之意，实由县吏惧法畏罪，迫逐深苦，致此不详。比盗贼群起，处处未绝。暠、承以首举大奸，而相随受罪，臣恐沮伤州县纠发之意，更共饰匿，莫复尽心。"梁太后省奏，乃赦暠、承罪，免官而已。

后凉州羌动，以暠为凉州刺史，甚得百姓欢心。被征当迁，吏人诣阙请留之，太后叹曰："未闻刺史得人心若是。"乃许之。暠复在查办奸恶之人，就再次弹劾那些被八使者所检举揭发了蜀郡太守刘宣等人的罪恶，应当伏法处死。又奏请下令四府列举近臣的父兄和亲友担任的刺史、郡守之中特别邪恶污秽的、不能胜任的，免除官职、遣送回乡、直接治罪。顺帝听从了他的意见。拔擢种暠在承光官中教导太子。中常侍高梵从宫中单车迎接太子，当时的太傅杜乔等人心有疑虑不打算听他的，在惶恐疑惑不知道怎么办的时候。种暠手持利剑挡在车前，说："太子是国家的储君，和百姓命运相连。如今常侍前来没有诏书为信，怎么知道你不是奸邪之人？今天只有宁死不从了。"高梵理屈辞穷，不敢应对，连忙奔走上奏顺帝。诏书下达，太子才得以离去。杜乔回去后叹息，对种暠遇事当机立断而感到惭愧。顺帝也嘉奖种暠处事谨慎稳重，称赞了他很长时间。

种暠出京担任益州刺史。种暠向来慷慨，喜好建立功勋和事业。在职三年，向偏远的少数民族宣扬国家的恩德，开导风俗不同的地方，在岷山杂居的村落都在内心顺服汉朝的恩泽。其中的白狼、槃木、唐菆、邛、僰诸国，自从前刺史朱辅去世后就和汉朝断绝来往；种暠到任后，又都向种暠归化。当时永昌太守冶铸成黄金文蛇，进献给了梁冀，种暠检举揭发并且逮捕了永昌太守，用驿站快马上报给朝廷，而二府胆怯软弱，不敢查办此案，梁冀因此对种暠怀恨在心。恰逢巴郡人服直聚集党众数百人，自称是"天王"，种暠和太守应承前去搜捕，没有克敌制胜，却使不少吏人都受伤了。梁冀借此来陷害他们，传令逮捕种暠、应承。太尉李固上书解救说："臣听说前去搜捕的吏人大多受伤，并非是种暠、应承的本意，实在是因为县吏害怕律法、畏惧犯罪，强行驱逐，百姓深受其苦，导致此番事件。最近盗贼四起，各处都没有解决。种暠、应承只因第一个检举揭发大奸大恶之人，接着就受到责罚，臣恐怕会挫伤州县检举揭发的积极性，以后只会共同掩饰隐匿，不再尽心尽力报效国家了。"梁太后看完奏书，就赦免了种暠、应承的罪过，只是罢免了他们的官职而已。

之后凉州羌人动乱，朝廷任命种暠为凉州刺史，很得百姓欢心。种暠被征召应当升迁，吏人赶赴朝廷请求让种暠留下。太后感叹说："从来没有听说过刺史能这样得到百姓的欢心。"就批准了吏人留一年，迁汉阳太守，戎夷男女送至汉阳界，暠与相揖谢，千里不得乘车。及到郡，化行羌胡，禁止侵掠。迁使匈奴中郎将。时辽东乌桓反叛，复转辽东太守，乌桓望风率服，迎拜于界上。坐事免归。

后司隶校尉举暠贤良方正，不应。征拜议郎，迁南郡太守，入为尚书。会匈奴寇并凉二州，桓帝擢暠为度辽将军。暠到营所，先宣恩信，诱降诸胡，其有不服，然后加讨。羌虏先时有生见获质于郡县者，悉遣还之。诚心怀抚，信赏分明，由是羌胡、龟兹、莎车、乌孙等皆来顺服。暠乃去烽燧，除候望，边方晏然无警。

入为大司农。延熹四年，迁司徒。推达名臣桥玄、皇甫规等，为称职相。在位三年，年六十一薨。并、凉边人咸为发哀。匈奴闻暠卒，举国伤惜。单于每入朝贺，望见坟墓，辄哭泣祭祀。二子：岱，拂。

岱字公祖。好学养志。举孝廉、茂才，辟公府，皆不就。公车特征，病卒。

初，岱与李固子燮同征议郎，燮闻岱卒，痛惜甚，乃上书求加礼于岱。曰："臣闻仁义兴则道德昌，道德昌则政化明，政化明而万姓宁。伏见故处士种岱，淳和达理，耽悦《诗》《书》，富贵不能回其虑，万物不能扰其心。禀命不永，奄然殂殒。若不槃桓难进，等辈皆已公卿矣。昔先贤既没，有加赠之典，《周礼》盛德，有铭诔之文，而岱生无印绶之荣，卒无官谥之号。虽未建忠效用，而为圣恩所拔，遐迩具瞻，宜有异赏。"朝廷竟不能从。

的请求。种暠又留在凉州一年，之后升迁为汉阳太守，戎夷的男女送他来到汉阳地界中，种暠和他们互相作揖致谢，路途千里没有乘车。等到种暠上任汉阳郡，对羌胡施行教化，禁止他们侵反掠夺。之后种暠升迁为使匈奴中郎将。当时辽东的乌桓反叛，又被调任为辽东太守，乌桓听到风声就前来归服，在边界迎见参拜种暠。之后因事获罪遭到罢免遣返。

之后司隶校尉举荐种暠为贤良方正，他没有前往。征召官拜议郎，升迁为南郡太守，入京担任尚书。恰逢匈奴侵犯并州、凉州，桓帝拔擢种暠为度辽将军。种暠来到军营，首先宣布朝廷的恩德信义，引诱胡人们投降，其中有不服从的，然后再加以讨伐。羌人俘虏之前有被生擒关押在郡县中的，悉数遣返。诚心安抚，赏罚分明，因此羌胡、龟兹、莎车、乌孙等都前来顺服。种暠于是去除烽燧信号，撤除候望哨所，边境安然无事。

后进京担任大司农。延熹四年（161），种暠升迁为司徒。推举的名臣桥玄、皇甫规等人，都是称职的宰相。在职三年，六十一岁时去世。并州、凉州的边民都为他举行哀悼仪式。匈奴听说种暠去世，全国哀伤。单于每次朝觐庆贺，望见种暠的坟墓，总是哭泣祭祀。种暠有两个儿子：种岱、种拂。

种岱，字公祖。喜爱学习、隐居保志。被举荐为孝廉、茂才，公府征召，都不前往。公车特地征召，他因病去世了。

起初，种岱和李固的儿子李燮同时被征召为议郎，李燮听说种岱去世，十分沉痛惋惜，就上书请求给种岱加以礼遇。说："臣听说仁义兴旺就导致道德昌盛，道德昌盛就导致政治教化圣明，政治教化圣明就导致百姓安宁。已故的处士种岱，质朴温和、通达事理，十分喜爱《诗经》《尚书》，富贵不能屈从他的志向，万物不能扰乱他的心意。只可惜寿命不长，忽然去世。如果不是徘徊难进，他们这类人都已经是公卿了。昔日贤人去世，有加赠的典制，《周礼》说品德高尚的人逝世，有记述其经历和功德的文章，而种岱生前没有授予印绶的荣耀，去世后也没有官谥的称号。虽然没有为国效忠、建立功勋，但是他受到皇帝的恩宠、提拔，被远近所瞻望，应当受到赞赏称拂字颖伯。初为司隶从事，拜宛令。时南阳郡吏好因休沐，游戏市里，为百姓所患。拂出逢之，必下车公谒，以愧其心，自是莫敢出者。政有能名，累迁光禄大夫。初平元年，代荀爽为司空。明年，以地震策免，复为太常。

李傕、郭汜之乱，长安城溃，百官多避兵冲。拂挥剑而出曰："为国大臣，不能止戈除暴，致使凶贼兵刃向宫，去欲何之！"遂战而死。子劭。

劭字申甫。少知名。中平末，为谏议大夫。

大将军何进将诛宦官，召并州牧董卓，至渑池，而进意更狐疑，遣劭宣诏止之。卓不受，遂前至河南。劭迎劳之，因譬令还军。卓疑有变，使其军士以兵胁劭。劭怒，称诏大呼叱之，军士皆披，遂前质责卓。卓辞屈，乃还军夕阳亭。

及进败，献帝即位，拜劭为侍中。卓既擅权，而恶劭强力，遂左转议郎，出为益凉二州刺史。会父拂战死，竟不之职。服终，征为少府、大鸿胪，皆辞不受。曰："昔我先父以身徇国，吾为臣子，不能除残复怨，何面目朝觐明主哉！"遂与马腾、韩遂及左中郎刘范、谏议大夫马宇共攻李傕、郭汜，以报其仇。与汜战于长平观下，军败，劭等皆死。腾遂还凉州。

陈球字伯真，下邳淮浦人也。历世著名。父亹，广汉太守。球少涉儒学，善律令。阳嘉中，举孝廉，稍迁繁阳令。时魏郡太守讽县求纳货贿，球不与之，太守怒而挝督邮，欲令逐球。督邮不肯，曰：

异。”朝廷最终没有听从。

种拂，字颖伯。起初为司隶从事，官拜宛令。当时南阳郡吏喜好在休假时，在街市中游戏，成为百姓的祸患。种拂每次出行遇到他们，必定会下车在百姓面前谒见，使他们心中感到羞愧。从此之后没有敢出来的官吏了。执政期间有能干的好名声，多次升迁到光禄大夫。初平元年(190)，种拂代替荀爽担任司空。第二年，因为地震受到罢免，又担任太常。

李傕、郭汜作乱，长安城被攻破，百官大多为了躲避敌军的冲击而四散，种拂挥剑挺身而出说：“作为国家的大臣，不能平息干戈、消灭残暴势力，导致凶贼手持兵刃冲向皇宫，还想逃到哪里去！”于是在战斗中去世，儿子名叫种劭。

种劭，字申甫。年少时就很有出名。中平末年，担任谏议大夫。

大将军何进打算诛杀宦官，征召并州牧董卓，董卓来到渑池，何进心中逐渐疑惑，派遣种劭前去宣读诏书阻止董卓进京。董卓不听从，接着前进到达河南。种劭前去迎接慰劳他们，因为下令让董卓退军。董卓怀疑事情有变，命令他的军士用兵器来威胁种劭。种劭大怒，称自己有诏令并且大声呵斥士兵，军士都四散开来，种劭就上前质问责备董卓。董卓理屈辞穷，只能退军到夕阳亭。

等到何进诛杀宦官失败，献帝即位，种劭官拜侍中。董卓独揽大权，并且厌恶种劭强大有力，就贬黜他为议郎，出京担任益州、凉州的刺史。恰逢父亲种拂战死，就没去任职，种劭守丧期满后，被征召为少府、大鸿胪，都推辞不接受。说：“昔日我先父以身徇国，我身为臣子，不能驱除凶残的敌寇来为国报仇，又有什么面目朝见明主啊！”就和马腾、韩遂以及左中郎刘范、谏议大夫马宇一同攻打李傕、郭汜，来报杀父之仇。和郭汜在长平观下交战，战败，种劭等人全都战死。马腾于是返回凉州去了。

陈球，字伯真，下邳郡淮浦县人。几代都很出名。父亲陈亹，担任广汉太守。陈球年少时涉足儒学，熟悉法律条令。阳嘉年间，被举荐为孝廉，不久后升迁繁阳令。当时魏郡太守向县里暗示索要贿赂，陈球不理他，太守大怒并且鞭打督邮，打算让他驱逐陈球。督邮不

"魏郡十五城，独繁阳有异政，今受命逐之，将致议于天下矣。"太守乃止。

复辟公府，举高第，拜侍御史。是时，桂阳黠贼李研等群聚寇钞，陆梁荆部，州郡懦弱，不能禁，太尉杨秉表球为零陵太守。球到，设方略，期月间，贼虏消散。而州兵朱盖等反，与桂阳贼胡兰数万人转攻零陵。零陵下湿，编木为城，不可守备，郡中惶恐。掾史白遣家避难，球怒曰："太守分国虎符，受任一邦，岂顾妻孥而沮国威重乎？复言者斩！"乃悉内吏人老弱，与共城守，弦大木为弓，羽矛为矢，引机发之，远射千余步，多所杀伤。贼复激流灌城，球辄于内因地势反决水淹贼。相拒十余日，不能下。会中郎将度尚将救兵至，球募士卒，与尚共破斩朱盖等。赐钱五十万，拜子一人为郎。迁魏郡太守。

征拜将作大匠，作桓帝陵园，所省巨万以上。迁南阳太守，以纠举豪右，为势家所谤，征诣廷尉抵罪。会赦，归家。

征拜廷尉。熹平元年，窦太后崩。太后本迁南宫云台，宦者积怨窦氏，遂以衣车载后尸，置城南市舍数日。中常侍曹节、王甫欲用贵人礼殡，帝曰："太后亲立朕躬，统承大业。《诗》云：'无德不报，无言不酬。'岂宜以贵人终乎？"于是发丧成礼。及将葬，节等复欲别葬太后，而以冯贵人配祔。诏公卿大会朝堂，令中常侍赵忠监议。太尉李咸时病，乃扶舆而起，捣椒自随，谓妻子曰："若皇太后不得配食桓帝，吾不生还矣。"既议，坐者数百人，各瞻望中官，良久莫肯先言。赵忠曰："议当时定。"怪公卿以下各相顾望。球曰："皇太后以盛德良家，母临天下，宜配先帝，是无所疑。"忠笑而言肯，说：“魏郡有十五城，唯独繁阳的政绩优异，如今我接受你的命令驱逐陈球，将会引起天下百姓的议论。”太守这才打消了想法。

之后陈球又被公府征召，经过考核，成绩优秀，官拜御史。当时，桂阳中的狡猾贼寇李研等人聚集党羽四处劫掠，在荆部横行无忌，州郡软弱，无法禁止，太尉杨秉上书举荐陈球担任零陵太守。陈球到任后，制定计划，一个月之间，贼虏被陈球消灭四散。而州兵朱盖等人却反叛，和桂阳贼寇胡兰的几万人一同调转方向攻击零陵。零陵地势较低很潮湿，用排木作为城墙，难以防守，郡中百姓惊慌恐惧。掾史告诉陈球应当遣散家人前去避难，陈球大怒说：“太守分到了国家的虎符，接受委任负责治理一邦，岂能只顾妻子和子女而大肆败坏国家的名声威望吗？再有说这话的一律杀头！”于是他集合零陵中所有的吏人和老弱百姓，共同守城，给巨木绑上弦作为弓，给长矛粘上羽毛作为箭，使用机括发射，可以射到一千多步之远，杀伤不少贼寇。贼寇又阻遏水流使其腾涌灌城，陈球就利用城内地势反过来开闸放水淹贼。相持了十多天，贼寇无法攻下。恰逢中郎将度尚率领援兵赶到，陈球招募士卒，和度尚一同击败了贼寇、斩杀了朱盖。朝廷赏赐他钱五十万，授予陈球儿子中的一人为郎。升迁为魏郡太守。

后被征召官拜将作大匠，负责修建桓帝陵墓，节省的花费数以万计。升迁为南阳太守，因检举揭发世家大族，遭到有势力的人家诽谤，征召前去廷尉那里抵偿罪过。恰逢大赦，陈球就回到了家乡。

之后朝廷征召陈球担任廷尉。熹平元年（172），窦太后驾崩。太后原本迁居至南宫云台，宦官对窦氏的怨恨长期积累，就用贵族妇女常坐的衣车载着太后的尸体，放置在城南街市的屋子里好几天。中常侍曹节、王甫打算按照贵人之礼安葬，皇帝说：“太后亲自册立朕为皇帝，继承大业。《诗经》说：‘没有恩德不回报，没有出言不应答。’难道太后应当用贵人之礼安葬吗？”于是按照太后之礼发丧。等到下葬时，曹节等人又打算把太后安葬在别处，并且作为冯贵人的配享。皇帝下诏召集公卿在朝堂举行大会，命中常侍赵忠审议。太尉李咸当时正在病中，搀扶着起身，捣好毒椒随身携带，对妻子和儿曰："陈廷尉宜便操笔。"球即下议曰："皇太后自在椒房，有聪明母仪之德。遭时不造，援立圣明，承继宗庙，功烈至重。先帝晏驾，因遇大狱，迁居空宫，不幸早世，家虽获罪，事非太后。今若别葬，诚失天下之望。且冯贵人冢墓被发，骸骨暴露，与贼并尸，魂灵污染，且无功于国，何宜上配至尊？"忠省球议，作色俯仰，蚩球曰："陈廷尉建此议甚健！"球曰："陈、窦既冤，皇太后无故幽闭，臣常痛心，天下愤叹。今日言之，退而受罪，宿昔之愿。"公卿以下，皆从球议。李咸始不敢先发，见球辞正，然后大言曰："臣本谓宜尔，诚与臣意合。"会者皆为之愧。曹节、王甫复争，以为梁后家犯恶逆，别葬懿陵，武帝黜废卫后，而以李夫人配食。今窦氏罪深，岂得合葬先帝乎？李咸乃诣阙上疏曰："臣伏惟章德窦后虐害恭怀，安思阎后家犯恶逆，而和帝无异葬之议，顺朝无贬降之文。至于卫后，孝武皇帝身所废弃，不可以为比。今长乐太后尊号在身，亲尝称制，坤育天下，且援立圣明，光隆皇祚。太后以陛下为子，陛下岂得不以太后为母？子无黜母，臣无贬君，宜合葬宣陵，一如旧制。"帝省奏，谓曹节等曰："窦氏虽为不道，而太后有德于朕，不宜降黜。"节等无复言，于是议者乃定。咸字元贞，汝南人。累经州郡，以廉干知名；在朝清忠，权倖惮之。

子说："如果皇太后不能配享桓帝，我就不活着回来了。"商议的时候，在坐的有几百人，各自远远看着宦官，过了良久也没有一个人敢先开口。赵忠说："此会应当立刻做出决定。"责怪公卿以下互相对视、都不说话。陈球说："皇太后品德高尚、出身良家，母仪天下，应当配享先帝，这是毫无疑问的。"赵忠笑着说："陈廷尉应当拿起笔写出理由。"陈球就写下意见说："皇太后自从进入后宫，既冰雪聪明又有作为母亲的仪范。所遭遇的时势不幸，扶立皇帝，继承宗庙，功勋业绩最为重大。先帝驾崩，因此又遇上大兴监狱，迁居深宫，不幸早死，家族窦氏虽然获罪，事情并不是太后所做的。如今要是别葬他处，实在会让天下百姓失望。并且冯贵人的冢墓还被盗发，尸骨暴露，和贼寇尸体并列，灵魂也遭到污染，并且对国家没有功绩，哪里能够配得上至尊之躯？"赵忠看了陈球的意见，俯仰之间神色变得严肃，讥笑陈球说："陈廷尉的建议十分勇猛啊！"陈球说："陈番、窦武已经蒙受冤曲，皇太后无缘无故遭到禁闭，臣时常痛心，天下百姓无不感叹激愤。今天臣所说的这些，如果之后会加罪于臣，这也是臣长久以来的心愿。"公卿以下，都附议陈球的建见。李咸起初不敢先说话，听到陈球义正辞严的建议后，也大声地说："臣也认为本当如此，陈球说的实在是合我心意。"与会的人都为他感到惭愧。曹节、王甫再次争辩，认为梁后的家族犯下的罪罪恶悖逆，另外葬在懿陵，武帝废黜卫后，以李夫人为配享。如今窦氏罪孽深重，难道可以和先帝同葬吗？李咸就到朝廷前上书说："臣回想起章德窦后虐待残害恭怀，安思阎后家中犯下的罪邪恶悖逆，但和帝没有另外安葬的意思，顺帝朝也没有贬降的记录。至于卫后，是孝武皇帝亲自废弃，不可以此相比。如今长乐太后尊号在身，又曾经亲身临朝当政，母德像大地培育万物一样，况且册立当今皇帝，光辉隆盛汉室帝统。太后把皇帝当成儿子，皇帝难道不认为太后是母亲吗？儿子不能废黜母亲，臣子不能贬谪皇帝，应当合葬宣陵，就像旧制规定的那样。"皇帝看了奏章，对曹节等人说："窦氏虽然无道，但太后对我有恩德，不应当贬退废黜。"曹节等人没有再多说，因此所商议的结果就确定下来。李咸，字元贞，汝南人。多次在州郡中任职，以廉洁干练而著名；在朝时六年，迁球司空，以地震免。拜光禄大夫，复为廷尉、太常。光和元年，迁太尉，数月，以日食免。复拜光禄大夫。明年，为永乐少府，乃潜与司徒河间刘郃谋诛宦官。

初，郃兄侍中儵，与大将军窦武同谋俱死，故郃与球相结。事未及发，球复以书劝郃曰："公出自宗室，位登台鼎，天下瞻望，社稷镇卫，岂得雷同容容无违而已？今曹节等放纵为害，而久在左右，又公兄侍中受害节等，永乐太后所亲知也。今可表徙卫尉阳球为司隶校尉，以次收节等诛之。政出圣主，天下太平，可翘足而待也。"又尚书刘纳以正直忤宦官，出为步兵校尉，亦深劝于郃。郃曰："凶竖多耳目，恐事未会，先受其祸。"纳曰："公为国栋梁，倾危不持，焉用彼相邪？"郃许诺，亦结谋阳球。

球小妻，程璜之女，璜用事宫中，所谓程大人也。节等颇得闻知，乃重赂于璜，且胁之。璜惧迫，以球谋告节，节因共白帝曰："郃等常与藩国交通，有恶意。数称永乐声势，受取狼籍。步兵校尉刘纳及永乐少府陈球、卫尉阳球交通书疏，谋议不轨。"帝大怒，策免郃，郃与球及刘纳、阳球皆下狱死。球时年六十二。

子瑀，吴郡太守；瑀弟琮，汝阴太守；弟子珪，沛相；珪子登，广陵太守：并知名。

赞曰：安储遭谮，张卿有请。龚纠便佞，以直为眚。二子过正，埋车堙井。种公自微，临官以威。陈球专议，桓思同归。

清正忠诚，权贵和受宠的近臣都很忌惮他。

熹平六年（177），陈球升迁为司空，因发生地震而遭到罢免。官拜光禄大夫，再次担任廷尉、太常。光和元年（178），升迁为太尉，数月之后，因为日食而遭到罢免。又官拜光禄大夫。第二年，担任永乐少府，就在暗中和司徒河间刘郃谋划诛杀宦官。

起初，刘郃的哥哥侍中刘儵，和大将军窦武同谋诛杀宦官却都被杀死，所以刘郃和陈球互相结交。事情尚未开始的时候，陈球就又写信劝谏刘郃说："您出自宗室，位列三公，天下百姓敬仰还寄以厚望，负责镇守捍卫社稷，怎能随声附和也绝对不背离呢？如今曹节等人放任纵容、为害国家，而一直在您的左右，又有您的哥哥侍中刘儵被曹节等人所害，这是永乐太后所亲自知晓的。如今可以上表调任卫尉阳球担任司隶校尉，逐步收捕曹节等人并诛杀他们。如此皇帝便能亲自掌权，天下太平，可以跷足以待了。"又有尚书刘纳因为公正刚直忤逆了宦官，出京调任为步兵校尉，也极力劝谏刘郃。刘郃说："凶险的宦官向来耳目很多，恐怕事情尚未开售，就要先受到他们的祸害。"刘纳说："您是国家的栋梁，国家将要倾覆您却不出面支持，那还用您干什么呢？"刘郃答应了，也和阳球结交同谋。

陈球的小妾，是程璜的女儿，程璜在宫中任职，被称之为程大人。曹节等人听说了刘郃他们的谋划，就用重金收买了程璜，并且威胁他。程璜感到害怕并且被逼无奈，把陈球的谋划都告诉了曹节，曹节因此把情况都告诉了皇帝说："刘郃等人经常和藩国来往，居心不良。多次声称是永乐太后的势力，收受了不少贿赂。步兵校尉刘纳以及永乐少府陈球、卫尉阳球也有书信往来，图谋不轨。"皇帝大怒，策书免去刘郃的司徒一职，刘郃和陈球、刘纳、阳球都被关入监牢中去世。陈球时年六十二岁。

陈球的儿子陈瑀，担任吴郡太守；陈瑀的弟弟陈琮，担任汝阴太守；弟弟的儿子陈珪，担任沛相；陈珪的儿子陈登，担任广陵太守。

赞辞说：安帝为储遭僭越，张卿请命相抗争。王龚纠察奸佞人，因为正直而获罪。二人都矫枉过正，埋下车轮堵上井。种公的出身低微，做官后执法严明。陈球专门提建议，使得桓思合葬一处。

卷八十七

杜栾刘李刘谢列传第四十七

杜根字伯坚，颍川定陵人也。父安，字伯夷，少有志节，年十三入太学，号奇童。京师贵戚慕其名，或遗之书，安不发，悉壁藏之。及后捕案贵戚宾客，安开壁出书，印封如故，竟不离其患，时人贵之。位至巴郡太守，政甚有声。

根性方实，好绞直。永初元年，举孝廉，为郎中。时和熹邓后临朝，权在外戚。根以安帝年长，宜亲政事，乃与同时郎上书直谏。太后大怒，收执根等，令盛以缣囊，于殿上扑杀之。执法者以根知名，私语行事人使不加力，既而载出城外，根得苏。太后使人检视，根遂诈死，三日，目中生蛆，因得逃窜，为宜城山中酒家保。积十五年，酒家知其贤，厚敬待之。

及邓氏诛，左右皆言根等之忠。帝谓根已死，乃下诏布告天下，录其子孙。根方归乡里，征诣公车，拜侍御史。

初，平原郡吏成翊世亦谏太后归政，坐抵罪，与根俱征，擢为尚书郎，并见纳用。或问根曰："往者遇祸，天下同义，知故不少，何至自苦如此？"根曰："周旋民间，非绝迹之处，邂逅发露，祸及知亲，故不为也。"顺帝时，稍迁济阴太守。去官还家，年七十八卒。

杜根，字伯坚，颍川郡定陵县人。父亲杜安，字伯夷，杜安在年少时志向远大，保持操守，十三岁进入太学，人们称之为奇童。京师的达官显贵都仰慕杜安的盛名，有人给他写信，杜安并未拆阅，而是将所有的信件都收藏在夹墙中。后来这些达官显贵及其宾客因某罪被拘捕调查，杜安打开夹墙，拿出书信，印封如故，使自己最终免于灾祸，当时的人都十分敬重杜安。后来杜安位至巴郡太守，政绩卓越。

杜根生性方正诚实，行事急躁而率直。永初元年（107），杜根被举为孝廉，担任郎中。当时和熹邓太后临朝称制，外戚掌权。杜根认为安帝已经长大，应当亲理政事，于是杜根便与其他郎中同时上书直谏。太后大怒，将杜根等人收捕，下令将他们装进缣帛袋子，在殿上直接击杀。执法者因杜根声名远扬，秘密告诉打刑的人不要太用力，之后几人被车子拉出城外，杜根得以苏醒。太后派人前去检查，杜根就诈死，过了三日，眼中生蛆，因此杜根才能死里逃生，杜根在宜城县山中的一家酒馆里做酒保。共十五年，酒家知晓杜根是位贤者，因此厚待敬重杜根。

后来邓氏被诛，安帝左右大臣都进言，说杜根等人尽忠为国。安帝以为杜根已死，就下诏布告天下，招录任用他的子孙。杜根听闻诏书这才回到乡里，后来杜根受召前往公车署，拜任侍御史。

起初，平原郡吏成翊世也劝谏邓太后归政于安帝，因此获罪，后来与杜根一同受到征召，被提拔为尚书郎，两人都得到了任用。有人问杜根说：“此前遭遇祸事，天下人都钦佩你的忠义，你的旧交好友不少，何必要自苦至此呢？”杜根说：“我辗转于民间，并没有生活在绝无人烟之处，不可能没有踪迹，若偶然间被人认出，则会祸及亲人故旧，因此我没有这样做。”顺帝时，杜根逐渐升任济阴太守。后翊世字季明，少好学，深明道术。延光中，中常侍樊丰、帝乳母王圣共谮皇太子，废为济阴王。翊世连上书讼之，又言樊丰、王圣诬罔之状。帝既不从，而丰等陷以重罪，下狱当死，有诏免官归本郡。及济阴王立，是为顺帝，司空张皓辟之。皓以翊世前讼太子之废，荐为议郎。翊世自以其功不显，耻于受位，自劾归。三公比辟，不应。尚书仆射虞诩雅重之，欲引与共参朝政，乃上书荐之，征拜议郎。后尚书令左雄、仆射郭虔复举为尚书。在朝正色，百僚敬之。

栾巴字叔元，魏郡内黄人也。好道。顺帝世，以宦者给事掖庭，补黄门令，非其好也。性质直，学览经典，虽在中官，不与诸常侍交接。后阳气通畅，白上乞退，擢拜郎中，四迁桂杨太守。以郡处南垂，不闲典训，为史人定婚姻丧纪之礼，兴立校学，以奖进之。虽干吏卑末，皆课令习读，程试殿最，随能升授。政事明察。视事七年，以病乞骸骨。

荆州刺史李固荐巴治迹，征拜议郎，守光禄大夫，与杜乔、周举等八人徇行州郡。

巴使徐州还，再迁豫章太守。郡土多山川鬼怪，小人常破赀产以祈祷。巴素有道术，能役鬼神，乃悉毁坏房祀，翦理奸巫，于是妖异自消。百姓始颇为惧，终皆安之。迁沛相。所在有绩，征拜尚书。会帝崩，营起宪陵。陵左右或有小人坟冢，主者欲有所侵毁，巴连上书苦谏。时梁太后临朝，诏诘巴曰：“大行皇帝晏驾有日，卜择陵来辞官归家，七十八岁去世。

成翊世，字季明，年少好学，通晓道术。延光年间，中常侍樊丰、安帝乳母王圣共同谗毁皇太子，皇太子被废为济阴王。成翊世接连上书为皇太子申辩，又奏言樊丰、王圣诬陷皇太子，欺瞒皇上。安帝不听成翊世的谏言，樊丰等人陷害成翊世，以至于成翊世被判处重罪，下狱当死，安帝下诏将成翊世免官，遣归本郡。等到济阴王即位，是为顺帝，司空张皓征召成翊世。张皓以成翊世此前为太子被废之事上书申辩，举荐成翊世担任议郎。成翊世认为自己并未立下汗马功劳，接受职位感到羞愧，便自行检举，返归家中。三公接连征诏，成翊世都没有应召。尚书仆射虞翊十分敬重成翊世，打算召其共参朝政，于是上书举荐成翊世，顺帝征拜其为议郎。后来尚书令左雄、仆射郭虔再次举荐成翊世担任尚书。成翊世在朝廷不苟言笑，百官都敬重他。

栾巴，字叔元，魏郡内黄县人。爱好道术。顺帝时，栾巴以宦官的身份供职掖庭，后来补任黄门令，但这并非他所好。栾巴性情纯朴正直，博览经典，虽然身处宫内，但不与其他常侍结交。后来阳气通畅，身体恢复原形，便向顺帝禀奏，请求辞官，顺帝提拔栾巴，拜任郎中，经过四次升迁担任桂阳太守。因桂阳郡地处南方边陲，不熟习经典礼法，于是栾巴为当地官吏百姓治定婚姻丧纪之礼，兴建学校，鼓励学习。即便是地位低下的官吏，栾巴都会督促他们学习，依照程序考核，确定名次，根据各人的能力升官授职。栾巴明察政务。在职七年，因病奏请辞官。

荆州刺史李固举荐栾巴政绩显著，朝廷征拜栾巴为议郎，代任光禄大夫，与杜乔、周举等八人巡行州郡。

栾巴出使徐州返回后，迁任豫章太守。豫章郡多有山川鬼怪，郡中百姓常常要耗费巨资来祈祷。栾巴素来知晓道术，能役使鬼神，于是栾巴将祈祷祭祀的庙宇祠堂全部拆毁，将那些心怀不轨的巫师尽数铲除，自此郡中的妖异自然消失。百姓一开始颇感恐惧，最终也都逐渐安下心来。后来栾巴迁任沛国国相。栾巴所到之处，政绩卓越，之后顺帝又征拜栾巴为尚书。恰逢顺帝驾崩，要修筑宪陵。在宪陵周园，务从省约，茔域所极，裁二十顷，而巴虚言主者坏人冢墓。事既非实，寝不报下，巴犹固遂其愚，复上诽谤。苟肆狂瞽，益不可长。”巴坐下狱，抵罪，禁锢还家。

二十余年，灵帝即位，大将军窦武、太傅陈蕃辅政，征拜议郎。蕃、武被诛，巴以其党，复谪为永昌太守。以功自劾，辞病不行，上书极谏，理陈、窦之冤。帝怒，下诏切责，收付廷尉。巴自杀。子贺，官至云中太守。

刘陶字子奇，一名伟，颍川颍阴人，济北贞王勃之后。陶为人居简，不修小节。所与交友，必也同志。好尚或殊，富贵不求合；情趣苟同，贫贱不易意。同宗刘恺，以雅德知名，独深器陶。

时大将军梁冀专朝，而桓帝无子，连岁荒饥，灾异数见。陶时游太学，乃上疏陈事曰：

臣闻人非天地无以为生，天地非人无以为灵，是故帝非人不立，人非帝不宁。夫天之与帝，帝之与人，犹头之与足，相须而行也。伏惟陛下年隆德茂，中天称号，袭常存之庆，循不易之制，目不视鸣条之事，耳不闻檀车之声，天灾不有痛于肌肤，震食不即损于圣体，故蔑三光之谬，轻上天之怒。伏念高祖之起，始自布衣，拾暴秦之敝，追亡周之鹿，合散扶伤，克成帝业。功既显矣，勤亦至矣。流福遗祚，至于陛下。陛下既不能增明烈考之轨，而忽高祖之勤，妄假利器，委授国柄，使群丑刑隶，芟刈小民，彫敝诸夏，虐流远近，故天降众异，以戒陛下。陛下不悟，而竟令虎豹窟于麑场，豺围，有些地方是百姓的坟墓，主管的官员想将这些坟墓全部摧毁，栾巴连连上书苦心劝谏。当时梁太后临朝称制，下诏诘问栾巴说：“大行皇帝驾崩有些时日了，通过占卜选择陵园，务求减省，陵园所占的地方，才二十顷，而栾巴却妄言主管官员坏人冢墓。既然不是事实，便予以搁置，没有批复，栾巴却依旧坚持自己的愚见，再次上书诽谤。愚妄无知，此风不可长。”栾巴因此获罪下狱，并且禁止栾巴再入朝为官，遣归家中。

二十余年后，灵帝即位，大将军窦武、太傅陈蕃辅政，征拜栾巴为议郎。后来陈蕃、窦武被诛，栾巴因是其同党，所以被贬为永昌太守。栾巴自我检举，称病无法上任，栾巴又上书极力谏言，为陈蕃、窦武伸冤。灵帝大怒，下诏严厉斥责栾巴，并将其收捕交予廷尉。最终栾巴自杀。栾巴的儿子栾贺，官至云中太守。

刘陶，字子奇，一名伟，颍川郡颍阴县人，济北贞王刘勃之后。刘陶为人简单平和，不拘小节。刘陶所交的朋友，必是与自己志同道合的人，嗜好若是不同，就算是富贵之人，刘陶也不会卑己求合；志趣若是相同，就算是贫贱之士，刘陶也不会转变心意。同宗人刘恺，因德行高尚而闻名，他唯独看重刘陶。

当时大将军梁冀专权擅政，而桓帝无子，再者连年饥荒，灾异频发。刘陶当时正游学于太学，于是上书陈事：

臣听闻人没有天地则无法生存，天地没有人则没有灵气。因此帝王没有人民则无法继立帝位，人民没有帝王则无法安定。天之与帝，帝之与人，犹如头之与足一般，是需要相互依存的。臣思虑陛下春秋正盛，圣德昌隆，如日中天，即位称尊，承袭常存之福庆，遵循不变之典制，目不视征战之事，耳不闻兵车之声，天灾不会痛于肌肤，地震、日月食也不会损伤圣体。因此陛下蔑视日月星的异变，轻视上天的愤怒。臣回想高祖，起于布衣，继承暴秦之弊，追逐亡周之鹿，聚散百姓，救死扶伤，最终成就帝业。功绩显著，已经非常辛劳了。福泽流转，传至陛下。陛下既不能宣扬先帝的事迹，又忽视了高祖的艰辛，将威权随便假手于人，国家大权委托于旁人，致使群奸以狼乳于春囿。斯岂唐咨禹、稷，益典朕虞，议物赋土蒸民之意哉？又令牧守长吏，上下交竞；封豕长蛇，蚕食天下；货殖者为穷冤之魂，贫馁者作饥寒之鬼；高门获东观之辜，丰室罗妖叛之罪；死者悲于窀穸，生者戚于朝野：是愚臣所为咨嗟长怀叹息者也。且秦之将亡，正谏者诛，谀进者赏，嘉言结于忠舌，国命出于谗口，擅阎乐于咸阳，授赵高以车府。权去己而不知，威离身而不顾。古今一揆，成败同势。愿陛下远览强秦之倾，近察哀、平之变，得失昭然，祸福可见。

臣又闻危非仁不扶，乱非智不救，故武丁得傅说，以消鼎雉之灾，周宣用申、甫，以济夷、厉之荒。窃见故冀州刺史南阳朱穆，前乌桓校尉臣同郡李膺，皆履正清平，贞高绝俗。穆前在冀州，奉宪操平，摧破奸党，扫清万里。膺历典牧守，正身率下，及掌戎马，威扬朔北。斯实中兴之良佐，国家之柱臣也。宜还本朝，挟辅王室，上齐七燿，下镇万国。臣敢吐不时之义于讳言之朝，犹冰霜见日，必至消灭。臣始悲天下之可悲，今天下亦悲臣之愚惑也。

书奏不省。

时有上书言人以货轻钱薄，故致贫困，宜改铸大钱。事下四府群僚及太学能言之士。陶上议曰：

圣王承天制物，与人行止，建功则众悦其事，兴戎而师乐其旅。是故灵台有子来之人，武旅有凫藻之士，皆举合时宜，动顺人道也。臣伏读铸钱之诏，平轻重之议，访覃幽微，不遗穷贱，是以藿食之人，谬延逮及。

及阉人，残害百姓，荼毒中原，虐流远近。因此天降众异，以此警示陛下。陛下依旧没有醒悟，竟然让虎豹在幼鹿栖息处挖掘洞窟，让豺狼在春囿中繁衍生息，这难道就是效仿唐尧向禹、稷询问得失，益掌管山泽，为百姓谋利之意吗？再者如今的牧守长吏，上下争斗；贪暴之徒，蚕食天下；商贾摊贩沦为穷冤之魂，贫穷饥民终成饥寒之鬼；高门获杀身之祸，富户受妖叛之罪；死者含悲于坟墓，生者忧愁于朝野；这些是愚臣为之长吁短叹的事情。而且秦之将亡时，正言劝谏者被诛，阿谀谄媚者受赏，嘉言止于忠臣之口，大权握于谗人之手。阎乐担任咸阳令，赵高担任车府令，政权旁落而不知，威势离身而不顾，成败之势，可谓古今都是一样的，臣希望陛下远观强秦之倾，近察哀帝、平帝之变，如此则得失明了昭然，祸福清晰可见。

臣又听闻危难非仁者则无法匡扶，乱世非智者则无法救助，所以武丁得到傅说，以消除鼎耳雉登鼎耳之灾，周宣王任用申伯、仲山甫，以解救夷王、厉王施行暴虐之乱。臣见原冀州刺史南阳郡人朱穆，原乌桓校尉与臣同郡的李膺，都是躬行正道，行事清廉，品德高尚，胜过常人。朱穆此前在冀州，奉公执法，剿灭奸党，扫清万里。李膺担任牧守，正身率下，后来治军征战，威扬北方。他们都是中兴之良佐，国家之柱臣。陛下应当征召他们返归朝廷，辅助王室，上齐七曜，普照海内，下镇万国，天下太平。臣敢于在众人顾忌避讳不言的当朝，吐露如此不合时宜的话，犹如冰霜见日，必将被消灭。臣最初只是悲天下之可悲，如今天下也悲臣之愚昧啊！”

奏书呈上之后，被搁置一旁，不予理会。

当时有人上书奏言，说因为货轻钱薄，致使国家贫困，应当改铸大钱。桓帝将这件事交由四府的百官以及太学中的善辨之士商议。刘陶上书论议说：

圣王承奉天道，治理万物，规定百姓的言行举止。建功立业则大众都欣喜追随，兴师起兵则军士都愿意听命。因此兴建灵台，百姓都如子女孝敬父母一般，不召自来，周武王振旅，战士就如野鸭觅得水藻一样，满心喜悦。这些都是因为举措合乎时宜，行动顺从人道。臣拜读铸钱的诏令，评判群臣对于钱币轻重的论议，到民间查访盖以为当今之忧，不在于货，在乎民饥。夫生养之道，先食后民。是以先王观象育物，敬授民时，使男不逋亩，女不下机。故君臣之道行，王路之教通。由是言之，食者乃有国之所宝，生民之至贵也。窃见比年已来，良苗尽于蝗螟之口，杼柚空于公私之求，所急朝夕之餐，所患靡盬之事，岂谓钱货之厚薄，铢两之轻重哉？就使当今沙砾化为南金，瓦石变为和玉，使百姓渴无所饮，饥无所食，虽皇羲之纯德，唐虞之文明，犹不能以保萧墙之内也。盖民可百年无货，不可一朝有饥，故食为至急也。议者不达农殖之本，多言铸冶之便，或欲因缘行诈，以贾国利。国利将尽，取者争竞，造铸之端于是乎生。盖万人铸之，一人夺之，犹不能给；况今一人铸之，则万人夺之乎？虽以阴阳为炭，万物为铜，役不食之民，使不饥之士，犹不能足无厌之求也。夫欲民殷财阜，要在止役禁夺，则百姓不劳而足。陛下圣德，愍海内之忧戚，伤天下之艰难，欲铸钱齐货以救其敝，此犹养鱼沸鼎之中，栖鸟烈火之上。水木本鱼鸟之所生也，用之不时，必至燋烂。愿陛下宽锲薄之禁，后冶铸之议，听民庶之谣吟，问路叟之所忧，瞰三光之文耀，视山河之分流。天下之心，国家大事，粲然皆见，无有遗惑者矣。

臣尝诵《诗》，至于鸿雁于野之劳，哀勤百堵之事，每喟尔长怀，中篇而叹。近听征夫饥劳之声，甚于斯歌。是以追悟匹妇吟鲁之忧，始于此乎？见白驹之意，屏营傍徨，不能监寐。伏念当今地广而不得耕，民众而无所食。群小竞进，秉国之位，鹰扬天下，乌钞求询问，不遗漏任何一位贫贱之民，因此平民百姓也发表意见。

臣认为或许当今之忧，不在于钱币，而在于百姓受饥。生养之道，首重的是要让百姓满足温饱，然后再考虑买卖货物。所以先王观察天象，抚育万物，敬授民时，使得男子不荒废耕种，女子不空置织机。如此君臣之道得以施行，朝廷之教得以推行。由此而言，粮食是国家至宝，是百姓最贵重的东西。臣见到近年以来，庄稼都被蝗虫啃食干净。纺织无法满足公私的需求。百姓所急的是日常的餐饭，所患的是无止境的劳役，岂会在意钱货的厚薄，相差只有一铢一两的轻重吗？即使将当今的沙砾化为南方所产的铜，瓦石变为卞和之玉，倘若百姓渴无所饮，饥无所食，就算有伏羲氏的纯德，唐尧虞舜的文明，也依旧无法保证不会祸起萧墙。百姓可以百年不通买卖，而不可一朝有饥。所以温饱是最关重要的。论议的大臣不了解农耕种植的重要，只是强调铸钱的便利，有人甚至想借机行骗，以谋取国家财利。国家财利将尽，行骗谋利者相互争夺，那铸造钱币的祸端就会发生。万人铸钱，一人争夺，尚不能供给；何况如今一人铸钱，万人争夺呢？虽然以日月为炭，万物为铜，役使不食之民，驱使不饥之士，依旧无法满足贪得无厌的索求。若想让百姓富足，物产丰饶，关键在于停止徭役，禁止剥削。如此百姓则无需劳苦而能满足温饱。陛下圣德，怜悯海内之忧愁，感伤天下之艰难，打算铸造钱币，聚集资财来挽救当下的困乏，但这犹如游鱼养在开水之中，飞鸟栖息在烈火之上。水与木本是鱼鸟繁衍生息的地方，用的不合适，必会使得鱼鸟烧焦糜烂。臣希望陛下放宽取铜屑另铸钱的禁令，暂缓改铸大钱的论议。聆听民间的歌谣，询问路人的忧患，俯瞰日月星的光辉，山川河流的崩塌枯竭。天下之心，国家大事，清楚明了，没有什么遗漏和疑惑了。

臣曾经读诵《诗经》，读到《鸿雁》一篇，文中远行奔波的劳苦，百姓服苦役筑起百堵墙壁的悲苦，臣每次读到此处，不禁喟然长叹，有所遐想，不忍继续读下去。近来臣听到远征兵将饥饿劳苦之声，胜过《鸿雁》之歌的记述。因此追忆过去鲁国漆室邑之女，倚柱痛哭，悲泣鲁君昏庸，鲁国将乱，大概是自此开始的吧？臣读《诗经·白饱，吞肌及骨，并噬无厌。诚恐卒有役夫穷匠，起于板筑之间，投斤攘臂，登高远呼，使愁怨之民，向应云合，八方分崩，中夏鱼溃。虽方尺之钱，何能有救！其危犹举函牛之鼎，絓纤枯之末，诗人所以眷然顾之，潸焉出涕者也。

臣东野狂暗，不达大义，缘广及之时，对过所问，知必以身脂鼎镬，为天下笑。

帝竟不铸钱。

后陶举孝廉，除顺阳长。县多奸猾，陶到官，宣募吏民有气力勇猛，能以死易生者，不拘亡命奸臧，于是剽轻剑客之徒过晏等十余人，皆来应募。陶责其先过，要以后效，使各结所厚少年，得数百人，皆严兵待命。于是覆案奸轨，所发若神。以病免，吏民思而歌之曰："邑然不乐，思我刘君。何时复来，安此下民。"

陶明《尚书》《春秋》，为之训诂。推三家《尚书》及古文，是正文字七百余事，名曰《中文尚书》。

顷之，拜侍御史。灵帝宿闻其名，数引纳之。时钜鹿张角伪托大道，妖惑小民，陶与奉车都尉乐松、议郎袁贡连名上疏言之，曰："圣王以天下耳目为视听，故能无不闻见。今张角支党不可胜计。前司徒杨赐奏下诏书，切敕州郡，护送流民，会赐去位，不复捕录。虽会赦令，而谋不解散。四方私言，云角等窃入京师，觇视朝政，鸟声兽心，私共鸣呼。州郡忌讳，不欲闻之，但更相告语，莫肯公文。

驹》一篇，惶恐彷徨，夜不能昧。臣想到如今的土地广袤却不能耕种，人口众多却无法满足温饱。群小争相入朝，执掌国家大权，横行天下，如同乌鸦一样，强夺求饱，连肌肤骨头都吞下，贪得无厌。臣担心忽然间有役夫穷匠出现，在板筑之间起义，丢掉劳作的工具，撸起袖子，登高一呼，满心愁怨的百姓，随之响应云集，致使八方分崩离析，国家从内溃散。到那时即便有方尺之钱，又将如何自救！国家之危犹如举起一牛之大的鼎，挂在纤细的枯枝上。这就是诗人眷恋回顾古时之制，潸然涕下的原因。

臣乃一介东野狂夫，不明大义，如今借朝廷广求谏言之缘，在此对答，已超过所问之事，臣自知必将遭受罪罚，为天下所笑。

桓帝最终停止改铸大钱。

后来刘陶被举为孝廉，授任顺阳县长。顺阳县中有许多奸猾之徒，刘陶就任后，公开招募勇猛有气力的官吏百姓，能够挺身而出的，不管此前是否被判罪逃亡的，或是收受贿赂的，于因此有强悍轻捷的剑客，如过晏等十多人，都来应募。刘陶斥责他们先前所犯的罪过，并命令他们戴罪立功，以观后效，刘陶让他们各个集结与他们交好的少年，聚集到数百人，都全副武装，严阵以待。刘陶稽查奸轨，审理恶行，有如神明。后来刘陶因病免官，当地的官吏百姓都思念刘陶，并写了一首歌："郁郁不乐，思我刘君，何时再来，安此下民。"

刘陶精通《尚书》《春秋》，为之作了注解。刘陶推崇夏侯建、夏侯胜、欧阳和伯这三派《尚书》及古文《尚书》，校验订正文字七百余处，名为《中文尚书》。

不久之后，刘陶拜任侍御史。灵帝久闻其名，数次召见。当时钜鹿人张角假托大道，妖言惑众，刘陶与奉车都尉乐松、议郎袁贡联名上书奏言："圣王以天下百姓的耳目为视听，因此没有什么是看不到听不见的。如今张角的党羽不可计数。原司徒杨赐奏请下诏，严令州郡，护送流民，恰逢杨赐离位，就没有继续讨伐拘捕张角的党羽。之后虽然恰逢朝廷的赦令颁布，但张角等人依旧在一处密谋，没有解宜下明诏，重募角等，赏以国土。有敢回避，与之同罪。”帝殊不悟，方诏陶次第《春秋》条例。明年，张角反乱，海内鼎沸，帝思陶言，封中陵乡侯，三迁尚书令。以所举将为尚书，难与齐列，乞从冗散，拜侍中。以数切谏，为权臣所惮，徙为京兆尹。到职，当出修宫钱直千万，陶既清贫，而耻以钱买职，称疾不听政。帝宿重陶才，原其罪，征拜谏议大夫。

是时天下日危，寇贼方炽，陶忧致崩乱，复上疏曰：“臣闻事之急者不能安言，心之痛者不能缓声。窃见天下前遇张角之乱，后遭边章之寇，每闻羽书告急之声，心灼内热，四体惊竦。今西羌逆类，私署将帅，皆多段颎时吏，晓习战陈，识知山川，变诈万端。臣常惧其轻出河东、冯翊，钞西军之后，东之函谷，据阸高望。今果已攻河东，恐遂转更豕突上京。如是则南道断绝，车骑之军孤立，关东破胆，四方动摇，威之不来，叫之不应，虽有田单、陈平之策，计无所用。臣前驿马上便宜，急绝诸郡赋调，冀尚可安。事付主者，留连至今，莫肯求问。今三郡之民皆以奔亡，南出武关，北徙壶谷，冰解风散，唯恐在后。今其存者尚十三四，军吏士民悲愁相守，民有百走退死之心，而无一前斗生之计。西寇浸前，去营咫尺，胡骑分布，已至诸陵。将军张温，天性精勇，而主者旦夕迫促，军无后殿，假令失利，其败不救。臣自知言数见厌，而言不自裁者，以为国安则臣蒙其庆，国危则臣亦先亡也。谨复陈当今要急八事，乞须臾之间，深垂纳省。”其八事，大较言天下大乱，皆由宦官。宦官事急，共谗陶曰：“前张角事发，诏书示以威恩，自此以来，各各改悔。今者四方安静，而陶疾害圣政，专言妖孽。州郡不上，陶何缘知？疑陶与贼通散。四方私下传言，说张角等人潜入京师，窥探朝政，鸟声兽心，相互共鸣。州郡忌讳，不愿上报朝廷，只是相互告知，也不肯公之于众。陛下应当下发明诏，重金悬赏张角等人，抓获者裂土而封。若有人胆敢逃避，则与张角同罪。”灵帝始终没有醒悟，正巧灵帝下诏，命刘陶依照顺序编制《春秋》。第二年，张角造反，海内纷乱，灵帝思索刘陶的谏言，封刘陶为中陵乡侯，经过三次升迁担任尚书令。由于刘陶所举荐的人将任尚书，刘陶不愿与其共事，就乞求担任闲散的官职。之后拜任侍中。因刘陶数次直言极谏，为权臣所忌惮，调任京兆尹。到任之后，刘陶应当缴纳修宫钱，高达千万，刘陶清贫，而且耻于以钱买官，便称病，不去处理政务。灵帝素来看重刘陶的才能，原宥了他的过错，征拜刘陶为谏议大夫。

当时天下日渐危急，寇贼正值猖蹶，刘陶担忧天下崩乱，再次上书谏言：“臣听闻事态紧急，言谈则无法从容，心中悲痛，声音则无法平缓。臣见天下前遇张角造反，后遭边章侵犯，臣每次听到羽书告急之声，都会内心灼热，四体发抖。如今西羌逆贼，私自任命将帅，大多都是段颎时的官吏，他们精通战术阵法，熟知山川形势，变诈多端。臣时常担心他们出其不意，袭击河东郡、左冯翊，包抄西军后路，东至函谷，据守险关，登高俯瞰。如今他们果然已攻破河东，恐怕他们之后会调转军队，北上奔袭京师。若是这样，那么南边的道路将会断绝，车骑将军的军队将会孤立无援，到那时关东惊惧，四方动摇，天威不及，叫之不应，即便有田单、陈平之策，也会无可奈何。臣此前通过驿站马上奏便宜之事。臣奏言应当立刻停止各郡的赋税，或许还能维持安定。奏书交予主管官员，却被搁置，至今无人查问。而今河东、左冯翊、京兆的百姓纷纷逃亡，南出武关，北徙壶谷，如冰融化，如风消散，恐怕落后。如今只有十分之三四尚存，军吏士民悲愁相守，百姓有逃走保命之心，却无丝毫上前抗争之计。西边的贼寇逐渐前进，离我军军营只有咫尺之远，胡人的骑兵遍布，已经抵达各个皇陵。将军张温，精强勇敢，而主帅朝夕摧促，军队没有后援，假若一旦失败，则无法相救。臣自知多次谏言会惹人生厌，但依旧要反复不停地谏言，是因为国家安宁则臣可蒙受福庆，国家危亡则臣也无法情。”于是收陶，下黄门北寺狱，掠按日急。陶自知必死。对使者曰：“朝廷前封臣云何？今反受邪谮。恨不与伊、吕同畴，而以三仁为辈。”遂闭气而死，天下莫不痛之。

陶著书数十万言，又作《七曜论》《匡老子》《反韩非》《复孟轲》，及上书言当世便事、条教、赋、奏、书、记、辩疑，凡百余篇。

时司徒东海陈耽，亦以非罪与陶俱死。耽以忠正称，历位三司。光和五年，诏公卿以谣言举刺史、二千石为民蠹害者。时太尉许馘、司空张济承望内官，受取货赂，其宦者子弟宾客，虽贪污秽浊，皆不敢问，而虚纠边远小郡清修有惠化者二十六人。吏人诣阙陈诉，耽与议郎曹操上言：“公卿所举，率党其私，所谓放鸱枭而囚鸾凤。”其言忠切，帝以让馘、济，由是诸坐谣言征者悉拜议郎。宦官怨之，遂诬陷耽死狱中。

李云字行祖，甘陵人也。性好学，善阴阳。初举孝廉，再迁白马令。

桓帝延熹二年，诛大将军梁冀，而中常侍单超等五人皆以诛冀功并封列侯，专权选举。又立掖庭民女亳氏为皇后，数月间，后家封者四人，赏赐巨万。是时地数震裂，众灾频降。云素刚，忧国将保全。臣谨再次陈奏八件当今的要紧之事，臣乞求陛下在须臾空闲，深思省察。”刘陶所奏八事，大概是说天下大乱，都是由宦官引起的。宦官顿觉大事不妙，众人共同诬陷诋毁刘陶说：“从前张角造反，朝廷下诏，威恩并施，自此以后，反贼纷纷悔改。如今天下四方安定太平，刘陶却损害圣政，妖言惑众。州郡尚未上报纷乱之事，刘陶是因何知晓的呢？臣等怀疑刘陶与反贼暗通款曲。”于是朝廷下令逮捕刘陶，将其关押至黄门北寺狱中，每日拷打审问，刘陶自知必死无疑。便对使者说：“朝廷此前封赏臣的时候怎么说的？如今反受奸邪诬陷诋毁。臣恨不能与伊尹、吕太公同流，辅佐朝廷，却与微子、箕子、比干同伍，因忠谏而亡。”说罢刘陶闭气而死，天下无不悲痛。

刘陶著书，多达数十万言，又编撰了《七曜论》《匡老子》《反韩非》《复孟轲》，以及上书奏言当世便宜之事、条教、赋、奏、书、记、辩疑，共百余篇。

当时司徒东海郡人陈耽，也因莫须有的罪名，与刘陶一同枉死。陈耽以忠正而受人称道，历位三司。光和五年（182），灵帝诏令公卿依据民间歌谣，纠举为害百姓的刺史、二千石等官员。当时太尉许馘、司空张济逢迎宦官，收取贿赂，宦官的子弟宾客，虽然他们都肆意妄为，贪脏枉法，但无人敢问，而有二十六名边远小郡的官吏，为官清廉，广施惠政，却无故遭到了虚假纠举，身受无妄之灾。官吏都到宫门前申诉，陈耽与议郎曹操上书奏言道：“公卿所纠举的，并非残害百姓的官员，大多是在包庇他们的私党，如此，则正是所谓的放走鸱枭而囚禁鸾凤。”言辞忠切，灵帝因而责问许馘、张济。由此那些因民间歌谣而获罪的官吏，全部拜任议郎。宦官因此心怀怨恨，就诬陷陈耽，陈耽最终死于狱中。

李云，字行祖，甘陵县人。李云生性好学，擅长阴阳之术。起初被举为孝廉，经过两次升迁担任白马县令。

桓帝延熹二年（159），诛灭了大将军梁冀，而中常侍单超等五人因诛灭梁冀有功，全部赐封为列侯，此后他们专权擅政，掌握官员的选任。再者桓帝立掖庭民女亳氏为皇后，数月之间，皇后家中有四人受封，赏赐极多。当时多次发生地震，众灾频降。李云素来刚直，担忧危，心不能忍，乃露布上书，移副三府，曰："臣闻皇后天下母，德配坤灵，得其人则五氏来备，不得其人则地动摇宫。比年灾异，可谓多矣，皇天之戒，可谓至矣。高祖受命，至今三百六十四岁，君期一周，当有黄精代见，姓陈、项、虞、田、许氏，不可令此人居太尉、太傅典兵之官。举厝至重，不可不慎。班功行赏，宜应其实。梁冀虽持权专擅，虐流天下，今以罪行诛，犹召家臣搤杀之耳。而猥封谋臣万户以上，高祖闻之，得无见非？西北列将，得无解体？孔子曰：'帝者，谛也。'今官位错乱，小人谄进，财货公行，政化日损，尺一拜用不经御省。是帝欲不谛乎？"帝得奏震怒，下有司逮云，诏尚书都护剑戟送黄门北寺狱，使中常侍管霸与御史廷尉杂考之。时弘农五官掾杜众伤云以忠谏获罪，上书愿与云同日死。帝愈怒，遂并下廷尉。大鸿胪陈蕃上疏救云曰："李云所言，虽不识禁忌，干上逆旨，其意归于忠国而已。昔高祖忍周昌不讳之谏，成帝赦朱云腰领之诛。今日杀云，臣恐剖心之讥复议于世矣。故敢触龙鳞，冒昧以请。"太常杨秉、洛阳市长沐茂、郎中上官资并上疏请云。帝恚甚，有司奏以为大不敬。诏切责蕃、秉，免归田里；茂、资贬秩二等。时帝在濯龙池，管霸奏云等事。霸跪言曰："李云野泽愚儒，杜众郡中小吏，出于狂戆，不足加罪。"帝谓霸曰："帝欲不谛，是何等语，而常侍欲原之邪？"顾使小黄门可其奏，云、众皆死狱中。后冀州刺史贾琮使行部，过祠云墓，刻石表之。

论曰：礼有五谏，讽为上。若夫托物见情，因文载旨，使言之国家将危，内心无法忍受，于是李云公开上奏桓帝，同时将副本上呈三公府，李云奏言道：“臣听闻皇后乃天下之母，德配大地。若皇后人选册立得当，则风调雨顺，若人选不得当，则大地震动，皇宫摇晃。近年来所发生的灾异，可谓是十分频繁，皇天的警告，可谓是非常明显。高祖受命，至今已有三百六十四年，汉室的统治已经度过了一个周期，当有土德之人出现取代汉室。凡是陈氏、项氏、虞氏、田氏、许氏，不可让这些人担任太尉、太傅等掌握兵权的官职。事关重大，不可不慎。论功行赏，应当依照事实。梁冀虽然持权专擅，荼毒天下，如今以罪将其诛杀，就犹如召来家臣将其扼杀而已。而梁冀擅封谋臣万户以上，若高祖听闻此事，是否会怪罪？西北众将，是否会离散？孔子说：‘帝王，就是要明察万物。’如今官位错乱，小人因阿谀谄媚而得到提拔，行贿受贿公然进行，政治教化日渐废弛，诏书下发不经帝王过目。难道陛下不愿明察万物吗？”桓帝看了奏书后震怒，下诏命令有关官吏拘捕李云，又诏令尚书都护佩戴剑戟将其押送至黄门北寺狱，命中常侍管霸与御史廷尉会审。当时弘农郡人五官掾吏杜众感伤李云因忠谏获罪，上书愿与李云同日死。桓帝愈发震怒，便将他们交由廷尉审理。大鸿胪陈蕃上书为李云求情说：“李云所言，虽不顾禁忌避讳，冒犯陛下，违抗圣旨，但其本意只是出于忠心为国而已。从前高祖容忍周昌以下犯上的谏诤，成帝赦免朱云的死罪。今日若处死李云，臣恐怕往昔纣王因比干剖心而引起非议之事会重现于世。故而臣斗胆触犯龙鳞，冒昧以请。”太常杨秉、洛阳掌管市政的官吏沐茂、郎中上官资一同上书为李云求情。桓帝大为愤怒，有关官员上奏应将这些人判以大不敬。桓帝下诏痛斥陈蕃、杨秉，将其免官，遣归故乡；沐茂、上官资官降二级。当时桓帝在濯龙池，管霸奏言李云等事。管霸跪着说：“李云是山野愚儒，杜众是郡中小吏，他们出于一时的狂妄，不足以治罪。”桓帝对管霸说：“帝王不愿明察万物’，这是何等的言语！常侍是想宽宥他们吗？”桓帝回头让小黄门准许了管霸的奏请。李云、郑众全都死在狱中。后来冀州刺史贾琮巡行所辖郡县，途径祭祀李云的墓地，并刻石表彰李云。

评论说：礼有讽谏、顺谏、窥谏、指谏、陷谏等五谏，讽谏为者无罪，闻之者足以自戒，贵在于意达言从，理归乎正。曷其绞讦摩上，以衒沽成名哉？李云草茅之生，不识失身之义，遂乃露布帝者，班檄三公，至于诛死而不顾，斯岂古之狂也！夫未信而谏，则以为谤己，故说者识其难焉。

刘瑜字季节，广陵人也。高祖父广陵靖王。父辩，清河太守。瑜少好经学，尤善图谶、天文、历算之术。州郡礼请不就。

延熹八年，太尉杨秉举贤良方正，及到京师，上书陈事曰：

臣瑜自念东国鄙陋，得以丰沛枝胤，被蒙复除，不给卒伍。故太尉杨秉知臣窃窥典籍，猥见显举，诚冀臣愚直，有补万一。而秉忠谟不遂，命先朝露。臣在下土，听闻歌谣，骄臣虐政之事，远近呼嗟之音，窃为辛楚，泣血涟如。幸得引录，备答圣问，泄写至情，不敢庸回。诚愿陛下且以须臾之虑，览今往之事，人何为咨嗟，天曷为动变。

盖诸侯之位，上法四七，垂文炳耀，关之盛衰者也。今中官邪孽，比肩裂土，皆竞立胤嗣，继体传爵，或乞子疏属，或买儿市道，殆乖开国承家之义。

古者天子一娶九女，娣侄有序，《河图》授嗣，正在九房。今女嬖令色，充积闺帷，皆当盛其玩饰，冗食空宫，劳散精神，生长六疾。此国之费也，生之伤也。且天地之性，阴阳正纪，隔绝其道，则水旱为并。《诗》云：“五日为期，六日不詹。”怨旷作歌，仲尼所录。况从幼至长，幽藏殁身。又常侍、黄门，亦广妻娶。怨毒之气，结成上。通过物品表达情志，通过文章申明意旨，使得言者无罪，闻者自省，谏诤贵在意思明了，语言顺从，义理合乎正到。他们为何要急切地指出错误，以下犯上，难道是为了沽名钓誉吗？李云是一介草野之民，不明失身之义，竟然公开上奏桓帝，将奏书副本上呈三公府，对于被诛杀也义无反顾，难道这不是所谓的古之狂士吗？尚未取得天子信任而冒然谏诤，反而会被天子认为是诽谤自己，所以谏诤者应当明白说话的难处。

刘瑜，字季节，广陵国人。高祖父是广陵靖王。刘瑜的父亲刘辩，曾担任清河太守。刘瑜年少时爱好经学，尤其擅长图谶、天文、历算之术。州郡礼请刘瑜，但刘瑜都没有前往。

延熹八年（165），太尉杨秉举荐刘瑜为贤良方正，后来刘瑜来到京师，上书陈事道：

臣刘瑜思虑东面的封国民风鄙陋，臣因是刘氏宗亲，幸得免除徭役，也不需要服兵役。原太尉杨秉知晓臣略通典籍，承蒙他的举荐，杨秉实在是希望以臣的愚直，补益朝政的万一。而杨秉的忠谋还未实现，便不幸早逝。臣在偏远之地，听闻民间的歌谣，歌谣唱着骄傲狂妄之臣施行残政，远近一片呼嗟叹息之声，臣感到辛酸痛楚，使人不禁悲痛涕泣，泪如血涌。臣幸得举荐任用，以备回答陛下所问，倾吐至诚之情，至忠之言，不敢存有奸邪之心。臣诚愿陛下姑且有片刻的思虑，纵览古今之事。百姓为何忧愁叹息，上天为何会降下灾变。

诸侯之位，效法天上的二十八星宿，身居赫赫尊位，关乎国家的盛衰之势。如今奸邪宦官，纷纷裂土而封，无不争立继承者，以承位袭爵，有的向旁系亲属乞求过继子嗣，有的在街上购买孩童，这着实有悖于开国承家之义。

古时天子一娶九女，陪嫁的妹妹或侄女自有次序，《河图》中记载的子嗣，就在这九房之中。如今陛下貌美的姬妾嫔妃，充积后宫，国家需要向她们供给许多的珍宝玩饰，她们不劳而食，宫中积蓄消耗一空，劳散精神，发生各种疾病。这是在耗费国家资财，伤害身体。而且天地之性，阴阳调和是正道，若隔绝不通，则会旱涝并发。《诗经》中讲：“约定五日返归，到了第六日还是没有回来。”这是妖眚。行路之言，官发略人女，取而复置，转相惊惧。孰不悉然，无缘空生此谤。邹衍匹夫，杞氏匹妇，尚有城崩霜陨之异；况乃群辈咨怨，能无感乎！

昔秦作阿房，国多刑人。今第舍增多，穷极奇巧，掘山攻石，不避时令。促以严刑，威以正法。民无罪而覆入之，民有田而覆夺之。州郡官府，各自考事，奸情赇赂，皆为吏饵。民愁郁结，起入贼党，官辄兴兵，诛讨其罪。贫困之民，或有卖其首级以要酬赏，父兄相代残身，妻孥相视分裂。穷之如彼，伐之如此，岂不痛哉！

又陛下以北辰之尊，神器之宝，而微行近习之家，私幸宦者之舍，宾客市买，熏灼道路，因此暴纵，无所不容。今三公在位，皆博达道艺，而各正诸己，莫或匡益者，非不智也，畏死罚也。惟陛下设置七臣，以广谏道，及开东序金縢史官之书，从尧舜禹汤文武致兴之道，远佞邪之人，放郑卫之声，则政致和平，德感祥风矣。臣悾悾推情，言不足采，惧以触忤，征营慑悸。

于是特诏召瑜问灾咎之征，指事案经谶以对。执政者欲令瑜依违其辞，而更策以它事。瑜复悉心以对，八千余言，有切于前，帝竟不能用。拜为议郎。

及帝崩，大将军窦武欲大诛宦官，乃引瑜为侍中，又以侍中尹勋为尚书令，共同谋画。及武败，瑜、勋并被诛。事在《武传》。

妇人长期与丈夫分离，心中幽怨而歌，孔子将其记录下来。况且这些宫女自幼年开始到长大成人，终身都在宫禁之中。再者宫中常侍、黄门，也广娶妻妾。因而怨毒之气，结成灾异。路上的行人说，官府掳掠民女，强纳而又没有名分，重新将女子安置，百姓无不惊惧。若不是如此，那就决不会无缘无故生出这样的流言。邹衍一介匹夫，杞氏一介匹妇，尚有邹衍尽忠蒙冤，五月飞霜，杞氏伏尸悲哭，七日城崩之异；何况有这么多人嗟叹怨恨，怎能不有所感应！

往昔秦始皇修建阿房宫，国内有许多服劳役的罪犯。如今宫中房舍第宅增多，穷极奇巧，开山挖石，不避农时。用严刑强迫，用法令威胁。百姓无罪却要被妄加罪名；百姓原本有田地却要被夺走。州郡官府，自行审理案件，罪犯于官吏彼此行贿受贿，都是官吏的敛财途径。百姓愁怨郁结，无处申诉，不得已加入贼党，于是官府兴兵，诛讨其罪。贫困之民，有人出卖首级以得到酬赏，父兄相互残害，妻儿相视生离。百姓如此穷困，朝廷又要如此征讨，岂能不悲痛！

再者陛下以北辰之尊，掌握国家大权，却要微服前往亲信之家，私自驾临宦官之舍，门下宾客到集市上购买物资，道路纷扰喧哗，宾客因此暴虐放纵，无所不容。如今三公在位，都是博学多识，德高望重之士，而他们只是匡正自身，但对朝政毫无裨益，并不是他们没有智慧学问，是因为他们担心身受罪罚以及死刑。臣希望陛下设置七位谏诤之臣，广开言路，开放东厢房封存的史官之书，遵从尧舜禹汤文武二王的致兴之道，远离谗佞奸邪之人，舍弃郑卫淫靡之声，如此则政治和平，恩德遍及八方，吉祥之风有感而至。臣诚恳陈情，言不足采，担心冒犯陛下，不胜惶恐。

于是桓帝特意下诏，征召刘瑜询问灾咎的征兆，刘瑜阐明事理，依照经义图谶对答。执政者想让刘瑜不要据实回答，就改问其他事情。刘瑜都悉心以对，共八千余言，有些回答比先前的还要恳切，但桓帝最终也没有采纳。下诏命刘瑜拜任议郎。

桓帝驾崩，大将军窦武打算大诛宦官，便举荐刘瑜担任侍中，又任命侍中尹勋为尚书令，共同谋划。后来窦武败亡，刘瑜、尹勋全部被诛，这件事详载于《窦武传》。

勋字伯元，河南人。从祖睦为太尉，睦孙颂为司徒。勋为人刚毅直方。少时每读书，得忠臣义士之事，未尝不投书而仰叹。自以行不合于当时，不应州郡公府礼命。桓帝时，以有道征，四迁尚书令。延熹中，诛大将军梁冀，帝召勋部分众职，甚有方略，封宜阳乡侯。仆射霍谞，尚书张敬、欧阳参、李伟、虞放、周永，并封亭侯。勋后再迁至九卿，以病免，拜为侍中。八年，中常侍具瑗、左悺等有罪免，夺封邑，因黜勋等爵。

瑜诛后，宦官悉焚其上书，以为讹言。

子琬，传瑜学，明占候，能著灾异。举方正，不行。

谢弼字辅宣，东郡武阳人也。中直方正，为乡邑所宗师。建宁二年，诏举有道之士，弼与东海陈敦、玄菟公孙度俱对策，皆除郎中。

时青蛇见前殿，大风拔木，诏公卿以下陈得失。弼上封事曰：

臣闻和气应于有德，妖异生乎失政。上天告谴，则王者思其愆；政道或亏，则奸臣当其罚。夫蛇者，阴气所生；鳞者，甲兵之符也。《鸿范传》曰：“厥极弱，时则有蛇龙之孽。”又荧惑守亢，裴回不去，法有近臣谋乱，发于左右。不知陛下所与从容帷幄之内，亲信者为谁。宜急斥黜，以消天戒。臣又闻“惟虺惟蛇，女子之祥”。伏惟皇太后定策宫闼，援立圣明，《书》云：“父子兄弟，罪不相及。”窦氏之诛，岂宜咎延太后？幽隔空宫，愁感天心，如有雾露之疾，陛下当何面目以见天下？昔周襄王不能敬事其母，戎狄遂至交侵。孝和皇帝不绝窦后之恩，前世以为美谈。礼为人后者为之子，今以桓尹勋，字伯元，河南郡人。堂祖父尹睦曾担任太尉，尹睦的孙子尹颂曾担任司徒。尹勋为人刚毅端方。尹勋年少时每每读书，只要读到忠臣义士之事，未尝不是放下书本仰天叹息。尹勋自认为自己的操行于时下趋势不合，也没有接受州郡公府的礼聘与任命。桓帝时，尹勋以有道之士的身份得到征召，经过四次升迁担任尚书令。延熹年间，大将军梁冀被诛之后，桓帝命尹勋部署授任各个官职，颇有条理，尹勋受封宜阳乡侯。仆射霍谞，尚书张敬、欧阳参、李伟、虞放、周永，全部受封亭侯。后来尹勋经过两次升迁官至九卿，因病免官，之后又拜任侍中。延熹八年（165），中常侍具瑗、左悺等人因犯罪被免官，桓帝下诏褫夺他们的封邑，罢黜尹勋等人的爵位。

刘瑜被诛之后，宦官将其呈上所有的奏书焚毁，认为都是谣传流言。

刘瑜的儿子刘琬，承袭刘瑜的学问，精通占卜之事，擅长阐述灾异的原因。被举荐为方正，但刘琬没有应召。

谢弼，字辅宣，东郡武阳县人。谢弼为人中直方正，乡邑百姓尊崇其为宗师。建宁二年（169），灵帝下诏向朝廷举荐有道之士，谢弼与东海郡人陈敦、玄菟郡人公孙度，一同回答策问，全部授任郎中。

当时前殿有青蛇出现，大风拔起树木，灵帝诏令公卿以下的官吏，陈奏得失。谢弼呈上密奏：

臣听闻和气是对应有德，妖异源于政治混乱。上天警示，则王者反思自己的过错；政教有失，则奸臣应当遭受罪罚。蛇由阴气所生；与龙同类，龙有鳞，象征着甲兵。《鸿范传》中讲：“帝王衰弱，则会有蛇龙之灾出现。”此外荧惑星在亢宿，徘徊不去，这表示有近臣谋乱，将会发生在陛下左右。不知陛下身边，的亲信者是谁。应当将他们赶紧罢黜驱逐，以消天戒。臣又听闻“梦现虺蛇，生女之祥”。臣想到皇太后在深宫中确定继位者，扶植援立陛下，《尚书》云：“父子兄弟，罪不相及。”窦氏之诛，怎么能涉及太后？陛下将太后幽禁宫中，悲愁上感天心，倘若太后因此患病而死，陛下当以何面目面见天下之人？从前周襄王无法敬事其母，以至于戎狄前后侵犯攻打周襄帝为父，岂得不以太后为母哉？《援神契》曰：“天子行孝，四夷和平。”方今边境日蹙，兵革蜂起，自非孝道，何以济之！愿陛下仰慕有虞蒸蒸之化，俯思《凯风》慰母之念。

臣又闻爵赏之设，必酬庸勋；开国承家，小人勿用。今功臣久外，未蒙爵秩，阿母宠私，乃享大封，大风雨雹，亦由于兹。又故太傅陈蕃，辅相陛下，勤身王室，夙夜匪懈，而见陷群邪，一旦诛灭。其为酷滥，骇动天下，而门生故吏，并离徙锢。蕃身已往，人百何赎！宜还其家属，解除禁网。夫台宰重器，国命所继。今之四公，唯司空刘宠断断守善，余皆素餐致寇之人，必有折足覆餗之凶。可因灾异，并加罢黜。征故司空王畅，长乐少府李膺，并居政事，庶灾变可消，国祚惟永。臣山薮顽暗，未达国典。策曰“无有所隐”，敢不尽愚，用忘讳忌。伏惟陛下裁其诛罚。

左右恶其言，出为广陵府丞。去官归家。

中常侍曹节从子绍为东郡太守，忿疾于弼，遂以它罪收考掠按，死狱中，时人悼伤焉。初平二年，司隶校尉赵谦讼弼忠节，求报其怨，乃收绍斩之。

赞曰：邓不明辟。梁不损陵。慊慊栾、杜，讽辞以兴。黄寇方炽，子奇有识。武谋允臧，瑜亦协志。弼忤宦情，云犯时忌。成仁丧己，同方殊事。

王。孝和皇帝不忍断绝窦太后的恩情，在前朝受人称颂。依礼继嗣他人之后者即为其子，如今陛下以桓帝为父，怎能不以太后为母？《援神契》说："天子行孝，四夷和平。"如今边境日渐紧迫，战乱蜂起，倘若不能践行孝道，那将如何挽救危局！希望陛下仰慕虞舜的至孝之化，俯思《诗经·凯风》的慰母之心。

臣又听闻朝廷设置爵位赏赐，是为了酬谢功勋之臣。开创邦国以及后世承继，都不能任用小人。如今功臣久居朝外，尚未获得爵禄，乳母身受私宠，却享有厚赏。大风雨雹，也是源于此。再者原太傅陈蕃，辅佐陛下，勤勉报国，夙夜匪懈。反而遭到群邪陷害，横遭杀戮。群邪残暴无度，骇动天下。而陈蕃的门生故吏，也都惨遭贬谪禁锢。陈蕃已经枉死，百身莫赎！陛下应当赦免陈藩的家属，让其迁回原籍，解除禁令。宰相台辅是国之重器，关乎国家命脉的延续。如今朝中的四公，只有司空刘宠专诚守一，坚持善道，其余都是尸位素餐，负乘致寇之徒，他们无法胜任，必将遭受折足覆餗之祸。陛下可借灾异的发生，将他们一并罢黜。征召原司空王畅，长乐少府李膺，共同协理政事，如此灾变或许可以消除，国祚或许可以永安。臣只是山野愚民，不了解国家的法典制度，陛下策问"不要有所隐瞒"，臣岂敢不尽述愚见，忘记讳忌？臣敬待陛下降罪。

灵帝左右的近臣，十分厌恶谢弼的谏言，命其出外广陵府丞。后来谢弼辞官归家。

中常侍曹节的侄子曹绍担任东郡太守，十分憎恨谢弼，就假借其他罪名，将谢弼拘捕拷问，最终谢弼死在狱中，当时人们无不悲痛哀悼。初平二年（191），司隶校尉赵谦称颂谢弼的忠节，请求为其报仇平反，便拘捕了曹绍并将其斩杀。

赞辞说：邓后不还政于安帝，梁氏不懂收敛权势。谦逊诚敬的栾巴、杜根，讽喻之辞由他们兴起。贼寇正盛，子奇有见识。窦武谋划诛除宦官，刘瑜在旁协助。谢弼忤逆宦官，李云冒犯时忌。舍身成仁，方式相同而事件不同。

卷八十八

虞傅盖臧列传第四十八

虞诩字升卿，陈国武平人也。祖父经，为郡县狱吏，案法平允，务存宽恕，每冬月上其状，恒流涕随之。尝称曰："东海于公高为里门，而其子定国卒至丞相。吾决狱六十年矣，虽不及于公，其庶几乎！子孙何必不为九卿邪？"故字诩曰升卿。

诩年十二，能通《尚书》。早孤，孝养祖母。县举顺孙，国相奇之，欲以为吏。诩辞曰："祖母九十，非诩不养。"相乃止。后祖母终，服阕，辟太尉李修府，拜郎中。

永初四年，羌胡反乱，残破并、凉，大将军邓骘以军役方费，事不相赡，欲弃凉州，并力北边，乃会公卿集议。骘曰："譬若衣败，坏一以相补，犹有所完。若不如此，将两无所保。"议者咸同。诩闻之，乃说李修曰："窃闻公卿定策当弃凉州，求之愚心，未见其便。先帝开拓土宇，劬劳后定，而今惮小费，举而弃之。凉州既弃，即以三辅为塞；三辅为塞，则园陵单外。此不可之甚者也。喭曰：'关西出将，关东出相。'观其习兵壮勇，实过余州。今羌胡所以不敢入据三辅，为心腹之害者，以凉州在后故也。其土人所以推锋执锐，无反顾之心者，为臣属于汉故也。若弃其境域，徙其人庶，安土重迁，必生异志。如使豪雄相聚，席卷而东，虽贲、育为卒，太公为将，犹恐不足当御。议者喻以补衣犹有所完，诩恐其疽食侵淫而无限极。弃之非计。"修曰："吾意不及此。微子之言，几败国事。然则计当安虞诩，字升卿，陈国武平县人。祖父虞经，曾担任郡县的狱吏，执法办案公平公正，心地宽厚，包容犯人，每逢冬月，虞经呈报案件时，常常会为之流泪。虞经曾说：“东海于公断案公正，无人憎恨于公，于公加高修筑闾里的门，使得驷马高盖车可以通过，于公认为自己广修阴德，未曾有过冤案，后世子孙必会兴盛，而其子于定国最终官至丞相。我执法断案六十年，虽然比不上于公，但相差也不会太大！我的子孙为何不会官至九卿？”因此为虞诩取字为升卿。

虞诩十二时，便能通晓《尚书》。虞诩幼年丧父，孝养祖母。县里举荐虞诩为顺孙，国相对他颇为赞赏，想让虞诩担任属吏。虞诩推辞说：“我的祖母已经九十岁了，除了我，无人奉养祖母。”国相只能作罢。后来虞诩的祖母去世，虞诩守丧结束，太尉李修的征召虞诩，授任郎中。

永初四年（110），羌胡叛乱，侵扰并州、凉州，大将军邓骘认为战事所耗巨大，两地无法兼顾，意欲放弃凉州，集中力量守卫北部边境。于是安帝召集公卿共同商议。邓骘说：“譬如衣服破了，损毁一件去补另一件，这样还可以有一件完好的。如果不这样，两件衣服都无法保全。”商议的大臣都赞同邓骘的观点。虞诩听后，对李修说：“臣听闻诸位公卿决定要放弃凉州，依臣看来，这不是什么好决策。先帝开辟疆土，历尽艰辛才有了今日的安定，如今朝廷却担心耗费巨大，就决定放弃凉州。放弃凉州之后，三辅就成了边塞；三辅成了边塞，那祖宗的陵寝就在境外了。这样做万万不可。俗话说：‘关西出相，关东出将。’观察凉州民俗，操练军队，士兵强健勇猛，胜过其他州郡。如今羌胡之所以不敢入侵三辅，成为汉室的心腹大患，就是因为凉州在后。凉州百姓之所以会拿起武器，冲锋陷阵，义无反顾，就是因为凉州属于汉室。倘若放弃凉州，迁走百姓，百姓因为久居故土，不出？”诩曰：“今凉土扰动，人情不安，窃忧卒然有非常之变。诚宜令四府九卿，各辟彼州数人，其牧守令长子弟皆除为冗官，外以劝厉，答其功勤，内以拘致，防其邪计。”修善其言，更集四府，皆从诩议。于是辟西州豪桀为掾属，拜牧守长吏子弟为郎，以安慰之。

邓骘兄弟以诩异其议，因此不平，欲以吏法中伤诩。后朝歌贼宁季等数千人攻杀长吏，屯聚连年，州郡不能禁，乃以诩为朝歌长。故旧皆吊诩曰：“得朝歌何衰！”诩笑曰：“志不求易，事不避难，臣之职也。不遇槃根错节，何以别利器乎？”始到，谒河内大守马棱。棱勉之曰：“君儒者，当谋谟庙堂，反在朝歌邪？”诩曰：“初除之日，士大夫皆见吊勉。以诩诪之，知其无能为也。朝歌者，韩、魏之郊，背太行，临黄河，去敖仓百里，而青、冀之人流亡万数。贼不知开仓招众，劫库兵，守城皋，断天下右臂，此不足忧也。今其众新盛，难与争锋。兵不厌权，愿宽假辔策，勿令有所拘阂而已。”及到官，设令三科以募求壮士，自掾史以下各举所知，其攻劫者为上，伤人偷盗者次之，带丧服而不事家业为下。收得百余人，诩为飨会，悉贳其罪，使入贼中，诱令劫掠，乃伏兵以待之，遂杀贼数百人。又潜遣贫人能缝者，佣作贼衣，以采綖缝其裾为帜，有出市里者，吏辄禽之。贼由是骇散，咸称神明。迁怀令。

愿迁徙，如此一定会心生异志。如若凉州的豪雄相聚集，乘势东来，到那时即便有孟贲、夏育那样的勇士，有太公那样的将领，恐怕也无法抵挡。商议的大臣以损毁一件衣服来缝补另一件衣服，最终还能有一件完整的存在来作比方，而臣担心这样会忧如痈疮溃烂一般，毫无限制的越来越严重。放弃凉州并不是良策。”李修说：“我没有想到这点。若不是你的谏言，几乎要坏了国家大事。那么你有什么良策吗？”虞诩说：“如今凉州骚乱，人心不安，臣担心会有意外突然发生。应当命令四府九卿，各自征召所属州郡的豪雄数人，对于州牧、郡守、县令、县长的子弟，全都授予散官之职，表面上是对他们勉励，对他们功绩的奖赏，实际上是约束他们，防止他们心生奸计。”李修赞同虞诩的计策，再次召集四府商议，众人都赞同虞诩的计策。于是朝廷征召西州豪杰让其担任掾属，授予州牧、郡守、县长的子弟郎官的职位，以此安慰他们。

邓骘兄弟因为虞诩反对邓骘的意见，因而心生不满，就想用吏法中伤虞诩。后来朝歌的贼寇宁季等数千人残杀长吏，屯聚数年，州郡无法解决，邓骘就命虞诩担任朝歌县长。虞诩的故交旧友都为虞诩感到哀伤，他们说：“去朝歌县任职真是倒霉！”虞诩笑着说：“不追求容易实现的志向，不回避困难的事情，这是为人臣子的本分。不遇到交错盘曲的根干枝节，怎能辨别出利器呢？”虞诩刚刚到任，前去拜谒河内太守马棱。马棱勉励他说：“君是位儒者，应当在朝堂之上谋划国家大事，为何反要来朝歌任职呢？”虞诩说：“在臣刚刚受任之日，士大夫们都来安慰勉励臣。依臣猜测，贼寇知晓自己不会再有什么作为。朝歌地处韩、魏交界，背靠太行，面临黄河，距离敖仓有百里，而青州、冀州流亡的百姓有数万人。贼寇不知道开仓赈济，招募部众，劫掠库藏兵器，据守城池，斩断天下要害，这样的话这些贼寇就不足为虑了。如今贼寇势力正盛，难以与其正面交锋。兵不厌诈，臣希望臣的权力可以放宽，不要有所束缚阻碍。”虞诩上任之后，下令依照三科来招募壮士，自掾史以下的官吏各自举荐自己所知的人，有过抢劫的为上，伤人偷盗的次之，身处丧期而不处理家业的为下。共诏募到一百余人，虞诩设宴招待他们，赦免了他们全部的罪行，让他后羌寇武都，邓太后以诩有将帅之略，迁武都太守，引见嘉德殿，厚加赏赐。羌乃率众数千，遮诩于陈仓、崤谷，诩即停军不进，而宣言上书请兵，须到当发。羌闻之，乃分钞傍县，诩因其兵散，日夜进道，兼行百余里。令吏士各作两灶，日增倍之，羌不敢逼。或问曰："孙膑减灶而君增之。兵法日行不过三十里，以戒不虞，而今日且二百里。何也？"诩曰："虏众多，吾兵少。徐行则易为所及，速进则彼所不测。虏见吾灶日增，必谓郡兵来迎。众多行速，必惮追我。孙膑见弱，吾今示强，势有不同故也。"

既到郡，兵不满三千，而羌众万余，攻围赤亭数十日。诩乃令军中，使强弩勿发，而潜发小弩。羌以为矢力弱，不能至，并兵急攻。诩于是使二十强弩共射一人，发无不中，羌大震，退。诩因出城奋击，多所伤杀。明日悉陈其兵众，令从东郭门出，北郭门入，贸易衣服，回转数周。羌不知其数，更相恐动。诩计贼当退，乃潜遣五百余人于浅水设伏，候其走路。虏果大奔，因掩击，大破之，斩获甚众，贼由是败散，南入益州。诩乃占相地势，筑营壁百八十所，招还流亡，假赈贫人，郡遂以安。

先是运道艰险，舟车不通，驴马负载，僦五致一。诩乃自将吏士，案行川谷，自沮至下辩数十里中，皆烧石翦木，开漕船道，以人们潜入贼寇之中，引诱贼寇劫掠，再设下伏兵等待，因此斩杀贼寇达数百人。虞诩又派会缝纫的贫民，为贼寇缝制衣服，用红色丝线缝在衣襟上作为标记，只要有贼寇出入集市乡里，官吏就将其擒获。贼寇因此惊骇溃散，百姓都称赞虞诩神明。后来虞诩迁任怀县县令。

后来羌族侵扰武都郡，邓太后认为虞诩有将帅之才，便让虞诩升任武都太守，并在嘉德殿召见虞诩，给予丰厚的赏赐。羌族率众数千，在陈仓、崤谷阻击虞诩，虞诩便停止行军，扬言要上书奏请增派兵力，等援兵到了再前进。羌族听闻后，分兵抢劫周围的郡县，虞诩趁羌族兵力分散，日夜兼程，行军百余里。虞诩命令吏士准备两倍的炉灶，一天增加一倍，羌族闻之不敢逼近。有人问："孙膑率兵时减少炉灶而君增加炉灶，兵法记载军队日行不超过三十里，以防意外发生，如今您一日行军将近二百里，为什么？"虞诩说："羌族兵多，我方兵少。若是行军缓慢容易被羌族追上，行军迅速羌族就不了解我方军情。羌族见到我方炉灶天天增加，必会认为有郡县的援兵前来迎接。兵多行速，羌族必定不敢追击。孙膑向敌军示弱，我如今示强，是因为所面对的情势不同的缘故。"

虞诩到达武都郡，兵马不满三千，而羌族有一万多兵马，羌族围攻赤亭数十天。虞诩命令军中，不要发射强弩，只悄悄发射小弩。羌族以为虞诩军队的箭矢力量很弱，不能造成死伤，便集中兵力发起进攻。于是虞诩命二十位强弩手共射一人，射无不中，羌兵大为震惊，连忙撤退。虞诩趁机率兵出城追击，杀伤羌敌甚多。第二天虞诩命全军将士，让他们从东城门出，从北城门入，出入更换衣服，来回往返数次。羌族不了解虞诩有多少兵力，愈发惊恐。虞诩算准了羌族将会撤退，便暗中安排了五百多人在浅水处埋伏，等待羌族经过。羌族果然溃败逃亡，埋伏的士兵趁此攻击，大破羌族，斩获甚多。羌族因此败散，向南逃入益州。虞诩观察地势，修筑营垒一百八十所，招回逃亡的百姓，赈济贫民，武都郡得以安宁。

从前武都郡道路艰险，舟车不通，依靠驴马驮运，五石货物运到只剩一石。虞诩亲自率领兵卒属吏，沿着山川河谷前行，从沮县到下辩县数十里，烧裂巨石砍伐树木，开辟漕运船道，雇佣劳工并按人僦直雇借佣者，于是水运通利，岁省四千余万。诩始到郡，户裁盈万。及绥聚荒余，招还流散，二三年间，遂增至四万余户。盐米丰贱，十倍于前。坐法免。

永建元年，代陈禅为司隶校尉。数月间，奏太傅冯石、太尉刘熹、中常侍程璜、陈秉、孟生、李闰等，百官侧目，号为苛刻。三公劾奏诩盛夏多拘系无辜，为吏人患。诩上书自讼曰："法禁者俗之堤防，刑罚者人之衔辔。今州曰任郡，郡曰任县，更相委远，百姓怨穷，以苟容为贤，尽节为愚。臣所发举，臧罪非一，二府恐为臣所奏，遂加诬罪。臣将从史鱼死，即以尸谏耳。"顺帝省其章，乃为免司空陶敦。

时中常侍张防特用权势，每请托受取，诩辄案之，而屡寝不报。诩不胜其愤，乃自系廷尉，奏言曰："昔孝安皇帝任用樊丰，遂交乱嫡统，几亡社稷。今者张防复弄威柄，国家之祸将重至矣。臣不忍与防同朝，谨自系以闻，无令臣袭杨震之迹。"书奏，防流涕诉帝，诩坐论输左校。防必欲害之，二日之中，传考四狱。狱吏劝诩自引，诩曰："宁伏欧刀以示远近。"宦者孙程、张贤等知诩以忠获罪，乃相率奏乞见。程曰："陛下始与臣等造事之时，常疾奸臣，知其倾国。今者即位而复自为，何以非先帝乎？司隶校尉虞诩为陛下尽忠，而更被拘系；常侍张防臧罪明正，反构忠良。今客星守羽林，其占宫中有奸臣。宜急收防送狱，以塞天变。下诏出诩，还假印绶。"时防立在帝后，程乃叱防曰："奸臣张防，何不下殿！"防不得已，趋就东箱。程曰："陛下急收防，无令从阿母求请。"帝问诸尚书，尚书贾朗素与防善，证诩之罪。帝疑焉，谓程曰："且出，吾方思之。"于是诩子顗与门生百余人，举幡候中常侍高梵车，叩头流血，诉言枉状。梵乃入言之，防坐徙边，贾朗等六人或死或黜，即日给予报酬，于是武都郡水路畅通，每年可以节省四千余万钱。虞诩到任之初，武都郡只有一万多户人家。经过虞诩的治理抚慰，招还流散的百姓，两三年之间，武都郡就增加到四万余户。盐米充足，并且价格便宜，是此前的十倍。后来虞诩因某些事犯法而被免官。

永建元年（126），虞诩代陈禅担任司隶校尉。数月之内，虞诩劾奏太傅冯石、太尉刘熹、中常侍程璜、陈秉、孟生、李闰等人，百官因此畏惧虞诩，觉得虞诩为人苛刻。三公劾奏虞诩在盛夏之时拘捕无辜，为官吏百姓之患。虞诩上书申诉说："法禁是世俗禁乱的堤防，刑罚是约束百姓的工具。如今州把责任推给郡，郡把责任推给县，彼此推诿避事，百姓苦不堪言，众人以苟且容身为贤，以尽忠守节为愚。臣所检举弹劾的官员，其贪污受贿的罪行不止一件，丞相与司空害怕会遭到臣的弹劾，就诬陷臣。臣将会效仿史鱼，以死劝谏。"顺帝看了虞诩的奏章，免去了司空陶敦的职务。

当时中常侍张防专权独断，接受请托收受贿赂，虞诩依法审察张防，呈上的奏章每每被扣压无法上报。虞诩愤慨不已。虞诩就将自己绑起来前往廷尉，虞诩上奏说："从前孝安皇帝任用樊丰，以至于扰乱正统，社稷几近倾覆。如今张防再次弄权，国家的灾祸将会再次来临。臣不愿与张防同朝为官，便将自己绑起来呈奏陛下，不要让臣重蹈杨震的覆辙。"奏书呈上之后，张防痛哭流涕向顺帝申诉，虞诩因此被判罪前去左校服劳役。张防想将虞诩置于死地，两天之内，虞诩被审讯四次。狱吏劝虞诩自杀，虞诩说："我宁愿被判死刑，使得远近都知道。"宦官孙程、张贤等人知道虞诩因忠获罪，他们便相继上奏乞求拜见顺帝。孙程说："最初陛下为太子，与臣等谋划起事之时，常常憎恨奸臣，知道奸臣会倾覆国家。如今陛下即位，反而又重蹈覆辙重用奸臣，这样的话又与先帝有什么区别呢？司隶校尉虞诩为陛下尽忠，反遭拘禁，常侍张防贪污受贿，罪证确凿，反而构陷忠良。现在客星停在羽林星中，这表示宫中有奸臣。陛下应当立刻将张防拘捕送狱，以应对天象的异变。并下诏放了虞诩，归还他的印绶。"当时张防站在顺帝身后，孙程怒斥张防道："奸臣张防，为何还不下殿！"张防不得已，快步走向东厢。孙程说："陛下应当立刻拘捕赦出诩。程复上书陈诩有大功，语甚切激。帝感悟，复征拜议郎。数日，迁尚书仆射。

是时长吏、二千石听百姓谪罚者输赎，号为“义钱”，托为贫人储，而守令因以聚敛。诩上疏曰：“元年以来，贫百姓章言长吏受取百万以上者，匈匈不绝，谪罚吏人至数千万，而三公、刺史少所举奏。寻永平、章和中，州郡以走卒钱给贷贫人，司空劾案，州及郡县皆坐免黜。今宜遵前典，蠲除权制。”于是诏书下诩章，切责州郡。谪罚输赎自此而止。

先是宁阳主簿诣阙，诉其县令之枉，积六七岁不省。主簿乃上书曰：“臣为陛下子，陛下为臣父。臣章百上，终不见省，臣岂可北诣单于以告怨乎？”帝大怒，持章示尚书，尚书遂劾以大逆。诩驳之曰：“主簿所讼，乃君父之怨；百上不达，是有司之过。愚蠢之人，不足多诛。”帝纳诩言，笞之而已。诩因谓诸尚书曰：“小人有怨，不远千里，断发刻肌，诣阙告诉，而不为理，岂臣下之义？君与浊长吏何亲，而与怨人何仇乎？”闻者皆惭。诩又上言：“台郎显职，仕之通阶。今或一郡七八，或一州无人。宜令均平，以厌天下之望。”及诸奏议，多见从用。

张防，不要让张防向阿母求情。”顺帝询问诸位尚书，尚书贾朗素来与张防交好，便证明虞诩有罪。顺帝心存怀疑，对孙程说：“你先出去，让我再考虑考虑。”于是虞诩的儿子虞顗与虞诩的百余名门生，他们举着旗帜等候中常侍高梵的车子，他们叩头以至于流血，为虞诩申冤。高梵于是进宫向顺帝禀奏，张防最终被流放到边疆，贾朗等六人有的被处死，有的被罢黜，顺帝在当天就赦免了虞诩。孙程再次上书陈述虞诩有大功，言辞恳切激奋。顺帝有所感悟，再次征召虞诩授任议郎。数日之后，虞诩升任尚书仆射。

当时长吏、二千石的官员听任身受罪罚的百姓用钱赎罪，称之为“义钱”，假托这些钱是为贫民储存的，而郡守县令却借此敛财贪污。虞诩上书说：“元年（永建元年，126年）以来，穷苦百姓告发收受钱财达百万以上的长吏，源源不绝，受到惩处的官吏有数千万，而三公、刺史很少上奏检举。回想永平、章和年间，州郡用走卒钱借贷给贫民，司空调查此案，州及郡县的官员全都被罢黜免职。如今应当遵循以前的典章制度，废除这项制度。”于是顺帝下诏将虞诩的奏书下发至各级官署。严厉斥责了州郡的官员。花钱赎罪的行为自此禁止。

先前宁阳县主簿前往京师，控诉宁阳县令枉法，事情积压了六七年没有审理。于是主簿上书说：“臣为陛下之子，陛下为臣之父。臣数次呈上奏章，却始终不见处理，臣难道要北上向匈奴单于控诉吗？”顺帝看后大怒，将主簿的周书拿给尚书看，尚书便以大逆不道弹劾主簿。虞诩辩驳说：“主簿所讼之事，是对君父有所怨恨；多次上书却不能上达天听，这是有关官员的过错。对于愚蠢之人，不足以施加处罚。”顺帝采纳了虞诩的谏言，只是对主簿施予笞刑而已。虞诩趁此对诸位尚书讲：“小人有怨，不远千里，断发受刑，来到京师告状，而你们却不予理会，这难道符合臣子之义？诸位与那些贪官污吏有什么亲缘关系，还是与告状的人有什么仇怨呢？”诸位尚书听后无不感到惭愧。虞诩又上书谏言：“尚书是朝中要职，是为官的必经之路，如今有的一郡之中就有七八人担任尚书，有的一州也无一人担任尚书，应当使之平衡，以满足天下官员的愿望。”虞诩的众多奏议，大多被顺帝采纳。

诩好刺举，无所回容，数以此忤权戚，遂九见谴考，三遭刑罚，而刚正之性，终老不屈。永和初，迁尚书令，以公事去官。朝廷思其忠，复征之，会卒。临终，谓其子恭曰："吾事君直道，行已无愧，所悔者为朝歌长时杀贼数百人，其中何能不有冤者。自此二十余年，家门不增一口，斯获罪于天也。"

恭有俊才，官至上党太守。

傅燮字南容，北地灵州人也。本字幼起，慕南容三复白圭，乃易字焉。身长八尺，有威容。少师事太尉刘宽。再举孝廉。闻所举郡将丧，乃弃官行服。后为护军司马，与左中郎皇甫嵩俱讨贼张角。

燮素疾中官，既行，因上疏曰："臣闻天下之祸，不由于外，皆兴于内。是故虞舜升朝，先除四凶，然后用十六相。明恶人不去，则善人无由进也。今张角起于赵、魏，黄巾乱于六州。此皆衅发萧墙，而祸延四海者也。臣受戎任，奉辞伐罪，始到颍川，战无不克。黄巾虽盛，不足为庙堂忧也。臣之所惧，在于治水不自其源，末流弥增其广耳。陛下仁德宽容，多所不忍，故阉竖弄权，忠臣不进。诚使张角枭夷，黄巾变服，臣之所忧，甫益深耳。何者？夫邪正之人不宜共国，亦犹冰炭不可同器。彼知正人之功显，而危亡之兆见，皆将巧辞饰说，共长虚伪。夫孝子疑于屡至，市虎成于三夫。若不详察真伪，忠臣将复有杜邮之戮矣。陛下宜思虞舜四罪之举，速行谗佞放殛之诛，则善人思进，奸凶自息。臣闻忠臣之事君，犹孝子之事父也。子之事父，焉得不尽其情？使臣身备鈇钺之戮，陛下少用其言，国之福也。"书奏，宦者赵忠见而忿恶。及破张角，燮功多当封，忠虞诩喜好检举揭发，从不曲法宽容。因此多次得罪权臣贵戚。虞诩曾九次遭到贬黜审讯，三次遭受刑罚，而虞诩刚正的性格，终老不屈。永和初年，虞诩迁任尚书令，但因为公事而被免官。朝廷念其忠诚，再次征召虞诩，恰逢虞诩去世。虞诩临终时，对儿子虞恭说：“我奉事君主在朝为官，秉承正道，做事无愧于心。所后悔的就是在担任朝歌县长时斩杀的数百名贼寇，那些人中何尝没有被冤枉的。此后二十多年，家里再也没有增加一口人，这是我获罪于天的缘故。”

虞恭才华卓越，官至上党太守。

傅燮，字南容，北地郡灵州县人。傅燮原本字幼起，因为仰慕南宫括一日三次诵读《诗经》中“白圭之玷，尚可磨也，斯言之玷，不可为也。”的诗句，以此提醒自己谨言慎行，因而傅燮将字改为南容。傅燮身高八尺，容貌威严。年少时跟随太尉刘宽学习。两次被举为孝廉。傅燮听说举荐他的郡守去世，便辞去官职为其服丧。后来傅燮担任护军司马，与左中郎将皇甫嵩共同讨伐贼寇张角。

傅燮素来憎恶宦官，临行前，傅燮上书奏言：“臣听闻天下之祸，不是起源于外部，而都是来源于内部。所以虞舜登基为帝，首先铲除四凶，然后任用十六位贤相。这就表明恶人若不驱除，善人则无法发挥作用。如今张角在赵、魏之地起事，黄巾军在六州作乱。这些灾祸动乱都是起于萧墙，逐渐蔓延至四海。臣受命率领军队，奉旨讨伐叛军，初到颍川，战无不胜。黄巾军虽然势力强盛，但不足以为朝廷所忧。臣所忧惧的，在于治水不从源头着手，而下游的水流只会越流越广。陛下仁德宽容，治国理政大多时候不忍过于严苛，以至于宦官弄权，忠臣不能进入朝中。假如张角伏诛，黄巾归降，臣所担忧的，反而开始加重。为什么？因为奸邪的人与正直的人不宜身处同一个国家，就像冰块与木炭不能放在同一个器皿之中。奸邪之人知道正直之人功勋显著，那么他们危亡的征召也就会出现，于是奸邪之人就会巧言令色，制造虚伪的假象。曾参至孝，他的母亲十分信任他的品行，若是有人屡屡告诉他母亲说曾参杀了人，他的母亲也会心生怀疑。集市中原本没有老虎，若是三个人都说有老虎，那便会让人信以为诉谮之，灵帝犹识燮言，得不加罪，竟亦不封，以为安定都尉。以疾免。

后拜议郎。会西羌反，边章、韩遂作乱陇右，征发天下，役赋无已。司徒崔烈以为宜弃凉州。诏会公卿百官，烈坚执先议。燮厉言曰："斩司徒，天下乃安。"尚书郎杨赞奏燮廷辱大臣。帝以问燮。燮对曰："昔冒顿至逆也，樊哙为上将，愿得十万众横行匈奴中，愤激思奋，未失人臣之节，顾计当从与不耳，季布犹曰'哙可斩也'。今凉州天下要冲，国家藩卫。高祖初兴，使郦商别定陇右；世宗拓境，列置四郡，议者以为断匈奴右臂。今牧御失和，使一州叛逆，海内为之骚动，陛下卧不安寝。烈为宰相，不念为国思所以弭之之策，乃欲割弃一方万里之土，臣窃惑之。若使左衽之虏得居此地，士劲甲坚，因以为乱，此天下之至虑，社稷之深忧也。若烈不知之，是极蔽也；知而故言，是不忠也。"帝从燮议。由是朝廷重其方格，每公卿有缺，为众议所归。

顷之，赵忠为车骑将军，诏忠论讨黄巾之功，执金吾甄举等谓忠曰："傅南容前在东军，有功不侯，故天下失望。今将军亲当重任，宜进贤理屈，以副众心。"忠纳其言，遣弟城门校尉延致殷真。倘若不能详察真伪，那么忠臣就会重蹈白起在杜邮被赐死的覆辙。陛下应当深思虞舜铲除四凶的举措，赶快放逐诛灭那些谗佞之人，这样善人才能发挥作用，奸凶之人自会消失。臣听闻忠臣事君，犹如孝子事父。儿子侍奉父亲，怎能不尽心尽力？即便臣因此身受刑戮，陛下若能采纳臣的一些谏言，也是国家之福。”傅燮的奏书呈上之后，宦官赵忠看后十分憎恶。等到将张角平定，傅燮因丰功伟绩应当受封，赵忠上奏谗毁傅燮，灵帝依旧记得傅燮的谏言，因而没有对傅燮施加惩罚，但傅燮也没有受封，只将傅燮任命为安定都尉。最终傅燮因病免官。

后来傅燮拜任议郎。恰逢西羌反叛，边章、韩遂在陇右作乱，朝廷向天下征调民力与物资，徭役赋税没有休止。司徒崔烈认为应当放弃凉州。灵帝诏令公卿百官论议，崔烈坚持先前的观点。傅燮厉声斥责说：“斩杀司徒，天下便能安定。”尚书郎杨赞上书劾奏傅燮在朝堂上折辱大臣。灵帝因此询问傅燮。傅燮回答说：“此前单于冒顿写信羞辱吕太后，当时樊哙担任上将，奏请率领十万兵马横扫匈奴。樊哙言辞激愤踊跃，尚未失去人臣的气节，只要看樊哙的计策是否可行罢了，季布尚且还会斥责说‘樊哙可杀’。如今凉州是天下要害，国家屏藩。高祖兴起之初，诏令郦商安定陇西；武帝开拓疆土，设置四郡，当时论议的大臣都认为斩断了匈奴的右臂。如今官吏失和，使得一州叛乱，海内为之骚动，陛下卧不安寝。崔烈身为宰相，不思虑为国家平定叛乱的计策，竟想着舍弃一块方圆万里的土地，臣深感疑惑。假若让外族蛮夷占有这块地方，士卒强劲，兵器精良，因此作乱，这会成为天下最大的忧虑，社稷最深的祸患。假如崔烈不知晓其中利害，则是昏昧之至；倘若他知晓却故意这么说，是为不忠。”灵帝采纳了傅燮的论议。自此朝廷十分看重傅燮方正不阿的品行，每当有公卿出缺，傅燮就成为了众人心向的人选。

不久，赵忠担任车骑将军，灵帝诏令赵忠论议征讨伐黄巾军的功臣，执金吾甄举等人对赵忠说：“傅南容此前在东军，有功劳却没有受封侯爵，因而天下人都对此失望。如今将军身负重任，应当举荐贤才，申理冤屈，以合众心。”赵忠采纳了他们的建议。赵忠派弟弟城勤。延谓燮曰："南容少荅我常侍，万户侯不足得也。"燮正色拒之曰："遇与不遇，命也；有功不论，时也。傅燮岂求私赏哉！"忠愈怀恨，然惮其名，不敢害。权贵亦多疾之，是以不得留，出为汉阳太守。

初，郡将范津明知人，举燮孝廉。及津为汉阳，与燮交代，合符而去，乡邦荣之。津字文渊，南阳人。燮善恤人，叛羌怀其恩化，并来降附，乃广开屯田，列置四十余营。

时刺史耿鄙委任治中程球，球为通奸利，士人怨之。中平四年，鄙率六郡兵讨金城贼王国、韩遂等。燮知鄙失众，必败，谏曰："使君统政日浅，人未知教。孔子曰：'不教人战，是谓弃之。'今率不习之人，越大陇之阻，将十举十危，而贼闻大军将至，必万人一心。边兵多勇，其锋难当，而新合之众，上下未和，万一内变，虽悔无及。不若息军养德，明赏必罚。贼得宽挺，必谓我怯，群恶争势，其离可必。然后率已教之人，讨已离之贼，其功可坐而待也。今不为万全之福，而就必危之祸，窃为使君不取。"鄙不从。行至狄道，果有反者，先杀程球，次害鄙，贼遂进围汉阳。城中兵少粮尽，燮犹固守。

时北胡骑数千随贼攻郡，皆夙怀燮恩，共于城外叩头，求送燮归乡里。子干年十三，从在官舍。知燮性刚，有高义，恐不能屈志以门校尉赵延问候傅燮。赵延对傅燮说：“南容若是能在日后答应任命我为常侍，你就算是想当万户侯也不是什么难事。”傅燮正色拒绝说：“一个人得志与否，是命运所致；有功却得不到封赏，是时势所致。我傅燮怎能谋求私人的赏赐！”赵忠因此对傅燮更加怀恨在心，但是忌惮傅燮的名望，因而不敢加害于他。朝中的权贵大多也忌恨傅燮，因此傅燮不能继续留在朝中任职，出外担任汉阳太守。

起初，北地郡将范津知人善任，举荐傅燮为孝廉。后来范津担任汉阳太守，傅燮前往就任，范津与傅燮办好职事交接，合验符信后就离开了，乡里之人都以范津为荣。范津字文渊，南阳郡人。傅燮善于抚恤百姓，羌族感念傅燮的恩惠教化，全都前来投降归附。傅燮在郡中广开田地，设置四十多营来安置羌族。

当时刺史耿鄙委任属下治中官程球，程球谋取私利，士人心生怨恨。中平四年（187），耿鄙率领六郡的兵马讨伐金成郡的贼寇王国、韩遂等人。傅燮知晓耿鄙丧失众心，必将失败，傅燮便劝谏耿鄙说：“使君治理的时日很短，士兵还没有接受过教化和训练。孔子说：‘士兵不先经过训练，就让他们作战，这就是让他们白白牺牲。’如今使君率领没有训练过的士兵，越过大陇山的艰难险阻，将会九死一生，贼寇听闻大军将至，必定会万众一心。边境的敌兵大多勇猛善战，其势难以抵挡；而我方是新组成的军队，军队上下还未经过磨合，还不协调，万一军队内部发生变故，到那时就追悔莫及了。不如让军队停下休整，定立纪律，严明赏罚。贼寇得知我军松懈，必定会认为我军畏战怯懦，他们内部就会争权夺利，必然会土崩瓦解。然后使君再率领经过训练的军队，出兵征伐已是四分五裂的贼寇，那时便可坐等功成。如今使君不谋求万全之策，而走向必败之路，臣不赞同使君的做法。”耿鄙不听。军队前行到狄道，军中果然有士兵反叛，他们先杀了程球，再杀了耿鄙，贼寇围攻汉阳，汉阳城中兵少粮尽，傅燮依旧坚守。

当时北地郡有数千胡兵，跟随贼寇一同进攻汉阳，因为他们素来感怀傅燮的恩德，众人一同在城外叩头，请求将傅燮送回故乡。傅燮的儿子傅干十三岁，跟从父亲住在官舍。傅干知晓父亲性情刚正，免，进谏曰："国家昏乱，遂令大人不容于朝。今天下已叛，而兵不足自守，乡里羌胡先被恩德，欲令弃郡而归，愿必许之。徐至乡里，率厉义徒，见有道而辅之，以济天下。"言未终，燮慨然而叹，呼干小字曰："别成，汝知吾必死邪？盖'圣达节，次守节'。且殷纣之暴，伯夷不食周粟而死，仲尼称其贤。今朝廷不甚殷纣，吾德亦岂绝伯夷？世乱不能养浩然之志，食禄又欲避其难乎？吾行何之，必死于此。汝有才智，勉之勉之。主簿杨会，吾之程婴也。"干哽咽不能复言，左右皆泣下。王国使故酒泉太守黄衍说燮曰："成败之事，已可知矣。先起，上有霸王之业，下成伊吕之勋。天下非复汉有，府君宁有意为吾属师乎？"燮案剑叱衍曰："若剖符之臣，反为贼说邪！"遂麾左右进兵，临阵战殁。谥曰壮节侯。

干知名，位至扶风太守。

盖勋字元固，敦煌广至人也。家世二千石。初举孝廉，为汉阳长史。时武威太守倚恃权势，恣行贪横，从事武都苏正和案致其罪。凉州刺史梁鹄畏惧贵戚，欲杀正和以免其负，乃访之于勋。勋素与正和有仇，或劝勋可因此报隙。勋曰："不可。谋事杀良，非忠也；乘人之危，非仁也。"乃谏鹄曰："夫绁食鹰鸢欲其鸷，鸷而亨之，将何用哉？"鹄从其言。正和喜于得免，而诣勋求谢。勋不见，曰："吾为梁使君谋，不为苏正和也。"怨之如初。

气节高尚，担心父亲不愿意屈从志向以求免于一死，于是傅干劝谏其父说："国家昏乱，致使贤德之人不能立于朝廷。如今天下已经发生叛乱，而城中的军队无法自守，北地郡的羌胡先前蒙受您的恩惠，他们想让您弃郡回乡，希望您应允他们。您回到故乡，率领起义的徒众，遇到有道之人就辅佐他，以济天下。"话还未说完，傅燮慨然而叹，叫着傅干的小字说："别成，你知道我愿意誓死效忠吗？《左传》中说'圣者明达世情，不拘于志节，次等固守志节'。况且殷纣暴虐无道，依然有伯夷不食周粟而死，孔子称赞伯夷的贤德。而今的朝廷不及殷纣那般残暴，而我的德行难道不能超过伯夷？乱世不能长养浩然之气，享受俸禄又怎能想逃避？我又能去哪？一定会死在这里。你富有才干，勉之勉之。主簿杨会，是我可以托孤的程婴，你可以仰仗他。"傅干哽咽不能言语，左右的人都痛哭流涕。王国让原酒泉太守黄衍劝说傅燮说："成败之事，已经显而易见了。率先起兵，上可建立霸王的伟业，下可成就伊尹、吕尚的功勋。天下不再属于汉朝所有了，府君您难道不想成为我们的君主吗？"傅燮手抚着剑怒斥黄衍说："你曾经也是接受汉室符信的臣子，怎么反过来要为贼寇说话！"傅燮指挥左右进军，攻打贼寇，最终战死。谥号壮节侯。

傅干后来声名远扬，官至扶风太守。

盖勋，字元固，敦煌郡广至县人。家中世代担任二千石的官员。起初盖勋被举荐为孝廉，担任汉阳长史。当时武威太守仰仗权贵，横行无忌，贪婪暴虐，从事武都人苏正和查验太守的罪行。凉州刺史梁鹄畏惧权臣贵戚，就想杀了苏正和以免自己受到牵连，于是梁鹄拜访盖勋并询问盖勋的意见。盖勋素来与苏正和有仇，有人劝盖勋可以借此报仇。盖勋说："不可这么做。谋划杀害良臣，是为不忠；乘人之危，是为不仁。"于是盖勋劝谏梁鹄说："豢养鹰鸢是想利用它凶猛的本性为自己捕猎，鹰鸢变得凶猛捕得猎物而将其烹杀，这样做能有什么好处呢？"梁鹄听从盖勋的谏言。苏正和对自己免于受到诛罚而感到高兴，前去拜谢盖勋。盖勋不见苏正和，说："我是为了梁使君而谋划，并不是为了苏正和。"盖勋依旧和原先一样怨恨苏正和。

中平元年，北地羌胡与边章等寇乱陇右，刺史左昌因军兴断盗数千万。勋固谏，昌怒，乃使勋别屯阿阳以拒贼锋，欲因军事罪之，而勋数有战功。边章等遂攻金城，杀郡守陈懿，勋劝昌救之，不从。边章等进围昌于冀，昌惧而召勋。勋初与从事辛曾、孔常俱屯阿阳，及昌檄到，曾等疑不肯赴。勋怒曰："昔庄贾后期，穰苴奋剑。今之从事，岂重于古之监军哉！"曾等惧而从之。勋即率兵救昌。到，乃诮让章等，责以背叛之罪。皆曰："左使君若早从君言，以兵临我，庶可自改。今罪已重，不得降也。"乃解围而去。昌坐断盗征，以扶风宋枭代之。枭患多寇叛，谓勋曰："凉州寡于学术，故屡致反暴。今欲多写孝经，令家家习之，庶或使人知义。"勋谏曰："昔太公封齐，崔杼杀君；伯禽侯鲁，庆父篡位。此二国岂乏学者？今不急静难之术，遽为非常之事，既足结怨一州，又当取笑朝廷，勋不知其可也。"枭不从，遂奏行之。果被诏书诘责，坐以虚慢征。时叛羌围护羌校尉夏育于畜官，勋与州郡合兵救育，至狐槃，为羌所破。勋收余众百余人，为鱼丽之陈。羌精骑夹攻之急，士卒多死。勋被三创，坚不动，乃指木表曰："必尸我于此。"句就种羌滇吾素为勋所厚，乃以兵扞众曰："盖长史贤人，汝曹杀之者为负天。"勋仰骂曰："死反虏，汝何知？促来杀我！"众相视而惊。滇吾下马与勋，勋不肯上，遂为贼所执。羌戎服其义勇，不敢加害，送还汉阳。后刺史杨雍即表勋领汉阳太守。时人饥，相渔食，勋调谷禀之，先出家粮以率众，存活者千余人。

中平元年（184），北地郡羌胡与边章等贼寇侵扰陇右，刺史左昌因征调军饷而中饱私囊数千万。盖勋再三谏言，左昌大怒，就派盖勋另在阿阳县屯兵戍守，抵挡贼寇的进攻，想借军事的罪名惩治盖勋。但盖勋立下很多战功。边章等人攻伐金城，斩杀郡守陈懿，盖勋劝左昌前往援救。左昌不听。边章等人率兵在冀县围攻左昌，左昌心生畏惧便诏令盖勋率兵援救。盖勋起初与从事辛曾、孔常全都屯兵在阿阳县，等到左昌的檄文送达，辛曾等人迟疑不肯出兵。盖勋怒斥说："从前庄贾监军，没有如期与司马穰苴会合，司马穰苴依照军法将庄贾斩杀。如今的从事，难道比古时候的监军还尊贵吗！"辛曾等人害怕便遵从左昌的檄文的命令同意发兵。盖勋即刻率兵前往援救左昌。盖勋到了冀县，斥责边章等人，犯下背叛之罪。边章等人都说："左使军若能早点听了您的话，带兵讨伐我们，或许我们还可以有所悔改，如今我们所犯的罪恶太重了，已经无法投降了。"于是边章等人撤去包围离开了。左昌因截取军饷中饱私囊而获罪，被召回朝廷，朝廷命扶风宋枭代替左昌。宋枭担心贼寇多次为祸叛乱，对盖勋说："凉州因为教化落后，教化浅陋，所以屡屡造反叛乱。现在我想命人多多抄写《孝经》，让家家户户学习，或许可以让他们知晓礼义。"盖勋谏言说："从前太公受封于齐，崔杼因其妻与齐庄公通奸而斩杀齐庄公，伯禽受封于鲁，庆父袭杀鲁湣公而篡位。这两个诸侯国难道缺少学者吗？如今您不抓紧寻求解决患难的办法，却做这些不切实际的事情，这不仅会让一州的百姓怨恨，还会让朝廷贻笑大方，臣不觉的这个方法可行。"宋枭没有听从盖勋的谏言，于是上奏朝廷，朝廷果然下诏责问宋枭，宋枭因浮夸怠慢而获罪，被召回朝廷。当时叛羌在右扶风蓄养牲畜的园囿围攻护羌校尉夏育，盖勋与州郡联合出兵援救夏育，到了狐槃县，被羌族打败。盖勋召集余下的一百多人，形成鱼丽阵。羌族的精锐骑兵两面夹攻，盖勋所率的士卒大多阵亡。盖勋受伤三处，却依旧坚守不撤退，盖勋指着木标说："一定要将我埋在这里。"句就部落的首领滇吾平日深受盖勋厚待，就用兵器拦着进攻的骑兵说："盖长史是位贤人，你们杀了他是为违逆天意。"盖勋仰头大骂道："该死的反虏，你知道什么？快来杀我！"众兵面面相后去官，征拜讨虏校尉。灵帝召见，问：“天下何苦而反乱如此？”勋曰：“倖臣子弟扰之。”时宦者上军校尉蹇硕在坐，帝顾问硕，硕惧，不知所对，而以此恨勋。帝又谓勋曰：“吾已陈师于平乐观，多出中藏财物以饵士，何如？”勋曰：“臣闻‘先王燿德不观兵’。今寇在远而设近陈，不足昭果毅，秪黩武耳。”帝曰：“善。恨见君晚，群臣初无是言也。”

勋时与宗正刘虞、佐军校尉袁绍同典禁兵。勋谓虞、绍曰：“吾仍见上，上甚聪明，但拥蔽于左右耳。若共并力诛嬖倖，然后征拔英俊，以兴汉室，功遂身退，岂不快乎！”虞、绍亦素有谋，因相连结，未及发，而司隶校尉张温举勋为京兆尹。帝方欲延接勋，而蹇硕等心惮之，并劝从温奏，遂拜京兆尹。

时长安令杨党，父为中常侍，恃势贪放，勋案得其臧千余万。贵戚咸为之请，勋不听，具以事闻，并连党父，有诏穷案，威震京师。时小黄门京兆高望为尚药监，倖于皇太子，太子因蹇硕属望子进为孝廉，勋不肯用。或曰：“皇太子副主，望其所爱，硕帝之宠臣，而子违之，所谓三怨成府者也。”勋曰：“选贤所以报国也。非贤不举，死亦何悔！”勋虽在外，每军国密事，帝常手诏问之。数加赏赐，甚见亲信，在朝臣右。

觑，大为震惊。滇吾下马，让盖勋上马，盖勋不肯上马，最终被羌族擒获。羌族敬佩盖勋的忠义勇猛，不敢加害盖勋，羌族将盖勋送回汉阳。后来刺史杨雍上书奏请让盖勋担任汉阳太守。当时汉阳正在闹饥荒，百姓相互抢夺食物，盖勋调拨粮食救济百姓，并且先把自家的粮食拿出来为众人表率，盖勋救活一千多人。

后来盖勋辞去官职，朝廷征诏盖勋授任讨虏校尉。灵帝召见盖勋，问道："天下何苦要如此的叛乱？"盖勋说："是朝中宠臣的子弟所造成的。"当时宦官上军校尉蹇硕在场，灵帝回头询问蹇硕，蹇硕惊惧，不知该如何回答，因而憎恨盖勋。灵帝又对盖勋说："朕已经在平乐观陈列军队，再从国库中多拿出一些财物，奖赏给将士们，如何？"盖勋说："臣听说'先王彰显圣德而不展示兵力'。如今敌寇在远方陛下却在近处设下军队，这不足以展现果敢勇毅，只是滥用武力罢了。"灵帝说："很好。真是与君相间恨晚，朝中群臣以前从来没有说过这样的话。"

当时盖勋与宗正刘虞、佐军校尉袁绍共同执掌禁军。盖勋对刘虞、袁绍说："我每次拜见皇上，皇上甚是聪明，只是受到了左右近臣的蒙蔽而已。若是能合力诛灭朝中的宠臣，然后再征召选拔天下英才，复兴汉室，功成身退，岂不快哉！"刘虞、袁绍素来也有这样的想法，因而他们互相联结，事情还未着手实施，司隶校尉张温就举荐盖勋担任京兆尹。灵帝当时还想召见盖勋，而蹇硕等人忌惮盖勋，都劝谏灵帝准许张温的奏请，于是盖勋拜任京兆尹。

当时长安令杨党，其父担任中常侍，杨党仰仗权势，贪赃枉法，胡作非为，盖勋查实杨党贪污的赃款高达一千多万。贵戚都为杨党求情，盖勋不听，将前后情状全部禀奏灵帝，并且牵涉到杨党的父亲，灵帝诏令彻查严惩，盖勋因此威震京师。当时小黄门京兆人高望担任尚药监，受到皇太子宠爱，皇太子通过蹇硕举荐让高望的儿子高进成为孝廉，盖勋不肯任用高进。有人说："皇太子是储君，高望是皇太子所宠爱的人，蹇硕又是皇帝的宠臣，而你却一再违逆他们，俗话说'三怨成府'，仇怨不断积累，你将难以免祸。"盖勋说："选举贤才是为了报效国家，非贤不举，就算是死了也不后悔！"盖勋虽在朝堂及帝崩，董卓废少帝，杀何太后，勋与书曰："昔伊尹、霍光权以立功，犹可寒心，足下小丑，何以终此？贺者在门，吊者在庐，可不慎哉！"卓得书，意甚惮之。征为议郎。时左将军皇甫嵩精兵三万屯扶风，勋密相要结，将以讨卓。会嵩亦被征，勋以众弱不能独立，遂并还京师。自公卿以下，莫不卑下于卓，唯勋长揖争礼，见者皆为失色。卓问司徒王允曰："欲得快司隶校尉，谁可作者？"允曰："唯有盖京兆耳。"卓曰："此人明智有余，然不可假以雄职。"乃以为越骑校尉。卓又不欲令久典禁兵，复出为颍川太守。未及至郡，征还京师。时河南尹朱儁为卓陈军事。卓折儁曰："我百战百胜，决之于心，卿勿妄说，且污我刀。"勋曰："昔武丁之明，犹求箴谏，况如卿者，而欲杜人之口乎？"卓曰："戏之耳。"勋曰："不闻怒言可以为戏？"卓乃谢儁。勋虽强直不屈，而内厌于卓，不得意，疽发背卒，时年五十一。遗令勿受卓赙赠。卓欲外示宽容，表赐东园秘器赗襚，送之如礼。葬于安陵。

子顺，官至永阳太守。

臧洪字子源，广陵射阳人也。父旻，有干事才。熹平元年，会稽妖贼许昭起兵句章，自称"大将军"，立其父生为越王，攻破城邑，众以万数。拜旻扬州刺史。旻率丹扬太守陈夤击昭，破之。昭遂复更屯结，大为人患。旻等进兵，连战三年，破平之，获昭父子，斩首外任职，但每当有军国密事，灵帝常常亲笔写下诏令向盖勋询问。屡加赏赐，灵帝十分信任盖勋，在其他朝臣之上。

到了灵帝驾崩，董卓废少帝，杀何太后，盖勋写信给董卓说："从前伊尹、霍光顺应时势权变而拥立新帝，因此立功。至今提及还令人惊心。足下只是一介小丑，这样做将如何终结呢？祝贺的人在门前，哀吊的人等候在闾巷之中，福祸相依，怎可不慎呢！"董卓看后，十分忌惮盖勋。征召盖勋授任议郎。当时左将军皇甫嵩率精兵三万驻扎在右扶风，盖勋秘密与皇甫嵩谋划，准备讨伐董卓。恰逢皇甫嵩也受到征召，盖勋因自己势力薄弱无法单独行事，便与皇甫嵩一同返回京师。朝中自公卿以下的官员，无不对董卓卑躬屈膝，臣服于董卓，只有盖勋对董卓长揖而已，与之分庭抗礼，所见之人无不大惊失色。董卓问司徒王允说："想得到一位称心能干的司隶校尉，谁可以胜任？"王允说："唯有盖京兆可以胜任。"董卓说："此人明智有余，但不可以委任这种要职。"于是董卓任命盖勋为越骑校尉。董卓又不想让盖勋长期执掌禁军，便又任命盖勋为颍川太守。盖勋还未到达颍川，又将其召回京师。当时河南大尹朱儁为董卓筹谋军事。董卓责难朱儁说："我百战百胜，决断出于内心。卿不要妄言，这会弄脏了我的刀。"盖勋说："从前武丁贤明，尚且还要征求别人的谏言，何况是像卿这样的人，想堵住悠悠众口吗？"董卓说："那只是玩笑而已。"盖勋说："没有听说过怒骂之言可以说是开玩笑的？"于是董卓向朱儁道歉。盖勋虽然刚直不屈，而内心却厌恶董卓，盖勋最终不得志，因后背的痈疮发作而病逝。盖勋享年五十一岁。盖勋留下遗言不要接受董卓所赠的送丧财物。董卓想对外表示宽容大度，上表奏请赐予盖勋东园所制的棺材车马衣物，依礼送葬。葬于安陵。

盖勋的儿子盖顺，官至永阳太守。

臧洪，字子源，广陵郡射阳县人。父亲臧旻，臧旻做事富有才干。熹平元年（172），在会稽妖言惑众的贼寇许昭在句章县起兵，自称"大将军"，立其父许生为越王，攻破城邑，所率部众有数几万人。朝廷任命臧旻为扬州刺史。臧旻率领丹阳太守陈夤讨伐许昭，大破许昭。许昭再次集合部众，为祸百姓。臧旻等人率兵讨伐，连战三数千级。迁旻为使匈奴中郎将。

洪年十五，以父功拜童子郎，知名太学。洪体貌魁梧，有异姿。举孝廉，补即丘长。

中平末，弃官还家，太守张超请为功曹。时董卓弑帝，图危社稷。洪说超曰："明府历世受恩，兄弟并据大郡。今王室将危，贼臣虎视，此诚义士效命之秋也。今郡境尚全，吏人殷富，若动桴鼓，可得二万人。以此诛除国贼，为天下唱义，不亦宜乎！"超然其言，与洪西至陈留，见兄邈计事。邈先谓超曰："闻弟为郡，委政臧洪，洪者何如人？"超曰："臧洪海内奇士，才略智数不比于超矣。"邈即引洪与语，大异之。乃使诣兖州刺史刘岱、豫州刺史孔伷，遂皆相善。邈既先有谋约，会超至，定议，乃与诸牧守大会酸枣。设坛场，将盟，既而更相辞让，莫敢先登，咸共推洪。洪乃摄衣升坛，操血而盟曰："汉室不幸，皇纲失统，贼臣董卓，乘衅纵害，祸加至尊，毒流百姓。大惧沦丧社稷，翦覆四海。兖州刺史岱、豫州刺史伷、陈留太守邈、东郡太守瑁、广陵太守超等，纠合义兵，并赴国难。凡我同盟，齐心一力，以致臣节，陨首丧元，必无二志。有渝此盟，俾坠其命，无克遗育。皇天后土，祖宗明灵，实皆鉴之。"洪辞气慷慨，闻其言者，无不激扬。自是之后，诸军各怀迟疑，莫适先进，遂使粮储单竭，兵众乖散。

时讨虏校尉公孙瓒与大司马刘虞有隙，超乃遣洪诣虞，共谋其难。行至河间而值幽冀交兵，行涂阻绝，因寓于袁绍。绍见洪，甚年，才将祸乱平定，将许昭父子擒获，斩首数千级。臧旻升任使匈奴中郎将。

臧洪十五岁时，因为父亲的功绩而拜任童子郎，在太学之中很有名气。臧洪体貌魁梧，与常人不同。后来臧洪被举荐为孝廉，补任即丘县长。

中平末年，臧洪辞官回家，太守张超请臧洪担任功曹。当时董卓弑杀少帝，妄图侵夺汉室社稷。臧洪劝说张超道：“明府君世代承蒙朝廷恩惠，兄弟全都在大郡担任长官，如今汉室危在旦夕，贼臣虎视眈眈，这正是忠义之士为国效命之时。如今州郡的境域还能保全，百姓富足，假如敲响战鼓，可以集合二万人。以此诛灭国贼，为天下首倡大义，岂不是很好吗！”张超赞同臧洪的建议，与臧洪西行前往陈留，面见兄长张邈，与兄长共同商议此事。张邈先对张超说：“听闻你担任太守，将政务委托于臧洪，臧洪是一个什么样的人？”张超说：“臧洪是海内奇人，才智略谋都超过我。”张邈马上面见臧洪并与之交谈，张邈对臧洪大为赞赏。便派臧洪去见兖州刺史刘岱、豫州刺史孔伷，他们几人都相互交好彼此结盟。张邈已经有盟约在前，等到张超到来之后，这件事就定下来了，于是与诸位牧守在酸枣县会合。设置祭坛，准备举行盟誓时，他们又彼此辞让，没人敢先登上祭坛，最终大家都推举臧洪先登坛。臧洪整理衣装登上祭坛，歃血为盟说：“汉室不幸，朝廷纲纪混乱失序，贼臣董卓，趁机为乱，残杀至尊，流毒百姓。臣等最担心社稷沦丧，国家倾覆。兖州刺史刘岱、豫州刺史孔伷、陈留太守张邈、东郡太守桥瑁、广陵太守张超等，召集义兵，共赴国难。凡是与我同盟之人，应当齐心共力，以尽臣子之节，就算是断首丧命，也绝无二志。如有人违背盟誓，便让他命归黄泉，无人为嗣。皇天后土，祖宗神明，实所共鉴。”臧洪言辞慷慨激奋，听了臧洪的誓词，无人不为之振奋昂扬。但是自此之后，参与盟誓的诸军都各怀迟疑，无人敢率先起兵，最终致使粮草消耗殆尽，军队分崩离析。

当时讨虏校尉公孙瓒与大司马刘虞有嫌隙，张超派臧洪去见刘虞，共同商议如何化解两人之人的嫌隙，臧洪走到河间国时，正值奇之，与结友好，以洪领青州刺史。前刺史焦和好立虚誉，能清谈。时黄巾群盗处处飙起，而青部殷实，军革尚众。和欲与诸同盟西赴京师，未及得行，而贼已屠城邑。和不理戎警，但坐列巫史，禁祷群神。又恐贼乘冻而过，命多作陷冰丸，以投于河。众遂溃散，和亦病卒。洪收抚离叛，百姓复安。

在事二年，袁绍惮其能，徙为东郡太守，都东武阳。时曹操围张超于雍丘，甚危急。超谓军吏曰："今日之事，唯有臧洪必来救我。"或曰："袁曹方穆，而洪为绍所用，恐不能败好远来，违福取祸。"超曰："子源天下义士，终非背本者也，或见制强力，不相及耳。"洪始闻超围，及徒跣号泣，并勒所领，将赴其难。自以众弱，从绍请兵，而绍竟不听之，超城遂陷，张氏族灭。洪由是怨绍，绝不与通。绍兴兵围之，历年不下，使洪邑人陈琳以书譬洪，示其祸福，责以恩义。洪答曰：

隔阔相思，发于寤寐。相去步武，而趋舍异规，其为怆恨，胡可胜言！前日不遗，比辱雅况，述叙祸福，公私切至。以子之才，穷该典籍，岂将暗于大道，不达余趣哉？是以损弃翰墨，一无所酬，亦冀遥忖褊心，粗识鄙性。重获来命，援引纷纭，虽欲无对，而义笃其言。

仆小人也，本乏志用，中因行役，特蒙倾盖，恩深分厚，遂窃大州，宁乐今日自还接刃乎？每登城临兵，观主人之旗鼓，瞻望帐幄，感故友之周旋，抚弦搦矢，不觉涕流之覆面也。何者？自以辅佐主幽冀两地战乱，道路阻隔不通，臧洪因此暂住在袁绍那里。袁绍见到臧洪，十分欣赏臧洪的才华，并与臧洪结为朋友，袁绍让臧洪兼任青州刺史。前刺史焦和喜好虚名，言谈不合实际。当时黄巾军势如破竹，而青州殷实富裕，兵甲充足。焦和想与诸同盟军共同西行前往京师，但还未动身，黄巾军就已经攻破城邑，大肆屠戮。焦和不顾军情警告，只顾着搜罗女巫祝史，祭祀群神，祈祷降福禳灾。焦和又害怕黄巾军借着河面结冰而渡过黄河攻打青州，便下令制作了许多陷冰丸，投入黄河。百姓兵士因此溃散逃亡，焦和也因病去世。臧洪召集抚慰离散的百姓，百姓重新安定下来。

臧洪担任青州刺史两年，袁绍忌惮臧洪的才干，便让臧洪调任东郡太守，郡府在东武阳县。当时曹操在雍丘围攻张超，形势危急。张超对军吏说："今日之事，只有臧洪会来救我。"有人说："袁绍与曹操当下正交好，而臧洪为袁绍所用，恐怕臧洪不会败坏盟好，远道前来相救，丧失福运而自取殃祸。"张超说："子源是天下义士，绝不是背离本愿的人，或许是受到强力的挟制，没有机会去做而已。"臧洪刚刚听闻张超被围攻的消息时，赤脚痛哭，随即整顿军队，准备出兵援救张超。臧洪又觉得自己兵力薄弱，便向袁绍借兵，袁绍没有答应，最终张超的城邑被攻破，张氏一族惨遭诛灭。臧洪因此怨恨袁绍，与袁绍绝交。袁绍派兵围攻臧洪，历经一年也没能攻下，袁绍派臧洪的同乡陈琳写信劝说臧洪，信中表明祸福，责以恩义。臧洪回信说：

久别相思，辗转反侧。我们虽相距不远，但志趣不同，心中遗憾，不可胜言！前些日子，承蒙不弃，频频来信，陈述祸福利害，于公于私，情义真挚。以您的才华，博览典籍，怎会无视正道，不明白我的志趣呢？因此我放弃笔墨，没有回信，也希望您能略加明白我狭隘的心意，略知我粗陋的秉性。最近再次收到您的书信，援引众多观点论议，我虽不想答复，但您言辞恳切，情义至深，我不应不作回复。

我是个无德无才的小人，原本胸无大志，中途因在军中服役，幸蒙袁公赏识，恩深情厚，我才得以窃居大州之职，怎料如今要与袁公兵戎相见？我每每登城阅兵，见到袁公的旗鼓，瞻望袁公的帷人，无以为悔；主人相接，过绝等伦。受任之初，志同大事，扫清寇逆，共尊王室。岂悟本州被侵，郡将遘厄，请师见拒，辞行被拘，使洪故君，遂至沦灭。区区微节，无所获申，岂得复全交友之道，重亏忠孝之名乎？所以忍悲挥戈，收泪告绝。若使主人少垂古人忠恕之情，来者侧席，去者克己，则仆抗季札之志，不为今日之战矣。

昔张景明登坛喢血，奉辞奔走，卒使韩牧让印，主人得地。后但以拜章朝主，赐爵获传之故，不蒙观过之贷，而受夷灭之祸。吕奉先讨卓来奔，请兵不获，告去何罪，复见斫刺。刘子璜奉使逾时，辞不获命，畏君怀亲，以诈求归，可谓有志忠孝，无损霸道，亦复僵尸麾下，不蒙亏除。慕进者蒙荣，违意者被戮，此乃主人之利，非游士之愿也。是以鉴戒前人，守死穷城，亦以君子之违，不适敌国故也。

足下当见久围不解，救兵未至，感婚姻之义，推平生之好，以为屈节而苟生，胜守义而倾覆也。昔晏婴不降志于白刃，南史不曲笔以求存，故身传图象，名垂后世。况仆据金城之固，驱士人之力，散三年之畜以为一年之资，匡困补乏，以悦天下，何图筑室反耕哉？但惧秋风扬尘，伯圭马首南向，张扬、飞燕旅力作难，北鄙将告倒悬之急，股肱奏乞归之记耳。主人当鉴戒曹辈，反旌退师，何宜久辱盛怒，暴威于吾城之下哉！

足下讥吾恃黑山以为救，独不念黄巾之合从邪？昔高祖取彭越帐，突然有感曾经的故友反复周旋，抚弦持剑，不知不觉间竟泪流满面。为什么？我自认为辅佐袁公，并没有可后悔之处；袁公待我，远超常人。我在受任之初，与袁公志同道合，共谋国家大事，扫清叛贼，共尊王室。谁知本州遭到侵犯，郡守陷入困境，我向袁公请求借兵被拒，我向袁公辞行又遭拘押，致使我臧洪的故旧，最终全族惨遭诛灭。区区微末之节，无法伸张，我岂能再与袁公成为好友，重新损害忠孝之名呢？所以我忍悲挥戈，收泪绝交。假若袁公能稍稍垂帘古人忠恕之情，来者侧席相待，去者克己自责，那我会效仿季扎逃位之志，不会与袁公兵戎相见。

从前张景明登上祭坛歃血为盟，奉命奔走，最终使得韩馥让出冀州牧的印绶，袁公得到了冀州的土地。后来张景明只因向皇帝上奏，受赐爵位获得符信的缘故，没有得到袁公的宽恕，反而身受夷灭之祸。吕奉先讨伐董卓兵败前来投奔袁公，请求袁公出兵增援被拒，向袁公辞行，吕奉先又有什么罪？袁公竟派兵斩杀吕奉先。刘子璜奉命出使，超过了约定的时间，辞谢袁公没有得到允许，刘子璜畏惧袁公，怀念亲人，用诈谋以求返归，可谓是有志于忠孝，无损于霸道，但刘子璜同样命殒袁公麾下，不蒙幸免。仰慕袁公而来的蒙受荣宠，违逆袁公意旨的身陷诛灭，这是袁公谋利之举，并非游士内心之愿。所以我以前人为戒，誓死守卫危城，也不过是君子逃亡，不会逃往敌国而已。

足下见到我遭围困日久，无法脱困，救兵未到，有感于婚姻之义，推及平生所好，觉得我会认为屈节而生，胜过守义而死。从前晏子不会因刀剑加颈而降志屈服于崔杼，南史氏不会因太史身死而曲笔记载历史以求保全。所以后世将这些事情描绘下来，名垂千秋。何况我据守坚固的城池，率领勇猛的兵士，散去三年之蓄以作一年之用，匡救困顿，弥补贫乏，为天下谋存亡，为何要想着筑室反耕呢？只是怕秋风扬尘，伯圭马首南向，张扬、张燕合力起兵，北方边境的将士奏报情况危急，股肱之臣奏请辞官还乡以求自救。袁公应当以此为戒，撤军退师，何必要久怀盛怒，在我的城下逞威风呢！

足下讥刺我会依靠黑山为援，为什么没有想到我可以与黄巾军于钜野，光武创基兆于绿林，卒能龙飞受命，中兴帝业。苟可辅主兴化，夫何嫌哉！况仆亲奉玺书，与之从事！

行矣孔璋！足下徼利于境外，臧洪投命于君亲；吾子托身于盟主，臧洪策名于长安。子谓余身死而名灭，仆亦笑子生死而无闻焉。本同末离，努力努力，夫复何言！

绍见洪书，知无降意，增兵急攻。城中粮尽，外无援救，洪自度不免，呼吏士谓曰："袁绍无道，所图不轨，且不救洪郡将，洪于大义，不得不死。念诸君无事，空与此祸，可先城未破，将妻子出。"将吏皆垂泣曰："明府之于袁氏，本无怨隙，今为郡将之故，自致危困，吏人何忍当舍明府去也？"初尚掘鼠，煮筋角，后无所复食，主簿启内厨米三斗，请稍为饘粥，洪曰："何能独甘此邪？"使为薄糜，遍班士众。又杀其爱妾，以食兵将。兵将咸流涕，无能仰视。男女七八十人相枕而死，莫有离叛。

城陷，生执洪。绍盛帷幔，大会诸将见洪。谓曰："臧洪何相负若是！今日服未？"洪据地瞋目曰："诸袁事汉，四世五公，可谓受恩。今王室衰弱，无扶翼之意，而欲因际会，觖望非冀，多杀忠良，以立奸威。洪亲见将军呼张陈留为兄，则洪府君亦宜为弟，而不能同心戮力，为国除害，坐拥兵众，观人屠灭。惜洪力劣，不能推刃为天下报仇，何谓服乎？"绍本爱洪，意欲屈服赦之，见其辞切，知终不为用，乃命杀焉。

洪邑人陈容，少为诸生，亲慕于洪，随为东郡丞。先城未败，合纵呢?从前高祖在钜野将彭越收入麾下,光武皇帝在绿林开创基业,最终他们神龙飞腾,受命于天,中兴帝业。我也可以辅佐君主推行教化,又有什么怀疑的呢!何况我亲奉玺书,与之共同举事!

别了孔璋!足下在境外谋求利益,我为君亲誓死效命;您托身于袁公,我在长安留下美名。你说我身死而名灭,我也笑你不管生死,无所闻名。我们本旨相同但所行之路不同,努力努力,不必多言!

袁绍看了臧洪的回信,知晓臧洪没有归降的意思,于是增加兵力紧急攻打东武阳城。城中粮尽,外无援兵,臧洪自知无法免于一死,召集兵吏说:“袁绍无道,所图不轨,并且不愿放过我,我于大义,不得不死。但念及诸君与此事没有关系,凭白遭受此祸,可以在城池未破之前,带着你们的妻子儿女出城。”将吏们全都痛哭流涕说:“明府与袁氏,原本没有嫌隙,如今为了张超郡将,身受危困,我等怎能忍心舍弃明府离开呢?”被围刚开始臧洪等人还能挖到老鼠,煮了动物的筋角充饥,后来没有什么东西可吃了,主簿从厨房拿出三斗米,为臧洪煮了些稀饭,臧洪说:“我怎能独自享用呢?”臧洪下令把米全部煮成清粥,分给所有的兵将。臧洪又杀了自己的爱妾,分给兵将食用。兵将全都痛哭流涕,无法仰视。郡府有男女共七八十人相枕而死,无一人叛离。

东武阳城被攻破,臧洪被生擒。袁绍盛张帷幔,召集诸将面见臧洪。袁绍说:“臧洪为何要有负于我!今日你服不服?”臧洪手按着地,瞋目怒斥道:“袁氏一族奉事汉室,四世五公,可谓是深受皇恩,如今汉室衰弱,将军却毫无辅佐之意,反而意欲借此时机,妄谋非分之想,残杀忠良,以立奸威。我亲眼见到将军称呼陈留太守张邈为兄,那么我的府君张超也应当被称为弟,将军不能与他们齐心合力,为国除害,反而坐拥众多兵力,眼睁睁看着张超一族惨遭屠戮。可惜我的兵力薄弱,不能持刀为天下报仇,如何心服?”袁绍原本十分喜爱臧洪,心想只要臧洪屈服便赦免其罪。但见到臧洪言辞激切,知晓臧洪最终也不会为己所用,只好下令将其斩杀。

臧洪的同乡陈容,年少时在太学学习。因为仰慕臧洪,便跟随臧洪使归绍。时容在坐，见洪当死，起谓绍曰："将军举大事，欲为天下除暴，而专先诛忠义，岂合天意？臧洪发举为郡将，奈何杀之！"绍惭，使人牵出，谓曰："汝非臧洪畴，空复尔为？"容顾曰："夫仁义岂有常所，蹈之则君子，背之则小人。今日宁与臧洪同日死，不与将军同日生也。"遂复见杀。在绍坐者，无不叹息，窃相谓曰："如何一日戮二烈士！"

先是洪遣司马二人出，求救于吕布。比还，城已陷，皆赴敌死。

论曰：雍丘之围，臧洪之感愤壮矣！想其行跣且号，束甲请举，诚足怜也。夫豪雄之所趣舍，其与守义之心异乎？若乃缔谋连衡，怀诈算以相尚者，盖惟利势所在而已。况偏城既危，曹袁方穆，洪徒指外敌之衡，以纾倒县之会。忿悁之师，兵家所忌。可谓怀哭秦之节，存荆则未闻也。

赞曰：先零扰疆，邓、崔弃凉。诩、燮令图，再全金方。盖勋抗董，终然允刚。洪怀偏节，力屈志扬。

洪担任东郡丞。在东武阳城被攻破之前，臧洪让陈容归降袁绍。在臧洪被擒，袁绍在帷帐中召集诸将之时，陈容在场，陈容见到臧洪要被斩杀，站起来对袁绍说："将军举大事，意欲为天下除暴，但现在反而先诛杀忠义之士，这样做岂能合乎天意？臧洪举兵是为了张超郡将，为何要杀他！"袁绍听后十分惭愧，命人将陈容拉出去，对陈容说："你不是臧洪的同党，你这样做又有何用？"陈容回头说："仁义岂会有固定的规矩？践行仁义则是君子，背弃仁义则是小人。今日我宁愿与臧洪同日死，不愿与将军同日生。"因此陈容也被斩杀。帷帐中在坐的人，无不叹息。窃窃私语道："怎能在一日之间斩杀两位烈士！"

此前臧洪派两位司马出城，向吕布求救。等到两位司马回来时，东武阳城已被攻陷，两位司马全都战死。

评论说：曹操在雍丘围攻张超，臧洪充满愤慨之情，想到臧洪赤脚奔走，痛哭呼号，整顿军队出兵救援的情状，着实让人心生怜惜。英雄豪杰所追求取舍的，或许不同于与守义之心？至于那些结盟连衡，但心怀诡诈并且相互标榜的，都是唯利是图而已。何况偏城已经十分危险，曹操与袁绍当时正彼此交好，臧洪希望借外敌的力量，解救危机的处境。因不忍小故而愤然用兵，是为兵家所忌。臧洪可谓是有申包胥前往秦国，痛哭乞求秦国出兵救楚的气节，却没有像申包胥保全楚国的功绩。

赞辞说：先零一族侵扰边疆，邓骘、崔烈放弃凉州。虞诩、傅燮深谋远虑，再次保全国土。盖勋抗击董卓，始终正直刚强。臧洪心怀卓越之节，虽然力竭但志节受到后世称扬。

卷八十九

张衡列传第四十九

张衡字平子，南阳西鄂人也。世为著姓。祖父堪，蜀郡太守。衡少善属文，游于三辅，因入京师，观太学，遂通《五经》，贯六艺。虽才高于世，而无骄尚之情。常从容淡静，不好交接俗人。永元中，举孝廉不行，连辟公府不就。时天下承平日久，自王侯以下，莫不逾侈。衡乃拟班固《两都》，作《二京赋》，因以讽谏。精思傅会，十年乃成。文多故不载。大将军邓骘奇其才，累召不应。

衡善机巧，尤致思于天文、阴阳、历算。常耽好《玄经》，谓崔瑗曰："吾观《太玄》，方知子云妙极道数，乃与《五经》相拟，非徒传记之属，使人难论阴阳之事，汉家得天下二百岁之书也。复二百岁，殆将终乎？所以作者之数，必显一世，常然之符也。汉四百岁，《玄》其兴矣。"安帝雅闻衡善术学，公车特征拜郎中，再迁为太史令。遂乃研核阴阳，妙尽琁机之正，作浑天仪，著《灵宪》《算罔论》，言甚详明。

顺帝初，再转，复为太史令。衡不慕当世，所居之官，辄积年不徙。自去史职，五载复还，乃设客问，作《应间》以见其志云：

有闲余者曰：盖闻前哲首务，务于下学上达，佐国理民，有云为也。朝有所闻，则夕行之。立功立事，式昭德音。是故伊尹思使君张衡字平子，南阳郡西鄂县人。张氏乃世家大族。张衡的祖父张堪，曾任蜀郡太守。张衡年少时擅长撰写文章，曾在三辅游学，因而前往京师，在太学中学习，张衡精通《五经》，明晓六艺。虽才高于世，但无骄傲自大之情。张衡为人从容淡泊，不好结交俗人。永元年间，张衡被举荐为孝廉，但是他没有接受，公府接连数次征召，他都没有就任。当时天下太平时日已久，自王侯以下，无不奢靡过度。于是张衡效仿班固的《两都赋》，编写《二京赋》，以此讽谏。张衡竭尽才思，精心修饰润色，耗费十年才编写完成。赋文过长，故不详载。大将军邓骘欣赏张衡的才华，多次征召，张衡都没有应召。

张衡擅长机械，尤其醉心于天文、阴阳、历算。张衡特别喜爱扬雄所著的《太玄经》，张衡对崔瑗说："我看《太玄经》，方知扬子云钻研道数有如此深的成就，《太玄经》可与《五经》相比肩，《太玄经》不仅仅是传记一类的典籍，使人再难论辩阴阳之事，这是汉室拥有天下二百年以来才得以问世的书。再历经二百年，汉室将会结束吗？因为书中所写的历数，必会在一个时代中彰显，这是自然之理。汉室四百年之际，《太玄经》或许会兴起。"安帝素来听闻张衡善长术学，命公车署特意征召张衡拜任郎中，后来张衡升任太史令。张衡便开始钻研阴阳，穷究天文规律，创造出浑天仪，并撰写了《灵宪》《算罔论》，书中讲得十分详细明了。

顺帝初年，张衡两次转任，又再次担任太史令。张衡不谄媚当世权臣贵戚，所担任的官职，往往很多年得不到升迁。自从张衡离任太史令一职，历经五年再次就任原职。于是张衡以自己回答宾客问题的形式，撰写《应间》来表明自己的志向：

有人问我：听闻前代的贤哲第一要务，就是力求下学人事，上知天命，辅佐君王，治理百姓，有所作为。早晨听闻正道，晚上就应为尧舜，而民处唐虞，彼岂虚言而已哉，必旌厥素尔。咎单、巫咸，寔守王家，申伯、樊仲，实干周邦，服衮而朝，介圭作瑞。厥迹不朽，垂烈后昆，不亦丕欤！且学非以要利，而富贵萃之。贵以行令，富以施惠，惠施令行，故《易》称以“大业”。质以文美，实由华兴，器赖彫饰为好，人以舆服为荣。吾子性德体道，笃信安仁，约己博艺，无坚不钻，以思世路，斯何远矣！曩滞日官，今又原之。虽老氏曲全，进道若退，然行亦以需。必也学非所用，术有所仰，故临川将济，而舟楫不存焉。徒经思天衢，内昭独智，固合理民之式也？故尝见谤于鄙儒。深厉浅揭，随时为义，曾何贪于支离，而习其孤技邪？参轮可使自转，木雕犹能独飞，已垂翅而还故栖，盍亦调其机而銛诸？昔有文王，自求多福。人生在勤，不索何获。曷若卑体屈己，美言以相克？鸣于乔木，乃金声而玉振之。用后勋，雪前吝，婞佷不柔，以意谁靳也。

应之曰：是何观同而见异也？君子不患位之不尊，而患德之不崇；不耻禄之不夥，而耻智之不博。是故艺可学，而行可力也。天爵高悬，得之在命，或不速而自怀，或羡旃而不臻，求之无益，故智者面而不思。阽身以徼幸，固贪夫之所为，未得而豫丧也。枉尺直寻，议者讥之，盈欲亏志，孰云非羞？于心有猜，则簋飧馔餔犹不屑餐，旌瞀以之。意之无疑，则兼金盈百而不嫌辞，孟轲以之。士或解裋当践行。建功立业，以此光大善言。所以伊尹思虑如何辅佐商汤成为尧舜那样的明君，如何让百姓生活在唐虞那样的盛世。这些难道只是虚假的事迹而已，伊尹必定实现自己的志向。咎单、巫咸，是殷朝时的贤臣，保卫社稷忠贞无二，申伯、樊仲，是周朝的卿士，辅佐周宣王奉公尽职，身穿衮服朝见天子，手执介圭作为符信。他们立下的功业千秋不朽，垂范后世，怎能不令人尊敬！而且学问并不是为了谋求利益，而使富贵汇聚于一身。贵则可以推行政令，富则可以遍施恩惠，恩惠遍施，政令推行，故而《易经》称这些事情为“大业”。质以文美，实由华兴，器皿仰赖雕饰而更加华丽，人通过车马衣服而彰显尊荣。您躬行正道，笃信安仁，约束己身，博通艺文，刻苦钻研，思虑治世的方法，谋略是如此的深远！从前您担任史官，得不到升迁的机会，如今您又就任原职。虽然老子讲委曲求全，前进之道反若后退，但学习践行起来也没有什么进益。学问不能学以致用，道术应当有所仰慕，否则就如同面对河流想要渡河，却没有舟楫一样。您潜心撰写《灵宪》，研究浑天仪，内心智慧昭然卓越，但这些是否合乎治理百姓所需呢？因此您曾遭受鄙儒的毁谤。遇到浅水则提衣过河，遇到深水也不必提起衣服，您应当随顺时世，因时制宜，何必要效仿朱泙漫拜支离益为师，去学习那些没有用的屠龙之技呢？您所发明的指南车可以自由转动，木雕可以独自飞翔，而您却再次就任史官，为何不利用这些东西使得自己官运亨通，飞黄腾达呢？从前周文王，自求多福。人生在世，贵在勤勉，但不去索求又能得到什么呢？您为何不卑身屈己，以美言提升自己的价值呢？仕途升迁，官至高位，宣扬德音，如同金玉之声。用后功，雪前耻，刚直柔顺，以此应对他人的讥讽。

我回答道：为什么观者相同但看法不同呢？君子不忧心地位不尊贵，而忧心德行不完备；不耻于俸禄不丰厚，而耻于学识不渊博。因此技艺可学习，德行需要历练。天子设立爵位，能否得到在于天命，有的人不刻意谋求而爵位自来，有的人贪慕非常而爵位不至，过分谋求也没什么用处，所以对于爵位，智者背对着不去想它。身近危险侥幸获得，本是贪婪之人所为，尚未得到就先丧命。屈曲一尺而伸直八尺，遭受旁人的讥讽，为了满足欲望而折损志向，难道不觉得羞褐而袭黼黻，或委臿筑而据文轩者，度德拜爵，量绩受禄也。输力致庸，受必有阶。

浑元初基，灵轨未纪，吉凶纷错，人用瞳朦。黄帝为斯深惨。有风后者，是焉亮之，察三辰于上，迹祸福乎下，经纬历数，然后天步有常，则风后之为也。当少昊清阳之末，实或乱德，人神杂扰，不可方物，重黎又相颛顼而申理之，日月即次，则重黎之为也。人各有能，因艺授任，鸟师别名，四叔三正，官无二业，事不并济。昼长则宵短，日南则景北。天且不堪兼，况以人该之。夫玄龙，迎夏则陵云而奋鳞，乐时也；涉冬则淈泥而潜蟠，避害也。公旦道行，故制典礼以尹天下，惧教诲之不从，有人不理。仲尼不遇，故论《六经》以俟来辟，耻一物之不知，有事之无范。所考不齐，如何可一？

夫战国交争，戎车竞驱，君若缀旒，人无所丽。烛武县缒而秦伯退师，鲁连系箭而聊城弛柝。从往则合，横来则离，安危无常，要在说夫。咸以得人为枭，失士为尤。故樊哙披帷，入见高祖；高祖踞洗，以对郦生。当此之会，乃鼋鸣而鳖应也。故能同心戮力，勤恤人隐，奄受区夏，遂定帝位，皆谋臣之由也。故一介之策，各有攸建，子长谍之，烂然有第。夫女魃北而应龙翔，洪鼎声而军容息；溽暑至而鹑火栖，寒冰沍而鼋鼍蛰。今也，皇泽宣洽，海外混同，万方亿丑，并质共剂，若修成之不暇，尚何功之可立！立事有三，言为下列；下列且不可庶矣，奚冀其二哉！

耻吗?心存鄙夷,则食器中盛着美味佳肴也不屑使用,爰旌瞀就是这样的人。心无疑意,则有成百上千的上等金子也不会推辞,孟轲就是这样的人。有的士人脱下粗布短衣而穿上华丽礼服,有的士人放下劳作的工具而登上华美的车子,衡量自己的德行接受爵位,根据自己的功绩接受俸禄。勤勉不倦,奉公尽职,这样享受爵位俸禄才理所应当。

天地初开,日月星辰的运行没有条理,吉凶祸福纷乱交错,人类蒙昧尚未开化。黄帝对此深感忧愁。有位叫风后的大臣,擅长推演阴阳之事,风后对上观察日月星的运行,对下探究吉凶祸福,推定经纬历数,而后天体星象运行有常法,这些都是风后所为。到了少昊氏末年,九黎乱德,人神混杂,无法分辨,重黎辅佐颛顼加以治理,日月得以有序运行。这些是重黎所为。人各有能,根据其能力授以官职,少昊氏以鸟名命名官职,他的四位子孙分别受任木正、金正和水正,每位官员没有兼任其他职责,不会同时做两件事情。夏至昼长则夜短,冬至太阳靠南而晷影变长。上天尚且不能兼顾,何况是人呢?以玄龙而言,遇夏则腾飞登天,是因为遵循时节;遇冬则入川潜藏,是为了躲避时害。周公旦推行正道,因此制订典章礼法来治理天下,但依旧会忧心政教得不到遵守,有些百姓得不到教化。孔子不被赏识,因此论述《六经》以等待后世圣君,为有些事物尚不明白,有些事情尚无规范而感到羞耻。众人所省察的标准不同,如何能一致呢?

战国时期诸侯争斗,战车驰骋,国君为臣下所挟持,大权旁落,百姓无所归附。烛之武身上绑上绳子,从城上下去游说秦伯退兵,鲁仲连将书信系在箭上射进聊城,燕将看后自杀,聊城得以攻破。合纵抗秦,连横事秦,安危无常,关键在于说客。各个国家以得到人才为胜,失去人才为忧。樊哙径直闯入宫中面见高祖,并向高祖谏言,高祖得以起身;高祖坐床洗脚,心存傲慢接见郦食其。高祖随后又向其致歉。在当时,这便是鼋鸣鳖应,君臣相感。所以君臣上下能够同心合力,体恤百姓疾苦,拥有华夏之地,最终登上帝位,都是因为谋臣的纵横谋划。所以一介谋臣的计策,各自立下功绩,司马迁为这些功臣作传,载入《史记》,功绩辉煌各有次第。女魃退走而应龙飞翔,于兹搢绅如云，儒士成林，及津者风摅，失涂者幽僻，遭遇难要，趋偶为幸。世易俗异，事势舛殊，不能通其变，而一度以揆之，斯契船而求剑，守株而伺兔也。冒愧逞愿，必无仁以继之，有道者所不履也。越王句践事此，故厥绪不永。捷径邪至，我不忍以投步；干进苟容，我不忍以歙肩。虽有犀舟劲楫，犹人涉卬否，有须者也。姑亦奉顺敦笃，守以忠信，得之不休，不获不吝。不见是而不惛，居下位而不忧，允上德之常服焉。方将师天老而友地典，与之乎高睨而大谈，孔甲且不足慕，焉称殷彭及周聃！与世殊技，固孤是求。子忧朱泙曼之无所用，吾恨轮扁之无所教也。子睹木雕独飞，愍我垂翅故栖，吾感去蛙附鸱，悲尔先笑而后号也。

斐豹以斃督燔书，礼至以掖国作铭；弦高以牛饩退敌，墨翟以萦带全城；贯高以端辞显义，苏武以秃节效贞；蒱且以飞矰逞巧，詹何以沉钩致精；弈秋以棋局取誉，王豹以清讴流声。仆进不能参名于二立，退又不能群彼数子。愍《三坟》之既颓，惜《八索》之不理。庶前训之可钻，聊朝隐乎柱史。且韫椟以待价，踵颜氏以行止。曾不慊夫晋、楚，敢告诚于知己。

鼎磬洪亮而兵戈止息；盛夏到来而鹑火星退至西方，寒冬结寒而鼋鼍蛰伏潜藏。如今，皇恩遍施，四海统一，各地万物，财货流通，倘若士人连修持己身都没有时间，那么功业又将如何建立呢！建功立业的途径有三种，以立言为下等；下等之事尚且没有希望，那又怎能寄希望于其他两种途径呢！

当今之世官员如云，儒士成林，走小路的人飞黄腾达，迷失道路的人身陷幽僻，遭遇艰难险阻，能得到赏识的很少。时世变迁，世事转变，若是不能通晓变化，反而一味揣测，就如同刻舟求剑，守株待兔。不顾廉耻也要满足愿望，仁者爱相衢，有道者也不會这么做。越王句践就是这么做了，最终自取败亡，难以长久。不循正道，寻求邪径达成目的，我不愿举步涉足；谋求仕进，苟且容身屈从附和，我不愿耸肩谄媚。虽然有坚固的舟楫，别人都渡河而去，唯独除了我，因为我要在此等待友人，这就好比入仕为官当以正道，不求妄进。况且奉顺正道，敦厚笃实，坚守忠信，不会因得到而骄傲，也不会因得不到而羞耻。听不到赞赏不会感到烦闷，居于下位不会感到忧愁，这些确实是至德之人所为。黄帝以天老为师，以地典为友，与他们高谈阔论，孔甲尚且不值得羡慕，更何况是殷朝的老彭和周朝的老聃！异于俗世的才能，原本就是我所求的。您担心朱泙曼的技艺毫无用处，而我遗憾轮扁没有将自己的技艺教予后人。您看到木雕独自飞翔，哀悯我再次就任原职，而我有感于您离开蛙群而依附于鸱鹰，悲叹您先欢笑而后号哭。

斐豹诛杀督戎，晋平公烧掉丹书，解除了斐豹的奴隶身份，礼至将国子挟至城外斩杀，礼至为自己篆刻铭文记录功绩；弦高用牛犒赏秦军，最终使得秦军撤退，保全了郑国，墨翟以衣带为城，以竹片为器，与鲁班相斗，最终保全宋国；贯高正言围护赵王，独揽罪名，彰显忠义，苏武持节出使匈奴，符节的毛都已落尽，他依然效忠汉庭，显露忠贞；蒱且以飞矢显示巧妙的射艺，詹何以垂钓展现精湛的技艺；弈秋以棋艺博得赞誉，王豹以清亮的歌声而美名远扬。我进不能在立德和立功博得名声，退不能效仿这些前人。我哀悯《三坟》已经荒废，惋惜《八索》无人理睬。希望可以推究前代的训戒，姑且效仿阳嘉元年，复造候风地动仪。以精铜铸成，员径八尺，合盖隆起，形似酒尊，饰以篆文山龟鸟兽之形。中有都柱，傍行八道，施关发机。外有八龙，首衔铜丸，下有蟾蜍，张口承之。其牙机巧制，皆隐在尊中，覆盖周密无际。如有地动，尊则振龙机发吐丸，而蟾蜍衔之。振声激扬，伺者因此觉知。虽一龙发机，而七首不动，寻其方面，乃知震之所在。验之以事，合契若神。自书典所记，未之有也。尝一龙机发而地不觉动，京师学者咸怪其无征，后数日驿至，果地震陇西，于是皆服其妙。自此以后，乃令史官记地动所从方起。

时政事渐损，权移于下，衡因上疏陈事曰："伏惟陛下宣哲克明，继体承天，中遭倾覆，龙德泥蟠。今乘云高跻，磐桓天位，诚所谓将隆大位，必先倥偬之也。亲履艰难者知下情，备经险易者达物伪。故能一贯万机，靡所疑惑，百揆允当，庶绩咸熙。宜获福祉神祇，受誉黎庶。而阴阳未和，灾眚屡见，神明幽远，冥鉴在兹。福仁祸淫，景响而应，因德降休，乘失致咎，天道虽远，吉凶可见，近世郑、蔡、江、樊、周广、王圣，皆为效矣。故恭俭畏忌，必蒙祉祚，奢淫谄慢，鲜不夷戮，前事不忘，后事之师也。夫情胜其性，流遁忘反，岂唯不肖，中才皆然。苟非大贤，不能见得思义，故积恶成衅，罪不可解也。向使能瞻前顾后，援镜自戒，则何陷于凶患乎！贵宠之臣，众所属仰，其有愆尤，上下知之。褒美讥恶，有心皆同，故怨老子一样隐于朝堂。况且将美玉藏于匣子中，以待出高价真心购买的人，追随颜回的性情，得到任用则尽心尽职，不得任用则修身养性。我不曾羡慕晋、楚的富足，我敢把真心括告折瞭解自己的人。

阳嘉元年（132），张衡又发明了候风地动仪。以精铜铸成，直径八尺，顶盖突起，形似酒樽，外形有以篆体刻的文字，还有山龟鸟兽的装饰。中间有一个粗大的柱子作为支撑，旁边分行八道，其中设有机关。外面连着八条龙，龙首口衔铜丸，在龙首的下面还有蟾蜍，张开嘴巴接着铜丸。其中的齿轮咬合，构造精巧，全都隐藏在这酒樽之中，酒樽覆盖周密没有缝隙。如果发生地震，樽内机关震动，连接龙首，吐出铜丸，而在下的蟾蜍将铜丸接住，所发出的声音高亢响亮，值守的人因此察觉。虽然一龙的机关触发，但其余七龙不会受到影响，依着龙首发动的方向找寻，就能知道发生地震的所在。检验地动仪，百试百应，如有神助，这是自有典籍记载以来，从未有过的发明。曾经有一次地动仪有一条龙的机关发动，但人们没有感觉到地震，京师的学者都责怪地动仪不足为信，数日之后，有驿站送来奏报，在陇西果然发生地震，于是众人都佩服地动仪的神妙。自此之后，朝廷便令史官记载地震发生的地方。

当时朝廷政事日渐荒废，大权下移到大臣手中。张衡因而上书陈事说：“陛下圣明，善尽君道，秉承天命，陛下在作太子时，被废为济阴王，身遭困厄，圣德未现，犹如蟠龙屈身于泥沼之中。如今陛下乘云高升，居于天子之位，这正所谓将登大位，必先遭受困境。亲身经历艰难困苦则能知晓下情，饱受吉凶磨难则能明辨是非真伪。因此陛下能够日理万机，不受迷惑。处理政务公允恰当，各行各业，都十分兴盛，陛下理应获得神明降福，受到百姓赞誉。但阴阳未和，灾异屡现。神明虽然幽远深远，但神明的警戒却时时在眼前。仁慈为善者，天降之以福，荒淫为恶者，天降之以祸，如影随形，如响应声。上天因德行而降下福佑，因过失而招致灾殃，天道虽远，吉凶可见。近世有郑众、蔡伦、江京、樊丰、周广、王圣，这些人都是明显的征验。所以人恭敬节俭，心存敬畏，有所顾忌，一定会得到福祐，骄奢淫逸，谄媚傲慢，很少不会招致杀身之祸。这正是前事不忘，后事之师。情讟溢乎四海，神明降其祸辟也。顷年雨常不足，思求所失，则《洪范》所谓‘僭恒阳若’者也。惧群臣奢侈，昏逾典式，自下逼上，用速咎征。又前年京师地震土裂，裂者威分，震者人扰也。君以静唱，臣以动和，威自上出，不趣于下，礼之政也。窃惧圣思厌倦，制不专己，恩不忍割，与众共威。威不可分，德不可共。《洪范》曰：‘臣有作威作福玉食，害于而家，凶于而国。’天鉴孔明，虽疏不失。灾异示人，前后数矣，而未见所革，以复往悔。自非圣人，不能无过。愿陛下思惟所以稽古率旧，勿令刑德八柄，不由天子。若恩从上下，事依礼制，礼制修则奢僭息，事合宜则无凶咎。然后神望允塞，灾消不至矣。”

初，光武善谶，及显宗、肃宗因祖述焉。自中兴之后，儒者争学图纬，兼复附以訞言。衡以图纬虚妄，非圣人之法，乃上疏曰：“臣闻圣人明审律历以定吉凶，重之以卜筮，杂之以九宫，经天验道，本尽于此。或观星辰逆顺，寒燠所由，或察龟策之占，巫觋之言，其所因者，非一术也。立言于前，有征于后，故智者贵焉，谓之谶书。谶书始出，盖知之者寡。自汉取秦，用兵力战，功成业遂，可谓大事，当此之时，莫或称谶。若夏侯胜、眭孟之徒，以道术立名，其所述著，无谶一言。刘向父子领校秘书，阅定九流，亦无谶录。成、哀之后，乃始闻之。《尚书》尧使鲧理洪水，九载绩用不成，鲧则殛死，禹乃嗣兴。而《春秋谶》云‘共工理水’。凡谶皆云黄帝伐欲胜过本性，则会随流忘返，沉溺其中，岂止是不肖之人，普通人都是如此。若非大贤之人，不能在看到时就思虑是否合乎道义，所以积恶成罪，罪不可免。假使能瞻前顾后，援镜自戒，又怎会陷于凶患之中呢！贵宠之臣，众人所仰，他们一有什么过错，上下的人都会知道。奖善惩恶，人们都有相同的观点。所以若是怨恨诽谤遍及四海，神明就会降下灾祸。近年来雨水不足，思求所犯的过失，这便是《洪范》中所讲的‘君行有错，则久晴不雨。’陛下应当警惕群臣是否奢侈靡费，僭越礼制，以下犯上，加速灾异的到来。又前年京师发生地震，土地裂开，土地裂开是意味着威权分散，地震意味着有人祸乱朝纲。君以静唱，臣以动和，威权自上而出，不应来源于下，这是礼法所定的规矩。臣担心陛下圣思厌倦，政令无法出自一人，恩爱不忍割舍，将威权分予众人共享。威权不可分散，恩德不可共享。《洪范》中讲：‘大臣若是作威作福，享受珍馐佳肴，不仅会损害家庭，还会危及国家。’上天明察，天网恢恢疏而不漏。灾异前后已出现多次，但未见到陛下有所改革，也没有对以往过错感到悔恨，人非圣贤，孰能无过。愿陛下深思，考察古事，遵循旧制，不要让刑德八柄，不由天子做主。假如恩泽从上位施及臣下，凡事依照礼制，礼制完备则奢侈僭越之事将会止息，凡事处置合宜则不会出现灾殃。然后神灵所希望之事得到满足，灾异就会消除。”

起初，光武帝喜好图谶。到了明帝、章帝继续沿袭效仿。自光武帝中兴以后，儒生争相钻研图谶和纬书，同时再附以妖言邪说。张衡认为图谶和纬书是虚妄之言，不是圣人之法。于是张衡上书奏言说：“臣听闻圣人明审律历以确定吉凶，加以卜筮，杂用九宫之术，测度天象，检验天道，都来源于此。或是观察星辰运行的逆顺，明白天气寒热的原因，或是考察龟甲和蓍草的占验，巫师的所言，他们所依靠的不止一种方法。立言于前，征验于后，故而智者所重视的，称之为谶书。谶书刚开始出现，知道的人很少。自汉室取代秦朝，用兵奋战，建功立业，可谓是大事，在当时，无人论说图谶。再者如夏侯胜、眭孟等人，以道术立名，他们的著述，没有一处是关于图谶的。刘向父子负责校验藏书，审定九流，也没有关于图谶的记录。西汉成帝、蚩尤，而《诗谶》独以为‘蚩尤败，然后尧受命’。《春秋元命包》中有公输班与墨翟，事见战国，非春秋时也。又言‘别有益州’。益州之置，在于汉世。其名三辅诸陵，世数可知。至于图中讫于成帝。一卷之书，互异数事，圣人之言，势无若是，殆必虚伪之徒，以要世取资。往者侍中贾逵摘谶互异三十余事，诸言谶者皆不能说。至于王莽篡位，汉世大祸，八十篇何为不戒？则知图谶成于哀、平之际也。且《河洛》《六艺》，篇录已定，后人皮傅，无所容篡。永元中，清河宋景遂以历纪推言水灾，而伪称洞视玉版。或者至于弃家业，入山林。后皆无效，而复采前世成事，以为证验。至于永建复统，则不能知。此皆欺世罔俗，以昧势位，情伪较然，莫之纠禁。且律历、卦候、九宫、风角，数有征效，世莫肯学，而竞称不占之书。譬犹画工，恶图犬马而好作鬼魅，诚以实事难形，而虚伪不穷也。宜收藏图谶，一禁绝之，则朱紫无所眩，典籍无瑕玷矣。”

后迁侍中，帝引在帷幄，讽议左右。尝问衡天下所疾恶者。宦官惧其毁己，皆共目之，衡乃诡对而出。阉竖恐终为其患，遂共谗之。

衡常思图身之事，以为吉凶倚伏，幽微难明，乃作思玄赋，以宣寄情志。其辞曰：

哀帝以后，才开始听闻图谶这件事。《尚书》中记载尧帝派鲧去治理洪水，耗费九年没有成效，鲧被处死，大禹接替父亲继续治水，最终成功。而《春秋谶》中记载‘共工治水。’凡是图谶都说黄帝讨伐蚩尤，而《诗谶》独认为‘蚩尤兵败，然后尧帝接受天命’。《春秋元命包》中记载公输班与墨翟的故事，事情发生于战国时期，而非春秋时期。又记载‘另设益州’。而益州的设立，是在西汉武帝时期。还有建在三辅的各座陵寝，世代可知。但图谶中却说终于成帝。一卷之书，各种事情相互矛盾，前后不一，圣人之言，绝不会如此。这必是虚伪之徒，想借此谋求钱财，欺世盗名。以往侍中贾逵指出图谶之中互相矛盾的事情有三十余件，诸多讲解图谶的人都不能作出解释。至于王莽篡位，汉室遭逢大祸，八十篇图谶为什么不出现以此为戒呢？从这些来看就可知图谶出现于西汉哀帝、平帝之世。况且《河图》《洛书》《六艺》，篇目早已确定，后人牵强附会，不容妄加篡改。永元年间，清河人宋景用历纪推算说会有水灾发生，并且谎称是透过玉圭所见。有人甚至舍弃家业，逃入山林。后来发现宋景所言没有应验，还有人搜集前世的成例，以此进行验证。至于永建年间，陛下废而复立，那些研究图谶的人却闭口不言。这都是欺世罔俗，以此蒙骗天子朝臣，其情虚伪，昭然明了，却无人纠正禁绝。况且律历、卦候、九宫、风角，屡有征验，却无人肯学，反而争相钻研图谶和纬书。这就譬如画工，厌恶描绘有形的犬马而喜欢描绘无形的鬼魅，这是因为有形的事物难以描绘得栩栩如生，而虚伪无形的东西则很容易画出来。陛下应当收藏图谶，一概禁绝，这样朝中官员就不会被迷惑，正统典籍也不会被污染了。”

后来张衡升任侍中，顺帝让张衡常伴自己身旁，讽谏论议左右大臣。顺帝曾经问张衡什么是天下所厌恶痛恨的。宦官害怕张衡会言及自身，全都看向张衡。张衡便以假话对答之后就退出来了。而宦官害怕张衡终究会成为他们的祸患，便联合起来共同诋毁张衡。

张衡常常思虑保全自身之事。张衡认为吉凶祸福，相互倚伏，深奥精微，不易觉察，便撰写《思玄赋》，以此表明自己的情志。赋中说：

仰先哲之玄训兮，虽弥高其弗违。匪仁里其焉宅兮，匪义迹其焉追？潜服膺以永靓兮，绵日月而不衰。伊中情之信修兮，慕古人之贞节。竦余身而顺止兮，遵绳墨而不跌。志团团以应悬兮，诚心固其如结。旌性行以制佩兮，佩夜光与琼枝。𫄧幽兰之秋华兮，又缀之以江蓠。美襞积以酷裂兮，允尘邈而难亏。既姱丽而鲜双兮，非是时之攸珍。奋余荣而莫见兮，播余香而莫闻。幽独守此仄陋兮，敢怠皇而舍勤。幸二八之遌虞兮，喜傅说之生殷；尚前良之遗风兮，恫后辰而无及。何孤行之茕茕兮，孑不群而介立？感鸾鹥之特栖兮，悲淑人之稀合。

彼无合其何伤兮，患众伪之冒真。旦获讟于群弟兮，启金縢而乃信。览蒸民之多僻兮，畏立辟以危身。曾烦毒以迷或兮，羌孰可与言己？私湛忧而深怀兮，思缤纷而不理。愿竭力以守义兮，虽贫穷而不改。执雕虎而试象兮，阽焦原而跟止。

庶斯奉以周旋兮，要既死而后已。俗迁渝而事化兮，泯规矩之圜方。珍萧艾于重笥兮，谓蕙芷之不香。斥西施而弗御兮，羁要褭以服箱。行陂僻而获志兮，循法度而离殃。惟天地之无穷兮，何遭遇之无常！不抑操而苟容兮，譬临河而无航。欲巧笑以干媚兮，非余心之所尝。袭温恭之黻衣兮，披礼义之绣裳。辫贞亮以为鞶兮，杂技艺以为珩。昭彩藻与雕琢兮，璜声远而弥长。淹栖迟以恣欲兮，燿灵忽其西藏。恃己知而华予兮，鶗鴂鸣而不芳。冀一年之三秀兮，遒我向往古代圣贤高深的教诲啊，虽然很深奥却永远不敢背离。不是仁者所居之处怎能居住啊，不是仁者所建之业怎能追求？牢牢铭记心中而不停思索啊，岁月流逝却永不衰减。心地是多么真诚美好啊，仰慕古人的坚贞操守。恭敬谨慎而顺应礼仪啊，遵循法规而没有失误。遵循先哲之训心志坚定而永不停止啊，信奉先哲之心坚固如结且坚不可解。为昭明高尚的德操而制作玉佩啊，佩戴着夜光珠与琼玉枝。腰系装着幽兰之秋花的香囊啊，又点缀着江离香草。花草重叠而华美，真是香气四溢啊，保持久远而香味不散。真是美好而举世无双啊，却不被时俗所珍惜。展现我的才华而人们却视若无睹啊，散播我的德行而人们却闻若无香。安静的独自一人守在这偏僻陋巷啊，哪敢荒嬉怠惰而舍弃勤奋。庆幸八元、八恺那样的有才之士，受到虞舜的重用啊，称颂傅说那样的贤士，被武丁任用为丞相；羡慕古代贤圣遗留的风尚啊，痛心降生太晚没有赶上那个时代。特立独行多么孤单啊，孑然一人而无伴可语？有感于鸾凤的特立栖息啊，怜悯于贤良的孤独寡合。

他们不遇知己又有何伤啊，怕的是伪善小人假冒真贤。况且周公旦曾被管叔及诸弟的谣言所诽谤啊，直到成王启打开金柜见其策书才信其忠诚。看到众民行为多邪僻啊，害怕民众陷入法网危及己身。倍增烦忧与迷惑啊，可与谁推心置腹倾诉真心？暗暗忧愁不堪深深思念啊，思绪纷杂理不出头绪。只愿竭尽全力坚守礼义啊，虽然贫穷也不改初衷。虽有手执猛虎之贫穷，愿竭与象搏斗之气力啊；如牢牢立足于焦原石上，坚守自己所守之仁义。

尊行奉止合于礼法啊，贯彻到底至死方休。世俗变迁使人事多变啊，泯灭规矩而改变法度。看重奸邪小人，就如把野蒿艾草放入衣箱啊，忽视贤良君子，就如竟说蕙草白芷并无香味。斥逐美人西施而不宠爱啊，给骏马套上笼头用来拉车。行为邪僻反而志得意满啊，依循法度反而遭受祸殃。想到天地广阔无穷无尽啊，为何人生遭遇如此反常莫测！若不坚持操守而苟且取容啊，就如过河无船不能到达彼岸。若要花言巧语而谄媚乞求啊，绝非我内心所能忍受的。穿上温恭的黑色盛装啊，披上礼义的五色绣服。编织贞节诚信作为衣带白露之为霜。时亹亹而代序兮，畴可与乎比伉？咨妒嫮之难并兮，想依韩以流亡，恐渐冉而无成兮，留则蔽而不章。

心犹与而狐疑兮，即岐阯而摅情。文君为我端蓍兮，利飞遁以保名。历众山以周流兮，翼迅风以扬声。二女感于崇岳兮，或冰折而不营。天盖高而为泽兮，谁云路之不平！勔自强而不息兮，蹈玉阶之峣峥。惧筮氏之长短兮，钻东龟以观祯。遇九皋之介鸟兮，怨素意之不逞。游尘外而瞥天兮，据冥翳而哀鸣。雕鹗竞于贪婪兮，我修絜以益荣。子有故于玄鸟兮，归母氏而后宁。

占既吉而无悔兮，简元辰而俶装。旦余沐于清原兮，晞余发于朝阳。漱飞泉之沥液兮，咀石菌之流英。翾鸟举而鱼跃兮，将往走乎八荒。过少皞之穷野兮，问三丘乎句芒。何道真之淳粹兮，去秽累而票轻。登蓬莱而容与兮，鳌虽抃而不倾。留瀛洲而采芝兮，聊且以乎长生。凭归云而遐逝兮，夕余宿乎扶桑。噏青岑之玉醴兮，餐沆瀣以为粮。发昔梦于木禾兮，谷昆仑之高冈。朝吾行于汤谷兮，从伯禹于稽山。集群神之执玉兮，疾防风之食言。

指长沙以邪径兮，存重华乎南邻。哀二妃之未从兮，翩儐处彼湘濒。流目觌夫衡阿兮，睹有黎之圮坟；痛火正之无怀兮，托山陂以孤魂。愁蔚蔚以慕远兮，越卬州而愉敖。跻日中于昆吾兮，憩炎天啊，杂糅起技艺本领以为玉珩。藻饰镂纹色彩鲜亮啊，环佩相击声悠远长。长久游息以实现匡扶世俗的理想啊，谁想太阳西落时光已飞速流逝。凭借才智美德，惟求有人知我啊，不想杜鹃鸣叫，使百草凋谢不芳。希望像芝草那样一年三秀啊，迫于白露凝霜而不得开放。四季循环不断更迭啊，谁可与我相伴为友？叹息善恶美丑难以并存啊，想要追随仙人韩众而远游，担心年华流失学仙不成啊，又怕留在人间又被谗邪掩蔽不得显扬。

内心犹豫而迟疑不决啊，来到岐山脚下向文王陈情请决。文王手持蓍草为我占卜啊，遁卦说远走隐遁以保名。越过众山而四处周游啊，如鸟疾飞而美名传扬。然遁卦可变为咸卦，兑、巽皆在艮上，又有寒冰毁折不可经营，前途迷茫。天盖虽高可为水泽，谁说道路不平不可行！不断努力自强不息啊，尚欲登上高高的玉阶。唯恐占卜还不灵验啊，又取龟甲钻孔观其吉祥。龟纹呈现鹤鸣于曲折的水泽啊，怨恨素志不能实现。邀游世外而瞥见苍穹啊，直至深杳莫测之境而哀鸣。雕鹗之辈都因贪婪而争逐啊，我却修养洁行更增荣光。文王说君与鹤都是高洁之辈，只有归于大道才能得到安宁。

卜筮吉利而没有灾祸啊，选择吉日而整理行装。早晨我在清澈的水中沐浴啊，在山的东面晾干我的头发。用飞泉的微流漱口啊，咀嚼石上灵芝的露液。像鸟儿高飞游鱼腾跃啊，我将漫游于八方荒远。到穷桑之野拜访少昊啊，向东方神句芒问询东海中的三座仙山位于何处。仙人之道是多么淳朴而精粹啊，离开尘俗污秽之累顿感飘然轻松。登上蓬莱之巅而从容自得啊，巨鳌击水背负蓬莱而不倾倒。留在瀛洲采摘芝草啊，姑且用来延寿长生。驾乘归云去远游啊，夜晚宿在扶桑之上。畅饮青山顶峰的甘泉啊，饱餐夜半夕露作为食粮。昔日梦中见到了木禾啊，如今见到木禾生于昆仑顶峰。早晨我从汤谷出发啊，追随夏禹到达会稽山上。夏禹赞许诸侯手持玉帛啊，痛恨防风氏违命后至。

奔向长沙郡的斜径啊，思念虞舜南巡死于苍梧。悲伤娥皇女英未能随从南巡啊，双双溺毙葬于江湘之滨。纵目远眺那衡山峰峦啊，看到祝融的坟墓已经毁坏；可怜火神祝融没有归处啊，只将孤魂之所陶。扬芒熛而绛天兮，水泫沄而涌涛。温风翕其增热兮，惄郁邑其难聊。顝羁旅而无友兮，余安能乎留兹？

顾金天而叹息兮，吾欲往乎西嬉。前祝融使举麾兮，纚朱鸟以承旗。躔建木于广都兮，拓若华而踌躇。超轩辕于西海兮，跨汪氏之龙鱼；闻此国之千岁兮，曾焉足以娱余？

思九土之殊风兮，从蓐收而遂徂。欻神化而蝉蜕兮，朋精粹而为徒。蹶白门而东驰兮，云台行乎中野。乱弱水之潺湲兮，逗华阴之湍渚。号冯夷俾清津兮，棹龙舟以济予。会帝轩之未归兮，怅相佯而延伫。呬河林之蓁蓁兮，伟关雎之戒女。黄灵詹而访命兮，摎天道其焉如。曰近信而远疑兮，六籍阙而不书。神逵昧其难覆兮，畴克谟而从诸？牛哀病而成虎兮，虽逢昆其必噬。鳖令殪而尸亡兮，取蜀禅而引世。死生错而不齐兮，虽司命其不晰。窦号行于代路兮，后膺祚而繁庑。王肆侈于汉庭兮，卒衔恤而绝绪。尉龙眉而郎潜兮，逮三叶而遘武。董弱冠而司衮兮，设王隧而弗处。夫吉凶之相仍兮，恒反侧而靡所。穆负天以悦牛兮，竖乱叔而幽主。文断袪而忌伯兮，阉谒贼而宁后。通人暗于好恶兮，岂爱惑之能剖？嬴擿谶而戒胡兮，备诸外而发内。或辇贿而违车兮，孕行产而为对。慎灶显于言天兮，占水火而妄谇。梁叟患夫黎丘兮，丁厥子而事刃，亲所睇而弗识兮，矧幽冥之可信。毋绵挛以涬己兮，思百忧以自疢。彼天监之孔明兮，用棐忱而佑仁。汤蠲体以祷祈兮，蒙庬褫以拯人。景三虑以营国兮，荧惑次于它辰。魏颗亮以从理兮，鬼亢回以敝秦。咎繇迈而种德兮，德树茂乎英、六。桑末寄夫根生兮，卉既雕而已毓。有无言而不仇兮，又何往而不复？盍远迹以飞声兮，孰谓时之可蓄？

寄托于野外山坡。忧愁不乐而思慕远方啊，越过印州而遨嬉游玩。登上日正午的昆吾山啊，休息于骄阳如火的山丘下。火光四射映红了天啊，河水沸腾而波涛汹涌。热风猛烈更增酷热啊，忧愁抑郁难以聊赖。独居异乡无友为伴啊，我岂能久留在此？

回顾西方金天长长叹息啊，我欲去往西方嬉戏游乐。前有祝融举旗指示方向啊，后继朱鸟星宿承接旌旗。行经建木所在的广都啊，拾取若木花而犹豫不决。越过长寿的轩辕国到西海啊，跨过盛产龙鲤的汪氏国；听说此国人皆寿至千岁啊，何曾值得让我快乐？

思念九州的特殊风俗啊，随从蓐收由西奔向中土。轻盈飘举神化如蝉蜕啊，与精神为友以灵魂为伴。踏越白门驰向东方啊，我奔行于中土荒野。横渡潺潺而流的弱水啊，止步于太华山北急流中的沙洲。呼唤河伯冯夷清理渡口的水流啊，请他划起龙舟渡我过河。正值黄帝神灵尚未归来啊，我怅然徘徊长久等待。在河畔茂盛的树林中休息啊，赞赏《诗经·关雎》篇咏后妃之德以警诫女子。黄帝之灵归至就去咨询吉凶啊，探寻天道将会如何变化。黄帝回答说人世之理切近可征，天道之理幽远难征，如何可由天道而知人道，此事六经缺闻而不记载。神妙莫测的天道幽昧不明啊，谁能了解而遵从其变化？牛哀大病七日变化为虎，虽遇其亲兄也必击杀而噬。蜀人鳖令死后而尸体丢失，复活后得帝位建立一世新朝。死生错乱复杂难知，纵是司命之神也不能明晰。窦后当年尚在去往代国之路涕泣不已，可后来却成为皇后子孙世代兴旺。王皇后于汉廷之中恣意放纵，最后却落得含恨投火绝后嗣。颜驷历经三朝眉毛花白老于郎署，终遇武帝受封为会稽都尉。董贤弱冠之年即官至大司马啊，墓葬至尊至极死后却尸埋狱中。吉凶祸福互为因果，反复无常没有定所。当初叔孙豹梦天压顶被竖牛相救而爱幸竖牛，但后来竖牛作乱叔孙而幽闭叔孙豹将其饿死。当初晋文公被寺人勃鞮斩断衣袖流亡国外，归后却宽恕其罪，后来勃鞮将吕甥郤芮谋反之事告诉文公，使文公免于大难。像叔孙豹、晋文公这样才识通达之士尚难以辨明善恶，更何况昏惑胡涂的人怎能分析明白？始皇信谶纬之说而发兵北击胡人，却未想到胡亥之祸起于宫禁之内。周犨夫妇以车拉走财物躲避还给张车子钱财仰矫首以遥望兮，魂懺惘而无畴。逼区中之隘陋兮，将北度而宣游。行积冰之硙硙兮，清泉沍而不流。寒风凄而永至兮，拂穹岫之骚骚。玄武缩于壳中兮，螣蛇蜿而自纠。鱼矜鳞而并凌兮，鸟登木而失条。坐太阴之屏室兮，慨含欷而增愁。怨高阳之相寓兮，伷颛顼之宅幽。庸织络于四裔兮，斯与彼其何瘳？望寒门之绝垠兮，纵余绁乎不周。迅飙潚其媵我兮，骛翩飘而不禁。趋谽嘲之洞穴兮，摽通渊之硳硳。经重阴乎寂寞兮，愍坟羊之潜深。

追慌忽于地底兮，轶无形而上浮。出右密之暗野兮，不识蹊之所由。速烛龙令执炬兮，过钟山而中休。瞰瑶溪之赤岸兮，吊祖江之见刘。聘王母于银台兮，羞玉芝以疗饥；戴胜慭其既欢兮，又诮余之行迟。载太华之玉女兮，召洛浦之宓妃。咸姣丽以蛊媚兮，增嫮眼而蛾眉。舒妙婧之纤腰兮，扬杂错之袿徽。离朱唇而微笑兮，颜的砾以遗光。献环琨与玙缡兮，申厥好以玄黄。虽色艳而赂美兮，志浩荡而不嘉。双材悲于不纳兮，并咏诗而清歌。歌曰：天地烟煴，百卉含蘤。鸣鹤交颈，雎鸠相和。处子怀春，精魂回移。如何淑明，的约定，路遇张妪于车下产“车子”富有一时终是一无所有。梓慎、裨灶地位显赫而通晓天象，可是预测水火之灾却无根据妄说。梁叟酒醉归家被黎丘奇鬼变成其子折磨，其子迎他时误将亲子当做鬼拔剑杀亲子，亲眼所见都不能辨别，何况幽昧之事怎可信。不要被世俗困扰而自找烦恼，更不必忧心过多使身心苦痛。上天的监视明察秋毫啊，任用辅助诚实仁德之人。商汤遇大旱斋戒洁身，以己祭天大雨而至，受大福而拯救万民。宋景公三虑为国为民，感动荧惑而解除灾祸。魏颗诚信明达遵父遗命将其宠妾另嫁他人，宠妾鬼父为报恩情绊倒杜回助他打败秦军。皋陶勤勉奉公传播仁德啊，夏禹封其后人于英、六之地。桑末依赖桑树寄生其上，桑树虽凋而寄生木已茂。有言必酬有德必报，有往则必有复？何不远游传播英名，谁说时间可以停留？

抬首举目远望啊，心神怅惘失意孤独无伴。迫近中原就感到狭隘而鄙陋，决心前往北地远游。走在厚重的积冰上，清泉凝结而不流动。寒风凄厉长久不息，风声呼啸吹打山峰。神兽玄武蜷缩壳中，腾蛇蜷曲缠绕盘结。鱼鳞竦立与冰相连，鸟栖寒木站立不稳。身坐北方暗室之中，感慨嘘唏更添愁绪。埋怨高阳相中此地，遗憾颛顼幽居北海。辛苦往来于四方边远之地，这里与他方，何处符合心意？遥望北极寒冰覆盖下的绝塞啊，放纵我的马缰直奔不周山下。狂风迅疾送我前行，顺风奔驰无所阻挡。穿过空旷的洞穴，漂在宽阔的河流。行经阴森幽暗的地府啊，怜悯那土怪坟羊深潜藏于地下。

冲出幽昧不明的地底，越过天穹向上空浮游。走出密山的幽暗荒野，却不知来时小路在何方。请山神烛龙举起火炬，经过钟山方可休息。瞻望钟山东瑶岸，凭吊祖江被杀戮。于白银宫拜访西王母，进食白灵芝以充饥；西王母头戴玉胜对我微笑，又责怪我来得太迟。华山神女乘车而来，洛神宓妃受邀而至。都是如此优雅妩媚，黛眉丽目频频传情。轻舒纤纤细腰，服饰色彩缤纷，衣带随风轻扬。朱唇微启莞尔一笑，容光焕发光彩四射。献来环佩和玉带，又赠送各色丝帛，以表结好之意。虽说二女美艳绝色，所赠玉饰珍贵，但我心怀坦荡不为所动。双美因不被接纳而悲伤，一同赋咏诗句清声歌唱。歌辞是：

忘我实多。

将答赋而不暇兮，爰整驾而亟行。瞻昆仑之巍巍兮，临萦河之洋洋。伏灵龟以负坻兮，亘螭龙之飞梁。登阆风之曾城兮，构不死而为床。屑瑶蕊以为糇兮，斟白水以为浆。抨巫咸以占梦兮，乃贞吉之元符。滋令德于正中兮，含嘉禾以为敷。既垂颖而顾本兮，尔要思乎故居。安和静而随时兮，姑纯懿之所庐。

戒庶寮以夙会兮，佥恭职而并迓。丰隆軯其震霆兮，列缺晔其照夜。云师䨮以交集兮，涷雨沛其洒涂。轙琱舆而树葩兮，扰应龙以服辂。百神森其备从兮，屯骑罗而星布。振余袂而就车兮，修剑揭以低昂。冠咢咢其映盖兮，佩綝纚以辉煌。仆夫俨其正策兮，八乘摅而超骧。氛旄溶以天旋兮，蜺旌飘而飞扬。抚軨轵而还睨兮，心灼药其如汤。羡上都之赫戏兮，何迷故而不忘？左青琱以揵芝兮，右素威以司钲。前长离使拂羽兮，委水衡乎玄冥。属箕伯以函风兮，澂淟涊而为清。曳云旗之离离兮，鸣玉鸾之䦨䦨。涉清霄而升遐兮，浮蔑蒙而上征。纷翼翼以徐戾兮，焱回回其扬灵。叫帝阍使辟扉兮，觌天皇于琼宫。聆广乐之九奏兮，展洩洩以彤彤。考理乱于律钧兮，意建始而思终。惟盘逸之无斁兮，惧乐往而哀来。素抚弦而余音兮，大容吟曰念哉。既防溢而静志兮，迨我暇以翱翔。出紫宫之肃肃兮，集太微之阆阆。命王良掌策驷兮，逾高阁之锵锵。建罔车之幕幕兮，猎青林之芒芒。弯威弧之拨刺兮，射嶓冢之封狼。观壁垒于北落兮，伐河鼓之磅硠。乘天潢之泛泛兮，浮云汉之汤汤。倚招摇、摄提以低回剹流兮，察二纪、五纬之绸缪遹皇。偃蹇夭矫娩以连卷兮，杂沓丛顇飒以方骧。戫汨飂戾沛以罔象兮，烂漫丽靡藐以迭逷。凌惊雷之砊磕兮，弄狂电之淫裔。逾庬澒于宕冥兮，贯倒景而天地祥和瑞气缭绕，百花含苞竞相开放。仙鹤交颈相依相偎，关关雎鸠此唱彼和。少女思君春心萌动，心神飘忽神魂游荡。奈何君子如此贤明，却实在是太过薄情。

想要答赋却不得闲暇，整理车驾而疾行上路。仰望高大巍峨的昆仑山，俯视萦回曲折的河水弯。降伏灵龟背负河中沙洲，蛟龙横卧架做河上浮桥。登上阆风山巅的层城，用不死之树交架造床。碾碎琼瑶花蕊以为干粮，酌取昆仑白水作为酒浆。请巫咸为我占木禾之梦，占得吉祥禾为祥瑞。梦辞为：以正中之道滋养善德发扬盛德，正合木禾花开芳香远播之意。禾穗低垂正是眷恋根本，正如君子思乡而不忘本。和静自安顺应时俗，那才是德行完美之所在。

约请众神尽早会合，恪尽职守共同迎我。雷神震雷响声霹雳，闪电列缺光耀夜空。云师压阵聚集乌云，暴雨倾盆洒向归途。雕车华盖等待出发，驯服应龙前来驾车。众神络绎前呼后拥，集合车骑星罗棋布。我振动衣袖登上雕车，高举长剑上劈下刺。高冠耸立映照伞盖，玉佩盛饰大放光彩。仆夫庄严挥动长鞭，八马雄骏飞腾奔驰。雾气为旗漫天回旋，旌旗如虹随风飞扬。手抚车箱凭栏远眺，心内翻腾沸腾如汤。向往天都辉煌灿烂，为何迷恋不忘故土？左有青龙举起华盖，右有白虎掌管钲鼓。前有朱鸟振羽开路，后有玄冥把握平衡。嘱托箕伯控制狂风，吹走浊气天澄宇清。云旗摇曳迎风飘扬，玉饰鸾铃叮当作响。驾乘浮云飞向远方，浮过高空飞行上升。众神有序缓慢行进，火光灿灿显扬神灵。叫天帝门卫开天门，与天帝相见于天宫。聆听广乐演奏九遍，确实令人心神愉悦。音乐传情考察治乱，从始至终令人深索。忧思纵乐不知满足，担心乐往而哀将来。神女拨弦余音袅袅，黄帝乐师太容感叹：“令人深思啊！”既要防止过度逸乐又要使心志宁静，趁我尚有闲暇还要远走翱翔。走出清幽的紫宫，来到高峻的太微。命王良执鞭驾天驷啊，跨越险峻耸天的高阁。立在周密的罔车星边啊，狩猎于广大无边的青林。用力拉满威弧作弓啊，射猎嶓冢山上的封狼。在北落星上观看壁垒啊，敲起河鼓隆隆震天。渡过奔流的天潢渡口，游过水流滔滔的天河。凭依招摇摄提二星随时节而徘徊啊，观察日月二纪、金木水火土五纬星萦绕运行。或高厉。廓荡荡其无涯兮，乃今穷乎天外。

据开阳而頫眄兮，临旧乡之暗蔼。悲离居之劳心兮，情悁悁而思归。魂眷眷而屡顾兮，马倚辀而俳回。虽遨游以媮乐兮，岂愁慕之可怀。出阊阖兮降天涂，乘飙忽兮驰虚无。云霏霏兮绕余轮，风眇眇兮震余旟。缤联翩兮纷暗暧，倏眩眃兮反常闾。

收畴昔之逸豫兮，卷淫放之遐心。修初服之娑娑兮，长余珮之参参。文章焕以粲烂兮，美纷纭以从风。御六艺之珍驾兮，游道德之平林。结典籍而为罟兮，欧儒、墨而为禽。玩阴阳之变化兮，咏雅、颂之徽音。嘉曾氏之归耕兮，慕历陵之钦崟。共夙昔而不贰兮，固终始之所服也；夕惕若厉以省諐兮，惧余身之未敕也。苟中情之端直兮，莫吾知而不恧。墨无为以凝志兮，与仁义乎消摇。不出户而知天下兮，何必历远以劬劳？

系曰：天长地久岁不留，俟河之清祗怀忧。愿得远度以自娱，上下无常穷六区。超逾腾跃绝世俗，飘飖神举逞所欲。天不可阶仙夫希，柏舟悄悄吝不飞。松、乔高跱孰能离？结精远游使心携。回志朅来从玄諆，获我所求夫何思！

永和初，出为河间相。时国王骄奢，不遵典宪；又多豪右，共为不轨。衡下车，治威严，整法度，阴知奸党名姓，一时收禽，上下肃然，称为政理。视事三年，上书乞骸骨，征拜尚书。年六十二，永和四年卒。

高扬自恣或疏落跳跃曲折啊，星宿众多而天象纷纭。疾速飞驰而若有若无啊，光华分散往复相互呼应。乘驾轰然的惊雷啊，戏耍裂天的闪电。于幽暗高处逾越混沌元气啊，穿过日月的倒影而高飞。空廓广大无际无涯啊，如今我才窥见天外。

凭据开阳星而俯视啊，故乡缈远而隐约可见。离乡孤处而心神劳苦啊，内心忧郁而思归故乡。神魂眷恋而频频回顾啊，马倚车辕而原地徘徊。虽然遨游四方且偷得片刻快乐啊，但怎能削减心中恼人的乡愁。走出天门啊顺天途降下，乘上狂风啊驰骋于虚无。云朵飘飘啊萦绕我轮，疾风飕飕啊吹掠我旗。缤纷连绵啊昏暗朦胧，疾驰而行啊返回故乡。

收敛往日的游乐之心啊，不再放纵远游之想。整理往日婆娑轻盈的衣裳啊，身上佩戴长长的玉佩。光彩焕发而灿烂夺目啊，衣饰华美缤纷随风轻扬。驾驭六艺的宝车啊，遨游道德的平林。编结先哲的经典为网罟啊，追求儒墨学说精粹以为禽。把玩阴阳变化之理啊，吟咏雅颂之懿美德音。赞美曾子至孝而作《归耕》之曲啊，仰慕大舜至贤躬耕于历山之坂。早晚恭敬而无二心啊，坚持信仰礼义不忘初心；至晚戒惧而自省过失啊，害怕修养不能天天提升。如果内心正直端庄啊，无人了解我也不愧惭。默默无为专一心志啊，与仁义为伴优游逍遥。不出门而尽知天下啊，何必远游受辛劳？

总而言之：天长地久无穷尽，岁月荏苒不停留，河清难待空怀忧。愿得远游自欢娱，上天入地四方游。超然飞升离世俗，飘然若神随我意。不可登天仙更稀，忧恨群小难离君。松、乔高超谁攀附？凝神远游心灵牵。挽回心志从圣道，获我所求复何虑！

永和初年，张衡出外担任河间国相。当时河间王刘政骄奢放纵，不遵法纪；当地又有众多豪强大族，勾结成奸，肆意妄为。张衡到任之后，树立威严，整饬法度，暗中探知奸党名姓，将他们一网打尽，国中上下无不肃然，称赞张衡治政显著。张衡任职三年，上书奏请辞官还家。后来顺帝征召张衡命其拜任尚书。张衡享年六十二岁，于永和四年（139）去世。

著《周官训诂》，崔瑗以为不能有异于诸儒也。又欲继孔子《易》说《彖》《象》残缺者，竟不能就。所著诗、赋、铭、七言、《灵宪》《应间》《七辩》《巡诰》《悬图》凡三十二篇。

永初中，谒者仆射刘珍、校书郎刘騊駼等著作东观，撰集《汉记》，因定汉家礼仪，上言请衡参论其事，会并卒，而衡常叹息，欲终成之。及为侍中，上疏请得专事东观，收捡遗文，毕力补缀。又条上司马迁、班固所叙与典籍不合者十余事。又以为王莽本传但应载篡事而已，至于编年月，纪灾祥，宜为元后本纪。又更始居位，人无异望，光武初为其将，然后即真，宜以更始之号建于光武之初。书数上，竟不听。及后之著述，多不详典，时人追恨之。

论曰：崔瑗之称平子曰“数术穷天地，制作侔造化”。斯致可得而言欤！推其围范两仪，天地无所蕴其灵；运情机物，有生不能参其智。故知思引渊微，人之上术。《记》曰：“德成而上，艺成而下。”量斯思也，岂夫艺而已哉？何德之损乎！

赞曰：三才理通，人灵多蔽。近推形算，远抽深滞。不有玄虑，孰能昭晰？

张衡编著《周官训诂》，崔瑗认为这本书与其他儒生所编著的书籍没有什么不同。张衡又想继孔子之后为解释《易经》的《彖辞》《象辞》补充缺漏，但最终也没能完成。张衡所著的诗、赋、铭、七言、《灵宪》《应间》《七辩》《巡诰》《悬图》共有三十二篇。

永初中年间，谒者仆射刘珍、校书郎刘騊駼等人在东观撰述书籍，编集《汉记》，以此定立汉家礼仪，他们上言奏请让张衡参加讨论这些事情，但恰逢刘珍、刘騊駼一并去世，张衡时常叹息，也想帮助他们完成这件事。等张衡担任侍中，便上书奏请让自己在东观专心撰述书籍，收集整理遗留的文章，竭尽全力修补辑录。张衡又列出十余处当时司马迁、班固所编撰的著作与典籍前后不合的地方。又认为王莽本传只应当记载王莽谋权篡位而已，至于王莽所编制的年月，期间所记载的灾祥之事，都应当记入《元后本纪》。又认为更始帝登基，百姓没有异议。光武帝起初是更始帝的属将，后来光武帝才即位称帝，应当将更始帝的年号放在光武帝年号之前。张衡数次上书，安帝都没有采纳。在此之后张衡的著述，大多都没有在典籍中详细记载下来，当时众人对此倍感遗憾。

评论说：崔瑗称赞张平子“数术足以穷究天地之理，制作的技艺足以比肩自然之工。”这种造诣岂止是说说而已！张衡推究模仿阴阳两仪，发明浑天仪，天地之理无不蕴含其中；专心研究，发明候风地动仪，后人没有人能参悟明白其中的智慧。张衡的智慧深远精微，在常人之上。《礼记》中说：“成就德行为上，修炼技艺为下。”考量张衡的思想，岂止是一门技艺而已？他的技艺与德行是一样的！

赞辞说：天地人三才的道理相通，而人的性灵大多受到遮蔽，很少有人能知晓天道。近则推演天文历数的测算，远则深究深奥精微的规律。没有醉心深虑，谁能够如此明白？

卷九十上

马融列传第五十上

马融字季长，扶风茂陵人也，将作大匠严之子。为人美辞貌，有俊才。初，京兆挚恂以儒术教授，隐于南山，不应征聘，名重关西，融从其游学，博通经籍。恂奇融才，以女妻之。

永初二年，大将军邓骘闻融名，召为舍人，非其好也，遂不应命，客于凉州武都、汉阳界中。会羌虏飙起，边方扰乱，米谷踊贵，自关以西，道殣相望。融既饥困，乃悔而叹息，谓其友人曰："古人有言：'左手据天下之图，右手刎其喉，愚夫不为。'所以然者，生贵于天下也。今以曲俗咫尺之羞，灭无赀之躯，殆非老庄所谓也。"故往应骘召。

四年，拜为校书郎中，诣东观典校秘书。是时邓太后临朝，骘兄弟辅政。而俗儒世士，以为文德可兴，武功宜废，遂寝蒐狩之礼，息战陈之法，故猾贼从横，乘此无备。融乃感激，以为文武之道，圣贤不坠，五才之用，无或可废。元初二年，上《广成颂》以讽谏。其辞曰：

臣闻孔子曰："奢则不逊，俭则固。"奢俭之中，以礼为界。是以《蟋蟀》《山枢》之人，并刺国君，讽以太康驰驱之节。夫乐而不荒，忧而不困，先王所以平和府藏，颐养精神，致之无疆。故戛击鸣球，载于《虞谟》；吉日车攻，序于《周诗》。圣主贤君，以增盛马融，字季长，右扶风茂陵县人，是将作大匠马严的儿子。马融外貌俊美，善于言辞，才华卓越，起初，京兆人挚恂教授儒学，隐居于终南山，不接受州郡以及朝廷的征聘，名震关西，马融跟随挚恂游学，博通经典。挚恂十分欣赏马融的才华，将女儿许配给了马融为妻。

永初二年（108），大将军邓骘听闻了马融的盛名，征召马融为舍人，马融志不在此，因而没有应召。马融客居在凉州武都、汉阳之间。恰逢羌虏叛乱，蜂拥而起，边境纷乱。粮食价格飞涨，自函谷关以西，道路上饿死的人随处可见。马融也身陷饥谨困顿，因此倍感后悔，叹息不已，马融对友人说："古人曾说：'左手掌握着天下之图，右手却割断喉咙，为了名利而损害生命，这种事情愚夫也不会去做。'为什么这么说，是因为活着是天下最宝贵的。如今为了近在咫尺的世俗的羞辱，而毁伤无价的生命，这不是老、庄所赞同的做法。"于是马融前往大将军府，接受了邓骘的征召。

永初四年（110），马融拜任校书郎中，在东观负责校勘藏书。当时邓太后临朝，邓骘兄弟辅政。而见识浅陋的儒生和世俗之士，认为礼乐教化可兴，武事军功宜废，于是朝廷废弃了春狝冬狩之礼，停止了战阵演习之法。因此奸邪狡猾之徒趁国家无备之时肆意妄为。马融对此颇为感触，认为文武之道，圣贤不会有所偏废，金木水火土，五才之用，缺一不可。元初二年（115），马融呈上《广成颂》，以此讽谏安帝。辞文是：

臣听闻孔子曾说："过于奢靡则显得不谦逊，过于俭朴则会显得鄙陋。"奢靡与俭朴，则是以礼为界。所以《诗经·蟋蟀》以及《诗经·山有枢》，都是在讥刺国君，讽谏晋僖公享乐应遵照礼义，不可太过，嘲笑晋昭公不能驾车飞驰。享乐而不荒淫，忧愁而不困顿，这美，岂徒为奢淫而已哉！伏见元年已来，遭值厄运，陛下戒惧灾异，躬自菲薄，荒弃禁苑，废弛乐悬，勤忧潜思，十有余年，以过礼数。重以皇太后体唐尧亲九族笃睦之德，陛下履有虞烝烝之孝，外舍诸家，每有忧疾，圣恩普劳，遣使交错，稀有旷绝。时时宁息，又无以自娱乐，殆非所以逢迎太和，裨助万福也。臣愚以为虽尚颇有蝗虫，今年五月以来，雨露时澍，祥应将至。方涉冬节，农事间隙，宜幸广成，览原隰，观宿麦，劝收藏，因讲武校猎，使寮庶百姓，复睹羽旄之美，闻钟鼓之音，欢嬉喜乐，鼓舞疆畔，以迎和气，招致休庆。小臣蝼蚁，不胜区区。职在书籍，谨依旧文，重述蒐狩之义，作颂一篇，并封上。浅陋鄙薄，不足观省。

臣闻昔命师于鞬櫜，偃伯于灵台，或人嘉而称焉。彼固未识夫雷霆之为天常，金革之作昏明也。自黄炎之前，传道罔记；三五以来，越可略闻。且区区之酆郊，犹廓七十里之囿，盛春秋之苗。《诗》咏圃草，乐奏《驺虞》。是以大汉之初基也，宅兹天邑，总风雨之会，交阴阳之和。揆厥灵囿，营于南郊。徒观其垧场区宇，恢胎旷荡，藐敻勿罔，寥豁郁泱，骋望千里，天与地莽。于是周阹环渎，右矕三涂，左概嵩岳，面据衡阴，箕背王屋，浸以波、溠，衡以荥、洛。金山、石林，殷起乎其中，峨峨硙硙，锵锵崔崔，隆穹槃回，嵎峗错崔。神泉侧出，丹水涅池，怪石浮磬，耀焜于其陂。其土毛则推牧荐草，芳茹甘荼，茈萁、芸蒩，昌本、深蒲，芝茵、堇、荁，蘘荷、芋渠，桂荏、凫葵，格、韭、菹、于。其植物则玄林包竹，藩陵蔽京，珍林嘉树，建木丛生，椿、梧、栝、柏，柜、柳、枫、杨，丰彤对蔚，崟是先王平和脏腑，颐养精神，最终长寿的方法。所以敲击玉磬，在《尚书·虞谟》有记载；《吉日》《车攻》，在《诗经·小雅》有记载。圣主贤君，以此长养盛德，岂止是为了奢靡淫逸而已！臣见到陛下即位以来，遭逢天灾，陷入困厄，陛下警惕灾异，力行节俭，荒废园囿不再游猎，闲置乐器停止演奏，勤勉忧思，已有十多年，超越了礼数。再者皇太后效法唐尧亲厚九族的和睦之德，陛下践行虞舜的淳厚之孝，外戚诸族，每当有人患病，圣恩遍施，予以慰问，派去的使者交错道路，很少有断绝的时候。陛下每当在闲暇休息的时候，又没有什么可以娱乐的东西，这并不是逢迎太和之气，增益万福之运的做法。臣愚以为虽然遭受了蝗灾，但今年五月以来，雨露频繁降落，祥瑞将会到来。如今正值冬季，正是农闲之际，陛下应当巡幸广成苑，游览平原和洼地，查看冬麦的长势，鼓励百姓存储粮食，借此机会讲武狩猎，使得官吏百姓，可以再次目睹旌旗之美，听闻钟鼓之音，欢喜雀跃，在田边鼓舞跳跃，与民同乐，以此迎接祥和之气，招致喜庆。小臣身如蝼蚁，微不足道。臣的职责是校勘书籍，谨遵前人的文章，重述春狩冬狩之义，臣撰写一篇颂文，封好一并呈上。臣见识浅陋，学问鄙薄，不足审阅。

臣听闻往昔帝王诏命军队准备箭袋，将兵器都放起来，在灵台上宣布休战，有人会予以嘉许并为之称颂。但他们并不知晓雷霆响震是为天之常道，兵革废兴取决于帝王的昏聩与圣明。在黄帝、炎帝之前，对此没有相关的记载。在三皇五帝以后，此事略有记载。况且在周朝时区区酆都郊外，尚有方圆七十里的园囿。帝王在此举行春狩冬狩之礼。《诗经》歌咏帝王狩猎，帝王射猎要演奏《驺虞》。因此在大汉建国之初，定都洛阳，此地风雨汇聚，阴阳和合。大汉参照周朝时的灵囿，在南郊修建广成苑。仅仅观看远郊的地域，广远辽阔，一望无际，放眼千里，天地苍莽。于是广成苑周围有山林河流环绕，右望三涂山，左倚嵩山，面对衡山北面，背靠王屋山，波水、溠水流淌其中，荥水、洛水潺潺不息。金门山、大石山，屹立其中，巍峨陡峭，高耸入云，蜿蜒盘曲，参差高俊。神泉水从旁流出，汇入丹水、涅池之中，犹如美玉的怪石，可以制成磬，在水岸山坡闪耀光彩。广頟槮爽。翕习春风，含津吐荣，铺于布濩，蓶扈蘛荧，恶可殚形。

至于阳月，阴慝害作，百草毕落，林衡戒田，焚莱柞木。然后举天网，顿八纮，揫敛九薮之动物，缳橐四野之飞征。鸠之乎兹囿之中，山敦云移，群鸣胶胶，鄙駼噪欢，子野听耸，离朱目眩，隶首策乱，陈子筹昏。于时营围恢廓，充斥川谷，罦罝罗羉，弥纶坑泽，皋牢陵山。校队案部，前后有屯，甲乙相伍，戊己为坚。

乘舆乃以吉月之阳朔，登于疏镂之金路，六骕骦之玄龙，建雄虹之旌夏，揭鸣鸢之修橦。曳长庚之飞髾，载口月之太常，栖招摇与玄弋，注枉矢于天狼。羽毛纷其髟鼬，扬金叟而抛玉瓌。屯田车于平原，播同徒于高冈，旃旝掺其如林，错五色以摛光。清氛埃，扫野场，誓六师，搜俊良。司徒勒卒，司马平行，车攻马同，教达戒通。伐咎鼓，撞华钟，猎徒纵，赴榛丛。徽嫱霍奕，别骛分奔，骚扰聿皇，往来交舛，纷纷回回，南北东西。风行云转，匈磕隐訇，黄尘勃滃，暗若雾昏。日月为之笼光，列宿为之翳昧，僄狡课才，劲勇程气。狗马角逐，鹰鹯竞鸷，骁骑旁佐，轻车横厉，相与陆梁，聿皇于中原。绢猑蹏，鏦特肩，脰完羝，抮介鲜，散毛族，梏羽群。然后飞鋋电激，流矢雨坠，各指所质，不期俱殪，窜伏扔轮，发作梧轊。祋殳狂击，头陷颅碎，兽不得猭，禽不得瞥。或夷由未殊，颠狈顿踬，蟆蟆蟫蟫，充衢塞隧，葩华莽布，不可胜计。

成苑的土地肥沃，牧草茂盛，野菜甘甜，还有茈萁、香芸、蕺草，菖蒲、深蒲，灵芝、木耳、堇菜、荁菜，蘘荷、芋魁，桂荏、凫葵，荅葱、韭菜、芭蕉、轩于。广成苑中的植物有幽深的树林、丛生的竹子，遮蔽了高山峻峰，珍贵稀有的树木，高大的树木，茂密丛生。还有椿树、梧桐、栝树、柏树、柜树、柳树、枫树、杨树，枝叶茂盛，郁郁葱葱。春风吹拂，含津带滋，漫山遍野，花团锦簇，枝叶繁茂，宏伟壮阔，景色壮丽，无法用语言描绘！

到了十月，阴气肆虐，百草凋零，职掌山林的林衡官告诫百姓禁止田猎，焚烧野草，砍伐树木。然后遍布罗网，遍设绳索，捕捞九大湖泊中的鱼类，网罗四方之野的飞禽走兽。将这些飞禽走兽都聚集在广成苑之中，兽如山聚拢，鸟如云飘动，禽鸟飞翔啼鸣，野兽奔腾叫嚷，师旷听了会耳聋，离娄看到会目眩，隶首无法计算数量，陈平也会无计可施，慌乱不已。正在此时，打猎的围场广阔无边，充斥于川流山谷之中，捕捉鸟兽的罗网，遍布沟壑川泽，笼罩山陵峡谷。检阅军队，前后屯兵把守，伍长管理士兵，戊己校尉担任中坚。

帝王在十月初一，登上雕刻的饰金之车，驾着六匹高大的骕骦马，顺应冬气而乘坐玄车，竖起彩虹般的大旗，举起绘有鸱鸟的旗帜的旗杆，拉着如同太白星那样飘动的羽毛旗饰，载着绘有日月的大旗，停留在招摇星与玄戈星之间，聚集在枉矢星与天狼星之间，旌旗随风飘扬，马儿头戴金马冠，佩戴着玉饰的马带。在平原上屯聚猎车，在高冈上散布猎手，旃旗罗列如林，五色交错，散发光辉。清扫尘埃，铲除杂草，誓师六军，挑选良马。司徒操练士卒，司马巡视队列，战车坚固，战马整齐，令行禁止。敲起大鼓，撞响华钟，猎人纵横驰骋，奔向林中。振奋奔驰，奔腾迅猛，扰乱迅疾，往来交错，纷纷回回，南北东西。风行云转，轰然震耳，黄尘飞扬，天色昏暗如浓雾弥漫，日月为之无光，众星为之黯淡，敏捷勇猛之士考核才能，顽强果敢之卒彰显勇气。犬马角逐较量，鹰鹯争相展露威猛，骁勇的骑兵在旁辅助，轻便的战车纵横凌厉，相互超越驰骋，飞驰在原野上。捕获野马，刺杀大兽，扼住野羊的脖子，剖开鱼类和贝类，驱散走兽，捕捉飞禽。然后飞矛如闪电一般迅疾，乱箭如雨坠落，射向猎物，猎若夫鸷兽毅虫，倨牙黔口，大匈哨后，缊巡欧纡，负隅依阻，莫敢婴御。乃使郑叔、晋妇之徒，睽孤刲刺，裸裎袒裼。冒棷柘，槎棘枳，穷浚谷，底幽嶰，暴斥虎，搏狂兕，狱𧲅熊，抾封狶。或轻訬趬悍，廋疏娄领，犯历嵩峦，陵乔松，履修樠，踔攳枝，杪标端，尾苍蜼，掎玄猨，木产尽，寓属单。罕罔合部，罾弋同曲，类行并驱，星布丽属，曹伍相保，各有分局。矰碆飞流，纤罗络縸，游雉群惊，晨凫辈作，翚然云起，雪尔雹落。

尔乃藐观高蹈，改乘回辕，泝恢方，抚冯夷，策句芒，超荒忽，出重阳，厉云汉，横天潢。导鬼区，径神场，诏灵保，召方相，驱厉疫，走蜮祥。捎罔两，拂游光，枷天狗，緤坟羊。然后缓节舒容，裴回安步，降集波籞，川衡泽虞，矢鱼陈罟。兹飞、宿沙，田开、古蛊，翚终葵，扬关斧，刊重冰，拨蛰户，测潜鳞，踵介旅。逆猎湍濑，洊薄汾桡，沦灭潭渊，左挈夔龙，右提蛟鼍，春献王鲔，夏荐鳖鼋。于是流览遍照，殚变极态，上下究竟，山谷萧条，原野嵺愀，上无飞鸟，下无走兽，虞人植旍，猎者效具，车弊田罢，旋入禁囿。栖迟乎昭明之观，休息乎高光之榭，以临乎宏池。镇以瑶台，纯以金堤，树以蒲柳，被以绿莎，瀇瀁沆漭，错紾槃委，天地虹洞，固无端涯，大明生东，月朔西陂。乃命壶涿，驱水蛊，逐罔、螭，灭短狐，簎鲸、鲵。然后方余皇，连舼舟，张云帆，施蜺帱，靡飔风，陵迅流，发棹歌，纵水讴，淫鱼出，蓍蔡浮，湘灵下，汉女游。水禽鸿鹄，鸳鸯、鸥、鹥，鸧鸹、鸬、鷁，鹭、雁、鷫鷞，乃安斯寝，戢翮其涯。鲂、鱮、物全都倒地毙命，窜逃躲藏的猎物被车轮碾压，或被车轴撞杀。裂殳猛烈击杀，猎物头陷颅碎，走兽不能逃跑，飞禽无法张望。还有的不能跑而未死，颠狂跌倒，在地上不停地蠕动，捕获的猎物充斥道路，就像鲜花遍布，不可胜计。

至于那些猛兽凶虫，长着曲牙黑口，前胸壮硕，后腿细小，并行回旋，依附险阻，无人敢上前抵抗。于是国君派遣像郑国的太叔段、晋国的冯妇那样的勇士，独自搏杀，脱衣露体。穿过山桑柘林，砍斫荆棘枳木，深入幽谷，翻越沟壑，徒手搏虎，擒斗兕牛，捕获猛熊，擒获野猪。有的勇士身形矫健，搜索山顶，行遍峰峦，攀高松，爬樠树，跳跃于大树长枝，直到树梢，追赶雌猴，捕捉黑猿，筑巢而栖的飞禽已被捕捉干净，掘穴而居的走兽也所剩无几。罗网收拢，渔网捕捞，弋箭缴射，齐头并进，如同星罗棋布，军队之间相互配合，各有负责的区域。羽箭飞石穿梭，罗网密布，野鸡受到惊吓，野鸭群起飞走，骤然起飞如云涌，中箭的飞鸟如雹落。

君王田猎结束之后，眺望远方，调转方向，逆流而上前往远方，抚慰河伯，策告句芒，超越遥远的上空，超过天空，游历天河，横越天潢星。然后来到鬼蜮，直达神场，诏令神巫灵保，召见方相氏，驱除瘟疫，赶走不祥的短狐。驱走精怪罔两，打击凶神游光，给天狗星戴上枷锁，困住土怪坟羊。然后缓慢前行，神情舒缓，缓步徘徊，降落聚集在园林之中，掌管川泽禁令的川衡与掌管国泽政令的泽虞，陈设渔具，布设渔网。往昔的佽飞、宿沙渠子、田开强、古治子这样的勇士，舞动长锥，扬起关斧，凿开厚的冰层，拨开动物蛰伏的洞穴，探测潜藏的鱼类，搜寻有鳞甲的虫群。在湍急的逆流中捕鱼，跳入川流，沉入深渊，左擒夔龙，右提蛟鳄，春季向寝庙祭献大鲔，夏季诏令渔夫捕捞鳖鼋。于是周遍观览，穷尽姿态，上下探究，山谷寂寥，原野凄凉，上无飞鸟，下无走兽，掌管山泽园囿的虞人官树起旌旗，命令猎者将所捕的猎物全部献出，猎车停止，田猎结束，调转方向回到禁囿，在明亮的宫馆中停留，在高大的台榭中休息，俯观广阔的池水。池塘有美玉砌成的瑶台坐镇，周围环绕着坚固的大堤，种植着蒲柳，覆盖着绿色的莎草，水面辽阔无际，盘绕交结，与天地相连，鱓、鳊，鰋、鲤、鲙、魦，乐我纯德，腾踊相随，虽灵沼之白鸟，孟津之跃鱼，方斯蔑矣。然犹咏歌于伶萧，载陈于方策，岂不哀哉！

于是宗庙既享，庖厨既充，车徒既简，器械既攻。然后摆牲班禽，淤赐犒功，群师叠伍，伯校千重，山罍常满，房俎无空。酒正案队，膳夫巡行，清醪车凑，燔炙骑将，鼓骇举爵，钟鸣既觞。若乃《阳阿》衰斐之晋制，阐蛙华羽之南音，所以洞荡匈臆，发明耳目，疏越蕴慉，骇恫底伏，锽锽鎗鎗，奏于农郊大路之衢，与百姓乐之。是以明德曜乎中夏，威灵畅乎四荒，东邻浮巨海而入享，西旅越葱领而来王，南徼因九译而致贡，朔狄属象胥而来同。盖安不忘危，治不忘乱，道在乎兹，斯固帝王之所以曜神武而折遏冲者也。

方今大汉收功于道德之林，致获于仁义之渊，忽蒐狩之礼，阙槃虞之佃。暗昧不睹日月之光，聋昏不闻雷霆之震，于今十二年，为日久矣。亦方将刊禁台之秘藏，发天府之官常，由质要之故业，率典刑之旧章。采清原，嘉岐阳，登俊桀，命贤良，举淹滞，拔幽荒。察淫侈之华誉，顾介特之实功，聘畎亩之群雅，宗重渊之潜龙。乃储精山薮，历思河泽，目矖鼎俎，耳听康衢，营傅说于胥靡，求伊尹水天一色无边无际，太阳从池水的东面升起，月亮从池水的西边升起。于是诏令掌管除水蛊的壶涿氏，驱除水蛊，驱逐罔两、螭龙，诛灭短狐，刺杀鲸、鲵。然后并连余皇船，连接小船舼舟，张起云帆，挂起帷帐，顺着疾风，借着急流，唱着行船时的歌曲，顺着水流放声歌唱，鱼类浮出水面聆听，蓍龟也浮出水面，湘水之神为之降临，汉水之神也来此游玩。水禽鸿鹄，鸳鸯、白鸥、鹥鸟，靡鸹、鸬鹚、鹢鸟，白鹭、大雁、油鸭，在这里安心栖息，在水边敛翼休息。鲂鱼、鳠鱼、鳣鱼、鳊鱼，鰋鱼、鲤鱼、鲙鱼、魦鱼，心向我大汉的纯德，翻腾跳跃相随于后。即便是灵沼的白鸟，孟津中跳跃的白鱼，与广成苑相比，都是不值一提。然而乐官却为其歌咏，并且记载于典籍之中，岂不悲哀！

于是宗庙祭祀完毕，厨房的食材已经充足，兵马检阅完毕，兵器已经改造精良。然后将捕获的牲畜禽兽摆开，犒劳有功之臣赐予佳肴美酒，军队士兵重重叠叠，将校层层迭迭，酒杯常满，房俎不空。酒正排列成队，膳夫往来巡查，清酒用车运送，烤肉以马运来，鼓声震骇，举杯欢庆，钟磬鸣响，开怀畅饮。至于演奏晋国所制的舒缓平和的《阳阿》之乐，宽舒和缓的南方之曲，以此激荡胸意，发明耳目，疏导心中积郁，疏解滞积烦忧，锽锽鎗鎗，钟鼓之声在农郊田野的大道上奏响，与百姓同乐。因此天子的圣德照耀华夏，神威遍及四荒，东方的邻国漂洋过海前来助祭，西戎远国翻越葱岭山前来朝拜，南方的边远国家通过辗转翻译前来进献贡品，北狄派遣翻译的使者来朝。这便是安定时不忘危难，太平盛世不忘战乱纷扰，治国之道就在于此，这就是帝王彰显神武而挫败千里之敌的原因。

如今大汉依靠圣德而创建功业，凭借仁义获得成功，却忽视了春狩冬狩的礼制，缺少田猎的娱乐。两眼昏暗见不到日月之光，两耳聋聩听不到雷霆之震。安帝即位至今已有十二年，为时已久。如今也正要修订宫中的藏书，明确朝中百官的职责，依照券契上记载的旧业，遵循昔日的典章刑罚。采用晋国时在清原春狩之礼，赞美周成王时在岐阳的田猎，选用才能出众之人，诏命贤良之士，举荐埋没未显之才，提拔隐逸之士。察觉浮夸不实的虚誉，顾念孤高特立的实功。

于庖厨，索胶鬲于鱼盐，听宁戚于大车。俾之昌言而宏议，轶越三家，驰骋五帝，悉览休祥，总括群瑞。遂栖凤皇于高梧，宿麒麟于西园，纳僬侥之珍羽，受王母之白环。永逍摇乎宇内，与二仪乎无疆，贰造化于后土，参神施于昊乾，超特达而无俦，焕巍巍而无原。丰千亿之子孙，历万载而永延。礼乐既阕，北辕反旆，至自新城，背伊阙，反洛京。

颂奏，忤邓氏，滞于东观，十年不得调。因兄子丧自劾归。太后闻之怒，谓融羞薄诏除，欲仕州郡，遂令禁锢之。

太后崩，安帝亲政，召还郎署，复在讲部。出为河间王厩长史。时车驾东巡岱宗，融上《东巡颂》，帝奇其文，召拜郎中。及北乡侯即位，融移病去，为郡功曹。

阳嘉二年，诏举敦朴，城门校尉岑起举融，征诣公车，对策，拜议郎。大将军梁商表为从事中郎，转武都太守。时西羌反叛，征西将军马贤与护羌校尉胡畴征之，而稽久不进。融知其将败，上疏乞自效，曰："今杂种诸羌转相钞盗，宜及其未并，亟遣深入，破其支党，而马贤等处处留滞。羌胡百里望尘，千里听声，今逃匿避回，漏出其后，则必侵寇三辅，为民大害。臣愿请贤所不可用关东兵五千，裁假部队之号，尽力率厉，埋根行首，以先吏士，三旬之中，必克破之。臣少习学艺，不更武职，猥陈此言，必受诬罔之辜。昔毛聘请隐于田间的雅士，尊崇隐于深渊的贤人。于是蓄养精神于山林之间，深思钻研于河流川泽之畔，目视如同背负鼎俎、隐于庖厨的伊尹那样的人，耳听如同在大道边喂牛、歌唱《硕鼠》的宁戚那样的人，在刑徒之中寻得傅说，在庖厨之中求得伊尹，在鱼盐市场中找到胶鬲，在大车旁听到宁戚歌唱《硕鼠》。让这些人才广开论议，直言不讳，超过三皇，胜过五帝，纵观吉祥，囊括群瑞。于是凤凰在高大的梧桐上停歇，麒麟在西园中休息，接纳到僬侥氏进贡的没羽箭，接受西王母进献的白玉环。这样会永远自在逍遥，畅游天下，与天地永存，万寿无疆，辅佐后土管理自然，参悟上天的巧妙举措，通达出众无人可比，功绩雄伟深不可测。天赐百禄，多子多孙，经历万代，永世绵延。礼乐已经结束，车马北行，班师回朝，从河南郡新城县出发，又离开伊阙，返回洛阳。

《广成颂》呈上之后，得罪了邓氏兄弟，马融就一直停滞在东观，十年都得不到升迁。后来马融因为自己兄长的儿子去世，自请辞职归家。太后听闻此事后大怒，认为马融轻视朝廷的诏命授职，意欲前往州郡任职，便下令禁止马融入仕为官。

太后去世后，安帝亲政，将马融召回郎署，马融重新在讲部任职。后来马融出外担任河间王厩长史。当时（延光三年，124年）安帝东巡泰山，马融呈上《东巡颂》，安帝惊叹他的文采，便征召马融授任郎中。等到北乡侯即位，马融上书称病，请求辞官，后来马融在郡中担任功曹。

阳嘉二年（133），朝廷下诏举荐敦厚朴实之士。城门校尉岑起举荐马融，朝廷征召马融前往公车署，回答策问，马融拜任议郎，大将军梁商上表举荐马融担任从事中郎，后来马融转任武都太守。当时西羌反叛，朝廷征召西将军马贤与护羌校尉胡畴前往征讨平叛，但耗时已久，军队都没有向前推进。马融知晓这次出征将会兵败，上书请求为此次的平叛效命，奏言说："如今西羌诸贼接连劫掠，应当趁他们还未集中并和之时，赶快出兵，深入巢穴，剿灭他们的党羽，而马贤等人却处处停滞不前。羌贼百里望尘，千里听声，虽然羌贼现下逃跑躲藏，但一定会在后等待时机，乘虚而来，那必将侵犯三辅，遂厮养，为众所蚩，终以一言，克定从要。臣惧贤等专守一城，言攻于西而羌出于东，且其将士必有高克溃叛之变。”朝廷不能用。又陈：“星孛参、毕，参西方之宿，毕为边兵，至于分野，并州是也。西戎北狄，殆将起乎！宜备二方。”寻而陇西羌反，乌桓寇上郡，皆卒如融言。

三迁，桓帝时为南郡太守。先是融有事忤大将军梁冀旨，冀讽有司奏融在郡贪浊，免官，髡徙朔方。自刺不殊，得赦还，复拜议郎，重在东观著述，以病去官。

融才高博洽，为世通儒，教养诸生，常有千数。涿郡卢植，北海郑玄，皆其徒也。善鼓琴，好吹笛，达生任性，不拘儒者之节。居宇器服，多存侈饰。常坐高堂，施绛纱帐，前授生徒，后列女乐，弟子以次相传，鲜有入其室者。尝欲训《左氏春秋》，及见贾逵、郑众注，乃曰：“贾君精而不博，郑君博而不精。既精既博，吾何加焉！”但著《三传异同说》。注《孝经》《论语》《诗》《易》《三礼》《尚书》《列女传》《老子》《淮南子》《离骚》，所著赋、颂、碑、诔、书、记、表、奏、七言、琴歌、对策、遗令，凡二十一篇。

初，融惩于邓氏，不敢复违忤势家，遂为梁冀草奏李固，又作为祸百姓。臣愿率领马贤还未有所诏令的五千名关东兵，假借部队的番号，冲锋陷阵，率军征讨，坚守不退，身先士卒，三十天内，必能击败羌贼。臣年少研习经典，不曾担任武职，冒昧上书奏言，一定会受到毁谤妄言的罪罚。从前毛遂是赵国平原君的门客，自荐前往楚国游说楚王合纵抗秦，遭到众人的嘲笑。但最终却能以一己之力，使得楚赵两国达成合纵之约。臣担心马贤等人专守一城，下令攻打西面而羌贼从东面出现，况且其手下的将士必然会有像郑国的高克溃败叛逃的事情发生。”朝廷没有采纳马融的谏言。马融便再次上书奏言：“参宿、毕宿，参宿是西方之宿，毕宿代表边防，至于它们所对应的州国，‘参’在申，为晋分，并州之地。西戎北狄，或许会起兵！应当在这两个方向做好准备。”不久之后陇西的羌族起兵反叛，乌桓侵犯上郡，最终都如马融所言。

马融的官职历经三次调动，桓帝时担任南郡太守。在此之前马融有件事忤逆了大将军梁冀的意旨，梁冀暗示有关官员劾奏马融在郡中任职时贪污受贿，马融因此被免官，剃掉头发，流放到朔方郡。马融自杀未遂，后来遇到赦令，回到京师。马融再次拜任议郎，继续在东观写作撰述，后来马融因病辞官。

马融才高八斗，学识渊博，是当世的通儒，马融教导的弟子门生，常常有数千人。涿郡的卢植，北海的郑玄，都是马融的学生。马融擅长弹琴，喜好吹笛，洒脱豁达，率性而为，不拘于儒者的礼节。房屋器用衣物，多有奢侈的装饰。马融常常坐在高堂之上，周围挂着红色的纱帐，前面教授弟子门生，后面陈列女乐。弟子们按照次序相互传授，很少有人能进入马融的卧室。马融曾经想为《左氏春秋》编撰注解，当马融看了贾逵、郑众的注解后，说：“贾君的注解精而不博，郑君的注解博而不精。既有精又有博，我又有什么可增添的呢！”马融只编撰了《三传异同说》。马融为《孝经》《论语》《诗经》《易经》《三礼》《尚书》《列女传》《老子》《淮南子》《离骚》撰写注释，马融所著的赋、颂、碑、诔、书、记、表、奏、七言、琴歌、对策、遗令，共有二十一篇。

起初，马融遭受邓氏兄弟的构陷，便不敢再得罪权臣贵戚，马大将军《西第颂》，以此颇为正直所羞。年八十八，延熹九年卒于家。遗令薄葬。族孙日磾，献帝时位至太傅。

论曰：马融辞命邓氏，逡巡陇汉之间，将有意于居贞乎？既而羞曲士之节，惜不赀之躯，终以奢乐恣性，党附成讥，固知识能匡欲者鲜矣。夫事苦，则矜全之情薄；生厚，故安存之虑深。登高不惧者，胥靡之人也；坐不垂堂者，千金之子也。原其大略，归于所安而已矣。物我异观，亦更相笑也。

融为梁冀起草弹劾李固的奏书，又为大将军撰写了《西第颂》。因此颇受正直之士所嘲讽。马融享年八十八岁，延熹九年（166）在家中去世。马融留下遗嘱要求薄葬。他的族孙马日磾，在献帝时官至太傅。

评论说：马融拒绝邓氏的任命，徘徊客居于陇西、汉阳之间，难道是有意在坚守自己的忠贞？但在不久之后耻于鄙陋之士的志节，爱惜自己宝贵的生命，最终因为奢侈放纵，攀附权贵遭到士人的嘲讽。能以学识来匡正抑制自己欲望的人本来就很少。生活艰苦，怜惜保全的情感就很淡薄，生活优渥，安定生存的思虑就会深远。登高不惧，是相随受刑的人；千金之子，坐不垂堂。究其原因，是因为其身处的环境不同而已。彼此看待事物的观点立场不同，也不免相互嘲笑。

卷九十下

蔡邕列传第五十下

蔡邕字伯喈，陈留圉人也。六世祖勋，好黄老，平帝时为郿令。王莽初，授以厌戎连率。勋对印绶仰天叹曰："吾策名汉室，死归其正。昔曾子不受季孙之赐，况可事二姓哉？"遂携将家属，逃入深山，与鲍宣、卓茂等同不仕新室。父棱，亦有清白行，谥曰贞定公。

邕性笃孝，母常滞病三年，邕自非寒暑节变，未尝解襟带，不寝寐者七旬。母卒，庐于冢侧，动静以礼。有菟驯扰其室傍，又木生连理，远近奇之，多往观焉。与叔父从弟同居，三世不分财，乡党高其义。少博学，师事太傅胡广。好辞章、数术、天文，妙操音律。

桓帝时，中常侍徐璜、左悺等五侯擅恣，闻邕善鼓琴，遂白天子，敕陈留太守督促发遣。邕不得已，行到偃师，称疾而归。闲居玩古，不交当世。感东方朔《客难》及杨雄、班固、崔骃之徒设疑以自通，及斟酌群言，韪其是而矫其非，作《释诲》以戒厉云尔。

有务世公子诲于华颠胡老曰："盖闻圣人之大宝曰位，故以仁守位，以财聚人。然则有位斯贵，有财斯富，行义达道，士之司也。故伊挚有负鼎之衒，仲尼设执鞭之言，宁子有清商之歌，百里有豢牛蔡邕，字伯喈，陈留郡圉县人。六世祖蔡勋，喜好黄老学说，西汉平帝时担任郿县县令。王莽新朝之初，授任蔡勋为厌戎连率。蔡勋对着印绶仰天而叹道："我入仕汉室朝廷，为汉室尽忠效命，就算是面对死亡也不能丧失正道。从前曾子不接受季孙的馈赠，更何况是奉事两姓朝廷呢？"于是蔡勋带领着家人，逃入深山，与鲍宣、卓茂等人都不在新朝入仕为官。蔡邕的父亲蔡棱，同样品行清廉，谥号贞定公。

蔡邕生性至孝，母亲久病不愈，长达三年，蔡邕不论寒暑，气候变化，都不曾宽衣解带，长达七十天没有上床睡觉。母亲去世之后，蔡邕在墓旁搭了一间小屋，为母亲服丧守孝，行为举止全都遵循礼法。有兔子十分温顺地待在蔡邕的房屋旁边，又有树木生出连理枝，远近的百姓都感到十分惊奇，有很多人前往观看。蔡邕与叔父、堂弟生活在一起，三代没有分家，乡里百姓都赞叹蔡邕品行高洁。蔡邕年少时就博闻强识，师从太傅胡广。蔡邕喜欢诗词文章、数术、天文，并且擅长音律。

桓帝时，中常侍徐璜、左悺等五位官员，独断专权，肆意妄为，他们听闻蔡邕擅长弹琴，便上奏桓帝，桓帝敕令陈留太守督促蔡邕前往京师。蔡邕不得已只好出发，走到偃师县时，蔡邕称病返回家中。蔡邕在闲暇无事的时候，会把玩古董，不与当世之人交往。蔡邕有感于东方朔的《客难》以及扬雄、班固、崔骃等人以自问自答的方式撰写文章来表达自身的志向，就斟酌百家之言，辨别是非对错，撰写《释诲》来警戒劝勉自己。

有位心怀世事的公子向一位德高望重的老者请教说："听闻圣人最珍贵的宝物就是名位，故而以仁来守住名位，以财来聚拢部众。既然这样，有了名位则会显贵，有了财物则会富有，践行仁义彻之事。夫如是，则圣哲之通趣，古人之明志也。夫子生清穆之世，禀醇和之灵，覃思典籍，韫椟《六经》，安贫乐贱，与世无营，沉精重渊，抗志高冥，包括无外，综析无形，其已久矣。曾不能拔萃出群，扬芳飞文，登天庭，序彝伦，扫六合之秽慝，清宇宙之埃尘，连光芒于白日，属炎气于景云。时逝岁暮，默而无闻。小子惑焉，是以有云。方今圣上宽明，辅弼贤知，崇英逸伟，不坠于地，德弘者建宰相而裂土，才羡者荷荣禄而蒙赐。盍亦回涂要至，俯仰取容，辑当世之利，定不拔之功，荣家宗于此时，遗不灭之令踪？夫独未之思邪，何为守彼而不通此？”

胡老傲然而笑曰：“若公子，所谓睹暧昧之利，而忘昭晳之害；专必成之功，而忽蹉跌之败者已。”公子谡尔敛袂而兴曰：“胡为其然也？”胡老曰：“居，吾将释汝。昔自太极，君臣始基，有羲皇之洪宁，唐虞之至时。三代之隆，亦有缉熙，五伯扶微，勤而抚之。于斯已降，天网纵，人纮弛，王涂坏，太极阤，君臣土崩，上下瓦解。于是智者骋诈，辩者驰说，武夫奋略，战士讲锐。电骇风驰，雾散云披，变诈乖诡，以合时宜。或画一策而绾万金，或谈崇朝而锡瑞珪。连衡者六印磊落，合从者骈组流离。隆贵翕习，积富无崖，据巧蹈机，以忘其危。夫华离蒂而萎，条去干而枯，女冶容而淫，士背道而辜。人毁其满，神疾其邪，利端始萌，害渐亦牙。速速方毂，夭夭是加，欲丰其屋，乃蔀其家。是故天地否闭，圣哲潜形，石门守悟道理，这便是士人所追求的了。所以伊尹背负鼎俎向商汤自荐，孔子曾说过若是富贵可求，就算是自己去做执鞭的随从也可以的，宁戚敲击牛角高歌，齐桓公聘其为丞相，百里奚为楚成王养牛，后来被秦穆公赎回并拜为上大夫。以上这些事情，是圣哲之人共同的旨趣，是古人要表明的志向。而先生生活在安定清明之世，有着仁厚平和之性，钻研典籍，通晓《六经》，身处贫贱却怡然自得，与世无争，才华精深如九重之渊、志向高洁如万里高空，包容万物，分析无形，先生如此已经很久了。却不能出类拔萃，超越众人，传播美名，彰显才华，步入朝堂，为世表率，扫除天下的污秽，清除宇宙的埃尘，使得光芒与太阳相连，使得暑气汇聚形成祥云。然而时光流逝，已至暮年，先生依旧默默无闻。鄙人深感迷惑，所以出言请教先生。如今的圣上宽厚圣明，辅弼的大臣贤良多智，俊才英杰，不会堕落到尘土之中，德行完备之人则可以授任宰相并且裂土而封，才能超群之士则可以享受功名利禄并且蒙受恩赐。先生为什么不选择变通，以达到目标，迎合世俗，以求容身，聚集当世的利益，立下不可动摇的功绩，趁此荣耀宗族，留下不可磨灭的事迹？对于这些事情，先生难道从来没有想过吗？为什么要坚守贫贱而不变通追求功名利禄呢？”

老者傲然一笑说：“像公子这样的人，就是所谓的只看到了模糊不清的利益，而忘却了清楚明显的危害；只专注于必会建立的功绩，而忽视了可能挫败的失误。”公子听后，肃然敛神，整理衣袖，起身说道：“先生为何这样说？”老者说：“请你坐下，我为你详细解说。往昔自混沌之时，君臣之道开始建立，曾有伏羲氏的长治久安，唐尧、虞舜的河清海晏。到了三代之时，也出现了光明盛世，到了春秋五霸时他们扶持着衰微的周王室，勤勉不懈辅佐周天子。在此之后，法律废弃，人伦废弛，王道崩坏，阴阳溃败，君臣上下，土崩瓦解。于是智者施展诈谋，辩者四处游说，勇士进献谋略，士兵奋勇练兵。凡此种种，风驰电掣，雾散云披，变化迅疾，诡变巧诈，奸滑怪诞，以应和时势的变迁。有人进献一计妙策而身缠万金，有人论说一个早晨便受赐圭玉。主张连横的人佩戴六国相印而威严显赫，主张合纵的人也佩戴六国相印而荣耀生辉。身享威盛的尊贵，聚集无尽晨，沮、溺耦耕，颜歜抱璞，蘧瑗保生，齐人归乐，孔子斯征，雍渠骖乘，逝而遗轻。夫岂傲主而背国乎？道不可以倾也。

“且我闻之，日南至则黄钟应，融风动而鱼上冰，蕤宾统则微阴萌，蒹葭苍而白露凝。寒暑相推，阴阳代兴，运极则化，理乱相承。今大汉绍陶唐之洪烈，荡四海之残灾，隆隐天之高，拆絙地之基。皇道惟融，帝猷显丕，泜泜庶类，含甘吮滋。检六合之群品，济之乎雍熙，群僚恭己于职司，圣主垂拱乎两楹。君臣穆穆，守之以平，济济多士，端委缙綖，鸿渐盈阶，振鹭充庭。譬犹钟山之玉，泗滨之石，累珪璧不为之盈，采浮磬不为之索。曩者，洪源辟而四隩集，武功定而干戈戢，猃狁攘而吉甫宴，城濮捷而晋凯入。故当其有事也，则蓑笠并载，擐甲扬锋，不给于务；当其无事也，则舒绅缓佩，鸣玉以步，绰有余裕。

“夫世臣、门子，亵御之族，天隆其祐，主丰其禄。抱膺从容，爵位自从，摄须理髯，余官委贵。其取进也，顺倾转圆，不足以喻其便；逡巡放屣，不足以况其易。夫夫有逸群之才，人人有优赡之的财富，凭借巧诈，事件萌发，却忘记了种种危险。鲜花离开花蒂则会凋谢，枝条离开树干则会枯死，女子装扮妖媚，则会引起别人的淫欲，士人背弃道义，则会身陷罪罚。不知满足则会遭到众人的诋毁，行为奸邪则会受到神明的憎恶，追求利益的想法刚刚萌发，灾祸也随之产生。鄙陋小人蒙受恩宠，并驾两车炫耀，但同时杀身之祸也已降临。既想将房屋扩建，却又在家中设满棚席，使得室内极其昏暗。所以天地闭塞不通，圣哲之人隐居不出。看守石门的人负责石门的早晚开闭，长沮、桀溺二人一同耕种，颜歜以璞玉自喻，拒绝了齐宣王的延请，蘧伯玉辞去官职，隐藏自己的想法而保全自身，齐人送给季桓子歌舞妓，孔子离开鲁国，卫灵公与夫人同乘一车，雍渠陪乘，孔子对此感到厌恶，如同丢弃细微之物一样离开卫国前往曹国。这些人难道是因为傲视君主而背离国家的吗？是因为正道不可倾覆。

“况且我听闻，冬至日与黄钟律相对应，东风吹过而鱼嬉于融冰之上，到了五月则阴气初生，芦苇青苍而露水凝结成霜。寒暑交替，阴阳更迭，运命终尽则会变化，乱世盛世相继出现。如今大汉承继唐尧的丰功伟业，清除四海残存的祸殃，宏恩超越上天，圣德重于大地。治国之道和洽昌盛，治世之法昭彰宏伟，使得天下万物，身享恩泽，如甘如饴。朝廷挑选天下群英，辅佐天子成就和乐盛世，群臣恪尽职守，尽心竭力，圣主无为而治。君臣上下，有礼恭敬，守持太平盛世，人才众多，身穿礼服，腰系赤白色的绶带，水鸟走上台阶，白鹭充满庭院。譬如钟山上的美玉，泗水边的磬石，蓄积玉器不会盈满，开采磬石不会用尽。往昔之时，大禹治水道路开辟而四方得以安定，武王伐纣功业建立而兵戈得以止息，尹吉甫征讨玁狁班师回朝而天子设宴犒赏，城濮之战告捷而晋人凯旋而归。所以当国家发生战乱时，则蓑笠之民登上战车，身披铠甲，手持兵器，尚且无法满足军务的需要；当国家安定无事时，则百姓解开衣带，松开玉饰，行走时铿锵悦耳，环佩叮当，言行举止从容舒缓。

“那些世代有功的旧臣、官宦子弟，都是侍奉君主左右的人，上天增添他们的福祐，君主增加他们的俸禄。内心悠闲镇定，爵位自然随身，整理须发，其余官职委任显贵。他们谋求晋升，譬如顺着智。童子不问疑于老成，瞳矇不稽谋于先生。心恬澹于守高，意无为于持盈。粲乎煌煌，莫非华荣。明哲泊焉，不失所宁。狂淫振荡，乃乱其情。贪夫殉财，夸者死权。瞻仰此事，体躁心烦。暗谦盈之效，迷损益之数。骋驽骀于修路，慕骐骥而增驱，卑俯乎外戚之门，乞助乎近贵之誉。荣显未副，从而颠踣，下获熏胥之辜，高受灭家之诛。前车已覆，袭轨而骛，曾不鉴祸，以知畏惧。予惟悼哉，害其若是！天高地厚，跼而蹐之。怨岂在明，患生不思。战战兢兢，必慎厥尤。

“且用之则行，圣训也；舍之则藏，至顺也。夫九河盈溢，非一凷所防；带甲百万，非一勇所抗。今子责匹夫以清宇宙，庸可以水旱而累尧、汤乎？惧烟炎之毁熸，何光芒之敢扬哉！且夫地将震而枢星直，井无景则日阴食，元首宽则望舒朓，侯王肃则月侧匿。是以君子推微达著，寻端见绪，履霜知冰，践露知暑。时行则行，时止则止，消息盈冲，取诸天纪。利用遭泰，可与处否，乐天知命，持神任己。群车方奔乎险路，安能与之齐轨？思危难而自豫，故在贱而不耻。方将骋驰乎典籍之崇涂，休息乎仁义之渊薮，槃旋乎周、孔之庭宇，揖儒、墨而与为友。舒之足以光四表，收之则莫能知其所有。若乃丁千载之运，应神灵之符，闿阊阖，乘天衢，拥华盖而奉皇枢，纳玄策于圣德，宣太平于中区。计合谋从，己之图也；勋绩不立，予之辜也。龟凤山翳，雾露不除，踊跃草莱，祇见其愚。不我知者，将谓之迂。修业思真，弃此焉如？静以俟命，不斁不渝。‘百岁之后，归乎其居。’幸其获称，天所诱也。罕漫而已，非己咎也。昔斜坡转动圆物，不足以表明他们的便捷；又譬如顷刻之间迈开脚步，不足以表明他们的容易。个个有超群之才，人人有渊博之智。孩童不必向老成之辈请教疑难，愚者不必向先生学者征询意见。内心清静淡泊，持守高节，意愿顺其自然，保守成业。最为荣耀辉煌之事，无非是荣华尊贵。通达事理淡泊泰然，不会失去心中的安定。狂妄荒淫涤荡内心，则会惑乱自身情志。贪婪之人为财而死，虚荣之人因权殒命。细观这类事情，都在于性情急躁，内心烦乱，不明白谦逊自满的教训，分不清减损增益的运数。驾驭劣马踏上远途，羡慕千里马而多次驱赶。卑身伏在外戚的门前，乞求得到近臣的举荐。荣华显贵尚未实现，就身陷泥潭，轻者遭受株连之罪，重者招致灭族之祸。前车已经倾覆，后车沿袭旧路继续奔驰，不曾引以为戒，以此知晓畏惧。我对此深感悲痛，为何会落得如此下场！天高地厚，不可不小心谨慎。怨怼岂在于明白通达，祸患生于没有思虑。一定要战战兢兢，谨小慎微。

“况且得到任用则尽心做事，这是圣人之训；不得任用则韬光养晦，这是至顺之理。黄河九道泛滥成灾，并非一个土块所能堵塞的；百万兵士身披甲胄，并非一介勇夫所能抵御的。如今您想让一介匹夫去肃清宇宙，难道要将水旱之灾归咎于唐尧、商汤吗？担心微弱的火苗会将万物烧成灰烬，这样的话光芒将如何闪耀！况且地震即将发生天枢星逃逸旧位，井中没有日影的时候表明日食已经发生，君主从容舒缓则月亮在月末在西面出现，诸侯感到急躁则月亮在月初在东面出现。因此君子明察微细，追寻端倪，履霜知冰，践露知暑。时机合适则行动，时机不合适则止息，盛衰消长，出入进退，都取决于天时。境遇安定，可与处否，乐天知命，遵守神灵的意志并承担自己的职责。群车在险路上飞驰，怎能和他们并驾而行？思虑危难而使得自己安逸，所以身处卑贱而不会感到羞耻。正要在六艺典籍的宽广大道上尽情骋驰，仁义道德的深渊林海中休息，在周公、孔子的庭院中流连忘返，揖拜儒、墨两家并与之为友。施展才能足以光耀天下，收敛隐居则无人能知晓自己胸藏何物。若是遇到千载难逢的时运，回应神灵的符瑞，打开宫门，走在京都的大道上，簇拥着华伯翳综声于鸟语，葛卢辩音于鸣牛，董父受氏于豢龙，奚仲供德于衡辀，倕氏兴政于巧工，造父登御于骅骝，非子享土于善圉，狼瞫取右于禽囚，弓父毕精于筋角，佽非明勇于赴流，寿王创基于格五，东方要幸于谈优，上官效力于执盖，弘羊据相于运筹。仆不能参迹于若人，故抱璞而优游。”

于是公子仰首降阶，忸怩而避。胡老乃扬衡含笑，援琴而歌。歌曰：“练余心兮浸太清，涤秽浊兮存正灵。和液畅兮神气宁，情志泊兮心亭亭，嗜欲息兮无由生。踔宇宙而遗俗兮，眇翩翩而独征。”

建宁三年，辟司徒桥玄府，玄甚敬待之。出补河平长。召拜郎中，校书东观。迁议郎。邕以经籍去圣久远，文字多谬，俗儒穿凿，疑误后学，熹平四年，乃与五官中郎将堂谿典、光禄大夫杨赐、谏议大夫马日磾、议郎张驯、韩说、太史令单飏等，奏求正定《六经》文字。灵帝许之，邕乃自书丹于碑，使工镌刻立于太学门外。于是后儒晚学，咸取正焉。及碑始立，其观视及摹写者，车乘日千余两，填塞街陌。

盖并侍奉着帝王，向圣王进献嘉计妙策，向人间宣告太平安乐。若是计谋合于圣意并被采纳，则是我的愿望；若是功勋无法建立，则是我的过错。龟凤隐匿于深山，雾露得不到清除，它们在荒芜之地跳跃，人们只能见到它们的愚笨。不了解我的人，会认为我迂腐。修习德业，思虑真理，舍弃这些还能如何呢？静待天命，不生厌倦，不会改变。'百年以后，归于坟墓。'小人侥幸获得恩赏，那是上天在施加诱导。往后必遭殃祸。是自己茫昧不明，不知所以罢了，并不是君子的过错。往昔伯翳通晓鸟语，介葛卢能辨别牛叫，董父善于养龙而受赐豢龙氏，奚仲发明车辆而获封土地和官职，倕氏工艺精湛而得到尧舜的赏识，造父善于御马而为周穆王驾驭骅骝等良马，非子善于养马而受封于秦地，狼瞫勇猛斩杀俘虏而获任车右，弓工竭尽毕生精力制造精良射弓，佽非遣入江中斩杀蛟龙，吾丘寿王善于棋而受召担任待诏，东方朔言语诙谐而得到汉武帝的重用，上官桀捧着车盖紧跟汉武帝的车驾，桑弘羊工于心计而拜任侍中。在下不能效仿前人，所以只能怀抱璞玉，闲适自得。"

于是公子抬头，走下台阶，羞愧不已退避一旁。老者这时舒眉含笑，弹琴而歌。老者唱道："洗涤我心啊浸染上天，涤荡污秽啊保留纯正的心灵。元气津液通畅啊精神得以安宁，情志淡泊啊内心高洁泰然，嗜欲止息啊欲念不再产生。超越宇宙而舍弃世俗，心向高远洒脱而独自踏上征程。"

建宁三年（170），司徒桥玄征召蔡邕，桥玄对蔡邕十分尊敬。蔡邕出外补任河平县长。后来蔡邕受召拜任郎中，在东观校验藏书。后来蔡邕升任议郎。蔡邕认为现今的经书典籍距离圣人著述的时间已经十分久远，文字内容多有错误，浅陋迂腐的儒者牵强附会，迷惑后学，熹平四年（175），蔡邕与五官中郎将堂谿典、光禄大夫杨赐、谏议大夫马日磾、议郎张驯、韩说、太史令单飏等人，上书奏请校订修改《六经》文字。灵帝准允了奏请，蔡邕亲自用红笔将《六经》的经文写在碑上，命令工匠进行雕刻并将石碑立于太学门外。因此后进的儒生学子，都能以石碑上的内容为准。石碑立于太学之初，前来观瞻及临摹的人，单单是车子一天就有一千多辆，街道也因此堵塞。

初，朝议以州郡相党，人情比周，乃制婚姻之家及两州人士不得对相监临。至是复有三互法，禁忌转密，选用艰难。幽冀二州，久缺不补。邕上疏曰："伏见幽、冀旧壤，铠马所出，比年兵饥，渐至空耗。今者百姓虚县，万里萧条，阙职经时，吏人延属，而三府选举，逾月不定。臣经怪其事，而论者云'避三互'。十一州有禁，当取二州而已。又二州之士，或复限以岁月，狐疑迟淹，以失事会。愚以为三互之禁，禁之薄者，今但申以威灵，明其宪令，在任之人岂不戒惧，而当坐设三互，自生留阂邪？昔韩安国起自徒中，朱买臣出于幽贱，并以才宜，还守本邦。又张敞亡命，擢授剧州。岂复顾循三互，继以末制乎？三公明知二州之要，所宜速定，当越禁取能，以救时敝；而不顾争臣之义，苟避轻微之科，选用稽滞，以失其人。臣愿陛下上则先帝，蠲除近禁，其诸州刺史器用可换者，无拘日月三互，以差厥中。"书奏不省。

初，帝好学，自造《皇羲篇》五十章，因引诸生能为文赋者。本颇以经学相招，后诸为尺牍及工书鸟篆者，皆加引召，遂至数十人。侍中祭酒乐松、贾护，多引无行趣势之徒，并待制鸿都门下，憙陈方俗闾里小事，帝甚悦之，待以不次之位。又市贾小民，为宣陵孝子者，复数十人，悉除为郎中、太子舍人。时频有雷霆疾风，伤树拔木，地震、陨雹、蝗虫之害。又鲜卑犯境，役赋及民。六年七月，制书引咎，诰群臣各陈政要所当施行。邕上封事曰：

起初，朝议认为各个州郡之间相互勾结，彼此结党营私，因而朝廷下令姻亲之家以及幽、冀两州人士，不得互相监察。之后又颁布了三互法，使得入仕为官的禁令愈加严密，选用官吏更加困难。幽冀两州，官职长期空缺而得不到补充。蔡邕上书谏言：“臣见到幽、冀两地，是出产铠甲战马之地，但近年来两州因为战乱而造成饥荒，积蓄逐渐消耗殆尽。如今百姓纷纷离开郡县，万里萧条。官职空缺历时已久，当地的百姓官吏延颈以盼，而三府选择官员，耗时数月都没能确定。臣不禁觉得奇怪，而论议的大臣说‘要回避三互法’。十一州存在禁令，只能从幽、冀两州选任官员。再者幽、冀两州的士人，有的又受限于任职的年限，犹疑不决，滞留原地，因而错失机会。臣认为三互之禁，效果轻微。如今只要重申朝廷威势，阐明法令纲纪，在任之人，谁不会警醒畏惧。而眼下仅仅因三互法而驻足不前，岂不是自断前路吗？过去韩安国在狱中重新得到任命，官至二千石的朱买臣出身贫贱，之后官至会稽太守，他们都因才华出众，在自己的原籍为官。再者张敞因犯罪而逃亡，后来又担任冀州刺史。难道依旧要固守三互，用微末的制度来妨碍自己吗？三公明知幽、冀两州的重要，应当速速做出决断，打破禁令，选贤用能，以挽救当下的危局；而不要将诤臣之谏搁置一旁，只为避开细微的禁令，致使朝廷的选拔停滞，错失人才。臣希望陛下效法先帝，废除禁令，诸州刺史若有可以提拔调换的合适人选，就不要拘于年限与三互禁令，只要合适的就任用。”奏书呈上之后，没有回应。

起初，灵帝好学，自己编撰《皇羲篇》五十章，因此引来许多善作文赋的儒生。本来是依照经学选任官员，后来那些只会制作信札以及工于书篆体的人，都得到引召，有数十人之多。侍中祭酒乐松、贾护，引荐了许多品行不端，趋炎附势之徒，让他们都在鸿都门下等待诏命，这些人喜欢讲述各地民俗、乡里小事，灵帝听后十分喜悦，破格提拔他们。还有商贾小民，为宣陵孝子，有数十人，全部授任郎中、太子舍人。当时震雷疾风频发，树木被吹得连根拔起，地震、冰雹、蝗虫之害接踵而至。还有鲜卑犯境，百姓的徭役赋税日趋繁重。熹平六年（177）七月，灵帝颁发罪己诏，将罪过归咎于己身，灵帝诏令臣伏读圣旨，虽周成遇风，讯诸执事，宣王遭旱，密勿祗畏，无以或加。臣闻天降灾异，缘象而至。辟历数发，殆刑诛繁多之所生也。风者天之号令，所以教人也。夫昭事上帝，则自怀多福；宗庙致敬，则鬼神以著。国之大事，实先祀典，天子圣躬所当恭事。臣自在宰府，及备朱衣，迎气五郊，而车驾稀出，四时至敬，屡委有司，虽有解除，犹为疏废。故皇天不悦，显此诸异。《鸿范传》曰："政悖德隐，厥风发屋折木。"《坤》为地道，《易》称安贞。阴气愤盛，则当静反动，法为下叛。夫权不在上，则雹伤物；政有苛暴，则虎狼食人；贪利伤民，则蝗虫损稼。去六月二十八日，太白与月相迫，兵事恶之。鲜卑犯塞，所从来远，今之出师，未见其利。上违天文，下逆人事。诚当博览众议，从其安者。臣不胜愤满，谨条宜所施行七事表左：

一事：明堂月令，天子以四立及季夏之节，迎五帝于郊，所以导致神气，祈福丰年。清庙祭祀，追往孝敬，养老辟雍，示人礼化，皆帝者之大业，祖宗所祗奉也。而有司数以蕃国疏丧，宫内产生，及吏卒小污，屡生忌故。窃见南郊斋戒，未尝有废，至于它祀，辄兴异议。岂南郊卑而它祀尊哉？孝元皇帝策书曰："礼之至敬，莫重于祭，所以竭心亲奉，以致肃祗者也。"又元和故事，复申先典。前后制书，推心恳恻。而近者以来，更任太史。忘礼敬之大，任禁忌之书，拘信小故，以亏大典。《礼》，妻妾产者，斋则不入侧室之门，无废祭之文也。所谓宫中有卒，三月不祭者，谓士庶人数堵之室，共处其中耳，岂谓皇居之旷，臣妾之众哉？自今斋制宜如故典，庶答风霆灾妖之异。

群臣，各自陈奏朝政中应当施行的要务。蔡邕呈上密奏：

臣伏读圣旨，就算是当年周成王遭遇风灾，向百官询问原因，周宣王遭遇旱灾，激励自己勤劳治政，敬畏上天，也都不过如此。臣听闻天降灾异，必是因为某种缘由所致。霹雳响雷屡发，大概是国家因为刑杀过多。风是天之号令，以此警示人君。祭祀上帝，则福运自来；敬奉宗庙，则鬼神显灵。国之大事，首要之务便是祭祀，这件事应当由天子亲自力行。臣在宰府得到起用，后来担任祭官，在五郊迎接四季，祭祀五帝，祈求丰年，而陛下却很少亲临，四季要祭祀时，每次都委托给有关官吏，陛下虽有谢罪，但还是有所疏忽废弛，因此皇天不悦，降下诸异。《鸿范传》中讲："政治悖乱，道德隐匿，大风就会吹毁房屋，吹折树木。"这是《坤卦》中所讲的地道，《易经·彖传》中所讲的"安贞之吉，应地无疆"。阴气充盛，则会使得本当安静的，反而动起来，这表明有下位者意欲反叛。权力没有掌握在上位者手中，则会有冰雹砸伤万物；政令苛刻暴虐，则会有虎狼食人；贪求利益鱼肉百姓，则会有蝗虫损毁庄稼。去年六月二十八日，太白星迫近月亮，不利兵事。鲜卑侵扰边境，自远地来，如今朝廷已出师征讨，但尚未有捷报传来。朝廷上违天文，下逆人事。陛下应当博览众议，听取合适的谏言。臣不胜愤慨，谨呈七件应当施行的政事如下：

第一件事：天子居于明堂，每月发布政令。天子在立春、立夏、立秋、立冬及季夏之节，在五郊迎祭五帝，这是为了吸引神气，祈福丰年。清庙祭祀，追忆先祖，孝顺敬奉，在辟雍奉养老者，推行礼仪教化，这些都是帝王的大业，祖宗所敬奉的。而有关官员以蕃国有丧，宫内生产，以及吏卒患病或死亡等事，每每作为禁忌。臣见到南郊的斋戒，未曾废缺，至于其他祭祀，常常出现异议，难道南郊斋戒卑下而其他祭祀尊贵吗？孝元皇帝曾颁布策书说："礼之至敬，莫重于祭祀，因此要竭尽心力，亲自奉祀，以此表示恭敬之情。"还有元和年间的旧制，重新论议举行群祀，以祈丰年，前后两帝的诏书，推心置腹，诚恳痛切。而近年来，朝廷更换太史，忘却礼敬之大，听任禁忌之书，过分相信小的变故，而亏废至重大典。《礼记》中记载，妻妾生产，丈夫斋戒则不入侧室之门，没有荒废祭祀之说。至于宫中有丧二事：臣闻国之将兴，至言数闻，内知己政，外见民情。是故先帝虽有圣明之姿，而犹广求得失。又因灾异，援引幽隐，重贤良、方正、敦朴、有道之选，危言极谏，不绝于朝。陛下亲政以来，频年灾异，而未闻特举博选之旨。诚当思省述修旧事，使抱忠之臣展其狂直，以解《易传》“政悖德隐”之言。

三事：夫求贤之道，未必一涂，或以德显，或以言扬。顷者，立朝之士，曾不以忠信见赏，恒被谤讪之诛，遂使群下结口，莫图正辞。郎中张文，前独尽狂言，圣听纳受，以责三司。臣子旷然，众庶解悦。臣愚以为宜擢文右职，以劝忠謇，宣声海内，博开政路。

四事：夫司隶校尉、诸州刺史，所以督察奸枉，分别白黑者也。伏见幽州刺史杨憙、益州刺史庞芝、凉州刺史刘虔，各有奉公疾奸之心，憙等所纠，其效尤多。余皆枉桡，不能称职。或有抱罪怀瑕，与下同疾，纲网弛纵，莫相举察，公府台阁亦复默然。五年制书，议遣八使，又令三公谣言奏事。是时奉公者欣然得志，邪枉者忧悸失色。未详斯议，所因寝息。昔刘向奏曰：“夫执狐疑之计者，开群枉之门；养不断之虑者，来谗邪之口。”今始闻善政，旋复变易，足令海内测度朝政。宜追定八使，纠举非法，更选忠清，平章赏罚。三公岁尽，差其殿最，使吏知奉公之福，营私之祸，则众灾之原庶可塞矣。

事发生，三月不举行祭祀，是指士人百姓，因为他们只有几间房子，家人都生活在一起，祭祀不便举行。难道广阔的皇宫，层叠的屋舍，众多的嫔妃也包括在内吗？自今起，斋戒祭祀应当遵循旧制，这样或许可以回答狂风暴雷等灾异的原因。

第二件事：臣听闻国之将兴，经常能听到忠言良谏。在内君王可以知道自己治政的得失，外可以了解民情。所以先帝虽有圣明之姿，却依旧广开言路，询问政治得失。再者先帝因为有灾异发生，便去寻访提拔那些隐居不仕之才，重用贤良、方正、敦朴、有道之士。忠言极谏，不绝于朝。陛下亲政以来，灾异频发，却从未听闻有破格举荐、博选贤能的旨意，陛下应当思虑遵循旧事，效仿先帝，使得忠心之臣可以施展其率直无畏的精神，以解释《易传》中“政悖德隐”之言。

第三件事：求贤之道，未必只有一种。有的人因德行而显达，有的人因言论而扬名。近来，朝中士人，未曾因忠信而得到奖赏，反倒总会因为谗言诽谤而受到罪罚。因此群臣缄口不言，不敢再有正直之辞。郎中张文，此前敢于直谏，尽述狂言，陛下圣听纳受，并且责问了三司，群臣豁然，百姓欣喜。臣愚以为应当提拔张文，让其担任要职，以此劝勉忠直之臣，布告海内，广开政路。

第四件事：司隶校尉、诸州刺史，其职责是督察奸狂，分辨是非。臣见到幽州刺史杨憙、益州刺史庞芝、凉州刺史刘虔，都有奉公守法、痛恨奸邪之心，杨憙等人所纠举的，其效果尤为明显。其余官吏全都枉法曲断，偏私不公，都不称职。有的官员行为不端，与下属同流合污。而朝纲法纪废弛，无人揭发，公府台阁也都沉默无言。熹平五年（176）朝廷下发制书，派遣八名使者，又令三公根据民间歌谣考察当地官吏的政务以及民情，上奏朝廷。当时奉公者欣然得志，邪枉者忧惧失色。但是不知道什么原因，这项政令就被搁置了。从前刘向曾奏言：“决策犹疑不定，就会大开群邪之门；思虑优柔寡断，就会招致谗佞之口。”如今朝廷刚刚施行一点善政，转眼之间就发生了改变。这样足以让海内百姓揣测朝政。陛下应当恢复旧制，派遣八使，纠举不法之事，改换选任忠正清廉之臣，平定赏罚之制。每到年五事：臣闻古者取士，必使诸侯岁贡。孝武之世，郡举孝廉，又有贤良、文学之选，于是名臣辈出，文武并兴。汉之得人，数路而已。夫书画辞赋，才之小者，匡国理政，未有其能。陛下即位之初，先涉经术，听政余日，观省篇章，聊以游意，当代博弈，非以教化取士之本。而诸生竞利，作者鼎沸。其高者颇引经训风喻之言；下则连偶俗语，有类俳优；或窃成文，虚冒名氏。臣每受诏于盛化门，差次录第，其未及者，亦复随辈皆见拜擢。既加之恩，难复收改，但守奉禄，于义已弘，不可复使理人及仕州郡。昔孝宣会诸儒于石渠，章帝集学士于白虎，通经释义，其事优大，文武之道，所宜从之。若乃小能小善，虽有可观，孔子以为“致远则泥”，君子故当志其大者。

六事：墨绶长吏，职典理人，皆当以惠利为绩，日月为劳。褒责之科，所宜分明。而今在任无复能省，及其还者，多召拜议郎、郎中。若器用优美，不宜处之冗散。如有衅故，自当极其刑诛。岂有伏罪惧考，反求迁转，更相放效，臧否无章？先帝旧典，未尝有此。可皆断绝，以核真伪。

七事：伏见前一切以宣陵孝子者为太子舍人。臣闻孝文皇帝制丧服三十六日，虽继体之君，父子至亲，公卿列臣，受恩之重，皆屈情从制，不敢逾越。今虚伪小人，本非骨肉，既无幸私之恩，又终，三公考核官吏的政绩，评定等级。使得百官知晓奉公之福，营私之祸。这样各种灾异的根源或许可以被堵塞了。

第五件事：臣听闻古时选任士人，必须命诸侯每三年向朝廷举荐士人。孝武帝时，州郡举荐孝廉，同时还要选举贤良、文学之士。因此名臣辈出，文武并兴。汉室朝廷得到人才，无非是这几种途径而已。至于书画辞赋，只是小才而已，对于匡国理政，未必能有如此才能。陛下即位之初，最先涉及经术，处理政事之余，阅读文章，略作休息，而当代博弈的游戏，并非推行教化、选任人才之本。然而儒生争名夺利，写文作赋的人层出不穷。其中水平高者会引用一些经籍义理、委婉劝喻之言；水平低者则选用一些连偶俗语，如同倡优；有的剽窃他人的作品，冒名顶替。臣每每受诏在盛化门，依照名次录取士人，未被录取的，也都随着被录取的士人受到提拔任用。陛下既已施加了恩惠，就不好再收回，让他们保住俸禄，于义而言已经十分宽厚了，万不能再让这些人去治理百姓以及入仕州郡。从前孝宣帝在石渠阁会集众儒，章帝在白虎观召集学士，通经释义，这件事尤为盛大，文帝、武帝的先例，应该遵从奉行。至于一些小能小善，虽说也有可取之处，但孔子认为“在至关重要的方面则会受到阻碍，滞陷不通”，因此君子应当立远志，办大事。

第六件事：县长、县令，职责在于治理百姓，都应当按照给予百姓的恩惠利益作为政绩的标准，按照治政年月作为辛劳。赏罚的规定制度，应该分明，而今在任的官员不能再裁撤，等他们返回京师，大多又被诏令拜任议郎、郎中。若是才华出众，不应让其处于冗散之职，若其犯下罪过，自当受诛。岂能有官员认罪却害怕审讯，反而要求调传职位，官员们竟相效仿，官员的评定考核难道没有任何标准吗？先帝所定立的旧典，从未有过这样的制度。应该彻底根除这种情况，以便查验真伪。

第七件事：臣见到此前所有声称是宣陵孝子的人，都被任命为太子舍人。臣听闻孝文皇帝曾下诏，穿丧服服丧三十六日，即便是后来的即位之君，有父子之间的至亲之情，公卿列臣，蒙受文帝的厚恩，无不抑制情感，遵从诏令，不敢逾越。而今虚伪小人，本就不是无禄仕之实，恻隐思慕，情何缘生？而群聚山陵，假名称孝，行不隐心，义无所依，至有奸轨之人，通容其中。桓思皇后祖载之时，东郡有盗人妻者亡在孝中，本县追捕，乃伏其辜。虚伪杂秽，难得胜言。又前至得拜，后辈被遗；或经年陵次，以暂归见漏；或以人自代，亦蒙宠荣。争讼怨恨，凶凶道路。太子官属，宜蒐选令德，岂有但取丘墓凶丑之人？其为不祥，莫与大焉。宜遣归田里，以明诈伪。

书奏，帝乃亲迎气北郊，及行辟雍之礼。又诏宣陵孝子为舍人者，悉改为丞尉焉。光和元年，遂置鸿都门学，画孔子及七十二弟子像。其诸生皆敕州郡三公举用辟召，或出为刺史、太守，入为尚书、侍中，乃有封侯赐爵者，士君子皆耻与为列焉。

时妖异数见，人相惊扰。其年七月，诏召邕与光禄大夫杨赐、谏议大夫马日磾、议郎张华、太史令单飏诣金商门，引入崇德殿，使中常侍曹节、王甫就问灾异及消改变故所宜施行。邕悉心以对，事在《五行》《天文志》。又特诏问曰："比灾变互生，未知厥咎，朝廷焦心，载怀恐惧。每访群公卿士，庶闻忠言，而各存括囊，莫肯尽心。以邕经学深奥，故密特稽问，宜披露失得，指陈政要，勿有依违，自生疑讳。具对经术，以皂囊封上。"邕对曰："臣伏惟陛下圣德允明，深悼灾咎，褒臣末学，特垂访及，非臣蝼蚁所能堪副。斯诚输写肝胆出命之秋，岂可以顾患避害，使陛下不闻至戒哉！臣伏思诸异，皆亡国之怪也。天于大汉，殷勤不已，故屡出祅变，以当谴责，欲令人君感悟，改危即安。今灾眚之发，不于它所，远则门骨肉至亲，既没有受到先帝宠信，也没有俸禄、官职，他们却心生悲伤追念之情，此情从何而生？他们聚集在先帝的陵墓旁，假称奉孝，行为既掩饰不了他们的心迹，于义又没有根据。甚至有一些奸轨之人，混迹其中。桓思皇后在将葬之时，在柩载车上举行祖祭之礼时，东郡有人劫掠人妻，逃匿在守孝的人群中，当地县衙追捕，这才伏罪。虚伪杂乱之事，不可胜言。还有先到的人授任官职，后到的人被遗忘；有的人经年守在陵墓旁，只因暂时归家就被遗漏，没有受到封赏；有的人让他人代替自己，却也得到宠荣。由此引发的争讼怨恨，吵嚷之声充斥道路。太子官属，应当挑选德行高尚之士，怎能只选任一些在陵墓之中的丑恶之徒？没有比这还不吉祥的事。应该将这些人遣归田里，以昭示他们狡诈虚伪。”

奏书呈上，灵帝在立冬之日亲自前往北郊迎祭，并且前往辟雍举行典礼。又诏令授任太子舍人的宣陵孝子，全部改任丞尉。光和元年（178），灵帝在鸿都门设置学堂，学堂内描绘了孔子及七十二弟子的画像。此处的儒生都是由州郡三公挑选征召的。这些儒生或是出外担任刺史、太守，或是入朝担任尚书、侍中，有的甚至被封侯赐爵，但士君子都耻于与他们为伍。

当时妖异多次发生。人人惶恐。同年（光和元年，178年）七月，灵帝征召蔡邕与光禄大夫杨赐、谏议大夫马日磾、议郎张华、太史令单飏前往金商门，之后引入崇德殿，命中常侍曹节、王甫询问应对灾异以及消除变故的措施。蔡邕尽心对答。此事详载于《五行志》《天文志》中。灵帝又特别诏令蔡邕：“近来灾变频发，不知是犯了什么过错，朝廷焦心，朕满怀恐惧。每每询问群公卿士，希望能听到一些忠言，但他们都闭口不言，不肯尽心直谏。你博通经学，因此特向你秘密询问，你应当披露得失，指陈政要，切勿模棱两可，自生疑虑，有所忌讳。依照经术详细对答，用皂囊密封呈上。”蔡邕答道：“臣思虑陛下圣德允明，深忧灾殃。看重臣浅陋的学识，特意向臣垂问，此非臣这般蝼蚁之躯所能胜任的。正是臣倾吐肝胆，尽忠效命的时候，臣怎能心存顾忌，害怕祸及己身，而使陛下听不到至诚的告诫？臣思考各种灾异，都是亡国之兆。上天对我大汉，殷勤护佑，所以上天屡垣，近在寺署，其为监戒，可谓至切。蜺堕鸡化，皆妇人干政之所致也。前者乳母赵娆，贵重天下，生则赀藏侔于天府，死则丘墓逾于园陵，两子受封，兄弟典郡；续以永乐门史霍玉，依阻城社，又为奸邪。今者道路纷纷，复云有程大人者，察其风声，将为国患。宜高为隄防，明设禁令，深惟赵、霍，以为至戒。今圣意勤勤，思明邪正。而闻太尉张颢，为玉所进；光禄勋姓璋，有名贪浊；又长水校尉赵玹、屯骑校尉盖升，并叨时幸，荣富优足。宜念小人在位之咎，退思引身避贤之福。伏见廷尉郭禧，纯厚老成；光禄大夫桥玄，聪达方直；故太尉刘宠，忠实守正：并宜为谋主，数见访问。夫宰相大臣，君之四体，委任责成，优劣已分，不宜听纳小吏，雕琢大臣也。又尚方工技之作，鸿都篇赋之文，可且消息，以示惟忧。《诗》云：'畏天之怒，不敢戏豫。'天戒诚不可戏也。宰府孝廉，士之高选。近者以辟召不慎，切责三公，而今并以小文超取选举，开请托之门，违明王之典，众心不厌，莫之敢言。臣愿陛下忍而绝之，思惟万机，以答天望。圣朝既自约厉，左右近臣亦宜从化。人自抑损，以塞咎戒，则天道亏满，鬼神福谦矣。臣以愚赣，感激忘身，敢触忌讳，手书具对。夫君臣不密，上有漏言之戒，下有失身之祸。愿寝臣表，无使尽忠之吏，受怨奸仇。"章奏，帝览而叹息，因起更衣，曹节于后窃视之，悉宣语左右，事遂漏露。其为邕所裁黜者，皆侧目思报。

降妖异，以此表示谴责警告，想令人君有所觉悟，转危为安。而今灾殃的发生，不在其他的地方，远在宫门附近，近在宫内官署，以此来监察往事，警戒将来，可谓是至切至要了。霓虹坠落，雌鸡转雄，这些都是妇人干政所致。从前皇帝的乳母赵娆，尊贵无比，活着时家中财产比肩国库，死后她的坟墓超过皇陵，她的两个儿子受到封赏，她的兄弟官至郡守。再者永乐门史霍玉，仗着有靠山，做尽奸邪之事。如今道路议论纷纷，百姓都说又有一个如程大人的人，观察民间风声，必将成为国家大患。应当高度提防，明设禁令。深思赵娆、霍玉的教训，以此作为至诚的告诫。如今陛下恳切至诚，想要分辨邪正。而臣听闻太尉张颢，是由霍玉举荐的；光禄勋姓璋，是有名的贪官污吏；还有长水校尉赵玹、屯骑校尉盖升，都受到了陛下的宠信，荣华富足，贵不可言。陛下应当考虑小人在位所招致的祸患，深思小人离朝，引退让贤的福佑。臣见到廷尉郭禧，朴实老成；光禄大夫桥玄，聪达方直；原太尉刘宠，忠实守正：他们都可以作为陛下的股肱之臣，陛下可以经常向他们询问政事。宰相大臣，好比君主的四肢，委以重任并责令他们完成。优劣已然分明，陛下不应当听信小吏之言，中伤大臣。再者又尚方官署中百工所作的器物，鸿都学校诸生所作的辞赋，可以暂时搁置一旁。以表示陛下满心忧患。《诗》云：'敬畏天怒，不敢戏嬉。'上天的警戒，绝不可嬉闹轻视。宰府所举荐的孝廉，应当依照高标准选拔举荐。近来因为征召士人不慎，陛下严厉斥责三公，而现在这些士人却都以低劣的文章得到提拔选举，大开请托之门，违背明王之典，众人心中不满，但无人敢言。臣希望陛下忍痛杜绝这种事情，思虑朝中政务，以此报答上天的期望。陛下既已约束己身，那么左右近臣也应当随之做出改变。人人应当自省谦逊，以此应对上天降下的灾祸，天道会减损盈满之人，鬼神会赐福于谦逊之士！臣以愚憨之资，感激皇恩，以至于忘却自身。胆敢触犯忌讳，手书回答策问。君臣行事不周密，君主若外泄机密谏言，人臣则会有丧命之危。臣奏请陛下将臣的奏章收起来，不要让尽忠之吏，受到奸臣的报复。"奏章呈上，灵帝看后叹息不已。之后灵帝去上厕所，曹节在后面偷看了奏章内容，将内容尽数告知了左右侍臣，致使蔡邕所奏之初，邕与司徒刘郃素不相平，叔父卫尉质又与将作大匠阳球有隙。球即中常侍程璜女夫也，璜遂使人飞章言邕、质数以私事请托于郃，郃不听，邕含隐切，志欲相中。于是诏下尚书，召邕诘状。邕上书自陈曰："臣被召，问以大鸿胪刘郃前为济阴太守，臣属吏张宛长休百日，郃为司隶，又托河内郡吏李奇为州书佐，及营护故河南尹羊陟、侍御史胡母班，郃不为用致怨之状。臣征营怖悸，肝胆涂地，不知死命所在。窃自寻案，实属宛、奇，不及陟、班。凡休假小吏，非结恨之本。与陟姻家，岂敢申助私党？如臣父子欲相伤陷，当明言台阁，具陈恨状所缘。内无寸事，而谤书外发，宜以臣对与郃参验。臣得以学问特蒙褒异，执事秘馆，操管御前，姓名貌状，微简圣心。今年七月，召诣金商门，问以灾异，赍诏申旨，诱臣使言。臣实愚赣，唯识忠尽，出命忘躯，不顾后害，遂讥刺公卿，内及宠臣。实欲以上对圣问，救消灾异，规为陛下建康宁之计。陛下不念忠臣直言，宜加掩蔽，诽谤卒至，便用疑怪。尽心之吏，岂得容哉？诏书每下，百官各上封事，欲以改政思谴，除凶致吉，而言者不蒙延纳之福，旋被陷破之祸。今皆杜口结舌，以臣为戒，谁敢为陛下尽忠孝乎？臣季父质，连见拔擢，位在上列。臣被蒙恩渥，数见访逮。言事者因此欲陷臣父子，破臣门户，非复发纠奸伏，补益国家者也。臣年四十有六，孤特一身，得托名忠臣，死有余荣，恐陛下于此不复闻至言矣。臣之愚冗，职当咎患，但前者所对，质不及闻，而衰老白首，横见引逮，随臣摧没，并入坑埳，诚冤诚痛。臣一入牢狱，当为楚毒所迫，趣以饮章，辞情何缘复闻？死期垂至，冒昧自陈。愿身当辜戮，匄质不并坐，则身死之日，更生之年也。惟陛下加餐，为万姓自爱。"于是下邕、质于洛阳狱，劾以仇怨奉公，议害大臣，大不敬，弃市。事奏，中常侍吕强愍邕无罪，请之，帝亦更思其章，有诏减死一事外泄。被蔡邕所奏而遭到罢黜的官吏，无不侧目仇视，企图施行报复。

起初，蔡邕素来与司徒刘郃不和，蔡邕的叔父卫尉蔡质，又与将作大匠阳球有嫌隙，阳球是中常侍程璜的女婿。程璜派人写匿名信诬告蔡邕、蔡质因私事请托刘郃，刘郃没有答应，蔡邕因此心怀怨恨，意欲中伤刘郃。于是灵帝下诏将此事交由尚书处理，尚书召蔡邕审问其中情状。蔡邕上书自陈说："臣受到征召，向臣询问，大鸿胪刘郃此前担任济阴太守，臣的属吏张宛曾休病假百日，当被免职，臣为张宛向刘郃求情，后来刘郃担任司隶校尉，臣又向刘郃请托，让河内郡吏李奇担任州书佐，还有臣为前河南尹羊陟、侍御史胡母班向刘郃请托，刘郃没有答应，而招致臣的怨恨等事情的情状。臣惶恐不安，倍感惊惧，肝胆涂地，不知命归何处。臣反思，为张宛、李奇请托之事属实，并没有为羊陟、胡母班向刘郃请托。凡是臣为了属吏休假，并非与刘郃结仇的根本。臣与羊陟互为姻亲，臣岂敢帮助私党？假若臣叔侄意欲中伤陷害刘郃，应当向台阁明言事由，详细陈述结仇的情状缘由。如今内无刘郃状告的任何一事，而诽谤之书四散于外，应当让臣与刘郃当面对质。臣因学问特蒙陛下赏识，受到特殊褒奖。掌管藏书的秘阁，在御前奔走，姓名外貌，陛下心中略有印象。今年七月，臣受召前往金商门，陛下询问臣灾异之事。臣持诏申明旨意，诱臣回答策问。臣实属愚笨，只知尽忠，舍生忘死，不顾后患。因而臣毫无顾忌地讥刺公卿大臣，并且涉及宠臣。臣只是想全力回答圣问，消除灾异，向陛下进献建安定之计。陛下不考虑忠臣直言，应当加以遮掩保密。以至于诽谤忽然而至，便心生疑怪。尽心谏忠之吏，岂能被奸臣所容忍？每有诏书下达，百官各自呈上密奏，都想为朝廷改换制度，思虑缺漏，改弦更张，除凶致吉。而进言的大臣没有得到被采纳的褒奖，却在转瞬之间承受诋毁诬陷的殃祸。如今朝臣都闭口结舌，以臣为戒。谁还敢为陛下尽忠孝呢？臣的叔父蔡质，接连得到提拔，位列高官。臣蒙受皇恩，数次被召见，询问政事。匿名写信的人，意欲借此诬陷臣父子，破臣门户，并非为了纠举奸伏，补益国家。臣已四十六岁，孤身一人，若幸得名列忠臣，则死有余荣。但只怕陛下自等，与家属髡钳徙朔方，不得以赦令除。阳球使客追路刺邕，客感其义，皆莫为用。球又赂其部主使加毒害，所赂者反以其情戒邕，故每得免焉。居五原安阳县。

邕前在东观，与卢植、韩说等撰补《后汉记》，会遭事流离，不及得成，因上书自陈，奏其所著十意，分别首目，连置章左。帝嘉其才高，会明年大赦，及宥邕还本郡。邕自徙及归，凡九月焉。将就还路，五原太守王智饯之。酒酣，智起舞属邕，邕不为报。智者，中常侍王甫弟也，素贵骄，惭于宾客，诟邕曰："徒敢轻我！"邕拂衣而去。智衔之，密告邕怨于囚放，谤讪朝廷。内宠恶之。邕虑卒不免，乃亡命江海，远迹吴会。往来依太山羊氏，积十二年，在吴。

吴人有烧桐以爨者，邕闻火烈之声，知其良木，因请而裁为琴，果有美音，而其尾犹焦，故时人名曰"焦尾琴"焉。初，邕在陈留也，其邻人有以酒食召邕者，比往而酒以酣焉。客有弹琴于屏，邕此之后再也听不到忠言直谏了。臣愚顿无能，罪有应得。但臣此前在金商门对策之事，蔡质并不知情，蔡质已至暮年，白发苍苍，横遭牵连，被捕下狱，与臣一同被拷打审问，命殒狱中，一同被丢入坑中，诚冤诚痛。臣一旦入狱，定当遭受酷刑，再加上不断呈上的匿名信，臣的自诉，陛下又怎会知晓？死期将至，冒昧自陈。臣甘愿身受刑戮，乞求不要牵连蔡质。则臣身死之日，就是臣的重生之年。希望陛下多进饮食，为百姓珍重身体。”于是朝廷下令将蔡邕、蔡质收捕，押入洛阳狱，以仇怨奉公，议害大臣，判为大不敬，斩首示众。罪名审定后上奏灵帝，中常侍吕强哀悯蔡邕无罪，向灵帝求情，灵帝也重新思考了奏章所言，下诏减死罪一等，判处髡钳刑，剃光头发，铁圈束颈，连同家属流放到朔方郡，不得享受赦令。阳球派遣刺客在途中追杀蔡邕，刺客有感于蔡邕的忠义，无人愿继续听命于阳球。阳球又贿赂朔方郡的主管官员，毒害蔡邕，受贿的官员反而提醒蔡邕提高警惕。因此蔡邕每次得以幸免。后来蔡邕定居在五原郡安阳县。

此前蔡邕在东观，与卢植、韩说等人一起编撰补充《后汉记》，后来恰逢蔡邕被判罪流放，所以《后汉记》尚未完成。蔡邕因而上书自陈，奏明书中所著的十个篇章，分别篇章目录，附载于奏章末尾。灵帝欣赏蔡邕的才学超群，恰逢第二年大赦，灵帝便下诏赦免蔡邕，让其返回原籍。蔡邕自被流放到返回原籍，前后共九个月。蔡邕准备返程时，五原太守王智前来为蔡邕饯行。酒酣之际，王智起舞助兴，并向蔡邕劝酒，蔡邕不予理睬。王智是中常侍王甫的弟弟，素来恃贵而骄，被席间的其他宾客所笑，羞愧难当，便出言辱骂蔡邕：“一介受刑之人胆敢轻侮我！”蔡邕拂衣而去。王智因此怀恨在心，密告蔡邕对于流放心怀怨怼，诽谤朝廷。灵帝身边的宠臣也都憎恶蔡邕。蔡邕思虑自己最终也不能免于殃祸，就逃命江海，远遁吴地的会稽郡，与泰山羊氏有往来，长达十二年，蔡邕一直在吴地生活。

某次有吴人在烧桐木煮饭时，蔡邕听到火烧桐木的噼啪声，知道此为良木，于是蔡邕向吴人讨来此木，制成琴，琴音果然美妙，但琴尾已被烧焦，所以时人称之为“焦尾琴”。起初，蔡邕在陈留郡时，有邻居宴请蔡邕，等待蔡邕赴宴，正值众人酒酣之际。有客人在至门试潜听之，曰："憘！以乐召我而有杀心，何也？"遂反。将命者告主人曰："蔡君向来，至门而去。"邕素为邦乡所宗，主人遽自追而问其故，邕具以告，莫不怃然。弹琴者曰："我向鼓弦，见螳螂方向鸣蝉，蝉将去而未飞，螳螂为之一前一却。吾心耸然，惟恐螳螂之失之也，此岂为杀心而形于声者乎？"邕莞然而笑曰："此足以当之矣。"

中平六年，灵帝崩，董卓为司空，闻邕名高，辟之。称疾不就。卓大怒，詈曰："我力能族人，蔡邕遂偃蹇者，不旋踵矣。"又切敕州郡举邕诣府，邕不得已，到，署祭酒，甚见敬重。举高第，补侍御史，又转持书御史，迁尚书。三日之间，周历三台。迁巴郡太守，复留为侍中。

初平元年，拜左中郎将，从献帝迁都长安，封高阳乡侯。

董卓宾客部曲议欲尊卓比太公，称尚父。卓谋之于邕，邕曰："太公辅周，受命翦商，故特为其号。今明公威德，诚为巍巍，然比之尚父，愚意以为未可。宜须关东平定，车驾还反旧京，然后议之。"卓从其言。

初平二年六月，地震，卓以问邕。邕对曰："地动者，阴盛侵阳，臣下逾制之所致也。前春郊天，公奉引车驾，乘金华青盖，爪画两轓，远近以为非宜。"卓于是改乘皂盖车。

卓重邕才学，厚相遇待，每集宴，辄令邕鼓琴赞事，邕亦每存匡益。然卓多自佷用，邕恨其言少从，谓从弟谷曰："董公性刚而屏风后弹琴，蔡邕在门口悄悄一听，说："咦！用乐声召我来却存有杀心，为何？"说罢蔡邕便径直回去了。奉命迎接蔡邕的仆人前来禀告主人："蔡君刚刚来了，到了门前却又返回。"蔡邕素来受到乡里百姓的敬重，主人连忙亲自追赶，并询问蔡邕为什么突然返回，蔡邕将详情告知，众人无不感到奇怪。弹琴者说："我先前弹琴时，见到螳螂将捕食鸣蝉，蝉将去而未飞，螳螂为之忽前忽退。我心中惊惧，唯恐螳螂错失猎物。这难道就是杀心体现在乐声之中了吗？"蔡邕莞然一笑说："肯定是这个原因了。"

中平六年（189），灵帝驾崩，董卓担任司空，听闻蔡邕负有盛名，便下令征召蔡邕，蔡邕称病，没有前往应召。董卓大怒，骂道："我有诛人全族的能力，蔡邕若继续傲慢狂妄，那么灾殃不过是转瞬之间的事而已。"董卓又严令州郡举荐蔡邕前往司空府。蔡邕不得已，只好前往，董卓命蔡邕暂代祭酒，对蔡邕十分敬重，蔡邕因政绩卓越而得到举荐，补任侍御史，又转任持书御史，升任尚书。三天之内，蔡邕遍历三台。后来蔡邕迁任巴郡太守，之后又再次留在朝中担任侍中。

初平元年（190），蔡邕拜任左中郎将，跟随献帝迁都长安，受封高阳乡侯。

董卓的宾客部属论议，意欲尊董卓比作姜太公，号称尚父。董卓就此事询问蔡邕的意见，蔡邕说："姜太公辅佐周室，奉命诛灭商朝，因此特号为太公。如今明公威德，虽已十分显赫，但是若想比肩尚父，臣愚见，以为不可。应等到关东平定，陛下返还旧京，然后再议。"董卓听从了蔡邕的建议。

初平二年（191）六月，发生地震，董卓询问蔡邕地震的原因。蔡邕回答说："之所以地动，是阴气过盛，侵犯阳气，臣下逾制所致。此前春季郊祀上天时，公奉命在前为天子车驾作引导，公乘坐着朱轮、青盖，两边屏障绘有金华爪的车子，远近都认为不合适。"董卓于是改乘皂盖车。

董卓十分看重蔡邕的才学，因而厚待蔡邕，每次宴会，董卓都会让蔡邕弹琴助兴，蔡邕也有意匡扶补益社稷朝政。然而董卓刚愎自遂非，终难济也。吾欲东奔兖州，若道远难达，且遁逃山东以待之，何如？”谷曰：“君状异恒人，每行观者盈集。以此自匿，不亦难乎？”邕乃止。

及卓被诛，邕在司徒王允坐，殊不意言之而叹，有动于色。允勃然叱之曰：“董卓国之大贼，几倾汉室。君为王臣，所宜同忿，而怀其私遇，以忘大节！今天诛有罪，而反相伤痛，岂不共为逆哉？”即收付廷尉治罪。邕陈辞谢，乞黥首刖足，继成汉史。士大夫多矜救之，不能得。太尉马日磾驰往谓允曰：“伯喈旷世逸才，多识汉事，当续成后史，为一代大典。且忠孝素著，而所坐无名，诛之无乃失人望乎？”允曰：“昔武帝不杀司马迁，使作谤书，流于后世。方今国祚中衰，神器不固，不可令佞臣执笔在幼主左右。既无益圣德，复使吾党蒙其讪议。”日磾退而告人曰：“王公其不长世乎？善人，国之纪也；制作，国之典也。灭纪废典，其能久乎！”邕遂死狱中。允悔，欲止而不及。时年六十一。搢绅诸儒莫不流涕。北海郑玄闻而叹曰：“汉世之事，谁与正之！”兖州、陈留间皆画像而颂焉。

其撰集汉事，未见录以继后史。适作《灵纪》及十意，又补诸列传四十二篇，因李傕之乱，湮没多不存。所著诗、赋、碑、诔、铭、赞、连珠、箴、吊、论议、《独断》、《劝学》、《释诲》、《叙乐》、《女训》、《篆艺》、祝文、章表、书记，凡百四篇，传于世。

论曰：意气之感，士所不能忘也。流极之运，有生所共深悲也。当伯喈抱钳扭，徙幽裔，仰日月而不见照烛，临风尘而不得经用，对于蔡邕的谏言很少采纳，蔡邕因此心生不满，蔡邕对堂弟蔡谷说：“董公性刚而且固执己见，终究难以成事。我想东奔兖州，若路途遥远，难以到达，就暂时逃到山东等待良机，你觉得怎么样？”蔡谷说：“君的容貌不同于常人，每次走在路上，都会有很多人围观，若想如此隐匿行踪，不是很难做到的吗？”蔡邕闻言作罢。

等到董卓被诛，蔡邕在司徒王允府中闲坐，不经意间谈及董卓，并为之感叹，神色都发生了变化。王允勃然大怒，呵斥蔡邕道：“董卓乃国之大贼，几乎将汉室倾覆，君身为汉室之臣，应当与众人勠力同心，同仇敌忾，君却因为董卓曾厚待于君，而忘记了为人臣的高尚节操！如今上天诛除有罪，君反而倍感伤痛，岂不是与董卓共同谋逆吗？”说罢王允就将蔡邕收捕交由廷尉治罪。蔡邕自辩申诉，乞求黥首断足，让自己能继续将汉史编撰完成。有许多士大夫同情蔡邕并为其求情，但都没有结果。太尉马日磾飞驰赶来对王允说：“伯喈是旷世逸才，十分了解汉室的发展，应当让其继续撰写后汉史，成就一代大典。况且伯喈素来以忠孝闻名，却身负无名之罪，将其诛杀岂不会失去众心？”王允说：“从前武帝不杀司马迁，让其编撰《史记》，流传后世。如今国运中衰，帝位不稳，不能让佞臣执笔，位列幼主左右。既无益于圣德，也会让我等遭受非议。”马日磾出来后告诉别人说：“王公的眼光太过于短浅了吧？善人佳士，是国之纲纪，著述巨作，是国之典法。灭纪废典，怎能长久！”最终蔡邕死在狱中。王允后悔，想阻止挽救却已经来不及了。蔡邕享年六十一岁。仕宦和诸儒无不流泪涕泣。北海人郑玄闻讯叹息道：“汉世之事，谁来考正编撰啊！”兖州、陈留之间的人们都绘制的蔡邕的画像来称颂追念。

蔡邕编撰集录汉事，未见流传下来，补充后汉史。蔡邕编著了《灵纪》以及《后汉记》的十意，又补充了诸列传四十二篇，因李傕之乱，大多被湮没，未能保存下来。蔡邕所著的诗、赋、碑、诔、铭、赞，连珠、箴、吊、论议、《独断》、《劝学》、《释诲》、《叙乐》、《女训》、《篆艺》、祝文、章表、书记，共一百零四篇，流传于世。

评论说：意志气概之感，士人不会忘记。受刑流放之运，世人为之共感悲痛。当伯喈身负刑具，流放边远之地，仰望日月却见不到过，其意岂及语平日倖全人哉！及解刑衣，窜欧越，潜舟江壑，不知其远，捷步深林，尚苦不密，但愿北首旧丘，归骸先垄，又可得乎？董卓一旦入朝，辟书先下，分明枉结，信宿三迁。匡导既申，狂僭屡革，资《同人》之先号，得北叟之后福。属其庆者，夫岂无怀？君子断刑，尚或为之不举，况国宪仓卒，虑不先图，矜情变容，而罚同邪党？执政乃追怨子长谤书流后，放此为戮，未或闻之典刑。

赞曰：季长戚氏，才通情侈。苑囿典文，流悦音伎。邕实慕静，心精辞绮。斥言金商，南徂北徙。籍梁怀董，名浇身毁。

光辉照耀，途中遇到风沙却无法躲避，难道他想起过平日亲近的人吗？后来伯喈得到赦免，远遁越地。在江流沟渠中行舟，不知路程的远近，在深林中飞奔，尚且苦于树木不密，只想葬于故乡，埋于祖先坟旁，难道依旧无法如愿吗？董卓一朝入朝，率先颁布征召的文书，董卓屈尊结交，三日之内，伯喈三次升迁，位历三台。伯喈匡正朝廷，尽心辅佐，狂悖僭越之事屡次得到革除，真所谓是《易经·同人卦》中讲的“先号后笑”。塞翁失马，焉知非福？对自己施以恩遇的人，怎能不怀念？君子审断案件，尚且没有心思享用美食，何况是国家的典章法制，出于仓卒，没有制定完备，思虑周全，董卓被诛，伯喈感叹以至于神色有变，怎能依照董卓同党论罪？王允竟然追怨司马迁的《史记》，流传后世，以此为由诛杀伯喈，从未听过这样执行刑罚的。

赞辞说：马融出身外戚，才华卓越，沉迷女乐。熟知律令条文，入仕为官，醉心于吹奏乐器的技巧。蔡邕生性向往清静，心神专一，文辞华美。在金商门回答策问，直言不讳，指出政治得失，身受流放，南来北往，漂泊不定。马融因梁冀而得到重用，蔡邕感怀董卓的恩遇，最终身败名裂。

卷九十一

左周黄列传第五十一

左雄字伯豪，南阳涅阳人也。安帝时，举孝廉，稍迁冀州刺史。州部多豪族，好请托，雄常闭门不与交通。奏案贪猾二千石，无所回忌。

永建初，公车征拜议郎。时顺帝新立，大臣懈怠，朝多阙政，雄数言事，其辞深切。尚书仆射虞诩以雄有忠公节，上疏荐之曰："臣见方今公卿以下，类多拱默，以树恩为贤，尽节为愚，至相戒曰：'白璧不可为，容容多后福。'伏见议郎左雄，数上封事，至引陛下身遭难厄，以为警戒，实有王臣蹇蹇之节，周公谟成王之风。宜擢在喉舌之官，必有匡弼之益。"由是拜雄尚书，再迁尚书令。上疏陈事曰：

臣闻柔远和迩，莫大宁人，宁人之务，莫重用贤，用贤之道，必存考黜。是以皋陶对禹，贵在知人。"安人则惠，黎民怀之。"分伯建侯，代位亲民，民用和穆，礼让以兴。故《诗》云："有渰凄凄，兴雨祁祁。雨我公田，遂及我私。"及幽、厉昏乱，不自为政，褒艳用权，七子党进，贤愚错绪，深谷为陵。故其《诗》云："四国无政，不用其良。"又曰："哀今之人，胡为虺蜴？"言人畏吏如虺蜴也。宗周既灭，六国并秦，阬儒泯典，刬革五等，更立郡县，县设令长，郡置守尉，什伍相司，封豕其民。大汉受命，虽未复古，然克慎庶官，蠲苛救敝，悦以济难，抚而循之。至于文、景，天下康乂。诚由玄靖宽柔，克慎官人故也。降及宣帝，兴于仄陋，综核名实，知时所病，刺左雄，字伯豪，南阳郡涅阳县人。安帝时，被举荐为孝廉，之后升迁为冀州刺史。州部多有世家大族，喜好互相请托办事，左雄经常大门紧闭不和他们来往。几案上放着弹劾贪婪狡猾的二千石官员的奏书，没有一点回避。

永建初年，公车征召他为议郎。当时顺帝刚刚登上帝位，大臣们松懈懒散，朝廷多有为政上的弊病，左雄几次上书进言，言辞真挚恳切。尚书仆射虞诩认为左雄有忠诚公正的高节，就上书举荐他说："臣看当今公卿以下的百官，大多数是垂拱无为，把广施恩泽当做贤明，把保全节操当成愚钝，甚至互相告诫说：'不可以做没有瑕疵的白玉，随众附和才能将来有福。'臣看见议郎左雄，几次呈上密封的奏章，竟敢说皇帝陛下亲身遭遇危难，要作为告诫，确实有大臣匡扶王室的忠贞之心啊，有周公辅佐成王的风范。他应当被擢升为国家的重臣，一定能获得匡正辅佐的好处。"因此左雄官拜尚书，又升迁为尚书令。左雄上奏陈述说：

臣听说要安抚边远地区、和睦国家内部，最要紧的就是安定百姓，而安定百姓最要紧的，就在任用贤人，而任用贤人的方法，必须要用考绩来确定黜陟。所以皋陶回答夏禹，说要贵在鉴察他人品行。"安定百姓就要施以恩惠，这样黎民百姓才会依附你。"分封诸侯，代替皇帝爱抚百姓，百姓因此和睦恭敬，守礼谦让的风俗得以兴盛。所以《诗经》说："天空阴云密布，缓缓降下雨水，雨水先落到我的公田，又落到我的私田。"等到幽王、厉王昏庸无道的时代，不亲自治理国家，褒姒专权，七名奸人结党横行，贤人愚者次序错乱，万丈深谷变为崇山峻岭。所以《诗经》说："四方诸国为政无方，不能任用贤良之士。"又说："哀叹如今世上的人，为什么像虺蛇蜥蜴？"说的是百姓畏惧官吏就像虺蛇蜥蜴一样。宗周灭亡后，六国被秦国吞并，秦史守相，辄亲引见，考察言行，信赏必罚。帝乃叹曰："民所以安而无怨者，政平吏良也。与我共此者，其唯良二千石乎！"以为吏数变易，则下不安业；久于其事，则民服教化。其有政理者，辄以玺书勉励，增秩赐金，或爵至关内侯，公卿缺则以次用之。是以吏称其职，人安其业。汉世良吏，于兹为盛，故能降来仪之瑞，建中兴之功。

汉初至今，三百余载，俗浸彫敝，巧伪滋萌，下饰其诈，上肆其残。典城百里，转动无常，各怀一切，莫虑长久。谓杀害不辜为威风，聚敛整辨为贤能，以理己安民为劣弱，以奉法循理为不化。髡钳之戮，生于睚眦；覆尸之祸，成于喜怒。视民如寇仇，税之如豺虎。监司项背相望，与同疾疢，见非不举，闻恶不察，观政于亭传，责成于期月，言善不称德，论功不据实，虚诞者获誉，拘检者离毁。或因罪而引高，或色斯以求名。州宰不覆，竞共辟召，踊跃升腾，超等逾匹。或考奏捕案，而亡不受罪，会赦行赂，复见洗涤。朱紫同色，清浊不分。故使奸猾枉滥，轻忽去就，拜除如流，缺动百数。乡官部吏，职斯禄薄，车马衣服，一出于民，廉者取足，贪者充家，特选横调，纷纷不绝，送迎烦费，损政伤民。和气未洽，灾眚不消，咎皆在此。今之墨绶，犹古之诸侯，拜爵王庭，舆服有庸，而齐于匹始皇焚书坑儒，革除五等的爵位，改设郡县制度，县设有县长，郡安置守尉，使百姓五家为伍、十家为什、互相监督，暴虐残害百姓。大汉受天之命建立，虽然没有恢复沿用古代的制度，然而慎重选用百官，免除苛政、纠正弊端，解救百姓于危难之中，顺着百姓的心愿安抚他们。到了文帝、景帝时代，天下安康。实在是因为国家清静无为、宽缓和柔的政策，以及慎重选拔官吏的原因。传到宣帝时，因为宣帝出身于卑微人家，对官吏进行综合考核来察其名声和实际是否符合，知道当时政治的弊病所在。刺史、守相这些官员，宣帝总是亲自接见，考察他们的一言一行，有功必赏、有罪必罚。宣帝感叹说："百姓之所以安定还没有怨言，是因为政策平和、官吏称职啊。和我一同达到这个目标的，都是那些贤良的二千石官员啊！"宣帝认为官吏经常变动，会导致百姓无心安于本业；任职的时间长，百姓就会顺从他的教化。其中有政绩出色的，总是就亲手写信再用泥封加印以表勉励，升官并增发奖金，有的爵位升至关内侯，公卿有缺额就按次序补任。所以官吏称职，百姓安居乐业。汉代贤能的官吏，宣帝时数量最多，所以降下了有凤来仪的瑞象，建立了中兴的不世功业。

从汉代初年至今，三百多年，风俗逐渐败坏，虚伪不实的事逐渐滋长萌芽，下面官吏掩饰欺诈，上面公卿肆意暴虐。主管不过百里之城，调任变动犹未可知，人心各怀鬼胎，不作长久打算。说杀害无罪之人是威风，重税搜刮百姓是贤能，认为以身作则安抚百姓是懦弱，认为遵纪守法依法办事是顽固不化。剃去头发并用铁圈束缚脖颈，只是因为瞪眼直视的小事。置人于死地，只在喜怒之间。把百姓当作仇敌一样，横加赋税猛如虎豹豺狼。负责监察的官吏前后相顾，却和他们狼狈为奸，撞见了非但不揭发，听说了坏事也不纠察。只在驿站察知政情，却要求期限内事业有成，德行高尚不推行德教，论功不据实相告，虚伪荒唐的人获得赞誉，拘束检点的人遭到毁谤。有的因罪逃亡却获得隐居高尚的名声，有的远遁避世只为得到好的名声。州中刺史不考审查复核，争相一同征召，争前恐后升迁发迹，超出一般的提拔。有的正要逮捕查验归案，竟然四处逃亡不接受惩治，碰到大赦就就大肆贿赂，再见竟然洗刷了罪名。正色和间色混为一谈，清竖，叛命避负，非所以崇宪明理，惠育元元也。臣愚以为守相长吏，惠和有显效者，可就增秩，勿使移徙，非父母丧不得去官。其不从法禁，不式王命，锢之终身，虽会赦令，不得齿列。若被劾奏，亡不就法者，徙家边郡，以惩其后。乡部亲民之吏，皆用儒生清白任从政者，宽其负算，增其秩禄，吏职满岁，宰府州郡乃得辟举。如此，威福之路塞，虚伪之端绝，送迎之役损，赋敛之源息。循理之吏，得成其化；率土之民，各宁其所。追配文、宣中兴之轨，流光垂祚，永世不刊。

帝感其言，申下有司，考其真伪，详所施行。雄之所言，皆明达政体，而宦竖擅权，终不能用。自是选代交互，令长月易，迎新送旧，劳扰无已，或官寺空旷，无人案事，每选部剧，乃至逃亡。

永建三年，京师、汉阳地皆震裂，水泉涌出。四年，司、冀复有大水。雄推较灾异，以为下人有逆上之征，又上疏言："宜密为备，以俟不虞。"寻而青、冀、杨州盗贼连发，数年之间，海内扰乱。其后天下大赦，贼虽颇解，而官犹无备，流叛之余，数月复起。雄与仆的和浊的无法分清。所以导致奸诈狡猾的人枉法恣肆，肆意往来，拜授官职就像流水一样，遗缺的官职还有上百。乡官部吏那样的官员，职位低贱、俸禄微薄，车马衣服，每一样都出自老百姓，廉洁的只拿取足用的，贪婪的就想填满家室。特别选拔，络绎不绝，送迎官员所用的款项，损害国政伤害百姓。阴阳二气不融洽，祸患灾难不消除，罪过的根源就在这里。如今的县官，就像古代的诸侯，由朝廷授予爵位，车舆冠服与各种仪仗有明确规定，事实上无异于无知童仆，背叛皇命躲避职责，这绝非是严肃法纪、严明治理，用仁心爱德来养育百姓啊。臣浅陋地认为守相长吏，仁爱和顺又政绩显著的，可就地增俸升官，千万不要迁移，如果不是父母亲去世不得离职。有不遵从刑法和禁令，不听从皇帝诏令的，终身禁止做官，即使遇上赦令，不允许和好人并列。如果是遭到弹劾的，逃亡拒绝伏法的，就把他的家人都迁徙到边远地区，以惩戒他的后人。乡里亲近百姓的官吏，都任用身事清白能够从政的儒生，放宽负欠的口钱，增加俸禄，就职满一年，宰府州郡才可以举荐征召。这样，便断绝了作威作福的道路，根绝了弄虚作假的开端，减少了送迎官员的花费，停息了横征暴敛的根源。依法治理的官吏，能够完成教化；辖区之内的百姓，能够安居乐业。能和文帝、宣帝中兴的轨迹相媲美，事迹流传后世，永世不可改易。

顺帝被左雄的建议所打动了，下令有关官吏，考校所说弊端的真伪，考虑周详后谨慎施行。左雄所说的，全都透彻认识了施政的要领，而因为宦官专揽政权，最终无法采用。从此选拔代替官职的事交替出现，县令每月更换，迎来新的送走旧的，劳苦烦扰没完没了，有的官府空旷，没人办理政事，每当选部工作繁重时，甚至有逃跑的。

永建三年（128），京城、汉阳都发生强烈地震，有水泉从裂缝中涌出。永建四年（129），司州、冀州又有洪水。左雄推求考校灾异的发生，认为是下面的百姓有叛逆犯上的征召，又上书说："朝廷应当做好严密的准备，以备发生意料之外的事。"不久后青州、冀州、扬州盗贼接连兴起，几年之内，海内动荡不安。后来朝廷大赦天下，射郭虔共上疏，以为“寇贼连年，死亡太半，一人犯法，举宗群亡。宜及其尚微，开令改悔。若告党与者，听除其罪；能诛斩者，明加其赏”。书奏，并不省。

又上言：“宜崇经术，缮修太学。”帝从之。阳嘉元年，太学新成，诏试明经者补弟子，增甲乙之科，员各十人。除京师及郡国耆儒年六十以上为郎、舍人、诸王国郎者百三十八人。

雄又上言：“郡国孝廉，古之贡士，出则宰民，宣协风教。若其面墙，则无所施用。孔子曰‘四十不惑’，《礼》称‘强仕’。请自今孝廉年不满四十，不得察举，皆先诣公府，诸生试家法，文吏课笺奏，副之端门，练其虚实，以观异能，以美风俗。有不承科令者，正其罪法。若有茂才异行，自可不拘年齿。”帝从之，于是班下郡国。明年，有广陵孝廉徐淑，年未及举，台郎疑而诘之。对曰：“诏书曰‘有如颜回、子奇，不拘年齿’，是故本郡以臣充选。”郎不能屈。雄诘之曰：“昔颜回闻一知十，孝廉闻一知几邪？”淑无以对，乃遣却郡。于是济阴太守胡广等十余人皆坐谬举免黜，唯汝南陈蕃、颍川李膺、下邳陈球等三十余人得拜郎中。自是牧守畏栗，莫敢轻举。迄于永憙，察选清平，多得其人。

雄又奏征海内名儒为博士，使公卿子弟为诸生。有志操者，加其俸禄。及汝南谢廉，河南赵建，年始十二，各能通经，雄并奏拜童盗贼虽然有所缓解，而各地官吏仍然没有防备，流亡反叛的盗贼余党，只过了几个月又再次作乱。左雄和仆射郭虔联名上书，认为“贼寇连年作乱，百姓死亡大半，只要一人犯法，全族都要流亡。应当趁贼寇危害尚轻的时候，网开一面允许忏悔旧恶。如果有检举揭发同党的人，可以免除谋反之罪；能诛杀要犯的人，明示赏赐”。奏书呈上后，都没有被采纳。

又上书说：“应当尊崇经学，修缮太学。”顺帝听从了他的建议。阳嘉元年（132），太学新建而成，皇帝下诏让参加明经的人增补为太学弟子，增加甲乙两科，各十个名额。把京城和郡国内一百三十八名六十岁以上年高博学的儒生除授为郎、舍人、诸王国郎。

左雄又上书说：“郡国选拔的孝廉，等同古时候的贡士，出任要掌治民众，宣扬协和风俗教化。如果不学无术、见识浅薄，那就无法任用了。孔子说‘四十岁遇事能明辨不疑’，《礼记》称‘四十岁正强盛可以出仕’。请求从今以后孝廉年龄不满四十岁的，不得推举考核，都应当先到公府，诸生考查儒家一家的学说，文官考查奏章，在端门复试，考查才学的虚实，来观察过人的才能，来培养美好风俗。有不遵守法令的，依法处理。如果有品行优异的秀才，自然可以不拘泥于年龄。”顺帝听从了左雄的建议，就颁布下达郡国。第二年，有广陵孝廉徐淑，还没到推举的年龄，尚书郎觉得可疑就追问他。徐淑回答说：“诏书上说‘有像颜回、子奇那样的人才，可以不拘泥于年龄’，所以我们郡让臣入选。”尚书郎不能让他屈服。左雄追问他说：“昔日颜回听到事情的一端就能知道其十分的全貌，不知道孝廉听说一能知道几分呢？”徐淑无言以对，就拒绝受理并遣送他回郡去了。因此济阴太守胡广等十多人都因为妄加推举而遭到罢免，只有汝南陈蕃、颍川李膺、下邳陈球等三十多人得以官拜郎中。从此以后牧守畏惧战栗，不敢轻易推举孝廉。到永憙年间，左雄察举廉洁公正，任用了很多人才。

左雄又上奏征召海内著名的儒者担任博士，使公卿的子弟进入太学当诸生。有志向节操的，增加俸禄。等到汝南谢廉、河南赵建，刚刚十二岁，各个都能通晓经术，左雄一并奏请官拜童子郎。因此背子郎。于是负书来学，云集京师。

初，帝废为济阴王，乳母宋娥与黄门孙程等共议立帝，帝后以娥前有谋，遂封为山阳君，邑五千户。又封大将军梁商子冀襄邑侯。雄上封事曰："夫裂土封侯，王制所重。高皇帝约，非刘氏不王，非有功不侯。孝安皇帝封江京、王圣等，遂致地震之异。永建二年，封阴谋之功，又有日食之变。数术之士，咸归咎于封爵。今青州饥虚，盗贼未息，民有乏绝，上求禀贷。陛下乾乾劳思，以济民为务。宜循古法，宁静无为，以求天意，以消灾异。诚不宜追录小恩，亏失大典。"帝不听。雄复谏曰："臣闻人君莫不好忠正而恶谗谀，然而历世之患，莫不以忠正得罪，谗谀蒙倖者，盖听忠难，从谀易也。夫刑罪，人情之所甚恶；贵宠，人情之所甚欲。是以时俗为忠者少，而习谀者多。故令人主数闻其美，稀知其过，迷而不悟，至于危亡。臣伏见诏书顾念阿母旧德宿恩，欲特加显赏。案尚书故事，无乳母爵邑之制，唯先帝时阿母王圣为野王君。圣造生谗贼废立之祸，生为天下所咀嚼，死为海内所欢快。桀、纣贵为天子，而庸仆羞与为比者，以其无义也。夷、齐贱为匹夫，而王侯争与为伍者，以其有德也。今阿母躬蹈约俭，以身率下，群僚蒸庶，莫不向风，而与王圣并同爵号，惧违本操，失其常愿。臣愚以为凡人之心，理不相远，其所不安，古今一也。百姓深惩王圣倾覆之祸，民萌之命，危于累卵，常惧时世复有此类。怵惕之念，未离于心；恐惧之言，未绝乎口。乞如前议，岁以千万给奉阿母，内足以尽恩爱之欢，外可不为吏民所怪。梁冀之封，事非机急，宜过灾厄之运，然后平议可否。"会复有地震、缑氏山崩之异，雄复上疏谏曰："先帝封野王君，汉阳地震，今封山阳君而京城复震，专政在阴，其灾尤大。臣前后瞽言封爵至重，王者可私人以财，不可以官，宜还阿母之封，以塞灾异。今冀已高让，山阳君亦宜崇其本节。"雄言数切至，娥亦畏惧辞让，而帝恋恋不能已，卒封之。后阿母遂以交遘失爵。

负书籍来学习的人，云集京城。

起初，顺帝曾被废为济阴王，乳母宋娥和黄门孙程等人商议册立新帝，顺帝之后认为宋娥先前曾有谋划，就册封她为山阳君，食邑五千户。又册封大将军梁商的儿子梁冀为襄邑侯。左雄呈上皂囊封缄的秘密奏书说：“分封土地给诸侯，这是朝廷的制度。高皇帝曾经约定，不是刘姓的后代不能封王，不是有功劳的人不能封侯。孝安皇帝册封江京、王圣等人，招致了地震异象。永建二年（127），皇帝封赏暗中谋划的功绩，又有日食灾变。占卜的人，都把这些怪异现象归咎在册封爵位上。如今青州闹饥荒，盗贼尚未平息，百姓供应不继，向官家借粮食给百姓。皇帝陛下自强不息、冥思苦想，把救助百姓作为首要任务。应当遵循古法，清静无为，乞求天意回转，来消除灾异。实在不应当追溯过去小小的恩情，从而破坏国家重要的典章。”顺帝没有听从。左雄又劝谏说：“臣听说皇帝没有不喜好忠诚正直而厌恶诡毁阿谀的，然而历代的祸患，没有不是因为忠诚正直而获罪，诡毁阿谀而受到宠幸的，大概是君王听信忠言困难，而听从谄谀的话容易的缘故。触犯刑法判罪，是人人心中极其厌恶的；显贵受到宠信，是人人心中极其希望的。所以按照时下的风俗忠诚正直的人少，阿谀奉承的人多。所以皇帝老是听说他的优点，很少听说他的缺点，执迷不悟，导致接近灭亡的紧急局势。臣见陛下的诏书顾念乳母的旧德旧恩，打算特地奖赏她。根据尚书过去的事例，没有封爵赐邑给乳母的制度，只有先帝时期乳母王圣被封为野王君。王圣凭空捏造了残害良善的废立大祸，在世时被天下的人咬牙切齿地痛恨，去世后四海之内普天同庆。桀、纣贵为天子，而仆役也以和他们在一起为耻辱，那是因为他们不讲道义啊。伯夷、叔齐是身份卑微的百姓，而王侯争相和他俩做朋友，那是因为他们有德行啊。如今乳母亲身履行简约省俭，以身作则，百官和百姓，没有不跟风向她学习的，而和王圣那样的人一同封爵，臣担心陛下此举违背了乳母一生的操守，违背她长久以来的愿望。臣愚钝地以为常人的想法，道理不会相差太远，其所不安的事，古今都是一样的。百姓深恶痛绝王圣造成倾覆国家的大祸，百姓的生命，就好像堆叠起来的鸡蛋一样危险，经常担心世上再发是时大司农刘据以职事被谴，召诣尚书，传呼促步，又加以捶扑。雄上言："九卿位亚三事，班在大臣，行有佩玉之节，动有庠序之仪。孝明皇帝始有扑罚，皆非古典。"帝从而改之，其后九卿无复捶扑者。自雄掌纳言，多所匡肃，每有章表奏议，台阁以为故事。迁司隶校尉。

初，雄荐周举为尚书，举既称职，议者咸称焉。及在司隶，又举故冀州刺史冯直以为将帅，而直尝坐臧受罪，举以此劾奏雄。雄悦曰："吾尝事冯直之父而又与直善，今宣光以此奏吾，乃是韩厥之举也。"由是天下服焉。明年坐法免。后复为尚书。永和三年卒。

周举字宣光，汝南汝阳人，陈留太守防之子。防在《儒林传》。举姿貌短陋，而博学洽闻，为儒者所宗，故京师为之语曰："《五经》从横周宣光。"

生这类灾祸。恐惧警惕的念头，从未离开胸中；恐惧的言论，不绝于口。乞求还是像以前建议的那样，陛下可以每年拿出千万钱奉送给乳母，在内足以竭尽自己的恩爱之情，在外也不会被官吏百姓所责怪。梁冀封侯，并非是紧急的事，应当度过灾异厄运之后，然后再评议是否可以。”恰逢又发生地震、缑氏山山崩的异象出现，左雄又上书劝谏说：“先帝封赏野王君，汉阳发生地震，如今封赏山阳君而京城又发生地震，女子独揽大权，造成的灾害尤其严重。臣前后所说封爵兹事体大的愚见，皇帝可以把钱财送给别人，而不可以把官职送给别人。陛下应当追还乳母的封号，来堵塞灾异的根源。如今梁冀已经拱手相让自己的赏赐，山阳君也应当崇尚自己原本的节操。”左雄多次上书表达恳切周至的劝谏，宋娥也感到畏惧主动辞让封爵，而顺帝还是恋恋不忘，最终还是封她为山阳君。之后顺帝的乳母最终因为互相勾结而失去了爵位。

当时大司农刘据因为职务的事被谴责，皇帝征召他来到尚书台，前来传唤的人催促他，又加以鞭打。左雄上书说：“九卿的官位仅次于三公，位列国家重臣，行走有佩玉的节度，举动有学者的仪态。孝明皇帝时才有鞭打的刑罚，但不是古代的典制。”顺帝听从了他的建议并且改正，之后九卿再也没有受到鞭打的。自从左雄掌管纳言一职，匡正辅佐了很多事务，每次有章表奏议，台阁就把它当作处理政务的典型。之后左雄升迁为司隶校尉。

起初，左雄举荐周举为尚书，周举很称职，大家言谈之间都在称赞他。等到他担任司隶校尉时，又举荐前冀州刺史冯直为将帅，而冯直曾经因接贪污而获罪，周举因为这件事上奏弹劾左雄。左雄高兴地说：“我曾经在冯直的父亲手下任职，而和冯直的关系又很好，如今周举因此来弹劾我，这是春秋时晋国韩厥的义举啊。”因此天下都佩服他。第二年左雄因为犯法获罪遭到免官。之后又官拜尚书。永和三年（138）左雄去世。

周举，字宣光，汝南郡汝阳县人，是陈留太守周防的儿子。周防详见《儒林传》。周举外貌矮小丑陋，但学问广博、见识丰富，被天下儒者所崇仰，所以京城流行这样一句话：“学贯《五经》周宣光。”

延光四年，辟司徒李郃府。时宦者孙程等既立顺帝，诛灭诸阎，议郎陈禅以为阎太后与帝无母子恩，宜徙别馆，绝朝见。群臣议者咸以为宜。举谓郃曰："昔郑武姜谋杀严公，严公誓之黄泉；秦始皇怨母失行，久而隔绝，后感颍考叔、茅焦之言，循复子道。书传美之。今诸阎新诛，太后幽在离宫，若悲愁生疾，一旦不虞，主上将何以令于天下？如从禅议，后世归咎明公。宜密表朝廷，令奉太后，率厉群臣，朝觐如旧，以厌天心，以答人望。"郃即上疏陈之。明年正月，帝乃朝于东宫，太后由此以安。

后长乐少府朱伥代郃为司徒，举犹为吏。时孙程等坐怀表上殿争功，帝怒，悉徙封远县，敕洛阳令促期发遣。举说朱伥曰："朝廷在西钟下时，非孙程等岂立？虽韩、彭、吴、贾之功，何以加诸！今忘其大德，录其小过，如道路夭折，帝有杀功臣之讥。及今未去，宜急表之。"伥曰："今诏怒，二尚书已奏其事，吾独表此，必致罪谴。"举曰："明公年过八十，位为台辅，不于今时竭忠报国，惜身安宠，欲以何求？禄位虽全，必陷佞邪之讥；谏而获罪，犹有忠贞之名。若举言不足采，请从此辞。"伥乃表谏，帝果从之。

举后举茂才，为平丘令。上书言当世得失，辞甚切正。尚书郭虔、应贺等见之叹息，共上疏称举忠直，欲帝置章御坐，以为规诫。

延光四年(125),周举被征召到司徒李郃府上任职。当时宦官孙程等人已经拥立顺帝,诛杀阎氏一族,议郎陈禅以为阎太后和顺帝没有母子亲情,应当移居别馆,禁止朝见。群臣商议后都认为合适。周举对李郃说:“昔日郑庄公的母亲武姜谋杀庄公,庄公发誓只和她在黄泉相见;秦始皇怨恨他母亲行为不检点,就和他母亲长久隔绝、不再往来,之后他们受到颍考叔、茅焦的劝谏,再次遵循儿子的侍奉之道,书中都赞美他们。如今阎氏一族才刚刚诛灭,太后幽居离宫,如果因为悲伤忧愁而生病,有朝一日意外去世,皇帝将要怎么用孝来号令天下呢?如果听从了陈禅的建议,后世都会把过错推到您的身上。应当暗中上书朝廷,下令尊奉太后,率领督促群臣,像往常一样朝见,来满足上天的心意,来报答百姓的期望。”李郃立即上书陈述建议。第二年正月,顺帝在东宫朝见太后,太后从此安定下来。

之后长乐少府朱伥代替李郃为司徒,周举还是一名小吏。当时孙程等人因为怀揣奏书上殿抢功,皇帝发怒,把他们悉数改封发配到边远的县里,下令洛阳令赶快流放他们。周举对朱伥说:“皇帝在德阳殿西钟立下誓言的时候,要不是孙程等人怎能立为新君?虽然韩信、彭越、吴汉、贾复也有功劳,又怎能超过他们呢!如今皇帝忘记他们的大德,只记得他们犯下的小过,如果他们路上去世,就会讥讽皇帝诛杀功臣。趁现在他们还没出发,应当赶快上书劝谏皇帝。”朱伥说:“如今皇帝怒气正盛,二位尚书已经上奏此事,我独自上书这些道理,必定会招致罪责。”周举说:“您已经八十多岁了,身为台辅,不在这时候尽忠报国,反而爱惜性命、安身得宠,还打算什么呢?倘不如此俸禄官位虽然保全,必定会陷入谗谄奸邪的指责中;因为劝谏而获罪罚,还能有个忠贞不二的名声。如果我所说的建议不足以让您采纳,我请求从此告辞。”朱伥就上表劝谏,皇帝果然听从了朱伥的建议。

周举之后被举荐为茂才,担任平丘令。上书陈述当世政治的得失,言辞十分恰切平正。尚书郭虔、应贺等人看后都不停赞叹,共同上书举荐周举忠诚正直,打算让周举侍坐在皇帝身旁,作为规诫。

举稍迁并州刺史。太原一郡，旧俗以介子推焚骸，有龙忌之禁。至其亡月，咸言神灵不乐举火，由是士民每冬中辄一月寒食，莫敢烟爨，老小不堪，岁多死者。举既到州，乃作吊书以置子推之庙，言盛冬去火，残损民命，非贤者之意，以宣示愚民，使还温食。于是众惑稍解，风俗颇革。

转冀州刺史。阳嘉三年，司隶校尉左雄荐举，征拜尚书。举与仆射黄琼同心辅政，名重朝廷，左右惮之。是岁河南、三辅大旱，五谷灾伤，天子亲自露坐德阳殿东厢请雨，又下司隶、河南祷祀河神、名山、大泽。诏书以举才学优深，特下策问曰："朕以不德，仰承三统，夙兴夜寐，思协大中。顷年以来，旱灾屡应，稼穑焦枯，民食困乏。五品不训，王泽未流，群司素餐，据非其位。审所贬黜，变复之征，厥效何由？分别具对，勿有所讳。"举对曰："臣闻《易》称'天尊地卑，乾坤以定'。二仪交构，乃生万物，万物之中，以人为贵。故圣人养之以君，成之以化，顺四节之宜，适阴阳之和，使男女婚娶不过其时。包之以仁恩，导之以德教，示之以灾异，训之以嘉祥。此先圣承乾养物之始也。夫阴阳闭隔，则二气否塞；二气否塞，则人物不昌；人物不昌，则风雨不时；风雨不时，则水旱成灾。陛下处唐虞之位，未行尧舜之政，近废文帝、光武之法，而循亡秦奢侈之欲，内积怨女，外有旷夫。今皇嗣不兴，东宫未立，伤和逆理，断绝人伦之所致也。非但陛下行此而已，竖宦之人，亦复虚以形势，威侮良家，取女闭之，至有白首殁无配偶，逆于天心。昔武王入殷，出倾宫之女；成汤遭灾，以六事克己；鲁僖遇旱，而自责祈雨：皆以精诚转祸为福。自枯旱以来，弥历年岁，未闻陛下改过之效，徒劳至尊暴露风尘，诚无益也。又下州郡祈神致请。昔齐有大旱，景公欲祀河伯，晏子谏曰：'不可。夫河伯以水为城国，鱼鳖为民庶。水周举不久就升迁为并州刺史。太原郡中，因为介子推被烧死在绵山而流传下古老的习俗，有禁火寒食的习俗。到了介子推去世的那个月，百姓都说神灵不乐意用火，因此百姓每年冬季都有一个月要吃冷食，没人敢烧火煮饭，老人小孩忍受不了，每年要死很多人。周举到任并州后，就给介子推写下一篇祭文，放置在他的庙里，说严冬禁止用火，损害百姓生命，并非是贤人的本意，向百姓揭明这些道理，让他们恢复熟食。于是百姓的疑虑稍微得以破除，寒食风俗有所改变。

周举调任冀州刺史。阳嘉三年（134），司隶校尉左雄举荐周举，朝廷征召他为尚书。周举和仆射黄琼同心协力辅佐朝政，在朝廷中名声显赫，左右的人都敬畏他们。这年河南、三辅一带大旱，五谷受灾减产，天子亲自露天坐在德阳殿的东厢求雨，又下诏命令司隶、河南祭祀祈祷河神、名山、大泽。诏书中提到周举才华学识宏博深远，特地下诏策问说："朕缺乏德行，敬受天统、地统、人统，早起晚睡，想协调中正之道。近几年以来，旱灾屡屡发生，庄稼干燥枯萎，百姓困顿缺乏粮食。五常难以教化，皇帝的德泽未能传达，百官尸位素餐，德不配位。审查要贬谪罢黜的人，而恢复正常的征兆，从何而来？请分别仔细回答，千万不要有什么顾虑。"周举回答说："臣听《易经》说：'天尊贵在上、地卑微在下，乾坤的象征因此确定了。'天地阴阳交合，从而化生万物，万物之中，人最为珍贵。所以古代的圣人让皇帝来养育百姓，用教化来训育百姓，顺应春夏秋冬四季来劳动，适应阴阳交合的规律，让男女结婚不违背天时。用仁爱恩德来包容他们，用道德教化来引导他们，用灾异之象来警告他们，用祥瑞之象来训勉他们。这是先圣承接天意养育万物的开始。阴阳隔绝，那么此二气就闭塞不通，阴阳二气闭塞不通，那么人物就难以昌盛；人物难以昌盛，那么风雨就不合天时，风雨不合天时，那么水旱就成灾祸。皇帝陛下身处唐尧虞舜的位子，却没有施行唐尧虞舜那样的政治，近看也没能实行文帝、光武帝的方略，而是遵循着亡秦奢侈纵欲的道路，宫内聚集着没有丈夫的怨女，宫外都是没有妻子的旷夫。如今皇家子嗣不算兴盛，皇太子还没有确立，这是伤害天地中和之尽鱼枯，岂不欲雨？自是不能致也。’陛下所行，但务其华，不寻其实，犹缘木希鱼，却行求前。诚宜推信革政，崇道变惑，出后宫不御之女，理天下冤枉之狱，除太官重膳之费。夫五品不训，责在司徒，有非其位，宜急黜斥。臣自藩外擢典纳言，学薄智浅，不足以对。《易传》曰：‘阳感天，不旋日。’惟陛下留神裁察。”因召见举及尚书令成翊世、仆射黄琼，问以得失。举等并对以为宜慎官人，去斥贪污，离远佞邪，循文帝之俭，尊孝明之教，则时雨必应。帝曰：“百官贪污佞邪者为谁乎？”举独对曰：“臣从下州，超备机密，不足以别群臣。然公卿大臣数有直言者，忠贞也；阿谀苟容者，佞邪也。司徒视事六年，未闻有忠言异谋，愚心在此。”其后以事免司徒刘崎，迁举司隶校尉。

永和元年，灾异数见，省内恶之，诏召公、卿、中二千石、尚书诣显亲殿，问曰：“言事者多云，昔周公摄天子事，及薨，成王欲以公礼葬之，天为动变。及更葬以天子之礼，即有反风之应。北乡侯气、违背自然天理，断绝人伦所导致的啊。不仅仅是皇帝您这样做，宦官们，也经常狐假虎威，陵虐侮慢良家子女，强取民女禁闭在家，甚至有白头至死都没有配偶的，违逆天意。昔日周武王进入殷地，把宫廷里面的女子悉数放出婚配；成汤遭遇旱灾，以貌、言、视、听、思心、王极这六事反躬自责；鲁僖公遭遇旱灾，自责祈祷来求雨：都是因为真诚感动上天、转祸为福。自从天气枯旱以来，已有很多年了，从未听说皇帝您有改过自新的行动，只是白白地让至尊之躯暴露在风尘之中，实在是没有用啊。陛下又下诏州郡祈神求雨。昔日齐国大旱，齐景公打算祭祀河伯，晏子劝谏说：'不可以。河伯把水域当做城池和国家，鱼鳖就是它的百姓。水尽鱼死，难道是他不想下雨吗？只是它本就没法求到雨啊。'皇帝您的所作所为，只求表面务必华丽，而不去寻求实际，就好像是缘木求鱼，倒退行走却想前进。实在是应当重视改革弊政，崇尚道义消除惑乱，把后宫尚未临幸的宫女放出宫去，平反天下间的冤假错案，除去负责皇家饮食的太官追求奢华的费用。五常的教化难以施行，这是司徒的责任，尸位素餐的官员，应当赶快斥退。臣是从地方拔擢担任纳言一职，学识浅薄、才智短浅，不足以应对策问。《易传》说：'皇帝为善上天就会感应，不用一天就有回报。'只请皇帝陛下小心审查裁断。"于是皇帝召见周举和尚书令成翊世、仆射黄琼，询问朝廷为政的得失。周举等人都回答应该谨慎选拔官吏，罢免贪污的官吏，远离奸邪的人，遵循文帝节俭的风气，遵守孝明帝的教化，那么应时的雨水必定会回应。皇帝说："百官之中贪污的、奸邪的都有谁呢？"周举独自回答说："臣是从地方来的，直接提拔到这机要的官职上，还不足以甄别群臣。然而公卿大臣中多次仗义执言的人，就是忠贞；阿谀附和的，就是奸邪。司徒任职六年，没听说过有什么忠直的谏言和特别的计谋，依臣愚见说的就是他这种人。"之后皇帝因事罢免了司徒刘崎，周举升迁为司隶校尉。

永和元年（136），灾异多次发生，宫中认为不祥，下诏召集公、卿、中二千石、尚书前往显亲殿，皇帝问："进谏的人老说，昔日周公替代周天子处理政事，等到周公去世时，周成王打算用公候的礼仪亲为天子而葬以王礼，故数有灾异，宜加尊谥，列于昭穆。”群臣议者多谓宜如诏旨，举独对曰：“昔周公有请命之应，隆太平之功，故皇天动威，以章圣德。北乡侯本非正统，奸臣所立，立不逾岁，年号未改，皇天不祐，大命夭昏。《春秋》王子猛不称崩，鲁子野不书葬。今北乡侯无它功德，以王礼葬之，于事已崇，不宜称谥。灾眚之来，弗由此也。”于是司徒黄尚、太常桓焉等七十人同举议，帝从之。尚字伯河，南郡人也，少历显位，亦以政事称。

举出为蜀郡太守，坐事免。大将军梁商表为从事中郎，甚敬重焉。六年三月上巳日，商大会宾客，宴于洛水，举时称疾不往。商与亲昵酣饮极欢，及酒阑倡罢，继以《薤露》之歌，坐中闻者，皆为掩涕。太仆张种时亦在焉，会还，以事告举。举叹曰：“此所谓哀乐失时，非其所也。殃将及乎！”商至秋果薨。商疾笃，帝亲临幸，问以遗言。对曰：“人之将死，其言也善。臣从事中郎周举，清高忠正，可重任也。”由是拜举谏议大夫。

时连有灾异，帝思商言，召举于显亲殿，问以变眚。举对曰：“陛下初立，遵修旧典，兴化致政，远近肃然。顷年以来，稍违于前，朝多宠倖，禄不序德。观天察人，准今方古，诚可危惧。《书》曰：‘僭恒旸若。’夫僭差无度，则言不从而下不正；阳无以制，则上扰下竭。宜密严敕州郡，察强宗大奸，以时禽讨。”其后江淮猾贼周生、徐凤等处处并起，如举所陈。

来安葬他，天象因此发生变动。等到换用天子的礼仪来安葬，马上就有风向倒转的感应。北乡侯曾经当过天子而用诸侯王的礼仪安葬他，所以灾异多次发生，应当加上天子尊谥，位列于宗庙之中。”参与讨论的群臣大多说应当按皇帝的诏令办，只有周举一个人回答说：“昔日周公请求周成王允许他代为执政，创下天下太平的功业，所以皇天动用天威，来彰明周公的圣德。北乡侯本来就并非正统，是奸臣所拥立，确立不到一年，年号也没有更改，皇天并不会保佑他，导致夭折。《春秋》经中王子猛去世不说是‘崩’，鲁子野去世不写‘葬’。如今北乡侯并没有其它功德，而用诸侯王的礼仪来安葬他，对于葬礼来说已经很隆重了，不应当再称谥号。灾异的到来，不是因为这件事。”于是司徒黄尚、太常桓焉等七十人都同意周举的建议，皇帝听从了。黄尚，字伯河，南郡人，年少时就身居高位，也以处理政事见长。

周举调里京城出任蜀郡太守，因事而遭到罢免。大将军梁商上表举荐他为从事中郎，十分敬重他。永和六年（141）三月上巳日，梁商大宴宾客，在洛水之滨举行宴会，周举当时假称生病不前往。梁商和他亲近的人喝得酩酊大醉、极其欢乐，等到宴席将尽、歌舞停止的时候，又唱起《薤露》之歌，在座的人听了，都掩面哭泣。太仆张种当时也在宴会上，回来之后，把这事告诉了周举。周举感叹说：“这就是所谓的哀乐不当其时，不是该哭的地方，灾祸将要来临了啊！”梁商到了秋季果然去世了。梁商病重时，皇帝亲临探视，问他有什么遗言要说。梁商回答说：“人之将死，其言也善。臣的从事中郎周举，高尚纯洁、忠诚正直，可以委以重职。”周举因此官拜谏议大夫。

当时灾异连续不断，皇帝想起梁商的遗言，在显亲殿召见周举，询问他预示灾异发生的变异现象。周举回答说：“皇帝刚刚继位时，遵循修治过去的典章制度，推行教化使官吏交还执政的权柄，远近都严肃谨慎。最近几年以来，慢慢违背了之前的做法，朝廷中受到宠幸的人多了起来，俸禄不按德行的顺序发放。看到上天的变异才想起来考察百姓的问题，看到如今的灾祸才想起和古代相比较，确实应该忧虑恐惧了。《尚书》说：‘超越本分，就会长时间晴天不下雨、大旱成灾。’僭越失度，那么说话没人听从而下面的人就不正派；放时诏遣八使巡行风俗，皆选素有威名者，乃拜举为侍中，与侍中杜乔、守光禄大夫周栩、前青州刺史冯羡、尚书栾巴、侍御史张纲、兖州刺史郭遵、太尉长史刘班并守光禄大夫，分行天下。其刺史、二千石有臧罪显明者，驿马上之；墨绶以下，便辄收举。其有清忠惠利，为百姓所安，宜表异者，皆以状上。于是八使同时俱拜，天下号曰“八俊”。举于是劾奏贪猾，表荐公清，朝廷称之。迁河内太守，征为大鸿胪。

及梁太后临朝，诏以殇帝幼崩，庙次宜在顺帝下。太常马访奏宜如诏书，谏议大夫吕勃以为应依昭穆之序，先殇帝，后顺帝。诏下公卿。举议曰：“《春秋》鲁闵公无子，庶兄僖公代立，其子文公遂跻僖于闵上。孔子讥之，书曰：‘有事于太庙，跻僖公。’《传》曰：‘逆祀也。’及定公正其序，经曰‘从祀先公’，为万世法也。今殇帝在先，于秩为父，顺帝在后，于亲为子，先后之义不可改，昭穆之序不可乱。吕勃议是也。”太后下诏从之。迁光禄勋，会遭母忧去职，后拜光禄大夫。

建和三年卒。朝廷以举清公亮直，方欲以为宰相，深痛惜之。乃诏告光禄勋、汝南太守曰：“昔在前世，求贤如渴，封墓轼闾，以光贤哲。故公叔见诔，翁归蒙述，所以昭忠厉俗，作范后昆。故光禄大夫周举，性侔夷、鱼，忠逾随、管，前授牧守，及还纳言，出入京纵不加以节制，就会致使在上者烦扰不停、在下者竭尽精力。应当暗中让州郡严谨慎戒，查探豪门大族中大奸大恶之人，及时捉拿诛杀。”之后江淮奸狡之人周生、徐凤等人四处并立而起，果然就像周举所说的那样。

当时朝廷下诏派遣八使往来视察各地风俗，挑选的都是向来有名望的人，周举就升迁为侍中，和侍中杜乔、代理光禄大夫周栩、前青州刺史冯羡、尚书栾巴、侍御史张纲、兖州刺史郭遵、太尉长史刘班一同暂代光禄大夫，分头视察天下的风俗。其中刺史、二千石官员有明显贪污受贿罪的，通过驿马上书朝廷；县令以下，立即收系弹劾。其中那些清正忠诚、恩惠百姓的，受到百姓爱戴，表现优异应当表扬的，都上报朝廷。于是八使同时受到任命，天下称他们为“八俊”。周举就上书劾奏贪婪狡猾的人，上表举荐清廉无私的人，朝廷都称赞他，征召为大鸿胪。

等到梁太后亲临处理朝政，下诏认为殇帝年幼就驾崩了，他在宗庙里面的次序应当在顺帝之下。太常马访上奏说应当像诏书所说的一样，谏议大夫吕勃认为应当按照左昭右穆的次序，先殇帝，后顺帝。诏书下达公卿讨论。周举提议说：“《春秋》中鲁闵公没有儿子，庶出的哥哥僖公继承，他的儿子文公就把僖公排列在闵公之上。孔子嘲笑这件事，书上说：‘在太庙中祭祀的时候，把僖公的次序提前了。’《左传》说：‘这是违反上下位次的祭祀。’等到定公时才改正了这个次序，《春秋》经说：‘按顺序祭祀先人’，为万世后人定下规矩。如今殇帝在先，按次序为先，顺帝在后，按亲属为后，先后的大义是不可更改的，左昭右穆的次序不可打乱。吕勃的意见是对的。”太后下诏听从了。之后周举升迁为光禄勋，恰逢母亲去世离职回家，之后官拜光禄大夫。

周举在建和三年（149）去世。朝廷认为周举清廉公正、诚实正直，正打算任命他为宰相，对此感到深切的惋惜哀痛。就下诏给光禄勋、汝南太守说：“昔日前代的皇帝，求贤若渴，增修坟墓、旌表里门，以此来表扬贤明的人。所以卫国大夫公叔文子死后卫君写下诔文来称赞，宣帝时尹翁归去世后受到褒扬，所做的这些都是为了显辇，有钦哉之绩，在禁闱有密静之风。予录乃勋，用登九列。方欲式序百官，亮协三事，不永夙终，用乖远图。朝廷愍悼，良为怆然。《诗》不云乎：‘肇敏戎功，用锡尔祉。’其令将大夫以下到丧发日复会吊。加赐钱十万，以旌委蛇素丝之节焉。”子勰。

勰字巨胜，少尚玄虚，以父任为郎，自免归家。父故吏河南召夔为郡将，卑身降礼，致敬于勰。勰耻交报之，因杜门自绝。后太守举孝廉，复以疾去。时梁冀贵盛，被其征命者，莫敢不应，唯勰前后三辟，竟不能屈。后举贤良方正，不应。又公车征，玄纁备礼，固辞废疾。常隐处窜身，慕老聃清静，杜绝人事，巷生荆棘，十有余岁。至延熹二年，乃开门延宾，游谈宴乐，及秋而梁冀诛，年终而勰卒，时年五十。蔡邕以为知命。自勰曾祖父扬至勰孙恂，六世一身，皆知名云。

黄琼字世英，江夏安陆人，魏郡太守香之子也。香在《文苑传》。琼初以父任为太子舍人，辞病不就。遭父忧，服阕，五府俱辟，连年不应。

永建中，公卿多荐琼者，于是与会稽贺纯、广汉杨厚俱公车征。琼至纶氏，称疾不进。有司劾不敬，诏下县以礼慰遣，遂不得已。先是征聘处士多不称望，李固素慕于琼，乃以书逆遗之曰：“闻已度伊、洛，近在万岁亭，岂即事有渐，将顺王命乎？盖君子谓伯夷隘，柳下惠不恭，故传曰‘不夷不惠，可否之间’。盖圣贤居身之所示忠信、激励世俗，为后代树立榜样。已故光禄大夫周举，性情和伯夷、史鱼一样高洁，忠诚超过了随会、管仲，之前担任地方长官，之后进入朝廷担任纳言一职，出入京城，有值得钦佩的功绩，在朝廷中有稳重安详的作风。我记录下他的功勋，位列九卿。正打算让他总领百官，协助三公，可惜他年寿不长，让我的远大图谋无法实现。朝廷哀悼，实在是悲伤不已。《诗经》不是这样说吗：'尽心竭力取得大功，将要赐福给您啊。'命令大夫以下的人到发丧那天再聚集凭吊。加赐丧事钱十万，来表彰他经历曲折、为官清廉公正的节操。"周举的儿子叫周勰。

周勰，字巨胜，年少时崇尚玄远虚无的道家学说，因父亲周举的关系入朝为郎，自行免职回家。父亲的旧部下河南召夔担任郡将，俯身施行大礼。周勰觉得和他来往可耻，就紧闭大门自行断绝关系。之后太守举荐他为孝廉，他又假借生病不前往。当时梁冀高贵显赫，被他征召的人，没有敢不前往的，只有周勰前后三次推辞征召，最终也不能让他屈从。之后周勰又被举荐为贤良方正，不前往。又有公车前来征召，带上象征天地的浅红色和黑色的布匹、礼仪完备，坚决因病推辞。经常隐居藏身，仰慕老子清静无为，断绝人事来往，居住的巷子里都长满了荆棘，就这样过了十多年。到了延熹二年（159），才开门接待宾客，闲谈宴乐，等到秋季梁冀遭到诛杀，同年年尾，周勰去世，时年五十岁。蔡邕认为他知天命。从周勰的曾祖父周扬到周勰的孙子周恂，六世单传，都很知名。

黄琼，字世英，江夏郡安陆县人，魏郡太守黄香的儿子。黄香详见《文苑传》。黄琼起初因为父亲的关系担任太子舍人，假借生病不就职。之后父亲去世，服丧期满，五府都来征召他，多年来都不前往。

永建年间，公卿大多都举荐黄琼，于是黄琼和会稽贺纯，广汉杨厚都响应公车的征召。黄琼走到纶氏，假称生病不前往。相关官吏就弹劾他对皇帝不敬，皇帝下诏命令县里以礼慰问、遣送他，黄琼不得已只能前往。之前所征召聘用的隐士大多没有名望，李固向来仰慕黄琼，就提前写信迎接他："听说您已经渡过了伊水、洛水，最近在万珍也。诚遂欲枕山栖谷，拟迹巢、由，斯则可矣；若当辅政济民，今其时也。自生民以来，善政少而乱俗多，必待尧舜之君，此为志士终无时矣。常闻语曰：‘峣峣者易缺，皦皦者易污。’《阳春》之曲，和者必寡，盛名之下，其实难副。近鲁阳樊君被征初至，朝廷设坛席，犹待神明。虽无大异，而言行所守无缺。而毁谤布流，应时折减者，岂非观听望深，声名太盛乎？自顷征聘之士，胡元安、薛孟尝、朱仲昭、顾季鸿等，其功业皆无所采，是故俗论皆言处士纯盗虚声。愿先生弘此远谟，令众人叹服，一雪此言耳。”琼至，即拜议郎，稍迁尚书仆射。

初，琼随父在台阁，习见故事。及后居职，达练官曹，争议朝堂，莫能抗夺。时连有灾异，琼上疏顺帝曰：“间者以来，卦位错谬，寒燠相干，蒙气数兴，日暗月散。原之天意，殆不虚然。陛下宜开石室，案《河洛》，外命史官，悉条上永建以前至汉初灾异，与永建以后讫于今日，孰为多少。又使近臣儒者参考政事，数见公卿，察问得失。诸无功德者，宜皆斥黜。臣前颇陈灾眚，并荐光禄大夫樊英、太中大夫薛包及会稽贺纯、广汉杨厚，未蒙御省。伏见处士巴郡黄错、汉阳任棠，年皆耆耋，有作者七人之志。宜更见引致，助崇大化。”于是有诏公车征错等。

三年，大旱，琼复上疏曰：“昔鲁僖遇旱，以六事自让，躬节岁亭，是不是逐渐接受眼前的事，将要顺从皇帝的命令了吗？君子都说伯夷狭隘，柳下惠不恭敬，所以传说‘不要学伯夷也不要学柳下惠，在可以不可以之间折衷而已’。这大概是圣贤立身处世所珍视的啊。如果您真的打算隐居山林，效仿巢父、许由，这样也可以；如果打算辅佐政事、救助百姓，如今正是时候。自从有百姓以来，政治清明的时候少、败坏风俗的时候多，一定要等待尧舜那样的君王，那节操高尚的志士可能最终也没有机会。我曾经听说：‘高峻刚直的东西容易缺折；明亮洁白的东西容易污秽。’《阳春》之曲，能够应和的必定很少，巨大的名望之下，实际才能很难相符。最近鲁阳樊君被征召刚到任时，朝廷筑坛设座席，奉若神明。虽然没有什么特别突出的才能，但一言一行也没有什么缺点。而毁谤的言词广播流传，登时名声有所减损，难道不是百姓听说后期望太深，声名太盛的缘故吗？最近征召聘用的士人，胡元安、薛孟尝、朱仲昭、顾季鸿等人，他们的功业都没有可采纳的地方，所以世俗的议论都说隐士全都是欺世盗名。希望先生能发挥你那胸中的深谋远策，使众人称赞、佩服，一举洗雪这样的舆论啊！”黄琼来到朝廷，立即被授予议郎之位，不久后升迁为尚书仆射。

起初，黄琼跟随父亲在尚书台，熟悉旧日的办事制度。等到之后任职，通晓熟习官府制度，在朝堂上争论，没有人能改变他的主张。当时连续发生灾异，黄琼上书顺帝说：“最近以来，卦位错乱，冷热互扰，大气屡生，日月无光。探求天意，大概不是无缘无故。皇帝应当打开藏书的石室，查阅《河图》《洛书》，命令史官，把永建年之前到汉初的灾异悉数罗列，和永建年之后直到今天发生的相比较，谁多谁少。又使亲近的臣子和儒士结合政事，多次召见公卿，考察询问为政的得失。那些没有功业和德行的臣子，应当悉数罢免。臣之前多次陈述灾祸，并且举荐了光禄大夫樊英、太中大夫薛包以及会稽贺纯、广汉杨厚，没能被皇帝陛下看见，臣看隐士巴郡黄错、汉阳任棠，年纪都很大了，有古代七位诤臣的志向。应当接见引荐他们，来帮助广远深入的教化。”顺帝就下诏让公车征召黄错等人。

永建三年（128），大旱，黄琼又上书说：“昔日鲁僖公在位时遭俭，闭女谒，放谗佞者十三人，诛税民受货者九人，退舍南郊，天立大雨。今亦宜顾省政事，有所损阙，务存质俭，以易民听。尚方御府，息除烦费。明敕近臣，使遵法度，如有不移，示以好恶。数见公卿，引纳儒士，访以政化，使陈得失。又囚徒尚积，多致死亡，亦足以感伤和气，招降灾旱。若改敝从善，择用嘉谋，则灾消福至矣。”书奏，引见德阳殿，使中常侍以琼奏书属主者施行。

自帝即位以后，不行籍田之礼。琼以国之大典不宜久废，上疏奏曰：“自古圣帝哲王，莫不敬恭明祀，增致福祥，故必躬郊庙之礼，亲籍田之勤，以先群萌，率劝农功。昔周宣王不籍千亩，虢文公以为大讥，卒有姜戎之难，终损中兴之名。窃见陛下遵稽古之鸿业，体虔肃以应天，顺时奉元，怀柔百神，朝夕触尘埃于道路，昼暮聆庶政以恤人。虽《诗》咏成汤之不怠遑，《书》美文王之不暇食，诚不能加。今庙祀适阕，而祈谷絜斋之事，近在明日。臣恐左右之心，不欲屡动圣躬，以为亲耕之礼，可得而废。臣闻先王制典，籍田有日，司徒咸戒，司空除坛。先时五日，有协风之应，王即斋宫，飨醴载耒，诚重之也。自癸巳以来，仍西北风，甘泽不集，寒凉尚结。迎春东郊，既不躬亲，先农之礼，所宜自勉，以逆和气，以致时风。《易》曰：‘君子自强不息。’斯其道也。”书奏，帝从之。

遇旱灾，僖公从貌、言、视、听、思心、王极这六个方面自责反思，躬行节俭，不近女色，放逐谄媚的小人十三名，诛杀横征暴敛、中饱私囊的贪官九名，退避南郊，上天立刻受到感应、降下大雨。如今也应当顾念省察政事，查看有缺损不当的，务必质朴俭约，让百姓的舆论有所改变。尚方皇家御用府库，也要除去不必要的烦琐开支。明白地告诫亲近的大臣，要遵守朝廷法纪，如果还是没有改正，就要给他们相应的惩罚。要多接见公卿，征召接纳儒士，询求政治教化的方法，让他们陈述朝政的得失。又有囚徒关押太多，大多导致其死亡，也足以感伤天地和气，招致旱灾。如果陛下改过向善，选用高明的经国政策，那么灾异消除、福祉自然来临了。”奏书呈上，皇帝在德阳殿召见他，命中常侍拿上黄琼的奏章给主管官吏执行。

自从顺帝即位以来，不举行皇帝亲执农具种田的礼仪。黄琼认为国家盛大隆重的典礼不应当长时间废弛，呈上奏书说：“自古贤明的皇帝，没有不恭恭敬敬祭祀的，增加福祉，所以必须亲自在郊庙举行祭祀的礼仪，亲自手持农具耕种农田，作为百姓的表率，表率农业勉励百姓。昔日周宣王不举行亲执农具种田的礼仪，虢文公因此大为指责，导致发生了姜戎的叛乱，最终损害了中兴的名声。臣见皇帝遵循考察古事的大业，诚敬严肃来顺应天命，顺应天时、尊奉天道，祭祀百神，早晚在道路上接触尘埃，日夜处理各种政务体恤百姓。虽然《诗经》歌颂成汤不懈怠闲暇，《书经》赞美文王没有时间吃饭，确实无法超过。如今宗庙的祭祀仍然没有举行，祈求谷物丰熟而洁净斋戒的仪式，就在明天。臣担心皇帝陛下左右人的心意，不打算屡屡惊动您，认为亲自耕种的礼仪，可以废弛。臣听说先王制定法令制度，皇帝亲执农具种田的日子快要到了，司徒负责警戒，司空负责扫扫。五天之前，有春季和风将起的征兆，皇帝前往斋戒的宫室，饮下醴酒、手持农具，真是慎重啊。自癸巳以来，总是刮西北风，甘霖不下，寒凉之气尚且凝结。在东郊举行迎春祭礼，陛下既然没有亲自前去，祭祀农神的典礼，应当自行勉励，这样才能迎接和气，招致应时之风。《易经》说：‘君子自强不息’，就是这个道理。”奏书呈上，皇帝听从了。

顷之，迁尚书令。琼以前左雄所上孝廉之选，专用儒学文吏，于取士之义，犹有所遗，乃奏增孝悌及能从政者为四科，事竟施行。又雄前议举吏先试之于公府，又覆之于端门，后尚书张盛奏除此科。琼复上言：“覆试之作，将以澄洗清浊，覆实虚滥，不宜改革。”帝乃止。出为魏郡太守，稍迁太常。和平中，以选入侍讲禁中。

元嘉元年，迁司空。桓帝欲褒崇大将军梁冀，使中朝二千石以上会议其礼。特进胡广、太常羊溥、司隶校尉祝恬、太中大夫边韶等，咸称冀之勋德，其制度赉赏，以宜比周公，锡之山川、土田、附庸。琼独建议曰：“冀前以亲迎之劳，增邑三千，又其子胤亦加封赏。昔周公辅相成王，制礼作乐，化致太平，是以大启土宇，开地七百。今诸侯以户邑为制，不以里数为限。萧何识高祖于泗水，霍光定倾危以兴国，皆益户增封，以显其功。冀可比邓禹，合食四县，赏赐之差，同于霍光，使天下知赏必当功，爵不越德。”朝廷从之。冀意以为恨。会以地动策免。复为太仆。

永兴元年，迁司徒，转太尉。梁冀前后所托辟召，一无所用。虽有善人而为冀所饰举者，亦不加命。延熹元年，以日食免。复为大司农。明年，梁冀被诛，太尉胡广、司徒韩縯、司空孙朗皆坐阿附免废，复拜琼为太尉。以师傅之恩，而不阿梁氏，乃封为邟乡侯，邑千户。琼辞疾让封六七上，言旨恳恻，乃许之。梁冀既诛，琼首居公位，举奏州郡素行贪污至死徙者十余人，海内由是翕然望之。寻而五侯擅权，倾动内外，自度力不能匡，乃称疾不起。四年，以寇贼免。其年复为司空。秋，以地震免。

不久后，黄琼升迁为尚书令。黄琼认为以前左雄所上奏的关于选拔孝廉的办法，只能用于儒士文吏，而对于选取士人的办法，尚且有些不足，就奏请增设孝悌以及能从政者共四科，事情全部得以施行。又有左雄之前建议选拔官吏先在公府初试，然后在端门复试，之后尚书张盛上奏请求废除这一门。黄琼又上书说："复试这样做，是为能够澄清为人的清浊，审查核实名声的虚实，不应当改革。"皇帝就停止废除此科。后黄琼出京城调任为魏郡太守，不久后迁迁为太常。和平年间，选入宫禁中为皇帝讲学。

元嘉元年（151），黄琼升迁为司空。桓帝打算赞扬推崇大将军梁冀，命朝中二千石以上的官员聚会商议表彰的礼仪。特进胡广、太常羊溥、司隶校尉祝恬，太中大夫边韶等人，都称赞梁冀的功勋和德行，认为按照制度来赏赐，应当比肩周公，赐予山川、土田、附庸。只有黄琼一人建议说："梁冀之前有亲迎皇帝的功劳，陛下增加了他食邑三千，又为他的儿子梁胤也增加了封赏。昔日周公辅佐成王，制定礼制、谱写音乐，致使天下太平，所以开辟大片疆土，开拓七百土地。如今诸侯按照户邑制度，赏赐不按里数计算。萧何在泗水结识了高祖，霍光平定倾危的局势从而国家兴盛，都是增加食邑来封赏，来彰显他们的功业。梁冀可以比肩邓禹，同时享受四县的食邑，赏赐的多少，已经和霍光相同，要让天下知道赏赐必定要和功绩相当，爵位不要越超自己的德行。"朝廷听从了。梁冀怀恨在心。恰逢地震就让皇帝罢免了黄琼的官职。黄琼又担任太仆。

永兴元年（153），黄琼升迁司徒，调任太尉。梁冀前后多次委托黄琼推举征召的人，一个都没有被任用。虽然有德的人只要被梁冀所赞赏举荐的，也不肯加以任用。延熹元年（158），黄琼因为日食而遭到罢免。之后又担任大司农。第二年，梁冀被诛杀。太尉胡广、司徒韩縯、司空孙朗都因为逢迎依附梁冀而被罢免，黄琼再次官拜太尉。因为黄琼曾经对皇帝有师傅之恩，又不阿谀奉承梁冀，被封为邟乡侯，食邑千户。黄琼因病上书辞让了六、七次，语义诚恳痛切，皇帝这才批准。梁冀已经遭到诛杀，黄琼在朝廷位居首位，上奏检举州郡里向来贪污的人，有的诛杀有的流放有十多人，海内因此共同盼望七年，疾笃，上疏谏曰："臣闻天者务刚其气，君者务强其政。是以王者处高自持，不可不安；履危任力，不可不据。夫自持不安则颠，任力不据则危。故圣人升高据上，则以德义为首；涉危蹈倾，则以贤者为力。唐尧以德化为冠冕，以稷、契为筋力。高而益崇，动而愈据，此先圣所以长守万国，保其社稷者也。昔高皇帝应天顺民，奋剑而王，扫除秦、项，革命创制，降德流祚。至于哀、平，而帝道不纲，秕政日乱，遂使奸佞擅朝，外戚专恣。所冠不以仁义为冕，所蹈不以贤佐为力，终至颠蹶，灭绝汉祚。天维陵弛，民鬼惨怆，赖皇乾眷命，炎德复辉。光武以圣武天挺，继统兴业，创基冰泮之上，立足枳棘之林。擢贤于众愚之中，画功于无形之世。崇礼义于交争，循道化于乱离。是自历高而不倾，任力危而不跌，兴复洪祚，开建中兴，光被八极，垂名无穷。至于中叶，盛业渐衰。陛下初从藩国，爰升帝位，天下拭目，谓见太平。而即位以来，未有胜政。诸梁秉权，竖宦充朝，重封累职，倾动朝廷，卿校牧守之选，皆出其门，羽毛齿革、明珠南金之宝，殷满其室，富拟王府，势回天地。言之者必族，附之者必荣。忠臣惧死而杜口，万夫怖祸而木舌，塞陛下耳目之明，更为聋瞽之主。故太尉李固、杜乔，忠以直言，德以辅政，念国亡身，陨殁为报，而坐陈国议，遂见残灭。贤愚切痛，海内伤惧。又前白马令李云，指言宦官罪秽宜诛，皆因众人之心，以救积薪之敝。弘农杜众，知云所言宜行，惧云以忠获罪，故上书陈理之，乞同日而死，所以感悟国家，庶云获免。而云既不辜，众又并坐，天下尤痛，益以怨结，故朝野之人，以忠为讳。昔赵杀鸣犊，孔子临河而反。夫覆巢破卵，则凤皇不翔；刳牲夭胎，则麒麟不臻。诚物类黄琼来整顿朝纲。不久后就出现了五侯专权，朝廷内外动荡不安，黄琼自知无力匡扶天下，就称病不上朝。延熹四年（161），因为天下出现寇贼而被免职。同年黄琼再次担任司空。秋季，因发生地震而被免职。

延熹七年（164），黄琼病重，上书劝谏说："臣听说上天务求阳刚之气，皇帝务求稳固政治。所以王者身居高位要自我把持，不可以不安宁；置身险境要依凭力量，不可能不依仗。自我把持不安宁的话就会跌倒，依凭力量不依仗的话就很危险。所以圣人提高地位而安于上位，就要以道德信义为先；牵涉危局大厦将倾，就要把贤者当成助力。唐尧把道德感化作为冠冕，以贤臣稷、契作为筋骨之力。高变得更崇高，动变得更安定，这就是先世圣人所以能够长守天下，永保其社稷的原因啊。昔日汉高祖顺应天命、合乎民心，挥舞长剑而称王，扫除秦朝、项羽的势力，接受天命称帝、建立制度，赐予恩德、国祚流传。到了哀帝、平帝时，朝廷就失去纲纪，不良的政治逐渐导致混乱，导致奸滑谄媚的小人独揽朝政，外戚专横放肆。所做的不再把仁义当作冠冕，所为的不再把贤人辅佐当成助力，最终导致覆灭，断绝西汉国祚。国家纲纪倾颓，百姓凄楚忧伤，幸好皇天垂爱赋予重任，火德恢复光辉。光武帝英明神武、天生卓越，继承帝统、复兴汉业，在危难之中创立基业，在艰难之际站稳脚跟。在众愚者中选拔贤良，在天下未定时建立功勋。在战争中还崇尚礼义，在政治混乱时还遵循道德教化。因此自行登高而不倾倒，依凭危险力量而不跌倒，恢复隆盛的国运，创建中兴之世，遍及天地之间，流传名声在无穷后世。到了中期，盛大的功业逐渐衰微。陛下原来在诸侯国，改换身份登上帝位，天下百姓拭目以待，说可以预见天下太平了。但是陛下自即位以来，从未有过良好的政治措施。梁冀一族执掌政权，宦官充满朝廷，多次封赏爵位，多次升迁官职，倾倒朝廷，卿校牧守的选拔，都出自他们的门下党羽，鸟羽、兽毛、象牙、犀皮、明珠、南金等珍宝，充满了他们的房室，富可比拟王府，势力环绕天地。敢议论他们的必定会遭到灭族之祸，而依附他们的必定能升官发财。忠臣担心死亡而闭口不言，百姓害怕惹祸也闭口不谈，堵塞皇帝明察的耳目，使相感，理使其然。尚书周永，昔为沛令，素事梁冀，幸其威势，坐事当罪，越拜令职。见冀将衰，乃阳毁示忠，遂因奸计，亦取封侯。又黄门协邪，群辈相党，自冀兴盛，腹背相亲，朝夕图谋，共构奸轨。临冀当诛，无可设巧，复记其恶，以要爵赏。陛下不加清澂，审别真伪，复与忠臣并时显封，使朱紫共色，粉墨杂蹂，所谓抵金玉于沙砾，碎珪璧于泥涂。四方闻之，莫不愤叹。昔曾子大孝，慈母投杼；伯奇至贤，终于流放。夫谗谀所举，无高而不可升；阿党相抑，无深而不可沦。可不察欤？臣至顽驽，世荷国恩，身轻位重，勤不补过，然惧于永殁，负衅益深。敢以垂绝之日，陈不讳之言，庶有万分，无恨三泉。”其年卒，时年七十九。赠车骑将军，谥曰忠侯。孙琬。

琬字子琰。少失父。早而辩慧。祖父琼，初为魏郡太守，建和元年正月日食，京师不见而琼以状闻。太后诏问所食多少，琼思皇帝成为又聋又盲、受到蒙蔽的君主。已故太尉李固、杜乔，用忠诚来直言相谏，用德行来辅佐国政，忧念国家奉献生命，以死相报，而只是陈述国事，就被残杀诛灭。不论贤愚都极其痛心，四海之内都悲伤害怕。又有前白马令李云，指责宦官罪大恶极应当诛杀，都是因为众人的心愿，为了挽救积弊的朝政。弘农杜众，知道李云所说得应当实行，担心李云因为忠诚而获罪，所以上书陈述原因，乞求和李云在同一天处死，想让皇帝有所感触而醒悟，希望李云能够得到赦免。而李云却无辜遭害，杜众也受到牵连，天下极其悲痛，怨气更加郁结，所以朝野之人，把忠诚当作避讳。昔日赵简子诛杀窦鸣犊，孔子走到黄河边又返回原处。鸟窝翻倒、鸟蛋损坏，凤凰也不会飞来，剖开牲畜、胎死腹中，那么麒麟也不会到来。实在是同类互相感应，天理使其必然。尚书周永，昔日担任沛令，向来侍奉梁冀，借着梁冀的威势，因事获罪，却被越级任用。看到梁冀大势将去，就在表面上毁谤梁冀来显示忠诚，就这样他的奸计得逞，也获得了封侯的赏赐。又有黄门协邪，聚众结党，自从梁冀势力兴盛，关系亲密地像骨肉，朝夕相处共同谋划，商量一些违法作乱的事。等到梁冀快要被诛杀之际，没办法投机取巧，只能记下梁冀的罪恶，来邀功封赏。皇帝不加以澄清，辨别真假，又把他们和忠臣同时公示封赏，使红的紫的混为一谈，白的黑的杂糅一处，这就是所谓的投金玉在沙砾之中，碎玉璧在泥土之中。四方百姓听了，没有不愤慨叹息的，昔日曾子是名大孝子，因为谣言众多导致慈母翻墙而走；伯奇极其贤德，最终遭到后母的谗言而遭流放。谗言阿谀所到之处，不论多高都能达到；阿谀结党互相打压，不论多深都能波及。如此严重怎么可以不明查呢？臣十分愚笨又才能低下，世世代代承蒙国家的恩惠，身份卑下却位高权重，虽然小心勤谨也不能补偿我的过错，然而害怕去世之后，负罪更深。所以才敢在临终之际，直言不讳，哪怕有万分之一的益处，臣在三重泉下也没有遗憾了。”同年黄琼去世，时年七十九岁。赠车骑将军，谥号忠侯。黄琼的孙子是黄琬。

黄琬，字子琰。年少丧父。早年就聪明又富有辩才。他的祖父黄琼，起初担任魏郡太守，建和元年（147）正月发生了日食，京城看不其对而未知所况。琬年七岁，在傍，曰："何不言日食之余，如月之初？"琼大惊，即以其言应诏，而深奇爱之。后琼为司徒，琬以公孙拜童子郎，辞病不就，知名京师。时司空盛允有疾，琼遣琬候问，会江夏上蛮贼事副府，允发书视毕，微戏琬曰："江夏大邦，而蛮多士少。"琬奉手对曰："蛮夷猾夏，责在司空。"因拂衣辞去。允甚奇之。

稍迁五官中郎将。时陈蕃为光禄勋，深相敬待，数与议事。旧制，光禄举三署郎，以高功久次才德尤异者为茂才四行。时权富子弟多以人事得举，而贫约守志者以穷退见遗，京师为之谣曰："欲得不能，光禄茂才。"于是琬、蕃同心，显用志士，平原刘醇、河东朱山、蜀郡殷参等并以才行蒙举。蕃、琬遂为权富郎所见中伤，事下御史中丞王畅、侍御史刁韪。韪、畅素重蕃、琬，不举其事，而左右复陷以朋党。畅坐左转议郎而免蕃官，琬、韪俱禁锢。

韪字子荣，彭城人。后陈蕃被征，而言事者多讼韪，复拜议郎，迁尚书。在朝有鲠直节，出为鲁、东海二郡相。性抗厉，有明略，所在称神。常以法度自整，家人莫见惰容焉。

琬被废弃几二十年。至光和末，太尉杨赐上书荐琬有拨乱之才，由是征拜议郎，擢为青州刺史，迁侍中。中平初，出为右扶风，到就要求黄琬把详细情况上报。太后下诏询问日食了多少，黄琼正思考怎样回答才能形象地说明情况。黄琬当时七岁，正在黄琼身旁，就说："为什么不说日食所剩下的部分，就像一轮新月？"黄琼大为惊奇，就用他的话回答皇太后的诏书，并且特别喜爱孙子。之后黄琼担任司徒，黄琬因是他的孙子而被授予童子郎，他推辞生病而不去就职，闻名京城。当时司空盛允生病，黄琼就派遣他去问候，恰逢江夏向司空府上报蛮贼的事情，盛允拆开看完书信后，和黄琬开了一个小玩笑说："江夏是个大州郡，但却是蛮人多士人少。"黄琬捧握着盛允的手回答说："蛮夷侵扰华夏，责任全在司空身上。"然后拂衣告辞离去。盛允感到十分惊奇。

不久后黄琬升迁为五官中郎将。当时陈蕃担任光禄勋，对黄琬十分敬佩、礼遇，多次和他一起商议大事。按照旧制度，光禄勋举荐朝廷三署的郎官，以功绩卓越、年资长久、德才兼备这四项标准作为茂才四行。当时有钱有势人家的子弟大多靠人事请托而被举荐，而清贫守节的人只能退居乡里被遗忘，京城中有民谣说："想找没有能力的人，就从光禄茂才中找。"。于是黄琬、陈蕃心意相同，重用节操高尚的人，平原刘醇、河东朱山、蜀郡殷参等人都因为才智和德行而被举荐。陈蕃、黄琬二人因此被有钱有势人家的子弟中伤，此事下交到御史中丞王畅、侍御史刁韪手中。刁韪、王畅二人向来敬重陈蕃、黄琬，没有向上汇报此事，而皇帝左右的近臣又构陷他们两人也是同党。王畅因此被贬黜为议郎而陈蕃被罢免，黄琬、刁韪也被一同禁止做官。

刁韪，字子荣，彭城人。之后陈蕃被征召，而议论政事的人都为了刁韪而争辩，又被任命为议郎，升迁为尚书。刁韪在朝任职时有正直的节操。出京城担任鲁郡、东海二郡的相。个性高尚严正，有高明的智谋，所在的地方都称他为神明。他平常就按照法度来自行整饬，家里人都没见到他有怠惰的神色。

黄琬被废置不用大概有二十年。到了灵帝光和末年，太尉杨赐上书举荐黄琬有平定祸乱的才能，因此被征召官拜议郎，擢升为青州刺史，升迁为侍中。中平初年，出京担任右扶风，征召回京后官拜征拜将作大匠、少府、太仆。又为豫州牧。时寇贼陆梁，州境彫残，琬讨击平之，威声大震。政绩为天下表，封关内侯。

及董卓秉政，以琬名臣，征为司徒，迁太尉，更封阳泉乡侯。卓议迁都长安，琬与司徒杨彪同谏不从。琬退而驳议之曰："昔周公营洛邑以宁姬，光武卜东都以隆汉，天之所启，神之所安。大业既定，岂宜妄有迁动，以亏四海之望？"时人惧卓暴怒，琬必及害，固谏之。琬对曰："昔白公作乱于楚，屈庐冒刃而前；崔杼弑君于齐，晏婴不惧其盟。吾虽不德，诚慕古人之节。"琬竟坐免。卓犹敬其名德旧族，不敢害。后与杨彪同拜光禄大夫，及徙西都，转司隶校尉，与司徒王允同谋诛卓。及卓将李傕、郭汜攻破长安，遂收琬下狱死，时年五十二。

论曰：古者诸侯岁贡士，进贤受上赏，非贤贬爵土。升之司马，辩论其才，论定然后官之，任官然后禄之。故王者得其人，进仕劝其行，经邦弘务，所由久矣。汉初诏举贤良、方正，州郡察孝廉、秀才，斯亦贡士之方也。中兴以后，复增敦朴、有道、贤能、直言、独行、高节、质直、清白、敦厚之属。荣路既广，觖望难裁，自是窃名伪服，浸以流竞。权门贵仕，请谒繁兴。自左雄任事，限年试才，虽颇有不密，固亦因识时宜。而黄琼、胡广、张衡、崔瑗之徒，泥滞旧方，互相诡駮，循名者屈其短，算实者挺其效。故雄在尚书，天下不敢妄选，十余年间，称为得人，斯亦效实之征乎？顺帝始以童弱反政，而号令自出，知能任使，故士得用情，天下喁喁仰其风采。遂乃备玄纁玉帛，以聘南阳樊英，天子降寝殿，设坛席，尚书奉引，延问失得。急登贤之举，虚降己之礼，于是处士鄙生，忘其拘儒，拂巾将作大匠、少府、太仆。又担任豫州牧。当时贼寇横行无忌，州境衰败，黄琬率军讨伐平定了贼寇，威名大震。政绩优异成为天下表率，被封为关内侯。

等到董卓执政，因为黄琬是有名的贤臣，就征召他为司徒，升迁为太尉，改封为阳泉乡侯。董卓提议迁都长安，黄琬和司徒杨彪一同劝谏不要听从。黄琬退朝后驳斥说："昔日周公营建洛邑来安定周朝，光武帝选择东都洛阳来中兴汉室，上天所启示，心神所安定。帝业已经确定，岂能随便迁移，亏损了四海内的期望呢？"当时的人惧怕董卓狂暴的性情，认为黄琬必定遇害，坚决劝谏他向董卓进言。黄琬回答说："昔日白公在楚国作乱，屈庐迎着刀锋上前劝谏；崔杼在齐国杀害了国君，晏子不惧怕他的胁迫。我虽然没什么德行，实在是仰慕古人的节操。"黄琬竟然因此遭到罢免。董卓还是考虑到他的名望德行以及他出身于有政治地位的家族，不敢加害。之后和杨彪一同担任光禄大夫，等到迁都长安，改任为司隶校尉，和司徒王允共同谋划诛杀董卓。等到董卓的部将李傕、郭汜发兵攻破长安，就收捕了黄琬并在关入监狱后去世，当时黄琬五十二岁。

评论说：古代诸侯每年都向朝廷举荐人才，举荐贤能的人则受到奖赏，举荐的不是贤才就降低爵位、减少封地。上报到司马那里，通过辩论来考察才学，经过考校定评之后授予官职，授予官职之后再发放俸禄。所以皇帝能得到贤才，进身为官也能自勉其行，治理国家、推广政务，这项制度由来已久。汉朝初建的时候下诏命郡国举荐贤良、方正，州郡举荐孝廉、秀才。这也是一种举荐人才的方法。光武中兴之后，又增设敦朴、有道、贤能、直言、独行、高节、质直、清白、敦厚之类的。仕途变得宽广，有些企图难以裁夺，从此欺世盗名、骗居尊位的人，为了官职奔走争逐。权门豪族为了显贵的官职，兴起一股互相请托的风气。自从左雄肩负重任以来，限制年龄考核才能，虽然制度未必很严密，倒也算得上符合当时的措施。而黄琼、胡广、张衡、崔瑗之类的人，还拘泥于旧时的方法，互相责难驳斥，按照要求的人揭发其短处，谋划实效的人夸耀其功绩。所以左雄担任尚书时，天下间不敢胡乱举荐，十多年里，都称赞他用人得当，这衽褐，以企旌车之招矣。至乃英能承风，俊乂咸事，若李固、周举之渊谟弘深，左雄、黄琼之政事贞固，桓焉、杨厚以儒学进，崔瑗、马融以文章显，吴祐、苏章、种暠、栾巴牧民之良干，庞参、虞诩将帅之宏规，王龚、张皓虚心以推士，张纲、杜乔直道以纠违，郎顗阴阳详密，张衡机术特妙：东京之士，于兹盛焉。向使庙堂纳其高谋，彊埸宣其智力，帷幄容其謇辞，举厝禀其成式，则武、宣之轨，岂其远而？《诗》云："靡不有初，鲜克有终。"可为恨哉！及孝桓之时，硕德继兴，陈蕃、杨秉处称贤宰，皇甫、张、段出号名将，王畅、李膺弥缝衮阙，朱穆、刘陶献替匡时，郭有道奖鉴人伦，陈仲弓弘道下邑。其余宏儒远智，高心絜行，激扬风流者，不可胜言。而斯道莫振，文武陵队，在朝者以正议婴戮，谢事者以党锢致灾。往车虽折，而来轸方遒。所以倾而未颠，决而未溃，岂非仁人君子心力之为乎？呜呼！

赞曰：雄作纳言，古之八元。举升以汇，越自下蕃。登朝理政，并纾灾昏。琼名夙知，累章国疵。琬亦早秀，位及志差。

难道不是左雄明显又真实的政绩吗?顺帝起初以幼小稚弱年龄重新执政,而亲自发号施令,知人善任,所以士人都以真情相待,天下期待着能够仰望其风采。就准备好了玄色浅红的布帛、玉器作为礼品,去延聘南阳隐士樊英,天子走下寝殿,设置坛席,尚书奉命在前引导,请教询问为政的得失。急迫举用有德贤人的举动,皇帝自降寝殿谦敬的礼节,于是不论是隐居处士还是乡野儒生,都忘记了自己的目光浅陋,头戴葛巾身穿褐衣,企盼着旌帛和蒲车的征召。而具有才学的英杰能够顺从风俗,德才出众的人都能获得官职,就像李固、周举的谋略深远、博大精深,左雄、黄琼的守持政见、坚定不移,桓焉、杨厚凭借儒学入仕做官,崔瑗、马融凭借文章显露名声,吴祐、苏章、种暠、栾巴有治理百姓的干才,庞参、虞诩是将帅的典范,王龚、张皓能虚心待人、举荐贤才,张纲、杜乔能为人正直、纠正错误,郎顗的阴阳术周详慎密,张衡的机巧术极其精妙:东京洛阳的人才,从此开始兴盛。假如朝廷采纳他们的良谋,疆场宣示他们的智谋武力,宫中允许他们的正直谏言,举措听从他们的条例规章,那么武帝、宣帝时的轨迹,岂会很遥远的吗?《诗经》说:"处事注重其开端,但却极少能善终。"实在是让人遗憾啊!到了桓帝时期,高才硕德的人相继兴起,陈蕃、杨秉被称为贤明的地方长官,皇甫规、张奂、段颎出兵打仗号称是著名的将领;王畅、李膺弥补皇帝政务的缺失,朱穆、刘陶献可替否、匡扶时局,郭有道奖励鉴别各类人才,陈仲弓弘扬大道直达下邑。其余博学多闻、深谋远虑,志向高远、操行清白,激浊扬清、政绩突出的人,不可胜举。然而当时的天下却是大道衰颓、难以振兴,文武衰败,在朝任职的人秉正发表议论却遭到杀戮,闭门不问俗事的人却遭遇朋党牵连而禁止做官的灾祸。前车虽然已经折损,而后继的车劲头十足。之所以国政倾斜而还没有颠覆,出现决口而还没有溃散,难道不是因为有德的仁人、高尚的君子费劲心力来保持的吗?真是让人感叹啊!

赞辞说:左雄担任纳言,就像古代八位才子。周举因智升迁,拔擢基层州郡官吏。他们登朝理政,共同舒缓灾难混乱。黄琼早知美名,多次上奏国政得失。黄琬也是早慧,官位显贵而志向未遂。

卷九十二

荀韩钟陈列传第五十二

荀淑字季和，颍川颍阴人也，荀卿十一世孙也。少有高行，博学而不好章句，多为俗儒所非，而州里称其知人。

安帝时，征拜郎中，后再迁当涂长。去职还乡里。当世名贤李固、李膺等皆师宗之。及梁太后临朝，有日食地震之变，诏公卿举贤良方正，光禄勋杜乔、少府房植举淑对策，讥刺贵倖，为大将军梁冀所忌，出补朗陵侯相。莅事明理，称为神君。顷之，弃官归，闲居养志。产业每增，辄以赡宗族知友。年六十七，建和三年卒。李膺时为尚书，自表师丧。二县皆为立祠。有子八人：俭，绲，靖，焘，汪，爽，肃，专，并有名称，时人谓之"八龙。"

初，荀氏旧里名西豪，颍阴令勃海苑康以为昔高阳氏有才子八人，今荀氏亦有八子，故改其里曰高阳里。

靖有至行，不仕，年五十而终，号曰玄行先生。

淑兄子昱字伯条，昙字元智。昱为沛相，昙为广陵太守。兄弟皆正身疾恶，志除阉宦。其支党宾客有在二郡者，纤罪必诛。昱后共大将军窦武谋诛中官，与李膺俱死。昙亦禁锢终身。

爽字慈明，一名谞。幼而好学，年十二，能通《春秋》《论语》。太尉杜乔见而称之，曰："可为人师。"爽遂耽思经书，庆吊不行，征命不应。颍川为之语曰："荀氏八龙，慈明无双。"

荀淑，字季和，颍川郡颍阴县人，荀卿的十一世孙。年少时就有高尚的品行，知识渊博而不喜欢分析章节和语句，多被浅陋迂腐的儒士非议，但州里却称他善于鉴察人的品行和才能。

安帝时，朝廷征召荀淑官拜郎中，之后又升迁为当涂长。后离职返回乡里。当世出名的贤人李固、李膺等人都尊崇他为宗师。等到梁太后亲临处理朝政时，出现日食、地震的异象，下诏公卿举荐贤良方正，光禄勋杜乔、少府房植举荐荀淑来对答皇帝的策问，荀淑嘲笑讽刺那些地位尊贵又受皇帝宠幸的人，被大将军梁冀所忌妒，就把他调出京城补任朗陵侯相。荀淑到职后处理政事通达情理，被称为“神君”。不久后，弃官回家，悠闲安居，保摄志气。每当家产增加时，就提供给宗族和知己好友。荀淑在六十七岁，建和三年（149）去世。李膺当时担任尚书，自己呈上奏章说老师去世。二县都为他立祠。有儿子八人：荀俭、荀绲、荀靖、荀焘、荀汪、荀爽、荀肃、荀专，都当世有名，当时的人称他们是“八龙”。

起初，荀氏之前居住的地方叫西豪，颍阴令勃海苑康认为昔日高阳氏有才子八人，如今荀氏也有八子，所以改名为高阳里。

荀靖有卓绝的品行，不曾做官，五十岁时去世，号为“玄行先生”。

荀淑哥哥的儿子荀昱，字伯条，荀昙，字元智。荀昱担任沛相，荀昙担任广陵太守。兄弟二人都正直不阿、痛恨邪恶，立志铲除宦官。宦官的党羽和宾客有在这二郡的，哪怕微小的罪过也会遭到诛杀。荀昱之后和大将军窦武谋划诛杀宦官，和李膺一同被害。荀昙也终身不能做官。

荀爽，字慈明，另一个名字叫荀谞。年少时就喜好学习，十二岁时，就通达《春秋》《论语》。太尉杜乔见到他后很是称赞，说：“可以作为别人的老师。”荀爽就专心致志思索经书，贺喜吊唁都不去不延熹九年，太常赵典举爽至孝，拜郎中。对策陈便宜曰：

臣闻之于师曰："汉为火德，火生于木，木盛于火，故其德为孝，其象在《周易》之《离》。"夫在地为火，在天为日。在天者用其精，在地者用其形。夏则火王，其精在天，温暖之气，养生百木，是其孝也。冬时则废，其形在地，酷烈之气，焚烧山林，是其不孝也。故汉制使天下诵《孝经》，选吏举孝廉。夫丧亲自尽，孝之终也。今之公卿及二千石，三年之丧，不得即去，殆非所以增崇孝道而克称火德者也。往者孝文劳谦，行过乎俭，故有遗诏以日易月。此当时之宜，不可贯之万世。古今之制虽有损益，而谅暗之礼未尝改移，以示天下莫遗其亲。今公卿群寮皆政教所瞻，而父母之丧不得奔赴。夫仁义之行，自上而始；敦厚之俗，以应乎下。传曰："丧祭之礼阙，则人臣之恩薄，背死忘生者众矣。"曾子曰："人未有自致者，必也亲丧乎！"《春秋传》曰："上之所为，民之归也。"夫上所不为而民或为之，故加刑罚；若上之所为，民亦为之，又何诛焉？昔丞相翟方进，以自备宰相，而不敢逾制。至遭母忧，三十六日而除。夫失礼之源，自上而始。古者大丧三年不呼其门，所以崇国厚俗笃化之道也。事失宜正。过勿惮改。天下通丧，可如旧礼。

臣闻有夫妇然后有父子，有父子然后有君臣，有君臣然后有上下，有上下然后有礼义。礼义备，则人知所厝矣。夫妇人伦之始，王参加，征召的命令也不前往。颍川当地流行一句话：“荀氏八龙，慈明无双。”

延熹九年（166），太常赵典举荐荀爽极尽孝道，官拜郎中。他对答策问时陈述了他认为国家该办的事情有：

臣听臣的老师说：“汉室是火德，火由木诞生，木使火旺盛，所以其德就是孝，其象在《周易》中的《离》卦。”在地上就是火，在天上就是日。在天上的用的是其精，在地上的用的是其形。夏季是火德正旺的时候，其精在天上，温暖的气，滋养百木，这就是其孝。冬季是火德衰败的时候，其形在地上，猛烈的气，焚烧山林，这就是其不孝。所以汉朝的制度命令天下百姓都诵读《孝经》，选任官吏也是举荐孝廉。双亲丧亡要自行尽孝，这是孝道的终点。如今的公卿以及二千石官员，三年的丧期，尚未结束就去做官，这大概不能说是把孝道发扬光大而崇尚火德的表现吧。过去孝文帝勤劳谦恭，行止有些过于俭朴，所以留下遗诏用日代月。这只是一时权宜，不可贯彻万世遵行。古今的各种制度虽然有一些增删，而只有皇帝居丧的礼仪未曾改变，这是为了给天下的人做不忘记父母的榜样。如今公卿百官都是刑赏教化的榜样，而父母去世也不忙着回去守丧尽孝。仁义的行径，要从上位开始做起；宽宏厚道的风俗，才能有下面的百姓响应。传说：“丧礼、祭祀的礼仪毁坏，那么人臣的恩情就会浅薄，背弃死者、忘记生者的人就会变多了。”曾子说：“人不会自行表露感情，表露的时候必定是双亲去世的时候！”《春秋传》说：“上位者的行为，是百姓效仿的对象。”上位者没有做而百姓却有人做了，所以要加以刑罚；如果上位者做了，百姓也跟着效仿，那怎么会受到刑罚呢？昔日丞相翟方进，认为自己是宰相，而不敢违反制度。以至于母亲去世，守孝三十六天就脱下孝服。失礼的根源，从上位者开始。古代大丧三年不呼其门，这是推崇国家礼制，厚风俗，重视教化啊。事情错了就应当改正。有了过错就不要担心改正。天下上下通行的丧事，可以按照旧礼制实行。

臣听说先有夫妇然后有父子，先有父子然后有君臣，先有君臣然后有上下，先有上下然后有礼义。礼义具备了，百姓就知道该怎么化之端，故文王作《易》，上经首《乾》《坤》，下经首《咸》《恒》。孔子曰：“天尊地卑，乾坤定矣。”夫妇之道，所谓顺也。《尧典》曰：“厘降二女于妫汭，嫔于虞。”降者下也，嫔者妇也。言虽帝尧之女，下嫁于虞，犹屈体降下，勤修妇道。《易》曰：“帝乙归妹，以祉元吉。”妇人谓嫁曰归，言汤以娶礼归其妹于诸侯也。《春秋》之义，王姬嫁齐，使鲁主之，不以天子之尊加于诸侯也。今汉承秦法，设尚主之仪，以妻制夫，以卑临尊，违乾坤之道，失阳唱之义。孔子曰：“昔圣人之作《易》也，仰则观象于天，俯则察法于地，睹鸟兽之文，与地之宜。近取诸身，远取诸物，以通神明之德，以类万物之情。”今观法于天，则北极至尊，四星妃后。察法于地，则崐山象夫，卑泽象妻。睹鸟兽之文，鸟则雄者鸣鸲，雌能顺服；兽则牡为唱导，牝乃相从。近取诸身，则乾为人首，坤为人腹。远取诸物，则木实属天，根荄属地。阳尊阴卑，盖乃天性。且《诗》初篇实首《关雎》；《礼》始《冠》《婚》，先正夫妇。天地《六经》，其旨一揆。宜改尚主之制，以称乾坤之性。遵法尧、汤，式是周、孔。合之天地而不谬，质之鬼神而不疑。人事如此，则嘉瑞降天，吉符出地，五韪咸备，各以其叙矣。

昔者圣人建天地之中而谓之礼，礼者，所以兴福祥之本，而止祸乱之源也。人能枉欲从礼者，则福归之；顺情废礼者，则祸归之。推祸福之所应，知兴废之所由来也。众礼之中，婚礼为首。故天子娶十二，天之数也；诸侯以下各有等差，事之降也。阳性纯而能施，办了。夫妇是伦常关系的开始，也是皇帝教化的开端，所以文王写的《易经》，上经以《乾》《坤》两卦为首，下经以《咸》《恒》两卦为首。孔子说："天尊地卑，乾坤已定。"夫妇相处之道，在于顺字。《尧典》说："帝尧在妫汭降下两个女儿，嫁给了虞。"降就是下，嫔就是妇。说的虽然是帝尧的女儿，下嫁给虞，还是降低了身份，勤加遵守妇人的行为准则。《易经》说："帝乙嫁妹，以求福祉。"妇人说嫁叫做归，说的是商汤王帝乙按照迎娶的礼仪把他的妹妹嫁于诸侯。《春秋》中的大义，周朝天子的女儿嫁到齐国，由鲁国所主持，这是不以天子尊贵的身份去欺压诸侯。如今汉朝继承了秦朝的礼法，设置了迎娶公主为妻的礼制，用妻子来控制丈夫，用下位来欺压高位，违背了天尊地卑的规律，失去了夫唱妇随的意义。孔子说："昔日圣人写《易经》，仰头观察天文现象，俯身观察地上规律，观察鸟兽的文采，和大地万物所匹配。近的就取于自身，远的就取于外物，来沟通神明的德行，通达万物的内情。"如今从上天观察法度，以北辰星为至尊，四星由后妃围绕。在地上观察法则，如昆仑高山就像丈夫，湖泽凹陷就像妻子。目睹鸟兽的文采，鸟类中雄鸟鸣叫，雌鸟顺从；野兽中雄兽带头，雌兽跟随。近的就取于自身，乾是人的头脑，坤是人的腹部。远的就取于外物，树木的果实属天，根茎属地。阳性的尊贵，阴性的卑下，这大概就是万物的本性。况且《诗经》的第一篇就是《关雎》，《礼记》开始于《冠礼》《婚礼》，先匡正夫妇之道。天地和《六经》，要旨是一致的。应当更改迎娶公主为妻的制度，来符合乾坤万物的本性。遵循效仿帝尧、汤王，听从周公、孔子。符合天地的规则而无谬误，质问鬼神的凶吉也无疑惑。人间能够这样行事，祥瑞就会从天而降，吉兆自地而现。"五是"全都具备，各自按照土地的秩序。

昔日圣人建于天地之中叫做礼。礼，是兴旺幸福吉利的根本，还是阻断灾祸变乱的源头。人能抑制欲念依礼而行，幸福就会来了；放纵欲望废弃礼法的人，灾祸就会来了。推断祸福所应验的事，就可知兴废的由来了。在众多的礼仪之中，以结婚的礼仪为首。所以天子娶十二个妻子，是上天给安排的命运；诸侯以下各有等级差别，是阴体顺而能化，以礼济乐，节宣其气。故能丰子孙之祥，致老寿之福。及三代之季，淫而无节。瑶台、倾宫，陈妾数百。阳竭于上，阴隔于下。故周公之戒曰："不知稼穑之艰难，不闻小人之劳，惟耽乐之从，时亦罔或克寿。"是其明戒。后世之人，好福不务其本，恶祸不易其轨。传曰："截趾适屦，孰云其愚？何与斯人，追欲丧躯？"诚可痛也。臣窃闻后宫采女五六千人，从官侍使复在其外。冬夏衣服，朝夕禀粮，耗费缣帛，空竭府藏，征调增倍，十而税一，空赋不辜之民，以供无用之女，百姓穷困于外，阴阳隔塞于内。故感动和气，灾异屡臻。臣愚以为诸非礼聘未曾幸御者，一皆遣出，使成妃合。一曰通怨旷，和阴阳。二曰省财用，实府藏。三曰修礼制，绥眉寿。四曰配阳施，祈螽斯。五曰宽役赋，安黎民。此诚国家之弘利，天人之大福也。

夫寒热晦明，所以为岁；尊卑奢俭，所以为礼：故以晦明寒暑之气，尊卑侈约之礼为其节也。《易》曰："天地节而四时成。"《春秋传》曰："唯器与名不可以假人。"《孝经》曰："安上治民，莫善于礼。"礼者，尊卑之差，上下之制也。昔季氏八佾舞于庭，非有伤害困于人物，而孔子犹曰"是可忍也，孰不可忍"。《洪范》曰："惟辟作威，惟辟作福，惟辟玉食。"凡此三者，君所独行而臣不得同也。今臣僭君服，下食上珍，所谓害于而家，凶于而国者也。宜略依古礼尊卑之差，及董仲舒制度之别，严督有司，必行其命。此则禁乱善俗足用之要。

事物的品级有所下降。阳性纯正所以能够施展，阴体和顺所以能够化育，用礼来成就换了，节制宣导精气。所以人君能有多子多孙的幸福，还有长命百岁的福气。等到三代的后期，好色而不知节制，瑶台、倾宫，内有妻妾数百。阳气在上消耗，阴气在下阻隔。所以周公告诫说："君王不知道农业劳动的艰苦，不知道百姓是怎么劳动的，只沉迷于享乐，时间长了就会迷惑也不会长寿的。"这是明白的告诫。后世的人，喜好享福却不从根本上下工夫，厌恶灾祸却不知道改邪归正。传说："把脚削去一块来凑合鞋，谁不说他愚蠢？为什么还有这种人，追求纵欲不顾生命呢？"实在是心痛啊。臣私下听说陛下后宫宫女有五六千人，属官侍史还不计算在内。冬夏两季的衣服，早晚供给的粮食，耗费丝绢，国库空虚，加倍向百姓征收赋税，十分收取一分，白白征收无罪百姓的钱财，来供给无用的宫女花费，百姓在外穷困潦倒，阴阳在内隔塞难通。导致动摇和气，灾异屡降。臣愚钝地认为陛下那些非礼聘又不曾宠幸过的宫女，应一律遣散出去，让她们结婚成家。一是化解女子无夫的怨气，使阴阳二气相和。二是节省钱财开支，用来充实府库。三是重修礼制，得以长寿。四是配合阳的散布，祈求多子多孙。五是放宽劳役赋税，安抚黎民百姓。这实在是国家最大的利益，天下百姓最大的福气啊。

冷热交替、日夜变化，所以才成为年岁；尊卑有序、奢俭有别，所以才成为礼仪：所以把明暗冷热之气，尊卑侈约之礼作为重要的节操。《易经》说："天地遵循运行规则而四季才能形成。"《左传》说："只有车服仪制和名号不可以随便给别人。"《孝经》说："治国安邦，没有比礼制更好的了。"礼，是分别尊卑的差别，规范上下的制度。昔日季氏用六十四人在家庙庭院中奏乐舞蹈，并没有伤害困扰任何人和物，而孔子还是说："这样僭越失礼的事都忍心做出来，还有什么事情是他不忍心做的呢"。《尚书洪范》说："只有皇帝才能施以刑罚，只有皇帝才能赏赐福祉，只有皇帝才能锦衣玉食。"这三件事，是只有皇帝才能施行的而臣子不得和皇帝相同。如今臣子僭越穿着皇帝的衣服，下位者吃着只有上位者才能吃的珍馔佳馐，这就是所谓的在家是祸害，在国是凶祸啊。应当大致按照古礼当中的尊卑等奏闻，即弃官去。

后遭党锢，隐于海上，又南遁汉滨，积十余年，以著述为事，遂称为硕儒。党禁解，五府并辟，司空袁逢举有道，不应。及逢卒，爽制服三年，当世往往化以为俗。时人多不行妻服，虽在亲忧犹有吊问丧疾者，又私谥其君父及诸名士，爽皆引据大义，正之经典，虽不悉变，亦颇有改。

后公车征为大将军何进从事中郎。进恐其不至，迎荐为侍中，及进败而诏命中绝。献帝即位，董卓辅政，复征之。爽欲遁命，吏持之急，不得去，因复就拜平原相。行至宛陵，复追为光禄勋。视事三日，进拜司空。爽自被征命及登台司，九十五日。因从迁都长安。

爽见董卓忍暴滋甚，必危社稷，其所辟举皆取才略之士，将共图之，亦与司徒王允及卓长史何颙等为内谋。会病薨，年六十三。

著《礼》《易传》《诗传》《尚书正经》《春秋条例》，又集汉事成败可为鉴戒者，谓之《汉语》。又作《公羊问》及《辩谶》，并它所论叙，题为《新书》。凡百余篇，今多所亡缺。

兄子悦、彧并知名。彧自有传。

论曰：荀爽、郑玄、申屠蟠俱以儒行为处士，累征并谢病不诣。及董卓当朝，复备礼召之。蟠、玄竟不屈以全其高。爽已黄发矣，独级，以及董仲舒所定的制度有所区别，严厉监督相关官吏，必须按照命令执行。这是禁止乱象、改善风俗、财货足用的要点。

奏章呈送上去后，就立即弃官离开了。

之后遭到朋党之祸牵连而禁止做官，隐居在海边，又向南逃到汉滨，这样过了十几年，把著书当成事业，就被称为大儒。朋党之祸禁止做官的禁令解除之后，五府都一并前来征召他，司空袁逢举荐他有德有才，不前往。等到袁逢去世，荀爽为他身穿丧服三年，当时的人每每受到教化来效仿并且成为风俗。当时的人大多不会为亡妻子穿戴丧服，虽然丧期未满就参加吊祭死者的，又有人暗中为皇帝和一些名士在死后评给称号，荀爽都引经据典，用经典来匡正这些错误，虽说不能悉数做出改变，也有很多人改过。

之后朝廷用公车来征召他为大将军何进的从事中郎。何进担心他不肯前来，就迎接举荐为侍中，等到何进败亡此事的诏命就中断了。献帝即位，董卓辅佐政事，又来征召他。荀爽打算逃避任命，官吏催促逼迫得紧，不得不前去，因此再次前往官拜平原相。走到宛陵时，又追封为光禄勋。到任三天后，按照礼节升迁为司空。荀爽自从被征召任命再到升任三公等宰辅大臣，才用了九十五日。因此跟着迁都长安。

荀爽见到董卓一天比一天残忍暴虐，必定会危及国家社稷，他所征召举荐时都选取一些有才干和智谋的人，打算和他们一起图谋大事，也和司徒王允以及董卓的长史何颙等人为暗中谋划。却因病去世，终年六十三岁。

荀爽著有《礼》《易传》《诗传》《尚书正经》《春秋条例》，又收集汉代历史中可以作为成败鉴戒的故事，叫做《汉语》。又写《公羊问》以及《辩谶》，加上其它的论说，题名为《新书》。共记一百多篇，如今大多散失残缺了。

他哥哥的儿子荀悦、荀彧都很出名。荀彧另有传。

评论说：荀爽、郑玄、申屠蟠都合乎儒家的行为准则又不出仕做官，朝廷多次征召都假借生病不前往。等到董卓主持朝政，再次礼仪完备地去征召他们。申屠蟠、郑玄最终也不屈从来保全了自己的高风至焉，未十旬而取卿相。意者疑其乖趣舍，余窃商其情，以为出处君子之大致也，平运则弘道以求志，陵夷则濡迹以匡时。荀公之急急自励，其濡迹乎？不然，何为违贞吉而履虎尾焉？观其逊言迁都之议，以救杨、黄之祸。及后潜图董氏，几振国命，所谓“大直若屈”，道固逶迤也。

悦字仲豫，俭之子也。俭早卒。悦年十二，能说《春秋》。家贫无书，每之人间，所见篇牍，一览多能诵记。性沉静，美姿容，尤好著述。灵帝时阉官用权，士多退身穷处，悦乃托疾隐居，时人莫之识，唯从弟彧特称敬焉。初辟镇东将军曹操府，迁黄门侍郎。献帝颇好文学，悦与彧及少府孔融侍讲禁中，旦夕谈论。累迁秘书监、侍中。

时政移曹氏，天子恭己而已。悦志在献替，而谋无所用，乃作《申鉴》五篇。其所论辩，通见政体，既成而奏之。其大略曰：

夫道之本，仁义而已矣。五典以经之，群籍以纬之，咏之歌之，弦之舞之，前监既明，后复申之。故古之圣王，其于仁义也，申重而已。

致政之术，先屏四患，乃崇五政。

一曰伪，二曰私，三曰放，四曰奢。伪乱俗，私坏法，放越轨，奢败制。四者不除，则政末由行矣。夫俗乱则道荒，虽天地不得保其性矣；法坏则世倾，虽人主不得守其度矣；轨越则礼亡，虽圣人亮节。荀爽当时已经白发转黄了，只有他一个人去了，不到十天就担任了卿相。有人怀疑他这样取舍违反了自己的志向，我自己探讨当时荀爽的思想，认为出仕是君子为人的大概，时运平顺时就应该弘扬大道来实现自己的志向，由盛转衰时则应该出仕来匡扶时政。荀爽急切地勉励自己，是出仕吗？不然的话，为什么要违背正道吉运而去踩老虎的尾巴呢？看他语言谦逊恭顺不谈迁都的事，来挽救杨彪、黄琬的灾祸。以及之后暗中图谋诛杀董卓，几乎能够振兴国命，所谓的“大直若屈”，道路本来就是蜿蜒曲折的。

荀悦，字仲豫，是荀俭的儿子。荀俭年纪轻轻就去世了。荀悦十二岁时，就能够解说《春秋》。家穷没有书读，每次去别人家时，所看到的典籍，看过一遍大多都能背诵记忆。性情沉稳闲静，外表帅气，尤其喜好撰写书籍。灵帝时宦官当权，士人大多隐居在乡野不仕，荀悦也就假借生病隐居，当时的人不知道他是一个怎样的人，只有堂弟荀彧特别称赞敬重他。起初被征召到镇东将军曹操府上，升迁为黄门侍郎。献帝十分爱好文学，荀悦和荀彧以及少府孔融就在宫中为皇帝讲学，早晚谈论。逐渐升迁为秘书监、侍中。

当时的政权已经转移到曹操手中，天子已经大权旁落、不问政事了。荀悦立志兴革，但谋略不被皇帝采用，于是写《申鉴》五篇。其中所发表的议论，通达为政的要领，写成之后上奏皇帝。其内容大致说的是：

大道的根本，可以概括为仁义二字。五典以仁义为经，群书以仁义为纬，为它吟咏、为它歌诵，为它谱曲，为它舞蹈，前事既然已经昭明，后人又一再重申。所以古圣先王，对于仁义，总是反复强调而已。

执政权柄归还皇帝的基本措施，先要摒除四患，之后再崇尚五政。

一是伪，二是私，三是放，四是奢。伪诈就会扰乱风俗，自私就会坏败法纪，放荡就会僭越规制，奢侈就会败坏制约。这四者不能根除，国家的政治就没办法继续推行了。风俗扰乱那么大道就会荒芜，虽然是天地也不能保持本性；法纪坏败那么世道就会不安，虽不得全其道矣；制败则欲肆，虽四表不得充其求矣。是谓四患。

兴农桑以养其性，审好恶以正其俗，宣文教以章其化，立武备以秉其威，明赏罚以统其法。是谓五政。

人不畏死，不可惧以罪。人不乐生，不可劝以善。虽使契布五教，皋陶作士，政不行焉。故在上者先丰人财以定其志，帝耕籍田，后桑蚕宫，国无游人，野无荒业，财不贾用，力不妄加，以周人事。是谓养生。

君子之所以动天地，应神明，正万物而成王化者，必乎真定而已。故在上者审定好丑焉。善恶要乎功罪，毁誉效于准验。听言责事，举名察实，无惑诈伪，以荡众心。故事无不核，物无不切，善无不显，恶无不章，俗无奸怪，民无淫风。百姓上下睹利害之存乎己也，故肃恭其心，慎修其行，内不回惑，外无异望，则民志平矣。是谓正俗。

君子以情用，小人以刑用。荣辱者，赏罚之精华也。故礼教荣辱，以加君子，化其情也；桎梏鞭扑，以加小人，化其刑也。君子不犯辱，况于刑乎！小人不忌刑，况于辱乎！若教化之废，推中人而坠于小人之域；教化之行，引中人而纳于君子之涂。是谓章化。小人之情，缓则骄，骄则恣，恣则怨，怨则叛，危则谋乱，安则思欲，非威强无以惩之。故在上者，必有武备，以戒不虞，以遏寇虐。安居则寄之内政，有事则用之军旅。是谓秉威。

然是皇帝也不能坚守制度；僭越规制那么礼乐就会崩坏，虽然是圣人也不能保全操守；败坏制约那么欲望就会肆虐，虽然是天下也不能满足需求。这就是所谓的四患。

振兴农桑来维持生计，审查好恶来匡正风俗，宣扬文教来彰明教化，建立军备来秉持权威，严明赏罚来统领法纪。这是所谓的五政。

人不怕死，就不可以用犯罪来恐吓他；人不以生为乐，就不可劝告行善。虽然贤人契实行父义、母慈、兄友、弟恭、子孝五种伦理的教育，任用皋陶为官吏，政治也不无法推行。所以上位者首先要丰富百姓钱财来安抚百姓的情绪，古时候皇帝亲自耕田，后妃亲自养蚕，国内没有游手好闲的闲人，郊野没有荒芜废弃的产业，钱财不用来买卖东西，劳役不随便加于百姓，用来周济人情事理。这就是所谓的维持生计。

君子之所以能感动天地，应验神明，匡正万物而成就皇帝的教化，必定是真切而安定而已。所以在上位者要审阅评定美恶。善恶的要点在于其功劳罪过，毁损和赞誉要经过考验才能知道。听取劝谏、指定办理，称扬其名、观察其实，没有猜疑、巧诈虚伪，来涤荡人心。所以事情没有不核实的，外物没有不切实的，善行没有不显露的，罪恶没有不彰显的，风俗没有奸邪不正的，百姓没有放荡风俗。上下百姓都看到利害关系在于自己，所以端严恭敬自己的思想，谨慎修行自己的行为，内心不会迷惑，对外不存谋叛的意图，如此民意就平顺，这就是所谓的匡正风俗。

对君子用情，对小人用刑。荣耀耻辱，是赏罚的精华。所以礼仪教化、荣耀耻辱，加以君子之身，为的是感情来感化他们；脚镣手铐、鞭子棍棒，加以小人之身，为的是用刑罚来教化他们。君子不接受侮辱，更何况是刑罚呢！小人不畏惧刑罚，更何况是受辱呢！如果废弛教化，就是把常人推入小人的境地；推行教化，就是把常人纳入君子的行列，这就是所谓的彰明教化。小人的本性，对他和缓就会骄傲，骄傲就会放纵，放纵就会怨恨，怨恨就会反叛，危难就会谋反作乱，安逸就会放纵欲望，并没有威力无法惩治的事情。所赏罚，政之柄也。明赏必罚，审信慎令，赏以劝善，罚以惩恶。人主不妄赏，非徒爱其财也，赏妄行则善不劝矣。不妄罚，非矜其人也，罚妄行则恶不惩矣。赏不劝谓之止善，罚不惩谓之纵恶。在上者能不止下为善，不纵下为恶，则国法立矣。是谓统法。

四患既蠲，五政又立，行之以诚，守之以固，简而不怠，疏而不失，无为为之，使自施之，无事事之，使自交之。不肃而成，不严而化，垂拱揖让，而海内平矣。是谓为政之方。

又言：

尚主之制非古。厘降二女，陶唐之典。归妹元吉，帝乙之训。王姬归齐，宗周之礼。以阴乘阳违天，以妇陵夫违人。违天不祥，违人不义。又古者天子诸侯有事，必告于庙。朝有二史，左史记言，右史书事。事为《春秋》，言为《尚书》。君举必记，善恶成败，无不存焉。下及士庶，苟有茂异，咸在载籍。或欲显而不得，或欲隐而名章。得失一朝，而荣辱千载。善人劝焉，淫人惧焉。宜于今者备置史官，掌其典文，纪其行事。每于岁尽，举之尚书。以助赏罚，以弘法教。

以身居上位的皇帝，一定要掌握军备，来提防意外之祸，来遏止贼寇肆虐。安居时就寄于内政，有事时就动用军队。这就是所谓的秉持权威。

奖赏处罚，是为政的权柄。明示赏赐、有罪必罚，审慎有信、谨慎下令，赏赐要勉力为善，处罚要憎恶惩戒。皇帝不随便赏赐，并非是爱惜财物，要是随便赏赐那就不能起到劝人为善的作用。不随便处罚，并非是怜悯其人，要是随便处罚那就不能起到惩治坏人的作用。赏赐不能勉人向善叫做阻止善行，处罚不能惩治坏人叫做放纵恶行。身居上位的皇帝能够不阻止在下的人行善，不放纵在下的人为恶，这样国家的法纪就能树立贯彻起来了，这就是所谓的统领法纪。

四患既然已经去除，五政又能得以建立，用诚意来推行，用稳固来坚守，简明而不懈怠，宽松而不有失，无为而治，使其自然施用，无事为事，使其自然归附。不用整肃而自然成就，不用严行而自然化解，皇帝垂衣拱手揖让相见，而四海之内就太平无事了。这就是所谓的为政的方略。

又进言说：

迎娶公主为妻的制度并不是古代流传下来的。唐尧下嫁二女于舜，唐尧时的典故。妹妹出嫁属于大吉，这是商王帝乙的训示，周天子的女儿嫁于齐国，这是周王朝的礼仪。用阴气欺压着阳气违反了天道规律，让妇人凌驾着丈夫违反了人伦关系。违反天道规律不吉祥，违反人伦关系不道义。又有古代天子诸侯有事，必定要先告诉宗庙。朝廷里设有两名史官，左史官记录言论，右史官书写要事。要事记载于《春秋》，言论记载于《尚书》。皇帝的一举一动必定要记录，善恶成败，都要保存下来。之下以至于士人百姓，如果有德才出众的人，都要记载在书籍里。有的想要显达却不能得到，有的打算隐逸却名气显扬。得失在于一朝，而或荣或辱流传千年。好人因此做到自勉，罪人因此感到恐惧。应当在今天设置史官，掌管律令条文，记录一言一行。每到一年结束的时候，上报给尚书。有助于赏赐处罚，来弘扬法制教化。

帝览而善之。

帝好典籍，常以班固《汉书》文繁难省，乃令悦依《左氏传》体以为《汉纪》三十篇，诏尚书给笔札。辞约事详，论辨多美。其序之曰："昔在上圣，惟建皇极，经纬天地，观象立法，乃作书契，以通宇宙，扬于王庭，厥用大焉。先王光演大业，肆于时夏。亦惟厥后，永世作典。夫立典有五志焉：一曰达道义，二曰章法式，三曰通古今，四曰著功勋，五曰表贤能。于是天人之际，事物之宜，粲然显著，罔不备矣。世济其轨，不陨其业。损益盈虚，与时消息。臧否不同，其揆一也。汉四百有六载，拨乱反正，统武兴文，永惟祖宗之洪业，思光启乎万嗣。圣上穆然，惟文之恤，瞻前顾后，是绍是继，阐崇大猷，命立国典。于是缀叙旧书，以述《汉纪》。中兴以前，明主贤臣得失之轨，亦足以观矣。"

又著《崇德》《正论》及诸论数十篇。年六十二，建安十四年卒。

韩韶字仲黄，颍川舞阳人也。少仕郡，辟司徒府。时太山贼公孙举伪号历年，守令不能破散，多为坐法。尚书选三府掾能理剧者，乃以韶为嬴长。贼闻其贤，相戒不入嬴境。余县多被寇盗，废耕桑，其流入县界求索衣粮者甚众。韶愍其饥困，乃开仓赈之，所禀赡万余户。主者争谓不可。韶曰："长活沟壑之人，而以此伏罪，含笑入地矣。"太守素知韶名德，竟无所坐。以病卒官。同郡李膺、陈寔、杜密、荀淑等为立碑颂焉。

献帝看后表示很好。

献帝喜好典籍，曾经说班固的《汉书》文辞繁复、难以读懂，就命令荀悦按照《左氏传》的体例作《汉纪》三十篇，下诏让尚书给荀悦提供纸笔。言辞简约、事情翔实，议论说明丰富精美。《汉纪》的序言说："昔日的古圣贤王，确立统治的准则，以天为经地为纬，观察卦象以立法，还创造文字交流，使其能通达宇宙，传播在朝廷之中，作用实在是很大。先王光大延续伟大的功业，陈述在这天下之中。也是想后世流传，永世作为典章。创立典章制度要有五志：一是通达道义，二是彰显法式，三是博通古今，四是昭著功勋，五是显示贤能。这样天人之间的关系，事物之间的权衡，明白清楚，全都包含其中了。世代继承这个典章制度，大业就不会陨落了。增加减少发展变化，要和时代消长。褒贬不一，而评判标准是唯一的。汉朝四百零六年，拨乱反正，统领武力提倡文治，永远铭记祖宗的伟业，思考如何发扬万世。皇帝静思，只关心文事，瞻前顾后、思虑周密，继往古成果、开来世大业，阐明所崇尚的治国大道，下命创立国家的典章制度。就由我编纂旧书，写成《汉纪》。记载光武中兴之前，记载着明主贤臣得失的轨迹，都值得为此一看。"

又著有《崇德》《正论》以及诸论数十篇。他六十二岁时，建安十四年（209）去世。

韩韶，字仲黄，颍川舞阳人。年少时在州郡里任职，征召为司徒府。当时泰山贼寇公孙举僭称伪号已经多年，守令没办法消除驱散他，多次犯法获罪。尚书省在三府掾中挑选能治理繁难事务的人，就任命韩韶为嬴县县长。泰山贼寇听说韩韶贤明，互相约束不进入嬴县境内。但其余各县大多遭到贼寇的侵扰，农业荒废，因此逃亡进入嬴县界内索取衣服粮食的人有很多。韩韶怜悯他们饥饿困顿，就开仓放粮救济灾民，用公粮赈济的百姓有一万多户。县里的主管都争着告诉他不行。韩韶说："能救活这些快死于沟壑的百姓，而因此获罪受罚，那我也能含笑九泉了。"太守向来知道韩韶的名望德行，最终也没有判处他有罪。因为患病在任上去世。同郡的李膺、陈寔、杜密、荀淑等人为他立碑赞颂他。

子融，字元长。少能辩理而不为章句学。声名甚盛，五府并辟。献帝初，至太仆。年七十卒。

钟皓字季明，颍川长社人也。为郡著姓，世善刑律。皓少以笃行称，公府连辟，为二兄未仕，避隐密山，以诗律教授门徒千余人。同郡陈寔，年不及皓，皓引与为友。皓为郡功曹，会辟司徒府，临辞，太守问："谁可代卿者？"皓曰："明府欲必得其人，西门亭长陈寔可。"寔闻之，曰："钟君似不察人，不知何独识我？"皓顷之自劾去。前后九辟公府，征为廷尉正、博士、林虑长，皆不就。时皓及荀淑并为士大夫所归慕。李膺常叹曰："荀君清识难尚，钟君至德可师。"

皓兄子瑾母，膺之姑也。瑾好学慕古，有退让风，与膺同年，俱有声名。膺祖太尉修，常言："瑾似我家性，邦有道不废；邦无道免于刑戮。"复以膺妹妻之。瑾辟州府，未尝屈志。膺谓之曰："孟子以为'人无是非之心，非人也'。弟何期不与孟轲同邪？"瑾常以膺言白皓。皓曰："昔国武子好昭人过，以致怨本。卒保身全家，尔道为贵。"其体训所安，多此类也。

年六十九，终于家。诸儒颂之曰："林虑懿德，非礼不处。悦此诗书，弦琴乐古。五就州招，九应台辅。逡巡王命，卒岁容与。"

皓孙繇，建安中为司隶校尉。

陈寔字仲弓，颍川许人也。出于单微。自为儿童，虽在戏弄，为等类所归。少作县吏，常给事厮役，后为都亭刺佐。而有志好学，儿子韩融，字元长。年少时能申述辩解而不研究古文的分段和停顿。名声很大，五府都一同前来征召他。献帝初年，官至太仆。七十岁时去世。

钟皓，字季明，颍川长社人。钟是郡里有声望的族姓，世世代代善于刑法。钟皓年少时因品行纯厚而被人称赞，公府连续征召，因为两位兄长还没有出仕做官，他就隐居在密山中，教授诗的格式和韵律给一千多名学生。同郡的陈寔，比钟皓年纪小，钟皓和他结为朋友。钟皓担任郡功曹，恰逢征召司徒府，临行时，太守问他："谁可以代替您的位置呢？"钟皓说："太守如果一定要我推荐一个人的话，西门亭长陈寔可以胜任。"陈寔听说后，说："钟君似乎并没有特意考察人选，不知为什么偏偏看中了我？"钟皓不久后检举自己的过失离开了。前后九次被公府所征召，分别征召为廷尉正、博士、林虑长，都不前往。当时钟皓和荀淑都被士大夫所向倾心仰慕。李膺曾经叹息说："荀君高见卓识难以比量，钟君道德至高可为人师。"

钟皓侄子钟瑾的母亲，是李膺的姑姑。钟瑾喜好学习仰慕古人，有谦虚礼让的风度，和李膺同年，都很有名气。李膺的祖父太尉李修，曾经说过："钟瑾好像有我李氏的秉性，国家有道时能为国家所用，国家无道时也可以免去刑戮。"又把李膺的妹妹嫁给了他。钟瑾征召为州府，从来不肯曲意迁就、抑制自己。李膺对他说："孟子认为'人没有是非观念，就不能算是人'。您为什么不和孟轲说的相同、辨明是非呢？"钟瑾曾经把李膺这话告诉了钟皓。钟皓说："昔日齐国大夫国武子喜好揭露别人的过错，从而成为怨恨的根源。最终能保全身家，还是你谦虚礼让的风度最为珍贵。"他体察训诫这类的情形，大多属这种。

六十九岁时，在家里去世。诸儒生赞颂他说："林虑长的美德，违礼事不相处。爱好诗文书籍，弹琴仰慕古人。五次响应州台，九次应征台辅。徘徊迟疑王命，一生悠闲自得。"

钟皓的孙子钟繇，建安年间担任司隶校尉。

陈寔，字仲弓，颍川许县人。出身微贱。在儿童时期，虽然说是捉弄他，也被同辈所称赞。年少时担任县吏，经常为县里干一些杂坐立诵读。县令邓邵试与语，奇之，听受业太学。后令复召为吏，乃避隐阳城山中。时有杀人者，同县杨吏以疑寔，县遂逮系，考掠无实，而后得出。及为督邮，乃密托许令，礼召杨吏。远近闻者，咸叹服之。

家贫，复为郡西门亭长，寻转功曹。时中常侍侯览托太守高伦用吏，伦教署为文学掾。寔知非其人，怀檄请见。言曰："此人不宜用，而侯常侍不可违。寔乞从外署，不足以尘明德。"伦从之。于是乡论怪其非举，寔终无所言。伦后被征为尚书，郡中士大夫送至轮氏传舍。伦谓众人言曰："吾前为侯常侍用吏，陈君密持教还，而于外白署。比闻议者以此少之，此咎由故人畏惮强御，陈君可谓善则称君，过则称己者也。"寔固自引愆，闻者方叹息，由是天下服其德。

司空黄琼辟选理剧，补闻喜长，旬月，以期丧去官。复再迁除太丘长。修德清静，百姓以安。邻县人户归附者，寔辄训导譬解，发遣各令还本司官行部。吏虑有讼者，白欲禁之。寔曰："讼以求直，禁之理将何申？其勿有所拘。"司官闻而叹息曰："陈君所言若是，岂有怨于人乎？"亦竟无讼者。以沛相赋敛违法，及解印绶去，吏人追思之。

及后逮捕党人，事亦连寔。余人多逃避求免，寔曰："吾不就狱，众无所恃。"乃请囚焉。遇赦得出。灵帝初，大将军窦武辟以为事劳役，之后担任都亭刺佐。为人有志向、好学习，坐立之时诵读不停。县令邓邵试着和他谈论，感觉奇异，让他去太学跟随老师学习。之后县令再次征召他担任县吏，他为了躲避就隐居在阳城山中。当时有杀人犯，同县的杨吏怀疑陈寔是凶手，县里就进山逮捕了他。经过拷打审讯后，因为没有证据，之后得以释放。等到之后陈寔担任督邮，就暗中托付许县县令，以礼召见杨吏。远近的人听说此事后，都称赞佩服他。

陈寔家中贫困，再次担任郡西门亭长，不久后调任功曹。当时中常侍侯览托太守高伦任用某人吏，高伦任命某人代理文学掾。陈寔知道所用非人，怀揣着檄文请见高伦。说道："这个人不应当任用，然而中常侍侯览的托付不可违抗。我请求从外部举荐某人，这样就不足以让您的美德蒙尘。"高伦听从了他的意见。于是乡里的舆论责怪陈寔所举荐的某人不称职，陈寔始终没有多说什么。高伦之后被征召为尚书，郡中的士大夫送他前去轮氏旅社。高伦对众人说："我之前为侯常侍任用官吏，是陈寔暗中返还任命书，而从外部举荐。近来听说有乡里人因为这一点来责怪陈寔，这过失是因为我忌惮豪强，陈寔可以说是有好事推到我身上，有过错就归于自己的人啊。"然而陈寔还是坚持承担罪过，听说的人都赞叹陈寔的为人，从此天下百姓都佩服他的德行。

司空黄琼从征召的人士中选拔能治理繁难事务的人才，陈寔补任闻喜长，旬月之间，因为要服一年的丧期而辞官。之后又升迁为太丘长。修养德性、清静无为，百姓安居。邻县前来归附太丘的百姓，陈寔总是对他们教诲开导，遣送百姓各自回去本来的司官行部。官吏担心有人借此告状，就告诉陈寔打算把这些人都关押起来。陈寔说："告状是为了求取公正，把他们关押起来那公理又能去哪申诉？千万不要关押他们。"主管官吏听到此话叹息说："陈君这样说的话，天下间岂会有怨恨的人吗？"终究也没有百姓告状。因为沛相违法征收赋税，就解下印绶离去，官吏时常追思怀念他。

等到之后逮捕朋党中人，事情也牵连到陈寔。其余的人都四处逃避请求免罪，陈寔说："我不进监狱的话，众人心中就没有依掾属。时中常侍张让权倾天下。让父死，归葬颍川，虽一郡毕至，而名士无往者，让甚耻之，寔乃独吊焉。乃后复诛党人，让感寔，故多所全宥。

寔在乡闾，平心率物。其有争讼，辄求判正，晓譬曲直，退无怨者。至乃叹曰："宁为刑罚所加，不为陈君所短。"时岁荒民俭，有盗夜入其室，止于梁上。寔阴见，乃起自整拂，呼命子孙，正色训之曰："夫人不可不自勉。不善之人未必本恶，习以性成，遂至于此。梁上君子者是矣！"盗大惊，自投于地，稽颡归罪。寔徐譬之曰："视君状貌，不似恶人，宜深克己反善。然此当由贫困。"令遗绢二匹。自是一县无复盗窃。

太尉杨赐、司徒陈耽，每拜公卿，群僚毕贺，赐等常叹寔大位未登，愧于先之。及党禁始解，大将军何进、司徒袁隗遣人敦寔，欲特表以不次之位。寔乃谢使者曰："寔久绝人事，饰巾待终而已。"时三公每缺，议者归之，累见征命，遂不起，闭门悬车，栖迟养老。中平四年，年八十四，卒于家。何进遣使吊祭，海内赴者三万余人，制衰麻者以百数。共刊石立碑，谥为文范先生。

有六子，纪、谌最贤。

纪字元方，亦以至德称。兄弟孝养，闺门廱和，后进之士皆推慕其风。及遭党锢，发愤著书数万言，号曰《陈子》。党禁解，四府靠。"就自行请求囚禁。遇到朝廷大赦得以出狱。灵帝初年，大将军窦武征召他为掾属。当时中常侍张让权倾天下，张让的父亲去世，把尸体送回颍川埋葬，虽然全郡的百姓都前去了，而名士却没有一个人前去，张让觉得很十分耻辱，陈寔却一个人独自前往吊丧。之后再次诛杀朋党中人，张让感激陈寔凭吊之情，所以对其多所宽赦，保全了生命。

陈寔在乡里，总是态度公正作为表率。要是有争讼时，总是要求决断是非曲直，使百姓了解是非曲直，解决后都没有怨恨他的人。以至于还叹息说："宁愿受到刑罚，不愿意被陈寔指出不足。"当时是个收成不好、百姓困苦，有个盗贼在夜里进入他的室屋内，停在梁上伺机下手。陈寔暗中看见，就起床自己整理拂拭，然后叫来子孙，正色训诫他们说："人不可以不自我勉励。不好的人本性不一定是坏的，只是习惯成自然，以至于到了如此地步。'梁上君子'说的就是这种人啊！"盗贼十分吃惊，自己跳到地上，叩头请求治罪，陈寔慢慢地劝解他说："看您的样子，不像是个坏人，应当深刻反省、改邪归正。然而你这么做可能是因为太贫困了。"就下令送给盗贼绢二匹。自此之后这个县里就再也没有人去盗窃了。

太尉杨赐、司徒陈耽，每次任命公卿，百官都前来祝贺，杨赐等人经常感叹陈寔从未登上高位，自己因为先行升迁而感到惭愧。等到朋党禁止做官的禁令解除，大将军何进、司徒袁隗派遣使者前去敦促陈寔，打算特地上表不拘等级授予陈寔重要职位。陈寔就谢绝使者说："我已经很长时间不关心人世间的事，只用幅巾裹头，等死而已。"当时三公每次出缺，大家都商议让陈寔补任，朝廷多次征召，都不前往，大门紧闭、车子荒废，游玩休息养老。中平四年（187），八十四岁，在家中去世。何进派遣使者前往吊祭，四海之内前去吊唁的有三万多人，身穿丧服的有上百人。共同刻石立碑，谥号"文范先生"。

有六个儿子，陈纪、陈谌最为贤明。

陈纪，字元方，也以德行至高而出名。兄弟竭尽孝忱奉养父母，妇女和睦，学识较浅的人都仰慕推崇他的家风。之后遭到朋党之祸并命，无所屈就。遭父忧，每哀至，辄欧血绝气，虽衰服已除，而积毁消瘠，殆将灭性。豫州刺史嘉其至行，表上尚书，图象百城，以厉风俗。董卓入洛阳，乃使就家拜五官中郎将，不得已，到京师，迁侍中。出为平原相，往谒卓，时欲徙都长安。乃谓纪曰：“三辅平敞，四面险固，土地肥美，号为陆海。今关东兵起，恐洛阳不可久居。长安犹有宫室，今欲西迁何如？”纪曰：“天下有道，守在四夷。宜修德政，以怀不附。迁移至尊，诚计之末者。愚以公宜事委公卿，专精外任。其有违命，则威之以武。今关东兵起，民不堪命。若谦远朝政，率师讨伐，则涂炭之民，庶几可全。若欲徙万乘以自安，将有累卵之危，峥嵘之险也。”卓意甚忤，而敬纪名行，无所复言。时议欲以为司徒，纪见祸乱方作，不复辨严，即时之郡。玺书追拜太仆，又征为尚书令。建安初，袁绍为太尉，让于纪；纪不受，拜大鸿胪。年七十一，卒于官。

子群，为魏司空。天下以为公惭卿，卿惭长。

弟谌，字季方。与纪齐德同行，父子并著高名，时号三君。每宰府辟召，常同时旌命，羔雁成群，当世者靡不荣之。谌早终。

论曰：汉自中世以下，阉竖擅恣，故俗遂以遁身矫絜放言为高。士有不谈此者，则芸夫牧竖已叫呼之矣。故时政弥惛，而其风愈牵连而禁止做官，就发愤著书数万字，叫做《陈子》。因朋党而禁止做官的禁令解除，四府都一同前往任命，都不曲意顺从。父亲去世，每当哀痛至极时，总是吐血断气，虽然丧服已经脱下，仍然因为悲痛太久导致骨瘦如柴，大概快要因为丧亲过哀而失去生命。豫州刺史嘉许陈纪卓绝的品行，上奏尚书，豫州百城都张贴陈纪的图画，来激励风俗。董卓进入洛阳，就派遣使者到他家中授予五官中郎将，逼不得已，来到京城，升迁侍中。调出京城担任平原相，前往谒见董卓，当时董卓打算迁都长安。就对陈纪说："三辅一带平坦宽阔，四面形势险阻坚固，土地肥沃，被称为'陆海'。如今关东兵祸四起，恐怕洛阳不可以长久居住。长安有现成的宫室，如今打算西迁到长安，怎么样？"陈纪说："天下有道，在于守卫疆土四夷归服。应当施行有益百姓的措施，来安抚尚未归附的人。迁移至高无上的皇帝，确实是最下等的计谋。我愚钝地认为您应当把这些事务交由公卿去办，您自己则集中精力对付外面的威胁。如果公卿中有违抗命令的，就用武力来警告他。如今关东兵祸四起，征召频繁导致百姓疲于奔命、痛苦不堪。如果能谦虚地让出朝政，率领军队前去讨伐关东乱兵，那么生灵涂炭中的百姓，或许可以保全。要是打算迁移皇帝来图谋自安，将会有累卵之危，高峰之险啊！"董卓的心意遭到严重忤逆，却因为敬佩陈纪的名声和品行，没有再说什么了。当时的舆论打算任命陈纪为司徒，陈纪看到祸乱刚刚兴起，顾不上置办行装，立即回到郡里。泥封加印追封太仆，又征召为尚书令。建安初年，袁绍担任太尉，把官位让给陈纪；陈纪不接受，官拜大鸿胪。七十一岁时，在任上去世。

儿子陈群，担任曹魏司空。天下认为陈氏三代为公的不如为卿的，为卿的不如为长的。

陈纪弟弟陈谌，字季方。和陈纪的德行齐等、同路而行，父子三人同样名声显著，当时称他们为"三君"。每当宰府征召，经常同时表彰征召，送来小羊和大雁成群当作贽礼，当时的人没有不以他们为荣的。陈谌英年早逝。

评论说：汉朝自从中世以后，无耻宦官专权放肆，所以风俗就以隐居不仕当作高洁、不谈事实作为高尚。士人中有人不谈论清高，往。唯陈先生进退之节，必可度也。据于德故物不犯，安于仁故不离群，行成乎身而道训天下，故凶邪不能以权夺，王公不能以贵骄，所以声教废于上，而风俗清乎下也。

赞曰：二李师淑，陈君友皓。韩韶就吏，嬴寇怀道。太丘奥广，模我彝伦。曾是渊轨，薄夫以淳。庆基既启，有蔚颍滨，二方承则，八慈继尘。

那么农夫和牧童都要讥笑他。所以当时的政治逐渐昏暗，而这种风气也逐渐发展。只有陈寔先生前进后退的做法，必定符合法度。依靠自己的德行所以外物不能侵犯，安身立命于仁德所以不脱离人群，成功之道在于亲身实践并且给天下示范准则，所以邪恶的人不能用他们的权势来强令出仕，王公大人不能自恃尊贵的地位而骄傲，所以声威教化虽然在上已经荒废了，而风俗教化却在民间清朗施行。

赞辞说：二李拜荀淑为师，陈寔和钟皓为友。韩韶刚就任官吏，嬴县贼寇被感召。陈太丘修养深广，成为世人的表率。正是永久的楷模，刻薄也会变淳朴。美好根基已开启，颍水滨蔚成大观，元方季方相继承，荀靖荀爽接轨迹。

卷九十三

李杜列传第五十三

李固字子坚，汉中南郑人，司徒郃之子也。郃在《数术传》。固貌状有奇表，鼎角匿犀，足履龟文。少好学，常步行寻师，不远千里。遂究览坟籍，结交英贤。四方有志之士，多慕其风而来学。京师咸叹曰："是复为李公矣。"司隶、益州并命郡举孝廉，辟司空掾，皆不就。

阳嘉二年，有地动、山崩、火灾之异，公卿举固对策，诏又特问当世之敝，为政所宜。固对曰：

臣闻王者父天母地，宝有山川。王道得则阴阳和穆，政化乖则崩震为灾。斯皆关之天心，效于成事者也。夫化以职成，官由能理。古之进者，有德有命；今之进者，唯财与力。伏闻诏书务求宽博，疾恶严暴。而今长吏多杀伐致声名者，必加迁赏；其存宽和无党援者，辄见斥逐。是以淳厚之风不宣，彫薄之俗未革。虽繁刑重禁，何能有益？前孝安皇帝变乱旧典，封爵阿母，因造妖孽，使樊丰之徒乘权放恣，侵夺主威，改乱嫡嗣，至令圣躬狼狈，亲遇其艰。既拔自困殆，龙兴即位，天下喁喁，属望风政。积敝之后，易致中兴，诚当沛然思惟善道；而论者犹云，方今之事，复同于前。臣伏从山草，痛心伤臆。实以汉兴以来，三百余年，贤圣相继，十有八主。岂无阿乳之恩？岂忘贵爵之宠？然上畏天威，俯案经典，知义不可，故不封也。今宋阿母虽有大功勤谨之德，但加赏赐，足以酬其劳苦；至于裂土开国，实乖旧典。闻阿母体性谦虚，必有逊让，陛下宜许其辞国之高，使成万安之福。

李固，字子坚，汉中郡南郑县人，司徒李郃的儿子。李郃的事迹详见《数术传》。李固的外貌非凡，额头上三骨隆起，隐于发内，脚上有龟背的纹理。年少时好学，经常步行寻求明师，不惜跋涉千里。就阅遍古代典籍，结交德才兼备的人。四方有志的士人，大多仰慕他的风采而来向他求学。京城的人都赞叹说："这是李家出现的第二个李公了。"司隶、益州都下令郡守举荐李固为孝廉，担任司空掾，都不去任职。

阳嘉二年（133），发生地震、山崩、火灾等灾异，公卿举荐李固前去对策，皇帝又下诏特地询问当代的弊端，以及治理国家所应该做的。李固对答说：

臣听说皇帝以天为父、以地为母，拥有珍视山川土地。以仁义统治的王道得以施行就会阴阳和睦，政治和教化乖离就导致山崩地震成就灾害。这些都和皇帝的意愿有关，在成事的人身上已有所成效。所谓教化靠官员而成功，官府靠官吏来维系。古代进朝为官的人，都是有德行有爵命的人；如今进朝为官的人，只是有钱财有权力。臣听说诏书务必求取宽厚博大，痛恨严惩恶人坏事。而如今的长吏大多因为杀伐之事而出名，必定会得到升职和赏赐；而那些心性宽厚和没有朋党援助的人，总是遭到排斥驱逐。因此敦厚质朴的风气不能得到宣扬，衰颓的风俗没有得到改革。即使使用繁苛的刑罚、严峻的禁令，又能有什么益处呢？前孝安皇帝变乱旧时的制度，封爵给乳母王圣，因此造就怪异反常的灾祸，致使樊丰那些人利用权势胡作非为，侵夺皇帝的威严，扰乱皇家嫡嗣，致使皇帝狼狈不堪，亲身遭遇危难。既然从困苦危急中走了出来，皇帝兴起，天下百姓都在仰望期待，希望教化政治能有所转变。长期的危难之后，容易做到中兴，的确应当恩泽宽广深厚并且思考为善之道；可是议论的人还会夫妃后之家所以少完全者，岂天性当然？但以爵位尊显，专总权柄，天道恶盈，不知自损，故至颠仆。先帝宠遇阎氏，位号太疾，故其受祸，曾不旋时。《老子》曰：“其进锐，其退速也。”今梁氏戚为椒房，礼所不臣，尊以高爵，尚可然也。而子弟群从，荣显兼加，永平、建初故事，殆不如此。宜令步兵校尉冀及诸侍中还居黄门之官，使权去外戚，政归国家，岂不休乎！

又诏书所以禁侍中尚书中臣子弟不得为吏察孝廉者，以其秉威权，容请托故也。而中常侍在日月之侧，声势振天下，子弟禄仕，曾无限极。虽外托谦默，不干州郡，而谄伪之徒，望风进举。今可为设常禁，同之中臣。

昔馆陶公主为子求郎，明帝不许，赐钱千万。所以轻厚赐，重薄位者，为官人失才，害及百姓也。窃闻长水司马武宣、开阳城门候羊迪等，无它功德，初拜便真。此虽小失，而渐坏旧章。先圣法度，所宜坚守，政教一跌，百年不复。《诗》云：“上帝板板，下民卒瘅。”刺周王变祖法度，故使下民将尽病也。

说，如今的事，又和之前相同。臣来自山野之间，悲痛到了极点。实在是因为汉朝中兴以来，三百多年，贤圣相继出现，十八代的皇帝。难道没有乳母的恩情？岂能忘了爵位是怎样的恩宠？然而畏惧在上的天威，俯身根据过去的经典，知道不能违反道义，所以不曾封赏。如今宋阿母虽然有大功勤劳的德行，只要加以赏赐，足以报答她的劳苦；至于分封土地、赐予爵位，实在是和旧典例相乖离。听说乳母生性谦虚，必定会有所谦让，陛下应当称赞她推辞封国的高风亮节，来成就万安的福祉。

后妃的家族很少能够保全的原因，难道是上天本性使然？只是因为爵位尊贵显赫，独揽大权，而天道最厌恶恶行盈满，他们自己也不知道克制，所以导致遭遇灾祸并且一蹶不起。先帝特别恩宠阎氏，爵位名号来得太快，所以导致遭受灾祸，也不过是顷刻之间。《老子》说："急于求进，往往后退也会很快。"如今梁氏的外戚居在椒房殿内，言行不符合臣子的礼节规矩，地位尊贵身处高爵，尚且是可以的。而家中的兄弟、堂兄弟、侄子，荣华显贵交加，永平、建初年间发生的事，大概不是这样。应当让步兵校尉梁冀和侍中们回到小黄门的职位，把国家大权从外戚手上取回，大权回归国家，难道不是很好吗！

又有诏书所以禁止侍中、尚书、宦官子弟不能当官、察举孝廉，是因为他们手握威势权力，容易有人请托的缘故。而中常侍在皇帝、皇后的身侧，声势振动天下，子弟做官食禄，没有什么极限。虽然外表看起来谦抑静默，不干预州郡的事，而那些谄媚诈伪的人，听到风声推荐任用。如今可以设为通常的禁令，和宦官相同。

昔日光武帝的三女儿馆陶公主替她的儿子请求作郎，明帝不允许，赏赐钱财千万。之所以轻易获得丰厚的赏赐，看重薄禄的官位，是因为官吏用人不当，祸害的是百姓啊。臣私下里听说长水司马武宣、开阳城门侯羊迪等人，没有其它的功德，初次做官就补任实职。这虽然只是个小过失，却会慢慢破坏以往的规章。先圣的法度，是应当坚守不移，政治和教化一旦出现差错，百年也难以修复。《诗经》说："皇帝乖戾反常，百姓死亡劳累。"这是讽刺周厉王变更祖先今陛下之有尚书，犹天之有北斗也。斗为天喉舌，尚书亦为陛下喉舌。斗斟酌元气，运平四时。尚书出纳王命，赋政四海，权尊势重，责之所归。若不平心，灾眚必至。诚宜审择其人，以毗圣政。今与陛下共理天下者，外则公卿尚书，内则常侍黄门，譬犹一门之内，一家之事，安则共其福庆，危则通其祸败。刺史、二千石，外统职事，内受法则。夫表曲者景必邪，源清者流必絜，犹叩树本，百枝皆动也。《周颂》曰："薄言振之，莫不震叠。"此言动之于内而应于外者也。由此言之，本朝号令，岂可蹉跌？间隙一开，则邪人动心；利竞暂启，则仁义道塞。刑罚不能复禁，化导以之寝坏。此天下之纪纲，当今之急务。陛下宜开石室，陈图书，招会群儒，引问失得，指擿变象，以求天意。其言有中理，即时施行，显拔其人，以表能者。则圣听日有所闻，忠臣尽其所知。又宜罢退宦官，去其权重，裁置常侍二人，方直有德者，省事左右；小黄门五人，才智闲雅者，给事殿中。如此，则论者厌塞，升平可致也。臣所以敢陈愚瞽，冒昧自闻者，傥或皇天欲令微臣觉悟陛下。陛下宜熟察臣言，怜赦臣死。

顺帝览其对，多所纳用，即时出阿母还弟舍，诸常侍悉叩头谢罪，朝廷肃然。以固为议郎。而阿母宦者疾固言直，因诈飞章以陷其罪，事从中下。大司农黄尚等请之于大将军梁商，又仆射黄琼救明固事，久乃得拜议郎。

出为广汉雒令，至白水关，解印绶，还汉中，杜门不交人事。岁的法度，所以使百姓尽数劳累患病啊。

如今陛下有了尚书，就想天上有了北斗星。北斗是上天的喉舌，尚书也是陛下的喉舌。北斗斟酌大化之气，运行调节四季的气候。尚书传达皇帝的命令，在四海之内颁布政令，位高权重，职责尽所其归属。如果不能公平办事，灾祸必定会到来。的确应当审察选择其人，来辅助圣政。如今和陛下共同治理天下的人，在外是公卿尚书，在内是常侍黄门，就像在一门之内，是一家的事，安宁就共同享受福祉，危险就共同遭受祸败。刺史、食邑二千石的人，在外统管任职，在内遵守法度。表面歪曲的东西影子必定倾斜，源头清澈的水源流出的水必定干净，就像敲击树根，百枝都会动摇啊。《周颂》说："周王声威振天，无不震动恐惧。"这就是说内心的活动而在外表也会有所反应。由此说来，本朝的号令，怎么可以失误？间隙一出现，那么邪人就会趁虚而入；利益一暂启，那么仁义大道就会阻塞了。刑罚不能禁止，教化因此逐渐崩坏。这是天下的典章法度，如今的当务之急。陛下应当打开藏书的石室，陈列其中的图书，召集儒生们，咨询为政的得失，挑出天灾警示的错误，来探求上天的旨意。他们说得符合事理，就立即实行，并且称赞提拔他，来表彰有能力的人。那么皇帝的眼界每天都有所见闻，忠臣竭尽所知。又应当罢退宦官，去除他们的权力，裁置常侍两名，选用人品端方正直、有德行的人，让他们在左右处理政务；小黄门五人，选用才智双全、娴静文雅的人，让他们在殿中处理事务。如此一来，那么议论的人就会满足，太平盛世就可以到来了。臣之所以敢陈述愚钝的见解，冒昧上奏皇帝，或许是皇天想通过微臣来让陛下觉悟。陛下应当仔细思考臣说的话，怜悯宽赦臣的死罪。

顺帝看了李固写的对策，大多有所采纳，立刻让乳母回到弟弟的宅第，常侍们全部磕头谢罪，朝廷上下肃然。任用李固为议郎。但是乳母和宦官忌恨李固说话正直，就假造紧急的奏章来陷害李固，说他办事不力。大司农黄尚等人请求大将军梁商帮忙，又有仆射黄琼查明李固的案情经过，过了很久才官拜议郎。

李固出京担任广汉雒县县令，走到白水关时，解下印绶，返回中，梁商请为从事中郎。商以后父辅政，而柔和自守，不能有所整裁，灾异数见，下权日重。固欲令商先正风化，退辞高满，乃奏记曰："《春秋》褒仪父以开义路，贬无骇以闭利门。夫义路闭则利门开，利门开则义路闭也。前孝安皇帝内任伯荣、樊丰之属，外委周广、谢恽之徒，开门受赂，署用非次，天下纷然，怨声满道。朝廷初立，颇存清静，未能数年，稍复堕损。左右党进者，日有迁拜，守死善道者，滞涸穷路，而未有改敝立德之方。又即位以来，十有余年，圣嗣未立，群下继望。可令中宫博简嫔媵，兼采微贱宜子之人，进御至尊，顺助天意。若有皇子，母自乳养，无委保妾医巫，以致飞燕之祸。明将军望尊位显，当以天下为忧，崇尚谦省，垂则万方。而新营祠堂，费功亿计，非以昭明令德，崇示清俭。自数年以来，灾怪屡见，比无雨润，而沈阴郁泱。宫省之内，容有阴谋。孔子曰：'智者见变思刑，愚者睹怪讳名。'天道无亲，可为祗畏。加近者月食既于端门之侧。月者，大臣之体也。夫穷高则危，大满则溢，月盈则缺，日中则移。凡此四者，自然之数也。天地之心，福谦忌盛，是以贤达功遂身退，全名养寿，无有怵迫之忧。诚令王纲一整，道行忠立，明公踵伯成之高，全不朽之誉，岂与此外戚凡辈耽荣好位者同日而论哉！固狂夫下愚，不达大体，窃感古人一饭之报，况受顾遇而容不尽乎！"商不能用。

永和中，荆州盗贼起，弥年不定，乃以固为荆州刺史。固到，遣吏劳问境内，赦寇盗前衅，与之更始。于是贼帅夏密等敛其魁党汉中，闭门不和人交往。年中，梁商请求李固担任从事中郎。梁商以皇后父亲的身份辅佐朝政，而为人和顺，只求自保，不能有所治理决断，导致灾异多次显现，下面的权势日渐加重。李固打算让梁商先行整治风化，辞去高位，就向梁商陈述意见说：“《春秋》褒奖邾仪父来开启道义之路，贬斥展无骇来封闭利欲之门。道义之路封闭而利欲之门就会打开，利欲之门打开而道义之路就会封闭。前孝安皇帝在内任命伯荣、樊丰等人担任要职，在外委派周广、谢恽等人，开门受贿，任用不当，天下大乱，怨声载道。皇帝即位之初，十分清静，不到几年，又有恢复败坏的迹象。左右都由同党提拔，每天都有人授予晋升官职，誓死守卫正道的人，只能在穷途末路中窘困，而没有改正弊端、树立德行的方法。又有即位以来，过去十多年，太子还未确立，群臣盼望。可在宫中广泛先把妃嫔，同时选用身份低贱并且有生育能力的女子，被皇帝所临幸，来顺应助长天意。如果有了皇子，由母亲亲自哺育，不要委弃给保妾巫医，以致出现赵飞燕那样的灾祸。将军您德高望重、地位显明，应当为天下大事为忧虑，崇尚谦虚节俭，在各地垂示法规。并且新修祠堂，花费和工时用亿来计算，并非为了昭明美德，崇尚清廉俭朴。数年以来，灾难多次出现，最近没有雨水，却乌云密布。宫省之内，定有阴谋滋生。孔子说：‘智者见到异变就思考刑罚，愚者目睹怪事却避称其名。’天道公正没有偏袒，可以敬畏。加上最近月食结束在端门之侧。月亮，是大臣的象征。一般来说登高就有危险，太满就会溢出，月亮盈满就会逐渐残缺，太阳到中午位置就发生偏移。这四者，都是自然规律。天地之心，切勿自满只有谦虚才能得福，因此贤能通达的人功成身退，保全名声、颐养天年，没有诱迫的忧虑。如使皇帝的纲纪整肃，正道能行忠诚已立，将军您就能沿着古圣贤人伯高的路走下去，来保全不朽的名声，岂能和那些外戚、平庸之辈、贪恋荣华富贵的人同日而语呢！我是狂妄愚钝的人，不识大体，私下感慨古人一饭之恩尚要报答，更何况被您赏识又受到优遇怎能不尽心呢！”梁商却没有采用。

永和年间，荆州盗贼兴起，长年无法平定，朝廷就任命李固为荆州刺史。李固到任后，派遣官吏慰问辖区境内，赦免盗贼先前的罪六百余人，自缚归首。固皆原之，遣还，使自相招集，开示威法。半岁间，余类悉降，州内清平。

上奏南阳太守高赐等臧秽。赐等惧罪，遂共重赂大将军梁冀，冀为千里移檄，而固持之愈急。冀遂令徙固为太山太守。时太山盗贼屯聚历年，郡兵常千人，追讨不能制。固到，悉罢遣归农，但选留任战者百余人，以恩信招诱之。未满岁，贼皆弭散。

迁将作大匠。上疏陈事曰："臣闻气之清者为神，人之清者为贤。养身者以练神为宝，安国者以积贤为道。昔秦欲谋楚，王孙圉设坛西门，陈列名臣，秦使戄然，遂为寝兵。魏文侯师卜子夏，友田子方，轼段干木，故群俊竞至，名过齐桓，秦人不敢窥兵于西河，斯盖积贤人之符也。陛下拨乱龙飞，初登大位，聘南阳樊英、江夏黄琼、广汉杨厚、会稽贺纯，策书嗟叹，待以大夫之位。是以岩穴幽人，智术之士，弹冠振衣，乐欲为用，四海欣然，归服圣德。厚等在职，虽无奇卓，然夕惕孳孳，志在忧国。臣前在荆州，闻厚、纯等以病免归，诚以怅然，为时惜之。一日朝会，见诸侍中并皆年少，无一宿儒大人可顾问者，诚可叹息。宜征还厚等，以副群望。琼久处议郎，已且十年，众人皆怪始隆崇，今更滞也。光禄大夫周举，才谟高正，宜在常伯，访以言议。侍中杜乔，学深行直，当世良臣，久托疾病，可敕令起。"又荐陈留杨伦、河南尹存、东平王恽、陈国何临、清河房植等。是日有诏征用伦、厚等，而迁琼、举，以固为大司农。

过，让他们重新做人。于是盗贼的头目夏密等人收编他们的头目和党羽共计六百多人，自行捆绑前来自首。李固都原谅了他们，遣送他们回去，让他们自行招募集结，指明威严法令。半年之间，其余盗贼悉数投降，州内从此太平。

李固上奏南阳太守高赐等人有贪污等秽行。高赐等人害怕降罪，就一起用重金贿赂大将军梁冀，梁冀替他们以日行千里的速度传送檄文，而李固审理案件更加紧急。梁冀就命令李固调任泰山太守。当时泰山的盗贼聚集多年，郡兵日常只有千人，前去追讨却不能制服。李固到任后，把郡兵悉数罢免并且遣返回去务农，只挑选留下善于作战的一百多名郡兵，用恩德信义来招降盗贼。不出一年，贼寇都顺服散去了。

李固升迁为将作大匠。上书陈述说："臣听说气中清的部分是神，人中清的部分是贤。养生的人把练神当成宝物，治国的人把积贤当成要道。昔日秦国打算进攻楚国，王孙圉在都城西门设坛，陈列名臣当成宝物，秦国使者感到惊惶，因此息兵不战。魏文侯拜卜子夏为老师，和田子方结为朋友，对段干木凭轼致敬，所以才俊们争先恐后到来，名声超过齐桓公，秦国不敢派兵进犯西河，这大概是积累贤人的征召吧。陛下拨乱反正、神龙飞腾，登上大位不久，就聘请南阳的樊英、江夏的黄琼、广汉的杨厚、会稽的贺纯，在竹简上赞美他们，用大夫的官职来等待他们。因而隐居不仕的贤人，富有智谋的士人，掸除帽子上的灰尘，清洁身上衣服，乐意为皇帝所用，四海的百姓喜悦，都归服于圣明的德行。杨厚等人在职期间，虽没有卓越突出的表现，然而日夜谨慎勤勉不怠，立志为国家操心。臣之前在荆州，听说杨厚、贺纯等人因病免官回家，真是替他们惋惜。有一天朝会时，看见诸位侍中都是年轻人，没有一位老成博学的大人可以担任顾问的，真是感到可叹。应当召回杨厚等人，来满足众人的期望。黄琼久居议郎一职，已经快十年了，众人都觉得奇怪开始时十分看重，如今却停滞不前了。光禄大夫周举，才谋高尚正派，应当担任常伯的职位，访问他的看法。侍中杜乔，学问渊深品行正直，是当世的良臣，长久以来假托疾病，如今可以敕令起用。"李固又推荐了陈留的杨伦、河南先是周举等八使案察天下，多所劾奏，其中并是宦者亲属，辄为请乞，诏遂令勿考。又旧任三府选令史，光禄试尚书郎，时皆特拜，不复选试。固乃与廷尉吴雄上疏，以为八使所纠，宜急诛罚，选举署置，可归有司。帝感其言，乃更下免八使所举刺史、二千石，自是稀复特拜，切责三公，明加考察，朝廷称善。乃复与光禄勋刘宣上言："自顷选举牧守，多非其人，至行无道，侵害百姓。又宜止槃游，专心庶政。"帝纳其言，于是下诏诸州劾奏守令以下，政有乖枉，遇人无惠者，免所居官；其奸秽重罪，收付诏狱。

及冲帝即位，以固为太尉，与梁冀参录尚书事。明年帝崩，梁太后以杨、徐盗贼盛强，恐惊扰致乱，使中常侍诏固等，欲须所征诸王侯到乃发丧。固对曰："帝虽幼少，犹天下之父。今日崩亡，人神感动，岂有臣子反共掩匿乎？昔秦皇亡于沙丘，胡亥、赵高隐而不发，卒害扶苏，以至亡国。近北乡侯薨，阎后兄弟及江京等亦共掩秘，遂有孙程手刃之事。此天下大忌，不可之甚者也。"太后从之，即暮发丧。

固以清河王蒜年长有德，欲立之，谓梁冀曰："今当立帝，宜择长年高明有德，任亲政事者，愿将军审详大计，察周、霍之立文、宣，戒邓、阎之利幼弱。"冀不从，乃立乐安王子缵，年八岁，是为质帝。时冲帝将北卜山陵，固乃议曰："今处处寇贼，军兴用费加倍，新创宪陵，赋发非一。帝尚幼小，可起陵于宪陵茔内，依康陵制度，的尹存、东平的王恽、陈国的何临、清河的房植等人。这天有诏书征召杨伦、杨厚等人，又升迁黄琼、周举，由李固担任大司农。

之前周举等八位使臣查处天下案件，多向皇帝检举官吏的过失或罪行，其中大多是宦官的亲属，总是替他们求情，下诏就让他们不必再追究。又按照旧例任命三府选拔令史，光禄寺试用尚书郎，当时都是特授官职，不用再选拔考试。李固就和廷尉吴雄上书，认为八位使臣所纠举检察的人，应当赶快责罚，部署选用贤才，可以归于有司办理。皇帝被他们的话所感动，就更改诏书下令罢免八位使臣所检举的刺史、食邑二千石的人，从此减少特授的官职，严厉责备三公，加以明察，朝廷上下都称赞做得好。李固又与光禄勋刘宣上书说："近年来选拔举荐牧守，大多所托非人，以至横行无忌，侵害百姓的利益。又应当禁止游乐，专心于国家的政务。"皇帝采纳了他们说的话，就下诏诸州上奏弹劾太守、县令以下的官吏，政务有枉曲背理的，对待百姓没恩惠的，免去所居官职；那些犯下邪恶污秽重罪的人，一律拘捕关押到监狱。

等到冲帝即位，任命李固为太尉，和梁冀参与总领尚书事。第二年冲帝驾崩，梁太后认为扬州、徐州盗贼势力强盛，担心惊动干扰造成大乱，派中常侍命令李固等人，打算等到所征召的诸侯王全部到齐才发丧。李固会答说："皇帝虽然年少，还是天下的父亲。今日虽然驾崩，人神为之感动，岂有臣子反而一同隐瞒的呢？昔日秦始皇在沙丘驾崩，胡亥、赵高隐瞒而不发丧，最终害死了扶苏，从而导致亡国。最近北乡侯去世，阎后兄弟和江京等人也一同隐瞒此事，所以有孙程杀死江京的事。这是天下的大忌，千万不可以这样做。"太后听从他的话，当晚就发丧。

李固认为清河王刘蒜年长又有德行，打算立他为帝，对梁冀说："如今应当册立新帝，应当选择长年高尚明智的，能够亲自执政的人，希望将军仔细审查这国家大计，考察周勃、霍光册立文帝、宣帝，警惕邓太后、阎太后利用皇帝幼小势弱的做法。"梁冀没有听从，就册立乐安王的儿子刘缵，年仅八岁，就是质帝。当时冲帝将安葬在北卜山陵，李固就提议说："如今处处都有寇贼，所需的军费开支加其于役费三分减一。”乃从固议。时太后以比遭不造，委任宰辅，固所匡正，每辄从用，其黄门宦者一皆斥遣，天下咸望遂平，而梁冀猜专，每相忌疾。

初，顺帝时诸所除官，多不以次，及固在事，奏免百余人。此等既怨，又希望冀旨，遂共作飞章虚诬固罪曰：“臣闻君不稽古，无以承天；臣不述旧，无以奉君。昔尧殂之后，舜仰慕三年，坐则见尧于墙，食则睹尧于羹。斯所谓聿追来孝，不失臣子之节者。太尉李固，因公假私，依正行邪，离间近戚，自隆支党。至于表举荐达，例皆门徒；及所辟召，靡非先旧。或富室财赂，或子婿婚属，其列在官牒者凡四十九人。又广选贾竖，以补令史；募求好马，临窗呈试。出入逾侈，辎軿曜日。大行在殡，路人掩涕，固独胡粉饰貌，搔头弄姿，槃旋偃仰，从容冶步，曾无惨怛伤悴之心。山陵未成，违矫旧政，善则称己，过则归君，斥逐近臣，不得侍送，作威作福，莫固之甚。臣闻台辅之位，实和阴阳，琁机不平，寇贼奸轨，则责在太尉。固受任之后，东南跋扈，两州数郡，千里萧条，兆人伤损，大化陵迟，而诋疵先主，苟肆狂狷。存无廷争之忠，没有诽谤之说。夫子罪莫大于累父，臣恶莫深于毁君。固之过衅，事合诛辟。”书奏，冀以白太后，使下其事。太后不听，得免。

倍，新建造宪陵，赋税不止一种。皇帝尚且幼小，可以在宪陵坟茔之内再建坟陵，按照殇帝康陵的规制和用度，可以减少三分之一的费用和人力。”于是就听从了李固的意见。当时太后因为连续遭遇不幸的事，委任宰辅，李固所辅佐的意见，总是能够听从，那些黄门、宦官一律斥退驱逐，天下都希望就此太平，但是梁冀猜忌专横，每次都妒忌李固。

起初，顺帝时所授予的官职，大多不按照名次，等到李固在职时，上奏罢免一百多人。这些人既心怀怨恨，又期望着梁冀的意旨，就一同报告紧急的奏章陷害李固的罪名有：“臣等听说皇帝不考察古事，就无法承受天命；臣子不叙述往事，就不能侍奉皇帝。昔日尧去世之后，舜仰慕三年，坐下时就看见尧在墙边，吃饭时就看见尧在羹边。这就是所谓的追述先人德业，不失臣子气节的人。太尉李固，假借公事的名义来谋取私利，假借正直的行为来掩盖坏事，离间近亲，自兴朋党。至于他上表举荐引进的人才，照例都是他的门徒；以及他所征召之人，没有不是他故交旧友的。有的富翁用财货来贿赂他，有的人是他的子婿婚属，这些人名列官牒之上的共记四十九人。他又广泛选用地位卑贱的商人，来补任令史；募求好马，临窗亲自观试。他出入所用极尽奢华，所乘坐的车子鲜艳曜日。先帝驾崩还在出殡，路人都在掩面流泪，而只有李固却涂脂抹粉，搔首弄姿，俯仰徘徊，悠闲舒缓，妖冶妩媚，竟然没有半点悲伤的表现。皇帝的陵墓还未建成，他就违反旧规制，好事就说是自己的功劳，过错就全部推脱给皇帝，驱逐老臣，禁止伺候着送行，作威作福，没有比李固更厉害的人了。臣等听说三公、宰辅的官职，其实是要调理阴阳，如今天上璇玑不平，地上贼寇犯法作乱，责任都在太尉。李固接受任命之后，东南地区贼寇专横暴戾，九江、广陵两州以及数郡，千里之地草木凋零，万民受到损害，天地万物逐渐衰败，而又毁谤非议先帝，肆无忌惮的放纵自己。活着没有在朝廷上向皇帝极力谏诤的忠心，死后却有诽谤的言论。儿子的罪没有比连累父亲更严重的了，臣子的罪没有比诋毁皇帝更严重的了。李固的罪过，合该诛杀。”奏书呈上去，梁冀禀报太后，请求交由群臣审理。太后没有听从，得以免于一死。

冀忌帝聪慧，恐为后患，遂令左右进鸩。帝苦烦甚，使促召固。固入，前问："陛下得患所由？"帝尚能言，曰："食煮饼，今腹中闷，得水尚可活。"时冀亦在侧，曰："恐吐，不可饮水。"语未绝而崩。固伏尸号哭，推举侍医。冀虑其事泄，大恶之。

因议立嗣，固引司徒胡广、司空赵戒，先与冀书曰："天下不幸，仍遭大忧。皇太后圣德当朝，摄统万机，明将军体履忠孝，忧存社稷，而频年之间，国祚三绝。今当立帝，天下重器，诚知太后垂心，将军劳虑，详择其人，务存圣明。然愚情眷眷，窃独有怀。远寻先世废立旧仪，近见国家践祚前事，未尝不询访公卿，广求群议，令上应天心，下合众望。且永初以来，政事多谬，地震宫庙，彗星竞天，诚是将军用情之日。传曰：'以天下与人易，为天下得人难。'昔昌邑之立，昏乱日滋，霍光忧愧发愤，悔之折骨。自非博陆忠勇，延年奋发，大汉之祀，几将倾矣。至忧至重，可不熟虑！悠悠万事，唯此为大。国之兴衰，在此一举。"冀得书，乃召三公、中二千石、列侯大议所立。固、广、戒及大鸿胪杜乔皆以为清河王蒜明德著闻，又属最尊亲，宜立为嗣。先是蠡吾侯志当取冀妹，时在京师，冀欲立之。众论既异，愤愤不得意，而未有以相夺。中常侍曹腾等闻而夜往说冀曰："将军累世有椒房之亲，秉摄万机，宾客纵横，多有过差。清河王严明，若果立，则将军受祸不久矣。不如立蠡吾侯，富贵可长保也。"冀然其言。明日重会公卿，冀意气凶凶，而言辞激切。自胡广、赵戒以下，莫不慑惮之。皆曰："惟大将军令。"而固独与杜乔坚守本议。冀厉声曰："罢会。"固意既不从，犹望众心可立，复以书劝冀。冀愈激怒，乃说太后先策免固，竟立蠡吾侯，是为桓帝。

梁冀忌惮质帝聪明慧颖，恐怕成为后患，就命左右呈上鸩酒。质帝十分痛苦烦闷，派人赶快召见李固。李固进入后，上前询问：“陛下是因为什么得的病？”当时质帝还能说话，说：“只吃了汤面，如今腹中十分烦闷，找来水尚且可以活命。”当时梁冀也在质帝身侧，说：“恐怕还会呕吐，千万不可喝水。”话还没说完质帝就驾崩了。李固伏在尸体上大声号哭，劾举推究皇家医生。梁冀顾虑此事会败露，特别厌恶他。

于是商量确立皇位继承人，李固找司徒胡广、司空赵戒，先行给梁冀写信说：“天下不幸，接连遭受皇帝死丧。皇太后圣德无上、主持政务，总揽繁重政务，将军您的秉性和行为也符合忠孝之道，担忧国家社稷的存亡，而连续几年之间，国祚三次断绝。如今应当确立新帝，这是天下的首要大事，当然知道太后关心，将军操劳，详细选择合适的人，务比心存圣明。然而我愚钝的衷情还是有所考虑，私下里有自己的想法。远的就追寻前代废立的旧规制，近的就看国家之前的皇帝即位，从来没有不征询公卿，广泛征求众人的意见，务必要在上翻符合天心，在下符合众人的盼望。而且永初年间以来，政事多有谬误，地震毁坏宫庙，彗星布满天空，的确是将军费心的日子到了。传说：‘把天下送于他人容易，为天下求得贤才困难。’昔日昌邑王被立后，逐渐变得昏庸无道，霍光忧虑羞愧、发奋努力，后悔极了。如果不是博陆侯霍光的忠勇，大司农田延年的奋发，大汉的社稷，几乎将要倾覆了。可见此事必须万分忧虑万分重视，不可不深思熟虑！悠悠万事，只有此事最大。国家的兴衰，就在此一举。”梁冀收到信，就召集三公、中二千石、列侯大行商议该确立谁。李固、胡广、赵戒以及大鸿胪杜乔都认为清河王刘蒜以德行崇高而著名，又属于最为尊贵的亲属，应当立为继承人。之先蠡吾侯刘志当娶梁冀的妹妹，当时正在京城中，梁冀打算拥立他。众人议论不同意，梁冀愤愤不平，却又没有让众人信服的主意。中常侍曹腾等人听说后连夜赶到梁冀那里劝说他：“将军家中几代都和后妃沾亲，手握大权，宾客来往众多，犯下许多过错。清河王为人严肃公正，如果立他为皇帝，那么将军遭受灾祸的日子就不远了。不如拥立蠡吾侯，荣华富贵就可以长久保持了后岁余，甘陵刘文、魏郡刘鲔各谋立蒜为天子，梁冀因此诬固与文、鲔共为妖言，下狱。门生勃海王调贯械上书，证固之枉，河内赵承等数十人亦要鈇锧诣阙通诉，太后明之，乃赦焉。及出狱，京师市里皆称万岁。冀闻之大惊，畏固名德终为己害，乃更据奏前事，遂诛之，时年五十四。

临命，与胡广、赵戒书曰："固受国厚恩，是以竭其股肱，不顾死亡，志欲扶持王室，比隆文、宣。何图一朝梁氏迷谬，公等曲从，以吉为凶，成事为败乎？汉家衰微，从此始矣。公等受主厚禄，颠而不扶，倾覆大事，后之良史，岂有所私？固身已矣，于义得矣，夫复何言！"广、戒得书悲惭，皆长叹流涕。

州郡收固二子基、兹于郾城，皆死狱中。小子燮得脱亡命。冀乃封广、戒而露固尸于四衢，令有敢临者加其罪。固弟子汝南郭亮，年始成童，游学洛阳，乃左提章钺，右秉鈇锧，诣阙上书，乞收固尸。不许，因往临哭，陈辞于前，遂守丧不去。夏门亭长呵之曰："李、杜二公为大臣，不能安上纳忠，而兴造无端。卿曹何等腐生，公犯诏书，干试有司乎？"亮曰："亮含阴阳以生，戴乾履坤。义之所动，岂知性命，何为以死相惧？"亭长叹曰："居非命之世，天高不敢不跼，地厚不敢不蹐。耳目适宜视听，口不可以妄言也。"太后啊。”梁冀同意他们的观点。第二天再会公卿，梁冀神色凶恶，并且言辞激烈。自胡广、赵戒以下的官吏，没有不畏惧的。都说：“唯大将军马首是瞻。”而只有李固和杜乔仍坚持原来的看法。梁冀厉声宣布：“散会”。李固的意见既不被听从，就希望众人的意见可以确立，又写信给梁冀。梁冀更加受到刺激而发怒，就劝说太后先行罢免李固的官职，最终确立了蠡吾侯，就是桓帝。

之后一年多，甘陵刘文、魏郡刘鲔各自谋划拥立刘蒜为天子，梁冀因此诬蔑李固和刘文、刘鲔共同散布妖言惑众，将他们关入监牢。李固的门生勃海王调戴上刑具、呈上奏书，证明李固是被冤枉的。河内赵承等数十人也要铡刀加身到朝廷申诉，太后明白事情的原委，就赦免了李固的罪名。等到出狱的时候，京城街市里的百姓都呼喊万岁。梁冀听说后大吃一惊，畏惧李固的名望德行最终肯定会妨害自己，就又力奏之前的事，就诛杀了李固，当时年仅五十四岁。

临死之前，李固给胡广、赵戒写信说：“我受国家深厚的恩德，由此竭尽股肱之力，不顾自己的死亡，立志想要扶持王室，达到文帝、宣帝那样兴盛。哪想到一朝上下都被梁氏迷惑谬误，您们委曲顺从，把好事变成坏事，成功变成失败呢？汉室的衰落，从此开始了啊。您们接受皇帝的厚禄，将要颠覆而不出手扶持，国家倾覆这样的大事，后代优秀的史官，岂能对您们有所偏私？我身死之后，在道义上还是有所得，还有什么可说的呢！”胡广、赵戒收到信感到悲痛惭愧，都长叹痛哭。

州郡在鄢城收押了李固的两名儿子李基、李兹，都在监狱中去世。小儿子李燮得以逃脱四处流亡。梁冀就加封胡广、赵戒的官职而把李固的尸体暴露在四通八达的大路中，下令说敢接近尸体的加罪处罚。李固的弟子汝南郭亮，刚十五岁，游学来到洛阳，就左手提着奏章和斧钺，右手拿着铡刀，到朝廷前上书，乞求替李固收尸。不允许，就前往哭泣凭吊，在尸体前陈辞，就在这里守丧不离去。夏门亭长呵斥他说：“李固、杜乔二公身为大臣，不能安居上位、献纳忠言，而兴起无端之祸。你们是怎样迂腐的读书人啊，公然冒犯皇帝的诏书，冒犯有司的命令呢？”郭亮说：“我包含阴阳二气而生，顶天闻而不诛。南阳人董班亦往哭固，而殉尸不肯去。太后怜之，乃听得襚敛归葬。二人由此显名，三公并辟。班遂隐身，莫知所归。

固所著章、表、奏、议、教令、对策、记、铭凡十一篇。弟子赵承等悲叹不已，乃共论固言迹，以为《德行》一篇。

燮字德公。初，固既策罢，知不免祸，乃遣三子归乡里。时燮年十三，姊文姬为同郡赵伯英妻，贤而有智，见二兄归，具知事本，默然独悲曰："李氏灭矣！自太公已来，积德累仁，何以遇此？"密与二兄谋豫藏匿燮，托言还京师，人咸信之。有顷难作，下郡收固三子。二兄受害，文姬乃告父门生王成曰："君执义先公，有古人之节。今委君以六尺之孤，李氏存灭，其在君矣。"成感其义，乃将燮乘江东下，入徐州界内，令变名姓为酒家佣，而成卖卜于市。各为异人，阴相往来。

燮从受学，酒家异之，意非恒人，以女妻燮。燮专精经学。十余年间，梁冀既诛而灾眚屡见。明年，史官上言宜有赦令，又当存录大臣冤死者子孙，于是大赦天下，并求固后嗣。燮乃以本末告酒家，酒家具车重厚遣之，皆不受，遂还乡里，追服。姊弟相见，悲感傍人。既而戒燮曰："先公正直，为汉忠臣，而遇朝廷倾乱，梁冀肆虐，令吾宗祀血食将绝。今弟幸而得济，岂非天邪！宜杜绝众人，勿妄往来，慎无一言加于梁氏。加梁氏则连主上，祸重至矣。唯引咎立地。为道义所来，怎么会知道性命要紧，为什么你要用死来吓唬我？”亭长叹气说：“生居这个意外丛生的世界，天虽然高也不敢不弯腰，地虽然厚不敢不蹑足。耳目应当注意适宜的见闻，嘴可不能胡说。”太后听说后没有诛杀他。南阳人董班也前去哭奠李固，并且想要给李固陪葬不肯离开。太后同情他，就让他给李固穿衣入棺运回故乡埋葬。两人因此出名，三公都去征召他们。董班就隐居起来，不知所终。

李固所写的章、表、奏、议、教令、对策、记、铭共记十一篇。弟子赵承等人都悲叹不止，于是共同论列李固的言论和事迹，著成《德行》一篇。

李燮，字德公。起初，他的父亲李固被罢免，知道不能免于加害，于是遣送三个儿子回到家乡。当时李燮只有十三岁，姐姐李文姬是同乡赵伯音的妻子，贤能而富有智谋，见到两位哥哥回来，就知道了事情的全部原委，沉默不语独自悲哀地说：“李氏要灭绝了！自太公以来，几代人积累德行和仁义，为什么还会有如此境地的遭遇？”暗中和两位哥哥商量事先把小弟李燮藏匿起来，假称他已经回京城去了，人们全都相信了。不久后灾祸发生，朝廷下派使者来郡里收押李固的三个儿子，两位哥哥遇害，李文姬就告知父亲的门生王成说：“先生对先父坚持合理该做的事情，有古人的节操。如今我把一名孤儿托付给您，李氏的存亡，系于您一身了。”王成被她的义理所感动，就带着李燮顺江东下，进入徐州地界，让李燮改名换姓在酒家帮佣，而王成在街市上以占卜谋生。各自怀有本领，在暗中保持往来。

李燮随人就从师学习，酒家感到很奇怪，认为他不是一般人，就把女儿嫁给了李燮。李燮专心研究儒家经典。十几年间，梁冀已经遭到诛杀而祸患也屡次发生。第二年，史官上书说应当发布赦令，又因该存恤录用冤死大臣的子孙，于是大赦天下，并四处寻求李固的后嗣。李燮这才把身世本末告诉酒家，酒家为他准备了车马和重金遣送他回家，都没有接受，就这样回到了家乡。姐弟相见，悲伤得感染了周围的人。事后李文姬告诫李燮说：“先父为人公正刚直，是汉室的忠臣，却遇到朝廷动乱不安，梁冀肆虐，让我李家祖宗的祭祀差点断而已。”爕谨从其诲。后王成卒，爕以礼葬之，感伤旧恩，每四节为设上宾之位而祠焉。

州郡礼命，四府并辟，皆无所就，后征拜议郎。及其在位，廉方自守，所交皆舍短取长，好成人之美。时颍川荀爽、贾彪，虽俱知名而不相能，爕并交二子，情无适莫，世称其平正。

灵帝时拜安平相。先是安平王续为张角贼所略，国家赎王得还，朝廷议复其国。爕上奏曰：“续在国无政，为妖贼所虏，守藩不称，损辱圣朝，不宜复国。”时议者不同，而续竟归藩。爕以谤毁宗室，输作左校。未满岁，王果坐不道被诛，乃拜爕为议郎。京师语曰：“父不肯立帝，子不肯立王。”

擢迁河南尹。时既以货赂为官，诏书复横发钱三亿，以实西园。爕上书陈谏，辞义深切，帝乃止。先是颍川甄邵谄附梁冀，为邺令。有同岁生得罪于冀，亡奔邵，邵伪纳而阴以告冀，冀即捕杀之。邵当迁为郡守，会母亡，邵且埋尸于马屋，先受封，然后发丧。邵还至洛阳，爕行涂遇之，使卒投车于沟中，笞捶乱下，大署帛于其背曰“谄贵卖友，贪官埋母”。乃具表其状。邵遂废锢终身。爕在职二年卒，时人感其世忠正，咸伤惜焉。

杜乔字叔荣，河内林虑人也。少为诸生，举孝廉，辟司徒杨震绝。如今弟弟有幸得以存活，这难道不是天意吗！你应当杜绝众人之口，千万不要擅自往来，谨慎对于梁氏不要有一句怨言。埋怨梁氏就会连累到皇帝，灾祸就要再降临了。只有把过错归于自身罢了。”李燮恭敬地听从李文姬的教诲。之后王成去世，李燮以礼为他送葬，感念他昔日的恩情，每逢四季的节日就给他设置在上宾位置处祭拜。

州郡前来礼聘和任命，朝廷四府都来征召他，他都没有前往，之后接受征召官拜议郎。等到李燮在位为官时，清廉方正、坚守操守，交往朋友都不看他人的短处、只看长处，喜好成人之美。当时颍川荀爽、贾彪，虽然都很出名却不能和谐相处，李燮同时结交二人，友情并没有亲疏厚薄，世人都称赞他公平正直。

灵帝时李燮官拜安平相。之前安平王刘续被贼寇张角所俘虏，国家出钱把他赎回，朝廷商议是否为他恢复封国。李燮上奏说：“刘续治理封国时没有政绩，又被妖言惑众的贼寇俘虏，驻守封地不力，玷污了朝廷，不应当恢复他的封国。”这和当时讨论的人意见相左，而刘续最终以安平王的身份归藩。李燮因为毁谤宗室，被罚到左校服劳役。不满一年，安平王刘续果然因为偏离正道被诛杀，李燮官拜议郎。京城中的人说：“父亲李固不肯确立皇帝，儿子李燮不肯恢复诸侯。”

李燮擢升为河南尹。当时朝廷既可以贿赂卖官，又下诏突然强征百姓的钱财三亿，用来充实西园。李燮上书进谏，言辞真挚恳切，皇帝这才停止。之前颍川甄邵逢迎趋附梁冀，担任邺令。有个同年的生员得罪了梁冀，逃亡投奔到甄邵，甄邵假装接纳却在暗中告诉了梁冀，梁冀立即逮捕追杀那人。甄邵就升迁为郡守，恰逢母亲去世，甄邵就暂且把母亲的尸体埋葬在马厩，先行接受封赏，然后再办理丧事。甄邵回到洛阳，李燮在路上遇到了甄邵，命士兵把甄邵的车扔到沟中，用竹木棍杖胡乱抽打，还把写有字的大布披在甄邵的背上，写着“谄媚贵胄出卖朋友，贪恋官职掩埋母亲”。就详细地上书举报他的罪状。甄邵于是遭到革职终身不得做官。李燮在职两年就去世了，当时的人感念他家世代忠诚正直，全都替他哀伤惋惜。

杜乔，字叔荣，河内郡林虑县人。年少时是儒生，被举荐为孝府。稍迁为南郡太守，转东海相，入拜侍中。

汉安元年，以乔守光禄大夫，使徇察兖州。表奏太山太守李固政为天下第一；陈留太守梁让、济阴太守汜宫、济北相崔瑗等臧罪千万以上。让即大将军梁冀季父，宫、瑗皆冀所善。还，拜太子太傅，迁大司农。

时梁冀子弟五人及中常侍等以无功并封，乔上书谏曰："陛下越从藩臣，龙飞即位，天人属心，万邦攸赖。不急忠贤之礼，而先左右之封，伤善害德，兴长佞谀。臣闻古之明君，褒罚必以功过；末世暗主，诛赏各缘其私。今梁氏一门，宦者微孽，并带无功之绂，裂劳臣之土，其为乖滥，胡可胜言！夫有功不赏，为善失其望；奸回不诘，为恶肆其凶。故陈资斧而人靡畏，班爵位而物无劝。苟遂斯道，岂伊伤政，为乱而已，丧身亡国，可不慎哉！"书奏不省。

益州刺史种暠举劾永昌太守刘君世以金蛇遗梁冀，事发觉，以蛇输司农。冀从乔借观之，乔不肯与，冀始为恨。累迁大鸿胪。时冀小女死，令公卿会丧，乔独不往，冀又衔之。

迁光禄勋。建和元年，代胡广为太尉。桓帝将纳梁冀妹，冀欲令以厚礼迎之，乔据执旧典，不听。又冀属乔举汜宫为尚书，乔以宫臧罪明著，遂不肯用，因此日忤于冀。先是李固见废，内外丧气，群臣侧足而立，唯乔正色无所回桡。由是海内叹息，朝野瞻望焉。在位数月，以地震免。宦者唐衡、左悺等因共谮于帝曰："陛下前当即位，乔与李固抗议言上不堪奉汉宗祀。"帝亦怨之。及清河王蒜廉，征召进入司徒杨震府。不久升迁为南郡太守，调任东海相，入朝官拜侍中。

汉安元年(142)，任命杜乔为光禄大夫，命他巡行察访兖州。上书奏明泰山太守李固处理政事天下第一；陈留太守梁让、济阴太守汜宫、济北相崔瑗等人贪污受贿千万以上。梁让就是大将军梁冀年龄最小的叔父，汜宫、崔瑗都是梁冀所亲近的人。回到京城，官拜太子太傅，升迁为大司农。

当时梁冀的子侄五人以及中常侍等他都没有什么功劳却一同受封，杜乔上书劝谏说："皇帝从藩臣中兴起，神龙飞腾即位，天人共同关注，万邦所仰赖。但不急着实行忠贤的礼仪，却先行封赏左右的亲信，损伤善人、有害德行，反而助长阿谀谄媚。臣听说古代的贤明皇帝，褒奖惩罚必定有功过作为依据；末世昏庸的君主，赏罚都是源自私心。如今梁氏一家，是宦官的庶孽贱子，还佩带着没有功劳却获得的印绶，分裂有功之臣的封地，这种错杂不当的作法，怎么能数得完呢！有功不封赏，做好事的人大失所望；奸恶不追问，做坏事的人肆虐逞凶。所以陈列利斧在面前也没有人害怕，封爵授官也没有奖励的作用。如果长此以往，岂止伤害政治，只是动乱而已，丧命亡国，不可以不小心啊！"奏书呈上皇帝没有理会。

益州刺史畠检举弹劾永昌太守刘君世用金蛇来贿赂梁冀，事情发觉后，司农就没收了金蛇。梁冀想从杜乔那里借来看看，杜乔不肯给，梁冀从此开始怨恨他。杜乔多次升迁为大鸿胪。当时梁冀家的小女儿死了，要求公卿都来参加丧葬仪式，只有杜乔一个人没去，梁冀更加怀恨在心。

杜乔升迁光禄勋。建和元年(147)，代替胡广担任太尉。桓帝打算娶梁冀的妹妹，梁冀打算要朝廷用厚礼来迎娶他妹妹，杜乔根据旧时的制度，没有听他的。又有梁冀委托杜乔举荐汜宫为尚书，杜乔认为汜宫贪污受贿事实显著，就不肯任用，因此天天忤逆梁冀的意旨。之前李固被废黜，朝廷内外精神颓丧，群臣心生畏惧、不敢正立，只有杜乔神色严肃、面向前方。因此海内为之赞叹，朝野为之敬仰。在位几个月，因为地震遭到罢免。宦官唐衡、左悺等人一起在事起，梁冀遂讽有司劾乔及李固与刘鲔等交通，请逮案罪。而梁太后素知乔忠，但策免而已。冀愈怒，使人胁乔曰："早从宜，妻子可得全。"乔不肯。明日冀遣骑至其门，不闻哭者，遂白执系之，死狱中。妻子归故郡。与李固俱暴尸于城北，家属故人莫敢视者。

乔故掾陈留杨匡闻之，号泣星行到洛阳，乃著故赤帻，托为夏门亭吏，守卫尸丧，驱护蝇虫，积十二日，都官从事执之以闻。梁太后义而不罪。匡于是带鈇锧诣阙上书，并乞李、杜二公骸骨。太后许之。成礼殡殓，送乔丧还家，葬送行服，隐匿不仕。匡初好学，常在外黄大泽教授门徒。补蕲长，政有异绩，迁平原令。时国相徐曾，中常侍璜之兄也，匡耻与接事，托疾牧豕云。

论曰：夫称仁人者，其道弘矣！立言践行，岂徒徇名安己而已哉，将以定去就之概，正天下之风，使生以理全，死与义合也。夫专为义则伤生，专为生则骞义，专为物则害智，专为己则损仁。若义重于生，舍生可也；生重于义，全生可也。上以残暗失君道，下以笃固尽臣节。臣节尽而死之，则为杀身以成仁，去之不为求生以害仁也。顺桓之间，国统三绝，太后称制，贼臣虎视。李固据位持重，以争大义，确乎而不可夺。岂不知守节之触祸，耻夫覆折之伤任也。观其发正辞，及所遗梁冀书，虽机失谋乖，犹恋恋而不能已。至矣哉，社稷之心乎！其顾视胡广、赵戒，犹粪土也。

桓帝面前诬陷杜乔说:“皇帝陛下之前应当即位的时候,杜乔和李固抗议说皇帝不能胜任奉祀汉室的宗庙来继承皇位。”桓帝也怨恨他。等到清河王刘蒜事发以后,梁冀就暗示相关官吏弹劾杜乔以及李固和刘鲔等人互相勾结,请求逮捕治罪。而梁太后想来知道杜乔忠心耿耿,只是罢免了他官职而已。梁冀更加愤怒,派人威胁杜乔说:“尽早安排,妻子儿女可以保全。”杜乔不肯。第二天梁冀派遣骑兵到他家门前,还来不及听到哭声,就把他捆绑逮捕了,死在了监狱中。妻子儿女回到老家。杜乔和李固都暴尸于城北,家属朋友没有敢去探视的。

杜乔的老部下陈留杨匡听说此事,嚎啕大哭着连夜赶到洛阳,还戴着原来的赤色头巾,假装是夏门亭吏,看守尸体防止丢失,驱赶苍蝇蚊虫,累计十二天,都官从事把他逮捕了报告给朝廷。梁太后认为他有义气从而没治罪。杨匡于是带着铡刀来到朝廷前上书,并乞求收殓李固、杜乔二公的尸体。太后允许了。礼仪完备后准备埋葬,送杜乔的尸体回家,出殡埋葬时身穿孝服居丧,之后隐居藏匿起来不出仕作官。杨匡起初很好学,曾经在外黄大泽教授学生。补任蕲长,有突出的政绩,升迁为平原令。当时平原国相徐曾,是中常侍徐璜的哥哥,杨匡以和他共事为耻,假借生病离职回家放猪去了。

评论说:被称为仁德的人,他的道义是宏大的!按照自己树立的言论来实践,岂止是舍身求名、保全自身吗,将会用自己的行为来贴近自己确定的言行,来匡正天下的风气,使人活着合于正理,死了符合道义。如果只为道义就会导致轻视生命;只为生命就会导致罔顾道义,只为财物就会导致蒙蔽智慧,只为自己就会导致损失仁德。如果道义比生命重要,就可以舍生取义;生命比道义重要,就可以保全生命。在上的皇帝残忍昏庸失去为君之道,在下的臣子坚定不移来尽为臣之节。臣子尽节而死,就是不顾自己的生命来成全仁德,哪怕死去也不能为了谋求活命而有伤仁德。顺帝、桓帝之间,国家正统三次断绝,太后代行皇帝职权,乱臣贼子虎视眈眈。李固在任时谨慎稳重,争求大义,坚定不可动摇。他难道不知道坚守节操必会遭受灾祸,而以在职不胜重任、败坏公事为耻。看他正直严正的言辞,以赞曰：李、杜司职，朋心合力。致主文、宣，抗情伊、稷。道亡时晦，终离罔极。燮同赵孤，世载弦直。

及所遗留给梁冀的书信，虽然时机已失、谋划不顺，还对于朝廷依依不舍、不能自已。一心为国的心意，真是达到极致了啊！回顾胡广、赵戒之类的人，就像是粪土一样了。

赞辞说：李固、杜乔任职尽责，同心合力扶持汉室。致主效仿文帝、宣帝，高节比肩伊尹、稷契。大道既亡、顺时隐晦，最终陷入弥天法网。李燮如同赵氏孤儿，世代有德正直忠烈。

卷九十四

吴延史卢赵列传第五十四

吴祐字季英，陈留长垣人也。父恢，为南海太守。祐年十二，随从到官。恢欲杀青简以写经书，祐谏曰："今大人逾越五领，远在海滨，其俗诚陋，然旧多珍怪，上为国家所疑，下为权戚所望。此书若成，则载之兼两。昔马援以薏苡兴谤，王阳以衣囊徼名。嫌疑之间，诚先贤所慎也。"恢乃止，抚其首曰："吴氏世不乏季子矣。"及年二十，丧父，居无檐石，而不受赡遗。常牧豕于长垣泽中，行吟经书。遇父故人，谓曰："卿二千石子而自业贱事，纵子无耻，奈先君何？"祐辞谢而已，守志如初。

后举孝廉，将行，郡中为祖道，祐越坛共小史雍丘黄真欢语移时，与结友而别。功曹以祐倨，请黜之。太守曰："吴季英有知人之明，卿且勿言。"真后亦举孝廉，除新蔡长，世称其清节。时公沙穆来游太学，无资粮，乃变服客佣，为祐赁舂。祐与语大惊，遂共定交于杵臼之间。

祐以光禄四行迁胶东侯相。时济北戴宏父为县丞，宏年十六，从在丞舍。祐每行园，常闻讽诵之音，奇而厚之，亦与为友，卒成儒宗，知名东夏，官至酒泉太守。祐政唯仁简，以身率物。民有争诉吴祐，字季英，陈留郡长垣县人。父亲吴恢，担任南海太守。吴祐十二岁时，跟随父亲上任。吴恢打算杀青竹简来抄写经书，吴祐劝谏说：“如今大人越过五岭，远在海滨，虽然那里风俗实在简陋，然而向来多产珍贵奇异的东西，在上被朝廷所疑惑，在下则被权势外戚所欲责备。这本书要是写成，要用不止一辆车来运载。昔日马援因为运了一车薏苡回来而遭人诽谤，说他运的是明珠文犀，王阳因为喜好衣物而搬家的时候没有多余的钱财积蓄而受人议论。怀疑采集之间，确实是先贤圣人所慎重的。”吴恢听从了他的建议放弃了写经书的事，抚摸着吴祐的头说：“我吴氏世世代代不乏有季札那样的贤人啊！”等到二十岁时，吴祐父亲去世了，家里没有一石的余粮，而不接受别人周济的礼物。经常在长垣泽中放猪，一边走一边在嘴里吟唱着经书。遇到他父亲的故友，对他说：“您是食邑二千石人家的儿子，而自己却干着下贱的工作，纵然您自己不以为耻，怎么对得起你死去的父亲呢？”吴祐只是有礼地答谢，依然坚守着自己的志向如故。

后来被举荐为孝廉，将要出行时，郡里的人为他祭祀路神、饮宴送行，吴祐越过礼坛和小史雍丘黄真愉快交谈多时，结为朋友后才告别。郡中功曹认为吴祐倨傲无礼，请求太守罢黜他。太守说：“吴季英有拔擢人才的眼光和本领，你暂且不要多说。”黄真后来也被举荐为孝廉，担任新蔡长，当时的人称赞他高洁的节操。当时公沙穆来太学游学，没有钱粮，于是换了服装在当地当佣人，受雇为吴祐舂米。吴祐和他交谈感到惊异，就和他在舂米之间结为朋友。

吴祐被举荐为符合敦厚、质朴、逊让、节俭这四项光禄的品行，升迁为胶东侯相。当时济北戴宏的父亲担任县丞，戴宏十六岁，跟着住在县丞官舍中。吴祐每次来到园中，经常听到抑扬顿挫诵读的声者，辄闭阁自责，然后断其讼，以道譬之。或身到闾里，重相和解。自是之后，争隙省息，吏人怀而不欺。啬夫孙性私赋民钱，市衣以进其父，父得而怒曰："有君如是，何忍欺之！"促归伏罪。性惭惧，诣阁持衣自首。祐屏左右问其故，性具谈父言。祐曰："掾以亲故，受污秽之名，所谓'观过斯知人矣'。"使归谢其父，还以衣遗之。又安丘男子毋丘长与母俱行市，道遇醉客辱其母，长杀之而亡，安丘追踪于胶东得之。祐呼长谓曰："子母见辱，人情所耻。然孝子忿必虑难，动不累亲。今若背亲逞怒，白日杀人，赦若非义，刑若不忍，将如之何？"长以械自系，曰："国家制法，囚身犯之。明府虽加哀矜，恩无所施。"祐问长有妻子乎？对曰："有妻未有子也。"即移安丘逮长妻，妻到，解其桎梏，使同宿狱中，妻遂怀孕。至冬尽行刑，长泣谓母曰："负母应死，当何以报吴君乎？"乃啮指而吞之，含血言曰："妻若生子，名之'吴生'，言我临死吞指为誓，属儿以报吴君。"因投缳而死。

祐在胶东九年，迁齐相，大将军梁冀表为长史。及冀诬奏太尉李固，祐闻而请见，与冀争之，不听。时扶风马融在坐，为冀章草，祐因谓融曰："李公之罪，成于卿手。李公即诛，卿何面目见天下之音，感到惊奇并且厚待他，也和他结为朋友，戴宏最终成为儒生所景仰的学者，在东方很著名，官职做到酒泉太守。吴祐为政只求仁爱简约，以身作则。百姓中有争诉时，他就闭门谴责自己，然后再审理案件，用道德来让百姓知晓。有时候亲自来到乡里，重新让百姓重归于好。从此之后，争端逐渐停止，官吏和百姓都心怀恩德、不欺诈他人。小吏孙性私自征收百姓的钱，买来衣服进献给他父亲，他父亲拿到衣服发怒说："有这么好的上司，你怎么忍心欺瞒他呢？"催促他赶快去坦白罪过。孙性感到羞愧恐惧，拿着衣服到吴祐府中投案自首。吴祐屏退左右的人询问其原因，孙性就把父亲说的话转告给他。吴祐说："你因为孝敬父亲的缘故，而遭受不好的名声，所谓'看一个人的过错就知道他是个怎样的人'。"就让他回去感谢父亲，并把衣服送给了他。又有安丘男子毋丘长和他母亲一起在街市上行走，路上遇到个醉汉侮辱他的母亲，毋丘长就杀死这个醉汉然后逃亡了，从安丘一直追踪到胶东才逮捕到毋丘长。吴祐传唤来毋丘长说："儿子看见母亲被人侮辱，感到受辱是人之常情。然而孝子忿怒一定要考虑后果，所作所为不能连累双亲。如今你背着双亲肆意发怒，白日行凶杀人，要是赦免你，那就是不义，要是严惩你，又于心不忍，该怎么办呢？"毋丘长自己带上脚镣手铐说："国家制定律法，而我以身试法。您虽说怜悯体恤我，但这恩情却无处可施了啊。"吴祐就问毋丘长有妻子和儿子没有？回答说："只有妻子没有儿子。"立即发文到安丘去逮捕毋丘长的妻子，妻子到后，就解下毋丘长的脚镣手铐，让他们夫妻二人一同住宿在监狱中，妻子因此怀有身孕。到了冬季结尾要行刑时，毋丘长哭着对母亲说："我辜负了母亲理应去死，可我应该怎样报答吴君的恩情呢？"于是咬下自己的一根指头吞下，含着血说："我妻子要是生下儿子，就取名叫'吴生'，说我临死之前吞下手指立誓，嘱咐儿子要报答吴君。"就自缢而死。

吴祐在胶东九年，升迁为齐相，大将军梁冀上表举荐他为长史。等到梁冀捏造罪名告发太尉李固，吴祐听说后请求会见梁冀，替李固申辩，梁冀没有听从。当时扶风马融也在座，为梁冀起草奏章，吴祐就对马融说："李公的罪，成于您的手中。李公要是遭到诛杀，人乎？”冀怒而起入室，祐亦径去。冀遂出祐为河间相，因自免归家，不复仕，躬灌园蔬，以经书教授。年九十八卒。

长子凤，官至乐浪太守；少子恺，新息令；凤子冯，鲖阳侯相：皆有名于世。

延笃字叔坚，南阳犨人也。少从颍川唐溪典受《左氏传》，旬日能讽之，典深敬焉。又从马融受业，博通经传及百家之言，能著文章，有名京师。

举孝廉，为平阳侯相。到官，表龚遂之墓，立铭祭祠，擢用其后于畎亩之间。以师丧弃官奔赴，五府并辟不就。

桓帝以博士征，拜议郎，与朱穆、边韶共著作东观。稍迁侍中。帝数问政事，笃诡辞密对，动依典义。迁左冯翊，又徙京兆尹。其政用宽仁，忧恤民黎，擢用长者，与参政事，郡中欢爱，三辅咨嗟焉。先是陈留边凤为京兆尹，亦有能名，郡人为之语曰：“前有赵、张、三王，后有边、延二君。”

时皇子有疾，下郡县出珍药，而大将军梁冀遣客赍书诣京兆，并货牛黄。笃发书收客，曰：“大将军椒房外家，而皇子有疾，必应陈进医方，岂当使客千里求利乎？”遂杀之。冀惭而不得言，有司承旨欲求其事。笃以病免归，教授家巷。

时人或疑仁孝前后之证，笃乃论之曰：“观夫仁孝之辩，纷然异端，互引典文，代取事据，可谓笃论矣。夫人二致同源，总率百行，非复铢两轻重，必定前后之数也。而如欲分其大较，体而名之，则孝在事亲，仁施品物。施物则功济于时，事亲则德归于己。于己您又有什么脸面来见天下人呢?”梁冀听后大怒起身进里屋去了,吴祐也径直离去。梁冀就外调吴祐担任河间相,吴祐因此自请免职回家,不再出仕做官,亲自种植浇灌蔬菜,用经书教授学生。九十八岁去世。

长子吴凤,官至乐浪太守;幼子吴恺,担任新息令;吴凤的儿子吴冯,担任鲖阳侯相:都在当世很出名。

延笃,字叔坚,南阳郡犨县人。年少时师从颍川唐溪典学习《左传》,十多天就能背诵熟记,唐溪典特别敬重他。又师从马融学习,通晓各种经传和百家学说,擅长写文章,在京城中很出名。

被推举为孝廉,担任平阳侯相。到任后,就上奏表彰西汉名臣龚遂的坟墓,立起墓志铭并在墓前祭祀,提拔在田间的龚遂后人做官。因为老师去世弃官奔丧,五府都来征召他也不前往。

桓帝以博士一职来征召他,官拜议郎,和朱穆、边韶一同在东观从事著作之事。不久升迁为侍中。桓帝多次向他询问政事,延笃都婉转、秘密地回答皇帝的垂问,一举一动都符合经义的要求。升迁为左冯翊,又调任京兆尹。为政宽厚仁慈,体恤黎民百姓,选拔有德行的人,参与政事,郡里百姓都欢悦喜爱,三辅也赞叹。之前陈留边凤担任京兆尹,也有能干的名声,郡里的人就编了一句话说:“之前有赵、张、三王,之后有边、延二君。”

当时皇子患病,下令让郡县提供珍贵的药物,而大将军梁冀派遣宾客送信到京兆,想要一同贩卖牛黄。延笃下令收押了宾客,说:“大将军是皇后的娘家人,而皇子生病,必当呈献医方,怎么会派遣宾客千里而来只为求利呢?”就杀了宾客。梁冀感到惭愧又没法说,相关官吏逢迎梁冀的意旨想借此生事。延笃因病免除职务、遣送回家,在乡里教授学生。

当时有人疑惑仁孝何者为先后的问题,延笃就讨论说:“我看有关仁孝何者为先后的争辩,观点纷乱、异端频出,各人互相引经据典,互相取用事实例、典故,可以说是很确切的论述了。人的仁孝出自同源,统率人的各种言行,不必计较一铢一两的轻重,一定要论定则事寡，济时则功多。推此以言，仁则远矣。然物有出微而著，事有由隐而章。近取诸身，则耳有听受之用，目有察见之明，足有致远之劳，手有饰卫之功，功虽显外，本之者心也。远取诸物，则草木之生，始于萌牙，终于弥蔓，枝叶扶疏，荣华纷缛，末虽繁蔚，致之者根也。夫仁人之有孝，犹四体之有心腹，枝叶之有本根也。圣人知之，故曰：'夫孝，天之经也，地之义也，人之行也。''君子务本，本立而道生。孝悌也者，其为仁之本与！'然体大难备，物性好偏，故所施不同，事少两兼者也。如必对其优劣，则仁以枝叶扶疏为大，孝以心体本根为先，可无讼也。或谓先孝后仁，非仲尼序回、参之意。盖以为仁孝同质而生，纯体之者，则互以为称，虞舜、颜回是也。若偏而体之，则各有其目，公刘、曾参是也。夫曾、闵以孝悌为至德，管仲以九合为仁功，未有论德不先回、参，考功不大夷吾。以此而言，各从其称者也。"

前越嶲太守李文德素善于笃，时在京师，谓公卿曰："延叔坚有王佐之才，奈何屈千里之足乎？"欲令引进之。笃闻，乃为书止文德曰："夫道之将废，所谓命也。流闻乃欲相为求还东观，来命虽笃，所未敢当。吾尝昧爽栉梳，坐于客堂。朝则诵羲、文之《易》，虞、夏之《书》，历公旦之典礼，览仲尼之《春秋》。夕则消摇内阶，咏《诗》南轩。百家众氏，投间而作。洋洋乎其盈耳也，涣烂兮其溢谁前谁后。而如果想要分出个大概，总体说来，孝在奉养父母，仁在广施万物。广施万物就是对当时的社会作出贡献，奉养父母就是对道德的修养在于自己。对自己能做的事比较少，对社会能做的功绩有很多。由此推断来说，仁的作用是广阔巨大的。然而对物有看到微小就能知道显著的变化，对事有看出隐晦就能知道彰明的事实。就近用我们自身来说，耳朵有听从接受的作用，眼睛有察看分辨的功能，脚有行达远方的劳累，手有施行保卫的功用，它们的功用虽然显露在外，而根本还是由心来发号施令。远的用物来说，草木的生发，开始于萌芽，最终蔓延开来，枝叶繁密四布，繁花似锦，最终虽然如此，致使它长成这样的是根。有德行的人孝顺父母，就好比四肢有心腹，枝叶有根茎。古时候的圣人知道这个道理，所以就说：'孝，就像天上日月星辰运行的规则，地上自然万物生长的正理，人心自然而生的行为。''君子专心致力于根本的工作，根本树立了，原则就会产生了。孝顺父母，顺从兄长，这就是仁的根本啊。'然而此事重大难得做到完备，事物的本性又总有偏颇，所以施行的也有所不同，两者兼得事情很少见。如果一定要论定其二者的优劣，则仁以枝叶的茂盛为大，孝以心体的根基为先，这样认为就可以免除争论了。有人说先孝后仁，并非是仲尼的论颜回、曾参的本意。大体认为仁、孝是同源而生，纯一体悟这二者的话，就可以互相转化，像虞舜、颜回那样。如果有所偏颇的体悟，就会各自为目的，像公刘因仁德而称颂，曾参以至孝而称贤。曾参、闵损把孝悌作为至高的道德，管仲以九合诸侯作为仁德的功绩，世上没有论德不以颜回、曾参为先的，考核功绩不以管夷吾为大的。由此可知，各人按照各自的志向而已。"

前越嶲太守李文德向来和延笃友善，当时在京城，他对公卿说："延叔坚有可为卿相的才干，为什么要让千里马不能驰骋呢？"想让公卿推荐他。延笃听说后，就写信阻止李文德说："大道将要废弛，这是所谓的天命啊。传闻您想方设法让我回到东观去，您的用意虽然诚恳，但我却不敢当。我曾经在天色将晓尚且黑暗的时候就起床梳洗，之后坐在客房中。早上诵读伏羲、文王的《易经》，虞舜、夏禹的《尚书》，遍览周公旦的典法礼仪，浏览仲尼的《春秋》。晚上目也，纷纷欣欣兮其独乐也。当此之时，不知天之为盖，地之为舆；不知世之有人，己之有躯也。虽渐离击筑，傍若无人，高凤读书，不知暴雨，方之于吾，未足况也。且吾自束修已来，为人臣不陷于不忠，为人子不陷于不孝，上交不谄，下交不黩，从此而殁，下见先君远祖，可不惭赧。如此而不以善止者，恐如教羿射者也。慎勿迷其本，弃其生也。”

后遭党事禁锢。永康元年，卒于家。乡里图其形于屈原之庙。

笃论解经传，多所驳正，后儒服虔等以为折中。所著诗、论、铭、书、应讯、表、教令，凡二十篇云。

史弼字公谦，陈留考城人也。父敞，顺帝时以佞辩至尚书、郡守。弼少笃学，聚徒数百。仕州郡，辟公府，迁北军中候。

是时桓帝弟渤海王悝素行险辟，僭傲多不法。弼惧其骄悖为乱，乃上封事曰：“臣闻帝王之于亲戚，爱虽隆，必示之以威；体虽贵，必禁之以度。如是，和睦之道兴，骨肉之恩遂。昔周襄王恣甘昭公，孝景皇帝骄梁孝王，而二弟阶宠，终用悖慢，卒周有播荡之祸，汉有爰盎之变。窃闻勃海王悝，凭至亲之属，恃偏私之爱，失奉上之节，有僭慢之心，外聚剽轻不逞之徒，内荒酒乐，出入无常，所与群居，皆有口无行，或家之弃子，或朝之斥臣，必有羊胜、伍被之变。州司不敢弹纠，傅相不能匡辅。陛下隆于友于，不忍遏绝。恐遂滋蔓，为害弥大。乞露臣奏，宣示百僚，使臣得于清朝明言其失，然后诏公卿平处其法。法决罪定，乃下不忍之诏。臣下固执，然后少有所许。如是，则圣朝无伤亲之讥，勃海有享国之庆。不然，惧大则在内屋的台阶上悠闲自得，在南轩里吟诵《诗经》。诸子百家的书，空闲时候也会看一看。宏亮、优美的声音充满双耳，绚烂的文采目不暇接，接连不断、高兴自得地独自欣赏娱乐。在那时候，不知道天为盖，地为车；不知道世上还有其他人，自己还有身体。虽然高渐离击着筑唱着歌，好像旁边没有人在，高凤读书，不知到大雨滂沱，和我比起来，都不足以和我相比。况且自我求学以来，做臣子没有陷于不忠，做儿子没有陷于不孝，和地位高的人交往不奉承他，和地位低的人交往不侮辱他，坚持这样做知道去世，在地下见到我已故的父亲和远祖，可以不会羞愧脸红。这样还不知道适可而止，恐怕就像教羿射箭一样了。千万慎重不要迷失本性，而抛弃生命啊。”

之后延笃遭遇朋党之事而禁止做官。永康元年（167），延笃在家中去世。乡里人就把他的形象画在屈原庙中。

延笃论说解释儒家典籍的时候，对其多有考察改正，后世的儒者服虔等都认为延笃修订适中。所写的诗、论、铭、书、应讯、表、教令，共记二十篇。

史弼，字公谦，陈留郡考城县人。父亲史敞，顺帝时因为谄媚善辩而官至尚书、郡守。史弼年少时专心好学，聚积同学几百人。在州郡出仕，被公府征召，升迁为北军中侯。

当时桓帝的弟弟渤海王刘悝向来行为阴险邪僻，骄横非礼、多行不法之事。史弼担心他傲慢悖逆从而作乱，就用皂囊封缄好上书桓帝说：“臣听说帝王对于亲戚，亲情虽然深厚，也必须要显示威势；地位虽然尊贵，也必须要依法相禁。这样，和睦的大道才能兴盛，骨肉的恩情才能如意。昔日周襄王放纵甘昭公，孝景皇帝骄纵梁孝王，而这两位弟弟都凭借着皇帝的宠爱，最终导致反叛逆乱，结果周室有流离动荡的灾祸，汉室有袁盎遭刺的变乱。我听说渤海王刘悝，凭借自己是至亲，仰仗皇帝的偏爱，失去了侍奉皇帝的品节，产生了越分轻慢的想法，在外聚集了强悍轻捷、为非作歹的人，在内饮酒享乐，出入没有规律，都是一些只有虚言没有德行的人，有人是被家庭所抛弃的逆子，有人是被朝廷所贬逐的臣子，必定会发生羊胜蛊惑梁孝王，伍被蛊惑淮南王那样的变乱。州官不敢弹劾纠察，傅相不狱将兴，使者相望于路矣。臣职典禁兵，备御非常，而妄知藩国，干犯至戚，罪不容诛。不胜愤懑，谨冒死以闻。”帝以至亲，不忍下其事。后悝竟坐逆谋，贬为廮陶王。

弼迁尚书，出为平原相。时诏书下举钩党，郡国所奏相连及者多至数百，唯弼独无所上。诏书前后切却州郡，髡笞掾史。从事坐传责曰：“诏书疾恶党人，旨意恳恻。青州六郡，其五有党，近国甘陵，亦考南北部，平原何理而得独无？”弼曰：“先王疆理天下，画界分境，水土异齐，风俗不同。它郡自有，平原自无，胡可相比？若承望上司，诬陷良善，淫刑滥罚，以逞非理，则平原之人，户可为党。相有死而已，所不能也。”从事大怒，即收郡僚职送狱，遂举奏弼。会党禁中解，弼以俸赎罪得免，济活者千余人。

弼为政特挫抑强豪，其小民有罪，多所容贷。迁河东太守，被一切诏书当举孝廉。弼知多权贵请托，乃豫敕断绝书属。中常侍侯览果遣诸生赍书请之，并求假盐税，积日不得通。生乃说以它事谒弼，而因达览书。弼大怒曰：“太守忝荷重任，当选士报国，尔何人而伪诈无状！”命左右引出，楚捶数百，府丞、掾史十余人皆谏于能匡正辅佐。陛下因为亲情深厚，不忍心阻止禁绝，恐怕会招致生长蔓延，危害逐渐滋长扩大。请把臣的奏章公开，向百官宣布，使臣能够在清明的朝廷中说明他这样做的过失，然后皇帝下诏公卿评议照常处理的办法。律法决断罪名裁定后，皇帝就可以下达不忍心加刑的诏书。臣下还固持己见，然后再少加处罚。这样，那么圣朝不会遭到损伤亲情的讥讽，勃海王仍然享有封国的恩宠。否则，恐怕大狱将要兴起，派出的使者只能隔路相望。臣主管禁兵，防备发生不平常的阴谋，从而妄自打探藩国的情形，冒犯皇帝的至亲，罪不容诛。实在是抑郁不平，不顾生命危险来告诉皇帝。”桓帝因为渤海王是兄弟至亲，不忍心查办这件事。之后刘悝竟然真的因反叛而获罪，被贬为瘿陶王。

史弼升迁为尚书，出任平原相。当时朝廷下诏检举和朋党有牵连的人，郡国所上奏受到牵连的多达数百人，唯有史弼谁也没有检举。诏书前后急忙退回州郡，剃去掾史的头发还鞭打他。从事在传递书信的地方召见责问史弼说：“诏书憎恶党人，主旨诚恳痛切。青州所属的济南、乐安、齐国、东莱、平原、北海六郡，其中五郡内有朋党中人，近国的甘陵，也严格审查南北部的朋党，平原又有什么理由说只有这里没有朋党中人呢？”史弼说：“先王厘定天下疆界，划分疆界分明，水土异同，风俗各异。其它郡有的，平原郡就是没有，怎能胡乱相比？如果为了迎合上司的意旨，诬陷好人，滥用刑罚，这样不讲道理的话，那平原郡的百姓，户户都可以是朋党中人。我身为平原相只能去死而已了，所以这是我不能做的事。”从事大发雷霆，立即收押郡里的官吏送入监狱，还上奏举报史弼。恰逢朋党的禁锢中途缓解，史弼用俸禄赎罪得以免罪，他所救活的有一千多人。

史弼为政时专门抑制地方豪强，辖地内的平民百姓犯了罪，大多有所宽恕。史弼升迁为河东太守，收到的所有诏书都说应当举荐孝廉。史弼知道这大多是权贵的请托，就预先命令断绝书信来往。中常侍侯览果然派遣多人前来送信请托此事，并且借以盐税求见史弼，一连几天也没被接待。送信的人就说有其他事情谒见史弼，借此送上了侯览的信。史弼大怒说：“太守身负重任，应当选拔人才报廷，弼不对。遂付安邑狱，即日考杀之。侯览大怨，遂诈作飞章下司隶，诬弼诽谤，槛车征。吏人莫敢近者，唯前孝廉裴瑜送到崤渑之间，大言于道傍曰："明府摧折虐臣，选德报国，如其获罪，足以垂名竹帛，愿不忧不惧。"弼曰："'谁谓荼苦，其甘如荠。'昔人刎颈，九死不恨。"及下廷尉诏狱，平原吏人奔走诣阙讼之。又前孝廉魏劭毁变形服，诈为家僮，瞻护于弼。弼遂受诬，事当弃市。劭与同郡人卖郡邸，行赂于侯览，得减死罪一等，论输左校。时人或讥曰："平原行货以免君，无乃蚩乎！"陶丘洪曰："昔文王牖里，闳、散怀金。史弼遭患，义夫献宝。亦何疑焉！"于是议者乃息。刑竟归田里，称病闭门不出。数为公卿所荐，议郎何休又讼弼有干国之器，宜登台相，征拜议郎。侯览等恶之。光和中，出为彭城相，会病卒。裴瑜位至尚书。

论曰：夫刚烈表性，鲜能优宽；仁柔用情，多乏贞直。吴季英视人畏伤，发言烝烝，似夫儒者；而怀愤激扬，折让权枉，又何壮也！仁以矜物，义以退身，君子哉！语曰："活千人者子孙必封。"史弼颉颃严吏，终全平原之党，而其后不大，斯亦未可论也。

卢植字子幹，涿郡涿人也。身长八尺二寸，音声如钟。少与郑玄俱事马融，能通古今学，好研精而不守章句。融外戚豪家，多列效国家，你是什么人敢这样欺诈无礼！”命令左右的人把他带下去，杖笞几百大板，府丞、掾史等十几个人都在公堂上劝他，史弼没有理会。就交付安邑监狱，当天就拷问击杀。侯览大为怨恨他，就假造紧急的奏章下达司隶，诬蔑史弼诽谤朝廷，用囚车载着他送往朝廷。官吏中没有敢接近他的人，只有前孝廉裴瑜前往送行一直到崤、渑之间，在路边高声说：“太守摧折暴虐的奸臣，举荐有德行的人报效国家，如果因此犯了罪，名声足以名垂史籍，希望您不要担忧、不要害怕。”史弼说：“‘谁说苦菜味道苦，我看像荠一样甜。’昔日的古人自刎而死，虽然九死而无怨无悔。”等到被关押到廷尉的监狱，平原的官吏赶到宫阙前申诉。又有前孝廉魏劭毁去形貌、变换着装，假装作为男仆，照顾保护史弼。史弼受了诬陷，应当在闹市执行死刑。魏劭和同郡的人变卖了郡县在京城内的办事处，向侯览行贿，得以减免死罪一等，送往左校服劳役。当时有人讥讽此事说：“平原行贿来免除太守的罪名，岂不是太愚蠢无知了吗！”陶丘洪说：“昔日文王被纣王拘禁在羑里，闳夭、散宜生怀揣着金银送给纣王，纣王这才赦免了文王的罪。史弼遭受灾难，正义的人献出金银珠宝。又有什么可怀疑的呢！”于是讥讽的人全都停息。史弼刑满回到辖地，称病闭门不出。多次被公卿所举荐，议郎何休又称赞史弼有治理国家的才干和器量，应当委任他宰相之位，接受征召官拜议郎。侯览等人憎恶他。光和年间，出任彭城相，恰逢生病去世。裴瑜官至尚书。

评论说：性格刚直贞烈，少有宽厚仁和；仁爱温和的人重感情，大多缺乏忠贞正直。吴季英待人慈悲怜悯，说话纯一宽厚，就像是个儒士；而心怀愤激、激奋昂扬，就能摧折邪恶的权势，又是何等的豪壮啊！仁心来决定事物，义理来决定进退，真是个人格高尚的君子啊！俗话说：“要是救活千人，子孙必获封赏。”史弼是刚直傲慢的严吏，最终保全了平原受牵连的朋党中人，而他的后代子孙并不发达，这也不好说啊。

卢植，字子幹，涿郡涿县人。身高八尺二寸，声音洪亮如钟。年少时和郑玄一同在马融处求学，博通古今之学，喜好穷究精义而不喜好琢磨章句。马融属于外戚豪强，大多时候都罗列歌姬在前面歌舞。

女倡歌舞于前。植侍讲积年，未尝转眄，融以是敬之。学终辞归，阖门教授。性刚毅有大节，常怀济世志，不好辞赋，能饮酒一石。

时皇后父大将军窦武援立灵帝，初秉机政，朝议欲加封爵。植虽布衣，以武素有名誉，乃献书以规之曰："植闻嫠有不恤纬之事，漆室有倚楹之戚，忧深思远，君子之情。夫士立争友，义贵切磋。《书》陈'谋及庶人'，《诗》咏'询于刍荛'。植诵先王之书久矣，敢爱其瞽言哉！今足下之于汉朝，犹旦、奭之在周室，建立圣主，四海有系。论者以为吾子之功，于斯为重。天下聚目而视，攒耳而听，谓准之前事，将有景风之祚。寻《春秋》之义，王后无嗣，择立亲长，年均以德，德均则决之卜筮。今同宗相后，披图案牒，以次建之，何勋之有？岂横叨天功以为己力乎！宜辞大赏，以全身名。又比世祚不竞，仍外求嗣，可谓危矣。而四方未宁，盗贼伺隙，恒岳、勃碣，特多奸盗，将有楚人胁比，尹氏立朝之变。宜依古礼。置诸子之官，征王侯爱子，宗室贤才，外崇训道之义，内息贪利之心，简其良能，随用爵之，强干弱枝之道也。"武并不能用。州郡数命，植皆不就。建宁中，征为博士，乃始起焉。熹平四年，九江蛮反，四府选植才兼文武，拜九江太守，蛮寇宾服。以疾去官。

作《尚书章句》《三礼解诂》。时始立太学《石经》，以正《五经》文字，植乃上书曰："臣少从通儒故南郡太守马融受古学，颇卢植跟随马融研读学业几年，目光在书籍之上未曾转动，马融因此敬重卢植。学成告辞回家，闭门教授学生。性格刚强坚毅有高尚的节操，经常怀有救助世人的志向，不喜好辞赋，能够饮酒一石。

当时皇后的父亲大将军窦武扶立灵帝，刚刚把持国家枢机政务，朝中议政打算要加封爵位。卢植虽然身为布衣，认为窦武向来富有名誉，就献上书信规劝他说："我曾经听说寡妇有不担忧织布而担忧国家的危亡，漆室少女倚着柱子忧国忧民，她们这是深谋远虑、打算长远，这可以说是君子高尚的感情。士人要有能直言规劝的朋友，情义在于互相研讨勉励。《尚书》说'要和百姓商量国家大事'，《诗经》说'要和樵夫商量事情'。我诵读先王的书已经很久了，岂敢吝惜我没有根据的话吗！如今您对于汉朝来说，就像周公旦、召公奭在周朝一样，拥立圣主，关系到四海。评论的人认为您的功劳，应当以此为重。天下间都注视着您的一举一动，倾听着您的一言一句，根据过去发生的事，将会有祥和之风的赐福。翻阅《春秋》中的大义，皇帝皇后膝下无子，要选择拥立亲属中的年长的人，年龄差不多的就选择有德的人，德行差不多的就用占卜来决定。如今是同宗的人相继排列，展阅宗室谱牒，按照次序确定继位，又有什么功劳？岂能无理贪求上天的功绩以为是自己出力才成事的吗！应当辞去丰厚的封赏，来保全名誉。又有最近国运不够昌盛，仍然向外寻求子嗣，可以说是十分危险了。而四方尚未安宁，盗贼窥测可乘之机，恒岳、勃碣，有特别多的奸人盗贼，如此下去将要发生楚人威胁子比，周朝尹士拥立王子朝的变乱了。应当依照古礼。安置诸子的官位，征召王侯家的爱子，宗室中的贤才，在外推崇教诲开导的大义，在内止息贪求利益的想法，挑选贤良有才能的士人，随时起用封赏官爵，这是加强树干、削弱枝叶的方法啊。"窦武并没有采纳。州郡多次召见，卢植都不前往。建宁年间，征召为博士，才开始出仕做官。熹平四年（175），九江蛮反叛，四府推荐卢植文武双全，官拜九江太守，蛮邦强徒全都归顺臣服。卢植因病辞官不做。

作《尚书章句》《三礼解诂》。当时开始在太学设立《石经》一科，来校正《五经》中的文字，卢植于就上书说："臣年少时师从博古知今之《礼记》特多回冗。臣前以《周礼》诸经，发起粃谬，敢率愚浅，为之解诂，而家乏，无力供缮写上。愿得将能书生二人，共诣东观，就官财粮，专心研精，合《尚书》章句，考《礼记》失得，庶裁定圣典，刊正碑文。古文科斗，近于为实，而厌抑流俗，降在小学。中兴以来，通儒达士班固、贾逵、郑兴父子，并敦悦之。今《毛诗》《左氏》《周礼》各有传记，其与《春秋》共相表里，宜置博士，为立学官，以助后来，以广圣意。”

会南夷反叛，以植尝在九江有恩信，拜为庐江太守。植深达政宜，务存清静，弘大体而已。

岁余，复征拜议郎，与谏议大夫马日磾、议郎蔡邕、杨彪、韩说等并在东观，校中书《五经》记传，补续《汉记》。帝以非急务，转为侍中，迁尚书。光和元年，有日食之异，植上封事谏曰："臣闻《五行传》'日晦而月见谓之朓，王侯其舒'。此谓君政舒缓，故日食晦也。《春秋传》曰'天子避位移时'，言其相掩不过移时。而间者日食自巳过午，既食之后，云雾晻暧。比年地震，彗孛互见。臣闻汉以火德，化当宽明。近色信谗，忌之甚者，如火畏水故也。案今年之变，皆阳失阴侵，消御灾凶，宜有其道。谨略陈八事：一曰用良，二曰原禁，三曰御疠，四曰备寇，五曰修礼，六曰遵尧，七曰御下，八曰散利。用良者，宜使州郡核举贤良，随方委用，责求选举。原禁者，凡诸党锢，多非其罪，可加赦恕，申宥回枉。御疠者，宋后家属，并以无辜委骸横尸，不得收葬，疫疠之来，皆由于此。宜敕收拾，以安游魂。备寇者，侯王之家，赋税减削，愁穷思乱，必致非常，宜使给足，以防未然。修礼者，应征有道之人，若郑玄之徒，陈明《洪范》，通今的儒者、先南郡太守马融学习古学，颇知如今的《礼记》有特别多的多余无用的地方。臣之前用《周礼》诸经，来揭示其中的谬误，胆敢贸然放任自己的愚昧浅陋，为其作注释，然而因为家贫，无法供我誊录。希望能偕同两名抄书的人，和我一同前去东观，靠着朝廷的钱粮，专心穷究精义，整理《尚书》的章句，考校《礼记》的得失，希望能裁定先圣的典籍，校正碑文。用蝌蚪文写成古文经籍，最接近原貌，而压抑流俗，降成研究文字的'小学'。光武帝中兴以来，知识渊博、明智达理的学者像班固、贾逵、郑兴父子，都尊崇爱好古文。如今《毛诗》《左传》《周礼》各有传记，与《春秋》互相依存、接受，应当设置博士，设立学官，来帮助后来人，来推广圣人和经典的意旨。"

恰逢南夷反叛，因为卢植曾经在九江对百姓有恩德信义，就任命他为庐江太守。卢植深知为政应该做的事，务求清静无事，只是顾全大局罢了。

一年多，再次征召官拜议郎，和谏议大夫马日磾、议郎蔡邕、杨彪、韩说等人一同在东观，校正皇宫中收藏的《五经》记传，补充接续《汉记》。皇帝认为这并非当务之急，转任为侍中，升迁尚书。光和元年（178），吃现日食异象，卢植皂囊缄封奏章劝谏说："臣听说《五行传》中说'太阳晦暗而月亮出现这叫做朓，皇帝怠忽'。就是说皇帝为政懈怠，所以出现日食晦暗。《春秋传》中说'天子离开座位一会'，说的是日食不过一会儿的时间。而近来日食都是从巳时开始持续到午时，食既之后，云雾兴盛导致昏暗。近年地震，彗星和孛星同时出现。臣听说汉室是火德，教化应当宽大清明。接近女色、听信谗言，应该十分忌惮，因为火被水相克的原因啊。考查今年的变乱，都是阳气失衡、阴气侵扰，想要消除灾祸，应当有化解的办法。只简单陈述八件事：一是用良，二是原禁，三是御疠，四是备寇，五是修礼，六是遵尧，七是御下，八是散利。用良，应当让州郡审核荐举贤良的人才，依据所长加以任用，要求各地选取任用贤才。原禁，凡是因为朋党而禁止做官的人，大多是没有罪的，可加以赦免宽恕，施恩宽宥平反冤案。御疠，宋后和其家属，因为王甫、程阿的陷害都无辜被杀并且横攘服灾咎。遵尧者，今郡守刺史一月数迁，宜依黜陟，以章能否，纵不九载，可满三岁。御下者，谓谒希爵，一宜禁塞，迁举之事，责成主者。散利者，天子之体，理无私积，宜弘大务，蠲略细微。”帝不省。

中平元年，黄巾贼起，四府举植，拜北中郎将，持节，以护乌桓中郎将宗员副，将北军五校士，发天下诸郡兵征之。连战破贼帅张角，斩获万余人。角等走保广宗，植筑围凿堑，造作云梯，垂当拔之。帝遣小黄门左丰诣军观贼形势，或劝植以赂送丰，植不肯。丰还言于帝曰：“广宗贼易破耳。卢中郎固垒息军，以待天诛。”帝怒，遂槛车征植，减死罪一等。及车骑将军皇甫嵩讨平黄巾，盛称植行师方略，嵩皆资用规谋，济成其功。以其年复为尚书。

帝崩，大将军何进谋诛中官，乃召并州牧董卓，以惧太后。植知卓凶悍难制，必生后患，固止之。进不从。及卓至，果陵虐朝廷，乃大会百官于朝堂，议欲废立。群僚无敢言，植独抗议不同。卓怒罢会，将诛植，语在《卓传》。植素善蔡邕，邕前徙朔方，植独上书请之。邕时见亲于卓，故往请植事。又议郎彭伯谏卓曰：“卢尚书海内大儒，人之望也。今先害，天下震怖。”卓乃止，但免植官而已。

尸街头，不能收葬，瘟疫的源头，都是因为此事。应当下令收葬，来安慰飘荡不定的冤魂。备寇，对于侯王之家，削减赋税，因为忧愁穷困就会有作乱的想法，一定会招致不寻常的变故，应当让他们生活丰富充裕，防患于未然。修礼，应当征召道德高尚的贤人，像是郑玄那样的人，讲述申明《洪范》，征服灾咎。遵尧，如今郡守刺史一月之内调动多次，官职的升降应当有所依据，根据能否胜任官职来审验，纵使不能连着三考九年，能够满足三年考功也可以。御下，上门谒见求取爵位，应该一律禁止，升迁举荐的事情，责成主管官吏负责。散利，作为天子，理应不藏有私人积蓄，应当以大局为重，废除一些细枝末节。”皇帝并没有听从。

中平元年（184），黄巾贼寇兴起，四府都举荐卢植，官拜北中郎将，拿着旄节，以护乌桓中郎将宗员为副手，率领北军五校士，征发天下诸郡的兵力征讨黄巾。连续征战大破贼帅张角，斩杀俘获一万多人。张角等人逃到广宗保命，卢植修筑围墙、开凿壕沟，制造云梯，很快攻破了广宗，皇帝派遣小黄门左丰到军中观察贼寇的形势，有人劝卢植贿赂左丰，卢植不肯听从。左丰回到朝廷就对皇帝说：“广宗的贼寇很容易打败。卢中郎加固营垒、停止进军，实在等待上天降下惩罚。”皇帝听后大怒，派囚车关押卢植并召回京城，减去他的死罪一等。等到车骑将军皇甫嵩平定黄巾贼寇之后，盛赞卢植出兵的方法和谋略，皇甫嵩都按照卢植的规划计谋，从而成就功绩。就在同年卢植又被任命为尚书。

灵帝驾崩，大将军何进谋划诛杀宦官，就召来并州牧董卓，以此威胁太后。卢植知道董卓凶狠蛮横、难以控制，日后一定会发生后患，坚决制止反对计划。何进没有听从他。等到董卓到达京城，果然欺压侮辱朝廷，还在朝堂上大会百官，商议废除旧帝另立新君。百官没有一个敢提出异议，只有卢植独自抗议并不赞同此事。董卓大怒直接取消大会，打算诛杀卢植，详见《董卓传》。卢植向来和蔡邕交好，蔡邕之前被谪徙到朔方，只有卢植一人上书为他请命。蔡邕当时和董卓亲近，因此前去替卢植请命。又有议郎彭伯劝谏董卓说：“卢尚书是海内学问渊博的大儒，是众人所仰望的。如今先杀害了他，天下都植以老病求归，惧不免祸，乃诡道从轘辕出。卓果使人追之，到怀，不及。遂隐于上谷，不交人事。冀州牧袁绍请为军师。初平三年卒。临困，敕其子俭葬于土穴，不用棺椁，附体单帛而已。所著碑、诔、表、记凡六篇。

建安中，曹操北讨柳城，过涿郡，告守令曰："故北中郎将卢植，名著海内，学为儒宗，士之楷模，国之桢干也。昔武王入殷，封商容之闾；郑丧子产，仲尼陨涕。孤到此州，嘉其余风。《春秋》之义，贤者之后，宜有殊礼。亟遣丞掾除其坟墓，存其子孙，并致薄醊，以彰厥德。"子毓，知名。

论曰：风霜以别草木之性，危乱而见贞良之节，则卢公之心可知矣。夫蜂虿起怀，雷霆骇耳，虽贲、育、荆、诸之伦，未有不冘豫夺常者也。当植抽白刃严阁之下，追帝河津之间，排戈刃，赴戕折，岂先计哉？君子之于忠义，造次必于是，颠沛必于是也。

赵岐字邠卿，京兆长陵人也。初名嘉，生于御史台，因字台卿，后避难，故自改名字，示不忘本土也。岐少明经，有才艺，娶扶风马融兄女。融外戚豪家，岐常鄙之，不与融相见。仕州郡，以廉直疾恶见惮。年三十余，有重疾，卧蓐七年，自虑奄忽，乃为遗令敕兄子曰："大丈夫生世，遁无箕山之操，仕无伊、吕之勋，天不我与，复何言哉！可立一员石于吾墓前，刻之曰：'汉有逸人，姓赵名嘉。有志无时，命也奈何！'"其后疾瘳。

会为之震惊害怕。”董卓这才消除杀害的想法，只是免去卢植的官职而已。

卢植因为年老多病请求回归乡里，担心不能躲避灾祸，就抄近道从轘辕而出。董卓果然派人前来追他，一直追到怀县，无法追上。卢植就在上谷隐居，不和世人来往。冀州牧袁绍请他担任军师。卢植在初平三年（192）去世。去世之前，命他儿子把他薄葬在土穴中，不用棺椁，只以单帛覆盖身体而已。所著的碑、诔、表、记共计六篇。

建安年间，曹操向北讨伐柳城，路过涿郡，告诉守令说：“已故的北中郎将卢植，海内著名，学问被天下儒者所推崇景仰，是士人的楷模，国家的骨干栋梁。昔日周武王进入殷地，封赏给贤士商容门闾；郑国的子产去世，孔仲尼为之流泪。孤来到这里，喜爱他遗留下来的风教。《春秋》的大义，贤者的后代，应当有特殊的礼遇。赶快派遣丞掾打扫他的坟墓，慰问他的子孙，并用薄酒进行祭奠，来表彰他的崇高德行。”卢植的儿子卢毓，在当时也很有名。

评论说：风霜可以分别草木的本性，危乱可以辨别贞良的节操，那么卢公的忠心就可知晓了。毒虫进入怀中，雷霆震于耳边，即使像孟贲、夏育、荆轲、专诸之类的人，也不能不犹豫就改变常态的。当日卢植在皇宫之下抽出白刃，在河津一带追逐皇帝，冒着兵刃，仓促奔赴，岂能事先考虑谋划呢？君子对于忠义，匆忙急迫时必定如此，颠沛流离时也必定如此。

赵岐，字邠卿，京兆长陵县人。原名赵嘉，出生于御史台，因此字台卿，后来前去避难，就自行更改名字，表示不忘记本来生长的地方。赵岐年少时通晓经术，富有才艺，娶扶风马融哥哥的女儿为妻。马融是外戚豪族，赵岐经常看不起他们，不和马融相见。在州郡任职，清廉正直、疾恶如仇、被人所忌惮。三十多岁时，身患重病，卧床七年，自认为快要死了，就留下遗嘱命令他哥哥的儿子说：“大丈夫生于世上，隐居没有许由的高尚节操，出仕没有伊尹、吕尚的功勋，上天不给予我寿命，又有什么好说的呢！可以立一块圆石在我的墓前，刻上：‘汉有隐士，姓赵名嘉。有志无时，怎奈天命’！”之后病逐永兴二年，辟司空掾，议二千石得去官为亲行服，朝廷从之。其后为大将军梁冀所辟，为陈损益求贤之策，冀不纳。举理剧，为皮氏长。会河东太守刘祐去郡，而中常侍左悺兄胜代之，岐耻疾宦官，即日西归。京兆尹延笃复以为功曹。

先是中常侍唐衡兄玹为京兆虎牙都尉，郡人以玹进不由德，皆轻侮之。岐及从兄袭又数为贬议，玹深毒恨。延熹元年，玹为京兆尹，岐惧祸及，乃与从子戬逃避之。玹果收岐家属宗亲，陷以重法，尽杀之。岐遂逃难四方，江、淮、海、岱，靡所不历。自匿姓名，卖饼北海市中。时安丘孙嵩年二十余，游市见岐，察非常人，停车呼与共载。岐惧失色，嵩乃下帷，令骑屏行人。密问岐曰："视子非卖饼者，又相问而色动，不有重怨，即亡命乎？我北海孙宾石，阖门百口，势能相济。"岐素闻嵩名，即以实告之，遂以俱归。嵩先入白母曰："出行，乃得死友。"迎入上堂，飨之极欢。藏岐复壁中数年，岐作《厄屯歌》二十三章。

后诸唐死灭，因赦乃出。三府闻之，同时并辟。九年，乃应司徒胡广之命。会南匈奴、乌桓、鲜卑反叛，公卿举岐，擢拜并州刺史。岐欲奏守边之策，未及上，会坐党事免，因撰次以为《御寇论》。

灵帝初，复遭党锢十余岁。中平元年，四方兵起，诏选故刺史、二千石有文武才用者，征岐拜议郎。车骑将军张温西征关中，请补长史，别屯安定。大将军何进举为敦煌太守，行至襄武，岐与新除渐痊愈了。

永兴二年（154），赵岐被征召为司空掾，上书提议食邑二千石的官员可以辞去官职为双亲穿孝服居丧，朝廷采纳了他的建议。之后被大将军梁冀所征召，向梁冀陈述了损益、求贤的策略，梁冀没有听从。举荐他治理繁难的事物，担任皮氏长。恰逢河东太守刘祐离郡，而中常侍左悺的哥哥左胜代替了刘祐的官职，赵岐憎恶宦官，并且共事感到羞愧，当天就向西回乡了。京兆尹延笃再次请他担任功曹。

起初中常侍唐衡的哥哥唐玹担任京兆虎牙都尉，郡里的人认为唐玹升迁不是因为德行高尚，都轻蔑侮辱他。赵岐和堂兄赵袭又多次贬低议论他，唐玹极其痛恨他们。延熹元年（158），唐玹担任京兆尹，赵岐担心大祸临头，就和侄子赵戬逃跑躲避。唐玹果然收押赵岐的家属宗亲，陷害他们犯了重罪，尽数诛杀。赵岐就在四方逃难，江、淮、海、岱，没有他不曾躲过的地方，隐匿自己的姓名，在北海市中卖饼。当时安丘孙嵩，二十多岁，在街市闲逛的时候看见赵岐，察觉他不是平常人，停下车子叫来赵岐和他一同乘车，赵岐大惊失色，孙嵩就放下车子的帷子，命令驾车的人屏退行人。悄悄问赵岐说："我看您并不像是卖饼的人，再一询问您脸色大变，不是有深仇重怨，就是一个亡命之徒？我是北海孙宾石，全家一百口，势必能帮助到你。"赵岐向来听说过孙嵩的名声，就据实相告，并和他一同回到了孙家。孙嵩先行进入告诉他母亲说："出门一趟，得到一名至交好友。"之后把赵岐迎到堂上，用酒席招待他，相处极其融洽。把赵岐藏在夹墙之中多年，赵岐写有《厄屯歌》二十三章。

之后唐玹一族都去世了，遇到赦免赵岐才从夹墙出来。三府听说后，同时征召。延熹九年（166），才应允司徒胡广的邀请。恰逢南匈奴、乌桓、鲜卑反叛，公卿举荐赵岐，提拔授官为并州刺史。赵岐打算上奏守卫边疆的计策，还没有来得及呈上，就因为朋党的事被罢免，就把自己的计策撰写成《御寇论》。

灵帝初年，又遭到朋党牵连，十多年不允许做官。中平元年（184），四方兵祸起，下诏挑选前刺史、食邑二千石中有文武兼备的人，征召赵岐为议郎。车骑将军张温向西征讨关中，请赵岐补任为长史，在外诸郡太守数人俱为贼边章等所执。贼欲胁以为帅，岐诡辞得免，展转还长安。

及献帝西都，复拜议郎，稍迁太仆。及李傕专政，使太傅马日磾抚慰天下，以岐为副。日磾行至洛阳，表别遣岐宣扬国命，所到郡县，百姓皆喜曰："今日乃复见使者车骑。"

是时袁绍、曹操与公孙瓒争冀州，绍及操闻岐至，皆自将兵数百里奉迎，岐深陈天子恩德，宜罢兵安人之道，又移书公孙瓒，为言利害。绍等各引兵去，皆与岐期会洛阳，奉迎车驾。岐南到陈留，得笃疾，经涉二年，期者遂不至。

兴平元年，诏书征岐，会帝当还洛阳，先遣卫将军董承修理宫室。岐谓承曰："今海内分崩，唯有荆州境广地胜，西通巴蜀，南当交阯，年谷独登，兵人差全。岐虽迫大命，犹志报国家，欲自乘牛车，南说刘表，可使其身自将兵来卫朝廷，与将军并心同力，共奖王室。此安上救人之策也。"承即表遣岐使荆州，督租粮。岐至，刘表即遣兵诣洛阳助修宫室，军资委输，前后不绝。时孙嵩亦寓于表，表不为礼，岐乃称嵩素行笃烈，因共上为青州刺史。岐以老病，遂留荆州。

曹操时为司空，举以自代。光禄勋桓典、少府孔融上书荐之，于是就拜岐为太常。年九十余，建安六年卒。先自为寿藏，图季札、子产、晏婴、叔向四像居宾位，又自画其像居主位，皆为赞颂。敕其子曰："我死之日，墓中聚沙为床，布簟白衣，散发其上，覆以单被，即日便下，下讫便掩。"岐多所述作，著《孟子章句》《三辅决录》传驻守安定。大将军何进举荐赵岐为敦煌太守，来到襄武后，赵岐和新拜官职的各郡太守几个人都被贼寇边章等人所绑架。贼寇想借此胁迫赵岐担任大帅，赵岐搪塞敷衍得以幸免，辗转返回长安。

等到献帝西都长安时，再次官拜议郎，不久升迁为太仆。等到李傕专政的时候，派遣太傅马日磾抚恤安慰天下百姓，赵岐担任副手。马日磾走到洛阳，上表另行派遣赵岐宣扬国家的法令，所到之处，郡县中的百姓都高兴地说："今天竟然能再见到朝廷使者的车骑。"

当时袁绍、曹操和公孙瓒在争夺冀州，袁绍和曹操听说赵岐来了，都亲自率兵在数百里之外迎接他，赵岐深入宣扬天子的恩德，应当奉行停战安民的方法，又送信给公孙瓒，说明其中的利害得失。袁绍等人各自率领军队回去，都和赵岐相约在洛阳聚会，迎接皇帝的车驾。赵岐向南到达陈留，身患重病，经过二年，相约聚会的人也没有到。

兴平元年（194），下诏征召赵岐，恰逢皇帝准备返回洛阳，先行派遣卫将军董承修理宫室。赵岐对董承说："如今海内分崩离析，唯有荆州境域辽阔、地有祥瑞，西通巴蜀，南邻交阯，只有这里每年的谷物都会丰收，士兵户籍还很完整。我赵岐虽然大限将至，但还立志报效国家，打算自己乘坐牛车，向南说服刘表，可以让他亲自带兵来保卫朝廷，和将军同心协力，共同辅佐王室。这是安定皇帝救护百姓的办法啊。"董承就上表派遣赵岐出使荆州，督办交纳租粮。赵岐到后，刘表马上就派兵去洛阳帮助修理宫室，转运物资和器材，前后络绎不绝。当时孙嵩也寓居在刘表家中，刘表没有礼遇他，赵岐就称赞孙嵩向来诚厚刚正，于是共同上书举荐他为青州刺史。赵岐因年老多病，就留在荆州。

曹操当时担任司空，举荐赵岐接替自己的官职。光禄勋桓典、少府孔融上书举荐赵岐，就任命赵岐为太常。年纪九十多岁，在建安六年（201）去世。赵岐之前就为自己建造了坟墓，绘制了季札、子产、晏婴、叔向四人的画像放置在宾客的位置，又把自画像放置在主人的位置，都写下赞辞。命令他的儿子说："我去世那天，把墓中的沙子聚集当做床，床上铺好布和竹席，为我穿上白衣，散发放在床于时。

赞曰：吴翁温爱，义干刚烈。延、史字人，风和恩结。梁使显刑，诬党潜绝。子幹兼姿，逢掖临师。郃卿出疆，专命朝威。

上，再盖上被单，当天就安置尸身，安置好就掩埋了吧。”赵岐论述、创作了很多，著有《孟子章句》《三辅决录》在当世流传。

赞辞说：吴祐温和慈爱，义气刚直贞烈。延笃、史弼抚治百姓，祥风时雨以恩相待。梁冀使用显刑，诬陷朋党暗灭。卢植文武兼备，儒服指挥军队。赵岐前往他国，奉命宣扬朝威。

卷九十五

皇甫张段列传第五十五

皇甫规字威明，安定朝那人也。祖父棱，度辽将军。父旗，扶风都尉。

永和六年，西羌大寇三辅，围安定，征西将军马贤将诸郡兵击之，不能克。规虽在布衣，见贤不恤军事，审其必败，乃上书言状。寻而贤果为羌所没。郡将知规有兵略，乃命为功曹，使率甲士八百，与羌交战，斩首数级，贼遂退却。举规上计掾。其后羌众大合，攻烧陇西，朝廷患之。规乃上疏求乞自效，曰："臣比年以来，数陈便宜。羌戎未动，策其将反，马贤始出，颇知必败。误中之言，在可考校。臣每惟贤等拥众四年，未有成功，悬师之费且百亿计，出于平人，回入奸吏。故江湖之人，群为盗贼，青、徐荒饥，襁负流散。夫羌戎溃叛，不由承平，皆由边将失于绥御。乘常守安，则加侵暴，苟竞小利，则致大害，微胜则虚张首级，军败则隐匿不言。军士劳怨，困于猾吏，进不得快战以徼功，退不得温饱以全命，饿死沟渠，暴骨中原。徒见王师之出，不闻振旅之声。酋豪泣血，惊惧生变。是以安不能久，败则经年。臣所以搏手叩心而增叹者也。愿假臣两营二郡，屯列坐食之兵五千，出其不意，与护羌校尉赵冲共相首尾。土地山谷，臣所晓习；兵势巧便，臣已更之。可不烦方寸之印，尺帛之赐，高可以涤患，下可以纳降。若谓臣年少官轻，不足用者，凡诸败将，非官爵之不高，年齿之不迈。臣不胜至诚，没死自陈。"时帝不能用。

皇甫规，字威明，安定郡朝那县人。祖父皇甫棱，担任度辽将军。父亲皇甫旗，担任扶风都尉。

永和六年(141)，西羌大举入侵三辅一带，包围了安定，征西将军马贤率领各郡的兵马讨伐西羌，无法攻克。皇甫规虽然身为布衣，看见马贤不能专心对待军事，预见他一定会打败仗，就上书说明他的观点。不久后马贤果然被西羌所消灭。郡守知道皇甫规富有用兵谋略，就任命他为功曹，命他率领甲士八百人，和西羌交战，斩敌首数级，西羌贼寇就退却了。举荐皇甫规为上计掾。之后西羌兵士大举集合，攻击烧杀陇西一带，朝廷认为是祸患。皇甫规就上书朝廷请求让自己报效国家，说："臣近年以来，多次陈述关于西羌的事。羌戎还没有动作，我料想他一定会反叛，马贤刚刚出兵的时候，我就明确知道他一定会吃败仗。无意间说中了这些话，都有事实可以考察作证。臣每想到马贤等人拥兵四年，没有任何功业，孤军远征的费用尚且要以百亿来计算，这些钱都出自百姓，反而落入奸臣的手中。所以江湖中人，群起去做盗贼，青州、徐州闹饥荒，幼儿流散。羌戎叛乱，不会在天下太平盛世，都是因为戍守边境的将士没有做好安定抵御的工作。趁着平时平安无事，就加以侵扰冒犯，为了一点蝇头小利而争先恐后，终于招致大害，取得小小的胜利就夸大斩首的多少，打了败仗就隐瞒不上报。士兵劳苦怨恨，被奸猾的官长置于困顿急迫的处境，进不能快意征战以求全功，退不能保证温饱来保全性命，饿死在沟渠中，暴尸在平原上。只看到王师出征，看不见整顿军队凯旋。贵族们悲哭泣血，惊慌恐惧发生变故。因此难以长久安定，一旦败下阵来就会连年兵败。这是臣两手相拍、捶胸顿足所叹息的啊。希望能借给臣马贤、赵冲两营的兵力和安定、陇西两郡的城池，屯驻的专业兵士五千，出其不意，和护羌校尉赵冲首尾相应。土地山谷的地形，是冲质之间，梁太后临朝，规举贤良方正。对策曰：

伏惟孝顺皇帝，初勤王政，纪纲四方，几以获安。后遭奸伪，威分近习，畜货聚马，戏谑是闻；又因缘嬖幸，受赂卖爵，轻使宾客，交错其间，天下扰扰，从乱如归。故每有征战，鲜不挫伤，官民并竭，上下穷虚。臣在关西，窃听风声，未闻国家有所先后，而威福之来，咸归权倖。陛下体兼乾坤，聪哲纯茂。摄政之初，拔用忠贞，其余维纲，多所改正。远近翕然，望见太平。而地震之后，雾气白浊，日月不光，旱魃为虐，大贼从横，流血丹野，庶品不安，谴诫累至，殆以奸臣权重之所致也。其常侍尤无状者，亟便黜遣，披扫凶党，收入财贿，以塞痛怨，以答天诫。

今大将军梁冀、河南尹不疑，处周、邵之任，为社稷之镇，加与王室世为姻族，今日立号虽尊可也，实宜增修谦节，辅以儒术，省去游娱不急之务，割减庐第无益之饰。夫君者舟也，人者水也。群臣乘舟者也，将军兄弟操楫者也。若能平志毕力，以度元元，所谓福也。如其怠弛，将沦波涛。可不慎乎！夫德不称禄，犹凿墉之趾，以益其高。岂量力审功安固之道哉？凡诸宿猾、酒徒、戏客，皆耳纳邪声，口出谄言，甘心逸游，唱造不义。亦宜贬斥，以惩不轨。令冀臣所熟悉的；兵势灵便，臣已经加以演练。可以不劳烦一颗官员的印章，一尺赏赐的锦帛，上可以涤除国家的忧患，下可以接受羌戎的投降。如果说臣年少位轻，不值得委以重任，而那些败兵之将，并非是官爵不高，年龄不大的。臣不禁真心实意地请求，冒死自荐。”但当时皇帝没有任用他。

冲帝、质帝在位期间，梁太后亲自处理国政，皇甫规被举荐为贤良方正。皇甫规回答皇帝策问说：

臣子俯身想要孝顺皇帝，起初辛勤地传达皇帝的政令，在四方树立朝廷的典章法度，力求国家获得安宁。后来遇到诡诈虚假的人，权威被亲近小人所瓜分，聚敛财货和马匹，只听闻诙谐的玩笑；又因为宠幸地位低贱的小人，接受贿赂、买卖官爵，轻率地派遣宾客，交相其间，天下纷纷扰扰，参与叛乱就像回家一样。所以每有征战，鲜有不折损受伤的，官府和百姓都已竭尽全力，从上到下穷困空虚。臣在关西时，私下听到消息，从未听说国家对此前后有所表示，而妄自尊大、恃势弄权的情况，全都出现在有权势还受宠幸的人身上。皇帝陛下一身兼有乾坤，聪慧明智、从善如流。代为处理国政初期，选拔任用忠贞之士，其他的各种纲纪法度，也多有改正。远近和顺，可以预见太平盛世的到来。而在地震之后，雾气白浊，日月无光，旱魃肆虐，大贼恣行无忌，流血染红原野，万物都为之不安，谴责训诫相继降下，大概是奸臣位高权重所导致的啊。其中常侍中品行尤其不端的人，应该赶快打发回原处，清除凶党，没收他们受贿所得的财产，以平息百姓痛恨怨愤之源，用来报答上天的警示。

如今大将军梁冀、河南尹不疑，身处周公、邵公的重任，为国家镇守，再加上和汉室世代结为姻族，如今封立的称号虽然尊贵还算可以，但实在应当增加修养、谦虚节俭，再辅以儒家的思想，减免用来游乐、并不紧急的事务，削减房屋上没有益处的装饰。皇帝就像是船，百姓就像是水。百官就是乘船的人，将军兄弟就是操纵船桨的人。如果能够竭尽全力保证船支平稳，来运载百姓，这就是所谓的福；如果怠惰松懈，就会沉沦在波涛之中。难道可以不谨慎吗！一个人的德行和他的俸禄不匹配，这好比挖开城墙一角的砖石，来增加等深思得贤之福，失人之累。又在位素餐，尚书怠职，有司依违，莫肯纠察，故使陛下专受谄谀之言，不闻户牖之外。臣诚知阿谀有福，深言近祸，岂敢隐心以避诛责乎！臣生长边远，希涉紫庭，怖慑失守，言不尽心。

梁冀忿其刺己，以规为下第，拜郎中。托疾免归，州郡承冀旨，几陷死者再三。遂以《诗》《易》教授，门徒三百余人，积十四年。后梁冀被诛，旬月之间，礼命五至，皆不就。

时太山贼叔孙无忌侵乱郡县，中郎将宗资讨之未服。公车特征规，拜太山太守。规到官，广设方略，寇贼悉平。延熹四年秋，叛羌零吾等与先零别种寇钞关中，护羌校尉段颎坐征。后先零诸种陆梁，覆没营坞。规素悉羌事，志自奋效，乃上疏曰："自臣受任，志竭愚钝，实赖兖州刺史牵颢之清猛，中郎将宗资之信义，得承节度，幸无咎誉。今猾贼就灭，太山略平，复闻群羌并皆反逆。臣生长邠岐，年五十有九，昔为郡吏，再更叛羌，豫筹其事，有误中之言。臣素有固疾，恐犬马齿穷，不报大恩，愿乞冗官，备单车一介之使，劳来三辅，宣国威泽，以所习地形兵势，佐助诸军。臣穷居孤危之中，坐观郡将，已数十年矣。自鸟鼠至于东岱，其病一也。力求猛敌，不如清平；勤明吴、孙，未若奉法。前变未远，臣诚戚之。是以越职，尽其区区。"

其高度。这岂是衡量自身力量、考虑建功立业、求取安定巩固的办法吗？凡是那些老奸巨猾、嗜酒之徒、陪着寻欢作乐的人，都是耳听有害之声，口吐谄媚之言，甘心放纵游乐，倡导不合道义的事。也应该贬谪斥逐，以惩处不轨之徒。令梁冀等人深入考虑得到贤良名声的好处，以及失去人心的妨碍。又尸位素餐，尚书懈怠任职，官吏模棱两可、犹豫不决，也不肯纠举检察，所以致使皇帝陛下只能听到谄媚阿谀的话，没法听到窗户以外的事情。臣的确知道阿谀谄媚能得到好处，深切坦率的话会召来灾祸，臣岂敢昧着良心来逃避责罚呢！臣出生成长在边远地方，很少到皇宫来，诚惶诚恐，所说的话还没有把我的心里的想法完全表达。”

梁冀怨恨皇甫规讽刺了自己，把皇甫规判定为劣等，任命他为郎中。皇甫规假借生病免官回家。州郡秉承梁冀的旨意，再三陷害他几乎到了致死的境地。皇甫规就教授《诗经》《易经》，学生共有三百多人，一共教授十四年。之后梁冀被诛杀，一月之内，朝廷的礼聘和任命来了五次，都没有前往。

当时泰山贼寇叔孙无忌侵扰郡县，中郎将宗资前去征讨没能平定。公车特地征召皇甫规，官拜泰山太守。皇甫规到任后，采用多种征讨的方法谋略，寇贼悉数平定。延熹四年（161）秋季，叛乱的羌人零吾等人和先零的同族分支攻劫掠夺关中，护羌校尉段颎获罪而被召回。之后先零各分支更加猖獗，攻陷营垒。皇甫规向来熟悉羌人事务，立志自己奋力效劳，就上书说：“自从臣接受委任以来，立志竭尽臣那微末智慧，实在是仰赖兖州刺史牵颢的廉洁威严，中郎将宗资的信用道义，得以指挥、调度，幸亏没有什么过失。如今狡猾的贼寇已经消灭，泰山大体已经平定，又听说羌人各分支群起反叛。臣出生成长在邠岐，已经五十九岁，昔日担任郡吏，又经历过几次羌人叛乱，预先筹划平判事宜，有无意中猜对了的话。臣向来有久治不愈的病症在身，愿效犬马之劳又恐怕年老将死，一旦死去难报皇帝的大恩，希望能乞求任命臣当个闲散无事的官，准备一辆单车一名使者，抚慰三辅一带，宣扬国家的声威德泽，用臣所熟习的地形和兵势，帮助众军。臣隐居在孤立艰危的情况中，旁观郡守带兵，已经几十年了。

至冬，羌遂大合，朝廷为忧。三公举规为中郎将，持节监关西兵，讨零吾等，破之，斩首八百级。先零诸种羌慕规威信，相劝降者十余万。明年，规因发其骑共讨陇右，而道路隔绝，军中大疫，死者十三四。规亲入庵庐，巡视将士，三军感悦。东羌遂遣使乞降，凉州复通。

先是安定太守孙儁受取狼籍，属国都尉李翕、督军御史张禀多杀降羌，凉州刺史郭闳、汉阳太守赵熹并老弱不堪任职，而皆倚恃权贵，不遵法度。规到州界，悉条奏其罪，或免或诛。羌人闻之，翕然反善。沈氏大豪滇昌、饥恬等十余万口，复诣规降。

规出身数年，持节为将，拥众立功，还督乡里，既无它私惠，而多所举奏，又恶绝宦官，不与交通，于是中外并怨，遂共诬规货赂群羌，令其文降。天子玺书诮让相属。规惧不免，上疏自讼曰："四年之秋，戎丑蠢戾，爰自西州，侵及泾阳，旧都惧骇，朝廷西顾。明诏不以臣愚驽，急使军就道。幸蒙威灵，遂振国命，羌戎诸种，大小稽首，辄移书营郡，以访诛纳，所省之费，一亿以上。以为忠臣之义，不敢告劳，故耻以片言自及微效。然比方先事，庶免罪悔。前践州界，先奏郡守孙儁，次及属国都尉李翕、督军御史张禀；旋师南征，又上凉州刺史郭闳、汉阳太守赵熹，陈其过恶，执据大辟。凡此五臣，支党半国，其余墨绶，下至小吏，所连及者，复有百余。吏托报将之怨，子思复父之耻，载贽驰车，怀粮步走，交构豪门，竞流谤讟，云臣私报诸羌，谢其钱货。若臣以私财，则家无担石；如物出自鸟鼠山到东岱，羌人成为祸害的原因都是相同的。尽力寻求勇猛的将士，不如寻求清廉公正的官吏；勤加学习吴起、孙武的兵法，不如郡守奉行法令来安定民心。之前诸羌反叛的事距离还不远，臣真为此感到忧戚。所以越职上书，来略尽臣的区区心意。”

到了冬季，羌人大肆聚集，朝廷为之担忧。三公举荐皇甫规为中郎将，拿着旄节督察关西兵马，征讨零吾等人，打败后，斩首八百级。先零的各分支都仰慕皇甫规的威信，互相劝降的有十多万。第二年，皇甫规调动羌人骑兵共同讨伐陇右，而道路阻隔断绝，军中发生严重的瘟疫，病死的人有十之三四。皇甫规亲自进入军营，巡视将士，三军感动喜悦。东羌因此派遣使者乞求投降，凉州恢复交通。

在此之前安定太守孙儁贪污受贿、声名狼藉，属国都尉李翕、督军御史张禀大肆杀害投降的羌人，凉州刺史郭闳、汉阳太守赵熹都年老体弱、不堪任职，而且他们都倚仗着权贵，还不遵循国家的法度。皇甫规到达州界，悉数逐条上奏他们的罪行，有人被免去官职、有人被诛杀。羌人听了，一同回心向善，沈氏的豪强滇昌、饥恬等十多万人，又前往皇甫规处投降。

皇甫规入仕多年，拿着旄节担任将领，统帅大军建功立业，回到乡里督察，既没有其他的私惠，又多次上奏章检举，还对宦官深恶痛绝，不和他们来往，于是朝廷内外都怨恨他，就共同诬陷皇甫规用财物贿赂群羌，让他们表面上投降。皇帝责问的诏书一封接着一封。皇甫规担心免不了灾祸，上书替自己申诉说：“延熹四年秋季，戎人叛乱，从西州起，一直侵扰到了泾阳，故都惊恐，朝廷挂念西面的情况。圣明的诏书不因为臣愚笨驽钝，急忙命我统军出发。承蒙神灵的威力，得以宣扬国家的政令，羌戎的各个分支，大小部落都叩头归服，我立即发送公文到军营和州郡，询问他们诛杀了多少、纳受了多少，所节省下来的军费，有一亿以上。臣认为这是忠臣应尽的义务，不敢向别人表示这是自己的功劳，所以臣认为有只言片语就要自述微末功绩的是可耻的。但是和损将折兵的前任将领相比，或许可以免于罪过。之前臣到达州界，先弹劾郡守孙儁，接着就是弹劾属国都尉李翕、督军御史张禀；回师南征，又弹劾凉州刺史郭闳、汉阳太于官，则文簿易考。就臣愚惑，信如言者，前世尚遗匈奴以宫姬，镇乌孙以公主。今臣但费千万，以怀叛羌。则良臣之才略，兵家之所贵，将有何罪，负义违理乎？自永初以来，将出不少，覆军有五，动资巨亿。有旋车完封，写之权门，而名成功立，厚加爵封。今臣还督本土，纠举诸郡，绝交离亲，戮辱旧故，众谤阴害，固其宜也。臣虽污秽，廉絜无闻，今见覆没，耻痛实深。《传》称'鹿死不择音'，谨冒昧略上。"

其年冬，征还拜议郎。论功当封。而中常侍徐璜、左悺欲从求货，数遣宾客就问功状，规终不答。璜等忿怒，陷以前事，下之于吏。官属欲赋敛请谢，规誓而不听，遂以余寇不绝，坐系廷尉，论输左校。诸公及太学生张凤等三百余人诣阙讼之。会赦，归家。

征拜度辽将军，至营数月，上书荐中郎将张奂以自代。曰："臣闻人无常俗，而政有治乱；兵无强弱，而将有能否。伏见中郎将张奂，才略兼优，宜正元帅，以从众望。若犹谓愚臣宜充军事者，愿乞冗官，以为奂副。"朝庭从之，以奂代为度辽将军，规为使匈奴中郎将。及奂迁大司农，规复代为度辽将军。

守赵熹，陈述他们的罪过，依据这些判处死刑。这五名臣子，党羽遍布半个国家，其余的县官，下至小吏，所牵连涉及的，又有一百多人。官吏假借替将领报仇，儿子打算替父亲雪耻，载着礼物驱车来往，身怀粮食徒步奔走，勾结豪门，竞相散布怨恨毁谤的话，说臣暗中贿赂羌戎的各个分支，用钱财货物来报答他们。如果臣用私人的财物贿赂，那我家里一担一石的粮食也不够，如果所送财物出自公家，那有文册簿籍方便查考。让臣迷惑不解的是，就像诽谤臣的人说的那样，前代尚且把宫女王昭君送往匈奴，让细君公主嫁给乌孙镇守。如今臣只花费千万，就能怀柔叛羌。这是良臣的才干谋略，军事家所看重的，这有什么罪过，违背了什么道理呢？自永初以来，派出的将领不少，全军覆没的就有五名将领，动用数以亿记的资财。等到回师的时候，车上珍宝原封不动，送入权贵豪门之中，却功成名就，加以高官厚禄。如今臣回到故土督察，检举各郡官吏，亲属分离朋友绝交，杀戮污辱旧交，以至众人在暗中诽谤加害我，这是理所应当的。臣虽然有罪在身，没有廉洁的名声，如今就要受冤死去，实在备受耻辱痛心。《左传》中说‘鹿将死的时候不挑选有庇荫的地方’，臣谨此冒昧地呈上。”

当年冬季，征召皇甫规回京担任议郎。按他的功劳应当有所封赏。而中常侍徐璜、左悺打算从他那里索取钱财，多次派遣宾客询问他报告立功情况的文书，皇甫规最终没有回答。徐璜等人感到忿怒，就用之前的事来诬陷他，交由官吏审讯。属吏打算为他征收一些钱财来谢罪，皇甫规下定决心不听，于是就按残余流寇没有扫清，在廷尉处获罪入狱，判为前往左校服劳役。公卿们和太学生张凤等三百多人都到宫门前为他申诉。恰逢大赦，得以回家。

征召为度辽将军，到任几个月，上书举荐中郎将张奂来接替自己。说：“臣听说人没有不变的风俗，而政治也有安定和动乱；兵士没有强大和弱小，而将领有能干与否。臣见中郎将张奂，才干和智谋都很优秀，应当担任正职元帅，来满足大家的希望。如果还认为愚臣适合担任军事一职，愿给臣一个闲散无事的官，可以担任张奂的助手。”朝廷同意了他的请求，以张奂接替他为度辽将军，皇甫规担规为人多意算，自以连在大位，欲退身避第，数上病，不见听。会友人上郡太守王旻丧还，规缟素越界，到下亭迎之。因令客密告并州刺史胡芳，言规擅远军营，公违禁宪，当急举奏。芳曰："威明欲避第仕涂，故激发我耳。吾当为朝廷爱才，何能申此子计邪！"遂无所问。及党事大起，天下名贤多见染逮，规虽为名将，素誉不高。自以西州豪桀，耻不得豫，乃先自上言："臣前荐故大司农张奂，是附党也。又臣昔论输左校时，太学生张凤等上书讼臣，是为党人所附也。臣宜坐之。"朝廷知而不问，时人以为规贤。

在事数岁，北边威服。永康元年，征为尚书。其夏日食，诏公卿举贤良方正，下问得失。规对曰："天之于王者，如君之于臣，父之于子也。诫以灾妖，使从福祥。陛下八年之中，三断大狱，一除内嬖，再诛外臣。而灾异犹见，人情未安者，殆贤愚进退，威刑所加，有非其理也。前太尉陈蕃、刘矩，忠谋高世，废在里巷；刘祐、冯绲、赵典、尹勋，正直多怨，流放家门；李膺、王畅、孔翊，絜身守礼，终无宰相之阶。至于钩党之衅，事起无端，虐贤伤善，哀及无辜。今兴改善政，易于覆手，而群臣杜口，鉴畏前害，互相瞻顾，莫肯正言。伏愿陛下暂留圣明，容受謇直，则前责可弭，后福必降。"对奏，不省。

任使匈奴中郎将。后来张奂升迁大司农，皇甫规又接替他担任度辽将军。

皇甫规为人富有心计，自认为连续担任高位，打算引退回家来躲避仕宦，多次上书称病，都没有接受。恰逢朋友上郡太守王旻的灵柩返回故乡，皇甫规穿着白色丧服越过疆界，到下亭去迎丧。接着命令门客暗中告诉并州刺史胡芳，说皇甫规擅自远离军营，公然违反禁例，应当赶快上奏检举。胡芳说："皇甫威明想退居家中躲避仕途，所以才来激我检举他啊。我应当替朝廷爱惜才，哪能让他谋划成功呢？"就没有再过问。等到后来朋党之事大肆而起，天下间的名人贤士大多受到牵连，皇甫规虽然是名将，向来声誉不高。自认为是西州的豪杰，以没有被牵连而感到可耻，于是自己先行上书说："臣以前举荐前大司农张奂，这是逢迎依附朋党中人。又有臣昔日在左校服劳役时，太学生张凤等人上书为臣申诉，这是党人逢迎依附臣，臣应当被牵连论罪。"朝廷知道了这些却还是不过问。当时的人都认为皇甫规贤明。

担任官职数年，以威力慑服北方边境。永康元年（167），征召为尚书。这年夏季发生日食，皇上下诏命令公卿推举贤良方正，下问政治的得失。皇甫规回答说："上天对于皇帝，就像皇帝对于臣子，父亲对于儿子啊。以天地异变导致的灾害来告诫他，让他走上幸福吉利的正道。皇帝您在八年之中，三次决断关于朋党的重要刑案，一举铲除受您宠爱的邓皇后，又诛杀在外的奸臣。然而灾异还是出现，世情尚未安定，大概是任用贤士罢免庸人，施行严厉的刑法，还有不合情理的地方。前太尉陈蕃、刘矩，谋划忠诚、超越世俗，却被废弃在街巷不用；刘祐、冯绲、赵典、尹勋，正直到被世人所怨，却被流放回家；李膺、王畅、孔翊，洁身自好、奉行礼教，却始终没有被任用为宰相。至于互相牵连的朋党之事，没有来由就生出事端，残害贤人善士，连累无辜的人遭受祸害。如今兴用良善的政令，简直是易如反掌，而群臣闭口不言，是警戒畏惧发生之前那样的事情，而全都犹豫不决，不敢说公正刚直的话。臣只希望皇帝您能保持这时的圣明，容纳接受正直的谏言，那么之前的过错就可以消除，之后的福气必定会降迁规弘农太守，封寿成亭侯，邑二百户，让封不受。再转为护羌校尉。熹平三年，以疾召还，未至，卒于谷城，年七十一。所著赋、铭、碑、赞、祷文、吊、章表、教令、书、檄、笺记，凡二十七篇。

论曰：孔子称“其言之不怍，则其为之也难”。察皇甫规之言，其心不怍哉！夫其审己则干禄，见贤则委位，故干禄不为贪，而委位不求让；称己不疑伐，而让人无惧情。故能功成于戎狄，身全于邦家也。

张奂字然明，敦煌渊泉人也。父惇，为汉阳太守。奂少游三辅，师事太尉朱宠，学《欧阳尚书》。初，《牟氏章句》浮辞繁多，有四十五万余言，奂减为九万言。后辟大将军梁冀府，乃上书桓帝，奏其《章句》，诏下东观。以疾去官，复举贤良，对策第一，擢拜议郎。

永寿元年，迁安定属国都尉。初到职，而南匈奴左薁鞬台耆、且渠伯德等七千余人寇美稷，东羌复举种应之，而奂壁唯有二百许人，闻即勒兵而出。军吏以为力不敌，叩头争止之。奂不听，遂进屯长城，收集兵士，遣将王卫招诱东羌，因据龟兹，使南匈奴不得交通东羌。诸豪遂相率与奂和亲，共击薁鞬等，连战破之。伯德惶恐，将其众降，郡界以宁。

羌豪帅感奂恩德，上马二十匹，先零酋长又遗金鐻八枚。奂并受之，而召主簿于诸羌前，以酒酹地曰：“使马如羊，不以入厩；使金如粟，不以入怀。”悉以金马还之。羌性贪而贵吏清，前有八都尉率好财货，为所患苦，及奂正身絜己，威化大行。

临。”这样回答上奏皇帝，并没有理会。

调任皇甫规为弘农太守，被封为寿成亭侯，食邑二百户，皇甫规谦让不肯接受封赏。又调任为护羌校尉。熹平三年（174），因病征召回京，还没到达，就死在谷城，享年七十一岁。他所著的赋、铭、碑、赞、祷文、吊、章表、教令、书、檄、笺记，共二十七篇。

评论说：孔子说“一个人说话如果大言不惭，那么他实行起来就很困难”。考察皇甫规说过的话，他的心中是不会感到惭愧的！他审查自己而求取功名利禄，见到比自己贤明的人就把官职让给别人，所以他求取功名利禄不为贪恋，而把官职让给别人也不是为了求得谦让的名声；称赞自己不被怀疑是自夸，谦让官职不担心被说是人情。所以才能够在戎狄中成就功业，在国家动乱中得以善终啊。

张奂，字然明，敦煌郡渊泉县人。父亲张惇，担任汉阳太守。张奂年少时在三辅一带游学，师从太尉朱宠，学习《欧阳尚书》。起初，《牟氏章句》浮泛多余的话有很多，有四十五万多字，张奂删减为九万字。之后征召到大将军梁冀府上任职，就上书桓帝，上奏他删减后的《章句》，桓帝下诏命他任职东观。因病而辞去官职，又被举荐为贤良，针对皇帝的问策也获得第一，擢升官拜议郎。

永寿元年（155），张奂调任至安定属国担任都尉。才刚到任，南匈奴左薁鞬台耆、且渠伯德等七千多人侵犯美稷，东羌也再次动员全部部族来响应他们，而张奂军营的围墙上仅有二百多人，听到消息就率兵而出。军吏认为兵力不及敌人，争相叩头阻止。张奂不听从，就进驻长城之中，收集兵士，派遣将领王卫引诱东羌，因此占据龟兹，使南匈奴不能和东羌交通往来。各部首领就相继和张奂和好，一同进攻薁鞬等人，连续几次战斗打败了他们。伯德感到害怕，率领自己的部下前来投降，郡界得以安宁。

羌族首领感念张奂的恩德，送上骏马二十匹，先零酋长又送上金制乐器鐻八枚。张奂一并接受，却召集主簿到各羌面前，把酒洒在地上说：“即使骏马像羊一样多，也不收入厩中；即使金多如粟，也不收入怀中。”把所送来的金马悉数返还给了他们。羌人生性贪婪却最尊敬清廉的官吏，以前有八位都尉都喜好财货，为他们所憎恶，迁使匈奴中郎将。时休屠各及朔方乌桓并同反叛，烧度辽将军门，引屯赤阬，烟火相望。兵众大恐，各欲亡去。奂安坐帷中，与弟子讲诵自若，军士稍安。乃潜诱乌桓阴与和通，遂使斩屠各渠帅，袭破其众。诸胡悉降。

延熹元年，鲜卑寇边，奂率南单于击之，斩首数百级。

明年，梁冀被诛，奂以故吏免官禁锢。奂与皇甫规友善，奂既被锢，凡诸交旧莫敢为言，唯规荐举前后七上。在家四岁，复拜武威太守。平均徭赋，率厉散败，常为诸郡最，河西由是而全。其俗多妖忌，凡二月、五月产子及与父母同月生者，悉杀之。奂示以义方，严加赏罚，风俗遂改，百姓生为立祠。举尤异，迁度辽将军。数载间，幽、并清静。

九年春，征拜大司农。鲜卑闻奂去，其夏，遂招结南匈奴、乌桓数道入塞，或五六千骑，或三四千骑，寇掠缘边九郡，杀略百姓。秋，鲜卑复率八九千骑入塞，诱引东羌与共盟诅。于是上郡沈氐、安定先零诸种共寇武威、张掖，缘边大被其毒。朝廷以为忧，复拜奂为护匈奴中郎将，以九卿秩督幽、并、凉三州及度辽、乌桓二营，兼察刺史、二千石能否，赏赐甚厚。匈奴、乌桓闻奂至，因相率还降，凡二十万口。奂但诛其首恶，余皆慰纳之。唯鲜卑出塞去。

永康元年春，东羌、先零五六千骑寇关中，围祋祤，掠云阳。夏，复攻没两营，杀千余人。冬，羌岸尾、摩蟞等胁同种复钞三辅。

张奂修正身心、行为端正，声威德化大肆推行。

调任使匈奴中郎将。当时休屠各和朔方乌桓一同反叛，焚烧度辽将军门，引兵驻扎赤阬，烽火相望。兵士大为惊恐，都打算逃走。张奂安然坐在帷帐之中，和弟子神色自若讲诵经典，兵士们这才稍微安定下来。就暗中引诱乌桓和他通好，就命他斩杀休屠各的首领，发动袭击打败了他们。各路胡人悉数投降。

延熹元年（158），鲜卑侵犯边境，张奂率领南单于迎击他们，斩敌首数百级。

第二年，梁冀被诛杀，张奂因为是梁冀旧部而被罢免官职、禁止做官。张奂和皇甫规关系亲近，张奂已经被禁止做官，所有的故交和旧属都不敢为张奂求情。只有皇甫规先后举荐张奂七次。在家里居住四年后，又官拜武威太守。平均百姓的徭役赋税，统率督促溃败的军队，在各郡中是做得最好的，河西因此得以保全。河西的风俗有很多怪诞忌讳，凡是二月、五月所生的儿子以及和父母同月所生的，都要悉数杀死。张奂教导百姓应该遵守的规范和道理，赏罚严明，风俗因此而改变，百姓为他建立生祠。政绩优异而被推举，升迁为度辽将军。几年之间，幽州、并州清静无事。

延熹九年（166）的春季，征召张奂为大司农。鲜卑听到张奂调任离开，同年夏季，就招集南匈奴、乌桓分为几路入侵塞内，有的五六千骑兵，有的三四千骑兵，侵犯劫掠边境九郡，杀戮掳掠百姓。同年秋季，鲜卑又率领八九千骑兵入侵塞内，引诱东羌和他们一同结盟立誓。于是上郡沈氐、安定先零等部族一同侵扰犯武威、张掖，边境一带大受荼毒。朝廷以此为忧患，再此任命张奂为护匈奴中郎将，按照九卿的职位监管幽、并、凉三州以及度辽、乌桓二营，兼管考察各地刺史、食邑二千石是否称职，赏赐十分丰厚。匈奴、乌桓听说张奂到了，相继归顺投降，共有二十万人。张奂只诛杀了其中的首要分子，其余的人都安抚接纳了他们。只有鲜卑出塞离去。

永康元年（167）春季，东羌、先零的五六千骑兵入侵关中，包围祋祤，掳掠云阳。同年夏季，又攻陷两营，杀死一千多人。同年冬季，羌岸尾、摩蟞等胁迫同部落的人再次抢掠三辅一带。张奂派遣司马奂遣司马尹端、董卓并击，大破之，斩其酋豪，首虏万余人，三州清定。论功当封，奂不事宦官，故赏遂不行，唯赐钱二十万，除家一人为郎。并辞不受，而愿徙属弘农华阴。旧制边人不得内移，唯奂因功特听，故始为弘农人焉。

建宁元年，振旅而还。时窦太后临朝，大将军窦武与太傅陈蕃谋诛宦官，事泄，中常侍曹节等于中作乱，以奂新征，不知本谋，矫制使奂与少府周靖率五营士围武。武自杀，蕃因见害。奂迁少府，又拜大司农，以功封侯。奂深病为节所卖，上书固让，封还印绶，卒不肯当。

明年夏，青蛇见于御坐轩前，又大风雨雹，霹雳拔树，诏使百僚各言灾应。奂上疏曰："臣闻风为号令，动物通气。木生于火，相须乃明。蛇能屈申，配龙腾蛰。顺至为休征，逆来为殃咎。阴气专用，则凝精为雹。故大将军窦武、太傅陈蕃，或志宁社稷，或方直不回，前以谗胜，并伏诛戮，海内默默，人怀震愤。昔周公葬不如礼，天乃动威。今武、蕃忠贞，未被明宥，妖眚之来，皆为此也。宜急为改葬，徙还家属。其从坐禁锢，一切蠲除。又皇太后虽居南宫，而恩礼不接，朝臣莫言，远近失望。宜思大义顾复之报。"天子深纳奂言，以问诸黄门常侍，左右皆恶之，帝不得自从。

转奂太常，与尚书刘猛、刁韪、卫良同荐王畅、李膺可参三公之选，而曹节等弥疾其言，遂下诏切责之。奂等皆自囚廷尉，数日尹端、董卓共同迎击，大破敌军，斩杀了他们的首领，首级和俘虏有一万多人，三州安定。张奂论功应当封赏，张奂不交结宦官，所以封赏的事就没有实行，只赏赐二十万钱，任命家中一人担任郎。张奂推辞没有接受，希望能够搬到弘农华阴县。按照旧的制度驻守边境的人们不能搬到内地居住，只有张奂因为军功特别恩准，所以张奂从此成为弘农人。

建宁元年（168），整军班师回朝。当时窦太后临朝处理国政，大将军窦武和太傅陈蕃共同谋划诛杀宦官，事情泄露后，中常侍曹节等人在宫中作乱，因为张奂新被征召到京城，不知道他们原本的谋划，曹节等人就假托朝命让张奂和少府周靖率领五营兵士包围窦武。窦武因此自杀，陈蕃也因此被害。张奂升迁为少府，又官拜大司农，因为有功得以封侯。张奂十分痛心自己的节操被曹节所出卖，上书坚决推辞，缄封退还印绶，最终也不肯接受。

第二年夏季，在皇帝宝座的殿槛阑板前发现青蛇，又有狂风雨雹，雷霆拔起大树，皇帝下诏命令百官都说说灾异对应的是什么事。张奂上疏说："臣听说风是上天的号令，动物能够通晓其中的消息。木生于火，风火相互依存才能产生光明。蛇能屈能伸，配合着龙的腾飞蛰伏。顺至是吉祥的征召，逆来是灾祸的征兆。阴气受到专用，就凝合精华成为冰雹。已故的大将军窦武、太傅陈蕃，或者是立志安定设计，或者是为人端方正直，之前因为奸人的谗言，都一并被诛杀，海内沉默，人人盛怒。昔日周公的葬礼不合礼制，上天因此动怒发威。如今窦武、陈蕃对国忠贞，还没有沉冤昭雪，妖异的灾祸由此产生，都是因为这个啊。应当赶快为他们改葬，把他们流放的家属迁回原籍。因他们而连累获罪终身不能做官的人，都要一并免除对他们的惩罚。又有皇太后虽然居住在南宫，但对她不加礼遇，朝中臣子也不敢说话，远近的百姓都大为失望。应该要思念父母生我鞠我的恩情，应该要顾念大义来报答养育之情。"天子深深同意张奂的建议，因此向黄门常侍们询问，左右的人都反对，天子不得由自己作主。

调任张奂为太常，和尚书刘猛、刁韪、卫良共同举荐王畅、李膺可以参加三公的选拔，而曹节等人更加痛恨他们的言论，就下诏严厉乃得出，并以三月俸赎罪。司隶校尉王寓，出于宦官，欲借宠公卿，以求荐举，百僚畏惮，莫不许诺，唯奂独拒之。寓怒，因此遂陷以党罪，禁锢归田里。

奂前为度辽将军，与段颎争击羌，不相平。及颎为司隶校尉，欲逐奂归敦煌，将害之。奂忧惧，奏记谢颎曰："小人不明，得过州将，千里委命，以情相归。足下仁笃，照其辛苦，使人未反，复获邮书。恩诏分明，前以写白，而州期切促，郡县惶惧，屏营延企，侧待归命。父母朽骨，孤魂相托，若蒙矜怜，壹惠咳唾，则泽流黄泉，施及冥寞，非奂生死所能报塞。夫无毛发之劳，而欲求人丘山之用，此淳于髡所以拍髀仰天而笑者也。诚知言必见讥，然犹未能无望。何者？朽骨无益于人，而文王葬之；死马无所复用，而燕昭宝之。党同文、昭之德，岂不大哉！凡人之情，冤则呼天，穷则叩心。今呼天不闻，叩心无益，诚自伤痛。俱生圣世，独为匪人。孤微之人，无所告诉。如不哀怜，便为鱼肉。企心东望，无所复言。"颎虽刚猛，省书哀之，卒不忍也。时禁锢者多不能守静，或死或徙。奂闭门不出，养徒千人，著《尚书记难》三十余万言。

奂少立志节，尝与士友言曰："大丈夫处世，当为国家立功边境。"及为将帅，果有勋名。董卓慕之，使其兄遗缣百匹。奂恶卓为人，绝而不受。光和四年卒，年七十八。遗命曰："吾前后仕进，十要责备他们。张奂等人全都自行前往廷尉那里认罪，几天后才出来，并且用三个月的俸禄来赎罪。司隶校尉王寓，是宦官出身，想借着恩宠宦官成为公卿，因此求取荐举，百官畏惧他，没有不许诺答应的，只有张奂一个人拒绝了他。王寓发怒，因此用朋党的罪名陷害他，终身禁止他出仕做官、遣返故乡。

张奂之前担任度辽将军，和段颎为了进攻羌人而争执，相处不和睦。等到段颎担任司隶校尉时，打算把张奂赶回敦煌，想要陷害他。张奂忧愁恐惧，上书段颎陈述说："小人愚昧无知，得罪过州将您，相距千里听凭您的支配，把自己的真情向您禀报。您仁爱笃厚，照料我的辛苦，我派遣到您那儿的使者还没有回来，就又接了您给我的来信。恩诏上写得清楚分明，之前已经澄清，而州里期限紧促，郡县感到惶恐，我延颈企足着急切盼望，侧身以待向您投诚。我父母尸骨已经腐朽，只有孤魂相托付，如果承蒙您怜悯我，为我美言几句，那您的恩泽流至黄泉，行为到达玄冥，这不是我张奂生死所能报效的。我没有毛发那样细微的功劳，却想要求的丘山那样的回报，这是淳于髡拍着大腿而仰天大笑的事情啊。我的确知晓这样说的话，一定会被您讥笑，但我还是寄以希望。为什么呢？朽骨对人来说没有什么用处，而文王却用棺把他埋葬；死马已经没有什么用处了，而燕昭王却把它当做宝贝。要是能和文王、燕昭王的德行相符，难道不是很伟大吗！大多数人在正常的情况下，受了冤枉就呼喊上天，困穷时候就捶胸顿足。如今我喊天天不应，捶胸也没用，真正是伤痛到了极点。我同您都生在圣明之世，只有我是孤独无亲的人。低微贫贱的人，无人可以倾诉。如果您不怜悯同情我，我就要成为待宰的鱼肉。诚心向东盼望，没有别的话再说了。"段颎虽然为人刚强勇猛，看了他的信心中同情，最终不忍心加害他。当时终身禁止做官的人大多不能保持清净，有人被处死、有人被迁徙。张奂闭门不出，教养徒弟上千人，著有《尚书记难》共三十多万字。

张奂年少时有志向和节操，曾经和儒生朋友们说："大丈夫为人处世，应当在边疆为国家建功立业。"等到之后担任将帅，果然建立了功名。董卓仰慕他，派遣张奂的哥哥送给他一百匹双丝细绢。张奂银艾，不能和光同尘，为谗邪所忌。通塞命也，始终常也。但地底冥冥，长无晓期，而复缠以纩绵，牢以钉密，为不喜耳。幸有前窀，朝殒夕下，措尸灵床，幅巾而已。奢非晋文，俭非王孙，推情从意，庶无咎吝。”诸子从之。武威多为立祠，世世不绝。所著铭、颂、书、教、诫述、志、对策、章表二十四篇。

长子芝，字伯英，最知名。芝及弟昶，字文舒，并善草书，至今称传之。

初，奂为武威太守，其妻怀孕，梦带奂印绶登楼而歌。讯之占者，曰：“必将生男，复临兹邦，命终此楼。”既而生子猛，以建安中为武威太守，杀刺史邯郸商，州兵围之急，猛耻见擒，乃登楼自烧而死，卒如占云。

论曰：自鄛乡之封，中官世盛，暴恣数十年间，四海之内，莫不切齿愤盈，愿投兵于其族。陈蕃、窦武奋义草谋，征会天下，名士有识所共闻也，而张奂见欺竖子，扬戈以断忠烈。虽恨毒在心，辞爵谢咎。《诗》云：“啜其泣矣，何嗟及矣！”

段颎字纪明，武威姑臧人也。其先出郑共叔段，西域都护会宗之从曾孙也。颎少便习弓马，尚游侠，轻财贿，长乃折节好古学。初举孝廉，为宪陵园丞、阳陵令，所在能政。

迁辽东属国都尉。时鲜卑犯塞，颎即率所领驰赴之。既而恐贼惊去，乃使驿骑诈赍玺书诏颎，颎于道伪退，潜于还路设伏。虏厌恶董卓的为人，拒不接受。光和四年（181）去世，享年七十八岁。留下遗嘱说：“我前后出仕做官，十次担任银印绿绶的高官，不能随波逐流，而被谗佞奸邪的人所忌妒。一个人境遇的顺逆是命中注定的，一个人的生死是按照自然规律的。但是地下的冥冥境界，长久以来没有天亮的时候，还要再用丝绵缠裹身体，在棺材上严密地钉满钉子，我不喜欢这样。幸而先前准备了墓穴，早上去世了、晚上就埋葬，把尸体停放在灵床上，头戴着幅巾就可以了。奢侈不学晋文公，俭朴不学杨王孙，像我这样斟酌情理，大概就没有灾祸和羞辱了。”儿子们遵从了他的遗嘱。武威多地为他立祠，世世祭祀供奉不绝。他所著的铭、颂、书、教、诫述、志、对策、章表有二十四篇。

长子张芝，字伯英，最为出名。张芝及弟弟张昶，字文舒，都擅长草书，流传至今被人称赞。

起初，张奂担任武威太守时，他的妻子怀有身孕，梦见自己带着张奂的印绶登楼歌唱。之后向占卜的人询问，说：“您一定会生个男孩，也会管辖此城，最终会命终此楼。”后来果然生下了张猛，在建安年间担任武威太守，杀了刺史邯郸商，州兵上前包围，情势危急，张猛觉得被生擒可耻，就登楼自焚而死，最终像占卜的人说的那样。

评论说：自从宦官郑众封为鄛乡侯以后，宦官权力日盛，蛮横凶恶数十年，四海之内，没有不切齿愤恨的，希望能投掷兵器消灭他们的。陈蕃、窦武为了大义奋起谋划，征召天下会盟，这是有识名士们全都知道的，而张奂却被小人所欺骗，操戈诛杀忠烈之臣。虽然他心中，引咎辞官谢罪，《诗经》中说：“抽抽搭搭地哭泣啊！哀叹也来不及了啊！”

段颎，字纪明，武威郡姑臧县人。他的祖先出自郑国的共叔段，是西域都护会宗的从曾孙。段颎年少时就学习骑马射箭，崇尚游侠，轻视财货，长大以后屈己礼贤、喜好研究古学。起初被推举为孝廉，担任宪陵园丞、阳陵令，在任时政绩优秀。

当他调任辽东属国都尉时。当时鲜卑侵犯边塞，段颎就率领部下驰援边塞。因为担心贼寇会惊恐逃走，就派遣驿骑假装送玺书诏以为信然，乃入追颎。颎因大纵兵，悉斩获之。坐诈玺书伏重刑，以有功论司寇。刑竟，征拜议郎。

时太山、琅邪贼东郭窦、公孙举等聚众三万人，破坏郡县，遣兵讨之，连年不克。永寿二年，桓帝诏公卿选将有文武者，司徒尹颂荐颎，乃拜为中郎将。击窦、举等，大破斩之，获首万余级，余党降散。封颎为列侯，赐钱五十万，除一子为郎中。

延熹二年，迁护羌校尉。会烧当、烧何、当煎、勒姐等八种羌寇陇西、金城塞，颎将兵及湟中义从羌万二千骑出湟谷，击破之。追讨南度河，使军吏田晏、夏育募先登，悬索相引，复战于罗亭，大破之，斩其酋豪以下二千级，获生口万余人，虏皆奔走。

明年春，余羌复与烧何大豪寇张掖，攻没钜鹿坞，杀属国吏民，又招同种千余落，并兵晨奔颎军。颎下马大战，至日中，刀折矢尽，虏亦引退。颎追之，且斗且行，昼夜相攻，割肉食雪，四十余日，遂至河首积石山，出塞二千余里，斩烧何大帅，首虏五千余人。又分兵击石城羌，斩首溺死者千六百人。烧当种九十余口诣颎降。又杂种羌屯聚白石，颎复进击，首虏三千余人。冬，勒姐、零吾种围允街，杀略吏民，颎排营救之，斩获数百人。

四年冬，上郡沈氐、陇西牢姐、乌吾诸种羌共寇并凉二州，颎将湟中义从讨之。凉州刺史郭闳贪共其功，稽固颎军，使不得进。义从役久，恋乡旧，皆悉反叛。郭闳归罪于颎，颎坐征下狱，输作左令给段颎，段颎在半路假装撤退，并在返回的路上暗中设置伏兵。鲜卑信以为真，进军追赶段颎。段颎于是大肆发兵，前来进犯的鲜卑悉数被斩杀俘获。段颎却因为假传玺书而被判以重刑，因为有功以司寇一职论罪。刑期满后，征召为议郎。

当时泰山、琅琊的贼寇东郭窦、公孙举等聚众三万人，毁坏郡县，朝廷派兵前去讨伐，多年都无法平息。永寿二年（156），桓帝下诏命公卿选拔文武双全的将领，司徒尹颂举荐段颎，就任命段颎为中郎将。讨伐东郭窦、公孙举等人，大获全胜，斩杀东郭窦、公孙举，斩获首级一万多，剩下的党羽都逃散、投降了。封段颎为列侯，赏赐五十万钱，任命他的一个儿子担任郎中。

延熹二年（159），升迁为护羌校尉。恰逢烧当、烧何、当煎、勒姐等八个羌族部落侵犯陇西、金城边塞，段颎率兵和湟中归附朝廷的羌族一万二千骑从湟谷出兵，大破贼寇。向南渡过黄河追赶讨伐剩余，派遣军吏田晏、夏育招募兵士担任先锋，悬挂绳索互相牵引，在罗亭再次开战，大获全胜，斩杀贼寇首领之下的两千人，俘虏一万多人，剩下的都急忙逃走了。

第二年春季，剩下的羌人又和烧何豪强侵犯张掖，攻破钜鹿坞，杀害属国的官吏百姓。又召集他们的同族一千多个部落，集中兵力在清晨向段颎的部队发起攻击。段颎下马和他们大战，战斗到了中午，刀折断箭射尽，贼寇也都撤退。段颎前去追击，一边交战一边前进，昼夜不停战斗，割肉充饥吃雪解渴，过了四十多天，一直到了黄河的源头积石山，远出塞外两千多里，斩杀烧何的大帅，斩杀、俘获五千多人。又分兵攻击石城的羌人，斩首、溺死一千六百人。烧当部落有九十多人投降段颎。又有混杂多个部落的羌人驻扎在白石，段颎又派兵前去攻击，斩首、俘虏三千多人。冬季，勒姐、零吾部落包围允街，杀戮掳掠官吏百姓，段颎派兵前去救援，斩杀、俘获几百人。

延熹四年（161）冬季，上郡沈氐、陇西牢姐、乌吾等部落的羌人联合侵犯并、凉二州，段颎率领湟中归附朝廷的羌人前去征讨。凉州刺史郭闳贪求和段颎共享战功，拖延段颎的军队，使军队不得前进。归附朝廷的羌人跟随出征太久，思念同乡故旧，悉数反叛。郭闳校。羌遂陆梁，覆没营坞，转相招结，唐突诸郡，于是吏人守阙讼颎以千数。朝廷知颎为郭闳所诬，诏问其状。颎但谢罪，不敢言枉，京师称为长者。起于徒中，复拜议郎，迁并州刺史。

时滇那等诸种羌五六千人寇武威、张掖、酒泉，烧人庐舍。六年，寇势转盛，凉州几亡。冬，复以颎为护羌校尉，乘驿之职。明年春，羌封僇、良多、滇那等酋豪三百五十五人率三千落诣颎降。当煎、勒姐种犹自屯结。冬，颎将万余人击破之，斩其酋豪，首虏四千余人。

八年春，颎复击勒姐种，斩首四百余级，降者二千余人。夏，进军击当煎种于湟中，颎兵败，被围三日，用隐士樊志张策，潜师夜出，鸣鼓还战，大破之，首虏数千人。颎遂穷追，展转山谷间，自春及秋，无日不战，虏遂饥困败散，北略武威间。

颎凡破西羌，斩首二万三千级，获生口数万人，马牛羊八百万头，降者万余落。封颎都乡侯，邑五百户。

永康元年，当煎诸种复反，合四千余人，欲攻武威，颎复追击于鸾鸟，大破之，杀其渠帅，斩首三千余级，西羌于此弭定。

而东羌先零等，自覆没征西将军马贤后，朝廷不能讨，遂数寇扰三辅。其后度辽将军皇甫规、中郎将张奂招之连年，既降又叛。桓帝诏问颎曰："先零东羌造恶反逆，而皇甫规、张奂各拥强众，不时辑定。欲颎移兵东讨，未识其宜，可参思术略。"颎因上言曰："臣伏见先零东羌虽数叛逆，而降于皇甫规者，已二万许落，善恶既分，余寇无几。今张奂踌躇久不进者，当虑外离内合，兵往必惊。

就把罪责都归于段颎身上，段颎因此获罪被召回逮捕入狱，被罚到左校服劳役。羌人更加嚣张猖獗，攻陷营垒，互相勾结，进犯各郡。于是数以千计的官吏百姓守在宫门前为段颎申诉。朝廷知道段颎被郭闳所诬陷，下诏询问段颎其中的情状。段颎只是自认有过，不敢说是受了冤枉，京城的人称段颎是有德行的长者。从囚犯中重新起用，再次官拜议郎，升迁为并州刺史。

当时滇那等部落的五六千羌人侵犯武威、张掖、酒泉，焚烧百姓的屋舍。延熹六年(163)，敌寇的势力逐渐强盛，凉州几乎沦亡。冬季，再任命段颎为护羌校尉，乘着驿马前去上任。第二年春季，羌族的封明、良多、滇那等贵族共三百五十五人率领三千部落来到段颎军前投降。当煎、勒姐部落还各自集结造反。冬季，段颎率领一万多人击败了贼寇，斩了他们为首的贵族，斩首、俘虏四千多人。

延熹八年(165)春季，段颎再次进攻勒姐部落，斩首四百多级，投降两千多人。夏季，军队推进到湟中攻击当煎部落，段颎的兵队落败，被围困了三天，用隐士樊志张的计策，在黑夜悄悄地出兵，敲鼓再回头交战，大破贼军，斩首、俘虏几千人。段颎顺势穷追猛打，辗转在山谷间，从春季到秋季，没有一天不在交战，敌人因此饥饿困顿、溃败逃散，向北到达武威一带。

段颎大破西羌，斩首两万三千级，俘虏几万人，缴获马牛羊八百万头，一万多个部落投降。段颎被封为都乡侯，食邑五百户。

永康元年(167)，当煎等部落再次造反，集合四千多人，打算进攻武威，段颎又追击贼寇到鸾鸟，大获全胜，斩杀了他们的首领，斩首三千多级，西羌从此平定。

而东羌先零等部落，自从击溃了征西将军马贤的军队之后，朝廷无力征讨，多次侵扰三辅一带。之后度辽将军皇甫规、中郎将张奂连年招降，总是投降之后又反叛。桓帝下诏询问段颎："先零东羌作恶反叛，而皇甫规、张奂各自拥立精兵，却不能及时平定。朕打算让你带兵向东讨伐，不知道怎样才合适，你来说一说你的谋略"段颎因此上书说："臣看到先零、东羌虽然数次叛变，而向皇甫规投降的，且自冬践春，屯结不散，人畜疲羸，自亡之势，徒更招降，坐制强敌耳。臣以为狼子野心，难以恩纳，势穷虽服，兵去复动。唯当长矛挟胁，白刃加颈耳。计东种所余三万余落，居近塞内，路无险折，非有燕、齐、秦、赵从横之势，而久乱并、凉，累侵三辅，西河、上郡，已各内徙，安定、北地，复至单危，自云中、五原，西至汉阳二千余里，匈奴、种羌，并擅其地，是为痈疽伏疾，留滞胁下，如不加诛，转就滋大。今若以骑五千，步万人，车三千两，三冬二夏，足以破定，无虑用费为钱五十四亿。如此，则可令群羌破尽，匈奴长服，内徙郡县，得反本土。伏计永初中，诸羌反叛，十有四年，用二百四十亿；永和之末，复经七年，用八十余亿。费耗若此，犹不诛尽，余孽复起，于兹作害。今不暂疲人，则永宁无期。臣庶竭驽劣，伏待节度。”帝许之，悉听如所上。

建宁元年春，颎将兵万余人，赍十五日粮，从彭阳直指高平，与先零诸种战于逢义山。虏兵盛，颎众恐。颎乃令军中张镞利刃，长矛三重，挟以强弩，列轻骑为左右翼。激怒兵将曰：“今去家数千里，进则事成，走必尽死，努力共功名！”因大呼，众皆应声腾赴，颎驰骑于傍，突而击之，虏众大溃，斩首八千余级，获牛马羊二十八万头。

时窦太后临朝，下诏曰：“先零东羌历载为患，颎前陈状，欲必扫灭。涉履霜雪，兼行晨夜，身当矢石，感厉吏士。曾未浃日，凶丑已经大约有两万个部落，善恶既然已经分清，剩下的贼寇不多了。如今张奂犹豫不决、迟迟不前进，大概是担心贼寇外表间离而内心团结，贸然派兵前往必定会感到惊恐。而且从冬季到春季，聚集不散造反，人马困苦穷乏，这是自取灭亡之势，只要加以招降，就可以轻而易举制服强敌了。臣认为狼子野心，难以用恩德收复，形势窘迫的时后虽然降服，但只要兵马一离去就又会骚动起来。只有用长矛相威胁，白刃放在他们的脖子上才行。估计东面的羌人所剩下的三万多个部落，居住的地方靠近塞内，道路又没有险阻曲折，并非有燕、齐、秦、赵纵横的地势，但他们长久作乱并州、凉州，多次侵犯三辅一带，西河、上郡，已经各自迁入塞内，安定、北地，又陷入了孤立危险的境地，自云中、五原，西至汉阳二千多里，匈奴、种羌，一起占据着那里，这就是毒疮隐疾，停滞在胁下，如果不加以诛灭，转眼就会长大。如今要是派骑兵五千，步兵一万，车辆三千，只用两三年，足以击败平定，也不用担心花费钱财五十四亿。这样，就可以让羌人们尽数破灭，匈奴长久服从。迁入塞内郡县的，得以返回本土。臣计算过永初年间，羌人部落们反叛，十四年间，花费二百四十亿；永和末年，又经历了七年，花费八十多亿。花花费这么多时间和金钱，还没法尽数诛灭，余孽又起，至今还在为害百姓。如今要是不暂时疲困百姓，那么就永远没有安宁之日了。臣愿意竭尽驽钝的才能，时刻敬候节制调度。”桓帝应允了他，悉数听取了他的奏书上的建议。

建宁元年（168）春季，段颎带兵一万多人，携带了十五天的粮草，从彭阳出发直指高平，和先零各部落在逢义山交战。贼寇兵力渐盛，段颎的部队感到害怕。段颎就命令军中打准备箭头、打磨利刃，长矛排列三重队列，从旁备有强弩，排列轻骑作为左右两翼。刺激兵士们说：“如今我们离家几千里，向前进军就能成就功业，向后逃走只有死路一条，大家努力共取功名！”就大声喊叫，兵士都应声奔腾奔赴，段颎在旁边驰马疾行，突然发动袭击，敌寇全都崩溃，斩首八千多级，缴获牛马羊二十八万头。

当时窦太后亲临朝政，下诏说：“先零等东羌部落为害多年，段颎先前陈述情况，下定决心扫荡剪除。跋涉着霜雪，日夜兼行，亲自抵奔破，连尸积俘，掠获无算。洗雪百年之逋负，以慰忠将之亡魂。功用显著，朕甚嘉之。须东羌尽定，当并录功勤。今且赐颎钱二十万，以家一人为郎中。”敕中藏府调金钱彩物，增助军费。拜颎破羌将军。

夏，颎复追羌出桥门，至走马水上。寻闻虏在奢延泽，乃将轻兵兼行，一日一夜二百余里，晨及贼，击破之。余虏走向落川，复相屯结。颎乃分遣骑司马田晏将五千人出其东，假司马夏育将二千人绕其西。羌分六七千人攻围晏等，晏等与战，羌溃走。颎急进，与晏等共追之于令鲜水上。颎士卒饥渴，乃勒众推方夺其水，虏复散走。颎遂与相连缀，且斗且引，及于灵武谷。颎乃被甲先登，士卒无敢后者。羌遂大败，弃兵而走。追之三日三夜，士皆重茧。既到泾阳，余寇四千落，悉散入汉阳山谷间。

时张奂上言：“东羌虽破，余种难尽，颎性轻果，虑负败难常。宜且以恩降，可无后悔。”诏书下颎。颎复上言：“臣本知东羌虽众，而软弱易制，所以比陈愚虑，思为永宁之算。而中郎将张奂，说虏强难破，宜用招降。圣朝明监，信纳瞽言，故臣谋得行，奂计不用。事势相反，遂怀猜恨。信叛羌之诉，饰润辞意，云臣兵累见折衄，又言羌一气所生，不可诛尽，山谷广大，不可空静，血流污野，伤和致灾。臣伏念周秦之际，戎狄为害，中兴以来，羌寇最盛，诛之不尽，虽降复叛。今先零杂种，累以反覆，攻没县邑，剽略人物，发冢露尸，祸及生死，上天震怒，假手行诛。昔邢为无道，卫国伐之，师兴而雨。臣动兵涉夏，连获甘澍，岁时丰稔，人无疵疫。上占天心，不为灾伤；下察人事，众和师克。自桥门以西，落川以东，故宫县邑，挡敌人，感奋激励官兵。决战不到十天，叛乱的贼寇溃败逃跑，尸体俘虏相连，缴获无数。洗雪了百年来未偿的仇恨，用来安慰忠将的亡魂。功绩显著，我甚感欣慰。等到东羌尽数平定，应当一同论功行赏。如今暂且赏赐段颎二十万钱，任命他家中一人为郎中。”下令中藏府调拨金钱礼物，增长军费。段颎官拜破羌将军。

夏季，段颎又追击羌人出桥门，追到走马水上。不久后听到消息说贼寇在奢延泽，就率领轻装部队加速赶路，一日一夜走了二百多里，早晨追赶上贼寇，交战击败了他们。剩余的贼寇逃到了落川，又集结起来聚众造反。段颎就分派骑司马田晏率领五千人从东面出击，假司马夏育率领两千人从西面追击。羌人分兵六七千人围攻田晏等人，田晏等人前去交战，敌寇溃败逃走。段颎率军快速前进，和田晏等人一同追击在令鲜水之上。段颎的兵士饥渴交加，就命令众将士齐头并进夺其水源，敌寇又溃散逃走了。段颎尾随其后，敌寇一边战斗一边后退，等撤退到灵武谷的时候。段颎就身披铠甲率先交锋，兵士没有一个敢后退的。以至羌人大败，丢弃兵器逃走。连续追击三天三夜，兵士的脚因长途跋涉起了层层厚茧。追到泾阳后，余寇有四千部落，悉数分散躲入汉阳山谷之间。

当时张奂上书说：“东羌虽然已被攻破，剩余的部落难以尽除，段颎性情轻率果敢，考虑这场仗胜负难料。应当用恩德招降，这样才能避免后悔。”诏书下达给段颎。段颎又上书说：“臣本就知道东羌虽然兵士众多，但性格软弱易于制服，所以陈述愚笨的想法，想要施行永久安宁的计策。而中郎将张奂，却说贼寇强大难以击败，应当招降。朝廷圣明，相信并采纳了我的愚笨的见解，所以臣的谋划得以施行，而不使用张奂的计策。事情发展的趋势正好和张奂所说的相反，所以他心怀猜忌怨恨。相信了叛羌的申诉，修饰润色了他们原来的词意，说臣的部队多次遭到挫败，又说羌人也是秉承着太一混然之气所生，是不能尽数诛杀的，山谷广大，不可空旷幽静，血流遍野，伤害天地中和之气，从而招致灾祸。臣想周、秦之际，戎狄为害百姓；光武中兴以来，羌族贼寇最为强盛，杀也杀不完，已经投降的又反叛。如今先零的杂种，多次反复无常，攻陷县邑，劫掠人物，发掘坟墓更相通属，非为深险绝域之地，车骑安行，无应折衄。案奂为汉吏，身当武职，驻军二年，不能平寇，虚欲修文戢戈，招降犷敌，诞辞空说，僭而无征。何以言之？昔先零作寇，赵充国徙令居内，煎当乱边，马援迁之三辅，始服终叛，至今为鲠。故远识之士，以为深忧。今傍郡户口单少，数为羌所创毒，而欲令降徒与之杂居，是犹种枳棘于良田，养虺蛇于室内也。故臣奉大汉之威，建长久之策，欲绝其本根，不使能殖。本规三岁之费，用五十四亿，今适期年，所耗未半，而余寇残烬，将向殄灭。臣每奉诏书，军不内御，愿卒斯言，一以任臣，临时量宜，不失权便。”

二年，诏遣谒者冯禅说降汉阳散羌。颎以春农，百姓布野，羌虽暂降，而县官无廪，必当复为盗贼，不如乘虚放兵，势必殄灭。夏，颎自进营，去羌所屯凡亭山四五十里，遣田晏、夏育将五千人据其山上。羌悉众攻之，厉声问曰："田晏、夏育在此不？湟中义从羌悉在何面？今日欲决死生。"军中恐，晏等劝激兵士，殊死大战，遂破之。羌众溃，东奔，复聚射虎谷，分兵守诸谷上下门。颎规一举灭之，不欲复令散走，乃遣千人于西县结木为栅，广二十步，长四十里，遮之。分遣晏、育等将七千人，衔枚夜上西山，结营穿堑，去虏一里许。又遣司马张恺等将三千人上东山。虏乃觉之，遂攻晏等，分遮汲水道。颎自率步骑进击水上，羌却走，因与恺等挟东西抛弃尸骨，不管是活的死的都要受到祸害，上天震怒，借我的手前去讨伐。昔日邢国无道，卫国前去讨伐，发兵时天降霖雨。臣发兵时经过炎热的夏季，接连不断降下甘霖，当年谷物丰收，百姓没有灾害疫病。向上占卜天意，没有招致天灾；向下体察人事，百姓和睦能够获胜。自桥门以西、落川以东，旧时的官府县邑，连续不断，绝非是偏僻险要、隔绝难通的地方，车辆骑兵行进安全，没有折损的地方。张奂身为汉室官吏，又身为军官，在外驻军两年，不能平定贼寇，凭空想要靠着修治典章制度来止息干戈，招降凶悍的敌人，说着荒诞不经的空话，虚伪又难以验证。为什么这样说呢？昔日先零作乱侵犯，赵充国让他们迁入关内，煎当扰乱边境，马援让他们迁入三辅一带，一开始归服可到了最后还是反叛了，至今还像卡在嗓子里的鱼刺一样。所以深谋远虑的人，十分担忧这件事。如今边郡人烟稀少，多次被羌人所侵害，而想要让投降的贼寇和平民杂居，就像在良田中种植多刺的枳木和棘木一样，在室内饲养毒蛇一样啊！所以臣遵奉大汉的威名，施行长久的策略，想要斩草除根，不能让他们再度繁衍。原本计划三年的花费，共五十四亿，如今刚够一年，花费还不到一半，而余寇已经像风中残烛，即将可以消灭。臣每次收到诏书，都是军队在外不听从内部的指挥，希望能听从臣的话，全权委托给臣，随机应变，不失变通。”

建宁二年（169），下诏派遣谒者冯禅前去汉阳劝说零散的羌人投降。段颎认为正是春耕时节，百姓遍布田野劳动，羌人虽然能够暂时投降，而县里没有粮食，羌人一定会再次当盗贼，不如乘虚而入，势必消灭贼寇。夏季，段颎自行进军，在离羌人驻扎的凡亭山有四五十里的地方，派遣田晏、夏育率领五千人占据山上。羌人悉数发起进攻，厉声询问说：“田晏、夏育在不在这里？湟中归顺朝廷的羌人都在哪面？今天打算要决一生死。”军中感到害怕，田晏等人激励兵士，殊死一战后，打败了羌人。羌人的军队溃散，向东奔逃，又聚集在射虎谷作乱，分兵把守各处山谷的上下门。段颎计划一举消灭，不打算再让他们四散逃走，就派遣一千人在西县用树木做成栅栏，宽二十步，长四十里，遮挡隐藏起来。分派田晏、夏育等人率领七千山，纵兵击破之，羌复败散。颎追至谷上下门穷山深谷之中，处处破之，斩其渠帅以下万九千级，获牛马驴骡毡裘庐帐什物，不可胜数。冯禅等所招降四千人，分置安定、汉阳、陇西三郡，于是东羌悉平。

凡百八十战，斩三万八千六百余级，获牛马羊骡驴骆驼四十二万七千五百余头，费用四十四亿，军士死者四百余人。更封新丰县侯，邑万户。颎行军仁爱，士卒疾病者，亲自瞻省，手为裹创。在边十余年，未尝一日蓐寝。与将士同苦，故皆乐为死战。

三年春，征还京师，将秦胡步骑五万余人，及汗血千里马，生口万余人。诏遣大鸿胪持节慰劳于镐。军至，拜侍中。转执金吾河南尹。有盗发冯贵人冢，坐左转谏议大夫，再迁司隶校尉。

颎曲意宦官，故得保其富贵，遂党中常侍王甫，枉诛中常侍郑飒、董腾等，增封四千户，并前万四千户。

明年，代李咸为太尉，其冬病罢，复为司隶校尉。数岁，转颍川太守，征拜太中大夫。

光和二年，复代桥玄为太尉。在位月余，会日食自劾，有司举奏，诏收印绶，诣廷尉。时司隶校尉阳球奏诛王甫，并及颎，就狱中诘责之，遂饮鸩死，家属徙边。后中常侍吕强上疏，追讼颎功，灵帝诏颎妻子还本郡。

人，口中衔着枚在黑夜里暗中登上西山，安营扎寨、构筑阵地，距离羌人只有一里的距离。又派遣司马张恺等人率领三千人登上东山。羌人这才发觉，就向田晏等人发起进攻，分兵遮堵汲水道而来。段颎亲自率领步兵、骑兵在水上迎击。羌人退走，于是和张恺等人从东西山包抄而来，发兵击败羌人，羌人又战败溃散。段颎追击到山谷上下门的穷山深谷之中，击败各处羌人，斩杀其首领以下的一万九千首级，缴获牛、马、骡、驴、毡裘、庐帐等物，不可胜数。冯禅等人所招降的四千人，分别安置在安定、汉阳、陇西三郡，至此东羌悉数平定。

共记一百八十场战斗，斩首三万八千六百多级，缴获牛、马、羊、骡、驴、骆驼四十二万七千五百多头，花费四十四亿，兵士阵亡四百多人。改封段颎为新丰县侯，食邑万户。段颎行军仁厚慈爱，兵士有患病的，他就亲自前来慰问，亲手包扎伤口。在边境十多年，没有一天睡过安稳觉。和将士们同甘共苦，所以军士都乐意为他拼死一战。

建宁三年（170）春季，征召返回京师，带领秦、胡步兵骑兵五万多人，以及汗血千里马，俘虏一万多人。皇帝下诏派遣大鸿胪在镐水拿着旄节去慰劳。军队到达，段颎官拜侍中。转任执金吾河南尹。有盗墓贼发掘冯贵人的坟墓，获罪降职为谏议大夫，又升迁为司隶校尉。

段颎曲意奉承宦官，所以能够保有自己的富贵，就和中常侍王甫结为朋党，枉杀了中常侍郑飒、董腾等人，增封食邑四千户，加上之前的共有食邑一万四千户。

第二年，代替李咸担任太尉，当年冬季就因病罢免，又被任命为司隶校尉。几年后，调任颍川太守，征召官拜太中大夫。

光和二年（179），又代替桥玄担任太尉。任职一月多，恰逢日食上奏检举自己的过失，相关官吏上奏检举他，下诏收回了他的印绶，送到廷尉处处置。当时司隶校尉阳球上奏诛杀王甫，一并牵连到段颎，就在监狱中诘问谴责他，于是段颎就服毒自杀了，家属徙迁流放到边境。之后中常侍吕强上书，追述段颎的功绩，灵帝下诏段颎的妻初，颎与皇甫威明、张然明，并知名显达，京师称为“凉州三明”云。

赞曰：山西多猛，“三明”俪踪。戎骖纠结，尘斥河、潼。规、奂审策，亟遏嚣凶。文会志比，更相为容。段追两狄，束马县锋。纷纭腾突，谷静山空。

子儿女都返回本郡。

起初，段颎（纪明）和皇甫威明、张然明，都被世人所知、显赫闻达，京师称他们为“凉州三明”。

赞辞说：山西多出猛将，“三明”并列称雄。戎马互相连接，足迹直至河、潼。规、奂提出妙计，一举遏制顽凶。志向以文会友，相互美言推崇。段颎直追两狄，包马足悬刀锋。众多杂乱唐突，山谷清静空旷。

卷九十六

陈王列传第五十六

陈蕃字仲举，汝南平舆人也。祖河东太守。蕃年十五，尝闲处一室，而庭宇芜秽。父友同郡薛勤来候之，谓蕃曰："孺子何不洒扫以待宾客？"蕃曰："大丈夫处世，当扫除天下，安事一室乎！"勤知其有清世志，甚奇之。

初仕郡，举孝廉，除郎中。遭母忧，弃官行丧。服阕，刺史周景辟别驾从事，以谏争不合，投传而去。后公府辟举方正，皆不就。

太尉李固表荐，征拜议郎，再迁为乐安太守。时李膺为青州刺史，名有威政，属城闻风，皆自引去，蕃独以清绩留。郡人周璆，高絜之士。前后郡守招命莫肯至，唯蕃能致焉。字而不名，特为置一榻，去则县之。璆字孟玉，临济人，有美名。民有赵宣葬亲而不闭埏隧，因居其中，行服二十余年，乡邑称孝，州郡数礼请之。郡内以荐蕃，蕃与相见，问及妻子，而宣五子皆服中所生。蕃大怒曰："圣人制礼，贤者俯就，不肖企及。且祭不欲数，以其易黩故也。况乃寝宿冢藏，而孕育其中，诳时惑众，诬污鬼神乎？"遂致其罪。

大将军梁冀威震天下，时遣书诣蕃，有所请托，不得通，使者诈求谒，蕃怒，笞杀之，坐左转修武令。稍迁，拜尚书。

陈蕃，字仲举，汝南郡平舆县人。祖父担任河东太守。陈蕃十五岁时，曾在家中闲居一室，而庭院十分肮脏，他父亲的朋友同郡人薛勤来看望他，对陈蕃说："小孩子你为什么不洒水扫地来迎接客人呢？"陈蕃说："大丈夫在世，应当扫清天下，哪能只打扫自己一家呢？"薛勤就知道他有清平天下的志气，认为他很奇异。

起初他在郡里供职，被推举为孝廉，担任郎中一职。后来为了母亲的丧事，自行辞官举办丧事。守丧期满，刺史周景征召他担任别驾从事，后因为谏诤意见不合，扔掉符信弃官而去。之后公府征召举荐他为方正，都不前往。

太尉李固上表荐举他，征召他担任议郎，又升迁为乐安太守。当时李膺担任青州刺史，有执政威严的名声，下属的地方官员听到传闻，都自行请求离去，唯独陈蕃因为政绩清明廉洁留下没走。同郡人周璆，是人品高尚清廉的人。前后几任郡守征召都不肯前往，只有陈蕃能请他前去。陈蕃只叫他的字不叫他的名，特地为他安置了一张床，周璆走后就把床悬挂起来。周璆，字孟玉，临济人，有好名声。百姓中有赵宣安葬双亲但不封闭墓道，自己还住在里面，穿孝服服丧二十多年，乡邑里都称赞他的孝行，州郡几次用礼聘请他。郡里把他举荐给陈蕃，问到他的妻子和儿女，得知赵宣的五个儿女都是在他服丧期间所生的。陈蕃大怒说："圣人制定服丧期间的礼仪，有品行道德的人克制自己去遵守，不肖的人也盼望能赶上。并且祭祀不需要太频繁，太频繁反而容易不敬所以如此。更何况你现在在坟墓中睡卧休息，还在坟墓中生儿育女，来欺骗、迷惑世人，还敢玷污鬼神吗？"于是治了他的罪。

大将军梁冀威震天下，当时派人给陈蕃送信，拜托陈蕃办事，没有得到接见，使者于是说谎请求谒见，陈蕃见后发怒，把使者鞭打时零陵、桂阳山贼为害，公卿议遣讨之，又诏下州郡，一切皆得举孝廉、茂才。蕃上疏驳之曰："昔高祖创业，万邦息肩，抚养百姓，同之赤子。今二郡之民，亦陛下赤子也。致令赤子为害，岂非所在贪虐，使其然乎？宜严敕三府，隐核牧守令长，其有在政失和，侵暴百姓者，即便举奏，更选清贤奉公之人，能班宣法令情在爱惠者，可不劳王师，而群贼弭息矣。又三署郎吏二千余人，三府掾属过限未除，但当择善而授之，简恶而去之。岂烦一切之诏，以长请属之路乎！"以此忤左右，故出为豫章太守。性方峻，不接宾客，士民亦畏其高。征为尚书令，送者不出郭门。

迁大鸿胪。会白马令李云抗疏谏，桓帝怒，当伏重诛。蕃上书救云，坐免归田里。

复征拜议郎，数日迁光禄勋。时封赏逾制，内宠猥盛，蕃乃上疏谏曰："臣闻有事社稷者，社稷是为；有事人君者，容悦是为。今臣蒙恩圣朝，备位九列，见非不谏，则容悦也。夫诸侯上象四七，垂耀在天，下应分土，藩屏上国。高祖之约，非功臣不侯。而闻追录河南尹邓万世父遵之微功，更爵尚书令黄儁先人之绝封，近习以非义授邑，左右以无功传赏，授位不料其任，裂土莫纪其功，至乃一门之内，侯者数人，故纬象失度，阴阳谬序，稼用不成，民用不康。臣知封事已行，言之无及，诚欲陛下从是而止。又比年收敛，十伤五六，万人饥寒，不聊生活，而采女数千，食肉衣绮，脂油粉黛，不可赀计。鄙谚言'盗不过五女门'，以女贫家也。今后宫之女，岂至死，获罪被降为修武令。之后得以升迁，官拜尚书。

当时零陵、桂阳被山贼所侵害，公卿商议要派遣军队前去讨伐他们，皇帝又下诏命令各州郡，全国各地都可以举荐孝廉、茂才。陈蕃上疏反驳说："昔日高祖创立大业，全国各地都卸下重担，官吏抚养百姓，就如同自己家刚出生的婴儿一样。如今此二郡里的百姓，也是皇帝您家刚出生的婴儿。导致婴儿们成为祸害的原因，难道不是因为当地的官吏贪污暴虐，才导致这样的吗？应该严谨慎戒三府，考核州牧、太守、县令，那些为政不合，侵犯百姓的人，立即向朝廷呈上奏章揭发，再选拔清正贤良、廉洁奉公的人，和能够宣传法令，爱护百姓的人，这样就可以不烦劳您的大军，而山贼自然可以平息了。另外三署中的郎官有两千多人，三府里的属官超过限额还没加以任用，只应该选择优秀的人授予官职，挑选出恶劣的人遣返他们。哪里还要劳烦您下诏全国举荐人才，来助长请托的做法呢？"也因此得罪了皇帝身边的人，所以被外放担任豫章太守。陈蕃生性方正严峻，不接待宾客，百姓和士兵也敬畏他的清高。征召他担任尚书令，送行的人都没有走出外城城门。

升迁为大鸿胪，恰逢白马县令李云向皇帝上书直言劝谏，桓帝震怒，李云应当被处以极刑。陈蕃上书营救李云，遭到牵连被罢免回家。

又被征召为议郎，几天后升迁为光禄勋。当时的加封赏赐超过规制，皇帝的宠臣众多，陈蕃就上疏劝谏说："臣下听说有为国家办事的人，一切都是为了国家；有为皇帝办事的人，一切都是为了曲意逢迎，来取悦皇帝。如今臣蒙受皇帝的恩宠，愧居九卿之位，见到皇帝的错误却不劝谏，那就也是在曲意逢迎，来取悦皇帝而已。诸侯对应星象中的二十八宿，在天上照下光辉，在地上应该分封土地，保卫王室。高祖约定，不是功臣的不得封侯。而臣却听说您追记河南尹邓万世的父亲邓遵那微小的功劳，重新授予尚书令黄儁的先人已经绝封的爵位，您所亲近的人通过不正当的途径获得封邑，左右的宠臣没有功绩而给予赏赐，授予官职不考虑其是否能胜任，裂土分封不考核他实际的功绩，以至于一家之内，就有数人封侯，所以星象失不贫国乎！是以倾宫嫁而天下化，楚女悲而西宫灾。且聚而不御，必生忧悲之感，以致并隔水旱之困。夫狱以禁止奸违，官以称才理物。若法亏于平，官失其人，则王道有缺。而令天下之论，皆谓狱由怨起，爵以贿成。夫不有臭秽，则苍蝇不飞。陛下宜采求失得，择从忠善。尺一选举，委尚书三公，使褒责诛赏，各有所归，岂不幸甚！”帝颇纳其言，为出宫女五百余人，但赐儁爵关内侯，而万世南乡侯。

延熹六年，车驾幸广城校猎。蕃上疏谏曰：“臣闻人君有事于苑囿，唯仲秋西郊，顺时讲武，杀禽助祭，以敦孝敬。如或违此，则为肆纵。故皋陶戒舜‘无教逸游’，周公戒成王‘无槃于游田’。虞舜、成王犹有此戒，况德不及二主者乎！夫安平之时，尚宜有节，况当今之世，有三空之厄哉！田野空，朝廷空，仓库空，是谓三空。加兵戎未戢，四方离散，是陛下焦心毁颜，坐以待旦之时也。岂宜扬旗曜武，骋心舆马之观乎！又秋前多雨，民始种麦。今失其劝种之时，而令给驱禽除路之役，非贤圣恤民之意也。齐景公欲观于海，放乎琅邪，晏子为陈百姓恶闻旌旗舆马之音，举首嚬眉之感，景公为之不行。周穆王欲肆车辙马迹，祭公谋父为诵《祈招》之诗，以止其心。诚恶逸游之害人也。”书奏不纳。

衡，阴阳错乱，庄稼不熟，百姓所用不丰。臣知道封赏之事已经实行，说了也无济于事，衷心希望皇帝您能到此为止。又有近年征收租税，百姓中十分之五六受到损害，上万人饥寒交迫，民不聊生，而您却宫女数千，一边吃肉一边穿丝制衣服，油脂、粉黛等物，不可统计。俗话说：‘盗贼不偷家有五女的人’，是因为女子多使家中贫穷。如今后宫女子众多，岂不是会让国家贫困吗！所以倾宫的宫女出嫁了而天下都会收到感化。楚国女子感到悲伤而妃嫔们就会发生灾祸。并且把她们聚集在一起却不亲近，一定会产生忧愁的情感，招致水旱失调的困境。监狱是用来关押奸恶小人的，官吏是用来选贤任能治理百姓的。如果执法欠缺公平，做官不得其人，就会导致仁义统治天下的政策受到损害。而如今天下人都议论，都说监狱是因为私怨而引起的，爵位是因为行贿才得到的。没有肮脏的地方，则苍蝇也不会飞来。陛下您应当搜集得失，选择忠善，下诏把举荐人才的事，委任尚书、三公处理，让奖赏和责罚，各有所归，岂不是值得庆幸的一件事吗？”桓帝采纳了他提的不少意见，放出宫女五百人，只赏赐拜封黄儁为关内侯，邓万世为南乡侯。

延熹六年（163），桓帝的车驾临幸广城苑围猎。陈蕃上疏劝谏说：“臣下听说皇帝到苑囿中打猎，只有在仲秋时节到西郊祭天迎秋的时候。顺应时节讲习武事，射杀禽兽辅助祭祀，用来加深孝敬之情。如果违背这些，就算是恣纵放肆了。所以皋陶告诫舜‘不要让人放纵游乐’，周公告诫成王‘不要在出游打猎上耽搁’。虞舜、成王尚且有人要他们以此为戒，更何况德行不及二位古圣贤王的呢！在天下太平的时候，尚且应该有所节制，更何况当今世上，还有‘三空’的灾难呢！田野空，朝廷空，仓库空，这就是所谓的‘三空’。再加上兵戎尚未停止，四方百姓流离失所，这正是陛下您忧心如焚、面有忧色，坐等天明的时候啊。岂能挥动旗帜、耀武扬威，恣意欣赏驰骋的车马呢！又有初秋多雨，百姓开始播种麦子，如今却失去鼓励百姓耕种的时机，反而要他们去做驱赶禽兽，开辟道路的劳役，这并非是贤明圣主体恤百姓的心意啊。齐景公打算观海，前往琅琊，晏子为齐景公讲述了百姓厌恶听到旌旗舆马的声音，都抬头皱眉的情景，齐自蕃为光禄勋，与五官中郎将黄琬共典选举，不偏权富，而为势家郎所谮诉，坐免归。顷之，征为尚书仆射，转太中大夫。八年，代杨秉为太尉。蕃让曰：“‘不愆不忘，率由旧章，’臣不如太常胡广。齐七政，训五典，臣不如议郎王畅。聪明亮达，文武兼姿，臣不如弛刑徒李膺。”帝不许。

中常侍苏康、管霸等复被任用，遂排陷忠良，共相阿媚。大司农刘祐、廷尉冯绲、河南尹李膺，皆以忤旨，为之抵罪。蕃因朝会，固理膺等，请加原宥，升之爵任。言及反覆，诚辞恳切。帝不听，因流涕而起。时小黄门赵津、南阳大猾张汜等，奉事中官，乘势犯法，二郡太守刘瓆、成瑨考案其罪，虽经赦令，而并竟考杀之。宦官怨恚，有司承旨，遂奏瓆、瑨罪当弃市。又山阳太守翟超，没入中常侍侯览财产，东海相黄浮，诛杀下邳令徐宣，超、浮并坐髡钳，输作左校。蕃与司徒刘矩、司空刘茂共谏请瓆、瑨、超、浮等，帝不悦。有司劾奏之，矩、茂不敢复言。蕃乃独上疏曰：“臣闻齐桓修霸，务为内政；《春秋》于鲁，小恶必书。宜先自整敕，后以及人。今寇贼在外，四支之疾；内政不理，心腹之患。臣寝不能寐，食不能饱，实忧左右日亲，忠言以疏，内患渐积，外难方深。陛下超从列侯，继承天位。小家畜产百万之资，子孙尚耻愧失其先业，况乃产兼天下，受之先帝，而欲懈怠以自轻忽乎？诚不爱己，不当念先帝得之勤苦邪？前梁氏五侯，毒遍海内，天启圣意，收而戮之，天下之议，冀当小平。明鉴未远，覆车如昨，而近习之权，复相扇结。小黄门赵津、大猾张汜等，肆行贪虐，奸媚左右，前太原太守刘瓆、南阳太守成瑨，纠而戮之。虽言赦后不当诛杀，原其诚心，在乎去恶。至于陛景公因此打消出行的念头。周穆王想要自己的车辙马迹遍布天下，祭公谋父为他诵读诗歌《祈招》，用以阻止他的打算。真的是痛恶放纵游乐会害人啊！”奏书呈上桓帝却没有采纳。

自从陈蕃担任光禄勋，和五官中郎将黄琬一同掌管选拔举荐官吏，不偏袒权贵，因此被权势人家的子弟所谗毁攻讦，获罪罢免官职回家。不久后，征召为尚书仆射，转任太中大夫。延熹八年（165），代替杨秉担任太尉。陈蕃辞让说：“‘不犯过失不会遗失，遵循旧日典章制度，’臣下不如太常胡广。通晓七政，解说五典，臣下不如议郎王畅。聪明豁达，文武兼备，臣下不如解除枷锁的刑徒李膺。”桓帝没有答应。

中常侍苏康、管霸等人又被任用，于是排挤陷害忠良大臣，互相阿谀奉承。大司农刘祐、廷尉冯绲、河南尹李膺，都因为违抗皇帝的旨意，被判处相应的惩罚。陈蕃借着朝会的机会，坚持为李膺等人辩解，请求皇帝加以宽恕，提升他们的官爵。反复辩解，言辞恳切。桓帝没有听从，陈蕃因此流泪起身退朝。当时小黄门赵津、南阳大恶人张汜等人，侍奉宦官，仗势犯法欺人，两郡的太守刘瓆、成缙拷问查究他们的罪名，虽有皇帝发布了赦免他们的命令，而竟然一同拷问处死了他们。宦官们怀恨在心。相关官吏逢迎意旨，就上奏说刘瓆、成瑨罪当在街头处死示众。又有山阳太守翟超，没收了中常侍侯览的财产，东海相黄浮，诛杀了下邳令徐宣，翟超、黄浮都被处以剃去头发、用铁圈束住脖子的刑罚，被押往左校服劳役。陈蕃和司徒刘矩、司空刘茂一同劝谏请求赦免刘瓆、成瑨、翟超、黄浮等人，桓帝听后很不高兴。相关官吏上奏罪状弹劾他们，刘矩、刘茂不敢再发表意见了。陈蕃就独自上疏说：“臣下听说齐桓公成就霸业，主要致力于修治国家的内政，《春秋》对于鲁国的政事，即使微小的过错也一定会记录上去。应当先自行整顿，然后才能推广要求别人。如今贼寇在外肆虐，这是四肢的疾病；但内政紊乱而不理睬，却是心腹的大患。臣睡觉也睡不着，吃饭也吃不饱，实在是担心您对身边的人日渐亲近，忠诚的规谏日益稀少，国内的忧患逐渐积累，外部的灾难正在加深。陛下从列侯越级，继承天子之位。小户人家积蓄百万的财产，下，有何悁悁？而小人道长，营惑圣听，遂使天威为之发怒。如加刑谪，已为过甚，况乃重罚，令伏欧刀乎！又前山阳太守翟超、东海相黄浮，奉公不桡，疾恶如仇，超没侯览财物，浮诛徐宣之罪，并蒙刑坐，不逢赦恕。览之从横，没财已幸；宣犯衅过，死有余辜。昔丞相申屠嘉召责邓通，洛阳令董宣折辱公主，而文帝从而请之，光武加以重赏，未闻二臣有专命之诛。而今左右群竖，恶伤党类，妄相交构，致此刑谴。闻臣是言，当复啼诉。陛下深宜割塞近习豫政之源，引纳尚书朝省之事，公卿大官，五日壹朝，简练清高，斥黜佞邪。如是天和于上，地洽于下，休祯符瑞，岂远乎哉！陛下虽厌毒臣言，凡人主有自勉强，敢以死陈。”帝得奏愈怒，竟无所纳。朝廷众庶莫不怨之。宦官由此疾蕃弥甚，选举奏议，辄以中诏谴却，长史已下多至抵罪。犹以蕃名臣，不敢加害。瓆字文理，高唐人。瑨字幼平，陕人。并有经术称，处位敢直言，多所搏击，知名当时，皆死于狱中。

子孙尚且羞愧失去其先人的产业，更何况是整个天下的产业，从先帝手里继承，而打算懈怠并且轻视忽略吗？这样真的是不爱惜自己，不应当顾念先帝得到天下的辛勤劳苦吗？之前梁冀一家五个侯爵，荼毒遍布天下，上天启示圣明的意旨，收捕然后处死，天下间的议论，是希望社会稍加安定。明显的前例就在眼前，失败的教训犹在昨天，而您宠爱亲信的权臣，又互相煽动勾结。小黄门赵津、大恶人张汜等人，恣意贪污、暴虐，诡诈谄媚您身边的宠臣，前太原太守刘瓆、南阳太守成瑨，收捕并处决他们。虽说赦令之后不应当诛杀，探究他们的真心，在于为您去除恶人。那么陛下您，又有什么理由愤怒呢？而小人的奸计层出不穷，迷惑了您的视听，致使您天威大怒。要是对他们处刑责罚，已经很过分了，更何况处以严峻刑罚，要让他们在刀下伏诛呢！又有前山阳太守翟超、东海相黄浮，奉行公事、不讲情面，疾恶如仇，翟超没收侯览的财物，黄浮依法处决徐宣犯下的罪，两人都因此获罪连坐，没有得到您的赦免和宽恕。侯览恣行无忌，只没收他的财产已是万幸；徐宣所犯的罪过，死有余辜。昔日丞相申屠嘉召见文帝的宠臣并加以斥责，洛阳令董宣当面斥责羞辱光武帝的姐姐湖阳公主，而文帝向申屠嘉求情免除邓通死罪，光武帝重赏了董宣，没有听说这两位大臣因不奉上命、自由行事而收到处罚。而如今您身边的那些小人们，报复同党受到伤害，胡乱罗织捏造罪名，致使刘瓆、成瑨受此刑罚。听到臣说的这些话，您的身边的小人又要哭诉了。陛下您确实应该杜绝亲信宠臣参与政事的源头，接纳尚书等官到朝廷议事，公卿大官们，五天举行一次朝会，挑选任用清正高尚的人，罢免奸邪之人。这样的话在上自然和顺，在下大地融洽，出现吉祥的征兆，难道还会远吗！陛下您虽然厌恶臣说的话，但凡人主都有心中不愿而强行去做的事，所以才敢冒死陈述。”桓帝看了奏书后更加愤怒，竟然一点都没有采纳。朝廷众人没有不怨恨他的。宦官因此更加痛恨陈蕃，他所举荐的人才、呈上的奏章，总是被宦官假借皇帝的亲笔诏令拒绝受理，他麾下长史之下的官吏大多借故受到惩处。因为陈蕃是名臣，还不敢加害他。刘瓆，字文理，高唐人。成瑨，字幼平，陕县人。二人都以经术著称，当官的时候敢于说正直不阿的言九年，李膺等以党事下狱考实。蕃因上疏极谏曰："臣闻贤明之君，委心辅佐；亡国之主，讳闻直辞。故汤武虽圣，而兴于伊吕；桀纣迷惑，亡在失人。由此言之，君为元首，臣为股肱，同体相须，共成美恶者也。伏见前司隶校尉李膺、太仆杜密、太尉掾范滂等，正身无玷，死心社稷。以忠忤旨，横加考案，或禁锢闭隔，或死徙非所。杜塞天下之口，聋盲一世之人，与秦焚书阬儒，何以为异？昔武王克殷，表闾封墓，今陛下临政，先诛忠贤。遇善何薄？待恶何优？夫谗人似实，巧言如簧，使听之者惑，视之者昏。夫吉凶之效，存乎识善；成败之机，在于察言。人君者，摄天地之政，秉四海之维，举动不可以违圣法，进退不可以离道规。谬言出口，则乱及八方，何况髡无罪于狱，杀无辜于市乎！昔禹巡狩苍梧，见市杀人，下车而哭之曰：'万方有罪，在予一人！'故其兴也勃焉。又青、徐炎旱，五谷损伤，民物流迁，茹菽不足。而宫女积于房掖，国用尽于罗纨，外戚私门，贪财受赂，所谓'禄去公室，政在大夫'。昔春秋之末，周德衰微，数十年间无复灾眚者，天所弃也。天之于汉，悢悢无已，故殷勤示变，以悟陛下。除妖去孽，实在修德。臣位列台司，忧责深重，不敢尸禄惜生，坐观成败。如蒙采录，使身首分裂，异门而出，所不恨也。"帝讳其言切，托以蕃辟召非其人，遂策免之。

论，对于坏事，多有所抨击，在当时很有名，都在监狱中去世。

延熹九年(166)，李膺等人因为党锢事件被关入监牢拷问。陈蕃因此上书尽力劝谏说："臣下听说贤明的国君，愿意信赖辅佐大臣；亡国的国君，不愿听到正直的言辞。所以商汤、周武王虽然圣明，而因为有伊尹、吕望这样的贤臣才得以兴盛；夏桀、商纣不辨是非，因为失去贤臣而导致灭亡。由此说来，国君是头脑，臣子是胳膊和大腿，一心同体相互配合，一同成就美好活丑恶。臣看到前司隶校尉李膺、太仆杜密、太尉掾范滂等人，刚正不阿、洁白无瑕，竭尽心力为了国家。因为忠心、违抗旨意，肆意施加拷打查究，有人被关押隔绝，有人死去流放到边荒。杜绝天下的悠悠众口，让世上的人都装聋作哑，这和秦朝焚书坑儒，又有什么区别？昔日周武王灭亡商朝，在商朝忠臣的家门旌表闾里，增修坟墓，来彰显功德，如今陛下您执掌大政，首先诛杀忠诚贤明的大臣。对待好人为什么如此刻薄，对待恶人为什么又那样优厚？谗谄之人貌似诚实，巧言如簧，让听的人感到迷惑，让看的人感到迷惑。结局的好坏，决定于辨别善恶，成败的关键，在于审察言论。人君，代理天地间的政事，统领四海内的纲纪，一举一动不可以违背先圣的法度，进退之间不可以背离道德规矩。错话一说出口，就会扰乱四面八方，更何况剃去无罪之人的头发关押在狱中，杀死无辜的人在街市呢！昔日夏禹巡行苍梧，看见在街市上杀人，下车后哭着说：'各地的罪过，都在我一人！'所以夏禹很快就兴盛起来。又有青州、徐州干旱炎热，五谷受损，百姓迁移流动，连野菜也不够吃。然而宫女填满后宫，国家财富尽数用于制作精美的丝制衣服，外戚权贵，贪恋财物收受贿赂，这就是孔子所说的'俸禄离开了公室，政令取决于大夫'。昔日春秋末年，周朝的德治衰微，几十年间没有见到什么祸患灾难，这是被上天所抛弃了。上天对于汉朝，还是眷念不已，所以不断显示异变，来启发皇帝您。铲除邪恶小人，关键在于修养您自己的道德。臣位居三公之位，身负重任，不敢空受俸禄、爱惜生命，坐观汉朝存亡。臣的建议要是得以采纳，即使臣身首异处，分别从两个门出去，臣也不感到遗憾。"桓帝厌烦陈蕃说的太过直切，假借陈蕃所征召选用的人才难以胜任，就下令罢免了他。

永康元年，帝崩。窦后临朝，诏曰："夫民生树君，使司牧之，必须良佐，以固王业。前太尉陈蕃，忠清直亮。其以蕃为太傅，录尚书事。"时新遭大丧，国嗣未立，诸尚书畏惧权官，托病不朝。蕃以书责之曰："古人立节，事亡如存。今帝祚未立，政事日蹙，诸君奈何委荼蓼之苦，息偃在床？于义不足，焉得仁乎！"诸尚书惶怖，皆起视事。

灵帝即位，窦太后复优诏蕃曰："盖褒功以劝善，表义以厉俗，无德不报，《大雅》所叹。太傅陈蕃，辅弼先帝，出内累年。忠孝之美，德冠本朝；謇愕之操，华首弥固。今封蕃高阳乡侯，食邑三百户。"蕃上疏让曰："使者即臣庐，授高阳乡侯印绶，臣诚悼心，不知所裁。臣闻让，身之文，德之昭也，然不敢盗以为名。窃惟割地之封，功德是为。臣孰自思省，前后历职，无它异能，合亦食禄，不合亦食禄。臣虽无素絜之行，窃慕'君子不以其道得之，不居也'。若受爵不让，掩面就之，使皇天震怒，灾流下民，于臣之身，亦何所寄？顾惟陛下哀臣朽老，戒之在得。"窦太后不许，蕃复固让，章前后十上，竟不受封。

初，桓帝欲立所幸田贵人为皇后。蕃以田氏卑微，窦族良家，争之甚固。帝不得已，乃立窦后。及后临朝，故委用于蕃。蕃与后父大将军窦武，同心尽力，征用名贤，共参政事，天下之士，莫不延颈想望太平。而帝乳母赵娆，旦夕在太后侧，中常侍曹节、王甫等与共交构，谄事太后。太后信之，数出诏命，有所封拜，及其支类，多永康元年（167），桓帝驾崩。窦皇后亲自执掌朝政，下诏说："百姓生来就要树立君主，来负责管理他们，还必须有贤能的辅佐大臣，来巩固汉室大业。前太尉陈蕃，忠诚廉正，正直信实。现在任命陈蕃为太傅，兼管尚书事宜。"当时刚刚遭逢皇帝国丧，皇位继承人还没有确定，尚书们畏惧朝中的权臣，都假借生病不上朝。陈蕃写信责备他们说："古人讲究树立节操，虽然皇帝驾崩了，但侍奉的态度还如同他活着一样。如今皇位还没有确定，政事日渐紧迫，诸位为什么抛弃国家艰苦的处境不管，而在床上休息呢？在义上已经有所亏缺，哪里还能谈得上仁呢！"尚书们感到惶恐，都起身前往朝廷办公。

灵帝即位后，窦太后再次下诏嘉奖陈蕃说："称赞功劳来劝人向善，表彰道义来激励世俗，没有什么德行是没有回报的，就像《大雅》所咏叹的。太傅陈蕃，辅佐先帝，传达圣意已经多年。忠孝美德，德行可称本朝第一；正直敢言的节操，到了老年更坚定。如今封陈蕃为高阳乡侯，食邑三百户。"陈蕃上书辞让说："使者来到臣家，授予臣高阳乡侯的印绶，臣真是心中惶恐，不知道该咱们决断。臣听说谦让，是立身的修养，德行的昭彰啊，然而不敢欺世盗名。臣自以为分封田邑，主要是为了表彰功德。臣经过自我反省，前后历任的职务，并没有杰出的才能，做得好享受俸禄，做得不好也享受俸禄。臣虽说没有高洁的品行，还是羡慕'君子不用正道得到显贵的地位，不会去做'。如果接受爵位不辞让，遮住脸面去接受，就会使皇天震怒，灾害降于百姓，我又要置身于何处呢？想来陛下可怜臣老朽，杜绝了臣的贪心。"窦太后不允许，陈蕃又坚决辞让，前后十次呈上奏章，最终也没有接受封赏。

起初，桓帝打算册立所宠爱的田贵人为皇后。陈蕃认为田氏的出身卑微，窦氏是世家大族，争立窦氏的态度十分坚决。桓帝不得已，就册立窦氏为皇后。等到窦太后亲自执掌朝政后，所以重用陈蕃。陈蕃和窦太后的父亲大将军窦武，同心勠力，征召任用著名贤人，共同参与国家政事，天下间的士人，没有不伸长脖子盼望天下太平的。然而桓帝的奶妈赵娆，早晚都待在窦太后身边，中常侍曹节、行贪虐。蕃常疾之，志诛中官，会窦武亦有谋。蕃自以既从人望而德于太后，必谓其志可申，乃先上疏曰："臣闻言不直而行不正，则为欺乎天而负乎人。危言极意，则群凶侧目，祸不旋踵。钧此二者，臣宁得祸，不敢欺天也。今京师嚣嚣，道路喧哗，言侯览、曹节、公乘昕、王甫、郑飒等与赵夫人诸女尚书并乱天下。附从者升进，忤逆者中伤。方今一朝群臣，如河中木耳，泛泛东西，耽禄畏害。陛下前始摄位，顺天行诛，苏康、管霸并伏其辜。是时天地清明，人鬼欢喜，奈何数月复纵左右？元恶大奸，莫此之甚。今不急诛，必生变乱，倾危社稷，其祸难量。愿出臣章宣示左右，并令天下诸奸知臣疾之。"太后不纳，朝廷闻者莫不震恐。蕃因与窦武谋之，语在《武传》。

及事泄，曹节等矫诏诛武等。蕃时年七十余，闻难作，将官属诸生八十余人，并拔刃突入承明门，攘臂呼曰："大将军忠以卫国，黄门反逆，何云窦氏不道邪？"王甫时出，与蕃相迕，适闻其言，而让蕃曰："先帝新弃天下，山陵未成，窦武何功，兄弟父子，一门三侯？又多取掖庭宫人，作乐饮宴，旬月之间，赀财亿计。大臣若此，是为道邪？公为栋梁，枉桡阿党，复焉求贼！"遂令收蕃。蕃拔剑叱甫，甫兵不敢近，乃益人围之数十重，遂执蕃送黄门北寺狱。黄门从官驺蹋蹴蕃曰："死老魅！复能损我曹员数，夺我曹禀假不？"即日害之。徙其家属于比景，宗族、门生、故吏皆斥免禁锢。

王甫等人都和她有所勾结，逢迎侍奉太后。窦太后很信任他们，多次下达诏令，给他们赐爵授官，而他们的爪牙，大多行事贪婪暴虐。陈蕃经常痛恨这些人，决心诛杀宦官，恰逢窦武也有同样的谋划。陈蕃自认为这样既顺从百姓的意愿并且对太后又有功德，觉得自己的志向一定可以实现，就先向太后上书说："臣下听说言论不正直并且行为不端正，就是欺骗了上天、辜负了世人。直言尽意，就会受到众恶人的仇视，灾祸接踵而来。衡量这两种情况，臣宁愿招致灾祸，也不敢欺骗上天。如今京城众说纷纭，道路上吵闹纷乱，都说侯览、曹节、公乘昕、王甫、郑飒等人和赵娆夫人等女尚书们一同扰乱天下。依附他们的人升官，反对他们的人就受到诬陷。如今朝廷群臣，就像河中的浮木，随波逐流，贪图禄位又惧怕被害。陛下您之前刚开始代理君位的时候，顺从天意进行杀伐，苏康、管霸一并被治罪处死。当时天地清明，人、鬼都欣喜，为什么只过了几个月又开始放纵左右的人？罪大恶极的罪魁祸首，没有比他们更厉害的了。如今不急着诛杀他们，一定会发生变乱，国家倾覆，造成的祸害难以预料。希望您能把我的奏章公布给您左右的人看，并让天下那些奸臣知道我有多痛恨他们。"窦太后没有采纳他的意见，朝廷里听说这篇奏章的人没有不惊恐的。陈蕃于是就和窦武一同谋划，详见《窦武传》。

等到事情泄露时，曹节等人假托皇帝的诏书杀害了窦武等人。陈蕃当时七十多岁，听说灾祸发生，率领属官和学生八十多人，一同拔刀冲进承明门，捋起袖子高声喊："大将军忠诚卫国，黄门宦官叛逆作乱，怎么能说窦氏不遵守臣子之道呢？"王甫当时正从宫里出来，正好听到了他的话，陈蕃相撞，恰逢听到他们说的话，就责备陈蕃说："先帝刚刚驾崩，陵墓尚未修成，窦武有什么功劳，窦氏兄弟父子，一门三人封侯？另外他带走很多后宫女子，饮酒作乐，一个月内，获得的钱财数以亿计。大臣做到如此，这还是为臣之道吗？您是国家的栋梁，违法曲断、结党徇私，还说到哪里去逮捕乱臣贼子！"于是就下令收押陈蕃。陈蕃拔剑呵斥王甫，王甫的兵士不敢靠近，就增兵几十层包围了陈蕃等人，生擒了陈蕃送往黄门北寺狱中。宦官属下的骑兵们对陈蕃又踢又踹并说："死老鬼！你还能裁减我们的官员，剥蕃友人陈留朱震，时为铚令，闻而弃官哭之，收葬蕃尸，匿其子逸于甘陵界中。事觉系狱，合门桎梏。震受考掠，誓死不言，故逸得免。后黄巾贼起，大赦党人，乃追还逸，官至鲁相。

震字伯厚，初为州从事，奏济阴太守单匡臧罪，并连匡兄中常侍车骑将军超。桓帝收匡下廷尉，以谴超，超诣狱谢。三府谚曰："车如鸡栖马如狗，疾恶如风朱伯厚。"

论曰：桓、灵之世，若陈蕃之徒，咸能树立风声，抗论惛俗。而驱驰崄阸之中，与刑人腐夫同朝争衡，终取灭亡之祸者，彼非不能絜情志，违埃雾也。愍夫世士以离俗为高而人伦莫相恤也。以遁世为非义，故屡退而不去；以仁心为己任，虽道远而弥厉。及遭际会，协策窦武，自谓万世一遇也。懔懔乎伊、望之业矣！功虽不终，然其信义足以携持民心。汉世乱而不亡，百余年间，数公之力也。

王允字子师，太原祁人也。世仕州郡为冠盖。同郡郭林宗尝见允而奇之，曰："王生一日千里，王佐才也。"遂与定交。

年十九，为郡吏。时小黄门晋阳赵津贪横放恣，为一县巨患，允讨捕杀之。而津兄弟谄事宦官，因缘谮诉，桓帝震怒，征太守刘瓆，遂下狱死。允送丧还平原，终毕三年，然后归家。复还仕，郡人夺我们的俸禄借贷吗？”陈蕃当天就遇害了。把他的家属流放到比景，宗族、门生、旧部下都受到废免终身不能做官。

陈蕃的朋友陈留人朱震，当时担任铚县县令，听到消息后自己解除官职而去哭祭陈蕃，收殓安葬陈蕃的尸体，把陈蕃的儿子陈逸藏匿在甘陵境内。事情被察觉后被囚禁在狱中，全家人都被刑具所拘系。朱震受到审问鞭打，但他宁死也不愿说出陈逸的下落，因此陈逸得以幸免。之后黄巾贼寇起事，朝廷大赦朋党中人，才追寻找回陈逸，官职直到鲁相。

朱震，字伯厚，起初担任州从事，上书揭发济阴太守单匡的贪污受贿罪，而且牵连到单匡的哥哥中常侍车骑将军单超。桓帝下令收押单匡交由廷尉，又斥责单超，单超就到监狱认罪。三府有谚语说：“车像鸡窝马像狗，疾恶如仇朱伯厚。”

评论说：桓帝、灵帝时期，像陈蕃这样的人，全都能树立好的名声，能够直言而不阿谀这昏乱的流俗。奔走效力在危险的情势之中，和宦官同朝一较高下，最终招来杀身之祸，他们并非不能洁身自守，隐居躲避世俗的污浊。而是担心世士以远离世俗而作为高尚，从而对于人伦道德难以互相体恤。他们认为避世隐居是不道义的行为，所以多次遭遇罢免仍然不肯离去；以倡导仁爱之心作为己任，虽然知道这条路是漫长，意志却更加坚定。等到遇上桓帝和窦太后执政交替之际，协助窦武出谋划策，自认为这是千载难逢的机会。刚烈严正地追求的伊尹、吕望那样辅佐君王的大业！事情虽然没有成功，然而他们的信义足以扶持民心。汉室混乱但没有灭亡，这一百多年间，依靠的是陈蕃这几人的力量啊。

王允，字子师，太原郡祁县人。世世代代在州郡中担任官吏。同郡的郭林宗曾经见到王允觉得才干非凡，说：“王生一日千里，有可为卿相的才干啊。”就与他结为朋友。

王允十九岁时，担任郡吏。当时小黄门晋阳人赵津贪婪横暴、放纵任性，成为县里的心腹大患，王允搜捕处死了他。而赵津的兄弟逢迎侍奉宦官，因此借以谗毁攻讦，桓帝听后震怒，征召太守刘瓆，关入监牢后处死。王允为刘瓆送殡回到平原，三年守丧期满，然后才回有路佛者，少无名行，而太守王球召以补吏，允犯颜固争，球怒，收允欲杀之。刺史邓盛闻而驰传辟为别驾从事。允由是知名，而路佛以之废弃。

允少好大节，有志于立功，常习诵经传，朝夕试驰射。三公并辟，以司徒高第为侍御史。中平元年，黄巾贼起，特选拜豫州刺史。辟荀爽、孔融等为从事，上除禁党。讨击黄巾别帅，大破之，与左中郎将皇甫嵩、右中郎将朱儁等受降数十万。于贼中得中常侍张让宾客书疏，与黄巾交通，允具发其奸，以状闻。灵帝责怒让，让叩头陈谢，竟不能罪之。而让怀协忿怨，以事中允。明年，遂传下狱。

会赦，还复刺史。旬日间，复以它罪被捕。司徒杨赐以允素高，不欲使更楚辱，乃遣客谢之曰："君以张让之事，故一月再征。凶慝难量，幸为深计。"又诸从事好气决者，共流涕奉药而进之。允厉声曰："吾为人臣，获罪于君，当伏大辟以谢天下，岂有乳药求死乎！"投杯而起，出就槛车。既至廷尉，左右皆促其事，朝臣莫不叹息。大将军何进、太尉袁隗、司徒杨赐共上疏请之曰："夫内视反听，则忠臣竭诚；宽贤矜能，则义士厉节。是以孝文纳冯唐之说，晋悼宥魏绛之罪。允以特选受命，诛逆抚顺，曾未期月，州境澄清。方欲列其庸勋，请加爵赏，而以奉事不当，当肆大戮。责轻罚重，有亏众望。臣等备位宰相，不敢寝默。诚以允宜蒙三槐之听，以昭忠贞之心。"书奏，得以减死论。是冬大赦，而允独不在宥，三公咸复为言。至明年，乃得解释。是时宦者横暴，睚眦触死。允惧不免，乃变易名姓，转侧河内、陈留间。

家。又出仕做官，郡人有个叫路佛的，年少并且品行不佳，而太守王球征召他为补吏，王允冒犯王球的威严坚决不同意，王球发怒，收捕王允并打算杀害他。刺史邓盛听说后就派出驿站的车马征兆王允为别驾从事。王允从此著名，而路佛却因此被废弃不用了。

王允年少时就喜好高尚的节操，有建立功绩的志向，经常学习诵读经传，早晚学习骑马射箭。三公一同征召他，经过司徒考核优异而担任侍御史。中平元年（184），黄巾贼寇四起，王允被特别选任为豫州刺史。征召荀爽、孔融等人担任从事，上书解除朋党之祸的禁锢。讨伐黄巾别帅，大获全胜，和左中郎将皇甫嵩、右中郎将朱儁等人接受投降的黄巾贼寇几十万人。在贼寇中找到中常侍张让的宾客所写的书信，与黄巾勾结，王允彻底揭发其中的奸情，写成奏章呈报给朝廷。灵帝怒责张让，张让叩头认错，灵帝竟然没有治他的罪。而张让却在心中包藏怨恨，借着事端中伤王允。第二年，王允被逮捕入狱。

恰逢大赦，又官复刺史。十天之内，又因为其他罪名被捕。司徒杨赐认为王允向来德行高尚，不忍心让他经受痛苦和侮辱，就派遣宾客劝解他说："先生因为张让的事，以至于一月之内再次被征召逮捕。隐藏的凶祸难以估量，希望您能深思熟虑。"又有办事果敢有魄力的从事们，一同流着眼泪奉上毒药递给王允。王允厉声说："我身为人臣，得罪了皇帝，应当服大辟极刑来向天下人认罪，岂能服下毒药求死呢！"扔掉杯子起身，径直走上囚车。到了廷尉处，皇帝左右的人都催促尽快处刑，朝臣没有不替他叹息的。大将军何进、太尉袁隗、司徒杨赐共同上书请命说："皇帝能自我反省，则忠臣就能竭诚辅佐皇帝；皇帝能宽宥待人，则义士就能激励自己的节操。所以孝文帝采纳了冯唐的意见，晋悼公原宥了魏绛的罪过。王允是朝廷特别选拔接受命令，讨伐叛逆、安抚归顺，还不到一个月，州境中平定祸乱、恢复秩序。正打算列举他的功勋，请求朝廷加爵赏赐，却因侍奉不当，应当被判处极刑。责斥轻而处罚重，有负众人所望。臣等愧居宰相之位，不敢沉默不言。我们真心认为王允应该蒙受三公的审理，来昭明他的忠贞之心。"奏章上呈给皇帝，得以减免死刑。同年冬季及帝崩，乃奔丧京师。时大将军何进欲诛宦官，召允与谋事，请为从事中郎，转河南尹。献帝即位，拜太仆，再迁守尚书令。

初平元年，代杨彪为司徒，守尚书令如故。及董卓迁都关中，允悉收敛兰台、石室图书秘纬要者以从。既至长安，皆分别条上。又集汉朝旧事所当施用者，一皆奏之。经籍具存，允有力焉。时董卓尚留洛阳，朝政大小，悉委之于允。允矫情屈意，每相承附，卓亦推心，不生乖疑，故得扶持王室于危乱之中，臣主内外，莫不倚恃焉。

允见卓祸毒方深，篡逆已兆，密与司隶校尉黄琬、尚书郑公业等谋共诛之。乃上护羌校尉杨瓒行左将军事，执金吾士孙瑞为南阳太守，并将兵出武关道，以讨袁术为名，实欲分路征卓，而后拔天子还洛阳。卓疑而留之，允乃引内瑞为仆射，瓒为尚书。

二年，卓还长安，录入关之功，封允为温侯，食邑五千户。固让不受。士孙瑞说允曰："夫执谦守约，存乎其时。公与董太师并位俱封，而独崇高节，岂和光之道邪？"允纳其言，乃受二千户。

三年春，连雨六十余日，允与士孙瑞、杨瓒登台请霁，复结前谋。瑞曰："自岁末以来，太阳不照，霖雨积时，月犯执法，彗孛仍见，昼阴夜阳，雾气交侵，此期应促尽，内发者胜。几不可后，公其遇到大赦，而唯独王允不在赦免之内，三公又再次全替他辩解。到了第二年，才得到释放。当时的宦官强横暴戾，哪怕怒视宦官都要被判处死刑。王允担心不能免于陷害，就改名换姓，辗转在河内、陈留之间流浪。

等到灵帝驾崩，王允就回京城奔丧。当时大将军何进打算诛杀宦官，召见王允和他一同商议，请他担任从事中郎，转任河南尹。献帝即位，官拜太仆，又升迁为尚书令。

初平元年（190），代替杨彪担任司徒，仍然升迁为尚书令。等到董卓迁都到关中，王允把兰台、石室中的图书、秘纬中重要的悉数收集起来带到关中。到了长安后，都分门别类整理好上书报备。又收集汉朝旧条例中应当继续施用的，都一条一条全部上奏。经书典籍都得以保全，对此王允有大贡献。当时董卓还留在洛阳，朝政大小，悉数委托王允处理。王允假意屈从，每次都奉承董卓，董卓也对他推心置腹，没有怀疑之心，所以能够在危乱之中扶持汉室，皇帝、百官、朝廷内外，没有不信赖倚仗他的。

王允见到董卓对朝廷的祸害日益加深，篡夺叛逆之心已经显露出来了，王允暗中和司隶校尉黄琬、尚书郑公业等人共同商议诛杀董卓。就上奏请护羌校尉杨瓒代理左将军的事务，执金吾士孙瑞为南阳太守，都带兵从武关道出关，以讨伐袁术的名义，实际上打算分路征讨董卓，然后拥护天子回到洛阳。董卓心中怀疑就留下了王允，王允就征召士孙瑞进京担任仆射、杨瓒也进京担任尚书。

初平二年（191），董卓回到长安，记录入关的功劳，封王允为温侯，食邑五千户。王允坚决推辞不接受。士孙瑞对王允说：“保持谦逊、遵守约定，这要看清时势。您与董太师同居高位都接受封赏，而唯独您崇尚高尚的节操，这难道是内敛锋芒的办法吗？”王允采纳了他的意见，接受封赏食邑二千户。

初平三年（192）春季，一连下了六十多天雨，王允和士孙瑞、杨瓒登上高台请求天空放晴，再次商讨之前诛杀董卓的计划。士孙瑞说：“自从年末以来，终日不见太阳，连绵大雨不停，月亮进犯执法星，彗星孛星仍显现，昼夜颠倒，雾气相侵，这是上天预示此事应该图之。”允然其言，乃潜结卓将吕布，使为内应。会卓入贺，吕布因刺杀之。语在《卓传》。

允初议赦卓部曲，吕布亦数劝之。既而疑曰：“此辈无罪，从其主耳。今若名为恶逆而特赦之，适足使其自疑，非所以安之之道也。”吕布又欲以卓财物班赐公卿、将校，允又不从。而素轻布，以剑客遇之。布亦负其功劳，多自夸伐，既失意望，渐不相平。

允性刚棱疾恶，初惧董卓豺狼，故折节图之。卓既歼灭，自谓无复患难，及在际会，每乏温润之色，杖正持重，不循权宜之计，是以群下不甚附之。

董卓将校及在位者多凉州人，允议罢其军。或说允曰：“凉州人素惮袁氏而畏关东。今若一旦解兵关东，则必人人自危。可以皇甫义真为将军，就领其众，因使留陕以安抚之，而徐与关东通谋，以观其变。”允曰：“不然。关东举义兵者，皆吾徒耳。今若距险屯陕，虽安凉州，而疑关东之心，甚不可也。”时百姓讹言，当悉诛凉州人，遂转相恐动。其在关中者，皆拥兵自守。更相谓曰：“丁彦思、蔡伯喈但以董公亲厚，并尚从坐。今既不赦我曹，而欲解兵，今日解兵，明日当复为鱼肉矣。”卓部曲将李傕、郭汜等先将兵在关东，因不自安，遂合谋为乱，攻围长安。城陷，吕布奔走。布驻马青琐门外，招允曰：“公可以去乎？”允曰：“若蒙社稷之灵，上安国家，吾之愿也。如其不获，则奉身以死之。朝廷幼少，恃我而已，临难苟免，吾不忍也。努力谢关东诸公，勤以国家为念。”

尽快促成，尽快下定决心的人将要胜利。机不可失，请您考虑考虑吧。”王允同意士孙瑞说的话，就在暗中结交董卓的部将吕布，让他作为内应。恰逢董卓入朝庆贺献帝大病初愈，吕布因此刺杀了董卓。详见《董卓传》。

王允最初打算赦免董卓的部属，吕布也多次劝说王允。之后王允又怀疑说：“这些人并没有罪，只是跟随他们的主公董卓罢了。如今要是给他们冠上奸恶逆乱的恶名，再来特赦他们，只会让他们自己产生疑惑，这并非是使他们安定的办法。”吕布又打算把董卓的财物赏赐给公卿、将校，王允又不允许。王允向来轻视吕布，只把他当做剑客来对待他。吕布也自负自己有功劳，经常夸耀自己的功劳，既然感到不得意，渐渐和王允产生嫌隙。

王允生性刚直有锋芒、疾恶如仇。起初惧怕董卓的贪婪残忍，所以假意屈从有所图谋。董卓被消灭之后，自认为再也没有什么忧患灾难了，等到公共场合，每次都缺乏温润的神色，主持正道、行事慎重，不用暂时变通的方法，因此群臣也不是很依附他。

董卓的将校以及担任官职的大多是凉州人，王允打算撤销董卓原来的部队。有人对王允说：“凉州人向来忌惮袁氏而畏惧关东。如今要是一旦撤兵，则必定人人自危。可以任命皇甫义真为将军，带领董卓的旧部，从而让他留守在陕地安抚他们，而慢慢地与关东共同谋划，以观其变。”王允说：“不行。关东兴起义兵的人，都是我的部下啊。如今要是据守险要、在陕地屯兵，虽然可以安抚凉州，却会引起关东的疑心，这是千万不行的。”当时百姓中流传着谣言，大概是要悉数诛杀凉州人，于是互相传播恐惧引起骚动。在关中的人，都掌握兵力来自保。并互相转告说：“丁彦思、蔡伯喈仅仅因为和董公关系亲密，都一同被牵连受罚。如今既然不赦免我们，而又打算撤销部队，今天要是撤销了，明天我们就又变成待人宰割的鱼肉了啊！”董卓麾下的将领李傕、郭汜等人先前在关东统率军队，因此难以自安，于是共谋作乱，围攻长安。攻陷长安后，吕布逃走。吕布在青琐门外拉紧马的缰绳，招唤王允说：“您可以离开了吗？”王允说：“如果承蒙社稷的保佑，上能安定国家，这是我的愿望。如果不然的话，初，允以同郡宋翼为左冯翊，王宏为右扶风。是时三辅民庶炽盛，兵谷富实，李傕等欲即杀允，惧二郡为患，乃先征翼、宏。宏遣使谓翼曰："郭汜、李傕以我二人在外，故未危王公。今日就征，明日俱族。计将安出？"翼曰："虽祸福难量，然王命所不得避也。"宏曰："义兵鼎沸，在于董卓，况其党与乎！若举兵共讨君侧恶人，山东必应之，此转祸为福之计也。"翼不从。宏不能独立，遂俱就征，下廷尉。傕乃收允及翼、宏，并杀之。

允时年五十六。长子侍中盖、次子景、定及宗族十余人皆见诛害，唯兄子晨、陵得脱归乡里。天子感恸，百姓丧气，莫敢收允尸者，唯故吏平陵令赵戬弃官营丧。

王宏字长文，少有气力，不拘细行。初为弘农太守，考案郡中有事宦官买爵位者，虽位至二千石，皆掠考收捕，遂杀数十人，威动邻界。素与司隶校尉胡种有隙，及宏下狱，种遂迫促杀之。宏临命诟曰："宋翼竖儒，不足议大计。胡种乐人之祸，祸将及之。"种后眠辄见宏以杖击之，因发病，数日死。

后迁都于许，帝思允忠节，使改殡葬之，遣虎贲中郎将奉策吊祭，赐东园秘器，赠以本官印绶，送还本郡。封其孙黑为安乐亭侯，食邑三百户。

士孙瑞字君策，扶风人，颇有才谋。瑞以允自专讨董卓之劳，故归功不侯，所以获免于难。后为国三老、光禄大夫。每三公缺，就舍身殉国。皇帝年幼，只能依靠我而已，遇到灾难而我贪图侥幸苟活，我不忍心啊。替我尽力关照关东的诸位，要时时为国家着想。”

起初，王允任命同郡人宋翼为左冯翊、王宏为右扶风。当时三辅一带的百姓兴旺，兵士、粮食富足，李傕等人想要立即杀掉王允，担心二郡成为祸患，就先行征召宋翼、王宏。王宏派遣使者对宋翼说：“郭汜、李蓤因为我们二人带兵在外，所以还没敢危害王公。今天我们响应征召，明天一定会全族遭灭。该怎么办呢？”宋翼说：“此行虽然祸福难预料，但皇帝的命令没法逃避啊。”王宏说：“义兵之所以声势汹涌，是因为董卓，更何况他的党羽呢！如果发兵共同讨伐皇帝身边的恶人，山东一定会响应，这是转危为安的计策啊。”宋翼没有听从。王宏一个人不能独自行事，就一同应征，被送往廷尉审理。李傕就收押王允以及宋翼、王宏，一并被处以极刑。

王允当时五十六岁。长子王盖担任侍中、次子王景、王定以及宗族里的十多人都被杀害，只有哥哥的儿子王晨、王陵得以逃脱，回到乡里。天子感伤哀痛，百姓精神颓丧，没有人敢去替王允收尸，只有老部下平陵令赵戬弃官不做替他办理丧事。

王宏，字长文，年少时孔武有力，不拘小节。起初担任弘农太守，考察发现郡里有奉侍宦官以此买得爵位的人，虽然他的食邑已经有二千石，全都被收捕拷问，于是诛杀了几十个人，威震相邻郡县。他向来和司隶校尉胡种有嫌隙，等到王宏下狱，胡种就迫不及待地把他杀害了。王宏临死时怒骂：“宋翼这个无知腐儒，不足以谋划大事。胡种幸灾乐祸，灾祸也快来了。”胡种之后睡觉总是梦见王宏用棍子打他，因此发病，几天后就去世了。

之后迁都许昌，皇帝思念王允忠贞的节操，下令重新改葬王允，派遣虎贲中郎将奉行皇帝的诏令前去吊祭，赏赐东园秘器，赠予他原来官职的印绶，送回故乡。封王允的孙子王黑为安乐亭侯，食邑三百户。

士孙瑞，字君荣，扶风县人，很有才能谋略。士孙瑞因为王允自作主张讨伐董卓的功劳，就全都归功于王允，没接受封侯，所以幸免于难。之后担任国之三老、光禄大夫。每当三公位置空缺，杨彪、皇

杨彪、皇甫嵩皆让位于瑞。兴平二年，从驾东归，为乱兵所杀。

赵戬字叔茂，长陵人，性质正多谋。初平中，为尚书，典选举。董卓数欲有所私授，戬辄坚拒不听，言色强厉。卓怒，召将杀之，众人悚栗，而戬辞貌自若。卓悔，谢释之。长安之乱，客于荆州，刘表厚礼焉。及曹操平荆州，乃辟之，执戬手曰："恨相见晚。"卒相国钟繇长史。

论曰：士虽以正立，亦以谋济。若王允之推董卓而引其权，伺其间而敝其罪，当此之时，天下悬解矣。而终不以猜忤为衅者，知其本于忠义之诚也。故推卓不为失正，分权不为苟冒，伺间不为狙诈。及其谋济意从，则归成于正也。

赞曰：陈蕃芜室，志清天纲。人谋虽缉，幽运未当。言观殄瘁，曷非云亡？子师图难，晦心倾节。功全元丑，身残余孽。时有隆夷，事亦工拙。

甫嵩都让位给士孙瑞。兴平二年(195),跟随天子车驾东归,被乱兵所杀。

赵戬,字叔茂,长陵县人,性情正直、多谋。初平年中,担任尚书,主管选举贤才。董卓多次打算让他私下授予官职,赵戬严词拒绝没有听从。董卓发怒,召集将士准备杀他,众人都感到害怕,而赵戬神态自若。董卓感到后悔,就把他放了。长安大乱时,客居在荆州,刘表以厚礼待。等到曹操平定荆州时,就征召他,握着赵戬的手说:"真是相见恨晚啊。"最后在担任相国钟繇长史的任上去世。

评论说:士人虽然以处事正直来立身,也还要用权谋来相济。如果王允推举董卓而利用他的权威,乘其不备来治他的罪,在当时,就可以解除天下倒悬之急。而终究没有疑忌忤逆而产生嫌隙,是知道自己本着忠义的诚心。所以王允推举董卓不能叫做失正,分权不能叫做贪求权势,乘其不备不能叫做狡猾奸诈。等到谋划实现自己的意志,就在正义的道路上获得成功了。

赞辞说:陈蕃庭院肮脏,立志澄清纲纪。计谋虽合事理,天命却难妥当。看到国家病困,怎么不说灭亡?王允图谋救难,隐藏本心屈节。诛杀罪魁祸首,死于残党余孽。时运高低起伏,办事也有巧拙。

卷九十七

党锢列传第五十七

孔子曰："性相近也，习相远也。"言嗜恶之本同，而迁染之涂异也。夫刻意则行不肆，牵物则其志流。是以圣人导人理性，裁抑宕佚，慎其所与，节其所偏，虽情品万区，质文异数，至于陶物振俗，其道一也。叔末浇讹，王道陵缺，而犹假仁以效己，凭义以济功。举中于理，则强梁褫气；片言违正，则厮台解情。盖前哲之遗尘，有足求者。

霸德既衰，狙诈萌起。强者以决胜为雄，弱者以诈劣受屈。至有画半策而绾万金，开一说而锡琛瑞。或起徒步而仕执圭，解草衣以升卿相。士之饰巧驰辩，以要能钓利者，不期而景从矣。自是爱尚相夺，与时回变，其风不可留，其敝不能反。

及汉祖杖剑，武夫教兴，宪令宽赊，文礼简阔，绪余四豪之烈，人怀陵上之心，轻死重气，怨惠必雠，令行私庭，权移匹庶，任侠之方，成其俗矣。自武帝以后，崇尚儒学，怀经协术，所在雾会，至有石渠分争之论，党同伐异之说，守文之徒，盛于时矣。至王莽专伪，终于篡国，忠义之流，耻见缨绋，遂乃荣华丘壑，甘足枯槁。虽中兴在运，汉德重开，而保身怀方，弥相慕袭，去就之节，重于时矣。逮桓灵之间，主荒政缪，国命委于阉寺，士子羞与为伍，故匹夫抗愤，处士横议，遂乃激扬名声，互相题拂，品核公卿，裁量执政，孔子说：“人的天性是相近也，由于后天环境影响习气就相差很远了。”这是说人的好恶本来是相同的，而因为受教育和环境的影响使人的性情和操守相差巨大。克制意识就不会放纵自己，被外物所吸引就会丧失志向。所以圣人教导理性，遏止放荡，谨慎交友，节制偏爱，虽然性格千差万别，文德资质相异，至于教化培育、振兴习俗，其道理是一样的。时代衰亡导致浮薄诈伪，以仁义统治天下的政策衰败残缺，还有人假借仁的名义增强自身实力，凭借义的旗号来成就功业。行为举止符合法度，粗暴残忍的人也会慑于声威从而丧失胆气；只言片语违背正统，手下的仆役都会离心离德。这是前代的贤哲们遗留下来的东西，已经足够满足所求。

以霸道统治天下的政策衰败，开始出现伺机取诈。强的以取得胜利而称雄，弱的以不够诈劣而受委屈。以至于有人谋划了半个计策就获得万金，有人提出一种言论就赏赐美玉。有人出身平民而做到高官，隐居贤士得以升任卿相。士人逞其口才巧辩，为了能够谋取私利，不约而同这样互相追随。自此以后夺爱争宠，追逐时机转变，这种风气不可保留，这种弊病不能反复。

等到汉高祖举兵起事，勇武的军人突然兴起，法令宽容，礼仪疏略，继承战国时期信陵、平原、春申、孟尝四君子的遗风，人人心怀凌驾在上的心思，义气为重轻视生死，仇怨恩德必定报答，法令行使在私家手中，权力掌握在平民手中，锄强扶弱的仗义行为，成为当时的社会风气。自汉武帝之后，提倡儒学，胸怀经术携带经典的人，都聚集在一起，以至于有了石渠阁会议上的分辨争论，有了拉帮结派、偏袒同党、攻击异己的说法，遵循如此风气的人，在当时最为盛行。等到王莽专权伪装，终于篡夺君位，忠臣义士之类的人，以接受王莽授予的印绶为耻，以隐居于深山河谷为荣，甘愿过这样贫穷的婞直之风，于斯行矣。

夫上好则下必甚，矫枉故直必过，其理然矣。若范滂、张俭之徒，清心忌恶，终陷党议，不其然乎？

初，桓帝为蠡吾侯，受学于甘陵周福，及即帝位，擢福为尚书。时同郡河南尹房植有名当朝，乡人为之谣曰："天下规矩房伯武，因师获印周仲进。"二家宾客，互相讥揣，遂各树朋徒，渐成尤隙，由是甘陵有南北部，党人之议，自此始矣。后汝南太守宗资任功曹范滂，南阳太守成瑨亦委功曹岑晊，二郡又为谣曰："汝南太守范孟博，南阳宗资主画诺。南阳太守岑公孝，弘农成瑨但坐啸。"因此流言转入太学，诸生三万余人，郭林宗、贾伟节为其冠，并与李膺、陈蕃、王畅更相褒重。学中语曰："天下模楷李元礼，不畏强御陈仲举，天下俊秀王叔茂。"又渤海公族进阶、扶风魏齐卿，并危言深论，不隐豪强。自公卿以下，莫不畏其贬议，屣履到门。

时河内张成善说风角，推占当赦，遂教子杀人。李膺为河南尹，督促收捕，既而逢宥获免，膺愈怀愤疾，竟案杀之。初，成以方伎交通宦官，帝亦颇谇其占。成弟子牢修因上书诬告膺等养太学游士，交结诸郡生徒，更相驱驰，共为部党，诽讪朝廷，疑乱风俗。于是天子震怒，班下郡国，逮捕党人，布告天下，使同忿疾，遂收执膺等。其辞所连及陈寔之徒二百余人，或有逃遁不获，皆悬金购募。使者四出，相望于道。明年，尚书霍谞、城门校尉窦武并表为请，帝生活。虽说光武帝中兴，汉德重新建立，而还是保全自身、品行端正，弥漫互相仰慕遵循的风气，取舍官职的大节，为当时所看重。到了桓帝、灵帝的时代，君主放纵政治混乱，国家的命运掌握在宦官手中，读书人以和他们一起而感到羞耻。所以平民百姓激昂愤慨，山野隐士恣意议论，于是四处宣扬名声，互相品评褒扬，评论三公九卿，衡量执政的人，倔强刚直的风气，从这时开始盛行。

身居上位的人所喜好的东西则下面的人更加喜好。矫正弯曲就一定会比直的更过一点。其中的道理就是这样。像范滂、张俭这样的人，心思纯正、嫉恶如仇，最终陷入朋党之间的非议，难道不正是这样吗?

起初，桓帝担任蠡吾侯时，跟随甘陵人周福学习，等到即位之后，提拔周福担任尚书。当时和周福同郡担任河南尹的房植在朝中很有名气，乡民就编了一首歌谣说："天下楷模房伯武，帝师升官周仲进。"两家的宾客，互相猜度加以讥评，于是各自树立朋党，逐渐产生嫌隙，从此甘陵分为南北两部，朋党的说法，从此开始流传。之后汝南太守宗资任用功曹范滂，南阳太守成缙也任用功曹岑晊，二郡又编歌谣说："汝南太守范孟博，南阳宗资只签字。南阳太守岑公孝，弘农成缙只闲坐。"因为这句流言传入太学，三万多儒生，以郭林宗、贾伟节为首，和李膺、陈蕃、王畅一起互相褒扬尊崇。太学中流传说："天下模楷李元礼，不畏豪强陈仲举，天下俊秀王叔茂。"另外有渤海公族进阶、扶风人魏齐卿，都言论深刻正直，不避豪强。公卿以下的人，没有不怕他们指责非议的，都匆忙到府上结交。

当时河内人张成擅长五音占风占卜法，他推算占卜将会天下大赦，于是教唆儿子杀人。李膺担任河南尹，督促拘捕张成。不久遇到天下大赦获得赦免，李膺心中更加气愤不平，彻查案件之后处死张成。起初，张成用医卜星相等方术交结宦官，皇帝也经常向张成讯问占卜的结果。张成的弟子牢修因此上书诬告李膺等人豢养太学中的云游文人，交结各郡的儒生们，彼此奔走效劳，结为朋党，诽谤非议朝廷，惑乱风尚习俗。于是皇帝盛怒，颁布诏令下发郡国，逮捕朋党意稍解，乃皆赦归田里，禁锢终身。而党人之名，犹书王府。

自是正直废放，邪枉炽结，海内希风之流，遂共相摽搒，指天下名士，为之称号。上曰“三君”，次曰“八俊”，次曰“八顾”，次曰“八及”，次曰“八厨”，犹古之“八元”“八凯”也。窦武、刘淑、陈蕃为“三君”。君者，言一世之所宗也。李膺、荀翌、杜密、王畅、刘祐、魏朗、赵典、朱寓为“八俊”。俊者，言人之英也。郭林宗、宗慈、巴肃、夏馥、范滂、尹勋、蔡衍、羊陟为“八顾”。顾者，言能以德行引人者也。张俭、岑晊、刘表、陈翔、孔昱、苑康、檀敷、翟超为“八及”。及者，言其能导人追宗者也。度尚、张邈、王考、刘儒、胡母班、秦周、蕃向、王章为“八厨”。厨者，言能以财救人者也。

又张俭乡人朱并，承望中常侍侯览意旨，上书告俭与同乡二十四人别相署号，共为部党，图危社稷。以俭及檀彬、褚凤、张肃、薛兰、冯禧、魏玄、徐乾为“八俊”，田林、张隐、刘表、薛郁、王访、刘祇、宣靖、公绪恭为“八顾”，朱楷、田槃、疏耽、薛敦、宋布、唐龙、嬴咨、宣褒为“八及”，刻石立墠，共为部党，而俭为之魁。灵帝诏刊章捕俭等。大长秋曹节因此讽有司奏捕前党故司空虞放、太仆杜密、长乐少府李膺、司隶校尉朱寓、颍川太守巴肃、沛相荀翌、河内太守魏朗、山阳太守翟超、任城相刘儒、太尉掾范滂等百余人，皆死狱中。余或先殁不及，或亡命获免。自此诸为怨隙者，因相陷害，睚眦之忿，滥入党中。又州郡承旨，或有未尝交关，亦离祸毒。其死徙废禁者，六七百人。

成员，通告天下，使百姓一同忿怒憎恶他们，于是捉拿了李膺等人。他们的供辞连累陈寔之类的人有二百多人，有人逃跑躲避没被捉到，都悬赏缉捕。派遣使者四处搜捕，在道路上互相对望。第二年，尚书霍谞、城门校尉窦武一同上表求情，皇帝的怒意稍微消减。于是被捕的人都被赦免回到田中，终身不得做官。而朋党成员的名字，仍记录在王府之中。

自此之后，公正刚直的人被废黜放逐，奸邪的人紧密勾结，海内仰慕风节操守的人，于是互相标榜，指出天下的名士，为他们确定尊称。最上等的叫“三君”，次一等的叫“八俊”，再次一等的叫“八顾”，再次一等的叫“八及”，再次一等的叫“八厨”，就像古时候的“八元”“八凯”。窦武、刘淑、陈蕃被称为“三君”。君，是说他们被一世所尊奉。李膺、荀翌、杜密、王畅、刘祐、魏朗、赵典、朱寓被称为“八俊”。俊，是说他们是人中英杰。郭林宗、宗慈、巴肃、夏馥、范滂、尹勋、蔡衍、羊陟被称为“八顾”。顾，是说他们能以自身的道德品行引导他人，张俭、岑晊、刘表、陈翔、孔昱、苑康、檀敷、翟超被称为“八及”。及，是说他们能够引导众人效仿追随。度尚、张邈、王考、刘儒、胡母班、秦周、蕃向、王章被称为“八厨”，是说他们能够用钱财救他人。

又有张俭的同乡人朱并，迎合中常侍侯览的意向，上书告发张俭和同乡二十四人互相另立名号，共同结为朋党，图谋危害国家。把张俭和檀彬、褚凤、张肃、薛兰、冯禧、魏玄、徐乾称为“八俊”，田林、张隐、刘表、薛郁、王访、刘祇、宣靖、公绪恭称为“八顾”，朱楷、田槃、疏耽、薛敦、宋布、唐龙、嬴咨、宣褒称为“八及”，雕刻石头立于郊外，共同结为朋党，而张俭担任领袖。灵帝下诏删去告发人姓名并且逮捕张俭等人。大长秋曹节因此委婉示意相关官员上奏逮捕之前结党的前任司空虞放、太仆杜密、长乐少府李膺、司隶校尉朱寓、颍川太守巴肃、沛相荀翌、河内太守魏朗、山阳太守翟超、任城相刘儒、太尉掾范滂等一百多人，全都死于狱中。其余的有人在下令逮捕之前就去世了，有人逃跑在外得以避免。自此凡是有嫌隙的，都彼此陷害，被别人瞪了一眼这样小的怨恨，都被波及划入朋党之中。又熹平五年，永昌太守曹鸾上书大讼党人，言甚方切。帝省奏大怒，即诏司隶、益州槛车收鸾，送槐里狱掠杀之。于是又诏州郡更考党人门生故吏父子兄弟，其在位者，免官禁锢，爰及五属。

光和二年，上禄长和海上言："礼，从祖兄弟别居异财，恩义已轻，服属疏末。而今党人锢及五族，既乖典训之文，有谬经常之法。"帝览而悟之，党锢自从祖以下，皆得解释。

中平元年，黄巾贼起，中常侍吕强言于帝曰："党锢久积，人情多怨。若久不赦宥，轻与张角合谋，为变滋大，悔之无救。"帝惧其言，乃大赦党人，诛徙之家皆归故郡。其后黄巾遂盛，朝野崩离，纲纪文章荡然矣。

凡党事始自甘陵、汝南，成于李膺、张俭，海内涂炭，二十余年，诸所蔓衍，皆天下善士。三君、八俊等三十五人，其名迹存者，并载乎篇。陈蕃、窦武、王畅、刘表、度尚、郭林宗别有传。荀翌附祖淑传。张邈附吕布传。胡母班附袁绍传。王考字文祖，东平寿张人，冀州刺史；秦周字平王，陈留平丘人，北海相；蕃向字嘉景，鲁国人，郎中；王璋字伯仪，东莱曲城人，少府卿；位行并不显。翟超，山阳太守，事在陈蕃传，字及郡县未详。朱寓，沛人，与杜密等俱死狱中。唯赵典名见而已。

刘淑字仲承，河间乐成人也。祖父称，司隶校尉。淑少学明有州郡逢迎意旨，有人和他们根本没有来往，也遭到牵连。其中被杀害、谪贬、罢官、终身不可做官的有六七百人。

熹平五年（176），永昌太守曹鸾上书极力为朋党成员争辩，所说十分正直恳切。灵帝看了奏书后勃然大怒，立即诏令司隶、益州用囚车收押曹鸾，送到槐里的监狱中拷打而死。于是又下诏州郡再次察验朋党成员的门生、旧部下、父子兄弟，当官的相关人员，一律罢官并且终身不能做官，牵涉到五服之内的亲属。

光和二年（179），上禄县长和海上书说："根据礼制，从祖兄弟各立门户、分开财产。恩情道义已轻，五服之内的亲属已经疏远。现如今朋党成员终身不能做官已经牵连到五服，既已违背经典中的准则，又违反了经常使用的法令。"灵帝看后幡然醒悟，因朋党而终身不能做官的人从祖亲属以下的，都得以解除。

中平元年（184），黄巾贼起兵造反，中常侍吕强对灵帝说："因朋党而终身不能做官的禁锢已经很长时间了，人们心中多有怨恨。如果长时间不赦免，容易与张角共同谋划，变乱逐渐扩大，后悔也没法补救了。"灵帝害怕他所说成真，于是大赦朋党成员，被处死和流放的家属都回到故乡。之后黄巾军逐渐强盛，朝野分崩离析，国家的秩序和规律都荡然无存了。

所有的因朋党而终身不能做官的事件都开始于甘陵、汝南，由李膺、张俭所形成，四海之内生民涂炭，二十多年以来，所有遭受牵连的，都是天下间品行端正的人。三君、八俊等三十五人，其中姓名和行迹都留存的，都记载于这篇中。陈蕃、窦武、王畅、刘表、度尚、郭林宗另外有传记记载。荀昱附在祖父荀淑的传记中。张邈附在吕布的传记中。胡母班附在袁绍的传记中。王考字文祖，东平寿张人，担任冀州刺史；秦周字平王，陈留平丘人，担任北海相；蕃向字嘉景，鲁国人，担任郎中；王璋字伯仪，东莱曲城人，担任少府卿；这些人的姓名和行迹并不显著。翟超，担任山阳太守，事迹记载于《陈蕃传》中，字和籍贯不详。朱寓，沛国人，和杜密等人都死在监狱中。只有赵典仅存有名字记载而已。

刘淑，字仲承，河间郡乐成县人。祖父刘称，担任司隶校尉。刘

《五经》，遂隐居，立精舍讲授，诸生常数百人。州郡礼请，五府连辟，并不就。永兴二年，司徒种暠举淑贤良方正，辞以疾。桓帝闻淑高名，切责州郡，使舆病诣京师。淑不得已而赴洛阳，对策为天下第一，拜议郎。又陈时政得失，灾异之占，事皆效验。再迁尚书，纳忠建议，多所补益。又再迁侍中、虎贲中郎将。上疏以为宜罢宦官，辞甚切直，帝虽不能用，亦不罪焉。以淑宗室之贤，特加敬异，每有疑事，常密咨问之。灵帝既位，宦官谮淑与窦武等通谋，下狱自杀。

李膺字元礼，颍川襄城人也。祖父修，安帝时为太尉。父益，赵国相。膺性简亢，无所交接，唯以同郡荀淑、陈寔为师友。

初举孝廉，为司徒胡广所辟，举高第，再迁青州刺史。守令畏威明，多望风弃官。复征，再迁渔阳太守。寻转蜀郡太守，以母老乞不之官。转护乌桓校尉。鲜卑数犯塞，膺常蒙矢石，每破走之，虏甚惮慑。以公事免官，还居纶氏，教授常千人。南阳樊陵求为门徒，膺谢不受。陵后以阿附宦官，致位太尉，为节志者所羞。荀爽尝就谒膺，因为其御，既还，喜曰："今日乃得御李君矣。"其见慕如此。

永寿二年，鲜卑寇云中，桓帝闻膺能，乃复征为度辽将军。先是羌虏及疏勒、龟兹，数出攻钞张掖、酒泉、云中诸郡，百姓屡被其害。自膺到边，皆望风惧服，先所掠男女，悉送还塞下。自是之后，声振远域。

延熹二年征，再迁河南尹。时宛陵大姓羊元群罢北海郡，臧罪淑年少时学懂《五经》后，就退居山野，建立精舍讲授功课，学生经常有几百人。州郡以礼聘请，五府屡次征兆，都不前往上任。永兴二年（154），司徒种暠举荐刘淑贤良方正，他假借生病推辞了。桓帝听说刘淑声名显赫，严厉责斥州郡，让刘淑抱病登车来到京师。刘淑不得已前往洛阳，考试成绩天下第一，官拜议郎。刘淑又陈述当时政令的得失，事物反常造成灾祸的征召，所说之事全都效验。又升任尚书，采纳忠直的建言，多有助益。又升任侍中、虎贲中郎将。向桓帝上奏应当罢免宦官，言词十分恳切率直，桓帝虽然没有听从，也没有降罪。因为刘淑是宗室中的贤者，特别对他加以敬重推崇，每次遇到复杂难断的事情，经常暗中向他请教。灵帝即位，宦官诬陷刘淑和窦武等人合谋，把他关入监狱后自杀而死。

李膺，字元礼，颍川郡襄城县人。祖父李修，安帝时担任太尉。父亲李益，担任赵国相。李膺性格清高孤傲，和别人没有来往，只把同郡的荀淑、陈寔当成师友。

起初李膺被举荐为孝廉时，被司徒胡广所征召，被举为成绩优秀，又升迁为青州刺史。郡守县令害怕李膺的威严明察，大多听到风声就弃官而逃。再次李膺被征召，又升迁为渔阳太守。不久后又转任蜀郡太守，以母亲年老乞求不前往就职。转任护乌桓校尉。鲜卑多次侵犯边塞，李膺经常用箭矢和垒石，每次都能打败赶走敌人，敌人十分畏惧他。因为公事而免官，回到纶氏县居住，教授学生上千人。南阳人樊陵请求做为他的弟子，李膺谢绝没有接受。樊陵后来巴结奉承宦官，官职做到了太尉，被有节操和志气的人所羞耻。荀爽曾经去拜谒李膺，就为李膺赶车，回来后，高兴地说："我今天总算为李君赶车了啊。"可见李膺被人仰慕到了这种程度。

永寿二年（156），鲜卑来侵犯云中，桓帝听说李膺的才能，又再次征召他担任度辽将军。在这之前羌人掳掠到了疏勒、龟兹，多次进攻抢掠张掖、酒泉、云中各郡，百姓多次遭到他们的祸害。自从李膺到达边境，敌人听到风声因为惧怕都屈服了，先前所掳掠的男女，悉数送回边境。自此之后，李膺的名声传播到了边远地区。

延熹二年（159）李膺受到征召，又升迁为河南尹。这时宛陵世家狼藉，郡舍溷轩有奇巧，乃载之以归。膺表欲按其罪，元群行赂宦竖，膺反坐输作左校。

初，膺与廷尉冯绲、大司农刘祐等共同心志，纠罚奸倖，绲、祐时亦得罪输作。司隶校尉应奉上疏理膺等曰："昔秦人观宝于楚，昭奚恤莅以群贤；梁惠王玮其照乘之珠，齐威王答以四臣。夫忠贤武将，国之心膂。窃见左校弛刑徒前廷尉冯绲、大司农刘祐、河南尹李膺等，执法不挠，诛举邪臣，肆之以法，众庶称宜。昔季孙行父亲逆君命，逐出莒仆，于舜之功二十之一。今膺等投身强御，毕力致罪，陛下既不听察，而猥受谮诉，遂令忠臣同愆元恶。自春迄冬，不蒙降恕，遐迩观听，为之叹息。夫立政之要，记功忘失，是以武帝舍安国于徒中，宣帝征张敞于亡命。绲前讨蛮荆，均吉甫之功。祐数临督司，有不吐茹之节。膺著威幽、并，遗爱度辽。今三垂蠢动，王旅未振。《易》称'雷雨作解，君子以赦过宥罪'。乞原膺等，以备不虞。"书奏，乃悉免其刑。

再迁，复拜司隶校尉。时张让弟朔为野王令，贪残无道，至乃杀孕妇，闻膺厉威严，惧罪逃还京师，因匿兄让弟舍，藏于合柱中。膺知其状，率将吏卒破柱取朔，付洛阳狱。受辞毕，即杀之。让诉冤于帝，诏膺入殿，御亲临轩，诘以不先请便加诛辟之意。膺对曰："昔晋文公执卫成公归于京师，《春秋》是焉。《礼》云公族有罪，虽曰宥之，有司执宪不从。昔仲尼为鲁司寇，七日而诛少正卯。今臣到官已积一旬，私惧以稽留为愆，不意获速疾之罪。诚自知衅责，大族的羊元群从北海郡罢官，贪污受贿、不守法纪，郡舍的厕所都有新奇巧妙的东西，也用车子拉回家。李膺上表要查验他的罪行，羊元群贿赂宦官，李膺反被诬告相同的罪行发配到左校劳动。

起初，李膺与廷尉冯绲、大司农刘祐等人心志相同，督察惩罚那些奸邪得宠的人，冯绲、刘祐这时也获罪被罚作劳役。司隶校尉应奉上书替李膺等人辩白说："昔日秦国人到楚国观看宝物，昭奚恤让各位贤者登坛请秦国的使者观看，秦国就打消了入侵楚国的念头；梁惠王珍爱能照车辆的珠宝，齐威王回答有四名贤臣和梁惠王相比。那些忠诚贤明的武将，才是国家的股肱之臣。私以为左校中解除枷锁的囚犯前廷尉冯绲、大司农刘祐、河南尹李膺等人，执法刚正不屈，诛杀揭举奸佞之臣，依法处理，老百姓都认为处理得当，昔日季孙行父亲身违逆君命，驱逐莒仆，相当于大舜功绩的二十分之一。现在李膺等人投身于保家卫国，竭尽全力反而获罪，陛下既不探听审察，而又听信谗毁攻讦，使忠臣与罪魁祸首同罪。自春至冬，没有蒙受减罪宽恕，远近的人听到看到，都为之叹息。修立政教的首要，记其功绩而略其小过，所以武帝赦免了韩安国，宣帝征召逃亡犯张敞做官。冯绲先前讨伐蛮荆，和吉甫有同等的功绩。刘祐多次亲临督司，有不吐刚茹柔的节操。李膺的威名显著于幽、并二州，德惠遗留于辽海以外。如今三面不宁，王师未兴。《易经》说'雷雨并作是解困通达的象征，君子因此赦免过失，宽恕有罪的人。'乞求原宥李膺等人的罪过，以防备料想不到的祸患。"奏章送上后，全部赦免了他们的刑罚。

李膺再次升迁，又官拜司隶校尉。当时张让的弟弟张朔担任野王县令，贪婪残忍、暴虐无道，以至于杀害孕妇，听说李膺十分威严，就畏罪逃回京城，就躲藏在哥哥张让家中，藏在木头围成的空心柱子中。李膺得知这个情况，就率领军官快速破坏空心柱捉拿张朔，交付洛阳监狱。听取供词之后，立即杀了他。张让向皇帝诉说冤屈，下诏召李膺入殿，皇帝亲自来到殿前堂陛之间的栏杆处，诘问李膺为什么不先请示就直接处以死刑。李膺回答说："昔日晋文公捉住卫成公回到京城，《春秋》是这样记载的。《礼记》说公族大夫犯罪，国死不旋踵，特乞留五日，克殄元恶，退就鼎镬，始生之愿也。”帝无复言，顾谓让曰：“此汝弟之罪，司隶何愆？”乃遣出之。自此诸黄门常侍皆鞠躬屏气，休沐不敢复出宫省。帝怪问其故，并叩头泣曰：“畏李校尉。”

是时朝庭日乱，纲纪颓阤，膺独持风裁，以声名自高。士有被其容接者，名为登龙门。及遭党事，当考实膺等。案经三府，太尉陈蕃却之。曰：“今所考案，皆海内人誉，忧国忠公之臣。此等犹将十世宥也，岂有罪名不章而致收掠者乎？”不肯平署。帝愈怒，遂下膺等于黄门北寺狱。膺等颇引宦官子弟，宦官多惧，请帝以天时宜赦，于是大赦天下。膺免归乡里，居阳城山中，天下士大夫皆高尚其道，而污秽朝廷。

及陈蕃免太尉，朝野属意于膺，荀爽恐其名高致祸，欲令屈节以全乱世，为书贻曰：“久废过庭，不闻善诱，陟岵瞻望，惟日为岁。知以直道不容于时，悦山乐水，家于阳城。道近路夷，当即聘问，无状婴疾，阙于所仰。顷闻上帝震怒，贬黜鼎臣，人鬼同谋，以为天子当贞观二五，利见大人，不谓夷之初旦，明而未融，虹蜺扬辉，弃和取同。方今天地气闭，大人休否，智者见险，投以远害。虽匮人望，内合私愿。想甚欣然，不为恨也。愿怡神无事，偃息衡门，任其飞沉，与时抑扬。”顷之，帝崩。陈蕃为太傅，与大将军窦武共秉朝政，连谋诛诸宦官，故引用天下名士，乃以膺为长乐少府。及陈、窦之败，膺等复废。

君虽然说宽赦他，相关的官吏也可以执行法令不从上命。昔日孔子担任鲁国的司寇，七天就诛杀了少正卯。如今臣下到职已满十天，私下里害怕因办事耽搁而造成罪过，没想到却因为办案迅速而获罪。臣下知道自己的罪责，死期将至，特请求宽限五天，铲除罪魁祸首，再回来受烹煮酷刑，这是臣下一生的愿望啊。”皇帝没有再发表意见，回过头对张让说：“这是你弟弟犯下的罪，司隶有什么罪过呢？”就让李膺出去了。从此各黄门常侍都弯腰曲体、屏住呼吸，休假时也不敢再走出宫廷。皇帝觉得奇怪询问是什么原因，他们都叩头流泪说：“我们都怕李校尉。”

当时朝廷日渐混乱，纲纪崩溃，李膺独自保持刚正不阿的品质，以名声而自重。读书人中有被他优容接待的，被叫做登龙门。等到遭受党锢事件时，应当考按李膺等人的实情。案子经过太尉、司徒、司空三府，太尉陈蕃拒绝审理。他说：“如今所考查按验的，都是海内受人赞誉，忧虑国事忠诚公正的大臣。这样的人即使是十世子孙也应该赦免他们，难道有罪名不明就收捕拷打的事吗？”不肯在公文上一起署名。皇帝愈加愤怒，就把李膺等人关到黄门北寺狱。李膺等人的案件牵扯到了宦官子弟，宦官大多畏惧，请求皇帝按照天时适宜赦免，于是皇帝大赦天下。李膺免职回到故乡，居住在阳城山中，天下的士大夫都认为李膺的道德高尚，而朝廷肮脏不堪。

等到陈蕃被免去太尉一职，朝野上下都倾向于李膺担任太尉，荀爽担心李膺名声显著而招致祸患，想让他放弃节操在乱世中保全性命，就写信给他说：“很久没有接受您的教诲，没有听到您的循循善诱，久居在外想念如父亲一样的您，简直是度日如年。知道您的正直之道不容于世，以山水为喜好，居住在阳城。相距很近道路平坦，应当立即去拜访您的，因为疾病缠绵，不能拜访所仰慕的您。最近听说皇帝盛怒，贬官革职朝中重臣，人鬼同谋，认为天子应当澄清天下恢宏正道，可以见到有君德又居于帝位的圣人了，不料想刚拂晓就受伤，明亮又未朗，虹霓发出光辉，贬弃君子亲近小人。如今天地之气闭塞，圣人止息否运，智者预见危险，投身避免祸害。虽然有负人心所望，但却符合自己内心的意愿。想这样一定能感到喜悦，不会感到后张俭事起，收捕钩党，乡人谓膺曰：“可去矣。”对曰：“事不辞难，罪不逃刑，臣之节也。吾年已六十，死生有命，去将安之？”乃诣诏狱。考死，妻子徙边，门生、故吏及其父兄，并被禁锢。

时侍御史蜀郡景毅子顾为膺门徒，而未有录牒，故不及于谴。毅乃慨然曰：“本谓膺贤，遣子师之，岂可以漏夺名籍，苟安而已！”遂自表免归，时人义之。

膺子瓒，位至东平相。初，曹操微时，瓒异其才，将没，谓子宣等曰：“时将乱矣，天下英雄无过曹操。张孟卓与吾善，袁本初汝外亲，虽尔勿依，必归曹氏。”诸子从之，并免于乱世。

杜密字周甫，颍川阳城人也。为人沉质，少有厉俗志。为司徒胡广所辟，稍迁代郡太守。征，三迁太山太守、北海相。其宦官子弟为令长有奸恶者，辄捕案之。行春到高密县，见郑玄为乡佐，知其异器，即召署郡职，遂遣就学。

后密去官还家，每谒守令，多所陈托。同郡刘胜，亦自蜀郡告归乡里，闭门扫轨，无所干及。太守王昱谓密曰：“刘季陵清高士，公卿多举之者。”密知昱激己，对曰：“刘胜位为大夫，见礼上宾，遗憾。希望您怡养心神、相安无事，隐居衡门、修养身心，任其浮沉，随时进退。”不久后，桓帝驾崩，陈蕃担任太傅，和大将军窦武一同主持朝政，合谋诛杀宦官们，因为引荐任用天下名士，所以请李膺担任长乐少府。等到陈蕃、窦武失败时，李膺等人又被罢免。

后来张俭事件发生，拘捕互相牵连的同党。同乡的人对李膺说：“您可以逃走啊。”李膺回答说：“事君不推辞艰难，犯罪不逃避刑罚。这是我身为臣子的节操。我已经六十岁了，死和生都由天命注定，又能逃到什么地方去呢？”就主动前往奉皇帝诏令拘捕犯人的监狱中去。被拷问致死，妻子儿女被流放边境服劳役，学生、旧属下以及他们的父兄，一并被终生禁止做官。

当时担任侍御史的蜀郡人景毅的儿子景顾是李膺的弟子，但没有记录在名册中，所以没有遭到贬谪。景毅感慨地说：“我本来认为李膺贤德，就派儿子去拜他为师，怎么可以因为名册漏脱，就在这苟且偷安呢！”于是就自己上表请求罢免遣送。当时的人们都认为他很有道义。

李膺的儿子李瓒，官至东平相。起初，曹操地位低微时，李瓒对他的才能表示奇异，临终的时候，对儿子李宣等人说：“时局将要动乱了，天下间的英雄没有能超过曹操的。张孟卓一向与我要好，袁本初是你们母亲娘家的亲戚，尽管如此你们也不用去依附他们，一定要归顺曹操。”儿子们听从了李瓒的教诲，在乱世中全都幸免于难。

杜密，字周甫，颍川郡阳城县人。为人沈厚质朴，年少时就立志振兴风俗。被司徒胡广征召，不久升迁为代郡太守。朝廷征召，多次升迁官至泰山太守、北海相。对那些宦官子弟担任县令时有奸诈邪恶行为的，直接逮捕查验。杜密春日出巡视察来到高密县，发现郑玄担任乡佐，发现他有特殊的才能，立即征召他到郡中任职，还派遣他去学习。

后来杜密辞去官职回家，每次拜谒守令，大多有所请托。同郡人刘胜，也是从蜀郡告老回乡，却是谢绝宾客不与人来往，并不干预。太守王昱对杜密说：“刘季陵真是品德高尚的人，公卿中有不少人都举荐他。”杜密知道王昱是在刺激自己，回答说：“刘胜身居大而知善不荐，闻恶无言，隐情惜己，自同寒蝉，此罪人也。今志义力行之贤而密达之，违道失节之士而密纠之，使明府赏刑得中，令问休扬，不亦万分之一乎？”昱惭服，待之弥厚。

后桓帝征拜尚书令，迁河南尹，转太仆。党事既起，免归本郡，与李膺俱坐，而名行相次，故时人亦称“李杜”焉。后太傅陈蕃辅政，复为太仆。明年，坐党事被征，自杀。

刘祐字伯祖，中山安国人也。安国后别属博陵。祐初察孝廉，补尚书侍郎，闲练故事，文札强辨，每有奏议，应对无滞，为僚类所归。

除任城令，兖州举为尤异，迁扬州刺史。是时会稽太守梁旻，大将军冀之从弟也。祐举奏其罪，旻坐征。复迁祐河东太守。时属县令长率多中官子弟，百姓患之。祐到，黜其权强，平理冤结，政为三河表。

再迁，延熹四年，拜尚书令，又出为河南尹，转司隶校尉。时权贵子弟罢州郡还入京师者，每至界首，辄改易舆服，隐匿财宝，威行朝廷。

拜宗正，三转大司农。时中常侍苏康、管霸用事于内，遂固天下良田美业，山林湖泽，民庶穷困，州郡累气。祐移书所在，依科品没入之。桓帝大怒，论祐输左校。

后得赦出，复历三卿，辄以疾辞，乞骸骨归田里。诏拜中散大夫，遂杜门绝迹。每三公缺，朝廷皆属意于祐，以谮毁不用。延笃贻之书曰：“昔太伯三让，人无德而称焉。延陵高揖，华夏仰风。吾子夫，太守以上宾的礼仪对待他，但他知道良才却不推荐，遇到坏事也不言明，隐瞒实情爱惜羽毛，噤若寒蝉，他这是有罪的人啊。如今志向竭力而行的贤人我举荐他，违背道义丧失节操的恶人我检举弹劾他，让太守您赏罚正好，好名声得到显扬，这难道不是我对您万分之一的帮助吗？”王昱羞愧而心服，对待他更加敬重了。

之后桓帝征召授予他为尚书令，升迁为河南尹，调任太仆。党锢之事发生以后，免官返回家乡，与李膺一同获罪，名声品行次第相近，所以当时的人也称他们为“李杜”。之后太傅陈蕃辅政，再次官复太仆。第二年（建宁二年，169年），因党锢之事被征召询问，自杀。

刘祐，字伯祖，中山郡安国县人。安国县后来划分归属博陵。刘祐起初被察举为孝廉，补任为尚书侍郎，熟悉旧例典故，所写文书能言善辩，每次对皇帝陈述事情，对答如流，被同僚们所佩服。

担任任城县令时，兖州举荐他政绩优异，升迁为扬州刺史。当时会稽太守梁旻，是大将军梁冀的堂弟。刘祐上奏章检举他的罪行，梁旻因此获罪被召回。刘祐又升迁为河东太守。当时所属县令的长官和下属大多是宦官子弟，祸害百姓。刘祐到任，罢黜那些倚仗权势逞强作恶的人，公平处理百姓的冤屈，政绩做为河东、河内、河南“三河”的榜样。

再次升迁，延熹四年（161），官拜尚书令，又出京担任河南尹，转任司隶校尉。当时权贵子弟从州郡被罢黜返回京城的，每到他辖区的边界，就改换车舆和冠服，把财宝隐藏起来。刘祐的威名流传于朝廷。

担任宗正，多次升迁官至大司农。当时中常侍苏康、管霸在朝廷内当权，就霸占天下间的良田美业，山林湖泽，百姓穷困潦倒，州郡不敢出声。刘祐发布公文到他们所霸占的地区，依照法规全部没收。桓帝大怒，判刘祐前往左校服劳役。

之后得以宽赦而出，又担任三卿之职，都假借生病推辞，乞求骸骨能够归葬田里。下诏官拜中散大夫，于是隐居不出。每当三公官职空缺，朝廷都有意让刘祐担任，因被人从中谗间毁谤而不录用。延怀蘧氏之可卷，体宁子之如愚，微妙玄通，冲而不盈，蔑三光之明，未暇以天下为事，何其劭与！”

灵帝初，陈蕃辅政，以祐为河南尹。及蕃败，祐黜归，卒于家。明年，大诛党人，幸不及祸。

魏朗字少英，会稽上虞人也。少为县吏。兄为乡人所杀，朗白日操刃报仇于县中，遂亡命到陈国。从博士郤仲信学《春秋图纬》，又诣太学受《五经》，京师长者李膺之徒争从之。

初辟司徒府，再迁彭城令。时中官子弟为国相，多行非法，朗与更相章奏，幸臣忿疾，欲中之。会九真贼起，乃共荐朗为九真都尉。到官，奖厉吏兵，讨破群贼，斩首二千级。桓帝美其功，征拜议郎。顷之，迁尚书。屡陈便宜，有所补益。出为河内太守，政称三河表。尚书令陈蕃荐朗公忠亮直，宜在机密，复征为尚书。会被党议，免归家。

朗性矜严，闭门整法度，家人不见惰容。后窦武等诛，朗以党被急征，行至牛渚，自杀。著书数篇，号《魏子》云。

夏馥字子治，陈留圉人也。少为书生，言行质直。同县高氏、蔡氏并皆富殖，郡人畏而事之，唯馥比门不与交通，由是为豪姓所仇。桓帝初，举直言，不就。

馥虽不交时宦，然以声名为中官所惮，遂与范滂、张俭等俱被诬陷，诏下州郡，捕为党魁。

笃写信给刘祐说："昔日太伯三次谦让君位，百姓说他品德高尚无法言喻。延陵季子双手抱拳高举头顶揖让，华夏都瞻仰他的高尚风格。您有蘧伯玉政治黑暗就隐藏自己主张的德行，体认宁武子国家无道就韬光养晦的精神，深奥玄妙与天相通，道冲而不盈，蔑视日、月、星三光的亮度，没有时间顾及天下事，多么美好高尚啊。"

灵帝初年，陈蕃辅政，任命刘祐担任河南尹。等到陈蕃失败后，刘祐被罢黜回故乡，在家里去世。第二年（建宁二年，169年），大肆诛杀朋党中人，刘祐幸运没遭到如此灾难。

魏朗，字少英，会稽郡上虞县人。年少时担任县吏。哥哥被同乡人杀害，魏朗白天在县里持刀报仇，因此逃亡到了陈国。跟博士郤仲信学习《春秋图纬》，又前往太学学习《五经》，京城中言行仁厚的李膺门下众弟子都争着和他来往。

起初被征召授予司徒府中的官职，又升迁为彭城令。当时宦官子弟担任国相，所作所为大多违法，魏朗接连上奏朝廷，皇帝所宠幸的臣子感到忿怒，想要中伤诬陷他。恰逢九真贼人起兵，于是一同推荐魏朗担任九真都尉。到任之后，魏朗奖励官兵，击败群贼，斩首两千人。桓帝称赞他的功劳，征召授予议郎一职。不久后，升迁担任司马一职。多次陈述为政的政策，对朝廷很有帮助。出京担任河内太守，政绩为河东、河内、河南"三河"的榜样。尚书令陈蕃举荐魏朗尽忠为公、坚贞正直，适宜担任机密职务，又被征召为尚书。恰逢被卷入朋党之间的非议，免官回故乡。

魏朗本性庄重严肃，闭门修整法度，家里人没有见过他有过精神不振、怠惰的神色。之后窦武等人被诛杀，魏朗因为朋党祸被紧急召见征问，走到牛渚，自杀。著有数篇文章，叫做《魏子》。

夏馥，字子治，陈留郡圉县人。年少时是读书人，言行朴实正直。同县的高氏、蔡氏都是富豪，同郡人因为畏惧而小心地奉事他们，只有夏馥虽然和高氏、蔡氏是邻居却不来往，因此被豪门大族所仇视。桓帝初年，举荐夏馥言论正直不阿，没有前往任职。

夏馥虽然不与当时的宦官结交，但因为声名显赫而为宦官所忌惮，于是和范滂、张俭等人都被宦官诬谄，诏书下达州郡，作为朋党及俭等亡命，经历之处，皆被收考，辞所连引，布遍天下。馥乃顿足而叹曰：“孽自己作，空污良善，一人逃死，祸及万家，何以生为！”乃自翦须变形，入林虑山中，隐匿姓名，为冶家佣。亲突烟炭，形貌毁瘁，积二三年，人无知者。后馥弟静，乘车马，载缣帛，追之于涅阳市中。遇馥不识，闻其言声，乃觉而拜之。馥避不与语，静追随至客舍，共宿。夜中密呼静曰：“吾以守道疾恶，故为权宦所陷。且念营苟全，以庇性命，弟奈何载物相求，是以祸见追也。”明旦，别去。党禁未解而卒。

宗慈字孝初，南阳安众人也。举孝廉，九辟公府，有道征，不就。后为修武令。时太守出自权豪，多取货赂，慈遂弃官去。征拜议郎，未到，道疾卒。南阳群士皆重其义行。

巴肃字恭祖，勃海高城人也。初察孝廉，历慎令、贝丘长，皆以郡守非其人，辞病去。辟公府，稍迁拜议郎。与窦武、陈蕃等谋诛阉官，武等遇害，肃亦坐党禁锢。中常侍曹节后闻其谋，收之。肃自载诣县。县令见肃，入阁解印绶与俱去。肃曰：“为人臣者，有谋不敢隐，有罪不逃刑。既不隐其谋矣，又敢逃其刑乎？”遂被害。刺史贾琮刊石立铭以记之。

范滂字孟博，汝南征羌人也。少厉清节，为州里所服，举孝廉、光禄四行。时冀州饥荒，盗贼群起，乃以滂为清诏使，案察之。

魁首而被捕。

等到张俭等人逃亡，在所经过的地方与他们接触过的人，都被拘捕拷问，收到审讯牵连的人，遍布天下。夏馥顿足叹息说："罪孽是自己所造成的，白白连累无辜的好人，只为我一人逃亡，灾祸波及万家，我这样活着为了什么啊！"于是自己剪掉胡须、改变容貌，躲入林虑山中，隐姓埋名，为铁匠家里当佣人。近距离接触烟火，形貌因劳苦而变得憔悴，经过两三年，再也没有人知道是他。之后夏馥的弟弟夏静，乘着车马，载着缣帛，到涅阳的街市上寻找他。遇到夏馥都没认出来，听到夏馥说话的声音，这才发觉是夏馥并向夏馥跪拜。夏馥避开不和他说话，夏静一直跟随到旅馆里，同夏馥一共住宿。晚上听见夏馥悄悄地呼唤夏静说："我因为坚守正道、嫉恶如仇，所以被有权势的宦官所诬陷。只想苟且求全，以保住性命，弟弟你为什么还要载着东西来找我呢，你这是用灾祸来找我啊。"第二天清晨，就离别而去。党禁还没有解除夏馥就去世了。

宗慈，字孝初，南阳郡安众县人。被举荐为孝廉，官府多次征召，以有道而被征召，不前往任职。之后担任修武县令。当时的太守出自权贵豪强，大量索取贿赂，宗慈因此主动解除官职离去。朝廷征召授予议郎一职，宗慈没有前往，在路上病死。南阳的士人们都敬重他的道义。

巴肃，字恭祖，勃海郡高城县人。起初被举荐为孝廉，先后担任慎县县令，贝丘县长，都因为郡守是为非作歹的人，就假借生病辞官离去。官府征召，之后升迁为议郎。和窦武、陈蕃等人合谋诛杀宦官，窦武等人遇害后，巴肃也因朋党而终生不得做官。中常侍曹节之后听说巴肃曾经参与过谋害宦官，就要收捕他。巴肃自己乘车前往县衙。县令见到巴肃，进入房间解下印绶要和他一同离去。巴肃说："身为臣子，有谋划而不敢隐瞒，有罪过而不逃避刑罚。我既然不隐瞒参与谋害宦官，又怎敢逃避刑罚呢？"于是被杀害。刺史贾琮刻石立碑来纪念他的事迹。

范滂，字孟博，汝南郡征羌县人。年少时就严格追求气操高尚，被州里人所钦佩，举荐孝廉、光禄四行标准是：质朴、敦厚、逊让、滂登车揽辔，慨然有澄清天下之志。及至州境，守令自知臧污，望风解印绶去。其所举奏，莫不厌塞众议。迁光禄勋主事。时陈蕃为光禄勋，滂执公仪诣蕃，蕃不止之，滂怀恨，投版弃官而去。郭林宗闻而让蕃曰："若范孟博者，岂宜以公礼格之？今成其去就之名，得无自取不优之议也？"蕃乃谢焉。

复为太尉黄琼所辟。后诏三府掾属举谣言，滂奏刺史、二千石权豪之党二十余人。尚书责滂所劾猥多，疑有私故。滂对曰："臣之所举，自非叨秽奸暴，深为民害，岂以污简札哉！间以会日迫促，故先举所急，其未审者，方更参实。臣闻农夫去草，嘉谷必茂；忠臣除奸，王道以清。若臣言有贰，甘受显戮。"吏不能诘。滂睹时方艰，知意不行，因投劾去。

太守宗资先闻其名，请署功曹，委任政事。滂在职，严整疾恶。其有行违孝悌，不轨仁义者，皆扫迹斥逐，不与共朝。显荐异节，抽拔幽陋。滂外甥西平李颂，公族子孙，而为乡曲所弃，中常侍唐衡以颂请资，资用为吏。滂以非其人，寝而不召。资迁怒，捶书佐朱零。零仰曰："范滂清裁，犹以利刃齿腐朽。今日宁受笞死，而滂不可违。"资乃止。郡中中人以下，莫不归怨，乃指滂之所用以为"范党"。

后牢修诬言钩党，滂坐系黄门北寺狱。狱吏谓曰："凡坐系皆有行义。当时冀州饥荒，盗贼四起，于是任用范滂担任清诏使，负责查办。范滂登上车手执缰绳巡视各地监察吏治，情绪高昂有平定天下祸乱的志向。等走到州郡边境，守令自己知道贪污受贿，听到风声就解下印绶弃官逃走了。范滂所上奏章揭发的，没有不力压众人的议论的，升迁为光禄勋主事。当时陈蕃担任光禄勋，范滂用官家的礼仪拜见陈蕃，陈蕃没有留他，范滂怀恨在心，丢掉笏板弃官离去。郭林宗听说责备陈蕃说："像范孟博这样的人，难道适宜用官家的礼仪要求他吗？现在成就了他弃官不做的美名，恐怕是自取不好的评论吗？"陈蕃这才向范滂表示歉意。

范滂又被太尉黄琼所征召。后来朝廷诏令三府的掾属举报民间的谣言，范滂上奏刺史、二千石的权贵豪强朋党二十多人。尚书责备范滂所弹劾举报的人太多，怀疑他有夹杂私人恩怨报复。范滂回答说："臣下所弹劾的，如果不是贪婪卑鄙、奸恶横暴，深深危害人民的人，难道是为了让他们的名字弄脏我的竹简木札吗？因为朝会时间紧迫，所以先弹劾那些紧急的，那些没有审查清楚的，再重新核实。臣下听说农夫除草后，五谷一定会茂盛；忠臣消除奸臣，以仁义统治天下就会清明。如果臣下所说不实，甘愿接受重罚。"官员听后不能诘责他。范滂看到当时正是世道艰难之时，知道自己的理想不能实现，于是上书弹劾自己弃官离开了。

太守宗资之前听说范滂的名声，聘请担任功曹，委任政治事务。范滂在职期间，严厉整肃、深恶痛绝坏人坏事。当地有行为乖戾、不孝不悌，违背仁义的人，都驱逐殆尽，不与他们共事。公开举荐那些节操突出的人，提拔任用那些被埋没的人才。范滂的外甥西平人李颂，是公族子孙，在乡里被唾弃，中常侍唐衡就把李颂介绍给宗资，宗资任用李颂为官吏。范滂觉得李颂不合适，就搁置下来不征召他。宗资迁怒于别人，棒打了书佐朱零出气。朱零抬头说："范滂清明的裁决，就像用快刀斩断腐朽。我今天宁愿被打死，也不会违背范滂的命令。"宗资这才停手。郡中宦官以下，没有不怨恨范滂的人，于是就把范滂所提拔任用的人称为"范党"。

之后牢修诬陷互相勾结结为朋党，范滂获罪被关押在黄门北寺祭皋陶。”滂曰：“皋陶贤者，古之直臣。知滂无罪，将理之于帝；如其有罪，祭之何益！”众人由此亦止。狱吏将加掠考，滂以同囚多婴病，乃请先就格，遂与同郡袁忠争受楚毒。桓帝使中常侍王甫以次辨诘，滂等皆三木囊头，暴于阶下。余人在前，或对或否，滂、忠于后越次而进。王甫诘曰：“君为人臣，不惟忠国，而共造部党，自相褒举，评论朝廷，虚构无端，诸所谋结，并欲何为？皆以情对，不得隐饰。”滂对曰：“臣闻仲尼之言，‘见善如不及，见恶如探汤’。欲使善善同其清，恶恶同其污，谓王政之所愿闻，不悟更以为党。”甫曰：“卿更相拔举，迭为唇齿，有不合者，见则排斥，其意如何？”滂乃慷慨仰天曰：“古之循善，自求多福；今之循善，身陷大戮。身死之日，愿埋滂于首阳山侧，上不负皇天，下不愧夷、齐。”甫愍然为之改容。乃得并解桎梏。

滂后事释，南归。始发京师，汝南、南阳士大夫迎之者数千两。同囚乡人殷陶、黄穆，亦免俱归，并卫侍于滂，应对宾客。滂顾谓陶等曰：“今子相随，是重吾祸也。”遂遁还乡里。

初，滂等系狱，尚书霍谞理之。及得免，到京师，往候谞而不为谢。或有让滂者。对曰：“昔叔向婴罪，祁奚救之，未闻羊舌有谢恩之辞，祁老有自伐之色。”竟无所言。

建宁二年，遂大诛党人，诏下急捕滂等。督邮吴导至县，抱诏狱。狱吏对范滂说:“凡是获罪入狱的人都要祭祀皋陶。”范滂说:“皋陶乃是贤者,古时的直言谏诤的臣子。知道我范滂无罪,将会为我向天帝申诉;如果我真的有罪,祭祀他又有什么用处呢!”那些一同被牵连的人从此也不再祭祀皋陶了。狱吏准备鞭笞拷问他们,范滂因为同囚的人大多疾病缠身,于是请求先打他,就与同郡的袁忠争抢着遭受酷刑。桓帝派中常侍王甫按顺序审问,范滂等人的颈、手、脚都带着刑具,蒙着头部,暴露在阶下。其余的人在前接受审问,有人回答,有人不回答,范滂、袁忠在后面越过别人走到前面。王甫责问说:“你身为人臣,不想着忠于国家,却勾结成朋党,互相褒奖举荐,肆意评论朝廷,捏造没有根据的事,各种谋划图谋结党,都想做什么?全部从实招来,不得隐瞒掩饰。”范滂回答说:“臣下听说孔仲尼说过:‘看见善良的行为就要赶快学习,就好像担心自己赶不上一样,看见邪恶的行为就要赶快离开,就好像把手伸入开水要躲开一样。’想让善善聚集更加清明,恶恶聚集更加污秽,以为这是朝廷所愿意听的,不没想到朝廷反而以为这是勾结朋党。”王甫说:“你们互相提拔推荐,唇齿相依,有意见不合的人就一起排斥,这是什么意思?”范滂于是情绪激昂仰面向天说:“古时候做善事,是自求多福;如今做善事,是犯了死罪。处死我的那天,希望把我范滂埋葬在首阳山侧,上不有负皇天,下不愧对伯夷、叔齐。”王甫怜悯他脸色都变了。于是全都解除了枷锁。

范滂后来得以释放,向南回家。自京城出发,汝南、南阳的士大夫前来欢迎他的车子都有几千辆。一同被囚禁的同乡人殷陶、黄穆,也免除罪责一同回来,并且在旁保卫侍奉范滂,酬答宾客。范滂回头对殷陶等人说:“如今您跟着我,是加重我的祸患啊。”于是偷偷回到了乡里。

起初,范滂等人被囚禁在监狱,尚书霍谞替他们申诉。等到范滂免罪,到达京城,前去拜访霍谞却没有感谢他。有人就责问范滂。范滂回答说:“昔日叔向犯罪,祁奚救了他,没听说过羊舌肸有感谢恩德的话,祁老有自夸功劳的神色。”最终也没说感谢的话。

建宁二年(169),又大肆诛杀朋党成员,传下诏令紧急逮捕范书，闭传舍，伏床而泣。滂闻之，曰："必为我也。"即自诣狱。县令郭揖大惊，出解印绶，引与俱亡。曰："天下大矣，子何为在此？"滂曰："滂死则祸塞，何敢以罪累君，又令老母流离乎！"其母就与之诀。滂白母曰："仲博孝敬，足以供养，滂从龙舒君归黄泉，存亡各得其所。惟大人割不可忍之恩，勿增感戚。"母曰："汝今得与李、杜齐名，死亦何恨！既有令名，复求寿考，可兼得乎？"滂跪受教，再拜而辞。顾谓其子曰："吾欲使汝为恶，则恶不可为；使汝为善，则我不为恶。"行路闻之，莫不流涕。时年三十三。

论曰：李膺振拔污险之中，蕴义生风，以鼓动流俗，激素行以耻威权，立廉尚以振贵势，使天下之士奋迅感概，波荡而从之，幽深牢破室族而不顾，至于子伏其死而母欢其义。壮矣哉！子曰："道之将废也与？命也！"

尹勋字伯元，河南巩人也。家世衣冠。伯父睦为司徒，兄颂为太尉，宗族多居贵位者，而勋独持清操，不以地势尚人。州郡连辟，察孝廉，三迁邯郸令，政有异迹。后举高第，五迁尚书令。及桓帝诛大将军梁冀，勋参建大谋，封都乡侯。迁汝南太守。上书解释范滂、袁忠等党议禁锢。寻征拜将作大匠，转大司农。坐窦武等事，下狱自杀。

蔡衍字孟喜，汝南项人也。少明经讲授，以礼让化乡里。乡里有争讼者，辄诣衍决之，其所平处，皆曰无怨。

举孝廉，稍迁冀州刺史。中常侍具瑗托其弟恭举茂才，衍不滂等人。督邮吴导来到县里，抱着诏书，紧闭驿舍，趴在床上哭泣，范滂听闻，说：“这一定是为了我啊。”立即自己前往监狱。县令郭揖大吃一惊，出来解下印绶，拉着范滂要一同逃亡。他说：“天下如此之大，您为什么要来这里？”范滂说：“只要我死了灾祸就结束了，哪敢因我的罪过再连累您，还让老母亲流离失所呢！”范滂母亲就与范滂诀别。范滂对母亲说：“仲博孝顺，足以供养母亲了，我跟从龙舒君命归黄泉，生死存亡各得其所。只希望母亲大人割舍不可放下的恩情，千万不要感伤悲痛。”母亲说：“你如今能够与李膺、杜密齐名，死又有什么遗憾呢！既然享有好名声，再要求长寿，二者怎么能兼得？”范滂下跪受教，拜了再拜辞别而去。回过头对他儿子说：“我想要你做恶人吧，恶人不该做；要你做好人吧，我不是恶人却落得如此下场。”路上的行人听了，没有不痛哭流泪的。范滂时年三十三岁。

评论说：李膺在污秽险恶的环境中振奋自拔，树立道义使人敬畏，用来鼓动世俗，激励高尚纯洁的品行来羞辱威势权力，树立廉洁的风尚来震动位高权势，使天下的士人振奋感慨，形成水波来追随他的潮流，虽然被关押在幽深的监狱、家族破灭也义无返顾，至于儿子认罪伏法而母亲还为他成就道义而高兴。这是何等悲壮啊！孔子说：“大道不能得以推行？是由天命所决定的啊！”

尹勋，字伯元，河南郡巩县人。家中世世代代做官。伯父尹睦担任司徒，哥哥尹颂担任太尉，家族中有很多身居高位的亲戚，而唯独尹勋坚持高尚的节操，不因为地位权势而觉得高人一等。州郡多次征召，被举荐为孝廉，三次升迁至邯郸令，政绩优异。后来被举荐考核优秀，五次升迁至尚书令。等到桓帝诛杀大将军梁冀，尹勋参与大计，被封为都乡侯。升迁为汝南太守。上书替范滂、袁忠等人因朋党之祸终身不能做官而开脱。不久后被征召授予将作大匠一职，调任大司农。被窦武等事所牵连，关入监狱中自杀。

蔡衍，字孟喜，汝南郡项县人。年少时通晓经术并为他人讲授，用守礼谦让教化乡里。乡里有因争执而诉讼的人，都到蔡衍家请求决断，经过蔡衍调解，都说不怨恨不后悔。

被举荐为孝廉，之后升迁为冀州刺史。中常侍具瑗拜托蔡衍举受，乃收赍书者案之。又劾奏河间相曹鼎臧罪千万。鼎者，中常侍腾之弟也。腾使大将军梁冀为书请之，衍不答，鼎竟坐输作左校。乃征衍拜议郎、符节令。梁冀闻衍贤，请欲相见，衍辞疾不往，冀恨之。时南阳太守成瑨等以收纠宦官考廷尉，衍与议郎刘瑜表救之，言甚切厉，坐免官还家，杜门不出。灵帝即位，复拜议郎，会病卒。

羊陟字嗣祖，太山梁父人也。家世冠族。陟少清直有学行，举孝廉，辟太尉李固府，举高第，拜侍御史。会固被诛，陟以故吏禁锢历年。复举高第，再迁冀州刺史。奏案贪浊，所在肃然。又再迁虎贲中郎将、城门校尉，三迁尚书令。时太尉张颢、司徒樊陵、大鸿胪郭防、太仆曹陵、大司农冯方并与宦竖相姻私，公行货赂，并奏罢黜之，不纳。以前太尉刘宠、司隶校尉许冰、幽州刺史杨熙、凉州刺史刘恭、益州刺史庞艾清亮在公，荐举升进。帝嘉之，拜陟河南尹。计日受奉，常食干饭茹菜，禁制豪右，京师惮之。会党事起，免官禁锢，卒于家。

张俭字元节，山阳高平人，赵王张耳之后也。父成，江夏太守。俭初举茂才，以刺史非其人，谢病不起。

延熹八年，太守翟超请为东部督邮。时中常侍侯览家在防东，残暴百姓，所为不轨。俭举劾览及其母罪恶，请诛之。览遏绝章表，并不得通，由是结仇。乡人朱并，素性佞邪，为俭所弃，并怀怨恚，遂上书告俭与同郡二十四人为党，于是刊章讨捕。俭得亡命，困荐他弟弟具恭为茂才，蔡衍没有接受，并且还逮捕送信的人加以审问。又上奏弹劾河间相曹鼎贪污受贿上千万。曹鼎，是中常侍曹腾的弟弟。曹腾让大将军梁冀给蔡衍写信为曹鼎求情，蔡衍没有理会，曹鼎最终因此获罪被送往左校服劳役。于是朝廷征召蔡衍担任议郎、符节令。梁冀听说蔡衍的贤名，想请他会晤，蔡衍推辞生病不去，梁冀于是就在心中记恨他。这时南阳太守成瑨等人因为收捕宦官被廷尉审讯，蔡衍和议郎刘瑜上表求情救援，言语十分痛切严厉，获罪免官返回家乡，闭门不出。灵帝即位后，又被征召担任议郎，恰逢他生病而死。

羊陟，字嗣祖，太山郡梁父县人。家中是显贵的豪门世族。羊陟年少时清廉正直、有学问品行，被举荐为孝廉，征召进入太尉李固府中任职，考核优异被举荐，官拜侍御史。恰逢李固被诛杀，羊陟因为是李固的旧属下而被禁止做官多年。又因为考核优异被举荐，再次升迁担任冀州刺史。上奏弹劾官吏贪污，所到之处都是严肃谨慎的样子。又再升迁担任虎贲中郎将、城门校尉，三次升迁官至尚书令。当时太尉张颢、司徒樊陵、大鸿胪郭防、太仆曹陵、大司农冯方都和宦官互相结成姻亲，公然贿赂，羊陟一并上奏请求免除他们的官职，皇帝没有采纳。因为前太尉刘宠、司隶校尉许冰、幽州刺史杨熙、凉州刺史刘恭、益州刺史庞艾处理公事时清高正直，羊陟荐举提拔他们。皇帝嘉奖他，任命他为河南尹。按照天数接受俸禄，他经常只吃干饭蔬菜，制约豪门大族，京城的人都感到忌惮。恰逢遇到党锢之祸发生，被免除官职、终身不能做官，在家中去世。

张俭，字元节，山阳郡高平县人，是赵王张耳的后代。父亲张成，担任江夏太守。张俭起初被举荐为茂才，认为刺史是不合适的人，托病自请不去。

延熹八年（165），太守翟超延请他担任东部督邮。当时中常侍侯览家在防东，残害百姓，图谋不轨。张俭列举侯览和他的母亲的罪状、一并弹劾，请求朝廷处死他们。侯览把张俭上奏的奏章截留下来，断绝上奏的通路，因此张俭和侯览结下仇怨。同乡人朱并，本性奸邪，被张俭所瞧不起，心怀怨恨，就上书告发张俭和同郡的迫遁走，望门投止，莫不重其名行，破家相容。后流转东莱，止李笃家。外黄令毛钦操兵到门，笃引钦谓曰：“张俭知名天下，而亡非其罪。纵俭可得，宁忍执之乎？”钦因起抚笃曰：“蘧伯玉耻独为君子，足下如何自专仁义？”笃曰：“笃虽好义，明廷今日载其半矣。”钦叹息而去。笃因缘送俭出塞，以故得免。其所经历，伏重诛者以十数，宗亲并皆殄灭，郡县为之残破。

中平元年，党事解，乃还乡里。大将军、三公并辟，又举敦朴，公车特征，起家拜少府，皆不就。献帝初，百姓饥荒，而俭资计差温，乃倾竭财产，与邑里共之，赖其存者以百数。

建安初，征为卫尉，不得已而起。俭见曹氏世德已萌，乃阖门悬车，不豫政事。岁余卒于许下。年八十四。

论曰：昔魏齐违死，虞卿解印；季布逃亡，朱家甘罪。而张俭见怒时王，颠沛假命，天下闻其风者，莫不怜其壮志，而争为之主。至乃捐城委爵、破族屠身，盖数十百所，岂不贤哉！然俭以区区一掌，而欲独堙江河，终婴疾甚之乱，多见其不知量也。

岑晊字公孝，南阳棘阳人也。父豫，为南郡太守，以贪叨诛死。晊年少未知名，往候同郡宗慈，慈方以有道见征，宾客满门，以晊非良家子，不肯见。晊留门下数日，晚乃引入。慈与语，大奇之，二十四个人结为朋党，朝廷于是删去朱并的名字并且下令搜捕张俭。张俭只得逃亡，艰难窘迫地逃走，看见门庭就上前请求住宿，没有不敬重他的名声和品行的，冒着家破人亡的风险收留他。之后流落辗转到东莱，借宿在李笃家里。外黄令毛钦带着军队来到他家，李笃拉着毛钦说："张俭天下闻名，而且不是他有罪才逃亡。即使能抓到张俭，您难道忍心逮捕他吗？"毛钦站起来拉着李笃说："蘧伯玉以独自一人为君子而感到可耻，您为什么要一个人自作主张仁义两全呢？"李笃说："我李笃虽然说喜好仁义，您今日前来也得到我一半的仁义了啊！"毛钦叹息着离开了。李笃因此送张俭出塞，张俭也得以幸免于难。凡是张俭所经过的人家，遭受极刑而死的有数十人，宗族亲属都惨遭灭绝，郡县为此变得残破不堪。

中平元年（184），党锢之事解除，张俭这才回到家乡。大将军、三公一同征召，又因为敦厚朴实被举荐，公车特地前来征召，在家中就官拜少府，都不前往任职。献帝初年，百姓饥荒，而张俭家里的经济状况还比较富裕一些，他就拿出全部财产，和同乡人一起使用，依靠这些财产而活下来的有数百人。

建安初年，朝廷征召他担任卫尉，张俭不得已而接受。张俭看到曹操有祖宗的德行所庇荫，就闭门隐居，不问政事。一年多之后在许州去世。终年八十四岁。

评论说：昔日魏齐逃命，虞卿随他一同离职逃亡；季布逃亡，朱家宁愿获罪也甘心救他。而张俭触怒了当朝皇帝，颠沛流离、奔波逃命，天下的人听到他的消息，没有不怜惜他的雄心壮志的，争着要做收留他的人。以至于放弃城池、丢掉官职，宗族遭灭、自身被杀的，大约有数十上百起，难道张俭不贤德吗！然而张俭凭借自己区区一只手掌，却妄想堵塞江河，最终因为过于痛恨不仁之人而引起祸乱，可见他多么不自量力啊。

岑晊，字公孝，南阳郡棘阳县人。父亲岑豫，担任南郡太守，因为贪得无厌而被杀死。岑晊年少时未成名，前往拜候同郡的宗慈，宗慈当时正因为德才兼备而被征召，宾客满门，认为岑晊并非好人家的孩子，不肯接见。岑晊留在宗慈家门外好几天，到了晚上才被带遂将俱至洛阳，因诣太学受业。

晊有高才，郭林宗、朱公叔等皆为友，李膺、王畅称其有干国器，虽在闾里，慨然有董正天下之志。太守弘农成瑨下车，欲振威严，闻晊高名，请为功曹，又以张牧为中贼曹吏。瑨委心晊、牧，褒善纠违，肃清朝府。宛有富贾张汎者，桓帝美人之外亲，善巧雕镂玩好之物，颇以赂遗中官，以此并得显位，恃其伎巧，用势纵横。晊与牧劝瑨收捕汎等，既而遇赦，晊竟诛之，并收其宗族宾客，杀二百余人，后乃奏闻。于是中常侍侯览使汎妻上书讼其冤。帝大震怒，征瑨，下狱死。晊与牧亡匿齐鲁之间。会赦出。后州郡察举，三府交辟，并不就。及李、杜之诛，因复逃窜，终于江夏山中云。

陈翔字子麟，汝南邵陵人也。祖父珍，司隶校尉。翔少知名，善交结。察孝廉，太尉周景辟举高第，拜侍御史。时正旦朝贺，大将军梁冀威仪不整，翔奏冀恃贵不敬，请收案罪，时人奇之。迁定襄太守，征拜议郎，迁扬州刺史。举奏豫章太守王永奏事中官，吴郡太守徐参在职贪秽，并征诣廷尉。参，中常侍璜之弟也。由此威名大振。又征拜议郎，补御史中丞。坐党事考黄门北寺狱，以无验见原，卒于家。

孔昱字元世，鲁国鲁人也。七世祖霸，成帝时历九卿，封褒成侯。自霸至昱，爵位相系，其卿相牧守五十三人，列侯七人。昱少习家学，大将军梁冀辟，不应。太尉举方正，对策不合，乃辞病去。后进去。宗慈和他聊天，十分奇特，于是带他一同来到洛阳，前往太学学习。

岑晊有高超的才能，郭林宗、李公叔等人都和他结交成为朋友，李膺、王畅称赞他有治国的才干，虽然身在民间，情绪高昂大有督率改正天下的志气。太守弘农成瑨到任，想显示自己的威严，听说岑晊显赫的声名，请他担任功曹，又让张牧担任中贼曹吏。成瑨信任岑晊、张牧，褒善贬恶，肃清官府。宛县有个名叫张汎的富商，是桓帝美人娘家的亲戚，善于雕刻一些奇巧好玩的物品，多用来贿赂宦官，因此来获得尊贵崇高的官位，他凭借这门技艺，仗势横行。岑晊和张牧劝说成瑨收捕张汎等人，后来遇上朝廷大赦，岑晊最终还是把张汎杀了，并且收捕张汎家的宗族宾客，一共杀二百多人，之后才上奏报告朝廷。于是中常侍侯览让张汎的妻子上书诉说冤屈。桓帝十分震怒，征召成瑨，关入监狱中死去。岑晊与张牧逃亡藏匿于齐鲁之间。恰逢大赦才出来。之后州郡察举贤才，三府交相征聘，他都不前往。等到李固、杜密被诛杀之后，因此他又流窜逃亡，听说最终在江夏山中去世。

陈翔，字子麟，汝南郡邵陵县人。祖父陈珍，担任过司隶校尉。陈翔年少时的声名就被时人所知，擅长结交朋友。被察举为孝廉，太尉周景因为考核优异而征召举荐他，官拜侍御史。当时正月初一朝觐庆贺，大将军梁冀仪态不整，陈翔上奏说梁冀自恃地位尊贵、对皇帝不敬，请求拘捕治罪，当时的人认为他很奇特。升迁担任定襄太守，征召为授议郎，升迁担任扬州刺史。检举上奏说豫章太守王永勾结宦官，吴郡太守徐参在职贪污，都被召往廷尉处治罪。徐参，是中常侍徐璜的弟弟。因此陈翔威名大振。又征召为议郎，补任御史中丞。因朋党之祸被黄门北寺狱拷打，因为没有实证而被宽大处理，在家里去世。

孔昱，字元世，鲁国鲁人。七世祖孔霸，成帝时担任过九卿，被封为褒成侯。从孔霸至孔昱，爵位世代相继，其中担任过卿相牧守的有五十三人，被封为列侯的有七人。孔昱年少时学习家族世代延续的学问，大将军梁冀征召他，不回应。太尉举荐他为方正，所回答的遭党事禁锢。灵帝即位，公车征拜议郎，补洛阳令，以师丧弃官，卒于家。

苑康字仲真，勃海重合人也。少受业太学，与郭林宗亲善。举孝廉，再迁颍阴令，有能迹。

迁太山太守。郡内豪姓多不法，康至，奋威怒，施严令，莫有干犯者。先所请夺人田宅，皆遽还之。

是时山阳张俭杀常侍侯览母，案其宗党宾客，或有迸匿太山界者，康既常疾阉官，因此皆穷相收掩，无得遗脱。览大怨之，诬康与兖州刺史第五种及都尉壶嘉诈上贼降，征康诣廷尉狱，减死罪一等，徙日南。颍阴人及太山羊陟等诣阙为讼，乃原还本郡，卒于家。

檀敷字文有，山阳瑕丘人也。少为诸生，家贫而志清，不受乡里施惠。举孝廉，连辟公府，皆不就。立精舍教授，远方至者常数百人。桓帝时，博士征，不就。灵帝即位，太尉黄琼举方正，对策合时宜，再迁议郎，补蒙令。以郡守非其人，弃官去。家无产业，子孙同衣而出。年八十，卒于家。

刘儒字叔林，东郡阳平人也。郭林宗常谓儒口讷心辩，有珪璋之质。察孝廉，举高第，三迁侍中。桓帝时，数有灾异，下策博求直言，儒上封事十条，极言得失，辞甚忠切。帝不能纳，出为任城相。顷之，征拜议郎。会窦武事，下狱自杀。

贾彪字伟节，颍川定陵人也。少游京师，志节慷慨，与同郡荀策略方案不合时宜，于是以生病为由推辞离开了。之后遭遇朋党之祸终身禁止做官。灵帝即位后，公车征召授予议郎一职，补任洛阳令，因为老师去世就放弃做官，在家里去世。

苑康，字仲真，勃海郡重合县人。年少时在太学跟随老师学习，和郭林宗亲近友善。被举荐为孝廉，又升迁颍阴令，有贤德的事迹。

升迁太山太守。郡内豪门大族多不守法纪，苑康到任，大感震怒，施行严厉命令，没有一个敢触犯刑法的。先前所侵占夺取的他人田地住宅，都立即归还原主。

当时山阳张俭杀害了常侍侯览的母亲，苑康就立案调查他的宗族宾客，有人走散藏匿在泰山境内，他向来痛恨宦官，因此不论多远全都收捕起来，没有遗漏或脱逃。侯览心中极其怨恨苑康，诬谄苑康和兖州刺史第五种以及都尉壶嘉欺瞒朝廷贼人投降，征召苑康到廷尉监狱受审，减免死罪一等，流放日南。颍阴人和泰山羊陟等人赶到朝廷为苑康申诉，这才得到宽大处理返回本郡，在家里去世。

檀敷，字文有，山阴郡瑕丘县人。年少时为学生，家里虽然穷困但志向清高，不接受乡里人的施舍恩惠。被举荐为孝廉，公府连续多次征召，都不前往。建立学舍教授学生，远道而来的学生经常有几百人。桓帝时，博士征召他，没有前往。灵帝即位后，太尉黄琼举荐他为方正，所回答的策略方案适合当时的要求，又升迁为议郎，补任蒙县令。因为郡守不是合适的人选，就弃官离去。家里没有产业，子孙们合穿同一件衣服出门。八十岁时，在家里去世。

刘儒，字叔林，东郡阳平县人。郭林宗曾说刘儒虽然口舌迟钝、不善言谈，但是头脑清醒、明白事理，有美玉一样的高尚品质。被举荐为孝廉，又因考核优异被举荐，三次升迁为侍中。桓帝时，数次发生反常的灾祸，下诏广泛地征求正直不阿的言论，刘儒上十条密封好的奏章，直言规劝朝廷的得失，言辞十分忠诚恳切。桓帝没有采纳，出京城担任任城相。不久，征召官拜议郎。恰逢窦武事，关入监狱自杀。

贾彪，字伟节，颍川郡定陵县人。年少时在京城游历，志节昂爽齐名。

初仕州郡，举孝廉，补新息长。小民困贫，多不养子，彪严为其制，与杀人同罪。城南有盗劫害人者，北有妇人杀子者，彪出案发，而掾吏欲引南。彪怒曰："贼寇害人，此则常理，母子相残，逆天违道。"遂驱车北行，案验其罪。城南贼闻之，亦面缚自首。数年间，人养子者千数，佥曰"贾父所长"，生男名为"贾子"，生女名为"贾女"。

延熹九年，党事起，太尉陈蕃争之不能得，朝廷寒心，莫敢复言。彪谓同志曰："吾不西行，大祸不解。"乃入洛阳，说城门校尉窦武、尚书霍谞，武等讼之，桓帝以此大赦党人。李膺出，曰："吾得免此，贾生之谋也。"

先是岑晊以党事逃亡，亲友多匿焉，彪独闭门不纳，时人望之。彪曰："《传》言'相时而动，无累后人'。公孝以要君致衅，自遗其咎，吾以不能奋戈相待，反可容隐之乎？"于是咸服其裁正。

以党禁锢，卒于家。初，彪兄弟三人，并有高名，而彪最优，故天下称曰"贾氏三虎，伟节最怒"。

何颙字伯求，南阳襄乡人也。少游学洛阳。颙虽后进，而郭林宗、贾伟节等与之相好，显名太学。友人虞伟高有父仇未报，而笃病将终，颙往候之，伟高泣而诉。颙感其义，为复仇，以头醊其墓。

及陈蕃、李膺之败，颙以与蕃、膺善，遂为宦官所陷，乃变姓扬，和同郡人荀爽齐名。

起初在州郡做官，被举荐为孝廉，补任新息县长。百姓贫困，大多不生儿育女，贾彪制定严格的法令，凡是不生养子女的和杀人犯同罪。城南有盗匪抢劫杀人的，城北有妇人杀害亲子的，贾彪前往案发地查验，而掾史想把贾彪带到城南。贾彪发怒说："贼寇祸害百姓，这是常理，母子相残，这是违逆天道，违反人伦的。"于是乘车前往城北，查验案情定下妇人的罪。城南的贼寇听说后，也双手反绑前来自首。几年之间，百姓生养的子女就数以千计，都说"是贾父让抚养的"，生下男孩取名为"贾子"，生下女孩取名为"贾女"。

延熹九年（166），朋党祸起，太尉陈蕃为之争辩没有成功，朝廷百官感到失望痛心，没有敢再申辩的人。贾彪对志同道合的人说："我不西行的话，如此弥天大祸就不会解除。"于是来到洛阳，说服城门校尉窦武、尚书霍谞，窦武等人争辩朋党是非，桓帝因此大赦朋党中人。李膺被放出来后，说："我能够免遭朋党之祸，全靠贾生的谋划啊。"

先前岑晊因为朋党之事逃亡，亲戚朋友大多帮他隐匿，只有贾彪闭门不接纳他，当时的人都埋怨他。贾彪说："《左传》说：'瞅准时机再有动作，不连累后人。'岑公孝因为要挟皇帝招来祸患，自取其咎，我已经不持戈相待了，怎么能反而收留藏匿他呢？"于是人们都佩服他的裁断订正。

因为朋党之祸终身禁止做官，在家里去世。起初，贾彪兄弟三人，都有显赫的声名，其中又属贾彪最显赫，所以天下流传说："贾氏兄弟三虎，伟节气势最盛。"

何颙，字伯求，南阳郡襄乡县人。年少时到洛阳求学。何颙虽然是晚辈后学，但郭林宗、贾伟节等人与他交好，在太学里名声显扬。朋友虞伟高有父仇没来得及报，就病情沉重将死，何颙前去看他，虞伟高向他哭诉这件事，何颙被他的孝心所感动，替他报了仇，把仇人的脑袋带到虞伟高的坟墓前祭奠他。

等到陈蕃、李膺失败后，何颙因为和陈蕃、李膺友善，就被宦官名，亡匿汝南间。所至皆亲其豪桀，有声荆豫之域。袁绍慕之，私与往来，结为奔走之友。是时党事起，天下多离其难，颙常私入洛阳，从绍计议。其穷困闭厄者，为求援救，以济其患。有被掩捕者，则广设权计，使得逃隐，全免者甚众。

及党锢解，颙辟司空府。每三府会议，莫不推颙之长。累迁。及董卓秉政，逼颙以为长史，托疾不就，乃与司空荀爽、司徒王允等共谋卓。会爽薨，颙以它事为卓所系，忧愤而卒。初，颙见曹操，叹曰："汉家将亡，安天下者必此人也。"操以是嘉之。尝称"颍川荀彧，王佐之器"。及彧为尚书令，遣人西迎叔父爽，并致颙尸，而葬之爽之冢傍。

赞曰：渭以泾浊，玉以砾贞。物性既区，嗜恶从形。兰莸无并，销长相倾。徒恨芳膏，煎灼灯明。

所诬陷，于是他改名换姓，逃亡藏匿在汝南一带。他所到一处就结交当地豪杰，在荆州、豫州一带享有声誉。袁绍十分仰慕他，暗中和他往来，结为互相称誉仰慕的朋友。当时朋党之事发生，天下贤士大多遭逢此难，何颙经常暗中进入洛阳，和袁绍商议计划。对于生活贫困、处境困窘的人，为他们求取援救，帮助他们渡过难关。对于被四处追捕的人，就想尽办法出谋划策，让他们得以逃避或隐匿，免于党祸得以保全的人有很多。

等到因朋党之祸而终身禁止做官的命令解除之后，何颙被司空府所征召。每次三府会议，没有不推举何颙担任长官的。数次升迁。等到董卓执政，逼迫何颙担任长史，他假借生病没有接受，就和司空荀爽、司徒王允等人共同谋划对付董卓。恰逢荀爽去世，何颙因为别的事被董卓所逮捕，因忧愤而去世。起初，何颙见到曹操，叹息说："汉室将要灭亡，平定天下的一定是这个人啊。"曹操因此十分赞许他。曾经说"颍川荀彧，王佐之才。"等到荀彧担任尚书令，派遣部下到西面迎回叔父荀爽，并且接回何颙的尸体，埋葬在荀爽的墓旁。

赞辞说：渭水因为泾水浑浊才显得更清，玉石因为砾石普通才显得更加珍贵。事体的本性本来就有区别，人的好恶也能表现出来。香草臭草不能并存，善恶香臭此消彼长。只是遗憾散发芳香的油膏，为了光明备受煎熬。

卷九十八

郭符许列传第五十八

郭太字林宗，太原界休人也。家世贫贱。早孤，母欲使给事县廷。林宗曰："大丈夫焉能处斗筲之役乎？"遂辞。就成皋屈伯彦学，三年业毕，博通坟籍。善谈论，美音制。乃游于洛阳。始见河南尹李膺，膺大奇之，遂相友善，于是名震京师。后归乡里，衣冠诸儒送至河上，车数千两。林宗唯与李膺同舟而济，众宾望之，以为神仙焉。

司徒黄琼辟，太常赵典举有道。或劝林宗仕进者，对曰："吾夜观乾象，昼察人事，天之所废，不可支也。"遂并不应。性明知人，好奖训士类。身长八尺，容貌魁伟，褒衣博带，周游郡国。尝于陈梁间行遇雨，巾一角垫，时人乃故折巾一角，以为"林宗巾"。其见慕皆如此。或问汝南范滂曰："郭林宗何如人？"滂曰："隐不违亲，贞不绝俗，天子不得臣，诸侯不得友，吾不知其它。"后遭母忧，有至孝称。林宗虽善人伦，而不为危言核论，故宦官擅政而不能伤也。及党事起，知名之士多被其害，唯林宗及汝南袁闳得免焉。遂闭门教授，弟子以千数。

建宁元年，太傅陈蕃、大将军窦武为阉人所害，林宗哭之于野，恸。既而叹曰："'人之云亡，邦国殄瘁'。'瞻乌爰止，不知于谁之屋'耳。"

郭太，字林宗，太原郡界休县人。家世贫穷卑贱。父亲去世早，母亲想让他去县里供职。郭林宗说："大丈夫怎么能干这种卑贱的工作呢？"就向母亲辞别。跟着成皋的屈伯彦学习，三年后学业有成，广博精通古代典籍。善于言谈议论，声音节奏明快。就到洛阳游历。第一次见到河南尹李膺，李膺觉得他才能惊异，交往逐渐友善，于是名震京城。后来返回故乡，名门世族和众多儒生送他到河边，车子有几千辆。郭林宗只和李膺同船渡河，众宾客远远望去，二人就像神仙一样。

司徒黄琼征召他，太常赵典因为有道而举荐他。有人劝郭林宗入仕做官，郭林宗回答说："我黑夜观察天象，白天考察人间事，上天所要废弃的，人力是不可以支持的。"于是他全都没有回应。生性擅长鉴察人的品行和才能，喜好劝勉诱掖读书人。身高八尺，容貌魁梧伟岸，宽衣阔带一副儒生打扮，周游郡国。曾经在陈、梁之间赶路遇到下雨，头巾的一角折叠起来，当时的人也故意折叠头巾一角，这种头巾被称做"林宗巾"。可见他的为人被人如此敬慕。有人问汝南的范滂："郭林宗是一个怎样的人？"范滂说："隐居时不忘记侍奉父母，保持操守时不断绝世俗间的来往。天子不能得到他当臣子，诸侯不能得到他做朋友。其他的我就不得而知了。"后来为母亲举办葬礼，获得至孝的名声。郭林宗虽然善于评选人才，却不说太过正直翔实的言论，所以宦官独揽朝政也不能伤害他。等到朋党之祸兴起，知名之士大多遭到迫害，只有郭林宗和汝南袁闳得以幸免。于是闭门教授学生，门下学生数以千计。

建宁元年（168），太傅陈蕃、大将军窦武被宦官所杀害，郭林宗在野外大哭，极为悲痛。然后叹气说："'贤良之人皆逃亡，国家困顿陷危难'。'瞻望乌鸦就要栖息，会在谁家房顶之上'。"

明年春，卒于家，时年四十二。四方之士千余人，皆来会葬。同志者乃共刻石立碑，蔡邕为其文，既而谓涿郡卢植曰："吾为碑铭多矣，皆有惭德，唯郭有道无愧色耳。"

其奖拔士人，皆如所鉴。后之好事，或附益增张，故多华辞不经，又类卜相之书。今录其章章效于事者，著之篇末。

左原者，陈留人也。为郡学生，犯法见斥。林宗尝遇诸路，为设酒肴以慰之。谓曰："昔颜涿聚梁甫之巨盗，段干木晋国之大驵，卒为齐之忠臣，魏之名贤。蘧瑗、颜回尚不能无过，况其余乎？慎勿恚恨，责躬而已。"原纳其言而去。或有讥林宗不绝恶人者。对曰："人而不仁，疾之以甚，乱也。"原后忽更怀忿，结客欲报诸生。其日林宗在学，原愧负前言，因遂罢去。后事露，众人咸谢服焉。

茅容字季伟，陈留人也。年四十余，耕于野，时与等辈避雨树下，众皆夷踞相对，容独危坐愈恭。林宗行见之而奇其异，遂与共言，因请寓宿。旦日，容杀鸡为馔，林宗谓为己设，既而以供其母，自以草蔬与客同饭。林宗起拜之曰："卿贤乎哉！"因劝令学，卒以成德。

孟敏字叔达，钜鹿杨氏人也。客居太原。荷甑堕地，不顾而去。林宗见而问其意。对曰："甑以破矣，视之何益？"林宗以此异之，因劝令游学。十年知名，三公俱辟，并不屈云。

庾乘字世游，颍川鄢陵人也。少给事县廷为门士。林宗见而第二年春季，在家里去世，终年四十二岁。四方的士人来送葬的有一千多人。志同道合的人就共同刻石立碑，蔡邕撰写碑文，完成后对涿郡卢植说："我写的碑文有多了，德行多少都有些缺陷，只有郭有道的碑文问心无愧啊。"

郭林宗所奖励提拔的士人，都像他所品评的那样。之后有好事的人，对他部分事迹夸大附会，所以大多言辞虚浮不实，又类似占卜看相的书。如今记录他昭著而又有事实依据的，写在篇尾。

左原，陈留人。在郡内当学生时，触犯法规而被驱逐。郭林宗曾经在路上遇见他，设下酒席来安慰他。对他说："昔日颜涿聚是梁甫臭名昭著的大盗，段干木是晋国买卖的中间人，最终成为了齐国的忠臣、魏国的著名贤人。蘧瑗、颜回还不能做到不犯错，更何况其他的普通人呢？千万不要心怀怨恨，反躬自责就可以了。"左原听从了他的意见离开了。也有人讥讽郭林宗不和恶人断绝来往，他回答说："一个人不讲仁德，对他过于憎恶的话，反而让他更容易做坏事。"左原之后忽然又心怀忿恨，结集宾客想要报复儒生们。这天郭林宗在学校中，左原自愧辜负了郭林宗之前告诫他的话，因此就散去作罢。后来事情败露，众人都感谢佩服他。

茅容，字季伟，陈留人。四十多岁，在田野里耕种，当时和同辈等人在树下避雨，大家都伸直双腿随便坐在地上，只有茅容一个人恭敬地跪坐在一旁。郭林宗路过看见他如此奇特的行为感到惊异，就和他聊天，并请求到他家寄宿。第二天早上，茅容杀鸡做饭，郭林宗以为是为他准备的，过了一会儿才知道是供给茅容母亲吃的，茅容自己做了些蔬菜和客人一起吃。郭林宗起身向他下拜说："您真是贤德啊！"因此就劝他读书学习，最终茅容成为一个德行崇高的人。

孟敏，字叔达，钜鹿郡杨氏县人。客居在太原。背上的瓦甑不小心摔到地上，他头也不回就走了。郭林宗看到此事问他这是什么意思。孟敏回答说："瓦甑已经摔破了，再回头看它还有什么用呢？"郭林宗以此认为孟敏不平凡，因此劝他四处游学。十年后成名，三公都来征召他，全都没有屈就。

庾乘，字世游，颍川郡鄢陵县人。年少时在县衙里供职担任门拔之，劝游学宫，遂为诸生佣。后能讲论，自以卑第，每处下坐，诸生博士皆就雠问，由是学中以下坐为贵。后征辟并不起，号曰“征君”。

宋果字仲乙，扶风人也。性轻悍，憙与人报仇，为郡县所疾。林宗乃训之义方，惧以祸败。果感悔，叩头谢负，遂改节自敕。后以烈气闻，辟公府，侍御史、并州刺史，所在能化。

贾淑字子厚，林宗乡人也。虽世有冠冕，而性险害，邑里患之。林宗遭母忧，淑来修吊，既而钜鹿孙威直亦至。威直以林宗贤而受恶人吊，心怪之，不进而去。林宗追而谢之曰：“贾子厚诚实凶德，然洗心向善。仲尼不逆互乡，故吾许其进也。”淑闻之，改过自厉，终成善士。乡里有忧患者，淑辄倾身营救，为州闾所称。

史叔宾者，陈留人也。少有盛名。林宗见而告人曰：“墙高基下，虽得必失。”后果以论议阿枉败名云。

黄允字子艾，济阴人也。以俊才知名。林宗见而谓曰：“卿有绝人之才，足成伟器。然恐守道不笃，将失之矣。”后司徒袁隗欲为从女求姻，见允而叹曰：“得婿如是足矣。”允闻而黜遣其妻夏侯氏。妇谓姑曰：“今当见弃，方与黄氏长辞，乞一会亲属，以展离诀之情。”于是大集宾客三百余人，妇中坐，攘袂数允隐匿秽恶十五事，言毕，登车而去。允以此废于时。

谢甄字子微，汝南召陵人也。与陈留边让并善谈论，俱有盛卒。郭林宗看见并且提拔他，劝他去外地的学宫中学习，因为他就被儒生们雇佣。之后能够讲谈议论，他认为自己出身卑贱，每次都坐在末席，儒生们和博士都向他辩论问难，从此学校里以坐在末席为贵。后来朝廷前来征召都没有前去，人们称他为“征君”。

宋果，字仲乙，扶风人。性格轻捷勇悍，喜欢替别人报仇，让郡县感到苦恼。郭林宗就教导他行事应该遵守的规范和道理，用灾祸和失败来吓唬他。宋果受到触动而悔改，叩头表示辜负了大家，因此告诫自己改变节操。后来以气性刚直而闻名，公府前来征召，担任侍御史、并州刺史，让所在之处都能教化当地百姓。

贾淑，字子厚，是郭林宗的同乡。虽然家中世代做官，但他的性情凶恶残忍，乡里认为他是个祸患。郭林宗的母亲去世了，贾淑前来吊唁，接着钜鹿的孙威直也到了。孙威直认为郭林宗贤德却接受恶人的吊唁，心里责怪，没进屋就离开了。郭林宗追上并道歉说：“贾子厚确实做过坏事，然而他已经洗心革面，改过向善了。仲尼不拒绝和互乡人聊天，所以我也允许他进来。”贾淑听后，改过自新并且勉励自己，最终成为一个行善的人。乡里有人忧虑祸患缠身，贾淑总是全力营救，被乡里所称赞。

史叔宾，陈留人。年少时负有盛名。郭林宗见到他而告诉别人说：“墙壁高地基浅，虽有得必有失。”后来果然因为言论偏私不公而败坏了名声。

黄允，字子艾，济阴郡人。因才智卓越而著名。郭林宗见到并对他说：“您有过人的才智，足以胜任大事。然而恐怕您不能坚守己道，已经获得的也可能会失去啊。”后来司徒袁隗想为侄女求门婚事，见到黄允叹息说：“如果能得到你这样的侄女婿我就满意了。”黄允听说后就打发他的妻子夏侯氏回娘家。夏侯氏对她婆婆说：“如今我已经被遗弃，要与黄允永别了，乞求再见一见亲属，来表达我诀别的感情。”于是汇集大量宾客有三百多人，夏侯氏坐在当中，捋起袖子细数黄允不为人知的十五件肮脏事，说完，乘上车离开了。黄允因此被当时的人所不齿。

谢甄，字子微，汝南郡召陵县人。与陈留的边让都善于谈论，名。每共候林宗，未尝不连日达夜。林宗谓门人曰：“二子英才有余，而并不入道，惜乎！”甄后不拘细行，为时所毁。让以轻侮曹操，操杀之。

王柔字叔优，弟泽，字季道，林宗同郡晋阳县人也。兄弟总角共候林宗，以访才行所宜。林宗曰：“叔优当以仕进显，季道当以经术通，然违方改务，亦不能至也。”后果如所言，柔为护匈奴中郎将，泽为代郡太守。

又识张孝仲刍牧之中，知范特祖邮置之役，召公子、许伟康并出屠酤，司马子威拔自卒伍，及同郡郭长信、王长文、韩文布、李子政、曹子元、定襄周康子、西河王季然、云中丘季智、郝礼真等六十人，并以成名。

论曰：庄周有言，人情险于山川，以其动静可识，而沉阻难征。故深厚之性，诡于情貌；“则哲”之鉴，惟帝所难。而林宗雅俗无所失，将其明性特有主乎？然而逊言危行，终亨时晦，恂恂善导，使士慕成名，虽墨、孟之徒，不能绝也。

符融字伟明，陈留浚仪人也。少为都官吏，耻之，委去。后游太学，师事少府李膺。膺风性高简，每见融，辄绝它宾客，听其言论。融幅巾奋袖，谈辞如云，膺每捧手叹息。郭林宗始入京师，时人莫识，融一见嗟服，因以介于李膺，由是知名。

时汉中晋文经、梁国黄子艾，并恃其才智，炫曜上京，卧托养疾，无所通接。洛中士大夫好事者，承其声名，坐门问疾，犹不得见。三公所辟召者，辄以询访之，随所臧否，以为与夺。融察其非都负有盛名。经常一起去拜访郭林宗，没有一次不是日夜兼程。郭林宗对弟子说："这两个人才华杰出有余，但都不合于圣贤之道，可惜啊！"谢甄之后不拘小节，被当时的人所诋毁。边让则因为轻蔑侮辱曹操，被曹操杀死了。

王柔，字叔优，弟弟王泽，字季道，和郭林宗是同郡的晋阳县人。兄弟童年时期一起去拜访郭林宗，询问二人的才智和德行适宜发展的方向。郭林宗说："王叔优应当升官发迹，王季道应当以治理天下的经术闻名，如果违背天性改变方向，也达不到太高的地位。"后来果然如他所说，王柔官至护匈奴中郎将，王泽则担任代郡太守。

又在牧民之中认识了张孝仲，在驿站信使之中发掘了范特祖。召公子、许伟都是出自屠夫酒贩，司马子威是从军队中所提拔。以及同郡的郭长信、王长文、韩文布、李子政、曹子元、定襄的周康子、西河的王季然、云中的丘季智、郝礼真等共有六十人，都因郭林宗而成名。

评论说：庄周说过这样一句话，人心比山川还要险恶，因为人的行为举止可以看见，而人的内心却阻隔很深。所以深沉的内心，比外貌要奸滑得多；"知人"能做到明察的，只有皇帝感到困难。而郭林宗无论高雅还是庸俗都从未看错一人，难道这种明察识人的能力是他所特有的吗？然而言语谦逊恭顺、品行正直，最终能够顺时隐晦，诲人不倦地引导，使士人仰慕而成就名声，即使是墨子、孟子那样的人，也不能超过他啊。

符融，字伟明，陈留郡浚仪县人。年少时担任都官吏，自认为可耻，弃官而去。后来在太学游学，拜少府李膺为师。李膺作风性情清高简约，每次接见符融，都谢绝其他宾客，专心听符融的言论。符融头戴幅巾挥动衣袖，谈吐文辞如云涌，李膺经常拱手叹息。郭林宗刚来到京城时，当时的人都不相识，符融一见到他就心生叹服，并把他介绍给李膺，郭林宗从此天下闻名。

当时汉中的晋文经、梁国的黄子艾，都自恃才智过人，显扬京城，假借在家养病，不接见任何人。洛阳的士大夫中有爱管闲事的，仰慕他们的名声，坐在门口探问疾病，这样也不接见。三公所征召的真，乃到太学，并见李膺曰："二子行业无闻，以豪桀自置，遂使公卿问疾，王臣坐门。融恐其小道破义，空誉违实，特宜察焉。"膺然之。二人自是名论渐衰，宾徒稍省，旬日之间，惭叹逃去。后果为轻薄子，并以罪废弃。

融益以知名。州郡礼请，举孝廉，公府连辟，皆不应。太守冯岱有名称，到官，请融相见。融一往，荐达郡士范冉、韩卓、孔伷等三人，因辞病自绝。会有党事，亦遭禁锢。

妻亡，贫无殡敛，乡人欲为具棺服，融不肯受。曰："古之亡者，弃之中野。唯妻子可以行志，但即土埋藏而已。"

融同郡田盛，字仲向，与郭林宗同好，亦名知人，优游不仕，并以寿终。

许劭字子将，汝南平舆人也。少峻名节，好人伦，多所赏识。若樊子昭、和阳士者，并显名于世。故天下言拔士者，咸称许、郭。

初为郡功曹，太守徐璆甚敬之。府中闻子将为吏，莫不改操饰行。同郡袁绍，公族豪侠，去濮阳令归，车徒甚盛，将入郡界，乃谢遣宾客，曰："吾舆服岂可使许子将见。"遂以单车归家。

劭尝到颍川，多长者之游，唯不候陈寔。又陈蕃丧妻还葬，乡人毕至，而劭独不往。或问其故，劭曰："太丘道广，广则难周；仲举性峻，峻则少通。故不造也。"其多所裁量若此。

人，经常去访问他们，根据他们的褒贬评论，作为取舍的依据。符融看出二人才学有假，于是来到太学，会见李膺说："并没有听说这二人有什么德业，而他们却以豪杰自居，致使公卿前去探问他们的病，王臣坐在门口等待接见。我担心他们的邪门歪道败坏朝廷正义，徒有虚名违背事实，特别应当好好考察一下他们。"李膺同意他说的话。二人从此之后名声和言论都逐渐衰落，宾客弟子也逐渐少了，十天以间，惭愧叹息着逃走了。之后得知他们果真是言行轻浮不庄重的人，都因此获罪遭到废弃不用。

符融因此更加出名。州郡以礼聘请他，被举荐为孝廉，公府连续多次征召，都不前往。太守冯代有声名被称誉，到任后，请符融相见。符融去了一次，荐荐郡士范冉、韩卓、孔伷等三人，就假借生病不任职。恰逢朋党之祸，也遭到终身禁止做官的处罚。

符融的妻子去世，因贫困无法殡殓，乡里人想帮他置办棺材和衣服，符融不肯接受。说："古时候有人去世，都是扔到荒野。只有妻子儿子可以例外，就用土埋葬了吧。"

符融的同郡人田盛，字仲向，与郭林宗志趣相同，也以善于鉴察品行、才能而出名，并未做官、闲暇自得，最终安享天年。

许劭，字子将，汝南郡平舆县人。年少时名誉节操高尚，喜好评选人才，赏识过不少人。像樊子昭、和阳士等，都在当时很有名。所以说天下间选拔举荐人才的人，都称赞许劭、郭林宗二人。

起初在郡里担任功曹，太守徐璆十分敬重他。府中听说许子担任官吏，没有不改变操行、掩饰言行的。同郡人袁绍，是贵族中的豪侠，辞去濮阳令一职回家，车马仆从十分豪华，将要进入郡府边境时，就把宾客全都辞谢遣散了，说："我这样的车马和装束怎么能让许子将看见呢？"于是袁绍就只乘着一辆车子回家。

许劭曾经来到颍川，和他有交往的大多是有道行学问的长者，唯独不去拜访陈寔。此外陈蕃的妻子去世准备运送尸体回乡安葬，同乡的人全都来了，而只有许劭没有前往。有人问他原因，许劭说："陈太丘交游太广，太广则难以周全；陈仲举性情严苛，严苛则交游曹操微时，常卑辞厚礼，求为己目。劭鄙其人而不肯对，操乃伺隙胁劭，劭不得已，曰：“君清平之奸贼，乱世之英雄。”操大悦而去。

劭从祖敬，敬子训，训子相，并为三公，相以能谄事宦官，故自致台司封侯，数遣请劭。劭恶其薄行，终不候之。

劭邑人李逵，壮直有高气，劭初善之，而后为隙，又与从兄靖不睦，时议以此少之。初，劭与靖俱有高名，好共核论乡党人物，每月辄更其品题，故汝南俗有“月旦评”焉。

司空杨彪辟，举方正、敦朴，征，皆不就。或劝劭仕，对曰：“方今小人道长，王室将乱，吾欲避地淮海，以全老幼。”乃南到广陵。徐州刺史陶谦礼之甚厚。劭不自安，告其徒曰：“陶恭祖外慕声名，内非真正。待吾虽厚，其势必薄。不如去之。”遂复投扬州刺史刘繇于曲阿。其后陶谦果捕诸寓士。及孙策平吴，劭与繇南奔豫章而卒，时年四十六。

兄虔亦知名，汝南人称平舆渊有二龙焉。

赞曰：林宗怀宝，识深甄藻。明发周流，永言时道。符融鉴真，子将人伦。守节好耻，并亦逡巡。

甚少。所以我没有过去。”他推测度量人才而做出取舍大多如此。

曹操地位卑下的时候，曾经谦卑的言词、丰厚的礼物来聘请许劭。许劭看不起他的为人不肯答应，曹操找到可乘之机胁迫许劭，许劭不得已，说：“您是太平盛世中的奸贼，动荡乱世中的英雄。”曹操十分高兴地离开了。

许劭的叔祖父许敬，许敬的儿子许训，许训的儿子许相，官职都做到三公，许相因为能逢迎侍奉宦官，所以让自己官职台司重臣并且封侯，多次派潜仆人延请许劭。许劭因为许相品行不好而感到厌恶，始终没有去拜访他。

许劭同县人李逵，勇猛正直还有不凡的才气，许劭起初和他交好，之后两人产生了嫌隙，又与堂兄许靖不和，当时的舆论因此对他轻视批评。起处，许劭和许靖都有显赫的声名，喜欢一起严谨翔实地评论乡党人物，每月总是更换一个评论人物以定其高下，所以汝南俗语有“月旦评”的说法。

司空杨彪征召，被举荐方正、敦朴，征召，都不前往。有人劝许劭出仕，他回答说：“如今小人当道，朝廷将乱，我想去淮海避难迁居，来保全全家老幼。”于是南下来到广陵。徐州刺史陶谦以大礼相待。许劭感到不安，告诉他的弟子说：“陶恭祖表面仰慕好名声，内心却并不真诚。虽然目前对我礼数周全，这种情况必定会慢慢变得淡薄，我们不如走吧。”于是又到曲阿投奔扬州刺史刘繇。之后陶谦果然拘捕了寄居在他那的宾客。等到孙策平定吴国后，许劭与刘繇向南逃到豫章并在那里去世，时年四十六岁。

许劭的哥哥许虔也很出名，汝南人说平舆的深潭中有两条龙。

赞辞说：郭林宗有宝贵的才能，一双慧眼善于辨别品评人才。引导着流传到天下，吟咏着当时的道义。符融明鉴真伪，许子将评选人才。坚守节操看重荣辱，全都推辞不去做官。

卷九十九

窦何列传第五十九

窦武字游平，扶风平陵人，安丰戴侯融之玄孙也。父奉，定襄太守。武少以经行著称，常教授于大泽中，不交时事，名显关西。

延熹八年，长女选入掖庭，桓帝以为贵人，拜武郎中。其冬，贵人立为皇后，武迁越骑校尉，封槐里侯，五千户。明年冬，拜城门校尉。在位多辟名士，清身疾恶，礼赂不通，妻子衣食裁充足而已。是时羌蛮寇难，岁俭民饥，武得两宫赏赐，悉散与太学诸生，及载肴粮于路，匄施贫民。兄子绍，为虎贲中郎将，性疏简奢侈。武每数切厉相戒，犹不觉悟，乃上书求退绍位，又自责不能训导，当先受罪。由是绍更遵节，大小莫敢违犯。

时国政多失，内官专宠，李膺、杜密等为党事考逮。永康元年，上疏谏曰："臣闻明主不讳讥刺之言，以探幽暗之实；忠臣不恤谏争之患，以畅万端之事。是以君臣并熙，名奋百世。臣幸得遭盛明之世，逢文武之化，岂敢怀禄逃罪，不竭其诚！陛下初从藩国，爰登圣祚，天下逸豫，谓当中兴。自即位以来，未闻善政。梁、孙、寇、邓虽或诛灭，而常侍黄门续为祸虐，欺罔陛下，竞行谲诈，自造制度，妄爵非人，朝政日衰，奸臣日强。伏寻西京放恣王氏，佞臣执政，终丧天下。今不虑前事之失，复循覆车之轨，臣恐二世之难，必将复及，赵高之变，不朝则夕。近者奸臣牢修，造设党议，遂收前司隶校尉李膺、太仆杜密、御史中丞陈翔、太尉掾范滂等逮考，连及数百人，旷年拘录，事无效验。臣惟膺等建忠抗节，志经王室，此窦武，字游平，扶风郡平陵县人，安丰戴侯窦融的玄孙。父亲窦奉，担任定襄太守。窦武年少时就以经术和品行而著称，曾经在深山大泽中教授学生，不接触时政，在关西名声显著。

延熹八年（165），窦武的长女被选中妃嫔进宫，桓帝封她为贵人，任命窦武为郎中。这年冬季，窦贵人被立为皇后，窦武升迁担任越骑校尉，封为槐里侯，食邑五千户。第二年冬季，官拜城门校尉。任职期间多次征召名士，清廉公正、嫉恶如仇，不接受送礼行贿，妻子和孩子的衣食也是刚刚够而已。当时羌蛮侵犯作乱，年成歉收、百姓饥饿，窦武获得皇帝和皇后两宫的赏赐，悉数散发给太学学生们，又用车载着蔬菜和粮食，布施给贫民。窦武哥哥的儿子窦绍，担任虎贲中郎将，性情散漫奢侈。窦武每次都很严厉地训诫他，还没有觉悟，就上书自请将窦绍撤职，又自责不能教训开导窦绍，应当首先接受罪责。从此窦绍更加遵守法度，不论大小错误都不敢违反。

当时国家政治昏暗，宦官独得宠幸，李膺、杜密等人因为朋党之事被逮捕拷打。永康元年（167），窦武呈上奏章劝谏说："我听说贤明的皇帝不忌讳嘲笑讽刺的话，为的是了解昏暗不明的事实；忠臣不顾念直言规劝招来祸患，为的是能让国家万事顺畅。所以君臣共同和乐，扬名百世。臣下有幸遇到这昌明之世，恰逢文王武王一样的教化，又怎么敢留恋俸禄而逃避罪责，不竭尽全力表示忠心呢！皇帝您当初从诸侯国开始，后来改易登上帝位，天下都闲适安乐，都说这是国家要中兴了。但您自即位以来，没有实现清明的政治。梁冀、孙寿、寇荣、邓万代虽然已经伏诛，而常侍、黄门等宦官接着为祸肆虐，欺骗蒙蔽陛下，争相做一些谲诡狡诈的事，擅自编造制度，随便给不适合人他授予官爵，朝庭的政治日渐衰败，奸臣的权势日渐强盛。回想长安为都的时代放纵王莽，奸邪谄媚的臣子执政，以致最终丧失了诚陛下稷、禼、伊、吕之佐，而虚为奸臣贼子之所诬枉，天下寒心，海内失望。惟陛下留神澄省，时见理出，以厌人鬼喁喁之心。臣闻古之明君，必须贤佐，以成政道。今台阁近臣，尚书令陈蕃，仆射胡广，尚书朱寓、荀绲、刘祐、魏朗、刘矩、尹勋等，皆国之贞士，朝之良佐。尚书郎张陵、妫皓、苑康、杨乔、边韶、戴恢等，文质彬彬，明达国典。内外之职，群才并列。而陛下委任近习，专树饕餮，外典州郡，内干心膂。宜以次贬黜，案罪纠罚，抑夺宦官欺国之封，案其无状诬罔之罪，信任忠良，平决臧否，使邪正毁誉，各得其所，宝爱天官，唯善是授。如此，咎征可消，天应可待。间者有嘉禾、芝草、黄龙之见。夫瑞生必于嘉士，福至实由善人，在德为瑞，无德为灾。陛下所行，不合天意，不宜称庆。”书奏，因以病上还城门校尉、槐里侯印绶。帝不许，有诏原李膺、杜密等，自黄门北寺、若卢、都内诸狱，系囚罪轻者皆出之。

其冬帝崩，无嗣。武召侍御史河间刘儵，参问其国中王子侯之贤者，儵称解渎亭侯宏。武入白太后，遂征立之，是为灵帝。拜武为大将军，常居禁中。帝既立，论定策功，更封武为闻喜侯；子机渭阳侯，拜侍中；兄子绍鄠侯，迁步兵校尉；绍弟靖西乡侯，为侍中，监羽林左骑。

武既辅朝政，常有诛翦宦官之意，太傅陈蕃亦素有谋。时共会朝堂，蕃私谓武曰："中常侍曹节、王甫等，自先帝时操弄国权，浊乱海内，百姓匈匈，归咎于此。今不诛节等，后必难图。"武深然之。蕃大喜，以手推席而起。武于是引同志尹勋为尚书令，刘瑜为侍中，冯述为屯骑校尉；又征天下名士废黜者前司隶李膺、宗正刘猛、太仆杜密、庐江太守朱寓等，列于朝廷；请前越嶲太守荀翌为从事中郎，辟颍川陈寔为属；共定计策。于是天下雄俊，知其风旨，莫不延颈企踵，思奋其智力。

会五月日食，蕃复说武曰："昔萧望之困一石显，近者李、杜诸公祸及妻子，况今石显数十辈乎！蕃以八十之年，欲为将军除害，今可且因日食，斥罢宦官，以塞天变。又赵夫人及女尚书，旦夕乱太后，急宜退绝。惟将军虑焉。"武乃白太后曰："故事，黄门、常侍但当给事省内，典门户，主近署财物耳。今乃使与政事而任权重，子弟布列，专为贪暴。天下匈匈，正以此故。宜悉诛废，以清朝廷。"太后曰："汉来故事世有，但当诛其有罪，岂可尽废邪？"时中常侍管霸颇有才略，专制省内。武先白诛霸及中常侍苏康等，竟死。武复数白诛曹节等，太后冘豫未忍，故事久不发。

至八月，太白出西方。刘瑜素善天官，恶之，上书皇太后曰："太白犯房左骖，上将星入太微，其占宫门当闭，将相不利，奸人在主傍。愿急防之。"又与武、蕃书，以星辰错缪，不利大臣，宜速断天下。现如今不考虑前事的教训，又将重蹈覆辙，臣下担心秦二世胡亥那样的灾难，一定会重现，赵高那样的变乱，早晚都会出现。最近的奸臣牢修，一手炮制了关于朋党的非议，以至于把司隶校尉李膺、太仆杜密、御史中丞陈翔、太尉掾范滂等人逮捕后进行拷问，牵连到了几百人，经过多年拘捕，事情并没有根据。我认为李膺等人忠心不改、坚守节操，立志经营汉室，这实在是陛下稷、契、伊尹、吕尚那样的辅佐，却白白被奸臣贼子所诬陷冤枉，天下间都为此感到寒心，四海内都为此感到失望。请陛下唯有谨慎明察，马上昭明天理，来满足人鬼的仰望期待啊。臣下听说古时候的贤明君王，必须要有贤明的辅臣，才能政治清明。如今朝庭里亲近的臣子，尚书令陈蕃、仆射胡广、尚书朱寓、荀绲、刘祐、魏朗、刘矩、尹勋等人，都是国家忠贞的人才，朝廷贤能的辅佐。尚书郎张陵、妫皓、苑康、杨乔、边韶、戴恢等人，文采实质兼备，通达国家的典章制度。朝廷内外的官职，各种人才都有。而陛下却任用宠爱亲信的人，专门培养凶恶贪婪的人，让他们在外担任州郡大官，在内担任心腹掌管重要部门。应当挨个把他们贬官革职，治罪处罚，剥夺宦官欺瞒朝廷期间的封赏，治他们无端诬陷诽谤的罪，信赖任用忠良，判断处理好坏，让好人坏人、非议称赞，都各得其所，珍惜百官的官位，只授予好人。这样的话，灾祸可以消除，上天就要降下感应。近来将会出现嘉禾、芝草、黄龙等祥瑞。那些祥瑞发生必定是和德才兼优的人有关，福祉到来必定是和好人有关，言行符合天道就是祥瑞，言行不符天道就是灾祸。陛下所做所为，不符合天意，不应道贺。”奏章呈送上去，窦武假借生病上交城门校尉、槐里侯的印绶。桓帝不同意，下诏宽大处理李膺、杜密等人，从黄门北寺、若卢、都内各监狱内，在押的囚犯中罪责较轻的都释放了。

这年（永康元年，168年）冬季桓帝驾崩，没有子嗣。窦武召来侍御史河间刘儵，询问他那诸侯国中王子有没有贤明的人，刘儵称赞解渎亭侯刘宏贤明。窦武入宫向太后报告，就征召刘宏册立为皇帝，就是灵帝。任命窦武担任大将军，经常居住宫内。灵帝即位后，考校排列功勋，又封窦武为闻喜侯；儿子窦机，被封为渭阳侯，担任侍中；哥哥的儿子窦绍被封为鄠侯，升迁担任步兵校尉；窦绍的弟弟窦靖被封为西乡侯，担任侍中，掌管羽林左骑。

窦武辅佐朝以后，经常有铲除宦官的想法，太尉陈蕃也向来有此想法。一次他们在朝堂会面时，陈蕃暗中对窦武说："中常侍曹节、王甫等人，从先帝那时就操弄国家政权，把四海之内搞得浑浊混乱，百姓动荡不安，罪魁祸首就是他们。如今不诛杀曹节等人，之后就更难对付了。"窦武深感同意。陈蕃心中大喜，用手推开座席站起。窦武于是提拔志同道合的尹勋担任尚书令，刘瑜担任侍中，冯述担任屯骑校尉；又征召天下闻名的之前被废黜的前司隶校尉李膺、宗正刘猛、太仆杜密、庐江太守朱寓等人，聚集于朝廷任职；请前越巂太守荀翌担任从事中郎，征召颍川陈寔担任其下属；共同制定计策。于是天下的英雄豪杰，得知了他们的意图，没有不伸长脖子、踮起脚跟盼望，想要尽自己的一份才智。

恰逢五月日食，陈蕃又对窦武说："昔日萧望之被一个石显所陷害，最近李膺、杜密诸为遭受的祸害还牵连到妻子儿女，何况如今石显之类的小人有数十个呢！我已经八十岁的高龄，想帮助将军除此祸害，如今可以借着日食，罢免宦官的职务，然后搪塞给天变异象。又有赵夫人和女尚书，早晚惑乱太后，也应当赶快免除她们的官职。希望将军好好考虑此事啊！"窦武就告诉太后说："按照过去的制度，黄门、常侍只应当在宫中供职，主管门户，掌管宫中各官署钱财而已。如今竟然让他们参与处理政事并且担任要职，他们门下的子弟遍布，专干些贪婪暴虐的事。天下间动乱不安，就是因为这个缘故。应当悉数诛杀废黜，用来清理朝廷。"太后说："自汉以来世代相传的规矩，只应当诛杀那些有罪的，怎么可以全部废黜呢？"当时中常侍管霸很有才干和谋略，在宫中独断专行。窦武先奏请诛杀管霸和中常侍苏康等人，最终处死后，窦武再次上奏请求诛杀曹节等人，太后犹豫不忍，所以这件事久久没有实施。

到了八月，太白星出现在西方。刘瑜向来善于观察天文，认为此事不祥，上书皇太后说："太白星进犯房宿左骖，上将星侵入太微星，占卜的结果是应当关闭宫门，对于将相不利，奸人在皇帝的旁边。希大计。武、蕃得书将发，于是以朱寓为司隶校尉，刘祐为河南尹，虞祁为洛阳令。武乃奏免黄门令魏彪，以所亲小黄门山冰代之。使冰奏素狡猾尤无状者长乐尚书郑飒，送北寺狱。蕃谓武曰："此曹子便当收杀，何复考为！"武不从，令冰与尹勋、侍御史祝瑨杂考飒，辞连及曹节、王甫。勋、冰即奏收节等，使刘瑜内奏。

时武出宿归府，典中书者先以告长乐五官史朱瑀。瑀盗发武奏，骂曰："中官放纵者，自可诛耳。我曹何罪，而当尽见族灭？"因大呼曰："陈蕃、窦武奏白太后废帝，为大逆！"乃夜召素所亲壮健者长乐从官史共普、张亮等十七人，喢血共盟诛武等。曹节闻之，惊起，白帝曰："外间切切，请出御德阳前殿。"令帝拔剑踊跃，使乳母赵娆等拥卫左右，取棨信，闭诸禁门。召尚书官属，胁以白刃，使作诏板。拜王甫为黄门令，持节至北寺狱收尹勋、山冰。冰疑，不受诏，甫格杀之。遂害勋，出郑飒。还共劫太后，夺玺书。令中谒者守南宫，闭门，绝复道。使郑飒等持节，及侍御史、谒者捕收武等。武不受诏，驰入步兵营，与绍共射杀使者。召会北军五校士数千人屯都亭下，令军士曰："黄门常侍反，尽力者封侯重赏。"诏以少府周靖行车骑将军，加节，与护匈奴中郎将张奂率五营士讨武。夜漏尽，王甫将虎贲、羽林、厩驺、都候、剑戟士，合千余人，出屯朱雀掖门，与奂等合。明旦悉军阙下，与武对陈。甫兵渐盛，使其士大呼武军曰："窦武反，汝皆禁兵，当宿卫宫省，何故随反者乎？先降有赏！"营府素畏服中官，于是武军稍稍归甫。自旦至食时，兵降略尽。武、绍走，诸军追围之，皆自杀，枭首洛阳都亭。收捕宗亲、宾客、姻属，悉诛之，及刘瑜、冯述，皆夷其族。徙武家属日南，迁太后于云台。

望赶快有所防范。”又给窦武、陈蕃写信，认为星辰错乱，不利于大臣，应该赶快决断大计。窦武、陈蕃收到刘瑜的信准备行动，于是任命朱寓担任司隶校尉，刘祐担任河南尹，虞祁担任洛阳令。窦武上奏请求免除黄门令魏彪的官职，用他亲近的小黄门山冰代替担任黄门令。让山冰上奏检举把向来狡猾罪大恶极的长乐尚书郑飒，押送至北寺狱。陈蕃对窦武说：“这些人收押后就应当立即格杀，为什么还要复核！”窦武没有听从他的意见，命令山冰和尹勋、侍御史祝瑨会审郑飒，郑飒的供词波及曹节、王甫。尹勋、山冰就上奏请求收捕曹节等人，让刘瑜上报给太后。

当时窦武从府外居所回来，掌管中书的官吏先把他奏书拿到长乐宫五官史朱瑀那里。朱瑀偷看了窦武的奏书，骂道：“宦官中行为放纵的，当然可以诛杀。我们这些官吏有什么罪呢，为什么要把我们也赶尽杀绝？”于是大声呼喊说：“陈蕃、窦武上奏请求太后废黜皇帝，这是大逆不道的行为！”于是连夜召集他平日里亲信的健壮有力的长乐宫从官史共普、张亮等十七人，歃血为盟发誓要诛杀窦武等人。曹节听说此事，惊惶地站起，告诉灵帝说：“外间情况紧急，请您亲临德阳前殿。”让灵帝赶快拔剑，让奶妈赵娆等人保卫左右，收取传信的凭证，关闭各个宫门。召集尚书官，用利刃胁迫，使他们写诏书。任命王甫担任黄门令，持符节到北寺狱收押尹勋、山冰。山冰心中怀疑，没有接受诏令，王甫就把他当场格杀了。于是又杀害尹勋，救出郑飒。回来后共同劫持太后，抢夺玺书。命令中谒者守卫南宫，关闭宫门，断绝楼阁复道。让郑飒等人手持符节，和侍御史、谒者收捕窦武等人。窦武没有接受诏令，跑入步兵营中，与窦绍一起射杀使者。召集北军五校兵士数千人驻扎在都亭下，命令军士说：“黄门常侍反叛，全力诛杀他们的封侯重重有赏。”诏令少府周靖代行车骑将军，加授符节，与护匈奴中郎将张奂率领五营兵士讨伐窦武。天将破晓时，王甫率领虎贲、羽林、厩驺、都侯、剑戟士，合计一千多人，外出驻军防守朱雀掖门，与张奂等人的部队会合。第二天早晨军队悉数驻扎宫门下，与窦武的部队对峙。王甫的兵力逐渐增多，命令兵士们对着窦武军队大喊道：“窦武这是造反，而你们都是禁军，应当保当是时，凶竖得志，士大夫皆丧其气矣。武府掾桂阳胡腾，少师事武，独殡敛行丧，坐以禁锢。

武孙辅，时年二岁，逃窜得全。事觉，节等捕之急。胡腾及令史南阳张敞共逃辅于零陵界，诈云已死，腾以为己子，而使聘娶焉。后举桂阳孝廉。至建安中，荆州牧刘表闻而辟焉，以为从事，使还窦姓，以事列上。会表卒，曹操定荆州，辅与宗人徙居于邺，辟丞相府。从征马超，为流矢所中死。

初，武母产武而并产一蛇，送之林中。后母卒，及葬未窆，有大蛇自榛草而出，径至丧所，以头击柩，涕血皆流，俯仰蛣屈，若哀泣之容，有顷而去。时人知为窦氏之祥。

腾字子升。初，桓帝巡狩南阳，以腾为护驾从事。公卿贵戚车骑万计，征求费役，不可胜极。腾上言："天子无外，乘舆所幸，即为京师。臣请以荆州刺史比司隶校尉，臣自同都官从事。"帝从之。自是肃然，莫敢妄有干欲，腾以此显名。党锢解，官至尚书。

张敞者，太尉温之弟也。

何进字遂高，南阳宛人也。异母女弟选入掖庭为贵人，有宠于卫皇宫，为什么跟着造反的人呢？先投降的人有赏！”武将们向来因为惧怕而服从宦官，于是窦武的军队逐渐归向王甫。从早晨到早饭时，窦武的军队将要投降殆尽。窦武、窦绍逃跑，被王甫的军队围追堵截，都自杀了，砍下他们的头悬挂在洛阳都亭。拘捕他们的宗亲、宾客、姻属，悉数诛杀，至于刘瑜、冯述，都诛灭宗族。把窦武的家属迁徙到日南，太后也迁移到云台。

当时，凶恶的小人得志，士大夫们都失去志气、精神颓丧。窦武的府掾桂阳人胡腾，年少时跟随窦武学习，只有他一个人为窦武举办丧事，因此被牵连、终身不得做官。

窦武的孙子窦辅，当时只有两岁，因为及时逃跑而得以保全。事情败露后，曹节等人急忙抓捕。胡腾和令史南阳人张敞一同帮助窦辅逃到零陵境里内，谎称他已经死了，胡腾认窦辅为自己的儿子，并为他聘娶妻子。后来被举荐担任桂阳孝廉。到了建安年间，荆州牧刘表听说了他并征召担任从事，让他恢复窦姓，把他的事上报给朝廷。等到刘表去世，曹操平定荆州，窦辅和他的同族迁居来到邺，征召入丞相府供职。跟随军队征讨马超，被飞箭击中而死。

起初，窦武的母亲生窦武时还一并生下一条蛇，就把蛇送入山林之中。后来窦武的母亲去世，举办丧事时还没来得及下葬，有条大蛇自杂草丛中出来，径直来到办丧事的地方，用头撞击棺材，涕血横流，俯仰盘曲，像是哀泣的样子，过了一会儿才离去。当时的人知道是窦家凶吉的预兆。

胡腾，字子升。起初，桓帝到南阳巡视，任命胡腾担任护驾从事。相随的公卿亲族数以万计，征收的劳役耗费民力，没有极点。胡腾上奏说：“天子以天下为一家，巡视的乘舆所到之处，就是京师。臣下请求把荆州刺史等同司隶校尉，臣下我则是等同都官从事。”皇帝听从他的建议。从是之后百官对他都一副严谨恭敬的样子，再也不敢胡乱贪求了，胡腾从此显露名声。朋党终身不能做官的禁制解除之后，官职做到尚书。

张敞，是太尉张温的弟弟。

何进，字遂高，南阳郡宛县人。他同父异母的妹妹选入宫中被灵帝，拜进郎中，再迁虎贲中郎将，出为颍川太守。光和二年，贵人立为皇后，征进入，拜侍中、将作大匠、河南尹。

中平元年，黄巾贼张角等起，以进为大将军，率左右羽林五营士屯都亭，修理器械，以镇京师。张角别党马元义谋起洛阳，进发其奸，以功封慎侯。

四年，荥阳贼数千人群起，攻烧郡县，杀中牟县令，诏使进弟河南尹苗出击之。苗攻破群贼，平定而还。诏遣使者迎于成皋，拜苗为车骑将军，封济阳侯。

五年，天下滋乱，望气者以为京师当有大兵，两宫流血。大将军司马许凉、假司马伍宕说进曰："《太公六韬》有天子将兵事，可以威厌四方。"进以为然，入言之于帝。于是乃诏进大发四方兵，讲武于平乐观下。起大坛，上建十二重五采华盖，高十丈，坛东北为小坛，复建九重华盖，高九丈，列步兵、骑士数万人，结营为陈。天子亲出临军，驻大华盖下，进驻小华盖下。礼毕，帝躬擐甲介马，称"无上将军"，行陈三匝而还。诏使进悉领兵屯于观下。是时置西园八校尉，以小黄门蹇硕为上军校尉，虎贲中郎将袁绍为中军校尉，屯骑都尉鲍鸿为下军校尉，议郎曹操为典军校尉，赵融为助军校尉，淳于琼为佐军校尉，又有左右校尉。帝以蹇硕壮健而有武略，特亲任之，以为元帅，督司隶校尉以下，虽大将军亦领属焉。

硕虽擅兵于中，而犹畏忌于进，乃与诸常侍共说帝遣进西击边章、韩遂。帝从之，赐兵车百乘，虎贲斧钺。进阴知其谋，乃上遣袁绍东击徐兖二州兵，须绍还，即戎事，以稽行期。

封为贵人，收到灵帝宠幸，何进官拜郎中，又升迁担任虎贲中郎将，出京城担任颍川太守。光和二年（179）贵人被册立为皇后，征召何进入京，担任侍中、将作大匠、河南尹。

中平元年（184），黄巾贼张角等人起兵，封何进担任大将军，率领左右羽林五营的兵士驻扎都亭，修理器械，来镇守京师。张角的党羽马元义谋划起兵洛阳，何进发觉了他的奸计，因为论功被封为慎侯。

中平四年（187），荥阳有几千贼寇四起暴动，攻打焚烧郡县，诛杀中牟县令，朝廷下诏命令何进的弟弟担任河南尹的何苗出兵攻击，何苗打败群贼，平定暴动后返回京师。下诏派遣使者到成皋迎接，任命何苗担任车骑将军，封为济阳侯。

中平五年（188），天下更加混乱，善于望气占卜的人认为京城会遭受大的兵祸，两宫都要流血。大将军司马许凉、假司马伍宕对何进说："《太公六韬》中记载有天子领兵的事，可以威力制服四方。"何进认为说的对，进入朝廷对皇帝提了这个建议。于是就下诏命令何进大举征发四方兵士，在平乐观下讲习武事。建造了一座大坛，上面建有十二层五彩华盖，十丈高，坛的东北是一座小坛，又建有九层华盖，九丈高，排列步兵，骑兵几万人，安营扎寨排列整齐。天子亲自前来治军，驻足在大华盖下，何进驻足在小华盖下。礼毕，灵帝亲自穿上铠甲骑着披有甲胄的骏马，称为"无上将军"，巡行军阵三圈后返回。下诏让何进率领全军驻扎观下。当时设置有西园八校尉，以小黄门蹇硕担任上军校尉，虎贲中郎将袁绍担任中军校尉，屯骑都尉鲍鸿担任下军校尉，议郎曹操担任典军校尉，赵融担任助军校尉，淳于琼担任佐军校尉，又设有左右校尉。灵帝认为蹇硕强壮矫健还颇有武略，特别亲近任用他，任命他担任元帅，统率司隶校尉以下官职，即使是大将军也归他领导。

蹇硕虽然在朝廷中掌握兵权，但还有些害怕顾忌何进，就和各常侍一同说服灵帝派遣何进向西面攻打边章、韩遂。灵帝听从了他们的建议，赏赐何进兵车百辆，勇士手持斧钺。何进暗中察觉这是阴谋，就上奏请求派遣袁诏向东面攻打徐、兖二州的兵士，必须等到初，何皇后生皇子辩，王贵人生皇子协。群臣请立太子，帝以辩轻佻无威仪，不可为人主，然皇后有宠，且进又居重权，故久不决。

六年，帝疾笃，属协于蹇硕。硕既受遗诏，且素轻忌于进兄弟，及帝崩，硕时在内，欲先诛进而立协。及进从外入，硕司马潘隐与进早旧，迎而目之。进惊，驰从儳道归营，引兵入屯百郡邸，因称疾不入。硕谋不行，皇子辩乃即位，何太后临朝，进与太傅袁隗辅政，录尚书事。

进素知中官天下所疾，兼忿蹇硕图己，及秉朝政，阴规诛之。袁绍亦素有谋，因进亲客张津劝之曰："黄门常侍权重日久，又与长乐太后专通奸利，将军宜更清选贤良，整齐天下，为国家除患。"进然其言。又以袁氏累世宠贵，海内所归，而绍素善养士，能得豪杰用，其从弟虎贲中郎将术亦尚气侠，故并厚待之。因复博征智谋之士逄纪、何颙、荀攸等，与同腹心。

蹇硕疑不自安，与中常侍赵忠等书曰："大将军兄弟秉国专朝，今与天下党人谋诛先帝左右，扫灭我曹。但以硕典禁兵，故且沉吟。今宜共闭上阁，急捕诛之。"中常侍郭胜，进同郡人也。太后及进之贵幸，胜有力焉。故胜亲信何氏，遂共赵忠等议，不从硕计，而以其书示进。进乃使黄门令收硕，诛之，因领其屯兵。

袁绍返回，自己再出兵，借此拖延行军的日期。

起初，何皇后生下皇子刘辩，王贵人生下皇子刘协。群臣请立太子，灵帝因为刘辩举止不够稳重没有威仪，不可以作为人君，然而何皇后受到灵帝的宠幸，而且何进又掌握大权，所以迟迟没有决断。

中平六年（189），灵帝病势沉重，属意把刘协托付给蹇硕辅佐。蹇硕就接受了遗诏，并且向来轻视、顾忌何进、何苗兄弟，等到灵帝逝世时，蹇硕就在宫中，想先诛杀何进而拥立刘协称帝。等到何进从外面进入，蹇硕的司马潘隐很早之前就和何进交好，迎上何进并用眼色示意。何进明白后大吃一惊，连忙抄近道疾驰回营，带兵进入百郡邸驻扎，并且假称生病不进宫。蹇硕的阴谋没法实行，皇子刘辩就继承帝位。何太后临朝处理国政，何进和太傅袁隗辅政，总领尚书事物。

何进向来知道宦官被天下所憎恶，加上生气蹇硕竟敢谋害自己，等到主持朝廷大权，就暗中谋划诛杀宦官。袁绍也向来富有谋略，所以何进所亲近的宾客张津也劝说："黄门常侍掌握大权已经很久了，又和长乐太后专门非法谋取利益，将军应当更换选拔贤良，来整顿天下，为国家除害。"何进同意他说得话。又因为袁氏数代恩宠显贵，得到四海之内人心拥护，而且袁诏善于收罗人才，能够得到豪杰之士为他所用。他的堂弟虎贲中郎将袁术也崇尚义气豪侠，所以一同享有优厚的待遇。因此又广为征召智谋之士逢纪、何颙、荀攸等人，与他们成为心腹之交。

蹇硕心有疑虑不能安心，和中常侍赵忠等人写信说："大将军兄弟二人独揽朝政，现在与天下的朋党中人谋划诛杀先帝左右亲近的人，把我们这些人一网打尽。只是因为我统领禁军，所以暂时还在犹豫不决。如今应当一同关闭宫门，赶快逮捕杀了他们。"中常侍郭胜，是何进同郡人。何太后和何进如此地位尊贵和独得宠幸，全靠郭胜出了不少力。所以郭胜亲近信任何氏，就一同和赵忠等人商议，不按照蹇硕的计策，而把蹇硕的书信交给了何进。何进就让黄门令收押蹇硕，诛杀了，自己接手统率其驻扎的军队。

袁绍复说进曰："前窦武欲诛内宠而反为所害者，以其言语漏泄，而五营百官服畏中人故也。今将军既有元舅之重，而兄弟并领劲兵，部曲将吏皆英俊名士，乐尽力命，事在掌握，此天赞之时也。将军宜一为天下除患，名垂后世。虽周之申伯，何足道哉！今大行在前殿，将军受诏领禁兵，不宜轻出入宫省。"进甚然之，乃称疾不入陪丧，又不送山陵。遂与绍定筹策，而以其计白太后。太后不听，曰："中官统领禁省，自古及今，汉家故事，不可废也。且先帝新弃天下，我奈何楚楚与士人对共事乎？"进难违太后意，且欲诛其放纵者。绍以为中官亲近至尊，出入号令，今不悉废，后必为患。而太后母舞阳君及苗数受诸宦官赂遗，知进欲诛之，数白太后，为其障蔽。又言："大将军专杀左右，擅权以弱社稷。"太后疑以为然。中官在省闼者或数十年，封侯贵宠，胶固内外。进新当重任，素敬惮之，虽外收大名而内不能断，故事久不决。

绍等又为画策，多召四方猛将及诸豪杰，使并引兵向京城，以胁太后。进然之。主簿陈琳入谏曰："《易》称'即鹿无虞'，谚有'掩目捕雀'。夫微物尚不可欺以得志，况国之大事，其可以诈立乎？今将军总皇威，握兵要，龙骧虎步，高下在心，此犹鼓洪炉燎毛发耳。夫违经合道，天人所顺，而反委释利器，更征外助。大兵聚会，强者为雄，所谓倒持干戈，授人以柄，功必不成，秖为乱阶。"进不听。遂西召前将军董卓屯关中上林苑，又使府掾太山王匡东发其郡强弩，并召东郡太守桥瑁屯城皋，使武猛都尉丁原烧孟津，火照城中，皆以诛宦官为言。太后犹不从。

袁绍又劝说何进："之前窦武想诛杀得宠的宦官却反被他们所害，是因为漏泄了他说的话，五营中的百官害怕宦官顺从他们。如今将军有国舅这样重要的地位，并且兄弟也统率精锐部队，部下将吏都是英俊名士，乐于尽力卖命，事情尽在掌握之中，这是上天帮助我们的时机啊。将军应当为天下除害，名垂后世。即使是周朝的申伯，又算得了什么！如今先帝的灵柩停放在前殿，将军接受诏命统率禁军，不应该随便出入皇宫。"何进十分同意他说的话，于是就假借生病不入宫陪丧，又不送往陵墓。接着和袁绍确定计策，并把他们的计策告诉了何太后。何太后不听，说："宦官统领皇宫，自古到今，都是汉室的老规矩，不可以废除。况且先帝刚刚逝世，我怎能心怀凄苦地和士人共同谋划呢？"何进难以违反太后心意，就想要诛杀那些为首放纵的。袁绍认为宦官亲近皇帝，出入皇宫发号施令，如今不悉数废除，以后一定会成为祸害。而何太后的母亲舞阳君和何苗多次接受宦官们的贿赂，得知何进要诛杀宦官，多次禀报何太后，要何太后保护他们。又说："大将军擅自杀害左右亲信，这是要独揽权力来削弱皇帝。"何太后也怀疑是这样的。有的宦官在宫中已经几十年，显赫功名、颇为受宠，勾结串通朝廷内外。何进最近才当此重任，平日里也敬畏他们，虽然在外有显赫声名但在内却不能决断，所以事情久久没有决断。

袁绍等人又为何进出谋划策，多召集四方猛将以及诸位豪杰，让他们联手带兵前往京城，来威胁太后。何进同意了。主簿陈琳进入劝谏说："《易经》称'追捕鹿时，需要有掌管山林的人引导'，俗话说'遮住眼睛捉飞雀'。这样微小的事情尚且不能用欺骗来得逞，更何况是国家大事，怎么可用欺骗的手段来取得呢？如今将军总揽皇帝的威势，掌握兵权，昂首阔步、气概威武，任意赏罚全凭心意。这就好比鼓动炉火只去燎毛发。这是违背义理而合乎自然，为顺应天道人道，反而抛弃利器，又去寻找外援。大军集合，以强大而称雄，这就是所谓的手持干戈尖刃，把柄交给别人，功业必定失败，徒然留下祸根。"何进不听从。就向西征召前将军董卓驻扎在关中上林苑，又让府掾泰山王匡到东面发动他所辖郡的强弩手，并且征召东郡太守苗谓进曰:“始共从南阳来,俱以贫贱,依省内以致贵富。国家之事,亦何容易!覆水不可收。宜深思之,且与省内和也。”进意更狐疑。绍惧进变计,乃胁之曰:“交构已成,形势已露,事留变生,将军复欲何待,而不早决之乎?”进于是以绍为司隶校尉,假节,专命击断;从事中郎王允为河南尹。绍使洛阳方略武吏司察宦者,而促董卓等使驰驿上,欲进兵平乐观。太后乃恐,悉罢中常侍小黄门,使还里舍,唯留进素所私人,以守省中。诸常侍小黄门皆诣进谢罪,唯所措置。进谓曰:“天下匈匈,正患诸君耳。今董卓垂至,诸君何不早各就国?”袁绍劝进便于此决之,至于再三。进不许。绍又为书告诸州郡,诈宣进意,使捕案中官亲属。

进谋积日,颇泄,中官惧而思变。张让子妇,太后之妹也。让向子妇叩头曰:“老臣得罪,当与新妇俱归私门。惟受恩累世,今当远离宫殿,情怀恋恋,愿复一入直,得暂奉望太后、陛下颜色,然后退就沟壑,死不恨矣。”子妇言于舞阳君,入白太后,乃诏诸常侍皆复入直。

八月,进入长乐白太后,请尽诛诸常侍以下,选三署郎入守宦官庐。诸宦官相谓曰:“大将军称疾不临丧,不送葬,今欻入省,此意何为?窦氏事竟复起邪?”又张让等使人潜听,具闻其语,乃率常侍段珪、毕岚等数十人,持兵窃自侧闼入,伏省中。及进出,因诈以太后诏召进。入坐省闼,让等诘进曰:“天下愦愦,亦非独我曹罪桥瑁驻扎在城皋，让武猛都尉丁原焚烧孟津，火光映照城中，都扬言要诛杀宦官。太后还是不答应。

何苗对何进说：“起初我们从南阳一路而来，都是贫贱之人，依靠宫内来获得荣华富贵。国家的事，又谈何容易！覆水难收啊。兄长应当深思熟虑，并且要和宫内保持关系。”何进的心意更加狐疑不决。袁绍担心何进会改变主意，就威胁他说：“我们和宦官互相构陷的情势已成，诛杀宦官的形势也已表露，事情拖着不办只会产生变数，将军还在等待什么，为什么不早做决定呢？”何进于是任命袁绍担任司隶校尉，持符节，专负责决断事物；从事中郎王允担任河南尹。袁绍派洛阳方略武吏督查宦官，而催促董卓等人驾乘驿马疾行，想要进兵平乐观。何太后感到害怕，悉数罢免中常侍、小黄门，让他们都回家去，只留下平日里何进亲近的人，来守卫皇宫。常侍小黄门们都前往何进那里请罪，听凭何进处置。何进对他们说：“天下动荡不安，正是被诸君所祸害的啊。如今董卓马上就要到了，诸君为什么不早早回到故乡呢？”袁绍劝何进就在这里处决他们，经过再三请求。何进还是不同意。袁绍又写信告知各州郡，假传何进的意思，让人逮捕查验宦官的亲属。

何进筹谋的时间太久，事情走漏不少，宦官因害怕而寻求变化。张让的儿媳妇，是何太后的妹妹。张让向儿媳妇叩头说：“老臣有罪，应当和儿媳妇一同回家。只是家中几世受皇帝恩宠，如今要远离宫殿，依依不舍之情，希望能再进一次宫，能够短短拜望太后、皇上的容颜，然后就回到深山，就算死也没有遗憾了。”儿媳妇就向舞阳君转述，舞阳君入宫告诉了太后，于是下诏命常侍们都再次入宫供职。

八月，何进入长乐宫告诉何太后，请求尽数诛杀诸常侍以下的宦官，选三署郎入宫守卫宦官的住房。宦官们互相说：“大将军假借生病不亲临丧礼，不前往送葬，现在忽然来到宫内，这是想干什么？之前窦氏所做的事竟然又要再发生吗？”又有张让等人派人前去偷听，完全听清他说的话，于是率领常侍段珪、毕岚等几十人，拿着兵器暗中从侧门进入，埋伏在宫内。等到何进出来，就假称何太后下也。先帝尝与太后不快，几至成败，我曹涕泣救解，各出家财千万为礼，和悦上意，但欲托卿门户耳。今乃欲灭我曹种族，不亦太甚乎？卿言省内秽浊，公卿以下忠清者为谁？”于是尚方监渠穆拔剑斩进于嘉德殿前。让、珪等为诏，以故太尉樊陵为司隶校尉，少府许相为河南尹。尚书得诏板，疑之，曰：“请大将军出共议。”中黄门以进头掷与尚书，曰：“何进谋反，已伏诛矣。”

进部曲将吴匡、张璋，素所亲幸，在外闻进被害，欲将兵入宫，宫阁闭。袁术与匡共斫攻之，中黄门持兵守阁。会日暮，术因烧南宫九龙门及东西宫，欲以胁出让等。让等入白太后，言大将军兵反，烧宫，攻尚书闼，因将太后、天子及陈留王，又劫省内官属，从复道走北宫。尚书卢植执戈于阁道窗下，仰数段珪。段珪等惧，乃释太后。太后投阁得免。

袁绍与叔父隗矫诏召樊陵、许相，斩之。苗、绍乃引兵屯朱雀阙下，捕得赵忠等，斩之。吴匡等素怨苗不与进同心，而又疑其与宦官同谋，乃令军中曰：“杀大将军者即车骑也，士吏能为报仇乎？”进素有仁恩，士卒皆流涕曰：“愿致死！”匡遂引兵与董卓弟奉车都尉旻攻杀苗，弃其尸于苑中。绍遂闭北宫门，勒兵捕宦者，无少长皆杀之。或有无须而误死者，至自发露然后得免。死者二千余人。绍因进兵排宫，或上端门屋，以攻省内。

张让、段珪等困迫，遂将帝与陈留王数十人步出谷门，奔小平津。公卿并出平乐观，无得从者，唯尚书卢植夜驰河上，王允遣河诏要召见何进。何进到宫中就坐，张让等人问罪于何进说：“天下纷乱，也不只是我辈的罪过。先帝也曾经和何太后不和，几乎要把太后废了，我辈哭泣着前去援助，各自拿出千万家财作为礼物，来取悦皇帝，就是想依托您何氏的门户罢了。如今您居然想对我们赶尽杀绝，不是太过分了吗？您说宫内污秽混浊，但公卿以下又有谁忠诚廉洁呢？”于是尚方监渠穆在嘉德殿前拔剑斩杀何进。张让、段珪等人下诏，任用前太尉樊陵担任司隶校附，少府许相担任河南尹。尚书得诏书，心中怀疑有假，说：“请大将军出来一同商讨。”中黄门把何进的脑袋扔给尚书，说：“何进谋反，已经伏诛了。”

何进属下的将领吴匡、张璋，平日里收到何进的宠信，在外面听说何进被杀害的事，想要带兵入宫，宫门紧闭没法进入。袁术与吴匡一同用刀斧破门，中黄门手持武器把守宫门。恰逢日暮，袁术就放火烧了南宫九龙门以及东西宫，想要威胁张让等人出来。张让等人进去禀报太后，说大将军起兵谋反，烧毁皇宫，进攻尚书门，于是带着太后，天子以及陈留王，又劫持宫内官吏，从楼阁上下的复道逃入北宫。尚书卢植手持戈站在阁道的窗下，抬头责备段珪。段珪等人害怕了，就释放了太后。太后从阁上跳下得以幸免。

袁绍和叔父袁隗假托皇帝的诏书要召见樊陵、许相二人，斩杀了他们。何苗、袁绍于是率领军队驻扎朱雀阙下，捕获了赵忠等人，斩杀了他们。吴匡等人平素就抱怨何苗不与何进勠力同心，并且还怀疑他和宦官同谋，于是在军中下令说：“杀死大将军的就是车骑将军，你们能为大将军报仇吗？”何进向来对部下仁爱恩德，士卒们都流着泪说：“我们愿竭尽全力、以死报效！”吴匡就带兵和董卓的弟弟奉车都尉董旻攻打杀死何苗，把他的尸体抛弃在苑中。袁绍就关闭北面宫门，指挥兵士追捕宦官，不分年幼统统杀掉。有人没有胡须而被错认为宦官遭到误杀，有人自己脱下裤子、露出身体然后才得以幸免。死了有两千多人。袁绍接着派兵进攻皇宫，有人爬上端门顶，进攻皇宫。

张让、段珪等人围困窘迫，于是带着皇帝和陈留王等几十人步行出谷门，逃往小平津。公卿全都从平乐观出来，没有人能跟着皇帝南中部掾闵贡随植后。贡至，手剑斩数人，余皆投河而死。明日，公卿百官乃奉迎天子还宫，以贡为郎中，封都亭侯。

董卓遂废帝，又迫杀太后，杀舞阳君，何氏遂亡，而汉室亦自此败乱。

论曰：窦武、何进藉元舅之资，据辅政之权，内倚太后临朝之威，外迎群英乘风之势，卒而事败阉竖，身死功颓，为世所悲，岂智不足而权有余乎？《传》曰："天之废商久矣，君将兴之。"斯宋襄公所以败于泓也。

赞曰：武生蛇祥，进自屠羊。惟女惟弟，来仪紫房。上惛下嬖，人灵动怨。将纠邪慝，以合人愿。道之屈矣，代离凶困。

逃跑，只有尚书卢植夜里在河上奔驰，王允派遣河南中部掾闵贡跟随在卢植后面。闵贡赶到后，持剑斩杀了几个人，其余的人都跳河而死。第二天，公卿百官奉迎皇帝回宫，任命闵贡担任郎中，封为都亭侯。

董卓于是就废了灵帝，又逼迫杀死何太后，诛杀舞阳君，何氏就灭亡了，而汉室也从此衰败混乱。

评论说：窦武、何进凭借着国舅的身份，掌握辅佐治理政事的大权，在内倚靠太后亲临朝廷处理政事的威势，在外迎着众多才俊乘风而来的优势，最终却因为宦官而失败，身体死功业毁，让世人感到悲哀，难道是智谋不足而且权势有余吗？《左传》说："上天遗弃商朝已经很久了，而您却要振兴它。"这就是商朝后裔宋襄公在泓水失败的原因啊！

赞辞说：窦武出生有蛇预兆，何进本是宰羊屠夫。靠着女儿靠着妹妹，有凤来仪成为太后。上面昏暗下面宠幸，百姓生灵怨声载道。想要矫正世间邪恶，顺应天下百姓意愿。世间正道已遭压制，天下轮番遭受灾难。

卷一百

郑孔荀列传第六十

郑太字公业，河南开封人，司农众之曾孙也。少有才略。灵帝末，知天下将乱，阴交结豪桀。家富于财，有田四百顷，而食常不足，名闻山东。

初举孝廉，三府辟，公车征，皆不就。及大将军何进辅政，征用名士，以公业为尚书侍郎，迁侍御史。进将诛阉官，欲召并州牧董卓为助。公业谓进曰："董卓强忍寡义，志欲无猒。若借之朝政，授以大事，将恣凶欲，必危朝廷。明公以亲德之重，据阿衡之权，秉意独断，诛除有罪，诚不宜假卓以为资援也。且事留变生，殷鉴不远。"又为陈时务之所急数事。进不能用，乃弃官去。谓颍川人荀攸曰："何公未易辅也。"

进寻见害，卓果作乱。公业等与侍中伍琼、卓长史何颙共说卓，以袁绍为勃海太守，以发山东之谋。及义兵起，卓乃会公卿议，大发卒讨之，群僚莫敢忤旨。公业恐其众多益横，凶强难制，独曰："夫政在德，不在众也。"卓不悦，曰，"如卿此言，兵为无用邪？"公业惧，乃诡词更对曰："非谓无用，以为山东不足加大兵耳。如有不信，试为明公略陈其要。今山东合谋，州郡连结，人庶相动，非不强盛。然光武以来，中国无警，百姓优逸，忘战日久。仲尼有言：'不教人战，是谓弃之。'其众虽多，不能为害。一也。明公出自西州，少为国将，闲习军事，数践战场，名振当世，人怀慑服。二也。袁本初公卿子弟，生处京师。张孟卓东平长者，坐不窥堂。孔公绪清谈高论，嘘枯吹生。并无军旅之才，执锐之干，临锋决敌，非公之俦。

郑太，字公业，河南郡开封县人，是司农郑众的曾孙。年少时富有才干谋略。灵帝末年，郑太知道天下将会大乱，暗中交结豪杰。家中富有，有田地四百顷，而粮食还是经常不够吃，山东一带都很闻名。

郑公业起初被举荐为孝廉，三府征召，公车也来征召，都不前往。等到大将军何进匡辅政事后，征召任用名士，任命郑公业担任尚书侍郎，升迁侍御史。何进将要诛杀宦官，想召并州牧董卓帮助自己。郑公业对何进说："董卓为人强暴残忍、不讲义气，欲壑难填。如果借此让他参与朝政，把大事交给他处理，必将大肆逞凶，一定会危害朝廷。您有着国舅的重要地位，执掌着辅弼国家的大权。按照内心决断事情，诛杀有罪的人，真不应该借着董卓的力量作为外援啊。并且事情拖久了将产生变数，前人的教训就在眼前。"又向何进陈述了当务之急要办的几件事。何进没有听从，于是郑公业弃官离开了。对颍川人荀攸说："何公不容易辅佐啊。"

不久后何进被杀害，董卓果然作乱。郑公业等人和侍中伍琼、董卓的长史何颙一同劝说董卓，任命袁绍为勃海太守，来发动山东推翻董卓的谋划。等到义兵兴起，董卓就召集公卿聚会商议，大举发兵讨伐义兵，群臣不敢忤逆董卓的意旨。郑公业担心董卓兵力增多会更加蛮横，更加凶恶强暴不易控制，独自说："治国在于有德，不在于兵力多。"董卓听后心中不悦，说："像你这样说的话，兵力是没有用吗？"郑公业感到害怕，就编了一套假话搪塞敷衍回答董卓说："我并不是说兵力没有用，而是我认为山东不足以大举发兵而已。如果不信的话，让我试着为您简单说一说要点。如今他们在山东串通合谋，州郡勾结，百姓团结互相鼓励，不能说是不强盛。然而自光武帝以来，国内没有战事，老百姓生活悠闲，已经久到淡忘战争。孔子说过：'让没有受过训练的百姓去打仗，这是抛弃百姓。'所以他们人数虽三也。山东之士，素乏精悍。未有孟贲之勇，庆忌之捷，聊城之守，良、平之谋，可任以偏师，责以成功。四也。就有其人，而尊卑无序，王爵不加，若恃众怙力，将各棋峙，以观成败，不肯同心共胆，与齐进退。五也。关西诸郡，颇习兵事，自顷以来，数与羌战，妇女犹戴戟操矛，挟弓负矢，况其壮勇之士，以当妄战之人乎！其胜可必。六也。且天下强勇，百姓所畏者，有并、凉之人，及匈奴、屠各、湟中义从、西羌八种，而明公拥之，以为爪牙，譬驱虎兕以赴犬羊。七也。又明公将帅，皆中表腹心，周旋日久，恩信淳著，忠诚可任，智谋可恃。以胶固之众，当解合之势，犹以烈风扫彼枯叶。八也。夫战有三亡，以乱攻理者亡，以邪攻正者亡，以逆攻顺者亡。今明公秉国平正，讨灭宦竖，忠义克立。以此三德，待彼三亡，奉辞伐罪，谁敢御之！九也。东州郑玄学该古今，北海邴原清高直亮，皆儒生所仰，群士楷式。彼诸将若询其计画，足知强弱。且燕、赵、齐、梁非不盛也，终灭于秦；吴、楚七国非不众也，卒败荥阳。况今德政赫赫，股肱惟良，彼岂赞成其谋，造乱长寇哉？其不然。十也。若其所陈少有可采，无事征兵以惊天下，使患役之民相聚为非，弃德恃众，自亏威重。”卓乃悦，以公业为将军，使统诸军讨击关东。或说卓曰：“郑公业智略过人，而结谋外寇，今资之士马，就其党与，窃为明公惧之。”卓乃收还其兵，留拜议郎。

多，但还不足以成为祸害，这是第一点。您出身自西州，年少时就担任国家的将帅，熟习军事，多次经历战斗，名震当世，人人心怀恐惧而服从您，这是第二点。袁本初是公卿家的子弟，从小生长在京城。张孟卓是东平德才兼备的长者，举止得当非礼勿视。孔公绪言论高雅、见解独到，能说会道富有辩才。这些人并没有军事的才能、上战场的本事，面对兵锋于敌人决胜，也并非您的对手。这是第三点。山东人士，向来缺乏精锐强悍之气。没有孟贲那样的勇气，也没有庆忌那样的敏捷，更没有战国时坚守聊城那样的决心，张良、陈平那样的智谋，可以担任辅佐主力的侧翼军队，要求他们取胜。这是第四点。即使是有才干可用的人，也是尊卑混乱，爵位不封赏给他们，如果依仗着人多势众，双方将会像棋子一样峙立，观望成败，不肯齐心协力，共同进退。这是第五点。关西那几个郡，大都熟悉军事，近几年来，多次和羌人作战，妇女都还手持戟矛，携带弓矢，何况用强壮勇敢的军士，来对付没有受过训练的人呢！这一战必定会胜利。这是第六点。并且天下的勇士，百姓所畏惧的，有并、凉两州的人，以及匈奴、屠各、湟中归附朝廷的部分、西羌八种，而您受到他们拥戴，他们作为爪牙，就像驱策虎兕去追赶犬羊。这是第七点。另外您麾下的将帅，都是内外亲戚和心腹，交往日久，宠幸显著，忠诚可以委任，智谋可以依赖。用来巩固团结的部队，去对付散乱无章的敌人，就像我方用大风去扫对方的枯叶。这是第八点。我们知道打仗有三亡，用混乱攻打有序的会败亡，用奸邪攻打正道的会败亡，用违逆攻打顺应的会败亡。如今您治国公平正直，讨伐诛灭宦官，忠义已经树立。用这三德，等待对方的三亡，奉严正之辞去讨伐有罪，谁敢抵挡！这是第九点。东州的郑玄学问博古通今，北海的邴原清高正直，都是儒生所景仰的，士人们的楷模。如果他们的将领向郑玄、邴原询问计策，就能够知道孰强孰弱。而且昔日燕、赵、齐、梁国并非不够强盛，最终被秦国所灭；吴、楚七国并非兵力不多，最终在荥阳被周亚夫所打败。更何况如今德政显赫，股肱重臣都是贤良，郑玄、邴原又怎么会赞同他们的谋划，制造长久的祸乱呢？一定不会这样做的。这是第十点。如果我所说的稍微有一点可以采纳的，就是不要调遣军队来卓既迁都长安，天下饥乱，士大夫多不得其命。而公业家有余资，日引宾客高会倡乐，所赡救者甚众。乃与何颙、荀攸共谋杀卓。事泄，颙等被执，公业脱身自武关走，东归袁术。术上以为杨州刺史。未至官，道卒，年四十一。

孔融字文举，鲁国人，孔子二十世孙也。七世祖霸，为元帝师，位至侍中。父宙，太山都尉。

融幼有异才。年十岁，随父诣京师。时河南尹李膺以简重自居，不妄接士宾客，敕外自非当世名人及与通家，皆不得白。融欲观其人，故造膺门。语门者曰："我是李君通家子弟。"门者言之。膺请融，问曰："高明祖父尝与仆有恩旧乎？"融曰："然。先君孔子与君先人李老君同德比义，而相师友，则融与君累世通家。"众坐莫不叹息。太中大夫陈炜后至，坐中以告炜。炜曰："夫人小而聪了，大未必奇。"融应声曰："观君所言，将不早惠乎？"膺大笑曰："高明必为伟器。"

年十三，丧父，哀悴过毁，扶而后起，州里归其孝。性好学，博涉多该览。

山阳张俭为中常侍侯览所怨，览为刊章下州郡，以名捕俭。俭与融兄褒有旧，亡抵于褒，不遇。时融年十六，俭少之而不告。融见其有窘色，谓曰："兄虽在外，吾独不能为君主邪？"因留舍之。后事泄，国相以下，密就掩捕，俭得脱走，遂并收褒、融送狱。二人未惊扰天下,使害怕服役的百姓聚集在一起为非作歹。放弃德行依仗人多,岂不是自行亏损威严。”董卓这才感到欣喜。任命郑公业为将军,命他统率各军讨伐关东。有人对董卓说:“郑公业的才智谋略过人,又和外寇勾结同谋,如今交给他军队,这是让他靠近党羽,我为您感到担忧。”董卓就收回了郑公业的军队,留在朝中担任议郎。

董卓迁都长安后,天下饥荒动乱,士大夫大多没法活命。但郑公业家有余财,每天招引宾客宴会看戏,所周济救助的人有很多。他和何颙、荀攸共同谋划杀死董卓。事情遭到泄漏,何颙等人被逮捕,郑公业则脱身从武关逃走,向东投奔袁术。袁术上奏朝廷任名他为扬州刺史。还没有到任,在路上就去世了,终年四十一岁。

孔融,字文举,鲁国人,是孔子的二十世孙。七世祖孔霸,是汉元帝的老师,官职做到侍中。父亲孔宙,担任泰山都尉。

孔融年幼时就有杰出的才能。十岁时,跟随父亲来到京城。当时河南尹李膺以庄严持重自居,不轻易接见士大夫和宾客,下令不是当代名人或者有世交的,都不得通报。孔融想看看李膺是怎样的人,所以专程来到李膺门前。对守门人说:“我是李君的世交子弟。”守门人通报给李膺。李膺请孔融入内相见。问道:“您的祖父曾经和我有交情吗?”孔融说:“是的。我的先人孔子和您的先人李老君理念相同、互相效仿,又互为师友关系,那么我孔融和您确实是世代交好。”在坐的人无不为他赞叹。太中大夫陈炜之后才到,在坐的人把这件事告诉了陈炜。陈炜说:“人小时候聪明懂事,长大了未必能不同寻常。”孔融随声应和说:“照您这么说,莫非您小时候也聪明懂事吗?”李膺大笑着说:“你将来一定是能胜任大事的人。”

孔融十三岁时,父亲去世,悲痛忧伤过度损害了健康,需要人搀扶才能站起来,州里都称赞他的孝行。生性喜好学习,博览群书。

山阳张俭被中常侍侯览所记恨,侯览删去告发人的姓名把逮捕的文书下达州郡,点名逮捕张俭。张俭和孔融的哥哥孔褒是旧交,就逃亡到孔褒家中,孔褒不在。当时孔融十六岁,张俭认为孔融还年轻就没有告诉他。孔融看见张俭脸上窘迫的神色,对张俭说:“我哥哥知所坐。融曰:“保纳舍藏者,融也,当坐之。”褒曰:“彼来求我,非弟之过,请甘其罪。”吏问其母,母曰:“家事任长,妾当其辜。”一门争死,郡县疑不能决,乃上谳之。诏书竟坐褒焉。融由是显名,与平原陶丘洪、陈留边让齐声称。州郡礼命,皆不就。

辟司徒杨赐府。时隐核官僚之贪浊者,将加贬黜,融多举中官亲族。尚书畏迫内宠,召掾属诘责之。融陈对罪恶,言无阿挠。河南尹何进当迁为大将军,杨赐遣融奉谒贺进,不时通,融即夺谒还府,投劾而去。河南官属耻之,私遣剑客欲追杀融。客有言于进曰:“孔文举有重名,将军若造怨此人,则四方之士引领而去矣。不如因而礼之,可以示广于天下。”进然之,既拜而辟融,举高第,为侍御史。与中丞赵舍不同,托病归家。

后辟司空掾,拜中军候。在职三日,迁虎贲中郎将。会董卓废立,融每因对答,辄有匡正之言。以忤卓旨,转为议郎。时黄巾寇数州,而北海最为贼冲,卓乃讽三府同举融为北海相。

融到郡,收合士民,起兵讲武,驰檄飞翰,引谋州郡。贼张饶等群辈二十万众从冀州还,融逆击,为饶所败,乃收散兵保朱虚县。稍复鸠集吏民为黄巾所误者男女四万余人,更置城邑,立学虽然在外还没回来，我独自一人难道不能做为您的东道主吗？”因此留张俭住在家中。之后此事泄漏出去，国相以下的官吏，暗中趁其不备要逮捕他，张俭得以逃脱，于是就一并把孔褒、孔融逮捕入监狱。他们两个人不知道犯了什么罪。孔融说：“同意接纳保护张俭并把他藏在家里面的人，是我，应该连坐到我。”孔褒说：“张俭是来求我的，并不是弟弟你的过错，我心甘情愿认罪。”官吏又问他们的母亲，母亲说：“家事应该由长者承担，妾身应当承担罪名。”一家人争着认罪去死，郡县犹豫不能决断，于是上报朝廷请求定案。诏书最后定了孔褒的连坐之罪。孔融而因此名声显赫，和平原陶丘洪、陈留边让齐名。州郡想要礼娉任命他，都不前往。

被征召到司徒杨赐府上任职。当时考核官僚中贪污的人，将要加以贬官革职，孔融检举的大多是宦官的亲族。尚书害怕得罪皇帝宠爱的权臣，召集属官诘问谴责他。孔融陈述他们的罪行，言语丝毫不屈从。河南尹何进要升迁为大将军，杨赐派孔融拿着名帖前去拜见祝贺何进，守门人没有及时通报，孔融立即夺下名帖回到府里，呈递了引罪自责的文书离开了。河南尹的属官觉得面子上不好看，就暗中派遣剑客想要追杀孔融。有宾客对何进说：“孔文举有很高的名望，将军如果和他结下怨仇，那四方的士人就会被他带领着离去了。不如以礼相待，可以让天下人都知道将军您广大的胸怀。”何进听从了建议，就恭敬地行礼征召孔融，考核优异而被举荐，担任侍御史。因为孔融和中丞赵舍不和，假借生病回家。

后来孔融被征召为司空掾，官拜中军候。在职三天，升迁为虎贲中郎将。恰逢董卓废掉少帝拥立献帝，孔融每次趁着回答问题，总有纠正他的建议。因此忤逆了董卓的意旨，改任为议郎。当时黄巾侵犯了好几处州郡，而北海是最为贼寇侵犯的要冲。董卓就示意三府共同推举孔融担任北海相。

孔融到了辖郡，聚集士兵百姓，兴兵讲习武事，迅速传递檄文和书信，与州郡官员商议。贼寇张饶等人二十万从冀州返回，孔融前往迎战，被张饶所打败。于是收集溃散的兵士保卫朱虚县。又慢慢集结官吏百姓中被黄巾所误导的男女共四万多人，又设置城邑，建立校，表显儒术，荐举贤良郑玄、彭璆、邴原等。郡人甄子然、临孝存知名早卒，融恨不及之，乃命配食县社。其余虽一介之善，莫不加礼焉。郡人无后及四方游士有死亡者，皆为棺具而敛葬之。时黄巾复来侵暴，融乃出屯都昌，为贼管亥所围。融逼急，乃遣东莱太史慈求救于平原相刘备。备惊曰："孔北海乃复知天下有刘备邪？"即遣兵三千救之，贼乃散走。

时袁、曹方盛，而融无所协附。左丞祖者，称有意谋，劝融有所结纳。融知绍、操终图汉室，不欲与同，故怒而杀之。

融负其高气，志在靖难，而才疏意广，迄无成功。在郡六年，刘备表领青州刺史。建安元年，为袁谭所攻，自春至夏，战士所余裁数百人，流矢雨集，戈矛内接。融隐几读书，谈笑自若。城夜陷，乃奔东山，妻子为谭所虏。

及献帝都许，征融为将作大匠，迁少府。每朝会访对，融辄引正定议，公卿大夫皆隶名而已。

初，太傅马日磾奉使山东，及至淮南，数有意于袁术。术轻侮之，遂夺取其节，求去又不听，因欲逼为军帅。日磾深自恨，遂呕血而毙。及丧还，朝廷议欲加礼。融乃独议曰："日磾以上公之尊，秉髦节之使，衔命直指，宁辑东夏，而曲媚奸臣，为所牵率，章表署用，辄使首名，附下罔上，奸以事君。昔国佐当晋军而不挠，宜僚临白刃而正色。王室大臣，岂得以见胁为辞！又袁术僭逆，非一朝一夕，日磾随从，周旋历岁。《汉律》与罪人交关三日已上，皆应知情。《春秋》鲁叔孙得臣卒，以不发扬襄仲之罪，贬不书日。郑人讨幽公之乱，斫子家之棺。圣上哀矜旧臣，未忍追案，不宜加礼。"朝廷学校，显扬儒术，举荐贤良郑玄、彭璆、邴原等人。郡中的甄子然、临孝存名声显赫却不幸早死，孔融遗憾没有早点到来，就命县内祠庙祔祭。其余的人虽然只做过一点微小的善行，也没有不加以礼遇的。郡人没有后代的和云游四方的士人有死亡的，都为他们做棺材并且入殓安葬。当时黄巾又来侵犯暴掠，孔融于是出兵驻扎在都昌县，被贼寇管亥所包围。孔融的情势急迫，就派遣东莱太史慈向平原相刘备求救。刘备惊奇地说："孔北海竟然还知道天下间有名刘备呢？"马上派三千兵士前往救援，贼寇这才四散逃走。

当时袁绍、曹操势力正值强盛，而孔融却不依附他们。左丞祖，富有心计，劝说孔融和曹操、袁绍结交。孔融知道袁绍、曹操最终图谋的还是篡夺汉室，不想和他们同流合污，所以一怒之下杀掉了左丞祖。

孔融自负才气不凡，立志平定变乱，但是抱负远大而才能不高，最终也没成功。在郡六年，刘备上表举荐他兼任青州刺史。建安元年（196），被袁谭所攻击，从春到夏，兵士仅剩下几百人，飞箭像雨一样密集，城内已经短兵相接。孔融靠着几案读书，谈笑自若。晚上城池陷落，逃向山东，妻子孩子被袁谭所俘虏。

等到献帝迁都到许昌，征召孔融为将作大匠，升迁为少府。每当朝会时回答皇帝的咨询，孔融总是引经据典证明定论，公卿大夫都无所事事挂名而已。

起初，太傅马日磾奉命出使山东，等来到淮南，多次有投靠袁术的意图。袁术却轻蔑侮辱他，就夺下了他的符节，请求离去袁术又不答应他，还要逼迫他担任军中的统帅。马日磾心中极其悔恨，以至于吐血而死。马日磾的灵柩回到京城，朝廷商议想加以礼葬。只有孔融一人说："马日磾身处上公的尊贵地位，持有天子的符节，奉命担任直指使者，安抚东面，而他竟然曲意奉承奸臣，却被他所牵拘，所上奏章署名补用的名单，马日磾总是第一个，附和其他臣子还欺瞒蒙骗朝廷，用奸诈来侍奉皇帝。昔日国佐出使晋军而不屈不挠，宜僚面对白刃加身而面不改色。朝廷大臣，怎么可以把受到威胁当成借口！而且袁术越礼犯上，并非一朝一夕，与马日磾跟随左右，打交道已有从之。

时论者多欲复肉刑。融乃建议曰："古者敦庬，善否不别，吏端刑清，政无过失。百姓有罪，皆自取之。末世陵迟，风化坏乱，政挠其俗，法害其人。故曰上失其道，民散久矣。而欲绳之以古刑，投之以残弃，非所谓与时消息者也。纣斮朝涉之胫，天下谓为无道。夫九牧之地，千八百君，若各刖一人，是下常有千八百纣也。求俗休和，弗可得已。且被刑之人，虑不念生，志在思死，类多趋恶，莫复归正。夙沙乱齐，伊戾祸宋，赵高、英布，为世大患。不能止人遂为非也，适足绝人还为善耳。虽忠如鬻拳，信如卞和，智如孙膑，冤如巷伯，才如史迁，达如子政，一离刀锯，没世不齿。是太甲之思庸，穆公之霸秦，南睢之骨立，卫武之《初筵》，陈汤之都赖，魏尚之守边，无所复施也。汉开改恶之路，凡为此也。故明德之君，远度深惟，弃短就长，不苟革其政者也。"朝廷善之，卒不改焉。

是时荆州牧刘表不供职贡，多行僭伪，遂乃郊祀天地，拟斥乘舆。诏书班下其事。融上疏曰："窃闻领荆州牧刘表桀逆放恣，所为不轨，至乃郊祭天地，拟仪社稷。虽昏僭恶极，罪不容诛，至于国体，宜且讳之。何者？万乘至重，天王至尊，身为圣躬，国为神器，陛级县远，禄位限绝，犹天之不可阶，日月之不可逾也。每有一竖臣，辄云图之，若形之四方，非所以杜塞邪萌。愚谓虽有重戾，必一年之久。《汉律》上说和罪人往来三天以上，就都算作知道情况。《春秋》上说鲁国的叔孙得臣去世，因为不宣扬襄仲的罪行，被贬不记录日期。郑国人讨伐幽公，劈砍子家的棺材。圣上上怜悯旧臣，不忍心追究查办，不应该再加礼。”朝廷听从了他的建议。

当时发表舆论的人大多想恢复肉刑。孔融建议说：“古时候的人敦厚朴实，善恶没有分别，官吏的刑罚公正清明，政事没有过失。百姓有罪，都是咎由自取。到了末世渐趋衰败，风俗教化败坏，政治阻挠了风俗，律法残害了百姓。所以说皇帝失去正道，民心早就涣散。而想用古时候的刑法来作为准绳，对百姓施以肉刑，这并非是随著时势的变化而兴盛衰亡的道理啊。纣王砍断早晨涉水者的小腿，天下间都说纣王残暴无道。九州之地中，有千八百个国君，如果每人都砍掉一人的脚，那下面就常有千八百个纣王了。想要求得风俗安定和平，这绝对是做不到的。况且遭受肉刑的人，心中没有求生信念，只一心求死，大多趋向作恶，再难回到正道。夙沙卫扰乱齐国，惠墙伊戾祸乱宋国，赵高、英布，成为世间大患。非但不能制止坏人为非作歹，只是断绝了改过向善的途径。即使忠义像鬻拳，诚信像卞和，智谋像孙膑，冤屈像巷伯，才情像司马迁，博学像刘子政，一旦遭受肉刑，到死都会遭人鄙视。所以太甲思念常道，秦穆公成就秦国霸业，南睢变得消瘦，卫武公饮酒悔过写有《宾之初筵》，陈汤斩敌首郅支单于于都赖水之上，魏尚守卫边境，这些事都不再出现了。汉朝广开改恶向善之路，大都是因为这样。所以德行崇高的皇帝，深谋远虑，放弃眼前利益而谋取长远利益，不会随便改革政治措施。”朝廷认为他的建议值得赞赏，最终没有改变刑罚恢复肉刑。

当时荆州牧刘表不按时向朝廷进贡，做了很多越礼不轨的事情，居然在郊外祭祀天地，效仿皇帝乘坐车舆。下诏书颁布这件事。孔融呈上奏疏说：“臣听说荆州牧刘表残暴任性、倒行逆施，行事不守法度，甚至在郊外祭祀天地，模仿朝廷法度。虽然他昏庸僭越、罪大恶极，处死还不足以抵偿罪行，但对于国家来说，应当暂且不要公开。为什么呢？皇帝至关重要，天子最为尊贵，身是圣体，国是印玺，地位悬殊，官职隔绝，这就像天空高不可攀，日月不可逾越一宜隐忍。贾谊所谓‘掷鼠忌器’，盖谓此也。是以齐兵次楚，唯责包茅；王师败绩，不书晋人。前以露袁术之罪，今复下刘表之事，是使跛牂欲窥高岸，天险可得而登也。案表跋扈，擅诛列侯，遏绝诏命，断盗贡篚，招呼元恶，以自营卫，专为群逆，主萃渊薮。郜鼎在庙，章孰甚焉！桑落瓦解，其势可见。臣愚以为宜隐郊祀之事，以崇国防。”

五年，南阳王冯、东海王祗薨，帝伤其早殁，欲为修四时之祭，以访于融。融对曰：“圣恩敦睦，感时增思，悼二王之灵，发哀愍之诏，稽度前典，以正礼制。窃观故事，前梁怀王、临江愍王、齐哀王、临淮怀王并薨无后，同产昆弟，即景、武、昭、明四帝是也，未闻前朝修立祭祀。若临时所施，则不列传纪。臣愚以为诸在冲龀，圣慈哀悼，礼同成人，加以号谥者，宜称上恩，祭祀礼毕，而后绝之。至于一岁之限，不合礼意，又违先帝已然之法，所未敢处。”

初，曹操攻屠邺城，袁氏妇子多见侵略，而操子丕私纳袁熙妻甄氏。融乃与操书，称“武王伐纣，以妲己赐周公”。操不悟，后问出何经典。对曰：“以今度之，想当然耳。”后操讨乌桓，又嘲之曰：“大将军远征，萧条海外。昔肃慎不贡楛矢，丁零盗苏武牛羊，可并案也。”

时年饥兵兴，操表制酒禁，融频书争之，多侮慢之辞。既见操样。每有一名这样的小臣，就说要讨伐他，如果让四方都知道，这并不能杜绝邪恶的萌发。臣以为他虽犯下严重的罪过，也一定该隐忍。贾谊所说的‘投鼠忌器’，大概就是这个道理。所以齐国军队驻扎楚国，只是责备楚国没有朝贡滤酒用的青茅草；周王的军队打了败仗，却不记录是被晋国军队所败。之前下诏揭露袁术的罪过，如今又宣扬刘表的事情，这是让瘸腿的母羊窥视高岸，认为天险也可攀登啊。按照刘表的专横暴戾，擅自杀害列侯，阻止诏命传达，贪污朝廷贡品，邀请罪魁祸首，用来护卫军营，专为天下逆贼，聚集在这一处。把来路不正的郜鼎放在太庙里，没有比这更显明的了！他像桑叶枯落、屋瓦解体那样，败坏的形势可以预见。所以臣粗浅地认为应当隐瞒他在郊外祭祀天地这件事，来维护国家的礼义。”

建安五年（200），南阳王刘冯、东海王刘祇去世，献帝为他们早早去世感到悲伤，想为他们设立四时的祭祀，为此事征求孔融的意见。孔融回答说：“圣恩敦厚和睦，感慨时间流逝增加哀思，哀悼二王的在天之灵，发布悲悯的诏书，考核衡量以前的典籍，用来订正礼制。臣察看之前的制度，之前梁怀王、临江愍王、齐哀王、临淮怀王去世后都没有后代，他们的同胞兄弟，就是景帝、武帝、昭帝、明帝这四帝，没听说前朝为他们设立祭祀。如果是临时设置的，就不要记录进传纪。臣粗浅地认为他们都在幼年时去世，您慈悲哀痛，可以按照和成人相同的礼仪，追加谥号，这样应该能符合您的意思，祭祀仪式结束后，之后就不要再举办了。至于为期一年的祭祀，既不符合礼意，又违背了先帝之前的做法，所以不敢那样决断。”

起初，曹操进攻屠杀邺城，袁氏的妇人和女子大多被侵占，而曹操的儿子曹丕私自娶了袁熙的妻子甄氏。孔融就给曹操写信，说：“武王伐纣，把妲己赏赐给周公。”曹操不理解，之后问孔融这是出自哪部经典。孔融回答说：“按照如今的事情推测，想当然写的。”之后曹操讨伐乌桓，孔融又嘲讽他说：“大将军远征，海外草木凋零。昔日肃慎不进贡楛木箭，丁零偷苏武的牛羊，也可以一并讨伐他们！”

当时饥荒战乱频繁，曹操上书请求禁酒，孔融频频写信争论，言雄诈渐著，数不能堪，故发辞偏宕，多致乖忤。又尝奏宜准古王畿之制，千里寰内，不以封建诸侯。操疑其所论建渐广，益惮之。然以融名重天下，外相容忍，而潜忌正议，虑鲠大业。山阳郗虑承望风旨，以微法奏免融官。因显明仇怨，操故书激厉融曰："盖闻唐虞之朝，有克让之臣，故麟凤来而颂声作也。后世德薄，犹有杀身为君，破家为国。及至其敝，睚眦之怨必仇，一餐之惠必报。故晁错念国，遘祸于袁盎；屈平悼楚，受谮于椒、兰；彭宠倾乱，起自朱浮；邓禹威损，失于宗、冯。由此言之，喜怒怨爱，祸福所因，可不慎与！昔廉、蔺小国之臣，犹能相下；寇、贾仓卒武夫，屈节崇好；光武不问伯升之怨；齐侯不疑射钩之虏。夫立大操者，岂累细故哉！往闻二君有执法之平，以为小介，当收旧好；而怨毒渐积，志相危害，闻之怃然，中夜而起。昔国家东迁，文举盛叹鸿豫名实相副，综达经学，出于郑玄，又明《司马法》，鸿豫亦称文举奇逸博闻，诚怪今者与始相违。孤与文举既非旧好，又于鸿豫亦无恩纪，然愿人之相美，不乐人之相伤，是以区区思协欢好。又知二君群小所构，孤为人臣，进不能风化海内，退不能建德和人，然抚养战士，杀身为国，破浮华交会之徒，计有余矣。"

融报曰："猥惠书教，告所不逮。融与鸿豫州里比郡，知之最早。虽尝陈其功美，欲以厚于见私，信于为国，不求其覆过掩恶，有罪望不坐也。前者黜退，欢欣受之。昔赵宣子朝登韩厥，夕被其辞多有轻慢欺凌的意思。他已经看到曹操的野心和奸诈渐渐显现，多次无法忍受，所以用词偏激，常常导致乖戾不合。又曾经上奏认为应当按照古代京城的规制，京城千里之内，不能封建给诸侯。曹操猜忌他所上奏的建议越来越广，更加忌惮他。然而当时孔融的名声天下皆知，曹操表面上装着包容他，而在暗地里却忌恨他的公正的言论，担心会妨碍他的大业。山阴郗虑揣摩曹操的意图，用孔融一些小罪过来上奏请求罢免他的官。为了显露二人的仇怨，曹操故意写信刺激孔融说："据听说唐、虞那个时代，有能谦让的臣子，所以麟凤到来并且歌颂之声大作。后世德行浅薄，也还有舍身为了皇帝，家破为了国家的。等到衰败的时候，哪怕微小的怨恨也一定会成仇，一顿饭的恩惠也一定会报答，所以晁错心系国家，却因为袁盎遭遇祸患；屈平悼念楚国，却受到子椒、子兰的诬陷；彭宠谋反作乱，起因是朱浮的诽谤；邓禹威名受损，损失在宗钦、冯晤的身上。这样说来，喜怒怨爱，是祸福的根源，难道能不慎重吗！昔日廉颇、蔺相如身为小国的臣子，尚且能够互相谦让，寇恂、贾复是乱世中的武夫，也能够降低身份、来往和睦；光武帝不计较杀害哥哥刘伯升的仇怨；齐侯不怀疑射中衣钩的敌人。那些操守高尚的人，怎么会计较这些琐事呢！之前听说两位执法都能公平，但在私交上有些小隔阂，应当重修旧好；而你们却逐渐积累怨恨，一意互相伤害，我听后感到失望，半夜就起床了。昔日国家向东迁都，孔文举盛赞郗鸿豫名副其实，通晓经学，出自郑玄门下，又知晓《司马法》，郗鸿豫也称赞孔文举奇特超俗、见闻广博，我奇怪如今你们怎么和过去相反。我和孔文举既不是旧友，我和郗鸿豫也没有恩情，然而希望人们互相赞美，不希望人们互相中伤，所以衷心希望你们能够和好。又知晓两位都是被小人所离间，我作为臣子，进不能教育感化天下，退不能建立德行让百姓和顺，然而抚养兵士，舍身为国，对付那些虚浮狡诈的人，我的计谋还富裕着呢。"

孔融回信说："承蒙来信赐教，告知我的不及之处。我和郗鸿豫的家乡相邻，很早就知道他。虽然曾经说他的功劳和美德，那是想让他待人更加厚道，为国更加忠信，不是希望他就此掩饰过失，有戮，喜而求贺。况无彼人之功，而敢枉当官之平哉！忠非三闾，智非晁错，窃位为过，免罪为幸。乃使余论远闻，所以惭惧也。朱、彭、寇、贾，为世壮士，爱恶相攻，能为国忧。至于轻弱薄劣，犹昆虫之相啮，适足还害其身，诚无所至也。晋侯嘉其臣所争者大，而师旷以为不如心竞。性既迟缓，与人无伤，虽出胯下之负、榆次之辱，不知贬毁之于己，犹蚊虻之一过也。子产谓人心不相似，或矜势者，欲以取胜为荣，不念宋人待四海之客，大炉不欲令酒酸也。至于屈谷巨瓠，坚而无窍，当以无用罪之耳。它者奉遵严教，不敢失坠。郗为故吏，融所推进。赵衰之拔郤縠，不轻公叔之升臣也。知同其爱，训诲发中。虽懿伯之忌，犹不得念，况恃旧交，而欲自外于贤吏哉！辄布腹心，修好如初。苦言至意，终身诵之。”

岁余，复拜太中大夫。性宽容少忌，好士，喜诱益后进。及退闲职，宾客日盈其门。常叹曰：“坐上客恒满，尊中酒不空，吾无忧矣。”与蔡邕素善，邕卒后，有虎贲士貌类于邕，融每酒酣，引与同坐，曰：“虽无老成人，且有典刑。”融闻人之善，若出诸己，言有可采，必演而成之，面告其短，而退称所长，荐达贤士，多所奖进，知而未言，以为己过，故海内英俊皆信服之。

曹操既积嫌忌，而郗虑复构成其罪，遂令丞相军谋祭酒路粹罪不受处罚啊。以前我遭到罢免，欣然接受了。昔日赵宣子早上提拔韩厥，晚上就被韩厥杀掉自己的使者，赵宣子反而高兴地要求别人向他道贺。何况我没有韩厥的功劳，而怎敢称自己当官公平呢？没有屈原的忠心，晁错的智慧，德不配位已经是罪过，能够免罪更是幸运。而让对我过誉的言论远近传播，这是让我羞愧恐惧的。朱、彭、寇、贾是当世的壮士，爱好的和厌恶的互相矛盾，但都能为国担忧。至于那些无力的诋毁，就像昆虫互相啮咬，只能反害自身，实在没有别的作用。晋侯嘉奖他的臣下能为大事所争，而师旷则认为不如在道德和智慧上竞争。我生性迟钝，与人无害，即使遇到韩信所受的胯下之耻、荆轲所受盖聂的榆次之辱那样的事，也不知道是对自己的诬蔑，就像是蚊虻飞过一样。子产说人心各不相同，有人自恃权势，想以获胜当做荣耀，没想到宋国人接待四海的宾客，是不愿意大炉中的酒变酸。至于屈谷的大瓦壶，坚硬而无孔，应当以无用而定罪啊。其他当遵从教诲，不敢废弛。郗虑曾经担任官吏，是我所举荐。赵衰提拔郤縠，不轻视公叔文子所举荐的家臣僎。知道您同样对待我，训诫教诲都出自真心。虽然有懿伯那样忌讳，尚且顾不得念及，何况我自恃旧日交情，而想要自认为处于贤吏之外呢！感谢您的真情实意，我将和郗虑修好如初。您的苦口相劝的诚挚用意，我将终身诵读不忘。”

过了一年多，孔融再次官拜太中大夫。生性宽容不爱猜忌，喜好结交士人，喜欢诱导帮助年轻人。等到退任闲职，宾客每天满门。经常感叹说：“坐上宾客常满，杯中美酒不空，我就没有忧虑了。”向来与蔡邕交好，蔡邕去世后，有名虎贲中郎将相貌有点像蔡邕，孔融每次喝到半醉，就招他前来同坐，说：“虽然没有了德高望重的老人，但还有旧法可以依靠。”孔融听说别人有善行，好像是自己做的一样高兴，言论有可采纳的地方，一定阐述讲解来促成，当面告诉不足的地方，而在背后称赞其长处，举荐的贤士，大多都被奖励提拔，如果他知道的贤士却没有举荐，就认为是自己的过错，所以海内才智杰出的人都相信佩服他。

曹操既然和孔融早有积怨，而郗虑又构陷他犯罪，于是命丞相枉状奏融曰："少府孔融，昔在北海，见王室不静，而招合徒众，欲规不轨，云'我大圣之后，而见灭于宋，有天下者，何必卯金刀'。及与孙权使语，谤讪朝廷。又融为九列，不遵朝仪，秃巾微行，唐突宫掖。又前与白衣祢衡跌荡放言，云'父之于子，当有何亲？论其本意，实为情欲发耳。子之于母，亦复奚为？譬如寄物缻中，出则离矣'。既而与衡更相赞扬。衡谓融曰：'仲尼不死。'融答曰：'颜回复生。'大逆不道，宜极重诛。"书奏，下狱弃市。时年五十六。妻子皆被诛。

初，女年七岁，男年九岁，以其幼弱得全，寄它舍。二子方弈棋，融被收而不动。左右曰："父执而不起，何也？"答曰："安有巢毁而卵不破乎！"主人有遗肉汁，男渴而饮之。女曰："今日之祸，岂得久活，何赖知肉味乎？"兄号泣而止。或言于曹操，遂尽杀之。及收至，谓兄曰："若死者有知，得见父母，岂非至愿！"乃延颈就刑，颜色不变，莫不伤之。

初，京兆人脂习元升，与融相善，每戒融刚直。及被害，许下莫敢收者，习往抚尸曰："文举舍我死，吾何用生为？"操闻大怒，将收习杀之，后得赦出。

魏文帝深好融文辞，每叹曰："杨、班俦也。"募天下有上融文章者，辄赏以金帛。所著诗、颂、碑文、论议、六言、策文、表、檄、教令、书记凡二十五篇。文帝以习有栾布之节，加中散大夫。

论曰：昔谏大夫郑昌有言："山有猛兽者，藜藿为之不采。"是以孔父正色，不容弑虐之谋；平仲立朝，有纾盗齐之望。若夫文举军谋祭酒路粹诬告上奏孔融说："少府孔融，昔日在北海，看见汉室不安，就招揽聚合门徒，想要图谋不轨，说'我本是圣人之后，只是圣人的祖先被宋华督所杀。拥有天下的，为什么一定是卯金刀的刘姓呢。'之后又和孙权的使者聊天，诽谤朝廷。并且孔融位列九卿，不遵守朝廷的礼仪，不戴头巾微服出行，冒犯宫廷。还有先前和还没有出仕的祢衡胡言乱语，说'父亲对于孩子，有什么亲情？论其本意，其实因为情欲发作而已。孩子对于母亲，又是为什么呢？就像把物品寄存在缶瓦中，出生就分离了'。不久后更和祢衡互相标榜，祢衡说孔融是'仲尼不死'。孔融回答说他是'颜回再生。'如此大逆不道，应当处以极刑。"奏书呈上后，孔融被关入监牢判处当街斩首。时年五十六岁。妻子儿女都被诛杀。

起初，孔融的女儿七岁，儿子九岁，因都尚且年幼而得以保全，寄居在别人家。两个孩子正在下棋，孔融被逮捕他们却不为所动。左右的人说："你们的父亲被逮捕而你们却不起身，这是为什么？"回答说："哪里有巢被毁坏了而蛋却不破的道理呢！"主人给他们肉汁，儿子口渴就喝了。女儿说："今天遭受这样的祸患，咱们又能活多久，还要尝尝肉味吗？"哥哥放声大哭着放下了。有人对曹操说了这件事，于是下令赶尽杀绝。等到收押时，女儿对哥哥说："如果死人有知觉，能够见到父母，这难道不是我们最大的愿望吗！"于是引颈就戮，神色不变，没有人不为他们感到悲伤的。

起初，京兆人脂习，字元升，与孔融彼此交好，每每告诫孔融太刚直。等到被害后，许昌没有敢来为他收尸的，脂习前去抚摸着尸体说："孔文举丢下我先死了，我活着还有什么用？"曹操听后勃然大怒，将要收押脂习诛杀他，之后得到赦免才被释放出来。

魏文帝很喜爱孔融的文辞，每每叹息说："和扬雄、班固同是一流人物啊。"招募天下能呈上孔融文章的人，往往赏赐钱物。孔融所著的诗、颂、碑文、论议、六言、策文、表、檄、教令、书记共二十五篇。魏文帝认为脂习有栾布的节操，加官为中散大夫。

评论说：昔日谏大夫郑昌曾说过："山里有猛兽，藜藿等野菜才没人敢采。"所以孔父态度严正，不允许有弑君的阴谋；晏平仲在朝之高志直情，其足以动义概而忤雄心。故使移鼎之迹，事隔于人存；代终之规，启机于身后也。夫严气正性，覆折而已。岂有员园委屈，可以每其生哉！懔懔焉，皓皓焉，其与琨玉秋霜比质可也。

荀彧字文若，颍川颍阴人，朗陵令淑之孙也。父绲，为济南相。绲畏惮宦官，乃为彧娶中常侍唐衡女。彧以少有才名，故得免于讥议。南阳何颙名知人，见彧而异之，曰："王佐才也。"

中平六年，举孝廉，再迁亢父令。董卓之乱，弃官归乡里。同郡韩融时将宗亲千余家，避乱密西山中。彧谓父老曰："颍川，四战之地也。天下有变，常为兵冲。密虽小固，不足以扞大难，宜亟避之。"乡人多怀土不能去。会冀州牧同郡韩馥遣骑迎之，彧乃独将宗族从馥，留者后多为董卓将李傕所杀略焉。

彧比至冀州，而袁绍已夺馥位，绍待彧以上宾之礼。彧明有意数，见汉室崩乱，每怀匡佐之义。时曹操在东郡，彧闻操有雄略，而度绍终不能定大业。初平二年，乃去绍从操。操与语大悦，曰："吾子房也。"以为奋武司马，时年二十九。明年，又为操镇东司马。

兴平元年，操东击陶谦，使彧守甄城，任以留事。会张邈、陈宫以兖州反操，而潜迎吕布。布既至，诸城悉应之。邈乃使人谲彧曰："吕将军来助曹使君击陶谦，宜亟供军实。"彧知邈有变，即勒兵设备，故邈计不行。豫州刺史郭贡率兵数万来到城下，求见彧。

为官，就能阻碍田成子弑齐君、盗齐国。至于孔文举的志向高洁、性情刚直，足以鼓舞严正的气节、阻止称雄野心。所以曹操改易政权的野心，活着的时候不敢施行；代汉的谋划，在曹操去世后却是由曹丕开启先兆。气性刚正严肃，不过是倾覆摧折而已。难道要处世圆滑、委曲求全，来贪生怕死吗！严严正正，清清白白，孔融高洁的品质可与白玉秋霜相比了啊。

荀彧，字文若，颍川郡颍阴县人，是朗陵县令荀淑的孙子。父亲荀绲，担任济南相。荀绲畏惧宦官，于是为荀彧娶了中常侍唐衡的女儿。荀彧年少时就富有才名，所以才能免于嘲笑议论。南阳人何颙号称能鉴察他人，见到荀彧就认为他奇异不凡，说："这是王者的辅佐之才啊。"

中平六年（189），荀彧被荐举为孝廉，又升迁为亢父县令。董卓之乱的时候，弃官回到乡里。同郡的韩融当时带着宗族有千余家，在密县的西山中躲避战乱。荀彧对父老们说："颍川，已经经历了四次战争。每当天下有变，经常是用兵的要冲。密县虽说稍微稳固，但还不足以抵御大的灾难，应该赶快离开躲避。"同乡人大多怀恋故土不愿离去。恰逢冀州牧同乡人韩馥派遣骑兵前来迎接，荀彧就自己带领宗族跟随韩馥离开，留下的人之后大多被董卓的部将李傕所屠杀掳掠。

等到荀彧去了冀州，袁绍已经夺取了韩馥的官位，袁绍用贵宾的礼仪招待荀彧。荀彧心中已有谋略，看到汉室动乱，每每怀有匡正辅助的想法。当时曹操在东郡，荀彧听说曹操富有雄才大略，而推测袁绍终究不能成就大业。初平二年（191），他就离开袁绍投靠曹操。曹操和他谈后心中大喜，说："你就是我的张良啊。"任命他担任奋武司马，当时他二十九岁。第二年，又担任曹操麾下的镇东司马。

兴平元年（194），曹操向东攻打陶谦，派荀彧镇守甄城，托付留守重任。恰逢张邈、陈宫占据兖州反抗曹操，而在暗中迎接吕布。吕布到来后，各城全都响应。张邈就派人哄骗荀彧说："吕将军是来帮助曹使君攻打陶谦的，应该赶快给他供应军需物资。"荀彧知道张邈已经变节，就整兵设防，所以张邈的计策无法得逞。豫州刺史郭贡彧将往，东郡太守夏侯惇等止之。曰："何知贡不与吕布同谋，而轻欲见之。今君为一州之镇，往必危也。"彧曰："贡与邈等分非素结，今来速者，计必未定，及其犹豫，宜时说之，纵不为用，可使中立。若先怀疑嫌，彼将怒而成谋，不如往也。"贡既见彧无惧意，知城不可攻，遂引而去。彧乃使程昱说范、东阿，使固其守，卒全三城以待操焉。

二年，陶谦死，操欲遂取徐州，还定吕布。彧谏曰："昔高祖保关中，光武据河内，皆深根固本，以制天下。进可以胜敌，退足以坚守，故虽有困败，而终济大业。将军本以兖州首事，故能平定山东，此实天下之要地，而将军之关河也。若不先定之，根本将何寄乎？宜急分讨陈宫，使虏不得西顾，乘其闲而收熟麦，约食蓄谷，以资一举，则吕布不足破也。今舍之而东，未见其便。多留兵则力不胜敌，少留兵则后不足固。布乘虚寇暴，震动人心，纵数城或全，其余非复己有，则将军尚安归乎？且前讨徐州，威罚实行，其子弟念父兄之耻，必人自为守。就能破之，尚不可保。彼若惧而相结，共为表里，坚壁清野，以待将军，将军攻之不拔，掠之无获，不出一旬，则十万之众未战而自困矣。夫事固有弃彼取此，以权一时之势，愿将军虑焉。"操于是大收孰麦，复与布战。布败走，因分定诸县，兖州遂平。

建安元年，献帝自河东还洛阳，操议欲奉迎车驾，徙都于许。众多以山东未定，韩暹、杨奉负功恣睢，未可卒制。彧乃劝操曰：

率兵数万来到城下，求见荀彧。荀彧将要前往，东郡太守夏侯惇等人阻止了他。说："你怎么知道郭贡没和吕布同谋，而如此轻率地去见他？如今您镇守一州，贸然前往一定会有危险。"荀彧说："郭贡与张邈等人平日里并没有结交，如今他来得这么快，一定是计谋还没商定，在他举棋未定的时候，最应该前去劝说，即使不能为我们所用，也可以让他保持中立。如果事先就怀疑他，他将会恼羞成怒转而和他们合谋，不如我亲自前往。"郭贡见荀彧没有丝毫惧怕的神色，知道甄城难以攻克，就领兵离开了。荀彧就派遣程昱去游说范县、东阿，让他们加强防御，最终保全了三座城池等待曹操归来。

兴平二年（195），陶谦去世，曹操想趁机夺取徐州，得胜回师后再平定吕布。荀彧劝谏说："昔日高祖占据关中，光武帝占据河内，都是根基坚固了，才收服天下。进可以战胜强敌，退足以坚守城池，所以虽然有困顿失败的时候，而最终才能完成大业。将军本以兖州为起事根本，所以才能平定山东，这里实在是天下间的要地，而这大概是将军的函谷关和黄河啊。如果不先平定这里，起事的根本要寄放在哪里呢？应该即刻分兵讨伐陈宫，使敌人没法西顾，乘他分身乏术的时候抢收成熟的麦子，节约粮食积蓄粮草，如此一来，那吕布就不难击败。如今舍弃这里而向东讨伐，不见得能有什么好处。多留下守兵则前线不能战胜敌人，少留下守兵则后方不能稳固。吕布乘虚而入侵夺劫掠，撼动人心，纵使有几座城池能够保全，其余的也不再为己所有，那么将军还能安然回到哪里呢？况且之前讨伐徐州，施行刑罚，那里的子弟们感念父兄被杀的耻辱，必定会人人自发坚守。即使能够攻下，也不能保住。他们如果因为恐惧而勾结起来，内外互相团结配合，加固壁垒、清除郊野，以此来等待将军，将军进攻无法攻克，掠夺又没有收获，不出十天，十万大军还没交战就自陷困顿了。事情固然有弃彼取此的先例，但要取决于当时的形势是否有利，希望将军能够考虑。"于是曹操大肆抢收成熟的麦子，再和吕布交战。吕布兵败逃走，因此趁机分兵平定各县，兖州于是平定了。

建安元年（196），献帝从河东回到洛阳，曹操打算外出迎接车驾，然后迁都许昌。众部将大多认为山东还未平定，韩暹、杨奉自恃

“昔晋文公纳周襄王，而诸侯景从；汉高祖为义帝缟素，而天下归心。自天子蒙尘，将军首唱义兵，徒以山东扰乱，未遑远赴，虽御难于外，乃心无不在王室。今銮驾旋轸，东京榛芜，义士有存本之思，兆人怀感旧之哀。诚因此时奉主上以从人望，大顺也；秉至公以服天下，大略也；扶弘义以致英俊，大德也。四方虽有逆节，其何能为？韩暹、杨奉，安足恤哉！若不时定，使豪桀生心，后虽为虑，亦无及矣。”操从之。

及帝都许，以彧为侍中，守尚书令。操每征伐在外，其军国之事，皆与彧筹焉。彧又进操计谋之士从子攸，及钟繇、郭嘉、陈群、杜袭、司马懿、戏志才等，皆称其举。唯严象为杨州，韦康为凉州，后并负败焉。

袁绍既兼河朔之地，有骄气。而操败于张绣，绍与操书甚倨。操大怒，欲先攻之，而患力不敌，以谋于彧。彧量绍虽强，终为操所制，乃说先取吕布，然后图绍，操从之。三年，遂擒吕布，定徐州。

五年，袁绍率大众以攻许，操与相距。绍甲兵甚盛，议者咸怀惶惧。少府孔融谓彧曰：“袁绍地广兵强，田丰、许攸智计之士为其谋，审配、逢纪尽忠之臣任其事，颜良、文丑勇冠三军，统其兵，殆难克乎？”彧曰：“绍兵虽多而法不整，田丰刚而犯上，许攸贪而不正，审配专而无谋，逢纪果而自用，颜良、文丑匹夫之勇，可一战而擒也。”后皆如彧之筹，事在《袁绍传》。

有功，放纵暴戾，不可以仓猝控制。荀彧就劝谏曹操说：“昔日晋文公护送周襄王，而诸侯如影随形跟随晋文公；汉高祖为义帝身穿丧服戴孝，而天下民心都归于一统。自从天子流亡在外蒙尘，将军首倡义兵，只是因为山东纷扰混乱，来不及远赴接驾，虽然在外领兵平定祸乱，但心里却无时无刻不在挂念着汉室。如今皇帝銮驾返回，而洛阳杂草丛生，义士有存续国家正统的想法，万民怀着感念旧人旧事的哀叹。如果真能在此时奉迎皇帝来顺应万民的心愿，这是大顺应；秉承着极为公平、毫无偏私的信念来使天下信服，这是大谋略；扶持大义来网罗才智杰出的人，这是大功德。即使四方还有叛逆，又能有什么作为呢？韩暹、杨奉，又哪里值得忧虑呢！如果不及时做出决定，让别的豪杰也产生这种念头，以后再考虑的话，恐怕就来不及了。”曹操听从了他的建议。

等到皇帝迁都许昌，任命荀彧为侍中，代理尚书令。曹操每次在外面征战，统军治国的大事，都和荀彧商议谋划。荀彧又向曹操举荐长于计谋的人才，有他的侄子荀攸，以及钟繇、郭嘉、陈群、杜袭、司马懿、戏志才等人，都称赞他举荐的眼光。只有担任扬州刺史的严象，担任凉州刺史的韦康，之后战败全都身死。

袁绍兼并了河朔地区之后，产生傲慢之气。而当时曹操被张绣打败，袁绍给曹操的书信言辞很是倨傲。曹操大怒，想要先攻打袁绍，而又担心兵力不敌，就和荀彧商议对策。荀彧估量袁绍虽强，迟早要被曹操所制服，于是劝说曹操先制服吕布，然后再图谋对付袁绍，曹操听从了他的建议。建安三年（198），曹操擒获吕布，平定徐州。

建安五年（200），袁绍率领大军进攻许昌，曹操和他相持。袁绍的军队军力强盛，议论此事的人全都心怀惶恐。少府孔融对荀彧说：“袁绍地广兵强，有田丰、许攸这样的智谋之士为他谋划，审配、逢纪这样的尽忠之臣为他任职，颜良、文丑勇冠三军，为他统率军队。大概很难战胜吧？”荀彧说：“袁绍的兵力虽多但军法不严，田丰刚猛而犯上，许攸贪婪而不正派，审配专横而无谋略，逢纪果敢而刚愎自用，颜良、文丑不过匹夫之勇，只需一战就可以擒获他们。”之后操保官度，与绍连战，虽胜而军粮方尽，书与彧议，欲还许以致绍师。彧报曰："今谷食虽少，未若楚汉在荥阳、成皋间也。是时刘项莫肯先退者，以为先退则势屈也。公以十分居一之众，画地而守之，搤其喉而不得进，已半年矣。情见势竭，必将有变，此用奇之时，不可失也。"操从之，乃坚壁持之。遂以奇兵破绍，绍退走。封彧万岁亭侯，邑一千户。

六年，操以绍新破，未能为患，但欲留兵卫之，自欲南征刘表，以计问彧。彧对曰："绍既新败，众惧人扰，今不因而定之，而欲远兵江汉，若绍收离纠散，乘虚以出，则公之事去矣。"操乃止。

九年，操拔邺，自领冀州牧。有说操宜复置九州者，以为冀部所统既广，则天下易服。操将从之。彧言曰："今若依古制，是为冀州所统，悉有河东、冯翊、扶风、西河、幽、并之地也。公前屠邺城，海内震骇，各惧不得保其土宇，守其兵众。今若一处被侵，必谓以次见夺，人心易动，若一旦生变，天下未可图也。愿公先定河北，然后修复旧京，南临楚郢，责王贡之不入。天下咸知公意，则人人自安。须海内大定，乃议古制，此社稷长久之利也。"操报曰："微足下之相难，所失多矣！"遂寝九州议。

十二年，操上书表彧曰："昔袁绍作逆，连兵官度，时众寡粮单，图欲还许。尚书令荀彧深建宜住之便，远恢进讨之略，起发臣心，革易愚虑，坚营固守，徼其军实，遂摧扑大寇，济危以安。绍既的事情都像荀彧所谋划的一样，详见《袁绍传》。

曹操固守官渡，和袁绍连续作战，虽然得胜但军粮快要用尽，写信和荀彧商议，想要回师许昌来等待袁绍的军队的动作。荀彧回信说："如今粮食虽然缺少，但还不像楚汉在荥阳、成皋之间的对峙那样。当时刘邦项羽都不肯先退兵，认为先退兵的就会士气衰竭。您以袁绍十分之一的兵力，划地坚守，扼住咽喉要道而让他无法前进，已经有半年之久。眼看出这种局势就要结束，情况一定会有变化，这正是使用奇谋的时候，千万不可错失良机。"曹操听从了他的意见，于是坚守壁垒和袁绍对峙。之后用奇兵打败袁绍，袁绍撤退逃走。封荀彧为万岁亭侯，食邑一千户。

建安六年（201），曹操认为袁绍刚被打败，不足为患，就想只留下守卫的兵力，亲自向南征伐刘表，因此来向荀彧问计。荀彧回答说："袁绍刚刚兵败，部下人心惶惶、害怕惊扰，如今不趁机平定河北，而是要远征江汉，如果袁绍收集离散的部众，乘虚而入，那么您的大事就已经去了。"曹操这才听从作罢。

建安九年（204），曹操夺取邺城，自任冀州牧。有人劝说曹操应该恢复古代的九州，认为冀州所统辖的地区广博，那么就容易制服天下。曹操准备接受这项建议。荀彧对他说："如今如果是要依照古制，这样冀州所统辖的范围，就有河东、冯翊、扶风、西河、幽州、并州等地。您之前屠戮邺城，天下震动，每个人都害怕不能保住自己的疆土，守住自己的兵士。如今如果一处被入侵，别人一定会说也要依次抢夺其他地方，人心动荡，如果一旦发生变动，天下就难以图谋了。希望您能先平定河北，然后再整治复原旧日的京城，向南兵临楚郢，指责他们不向朝廷进贡。天下人就都明白了您的心意，于是人人心中自安。必须天下彻底平定，才能商议恢复古制的问题，这才符合社稷长久的利益。"曹操回信说："没有您的提醒，我的损失就大了！"于是恢复九州的议论才平息了。

建安十二年（207），曹操上书表彰荀彧的功劳说："昔日袁绍造反，在官渡集结军队，当时我方兵寡粮少，打算退兵回到许昌。尚书令荀彧极力建言应该坚守的好处，高瞻远瞩地提出进攻讨伐的方破败，臣粮亦尽，将舍河北之规，改就荆南之策。彧复备陈得失，用移臣议，故得反旆冀土，克平四州。向使臣退军官度，绍必鼓行而前，敌人怀利以自百，臣众怯沮以丧气，有必败之形，无一捷之势。复若南征刘表，委弃兖、豫，饥军深入，逾越江、沔，利既难要，将失本据。而彧建二策，以亡为存，以祸为福，谋殊功异，臣所不及。是故先帝贵指纵之功，薄搏获之赏；古人尚帷幄之规，下攻拔之力。原其绩效，足享高爵。而海内未喻其状，所受不侔其功，臣诚惜之。乞重平议，增畴户邑。”彧深辞让。操譬之曰：“昔介子推有言：‘窃人之财，犹谓之盗。’况君奇谟拔出，兴亡所系，可专有之邪？虽慕鲁连冲高之迹，将为圣人达节之义乎！”于是增封千户，并前二千户。又欲授以正司，彧使荀攸深自陈让，至于十数，乃止。操将伐刘表，问彧所策。彧曰：“今华夏以平，荆、汉知亡矣，可声出宛、叶而间行轻进，以掩其不意。”操从之。会表病死。

十七年，董昭等欲共进操爵国公，九锡备物，密以访彧。彧曰：“曹公本兴义兵，以匡振汉朝，虽勋庸崇著，犹秉忠贞之节。君子爱人以德，不宜如此。”事遂寝。操心不能平。会南征孙权，表请彧劳军于谯，因表留彧曰：“臣闻古之遣将，上设监督之重，下建副二之任，所以尊严国命，谋而鲜过者也。臣今当济江，奉辞伐罪，宜有大使肃将王命。文武并用，自古有之。使持节侍中守尚书令万岁亭侯略，启发臣下的思想，改变了我错误的思虑，加固营垒增强守卫，窃取敌人军备，终于扑灭如此贼寇，转危为安。袁绍被击败后，臣下的军粮也耗尽了，想要舍弃收回河北的计划，转而谋求荆南之地。荀彧又详尽陈述得失，改变了臣下的想法，所以能够将帅旋归冀州，攻克平定四个州郡。假如当时臣下在官渡退兵，袁绍必定击鼓行军从而进攻，敌人图谋私利而士气百倍，臣下的军队胆小不前而士气低落，将有必败的趋势，没有一战而胜的机会。又假如南征刘表，丢弃兖州、豫州，饥饿的军队深入，越过长江、沔水，不光难以获利，还将会失去原来所占据的地方。而荀彧建言臣下两条计谋，转危为安，转祸为福，谋略非凡、功劳出众，臣下是不如他的。所以先帝看重指挥谋划的功劳，而给予擒捉捕获的功劳的赏赐就很少；古人崇尚运筹帷幄的谋划，看轻攻城拔寨的武力。追论荀彧过去的功绩，足以享有高官厚禄。而天下还不了解情况，他所得到的封赏和功劳不相称，臣下对此实在感到惋惜，请求重新公平评议，增加他的食邑。”荀彧极力推辞。曹操打比方说：“昔日介子推有句话叫：‘偷窃别人的财物，就可以叫做盗贼。’更何况先生奇谋出众，又紧系天下兴亡，我怎么能独占先生的功劳呢？虽然仰慕鲁仲连清虚高尚的事迹，还要效法圣人明达世情的节义啊！”于是增封食邑一千户，再加上之前的共有两千户。又打算任命他担任正职的尚书令，荀彧要求荀攸也极力陈辞谦让，来回多达十多次，这才作罢。曹操将要讨伐刘表，前来询问荀彧用兵的计策。荀彧说：“如今华夏已经平定，荆州、汉水知道自己将要灭亡，可以声称从宛县、叶县进兵而实际从小路轻骑奔袭，来趁其不备攻打他们。”曹操听从了他的建议。恰逢刘表因病去世。

建安十七年（212），董昭等人打算一同劝说曹操晋封国公，接受九锡等器物，暗中征询荀彧的意见。荀彧说：“曹公原本是发动义兵，来匡扶振兴汉室，虽然功勋卓著，还保持着忠诚坚贞的节操。君子应该德惠友爱他人，实在是不应该这样。”事情就这样平息下来。曹操心中难以平静。恰逢南征孙权，曹操上表请求荀彧前往谯郡慰劳兵士，趁机又表奏想把荀彧留在军中，说：“臣下听说古代派遣将领，上面设有监军重任，下面派有副职属僚，以此来保证国家的政彧，国之重臣，德洽华夏，既停军所次，便宜与臣俱进，宣示国命，威怀丑虏。军礼尚速，不及先请，臣辄留彧，依以为重。”书奏，帝从之，遂以彧为侍中、光禄大夫，持节，参丞相军事。至濡须，彧病留寿春，操馈之食，发视，乃空器也，于是饮药而卒。时年五十。帝哀惜之，祖日为之废宴乐。谥曰敬侯。明年，操遂称魏公云。

论曰：自迁帝西京，山东腾沸，天下之命倒县矣。荀君乃越河、冀，间关以从曹氏。察其定举措，立言策，崇明王略，以急国艰，岂云因乱假义，以就违正之谋乎？诚仁为己任，期纾民于仓卒也。及阻董昭之议，以致非命，岂数也夫！世言荀君者，通塞或过矣。常以为中贤以下，道无求备，智算有所研疏，原始未必要末，斯理之不可全诘者也。夫以卫赐之贤，一说而毙两国。彼非薄于仁而欲之，盖有全必有丧也，斯又功之不兼者也。方时运之屯邅，非雄才无以济其溺，功高势强，则皇器自移矣。此又时之不可并也。盖取其归正而已，亦杀身以成仁之义也。

赞曰：公业称豪，骏声升腾。权诡时逼，挥金僚朋。北海天逸，音情顿挫。越俗易惊，孤音少和。直辔安归，高谋谁佐？彧之有弼，诚感国疾。功申运改，迹疑心一。

令，为得是减少过失。如今臣下正要渡江，奉持谴责的言词而讨伐有罪，应当有使节来敬奉王命。文武兼用，自古就有。让侍中守尚书令万岁亭侯荀彧拿着旄节，这是国家的重臣，德行遍闻华夏，既然已经到了军队驻地，便当和臣下一同进军，宣示朝廷政令，对敌寇威德并用。军中情况紧急，来不及先行请示，臣下私自留下荀彧，作为倚重的助手。"奏书呈上去，献帝答应了他的建议，于是就任命荀彧为侍中、光禄大夫，拿着旄节，参谋丞相军事。到了濡须，荀彧因患病留在寿春，曹操送给他食物，打开一看，发现是个空盒，于是荀彧服药而去世。终年五十岁。献帝为他感到难过痛惜，祭祀之日为此废止宴饮寻乐。追谥为敬侯。第二年，曹操最终称魏公。

评论说：自从献帝迁都到西京长安，山东动荡不安，天下苍生的性命就像倒悬一样危急。荀君就跨越黄河、冀州，通过崎岖艰险的路途来跟随曹氏。观察他所施行的言行举动，谋划的言论和谋略，都是尊崇王道，用来急于平定国家的危难，怎么能说是趁着天下大乱而假借仁义，来迎合违背正统的阴谋呢？实在是将仁义作为自己的责任，希望在这时局动乱中解救百姓啊。等到阻止董昭的提议，以致丢掉性命，难道是他的命数如此吗！世人对于荀君的评价，也许过于注重其境遇的顺逆了。我常认为一般以下的贤人，立身行事不能苛求完备，智谋有精细和粗疏，推究其根源未必考虑到结果，这就是不可能推究彻底的道理啊。以孔子的弟子中子贡的贤明，一经他游说尚且危害了两个国家。并非是他缺少仁德而故意如此，恐怕是有所保全就一定会有所丢失吧，这就是做事两难以兼备的道理。当时时运险厄，不是才能出众的人就无法挽救其衰亡，而功高势强，帝位自然也会有所转移。这又是时运不能相提并论啊。主要看他匡扶正道的作为，也有杀身成仁的大义啊。

赞辞说：邓太潇洒豪气，盛誉四处传扬。权诈情势所逼，散发钱财救友。孔融天性放逸，虽顿挫犹抑扬。越世俗易惊骇，孤独音少应和。直道而无所归，高谋又该辅谁？荀彧辅助曹操，实是有感国难。功业成命运改，行为疑心如一。

卷一百一

皇甫嵩朱儁列传第六十一

皇甫嵩字义真，安定朝那人，度辽将军规之兄子也。父节，雁门太守。嵩少有文武志介，好《诗》《书》，习弓马。初举孝廉、茂才。太尉陈蕃、大将军窦武连辟，并不到。灵帝公车征为议郎，迁北地太守。

初，钜鹿张角自称“大贤良师”，奉事黄老道，畜养弟子，跪拜首过，符水咒说以疗病，病者颇愈，百姓信向之。角因遣弟子八人使于四方，以善道教化天下，转相诳惑。十余年间，众徒数十万，连结郡国，自青、徐、幽、冀、荆、杨、兖、豫八州之人，莫不毕应。遂置三十六方。方犹将军号也。大方万余人，小方六七千，各立渠帅。讹言“苍天已死，黄天当立，岁在甲子，天下大吉”。以白土书京城寺门及州郡官府，皆作“甲子”字。中平元年，大方马元义等先收荆、杨数万人，期会发于邺。元义数往来京师，以中常侍封谞、徐奉等为内应，约以三月五日内外俱起。未及作乱，而张角弟子济南唐周上书告之，于是车裂元义于洛阳。灵帝以周章下三公、司隶，使钩盾令周斌将三府掾属，案验宫省直卫及百姓有事角道者，诛杀千余人，推考冀州，逐捕角等。角等知事已露，晨夜驰敕诸方，一时俱起。皆著黄巾为摽帜，时人谓之“黄巾”，亦名为“蛾贼”。杀人以祠天。角称“天公将军”，角弟宝称“地公将军”，宝弟梁称“人公将军”，所在燔烧官府，劫略聚邑，州郡失据，长吏多逃亡。旬日之间，天下向应，京师震动。

皇甫嵩，字义真，安定郡朝那县人，是度辽将军皇甫规哥哥的儿子。父亲皇甫节，担任雁门太守。皇甫嵩年少时有文武的志气和节操，喜好《诗经》《尚书》，学习骑射。起初被举荐为孝廉、茂才。太尉陈蕃、大将军窦武连番征召，都不前往。灵帝时公车征召为议郎，升迁北地太守。

起初，钜鹿张角自称"大贤良师"，信奉黄帝、老子之道，私养弟子，跪拜叩头交代自己的过失，用符水、咒语来治病，治好的病人有很多，百姓逐渐相任他。张角因此派遣八名弟子分别去到四方，用好事诱导教化天下，再辗转欺骗迷惑他人。十多年间，信徒发展到数十万，勾结郡国，在青、徐、幽、冀、荆、扬、兖、豫八州的百姓，没有不响应的。于是设置有三十六方。方就等于将军的称号。大方有一万多人，小方有六七千人，各方设立魁首。散布谣言说："苍天已死，黄天当立，岁在甲子，天下大吉"。用白土写在京城寺门以及州郡官府之上，都写有"甲子"的字样。中平元年（184），大方马元义等先召集荆州、扬州数万人，定期从邺城聚集出发。马元义数次来往京师，以中常侍封谞、徐奉作为内应，约定在三月五日内外一并起事。还没来得及发动判乱，而遭到张角弟子济南人唐周上书检举揭发，于是马元义在洛阳被判处车裂之刑。灵帝把唐周的奏章下发给三公、司隶，命钩盾令周斌带领三府掾属，查验宫中值卫以及百姓中有没有信奉张角道的人，共诛杀了一千多人，追究考查冀州，追捕张角等人。张角等人知道事情已经暴露，星夜兼程紧急敕令各方，同时举兵起事。都头戴黄巾作为标记，当时的人都称他们为"黄巾"，也叫做"蛾贼"。杀人用来祭天。张角称为"天公将军"，张角的弟弟张宝称为"地公将军"，张宝的弟弟张梁称为"人公将军"。所到之处焚烧官府，抢劫掠夺村邑，州郡失去依靠，长吏大多逃亡。十天之内，天下响应，京城震动。

诏敕州郡修理攻守，简练器械，自函谷、大谷、广城、伊阙、轘辕、旋门、孟津、小平津诸关，并置都尉。召群臣会议。嵩以为宜解党禁，益出中藏钱、西园厩马，以班军士。帝从之。于是发天下精兵，博选将帅，以嵩为左中郎将，持节，与右中郎将朱儁，共发五校、三河骑士及募精勇，合四万余人，嵩、儁各统一军，共讨颍川黄巾。

儁前与贼波才战，战败，嵩因进保长社。波才引大众围城，嵩兵少，军中皆恐，乃召军吏谓曰："兵有奇变，不在众寡。今贼依草结营，易为风火。若因夜纵烧，必大惊乱。吾出兵击之。四面俱合，田单之功可成也。"其夕遂大风，嵩乃约敕军士皆束苣乘城，使锐士间出围外，纵火大呼，城上举燎应之，嵩因鼓而奔其陈，贼惊乱奔走。会帝遣骑都尉曹操将兵适至，嵩、操与朱儁合兵更战，大破之，斩首数万级。封嵩都乡侯。嵩、儁乘胜进讨汝南、陈国黄巾，追波才于阳翟，击彭脱于西华，并破之。余贼降散，三郡悉平。

又进击东郡黄巾卜己于仓亭，生禽卜己，斩首七千余级。时北中郎将卢植及东中郎将董卓讨张角，并无功而还，乃诏嵩进兵讨之。嵩与角弟梁战于广宗。梁众精勇，嵩不能克。明日，乃闭营休士，以观其变。知贼意稍懈，乃潜夜勒兵，鸡鸣驰赴其陈，战至晡时，大破之，斩梁，获首三万级，赴河死者五万许人，焚烧车重三万余两，悉虏其妇子，系获甚众。角先已病死，乃剖棺戮尸，传首京师。

朝廷下诏令州郡修理攻守的器械，选择训练器械，在函谷、大谷、广城、伊阙、轘辕、旋门、孟津、小平津各关，都设置都尉一职。召集群臣开会商议。皇甫嵩认为应该解除朋党之祸的禁锢，多拿出中藏府的钱、西园的厩马，来赏赐军士。灵帝采纳了他的意见。于是发动天下精兵，广选将帅，任命皇甫嵩为左中郎将，拿着旄节，和右中郎将朱儁，共发派五校尉、三河骑兵以及招募来的精锐士兵，共计四万多人，皇甫嵩、朱儁各自统领一军，联合讨伐颍川黄巾。

朱儁之前与贼寇波才战斗，战败后，皇甫嵩于是进军守卫长社。波才率领大军包围长社，皇甫嵩兵力少，军队中都感到害怕，于是就召集军吏们说："用兵有奇谋变化，不在兵力的多少。如今贼寇依草扎营，容易因风起火。如果我们乘着夜色放火焚烧，贼寇一定会惊恐散乱。我再出兵攻击。四面包围，战国时田单那样的战功就可以实现了。"当天晚上正好刮起大风，皇甫嵩于是约束诫饬军士都捆上火把守城，派遣精锐兵士走小路突出敌方围困，四处点火大喊，城上兵士举起火把相呼应，皇甫嵩趁机击鼓奔向敌人阵地，贼寇受惊溃败、四处而逃。恰逢灵帝派骑都尉曹操带兵赶到，皇甫嵩、曹操与朱儁联合兵力再战贼寇，大破贼军，斩首几万人。封皇甫嵩为都乡侯。皇甫嵩、朱儁乘胜追击讨伐汝南、陈国的黄巾，在阳翟追逐波才，在西华攻打彭脱，都击败了他们。剩余的贼寇或投降或四散，三郡都平定了。

又在仓亭进攻东郡黄巾卜己，生擒了卜己，斩首七千多人。当时北中郎将卢植和东中郎将董卓讨伐张角，全都无功而返，于是下诏命令皇甫嵩领兵讨伐。皇甫嵩和张角的弟弟张梁在广宗交战，张梁的部队精强勇敢，皇甫嵩不能攻克。第二天，皇甫嵩关闭营垒、让兵士休息，观察贼寇的变化。得知贼寇的思想有些松懈，于是在深夜就暗中集合军队，等到鸡叫时就发起冲锋来到阵前，战斗持续到了下午，大破贼寇，斩杀张梁，获得三万首级，投黄河而淹死的人有五万左右，焚烧辎重车辆三万多辆，悉数俘虏了贼寇的妻室儿女，俘获很多人。张角在之前就病死了，就打开他的棺材、斩辱他的尸体，把首级送往京城。

嵩复与钜鹿太守冯翊郭典攻角弟宝于下曲阳，又斩之。首获十余万人，筑京观于城南。即拜嵩为左车骑将军，领冀州牧，封槐里侯，食槐里、美阳两县，合八千户。

以黄巾既平，故改年为中平。嵩奏请冀州一年田租，以赡饥民，帝从之。百姓歌曰："天下大乱兮市为墟，母不保子兮妻失夫，赖得皇甫兮复安居。"嵩温恤士卒，甚得众情，每军行顿止，须营幔修立，然后就舍帐。军士皆食，已乃尝饭。吏有因事受赂者，嵩更以钱物赐之，吏怀惭，或至自杀。

嵩既破黄巾，威震天下，而朝政日乱，海内虚困。故信都令汉阳阎忠干说嵩曰："难得而易失者，时也；时至不旋踵者，几也。故圣人顺时以动，智者因几以发。今将军遭难得之运，蹈易骇之机，而践运不抚，临机不发，将何以保大名乎？"嵩曰："何谓也？"忠曰："天道无亲，百姓与能。今将军受钺于暮春，收功于末冬。兵动若神，谋不再计，摧强易于折枯，消坚甚于汤雪，旬月之间，神兵电扫，封尸刻石，南向以报，威德震本朝，风声驰海外，虽汤武之举，未有高将军者也。今身建不赏之功，体兼高人之德，而北面庸主，何以求安乎？"嵩曰："夙夜在公，心不忘忠，何故不安？"忠曰："不然。昔韩信不忍一餐之遇，而弃三分之业，利剑已揣其喉，方发悔毒之叹者，机失而谋乖也。今主上势弱于刘、项，将军权重于淮阴，指㧑足以振风云，叱咤可以兴雷电。赫然奋发，因危抵颓，崇恩以绥先附，振武以临后服，征冀方之士，动七州之众，羽檄先驰于前，大军响振于后，蹈流漳河，饮马孟津，诛阉官之罪，除群凶之积，虽僮儿可使奋拳以致力，女子可使褰裳以用命，况厉熊罴之卒，因迅风之势哉！功业已就，天下已顺，然后请呼上帝，示以天命，混齐六合，南面称制，移宝器于将兴，推亡汉于已坠，实神机之至会，皇甫嵩又和钜鹿太守冯翊、郭典在下曲阳攻打张角的弟弟张宝，又斩杀了他。获得十几万首级，在城南筑起用贼寇尸首堆积而成的高冢。随即任命皇甫嵩为左车骑将军，兼任冀州牧，封为槐里侯，以槐里、美阳两县为食邑，共计八千户。

因为黄巾已经平定，所以改年号为中平。皇甫嵩上奏请求减免冀州一年的田租，用来供给饥民生活，灵帝听从了他的意见。百姓歌唱说："天下大乱啊市井成为废墟，母亲不能保护孩子啊妻子失去丈夫，全仰赖皇甫嵩啊才能再安居。"皇甫嵩体贴抚慰士卒，很得人心。每次行军中停留休息，要等营帐都修建好了，然后才进入自己的营帐。军士都吃过饭后，他自己才吃饭。军吏中有事接受贿赂的，皇甫嵩就再赏赐钱财给他，军吏感到惭愧，有的甚至自杀。

皇甫嵩打败黄巾后，威震天下，而朝廷政事日渐混乱，四海之内空虚贫乏。前信都令汉阳人阎忠对皇甫嵩进言说："难以得到并且容易失去的，是时间；时间到了而没有转瞬即逝的，是机会。所以圣人顺应天时而动，智者利用机会而行。如今将军遇到如此难得的时运，踏着容易兴起的机会，而遭逢机运却不把握，掌握时机却不利用，怎么保持您那显赫的名声呢？"皇甫嵩说："这是什么意思？"阎忠说："天道公正、无偏无私，百姓举荐有才能的人。如今将军在暮春接受皇上授予的符节和斧钺去讨伐逆贼，到了冬末就取得成功。用兵如神，计谋果断，摧折强敌比摧折朽木还容易，消灭要塞比热水融雪还快，十个月之间，有如神助的军队像闪电划过一样迅速扫荡净尽寇乱，把贼寇堆积的尸体封上土筑成高冢并雕刻石碑记录，向朝廷传回捷报，威德震动本朝，声名传扬海外，即使商汤、周武王的事迹，也不会比将军更高了。如今您建立了不赏之功，身上又有隐士的品德，而对昏庸的皇帝称臣，怎么求得安定呢？"皇甫嵩说："早晚都在从事公务，心中不忘忠于朝廷，为什么会感到不安？"阎忠说："并非如此。昔日韩信不忍辜负汉王一餐的待遇，而放弃三分鼎立的基业，利剑已经抵在咽喉之上，这才发出悔恨的感叹，这是错失时机还谋划失误的结果啊。现在皇帝的势力比刘邦、项羽弱，将军的权柄比韩信重，指挥足以振动风云，呼喝可以兴动雷电。振作发怒，利风发之良时也。夫既朽不雕，衰世难佐。若欲辅难佐之朝，雕朽败之木，是犹逆坂走丸，迎风纵棹，岂云易哉？且今竖宦群居，同恶如市，上命不行，权归近习，昏主之下，难以久居，不赏之功，谗人侧目，如不早图，后悔无及。”嵩惧曰：“非常之谋，不施于有常之势。创图大功，岂庸才所致。黄巾细孽，敌非秦、项，新结易散，难以济业。且人未忘主，天不祐逆。若虚造不冀之功，以速朝夕之祸，孰与委忠本朝，守其臣节。虽云多谗，不过放废，犹有令名，死且不朽。反常之论，所不敢闻。”忠知计不用，因亡去。

会边章、韩遂作乱陇右，明年春，诏嵩回镇长安，以卫园陵。章等遂复入寇三辅，使嵩因讨之。

初，嵩讨张角，路由邺，见中常侍赵忠舍宅逾制，乃奏没入之。又中常侍张让私求钱五千万，嵩不与，二人由此为憾，奏嵩连战无功，所费者多。其秋征还，收左车骑将军印绶，削户六千，更封都乡侯，二千户。

五年，凉州贼王国围陈仓，复拜嵩为左将军，督前将军董卓，各率二万人拒之。卓欲速进赴陈仓，嵩不听。卓曰：“智者不后时，用危急之势舍弃崩坏，用恩德安抚先来归附的，用武力对付后来归附的。征召中原地区的兵士，发动南方地区的部众，军中紧急的文书先行颁布，大军响声振动随后而至。渡过漳水，饮马孟津，诛灭宦官犯下的罪过，消除众奸佞累积的恶行，就是孩童也可挥舞拳头出力，妇女也可撩起下裳听命，更何况勇敢善战的将士，乘着疾风之势呢！功业已经成就，天下已经归顺，然后请示上帝，表示天命，统一六合，南面称制自立为君，移动神器到将要兴盛的地方，推移亡汉到已坠的境地，这实在是最佳的时机，起事的吉时啊。那些已经朽败的木头是没法雕刻的，衰乱的时代是没法辅佐的。如果想辅佐没法辅佐的朝廷，想雕刻朽败的木头，就像逆着斜坡滚泥丸，迎着风划桨行船，能说是容易的吗？况且如今宦官聚居一处，共同作恶的人聚集，皇帝的命令不能推行，权力都归于亲信手中，昏庸的皇帝之下，难以长期居留，您的功劳极大，引得谗言之人侧目，假如不趁早图谋，迟早后悔莫及。”皇甫嵩害怕地说：“非常的谋划，不在正常的形势下施行。首先图谋大业，岂是才干平凡的人所能做到的。黄巾贼寇，不能和秦朝、项羽所匹敌，刚刚聚集起来容易打散，难以成就功业。并且百姓尚未忘记皇帝，天不庇护叛逆。如果捏造达不到的功业，加速朝夕降临的祸害到来，不如委身尽忠本朝，恪守臣节。虽然说朝中多谗言，不过是遭到放逐罢黜，还有保有好名声，就算死了也永垂不朽。如此反常的言论，我不敢听从。”阎忠知道计谋不能被听从，就逃跑了。

恰逢边章、韩遂在陇右作乱，第二年（中平二年，185年）春季，下诏命皇甫嵩返回镇守长安，来保卫园陵。边章等人就再次入侵三辅地区，就派遣皇甫嵩前去讨伐他们。

起初，皇甫嵩讨伐张角，途经邺城，看见中常侍赵忠的住宅超过了规定，于是上奏没收为官府所有。又有中常侍张让暗中向他索要五千万钱，皇甫嵩不给，赵、张二人由此记恨皇甫嵩，上奏皇甫嵩连番征战都没有功劳，所支出的军费又多。当年秋季就被召回，收回他的左车骑将军印绶，削食邑六千户，改封为都乡侯，食邑二千户。

中平五年（188），凉州贼寇王国包围陈仓，又任命皇甫嵩为左将军，督前将军董卓，各自率领二万人前去抵御。董卓想要快速奔赴陈勇者不留决。速救则城全，不救则城灭，全灭之势，在于此也。”嵩曰：“不然。百战百胜，不如不战而屈人之兵。是以先为不可胜，以待敌之可胜。不可胜在我，可胜在彼。彼守不足，我攻有余。有余者动于九天之上，不足者陷于九地之下。今陈仓虽小，城守固备，非九地之陷也。王国虽强，而攻我之所不救，非九天之势也。夫势非九天，攻者受害；陷非九地，守者不拔。国今已陷受害之地，而陈仓保不拔之城，我可不烦兵动众，而取全胜之功，将何救焉！”遂不听。王国围陈仓，自冬迄春，八十余日，城坚守固，竟不能拔。贼众疲敝，果自解去。嵩进兵击之。卓曰：“不可。兵法，穷寇勿追，归众勿迫。今我追国，是迫归众，追穷寇也。困兽犹斗，蜂虿有毒，况大众乎！”嵩曰：“不然。前吾不击，避其锐也。今而击之，待其衰也。所击疲师，非归众也。国众且走，莫有斗志。以整击乱，非穷寇也。”遂独进击之，使卓为后拒。连战大破之，斩首万余级，国走而死。卓大惭恨，由是忌嵩。

明年，卓拜为并州牧，诏使以兵委嵩，卓不从。嵩从子郦时在军中，说嵩曰：“本朝失政，天下倒悬，能安危定倾者，唯大人与董卓耳。今怨隙已结，势不俱存。卓被诏委兵，而上书自请，此逆命也。又以京师昏乱，踌躇不进，此怀奸也。且其凶戾无亲，将士不仓，皇甫嵩不允许。董卓说：“聪明的人不错失良机，勇敢的人不犹豫不决。赶快救援城池就可以保全，不救的话城池就会破灭，保全还是破灭的情势，就取决于现在。”皇甫嵩说：“并非如此。百战百胜，不如不战而让敌人的军队丧失战斗能力。所以我们先要装作不能战胜的样子，来等待敌人露出可以战胜破绽。不能战胜在我方，可以战胜在敌方。敌方守备不足，而我方进攻兵力还很富裕。兵力富裕的，好像动在九天之上，守备不足的，好像陷入九地之下。如今陈仓虽然很小，城池的防御工事坚固完备，并非是九地的坑陷。王国虽然很强，进攻我之所不救的城池，也并非是九天之上的形势。形势并非在九天之上，进攻的一方就要受害；并非陷入九地之下，防守的一方就不会被攻破。王国如今已经陷入受害的境地，而陈仓是可保不被攻破的城池，我可以不兴师动众，就可以取到全胜的功绩，为什么要去救援呢！”最终没有听从董卓的。王国包围陈仓，自冬至春，过了八十多天，城池坚挺防守牢固，终究没有攻克。贼寇的部队疲劳不堪，果然自行解除包围离去。皇甫嵩派兵攻击。董卓说：“不行，兵法上说，陷入绝境的残敌不要去追，撤回去的残敌不要逼迫太急。如今我们追击王国，是逼迫撤回去的残敌，是追打陷入绝境的残敌。被围困的野兽还要作最后的挣扎，微小的蜂虿有毒也能害人，更何况这么多军队呢！”皇甫嵩说：“并非如此。之前我不攻击，是暂避贼寇的锐气。如今攻击，是等到贼寇士气衰弱的时候。我们攻击的是疲劳的敌人，并非是撤回去的部队。王国的部队正准备逃走，没有斗志。用严整的军队攻击溃乱的敌寇，也并非是陷入绝境的残敌。”皇甫嵩就独自率兵攻击，让董卓殿后。连番大战大破王国的军队，斩首一万多人，王国逃走而被杀死。董卓由此极为羞愧忿恨，从此开始忌恨皇甫嵩。

第二年，董卓官拜并州牧，下诏命他把军队交给皇甫嵩，董卓不听从。皇甫嵩的侄子皇甫郦当时正在军中，劝皇甫嵩说：“本朝政治混乱，天下处于倒悬之危，能够平定危局、扶大厦将倾的人，只有叔父大人和董卓两人而已。如今两人已经结下嫌隙，势不两立。董卓奉诏交兵权给您，却上书自行请命，这是违抗皇帝的命令啊。他又因附。大人今为元帅，杖国威以讨之，上显忠义，下除凶害，此桓文之事也。”嵩曰：“专命虽罪，专诛亦有责也。不如显奏其事，使朝廷裁之。”于是上书以闻。帝让卓，卓又增怨于嵩。及后秉政，初平元年，乃征嵩为城门校尉，因欲杀之。嵩将行，长史梁衍说曰：“汉室微弱，阉竖乱朝，董卓虽诛之，而不能尽忠于国，遂复寇掠京邑，废立从意。今征将军，大则危祸，小则困辱。今卓在洛阳，天子来西，以将军之众，精兵三万，迎接至尊，奉令讨逆，发命海内，征兵群帅，袁氏逼其东，将军迫其西，此成禽也。”嵩不从，遂就征。有司承旨，奏嵩下吏，将遂诛之。

嵩子坚寿与卓素善，自长安亡走洛阳，归投于卓。卓方置酒欢会，坚寿直前质让，责以大义，叩头流涕。坐者感动，皆离席请之。卓乃起，牵与共坐。使免嵩囚，复拜嵩议郎，迁御史中丞。及卓还长安，公卿百官迎谒道次。卓风令御史中丞已下皆拜以屈嵩，既而抵手言曰：“义真犕未乎？”嵩笑而谢之，卓乃解释。

及卓被诛，以嵩为征西将军，又迁车骑将军。其年秋，拜太尉，冬，以流星策免。复拜光禄大夫，迁太常。寻李傕作乱，嵩亦病卒，赠骠骑将军印绶，拜家一人为郎。

嵩为人爱慎尽勤，前后上表陈谏有补益者五百余事，皆手书毁草，不宣于外。又折节下士，门无留客。时人皆称而附之。

为京城昏乱，徘徊不前，这是心怀奸诈。而且他为人凶残暴戾、没有亲近的人，将士们不依附。叔父大人今为元帅，依仗国威前去讨伐他，对上既显露了您的忠义，为下又驱除了作恶之人，这是齐桓公、晋文公的事业啊！”皇甫嵩说：“董卓不奉上命自由行事虽然有罪，但我不奉上命自行诛杀也是有责任的。不如正大光明地把这件事上奏给朝廷，使朝廷处理裁决。”于是上书朝廷。灵帝责备董卓的不是，董卓更加怨恨皇甫嵩。等到董卓之后执政的时候，初平元年（190），就征召皇甫嵩担任城门校尉，想要诛杀他。皇甫嵩准备前往，长史梁衍劝他说：“汉室势力微弱，宦官祸乱朝廷，董卓虽然诛杀了宦官，而他不能为国家尽忠，侵犯掳掠京城，随他心意废帝立帝。如今征召将军，往大了说遭遇危难灾祸，往小了说也要遭受困窘侮辱。如今董卓在洛阳，天子往西来，凭借将军的军队，精兵三万，前去迎接皇帝，奉令讨伐叛逆，向四海之内发布命令，征集兵力和将帅，袁氏从东面进逼，将军从西面交迫，如此定能生擒董卓。”皇甫嵩没有听从他的建议，就响应征召。官吏逢迎董卓的命令，上奏把皇甫嵩交付狱吏审讯，想要杀掉他。

皇甫嵩的儿子皇甫坚寿向来和董卓交好，从长安逃亡来到洛阳，投奔董卓。董卓正好摆下酒席寻欢聚会，皇甫坚寿径直走到董卓面前直言责问，用大义来责备董卓，磕头流泪。在坐的人都为他感动，都起身离开酒席请董卓开恩。董卓站起来，牵着皇甫坚寿和他一同坐下。下令免除监禁皇甫嵩，又任命皇甫嵩为议郎，升迁御史中丞。等到董卓回到长安，公卿百官在道旁迎接谒见。董卓下令御史中丞以下官吏都要下拜来屈辱皇甫嵩，事后董卓拉着皇甫嵩的手说：“皇甫义真心服口服了吗？”皇甫嵩笑着向他请罪，董卓这才消除了怨恨。

等到董卓被诛杀，任命皇甫嵩担任征西将军，又升迁车骑将军。当年秋季，官拜太尉，冬季，因为出现流星而遭到皇帝策书免官。后来又担任为光禄大夫，升迁太常。不久后李傕作乱，皇甫嵩也因病去世，赠于骠骑将军印绶，任命其家中一人为郎。

皇甫嵩为人谨慎爱护、尽忠勤勉，前后上表进谏对于国家有益处的事情五百多件，都亲手书写并且毁掉草稿，从不对外宣扬。又降坚寿亦显名，后为侍中，辞不拜，病卒。

朱儁字公伟，会稽上虞人也。少孤，母尝贩缯为业。儁以孝养致名，为县门下书佐，好义轻财，乡闾敬之。时同郡周规辟公府，当行，假郡库钱百万，以为冠帻费，而后仓卒督责，规家贫无以备，儁乃窃母缯帛，为规解对。母既失产业，深恚责之。儁曰："小损当大益，初贫后富，必然理也。"

本县长山阳度尚见而奇之，荐于太守韦毅，稍历郡职。后太守尹端以儁为主簿。熹平二年，端坐讨贼许昭失利，为州所奏，罪应弃市。儁乃羸服间行，轻赍数百金到京师，赂主章吏，遂得刊定州奏，故端得输作左校。端喜于降免而不知其由，儁亦终无所言。

后太守徐珪举儁孝廉，再迁除兰陵令，政有异能，为东海相所表。会交阯部群贼并起，牧守软弱不能禁。又交阯贼梁龙等万余人，与南海太守孔芝反叛，攻破郡县。光和元年，即拜儁交阯刺史，令过本郡简募家兵及所调，合五千人，分从两道而入。既到州界，按甲不前，先遣使诣郡，观贼虚实，宣扬威德，以震动其心；既而与七郡兵俱进逼之，遂斩梁龙，降者数万人，旬月尽定。以功封都亭侯，千五百户，赐黄金五十斤，征为谏议大夫。

及黄巾起，公卿多荐儁有才略，拜为右中郎将，持节，与左中郎将皇甫嵩讨颍川、汝南、陈国诸贼，悉破平之。嵩乃上言其状，而低自己的身分，礼遇不如自己的人，家里从来没有挽留客人。当时的人都称赞他、依从他。

皇甫坚寿也有显赫的声名，后来担任侍中，推辞不前往，因病去世。

朱儁，字公伟，会稽上虞人。年少时父亲去世，母亲曾经靠贩卖丝织品为业。朱儁因为尽孝奉养母亲而出名，在县里担任书佐，仗义轻财，乡里人对他很尊敬。当时同郡的周规被公府征召，替官府当差，从郡中库房中借了百万钱，作为衣帽费，后来郡里匆忙督促责备，周规家贫无力偿还，朱儁于是就偷了他母亲的丝绸，替周规解决了这件事。母亲因此失去产业，十分愤怒还斥责他。朱儁说："小损失会获得大收益，先贫而后富，这是必然的道理啊。"

上虞县长山阳度尚见到朱儁觉得他不是平常人，举荐他去太守韦毅那里，之后在郡里担任一些职务。之后的太守尹端任命朱儁为主簿。熹平二年（173），尹端因为讨伐贼寇许昭失败，被州府上奏弹劾，罪当闹市斩首并弃置街头。朱儁穿着破旧衣服、走小路前去，随身携带数百金来到京师，贿赂主管章奏的官吏，于是得以修改审定本州的奏章，所以尹端最终受到在左校服劳役的处罚。尹端对自己获得减等赦免感到十分高兴，却不知道是什么原因，朱儁也最终没有说明。

之后的太守徐珪举荐朱儁为孝廉，又升迁除授为兰陵令，在政绩上有突出的表现，被东海相上表嘉奖。恰逢交阯部贼寇们共同起兵，牧守软弱不能制止。又有交阯贼寇梁龙等一万多人，和南海太守孔芝反叛，攻破郡县。光和元年（178），就任命朱儁为交阯刺史，令朱儁在本郡简选招募家兵再加上所调配的，共计五千人，分别从两路进发。到达州界后，按兵不动，先派遣使者进入郡里，观察贼寇的虚实，宣扬朝廷威势和德政，来震动他们的内心；然后和七郡的兵马联合进逼贼寇们，于是斩杀了梁龙，投降的有几万人，一月之内全都平定。朱儁因功被封为都亭侯，食邑一千五百户，赐黄金五十斤，征召担任谏议大夫。

等到黄巾贼寇四起，公卿大多荐举朱儁富有才略，官拜右中郎将，拿着旄节，和左中郎将皇甫嵩讨伐颍川、汝南、陈国各贼寇，都悉以功归儁，于是进封西乡侯，迁镇贼中郎将。

时南阳黄巾张曼成起兵，称“神上使”，众数万，杀郡守褚贡，屯宛下百余日。后太守秦颉击杀曼成，贼更以赵弘为帅，众浸盛，遂十余万，据宛城。儁与荆州刺史徐璆及秦颉合兵万八千人围弘，自六月至八月不拔。有司奏欲征儁。司空张温上疏曰：“昔秦用白起，燕任乐毅，皆旷年历载，乃能克敌。儁讨颍川，以有功效，引师南指，方略已设，临军易将，兵家所忌，宜假日月，责其成功。”灵帝乃止。儁因急击弘，斩之。贼余帅韩忠复据宛拒儁。儁兵少不敌，乃张围结垒，起土山以临城内，因鸣鼓攻其西南，贼悉众赴之。儁自将精卒五千，掩其东北，乘城而入。忠乃退保小城，惶惧乞降。司马张超及徐璆、秦颉皆欲听之。儁曰：“兵有形同而势异者。昔秦项之际，民无定主，故赏附以劝来耳。今海内一统，唯黄巾造寇，纳降无以劝善，讨之足以惩恶。今若受之，更开逆意，贼利则进战，钝则乞降，纵敌长寇，非良计也。”因急攻，连战不克。儁登土山望之，顾谓张超曰：“吾知之矣。贼今外围周固，内营逼急，乞降不受，欲出不得，所以死战也。万人一心，犹不可当，况十万乎！其害甚矣。不如彻围，并兵入城。忠见围解，势必自出，出则意散，易破之道也。”既而解围，忠果出战，儁因击，大破之。乘胜逐北数十里，斩首万余级。忠等遂降。而秦颉积忿忠，遂杀之。余众惧不自安，复以孙夏为帅，还屯宛中。儁急攻之。夏走，追至西鄂精山，又破之。复斩万余级，贼遂解散。明年春，遣使者持节拜儁右车骑将军，振旅还京师，以为光禄大夫，增邑五千，更封钱塘侯，加位特进。以母丧去官，起家，复为将作大匠，转少府、太仆。

数平定。皇甫嵩就上奏说明平定贼寇的经过，而把功劳归于朱儁，因此朱儁被封为西乡侯，升迁镇贼中郎将。

当时南阳的黄巾贼寇张曼成起兵，号称“神上使”，部众几万，诛杀郡守褚贡，驻扎在宛城下一百多天。之后的太守秦颉击杀张曼成，贼寇改以赵弘为统帅，部众渐渐兴盛，达到十多万人，占据宛城。朱儁和荆州刺史徐璆以及秦颉联合兵力共一万八千人包围赵弘，从六月到八月都没有攻克。有官吏想征召朱儁。司空张温进呈奏疏说：“昔日秦国任用白起，燕国任用乐毅，都经历了长年累月，才能攻克敌人。朱儁讨伐颍川贼寇，已有功效，率领军队南下，方略已经定下，临战更换将领，这是兵家大忌，应当再给朱儁一段时间，要求他获得胜利。”灵帝于是没有征召朱儁回来。朱儁因此加紧攻打赵弘，终于斩杀了。贼寇残余的统帅韩忠再次占据宛城抗拒朱儁。朱儁兵少不能匹敌，于是环绕起来筑结壁垒，筑起土山来靠近城内，就敲鼓进军攻击宛城的西南方向，贼寇悉数前来进攻。朱儁则自己率领五千精兵，暗中突击宛城东北，登城而入。韩忠只能退守小城，惶恐无措请求投降。司马张超和徐璆、秦颉都打算接受韩忠的投降。朱儁说：“用兵中有情形相同而形势不同的。昔日讨伐秦朝、项羽的时候，百姓没有明确的君主，所以奖赏归降的人来鼓励那些还没投降的人。如今海内一统，只有黄巾贼寇作乱，接受投降不能导人向善，讨伐才足以惩治邪恶。如今要是接受投降，更会助长叛逆的思想，贼寇有利的时候就进军作战，不利的时候就乞求投降，放纵敌人长期作乱，并不是好主意。”因为加紧进攻，连番征战不能取胜。朱儁登上土山遥望，回头对张超说：“我知道了。贼寇如今外围坚固，实则内营急迫，乞求投降不被接受，想要逃出也没法办到，所以才会拼死战斗。万人同心，尚且势不可挡，更何况是十万人呢！这危害就太大了。不如解除包围，集合军队进城。韩忠看见包围已经解除，势必会自己出来，出来士气就会散乱，这是易于攻下贼寇的方法啊。”不久包围解除后，韩忠果然出战，朱儁于是进攻，大败韩忠。并且乘胜追击溃散败逃的敌军数十里，斩首一万多级。韩忠等人投降。但因秦颉心中郁积忿恨韩忠，把韩忠杀了。残余的贼寇心中恐惧、难以自安，又以自黄巾贼后，复有黑山、黄龙、白波、左校、郭大贤、于氐根、青牛角、张白骑、刘石、左髭丈八、平汉、大计、司隶、掾哉、雷公、浮云、飞燕、白雀、杨凤、于毒、五鹿、李大目、白绕、畦固、苦哂之徒，并起山谷间，不可胜数。其大声者称雷公，骑白马者为张白骑，轻便者言飞燕，多髭者号于氐根，大眼者为大目，如此称号，各有所因。大者二三万，小者六七千。

贼帅常山人张燕，轻勇趫捷，故军中号曰飞燕。善得士卒心，乃与中山、常山、赵郡、上党、河内诸山谷寇贼更相交通，众至百万，号曰黑山贼。河北诸郡县并被其害，朝廷不能讨。燕乃遣使至京师，奏书乞降，遂拜燕平难中郎将，使领河北诸山谷事，岁得举孝廉、计吏。

燕后渐寇河内，逼近京师，于是出儁为河内太守，将家兵击却之。其后诸贼多为袁绍所定，事在《绍传》。复拜儁为光禄大夫，转屯骑，寻拜城门校尉、河南尹。

时董卓擅政，以儁宿将，外甚亲纳而心实忌之。及关东兵盛，卓惧，数请公卿会议，徙都长安，儁辄止之。卓虽恶儁异己，然贪其名重，乃表迁太仆，以为己副。使者拜，儁辞不肯受。因曰："国家西迁，必孤天下之望，以成山东之衅，臣不见其可也。"使者诘曰："召君受拜而君拒之，不问徙事而君陈之，其故何也？"儁曰："副相国，非臣所堪也；迁都计，非事所急也。辞所不堪，言所非急，臣之宜也。"使者曰："迁都之事，不闻其计，就有未露，何所承受？"

孙夏为统帅，再次驻扎宛城中。朱儁加紧进攻。孙夏逃走，朱儁追击到了西鄂精山，又把孙夏击败，斩首一万多级，贼寇这才解散。第二年春季，朝廷派遣使者拿着旌节任命朱儁为右车骑将军，整顿军队返回京师，担任光禄大夫，增加食邑五千，改封为钱塘侯，加封为特进。因母亲逝世辞去官职，之后又担任将作大匠，转任少府、太仆。

自从黄巾贼寇作乱之后，又有黑山、黄龙、白波、左校、郭大贤、于氐根、青牛角、张白骑、刘石、左髭丈八、平汉、大计、司隶、掾哉、雷公、浮云、飞燕、白雀、杨凤、于毒、五鹿、李大目、白绕、眭固、苦哂之类的人，在山谷间一同起事，不可胜数。其中声音大的名叫雷公，骑白马的名叫张白骑，轻盈敏捷的名叫飞燕，胡须多的名叫于氐根，大眼睛的名叫大目，这类称号，各有原因。大的有二三万人，小的有六七千人。

贼寇统帅常山人张燕，轻捷勇猛并且动作迅速，所以军中称他为“飞燕”。善于笼络兵士的心，和中山、常山、赵郡、上党、河内各山谷中的寇贼互相勾结，部众达到百万，名叫“黑山贼”。河北各郡县全都受到他们的祸害，朝廷无法讨伐。张燕就派遣使者来到京城，上奏乞求投降，朝廷就任命张燕为平难中郎将，命他管辖河北各山谷间的事，每年可以举荐孝廉、考察官吏。

张燕之后逐渐侵犯河内，逼近京城，于是派出朱儁担任河内太守，率领家兵把张燕击退。之后贼寇们多被袁绍所平定，详见《袁绍传》。又任命朱儁为光禄大夫，转任屯骑校尉，不久后官拜城门校尉、河南尹。

当时董卓独揽朝政，因为朱儁是老将，表面上装做亲近结纳他而内心却妒忌他。等到关东兵力强盛起来，董卓害怕，多次召集公卿商议，迁都长安，朱儁总是制止他。董卓虽然厌恶朱儁和自己政见不同，然而贪图他显赫的名望，于是上表请奏升迁太仆，作为自己的副手。使者前往授予官职，朱儁推辞不肯接受。他说：“国家都城西迁，必定会辜负天下的期望，而成为山东的祸乱，臣下看不出这是对的。”使者诘问：“征召您接受官职而您拒绝，没有问您迁都的事而儁曰："相国董卓具为臣说，所以知耳。"使人不能屈，由是止不为副。

卓后入关，留儁守洛阳，而儁与山东诸将通谋为内应。既而惧为卓所袭，乃弃官奔荆州。卓以弘农杨懿为河南尹，守洛阳。儁闻，复进兵还洛，懿走。儁以河南残破无所资，乃东屯中牟，移书州郡，请师讨卓。徐州刺史陶谦遣精兵三千，余州郡稍有所给，谦乃上儁行车骑将军。董卓闻之，使其将李傕、郭汜等数万人屯河南拒儁。儁逆击，为傕、汜所破。儁自知不敌，留关下不敢复前。

及董卓被诛，傕、汜作乱，儁时犹在中牟。陶谦以儁名臣，数有战功，可委以大事，乃与诸豪桀共推儁为太师，因移檄牧伯，同讨李傕等，奉迎天子。乃奏记于儁曰："徐州刺史陶谦、前杨州刺史周乾、琅邪相阴德、东海相刘馗、彭城相汲廉、北海相孔融、沛相袁忠、太山太守应劭、汝南太守徐璆、前九江太守服虔、博士郑玄等，敢言之行车骑将军河南尹莫府：国家既遭董卓，重以李傕、郭汜之祸，幼主劫执，忠良残敝，长安隔绝，不知吉凶。是以临官尹人，搢绅有识，莫不忧惧，以为自非明哲雄霸之士，曷能克济祸乱！自起兵已来，于兹三年，州郡转相顾望，未有奋击之功，而互争私变，更相疑惑。谦等并共咨诹，议消国难。佥曰：'将军君侯，既文且武，应运而出，凡百君子，靡不颙颙。'故相率厉，简选精悍，堪能深入，直指咸阳，多持资粮，足支半岁，谨同心腹，委之元帅。"会李傕用太尉周忠、尚书贾诩策，征儁入朝。军吏皆惮入关，欲应陶谦等。儁您却说起此事，这是什么原因呢？”朱儁说：“作为相国的副手，不是臣下所能胜任的；迁都的计划，并非是当务之急。推辞我所不能胜任的，说明那些不着急的事，这才是臣下应该做的。”使者说：“迁都的事，从没听人说起过，就算有也从没有透露过，您是从哪知道的？”朱儁说：“相国董卓详细地和我说过，所以我才知道啊。”使者不能让他屈服，所以他没有担任董卓的副手。

董卓之后入关，留下朱儁守卫洛阳，朱儁和山东诸将合谋作为内应。之后害怕被董卓偷袭，就弃官跑到荆州了。董卓任命弘农杨懿担任河南尹，守卫洛阳。朱儁听说此事，又派兵前往洛阳，杨懿逃跑。朱儁认为河南遭到摧残破坏没有什么能够倚靠的，就向东将军队驻扎在中牟，给州郡发送公文，请求出师讨伐董卓。徐州刺史陶谦派遣三千精兵，其余各州郡都派出一些兵士，陶谦就上书举荐朱儁代行车骑将军。董卓知道后，派遣他的部将李傕、郭汜等带领几万人驻扎河南来抵御朱儁。朱儁迎击，被李傕、郭汜所打败。朱儁自知不是对手，留在关下驻扎不敢再前进。

等到董卓被诛杀之后，李傕、郭汜作乱，当时朱儁还在中牟。陶谦认为朱儁是名臣，又屡建战功，可以委任大事，就和众豪杰共同推荐朱儁担任太师，发文通告各州郡长官，共同讨伐李傕等人，迎接天子。就向朱儁呈上文书说：“徐州刺史陶谦、前扬州刺史周乾、琅琊相阴德、东海相刘馗、彭城相汲廉、北海相孔融、沛相袁忠、泰山太守应劭、汝南太守徐璆、前九江太守服虔、博士郑玄等人，冒昧向代行车骑将军河南尹幕府直言：国家遭遇董卓之祸后，又遭遇李傕、郭汜之乱，幼主遭到劫持，忠良遭到残害，长安遭到隔绝，不知道是吉是凶。所以无论是官员，还是有识的士人，没有不忧愁恐惧的，认为如果不是通达事理、有雄才大略的人，怎能平定祸乱！从起兵以来，如今已经三年了，州郡互相犹豫观望，没有奋起力击的功劳，只是互相争斗私下变动，更加犹豫不定。陶谦等人共同商量，商议消除国难。都说：‘将军君侯，文武双全，顺应时代，所有君子，无不盼望。’所以互相督促，选择精悍的军士，可以深入敌军，直指咸阳，多带战资粮草，足以支撑半年，与您同心同德，委任您为元帅。”恰逢李傕曰：“以君召臣，义不俟驾，况天子诏乎！且傕、汜小竖，樊稠庸儿，无他远略，又势力相敌，变难必作。吾乘其间，大事可济。”遂辞谦议而就傕征，复为太仆，谦等遂罢。

初平四年，代周忠为太尉，录尚书事。明年秋，以日食免，复行骠骑将军事，持节镇关东。未发，会李傕杀樊稠，而郭汜又自疑，与傕相攻，长安中乱，故儁止不出，留拜大司农。献帝诏儁与太尉杨彪等十余人譬郭汜，令与李傕和。汜不肯，遂留质儁等。儁素刚，即日发病卒。

子皓，亦有才行，官至豫章太守。

论曰：皇甫嵩、朱儁并以上将之略，受脤仓卒之时。及其功成师克，威声满天下。值弱主蒙尘，犷贼放命，斯诚叶公投袂之几，翟义鞠旅之日，故梁衍献规，山东连盟，而舍格天之大业，蹈匹夫之小谅，卒狼狈虎口，为智士笑。岂天之长斯乱也？何智勇之不终甚乎！前史晋平原华峤，称其父光禄大夫表，每言其祖魏太尉歆称“时人说皇甫嵩之不伐，汝豫之战，归功朱儁，张角之捷，本之于卢植，收名敛策，而己不有焉。盖功名者，世之所甚重也。诚能不争天下之所甚重，则怨祸不深矣”。如皇甫公之赴履危乱，而能终以归全者，其致不亦贵乎！故颜子愿不伐善为先，斯亦行身之要与！

赞曰：黄妖冲发，嵩乃奋钺。孰是振旅，不居不伐。儁捷陈、使用太尉周忠、尚书贾诩的计策，征召朱儁入朝。军中将帅都忌惮入关，想要响应陶谦等人。朱儁说："天子征召臣子，应当不等车辆就要徒步前去，更何况是天子的诏命呢？况且李傕、郭汜是小人，樊稠是庸人，没有什么深远的谋略，又势均力敌，变乱必定会发生。我乘其不备，大事可成。"于是推辞了陶谦的建议而响应李傕的征召，再担任太仆，陶谦等人只得作罢。

初平四年（193），朱儁代周忠担任太尉，兼领尚书事务。第二年秋季，因为日食遭到罢免，之后又代行骠骑将军事务，拿着旄节镇守关东。还未出发，恰逢李傕诛杀樊稠，而郭汜又自生疑惑，和李傕互相攻击，长安城中大乱，所以朱儁没有去镇守关东，留守长安官拜大司农。献帝诏令朱儁和太尉杨彪等十多人劝说郭汜，让他和李傕和解。郭汜不肯，就把朱儁等人拘为人质。朱儁向来性情刚烈，当天就因病去世。

朱儁的儿子朱皓，也很有才智德行，官至豫章太守。

评论说：皇甫嵩、朱儁都有上将的才能谋略，在仓促的时候受命领兵。等到获得成功、战胜贼寇，威名满天下。正值弱主流亡在外，恶贼抗命，这正是叶公子高挥袖而起的时机，翟义出征誓师诛杀王莽的日子，所以梁衍献计，山东结盟，而舍弃感通上天的大业，而去践行普通人在小事上的信用，结果艰难窘迫落入虎口，被有才智的人耻笑。难道是上天要助长叛乱吗？为什么智慧与勇气不能贯彻到最后呢！前史记载晋朝平原华峤，说他的父亲担任光禄大夫的华表，经常提起他的祖父魏国太尉华歆说"当时的人说皇甫嵩不夸耀自己的功劳，汝豫之战，归功于朱儁，战胜张角，根本在于卢植，收殓名声、不自夸计谋，说自己都不具备。大概功名这东西，是世间所看得最重的。真正不争天下间所最看重的，那么就不会招致大的怨祸啊"。像皇甫公那样奔赴危乱，却最终能够善终的，他的情致不也是很难能可贵的吗！所以颜子希望把不夸耀自己的善处放在首位，这也许是立身处世的要点啊。

赞辞说：黄巾妖孽突然而起，皇甫义真奋钺而起。是谁做到整颎，亦弭於越。言肃王命，并遘屯蹶。

队班师，不占功劳不自夸耀。朱儁在陈、颍处获胜，又去平定安定於越。整顿朝廷维护王命，但是全都遭难困窘。

卷一百二

董卓列传第六十二

董卓字仲颖，陇西临洮人也。性粗猛有谋。少尝游羌中，尽与豪帅相结。后归耕于野，诸豪帅有来从之者，卓为杀耕牛，与共宴乐，豪帅感其意，归相敛得杂畜千余头以遗之，由是以健侠知名。为州兵马掾，常徼守塞下。卓膂力过人，双带两鞬，左右驰射，为羌胡所畏。

桓帝末，以六郡良家子为羽林郎，从中郎将张奂为军司马，共击汉阳叛羌，破之，拜郎中，赐缣九千匹。卓曰："为者则己，有者则士。"乃悉分与吏兵，无所留。稍迁西域戊己校尉，坐事免。后为并州刺史，河东太守。

中平元年，拜东中郎将，持节，代卢植击张角于下曲阳，军败抵罪。其冬，北地先零羌及枹罕河关群盗反叛，遂共立湟中义从胡北宫伯玉、李文侯为将军，杀护羌校尉泠徵。伯玉等乃劫致金城人边章、韩遂，使专任军政，共杀金城太守陈懿，攻烧州郡。明年春，将数万骑入寇三辅，侵逼园陵，托诛宦官为名。诏以卓为中郎将，副左车骑将军皇甫嵩征之。嵩以无功免归，而边章、韩遂等大盛。朝廷复以司空张温为车骑将军，假节，执金吾袁滂为副。拜卓破虏将军，与荡寇将军周慎并统于温。并诸郡兵步骑合十余万，屯美阳，以卫园陵。章、遂亦进兵美阳。温、卓与战，辄不利。十一月，夜有流星如火，光长十余丈，照章、遂营中，驴马尽鸣。贼以为不祥，欲归金城。卓闻之喜，明日，乃与右扶风鲍鸿等并兵俱攻，大破之，斩首数千级。章、遂败走榆中，温乃遣周慎将三万人追讨之。温参董卓，字仲颖，陇西郡临洮县人。性情粗鲁凶猛、很有谋略。年少时曾经在羌地中游历，与当地大多数首领相互结交。之后回家耕田，首领们有来追随他的，董卓就为他们宰杀耕牛，和他们一同饮宴作乐，首领们感受到他的心意，回去后收罗各类牲畜共有一千多头都赠送给他，从此他凭借刚勇侠义而出名。被任命为凉州兵马掾，经常在塞下巡逻守卫。董卓力气过人，马上常携带两副弓箭，左右追逐射箭，被羌胡人所畏惧。

桓帝末年，凭借六郡中良家子弟的身份担任羽林郎，跟随中郎将张奂担任军司马，一同攻打汉阳反叛的羌人，打败之后，官拜郎中，赏赐双丝细绢九千匹。董卓说："接受赏赐的是我一人，立下战功的则是将士们。"于是悉数分发给将士们，自己丝毫不留。之后升迁为西域戊己校尉，因事获罪而被罢免。之后担任并州刺史，河东太守。

中平元年（184），董卓官拜东中郎将，拿着旄节，代替卢植在下曲阳攻打张角，兵败接受惩处。同年冬季，北地先零羌和枹罕河关的群盗作乱，就一起拥立湟中县归附的胡羌人北宫伯玉、李文侯为将军，杀害护羌校尉泠徵。北宫伯玉等人就劫持了金城人边章、韩遂，让他们专门负责军政，一起杀害金城太守陈懿，进攻焚烧州郡。第二年春季，带领数万骑兵入侵三辅一带，侵犯逼近皇家陵园，而假借诛杀宦官的名义。朝廷下诏任命董卓为中郎将，担任左车骑将军皇甫嵩的副手去征讨他们。皇甫嵩因没有成效而被朝廷免职召回，而边章、韩遂等人气势更盛。朝廷又任命司空张温为车骑将军，假以符节，执金吾袁滂担任副手。任命董卓为破虏将军，和荡寇将军周慎一同受张温管辖。合并各郡步兵、骑兵共计十多万，驻扎在美阳，来保卫皇家陵园。边章、韩遂也派兵前往美阳。张温、董卓和贼寇交战，总是失败。十一月，夜里有流星像火焰一样，尾部光芒长达十多丈，照军事孙坚说慎曰："贼城中无谷，当外转粮食。坚愿得万人断其运道，将军以大兵继后，贼必困乏而不敢战。若走入羌中，并力讨之，则凉州可定也。"慎不从，引军围榆中城。而章、遂分屯葵园狭，反断慎运道。慎惧，乃弃车重而退。温时亦使卓将兵三万讨先零羌，卓于望垣北为羌胡所围，粮食乏绝，进退逼急。乃于所度水中伪立堰，以为捕鱼，而潜从堰下过军。比贼追之，决水已深，不得度。时众军败退，唯卓全师而还，屯于扶风，封斄乡侯，邑千户。

三年春，遣使者持节就长安拜张温为太尉。三公在外，始之于温。其冬，征温还京师，韩遂乃杀边章及伯玉、文侯，拥兵十余万，进围陇西。太守李相如反，与遂连和，共杀凉州刺史耿鄙。而鄙司马扶风马腾，亦拥兵反叛，又汉阳王国，自号"合众将军"，皆与韩遂合。共推王国为主，悉令领其众，寇掠三辅。五年，围陈仓。乃拜卓前将军，与左将军皇甫嵩击破之。韩遂等复共废王国，而劫故信都令汉阳阎忠，使督统诸部。忠耻为众所胁，感恚病死。遂等稍争权利，更相杀害，其诸部曲并各分乖。

六年，征卓为少府，不肯就，上书言："所将湟中义从及秦胡兵皆诣臣曰：'牢直不毕，禀赐断绝，妻子饥冻。'牵挽臣车，使不得行。羌胡敝肠狗态，臣不能禁止，辄将顺安慰。增异复上。"朝廷亮边章、韩遂军营中，驴马一齐鸣叫，贼寇认为是不祥之兆，打算退回金城。董卓听后大喜，第二天，就和右扶风鲍鸿等人联合兵力一起进攻，大败贼寇，斩首几千级。边章、韩遂战败逃走到榆中，张温就派周慎带领三万人前去追击。张温的参军孙坚对周慎说："贼寇城中没有粮食，肯定会从外面转运粮食，我愿意率领一万人截断他们的粮道，将军则率领大部队跟在后面，贼寇必定因为困乏而不敢交战。假如贼寇逃入羌中，就能合力讨伐他们，那么这州就可以平定了。"周慎没有听从，领兵包围榆中城。而边章、韩遂分兵驻扎在葵园狭，反而截断了周慎的粮道。周慎恐惧，就丢下辎重车辆撤退了。张温当时也命令董卓领兵三万讨伐先零羌，董卓在望垣北被羌胡人所包围，粮食缺乏，进退两难。于是在所渡的河中假意建造了一道土堤，装做捕鱼的样子，却命军队暗中从土堤后渡河。等到贼寇前来追击，掘堤放水已经很深，没法渡过。当时其他各路军队全都败退，只有董卓保全军队完整无损地撤退，驻扎在扶风，被封为斄乡侯，食邑一千户。

中平三年（186）春季，朝廷派遣使者拿着旄节前往长安任命张温为太尉。三公在京城之外，就是从张温首开先例。同年冬季，征召张温返回京城，韩遂就杀害了边章和北宫伯玉、文侯，掌握军队十多万，派兵围攻陇西。太守李相如反叛，和韩遂联合，一起杀害凉州刺史耿鄙。而耿鄙麾下司马扶风马腾，也掌握军队反叛，又有汉阳王国，自称"合众将军"，都和韩遂联合。一同推举王国担任首领，悉数统领他们的军队，侵犯劫掠三辅一带。中平五年（188），包围陈仓。朝廷就任命董卓为前将军，和左将军皇甫嵩打败了贼寇。韩遂等人又一同废黜了王国，而劫持了前信都令汉阳阎忠，让他率领各部。阎忠耻于被贼寇们所胁迫，因愤恨而生病去世。韩遂等人逐渐陷入争权夺利中，自相残杀，其麾下各路兵马全都分崩离析。

中平六年（189），征召董卓担任少府，不肯前往，上书说："所率领的湟中归附部落和秦胡兵都来对臣下说：'粮饷没有拨付完全，朝廷赐予的东西也都断绝，妻子孩子还处于饥寒交迫中。'拉扯着臣下的车子，让我不能出行。羌胡人狼心狗肺，臣下不能管制他们，只不能制，颇以为虑。及灵帝寝疾，玺书拜卓为并州牧，令以兵属皇甫嵩。卓复上书言曰："臣既无老谋，又无壮事，天恩误加，掌戎十年。士卒大小相狎弥久，恋臣畜养之恩，为臣奋一旦之命。乞将之北州，效力边垂。"于是驻兵河东，以观时变。

及帝崩，大将军何进、司隶校尉袁绍谋诛阉宦，而太后不许，乃私呼卓将兵入朝，以胁太后。卓得召，即时就道。并上书曰："中常侍张让等窃倖承宠，浊乱海内。臣闻扬汤止沸，莫若去薪；溃痈虽痛，胜于内食。昔赵鞅兴晋阳之甲，以逐君侧之恶人。今臣辄鸣钟鼓如洛阳，请收让等，以清奸秽。"卓未至而何进败，虎贲中郎将袁术乃烧南宫，欲讨宦官，而中常侍段珪等劫少帝及陈留王夜走小平津。卓远见火起，引兵急进，未明到城西，闻少帝在北芒，因往奉迎。帝见卓将兵卒至，恐怖涕泣。卓与言，不能辞对；与陈留王语，遂及祸乱之事。卓以王为贤，且为董太后所养，卓自以与太后同族，有废立意。

初，卓之入也，步骑不过三千，自嫌兵少，恐不为远近所服，率四五日辄夜潜出军近营，明旦乃大陈旌鼓而还，以为西兵复至，洛中无知者。寻而何进及弟苗先所领部曲皆归于卓，卓又使吕布杀执金吾丁原而并其众，卓兵士大盛。乃讽朝廷策免司空刘弘而自代之。因集议废立。百僚大会，卓乃奋首而言曰："大者天地，其次君臣，所以为政。皇帝暗弱，不可以奉宗庙，为天下主。今欲依伊尹、霍光故事，更立陈留王，何如？"公卿以下莫敢对。卓又抗言曰："昔霍光定策，延年案剑。有敢沮大议，皆以军法从之。"坐者震能顺势安抚他们。如果有新的情况再上奏朝廷。”朝廷不能管制，对董卓深感忧虑。等到灵帝卧病在床，用玺印敕令诏书任命董卓为并州牧，下令让他把军队交给皇甫嵩。董卓又上书说：“臣下既没有深谋远虑，又没有成就壮举，承蒙皇帝错爱，统领军队十年。长久以来士卒不管大小都和臣下关系亲近，留恋我对他们的扶植培养之恩，都愿为臣下出生入死。乞求把他们带到北方，为边疆效力。”于是在河东驻扎军队，来观察时局的变化。

等到灵帝驾崩，大将军何进、司隶校尉袁绍共同谋划诛杀宦官，而太后不同意，于是他们暗中征召董卓带兵入朝，用来威胁太后。董卓得到征召后，立即出发。并上书说：“中常侍张让等人窃据皇帝恩宠，扰乱海内。臣下听说扬汤止沸，不如釜底抽薪；挤破脓疮虽然疼，胜过被它从内部侵蚀肌肉。昔日赵鞅调动晋阳的军队，来驱逐君王身边的恶人。如今臣下则击钟鸣鼓声讨他们的罪行来到洛阳，请求抓捕张让等人，来清除奸恶污秽的人。”董卓还没到达洛阳而何进就兵败身死，虎贲中郎将袁术就焚烧南宫，打算讨伐宦官，而中常侍段珪等人劫持少帝和陈留王趁夜色逃往小平津。董卓从远处看到火光四起，领兵紧急前进，天色未亮赶到城西，听说少帝在北芒，于是前往迎接圣驾。少帝看到董卓带领兵马赶到，心生恐惧而哭泣。董卓和少帝对话，惊慌中无法回答；再和陈留王对话，这才了解祸乱的经过。董卓认为陈留王贤明，并且是董太后所亲生，董卓自认为和董太后是同族，产生废立皇帝的想法。

起初，董卓到洛阳时，步兵骑兵加起来不过三千，不满自己兵力少，担心不被远近所慑服，经常四五天夜里偷偷出兵驻扎在附近的军营，第二天天亮后又大张旗鼓地回城，百姓以为西边的贼寇又回来了，洛阳城中没人知道发生了什么。不久后何进和他弟弟何苗之前所率领的军队都归顺董卓，董卓又指使吕布杀害执金吾丁原还兼并了他的部众，董卓兵力大大增加。于是暗示朝廷策书罢免司空刘弘从而打算自己取代他。接着又召集朝臣共同商议废立皇帝。百官群集，董卓于是仰首谈论说：“天地为最大，其次是君臣，所以才能治理国家。皇帝昏庸懦弱，不能奉祀宗庙，做为天下共主。如今打算依照伊尹、动。尚书卢植独曰：“昔太甲既立不明，昌邑罪过千余，故有废立之事。今上富于春秋，行无失德，非前事之比也。”卓大怒，罢坐。明日复集群僚于崇德前殿，遂胁太后，策废少帝。曰：“皇帝在丧，无人子之心，威仪不类人君，今废为弘农王。”乃立陈留王，是为献帝。又议太后蹙迫永乐太后，至令忧死，逆妇姑之礼，无孝顺之节，迁于永安宫，遂以弑崩。

卓迁太尉，领前将军事，加节传斧钺虎贲，更封郿侯。卓乃与司徒黄琬、司空杨彪，俱带鈇锧诣阙上书，追理陈蕃、窦武及诸党人，以从人望。于是悉复蕃等爵位，擢用子孙。

寻进卓为相国，入朝不趋，剑履上殿。封母为池阳君，置丞令。

是时洛中贵戚室第相望，金帛财产，家家殷积。卓纵放兵士，突其庐舍，淫略妇女，剽虏资物，谓之“搜牢”。人情崩恐，不保朝夕。及何后葬，开文陵，卓悉取藏中珍物。又奸乱公主，妻略宫人，虐刑滥罚，睚眦必死，群僚内外莫能自固。卓尝遣军至阳城，时人会于社下，悉令就斩之，驾其车重，载其妇女，以头系车辕，歌呼而还。又坏五铢钱，更铸小钱，悉取洛阳及长安铜人、钟虡、飞廉、铜马之属，以充铸焉。故货贱物贵，谷石数万。又钱无轮郭文章，不便人用。时人以为秦始皇见长人于临洮，乃铸铜人。卓，临洮人也，而今毁之。虽成毁不同，凶暴相类焉。

霍光的旧例，改立陈留王为帝，你们认为如何？”公卿之下没人敢回答。董卓又高声说：“昔日霍光谋立太子，田延年按剑相助，有胆敢阻碍朝廷集议大事的，都按军法处置。”在座的百官都感到震撼。只有尚书卢植说：“昔日太甲即位后政治昏暗，昌邑王即位后犯下的罪过有一千多条，所以才有废立皇帝的事。入今皇帝年纪尚轻，行为没有过失，并不是之前的旧例能相比的。”董卓听后大怒，离席而去。第二天又在崇德前殿召集百官，以此威胁太后，谋划废黜少帝。说：“皇帝在服丧期间，没有做为人子的态度，容止仪态不像皇帝，如今废黜为弘农王。”于是册立陈留王，就是献帝。又议论太后逼迫婆婆永乐太后，致使她忧愤而死，这违背了婆媳之礼，没有孝顺的操行，导致太后迁居到永安宫，接着被董卓谋害驾崩。

董卓升迁为太尉，兼管前将军事务，加持符节，享有斧钺仪仗和虎贲勇士，改封为郿侯。董卓和司徒黄琬、司空杨彪，都带着斩人的刑具来到朝堂上书，要求追查处理陈蕃、窦武以及朋党成员们，来顺应人心所向。于是悉数恢复了陈蕃等人的爵位，提拔重用他们的子孙。

不久后进封董卓为相国，入朝不急步而行，不解剑不脱鞋上殿。封他母亲为池阳君，并在池阳设置丞、令等官员。

当时洛阳城中皇帝亲族的住宅相连，金帛财产，家家都大量聚积。董卓放纵士兵，冲入私人府邸，奸淫虏掠妇女，掳掠资财物品，把这种行为叫作“搜牢”。人心惶惶，朝不保夕。等到何太后下葬，又借此挖开文陵，董卓把陵墓中的珍宝悉数取走。又奸污淫乱公主，奸污霸占宫女，滥用残酷的刑罚，睚眦之怨也定会杀害，内外群臣没人能够自保。董卓曾派遣军队到达阳城，当时的人们正在举行庙会，下令把参加的百姓悉数杀死，拉上抢夺的辎重车辆，载上抢占的妇女，把首级系在车辕上，唱唱着回到京城。又毁坏五铢钱的规制，改铸小钱，把洛阳和长安城中的铜人、钟虡、飞廉、铜马之类的悉数搜刮，来当作铸钱的材料。因此货币贬值物价飞涨，一石谷子价值几万钱。另外他铸造的钱没有轮廓和花纹，不便于百姓使用。当时的人认为秦始皇在临洮见过巨人，于是在当地铸造了铜人。董卓，正是临卓素闻天下同疾阉官诛杀忠良，及其在事，虽行无道，而犹忍性矫情，擢用群士。乃任吏部尚书汉阳周珌、侍中汝南伍琼、尚书郑公业、长史何颙等。以处士荀爽为司空。其染党锢者陈纪、韩融之徒，皆为列卿。幽滞之士，多所显拔。以尚书韩馥为冀州刺史，侍中刘岱为兖州刺史，陈留孔伷为豫州刺史，颍川张咨为南阳太守。卓所亲爱，并不处显职，但将校而已。初平元年，馥等到官，与袁绍之徒十余人，各兴义兵，同盟讨卓，而伍琼、周珌阴为内主。

初，灵帝末，黄巾余党郭太等复起西河白波谷，转寇太原，遂破河东，百姓流转三辅，号为“白波贼”，众十余万。卓遣中郎将牛辅击之，不能却。及闻东方兵起，惧，乃鸩杀弘农王，欲徙都长安。会公卿议，太尉黄琬、司徒杨彪廷争不能得，而伍琼、周珌又固谏之。卓因大怒曰：“卓初入朝，二子劝用善士，故相从，而诸君到官，举兵相图。此二君卖卓，卓何用相负！”遂斩琼、珌。而彪、琬恐惧，诣卓谢曰：“小人恋旧，非欲沮国事也，请以不及为罪。”卓既杀琼、珌，旋亦悔之，故表彪、琬为光禄大夫。于是迁天子西都。

初，长安遭赤眉之乱，宫室营寺焚灭无余，是时唯有高庙、京兆府舍，遂便时幸焉。后移未央宫。于是尽徙洛阳人数百万口于长安，步骑驱蹙，更相蹈藉，饥饿寇掠，积尸盈路。卓自屯留毕圭苑中，悉烧宫庙官府居家，二百里内无复孑遗。又使吕布发诸帝陵，及洮人，如今却熔毁了铜人。虽说铸造熔毁的行为不同，但凶狠残暴却是类似的。

董卓向来听说天下人都对宦官诛杀忠良感到痛恨，等到他独揽朝政时，虽说行事不讲德政，却还是矫饰自身的性情，提拔重用士人们。就任命吏部尚书汉阳周秘、侍中汝南伍琼、尚书郑公业、长史何显等人。任用没做过官的隐士荀爽为司空。那些受朋党之祸牵连终身禁止做官的陈纪、韩融等人，都位列九卿。隐沦而未被擢用的士人，多遭显扬和提拔。任用尚书韩馥为冀州刺史，侍中刘岱为兖州刺史，陈留孔伷为豫州刺史，颍川张咨为南阳太守。董卓所亲信近的人，并不位于显要职位，只是担任军中将校而已。初平元年（190），韩馥等人到任，和袁绍等十多人，各自兴起义兵，结盟讨伐董卓，而伍琼、周珌暗中作为内应。

起初，灵帝末年，黄巾余党郭太等人又在西河白波谷重新起兵，转而入侵太原，接着大破河东，百姓流落迁徙到三辅一带，称他们为"白波贼"，部众十多万。董卓派遣中郎将牛辅前去讨伐他们，无法击退。等听到东方讨伐董卓的义兵四起，董卓心中恐惧，就用鸩酒毒杀弘农王，打算迁都长安。召集公卿共同商议，太尉黄琬、司徒杨彪在朝廷上极力谏诤没能实行，而伍琼、周耻也极力劝阻。董卓因此大怒说："我刚主持朝政时，二位劝我任用有德之人，所以我听从了，而等到各位到任后，却都起兵来讨伐我。这二位出卖我，我有什么对不起他们的！"就斩杀了伍琼、周珌。而杨彪、黄琬感到害怕，到董卓那里谢罪说："小人留恋故主，并非是想要阻止国家大事啊，请治我们不顾大局的罪。"董卓已经杀了伍琼、周泌，旋即也感到后悔，因此上表请求任命杨彪、黄琬为光禄大夫。于是董卓把天子迁往西都长安。

起初，长安遭受赤眉之乱，宫殿和文武官署全都遭到焚烧毁坏，当时只剩下高庙、京兆府衙，就挑选吉日让皇帝暂时搬入。之后又移驾未央宫。于是把洛阳城中几百万人尽数迁移到长安，步兵骑兵一路驱赶促迫，百姓互相践踏，忍受饥饿又惨遭劫掠，路上堆满了尸体。董卓自己驻扎留守在毕圭苑中，把周围宗庙宫室、各类官署、民房悉公卿已下冢墓，收其珍宝。

时长沙太守孙坚亦率豫州诸郡兵讨卓。卓先遣将徐荣、李蒙四出虏掠。荣遇坚于梁，与战，破坚，生禽颍川太守李旻，亨之。卓所得义兵士卒，皆以布缠裹，倒立于地，热膏灌杀之。

时河内太守王匡屯兵河阳津，将以图卓。卓遣疑兵挑战，而潜使锐卒从小平津过津北，破之，死者略尽。明年，孙坚收合散卒，进屯梁县之阳人。卓遣将胡轸、吕布攻之。布与轸不相能，军中自惊恐，士卒散乱。坚追击之，轸、布败走。卓遣将李傕诣坚求和，坚拒绝不受，进军大谷，距洛九十里。卓自出与坚战于诸陵墓间，卓败走，却屯黾池，聚兵于陕。坚进洛阳宣阳城门，更击吕布，布复破走。坚乃扫除宗庙，平塞诸陵，分兵出函谷关，至新安、黾池间，以截卓后。卓谓长史刘艾曰："关东诸将数败矣，无能为也。唯孙坚小戆，诸将军宜慎之。"乃使东中郎将董越屯黾池，中郎将段煨屯华阴，中郎将牛辅屯安邑，其余中郎将、校尉布在诸县，以御山东。

卓讽朝廷使光禄勋宣璠持节拜卓为太师，位在诸侯王上。乃引还长安。百官迎路拜揖，卓遂僭拟车服，乘金华青盖，爪画两轓，时人号"竿摩车"，言其服饰近天子也。以弟旻为左将军，封鄠侯，兄子璜为侍中、中军校尉，皆典兵事。于是宗族内外，并居列位。其子孙虽在髫龀，男皆封侯，女为邑君。

数与百官置酒宴会，淫乐纵恣。乃结垒于长安城东以自居。又筑坞于郿，高厚七丈，号曰"万岁坞"。积谷为三十年储。自云："事数烧毁，二百里内再无人烟。又派遣吕布发掘各个皇帝陵墓，以及公卿以下官员的坟墓，搜刮其中的珍宝。

当时长沙太守孙坚也率领豫州各郡的兵马讨伐董卓。董卓先派遣将军徐荣、李蒙四处掠夺。徐荣在梁城遇到孙坚，两军交战，大破孙坚，生擒颍川太守李旻，将他宰杀烹煮。董卓所俘虏的义兵士卒，都用布包裹好，倒立在地上，用沸热的膏油灌死。

当时河内太守王匡在河阳津屯兵，打算攻打董卓。董卓派遣疑兵前去挑战，而暗中命令精兵从小平津渡河来到津北，打败王匡，把他的军队几乎杀尽。第二年，孙坚集结之前溃散的士兵，还活着的人都进驻梁县。董卓派遣部将胡轸、吕布前去进攻。吕布和胡轸不和，军中暗自惊恐，士卒纷乱。孙坚前去追击，胡轸、吕布失败逃走。董卓派遣将军李傕拜访孙坚求和，孙坚拒绝提议不接受和谈，进军大谷，距离洛阳九十里。董卓亲自出兵和孙坚在众多皇陵之间交战，董卓失败逃走，退兵驻守黾池，在陕地聚集兵力。孙坚进入洛阳宣阳城门，又和吕布交战，吕布又不敌逃走。孙坚就开始打扫皇家宗庙，填平被挖开的各个陵墓，分散兵力出函谷关，来到新安、黾池之间，来截断董卓的后路。董卓对长史刘艾说："关东诸将已经战败多次，他们无能为力了。只有孙坚愚钝刚直，请各位将军应当小心。"就派遣东中郎将董越驻扎黾池，中郎将段煨驻扎华阴，中郎将牛辅驻扎安邑，其余的中郎将、校尉等都分布在各县，来抵御山东的军队。

董卓暗示朝廷派遣光禄勋宣璠拿着旄节任命董卓为太师，地位在诸侯王之上。于是率军退回长安。百官都到路边弯腰行礼。董卓就使用超过他身份的车马服饰妄比皇帝，乘坐青色车盖上有金色花纹的车，使用爪形盖弓头、勾画车厢两旁的挡板，当时的人称为"竿摩车"，说他的服饰接近皇帝。任命他的弟弟董旻为左将军，被封为鄠侯，任命他哥哥的儿子董璜为侍中、中军校尉，都掌管军事。于是宗族亲戚，都身居高位。他的子孙即使还是幼童，男孩都封侯，女孩都为邑君。

董卓数次和百官摆下酒宴，纵欲作乐、放纵恣肆。还在长安城东建造堡垒供自己居住。又在郿县修筑防守的城堡，高、厚各七丈，成，雄据天下；不成，守此足以毕老。”尝至郿行坞，公卿已下祖道于横门外。卓施帐幔饮设，诱降北地反者数百人，于坐中杀之。先断其舌，次斩手足，次凿其眼目，以镬煮之。未及得死，偃转杯案间。会者战栗，亡失匕箸，而卓饮食自若。诸将有言语蹉跌，便戮于前。又稍诛关中旧族，陷以叛逆。

时太史望气，言当有大臣戮死者。卓乃使人诬卫尉张温与袁术交通，遂笞温于市，杀之，以塞天变。前温出屯美阳，令卓与边章等战无功，温召又不时应命，既到而辞对不逊。时孙坚为温参军，劝温陈兵斩之。温曰：“卓有威名，方倚以西行。”坚曰：“明公亲帅王师，威振天下，何恃于卓而赖之乎？坚闻古之名将，杖钺临众，未有不断斩以示威武者也。故穰苴斩庄贾，魏绛戮杨干。今若纵之，自亏威重，后悔何及！”温不能从，而卓犹怀忌恨，故及于难。

温字伯慎，少有名誉，累登公卿，亦阴与司徒王允共谋诛卓，事未及发而见害。越骑校尉汝南伍孚忿卓凶毒，志手刃之，乃朝服怀佩刀以见卓。孚语毕辞去，卓起送至阁，以手抚其背，孚因出刀刺之，不中。卓自奋得免，急呼左右执杀之，而大诟曰：“虏欲反耶！”孚大言曰：“恨不得磔裂奸贼于都市，以谢天地！”言未毕而毙。

时王允与吕布及仆射士孙瑞谋诛卓。有人书“吕”字于布上，被称为“万岁坞”。内中储蓄了可供食用三十年的粮食。他自己说：“如果事情成功，那我就雄据天下；如果事情不成功，那我守在这里也足以终其天年。”他曾到郿县巡视城堡，公卿以下百官都到横门外为他祭祀路神、设宴送行。董卓搭建帐篷摆设酒席，诱惑北地投降的反叛者数百人，在酒席座上被杀死。先割下他们的舌头，之后砍下手脚，再凿瞎眼睛，最后用锅煮熟。还没马上死掉的，在酒席间仆倒翻滚挣扎。参与酒席的人吓得颤抖，手上的餐具都掉了，而董卓神色自若照常饮食。诸将言语间有失误的人，便就地诛杀。又逐渐诛杀了关中的世家大族，构陷他们反叛作乱。

当时太史观察云气预测吉凶，说会有大臣受戮而死。董卓就派人诬陷卫尉张温和袁术互相勾结，就在街市上鞭笞张温，直接杀害了他，以搪塞天象的变异。之前张温出京驻扎美阳，命令董卓和边章等人交战而没有取胜，张温征召他又不及时听从命令，而且到了之后又出言不逊。当时孙坚做为张温的参军，劝说张温布置军队斩杀董卓。张温说：“董卓很有威名，正是靠着他才能向西进兵。”孙坚说：“明公您亲自率领皇帝的军队，威震天下，有什么要仗着董卓，而如此依赖他呢？我听说古代的名将，手执斧钺，仗着威权治理军队，没有不斩杀以显示威武的人。所以穰苴斩杀庄贾，魏绛屠戮杨干。今天如果纵容他，那就是自损威望，将来后悔莫及！”张温没有采纳他的意见，而董卓还是心生怨恨，因此张温之后才遭了难。

张温，字伯慎，年少时有声誉，逐渐升任公卿，也在暗中和司徒王允共同谋划诛杀董卓，事情还没来得及动手而惨遭董卓杀害。越骑校尉汝南伍孚气愤董卓凶恶狠毒，立志要亲手杀他，就在朝服里藏了佩刀去面见董卓。伍孚说完话告辞离去，董卓起身送他来到阁中，用手轻抚他的后背，伍孚马上就抽出佩刀刺杀董卓，但没有刺中。董卓拼命用力才得以幸免，急忙呼喊左右逮捕诛杀他，自己则大骂伍孚说：“你这贼俘虏想要造反吗！”伍孚大声喊道：“我恨不得把你这奸贼在街市上车裂成块，来告慰这天地！”话还未说完就被杀死。

当时王允和吕布以及仆射士孙瑞共同谋划诛杀董卓。有人在负而行于市，歌曰："布乎！"有告卓者，卓不悟。三年四月，帝疾新愈，大会未央殿。卓朝服升车，既而马惊堕泥，还入更衣。其少妻止之，卓不从，遂行。乃陈兵夹道，自垒及宫，左步右骑，屯卫周匝，令吕布等扞卫前后。王允乃与士孙瑞密表其事，使瑞自书诏以授布，令骑都尉李肃与布同心勇士十余人，伪著卫士服于北掖门内以待卓。卓将至，马惊不行，怪惧欲还。吕布劝令进，遂入门。肃以戟刺之，卓衷甲不入，伤臂堕车，顾大呼曰："吕布何在？"布曰："有诏讨贼臣。"卓大骂曰："庸狗敢如是邪！"布应声持矛刺卓，趣兵斩之。主簿田仪及卓仓头前赴其尸，布又杀之。驰赍赦书，以令宫陛内外。士卒皆称万岁，百姓歌舞于道。长安中士女卖其珠玉衣装市酒肉相庆者，填满街肆。使皇甫嵩攻卓弟旻于郿坞，杀其母妻男女，尽灭其族。乃尸卓于市。天时始热，卓素充肥，脂流于地。守尸吏然火置卓脐中，光明达曙，如是积日。诸袁门生又聚董氏之尸，焚灰扬之于路。坞中珍藏有金二三万斤，银八九万斤，锦绮缋縠纨素奇玩，积如丘山。

初，卓以牛辅子婿，素所亲信，使以兵屯陕。辅分遣其校尉李傕、郭汜、张济将步骑数万，击破河南尹朱儁于中牟。因掠陈留、颍川诸县，杀略男女，所过无复遗类。吕布乃使李肃以诏命至陕讨辅等，辅等逆与肃战，肃败走弘农，布诛杀之。其后牛辅营中无故大惊，辅惧，乃赍金宝逾城走。左右利其货，斩辅，送首长安。

布上写了一个“吕”字，背在身上到集市上行走，还唱着：“布啊！布啊！”有人把这件事告诉董卓，董卓没有醒悟。初平三年(192)四月，献帝大病初愈，在未央殿举办大会。董卓身穿朝服登上车，接着马匹受惊董卓摔倒在地，就回屋去更换衣服。他的妾不让他回去，董卓没有听从，还是出发了。于是布置军队在道路两侧，从他的堡垒一直到皇宫，左右站满步兵骑兵，屯兵护卫自己周遭，还命令吕布等人在前后保卫。王允就和士孙瑞秘密上奏诛杀董卓的事，让士孙瑞代替献帝写下诏书交给吕布，命令骑都尉李肃和吕布同心的勇士十多人，穿上董卓卫士的衣服伪装在北掖门内等待董卓。董卓快到的时候，马匹受惊不肯前进，他感到奇怪心生惧意打算回去。吕布劝他继续前进，就进入北掖门。暗藏的李肃就用戟刺向他，董卓衣服下面穿着铠甲刺不进去，只是手臂负伤摔下车来，回头大喊：“吕布在哪里？”吕布应声说：“我有诏书讨伐乱臣贼子。”董卓听后大骂：“庸狗竟敢这样对我！”吕布应声手持矛刺向董卓，催促士兵赶快杀了他。主簿田仪和董卓的奴仆冲到他尸体前，吕布又斩杀了他们。疾驰带着颁布赦令的诏书，来号令皇宫内外。士卒们都高呼万岁，百姓们在道路上载歌载舞。长安城中男男女女都卖掉珠宝、衣服又买上酒肉互相庆贺的，挤满了街市和店铺。命皇甫嵩到郿坞攻打董卓的弟弟董旻，杀死他母亲、妻子和家中男女老少，把他的家族尽数杀光。就把董卓的尸体扔到街市之上。当时的天气逐渐炎热，董卓向来肥胖，尸体中的油脂流到地上。守尸的官吏把灯芯放在董卓的肚脐眼里点燃，一直燃烧到天明，这样持续了好几天。袁氏的门生们又聚集在董卓尸体旁，把焚烧后的骨灰撒在道路上。用来保命的城堡中藏有二三万斤金子，八九万斤银子，锦缎、绮缋、縠纱、珍奇玩物，都堆积如山。

起初，董卓认为牛辅是自己的女婿，向来十分亲信，派遣他领兵驻扎陕地。牛辅分派他麾下的校尉李傕、郭汜、张济领步兵骑兵数万，在中牟击败河南尹朱儁。然后劫掠陈留、颍川等县，杀戮掳掠男女，所过之处再无剩余。吕布就派遣李肃带着朝廷诏命来到陕地讨伐牛辅等人，牛辅等叛逆和李肃交战，李肃战败逃到弘农，被吕布诛杀。后来牛辅营中无缘无故发生大骚动，牛辅感到害怕，就怀抱着金傕、汜等以王允、吕布杀董卓，故忿怒并州人，并州人其在军者男女数百人，皆诛杀之。牛辅既败，众无所依，欲各散去。傕等恐，乃先遣使诣长安，求乞赦免。王允以为一岁不可再赦，不许之。傕等益怀忧惧，不知所为。武威人贾诩时在傕军，说之曰："闻长安中议欲尽诛凉州人，诸君若弃军单行，则一亭长能束君矣。不如相率而西，以攻长安，为董公报仇。事济，奉国家以正天下；若其不合，走未后也。"傕等然之，各相谓曰："京师不赦我，我当以死决之。若攻长安克，则得天下矣；不克，则钞三辅妇女财物，西归乡里，尚可延命。"众以为然，于是共结盟，率军数千，晨夜西行。王允闻之，乃遣卓故将胡轸、徐荣击之于新丰。荣战死，轸以众降。傕随道收兵，比至长安，已十余万，与卓故部曲樊稠、李蒙等合，围长安。城峻不可攻，守之八日，吕布军有叟兵内反，引傕众得入。城溃，放兵虏掠，死者万余人。杀卫尉种拂等。吕布战败出奔。王允奉天子保宣平城门楼上。于是大赦天下。李傕、郭汜、樊稠等皆为将军。遂围门楼，共表请司徒王允出，问"太师何罪"？允穷蹙乃下，后数日见杀。傕等葬董卓于郿，并收董氏所焚尸之灰，合敛一棺而葬之。葬日，大风雨，霆震卓墓，流水入藏，漂其棺木。

傕又迁车骑将军，开府，领司隶校尉，假节。汜后将军，稠右将军，张济为镇东将军，并封列侯。傕、汜、稠共秉朝政。济出屯弘农。以贾诩为左冯翊，欲侯之。诩曰："此救命之计，何功之有！"固银珠宝翻过城墙逃走。他的随从图谋霸占怀中的财物，斩杀牛辅，把他的首级送回长安。

李傕、郭汜等人因为王允、吕布诛杀董卓，所以迁怒于并州人，他们军队中的并州人男女加起来共有几百名，全都把他们杀死。牛辅败亡后，众人无所依靠，打算各自散去。李傕等人感到恐惧，就先行派人来到长安，乞求赦免。王允认为一年之内不能赦免两次，没答应他。李傕等人更觉得恐惧，不知道该怎么办。武威人贾诩当时正在李傕军中，劝他们说："听闻长安城中议论朝廷打算杀光凉州人，诸位如果抛下军队独自逃跑，那么一个亭长就能把你们抓起来。不如共同领兵向西，来攻打长安，为董公报仇。如果事情成功，当侍奉国家来匡扶天下；如果事情不成，再逃走也不迟。"李傕等人觉得可行，互相议论说："京城不赦免我们，我们应当以死相拼。如果攻克长安，就算夺得天下；如果攻克不下，就抢掠三辅一带的妇女和财物，向西回归故乡，还可以延续自己的生命。"众人觉得可行，于是共同结盟，率领数千军队，昼夜兼程西行。王允听说后，就派遣董卓的旧部将胡轸、徐荣在新丰迎击。徐荣战死，胡轸率领军队投降。李傕沿途招收散兵，等到达长安，已经有十多万人，和董卓的旧部将樊稠、李蒙等人会合，包围长安。城墙高大不能攻克，守军守了八天，吕布军中有蜀兵在内部反叛，接引李傕的军队能够入城。城池被破，纵容士兵掳掠，死者有一万多人。杀害卫尉种拂等人。吕布战败逃亡。王允在宣平城门楼上侍奉保护天子。只得大赦天下。李傕、郭汜、樊稠等人都封为将军。于是包围了门楼，一起上表要求让司徒王允出来，问他"太师犯了什么罪"？情势窘迫王允只好下来，过了几天后被杀害。李傕等人把董卓安葬在郿县，并收集董氏家族被焚尸后的骨灰，收殓在一口棺材里安葬。安葬那天，狂风暴雨，天雷击中董卓的墓，雨水涌进墓穴，棺材都漂浮起来。

李傕又升迁为车骑将军，开府建衙，兼任司隶校尉，假以符节。郭汜担任后将军，樊稠担任右将军，张济担任镇东将军，都被封为列侯。李傕、郭汜、樊稠共同主持朝政。张济出京驻扎在弘农。任命贾诩为左冯翊，还打算封他为侯。贾诩说："我只不过提出了救命的计辞乃止。更以为尚书典选。

明年夏，大雨昼夜二十余日，漂没人庶，又风如冬时。帝使御史裴茂讯诏狱，原系者二百余人。其中有为傕所枉系者，傕恐茂赦之，乃表奏茂擅出囚徒，疑有奸故，请收之。诏曰："灾异屡降，阴雨为害，使者衔命宣布恩泽，原解轻微，庶合天心。欲释冤结而复罪之乎！一切勿问。"

初，卓之入关，要韩遂、马腾共谋山东。遂、腾见天下方乱，亦欲倚卓起兵。兴平元年，马腾从陇右来朝，进屯霸桥。时腾私有求于傕，不获而怒，遂与侍中马宇、右中郎将刘范、前凉州刺史种劭、中郎将杜禀合兵攻傕，连日不决。韩遂闻之，乃率众来欲和腾、傕，既而复与腾合。傕使兄子利共郭汜、樊稠与腾等战于长平观下。遂、腾败，斩首万余级，种劭、刘范等皆死。遂、腾走还凉州，稠等又追之。韩遂使人语稠曰："天下反覆未可知，相与州里，今虽小违，要当大同，欲共一言。"乃骈马交臂相加，笑语良久。军还，利告傕曰："樊、韩骈马笑语，不知其辞，而意爱甚密。"于是傕、稠始相猜疑。犹加稠及郭汜开府，与三公合为六府，皆参选举。

时长安中盗贼不禁，白日虏掠，傕、汜、稠乃参分城内，各备其界，犹不能制，而其子弟纵横，侵暴百姓。是时谷一斛五十万，豆麦二十万，人相食啖，白骨委积，臭秽满路。帝使侍御史侯汶出太仓米豆为饥人作糜，经日而死者无降。帝疑赋恤有虚，乃亲于御前自加临检。既知不实，使侍中刘艾出让有司。于是尚书令以下皆诣省阁谢，奏收侯汶考实。诏曰："未忍致汶于理，可杖五十。"自是后多得策，哪有什么功劳！”坚决推辞这才作罢。改任他为尚书典选。

第二年夏季，大雨昼夜不停连下二十多天，冲没百姓，又刮起狂风就像冬季一样。皇帝派遣御史裴茂审理案子，原来被关押的有二百多人，其中有被李傕冤枉而入狱的，李傕恐怕裴茂会把他们释放，就上奏说裴茂擅自释放囚徒，怀疑他有奸诈之心，请求将他抓捕。朝廷下诏说：“灾害异常屡屡出现，阴雨连天酿成灾害，使者奉命宣示皇恩，赦免罪过较轻的人，以求符合上天旨意。裴茂打算化解冤屈还要再加罪于他吗！此事一切都不再追问。”

起初，董卓入关时，和韩遂、马腾一同谋划山东。韩遂、马腾见天下刚刚陷入混乱，也打算依靠董卓起兵。兴平元年（194），马腾从陇右前来朝觐皇帝，进驻霸桥。当时马腾暗中有求于李傕，没有收获而发怒，于是就和侍中马宇、右中郎将刘范、前凉州刺史种劭、中郎将杜禀联合兵力攻打李傕，连续几天都没分出胜负。韩遂听说后，就率领部众前来，打算和马腾、李傕和解，不久后又和马腾联合。李傕派他哥哥的儿子李利会合郭汜、樊稠二人和马腾等人在长平观下交战。韩遂、马腾战败，斩首一万多级，种劭、刘范等人都战死。韩遂、马腾逃回凉州，樊稠等人又前去追击。韩遂派遣使者对樊稠说：“天下之事反覆无常结局还未可知，你我是同乡，今天虽然有些小矛盾，应当谋求大同，我打算和你谈一谈。”于是二人骑马并行手臂紧靠，谈笑许久。军队撤退后，李利告诉李傕说：“樊稠、韩遂二人骑马并行谈笑，不知谈的是什么，但看起来二人情谊很亲密。”于是李傕、樊稠开始互相猜疑。但还是加任樊稠与郭汜并允许开府建衙，和三公合称为六府，都参与选取任用贤才。

当时长安城中盗贼四起无法控制，白天就发生抢劫，李傕、郭汜、樊稠就把长安城分成三个区域，各自负责自己的区域，还是无法控制，而他们的子弟无所顾忌，侵害百姓。当时谷物五十万钱一斛，豆麦二十万钱，出现了人吃人，白骨堆积，污秽满街。皇帝派遣侍御史侯汶拿出太仓的米豆为饥民施粥，每天饿死的人数并没有下降。皇帝怀疑布施赈济弄虚作假，就亲自在御前做粥检验。得知虚假不实后，派遣侍中刘艾负责转让相关官署。于是尚书令以下的官员都到全济。

明年春，傕因会刺杀樊稠于坐，由是诸将各相疑异，傕、汜遂复理兵相攻。安西将军杨定者，故卓部曲将也。惧傕忍害，乃与汜合谋迎天子幸其营。傕知其计，即使兄子暹将数千人围宫。以车三乘迎天子、皇后。太尉杨彪谓暹曰："古今帝王，无在人臣家者。诸君举事，当上顺天心，奈何如是！"暹曰："将军计决矣。"帝于是遂幸傕营，彪等皆徒从。乱兵入殿，掠宫人什物，傕又徙御府金帛乘舆器服，而放火烧宫殿官府居人悉尽。帝使杨彪与司空张喜等十余人和傕、汜，汜不从，遂质留公卿。彪谓汜曰："将军达人间事，奈何君臣分争，一人劫天子，一人质公卿，此可行邪？"汜怒，欲手刃彪。彪曰："卿尚不奉国家，吾岂求生邪！"左右多谏，汜乃止。遂引兵攻傕，矢及帝前，又贯傕耳。傕将杨奉本白波贼帅，乃将兵救傕，于是汜众乃退。

是日，傕复移帝幸其北坞，唯皇后、宋贵人俱。傕使校尉监门，隔绝内外。寻复欲徙帝于池阳黄白城，君臣惶惧。司徒赵温深解譬之，乃止。诏遣谒者仆射皇甫郦和傕、汜。郦先譬汜，汜即从命。又诣傕，傕不听。曰："郭多，盗马虏耳，何敢欲与我同邪！必诛之。君观我方略士众，足办郭多不？多又劫质公卿。所为如是，而君苟欲左右之邪！"汜一名多。郦曰："今汜质公卿，而将军胁主，谁轻重乎？"傕怒，呵遣郦，因令虎贲王昌追杀之。昌伪不及，郦得以免。傕乃自为大司马。与郭汜相攻连月，死者以万数。

宫中请罪，奏请逮捕侯汶考按实情。皇帝下诏说："不忍心把侯汶送去监狱，可以判处杖责五十下。"自此以后百姓多获救济而得以保全性命。

第二年春天，李傕乘聚会的时候把樊稠刺杀在座位上，从此诸将开始互相猜疑，李傕、郭汜又整顿军队互相攻击。安西将军杨定，是董卓的旧部将。畏惧李傕加害，就和郭汜合谋迎接天子到他们的军营内。李傕知道了他们的计谋，立即派遣他哥哥的儿子李暹率领数千人包围皇宫，用三辆车来迎接天子、皇后。太尉杨彪对李暹说："从古至今的皇帝，没有居住在臣子家中的。诸位做事，应当上顺天意，怎么能这样呢！"李暹说："将军心意已决。"皇帝于是临幸李傕的军营中，杨彪等人都徒步跟随在后。乱兵进入皇宫，掠夺宫女和器具，李傕又搬走皇帝府库里的钱物、车马、器物、服饰，又放火把宫殿、官署、民居悉数烧光。皇帝派遣杨彪和司空张喜等十多人劝说李傕、郭汜和解，郭汜没有答应，遂即把前来的公卿扣作人质。杨彪对郭汜说："将军通达人世间的事，怎么能君臣分割相争，一人劫持天子，一人扣押公卿，可以这样做吗？"郭汜发怒，打算亲手杀了杨彪。杨彪说："你尚且不服从国家，我难道还能谋求生存吗！"左右的人多来劝谏，郭汜这才作罢。于是带领军队攻打李傕，箭矢都射到了皇帝面前，又射穿李傕的耳朵。李傕的部将杨奉本是白波贼寇的首领，带领援兵前来救李傕，于是郭汜的军队这才退兵。

这天，李傕又让皇帝移驾到他北面的城堡，只有皇后、宋贵人一同前往。李傕派遣校尉监守门户，隔绝内外的联系。不久后又打算让皇帝移驾到池阳黄白城，君臣都惶惧不安。司徒赵温耐心劝说了很久，李傕这才作罢。朝廷下诏派遣谒者仆射皇甫郦劝说李傕、郭汜和解。皇甫郦先去劝说郭汜，郭汜立即答应了。又来到李傕那里，李傕没有听从。说："郭多，只是个盗马的贼寇罢了，怎敢和我相比呢！我一定要杀了他。你看我的方法谋略和军队兵士，足够杀死郭多吗？郭多还劫持公卿当做人质。他做出这样的事，而你还妄想我们二人和好如初吗！"郭汜又叫郭多。皇甫郦说："如今郭汜扣押公卿做人质，而将军胁迫皇帝，到底谁轻谁重呢？"李傕发怒，呵斥遣返皇甫张济自陕来和解二人，仍欲迁帝权幸弘农。帝亦思旧京，因遣使敦请傕求东归，十反乃许。车驾即日发迈。李傕出屯曹阳。以张济为骠骑将军，复还屯陕。迁郭汜车骑将军，杨定后将军，杨奉兴义将军。又以故牛辅部曲董承为安集将军。汜等并侍送乘舆。汜遂复欲胁帝幸郿，定、奉、承不听。汜恐变生，乃弃军还就李傕。车驾进至华阴。宁辑将军段煨乃具服御及公卿以下资储，请帝幸其营。初，杨定与煨有隙，遂诬煨欲反，乃攻其营，十余日不下。而煨犹奉给御膳，禀赡百官，终无二意。

李傕、郭汜既悔令天子东，乃来救段煨，因欲劫帝而西。杨定为汜所遮，亡奔荆州。而张济与杨奉、董承不相平，乃反合傕、汜，共追乘舆，大战于弘农东涧。承、奉军败，百官士卒死者不可胜数，皆弃其妇女辎重，御物符策典籍，略无所遗。射声校尉沮儁被创坠马。李傕谓左右曰："尚可活不？"儁骂之曰："汝等凶逆，逼迫天子，乱臣贼子，未有如汝者！"傕使杀之。天子遂露次曹阳。承、奉乃谲傕等与连和，而密遣间使至河东，招故白波帅李乐、韩暹、胡才及南匈奴右贤王去卑，并率其众数千骑来，与承、奉共击傕等，大破之，斩首数千级，乘舆乃得进。董承、李乐拥卫左右，胡才、杨奉、韩暹、去卑为后距。傕等复来战，奉等大败，死者甚于东涧。自东涧兵相连缀四十里中，方得至陕，乃结营自守。时残破之余，虎贲羽林不满百人，皆有离心。承、奉等夜乃潜议过河，使李乐先度具舟舡，举火为应。帝步出营，临河欲济，岸高十余丈，乃以绢缒而下。余人或匍匐岸侧，或从上自投，死亡伤残，不复相知。争赴舡郦，又命令虎贲王昌前去追杀他。王昌假装没有赶上，皇甫郦得以幸免。李傕就自封为大司马。和郭汜一连互相攻击几个月，死者以万数计算。

张济从陕地来劝说二人和解，仍想让皇帝移驾到弘农。皇帝也思念故都，就派遣使者恳请李傕准许东归，请求十次才获准。车驾即日启行。李傕出兵驻扎在曹阳，任命张济为骠骑将军，又回到陕地驻守。升迁郭汜为车骑将军，杨定为后将军，杨奉为兴义将军。又任命牛辅的旧部下董承为安集将军。郭汜等人一同侍奉着送行皇帝的车驾。郭汜又打算胁迫皇帝临幸郿县，杨定、杨奉、董承没有听从。郭汜担心出现变数，就抛下军队返回去找李傕。献帝的车驾来到华阴，宁辑将军段煨准备好全部的服饰、车马以及公卿以下官员的俸禄，请求皇帝临幸他的军营。起初，杨定和段煨有嫌隙，就诬陷段煨打算造反，于是发兵攻打他的军营，十多天没法攻克。而段煨仍然供应皇帝的膳食，赈济百官，始终没有二心。

李傕、郭汜已经后悔放天子东归，就来救援段煨，打算趁机劫持皇帝返回西面。杨定被郭汜阻拦，逃亡到荆州。而张济和杨奉、董承不和，就反向联合李傕、郭汜，一同追赶皇帝的车驾，在弘农东涧大战。董承、杨奉兵败，战死的百官士卒不计其数，都抛下家中女眷和辎重，皇帝专用的器物、符契简策、古今典籍，全都丢失殆尽。射声校尉沮儁受伤落马。李傕问左右的人：“他还可以活吗？”沮儁辱骂他说：“你们这等凶恶叛逆，武力逼迫天子，乱臣贼子之中，还没有像你们这样的！”☆李傕派人杀了他。天子于是在曹阳的野外露宿。董承、杨奉假意和李傕等人互相联合，而暗中派遣使者到河东，招安之前白波贼寇的首领李乐、韩暹、胡才和南匈奴右贤王去卑，一同率领他们的部众共计数千骑而来，和董承、杨奉一同攻击李傕等人，大破他们，斩下首级数千级，皇帝的车驾才得以前进。董承、李乐在左右护卫，胡才、杨奉、韩暹、去卑在后方护卫。李傕等人又来攻打，杨奉等人大败，死者甚至比在东涧时还多。自东涧起四十里内兵戎连续不断，终于来到陕地，就在这里安营自行守卫。当时正值被摧残破坏之后，剩下的虎贲勇士和羽林卫士不足百人，都有离开的心思。董者，不可禁制，董承以戈击披之，断手指于舟中者可掬。同济唯皇后、宋贵人、杨彪、董承及后父执金吾伏完等数十人。其宫女皆为傕兵所掠夺，冻溺死者甚众。既到大阳，止于人家，然后幸李乐营。百官饥饿，河内太守张杨使数千人负米贡饷。帝乃御牛车，因都安邑。河东太守王邑奉献绵帛，悉赋公卿以下。封邑为列侯，拜胡才征东将军，张杨为安国将军，皆假节、开府。其垒壁群竖，竞求拜职，刻印不给，至乃以锥画之。或赍酒肉就天子燕饮。又遣太仆韩融至弘农，与傕、汜等连和。傕乃放遣公卿百官，颇归宫人妇女，及乘舆器服。

初，帝入关，三辅户口尚数十万，自傕汜相攻，天子东归后，长安城空四十余日，强者四散，羸者相食，二三年间，关中无复人迹。建安元年春，诸将争权，韩暹遂攻董承，承奔张杨，杨乃使承先缮修洛宫。七月，帝还至洛阳，幸杨安殿。张杨以为己功，故因以"杨"名殿。乃谓诸将曰："天子当与天下共之，朝廷自有公卿大臣，杨当出扞外难，何事京师？"遂还野王。杨奉亦出屯梁。乃以张杨为大司马，杨奉为车骑将军，韩暹为大将军，领司隶校尉，皆假节钺。暹与董承并留宿卫。

暹矜功恣睢，干乱政事，董承患之，潜召兖州牧曹操。操乃诣阙贡献，禀公卿以下，因奏韩暹、张杨之罪。暹惧诛，单骑奔杨奉。帝以暹、杨有翼车驾之功，诏一切勿问。于是封卫将军董承、辅国承、杨奉夜里暗中商量渡过黄河，派遣李乐先行渡江准备船只，点火做为暗号。皇帝步行出营，来到黄河边打算过河，岸高十多丈，就用绢当成绳索拴住降下河岸。其余的人有的从岸边匍匐着往下爬，有的从岸上自己跳下来，死亡的伤残的，不知道有多少人。争抢着往船上爬的人，难以制止，董承用戈四处乱砍，船仓里砍下的断指可以用手捧住。和天子一艘船渡河的只有皇后、宋贵人、杨彪、董承和皇后的父亲执金吾伏完等有几十人。侍奉皇帝的宫女都被李傕的兵卒所抢夺，冻死淹死的人有很多。到了大阳以后，暂住在百姓家里，然后天子临幸李乐的军营。百官饥饿，河内太守张杨派遣几千人背米前来进贡粮饷。皇帝这才乘坐牛车，聚集在安邑。河东太守王邑奉献丝绵绢帛，悉数给予公卿以下的官吏。封邑担任列侯，任命胡才为征东将军，张杨为安国将军，全都假以符节、开府建衙。其他带兵的小人们，争相前来谋求官职，以至来不及雕刻印章，以至于用锥子刻画。有人送来酒肉供天子宴饮。皇帝又派遣太仆韩融来到弘农，与李傕、郭汜等人讲和。李傕这才释放公卿百官，也归还一些宫人和妇女，以及皇帝的车驾和器物衣服。

起初，献帝入关时，三辅一带的人口还有数十万，自从李傕、郭汜互相攻击，天子东归之后，长安城空旷无人多达四十多天，强壮的人四处逃散，瘦弱的人互相吃掉，两三年之内，关中再无人烟。建安元年（196）春季，诸将互相争夺权利，韩暹攻打董承，董承投奔张杨，张杨就命董承先行修缮洛阳的宫殿。七月，皇帝回到洛阳，临幸杨安殿。张杨认为自己有功劳，所以就用“杨”字来命名宫殿。他对诸将说：“天子应当由天下人共同侍奉，朝廷里自有公卿大臣，我应当外出抵御外患，为什么要留在京城？”就返回了野王县。杨奉也离开京城驻扎在梁县。于是任命张杨为大司马，杨奉为车骑将军，韩暹为大将军，兼领司隶校尉，全都授予符节和斧钺。韩暹和董承一同留下守卫皇宫。

韩暹自恃功绩、放纵暴戾，干预扰乱政事，董承十分忧患此事，暗中召见兖州牧曹操。曹操来到京城进奉贡品，禀明公卿以下官员，趁机上奏韩暹、张杨的罪过。韩暹害怕被诛杀，独自骑马投奔杨奉。

将军伏完等十余人为列侯，赠沮儁为弘农太守。曹操以洛阳残荒，遂移帝幸许。杨奉、韩暹欲要遮车驾，不及，曹操击之，奉、暹奔袁术，遂纵暴杨、徐间。明年，左将军刘备诱奉斩之。暹惧，走还并州，道为人所杀。胡才、李乐留河东，才为怨家所害，乐自病死。张济饥饿，出至南阳，攻穰，战死。郭汜为其将伍习所杀。

三年，使谒者仆射裴茂诏关中诸将段煨等讨李傕，夷三族。以段煨为安南将军，封闅乡侯。

四年，张杨为其将杨丑所杀。以董承为车骑将军，开府。

自都许之后，权归曹氏，天子总己，百官备员而已。帝忌操专逼，乃密诏董承，使结天下义士共诛之。承遂与刘备同谋，未发，会备出征，承更与偏将军王服、长水校尉种辑、议郎吴硕结谋。事泄，承、服、辑、硕皆为操所诛。

韩遂与马腾自还凉州，更相战争，乃下陇据关中。操方事河北，虑其乘间为乱，七年，乃拜腾征南将军，遂征西将军，并开府。后征段煨为大鸿胪，病卒。复征马腾为卫尉，封槐里侯。腾乃应召，而留子超领其部曲。十六年，超与韩遂举关中背曹操，操击破之，遂、超败走，腾坐夷三族。超攻杀凉州刺史韦康，复据陇右。十九年，天水人杨阜破超，超奔汉中，降刘备。韩遂走金城羌中，为其帐下所杀。初，陇西人宗建在枹罕，自称"河首平汉王"，署置百官三十许年。曹操因遣夏侯渊击建，斩之，凉州悉平。

献帝因为韩暹、张杨有护驾的功绩，下诏命令一切不再过问。于是封卫将军董承、辅国将军伏完等十多人都为列侯，追赠沮儁为弘农太守。曹操以洛阳破败荒凉为理由，就让皇帝临幸许昌。杨奉、韩暹打算阻拦车驾，却没有赶上，曹操又攻击他们，杨奉、韩暹投奔袁术，就在扬州、徐州一带肆意暴虐作恶。第二年，左将军刘备引诱杨奉前来并诛杀了他。韩暹害怕，逃回并州，在路上被人所杀。胡才、李乐留守河东，胡才被仇人所杀害，李乐病死。张济军中饥饿，离开驻地来到南阳，进攻穰县，战死。郭汜被他的部将伍习所杀。

建安三年（198），朝廷派遣谒者仆射裴茂持诏书命令关中诸将段煨等人讨伐李傕，诛灭李傕三族。任命段煨为安南将军，被封为闅乡侯。

建安四年（199），张杨被他的部将杨丑所杀死。朝廷任命董承为车骑将军，开府建衙。

自从迁都许昌之后，曹操执掌大权，天子总摄己职，百官凑足人数而已。献帝忌惮曹操擅权胁迫，于是暗中下诏董承，命他结交天下义士一同诛杀曹操。董承就和刘备一同谋划，还未行动，恰逢刘备出征，董承又和偏将军王服、长水校尉种辑、议郎吴硕结伴谋划。事情败露，董承、王服、种辑、吴硕都被曹操所诛杀。

韩遂和马腾自从返回凉州，彼此争战不断，最终攻可陇西又占据关中。曹操当时正在平定河北，忧虑他们乘机作乱，建安七年（202），就让任命马腾为征南将军，韩遂为征西将军，二人都可以开府建衙。后来征召段煨担任大鸿胪，段煨因病去世。又征召马腾担任卫尉，封为槐里侯。马腾接受征召，留下儿子马超统领他的军队。建安十六年（211），马超和韩遂举关中地区的军队背叛曹操，曹操击败了他们，韩遂、马超战败逃走，马腾因此被夷灭三族。马超又进攻凉州诛杀刺史韦康，再次占据陇右。建安十九年（214），天水人杨阜击败马超，马超逃亡汉中，归降刘备。韩遂跑到金城羌中地区，被自己的部下所杀死。起初，陇西人宗建在枹罕，自称是“河首平汉王”，自行任用百官三十多年。曹操就派遣夏侯渊前去攻打宗建，把他斩杀了，凉州悉数平定。

论曰：董卓初以虓阚为情，因遭崩剥之势，故得蹈藉彝伦，毁裂畿服。夫以刳肝斮趾之性，则群生不足以厌其快，然犹折意缙绅，迟疑陵夺，尚有盗窃之道焉。及残寇乘之，倒山倾海，昆冈之火，自兹而焚，《版》《荡》之篇，于焉而极。呜呼，人之生也难矣！天地之不仁甚矣！

赞曰：百六有会，《过》《剥》成灾。董卓滔天，干逆三才。方夏崩沸，皇京烟埃。无礼虽及，余祲遂广。矢延王辂，兵缠魏象。区服倾回，人神波荡。

评论说：董卓当初以奋猛如虎之势，因为恰逢天下纷乱的形势，因此得以践踏伦常，分裂天下。他凭借那种剖挖肝脏、砍断脚趾的暴虐性情，则天下苍生也不能满足他的快意，然而尚能忍性屈情对待士人，侵凌劫夺的时候也会犹豫不决，尚且算有盗贼之道。等到之后残余的贼寇又乘势作乱，排山倒海，如同昆仑山上的火，从此焚烧天下，就像《诗经·版》《诗经·荡》中说的那样，至此已经到达顶点。呜呼，人活着真难啊！天地真是不仁德啊！

赞辞说：元百六岁有阳厄，《大过》《剥挂》灾成真。董卓罪与恶滔天，冒犯天地人三才。华夏崩溃成动乱，京城烽烟造战乱。不讲礼法祸自身，祸患蔓延范围广。飞箭直射天子车，兵卒包围皇家阙。天下动乱难平定，人神动荡不稳定。

文白对照

二十四史新译

後漢書

二

主编　楼宇烈

执行主编　梁光玉　萧祥剑

〔南朝宋〕范晔　撰　谦德书院　译

团结出版社

图书在版编目（C I P）数据

后汉书 /（南朝宋）范晔著；谦德书院译．-- 北京：
团结出版社，2024.12
ISBN 978-7-5234-0577-2

Ⅰ．①后… Ⅱ．①范… ②谦… Ⅲ．①《后汉书》-
译文 Ⅳ．① K234.204.2

中国国家版本馆 CIP 数据核字 (2023) 第 208361 号

责任编辑：梁光玉
封面设计：肖宇岐

出　版：团结出版社
（北京市东城区东皇城根南街 84 号 邮编：100006）
电　话：（010）65228880 65244790
网　址：http://www.tjpress.com
E-mail：zb65244790@vip.163.com
经　销：全国新华书店
印　装：北京印匠彩色印刷有限公司

开　本：145mm×210mm　32 开
印　张：113.25　字　数：2195 千字
版　次：2024 年 12 月 第 1 版　印　次：2024 年 12 月 第 1 次印刷

书　号：978-7-5234-0577-2
定　价：480.00 元（全五册）

目　录

第二册

卷二十六—卷五十七

卷二十六

志第十六　五行四

地震　山崩　地陷　大风拔树　螟　牛疫

《五行传》曰“治宫室，饰台榭，内淫乱，犯亲戚，侮父兄，则稼穑不成。”谓土失其性而为灾也。又曰：“思心不容，是谓不圣。厥咎霿，厥罚恒风，厥极凶短折。时则有脂夜之妖，时则有华孽，时则有牛祸，时则有心腹之痾，时则有黄眚、黄祥。惟金、水、木、火沴土。”华孽，刘歆传为赢虫之孽，谓螟属也。

世祖建武二十二年九月，郡国四十二地震，南阳尤甚，地裂压杀人。其后武溪蛮夷反，为寇害，至南郡，发荆州诸郡兵，遣武威将军刘尚击之，为夷所围，复发兵赴之，尚遂为所没。

章帝建初元年三月甲寅，山阳、东平地震。

和帝永元四年六月丙辰，郡国十三地震。《春秋汉含孳》曰：“女主盛，臣制命，则地动坼，畔震起，山崩沦。”是时窦太后摄政，兄窦宪专权，将以是受祸也。后五日，诏收宪印绶，兄弟就国，逼迫皆自杀。

五年二月戊午，陇西地震。儒说民安土者也，将大动，行大震。九月，匈奴单于於除鞬叛，遣使发边郡兵讨之。

《五行传》中有载："君王兴建宫室，装饰台榭，在宫内行淫乱之事，侵凌亲戚，欺侮父兄，则会导致庄稼颗粒无收。"也就是说，当土丧失了它的本来属性，便会引发灾害。又说："君王思虑却不能包容，这种行为叫做不圣明。具体表现为霿雾，它将引发的灾祸是持续刮风，最严重的后果是短命夭折。有时会出现脂妖、夜妖，有时会出现华孽，有时会出现牛祸，有时会出现心腹疾病，甚至有时还会出现黄眚、黄祥。这是金、水、木、火皆克土的征象。"华孽，刘歆在《五行传》中认为蠃虫之孽指的是螟虫一类。

世祖建武二十二年（46）九月，四十二个郡国发生地震，其中，南阳郡的地震尤其强烈，大地开裂，压死了很多人。后来，武溪蛮夷造反，他们烧杀抢掠，危害百姓，入侵范围到达南郡，世祖征调荆州诸郡的兵力，派遣武威将军刘尚前去讨伐贼寇，不料汉军被夷人包围，光武帝再次派兵前往增援时，武威将军刘尚竟已阵亡。

章帝建初元年（76）三月甲寅日，山阳郡、东平国发生地震。

和帝永元四年（92）六月丙辰日，十三个郡国发生地震。《春秋汉含孳》中有载："女主强权，大臣执政，则会引发地震，大地开裂，河岸塌方，山岳崩塌沦陷。"当时，正值窦太后代理朝政，她的兄长窦宪独断专权，这种局面即将招致灾祸降临。五天后，和帝诏命收回窦宪的大将军印绶，命他和他的弟弟返回各自的封地，他们因此被逼迫自尽。

永元五年（93）二月戊午日，陇西郡发生地震。儒学家们认为，百姓应安居于乡土，如果百姓们准备有所行动，那么土地便会出现强烈震动。九月，匈奴单于於除鞬起兵反叛，朝廷派使者前往边郡调动兵力七年九月癸卯，京都地震。儒说奄官无阳施，犹妇人也。是时和帝与中常侍郑众谋夺窦氏权，德之，因任用之，及幸常侍蔡伦，二人始并用权。

九年三月庚辰，陇西地震。闰月，塞外羌犯塞，杀略吏民，使征西将军刘尚击之。

安帝永初元年，郡国十八地震。李固曰："地者阴也，法当安静。今乃越阴之职，专阳之政，故应以震动。"是时邓太后摄政专事，讫建光中，太后崩，安帝乃得制政，于是阴类并胜，西羌乱夏，连十余年。

二年，郡国十二地震。

三年十二月辛酉，郡国九地震。

四年三月癸巳，郡国四地震。

五年正月丙戌，郡国十地震。

七年正月壬寅，二月丙午，郡国十八地震。

元初元年，郡国十五地震。

二年十一月庚申，郡国十地震。

三年二月，郡国十地震。十一月癸卯，郡国九地震。

四年，郡国十三地震。

五年，郡国十四地震。

六年二月乙巳，京都、郡国四十二地震，或地坼裂，涌水，坏败城郭、民室屋，压人。冬，郡国八地震。

进行讨伐。

永元七年（95）九月癸卯日，京都发生地震。儒学家们认为，宦官没有男性器官，就如同妇人一样。当时，和帝与中常侍郑众谋划打算剥夺窦氏的权力，因感激郑众的支持，所以非常信任并重用他，同时，和帝还十分宠爱常侍蔡伦，因此，他二人开始掌权得势。

永元九年（97）三月庚辰日，陇西郡发生地震。闰月，塞外羌族人进犯边塞，杀戮掠夺官员和庶民，朝廷派遣征西将军刘尚前去征讨。

安帝永初元年（107），十八个郡国发生地震。李固说："地属阴，宜静不宜动。如今，却违背了阴的本来属性，行使阳的职责和属性，所以才会发生地震。"当时，邓太后代理朝政，独断专行，直到建光年间，邓太后驾崩，安帝才有机会执掌朝政，在此之前，阴阳并盛，所以才会导致西羌入侵中原，战争持续了十多年不止。

永初二年（108），有十二个郡国先后发生地震。

永初三年（109）十二月辛酉日，有九个郡国先后发生地震。

永初四年（110）三月癸巳日，有四个郡国先后发生地震。

永初五年（111）正月丙戌日，有十个郡国先后发生地震。

永初七年（113）正月壬寅日、二月丙午日，有十八个郡国先后发生地震。

元初元年（114），有十五个郡国先后发生地震。

元初二年（115）十一月庚申日，有十个郡国先后发生地震。

元初三年（116）二月，有十个郡国先后发生地震。十一月癸卯日，有九个郡国先后发生地震。

元初四年（117），有十三个郡国先后发生地震。

元初五年（118），有十四个郡国先后发生地震。

元初六年（119）二月乙巳日，京都及其他四十二个郡国都发生了地震，有的地方大地开裂，地下水涌出，冲毁了城郭和民宅，地震造成很多百姓丧生。冬季，又有八个郡国先后发生地震。

永宁元年，郡国二十三地震。

建光元年九月己丑，郡国三十五地震，或地拆裂，坏城郭室屋，压杀人。是时安帝不能明察，信宫人及阿母圣等谗云，破坏邓太后家，于是专听信圣及宦者，中常侍江京、樊丰等皆得用权。

延光元年七月癸卯，京都、郡国十三地震。九月戊申，郡国二十七地震。

二年，京都、郡国三十二地震。

三年，京都、郡国二十三地震。是时以谗免太尉杨震，废太子。

四年十一月丁巳，京都、郡国十六地震。时安帝既崩，阎太后摄政，兄弟阎显等并用事，遂斥安帝子。更征诸国王子，未至，中黄门遂诛显兄弟。

顺帝永建三年正月丙子，京都、汉阳地震。汉阳屋坏杀人，地拆涌水出。是时顺帝阿母宋娥及中常侍张昉等用权。

阳嘉二年四月己亥，京都地震。是时爵号宋娥为山阳君。

四年十二月甲寅，京都地震。

永和二年四月丙申，京都地震。是时宋娥构奸诬罔，五月事觉，收印绶，归田里。十一月丁卯，京都地震。是时太尉王龚以中常侍张昉等专弄国权，欲奏诛之，时龚宗亲有以杨震行事谏之止云。

三年二月乙亥，京都、金城、陇西地震裂，城郭、室屋多坏，压杀人。闰月己酉，京都地震。十月，西羌二千余骑入金城塞，为凉永宁元年（120），二十三个郡国发生地震。

建光元年（121）九月己丑日，有三十五个郡国先后发生地震，有的地方大地开裂，震毁了城郭和民宅，地震导致百姓丧生。当时，安帝昏聩无能，听信宫人及乳母王圣等人的谗言，逼迫邓太后全族辞官自杀，从此他只听信乳母王圣及宦官的言论，中常侍江京、樊丰等人都是在那个时候得势当权的。

延光元年（122）七月癸卯日，京都及十三个郡国先后发生地震。九月戊申日，有二十七个郡国发生地震。

延光二年（123），京都及三十二个郡国先后发生地震。

延光三年（124），京都及二十三个郡国发生地震。当时，安帝听信谗言，罢免了太尉杨震的职务，废掉了太子。

延光四年（125）十月丁巳日，京都及十六个郡国先后发生地震。当时，安帝已经驾崩，阎太后代理朝政，她的兄弟阎显等人把持朝政，他们废弃安帝的儿子不立，而是打算改立诸国王子为帝，结果人还没入京，中黄门就将阎显兄弟杀死。

顺帝永建三年（126）正月丙子日，京都及汉阳郡发生地震。汉阳郡房倒屋塌，压死了很多人，地震导致大地开裂，地下水上涌。当时，正值顺帝的乳母宋娥及中常侍张昉等人得势当权。

阳嘉二年（133）四月己亥日，京都发生地震。当时，皇帝赐封宋娥山阳君的爵号。

阳嘉四年（135）十二月甲寅日，京都发生地震。

永和二年（137）四月丙申日，京都发生地震。当时，宋娥勾结奸宄，诬陷毁谤他人，五月，事情败露，朝廷收回赐予她的印绶，并将她遣送回乡。十一月丁卯日，京都发生地震。当时，太尉王龚因为中常侍张昉等人专权国政，打算奏请皇帝诛杀他们。与此同时，王龚的宗亲里有人将杨震的事例作为前车之鉴来劝阻他打消上奏的念头。

永和三年（138）二月乙亥日，京都以及金城县、陇西郡先后发生地震，大地开裂，地震导致城郭和民宅大多被震毁，压死了很多州害。

四年三月乙亥，京都地震。

五年二月戊申，京都地震。

建康元年正月，凉州部郡六，地震。从去年九月以来至四月，凡百八十地震，山谷坼裂，坏败城寺，伤害人物。三月，护羌校尉赵冲为叛胡所杀。九月丙午，京都地震。是时顺帝崩，梁太后摄政，欲为顺帝作陵，制度奢广，多坏吏民冢。尚书栾巴谏事，太后怒，癸卯，诏书收巴下狱，欲杀之。丙午地震，于是太后乃出巴，免为庶人。

桓帝建和元年四月庚寅，京都地震。九月丁卯，京都地震。是时梁太后摄政，兄冀持权。至和平元年，太后崩，然冀犹秉政专事，至延熹二年，乃诛灭。

三年九月己卯，地震，庚寅又震。

元嘉元年十一月辛巳，京都地震。

二年正月丙辰，京都地震。十月乙亥，京都地震。

永兴二年二月癸卯，京都地震。

永寿二年十二月，京都地震。

延熹四年，京都、右扶风、凉州地震。

五年五月乙亥，京都地震。是时桓帝与中常侍单超等谋诛除梁冀，听之，并使用事专权。又邓皇后本小人，性行无恒，苟有颜色，立以为后，后卒坐执左道废，以忧死。

人。闰月己酉日，京都发生地震。十月，西羌二千多骑兵进犯金城要塞，凉州一带受到严重危害。

永和四年（139）三月乙亥日，京都发生地震。

永和五年（140）二月戊申日，京都发生地震。

建康元年（144）正月，凉州所辖的六个郡先后发生地震。从前一年的九月到第二年的四月，共发生大大小小的地震一百八十次，地震导致山谷开裂，城郭和官署被震毁，很多人被压死，财物受损严重。三月，护羌校尉赵冲被反叛的胡人所杀。九月丙午日，京都发生地震。当时，顺帝驾崩，梁太后代理国事，朝廷准备为顺帝建造陵墓，规模过度宏大，而且还挖掘出很多官吏和百姓的坟墓。尚书栾巴进谏试图阻止此事，太后大怒，癸卯日，诏命逮捕栾巴，并将他收监入狱，准备处死他。但由于丙午日发生了地震，无奈太后只得释放了栾巴，免去他的官职，贬为庶民。

桓帝建和元年（147）四月庚寅日，京都发生地震。九月丁卯日，京都又发生地震。当时，梁太后代理朝政，她的兄长梁冀执掌大权。到和平元年（150），梁太后驾崩，然而梁冀仍然一手遮天，把持朝政，独断专行。直到延熹二年（159），才被处死。

建和三年（149）九月己卯日，发生地震。庚寅日又发生地震。

元嘉元年（151）十一月辛巳日，京都发生地震。

元嘉二年（152）正月丙辰日，京都发生地震。十月乙亥日，京都发生地震。

永兴二年（154）二月癸卯日，京都发生地震。

永寿二年（156）十二月，京都发生地震。

延熹四年（161），京都、右扶风和凉州等地先后发生地震。

延熹五年（162）五月乙亥日，京都发生地震。当时，桓帝与中常侍单超等人密谋铲除梁冀，桓帝听信了单超的建议，并让他专权行事。又，邓皇后出身卑微，喜怒无常，只因她有几分姿色，才被册立为皇后，后因信奉旁门左道被废，最终郁郁而死。

八年九月丁未，京都地震。

灵帝建宁四年二月癸卯，地震。是时中常侍曹节、王甫等皆专权。

熹平二年六月，地震。

六年十月辛丑，地震。

光和元年二月辛未，地震。四月丙辰。地震。灵帝时宦者专恣。

二年三月，京兆地震。

三年自秋至明年春，酒泉表氏地八十余动，涌水出，城中官寺民舍皆顿，县易处，更筑城郭。

献帝初平二年六月丙戌，地震。

兴平元年六月丁丑，地震。

和帝永元元年七月，会稽南山崩。会稽，南方大名山也。京房《易传》曰："山崩，阴乘阳，弱胜强也。"刘向以为山阳，君也；水阴，民也；君道崩坏，百姓失所也。刘歆以为崩犹弛也。是时窦太后摄政，兄窦宪专权。

七年七月，赵国易阳地裂。京房《易传》曰："地裂者，臣下分离，不肯相从也。"是时南单于众乖离，汉军追讨。

十二年夏闰四月戊辰，南郡秭归山高四百丈，崩填溪，杀百余人。明年冬，巫蛮夷反，遣使募荆州吏民万余人击之。

元兴元年五月癸酉，右扶风雍地裂。是后西羌大寇凉州。

延熹八年(165)九月丁未日,京都发生地震。

灵帝建宁四年(171)二月癸卯日,发生地震。当时,中常侍曹节、王甫等人都专权朝政。

熹平二年(173)六月,发生地震。

熹平六年(177)十月辛丑日,发生地震。

光和元年(178)二月辛未日,发生地震。四月丙辰日,发生地震。灵帝时宦官专横恣肆。

光和二年(179)三月,京兆发生地震。

光和三年(180)从秋季直到第二年春季,酒泉郡表氏县先后共发生了八十多次地震,地震导致地下水涌出,城中官署和民宅都被损毁,县衙也不得不更换办公地址,重新建筑城郭。

献帝初平二年(191)六月丙戌日,发生地震。

兴平元年(194)六月丁丑日,发生地震。

和帝永元元年(89)七月,会稽山南麓发生山体崩塌。会稽山,是南方著名的大山。《京氏易传》中有载:“山体崩塌,是阴气欺侵凌阳气的征象,具体表现为以弱胜强。”刘向认为,山属阳,代表君王;水属阴,象征着民众;若君道崩塌,则百姓将失去立身之所。刘歆认为崩塌象征弛废。当时,窦太后代理朝政,她的兄长窦宪独断专权。

永元七年(95)七月,赵国易阳县大地出现开裂。《京氏易传》中有载:“大地开裂,是君臣异心,臣子分离,不愿跟随君王的征象。”当时,南单于众叛亲离,汉军不断追讨。

永元十二年(100)夏闰四月戊辰日,南郡境内高达四百丈的秭归山,突然崩塌,跌落的山石填塞了山下的溪流,压死了一百多人。第二年冬季,巫蛮夷起兵造反,朝廷派使者前往荆州招募当地官员和百姓共计一万多人,前去征讨叛贼。

元兴元年(105)五月癸酉日,右扶风雍县大地开裂。此后,西羌大规模进犯中原,在凉州一带烧杀劫掠。

殇帝延平元年五月壬辰，河东垣山崩。是时邓太后专政。秋八月，殇帝崩。

安帝永初元年六月丁巳，河东杨地陷，东西百四十步，南北百二十步，深三丈五尺。

六年六月壬辰，豫章员溪原山崩，各六十三所。

元初元年三月己卯，日南地坼，长百八十二里。其后三年正月，苍梧、郁林、合浦盗贼群起，劫略吏民。

二年六月，河南雒阳新城地裂。

延光二年七月，丹阳山崩四十七所。

三年六月庚午，巴郡阆中山崩。

四年十月丙午，蜀郡越嶲山崩，杀四百余人。丙午，天子会日也。是时阎太后摄政。其十一月，中黄门孙程等杀江京，立顺帝，诛阎后兄弟，明年，阎后崩。

顺帝阳嘉二年六月丁丑，雒阳宣德亭地坼，长八十五丈，近郊地。时李固对策，以为“阴类专恣，将有分离之象，所以附郊城者，是上帝示象以诫陛下也。”是时宋娥及中常侍各用权分争，后中常侍张逵、蘧政与大将军梁商争权，为商作飞语，欲陷之。

桓帝建和元年四月，郡国六地裂，水涌出，井溢，坏寺屋，杀人。时梁太后摄政，兄冀枉杀李固、杜乔。

三年，郡国五山崩。

和平元年七月，广汉梓潼山崩。

永兴二年六月，东海朐山崩。冬十二月，泰山、琅邪盗贼群起。

殇帝延平元年（106）五月壬辰日，河东郡境内的垣山发生山体崩塌。当时，邓太后独断专权。秋季八月，殇帝驾崩。

安帝永初元年（107）六月丁巳日，河东杨县地塌陷，东西长一百四十步，南北长一百二十步，深三丈五尺。

永初六年（112）六月壬辰日，豫章郡、员溪、原山出现山体崩塌，共计六十三处。

元初元年（114）三月己卯日，日南郡大地开裂，裂隙有一百八十二里长。此后，元初三年（116）正月，苍梧、郁林、合浦三郡盗贼蜂拥而起，烧杀抢掠，危害官员和百姓生活。

元初二年（115）六月，河南洛阳、新城县大地开裂。

延光二年（123）七月，丹阳郡出现山体崩塌共计四十七处。

延光三年（124）六月庚午日，巴郡阆中县出现山体崩塌。

延光四年（125）十月丙午日，蜀郡越巂县出现山体崩塌，压死四百多人。丙午日，正是天子会见百官的日子。当时，阎太后代理朝政。同年十一月，中黄门孙程等人杀死江京，拥立顺帝，杀死阎太后的兄弟，第二年，阎太后驾崩。

顺帝阳嘉二年（133）六月丁丑日，洛阳宣德亭大地开裂，裂隙有八十五丈长，而且距离祭天的祭坛很近。当时，李固回答策问，他认为“阴气恣肆，代表分离的征象，之所以距离祭坛很近，这是上天垂范示人以警告陛下”。当时，宋娥及中常侍各自争权夺利，后来中常侍张逵、蘧政等人又与大将军梁商产生了权利之争，他们假借梁商的名义散布流言，企图诬陷他。

桓帝建和元年（147）四月，有六个郡国出现大地开裂，地下水上涌，井水也盈满外溢，地裂导致官署和民宅被毁，百姓被压死。当时，梁太后摄政，纵容她的兄长梁冀枉杀李固、杜乔。

建和三年（149），有五个郡国发生山体崩塌。

和平元年（150）七月，广汉郡梓潼县发生山体崩塌。

永兴二年（154）六月，东海郡朐县发生山体崩塌。冬季十二月，泰山郡、琅琊郡贼寇成群而起。

永寿三年七月，河东地裂。时梁皇后兄冀秉政，桓帝欲自由，内患之。

延熹元年七月乙巳，左冯翊云阳地裂。

三年五月甲戌，汉中山崩。是时上宠恣中常侍单超等。

四年六月庚子，泰山、博尤来山判解。

八年六月丙辰，缑氏地裂。

永康元年五月丙午，雒阳高平永寿亭、上党泫氏地各裂。是时朝臣患中常侍王甫等专恣。冬，桓帝崩。明年，窦氏等欲诛常侍、黄门，不果，更为所诛。

灵帝建宁四年五月，河东地裂十二处，裂合长十里百七十步，广者三十余步，深不见底。

和帝永元五年五月戊寅，南阳大风，拔树木。

安帝永初元年，大风拔树。是时邓太后摄政，以清河王子年少，号精耳，故立之，是为安帝。不立皇太子胜，以为安帝贤，必当德邓氏也；后安帝亲谗，废免邓氏，令郡县迫切，死者八九人，家至破坏。此为瞉霿也，是后西羌亦大乱凉州十有余年。

二年六月，京都及郡国四十大风拔树。

三年五月癸酉，京都大风，拔南郊道梓树九十六枚。

七年八月丙寅，京都大风拔树。

元初二年二月癸亥，京都大风拔树。

永寿三年（157）七月，河东郡大地开裂。当时，梁皇后的兄长梁冀专权朝政，桓帝想按自己的意愿行事，因此内心对他充满愤恨。

延熹元年（158）七月乙巳日，左冯翊云阳县大地开裂。

延熹三年（160）五月甲戌日，汉中郡发生山体崩塌。当时，皇上非常宠信并放任中常侍单超等人。

延熹四年（161）六月庚子日，泰山与博县尤来山出现山体崩裂。

延熹八年（165）六月丙辰日，缑氏县大地开裂。

永康元年（167）五月丙午日，洛阳高平永寿亭、上党泫氏县分别出现大地开裂。当时，朝臣们都为中常侍王甫等人专横恣肆而忧心忡忡。同年冬季，桓帝驾崩。第二年，窦氏打算诛杀常侍、黄门等宦官未果，反被他们所杀。

灵帝建宁四年（171）五月，河东郡大地开裂共计十二处，裂隙共长达十里又一百零七步，最宽的地方宽约三十多步，裂隙深不见底。

和帝永元五年（93）五月戊寅日，南阳郡刮大风，树木被连根拔起。

安帝永初元年（107），刮大风，树木被连根拔起。当时，邓太后代理朝政，因清河王的儿子年幼，就号称他是明帝曾孙中最精明的一个，立他为帝，这就是后来的安帝。邓太后不立皇太子刘胜为帝，而是认为安帝德才兼备，将来必定会感念邓氏的恩德；岂料后来安帝听信谗言，罢免了邓氏家族在朝为官者的官职，还诏命郡县逼迫邓氏族人前往封国，因此自杀身亡的邓氏族人有八九人，邓氏家族从此走向衰败。这就是糊涂，不明智的表现。后来的十多年间，西羌不断大举入侵凉州一带。

永初二年（108）六月，京都及四十个郡国刮起大风，树木被连根拔起。

永初三年（109）五月癸酉日，京都刮大风，连根拔起南郊大道旁的梓树共计九十六棵。

永初七年（113）八月丙寅日，京都刮大风，树木被连根拔起。

元初二年（115）二月癸亥日，京都刮大风，树木被连根拔起。

六年夏四月，沛国、勃海大风，拔树三万余枚。

延光二年三月丙申，河东、颍川大风拔树。六月壬午，郡国十一大风拔树。是时安帝亲谗，曲直不分。

三年，京都及郡国三十六大风拔树。

灵帝建宁二年四月癸巳，京都大风雨雹，拔郊道树十围已上百余枚。其后晨迎气黄郊，道于雒水西桥，逢暴风雨，道卤簿车或发盖，百官沾濡，还不至郊，使有司行礼。迎气西郊，亦壹如此。

中平五年六月丙寅，大风拔树。

献帝初平四年六月，右扶风大风，发屋拔木。

中兴以来，脂夜之妖无录者。

章帝七、八年间，郡县大螟伤稼，语在《鲁恭传》，而纪不录也。是时章帝用窦皇后谗，害宋、梁二贵人，废皇太子。

灵帝熹平四年六月，弘农、三辅螟虫为害。是时灵帝用中常侍曹节等谗言，禁锢海内清英之士，谓之党人。

中平二年七月，三辅螟虫为害。

明帝永平十八年，牛疫死。是岁遣窦固等征西域，置都护、戊己校尉。固等适还而西域叛，杀都护陈睦、戊己校尉关宠。于是大怒，欲复发兴讨，会秋明帝崩，是思心不容也。

章帝建初四年冬，京都牛大疫。是时窦皇后以宋贵人子为太元初六年(119)夏季四月，沛国、勃海郡刮大风，拔起树木三万多棵。

延光二年(123)三月丙申日，河东郡、颍川郡境内刮起大风，树木被连根拔起。六月壬午日，十一个郡国刮大风，树木被连根拔起。当时，安帝亲近谗臣，事非曲直不分。

延光三年(124)，京都及三十六个郡国刮大风，拔起树木。

灵帝建宁二年(169)四月癸巳日，京都刮大风，同时伴有冰雹，郊道旁十围以上的树木被连根拔起一百多棵。之后，灵帝在立秋前十八日清晨，郊祀黄帝以迎接四季，祈求丰年，谁知途经雒水西桥时，遭遇了暴风雨，路上的仪仗车有的被吹翻了车盖，百官的衣服全都湿透了，车队还未抵达郊祀的祭坛就返回了，只得委派有关官员前往行礼。赴西郊迎气时，也遇到同样的事。

中平五年(188)六月丙寅日，刮大风，树木被连根拔起。

献帝初平四年(193)六月，右扶风刮大风，狂风将屋顶掀翻，树木连根拔起。

自从东汉以来，脂妖、夜妖，没有相关记载。

章帝七、八年间，郡县多地发生大规模螟灾，庄稼严重受损，这件事载于《鲁恭传》，而《章帝纪》中却没有相关记载。当时，章帝听信窦皇后谗言，害死了宋、梁两位贵人，还废掉了皇太子。

灵帝熹平四年(175)六月，弘农郡、三辅地区发生螟灾。当时，灵帝听信中常侍曹节等人的谗言，禁锢了天下的清英贤士，禁止他们为官和交游，称他们为党人。

中平二年(185)七月，三辅地区发生螟灾。

明帝永平十八年(75)，很多牛死于瘟疫。同年，朝廷派遣窦固等人征讨西域，并设置西域都护和戊己校尉。岂料窦固等人刚刚返回朝廷，西域就发生了反叛，他们杀死西域都护陈睦、戊己校尉关宠。明帝因此事大怒，打算再次发兵征讨西域，不巧的是明帝竟然在秋季驾崩了，这就是明帝思虑不明智。

章帝建初四年(79)冬季，京都发生大面积牛瘟。当时，宋贵人子，宠幸，令人求伺贵人过隙，以谗毁之。章帝不知窦太后不善，厥咎霿也。或曰，是年六月马太后崩，土功非时兴故也。

的儿子被立为太子，宋贵人母凭子贵，备受皇帝宠爱，于是窦皇后派人暗中调查宋贵人的过失，以此来谗毁她。皇帝不知窦皇后居心叵测，他的过失就是昏聩蔽塞。也有人说，那年六月，马太后驾崩，朝廷不注重时令，大兴土木为其建造陵墓才导致牛瘟的发生。

卷二十七

志第十七　五行五

射妖　龙蛇孽　马祸　人痾

人化　死复生　疫　投蜺

《五行传》曰："皇之不极，是谓不建。厥咎眊，厥罚恒阴，厥极弱。时则有射妖，时则有龙蛇之孽，时则有马祸，时则有下人伐上之痾，时则有日月乱行，星辰逆行。"皇，君也。极，中也。眊，不明也。说云：此沴天也。不言沴天者，至尊之辞也。《春秋》"王师败绩"，以自败为文。

恒阴，中兴以来无录者。

灵帝光和中，雒阳男子夜龙以弓箭射北阙，吏收考问，辞："居贫负责，无所聊生，因买弓箭以射"。近射妖也。其后车骑将军何苗，与兄大将军进部兵还相猜疑，对相攻击，战于阙下。苗死兵败，杀数千人，雒阳宫室内人烧尽。

安帝延光三年，济南言黄龙见历城，琅邪言黄龙见诸。是时安帝听谗，免太尉杨震，震自杀。又帝独有一子，以为太子，信谗废之。是皇不中，故有龙孽，是时多用佞媚，故以为瑞应。明年正月，

《五行传》中有载："如果君王没有至高无上、统治天下的威严，这种行为叫做不建。具体表现为昏聩不明，它将引发天气持续阴沉无雨的灾祸，最严重的后果是万象衰微。有时会出现射妖，有时会出现龙孽和蛇孽，有时会出现马祸，有时会出现下人欺凌主上之事，甚至有时会出现日月乱行、星辰逆行的异象。"皇，即指君王。极，即指至高无上的威严。眊，是糊涂不明的意思。注辞说：这是伤克上天的表现。《五行传》中没有伤克上天的说法，是因为天即代表了天子。例如《春秋》中的"王师败绩"，只字不提是谁打败了王师，而是采用王师自败的说法来叙事。

天气持续阴沉无雨的情况，自东汉建立以来，便没有相关的记录。

灵帝光和年间，洛阳有位名叫夜龙的男子，他用弓箭射击北阙，官吏将他拘捕，经过审问，他的供词是："生活穷困潦倒，负债累累，他又没有赖以谋生的手段，因此便买来弓箭射击宫阙"。这种情况就类似于射妖。后来，车骑将军何苗，与他的兄长大将军何进的部下兵士失和，彼此猜疑，因此产生矛盾，相互攻击，在阙下交战。何苗兵败阵亡，战死的兵卒多达数千人，洛阳宫室也因战争被烧毁，宫人宦官葬身火海。

安帝延光三年（124），据说济南郡的百姓看到黄龙在历城县出现，琅琊郡的百姓也说看到黄龙在诸县现身。当时，安帝听信谗言，罢免了太尉杨震的职务，杨震被逼自尽。安帝只有一个儿子，将他立为太子，后来他又听信谗言废掉了太子。这就是君王不具有统治天下东郡又言黄龙二见濮阳。

桓帝延熹七年六月壬子，河内野王山上有龙死，长可数十丈。襄楷以为夫龙者为帝王瑞，《易》论大人。天凤中，黄山宫有死龙，汉兵诛莽而世祖复兴，此易代之征也。至建安二十五年，魏文帝代汉。

永康元年八月，巴郡言黄龙见。时吏傅坚以郡欲上言，内白事以为走卒戏语，不可。太守不听。尝见坚语云："时民以天热，欲就池浴，见池水浊，因戏相恐'此中有黄龙'，语遂行人间，闻郡，欲以为美，故言。"时史以书帝纪。桓帝时政治衰缺，而在所多言瑞应，皆此类也。又先儒言：瑞兴非时，则为妖孽，而民讹言生龙语，皆龙孽也。

熹平元年四月甲午，青蛇见御坐上。是时灵帝委任宦者，王室微弱。

更始二年二月，发雒阳，欲入长安，司直李松奉引，车奔，触北宫铁柱门，三马皆死。马祸也。时更始失道，将亡。

桓帝延熹五年四月，惊马与逸象突入宫殿。近马祸也。是时桓帝政衰缺。

灵帝光和元年，司徒长史冯巡马生人。京房《易传》曰："上亡天子，诸侯相伐，厥妖马生人。"后冯巡迁甘陵相，黄巾初起，为所残杀，而国家亦四面受敌。其后关东州郡各举义兵，卒相攻伐，天子西移，王政隔塞。其占与京房同。

的能力，所以才会出现龙孽。当时，皇帝任用的官员大多是奸诈谄媚之人，因此他们反而认为这是吉祥的征兆。第二年正月，东郡又有传闻说黄龙两次现身于濮阳县。

桓帝延熹七年（164）六月壬子日，河内郡野王县的山上发现了死龙，身长约数十丈。襄楷认为龙是帝王的象征，就连《易经》中也用龙来象征尊长。天凤年间，曾在黄山宫发现死龙，而后汉军便诛灭了王莽，光武帝得以中兴汉室，这是改朝换代的象征。到了建安二十五年（220），魏文帝果然取代汉朝。

永康元年（167）八月，巴郡传闻有黄龙现身。当时，太守打算将此事上报朝廷，郡吏傅坚入郡府劝阻说，这恐怕是下人们开玩笑的戏言，不可当真。太守不听。曾经有人得知傅坚的话说："当时百姓因为天气炎热，本想到池塘中去洗澡，因看见池水污浊，就开玩笑吓唬人说'水中有黄龙'，后来这话被路过的人听到就报告了郡府，太守想以此事来取悦朝廷，因此上奏。"当时，史官还将此事载入帝纪。桓帝执政时期，政治衰败，全国上下却四处传来出现祥瑞的喜讯，都是类似的情况。又，有先儒预言：若祥瑞之兆出现得不合时宜，则为妖孽，而百姓谣传的黄龙现身，就说明是龙孽。

熹平元年（172）四月甲午日，御座上出现了一条青蛇。当时，灵帝宠信宦官，王室衰微。

更始二年（24）二月，刘玄从洛阳出发，打算进入长安，司直李松在前面导引车驾，突然车马受惊狂奔，撞到北宫铁柱门上，三匹马全都被撞死了。这就是马祸。当时，更始帝的统治违背天道，即将灭亡。

桓帝延熹五年（162）四月，受惊的马匹和逃逸的大象突然闯入宫殿。这就类似于马祸。当时，桓帝执政，政治走向衰败。

灵帝光和元年（178），司徒长史冯巡的马产下一个人。《京氏易传》中有载："天子驾崩，诸侯相互攻伐，它将引发的妖孽便是马产下人。"后来，冯巡调任甘陵国相，在黄巾军初兴之时，被黄巾军所杀，汉室王朝也是四面受敌。后来，关东各州郡纷纷自建起义军，最终光和中，雒阳水西桥民马逸走，遂啮杀人。是时公卿大臣及左右数有被诛者。

安帝永初元年十一月戊子，民转相惊走，弃什物，去庐舍。

灵帝建宁三年春，河内妇食夫，河南夫食妇。

熹平二年六月，雒阳民讹言虎贲寺东壁中有黄人，形容须眉良是，观者数万，省内悉出，道路断绝。到中平元年二月，张角兄弟起兵冀州，自号黄天，三十六方，四面出和，将帅星布，吏士外属，因其疲餧，牵而胜之。

光和元年五月壬午，何人白衣欲入德阳门，辞“我梁伯夏，教我上殿为天子”。中黄门桓贤等呼门吏仆射，欲收缚何人，吏未到，须臾还走，求索不得，不知姓名。时蔡邕以成帝时男子王褒绛衣入宫，上前殿非常室，曰“天帝令我居此”，后王莽篡位。今此与成帝时相似而有异，被服不同，又未入云龙门而觉，称梁伯夏，皆轻于言。以往况今，将有狂狡之人，欲为王氏之谋，其事不成。其后张角称黄天作乱，竟破坏。

二年，雒阳上西门外女子生儿，两头，异肩共胸，俱前向，以为不祥，堕地弃之。自此之后，朝廷霿乱，政在私门，上下无别，二头相互攻伐，皇帝被迫西迁至长安，国家政令隔塞。该征兆与《京氏易传》中所说的一样。

光和年间，洛阳水西桥一带，有居民家养的马突然逃逸，并咬死了人。当时，公卿大臣及灵帝身边的宦官，频繁被处死。

安帝永初元年（107）十一月戊子日，百姓奔走相告，受惊逃亡，临走时连家当也没有携带，舍弃了自己的庐舍。

灵帝建宁三年（170）春季，河内郡有位妇人竟然吃掉了自己的丈夫，河南郡有位男子吃掉了自己的妻子。

熹平二年（173）六月，洛阳民间传闻说虎贲寺的东墙壁中显现出黄色的人形，面容须发一应俱全，前往观看的多达数万人，就连宫中的人也都出宫观看，道路因此断绝。到了中平元年（184）二月，张角兄弟在冀州起兵反叛，自号黄天，他们建立军政合一的组织"方"，并将部下分设为三十六方，既分散又统一，一呼百应，朝廷的将帅布阵时也是星罗棋布，吏士们外出征战，终于趁黄巾军疲惫饥饿时，勉强战胜了他们。

光和元年（178）五月壬午日，一位来历不明身穿白衣的人要进入德阳门，声称"我是梁伯夏，让我上殿做皇帝"。中黄门桓贤等人喊来门卫仆射，准备缉捕此人，结果门卫还没到，那白衣人却在顷刻间逃遁不见，消失得无影无踪了，最终也不知那人姓甚名谁。当时，蔡邕认为，西汉成帝时期，有位男子名叫王褒，穿着红色衣服闯宫，他进入前殿非常室，说"天帝命我在此居住"，后来，便出现了王莽篡夺帝位之事。如今，这件事与成帝时极为相似，所不同的是，闯宫之人所穿的衣服颜色不同，而且他也还没有进入云龙门便被发现，他自称梁伯夏，这些情况都比成帝时的略轻。古今对照可知，这件事预示着将会有狂妄奸诈之人，企图重蹈王莽的覆辙，但最终阴谋也没有得逞。后来就发生了张角自称黄天，起兵反叛的事，最后还是以失败告终。

光和二年（179），洛阳上西门外，有一位女子诞下一名男婴，这个男婴有两个头，四个肩膀，一个胸脯，面部都朝前，家人认为不吉，孩子生下来后就将他抛弃了。自此之后，朝廷昏聩混乱，朝政把持在之象。后董卓戮太后，被以不孝之名，放废天子，后复害之。汉元以来，祸莫逾此。

四年，魏郡男子张博送铁卢诣太官。博上书室殿山居屋后宫禁，落屋欢呼。上收缚考问，辞“忽不自觉知。”

中平元年六月壬申，雒阳男子刘仓居上西门外，妻生男，两头共身。

灵帝时，江夏黄氏之母，浴而化为鼋，入于深渊，其后时出见。初浴簪一银钗，及见，犹在其首。

献帝初平中，长沙有人姓桓氏，死，棺敛月余，其母闻棺中声，发之，遂生。占曰：“至阴为阳，下人为上。”其后曹公由庶士起。

建安四年二月，武陵充县女子李娥，年六十余，物故，以其家杉木槥敛，瘗于城外数里上。已十四日，有行闻其冢中有声，便语其家。家往视闻声，便发出，遂活。

七年，越巂有男化为女子。时周群上言，哀帝时亦有此异，将有易代之事。至二十五年，献帝封于山阳。

建安中，女子生男，两头共身。

安帝元初六年夏四月，会稽大疫。

延光四年冬，京都大疫。

桓帝元嘉元年正月，京都大疫。二月，九江、庐江又疫。

私人手中，君臣上下没有尊卑之分，这就是两个头的象征。后来，董卓鸩杀何太后，并加以不孝的罪名，又废黜少帝刘辩为弘农王，后来又加害于他。汉朝建立以来，灾祸没有比这个时候更严重的。

光和四年（181），魏郡有位名叫张博的男人，送铁卢到太官。张博爬上书室殿山居屋后面的宫禁之地，从屋顶跌落时不禁大声呼叫。灵帝命人拘捕他并进行审问，据张博说“那人当时忽然神志不清，行为不受控制”。

中平元年（184）六月壬申日，洛阳男子刘仓居住于上西门外，他的妻子诞下一名男婴，这名男婴有两个头，一个身体。

灵帝执政时期，江夏郡黄氏之母，洗澡时突然变成一只鼋鱼，游进了深潭中，后来也时常出现。起初，黄氏的母亲在洗澡时头上插着一枚银钗，其后当那只鼋鱼再出现时，仍可见银钗插在鼋鱼头上。

献帝初平年间，长沙有个姓桓的人去世了，入殓一个多月后，他母亲听见棺材里有响动，就打开棺盖，没想到那死去的人竟然复活了。占辞说：“这是极阴转变为阳的征象，说明有平民要做皇帝了。”后来，曹操便以庶士的身份起家。

建安四年（199）二月，武陵郡充县有位名叫李娥的女子，六十多岁时去世了，她的家人用家中现成的杉木制作了一口粗陋的小棺材将她入殓，埋葬于城外数里的地方。十四天后，有路过的行人听到她的坟墓中有声响，便将此事告诉了她的家人。家人前去查看，果然听到声响，便挖掘坟墓，打开棺盖，那女子竟然复活了。

建安七年（202），越巂郡有个男人变身为女子。当时，周群上书说，哀帝执政时期也曾出现过类似的妖异，它预示着将发生改换朝代之事。到建安二十五年（220），献帝被褫夺了帝号，改封为山阳君。

建安年间，有位妇人产下一名男婴，那个男婴有两个头一个身躯。

安帝元初六年（119）夏季四月，会稽郡盛行大规模瘟疫。

延光四年（125）冬季，京都盛行大规模瘟疫。

桓帝元嘉元年（151）正月，京都盛行瘟疫。二月，九江郡、庐江郡同样是瘟疫盛行。

延熹四年正月，大疫。

灵帝建宁四年三月，大疫。

熹平二年正月，大疫。

光和二年春，大疫。

五年二月，大疫。

中平二年正月，大疫。

献帝建安二十二年，大疫。

灵帝光和元年六月丁丑，有黑气堕北宫温明殿东庭中，黑如车盖，起奋讯，身五色，有头，体长十余丈，形貌似龙。上问蔡邕，对曰："所谓天投蜺者也。不见足尾，不得称龙。《易传》曰：'蜺之比无德，以色亲也。'《潜潭巴》曰：'虹出，后妃阴胁王者。'又曰：'五色迭至，照于宫殿，有兵革之事。'《演孔图》曰：'天子外苦兵，威内夺，臣无忠，则天投蜺。'变不空生，占不空言。"先是立皇后何氏，皇后每斋，当谒祖庙，辄有变异不得谒。中平元年，黄巾贼张角等立三十六方，起兵烧郡国，山东七州处处应角。遣兵外讨角等，内使皇后二兄为大将统兵。其年，宫车晏驾，皇后摄政，二兄秉权。谴让帝母永乐后，令自杀。阴呼并州牧董卓欲共诛中官，中官逆杀大将军进，兵相攻讨，京都战者塞道。皇太后母子遂为太尉卓等所废黜，皆死。天下之败，兵先兴于宫省，外延海内。二三十岁，其殃祸起自何氏。

延熹四年（161）正月，盛行大规模瘟疫。

灵帝建宁四年（171）三月，盛行大规模瘟疫。

熹平二年（173）正月，盛行大规模瘟疫。

光和二年（179）春，盛行大规模瘟疫。

光和五年（182）二月，盛行大规模瘟疫。

中平二年（185）正月，盛行大规模瘟疫。

献帝建安二十二年（217），盛行大规模瘟疫。

灵帝光和元年（178）六月丁丑日，有一团黑气从天而降，坠落在北宫温明殿的东庭院中，颜色黝黑，就像车盖一般，这团黑气坠落后又迅即升腾而起，周身上下五彩斑斓，有头，身体有十多丈长，从外形看酷似一条龙。灵帝询问蔡邕，蔡邕答："这就是所谓的上天降蜺。因为它没有爪子和尾巴，所以不能称之为龙。《易传》中有载：'蜺的出现，象征君王无德，贪图美色，以貌取人。'《潜潭巴》中有载：'若出现虹蜺，则表示后妃阴气过盛，胁迫君王。'又说：'五种色彩更替出现，照耀在宫殿上，则预示着将有战事发生。'《演孔图》中有载：'天子既要面临外敌入侵的祸患，又要应对威权被夺的内忧，缺乏忠良之臣，便会引发上天降蜺的异象。'变异之象不会凭空出现，卜占的言辞也不会信口雌黄。"在此之前，灵帝册立何氏为皇后，每次斋戒时，当皇后打算前往祖庙祭拜时，就会出现各种异象以阻止她前去祭拜。中平元年（184），黄巾军头目张角，将起义军设立为三十六方，起兵焚烧郡国，山东七个州纷纷响应张角的号召。朝廷派兵讨伐张角，委派皇后的两位兄长任大将军，带兵出征。同年，灵帝驾崩，何皇后代理朝政，她的两位兄长因此掌握了朝政。他们谴责灵帝的母亲永乐太后，并迫使她自尽身亡。他们还暗中勾结并州牧董卓进京，打算联手共同诛杀宦官，岂料大将军何进反而被宦官所杀，双方将士相互厮杀，京都内参与战争的人阻断了道路。最终，何太后、新君母子等人被太尉董卓废黜，并死于非命。东汉政权的衰败，战争首先从宫中爆发，而后向全国蔓延，历时二三十年，这个灾祸就是由皇后何氏引发的。

卷二十八

志第十八　五行六

日蚀　日抱　日赤无光　日黄珥

日中黑　虹贯日　月蚀非其月

光武帝建武二年正月甲子朔，日有蚀之。在危八度。《日蚀说》曰："日者，太阳之精，人君之象。君道有亏，为阴所乘，故蚀。蚀者，阳不克也。"其候杂说，《汉书·五行志》著之必矣。儒说诸侯专权，则其应多在日所宿之国。诸象附从，则多为王者事。人君改修其德，则咎害除。是时世祖初兴，天下贼乱未除。虚、危，齐也。贼张步拥兵据齐，上遣伏隆谕步，许降，旋复叛称王，至五年中乃破。

三年五月乙卯晦，日有蚀之，在柳十四度。柳，河南也。时世祖在雒阳，赤眉降贼樊崇谋作乱，其七月发觉，皆伏诛。

六年九月丙寅晦，日有蚀之。史官不见，郡以闻。在尾八度。

七年三月癸亥晦，日有蚀之，在毕五度。毕为边兵。秋，隗嚣反，侵安定。冬，卢芳所置朔方、云中太守各举郡降。

光武帝建武二年（26）正月初一甲子日，发生了日食。当时太阳位于危宿八度。《日食说》中有载：“日，是太阳的精华，象征着君王。如果为君之道有欠缺，则会被阴气侵占，从而发生日食。日食，是阳气战胜不了阴气的结果。”有关日食的征候杂说，《汉书·五行志》中有详尽的撰述。儒家认为诸侯独断专权，则会导致日食出现，而且大部分日食会出现在与太阳所处宿度相应的诸侯国。其他各种附带的征象，则大多象征着朝中事务。如果君王修身改过，修养德行，则可避免灾祸的发生。当时，光武帝初兴，天下的乱贼还没有彻底铲除。虚宿、危宿的分野所对应的正是齐国。叛贼张步拥兵自重，占据了齐国，皇帝派遣伏隆前往晓谕张步，张步当时答应投降，可没过多久再次反叛称王，直到建武五年（29）才终于被消灭。

建武三年（27）五月三十乙卯日，发生了日食，当时太阳位于柳宿十四度。柳宿的分野所对应的正是河南郡。当时，光武帝在洛阳，归降的赤眉军首领樊崇企图再度起义，同年七月，事情败露，叛军一律被处死。

建武六年（30）九月三十丙寅日，发生了日食。然而那一次的日食，史官却没有观测到，是由各郡上报朝廷的。当时太阳位于尾宿八度。

建武七年（31）三月三十癸亥日，发生了日食，当时，太阳位于毕宿五度。毕宿是边疆战事的象征。秋季，隗嚣起兵反叛，入侵安定郡。冬季，卢芳所任命的朔方郡、云中郡太守，分别带领全郡百姓投降隗嚣。

十六年三月辛丑晦，日有蚀之，在昴七度。昴为狱事。时诸郡太守坐度田不实，世祖怒，杀十余人，然后深悔之。

十七年二月乙未晦，日有蚀之，在胃九度。胃为廪仓。时诸郡新坐租之后，天下忧怖，以谷为言，故示象。或曰：胃，供养之官也。其十月，废郭皇后，诏曰“不可以奉供养”。

二十二年五月乙未晦，日有蚀之，在柳七度，京都宿也。柳为上仓，祭祀谷也。近舆鬼，舆鬼为宗庙。十九年中，有司奏请立近帝四庙以祭之，有诏：“庙处所未定，且就高庙祫祭之”。至此三年，遂不立庙。有简堕心，奉祖宗之道有阙，故示象也。

二十五年三月戊申晦，日有蚀之，在毕十五度。毕为边兵。其冬十月，以武溪蛮夷为寇害，伏波将军马援将兵击之。

二十九年二月丁巳朔，日有蚀之，在东壁五度。东壁为文章，一名娵訾之口。先是皇子诸王各招来文章谈说之士，去年中，有人上奏：“诸王所招待者，或真伪杂，受刑罚者子孙，宜可分别。”于是上怒，诏捕诸王客，皆被以苛法，死者甚多。世祖不早为明设刑禁，一时治之过差，故天示象。世祖于是改悔，遣使悉理侵枉也。

三十一年五月癸酉晦，日有蚀之，在柳五度，京都宿也。自二十一年示象至此十年，后二年，宫车晏驾。

建武十六年(40)三月三十辛丑日，发生了日食，当时，太阳位于昴宿七度。昴宿象征着刑狱之事。当时，诸郡太守没有如实测量和报告郡内田亩数量，光武帝大怒，处死了十多个相关人员，事来又对这件事深感悔恨。

建武十七年(41)二月三十乙未日，发生了日食，当时，太阳位于胃宿九度。胃宿象征着仓廪。当时，诸郡刚刚因为租赋事件被惩罚，世人无不忧虑恐惧，所以谷物成为当时的热议话题，上天因此而显现征象。有人说：胃宿，是象征供养的星官。同年十月，皇帝废黜郭皇后，并诏命说“郭皇后不可以参与祭祀”。

建武二十二年(46)五月三十乙未日，发生了日食，当时，太阳位于柳宿七度，柳宿的分野对应的是京都。柳宿象征着上仓，即存储祭祀用谷物的仓库。柳宿与鬼宿临近，这两个星宿象征着宗庙。十九年间，有关官员上奏，请求为近代的四位先帝，即平帝、哀帝、成帝、元帝建立四庙以便于祭祀，诏书中说：“四庙的庙址尚未确定，暂且在高祖庙合祭”。到二十二年时，已经过去三年，但庙址仍未确定。貌似有倨傲怠慢之嫌，致使祭祀祖先的孝道有所欠缺，因此上天才会显现征象。

建武二十五年(49)三月三十戊申日，发生了日食，当时，太阳位于毕宿十五度。毕宿象征着边疆战事。同年冬季十月间，武溪蛮夷贼寇入侵中原，为害一方，皇上派伏波将军马援率领将士出征讨伐。

建武二十九年(53)二月初一丁巳日，发生了日食，当时太阳位于东壁宿五度。东壁宿象征着文章，又名娵訾之口。在此之前，皇子诸王分别招募了很多文人说客，在这之前的一年里，有人上奏说：“诸王所招募的这些士人，鱼龙混杂，其中不乏受过刑罚之人的子孙，应该将他们区别对待。”皇帝因此大怒，诏命拘捕诸王所招募的士人，并对他们施以苛刻的刑罚，很多人因此丧命。光武帝没有预先颁布禁令，事后又给予过度处罚，因此上天显现征象。后来，光武帝对此事也有悔改之意，于是便派遣使者为那些枉死的冤魂平反。

建武三十一年(55)五月三十癸酉日，发生了日食，当时，太阳位于柳宿五度，柳宿的分野对应的是京都。自从二十一年，上天显现征中元元年十一月甲子晦，日有蚀之，在斗二十度。斗为庙，主爵禄。儒说十一月甲子，时王日也，又为星纪，主爵禄，其占重。

明帝永平三年八月壬申晦，日有蚀之，在氐二度。氐为宿宫，是时明帝作北宫。

八年十月壬寅晦，日有蚀之，既，在斗十一度。斗，吴也。广陵于天文属吴。后二年，广陵王荆坐谋反自杀。

十三年十月甲辰晦，日有蚀之，在尾十七度。

十六年五月戊午晦，日有蚀之，在柳十五度。儒说五月戊午，犹十一月甲子也，又宿在京都，其占重。后二岁，宫车晏驾。

十八年十一月甲辰晦，日有蚀之，在斗二十一度。是时明帝既崩，马太后制爵禄，故阳不胜。

章帝建初五年二月庚辰朔，日有蚀之，在东壁八度。例在前建武二十九年。是时群臣争经，多相非毁者。

六年六月辛未晦，日有蚀之，在翼六度。翼主远客。冬，东平王苍等来朝，明年正月，苍薨。

章和元年八月乙未晦，日有蚀之，史官不见，佗官以闻。日在氐四度。

和帝永元二年二月壬午，日有蚀之。史官不见，涿郡以闻。日象至此，已经过去了十年，二年后，光武帝驾崩。

中元元年（前149）十一月三十甲子日，发生了日食，当时，太阳位于斗宿二十度。斗宿象征着宗庙，掌管爵位和俸禄。儒家认为十一月甲子日，属于王日，又是日、月、星辰的起始点，以其掌管爵位和俸禄，足见它在占兆中的重要地位。

明帝永平三年（60）八月三十壬申日，发生了日食，当进，太阳位于氐宿二度。氐宿象征着宿宫，当时明帝正在兴建北宫。

永平八年（65）十月三十壬寅日，发生了日食，而且是日全食，当时，太阳位于斗宿十一度。斗宿的分野对应的是旧时的吴国。从天文学的角度来看，广陵郡辖属吴国地界。二年后，广陵王刘荆因谋反罪自尽。

永平十三年（70）十月三十甲辰日，发生了日食，当时，太阳位于尾宿十七度。

永平十六年（73）五月三十戊午日，发生了日食，当时，太阳位于柳宿十五度。儒家认为五月戊午日，其重要性等同于十一月甲子日，在当时也属于王日。又，柳宿的分野对应的是京都，因此它具有重要的占兆意义。二年后，明帝驾崩。

永平十八年（75）十一月三十甲辰日，发生了日食，当时，太阳位于斗宿二十一度。当时，明帝已经驾崩，马太后掌权，亲自裁断封爵以及官俸之事，所以阳气衰微，无法克制阴气。

章帝建初五年（80）二月初一庚辰日，发生了日食，当时，太阳位于东壁八度。建武二十九年（53）曾有先例。当时，群臣因经史常道纷争不断，时常发生相互毁谤之事。

建初六年（81）六月三十辛未日，发生了日食，当地，太阳位于翼宿六度。翼宿象征着远方的宾客。冬季，东平王刘苍等人进京朝拜皇帝，第二年正月，刘苍薨逝。

章和元年（87）八月三十乙未日，发生了日食。史官却没有观测到，此事是由其他官员奏报朝廷的。当时，太阳位于氐宿四度。

和帝永元二年（90）二月壬午日，发生了日食。史官却没有观测在奎八度。

四年六月戊戌朔，日有蚀之，在七星二度，主衣裳。又曰行近轩辕，在左角，为太后族。是月十九日，上免太后兄弟窦宪等官，遣就国，选严能相，于国蹙迫自杀。

七年四月辛亥朔，日有蚀之，在觜觿，为葆旅，主收敛。儒说葆旅宫中之象，收敛贪妒之象。是岁邓贵人始入。明年三月，阴皇后立，邓贵人有宠，阴后妒忌之，后遂坐废。一曰是将入参，参、伐为斩刈。明年七月，越骑校尉冯柱捕斩匈奴温禺犊王乌居战。

十二年秋七月辛亥朔，日有蚀之，在翼八度，荆州宿也。明年冬，南郡蛮夷反为寇。

十五年四月甲子晦，日有蚀之，在东井二十二度。东井，主酒食之宿也。妇人之职，无非无仪，酒食是议。去年冬，邓皇后立，有丈夫之性，与知外事，故天示象。是年水，雨伤稼。

安帝永初元年三月二日癸酉，日有蚀之，在胃二度。胃主廪仓。是时邓太后专政，去年大水伤稼，仓廪为虚。

五年正月庚辰朔，日有蚀之，在虚八度。正月，王者统事之正日也。虚，空名也。是时邓太后摄政，安帝不得行事，俱不得其正，若王者位虚，故于正月阳不克，示象也。于是阴预乘阳，故夷狄并为寇害，西边诸郡皆至虚空。

到，此事是由涿郡奏报朝廷的。当时，太阳位于奎宿八度。

永元四年（92）六月初一戊戌日，发生了日食，当时，太阳位于七星宿二度，该星象征衣裳。还有一种说法是，当时，太阳的运行距离轩辕星更近，位于轩辕星的左角，象征着太后的家族。六月十九日，皇帝罢免了太后的兄弟窦宪等人的官职，命他们返回封地，同时挑选严厉干练的人为国相，在封地逼迫他们自尽。

永元七年（95）四月初一辛亥日，发生了日食，当时，太阳位于觜宿，象征可食用的野生植物，主收敛。儒家认为葆旅是皇室的象征，收敛代表贪婪嫉妒。同年，邓贵人刚刚入宫。第二年三月间，皇帝册封阴皇后，因皇帝宠幸邓贵人，致使阴皇后非常妒忌她，最终阴皇后因此事被废黜。还有一种说法是，当时太阳运行将接近参宿，参宿中的参星、伐星象征杀戮。第二年七月间，越骑校尉冯柱擒获了匈奴温禺犊王乌居战，并将其斩杀。

永元十二年（100）秋七月初一辛亥日，发生了日食，当时，太阳位于翼宿八度，它的分野对应的是荆州。第二年冬季，南郡蛮夷起兵反叛，进犯中原，大肆劫掠。

永元十五年（103）四月三十甲子日，发生了日食，当时，太阳位于东井宿二十二度。东井宿象征酒食。妇人的本分是既不制造事端，也不颐指气使，尽职尽责料理好酒食之事。前一年冬季，邓贵人被册立为皇后，因为她具有男人的野心和性格，开始参与政事，上天因此显示征象。同年，发生水灾，大雨使庄稼受损。

安帝永初元年（107）三月二日癸酉日，发生了日食，当时，太阳位于胃宿二度。胃宿象征仓廪。当时，邓太后独断专权，因前一年遭遇水灾，导致庄稼收成不好，因此仓廪空虚。

永初五年（111）正月初一庚辰日，发生了日食，当时，太阳位于虚宿八度。正月，是皇帝统领政事的正日子。虚宿代表的意思是徒有虚名。当时，邓太后把持朝政，致使安帝没有实权，无法行使权力，这些都是不正常的现象，皇帝的地位形同虚设，所以正月时阳气无法克制阴气，上天显示出征象。与此同时，阴气乘虚而入，冲犯阳气，所七年四月丙申晦，日有蚀之，在东井一度。

元初元年十月戊子朔，日有蚀之，在尾十度。尾为后宫，继嗣之宫也。是时上甚幸阎贵人，将立，故示不善，将为继嗣祸也。明年四月，遂立为后。后遂与江京、耿宝等共谗太子废之。

二年九月壬午晦，日有蚀之，在心四度。心为王者，明久失位也。

三年三月二日辛亥，日有蚀之，在娄五度。史官不见，辽东以闻。

四年二月乙巳朔，日有蚀之，在奎九度。史官不见，七郡以闻。奎主武库兵。其月十八日壬戌，武库火，烧兵器也。

五年八月丙申朔，日有蚀之，在翼十八度。史官不见，张掖以闻。

六年十二月戊午朔，日有蚀之，几尽，地如昏状。在须女十一度，女主恶之。后二岁三月，邓太后崩。

永宁元年七月乙酉朔，日有蚀之，在张十五度。史官不见，酒泉以闻。

延光三年九月庚申晦，日有食之，在氐十五度。氐为宿宫。宫，中宫也。时上听中常侍江京、樊丰及阿母王圣等谗言，废皇太子。

四年三月戊午朔，日有蚀之，在胃十二度。陇西、酒泉、朔方各以夷狄各部落同时起兵，进犯中原，为害一方，致使西部边境诸郡都极为空虚。

永初七年（113）四月三十丙申日，发生了日食，当时，太阳位于东井一度。

元初元年（114）十月初一戊子日，发生了日食，当时，太阳位于尾宿十度。尾宿象征着后宫，而且代表的是太子的寝宫。当时，皇帝十分宠爱阎贵人，打算册立她为皇后，所以上天显示征象，警示皇帝这么做不妥，阎贵人一理得势将使太子受到威胁。第二年四月间，皇帝执迷不悟，还是册立阎贵人为皇后。后来，阎氏家族与江京、耿宝等人相互勾结，谗害太子，太子最终被废。

元初二年（115）九月三十壬午日，发生了日食，当时，太阳位于心宿四度。心宿象征王者，代表皇帝失位已久。

元初三年（116）三月二日辛亥日，发生了日食，当时，太阳位于娄宿五度。然而史官却没有观测到，此事是辽东郡奏报朝廷的。

元初四年（117）二月初一乙巳日，发生了日食，当时，太阳位于奎宿九度。史官却没有观测到，此事是由七个郡奏报朝廷的。奎宿象征武器库。二月十八日壬戌日，武器库失火，大量兵器被烧毁。

元初五年（118）八月初一丙申日，发生了日食，当时，太阳位于翼宿十八度。史官却没有观测到，此事是由张掖郡奏报朝廷的。

元初六年（119）十二月初一戊午日，发生了日食，而且几乎是日全食，大地一片昏暗。当时，太阳位于须女宿十一度，须女宿代表对女主不利。二年后的三月间，邓太后驾崩。

永宁元年（120）七月初一乙酉日，发生了日食，当时，太阳位于张宿十五度。史官却没有观测到，此事是由酒泉郡奏报朝廷的。

延光三年（124）九月三十庚申日，发生了日食，当时，太阳位于氐宿十五度。氐宿象征寝宫。这里的宫指的是中宫。当时，皇帝听信中常侍江京、樊丰及乳母王圣等人的谗言，废掉了太子。

延光四年（125）三月初一戊午日，发生了日食，当时，太阳位于胃以状上，史官不觉。

顺帝永建二年七月甲戌朔，日有蚀之，在翼九度。

阳嘉四年闰月丁亥朔，日有蚀之，在角五度。史官不见，零陵以闻。

永和三年十二月戊戌朔，日有蚀之，在须女十一度。史官不见，会稽以闻。明年，中常侍张逵等谋谮皇后父梁商欲作乱，推考，逵等伏诛也。

五年五月己丑晦，日有蚀之，在东井三十三度。东井，三辅宿。又近舆鬼，舆鬼为宗庙。其秋，西羌为寇，至三辅陵园。

六年九月辛亥晦，日有蚀之，在尾十一度。尾主后宫，继嗣之宫也。以为继嗣不兴之象。

桓帝建和元年正月辛亥朔，日有蚀之，在营室三度。史官不见，郡国以闻。是时梁太后摄政。

三年四月丁卯晦，日有蚀之，在东井二十三度。例在永元十五年。东井主法，梁太后又听兄冀枉杀公卿，犯天法也。明年，太后崩。

元嘉二年七月二日庚辰，日有蚀之，在翼四度。史官不见，广陵以闻。翼主倡乐。时上好乐过。

永兴二年九月丁卯朔，日有蚀之，在角五度。角，郑宿也。十一月，泰山盗贼群起，劫杀长吏。泰山于天文属郑。

宿十二度。陇西郡、酒泉郡、朔方郡分别把所观测到的日食状况奏报朝廷，然而史官却没有观测到。

顺帝永建二年（127）七月初一甲戌日，发生了日食，当时，太阳位于翼宿九度。

阳嘉四年（135）闰月初一丁亥日，发生了日食，当时，太阳位于角宿五度。史官却没有观测到，此事是由零陵郡奏报朝廷的。

永和三年（138）十二月初一戊戌日，发生了日食，当时，太阳位于须女宿十一度。史官却没有观测到，此事是由会稽郡奏报朝廷的。第二年，中常侍张逵等人谗言陷害皇后的父亲梁商，说他企图谋反，经过审问得知并无此事，张逵等人被处死。

永和五年（139）五月三十己丑日，发生了日食，当时，太阳位于东井宿三十三度。东井宿的分野所对应的是三辅地区。又，太阳同时距离舆鬼宿较近，舆鬼宿象征宗庙。同年秋季，西羌少数民族作乱，进犯中原，一直侵扰到三辅地区的皇家陵园。

永和六年（140）九月三十辛亥日，发生了日食，当时，太阳位于尾宿十一度。尾宿象征后宫，而且代表的是太子的寝宫。这次日食被认为是皇室后继无人的征象。

桓帝建和元年（147）正月初一辛亥日，发生了日食，当时，太阳位于营室宿三度。史官却没有观测到，此事是由郡国奏报朝廷的。当时，正值梁太后把持朝政。

建和三年（148）四月三十丁卯日，发生了日食，当时，太阳位于东井宿二十三度。早在永元十五年（103）就有先例。东井宿象征刑法，梁太后再次放任她的兄长梁冀枉杀公卿，这是违犯了天法。第二年，梁太后驾崩。

元嘉二年（152）七月二日庚辰日，发生了日食，当时，太阳位于翼宿四度。史官却没有观测到，此事是由广陵郡奏报朝廷的。翼宿象征歌舞和音乐。当时，皇帝酷爱音乐，过度沉迷。

永兴二年（154）九月初一丁卯日，发生了日食，当时，太阳位于角宿五度。角宿的分野对应的是郑国。十一月间，泰山郡贼寇成群反永寿三年闰月庚辰晦，日有蚀之，在七星二度。史官不见，郡国以闻。例在永元四年。后二岁，梁皇后崩，冀兄弟被诛。

延熹元年五月甲戌晦，日有蚀之，在柳七度，京都宿也。

八年正月丙申晦，日有蚀之，在营室十三度。营室之中，女主象也。其二月癸亥，邓皇后坐酗，上送暴室，令自杀，家属被诛。吕太后崩时亦然。

九年正月辛卯朔，日有蚀之，在营室三度。史官不见，郡国以闻。谷永以为三朝尊者恶之。其明年，宫车晏驾。

永康元年五月壬子晦，日有蚀之，在舆鬼一度。儒说壬子淳水日，而阳不克，将有水害。其八月，六州大水，勃海海溢。

灵帝建宁元年五月丁未朔，日有蚀之。冬十月甲辰晦，日有蚀之。

二年十月戊戌晦，日有蚀之。右扶风以闻。

三年三月丙寅晦，日有蚀之。梁相以闻。

四年三月辛酉朔，日有蚀之。

熹平二年十二月癸酉晦，日有蚀之，在虚二度。是时中常侍曹节、王甫等专权。

六年十月癸丑朔，日有蚀之。赵相以闻。

叛，劫杀了朝廷命官。泰山郡在天文上的分野归属于郑国。

永寿三年（157）闰月三十庚辰日，发生了日食，当时，太阳位于七星宿二度。史官却没有观测到，此事是由郡国奏报朝廷的。之前在永元四年（92）也有过先例。二年后，梁皇后驾崩，梁冀兄弟被诛杀。

延熹元年（158）五月三十甲戌日，发生了日食，当时，太阳位于柳宿七度，柳宿的分野所对应的正是京都。

延熹八年（165）正月三十丙申日，发生了日食，当时，太阳位于营室宿十三度。营室的中心象征女主。同年二月癸亥日，邓皇后因为酗酒，被皇帝送入暴室，并让她自杀，她的家族也因此被诛灭。吕太后去世时，情况也是一样。

延熹九年（166）正月初一辛亥日，发生了日食，当时，太阳位于营室宿三度。史官却没有观测到，此事是由郡国奏报朝廷的。谷永认为三朝的统治者都很忌惮正月初一。第二年，桓帝驾崩。

永康元年（167）五月三十壬子日，发生了日食，当时，太阳位于舆鬼宿一度。儒家认为壬子日属水日，而在这一天出现阳气无法克制阴气的现象，预示着将发生水灾。同年八月，六个州发生特大水灾，渤海海平面暴涨，海水外流。

灵帝建宁元年（168）五月初一丁未日，发生了日食。冬季十月三十甲辰日，发生了日食。

建宁二年（169）十月三十戊戌日，发生了日食。此事由右扶风奏报朝廷。

建宁三年（170）三月三十丙寅日，发生了日食。此事由梁国奏报朝廷。

建宁四年（171）三月初一辛酉日，发生了日食。

熹平二年（173）十二月三十癸酉日，发生了日食，当时，太阳位于虚宿二度。当时，中常侍曹节、王甫等人专权朝政。

熹平六年（177）十月初一癸丑日，发生了日食。此事由赵国丞相奏报朝廷。

光和元年二月辛亥朔，日有蚀之。十月丙子晦，日有蚀之，在箕四度。箕为后宫口舌。是月，上听谗废宋皇后。

二年四月甲戌朔，日有蚀之。

四年九月庚寅朔，日有蚀之，在角六度。

中平三年五月壬辰晦，日有蚀之。

六年四月丙午朔，日有蚀之。其月浃辰，宫车晏驾。

献帝初平四年正月甲寅朔，日有蚀之，在营室四度。是时李傕、郭汜专政。

兴平元年六月乙巳晦，日有蚀之。

建安五年九月庚午朔，日有蚀之。

六年二月丁卯朔，日有蚀之。

十三年十月癸未朔，日有蚀之，在尾十二度。

十五年二月乙巳朔，日有蚀之。

十七年六月庚寅晦，日有蚀之。

二十一年五月己亥朔，日有蚀之。

二十四年二月壬子晦，日有蚀之。

凡汉中兴十二世，百九十六年，日蚀七十二：朔三十二，晦三十七，月二日三。

光武建武七年四月丙寅，日有晕抱，白虹贯晕，在毕八度。毕为边兵。秋，隗嚣反，侵安定。

灵帝时，日数出东方，正赤如血，无光，高二丈余乃有景。且入光和元年（178）二月初一辛亥日，发生了日食。十月三十丙子日，发生了日食，当时，太阳位于箕宿四度。箕宿象征后宫会有口舌事端。十月，皇帝听信谗言，废掉了宋皇后。

光和二年（179）四月初一甲戌日，发生了日食。

光和四年（181）九月初一庚寅日，发生了日食，当时，太阳位于角宿六度。

中平三年（186）五月三十壬辰日，发生了日食。

中平六年（189）四月初一丙午日，发生了日食。四月丁巳日，灵帝驾崩。

献帝初平四年（193）正月初一甲寅日，发生了日食，当时，太阳位于营室四度。那个时候，正值李傕、郭汜等人专权国事。

兴平元年（194）六月三十乙巳日，发生了日食。

建安五年（200）九月初一庚午日，发生了日食。

建安六年（201）二月初一丁卯日，发生了日食。

建安十三年（208）十月初一癸未日，发生了日食，当时，太阳位于尾宿十二度。

建安十五年（210）二月初一乙巳日，发生了日食。

建安十七年（212）六月三十庚寅日，发生了日食。

建安二十一年（216）五月初一己亥日，发生了日食。

建安二十四年（219）二月三十壬子日，发生了日食。

汉室中兴以来，共计经历了十二位皇帝，历时一百九十六年，发生日食的次数共计七十二次：其中发生在初一日的有三十二次，发生在三十日的有三十七次，发生在初二日的有三次。

光武帝建武七年（31）四月丙寅日，太阳周围环绕着光圈，同时有白色的光晕贯穿光圈，当时，太阳位于毕宿八度。毕宿象征着边境战事。秋季，隗嚣起兵反叛，进犯安定郡。

灵帝执政时期，曾经多次出现太阳从东方升起时如血一般赤西方，去地二丈，亦如之。其占曰："事天不谨，则日月赤。"是时月出入去地二三丈，皆赤如血者数矣。

光和四年二月己巳，黄气抱日，黄白珥在其表。

中平四年三月丙申，黑气大如瓜，在日中。

五年正月，日色赤黄，中有黑气如飞鹊，数月乃销。

六年二月乙未，白虹贯日。

献帝初平元年二月壬辰，白虹贯日。

桓帝永寿三年十二月壬戌，月蚀非其月。

延熹八年正月辛巳，月蚀非其月。

赞曰：皇极惟建，五事剋端。罚咎入沴，逆乱浸干。火下水腾，木弱金酸。妖岂或妄，气炎以观。

红，且无光，直到升高至二丈多高时才散发出光芒的异象。而且在西方落日时，当太阳距离地面二丈多高时，也会出现同样的情况。有关占辞说：“对上天不够恭敬谨慎，则会引发日月赤红的异象。”当时，月亮升起和落下，在距离地面二三丈时，也都会出现赤红如血的异象，而且是多次出现这种状况。

光和四年（181）二月己巳日，有黄气环绕太阳，太阳的表面还浮有一层黄白色的弧形光晕。

中平四年（187）三月丙申日，太阳中间出现了一团如瓜一样大小的黑气。

中平五年（188）正月，太阳呈现赤黄色，中间出现形如飞鹊状的黑气，数月之后才逐渐消散。

中平六年（189）二月乙未日，出现了白色光晕贯穿太阳的异象。

献帝初平元年（190）二月壬辰日，出现了白色光晕贯穿太阳的异象。

桓帝永寿三年（157）十二月壬戌日，在不应该发生的月份里发生了月食。

延熹八年（165）正月辛巳日，在不应该发生的月份里发生了月食。

赞辞说：帝王统治天下的准则一旦建立，君王的貌、言、视、听、思五事就要随之端正。君王的行为出现过失或行事不端，就会导致各种灾祸降临，致使国家遭受逆乱和失序的伤害。具体表现为火焰不向上燃烧反而是向下蔓延，水不滋润万物反而向上喷涌，木质腐朽，金不成器等异象。妖异现象不会毫无征兆地出现，通过对五气的观察，便可预知。

卷二十九

志第十九　郡国一

河南　河内　河东　弘农　京兆　冯翊　扶风

右司隶

《汉书·地理志》记天下郡县本末，及山川奇异，风俗所由，至矣。今但录中兴以来郡县改异，及《春秋》、三史会同征伐地名，以为《郡国志》。凡《前志》有县名，今所不载者，皆世祖所并省也。前无今有者，后所置也。凡县名先书者，郡所治也。

河南尹秦三川郡，高帝更名。世祖都雒阳，建武十五年改曰河南尹。二十一城，永和五年户二十万八千四百八十六，口百一万八百二十七。

雒阳周时号成周。有狄泉，在城中。有唐聚。有上程聚。有士乡聚。有褚氏聚。有荣锜涧。有前亭。有圉乡。有大解城。河南周公时所城雒邑也，春秋时谓之王城。东城门名鼎门，北城门名乾祭。又有甘城，有蒯乡。梁故国，伯翳后。有霍阳山。有注城。荥阳有鸿沟水。有广武城。有虢亭，虢叔国。有陇城。有薄亭。有敖亭。有应泽。卷有长城，经阳武到密。有垣雍城，或曰古衡雍。有扈城亭。原武　阳武　中牟有圃田泽。有清口水。有管城。有曲遇聚。有蔡亭。开封　苑陵有棐林。有制泽。有琐侯亭。平阴　穀城瀍水出。有函谷关。缑氏有鄔聚。有轘辕关。巩有寻谷水。有东訾聚，今名訾城。有坎墡聚。有黄亭。有湟水。有明溪泉。成皋有旃然水。

《汉书·地理志》记载了天下郡县先后更迭的原委，以及山岳江河的奇异之处，各地风俗的来龙去脉，已然至善至美了。如今只记录汉朝中兴东汉建立以来天下郡县的变动更易，以及《春秋》和《史记》《汉书》《东观汉记》三史中记载的有关朝会战争的地名，作为《郡国志》。凡是《汉书·地理志》上有的县名，如今却没有记载的，都是被世祖光武帝合并重组或撤除的。《汉书·地理志》没有记载而如今有的，是后来新设置的。凡是写在最前面的县名，都是郡守治所所在的县。

河南尹即秦朝时的三川郡，汉高帝将其更名为河南郡。世祖光武帝在洛阳定都，建武十五年（39）改叫河南尹。**河南尹下辖二十一城，永和五年（140）有人户二十万八千四百八十六，人口一百零一万零八百二十七。**

洛阳周朝时称作成周。有狄泉，位于城内。辖有唐聚。辖有上程聚。辖有士乡聚。辖有褚氏聚。辖有荣锜涧。辖有前亭。辖有圉乡。辖有大解城。**河南**是周公时所修筑的雒邑城，春秋时称作王城。东城门名为鼎门，北城门名为乾祭。辖境内还有甘城，蒯乡。**梁**是过去的封国，伯翳的后人就被封于此处。辖境内有霍阳山。有注城。**荥阳**有鸿沟水。辖有广武城。辖有虢亭，是虢叔的封国。辖有陇城。辖有薄亭。辖有敖亭。有应泽。**卷县**有长城，长城经过阳武县通到密县。辖有垣雍城，有人说是古时候的衡雍。辖有扈城亭。**原武**　**阳武**　**中牟县**有圃田泽。有清口水。辖有管城。辖有曲遇聚。辖有蔡亭。**开封**　**苑陵**辖有棐林。辖有制泽。辖有琐侯亭。**平阴**　**穀城**是瀍水发源的地方。辖境内有函谷关。**缑氏**辖有邬聚。辖有轘有瓶丘聚。有漫水。有汜水。京　密有大騩山。有梅山。有陉山。新城有高都城。有广成聚。有鄤聚，古鄤氏，今名蛮中。匽师有尸乡，春秋时曰尸氏。新郑《诗》郑国，祝融墟。平

河内郡高帝置。雒阳北百二十里。十八城，户十五万九千七百七十，口八十万一千五百五十八。

怀有隰城。河阳有湛城。轵有原乡。有溴梁。波有絺城。沁水　野王有太行山。有射犬聚。有邘城。温苏子所都。济水出，王莽时大旱，遂枯绝。州　平皋有邢丘，故邢国，周公子所封。有李城。山阳邑。有雍城。有蔡城。武德　获嘉侯国。修武故南阳，秦始皇更名。有南阳城，阳樊、攒茅田。有小修武聚。有隤城。共本国。淇水出。有汎亭。汲　朝歌纣所都居，南有牧野，北有邶国，南有宁乡。荡阴有羑里城。林虑故隆虑，殇帝改。有铁。

河东郡秦置，雒阳西北五百里。二十城，户九万三千五百四十三，口五十七万八百三。

安邑有铁，有盐池。杨有高梁亭。平阳侯国。有铁。尧都此。临汾有董亭。汾阴有介山。蒲坂有雷首山。有沙丘亭。大阳有吴山，上有虞城，有下阳城，有茅津。有颠軨坂。解有桑泉城。有臼城。有解城。有瑕城。皮氏有耿乡。有铁。有冀亭。闻喜邑，本曲沃。有董池陂，古董泽。有稷山亭。有涑水。有洮水。绛邑。有翼城。永安故彘，阳嘉二年更名。有霍大山。河北《诗》魏国。有韩亭。猗氏　垣有王屋山，兖水出。有壶丘亭。有邵亭。襄陵　北屈有壶口山。有采桑津。蒲子　濩泽侯国。有析城山。端氏

辕关。**巩县**有寻谷水。辖有东訾聚，今天名为訾城。辖有坎埳聚。辖有黄亭。境内还有湟水。有明溪泉。**成皋**有旃然水。辖有瓶丘聚。境内还有漫水。有汜水。**京县** **密县**辖境内有大騩山。有梅山。有陉山。**新城**辖有高都城。辖有广成聚。辖有鄤聚，古时候称作鄤氏，今天名为蛮中。**偃师**辖有尸乡，春秋时名叫尸氏。**新郑**是《诗经》中记载的郑国，辖境内有祝融部落居住的遗址。**平县**

河内郡是汉高帝时设置的。地处洛阳以北一百二十里处。**下辖十八城，有人户十五万九千七百七十，人口八十万一千五百五十八。**

怀县辖有隰城。**河阳**辖有湛城。**轵县**辖有原乡。有溴梁。**波县**辖有絺城。**沁水** **野王**有太行山。辖有射犬聚。辖有邘城。**温县**是苏子定都处。济水从这里发源，王莽时遇到大旱，济水于是干涸断流。**州县** **平皋**辖有邢丘，是古时的邢国，是周公第四子的封国。还有李城。**山阳**是邑。辖有雍城。辖有蔡城。**武德** **获嘉**是侯国。**修武**是过去的南阳，秦始皇将其更名为修武。辖有南阳城，阳樊、攒茅田。还辖有小修武聚。辖有隤城城。**共县**本来是封国。淇水从这里发源。辖有汎亭。**汲** **朝歌**是殷纣的都城，县南有牧野，县北有邶国，县南还有宁乡。**荡阴**辖有羑里城。**林虑**是过去的隆虑，殇帝将其改名为林虑。境内有铁矿。

河东郡是秦朝时设置的，地处洛阳西北五百里处。**下辖二十城，有人户九万三千五百四十三，人口五十七万零八百零三。**

安邑的辖境内有铁矿，盛产盐。**杨县**辖有高梁亭。**平阳**是侯国。境内有铁矿，尧帝在此地建都。**临汾**辖有董亭。**汾阴**的辖境内有介山。**蒲坂**的辖境内有雷首山。有沙丘亭。**大阳**的辖境内有吴山，上方有虞城，有下阳城，有茅津。有颠軨坂。**解县**辖有桑泉城。辖有臼城。辖有解城。辖有瑕城。**皮氏**辖有耿乡。辖境内有铁矿。还辖有翼亭。**闻喜**是邑，原本称作曲沃。辖境内有董池陂，即古时候的董泽。境内还有稷山亭。有涑水。有洮水。**绛县**是邑。辖境内翼城。**永安**是过去的彘县，阳嘉二年(133)更名为永安县。辖境内有霍大山。**河北**是《诗经》中记载的魏国，辖有韩亭。**猗氏** **垣县**的辖境内有王屋山，兖水从这里发源。境内还有壶丘亭。有邵亭。**襄陵** **北屈**的辖境内有壶口山。有桑津。**蒲子** **濩泽**是侯国，辖境内

弘农郡武帝置。其二县，建武十五年属。雒阳西南四百五十里。九城，户四万六千八百一十五，口十九万九千一百一十三。

弘农故秦函谷关，烛水出。有枯枞山。有桃丘聚，故桃林。有务乡。有曹阳亭。**陕**本虢仲国。有焦城。有陕陌。**黾池**穀水出。有二崤。**新安**涧水出。**宜阳** **陆浑**西有虢略地。**卢氏**有熊耳山，伊水、清水出。**湖**故属京兆。有閺乡。**华阴**故属京兆。有太华山。

京兆尹秦内史，武帝改。其四县，建武十五年属。雒阳西九百五十里。十城，户五万三千二百九十九，口二十八万五千五百七十四。

长安高帝所都。镐在上林苑中。有细柳聚。有兰池。有曲邮。有杜邮。**霸陵**有枳道亭。有长门亭。**杜陵**酆在西南。**郑** **新丰**有骊山，东有鸿门亭及戏亭。有搉城。**蓝田**出美玉。**长陵**故属冯翊。**商**故属弘农。**上雒**侯国。有冢领山，雒水出。故属弘农。有菟和山。有苍野聚。**阳陵**故属冯翊。

左冯翊秦属内史，武帝分，改名。雒阳西六百八十八里。十三城，户三万七千九十，口十四万五千一百九十五。

高陵 **池阳** **云阳** **祋祤**永元九年复。**频阳** **万年** **莲勺** **重泉** **临晋**本大荔。有河水祠。有芮乡。有王城。**郃阳**永平二年复。**夏阳**有梁山、龙门山。**衙** **粟邑**永元九年复。

右扶风秦属内史，武帝分，改名。十五城，户万七千三百五十二，口九万三千九十一。

有析城山。**端氏**

弘农郡是汉武帝设置的，其中的两个县，是在建武十五年（39）才归属弘农郡的。地处洛阳西南四百五十里处。**下辖九城，有人户四万六千八百一十五，人口十九万九千一百一十三。**

弘农是过去秦朝时的函谷关，烛水从这里发源。辖境内有枯纵山。有桃丘聚，即过去的桃林。还有务乡。有曹阳亭。**陕县**原本是虢仲的封国。辖有焦城。辖有陕陌。**黾池**是榖水发源的地方。辖境内有东西两座崤山。**新安**是涧水发源的地方。**宜阳　陆浑**的西面是虢国的境界。**卢氏**的辖境内有熊耳山，伊水、清水从这里发源。**湖县**原来隶属于京兆尹。辖有閺乡。**华阴**原来隶属于京兆尹。辖境内有太华山。

京兆尹是秦朝时的内史，汉武帝将其改名为京兆尹。其中的四个县，是在建武十五年（39）才归属于京兆尹的。地处洛阳西九百五十里处。**下辖十城，有人户五万三千二百九十九，人口二十八万五千五百七十四。**

长安是汉高帝的建都处。镐池位于上林苑中。辖有细柳聚。辖有兰池。辖有曲邮。辖有杜邮。**霸陵**辖有枳道亭。辖有长门亭。**杜陵**在鄠水的东北面，鄠水在杜陵的西南面。**郑县　新丰**的辖境内有骊山，骊山的东面有鸿门亭及戏亭。辖境内还有掫城。**蓝田**盛产美玉。**长陵**原本隶属于左冯翊。**商县**原本隶属于弘农郡。**上雒**是侯国。辖境内有冢岭山，雒水从这里发源。原本隶属于弘农郡。辖境内还有菟和山。有苍野聚。**阳陵**原本隶属于左冯翊。

左冯翊在秦朝时归属于内史，汉武帝将其从内史中分出，改名为左冯翊。地处洛阳以西六百八十八里处。**下辖十三城，有人户三万七千零九十，人口十四万五千一百九十五。**

高陵　池阳　云阳　祋祤是在永元九年（97）恢复设置的。**频阳　万年　莲勺　重泉　临晋**原本是大荔戎国。辖境内有河水祠。有芮乡。有王城。**郃阳**是在永平二年（59）恢复设置的。**夏阳**的辖境内有梁山、龙门山。**衙县　粟邑**是在永元九年恢复设置的。

右扶风在秦朝时归属于内史，汉武帝将其从内史中分出，改名为右扶风。**下辖十五城，有人户一万七千三百五十二，人口九万三千零九十一。**

槐里周曰犬丘，高帝改。安陵　平陵　茂陵　鄠丰水出。有甘亭。郿有邰亭。武功永平八年复。有太一山，本终南。垂山，本敦物。有斜谷。陈仓　汧有吴岳山，本名汧，汧水出。有回城，名回中。渝麋侯国。雍有铁。栒邑有豳乡。美阳有岐山，有周城。漆有漆水。有铁。杜阳永和二年复。

右司隶校尉部，郡七，县、邑、侯国百六。

槐里在周朝时被称为犬丘，汉高帝将其改名为槐里。**安陵** **平陵** **茂陵** **鄠县**是丰水发源的地方。辖有甘亭。**郿县**辖有邰亭。**武功**是在永平八年（65）恢复设置的。辖境内有太一山，原本叫做终南山。有垂山，原本叫做敦物。境内还有斜谷。**陈仓** **汧县**有吴岳山，原本叫做汧山，汧水从这里发源。辖有回城，被称作回中。**渝麋**是侯国。**雍县**的辖境内有铁矿。**栒邑**辖有豳乡。**美阳**的辖境内有岐山，有周城。**漆县**的辖境内有漆水。有铁矿。**杜阳**是在永和二年（137）恢复设置的。

上述各地归属司隶校尉部监察，郡有七个，县、邑、侯国有一百零六个。

卷三十

志第二十　郡国二

颍川　汝南　梁国　沛国　陈国　鲁国

右豫州

魏郡　钜鹿　常山　中山　安平　河间

清河　赵国　勃海

右冀州

颍川郡秦置。雒阳东南五百里。十七城，户二十六万三千四百四十，口百四十三万六千五百一十三。

阳翟禹所都。有钧台。有高氏亭。有雍氏城。**襄**有养阴里。**襄城**有西不羹。有汜城。有汾丘。有鱼齿山。**昆阳**有湛水。**定陵**有东不羹。**舞阳**邑。**郾**　**临颍**　**颍阳**　**颍阴**有狐宗乡，或曰古狐人亭。有岸亭。**许**　**新汲**　**鄢陵**春秋时曰鄢。**长社**有长葛城。有向乡。有蜀城，有蜀津。**阳城**有嵩高山，洧水、颍水出。有铁。有负黍聚。**父城**有应乡。**轮氏**建初四年置。

汝南郡高帝置。雒阳东南六百五十里。三十七城，户四十万四千四百四十八，口二百一十万七百八十八。

平舆有沈亭，故国，姬姓。**新阳**侯国。**西平**有铁。有柏亭，故柏国。**上蔡**本蔡国。**南顿**本顿国。**汝阴**本胡国。**汝阳**　**新息**侯国。**北宜春**　**濦强**侯国。**灈阳**　**期思**有蒋乡，故蒋国。**阳安**有道亭，故国。**项**　**西华**　**细阳**　**安城**侯国。有武城亭。**吴房**有棠溪亭。**鲖阳**侯国。**慎阳**　**慎**　**新蔡**有大吕亭。**安阳**侯国。有江亭，故国，嬴姓。**富波**侯国，永元中复。**宜禄**永元中复。**朗陵**侯国。**弋阳**侯国。有黄亭，故黄国，嬴姓。**召陵**有陉亭。有安

颍川郡是秦朝设置的。地处洛阳东南五百里处。**下辖十七城，有人户二十六万三千四百四十，人口一百四十三万六千五百一十三**。

阳翟是大禹的都城所在地。辖境内有钧台。有高氏亭。有雍氏城。**襄县**辖有养阴里。**襄城**辖有西不羹。有氾城。有汾丘。有鱼齿山。**昆阳**的辖境内有湛水。**定陵**辖有东不羹。**舞阳**是邑。**郾县** **临颍** **颍阳** **颍阴**辖有狐宗乡，有人说就是古时候的狐人亭。还辖有岸亭。**许县** **新汲** **鄢陵**在春秋时叫做鄢。**长社**辖有长葛城。辖有向乡。辖有蜀城。还有蜀津。**阳城**的辖境内有崇嵩山，洧水、颍水从这里发源。境内有铁矿。还辖有负黍聚。**父城**辖有应乡。**轮氏**是在建初四年(79)恢复设置的。

汝南郡是汉高帝时设置的。地处洛阳东南六百五十里处。**下辖三十七城，有人户四十万四千四百四十八，人口二百一十万零七百八十八**。

平舆辖有沈亭，是旧时的封国，姓姬。**新阳**是侯国。**西平**的境内有铁矿。辖有柏亭，是旧时的柏国。**上蔡**原本是蔡国。**南顿**原本是顿国。**汝阴**原本是胡国。**汝阳** **新息**是侯国。**北宜春** **滬强**是侯国。**灈阳** **期思**辖有蒋乡，是旧时的蒋国。**阳安**辖有道亭，是旧时的封国。**项** **西华** **细阳** **安城**是侯国。辖有武城亭。**吴房**辖有棠溪亭。**鲖阳**是侯国。**慎阳** **慎** **新蔡**辖有大吕亭。**安阳**是侯国。辖有江亭，是旧时的封国，姓嬴。**富波**是侯陵乡。征羌侯国。有安陵亭。思善侯国。宋公国，周名郪丘，汉改为新郪，章帝建初四年徙宋公于此。有繁阳亭。褒信侯国。有赖亭，故国。原鹿侯国。定颍侯国。固始侯国。故寝也，光武中兴更名。有寝丘。山桑侯国，故属沛。有下城父聚。有垂惠聚。城父故属沛，春秋时曰夷。有章华台。

梁国秦砀郡，高帝改。其三县，元和元年属。雒阳东南八百五十里。九城，户八万三千三百，口四十三万一千二百八十三。

下邑 睢阳本宋国阏伯墟。有卢门亭。有鱼门。有阳梁聚。虞有空桐地，有桐地，有桐亭。有纶城，少康邑。砀山出文石。蒙有蒙泽。穀熟有新城。有邳亭。鄢故属陈留。宁陵故属陈留。有葛乡，故葛伯国。薄故属山阳，汤所都。

沛国秦泗水郡，高帝改。雒阳东南千二百里。二十一城，户二十万四百九十五，口二十五万一千三百九十三。

相 萧本国。沛有泗水亭。丰西有大泽，高祖斩白蛇于此。有枌榆亭。酂有鄍聚。穀阳 谯刺史治。洨有垓下聚。蕲有大泽乡，陈涉起此。铚 郸 建平 临睢故芒，光武更名。竹邑侯国，故竹。公丘本滕国。龙亢向本国。符离 虹 太丘 杼秋故属梁国，有澶渊聚。

陈国高帝置为淮阳，章和二年改。雒阳东南七百里。九城，户十一万二千六百五十三，口百五十四万七千五百七十二。

陈 阳夏有固陵聚。宁平 苦春秋时曰相。有赖乡。柘 新平 扶乐 武平 长平故属汝南。有辰亭。有赭丘城。

国，是在永元年间恢复设置的。**宜禄**是在永元年间恢复设置的。**朗陵**是侯国。**弋阳**是侯国。辖有黄亭，是旧时的黄国，姓嬴。**召陵**辖有陉亭，辖有安陵乡。**征羌**是侯国。辖有安陵亭。**思善**是侯国。**宋**是公国，周朝时名为鄣丘，汉朝时更名为新鄣，汉章帝建初四年（79）将宋公迁移到此。辖有繁阳亭。**褒信**是侯国。辖有赖亭，是旧时的封国。**原鹿**是侯国。**定颍**是侯国。**固始**是侯国。是旧时的寝县，光武帝中兴汉室建立东汉后将其更名为固始。辖有寝丘。**山桑**是侯国，过去隶属于沛郡。辖有下城父聚。辖有垂惠聚。**城父**过去隶属于沛郡，春秋时名叫夷邑。辖境内有章华台。

梁国是秦朝时的砀郡，汉高帝将其改为梁国。其中的三县，是在元和元年（84）归属梁国的。地处洛阳东南八百五十里处。**下辖九城，有人户八万三千三百，人口四十三万一千二百八十三。**

下邑　睢阳原本是宋国阏伯住过的旧址。辖有卢门亭。辖有鱼门。辖有阳梁聚。**虞县**辖有空桐地，有桐地，有桐亭。有纶城，是少康的城邑。**砀县**的山上出产有文理的石头。**蒙县**的辖境内有蒙泽。**榖熟**辖有新城。辖有邳亭。**鄢**过去隶属于陈留郡。**宁陵**过去隶属于陈留郡。辖有葛乡，是旧时的葛伯国。**薄**过去隶属于山阳郡，是商汤的定都地。

沛国是秦朝时的泗水郡，汉高帝将其改为沛国。地处洛阳东南一千二百里处。**下辖二十一城，有人户二十万零四百九十五，人口二十五万一千三百九十三。**

相县　萧县原本是国。**沛县**辖有泗水亭。**丰县**的西面有大泽，汉高祖在这里斩杀了白蛇。辖有枌榆亭。**酂县**辖有鄍聚。**榖阳　谯县**是刺史的治所。**洨县**辖有垓下聚。**蕲县**辖有大泽乡，陈涉在这里起事。**铚县　郸县　建平　临睢**是旧时的芒县，光武帝将其更名为临睢。**竹邑**是侯国，是旧时的竹县。**公丘**原本是滕国。**龙亢　向县**原本是国。**符离　虹县　太丘　杼秋**过去隶属于梁国，辖有澶渊聚。

陈国汉高帝将这里设立为淮阳国，章和二年（88）将其改为陈国，地处洛阳东南七百里处。**下辖九城，有人户十一万二千六百五十三，人口一百五十四万七千五百七十二。**

陈县　阳夏辖有固陵聚。**宁平　苦县**在春秋时名叫相县。辖有赖乡。**柘县　新平　扶乐　武平　长平**过去隶属于汝南郡。辖有辰亭。辖有赭鲁国秦薛郡，高后改。本属徐州，光武改属豫州。六城，户七万八千四百四十七，口四十一万一千五百九十。

鲁国古奄国。有大庭氏库。有铁。有阙里，孔子所居。有牛首亭。有五父衢。驺本邾国。蕃有南梁水。薛本国，六国时曰徐州。卞有盗泉。有郚乡城。汶阳

右豫州刺史部，郡、国六，县、邑、公、侯国九十九。

魏郡高帝置。雒阳东北七百里。十五城，户十二万九千三百一十，口六十九万五千六百六。

邺有故大河。有滏水。有汙水，有汙城。有平阳城。有武城。有九侯城。繁阳 内黄清河水出。有羑阳聚。有黄泽。魏 元城墟，故沙鹿，有沙亭。黎阳 阴安邑。馆陶 清渊 平恩 沙侯国。斥丘有葛。武安有铁。曲梁侯国，故属广平。有鸡泽。梁期

钜鹿郡秦置。建武十三年省广平国，以其县属。雒阳北千一百里。十五城，户十万九千五百一十七，口六十万二千九十六。

廮陶有薄落亭。钜鹿故大鹿，有大陆泽。杨氏 鄡 下曲阳有鼓聚，故翟鼓子国。有昔阳亭。任 南和 广平 斥章 广宗 曲周 列人 广年 平乡 南䜌

常山国高帝置。建武十三年省真定国，以其县属。十三城，户九万七千五百，口六十三万一千一百八十四。

元氏 高邑故鄗，光武更名。刺史治。有千秋亭、五成陌，光武即位于此矣。都乡侯国。有铁。南行唐有石臼谷。房子赞皇山，济水所出。平棘有塞。栾城 九门 灵寿卫水出。蒲吾 井陉 真定 上艾故属太原。

丘城。

鲁国是秦朝时的薛郡，高后将其改为鲁国。原本隶属于徐州，光武帝将其改为归属豫州。**下辖六城，有人户七万八千四百四十七，人口四十一万一千五百九十。**

鲁县是封国，是古时候的奄国。辖境内有大庭氏库。还有铁矿。境内有阙里，是孔子居住的地方。有牛首亭。有五父衢。**驺县**原本是邾国。**蕃县**的境内有南梁水。**薛县**原本是国，六国时叫做徐州。**下县**的境内有盗泉。辖有郚乡城。**汶阳**

上述各地归属豫州刺史部监察，郡、国有六个，县、邑、公、侯国有九十九个。

魏郡是汉高帝设置的。地处洛阳东北七百里处。**下辖十五城，有人户十二万九千三百一十，人口六十九万五千六百零六。**

邺县有过去的黄河河道。境内有滏水。有汙水，有汙城。辖有平阳城。辖有武城。辖有九侯城。**繁阳**　**内黄**是清河水发源的地方。辖有羛阳聚。辖境内有黄泽。**魏县**　**元城**有五鹿旧址，是旧时的沙鹿，辖有沙亭。**黎阳**　**阴安**是邑。**馆陶**　**清渊**　**平恩**　**沙**是侯国。**斥丘**辖有葛。**武安**的境内有铁矿。**曲梁**是侯国，过去隶属于广平郡。辖境内有鸡泽。**梁期**

钜鹿郡是秦朝时设置的。建武十三年（37）撤除了广平国，将其属县划入钜鹿郡。地处洛阳北一千一百里处。**下辖十五城，有人户十万九千五百一十七，人口六十万二千零九十六。**

廮陶辖有薄落亭。**钜鹿**是旧时的大鹿县，辖境内有大陆泽。**杨氏**　**鄡县**　**下曲阳**辖有鼓聚，是旧时的翟鼓子国。辖有昔阳亭。**任县**　**南和**　**广平**　**斥章**　**广宗**　**曲周**　**列人**　**广年**　**平乡**　**南䜌**

常山国是汉高祖设置的。建武十三年撤除了真定国，将其属县划入常山国。**下辖十三城，有人户九万七千五百，人口六十三万一千一百八十四。**

元氏　**高邑**是旧时的鄗邑，光武帝将其更名为高邑。是刺史的治所。辖有千秋亭、五成陌，光武帝在此即位。**都乡**是侯国。境内有铁矿。**南行唐**的辖境内有石臼谷。**房子**的辖境内有赞皇山，济水从这里发源。**平棘**的辖境内有关塞。**栾城**　**九门**　**灵寿**是卫水发源的地方。**蒲吾**　**井陉**　**真**

中山国高祖置。雒阳北一千四百里。十三城，户九万七千四百一十二，口六十五万八千一百九十五。

卢奴　北平有铁。毋极　新市有鲜虞亭，故国，子姓。望都　唐有中人亭，有左人乡。安国　安憙本安险，章帝更名。汉昌本苦陉，章帝更名。蠡吾侯国，故属涿。上曲阳故属常山。恒山在西北。蒲阴本曲逆，章帝更名。有阳城。广昌故属代郡。

安平国故信都，高帝置。明帝名乐成，延光元年改。雒阳北二千里。十三城，户九万一千四百四十，口六十五万五千一百一十八。

信都有绛水、呼沱河。阜城故昌城。南宫　扶柳　下博　武邑　观津　经西有漳水，津名薄落津。堂阳故属钜鹿。武遂故属河间。饶阳故名饶，属涿。有无蒌亭。安平故属涿。南深泽故属涿。

河间国文帝置，世祖省属信都，和帝永元三年复故。雒阳北二千五百里。十一城，户九万三千七百五十四，口六十三万四千四百二十一。

乐成　弓高　易故属涿。武垣故属涿。中水故属涿。鄚故属涿。高阳故属涿。有葛城。文安故属勃海。束州故属勃海。成平故属勃海。东平舒故属勃海。

清河国高帝置。桓帝建和二年改为甘陵。雒阳北千二百八十里。七城，户十二万三千九百六十四，口七十六万四百一十八。

甘陵故厝，安帝更名。贝丘　东武城　鄃　灵和帝永元九年复。绎幕　广川故属信都。有棘津城。

定 **上艾**过去隶属于太原郡。

中山国是汉高祖设置的。地处洛阳北一千四百里处。**下辖十三城，有人户九万七千四百一十二，人口六十五万八千一百九十五。**

卢奴 **北平**的辖境内有铁矿。**毋极** **新市**辖有鲜虞亭，是旧时的封国，姓子。**望都** **唐县**辖有中人亭，辖有左人乡。**安国** **安憙**原本叫做安险，汉章帝将其更名为安憙。**汉昌**原本叫做苦陉，汉章帝将其更名为汉昌。**蠡吾**是侯国，过去隶属于涿郡。**上曲阳**过去隶属于常山郡。恒山位于其西北方。**蒲阴**原本叫做曲逆，汉章帝将其更名为蒲阴。辖有阳城。**广昌**过去隶属于代郡。

安平国是旧时的信都，是汉高帝设置的。汉明帝将其命名为乐成，延光元年（122）将其改名为安平国。地处洛阳北二千里处。**下辖十三城，有人户九万一千四百四十，人口六十五万五千一百一十八。**

信都的辖境内有绛水、呼沱河。**阜城**是旧时的昌城。**南宫** **扶柳** **下博** **武邑** **观津** **经县**的西边有漳水，渡口名叫薄落津。**堂阳**过去隶属于钜鹿郡。**武遂**过去隶属于河间。**饶阳**旧时称作饶，隶属于涿郡。辖有无蒌亭。**安平**过去隶属于涿郡。**南深泽**过去隶属于涿郡。

河间国是汉文帝设置的，世祖将其撤除并划入信都，汉和帝永元三年（91）恢复旧时的设置。地处洛阳北二千五百里处。**下辖十一城，有人户九万三千七百五十四，人口六十三万四千四百二十一。**

乐成 **弓高** **易县**过去隶属于涿郡。**武垣**过去隶属于涿郡。**中水**过去隶属于属涿郡。**鄚**过去隶属于涿郡。**高阳**过去隶属于涿郡。辖有葛城。**文安**过去隶属于勃海郡。**束州**过去隶属于勃海郡。**成平**过去隶属于勃海郡。**东平舒**过去隶属于勃海郡。

清河国是汉高帝设置的。汉桓帝建和二年（148）将其改为甘陵。地处洛阳北一千二百八十里处。**下辖七城，有人户十二万三千九百六十四，人口七十六万零四百一十八。**

甘陵是旧时的厝县，安帝将其更名为甘陵。**贝丘** **东武城** **鄃县** **灵县**是在汉和帝永元九年（97）恢复设置的。**绎幕** **广川**过去隶属于信都。辖有棘津城。

赵国秦邯郸郡，高帝改名。雒阳北千一百里。五城，户三万二千七百一十九，口十八万八千三百八十一。

邯郸有丛台。易阳 襄国本邢国，秦为信都，项羽更名。有檀台。有苏人亭。柏人 中丘

勃海郡高帝置。雒阳北千六百里。八城，户十三万二千三百八十九，口百一十万六千五百。

南皮 高城侯国。重合侯国。浮阳侯国。东光 章武 阳信延光元年复。脩故属信都。

右冀州刺史部，郡、国九，县、邑、侯国百。

赵国是秦朝时的邯郸郡，汉高帝将其改名为赵国。地处洛阳北一千一百里处。**下辖五城，有人户三万二千七百一十九，人口十八万八千三百八十一。**

邯郸的辖境内有丛台。**易阳　襄国**原本是邢国，秦朝时称作信都，项羽将其更名为襄国。辖境内有檀台。有苏人亭。**柏人　中丘**

勃海郡是汉高帝设置的。地处洛阳北一千六百里处。**下辖八城，有人户十三万二千三百八十九，人口一百一十万六千五百。**

南皮　高城是侯国。**重合**是侯国。**浮阳**是侯国。**东光　章武　阳信**是在延光元年恢复设置的。**脩县**过去隶属于信都。

上述各地归属冀州刺史部监察，郡、国有九个，县、邑、侯国有一百个。

卷三十一

志第二十一　郡国三

陈留　东郡　东平　任城　泰山

济北　山阳　济阴

右兖州

东海　琅邪　彭城　广陵　下邳

右徐州

陈留郡武帝置。雒阳东五百三十里。十七城，户十七万七千五百二十九，口八十六万九千四百三十三。

陈留有鸣雁亭。**浚仪**本大梁。**尉氏**　**雍丘**本杞国。**襄邑**有滑亭。有承匡城。**外黄**有葵丘聚，齐桓公会此。城中有曲棘里。有繁阳城。**小黄**　**东昏**　**济阳**　**平丘**有临济亭，田儋死此。有匡。有黄池亭。**封丘**有桐牢亭，或曰古虫牢。**酸枣**　**长垣**侯国。有匡城。有蒲城。有祭城。**己吾**有大棘乡。有首乡。**考城**故菑，章帝更名。故属梁。**圉**故属淮阳。有高阳亭。**扶沟**故属淮阳。

东郡秦置。去雒阳八百余里。十五城，户十三万六千八十八，口六十万三千三百九十三。

濮阳古昆吾国，春秋时曰濮。有咸城，或曰古咸国。有清丘。有鉏城。**燕**本南燕国。有雍乡。有胙城，古胙国。有平阳亭。有瓦亭。有桃城。**白马**有韦乡。**顿丘**　**东阿**有清亭。**东武阳**漯水出。**范**有秦亭。**临邑**有泲庙。**博平**　**聊城**有夷仪聚。有聂城。**发干**　**乐平**侯国。故清，章帝更名。**阳平**侯国。有莘亭。有冈成城。**卫**公国。本观故国，姚姓，光武更名。有河

陈留郡是汉武帝设置的。地处洛阳东五百三十里处。**下辖十七城，有人户十七万七千五百二十九，人口八十六万九千四百三十三。**

陈留辖有鸣雁亭。**浚仪**原本是大梁。**尉氏**　**雍丘**原本是杞国。**襄邑**辖有滑亭。辖有承匡城。**外黄**辖有葵丘聚，齐桓公在这里举行会盟。城中有曲棘里。还辖有繁阳城。**小黄**　**东昏**　**济阳**　**平丘**辖有临济亭，田儋在这里丧命。还辖有匡。辖有黄池亭。**封丘**辖有桐牢亭，有人说是古时候的虫牢邑。**酸枣**　**长垣**是侯国。辖有匡城。辖有蒲城。辖有祭城。**己吾**辖有大棘乡。辖有首乡。**考城**是过去的菑邑，章帝将其更名为考城。过去隶属于梁国。**圉县**过去隶属于淮阳国。辖有高阳亭。**扶沟**过去隶属于淮阳国。

东郡是秦朝时设置的。距离洛阳有八百多里。**下辖十五城，有人户十三万六千零八十八，人口六十万三千三百九十三。**

濮阳是古时候的昆吾国，春秋时叫做濮。辖有咸城，有人说是古时候的咸国。辖有清丘。辖有鉏城。**燕县**原本是南燕国。辖有雍乡。辖有胙城，是古时候的胙国。有平阳亭。有瓦亭。有桃城。**白马**辖有韦乡。**顿丘**　**东阿**辖有清亭。**东武阳**是漯水发源的地方。**范县**辖有秦亭。**临邑**的辖境内泲庙。**博平**　**聊城**辖有夷仪聚。有聂城。**发干**　**乐平**是侯国。是旧时的清县，汉章帝将其更名为乐平。**阳平**是侯国。辖有莘亭。辖有冈成城。**卫**

牧城。有竿城。穀城春秋时小穀。有巂下聚。

东平国故梁，景帝分为济东国，宣帝改。雒阳东九百七十五里。七城，户七万九千一十二，口四十四万八千二百七十。

无盐本宿国，任姓。有章城。东平陆六国时曰平陆。有阚亭。有堂阳亭。富成　章　寿张春秋曰良，汉曰寿良，光武改曰寿张。有堂聚，故聚属东郡。须昌故属东郡。有致密城，古中都。有阳穀城。宁阳故属泰山。

任城国章帝元和元年，分东平为任城。雒阳东千一百里。三城，户三万六千四百四十二，口十九万四千一百五十六。

任城本任国。有桃聚。亢父　樊

泰山郡高帝置。雒阳东千四百里。十二城，户八千九百二十九，口四十三万七千三百一十七。

奉高有明堂，武帝造。博有泰山庙。岱山在西北。有龟山。有龙乡城。梁甫侯国。有菟裘聚。钜平侯国。有亭禅山。有阳关亭。嬴有铁。山茌侯国。莱芜有原山，淄水出。盖沂水出。南武阳侯国。有颛臾城。南城故属东海。有东阳城。费侯国，故属东海。有祊亭。有台亭。牟故国。

济北国和帝永元二年，分泰山置。雒阳东千一百五十里。五城，户四万五千六百八十九，口二十三万五千八百九十七。

卢有平阴城。有防门。有光里。有景兹山。有敖山。有清亭。有长城至东海。蛇丘有遂乡。有下讙亭。有铸乡城。成本国。茌平本属东郡。刚

山阳郡故梁，景帝分置。雒阳东八百一十里。十城，户

县是公国。原本是观国故地，姓姚，光武帝将其更名为卫。辖有河牧城。辖有竿城。**穀城**是春秋时的小穀。辖有巂下聚。

东平国是旧时的梁国，汉景帝划分梁国设置为济东国，宣帝将其改名为东平国。地处洛阳东九百七十五里处。**下辖七城，有人户七万九千零一十二，人口四十四万八千二百七十。**

无盐原本是宿国，姓任。辖有章城。**东平陆**在六国时叫做平陆。辖有阚亭。辖有堂阳亭。**富成** **章** **寿张**在春秋时叫做良，汉朝时叫做寿良，光武帝将其改名为寿张。辖有堂聚，过去刘属于东郡。**须昌**过去隶属于东郡。辖有致密城，是古时候的中都邑。辖有阳穀城。**宁阳**过去隶属于泰山郡。

任城国汉章帝元和元年（84），将东平国划分设立为任城国。地处洛阳东一千一百里处。**下辖三城，有人户三万六千四百四十二，人口十九万四千一百五十六。**

任城原本是任国。辖有桃聚。**亢父** **樊**

泰山郡是汉高帝时设置的。地处洛阳东一千四百里处。**下辖十二城，有人户八千九百二十九，人口四十三万七千三百一十七。**

奉高的辖境内有明堂，是汉武帝修造的。**博县**的辖境内有泰山庙。县的西北方有岱山。有龟山。辖有龙乡城。**梁甫**是侯国。辖有菟裘聚。**钜平**是侯国。辖境内有亭禅山。辖有阳关亭。**嬴县**的辖境内有铁矿。**山茌**是侯国。**莱芜**的辖境内有原山，潘水从这里发源。**盖县**是沂水发源的地方。**南武阳**是侯国。辖有颛臾城。**南城**过去隶属于东海郡。辖有东阳城。**费**是侯国，过去隶属于东海郡。辖有祊亭。辖有台亭。**牟县**是旧时的封国。

济北国汉和帝永元二年（90），划分泰山郡设置的。地处洛阳东一千一百五十里处。**下辖五城，有人户四万五千六百八十九，人口二十三万五千八百九十七。**

卢县辖有平阴城。境内有防门。有光里。有景兹山。有敖山。还辖有清亭。境内还有直到东海的长城。**蛇丘**辖有遂乡。辖有下讙亭。辖有铸乡城。**成县**原本是国。**茌平**原本隶属于东郡。**刚**

山阳郡是旧时的梁国，汉景帝划分梁国设置了山阳郡。地处洛十万九千八百九十八，口六十万六千九十一。

昌邑刺史治。有梁丘城。有甲父亭。东缗春秋时曰缗。钜野有大野泽。高平侯国。故橐，章帝更名。有茅乡城。湖陆故湖陵，章帝更名。南平阳侯国。有漆亭。有闾丘亭。方与有武唐亭，鲁侯观鱼台。有泥母亭，或曰古甯母。瑕丘 金乡 防东

济阴郡故梁，景帝分置。雒阳东八百里。十一城，户十三万三千七百一十五，口六十五万七千五百五十四。

定陶本曹国，古陶，尧所居。有三鬷亭。冤句有煮枣城。成阳有尧冢、灵台，有雷泽。乘氏侯国。有泗水。有鹿城乡。句阳有垂亭。鄄城 离狐故属东郡。廪丘故属东郡。有高鱼城。有运城。单父侯国，故属山阳。成武故属山阳。有郜城。己氏故属梁。

右兖州刺史部，郡、国八，县、邑、公、侯国八十。

东海郡高帝置，雒阳东千五百里。十三城，户十四万八千七百八十四，口七十万六千四百一十六。

郯本国，刺史治。兰陵有次室亭。戚 朐有铁。有伊卢乡。襄贲 昌虑有蓝乡。承 阴平 利城 合乡 祝其有羽山。春秋时曰祝其，夹谷地。厚丘 赣榆本属琅邪，建初五年复。

琅邪国秦置。建武中省城阳国，以其县属。雒阳东一千五百里。十三城，户二万八百四，口五十七万九百六十七。

开阳故属东海，建初五年属。东武 琅邪 东莞有郓亭。有邳乡。有公来山。或曰古浮来。西海 诸 莒本国，故属城阳。有铁。有峥嵘谷。东

阳东八百一十里处。下辖十城，有人户十万九千八百九十八，人口六十万六千零九十一。

昌邑是刺史的治所。辖有梁丘城。辖有甲父亭。东缗在春秋时叫做缗。钜野的辖境内有大野泽。高平是侯国。是旧时的橐县，汉章帝将其更名为高平时改为现名。辖有茅乡城。湖陆是旧时的湖陵，汉章帝将其更名为湖陆。南平阳是侯国。辖有漆亭。有闾丘亭。方与辖有武唐亭，鲁侯的观鱼台就在这里。有泥母亭，有人说是古时候的甯母。瑕丘 金乡 防东

济阴郡是旧时的梁国，汉景帝划分梁国设置了济阴郡。地处洛阳东八百里处。下辖十一城，有人户十三万三千七百一十五，人口六十五万七千五百五十四。

定陶原本是曹国，是古时候的陶邑，是尧帝所居住的地方。辖有三鬷亭。冤句辖有煮枣城。成阳的辖境内有尧帝陵、灵台，还有雷泽。乘氏是侯国，辖境内有泗水。辖有鹿城乡。句阳辖有垂亭。鄄城 离狐过去隶属于东郡。廪丘过去隶属于东郡。辖有高鱼城。辖有运城。单父是侯国，过去隶属于山阳郡。成武过去隶属于山阳郡。辖有郜城。己氏过去隶属于梁国。

上述各地归属兖州刺史部监察，郡、国有 八个，县、邑、公、侯国有八十个。

东海郡是汉高帝设置的。地处洛阳东一千五百里处。下辖十三城，有人户十四万八千七百八十四，人口七十万六千四百一十六。

郯县原本是国，是刺史的治所。兰陵辖有次室亭。戚 朐县的境内有铁矿。辖有伊卢乡。襄贲 昌虑辖有蓝乡。承 阴平 利城 合乡 祝其的辖境内有羽山。春秋时叫做祝其，位于夹谷所在的地方。厚丘 赣榆原本隶属于琅邪，是在建初五年（80）恢复设置的。

琅邪国是秦朝时设置的。建武年间撤除了城阳国，将其属县划入琅邪国。地处洛阳东一千五百里处。下辖十三城，有人户二万零八百零四，人口五十七万零九百六十七。

开阳过去隶属于东海郡，建初五年改为隶属琅邪郡。东武 琅邪 东莞辖有郓亭。辖有邳乡。辖境内有公来山，有人说是古时候的浮来。西海 诸县 莒县原本是国，过去隶属于城阳国。境内有铁矿。有峥嵘谷。东

安故属城阳。阳都故属城阳。有牟台。临沂故属东海。有丛亭。即丘侯国，故属东海，春秋曰祝丘。缯侯国，故属东海。有概亭。姑幕

彭城国高祖置为楚，章帝改。雒阳东千二百二十里。八城，户八万六千一百七十，口四十九万三千二十七。

彭城有铁。武原　傅阳有柤水。吕　留　梧　菑丘　广戚故属沛国。

广陵郡景帝置为江都，武帝更名。建武中省泗水国，以其县属。雒阳东一千六百四十里。十一城，户八万三千九百七，口四十一万百九十。

广陵有东陵亭。江都有江水祠。高邮　平安　淩故属泗水。东阳故属临淮。有长洲泽，吴王濞太仓在此。射阳故属临淮。盐渎故属临淮。舆侯国，故属临淮。堂邑故属临淮。有铁。春秋时曰堂。海西故属东海。

下邳国武帝置为临淮郡，永平十五年更为下邳国。雒阳东千四百里。十七城，户十三万六千三百八十九，口六十一万一千八十三。

下邳本属东海。葛峄山，本峄阳山。有铁。徐本国。有楼亭，或曰古蒌林。僮侯国。睢陵　下相　淮阴　淮浦　盱台　高山　潘旌　淮陵　取虑有蒲姑陂。东成　曲阳侯国，故属东海。司吾侯国，故属东海。良成故属东海。春秋时曰良。夏丘故属沛。

右徐州刺史部，郡、国五，县、邑、侯国六十二。

安过去隶属于城阳国。**阳都**过去隶属于城阳国，辖境内有牟台。**临沂**过去隶属于东海郡。辖有丛亭。**即丘**是侯国，过去隶属于东海郡，春秋时叫做祝丘。**缯**是侯国，过去隶属于东海郡。辖有概亭。**姑幕**

彭城国在汉高祖时被设立为楚国，汉章帝时改为彭城国。地处洛阳东一千二百二十里处。**下辖八城，有人户八万六千一百七十，人口四十九万三千零二十七。**

彭城的境内有铁矿。**武原**　**傅阳**的境内有柤水。**吕**　**留**　**梧**　**菑丘**　**广戚**过去隶属于沛国。

广陵郡在汉景帝时被设立为江都国，汉武帝将其更名为广陵郡。建武年间撤除了泗水国，将其属县划入广陵郡。地处洛阳东一千六百四十里处。**下辖十一城，有人户八万三千九百零七，人口四十一万零一百九十。**

广陵辖有东陵亭。**江都**的辖境内有江水祠。**高邮**　**平安**　**凌县**过去隶属于泗水国。**东阳**过去隶属于临淮郡。辖境内有长洲泽，吴王刘濞的太仓就在此处。**射阳**过去隶属于临淮郡。**盐渎**过去隶属于临淮郡。**舆**是侯国，过去隶属于临淮郡。**堂邑**过去隶属于临淮郡。境内有铁矿。春秋时叫做堂。**海西**过去隶属于东海郡。

下邳国在汉武帝时被设立为临淮郡，永平十五年（72）更改为下邳国。地处洛阳东一千四百里处。**下辖十七城，有人户十三万六千三百八十九，人口六十一万一千零八十三。**

下邳原本隶属于东海郡。辖境内有葛峄山，原本叫做峄阳山。山上有铁矿出产铁。**徐县**原本是国。辖有楼亭，有人说是古时候的蒌林。**僮**是侯国。**睢陵**　**下相**　**淮阴**　**淮浦**　**盱台**　**高山**　**潘旌**　**淮陵**　**取虑**的辖境内有蒲姑陂。**东成**　**曲阳**是侯国，过去隶属于东海郡。**司吾**是侯国，过去隶属于东海郡。**良成**过去隶属于东海郡。春秋时叫做良。**夏丘**过去隶属于沛郡。

上述各地归属徐州刺史部监察，有郡、国五个，县、邑、侯国六十二个。

卷三十二

志第二十二　郡国四

济南　平原　乐安　北海　东莱　齐国

右青州

南阳　南郡　江夏　零陵　桂阳　武陵　长沙

右荆州

九江　丹阳　庐江　会稽　吴郡　豫章

右扬州

济南国故齐，文帝分。雒阳东千八百里。十城，户七万八千五百四十四，口四十五万三千三百八。

东平陵有铁。有谭城。有天山。著　於陵　台　菅有赖亭。土鼓　梁邹　邹平　东朝阳　历城有铁。有巨里聚。

平原郡高帝置。雒阳北一千三百里。九城，户十五万五千五百八十八，口百万二千六百五十八。

平原　高唐湿水出。般　鬲侯国。夏时有鬲君，灭浞立少康。祝阿春秋时曰祝柯。有野井亭。乐陵　湿阴　安德侯国。厌次本富平。明帝更名。

乐安国高帝西平昌置，为千乘，永元七年更名。雒阳东千五百二十里。九城，户七万四千四百，口四十二万四千七十五。

临济本狄，安帝更名。千乘　高菀　乐安　博昌有薄姑城。有贝中

济南国是旧时的齐国，汉文帝划分齐国设置了济南国。地处洛阳东一千八百里处。**下辖十城，有人户七万八千五百四十四，人口四十五万三千三百零八。**

东平陵的境内有铁矿。辖有谭城。境内还有天山。**著县　於陵　台　菅县**辖有赖亭。**土鼓　梁邹　邹平　东朝阳　历城**的境内有铁矿。辖有巨里聚。

平原郡是汉高帝设置的。地处洛阳北一千三百里处。**下辖九城，有人户十五万五千五百八十八，人口一百万二千六百五十八。**

平原　高唐是湿水发源的地方。**般县　鬲**是侯国。夏朝时这里有一位鬲君，灭掉寒浞，复立少康为夏朝国君。**祝阿**在春秋时被叫做祝柯。辖有野井亭。**乐陵　湿阴　安德**是侯国。**厌次**原本叫做富平，汉明帝将其更名为厌次。

乐安国是汉高帝设置的西平昌的所在地，名叫千乘国，永元七年(95)更名为乐安国。地处洛阳东一千五百二十里处。**下辖九城，有人户七万四千四百，人口四十二万四千零七十五。**

临济原本叫做狄县，汉安帝将其更名为临济。**千乘　高菀　乐安**

聚。有时水。蓼城侯国。利故属齐。益侯国。故属北海。寿光故属北海。有灌亭。

北海国景帝置。建武十三年省菑川、高密、胶东三国，以其县属。十八城，户十五万八千六百四十一，口八十五万三千六百四。

剧有纪亭，古纪国。营陵　平寿有斟城。有寒亭，古寒国，浞封此。都昌　安丘有渠丘亭。淳于永元九年复。有密乡。平昌侯国，故属琅邪，有菨乡。朱虚侯国，故属琅邪，永初元年属。东安平故属菑川。六国时曰安平。有酅亭。高密侯国。昌安侯国，安帝复。夷安侯国，安帝复。胶东侯国。即墨侯国。有棠乡。壮武安帝复。下密安帝复。挺　观阳

东莱郡高帝置。雒阳东三千一百二十八里。十三城，户十万四千二百九十七，口四十八万四千三百九十三。

黄　牟平　惤侯国。曲成侯国。掖侯国。有过乡。当利侯国。东牟侯国。昌阳　卢乡　长广故属琅邪。黔陬侯国，故属琅邪。有介亭。葛卢有尤涉亭。不其侯国，故属琅邪。

齐国秦置。雒阳东千八百里。六城，户六万四千四百一十五，口四十九万一千七百六十五。

临菑本齐，刺史治。西安有棘里亭。有蘧丘里，古渠丘。昌国　临朐有三亭，古郱邑。广　般阳故属济南。

右青州刺史部，郡、国六，县六十五。

南阳郡秦置。雒阳南七百里。三十七城，户五十二万八千五百五十一，口二百四十三万九千六百一十八。

博昌辖有薄姑城。辖有贝中聚。境内有时水。**蓼城**是侯国。**利县**过去隶属于齐郡。**益**是侯国，过去隶属于北海郡。**寿光**原本隶属于北海郡。辖有灌亭。

北海国是汉景帝设置的。建武十三年（37）撤除菑川、高密、胶东三国，将它们的属县划入北海国。**下辖十八城，有人户十五万八千六百四十一，人口八十五万三千六百零四。**

剧县辖有纪亭，是古时候的纪国。**营陵** **平寿**辖有斟城。辖有寒亭，是古时候的寒国，寒浞被封在此地。**都昌** **安丘**辖有渠丘亭。**淳于**是在永元九年（97）恢复设置的。辖有密乡。**平昌**是侯国，过去隶属于琅邪郡。辖有菱乡。**朱虚**是侯国，过去隶属于琅邪郡，是在永初元年（107）归属朱虚的。**东安平**过去隶属于菑川郡。六国时被叫做安平，辖有酅亭。**高密**是侯国。**昌安**是侯国，汉安帝将其恢复设置。**夷安**是侯国，汉安帝将其恢复设置。**胶东**是侯国。**即墨**是侯国。辖有棠乡。**壮武**是被汉安帝恢复设置的。**下密**是被汉安帝恢复设置的。**挺县** **观阳**

东莱郡是汉高帝设置的。地处洛阳东三千一百二十八里处。**下辖十三城，有人户十万四千二百九十七人，人口四十八万四千三百九十三。**

黄县 **牟平** **惤**是侯国。**曲成**是侯国。**掖**是侯国。辖有过乡。**当利**是侯国。**东牟**是侯国。**昌阳** **卢乡** **长广**过去隶属于琅邪郡。**黔陬**是侯国，过去隶属于琅邪郡。辖有介亭。**葛卢**辖有尤涉亭。**不其**是侯国，过去隶属于琅邪郡。

齐国是在秦朝时设置的。地处洛阳东一千八百里处。**下辖六城，有人户六万四千四百一十五，人口四十九万一千七百六十五。**

临菑原本叫做齐，是刺史的治所。**西安**辖有棘里亭。辖有蘧丘里，是古时候的渠丘。**昌国** **临朐**辖有三亭，是古时候的邢邑。**广县** **般阳**过去隶属于济南郡。

上述各地归属青州刺史部监察，有郡、国六个，县六十五个。

南阳郡是在秦朝时设置的。地处洛阳南七百里处。**下辖三十七城，有人户五十二万八千五百五十一，人口二百四十三万九千六百一十八。**

宛本申伯国。有南就聚。有瓜里津。有夕阳聚。有东武亭。冠军邑。叶有长山，曰方城。有卷城。新野有东乡，故新都。有黄邮聚。章陵故春陵，世祖更名。有上唐乡。西鄂 雉 鲁阳有鲁山。有牛兰累亭。犨 堵阳 博望 舞阴邑。比阳 复阳侯国。有杏聚。平氏桐柏大复山，淮水出。有宜秋聚。棘阳有蓝乡。有黄淳聚。湖阳邑。随西有断蛇丘。育阳邑。有小长安。有东阳聚。涅阳 阴 酂 邓有鄾聚。山都侯国。郦侯国。穰 朝阳 蔡阳侯国。安众侯国。筑阳侯国。有涉都乡。武当有和成聚。顺阳侯国，故博山。有须聚。成都 襄乡 南乡 丹水故属弘农。有章密乡。有三户亭。析故属弘农，故楚白羽邑。有武关，在县西。有丰乡城。

南郡秦置。雒阳南一千五百里。十七城，户十六万二千五百七十，口七十四万七千六百四。

江陵有津乡。巫西有白帝城。秭归本归国。中卢侯国。编有蓝口聚。当阳 华容侯国。云梦泽在南。襄阳有阿头山。邔侯国。有犁丘城。宜城侯国。鄀侯国。永平元年复。临沮侯国。有荆山。枝江侯国。本罗国。有丹阳聚。夷道 夷陵有荆门，虎牙山。州陵 很山故属武陵。

江夏郡高帝置。雒阳南千五百里。十四城，户五万八千四百三十四，口二十六万五千四百六十四。

西陵 西阳 轪侯国。鄳 竟陵侯国。有郧乡。有章山，本内方。云杜 沙羡 邾 下雉 蕲春侯国。鄂 平春侯国。南新市侯国。安陆

零陵郡武帝置。雒阳南三千三百里。十三城，户二十一万二千二百八十四，口百万一千五百七十八。

泉陵 零陵阳朔山，湘水出。营道南有九疑山。营浦 泠道 洮阳

宛县原本是申伯国。辖有南就聚。辖有瓜里津。辖有夕阳聚。辖有东武亭。**冠军**是邑。**叶县**的辖境内有长山，叫做方城山。辖有卷城。**新野**辖有东乡，是旧时的新都。还辖有黄邮聚。**章陵**过去叫做春陵，光武帝将其更名为章陵。辖有上唐乡。**西鄂** **雉县** **鲁阳**的辖境内有鲁山，辖有牛兰累亭。**犨** **堵阳** **博望** **舞阴**是邑。**比阳** **复阳**是侯国。辖有杏聚。**平氏**的境内有桐柏大复山，淮水从这里发源。辖有宜秋聚。**棘阳**辖有蓝乡。辖有黄淳聚。**湖阳**是邑。**随县**的西面有断蛇丘。**育阳**是邑。辖有小长安。辖有东阳聚。**涅阳** **阴县** **酂县** **邓县**辖有鄾聚。**山都**是侯国。**郦**是侯国。**穰县** **朝阳** **蔡阳**是侯国。**安众**是侯国。**筑阳**是侯国。辖有涉都乡。**武当**辖有和成聚。**顺阳**是侯国，是旧时的博山侯国。辖有须聚。**成都** **襄乡** **南乡** **丹水**过去隶属于弘农郡。辖有章密乡。辖有三户亭。**析县**过去隶属于弘农郡，是旧时楚国的白羽邑。辖有武关，在县的西边。辖有丰乡城。

南郡是在秦朝时设置的。地处洛阳南一千五百里处。**下辖十七城，有人户十六万二千五百七十，人口七十四万七千六百零四。**

江陵辖有津乡。**巫县**的西边有白帝城。**秭归**原本是归国。**中卢**是侯国。**编县**辖有蓝口聚。**当阳** **华容**是侯国。云梦泽在侯国的南边。**襄阳**的辖境内有阿头山。**邔**是侯国。辖有犁丘城。**宜城**是侯国。**鄀**是侯国，是在永平元年(58)恢复设置的。**临沮**是侯国。辖境内有荆山。**枝江**是侯国。原本是罗国。辖有丹阳聚。**夷道** **夷陵**的辖境内有荆门山，虎牙山。**州陵** **很山**过去隶属于武陵郡。

江夏郡是在汉高帝时设置的。地处洛阳南一千五百里处。**下辖十四城，有人户五万八千四百三十四，人口二十六万五千四百六十四。**

西陵 **西阳** **轪**是侯国。**鄳** **竟陵**是侯国，辖有郧乡。辖境内有章山，原本叫做内方山。**云杜** **沙羡** **邾** **下雉** **蕲春**是侯国。**鄂** **平春**是侯国。**南新市**是侯国。**安陆**

零陵郡是在汉武帝时设置的。地处洛阳南三千三百里处。**下辖十三城，有人户二十一万二千二百八十四，人口一百万一千五百七十八。**

泉陵 **零陵**的辖境内有阳朔山，湘水从这里发源。**营道**的南面有九都梁有路山。夫夷侯国。始安侯国。重安侯国，故钟武，永建三年更名。湘乡 昭阳侯国。烝阳侯国，故属长沙。

桂阳郡高帝置。上领山。在雒阳南三千九百里。十一城，户十三万五千二十九，口五十万一千四百三。

郴有客岭山。便 耒阳有铁。阴山 南平 临武 桂阳 含洭 浈阳有笮领山。曲江 汉宁永和元年置。

武陵郡秦昭王置，名黔中郡，高帝五年更名。雒阳南二千一百里。十二城，户四万六千六百七十二，口二十五万九百一十三。

临沅 汉寿故索，阳嘉三年更名，刺史治。孱陵 零阳 充 沅陵先有壶头山。辰阳 酉阳 迁陵 镡成 沅南建武二十六年置。作唐

长沙郡秦置。雒阳南二千八百里。十三城，户二十五万五千八百五十四，口百五万九千三百七十二。

临湘 攸 荼陵 安城 酃 湘南侯国。衡山在东南。连道 昭陵 益阳 下隽 罗 醴陵 容陵

右荆州刺史部，郡七，县、邑、侯国百一十七。

九江郡秦置。雒阳东一千五百里。十四城，户八万九千四百三十六，口四十三万二千四百二十六。

阴陵 寿春 浚遒 成德 西曲阳 合肥侯国。历阳侯国，刺史治。当涂有马丘聚，徐凤反于此。全椒 钟离侯国。阜陵 下蔡故属沛。平阿故属沛。有涂山。义成故属沛。

丹阳郡秦鄣郡，武帝更名。雒阳东二千一百六十里。建安十三年，孙权分新都郡。十六城，户十三万六千五百一十八，口

疑山。营浦 泠道 洮阳 都梁的辖境内有路山。夫夷是侯国。始安是侯国。重安是侯国，过去叫做钟武，永建三年（128）更名为重安。湘乡 昭阳是侯国。烝阳是侯国，过去隶属于长沙郡。

桂阳郡是汉高帝时设置的，辖境内有上领山。地处洛阳南三千九百里处。下辖十一城，有人户十三万五千零二十九，人口五十万一千四百零三。

郴县的辖境内有客领山。便县 耒阳的境内有铁矿。阴山 南平临武 桂阳 含洭 浈阳的辖境内有笮领山。曲江 汉宁是在永和元年（136）设置的。

武陵郡是在秦昭王时设置的，当时鸣叫黔中郡，汉高帝五年（前202）更名为武陵郡。地处洛阳南二千一百里处。下辖十二城，有人户四万六千六百七十二，人口二十五万零九百一十三。

临沅 汉寿过去叫做索县，阳嘉三年（134）更名为汉寿，是刺史的治所。孱陵 零阳 充县 沅陵的辖境内先前有壶头山。辰阳 酉阳 迁陵 镡成 沅南是在建武二十六年（50）设置的。作唐

长沙郡是在秦朝时设置的。地处洛阳南二千八百里处。下辖十三城，有人户二十五万五千八百五十四，人口一百零五万九千三百七十二。

临湘 攸 茶陵 安城 酃 湘南是侯国。衡山在县城的东南面。连道 昭陵 益阳 下隽 罗 醴陵 容陵

上述各地归属荆州刺史部监察，有郡七个，县、邑、侯国一百一十七个。

九江郡是在秦朝时设置的。地处洛阳东一千五百里处。下辖十四城，有人户八万九千四百三十六，人口四十三万二千四百二十六。

阴陵 寿春 浚道 成德 西曲阳 合肥是侯国。历阳是侯国，是刺史的治所。当涂辖有马丘聚，徐凤就是在此地造反的。全椒 钟离是侯国。阜陵 下蔡过去隶属于沛郡。平阿过去隶属于沛郡。辖境内有涂山。义成过去隶属于沛郡。

丹阳郡在秦朝时被称作鄣郡，汉武帝将其更名为丹阳郡。地处洛阳东二千一百六十里处。建安十三年（208），孙权划分丹阳郡设置了新

六十三万五百四十五。

宛陵 溧阳 丹阳 故鄣 於潜 泾 歙 黝 陵阳 芜湖中江在西。秣陵南有牛渚。湖熟侯国。句容 江乘 春穀 石城

庐江郡文帝分淮南置。建武十三年省六安国，以其县属。雒阳东一千七百里。十四城，户十万一千三百九十二，口四十二万四千六百八十三。

舒有桐乡。雩娄侯国。寻阳南有九江，东合为大江。潜 临湖侯国。龙舒侯国。襄安 皖有铁。居巢侯国。六安国。蓼侯国。安丰有大别山。阳泉侯国。安风侯国。

会稽郡秦置。本治吴，立郡吴，乃移山阴。雒阳东三千八百里。十四城，户十二万三千九十，口四十八万一千一百九十六。

山阴会稽山在南，上有禹冢。有浙江。鄮 乌伤 诸暨 余暨 太末 上虞 剡 余姚 句章 鄞 章安故冶，闽越地，光武更名。永宁永和三年以章安县东瓯乡为县。东部侯国。

吴郡顺帝分会稽置。雒阳东三千二百里。十三城，户十六万四千一百六十四，口七十万七百八十二。

吴本国。震泽在西，后名具区泽。海盐 乌程 余杭 毗陵季札所居。北江在北。丹徒 曲阿 由拳 安 富春 阳羡邑。无锡侯国。娄

豫章郡高帝置。雒阳南二千七百里。二十一城，户四十万六千四百九十六，口百六十六万八千九百六。

南昌 建城 新淦 宜春 庐陵 赣有豫章水。雩都 南野有台领山。南城 鄱阳有鄱水。黄金采。历陵有傅昜山。余汗 鄡阳 彭泽彭蠡泽在西。柴桑 艾 海昏侯国。平都侯国，故安平。石阳 临汝永元八年

都郡。下辖十六城，有人户十三万六千五百一十八，人口六十三万零五百四十五。

宛陵 溧阳 丹阳 故鄣 於潜 泾县 歙县 黝县 陵阳 芜湖的西边是中江。秣陵的南边有牛渚。湖熟是侯国。句容 江乘 春穀 石城

庐江郡是汉文帝划分淮南郡设置的。建武十三年（37）撤除了六安国，将其属县划入庐江郡。地处洛阳东一千七百里处。下辖十四城，有人户十万一千三百九十二，人口四十二万四千六百八十三。

舒县辖有桐乡。雩娄是侯国。寻阳的南边有九条江，东流汇合为大江。潜县 临湖是侯国。龙舒是侯国。襄安 皖县的辖境内有铁矿。居巢是侯国。六安是封国。蓼是侯国。安丰的辖境内有大别山。阳泉是侯国。安风是侯国。

会稽郡是在秦朝时设置的。原本的治所在吴县，因为在吴县设立了吴郡，于是将会稽郡的治所移到了山阴县。地处洛阳东三千八百里处。下辖十四城，有人户十二万三千零九十，人口四十八万一千一百九十六。

山阴的南边有会稽山，山上有大禹的陵墓。有浙江。鄮县 乌伤 诸暨 余暨 太末 上虞 剡县 余姚 句章 鄞县 章安是过去的冶县，位于闽越地区，光武帝将其更名为章安。永宁是在永和三年将章安县东瓯乡设立为永宁县的。东部是侯国。

吴郡是汉顺帝划分会稽郡设置的。地处洛阳东三千二百里处。下辖十三城，有人户十六万四千一百六十四，人口七十万零七百八十二。

吴县原本是国。震泽在县的西面，后来叫做具区泽。海盐 乌程 余杭 毗陵是季札的居住地。北江在县的北面。丹徒 曲阿 由拳 安 富春 阳羡是邑。无锡是侯国。娄县

豫章郡是在汉高帝时设置的。地处洛阳南二千七百里处。下辖二十一城，有人户四十万六千四百九十六，人口一百六十六万八千九百零六。

南昌 建城 新淦 宜春 庐陵 赣县的辖境内有豫章水。雩都 南野的辖境内有台领山。南城 鄱阳的辖境内有鄱水。有黄金可以开采。历陵的辖境内有傅昜山。余汗 鄡阳 彭泽的西面有彭蠡泽。柴桑 艾 海

置。建昌永元十六年分海昏置。

右扬州刺史部，郡六、县、邑、侯国九十二。

昏是侯国。**平都**是侯国，是过去的安平。**石阳** **临汝**是在永元八年（96）设置的。**建昌**是在永元十六年（104）划分海昏设置的。

上述各地归属扬州刺史部监察，有郡六个，县、邑、侯国九十二个。

卷三十三

志第二十三　郡国五

汉中　巴郡　广汉　蜀郡　犍为　牂牁

越巂　益州　永昌　广汉属国　蜀郡属国

犍为属国

右益州

陇西　汉阳　武都　金城　安定　北地

武威　张掖　酒泉　敦煌　张掖属国

张掖居延属国

右凉州

上党　太原　上郡　西河　五原　云中

定襄　雁门　朔方

右并州

涿郡　广阳　代郡　上谷　渔阳　右北平

辽西　辽东　玄菟　乐浪　辽东属国

右幽州

南海　苍梧　郁林　合浦　交趾　九真　日南

右交州

汉中郡秦置。雒阳西千九百九十里。九城，户五万七千三百四十四，口二十六万七千四百二。

南郑　成固妫墟在西北。西城　褒中　沔阳有铁。安阳　锡有锡，春秋时曰锡穴。上庸本庸国。房陵

汉中郡是在秦朝时设置的。地处洛阳西一千九百九十里处。**下辖九城，有人户五万七千三百四十四，人口二十六万七千四百零二。**

南郑 成固的西北边是传说中舜帝居住过的妫墟。**西城 褒中 沔阳**的辖境内有铁矿。**安阳 锡县**的辖境内有锡矿，春秋时叫做锡穴。**上庸**

巴郡秦置。雒阳西三千七百里。十四城，户三十一万六百九十一，口百八万六千四十九。

江州 宕渠有铁。朐忍 阆中 鱼复扞水有扞关。临江 枳 涪陵出丹。垫江 安汉 平都 充国永元二年分阆中置。宣汉 汉昌永元中置。

广汉郡高帝置。雒阳西三千里。十一城，户十三万九千八百六十五，口五十万九千四百三十八。

雒刺史治。新都 绵竹 什邡 涪 梓潼 白水 葭萌 郪 广汉有沈水。德阳

蜀郡秦置。雒阳西三千一百里。十一城，户三十万四百五十二，口百三十五万四百七十六。

成都 郫 江原 繁 广都 临邛有铁。湔氐道岷山在西徼外。汶江道 八陵 广柔 绵虒道

犍为郡武帝置。雒阳西三千二百七十里。刘璋分立江阳郡。九城，户十三万七千七百一十三，口四十一万一千三百七十八。

武阳有彭亡聚。资中 牛鞞 南安有鱼涪津。僰道 江阳 符节 南广 汉安

牂牁郡武帝置。雒阳西五千七百里。十六城，户三万一千五百二十三，口二十六万七千二百五十三。

故且兰 平夷 鳖 毋敛 谈指出丹。夜郎出雄黄、雌黄。同並 谈稿 漏江 毋单 宛温 镡封 漏卧 句町 进乘 西随

越嶲郡武帝置。雒阳四千八百里。十四城，户十三万一百二十，口六十二万三千四百一十八。

邛都南山出铜。遂久 灵关道 台登出铁。青蛉有禺同山，俗谓有金马碧鸡。卑水 三缝 会无出铁。定莋 阐 苏示 大莋 莋秦 姑复

原本是庸国。房陵

巴郡是在秦朝时设置的。地处洛阳西三千七百里处。下辖十四城，有人户三十一万零六百九十一，人口一百零八万六千零四十九。

江州 宕渠的辖境内有铁矿。朐忍 阆中 鱼复的辖境内有扞水有扞关。临江 枳县 涪陵出产丹砂。垫江 安汉 平都 充国是在永元二年(90)划分阆中县设置的。宣汉 汉昌是在永元年间设置的。

广汉郡是在汉高帝时设置的。地处洛阳西三千里处。下辖十一城，有人户十三万九千八百六十五户，人口五十万九千四百三十八。

雒县是刺史的治所。新都 绵竹 什邡 涪 梓潼 白水 葭萌 郪 广汉的辖境内有沈水。德阳

蜀郡是在秦朝时设置的。地处洛阳西三千一百里处。下辖十一城，有人户三十万零四百五十二，人口一百三十五万零四百七十六。

成都 郫县 江原 繁县 广都 临邛的辖境内有铁矿。湔氐道辖境内的岷山延绵至西面边界外。汶江道 八陵 广柔 绵虒道

犍为郡是在汉武帝时设置的。地处洛阳西三千二百七十里处。刘璋划分出犍为郡的部分地区设立了江阳郡。下辖九城，有人户十三万七千七百一十三，人口四十一万一千三百七十八。

武阳辖有彭亡聚。资中 牛鞞 南安的辖境内有鱼泣津。僰道 江阳 符节 南广 汉安

牂牁郡是在汉武帝时设置的。地处洛阳西五千七百里处。下辖十六城，有人户三万一千五百二十三，人口二十六万七千二百五十三。

故且兰 平夷 鄨县 毋敛 谈指出产丹砂。夜郎出产雄黄、雌黄。同並 谈稿 漏江 毋单 宛温 镡封 漏卧 句町 进乘 西随

越巂郡是在汉武帝时设置的。地处洛阳西四千八百里处。下辖十四城，有人户十三万零一百二十，人口六十二万三千四百一十八。

邛都南边的山脉出产铜。遂久 灵关道 台登出产铁。青蛉的辖境内有禺同山，百姓传言山中有金马碧鸡。卑水 三缝 会无出产铁。定莋

益州郡武帝置。故滇王国。雒阳西五千六百里。诸葛亮表有耽文山、泽山、司弥瘗山、娄山、辟龙山，此等并皆未详所在县。十七城，户二万九千三十六。口十一万八百二。

滇池出铁。有池泽。北有黑水祠。胜休 俞元装山出铜。律高石室山出锡。盢町山出银、铅。贲古采山出铜、锡。羊山出银、铅。毋棳 建伶 榖昌 牧靡 味 昆泽 同濑 同劳 双柏出银。连然 梇栋 秦臧

永昌郡明帝永平十二年分益州置。雒阳西七千二百六十里。八城，户二十三万一千八百九十七，口百八十九万七千三百四十四。

不韦出铁。巂唐 比苏 楪榆 邪龙 云南 哀牢永平中置，故牢王国。博南永平中置。南界出金。

广汉属国故北部都尉，属广汉郡，安帝时以为属国都尉，别领三城。户三万七千一百一十，口二十万五千六百五十二。

阴平道 甸氐道 刚氐道

蜀郡属国故属西部都尉，延光元年以为属国都尉，别领四城。户十一万一千五百六十八，口四十七万五千六百二十九。

汉嘉故青衣，阳嘉二年改。有蒙山。严道有邛僰九折坂者，邛邮置。徙 旄牛

犍为属国故郡南部都尉，永初元年以为属国都尉，别领二城。户七千九百三十八，口三万七千一百八十七。

朱提山出银、铜。汉阳

右益州刺史部，郡、国十二，县、道一百一十八。

阐　苏示　大莋　莋秦　姑复

益州郡是在汉武帝时设置的。是旧时滇王的封国。地处洛阳西五千六百里处。诸葛亮撰写的表中记录有耽文山、泽山、司弥瘗山、娄山、辟龙山，这些山都没有详细记载所在的县名。**下辖十七城，有人户二万九千零三十六，人口十一万零八百零二。**

滇池出产铁。辖境内有滇池。县的北边有黑水祠。**胜休　俞元**辖境内的装山出产铜。**律高**辖境内的石室山出产锡，监町山出产银、铅。**贲古**辖境内的采山出产铜、锡，羊山出产银、铅。**毋棳　建伶　穀昌　牧靡　味县　昆泽　同濑　同劳　双柏**出产银。**连然　梇栋　秦臧**

永昌郡是汉明帝在永平十二年(69)时划分益州郡设置的。地处洛阳西七千二百六十里处。**下辖八城，有人户二十三万一千八百九十七，人口一百八十九万七千三百四十四。**

不韦出产铁。**嶲唐　比苏　楪榆　邪龙　云南　哀牢**是在永平年间设置的，是旧时牢王的封国。**博南**是在永平年间设置的。县南边界处出产金。

广汉属国过去由北部都尉统辖，归属于广汉郡，汉安帝时为其设置属国都尉，属国都尉另外统领三城。**有人户三万七千一百一十，人口二十万五千六百五十二。**

阴平道　甸氐道　刚氐道

蜀郡属国过去归属西部都尉统辖，延光元年(122)为其设置属国都尉，属国都尉另外统领四城。**有人户十一万一千五百六十八，人口四十七万五千六百二十九。**

汉嘉过去被叫做青衣，阳嘉二年改名为汉嘉。辖境内有蒙山。　　**严道**的境内有邛僰九折坂，有名为邛邮置的驿站。**徙县　旄牛**

犍为属国过去的郡归属南部都尉统辖，永初元年(107)为其设置属国都尉，属国都尉另外统领二城。**有人户七千九百三十八，人口三万七千一百八十七。**

朱提辖境内的山中出产银、铜。**汉阳**

上述各地归属益州刺史部监察，有郡、国十二个，县、道一百一十八个。

陇西郡秦置。雒阳西二千二百二十里。十一城，户五千六百二十八，口二万九千六百三十七。

狄道 安故 氐道养水出此。首阳有鸟鼠同穴山，渭水出。大夏 襄武有五鸡聚。临洮有西顷山。枹罕故属金城。白石故属金城。鄣 河关故属金城。积石山在西南，河水出。

汉阳郡武帝置，为天水，永元十七年更名。在雒阳西二千里。十三城，户二万七千四百二十三，口十三万一百三十八。

冀有朱圄山。有缇群山。有雒门聚。望恒 阿阳 略阳有街泉亭。勇士 成纪 陇州刺史治。有大坂名陇坻，豲坻聚有秦亭。豲道 兰干 平襄 显亲 上邽故属陇西。西故属陇西。有嶓冢山，西汉水。

武都郡武帝置。雒阳西一千九百六十里。七城，户二万一百二，口八万一千七百二十八。

下辨 武都道 上禄 故道 河池 沮沔水出东狼谷。羌道

金城郡昭帝置。雒阳西二千八百里。十城，户三千八百五十八，口万八千九百四十七。

允吾 浩亹 令居 枝阳 金城 榆中 临羌有昆仑山。破羌 安夷 允街

安定郡武帝置。雒阳西千七百里。八城，户六千九十四，口二万九千六十。

临泾 高平有第一城。朝那 乌枝有瓦亭，出薄落谷。三水 阴盘 彭阳 鹑觚故属北地。

北地郡秦置。雒阳西千一百里。六城，户三千一百二十二，口万八千六百三十七。

富平 泥阳有五柞亭。弋居有铁。廉 参䜌故属安定。灵州

陇西郡是在秦朝时设置的。地处洛阳西二千二百二十里处。**下辖十一城，有人户五千六百二十八，人口二万九千六百三十七。**

狄道 **安故** **氐道**是养水发源的地方。**首阳**的辖境内有鸟鼠同穴山，渭水从这里发源。**大夏** **襄武**辖有五鸡聚。**临洮**的辖境内有西顷山。**枹罕**过去隶属于金城郡。**白石**过去隶属于金城郡。**鄣县** **河关**过去隶属于金城郡。积石山在县的西南面，黄河从这里发源。

汉阳郡是在汉武帝时设置的，是旧时的天水郡，永平十七年(74)将其更名为汉阳郡。地处洛阳西二千里处。**下辖十三城，有人户二万七千四百二十三，人口十三万零一百三十八。**

冀县的辖境内有朱圄山。有缇群山。辖有雒门聚。**望恒** **阿阳** **略阳**辖有街泉亭。**勇士** **成纪** **陇县**是州刺史的治所。辖境内有名叫陇坻的大山坡。辖境内的豲坻聚有秦亭。**豲道** **兰干** **平襄** **显亲** **上邽**过去隶属于陇西郡。**西县**过去隶属于陇西郡。辖境内有嶓冢山，西汉水。

武都郡是在汉武帝时设置的。地处洛阳西一千九百六十里处。**下辖七城，有人户二万零一百零二，人口八万一千七百二十八。**

下辨 **武都道** **上禄** **故道** **河池** **沮县**的沔水发源于其辖境内的东狼谷。**羌道**

金城郡是在汉昭帝时设置的。地处洛阳西二千八百里处。**下辖十城，有人户三千八百五十八，人口一万八千九百四十七。**

允吾 **浩亹** **令居** **枝阳** **金城** **榆中** **临羌**的辖境内有昆仑山。**破羌** **安夷** **允街**

安定郡是在汉武帝时设置的。地处洛阳西一千七百里处。**下辖八城，有人户六千零九十四，人口二万九千零六十。**

临泾 **高平**有高平第一城之称。**朝那** **乌枝**辖有瓦亭，瓦亭水发源于薄落谷。**三水** **阴盘** **彭阳** **鹑觚**过去隶属于北地郡。

北地郡是在秦朝时设置的。地处洛阳西一千一百里处。**下辖六城，有人户三千一百二十二，人口一万八千六百三十七。**

富平 **泥阳**辖有五柞亭。**弋居**的辖境内有铁矿。**廉** **参䜌**过去隶属于武威郡故匈奴休屠王地，武帝置。雒阳西三千五百里。十四城，户万四十二，口三万四千二百二十六。

姑臧 张掖 武威 休屠 揟次 鸾鸟 朴劓 媪围 宣威 仓松 鹯阴故属安定。租厉故属安定。显美故属张掖。左骑千人官。

张掖郡故匈奴昆邪王地，武帝置。雒阳西四千二百里。献帝分置西郡。八城，户六千五百五十二，口二万六千四十。

觻得 昭武 删丹弱水出。氐池 屋兰 日勒 骊靬 番和

酒泉郡武帝置。雒阳西四千七百里。九城，户万二千七百六。

福禄 表氏 乐涫 玉门 会水 沙头 安弥故曰绥弥。乾齐 延寿

敦煌郡武帝置。雒阳西五千里。六城，户七百四十八，口二万九千一百七十。

敦煌古瓜州，出美瓜。冥安 效穀 拼泉 广至 龙勒有玉门关。

张掖属国武帝置属国都尉，以主蛮夷降者。安帝时，别领五城。户四千六百五十六，口万六千九百五十二。

候官 左骑千人 司马官 千人官

张掖居延属国故郡都尉，安帝别领一城。户一千五百六十，口四千七百三十三。

居延有居延泽，古流沙。

右凉州刺史部，郡十二，县、道、候官九十八。

上党郡秦置。雒阳北千五百里。十三城，户

安定郡。灵州

武威郡旧时是匈奴休屠王的地盘，汉武帝在此这里设立了武威郡，地处洛阳西三千五百里处。下辖十四城，有人户一万零四十二，人口三万四千二百二十六。

姑臧 张掖 武威 休屠 揟次 鸾鸟 朴劚 媪围 宣威 仓松 鹑阴过去隶属于安定郡。租厉过去隶属于安定郡。显美过去隶属于张掖郡。左骑设置有千人官。

张掖郡旧时是匈奴昆邪王的地盘，汉武帝在此设立张掖郡。地处洛阳西四千二百里处。汉献帝将其划分出部分区域设立西郡。下辖八城，有人户六千五百五十二，人口二万六千零四十。

觻得 昭武 删丹是弱水发源的地方。氐池 屋兰 日勒 骊靬 番和

酒泉郡是在汉武帝时设置的。地处洛阳西四千七百里处。下辖九城，有人户一万二千七百零六。

福禄 表氏 乐涫 玉门 会水 沙头 安弥过去叫做绥弥。乾齐 延寿

敦煌郡是在汉武帝时设置的。地处洛阳西五千里处。下辖六城，有人户七百四十八，人口二万九千一百七十。

敦煌是古时候的瓜州，出产美味的瓜。冥安 效穀 拼泉 广至 龙勒的辖境内有玉门关。

张掖属国在汉武帝时设置了属国都尉，来掌管归降汉朝的蛮夷人。安帝时，属国都尉另外统领了五城。有人户四千六百五十六，人口一万六千九百五十二。

设有：候官 左骑千人 司马官 千人官

张掖居延属国是旧时张掖郡都尉治所所在的地方，安帝时另外统领一城。有人户一千五百六十，人口四千七百三十三。

居延的辖境内有居延泽，古时候被称作流沙。

上述各地归属凉州刺史部监察，有郡十二个，县、道、候官九十八个。

上党郡是在秦朝时设置的。地处洛阳北一千五百里处。下辖十三

二万六千二百二十二，口十二万七千四百三。

长子 屯留绛水出。铜鞮 沾 涅有阏与聚。襄垣 壶关有黎亭，故黎国。泫氏有长平亭。高都 潞本国。猗氏 阳阿侯国。穀远

太原郡秦置。十六城，户三万九百二，口二十万一百二十四。

晋阳本唐国。有龙山，晋水所出。刺史治。界休有界山，有绵上聚。有千亩聚。榆次有凿壶。中都 于离 兹氏 狼孟 邬 盂 平陶 京陵春秋时九京。阳曲 大陵有铁。祁 虑虒 阳邑有箕城。

上郡秦置。十城，户五千一百六十九，口二万八千五百九十九。

肤施 白土 漆垣 奢延 雕阴 桢林 定阳 高奴 龟兹属国候官

西河郡武帝置。雒阳北千二百里。十三城，户五千六百九十八，口二万八百三十八。

离石 平定 美稷 乐街 中阳 皋狼 平周 平陆 益兰 圜阴 蔺 圜阳 广衍

五原郡秦置为九原，武帝更名。十城，户四千六百六十七，口二万二千九百五十七。

九原 五原 临沃 文国 河阴 武都 宜梁 曼柏 成宜 西安阳北有阴山。

云中郡秦置。十一城，户五千三百五十一，口二万六千四百三十。

云中 咸阳 箕陵 沙陵 沙南 北舆 武泉 原阳 定襄故属定襄。成乐故属定襄。武进故属定襄。

定襄郡高帝置。五城，户三千一百五十三，口万三千五百七十一。

城，有人户二万六千二百二十二，人口十二万七千四百零三。

长子 屯留是绛水发源的地方。铜鞮 沾县 涅县辖有阏与聚。襄垣 壶关辖有黎亭，是旧时的黎国。泫氏辖有长平亭。高都 潞县原本是国。猗氏 阳阿是侯国。穀远

太原郡是在秦朝时设置的。下辖十六城，有人户三万零九百零二，人口二十万零一百二十四。

晋阳原本是唐国。辖境内有龙山，晋水从这里发源。是刺史的治所。界休的辖境内有界山，辖有绵上聚，辖有千亩聚。榆次的辖境内有凿壶。中都 于离 兹氏 狼孟 邬县 盂县 平陶 京陵是春秋时的九京。阳曲 大陵的辖境内有铁矿。祁 虑虒 阳邑辖有箕城。

上郡是在秦朝时设置的。下辖十城，有人户五千一百六十九，人口二万八千五百九十九。

肤施 白土 漆垣 奢延 雕阴 桢林 定阳 高奴 龟兹属国候官

西河郡是在汉武帝时设置的。地处洛阳北一千二百里处。下辖十三城，有人户五千六百九十八，人口二万零八百三十八。

离石 平定 美稷 乐街 中阳 皋狼 平周 平陆 益兰 圜阴 蔺 圜阳 广衍

五原郡在秦朝时被设立为九原郡，汉武帝将其更名为五原郡。下辖十城，有人户四千六百六十七，人口二万二千九百五十七。

九原 五原 临沃 文国 河阴 武都 宜梁 曼柏 成宜 西安阳的北边有阴山。

云中郡是在秦朝时设置的。下辖十一城，有人户五千三百五十一，人口二万六千四百三十。

云中 咸阳 箕陵 沙陵 沙南 北舆 武泉 原阳 定襄过去隶属于定襄郡。成乐过去隶属于定襄郡。武进过去隶属于定襄郡。

定襄郡是在汉高帝时设置的。下辖五城，有人户三千一百五十三，人口一万三千五百七十一。

善无故属雁门。桐过 武成 骆 中陵故属雁门。

雁门郡秦置。雒阳北千五百里。十四城，户三万一千八百六十二，口二十四万九千。

阴馆 繁畤 楼烦 武州 汪陶 剧阳 崞 平城 埒 马邑 卤城故属代郡。广武故属太原。有夏屋山。原平故属太原。彊阴

朔方郡武帝置。六城，户千九百八十七，口七千八百四十三。

临戎 三封 朔方 沃野 广牧 大城故属西河。

右并州刺史部，郡九，县、邑、侯国九十八。

涿郡高帝置。雒阳东北千八百里。七城，户十万二千二百一十八，口六十三万三千七百五十四。

涿 遒侯国。故安易水出，雹水出。范阳侯国。良乡 北新城有汾水门。方城故属广阳。有临乡。有督亢亭。

广阳郡高帝置，为燕国，昭帝更名为郡。世祖省并上谷，永元八年复。五城，户四万四千五百五十，口二十八万六百。

蓟本燕国。刺史治。广阳 昌平故属上谷。军都故属上谷。安次故属勃海。

代郡秦置。雒阳东北二千五百里。十一城，户二万一百二十三，口十二万六千一百八十八。

高柳 桑乾 道人 当城 马城 班氏 狋氏 北平邑永元八年复。东安阳 平舒 代

上谷郡秦置。雒阳东北三千二百里。八城，户万三百五十二，口五万一千二百四。

沮阳 潘永元十一年复。甯 广甯 居庸 雊瞀 涿鹿 下落

善无过去隶属于雁门郡。**桐过**　**武成**　**骆**　**中陵**过去隶属于雁门郡。

雁门郡是在秦朝时设置的。地处洛阳北一千五百里处。**下辖十四城，有人户三万一千八百六十二，人口二十四万九千。**

阴馆　**繁畤**　**楼烦**　**武州**　**汪陶**　**剧阳**　**崞县**　**平城**　**埒县**　**马邑**　**卤城**过去隶属于代郡。**广武**过去隶属于太原郡。辖境内有夏屋山。**原平**过去隶属于太原郡。**彊阴**

朔方郡是在汉武帝时设置的。**下辖六城，有人户一千九百八十七，人口七千八百四十三。**

临戎　**三封**　**朔方**　**沃野**　**广牧**　**大城**过去隶属于西河郡。

上述各地归属并州刺史部监察，有郡九个，县、邑、侯国九十八个。

涿郡是在汉高帝时设置的。地处洛阳东北一千八百里处。**下辖七城，有人户十万二千二百一十八，人口六十三万三千七百五十四。**

涿县　**迺**是侯国。**故安**是易水发源的地方，是雹水发源的地方。**范阳**是侯国。**良乡**　**北新城**辖有汾水门。**方城**过去隶属于广阳郡。辖有临乡。辖有督亢亭。

广阳郡是在汉高帝时设置的，是旧时的燕国，汉昭帝将其更名为广阳郡。世祖光武帝撤除了广阳郡将其并入了上谷郡，永元八年（96）恢复了设置。**下辖五城，有人户四万四千五百五十，人口二十八万零六百。**

蓟县原本是燕国。是刺史的治所。**广阳**　**昌平**过去隶属于上谷郡。**军都**过去隶属于上谷郡。**安次**过去隶属于勃海郡。

代郡是在秦朝时设置的。地处洛阳东北二千五百里处。**下辖十一城，有人户二万零一百二十三，人口十二万六千一百八十八。**

高柳　**桑乾**　**道人**　**当城**　**马城**　**班氏**　**狋氏**　**北平邑**是在永元八年恢复设置的。**东安阳**　**平舒**　**代县**

上谷郡是在秦朝时设置的。地处洛阳东北三千二百里处。**下辖八城，有人户一万零三百五十二，人口五万一千二百零四。**

沮阳　**潘县**是在永元十一年（99）恢复设置的。**宁**　**广宁**　**居庸**　**雊**

渔阳郡秦置。雒阳东北二千里。九城，户六万八千四百五十六，口四十三万五千七百四十。

渔阳有铁。狐奴 潞 雍奴 泉州有铁。平谷 安乐 傂奚 犷平

右北平郡秦置。雒阳东北二千三百里。四城，户九千一百七十，口五万三千四百七十五。

土垠 徐无 俊靡 无终

辽西郡秦置。雒阳东北三千三百里。五城，户万四千一百五十，口八万一千七百一十四。

阳乐 海阳 令支有孤竹城。肥如 临渝

辽东郡秦置。雒阳东北三千六百里。十一城，户六万四千一百五十八，口八万一千七百一十四。

襄平 新昌 无虑 望平 候城 安市 平郭有铁。西安平 汶 番汗 沓氏

玄菟郡武帝置。雒阳东北四千里。六城，户一千五百九十四，口四万三千一百六十三。

高句骊辽山，辽水出。西盖马 上殷台 高显故属辽东。候城故属辽东。辽阳故属辽东。

乐浪郡武帝置。雒阳东北五千里。十八城，户六万一千四百九十二，口二十五万七千五十。

朝鲜 諆邯 浿水 含资 占蝉 遂城 增地 带方 驷望 海冥 列口 长岑 屯有 昭明 镂方 提奚 浑弥 乐都

辽东属国故邯乡，西部都尉，安帝时以为属国都尉，别领六城。雒阳东北三千二百六十里。

昌辽故天辽，属辽西。宾徒故属辽西。徒河故属辽西。无虑有医无

胥 涿鹿 下落

渔阳郡是在秦朝时设置的。地处洛阳东北二千里处。下辖九城，有人户六万八千四百五十六，人口四十三万五千七百四十。

渔阳的辖境内有铁矿。狐奴 潞县 雍奴 泉州的辖境内有铁矿。平谷 安乐 傂奚 犷平

右北平郡是在秦朝时设置的。地处洛阳东北二千三百里处。下辖四城，有人户九千一百七十，人口五万三千四百七十五。

土垠 徐无 俊靡 无终

辽西郡是在秦朝时设置的。地处洛阳东北三千三百里处。下辖五城，有人户一万四千一百五十，人口八万一千七百一十四。

阳乐 海阳 令支县的辖境内有孤竹城。肥如 临渝

辽东郡是在秦朝时设置的。地处洛阳东北三千六百里处。下辖十一城，有人户六万四千一百五十八，人口八万一千七百一十四。

襄平 新昌 无虑 望平 候城 安市 平郭的辖境内有铁矿。西安平 汶 番汗 沓氏

玄菟郡是在汉武帝时设置的。地处洛阳东北四千里处。下辖六城，有人户一千五百九十四，人口四万三千一百六十三。

高句骊的辖境内有辽山，辽水从这里发源。西盖马 上殷台 高显过去隶属于辽东郡。候城过去隶属于辽东郡。辽阳过去隶属于辽东郡。

乐浪郡是在汉武帝时设置的。地处洛阳东北五千里处。下辖十八城，有人户六万一千四百九十二，人口二十五万七千零五十。

朝鲜 讲邯 浿水 含资 占蝉 遂城 增地 带方 驷望 海冥 列口 长岑 屯有 昭明 镂方 提奚 浑弥 乐都

辽东属国是旧时的邯乡，归属西部都尉管辖，安帝时为其设立属国都尉，属国都尉另外统领六城。地处洛阳东北三千二百六十里处。

昌辽旧时称作天辽，隶属于辽西郡。宾徒过去隶属于辽西郡。徒河

虑山。险渎 房

右幽州刺史部，郡、国十一，县、邑、侯国九十。

南海郡武帝置。雒阳南七千一百里。七城，户七万一千四百七十七，口二十五万二百八十二。

番禺 博罗 中宿 龙川 四会 揭阳 增城有劳领山。

苍梧郡武帝置。雒阳南六千四百一十里。十一城，户十一万一千三百九十五，口四十六万六千九百七十五。

广信 谢沐 高要 封阳 临贺 端溪 冯乘 富川 荔浦 猛陵 鄣平

郁林郡秦桂林郡，武帝更名。雒阳南六千五百里。十一城。

布山 安广 阿林 广郁 中溜 桂林 潭中 临尘 定周 增食 领方

合浦郡武帝置。雒阳南九千一百九十一里。五城，户二万三千一百二十一，口八万六千六百一十七。

合浦 徐闻 高凉 临元 朱崖

交趾郡武帝置，即安阳王国。雒阳南万一千里。十二城。

龙编 羸𨻻 安定 苟漏 麊泠 曲阳 北带 稽徐 西于 朱鸢 封溪建武十九年置。望海建武十九年置。

九真郡武帝置，雒阳南万一千五百八十里。五城，户四万六千五百一十三，口二十万九千八百九十四。

胥浦 居风 咸懽 无功 无编

日南郡秦象郡，武帝更名。雒阳南万三千四百里。五城，户万八千二百六十三，口十万六百七十六。

过去隶属于辽西郡。无虑的辖境内有医无虑山。险渎 房县

上述各地归属幽州刺史部监察，有郡、国十一个，县、邑、侯国九十个。

南海郡是在汉武帝时设置的。地处洛阳南七千一百里处。下辖七城，有人户七万一千四百七十七，人口二十五万零二百八十二。

番禺 博罗 中宿 龙川 四会 揭阳 增城的辖境内有劳领山。

苍梧郡是在汉武帝时设置的。地处洛阳以、南六千四百一十里处。下辖十一城，有人户十一万一千三百九十五，人口四十六万六千九百七十五。

广信 谢沐 高要 封阳 临贺 端溪 冯乘 富川 荔浦 猛陵 鄣平

郁林郡在秦朝时被叫做桂林郡，汉武帝将其更名为郁林郡。地处洛阳南六千五百里处。下辖十一城。

布山 安广 阿林 广郁 中溜 桂林 潭中 临尘 定周 增食 领方

合浦郡是在汉武帝时设置的。地处洛阳南九千一百九十一里处。下辖五城，有人户二万三千一百二十一，人口八万六千六百一十七。

合浦 徐闻 高凉 临元 朱崖

交趾郡是在汉武帝时设置的，就是安阳王国。地处洛阳南一万一千里处。下辖十二城。

龙编 羸陵 安定 苟漏 麊冷 曲阳 北带 稽徐 西于 朱鸢 封溪是在建武十九年(43)设置的。望海是在建武十九年(43)设置的。

九真郡是在汉武帝时设置的。地处洛阳南一万一千五百八十里处。下辖五城，有人户四万六千五百一十三，人口二十万九千八百九十四。

胥浦 居风 咸懽 无功 无编

日南郡是秦朝时的象郡，汉武帝将其更名为日南郡。地处洛阳南一万三千四百里处。下辖五城，有人户一万八千二百六十三，人口十万

西卷 朱吾 卢容 象林 比景

右交州刺史部，郡七，县五十六。

《汉书·地理志》承秦三十六郡，县邑数百，后稍分析，至于孝平，凡郡、国百三，县、邑、道、侯国千五百八十七。世祖中兴，惟官多役烦，乃命并合，省郡、国十，县、邑、道、侯国四百余所。至明帝置郡一，章帝置郡、国二，和帝置三，安帝又命属国别领比郡者六，又所省县渐复分置。至于孝顺，凡郡、国百五，县、邑、道、侯国千一百八十，民户九百六十九万八千六百三十，口四千九百一十五万二百二十。

赞曰：众安后载，政洽区分；侯罢守列，民无常君。称号迁隔，封割纠纷；略存减益，多证前闻。

零六百七十六。

西卷 朱吾 卢容 象林 比景

上述各地归属交州刺史部监察，有郡七个，县五十六个。

《汉书·地理志》承袭了秦朝所设的三十六个郡，数百个县邑，后来渐渐划分重设，等到汉平帝时，总共有郡、国一百零三个，县、邑、道、侯国一千五百八十七个。光武帝中兴汉室后，思量官吏差役又多又乱，便命令合并地方行政区划，撤除了十个郡、国，四百多所县、邑、道、侯国。明帝时新置了一个郡，章帝时新置了郡、国两个，和帝时新置了三个，安帝时又命属国另外统领临近的六个郡，之前撤除的县渐渐恢复分别设置。等到汉顺帝时，总共有郡、国一百零五个，县、邑、道、侯国一千一百八十个，人户九百六十九万八千六百三十，人口四千九百一十五万零二百二十。

赞辞说：百姓安定后再开始设置地方行政单位，国政和谐后再开始划分区域；侯国罢除郡守设立，人民没有常设的地方长官。称号因变迁而不同，疆域划分纷乱不清；大略记载地方行政单位的增加减少，大多与先前的传闻相应证。

卷三十四

志第二十四　百官一

太傅　太尉　司徒　司空　将军

汉之初兴，承继大乱，兵不及戢，法度草创，略依秦制，后嗣因循。至景帝，感吴楚之难，始抑损诸侯王。及至武帝，多所改作，然而奢广，民用匮乏。世祖中兴，务从节约，并官省职，费减亿计，所以补复残缺，及身未改，而四海从风，中国安乐者也。

昔周公作《周官》，分职著明，法度相持，王室虽微，犹能久存。今其遗书，所以观周室牧民之德既至，又其有益来事之范，殆未有所穷也。故新汲令王隆作《小学汉官篇》，诸文倜说，较略不究。唯班固著《百官公卿表》，记汉承秦置官本末，讫于王莽，差有条贯；然皆孝武奢广之事，又职分未悉。世祖节约之制，宜为常宪，故依其官簿，粗注职分，以为《百官志》。凡置官之本，及中兴所省，无因复见者，既在《汉书·百官表》，不复悉载。

太傅，上公一人。本注曰：掌以善导，无常职。世祖以卓茂为太傅，薨，因省。其后每帝初即位，辄置太傅录尚书事，薨，辄省。

汉朝刚刚兴建的时候，承接的是天下大乱后的状况，兵器来不及停用，法度才刚开始创立，大致遵照秦朝的制度，后代子孙遵循旧制而无所改动。到景帝时，感慨吴楚等七国叛乱的灾难，开始限制诸侯王。等到汉武帝时，更改了许多制度，然而耗费巨大，民用不足。世祖光武帝中兴汉室后，追求节约，合并官员精简职位，减少的花费数以亿计，用以补充不足，终身未改，而天下追随他的教化，中原安宁喜乐。

过去周公创作《周官》，分职显明，法度对立，王室虽然衰落，但仍然能够长久存活。通过如今留下的书作，可以看见周室治理人民的恩德已经十分完善，又有益于将来的事情并可作为后世的典范，大概益处是没有穷尽的。因此新汲县令王隆写作《小学汉官篇》，全文论述洒脱不拘，大致概略不深入探究。唯独班固撰写的《百官公卿表》，记录了汉朝承袭秦朝官职的来龙去脉，截止于王莽改制，欠缺条理；然而都是由于汉武帝耗费巨大设置官职太多导致的，加上各个官职在职务上应尽的职责并不清楚。世祖光武帝设置的节约制度，应当作为常法，因此遵照光武帝时记录官吏功绩和经历的簿籍，粗略注明各个官职的职责，写成《百官志》。所有设立官职的根源，以及汉室中兴后免除的官职，无须重现的，既然已经记录在了《汉书·百官公卿表》里，就不再详细记载了。

太傅，位列上公居三公上设一人。本注说：负责好好引导皇帝，而没有固定的职务。世祖光武帝让卓茂担任太傅，卓茂去世，于是免除太傅一官。从这之后每当皇帝刚刚即位，就设置太傅兼任录尚书事，去世后，就废除不设。

太尉，公一人。本注曰：掌四方兵事功课，岁尽即奏其殿最而行赏罚。凡郊祀之事，掌亚献；大丧则告谥南郊。凡国有大造大疑，则与司徒、司空通而论之。国有过事，则与二公通谏争之。世祖即位，为大司马。建武二十七年，改为太尉。

长史一人，千石。本注曰：署诸曹事。

掾史属二十四人。本注曰：《汉旧注》东西曹掾比四百石，余掾比三百石，属比二百石，故曰公府掾，比古元士三命者也。或曰，汉初掾史辟，皆上言之，故有秩比命士，其所不言，则为百石属。其后皆自辟除，故通为百石云。西曹主府史署用。东曹主二千石长吏迁除及军吏。户曹主民户、祠祀、农桑。奏曹主奏议事。辞曹主辞讼事。法曹主邮驿科程事。尉曹主卒徒转运事。贼曹主盗贼事。决曹主罪法事。兵曹主兵事。金曹主货币、盐、铁事。仓曹主仓谷事。黄阁主簿录省众事。

令史及御属二十三人。本注曰：《汉旧注》公令史百石，自中兴以后，注不说石数。御属主为公御。阁下令史主阁下威仪事。记室令史主上章表报书记。门令史主府门。其余令史，各典曹文书。

司徒，公一人。本注曰：掌人民事。凡教民孝悌、逊顺、谦俭，养生送死之事，则议其制，建其度。凡四方民事功课，岁尽则奏其殿最而行赏罚。凡郊祀之事，掌省牲视濯，大丧则掌奉安梓宫。凡国有大疑大事，与太尉同。世祖即位，为大司徒，建武二十七年，去“大”。

太尉，位列三公设一人。本注说：主管天下军事活动及地方官员的考核，年底即将考核成绩的等级排名上奏给朝廷进行赏罚。凡是皇帝举行郊外祭祀天地的典礼事宜时，主管第二次献爵之事；天子、皇后与世子去世举办丧礼时就在南郊向上天请求谥号。凡是国家有大动作大疑问时，就与司徒、司空一起沟通讨论。国家有错事时，就与司徒、司空二公一同直言规劝。世祖光武帝即位，将太尉改称为大司马。建武二十七年（51），又改回太尉。

设有长史一人，秩禄为一千石。本注说：代理众曹事务。

设有掾史属二十四人。本注说：据《汉旧注》东曹掾及西曹掾的秩禄为比四百石，剩下的曹掾秩禄为比三百石，各曹副长官属的秩禄为比二百石，因而说公府掾史属，相当于古时候享有三命级别的任命的元士。有人说，汉初掾史的辟举，都由皇上提出，因而有秩禄与命士相当的说法。不是由皇上提出的，则是秩禄为百石的属官。之后掾史属都由长官自行辟举，因而全部为百石。西曹主管府史的任用之事。东曹主管二千石长史官吏的任命调动及军吏之事。户曹主管民户、祭祀、农事。奏曹主管奏议之事。辞曹主管诉讼之事。法曹主管邮递驿传及查核以驿站邮亭为起止的路程之事。尉曹主管役卒兵卒转运之事。贼曹主管逐捕盗贼之事。决曹主管罪罚审判之事。兵曹主管兵事。金曹主管货币、盐、之事铁。仓曹主管仓库谷物贮藏之事。黄阁主簿负责省察登记府内众事。

设有令史及御属二十三人。本注说：据《汉旧注》公府令史的秩禄为百石，自从汉室中兴以后，注解不再说石数。御属负责为公驭车。阁下令史主管阁下仪仗之事。记室令史主管奏表公文之事。门令史主管府门事务。剩下的令史，各自主管所属曹的文书。

司徒，位列三公设一人。本注说：主管人民之事。凡是教育人民孝顺父母友爱兄弟、恭敬顺从、谦虚节俭，生前奉养父母死后安葬父母之事时，就负责商议相关规章，订立相关法度。凡是天下农事官吏考绩，年底就负责将考核成绩的等级排名上奏给朝廷进行赏罚。凡是在皇帝举行郊外祭祀天地的典礼事宜时，就负责省察牲畜和照长史一人，千石。掾属三十一人。令史及御属三十六人。本注曰：世祖即位，以武帝故事置司直，居丞相府，助督录诸州，建武十八年省也。

司空，公一人。本注曰：掌水土事。凡营城起邑、浚沟洫、修坟防之事，则议其利，建其功。凡四方水土功课，岁尽则奏其殿最而行赏罚。凡郊祀之事，掌扫除乐器，大丧则掌将校复土。凡国有大造大疑，谏争，与太尉同。世祖即位，为大司空，建武二十七年，去“大”。

属长史一人，千石。掾属二十九人。令史及御属四十二人。

将军，不常置。本注曰：掌征伐背叛。比公者四：第一大将军，次骠骑将军，次车骑将军，次卫将军。又有前、后、左、右将军。

初，武帝以卫青数征伐有功，以为大将军，欲尊宠之。以古尊官唯有三公，皆将军始自秦、晋，以为卿号，故置大司马官号以冠之。其后霍光、王凤等皆然。成帝绥和元年，赐大司马印绶，罢将军官。世祖中兴，吴汉以大将军为大司马，景丹为骠骑大将军，位在公下，及前、后、左、右杂号将军众多，皆主征伐，事讫皆罢。明帝初即位，以弟东平王苍有贤才，以为骠骑将军；以王故，位在公上，数年后罢。章帝即位，西羌反，故以舅马防行车骑将军征之，还后罢。和帝即位，以舅窦宪为车骑将军，征匈奴，位在公下；还复有功，迁大料洗濯祭器。天子、皇后与世子去世举办丧礼时就主管安葬棺木之事。凡是国家有大疑问大事情时，就与太尉、司空一起沟通讨论。世祖光武帝即位，将司徒改为大司徒，建武二十七年（51），去掉“大”字又改回司徒。

设有长史一人，秩禄为千石。设有掾属三十一人。设有令史及御属三十六人。本注说：世祖光武帝即位，依照武帝旧例设置司直，在丞相府内任职，辅助丞相监察记录各州事宜，建武十八年（42）免除。

司空，位列三公设一人。本注说：主管水利土木之事。凡是营造城邑、疏浚田间水道、修建大堤之事时，就商议其中的利处，建立这一功勋。凡是四方水利土木工程及考绩，年底就负责将考核成绩的等级排名上奏给朝廷进行赏罚。凡是在皇帝举行郊外祭祀天地的典礼事宜时，就负责清扫乐器；天子、皇后与世子去世举办丧礼时就负责带领军官掘穴下棺。凡是国家有大动作大疑问时，就直言规劝，与太尉、司徒共一同沟通讨论。世祖光武帝即位，将司空改称为大司空，建武二十七年（51），去掉“大”字又改回司空。

设有属长史一人，秩禄为千石。设有掾属二十九人。设有令史及御属四十二人。

将军，不经常设置。本注说：主管征伐背叛之徒。位次与三公相当的有四个：第一为大将军，第二为骠骑将军，第三为车骑将军，第四为卫将军。还有前将军、后将军、左将军、右将军。

当初，汉武帝因卫青数次征伐有功，让他担任大将军，想要给予他尊宠。因为古时候的尊官只有三公，所有的将军都是从秦国、晋国开始设置的，用来称统军的卿，所以将大司马的官号加在大将军的前头。在这之后霍光、王凤等人都同卫青一样加大司马官号。成帝绥和元年（前8），赐予大将军大司马印授，罢除将军的官号。世祖光武帝中兴汉室，吴汉以大将军的身份任大司马，景丹担任骠骑大将军，位列三公之下，以及众多被称为前、后、左、右等的杂号将军，都主管征伐之事，战事结束后都被罢除。明帝刚刚即位时，因为弟弟东平王刘苍有才德，让其担任骠骑将军；因为刘苍是王的缘故，所以位列三公将军，位在公上；复征西羌，还免官，罢。安帝即位，西羌寇乱，复以舅邓骘为车骑将军征之，还迁大将军，位如宪，数年复罢。自安帝政治衰缺，始以嫡舅耿宝为大将军，常在京都。顺帝即位，又以皇后父、兄、弟相继为大将军，如三公焉。

长史、司马皆一人，千石。本注曰：司马主兵，如太尉。从事中郎二人，六百石。本注曰：职参谋议。掾属二十九人。令史及御属三十一人。本注曰：此皆府员职也。又赐官骑三十人，及鼓吹。

其领军皆有部曲。大将军营五部，部校尉一人，比二千石；军司马一人，比千石。部下有曲，曲有军候一人，比六百石。曲下有屯，屯长一人，比二百石。其不置校尉部，但军司马一人。又有军假司马、假候，皆为副贰。其别营领属为别部司马，其兵多少各随时宜。门有门候。其余将军，置以征伐，无员职，亦有部曲、司马、军候以领兵。其职吏部集各一人，总知营事。兵曹掾史主兵事器械。禀假掾史主禀假禁司。又置外刺、刺奸，主罪法。

明帝初置度辽将军，以卫南单于众新降有二心者，后数有不安，遂为常守。

之上，数年后罢除。章帝即位，西羌反叛，章帝因而让自己的舅舅马防代行车骑将军事宜征伐西羌，返回后罢除了车骑将军的官号。和帝即位，让自己的舅舅窦宪担任车骑将军，出征匈奴，位列三公之下；返回后又立有功劳，迁升为大将军，位列三公之上；又出征西羌，返回朝廷后免去官职，罢除了大将军的官号。安帝即位，西羌入侵叛乱，安帝又让自己的舅舅邓骘担任车骑将军出征西羌，返回后迁升为大将军，地位和窦宪一样，几年后又被罢除。从安帝开始政治衰弱残破，开始让嫡舅耿宝担任大将军，常常待在京都。顺帝即位，又让皇后的父亲、兄长、弟弟相继担任大将军，地位与三公一样。

设有长史、司马各一人，秩禄为千石。本注说：司马主管兵事，职务和太尉相同。设有从事中郎二人，秩禄为六百石。本注说：职务是参谋议事。设有掾属二十九人。设有令史及御属三十一人。本注说：他们都是将军府内数额固定的官员。又赐予王室骑兵三十人，以及鼓吹乐队。

将军所统领的军队有部和曲的编制。大将军营分为五部，每部设有部校尉一人，秩禄为比二千石；设有军司马一人，秩禄为比千石。部下的编制单位有曲，每曲设有军候一人，秩禄为比六百石。曲下的编制单位有屯，每屯设有屯长一人，秩禄为比二百石。其中不设校尉的部，只设置军司马一人。还有假军司马、假候，都是属僚。其中隶属大将军管辖的别营设有别部司马统领，其统领兵马的多少各自依照当时的需要确定。营门设有负责看守的门候。其他将军，都是为了征伐而设置的，没有固定的人数，也设有部曲以及来统领兵卒的司马、军候。其下设有僚属职吏和部集各一人，总管军营事宜。兵曹掾史主管军事器械。禀假掾史主管禀假禁司。还设有外刺、刺奸，主管罪罚。

明帝初设置度辽将军，以防有二心的刚刚投降的南单于部众，后来数次不安宁，于是就成为固定职位。

卷三十五

志第二十五　百官二

太常　光禄勋　卫尉　太仆　廷尉　大鸿胪

太常，卿一人，中二千石。本注曰：掌礼仪祭祀。每祭祀，先奏其礼仪；及行事，常赞天子。每选试博士，奏其能否。大射、养老、大丧，皆奏其礼仪。每月前晦，察行陵庙。丞一人，比千石。本注曰：掌凡行礼及祭祀小事，总署曹事。其署曹掾史，随事为员，诸卿皆然。

太史令一人，六百石。本注曰：掌天时、星历。凡岁将终，奏新年历。凡国祭祀、丧、娶之事，掌奏良日及时节禁忌。凡国有瑞应、灾异，掌记之。丞一人。明堂及灵台丞一人，二百石。本注曰：二丞，掌守明堂、灵台。灵台掌候日月星气，皆属太史。

博士祭酒一人，六百石。本仆射，中兴转为祭酒。博士十四人，比六百石。本注曰：《易》四，施、孟、梁丘、京氏。《尚书》三，欧阳、大小夏侯氏。《诗》三，鲁、齐、韩氏。《礼》二，大小戴氏。《春秋》二，《公羊》严、颜氏。掌教弟子。国有疑事，掌承问对。本四百石，宣帝增秩。

太常，有太常卿一人，俸禄实得二千石。本注说：执掌礼节仪式以及祭礼。每当举行祭礼之前，先需奏请这次祭祀要用的礼节仪式；等到举行祭祀的时候，太常卿辅佐天子行礼并诵祝词。每当遇到选拔博士所进行的考试，向天子上书其能不能担当此职。大射、养老、大丧，都要上书请奏要用的礼节仪式。每个月月底，需前往天子的陵墓和宗庙仔细察看。有太常丞一人，俸禄低于千石。本注说：只要是行礼以及祭祀相关的小事，都由他执掌。另外，他还主管本官署的一切事务。其官署的属吏人数，根据所担任的职务决定多少，其他官员也是如此。

有太史令一人，俸禄实得六百石。本注说：执掌天时、星历。只要到了每年年底，其上书请奏新年历。只要是遇到国家举办祭祀、丧事、嫁娶的事，其掌管奏请吉日以及时令禁忌。但凡国家遇到天降祥瑞以及天灾异变，其负责记录这些事情。有太史丞一人。分别有明堂丞和灵台丞一人，俸禄全是二百石。本注说：这二丞，执掌明堂和灵台。灵台丞执掌日月星辰气象的观测，都隶属太史。

有博士祭酒一人，俸禄实得六百石。原本称作仆射，中兴之后改叫祭酒。博士有十四人，俸禄低于六百石。本注说：《易经》博士有四人，分别教授施氏《易经》学、孟氏《易经》学、梁丘氏《易经》学、京氏《易经》学。《尚书》博士有三人，分别教授欧阳氏《尚书》、大夏侯氏《尚书》、小夏侯氏《尚书》。《诗经》博士有三人，分别教授鲁《诗经》、齐《诗经》、韩《诗经》。《礼记》博士有二人，分别教授大戴《礼记》、小戴《礼记》。《春秋》博士有二人，分别教授严氏《公羊传》、颜氏《公羊传》。博士主管对弟子的教授。每当国家太祝令一人，六百石。本注曰：凡国祭祀，掌读祝，及迎送神。丞一人。本注曰：掌祝小神事。

太宰令一人，六百石。本注曰：掌宰工鼎俎馔具之物。凡国祭祀，掌陈馔具。丞一人。

大予乐令一人，六百石。本注曰：掌伎乐。凡国祭祀，掌请奏乐，及大飨用乐，掌其陈序。丞一人。

高庙令一人，六百石。本注曰：守庙，掌案行扫除。无丞。

世祖庙令一人，六百石。本注曰：如高庙。

先帝陵，每陵园令各一人，六百石。本注曰：掌守陵园，案行扫除。丞及校长各一人。本注曰：校长，主兵戎盗贼事。

先帝陵，每陵食官令各一人，六百石。本注曰：掌望晦时节祭祀。

右属太常。本注曰：有祠祀令一人，后转属少府。有太卜令，六百石，后省并太史。中兴以来，省前凡十官。

光禄勋，卿一人，中二千石。本注曰：掌宿卫宫殿门户，典谒署郎更直执戟，宿卫门户，考其德行而进退之。郊祀之事，掌三献。丞一人，比千石。

五官中郎将一人，比二千石。本注曰：主五官郎。五官中郎，比六百石。本注曰：无员。五官侍郎，比四百石。本注曰：无员。五官郎遇到复杂难断的案件，博士们负责排忧解难。博士的俸禄本来实得四百石，宣帝时增加到六百石。

有太祝令一人，俸禄实得六百石。本注说：只要遇到国家举办祭祀仪式，太祝令掌管诵读祝词，以及迎送神明。有太祝丞一人。本注说：掌管小祭祀的诵读祝词之事。

有太宰令一人，俸禄实得六百石。本注说：负责厨工和祭祀礼器等事。只要国家举办祭祀仪式，负责摆放餐具祭品。有太宰丞一人。

有大予乐令一人，俸禄实得六百石。本注说：主管歌舞女乐。只要国家举办祭祀仪式，掌管奏请使用何乐，以及大飨的用乐，并负责歌舞女乐的排列顺序和前后次序。有大予乐丞一人。

有高庙令一人，俸禄实得六百石。本注说：负责看护高祖庙，掌管巡视、打扫。没有高庙丞。

有世祖庙令一人，俸禄实得六百石。本注说：职责与高庙令相同，负责看护世祖庙，掌管巡视、打扫。没有世祖庙丞。

凡是先帝的陵园，每座陵园都有陵园令一人，俸禄实得六百石。本注说：负责看护陵园，掌管巡视、打扫。丞和校长分别设一人。本注说：校长，主管军队和巡捕抢劫偷窃之人。

凡是先帝陵园，每座陵园分别有食官令一人，俸禄实得六百石。本注说：负责月末十五时的祭祀仪式。

以上都隶属太常。本注说：有祠祀令一人，后改为隶属少府。有太卜令一人，俸禄实得六百石，后来精简官职，其职事合并到太史内。中兴以来，共精简了过去的十个官职。

光禄勋，有光禄卿一人，俸禄实得二千石。本注说：负责宫殿门户的守卫，掌管谒署郎的轮流持戟值班站岗，守卫门户，并掌管对其道德品行的考查而决定其晋升或贬黜。当在郊外祭祀天地时，掌管三次献酒之礼。有光禄丞一人，俸禄低于千石。

有五官中郎将一人，俸禄低于二千石。本注说：负责对五官郎的管理。五官中郎，俸禄低于六百石。本注说：没有人数的限制。有五官中，比三百石。本注曰：无员。凡郎官皆主更直执戟，宿卫诸殿门，出充车骑。唯议郎不在直中。

左中郎将，比二千石。本注曰：主左署郎。中郎，比六百石。侍郎，比四百石。郎中，比三百石。本注曰：皆无员。

右中郎将，比二千石。本注曰：主右署郎。中郎，比六百石。侍郎，比四百石。郎中，比三百石。本注曰：皆无员。

虎贲中郎将，比二千石。本注曰：主虎贲宿卫。左右仆射、左右陛长各一人，比六百石。本注曰：仆射，主虎贲郎习射。陛长，主直虎贲，朝会在殿中。虎贲中郎，比六百石。虎贲侍郎，比四百石。虎贲郎中，比三百石。节从虎贲，比二百石。本注曰：皆无员。掌宿卫侍从。自节从虎贲久者转迁，才能差高至中郎。

羽林中郎将，比二千石。本注曰：主羽林郎。羽林郎，比三百石。本注曰：无员。掌宿卫侍从。常选汉阳、陇西、安定、北地、上郡、西河凡六郡良家补。本武帝以便马从猎，还宿殿陛岩下室中，故号岩郎。

羽林左监一人，六百石。本注曰：主羽林左骑。丞一人。

羽林右监一人，六百石。本注曰：主羽林右骑。丞一人。

奉车都尉，比二千石。本注曰：无员。掌御乘舆车。

驸马都尉，比二千石。本注曰：无员。掌驸马。

侍郎，俸禄低于四百石。本注说：没有人数的限制。有五官郎中，俸禄低于三百石。本注说：没有人数的限制。只要是郎官都要负责轮流持戟值班轮岗，在各殿门守卫值勤。每当皇帝外出，郎官受命担任皇帝车马的警卫。只有议郎，不在守卫值勤行列内。

左中郎将，俸禄低于二千石。本注说：负责对左署郎的管理。中郎，俸禄低于六百石。侍郎，俸禄低于四百石。郎中，俸禄低于三百石。本注说：都没有人数的限制。

右中郎将，俸禄低于二千石。本注说：负责对右署郎的管理。中郎，俸禄低于六百石。侍郎，俸禄低于四百石。郎中，俸禄低于三百石。本注说：都没有人数的限制。

虎贲中郎将，俸禄低于二千石。本注说：执掌虎贲郎的夜间值勤守卫。有左右仆射、左右陛长各一人，俸禄低于六百石。本注说：仆射，负责虎贲郎的习射。陛长，主管虎贲郎的轮流值勤轮岗，进行朝会的时候在大殿当中。虎贲中郎，俸禄低于六百石。虎贲侍郎，俸禄低于四百石。虎贲郎中，俸禄低于三百石。节从虎贲，俸禄低于二百石。本注说：都没有人数的限制。掌管值勤侍候守卫。从节从虎贲起任职时间长的人可以升职，有才能的人可升迁至中郎。

羽林中郎将，俸禄低于二千石。本注说：负责对羽林郎的管理。羽林郎，俸禄低于三百石。本注说：没有人数的限制。主管值勤侍候守卫。常常从汉阳、陇西、安定、北地、上郡、西河这六郡的良家子弟当中选取补充。原本汉武帝时，让娴于骑术的羽林郎跟随外出打猎，回来后在御殿前石阶下的室中宿卫，所以又称羽林郎为岩郎。

有羽林左监一人，俸禄为六百石。本注说：负责对羽林左骑兵的管理。有羽林左丞一人。

有羽林右监一人，俸禄为六百石。本注说：负责对羽林右骑兵的管理。有羽林右丞一人。

奉车都尉，俸禄低于二千石。本注说：没有人数的限制。执掌天子乘坐的车马。

驸马都尉，俸禄低于二千石。本注说：没有人数的限制。主管天子的副车之马。

骑都尉，比二千石。本注曰：无员。本监羽林骑。

光禄大夫，比二千石。本注曰：无员。凡大夫、议郎皆掌顾问应对，无常事，唯诏令所使。凡诸国嗣之丧，则光禄大夫掌吊。

太中大夫，千石。本注曰：无员。

中散大夫，六百石。本注曰：无员。

谏议大夫，六百石。本注曰：无员。

议郎，六百石。本注曰：无员。

谒者仆射一人，比千石。本注曰：为谒者台率，主谒者，天子出，奉引。古重习武，有主射以督录之，故曰仆射。常侍谒者五人，比六百石。本注曰：主殿上时节威仪。谒者三十人。其给事谒者，四百石。其灌谒者郎中，比三百石。本注曰：掌宾赞受事，及上章报问。将、大夫以下之丧，掌使吊。本员七十人，中兴但三十人。初为灌谒者，满岁为给事谒者。

右属光禄勋。本注曰：职属光禄者，自五官将至羽林右监，凡七署。自奉车都尉至谒者，以文属焉。旧有左右曹，秩比二千石，上殿中，主受尚书奏事，平省之。世祖省，使小黄门郎受事，车驾出，给黄门郎兼。有请室令，车驾出，在前请所幸，徼车迎白，示重慎。中兴但以郎兼，事讫罢，又省车、户、骑凡三将，及羽林令。

卫尉，卿一人，中二千石。本注曰：掌宫门卫士，宫中徼循事。丞一人，比千石。

公车司马令一人，六百石。本注曰：掌宫南阙门，凡吏民上章，骑都尉，俸禄低于二千石。本注说：没有人数的限制。原本负责对羽林骑兵的管理。

光禄大夫，俸禄低于二千石。本注说：没有人数的限制。只要是大夫、议郎都负责对皇帝询问的问题进行对答，没有固定的事情，只听帝令的差遣。只要是遇到各国的国嗣去世，光禄大夫则负责祭奠慰问。

太中大夫，俸禄为千石。本注说：没有人数的限制。

中散大夫，俸禄为六百石。本注说：没有人数的限制。

谏议大夫，俸禄为六百石。本注说：没有人数的限制。

议郎，俸禄为六百石。本注说：没有人数的限制。

有谒者仆射一人，俸禄低于千石。本注说：谒者仆射，统领谒者台，负责对谒者的管理，当天子外出时，为天子前导引车。古时候重视练武，有督率统领负责习射的责任，所以称为仆射。常侍谒者有五人，俸禄低于六百石。本注说：主管大殿上的时节仪仗。谒者有三十人。其中给事谒者，俸禄为四百石。灌谒者郎中，俸禄低于三百石。本注说：主管导引仪式和接受职事，以及上奏报问。将军、大夫以下的丧事，负责祭奠慰问。本来有七十人，中兴后减至三十人。起初是灌谒者郎中，一年后升迁至给事谒者。

以上隶属光禄勋。本注说：职务隶属光禄勋的，从五官将到羽林右监，一共有七署。从奉车都尉到谒者，是隶属于此的文官。原来有左、右曹，俸禄为二千石，在大殿当中，负责接受尚书的奏事，评阅精简尚书的奏章。光武帝撤掉左、右曹，让小黄门郎接受尚书的奏事，车驾外出时，让给事黄门郎兼任。有请室令，车驾外出时，在前面奏请天子亲临某地，巡视车驾周围，迎接请见的官员并向天子禀报，以此表示谨慎认真。中兴后只让郎官兼任，事情结束后，撤掉此职；同时还撤掉车、户、骑三将和羽林令。

卫尉，有卫尉卿一人，俸禄实得二千石。本注说：负责对宫门卫士的管理，以及巡查宫中。有卫尉丞一人，俸禄低于千石。

有公车司马令一人，俸禄为六百石。本注说：执掌宫南阙门，只四方贡献，及征诣公车者。丞、尉各一人。本注曰：丞选晓讳，掌知非法。尉主阙门兵禁，戒非常。

南宫卫士令一人，六百石。本注曰：掌南宫卫士。丞一人。

北宫卫士令一人，六百石。本注曰：掌北宫卫士。丞一人。

左右都候各一人，六百石。本注曰：主剑戟士，徼循宫，及天子有所收考。丞各一人。

宫掖门，每门司马一人，比千石。本注曰：南宫南屯司马，主平城门；北宫门苍龙司马，主东门；玄武司马，主玄武门；北屯司马，主北门；北宫朱爵司马，主南掖门；东明司马，主东门；朔平司马，主北门：凡七门。凡居宫中者，皆有口籍于门之所属。宫名两字，为铁印文符，案省符乃内之。若外人以事当入，本官长史为封棨传；其有官位，出入令御者言其官。

右属卫尉。本注曰：中兴省旅贲令，卫士一人丞。

太仆，卿一人，中二千石。本注曰：掌车马。天子每出，奏驾上卤簿用；大驾则执驭。丞一人，比千石。

考工令一人，六百石。本注曰：主作兵器弓弩刀铠之属，成则传执金吾入武库，及主织绶诸杂工。左右丞各一人。

车府令一人，六百石。本注曰：主乘舆诸车。丞一人。

未央厩令一人，六百石。本注曰：主乘舆及厩中诸马。长乐厩丞一人。

要是官吏百姓上书奏请，各处进贡，以及应诏入京应试的举人，都由他负责。公车司马丞、公车司马尉各有一人。本注说：公车司马丞选择通晓忌讳之事的人担任，主管处理不法之事。公车司马尉负责对阙门卫兵的管理，防备意外事情的发生。

有南宫卫士令一人，俸禄为六百石。本注说：负责对南宫卫士的管理。有南宫卫士丞一人。

有北宫卫士令一人，俸禄为六百石。本注说：负责掌管北宫卫士。有北宫卫士丞一人。

分别有左、右都候各一人，俸禄为六百石。本注说：负责对持剑戟卫士的管理，巡查宫中以及天子让拘捕拷问的犯人。有左、右都候丞各一人。

宫掖门，每门各有司马一人，俸禄低于千石。本注说：南宫南屯司马，主管平城门；北宫门苍龙司马，主管东门；玄武司马，主管玄武门；北屯司马，主管北门；北宫朱爵司马，主管南掖门；东明司马，主管东门；朔平司马，主管北门：一共有七门。只要是住在宫里的人，都有户口名册存于所隶属的官门处。文书上的宫名两字，为铁印文符，验证文书以后才可进入宫门。假如宫外之人由于有事需要入宫，必须提供本官署长史开的木制凭证；那些有官位的人需要出入宫门时，要让侍从说明其官职。

以上隶属卫尉。本注说：中兴后裁撤旅贲令和卫士丞一人。

太仆，有太仆卿一人，俸禄实得二千石。本注说：主管车马。天子每次外出时，奏请所需用的车驾、扈从、仪仗；要是规模大的仪仗，太仆卿则需亲自驾驭车马。有太仆丞一人，俸禄低于千石。

有考工令一人，俸禄为六百石。本注说：负责对制造兵器弓弩刀铠等物的管理，造成后交给执金吾放入武器库，还负责管理织绶等杂工。有左、右考工丞各一人。

有车府令一人，俸禄为六百石。本注说：负责掌管皇帝所乘坐的车子。有车府丞一人。

有未央厩令一人，俸禄为六百石。本注说：负责掌管皇帝所用的车马和马棚中的所有马匹。有长乐厩丞一人。

右属太仆。本注曰：旧有六厩，皆六百石令，中兴省约，但置一厩。后置左骏令、厩，别主乘舆御马，后或并省。又有牧师菀，皆令官，主养马，分在河西六郡界中，中兴皆省，唯汉阳有流马菀，但以羽林郎监领。

廷尉，卿一人，中二千石。本注曰：掌平狱，奏当所应。凡郡国谳疑罪，皆处当以报。正、左监各一人。左平一人，六百石。本注曰：掌平决诏狱。

右属廷尉。本注曰：孝武帝以下，置中都官狱二十六所，各令长名世祖中兴皆省，唯廷尉及雒阳有诏狱。

大鸿胪，卿一人，中二千石。本注曰：掌诸侯及四方归义蛮夷。其郊庙行礼，赞导，请行事，既可，以命群司。诸王入朝，当郊迎，典其礼仪。及郡国上计，匡四方来，亦属焉。皇子拜王，赞授印绶。及拜诸侯、诸侯嗣子及四方夷狄封者，台下鸿胪召拜之。王薨则使吊之，及拜王嗣。丞一人。比千石。

大行令一人，六百石。本注曰：主诸郎。丞一人。治礼郎四十七人。

右属大鸿胪。本注曰：承秦有典属国，别主四方夷狄朝贡侍子，成帝时省并大鸿胪。中兴省驿官、别火二令、丞，及郡邸长、丞，但令郎治郡邸。

以上隶属太仆。本注说：原来有六厩，每厩有令一人，俸禄全是六百石。中兴后精简裁撤，只留下一厩。后来又增设左骏令、左骏厩，专养天子乘坐的御马，后被合并裁撤。又设牧师苑，都有令官，主管养马，分设在河西六郡的范围之内，中兴后都被精简裁撤。只有汉阳有流马苑，但是设的是羽林郎来监督掌管。

廷尉，有廷尉卿一人，俸禄实得二千石。本注说：主管公正判案，奏请其应当判何罪。只要是郡国议处疑难案件都交给他们判决上报。有正监、左监各一人。有左平一人，俸禄为六百石。本注说：左平负责判决处理诏狱犯人。

以上隶属廷尉。本注说：孝武帝之后，设立中都官狱二十六所，各狱令长在世祖中兴后都精简裁撤，只留下廷尉和洛阳有诏狱。

大鸿胪，有大鸿胪卿一人，俸禄实得二千石。本注说：负责管理诸侯和各处归降的少数民族。在举行郊庙祭拜时，主管赞唱引导，向天子奏请行事，天子批准后，负责向各司下达命令安排布置。诸王入朝，负责出郊迎宾，并主持仪式。等到郡国年终入朝汇报，他帮助各国来朝，也要负责招待安排。皇子封王时，由他佐助皇帝授印信和绶带。到了封授诸侯、诸侯的儿子继位，以及各少数民族的国君受封，在台下是由大鸿胪卿来负责引导他们受封行礼。遇到王去世，皇帝则派他去祭奠慰问，并宣布封王嗣的诏书。有鸿胪丞一人，俸禄实得千石。

有大行令一人，俸禄为六百石。本注说：负责对诸郎的管理。有大行丞一人。有治礼郎四十七人。

以上隶属大鸿胪。本注说：继承秦朝的制度，有典属国，专门负责管理各少数民族的朝贡及其侍子，成帝时裁撤典属国，其职务并入大鸿胪。中兴后裁撤驿官、别火二令、二丞和郡邸长、丞，只留下令郎官管理郡邸。

卷三十六

志第二十六　百官三

宗正　大司农　少府

宗正，卿一人，中二千石。本注曰：掌序录王国嫡庶之次，及诸宗室亲属远近，郡国岁因计上宗室名籍。若有犯法当髡以上，先上诸宗正，宗正以闻，乃报决。丞一人，比千石。

诸公主，每主家令一人，六百石。丞一人，三百石。本注曰：其余属吏增减无常。

右属宗正。本注曰：中兴省都司空令、丞。

大司农，卿一人，中二千石。本注曰：掌诸钱谷金帛诸货币。郡国四时上月旦见钱谷簿，其逋未毕，各具别之。边郡诸官请调度者，皆为报给，损多益寡，取相给足。丞一人，比千石。部丞一人，六百石。本注曰：部丞主帑藏。

太仓令一人，六百石。本注曰：主受郡国传漕谷。丞一人。

平准令一人，六百石。本注曰：掌知物贾，主练染，作采色。丞一人。

导官令一人，六百石。本注曰：主舂御米，及作乾糒。导，择也。丞一人。

右属大司农。本注曰：郡国盐官、铁官本属司农，中兴皆属郡县。又有廪牺令，六百石，掌祭祀牺牲雁鹜之属。及雒阳市长、荥阳敖仓官，中兴皆属河南尹。余均输等皆省。

宗正，有宗正卿一人，俸禄实得二千石。本注说：主管记录各王国嫡庶的关系，和各宗室亲属的远近，以及郡国每年核算上报的宗室名册。如果有犯的罪在剃去头发以上刑罚的，先要向宗正上报，宗正知晓后，狱官才开始判案。有宗正丞一人，俸禄低于千石。

各公主，每位公主有家令一人，俸禄为六百石。有丞一人，俸禄为三百石。本注说：其余下属官吏的人数增减没有限制。

以上隶属宗正。本注说：光武中兴以后，精简裁撤都司空令和丞。

大司农，有大司农卿一人，俸禄实得二千石。本注说：负责管理钱谷金帛以及各种货币。在每季度月初郡国上报的钱粮册中，有拖欠没交齐的，分门别类陈述记录。边郡各官奏请征调赋税的，全部上奏批复。征调的赋税削减有余以补不足，使其充足够用。有丞一人，俸禄低于千石。有部丞一人，俸禄为六百石。本注说：部丞负责管理国库。

有太仓令一人，俸禄为六百石。本注说：主管接收水陆转运的粮食。有丞一人。

有平准令一人，俸禄为六百石。本注说：主管买卖物价，负责煮练丝麻加以染色，织印彩布。有丞一人。

有导官令一人，俸禄为六百石。本注说：负责舂天子吃的米，和制作干粮。导，就是选择的意思。有丞一人。

以上隶属大司农。本注说：郡国盐官、铁官原本隶属司农，光武中兴以后都转为隶属郡县。又有廪牺令，俸禄为六百石，主管供祭祀用的牲畜、雁鹜之类。还有洛阳集市长、荥阳敖仓官，光武中兴后都少府，卿一人，中二千石。本注曰：掌中服御诸物，衣服宝货珍膳之属。丞一人，比千石。

太医令一人，六百石。本注曰：掌诸医。药丞、方丞各一人。本注曰：药丞主药。方丞主药方。

太官令一人，六百石。本注曰：掌御饮食。左丞、甘丞、汤官丞、果丞各一人。本注曰：左丞主饮食。甘丞主膳具。汤官丞主酒。果丞主果。

守宫令一人，六百石。本注曰：主御纸笔墨，及尚书财用诸物及封泥。丞一人。

上林苑令一人，六百石。本注曰：主苑中禽兽。颇有民居，皆主之。捕得其兽送太官。丞、尉各一人。

侍中，比二千石。本注曰：无员。掌侍左右，赞导众事，顾问应对。法驾出，则多识者一人参乘，余皆骑在乘舆车后。本有仆射一人，中兴转为祭酒，或置或否。

中常侍，千石。本注曰：宦者，无员。后增秩比二千石。掌侍左右，从入内宫，赞导内众事，顾问应对给事。

黄门侍郎，六百石。本注曰：无员。掌侍从左右，给事中，关通中外。及诸王朝见于殿上，引王就坐。

小黄门，六百石。本注曰：宦者，无员。掌侍左右，受尚书事。上在内宫，关通中外，及中宫已下众事。诸公主及王太妃等有疾苦，则使问之。

黄门令一人，六百石。本注曰：宦者。主省中诸宦者。丞、从丞隶属河南尹。其余均输官等都被精简裁撤。

少府，有少府卿一人，俸禄实得二千石。本注说：负责管理宫中服饰车马器用等物，以及衣服奇宝珍膳等。有丞一人，俸禄低于千石。

有太医令一人，俸禄为六百石。本注说：主管医药。有药丞、方丞各一人。本注说：药丞负责管理药材。方丞负责管理药方。

有太官令一人，俸禄为六百石。本注说：主管帝王饮食。有左丞、甘丞、汤官丞、果丞各一人。本注说：左丞负责管理饮食。甘丞负责管理餐具。汤官丞负责管理酒水。果丞负责管理果品。

有守宫令一人，俸禄为六百石。本注说：主管天子用的笔墨纸砚，以及尚书财用等物和封泥。有丞一人。

有上林苑令一人，俸禄为六百石。本注说：主管苑中禽兽。苑中百姓，也都由他负责管理。捕到的禽兽，送入太官。有丞、尉各一人。

侍中，俸禄低于二千石。本注说：没有人数的限制。负责管理左右侍从，帮助处理所有事情，对皇上提出的问题做出回答。皇帝乘车驾外出时，由一位博学广记的侍中陪乘，其余侍中都跟在皇帝的车驾后骑马。本来有仆射一人，光武中兴后转成祭酒，时有时无。

中常侍，俸禄为千石。本注说：通常由宦者担任，没有人数的限制。后来俸禄增加到低于二千石。主管左右侍从，随从进入内宫，协助安排宫内各事，对皇上提出的问题做出回答。

黄门侍郎，俸禄为六百石。本注说：没有人数的限制。主管左右侍从，供职殿中，连通内外朝。等到诸王在大殿上觐见天子时，负责引导诸王入座。

小黄门，俸禄为六百石。本注说：通常由宦者担任，没有人数的限制。主管左右侍从，接尚书奏事。当天子在内宫时，连通宫内宫外，以及皇后所居中宫以下的各事。各公主及王太妃等有生活上的困苦时，皇帝派他问候。

有黄门令一人，俸禄为六百石。本注说：通常由宦者担任。负责各一人。本注曰：宦者。从丞主出入从。

黄门署长、画室署长、玉堂署长各一人。丙署长七人。皆四百石，黄绶。本注曰：宦者。各主中宫别处。

中黄门冗从仆射一人，六百石。本注曰：宦者。主中黄门冗从。居则宿卫，直守门户；出则骑从，夹乘舆车。

中黄门，比百石。本注曰：宦者，无员。后增比三百石。掌给事禁中。

掖庭令一人，六百石。本注曰：宦者。掌后宫贵人采女事。左右丞、暴室丞各一人。本注曰：宦者。暴室丞主中妇人疾病者，就此室治；其皇后、贵人有罪，亦就此室。

永巷令一人，六百石。本注曰：宦者。典官婢侍使。丞一人。本注曰：宦者。

御府令一人，六百石。本注曰：宦者。典官婢作中衣服及补浣之属。丞、织室丞各一人。本注曰：宦者。

祠祀令一人，六百石。本注曰：典中诸小祠祀。丞一人。本注曰：宦者。

钩盾令一人，六百石。本注曰：宦者。典诸近池苑囿游观之处。丞、永安丞各一人，三百石。本注曰：宦者。永安，北宫东北别小宫名，有园观。苑中丞、果丞、鸿池丞、南园丞各一人，二百石。本注曰：苑中丞主苑中离宫。果丞主果园。鸿池，池名，在雒阳东二十里。南园在雒水南。濯龙监、直里监各一人，四百石。本注曰：濯龙亦园名，近北宫。直里亦园名也，在雒阳城西南角。

管理宫禁中的所有宦者。有丞、从丞各一人。本注说：通常由宦者担任。从丞负责随从皇帝出入。

有黄门署长、画室署长、玉堂署长各一人。有丙署长七人。俸禄都是四百石，授黄色绶带。本注说：通常由宦者担任。分别负责中宫的某一地方。

有中黄门冗从仆射一人，俸禄为六百石。本注说：通常由宦者担任。负责管理中黄门冗从。皇帝在宫中时，冗从在宫禁中担任警卫，值班守门；皇帝外出时，冗从骑马跟从，跟随在皇帝车驾两旁。

中黄门，俸禄低于百石。本注说：通常由宦者担任，没有人数的限制。后来，俸禄增加到低于三百石。负责管理宫中各事。

有掖庭令一人，俸禄为六百石。本注说：通常由宦者担任。负责管理后宫贵人采女各事。有左右丞、暴室丞各一人。本注说：通常由宦者担任。暴室丞负责管理宫中生病的妇人，送到暴室医治；如果皇后、贵人有罪，也囚禁在暴室。

有永巷令一人，俸禄为六百石。本注说：通常由宦者担任。负责管理宫婢侍使。有丞一人。本注说：通常由宦者担任。

有御府令一人，俸禄为六百石。本注说：通常由宦者担任。主管宫婢做后宫衣裳以及缝补浣洗等事。有丞、织室丞各一人。本注说：通常由宦者担任。

有祠祀令一人，俸禄为六百石。本注说：主管宫中各种小型的祭祀仪式。有丞一人。本注说：通常由宦者担任。

有钩盾令一人，俸禄为六百石。本注说：通常由宦者担任。负责管理各近池苑囿等游逛观览之处。有丞、永安丞各一人，俸禄为三百石。本注说：通常由宦者担任。永安，是北宫东北的另一小宫名，内有庭院楼台。有苑中丞、果丞、鸿池丞、南园丞各一人，俸禄为二百石。本注说：苑中丞负责管理苑中离宫。果丞负责管理果园。鸿池，为池名，位于洛阳东二十里。南园在雒水的南面。有濯龙监、直里监各一人，俸禄为四百石。本注说：濯龙也是园名，靠近北宫。直里也是园名，位于洛阳城的西南角。

中藏府令一人，六百石。本注曰：掌中币帛金银诸货物。丞一人。

内者令一人，六百石。本注曰：掌中布张诸衣物。左右丞各一人。

尚方令一人，六百石。本注曰：掌上手工作御刀剑诸好器物。丞一人。

尚书令一人，千石。本注曰：承秦所置，武帝用宦者，更为中书谒者令，成帝用士人，复故。掌凡选署及奏下尚书曹文书众事。

尚书仆射一人，六百石。本注曰：署尚书事，令不在则奏下众事。

尚书六人，六百石。本注曰：成帝初置尚书四人，分为四曹：常侍曹尚书主公卿事；二千石曹尚书主郡国二千石事；民曹尚书主凡吏上书事；客曹尚书主外国夷狄事。世祖承遵，后分二千石曹，又分客曹为南主客曹、北主客曹，凡六曹。左右丞各一人，四百石。本注曰：掌录文书期会。左丞主吏民章报及驺伯史。右丞假署印绶，及纸笔墨诸财用库藏。侍郎三十六人，四百石。本注曰：一曹有六人，主作文书起草。令史十八人，二百石。本注曰：曹有三，主书。后增剧曹三人，合二十一人。

符节令一人，六百石。本注曰：为符节台率，主符节事。凡遣使掌授节。尚符玺郎中四人。本注曰：旧二人在中，主玺及虎符、竹符之半者。符节令史，二百石。本注曰：掌书。

御史中丞一人，千石。本注曰：御史大夫之丞也。旧别监御史在殿中，密举非法。及御史大夫转为司空，因别留中，为御史台率，后有中藏府令一人，俸禄为六百石。本注说：负责管理宫中缯帛金银等货物。有丞一人。

有内者令一人，俸禄为六百石。本注说：负责管理宫中布帐内衣便服等物。有左、右丞各一人。

有尚方令一人，俸禄为六百石。本注说：负责管理工艺精湛的工人打造御用刀剑等好的用具。有丞一人。

有尚书令一人，俸禄为千石。本注说：继承秦制而设，武帝时任用宦者担任尚书令，后改称尚书令为中书谒者令，成帝时任用读书人担任，恢复尚书令的旧称。负责管理一切任命官吏、布置工作，以及上书下传尚书曹文书等事。

有尚书仆射一人，俸禄为六百石。本注说：负责管理尚书事务，尚书令不在任时，暂代其上书下传各事。

有尚书六人，俸禄为六百石。本注说：成帝时先设置了尚书四人，分成四曹：常侍曹尚书掌管公卿之事；二千石曹尚书掌管在郡国俸禄为二千石官吏的事务；民曹尚书掌管一切官吏上奏事宜；客曹尚书负责外国和少数民族等事务。光武帝遵循前制，后来分二千石曹为两曹，又把客曹分成南主客曹和北主客曹，一共六曹。有左、右丞各一人，俸禄为四百石。本注说：负责记录文书期限。左丞负责官吏百姓的奏章上报以及驺伯史。右丞代管印信和绶带，并负责管理笔墨纸砚等用具。有侍郎三十六人，俸禄为四百石。本注说：各曹有六人，掌管文书的起草。有令史十八人，俸禄为二百石。本注说：各曹有三人，主管抄写。后来增加剧曹三人，一共有二十一人。

有符节令一人，俸禄为六百石。本注说：符节令是符节台的长官，负责管理符节之事。凡是派遣使臣时，其负责授以符节。有尚符玺郎中四人。本注说：以前此二人在宫中，主管玉玺和半个虎符、竹符。符节令史，俸禄为二百石。本注说：主管书写。

有御史中丞一人，俸禄为千石。本注说：御史中丞是御史大夫的佐官。从前有其他监御史在大殿中，秘密举发非法之事。等到御史大又属少府。治书侍御史二人，六百石。本注曰：掌选明法律者为之。凡天下诸谳疑事，掌以法律当其是非。侍御史十五人，六百石。本注曰：掌察举非法，受公卿群吏奏事，有违失举劾之。凡郊庙之祠及大朝会、大封拜，则二人监威仪，有违失则劾奏。

兰台令史，六百石。本注曰：掌奏及印工文书。

右属少府。本注曰：职属少府者，自太医、上林凡四官。自侍中至御史，皆以文属焉。承秦，凡山泽陂池之税，名曰禁钱，属少府。世祖改属司农，考工转属太仆，都水属郡国。孝武帝初置水衡都尉，秩比二千石，别主上林苑有离宫燕休之处，世祖省之，并其职于少府。每立秋貙刘之日，辄暂置水衡都尉，事讫乃罢之。少府本六丞，省五。又省汤官、织室令，置丞。又省上林十池监，胞人长丞，宧者、昆台、佽飞三令，二十一丞。又省水衡属官令、长、丞、尉二十余人。章和以下，中官稍广，加尝药、太官、御者、钩盾、尚方、考工、别作监，皆六百石，宧者为之，转为兼副，或省，故录本官。

夫改为司空，御史中丞就留在了大殿中，成为御史台的长官，后来又归属少府。有治书侍御史二人，俸禄为六百石。本注说：挑选精通法律的人来担任此职。只要是国家议处疑难案件，他负责依照法律规定来审判，决定其对错。有侍御史十五人，俸禄为六百石。本注说：主管察举非法，接受公卿群吏的上书，有处事失当的，列举其罪行、过失加以弹劾。只要进行郊庙祭祀以及大朝会、大封拜，则派二人监察仪仗随从，有处事失当的，则检举其过失或罪行。

兰台令史，俸禄为六百石。本注说：掌管奏请上书和印刷文书。

以上隶属少府。本注说：职务归属少府的，从太医到上林，一共有四官。从侍中到御史，都是因文职而归属于它。继承秦制，只要是关于山泽池沼的税收，都称为禁钱，归属少府。光武帝时转为归属司农，考工改为归属太仆，都水归属郡国。孝武帝时开始设水衡都尉一职，俸禄低于二千石，另外主管上林苑中离宫宴休的地方，光武帝裁撤此官，把其职责合并在少府内。每到立秋貙刘祭祀的时候，总是临时设置水衡都尉，事情办完后，就罢免此官。少府原来有六丞，裁撤五丞。又裁撤汤官令、织室令，设置汤官丞、织室丞。又裁撤上林十池监，胞人长丞，宦者、昆台、佽飞三令，二十一丞。又裁撤水衡属官令、长、丞、尉二十多人。章和以后，宫中官吏稍微增加了一些，增设尝药、太官、御者、钩盾、尚书、考工、别作监，俸禄全是六百石，通常由宦者担任，改为两套，有时裁撤，所以记录此官。

卷三十七

志第二十七　百官四

执金吾　太子太傅　大长秋　太子少傅

将作大匠　城门校尉　北军中候　司隶校尉

执金吾一人，中二千石。本注曰：掌宫外戒司非常水火之事。月三绕行宫外，及主兵器。吾犹御也。丞一人，比千石。缇骑二百人。本注曰：无秩，比吏食奉。

武库令一人，六百石。本注曰：主兵器。丞一人。

右属执金吾。本注曰：本有式道、左右中候三人，六百石。车驾出，掌在前清道，还持麾至宫门，宫门乃开。中兴但一人，又不常置，每出，以郎兼式道候，事已罢，不复属执金吾。又省中垒、寺互、都船令、丞、尉及左右京辅都尉。

太子太傅一人，中二千石。本注曰：职掌辅导太子。礼如师，不领官属。

大长秋一人，二千石。本注曰：承秦将行，宦者。景帝更为大长秋，或用士人。中兴常用宦者，职掌奉宣中宫命。凡给赐宗亲，及宗亲当谒见者关通之，中宫出则从。丞一人，六百石。本注曰：宦者。

中宫仆一人，千石。本注曰：宦者。主驭。本注曰：太仆，秩二千石，中兴省“太”，减秩千石，以属长秋。

有执金吾一人，俸禄实得二千石。本注说：负责管理宫外巡逻警戒和突然发生水火灾害等紧急事件。每月在宫外绕着巡视三次，并掌管兵器。吾，义与御相同，是防御的意思。有丞一人，俸禄低于千石。有缇骑二百人。本注说：与吏同享俸禄，不在等级。

有武库令一人，俸禄为六百石。本注说：主管兵器。有武库丞一人。

以上隶属执金吾。本注说：原来有式道、左右中候三人，俸禄为六百石。皇上乘车驾外出时，负责在前引路，驱散行人；车驾回宫时，他还要持麾到宫门，宫门才会开。光武中兴后只把一人留下，还不经常设，因此，每次车驾外出，是用郎官兼任式道候，事情结束后，立即裁撤式道候一职，不再归属执金吾。又裁撤中垒、寺互、都船令、丞、尉以及左右京辅都尉。

有太子太傅一人，俸禄实得二千石。本注说：职务上负责辅导太子。太子向对待老师一样礼敬太傅。太子太傅以下不设属吏。

有大长秋一人，俸禄为二千石。本注说：此为继承秦朝的将行，通常由宦者担任。景帝时改称大长秋，有时由读书人担任。光武中兴后总是由宦者担任，职务上负责宣布中宫的命令。只要是皇后赏赐宗亲和宗亲应当觐见皇后，都由他负责禀报传达。皇后外出时，他则跟随左右。有丞一人，俸禄为六百石。本注说：通常由宦者担任。

有中宫仆一人，俸禄为千石。本注说：通常由宦者担任。负责驾驶车马。本注说：太仆，俸禄为二千石，光武中兴后去掉“太”字，减俸禄为千石，隶属大长秋。

中宫谒者令一人，六百石。本注曰：宦者。中宫谒者三人，四百石。本注曰：宦者。主报中章。

中宫尚书五人，六百石。本注曰：宦者。主中文书。

中宫私府令一人，六百石。本注曰：宦者。主中藏币帛诸物，裁衣被补浣者皆主之。丞一人。本注曰：宦者。

中宫永巷令一人，六百石。本注曰：宦者。主宫人。丞一人。本注曰：宦者。

中宫黄门冗从仆射一人，六百石。本注曰：宦者。主中黄门冗从。

中宫署令一人，六百石。本注曰：宦者。主中宫请署天子数。女骑六人，丞、复道丞各一人。本注曰：宦者。复道丞主中阁道。

中宫药长一人，四百石。本注曰：宦者。

右属大长秋。本注曰：承秦，有詹事一人，位在长秋上，亦宦者，主中诸官。成帝省之，以其职并长秋。是后皇后当法驾出，则中谒、中宦者职吏权兼詹事奉引，讫罢。宦者诛后，尚书选兼职吏一人奉引云。其中长信、长乐宫者，置少府一人，职如长秋，及余吏皆以宫名为号，员数秩次如中宫。本注曰：帝祖母称长信宫，故有长信少府，长乐少府，位在长秋上，及职吏皆宦者，秩次如中宫。长乐又有卫尉，仆为太仆，皆二千石，在少府上。其崩则省，不常置。

太子少傅，二千石。本注曰：亦以辅导为职，悉主太子官属。

有中宫谒者令一人，俸禄为六百石。本注说：通常由宦者担任。有中宫谒者三人，俸禄为四百石。本注说：通常由宦者担任。主管呈报中宫奏本。

有中宫尚书五人，俸禄为六百石。本注说：通常由宦者担任。负责管理中宫文书。

有中宫私府令一人，俸禄为六百石。本注说：通常由宦者担任。负责管理中宫库藏内的币帛等物，裁剪衣服被褥缝补浣洗的宫人也都归他管理。有丞一人。本注说：通常由宦者担任。

有中宫永巷令一人，俸禄为六百石。本注说：通常由宦者担任。负责对宫人的管理。有丞一人。本注说：通常由宦者担任。

有中宫黄门冗从仆射一人，俸禄为六百石。本注说：通常由宦者担任。负责管理中宫黄门冗从。

有中宫署令一人，俸禄为六百石。本注说：通常由宦者担任。主管中宫奏请天子批复的次数。有女骑六人，丞、复道丞各一人。本注说：通常由宦者担任。复道丞主管中阁道。

有中宫药长一人，俸禄为四百石。本注说：通常由宦者担任。

以上隶属大长秋。本注说：继承秦制，有詹事一人，职位在长秋之上，也是任用宦者担任，负责对中宫官吏的管理。成帝时裁撤詹事一职，把其职务并入长秋。自此以后当皇后乘车驾外出时，则中宫谒者、中宫宦者等职位低下的官吏临时兼任詹事一职在前导引车驾，事情完成后，立即裁撤詹事一职。宦者被诛杀后，尚书挑选一位官吏兼任，负责导引车驾。其中长信宫、长乐宫，设少府一人，职位与长秋相同，其余官吏都是用宫名为号，人数、俸禄等同中宫。本注说：皇帝的祖母所居之宫称长信宫，所以有长信少府，长乐少府，职位在长秋之上，其下属官吏都是宦者，俸禄与中宫相同。长乐宫还有卫尉一职，仆称太仆，俸禄全是二千石，职位在少府之上。其去世后，这些官吏则被裁撤，因此不经常设置。

太子少傅，俸禄为二千石。本注说：同样负责辅导太子，并全权管理太子宫中的官吏。

太子率更令一人，千石。本注曰：主庶子、舍人更直，职似光禄。

太子庶子，四百石。本注曰：无员，如三署中郎。

太子舍人，二百石。本注曰：无员，更直宿卫，如三署郎中。

太子家令一人，千石。本注曰：主仓谷饮食，职似司农、少府。

太子仓令一人，六百石。本注曰：主仓谷。

太子食官令一人，六百石。本注曰：主饮食。

太子仆一人，千石。本注曰：主车马，职如太仆。

太子厩长一人，四百石。本注曰：主车马。

太子门大夫，六百石。本注曰：《旧注》云职比郎将。旧有左右户将，别主左右户直郎，建武以来省之。

太子中庶子，六百石。本注曰：员五人，职如侍中。

太子洗马，比六百石。本注曰：《旧注》云员十六人，职如谒者。太子出，则当直者在前导威仪。

太子中盾一人，四百石。本注曰：主周卫徼循。

太子卫率一人，四百石。本注曰：主门卫士。

右属太子少傅。本注曰：凡初即位，未有太子，官属皆罢，唯舍人不省，领属少府。

将作大匠一人，二千石。本注曰：承秦，曰将作少府，景帝改为将作大匠。掌修作宗庙、路寝、宫室、陵园木土之功，并树桐梓之类列于道侧。丞一人，六百石。

有太子率更令一人，俸禄为千石。本注说：负责管理太子庶子、太子舍人的轮流值班，职责与光禄勋相似。

太子庶子，俸禄为四百石。本注说：没有人数的限制，职责与三署中郎相同，负责持戟守卫门户。

太子舍人，俸禄为二百石。本注说：没有人数的限制，轮流值班，值宿守卫，职责与三署郎中相同。

有太子家令一人，俸禄为千石。本注说：主管仓库中贮藏的谷物和吃喝饭食，职务与司农、少府相似。

有太子仓令一人，俸禄为六百石。本注说：主管仓库中贮藏的谷物。

有太子食官令一人，俸禄为六百石。本注说：主管吃喝饭食。

有太子仆一人，俸禄为千石。本注说：主管车马，职务与太仆相同。

有太子厩长一人，俸禄为四百石。本注说：主管车马。

太子门大夫，俸禄为六百石。本注说：《旧注》说职务等同郎将。原来有左、右户将，分别主管左、右户直郎，建武以后被精简裁撤。

太子中庶子，俸禄为六百石。本注说：人数定为五人，职务与侍中相同。

太子洗马，俸禄低于六百石。本注说：《旧注》说人数定为十六人，职务与谒者相同。当太子外出时，值班者则在前导引仪仗。

有太子中盾一人，俸禄为四百石。本注说：负责宫禁巡查。

有太子卫率一人，俸禄为四百石。本注说：负责管理守门卫士。

以上隶属太子少傅。本注说：只要是刚即位的皇帝，还没有太子的，太子的官属都被裁撤，只剩太子舍人一职不会被裁撤，隶属少府管辖。

有将作大匠一人，俸禄为二千石。本注说：继承秦朝的制度，称为将作少府，景帝时改称其为将作大匠。主管兴办宗庙、路寝、宫室、陵园等土木工程，并负责把桐木、梓木等树种植在道路两侧。有丞左校令一人，六百石。本注曰：掌左工徒。丞一人。

右校令一人，六百石。本注曰：掌右工徒。丞一人。

右属将作大匠。

城门校尉一人，比二千石。本注曰：掌雒阳城门十二所。

司马一人，千石。本注曰：主兵。城门每门候一人，六百石。本注曰：雒阳城十二门，其正南一门曰平城门，北宫门，属卫尉。其余上西门，雍门，广阳门，津门，小苑门，开阳门，耗门，中东门，上东门，谷门，夏门，凡十二门。

右属城门校尉。

北军中候一人，六百石。本注曰：掌监五营。

屯骑校尉一人，比二千石。本注曰：掌宿卫兵。司马一人，千石。

越骑校尉一人，比二千石。本注曰：掌宿卫兵。司马一人，千石。

步兵校尉一人，比二千石。本注曰：掌宿卫兵。司马一人，千石。

长水校尉一人，比二千石。本注曰：掌宿卫兵。司马、胡骑司马各一人，千石。本注曰：掌宿卫，主乌桓骑。

射声校尉一人，比二千石。本注曰：掌宿卫兵。司马一人，千石。

右属北军中候。本注曰：旧有中垒校尉，领北军营垒之事。有胡骑、虎贲校尉，皆武帝置。中兴省中垒，但置中候，以监五营。胡一人，俸禄为六百石。

有左校令一人，俸禄为六百石。本注说：负责管理左队工匠。有左校丞一人。

有右校令一人，俸禄为六百石。本注说：负责管理右队工匠。有右校丞一人。

以上隶属将作大匠。

有城门校尉一人，俸禄低于二千石。本注说：主管洛阳城的十二座城门。

有司马一人，俸禄为千石。本注说：专管兵事。每座城门设门候一人，俸禄为六百石。本注说：洛阳城有十二门，其正南方的一门叫平城门，属于北宫之门，归卫尉掌管。其余上西门、雍门、广阳门、津门、小苑门、开阳门、耗门、中东门、上东门、谷门、夏门，共有十二门。

以上隶属城门校尉。

有北军中候一人，俸禄为六百石。本注说：负责对北军五营的监督。

有屯骑校尉一人，俸禄低于二千石。本注说：主管值班守卫的士兵。有司马一人，俸禄为千石。

有越骑校尉一人，俸禄低于二千石。本注说：主管值班守卫的士兵。有司马一人，俸禄为千石。

有步兵校尉一人，俸禄低于二千石。本注说：主管值班守卫的士兵。有司马一人，俸禄为千石。

有长水校尉一人，俸禄低于二千石。本注说：主管值班守卫的士兵。有司马、胡骑司马各一人，俸禄为千石。本注说：掌管值班警卫，负责对乌桓骑兵的管理。

有射声校尉一人，俸禄低于二千石。本注说：主管值班守卫的士兵。有司马一人，俸禄为千石。

以上隶属北军中候。本注说：原来设中垒校尉，负责管理北军军营等事。有胡骑校尉、虎贲校尉，全由武帝设立。光武中兴以后裁骑并长水。虎贲主轻车，并射声。

凡中二千石，丞比千石。真二千石，丞、长史六百石。比二千石，丞比六百石。令、相千石，丞、尉四百石；其六百石，丞、尉三百石。长、相四百石及三百石，丞、尉皆二百石。诸侯、公主家丞，秩皆比百石。诸边鄣塞尉、诸陵校尉长，皆二百石。有常例者不署秩。

司隶校尉一人，比二千石。本注曰：孝武帝初置，持节，掌察举百官以下，及京师近郡犯法者。元帝去节，成帝省，建武中复置，并领一州。从事史十二人。本注曰：都官从事，主察举百官犯法者。功曹从事，主州选署及众事。别驾从事，校尉行部则奉引，录众事。簿曹从事，主财谷簿书。其有军事，则置兵曹从事，主兵事。其余部郡国从事，每郡国各一人，主督促文书，察举非法，皆州自辟除，故通为百石云。假佐二十五人。本注曰：主簿录阁下事，省文书。门亭长主州正。门功曹书佐主选用。《孝经》师主监试经。《月令》师主时节祠祀。律令师主平法律，簿曹书佐主簿书。其余都官书佐及每郡国，各有典郡书佐一人，各主一郡文书，以郡吏补，岁满一更。司隶所部郡七。

河南尹一人，主京都，特奉朝请。其京兆尹、左冯翊、右扶风三人，汉初都长安，皆秩中二千石，谓之三辅。中兴都雒阳，更以河南郡为尹，以三辅陵庙所在，不改其号，但减其秩。其余弘农、河内、河东三郡。其置尹，冯翊、扶风及太守丞奉之本位，在《地理志》。

撤中垒校尉，只设中候，用来监督北军五营。胡骑校尉与长水校尉合并。虎贲校尉主管轻车，合入射声校尉。

只要是俸禄中二千石的，其丞的俸禄就低于千石。只要是俸禄次于中二千石，高于二千石的，其丞、长史的俸禄就是六百石。只要是俸禄低于二千石的，其丞的俸禄就低于六百石。只要令、相的俸禄是千石的，其丞、尉的俸禄就是四百石；俸禄是六百石的，其丞、尉的俸禄就是三百石。只要长、相的俸禄是四百石和三百石的，其丞、尉的俸禄就全是二百石。诸侯和公主家丞的俸禄全是低于百石。各边鄣塞尉、各陵校尉长的俸禄全是二百石。有惯例的不再记录其俸禄多少。

有司隶校尉一人，俸禄低于二千石。本注说：孝武帝开始设立，掌管符节，负责察举百官以下以及都城近郡违法犯罪之人。元帝时拿走其符节，成帝裁撤此官，光武帝建武年间又重设此职，并治理一州事务。有从事史十二人。本注说：都官从事，负责察举百官中违法犯罪之人。功曹从事，负责州内官吏的选拔任用以及其他诸事。别驾从事，当司隶校尉到所属部域巡行时，其负责在前导引，记录各事。簿曹从事，负责管理钱粮簿书。如果有军事，则设立兵曹从事，主管军事。其余部设立郡国从事，每郡国各有一人，主管监督催促文书，察举违法犯罪之人，都是州内自行聘任，所以其俸禄通常是一百石。有假佐二十五人。本注说：负责记录统计各种事务，检查文书档案。门亭长，负责州内的通报、纠察等事。门功曹书佐，主管挑选任用属官。《孝经》师主管监督《孝经》的考试。《月令》师主管依照时节举行祭祀。律令师负责依法量刑。簿曹书佐负责管理文书簿册。其余都官书佐以及各郡国，分别有典郡书佐一人，各自负责管理一郡的公文书信，由郡吏补任，满一年一更换。司隶校尉主管所属七郡。

有河南尹一人，主管都城行政事务，特许奉旨可入朝觐见天子。京兆尹、左冯翊、右扶风三人，起初汉在长安建都时，俸禄全实得二千石，称其为三辅。光武中兴在洛阳建都，把河南郡改为尹，因三辅在先帝陵庙所在之地，不变其名称，仅降低其俸禄。其余是弘农、河内及河东三郡。关于设立尹，左冯翊、右扶风和郡太守、郡丞奉旨管辖的区域，详见《地理志》。

卷三十八

志第二十八　百官五

州郡　县乡　亭里　匈奴中郎将

乌桓校尉　护羌校尉　王国　宋卫国

列侯　关内侯　四夷国　百官奉

外十二州，每州刺史一人，六百石。本注曰：秦有监御史，监诸郡，汉兴省之，但遣丞相史分刺诸州，无常官。孝武帝初置刺史十三人，秩六百石。成帝更为牧，秩二千石。建武十八年，复为刺史，十二人各主一州，其一州属司隶校尉。诸州常以八月巡行所部郡国，录囚徒，考殿最。初岁尽诣京都奏事，中兴但因计吏。

皆有从事史、假佐。本注曰：员职略与司隶同，无都官从事，其功曹从事为治中从事。

豫州部郡国六，冀州部九，兖州部八，徐州部五，青州部六，荆州部七，扬州部六，益州部十二，凉州部十二，并州部九，幽州部十一，交州部七，凡九十八。其二十七王国相，其七十一郡太守。其属国都尉。属国，分郡离远县置之，如郡差小，置本郡名。世祖并省郡县四百余所，后世稍复增之。

凡州所监都为京都，置尹一人，二千石，丞一人。每郡置太守一人，二千石，丞一人。郡当边戍者，丞为长史。王国之相亦如之。

外十二州，在每州设置刺史一人，俸禄为六百石。本注说：秦朝设有监御史，主管监督各郡，汉朝建立后裁撤此职，仅派丞相史分别到各州暗中探查情况，并不经常设此官。孝武帝时起初设置刺史十三人，俸禄为六百石。成帝时把刺史改为牧，俸禄为二千石。建武十八年（42），又把牧重新改为刺史，十二人分别负责管理一州，剩下一州，由司隶校尉负责管理。各州经常在八月时出行视察所属郡国，查录犯人案卷，对郡国官吏的军功政绩进行考核评比。年终到都城向皇帝奏陈汇报，光武帝中兴以后，只派计吏代为汇报。

各州都设有从事史和假佐。本注说：外十二州的下设官吏，大致同于司隶校尉的下设官吏，不设都官从事，其功曹从事就是治中从事。

豫州管辖六个郡国，冀州管辖九个郡国，兖州管辖八个郡国，徐州管辖五个郡国，青州管辖六个郡国，荆州管辖七个郡国，扬州管辖六个郡国，益州管辖十二个郡国，凉州管辖十二个郡国，并州管辖九个郡国，幽州管辖十一个郡国，交州管辖七个郡国，一共九十八个郡国。其中设二十七个王国相，七十一个郡太守。还设属国都尉。属国，是把离郡较远的县另外划出而设置的，如果与郡相差较小，就以本郡名来称呼。光武帝中兴后，合并或裁撤四百多个郡县，后来，又稍微恢复增设了一些郡县。

但凡州刺史所管辖的地方称作京都，设置尹一人，俸禄为二千石，下设丞一人。各郡设置太守一人，俸禄为二千石，下设丞一人。需每属国置都尉一人，比二千石，丞一人。本注曰：凡郡国皆掌治民，进贤劝功，决讼检奸。常以春行所主县，劝民农桑，振救乏绝。秋冬遣无害吏案讯诸囚，平其罪法，论课殿最。岁尽遣吏上计。并举孝廉，郡口二十万举一人。尉一人，典兵禁，备盗贼，景帝更名都尉。武帝又置三辅都尉各一人，讥出入。边郡置农都尉，主屯田殖谷。又置属国都尉，主蛮夷降者。中兴建武六年，省诸郡都尉，并职太守，无都试之役。省关都尉，唯边郡往往置都尉及属国都尉，稍有分县，治民比郡。安帝以羌犯法，三辅有陵园之守，乃复置右扶风都尉，京兆虎牙都尉。皆置诸曹掾史。本注曰：诸曹略如公府曹，无东西曹。有功曹史，主选署功劳。有五官掾，署功曹及诸曹事。其监属县，有五部督邮，曹掾一人。正门有亭长一人。主记室史，主录记书，催期会。无令史。阁下及诸曹各有书佐，干主文书。

属官，每县、邑、道，大者置令一人，千石；其次置长，四百石；小者置长，三百石；侯国之相，秩次亦如之。本注曰：皆掌治民，显善劝义，禁奸罚恶，理讼平贼，恤民时务，秋冬集课，上计于所属郡国。

凡县主蛮夷曰道。公主所食汤沐曰国。县万户以上为令，不满为长。侯国为相。皆秦制也。丞各一人。尉大县二人，小县一人。本注曰：丞署文书，典知仓狱。尉主盗贼。凡有贼发，主名不立，则推索行寻，案察奸宄，以起端绪。各署诸曹掾史。本注曰：诸曹略如郡要守卫边疆的郡，不设丞而改设长史。各王国相也是这样设置。各属国设置都尉一人，俸禄低于二千石，下设丞一人。本注说：只要是郡国，都主管民政，荐举提拔贤能，鼓励建功立业，审判案件查究奸邪。经常在春季巡视所管辖的各县，鼓励农民种地养蚕，救济帮助穷困。秋冬两季派遣奉公正己的官吏审问犯人，依法定罪，并考核评定该县官吏的政绩。年终派遣官员到都城向皇帝奏陈汇报，上报人口钱粮、盗贼狱讼等情况。同时推荐孝廉，人口在二十万以上的郡推荐一人。设尉一人，负责管理兵卒禁令，警惕盗贼，景帝时改名为都尉。武帝又设置三辅都尉各一人，主管查问出入之人。边郡又设置农都尉，主管垦殖荒地种植谷物。又设属国都尉，负责管理归降的少数民族。光武帝建武六年（30），裁撤各郡都尉，将其职务合归太守，不再举办讲武习兵的考试。裁撤关都尉，在边郡总是设置都尉和属国都尉，略辖属县，如同郡一样治理百姓。安帝因羌族起义，三辅有要守护的先帝陵庙，便重新设置右扶风都尉、京兆虎牙都尉。每郡都设各曹掾史。本注说：各曹大致与公府曹相同，不设东西曹。设有功曹史，主管评选各官署功劳。设有五官掾，主管功曹以及各曹事务。其所督察的属县，设有五部督邮，下设曹掾一人。正门有亭长一人。主管记室史，负责记录文书，并催督在规定的期限内实施政令。不设令史。官府内及各曹分别设有书佐，主要负责文书的抄写工作。

属下的官吏，每县、邑、道，大的设置令一人，俸禄为千石；中等的设置长，俸禄为四百石；小的也设置长，俸禄为三百石；侯国的相，秩禄等级的高低也是如此。本注说：都主管民政，宣扬好人好事，鼓励正义，惩治奸邪，惩治恶人，审理诉讼，镇压贼寇，救济百姓，不耽误农时。秋冬岁尽征收赋税，各县、邑、道到所属郡国呈报计簿，说明户口、赋税、人事等情况。

只要是主管少数民族的县称为道。供公主食用、沐浴的封地称为国。万户以上的县设置令，不够万户的设置长。侯国设置相。这都是继承秦制。设丞各一人。尉，大县设二人，小县设一人。本注说：丞负责管理文书，主管粮库和监狱。尉，主管抓捕盗贼。但凡有盗窃案件发生，不知为首者姓名的，则推求寻察，查处违法作乱者，以理员，五官为廷掾，监乡五部，春夏为劝农掾，秋冬为制度掾。

乡置有秩、三老、游徼。本注曰：有秩，郡所署，秩百石，掌一乡人；其乡小者，县置啬夫一人。皆主知民善恶，为役先后，知民贫富，为赋多少，平其差品。三老掌教化。凡有孝子顺孙，贞女义妇，让财救患，及学士为民法式者，皆扁表其门，以兴善行。游徼掌徼循，禁司奸盗。又有乡佐，属乡，主民收赋税。

亭有亭长，以禁盗贼。本注曰：亭长，主求捕盗贼，承望都尉。

里有里魁，民有什伍，善恶以告。本注曰：里魁掌一里百家。什主十家，伍主五家，以相检察。民有善事恶事，以告监官。

边县有障塞尉。本注曰：掌禁备羌夷犯塞。其郡有盐官、铁官、工官、都水官者，随事广狭置令、长及丞，秩次皆如县、道，无分士，给均本吏。本注曰：凡郡县出盐多者置盐官，主盐税。出铁多者置铁官，主鼓铸。有工多者置工官，主工税物。有水池及鱼利多者置水官，主平水收渔税。在所诸县均差吏更给之，置吏随事，不具县员。

使匈奴中郎将一人，比二千石。本注曰：主护南单于。置从事二人，有事随事增之，掾随事为员。护羌、乌桓校尉所置亦然。

护乌桓校尉一人，比二千石。本注曰：主乌桓胡。

护羌校尉一人，比二千石。本注曰：主西羌。

清头绪。各县设各曹掾史。本注说：各曹掾史的设置大致与郡吏相似，五官掾称作廷掾，主管乡五部，春夏季为劝农掾，鼓励农耕，秋冬季为制度掾，主管法令礼俗。

乡设有秩、三老、游徼。本注说：有秩，由郡派人担任，俸禄为百石，主管一乡百姓；小一点的乡由县选派一位啬夫。有秩、啬夫，都负责了解百姓的善恶，安排服役的先后，知晓乡民的贫富，确定赋税的缴纳额，评定其等级。三老主管教化。只要有孝子孝孙，贞女义妇，谦让钱财，救济患难，以及可以作为百姓学习榜样的学士，都在其门上题门表彰，以此来鼓励多做好人好事。游徼主管巡查，防备禁戒奸人盗贼。又设乡佐，归属乡，主管征收赋税。

亭设亭长，以此来禁戒盗贼。本注说：亭长，主管巡查搜捕盗贼，受都尉领导。

里设里魁，百姓有什伍，好事坏事都需上报。本注说：里魁负责管理一里百家。什负责管理十家，伍负责管理五家，以此相互检查检举。百姓有好事坏事，都需上报监官。

边境各县设置障塞尉。本注说：主管警惕防备羌夷侵犯边塞。其郡设盐官、铁官、工官、都水官者，按照事情的多少设置令、长以及丞，俸禄的多少都等同于县、道，不区分属官，平均给予本地官吏。本注说：只要是郡县出盐多的地方都设置盐官，掌管征收盐税。出铁多的地方设置铁官，掌管冶炼金属、铸造钱币或器物。工匠多的地方设置工官，负责工匠征税事务。有水池和因渔业得利多的地方设置水官，主管平治水利，负责征收渔税。各官所在各县分别派官吏轮流差遣，根据事情的多少设官吏，不按本县定员设置。

有使匈奴中郎将一人，俸禄低于二千石。本注说：主管监督南单于。下设从事二人，有事时根据事情的多少另增设。掾也是根据事情的繁简来决定需要多少。护羌校尉、护乌桓校尉所设属官也是这样设置的。

有护乌桓校尉一人，俸禄低于二千石。本注说：主管监督乌桓胡人。

有护羌校尉一人，俸禄低于二千石。本注说：主管监督西羌。

皇子封王，其郡为国，每置傅一人，相一人，皆二千石。本注曰：傅主导王以善，礼如师，不臣也。相如太守。有长史，如郡丞。

汉初立诸王，因项羽所立诸王之制，地既广大，且至千里。又其官职傅为太傅，相为丞相，又有御史大夫及诸卿，皆秩二千石，百官皆如朝廷。国家唯为置丞相，其御史大夫以下皆自置之。至景帝时，吴、楚七国恃其国大，遂以作乱，几危汉室。及其诛灭，景帝惩之，遂令诸王不得治民，令内史主治民，改丞相曰相，省御史大夫、廷尉、少府、宗正、博士官。武帝改汉内史、中尉、郎中令之名，而王国如故，员职皆朝廷为署，不得自置。至汉成帝省内史治民，更令相治民，太傅但曰傅。

中尉一人，比二千石。本注曰：职如郡都尉，主盗贼。郎中令一人，仆一人，皆千石。本注曰：郎中令掌王大夫、郎中宿卫，官如光禄勋。自省少府，职皆并焉。仆主车及驭，如太仆。本注曰：太仆，比二千石，武帝改，但曰仆，又皆减其秩。治书，比六百石。本注曰：治书本尚书更名。大夫，比六百石。本注曰：无员。掌奉王使至京都，奉璧贺正月，及使诸国。本皆持节，后去节。谒者，比四百石。本注曰：掌冠长冠。本员十六人，后减。礼乐长。本注曰：主乐人。卫士长。本注曰：主卫士。医工长。本注曰：主医药。永巷长。本注曰：宦者，主宫中婢使。祠祀长。本注曰：主祠祀。皆比四百石。郎中，二百石。本注曰：无员。

卫公、宋公。本注曰：建武二年，封周后姬常为周承休公；五皇子受封为王，其封到的郡称为国，各王国设置傅一人，相一人，俸禄都是二千石。本注说：傅主要负责劝导王一心向善，王像对待老师一样礼敬傅，并不像对待臣子那样对待傅。国的相与郡太守相同。还设长史，如同郡丞。

汉朝初立各王，是沿用项羽设立各王的制度，封地广大，甚至可达千里。又把其官职傅改称太傅，相改称丞相，又另设御史大夫和诸卿，俸禄全是二千石，百官的设立都与朝廷相同。朝廷只给王国安排一名丞相，从御史大夫以下的官吏都由王国自行设置。到了景帝时，吴、楚等七国仗着其封国实力强，便发动叛乱，几乎危及西汉王朝。等到他们被消灭以后，景帝吸取教训，杜绝类似事件发生，于是下令各王不再掌管民政，而让内史主管治理百姓，把丞相改为相，裁撤御史大夫、廷尉、少府、宗正、博士官。武帝改汉内史、中尉、郎中令的名字，而以上官名在王国还与过去一样，但官吏都由朝廷选任派遣，不准自行设置。到汉成帝时，不让内史主管民政，改由相主管民政，太傅改称傅。

有中尉一人，俸禄低于二千石。本注说：其职务与郡都尉相同，主管缉拿盗贼。有郎中令一人，仆一人，俸禄全是千石。本注说：郎中令负责管理王大夫和郎中的值班守卫，官职与光禄勋相同。自从裁撤少府后，职务都相互合并。仆主管驾驶车马，与太仆相同。本注说：太仆，俸禄低于二千石，武帝更名，改称仆，又把他们的俸禄都减少了。治书，俸禄低于六百石。本注说：治书原来称尚书，后改称治书。大夫，俸禄低于六百石。本注说：没有人数的限制。负责奉王命到京都出使，献上玉璧庆贺正月，以及出使各国。原本都拿着符节，后来省去符节。谒者，俸禄低于四百石。本注说：主管戴长冠。原来有十六人，后来削减。礼乐长。本注说：负责管理乐人。卫士长。本注说：负责管理卫士。医工长。本注说：负责管理医药。永巷长。本注说：通常由宦者担任，负责管理宫中奴婢侍女。祠祀长。本注说：主管祭祀。他们的俸禄都是低于四百石。郎中，俸禄为二百石。本注说：没有人数的限制。

卫公、宋公。本注说：建武二年（26），分封周朝的后代姬常为年，封殷后孔安为殷绍嘉公。十三年，改常为卫公，安为宋公，以为汉宾，在三公上。

列侯，所食县为侯国。本注曰：承秦爵二十等，为彻侯，金印紫绶，以赏有功。功大者食县，小者食乡、亭，得臣其所食吏民。后避武帝讳，为列侯。武帝元朔二年，令诸王得推恩分众子土，国家为封，亦为列侯。旧列侯奉朝请在长安者，位次三公。中兴以来，唯以功德赐位特进者，次车骑将军；赐位朝侯，次五校尉；赐位侍祠侯，次大夫。其余以胏附及公主子孙奉坟墓于京都者，亦随时见会，位在博士、议郎下。

诸王封者受茅土，归以立社稷，礼也。列土、特进、朝侯贺正月执璧云。

每国置相一人，其秩各如本县。本注曰：主治民，如令、长，不臣也。但纳租于侯，以户数为限。其家臣，置家丞、庶子各一人。本注曰：主侍侯，使理家事。列侯旧有行人、洗马、门大夫，凡五官。中兴以来，食邑千户已上置家丞、庶子各一人，不满千户不置家丞，又悉省行人、洗马、门大夫。

关内侯，承秦赐爵十九等，为关内侯，无土，寄食在所县，民租多少，各有户数为限。

四夷国王，率众王，归义侯，邑君，邑长，皆有丞，比郡、县。

百官受奉例：大将军、三公奉，月三百五十斛。中二千石奉，月百八十斛。二千石奉，月百二十斛。比二千石奉，月百斛。千石奉，月八十斛。六百石奉，月七十斛。比六百石奉，月五十斛。四百石奉，周承休公；建武五年(29)，分封殷商的后代孔安为殷绍嘉公。建武十三年(37)，将姬常改为卫公，将孔安改为宋公，将他们当作汉朝的宾客，位于三公之上。

列侯，所分封的食县称作侯国。本注说：继承秦朝的二十等爵位制，列侯称作彻侯，金印紫绶，以此赏赐有功之臣。功劳大的赏赐县作为食邑，功劳小的赏赐乡或亭作为食邑，可以役使其食邑上的官吏百姓。后来为避讳武帝的名字，才将彻侯改为列侯。武帝元朔二年，下令诸王可以推恩，把属于自己的封地分给儿子们，朝廷为诸王封众子，他们也称作列侯。过去列侯为朝见天子而留居长安的，位于三公之下。光武帝中兴以来，只有因功劳德行赐特进的，位于车骑将军之下；赐位朝侯的，位于五校尉之下；赐位侍祠侯的，位于大夫之下。其余帝王的亲戚以及公主子孙因守祭坟墓而留在京都的，也按时节参与朝会、朝见天子，位于博士、议郎之下。

受封的诸王接受茅土，回到封地后祭祀社稷，这是礼制的规定。列土、特进、朝侯每年贺正月的时候要向朝廷献玉璧。

每侯国设置相一人，其俸禄同于本县县令。本注说：主管民政，就像县令、县长那样，不用对列侯称臣。只根据列侯受封的户数，把租税交给列侯。列侯的家臣，安排家丞、庶子各一人。本注说：主管侍奉列侯，管理家庭事务。列侯原来有行人、洗马、门大夫，一共五官。光武中兴以后，千户以上的食邑安排家丞、庶子各一人，不满千户的不用安排家丞，又都免去行人、洗马、门大夫等职。

关内侯，根据继承秦朝的二十等爵位制，十九等为关内侯，没有封地，在某县寄食，由某县供其户租，户租多少，要根据户数来决定。

四方少数民族的国王，率众王，归义侯，邑君，邑长，都下设丞，和郡、县相同。

百官所受俸禄的规定：大将军、三公的俸禄，每月三百五十斛谷。俸禄实得二千石，每月一百八十斛谷。俸禄为二千石，每月一百二十斛谷。俸禄低于二千石，每月一百斛谷。俸禄为千石，每月月四十五斛。比四百石奉，月四十斛。三百石奉，月四十斛。比三百石奉，月三十七斛。二百石奉，月三十斛。比二百石奉，月二十七斛。一百石奉，月十六斛。斗食奉，月十一斛。佐史奉，月八斛。凡诸受奉，皆半钱半谷。

赞曰：帝道渊默，家帅修德。寡以御众，分职乃克。不置不监，无骄无忒。程是师徒，宁民康国。

八十斛谷。俸禄为六百石，每月七十斛谷。俸禄低于六百石，每月五十斛谷。俸禄为四百石，每月四十五斛谷。俸禄低于四百石，每月四十斛谷。俸禄为三百石，每月四十斛谷。俸禄低于三百石，每月三十七斛谷。俸禄为二百石，每月三十斛谷。俸禄低于二百石，每月二十七斛谷。俸禄为一百石，每月十六斛谷。斗食俸禄，每月十一斛谷。佐史俸禄，每月八斛谷。只要所有接受俸禄的，都是得到一半钱一半谷。

赞辞说：帝王治国之道深沉，宰辅在于修养德行。少数驾驭多数，各司其职才能制胜。不放弃也不劝告，不骄傲也不犯错。君臣以此为准则，才能保国家昌盛百姓安定。

卷三十九

志第二十九　舆服上

玉辂　乘舆　金根　安车　立车

耕车　戎车　猎车　軿车　青盖车

绿车　皂盖车　夫人安车　大驾　法驾

小驾　轻车　大使车　小使车

载车　导从车　车马饰

《书》曰："明试以功，车服以庸。"言昔者圣人兴天下之大利，除天下之大害，躬亲其事，身履其勤，忧之劳之，不避寒暑，使天下之民物，各得安其性命，无夭昏暴陵之灾。是以天下之民，敬而爱之，若亲父母；则而养之，若仰日月。夫爱之者欲其长久，不惮力役，相与起作宫室，上栋下宇，以雍覆之，欲其长久也；敬之者欲其尊严，不惮劳烦，相与起作舆轮旌旗章表，以尊严之。斯爱之至，敬之极也。苟心爱敬，虽报之至，情由未尽。或杀身以为之，尽其情也；弈世以祀之，明其功也。是以流光与天地比长。后世圣人，知恤民之忧思深大者，必飨其乐；勤仁毓物使不夭折者，必受其福。故为之制礼以节之，使夫上仁继天统物，不伐其功，民物安逸，若道自然，莫知所谢。《老子》曰："圣人不仁，以百姓为刍狗。"此之谓也。

《尚书》说："公开的考察功劳，按照功劳、政绩来赏赐车马、服饰。"这是说过去圣人兴办天下最有利的事，铲除天下最有害的事，亲自去做这些事情，亲身经历那些劳苦，为它劳心焦思，不怕严寒暑热，让天下的民与物，各自能平安无事，没有夭折早死、欺压凌辱的灾祸。因此天下百姓尊敬并爱戴圣人，就像对待亲生父母那样；效法并奉养圣人，就像敬仰日月那样。那些敬爱圣人的人想要他们活得长久，于是不怕劳累麻烦，共同为他们建造宫室，上有屋梁下有房檐，为宫室挡住风雨，想要他们长命百岁；尊敬圣人的人想让他们更有尊严，于是不怕劳累麻烦，共同造车和旗帜作为彰显他们尊卑的象征，以此来让他们更有尊严。这是爱到了极致，敬重到了顶点。假如是发自内心的喜爱敬重，即使尽最多限度的回报了，感情仍然觉得还没有完全表达出来。因此，有的人甚至用生命来报答圣人的恩德，以此来彻底表达自己对圣人的情意；或者世世代代祭祀圣人的亡灵，以此来表明他们的功绩。所以圣人的恩泽在后世流传，能够和天地同样长久。后世的圣人，知晓体恤百姓深重广大忧虑的，一定能享受到这样做的快乐；用勤劳仁爱来养育万物而不会让他们夭折的，一定会得到这样做的回报。所以为百姓制定礼节仪式来节制他们的行为，使那些最有仁德的人秉承天意管理万物，不自夸个人的功劳，百夫礼服之兴也，所以报功章德，尊仁尚贤。故礼尊尊贵贵，不得相逾，所以为礼也。非其人不得服其服，所以顺礼也。顺则上下有序，德薄者退，德盛者缛。故圣人处乎天子之位，服玉藻邃延，日月升龙，山车金根饰，黄屋左纛，所以副其德，章其功也。贤仁佐圣，封国爱民，黼黻文绣，降龙路车，所以显其仁，光其能也。及其季末，圣人不得其位，贤者隐伏，是以天子微弱，诸侯胁矣。于此相贵以等，相讟以货，相赂以利，天下之礼乱矣。至周夷王下堂而迎诸侯，此天子失礼，微弱之始也。自是诸侯宫县乐食，祭以白牡，击玉磬，朱干设钖，冕而舞《大武》。大夫台门旅树反坫，绣黼丹朱中衣，镂簋朱纮，此大夫之僭诸侯礼也。《诗》刺“彼己之子，不称其服”，伤其败化。《易》讥“负且乘，致寇至”，言小人乘君子器，盗思夺之矣。自是礼制大乱，兵革并作；上下无法，诸侯陪臣，山楶藻棁。降及战国，奢僭益炽，削灭礼籍，盖恶有害己之语。竞修奇丽之服，饰以舆马，文罽玉缨，象镳金鞍，以相夸上。争锥刀之利，杀人若刈草然，其宗祀亦旋夷灭。荣利在己，虽死不悔。及秦并天下，揽其舆服，上选以供御，其次以锡百官。汉兴，文学既缺，时亦草创，承秦之制，后稍改定，参稽《六经》，近于雅正。孔子曰：“其或继周者，行夏之正，乘殷之辂，服周之冕，乐则《韶》《舞》。”故撰《舆服》著之于篇，以观古今损益之义云。

姓和万物安闲舒服地生活生长，如同道法那样的自然运行，不知道要感谢何人。《老子》说：“如果圣人没有仁爱，对待百姓就会像对待祭祀时用草扎成的狗那样随意践踏遗弃。”就是说的这个情况。

礼服的流行，是为了酬报功劳彰显德行、尊敬仁德崇尚贤良的。因此礼的作用是让尊者更尊贵，让贵者更贵重，使尊卑贵贱不得相互逾越，这就是制定礼制的原因。不是那个等级的人，就不能穿那个等级的衣服，这是为了顺从礼仪。顺从礼仪，就会上下有序，德行浅薄的人退居下位，德行深厚的人礼仪就多了。因此圣人处在天子的地位，头戴前后悬垂的玉藻，身穿绣有日月和乘龙升天图案的礼服，乘坐用黄金装饰的山车，黄缯车盖，在车衡左边插着纛旗，以便和天子的德行相匹配，来彰显天子的功绩。贤良仁爱的人辅佐圣明的帝王，受封得到土地和百姓，身穿绣有华美花纹的礼服，乘坐插着降龙图案旌旗的辂车，以此来显示他的仁德，彰显他的才能。等到了末世，圣人不在处于高位，贤能的人伺机潜伏，所以天子势微，受到诸侯的逼迫恐吓。到这时诸侯们以等级来彰显高贵，以财货的多少来相互诋毁，拿利益来相互贿赂，天下的礼制就此大乱。到了周夷王下堂去迎接诸侯，这是天子违反礼制，失掉威仪，势力衰弱的开始。从此以后，诸侯享受应该归天子才拥有的乐器和饮食，祭祀时用白色公牛献祭，击玉磬奏乐，用黄金来装饰朱红色盾牌，头戴冠帽来跳《大武》舞。这些行为都是诸侯僭越天子之礼的表现。大夫们建高门，在当门道立屏，有坫土筑的平台，在丹朱中衣上绣黼纹，用刻有花纹的簋和红色的帽带，这些行为都是大夫僭越诸侯之礼的表现。《诗经·曹风·候人》讽刺说“像他们那样的人，根本配不上那样高贵的衣服”，这是伤心他们败坏风气。《易经》讥讽说“背着财物乘车，就会招致贼人”，说的是小人如果乘坐君子的车，盗贼就想来抢夺他的财物。从此以后礼制大乱，战争四起；上下不受礼法的约束，诸侯和陪臣只是山形柱头斗拱以及画有藻文的梁上短柱那样的小才。再往后到了战国，奢侈逾礼、不合法度的行为越来越严重，甚至删减或销毁记载礼制的典籍，大概是因为讨厌其中有阻碍他们的话。他们争相制作新奇美丽的服装，装饰车马，用的是图案华美的毛织品和以玉上古圣人，见转蓬始知为轮。轮行可载，因物知生，复为之舆。舆轮相乘，流运罔极，任重致远，天下获其利。后世圣人观于天，视斗周旋，魁方杓曲，以携龙、角为帝车，于是乃曲其辀，乘牛驾马，登险赴难，周览八极。故《易·震》乘《乾》，谓之《大壮》，言器莫能有上之者也。自是以来，世加其饰。至奚仲为夏车正，建其斿旐，尊卑上下，各有等级。周室大备，官有六职，百工与居一焉。一器而群工致巧者，车最多，是故具物以时，六材皆良。舆方法地，盖圆象天；三十辐以象日月；盖弓二十八以象列星；龙旂九斿，七仞齐轸，以象大火；鸟旟七斿，五仞齐较，以象鹑火；熊旗六斿，五仞齐肩，以象参、伐；龟旐四斿，四仞齐首，以象营室；弧旌枉矢，以象弧也：此诸侯以下之所建者也。

为饰的冠带，用象牙制作马勒，用黄金装饰马鞍，以此争相夸耀较量高下。为了争夺锥刀那样的小利，像割草那样杀人，被杀者的宗庙祭祀也很快被消灭。为了自己能得到功名利禄，即使死了也不后悔。等到秦国兼并天下，收罗六国的车舆冠服以及各种仪仗，选出来的上等品供天子使用，差一些的拿来赏赐百官。汉朝建立，文献典籍已经残缺不全，当时又是刚开始创建各种制度，先继承秦朝的制度，后来稍做了修改订正，对照查考《六经》，舆服制度才接近规范。孔子说："如果有继承周朝的朝代，应采用夏朝的历法，乘坐殷商的辂车，头戴周朝的冠帽，音乐就用《韶》和《武》。"因此编写《舆服》收入此书中，以此考察古今舆服制度增减变化的意义。

上古时代的圣人，看到随风飘转的蓬草就开始知道制造车轮。车轮转动就可以装运物品，通过观察物体的运动而产生了车轮，又因此而制作了车箱。车箱和车轮相互凭借，转动运行无穷无尽，负载着重物而能行达远方，天下人都因此而得到好处。后世的圣人观察天象，看见北斗星旋转，斗魁呈方形，斗杓稍有弯曲，它连接着东方苍龙七宿构成帝王所乘之车的样子，于是使车辕做成弯曲的样子，驾上牛马，去深入险地奔赴难关，遍览八方极远之地。因此《易经》的《震》卦在《乾》卦上面，称此为《大壮》卦，意思是说在运载的工具中没有谁能超过车。从此以后，每次朝代更替都增加了对车的装饰。到了奚仲担任夏朝的车正时，他在车上装上了有饰物和图象的旗帜，上下尊卑，各有各的等级。周朝时官制一切完备，官职有六种，百工是其中的一种。制作一件器物就需要各种工匠尽其工巧，其中制作车用的工巧最多，因此按时节去准备做车的材料，各种材料才能最好。方形车箱是因效法地的方形而制，圆形车盖象征上天；车轮上三十根辐条象征日月运行三十天为一月；支撑车盖的二十八根弓形木架象征天上的二十八星宿；龙旗下垂有九条飘带，高七仞而下端垂至与车轸齐平，以此象征东方的大火星；绘有鸟形的旗下垂有七条飘带，高五仞而下端垂至与车较齐平，以此象征南方的鹑火星；以熊虎为徽识的旗下垂有六条飘带，高五仞而下端垂至与乘客齐肩，以此象征西方的参宿和伐星；画有龟象的旗下垂有四条飘带，高四仞而下端垂至天子五路，以玉为饰，钖樊缨十有再就，建太常，十有二斿，九仞曳地，日月升龙，象天明也。夷王以下，周室衰弱，诸侯大路。秦并天下，阅三代之礼，或曰殷瑞山车，金根之色。汉承秦制，御为乘舆，所谓孔子乘殷之路者也。

乘舆、金根、安车、立车，轮皆朱班重牙，贰毂两辖，金薄缪龙，为舆倚较，文虎伏轼，龙首衔轭，左右吉阳筩，鸾雀立衡，檏文画輈，羽盖华蚤，建大旂，十有二斿，画日月升龙，驾六马，象镳镂钖，金鋄方釳，插翟尾，朱兼樊缨，赤罽易茸，金就十有二，左纛以氂牛尾为之，在左騑马轭上，大如斗，是为德车。五时车，安、立亦皆如之。各如方色，马亦如之。白马者，朱其髦尾为朱鬣云。所御驾六。余皆驾四，后从为副车。

耕车，其饰皆如之。有三盖。一曰芝车，置轓耒耜之箙，上亲耕所乘也。

戎车，其饰皆如之。蕃以矛麾金鼓羽析幢翳，轓胄甲弩之箙。

猎车，其饰皆如之。重辋缦轮，缪龙绕之。一曰闟猪车，亲校猎乘之。

与乘客的头顶齐平，以此象征北方的营室星；在旌旗上绘弧矢星，以此象征弧星：这些是诸侯以下官吏所使用的旗帜。

天子所乘五种车辆，是用玉来做装饰，马额头上有金属装饰物，络马的带饰上有十二圈五彩丝，车上竖着太常旗，旗子下边悬垂着十二条饰物，长九仞而下摆拖地，旗上画有日月和乘龙升天的图案，象征天之光辉。从周夷王以后，周王室衰微，诸侯也乘坐用玉做装饰的玉辂车。秦国兼并天下之后，察看夏、商、周三代的礼制，有人说殷商把山车作为吉祥物，用的是黄金做装饰。汉代继承秦朝的制度，天子乘坐车子称为乘舆，这说的是孔子乘坐殷代的辂车。

乘舆、金根车、安车、立车，车轮都用的是红色花纹的双重外周，有两个车毂和两个车键，金箔片上有交错的龙形图案，修饰车箱两旁的倚和较，扶手的横木上有文饰的伏虎图案，套在马颈上的马具上饰着龙头，左右各有一个吉阳筒，鸾车横木上所饰的金鸟站立在车衡上，用鹿头龙纹绘饰车辕，用鸟羽装饰车盖，车盖四周饰有朵朵金花，车上立着大旗，旗下悬垂着十二条饰物，上面画有日月和乘龙升天的图案，用六匹马驾车，用象牙制作马勒，马额头上有镂空的金属装饰，金马冠后面连着铁制方釳，在方釳上插着雉尾，朱红色的马腹带和马颈带上有红色毛毡代替丝线，用了十二条金线，左侧纛旗用的是牦牛尾做装饰，插在左騑马的轭上，大如斗，这就是德车的装饰。在五色副车中，无论是安车还是立车都与德车相同。五色副车分别与五个方位的颜色相配，马的毛色也与本方位的颜色相配。要是白马，就把它的颈毛和尾毛染成朱色让它变成朱鬣马。天子的车驾用的是六匹马。其余的车都驾四匹马，后面跟随的车辆都是副车。

耕车，它的装饰和上面的德车相同。有三层车盖。也称为芝车，把耒耜放在车上的盛箭器具内，这是帝王亲自到田间耕作时乘坐的车。

戎车，车上的装饰与上面的德车相同。车轓上有矛、麾旗、四金六鼓、羽旗、华盖，另外把盛放甲胄和弓弩的器具放在车箱内。

猎车，车上的装饰与上面的德车相同。车轮有双重外周，没有彩色花纹，交错的龙形图饰在车轮上环绕着。也称作闟猪车，是天子亲太皇太后、皇太后法驾，皆御金根，加交路帐裳。非法驾，则乘紫罽軿车。云檦文画辀，黄金涂五末、盖蚤。左右騑，驾三马。长公主赤罽軿车。大贵人、贵人、公主、王妃、封君油画軿车。大贵人加节画辀。皆右騑而已。

皇太子、皇子皆安车，朱班轮，青盖，金华蚤，黑檦文，画轓文辀，金涂五末。皇子为王，锡以乘之，故曰王青盖车。皇孙则绿车以从。皆左右騑，驾三。公、列侯安车，朱班轮，倚鹿较，伏熊轼，皂缯盖，黑轓，右騑。

中二千石、二千石皆皂盖，朱两轓。其千石、六百石，朱左轓。轓长六尺，下屈广八寸，上业广尺二寸，九文，十二初，后谦一寸，若月初生，示不敢自满也。景帝中元五年，始诏六百石以上施车轓，得铜五末，轭有吉阳筩。中二千石以上右騑，三百石以上皂布盖，千石以上皂缯覆盖，二百石以下白布盖，皆有四维杠衣。贾人不得乘马车。除吏赤画杠，其余皆青云。

公、列侯、中二千石、二千石夫人，会朝若蚕，各乘其夫之安车，右騑，加交路帷裳，皆皂。非公会，不得乘朝车，得乘漆布辎軿车，铜五末。

自打猎时乘坐的车。

太皇太后、皇太后的法驾出行时，都驾驶的是金根车，车的周围加有交织在一起的帷幔。不是法驾出行，就乘坐用紫色毛毡做成帷幔的軿车，车辕上画着云纹和鹿头龙身纹，用黄金涂饰车的五个顶端和盖弓末端。左右有騑马，共驾三匹马。长公主乘坐的是用赤色毛毡做成帷幔的軿车。大贵人、贵人、公主、王妃、封君都乘坐的是用油彩涂绘的軿车。大贵人车上加符节并在车辕上绘画。她们都只有右騑马罢了。

皇太子、皇子都乘坐安车出行，红色花纹的车轮，青色车盖，车盖四周装饰着朵朵金花，黑色的鹿头龙身纹画在车轓和车辕上，用黄金涂饰车的五个顶端。皇子被封为王，天子就把这种安车赏赐给他乘用，因此称为王青盖车。皇孙则乘坐绿车跟随。他们的车都是左右有騑马，共驾三匹马。公、列侯也乘坐安车，车轮上有红色的花纹，车较外画有倚鹿的图案，车轼上画有伏熊的图案，用黑色丝织品做车盖，车轓是黑色的，只有右騑马。

中二千石和二千石俸禄的官吏所乘之车都是黑色车盖，两侧是红色的车轓。那些俸禄为千石、六百石的官吏所乘之车，只有左侧是红色的车轓。车轓长六尺，下面的曲木宽八寸，上面的大版宽一尺二寸，九种刺画花纹，有十二个起点，后来为了显示谦敬，宽度少了一寸，像月亮初生时的形状，由此表示不敢自满。景帝中元五年，开始诏令俸禄为六百石以上的官吏所乘之车上使用车轓，可以用铜来装饰车的五个末端，在车辕前端用以扼牛马之颈的器具上加吉阳筩。俸禄实得二千石以上的官吏有右騑马，俸禄为三百石以上的官吏用黑布车盖，俸禄为千石以上的官吏用黑缯做车盖，俸禄为二百石以下的官吏用白布车盖，四方都有蔽车盖柄的布。商人不准乘坐马车。除了官吏的车盖柄可用红色绘画，其他人都用青色绘画。

公、列侯、实得二千石、二千石官吏的夫人，朝见天子或者助蚕时，分别乘坐她们丈夫的安车，用右騑马，车的周围加有交织在一起的帷幔，都是黑色。不是因公集会，不准乘坐丈夫的朝车，可以乘坐用黑布屏蔽的辎軿车，用铜来装饰车的五个末端。

乘舆大驾，公卿奉引，太仆御，大将军参乘。属车八十一乘，备千乘万骑。西都行祠天郊，甘泉备之。官有其注，名曰甘泉卤簿。东都唯大行乃大驾。大驾，太仆校驾；法驾，黄门令校驾。

乘舆法驾，八卿不在卤簿中。河南尹、执金吾、雒阳令奉引，奉车郎御，侍中参乘。属车四十六乘。前驱有九斿云罕，凤皇闟戟，皮轩鸾旗，皆大夫载。鸾旗者，编羽旄，列系幢旁。民或谓之鸡翘，非也。后有金钲黄钺，黄门鼓车。

古者诸侯贰车九乘。秦灭九国，兼其车服，故大驾属车八十一乘，法驾半之。属车皆皂盖赤里，木轓，戈矛弩箙，尚书、御史所载。最后一车悬豹尾，豹尾以前比省中。

行祠天郊以法驾，祠地、明堂省什三，祠宗庙尤省，谓之小驾。每出，太仆奉驾上卤簿，中常侍、小黄门副；尚书主者，郎令史副；侍御史，兰台令史副。皆执注，以督整车骑，谓之护驾。春秋上陵，尤省于小驾，直事尚书一人从，其余令以下，皆先行后罢。

轻车，古之战车也。洞朱轮舆，不巾不盖，建矛戟幢麾，辟辄弩服。藏在武库。大驾、法驾出，射声校尉、司马史士载，以次属车，在卤簿中。诸车有矛戟，其饰幡斿旗帜皆五采，制度从《周礼》。吴、孙《兵法》云："有巾有盖，谓之武刚车。"武刚车者，为皇帝出行的大驾仪仗，是由三公九卿来导引车驾，太仆驾车，大将军陪乘。跟随在后面的侍从车有八十一辆，备齐千乘万骑。如果皇帝去西都长安郊祀祭天，甘泉宫准备齐全迎接大驾。官府对甘泉迎驾有记载，名为甘泉仪仗。在东都洛阳只有发生大事才能用到大驾仪仗出行。大驾仪仗，是由太仆检查监督车驾；法驾仪仗，是由黄门令检查监督车驾。

皇帝出行的法驾仪仗，八卿不在随侍皇帝的仪仗队中。河南尹、执金吾、洛阳令导引车驾，奉车郎驾车，侍中陪乘。跟随在后面的侍从车有四十六辆。前导车有九游云罕车，载长戟的凤凰车，立鸾旗的皮轩车，都载着大夫。鸾旗，就是把鸟羽和旄牛尾编织在一起，摆好栓在幢旁。有些百姓把这种鸾旗称作鸡翘，这是不对的。后面有载着金钲黄钺，黄门鼓的车。

古时候诸侯有副车九辆。秦灭掉九国后，兼并这些国家的车服，所以在大驾仪仗中跟随在后面的侍从车有八十一辆，法驾仪仗后面的侍从车是大驾仪仗的一半。跟随在后面的侍从车都是黑色车盖红色盖里，木制车轓，上面有盛戈矛弩的器具，由尚书、御史乘坐。最后一辆车悬挂豹尾，豹尾车以前的仪仗队与在宫内相同。

郊祀祭天时用法驾仪仗，祭地、明堂大典时比法驾仪仗减少了十分之三，祭祀宗庙时仪仗更加减少，叫做小驾仪仗。每次车驾出行，太仆驾车在仪仗队前导引，中常侍、小黄门做太仆的副手；如果是尚书主管车驾事宜，郎令史做尚书的副手；如果是侍御史主管车驾事宜，兰台令史做侍御史的副手。他们都执注，来督率整顿车骑，这叫做护驾。春秋两季天子祭祀祖先陵墓时，仪仗比小驾仪仗更加减少，只有直事尚书一人跟从车驾，其余尚书令以下的官吏，都是刚开始能跟随祭拜，后来就不让他们跟着去了。

轻车，就是古时候的战车。车轮和车身都是红色，车上既没有帷幔也不设车盖，竖起矛戟和旌旗仪仗，以及盛箭弩的器具。平时收藏在武器库里。大驾、法驾仪仗出行时，由射声校尉、司马吏士乘坐，按次序跟在随从车后面，在仪仗队当中。各车都有矛戟，车上装饰的幡、斿、旗帜都有五色，制度按照《周礼》来规定。吴将孙武先驱。又为属车轻车，为后殿焉。

大使车，立乘，驾驷，赤帷。持节者，重导从：贼曹车、斧车、督车、功曹车皆两；大车，伍伯璅弩十二人；辟车四人；从车四乘。无节，单导从，减半。

小使车，不立乘，有騑，赤屏泥油，重绛帷。导无斧车。

近小使车，兰舆赤毂，白盖赤帷。从驺骑四十人。此谓追捕考案，有所敕取者之所乘也。

诸使车皆朱班轮，四辐，赤衡轭。其送葬，白垩已下，洒车而后还。公、卿、中二千石、二千石，郊庙、明堂、祠陵，法出，皆大车，立乘，驾驷。他出，乘安车。

大行载车，其饰如金根车，加施组连璧交络四角，金龙首衔璧，垂五采，析羽流苏前后，云气画帷裳，榬文画曲轓，长悬车等。太仆御，驾六布施马。布施马者，淳白骆马也，以黑药灼其身为虎文。既下，马斥卖，车藏城北秘宫，皆不得入城门。当用，太仆考工乃内饰治，礼吉凶不相干也。

公卿以下至县三百石长导从，置门下五吏、贼曹、督盗贼功曹，皆带剑，三车导；主簿、主记，两车为从。县令以上，加导斧车。公乘安车，则前后并马立乘。长安、雒阳令及王国都县加前后兵车，亭长，设右騑，驾两。璅弩车前伍伯，公八人，中二千石、二千石、六百

《兵法》说："有帷幔有车盖，叫做武刚车。"这种武刚车，在仪仗中是前导车。有时又是车驾出行随从车中的轻车，是在最后的车。

大使车，站着驾驭，驾四匹马，红色帐幕。持符节的使者乘坐时，用双重的前导车和后随车：贼曹车、斧车、督车、功曹车都是两辆；大车，伍长拿璅弩的有十二人；做前导的有四人；随从车有四辆。不持符节的使者乘坐时，只用一辆前导车和后随车，随从车辆减少一半。

小使车，不站着驾驭，有騑马，用红色的遮挡泥土的油布，双层绛红色帐幕。前导车中没有斧车。

近小使车，是有红色车轮的兰舆车，白色车盖和红色帐幕。随从驾驭车马的骑士有四十人。这是追踪逮捕拷问查究，按敕令抓捕罪犯的官吏所乘坐的车。

各种使车的车轮上都绘有红色花纹，四辐，红色衡轭。如果是送葬，就把白土洒在车上，送完葬洗净车后再返回。公、卿、实得二千石、二千石俸禄的官吏，在祭祀天地和祖先、明堂大典、祭祀先帝陵墓时，法驾仪仗出行，都是用大车，站着驾驭，驾四匹马。其他出行时，乘坐安车。

大行载车，车上的装饰与金根车相同，额外在车上用丝带连结玉璧与四角交织在一起，金龙头口衔玉璧，垂下五色丝线，车的前后装饰着析羽流苏，帷幔上画着游动的云，曲轓上画着鹿头龙身花纹，长度与车相同。太仆驾车，驾的是六匹布施马。布施马，就是白身黑鬣的马，马身上是用黑色药物烧其皮毛而形成的虎斑纹。下葬了以后，卖掉马，把车藏在城北的秘宫里，不管是车还是马都不准进入城门内。当需要再用这辆车时，太仆和考工就去秘宫修整装饰车内，是吉礼还是凶礼使用都没有关系。

三公九卿以下至县三百石俸禄的长吏出行时的前导和后随，安排门下五吏、贼曹、督盗贼功曹，都佩带剑，分乘三辆车做前导；主簿、主记，分乘两辆车做后随。县令以上官吏，增加一辆做前导的斧车。三公乘坐安车出行，前后的两马并排，站着驾驭。长安令、洛阳令以及王国都县出行，前后都增加一辆兵车，亭长，右侧有騑马，共石皆四人，自四百石以下至二百石皆二人。黄绶，武官伍伯，文官辟车。铃下、侍阁、门兰、部署、街里走卒，皆有程品，多少随所典领。驿马三十里一置，卒皆赤帻绛鞲云。

古者军出，师旅皆从；秦省其卒，取其师旅之名焉。公以下至二千石，骑吏四人，千石以下至三百石，县长二人，皆带剑，持棨戟为前列，揵弓韣九鞬。诸侯王法驾，官属傅相以下，皆备卤簿，似京都官骑，张弓带鞬，遮迾出入称课促。列侯，家丞、庶子导从。若会耕祠，主县假给辟车鲜明卒，备其威仪。导从事毕，皆罢所假。

诸车之文：乘舆，倚龙伏虎，櫨文画辀，龙首鸾衡，重牙班轮，升龙飞軨。皇太子、诸侯王，倚虎伏鹿，櫨文画辀轓，吉阳筩，朱班轮，鹿文飞軨，旂旗九斿降龙。公、列侯，倚鹿伏熊，黑轓，朱班轮，鹿文飞軨，九斿降龙。卿，朱两轓，五斿降龙。二千石以下各从科品，诸轓车以上，轭皆有吉阳筩。

诸马之文：案乘舆，金鍐方釳，插翟象镳，龙画总，沫升龙，赤扇汗，青两翅，鹳尾。驸马，左右赤珥流苏，飞鸟节，赤膺兼。皇太子或亦如之。王、公、列侯，镂钖义髦，朱镳朱鹿，朱文，绛扇汗，青翅鹳尾。卿以下有騑者，缇扇汗，青翅尾，当卢义髦，上下皆通。中二千两匹马驾车。璅弩车前有伍长，三公有八人，中二千石、二千石、六百石俸禄的官吏都有四人，从四百石以下至二百石俸禄的官吏都有二人。黄色绶带，武官任伍长，文官导引马车。铃下、侍阁、门兰、部署、街里走卒出行，各自有各自的规定，多少由主管部门决定。每三十里换一匹驿马，驿卒都头戴红色头巾，胳膊上套红色的皮制袖套。

古时候出动军队时，师旅要全部跟从；秦朝减少兵卒，只留下师旅的名称。三公以下至二千石俸禄的官吏出行时，随侍左右骑马的吏员有四人，千石以下至三百石俸禄的官吏，本县随侍的长吏有二人，都带剑，手持棨戟作为前导，肩擎弓袋九张。诸侯王的法驾仪仗出行时，傅相以下的官吏，都担任仪仗，与京都的官骑相同，张弓带鞬，阻挡行人出入，仪仗行列非常整齐。要是列侯出行，家丞、庶子就做前导后随。假如遇到天子亲耕祭祀，主理一县事务的官吏就会先借给前导车和衣服色彩明亮的兵士，备齐仪仗。前导后随的事情完成后，借的所有东西都需全部归还。

各类车上的图案花纹：天子所乘之车，车较纹倚龙，车轼纹伏虎，车辕上画着鹿头龙纹，有鸾铃的车衡纹龙头，双重轮周的车轮上画着斑纹，车轴头的飞軨上画着乘龙升天。皇太子、诸侯王所乘之车，车较纹倚虎，车轼纹伏鹿，车辕和车轓上画着鹿头龙纹，横轭有吉阳筒，车轮有红色斑纹，车轴头的飞軨上有鹿形花纹，旂旗上有九旒，绣绘着下降之龙的图案。公、列侯所乘之车，车较纹倚鹿，车轼纹伏熊，黑色车轓，车轮有红色斑纹，车轴头的飞軨上有鹿形花纹，旂旗上有九旒，绣绘着下降之龙的图案。卿所乘之车，两轓都是红色，旂旗上有五旒，绣绘着下降之龙的图案。俸禄为二千石以下官吏的车饰各自按照自己的品级来定，各类轓车之上，横轭上都有吉阳筒。

各种马的图案花纹：天子车驾所用的马，马头上戴着金鍐，后面连着铁制方釳，方釳上插着雉羽，马勒是由象牙制成，总上画龙的图案，沫上绘有乘龙升天的图案，赤色扇汗，上有两青翅，下呈燕尾形。副车之马，左右挂着赤色耳饰和流苏，有飞鸟节饰，赤色胸带。皇太子车驾所用之马有时也像这样装饰。王、公、列侯车驾所用之马，马石以上及使者，乃有騑驾云。

额头上有镂金饰物，髦毛上染了色，朱色马勒，朱色緫上画鹿的图案，朱色花纹，绛色扇汗，上有青翅，下呈燕尾形。卿以下官吏的车驾有騑马的，用缇色扇汗，上有青翅，下呈燕尾形，马额上有镂金饰物，髦毛上染了色，上下都通用。俸禄实得二千石以上的官吏和使者，才有騑马驾车。

卷四十

志第三十　舆服下

冕冠　长冠　委貌冠　皮弁冠　爵弁冠

通天冠　远游冠　高山冠　进贤冠　法冠

武冠　建华冠　方山冠　巧士冠　却非冠

却敌冠　樊哙冠　术氏冠　鹖冠　帻　佩

刀　印　黄赤绶　赤绶　绿绶　紫绶　青绶

黑绶　黄绶　青绀纶　后夫人服

上古穴居而野处，衣毛而冒皮，未有制度。后世圣人易之以丝麻，观翚翟之文，荣华之色，乃染帛以效之，始作五采，成以为服。见鸟兽有冠、角、髯、胡之制，遂作冠、冕、缨、蕤，以为首饰。凡十二章。故《易》曰："庖犠氏之王天下也，仰观象于天，俯观法于地，观鸟兽之文，与地之宜，近取诸身，远取诸物，于是始作八卦，以通神明之德，以类万物之情。"黄帝、尧、舜垂衣裳而天下治，盖取诸乾巛。乾巛有文，故上衣玄，下裳黄。日月星辰，山龙华虫，作缋宗彝，藻火粉米，黼黻絺绣，以五采章施于五色作服。天子备章，公自山以下，侯伯自华虫以下，子男自藻火以下，卿大夫自粉米以下。至周而变之，以三辰为旂旗。王祭上帝，则大裘而冕；公侯卿大夫之服用九章以下。秦以战国即天子位，灭去礼学，郊祀之服皆以袀玄。汉承秦故。至世祖践祚，都于土中，始修三雍，正兆七郊。显宗遂就大业，初服旒冕，衣裳文章，赤舄絇屦，以祠天地，养三老五更于三雍，于时致治平矣。

上古时代的人类居住在洞穴里，在野外生活，穿戴都用的是野兽的皮毛，从来没有什么制度、规定。后世的圣人用丝麻来替代兽皮制作衣服，看到雉科鸟类身上的花纹，以及花开时绚丽的色彩，就把布帛染上颜色去仿效它们，开始制作五色，然后把五色染在布帛上做成衣服。看见鸟兽有冠、角、髯、胡等不同样式，便去制作冠、冕、缨、蕤，来作为戴在头上的饰品。图案一共有十二种。所以《周易·系辞下》说："庖牺氏以仁义取得天下，仰头观察天空中的天象，低头观察地上万物的法度，察看鸟兽身上的花纹，同大地相称，从近处取象于人的身体，从远处取象于世间万物，由此开始创作八卦，来通晓神明的恩泽，显示万物的本性。"黄帝、尧、舜定衣服之制而使天下得到大治，大概因为他们取之于乾坤。乾坤有纹理，因此上衣用玄色，下裳用黄色。上衣上画着日、月、星辰、山、龙、华虫，下裳上绣着虎雉、藻、火、粉米、黼、黻，把五色染在布帛上制作五色衣裳。天子的衣裳用十二种图案，三公的衣裳用山形以下的九种图案，侯伯的衣裳用华虫以下的七种图案，子男的衣裳用藻、火以下的五种图案，卿大夫的衣裳用粉米以下的三种图案。到了周朝就有所变化，把日、月、星三辰画在旂旗上。周王祭天时，就身穿大裘头戴冠；公天子、三公、九卿、特进侯、侍祠侯，祀天地明堂，皆冠旒冕，衣裳玄上纁下。乘舆备文，日月星辰十二章，三公、诸侯用山龙九章，九卿以下用华虫七章，皆备五采，大佩，赤舄絇履，以承大祭。百官执事者，冠长冠，皆袛服。五岳、四渎、山川、宗庙、社稷诸沾秩祠，皆袀玄长冠，五郊各如方色云。百官不执事，各服常冠袀玄以从。

冕冠，垂旒，前后邃延，玉藻。孝明皇帝永平二年，初诏有司采《周官》《礼记》《尚书·皋陶篇》，乘舆服从欧阳氏说，公卿以下从大小夏侯氏说。冕皆广七寸，长尺二寸，前圆后方，朱绿里，玄上，前垂四寸，后垂三寸，系白玉珠为十二旒，以其绶采色为组缨。三公诸侯七旒，青玉为珠；卿大夫五旒，黑玉为珠。皆有前无后，各以其绶采色为组缨，旁垂黈纩。郊天地，宗祀，明堂，则冠之。衣裳玉佩备章采，乘舆刺绣，公侯九卿以下皆织成，陈留襄邑献之云。

长冠，一曰斋冠，高七寸，广三寸，促漆纚为之，制如板，以竹为里。初，高祖微时，以竹皮为之，谓之刘氏冠，楚冠制也。民谓之侯卿大夫穿九种图案以下的衣裳。秦朝因灭六国而统一天下，即天子之位，废掉礼学，祭天地时穿的都是黑色祭服。汉代继承秦朝的旧制。到了光武帝登基后，建都于洛阳，开始修建辟雍、明堂、灵台等三雍宫，确定在郊外祭祀五帝及天地。到了孝明帝终于继承大业，开始戴冕旒，上衣下裳都绘花纹图案，脚穿赤舄和絇屦，来祭祀天地，把三老五更接到三雍宫中供养，这时国家已经实现了政治清明、社会安定。

天子、三公、九卿、特进侯、侍祠侯，在祭祀天地和参加明堂大典时，都戴冕旒，穿黑色上衣、浅赤色下裳。天子的衣裳上绘有文饰，用日月星辰等十二种图案，三公、诸侯用山、龙等九种图案，九卿以下用华虫等七种图案，都是用五色染制，佩戴大佩，脚穿赤舄和絇履，以敬奉大的祭祀。百官中主管祭祀的官吏，戴长冠，都恭敬奉行。五岳、四渎、山川、宗庙、社稷等各种牵扯等级的祭祀，一律穿黑色祭服戴长冠，五郊祭祀时祭服的颜色应分别与所处方位的颜色相同。百官中不主管祭祀的官吏，各自戴常冠穿黑色祭服随从祭祀。

冕冠，有玉串垂下，前后下垂延覆，是用五彩丝绳穿上玉珠而制成。孝明皇帝永平二年，初次诏令主管官吏采用《周官》《礼记》《尚书·皋陶篇》的记载，天子的服饰样式按照欧阳氏的说法，公卿以下官吏的服饰样式按照大、小夏侯氏的观点。冕都宽七寸，长一尺二寸，前圆后方，朱绿色的冕里，上面是黑色的，前面玉串垂下四寸，后面玉串垂下三寸，上面系着白玉珠共十二旒，由各自绶带的颜色来决定系冠丝带的颜色。三公、诸侯的冕冠垂下七旒，用青玉珠做玉串；卿大夫的冕冠垂下五旒，用黑玉珠做玉串。都是冕前有旒冕后没有旒，各自以他们绶带的颜色来决定系冠丝带的颜色，冕的两旁垂下用黄绵制成的小球。在郊外祭祀天地，祭祀宗庙，举行明堂大典，就戴这样子的冕冠。衣裳的玉佩上有各种花纹和颜色，天子的衣裳上有刺绣，公侯九卿以下官吏的衣裳都是织成的，由陈留郡的襄邑进献。

长冠，又称为斋冠，高七寸，宽三寸，由窄小的漆帛做成，形状与板一样，冠里是用竹皮做的。起初，高祖刘邦低贱卑微之时，用竹皮做这种冠，称它为刘氏冠，这是楚冠的样式。百姓把它叫做鹊尾冠，鹖尾冠，非也。祀宗庙诸祀则冠之。皆服袀玄，绛缘领袖为中衣，绛绔袜，示其赤心奉神也。五郊，衣帻绔袜各如其色。此冠高祖所造，故以为祭服，尊敬之至也。

委貌冠、皮弁冠同制，长七寸，高四寸，制如覆杯，前高广，后卑锐，所谓夏之毋追，殷之章甫者也。委貌以皂绢为之，皮弁以鹿皮为之。行大射礼于辟雍，公卿诸侯大夫行礼者，冠委貌，衣玄端素裳。执事者冠皮弁，衣缁麻衣，皂领袖，下素裳，所谓皮弁素积者也。

爵弁，一名冕。广八寸，长尺二寸，如爵形，前小后大，缯其上似爵头色，有收持笄，所谓夏收殷冔者也。祠天地五郊明堂，《云翘舞》乐人服之。《礼》曰："朱干玉鏚，冕而舞《大夏》。"此之谓也。

通天冠，高九寸，正竖，顶少邪却，乃直下为铁卷梁，前有山，展筩为述，乘舆所常服。服衣，深衣制，有袍，随五时色。袍者，或曰周公抱成王宴居，故施袍。《礼记》"孔子衣逢掖之衣"。缝掖其袖，合而缝大之，近今袍者也。今下至贱更小史，皆通制袍，单衣，皂缘领袖中衣，为朝服云。

远游冠，制如通天，有展筩横之于前，无山述，诸王所服也。

高山冠，一曰侧注。制如通天，不邪却，直竖，无山述展筩，中外官、谒者、仆射所服。太傅胡广说曰："高山冠，盖齐王冠也。秦灭是不对的。宗庙祭祀以及其他各种祭祀就戴的是这种冠。都是穿黑色祭服，贴身穿的中衣的领袖用的是绛色缘边，膝裤也是绛色的，这表示祭祀者诚心供奉神明。在五郊祭祀时，上衣头巾和膝裤的颜色分别与所处方位的颜色一致。这种冠因为是高祖创造的，所以把它用做祭服，以显示万分尊敬。

委貌冠和皮弁冠的形状相同，长七寸，高四寸，形状如同倒置的酒杯，前面又高又宽，后面又低又尖，这就是世人所说的夏代的毋追冠，殷代的章甫冠。委貌冠是用黑绢制作而成，皮弁冠是用鹿皮制作而成。在辟雍为祭祀择士而举行大射礼，公卿、诸侯、大夫凡是参加大射礼的，都是戴委貌冠，上穿玄端，下穿素裳。主持大射礼的官吏戴皮弁冠，穿黑色麻衣，领和袖都是黑色的，下穿素裳，这就是世人所说的皮弁素积。

爵弁，又称作冕。宽八寸，长一尺二寸，形状像雀，前面小后面大，绑在上面像雀头的颜色，有束发的簪子，这就是世人所说的夏代的收冠和殷代的冔冠。祭祀天地、五郊祭祀、明堂大典时，跳《云翘舞》的歌舞艺人戴这样的冠。《礼记》说："手拿红色的盾和玉饰的斧，头戴冕而跳《大夏》舞。"这说的就是这种冠。

通天冠，高九寸，正面直立，冠顶稍稍向后倾斜，然后垂直向下做成铁卷梁，前面有山形装饰，展筒上装饰了翠鸟羽，是天子经常戴的冠。穿的衣服，是深衣样式，有袍，颜色随五时祭而改变。关于袍，有人说周公在公余无事时抱着成王，所以用袍。《礼记·儒行》中提到"孔子穿有宽大衣袖的衣服"。把衣袖放大，与衣裳缝在一起就更宽大了，与现在的袍差不多了。现在下到卑奴小史，全部做这种袍穿，单层薄衣，贴身穿的中衣的领和袖都用的是黑色缘边，作为朝服。

远游冠，形状就像通天冠，在冠前横着展筒，没有山和述那样的冠饰，是各王所戴的冠。

高山冠，又称作侧注。形状就像通天冠，冠顶不向后倾斜，直立，没有山、述、展筒等冠饰，是宫内宫外各官、谒者、仆射所戴的冠。太傅胡广曾说："高山冠，原本是齐王戴的冠。秦灭齐后，秦王将齐，以其君冠赐近臣谒者服之。”

进贤冠，古缁布冠也，文儒者之服也。前高七寸，后高三寸，长八寸。公侯三梁，中二千石以下至博士两梁，自博士以下至小史私学弟子，皆一梁。宗室刘氏亦两梁冠，示加服也。

法冠，一曰柱后。高五寸，以纚为展筩，铁柱卷，执法者服之，侍御史、廷尉正监平也。或谓之獬豸冠。獬豸神羊，能别曲直，楚王尝获之，故以为冠。胡广说曰：“《春秋左氏传》有南冠而絷者，则楚冠也。秦灭楚，以其君服赐执法近臣御史服之。”

武冠，一曰武弁大冠，诸武官冠之。侍中、中常侍加黄金珰，附蝉为文，貂尾为饰，谓之“赵惠文冠”。胡广说曰：“赵武灵王效胡服，以金珰饰首，前插貂尾，为贵职。秦灭赵，以其君冠赐近臣。”建武时，匈奴内属，世祖赐南单于衣服，以中常侍惠文冠，中黄门童子佩刀云。

建华冠，以铁为柱卷，贯大铜珠九枚，制似缕鹿。记曰：“知天者冠述，知地者履絇。”《春秋左传》曰：“郑子臧好鹬冠。”前圆，以为此则是也。天地、五郊、明堂，《育命舞》乐人服之。

方山冠，似进贤，以五采縠为之。祠宗庙，《大予》《八佾》《四时》《五行》乐人服之，冠衣各如其行方之色而舞焉。

巧士冠，高七寸，要后相通，直竖。不常服，唯郊天，黄门从官四人冠之，在卤簿中，次乘舆车前，以备宦者四星云。

却非冠，制似长冠，下促。宫殿门吏仆射冠之。负赤幡，青翅燕齐王所戴之冠赏赐给了近臣谒者去戴。”

进贤冠，就是古时候的缁布冠，是文士戴的冠。前面高七寸，后面高三寸，长八寸。公侯戴的是有三梁的进贤冠，俸禄实得二千石以下的官吏至博士戴的是有两梁的进贤冠，从博士以下至小史私学弟子，戴的都是有一梁的进贤冠。宗室刘氏也戴的是两梁进贤冠，表示天子对本族人衣裳的额外加恩。

法冠，又称作柱后。高五寸，用纚做展筒装饰，用铁做柱卷，是执法官吏戴的冠，侍御史、廷尉正监平都是执法官吏。有人将法冠称作獬豸冠。獬豸相传是一种神羊，能辨别曲直是非，楚王曾抓住过獬豸，因此依它来制冠。胡广曾说：“《春秋左氏传》中有个戴南冠而被拘禁的人，指的就是楚冠。秦灭楚后，秦王把楚王所戴之冠赏赐给了执法官吏近臣御史去戴。”

武冠，又称作武弁大冠，是各级武官戴的冠。侍中、中常侍的武冠上加了黄金珰，用金质附蝉和貂尾做装饰，叫做“赵惠文冠”。胡广曾说：“赵武灵王效仿胡服，用金珰装饰头冠，前面插着貂尾，是贵官戴的。秦灭赵后，秦王把赵王所戴之冠赏赐给了近臣去戴。”建武年间，南匈奴归附朝廷，成为属国，光武帝把衣服赐给南单于，其中就包括中常侍惠文冠，中黄门童子佩刀。

建华冠，用铁做柱卷，上面穿了九枚大铜珠，形状像妇人的缕鹿发式。有书记载说：“主管祭天的人戴有述饰的冠，主管祭地的人穿有絇饰的鞋。”《春秋左传》说：“郑国的子臧喜欢鹬冠。”冠前是圆形的，我认为这提到的鹬冠就是建华冠。在祭祀天地、五郊祭祀、明堂大典时，跳《育命舞》的歌舞艺人就是戴这种冠。

方山冠，形状与进贤冠差不多，是用五色縠纱制作而成。祭祀宗庙时，跳《大予》《八佾》《四时》《五行》舞的乐人就戴这种冠，乐人跳舞时所穿戴衣冠的颜色分别与他们所处方位的颜色一致。

巧士冠，前面高七寸，冠腰后面是相通的，直立。不经常戴，只在祭天时，由四位黄门从官戴这种巧士冠，是在天子的仪仗队中，站在天子的车驾前，来充当官者四星。

却非冠，形状与长冠差不多，下面要窄一些。宫殿门吏、仆射戴尾，诸仆射幡皆如之。

却敌冠，前高四寸，通长四寸，后高三寸，制似进贤，卫士服之。

樊哙冠，汉将樊哙造次所冠，以入项羽军。广九寸，高七寸，前后出各四寸，制似冕。司马殿门大难卫士服之。或曰，樊哙常持铁楯，闻项羽有意杀汉王，哙裂裳以裹楯，冠之入军门，立汉王旁，视项羽。

术氏冠，前圆，吴制，差池逦迆四重。赵武灵王好服之。今不施用，官有其图注。

诸冠皆有缨蕤，执事及武吏皆缩缨，垂五寸。

武冠，俗谓之大冠，环缨无蕤，以青系为绲，加双鹖尾，竖左右，为鹖冠云。五官、左右虎贲、羽林、五中郎将、羽林左右监皆冠鹖冠，纱縠单衣。虎贲将虎文绔，白虎文剑佩刀。虎贲武骑皆鹖冠，虎文单衣。襄邑岁献织成虎文云。鹖者，勇雉也，其斗对一死乃止，故赵武灵王以表武士，秦施之焉。

安帝立皇太子，太子谒高祖庙、世祖庙，门大夫从，冠两梁进贤；洗马冠高山。罢庙，侍御史任方奏请非乘从时，皆冠一梁，不宜以为常服。事下有司。尚书陈忠奏：“门大夫职如谏大夫，洗马职如谒者，故皆服其服，先帝之旧也。方言可寝。”奏可，谒者，古者一名洗马。

的是这种冠。冠后有红幡，上有青翅，下呈燕尾形，各类仆射冠上都有像这样的幡。

却敌冠，前面高四寸，总长四寸，后面高三寸，形状与进贤冠差不多，卫士戴的是这种冠。

樊哙冠，是汉将樊哙慌忙间闯入项羽军营时所戴的冠。冠宽九寸，高七寸，前后分别长出四寸，形状与冕差不多。司马殿门大难卫士都戴它。有人说，樊哙经常手拿铁盾，当听说项羽有杀汉王刘邦的想法时，樊哙便撕裂下裳把盾牌裹在里面，头戴这种冠进入军门，站在汉王两侧，盯着项羽看。

术氏冠，前面呈圆形，是类似吴国冠的形状，参差不齐曲折绵延里外四层。赵武灵王喜爱戴这样子的冠。如今不使用了，官府里有它的图样和说明。

各种冠上都有缨、蕤等饰物，管事官吏和武官的冠上缨要短一些，垂下五寸。

武冠，通常人们叫做大冠，冠上的缨是环形的，没有蕤饰，是用青色丝线织成束带，冠上加一对鹖尾，直立在左右，被叫做鹖冠。五官、左右虎贲、羽林、五中郎将、羽林左右监都头戴这种鹖冠，身穿纱縠单衣。虎贲将穿有虎纹的下裤，佩带画着白虎纹的剑和佩刀。虎贲武骑都头戴这种鹖冠，身穿画着虎纹的单衣。襄邑县每年进献织好的虎纹织品。所谓鹖，是一种勇猛的野鸡，当两只鹖相斗时，只有其中一只死了争斗才能停止，因此赵武灵王用鹖尾来装饰冠作为对武士的表彰，秦也使用这种冠。

安帝刘祜立皇太子，太子刘保拜谒高祖庙和世祖庙，门大夫跟随前往，头戴两梁进贤冠；洗马头戴高山冠。到宗庙祭祀结束后，侍御史任方上奏请示安帝，认为门大夫和洗马在不乘车马随从太子出入时，都应戴一梁进贤冠，不适合把两梁冠和高山冠当作日常的穿戴。安帝将这件事交给有关大臣讨论。尚书陈忠奏称：“门大夫之职与谏大夫相似，洗马之职与谒者相似，因此一律穿戴他们应穿戴的冠服，这是先帝的旧制。任方的话不能作数。”安帝批准其奏言。谒古者有冠无帻，其戴也，加首有頍，所以安物。故《诗》曰："有頍者弁"，此之谓也。三代之世，法制滋彰，下至战国，文武并用。秦雄诸侯，乃加其武将首饰为绛袙，以表贵贱，其后稍稍作颜题。汉兴，续其颜，却摞之，施巾连题，却覆之，今丧帻是其制也。名之曰帻。帻者，赜也，头首严赜也。至孝文乃高颜题，续之为耳，崇其巾为屋，合后施收，上下群臣贵贱皆服之。文者长耳，武者短耳，称其冠也。尚书帻收，方三寸，名曰纳言，示以忠正，显近职也。迎气五郊，各如其色，从章服也。皂衣群吏春服青帻，立夏乃止，助微顺气，尊其方也。武吏常赤帻，成其威也。未冠童子帻无屋者，示未成人也。入学小童帻也句卷屋者，示尚幼少，未远冒也。丧帻却摞，反本礼也，升数如冠，与冠偕也。期丧起耳有收，素帻亦如之，礼轻重有制，变除从渐，文也。

古者君臣佩玉，尊卑有度；上有韨，贵贱有殊。佩，所以章德，服之衷也。韨，所以执事，礼之共也。故礼有其度，威仪之制，三代同之。五霸迭兴，战兵不息，佩非战器，韨非兵旗，于是解去韨佩，留其系璲，以为章表。故《诗》曰"鞙鞙佩璲"，此之谓也。韨佩既废，秦乃以采组连结于璲，光明章表，转相结受，故谓之绶。汉承秦制，用而弗改，故加之以双印佩刀之饰。至孝明皇帝，乃为大佩，冲者，古时候又称作洗马。

古时候有冠没有帻，戴冠时，先在头上加頍这种发饰，用它来束发固冠。所以《诗经·小雅·頍弁》说："戴着加了頍这种发饰的弁"，说的就是这个。夏、商、周三代时，法令制度繁多明显，以后到了战国时，文治与武事同时推进。秦国称雄诸侯，于是在其武将头上加上绛色头巾作为装饰，以此来表示地位的贵贱，此后慢慢做成覆额头巾。汉朝建立后，继续让头巾覆额，向后系住，头巾又在额头连接，向后覆盖着，如今居丧时戴的头巾就是这种形状。将这种头巾称作帻。所谓帻，是深奥的意思，指头部的威严最深奥。到了孝文帝时又把覆额头巾加高，连接头巾的部分做成耳，加高其顶部头巾使它成为屋的形状，在后面缝合，再加上收，上下群臣不论地位贵贱都戴帻。文官的帻是长耳，武将的帻是短耳，这是为了跟他们的冠相符合。尚书帻内的收，方三寸，称为纳言，以此来表明臣下的忠诚正直，显示是皇帝的近臣。在五郊祭祀时迎接四季，祈求丰年，帻的颜色分别与本方位的颜色一样，这是为了依从其礼服的颜色。身穿黑衣的群吏春季时戴青帻，到了立夏才停止戴青帻，这是辅助微阳顺应节气，以此表示尊敬那个方位。武吏常常头戴赤帻，是为了树立他们的威武形象。还没有到加冠年龄的童子戴的帻没有加高其顶部使它成为屋的形状，是表示他们还没有成年。入学小童的帻覆额部分弯曲卷起，是表示他还年幼，但离加冠已不远了。居丧时戴的帻向后回系，是表示返回最初戴帻的一种礼节。居丧时戴的帻用布的升数与冠一样。为期一年的丧服戴的帻耳部有收，素帻也像这样，礼的轻重有不同的制度规定，变服除丧是逐渐进行的，这就是礼制。

古时候君臣佩戴玉，尊卑有相应的规范；礼服上有蔽膝，地位高低贵贱不同。佩戴玉，是为了彰显其德行，这是服饰本意的体现。所谓蔽膝，是为了表示官吏地位的高低贵贱，这是礼的共同要求。因此礼有它的行为准则，显示其威仪的制度，夏、商、周三代都是一样的。春秋五霸交替兴起，战争不止，因为佩玉不是能够作战的武器，蔽膝不是军旗，于是卸下其蔽膝和佩玉，只留下佩带的瑞玉，以此表示一种象征。所以《诗经·小雅·大东》说"佩带的瑞玉连串下垂"，牙双瑀璜，皆以白玉。乘舆落以白珠，公卿诸侯以采丝，其视冕旒，为祭服云。

佩刀，乘舆黄金通身貂错，半鲛鱼鳞，金漆错，雌黄室，五色罽隐室华。诸侯王黄金错，环挟半鲛，黑室。公卿百官皆纯黑，不半鲛。小黄门雌黄室，中黄门朱室，童子皆虎爪文，虎贲黄室虎文，其将白虎文，皆以白珠鲛为鐶口之饰。乘舆者，加翡翠山，纡婴其侧。

佩双印，长寸二分，方六分。乘舆、诸侯王、公、列侯以白玉，中二千石以下至四百石皆以黑犀，二百石以至私学弟子皆以象牙。上合丝，乘舆以縢贯白珠，赤罽蕤，诸侯王以下以綔赤丝蕤，縢綔各如其印质。刻书文曰："正月刚卯既决，灵殳四方，赤青白黄，四色是当。帝令祝融，以教夔龙，庶疫刚瘅，莫我敢当。疾日严卯，帝令夔化，慎尔周伏，化兹灵殳。既正既直，既觚既方，庶疫刚瘅，莫我敢当。"凡六十六字。

乘舆黄赤绶，四采，黄赤绀缥，淳黄圭，长二丈九尺九寸，五百首。

诸侯王赤绶，四采，赤黄缥绀，淳赤圭，长二丈一尺，三百首。

说的就是这种情况。蔽膝和佩玉已经被废除，秦朝就用彩色丝带连接瑞玉，用来彰显这种象征，互相连接授受，所以称之为绶。汉代继承秦朝的制度，沿用而不改，因此又加上了双印和佩刀这两种装饰。到了孝明帝时，才制成大佩，大佩上的冲牙、双瑀、双璜，全部用白玉制作而成。天子的大佩是用白珠串穿上冲牙、双瑀、双璜，公卿诸侯的大佩则用彩色丝线来穿系，其佩玉表现的等级可以按照冕旒的等级来判断，这用在祭祀时所穿的礼服上。

佩刀，天子的刀鞘全身绘有像貂毛那样细美的金丝饰纹，刀把一半用鲛鱼鳞装饰，一半用金箔装饰，雌黄色刀室，把隐室花绘在五色毡上。诸侯王的刀鞘上镶着金饰，刀把一半用鲛鱼鳞装饰，黑色刀室。公卿百官的刀鞘都是纯黑色的，刀把一半不用鲛鱼鳞装饰。小黄门的刀鞘是雌黄色的，中黄门的刀鞘是朱红色的，童子的刀鞘上都饰有虎爪纹，虎贲的刀鞘是黄色的，上面饰有虎纹，虎贲将的刀鞘上饰有白色虎纹，都是用白珠鲛来装饰刀室的镲口。天子的刀鞘上加饰翡翠山，缠绕在它的旁边。

佩双印，印长一寸二分，宽六分。天子、诸侯王、公、列侯的双印是用白玉制作而成，俸禄实得二千石以下至四百石的官吏的双印都用黑色犀牛角制作而成，俸禄为二百石以及私学弟子的双印都用象牙制作而成。上面系着丝带，天子的是用绳穿着白珠，和赤色毡做成花饰，诸侯王以下的用佩挂印章的丝带和赤色丝蕤，绳和佩挂印章的丝带分别与它们印的质地相同。双印上撰文并书写："正月时辟邪的佩饰已经做好了，神灵的殳文刻在四方，赤青白黄，这四种颜色与四方相称。帝舜命令祝融，教育夔和龙，各式各样的瘟疫和疾病，都阻挡不了我。在不吉的严卯日，帝舜命令夔和龙教化世人，小心地对待四周的埋伏，教化此灵殳。灵殳既正又直，既有棱角又很方正，各式各样的瘟疫和疾病，都阻挡不了我。"一共六十六字。

天子的黄赤绶带，上面有四种颜色，即黄赤缥绀，还有淳黄色的圭，绶带长二丈九尺九寸，规定的系数是五百首。

诸侯王的赤色绶带，上面有四种颜色，即赤黄缥绀，还有淳赤色太皇太后、皇太后，其绶皆与乘舆同，皇后亦如之。

长公主、天子贵人与诸侯王同绶者，加特也。

诸国贵人、相国皆绿绶，三采，绿紫绀，淳绿圭，长二丈一尺，二百四十首。

公、侯、将军紫绶，二采，紫白，淳紫圭，长丈七尺，百八十首。公主封君服紫绶。

九卿、中二千石、二千石青绶，三采，青白红，淳青圭，长丈七尺，百二十首。自青绶以上，縌皆长三尺二寸，与绶同采而首半之。縌者，古佩璲也。佩绶相迎受，故曰縌。紫绶以上，縌绶之间得施玉环鐍云。

千石、六百石黑绶，三采，青赤绀，淳青圭，长丈六尺，八十首。四百石、三百石长同。

四百石、三百石、二百石黄绶，一采，淳黄圭，长丈五尺，六十首。自黑绶以下，縌绶皆长三尺，与绶同采而首半之。

百石青绀绶，一采，宛转缪织圭，长丈二尺。

凡先合单纺为一系，四系为一扶，五扶为一首，五首成一文，文采淳为一圭。首多者系细，少者系粗，皆广尺六寸。

太皇太后、皇太后入庙服，绀上皂下，蚕，青上缥下，皆深衣制，的圭，绶带长二丈一尺，规定的系数是三百首。

太皇太后、皇太后，她们的绶带全部与天子一样，皇后也与天子相同。

长公主、天子贵人和诸侯王绶带一样的，是天子给予的特别加恩。

各国贵人、相国都是绿色绶带，上面有三种颜色，即绿紫绀，还有淳绿色的圭，绶带长二丈一尺，规定的系数是二百四十首。

公、侯、将军佩紫色绶带，上面有两种颜色，即紫白，还有淳紫色的圭，绶带长一丈七尺，规定的系数是一百八十首。公主和封君佩紫色绶带。

九卿、中二千石、二千石俸禄的官吏佩青色绶带，上面有三种颜色，即青白红，还有淳青色的圭，绶带长一丈七尺，规定的系数是一百二十首。从青色绶带以上，縌都是长三尺二寸，和绶带的颜色一样但首数是绶带规定的一半。所谓縌，就是古时候供佩带用的瑞玉。佩绶互相接受，因此称它为縌。从紫色绶带以上，縌和绶之间要用玉环锁。

俸禄为千石、六百石的官吏佩黑色绶带，上面有三种颜色，即青赤绀，还有淳青色的圭，绶带长一丈六尺，规定的系数是八十首。俸禄为四百石、三百石的官吏绶带的长度相同。

俸禄为四百石、三百石、二百石的官吏佩黄色绶带，上面有一种颜色，还有淳黄色的圭，绶带长一丈五尺，规定的系数是六十首。从黑色绶带以下，縌和绶全长三尺，和绶带的颜色一样但首数是绶带规定的一半。

俸禄为百石的官吏佩青绀色的绶带，上面有一种颜色，还有婉转绸织成的圭，绶带长一丈二尺。

先把所有单纺线合在一起称为一系，四系是一扶，五扶是一首，五首就成了一文，文采淳是一圭。首数多的系细，首数少的系粗，全部宽一尺六寸。

太皇太后、皇太后在宗庙祭祀时穿的礼服，上衣是红青色下裳隐领袖缘以絛。翦氂蔮，簪珥。珥。耳珰垂珠也。簪以玳瑁为擿，长一尺，端为华胜，上为凤皇爵，以翡翠为毛羽，下有白珠，垂黄金镊。左右一横簪之，以安蔮结。诸簪珥皆同制，其擿有等级焉。

皇后谒庙服，绀上皂下，蚕，青上缥下，皆深衣制，隐领袖缘以絛。假结，步摇，簪珥。步摇以黄金为山题，贯白珠为桂枝相缪，一爵九华，熊、虎、赤罴、天鹿、辟邪、南山丰大特六兽，《诗》所谓“副笄六珈”者。诸爵兽皆以翡翠为毛羽。金题，白珠珰绕，以翡翠为华云。

贵人助蚕服，纯缥上下，深衣制。大手结，墨玳瑁，又加簪珥。长公主见会衣服，加步摇，公主大手结，皆有簪珥，衣服同制。自公主封君以上皆带绶，以采组为绲带，各如其绶色。黄金辟邪，首为带鐍，饰以白珠。

公、卿、列侯、中二千石、二千石夫人，绀缯蔮，黄金龙首衔白珠，鱼须擿，长一尺，为簪珥。入庙佐祭者皂绢上下，助蚕者缥绢上下，皆深衣制，缘。自二千石夫人以上至皇后，皆以蚕衣为朝服。

公主、贵人、妃以上，嫁娶得服锦绮罗縠缯，采十二色，重缘袍。特进、列侯以上锦缯，采十二色。六百石以上重练，采九色，禁丹紫绀。三百石以上五色采，青绛黄红绿。二百石以上四采，青黄是黑色，祭蚕时，上衣是青色下裳是青白色，都是深衣的样式，基本看不见领袖，用绳带包边。用初生的牦牛尾做头饰，佩戴簪和珥。所谓珥，是耳珰垂珠。簪是用玳瑁做擿，长一尺，顶端有花胜，上有凤凰雀，用翡翠毛做毛羽，下有白珠，垂挂黄金镊。左右用一根簪横着穿过发髻，用来把头饰牢牢地插在发髻上。各簪和珥都是同一样式，而簪的擿有等级之分。

皇后拜谒宗庙时穿的礼服，上衣是红青色下裳是黑色，祭蚕时，上衣是青色下裳是青白色，都是深衣的样式，基本看不见领袖，用绳带包边。头梳假髻，戴步摇，佩戴簪和珥。步摇是用黄金做底座，把白珠穿成桂树枝缠绕在一起的样子，上有一雀九花，还有熊、虎、赤罴、天鹿、辟邪、南山丰大特等六种野兽的造型饰物，这就是《诗经·鄘风·君子偕老》所说的“玉簪首饰插满头”。各个雀和兽都是用翡翠毛做毛羽。黄金底座，是由白珠珰环绕在旁边，用翡翠做花。

贵人参加助蚕时穿的礼服，上衣下裳都是纯青白色，是深衣的样式。头梳大手髻，戴墨色玳瑁，又佩戴簪和珥。长公主朝见天子时也穿戴这样的服饰，加步摇，梳公主大手髻，都戴簪和珥，衣服的样式相同。从公主封君以上都带绶带，是用彩色丝带织成的束带，各自与她们的绶色相同。黄金制成的辟邪，头部有安锁的环形钮，上面用白珠做装饰。

公、卿、列侯、俸禄为中二千石、二千石官吏的夫人，都是用红青色的缯做头饰，上面有黄金龙头口含白珠，鱼须擿，长一尺，做簪和珥。参加宗庙祭祀和助祭的人所穿礼服的上衣下裳用的都是黑色绢，参加助蚕的人所穿礼服的上衣下裳用的都是青白色绢，都是深衣的样式，领袖做了镶边。从俸禄为二千石官吏的夫人以上至皇后，都是把蚕衣作为朝服。

公主、贵人、妃以上，嫁娶时要穿锦、绮、罗、縠、缯，可用十二种颜色，穿双重镶边的袍子。特进侯、列侯以上穿锦、缯，可用十二种颜色。俸禄为六百石以上的官吏穿重练，可用九种颜色，不准用丹、紫、绀三色。俸禄为三百石以上的官吏可用五种颜色，即青绛黄红红绿。贾人，缃缥而已。

公、列侯以下皆单缘禩，制文绣为祭服。自皇后以下，皆不得服诸古丽圭襂闺缘加上之服。建武、永平禁绝之，建初、永元又复中重，于是世莫能有制其裁者，乃遂绝矣。

凡冠衣诸服，旒冕、长冠、委貌、皮弁、爵弁、建华、方山、巧士，衣裳文绣，赤舄，服絇履，大佩，皆为祭服，其余悉为常用朝服。唯长冠，诸王国谒者以为常朝服云。宗庙以下，祠祀皆冠长冠，皂缯袍单衣，绛缘领袖中衣，绛绔袜，五郊各从其色焉。

赞曰：车辂各庸，旌旂异局。冠服致美，佩纷玺玉。敬敬报情，尊尊下欲。孰夸华文，匪豪丽缛？

绿。俸禄为二百石以上的官吏可用四种颜色，即青黄红绿。商人，只能用缃、缥两种颜色罢了。

公、列侯以下衣裳的边饰都镶单面边，刺绣后制成祭祀时穿的礼服。自皇后以下，都不能穿各种古丽圭襂这样贵重的加服。建武、永平年间已彻底禁止这种衣服，到建初、永元年间再次申述禁令，此后世上没有人能制作剪裁这样的衣服，于是彻底失传了。

上述所有穿戴的衣冠，旒冕、长冠、委貌、皮弁、爵弁、建华、方山、巧士，衣裳文绣，赤舄，服絇屦，大佩，都是祭祀时穿的礼服，其余全是经常要穿的朝服。只有长冠，各王国的谒者把它用作经常要穿的朝服。宗庙以下，祭祀时全部戴长冠，穿黑色缯袍单衣，绛色镶了边的领袖中衣，绛色裤袜，五郊祭祀时礼服的颜色分别与本方位的颜色相对应。

赞辞说：车辆各有各的用处，旌旗各有各的使用情况。衣冠服饰极尽华美，佩戴各种各样的玉印。敬重应当敬重的人，以此报答其恩情，尊敬应当尊敬的人，甘愿舍去欲念。谁称赞如此华丽的文辞，不是绚丽多彩？

卷四十一

刘玄刘盆子列传第一

刘玄，字圣公，光武族兄也。弟为人所杀，圣公结客欲报之。客犯法，圣公避吏于平林。吏系圣公父子张。圣公诈死，使人持丧归春陵，吏乃出子张，圣公因自逃匿。

王莽末，南方饥馑，人庶群入野泽，掘凫茈而食之，更相侵夺。新市人王匡、王凤为平理诤讼，遂推为渠帅，众数百人。于是诸亡命马武、王常、成丹等往从之；共攻离乡聚，臧于绿林中，数月间至七八千人。地皇二年，荆州牧某发奔命二万人攻之，匡等相率迎击于云杜，大破牧军，杀数千人，尽获辎重，遂攻拔竟陵。转击云杜、安陆，多略妇女，还入绿林中，至有五万余口，州郡不能制。

三年，大疾疫，死者且半，乃各分散引去。王常、成丹西入南郡，号“下江兵”；王匡、王凤、马武及其支党朱鲔、张卬等北入南阳，号“新市兵”，皆自称将军。七月，匡等进攻随，未能下。平林人陈牧、廖湛复聚众千余人，号“平林兵”，以应之。圣公因往从牧等，为其军安集掾。

是时，光武及兄伯升亦起春陵，与诸部合兵而进。四年正月，破王莽前队大夫甄阜、属正梁丘赐，斩之，号圣公为更始将军。众虽多而无所统一，诸将遂共议立更始为天子。二月辛巳，设坛场刘玄，字圣公，是光武帝的同族兄长。他因为弟弟被人杀害，刘玄便结交宾客打算为弟弟报仇。宾客犯法后，刘玄为了逃避官府的追捕，逃到了平林。于是官吏逮捕了他的父亲刘子张。无奈，刘玄只得诈死，命人将他的灵柩运回舂陵，官吏这才释放了刘子张，刘玄也因此开始了逃亡生活。

王莽末年，南方饥荒不断，成群的百姓跑到郊外的沼泽地里挖荸荠充饥，甚至互相抢夺。新市人王匡和王凤经常为他们主持公道，进行调解，后来逐渐被百姓推举为首领，跟随他们的百姓有数百人。因此一些逃亡在外的人，如马武、王常、成丹等人也都前往投奔；和他们一同攻占远离城市的乡村，并隐藏在绿林山中，仅几个月时间，队伍就壮大到七八千人。地皇二年（21），荆州牧某派出两万“急先锋”攻打他们，王匡等人共同率兵在云杜这个地方进行迎击，并大破荆州牧官军，杀死官兵数千人，缴获官军全部军需装备，接着又攻克了竟陵。转而攻击云杜、安陆等地，抢掠众多妇女返回绿林山中，至此他们的规模扩大到五万多人，就连州郡也无法控制他们了。

地皇三年（22），爆发了大规模的瘟疫，绿林山中的这些人死亡近半，大家便各自解散离开。王常、成丹西下进入南郡，号称“下江兵”；王匡、王凤、马武及其党羽朱鲔、张卬等向北进驻南阳，号称“新市兵”，为首的将帅都自称将军。同年七月，王匡等人进攻随县，但未能攻克。平林人陈牧、廖湛再次聚集千余人，号称“平林兵”，前来支援王匡的军队。刘玄便投奔了陈牧等人，在军中担任安集副官的职务。

与此同时，光武帝和他的兄长刘伯升也在舂陵起兵，他们和各支起义军队一起，联合发起进攻。地皇四年（23）正月，起义军攻破了王莽前队大夫甄阜、属正梁丘赐所帅的军队，并将其二人斩首，于淯水上沙中，陈兵大会。更始即帝位，南面立，朝群臣。素懦弱，羞愧流汗，举手不能言。于是大赦天下，建元曰更始元年。悉拜置诸将，以族父良为国三老，王匡为定国上公，王凤成国上公，朱鲔大司马，伯升大司徒，陈牧大司空，余皆九卿、将军。五月，伯升拔宛。六月，更始入都宛城，尽封宗室及诸将，为列侯者百余人。

更始忌伯升威名，遂诛之，以光禄勋刘赐为大司徒。前钟武侯刘望起兵，略有汝南。时王莽纳言将军严尤、秩宗将军陈茂既败于昆阳，往归之。八月，望遂自立为天子，以尤为大司马、茂为丞相。王莽使太师王匡、国将哀章守洛阳。更始遣定国上公王匡攻洛阳，西屏大将军申屠建、丞相司直李松攻武关，三辅震动。是时海内豪桀翕然响应，皆杀其牧守，自称将军，用汉年号，以待诏命，旬月之间，徧于天下。

长安中起兵攻未央宫。九月，东海人公宾就斩王莽于渐台，收玺绶，传首诣宛。更始时在便坐黄堂，取视之，喜曰："莽不如是，当与霍光等。"宠姬韩夫人笑曰："若不如是，帝焉得之乎？"更始悦，乃悬莽首于宛城市。是月，拔洛阳，生缚王匡、哀章，至，皆斩之。十月，使奋威大将军刘信击杀刘望于汝南，并诛严尤、陈茂。更始遂北都洛阳，以刘赐为丞相。申屠建、李松自长安传送乘舆服御，又遣中黄门从官奉迎迁都。二年二月，更始自洛阳而西。初发，李松奉引，马惊奔，触北宫铁柱门，三马皆死。

刘玄也因此被推举为更始将军。起义军虽然人数众多但却缺乏统一的领导，于是各位将军们通过商议一致决定，拥立刘玄为天子。二月辛巳日，他们在淯水的沙滩上设立坛场，举行了盛大的会师仪式。刘玄登上帝位，他向南而立，接受群臣朝拜。刘玄向来性格懦弱，面对这种场面，竟羞愧得汗流浃背，举着手连话都说不出来。随后，他宣布大赦天下，建元为更始元年。跟随他的诸位将领全都被封了官爵，其中叔父刘良为国三老，王匡为定国上公，王凤为成国上公，朱鲔为大司马，刘伯升为大司徒，陈牧为大司空，其余的都被封为九卿或将军。五月，刘伯升攻克宛城。六月，更始帝进入宛城建都，他的同宗及诸位将领都分别被封了爵位，仅受封的列侯就有一百多人。

更始帝因忌妒刘伯升的威名，便把他杀了，改任光禄勋刘赐为大司徒。前钟武侯刘望带兵起义，攻占了汝南。这时王莽的纳言将军严尤、秩宗将军陈茂在昆阳一战中惨败，也归附了刘望。八月，刘望自立为天子，以严尤为大司马，陈茂为丞相。王莽派太师王匡、国将哀章镇守洛阳。更始帝派定国上公王匡攻打洛阳，西屏大将军申屠建、丞相司直李松进攻武关，整个三辅地区都为之震动。这时，四海之内的各路豪杰共同起兵响应，他们都杀掉州郡的长官，自封为将军，并沿用更始的年号，等待着更始帝的诏命，不到一个月的时间，更始帝的支持者便遍布全国。

长安城中，起义军进攻未央宫。九月，东海郡人公宾在渐台上将王莽杀死，收缴了他的玉玺和绶带，并将王莽的首级送到宛城。更始帝当时正在黄堂便殿闲坐，取来王莽的首级一看，高兴地说：“如果王莽没有篡夺大汉江山，功勋应该和霍光差不多。”他的宠妃韩夫人笑着说：“如果王莽不篡权，陛下又怎能得到帝位呢？”更始帝大悦，就把王莽的首级悬挂于宛城的集市之上。当月，起义军攻克洛阳，活捉了王匡、哀章，并将他们送到宛城，更始帝将他们全部斩首。十月，更始帝派奋威大将军刘信前往汝南郡击杀刘望，诛杀严尤和陈茂。随后更始帝北上定都洛阳，任命刘赐为丞相。申屠建、李松从长安运送来皇帝御用的车驾和服饰，又派遣中黄门的官员恭迎更始帝迁都。更始二年（24）二月，更始帝从洛阳西迁。一行人刚出发，初，王莽败，唯未央宫被焚而已，其余宫馆一无所毁。宫女数千，备列后庭，自钟鼓、帷帐、舆辇、器服、太仓、武库、官府、市里，不改于旧。更始既至，居长乐宫，升前殿，郎吏以次列庭中。更始羞怍，俯首刮席不敢视。诸将后至者，更始问虏掠得几何，左右侍官皆宫省久吏，各惊相视。

李松与棘阳人赵萌说更始，宜悉王诸功臣。朱鲔争之，以为高祖约，非刘氏不王。更始乃先封宗室太常将军刘祉为定陶王，刘赐为宛王，刘庆为燕王，刘歙为元氏王，大将军刘嘉为汉中王，刘信为汝阴王，后遂立王匡为比阳王，王凤为宜城王，朱鲔为胶东王，卫尉大将军张卬为淮阳王，廷尉大将军王常为邓王，执金吾大将军廖湛为穰王，申屠建为平氏王，尚书胡殷为随王，柱天大将军李通为西平王，五威中郎将李轶为舞阴王，水衡大将军成丹为襄邑王，大司空陈牧为阴平王，骠骑大将军宋佻为颍阴王，尹尊为郾王。唯朱鲔辞曰："臣非刘宗，不敢干典。"遂让不受。乃徙鲔为左大司马，刘赐为前大司马，使与李轶、李通、王常等镇抚关东。以李松为丞相，赵萌为右大司马，共秉内任。

更始纳赵萌女为夫人，有宠，遂委政于萌，日夜与妇人饮宴后庭。群臣欲言事，辄醉不能见，时不得已，乃令侍中坐帷内与语。诸将识非更始声，出皆怨曰："成败未可知，遽自纵放若此！"韩夫人尤嗜酒，每侍饮，见常侍奏事，辄怒曰："帝方对我饮，正用此时持事来乎！"起，抵破书案。赵萌专权，威福自己。郎吏有说萌放纵者，更始怒，拔剑击之。自是无复敢言。萌私忿侍中，引下斩之，更李松奉命在前面为更始帝开路，突然马受惊狂奔，撞到了北宫的铁柱及大门上，三匹马都被撞死了。

起初，王莽败亡，只有未央宫遭到焚毁，其余的宫殿都完好无损。后宫里的数千名宫女也依旧留守宫中，从钟鼓、帷帐、车辇、器物、服饰到太仓、武库、官府、市井，都还和旧时一样，没有改变。更始帝入宫后，居住在长乐宫，在前殿接见百官，宫中的郎官们都在庭院里依次排列。更始帝十分羞愧，低着头两只手不知所措地摩擦座席，不敢抬眼俯视群臣。有几位将军迟到了，更始帝居然询问他们抢掠了多少东西，左右的侍卫、官员都是宫内官署里资深的侍卫、官员，听到更始帝的问话，大家都惊讶不已，相视无语。

李松与棘阳人赵萌劝说更始帝，应该将所有功臣都分封为王。朱鲔为此事与他们争辩，认为应按照高祖刘邦的约定，不是刘氏宗室就不能封王。更始帝就先封宗室太常将军刘祉为定陶王，刘赐为宛王，刘庆为燕王，刘歙为元氏王，大将军刘嘉为汉中王，刘信为汝阴王，随后又封王匡为比阳王，王凤为宜城王，朱鲔为胶东王，卫尉大将军张卬为淮阳王，廷尉大将军王常为邓王，执金吾大将军廖湛为穰王，申屠建为平氏王，尚书胡殷为随王，柱天大将军李通为西平王，五威中郎将李轶为舞阴王，水衡大将军成丹为襄邑王，大司空陈牧为阴平王，骠骑大将军宋佻为颍阴王，尹尊为郾王。只有朱鲔推辞说："臣不是刘氏宗室成员，不敢违反祖制。"推让着不肯接受分封。更始帝就改任朱鲔为左大司马，刘赐为前大司马，命他们与李轶、李通、王常等共同镇守关东。又任李松为丞相，赵萌为右大司马，共同执掌政。

更始帝娶了赵萌的女儿作为夫人，并对她宠爱有加，就把朝政全权委托给赵萌管理，自己日夜与宠妃在后宫饮酒作乐。群臣有事禀报，他总是醉得无法接见，万不得已时，他便命侍中坐在帷幕内和前来觐见的大臣对话。诸将听出不是更始帝的声音，出来后都埋怨说："成败还未可知，就急于自我放纵到这个地步！"韩夫人尤其爱喝酒，每次她侍奉更始帝饮酒时，看到常侍前来奏事，总是恼怒地说："皇上正和我对饮，一定要在这个时候前来禀告什么事情吗？"

始救请，不从。时李轶、朱鲔擅命山东，王匡、张印横暴三辅。其所授官爵者，皆群小贾竖，或有膳夫庖人，多著绣面衣、锦裤、襜褕、诸于，骂詈道中。长安为之语曰："灶下养，中郎将。烂羊胃，骑都尉。烂羊头，关内侯。"

军帅将军豫章李淑上书谏曰："方今贼寇始诛，王化未行，百官有司宜慎其任。夫三公上应台宿，九卿下括河海，故天工人其代之。陛下定业，虽因下江、平林之势，斯盖临时济用，不可施之既安。宜厘改制度，更延英俊，因才授爵，以匡王国。今公卿大位莫非戎陈，尚书显官皆出庸伍，资亭长、贼捕之用，而当辅佐纲维之任。唯名与器，圣人所重。今以所重加非其人，望其毗益万分，兴化致理，譬犹缘木求鱼，升山采珠。海内望此，有以窥度汉祚。臣非有憎疾以求进也，但为陛下惜此举厝。败材伤锦，所宜至虑。惟割既往谬妄之失，思隆周文济济之美。"更始怒，系淑诏狱。自是关中离心，四方怨叛。诸将出征，各自专置牧守，州郡交错，不知所从。

说完站起来，把桌案上的东西都砸破了。朝中赵萌则是独断专权，作威作福。官员中有人禀告说赵萌在朝中恣意放纵，更始帝大怒，拔出剑刺向他。从此之后，再无人敢提及此事。赵萌和一名侍郎结了私怨，便要将这位侍郎拉出去杀掉，更始帝替侍郎求情，请赵萌放过他，赵萌却不答应。与此同时，李轶、朱鲔在山东一带专权行事，王匡、张卬在三辅地区横行暴虐。更始帝所任用的官员，都是些奸商、小人之类，或者就是厨人和屠夫等人，他们大多穿着绣花的外衣、锦缎的花裤子、非正式的直襟长单衣，或是妇人穿的宽肩敞袖的宽大上衣，在路上吵嚷叫骂。长安百姓编歌谣说："灶下养，中郎将。烂羊胃，骑都尉。烂羊头，关内侯。"

军帅将军豫章人李淑上书劝谏更始帝说："如今王莽等乱臣贼子刚刚被铲除，王道的教化还未施行，在百官有司的任命问题上应小心谨慎。三公与天上的星宿相对应，九卿犹如地下的江河湖海般重要，因此人只是替天行道罢了。陛下建立江山伟业，虽然曾经借助于下江兵、平林兵的势力，但那只是一时的权宜之计，天下安定之后就不能继续采用这种方法了。如今应该改革制度，招纳任用贤俊之才，并根据官员的才能授予他们官职，这样才能匡正国家。如今的公卿高位之中，没有一个不是武将出身，就连尚书这样的显要官职也是由平庸之辈担任，就目前这些官员的能力而言，他们只能担任亭长或贼捕掾之类的小官而已，然而朝廷却任命他们担负辅佐朝纲国政的重任。圣人最注重名声和礼器。如今陛下却把这么重要的东西交给不适合的人管理，还指望他们能对国家有所助益，振兴教化、治理江山，这就好比爬上树捉鱼，登上山采珍珠一样。四海之内的百姓看到这种情况，就难免心生图谋汉朝天下的野心。微臣并非讨厌、妒忌某些人，或是想要以此求得加官晋爵，微臣只是对陛下的所作所为深感惋惜。木匠败坏了木材，织工损伤了美锦，这是十分值得忧虑的。希望陛下能修正以往荒谬狂妄的失误，在众多贤俊之士的辅佐之下，再现周文王安邦定国的盛世美景。"更始帝听后大怒，命人把李淑收押入狱。从此之后，关中地区，人心离散，四面八方频频爆发因怨恨而叛乱朝廷的事。诸将领纷纷出征，各自委任州牧郡守，他们私自设十二月，赤眉西入关。

三年正月，平陵人方望立前孺子刘婴为天子。初，望见更始政乱，度其必败，谓安陵人弓林等曰："前定安公婴，平帝之嗣，虽王莽篡夺，而尝为汉主。今皆云刘氏真人，当更受命，欲共定大功，何如？"林等然之，乃于长安求得婴，将至临泾立之。聚党数千人，望为丞相，林为大司马。更始遣李松与讨难将军苏茂等击破，皆斩之。又使苏茂拒赤眉于弘农，茂军败，死者千余人。

三月，遣李松会朱鲔与赤眉战于蓩乡，松等大败，弃军走，死者三万余人。

时王匡、张卬守河东，为邓禹所破，还奔长安。卬与诸将议曰："赤眉近在郑、华阴间，旦暮且至。今独有长安，见灭不久，不如勒兵掠城中以自富，转攻所在，东归南阳，收宛王等兵。事若不集，复入湖池中为盗耳。"申屠建、廖湛等皆以为然，共入说更始。更始怒不应，莫敢复言。及赤眉立刘盆子，更始使王匡、陈牧、成丹、赵萌屯新丰，李松军掫，以拒之。

张卬、廖湛、胡殷、申屠建等与御史大夫隗嚣合谋，欲以立秋日貙膢时共劫更始，俱成前计。侍中刘能卿知其谋，以告之。更始托病不出，召张卬等。卬等皆入，将悉诛之，唯隗嚣不至。更始狐疑，使卬等四人且待于外庐。卬与湛、殷疑有变，遂突出，独申屠建在，更始斩之。卬与湛、殷遂勒兵掠东西市。昏时，烧门入，战于宫立的州郡相互交错，百姓不知该听从谁的指令。

十二月，赤眉军从西面入关。

更始三年（25）正月，平陵人方望拥立之前被王莽废掉的孺子刘婴为天子。起初，方望看到更始帝政治混乱，预料他必定会败亡，就对安陵郡的弓林等人说："从前的定安公刘婴，是汉平帝的后嗣，虽然王莽篡夺了帝位，但刘婴毕竟曾经是大汉之主。如今人们都说刘氏的嫡传应当受命为帝，我们与他共立大业，你们意下如何？"弓林等人表示同意，便在长安找到刘婴，并在临泾正式拥立他为天子。聚合党羽数千人，由方望担任丞相，弓林担任大司马。更始帝派遣李松与讨难将军苏茂将方望等人一举歼灭，几人都被斩首。又，更始帝派苏茂在弘农郡抗击赤眉军入侵，不料苏茂军败，战死一千多人。

三月，更始帝派遣李松会合朱鲔与赤眉军在蓩乡发生激战，李松大败，弃军逃走，汉军战死三万余人。

当时，王匡、张卬驻守在河东的大军被邓禹打败，逃回长安。张卬与诸将商议说："赤眉军近在郑和华阴之间，很快将抵达这里。如今只有长安城在我们掌控之中，而且不久也将沦陷，眼下我们倒不如率领军队掠取城中财物，使自己富足，从这里转而进攻所在之处，而后由东面回归南阳，夺取宛王等人的兵力。若事情不成，大不了重新逃入湖泽中做强盗罢了。"申屠建、廖湛等人一致赞成，几人便一同前去劝说更始帝。更始帝听后勃然大怒，不同意他们的建议，张卬等人不敢再说。等到赤眉军拥立刘盆子为帝后，更始帝派遣王匡、陈牧、成丹、赵萌等人在新丰屯兵，李松则驻扎在掫城，以抵抗赤眉军的入侵。

张卬、廖湛、胡殷、申屠建等人与御史大夫隗嚣合谋，准备在立秋日，趁更始帝外出射牲祭祀宗庙时，共同劫持更始帝，以完成之前他们设计好的计划。侍中刘能卿知道了他们的阴谋，并将此事禀报给更始帝。立秋日，更始帝谎称有病不出宫，并召见张卬等人。张卬等人前来觐见时，更始帝打算把他们统统杀掉，只是唯独隗嚣迟迟未到。更始帝心生怀疑，命张卬等四人暂且在外殿等候。张卬、廖中，更始大败。明旦，将妻子车骑百余，东奔赵萌于新丰。

更始复疑王匡、陈牧、成丹与张卬等同谋，乃并召入。牧、丹先至，即斩之。王匡惧，将兵入长安，与张卬等合。李松还从更始，与赵萌共攻匡、卬于城内。连战月余，匡等败走，更始徙居长信宫。赤眉至高陵，匡等迎降之，遂共连兵而进。更始守城，使李松出战，败，死者二千余人，赤眉生得松。时松弟汎为城门校尉，赤眉使使谓之曰："开城门，活汝兄。"汎即开门。九月，赤眉入城。更始单骑走，从厨城门出，诸妇女从后连呼曰："陛下，当下谢城！"更始即下拜，复上马去。

初，侍中刘恭以赤眉立其弟盆子，自系诏狱。闻更始败，乃出，步从至高陵，止传舍。右辅都尉严本恐失更始为赤眉所诛，将兵在外，号为屯卫而实囚之。赤眉下书曰："圣公降者，封长沙王。过二十日，勿受。"更始遣刘恭请降，赤眉使其将谢禄往受之。十月，更始遂随禄肉袒诣长乐宫，上玺绶于盆子。赤眉坐更始，置庭中，将杀之。刘恭、谢禄为请，不能得，遂引更始出。刘恭追呼曰："臣诚力极，请得先死。"拔剑欲自刎，赤眉帅樊崇等遽共救止之，乃赦更始，封为畏威侯。刘恭复为固请，竟得封长沙王。更始常依谢禄居，刘恭亦拥护之。

湛、胡殷怀疑情况有变，急忙冲出皇宫，只有申屠建还在宫中，更始帝便将他杀了。张卬、廖湛、胡殷就率军掠夺了东西二市。傍晚时分，他们焚烧宫门，长驱直入，在宫中展开了一场混战，更始帝大败。第二天一早，更始帝便率领妻子儿女，乘坐着百余辆车骑，向东投奔到新丰赵萌那里去了。

更始帝又怀疑王匡、陈牧、成丹与张卬同谋，就同时召见他们。陈牧、成丹先到，更始帝便将他们斩首了。王匡害怕极了，率军逃往长安，与张卬等人会合。李松回到更始帝身边，联合赵萌一同攻打长安城内的王匡和张卬。连续作战一个多月后，王匡等人败走，更始帝迁居到长信宫。赤眉军抵达高陵，王匡等人便投降了赤眉军，之后与赤眉军联合进攻长安。更始帝亲自守城，派遣李松出战，不料李松战败，汉军战死两千多人，赤眉军还将李松活捉了。这时，李松的弟弟李汎任城门校尉，赤眉军派使者对李汎说："你若打开城门，便饶你兄长不死。"李汎便打开了城门。九月，赤眉军攻入长安城。更始帝单骑逃走，从厨城门出。很多妇女在后面连声呼喊说："陛下应当下马谢城！"更始帝即下马对着城池拜了拜，然后又上马逃走了。

起初，侍中刘恭因为赤眉军拥立了他弟弟刘盆子为帝，就将自己绑了到监狱去请罪。当听说更始帝战败后，他便出狱，步行跟随着更始帝来到高陵，在驿馆住下。右辅都尉严本担心更始帝走失而被赤眉军杀了，就率军驻扎在外面，名义上是为了屯兵保卫更始帝，而实际上却是将更始帝囚禁起来。赤眉军给更始帝传来书信说："如圣公愿意投降，就封为长沙王。过了二十日后，就没有这个条件了。"更始帝派遣刘恭前去向赤眉军请降，赤眉军派大将谢禄前往受降。十月，更始帝便跟随谢禄赤膊来到长乐宫，亲手将皇帝的印玺进献给刘盆子。赤眉军让更始帝坐下，并把他安置在院子里，准备杀掉。刘恭、谢禄都为更始帝说情，赤眉军也不答应，最后还是将更始帝带了下去。刘恭追上更始帝大声说："臣极力护卫圣公，请求死在圣公前面。"说罢拔剑就要自刎，赤眉军统帅樊崇等人急忙合力制止了他的行为，赤眉军这才赦免了更始帝的死罪，封他为畏威侯。刘恭再次为更始帝求情，更始帝最后果然被封为长沙王。更始帝时常依谢禄而居，刘恭三辅苦赤眉暴虐，皆怜更始，而张卬等以为虑，谓禄曰："今诸营长多欲篡圣公者。一旦失之，合兵攻公，自灭之道也。"于是禄使从兵与更始共牧马于郊下，因令缢杀之。刘恭夜往收藏其尸。光武闻而伤焉，诏大司徒邓禹葬之于霸陵。

有三子：求，歆，鲤。明年夏，求兄弟与母东诣洛阳，帝封求为襄邑侯，奉更始祀；歆为谷孰侯，鲤为寿光侯。求后徙封成阳侯。求卒，子巡嗣，复徙封濩泽侯。巡卒，子姚嗣。

论曰：周武王观兵孟津，退而还师，以为纣未可伐，斯时有未至者也。汉起，驱轻黠乌合之众，不当天下万分之一，而旌旃之所抐及，书文之所通被，莫不折戈顿颡，争受职命。非唯汉人余思，固亦几运之会也。夫为权首，鲜或不及。陈、项且犹未兴，况庸庸者乎！

刘盆子者，太山式人，城阳景王章之后也。祖父宪，元帝时封为式侯，父萌嗣。王莽篡位，国除，因为式人焉。

天凤元年，琅邪海曲有吕母者，子为县吏，犯小罪，宰论杀之。吕母怨宰，密聚客，规以报仇。母家素丰，赀产数百万，乃益酿醇酒，买刀剑衣服。少年来酤者，皆赊与之，视其乏者，辄假衣裳，不问多少。数年，财用稍尽，少年欲相与偿之。吕母垂泣曰："所以厚诸君者，非欲求利，徒以县宰不道，枉杀吾子，欲为报怨耳。诸君宁肯哀之乎？"少年壮其意，又素受恩，皆许诺。其中勇士自号猛虎，遂相聚得数十百人，因与吕母入海中，招合亡命，众至数千。吕母自也始终拥护着他。

三辅地区的百姓不堪忍受赤眉军的暴虐，都很同情更始帝，而张卬等人都为此忧虑，他们对谢禄说："如今各营统帅都想争取圣公，并借助他篡位。如果我们一旦失去了圣公，大家必定会合兵向你进攻，你就是自取灭亡了。"于是谢禄派侍卫与更始帝一起到郊外去牧马，并密令侍卫将更始帝绞杀。刘恭夜晚替更始帝收尸。光武听到消息很是悲伤，诏令大司徒邓禹将更始帝安葬在霸陵。

更始帝共有三子：刘求、刘歆、刘鲤。更始帝去世的第二年夏季，刘求兄弟三人与母亲向东到达洛阳，光武帝封刘求为襄邑侯，负责掌管更始帝的祭祀；刘歆为谷孰侯，刘鲤为寿光侯。刘求后被迁封为成阳侯。刘求死后，他的儿子刘巡继承了他的封号，再次被迁封为濩泽侯。刘巡死后，他的儿子刘姚继承了他的封号。

评论说：周武王在孟津检阅诸侯的军队，而后退师还朝，认为还不到讨伐商纣的时候，时机还不成熟。汉代兴起，更始帝驱使轻浮、狡诈的乌合之众，人数还不到天下百姓的万分之一，然而旌旗所到之处，文书所能传达到的地方，百姓无不放下武器顿首归降，争着接受天子封赐的职命。这不仅是人们对于汉朝的怀念之情，也是由时机命运所促成的。最先挑起事端的主谋者，最终很少有不受害的。陈胜、项羽尚且没有成就帝业，更何况如此庸庸碌碌之辈呢！

刘盆子，泰山郡式县人，是城阳景王刘章的后代。他的祖父刘宪，早在元帝时就被封为式侯，他的父亲刘萌继承了爵位。王莽篡位后，封国被废除，因而他便成了式县人。

天凤元年（14），琅琊海曲县有位吕母，她儿子是个县吏，因为犯了一点小罪，县宰就把他杀了。吕母怨恨县宰，便秘密地聚集了一些宾客，计划为儿子报仇。吕母家素来很富有，资产达到数百万，于是她增设了酿造醇酒和售卖刀剑衣服的生意。凡是年轻人来买酒的，吕母都赊给他们，看到穷人，吕母还总是借给他们衣裳，而且从来不问借多借少。几年过去，吕母的家财渐渐花完了，年轻人都想偿还所欠下的债务。吕母却哭泣着说："我厚待诸位，并不是为了求利，只是因为县宰昏庸无道，枉杀了我的儿子，我只是想为儿子报仇而已。你称将军，引兵还攻破海曲，执县宰。诸吏叩头为宰请。母曰：“吾子犯小罪，不当死，而为宰所杀。杀人当死，又何请乎？”遂斩之，以其首祭子冢，复还海中。

后数岁，琅邪人樊崇起兵于莒，众百余人，转入太山，自号三老。时青、徐大饥，寇贼蜂起，众盗以崇勇猛，皆附之，一岁间至万余人。崇同郡人逄安，东海人徐宣、谢禄、杨音，各起兵，合数万人，复引从崇。共还攻莒，不能下，转掠至姑幕，因击王莽探汤侯田况，大破之，杀万余人，遂北入青州，所过虏掠。还至太山，留屯南城。初，崇等以困穷为寇，无攻城徇地之计。众既浸盛，乃相与为约：杀人者死，伤人者偿创。以言辞为约束，无文书、旌旗、部曲、号令。其中最尊者号三老，次从事，次卒吏，泛相称曰臣人。王莽遣平均公廉丹、太师王匡击之。崇等欲战，恐其众与莽兵乱，乃皆朱其眉以相识别，由是号曰赤眉。赤眉遂大破丹、匡军，杀万余人，追至无盐，廉丹战死，王匡走。崇又引其兵十余万，复还围莒，数月。或说崇曰：“莒，父母之国，奈何攻之？”乃解去。时吕母病死，其众分入赤眉、青犊、铜马中。赤眉遂寇东海，与王莽沂平大尹战，败，死者数千人，乃引去，掠楚、沛、汝南、颍川，还入陈留，攻拔鲁城，转至濮阳。

们愿意可怜可怜我吗？”少年们都被她的忠烈气节所打动，再加上平时又受了她许多恩惠，就都答应了她的请求。这些年轻人中有位勇士自称猛虎，于是他聚集了数百人。随吕母一起来到海上，招募了一批亡命之徒，人数多达数千人。吕母自称将军，带兵回来攻占了海曲县，并活捉了县宰。众县吏纷纷叩头为县宰说情。吕母说：“我儿子犯了一点小罪，本不该死，却被县宰枉杀了。杀人偿命，又有什么理由求饶呢？”说完便将县宰杀了，用县宰的头颅在儿子的墓前祭奠，然后又回到海上去了。

数年后，琅琊郡人樊崇起兵于莒，共计百余人，转战到泰山，樊崇自称三老。当时，正赶上青州和徐州闹大饥荒，寇贼蜂拥而起，强盗们认为樊崇很勇猛，都愿意归附于他，一年之间队伍竟扩大到上万人。樊崇的同乡逄安、东海郡人徐宣、谢禄、杨音，也各自起兵，他们聚合起来，人数达到上万人，也都带兵归附了樊崇。他们一起回攻莒县，却没有攻下，便转而进攻姑幕县，因而攻击了王莽的探汤侯田况，田况惨败，这场战役死伤约一万多人，队伍一路向北进入青州，途经之地都进行了掳掠。他们返回泰山，驻扎在南城县。起初，樊崇等人因为贫穷而落草为寇，并没有攻城略地的打算。后来随着队伍逐渐壮大，就相互约定：杀人者死，伤人者要抵偿相应的罪责。他们用语言作为约束，没有文书、旌旗、编制、号令。其中最高统帅为三老，其次为从事，再次为卒吏，一般的人统称为臣人。王莽派遣平均公廉丹、太师王匡发动进攻。樊崇等人打算迎战，但又担心自己的部下与王莽的将士混淆不清，就命自己的部下把眉毛都涂成红色，以此来与王莽的军队相区别，因此称为赤眉军。赤眉军大破廉丹、王匡的军队，斩杀了一万多人，一直追到无盐，最终廉丹战死，王匡逃跑。樊崇又率领十多万将士，再次返回将莒县包围了数月。有人对樊崇说：“莒县是你的故乡，怎么能攻打它呢？”樊崇这才解散了包围圈撤离。与此同时，吕母因病去世，她的部下分别加入了赤眉军、青犊军、铜马军各个部队之中。赤眉军后来侵入东海郡，与王莽的沂平郡大尹交战，并战败，战死数千人，这才离开东海郡，攻掠楚、沛、汝南、颍川各地，最后返回陈留，攻克鲁城，辗转来到濮阳。

会更始都洛阳，遣使降崇。崇等闻汉室复兴，即留其兵，自将渠帅二十余人，随使者至洛阳降更始，皆封为列侯。崇等既未有国邑，而留众稍有离叛，乃遂亡归其营，将兵入颍川，分其众为二部，崇与逄安为一部，徐宣、谢禄、杨音为一部。崇、安攻拔长社，南击宛，斩县令；而宣、禄等亦拔阳翟，引之梁，击杀河南太守。赤眉众虽数战胜，而疲敝厌兵，皆日夜愁泣，思欲东归。崇等计议，虑众东向必散，不如西攻长安。更始二年冬，崇、安自武关，宣等从陆浑关，两道俱入。三年正月，俱至弘农，与更始诸将连战克胜，众遂大集。乃分万人为一营，凡三十营，营置三老、从事各一人。进至华阴。

军中常有齐巫鼓舞祠城阳景王，以求福助。巫狂言景王大怒，曰："当为县官，何故为贼？"有笑巫者辄病，军中惊动。时方望弟阳怨更始杀其兄，乃逆说崇等曰："更始荒乱，政令不行，故使将军得至于此。今将军拥百万之众，西向帝城，而无称号，名为群贼，不可以久。不如立宗室，挟义诛伐。以此号令，谁敢不服？"崇等以为然，而巫言益甚。前及郑，乃相与议曰："今迫近长安，而鬼神如此，当求刘氏共尊立之。"六月，遂立盆子为帝，自号建世元年。

初，赤眉过式，掠盆子及二兄恭、茂，皆在军中。恭少习《尚书》，略通大义。及随崇等降更始，即封为式侯。以明经数言事，拜侍中，这时正值更始帝在洛阳定都，他派使者前来劝樊崇归降。樊崇等人听说汉室复兴了，就将部众留下，自己率领二十多名将帅随使者来到洛阳投降更始帝，投降的将帅都被封为列侯。樊崇等人没有自己的封地，而且留守待命的部众慢慢开始离叛，于是樊崇等人离开洛阳返回兵营，率军入颍川郡，将其部众分为二部，樊崇与逄安为一部，徐宣、谢禄、杨音为一部。樊崇和逄安率军攻克了长社县，南击宛城，斩杀了宛城县令；而徐宣、谢禄等人也攻克了阳翟县，他们率军来到梁县，击杀了河南太守。赤眉军虽然多次获胜，但将士们都疲敝厌战，全军上下日夜愁泣，一心想着东归。樊崇等人商议，考虑到部众一旦东归，势必军心涣散，不如向西攻打长安。更始二年冬季，樊崇、逄安率军到达武关，徐宣等人从陆浑关，两路并进。更始三年正月，他们都抵达了弘农县，在与更始帝诸将交战中，屡战屡胜，致使前来归附的部众人数大增。因此他们就以一万人分为一营，共分为三十个营，每营设三老、从事各一人。部队浩浩荡荡向华阴进军。

赤眉军中常有齐地的巫蛊者击鼓跳舞祭祀城阳景王，以此来祈求福佑。巫蛊者信口狂言说景王发怒了，说："应该是天子，为什么去做盗贼？"军中若有人讥笑巫蛊者，那人就会生病，这件事在军中很是震惊。这时，方望的弟弟方阳怨恨更始帝杀了他哥哥，便游说樊崇等人说："更始帝政权荒唐、混乱，政令不能执行，因此才导致将军落得如此地步。如今将军拥有百万之众，向西攻打京城长安，而军队却没有称号，仍然是群贼的名分，这也不是长久之计。不如立刘氏宗室的后嗣为帝，这样就可以依仗正义的旗号进行诛杀讨伐。以此作为号令，谁敢不服？"樊崇等人一致认为他说得很有道理，而且人们也越发迷信巫蛊者的谣言。樊崇的军队向前挺进到郑县时，就与诸将商议说："如今我军已迫近长安，既然鬼神也这样显灵提醒，我们就应当寻求一位刘氏宗室后嗣，并尊立他为帝。"这年六月，便立刘盆子为帝，自定年号为建世元年。

起初，赤眉军途经式县，掳走了刘盆子和他的两个哥哥刘恭、刘茂，并把他们都留在军中。刘恭自幼学习《尚书》，关于书中的一些大义略知一二。直到跟随樊崇等人一起投降了更始帝，即被封为式侯。

从更始在长安。盆子与茂留军中，属右校卒吏刘侠卿，主刍牧牛，号曰牛吏。及崇等欲立帝，求军中景王后者，得七十余人，唯盆子与茂及前西安侯刘孝最为近属。崇等议曰："闻古天子将兵称上将军。"乃书札为符曰"上将军"，又以两空札置笥中，遂于郑北设坛场，祠城阳景王。诸三老、从事皆大会陛下，列盆子等三人居中立，以年次探札。盆子最幼，后探得符，诸将乃皆称臣拜。盆子时年十五，被发徒跣，敝衣赭汗，见众拜，恐畏欲啼。茂谓曰："善藏符。"盆子即啮折弃之，复还依侠卿。侠卿为制绛单衣、半头赤帻、直綦履，乘轩车大马，赤屏泥，绛襜络，而犹从牧儿遨。

崇虽起勇力而为众所宗，然不知书数。徐宣故县狱吏，能通《易经》。遂共推宣为丞相，崇御史大夫，逄安左大司马，谢禄右大司马，自杨音以下皆为列卿。

军及高陵，与更始叛将张卬等连和，遂攻东都门，入长安城，更始来降。

盆子居长乐宫，诸将日会论功，争言欢呼，拔剑击柱，不能相一。三辅郡县营长遣使贡献，兵士辄剽夺之。又数虏暴吏民，百姓保壁，由是皆复固守。至腊日，崇等乃设乐大会，盆子坐正殿，中黄门持兵在后，公卿皆列坐殿上。酒未行，其中一人出刀笔书谒欲贺，其余不知书者起请之，各各屯聚，更相背向。大司农杨音按剑骂曰："诸卿皆老佣也！今日设君臣之礼，反更殽乱，儿戏尚不如此，皆因为他通晓经史曾多次上书议事，后来官拜侍中，跟随更始帝留在长安。刘盆子与刘茂则继续留守在赤眉军中，归属于右校卒吏刘侠卿，主要负责放牛的工作，被称为牛吏。等到樊崇等人想立新帝时，他们在军中查找城阳景王的后裔，共找到七十多人，其中只有刘盆子和刘茂以及前西安侯刘孝的血统最为接近。樊崇等人商议说："听说古代的真命天子都是能带兵打仗的上将军。"于是他们就在简札上写上"上将军"三个字，又把两个同样大小的空白简札一起放入箧中，在郑北设立坛场，祭祀城阳景王。诸位三老、从事都齐聚坛场的台阶之下，刘盆子、刘茂、刘孝三人站在正中央，根据年龄大小依次去抽取简札。刘盆子年纪最小，最后一个抽取，他刚好抽中写有"上将军"字样的简札，祭坛下的诸将就都纷纷向刘盆子称臣拜贺。刘盆子当时年仅十五岁，披头散发还光着脚，衣衫褴褛，红着脸汗流浃背，他看到大家向他跪拜，害怕得差点哭出声来。刘茂对他说："把简札收好。"刘盆子却立即将那块简札咬断扔了，又回到刘侠卿身边继续放牛。刘侠卿为刘盆子订制了大红色的单衣、空顶的红帻巾、直刺花纹的斜纹鞋子，还让他乘坐高车大马，车轼前边是赤色的屏泥，红色的车帷，然而刘盆子还是和放牛娃们一起玩耍。

虽然樊崇因为勇力超群被大家推崇为首领，但他没什么文化，也不通晓经史术数。徐宣曾担任过县衙的狱吏，能读懂《易经》。于是大家共同推举徐宣担任丞相一职，樊崇任御史大夫，逄安任左大司马，谢禄任右大司马，从杨音以下官员都为列卿。

樊崇的大军到达高陵后，与更始叛将张卬等人联合，最终他们攻破东都门，长驱直入，进入长安城，更始帝前来投降。

刘盆子居住在长乐宫，诸将终日聚集在一起争论谁的功劳更大，他们争吵喧闹，有时甚至拔剑击柱，意见无法统一。三辅郡县营长派使者前来进献贡品，兵士们就直接将贡品抢走了。他们还多次掳掠、暴虐吏民，无奈百姓只得修筑堡垒，用来坚守自卫。到了腊祭那天，樊崇等人设置鼓乐盛会，刘盆子端坐于正殿之上，中黄门郎手持兵器站在他身后，公卿们都列坐于殿上，酒席还没开始，其中一人可格杀！”更相辩斗，而兵众遂各逾宫斩关，入掠酒肉，互相杀伤。卫尉诸葛稚闻之，勒兵入，格杀百余人，乃定。盆子惶恐，日夜啼泣，独与中黄门共卧起，唯得上观阁而不闻外事。

时掖庭中宫女犹有数百千人，自更始败后，幽闭殿内，掘庭中芦菔根，捕池鱼而食之，死者因相埋于宫中。有故祠甘泉乐人，尚共击鼓歌舞，衣服鲜明，见盆子叩头言饥。盆子使中黄门禀之米，人数斗。后盆子去，皆饿死不出。

刘恭见赤眉众乱，知其必败，自恐兄弟俱祸，密教盆子归玺绶，习为辞让之言。建武二年正月朔，崇等大会，刘恭先曰：“诸君共立恭弟为帝，德诚深厚。立且一年，肴乱日甚，诚不足以相成。恐死而无所益，愿得退为庶人，更求贤知，唯诸君省察。”崇等谢曰：“此皆崇等罪也。”恭复固请。或曰：“此宁式侯事邪！”恭惶恐起去。盆子乃下床解玺绶，叩头曰：“今设置县官而为贼如故。吏人贡献，辄见剽劫，流闻四方，莫不怨恨，不复信向。此皆立非其人所致，愿乞骸骨，避贤圣。必欲杀盆子以塞责者，无所离死。诚冀诸君肯哀怜之耳！”因涕泣嘘唏。崇等及会者数百人，莫不哀怜之，乃皆避席顿首曰：“臣无状，负陛下。请自今已后，不敢复放纵。”因共抱持盆子，带以玺绶。盆子号呼不得已。既罢出，各闭营自守，三辅翕然，称天子聪明。百姓争还长安，市里且满。

拿着刀笔准备书写贺喜的名帖，其余不识字的人也都起身请那人代写，他们屯聚在一起，彼此背靠着背。大司农杨音手按在剑柄上骂道："诸位公卿可都是老佣啊！今日设置君臣之礼，反而更加混乱，即使是小孩子的游戏也不能混乱成这样吧，你们都应该被诛杀。"说完彼此之间便争吵打斗起来，而兵士们各自翻越宫墙、斩断关卡，闯进宫中抢夺酒肉，互相厮杀起来。卫尉诸葛稚听到消息，立即带兵进入宫殿，斩杀了一百多人，混乱的局面才稳定下来。刘盆子惊恐万分，日夜啼哭，单独与中黄门郎同起同卧，只能藏身楼阁之中而不知外边的事情了。

当时，住在掖庭中的宫女嫔妃还有数百上千人，自从更始帝衰败之后，她们便被幽闭在殿内，靠挖庭院中的萝卜根、捕池鱼充饥，死后相继掩埋在宫中。有些人曾经是甘泉宫祭神的乐师，她们还在一起击鼓歌舞，身着颜色鲜明的服装，见到刘盆子后都叩头说肚子饿。刘盆子便派中黄门送米给她们，每人分得数斗。后来刘盆子走后，这些人都饿死在宫内。

刘恭见赤眉军发生内讧，便知他们必败，他担心他们兄弟三人都遭受横祸，便暗中让刘盆子归还皇帝的玺绶，并让刘盆子练习辞让帝位的说辞。建武二年（26）正月初一，樊崇等人举行了盛大的朝会，刘恭率先说道："诸君共同拥立我的弟弟刘盆子为帝，拥立之德至为深厚。我的弟弟在位一年，天下的混乱局面日益严重，实在是不足以成就大业。恐怕到死也不会有什么益处，因此他愿意退位做一名普通百姓，改求贤明、智慧之人为帝，请诸君审察。"樊崇等人谢罪说："这都是臣等的罪过啊。"刘恭一再坚持诉求。有人说："这难道是式侯该管的事吗"刘恭惊恐成分，起身离去。于是刘盆子走下龙椅宝座，解下玺绶，叩头说："如今虽然设置了天子，然而士兵仍像过去做贼寇时一样猖狂。吏民进贡的财物，经常被兵士们劫掠，这种丑闻流传至四方，没有人不心存怨恨，长此以往，便不再有人信任和顺服朝廷了。这些都是所拥立的皇帝不称职导致的，我希望诸君能保全我的性命，推举更为圣贤之人就任帝位。如果一定要杀我来弥补过错的话，我也不会逃避。我真诚地希望诸君能同情我可怜我！"说后二十余日，赤眉贪财物，复出大掠。城中粮食尽，遂收载珍宝，因大纵火烧宫室，引兵而西。过祠南郊，车甲兵马最为猛盛，众号百万。盆子乘王车，驾三马，从数百骑。乃自南山转掠城邑，与更始将军严春战于郿，破春，杀之，遂入安定、北地。至阳城、番须中，逢大雪，坑谷皆满，士多冻死，乃复还，发掘诸陵，取其宝货，遂污辱吕后尸，凡贼所发，有玉匣殓者率皆如生，故赤眉得多行淫秽。大司徒邓禹时在长安，遣兵击之于郁夷，反为所败，禹乃出之云阳。九月，赤眉复入长安，止桂宫。

时汉中贼延岑出散关，屯杜陵，逄安将十余万人击之。邓禹以逄安精兵在外，唯盆子与羸弱居城中，乃自往攻之。会谢禄救至，夜战槀街中，禹兵败走。延岑及更始将军李宝合兵数万人，与逄安战于杜陵。岑等大败，死者万余人，宝遂降安，而延岑收散卒走。宝乃密使人谓岑曰："子努力还战，吾当于内反之，表里合势，可大破也。"岑即还挑战，安等空营击之，宝从后悉拔赤眉旌帜，更立己幡旗。安等战疲还营，见旗帜皆白，大惊乱走，自投川谷，死者十余万，逄安与数千人脱归长安。时三辅大饥，人相食，城郭皆空，白骨蔽野，遗人往往聚为营保，各坚守不下。赤眉虏掠无所得，十二月，乃引而东归，众尚二十余万，随道复散。

着刘盆子泪流满面、哀叹不止。樊崇等人和与会的数百人，无不为之哀怜，于是都起身离席叩头说："臣等无能，有负陛下。从今日起，臣等不敢再放纵了。"说完一起将刘盆子扶抱起来，为他系上玺绶。任凭刘盆子如何呼叫也无济于事。朝会结束后，诸君各自闭营自守，整顿军队，三辅一带太平安定，因此百姓都称赞天子英明。大家争相返回长安，市井里住满了人。

此后的二十多天，赤眉军贪图财物，再次出营大肆抢掠。城中的粮食抢光后，他们就劫掠各类珍宝装上车子，然后纵火大肆焚烧宫室，率领兵马一路向西行进。在经过南郊祭祀时，车辆兵马最为强盛，号称百万大军。刘盆子所乘坐的王车，驾着三匹马，身后有数百名骑兵跟随。他们从南山转而劫掠大城小邑，并与更始帝的将军严春在郿县展开了激战，最终严春战败并被斩杀，随后大军进入安定、北地。赤眉到去往阳城和番须的途中遭遇大雪，坑谷里处处堆满积雪，士卒大多被冻死，就挥师返朝，发掘多处陵墓，不仅窃取墓中财宝，还将吕后的遗体也玷污了。赤眉军所发掘的陵墓，凡是有玉匣装殓的遗体大都和活着的时候一样，所以赤眉军才得以多行淫秽之事。当时，大司徒邓禹身在长安，派遣军队前往郁夷攻打赤眉军，反而被赤眉军打败，邓禹无奈只得出走云阳。九月，赤眉军再次进入长安，住在桂宫。

当时，汉中贼寇延岑出兵散关，驻扎在杜陵，逄安率军十多万人攻打延岑。邓禹认为逄安率领精兵在外征战，只留刘盆子和一些身体羸弱之人住在城中，便亲自率军进攻长安。恰好谢禄救兵赶到，与之在长安藁街展开夜战，邓禹兵败逃亡。延岑及更始帝将军李宝合军之后有数万之众，与逄安交战于杜陵。延岑等大败，死伤一万多人，李宝便投降了逄安。延岑收集散兵后逃走。李宝派人密告延岑说："你尽力打回来，我从内部反击，咱们里应外合，可大破逄安。"延岑随即返回挑战，逄安等人空营前往迎战，李宝便从后面拔掉了赤眉军的全部旗帜，换上了自己的幡旗。等逄安战疲后点还营时，看到旗帜都换成了白色，大惊失色，慌乱逃走，自投山谷之中，死者多达十几万人，逄安与数千人脱身逃回长安。这时三辅一带闹大饥荒，出光武乃遣破奸将军侯进等屯新安，建威大将军耿弇等屯宜阳，分为二道，以要其还路。敕诸将曰："贼若东走，可引宜阳兵会新安；贼若南走，可引新安兵会宜阳。"明年正月，邓禹自河北度，击赤眉于湖，禹复败走，赤眉遂出关南向。征西大将军冯异破之于崤底。帝闻，乃自将幸宜阳，盛兵以邀其走路。

赤眉忽遇大军，惊震不知所为，乃遣刘恭乞降，曰："盆子将百万众降，陛下何以待之？"帝曰："待汝以不死耳。"樊崇乃将盆子及丞相徐宣以下三十余人肉袒降。上所得传国玺绶，更始七尺宝剑及玉璧各一。积兵甲宜阳城西，与熊耳山齐。帝令县厨赐食，众积困餧，十余万人皆得饱饫。明旦，大陈兵马临洛水，令盆子君臣列而观之。谓盆子曰："自知当死不？"对曰："罪当应死，犹幸上怜赦之耳。"帝笑曰："儿大黠，宗室无蚩者。"又谓崇等曰；"得无悔降乎？朕今遣卿归营勒兵，鸣鼓相攻，决其胜负，不欲强相服也。"徐宣等叩头曰："臣等出长安东都门，君臣计议，归命圣德。百姓可与乐成，难与图始，故不告众耳。今日得降，犹去虎口归慈母，诚欢诚喜，无所恨也。"帝曰："卿所谓铁中铮铮，傭中佼佼者也。"又曰："诸卿大为无道，所过皆夷灭老弱，溺社稷，污井灶。然犹有三善：攻破城邑，周遍天下，本故妻妇无所改易，是一善也；立君能用宗室，是二善也；余贼立君，迫急皆持其首降，自以为功，诸卿独完全以付朕，是三善也。"乃令各与妻子居洛阳，赐宅人一区，田二顷。

现了人吃人的现象，城郭内空空荡荡，荒野堆满白骨，幸存下来的人大多聚在一起结营互保，个个坚守不退，难以攻克。赤眉军抢掠不到什么东西，十二月，只得带兵东归，所剩的兵卒有二十多万人，沿路又溃散了一些。

于是光武帝派遣破奸将军侯进等人驻兵新安县，建威大将军耿弇等人驻兵宜阳，分兵两路，拦截赤眉军的归路。光武帝诏命诸将说："若贼寇向东逃走，可调派宜阳的军兵会师于新安；贼寇向南逃窜，可调派新安的军兵会师于宜阳。"第二年正月，邓禹从黄河向北进发，在湖县进攻赤眉军，不料邓禹再次战败，赤眉军便出关向南进军。征西大将军冯异在崤底击败赤眉军。光武帝听闻战况后，亲自率军抵达宜阳，用强大的军队拦阻赤眉军的逃路。

赤眉军突然遭遇大军的攻击，震惊之余不知所措，便派遣刘恭向光武帝乞降说："刘盆子打算率百万之众归降于陛下，不知陛下将如何对待我们呢？"光武帝说："朕不杀你们便是了。"樊崇便率刘盆子及丞相徐宣以下三十多人，脱掉上衣裸露身体前来向光武帝请降。光武帝得到了传国玺绶和更始帝的七尺宝剑以及玉璧各一件。缴获的兵器堆积在宜阳城以西，与熊耳山一样高。光武帝命县厨赐给赤眉军食物，众军士长时间饥困难耐，如今十多万人都得以饱餐一顿。次日一早，光武帝在雒水之滨举行盛大的阅兵仪式，令刘盆子君臣等列队观看。光武帝对刘盆子说："你自知当死不？"刘盆子回答说："臣罪该万死，还侥幸陛下见怜赦免了我啊。"光武帝笑着说："你这小孩真是太狡猾了，看来我们刘氏宗室没有痴愚之人。"光武帝又问樊崇等人说："你们是否后悔投降了呢？我现在可以放你们回营去重整兵士，你们再率领军队鸣鼓进攻，咱们一决胜负，我不想强迫你们来归顺于我。"徐宣等人叩头说："我们出长安东都门时，君臣就已经商议好了，一起归降圣德的明君。百姓可以与我们共同享有这成功的喜悦，只因最开始时很难实现这样的谋划，所以才没有告知众人。今日归降，犹如从虎口中逃脱而投入慈母的怀抱，臣等真是欢喜万分，没有什么悔恨的。"光武帝说："你真不愧是铮铮的硬汉，庸人中的佼佼者啊。"光武帝又说："你们做了很多无道之事，所到之处，连其夏，樊崇、逄安谋反，诛死。杨音在长安时，遇赵王良有恩，赐爵关内侯，与徐宣俱归乡里，卒于家。刘恭为更始报杀谢禄，自系狱，赦不诛。

帝怜盆子，赏赐甚厚，以为赵王郎中。后病失明，赐荥阳均输官地，以为列肆，使食其税终身。

赞曰：圣公靡闻，假我风云，始顺归历，终然崩分。赤眉阻乱，盆子探符。虽盗皇器，乃食均输。

老人孩子都不放过，你们朝社稷祠庙撒尿，污秽井水、锅灶。然而你们也做了三件好事：你们所攻破的城池遍及天下，然而你们并没有抛弃原来的糟糠之妻，这是一件好事；你们能拥立刘氏宗室作为君主，这是第二件好事；其他的贼寇拥立新君，在走投无路时往往会砍下新君的首级前去归降，以此作为自己的功劳，唯独你们毫发无损地把刘盆子交给我，这是第三件好事。”于是光武帝下令，命他们各自与妻子儿女居住在洛阳，并赏赐他们住宅一所，粮田二顷。

同年夏季，樊崇、逄安密谋造反，被诛杀。杨音在长安时，曾对赵王刘良有恩情，被赐予关内侯的爵位，与徐宣都回到乡下，最终死于家中。刘恭为了给更始帝报仇而杀死谢禄后投案自首，被赦免不死。

光武帝怜悯刘盆子，给他的赏赐甚为丰厚，并封他为赵王郎中。后来刘盆子患了眼疾双目失明，光武帝便赏赐他荥阳一带的均输官地，让他在那里开设店铺，他可以终身收取享用那里的赋税。

赞辞说：最初，圣公还没有什么声名，借中兴风云之便得以兴盛。虽然他顺利登上帝位，但最终还是分崩离析。赤眉军趁混乱起兵，刘盆子通过抽签获取帝位。即使他窃居皇帝之位，最终还是靠食物输官地为生。

卷四十二

王刘张李彭卢列传第二

王昌一名郎，赵国邯郸人也。素为卜相工，明星历，常以为河北有天子气。时赵缪王子林好奇数，任侠于赵、魏间，多通豪猾，而郎与之亲善。初，王莽篡位，长安中或自称成帝子子舆者，莽杀之。郎缘是诈称真子舆，云“母故成帝讴者，尝下殿卒僵，须臾有黄气从上下，半日乃解，遂妊身就馆。赵后欲害之，伪易他人子，以故得全。舆年十二，识命者郎中李曼卿，与俱至蜀；十七，到丹阳；二十，还长安；展转中山，来往燕、赵，以须天时。”林等愈动疑惑，乃与赵国大豪李育、张参等通谋，规共立郎。会人间传赤眉将度河，林等因此宣言赤眉当至，立刘子舆以观众心，百姓多信之。

更始元年十二月，林等遂率车骑数百，晨入邯郸城，止于王宫，立郎为天子。林为丞相，李育为大司马，张参为大将军。分遣将帅，徇下幽、冀。移檄州郡曰：“制诏部刺史、郡太守曰：朕，孝成皇帝子子舆者也。昔遭赵氏之祸，因以王莽篡杀，赖知命者将护朕躬，解形河滨，削迹赵、魏。王莽窃位，获罪于天，天命佑汉，故使东郡太守翟义、严乡侯刘信，拥兵征讨，出入胡、汉。普天率土，知朕隐在人间。南岳诸刘，为其先驱。朕仰观天文，乃兴于斯，以今月壬辰即位赵宫。休气熏蒸，应时获雨。盖闻为国，子之袭父，古今不王昌又名王郎，是赵国邯郸县人。平日里以占卜、看相为生，对天文历法也有所研究，他一向认为河北有天子之气。当时，赵缪王的儿子刘林爱好术数，在赵、魏间以任侠闻名，与豪强和不法之徒多有来往，而王郎与他关系甚为密切。起初，王莽篡位时，长安城中有人自称是成帝的儿子刘子舆，王莽便将那人杀了。王郎根据这条线索谎称自己才是真正的刘子舆，并说："我母亲曾经是成帝身边的歌女，有一次下殿时突然身体僵硬，随即有一股黄气自上而下传遍全身，半日之后才得以恢复如常，于是就怀有身孕，从此住在后宫之中。赵皇后想加害于她，母亲就用别人的婴儿将他调包了，这才保全了他的性命。到了刘子舆十二岁时，有位知天命的郎中名叫李曼卿的，带着他来到蜀中；到了他十七岁时，到了丹阳；二十岁时，才返回长安；多年来，他辗转往来于中山、燕赵之间，就是在等待天时的到来。"刘林等人愈动疑惑，就与赵国的大豪绅李育、张参等人通谋，共同谋划打算拥立王郎为天子。恰好这时，人们传言赤眉军将渡过黄河，刘林等人便借此机会宣称赤眉军就要到了，应该拥立刘子舆为帝，并以此来试探众人的反应，百姓大多相信了这种说法。

更始元年（23）十二月，刘林等人率领数百车骑，一大早便进入邯郸城，停在王宫殿前，拥立王郎为天子。刘林任丞相，李育任大司马，张参任大将军。分别派遣将帅，攻克幽州、冀州等地。移送檄文到各州郡说："新帝诏令各州刺史、郡太守：朕乃孝成皇帝的儿子刘子舆。以前遭受赵氏的迫害，接着王莽篡夺皇位后杀害了假的刘子舆，所幸仰仗知天命之人保护了朕的性命，使朕才得以从黄河之滨脱身，从此隐姓埋名，隐迹于赵国与魏国之间。王莽窃取皇位的行为，惹怒了上天，上天庇佑我汉室江山永固，因此派东郡太守翟义、严乡侯刘信拥兵证讨，出入于胡、汉之间。普天之下，率土之滨，都知易。刘圣公未知朕，故且持帝号。诸兴义兵，咸以助朕，皆当裂土享祚子孙。已诏圣公及翟太守，亟与功臣诣行在所。疑刺史、二千石皆圣公所置，未睹朕之沈滞，或不识去就，强者负力，弱者惶惑。今元元创痍，已过半矣，朕甚悼焉，故遣使者班下诏书。”郎以百姓思汉，既多言翟义不死，故诈称之，以从人望。于是赵国以北，辽东以西，皆从风而靡。

明年，光武自蓟得郎檄，南走信都，发兵徇旁县，遂攻柏人，不下。议者以为守柏人不如定钜鹿，光武乃引兵东北围钜鹿。郎太守王饶据城，数十日连攻不克。耿纯说曰：“久守王饶，士众疲敝，不如及大兵精锐，进攻邯郸。若王郎已诛，王饶不战自服矣。”光武善其计，乃留将军邓满守钜鹿，而进军邯郸，屯其郭北门。

郎数出战不利，乃使其谏议大夫杜威持节请降。威雅称郎实成帝遗体。光武曰：“设使成帝复生，天下不可得，况诈子舆者乎！”威请求万户侯。光武曰：“顾得全身可矣。”威曰：“邯郸虽鄙，并力固守，尚旷日月，终不君臣相率但全身而已。”遂辞而去。因急攻之，二十余日，郎少傅李立为反间，开门内汉兵，遂拔邯郸。郎夜亡走，道死，追斩之。

道朕隐迹在民间。身处南岳的诸位刘氏宗亲，都是朕的先驱。朕仰观天象，才知道天意命朕在此地光复中兴，于是在本月的壬辰日即帝位于赵宫。即位之日祥气升腾，应时雨降。大概是天地都知晓帝位传承应子承父位，这是亘古不变的法则。因刘圣公不知道朕的存在，所以暂时做了皇帝。诸位刘氏宗亲仗义兴兵，他们都是在帮助朕光复中兴，都应裂土分封，使他们的子孙世代得享福祚。朕已下诏给刘圣公及东郡太守翟义，速速与功臣们前来觐见。之前由刘圣公所设置的刺史、二千石官员，因其不知道朕隐迹于民间，有的不知该如何进退，强大的可以凭借自己的实力，而那些弱小者则惶恐不安。如今，百姓饱经疮痍，死伤过半，朕深感悲痛，所以派遣使者颁布此诏书。"王郎假借百姓思念汉朝，再加上很多人说翟义还没有死，所以才说了这些假话来顺应民心。因此在赵国以北，辽东以西一带，百姓都跟风似的倾向于王郎。

第二年，光武帝从蓟县得到了王郎的檄文，他连忙向南赶奔信都，发兵攻打周围的县城，后又转攻柏人县，却迟迟没有攻下。有人提议说，围守柏人县不如先平定钜鹿，光武帝便引兵向东北方向攻打钜鹿。王郎太守王饶据城坚守，光武帝的军队连攻数十日都没有成功。耿纯建议说：长久围困王饶，自己的士兵也会疲乏，不如以大量精锐部队进攻邯郸城。假如能杀了王郎，那么王饶便不战而降。"光武帝认为这个计策非常好，就命将军邓满围守钜鹿，他亲自率大军进攻邯郸城，将军队驻扎在邯郸城的北门。

王郎数次出兵失利，屡战屡败，便派遣他的谏议大夫杜威手持符节向光武帝请降。杜威一本正经地声称王郎确实是成帝的亲生骨肉。光武帝说："即使是成帝死而复生，也不可能得到天下，更何况是个冒充刘子舆的人呢！"杜威请求光武帝封刘子舆为万户侯。光武帝说："朕能保全他的性命就很不错了。"杜威说："邯郸虽小，但全力坚守，还可以坚持些时日，最终君臣不能只落得个保全性命而已。"于是告辞离开。光武帝急攻邯郸，二十多天后，王郎的少傅李立用反间计打开城门迎接汉军，邯郸就被攻陷。王郎连夜逃亡，并死在了逃亡的路上，追兵便将他的头砍了下来。

刘永者，梁郡睢阳人，梁孝王八世孙也。传国至父立。元始中，立与平帝外家卫氏交通，为王莽所诛。

更始即位，永先诣洛阳，绍封为梁王，都睢阳。永闻更始政乱，遂据国起兵，以弟防为辅国大将军，防弟少公御史大夫，封鲁王。遂招诸豪杰沛人周建等，并署为将帅，攻下济阴、山阳、沛、楚、淮阳、汝南，凡得二十八城。又遣使拜西防贼帅山阳佼彊为横行将军。是时，东海人董宪起兵据其郡，而张步亦定齐地。永遣使拜宪翼汉大将军、步辅汉大将军，与共连兵，遂专据东方。及更始败，永自称天子。

建武二年夏，光武遣虎牙大将军盖延等伐永。初，陈留人苏茂为更始讨难将军，与朱鲔等守洛阳。鲔既降汉，茂亦归命，光武因使茂与盖延俱攻永。军中不相能，茂遂反，杀淮阳太守，掠得数县。据广乐而臣于永。永以茂为大司马、淮阳王。盖延遂围睢阳，数月，拔之，永将家属走虞。虞人反，杀其母及妻子，永与麾下数十人奔谯。苏茂、佼彊、周建合军救永，为盖延所败，茂奔还广乐，彊、建从永走保湖陵。三年春，永遣使立张步为齐王，董宪为海西王。于是遣大司马吴汉等围苏茂于广乐，周建率众救茂，茂、建战败，弃城复还湖陵，而睢阳人反城迎永。吴汉与盖延等合军围之，城中食尽，永与茂、建走酂。诸将追急，永将庆吾斩永首降，封吾为列侯。苏茂、周建奔垂惠，共立永子纡为梁王。佼彊还保西防。

四年秋，遣捕虏将军马武、骑都尉王霸围纡、建于垂惠，苏茂刘永，梁郡睢阳县人，他是梁孝王的第八世孙。封爵一直沿袭到他的父亲刘立这一代。元始年间，因刘立与平帝的外戚卫氏有往来，被王莽所杀。

更始帝即位后，刘永先到达洛阳，更始帝封他沿袭梁王爵位，定都睢阳，刘永听说更始帝政治混乱，便凭借自己的封邑起兵造反，任命他的弟弟刘防为辅国大将军，任命刘防的弟弟刘少公为御史大夫，封为鲁王。于是招募沛人周建等诸位豪杰，同时委任他们为将帅，攻克了济阴、山阳、沛、楚、淮阳、汝南等地，共得二十八座城池。又派遣使者任命西防贼帅山阳佼彊为横行将军。当时，东海人董宪起兵占据了东海郡，而张步也平定了齐地。刘永派遣使者任命董宪为翼汉大将军，任命张步为辅汉大将军，与他们联合出兵，刘永就此占据了东方。后来更始帝败亡，刘永便自称为天子。

建武二年（26）夏季，光武派遣虎牙大将军盖延等人率兵讨伐刘永。起初，陈留人苏茂任更始帝讨难将军，与朱鲔等人驻守洛阳。朱鲔归降汉室后，苏茂也归命于光武帝，光武帝就派遣苏茂与盖延共同攻打刘永。不料二人在军中意见不合，苏茂造反，杀死了淮阳太守并掠得了几个县，占据了广乐后便归顺于刘永。刘永任命苏茂为大司马，封他为淮阳王。盖延就围攻睢阳，历时几个月后，终于攻下睢阳，刘永只得带着他的家眷逃向虞县。虞人造反，杀死了刘永的母亲、妻子和儿女，刘永无奈与部下数十人逃往谯县。苏茂、佼彊、周建联合兵力营救刘永，却被盖延击败，苏茂逃回广乐，佼彊、周建则跟随刘永退守湖陵。建武三年（27）春季，刘永派遣使者封张步为齐王、董宪为海西王。于是光武帝便派遣大司马吴汉等人率兵将苏茂围困在广乐，周建率领部众前来援救苏茂，最终苏茂、周建均被击败，舍弃了广乐城再次返回湖陵，而睢阳人则又举城迎接刘永入城。吴汉与盖延等人联合兵力围困睢阳，城中的粮草吃光后，刘永与苏茂、周建逃往酂县。诸将率军紧跟其后，急速追击，刘永的部将庆吾便将刘永的首级砍下投降，光武帝因此封庆吾为列侯。苏茂、周建逃奔至垂惠，共同拥立刘永的儿子刘纡为梁王。佼彊则退守西防以自保。

建武四年（28）秋季，光武帝派遣捕虏将军马武、骑都尉王霸将五校兵救之，纡、建亦出兵与武等战，不克，而建兄子诵反，闭城门拒之。建、茂、纡等皆走，建于道死，茂奔下邳与董宪合，纡奔佼彊。五年，遣骠骑大将军杜茂攻佼彊于西防，彊与刘纡奔董宪。

时，平狄将军庞萌反叛，遂袭破盖延，引兵与董宪连和，自号东平王，屯桃乡之北。

庞萌，山阳人。初亡命在下江兵中。更始立，以为冀州牧，将兵属尚书令谢躬，共破王郎。及躬败，萌乃归降，光武即位，以为侍中。萌为人逊顺，甚见信爱。帝常称曰："可以托六尺之孤，寄百里之命者，庞萌是也。"拜为平狄将军，与盖延共击董宪。

时，诏书独下延而不及萌，萌以为延谮己，自疑，遂反。帝闻之，大怒，乃自将讨萌。与诸将书曰："吾常以庞萌社稷之臣，将军得无笑其言乎？老贼当族。其各厉兵马，会睢阳！"宪闻帝自讨庞萌，乃与刘纡、苏茂、佼彊去下邳，还兰陵，使茂、彊助萌，合兵三万，急围桃城。

帝时幸蒙，闻之，乃留辎重，自将轻骑三千，步卒数万，晨夜驰赴，师次任城，去桃乡六十里。旦日，诸将请进，贼亦勒兵挑战，帝不听，乃休士养锐，以挫其锋。城中闻车驾至，众心益固。时吴汉等在东郡，驰使召之。萌等乃悉兵攻城，二十余日，众疲困而不能下，及吴汉与诸将到，乃率众军进桃城，而帝亲自搏战，大破之。萌、茂、彊夜弃辎重逃奔，董宪乃与刘纡悉其兵数万人屯昌虑，自将锐在垂惠将刘纡、周建等人包围，苏茂率领五校兵前往救援，刘纡、周建也出兵迎战马武等人，却未能取胜，而周建兄长的儿子周诵造反，紧闭城门阻挡周建返城。苏茂、周建、刘纡等人只得逃亡在外，最终周建死在逃亡的路上，苏茂逃奔至下邳与董宪会师，刘纡则投奔了佼彊。建武五年（29），光武帝派遣骠骑大将军杜茂前往西防攻打佼彊，佼彊与刘纡都投奔了董宪。

与此同时，平狄将军庞萌反叛，他击败了盖延，率领军队前去与董宪会合，并自称东平王，驻扎在桃乡以北一带。

庞萌，山阳郡人。起初，他在下江军中效力。更始帝即位后，任命他为冀州牧，命他在尚书令谢躬的麾下供职，共同攻打王郎。等到谢躬失败后，庞萌便归降了汉室。光武帝即位后，任命他为侍中。庞萌为人谦逊和顺，深得光武帝的信任与宠爱。光武帝常常称赞庞萌说："可以将未成年的孤儿托付给他，也可以给予厚望、委以重任，这样的人非庞萌莫属。"光武帝任命他为平狄将军，与盖延一起共同攻打董宪。

当时，光武帝的诏书只下达给盖延而没有下达给庞萌，庞萌以为是盖延说了他的坏话，就心生疑惑并最终造反。光武帝听说后，大怒，便亲自率军讨伐庞萌。光武帝还写信给其他诸位将领说："我过去常常说庞萌是可以委以重任的国家栋梁之臣，将军们不会因此而笑话我这句话吧？庞萌这个老贼应该被灭族。你们各自秣马厉兵，会师睢阳！"董宪听说光武帝亲自讨伐庞萌，便与刘纡、苏茂、佼彊一起离开下邳，返回兰陵，让苏茂、佼彊援助庞萌，他们合兵三万人，迅速包围了桃城。

与此同时，光武帝到达蒙地，听闻这个消息后，便把辎重车辆留下，亲自率领三千名轻骑兵，数万名步兵，日夜兼程地行军，部伍驻扎在任城，距离桃乡六十里。次日一早，诸位将领纷纷请求出战，敌军也列队前来挑战，光武帝没有接受他们的请求，只是要将士们养精蓄锐，以此来挫败敌军的锋芒。桃城民众听说光武帝亲临战场，军心更加稳固。这时吴汉等人在东郡，光武帝便派使者快马飞驰召集卒拒新阳。帝先遣吴汉击破之，宪走还昌虑。汉进守之，宪恐，乃招诱五校余贼步骑数千人屯建阳，去昌虑三十里。

帝至蕃，去宪所百余里。诸将请进，帝不听，知五校乏食当退，敕各坚壁以待其敝。顷之，五校粮尽，果引去。帝乃亲临，四面攻宪，三日，复大破之，众皆奔散。遣吴汉追击之，佼彊将其众降，苏茂奔张步，宪及庞萌走入缯山。数日，吏士闻宪尚在，复往往相聚，得数百骑，迎宪入郯城。吴汉等复攻拔郯，宪与庞萌走保朐。刘纡不知所归，军士高扈斩其首降，梁地悉平。

吴汉进围朐。明年，城中谷尽，宪、萌潜出，袭取赣榆，琅邪太守陈俊攻之，宪、萌走泽中。会吴汉下朐城，进尽获其妻子。宪乃流涕谢其将士曰："妻子皆已得矣。嗟乎！久苦诸卿。"乃将数十骑夜去，欲从间道归降，而吴汉校尉韩湛追斩宪于方与，方与人黔陵亦斩萌，皆传首洛阳。封韩湛为列侯，黔陵关内侯。

张步字文公，琅邪不其人也。汉兵之起，步亦聚众数千，转攻傍县，下数城，自为五威将军，遂据本郡。

更始遣魏郡王闳为琅邪太守，步拒之，不得进。闳为檄，晓喻吏人降，得赣榆等六县，收兵数千人，与步战，不胜。时梁王刘永自他们前来。庞萌等人于是全力攻城，连攻二十多天，部下都疲困不堪，仍然无法攻克，等到吴汉与诸位将领赶到时，便率众军齐攻桃城，光武帝亲自出战，大破敌军。庞萌、苏茂、佼彊连夜丢弃辎重车辆逃亡，董宪便和刘纡一起，率领全部兵马数万人驻扎在昌虑，自己亲率精锐部队拒守新阳。光武帝先是派遣吴汉将他们击败，董宪逃回昌虑。吴汉出兵追击，董宪十分恐惧，便召集了五校的余贼步兵、骑兵共几千人共同驻守建阳，距离昌虑三十里。

光武帝率领军队到达蕃地，距离董宪所在的营地有一百多里。诸位将领请求出兵，光武帝没有同意，他深知五校兵粮草不足时自然会退兵，便命令各部坚壁不战，坐等敌军自毙。不久，五校兵的粮草吃光了，果然带领兵马离开。光武帝亲自指挥作战，从四面进攻董宪，仅三天时间，便再次大破宪军，众兵将四散逃亡。光武帝派遣吴汉将军乘胜追击，佼彊率领部下前来归降，苏茂投奔张步，董宪及庞萌则逃入缯山县。几天之后，董宪的部下听说董宪还活着，便又纷纷聚合起来，共有骑兵数百人，共同迎接董宪进入郯城。吴汉等人再次攻克郯城，董宪与庞萌只得退守朐县。刘纡不知该逃往何处，他的部下高扈砍下他的首级归降，梁地就此全域平定。

吴汉等人率兵继续围攻朐县。第二年，城中的粮草吃光了，董宪、庞萌等人悄悄出兵，偷袭并占领了赣榆。琅琊太守陈俊奋力进攻，董宪、庞萌无奈逃入水泽之中。与此同时，吴汉攻下朐城，俘获了董宪的妻子和儿女。于是董宪涕泗横流地对将士们说：“我的妻子儿女都被俘虏。唉！长期以来，诸位受苦了。”他便只率领了几十名骑兵连夜逃走，想从小路归降，而吴汉的校尉韩湛紧追不舍，并在方舆县将董宪斩杀，方舆人黔陵也将庞萌斩杀，并将他二人的首级送往洛阳。光武帝封韩湛为列侯，封黔陵为关内侯。

张步，字文公，琅琊郡不其县人。汉兵初起之时，张步也聚集了数千民众，辗转攻占附近的县城，攻下了几座城池之后，他便自称为五威将军，最终占据了琅琊郡。

更始帝派遣魏郡的王闳担任琅琊太守，张步把他拒之城外，不能入城。王闳发布檄文，晓谕官吏和百姓投降，以此获取了赣榆等以更始所立，贪步兵强，承制拜步辅汉大将军、忠节侯，督青、徐二州，使征不从命者。步贪其爵号，遂受之。乃理兵于剧，以弟弘为卫将军，弘弟蓝玄武大将军，蓝弟寿高密太守。遣将徇太山、东莱、城阳、胶东、北海、济南、齐诸郡，皆下之。

步拓地浸广，兵甲日盛。王闳惧其众散，乃诣步相见，欲诱以义方。步大陈兵引闳，怒曰："步有何过，君前见攻之甚乎！"闳按剑曰："太守奉朝命，而文公拥兵相距，闳攻贼耳，何谓甚邪！"步嘿然，良久，离席跪谢，乃陈乐献酒，待以上宾之礼，令闳关掌郡事。

建武三年，光武遣光禄大夫伏隆持节使齐，拜步为东莱太守。刘永闻隆至剧，乃驰遣立步为齐王，步即杀隆而受永命。

是时，帝方北忧渔阳，南事梁、楚，故步得专集齐地，据郡十二。及刘永死，步等欲立永子纡为天子，自为定汉公，置百官。王闳谏曰："梁王以奉本朝之故，是以山东颇能归之。今尊立其子，将疑众心。且齐人多诈，宜且详之。"步乃止。五年，步闻帝将攻之，以其将费邑为济南王，屯历下。冬，建威大将军耿弇破斩费邑，进拔临淄。步以弇兵少远客，可一举而取，乃悉将其众攻弇于临淄。步兵大败，还奔剧。帝自幸剧。步退保平寿，苏茂将万余人来救之。茂让步曰："以南阳兵精，延岑善战，而耿弇走之。大王奈何就攻其营？既呼茂，不能待邪？"步曰："负负，无可言者。"帝乃遣使告步、茂，能相斩降者，封为列侯。步遂斩茂，使使奉其首降。步三弟六个县，收缴降兵数千人，他与张步交战，未能取胜。此时，梁王刘永自认为是更始帝亲立的王爵，他贪图张步兵强马壮，便以更始帝的诏书任命张步为辅汉大将军，封他为忠节侯，负责统领青、徐二州，让他去征讨那些不服从皇命的逆贼。张步贪图爵号，就此接受了任命。张步便在剧县整顿军队，任命他的弟弟张弘为卫将军，任命张弘的弟弟张兰为玄武大将军，任命张兰的弟弟张寿为高密郡太守。派遣军队占领了太山、东莱、城阳、胶东、北海、济南、齐等各郡，这些地方全部都被攻占。

张步开拓的疆土日渐广阔，兵力也日益强盛。王闳担心他的部下散去，便到张步那里去与他会面，打算用道义来诱导他。张步布列大军引见王闳，发怒地说："我张步有什么过错，你从前为何那么凶猛地攻击我！"王闳将手按在剑鞘上说："我作为太守是奉朝廷之命，而你却拥兵相拒，我只是讨伐贼人而已，何谈凶猛呢！"张步听了他的话，沉默良久，然后离席向王闳跪拜谢罪，并设置美酒音乐，以上宾的礼节款待王闳，并让王闳执掌郡中事务。

建武三年（27），光武帝派遣光禄大夫伏隆手持符节到达齐地，任命张步为东莱太守。刘永听说伏隆抵到剧县，便派人快马抢先一步任命张步为齐王，张步因此杀了伏隆而接受了刘永的任命。

当时，光武帝正为北方的渔阳而忧心忡忡，南方与梁、楚多地都发生战事，所以张步才得以专心集中兵力于齐地，先后占据了十二个郡。直到刘永驾崩后，张步等人想拥立刘永的儿子刘纡为天子，自己为定汉公，辖制百官。王闳则劝谏他说："因为梁王奉承更始帝之命，所以山东之地的百姓才能归顺于他。如今要拥立他的儿子刘纡为帝，民众心中必会产生怀疑。而且齐人向来诡计多端，此事还是应当从长计议。"张步这才作罢。建武五年（29），张步听说光武帝将出兵攻打他，就任命他的将领费邑为济南王，将军队驻扎在历下。同年冬季，建威大将军耿弇攻破历下并斩杀了费邑，然后攻占了临淄。张步认为耿弇兵力不足且是远道而来，可以一举将其歼灭，就率领他的全部兵力在临淄攻打耿弇。不料张步的军队大败，无奈退过剧县。光武帝亲自率兵追击至剧县。张步又退守平寿，苏茂率领一万多各自系所在狱，皆赦之。封步为安丘侯，后与家属居洛阳。王闳亦诣剧降。

八年夏，步将妻子逃奔临淮，与弟弘、蓝欲招其故众，乘船入海，琅邪太守陈俊追击斩之。

王闳者，王莽叔父平阿侯谭之子也，哀帝时为中常侍。时幸臣董贤为大司马，宠爱贵盛，闳屡谏，忤旨。哀帝临崩，以玺绶付贤曰："无妄以与人。"时国无嗣主，内外恇惧，闳白元后，请夺之；即带剑至宣德后闼，举手叱贤曰："宫车晏驾，国嗣未立，公受恩深重，当俯伏号泣，何事久持玺绶以待祸至邪！"贤知闳必死，不敢拒之，乃跪授玺绶。闳持上太后，朝廷壮之。及王莽篡位，僭忌闳，乃出为东郡太守。闳惧诛，常系药手内。莽败，汉兵起，闳独完全东郡三十余万户，归降更始。

李宪者，颍川许昌人也。王莽时为庐江属令。莽末，江贼王州公等起众十余万，攻掠郡县，莽以宪为偏将军、庐江连率，击破州公。莽败，宪据郡自守。更始元年，自称淮南王。建武三年，遂自立为天子，置公卿百官，拥九城，众十余万。

四年秋，光武幸寿春，遣扬武将军马成等击宪，围舒。至六年人前来救援。苏茂批评张步说："尽管有南阳的精兵强将和骁勇善战的延岑，但还是被耿弇击败，落荒而逃。大王怎么能进攻他的营盘呢？既然召唤我前来营救，为何不等我到了再出兵呢？"张步说："我很惭愧，无话可说。"于是光武帝派遣使者转告张步、苏茂，谁能斩杀对方前来归降，就封谁为列侯。于是张步便将苏茂杀死，派使者捧着苏茂的首级前来归降。张步的三个弟弟各自伏法认罪，都获得了赦免。光武帝封张步为安丘侯，后来还让他与家人共同居住在洛阳。王闳也到剧县投降。

建武八年（32）夏季，张步携妻子儿女逃亡至临淮，与他的弟弟张弘、张兰打算招集旧部，乘船入海，琅琊太守陈俊追击并斩杀了他。

王闳是王莽的叔父平阿侯王谭的儿子，哀帝在位时，曾任中常侍。当时，宠臣董贤任大司马，他深受哀帝宠爱且位高权重，王闳屡次劝谏，都有违哀帝的圣意。哀帝驾崩前，把玺绶托付给董贤说："不要轻易交给他人。"当时，国家还没有确立嗣主，朝廷内外惶恐不安，王闳向元后禀明情况，请求元后褫夺了董贤手中的玺绶；旋即，王闳佩带宝剑来到宣德殿后门，指着董贤斥责道："皇上刚逝世，继承人还未选定，你颇受先皇恩宠，本该俯伏悲号哭泣，却为何久持玺绶以等待灾祸降临呢！"董贤深知若不交出玺绶，自己将必死无疑，他不敢抗拒，跪着把玺绶交授给王闳。王闳将玺绶呈献给太后，朝廷上下对此甚为赞赏。直到王莽篡夺帝位，对王闳忌恨怀疑，便任命他出任东郡太守。王闳害怕自己惨遭杀害，身上时常携带着毒药。王莽败亡后，汉室光复中兴，王闳独自保全了东郡三十多万户百姓的安全，归降了更始帝。

李宪，颍川郡许昌县人。王莽执政期间任庐江属令。王莽末年，庐江贼寇王州公等人聚集了十多万人，起兵攻掠郡县，王莽任命李宪为偏将军，庐江连率，击败了王州公。王莽败亡后，李宪占据本郡聊以自保。更始元年，李宪自称淮南王。建武三年（27），李宪又自立为天子，设置公卿百官，坐拥九城，聚合民众十多万人。

建武四年（28）秋季，光武帝来到寿春，派遣扬武将军马成等人正月，拔之。宪亡走，其军士帛意，追斩宪而降，宪妻子皆伏诛。封帛意渔浦侯。

后宪余党淳于临等犹聚众数千人，屯灊山，攻杀安风令。杨州牧欧阳歙遣兵不能克，帝议欲讨之。庐江人陈众为从事，白歙请得喻降临；于是乘单车，驾白马，往说而降之。灊山人共生为立祠，号“白马陈从事”云。

彭宠字伯通，南阳宛人也。父宏，哀帝时为渔阳太守，伟容貌，能饮饭，有威于边。王莽居摄，诛不附己者，宏与何武、鲍宣并遇害。

宠少为郡吏，地皇中，为大司空士，从王邑东拒汉军。到洛阳，闻同产弟在汉兵中，惧诛，即与乡人吴汉亡至渔阳，抵父时吏。更始立，使谒者韩鸿持节徇北州，承制得专拜二千石已下。鸿至蓟，以宠、汉并乡闾故人，相见欢甚，即拜宠偏将军，行渔阳太守事，汉安乐令。

及光武镇慰河北，至蓟，以书招宠。宠具牛、酒，将上谒。会王郎诈立，传檄燕、赵，遣将徇渔阳、上谷，急发其兵，北州众多疑惑，欲从之。吴汉说宠从光武，语在《汉传》。会上谷太守耿况亦使功曹寇恂诣宠，结谋共归光武。宠乃发步骑三千人，以吴汉行长史，及都尉严宣、护军盖延、狐奴令王梁，与上谷军合而南，及光武于广阿。光武承制封宠建忠侯，赐号大将军。遂围邯郸，宠转粮食，前后不绝。

进攻李宪，包围了舒县。到了建武六年（30）正月，终于攻克了舒县。李宪弃城逃亡，他的军士帛意，追击并斩杀了李宪后归降，李宪的妻子儿女全部就地正法。光武帝封帛意为渔浦侯。

后来李宪的余党谆于临等人又聚集了数千民众，驻扎在灊山县，他们进攻并杀害了安风县令。扬州牧欧阳歙派兵攻打却没能取胜，光武帝与众臣商议准备前去讨伐他。庐江人陈众身为从事，对欧阳歙说，他可以前去说服淳于临来降；于是陈众只身乘坐单车，驾着白马，前往说服淳于临，并最终使之归降。灊山县的百姓在陈众生前便为他建立祠庙，称呼他为“白马陈从事”。

彭宠，字伯通，是南阳郡宛县人。他的父亲彭宏，哀帝在位时任渔阳太守，彭宏容貌伟岸，能吃能喝，在边疆一带享有威名。王莽摄政时期，诛杀不愿归附于他的人，彭宏与何武、鲍宣一起遇害。

彭宠年少时任郡吏，王莽地皇年间，担任大司空士，跟随王邑到东部抵御汉军。到了洛阳之后，他听说同母弟在汉军中，因害怕被杀，便与同乡吴汉逃亡至渔阳，归附于父亲的旧吏麾下。更始帝即位，派近侍韩鸿手持符节来到幽州、并州宣诏，可以天子的名义任命二千石以下的官员。韩鸿到达蓟地，因为与彭宠、吴汉都是同乡故友，相见甚是欢喜，随即封彭宠为偏将军，代为掌管渔阳太守的职事，吴汉任安乐县县令。

光武帝镇慰河北，到达蓟地，通过书信招请彭宠。彭宠预先备好牛肉美酒，准备前往觐见。恰好这时王郎谎称天子，传发檄文至燕、赵等地，派遣将领攻占渔阳、上谷，并急速发动当地兵力，幽州、并州的百姓大多心生疑惑，打算追随王郎。吴汉则建议彭宠归附光武帝，详见《吴汉传》。正在此时，上谷太守耿况也派功曹寇恂来见彭宠，与他共同谋划归附光武帝之事。彭宠便出动步骑三千人，任命吴汉为行长史，及都尉严宣、护军盖延、狐奴县令王梁，与上谷军联合兵力一路向南追随，在广阿赶上了光武帝。光武帝诏命彭宠为建忠侯，并赐大将军名号。后来围困邯郸城时，彭宠主要负责转运粮草，前后从未断绝运送。

及王郎死，光武追铜马，北至蓟。宠上谒，自负其功，意望甚高，光武接之不能满，以此怀不平。光武知之，以问幽州牧朱浮。浮对曰："前吴汉北发兵时，大王遗宠以所服剑，又倚以为北道主人。宠谓至当迎阁握手，交欢并坐。今既不然，所以失望。"浮因曰："王莽为宰衡时，甄丰旦夕入谋议，时人语曰：'夜半客，甄长伯。'及莽篡位后，丰意不平，卒以诛死。"光武大笑，以为不至于此。及即位，吴汉、王梁，宠之所遣，并为三公，而宠独无所加，愈怏怏不得志。叹曰："我功当为王，但尔者，陛下忘我邪？"

是时，北州破散，而渔阳差完，有旧盐铁官。宠转以贸谷，积珍宝，益富强。朱浮与宠不相能，浮数谮构之。建武二年春，诏征宠，宠意浮卖己，上疏愿与浮俱征。又与吴汉、盖延等书，盛言浮枉状，固求同征。帝不许，益以自疑。而其妻素刚，不堪抑屈，固劝无受召。宠又与常所亲信吏计议，皆怀怨于浮，莫有劝行者。帝遣宠从弟子后兰卿喻之，宠因留子后兰卿，遂发兵反，拜署将帅，自将二万余人攻朱浮于蓟。分兵徇广阳、上谷、右北平。又自以与耿况俱有重功，而恩赏并薄，数遣使要诱况。况不受，辄斩其使。

秋，帝使游击将军邓隆救蓟。隆军潞南，浮军雍奴，遣吏奏等到王郎死后，光武帝的大军穷追不舍，痛击铜马军，北至蓟地。彭宠上谒光武帝，自认为劳苦功高，他对光武帝的奖赏期望很高，岂料光武帝并没有满足他的预期，导致彭宠心怀不满。光武帝得知此事后，向幽州牧朱浮询问详情。朱浮答道：“从前，吴汉发兵北郡时，大王曾赏赐彭宠佩剑，并任命他为北郡主帅。彭宠认为，他此次前来，大王应该亲自出宫握手相迎，与他交欢并坐。现在您并没有这样做，所以他觉得很失望。”朱浮继续说道：“王莽任宰衡时，甄丰朝夕相伴，出谋划策，当时人们都说：‘夜半客，甄长伯’。等到王莽篡夺帝位后，甄丰因欲壑难填而心存不满，最终被王莽诛杀。”听闻朱浮所言，光武帝哈哈大笑，认为事情并不像他说的那么严重。直到光武帝即位后，诸如吴汉、王梁这些彭宠曾经的部下都得到重用，位列三公，只有彭宠没有加官晋爵，彭宠心中越发不满，郁郁不得志。彭宠叹息道：“以我的战功应当封王，如今也不过如此，难道陛下忘记我的功劳了吗？”

这时，正值北郡支离破碎、破败不堪，只有渔阳还较为完整，仍保留着旧时的盐铁官。彭宠将重心转移到粮食贸易上，并赚取了大量财富，实力日渐增强。朱浮与彭宠向来不睦，朱浮曾多次在光武帝面前进谗间诬陷彭宠。建武二年（26）春季，光武帝下旨制裁彭宠，彭宠意识到是朱浮陷害他，就上书表示想与朱浮当面对峙。同时彭宠给吴汉、盖延等人写信，极言受朱浮诬枉之事，坚持要同朱浮当面对峙。光武帝未准奏，彭宠更加心生疑惑。彭宠之妻生性刚烈，忍受不了别人的压制，贬抑，因而坚决劝阻彭宠不要接受征召。彭宠又与平日里最亲信的官吏一起共同谋议此事，因为大家对朱浮都心怀不满，也都劝他不要惹祸上身。光武帝命彭宠的堂弟之子后兰卿前来规劝，岂料彭宠不仅扣押了子后兰卿，还起兵造反，亲自拜任将帅，率领两万人马向蓟地进发，攻打朱浮。随后又分兵夺取了广阳、上谷、右北平等多地。彭宠自认为他与耿况都曾立下赫赫战功，而朝廷对他们的封赏都微不足道，就多次派使者前去诱降耿况。耿况拒不接受彭宠的拉拢，并将其派来的使者斩杀。

秋季，光武帝命游击将军邓隆前去增援蓟地。邓隆的军队驻扎状。帝读檄，怒谓使吏曰：“营相去百里，其势岂可得相及？比若还，北军必败矣。”宠果盛兵临河以拒隆，又别发轻骑三千袭其后，大破隆军。浮远，遂不能救，引而去。明年春，宠遂拔右北平、上谷数县。遣使以美女缯彩赂遗匈奴，要结和亲。单于使左南将军七八千骑，往来为游兵以助宠。又南结张步及富平获索诸豪杰，皆与交质连衡。遂攻拔蓟城，自立为燕王。

其妻数恶梦，又多见怪变，卜筮及望气者皆言兵当从中起。宠疑子后兰卿质汉归，故不信之，使将兵居外，无亲于中。五年春，宠斋，独在便室。苍头子密等三人因宠卧寐，共缚着床，告外吏云：“大王斋禁，皆使吏休。”伪称宠命教，收缚奴婢，各置一处。又以宠命呼其妻。妻入，大惊。宠急呼曰：“趣为诸将军办装。”于是两奴将妻入取宝物，留一奴守宠。宠谓守奴曰：“若小儿，我素爱也，今为子密所迫劫耳。解我缚，当以女珠妻汝，家中财物皆与若。”小奴意欲解之，视户外，见子密听其语，遂不敢解。于是收金玉衣物，至宠所装之，被马六匹，使妻缝两缣囊。昏夜后，解宠手，令作记告城门将军云：“今遣子密等至子后兰卿所，速开门出，勿稽留之。”书成，即斩宠及妻头，置囊中，便持记驰出城，因以诣阙。封为不义侯。明旦，阁门不开，官属逾墙而入，见宠尸，惊怖。其尚书韩立等共立宠子午为王，以子后兰卿为将军。国师韩利斩午首，诣征虏将军祭遵降。夷其宗族。

在潞南，朱浮大军驻扎于雍奴，并派使官向朝廷奏明情况。光武帝看罢檄书，大发雷霆，气愤地对使官说："两军相距百里，一旦战事来袭，岂能及时相互增援？等你返回营中，恐怕北军早已大败了。"彭宠果然如光武帝所言，以大军临河压制邓隆，同时又派出三千轻骑兵袭击他的后方，大败邓隆的军队。因朱浮相距较远，来不及增援，只得引军而退。第二年春季，彭宠攻占了右北平、上谷两地多个郡县。彭宠还派出使者带着美女和彩帛前往贿赂匈奴部落，并提出要与匈奴结好和亲。因此，匈奴单于命左南将军率领七八千骑兵，以游击的形式前往增援彭宠。彭宠又南下结交张步、富平人获索等诸位豪杰，他们相互交换人质，也都表示愿与彭宠联合起兵。最终彭宠攻占蓟地，自立为燕王。

彭宠的妻子总是做噩梦，府中还经常发生很多怪异之事，卜筮和望气的人都说，彭宠的军队会发生内讧。因子后兰卿是汉朝归来的人质，彭宠并不信任他，就派子后兰卿带兵在外征战，并没有将他留在身边护驾。建武五年（29）春季，彭宠斋戒时独自一人居于便室。家奴子密等三人看到彭宠睡着了，便合力将他捆在床上，还对外面守卫的官吏说："大王斋禁，所有官员都去休息吧。"之后又假借彭宠的名义，把他的贴身奴婢都绑了起来，分别关押在不同地方。又谎称是彭宠之命，召来彭宠的妻子。其妻进入便室，见状大惊失色。彭宠急忙对其妻使了个眼色并高呼道："赶快陪着几位将军去整理一些金银细软。"于是两个家奴跟着彭宠的妻子去到内室收敛宝物，只留下一个家奴看守彭宠。彭宠趁机对看守他的家奴说："你这孩子，我平日里最亲信的就是你，我知道你是被子密胁迫的。只要你帮我解开绳索，我便把女儿彭珠许配给你为妻，我的家产也都是你的了。"小家奴正打算为彭宠解开绑绳，无意间看向窗外，只见子密正在偷听他和彭宠的对话，便没敢解开绳索。家奴将收拾好的金银财宝在彭宠的房间内打包，并准备了快马六匹，还让彭宠的妻子帮他们缝制两个缣囊。深夜，子密等人解开彭宠的手脚，胁迫他写下通行字条，命令把守城门的将军说："今派子密等人前往子后兰卿处，速速开门放行，切莫稽留。"字条写好后，子密等人手起刀落将彭宠和他妻子的头颅卢芳，字君期，安定三水人也，居左谷中。王莽时，天下咸思汉德，芳由是诈自称武帝曾孙刘文伯。曾祖母匈奴谷蠡浑邪王之姊为武帝皇后，生三子。遭江充之乱，太子诛，皇后坐死，中子次卿亡之长陵，小子回卿逃于左谷。霍将军立次卿，迎回卿。回卿不出，因居左谷，生子孙卿，孙卿生文伯。常以是言诳惑安定间。王莽末，乃与三水属国羌胡起兵。更始至长安，征芳为骑都尉，使镇抚安定以西。

更始败，三水豪杰共计议，以芳刘氏子孙，宜承宗庙，乃共立芳为上将军、西平王，使使与西羌、匈奴结和亲。单于曰："匈奴本与汉约为兄弟。后匈奴中衰，呼韩邪单于归汉，汉为发兵拥护，世世称臣。今汉亦中绝，刘氏来归我，亦当立之，令尊事我。"乃使句林王将数千骑迎芳，芳与兄禽、弟程俱入匈奴。单于遂立芳为汉帝，以程为中郎将，将胡骑还入安定。初，五原人李兴、随昱，朔方人田飒，代郡人石鲔、闵堪，各起兵自称将军。建武四年，单于遣无楼且渠王入五原塞，与李兴等和亲，告兴欲令芳还汉地为帝。五年，李兴、闵堪引兵至单于庭迎芳，与俱入塞，都九原县，掠有五原、朔方、云中、定襄、雁门五郡，并置守令，与胡通兵，侵苦北边。

砍下，装入缣囊之中，随后立即手持字条快马加鞭出了城，拎着彭宠的人头去拜谒光武帝。光武帝封子密为不义侯。次日清晨，彭宠府门紧闭，官员们翻墙入府，才发现了彭宠和其妻的尸体，在场的众人全都惊慌失措。尚书韩立等人经过商议，一致拥立彭宠的儿子彭午为燕王，并任命子后兰卿为将军。岂料国师韩利将彭午杀害，并带着彭午的人头投降了征虏将军祭遵。彭氏宗族就此被夷灭。

卢芳，字君期，安定郡三水县人，家住三水县的左谷。王莽在位期间，天下人都很怀念汉朝的恩德，卢芳就谎称自己是汉武帝的曾孙刘文伯。还说他的曾祖母是匈奴谷蠡浑邪王的亲姐姐，也就是汉武帝的皇后，生有三个儿子。后来不幸遭遇江充巫蛊案，太子惊恐不安，自杀身亡，皇后也负罪自尽，二儿子刘次卿逃亡到了长陵，最小的儿子刘回卿逃亡到了左谷。再后来，霍将军拥立刘次卿为帝，并打算迎接刘回卿还朝。刘回卿不肯回去，从此便在左谷定居，生子刘孙卿，刘孙卿又生子刘文伯。为迷惑百姓，卢芳常用这套说辞在安定郡行骗。王莽末年，卢芳联合三水属国羌胡部落共同起兵。更始帝刘玄迁都长安，征召卢芳，任命他为骑都尉，命他镇守安定郡以西，抚恤当地百姓。

更始帝败亡后，三水县的豪杰志士们共同商议，一致认为卢芳是刘氏子孙，应当继承大统，承祀宗庙，就共同拥立卢芳为上将军、西平王，并派出使者前往西羌、匈奴结交和亲。匈奴单于说："匈奴原本就与汉廷建立盟约，互为兄弟。后来匈奴中途衰落，呼韩邪单于便归附汉廷，俯首称臣，汉廷曾发兵加以保护，匈奴才得以世代称臣。如今，汉廷也中途衰落，刘氏子孙前来归附于我，我自然也应该拥立他，让他对我俯首称臣。"于是派出使者句林王率领数千骑兵迎接卢芳，卢芳和他的哥哥卢禽、弟弟卢程都投靠了匈奴。匈奴单于便立卢芳为汉帝，任命卢程为中郎将，并让他们率领胡人骑兵返回安定郡。起初，五原人李兴、随昱，朔方人田飒，代郡人石鲔、闵堪等人分别起兵，自封将军。建武四年（28），匈奴单于派遣无楼且渠王来到五原塞，与李兴等人提出和亲的要求，并告知李兴，他们打算拥立卢芳为帝并护送其回归汉廷。建武五年（29），李兴、闵堪亲自率六年，芳将军贾览将胡骑击杀代郡太守刘兴。芳后以事诛其五原太守李兴兄弟。而其朔方太守田飒、云中太守桥扈恐惧，叛芳，举郡降，光武令领职如故。后大司马吴汉、骠骑大将军杜茂数击芳，并不克。十二年，芳与贾览共攻云中，久不下，其将随昱留守九原，欲胁芳降。芳知羽翼外附，心膂内离，遂弃辎重，与十余骑亡入匈奴，其众尽归随昱。昱乃随使者程恂诣阙。拜昱为五原太守，封镌胡侯，昱弟宪武进侯。

十六年，芳复入居高柳，与闵堪兄林使使请降。乃立芳为代王，堪为代相，林为代太傅，赐缯二万匹，因使和集匈奴。芳上疏谢曰："臣芳过托先帝遗体，弃在边陲。社稷遭王莽废绝，以是子孙之忧，所宜共诛，故遂西连羌戎，北怀匈奴。单于不忘旧德，权立救助。是时兵革并起，往往而在。臣非敢有所贪觊，期于奉承宗庙，兴立社稷，是以久僭号位，十有余年，罪宜万死。陛下圣德高明，躬率众贤，海内宾服，惠及殊俗。以胏附之故，赦臣芳罪，加以仁恩，封为代王，使备北藩。无以报塞重责，冀必欲和辑匈奴，不敢遗余力，负恩贷。谨奉天子玉玺，思望阙庭。"诏报芳朝明年正月。其冬，芳入朝，南及昌平，有诏止，令更朝明岁。芳自道还，忧恐，乃复背叛。遂反，与闵堪、闵林相攻连月。匈奴遣数百骑迎芳及妻子出塞。芳留匈奴中十余年，病死。

兵抵达单于王庭，迎接卢芳还朝，他们一起进入边塞，定都九原县，并占据了五原、朔方、云中、定襄、雁门五个郡，还分别在边塞五郡设置郡守县令，他们与胡人通兵，彼此勾结，不断侵扰北部边境。

建武六年（30），卢芳的部将贾览率领胡人骑兵击杀了代郡太守刘兴。后来，卢芳借题发挥，以其他事端为由，诛杀了五原太守李兴的兄弟。这样一来，朔方太守田飒、云中郡太守桥扈惊恐万分，就叛离卢芳，率全郡归降汉廷，光武帝命他们继续担任原郡太守。后来大司马吴汉、骠骑大将军杜茂多次进攻，都没有攻克卢芳的大军。建武十二年（36），卢芳与贾览共同进攻云中郡，久攻不下，当时留守九原郡的部将随昱，打算胁迫卢芳投降。卢芳得知部下外附汉室，与他离心离德，便丢掉武器辎重，带着十几名骑兵逃回匈奴，从前的部下也大都归附了随昱。于是随昱派使者程恂进京上奏战况。光武帝任命随昱为五原太守，封随昱为镌胡侯，封他的弟弟随宪为武进侯。

建武十六年（40），卢芳再次进入边塞，并将军队驻扎在高柳县，他与闵堪的哥哥闵林一起，派使者前往朝廷，请求归降。光武帝便封卢芳为代王，封闵堪为代国相，封闵林为代国太傅，并赐丝帛二万匹，还命他们与匈奴友好往来。卢芳上疏谢恩说："臣卢芳曾以先帝后裔之名，自称被弃于边陲。后来王莽篡夺帝位，汉朝社稷中途废绝，这是刘氏子孙共同的忧患，应奋起反击，共雪国耻，于是臣西连羌戎，北投匈奴。匈奴单于不忘汉室旧恩，倾力相助。当时，兵革四起，战火纷飞。臣不敢有半点贪欲，不敢觊觎皇权，只盼望能承祀汉室宗庙，兴立社稷，因此十几年来，才不得已僭越汉帝号位，臣罪该万死。所幸陛下圣明，亲率众贤，令天下归服，恩泽惠及万民。如今陛下又因宗亲之故，赦免了臣的罪过，并加以仁恩，封臣为代王，命臣戍守北藩。臣承蒙圣恩，担此重任，无以为报，一想到汉室打算与匈奴建立睦邻友好关系，臣必不遗余力，以不负圣恩。臣谨奉上天子玉玺，万望陛下允许臣上朝觐见。"光武帝诏令卢芳于次年正月进京朝见。当年冬季，卢芳便出发，准备进京觐见光武帝，南下至昌平县时，接到光武帝诏书，命他停止前行，延期一年再来。卢芳无奈，只得原路返回，由于他忧虑难安，唯恐夜长梦多，就再次起兵反叛。最终他初，安定属国胡与芳为寇，及芳败，胡人还乡里，积苦县官徭役。其中有駮马少伯者，素刚壮；二十一年，遂率种人反叛，与匈奴连和，屯聚青山。乃遣将兵长史陈䜣，率三千骑击之，少伯乃降。徙于冀县。

论曰：传称“盛德必百世祀”，孔子曰：“宽则得众”，夫能得众心，则百世不忘矣。观更始之际，刘氏之遗恩余烈，英雄岂能抗之哉！然则知高祖、孝文之宽仁，结于人心深矣。周人之思邵公，爱其甘棠，又况其子孙哉？刘氏之再受命，盖以此乎！若数子者，岂有国之远图哉！因时扰攘，苟恣纵而已耳，然犹以附假宗室，能掘强岁月之间。观其智略，固无足以惮汉祖，发其英灵者也！

赞曰：天地闭革，野战群龙。昌、芳僭诈，梁、齐连锋。宠负强地，宪萦深江。实惟非律，代委神邦。

返回高柳县，与闵堪、闵林大军争战数月。匈奴派出数百名骑兵前来增援，并迎接卢芳及其妻子、儿女逃出边塞。卢芳在匈奴滞留了十多年，最终病逝于匈奴。

起初，安定郡属国的胡人与卢芳相互联合为寇，等到卢芳战败后，胡人便弃他返乡，当地百姓长期饱受徭役之苦。其中有个名叫駮马少伯的人，刚强雄壮；建武二十一年（45），他带领族人起义，并与匈奴联合发兵，军队驻扎在青山一带。于是光武帝派大将陈䜣，率三千骑兵前去征讨，駮马少伯最终投降。光武帝下令将他们迁徙在冀县。

评论说：《左传》称“盛大的德性一定能保有百代的祭祀，不会灭亡”，孔子说：“宽仁者得人心”，得人心者才能历经百世而不被世人遗忘。纵观更始时代，汉室所遗留下的恩德功业，被天下人传颂，英雄志士又岂能抗拒呢！由此可见，汉高祖、孝文帝的宽仁德泽，已深植于百姓心中。邵公曾听论于甘棠之下，甚至不忍心剪伐甘棠树，因此周朝人念念不忘邵公恩德，更何况是他的子孙呢？刘氏之所以能够光复汉室，也是同样的道理！诸如王昌之辈，争权夺利，又岂为国家利益深谋远虑过呢？他们不过是趁时局动荡胡作非为罢了，他们也不过是假借刘氏宗室之名，一时得逞。若论及他们的智谋方略，根本不足以威胁到汉室皇权，充其量算是乱世枭雄吧！

赞辞说：天地的纲常闭隐变革，人间就战乱纷扰，群龙无首。王昌、卢芳僭越圣名欺诈百姓，梁王刘永、齐王张步联合起兵。彭宠据守要塞渔阳，李宪发兵于庐江。他们的行为实属不义，因此相继丧失邦土，一败涂地。

卷四十三

隗嚣公孙述列传第三

隗嚣字季孟，天水成纪人也。少仕州郡。王莽国师刘歆引嚣为士。歆死，嚣归乡里。季父崔，素豪侠，能得众。闻更始立而莽兵连败，于是乃与兄义及上邽人杨广、冀人周宗谋起兵应汉。嚣止之曰："夫兵，凶事也。宗族何辜！"崔不听，遂聚众数千人，攻平襄，杀莽镇戎大尹。崔、广等以为举事宜立主以一众心，咸谓嚣素有名，好经书，遂共推为上将军。嚣辞让不得已，曰："诸父众贤不量小子。必能用嚣言者，乃敢从命。"众皆曰"诺"。

嚣既立，遣使聘请平陵人方望，以为军师。望至，说嚣曰："足下欲承天顺民，辅汉而起，今立者乃在南阳，王莽尚据长安，虽欲以汉为名，其实无所受命，将何以见信于众乎？宜急立高庙，称臣奉祠，所谓'神道设教'，求助人神者也。且礼有损益，质文无常。削地开兆，茅茨土阶，以致其肃敬。虽未备物，神明其舍诸。"嚣从其言，遂立庙邑东，祀高祖、太宗、世宗。嚣等皆称臣执事，史奉璧而告。祝毕，有司穿坎于庭，牵马操刀，奉盘错鍉，遂割牲而盟。曰："凡我同盟三十一将，十有六姓，允承天道，兴辅刘宗。如怀奸虑，明神殛之。高祖、文皇、武皇，俾坠厥命，厥宗受兵，族类灭亡。"有司奉血鍉进，护军举手揖诸将军曰："鍉不濡血，歃不入口，是欺神明也，厥罚如盟。"既而薶血加书，一如古礼。

隗嚣字季孟，天水郡成纪县人。年少时在州郡为官。王莽手下的国师刘歆推荐隗嚣担任自己的元士。刘歆死后，隗嚣返回故乡。隗嚣的叔父隗崔，一向豪放勇敢且有义气，能够得到大家的好感和拥护。隗嚣听闻更始帝即位而王莽兵马接连战败，便与兄长隗义及上邽人杨广、冀人周宗商议出兵响应汉室。隗嚣阻止他们说："战争，是灾祸呀。族人何其无辜啊！"隗崔不听从隗嚣的建议，最终聚集了数千人兵众，进攻平襄，杀掉了王莽任命的镇戎郡大尹。隗崔、杨广等人认为起事应当设立一个头领来使众人一心，大家都说隗嚣素来很有名声，爱好经书，就一起推选隗嚣担任上将军。隗嚣婉拒不了，说："承蒙叔父伯父以及各位贤士不嫌弃晚辈。想必定能采用隗嚣的话，我才敢遵从大家的任命。"众人都说"好"。

隗嚣被立为上将军后，派遣使者聘请平陵人方望，让对方担任军师。方望到达后，劝说隗嚣道："您想要承奉天道顺从民心，辅助汉室而起事，可是如今汉室拥立的天子在南阳，王莽尚且占有长安，虽然想要以辅助汉室为名起兵，其实并不是遵奉汉室天子的命令，将拿什么取信于众人呢？将军应该快速设立高祖庙，自称臣子进行祭祀，正所谓'神道设教'，求助于汉室祖先的神灵来建立教化。况且礼仪有增有减，质朴还是华美并没有明确不变的规定。分出土地开辟建庙的基址，使用茅覆的房屋和土筑的台阶，来表示恭敬之意。虽然没有丰厚的祭祀器物，神明也不会舍弃我们。"隗嚣听从他的话，就在城东建立宗庙，祭祀高祖、太宗、世宗。隗嚣等人都以人臣自居主持祭祀事宜，祝史两手恭敬地捧着璧玉向神灵祷告。祝告结束，有关官员在庭院里挖掘出一个土坑，牵来马匹手持刀具，捧着盘子里面放好汤匙，于是杀马放血进行盟誓。盟辞说："同我一起盟誓的总共有三十一名将领，十六个姓氏，我们承诺承奉天道，奋起辅助刘氏事毕，移檄告郡国曰：

“汉复元年七月己酉朔。己巳，上将军隗嚣、白虎将军隗崔、左将军隗义、右将军杨广、明威将军王遵、云旗将军周宗等，告州牧、部监、郡卒正、连率、大尹、尹、尉队大夫、属正、属令：故新都侯王莽，慢侮天地，悖道逆理。鸩杀孝平皇帝，篡夺其位。矫托天命，伪作符书，欺惑众庶，震怒上帝。反戾饰文，以为祥瑞。戏弄神祇，歌颂祸殃。楚、越之竹，不足以书其恶。天下昭然，所共闻见。今略举大端，以喻吏民。

“盖天为父，地为母，祸福之应，各以事降。莽明知之，而冥昧触冒，不顾大忌，诡乱天术，援引史传。昔秦始皇毁坏谥法，以一二数欲至万世，而莽下三万六千岁之历，言身当尽此度。循亡秦之轨，推无穷之数。是其逆天之大罪也。

“分裂郡国，断截地络。田为王田，卖买不得。规锢山泽，夺民本业。造起九庙，穷极土作。发冢河东，攻劫丘垄。此其逆地之大罪也。

“尊任残贼，信用奸佞，诛戮忠正，覆按口语，赤车奔驰，法冠晨夜，冤系无辜，妄族众庶。行炮格之刑，除顺时之法，灌以醇醯，裂以五毒。政令日变，官名月易，货币岁改，吏民昏乱，不知所从，商旅穷窘，号泣市道。设为六管，增重赋敛，刻剥百姓，厚自奉宗族。如果存有歹心，神明将会诛戮他。高祖、文皇、武皇，使他们自己丧命，使他们的宗族受到攻击，同族灭亡。”相关官员捧着盛满血的汤匙上前，护军向众将军举手行礼说：“汤匙不被牲血沾湿，牲血不进入口中，是欺骗神明，他将受到盟誓中所说的惩罚。”接着将血涂在盟书上并把祭牲和盟书一起埋入坑内，一切依照古礼施行。

盟誓结束，发布公文告知众郡国说：

“汉复元年（23）七月己酉日初一。己巳日，上将军隗嚣、白虎将军隗崔、左将军隗义、右将军杨广、明威将军王遵、云旗将军周宗等，告知众州牧、部监、郡卒正、连率、大尹、尹、尉队大夫、属正、属令：原新都侯王莽，轻慢侮辱上天大地，不合道义违背事理，用毒药杀死孝平皇帝，篡夺了对方的皇位。他假托天命，伪造符书，欺骗迷惑民众，触怒上帝。背离事实将上帝的警示用美好的文辞加以粉饰，当成祥瑞。愚弄神灵，歌颂灾祸。纵使是数量众多的楚、越之竹，也不足以写尽他的恶行。天下人对此都十分明白，他的恶行人人都能听到看见。如今略举他几处较大的恶行，来告知官吏百姓。

“上天是父亲，大地是母亲，祸福的报应，各自依照所做的事情来给予。王莽清楚地知道这一点，却冥顽不化地去冒犯，不顾大忌，搅乱天道，引证历史粉饰灾祸。过去秦始皇毁坏谥法，以一世二世计数想要将皇位传至万世，而王莽则下令推演三万六千年的历法，说王氏宗族将过完这些年岁。遵循亡秦的轨道，推演出无穷的年数。这是他违背天道的大罪。

“王莽分裂郡国，切断郡国之间原来的边界，将天下田改为王田。不准许买卖。划定山泽禁止百姓采用，剥夺了民众的本业。建造九庙，穷极工匠的精巧技艺。开掘河东坟墓，掠夺墓中财物。这是他违背大地的大罪。

“王莽尊崇任用凶残的贼人，听信纳用奸邪谄媚的小人，杀害忠诚正直的贤士，根据片面之词便反复拷问无辜，收捕犯人的官吏所乘坐的赤车到处奔驰，头戴法冠的侍御史日夜奔忙，囚禁清白无罪的百姓，任意将民众灭族。施行残酷的炮格之刑，除去顺应时节的律法，将纯醋倒在身上，使毒物侵袭身体。政令日日有变，官名月月不养，苞苴流行，财入公辅，上下贪贿，莫相检考，民坐挟铜炭，没入钟官，徒隶殷积，数十万人，工匠饥死，长安皆臭。既乱诸夏，狂心益悖，北攻强胡，南扰劲越，西侵羌戎，东摘濊貊。使四境之外，并入为害，缘边之郡，江海之濒，涤地无类。故攻战之所败，苛法之所陷，饥馑之所夭，疾疫之所及，以万万计。其死者则露尸不掩，生者则奔亡流散，幼孤妇女，流离系虏。此其逆人之大罪也。

“是故上帝哀矜，降罚于莽，妻子颠殒，还自诛刈。大臣反据，亡形已成。大司马董忠、国师刘歆、卫将军王涉，皆结谋内溃；司命孔仁、纳言严尤、秩宗陈茂，举众外降。今山东之兵二百余万，已平齐、楚，下蜀、汉，定宛、洛，据敖仓，守函谷，威命四布，宣风中岳。兴灭继绝，封定万国，遵高祖之旧制，修孝文之遗德。有不从命，武军平之。驰使四夷，复其爵号。然后还师振旅，櫜弓卧鼓。申命百姓，各安其所，庶无负子之责。”

嚣乃勒兵十万，击杀雍州牧陈庆。将攻安定。安定大尹王向，莽从弟平阿侯谭之子也，威风独能行其邦内，属县皆无叛者。嚣乃移书于向，喻以天命，反覆诲示，终不从。于是进兵虏之，以徇百姓，然后行戮，安定悉降。而长安中亦起兵诛王莽。嚣遂分遣诸将徇陇西、武都、金城、武威、张掖、酒泉、敦煌，皆下之。

同，货币年年更改，官员百姓错乱迷惘，不知该听从哪一个，来往各地买卖货物的商人贫穷困窘，在市中的道路上大声哭泣。设置六筦税制，加重赋税，剥削百姓，对自己生活的供给十分丰厚，贿赂盛行，财富流入高官之手，官员从上到下贪污受贿，互相不去查验监督。百姓因私铸钱币而获罪，被主管铸钱的钟官收押刑徒奴隶大量聚集，有几十万人，工匠饿死，长安到处都有尸臭味儿。他在扰乱中原后，狂妄的念头愈发旺盛，北上进攻强盛的胡人，南下扰乱强劲的越人，向西入侵羌人戎人，向东侵扰濊人貊人，使得四方国境外的少数民族，全都进入中原为害，沿边各郡，江海之涯，被荡涤无遗。因而被战争伤害的人，被苛法陷害的人，被灾荒摧残的人，被疫病波及的人，以万万来计算。其中的死者尸骨外露不得安葬，生者则到处逃亡，年幼的孤儿和妇人女子，四处流离被人掳走。这是他违背人民的大罪。

“因此上帝怜悯众生，对王莽降下惩罚，他的妻子儿女都死了，甚至还自相残杀。大臣反叛割据，他灭亡的形势已经形成显露了。大司马董忠、国师刘歆、卫将军王涉都联合谋划发动内乱；司命孔仁、纳言严尤、秩宗陈茂带领众人向城外投降。如今崤山以东有二百多万兵马，已经扫平齐、楚，攻入蜀、汉，平定宛、雒，占据敖仓，卫护函谷关，威望遍布四方，在中岳嵩山宣扬风俗教化。让灭绝了的重新延续下去，封立万国，遵照高祖原有的制度，修复孝文帝留下的德政。如果有哪个不听从命令，就用武力去平定它。速派使者出使四方少数民族，恢复他们原来爵位的名号。然后整队班师，偃旗息鼓，收起弓箭。向百姓发布命令，各事安排妥当，希望不辜负照顾百姓的责任。”

于是隗嚣指挥十万军队，击杀雍州牧陈庆。并准备即将攻打安定。安定大尹王向，是王莽堂弟平阿侯王谭的儿子，他那使人敬畏的气势能在其管辖的区域内广泛流行，下设县都没有反叛他的人。隗嚣就给王向致书一封，用天命来告知他，反复教导晓示，但王向始终不肯听从。隗嚣就派兵将他俘获，在百姓中巡行示众，然后杀死他，安定士兵全部投降。这时长安城中也有人出兵杀死王莽。隗嚣就分派各将掠取陇西、武都、金城、武威、张掖、酒泉、敦煌，这些地方更始二年，遣使征嚣及崔、义等。嚣将行，方望以为更始未可知，固止之，嚣不听。望以书辞谢而去，曰："足下将建伊、吕之业，弘不世之功，而大事草创，英雄未集。以望异域之人，疵瑕未露，欲先崇郭隗，想望乐毅，故钦承大旨，顺风不让。将军以至德尊贤，广其谋虑，动有功，发中权，基业已定，大勋方缉。今俊乂并会，羽翮并肩，望无耆耇之德，而猥托宾客之上，诚自愧也。虽怀介然之节，欲絜去就之分，诚终不背其本，贰其志也。何则？范蠡收责句践，乘偏舟于五湖；舅犯谢罪文公，亦逡巡于河上。夫以二子之贤，勒铭两国，犹削迹归愆，请命乞身，望之无劳，盖其宜也。望闻乌氏有龙池之山，微径南通，与汉相属，其傍时有奇人，聊及闲暇，广求其真。愿将军勉之。"嚣等遂至长安，更始以为右将军，崔、义皆即旧号。其冬，崔、义谋欲叛归，嚣惧并祸，即以事告之，崔、义诛死。更始感嚣忠，以为御史大夫。

明年夏，赤眉入关，三辅扰乱。流闻光武即位河北，嚣即说更始归政于光武叔父国三老良，更始不听。诸将欲劫更始东归，嚣亦与通谋。事发觉，更始使使者召嚣，嚣称疾不入，因会客王遵、周宗等勒兵自守。更始使执金吾邓晔将兵围嚣，嚣闭门拒守；至昏时，遂溃围，与数十骑夜斩平城门关，亡归天水。复招聚其众，据故地，自称西州上将军。

被全部攻下。

更始二年(24),更始帝刘玄派使者征召隗嚣及隗崔、隗义等。隗嚣准备前往,方望认为更始帝的前途不明,坚定地阻止他去,隗嚣不愿听劝告。方望留下书信拖辞离开,说:“将军将来会建立像伊尹、吕尚那样的开国功业,发扬非凡的功绩,而现在大事刚刚创建,英雄豪杰还没有聚集在一起。我方望和你不是同乡,缺点还没有暴露,本来要先效法郭隗,希望引来乐毅那样的大英雄,所以当初恭敬地承受您对我的聘请,我顺应时势并没有推辞。将军以崇高的品德尊重贤才,广泛采纳他们的谋略,行动就成功了,出兵合乎时宜,现在大业已定,辅弼的大勋劳也正在造就。如今才德出众的人聚集在一起,辅佐之人团结合作,我方望没有年高望重之人的德才,而苟且居宾客的上首,自己实在感到惭愧得很。我虽怀正直不阿的气节,想审度去留的区别,最终实在不愿背弃自己的初心,另怀二心。为什么呢?范蠡主动向勾践请罪,乘小船泛于五湖之上;晋文公的舅舅子犯向文公自认有过,也在河边徘徊不前。以范蠡、子犯二人的贤德,在越国和晋国建立了功勋,还消踪匿迹,引咎辞职,我方望尚且没有什么功劳,辞去是最合适不过的。我听说乌氏县有龙池山,小路通向南边,与汉相连,那周围经常会出现奇人异士,没事的时候,我愿广求奇才。希望将军能尽力而为。”于是隗嚣等人来到长安,更始帝任命他为右将军,隗崔、隗义都用旧有的称号。当年冬季,隗崔、隗义谋划要叛变北归,隗嚣害怕给自己带来灾祸,就把此事告诉给更始帝,隗崔、隗义被诛杀。更始帝为了感谢隗嚣的忠心,就封他为御史大夫。

第二年夏季,赤眉军入关,三辅大乱。有传闻说光武帝已在河北即位,隗嚣便向更始帝建议给光武帝的叔父国家的三老刘良交还政权,更始帝不愿听从。各将领想劫持更始帝东归,隗嚣也与他们共同谋划。事情暴露后,更始帝派使者召见隗嚣,隗嚣推说生病不去,借此会见门客王遵、周宗等指挥军队自保。更始帝又派执金吾邓晔领军包围隗嚣,隗嚣关门坚守;到了黄昏时,隗嚣就突破包围,与几十个骑兵连夜斩杀平城门的守将,逃归天水。又招集他的旧部,占据旧有的地盘,自称西州上将军。

及更始败，三辅耆老士大夫皆奔归嚣。

嚣素谦恭爱士，倾身引接为布衣交。以前王莽平河大尹长安谷恭为掌野大夫，平陵范逡为师友，赵秉、苏衡、郑兴为祭酒，申屠刚、杜林为持书，杨广、王遵、周宗及平襄人行巡、阿阳人王捷、长陵人王元为大将军，杜陵、金丹之属为宾客。由此名震西州，闻于山东。

建武二年，大司徒邓禹西击赤眉，屯云阳。禹裨将冯愔引兵叛禹，西向天水，嚣逆击，破之于高平，尽获辎重。于是禹承制遣使持节命嚣为西州大将军，得专制凉州、朔方事。及赤眉去长安，欲西上陇，嚣遣将军杨广迎击，破之，又追败之于乌氏、泾阳间。

嚣既有功于汉，又受邓禹爵，署其腹心，议者多劝通使京师。三年，嚣乃上书诣阙。光武素闻其风声，报以殊礼，言称字，用敌国之仪，所以慰藉之良厚。时陈仓人吕鲔拥众数万，与公孙述通，寇三辅。嚣复遣兵佐征西大将军冯异击之，走鲔，遣使上状。帝报以手书曰："慕乐德义，思相结纳。昔文王三分，犹服事殷。但驽马铅刀，不可强扶。数蒙伯乐一顾之价，而苍蝇之飞，不过数步，即托骥尾，得以绝群。隔于盗贼，声问不数。将军操执款款，扶倾救危，南距公孙之兵，北御羌胡之乱，是以冯异西征，得以数千百人踯躅三辅。微将军之助，则咸阳已为他人禽矣。今关东寇贼，往往屯聚，志务广远，多所不暇，未能观兵成都，与子阳角力。如令子阳到汉中、三辅，愿因将军兵马，鼓旗相当。傥肯如言，蒙天之福，即智士计功割地之秋也。管仲曰：'生我者父母，成我者鲍子。'自今以后，手书相闻，勿用傍人解构之言。"自是恩礼愈笃。

等到更始帝兵败，三辅地区年老而有地位的士绅和士大夫都跑到天水投奔隗嚣。

隗嚣向来谦逊恭谨礼爱士绅，愿意尽可能地接待士绅结为布衣之交。过去王莽的平河大尹长安人谷恭，担任掌野大夫，平陵人范逡担任师友，赵秉、苏衡、郑兴担任祭酒，申屠刚、杜林担任持书，杨广、王遵、周宗及平襄人行巡、阿阳人王捷、长陵人王元担任大将军，杜陵、金丹等人担任宾客。因此隗嚣在西州的名气很大，在崤山以东也很有名。

建武二年（26），大司徒邓禹向西进攻赤眉军，在云阳驻扎军队。邓禹的副将冯愔领兵背叛邓禹，向西逃往天水，隗嚣迎击，在高平打败冯愔，缴获他们全部辎重。于是邓禹秉承皇帝旨意派使者手持符节任命隗嚣为西州大将军，使隗嚣得以独掌凉州、朔方政事。等到赤眉军离开长安，想向西到陇地，隗嚣派将军杨广迎面攻击，击溃赤眉军，在乌氏、泾阳间又一次追上并打败他们。

隗嚣既对汉王室有功，又接受了邓禹的封爵，布下他的心腹，商议的人大多劝他派使者直接和京师沟通。建武三年（27），隗嚣就向京师上书。光武帝向来听说他的风范、名声，就用特别的礼节回报他，说他时用他的字称呼他，用地位相当的国家的仪礼，用极高的待遇抚慰他。这时陈仓人吕鲔聚集数万兵马，与公孙述勾结，侵犯三辅地区。隗嚣再次派兵帮助征西大将军冯异攻击他们，打跑吕鲔后，派使者向京师上书报告。光武帝亲手写下书信回复说："我仰慕相悦你的道德信义，想与你结交。以前周文王天下三分拥有其二，仍然愿意服侍殷商。但只有驽马钝刀，不能勉强扶持。多次蒙受你的帮助，就像伯乐一看马价就增了十倍，而苍蝇不过只能飞几步之远，但如果附在好马的尾巴上，就可以超过群蝇了。你我被盗贼阻挡，不能经常通音信。将军的操守诚恳忠厚，扶助倾危解救危难，向南抵抗公孙述的兵马，向北防御羌胡的扰乱，所以冯异西征，能够让数千百人在三辅地区徘徊不前。如果没有将军的帮助，那么咸阳早已被贼兵攻占了。如今关东的贼寇，经常集结，志在占据广大的地盘，因此我没有闲暇顾及这些事情，所以没有在成都显示兵力，与公孙述较量武力。

其后公孙述数出兵汉中，遣使以大司空扶安王印绶授嚣。嚣自以与述敌国，耻为所臣，乃斩其使，出兵击之，连破述军，以故蜀兵不复北出。

时关中将帅数上书，言蜀可击之状，帝以示嚣，因使讨蜀，以效其信。嚣乃遣长史上书，盛言三辅单弱，刘文伯在边，未宜谋蜀。帝知嚣欲持两端，不愿天下统一，于是稍黜其礼，正君臣之仪。

初，嚣与来歙、马援相善，故帝数使歙、援奉使往来，劝令入朝，许以重爵。嚣不欲东，连遣使深持谦辞，言无功德，须四方平定，退伏闾里。五年，复遣来歙说嚣遣子入侍，嚣闻刘永、彭宠皆已破灭，乃遣长子恂随歙诣阙。以为胡骑校尉，封镌羌侯。而嚣将王元、王捷常以为天下成败未可知，不愿专心内事。元遂说嚣曰："昔更始西都，四方响应，天下喁喁，谓之太平。一旦败坏，大王几无所厝。今南有子阳，北有文伯，江湖海岱，王公十数，而欲牵儒生之说，弃千乘之基，羁旅危国，以求万全，此循覆车之轨，计之不可者也。今天水完富，士马最强，北收西河、上郡，东收三辅之地，案秦旧迹，表里河山。元请以一丸泥为大王东封函谷关，此万世一时也。若计不及此，且畜养士马，据隘自守，旷日持久，以待四方之变，图王不成，其弊犹足以霸。要之，鱼不可脱于渊，神龙失势，即还与蚯蚓同。"嚣心然元计，虽遣子入质，犹负其险阸，欲专方面，如果公孙述滋扰汉中、三辅地区，希望凭借将军的军马，与他一决胜负。如果你能像我说的那样去做，那就是承蒙老天赐福，也就是有智谋之人计算功绩割地论功行赏的时候了。管仲说：‘生我的是父母，成就我的是鲍叔牙。’从今以后，你我之间可互通书信，不用依靠旁人说离间的话了。”从此以后光武帝对他的礼遇越发隆重。

之后公孙述几次出兵汉中，派使者把大司空扶安王的印绶交与隗嚣。隗嚣自认为和公孙述是敌对之国，把对他称臣看作是耻辱，就斩杀来使，出兵攻打公孙述，并连续打败他的军队，所以蜀兵不再向北派兵。

当时关中将帅几次给光武帝上奏章，描述可以攻打蜀地的情况，光武帝将这些意见拿给隗嚣看，并要他派兵讨伐蜀，以此考验他是否守诚信。于是隗嚣派长史上书光武帝，极力申说三辅地区兵力孤单势弱，刘文伯又在边地，不适合谋划讨伐蜀。光武帝知道隗嚣想手握两边，不希望天下统一，便逐渐降低了对隗嚣的礼遇，端正君臣之间的礼仪。

起初，隗嚣与来歙、马援彼此交好，所以光武帝几次派来歙、马援奉命出使往来，劝隗嚣进入朝廷做官，许诺给他崇高的爵位。隗嚣不愿东往，连续派使者将谦恭的言辞深切表达出来，说自己没有功业与德行，等到四方平定后，就归隐乡里。建武五年（29），光武帝又派来歙劝说隗嚣让儿子入朝奉侍，隗嚣听说刘永、彭宠都已经灭亡，就派长子隗恂跟从来歙赶赴京师。光武帝任命隗恂为胡骑校尉，封镌羌侯。而隗嚣的将领王元、王捷经常认为天下成败还不能确定，不愿一心一意服务汉王室。王元对隗嚣说：“以前更始帝西都长安，各方响应，天下仰望期待，可以称得上天下太平了。一旦失败，大王几乎没有可以安身的地方。如今南面有公孙述，北面有刘文伯，长江、五湖、渤海、泰山，有十几位称王称公各据一方，而您打算迁就儒生马援的言论，放弃千乘的基业，长久寄居在局势不安宁的国家，以此寻求保全自己，这是沿着覆车的轨道前行，不是可行的计策啊。如今天水富庶，兵马最强，向北可收获西河、上郡，向东可攻取三辅之地，考查秦朝过去的疆界，有山河天险作为屏障。王元恳请用一于是游士长者，稍稍去之。

六年，关东悉平。帝积苦兵间，以嚣子内侍，公孙述远据边陲，乃谓诸将曰："且当置此两子于度外耳。"因数腾书陇、蜀，告示祸福。嚣宾客、掾史多文学生，每所上事，当世士大夫皆讽诵之，故帝有所辞答，尤加意焉。嚣复遣使周游诣阙，先到冯异营，游为仇家所杀。帝遣卫尉铫期持珍宝缯帛赐嚣，期至郑被盗，亡失财物。帝常称嚣长者，务欲招之，闻而叹曰："吾与隗嚣事欲不谐，使来见杀，得赐道亡。"

会公孙述遣兵寇南郡，乃诏嚣当从天水伐蜀，因此欲以溃其心腹。嚣复上言："白水险阻，栈阁绝败。"又多设支阂。帝知其终不为用，叵欲讨之。遂西幸长安，遣建威大将军耿弇等七将军从陇道伐蜀，先使来歙奉玺书喻旨。嚣疑惧，即勒兵，使王元据陇坻，伐木塞道，谋欲杀歙。歙得亡归。

诸将与嚣战，大败，各引退。嚣因使王元、行巡侵三辅，征西大将军冯异、征虏将军祭遵等击破之。嚣乃上疏谢曰："吏人闻大兵卒至，惊恐自救，臣嚣不能禁止。兵有大利，不敢废臣子之节，亲自追还。昔虞舜事父，大杖则走，小杖则受。臣虽不敏，敢忘斯义。

颗泥丸那样极少的兵力为大王向东封锁函谷关，这是万世才有的良机。假如现在不用这个计策，那么暂时先饲养兵马，占据险隘之地自保，长久耗费时日，以等待四方的变化，即使图谋称王的计划实现不了，最坏也完全可以称霸一方了。总之，鱼是不能离开深水的，神龙失去权位，就与蚯蚓没什么区别。”隗嚣心里认为王元的计谋很对，即使派儿子入朝当人质，还是想凭借其险要的地势，打算独霸一方。因此那些依附于他的游士长者，渐渐都离开了他。

建武六年（30），函谷关以东都被平定。光武帝因长期苦于兵事，隗嚣的儿子入朝做内侍，以及公孙述占据远处的边疆，于是对诸将说：“暂且应当不考虑这两人的问题。”因此几次给陇地、蜀地传递书信，告示祸福。隗嚣的宾客、掾史大多是文学士，每次谈论国事，当世士大夫都抑扬顿挫地诵读，所以光武帝的相关答复，他们特别重视。隗嚣又派使者周游赶赴京师，先到冯异的营地，周游被仇家所杀。光武帝派遣卫尉铫期带着珠玉宝石、绫罗绸缎赏赐隗嚣，铫期到了郑地遇到盗贼，珍宝财物全被抢走。光武帝经常赞扬隗嚣是有德行的人，想方设法想把他招到京师为官，听到赏赐的珍宝财物都丢了的消息后感叹道：“我和隗嚣之间的关系要不和谐了，他派来的使者被杀，我赐给他的珍宝财物也在路上丢光了。”

恰好公孙述派兵进犯南郡，光武帝就下诏命隗嚣领兵从天水伐蜀，想以此来搞垮这个心腹之患。隗嚣再次上书光武帝说：“白水地势险恶难行，栈道腐坏断裂。”他又强调有很多困难阻碍。光武帝知道隗嚣最终也不会为他所用，便打算讨伐他。光武帝就西到长安，派遣建威大将军耿弇等七将军领兵从陇道讨伐蜀，先派来歙奉诏书喻示旨意。隗嚣疑虑恐惧，随即指挥军队，派王元占据陇坻，砍下树木堵塞道路，计划先杀死来歙。来歙成功逃了回去。

诸将与隗嚣展开战斗，诸将大败，分别领兵离开。隗嚣随即派王元、行巡侵犯三辅，被征西大将军冯异、征虏将军祭遵等打败。于是隗嚣进呈奏章谢罪说：“部下听说大队人马突然到来，惊恐自救，臣隗嚣阻挡不了。虽然军队获得了胜利，但我不敢废弃为臣之礼，亲自追回军队。过去虞舜侍奉父亲，父亲用大棍棒打他时他就逃走，用今臣之事，在于本朝，赐死则死，加刑则刑。如遂蒙恩，更得洗心，死骨不朽。”有司以嚣言慢，请诛其子恂，帝不忍，复使来歙至汧，赐嚣书曰：“昔柴将军与韩信书云：‘陛下宽仁，诸侯虽有亡叛而后归，辄复位号，不诛也。’以嚣文吏，晓义理，故复赐书。深言则似不逊，略言则事不决。今若束手，复遣恂弟归阙庭者，则爵禄获全，有浩大之福矣。吾年垂四十，在兵中十岁，厌浮语虚辞。即不欲，勿报。”嚣知帝审其诈，遂遣使称臣于公孙述。

明年，述以嚣为朔宁王，遣兵往来，为之援势。秋，嚣将步骑三万侵安定，至阴槃，冯异率诸将拒之。嚣又令别将下陇，攻祭遵于汧，兵并无利，乃引还。

帝因令来歙以书招王遵，遵乃与家属东诣京师，拜为太中大夫，封向义侯。遵字子春，霸陵人也。父为上郡太守。遵少豪侠，有才辩，虽与嚣举兵，而常有归汉意。曾于天水私于来歙曰：“吾所以戮力不避矢石者，岂要爵位哉！徒以人思旧主，先君蒙汉厚恩，思效万分耳。”又数劝嚣遣子入侍，前后辞谏切甚，嚣不从，故去焉。

八年春，来歙从山道袭得略阳城。嚣出不意，惧更有大兵，乃使王元拒陇坻，行巡守番须口，王孟塞鸡头道，牛邯军瓦亭，嚣自悉其大众围来歙。公孙述亦遣其将李育、田弇助嚣攻略阳，连月不下。帝乃率诸将西征之，数道上陇，使王遵持节监大司马吴汉留屯小棍棒打他时他就受着。我虽不聪慧，但不敢忘记这个道理。如今我的事，全归本朝发落，您赏我死我就去死，要上刑我就去受刑。如果您施以恩惠，我更应该改过自新，就算死了也不会忘记君恩。”官吏们认为隗嚣出言傲慢不逊，请求光武帝下令赐死他儿子隗恂，光武帝不忍心，又派来歙到汧县，给隗嚣送去书信说：“过去柴将军给韩信写信说：‘陛下宽厚仁慈，诸侯即使有叛逃后来又愿意归降，还是恢复他们的爵位与名号，不加杀害。’因为你隗嚣是个文官，通晓道理，所以朕又给你送书信。说得多显得不够客气，说少了事情又不能决断。如今如果你能投降，再送隗恂的弟弟到朝廷来，那么官爵和俸禄就会全部得到，有大福可享。我快四十岁了，在军中就有十年，讨厌那些浮夸不实的话。你如果不想，就不用回信了。”隗嚣知道光武帝已经看出他的假装，就派使者向公孙述俯首称臣。

第二年，公孙述任命隗嚣为朔宁王，派兵往来，做出声援的样子。秋季，隗嚣领步兵骑兵三万，进犯安定，到了阴槃，冯异带领诸将抵抗。隗嚣又命令其他将领进攻下陇，在汧袭击祭遵，两军都没有获胜，于是率军退回。

于是光武帝命令来歙送去书信招王遵来投降，王遵就与家属向东赶赴京师，被任命为太中大夫，封向义侯。王遵字子春，是霸陵人。父亲曾担任上郡太守。王遵年少时就勇敢而有义气，有才智机辩，虽然与隗嚣一同出兵，但时常有归顺汉王室的意向。曾在天水暗中对来歙说：“我之所以奋力杀敌不躲避箭石的原因，哪里是为了要爵位啊！只是因为自己思念旧主，先父蒙受汉室的大恩，想报答万分之一的恩情而已。”王遵又多次劝隗嚣派儿子入朝奉侍，前后对隗嚣劝说的言辞非常恳切，隗嚣不听，所以王遵就离开了隗嚣转而归顺光武帝。

建武八年（32）春季，来歙从山道偷袭取得略阳城。隗嚣出乎意料，害怕有更大规模军队来到，就派王元据守陇坻，命行巡看守番须口，命王孟堵住鸡头道，派牛邯领兵驻扎在瓦亭，并亲自率大军包围来歙。公孙述也派其将领李育、田弇帮助隗嚣进攻略阳，一连数月都没能攻下。光武帝便带领诸将西征，兵分几道向陇地进军，派于长安。

遵知嚣必败灭，而与牛邯旧故，知其有归义意，以书喻之曰："遵与隗王歃盟为汉，自经历虎口，践履死地，已十数矣。于时周洛以西无所统壹，故为王策，欲东收关中，北取上郡，进以奉天人之用，退以惩外夷之乱。数年之间，冀圣汉复存，当挈河陇奉旧都以归本朝。生民以来，臣人之势，未有便于此时者也。而王之将吏，群居穴处之徒，人人抵掌，欲为不善之计。遵与孺卿日夜所争，害几及身者，岂一事哉！前计抑绝，后策不从，所以吟啸扼腕，垂涕登车。幸蒙封拜，得延论议，每及西州之事，未尝敢忘孺卿之言。今车驾大众，已在道路，吴、耿骁将，云集四境，而孺卿以奔离之卒，拒要阸，当军冲，视其形势何如哉？夫智者睹危思变，贤者泥而不滓，是以功名终申，策画复得。故夷吾束缚而相齐，黥布杖剑以归汉，去愚就义，功名并著。今孺卿当成败之际，遇严兵之锋，可为怖栗。宜断之心胸，参之有识。"

邯得书，沉吟十余日，乃谢士众，归命洛阳，拜为太中大夫。于是嚣大将十三人，属县十六，众十余万，皆降。

王元入蜀求救，嚣将妻子奔西城，从杨广，而田弇、李育保上邽。诏告嚣曰："若束手自诣，父子相见，保无佗也。高皇帝云：'横来，大者王，小者侯。'若遂欲为黥布者，亦自任也。"嚣终不降。于是诛其子恂，使吴汉与征南大将军岑彭围西城，耿弇与虎牙大将军盖延围上邽。车驾东归。月余，杨广死，嚣穷困。其大将王捷别在戎王遵持符节督察大司马吴汉在长安驻军屯田。

王遵知道隗嚣一定会战败灭亡，而他与牛邯是旧友，知道他有归顺汉室的意思，就写信开导他说：“我王遵与隗王歃血结盟是为了汉室，自经历虎口，道尽涂穷，已有十几次了。当时周雒以西，没有统一起来，所以我为隗王出谋献策，打算向东收获关中，向北取得上郡，进而能供养天和人的需要，退而能警戒外族的扰乱。在几年之间，希望大汉能重新兴盛，应当带着河陇献给旧都长安以便归附本朝。自有人类产生，百姓的情况，没有比现在更方便的了。而隗王的将吏，都是些粗野无知、见识不广的人，人人抵掌而谈，无拘无束，想的是不轨之计。我与你日夜相争，祸害几乎危及自身的，哪里只有一件事啊！前面的计谋被遏止，后面的策略又不肯听从，所以我握着手腕发出叹息，流着眼泪登车离开。承蒙皇帝赐爵授官，能够继续发表议论，每次提到西州的事情，从来不敢忘记你过去说的话。如今皇帝亲自领着大批军马，已在半道上，吴汉、耿弇等勇将，聚集在陇地的周围，而你带着离散的兵卒，占据瓦亭要隘，处在军事要冲，看双方的形势会如何呢？聪明的人看到危险就应想办法改变现状，有德才的人能生长在淤泥中而不被污染，因此功名终会来到，计谋终会被采纳。所以管仲被捆绑起来而成了齐相，黥布持剑而归附汉王，丢弃愚昧而回归正义，功业和名声终将成就。如今你正处在成败的关键时期，又遇到的是汉军的精锐，这样实在是让人害怕得发抖。应当下定决心做出了断，与有见识的人共同探讨谋划。”

牛邯得到书信后，深思吟味了十多天，就与众将士告别，归顺洛阳，被任命为太中大夫。这样一来，隗嚣的十三位大将，十六个属县，十多万兵众，全部投降。

王元入蜀请求援救，隗嚣带着妻子逃奔西城，跟从杨广，而田弇、李育守卫上邽。光武帝下诏书告谕隗嚣说：“如果你能放弃抵抗归降于我，则你们父子相见，可保安然无恙。高皇帝说：‘田横来归降，爵位大的可以封王，爵位小的可以封侯。’假如你想成为黥布那样的人，那随便你了。”隗嚣最终不肯投降。于是光武帝下令把他儿丘，登城呼汉军曰：“为隗王城守者，皆必死无二心！愿诸军亟罢，请自杀以明之。”遂自刎颈死。数月，王元、行巡、周宗将蜀救兵五千余人，乘高卒至，鼓噪大呼曰：“百万之众方至！”汉军大惊，未及成陈，元等决围，殊死战，遂得入城，迎嚣归冀。会吴汉等食尽退去，于是安定、北地、天水、陇西复反为嚣。

九年春，嚣病且饿，出城餐糗糒，恚愤而死。王元、周宗立嚣少子纯为王。明年，来歙、耿弇、盖延等攻破落门，周宗、行巡、苟宇、赵恢等将纯降。宗、恢及诸隗分徙京师以东，纯与巡、宇徙弘农。唯王元留为蜀将。及辅威将军臧宫破延岑，元举众诣宫降。

元字惠孟，初拜上蔡令，迁东平相，坐垦田不实，下狱死。

牛邯字孺卿，狄道人。有勇力才气，雄于边垂。及降，大司徒司直杜林、太中大夫马援并荐之，以为护羌校尉，与来歙平陇右。

十八年，纯与宾客数十骑亡入胡，至武威，捕得，诛之。

论曰：隗嚣援旗纠族，假制明神，迹夫创图首事，有以识其风矣。终于孤立一隅，介于大国，陇坻虽隘，非有百二之势，区区两郡，以御堂堂之锋，至使穷庙策，竭征徭，身殁众解，然后定之。则知其道有足怀者，所以栖有四方之桀，士至投死绝亢而不悔者矣。夫功全则誉显，业谢则衅生，回成丧而为其议者，或未闻焉。若嚣命会符运，敌非天力，虽坐论西伯，岂多嗤乎？

子隗恂杀死，派吴汉与征南大将军岑彭包围西城，耿弇与虎牙大将军盖延包围上邽。光武帝东归。过了一个多月，杨广死，隗嚣走投无路。其大将王捷另外在戎丘，登上城楼向汉军大声叫喊："为隗王守城的将士，都下了必死的决心并绝无二心！希望你们可以立即停战，罢兵离去吧，请让我用自杀来证明我们的心意。"于是割脖子自杀而死。几月后，王元、行巡、周宗等带领蜀地救兵五千多人，从高处突然到来，鸣鼓大声呼喊道："百万大军正要到了！"汉军大惊，还没有来得及列兵布阵，王元等人就冲破城围，决一死战，成功进入城内，迎隗嚣回冀县。正好吴汉等人因粮草全部用完而离开，因此安定、北地、天水、陇西又反过来落入隗嚣之手。

建武九年(33)春季，隗嚣生病并饿着肚子，出城吃干粮，最终因忿恨而死。王元、周宗拥立隗嚣的小儿子隗纯为王。第二年，来歙、耿弇、盖延等人攻破落门，周宗、行巡、苟宇、赵恢等人带着隗纯投降。周宗、赵恢及诸隗分别迁居到京师以东，隗纯与行巡、苟宇迁居到弘农。只有王元留下成为蜀将。等到辅威将军臧宫击溃延岑，王元率领众人到臧宫那里投降。

王元字惠孟，开始时被任命为上蔡县令，后来升为东平相，因上报垦田亩数不符合实际而被治罪，关入大牢后死去。

牛邯字孺卿，是狄道人，有勇有谋，曾在边境称霸。归降汉室后，大司徒司直杜林、太中大夫马援都推荐他，因此光武帝任命他为护羌校尉，与来歙一起平定了陇右。

建武十八年(42)，隗纯与几十个宾客准备逃向胡地，到了武威，被抓住，杀了。

评论说：隗嚣举起大旗纠集族人，假借神灵的名义建立皇帝祖庙，考知他首先谋划向王莽发难，可以看出他的一些行事作风了。后来终于陷入孤立无援的境地，夹在汉蜀之间，陇坻虽然险要，但是也没有用两万人能抵挡得住百万人的形势，以区区陇西、天水两郡，来抵挡光武帝强大的精锐部队，导致朝廷想方设法，用尽徭役赋税，终于身死兵众瓦解，然后才得以平定。可见他做人有道义有值得人怀念的地方，这就是四方雄杰奔赴到他的麾下，士卒宁可自刎而公孙述字子阳，扶风茂陵人也。哀帝时，以父任为郎。后父仁为河南都尉，而述补清水长。仁以述年少，遣门下掾随之官。月余，掾辞归，白仁曰："述非待教者也。"后太守以其能，使兼摄五县，政事修理，奸盗不发，郡中谓有鬼神。王莽天凤中，为导江卒正，居临邛，复有能名。

及更始立，豪桀各起其县以应汉，南阳人宗成自称"虎牙将军"，入略汉中；又商人王岑亦起兵于雒县，自称"定汉将军"，杀王莽庸部牧以应成，众合数万人。述闻之，遣使迎成等。成等至成都，虏掠暴横。述意恶之，召县中豪桀谓曰："天下同苦新室，思刘氏久矣，故闻汉将军到，驰迎道路。今百姓无辜而妇子系获，室屋烧燔，此寇贼，非义兵也。吾欲保郡自守，以待真主。诸卿欲并力者即留，不欲者便去。"豪桀皆叩头曰："愿效死。"述于是使人诈称汉使者自东方来，假述辅汉将军、蜀郡太守兼益州牧印绶。乃选精兵千余人，西击成等。比至成都，众数千人，遂攻成，大破之。成将垣副杀成，以其众降。二年秋，更始遣柱功侯李宝、益州刺史张忠，将兵万余人徇蜀、汉。述恃其地险众附，有自立志，乃使其弟恢于绵竹击宝、忠，大破走之。由是威震益部。功曹李熊说述曰："方今四海波荡，匹夫横议。将军割据千里，地什汤武，若奋威德以投天隙，霸王之业成矣。宜改名号，以镇百姓。"述曰："吾亦虑之，公言起我意。"于是自立为蜀王，都成都。

死也绝不后悔的原因所在。成就功业则名声显赫，功业衰败则产生祸患，围绕成败而议论成功的人，还没有听说过呢。假如隗嚣的命运能与上天预示帝王受命的符兆相合，所遇到的对手又不是光武帝这样上天所助的劲敌，纵然坐在那里议论西伯文王，又怎么可以多加嘲笑呢？

公孙述字子阳，是扶风茂陵人。哀帝时，因他父亲而被任命为郎。后来父亲公孙仁被任命为河南都尉，而公孙述则补任清水县长。公孙仁认为公孙述年少，派门下属官跟从他到任。过了一个多月，属官向公孙述告辞回来，对公孙仁说："公孙述不是需要教育的人。"后来太守认可公孙述的才能，派他代管五个县，结果这五个县的政事被治理得很好，为非作歹、劫盗财物之事不再发生，郡中人说是有鬼神保佑。王莽天凤年间，公孙述担任导江卒正，住在临邛，享有才能出众的声誉。

等到更始被拥立为帝，英雄豪杰们分别在所在的县出兵响应，南阳人宗成自称"虎牙将军"，进犯汉中；又有商人王岑也从雒县出兵，自称"定汉将军"，杀死王莽的庸部牧以此响应宗成，把几万兵士聚集在一起。公孙述听说后，就派去使者迎接宗成等人。宗成等人到了成都后，肆意掠夺，横行不法。公孙述打心底厌恶他们，就把县中豪杰召到一起，对他们说："天下人共同承受王莽政权带来的困苦，思念刘氏已经很长时间了，所以一听到汉将军到来，我就派人跑着到半道上去迎接。现在百姓无辜而妇女儿童却被抓起来，百姓的房屋都被烧毁，这些人是强盗，而不是正义的军队。我想保郡自守，以等待贤明的君主。你们当中要是想和我一起干的请留下来，不想的可以离开。"豪杰们都磕头说："愿舍命报效。"于是公孙述让人谎说是来自东方的汉使者，假装把辅汉将军、蜀郡太守兼益州牧的印绶交给公孙述。公孙述就挑选精兵千余人，向西袭击宗成等人。到了成都后，兵士已经发展到几千人，便对宗成发起进攻，宗成被打得大败。宗成的将领垣副杀死宗成，率领众将士向公孙述投降。更始二年（24）秋季，更始帝派柱功侯李宝、益州刺史张忠，率领一万多兵马掠取蜀、汉。公孙述仗着蜀地地势险要和百姓归附，有自立为王蜀地肥饶，兵力精强，远方士庶多往归之，邛、笮君长皆来贡献。李熊复说述曰：“今山东饥馑，人庶相食；兵所屠灭，城邑丘墟。蜀地沃野千里，土壤膏腴，果实所生，无谷而饱。女工之业，覆衣天下。名材竹干，器械之饶，不可胜用。又有鱼盐铜银之利，浮水转漕之便。北据汉中，杜褒、斜之险；东守巴郡，拒扞关之口；地方数千里，战士不下百万。见利则出兵而略地，无利则坚守而力农。东下汉水以窥秦地，南顺江流以震荆、杨。所谓用天因地，成功之资。今君王之声，闻于天下，而名号未定，志士狐疑，宜即大位，使远人有所依归。”述曰：“帝王有命，吾何足以当之？”熊曰：“天命无常，百姓与能。能者当之，王何疑焉！”述梦有人语之曰：“八厶子系，十二为期。”觉，谓其妻曰：“虽贵而祚短，若何？”妻对曰：“朝闻道，夕死尚可，况十二乎！”会有龙出其府殿中，夜有光耀，述以为符瑞，因刻其掌，文曰“公孙帝”。建武元年四月，遂自立为天子，号成家。色尚白。建元曰龙兴元年。以李熊为大司徒，以其弟光为大司马，恢为大司空。改益州为司隶校尉，蜀郡为成都尹。

的想法，就派他弟弟公孙恢带兵在绵竹袭击李宝、张忠，李宝、张忠被打得大败并慌忙逃走。由此之后公孙述威震益部。功曹李熊对公孙述劝道："如今天下动荡，平民百姓能随意议论。将军割据千里，是过去商汤、周武王土地的十倍，如果能施展威德来合乎时机，那么霸王之业就一定能成就了。应当更改名号，来安抚百姓。"公孙述说："我也正在考虑这些，你的话启发了我。"于是公孙述自立为蜀王，把都城设在成都。

蜀地土地肥沃物产富饶，兵精强将，有很多远方的士民前去归附，邛、笮等小国的国君都来献上贡品。李熊又向公孙述劝道："如今崤山以东遭遇饥荒，发生百姓之间人吃人的情况；遭到兵灾的毁灭，城邑都变成荒地。蜀地有上千里的沃土，土壤肥沃，生长果实，虽没有谷物但可饱腹。女工纺织的衣服，天下人都足够穿了。有名贵的木材和竹箭，用具富饶，不可能用完。又有鱼盐铜银这些可以产生利润的物产，以及转运粮饷水路运输这些便利。北面占有汉中，阻塞险要的褒、斜；东面掌管巴郡，据守扞关的关口；方圆有数千里的地盘，战士不少于百万。看到有利时机则出兵占领土地，无利则坚守而致力农事。向东越过汉水能够窥看秦地，向南顺着江流能够威震荆、杨。这就是世人所说的拥有天时地利是获得成功的条件。如今蜀王的声名，已闻名天下，可是名号没有确定，有远大志向和高尚节操的人在狐疑观望，您应当立刻登上天子之位，让远方之人有所依靠。"公孙述说："帝王是天命所认定，我怎么可以担当呢？"李熊说："天命变化不定，老百姓拥护贤能之人。贤能之人就能担当，大王为何还犹豫不决呢！"公孙述梦到有人对他说："八厶子系，十二为期。"醒来后，对他妻子说："虽然可得到极贵之位但福气短暂，怎么办？"妻子对他说："早晨听见道，晚上就是死了也是可以的，更何况有十二年呢！"当时恰好有龙出现在他的府殿中，夜晚有耀眼的光，公孙述认为这是帝王受命的征兆，就在掌心刻下文字，文字是"公孙帝"。建武元年（25）四月，公孙述就自立为天子，号成家。崇尚白色。建立年号为龙兴元年。任命李熊为大司徒，任命他的弟弟公孙光为大司马，公孙恢为大司空。把益州改成司隶校尉部，把蜀郡改成成都尹。

越嶲任贵亦杀王莽大尹而据郡降。述遂使将军侯丹开白水关，北守南郑；将军任满从阆中下江州，东据扞关。于是尽有益州之地。

自更始败后，光武方事山东，未遑西伐。关中豪桀吕鲔等往往拥众以万数，莫知所属，多往归述，皆拜为将军。遂大作营垒，陈车骑，肄习战射，会聚兵甲数十万人，积粮汉中，筑宫南郑。又造十层赤楼帛兰船。多刻天下牧守印章，备置公卿百官。使将军李育、程乌将数万众出陈仓，与吕鲔徇三辅。三年，征西将军冯异击鲔、育于陈仓，大败之，鲔、育奔汉中。五年，延岑、田戎为汉兵所败，皆亡入蜀。

岑字叔牙，南阳人。始起据汉中，又拥兵关西，所在破散，走至南阳，略有数县。戎，汝南人。初起兵夷陵，转寇郡县，众数万人。岑、戎并与秦丰合，丰俱以女妻之。及丰败，故二人皆降于述。述以岑为大司马，封汝宁王，戎翼江王。六年，述遣戎与将军任满出江关，下临沮、夷陵间，招其故众，因欲取荆州诸郡，竟不能克。

是时，述废铜钱，置铁官钱，百姓货币不行。蜀中童谣言曰："黄牛白腹，五铢当复。"好事者窃言王莽称"黄"，述自号"白"，五铢钱，汉货也，言天下当并还刘氏。述亦好为符命鬼神瑞应之事，妄引谶记。以为孔子作《春秋》，为赤制而断十二公，明汉至平帝十二代，历数尽也，一姓不得再受命。又引《录运法》曰："废昌帝，立公孙。"《括地象》曰："帝轩辕受命，公孙氏握。"《援神契》曰："西太守，乙卯金。"谓西方太守而乙绝卯金也。五德之运，黄承赤而白继黄，金据西方为白德，而代王氏，得其正序。又自言手文越巂的任贵也杀死王莽的大尹而占据其郡后向公孙述投降。于是公孙述派将军侯丹开启白水关，向北据守南郑；将军任满从阆中下江州，向东占有扞关。自此所有益州的土地全都归公孙述所有。

从更始帝失败以后，光武帝正忙着关注崤山以东的战事，来不及西伐。关中豪杰吕鲔等人时常坐拥数万兵众，不知该归顺谁，大多是前来归顺公孙述，他们都被任命为将军。于是公孙述建造营垒，排兵布阵，练习战射，汇集兵甲数十万人，在汉中积攒粮食，在南郑修建宫殿。又打造了有十层赤楼用帛装饰栏杆的船。篆刻了很多天下州牧郡守的印章，把公卿百官都设置齐全。并派将军李育、程乌带领数万兵众出陈仓，与吕鲔掠取三辅。建武三年（27），征西大将军冯异在陈仓袭击吕鲔、李育，他们被打得大败，吕鲔、李育逃往汉中。建武五年（29），延岑、田戎被汉军打败，都逃往蜀地。

延岑字叔牙，是南阳人。起初发兵时占据汉中，后又在关西聚集军队，被打得兵败逃散，逃到南阳，又掠夺了几个县。田戎，汝南人。起初发兵于夷陵，辗转掠夺郡县，发展到几万兵众。延岑、田戎全去秦丰那里聚集，秦丰分别把女儿嫁给他们做妻子。等到秦丰失败，延岑、田戎都向公孙述投降。公孙述让延岑做大司马，封汝宁王，封田戎为翼江王。建武六年（30），公孙述派田戎和将军任满带军出江关，前往临沮、夷陵之间，把他的旧部招集到一起，想攻占荆州各郡，最终没有攻下。

这时，公孙述废弃铜钱，安排铁官铸新钱，百姓手中的货币无法流通。蜀地有童谣说："黄牛有白色的肚子，会重新使用五铢钱。"爱管闲事的人私下说王莽称"黄"，公孙述自号"白"，五铢钱，是汉朝的货币，意思是说应当把天下全部还给刘氏。公孙述也喜欢关于符命鬼神瑞应的事情，妄加引用谶书。认为孔子作《春秋》，暗示汉朝应该断送在第十二个皇帝手里，说明从建立汉朝开始到汉平帝已经过了十二代，经历的代数已经全部用完了，一个姓氏的不能再次受天之命。他又引用《录运法》说："废掉昌帝，立公孙氏为帝。"《括地象》说："轩辕帝受天之命，公孙氏手握天下。"《援神契》说："西太有奇，及得龙兴之瑞。数移书中国，冀以感动众心。帝患之，乃与述书曰："图谶言'公孙'，即宣帝也。代汉者当涂高，君岂高之身邪？乃复以掌文为瑞，王莽何足效乎！君非吾贼臣乱子，仓卒时人皆欲为君事耳，何足数也。君日月已逝，妻子弱小，当早为定计，可以无忧。天下神器，不可力争，宜留三思。"署曰"公孙皇帝"。述不答。

明年，隗嚣称臣于述。述骑都尉平陵人荆邯见东方将平，兵且西向，说述曰："兵者，帝王之大器，古今所不能废也。昔秦失其守，豪桀并起，汉祖无前人之迹，立锥之地，起于行阵之中，躬自奋击，兵破身困者数矣。然军败复合，创愈复战。何则？前死而成功，逾于却就于灭亡也。隗嚣遭遇运会，割有雍州，兵强士附，威加山东。遇更始政乱，复失天下，众庶引领，四方瓦解。嚣不及此时推危乘胜，以争天命，而退欲为西伯之事，尊师章句，宾友处士，偃武息戈，卑辞事汉，喟然自以文王复出也。令汉帝释关陇之忧，专精东伐，四分天下而有其三；使西州豪杰咸居心于山东，发间使，招携贰，则五分而有其四；若举兵天水，必至沮溃，天水既定，则九分而有其八。陛下以梁州之地，内奉万乘，外给三军，百姓愁困，不堪上命，将有王氏自溃之变。臣之愚计，以为宜及天下之望未绝，豪杰尚可招诱，急以此时发国内精兵，令田戎据江陵，临江南之会，倚巫山之固，筑垒坚守，传檄吴、楚，长沙以南必随风而靡。令延岑出汉中，定三辅，天水、陇西拱手自服。如此，海内震摇，冀有大利。"

守，乙卯金。”意思是说西方太守能碾压终止卯金刘氏。五德的运行，是黄继承赤而白继承黄，金占据西方成为白德，而取代王氏，符合五行相生的顺序。又说自己手上有特殊的纹路，得到建元龙兴的祥瑞。几次向各地发布告，希望可以触动众心。光武帝忧虑此事，就写信给公孙述说：“图谶上说的‘公孙’，就是宣帝。取代汉室的是当涂高，你难道是当涂高吗？你竟然又认为掌纹是祥瑞，王莽哪里值得效仿啊！你不是我的乱臣贼子，匆忙急迫的时候人人都想当皇帝，哪里值得责备啊。你年龄已经大了，妻子儿女还很弱小，应当尽早制定计策，可以不用担心了。天下的帝位，不可武力争取，应当三思。”光武帝在信上写“公孙皇帝”。公孙述没有回复。

第二年，隗嚣向公孙述称臣。公孙述的骑都尉平陵人荆邯看到东方将要被平定，汉军要向西征讨，就劝说公孙述：“兵众，这是帝王珍贵的器物，古往今来都不能废弃。过去秦朝没有守住自己的国家，豪杰并起，汉高祖刘邦出身布衣，不能学习前人的事迹，也没有立足之处，崛起于军队行列之中，亲自上阵奋力杀敌，多次陷入兵败身困的险境。然而军队战败后又重新聚集在一起，创伤愈合后又恢复战斗。为什么呢？在前线拼死作战反倒能成功，胜过往后撤退而灭亡的。隗嚣遇到好机遇，割据雍州，军马强壮，士兵归附，威名已经传到崤山以东。碰到更始帝时朝政混乱，又失去天下，百姓殷切期待明主的出现，四方趋于瓦解。隗嚣不在此时乘胜推翻快要灭亡的政权，来争夺天命所归，反而后退想像西伯文王那样成就事业，尊郑兴等人为章句之师，对方望等处士以宾友之礼相待，停息武备，不事战争，谦恭地侍奉汉室，感慨地认为自己是文王再世。以致让汉光武帝消除了对关陇的担忧，专心谋划东伐事宜，四分天下而占有其中的四分之三；如果西州的豪杰们都把心思放在崤山以东，派出来歙、马援等离间的使者，招王遵、郑兴、杜林、牛邯等怀有二心的人前来归顺光武帝，那么五分天下而汉室就有了其中的五分之四了；如果汉室出兵天水，天水一定会溃败，天水的局势已定，那么九分天下而汉室就有了其中的九分之八了。陛下倚仗梁州之地，对内供养万辆兵车，对外给予三军的需要，百姓忧愁困苦，忍受不了上面的命令，将要发述以问群臣。博士吴柱曰："昔武王伐殷，先观兵孟津，八百诸侯不期同辞，然犹还师以待天命。未闻无左右之助，而欲出师千里之外，以广封疆者也。"邯曰："今东帝无尺土之柄，驱乌合之众，跨马陷敌，所向辄平。不亟乘时与之分功，而坐谈武王之说，是效隗嚣欲为西伯也。"述然邯言，欲悉发北军屯士及山东客兵，使延岑、田戎分出两道，与汉中诸将合兵并势。蜀人及其弟光以为不宜空国千里之外，决成败于一举，固争之，述乃止。延岑、田戎亦数请兵立功，终疑不听。

述性苛细，察于小事。敢诛杀而不见大体，好改易郡县官名。然少为郎，习汉家制度，出入法驾，銮旗旄骑，陈置陛戟，然后辇出房闼。又立其两子为王，食犍为、广汉各数县。群臣多谏，以为成败未可知，戎士暴露，而遽王皇子，示无大志，伤战士心。述不听。唯公孙氏得任事，由此大臣皆怨。

八年，帝使诸将攻隗嚣，述遣李育将万余人救嚣。嚣败，并没其军，蜀地闻之恐动。述惧，欲安众心。成都郭外有秦时旧仓，述生像王莽那样自行崩溃的危险。依我的计策，应当趁天下人还没有完全绝望，豪杰们还可以招揽，迅速派出国内的精兵强将，命令田戎占据江陵，面对江南，倚仗巫山的地势险要，筑垒坚守，给吴、楚传递檄文，长沙以南一定会听到动静而投降。命令延岑出汉中，平定三辅，天水、陇西一定会恭敬地投降。这样，四海动荡，希望我们能取得极大的利益。”

公孙述把这个计策拿出来询问群臣。博士吴柱说：“过去周武王讨伐殷商之前，首先在孟津显示兵力，这时，有八百名诸侯不约而同地来到这里，但武王还是撤回军队来等待天命的到来。没有听说没有左右的帮助，就要到千里之外率兵征讨，去扩大地盘的。”荆邯说：“如今光武帝并无极小的权柄，但能带领乌合之众，骑着战马冲入敌阵，所到之处立刻被平定。不赶快趁现在和他分功劳，而空谈武王的说教，这是仿效隗嚣想成为西伯文王那样的人罢了。”公孙述同意荆邯的建议，准备派遣北军屯士以及崤山以东的全部客兵，令延岑、田戎兵分两路，与汉中各将领把兵马聚集到一起。蜀人和他弟弟公孙光认为不应当把整个国家的军队派到千里之外，妄图一次行动就能决定成败，坚决规劝，公孙述这才作罢。延岑、田戎也多次请兵出战以求得立下功劳，公孙述终于有了疑心而不听从他们的建议。

公孙述天生要求严格且琐碎，在小事上苛察。敢杀人但不懂得从大局考虑，喜欢更换郡县的官名。然而他年少时担任郎官，学习汉家礼仪制度，出入时仿效汉天子的法驾仪仗，竖鸾旗，设旄骑，安排持戟侍卫站在殿阶两侧，然后车驾才出宫廷。又把他的两个儿子册立为王，把犍为、广汉各县封为他们的食邑。群臣劝谏了好几次，认为他是成是败还不知道，军队还在外面风吹雨淋，急于封立皇子，表明没有大志向，伤害了战士的心。公孙述不听。只让公孙家族的人可以当官掌权，因此大臣们都怨恨他。

建武八年（32），光武帝派诸将攻击隗嚣，公孙述派李育带领一万多人支援隗嚣。隗嚣战败，李育的军队也都全军覆没，蜀地听说后惊恐扰动。公孙述也害怕，想安定人心。在成都的城外有秦朝时改名白帝仓，自王莽以来常空。述即诈使人言白帝仓出谷如山陵，百姓空市里往观之。述乃大会群臣，问曰："白帝仓竟出谷乎？"皆对言"无"。述曰："讹言不可信，道隗王破者复如此矣。"俄而嚣将王元降，述以为将军。明年，使元与领军环安拒河池，又遣田戎及大司徒任满、南郡太守程泛将兵下江关，破威虏将军冯骏等，拔巫及夷陵、夷道，因据荆门。

十一年，征南大将军岑彭攻之，满等大败，述将王政斩满首降于彭。田戎走保江州。城邑皆开门降。彭遂长驱至武阳。帝乃与述书，陈言祸福，以明丹青之信。述省书叹息，以示所亲太常常少、光禄勋张隆。隆、少皆劝降。述曰："废兴命也。岂有降天子哉！"左右莫敢复言。中郎将来歙急攻王元、环安，安使刺客杀歙；述复令刺杀岑彭。

十二年，述弟恢及子婿史兴并为大司马吴汉、辅威将军臧宫所破，战死。自是将帅恐惧，日夜离叛，述虽诛灭其家，犹不能禁。帝必欲降之，乃下诏喻述曰："往年诏书比下，开示恩信，勿以来歙、岑彭受害自疑。今以时自诣，则家族完全；若迷惑不喻，委肉虎口，痛哉奈何！将帅疲倦，吏士思归，不乐久相屯守，诏书手记，不可数得，朕不食言。"述终无降意。

九月，吴汉又破斩其大司徒谢丰、执金吾袁吉，汉兵遂守成都。述谓延岑曰："事当奈何？"岑曰："男儿当死中求生，可坐穷的旧粮库，述改其名为白帝仓，从王莽以后常常空着。公孙述便派人谎称白帝仓产生的谷物堆积得像山陵那么高，百姓全跑出城去观看。公孙述就召来群臣，问他们说："白帝仓竟然生出谷物了吗？"群臣都回答说："没有。"公孙述说："传布的流言不能相信，隗嚣已被攻破的传言也是一样的。"不久隗嚣的将领王元归降蜀，公孙述任命王元为将军。第二年，公孙述派王元与领军环安把守河池，又派田戎和大司徒任满、南郡太守程泛带兵攻打江关，击溃汉威虏将军冯骏等人，占领巫和夷陵、夷道，乘势占据荆门。

建武十一年（35），征南大将军岑彭攻打他们，任满等人被打得大败，公孙述派王政杀死任满并将其首级献上向岑彭投降。田戎逃回江州闭门自守。被占领的各城邑都打开城门向岑彭投降，于是岑彭率领军队迅速前进到达武阳。光武帝给公孙述写了一封信，陈述了祸福，表明君王的话就像丹青那样始终不渝、光明显著。公孙述看完信后醒悟过来不住叹息，把信拿给亲信太常常少、光禄勋张隆看。张隆、常少都劝公孙述投降。公孙述说："兴亡都要看命运。哪里会有投降的天子啊！"左右之人不敢再劝说他。汉中郎将来歙迅速攻打王元、环安，环安派刺客刺杀来歙；公孙述又命令刺客刺杀岑彭。

建武十二年（36），公孙述的弟弟公孙恢和他的女婿史兴都被大司马吴汉、辅威将军臧宫击败，公孙恢和史兴战死。从此以后蜀地将帅恐惧，不管白天还是黑夜都有人叛逃，即使公孙述杀死其全家，还是不能禁止。光武帝一定要让公孙述投降，就下诏书开导公孙述说："往年诏书接连颁布，显示了恩德信义，不要因来歙、岑彭被害而自己产生疑虑。如今只要你能如期归降，就可保全你的家族；如果你分辨不清不愿悔悟，那等于把肉送进虎口，心痛又该怎么办呢！你的将帅疲倦困乏，兵众们都想回家，不愿意长久驻守，我亲手写下的诏书，不可能多次获得，我说话不会不算数。"公孙述最终没有投降的意愿。

九月，吴汉又击破并斩杀公孙述的大司徒谢丰、执金吾袁吉，汉军入驻成都。公孙述对延岑说："现在该怎么办？"延岑说："男儿应乎！财物易聚耳，不宜有爱。”述乃悉散金帛，募敢死士五千余人，以配岑于市桥，伪建旗帜，鸣鼓挑战，而潜遣奇兵出吴汉军后，袭击破汉。汉堕水，缘马尾得出。

十一月，臧宫军至咸门。述视占书，云“虏死城下”，大喜，谓汉等当之。乃自将数万人攻汉，使延岑拒宫。大战，岑三合三胜。自旦及日中，军士不得食，并疲，汉因令壮士突之，述兵大乱，被刺洞胸，堕马。左右舆入城。述以兵属延岑，其夜死。明旦，岑降吴汉。乃夷述妻子，尽灭公孙氏，并族延岑。遂放兵大掠，焚述宫室。帝闻之怒，以谴汉。又让汉副将刘尚曰：“城降三日，吏人从服，孩儿老母，口以万数，一旦放兵纵火，闻之可为酸鼻！尚宗室子孙，尝更吏职，何忍行此？仰视天，俯视地，观放麑啜羹，二者孰仁？良失斩将吊人之义也！”

初，常少、张隆劝述降，不从，并以忧死。帝下诏追赠少为太常，隆为光禄勋，以礼改葬之。其忠节志义之士，并蒙旌显。程乌、李育以有才干，皆擢用之。于是西土咸悦，莫不归心焉。

论曰：昔赵佗自王番禺，公孙亦窃帝蜀汉，推其无他功能，而至于后亡者，将以地边处远，非王化之所先乎？述虽为汉吏，无所冯资，徒以文俗自憙，遂能集其志计。道未足而意有余，不能因隙立功，以会时变，方乃坐饰边幅，以高深自安，昔吴起所以惭魏侯也。

当在极危险的境地中努力挣扎以求生路，怎能安坐待毙呢！财物是容易积攒的，不应当吝啬。”公孙述就把钱物全部拿出来，募得敢死队五千多人，来配合在市桥的延岑，假装竖起旗帜，击鼓挑战，暗中却派部队突然绕到吴汉军队的后面，袭击吴汉军队并将其打败。吴汉掉到水里，抓住马尾向上爬才得以从水里出来。

十一月，臧宫的军队到达咸门。公孙述翻看占卜的书，上面写着“敌人死在城下”，公孙述大喜，认为吴汉等人应该会死在城下。就亲自带领几万人进攻吴汉，派遣延岑反抗臧宫。两军展开大战，延岑三合三胜。从清晨到中午，军士们不能吃饭，都很劳累，吴汉就命令强兵突击，公孙述的军队大乱，他的胸部被刺中，掉下马。身旁的人用车将他救入城内。公孙述将军队交给延岑，当夜就死了。第二天一早，延岑向吴汉投降。吴汉杀了公孙述的妻儿，把公孙全族全部杀光，并把延岑的全族也都杀光。又放纵军队大肆掠夺，烧毁公孙述的宫室。光武帝听说后震怒，斥责了吴汉。又责备吴汉的副将刘尚说：“成都城已经投降三日，官吏百姓都愿意归附，孩儿老母，有一万多人，一旦放纵军队肆意抢夺故意放火，听到此事的人都会悲痛欲泣！你刘尚作为刘氏的宗室子孙，曾当过官，为什么忍心做这种事呢？抬头看天，低头看地，看看秦西巴放小鹿归还其母与乐羊食其子做成的羹汤，这两件事哪一个更仁慈呢？这真是丧失了斩杀将领而抚慰百姓的意义了。”

起初，常少、张隆劝说公孙述投降，公孙述不听，常少与张隆都因忧虑而死。光武帝下达诏书追赠常少为太常，张隆为少禄勋，按他们应享有的礼制改葬他们。只要是忠贞有节操并有志节的人，都加以表彰。程乌、李育因有才干，都受到提拔重用。于是蜀地人都很高兴，没有不真心归附的。

评论说：过去赵佗在番禺自立为南越王，公孙述也在蜀汉窃取帝位自称“白帝”，细想他并没有什么别的才能，而到了最后才灭亡的原因，难道是因为地处边远，不是帝王的教化所能先到达的地方吗？公孙述虽当过汉朝的官吏，但并没有什么可以仰仗和资助，只是因能拘守礼法而安于习俗来自我欣赏，依次能实现他的谋划。方法不足而及其谢臣属，审废兴之命，与夫泥首衔玉者异日谈也。

赞曰：公孙习吏，隗王得士。汉命已还，二隅方跱。天数有违，江山难恃。

愿望有余，不能乘机立功，以观时世的变化，而是因地处边远，认为高城深池而自以为安定，这就同过去吴起说了让魏侯惭愧的话一样啊。等到他辞别臣属，知道了兴亡的命运，这与那些以泥涂首、口含玉石的情况不能相提并论。

赞辞说：公孙述了解吏事，隗嚣曾获得士人的拥护。天命已经回到汉室手中，分在两个角落还想与汉室对峙。天命是没有办法反抗的，长江、陇山的险阻也不能完全倚仗。

卷四十四

宗室四王三侯列传第四

齐武王縯字伯升，光武之长兄也。性刚毅，慷慨有大节。自王莽篡汉，常愤愤，怀复社稷之虑，不事家人居业，倾身破产，交结天下雄俊。

莽末，盗贼群起，南方尤甚。伯升召诸豪杰计议曰："王莽暴虐，百姓分崩。今枯旱连年，兵革并起。此亦天亡之时，复高祖之业，定万世之秋也。"众皆然之。于是分遣亲客，使邓晨起新野，光武与李通、李轶起于宛。伯升自发舂陵子弟，合七八千人，部署宾客，自称柱天都部。使宗室刘嘉往诱新市、平林兵王匡、陈牧等，合军而进，屠长聚及唐子乡，杀湖阳尉，进拔棘阳，因欲攻宛。至小长安，与王莽前队大夫甄阜、属正梁丘赐战。时天密雾，汉军大败，姊元弟仲皆遇害，宗从死者数十人。伯升复收会兵众，还保棘阳。

阜、赐乘胜，留辎重于蓝乡，引精兵十万南渡黄淳水，临沘水，阻两川间为营，绝后桥，示无还心。新市、平林见汉兵数败，阜、赐军大至，各欲解去，伯升甚患之。会下江兵五千余人至宜秋，乃往为说合从之势，下江从之。语在《王常传》。伯升于是大飨军士，设盟约。休卒三日，分为六部，潜师夜起，袭取蓝乡，尽获其辎重。明旦，汉军自西南攻甄阜，下江兵自东南攻梁丘赐。至食时，赐陈溃，阜军望见散走，汉兵急追之，却迫黄淳水，斩首溺死者二万余人，遂斩阜、赐。

齐武王刘縯字伯升，是光武帝的长兄。生性刚强坚毅，为人慷慨且有高尚的节操。自从王莽篡取汉室大权以来，时常愤愤不平，怀着恢复社稷的思虑，不打理家业，倾尽家中所有财产，来结交天下英雄俊杰。

王莽末年，盗贼群起，南方更为严重。伯升召来众豪杰商议说："王莽凶暴残虐，百姓同其离心离德。如今接连好几年干旱，战争一齐爆发。这也是上天要灭亡王莽，光复高祖伟业，确立万代汉祚的时候。"众人都认为如此。于是分别派遣亲客，传令邓晨在新野起事，光武帝与李通、李轶在宛地起事。伯升亲自征发舂陵子弟，总计七八千人，部署宾客，自称柱天都部。又派宗室刘嘉前去劝导新市、平林兵王匡、陈牧等，与他们结合起来一齐进军，屠灭了长聚及唐子乡，杀掉了湖阳尉，攻下了棘阳，打算乘机进攻宛地。行至小长安，与王莽前队大夫甄阜、属正梁丘赐对战。这时天空雾气弥漫，汉军大败，姐姐刘元弟弟刘仲全都遇害，随从战死的族人有几十人。伯升再次集结兵众，返回去保卫棘阳。

甄阜、梁丘赐乘着胜利的形势，将运输物资的车辆留在蓝乡，率领精兵十万南下渡过黄淳水，到达沘水，在两川之间的险要地方建立营地，断掉后方的桥梁，表明没有回头的心思。新市、平林的兵马见汉军数次战败，甄阜、梁丘赐的大军赶到，每个人都想解围后离开，伯升为此很是担忧。正好遇上下江的五千多士兵来到宜秋，伯升便前去劝说对方与自己结成合纵联合之势，下江的士兵听从了。伯升劝说下江的话语记载在《王常传》里。伯升于是宴飨兵卒，立下盟约。让士卒休整三天，划分为六部，在夜晚秘密出兵，趁其不备攻取了蓝乡，获得了对方的所有的运输物资的车辆。第二天早上，汉军自西南进攻甄阜，下江兵自东南进攻梁丘赐。到了饭点，梁丘赐的军队王莽纳言将军严尤、秩宗将军陈茂闻阜、赐军败，引欲据宛。伯升乃陈兵誓众，焚积聚，破釜甑，鼓行而前，与尤、茂遇育阳下，战，大破之，斩首三千余级。尤、茂弃军走，伯升遂进围宛，自号柱天大将军。王莽素闻其名，大震惧，购伯升邑五万户，黄金十万斤，位上公。使长安中官署及天下乡亭皆画伯升像于塾，旦起射之。

自阜、赐死后，百姓日有降者，众至十余万。诸将会议立刘氏以从人望，豪杰咸归于伯升，而新市、平林将帅乐放纵，惮伯升威明而贪圣公懦弱，先共定策立之，然后使骑召伯升，示其议。伯升曰："诸将军幸欲尊立宗室，其德甚厚，然愚鄙之见，窃有未同。今赤眉起青、徐，众数十万，闻南阳立宗室，恐赤眉复有所立，如此，必将内争。今王莽未灭，而宗室相攻，是疑天下而自损权，非所以破莽也。且首兵唱号，鲜有能遂，陈胜、项籍，即其事也。舂陵去宛三百里耳，未足为功。遽自尊立，为天下准的，使后人得承吾敝，非计之善者也。今且称王以号令。若赤眉所立者贤，相率而往从之；若无所立，破莽降赤眉，然后举尊号，亦未晚也。愿各详思之。"诸将多曰"善"。将军张卬拔剑击地曰："疑事无功。今日之议，不得有二。"众皆从之。

圣公既即位，拜伯升为大司徒，封汉信侯。由是豪杰失望，多不服。平林后部攻新野，不能下。新野宰登城言曰："得司徒刘公一被击溃，甄阜的军队望见后逃走，汉兵急忙追击，将敌军逼到黄淳水边，被斩首溺亡的敌人又两万多，最终斩杀了甄阜、梁丘赐。

王莽的纳言将军严尤、秩宗将军陈茂听闻甄阜、梁丘赐的军队战败，打算率军占据宛城。伯升便陈列兵卒进行誓师，焚毁累积的财物，打破做饭的釜甑，击鼓进军，与严尤、陈茂在育阳城下遇上，双方对战，大举击败了对方，斩获敌首三千多级。严尤、陈茂弃军而逃，伯升就进兵包围宛城，自号柱天大将军。王莽早就听闻伯升的大名，十分震惊惧怕，便下令全国用食邑五万户，黄金十万斤，上公之位悬赏征购伯升的首级。命长安城里的官署及天下的乡亭都将伯升的像画在大门两侧的厅堂内，早上起来后拿箭射击。

自从甄阜、梁丘赐死后，每日都有归降的百姓，多达十多万。众将聚集在一起商议立刘氏为帝来遵从人们的希望，豪杰都归顺伯升。而新市、平林的将帅好放纵玩乐，忌惮伯升的威明而贪图圣公的懦弱，事先一起筹谋立圣公为天子，然后令骑兵召来伯升，告知他们的商议结果。伯升说："众将军想尊立刘氏宗室为天子，其中的恩德很是厚重，然而我个人的愚昧鄙陋之见，有同你们不一致的地方。如今赤眉在青州、徐州起事，兵众有数十万，听闻南阳立刘氏宗室为天子，担心赤眉也会立一位天子；如此一来，必定会引发内斗。而今王莽尚未被灭除，而宗室内相互攻击，是让天下产生疑惑而自己权势受损的做法，并非是击败王莽的良策。并且首先发兵建立尊号的，鲜少有能实现帝业的，陈胜、项籍，便是例子。春陵距离宛城仅仅三百里而已，还不足以视为功业。现在突然设立帝王尊号，成为天下共同射击的靶子，使得后来的人得以趁我们疲敝对付我们，并非良计。现今姑且自称为王来传达命令。如若赤眉所尊立的天子很贤良，便相继前去追随；如若对方没有尊立天子，就击败王莽降服赤眉，然后再高举帝号，也不晚。希望诸位仔细想想。"众将领大多说"好"。将军张卬拔出佩剑砍向地面说："做事信心不足就无法取得成功。今天的商议，不能有不同意见。"众将都听从了他的话。

圣公即位后，任命伯升为大司徒，封汉信侯。由此豪杰心生失望，大多不服。平林后部攻击新野，久攻不下。新野县宰登上城墙说：

信，愿先下。”及伯升军至，即开城门降。五月，伯升拔宛。六月，光武破王寻、王邑。自是兄弟威名益甚。

更始君臣不自安，遂共谋诛伯升，乃大会诸将，以成其计。更始取伯升宝剑视之，绣衣御史申屠建随献玉玦，更始竟不能发。及罢会，伯升舅樊宏谓伯升曰：“昔鸿门之会，范增举玦以示项羽。今建此意，得无不善乎？”伯升笑而不应。初，李轶谄事更始贵将，光武深疑之，常以戒伯升曰：“此人不可复信。”又不受。

伯升部将宗人刘稷，数陷陈溃围，勇冠三军。时将兵击鲁阳，闻更始立，怒曰：“本起兵图大事者，伯升兄弟也，今更始何为者邪？”更始君臣闻而心忌之，以稷为抗威将军，稷不肯拜。更始乃与诸将陈兵数千人，先收稷，将诛之，伯升固争。李轶、朱鲔因劝更始并执伯升，即日害之。

有二子。建武二年，立长子章为太原王，兴为鲁王。十一年，徙章为齐王。十五年，追谥伯升为齐武王。

章少孤，光武感伯升功业不就，抚育恩爱甚笃，以其少贵，欲令亲吏事，故使试守平阴令，迁梁郡太守。立二十一年薨，谥曰哀王。子炀王石嗣。建武二十七年，石始就国。三十年，封石弟张为下博侯。永平十四年，封石二子为乡侯。石立二十四年薨，子晃嗣。

下博侯张以善论议，十六年，与奉车都尉窦固等并出击匈奴，后进者多害其能，数被谮诉。建初中卒，肃宗下诏褒扬之，复封张子它人奉其祀。

“如果能得到司徒刘公的一封书信，愿率先归降。”等到伯升的军队到达，立即开启城门归降。五月，伯升攻下宛城。六月，光武帝击败王寻、王邑。从这之后兄弟威名愈盛。

更始帝君臣心中不安，便一起筹谋诛杀伯升，于是大会众将，来达成他们的计谋。更始帝取来伯升的宝剑看，绣衣御史申屠建接着进献玉玦，更始帝一直不能行动。大会结束后，伯升的舅舅樊宏对伯升说：“从前鸿门之会，范增举起玉玦示意项羽。今天申屠建进献玉玦，恐怕来者不善吧？是不是有阴谋呢？”伯升笑了笑没有回答。当初，李轶逢迎侍奉更始帝的贵将，光武帝很是怀疑，时常以此警戒伯升说：“李轶这个人不可以再相信了。”伯升又没有采纳。

伯升的部将族人刘稷，数次攻入敌阵突破包围，勇猛出众为三军之首。当时刘稷正领兵进攻鲁阳，听闻更始帝即位，愤怒地说：“原本起兵筹划大事的，是伯升兄弟，如今更始帝是做什么的？”更始帝君臣听闻后心生忌恨，任命刘稷为抗威将军，刘稷不肯接受。更始帝就与众将布置了数千人兵卒，先将刘稷收捕，即将诛杀，伯升坚持争辩。李轶、朱鲔便劝更始帝将伯升一并抓起来。当日就杀害了二人。

伯升有两个儿子。建武二年（26），光武帝立伯升的长子刘章为太原王，刘兴为鲁王。建武十一年（35），改立刘章为齐王。建武十五年（39），追加伯升谥号为齐武王。

刘章年少时成了孤儿，光武帝感叹伯升不能成就功业，对刘章极尽抚育宠爱，因而他年纪轻轻就尊贵无比，想令他亲自面对官务，因而让他尝试暂任平阴县令，之后又升任梁郡太守。被设立为王二十一年去世，谥号为哀王。儿子炀王刘石继承了他的爵位。建武二十七年（51），刘石开始前往封国。建武三十年（54），封刘石的弟弟刘张为下博侯。永平十四年（71），封刘石的两个儿子为乡侯。刘石被设立为王二十四年后死去，儿子刘晃继承了爵位。

下博侯刘张因善于议论，永平十六年（73），与奉车都尉窦固等一同出兵攻打匈奴，那些后进的人大多害怕他的才能超过自己，因此经常遭到他们的诋毁中伤。建初年间去世，章帝下诏褒扬他，又封他晃及弟利侯刚与母太姬宗更相诬告。章和元年，有司奏请免晃、刚爵为庶人，徙丹阳。帝不忍，下诏曰："朕闻人君正屏，有所不听。宗尊为小君，宫卫周备，出有辎軿之饰，入有牖户之固，殆不至如谮者之言。晃、刚愆乎至行，浊乎大伦，《甫刑》三千，莫大不孝。朕不忍置之于理，其贬晃爵为芜湖侯，削刚户三千。於戏！小子不勖大道，控于法理，以堕宗绪。其遣谒者收晃及太姬玺绶。"晃立十七年而降爵。晃卒，子无忌嗣。

帝以伯升首创大业，而后嗣罪废，心常愍之。时北海亦绝无后。及崩，遗诏令复二国。永元二年，乃复封无忌为齐王，是为惠王。立五十二年薨，子顷王喜嗣。立五年薨，子承嗣。建安十一年，国除。

论曰：大丈夫之鼓动拔起，其志致盖远矣。若夫齐武王之破家厚士，岂游侠下客之为哉！其虑将存乎配天之绝业，而痛明堂之不祀也。及其发举大谋，在仓卒扰攘之中，使信先成于敌人，赦岑彭以显义，若此足以见其度矣。志高虑远，祸发所忽。呜呼！古人以蜂虿为戒，盖畏此也。《诗》云："敬之敬之，命不易哉！"

北海靖王兴，建武二年封为鲁王，嗣光武兄仲。

初，南顿君娶同郡樊重女，字娴都。娴都性婉顺，自为童女，不正容服不出于房，宗族敬焉。生三男三女：长男伯升，次仲，次光武；长女黄，次元，次伯姬。皇妣以初起兵时病卒，宗人樊巨公收敛焉。建武二年，封黄为湖阳长公主，伯姬为宁平长公主。元与仲的儿子刘它人为他供奉祭祀。

刘晃及其弟弟利侯刘刚与母亲太姬宗彼此诬告。章和元年（87），有关官员奏请废除刘晃、刘刚的爵位将其贬为庶人，迁往丹阳。章帝心中不忍，下诏说：“朕听闻国君设立屏风，有些事情不愿听。太姬宗被尊称为小君，宫中保卫严密完备，出门乘坐带有帷幔的车子，回来住在有门窗加固的屋室，必定不至于如同诬陷者说的那般。刘晃、刘刚违背至高的品性，玷污母子人伦，《甫刑》三千条，没有比不孝更严重的。朕不忍心将他交给法理处置，可将刘晃贬为芜湖侯，削去刘刚食邑三千户。呜呼！小子不努力追寻大道，用法理控告母亲，毁坏祖先的遗业。当命谒者收回刘晃及太姬的印玺。”刘晃立为王侯十七年被降爵。刘晃去世，儿子刘无忌继承了他的爵位。

章帝因伯升最先开创大业，而他的后代因罪被废，心里时常哀怜他们。当时北海王也断绝了后代子嗣。等到驾崩时，章帝下诏恢复这两个封国。永元二年（90），便又封刘无忌为齐王，正是惠王。在位五十二年去世，儿子顷王刘喜继承了他的爵位。在位五年去世，儿子刘承继承了爵位。建安十一年（206），封顾被废除。

评论说：大丈夫鼓舞崛起时，其志向大概是远大的。齐武王耗尽家产厚待士人，岂会是游侠恩待宾客所为呢！他的思想存于先祖配祭上天的事业中断的愤懑之中，而痛恨无法在明堂祭祀。等到他启动大计，在仓促纷乱之中，通过书信率先降伏了敌人，宽赦岑彭来彰显他的德义，如此足以看到他的胸襟。志气高昂思虑深远，因为轻视敌人发生祸患。呜呼！古人以毒蜂毒虿为戒，大概就是害怕发生这样的事吧。《诗经》说：“警惕警惕，天命不易啊！”

北海靖王刘兴，建武二年（26）被封为鲁王，继承了光武帝兄长刘仲的爵位。

当初，南顿君娶了同郡人樊重的女儿，此女字娴都。娴都生性温婉柔顺，少女时期，不端正容仪服饰就不踏出闺房，宗族人都尊敬她。生下三男三女：长子伯升，次子刘仲，三子光武帝；长女刘黄，次女刘元，三女伯姬。娴都在光武帝开始起兵图谋大业时病亡，族人樊巨公将她入殓埋葬。建武二年（26），封刘黄为湖阳长公主，伯俱殁于小长安，追爵元为新野长公主，十五年，追谥仲为鲁哀王。

兴其岁试守缑氏令。为人有明略，善听讼，甚得名称。迁弘农太守，亦有善政。视事四年，上疏乞骸骨，征还京师，奉朝请。二十七年，始就国。明年，以鲁国益东海，故徙兴为北海王。三十年，封兴子复为临邑侯。中元二年，又封兴二子为县侯。显宗器重兴，每有异政，辄乘驿问焉。立三十九年薨，子敬王睦嗣。

睦少好学，博通书传，光武爱之，数被延纳。显宗之在东宫，尤见幸待，入侍讽诵，出则执辔。中兴初，禁网尚阔，而睦性谦恭好士，千里交结，自名儒宿德，莫不造门，由是声价益广。永平中，法宪颇峻，睦乃谢绝宾客，放心音乐。然性好读书，常为爱玩。岁终，遣中大夫奉璧朝贺，召而谓之曰："朝廷设问寡人，大夫将何辞以对？"使者曰："大王忠孝慈仁，敬贤乐士。臣虽蝼蚁，敢不以实？"睦曰："吁，子危我哉！此乃孤幼时进趣之行也。大夫其对以孤袭爵以来，志意衰惰，声色是娱，犬马是好。"使者受命而行。其能屈申若此。

初，靖王薨，悉推财产与诸弟，虽王车服珍宝非列侯制，皆以为分，然后随以金帛赎之。睦能属文，作《春秋旨义终始论》及赋颂数十篇。又善《史书》，当世以为楷则。及寝病，帝驿马令作草书尺牍十首。立十年薨，子哀王基嗣。

永平十八年，封基二弟为县侯，二弟为乡侯。建初二年，又封姬为宁平长公主。刘元与刘仲都在小长安丧命，追封刘元为新野长公主，建武十五年（39），追谥刘仲为鲁哀王。

刘兴这一年正试行代理缑氏县令一职。为人富有睿智谋略，善于审理诉讼案件，很是收到大家的称颂。后升为弘农太守，也有良好的政绩。治事四年，上疏请求罢官归乡，被征召返回京师，任奉朝请。建武二十七年（51），才前往封国。第二年，因鲁国归入东海郡，因而改封刘兴为北海王。建武三十年（54），光武帝封刘兴的儿子刘复为临邑侯。中元二年（57），又封刘兴的两个儿子为县侯。明帝器重刘兴，每每遇到不同往常的政事，总是利用驿站传信给刘兴询问。在位三十九年去世，儿子敬王刘睦继承了他的爵位。

刘睦年少时喜爱学习，广泛通晓各种典籍，光武帝喜爱他，数次被纳入朝廷。明帝在东宫时，刘睦尤为被宠爱优遇，入宫陪同明帝背诵文章，太子出行时则为对方驾车。汉朝中兴之初，法令尚且宽松，而刘睦性格谦恭喜爱贤士，结交的朋友遍及千里，从有名的儒者到有德的老者，没有不上门拜访的，因而他的名誉身价愈发广为人知。永平年间，朝廷法令颇为严酷，刘睦就谢绝宾客，一心投入到音乐之中。然而他天性喜爱读书，时常出于喜爱而钻研学习。年末，刘睦派中大夫带着宝玉入京朝贺，召来作为使者的中大夫对其说："假设朝廷询问寡人，大夫将如何答对？"使者说："大王忠孝仁慈，敬贤乐士，臣只是蝼蚁一般的小人物，怎敢不据实回答？"刘睦说："唉，你这么回答是害我啊！这是孤年幼时立志向上的作为。大夫应回答说孤自继承爵位以来，思想怠惰，将歌声美色作为娱乐，嗜好养狗骑马。"使者受命出发。他就是如此能屈能伸。

当初，靖王去世时，把所有财产让与众位弟弟，虽然靖王的车服珍宝并不符合列侯的规制，但是都分了出去，然后再用金钱布匹赎了回去。刘睦善于撰写文章，写下《春秋旨义终始论》及赋颂数十篇。又擅长《史书》，当时的人们把他当作值得效仿尊崇的楷模。等他卧病在床时，皇帝通过驿站传令给他命他写十首草书尺牍。在位十年去世，儿子哀王刘基继承了他的爵位。

永平十八年（75），皇帝封刘基的两个弟弟为县侯，两个弟弟基弟毅为平望侯。基立十四年薨，无子，肃宗怜之，不除其国。

永元二年，和帝封睦庶子斟乡侯威为北海王，奉睦后。立七年，威以非睦子，又坐诽谤，槛车征诣廷尉，道自杀。

永初元年，邓太后复封睦孙寿光侯普为北海王，是为顷王。延光二年，复封睦少子为亭侯。普立十七年薨，子恭王翼嗣；立十四年薨，子康王嗣，无后，建安十一年，国除。

初，临邑侯复好学，能文章。永平中，每有讲学事，辄令复典掌焉。与班固、贾逵共述汉史，傅毅等皆宗事之。复子騊駼及从兄平望侯毅，并有才学。永宁中，邓太后召毅及騊駼入东观，与谒者仆射刘珍著中兴以下名臣列士传。騊駼又自造赋、颂、书、论凡四篇。

赵孝王良字次伯，光武之叔父也。平帝时举孝廉，为萧令。光武兄弟少孤，良抚循甚笃。及光武起兵，以事告，良大怒，曰："汝与伯升志操不同，今家欲危亡，而反共谋如是！"既而不得已，从军至小长安，汉兵大败，良妻及二子皆被害。更始立，以良为国三老，从入关。更始败，良闻光武即位，乃亡奔洛阳。建武二年，封良为广阳王。五年，徙为赵王，始就国。十三年，降为赵公。频岁来朝。十七年，薨于京师。凡立十六年。子节王栩嗣。建武三十年，封栩二子为乡侯。建初二年，复封栩十子为亭侯。

栩立四十年薨，子顷王商嗣。永元三年，封商三弟为亭侯。元年，封商四子为亭侯。

为乡侯。建初二年(77),又封刘基的弟弟刘毅为平望侯。刘基在位十四年去世,没有儿子,章帝怜惜他,没有撤除他的封国。

永元二年(106),和帝封刘睦的庶子斟乡侯刘威为北海王,继承刘睦的爵位。在位七年,刘威因并非刘睦的嫡子,又以诽谤获罪,拿囚车将他召往廷尉处,途中自杀。

永初元年(107),邓太后又封刘睦的孙子寿光侯刘普为北海王,正是顷王。延光二年(123),又封刘睦的少子为亭侯。刘普在位十七年去世,儿子恭王刘翼继承了他的爵位;刘翼在位十四年去世,儿子康王继承了爵位,康王没有后代,建安十一年,封国被废除。

起初,临邑侯刘复爱好学习,善于文章。永平年间,每次遇上讲学之事,就令刘复主管。与班固、贾逵共同撰述汉史,傅毅等人都尊崇奉侍他。刘复的儿子刘騊駼及堂兄平望侯刘毅,全都富有才学。永宁年间,邓太后征召刘毅及刘騊駼入东观,与谒者仆射刘珍撰述汉朝中兴以来的名臣烈士传。刘騊駼又自己创作了赋、颂、书、论共四篇。

赵孝王刘良字次伯,是光武帝的叔父。平帝时被推举为孝廉,任萧县县令。光武帝兄弟年少时就成了孤儿,刘良很是用心地将他们安慰抚育。等到光武帝起兵,将事情告知刘良,刘良十分震怒,说:“你与伯升志愿节操不同,如今家中即将走向危亡,反倒一起图谋起兵!”之后不得已,刘良跟随军队到达小长安,结果汉兵大败,刘良的妻子及两个儿子都被杀害。更始帝即位,任命刘良为国三老,随从更始帝入关。更始帝失败,刘良听闻光武帝即位,便逃往洛阳。建武二年(26),光武帝封刘良为广阳王。建武五年(29),改封刘良为赵王,开始前往封国。建武十三年(37),降为赵公。连年入京朝觐。建武十七年(41),刘良死在京师。在位共十六年。儿子节王刘栩继承了他的爵位。建武三十年(54),光武帝封刘栩的两个儿子为乡侯。建初二年,又封刘栩的十个儿子为亭侯。

刘栩在位四十年去世,儿子顷王刘商继承了他的爵位。永元三年(91),皇帝封刘商的三个弟弟为亭侯。元年,封刘商的四个儿子为亭侯。

商立二十三年薨，子靖王宏嗣。立十二年薨，子惠王乾嗣。

元初五年，封乾二弟为亭侯。是岁，赵相奏乾居父丧私娉小妻，又白衣出司马门，坐削中丘县。时郎中南阳程坚素有志行，拜为乾傅。坚辅以礼义，乾改悔前过，坚列上，复所削县。本初元年，封乾一子为亭侯。乾立四十八年薨，子怀王豫嗣。豫薨，子献王赦嗣。赦薨，子珪嗣，建安十八年徙封博陵王。立九年，魏初以为崇德侯。

城阳恭王祉字巨伯，光武族兄春陵康侯敞之子也。

敞曾祖父节侯买，以长沙定王子封于零道之春陵乡，为春陵侯。买卒，子戴侯熊渠嗣。熊渠卒，子考侯仁嗣。仁以春陵地势下湿，山林毒气，上书求减邑内徙。元帝初元四年，徙封南阳之白水乡，犹以春陵为国名，遂与从弟钜鹿都尉回及宗族往家焉。仁卒，子敞嗣。敞谦俭好义，尽推父时金宝财产与昆弟，荆州刺史上其义行，拜庐江都尉。岁余，会族兄安众侯刘崇起兵，王莽畏恶刘氏，征敞至长安，免归国。

先是平帝时，敞与崇俱朝京师，助祭明堂。崇见莽将危汉室，私谓敞曰："安汉公擅国权，群臣莫不回从，社稷倾覆至矣。太后春秋高，天子幼弱，高皇帝所以分封子弟，盖为此也。"敞心然之。及崇事败，敞惧，欲结援树党，乃为祉娶高陵侯翟宣女为妻。会宣弟义起兵欲攻莽，南阳捕杀宣女，祉坐系狱。敞因上书谢罪，愿率子弟宗族为士卒先。莽新居摄，欲慰安宗室，故不被刑诛。及莽篡立，刘氏为侯者皆降称子，食孤卿禄，后皆夺爵。及敞卒，祉遂特见刘商在位二十三年去世，儿子靖王刘宏继承了他的爵位。刘宏在位十二年去世，儿子惠王刘乾继承了爵位。

元初五年（118），皇帝封刘乾的两个弟弟为亭侯。这一年，赵相上奏说刘乾为父守丧时私下纳妾，又穿着白衣出入司马的门庭，因而被削去了中丘县。当时郎中南阳程坚素来有志向操行，被拜任为留乾的老师。程坚以礼义辅导刘乾，刘乾悔悟改正之前的过失，程坚依次上奏，恢复了之前被削去的中丘县。本初元年（146），封刘乾的一个儿子为亭侯。刘乾在位四十八年去世，儿子怀王刘豫继承了他的爵位。刘豫去世，儿子献王刘赦继承了爵位。刘赦去世，儿子刘珪继承了爵位，建安十八年（213）改封刘珪为博陵王。在位九年，曹魏之初被封为崇德侯。

城阳恭王刘祉字巨伯，是光武帝族兄春陵康侯刘敞的儿子。

刘敞的曾祖父节侯刘买，因为是长沙定王的儿子被封于零道的春陵乡，做春陵侯。刘买去世，儿子戴侯刘熊渠继承了他的爵位。刘熊渠去世，儿子考侯刘仁继承了爵位。刘仁因春陵地势低而潮湿，山林充满毒气，上书请求削减封邑向内迁徙。元帝初元四年（前45），改封到南阳的白水乡，仍然以春陵为国名。于是同堂弟钜鹿都尉刘回及族人前往定居。刘仁去世，儿子刘敞继承了他的爵位。刘敞谦逊俭约喜好正义。将父亲攒下的黄金珠宝等所有财产全都让与了兄弟，荆州刺史上报他的义行，任命他做庐江都尉。一年多后，正好赶上族兄安众侯刘崇起兵，王莽憎恶刘氏，征召刘敞到长安，不许他返回封国。

先前平帝时，刘敞与刘崇都在京师朝见天子，在明堂辅佐天子祭祀。刘崇见王莽将败亡汉室，私底下对刘敞说："安汉公王莽据有国家大权，群臣无不曲意顺从，社稷就要覆灭了。太后的年龄已经很大，天子幼小，高皇帝之所以分封子弟，大概就是为了应对这样的局面吧。"刘敞心中赞同他的话。等到刘崇事情败露，刘敞内心恐惧，打算建立党派作为支援，便为刘祉娶了高陵侯翟宣的女儿为妻。正好赶上翟宣的弟弟翟义起兵想攻打王莽，南阳郡的官吏逮捕杀死了翟宣的女儿，刘祉也被牵连入狱。刘敞就上书谢罪，自称愿率子弟族人废，又不得官为吏。

祉以故侯嫡子，行淳厚，宗室皆敬之。及光武起兵，祉兄弟相率从军，前队大夫甄阜尽收其家属系宛狱。及汉兵败小长安，祉挺身还保棘阳，甄阜尽杀其母弟妻子。更始立，以祉为太常将军，绍封春陵侯。从西入关，封为定陶王。别将击破刘婴于临泾。

及更始降于赤眉，祉乃间行亡奔洛阳。是时宗室唯祉先至，光武见之欢甚。建武二年，封为城阳王，赐乘舆、御物、车马、衣服。追谥敞为康侯。十一年，祉疾病，上城阳王玺绶，愿以列侯奉先人祭祀。帝自临其疾。祉薨，年四十三，谥曰恭王，竟不之国，葬于洛阳北芒。

十三年，封祉嫡子平为蔡阳侯，以奉祉祀；平弟坚为高乡侯。

初，建武二年，以皇祖、皇考墓为昌陵，置陵令守视；后改为章陵，因以春陵为章陵县。十八年，立考侯、康侯庙，比园陵，置啬夫。诏零陵郡奉祠节侯、戴侯庙，以四时及腊岁五祠焉。置啬夫、佐吏各一人。

平后坐与诸王交通，国除。永平五年，显宗更封平为竟陵侯。平卒，子真嗣。真卒，子禹嗣。禹卒，子嘉嗣。

泗水王歙字经孙，光武族父也。歙子终，与光武少相亲爱。汉兵起，始及唐子，终诱杀湖阳尉。更始立，歙从入关，封为元氏王，担任士卒的先锋。王莽不久前才代行天子职权，想慰劳安抚宗室，因而没有被按律诛杀。等到王莽篡位自立时，刘氏中的侯爵都降为了子爵，享受孤卿级别的俸禄，之后都被夺取了爵位。等到刘敞去世，特意废除了刘祉爵位，还不得担任官吏。

刘祉因为是前春陵康侯刘敞的嫡子，举止敦厚质朴，同族人都很敬重他。等到光武起兵时，刘祉兄弟一同参加了军队，前队大夫甄阜把他们的家属全都收捕并关押在宛地的监狱。等到汉兵在小长安战败，刘祉站出来回师保卫棘阳，甄阜把刘祉的母弟妻子尽数杀掉。更始帝即位，任命刘祉为太常将军，续封他为春陵侯。随从更始帝向西入关，被封为定陶王。别部将领在临泾击败了刘婴。

等到更始帝归降赤眉，刘祉就偷偷从小路逃往洛阳。当时宗室里唯有刘祉率先赶到，光武帝见到他很是开心。建武二年（26），刘祉被封为城阳王，光武帝赐予他乘舆、御物、车马、衣服。追谥刘敞为康侯。建武十一年（35），刘祉身患疾病，呈上城阳王玺绶，自称愿以列侯的身份供奉先人祭祀。光武帝亲自前去看望他的病情。刘祉去世时，年四十三岁，谥号为恭王，始终不曾前往自己的封国，被安葬在洛阳北芒山。

建武十三年（37），光武帝封刘祉的嫡子刘平为蔡阳侯，来供奉刘祉的祭祀；刘平的弟弟刘坚被封为高乡侯。

起初，建武二年（26），因为皇祖、皇考的陵墓名为昌陵，就设立陵令负责看护；后来将昌陵改名为章陵，将春陵改为章陵县。建武十八年（42），修建考侯、康侯庙，紧邻园陵，设立啬夫主管宗庙事宜。光武帝下诏命零陵郡祭祀节侯、戴侯庙，在四季及岁终时进行祭祀每年五次。设立啬夫、佐吏各一人。

刘平后来因与众王勾结串通而获罪，封国被废除。永平五年（62），明帝改封刘平为竟陵侯。刘平去世，儿子刘真继承了他的爵位。刘真去世，儿子刘禹继承了爵位。刘禹去世，儿子刘嘉继承了爵位。

泗水王刘歙字经孙，是光武帝同族兄弟的父亲。刘歙的儿子刘终，与光武帝年少时关系亲密。汉兵兴起，刚到唐子县，刘终就将湖终为侍中。更始败，歙、终东奔洛阳。建武二年，立歙为泗水王，终为淄川王。十年，歙薨，封小子燀为堂溪侯，奉歙后。终居丧思慕，哭泣二十余日，亦薨。封长子柱为邔侯，以奉终祀，又封终子凤曲阳侯。

歙从父弟茂，年十八，汉兵之起，茂自号刘失职，亦聚众京、密间，称厌新将军。攻下颍川、汝南，众十余万人。光武既至河内，茂率众降，封为中山王。十三年，宗室为王者皆降为侯，更封茂为穰侯。

茂弟匡，亦与汉兵俱起。建武二年，封宜春侯。为人谦逊，永平中为宗正。子浮嗣，封朝阳侯。

浮弟尚，永元中为征西将军。浮传国至孙护，无子，封绝。延光中，护从兄瓌与安帝乳母王圣女伯荣私通，遂取伯荣为妻，得绍护封为朝阳侯，位侍中。及王圣败，贬爵为亭侯。

安城孝侯赐字子琴，光武族兄也。祖父利，苍梧太守。赐少孤。兄显报怨杀人，吏捕显杀之。赐与显子信卖田宅，同抛财产，结客报吏，皆亡命逃伏，遭赦归。会伯升起兵，乃随从攻击诸县。

更始既立，以赐为光禄勋，封广汉侯。及伯升被害，代为大司徒，将兵讨汝南。未及平，更始又以信为奋威大将军，代赐击汝南，赐与更始俱到洛阳。更始欲令亲近大将徇河北，未知所使。赐言诸家子独有文叔可用，大司马朱鲔等以为不可，更始狐疑，赐深劝之，乃拜光武行大司马，持节过河。是日以赐为丞相，令先入关，修宗庙宫室。还迎更始都长安，封赐为宛王，拜前大司马，使持节镇阳尉引诱出来杀死。更始帝即位，刘歙随从入关，被封为元氏王，刘终被任命为侍中。更始帝失败，刘歙、刘终向东跑到洛阳。建武二年（26），光武帝立刘歙为泗水王，刘终为淄川王。建武十年（34），刘歙去世，光武帝册封他的幼子刘燀为堂溪侯，供奉刘歙。刘终为父守丧时过度思慕父亲，连续哭了二十多天，也去世了。光武帝封刘终的长子刘柱为邔侯，来供奉祭祀刘终，又封刘终的儿子刘凤为曲阳侯。

刘歙的堂弟刘茂，年十八岁，汉兵起事时，刘茂自号刘失职，也在京县、密县间召集部众，自称厌新将军。攻下颍川、汝南，有兵众十多万人。光武帝到达河内后，刘茂率领部众归降，被封为中山王。建武十三年（37），宗室里的王都被降为侯，改封刘茂为穰侯。

刘茂的弟弟刘匡，也与汉兵一同起事。建武二年（26），被封为宜春侯。刘匡为人谦逊，永平年间任宗正。儿子刘浮继承了他的爵位，被封为朝阳侯。

刘浮的弟弟刘尚，永元年间任征西将军。刘浮将封国传到孙子刘护的手里，刘护没有儿子，封国就此断绝。延光年间，刘护的堂兄刘瓌与安帝的乳母王圣的女儿伯荣秘密通好，就娶了伯荣为妻，得以承袭刘护的封爵为朝阳侯，做侍中。等到王圣衰败，被贬为亭侯。

安成孝侯刘赐字子琴，是光武帝的族兄。祖父刘利，任苍梧太守。刘赐年少时就成了孤儿。兄长刘显为了报复仇怨而杀了人，官吏逮捕了刘显并将其杀死。刘赐与刘显的儿子刘信卖掉田地房屋，一起舍弃财产，用以结交宾客报复官吏，之后都逃亡隐匿起来，遭到宽赦后返回家乡。恰好遇上伯升起兵，便跟随伯升攻击众县。

更始帝即位后，任用刘赐为光禄勋，封广汉侯。等到伯升被害时，刘赐代替伯升任大司徒，带兵征讨汝南。未等汝南平定，更始帝又任命刘信为奋威大将军，代替刘赐攻打汝南，刘赐与更始帝一同到达洛阳。更始帝想令信任的大将攻取河北，不知道该派谁去。刘赐说各家子辈里唯独文叔可担此任，大司马朱鲔等以为不可以派文叔去，更始帝狐疑不决，刘赐恳切相劝，才让光武帝代行大司马职事，持符节过河。同一天更始帝任命刘赐为丞相，命他先行入关，修整宗抚关东。二年春，赐就国于宛，典将六部兵。后赤眉破更始，赐所领六部亦稍散畔，乃去宛保育阳。

闻光武即位，乃西之武关，迎更始妻子将诣洛阳。帝嘉赐忠，建武二年，封为慎侯。十三年，更增户邑，定封为安成侯，奉朝请。以赐有恩信，故亲厚之，数蒙宴私，时幸其第，恩赐特异。赐辄赈与故旧，无有遗积。帝为营冢堂，起祠庙，置吏卒，如舂陵孝侯。二十八年卒，子闵嗣。

三十年，帝复封闵弟嵩为白牛侯。坐楚事，辞语相连，国除。闵卒，子商嗣，徙封为白牛侯。商卒，子昌嗣。

初，信为更始讨平汝南，因封为汝阴王。信遂将兵平定江南，据豫章。光武即位，桂阳太守张隆击破之，信乃诣洛阳降，以为汝阴侯。永平十三年，亦坐楚事国除。

成武孝侯顺字平仲，光武族兄也。父庆，舂陵侯敞同产弟。顺与光武同里闬，少相厚。

更始即位，以庆为燕王，顺为虎牙将军。会更始降赤眉，庆为乱兵所杀，顺乃间行诣光武，拜为南阳太守。建武二年，封成武侯，邑户最大，租入倍宗室诸家。八年，使击破六安贼，因拜为六安太守。数年，帝欲征之，吏人上书请留。十一年卒，帝使使者迎丧，亲自临吊。子遵嗣，坐与诸王交通，降为端氏侯。遵卒，子弇嗣。弇卒，无嗣，国除。永平十年，显宗幸章陵，追念旧恩，封顺弟子三人为乡侯。

庙宫室。之后返回去迎接更始帝到长安定都，更始帝封刘赐为宛王，任命他做前大司马，派他持符节安定抚恤关东。更始二年（24）春季，刘赐前往封国宛地，统领六部兵马。后来赤眉击败更始帝，刘赐所统领的六部兵马也渐渐四散叛逃，刘赐就离开宛地去据守育阳。

听闻光武即位，刘赐就向西前往武关，迎接更始帝的妻儿将他们送到洛阳。光武帝嘉许刘赐的忠心，建武二年（26），被封为慎侯。建武十三年（37），又增加户邑，定封为安成侯，任奉朝请。因刘赐具有恩德信义，所以光武帝亲爱厚待他，他多次在公余闲暇时蒙受召见，光武帝不时亲临他的府第，得到的恩宠赏赐异于他人。刘赐总是拿家产救济故交旧友，没有留下一点积蓄。光武帝为他营造墓室，建立祠庙，设置吏卒看护，一切都依照舂陵孝侯的规制。建武二十八年（52）刘赐去世，儿子刘闵继承了他的爵位。

建武三十年（54），光武帝又封刘闵的弟弟刘嵩为白牛侯。因楚王谋反事件中，口供涉及到他，封国被废除。刘闵去世，儿子刘商继承爵位，改封为白牛侯。刘商去世，儿子刘昌继承了爵位。

当初，刘信为更始帝平定了汝南，因而被封为汝阴王。刘信就率兵平定江南，据有豫章。光武帝即位后，命贵阳太守张隆攻破了他，刘信便到洛阳归降，被封为汝阴侯。永平十三年（70），刘信也因楚王谋反事件获罪封国被废除。

成武孝侯刘顺字平仲，是光武帝的族兄。父亲刘庆，是舂陵侯刘敞的同母之弟。刘顺与光武帝住在同一个里巷，年少时彼此间感情深厚。

更始帝即位，册封刘庆为燕王，拜任刘顺为虎牙将军。适逢更始帝归降赤眉，刘庆被乱兵杀害，刘顺就秘密从小路到达光武帝那里，被任命为南阳太守，建武二年（26），被封为成武侯，封得的邑户最大，租税收入是宗族里其他人家的数倍。建武八年（32），光武帝命他击败六安贼人，于是任命他为六安太守。几年后，光武帝想要征召他回京，六安官民上书请求留他在刘安。建武十一年（35）去世，光武帝派遣使者迎他的尸骨回来，亲自前去临丧哭吊。儿子刘遵继承了他的爵位，后因与众王勾结串通而获罪，被降爵为端氏侯。刘遵去初，顺叔父弘娶于樊氏，皇妣之从妹也。生二子：敏，国。与母随更始在长安。建武二年，诣洛阳，光武封敏为甘里侯，国为弋阳侯。敏通经有行，永平初，官至越骑校尉。

弘弟梁，以侠气闻，更始元年，起兵豫章，欲徇江东，自号“就汉大将军”，暴病卒。

顺阳怀侯嘉字孝孙，光武族兄也。父宪，舂陵侯敞同产弟。嘉少孤，性仁厚，南顿君养视如子，后与伯升俱学长安，习《尚书》《春秋》。

及义兵起，嘉随更始征伐。汉军之败小长安也，嘉妻子遇害。更始即位，以为偏将军。及攻破宛，封兴德侯，迁大将军。击延岑于冠军，降之。更始既都长安，以嘉为汉中王、扶威大将军，持节就国，都于南郑，众数十万。建武二年，延岑复反，攻汉中，围南郑，嘉兵败走。岑遂定汉中，进兵武都，为更始柱功侯李宝所破。岑走天水，公孙述遣将侯丹取南郑。嘉收散卒，得数万人，以宝为相，从武都南击侯丹，不利，还军河池、下辨。复与延岑连战，岑引北入散关，至陈仓，嘉追击破之。更始邓王廖湛将赤眉十八万攻嘉，嘉与战于谷口，大破之。嘉手杀湛，遂到云阳就谷。

李宝等闻邓禹西征，拥兵自守，劝嘉且观成败。光武闻之，告禹曰：“孝孙素谨善，少且亲爱，当是长安轻薄儿误之耳。”禹即宣帝旨，嘉乃因来歙诣禹于云阳。三年，到洛阳，从征伐，拜为千乘太世，儿子刘弇继承了爵位。刘弇去世，没有子嗣，封国被废除。永平十年（67），明帝亲临章陵，追念昔日的恩情，封刘顺弟弟的三个儿子为乡侯。

起初，刘顺的叔父刘弘娶了樊氏的女儿为妻，这个女儿是已经亡故的皇太后的堂妹。为刘弘生下两个儿子：刘敏、刘国。两个儿子与母亲跟随更始帝在长安生活。建武二年（26），到达洛阳，光武帝封刘敏为甘里侯，刘国为弋阳侯。刘敏通晓经学有德行，永平初年，官做到越骑校尉。

刘弘的弟弟刘梁，凭借仗义助人的气概为人所知，更始元年（23），在豫章起兵，想攻下江东，自号"就汉大将军"，后因暴病而死。

顺阳怀侯刘嘉字孝孙，是光武帝的族兄。父亲刘宪，是舂陵侯刘敞的同母之弟。刘嘉年少时就成了孤儿，生性仁厚，南顿君把他看作儿子一般养育，后来与伯升一同在长安学习，学《尚书》《春秋》。

等到义兵起事时，刘嘉就随从更始帝征伐。汉军在小长安战败，刘嘉的妻儿遇害。更始帝即位，任命刘嘉为偏将军。攻下宛城后，被封为兴德侯，迁升为大将军。在冠军攻击延岑，降伏了对方。更始帝定都长安后，让刘嘉做汉中王、扶威大将军，持符节前往封国，在南郑建都，有部众数十万。建武二年（26），延岑再次反叛，攻打汉中，围困南郑，刘嘉战败逃走。延岑就平定汉中，进兵武都，被更始帝手下的柱功侯李宝击败。延岑逃往天水，公孙述派将领夺得南郑。刘嘉收集零散的士卒，得到数万人，让李宝做国相，从武都南下攻击侯丹，战争失利，带领军队返回河池、下辨。又与延岑接连交战，延岑领兵北上进入散关，行至陈仓，刘嘉追击击败了他。更始帝册封的邓王廖湛率赤眉兵士十八万攻击刘嘉，刘嘉在谷口与廖湛等人对战，大举击败了对方。刘嘉亲手杀掉廖湛，接着率军到达云阳就食。

李宝等人听闻邓禹西征，就拥兵自守，劝说刘嘉暂且旁观成败。光武帝听闻后，告诉邓禹说："刘孝孙向来谨慎善良，并且年少时与我关系亲密，一定是长安的轻薄儿郎误导了他呀。"邓禹随即传达了守。六年，病，上书乞骸骨，征诣京师。十三年，封为顺阳侯。秋，复封嘉子廧为黄李侯。十五年，嘉卒，子参嗣，有罪，削为南乡侯。永平中，参为城门校尉。参卒，子循嗣。循卒，子章嗣。

赞曰：齐武沉雄，义戈乘风。仓卒匪图，亡我天工。城阳早协，赵孝晚同。泗水三侯，或恩或功。

光武帝的旨意，刘嘉就依靠来歙到云阳拜见邓禹。建武三年（27），到达洛阳，跟随光武帝征伐，光武帝拜任他为千乘太守。建武六年（30），刘嘉生病，上书请求辞官归乡，被征召到京师。建武十三年（37），被封为顺阳侯。这年秋季，光武帝又封刘嘉的儿子刘廥为黄李侯。建武十五年（39），刘嘉去世，儿子刘廥继承了他的爵位，后因刘廥有罪，被削为南乡侯。永平年间，刘廥任城门校尉。刘廥去世，儿子刘循继承了爵位。刘循去世，儿子刘章继承了爵位。

赞辞说：齐武王深沉雄浑，顺应天下之势兴起军队为正义而战。匆忙急迫之间没能筹谋得当，失去了上天赐予的良机。城阳王刘祉早早就辅助起兵，赵孝王刘良很晚才赞成起事。泗水王刘歙的后代有三人被封侯，或因为恩情或因为功勋。

卷四十五

李王邓来列传第五

李通字次元，南阳宛人也。世以货殖著姓。父守，身长九尺，容貌绝异，为人严毅，居家如官廷。初事刘歆，好星历谶记，为王莽宗卿师。通亦为五威将军从事，出补巫丞，有能名。莽末，百姓愁怨，通素闻守说谶云“刘氏复兴，李氏为辅”，私常怀之。且居家富逸，为闾里雄，以此不乐为吏，乃自免归。

及下江、新市兵起，南阳骚动，通从弟轶，亦素好事，乃共计议曰：“今四方扰乱，新室且亡，汉当更兴。南阳宗室，独刘伯升兄弟泛爱容众，可与谋大事。”通笑曰：“吾意也。”会光武避吏在宛，通闻之，即遣轶往迎光武。光武初以通士君子相慕也，故往答之。及相见，共语移日，握手极欢。通因具言谶文事，光武初殊不意，未敢当之。时守在长安，光武乃微观通曰：“即如此，当如宗卿师何？”通曰：“已自有度矣。”因复备言其计。光武既深知通意，乃遂相约结，定谋议，期以材官都试骑士日，欲劫前队大夫及属正，因以号令大众。乃使光武与轶归舂陵，举兵以相应。遣从兄子季之长安，以事报守。

季于道病死，守密知之，欲亡归。素与邑人黄显相善，时显为中郎将，闻之，谓守曰：“今关门禁严，君状貌非凡，将以此安之？不如诣阙自归。事既未然，脱可免祸。”守从其计，即上书归死，章李通字次元，南阳郡宛县人。家族世代凭借经商著名。父亲李守，身长九尺，容貌独特不凡，为人严正刚毅，在家里如同在官府里一般庄重。最初为刘歆做事，因爱好星术历法和谶书，在王莽手下任宗卿师。李通同时也任五威将军从事，出京做巫县县丞，有能干的美名。王莽末年，百姓心生愁怨，李通常听他父亲李守说谶语说“刘氏复兴，李氏为辅”，私底下时常惦记着这句谶语。而且家中生活富裕安逸，在乡里位居首列，因此不乐于做官，便主动辞官归家。

等到下江、新市起兵，南阳骚动不安，李通的堂弟李轶，也素来喜欢兴造事端，就与李通一起计划商议说：“如今四方混乱，王莽新室将要灭亡，汉室应当复兴。南阳刘氏宗室里，唯独刘伯升兄弟博爱众生心怀宽广，可以同他们一起谋划大事。”李通笑着说：“这也是我的想法。”恰好遇上光武帝在宛县躲避官吏的追捕，李通听闻后，立即让李轶前去迎接光武帝。光武帝起初因李通是德高尚且有学问的人而心生仰慕，所以前去答谢他。等到二人相见，一起说了许久的话，执手谈笑极其欢乐。李通就把谶语之事详细告知了光武帝，光武帝起初特别出乎意料，不敢答应。当时李守在长安，光武帝偷偷地对李通说：“倘若如此，应当怎样处理你的父亲宗卿师李守呢？”李通说：“已经自有考量了。”于是又将自己的计划详细告知了光武帝。光武帝深切了解到李通的意思后，就和李通彼此订约，确定计议，约定在总试骑士那天，劫持前队大夫及属正，凭此号令大众。于是李通让光武帝与李轶返回舂陵，出兵来互相照应。让堂兄的儿子李季到长安，将这件事告知李守。

李季在途中病死，李守暗中知道了此事，想要逃回家。李守素来与同邑人黄显彼此交好，此时黄显任中郎将，听说他要逃走后，对李守说：“如今关口门禁森严，你容貌非凡，顶着这样的容貌能逃到未及报，留阙下。会事发觉，通得亡走，莽闻之，乃系守于狱。而黄显为请曰：“守闻子无状，不敢逃亡，守义自信，归命宫阙。臣显愿质守俱东，晓说其子。如遂悖逆，令守北向刎首，以谢大恩。”莽然其言。会前队复上通起兵之状，莽怒，欲杀守，显争之，遂并被诛，及守家在长安者尽杀之。南阳亦诛通兄弟、门宗六十四人，皆焚尸宛市。

时汉兵亦已大合。通与光武、李轶相遇棘阳，遂共破前队，杀甄阜、梁丘赐。

更始立，以通为柱国大将军、辅汉侯。从至长安，更拜为大将军，封西平王；轶为舞阴王；通从弟松为丞相。更始使通持节还镇荆州，通因娶光武女弟伯姬，是为宁平公主。光武即位，征通为卫尉。建武二年，封固始侯，拜大司农。帝每征讨四方，常令通居守京师，镇抚百姓，修宫室，起学官。五年春，代王梁为前将军。六年夏，领破奸将军侯进、捕虏将军王霸等十营击汉中贼。公孙述遣兵赴救，通等与战于西城，破之，还屯田顺阳。

时天下略定，通思欲避荣宠，以病上书乞身。诏下公卿群臣议。大司徒侯霸等曰：“王莽篡汉，倾乱天下。通怀伊、吕、萧、曹之谋，建造大策，扶助神灵，辅成圣德。破家为国，忘身奉主，有扶危存亡之义。功德最高，海内所闻。通以天下平定，谦让辞位。夫安不忘危，宜令通居职疗疾。欲就诸侯，不可听。”于是诏通勉致医药，以时视事。其夏，引拜为大司空。

哪里？不如进宫自行投案。事情既然尚未成为事实，或许可以免于祸难。”李守听从了他的办法，立即上书请死，奏章还没来得及报给王莽，被留在宫庭。恰好赶上事情被发觉，李通成功逃走，王莽听闻后，就把李守关入狱里。黄显为他求情说：“李守得知儿子的罪不可饶恕，不敢逃走，固守节操守义，归顺朝廷。臣黄显愿意以李守为人质和他一同东归，劝说他的儿子。如若他的儿子最终还是要犯上作乱，就令李守朝着背面刎颈而死，来感谢朝廷的大恩。”王莽同意了他的话。恰好赶上前队大夫又上报李通起兵之事，王莽大怒，想要杀死李守，黄显极力规劝，最终与李守一同被杀，后李守在长安的家人也尽数被杀。南阳官吏也诛杀了李通的兄弟、族人六十四人，他们的尸体都在宛城的集市上被焚烧。

此时汉兵也已全面会合。李通与光武、李轶在棘阳相遇，就共同击败前队大夫，杀掉甄阜、梁丘赐。

更始帝即位，让李通做柱国大将军、辅汉侯。随从更始帝到达长安，改任他为大将军，封西平王；封李轶为舞阴王；任用李通的堂弟李松做丞相。更始帝命李通持符节返回镇守荆州，李通因而娶了光武帝的妹妹伯姬为妻，就是宁平公主。光武帝即位，征拜李通为卫尉。建武二年（26），李通被封为固始侯，拜任他做大司农。光武帝每每征讨四方，就令李通留下来守护京师，安定抚恤百姓，修造宫室，兴建学宫。建武五年（29）春季，李通接替王梁任前将军。建武六年（30）夏季，李通带领破奸将军侯进、捕虏将军王霸等十营攻击汉中的贼兵。公孙述派遣军兵马赶往救援，李通等人与公孙述的援兵在西城交战，击败了对方，返回在顺阳屯田。

此时天下大致平定，李通心中想要辞让禄位恩宠，称病上书自请离职。光武帝下诏让公卿群臣商议，大司徒侯霸等说：“王莽篡汉，扰乱天下。李通怀有伊尹、吕尚、萧何、曹参的谋略，制定重大的计策，辅助神灵，成就圣德。为了国家不惜牺牲自己的家族，侍奉君主奋不顾身，具有挽救危亡之势的大义。功绩德行最为最高，天下都有所耳闻。李通因天下平定，谦虚退让辞去官位。李通处于安定、太通布衣唱义，助成大业，重以宁平公主故，特见亲重。然性谦恭，常欲避权势。素有消疾，自为宰相，谢病不视事，连年乞骸骨，帝每优宠之。令以公位归第养疾，通复固辞。积二岁，乃听上大司空印绶，以特进奉朝请。有司奏请封诸皇子，帝感通首创大谋，即日封通少子雄为召陵侯。每幸南阳，常遣使者以太牢祠通父冢。十八年卒，谥曰恭侯。帝及皇后亲临吊，送葬。

子音嗣。音卒，子定嗣。定卒，子黄嗣。黄卒，子寿嗣。

李轶后为朱鲔所杀。更始之败，李松战死，唯通能以功名终。永平中，显宗幸宛，诏诸李随安众宗室会见，并受赏赐，恩宠笃焉。

论曰：子曰“富与贵是人之所欲，不以其道得之，不处也”。李通岂知夫所欲而未识以道者乎！夫天道性命，圣人难言之，况乃亿测微隐，猖狂无妄之福，污灭亲宗，以觖一切之功哉！昔蒙毅负书，不徇楚难；即墨用齐，义雪燕耻。彼之趣舍所立，其殆与通异乎？

王常字颜卿，颍川舞阳人也。王莽末，为弟报仇，亡命江夏。久之，与王凤、王匡等起兵云杜绿林中，聚众数万人，以常为偏裨，攻傍县。后与成丹、张印别入南郡蓝口，号下江兵。王莽遣严尤、陈茂击破之。常与丹、印收散卒入蒌溪，劫略钟、龙间，众复振。引军平时不曾忘记潜藏的危机，应当令他在职治病。他想前往封国就任诸侯，不可答应。”于是光武帝颁发诏书命李通努力喝药治病，及时任职。这年夏季，光武帝任命李通为大司空。

李通以普通百姓的身份首倡大义，辅助光武帝促成帝业，再加上宁平公主的缘故，特别受到光武帝的亲近看重。然而李通天性谦恭，时常想要躲开权柄势力。李通素来患有消渴症，自担任宰相以来，就以生病为借口不处理政务，接连好几年请求辞官归乡，光武帝每次都予以优遇恩宠。让他保留官位回到府第养病，李通又再三请辞。过了两年，才听凭他交上大司空印绶，赐予他特进奉朝请之位。有关官员奏请册封众皇子，光武帝感念李通最先创立大计，当日册封李通的幼子李雄为召陵侯。光武帝每每亲临南阳，总是派遣使者以牛羊猪三牲具备的太牢之礼即使李通父亲的坟墓。李通在建武十八年（42）去世，谥号为恭侯。光武帝及皇后亲临吊唁，为他送葬。

儿子李音继承了他的爵位，李音去世，儿子李定继承了爵位。李定去世，儿子李黄继承了爵位。李黄去世，儿子李寿继承了爵位。

李轶后来被朱鲔杀害。更始帝失败时，李松战死。唯独李通以功业名声善终。永平年间，明帝来到宛县，下诏令李氏随安众县的刘氏宗室一同进见，都受到了赏赐，恩宠很是丰厚。

评论说：孔子说“财富与显贵是人人都想要获得的，但不是通过正当的途径获得的，就不能接受”。李通难道是知道想要什么却不懂通过正当途径获取的人嘛！天道性命，圣人都难以言说，何况是为了揣测出来的谶语，猖狂无妄的福气，灭亡族人，以图得到一时的功劳呐！过去蒙穀背着宫中典籍逃走，不曾为楚难殉身；即墨为齐国固守城池击败燕国，通过义举洗去了燕国带来的耻辱。他们的取舍和立场，大概与李通不同吧？

王常字颜卿，颍川郡舞阳县人。王莽末年，王常为了替弟弟报仇，改变姓名逃到江夏。经过一段时间后，与王凤、王匡等人在云杜绿林中起兵，聚集了几万兵众，让王常做偏将，进攻邻县。后来与成丹、张卬另外进入南郡兰口，号称下江兵。王莽命严尤、陈茂击败他与荆州牧战于上唐，大破之，遂北至宜秋。

是时，汉兵与新市、平林众俱败于小长安，各欲解去。伯升闻下江军在宜秋，即与光武及李通俱造常壁，曰："愿见下江一贤将，议大事。"成丹、张卬共推遣常。伯升见常，说以合从之利。常大悟，曰："王莽篡弑，残虐天下，百姓思汉，故豪杰并起。今刘氏复兴，即真主也。诚思出身为用，辅成大功。"伯升曰："如事成，岂敢独飨之哉！"遂与常深相结而去。常还，具为丹、卬言之。丹、卬负其众，皆曰："大丈夫既起，当各自为主，何故受人制乎？"常心独归汉，乃稍晓说其将帅曰："往者成、哀衰微无嗣，故王莽得承间篡位。既有天下，而政令苛酷，积失百姓之心。民之讴吟思汉，非一日也，故使吾属因此得起。夫民所怨者，天所去也；民所思者，天所与也。举大事必当下顺民心，上合天意，功乃可成。若负强恃勇，触情恣欲，虽得天下，必复失之。以秦、项之势，尚至夷覆，况今布衣相聚草泽？以此行之，灭亡之道也。今南阳诸刘举宗起兵，观其来议事者，皆有深计大虑，王公之才，与之并合，必成大功，此天所以祐吾属也。"下江诸将虽屈强少识，然素敬常，乃皆谢曰："无王将军，吾属几陷于不义。愿敬受教。"即引兵与汉军及新市、平林合。于是诸部齐心同力，锐气益壮，遂俱进，破杀甄阜、梁丘赐。

及诸将议立宗室，唯常与南阳士大夫同意欲立伯升，而朱鲔、们。王常与成丹、张卬收罗被击溃的兵卒进入蔞奚，在三钟山、石龙山之间抢劫掠夺，兵众再次振兴。王常率军与荆州牧在上唐对战，大举击败了荆州牧，最后北上到达宜秋。

当时，汉兵与新市、平林众兵都在小长安战败，各自都想解围离开。伯升听闻下江兵在宜秋，立即与光武帝及李通一同到达王常的军营，说："希望见到下江兵中的一名贤将，讨论大事。"成丹、张卬共同推荐王常去。伯升看见王常，以双方联合的有利之处劝说。王常彻底醒悟，说："王莽弑君篡位，对待天下残暴狠毒，百姓想念汉室，因而各方豪杰同时起事。如今刘氏复兴，就是真正的天下之主啊。我真心想献出自己为汉室所用，辅助汉室成就伟大功业。"伯升说："如若事情成功，岂敢独自享有呐！"就与王常彼此深切结交后离开。王常回去，将事情详细告诉了成丹、张卬。成丹、张卬自负人多势众，都说："大丈夫既然已经起事，就应该各自为主，为什么要受他人的辖制呢？"王常心中唯独想要归附汉室，就渐渐劝说手下的将帅说："过去成帝、哀帝衰微没有子嗣，因此王莽才能够趁机会篡位。拥有天下后，发布的政令却苛刻残酷，长此以往丧失了民心。百姓歌唱吟咏思念汉室，并非一天两天了，所以使得我们能够因此得以起事。人民所怨愤的，就是上天要去除的；人民所思念的，就是上天要给予的。发动大事必定要对下顺应民心，对上合乎天意，功业才可以达成。如若仗着自己强大勇敢，依从情意贪欲无度，纵使得到天下，必定又会再次失去。凭借秦始皇、项羽的威势，尚且走向了灭亡，何况如今我们这些聚集在草泽里的平头百姓呢？凭此走下去，是灭亡之路啊。而今南阳刘氏举族起兵，观察对方来和我们商量大事的，都是有周密计划和远大谋略的人，具有王公之才，与他们联合，必然会实现大功，这是上天在庇佑我们啊！"下江众将虽然倔强见识少，然而向来敬重王常，就都答谢说："没有王将军，我们差点陷入不义的境地。愿意恭敬地接受教诲。"王常立即率兵与汉军及新市、平林兵联合。于是众部队齐心同力，锐气更为壮大，一同进军，击败并杀掉了甄阜、梁丘赐。

后来在众将一起讨论拥立宗室之事时，唯独王常与南阳士大夫张卬等不听。及更始立，以常为廷尉、大将军，封知命侯。别徇汝南、沛郡，还入昆阳，与光武共击破王寻、王邑。更始西都长安，以常行南阳太守事，令专命诛赏，封为邓王，食八县，赐姓刘氏。常性恭俭，遵法度，南方称之。

更始败，建武二年夏，常将妻子诣洛阳，肉袒自归。光武见常甚欢，劳之曰："王廷尉良苦。每念往时，共更艰戹，何日忘之。莫往莫来，岂违平生之言乎？"常顿首谢曰："臣蒙大命，得以鞭策托身陛下。始遇宜秋，后会昆阳，幸赖灵武，辄成断金。更始不量愚臣，任以南州。赤眉之难，丧心失望，以为天下复失纲纪。闻陛下即位河北，心开目明，今得见阙庭，死无遗恨。"帝笑曰："吾与廷尉戏耳。吾见廷尉，不忧南方矣。"乃召公卿将军以下大会，具为群臣言："常以匹夫兴义兵，明于知天命，故更始封为知命侯。与吾相遇兵中，尤相厚善。"特加赏赐，拜为左曹，封山桑侯。

后帝于大会中指常谓群臣曰："此家率下江诸将辅翼汉室，心如金石，真忠臣也。"是日迁常为汉忠将军，遣南击邓奉、董䜣，令诸将皆属焉。又诏常北击河间、渔阳，平诸屯聚。五年秋，攻拔湖陵，又与帝会任城，因从破苏茂、庞萌。进攻下邳，常部当城门战，一日数合，贼反走入城，常追迫之，城上射矢雨下，帝从百余骑自城南高处望，常战力甚，驰遣中黄门诏使引还，贼遂降。又别率骑都尉王霸共平沛郡贼。六年春，征还洛阳，令夫人迎常于舞阳，归家上冢。西屯长安，拒隗嚣。七年，使使者持玺书即拜常为横野大将军，位次与诸将绝席。常别击破隗嚣将高峻于朝那。嚣遣将过乌同意拥立伯升，然而朱鲔、张卬等人不听从。等到更始帝即位，任用王常为廷尉、大将军，封知命侯。王常另行攻打汝南、沛郡，返回时进入昆阳，与光武帝一同击败王寻、王邑。更始帝向西到长安建都，命王常代理南阳太守职事，令他自行决定责罚奖赏，并封他为邓王，食邑八县，赐姓刘氏。王常天性恭谨俭约，遵循法度，南方之人都对他称许不已。

更始帝失败，建武二年（26）夏季，王常带领妻儿到洛阳，脱去上衣自行归顺。光武帝见到王常十分欢喜，慰劳他说："王廷尉很是辛苦。每每忆起昔日，共同尽力危难困厄，永远不忘。你不同我往来，难道不是违背了平生所说的话吗？"王常磕头道歉说："臣蒙受天命，得以手执马鞭在陛下身边寄身。最开始在宜秋相遇，之后在昆阳相会，幸亏依赖您的威武，一直同心。更始帝看得起愚臣，将南州交给我负责。赤眉打败更始帝后，我丧失理智很是失望，以为天下又要失去纲纪。听闻陛下在河北即位，我立即心开目明，今天得以在宫庭见到陛下，死而无憾。"光武帝笑着说："我同廷尉开玩笑而已。我见到廷尉，就不忧心南方了。"于是光武帝便找来公卿将军以下举办盛大宴会，对群臣说："王常一介匹夫发动义兵，明晓天命，因而更始帝封他为知命侯。同我在军中相遇，彼此尤为交情深厚。"予以特别赏赐，拜任他为左曹，封山桑侯。

后来光武帝在大会上指着王常对群臣说："此人率下江众将辅佐汉室，意志犹如金石般坚贞不渝，真是个忠臣啊！"当天就迁升王常为汉忠将军，命他南下进攻邓奉、董䜣，令众将都归他管理。又下诏命王常北上进攻河间、渔阳，平定各路贼兵。建武五年（29）秋季，王常攻得湖陵，又与光武帝在任城会合，接着随从光武帝击败苏茂、庞萌。进攻下邳，王常的军队正对着城门战斗，一天和敌人交战了好几个回合，贼兵反身逃进城里，王常追赶逼迫，城上射下如雨点般的箭矢，光武帝随同一百多名骑兵从城南高处观望，王常作战很是勇力，让中黄门带着诏书疾驰前往命王常领兵返回，贼并最终归降。又另外率领骑都尉王霸共同平定沛郡的贼人。建武六年（30）春季，光武帝征召他返回洛阳，令他的夫人在舞阳迎接王常，回到家乡上坟。向西氏，常要击破之。转降保塞羌诸营壁，皆平之。九年，击内黄贼，破降之。后北屯故安，拒卢芳。十二年，薨于屯所，谥曰节侯。

子广嗣。三十年，徙封石城侯。永平十四年，坐与楚事相连，国除。

邓晨字伟卿，南阳新野人也。世吏二千石。父宏，豫章都尉。晨初娶光武姊元。王莽末，光武尝与兄伯升及晨俱之宛，与穰人蔡少公等宴语。少公颇学图谶，言刘秀当为天子。或曰：“是国师公刘秀乎？”光武戏曰：“何用知非仆邪？”坐者皆大笑，晨心独喜。及光武与家属避吏新野，舍晨庐，甚相亲爱。晨因谓光武曰：“王莽悖暴，盛夏斩人，此天亡之时也。往时会宛，独当应邪？”光武笑不答。

及汉兵起，晨将宾客会棘阳。汉兵败小长安，诸将多亡家属，光武单马遁走。遇女弟伯姬，与共骑而奔。前行复见元，趣令上马。元以手㧑曰：“行矣，不能相救，无为两没也。”会追兵至，元及三女皆遇害。汉兵退保棘阳，而新野宰乃污晨宅，焚其冢墓。宗族皆恚怒，曰：“家自富足，何故随妇家人入汤镬中？”晨终无恨色。

更始立，以晨为偏将军。与光武略地颍川，俱夜出昆阳城，击破王寻、王邑。又别徇阳翟以东，至京、密，皆下之。更始北都洛阳，以晨为常山太守。会王郎反，光武自蓟走信都，晨亦间行会于到长安驻扎，抵挡隗嚣。建武七年（31），光武帝派遣使者拿着玺书在当地拜任王常为横野大将军，不与其他将领同坐一席。王常另行在朝那击败隗嚣的将领高峻。隗嚣派遣将领过乌氏县，王常在中途拦阻袭击击败了对方。转头降伏保塞羌各营，都成功平定了。建武九年（33），王常攻打内黄贼人，击败降伏了对方。后来北上在故安驻扎军队，抵挡卢芳。建武十二年（36），王常死于屯所，谥号为节侯。

儿子王广继承了他的爵位。建武三十年（54），改封石城侯。永平十四年（71），因与楚王谋反事有关连，封国被废除。

邓晨字伟卿，南阳郡新野县人。先祖世代任俸禄两千石的官吏。父亲邓宏，任豫章都尉。邓晨当初娶了光武帝的姐姐刘元为妻。王莽末年，光武帝曾与兄长伯升及邓晨一同到宛地，与穰人蔡少公等共同闲谈。蔡少公对颇有研究，预言说刘秀应当成为天子。有人问：“是国师公刘秀吗？”光武帝开玩笑说：“你凭什么知道说得不是我呢？”在座的人都放声大笑，唯独邓晨心中十分欢喜。等到光武帝与家属在新野躲避官吏的追捕时，居住在邓晨的房舍里，与邓晨彼此关系亲密感情深厚。邓晨就对光武帝说：“王莽有违天理且为人残暴，在盛夏时节杀人，这是上天要灭亡他的时候。过去在宛地相会时的谶语，难道要应验了吗？”光武帝笑而不答。

等到汉兵起事时，邓晨带领宾客同光武帝在棘阳会合。汉兵在小长安战败，众将领的家属大多丢失，光武帝独自骑马逃走，遇到妹妹伯姬，同他同骑一匹马奔逃。继续前行又遇见了姐姐刘元，让她速速上马。刘元摆了摆手说：“你们走吧，不能再救我了，我们不必一起丧命。”正好遇上追兵赶来，刘元及其三个女儿全都遇害。汉兵退守棘阳，而新野县宰就弄脏了邓晨的宅子，烧毁了等价的坟墓。族人都很是愤怒，说：“家中本来十分富足，为什么要随媳妇家的人跳入滚烫的水锅里呢？”邓晨终始终不曾露出怨恨的脸色。

更始帝即位，让邓晨任偏将军。邓晨与光武帝攻占颍川的土地，二人一同在夜里出昆阳城，击败王寻、王邑。又另行攻打阳翟以东，直到京县、密县一带，都攻下了。更始帝北上到洛阳定都，让邓晨做钜鹿下，自请从击邯郸。光武曰：“伟卿以一身从我，不如以一郡为我北道主人。”乃遣晨归郡。光武追铜马、高胡群贼于冀州，晨发积射士千人，又遣委输给军不绝。光武即位，封晨房子侯。帝又感悼姊没于乱兵，追封谥元为新野节义长公主，立庙于县西。封晨长子汎为吴房侯，以奉公主之祀。

建武三年，征晨还京师，数宴见，说故旧平生为欢。晨从容谓帝曰：“仆竟办之。”帝大笑。从幸章陵，拜光禄大夫，使持节监执金吾贾复等击平邵陵、新息贼。四年，从幸寿春，留镇九江。

晨好乐郡职，由是复拜为中山太守，吏民称之，常为冀州高第。十三年，更封南緿侯。入奉朝请，复为汝南太守。十八年，行幸章陵，征晨行廷尉事。从至新野，置酒酣宴，赏赐数百千万，复遣归郡。晨兴鸿郤陂数千顷田，汝土以殷，鱼稻之饶，流衍它郡。明年，定封西华侯，复征奉朝请。二十五年卒，诏遣中谒者备公主官属礼仪，招迎新野主魂，与晨合葬于北芒。乘舆与中宫亲临丧送葬。谥曰惠侯。

小子棠嗣，后徙封武当。棠卒，子固嗣。固卒，子国嗣。国卒，子福嗣，永建元年卒，无子，国除。

来歙字君叔，南阳新野人也。六世祖汉，有才力，武帝世，以光禄大夫副楼船将军杨仆，击破南越、朝鲜。父仲，哀帝时为谏大常山太守。正好遇上王郎反叛，光武帝从蓟地逃往信都，邓晨也秘密从小路赶到钜鹿下会合，邓晨主动请求跟从光武帝攻击邯郸。光武帝说：“你一个人跟从我，不如拥有北面一郡来接济我。”于是让邓晨回到郡里。光武帝追击铜马、高胡贼众到冀州，邓晨发动一千名寻迹而射的兵士前去支援，又派人不断转运物资供给光武帝的军队。光武帝即位，封邓晨为房子侯。光武帝又感伤哀悼姐姐刘元死于乱兵手中，追谥刘元为新野节义长公主，在新野县的西面为他建立宗庙。封邓晨的长子邓汎为吴房侯，来供奉祭祀公主。

建武三年（27），光武帝征召邓晨返回京师，数次在公余闲暇之时入见天子，将谈论故交旧友生平往事当作乐事。邓晨神态从容地对光武帝说：“我终于做成了这件事。”光武帝大笑。邓晨跟从光武帝到达章陵，被拜任为光禄大夫，令他持符节监管执金吾贾复等人攻打平定郘陵、新息的贼人。建武四年（28），邓晨跟从光武帝到达寿春，留在那里镇抚九江。

邓晨喜好在郡中任职，因此光武帝又拜任他为中山郡太守，官民都称许他。经常是冀州各郡官员中考绩优等的那一位。建武十三年（37），改封他为南䜌侯。入京任奉朝请，之后又成为汝南太守。建武十八年（42），光武出行到章陵，征召邓晨代行廷事务。邓晨跟从光武帝到达新野，光武帝摆下酒席与之纵情饮宴，并赏赐给他数百千万钱，又让他回到郡里。邓晨兴建鸿郤陂田地数千顷，汝南凭此富庶起来，鱼米之丰饶，流通到其他郡内。第二年，光武帝定封邓晨为西华侯，在此次征召他如今任奉朝请。建武二十五年（49）邓晨去世，光武帝下诏命中谒者备好公主官属礼仪，招引迎接公主的魂魄，与邓晨合葬于北芒。光武帝与皇后亲临丧礼为其送葬。邓晨的谥号为惠侯。

幼子邓棠承袭了邓晨的爵位，后来改封到武当。邓棠去世，儿子邓固承袭了爵位。邓固去世，儿子邓国承袭了爵位。邓国去世，儿子邓福承袭了爵位，邓福于永建元年（126）去世，没有儿子，封国被废除。

来歙字君叔，南阳郡新野县人。六世祖来汉，富有才华能力，武帝时，以光禄大夫及楼船将军杨仆副将的身份，击败南越、朝鲜。父夫，娶光武祖姑，生歙。光武甚亲敬之，数共往来长安。

汉兵起，王莽以歙刘氏外属，乃收系之，宾客共篡夺，得免。更始即位，以歙为吏，从入关。数言事不用，以病去。歙女弟为汉中王刘嘉妻，嘉遣人迎歙，因南之汉中。更始败，歙劝嘉归光武，遂与嘉俱东诣洛阳。

帝见歙，大欢，即解衣以衣之，拜为太中大夫。是时方以陇、蜀为忧，独谓歙曰："今西州未附，子阳称帝，道里阻远，诸将方务关东，思西州方略，未知所任，其谋若何？"歙因自请曰："臣尝与隗嚣相遇长安。其人始起，以汉为名。今陛下圣德隆兴，臣愿得奉威命，开以丹青之信，嚣必束手自归，则述自亡之势，不足图也。"帝然之。建武三年，歙始使隗嚣。五年，复持节送马援，因奉玺书于嚣。既还，复往说嚣。嚣遂遣子恂随歙入质，拜歙为中郎将。时山东略定，帝谋西收嚣兵，与俱伐蜀，复使歙喻旨。嚣将王元说嚣，多设疑故，久冘豫不决。歙素刚毅，遂发愤质责嚣曰："国家以君知臧否，晓废兴，故以手书畅意。足下推忠诚，遣伯春委质，是臣主之交信也。今反欲用佞惑之言，为族灭之计，叛主负子，违背忠信乎？吉凶之决，在于今日。"欲前刺嚣，嚣起入，部勒兵，将杀歙，歙徐杖节就车而去。嚣愈怒，王元劝嚣杀歙，使牛邯将兵围守之。嚣将王遵谏曰："愚闻为国者慎器与名，为家者畏怨重祸。俱慎名器，则下服其命；轻用怨祸，则家受其殃。今将军遣子质汉，内怀它志，名器逆矣；外人有议欲谋汉使，轻怨祸矣。古者列国兵交，使在其间；所以重兵贵和而不任战也，何况承王命籍重质而犯之哉？君叔虽单车远使，而陛下之外兄也。害之无损于汉，而随以族灭。昔宋执楚使，遂有析骸易子之祸。小国犹不可辱，况于万乘之主，重以伯春之命哉！"歙为人有信义，言行不违，及往来游说，皆可案覆，西亲来仲，哀帝时任谏大夫，娶了光武帝的祖姑为妻，生下了来歙。光武帝很是亲近敬爱他，好几次同他一起往来于长安。

汉兵起事后，王莽因来歙是刘氏的外家亲属，就将他逮捕监禁起来，宾客一同采取非常手段将他救了出来，才得以免受灾祸。更始帝即位，任命来歙做官吏，跟从更始帝入关。数次进言不被更始帝采用，于是就称病离开。来歙的妹妹是汉中王刘嘉的妻子，刘嘉派人迎接来歙，因而南下到达汉中。更始失败，来歙劝说刘嘉归附光武帝，就与刘嘉一同向东到达洛阳。

光武帝看见来歙，大为欢喜，立即解下身上的衣服为来歙穿上，拜任他为太中大夫。这时光武帝正将陇、蜀视为忧患，就单独对来歙说："如今西州没有归附，蜀地的公孙述称帝，路程险阻而遥远，众将正谋取关东，思考应对西州的方略，不知该任用谁，你觉得应该如何？"来歙于是自己请命说："我曾与隗嚣在长安相遇。他开始起事时，以辅助汉室为名义。而今陛下圣德隆兴，臣希望能够遵奉您的命令，用像丹青一般圣明的书信开解他，隗嚣必然会不再抵抗自行归顺，那么公孙述就会处于自我灭亡的形势下，不值得图谋了。"光武帝赞同他的话。建武三年（27），来歙开始出使隗嚣。建武五年（29），又持符节送马援，乘机拿着玺书交给隗嚣。返回后，再度前去劝说隗嚣，隗嚣就派儿子隗恂随来歙入京当质子，光武帝拜任来歙为中郎将。这时山东大体得到了平定，光武帝谋划着向西收服隗嚣的兵卒，让其与汉军一同伐蜀，又派来歙喻示旨意。隗嚣的大将王元劝告隗嚣，列出了许多疑难与问题，使得隗嚣久久迟疑不决。来歙向来刚毅，就愤怒地质询责问隗嚣说："皇帝认为你知道善恶得失，懂得盛衰兴亡，因而亲手写信给你表达心意。你以忠诚相待，派来伯春担任质子，这是君主同臣子彼此信任。现今反而想采用谄佞媚惑之言，制定灭族的计谋，背叛君主辜负儿子，违背忠信吗？是吉是凶，就在今天决断。"来歙想要上前刺杀隗嚣，隗嚣起来进入里面，部将指挥兵卒，打算杀掉来歙，来歙拿着旌节缓缓上车离去。隗嚣愈发愤怒，王元劝隗嚣杀死来歙，派遣牛邯带领士兵包围监守来歙。隗嚣的大将王遵劝谏说："我听说治理国家的人对器和名都非常慎重，当家的州士大夫皆信重之，多为其言，故得免而东归。

八年春，歙与征虏将军祭遵袭略阳，遵道病还，分遣精兵随歙，合二千余人，伐山开道，从番须、回中径至略阳，斩嚣守将金梁，因保其城。嚣大惊曰："何其神也！"乃悉兵数万人围略阳，斩山筑堤，激水灌城。歙与将士固死坚守，矢尽，乃发屋断木以为兵。嚣尽锐攻之，自春至秋，其士卒疲弊。帝乃大发关东兵，自将上陇，嚣众溃走，围解。于是置酒高会，劳赐歙，班坐绝席，在诸将之右，赐歙妻缣千匹。诏使留屯长安，悉监护诸将。

歙因上书曰："公孙述以陇西、天水为藩蔽，故得延命假息。今二郡平荡，则述智计穷矣。宜益选兵马，储积资粮。昔赵之将帅多贾人，高帝悬之以重赏。今西州新破，兵人疲馑，若招以财谷，则其众可集。臣知国家所给非一，用度不足，然有不得已也。"帝然之。于是大转粮运，诏歙率征西大将军冯异、建威大将军耿弇、虎牙大将军盖延、扬武将军马成、武威将军刘尚入天水，击破公孙述人很害怕家庭中发生怨恨和灾祸。小心对待爵位和车服仪制，下属就服从他的命令；轻易地制造怨气祸患，就会殃及家人。如今将军派儿子到汉室做质子，内心却怀有其他想法，违背了爵位和车服仪制；有外人商议想谋杀汉室派来的使者，轻易地制造怨气祸患。古时候列国对战，使者在双方之间，所以重视兵力以和为贵而不任意战斗，何况对方秉承着王命凭借着重要的质子却还要侵犯对方吗？来歙虽说是独自出使远地的使者，却是陛下的外兄。谋害他对汉室没什么损失，您却随之遭逢族灭。过去宋国逮捕了楚国的使者，便遭遇有分解尸骨烧火做饭、交换孩子吃掉的大祸。小国尚且不可以羞辱，何况是拥有一万辆兵车的君主，加之付出伯春的性命啊！”来歙为人有信义，言语和行为不相违背，等到他往来游说时，都可以得到核实，西州士大夫都信任看重他，大多为他说话，因而得以避免灾祸返回东方。

建武八年(32)春季，来歙与征虏将军祭遵偷偷进攻略阳，祭遵在半道上因病返还，便分派精兵随从来歙，总共有二千多人，众人伐山开道，从番须、回中径直到达略阳，斩杀了隗嚣的守将金梁，接着占有了略阳城。隗嚣非常惊恐地说：“多么神速啊！”之后便带领全部的几万人士兵围攻略阳，开山筑堤，阻水灌城。来歙与将士誓死坚守，箭矢耗尽，就拆掉房屋截断木头当作兵器。隗嚣极尽精锐士兵攻打来歙，从春季一直打到秋季，士卒困乏不堪。光武便大举征调关东兵马，亲自统领兵马上陇，隗嚣的兵众败逃，略阳之围解除。于是光武帝摆下酒宴举行盛大集会，慰劳赏赐来歙，依次而坐时不与他人同坐一席，位置在众将的右面，赐予来歙的妻子缣一千匹。并颁发诏书令来歙留在长安驻守，监护众将。

来歙因而上书说：“公孙述以陇西、天水为屏障，因此得以暂时勉强延长性命。如今这两个郡全都被扫荡平定，公孙述就无计可施了。陛下应当益发挑选兵马，储积资粮。过去赵地的将帅大多是商人，高帝用优厚的奖赏征请他们。现在西州刚刚被攻破，士兵民众又乏又饿，如若用钱谷招揽他们，那么当地的众人就可以集聚起来。臣知道国家所要供给的并非一处，用来支出的费用不够，然而这件事有不得已的地方呀。”光武帝赞同他的话。就大举转运粮食，下诏令将田弇、赵匡。明年，攻拔落门，隗嚣支党周宗、赵恢及天水属县皆降。

初王莽世，羌虏多背叛，而隗嚣招怀其酋豪，遂得为用。及嚣亡后，五谿、先零诸种数为寇掠，皆营堑自守，州郡不能讨。歙乃大修攻具，率盖延、刘尚及太中大夫马援等进击羌于金城，大破之，斩首虏数千人，获牛羊万余头，谷数十万斛。又击破襄武贼傅栗卿等。陇西虽平，而人饥，流者相望。歙乃倾仓廪，转运诸县，以赈赡之，于是陇右遂安，而凉州流通焉。

十一年，歙与盖延、马成进攻公孙述将王元、环安于河池、下辨，陷之，乘胜遂进。蜀人大惧，使刺客刺歙，未殊，驰召盖延。延见歙，因伏悲哀，不能仰视。歙叱延曰："虎牙何敢然！今使者中刺客，无以报国，故呼巨卿，欲相属以军事，而反效儿女子涕泣乎！刃虽在身，不能勒兵斩公邪！"延收泪强起，受所诫。歙自书表曰："臣夜人定后，为何人所贼伤，中臣要害。臣不敢自惜，诚恨奉职不称，以为朝廷羞。夫理国以得贤为本，太中大夫段襄，骨鲠可任，愿陛下裁察。又臣兄弟不肖，终恐被罪，陛下哀怜，数赐教督。"投笔抽刃而绝。

帝闻大惊，省书揽涕，乃赐策曰："中郎将来歙，攻战连年，平定羌、陇，忧国忘家，忠孝彰著。遭命遇害，呜呼哀哉！"使太中大夫赠歙中郎将、征羌侯印绶，谥曰节侯，谒者护丧事。丧还洛阳，乘来歙率征西大将军冯异、建威大将军耿弇、虎牙大将军盖延、扬武将军马成、武威将军刘尚进入天水，击败公孙述的部将田弇、赵匡。第二年，攻下落门，隗嚣的党羽周宗、赵恢及天水下辖众县全都归降。

起初王莽时，羌虏大多背叛王莽，而隗嚣招来羌虏首领，羌虏得以为他所用。等到隗嚣身亡后，五谿、先零各部多次入侵劫掠，都营建用以防护的壕沟自为守卫，使得州郡无法攻下。来歙便大力修造攻城器械，率盖延、刘尚及太中大夫马援等人在金城攻击羌人，大举击败了对方，斩杀敌首数千，获得牛羊一万多头，谷数十万斛。又击败了襄武贼人傅栗卿等。陇西虽然平定了，但民众饥饿，流民接连不断。来歙就倾尽仓廪中的所有米谷，转运到各个县里，来救济帮助饥饿的百姓，因此陇西最终安定下来，并且通往凉州的道路也畅通无阻。

建武十一年（35），来歙与盖延、马成在河池、下辨进攻公孙述的部将王元、环于，攻破了他们，并乘着胜利之势向前进军。蜀人十分恐惧，于是派刺客刺杀来歙，来歙还未断气前，派人疾驰前去召来盖延，盖延看见来歙，就伏在地上哀伤不已，无法抬起头看不能仰视。来歙大声呵斥盖延道："虎牙大将军怎敢如此！如今我被刺客刺中，没法再为国家尽忠效力，因此把您叫来，想要将军事嘱托给你，你反而学妇孺孩童哭哭啼啼嘛！刀刃虽然扎在我的身上，难道我不能拿起兵器斩杀你嘛！"盖延收起眼泪勉强起身，接受来歙的训诫。来歙亲自写下奏表说："臣在深夜人都就寝安息的时候，被不认识的人刺杀，刺中了臣的要害。臣不敢怜惜自己的性命，只是实在遗恨自己奉行职事没能胜任，成为朝廷的羞耻。治理国家以获得贤才为本，太中大夫段襄，正直可任，愿陛下裁断审察。还有臣的兄弟不贤能，终是担心他会获罪，求陛下怜悯，多多赐予教导督察。"接着扔掉笔抽出刀刃而亡。

光武帝听闻后十分震惊，看过奏表后擦拭着泪水，赐下策书说："中郎将来歙，连年征战，平定羌、陇，一心忧虑国事将家中私事置之度外，忠诚孝顺昭著显明，遇害丧命，多么痛心啊！"令太中大夫赠予来歙中郎将、征羌侯印绶，谥号为节侯，谒者为其看护丧事。尸体舆缟素临吊送葬。以歙有平羌、陇之功，故改汝南之当乡县为征羌国焉。

子褒嗣。十三年，帝嘉歙忠节，复封歙弟由为宜西侯。褒子棱，尚显宗女武安公主。棱早殁，褒卒，以棱子历为嗣。

论曰：世称来君叔天下信士。夫专使乎二国之间，岂厌诈谋哉？而能独以信称者，良其诚心在乎使两义俱安，而己不私其功也。

历字伯珍，少袭爵，以公主子，永元中，为侍中，监羽林右骑。永初三年，迁射声校尉。永宁元年，代冯石为执金吾。延光元年，尊历母为长公主。二年，迁历太仆。

明年，中常侍樊丰与大将军耿宝、侍中周广、谢恽等共谗陷太尉杨震，震遂自杀。历谓侍御史虞诩曰："耿宝托元舅之亲，荣宠过厚，不念报国恩，而倾侧奸臣，诬奏杨公，伤害忠良，其天祸亦将至矣。"遂绝周广、谢恽，不与交通。时皇太子惊病不安，避幸安帝乳母野王君王圣舍。太子乳母王男、厨监邴吉等以为圣舍新缮修，犯土禁，不可久御。圣及其女永与大长秋江京及中常侍樊丰、王男、邴吉等互相是非，圣、永遂诬谮男、吉，皆幽囚死，家属徙比景。太子思男等，数为叹息。京、丰惧有后害，妄造虚无，构谗太子及东宫官属。帝怒，召公卿以下会议废立。耿宝等承旨，皆以为太子当废。历与太常桓焉、廷尉张皓议曰："经说，年未满十五，过恶不在其身。且男、吉之谋，皇太子容有不知，宜选忠良保傅，辅以礼义。废置事重，此诚圣恩所宜宿留。"帝不从，是日遂废太子为济阴王。时监太子家小黄门籍建、中傅高梵等，皆以无罪徙朔方。历乃要结光禄勋祋讽，宗正刘玮，将作大匠薛皓，侍中闾丘弘、陈光、赵代、施运回洛阳，光武帝穿着白色丧服临丧哭吊为他送葬。因来歙有平定羌、陇的功劳，因此将汝南的当乡县改为征羌国。

儿子来褒继承了他的爵位。建武十三年(37)，光武帝嘉许来歙忠贞有节，又封来歙的弟弟来由为宜西侯。来褒的儿子来棱，娶了明帝的女儿武安公主为妻。来棱早早去世，来褒去世后，使来棱的儿子来历继承来褒的爵位。

评论说：世人称来君叔是天下诚实不欺之士。他身为来往于两国之间的特派使节，怎么会排斥诡计呢？但他却唯独以诚实守信著称，这是因为他真诚恳切的心意确实在于两方都获得安定，而自己却不贪图其中的功劳啊。

来历字伯珍，年少时承袭了爵位，因为是公主的儿子，永元年间，任侍中，监羽林右骑。永初三年(109)，迁任射声校尉。永宁元年(120)，代替冯石任执金吾。延光元年(122)，皇帝尊来历的母亲为长公主。延光二年(123)，擢升来历为太仆。

第二年，中常侍樊丰与大将军耿宝、侍中周广、谢恽等人共同谗害太尉杨震，杨震最终自杀。来历对侍御史虞诩说："耿宝仰仗于皇帝的长舅之亲，禄位恩宠过于厚重，不惦念着报答国恩，反而却倒向奸臣一方，捏造罪名向皇帝诬告杨公，伤害忠良，上天降下的祸殃也将到他头上了。"于是同周广、谢恽绝交，不与他们往来。这时皇太子受惊患病心中不安，到安帝乳母野王君王圣的屋舍里躲避。太子乳母王男、厨监邴吉等人认为王圣的屋舍不久前才修缮完，违犯了不能动土的禁忌，皇太子不可以长期待在那里。王圣及其女儿永与大长秋江京及中常侍樊丰、王男、邴吉等人互相评论对方的是非，圣、永就进谗诬陷王男、邴吉，王男、邴吉全都被幽禁致死，他们的家属迁往比景。太子思念王男等人，多次为此叹息不已。江京、樊丰害怕日后有祸患，凭空捏造罪状，构陷陷害太子及东宫属官。安帝十分生气，召来公卿以下大臣商议太子的废立。耿宝等人秉承皇帝的意旨，都认为太子应当被废。来历与太常桓焉、廷尉张皓提议说："经书说，未满十五岁的人，错不在他的身上。并且王男、邴吉的阴谋，皇太子或许是不知道的，应当选取忠正贤良的保傅，用礼法道义辅佐皇太子。废除延，太中大夫朱伥、第五颉，中散大夫曹成，谏议大夫李尤，符节令张敬，持书侍御史龚调，羽林右监孔显，城门司马徐崇，卫尉守丞乐闱，长乐、未央厩令郑安世等十余人，俱诣鸿都门证太子无过。龚调据法律明之，以为男、吉犯罪，皇太子不当坐。帝与左右患之，乃使中常侍奉诏胁群臣曰："父子一体，天性自然。以义割恩，为天下也。历、讽等不识大典，而与群小共为欢哗，外见忠直而内希后福，饰邪违义，岂事君之礼？朝廷广开言事之路，故且一切假贷；若怀迷不反，当显明刑书。"谏者莫不失色。薛皓先顿首曰："固宜如明诏。"历怫然，廷诘皓曰："属通谏何言，而今复背之？大臣乘朝车，处国事，固得辗转若此乎！"乃各稍自引起，历独守阙，连日不肯去。帝大怒，乃免历兄弟官，削国租，黜公主不得会见。历遂杜门不与亲戚通，时人为之震栗。

及帝崩，阎太后起历为将作大匠。顺帝即位，朝廷咸称社稷臣，于是迁为卫尉。祋讽、刘玮、闾丘弘等先卒，皆拜其子为郎；朱伥、施延、陈光、赵代等并为公卿，任职；征王男、邴吉家属还京师，厚加赏赐；籍建、高梵等，悉蒙显擢。永建元年，拜历车骑将军，弟祉为步兵校尉，超为黄门侍郎。三年，母长公主薨，历称病归第；服阕，复为大鸿胪。阳嘉二年，卒官。

子定嗣。定尚安帝妹平氏长公主，顺帝时，为虎贲中郎将。定卒，子虎嗣，桓帝时，为屯骑校尉。弟艳，字季德，少好学下士，开馆太子的事情十分重大，这的确是圣恩所应当停留的。”安帝不听从，当日就将太子废为济阴王。当时负责监督太子家的小黄门籍建、中傅高梵等，都无罪被迁往朔方。来历便联合光禄勋祋讽，宗正刘玮，将作大匠薛皓，侍中闾丘弘、陈光、赵代、施延，太中大夫朱伥、第五颉，中散大夫曹成，谏议大夫李尤，符节令张敬，持书侍御史龚调，羽林右监孔显，城门司马徐崇，卫尉守丞乐闱，长乐、未央厩令郑安世等十多人，一同到鸿都门谏诤称太子没有过失。龚调依据法律阐明事情的对错，认为王男、邴吉犯罪，皇太子不当被牵连定罪。安帝及其左右为此感到忧虑，就令中常侍奉承命令胁迫群臣说：“父子一体，天性如此。以大义割舍恩情，是为了天下呀。来历、祋讽等人不懂国家大法，反而与一众小人共同喧哗，从外面看上去忠心正直内心却希求将来的福分，掩饰邪念违背义理，难道是服侍君主的礼仪吗？朝廷广泛开放进言的道路，暂且宽容一切言论；假如心怀错误的想法不肯回头，就应当亮出刑法条文了。”进谏的人无不惊惶失色。薛皓第一个叩头下拜说：“原本就应当依照明诏所说的去做。”来历十分忿怒，在朝廷上诘问薛皓说：“先前一同进谏时你说了什么，如今却又要违背了之前所说的话吗？大臣乘着朝车，决断国事，原来能够如此反复无常啊！”

等到安帝驾崩，阎太后起任来历为将作大匠。顺帝即位，朝廷群臣都称来历是关系国家安危的重臣，顺帝就擢升他为卫尉。祋讽、刘玮、闾丘弘等人先前已经去世，将他们的儿子都任命为郎官；朱伥、施延、陈光、赵代等人同为公卿，担任官职；征召王男、邴吉家属返回京师，给予丰厚的赏赐；籍建、高梵等人，都得到显耀地擢升。永建元年，皇帝拜任来历为车骑将军，任命来历的弟弟来祉为步兵校尉，来超为黄门侍郎。永建三年（128），来历的母亲长公主去世，来历称病归家；守丧期满除服，又被任命为大鸿胪。阳嘉二年（133），在官位上去世。

来历的儿子来定承袭了他的爵位。来定娶了安帝的妹妹平氏长公主为妻，顺帝时，任虎贲中郎将。来定去世，儿子来虎承袭了爵位，桓帝时，任屯骑校尉。来虎的弟弟来艳，字季德，年少时喜好学习谦养徒，少历显位，灵帝时，再迁司空。

赞曰：李、邓豪赡，舍家从谶。少公虽孚，宗卿未验。王常知命，功惟帝念。款款君叔，斯言无玷。方献三捷，永坠一剑。

恭待士，私设学堂教养弟子，年少时就担任高官，灵帝时，再次升任为司空。

赞辞说：李通、邓晨都地位很高且家财富足，却舍弃家业听从谶言。蔡少公的谶言虽然使人信服，宗卿师李守的谶言尚未应验就丧命了。王常被封为知命侯，有功在于皇帝的惦记。来君叔忠诚恳切，他说的话没有瑕疵。刚刚献上多份捷报，就死在了刺客的剑下。

卷四十六

邓寇列传第六

邓禹字仲华，南阳新野人也。年十三，能诵诗，受业长安。时光武亦游学京师，禹年虽幼，而见光武知非常人，遂相亲附。数年归家。

及汉兵起，更始立，豪桀多荐举禹，禹不肯从。及闻光武安集河北，即杖策北渡，追及于邺。光武见之甚欢，谓曰："我得专封拜，生远来，宁欲仕乎？"禹曰："不愿也。"光武曰："即如是，何欲为？"禹曰："但愿明公威德加于四海，禹得效其尺寸，垂功名于竹帛耳。"光武笑，因留宿闲语。禹进说曰："更始虽都关西，今山东未安，赤眉、青犊之属，动以万数，三辅假号，往往群聚。更始既未有所挫，而不自听断，诸将皆庸人屈起，志在财币，争用威力，朝夕自快而已，非有忠良明智，深虑远图，欲尊主安民者也。四方分崩离析，形势可见。明公虽建藩辅之功，犹恐无所成立。于今之计，莫如延揽英雄，务悦民心，立高祖之业，救万民之命。以公而虑天下，不足定也。"光武大悦，因令左右号禹曰邓将军。常宿止于中，与定计议。

及王郎起兵，光武自蓟至信都，使禹发奔命，得数千人，令自将之，别攻拔乐阳。从至广阿，光武舍城楼上，披舆地图，指示禹曰："天下郡国如是，今始乃得其一。子前言以吾虑天下不足定，何邓禹字仲华，南阳郡新野县人。十三岁时，便能诵读诗文，在长安追随老师学习。当时光武帝也在京师游学，邓禹虽然年少，但看见光武帝便知道对方并非常人，便亲近依附对方。数年后回到家乡。

等到汉兵起事，更始帝即位，才智出众之人大多举荐邓禹，邓禹不肯追随更始帝。当听闻光武帝安定河北时，邓禹立即策马而行北上渡河，在邺县追到光武帝。光武帝看见邓禹十分开心，对他说："我能够擅自赐爵授官，你从远方来到这里，难道是想入仕为官吗？"邓禹说："我不愿为官。"光武说："假若如此，你想干嘛呢？"邓禹说："只愿明公的威势德政遍及四海，邓禹能够为明公贡献一点微小的力量，将我的功名记载在史籍里而已。"光武帝笑了，接着留他住下密语。邓禹进言说："更始帝虽然在关西定都，但如今山东尚未安定，赤眉、青犊之类的军队，兵众动不动就数以万计，三辅地区自立名号，往往成群结队地聚集在一起。更始既没有挫伤过对方的气焰，也不能自己听取意见作出决断，他那些将领，不过是庸人崛起，志向都在财币上，争着动用权威，时时刻刻自寻快乐而已，没有忠良明智，深谋远虑，想尊奉国君安定民众的。天下分崩离析，形势可以看得到。明公虽然建立了辅佐天子的功绩，仍然害怕没什么成就。现在能采取的办法，没有比招揽英雄，民心悦服，建立高祖那样的大业，解救万民的生命更好的。凭借您的才能来谋取天下，不难使得天下平定。"光武帝十分喜悦，就令身边人称呼邓禹为邓将军。时常在光武帝房内住宿，与光武帝制定计划方略。

等到王郎起兵，光武帝从蓟帝赶到信都，派邓禹征发应急出战的军队，得到数千人，光武帝命他自己统领，另外去攻克乐阳。邓禹随从光武帝到达广阿，光武在城楼上居住，展开地图，指着图上的各个郡国对邓禹说："天下的郡国有如此之多，而今才取得了其中也？”禹曰：“方今海内殽乱，人思明君，犹赤子之慕慈母。古之兴者，在德薄厚，不以大小。”光武悦。时任使诸将，多访于禹，禹每有所举者，皆当其才，光武以为知人。使别将骑，与盖延等击铜马于清阳。延等先至，战不利，还保城，为贼所围。禹遂进与战，破之，生获其大将。从光武追贼至蒲阳，连大克获，北州略定。

及赤眉西入关，更始使定国上公王匡、襄邑王成丹、抗威将军刘均及诸将，分据河东、弘农以拒之。赤眉众大集，王匡等莫能当。光武筹赤眉必破长安，欲乘衅并关中，而方自事山东，未知所寄，以禹沈深有大度，故授以西讨之略。乃拜为前将军持节，中分麾下精兵二万人，遣西入关，令自选偏裨以下可与俱者。于是以韩歆为军师，李文、李春、程虑为祭酒，冯愔为积弩将军，樊崇为骁骑将军，宗歆为车骑将军，邓寻为建威将军，耿䜣为赤眉将军，左于为军师将军，引而西。

建武元年正月，禹自箕关将入河东，河东都尉守关不开，禹攻十日，破之，获辎重千余乘。进围安邑，数月未能下。更始大将军樊参将数万人，度大阳欲攻禹，禹遣诸将逆击于解南，大破之，斩参首。于是王匡、成丹、刘均等合军十余万，复共击禹，禹军不利，樊崇战死。会日暮，战罢，军师韩歆及诸将见兵势已摧，皆劝禹夜去，禹不听。明日癸亥，匡等以六甲穷日不出，禹因得更理兵勒众。明旦，匡悉军出攻禹，禹令军中无得妄动；既至营下，因传发诸将鼓而并进，大破之。匡等皆弃军亡走，禹率轻骑急追，获刘均及河东太守杨宝、持节中郎将弭强，皆斩之，收得节六，印绶五百，兵器不的一个，你之前说凭我的才能来谋取天下并不难平定，为何这么说呢？”邓禹说：“如今天下混乱，人们心中思慕圣明之君，犹如赤子思慕慈母一般。古时能取得成功的人，在于德泽的薄厚，并不是凭借领地的大小。”光武帝十分开心。当时任用各个将领，大多询问邓禹的看法，邓禹每次推荐的将领，才能都与职务匹配得当，光武帝认为邓禹能体察他人的品行才能。命他另外统领骑兵，与盖延等人在清阳攻击铜马贼兵。盖延等人率先到达，对战失利，退回城中守城，被贼寇围困，邓禹就进军与贼寇交战，击败了对方，生擒了对方的大将。又随从光武帝追击贼寇到蒲阳，接连多次战胜敌寇并有所俘获，北州大致被平定。

等到赤眉向西进入关内，更始帝命定国上公王匡、襄邑王成丹、抗威将军刘均及各个将领，分别占据河东、弘农郡抵抗赤眉。赤眉兵众大规模聚集在一起，王匡等人没能抵挡住。光武帝估计赤眉必然会攻下长安，于是想利用这个机会兼并关中，而他此时正在谋取山东，不知道将这件事托付给谁来办，因邓禹沉着有宏远的度量，所以将西讨的方略交给他。任命他为前将军持节，将自己麾下精兵平分出一半即两万人，让他们向西入关，让邓禹自己选择偏将以下能够和他一起前往的人。邓禹就让韩歆担任军师，李文、李春、程虑担任祭酒，冯愔任积弩将军，樊崇任骁骑将军，宗歆任车骑将军，邓寻任建威将军，耿䜣任赤眉将军，左于任军师将军，带着他们向西进军。

建武元年（25）正月，邓禹自箕关率兵入河东，河东都尉守着关门不肯开，邓禹攻打了十天，攻破关门，获得装有物资的辎重车一千多辆。进兵围攻安邑，历时数月未能攻下。更始帝手下的大将军樊参统领数万人，从大阳县渡过黄河打算攻打邓禹，邓禹命众将在解县南边迎面痛击，大举击败了樊参的军队，将樊参斩首。于是王匡、成丹、刘均等联合起十多万兵力，再次一同攻击邓禹，邓禹的军队作战失利，樊崇战死。正值日暮时分，战争停止后，军师韩歆及各个将领见到军队兵势已被摧毁，都劝说邓禹当晚离开，邓禹不肯听从。第二天癸亥，王匡等人因为癸亥是六甲穷日不吉利所以不出军攻打，邓可胜数，遂定河东。承制拜李文为河东太守，悉更置属县令长以镇抚之。是月，光武即位于鄗，使使者持节拜禹为大司徒。策曰："制诏前将军禹：深执忠孝，与朕谋谟帷幄，决胜千里。孔子曰'自吾有回，门人日亲。'斩将破军，平定山西，功效尤著。百姓不亲，五品不训，汝作司徒，敬敷五教，五教在宽。今遣奉车都尉授印绶，封为酂侯，食邑万户。敬之哉！"禹时年二十四。

遂渡汾阴河，入夏阳。更始中郎将左辅都尉公乘歙，引其众十万，与左冯翊兵共拒禹于衙，禹复破走之，而赤眉遂入长安。是时三辅连覆败，赤眉所过残贼，百姓不知所归。闻禹乘胜独克而师行有纪，皆望风相携负以迎军，降者日以千数，众号百万。禹所止辄停车住节，以劳来之，父老童稚，垂发戴白，满其车下，莫不感悦，于是名震关西。帝嘉之，数赐书褒美。

诸将豪杰皆劝禹径攻长安。禹曰："不然。今吾众虽多，能战者少，前无可仰之积，后无转馈之资。赤眉新拔长安，财富充实，锋锐未可当也。夫盗贼群居，无终日之计，财谷虽多，变故万端，宁能坚守者也？上郡、北地、安定三郡，土广人稀，饶谷多畜，吾且休兵禹因而得以整治军队。第二天早上，王匡带领所有兵马出来攻打邓禹，邓禹令军中将领兵卒不可随意行动；等到王匡军队来到营下后，就传令众将领敲击战鼓一起进兵，大举击败了对方。王匡等人都舍弃军队而逃，邓禹率领装备轻便行动迅速的骑兵急速追击，捕获了刘均及河东太守杨宝、持节中郎将弭强，全都将其斩杀，收得符节六个，印绶五百，兵器多到数不完，因此平定了河东。邓禹秉承光武帝旨意任命李文为河东太守，将河东属县所有县令全都更换来安定抚恤河东百姓。同月，光武帝于鄗地即位，派遣使者持符节拜任邓禹为大司徒。策书说："皇帝命令前将军邓禹：坚守忠诚孝道，与朕制定作战策略于军帐之中，决定千里之外的胜。孔子说过：'自从我有了颜回这样的学生，学生同我一天比一天亲近。'邓禹斩杀敌将击败敌军，平定山西，功勋尤其卓著。若百姓不亲睦，不服从五常，你成为司徒，恭敬地向百姓传布五常之教，五常之教在于宽和。如今派奉车都尉授予你印绶，封你为酂侯，食邑万户。要谨慎啊！"邓禹时年二十四岁。

邓禹渡过汾阴河，进入夏阳县。更始帝手下的中郎将左辅都尉公乘歙，带领自己的十万兵众，与左冯翊的兵马一同在衙县抵挡邓禹，邓禹又击败他们使其逃走，而赤眉军最终进入了长安。此时三辅地区连续覆败，赤眉军每经过一个地方就进行凌虐迫害，百姓不知归往何处。听闻唯独邓禹乘着胜利的形势击败敌军且军队行事有纪律，因而百姓都听到风声彼此搀扶着迎接邓禹的大军，每天归降的人都以千来计算，众人号称有百万之多。邓禹每次遇到前来迎接的百姓总是停下车子临时驻军，来慰劳百姓，白发父老，垂髫孩童，布满他的车下，全都怀着感动喜悦的心情，于是邓禹的名声威震关西。光武帝为此嘉许他，多次写信予以褒奖赞美。

众将豪杰都劝说邓禹直接进攻长安。邓禹说："不能这么做，如今我的兵众虽然数量多，但能够作战的很少，军队前方没有可以仰仗的蓄积，军队后方没有可以用来运送的军粮。赤眉军不久前才攻占长安，财富充实，气势威猛无法抵挡。不过他们只是一群聚集在一起的盗贼，并无长久之计，财谷虽多，意外却也极多，难道能坚守住长北道，就粮养士，以观其弊，乃可图也。”于是引军北至栒邑。禹所到，击破赤眉别将诸营保，郡邑皆开门归附。西河太守宗育遣子奉檄降，禹遣诣京师。

帝以关中未定，而禹久不进兵，下敕曰：“司徒，尧也；亡贼，桀也。长安吏人，遑遑无所依归。宜以时进讨，镇慰西京，系百姓之心。”禹犹执前意，乃分遣将军别攻上郡诸县，更征兵引谷，归至大要。遣冯愔、宗歆守栒邑。二人争权相攻，愔遂杀歆，因反击禹，禹遣使以闻帝。帝问使人：“愔所亲爱为谁？”对曰：“护军黄防。”帝度愔、防不能久和，势必相忤，因报禹曰：“缚冯愔者，必黄防也。”乃遣尚书宗广持节降之。后月余，防果执愔，将其众归罪。更始诸将王匡、胡殷等皆诣广降，与共东归。至安邑，道欲亡，广悉斩之。愔至洛阳，赦不诛。

二年春，遣使者更封禹为梁侯，食四县。时赤眉西走扶风，禹乃南至长安，军昆明池，大飨士卒。率诸将斋戒，择吉日，修礼谒祠高庙，收十一帝神主，遣使奉诣洛阳，因循行园陵，为置吏士奉守焉。

禹引兵与延岑战于蓝田，不克，复就谷云阳。汉中王刘嘉诣禹降。嘉相李宝倨慢无礼，禹斩之。宝弟收宝部曲击禹，杀将军耿䜣。自冯愔反后，禹威稍损，又乏食，归附者离散。而赤眉复还入长安，禹与战，败走，至高陵，军士饥饿，皆食枣菜。帝乃征禹还，敕曰：“赤眉无谷，自当来东，吾折捶笞之，非诸将忧也。无得复妄进兵。”禹惭于受任而功不遂，数以饥卒徼战，辄不利。三年春，与安吗？上郡、北地、安定三郡，地方大人烟少，谷物丰饶牲畜众多，我军姑且在北道休战，前往粮多的地方调养兵士，等看到对方疲困了，便可以谋取对方。”便率军北上到达栒邑。邓禹每到一个地方，都能击败赤眉军别将的各个堡垒，郡邑都开启城门归附他。西河太守宗育派遣儿子拿着文书投降，邓禹让他到京师。

光武帝因关中尚未平定，而邓禹却久久不进兵，下令说：“司徒你是尧；赤眉是桀。长安官民，惊惶不安没有可以托付的人。你应当及时进攻讨伐贼兵，安抚慰问西京官民，维系百姓之心。”邓禹仍然坚持之前的想法，便分别派遣将军另去进攻上郡众县，又调遣军队拉谷物，返回到大要县。让冯愔、宗歆守护栒邑。二人因为政权彼此攻击，冯愔最终杀死了宗歆，趁机回击邓禹，邓禹派遣使者告知光武帝。光武帝询问使者：“谁与冯愔关系密切？”使者回答说：“护军黄防。”光武帝估计冯愔、黄防不能长期和谐相处久和，必定会互相作对。因而回复邓禹说：“捉住冯愔的，必然会是黄防。”于是令尚书宗广持符节劝说黄防归降。一个多月后，黄防果然捉住了冯愔，带领冯愔的兵众前来服罪。更始帝的部将王匡、胡殷等人都到宗广那里归降，与宗广一同东归。行至安邑，半道上想逃走，宗广将他们全都斩杀了。冯愔到了洛阳，光武帝宽赦了他没有将他诛杀。

建武二年（26）春季，光武帝派遣使者改封邓禹为梁侯，食邑四县。这时赤眉军向西跑到扶风，邓禹便南下到达长安，在昆明池驻军，宴飨士卒。带着众将举行斋戒，挑选吉日，备好礼仪到高祖庙祭祀，收集了十一位皇帝的灵牌，派遣使者带到洛阳，之后巡视园陵，为其设置官员士兵供奉守护。

邓禹领兵与延岑在蓝田对战，没有击败对方，又到云阳就食。汉中王刘嘉到邓禹那里归降。刘嘉的丞相李宝态度傲慢不讲礼节，邓禹将其斩杀。李宝的弟弟纠集李宝的部众攻击邓禹，杀掉了将军耿䜣。自从冯愔反叛以后，邓禹的声威就渐渐减弱，加上缺乏粮食，归附他的人离开了他。而赤眉又返回进入了长安，邓禹与其对战，战败逃走，到达高陵，军士饥饿，都以枣菜为食。光武帝便征召邓禹还京，下令说：“赤眉没有粮食，自然会来东面，我用短杖就可击败他，不是众车骑将军邓弘击赤眉，遂为所败，众皆死散。事在《冯异传》。独与二十四骑还诣宜阳，谢上大司徒、梁侯印绶。有诏归侯印绶。数月，拜右将军。

延岑自败于东阳，遂与秦丰合。四年春，复寇顺阳间。遣禹护复汉将军邓晔、辅汉将军于匡，击破岑于邓；追至武当，复破之。岑奔汉中，余党悉降。

十三年，天下平定，诸功臣皆增户邑，定封禹为高密侯，食高密、昌安、夷安、淳于四县。帝以禹功高，封弟宽为明亲侯。其后左右将军官罢，以特进奉朝请。禹内文明，笃行淳备，事母至孝。天下既定，常欲远名势。有子十三人，各使守一艺。修整闺门，教养子孙，皆可以为后世法。资用国邑，不修产利。帝益重之。中元元年，复行司徒事。从东巡狩，封岱宗。

显宗即位，以禹先帝元功，拜为太傅，进见东向，甚见尊宠。居岁余，寝疾，帝数自临问，以子男二人为郎。永平元年，年五十七薨，谥曰元侯。

帝分禹封为三国：长子震为高密侯，袭为昌安侯，珍为夷安侯。

禹少子鸿，好筹策。永平中，以为小侯。引入与议边事，帝以为能，拜将兵长史，率五营士屯雁门。肃宗时，为度辽将军。永元中，与大将军窦宪俱出击匈奴，有功，征行车骑将军。出塞追畔胡逢侯，坐逗留，下狱死。

将需要忧心的，不得再妄自进兵。”邓禹因接受重任却没有成功而羞惭，多次凭借饥饿的兵卒截击贼兵，总是作战不利。建武三年（27）春季，邓禹与车骑将军邓弘攻击赤眉，最终被对方击败，兵众都或死或逃。事迹记载在《冯异传》里。邓禹仅和二十四名骑兵返回到宜阳，向光武帝谢罪并呈上大司徒、梁侯印绶。光武帝颁发诏书归还梁侯印绶。数月后，邓禹被任命为右将军。

延岑自从在东阳战败后，就与秦丰联合。建武四年（28）春季，又在顺阳地区抢掠。光武帝命邓禹总领复汉将军邓晔、辅汉将军于匡，在邓县击败延岑；追击贼寇至武当，再度击败了对方。延岑逃往汉中，余党全都归降。

建武十三年（37），天下平定，众功臣的户邑都有所增加，定封邓禹为高密侯，食邑包括高密、昌安、夷安、淳于四县。光武帝因邓禹功勋极大，封邓禹的弟弟邓宽为明亲侯。在这之后左右将军的职位被废除，邓禹以特进奉朝请。邓禹内心光明，品行纯厚美好无缺，侍奉母亲极尽孝道。天下平定后，时常想远离名声权势。有十三个儿子，使他们各自掌握一项才能。修整家门，教养子孙，都可以作为后世效法的标准。资财来自于封国食邑，不置办产业。光武帝愈发看重他。中元元年（56），邓禹再度代行司徒事宜。并随从光武帝东巡，在泰山筑坛祭天。

明帝即位，因邓禹是先帝的功臣，拜任他为太傅，进见时面向东方，很是被明帝尊宠。一年多后，卧病在床，明帝多次亲临问候，让他的两个儿子为郎官。永平元年（58），邓禹五十七岁时去世，谥号为元侯。

明帝将邓禹的封地分成三个封国：封他的长子邓震为高密侯，邓袭为昌安侯，邓珍为夷安侯。

邓禹的幼子邓鸿，爱好谋略。永平年间，被封为小侯。被引入宫中参与商议边防事务，明帝认为他很能干，拜任他为将兵长史，率五营士卒在雁门驻扎。章帝时，任度辽将军。永元年间，邓鸿与大将军窦宪一同出兵攻击匈奴，立有功勋，征召为车骑将军。后因出塞追击叛贼胡逢侯，因停滞不前而获罪，被关入牢狱而死。

高密侯震卒，子乾嗣。乾尚显宗女沁水公主。永元十四年，阴皇后巫蛊事发，乾从兄奉以后舅被诛，乾从坐，国除。元兴元年，和帝复封乾本国，拜侍中。乾卒，子成嗣。成卒，子褒嗣。褒尚安帝妹舞阴长公主，桓帝时为少府。褒卒，长子某嗣。少子昌袭母爵为舞阴侯，拜黄门侍郎。

昌安侯袭嗣子藩，亦尚显宗女平皋长公主，和帝时为侍中。

夷安侯珍子康，少有操行。兄良袭封，无后，永初六年，绍封康为夷安侯。时诸绍封者皆食故国半租，康以皇太后戚属，独三分食二，以侍祠侯为越骑校尉。康以太后久临朝政，宗门盛满，数上书长乐宫谏争，宜崇公室，自损私权，言甚切至。太后不从。康心怀畏惧，永宁元年，遂谢病不朝。太后使内侍者问之。时宫人出入，多能有所毁誉，其中耆宿皆称中大人。所使者乃康家先婢，亦自通中大人。康闻，诟之曰："汝我家出，亦敢尔邪！"婢怨恚，还说康诈疾而言不逊。太后大怒，遂免康官，遣归国，绝属籍。及从兄骘诛，安帝征康为侍中。顺帝立，为太仆，有方正称，名重朝廷。以病免，加位特进。阳嘉三年卒，谥曰义侯。

论曰：夫变通之世，君臣相择，斯最作事谋始之几也。邓公嬴粮徒步，触纷乱而赴光武，可谓识所从会矣。于是中分麾下之军，以临山西之隙，至使关河响动，怀赴如归。功虽不遂，而道亦弘矣！

高密侯邓震去世，儿子邓乾承袭了他的爵位。邓乾娶了明帝的女儿沁水公主为妻。永元十四年（102），阴皇后行巫蛊之事败露，邓乾的堂兄因为是阴皇后的舅舅而被诛杀，邓乾因受牵累而得罪，封国被废除。元兴元年（105），和帝又重新将邓禹的封国封给了他，拜任他为侍中。邓乾去世，儿子邓成承袭了他的爵位。邓成去世，儿子邓褒承袭了他的爵位。邓褒娶了安帝的妹妹舞阴长公主为妻，桓帝时任少府。邓褒去世，长子邓某承袭了他的爵位。幼子邓昌承袭了母亲的爵位为舞阴侯，被拜任为黄门侍郎。

昌安侯邓袭的嫡长子邓藩，也娶了明帝的女儿平皋长公主，和帝时任侍中。

夷安侯邓珍的儿子邓康，年少时有操守。兄长邓良承袭了父亲的爵位，没有儿子，永初六年（112），皇帝续封邓康为夷安侯。当时受到续封的人都只能得到原来封国的一半租税，邓康因为是皇太后的亲属，独自享有三分之二的租税，以侍祠侯的身份任越骑校尉。邓康因皇太后长时间临朝听政，同族子弟遍及朝堂，多次向长乐上书直言规劝，说应当应崇尚王室，主动减少个人的权力，话语很是恳切。太后没有听从。邓康心中存有畏惧，永宁元年（120），就称病不上朝。太后派遣内侍前去慰问他。当时宫人出入皇宫内外，大多能非议称赞臣子，其中年来且素有德望的人都称为中大人。太后派遣的内侍是邓康家之前的奴婢，也通报说是中大人。邓康听闻后，骂道："你出自我家，也敢如此称呼自己啊！"奴婢心怀怨愤，回到宫中说邓康假称患病且说话傲慢无礼。太后大怒，就免去了邓康官位，遣送他回封国，将他从宗室的名册中除去。等邓康的堂兄邓骘被诛杀后，安帝征召邓康为侍中。顺帝即位后，任太仆，有严正不偏的美称，在朝廷中名声显赫。因患有重病免去官职，擢升为特进。阳嘉三年（134）去世，谥号为义侯。

评论说：变通之世，君主与臣子彼此选择，这是做事前要谋划的最重要之处。邓公担着粮食步走，冒着动乱奔赴光武帝，可谓识得能够追随的明君了。于是分得光武帝麾下的一半军队，乘机攻打山西，致使关河震动，前来归附他的人都如同回到了自己家中一般。功及其威损栒邑，兵散宜阳，褫龙章于终朝，就侯服以卒岁，荣悴交而下无二色，进退用而上无猜情，使君臣之美，后世莫窥其间，不亦君子之致为乎！

训字平叔，禹第六子也。少有大志，不好文学，禹常非之。显宗即位，初以为郎中。训乐施下士，士大夫多归之。

永平中，理虖沱、石臼河，从都虑至羊肠仓，欲令通漕。太原吏人苦役，连年无成，转运所经三百八十九隘，前后没溺死者不可胜算。建初三年，拜训谒者，使监领其事。训考量隐括，知大功难立，具以上言。肃宗从之，遂罢其役，更用驴辇，岁省费亿万计，全活徒士数千人。

会上谷太守任兴欲诛赤沙乌桓，怨恨谋反，诏训将黎阳营兵屯狐奴，以防其变。训抚接边民，为幽部所归。六年，迁护乌桓校尉，黎阳故人多携将老幼，乐随训徙边。鲜卑闻其威恩，皆不敢南近塞下。八年，舞阴公主子梁扈有罪，训坐私与扈通书，征免归闾里。

元和三年，卢水胡反畔，以训为谒者，乘传到武威，拜张掖太守。

章和二年，护羌校尉张纡诱诛烧当种羌迷吾等，由是诸羌大怒，谋欲报怨，朝廷忧之。公卿举训代纡为校尉。诸羌激忿，遂相与解仇结婚，交质盟诅，众四万余人，期冰合度河攻训。先是小月氏胡分居塞内，胜兵者二三千骑，皆勇健富强，每与羌战，常以少制业虽然没有达成，而道义却十分弘大。等到他在栒邑声威受损，兵众在宜阳离散，早晨呈上印绶，穿上侯服打算度过余年，由荣转衰而臣下待他却没有两样，或进或退而皇上对他没有猜疑之心，假使君主和臣子的美好情谊，后世不能窥得他们之间的隔膜，不也是君子的致诚之为嘛！

邓训字平叔，是邓禹的第六个儿子。年少时心怀大志，不爱好学问，邓禹常常因此责备他。明帝即位，起初让他担任郎中。邓训乐于救助比自己地位低的贤士，士大夫大多归附于他。

永平年间，朝廷治理滹沱河、石臼河，想要在都虑到羊肠仓之间开通漕运河道。太原官民为繁重的劳役所苦，连续好几年没有完成，运输所途经的三百八十九个险阻之地，前前后后溺水而死的人不可胜数。建初三年（78），皇帝拜任邓训为谒者，让他监督掌管漕运之事。邓训考查审度后，知道漕运大功难以达成，将状况详细上报给朝廷。章帝听从他的话，就废止了这项劳役，改用驴车，一年剩下来的花费用亿万来计算，保全了几千名服役之人的性命。

正好赶上上谷太守任兴想要诛杀赤沙乌桓，乌桓为此心怀怨恨打算反叛，朝廷颁发诏书命邓训率领黎阳营兵士在狐奴驻军，来防范对方叛变。邓训安抚接纳边地民众，成为幽部民众的归附之所。建初六年（81），邓训升任为护乌桓校尉，先前追随他的黎阳营兵卒大多带着老人小孩，乐意随从邓训迁往边地。鲜卑听闻了邓训的声威恩泽，都不敢南下靠近塞下。建初八年（83），舞阴公主的儿子梁扈有犯法的行为，邓训因私下里与梁扈通信获罪，朝廷征召他罢免官位返回乡里。

元和三年（86），卢水胡叛变，朝廷让邓训担任谒者，乘坐传车驿马到达武威，任命他做张掖太守。

章和二年（88），护羌校尉张纡引诱杀害了烧当种羌迷吾等人，因此各部羌人大为震怒，商议着想要报复仇恨，朝廷十分忧心此事。朝中公卿举荐邓训代替张纡任校尉。各部羌人很是激忿，就彼此消除仇怨缔结婚约，交换人质结盟立誓，聚集了四万多部众，相约多。虽首施两端，汉亦时收其用。时迷吾子迷唐，别与武威种羌合兵万骑，来至塞下，未敢攻训，先欲胁月氏胡。训拥卫稽故，令不得战。议者咸以羌胡相攻，县官之利，以夷伐夷，不宜禁护。训曰："不然。今张纡失信，众羌大动，经常屯兵，不下二万，转运之费，空竭府帑，凉州吏人，命县丝发。原诸胡所以难得意者，皆恩信不厚耳。今因其迫急，以德怀之，庶能有用。"遂令开城及所居园门，悉驱群胡妻子内之，严兵守卫。羌掠无所得，又不敢逼诸胡，因即解去。由是湟中诸胡皆言"汉家常欲斗我曹，今邓使君待我以恩信，开门内我妻子，乃得父母"。咸欢喜叩头曰："唯使君所命。"训遂抚养其中少年勇者数百人，以为义从。

羌胡俗耻病死，每病临困，辄以刃自刺。训闻有困疾者，辄拘持缚束，不与兵刃，使医药疗之，愈者非一，小大莫不感悦。于是赏赂诸羌种，使相招诱。迷唐伯父号吾乃将其母及种人八百户，自塞外来降。训因发湟中秦、胡、羌兵四千人，出塞掩击迷唐于写谷，斩首虏六百余人，得马牛羊万余头。迷唐乃去大、小榆，居颇岩谷，众悉破散。其春，复欲归故地就田业，训乃发湟中六千人，令长史任尚将之，缝革为船，置于箄上以度河，掩击迷唐庐落大豪，多所斩获。复追逐奔北，会尚等夜为羌所攻，于是义从羌胡并力破之，斩首前后一千八百余级，获生口二千人，马牛羊三万余头，一种殆尽。迷唐遂收其余部，远徙庐落，西行千余里，诸附落小种皆背畔之。烧当等冰封时渡过黄河进攻邓训。在这之前小月氏胡在塞内分散居住，能充当骑兵参加作战的有两三千，都勇敢强健年富力壮，每每与羌人作战，时常能凭借少数兵力战胜众多的羌兵。虽然他们一直踌躇不决瞻前顾后，但是汉朝也时常收纳任用他们。当时迷吾的儿子迷唐，另行与武威种羌联合聚集了一万多骑兵，来到塞下，不敢进攻邓训，想要先威逼月氏胡。邓训保卫月氏胡阻碍羌人进军，令他们无法对战。议论之人都以为羌胡彼此攻打，朝廷获利，以夷攻夷，不应当禁止回护。邓训说："并非如此。如今张纡不守信，各部羌人动作很大，我朝经常派兵驻扎，不低于两万士卒，转运物资的费用，使得国库空虚，凉州官民命悬一线。推究各部胡人难以如意的缘由，都是由于我朝的恩德信义不够深厚的缘故。而今乘着他们情势紧急，用仁德怀柔他们，或许能有用。"于是令人开启城门及所住园门，将胡人的妻儿全都放进去，部署军队进行守卫。羌人抢掠一无所得，又不敢靠近各部胡人，因而立即离开。自此以后湟中的各部胡人都说"汉朝时常想要同我们较量，如今邓使君用恩德信义对待我们，开启城门接纳我们的妻子儿女，我们才能够与父母相会"。他们都欢天喜地叩头说："绝对服从邓使君的命令。"邓训便抚养了他们中的年少勇者几百人，让他们做自己的随行之人。

羌胡的习俗耻于患病而死，每次生病临终前，就拿兵刃刺向自己自杀。邓训听闻有被疾病所困之人，就将其捆绑控制起来，不把兵刃交与他，而是用医药为他治疗，病愈的人不止一个，全家老小无不感动喜悦。因此邓训赠送赏赐财物给各部羌人，使他们彼此招引归附汉朝。迷唐的伯父号吾便带领母亲及部众八百多户，从塞外前来归降。邓训因而派出湟中秦、胡、羌兵四千，出塞在写谷袭击迷唐，斩杀俘虏了六百多人，得到马牛羊一万多头。迷唐就离开大榆谷、小榆谷，到颇严谷居住，他的部众全都分裂四散。这年春季，迷唐又想返回故地进行农业生产，邓训便派出湟中兵卒六千人，令长史任尚率领，缝革造船，将缝好的皮革放置在木筏上渡河，袭击迷唐庐帐内的豪杰，那些豪杰大多被斩获。又跑到北边追击敌军，正好赶上任尚等人在晚上被羌人攻打，于是随行的羌胡合力击败攻打任尚的羌人，豪帅东号稽颡归死，余皆款塞纳质。于是绥接归附，威信大行。遂罢屯兵，各令归郡。唯置弛刑徒二千余人，分以屯田，为贫人耕种，修理城郭坞壁而已。

永元二年，大将军窦宪将兵镇武威，宪以训晓羌胡方略，上求俱行。训初厚于马氏，不为诸窦所亲，及宪诛，故不离其祸。

训虽宽中容众，而于闺门甚严，兄弟莫不敬惮，诸子进见，未尝赐席接以温色。四年冬，病卒官，时年五十三。吏人羌胡爱惜，旦夕临者日数千人。戎俗父母死，耻悲泣，皆骑马歌呼。至闻训卒，莫不吼号，或以刀自割，又刺杀其犬马牛羊，曰“邓使君已死，我曹亦俱死耳”。前乌桓吏士皆奔走道路，至空城郭。吏执不听，以状白校尉徐傿。傿叹息曰：“此义也。”乃释之。遂家家为训立祠，每有疾病，辄此请祷求福。

元兴元年，和帝以训皇后之父，使谒者持节至训墓，赐策追封，谥曰平寿敬侯。中宫自临，百官大会。

训五子：骘，京，悝，弘，阊。

骘字昭伯，少辟大将军窦宪府。及女弟为贵人，骘兄弟皆除郎中。及贵人立，是为和熹皇后。骘三迁虎贲中郎将，京、悝、弘、阊七千吼吼斩杀敌首一千八百多，生擒了两千多人，获得了马牛羊三万多头，迷唐一部几乎全部被灭。迷唐便收集残余部众，将庐帐迁往远方，向西走了一千多里，那些依附于他的小部落都背叛了他。烧当首领以额触地下跪请死，其他部落全都叩响塞门送纳人质。抚慰接纳归附之人，汉朝威信大为传播。朝廷便废除屯兵，令那些兵卒各自返回原郡。只设置弛刑徒两千多人，分派他们屯田，为贫困之人耕种田地，修理城郭土堡罢了。

永元二年（90），大将军窦宪领兵驻守武威，窦宪因为邓训了解应对羌胡的方法谋略，就上书请求邓训同他一起前往。邓训起初与马氏情谊深厚，不被窦氏族人亲近，等到窦宪被诛杀时，他因此没有被牵连遭难。

邓训虽然度量宽宏能与各种人交往，但是对待家人却极其严厉，兄弟全都对他很是敬畏，各个儿子前来拜见他，他从未赐下座位以温和的面色接待他们。永元四年（92）冬季，邓训在官位上患病去世，时年五十三岁。官员民众及羌胡人民全都爱护珍惜他，早晨和晚上前来临吊的每日达数千人。依照少数民族的风俗父母去世，耻于悲伤痛哭，都骑在马上高吟呼号。等到听闻邓训去世时，无不大声哀号，有的人拿刀割自己，又敕杀自己的狗马牛羊，说“邓使君已经去世，我们也要同他一起死了”。之前追随邓训的乌桓兵吏全都在前往吊唁的路上奔走，以至于城郭空旷无人。官吏逮捕了这些人不允许他们去，并将情况告知校尉徐傿。徐傿叹息道：“这是义举啊。”于是释放了他们。最终乌桓家家户户为邓训设立祠堂，每当患有疾病时，就在祠堂向邓训祷告请求赐福。

元兴元年，和帝因为邓训是皇后的父亲，便派遣谒者持符节到达邓训的坟墓，赐下策书加封爵位，谥号为平寿敬侯。皇后亲临吊丧，百官举行盛大集会。

邓训有五个儿子：邓骘、邓京、邓悝、邓弘、邓阊。

邓骘字昭伯，年少时被征召入大将军窦宪府里做事。等到妹妹成为贵人时，邓骘兄弟都被授予郎中的职位。等到贵人被立为皇后，就是和熹皇后。邓骘经过三次升迁任虎贲中郎将，邓京、邓悝、邓皆黄门侍郎。京卒于官。延平元年，拜骘车骑将军、仪同三司。仪同三司始自骘也。悝虎贲中郎将，弘、阊皆侍中。

殇帝崩，太后与骘等定策立安帝，悝迁城门校尉，弘虎贲中郎将。自和帝崩后，骘兄弟常居禁中。骘谦逊不欲久在内，连求还第，岁余，太后乃许之。

永初元年，封骘上蔡侯，悝叶侯，弘西平侯，阊西华侯，食邑各万户。骘以定策功，增邑三千户。骘等辞让不获，遂逃避使者，间关诣阙，上疏自陈曰："臣兄弟污濊，无分可采，过以外戚，遭值明时，托日月之末光，被云雨之渥泽，并统列位，光昭当世。不能宣赞风美，补助清化，诚惭诚惧，无以处心。陛下躬天然之姿，体仁圣之德，遭国不造，仍离大忧，开日月之明，运独断之虑，援立皇统，奉承大宗。圣策定于神心，休烈垂于不朽，本非臣等所能万一，而猥推嘉美，并享大封，伏闻诏书，惊惶惭怖。追观前世倾覆之诫，退自惟念，不寒而栗。臣等虽无逮及远见之虑，犹有庶几戒惧之情。常母子兄弟，内相敕厉，冀以端悫畏慎，一心奉戴，上全天恩，下完性命。刻骨定分，有死无二。终不敢横受爵土，以增罪累。惶窘征营，昧死陈乞。"太后不听。骘频上疏，至于五六，乃许之。

其夏，凉部畔羌摇荡西州，朝廷忧之。于是诏骘将左右羽林、北军五校士及诸部兵击之，车驾幸平乐观饯送。骘西屯汉阳，使征弘、邓阊都任黄门侍郎。邓京在官位上去世。延平元年(106),拜任邓骘为车骑将军、仪同三司。仪同三司的官位从邓骘开始设置。邓悝任贲中郎将,邓弘、邓阊都任侍中。

殇帝驾崩,太后与邓骘等人谋立安帝为天子,邓悝迁升为城门校尉,邓弘迁升为虎贲中郎将。自和帝驾崩后,邓骘兄弟常常在天子所住的地方居住。邓骘生性谦逊不想长时间住在禁内,连续请求返回府第,一年多后,太后才应允了他的请求。

永初元年(107),安帝封邓骘为上蔡侯,邓悝为叶侯,邓弘为西平侯,邓阊为西华侯,食邑各自为一万户。邓骘因谋立安帝为天子的功劳,增加食邑三千户。邓骘等人辞谢不受而没有得到允许,就躲避前来授命的使者,几经辗转来到天子的宫阙,上疏自己陈述说:“臣兄弟卑微低贱,没有可以采用的资质,不过凭借外戚的身份,遭逢政治清明的时代,依赖日月的余光,蒙受云雨的恩惠,一并被授予爵位,彰明显扬于当代。但我们却不能宣扬淳美的风化,补益清明的教化,心中实在是非常羞惭惊慌,一颗心无处安放。陛下本身具有天然的风姿,仁德圣明的品行,国家遭遇不幸之事,频频经历先帝死丧,开启如日月般的光明,使用独自决断的谋思,扶立皇统,承受帝位。圣明的决策出于神明的心智,盛大的事业永远不会磨灭,本就不是臣等可以相比的,然而却降低身份尊崇称许我们,让我们一同享有众多的封赐,臣听闻诏书,羞愧惶恐。回顾前代外戚覆灭的警诫,退回去想想自己,不寒而栗。臣等虽然不具备高远的见识谋虑,但仍然怀有近乎戒慎恐惧的情感。我们母子兄弟,时常在家内彼此告诫劝勉,期冀能够以正直诚谨戒惕审慎的品行,全心全意地拥戴陛下,对上保全陛下的恩遇,对下保全家人的性命。这一心意刻骨不忘,至死不变。始终不敢接受意外获得的官爵封地,来增添我们的罪过。惶恐不安困窘急迫,冒死陈述我们的请求。”太后没有听从他们的请求。邓骘频繁上疏,上了五六次,才应允了他的请求。

这年夏季,凉部叛乱的羌人动荡西州,朝廷为此很是忧心。就颁发诏书令邓骘统率左右羽林、北军五校士及各部兵卒攻击叛乱的凉部羌人,御驾亲临平乐观为邓骘等人设酒送别。邓骘向西在汉阳西校尉任尚、从事中郎司马钧与羌战，大败。时以转输疲弊，百姓苦役。冬，征骘班师。朝廷以太后故，遣五官中郎将迎拜骘为大将军。军到河南，使大鸿胪亲迎，中常侍赍牛酒郊劳，王、主以下候望于道。既至，大会群臣，赐束帛乘马，宠灵显赫，光震都鄙。

时遭元二之灾，人士荒饥，死者相望，盗贼群起，四夷侵畔。骘等崇节俭，罢力役，推进天下贤士何熙、祋讽、羊浸、李郃、陶敦等列于朝廷，辟杨震、朱宠、陈禅置之幕府，故天下复安。

四年，母新野君寝病，骘兄弟并上书求还侍养。太后以阊最少，孝行尤著，特听之，赐安车驷马。及新野君薨，骘等复乞身行服，章连上，太后许之。骘等既还里第，并居冢次。阊至孝骨立，有闻当时。及服阕，诏喻骘还辅朝政，更授前封。骘等叩头固让，乃止，于是并奉朝请，位次在三公下，特进、侯上。其有大议，乃诣朝堂，与公卿参谋。

元初二年，弘卒。太后服齐衰，帝丝麻，并宿幸其第。弘少治《欧阳尚书》，授帝禁中，诸儒多归附之。初疾病，遗言悉以常服，不得用锦衣玉匣。有司奏赠弘骠骑将军，位特进，封西平侯。太后追思弘意，不加赠位衣服，但赐钱千万，布万匹，骘等复辞不受。诏大鸿胪持节，即弘殡封子广德为西平侯。将葬，有司复奏发五营轻车骑士，礼仪如霍光故事，太后皆不听，但白盖双骑，门生輓送。后以帝师之重，分西平之都乡封广德弟甫德为都乡侯。四年，又封京子黄门侍郎珍为阳安侯，邑三千五百户。

驻扎，派征西校尉任尚、从事中郎司马钧与羌人作战，失败惨重。当时由于转运物资疲劳不堪，百姓以繁重的劳役为苦。冬季，朝廷征召邓骘班师回朝。朝廷因为太后的原因，派五官中郎将迎接拜任邓骘为大将军。大军走到河南，派遣大鸿胪亲自出迎，中常侍带着牛和酒到郊外迎接慰劳，侯王、公主以下在道路上等候盼望。到达朝廷后，大规模召集群臣集会，赐予邓骘束帛乘马，恩宠显要昭彰，光耀震动京师。

当时遭逢永初元年、二年的灾祸，天下百姓承受饥荒之苦，死去的人络绎不绝，盗贼群起，四方少数民族侵犯叛变。邓骘等人推崇节俭，废除劳役，举荐天下贤士何熙、祋讽、羊浸、李郃、陶敦等人入朝为官，征召杨震、朱宠、陈禅进入幕府，因而天下再度安定。

永初四年（110），邓骘的母亲新野君患病不起，邓骘兄弟一起上书请求回去侍候奉养母亲。太后因为邓阊年纪最小，孝敬父母的德行尤为著名，特别应允了他的请求，赐予他用四匹马拉的坐乘的安车。等到新野君去世，邓骘兄弟又请求离职穿孝服居丧，连续呈上奏章，太后应允了他们的请求。邓骘兄弟返回宅第后，一起在母亲的墓旁居住。邓阊极其孝顺以至于形容消瘦，在当时很出名。等到守丧期满脱去丧服，朝廷颁发诏书令邓骘还朝辅助朝政，再度授予之前的封爵。邓骘等人以头叩地执意辞让，这才停止了授命，太后就让他们一起担任奉朝请，位列三公之下，特进、列侯之上。每当朝廷有重大决策时，他们就来到朝堂，与公卿一同参与谋议提供意见。

元初二年（115），邓弘去世。太后穿上用粗麻布制成的齐衰丧服，安帝穿上用细麻布制成的缌麻丧服，一同在邓弘的府第上过夜。邓弘年少时钻研《欧阳尚书》，在宫内为皇帝讲授，群儒大多归附他。刚刚患有疾病时，留下遗言让众人全都穿日常便服，不要给他使用锦衣玉匣。有关官员奏请追赠邓弘为骠骑将军，居特进之位，封西平侯。太后追思邓弘的遗愿，不加赠给他官位衣服，只是赐予他钱千万，布万匹，邓骘等人又辞谢不受。朝廷颁发诏书令大鸿胪持符节，就在邓弘的灵柩前封他的儿子邓广德为西平侯。即将下葬，有关官员又奏请征调五营轻车骑士为邓弘送葬，丧葬礼仪依照旧时霍光五年，悝、阊相继并卒，皆遗言薄葬，不受爵赠，太后并从之。乃封悝子广宗为叶侯，阊子忠为西华侯。

自祖父禹教训子孙，皆遵法度，深戒窦氏，检敕宗族，阖门静居。骘子侍中凤，尝与尚书郎张龛书，属郎中马融宜在台阁。又中郎将任尚尝遗凤马，后尚坐断盗军粮，槛车征诣廷尉，凤惧事泄，先自首于骘。骘畏太后，遂髡妻及凤以谢，天下称之。

建光元年，太后崩，未及大敛，帝复申前命，封骘为上蔡侯，位特进。帝少号聪敏，及长多不德，而乳母王圣见太后久不归政，虑有废置，常与中黄门李闰候伺左右。及太后崩，宫人先有受罚者，怀怨恚，因诬告悝、弘、阊先从尚书邓访取废帝故事，谋立平原王得。帝闻，追怒，令有司奏悝等大逆无道，遂废西平侯广德、叶侯广宗、西华侯忠、阳安侯珍、都乡侯甫德皆为庶人。骘以不与谋，但免特进，遣就国。宗族皆免官归故郡，没入骘等赀财田宅，徙邓访及家属于远郡。郡县逼迫，广宗及忠皆自杀。又徙封骘为罗侯，骘与子凤并不食而死。骘从弟河南尹豹、度辽将军舞阳侯遵、将作大匠畅皆自杀，唯广德兄弟以母阎后戚属得留京师。

大司农朱宠痛骘无罪遇祸，乃肉袒舆榇，上疏追讼骘曰：“伏的规制，太后都没有听从，只使用白盖之车和两名骑兵，由邓弘的门生引丧车为他送葬。后来因为邓弘是地位尊贵的帝王之师，将西平的都乡分给邓广德的弟弟邓甫德并封其为都乡侯。元初四年（117），皇帝又封邓京的儿子黄门侍郎邓珍为阳安侯，食邑三千五百户。

元初五年（118），邓悝、邓阊相继去世，都留下遗言要求薄葬，不接受朝廷追赠的官爵，太后一并依从他们。并封邓悝的儿子邓广宗为叶侯，邓阊的儿子邓忠为西华侯。

自祖父邓禹教导训诫子孙以来，邓氏子孙全都谨遵法度，将窦氏的教训视为深刻的警戒，检查告诫族人，关门静居。邓骘的儿子侍中邓凤，曾与尚书郎张龛通信，叮嘱张龛郎中马融应当在台阁任职。还有中郎将任尚曾赠予邓凤马匹，后来任尚因贪污军粮获罪，乘坐囚车被召至廷尉，邓凤害怕自己的事情泄露出去，先向邓骘承认罪责。邓骘害怕太后，就剃去妻子和邓凤的头发来谢罪，天下人都称许他的行为。

建光元年（121），太后驾崩，尚未到太后大殓之时，安帝再度申明之前的授命，封邓骘为上蔡侯，居特进之位。安帝年少时号称聪敏，等到年长时做事大多不道德，而乳母王圣见太后长时间不交还政权给安帝，忧虑安帝会被废弃，时常与中黄门李闰在太后身边窥探。等到太后驾崩时，之前遭受惩罚的宫人，心中存有怨恨，因而诬告邓悝、邓弘、邓阊先前同尚书邓访采取废帝旧例，谋划着立平原王刘得为帝。安帝听闻后，追溯往事而十分气愤，令相关官员奏称邓悝等人大逆无道，便废除了西平侯邓广德、叶侯邓广宗、西华侯邓忠、阳安侯邓珍、都乡侯邓甫德的爵位将他们都贬为庶人。邓骘因没有参与他们的谋划，只是罢免了特进之位，将他送回封地。邓氏族人全都被免去官职返回故乡，将邓骘等人的资产田宅没收为官署所有，将邓访及其家属迁到远方之郡。在当地郡县的逼迫下，邓广宗及邓忠都自杀而死。又改封邓骘为罗侯，邓骘与儿子邓凤一起不肯吃饭而死。邓骘的堂弟河南尹邓豹、度辽将军舞阳侯邓遵、将作大匠邓畅全都自杀而死，唯有邓广德兄弟因母亲是阎后的亲属而得以留在京师。

大司农朱宠痛惜邓骘没有过错却遭遇祸患，就脱去上衣拿车载惟和熹皇后圣善之德，为汉文母。兄弟忠孝，同心忧国，宗庙有主，王室是赖。功成身退，让国逊位，历世外戚，无与为比。当享积善履谦之祐，而横为宫人单辞所陷。利口倾险，反乱国家，罪无申证，狱不讯鞠，遂令骘等罹此酷滥。一门七人，并不以命，尸骸流离，怨魂不反，逆天感人，率土丧气。宜收还冢次，宠树遗孤，奉承血祀，以谢亡灵。”宠知其言切，自致廷尉，诏免官归田里。众庶多为骘称枉，帝意颇悟，乃谴让州郡，还葬洛阳北芒旧茔，公卿皆会丧，莫不悲伤之。诏遣使者祠以中牢，诸从昆弟皆归京师。及顺帝即位，追感太后恩训，愍骘无辜，乃诏宗正复故大将军邓骘宗亲内外，朝见皆如故事。除骘兄弟子及门从十二人悉为郎中，擢朱宠为太尉，录尚书事。

宠字仲威，京兆人，初辟骘府，稍迁颍川太守，治理有声。及拜太尉，封安乡侯，甚加优礼。

广德早卒。甫德更召征为开封令。学传父业。丧母，遂不仕。

阊妻耿氏有节操，痛邓氏诛废，子忠早卒，乃养河南尹豹子嗣为阊后。耿氏教之书学，遂以通博称。永寿中，与伏无忌、延笃著书东观，官至屯骑校尉。

禹曾孙香之女为桓帝后，帝又绍封度辽将军遵子万世为南乡侯，拜河南尹。及后废，万世下狱死，其余宗亲皆复归故郡。

着棺材，上疏为邓骘辩冤说："臣以为和熹皇后圣明良善，是汉朝的父母。皇后的兄弟忠于国家孝顺父母，兄弟齐心为国忧劳，国家有了君主，王室依靠他们。功业成就后就主动隐退，推让封地让出官爵，历代外戚，无人能比。本应享有累积善行为人谦让的福佑，却意外被宫人的一面之辞所陷害。能言善辩之人用心险恶，动乱国家，定罪缺乏明确的证据，案件也不曾审讯，最终令邓骘等人遭到此等残酷无度的对待。一门七人，全都没能保全性命，尸骸流离在外，怨魂不能归家，违逆天理令人感动，天下为此精神颓丧。应当将七人的尸骨收敛回来葬入墓中，加恩扶植他们的遗孤，让他们承受后人的祭祀，来告慰他们的亡灵。"朱宠知道自己所说的话十分激切，自己到廷尉那里领罪，朝廷颁发诏书免去他的官位命他返回乡里。众人大多为邓骘诉说冤屈，安帝内心略微醒悟，便谴责州郡，将七人的尸骨收回来葬在洛阳北芒的邓氏祖坟内，公卿共同参加丧葬仪式，全都为他们感到悲伤。安帝下诏派遣使者用猪羊二牲的中牢之礼祭祀他们，众堂兄弟全都返回京师。等到顺帝即位时，回忆太后从前的恩德教诲，哀怜邓骘无辜遭难，就颁发诏书命宗正恢复前大将军邓骘内内外外的同族亲属的官爵，全都按照从前的样子参加朝见。任命邓骘兄弟的儿子及堂房子弟十二人为郎中，提拔朱宠做太尉，录尚书事。

朱宠字仲威，京兆人，起初被征召入邓骘的府内任职，渐渐升任为颍川太守，治理地方颇有声望。等到拜任太尉，被封为安乡侯时，朝廷对他极其优待礼遇。

邓广德早早去世。邓甫德被改为征召做开封令。学习传承父亲的事业。母亲去世，便不入仕为官。

邓阊的妻子耿氏具有坚定不移的操守，哀痛邓氏遭到诛杀贬斥，儿子邓忠早早身亡，就教养河南尹邓豹的子嗣做邓阊的后人。耿氏教他读书学习，便以通达渊博而著称。永寿年间，与伏无忌、延笃在东观写书，官至屯骑校尉。

邓禹的曾孙邓香的女儿是桓帝的皇后，桓帝又续封度辽将军邓遵的儿子邓万世为南乡侯，拜任他为河南尹。等到邓香的女儿被废除后位时，邓万世入狱而死，剩下的族人都再度返回故乡。

邓氏自中兴后，累世宠贵，凡侯者二十九人，公二人，大将军以下十三人，中二千石十四人，列校二十二人，州牧、郡守四十八人，其余侍中、将、大夫、郎、谒者不可胜数，东京莫与为比。

论曰：汉世外戚，自东、西京十有余族，非徒豪横盈极，自取灾故，必于贻衅后主，以至颠败者，其数有可言焉。何则？恩非己结，而权已先之；情疏礼重，而枉性图之；来宠方授，地既害之；隙开势谢，谗亦胜之。悲哉！骘、悝兄弟，委远时柄，忠劳王室，而终莫之免，斯乐生所以泣而辞燕也！

寇恂字子翼，上谷昌平人也，世为著姓。恂初为郡功曹，太守耿况甚重之。

王莽败，更始立。使使者徇郡国，曰“先降者复爵位”。恂从耿况迎使者于界上，况上印绶，使者纳之，一宿无还意。恂勒兵入见使者，就请之。使者不与，曰：“天王使者，功曹欲胁之邪？”恂曰：“非敢胁使君，窃伤计之不详也。今天下初定，国信未宣，使君建节衔命，以临四方，郡国莫不延颈倾耳，望风归命。今始至上谷而先堕大信，沮向化之心，生离畔之隙，将复何以号令它郡乎？且耿府君在上谷，久为吏人所亲，今易之，得贤则造次未安，不贤则秖更生乱。为使君计，莫若复之以安百姓。”使者不应，恂叱左右以使者命召况。况至，恂进取印绶带况。使者不得已，乃承制诏之，况受而归。

邓氏自从汉室中兴以后，连续好几代尊荣显贵，共计有列侯二十九人，公二人，大将军以下十三人，俸禄为中二千石的十四人，列校二十二人，州牧、郡守四十八人，其他任侍中、将、大夫、郎、谒者的不可胜数，东京没有能与之相比的。

评论说：汉代外戚，自东京、西京说起有十多个家族，不是仗势欺人到了极点，自己招来灾患，就是一定要将祸患留给后来的君主，因此而导致颠覆败亡，其中的必然性有值得言说之处。这是为什么呢？他们的恩情不是自己结下的，而已经率先拥有权力；后主与他们情谊疏远却不得不对他们礼遇看重，从而违背本心与他们谋划朝政；后主宠爱之人正要授予权力，他们的地位却妨害了新得宠之人；后主与他们产生嫌隙他们的势力便趋于衰落，谗言也就得以取胜。多么令人悲哀啊！邓骘、邓悝兄弟，远离当世权柄，为王室尽忠效劳，而最终却不能免祸，这就是乐生哭泣着离开燕国的原因吧！

寇恂字子翼，上谷郡昌平县人，他家世代都是有声望的族姓。寇恂起初为任郡功曹，太守耿况很是看重他。

王莽失败，更始帝即位，派遣使者巡行各个郡国，并宣布号令说“先投降的人恢复爵位”。寇恂跟随耿况在郡界迎接使者，耿况递上印绶，使者收了起来，一晚上没有归还的意思。寇恂率领兵众入内面见使者，请求使者归还印绶。使者不肯归还，说：“我是天子派来的使者，功曹是想威逼我吗？”寇恂说：“并不敢逼迫使君，只是暗中感伤计策的不周详啊。如今天下刚刚平定，国家的威信尚未散播出去，使君握着符节遵奉帝命，降临四方，郡国吏民全都伸长脖子侧着耳朵专注殷切地注视倾听着您的一言一行，听到风声前来归顺。现今刚到上谷就率先损毁信义，破坏了大家的一片归服之心，让人们生出了离叛的仇怨。将如何再号令其他郡国呢？并且耿府君在上谷，长时间受到官吏百姓的亲近，而今把他换掉，如果用的是贤能的人，仓促之间也不能安定局面，如果接替他的人不贤德那只会再次生出叛乱。为使君打算，不如恢复耿府君的官位来安定百姓。”使者不回应，寇恂大声呵斥左右之人以使者的命令召来耿况。耿况到后，寇及王郎起，遣将徇上谷，急况发兵。恂与门下掾闵业共说况曰："邯郸拔起，难可信向。昔王莽时，所难独有刘伯升耳。今闻大司马刘公，伯升母弟，尊贤下士，士多归之，可攀附也。"况曰："邯郸方盛，力不能独拒，如何？"恂对曰："今上谷完实，控弦万骑，举大郡之资，可以详择去就。恂请东约渔阳，齐心合众，邯郸不足图也。"况然之，乃遣恂到渔阳，结谋彭宠。恂还，至昌平，袭击邯郸使者，杀之，夺其军，遂与况子弇等俱南及光武于广阿。拜恂为偏将军，号承义侯，从破群贼。数与邓禹谋议，禹奇之，因奉牛酒共交欢。

光武南定河内，而更始大司马朱鲔等盛兵据洛阳，又并州未安，光武难其守，问于邓禹曰："诸将谁可使守河内者？"禹曰："昔高祖任萧何于关中，无复西顾之忧，所以得专精山东，终成大业。今河内带河为固，户口殷实，北通上党，南迫洛阳。寇恂文武备足，有牧人御众之才，非此子莫可使也。"乃拜恂河内太守，行大将军事。光武谓恂曰："河内完富，吾将因是而起。昔高祖留萧何镇关中，吾今委公以河内，坚守转运，给足军粮，率厉士马，防遏它兵，勿令北度而已。"光武于是复北征燕、代。恂移书属县，讲兵肄射，伐淇园之竹，为矢百余万，养马二千匹，收租四百万斛，转以给军。

朱鲔闻光武北而河内孤，使讨难将军苏茂、副将贾强将兵恂上前取来印绶戴在耿况身上。使者无可奈何，便秉承更始帝的旨意下诏恢复了耿况官职。耿况接受诏命后回去。

等到王郎起事时，更始帝派遣将领攻占上谷，催促耿况发兵。寇恂与门下掾闵业一同劝说耿况道："邯郸突然兴起，很难信任归附。过去王莽时，感到难以对付的只有刘伯升而已。如今听闻大司马刘公，是刘伯升的同母之弟，尊崇贤才礼遇士人，士人大多都归顺了他，是可以投靠的人。"耿况说："邯郸正值兴盛之时，单凭我们的兵力无法抵御，该如何做？"寇恂回答道："如今上谷殷实，拥有上万兵马，凭借全郡的财物，可以审慎选择归附之人。我请求向东邀请渔阳，和对方联合起来勠力同心，邯郸就不足为虑了。"耿况赞同他的说法，便派他到渔阳，同彭宠共同谋划。寇恂返回途中，到达昌平，偷偷攻击邯郸使者，将其杀死，夺得了使者的兵马，于是与耿况的儿子耿弇等人一同南下在广阿追到光武帝。光武帝任命寇恂做偏将军，号承义侯，随从光武帝击败群贼。数次与邓禹计议大事，邓禹认为他十分奇异，因此赐予他牛和酒同他十分友好。

光武帝南下安定河内，而更始帝手下的大司马朱鲔等人集结重兵据有洛阳。加上此时并州尚未平定，光武帝对河内的守卫问题感到为难。向邓禹询问道："众将里可以派遣谁守卫河内？"邓禹说："过去高祖任用萧何守卫关中，再也不用担心来自西边的忧患，所以能够专心谋划山东，最终完成了大业。如今河内因环绕着黄河而地势险固，人口充足，北面与上党相通，南面逼近洛阳。寇恂文武双全，具有领兵治民的才干，除了他没人可以任用。"于是光武帝任命寇恂做河内太守，代行大将军职事。光武帝对寇恂说："河内殷实，我将要凭借这里发展起来。过去高祖留下萧何镇守关中，今天我将河内托付你，你需坚守此地转运物资，提供足够的军粮，统率督促军队，防备遏止其他兵马，不要让他们北渡即可。"光武帝就又北上征讨燕、代。寇恂给下辖各县发送公文，讲武练兵学习骑射，砍下淇园的竹子，做成一百多万箭矢，养了两千匹马，收得谷物租税四百万斛，运输到前方补给大军。

朱鲔听闻光武帝北上而河内孤立无援，便派讨难将军苏茂、副三万余人，度巩河攻温。檄书至，恂即勒军驰出，并移告属县，发兵会于温下。军吏皆谏曰："今洛阳兵度河，前后不绝，宜待众军毕集，乃可出也。"恂曰："温，郡之藩蔽，失温则郡不可守。"遂驰赴之。旦日合战，而偏将军冯异遣救及诸县兵适至，士马四集，幡旗蔽野。恂乃令士卒乘城鼓噪，大呼言曰："刘公兵到！"苏茂军闻之，陈动，恂因奔击，大破之，追至洛阳，遂斩贾强。茂兵自投河死者数千，生获万余人。恂与冯异过河而还。自是洛阳震恐，城门昼闭。时光武传闻朱鲔破河内，有顷恂檄至，大喜曰："吾知寇子翼可任也！"诸将军贺，因上尊号，于是即位。

时军食急乏，恂以辇车骊驾转输，前后不绝，尚书升斗以禀百官。帝数策书劳问恂，同门生茂陵董崇说恂曰："上新即位，四方未定，而君侯以此时据大郡，内得人心，外破苏茂，威震邻敌，功名发闻，此谗人侧目怨祸之时也。昔萧何守关中，悟鲍生之言而高祖悦。今君所将，皆宗族昆弟也，无乃当以前人为镜戒。"恂然其言，称疾不视事。帝将攻洛阳，先至河内，恂求从军。帝曰："河内未可离也。"数固请，不听，乃遣兄子寇张、姊子谷崇将突骑愿为军锋。帝善之，皆以为偏将军。

建武二年，恂坐系考上书者免。是时颍川人严终、赵敦聚众万余，与密人贾期连兵为寇。恂免数月，复拜颍川太守，与破奸将军将贾强领兵三万多，渡过巩河攻打温县。檄文传到寇恂手中，寇恂立即统率军队奔驰而出，并发布公文告知下辖各县，征发兵马在温县城下会合。军官们都规劝道："如今洛阳的兵马正在渡河，大军前后延绵不绝，应当等各县军队全都聚集到一起后，才可以出兵。"寇恂说："温县，是河内郡的屏障，如若失去温县河内郡就无法坚守了。"随后就疾驰赶赴温县。第二天与敌军对战，而偏将军冯异派来的援军以及下辖各县的兵马正好到达，各路军队从四方汇集到一处，幡旗充满了原野。寇恂便令士卒登城擂鼓呐喊，大声高呼道："刘公兵到！"苏茂的军队听闻后，军阵动摇，寇恂乘机向前奔驰攻击，大举击败了敌军，追到洛阳，最终斩杀了贾强。苏茂的士兵自己投河而死的有数千人，生擒了一万多人。寇恂与冯异渡过黄河回去。从这之后洛阳震惊害怕，城门在白天也关着。这时光武帝辗转听得朱鲔攻下了河内，不久后寇恂的檄文送达，光武帝十分开心地说："我知道寇子翼堪当此任啊！"众将军前来祝贺，乘机奉上帝号，光武帝于是即位。

当时军队急缺粮食，寇恂用靠人拉的便车和两马并驾的马车运输粮食，车队前后不绝，尚书给予百官极少的谷物。光武帝多次颁发慰问寇恂，同门茂陵人董崇劝说寇恂道："皇上不久前才即位，四方还未安定下来，而君侯您在这时据有大郡，对内来说颇得人心，对外来说击败了苏茂，威震邻敌，功名显扬，这正是被进谗言的人怒视怨恨产生灾祸的时候。过去萧何守护关中，明白了鲍生所说的话而高祖十分喜悦。而今您所统率的士兵，都是同族兄弟，岂不是应当吸取前人的教训。"寇恂赞同他的话，称病不问政事。光武帝即将进攻洛阳，先到河内，寇恂请求跟从军队作战。光武帝说："你不可离开河内啊！"寇恂数次坚决请求，光武帝不听从，就让寇恂兄长的儿子寇张、姐姐的儿子谷崇带领冲锋陷阵的优秀骑兵表示愿意担任军队的前锋。光武帝很是赞许他们，将他们都任命为偏将军。

建武二年（26），寇恂因拘留拷问上书之人而获罪被免去官职。这时颍川人严终、赵敦纠集了一万多部众，与密人贾期联合兵力成为寇贼。寇恂被免去官职数月，又被任命为颍川太守，与破奸将军侯进俱击之。数月，斩期首，郡中悉平定。封恂雍奴侯，邑万户。

执金吾贾复在汝南，部将杀人于颍川，恂捕得系狱。时尚草创，军营犯法，率多相容，恂乃戮之于市。复以为耻，叹。还过颍川，谓左右曰："吾与寇恂并列将帅，而今为其所陷，大丈夫岂有怀侵怨而不决之者乎？今见恂，必手剑之！"恂知其谋，不欲与相见。谷崇曰："崇，将也，得带剑侍侧。卒有变，足以相当。"恂曰："不然。昔蔺相如不畏秦王而屈于廉颇者，为国也。区区之赵，尚有此义，吾安可以忘之乎？"乃敕属县盛供具，储酒醪，执金吾军入界，一人皆兼二人之馔。恂乃出迎于道，称疾而还。贾复勒兵欲追之，而吏士皆醉，遂过去。恂遣谷崇以状闻，帝乃征恂。恂至引见，时复先在坐，欲起相避。帝曰："天下未定，两虎安得私斗？今日朕分之。"于是并坐极欢，遂共车同出，结友而去。

恂归颍川。三年，遣使者即拜为汝南太守，又使骠骑将军杜茂将兵助恂讨盗贼。盗贼清静，郡中无事。恂素好学，乃修乡校，教生徒，聘能为《左氏春秋》者，亲受学焉。七年，代朱浮为执金吾。明年，从车驾击隗嚣，而颍川盗贼群起，帝乃引军还，谓恂曰："颍川迫近京师，当以时定。惟念独卿能平之耳，从九卿复出，以忧国可也。"恂对曰："颍川剽轻，闻陛下远逾阻险，有事陇、蜀，故狂狡乘间相诖误耳。如闻乘舆南向，贼必惶怖归死。臣愿执锐前驱。"即日车驾南征，恂从至颍川，盗贼悉降，而竟不拜郡。百姓遮道曰："愿侯进一同攻击这伙贼寇。历时数月，斩下了贾期的头颅，颍川郡内全都平定。封寇恂为雍奴侯，食邑万户。

执金吾贾复身在汝南，其部将在颍川杀害了他人，寇恂将这位部将捉住囚禁在监狱里。当时国家的一切制度尚在开始创立之时，军营中有人犯法，大多互相包容，寇恂却在集市上将这位部将杀死示众。贾复把这件事当作耻辱，叹息不已。贾复自汝南返回经过颍川时，对身边的人说："我与寇恂都是将帅，如今被他设计陷害，大丈夫哪有受人陷害心怀仇怨却不决一死战的呢？今天见到寇恂，我必然要拿剑斩了他！"寇恂知道他的计划，不打算和他相见。谷崇说："我是大将，能够佩戴长剑陪侍在您身侧，就算突然发生变故，也足以抵挡对方的攻击。"寇恂说："不可以如此。过去蔺相如不畏惧秦王却向廉颇低头的原因，是为了国家大局。一个小小的赵国，尚且有这样的大义，我怎么能忘掉这一点呢？"于是命下辖各县盛放好大量食具，储备好足够多的美酒，执金吾贾复的大军进入郡界内，每个人都能同时兼有两份酒食。寇恂然后出城在道上迎接他们，途中又称病返了回去。贾复带着士兵想要追击，而兵吏全都醉倒，最终只能从颍川过去。寇恂派遣谷崇前去将状况告知光武帝，光武帝便征召寇恂入京。寇恂到后被引入宫中拜见光武帝，当时贾复先于寇恂在光武帝身边坐着，想要起身回避寇恂。光武帝说："天下尚未平定，两虎岂可私下争斗？今天朕要为你们调和矛盾。"于是两人同坐极其欢乐，最后一同坐车出去，结为好友后离去。

寇恂返回颍川。建武三年（27），光武帝派遣使者前去立即任命寇恂为汝南太守，又令骠骑将军杜茂领兵辅助寇恂征讨盗贼。盗贼从此安分下来，郡中清净无事。寇恂素来爱好学习，就修建学校，教导学生，聘请能够为学生讲授《左氏春秋》的老师，亲自跟从老师学习。建武七年（31），寇恂代替朱浮任执金吾。第二年，随从光武帝攻击隗嚣，而颍川却盗贼群起，光武帝便率军返回，对寇恂说："颍川非常靠近京师，应当及时平定。思虑唯独你能平定，从九卿的位置上出去征讨，来为国事忧劳是可行的吧。"寇恂回答道："颍川盗贼强悍轻锐，听闻陛下去远方跨越艰难险阻，对陇、蜀用兵，因而从陛下复借寇君一年。”乃留恂长社，镇抚吏人，受纳余降。

初，隗嚣将安定高峻，拥兵万人，据高平第一，帝使待诏马援招降峻，由是河西道开。中郎将来歙承制拜峻通路将军，封关内侯，后属大司马吴汉，共围嚣于冀。及汉军退，峻亡归故营，复助嚣拒陇阺。及嚣死，峻据高平，畏诛坚守。建威大将军耿弇率太中大夫窦士、武威太守梁统等围之，一岁不拔。十年，帝入关，将自征之，恂时从驾，谏曰："长安道里居中，应接近便，安定、陇西必怀震惧，此从容一处可以制四方也。今士马疲倦，方履险阻，非万乘之固，前年颍川，可为至戒。”帝不从。进军及汧，峻犹不下，帝议遣使降之，乃谓恂曰："卿前止吾此举，今为吾行也。若峻不即降，引耿弇等五营击之。”恂奉玺书至第一，峻遣军师皇甫文出谒，辞礼不屈。恂怒，将诛文。诸将谏曰："高峻精兵万人，率多强弩，西遮陇道，连年不下。今欲降之而反戮其使，无乃不可乎？”恂不应，遂斩之。遣其副归告峻曰："军师无礼，已戮之矣。欲降，急降；不欲，固守。”峻惶恐，即日开城门降。诸将皆贺，因曰："敢问杀其使而降其城，何也？”恂曰："皇甫文，峻之腹心，其所取计者也。今来，辞意不屈，必无降心。全之则文得其计，杀之则峻亡其胆，是以降耳。"诸将皆曰："非所及也。”遂传峻还洛阳。

狂妄狡诈之徒趁机闹事来贻误战机而已。如若听闻御驾向南而行，盗贼必然惊惶请死。臣愿率拿着精锐武器在前开路。”当日御驾南征，寇恂随从光武帝到达颍川，盗贼全都归降，光武帝却一直没有任命寇恂当郡守。百姓挡在道路中间说：“希望从陛下手中再借用寇君一年。”光武帝就将寇恂留在长社，安定抚恤官吏百姓，接受剩下的前来归降的人。

起初，隗嚣手下的将领安定人高峻，聚集兵士一万人，占有了高平第一城，光武帝让待诏马援招降高峻，自此以后河西道路得以大开。中郎将来歙秉承光武帝的旨意任命高峻为通路将军，封关内侯，后来隶属大司马吴汉统率，与吴汉一同在冀围攻隗嚣。等到汉军撤退，高峻逃回从前的军营，有辅助隗嚣在陇阺抵御汉军。等到隗嚣死后，高峻占有了高平，害怕被朝廷诛杀所以一直坚守。建威大将军耿弇率太中大夫窦士、武威太守梁统等围攻，历时一年没有攻取。建武十年（34），光武帝入关，打算亲自征伐，寇恂此时正随从光武帝出行，规劝道：“长安位于洛阳与高平道路的中间，接应起来快捷便利，安定、陇西必心怀震惧，如此一来从容地待在一个地方就可以控制四方呀。如今士兵马匹疲倦不堪，才经历过险阻，并非像一万辆兵车那般坚不可摧，前年发生的颍川之事，可以当作深刻的警戒。”光武帝没听从他的话。大军推进到汧县时，高峻仍然没被攻下，光武帝商议派遣使者招降，便对寇恂说：“你之前阻止我亲征，如今为我去跑一遭吧。假如高峻不肯立即归降，就统率耿弇等五营进攻他。”寇恂拿着光武帝的玺书到达第一城，高峻派遣军师皇甫文出城拜见，皇甫文的言辞礼仪中透露着不肯服从的意思。寇恂大怒，打算诛杀掉皇甫文。众将规劝道：“高峻有精兵万人，大多配有强弩，拦住了西边的陇道，连年无法攻克。如今想要招降却反而杀掉了他派来的使者，只怕是不可以这么做吧？”寇恂不回应众将的规劝，最终斩杀了皇甫文。让皇甫文的副手回去告诉高峻说：“军师无礼，已经被我杀掉了。打算归降，就速速来降；不打算归降，就坚守城池。”高峻异常惶恐，当天就开启城门归降了。众将都祝贺寇恂，乘机问道：“敢问将军杀掉对方派来的使者却成功招降了全城，是为什么呢？”寇恂经明行修，名重朝廷，所得秩奉，厚施朋友、故人及从吏士。常曰：“吾因士大夫以致此，其可独享之乎！”时人归其长者，以为有宰相器。

十二年卒，谥曰威侯。子损嗣。恂同产弟及兄子、姊子以军功封列侯者凡八人，终其身，不传于后。

初所与谋闵业者，恂数为帝言其忠，赐爵关内侯，官至辽西太守。

十三年，复封损庶兄寿为洨侯。后徙封损扶柳侯。损卒，子鳌嗣，徙封商乡侯。鳌卒，子袭嗣。

恂女孙为大将军邓骘夫人，由是寇氏得志于永初间。

恂曾孙荣。

论曰：传称“喜怒以类者鲜矣”。夫喜而不比，怒而思难者，其唯君子乎！子曰：“伯夷、叔齐，不念旧恶，怨是用希。”于寇公而见之矣。

荣少知名，桓帝时为侍中。性矜絜自贵，于人少所与，以此见害于权宠。而从兄子尚帝妹益阳长公主，帝又聘其从孙女于后宫，左右益恶之。延熹中，遂陷以罪辟，与宗族免归故郡。吏承望风旨，持之浸急，荣恐不免，奔阙自讼。未至，刺史张敬追劾荣以擅去边，有诏捕之。荣逃窜数年，会赦令，不得除，积穷困，乃自亡命中上恂说：“皇甫文，是高峻的心腹，高峻的计策都出自他手。今天皇甫文前来，言辞里的意思透露着不愿服从，必然没有归降的心思。如果保全他的性命那么他的计策就得逞了，如果杀掉他那么高峻就会吓破胆，因此归降。”众将都说：“将军的智慧并非我们所能比得上的啊。”于是将高峻送回洛阳。

寇恂经学博洽德行美善，在朝廷中名声显赫，所得到的丰厚俸禄，都用来施与朋友、故人及随从他的兵吏。时常说：“我凭借士大夫的辅助才达到如今的成就，怎能独自享有成果呢？”当时的人们把他归入言行仁厚的长者之列，认为他有宰相的器度。

建武十二年（36）寇恂去世，谥号为威侯。儿子寇损继承了他的爵位。寇恂的同母弟及兄长的儿子、姐姐的儿子凭借军功被封为列侯的共计八人，侯位都只终其一生，不曾传于后代。

起初与寇恂一同谋划事情的闵业，寇恂多次向光武帝陈述他的忠诚，被赐予关内侯的爵位，官至辽西太守。

建武十三年（37），光武帝又封寇损的庶兄寇寿为洨侯。后来改封寇损为扶柳侯。寇损去世，儿子寇釐继承了他的爵位，改封为商乡侯。寇釐去世，儿子寇袭继承了爵位。

寇恂的孙女儿是大将军邓骘的夫人，因此寇氏在永初年间颇为得志。

寇恂的曾孙是寇荣。

评论说：《左传》称“喜怒遵循法则的人太少了”。喜欢却不偏爱，愤怒却能考虑后果，唯有君子才能如此吧！孔子说：“伯夷、叔齐不计较他人以往的过失，因此怨恨他们的人极其稀少。”在寇公身上可以看见这种君子之德。

寇荣年少时声名很大，桓帝时任侍中。天性慎重拘谨自珍自爱，同他人很少来往，因此被掌权的宠臣所害。而他堂兄的儿子娶了皇帝的妹妹益阳长公主为妻，皇帝又将他的从孙女娶入后宫，因而皇帝左右的人愈发厌恶他。延熹年间，终于以触犯刑法之罪诬陷他，他与族人被免去官职回到故乡。郡吏迎合在上者的意旨，对待他们渐渐书曰：

臣闻天地之于万物也好生，帝王之于万人也慈爱。陛下统天理物，为万国覆，作人父母，先慈爱，后威武，先宽容，后刑辟，自生齿以上，咸蒙德泽。而臣兄弟独以无辜为专权之臣所见批抵，青蝇之人所共构会。以臣婚姻王室，谓臣将抚其背，夺其位，退其身，受其势。于是遂作飞章以被于臣，欲使坠万仞之阬，践必死之地，令陛下忽慈母之仁，发投杼之怒。尚书背绳墨，案空劾，不复质确其过，置于严棘之下，便奏正臣罪。司隶校尉冯羡佞邪承旨，废于王命，驱逐臣等，不得旋踵。臣奔走还郡，没齿无怨。臣诚恐卒为豺狼横见噬食，故冒死欲诣阙，披肝胆，布腹心。

刺史张敬好为谄谀，张设机网，复令陛下兴雷电之怒。司隶校尉应奉、河南尹何豹、洛阳令袁腾并驱争先，若赴仇敌，罚及死没，髡剔坟墓，但未掘圹出尸，剖棺露胔耳。昔文王葬枯骨，公刘敦行苇，世称其仁。今残酷容媚之吏，无折中处平之心，不顾无辜之害，而兴虚诬之诽，欲使严朝必加滥罚。是以不敢触突天威，而自窜山林，以俟陛下发神圣之听，启独睹之明，拒谗慝之谤，绝邪巧之言，救可济之人，援没溺之命。不意滞怒不为春夏息，淹恚不为顺时怠，遂驰使邮驿，布告远近，严文尅剥，痛于霜雪，张罗海内，设罝万里，逐臣者穷人迹，追臣者极车轨，虽楚购伍员，汉求季布，无以过也。

急躁，寇荣担心无法避免灾祸，赶往宫廷为自己申诉。尚未赶到，刺史张敬便以擅自离开边地的罪责揭发他，皇帝颁发诏书捉拿他。寇荣奔逃流窜多年，正好赶上朝廷发布赦令，寇荣等人却不能免除罪责，加上长期穷困潦倒，寇荣便在逃亡途中上书说：

臣听闻天地对待万物也爱护性命而不嗜杀，帝王对待百姓也仁慈珍爱。陛下统治天下治理百姓，是四方的覆庇，人们的父母，先使用慈爱，后使用威势武力，先采取宽容，后采取刑法，自长出乳齿的婴儿以上，都承蒙陛下的德泽。而唯独臣兄弟清白无辜却被专权之臣排挤打击，谗佞之人一起构陷。因臣与王室联姻，认为臣将控制他们背面的要害，夺走他们的官位，让他们退居，接手他们的势力。便迅速上章加害臣，想让臣坠入万丈深坑，踏入必死之地，令陛下忘却慈母之仁，生出曾母投杼时的愤怒。尚书违背法令制度，依照诬告处理事情，没有再次确认其中的过错，将臣放在牢狱里，便奏请判处臣的罪行。司隶校尉冯羡奸诈邪恶秉承皇帝旨意，弃王命不顾，驱逐臣等，让我无法回到京师。臣跑回故乡，永无怨言。臣确实害怕最终被豺狼粗暴吞噬，因此冒死想要前往宫廷，向陛下披露肝胆，表明诚心。

刺史张敬喜欢逢迎阿谀，设计圈套，又令陛下生出雷电之怒。司隶校尉应奉、河南尹何豹、洛阳令袁腾竞争高下，仿若奔向仇敌一般，惩罚波及死亡之人，砍掉坟墓上的草木，只是尚未挖开墓穴拉出尸体，破开棺材露出尸骨而已。过去文王埋葬枯骨，公刘的仁德恩及芦苇，世人称许他们的仁义。而今残忍狠毒奉承谄媚的官吏，没有公平公正之心，不顾念对无辜之人的迫害，而发动凭空诬陷的诽谤，想要使严肃的朝堂肆意施加刑罚。因此臣不敢冲撞天子的威仪，而自己窜入山林之中，来等陛下发动神圣的耳朵，开启有独特见解的眼睛，抵挡奸邪的诽谤，断绝险恶诡诈的谗言，救助可以救助之人的性命，援助即将溺水而死之人的生命。不料积于心中的愤怒不为春夏的来临而平息，长期累积的怨恨不为顺乎时宜而松懈，于是速派使者传送文书，通告远近民众，文书严厉刻薄，比霜雪还要令痛苦人，在天下张网捕捉臣，设置的罗网遍及万里，驱逐臣的人将臣臣遇罚以来，三赦再赎，无验之罪，足以蠲除。而陛下疾臣愈深，有司咎臣甫力，止则见扫灭，行则为亡虏，苟生则为穷人，极死则为冤鬼，天广而无以自覆，地厚而无以自载，蹈陆土而有沉沦之忧，远岩墙而有镇压之患。精诚足以感于陛下，而哲王未肯悟。如臣犯元恶大憝，足以陈于原野，备刀锯，陛下当班布臣之所坐，以解众论之疑。臣思入国门，坐于胏石之上，使三槐九棘平臣之罪。而阊阖九重，陷穽步设，举趾触罘罝，动行絓罗网，无缘至万乘之前，永无见信之期矣。

国君不可雠匹夫，雠之则一国尽惧。臣奔走以来，三离寒暑，阴阳易位，当暖反寒，春常凄风，夏降霜雹，又连年大风，折拔树木。风为号令，春夏布德，议狱缓死之时。愿陛下思帝尧五教在宽之德，企成汤避远谗夫之诫，以宁风旱，以弭灾兵。臣闻勇者不逃死，智者不重困，固不为明朝惜垂尽之命，愿赴湘、沅之波，从屈原之悲，沈江湖之流，吊子胥之哀。臣功臣苗绪，生长王国，惧独含恨以葬江鱼之腹，无以自别于世，不胜狐死首丘之情，营魂识路之怀。犯冒王怒，触突帝禁，伏于两观，陈诉毒痛，然后登金镬，入沸汤，糜烂于炽爨之下，九死而未悔。

悲夫，久生亦复何聊！盖忠臣杀身以解君怒，孝子殒命以宁亲赶到没有人迹的地方，追捕臣的人一直追到车马无法通行的荒野，纵使是楚国求购伍员，汉朝求购季布，也没有办法超过朝廷对臣的抓捕。

臣遭遇处罚以来，赶上三次大赦和两次赎罪的机会，没有实证的罪名，完全可以免除。然而陛下却对臣的厌恶却愈发深刻，有关官员对臣的责罚才开始严酷，停止不前就会被扫荡剪除，向前行走就会成为逃亡的罪人，苟且求生就会成为贫苦之人，被人杀死就会成为含冤之鬼，苍天宽广却没有办法遮盖我，大地宽厚却没有办法承载我，走在陆地上却有沉沦的忧患，避开将要倒塌的墙却还有被压倒的忧虑。至诚之心足以感动陛下，而贤明的君主却不肯醒悟。如果臣真的犯了十恶不赦的罪，足以在野外将臣处死，备刀锯截断臣的肢体，陛下应该公布臣因何获罪，来消除众论的疑问。臣想进入京师城门，坐在鸣冤的肺石上，使三公九卿公平惩治臣的罪行。然而宫门一重又一重，每一步都设有陷阱，抬起脚趾就会碰到捕兽之网，走动一下就会被罗网绊住，无法来到陛下的面前，永远没有被相信的时候了。

国君不可以仇视平民百姓，如果仇视平民百姓就会使整个国家都陷入恐惧之中。臣亡命奔逃以来，历经三次寒暑，阴阳易位，应该天暖的时候反倒十分寒凉，春季时常刮着寒风，夏季常常降下霜雹，又连年大风，折断拔起树木。风是上天的号令，春夏时节广施德泽，正是审议狱案宽赦死罪的时候。愿陛下思慕尧帝五教重宽的品德，企盼成汤疏远谗人的警告，来平息风灾旱灾，来消除战争带来的灾难。臣听闻勇敢且值得尊敬的人不逃避死亡，有智慧谋略的人不看重困苦，臣执意不为圣明之朝而吝惜自己已经垂危将尽的性命，愿投身湘、沅的波浪之中，跟从屈原的悲痛，沉入江湖的水流之中，凭吊子胥的哀伤。臣是功臣的子孙后代，在王国里生长起来，唯独害怕心怀怨恨葬身江鱼之腹，没有办法替自己向世人辩白，怀着无限的将死思乡之情，魂魄识路之心。冒犯君王的怒火，冲撞帝王的禁地，趴在宫门前的两观之下，诉说内心的痛楚，然后登上铁锅，跳入沸水，在沸水的烧煮下糜烂死亡，纵使多次死亡也不后悔。

多么可悲啊，长生不老又有什么乐趣！忠臣牺牲性命来消解君主怨，故大舜不避涂廪浚井之难，申生不辞姬氏谗邪之谤。臣敢忘斯议，不自毙以解明朝之忿哉！乞以身塞重责。愿陛下匄兄弟死命，使臣一门颇有遗类，以崇陛下宽饶之惠。先死陈情，临章涕泣，泣血连如。

帝省章愈怒，遂诛荣。寇氏由是衰废。

赞曰：元侯渊谟，乃作司徒。明启帝略，肇定秦都。勋成智隐，静其如愚。子翼守温，萧公是埒。系兵转食，以集鸿烈。诛文屈贾，有刚有折。

的怒气，孝子舍弃性命来平息亲人的怨气，因而大舜不躲避涂仓挖井的灾祸，申生不推却姬氏谗言邪说的诽谤。臣怎敢忘却这样的义行，不自杀来消除圣明之朝的愤怒啊！请让我以性命堵住严厉的斥责。愿陛下免除臣兄弟的死罪，使臣一门留有一些残存的人，来崇尚陛下宽恕的大恩。死亡之前陈述内心的情感，面对奏章泪流不止，泪如血涌。

皇帝察看过奏章后愈发生气，最终诛杀了寇荣。寇氏自此衰败。

赞辞说：元侯谋略深远，于是成为司徒。陈述帝王大略，建立秦都基业。功勋达成智慧隐藏，安静自持好似愚者。寇子翼守卫温县，功绩堪比萧公。约束士卒转运军粮，来成就伟大功勋大业。杀掉皇甫文向贾复低头，有刚直的一面也有屈服的一面。

卷四十七

冯岑贾列传第七

冯异字公孙，颍川父城人也。好读书，通《左氏春秋》《孙子兵法》。

汉兵起，异以郡掾监五县，与父城长苗萌共城守，为王莽拒汉。光武略地颍川，攻父城不下，屯兵巾车乡。异间出行属县，为汉兵所执。时异从兄孝及同郡丁綝、吕晏，并从光武，因共荐异，得召见。异曰："异一夫之用，不足为强弱。有老母在城中，愿归据五城，以效功报德。"光武曰"善"。异归，谓苗萌曰："今诸将皆壮士屈起，多暴横，独有刘将军所到不虏掠。观其言语举止，非庸人也，可以归身。"苗萌曰："死生同命，敬从子计。"光武南还宛，更始诸将攻父城者前后十余辈，异坚守不下；及光武为司隶校尉，道经父城，异等即开门奉牛酒迎。光武署异为主簿，苗萌为从事。异因荐邑子铫期、叔寿、段建、左隆等，光武皆以为掾史，从至洛阳。

更始数欲遣光武徇河北，诸将皆以为不可。是时左丞相曹竟子诩为尚书，父子用事，异劝光武厚结纳之。及度河北，诩有力焉。

自伯升之败，光武不敢显其悲戚，每独居，辄不御酒肉，枕席有涕泣处。异独叩头宽譬哀情。光武止之曰："卿勿妄言。"异复因间进说曰："天下同苦王氏，思汉久矣。今更始诸将从横暴虐，所至虏掠，百姓失望，无所依戴。今公专命方面，施行恩德。夫有桀纣冯异字公孙，颍川郡父城县人。爱好读书，精通《左氏春秋》《孙子兵法》。

汉兵起事时，冯异以郡掾的身份监理五县，与父城县长苗萌一同据城而守，为王莽抵挡汉军。光武攻占颍川土地，无法攻下父城，在巾东乡屯兵。冯异偷偷从小路前往归属自己管辖的县，被汉兵捉到。当时冯异的堂兄冯孝及同郡人丁綝、吕晏，全都追随光武帝做事，因而一同举荐冯异，冯异得到了光武帝的召见。冯异说："以冯异一个人的能力，不足以影响您势力的强弱。我有老母在城内，愿返回去占有五城，来立功报恩。"光武帝说"好"。冯异返回城内，对苗萌说："如今各个将领都是突然兴起的壮士，大多凶暴强横，唯独刘将军的军队每到一地不进行虏掠。观察他的言语举止，并非常人，可以归附于他。"苗萌说："你我同生同死，恭敬地听从你的计策。"光武帝南下返回宛，更始帝的部将前前后后有十多个进攻父城，冯异坚决守城不能攻下；等到光武帝任司隶校尉时，途经父城，冯异等人立即开启城门献上牛和酒欢迎光武帝。光武帝让冯异暂任主簿，苗萌暂任从事。冯异乘机举荐同县的铫期、叔寿、段建、左隆等人，光武帝都任命他们做掾史，跟从他到达洛阳。

更始帝多次想要派光武帝攻占河北，众将都认为不可以。这时左丞相曹竟的儿子曹诩担任尚书，父子二人当权执政，冯异劝光武帝同二人深相结交。等到渡河北上时，曹诩出了很大的力。

自伯升败亡后，光武帝不敢显露内心的悲戚，每当独居时，就不喝酒吃肉，枕席上常留有泪痕。唯独叩头宽慰劝解光武帝的哀伤之情。光武帝阻止他道："你不要胡说。"冯异又乘机进言说："天下人共同困于王氏，思慕汉室许久了。如今更始帝的各个部将肆意妄为凶之乱，乃见汤武之功；人久饥渴，易为充饱。宜急分遣官属，徇行郡县，理冤结，布惠泽。”光武纳之。至邯郸，遣异与铫期乘传抚循属县，录囚徒，存鳏寡，亡命自诣者除其罪，阴条二千石长吏同心及不附者上之。

及王郎起，光武自蓟东南驰，晨夜草舍，至饶阳无蒌亭。时天寒烈，众皆饥疲，异上豆粥。明旦，光武谓诸将曰：“昨得公孙豆粥，饥寒俱解。”及至南宫，遇大风雨，光武引车入道傍空舍，异抱薪，邓禹热火，光武对灶燎衣。异复进麦饭菟肩。因复度虖沱河至信都，使异别收河间兵。还，拜偏将军。从破王郎，封应侯。

异为人谦退不伐，行与诸将相逢，辄引车避道。进止皆有表识，军中号为整齐。每所止舍，诸将并坐论功，异常独屏树下，军中号曰“大树将军”。及破邯郸，乃更部分诸将，各有配隶。军士皆言愿属大树将军，光武以此多之。别击破铁胫于北平，又降匈奴于林闟顿王，因从平河北。

时更始遣舞阴王李轶、廪丘王田立、大司马朱鲔、白虎公陈侨将兵号三十万，与河南太守武勃共守洛阳。光武将北徇燕、赵，以魏郡、河内独不逢兵，而城邑完，仓廪实，乃拜寇恂为河内太守，异为孟津将军，统二郡军河上，与恂合势，以拒朱鲔等。

恶残虐，每到一地就大肆抢掠，百姓失望，没人可以倚靠。现在您独揽一方大权，施与恩德。出现桀纣的动乱，才会看见汤武的功绩；人们长期处于饥渴之下，才容易喂饱。应当速速分派官属，视察郡县，处理冤屈，施行恩泽。”光武帝采纳了他的话。行至邯郸，派冯异与铫期乘坐传车驿马安抚慰问下辖各县，审讯记录囚犯的罪状，访问孤苦无依的百姓，逃亡在外主动前来自首的人免除他的罪行，暗地里将与光武帝同心及不愿归附光武帝的二千石长吏的名字上报给光武帝。

等到王郎起事时，光武帝自蓟县往东南疾驰，每天都在草野间休息，就这样一直走到了饶阳无蒌亭。当时天气极其寒冷，大家都饥饿疲惫，冯异奉上豆粥给光武帝食用。第二天早上，光武帝对众将领说：“昨日得了公孙的豆粥，饥寒交迫之感全都消散了。”等行至南宫县时，遇上大风大雨，光武帝调转车头进入道路旁边的空房舍里，冯异抱来柴火，邓禹负责生火，光武帝对着灶烘烤衣裳。冯异再度奉上麦饭菟肩。接着又渡过滹沱河到达信都，令冯异另行收集河间兵马。冯异回来后，被拜任为偏将军。跟从光武帝击败王郎，被封为应侯。

冯异为人谦恭退让不自我夸耀，出行时与众将相遇，就调转车头避退一旁。前进后退都有固定的标记，军中称他整齐有序。每每扎营休息，各个将领一齐坐下评定功劳，冯异独自退避到树下，军中称他是“大树将军”。等到攻下邯郸时，就变更军队编制重新分配众将，每个将领都有归属的兵卒。兵卒都说希望归属大树将军，光武帝因此称赞他。冯异另行在北平击败铁胫，又降伏了匈奴于林闟顿王，接着随从光武帝平定河北。

这时更始帝派遣舞阴王李轶、廪丘王田立、大司马朱鲔、白虎公陈侨率领一支号称三十万的军队，与河南太守武勃共同防守洛阳。光武帝即将北上攻取燕、赵，因魏郡、河内唯独不曾遭逢战事，而且城邑完好，仓廪充足，便任命寇恂为河内太守，冯异为孟津将军，令冯异率领这两个郡的军队在黄河边上驻守，与寇恂共同出力，来抵挡朱鲔等人。

异乃遗李轶书曰："愚闻明镜所以照形，往事所以知今。昔微子去殷而入周，项伯畔楚而归汉。周勃迎代王而黜少帝，霍光尊孝宣而废昌邑。彼皆畏天知命，睹存亡之符，见废兴之事，故能成功于一时，垂业于万世也。苟令长安尚可扶助，延期岁月，疏不间亲，远不逾近，季文岂能居一隅哉？今长安坏乱，赤眉临郊，王侯搆难，大臣乖离，纲纪已绝，四方分崩，异姓并起，是故萧王跋涉霜雪，经营河北。方今英俊云集，百姓风靡，虽邠岐慕周，不足以喻。季文诚能觉悟成败，亟定大计，论功古人，转祸为福，在此时矣。如猛将长驱，严兵围城，虽有悔恨，亦无及已。"初，轶与光武首结谋约，加相亲爱，及更始立，反共陷伯升。虽知长安已危，欲降又不自安。乃报异书曰："轶本与萧王首谋造汉，结死生之约，同荣枯之计。今轶守洛阳，将军镇孟津，俱据机轴，千载一会，思成断金。唯深达萧王，愿进愚策，以佐国安人。"轶自通书之后，不复与异争锋，故异因此得北攻天井关，拔上党两城，又南下河南成皋已东十三县，及诸屯聚，皆平之，降者十余万。武勃将万余人攻诸畔者，异引军度河，与勃战于士乡下，大破斩勃，获首五千余级，轶又闭门不救。异见其信效，具以奏闻。光武故宣露轶书，令朱鲔知之。鲔怒，遂使人刺杀轶。由是城中乖离，多有降者。鲔乃遣讨难将军苏茂将数万人攻温，鲔自将数万人攻平阴以缀异。异遣校尉护军将军将兵，与寇恂合击茂，破之。异因度河击鲔，鲔走；异追至洛阳，环城一匝而归。

冯异便寄信给李轶说："我听闻明镜用来投映形体，往事用来知晓现在。过去微子离开殷商投入周室，项伯叛离楚王归附汉王，周勃迎立代王废除少帝，霍光尊立孝宣而废黜昌邑王。他们都敬畏上天顺应天命，目睹了存亡的征兆，看到了废兴的情形，所以能取得一个时代的成功，将功业传留于万世啊。假令长安尚且可以扶助，能够延长一些年月，关系疏远的人不能离间关系亲近的人，远方的人的亲密程度不能越过近处的人，季文怎能自己待在一个角落呢？如今长安变乱，赤眉兵临城郊，王侯结怨，大臣背离，纲纪已经断绝，四方早就分裂，异姓一同崛起，因而萧王历经艰辛，经营河北。而今才能出众之辈如云般群集，百姓随风倾倒，纵使是邠岐人民依恋周国，也不足以比喻现在的情况。李轶果真能觉悟成败，速速订立大计，那么像古人一般评定功劳业，转祸为福，就在此时呀。假如萧王的勇猛战将迅速挺进，陈列军队将城池包围起来，你即使心有悔恨，也来不及了。"当初，李轶与光武帝率先缔结盟约，彼此愈加亲密友爱，等到更始即位时，李轶反而同他人一起陷害伯升。虽然知道长安已岌岌可危，但想归降光武帝却又无法安心。便给冯异回信道："轶原本与萧王最先谋划兴立汉室之事，缔结了生死与共的盟约，兴衰共担的打算。如今轶守卫洛阳，将军镇守孟津，都占据着重要地，这是千载一遇的事情，我也想与你达成同心协力的约定，希望你将我的心意深深地传达给萧王，我愿意献上我的计策，来辅佐国家安定人民。"李轶自从与冯异通信后，就不再与冯异针锋相对，冯异因此能够北上进攻天井关，攻下上党两城，又南下攻下河南成皋以东十三县，及各处敌军聚集地，全都平定了，归降的有十多万。武勃统率一万多人进攻各处叛变的人，冯异领兵渡过黄河，在士乡亭下与武勃对战，大举击败了对方并斩杀了武勃，斩获敌人首级五千多，李轶又紧闭城门不去救援。冯异见李轶守信用并付诸行动收到实效，就将事情详细上奏给光武帝。光武帝故意将李轶的书信泄露出去，令朱鲔知道。朱鲔大怒，命人刺杀李轶。自此以后城中士兵纷纷背离，有许多归降的。朱鲔就派讨难将军苏茂统率数万人攻打温县，朱鲔亲自率领数万人进攻平阴来牵绊冯异。冯异派校尉护军将军率兵，与寇恂联合移檄上状，诸将皆入贺，并劝光武即帝位。光武乃召异诣鄗，问四方动静。异曰："三王反畔，更始败亡，天下无主，宗庙之忧，在于大王。宜从众议，上为社稷，下为百姓。"光武曰："我昨夜梦乘赤龙上天，觉悟，心中动悸。"异因下席再拜贺曰："此天命发于精神。心中动悸，大王重慎之性也。"异遂与诸将定议上尊号。

建武二年春，定封异阳夏侯。引击阳翟贼严终、赵根，破之。诏异归家上冢，使太中大夫赍牛酒，令二百里内太守、都尉已下及宗族会焉。

时赤眉、延岑暴乱三辅，郡县大姓各拥兵众，大司徒邓禹不能定，乃遣异代禹讨之。车驾送至河南，赐以乘舆七尺具剑。敕异曰："三辅遭王莽、更始之乱，重以赤眉、延岑之酷，元元涂炭，无所依诉。今之征伐，非必略地屠城，要在平定安集之耳。诸将非不健斗，然好虏掠。卿本能御吏士，念自修敕，无为郡县所苦。"异顿首受命，引而西，所至皆布威信。弘农群盗称将军者十余辈，皆率众降异。

异与赤眉遇于华阴，相拒六十余日，战数十合，降其将刘始、王宣等五千余人。三年春，遣使者即拜异为征西大将军。会邓禹率车骑将军邓弘等引归，与异相遇，禹、弘要异共攻赤眉。异曰："异与贼相拒且数十日，虽屡获雄将，余众尚多，可稍以恩信倾诱，难卒用兵破也。上今使诸将屯黾池要其东，而异击其西，一举取之，攻打苏茂，击败了对方。冯异乘机渡过黄河攻打朱鲔，朱鲔逃走；冯异追到洛阳，环绕城墙一圈后返回。

冯异发布公文上奏光武帝，众将都来祝贺，一同劝光武帝登上帝位。光武帝便召冯异到鄗，向他询问四方情况。冯异说："三王反叛更始帝，更始帝败亡，天下没有主人，汉家宗庙的存亡，取决于大王。应当听从众将的建议，对上是为了国家社稷，对下是为了天下百姓。"光武帝说："我昨晚梦到乘着赤龙飞上天空，清醒后，心跳加快。"冯异因而离开座位拜了两拜祝贺道："这是天命在心神上的体现，心跳加速，是因为大王天性慎重。"冯异就与众将商定进献帝王尊号的事情。

建武二年（26）春季，光武帝正式封冯异为阳夏侯。冯异率军攻打阳翟贼严终、赵根，击败了他们。光武帝颁发诏书令冯异返回家乡上坟，令太中大夫送去牛和酒，令二百里内的太守、都尉以下的官吏及宗族都前往会面。

这时赤眉、延岑在三辅行凶作乱，郡县的世家大姓各自聚集兵众，大司徒邓禹无法平定，光武帝便派冯异接替邓禹征讨。光武帝将冯异送到河南，赐予他车马和七尺长的用玉装饰的剑。告诫冯异说："三辅遭受了王莽、更始之乱，又遇上了赤眉、延岑的灾难，百姓处境艰难，没有可以依靠诉说的地方。如今的征伐，并非一定要侵占土地屠杀城池，重点在于安定聚合当地百姓而已。各个将领并非不善战，然而喜好劫掠。你本身就具有统御兵吏的能力，自己想着约束士兵，不要使郡县百姓遭受困苦。"冯异磕头领命，率兵西行，每到一处都传布威信，弘农自称将军的盗贼团伙有十多个，都带领着部众归降冯异。

冯异与赤眉军在华阴遇上，彼此僵持了六十多天，打了几十个回合，降伏了赤眉的将领刘始、王宣等五千多人。建武三年（27）春季，光武帝派遣使者当即任命冯异为征西大将军。恰好赶上邓禹率车骑将军邓弘等人率军退回，与冯异相遇，邓禹、邓弘邀请冯异一同攻打赤眉。冯异说："异与赤眉贼人彼此僵持了将近几十天，是羽然屡屡获得对方的勇将，但剩下的部众仍然很多，可以渐渐拿恩德信义诱使此万成计也。”禹、弘不从。弘遂大战移日，赤眉阳败，弃辎重走。车皆载土，以豆覆其上，兵士饥，争取之。赤眉引还击弘，弘军溃乱。异与禹合兵救之，赤眉小却。异以士卒饥倦，可且休，禹不听，复战，大为所败，死伤者三千余人。禹得脱归宜阳。异弃马步走上回溪阪，与麾下数人归营。复坚壁，收其散卒，招集诸营保数万人，与贼约期会战。使壮士变服与赤眉同，伏于道侧。旦日，赤眉使万人攻异前部，异裁出兵以救之。贼见势弱，遂悉众攻异，异乃纵兵大战。日昃，贼气衰，伏兵卒起，衣服相乱，赤眉不复识别，众遂惊溃。追击，大破于崤底，降男女八万人。余众尚十余万，东走宜阳降。玺书劳异曰：“赤眉破平，士吏劳苦，始虽垂翅回溪，终能奋翼黾池，可谓失之东隅，收之桑榆。方论功赏，以答大勋。”

时赤眉虽降，众寇犹盛：延岑据蓝田，王歆据下邽，芳丹据新丰，蒋震据霸陵，张邯据长安，公孙守据长陵，杨周据谷口，吕鲔据陈仓，角闳据汧，骆延据盩厔，任良据鄠，汝章据槐里，各称将军，拥兵多者万余，少者数千人，转相攻击。异且战且行，屯军上林苑中。延岑既破赤眉，自称武安王，拜置牧守，欲据关中，引张邯、任良共攻异。异击破之，斩首千余级，诸营保守附岑者皆来降归异。岑走攻析，异遣复汉将军邓晔、辅汉将军于匡要击岑，大破之，降其将苏臣等八千余人。岑遂自武关走南阳。时百姓饥饿，人相食，黄金一斤易豆五升。道路断隔，委输不至，军士悉以果实为粮。诏拜他们顺服，很难仓促地用兵打败他们。皇上如今命众将在黾池屯兵截击他们的东面，命异攻打他们的西面，一举攻下他们，这是万全之计呀。”邓禹、邓弘不肯听从。邓弘于是同赤眉大战了很长时间，赤眉假装不敌，舍弃运送物资的辎重逃走。车辆上都是土，将豆子覆盖在上面，兵士饥饿，争着取豆子吃。赤眉率兵返回去攻打邓弘，邓弘的军队被击溃打乱。冯异与邓禹联合起来救援邓弘，赤眉稍稍后退。冯异认为士卒又饿又累，可以暂时休战，邓禹不肯听从，又战，失败惨重，被打死打伤的有三千多人。邓禹得以托身返回宜阳。冯异舍弃战马走上回溪阪，与麾下的几人返回军营。再度加强巩固壁垒，收集零散士卒，召集各个营保的数万人，与赤眉贼人约好交战日期。命壮士换上与赤眉相同的衣服，埋伏在道旁。第二天，赤眉派来万人攻击冯异军队的前部，冯异仅仅出兵救援。赤眉贼兵见他势力很弱，就派出所有兵众攻击他，冯异才率军大战。太阳西斜时，贼兵士气衰弱，冯异的伏兵突然起身，双方的衣服混在一起，赤眉无法识别，贼众惊慌溃散。冯异追击，在崤底大举击败了对方，降伏了男男女女八万人。剩下的敌军仍然有十多万，东逃到宜阳归降。光武帝颁发玺书慰劳冯异说：“赤眉被击败平定，将士劳累辛苦了，最初虽然在回溪阪折损兵卒，最终能在黾池振奋而起，可谓失之东隅，收之桑榆。正当论功行赏，来答谢大功。”

这时赤眉虽然归降了，其他贼众仍然兴盛；延岑据有蓝田，王歆据有下邽，芳丹据有新丰，蒋震据有霸陵，张邯据有长安，公孙守据有长陵，杨周据有谷口，吕鲔据有陈仓，角闳据有汧县，骆延据有盩厔，任良据有鄠县，汝章据有槐里，每个人都自称将军，掌握兵卒多的有一万多人，少的有几千人，互相攻击。冯异一边作战一边前进，在上林苑中驻扎军队。延打败赤眉后，自称武安王，设置任命州牧郡守，想要占据汉中，率张邯、任良一同进攻冯异。冯异击败他们，斩获首级一千多，依附延岑的各个营堡的守将全都前来归降冯异。延岑逃走攻打析县，冯异派复汉将军邓晔、辅汉将军于匡在中途拦阻袭击延岑，大举击败了延岑，降伏了延岑的部将苏臣等八千多人。延岑就自武关逃往南阳。当时百姓饥饿，人们互相以对方为食物，一斤黄南阳赵匡为右扶风，将兵助异，并送缣谷，军中皆称万岁。异兵食渐盛，乃稍诛击豪杰不从令者，褒赏降附有功劳者，悉遣其渠帅诣京师，散其众归本业。威行关中。唯吕鲔、张邯、蒋震遣使降蜀，其余悉平。

明年，公孙述遣将程焉，将数万人就吕鲔出屯陈仓。异与赵匡迎击，大破之，焉退走汉川。异追战于箕谷，复破之，还击破吕鲔，营保降者甚众。其后蜀复数遣将间出，异辄摧挫之。怀来百姓，申理枉结，出入三岁，上林成都。

异自以久在外，不自安，上书思慕阙廷，愿亲帷幄，帝不许。后人有章言异专制关中，斩长安令，威权至重，百姓归心，号为“咸阳王”。帝使以章示异。异惶惧，上书谢曰：“臣本诸生，遭遇受命之会，充备行伍，过蒙恩私，位大将，爵通侯，受任方面，以立微功，皆自国家谋虑，愚臣无所能及。臣伏自思惟：以诏敕战攻，每辄如意；时以私心断决，未尝不有悔。国家独见之明，久而益远，乃知‘性与天道，不可得而闻也’。当兵革始起，扰攘之时，豪杰竞逐，迷惑千数。臣以遭遇，托身圣明，在倾危溷殽之中，尚不敢过差，而况天下平定，上尊下卑，而臣爵位所蒙，巍巍不测乎？诚冀以谨敕，遂自终始。见所示臣章，战栗怖惧。伏念明主知臣愚性，固敢因缘自陈。”诏报曰：“将军之于国家，义为君臣，恩犹父子。何嫌何疑，而有惧意？”

金才能换五升豆子。道路隔绝不通，转运的物资无法运到，军士全都以果实当粮吃。光武帝颁发诏书任命南阳赵匡为右扶风，领兵辅助冯异，一并送去细绢谷物，将士们都高呼万岁。冯异的兵力食物逐渐强盛，于是渐渐击杀不听令的豪杰，奖赏归降且有功劳的人，将其中的首领全都送到京师，部众全都遣散回乡从事本业，威势推行于关中。唯有吕鲔、张邯、蒋震派遣使者归降了蜀，剩下的全都被平定。

第二年，公孙述派遣部将程焉，率几万人跟从吕鲔出城在陈仓驻军。冯异与赵匡迎面出击，大举击败了他们，程焉退走汉川。冯异追击与其在箕谷交战，再次击败了他，又返回去击败了吕鲔，营保归降的人有很多。在这之后蜀又数次派遣将领乘隙出战，冯异总是能使他们受挫。冯异招来百姓，洗雪冤屈，历时三年，上林苑成了都市。

冯异因自己长久处于京外，心有不安，上书称想念朝廷，希望能与天子宫室亲近一些，光武帝没有应允。后来有人上奏说冯异独掌关中大权，斩杀了长安县令，威势权力极重，百姓诚心归附于他，号称“咸阳王。”光武帝派人将奏章拿给冯异看。冯异十分惶恐，上书谢罪说：“臣原本只是一介书生，逢遇受君之命的时机，加入到军队的行列里，蒙受了过度的宠爱，位列大将，被封为通侯，接受委任独当一面，立下微小的功劳，这都出自于朝廷的谋虑，愚臣没有什么能比得上的。臣私下自己思量：凭借诏令征战，每每都能称心如意，有时凭借个人的想法进行决断，不是不心有悔意。皇上独特的见解力，时间越久越发宏远，才知道‘性与天道，不可以看到听到。’当战争刚开始兴起，天下纷乱之时，豪杰争相角逐，心怀迷惑的人数以千计。臣身处其间，寄身圣明之君的身侧，在轻微混乱的境地之中，尚且不敢行为失度，何况如今天下平定，上尊下卑，而臣所蒙受的爵位，难道不是出乎预料的高吗？臣真心期冀自己谨慎自饬，最终能有始有终。看到陛下给我转来的奏章，颤抖惶恐。想到明主知道臣性子愚笨，所以才敢乘机自陈心意。”光武帝颁发诏书回复说：“将军对于国家来说，道义上是君臣关系，恩情上却犹如父子。有什么可以怀疑的，而心有惧意呢？”

六年春，异朝京师。引见，帝谓公卿曰："是我起兵时主簿也。为吾披荆棘，定关中。"既罢，使中黄门赐以珍宝、衣服、钱帛。诏曰："仓卒无蒌亭豆粥，虖沱河麦饭，厚意久不报。"异稽首谢曰："臣闻管仲谓桓公曰：'愿君无忘射钩，臣无忘槛车。'齐国赖之。臣今亦愿国家无忘河北之难，小臣不敢忘巾车之恩。"后数引宴见，定议图蜀，留十余日，令异妻子随异还西。

夏，遣诸将上陇，为隗嚣所败，乃诏异军栒邑。未及至，隗嚣乘胜使其将王元、行巡将二万余人下陇，因分遣巡取栒邑。异即驰兵，欲先据之。诸将皆曰："虏兵盛而新乘胜，不可与争，宜止军便地，徐思方略。"异曰："虏兵临境，忸忕小利，遂欲深入。若得栒邑，三辅动摇，是吾忧也。夫'攻者不足，守者有余'。今先据城，以逸待劳，非所以争也。"潜往闭城，偃旗鼓。行巡不知，驰赴之。异乘其不意，卒击鼓建旗而出。巡军惊乱奔走，追击数十里，大破之。祭遵亦破王元于汧。于是北地诸豪长耿定等，悉畔隗嚣降。异上书言状，不敢自伐。诸将或欲分其功，帝患之。乃下玺书曰："制诏大司马，虎牙、建威、汉忠、捕虏、武威将军：虏兵猥下，三辅惊恐。栒邑危亡，在于旦夕。北地营保，按兵观望。今偏城获全，虏兵挫折，使耿定之属，复念君臣之义。征西功若丘山，犹自以为不足。孟之反奔而殿，亦何异哉？今遣太中大夫赐征西吏士死伤者医药、棺敛，大司马已下亲吊死问疾，以崇谦让。"于是使异进军义渠，并领北地太守事。

建武六年(30)春季,冯异入京朝见。被引入拜见天子,光武帝对公卿们说:“这是我起兵时的主簿。为我清除重重困难,平定关中。”朝会结束,光武帝派中黄门赐予冯异珍宝、衣服、钱帛。颁发诏书说:“时势动乱中在无蒌亭献上豆粥,在滹沱河献上麦饭,这份深厚的情意长久没能报答。”冯异磕头道谢说:“臣听闻管仲曾对齐桓公说:‘愿君主不要忘记被臣射中铜制衣带钩的事情,臣也不会忘记在囚车中得到您的厚待的事。’齐国靠此强盛。臣如今也愿国家不要忘记河北之难,小臣也不敢忘记您在巾车乡对我的恩情。”之后冯异多次在公余闲暇时被引入宫中拜见天子,商定攻取蜀的计策,在京师留了十多日,光武帝令冯异的妻儿随冯异返回西面。

夏季,光武帝派遣众将领上陇,被隗嚣击败,光武帝便下诏命冯异驻军栒邑。冯异来不及赶到,隗嚣乘着胜利之势派遣自己的部将王元、行巡统率二万多人下陇,接着分派行巡夺取栒邑。冯异立即迅速进军,想要率先占领栒邑。众将都说:“贼兵强盛且刚刚获胜是乘胜前来,不可以与对方交战争胜。应当在形势便利之地停止行军,徐徐思索方法谋略。”冯异说:“贼兵已临近我方城下,习惯于获取微小的利益,于是想深入我境。如若对方得到了栒邑,三辅地区就会动摇,这是我所担忧的。兵法说‘进攻的一方总感到力量不足,防守的一方回旋的余地要多一些’。如今先据守栒邑,以逸待劳,并非是和对方争锋。”故而秘密前往关闭城门,放倒旌旗停止击鼓。行巡不知道冯异已经进城,奔赴栒邑邑。冯异乘其不备,突然击鼓树旗而出。行巡的军队受惊溃乱迅速逃走,冯异追击了几十里,大举击败了对方。祭遵也在汧县击败了王元。于是北地众豪长耿定等人,全都叛离隗嚣归降汉室。冯异上书描述情状,不敢自夸功劳。众将领中有人想要分冯异的功劳,光武担忧此事。就下达玺书说:“命大司马,虎牙、建威、汉忠、捕虏、武威将军:贼兵聚集城下,三辅地区惊恐不安。栒邑危亡,就在旦夕。北地的各个营堡,全都止兵不动静观事变。如今偏僻的城池获得保全,贼兵受挫,使得耿定之流,又念起君臣之间的道义。征西大将军的功劳如同丘山般高大,却仍然自认为做得不够。和曾经的孟之反在鲁国败逃时殿后却不自夸,又有什么不同呢?现在派遣太中青山胡率万余人降异。异又击卢芳将贾览、匈奴薁鞬日逐王，破之。上郡、安定皆降，异复领安定太守事。九年春，祭遵卒，诏异守征虏将军，并将其营。及隗嚣死，其将王元、周宗等复立嚣子纯，犹总兵据冀，公孙述遣将赵匡等救之，帝复令异行天水太守事。攻匡等且一年，皆斩之。诸将共攻冀，不能拔，欲且还休兵。异固持不动，常为众军锋。

明年夏，与诸将攻落门，未拔，病发，薨于军，谥曰节侯。

长子彰嗣。明年，帝思异功，复封彰弟䜣为析乡侯。十三年，更封彰东缗侯，食三县。永平中，徙封平乡侯。彰卒，子普嗣，有罪，国除。

永初六年，安帝下诏曰："夫仁不遗亲，义不忘劳，兴灭继绝，善善及子孙，古之典也。昔我光武受命中兴，恢弘圣绪，横被四表，昭假上下，光耀万世，祉祚流衍，垂于罔极。予末小子，夙夜永思，追惟勋烈，披图案籍，建武元功二十八将，佐命虎臣，谶记有征。盖萧、曹绍封，传继于今；况此未远，而或至乏祀，朕甚愍之。其条二十八将无嗣绝世，若犯罪夺国，其子孙应当统后者，分别署状上。将及景风，章叙旧德，显兹遗功焉。"于是绍封普子晨为平乡侯。明年，二十八将绝国者，皆绍封焉。

太夫赐予征西大将军受伤战死的兵吏医药、棺殓，大司马以下亲自前去吊祭死者探问伤者，来推崇谦让的品行。”因此命冯异进军义渠，兼领北地太守职事。

青山胡率一万多人归降冯异。冯异又攻打卢芳的大将贾览、匈奴薁鞬日逐王，全都将他们击败。上郡、安定全都归降，冯异又兼领安定太守职事。建武九年（33）春季，祭遵去世，光武帝颁发诏书让冯异掌征虏将军事，一并统领祭遵的军营。等到隗嚣死亡，隗嚣的将领王元、周宗等人又立隗嚣的儿子隗纯为王，仍然统领军队据守冀县，公孙述派部将赵匡等人救援，光武帝又令冯异代理天水太守职事。攻打赵匡等人将近一年，都将他们斩杀了。众将共同进攻冀县，不能攻取，想要姑且返回去休整军队，冯异固执坚守不肯动，时常担任众军的前锋。

第二年夏季，冯异与众将领攻打落门，尚未攻取，病情发作，死于军中，谥号为节侯。

长子冯彰继承了父亲的爵位。第二年，光武帝思及冯异的功劳，又封冯彰的弟弟冯䜣为析乡侯。建武十三年（37），改封冯彰为东缗侯，食邑三县。永平年间，改封冯彰为平乡侯。冯彰去世，儿子冯普继承了爵位，有违法的行为，封国被废除。

永初六年（112），安帝下诏说：“有仁德的人不会遗弃自己的亲族，讲道义的人不会忘记他人的功劳，复兴已经灭亡的国家，延续已经断绝的宗族，爱惜有德行的人要连同他的子孙一起爱惜，这是古代流传下来的典范。过去我们光武帝受天之命中兴汉室，发扬帝王统绪，遍及四表，明达上下，光耀万世，福禄流传广布，留传于无穷。我这个后辈小子，日夜反复思考，追忆先前的功勋，展阅图画查考典籍，建武年间的二十八位将领功臣，都是辅助天子夺取天下的勇武之臣，谶文都有征验。何不将续封萧何、曹参子孙的旧例，传继到今天；况且他们距离现在并不遥远，有人却甚至无人祭祀，朕很是怜悯他们。将二十八将中因没有继承人而断绝了世系，或者因为犯罪被夺走封国，其子孙应当继承的，分别逐条写成奏状上报。祥风即将来临，彰明评定先人的恩德，显扬他们的功绩。”于是安帝续封冯普的儿岑彭字君然，南阳棘阳人也。王莽时，守本县长。汉兵起，攻拔棘阳，彭将家属奔前队大夫甄阜。阜怒彭不能固守，拘彭母妻，令效功自补。彭将宾客战斗甚力。及甄阜死，彭被创，亡归宛，与前队贰严说共城守。汉兵攻之数月，城中粮尽，人相食，彭乃与说举城降。

诸将欲诛之，大司徒伯升曰："彭，郡之大吏，执心坚守，是其节也。今举大事，当表义士，不如封之，以劝其后。"更始乃封彭为归德侯，令属伯升。及伯升遇害，彭复为大司马朱鲔校尉，从鲔击王莽杨州牧李圣，杀之，定淮阳城。鲔荐彭为淮阳都尉。更始遣立威王张卬与将军徭伟镇淮阳。伟反，击走卬。彭引兵攻伟，破之。迁颍川太守。

会舂陵刘茂起兵，略下颍川，彭不得之官，乃与麾下数百人从河内太守邑人韩歆。会光武徇河内，歆议欲城守，彭止不听。既而光武至怀，歆迫急迎降。光武知其谋，大怒，收歆置鼓下，将斩之。召见彭，彭因进说曰："今赤眉入关，更始危殆，权臣放纵，矫称诏制，道路阻塞，四方蜂起，群雄竞逐，百姓无所归命。窃闻大王平河北，开王业，此诚皇天祐汉，士人之福也。彭幸蒙司徒公所见全济，未有报德，旋被祸难，永恨于心。今复遭遇，愿出身自效。"光武深接纳之。彭因言韩歆南阳大人，可以为用。乃贳歆，以为邓禹军师。

子冯晨为平乡侯。第二年，二十八将中封国灭亡的，全都得到了续封。

岑彭字君然，南阳郡棘阳县人。王莽时，暂任本县县长。汉兵兴起，攻下了棘阳县，岑彭带着家属投奔前队大夫甄阜。甄阜气岑彭不能坚守棘阳县，扣押了岑彭的母亲妻子，令他立功弥补自己的过失。岑彭带领宾客战斗都很是努力。等到甄阜死亡后，岑彭被打伤，逃回了宛县，与前队大夫甄阜的副将严说一起守城。汉兵攻打了数月，城中粮食耗尽，人们互相把对方当作食物，岑彭才与严说带领全城归降。

众将想要诛杀岑彭，大司徒伯升说："岑彭，是郡中的大吏，执意坚守，是他应有的气节。如今进行大事，应当表彰守义不苟的人，不如为他赐封，来劝慰后来之人。"更始帝便封岑彭为归德侯，令他隶属伯升统领。等到伯升遇害时，岑彭又担任大司马朱鲔的校尉，随从朱鲔攻击王莽手下的扬州牧李圣，并杀掉了李圣，平定了淮阳城。朱鲔荐举岑彭为淮阳都尉。更始帝派遣立威王张卬与将军徭伟镇守淮阳。徭伟反叛，使张卬败走。岑彭率兵攻打徭伟，击败了对方。迁任颍川太守。

正好赶上春陵刘茂起兵，夺下颍川，岑彭不能再做颍川太守，就与麾下数百人追随河内太守同邑人韩歆。正好遇上光武帝夺取河内，韩歆商议着想要守城，岑彭阻止不听。不久后光武帝到达怀县，韩歆在事态危急的情况下出城迎接光武帝并向光武帝投降。光武帝知道他之前的守城之谋，十分愤怒，捉住韩歆放在战鼓下，打算将他斩杀。接着召见岑彭，岑彭乘机进言说："现在赤眉入关，更始帝很不安全，手握大权的臣子不遵循规矩礼节，诈称君主的命令，使得道路阻塞，四方并起，群雄争逐，百姓没有可归顺的人。我听闻大王平定河北，创立帝王基业，这确实是皇天祐汉，是士人的福分呀。岑彭承蒙司徒公保全，还未报答他的恩德，他就很快遭逢了祸难，我的心中对此永远怀有遗恨。如今又碰上司徒公的弟弟大王您，我愿意奉献自己为您效力。"光武帝热情地接纳了他。岑彭乘机说韩歆是南阳德高望重之人，可以为光武帝所用。光武帝就赦免了韩歆，让他做邓禹的军师。

更始大将军吕植将兵屯淇园，彭说降之，于是拜彭为刺奸大将军，使督察众营，授以常所持节，从平河北。光武即位，拜彭廷尉，归德侯如故，行大将军事。与大司马吴汉，大司空王梁，建义大将军朱祐，右将军万脩，执金吾贾复，骁骑将军刘植，扬化将军坚镡，积射将军侯进，偏将军冯异、祭遵、王霸等，围洛阳数月。朱鲔等坚守不肯下。帝以彭尝为鲔校尉，令往说之。鲔在城上，彭在城下，相劳苦欢语如平生。彭因曰："彭往者得执鞭侍从，蒙荐举拔擢，常思有以报恩。今赤眉已得长安，更始为三王所反，皇帝受命，平定燕、赵，尽有幽、冀之地，百姓归心，贤俊云集，亲率大兵，来攻洛阳。天下之事，逝其去矣。公虽婴城固守，将何待乎？"鲔曰："大司徒被害时，鲔与其谋，又谏更始无遣萧王北伐，诚自知罪深。"彭还，具言于帝。帝曰："夫建大事者，不忌小怨。鲔今若降，官爵可保，况诛罚乎？河水在此，吾不食言。"彭复往告鲔，鲔从城上下索曰："必信，可乘此上。"彭趣索欲上。鲔见其诚，即许降。后五日，鲔将轻骑诣彭。顾敕诸部将曰："坚守待我。我若不还，诸君径将大兵上轘辕，归郾王。"乃面缚，与彭俱诣河阳。帝即解其缚，召见之，复令彭夜送鲔归城。明旦，悉其众出降，拜鲔为平狄将军，封扶沟侯。鲔，淮阳人，后为少府，传封累代。

建武二年，使彭击荆州，下犨、叶等十余城。是时南方尤乱。南郡人秦丰据黎丘，自称楚黎王，略有十二县；董䜣起堵乡；许邯起更始帝手下的大将军吕植率军驻守淇园，岑彭劝降了他，光武帝就任命岑彭为刺奸大将军，令他督察众营，光武帝将自己平常所持的符节授予他，让他随从自己平定河北。光武帝即位，任命岑彭为廷尉，像过去一样封他为归德侯，代行大将军事宜。与大司马吴汉，大司空王梁，建义大将军朱祐，右将军万脩，执金吾贾复，骁骑将军刘植，扬化将军坚镡，积射将军侯进，偏将军冯异、祭遵、王霸等人，围困了洛阳数月。朱鲔等人坚守城池不肯降。光武帝因为岑彭曾经是朱鲔的校尉，令他前去劝说朱鲔。朱鲔站在城上，岑彭站在城下，两人彼此慰问欢语和平时没有什么不同。岑彭乘机说："岑彭从前能够追随侍奉您，承蒙您的荐举提拔，常常想着有什么可以报答您的恩情。如今赤眉军已经得到了长安，更始帝遭到了三王的反叛，皇帝受天之命，平定了燕、赵，尽数拥有了幽、冀之地，百姓诚心归附于他，才德兼备的贤士如云一般聚集在他的身边，亲自统率大军，前来攻打洛阳。天下的事情，过去的就过去了。你纵使环城坚守，又能等到什么呢？"朱鲔说："大司徒被害时，鲔也参与了谋划，又劝更始帝不要派遣萧王北伐，的确知道自己罪恶深重。"岑彭返回后，将情况详细汇报给光武帝。光武帝说："创建大事的人，不憎恨小的仇怨。朱鲔今天如果投降，官爵都可以保全，哪里会责罚他呢？河水在此，我不会违背诺言。"岑彭又前往告知朱鲔，朱鲔从城上放下绳索说："倘若可信，就可以乘着绳索上城。"岑彭走向绳索想要上城。朱鲔见他真诚可信，立即同意归降。五日后，朱鲔带着轻装便捷的骑兵到岑彭那里。回头嘱咐众部将说："你们在此坚守等我回来。我若没有返回，你们直接带领士兵上轘辕，归附郾王。"于是将双手反绑在背后，与岑彭一同到河阳。光武帝立即为朱鲔解开绳子，接着召见了朱鲔，又令岑彭连夜送朱鲔回城。第二天早上，朱鲔带领所有部众出城归降，光武帝任命朱鲔为平狄将军，封扶沟侯。朱鲔，淮阳人，后来担任少府，将封爵传了好几代。

建武二年（26），光武帝命岑彭攻打荆州，攻下犨县、叶县等十多个城池。这时南方尤为混乱。南郡人秦丰据有黎丘，自称楚黎王，夺取了十二个县；董䜣在堵乡起事；许邯在杏聚起事；还有更始帝的杏；又更始诸将各拥兵据南阳诸城。帝遣吴汉伐之，汉军所过多侵暴。时破虏将军邓奉谒归新野，怒吴汉掠其乡里，遂反，击破汉军，获其辎重，屯据淯阳，与诸贼合从。秋，彭破杏，降许邯，迁征南大将军。复遣朱祐、贾复及建威大将军耿弇，汉忠将军王常，武威将军郭守，越骑将军刘宏，偏将军刘嘉、耿植等，与彭并力讨邓奉。先击堵乡，而奉将万余人救董䜣。䜣、奉皆南阳精兵，彭等攻之，连月不克。三年夏，帝自将南征，至叶，董䜣别将将数千人遮道，车骑不可得前。彭奔击，大破之。帝至堵阳，邓奉夜逃归淯阳，董䜣降。彭复与耿弇、贾复及积弩将军傅俊、骑都尉臧宫等从追邓奉于小长安，帝率诸将亲战，大破之。奉迫急，乃降。帝怜奉旧功臣，且衅起吴汉，欲全宥之。彭与耿弇谏曰："邓奉背恩反逆，暴师经年，致贾复伤痍，朱祐见获。陛下既至，不知悔善，而亲在行陈，兵败乃降。若不诛奉，无以惩恶。"于是斩之。奉者，西华侯邓晨之兄子也。

车驾引还，令彭率傅俊、臧宫、刘宏等三万余人南击秦丰，拔黄邮，丰与其大将蔡宏拒彭等于邓，数月不得进。帝怪以让彭，彭惧，于是夜勒兵马，申令军中，使明旦西击山都。乃缓所获虏，令得逃亡，归以告丰，丰即悉其军西邀彭。彭乃潜兵度沔水，击其将张杨于阿头山，大破之。从川谷间伐木开道，直袭黎丘，击破诸屯兵。丰闻大惊，驰归救之。彭与诸将依东山为营，丰与蔡宏夜攻彭，彭豫为之备，出兵逆击之，丰败走，追斩蔡宏。更封彭为舞阴侯。

各个将领各自聚集兵卒据有南阳各城。光武帝派遣吴汉征伐他们，吴汉的军队每经过一地多行侵凌之事。这时破虏将军邓奉告假返回新野，气愤吴汉侵略自己的家乡，于是反叛，击败吴汉的军队，获得了吴汉运送物资的辎重，据守淯阳，与其他贼众联合起来。秋季，岑彭击败杏聚，降伏了许邯，迁升为征南大将军。光武帝又派朱祐、贾复及建威大将军耿弇，汉忠将军王常，武威将军郭守，越骑将军刘宏，偏将军刘嘉、耿植等，与岑彭协力征讨邓奉。先攻打堵乡，而邓奉却率领一万多人救援董䜣。董䜣、邓奉的部众都是南阳精兵，岑彭等人进攻他们，接连数月都没能攻克。建武三年（27）夏，光武帝亲自领兵南征，行至叶县，董䜣别将带领几千人挡在道路中间，车马无法向前。岑彭赶来进攻，大举击败了他们。光武帝行至堵阳，邓奉连夜逃回淯阳，董䜣归降。岑彭又与耿弇、贾复及积弩将军傅俊、骑都尉臧宫等跟从光武帝追击邓奉到小长安。光武帝统率众将亲自作战，大举击败了邓奉。邓奉在危急无奈的情况下，才归降。光武帝怜惜邓奉是旧时的功臣，并且祸乱起于吴汉，于是想要宽赦他的罪行。岑彭与耿弇规劝道："邓奉背弃恩义叛逆作乱，军队常年驻扎在野外，造成贾复负伤，朱祐被擒。陛下到达后，他仍然不知道悔过从善，反而亲自在军队里作战，战败后才归降。如若不诛杀邓奉，就没有办法惩戒恶人。"于是光武帝将邓奉斩杀。邓奉，是西华侯邓晨兄长的儿子。

光武帝率军返回，令岑彭率傅俊、臧宫、刘宏等三万多人南下进攻秦丰，攻下黄邮聚，秦丰与其大将蔡宏在邓县抵挡岑彭，历时数月不得推进。光武帝很是奇怪并责备岑彭，岑彭惧怕，于是连夜整治兵马，号令军中，让他们明天早上向西攻打山都。岑彭故意放松对俘虏的看管，让他们逃走。回去将他的命令汇报给秦丰，秦丰立即率领全部兵马向西截击岑彭。岑彭便偷偷带领兵卒渡过沔水，在阿头山进攻秦丰的将领张杨，大举击败了对方。接着从山谷间伐木开道，径直袭向黎丘，击败了各处敌军屯驻的兵马。秦丰听闻后十分吃惊，疾驰而回前去救援。岑彭与众将领依靠东山扎营，秦丰与蔡宏在夜晚攻打岑彭，岑彭事先有了准备，出兵迎击他们，秦丰战败逃走，岑彭追击斩杀了蔡宏。光武帝改封岑彭为舞阴侯。

秦丰相赵京举宜城降，拜为成汉将军，与彭共围丰于黎丘。时田戎拥众夷陵，闻秦丰被围，惧大兵方至，欲降。而妻兄辛臣谏戎曰："今四方豪杰各据郡国，洛阳地如掌耳，不如按甲以观其变。"戎曰："以秦王之强，犹为征南所围，岂况吾邪？降计决矣。"四年春，戎乃留辛臣守夷陵，自将兵沿江泝沔止黎丘，刻期日当降，而辛臣于后盗戎珍宝，从间道先降于彭，而以书招戎。戎疑必卖己，遂不敢降，而反与秦丰合，彭出兵攻戎，数月，大破之，其大将伍公诣彭降，戎亡归夷陵。帝幸黎丘劳军，封彭吏士有功者百余人。彭攻秦丰三岁，斩首九万余级，丰余兵裁千人，又城中食且尽。帝以丰转弱，令朱祐代彭守之，使彭与傅俊南击田戎，大破之，遂拔夷陵，追至秭归。戎与数十骑亡入蜀，尽获其妻子士众数万人。

彭以将伐蜀汉，而夹川谷少，水险难漕运，留威虏将军冯骏军江州，都尉田鸿军夷陵，领军李玄军夷道，自引兵还屯津乡，当荆州要会，喻告诸蛮夷，降者奏封其君长。初，彭与交阯牧邓让厚善，与让书陈国家威德，又遣偏将军屈充移檄江南，班行诏命。于是让与江夏太守侯登、武陵太守王堂、长沙相韩福、桂阳太守张隆、零陵太守田翕、苍梧太守杜穆、交阯太守锡光等，相率遣使贡献，悉封为列侯。或遣子将兵助彭征伐。于是江南之珍始流通焉。

六年冬，征彭诣京师，数召宴见，厚加赏赐。复南还津乡，有诏过家上冢，大长秋以朔望问太夫人起居。

秦丰的相赵京带领整个宜城归降，被任命为成汉将军，与岑彭共同在黎丘围攻秦丰。这时田戎在夷陵聚集了众多兵马，听闻秦丰被围困，害怕大军将至，想要归降。而他妻子的兄长辛臣却规劝他说：“现今四方豪杰各自据有郡国，洛阳所占据的土地不过手掌般大而已，不如止兵不动静观其变。”田戎说：“凭借秦王的强盛，尚且被征南大将军所围困，何况我呢？归降的计策已经决定下来了。”建武四年（28）春季，田戎便留辛臣守护夷陵，自己领兵沿着长江逆沔水而上在黎丘止步，限定好了归降的时间，而辛臣却在后方偷窃了田戎的珍宝，从偏僻的小路率先归降岑彭，用书信招降田戎。田戎怀疑辛臣必然会出卖自己，故而不敢归降，反而与秦丰联合。岑彭出兵攻打田戎，历时数月，大举击败了田戎，田戎的大将伍公到岑彭那里归降，田戎逃回了夷陵。光武帝亲临黎丘慰劳兵士，岑彭兵吏受封的有功之人有一百多。岑彭打了秦丰三年，斩获敌首九万多，秦丰只剩下一千残兵，加上城中的食物即将耗尽。光武帝因为秦丰实力变弱，令朱祐接替岑彭围守，命岑彭与傅俊南下攻打田戎，大举击败了田戎，攻下了夷陵，追击残军至秭归。田戎与数十名骑兵逃入了蜀，他的妻儿士兵数万人全部被擒获。

岑彭因快要攻伐蜀汉，而两岸却谷物稀少，且水势艰险漕运艰难，便留威虏将军冯骏屯兵江州，都尉田鸿屯兵夷陵，领军李玄屯兵夷道，自己领兵返回津乡驻守，掌握荆州要道，谕告众蛮夷，归降者将上奏朝廷请封他们的酋长。当初，岑彭与交阯牧邓让亲厚友善，便给邓让写信述说国家的威势和德政，又命偏将军屈充在江南发布公文，颁行诏命。邓让与江夏太守侯登、武陵太守王堂、长沙相韩福、桂阳太守张隆、零陵太守田翕、苍梧太守杜穆、交阯太守锡光等，共同派遣使者进奉，全都被封为列侯。有的派遣自己的儿子领兵帮助岑彭攻伐。自此江南的奇珍异宝开始流通。

建武六年（30）冬季，朝廷征召岑彭到京师，光武帝数次在公余闲暇时召见他，赏赐丰厚。岑彭南下返回津乡，光武帝颁布有诏命让他经过家乡时上坟，大长秋在每月初一十五时问候岑彭的母亲太夫人的起居。

八年，彭引兵从车驾破天水，与吴汉围隗嚣于西城。时公孙述将李育将兵救嚣，守上邽，帝留盖延、耿弇围之，而车驾东归。敕彭书曰："两城若下，便可将兵南击蜀虏。人苦不知足，既平陇，复望蜀。每一发兵，头须为白。"彭遂壅谷水灌西城，城未没丈余，嚣将行巡、周宗将蜀救兵到，嚣得出还冀。汉军食尽，烧辎重，引兵下陇，延、弇亦相随而退。嚣出兵尾击诸营，彭殿为后拒，故诸将能全师东归。彭还津乡。

九年，公孙述遣其将任满、田戎、程汎，将数万人乘枋箄下江关，击破冯骏及田鸿、李玄等。遂拔夷道、夷陵，据荆门、虎牙。横江水起浮桥、斗楼，立欑柱绝水道，结营山上，以拒汉兵。彭数攻之，不利，于是装直进楼船、冒突露桡数千艘。

十一年春，彭与吴汉及诛虏将军刘隆、辅威将军臧宫、骁骑将军刘歆，发南阳、武陵、南郡兵，又发桂阳、零陵、长沙委输棹卒，凡六万余人，骑五千匹，皆会荆门。吴汉以三郡棹卒多费粮谷，欲罢之。彭以为蜀兵盛，不可遣，上书言状。帝报彭曰："大司马习用步骑，不晓水战，荆门之事，一由征南公为重而已。"彭乃令军中募攻浮桥，先登者上赏。于是偏将军鲁奇应募而前。时天风狂急，奇船逆流而上，直冲浮桥，而欑柱钩不得去，奇等乘势殊死战，因飞炬焚之，风怒火盛，桥楼崩烧。彭复悉军顺风并进，所向无前。蜀兵大乱，溺死者数千人。斩任满，生获程汎，而田戎亡保江州。彭上刘隆为南郡太守，自率臧宫、刘歆长驱入江关，令军中无得虏掠。所过，百姓皆奉牛酒迎劳。彭见诸耆老，为言大汉哀愍巴蜀久见虏役，故兴师远伐，以讨有罪，为人除害。让不受其牛酒。百姓皆大喜悦，争开门降。诏彭守益州牧，所下郡，辄行太守事。

建武八年（32），岑彭率兵跟从光武帝攻下天水，与吴汉在西城围攻隗嚣。当时公孙述的大将李育领兵救援隗嚣，驻守上邽，光武帝留下盖延、耿弇包围上邽，自己向东返回。颁发文书告诫岑彭说："如若攻下了西城、上邽两城，便可以领兵南下攻击蜀贼。人苦于不知道满足，已经平定了陇地，又想要夺得蜀。每次发兵，头发胡须都为之变白。"岑彭就堵住谷间的流水注入西城，西城城墙只有一丈多尚未被淹没，隗嚣的部将行巡、周宗带着蜀的救兵赶到，隗嚣得以出城返回冀。汉军粮食耗尽，烧光运输物资的辎重，率兵下陇，盖延、耿弇也随之撤退。隗嚣出兵紧跟在后面追击汉军众营，岑彭殿后为众人抗击敌军，因此众将领保全军队返回东部。岑彭返回津乡。

建武九年（33），公孙述派遣自己的部将任满、田戎、程汎，统率数万人乘木排下江关，击败冯骏及田鸿、李玄等将领。夺下了夷道、夷陵，据有了荆州、虎牙。在江山横着建起浮桥、斗楼，树立起密集的柱桩隔绝水道，在山上安营扎寨，来抵挡汉兵。岑彭多次攻打，不顺利，便安装了直进楼船、冒突露桡船数千艘。

建武十一年（35）春季，岑彭与吴汉及诛虏将军刘隆、辅威将军臧宫、骁骑将军刘歆，征发南阳、武陵、南郡兵卒，又征发桂阳、零陵、长沙负责转运物资操棹行船的兵士，共计六万多人，五千匹战马，都在荆门会合。吴汉因三郡负责转运物资操棹行船的兵士耗费粮谷较多，想要罢除。岑彭认为蜀兵强盛，不可以遣散，上书描述情状。光武帝回复岑彭说："大司马习惯任用步兵骑兵，不了解水战，荆门之事，一切都以征南公为重。"岑彭就令军中招募士兵攻打浮桥，率先登上浮桥的人给予重赏。于是偏将军鲁奇接受招募前行，这时天空刮起又狂又急的大风，鲁奇的船只逆流而上，径直冲向浮桥，却被柱桩钩住不能离开，鲁奇乘机殊死作战，投掷火炬焚烧浮桥，风大火旺，浮桥斗楼倒塌烧毁。岑彭又统领全部兵马一起顺着风向前进，所向无前。蜀兵大乱，溺水而亡的有数千人。汉军斩杀了任满，生擒了程汎，而田戎逃到江州自保。岑彭上书请求让刘隆担任南郡太守，自己率臧宫、刘歆迅速进入江关，令军中士卒不可以行虏掠之事。所经过的地方，百姓都送上牛和酒迎接慰劳。岑彭会见各位德高彭到江州，以田戎食多，难卒拔，留冯骏守之，自引兵乘利直指垫江，攻破平曲，收其米数十万石。公孙述使其将延岑、吕鲔、王元及其弟恢悉兵拒广汉及资中，又遣将侯丹率二万余人拒黄石。彭乃多张疑兵，使护军杨翕与臧宫拒延岑等，自分兵浮江下还江州，泝都江而上，袭击侯丹，大破之。因晨夜倍道兼行二千余里，径拔武阳。使精骑驰广都，去成都数十里，势若风雨，所至皆奔散。初，述闻汉兵在平曲，故遣大兵逆之。及彭至武阳，绕出延岑军后，蜀地震骇。述大惊，以杖击地曰："是何神也！"

彭所营地名彭亡，闻而恶之，欲徙，会日暮，蜀刺客诈为亡奴降，夜刺杀彭。

彭首破荆门，长驱武阳，持军整齐，秋豪无犯。邛穀王任贵闻彭威信，数千里遣使迎降。会彭已薨，帝尽以任贵所献赐彭妻子，谥曰壮侯。蜀人怜之，为立庙武阳，岁时祠焉。

子遵嗣，徙封细阳侯。十三年，帝思彭功，复封遵弟淮为穀阳侯。遵永平中为屯骑校尉。遵卒，子伉嗣。伉卒，子杞嗣，元初三年，坐事失国。建光元年，安帝复封杞细阳侯，顺帝时为光禄勋。

杞卒，子熙嗣，尚安帝妹涅阳长公主。少为侍中、虎贲中郎将，望重的老人，同他们说大汉悲悯巴蜀长时间遭受奴役，因此出兵远伐，来处治有犯法行为的人，为大家除害。推辞不接受百姓送来的牛和酒。百姓都十分喜悦，争相开门投降。光武帝下诏让岑彭兼任益州牧，每攻下一郡，就代行太守职事。

岑彭到达江州，因田戎粮草很多，很难迅速攻下，便留冯骏看守，自己率军凭借有利的形势直趋垫江，攻下了平曲，收缴了对方几十万石的米。公孙述派自己的部将延岑、吕鲔、王元及弟弟公孙恢带领全部兵马在广汉及资中抵御汉军，又派遣部将侯丹率两万多人在黄石抵御。岑彭就部署了许多疑兵迷惑敌军，命护军杨翕与臧宫抵挡延岑等人，自己分派兵力分兵浮江而下返回江州，逆都江而上，袭击侯丹，大举击败了对方。乘机早晚加速前进了两千多里，径直攻下了武阳。派精锐奇兵驰往广都，距离成都仅几十里，气势就像风雨般急迫，所到之处敌军都逃散而去。当初，公孙述听闻汉兵在平曲，因而命大军迎战。等到岑彭到达武阳，绕到延岑军队的后方，蜀地震惊惧怕。公孙述十分吃惊，用手杖敲击着地面说："是多么的神速啊！"

岑彭军队所驻扎的地方名叫彭亡，岑彭听闻后很是憎恶，想要迁移到其他地方，正好赶上太阳快落山，蜀刺客诈称是逃亡的奴隶前来归降，在夜晚刺杀了岑彭。

岑彭率先攻下荆门，迅速挺进武阳，治理军队整齐有秩序，一点都不侵犯百姓。邛穀王任贵听闻了岑彭的名望和信誉，不远数千里派来使者迎接投降。正好赶上岑彭已经去世，光武帝将任贵进献的珍宝赐予岑彭的妻子儿女，谥号为壮侯。蜀人怜惜他，为他在武阳立庙，每年按时祭祀。

儿子岑遵继承了父亲的爵位，改封细阳侯。建武十三年（37），光武帝怀念岑彭的功劳，又封岑遵的弟弟岑淮为穀阳侯。岑遵在永平年间任屯骑校尉。岑遵去世，儿子岑伉继承了爵位。岑伉去世，儿子岑杞继承了爵位，元初三年（116），因事获罪失去了封国。建光元年（121），安帝又封岑杞为细阳侯，顺帝时任光禄勋。

岑杞去世，儿子岑熙继承了爵位，娶了安帝的妹妹涅阳长公主为妻。岑熙年少时任侍中、虎贲中郎将，朝廷多次称许他能干。迁升朝廷多称其能。迁魏郡太守，招聘隐逸，与参政事，无为而化。视事二年，舆人歌之曰："我有枳棘，岑君伐之。我有蟊贼，岑君遏之。狗吠不惊，足下生氂。含哺鼓腹，焉知凶灾？我喜我生，独丁斯时。美矣岑君，於戏休兹！"

熙卒，子福嗣，为黄门侍郎。

贾复字君文，南阳冠军人也。少好学，习《尚书》。事舞阴李生，李生奇之，谓门人曰："贾君之容貌志气如此，而勤于学，将相之器也。"王莽末，为县掾，迎盐河东，会遇盗贼，等比十余人皆放散其盐，复独完以还县，县中称其信。

时下江、新市兵起，复亦聚众数百人于羽山，自号将军。更始立，乃将其众归汉中王刘嘉，以为校尉。复见更始政乱，诸将放纵，乃说嘉曰："臣闻图尧舜之事而不能至者，汤武是也；图汤武之事而不能至者，桓文是也；图桓文之事而不能至者，六国是也；定六国之规，欲安守之而不能至者，亡六国是也。今汉室中兴，大王以亲戚为藩辅，天下未定而安守所保，所保得无不可保乎？"嘉曰："卿言大，非吾任也。大司马刘公在河北，必能相施，第持我书往。"复遂辞嘉，受书北度河，及光武于柏人，因邓禹得召见。光武奇之，禹亦称有将帅节，于是署复破虏将军督盗贼。复马羸，光武解左骖以赐之。官属以复后来而好陵折等辈，调补鄗尉，光武曰："贾督有折冲千里之威，方任以职，勿得擅除。"

光武至信都，以复为偏将军。及拔邯郸，迁都护将军。从击青犊于射犬，大战至日中，贼陈坚不却。光武传召复曰："吏士皆为魏郡太守，招揽聘请隐居的高士，参与商议政事，无为而治百姓自然得到化育。治事二年，众人歌咏他说："我遇上枳木棘木，岑君帮我砍掉。我遇上专吃禾苗的害虫，岑君为我抵御。狗不再受到惊吓而吠，脚下的汗毛都长出来了。含着食物鼓着肚子，哪里会知道灾祸呢？我欢喜我的出生，唯独遭逢此时。多么美好的岑君啊，呜呼，实在是好啊！"

岑熙去世，儿子岑福继承了他的爵位，任黄门侍郎。

贾复字君文，南阳郡冠军县人。年少时喜好学习，通晓《尚书》。侍奉舞阴人李生，李生认为他很是奇异，对门人说："贾君的容貌志气如此不凡，并且努力求学，有担任将相的才干呀。"王莽末年，贾复任县掾，在河东迎接盐，正好遇上盗贼，一同前往的十多人都将手里的盐弄丢了，贾复独得保全交还给县里，县中称许他可信。

这时下江、新市起兵，贾复也在羽山聚集了数百部众，自号将军。更始帝即位，便带领着自己的部众归附了汉中王刘嘉，刘嘉让他担任校尉。贾复见更始帝的政权混乱，众将领不遵循规矩礼节，就劝说刘嘉道："臣听闻谋取尧舜的功业而不能实现的，是商汤和周武王；谋取商汤和周武王的功业而不能实现的，是齐桓公和晋文公；谋取齐桓公和晋文公的功业而不能实现的，是六国；确立六国的规则，想要安守而不能实现的，是六国的灭亡。如今汉室中兴，大王以刘氏亲戚的身份担任屏藩来辅佐天子，天下尚未安定就想安守自己所保有的，所保有的恐怕不可安保吧？"刘嘉说："你所说的事情太大了，并非我能担负的。大司马刘公在河北，必然能够任用你，只需要拿着我的书信前去。"贾复就告别刘嘉，拿着书信北上渡过黄河，在柏人追上光武帝，凭借邓禹得到光武帝的召见。光武帝认为他很是奇异，邓禹也称他有将帅之节，让贾复暂任破虏将军监管盗贼。贾复的马瘦弱，光武帝解下自己车驾左边的马赐予贾复。官属因为贾复是后来的且爱好欺凌折辱同辈，想要让他调补鄗尉，光武帝说："贾督有拒敌千里的威势，才将职务委任给他，不可以擅自罢除。"

光武帝到达信都，让贾复做偏将军。等到攻下邯郸后，迁升为都护将军。贾复跟从光武帝在射犬攻击青犊，大战到正午，敌人军阵坚饥，可且朝饭。”复曰：“先破之，然后食耳。”于是被羽先登，所向皆靡，贼乃败走。诸将咸服其勇。又北与五校战于真定，大破之。复伤创甚。光武大惊曰：“我所以不令贾复别将者，为其轻敌也。果然，失吾名将。闻其妇有孕，生女邪，我子娶之，生男邪，我女嫁之，不令其忧妻子也。”复病寻愈，追及光武于蓟，相见甚欢，大飨士卒，令复居前，击鄴贼，破之。

光武即位，拜为执金吾，封冠军侯。先度河攻朱鲔于洛阳，与白虎公陈侨战，连破降之。建武二年，益封穰、朝阳二县。更始郾王尹尊及诸大将在南方未降者尚多，帝召诸将议兵事，未有言，沉吟久之，乃以檄叩地曰：“郾最强，宛为次，谁当击之？”复率然对曰：“臣请击郾。”帝笑曰：“执金吾击郾，吾复何忧！大司马当击宛”。遂遣复与骑都尉阴识、骁骑将军刘植南度五社津击郾，连破之。月余，尹尊降，尽定其地。引东击更始淮阳太守暴汜，汜降，属县悉定。其秋，南击召陵、新息，平定之。明年春，迁左将军，别击赤眉于新城、渑池间，连破之。与帝会宜阳，降赤眉。

复从征伐，未尝丧败，数与诸将溃围解急，身被十二创。帝以复敢深入，希令远征，而壮其勇节，常自从之，故复少方面之勋。诸将每论功自伐，复未尝有言。帝辄曰：“贾君之功，我自知之。”

十三年，定封胶东侯，食郁秩、壮武、下密、即墨、梃、观阳，凡六县。复知帝欲偃干戈，修文德，不欲功臣拥众京师，乃与高密侯固不后退。光武帝传召来贾复说："兵吏都饥饿不堪，可以姑且先吃早饭。"贾复说："先击败敌军，然后再吃。"说完便背着羽旗担任先锋，所到之处敌人纷纷溃退，贼兵失败逃跑。众将领都佩服他的勇猛。又北上在真定与五校对战，大举击败了邸。贾复身受重伤。光武帝十分吃惊地说："我之所以不让贾复另行率军，正是因为他轻视敌人呀。果然，失去了我的名将。听闻他的妻子怀有身孕，生下女儿，我就让我的儿子迎娶她，生下男孩，我就把我的女儿嫁给他，不让他担忧妻子儿女的事。"贾复的伤不久后就愈合了，在蓟县追上光武帝，两个人相见后很是开心，宴飨士卒，令贾复走在军队前方，进攻邺县的贼兵，击败了对方。

光武帝即位，拜任贾复为执金吾，封冠军侯。先渡过黄河在洛阳攻打朱鲔，与白虎公陈侨对战，连续击败对方并使其归降。建武二年（26），贾复被增封穰县、朝阳两县。更始帝手下的郾王尹尊及众大将在南方尚未归降的仍然很多，光武帝召来众将领讨论战事，没人说话，光武帝沉思良久，才拿文书敲击地面说："郾王实力最强，宛仅次于他，谁适合攻击他们？"贾复匆忙回答道："臣请求攻打郾王。"光武帝笑着说："执金吾攻打郾王，我又有什么可担忧的！大司马适合去攻打宛。"因此命贾复与骑都尉阴识、骁骑将军刘植南下渡过五社津攻打郾王，连续击败了对方。耗时一个多月，尹尊归降，他所据有的土地尽数被平定。接着率兵向东攻击更始帝手下的淮阳太守暴汜，暴汜归降，下辖各县全都被平定。这年秋季，贾复南下攻打召陵、新息，将其平定。第二年春季，迁升为左将军，另外在新城、渑池间攻击赤眉，连续击败了对方。贾复与光武帝在宜阳会合，降伏了赤眉。

贾复随从光武帝征伐，不曾战败过，数次与众将领突破包围解除急难，身体负伤十二处。光武帝因贾复敢深入敌境，极少派他到远处征战，而赞赏他勇猛有节，常常让他跟在自己身边，因而贾复很少有独自攻打一处的功勋。众将每次评定夸赞自己的功劳，贾复都不曾开口发言。光武帝总说："贾君的功勋，我自己知道。"

建武十三年（37），定封贾复为胶东侯，食邑有郁秩、壮武、下密、即墨、梃县、观阳，共计六县。贾复知道光武帝想要停止战争，邓禹并剽甲兵，敦儒学。帝深然之，遂罢左右将军。复以列侯就第，加位特进。复为人刚毅方直，多大节。既还私第，阖门养威重。朱祐等荐复宜为宰相，帝方以吏事责三公，故功臣并不用。是时列侯唯高密、固始、胶东三侯与公卿参议国家大事，恩遇甚厚。三十一年卒，谥曰刚侯。

子忠嗣。忠卒，子敏嗣。建初元年，坐诬告母杀人，国除。肃宗更封复小子邯为胶东侯，邯弟宗为即墨侯，各一县。邯卒，子育嗣。育卒，子长嗣。

宗字武孺，少有操行，多智略。初拜郎中，稍迁，建初中为朔方太守。旧内郡徙人在边者，率多贫弱，为居人所仆役，不得为吏。宗擢用其任职者，与边吏参选，转相监司，以擿发其奸，或以功次补长吏，故各愿尽死。匈奴畏之，不敢入塞。征为长水校尉。宗兼通儒术，每宴见，常使与少府丁鸿等论议于前。章和二年卒，朝廷愍惜焉。

子参嗣。参卒，子建嗣。元初元年，尚和帝女临颍长公主。主兼食颍阴、许，合三县，数万户。时邓太后临朝，光宠最盛，以建为侍中，顺帝时为光禄勋。

论曰：中兴将帅立功名者众矣，唯岑彭、冯异建方面之号，自函谷以西，方城以南，两将之功，实为大焉。若冯、贾之不伐，岑公之义信，乃足以感三军而怀敌人，故能剋成远业，终全其庆也。昔高祖忌柏人之名，违之以全福；征南恶彭亡之地，留之以生灾。岂几修明文德，不想功臣在京师聚集兵众，便与高密侯邓禹一同削除甲兵，崇尚儒学。光武帝深深赞同他们的做法，就罢除左右将军。贾复以列侯的身份返回府第，加特进之位。贾复为人刚强坚毅端方正直，富有高尚的节操。返回私宅后，关上门涵养威严厚重。朱祐等人举荐贾复应做宰相，光武帝正在拿政事责问三公，因此并不任用功臣。这时列侯中唯独高密侯、固始侯、胶东侯三人与公卿参与谋议国家大事，受到了很厚重的特别礼遇。建武三十一年（55）贾复去世，谥号为刚侯。

儿子贾忠继承了父亲的爵位。贾忠去世，儿子贾敏继承了爵位。建初元年（76），贾敏因诬告母亲杀人获罪，封国被撤除。章帝改封贾复的小儿子贾邯为胶东侯，封贾邯的弟弟贾宗为即墨侯，食邑各一县。贾邯去世，儿子贾育继承了他的爵位。贾育去世，儿子贾长继承了爵位。

贾宗字武孺，年少时有操行，富有才智谋略。起初拜任命为郎中，逐渐迁升，建初年间任朔方太守。旧时由内郡迁来边地的人，大多贫穷衰弱，被当地居民奴役，不得担任官吏。贾宗提拔任用其中能够担任职务的人，与边地官吏参与选拔，彼此监察，来揭发其中的奸人，有的凭借功绩的大小补充长吏之位，因此每个人都愿意舍命报效。匈奴畏惧，不敢入塞。朝廷征召贾宗为长水校尉。贾宗同时通晓儒家学说，每每在公余闲暇时得到召见，时常令他与少府丁鸿等人在前方议论儒学。章和二年（88）去世，朝廷十分怜恤他。

儿子贾参继承了父亲的爵位。贾参去世，儿子贾建继承了爵位。元初元年（114），娶了和帝的女儿临颍长公主为妻。公主的食邑同时颍阴、许县，合计三县，数万户。这时邓太后临朝称制，贾建得到的宠幸最盛，任命他做侍中，顺帝时任光禄勋。

评论说：汉室中兴时期的将帅建立功名的众多，唯独岑彭、冯异建立了一方的名号，自函谷以西，方城以南，两位将军的功绩，确实很大。像冯异、贾复这般不夸耀自己，岑公这般持义守信，便足以感化三军招徕敌人，因此实现远大的事业，最终保全福泽。过去高祖顾忌叫做柏人的地方，离开后保全了原有的幸福；岑彭憎恶叫做彭亡的虑自有明惑，将期数使之然乎？

赞曰：阳夏师克，实在和德。胶东盐吏，征南宛贼。奇锋震敌，远图谋国。

地方，留在那里生出了灾殃。难道预兆思虑自然有明察和疑惑之分，抑或是气数使他们如此吗？

赞辞说：阳夏侯击败敌军，确实在于他的恩德惠及百姓。胶东侯原本是盐吏，征南公原本是宛县的贼人。锐利的锋刃振动敌人，深远的计议为国谋利。

卷四十八

吴盖陈臧列传第八

吴汉字子颜，南阳宛人也。家贫，给事县为亭长。王莽末，以宾客犯法，乃亡命至渔阳。资用乏，以贩马自业，往来燕、蓟间，所至皆交结豪杰。更始立，使使者韩鸿徇河北。或谓鸿曰："吴子颜，奇士也，可与计事。"鸿召见汉，甚悦之，遂承制拜为安乐令。

会王郎起，北州扰惑。汉素闻光武长者，独欲归心。乃说太守彭宠曰："渔阳、上谷突骑，天下所闻也。君何不合二郡精锐，附刘公击邯郸，此一时之功也。"宠以为然，而官属皆欲附王郎，宠不能夺。汉乃辞出，止外亭，念所以谲众，未知所出。望见道中有一人似儒生者，汉使人召之，为具食，问以所闻。生因言刘公所过，为郡县所归；邯郸举尊号者，实非刘氏。汉大喜，即诈为光武书，移檄渔阳，使生赍以诣宠，令具以所闻说之，汉复随后入。宠甚然之。于是遣汉将兵与上谷诸将并军而南，所至击斩王郎将帅。及光武于广阿，拜汉为偏将军。既拔邯郸，赐号建策侯。

汉为人质厚少文，造次不能以辞自达。邓禹及诸将多知之，数相荐举，及得召见，遂见亲信，常居门下。

光武将发幽州兵，夜召邓禹，问可使行者。禹曰："间数与吴汉言，其人勇鸷有智谋，诸将鲜能及者。"即拜汉大将军，持节北发十吴汉字子颜，南阳郡宛县人。家境贫寒，在县中供职任亭长。王莽末年，他因门客犯法，便改变姓名逃到渔阳。钱财用完了，便将贩马作为自谋生计的事业，往来于燕、蓟之间，每到一处都与豪杰结交往来。更始帝即位，命使者韩鸿攻占河北。有人对韩鸿说："吴子颜，是个奇人，可以同他计议大事。"韩鸿召见吴汉，很是喜爱他，就按照更始帝的旨意任命吴汉为安乐县令。

正好赶上王郎起事，北方骚乱。吴汉向来听闻光武帝是一位言行仁厚的长者，唯独想真心归顺于他。便对太守彭宠说："渔阳、上谷有冲锋陷阵的优秀骑兵，天下人都听说过。您何不聚集二郡精锐，归附刘公和他一起攻打邯郸，这可是现在的大功啊。"彭宠赞同他的话，而其他官属都想依附王郎，彭宠无法定夺。吴汉就辞别出走，止步于郊外小亭，思考如何欺骗众人，还没想出个所以然来。突然望见道路中间有一个看起来像儒生的人，吴汉命人将他招呼过来，为他准备好食物，询问他都听闻了什么。儒生就说刘公所经过的地方，郡县都归向他；在邯郸高举汉尊号的，实际上并非刘氏后代。吴汉十分欢喜，随即冒充光武帝写了一封书信，在渔阳发布公文，让儒生拿着书信拜访彭宠，将自己所听闻的事告诉彭宠，吴汉也随后入城。彭宠很是赞同儒生的话。就命吴汉领兵与上谷众将会师后向南进军，每到一个地方就斩杀王郎的将帅。在广阿追到光武帝，光武帝任命吴汉为偏将军。攻下邯郸后，赐予他建策侯的封号。

吴汉为人质朴敦厚但缺少文才，慌忙间往往词不达意。邓禹以及众位将领大多了解他，数次举荐他，等他受到召见，就被光武帝所亲近信赖，时常待在光武帝门下。

光武帝即将发动幽州兵马，夜晚召来邓禹，询问可以让谁做这件事。邓禹说："我近来数次与吴汉谈话，他这个人勇敢强悍富有智郡突骑。更始幽州牧苗曾闻之，阴勒兵，敕诸郡不肯应调。汉乃将二十骑先驰至无终。曾以汉无备，出迎于路，汉即扬兵骑。收曾斩之，而夺其军。北州震骇，城邑莫不望风弭从。遂悉发其兵，引而南，与光武会清阳。诸将望见汉还，士马甚盛，皆曰："是宁肯分兵与人邪？"及汉至莫府，上兵簿，诸将人人多请之。光武曰："属者恐不与人，今所请又何多也？"诸将皆惭。

初，更始遣尚书令谢躬率六将军攻王郎，不能下。会光武至，共定邯郸，而躬裨将虏掠不相承禀，光武深忌之。虽俱在邯郸，遂分城而处，然每有以慰安之。躬勤于职事，光武常称曰"谢尚书真吏也"，故不自疑。躬既而率其兵数万，还屯于邺。时光武南击青犊，谓躬曰："我追贼于射犬，必破之。尤来在山阳者，势必当惊走。若以君威力，击此散虏，必成禽也。"躬曰："善。"及青犊破，而尤来果北走隆虑山，躬乃留大将军刘庆、魏郡太守陈康守邺，自率诸将军击之。穷寇死战，其锋不可当，躬遂大败，死者数千人。光武因躬在外，乃使汉与岑彭袭其城。汉先令辩士说陈康曰："盖闻上智不处危以侥幸，中智能因危以为功，下愚安于危以自亡。危亡之至，在人所由，不可不察。今京师败乱，四方云扰，公所闻也。萧王兵强士附，河北归命，公所见也。谢躬内背萧王，外失众心，公所知也。公今据孤危之城，待灭亡之祸，义无所立，节无所成。不若开门内军，转祸为福，免下愚之败，收中智之功，此计之至者也。"康然之。于是康收刘庆及躬妻子，开门内汉等。及躬从隆虑归邺，不知康已反之，乃与数百骑轻入城。汉伏兵收之，手击杀躬，其众悉降。躬字子张，南阳人。初，其妻知光武不平之，常戒躬曰："君与谋，众将领鲜有能比得上他的。”光武帝随即任命吴汉为大将军，让他持符节北上征发十郡的用以冲锋陷阵的优秀骑兵。更始帝手下的幽州牧苗曾听闻后，暗地指挥军队，命各郡拒绝征调兵马。吴汉便率二十个骑兵先疾驰到无终。苗曾认为吴汉没有防备，出城在路上迎接，吴汉立即指挥骑兵，收捕苗曾并将其斩杀，接着夺下对方的军队。北方地区震惊惧怕，各个城邑没有不听到风声就顺从吴汉的。于是吴汉征发各个城邑的所有兵马，率领他们南下，与光武帝在清阳会合。诸位将领望见吴汉回来，兵马很是盛大，都说：“他难道肯将兵马分给他人吗？”等吴汉到达幕府，递上军士的名册，诸位将领人人都请求多分些兵卒。光武帝说：“以往担心人家不分兵给他人，如今请求分人家兵马的又何其多呀？”众将都羞惭不已。

起初，更始帝派尚书令谢躬率六将军攻打王郎，不能攻克。恰好赶上光武帝到达，和谢躬一同平定了邯郸，而谢躬的副将不曾禀告就随意掳掠，光武帝很是憎恶他。虽然双方都在邯郸，竟将邯郸城分为两边各自驻守一头，然而还是每每前去慰劳安抚对方。谢躬勤于职务，光武帝时常称许他说“谢尚书是真正的好官啊。”因此谢躬不曾产生怀疑。谢躬接着带领自己的几万兵卒，回到邺城驻扎。这时光武帝南下攻击青犊，对谢躬说“我在射犬追击贼兵，必然会击败对方。尤来在山阳的贼人，势必会惊慌逃走。假若凭借谢君的威力，进攻这群逃散的贼人，必定能抓住他们。”谢躬说：“好。”等到青犊被击败，尤来果然北上逃向隆虑山。谢躬便留下大将军刘庆、魏郡太守陈康守卫邺城，自己率众将攻打尤来。走投无路的贼人拼死抵抗，气势锐猛无法抵挡，谢躬因此大败，被贼人杀死的兵卒有数千人。光武帝乘着谢躬在邺城外，便令吴汉与岑彭袭击邺城。吴汉先令辩士劝说陈康道：“听闻拥有上等智慧的人身处险境不抱以侥幸心理，拥有中等智慧的人能够利用危险取得成功，下等愚笨的人安心地处在危险之中而自取灭亡。危亡的降临，在于人为，不可不察。而今京师混乱，四方纷乱如云，这是您有所耳闻的。萧王兵力强盛士人归附，河北归顺他，这是您所见到的。谢躬于内背叛萧王，于外丢失人心，这是您所知道的。您如今占据着孤立艰危的城池，等待灭亡之祸刘公积不相能，而信其虚谈，不为之备，终受制矣。”躬不纳，故及于难。

光武北击群贼，汉常将突骑五千为军锋，数先登陷陈。及河北平，汉与诸将奉图书，上尊号。光武即位，拜为大司马，更封舞阳侯。

建武二年春，汉率大司空王梁，建义大将军朱祐，大将军杜茂，执金吾贾复，扬化将军坚镡，偏将军王霸，骑都尉刘隆、马武、阴识，共击檀乡贼于邺东漳水上，大破之，降者十余万人。帝使使者玺书定封汉为广平侯，食广平、斥漳、曲周、广年，凡四县。复率诸将击邺西山贼黎伯卿等，及河内修武，悉破诸屯聚。车驾亲幸抚劳。复遣汉进兵南阳，击宛、涅阳、郦、穰、新野诸城，皆下之。引兵南，与秦丰战黄邮水上，破之。又与偏将军冯异击昌城五楼贼张文等，又攻铜马、五幡于新安，皆破之。

明年春，率建威大将军耿弇、虎牙大将军盖延，击青犊于轵西，大破降之。又率骠骑大将军杜茂、强弩将军陈俊等，围苏茂于广乐。刘永将周建别招聚收集得十余万人，救广乐。汉将轻骑迎与之战，不利，堕马伤膝，还营，建等遂连兵入城。诸将谓汉曰：“大敌在前而公伤卧，众心惧矣。”汉乃勃然裹创而起，椎牛飨士，令的到来，就道义来说无法建立，就节操来说无法成就，不如开启城门让大军入内，将灾祸转变为福事，避免遭遇下等愚笨之人的败亡，收获中等智慧之人的成功，这是最好的计策啊。”陈康认为确实如此。就收捕了刘庆及谢躬的妻儿，开启城门让吴汉等人入内。等到谢躬从隆虑山返回邺城，不知道陈康已经背叛了他，便与数百骑兵神态轻松地进入城内。吴汉埋伏好军队将他收捕，亲手击杀了谢躬，谢躬的兵众全都归降。谢躬字子张，南阳人。起初，他的妻子知道光武帝对他心怀不满，时常告诫他说：“你与刘公长久不和，却听信他的空话，不设防备，最终会受他辖制。”谢躬不肯采纳妻子的话，因此受此灾难。

光武帝北上攻击群贼，吴汉时常统领五千用以冲锋陷阵的优秀骑兵担任军队的先锋，多次率先登上城池攻入贼人的阵地。等到河北平定，吴汉与众将献上河图雒书，呈上帝号。光武帝即位，任命吴汉为大司马，改封他为舞阳侯。

建武二年（26）春季，吴汉率大司空王梁、建义大将军朱祐、大将军杜茂、执金吾贾复、扬化将军坚镡、偏将军王霸、骑都尉刘隆、马武、阴识，一同在邺东漳水上攻击檀乡贼兵，大举击败了贼人，归降的贼人有十多万。光武帝命使者传达玺书定封吴汉为广平侯，食邑有广平、斥漳、曲周、广年，总共四县。又率众将攻击邺西山贼黎伯卿等人，追击贼兵至河内修武，攻下了贼人的所有据点。光武帝御驾亲临安抚犒劳。又命吴汉进兵南阳郡，攻击宛、涅、阳、郦、穰、新野各城，都成功攻破。率兵南下，在黄邮水上与秦丰交战，击败了秦丰。又与偏将军冯异攻击昌城五楼贼人张文等，又在新安进攻铜马、五幡，都击败了。

第二年春季，吴汉率建威大将军耿弇、虎牙大将军盖延，在轵西攻击青犊，大举击败降伏了敌军。又率骠骑大将军杜茂、强弩将军陈俊等人，在广乐围攻苏茂。刘永的将领周建另外召集了十多万人，援救广乐。吴汉率轻装便捷的骑兵迎面与他作战，战事不利，吴汉从马背上摔了下来伤了膝盖，返回营地，周建等人就集结军队进入城内。众将领对吴汉说：“大敌在前而您却受伤躺下了，众人心里都产生军中曰："贼众虽多，皆劫掠群盗，'胜不相让，败不相救'，非有仗节死义者也。今日封侯之秋，诸君勉之！"于是军士激怒，人倍其气。旦日，建、茂出兵围汉。汉选四部精兵黄头吴河等，及乌桓突骑三千余人，齐鼓而进。建军大溃，反还奔城。汉长驱追击，争门并入，大破之，茂、建突走。汉留杜茂、陈俊等守广乐，自将兵助盖延围刘永于睢阳。永既死，二城皆降。

明年，又率陈俊及前将军王梁，击破五校贼于临平，追至东郡箕山，大破之。北击清河长直及平原五里贼，皆平之。时鬲县五姓共逐守长，据城而反。诸将争欲攻之，汉不听，曰："使鬲反者，皆守长罪也。敢轻冒进兵者斩。"乃移檄告郡，使收守长，而使人谢城中。五姓大喜，即相率归降。诸将乃服，曰："不战而下城，非众所及也。"

冬，汉率建威大将军耿弇、汉忠将军王常等，击富平、获索二贼于平原。明年春，贼率五万余人夜攻汉营，军中惊乱，汉坚卧不动，有顷乃定。即夜发精兵出营突击，大破其众。因追讨余党，遂至无盐，进击勃海，皆平之。又从征董宪，围朐城。明年春，拔朐，斩宪。事已见刘永传。东方悉定，振旅还京师。

会隗嚣畔，夏，复遣汉西屯长安。八年，从车驾上陇，遂围隗嚣于西城。帝敕汉曰："诸郡甲卒但坐费粮食，若有逃亡，则沮败众心，宜悉罢之。"汉等贪并力攻嚣，遂不能遣，粮食日少，吏士疲役，逃亡者多，及公孙述救至，汉遂退败。

了惧意。”吴汉勃然而起，包扎好伤口，杀牛犒赏军士，向军中发布命令说：“贼人虽然众多，但都是些靠劫掠为生的贼寇，‘胜利了不互相退让功劳，失败了不互相救助’，并没有坚守节操愿为正义而死的人。如今正是建立功勋谋取侯位的紧要关头，大家要勉力而为！”于是兵卒被激起了战意，众人气势倍增。第二天，周建、苏茂出兵围攻吴汉。吴汉选出四部精兵黄头吴河等，及乌桓用以冲锋陷阵的三千多优秀骑兵，一起敲鼓向前挺进。周建所率的军队被大举击溃，回头奔向城门。吴汉迅速前进追击，和敌军争夺城门一并入城，大举击败了对方，苏茂、周建突围逃走。吴汉留下杜茂、陈俊等人守卫广乐，亲自领兵帮助盖延在睢阳围攻刘永。刘死后，两城都归降了。

第二年，吴汉又率陈俊及前将军王梁，在临平攻破五校贼兵，追击敌军到东郡箕山，大举击败了对方。又北上攻击清河长直及平原五里的贼兵，全都平定了。此时鬲县的五户大姓一同驱赶县令，占领了城池并造反。众将争先恐后地想攻击鬲县，吴汉没有听从，说：“使鬲县造反，都是县令的过失。胆敢轻率冒失进兵的人将被斩杀。”之后便发布公文告知郡县，让人收捕县令，并命人在城中向百姓道歉。五户大姓十分开心，立即一同归降。众将这才心悦诚服，说：“不用作战就攻下城池，并非众人所能比得上的。”

这年冬季，吴汉率建威大将军耿弇、汉忠将军王常等人，在平原进攻富平、获索两支贼兵。第二年春季，贼寇率五万多人在夜晚攻击吴汉的营地，军中惊乱，吴汉按兵不动，不久后军中才镇定下来。当天夜里吴汉派出精锐士兵出营突击，大举击溃了贼众。接着追赶征讨贼人余党，最终追到了无盐县，进攻勃海，全都被平定。又跟从光武帝征讨董宪，围攻朐城。第二年春季，攻下朐城，斩杀董宪。东方全都得到平定，吴汉整顿军队返回京师。

正好赶上隗嚣叛变，这年夏季，光武帝又令吴汉向西在长安驻扎军队。建武八年（32），吴汉随从光武帝上陇，最终在西城包围了隗嚣。光武帝对吴汉命令道：“各郡兵卒只是白白浪费粮食，如若有人逃走，就会挫败大家的意志，应该将他们全都免除。”吴汉等人贪念合并这些兵力一起进攻隗嚣，就没能遣散那些兵卒，粮食一天天十一年春，率征南大将军岑彭等伐公孙述。及彭破荆门，长驱入江关，汉留夷陵，装露桡船，将南阳兵及弛刑募士三万人泝江而上。会岑彭为刺客所杀，汉并将其军。十二年春，与公孙述将魏党、公孙永战于鱼涪津，大破之，遂围武阳。述遣子婿史兴将五千人救之。汉迎击兴，尽殄其众，因入犍为界。诸县皆城守。汉乃进军攻广都，拔之。遣轻骑烧成都市桥，武阳以东诸小城皆降。

帝戒汉曰："成都十余万众，不可轻也。但坚据广都，待其来攻，勿与争锋。若不敢来，公转营迫之，须其力疲，乃可击也。"汉乘利，遂自将步骑二万余人进逼成都，去城十余里，阻江北为营，作浮桥，使副将武威将军刘尚将万余人屯于江南，相去二十余里。帝闻大惊，让汉曰："比敕公千条万端，何意临事勃乱！既轻敌深入，又与尚别营，事有缓急，不复相及。贼若出兵缀公，以大众攻尚，尚破，公即败矣。幸无它者，急引兵还广都。"诏书未到，述果使其将谢丰、袁吉将众十许万，分为二十余营，并出攻汉。使别将将万余人劫刘尚，令不得相救。汉与大战一日，兵败，走入壁，丰因围之。汉乃召诸将厉之曰："吾共诸君逾越险阻，转战千里，所在斩获，遂深入敌地，至其城下。而今与刘尚二处受围，势既不接，其祸难量。欲潜师就尚于江南，并兵御之。若能同心一力，人自为战，大功可立；如其不然，败必无余。成败之机，在此一举。"诸将皆曰"诺"。于是飨士秣马，闭营三日不出，乃多树幡旗，使烟火不绝，夜衔枚引兵与刘尚合军。丰等不觉，明日，乃分兵拒江北，自将攻江南。汉悉兵迎战，自旦至晡，遂大破之，斩谢丰、袁吉，获甲首五千余级。于是引还广都，留刘尚拒述，具以状上，而深自谴责。帝报曰：

变少，官兵疲于战事，逃亡的有很多，等到公孙述的援兵赶到，吴汉就失败退走了。

建武十一年（35）春季，吴汉率征南大将军岑彭等人征伐公孙述。等到岑彭攻下荆门，迅速前行进入江关，吴汉留在夷陵，安装露桡船，统领南阳兵及招募到的三万弛刑徒逆江而上。恰好遇上岑彭被刺客杀害，吴汉便同时统帅岑彭的军队。建武十二年（36）春季，吴汉与公孙述的部将魏党、公孙永在鱼涪津交战，大举击败了对方，最终将武阳包围。公孙述让女婿史兴领五千人救援。吴汉迎面攻击史兴，杀尽了对方的部众，接着进入犍为界内。众县都坚守城邑。吴汉便进军攻打广都，成功攻取。令轻骑烧毁成都市桥，武阳以东的各个小城全都归降。

光武帝告诫吴汉说："成都有十多万兵众，不容小视。只需固守广都，等对方前来攻打，不要同对方交战争胜。若对方不敢前来，你就转移军营逼迫对方出手，等对方耗光力气疲惫不堪时，才可以攻击对方。"吴汉凭借目前的有利形势，便亲自统领步骑两万多人向前逼近成都，走到距城十多里的地方，在江北的险阻之地安营扎寨，制作浮桥，令副将武威将军刘尚率一万多人到江南屯守，两处营地相距二十多里。光武帝听闻后十分震惊，谴责吴汉说："最近说了千言万语来警告你，岂料你遇到事情时又行为错乱！既轻视敌人深入险境，又与刘尚分别安营，碰上危急的事情，就无法赶去救援对方了。敌人如若出兵牵绊住你，以大多数兵马攻打刘尚，刘尚被击溃，你也就败了。希望没有其他意外，速速领兵返回广都。"诏书尚未送到吴汉手中，公孙述果然命他的部将谢丰、袁吉领兵十万左右，分为二十多营，一同出军进攻吴汉。命别将领兵一万多劫制刘尚，使得他们无法互相援救。吴汉与敌军激战了一天，战败，逃入军营内，谢丰就将吴汉等人围困在了军营里。吴汉便召来众勉励他们说："我同众位诸君越过艰难险阻，转战千里，每每到达一个地方作战都斩获颇丰，于是深入敌地，兵临敌军城下。而今与刘尚两处都遭受围困，就目前情势来看已经无法会合，其中的灾祸难以估预计。我打算秘密行军到江南刘尚处，同他一起抵御敌军。如若我们能同心同力，每个人都能拼

“公还广都，甚得其宜，述必不敢略尚而击公也。若先攻尚，公从广都五十里悉步骑赴之，适当值其危困，破之必矣。”自是汉与述战于广都、成都之间，八战八克，遂军于其郭中。述自将数万人出城大战，汉使护军高午、唐邯将数万锐卒击之。述兵败走，高午奔陈刺述，杀之。事已见《述传》。旦日城降，斩述首传送洛阳。明年正月，汉振旅浮江而下。至宛，诏令过家上冢，赐谷二万斛。

十五年，复率扬武将军马成、捕虏将军马武北击匈奴，徙雁门、代郡、上谷吏人六万余口，置居庸、常山关以东。

十八年，蜀郡守将史歆反于成都，自称大司马，攻太守张穆，穆逾城走广都，歆遂移檄郡县，而宕渠杨伟、朐䏰徐容等，起兵各数千人以应之。帝以歆昔为岑彭护军，晓习兵事，故遣汉率刘尚及太中大夫臧宫将万余人讨之。汉入武都，乃发广汉、巴、蜀三郡兵围成都，百余日城破，诛歆等。汉乃乘桴沿江下巴郡，杨伟、徐容等惶恐解散，汉诛其渠帅二百余人，徙其党与数百家于南郡、长沙而还。

死战斗，便能立大功；如若不然，则必然会失败。是成功还是失败，就取决于此次行动。”众将都说：“好。”就用酒食犒劳士卒喂饱战马，紧闭军营三天不出，树立了很多旗帜，使烟火不断，在夜晚领军让士兵口中衔枚悄悄与刘尚相会。谢丰等人不曾觉察，第二天，便分派军队抵挡江北的敌军，自己率兵攻击江南的敌军。吴汉的所有士兵一同迎战，从早上一直打到傍晚，最后大举击败了敌军，斩杀了谢丰、袁吉，斩获敌军甲士首级五千多。之后吴汉率军返回广都，留下刘尚抵挡公孙述，将具体情况上报给光武帝，并进行了深刻的自我批评。光武帝回复说：“你返回广都，十分恰当，公孙述必然不敢派去刘尚去攻打你。如若他先攻打刘尚，你带上所有的步兵骑兵从相距五十里的光都赶过去，恰好正值他危急困穷的时候，必定可以击败他。”从这之后吴汉与公孙述在广都、成都之间交战，八战八胜，最后在对方的外城处驻军。公孙述亲率数万人出城大战，吴汉令护军高午、唐邯带领数万精锐之卒攻击对方。公孙述的军队失败逃走，高午奔入敌阵刺中公孙述，将其杀死。事情已被记载在《公孙述传》中。第二天成都归降，吴汉斩下公孙述的头颅运至洛阳。第二年正月，吴汉整顿军队渡江而下。到达宛县，光武帝颁发诏书命他回乡上坟，赐予他谷两万斛。

建武十五年（39），吴汉又率扬武将军马成、捕虏将军马武北上攻击匈奴，将雁门、代郡、上谷的六万多口官吏百姓，迁到居庸、常山关以东。

建武十八年（42），蜀郡守将史歆在成都造反，自称大司马，攻击太守张穆，张穆翻过城墙逃到广都，史歆就发布公文到郡县，而宕渠杨伟、朐忍徐容等人，每人起兵数千人来响应史歆。光武帝因史歆过去是岑彭的护军，熟知战事，因此命吴汉率刘尚及太中大夫臧宫领兵一万多前去征讨。吴汉进入武都，便征发广汉、巴、蜀三郡兵马围攻成都，耗时一百多天城被攻下，公孙述诛杀了史歆等人。吴汉便乘着竹木小筏沿江而下到达巴郡，杨伟、徐容等人惶恐不已当即解散，吴汉杀掉对方的二百多名头目，将对方的数百家同党迁到南郡、长沙后返回。

汉性强力，每从征伐，帝未安，恒侧足而立。诸将见战陈不利，或多惶惧，失其常度。汉意气自若，方整厉器械，激扬士吏。帝时遣人观大司马何为，还言方修战攻之具，乃叹曰："吴公差强人意，隐若一敌国矣！"每当出师，朝受诏，夕即引道，初无办严之日。故能常任职，以功名终。及在朝廷，斤斤谨质，形于体貌。汉尝出征，妻子在后买田业。汉还，让之曰："军师在外，吏士不足，何多买田宅乎！"遂尽以分与昆弟外家。

二十年，汉病笃。车驾亲临，问所欲言。对曰："臣愚无所知识，唯愿陛下慎无赦而已。"及薨，有诏悼愍，赐谥曰忠侯。发北军五校、轻车、介士送葬，如大将军霍光故事。

子哀侯成嗣，为奴所杀。二十八年，分汉封为三国：成子旦为灈阳侯，以奉汉嗣；旦弟盱为筑阳侯；成弟国为新蔡侯。旦卒，无子，国除。建初八年，徙封盱为平春侯，以奉汉后。盱卒，子胜嗣。初，汉兄尉为将军，从征战死，封尉子彤为安阳侯。帝以汉功大，复封弟翕为褒亲侯。吴氏侯者凡五国。

初，渔阳都尉严宣，与汉俱会光武于广阿，光武以为偏将军，封建信侯。

论曰：吴汉自建武世，常居上公之位，终始倚爱之亲，谅由质简而强力也。子曰"刚毅木讷近仁"，斯岂汉之方乎！昔陈平智有余以见疑，周勃资朴忠而见信。夫仁义不足以相怀，则智者以有余为吴汉天性刚强办事尽力，每每跟从光武帝征伐，光武帝还未安顿好，他就一直侧足而立心怀畏惧。众将见作战不利，大多惶恐不安，失了分寸。吴汉却神态如常，遍整器械，激励士兵。光武帝不时派人察看大司马在做什么，使者回来说正在修整作战工具，光武帝就感叹道："吴公能极大地振奋军心，沉着威严仿若敌国一般对国家举足轻重。"吴汉每逢率兵出征时，早会上收到诏书，傍晚就率兵启程，全无置办行装的时间。因而能够一直尽心尽职，始终保全功业名声。等他身处朝廷时，对待每一个细小处都严谨质朴，将自己的性格显露于形体面貌上。吴汉曾外出征伐，妻子在他走后购买田地房屋。吴汉回来，责备妻子说："军队在外面，兵吏供给常常不足，为何要多买田宅啊！"于是将田宅全都分与兄弟外家。

建武二十年（44），吴汉病重。光武帝亲临探望，问他有什么想说的。吴汉回答说："臣愚笨没什么学识，惟愿陛下务必不要宽免罪罚。"等到吴汉去世，光武帝写诏书哀悼他，赐予他谥号为忠侯。派遣北军五校、兵车、武士为他送葬，依照大将军霍光的旧例为他操办丧事。

子哀侯吴成继承了吴汉的爵位，被奴仆杀害。建武二十八年（52），光武帝将吴汉的封地分成三个封国：吴成的儿子吴旦为灈阳侯，来承袭吴汉的爵位；吴旦的弟弟吴盱为筑阳侯；吴成的弟弟吴国为新蔡侯。吴旦去世，没有儿子，封国被撤。建初八年（83），朝廷改封吴盱为平春侯，来承袭吴汉的爵位。吴盱去世，儿子吴胜继承了爵位。当初，吴汉的兄长吴尉为将军，随从光武帝征战而死，光武帝封吴尉的儿子吴彤为安阳侯。光武帝因吴汉功勋卓著，又封吴汉的弟弟吴翕为褒亲侯。吴氏共有五个侯国。

起初，渔阳都尉严宣，与吴汉一同在广阿与光武帝会面，光武帝任命严宣为偏将军，封建信侯。

评论说：吴汉自建武年起，一直位居上公，始终是光武帝倚赖爱重的亲近之人，料想是因为他本性质朴简单且做事刚强尽力吧。孔子说"刚毅木讷近乎于仁人。"这难道不是说吴汉这类人嘛！过去陈疑，而朴者以不足取信矣。

盖延字巨卿，渔阳要阳人也。身长八尺，弯弓三百斤。边俗尚勇力，而延以气闻。历郡列掾、州从事，所在职办。彭宠为太守，召延署营尉，行护军。

及王郎起，延与吴汉同谋归光武。延至广阿，拜偏将军，号建功侯，从平河北。光武即位，以延为虎牙将军。

建武二年，更封安平侯。遣南击敖仓，转攻酸枣、封丘，皆拔。其夏，督驸马都尉马武、骑都尉刘隆、护军都尉马成、偏将军王霸等南伐刘永，先攻拔襄邑，进取麻乡，遂围永于睢阳。数月，尽收野麦，夜梯其城入。永惊惧，引兵走出东门，延追击，大破之。永弃军走谯，延进攻，拔薛，斩其鲁郡太守，而彭城、扶阳、杼秋、萧皆降。又破永沛郡太守，斩之。永将苏茂、佼强、周建等三万余人救永，共攻延，延与战于沛西，大破之。永军乱，遁没溺死者太半。永弃城走湖陵，苏茂奔广乐。延遂定沛、楚、临淮，修高祖庙，置啬夫、祝宰、乐人。

三年，睢阳复反城迎刘永，延复率诸将围之百日，收其野谷。永乏食，突走，延追击，尽得辎重。永为其将所杀，永弟防举城降。

四年春，延又击苏茂、周建于蕲，进与董宪战留下，皆破之。因率平狄将军庞萌攻西防，拔之。复追败周建、苏茂于彭城，茂、建亡奔董宪，董宪将贲休举兰陵城降。宪闻之，自郯围休。时延及平天性聪慧过人却被怀疑，周勃天资诚朴忠实却被信任。如果仁义达不到让人依恋的地步，那么智者就会因为太过聪明而被怀疑，朴者就会因为不够聪明而取得信任。

盖延字巨卿，渔阳郡要阳县人。身长八尺，能拉动重达三百斤的弓。边地风俗尊崇勇气力量，盖延凭借力气大而出名。先后担任郡列掾、州从事，每任一职都十分称职能办好事情。彭宠任太守，召来盖延让他暂代营尉一职，行护军职务。

等到王郎起事，盖延便与吴汉一同谋划着归附光武帝。盖延到达广阿，被光武帝任命为偏将军，封号建功侯，随从光武帝平定河北。光武帝即位，任命盖延为虎牙将军。

建武二年（26），光武帝改封盖延为安平侯。派他南下进攻敖仓，转而攻打酸枣、封丘，都攻了下来。这年夏季，盖延监督带领驸马都尉马武、骑都尉刘隆、护军都尉马成、偏将军王霸等人南下攻伐刘永，先攻取襄邑，接着攻下麻乡，最终将刘永围困在睢阳。数月后，将野外的麦子全都收走，夜晚驾着梯子登入城内。刘永惊恐害怕，率兵从东门逃走，盖延追击，大举击败了刘永。刘永舍弃军队跑到谯县，盖延发动进攻，攻下薛县，斩杀了刘永手下的鲁郡太守，而彭城、扶阳、杼秋、萧县全都归降。又击败了刘永手下的沛郡太守，将其斩杀。刘永的将领苏茂、佼强、周建等三万多人救援刘永，共同攻击盖延，盖延在沛县的西面同他们作战，大举击败了他们。刘永的大军溃乱，逃跑溺亡的有大多半。刘永弃城逃往湖陵，苏茂跑到广乐。盖延最终平定了沛、楚、临淮，修高祖庙，设啬夫、祝宰、乐人。

建武三年（27），睢阳再次反水举城迎接刘永，盖延又率众将围城百日，收走野外的谷物。刘永粮食匮乏，冲出包围而逃，盖延追击，得到了对方所有用以运输物资的车辆。刘永被他的将领杀害，刘永的弟弟刘防举城归降。

建武四年（28）春季，盖延又在蕲县攻击苏茂、周建，进而与董宪在留县城下作战，都击败了敌人。于是盖延率平狄将军庞萌进攻西防，攻取成功。又在彭城追击打败了周建、苏茂，苏茂、周建逃走投奔董宪，董宪的将领贲休率兰陵城归降。董宪听闻后，自郯县围攻庞萌在楚，请往救之，帝敕曰："可直往捣郯，则兰陵必自解。"延等以贲休城危，遂先赴之。宪逆战而阳败，延等遂逐退，因拔围入城。明日，宪大出兵合围，延等惧，遽出突走，因往攻郯。帝让之曰："间欲先赴郯者，以其不意故耳。今既奔走，贼计已立，围岂可解乎！"延等至郯，果不能克，而董宪遂拔兰陵，杀贲休。延等往来要击宪别将于彭城、郯、邳之间，战或日数合，颇有剋获。帝以延轻敌深入，数以书诫之。及庞萌反，攻杀楚郡太守，引军袭败延，延走，北度泗水，破舟楫，坏津梁，仅而得免。帝自将而东，征延与大司马吴汉、汉忠将军王常、前将军王梁、捕虏将军马武、讨虏将军王霸等会任城，讨庞萌于桃乡，又并从征董宪于昌虑，皆破平之。六年春，遣屯长安。

九年，隗嚣死，延西击街泉、略阳、清水诸屯聚，皆定。

十一年，与中郎将来歙攻河池，未剋，以病引还，拜为左冯翊，将军如故。十三年，增封定食万户。十五年，薨于位。

子扶嗣。扶卒，子侧嗣。永平十三年，坐与舅王平谋反，伏诛，国除。永初七年，邓太后绍封延曾孙恢为芦亭侯。恢卒，子遂嗣。

陈俊字子昭，南阳西鄂人也。少为郡吏。更始立，以宗室刘嘉为太常将军，俊为长史。光武徇河北，嘉遣书荐俊，光武以为安集掾。

贲休。此时盖延及庞萌都在楚地，请求前去救援。光武帝下达诏令说：“可以径直前去攻击郯县，兰陵的围困必然能自己解除。”盖延等人认为贲休的城池十分危险，就率先奔赴贲休处。董宪出兵迎战并佯装失败，盖延等人追赶使其退走，接着攻破包围进入城内。第二天，董宪发动大军合力围攻，盖延等人心生惧意，匆忙出城冲出包围而逃，接着前去攻打郯县。光武帝谴责他们道：“之前想先赶赴郯县，是为了出其不意。如今逃走后，贼人的计策已经定好，兰陵的包围怎解除！”盖延等人赶到郯县，果然无法攻克，而董宪最终攻取了兰陵，杀掉了贲休。盖延等人往来于彭城、郯、邳之间中途拦阻袭击董宪别将，有时每天要战几个回合，多次获胜并有所虏获。光武帝因盖延轻视敌军深入敌境，多次下达诏书训诫他。等到庞萌造反，攻打杀死楚郡太守，率军袭击并击败盖延，盖延逃走，向北渡过泗水，破坏船只，毁掉桥梁，才得以脱身。光武帝亲自率兵东行，召集盖延与大司马吴汉、汉忠将军王常、前将军王梁、捕虏将军马武、讨虏将军王霸等人在任城会合，在桃乡征讨庞萌，又一同随从光武帝在昌虑征讨董宪，都击败平定了敌人。建武六年（30）春季，光武帝命他在长安驻军。

建武九年（33），隗嚣身死，盖延向西攻击街泉、略阳、清水的贼众，全都成功平定。

建武十一年（35），盖延与中郎将来歙攻打河池，没有攻克，因病回师，被任命为左冯翊，像从前一般统领军队。建武十三年（37），朝廷增加盖延的封地确定食邑为万户。建武十五年（39），死在官位上。

儿子盖扶继承了他的爵位。盖扶去世，儿子盖侧继承了爵位。永平十三年（70），盖侧因与舅舅王平谋反，被处以死刑，封国被撤。永初七年（113），邓太后续封盖延的曾孙盖恢为芦亭侯。盖恢去世，儿子盖遂继承了爵位。

陈俊字子昭，南阳郡西鄂县人。年少时任郡吏。更始帝即位，让宗室刘嘉做太常将军，陈俊做长史。光武帝攻占河北，刘嘉寄去书信举荐陈俊，光武帝让陈俊任安集掾。

从击铜马于清阳，进至蒲阳，拜强弩将军。与五校战于安次，俊下马，手接短兵，所向必破，追奔二十余里，斩其渠帅而还。光武望而叹曰："战将尽如是，岂有忧哉！"五校引退入渔阳，所过虏掠。俊言于光武曰："宜令轻骑出贼前，使百姓各自坚壁，以绝其食，可不战而殄也。"光武然之，遣俊将轻骑驰出贼前。视人保壁坚完者，敕令固守；放散在野者，因掠取之。贼至无所得，遂散败。及军还，光武谓俊曰："困此虏者，将军策也。"及即位，封俊为列侯。

建武二年春，攻匡贼，下四县，更封新处侯。引击顿丘，降三城。其秋，大司马吴汉承制拜俊为强弩大将军，别击金门、白马贼于河内，皆破之。四年，转徇汝阳及项，又拔南武阳。是时太山豪杰多拥众与张步连兵，吴汉言于帝曰："非陈俊莫能定此郡。"于是拜俊太山太守，行大将军事。张步闻之，遣其将击俊，战于嬴下，俊大破之，追至济南，收得印绶九十余，稍攻下诸县，遂定太山。五年，与建威大将军耿弇共破张步。事在《弇传》。

时琅邪未平，乃徙俊为琅邪太守，领将军如故。齐地素闻俊名，入界，盗贼皆解散。俊将兵击董宪于赣榆，进破朐贼孙阳，平之。八年，张步畔，还琅邪，俊追讨，斩之。帝美其功，诏俊得专征青、徐。俊抚贫弱，表有义，检制军吏，不得与郡县相干，百姓歌之。数上书自请，愿奋击陇、蜀。诏报曰："东州新平，大将军之功也。负海猾夏，盗贼之处，国家以为重忧，且勉镇抚之。"

陈俊随从光武帝在清阳攻击铜马，进兵到达蒲阳，被任命为强弩将军。在安次与五校对战，陈俊下马，亲自与敌军近身肉搏，所去之处必能击败敌人，追击敌人二十多里，斩杀对方首领后返回。光武帝望着他感叹道："战将全都如他这般，难道还有可忧虑的事嘛！"五校撤退进入渔阳，所经过的地方全都遭到了他们的掠夺。陈俊对光武帝说："应当令轻装便捷的骑兵赶在贼兵的前面，使百姓各自将物资转移或埋藏起来，来以断绝贼兵的食物，如此一来便可以不用作战就消灭对方了。"光武帝赞同他的话，派遣他统率轻装便捷的骑兵赶在贼兵的前面。看见堡垒坚固完好的百姓，就命令他们坚决防守；散在郊野的粮食房舍，就掠取一空。贼兵到达后什么也得不到，最终溃败。等到陈俊率领的军队回来后，光武帝对陈俊说："困住这些贼寇的，是将军的计策啊。"光武帝即位，封陈俊为列侯。

建武二年（26）春季，陈俊进攻匡城县的贼兵，攻下四县，改封新处侯。率军攻击顿丘，降服三城。这年秋季，大司马吴汉秉承光武帝旨意任命陈俊为强弩大将军，另行率军在河内攻击金门、白马的贼兵，全都击败了。建武四年（28），掉头攻占汝阳及项县，又攻取了南武阳。这时太山豪杰大多聚集兵众与张步联合兵力，吴汉对光武帝说："除了陈俊其他人都不能平定此郡。"光武帝就任命陈俊为太山太守，代行大将军事务。张步听闻后，派遣自己手下的将领攻打陈俊，双方在嬴县城下对战，陈俊大举击败了对方，追击到济南，收得印绶九十多枚，渐渐攻下太山众县，最终平定了太山郡。建武五年（29），陈俊与建威大将军耿弇共同击败了张步。事见《耿弇传》。

此时琅琊尚未平定，朝廷便将陈俊迁往琅琊做太守，像从前一样率领军队。齐地常常听闻陈俊的大名，陈俊踏入琅琊界内，盗贼全都解散了。陈俊领兵在赣榆县进攻董宪，进兵击败朐县贼寇孙阳，平定了贼众。建武八年（32），张步反叛，返回琅琊，陈俊进军追讨，将其斩杀。光武帝称赞他的功劳，颁发诏书让陈俊能够掌握军队全权专自征伐青州、徐州。陈俊安抚贫穷衰弱之人，表扬拥有大义之人，约束节制军吏，命他们不得与郡县勾结，百姓歌颂他的功绩。多次上书请命，愿奋起力击陇、蜀贼兵。光武帝下颁发诏书批复说：

十三年，增邑，定封祝阿侯。明年，征奉朝请。二十三年卒。

子浮嗣，徙封蕲春侯。浮卒，子专诸嗣。专诸卒，子笃嗣。

臧宫字君翁，颍川郏人也。少为县亭长、游徼，后率宾客入下江兵中为校尉，因从光武征战，诸将多称其勇。光武察宫勤力少言，甚亲纳之。及至河北，以为偏将军，从破群贼，数陷陈却敌。

光武即位，以为侍中、骑都尉。建武二年，封成安侯。明年，将突骑与征虏将军祭遵击更始将左防、韦颜于涅阳、郦，悉降之。五年，将兵徇江夏，击代乡、钟武、竹里，皆下之。帝使太中大夫持节拜宫为辅威将军。七年，更封期思侯。击梁郡、济阴，皆平之。

十一年，将兵至中卢，屯骆越。是时公孙述将田戎、任满与征南大将军岑彭相拒于荆门，彭等战数不利，越人谋畔从蜀。宫兵少，力不能制。会属县送委输车数百乘至，宫夜使锯断城门限。令车声回转出入至旦。越人候伺者闻车声不绝，而门限断，相告以汉兵大至。其渠帅乃奉牛酒以劳军营。宫陈兵大会，击牛酾酒，飨赐慰纳之，越人由是遂安。

宫与岑彭等破荆门，别至垂鹊山，通道出秭归，至江州。岑彭下巴郡，使宫将降卒五万，从涪水上平曲。公孙述将延岑盛兵于沈水，时宫众多食少，转输不至，而降者皆欲散畔，郡邑复更保聚，观望成败。宫欲引还，恐为所反。会帝遣谒者将兵诣岑彭，有马七百

“东州不久前才平定，这是大将军的功劳。东州背靠大海侵扰华夏，是盗贼聚集的地方，朝廷将其视为重大忧患，姑且勉力镇抚。”

建武十三年（37），朝廷增加陈俊食邑，定封祝阿侯。第二年，征召入京任奉朝请。建武二十三年（47）去世。

儿子陈浮继承了他的爵位，改封蕲春侯。陈浮去世，儿子陈专诸继承了爵位。陈专诸去世，儿子陈笃继承了爵位。

臧宫字君翁，颍川郡郏县人。年少时任县亭长、游徼，后来率宾客进入下江兵中任校尉，从而随从光武帝征战，众将大多称许他勇武。光武帝了解到臧宫勤奋努力很少说话，很是亲近地同他结交。等到大军行至河北时，让他担任偏将军，随从光武帝击败众贼寇，数次攻入敌阵击退敌人。

光武帝即位，任命他做侍中、骑都尉。建武二年（26），封他为成安侯。第二年，臧宫统率冲锋陷阵的优秀骑兵与征虏将军祭遵在涅阳、郦县进攻更始帝的大将左防、韦颜，将他们全都降服。建武五年（29），率军攻占江夏，进攻代乡、钟武、竹里，都被攻下。光武帝派遣太中大夫持符节拜臧宫为辅威将军。建武七年（31），改封他为期思侯。进攻梁郡、济阴，全都被平定。

建武十一年（35），臧宫领兵到达中卢，在骆越驻军。这时公孙述的大将田戎、任满与征南大将军岑彭在荆门互相抵抗，岑彭等人战了数次全都失利，越人谋划着叛变追随蜀军。臧宫的兵力较少，光凭兵力不能制胜。正好赶上属县转运物资的数百辆车辆送到，臧宫在夜晚命人锯断城门的门槛，令车辆出出进进车声回荡直到早晨。越人的侦察兵听到车声不绝，而门槛被车辆压断，互相转告说汉兵的大军到了。越人的首领便献上牛和酒犒劳军营。臧宫陈列兵卒举行盛大的集会，杀牛滤酒，宴飨安抚他们，越人因此安宁不生事端。

臧宫与岑彭等人攻破荆门，另行到达垂鹊山，开通道路从秭归出来，到达江州。岑彭攻下巴郡，让臧宫统率归降的五万兵卒，从涪水上到平曲。公孙述的大将延岑在沈水集结重兵，这时臧宫的兵众很多但粮食很少，转输的物资也没有送到，而归降的五万兵卒都想逃散背叛，各郡邑也都再度聚众自保，静观成败。臧宫想要率兵返匹，宫矫制取以自益，晨夜进兵，多张旗帜，登山鼓噪，右步左骑，挟船而引，呼声动山谷。岑不意汉军卒至，登山望之，大震恐。宫因从击，大破之。斩首溺死者万余人，水为之浊流。延岑奔成都，其众悉降，尽获其兵马珍宝。自是乘胜追北，降者以十万数。

军至平阳乡，蜀将王元举众降。进拔绵竹，破涪城，斩公孙述弟恢，复攻拔繁、郫。前后收得节五，印绶千八百。是时大司马吴汉亦乘胜进营逼成都。宫连屠大城，兵马旌旗甚盛，乃乘兵入小雒郭门，历成都城下，至吴汉营，饮酒高会。汉见之甚欢，谓宫曰："将军向者经虏城下，震扬威灵，风行电照。然穷寇难量，还营愿从它道矣。"宫不从，复路而归，贼亦不敢近之。进军咸门，与吴汉并灭公孙述。

帝以蜀地新定，拜宫为广汉太守。十三年，增邑，更封酇侯。十五年，征还京师，以列侯奉朝请，定封朗陵侯。十八年，拜太中大夫。

十九年，妖巫维汜弟子单臣、傅镇等，复妖言相聚，入原武城，劫吏人，自称将军。于是遣宫将北军及黎阳营数千人围之。贼谷食多，数攻不下，士卒死伤。帝召公卿诸侯王问方略，皆曰"宜重其购赏"。时显宗为东海王，独对曰："妖巫相劫，势无久立，其中必有悔欲亡者。但外围急，不得走耳。宜小挺缓，令得逃亡，逃亡则一亭长足以禽矣。"帝然之，即敕宫彻围缓贼，贼众分散，遂斩臣、镇等。宫还，迁城门校尉，复转左中郎将。击武溪贼，至江陵，降之。

回,害怕遭到降兵的反叛。正好遇上光武帝派遣谒者领兵到岑彭那里,有七百匹战马,臧宫假托光武帝的命令将战马取来增加自己的兵力,晨夜进兵,张挂了许多旗帜,登上山头擂鼓呐喊,川的右边是步兵左边是骑兵,夹船而行,呼喊声震动山谷。延岑不料汉军忽然到达,登山眺望,十分震惊害怕。臧宫乘机猛烈攻击,大举击败了敌军,被斩掉头颅及溺水而亡的敌人又一万多,河水为此变得混浊。延岑跑到成都,他的部众全都归降,他的兵马珍宝被全数缴获。从此汉军乘着胜利之势追击败兵,归降的敌人以十万计数。

军队到达平阳乡,蜀将王元率众归降。接着攻下绵竹,攻破涪城,斩杀了公孙述的弟弟公孙恢,又攻陷了繁县、郫县。前前后后收得符节五枚,印绶一千八百枚。这时大司马吴汉也乘着胜利之势在逼近成都的地方安营。臧宫接连攻下数座大城,兵马旌旗很是盛大,便率兵进入小雒郭门,经成都城下,到达吴汉的军营,举办盛大的聚会饮酒。吴汉见到臧宫很是开心,对臧宫说:“将军先前途经敌寇城下,震扬声威,如风电般迅速威猛。然而穷寇难料,返回军营时希望你从其他道路走。”臧宫没有听从他的话,从原路返回,敌寇也不敢靠近他。进军咸门,与吴汉一同灭掉了公孙述。

光武帝因蜀地刚刚平定,任命臧宫为广汉太守。建武十三年(37),朝廷增加臧宫封邑,改封他为酂侯。建武十五年(39),征召他返回京师,以列侯的身份奉朝请,定封他为朗陵侯。建武十八年(42),任命他为太中大夫。

建武十九年(43),妖巫维汜的弟子单臣、傅镇等人,又凭借妖言会集部众,进入原武城,胁制官员百姓,自称将军。朝廷就派遣臧宫统率北军及黎阳营数千人围攻单臣等人。这群贼寇的粮食很多,数次进攻都不能攻下,士卒死亡受伤的有很多。光武帝召来公卿诸侯王询问应对的方法谋略,大家都说“应当大力悬赏”。此时明帝是东海王,唯独回答道:“妖巫劫持官民,势必无法长久下去,其中必然有后悔想逃跑的。只是城外的围攻得紧迫,无法逃跑。应当稍稍放缓一点围攻的力度,使得他们能够逃跑,他们逃跑时一个亭长就足以擒获他们了。”光武帝同意他的说法,随即令臧宫撤去包围放缓对宫以谨信质朴，故常见任用。后匈奴饥疫，自相分争，帝以问宫，宫曰："愿得五千骑以立功。"帝笑曰："常胜之家，难与虑敌，吾方自思之。"二十七年，宫乃与杨虚侯马武上书曰："匈奴贪利，无有礼信，穷则稽首，安则侵盗，缘边被其毒痛，中国忧其抵突。虏今人畜疫死，旱蝗赤地，疫困之力，不当中国一郡。万里死命，县在陛下。福不再来，时或易失，岂宜固守文德而堕武事乎？今命将临塞，厚县购赏，喻告高句骊、乌桓、鲜卑攻其左，发河西四郡、天水、陇西羌胡击其右。如此，北虏之灭，不过数年。臣恐陛下仁恩不忍，谋臣狐疑，令万世刻石之功不立于圣世。"诏报曰："《黄石公记》曰，'柔能制刚，弱能制强'。柔者德也，刚者贼也，弱者仁之助也，强者怨之归也。故曰有德之君，以所乐乐人；无德之君，以所乐乐身。乐人者其乐长，乐身者不久而亡。舍近谋远者，劳而无功；舍远谋近者，逸而有终。逸政多忠臣，劳政多乱人。故曰务广地者荒，务广德者强。有其有者安，贪人有者残。残灭之政，虽成必败。今国无善政，灾变不息，百姓惊惶，人不自保，而复欲远事边外乎？孔子曰：'吾恐季孙之忧，不在颛臾。'且北狄尚强，而屯田警备传闻之事，恒多失实。诚能举天下之半以灭大寇，岂非至愿；苟非其时，不如息人。"自是诸将莫敢复言兵事者。

贼寇的围攻，贼众分散而逃，最终斩杀了单臣、傅镇等人。臧宫回来后，迁升为城门校尉，又转而担任左中郎将。后又进攻武溪贼兵，军队行至江陵，贼人归降了他。

臧宫因恭谨诚信为人质朴，所以时常被朝廷任用。后来匈奴遭逢饥荒和疫病，自己互相争夺，光武帝以此事询问臧宫，臧宫说："愿意得到五千骑兵来建立功勋。"光武帝笑着说："经常获胜的人，很难同他人商议应敌之法，我将自己思考这件事。"建武二十七年（51），臧宫便与杨虚侯马武上书说："匈奴探求好处，没有礼仪信义，处境艰难时就俯首归附，安宁无事时就侵犯劫夺，沿边遭受他们的荼毒，中原忧心他们的触犯。如今匈奴的民众牲畜患上疫病而死，旱蝗灾害导致地面寸草不生，受困于疫病下的力量，不能抵挡中原的一个郡。匈奴万里的生死，就系挂在陛下手中。福运不会再次降临，时机有时容易失去，难道应当坚守礼乐教化而荒废武力不用吗？而今命大将来到边塞，重重悬赏，晓喻告知高句骊、乌桓、鲜卑攻打匈奴的左面，派遣河西四郡、天水、陇西羌胡的兵马攻打匈奴的右面。如此一来，北方敌寇的灭亡，不过需要数年时间罢了。臣害怕陛下心怀仁爱恩德不忍如此，有谋略的臣子犹豫不决，使得刻石记功足以流传万世的功业不能在盛世建立。"光武帝颁发诏书回复道："《黄石公记》说，'柔能制刚，弱能制强'。柔是德，刚是贼，弱是仁辅助的对象，强是怨之所归。所以说心怀仁德的君主，以自己所快乐的快乐他人；没有德行的君主，以自己所快乐的快乐自己。能使他人快乐的人他的快乐就长久，只让自己快乐的人不久就会灭亡。舍弃近便的而去谋求遥远没有把握的，耗费了力气却毫无成效；舍弃遥远没有把握的去谋求近处易得的，安乐闲适且有好的结局。使人安居乐业的政治忠臣就多，使人劳役繁重的政治乱民就多。因此说致力于疆土广阔的人反而内政荒废，致力于广施恩德的人则国富民强。珍惜自己所拥有的就会安定无事，贪图他人所拥有的就会走向残败。凶残无道灭绝人性的政治，即使暂时取得成功必然也会以失败告终。而今国家没有良善的政策法令，灾难变故不曾休止，百姓惊惶不安，人们不能自保，却又想对遥远的边外用兵吗？孔子说：'我担心季孙宫永平元年卒，谥曰愍侯。子信嗣。信卒，子震嗣。震卒，子松嗣。元初四年，与母别居，国除。永宁元年，邓太后绍封松弟由为朗陵侯。

论曰：中兴之业，诚艰难也。然敌无秦、项之强，人资附汉之思，虽怀玺纡绂，跨陵州县，殊名诡号，千队为群，尚未足以为比功上烈也。至于山西既定，威临天下，戎羯丧其精胆，群帅贾其余壮，斯诚雄心尚武之几，先志翫兵之日。臧宫、马武之徒，抚鸣剑而抵掌，志驰于伊吾之北矣。光武审黄石，存包桑，闭玉门以谢西域之质，卑词币以礼匈奴之使，其意防盖已弘深。岂其颠沛平城之围，忍伤黥王之陈乎？

赞曰：吴公鸷强，实为龙骧。电扫群孽，风行巴、梁。虎牙猛力，功立睢阳。宫、俊休休，是亦鹰扬。

的忧虑，不在颛臾。’而起北狄仍然十分强盛，而从屯田警备处传来的消息，经常大多与事实不符。如果真的能发动天下一半的兵力来灭亡大敌，当然是我最大的愿望；假如不是灭亡对方的最好时机，不如与民休息。”从这之后众将领没人敢再提用兵之事了。

臧宫在永平元年（58）去世，谥号为愍侯。儿子臧信继承了他的爵位。臧信去世，儿子臧震继承了他的爵位。臧震去世，儿子臧松继承了他的爵位。元初四年（117），臧松与母亲分开另立门户，封国被撤除。永宁元年（120），邓太后续封臧松的弟弟臧由为朗陵侯。

评论说：汉室中兴的大业，确实艰难。然而敌人没有秦朝、项羽的强大势力，加上百姓有归附汉朝的想法，纵使怀藏玉玺身佩官印，攻占州县，假托各种不同的名号，上千个队伍结成一个群体，仍然不足以同前代建有勋业的君王相比。等到山西平定后，威临天下，戎羯失了魂魄胆量，众将领还有多余的力量可以使用，这确实是壮志满怀崇尚武事的时机，乘着必胜的决心训练军队的日子。臧宫、马武之辈，抚摸着良剑用一只手按着另一只手的手掌，志向已经奔驰在伊吾的北部了。光武帝仔细思考《黄石公记》里的话，存有忧虑国家不稳固的心思，紧闭玉门以婉拒西域送来的质子，用谦恭的言辞丰厚的礼物来礼待匈奴的使者，他的防患之意已然十分宽广深沉，他难道是害怕像高祖一般被围困平城遭受磨难，在黥王英布的军阵前忍受箭伤之痛吗?

赞辞说：吴公勇猛坚强，确实是龙骧之将。如闪电般迅速扫荡干净群贼，如疾风一般在巴、梁行走。虎牙将军勇猛有力，在睢阳立下大功。臧宫、陈俊从容不迫，也是如鹰一般的威武之将。

卷四十九

耿弇列传第九

耿弇字伯昭，扶风茂陵人也。其先武帝时，以吏二千石自钜鹿徙焉。父况，字侠游，以明经为郎，与王莽从弟伋共学《老子》于安丘先生，后为朔调连率。弇少好学，习父业。常见郡尉试骑士，建旗鼓，肄驰射，由是好将帅之事。

及王莽败，更始立，诸将略地者，前后多擅威权，辄改易守、令。况自以莽之所置，怀不自安。时弇年二十一，乃辞况奉奏诣更始，因赍贡献，以求自固之宜。及至宋子，会王郎诈称成帝子子舆，起兵邯郸，弇从吏孙仓、卫包于道共谋曰："刘子舆成帝正统，舍此不归，远行安之？"弇按剑曰："子舆弊贼，卒为降虏耳。我至长安，与国家陈渔阳、上谷兵马之用，还出太原、代郡，反复数十日，归发突骑以辚乌合之众，如摧枯折腐耳。观公等不识去就，族灭不久也！"仓、包不从，遂亡降王郎。

弇道闻光武在卢奴，乃驰北上谒，光武留署门下吏。弇因说护军朱祐，求归发兵，以定邯郸。光武笑曰："小儿曹乃有大意哉！"因数召见加恩慰。弇因从光武北至蓟。闻邯郸兵方到，光武将欲南归，召官属计议。弇曰："今兵从南来，不可南行。渔阳太守彭宠，公之邑人；上谷太守，即弇父也。发此两郡，控弦万骑，邯郸不足虑也。"光武官属腹心皆不肯，曰："死尚南首，奈何北行入囊中？"光武指弇曰："是我北道主人也。"会蓟中乱，光武遂南驰，官属各分耿弇字伯昭，右扶风茂陵县人。他的先人在武帝时，以俸禄二千石的官吏身份从钜鹿迁居扶风。父亲耿况，字侠游，通过明经考试成为郎官，与王莽的堂弟王伋一同在安丘先生处学习《老子》，后来成为朔调连率。耿弇少时好学，钻研父亲的经术流派。时常看见郡尉考查骑兵，立旗立鼓，学习骑射，因此喜欢上将帅之事。

等到王莽失败，更始帝即位，攻占土地的各个将领，前后大多独揽威势权力，总是任意更换郡守、县令。耿况认为自己是被王莽设立的，心里不安。这时耿弇二十一岁，就告别父亲带着奏书前去晋谒更始帝，乘机献上礼物，来谋求自保之法。等他行至宋子，正好赶上王郎假称自己是成帝的儿子刘子舆，在邯郸起兵，耿弇的属吏孙仓、卫包在途中共同谋划说："刘子舆是成帝的嫡系子孙，舍弃他不去归附，继续远行去往何处呢？"耿弇以手抚剑说："子舆是卑鄙的贼人，最终不过是俘虏罢了。我去长安，向国家陈说渔阳、上谷兵马的作用，经太原、代郡返回，一去一回花费几十天，返回后征发冲锋陷阵的优秀骑兵来碾压那些乌合之众，好似摧折枯枝腐木一般，看你们不明白何去何从，距离灭族不久了！"孙仓、卫包没有听他的话，就逃跑到王郎处归降。

耿弇在半道上听闻光武帝在卢奴，便驱马北上拜见光武帝，光武帝将他留下让他暂代门下吏一职。耿弇便说服护军朱祐，请求回去发兵，来平定邯郸。光武帝笑着说："小孩儿竟有大志向呀！"因而多次召见慰问他。耿弇随从光武帝向北到达蓟地。听闻邯郸的贼兵将至，光武帝打算返回南部，召来官属计划商议。耿弇说："如今贼兵从南方而来，不可以南行。渔阳太守彭宠，是您的乡人；上谷太守，是耿弇的父亲。征伐这两郡的兵马，可以得到一万骑兵，邯郸便不足为虑。"光武帝的官属心腹都不肯听他的话，说："死了尚要头朝南面，散。弇走昌平就况，因说况使寇恂东约彭宠，各发突骑二千匹，步兵千人。弇与景丹、寇恂及渔阳兵合军而南，所过击斩王郎大将、九卿、校尉以下四百余级，得印绶百二十五，节二，斩首三万级，定涿郡、中山、钜鹿、清河、河间凡二十二县，遂及光武于广阿。是时光武方攻王郎，传言二郡兵为邯郸来，众皆恐。既而悉诣营上谒。光武见弇等，说，曰："当与渔阳、上谷士大夫共此大功。"乃皆以为偏将军，使还领其兵。加况大将军、兴义侯，得自置偏裨。弇等遂从拔邯郸。

时更始征代郡太守赵永，而况劝永不应召，令诣于光武。光武遣永复郡。永北还，而代令张晔据城反畔，乃招迎匈奴、乌桓以为援助。光武以弇弟舒为复胡将军，使击晔，破之。永乃得复郡。时五校贼二十余万北寇上谷，况与舒连击破之，贼皆退走。

更始见光武威声日盛，君臣疑虑，乃遣使立光武为萧王，令罢兵与诸将有功者还长安；遣苗曾为幽州牧，韦顺为上谷太守，蔡充为渔阳太守，并北之部。时光武居邯郸宫，昼卧温明殿。弇入造床下请间，因说曰："今更始失政，君臣淫乱，诸将擅命于畿内，贵戚纵横于都内。天子之命，不出城门，所在牧守，辄自迁易，百姓不知所从，士人莫敢自安。虏掠财物，劫掠妇女，怀金玉者，至不生归。元元叩心，更思莽朝。又铜马、赤眉之属数十辈，辈数十百万，圣公不能办也。其败不久，公首事南阳，破百万之军；今定河北，据天府之地。以义征伐，发号响应，天下可传檄而定。天下至重，不可令它姓得之。闻使者从西方来，欲罢兵，不可从也。今吏士死亡者多，为何要向北前行调入敌人的囊中呢？”光武帝指着耿弇说：“这是我的北道主呀。”当时正好遇上蓟中动乱，光武帝就向南急驰，手下的官属各自分离散开。耿弇跑到耿况那里，劝说耿况命寇恂向东邀约彭宠，双方各自征发冲锋陷阵的优秀骑兵两千人，步兵一千人。耿弇与景丹、寇恂及渔阳士兵联合兵力向南前行，途中斩杀王郎大将、九卿、校尉以下收集四百多，得到印绶一百二十五枚，符节两个，敌首三万级，平定了涿郡、中山、钜鹿、清河、河间共计二十二县，接着在广阿追到了光武帝。此时光武帝正在进攻王郎，听到传言说两郡士兵是为王郎的邯郸兵来的，众人都十分恐惧。不久后两郡兵马全都到军营拜见。光武帝看见耿弇等人，十分喜悦，说：“应当与渔阳、上谷士大夫共同分享此次大功。”光武帝就将他们都任命为偏将军，让他们返回率领自己的士兵。能够自行设立副将。耿弇等人便随从光武帝攻下邯郸。

此时更始帝征召代郡太守赵永，而耿况劝说赵永不要接受征召，令他前去拜见光武帝。光武帝让赵永回到郡中。赵永北归，而代县县令张晔占据城池反叛，然后招来匈奴、乌桓作援助。光武帝任命耿弇的弟弟耿舒为复胡将军，命他攻击张晔，击败了对方。赵永才得以返回郡中。这时二十多万五校贼人北上侵犯上谷，耿况与耿舒连续击溃了他们，这些贼兵全都撤走了。

更始帝见光武帝的威望名声日益强盛，君臣都为此忧虑不已，就派遣使者立光武帝为萧王，命他停战与立下战功的各个将领返回长安；令苗曾做幽州牧，韦顺做上谷太守，蔡充做渔阳太守，一起治理北部。当时光武帝居住在邯郸宫，白天在温明殿。耿弇进入殿内来到光武帝床下请求在空隙时间陈述事情，对光武帝说道：“而今更始帝为政无道，君臣淫乱，众将在畿内擅自发号施令，贵戚在京内肆意妄为。天子下达的命令，传不到城外，下边的州郡长官，经常自行变换，百姓不知道应该听谁的，士人不敢让自己安心。虏掠财物，劫掠妇女，身怀黄金珠宝的，以至于不能活着回来。人们捶打着心口，又怀念起了王莽的朝廷。还有铜马、赤眉之类的几十个贼军，每一个都有数十百万的兵马，圣公无法应对。他距离失败不远了。您首先在南弇愿归幽州，益发精兵，以集其大计。”光武大说，乃拜弇为大将军，与吴汉北发幽州十郡兵。弇到上谷，收韦顺、蔡充斩之；汉亦诛苗曾。于是悉发幽州兵，引而南，从光武击破铜马、高湖、赤眉、青犊，又追尤来、大枪、五幡于元氏，弇常将精骑为军锋，辄破走之。光武乘胜战顺水上，虏危急，殊死战。时军士疲弊，遂大败奔还，壁范阳，数日乃振，贼亦退去，从追至容城、小广阳、安次，连战破之。光武还蓟，复遣弇与吴汉、景丹、盖延、朱祐、邳彤、耿纯、刘植、岑彭、祭遵、坚镡、王霸、陈俊、马武十三将军，追贼至潞东，及平谷，再战，斩首万三千余级，遂穷追于右北平无终、土垠之间，至俊靡而还。贼散入辽西、辽东，或为乌桓、貊人所钞击，略尽。

光武即位，拜弇为建威大将军。与骠骑大将军景丹、强弩将军陈俊攻厌新贼于敖仓，皆破降之。建武二年，更封好畤侯，食好畤、美阳二县。三年，延岑自武关出攻南阳，下数城。穰人杜弘率其众以从岑。弇与岑等战于穰，大破之，斩首三千余级，生获其将士五千余人，得印绶三百。杜弘降，岑与数骑遁走东阳。

弇从幸舂陵，因见自请北收上谷兵未发者，定彭宠于渔阳，取张丰于涿郡，还收富平、获索，东攻张步，以平齐地。帝壮其意，乃许之。四年，诏弇进攻渔阳。弇以父据上谷，本与彭宠同功，又兄弟无在京师者，自疑，不敢独进，上书求诣洛阳。诏报曰：“将军出身阳起事，击败百万之军；而今平定河北，占有形势险固物产丰饶的地方。用道义征伐，发起号召获得响应，天下可以通过传布晓喻的文书而实现平定。天下是至关重要的，不可令其他姓氏取得。听闻使者从西方而来，想让您停战，此事万不可听从。而今兵吏死伤逃走的很多，耿弇愿返回幽州，增加派遣训练精良的士兵，来成就大计。”光武帝很是开心，就任命耿弇为大将军，与吴汉向北征发幽州十郡的士兵。耿弇到达上谷，收捕韦顺、蔡充将他们斩杀；吴汉也诛杀了苗曾。之后征发了幽州的全部兵马，带着他们向南出发，随从光武帝击败铜马、高湖、赤眉、青犊，又在元氏追击尤来、大枪、五幡，耿弇时常带领精锐骑兵担任军队的前锋，总能将敌人打得落荒而逃。光武帝乘着胜利与贼人在顺水上交战，贼兵危急，竭尽死力而战。此时光武帝的军士困乏，最后失败惨重跑了回来，在范阳驻扎，经过好几天才重新振作，贼兵也撤退离开了，追击至容城、小广阳、安次，接连作战击败了对方。光武帝返回蓟地，又令耿弇与吴汉、景丹、盖延、朱祐、邳彤、耿纯、刘植、岑彭、祭遵、坚镡、王霸、陈俊、马武十三位将军，追击贼人至潞东，平谷，再次作战，斩杀敌首一万三千多级，最终连续追击到右北平无终、土垠之间，到达俊靡后返回。贼兵逃散到辽西、辽东，有的被乌桓、貊人包抄袭击，大致被杀尽。

光武帝即位，任命耿弇为建威大将军。耿弇与骠骑大将军景丹、强弩将军陈俊在敖仓攻击厌新贼人，都击败降伏了贼人。建武二年（26），朝廷改封耿弇好畤侯，食邑为好畤、美阳二县。建武三年（27），延岑自武关出兵进攻南阳，攻下数座城池。穰人杜弘带领他的部众追随延岑。耿弇与延岑等在穰县交战，大举击败了对方，斩杀敌首三千多级，生擒对方将士五千多人，获得印绶三百枚。杜弘归降，延岑与几位骑兵逃到东阳。

耿弇随从光武帝到达舂陵，乘着见到光武帝时主动请求北上聚集上谷尚未被征发的兵马，在渔阳平定彭宠，在涿郡拿下张丰，返回时收服富平、获索，向东进攻张步，从而平定齐地。光武帝赞赏他的想法，就应允了他的请求。建武四年（28），光武帝颁发诏书命耿弇进攻渔阳。耿弇因父亲据有上谷，原本与彭宠相当，加上兄弟举宗为国，所向陷敌，功效尤著，何嫌何疑，而欲求征？且与王常共屯涿郡，勉思方略。”况闻弇求征，亦不自安，遣舒弟国入侍。帝善之，进封况为隃麋侯。乃命弇与建义大将军朱祐、汉忠将军王常等击望都、故安西山贼十余营，皆破之。时征虏将军祭遵屯良乡，骁骑将军刘喜屯阳乡，以拒彭宠。宠遣弟纯将匈奴二千余骑，宠自引兵数万，分为两道以击遵、喜。胡骑经军都，舒袭破其众，斩匈奴两王，宠乃退走。况复与舒攻宠，取军都。五年，宠死，天子嘉况功，使光禄大夫持节迎况，赐甲第，奉朝请。封舒为牟平侯。遣弇与吴汉击富平、获索贼于平原，大破之，降者四万余人。

因诏弇进讨张步。弇悉收集降卒，结部曲，置将吏，率骑都尉刘歆、太山太守陈俊引兵而东，从朝阳桥济河以度。张步闻之，乃使其大将军费邑军历下，又分兵屯祝阿，别于太山钟城列营数十以待弇。弇度河先击祝阿，自旦攻城，日未中而拔之，故开围一角，令其众得奔归钟城。钟城人闻祝阿已溃，大恐惧，遂空壁亡去。费邑分遣弟敢守巨里。弇进兵先胁巨里，使多伐树木，扬言以填塞坑堑。数日，有降者言邑闻弇欲攻巨里，谋来救之。弇乃严令军中趣修攻具，宣敕诸部，后三日当悉力攻巨里城。阴缓生口，令得亡归。归者以弇期告邑，邑至日果自将精兵三万余人来救之。弇喜，谓诸将曰：“吾所以修攻具者，欲诱致邑耳。今来，适其所求也。”即分三千人守巨里，自引精兵上冈阪，乘高合战，大破之，临陈斩邑。既而收首级以示巨里城中，城中凶惧，费敢悉众亡归张步。弇复收其积聚，纵兵击诸未下者，平四十余营，遂定济南。

没有在京师的，内心生疑，不敢单独进攻，上书请求到洛阳。皇帝下发诏书回复说："将军入世之初就带领全家为国效力，冲入敌阵，成效尤为显著，有什么可怀疑的，而要请求被征召到洛阳呢？姑且与王常一同驻扎在涿郡，勉励思考方法策略。"耿况听闻耿弇请求征召，也心中不安，派遣耿舒的弟弟耿国入京侍奉。皇帝待其亲善，加封耿况为隃麋侯。之后命耿弇与建义大将军朱祐，汉忠将军王常等攻击望都，故安西山贼人十多营，都击败了。此时征虏将军祭遵驻扎在良乡，骁骑将军刘喜驻扎在阳乡，来抵挡彭宠。彭宠令弟弟彭纯统领匈奴骑兵两千多，彭宠亲自领兵数万，兵分两路攻击祭遵、刘喜，匈奴骑兵途经军都，耿舒突袭击败了对方的部众，斩杀匈奴两王，彭宠便撤退逃走。耿况又与耿舒攻击彭宠，夺取军都。建武五年（29），彭宠身死，天子嘉许耿况的功绩，命光禄大夫持符节迎接耿况，赐予宅第，奉朝请。封耿舒为牟平侯。派遣耿弇与吴汉在平原攻击富平、获索贼兵，大举击败了对方，归降的有四万多人。

因此光武帝颁发诏书命耿弇进攻征讨张步。耿弇整合归降的兵卒，结成军队，设置军官，率骑都尉刘歆、太山太守陈俊领兵东行，从朝阳架桥渡过济河。张步听闻后，便令他的大将军费邑驻扎在历下，又分派兵力驻扎在祝阿，还在太山钟城分布了几十个营寨来等待耿弇。耿弇渡过济河后先攻击祝阿，从早上开始攻城，未到正午就攻取了，有意让开包围的一角，令敌方兵众得以逃回钟城。钟城人听闻祝阿已被击溃，十分恐惧，便尽数逃离。费邑分派弟弟费敢驻守巨里。耿弇进兵先胁逼巨里，使手下多砍伐树木，扬言要拿这些树木填充壕沟。几天后，有归降的人说费邑听闻耿弇打算进攻巨里，计划前来援救。耿弇就严令军中加快整修攻城器械，通知各部，三天后全力进攻巨里城。暗中放松对俘虏的把守，令他们得以逃回去。逃回去的人将耿弇的攻打日期告知费邑，等到那天费邑果然亲自统率精兵三万多人前来援救。耿弇十分欢喜，对众将说："我之所以整修攻城器械，就是想引诱费邑来此，如今他来了，恰是我所希望的。"耿弇立即分派三千人守着巨里，亲自率领一批训练精良的士兵登上山坡，凭借居高临下的地势与敌军交战，大举击败了对方，在阵前斩杀了费时张步都剧，使其弟蓝将精兵二万守西安，诸郡太守合万余人守临淄，相去四十里。弇进军画中，居二城之间。弇视西安城小而坚，且蓝兵又精，临淄名虽大而实易攻，乃敕诸校会，后五日攻西安。蓝闻之，晨夜儆守。至期夜半，弇敕诸将皆蓐食，会明至临淄城。护军荀梁等争之，以为宜速攻西安。弇曰："不然。西安闻吾欲攻之，日夜为备；临淄出不意而至，必惊扰，吾攻之一日必拔。拔临淄即西安孤，张蓝与步隔绝，必复亡去，所谓击一而得二者也。若先攻西安，不卒下，顿兵坚城，死伤必多。纵能拔之，蓝引军还奔临淄，并兵合势，观人虚实，吾深入敌地，后无转输，旬日之间，不战而困。诸君之言，未见其宜。"遂攻临淄，半日拔之，入据其城。张蓝闻之大惧，遂将其众亡归剧。

弇乃令军中无得妄掠剧下，须张步至乃取之，以激怒步。步闻大笑曰："以尤来、大彤十余万众，吾皆即其营而破之。今大耿兵少于彼，又皆疲劳，何足惧乎！"乃与三弟蓝、弘、寿及故大彤渠帅重异等兵号二十万，至临淄大城东，将攻弇。弇先出淄水上，与重异遇，突骑欲纵，弇恐挫其锋，令步不敢进，故示弱以盛其气，乃引归小城，陈兵于内。步气盛，直攻弇营，与刘歆等合战，弇升王宫坏台望之，视歆等锋交，乃自引精兵以横突步陈于东城下，大破之。飞矢中弇股，以佩刀截之，左右无知者。至暮罢。弇明旦复勒兵出。是时帝在鲁，闻弇为步所攻，自往救之，未至。陈俊谓弇曰："剧虏兵盛，可且闭营休士，以须上来。"弇曰："乘舆且到，臣子当击牛酾酒邑。接着收起费邑的首级在巨里城中展示，城中众人十分害怕，费敢等人全都逃回了张步那里。耿弇又查获了对方的财物，领兵进攻尚未攻下的军营，平定了四十多个营寨，因而平定了济南。

此时张步在剧县驻扎，令他的弟弟张蓝统率精兵二万镇守西安，众郡太守合计一万多人守卫临淄，两处相距四十里。耿弇进军画中，位居两城之间。耿弇见西安城小而坚，并且张蓝所率的兵马又十分精良，临淄名望虽大而事实上却容易攻下，就令众校会合，五天后攻打西安。张蓝听闻后，日夜戒备防守。到了那天午夜，耿弇命众将早早吃饭，等到天明到达临淄城。护军荀梁等人争论不休，认为应该速去进攻西安。耿弇说："并非如此。西安听闻我打算进攻它，日夜戒备；如果我军出其不意地到达临淄，对方必然会震惊扰乱，我们攻一天必能攻取。我军占领临淄西安就孤立无援了，张蓝与张步隔绝不通，必然又会逃走，正所谓攻击一处而得到两处。如若率先进攻西安，不能迅速攻下，在坚固的城池下驻扎军队，死伤必多，纵然能攻取下来，张蓝率军赶回临淄，聚合兵力，观察我军的虚实，我们深入敌军的领土，后续无法运来军需，十天之内，不用作战就形势困窘了。你们说的，并不适宜。"于是进攻临淄，耗时半天就攻取了，汉军入主城中。张蓝听闻后十分害怕，就带领手下逃回了剧县。

耿弇便令军中不可随意夺取剧下，要等张步到达才可夺取，来激怒张步。张步听闻后大笑着说："尤来、大彤有十多万兵众，我都可以到他们的营地里击败他们。而今耿弇的兵力少于他们，又都疲劳不堪，哪里值得畏惧呢！"便与三个弟弟张蓝、张弘、张寿及从前的大彤首领重异等人号称有兵士二十万，来到临淄大城东，打算进攻耿弇，耿弇先出兵至淄水上，与重异遇上，那些冲锋陷阵的优秀骑兵想要全力出击，耿弇担心挫败敌军的先锋，使得张步不敢进军，因此表现得十分软弱来加强敌方的气势，之后率兵返回小城，在城内排兵布阵。张步气势大盛，径直攻入耿弇的营地，与刘歆等人合战，耿弇登上王宫的坏台观望战况，看到刘歆等人正与敌人交锋，便亲自率领精兵在东城下横向突袭张步的军阵，大举击败了对方。飞驰而来的敌箭射中耿弇的大腿，耿弇用佩刀砍断了箭矢，身边的人一无所知。

以待百官，反欲以贼虏遗君父邪？”乃出兵大战，自旦及昏，复大破之，杀伤无数，城中沟堑皆满。弇知步困将退，豫置左右翼为伏以待之。人定时，步果引去，伏兵起纵击，追至钜昧水上，八九十里僵尸相属，收得辎重二千余两。步还剧，兄弟各分兵散去。

后数日，车驾至临淄自劳军，群臣大会。帝谓弇曰：“昔韩信破历下以开基，今将军攻祝阿以发迹，此皆齐之西界，功足相方。而韩信袭击已降，将军独拔勍敌，其功乃难于信也。又田横亨郦生，及田横降，高帝诏卫尉不听为仇。张步前亦杀伏隆，若步来归命，吾当诏大司徒释其怨，又事尤相类也。将军前在南阳建此大策，常以为落落难合，有志者事竟成也！”弇因复追步，步奔平寿，乃肉袒负斧锧于军门。弇传步诣行在所，而勒兵入据其城。树十二郡旗鼓，令步兵各以郡人诣旗下，众尚十余万，辎重七千余两，皆罢遣归乡里。弇复引兵至城阳，降五校余党，齐地悉平。振旅还京师。

六年，西拒隗嚣，屯兵于漆。八年，从上陇。明年，与中郎将来歙分部徇安定、北地诸营保，皆下之。

弇凡所平郡四十六，屠城三百，未尝挫折。

十二年，况疾病，乘舆数自临幸。复以国弟广、举并为中郎将。

等到傍晚才停止作战。第二天早上耿弇又率兵出战。此时光武帝身处鲁地，听闻耿弇被张步攻打，亲自前去相救，尚未赶到。陈俊对耿弇说："剧县的敌军过多，可以姑且闭营休息，等待圣上前来。"耿弇说："御驾将临，臣子应当杀牛滤酒来招待百官，反倒要把贼兵留给君主吗？"于是出兵大战，从早上一直战斗到黄昏，再次击溃了张步，杀死打伤了敌人无数，城中的壕沟都布满了尸体。耿弇知道张步受困打算撤退，预先在左右两翼设置好伏兵等待对方行动。人都就寝休息的时候，张步果然率兵撤退，伏兵起身追击，追到钜昧水上，八九十里尸体相连，收缴敌军运输物资的车辆两千多。张步返回剧县，兄弟各自分兵逃散。

几天后，御驾到达临淄亲自慰劳军士，群臣大会。光武帝对耿弇说："过去韩信攻克历下创立基业，而今将军攻下祝阿从此发迹，历下祝阿都在齐的西界，功绩足以与韩信相当。而韩信袭击已经归降的敌军，将军独自击败实力强大的敌人，其中的功绩要难于韩信。还有田横烹了郦生，等到田横投降，高帝颁发诏书命郦生的弟弟卫尉郦商不许与田横为仇。张步之前也杀死了伏隆，如若张步前来归顺，我也应当颁发诏书命伏隆的父亲大司徒伏湛放下怨恨，事情又与之前相类似。将军之前在南阳制定出如此重大的策略，我时常以为这一谋略很是遥远不易达成，看来只要有志向任何事情最终都会成功呀！"耿弇乘机又追击张步，张步跑到平寿，就脱掉上衣背着铁砧斧头等刑具来到军营外的大门前投降。耿弇命张步前往光武帝所在地，接着指挥士兵入主其城。树起十二郡的旗鼓，令张步的兵众各自依照自己所属的郡站到对应的旗下，其兵众尚且有十多万，运输物资的车辆有七千多辆，将这些兵卒都遣散回乡。耿弇又率兵到达城阳，降伏了五校余党，齐地全都被平定。整顿军队返回京师。

建武六年（30），耿弇向西抵挡隗嚣，在漆县屯驻兵士。建武八年（32），耿弇跟从光武帝攻上陇地。第二年，与中郎将来歙分区攻占安定、北地各个营堡，都攻了下来。

耿弇总共平定了四十六个郡，屠了三百座城，不曾遇到过挫折。

建武十二年（36），耿况患病，御驾多次亲临探望。又让耿国的弇兄弟六人皆垂青紫，省侍医药，当代以为荣。及况卒，谥烈侯，少子霸袭况爵。

十三年，增弇户邑，上大将军印绶，罢，以列侯奉朝请。每有四方异议，辄召入问筹策。年五十六，永平元年卒，谥曰愍侯。

子忠嗣。忠以骑都尉击匈奴于天山，有功。忠卒，子冯嗣。冯卒，子良嗣，一名无禁。延光中，尚安帝妹濮阳长公主，位至侍中。良卒，子协嗣。

隃麋侯霸卒，子文金嗣。文金卒，子喜嗣。喜卒，子显嗣，为羽林左监。显卒，子援嗣。尚桓帝妹长社公主，为河东太守。后曹操诛耿氏，唯援孙弘存焉。

牟平侯舒卒，子袭嗣。尚显宗女隆虑公主。袭卒，子宝嗣。

宝女弟为清河孝王妃。及安帝立，尊孝王，母为孝德皇后，以妃为甘园大贵人。帝以宝元舅之重，使监羽林左骑，位至大将军。而附事内宠，与中常侍樊丰、帝乳母王圣等谮废皇太子为济阴王，及排陷太尉杨震，议者怨之。宝弟子承袭公主爵为林虑侯，位至侍中。安帝崩，阎太后以宝等阿附嬖幸，共为不道，策免宝及承，皆贬爵为亭侯，遣就国。宝于道自杀，国除。大贵人数为耿氏请，阳嘉三年，顺帝遂绍封宝子箕牟平侯，为侍中。以恒为阳亭侯，承为羽林中郎将。其后贵人薨，大将军梁冀从承求贵人珍玩，不能得，冀怒，风有司奏夺其封。承惶恐，遂亡匿于穰。数年，冀推迹得之，乃并族其家十余人。

弟弟耿广、耿举一起任中郎将。耿弇兄弟六人都身垂青紫印绶担任高官，侍奉父亲医治用药，当时的人们认为他们很光荣。等到耿况去世，谥号烈侯，最小的儿子耿霸继承了耿况的爵位。

建武十三年（37），朝廷增加了耿弇的户邑，呈上大将军印绶，罢去大将军之位，以列侯的身份奉朝请。每次各方意见不同，光武帝总是召耿弇入宫筹划计策。年五十六，永平元年（58）耿弇去世。谥号为愍侯。

儿子耿忠继承了他的爵位。耿忠以骑都尉的职位在天山攻击匈奴，立下功劳。耿忠去世，儿子耿冯继承了爵位。耿冯去世，儿子耿良继承了爵位，耿良又名耿无禁。延光年间，娶了安帝的妹妹濮阳长公主为妻，官至侍中。耿良去世，儿子耿协继承了爵位。

隃麋侯耿霸去世，儿子耿文金继承了爵位。耿文金去世，儿子耿喜继承了王位。耿喜去世，儿子耿显继承了爵位，任羽林左监。耿显去世，儿子耿援继承了爵位。耿援娶了桓帝的妹长社公主为妻，任河东太守。后来曹操诛杀耿氏，唯有耿援的孙子耿弘活了下来。

牟平侯耿舒去世，儿子耿袭继承了爵位。耿袭娶了明帝的女儿隆虑公主为妻。耿袭去世，儿子耿宝继承了爵位。

耿宝的妹妹为清河孝王的妃子。等到安帝即位，尊父亲清河孝王为孝德皇，母亲为孝德皇后，耿宝的妹妹为甘园大贵人。安帝因耿宝是父亲妻子的大哥，命他监羽林左骑，官至大将军。然而耿宝阿谀奉承安帝身边的受宠之人，与中常侍樊丰、安帝的乳母王圣等人诬陷皇太子将其贬为济阴王，以及排挤陷害太尉杨震，议论政事的人都怨恨他。耿宝弟弟的儿子耿承继承公主的爵位为林虑侯，官至侍中。安帝驾崩，阎太后因耿宝等人曾巴结奉承深受安帝宠爱的低贱小人，一同做出大逆不道的事，以策书免去耿宝及耿承的官位，都被贬为亭侯，让他们前往封国。耿宝在途中自杀，封国被撤。大贵人数次为耿氏求情，阳嘉三年（134），顺帝就续封耿宝的儿子耿箕为牟平侯，担任侍中。封耿恒为阳亭侯，任命耿承为羽林中郎将。之后贵人去世，大将军梁冀从耿承那里索求贵人玩赏的珍贵物品，没能求到，梁冀大怒，借助有司上奏请求夺去耿承的封爵。耿承惶恐不安，遂论曰：淮阴延论项王，审料成势，则知高祖之庙胜矣。耿弇决策河北，定计南阳，亦见光武之业成矣。然弇自剋拔全齐，而无复尺寸功。夫岂不怀？将时之度数，不足以相容乎？三世为将，道家所忌，而耿氏累叶以功名自终。将其用兵欲以杀止杀乎？何其独能隆也！

国字叔虑，建武四年初入侍，光武拜为黄门侍郎，应对左右，帝以为能，迁射声校尉。七年，射声官罢，拜驸马都尉。父况卒，国于次当嗣，上疏以先侯爱少子霸，固自陈让，有诏许焉。后历顿丘、阳翟、上蔡令，所在吏人称之。征为五官中郎将。

是时乌桓、鲜卑屡寇外境，国素有筹策，数言边事，帝器之。及匈奴薁鞬日逐王比自立为呼韩邪单于，款塞称藩，愿扞御北虏。事下公卿。议者皆以为天下初定，中国空虚，夷狄情伪难知，不可许。国独曰："臣以为宜如孝宣故事受之，令东扞鲜卑，北拒匈奴，率厉四夷，完复边郡，使塞下无晏开之警，万世安宁之策也。"帝从其议，遂立比为南单于。由是乌桓、鲜卑保塞自守，北虏远遁，中国少事。二十七年，代冯勤为大司农。又上言宜置度辽将军、左右校尉，屯五原以防逃亡。永平元年卒官。显宗追思国言，后遂置度辽将军、左右校尉，如其议焉。

国二子：秉，夔。

逃到了穰县躲了起来。几年后，梁冀追踪寻迹抓获了他，便将他家中的十多人一并杀死。

评论说：淮阴侯韩信在朝堂上议论项羽，分析估计事情的发展趋势，便知道高祖会取得胜利。耿弇决策河北，定计南阳，也看出光武帝的大业会取得成功。然而自从攻下整个齐地，就再没有立下任何功绩。难道他不再怀有立功之志？抑或是当时的规则，不足以容纳他的功绩？家中三代都担任大将，是道家所避忌的，而耿氏却连续好几代凭借功名得到善终。或者他们进行战争是想以杀止杀吗？为何唯独他们能隆盛不衰呐！

耿国字叔虑，建武四年（28）初次入宫侍奉光武帝，光武帝任命他为黄门侍郎，在光武帝身边答对询问，光武帝认为他有才干，迁升他为射声校尉。建武七年（31），射声官被废除，光武帝任命他为驸马都尉。父亲耿况去世，耿国按照次序应继承爵位，上疏称先父喜爱少子耿霸，执意要把爵位让给耿霸，光武帝下诏应允了他的请求。后来先后担任顿丘、阳翟、上蔡县令，所到之处官吏百姓都称许他。征拜他为五官中郎将。

这时乌桓、鲜卑屡屡侵犯大汉边境，耿国素来富有筹划计策，多次议论边防事务，光武帝很是器重他。等到匈奴薁鞬日逐王比自立为呼韩邪单于，叩响塞门自称藩属，愿为汉室抵御北方外族。事情交由公卿商议。议论之人都认为天下刚刚平定，中原空虚，夷狄这么说的真假难以得知，不可以应允。唯独耿国说："臣认为应该效仿孝宣时的旧例接受对方的请求，令其在东抵挡鲜卑，在北抵御匈奴，率领督促四方外族，恢复边境郡邑，使得边塞下不再因为敌军入侵的警报而城门晚开，这是使万世安宁的策略。"光武帝采纳了他的建议，就册立薁鞬日逐王比为南单于。自此以后乌桓、鲜卑居边守塞自保，北方外族逃往远方，中原少有战事。建武二十七年（51），耿国接替冯勤任大司农。又上言称应该设置度辽将军、左右校尉，在五原驻军来防止百姓逃亡。永平元年死在官位上。明帝追忆耿国的话，就在后来设置度辽将军、左右校尉，依照他的建议。

耿国的两个儿子：耿秉，耿夔。

秉字伯初，有伟体，腰带八围。博通书记，能说《司马兵法》，尤好将帅之略。以父任为郎，数上言兵事。常以中国虚费，边陲不宁，其患专在匈奴。以战去战，盛王之道。显宗既有志北伐，阴然其言。永平中，召诣省闼，问前后所上便宜方略，拜谒者仆射，遂见亲幸。每公卿会议，常引秉上殿，访以边事，多简帝心。

十五年，拜驸马都尉。十六年，以骑都尉秦彭为副，与奉车都尉窦固等俱伐北匈奴。虏皆奔走，不战而还。

十七年夏，诏秉与固合兵万四千骑，复出白山击车师。车师有后王、前王，前王即后王之子，其廷相去五百余里。固以后王道远，山谷深，士卒寒苦，欲攻前王。秉议先赴后王，以为并力根本，则前王自服。固计未决。秉奋身而起曰："请行前。"乃上马，引兵北入，众军不得已，遂进。并纵兵抄掠，斩首数千级，收马牛十余万头。后王安得震怖，从数百骑出迎秉。而固司马苏安欲全功归固，即驰谓安得曰："汉贵将独有奉车都尉，天子姊婿，爵为通侯，当先降之。"安得乃还，更令其诸将迎秉。秉大怒，被甲上马，麾其精骑径造固壁。言曰："车师王降，讫今不至，请往枭其首。"固大惊曰："且止，将败事！"秉厉声曰："受降如受敌。"遂驰赴之。安得惶恐，走出门，脱帽抱马足降。秉将以诣固。其前王亦归命，遂定车师而还。

明年秋，肃宗即位，拜秉征西将军，遣案行凉州边境，劳赐保耿秉字伯初，身体雄伟，腰带长达八围。博览精通各种书籍，能够讲说《司马兵法》，尤为爱好将帅作战之略。因为父亲的原因被任命为郎官，多次上书说起兵事。常常认为中原耗费过多，边陲不得安宁，其中的祸患全在匈奴。以战止战，是盛王之道。明帝已有北伐之志，暗地里认为他说得对。永平年间，召他入宫，询问他先后上书所谈的有益方略，任命他为谒者仆射，以此得到了明帝的亲近宠爱。每每公卿聚会商议国事，时常引耿秉上殿，向他询问边防事务，大多符合明帝的心意。

永平十五年（72），耿秉被任命为驸马都尉。永平十六年（73），耿秉任用骑都尉秦彭为副手，和奉车都尉窦固等人一同攻伐北匈奴。敌军都逃走了，不曾作战就返了回来。

永平十七年（74）夏季，明帝颁发诏书命耿秉与窦联合兵力共一万四千骑兵，再次出白山攻击车师。车师有后王、前王之分，前王即后王的儿子，二人的王廷相距五百多里。窦固认为后王距离遥远，山谷幽深，士卒要受寒冻之苦，打算先攻打前王。耿秉建议先前往后王那里，认为协力攻下根本所在，那么前王就自然心服。窦固还未拿定主意。耿秉一跃而起说："请允许我行于前列。"便骑上马背，率兵进入北部，众军无可奈何，最后只能随他进入。并且放纵兵卒搜刮抢掠，斩获敌首几千级，收缴马牛十多万头。后王安得震惊害怕，带着几百名骑兵出来迎接耿秉。然而窦固手下的司马苏安想将所有的功绩都归到窦固身上，立即跑过去对安得说："汉朝的贵将仅有奉车都尉，天子的姐夫，通侯窦固，应当先归降于他。"安得便返了回去，改令他手下的将领迎接耿秉。耿秉勃然大怒，披甲上马，指挥他的精锐骑兵直接到达窦固的营垒处。说："车师王声称要归降，却至今不到，请求前去割下他的头颅。"窦固大惊失色地说道："先停下来，不然将会破坏事情的进展！"耿秉语气严厉地说："接受敌人的归降就像受到敌人的入侵一般要谨慎面对。"于是疾驰前去。安得惶恐，跑出城门，脱掉帽子抱着马足归降。耿秉将他带到窦固那里。车师的前王也归顺了，最后平定车师后返回。

第二年秋季，章帝即位，任命耿秉为征西将军。令他巡察巡塞羌胡，进屯酒泉，救戊己校尉。

建初元年，拜度辽将军。视事七年，匈奴怀其恩信。征为执金吾，甚见亲重。帝每巡郡国及幸宫观，秉常领禁兵宿卫左右。除三子为郎。章和二年，复拜征西将军，副车骑将军窦宪击北匈奴，大破之。事并见《宪传》。封秉美阳侯，食邑三千户。

秉性勇壮而简易于事，军行常自被甲在前，休止不结营部，然远斥候，明要誓，有警，军陈立成，士卒皆乐为死。永元二年，代桓虞为光禄勋。明年夏卒，时年五十余。赐以朱棺、玉衣，将作大匠穿冢，假鼓吹，五营骑士三百余人送葬。谥曰桓侯。匈奴闻秉卒，举国号哭，或至梨面流血。

长子冲嗣。及窦宪败，以秉窦氏党，国除。冲官至汉阳太守。

曾孙纪，少有美名，辟公府，曹操甚敬异之，稍迁少府。纪以操将篡汉，建安二十三年，与太医令吉平、丞相司直韦晃谋起兵诛操，不克，夷三族。于时衣冠盛门坐纪罹祸灭者众矣。

夔字定公。少有气决。永元初，为车骑将军窦宪假司马，北击匈奴，转骑都尉。三年，宪复出河西，以夔为大将军左校尉。将精骑八百，出居延塞，直奔北单于廷，于金微山斩阏氏、名王已下五千余级，单于与数骑脱亡，尽获其匈奴珍宝财畜，去塞五千余里而还，自汉出师所未尝至也。乃封夔粟邑侯。会北单于弟左鹿蠡王於除鞬自立为单于，众八部二万余人，来居蒲类海上，遣使款塞。以夔为中郎将，持节卫护之。及窦宪败，夔亦免官夺爵土。

视凉州边境，慰劳犒赏居边守塞的羌人胡人，进驻酒泉，救援戊己校尉。

建初元年（76），任命他为度辽将军。治事七年，匈奴人思念他的恩德信义。耿秉后被征召任命为执金吾，很是被章帝亲近重视。章帝每每巡行郡国及亲临离宫别馆，耿秉总是统领禁兵在章帝身边值宿守卫。章帝任命他的三个儿子为郎官。章和二年（88），耿秉又被任命为征西将军，作为车骑将军窦宪的副手攻击匈奴，大举击败了敌军。事情一并见于《窦宪传》。章帝封耿秉为美阳侯，食邑三千户。

耿秉天性勇猛刚强而行事随意不拘礼节，行军时时常自己披甲行在前列，停止前行时从不编结营舍，然而让斥候在远方侦察，阐明军令，有警报，立即排好军阵，士卒都情愿为他赴死。永元二年（90），耿秉接替桓虞任光禄勋。第二年夏季去世，时年五十多岁。赐予他朱棺、玉衣，将作大匠为他挖凿坟墓，特赐天子乐队为其鼓吹，五营骑兵三百多人给他送葬。谥号为桓侯。匈奴听闻耿秉去世，全国上下为之号哭，甚至于以刀划面血流不止以示哀痛。

长子耿冲继承了他的爵位。等到窦宪衰败，因耿秉是窦氏的党羽，封国被撤。耿冲官至汉阳太守。

曾孙耿纪，年少时享有美名，得到公府的征召，曹操很是敬重推崇他，之后逐渐迁升少府。耿纪因曹操即将篡取汉朝帝位，建安二十三年（218），耿纪与太医令吉平、丞相司直韦晃密谋起兵诛杀曹操，没有达成，被灭三族。这时名门世族因耿纪遇难被灭族的有许多。

耿夔字定公。年少时果敢有魄力。永元初年，任车骑将军窦宪的假司马，北上攻击匈奴，转任骑都尉。永元三年（91），窦宪有出军攻打河西，任命耿夔为大将军左校尉。统率精锐骑兵八百，出居延塞，径直奔向北单于的朝廷，在金微山斩杀阏氏、名王以下首级五千多，单于与数位骑兵逃亡，获得了匈奴的所有珍宝财畜，行至距离边塞五千多里的地方后返回，这是自汉室率兵征讨以来未曾到达过的地方。朝廷封耿夔为粟邑侯。正好赶上北单于的弟弟左鹿蠡王於除鞬自立为单于，部众有八部二万多人，前来居住在蒲类海上，派遣使者后复为长水校尉，拜五原太守，迁辽东太守。元兴元年，貊人寇郡界，夔追击，斩其渠帅。永初三年，南单于檀反畔，使夔率鲜卑及诸郡兵屯雁门，与车骑将军何熙共击之。熙推夔为先锋，而遣其司马耿溥、刘祉将二千人与夔俱进。到属国故城，单于遣薁鞬日逐王三千余人遮汉兵。夔自击其左，令鲜卑攻其右，虏遂败走，追斩千余级，杀其名王六人，获穹庐车重千余两，马畜生口甚众。鲜卑马多羸病，遂畔出塞。夔不能独进，以不穷追，左转云中太守，后迁行度辽将军事。

夔勇而有气，数侵陵使匈奴中郎将郑戬。元初元年，坐征下狱，以减死论，笞二百。建光中，复拜度辽将军。时鲜卑攻杀云中太守成严，围乌桓校尉徐常于马城。夔与幽州刺史庞参救之，追虏出塞而还。后坐法免，卒于家。

恭字伯宗，国弟广之子也。少孤。慷慨多大略，有将帅才。永平十七年冬，骑都尉刘张出击车师，请恭为司马，与奉车都尉窦固及从弟驸马都尉秉破降之。始置西域都护、戊己校尉，乃以恭为戊己校尉，屯后王部金蒲城，谒者关宠为戊己校尉，屯前王柳中城，屯各置数百人。恭至部，移檄乌孙，示汉威德，大昆弥已下皆欢喜，遣使献名马，及奉宣帝时所赐公主博具，愿遣子入侍。恭乃发使赍金帛，迎其侍子。

明年三月，北单于遣左鹿蠡王二万骑击车师。恭遣司马将兵叩响赛门友好往来。令耿夔担任中郎将，持符节护卫使者。等到窦宪衰败，耿夔也被免去官职夺去爵位封地。

之后耿夔又担任长水校尉，被任命为五原太守，升为辽东太守。元兴元年（105），貊人入侵辽东郡界内，耿夔追击，斩杀了貊人的首领。永初三年（109），南单于檀反叛，朝廷命耿夔率鲜卑及众郡兵马在雁门驻扎，与车骑将军何熙共同攻打南单于。何熙推荐耿夔为先锋，并令他的司马耿溥、刘祉带领两千人与耿夔一同进兵。走到属国故城，单于命薁鞬日逐王等三千多人阻挡汉军。耿夔亲自攻击对方左翼部队，令鲜卑士兵攻打对方右翼部队，敌军最终战败逃走，追上去斩获敌首一千多，杀掉对方的名王六人，获得匈奴运输物资的车辆一千多，牲畜俘虏众多。鲜卑战马衰弱生病的有许多，于是叛逃出塞。耿夔不能独自进兵，因不连续追击敌人，被贬为云中太守，后来升迁代行度辽将军职务。

耿夔勇猛且有气势，多次侵犯欺凌出使匈奴的中郎将郑戬。元初元年（114），因犯罪被征召回京投入狱中，以减死论处，鞭笞二百。建光年间，耿夔又被任命为度辽将军。当时鲜卑攻打云中并杀害了云中太守成严，将乌桓校尉徐常围困于马城。耿夔与幽州刺史庞参就解救了徐常，追击敌寇到塞外后返回。后来因违反法律被罢去官职，在家中去世。

耿恭字伯宗，耿国弟弟耿广的儿子。年少时成了孤儿。待人慷慨富有远大的谋略，拥有做将帅的才干。永平十七年冬季，骑都尉刘张出军进攻车师，请求耿恭担任司马，与奉车都尉窦固及堂弟驸马都尉耿秉击败降伏了车师。朝廷开始设置西域都护、戊己校尉，便任命耿恭为戊己校尉，在后王部金蒲城驻扎军队，谒者关宠任戊己校尉，在前王柳中城驻扎军队，各自设置士兵数百人。耿恭到达后王部，递送文书给乌孙，来昭示汉室的威势德行，大昆弥以下全都十分欢喜，派遣使者进献名马，以及宣帝时赐予公主的各种用具，愿派遣儿子入京侍奉。耿恭就派遣使者带着金钱布匹送给乌孙，迎接乌孙入京侍奉的质子。

第二年三月，北单于派左鹿蠡王两万骑兵进攻车师。耿恭派遣三百人救之，道逢匈奴骑多，皆为所殁。匈奴遂破杀后王安得，而攻金蒲城。恭乘城搏战，以毒药傅矢。传语匈奴曰："汉家箭神，其中疮者必有异。"因发强弩射之。虏中矢者，视创皆沸，遂大惊。会天暴风雨，随雨击之，杀伤甚众。匈奴震怖，相谓曰："汉兵神，真可畏也！"遂解去。恭以疏勒城傍有涧水可固，五月，乃引兵据之。七月，匈奴复来攻恭，恭募先登数千人直驰之，胡骑散走，匈奴遂于城下拥绝涧水。恭于城中穿井十五丈不得水，吏士渴乏，笮马粪汁而饮之。恭仰叹曰："闻昔贰师将军拔佩刀刺山，飞泉涌出；今汉德神明，岂有穷哉。"乃整衣服向井再拜，为吏士祷。有顷，水泉奔出，众皆称万岁。乃令吏士扬水以示虏。虏出不意，以为神明，遂引去。

时焉耆、龟兹攻殁都护陈睦，北虏亦围关宠于柳中。会显宗崩，救兵不至，车师复畔，与匈奴共攻恭。恭厉士众击走之。后王夫人先世汉人，常私以虏情告恭，又给以粮饷。数月，食尽穷困，乃煮铠弩，食其筋革。恭与士推诚同死生，故皆无二心，而稍稍死亡，余数十人。单于知恭已困，欲必降之。复遣使招恭曰："若降者，当封为白屋王，妻以女子。"恭乃诱其使上城，手击杀之，炙诸城上。虏官属望见，号哭而去。单于大怒，更益兵围恭，不能下。

初，关宠上书求救，时肃宗新即位，乃诏公卿会议。司空第五伦以为不宜救。司徒鲍昱议曰："今使人于危难之地，急而弃之，司马率兵三百前去救援车师，途中碰上众多匈奴骑兵，司马率领的兵卒全都被对方消灭。匈奴于是击败杀掉车师后王安得，接着进攻金蒲城。耿恭登上城墙同对方搏斗对战，将毒药涂抹得到箭上。告知匈奴说："大汉的箭矢十分神奇，被射中受伤的人必然会出现特殊症状。"接着发动强弩将箭射向匈奴。中箭的匈奴人，看见伤口都有血液翻腾，大为震惊。正赶上暴风雨天，汉军的箭矢随着暴风雨射向敌军，被射伤射死的敌人有很多。匈奴人震惊害怕，彼此交谈说："汉兵太神奇了，真可怕啊！"最终解除围困后离开。耿恭因疏勒城旁有山间水沟能够坚守，五月，便率兵占据疏勒城。七月，匈奴又来进攻耿恭，耿恭召集数千名先锋兵士径直上前迎战，胡骑四散逃走，匈奴人就在城下截断山间的水沟。耿恭在城中凿井凿了十五丈也没得到水源，兵吏又渴又累，榨马粪汁喝。耿恭仰天长叹说："听闻过去贰师将军拔出佩刀刺向山间，飞泉喷涌而；而今汉朝的德泽圣明无比，怎会走到尽头了呢？"于是整饬衣服面向水井拜了两拜，为兵吏祷告。不久后，泉水从井里喷出，众人都高呼万岁。耿恭就令兵吏扬水让敌寇看，超出了敌寇的预料，敌寇以为汉军是神明，于是率军离开。

此时焉耆、龜兹攻打杀死了都护陈睦，北面的敌寇也将关宠围困在柳中。正好遇上明帝驾崩，救兵无法赶到，车师再次背叛，与匈奴共同进攻耿恭。耿恭勉励兵众使他们败走。后王夫人的先祖是汉人，时常私下将敌军的情况告知耿恭，又给予汉军粮饷。数月以后，汉军粮食吃完生计艰难，便烹煮铠甲弓弩，吃其中的筋革。耿恭以诚心对待士卒和他们同生共死，因此众人都没有二心，然而士卒却逐渐死亡，只剩下数十人。单于知道耿恭已陷入困境，想着必定要将他降伏。又派去使者招揽耿恭说："如若肯归降，当封你为白屋王，将女子嫁给你做妻子。"耿恭便引诱单于派来的使者登城，亲手杀掉了使者，并于城上焚尸。敌寇官属望见，号哭而去。单于大为震怒，加大兵力围困耿恭，不能攻克。

起初，关宠上书求救，当时章帝刚刚即位，便颁发诏书命公卿聚集在一起商讨。司空第五伦认为适合相救。司徒鲍昱建议道："如外则纵蛮夷之暴，内则伤死难之臣。诚令权时后无边事可也，匈奴如复犯塞为寇，陛下将何以使将？又二部兵人裁各数十，匈奴围之，历旬不下，是其寡弱尽力之效也。可令敦煌、酒泉太守各将精骑二千，多其幡帜，倍道兼行，以赴其急。匈奴疲极之兵，必不敢当，四十日间，足还入塞。”帝然之。乃遣征西将军耿秉屯酒泉，行太守事；遣秦彭与谒者王蒙、皇甫援发张掖、酒泉、敦煌三郡及鄯善兵，合七千余人，建初元年正月，会柳中击车师，攻交河城，斩首三千八百级，获生口三千余人，驼驴马牛羊三万七千头，北虏惊走，车师复降。

会关宠已殁，蒙等闻之，便欲引兵还。先是恭遣军吏范羌至敦煌迎兵士寒服，羌因随王蒙军俱出塞。羌固请迎恭，诸将不敢前，乃分兵二千人与羌，从山北迎恭，遇大雪丈余，军仅能至。城中夜闻兵马声，以为虏来，大惊。羌乃遥呼曰：“我范羌也。汉遣军迎校尉耳。”城中皆称万岁。开门，共相持涕泣。明日，遂相随俱归。虏兵追之，且战且行。吏士素饥困，发疏勒时尚有二十六人，随路死没，三月至玉门，唯余十三人。衣屦穿决，形容枯槁。中郎将郑众为恭已下洗沐易衣冠。上疏曰：“耿恭以单兵固守孤城，当匈奴之冲，对数万之众，连月逾年，心力困尽。凿山为井，煮弩为粮，出于万死无一生之望。前后杀伤丑虏数千百计，卒全忠勇，不为大汉耻。恭之节义，古今未有。宜蒙显爵，以厉将帅。”及恭至雒阳，鲍昱奏恭节过苏武，宜蒙爵赏。于是拜为骑都尉，以恭司马石修为雒阳市丞，张封为雍营司马，军吏范羌为共丞，余九人皆补羽林。恭母先卒，及还，追行丧制，有诏使五官中郎将赍牛酒释服。

今令人处于危难之地，遇到紧急情况就将其舍弃，对外来说就是在放纵蛮夷的残暴之举，对内来说则会伤害遇难而死的臣子的忠心。假使此次审时度势做出决定后边地再无战事也行，如若匈奴再次侵犯边塞，陛下将如何派遣将领？还有两部兵卒各自仅有数十人，匈奴围困他们，历经十来天不能攻下，是因为他们虽然势孤力小却竭尽全力抵御的结果。可令敦煌、酒泉太守各领精锐骑兵两千，设立许多旗帜，加速前进，以往救急难。匈奴凭借极度疲劳的士兵，必然不敢阻拦，四十天内，足以回师入塞。”章帝同意了他的提议。就派遣征西将军耿秉在酒泉驻扎军队，代行太守事宜；派遣秦彭与谒者王蒙、皇甫援征发张掖、酒泉、敦煌三郡及鄯善兵马，合计七千多人，建初元年正月，在柳中会合进攻车师，攻打交河城，斩杀敌首三千八百级，获得俘虏三千多人，骆驼驴子马牛羊三万七千头。北面的敌寇受惊逃走，车师再次归降。

恰好赶上关宠已经死亡，王蒙等人听闻后，便打算率兵返回。在此之前耿恭派遣军吏范羌到敦煌接兵士的御寒衣物，范羌因而随从王蒙的军队一同出塞。范羌执意请求迎耿恭回来，众将不敢前进，便分与范羌两千兵卒，范羌从山的北面迎接耿恭，遇到一丈多深的大雪，军队仅能将就着到达。城中夜晚听到兵马之声，以为敌寇来了，十分惊吓。范羌就远远喊道：“我是范羌。大汉派军队来迎校尉回去了。”城中众人都高呼万岁。开启城门，彼此搀扶着泪流不止。第二天，就相随一同返回。敌军追击他们，汉军一边作战一边前行。兵吏素来饥饿困顿，从疏勒启程时尚有二十六人，沿途死亡，三月走到玉门时，只剩下十三人。衣裳鞋子全都破了，外貌干瘦神情憔悴。中郎将郑众为耿恭的手下洗澡沐浴换掉衣服帽子。上疏说：“耿恭以寡弱无援的军队固守孤立无依的城池，抵抗匈奴的猛烈进攻，对战几万之多的敌军，经年累月，精神疲惫体力耗尽。凿山为井，煮弩作粮，处于死一万次也无一次存活希望的危险境地。前后杀死打伤成百上千的丑恶敌人，终于保全了自己的忠心勇敢，没有成为大汉的耻辱。耿恭的节操义行，从古至今未曾有过。应该蒙受显贵的爵位，来勉励将帅。”等耿恭到了洛阳，鲍昱上奏称耿恭的节义超过苏武，应明年，迁长水校尉。其秋，金城、陇西羌反。恭上疏言方略，诏召入问状。乃遣恭将五校士三千人，副车骑将军马防讨西羌。恭屯枹罕，数与羌接战。明年秋，烧当羌降，防还京师，恭留击诸未服者，首虏千余人，获牛羊四万余头，勒姐、烧何羌等十三种数万人，皆诣恭降。初，恭出陇西，上言“故安丰侯窦融昔在西州，甚得羌胡腹心。今大鸿胪固，即其子孙。前击白山，功冠三军。宜奉大使，镇抚凉部。令车骑将军防屯军汉阳，以为威重”。由是大忤于防。及防还，监营谒者李谭承旨奏恭不忧军事，被诏怨望。坐征下狱，免官归本郡，卒于家。

子溥，为京兆虎牙都尉。元初二年，击畔羌于丁奚城，军败，遂殁。诏拜溥子宏、晔并为郎。

晔字季遇。顺帝初，为乌桓校尉。时鲜卑寇缘边，杀代郡太守。晔率乌桓及诸郡卒出塞讨击，大破之。鲜卑震怖，数万人诣辽东降。自后频出辄克获，威振北方。迁度辽将军。

耿氏自中兴已后迄建安之末，大将军二人，将军九人，卿十三人，尚公主三人，列侯十九人，中郎将、护羌校尉及刺史、二千石数十百人，遂与汉兴衰云。

论曰：余初读《苏武传》，感其茹毛穷海，不为大汉羞。后览耿恭疏勒之事，喟然不觉涕之无从。嗟哉，义重于生，以至是乎！昔曹该蒙受爵位封赏。耿恭就被任命为骑都尉，任命耿恭的司马石修为洛阳市丞，张封为雍营司马，军吏范羌为共县县丞，余下九人都充任羽林。耿恭的母亲在此之前就去世了，等到耿恭回来，补办丧事，有诏书命五官中郎将带着牛酒为其除去丧服。

第二年，耿恭迁升为长水校尉。这年秋季，金城、随西的羌人反叛。耿恭上疏陈说应对的方法策略，有诏书召他入宫询问状况。于是朝廷派遣耿恭带领五校士卒三千人，任车骑将军马防的副将讨伐西羌。耿恭在枹罕屯兵，多次与羌人对战。第二年秋季，烧当羌归降，马防返回京城，耿恭留下攻击没有归降的敌人，俘虏了一千多人，获得牛羊四万多头，勒姐、烧何羌等十三个部族的数万人，都到耿恭那里归降。当初，耿恭前往陇西时，进言说“前安丰侯窦融过去在西州，极其赢得羌胡的至诚之心。而今大鸿胪窦固，即他的子孙。之前攻击白山，功勋卓著为三军之首。应当敬受重大使命，安定抚恤凉部。令车骑将军马屯军汉阳，用来增添威势”。因而大大违逆了马防。等到马防回来，监营谒者李谭迎合他的旨意上奏称耿恭不忧心军事，收到诏书心生怨恨。耿恭因有罪被征召回京关入狱中，后免去官位回到本郡，在家中去世。

儿子耿溥，任京兆虎牙都尉。元初二年（115），在丁奚城攻击叛变的羌人，战败，最终身死。朝廷下诏任命耿溥的儿子耿宏、耿晔一起为郎官。

耿晔字季遇。顺帝初年，任乌桓校尉。当时鲜卑侵犯沿边地区，杀了代郡太守。耿晔率乌桓及各郡士卒出塞讨伐鲜卑，大举击败了对方。鲜卑震惊害怕，数万人到辽东归降。自此之后频繁出塞征伐总是得胜并有所俘获，威势震动北方。迁升为度辽将军。

耿氏自汉室中兴以来到建安末年，共有大将军二人，将军九人，卿十三人，娶公主为妻的三人，列侯十九人，中郎将、护羌校尉及刺史、俸禄二千石的官吏数十上百人，最终与汉朝同兴衰。

评论说：我初读《苏武传》时，感慨他身处偏远的海边过着茹毛饮血的生活，不肯为大汉蒙羞。后来阅览耿恭在疏勒抵挡匈奴的子抗质于柯盟，相如申威于河表，盖以决一旦之负，异乎百死之地也。以为二汉当疏高爵，宥十世。而苏君恩不及嗣，恭亦终填牢户。追诵龙蛇之章，以为叹息。

赞曰：好畤经武，能画能兵。往收燕卒，来集汉营。请闲赵殿，酾酒齐城。况、舒率从，亦既有成。国图久策，分此凶狄。秉洽胡情，夔单虏迹。慊慊伯宗，枯泉飞液。

事迹，喟然长叹没有察觉眼泪已胡乱地落下。可叹啊，将大义看得比比生命还重，以至于如此！过去曹刿在柯地盟会上劫持齐桓公以相抗，蔺相如于黄河外施展神威，大概凭此决出一日的胜负，和身处百死无一生的危险境地不同。以为二汉应当分别赐予他们显贵的爵位，赦免他们十世子孙的罪行。然而苏君的恩赐没有惠及后代，耿恭最终也被关入牢中。

赞辞说：好畤侯经营武事，能够出谋划策能够率兵作战。前往收集燕地兵马，集结到汉室军营。请求在空闲时间于赵王殿内说事，斟酒于齐城。耿况、耿舒跟从他做事，也已经有所成就。耿国仔细考虑应对少数民族的长久之策，将凶狠的狄人分散。耿秉谐调胡人的情谊，耿夔走遍虏敌的足迹。不自满的耿伯宗，可以让干涸的泉水流飞溅。

卷五十

铫期王霸祭遵列传第十

铫期字次况，颍川郏人也。长八尺二寸，容貌绝异，矜严有威。父猛，为桂阳太守，卒，期服丧三年，乡里称之。光武略地颍川，闻期志义，召署贼曹掾，从徇蓟。时王郎檄书到蓟，蓟中起兵应郎。光武趋驾出，百姓聚观，喧呼满道，遮路不得行，期骑马奋戟，瞋目大呼左右曰“趩”，众皆披靡。及至城门，门已闭，攻之得出。行至信都，以期为裨将，与傅宽、吕晏俱属邓禹。徇傍县，又发房子兵。禹以期为能，独拜偏将军，授兵二千人，宽、晏各数百人。还言其状，光武甚善之。使期别徇真定宋子，攻拔乐阳、稾、肥累。

从击王郎将兒宏、刘奉于钜鹿下，期先登陷陈，手杀五十余人，被创中额，摄帻复战，遂大破之。王郎灭，拜期虎牙大将军。乃因间说光武曰：“河北之地，界接边塞，人习兵战，号为精勇。今更始失政，大统危殆，海内无所归往。明公据河山之固，拥精锐之众，以顺万人思汉之心，则天下谁敢不从？”光武笑曰：“卿欲遂前趩邪？”时铜马数十万众入清阳、博平，期与诸将迎击之，连战不利，期乃更背水而战，所杀伤甚多。会光武救至，遂大破之，追至馆陶，皆降之。从击青犊、赤眉于射犬，贼袭期辎重，期还击之，手杀伤数十人，身被三创，而战方力，遂破走之。

铫期字次况，颍川郡郏县人。身长八尺二寸，容貌独特不凡，庄严有威信。父亲铫猛，任桂阳太守，去世后，铫期为父亲服丧三年，乡人十分赞许他。光武帝攻占颍川，听闻铫期的志气节操，召他暂任贼曹掾一职，随从光武帝攻蓟地。这时王郎的檄书到达蓟地，蓟中起兵呼应王郎。光武帝驾车急忙出蓟，百姓成群聚集在一起观看，路上到处是喧闹呼叫之声，百姓挡住通道无法前行，铫期骑在马背上挥舞长戟，瞪大眼睛怒视着左右百姓并高呼“止步”，民众后退。等到达城门时，城门已经紧闭，经过一番攻战才得以出城。行至信都，光武帝任命铫期为副将，与傅宽、吕晏都归属邓禹。攻打邻县，又征发房子兵，邓禹因铫期是能人，特别任命他为偏将军，授予他士兵二千人，傅宽、吕晏各数百人。邓禹返回信都后将铫期的状况告知光武帝，光武帝很是赞许铫期。命铫期另去攻占真定宋子，攻陷乐阳、稾城、肥累。

铫期随从光武帝在钜鹿城下攻击王郎的大将兒宏、刘奉，率先登城攻入敌人的阵地，亲手杀敌五十多人，被击中额头受伤，拿头巾包好伤口继续作战，最后大举打败了敌军。王郎被灭，光武帝任命铫期为虎牙大将军。铫期因而暗中劝说光武帝道：“河北之地，边界与边塞相接，人们通晓作战，号称精强勇猛。而今更始帝政治混乱，帝位危险，海内民众没有归附之处。明公据有河流山岳的险要地势，拥有精练勇锐的兵众，凭借符合万民思汉之心的有利条件，则天下之人谁敢不听从您的指令？”光武帝笑着说：“你想延续之前的高呼止步之行吗？”这时铜马军数十万兵众攻入清阳、博平，铫期与众将迎面攻击铜马军，接连交战受挫，铫期便改为背水而战，斩杀打伤了很多敌人。恰好光武帝的救兵来了，最终大举击溃了敌人，追击敌军到馆陶，敌人都归降了。随从光武帝在射犬攻击青犊、赤眉军，贼人偷光武即位，封安成侯，食邑五千户。时檀乡、五楼贼入繁阳、内黄，又魏郡大姓数反覆，而更始将卓京谋欲相率反邺城。帝以期为魏郡太守，行大将军事。期发郡兵击卓京，破之，斩首六百余级。京亡入山，追斩其将校数十人，获京妻子。进击繁阳、内黄，复斩数百级，郡界清平。督盗贼李熊，邺中之豪，而熊弟陆谋欲反城迎檀乡。或以告期，期不应，告者三四，期乃召问熊。熊叩头首服，愿与老母俱就死。期曰："为吏傥不若为贼乐者，可归与老母往就陆也。"使吏送出城。熊行求得陆，将诣邺城西门。陆不胜愧感，自杀以谢期。期嗟叹，以礼葬之，而还熊故职。于是郡中服其威信。

建武五年，行幸魏郡，以期为太中大夫。从还洛阳，又拜卫尉。

期重于信义，自为将，有所降下，未尝虏掠。及在朝廷，忧国爱主，其有不得于心，必犯颜谏诤。帝尝轻与期门近出，期顿首车前曰："臣闻古今之戒，变生不意，诚不愿陛下微行数出。"帝为之回舆而还。十年卒，帝亲临襚敛，赠以卫尉、安成侯印绶，谥曰忠侯。

子丹嗣。复封丹弟统为建平侯。后徙封丹葛陵侯。丹卒，子舒嗣。舒卒，子羽嗣。羽卒，子蔡嗣。

王霸字元伯，颍川颍阳人也。世好文法，父为郡决曹掾，霸亦少为狱吏。常慷慨不乐吏职，其父奇之，遣西学长安。汉兵起，光武袭铫期的军备部队，铫期回击，亲手杀死打伤了数十位敌人，身体有三处被击伤，而战斗正得力，最终打跑了敌军。

光武帝即位，铫期被封为安成侯，食邑五千户。这时檀乡、五楼的贼兵攻入繁阳、内黄，还有魏都大姓数次反悔，而更始帝的大将卓京谋划着想一起背弃邺城投敌，皇帝让铫期任魏郡太守，行大将军事。铫期征发郡中士兵攻击卓京，击败了对方，斩杀敌首六百多级。卓京逃入山里，铫期追击斩杀了他的军官数十人，抓获了卓京的妻儿。接着进攻繁阳、内黄，又斩获敌首数百级，郡界从此太平无事。督盗贼李熊，是邺城的豪杰，李熊的弟弟李陆谋划着想举城投降迎接檀乡的贼兵。有人将此事告知铫期，铫期不回应，报告了三四回，铫期才召来李熊问话。李熊磕头认罪，情愿与老母亲一同赴死。铫期说："担任官吏倘若不如做贼寇快乐，可以回去与老母亲一同前去投奔李陆。"让官吏把他送出城。李熊找到李陆，将到邺城西门。李陆不胜感谢，自杀向铫期谢罪。铫期十分感叹，依照礼仪安葬了李陆，并且让李熊官复原职。于是郡中官民都佩服他的威信。

建武五年（29），光武帝巡行魏郡，冉闵铫期为太中大夫。铫期随从光武帝返回洛阳，又被任命为卫尉。

铫期重视信用道义，自从成为将领，每每降服一城，从未行虏掠之举。等到他在朝为官，忧心国家爱护君主，有什么事不符合他的心意，必然会犯颜极谏。皇帝曾轻装与负责护卫出入的期门前往近处，铫期在御驾前磕头下拜说："臣听闻古今之戒，变故产生于不曾意料的时候，臣委实不愿陛下屡屡微服出门。"皇帝因为的他话掉头返回。建武十年（34）去世，皇帝亲自参加了他穿衣入棺的仪式，赠予他卫尉、安成侯印绶，谥号为忠侯。

儿子铫丹继承了他的爵位。光武帝又封铫丹的弟弟铫统为建平侯。后来改封铫丹为葛陵侯。铫丹去世，儿子铫舒继承了爵位。铫舒去世，儿子铫羽继承了爵位。铫羽去世，儿子姚蔡继承了爵位。

王霸字元伯，颍川郡颍阳县人。王家世代喜好文书法令，父亲担任郡内的决曹掾，王霸也在年少时担任狱吏。王霸经常志气昂扬不乐意做一名小吏，他的父亲认为他很特别，让他西至长安学习。汉军起过颍阳，霸率宾客上谒，曰："将军兴义兵，窃不自知量，贪慕威德，愿充行伍。"光武曰："梦想贤士，共成功业，岂有二哉！"遂从击破王寻、王邑于昆阳，还休乡里。

及光武为司隶校尉，道过颍阳，霸请其父，愿从。父曰："吾老矣，不任军旅，汝往，勉之！"霸从至雒阳。及光武为大司马，以霸为功曹令史，从度河北。宾客从霸者数十人，稍稍引去。光武谓霸曰："颍川从我者皆逝，而子独留。努力！疾风知劲草。"

及王郎起，光武在蓟，郎移檄购光武。光武令霸至市中募人，将以击郎。市人皆大笑，举手邪揄之，霸惭懡而还。光武即南驰至下曲阳。传闻王郎兵在后，从者皆恐。及至虖沱河，候吏还白河水流澌，无船，不可济。官属大惧。光武令霸往视之。霸恐惊众，欲且前，阻水，还即诡曰："冰坚可度。"官属皆喜。光武笑曰："候吏果妄语也。"遂前。比至河，河冰亦合，乃令霸护度，未毕数骑而冰解。光武谓霸曰："安吾众得济免者，卿之力也。"霸谢曰："此明公至德，神灵之祐，虽武王白鱼之应，无以加此。"光武谓官属曰："王霸权以济事，殆天瑞也。"以为军正，爵关内侯。既至信都，发兵攻拔邯郸。霸追斩王郎，得其玺绶。封王乡侯。

从平河北，常与臧宫、傅俊共营，霸独善抚士卒，死者脱衣以敛之，伤者躬亲以养之。光武即位，以霸晓兵爱士，可独任，拜为偏兵，光武帝经过颍阳，王霸带着门客求见，说："将军征发义兵，我自不量力，向往钦慕您的威势德行，希望能加入您的队伍里。"光武帝说："我在梦里都想着贤士，能与我一同成就功业，怎会不同意呐！"王霸就跟从光武帝在昆阳击溃王寻、王邑，返回家乡歇息。

等到光武帝任司隶校尉，途经颍阳，王霸向父亲请示，想要追随光武帝。父亲说："我老了，无法承受军旅生活，你去吧，勉力为之！"王霸跟从光武帝到了洛阳。等到光武帝担任大司马时，让王霸做功曹令史，跟从他渡过河北。追随王霸的门客有数十人，渐渐都离他而去。光武帝对王霸说："跟随我的颍川人都一去不返，唯独你留在我的身边。我们要一起努力啊！经历过疾风的侵袭才知道谁是坚韧不倒的劲草。"

等到王郎起事时，光武帝身处蓟地，王郎发布公文重金悬购光武帝。光武帝令王霸到集市中招募士兵，打算以此攻击王郎。集市中的人们纷纷大笑，抬手揶揄王霸，王霸羞惭而还。光武帝随即向南急驰到下曲阳。传闻王郎的士兵在后面，追随光武帝的人都很惊恐。等走到滹沱河时，负责侦察的官员回来告诉众人说河面上都是随水流动的冰块，没有船只，不可以过河。官属大为恐惧。光武帝令王霸前往察看。王霸担心惊吓到众人，打算姑且前行，被水阻挡，返回来谎称说："冰块坚硬可以渡河。"官属们都十分欣喜。光武帝笑着说："侦察的官吏果真是随便乱说的。"于是继续前行。等走到河边，河中的冰块也合在一起了，光武帝便令王霸护送大家渡河，还有几个骑兵没有渡过河水冰块就融解了。光武帝对王霸说："安抚我的众人使大家脱离灾祸，是你的功劳呀。"王霸辞让说："这是因为明公的至德，神灵的护佑，纵使是武王白鱼入舟的应验，也无法超过。"光武帝对官属们说："王霸凭借权宜成事，大概是天降福瑞吧。"之后就任命王霸为军正，封他为关内侯。到了信都后，出兵攻陷邯郸。王霸追击斩杀了王郎，得到了王郎的印绶。被封为王乡侯。

王霸跟随光武帝平定河北，时常与臧宫、傅俊同在一营，唯独王霸亲善地安抚士卒，对待死亡的士卒就脱下身上的衣服将其入殓，对待受伤的士卒就亲自为他们调养。光武帝即位，认为王霸通晓战将军，并将臧宫、傅俊兵，而以宫、俊为骑都尉。建武二年，更封富波侯。

四年秋，帝幸谯，使霸与捕虏将军马武东讨周建于垂惠。苏茂将五校兵四千余人救建，而先遣精骑遮击马武军粮，武往救之。建从城中出兵夹击武，武恃霸之援，战不甚力，为茂、建所败。武军奔过霸营，大呼求救。霸曰："贼兵盛，出必两败，努力而已。"乃闭营坚壁。军吏皆争之。霸曰："茂兵精锐，其众又多，吾吏士心恐，而捕虏与吾相恃，两军不一，此败道也。今闭营固守，示不相援，贼必乘胜轻进；捕虏无救，其战自倍。如此，茂众疲劳，吾承其弊，乃可剋也。"茂、建果悉出攻武。合战良久，霸军中壮士路润等数十人断发请战。霸知士心锐，乃开营后，出精骑袭其背。茂、建前后受敌，惊乱败走，霸、武各归营。贼复聚众挑战，霸坚卧不出，方飨士作倡乐。茂雨射营中，中霸前酒樽，霸安坐不动。军吏皆曰："茂前日已破，今易击也。"霸曰："不然。苏茂客兵远来，粮食不足，故数挑战，以徼一切之胜。今闭营休士，所谓不战而屈人之兵，善之善者也。"茂、建既不得战，乃引还营。其夜，建兄子诵反，闭城拒之，茂、建遁去，诵以城降。

五年春，帝使太中大夫持节拜霸为讨虏将军。六年，屯田新安。八年，屯田函谷关。击荥阳、中牟盗贼，皆平之。

事爱惜士兵，可以独当一面，就任命他做偏将军，并统领臧宫、陈俊的士兵，而让臧宫、陈俊任骑都尉。建武二年（26），改封王霸为富波侯。

建武四年（28）秋季，光武帝亲临谯县，命王霸与捕虏将军马武东行至垂惠征讨周建。苏茂带领五校兵四千多人搭救周建，先派遣精锐骑兵在中途伏击马武的军粮，马武赶往救援。周建从城中出兵夹击马武，马武仗着有王霸的救援，不怎么用力战斗，被苏茂、周建打败。马武的军队逃到王霸的军营，大声呼救。王霸说："贼兵众多，我出去必定会两败俱伤，你们只能努力罢了。"就紧闭军营坚守壁垒。官兵都为此争论不休。王霸说："苏茂的士兵精良勇猛，数量又多，我的兵吏内心惊恐，而捕虏将军与我军彼此依靠，两军不一心，这是失败之道。而今紧闭军营坚守不出，显示出不援助他们的样子，贼人必定会乘着胜利之势贸然进军；捕虏将军看到没有援兵，战斗起来自然更加尽心。如此一来，苏茂的军队疲于应战，我们利用对方的弊病，便可以打败对方了。"苏茂、周建果然都出来攻击马武。双方交战良久，王霸军队里的壮士路润等数十人剪断头发要求出战。王霸知道士兵们的内心勇敢无比，便开启军营后门，派出精锐骑兵袭击敌军的后背。苏茂、周建前后受敌，受到惊吓溃乱而逃，王霸、马武各自返回军营。贼人又聚集部众发起挑战，王霸按兵不动不肯出去应战，正拿酒食款待士兵观看歌舞表演。苏茂的箭矢像雨点一般射入军营里，射中了王霸身前的酒樽，王霸安坐不动。兵吏都说："苏茂前一阵子已被击败，如今很容易攻打。"王霸说："并非如此。苏茂从远方调来军队，粮食不足，因此数次引我们出战，希望侥幸获得一时的胜利。而今我们紧闭经营修养士卒，所谓不进行战斗就降服敌军，是好之又好的策略。"苏茂、周建无法与王霸作战，就率军返回军营。这天晚上，周建兄长的儿子周诵背叛了周建，紧闭城门拒绝让周建入内，苏茂、周建逃走，周诵举城归降。

建武五年（29）春季，皇帝使太中大夫持符节任命王霸为讨虏将军。建武六年（30），王霸率军屯田新安。建武八年（32），屯田函谷关。攻击荥阳、中牟的盗贼，全都平定了贼人。

九年，霸与吴汉及横野大将军王常、建义大将军朱祐、破奸将军侯进等五万余人，击卢芳将贾览、闵堪于高柳。匈奴遣骑助芳，汉军遇雨，战不利。吴汉还洛阳，令朱祐屯常山，王常屯涿郡，侯进屯渔阳。玺书拜霸上谷太守，领屯兵如故，捕击胡虏，无拘郡界。明年，霸复与吴汉等四将军六万人出高柳击贾览，诏霸与渔阳太守陈䜣将兵为诸军锋。匈奴左南将军将数千骑救览，霸等连战于平城下，破之，追出塞，斩首数百级。霸及诸将还入雁门，与骠骑大将军杜茂会攻卢芳将尹由于崞、繁畤，不剋。

十三年，增邑户，更封向侯。是时，卢芳与匈奴、乌桓连兵，寇盗尤数，缘边愁苦。诏霸将弛刑徒六千余人，与杜茂治飞狐道，堆石布土，筑起亭障，自代至平城三百余里。凡与匈奴、乌桓大小数十百战，颇识边事，数上书言宜与匈奴结和亲，又陈委输可从温水漕，以省陆转输之劳，事皆施行。后南单于、乌桓降服，北边无事。霸在上谷二十余岁。三十年，定封淮陵侯。永平二年，以病免，后数月卒。

子符嗣，徙封轪侯。符卒，子度嗣。度尚显宗女浚仪长公主，为黄门郎。度卒，子歆嗣。

祭遵字弟孙，颍川颍阳人也。少好经书。家富给，而遵恭俭，恶衣服。丧母，负土起坟。尝为部吏所侵，结客杀之。初，县中以其柔也，既而皆惮焉。

及光武破王寻等，还过颍阳，遵以县吏数进见，光武爱其容仪，署为门下史。从征河北，为军市令。舍中儿犯法，遵格杀之。光武怒，命收遵。时主簿陈副谏曰："明公常欲众军整齐，今遵奉法不建武九年(33),王霸与吴汉及横野大将军王常、建义大将军朱祐、破奸将军侯进等率五万多人,在高柳攻打卢芳的将领贾览、闵堪。匈奴令骑兵救助卢芳,汉军遇上大雨,战争失利。吴汉返回洛阳,令朱祐驻守常山,王常驻守涿郡,侯进驻守渔阳。皇帝颁发玺书任命王霸为上谷太守,像从前一样统领屯兵,捕杀匈奴,不受郡界的拘束。第二年,王霸又与吴汉等四位将军率六万人出高柳攻击贾览,皇帝颁发诏书命王霸与渔阳太守陈䜣领兵担任众军的先锋。匈奴左南将军带着数千骑兵救援贾览,王霸等人在平城城下与对方连续交战,击败了对方,追出了边塞,斩杀敌首数百级。王霸及众将返回来进入雁门关,与骠骑大将军杜茂在崞县、繁畤联合攻击卢芳的将领尹由,没有打败对方。

建武十三年(37),朝廷增加王霸的食邑,改封他为向侯。这时,卢芳与匈奴、乌桓联合兵力,侵扰劫掠格外频繁,沿边地区十分愁苦。皇帝颁发诏书命王霸统领六千多名刑徒,与杜茂整治飞狐道,堆石铺土,筑起亭障,自代郡到平城共三百多里。共计与匈奴、乌桓进行了大小数十百次战斗,颇懂边境战事,数次上书说应当与匈奴通婚和好,又说可以从温水漕运转运物资,以免除陆上运输的辛苦,这些事都得到了施行。后来南单于、乌桓投诚,北方边境平安无事。王霸在上谷二十多年。建武三十年(54),王霸被定封淮陵侯。永平二年(59),因病免去官职,数月后去世。

儿子王符继承来了他的爵位,改封为轪侯。王符去世,儿子王度继承了爵位。王度娶了明帝的女儿浚仪长公主,担任黄门郎。王度去世,儿子王歆继承了爵位。

祭遵字弟孙,颍川郡颍阳县人。年少时爱好经书。家境富裕丰足,而祭遵却恭谨俭约,讨厌昂贵的衣服。母亲去世后,祭遵背土筑坟。曾被小吏侵凌,结交朋友将对方杀掉。起初,县中百姓以为他十分柔顺,这件事发生不久后都很是忌惮他。

等到光武帝击溃王寻等人,返回时路过颍阳,祭遵以县吏的身份多次进见,光武帝喜爱他的相貌风仪,让他暂代门下吏以职。祭遵随从光武帝征伐河北,任军市令。光武帝家中的年轻奴仆违犯了法避，是教令所行也。”光武乃贳之，以为刺奸将军。谓诸将曰：“当备祭遵！吾舍中儿犯法尚杀之，必不私诸卿也。”寻拜为偏将军，从平河北，以功封列侯。

建武二年春，拜征虏将军，定封颍阳侯。与骠骑大将军景丹、建义大将军朱祐、汉忠将军王常、骑都尉王梁、臧宫等入箕关，南击弘农、厌新、柏华蛮中贼。弩中遵口，洞出流血，众见遵伤，稍引退，遵呼叱止之，士卒战皆自倍，遂大破之。时新城蛮中山贼张满，屯结险隘为人害，诏遵攻之。遵绝其粮道，满数挑战，遵坚壁不出。而厌新、柏华余贼复与满合，遂攻得霍阳聚，遵乃分兵击破降之。明年春，张满饥困，城拔，生获之。初，满祭祀天地，自云当王，既执，叹曰：“谶文误我！”乃斩之，夷其妻子。遵引兵南击邓奉弟终于杜衍，破之。

时涿郡太守张丰执使者举兵反，自称无上大将军，与彭宠连兵。四年，遵与朱祐及建威大将军耿弇、骁骑将军刘喜俱击之。遵兵先至，急攻丰，丰功曹孟厷执丰降。初，丰好方术，有道士言丰当为天子，以五彩囊裹石系丰肘，云石中有玉玺。丰信之，遂反。既执当斩，犹曰：“肘石有玉玺。”遵为椎破之，丰乃知被诈，仰天叹曰：“当死无所恨！”诸将皆引还，遵受诏留屯良乡拒彭宠。因遣护军傅玄袭击宠将李豪于潞，大破之，斩首千余级。相拒岁余，数挫其锋，党与多降者。及宠死，遵进定其地。

律，祭遵杀死了奴仆。光武帝十分气愤，命人收捕祭遵。这时主簿陈副规劝道："明公时常想要众军整齐，如今祭遵遵奉法律不回护他人，正是在施行教令。"光武帝便宽赦了祭遵，任命他为刺奸将军。对众将说："你们应当防备祭遵！我家中的年轻奴仆违犯了法律尚且被他杀死了，他必然不会偏私你们。"不久后祭遵又被任命为偏将军，随从光武帝平定河北，因战功被封为列侯。

建武二年（26）春季，光武帝任命他为征虏将军，定封颍阳侯。与骠骑大将军景丹、建义大将军朱祐、汉忠将军王常、骑都尉王梁、臧宫等人进入箕关，向南攻击弘农、厌新、柏华蛮中的贼兵。敌方射弩的弓箭手射中了祭遵的嘴巴，箭矢穿洞而出流了许多血，兵众看见祭遵受伤，渐渐撤退，祭遵高声斥责阻止他们撤退，士卒都更加努力作战，最终大举打败了敌军。此时新城蛮中山贼张满，在地势险绝之处聚众起事为害民众，皇帝颁发诏书命祭遵攻打他，祭遵截断了他运输粮食的道路，张满数次发起挑战，祭遵坚守壁垒不出来迎战。而厌新、柏华的余贼又与张满结合，就攻得了霍阳聚，祭遵便分派士兵击败了对方使对方归降。第二天春季，张满饥饿困顿，祭遵攻占了张满的城池，生擒了张满。当初，张满祭祀天地，自称自己应当称王，被捉住后，感叹道："谶文耽误了我！"祭遵便斩杀了他，诛灭了他的妻儿。祭遵率兵向南在杜衍攻击邓奉的弟弟邓终，击败了对方。

这时涿郡太守张丰将使者逮捕起来起兵反叛，自称无上大将军，与彭宠联合兵力。建武四年（28），祭遵与朱祐及建威大将军耿弇、骁骑将军刘喜一同进攻张丰。祭遵的士兵率先到达，迅速攻击张丰，张丰的功曹孟厷将张丰捉拿起来投降。起初，张丰爱好方术，有道士说张丰应为天子，拿五彩香囊包裹着石头系在张丰的肘部，说石头里有玉玺。张丰相信了对方的话，就反叛了。张丰被捉拿后就要被斩，仍然说："肘部的石头里有玉玺。"祭遵为他击破石头，张丰才知道自己被欺骗了，仰望天空感叹道："当被处死也没有什么可以怨恨的！"众将都率兵返回，祭遵受诏留在良乡驻兵抵挡彭宠。随之派遣护军傅玄在潞县袭击彭宠的大将李豪，大举击败了对方，斩获敌首一千多。抵御了一年多，数次挫败了对方的先锋，对方的党羽大多投六年春，诏遵与建威大将军耿弇、虎牙大将军盖延、汉忠将军王常、捕虏将军马武、骁骑将军刘歆、武威将军刘尚等从天水伐公孙述。师次长安，时车驾亦至，而隗嚣不欲汉兵上陇，辞说解故。帝召诸将议。皆曰："可且延嚣日月之期，益封其将帅，以消散之。"遵曰："嚣挟奸久矣。今若按甲引时，则使其诈谋益深，而蜀警增备，固不如遂进。"帝从之，乃遣遵为前行。隗嚣使其将王元拒陇坻，遵进击，破之，追至新关。及诸将到，与嚣战，并败，引退下陇。乃诏遵军汧、耿弇军漆，征西大将军冯异军栒邑，大司马吴汉等还屯长安。自是后遵数挫隗嚣。事已见《冯异传》。

八年秋，复从车驾上陇。及嚣破，帝东归过汧，幸遵营，劳飨士卒，作黄门武乐，良夜乃罢。时遵有疾，诏赐重茵，覆以御盖。复令进屯陇下。及公孙述遣兵救嚣，吴汉、耿弇等悉奔还，遵独留不却。九年春，卒于军。

遵为人廉约小心，克己奉公，赏赐辄尽与士卒，家无私财，身衣韦绔，布被，夫人裳不加缘，帝以是重焉。及卒，愍悼之尤甚。遵丧至河南县，诏遣百官先会丧所，车驾素服临之，望哭哀恸。还幸城门，过其车骑，涕泣不能已。丧礼成，复亲祠以太牢，如宣帝临霍光故事。诏大长秋、谒者、河南尹护丧事，大司农给费。博士范升上疏，追称遵曰："臣闻先王崇政，尊美屏恶。昔高祖大圣，深见远虑，班爵割地，与下分功，著录勋臣，颂其德美。生则宠以殊礼，奏事不名，入门不趋。死则畴其爵邑，世无绝嗣，丹书铁券，传于无穷。斯诚大汉厚下安人长久之德，所以累世十余，历载数百，废而降。等到彭宠死后，祭遵进兵平定了彭城的土地。

建武六年（30）春季，皇帝颁发诏书命祭遵与建威大将军耿弇、虎牙大将军盖延、汉忠将军王常、捕虏将军马武、骁骑将军刘歆、武威将军刘尚等人从天水征伐公孙述。大军临时驻扎在长安，此时光武帝的车驾也到了，而隗嚣不想让汉兵上陇，一直找原因推脱。光武帝召来各个降临讨论。众人都说："可以姑且给隗嚣延长些时间，加封他的将帅，来消除他的顾虑。"祭遵说："隗嚣怀藏奸心很久了。现今如若止兵不动拖延时间，就会让他的诡计更加厉害，而蜀地加倍警觉防备，必定不如断然进兵。"皇帝采纳了他的话，就让祭遵做先锋部队。隗嚣令他的部将王元在陇坻抵御，祭遵发起进攻，攻破了王元的军队，追击到新关。等到众将赶到，与隗嚣作战，全都战败，因此领兵撤退到陇下。光武帝就颁发诏书命祭遵驻守汧县，耿弇驻守漆县，征西大将军冯异驻守栒邑，大司马吴汉等返回长安驻守。从这之后祭遵数次挫败隗嚣。事情已见《冯异传》。

建武八年（32）秋季，祭遵又随从皇帝上陇。等到隗嚣被攻破，皇帝向东返回途经汧县，亲临祭遵的军营，慰劳犒赏士卒，创作黄门武乐，直到深夜才停歇。此时祭遵患病，皇帝下诏赐予他双层垫褥，将御用的黄罗伞盖覆在上面。又令他进军陇下驻扎在那里。等到公孙述派遣士兵救援隗嚣时，吴汉、耿弇等人都跑了回来，祭遵独自留下不肯撤退。建武九年（33）春季，祭遵死于军中。

祭遵为人廉洁俭约小心谨慎，克己奉公，获得的赏赐总是全数交与士卒，家中没有私人财物，身上穿着皮套裤，用布做被子，夫人的裙子不添加边饰，皇帝因此很敬重他。等他去世，极其悲伤地为他哀悼。祭遵的尸体运到河南县，皇帝下诏命百官先在吊丧的地点会合，皇帝身穿丧服亲临，望着他的遗体失声痛哭悲痛至极。返回时走到城门，路过祭遵的车马，泪流不断无法自已。丧礼完成，又亲自用牛羊猪三牲具备的太牢之礼祭祀祭遵，和宣帝亲自为霍光吊丧的旧事相同。光武帝下诏命大长秋、谒者、河南尹护理丧事，大司农提供丧葬费用。博士范升上疏，称扬祭遵说："臣听闻古代圣王崇尚政绩，尊奉美善摒弃邪恶。过去高祖大圣，见识深刻考虑长远，颁授爵位分封复兴，绝而复续者也。陛下以至德受命，先明汉道，褒序辅佐，封赏功臣，同符祖宗。征虏将军颍阳侯遵，不幸早薨。陛下仁恩，为之感伤，远迎河南，恻怛之恸，形于圣躬，丧事用度，仰给县官，重赐妻子，不可胜数。送死有以加生，厚亡有以过存，矫俗厉化，卓如日月。古者臣疾君视，臣卒君吊，德之厚者也。陵迟已来久矣。及至陛下，复兴斯礼，群下感动，莫不自励。臣窃见遵修行积善，竭忠于国，北平渔阳，西拒陇、蜀，先登坻上，深取略阳。众兵既退，独守冲难。制御士心，不越法度。所在吏人，不知有军。清名闻于海内，廉白著于当世。所得赏赐，辄尽与吏士，身无奇衣，家无私财。同产兄午以遵无子，娶妾送之，遵乃使人逆而不受，自以身任于国，不敢图生虑继嗣之计。临死遗诫牛车载丧，薄葬洛阳。问以家事，终无所言。任重道远，死而后已。遵为将军，取士皆用儒术，对酒设乐，必雅歌投壶。又建为孔子立后，奏置《五经》大夫。虽在军旅，不忘俎豆，可谓好礼悦乐，守死善道者也。礼，生有爵，死有谥，爵以殊尊卑，谥以明善恶。臣愚以为宜因遵薨，论叙众功，详案《谥法》，以礼成之。显章国家笃古之制，为后嗣法。”帝乃下升章以示公卿。至葬，车驾复临，赠以将军、侯印绶，朱轮容车，介士军陈送葬，谥曰成侯。既葬，车驾复临其坟，存见夫人室家。其后会朝，帝每叹曰：“安得忧国奉公之臣如祭征虏者乎！”遵之见思若此。

田地，与下属分享功业，著录功臣，称颂美好德行。在他们活着的时候就用特别的礼遇给予恩宠，奏事时不用通报全名，入宫时不用小步慢跑。他们去世后就让他们的子孙继承他们的爵位封邑世代都与他们的爵邑相等，永不绝嗣，颁发给他们的丹书铁契，无穷无尽地传播下去。这确实是大汉厚养臣子安抚人民的长久之德，所以延续十多世，历经数百载，废止后又再次兴起，断绝后又再次连接起来。陛下以崇高伟大的德性受天之命，首先明确汉代的道统，按照等级、功绩褒奖提拔辅佐之臣，加封赏赐建有大功的臣子，与祖宗定下的规矩相合。征虏将军颍阳侯祭遵，不幸早早去世。陛下仁爱有德泽，为之感伤，远去河南迎接。悲忧之痛，显现在圣上的身上，丧事支出，依靠朝廷供给，以厚礼赐予他的妻儿，赏赐不可胜数。送葬死者同时增益生者，厚葬亡者同时给予存者，匡正世俗勉励教化，如同日月般高远。古代臣下患病君主探望，臣下去世君主吊祭，德泽多么深厚。这样的德泽渐趋衰败许久了。等到陛下，再次振兴这一君臣之礼，群臣感动，没有不自我勉励的。臣看见祭遵涵养德行积德行善，对待国家极尽忠心，向北平定渔阳，向西抵挡陇、蜀，率先登上陇坻，竭力夺取略阳。众兵撤退后，独自坚守艰难险要之地。掌控军心，不僭越法度。所在地区的官员百姓，不知道有军队在。清美之名闻名海内，廉正清白显扬当世。所得赏赐，尽数交与官兵，身上没有珍奇衣服，家中没有私人财物。同母之兄祭午因为他没有儿子，娶来小妾送他，祭遵让人迎回却不接受，自认为听命于国家，不敢图谋生计传宗接代之的打算。临死前叮嘱用牛车运送他的尸体，薄葬洛阳。询问家事，终究什么都没说。责任重大路途遥远，直到死亡才停止操劳。祭遵作为将军，选取士卒都采用儒术，饮酒奏乐，必然会歌咏雅诗玩投壶游戏。还建议为孔子立后，上奏请求设置《五经》大夫。虽然身处军中，不曾忘记供奉祭祀，可以称为爱好礼仪喜欢音乐，誓死维护道统之人。依照礼仪来说，生前享有爵位，死后拥有谥号，用爵位区别尊卑，用谥号明确善恶。臣以为应该乘着祭遵去世，论说群臣的功绩，详细考查《谥法》，依照礼仪完成此事。彰显国家笃行古制，成为后世学习的标准。”于是皇帝将范升的奏章展示给众公卿看。等到下葬无子，国除。兄午，官至酒泉太守。从弟彤。

彤字次孙，早孤，以至孝见称。遇天下乱，野无烟火，而独在冢侧。每贼过，见其尚幼而有志节，皆奇而哀之。

光武初以遵故，拜彤为黄门侍郎，常在左右。及遵卒无子，帝追伤之，以彤为偃师长，令近遵坟墓，四时奉祠之。彤有权略，视事五岁，县无盗贼，课为第一，迁襄贲令。时天下郡国尚未悉平，襄贲盗贼白日公行。彤至，诛破奸猾，殄其支党，数年，襄贲政清。玺书勉励，增秩一等，赐缣百匹。

当是时，匈奴、鲜卑及赤山乌桓连和强盛，数入塞杀略吏人。朝廷以为忧，益增缘边兵，郡有数千人，又遣诸将分屯障塞。帝以彤为能，建武十七年，拜辽东太守。至则励兵马，广斥候。彤有勇力，能贯三百斤弓。虏每犯塞，常为士卒锋，数破走之。二十一年秋，鲜卑万余骑寇辽东，彤率数千人迎击之，自被甲陷陈，虏大奔，投水死者过半，遂穷追出塞，虏急，皆弃兵裸身散走，斩首三千余级，获马数千匹。自是后鲜卑震怖，畏彤不敢复窥塞。彤以三虏连和，卒为边害，二十五年，乃使招呼鲜卑，示以财利。其大都护偏何遣使奉献，愿得归化，彤慰纳赏赐，稍复亲附。其异种满离、高句骊之属，遂骆驿款塞，上貂裘好马，帝辄倍其赏赐。其后偏何邑落诸豪并归义，愿自效。彤曰："审欲立功，当归击匈奴，斩送头首乃那天，御驾再次来临，赠送给祭遵将军、侯印绶，以朱轮容车装载生前的衣冠画像，士兵列阵为他送葬，谥号为成侯。下葬后，御驾再次来到祭遵的坟前，探望慰问他的夫人亲属。之后朝会，皇帝每每感叹道："如何能获得如同祭遵那般忧国奉公的人呐！"祭遵就是如此被皇帝思念着。

祭遵因没有儿子，封国被撤。兄长祭午，官至酒泉太守。堂弟祭肜。

祭肜字次孙，早早成了孤儿，因极其孝顺被人称赞。赶上天下动乱，野地没有烽火，他独自守在坟旁。每每有贼人经过，看见他尚且年幼却怀有志向气节，都觉得十分神奇并很是怜悯他。

光武帝当初因为祭遵的原因，任命祭肜为黄门侍郎，时常跟在光武帝的左右。等到祭遵死后没有儿子，光武帝追念伤悼祭遵，任用祭肜做偃师县令，命他在祭遵坟墓附近，四季供奉祭遵。祭肜有权谋，在职五年，县里没有盗贼，官员考核成绩第一，迁升为襄贲县令。此时天下郡国尚且还未被全部平定，襄贲盗贼大白天公然行动。祭肜到达后，打败诛杀狡猾奸诈之人，消灭他们的党羽，几年后，襄贲的政治变得清明。皇帝颁布玺书勉励他，增秩一等，赐下双丝的细绢一百匹。

正在这时，匈奴、鲜卑及赤山乌桓彼此联合十分强盛，数次入塞杀掠官吏百姓。朝廷为此十分忧虑，增加沿边士兵，一郡有数千人，又派遣众将分别驻扎防守边防要塞。皇帝因为祭肜能干，建武十七年（41），任命他为辽东太守。一到任就磨砺兵器喂饱马匹，广设哨兵。祭肜富有勇气力量，能拉满重达三百斤的弓。敌军每次侵扰边塞，他时常担任士卒前锋，几次打败赶跑敌军。建武二十一年（45）秋季，一万多鲜卑骑兵入侵辽东，祭肜率数千人迎面攻击敌军，亲自披甲攻入敌阵，敌军溃逃，投水而死的有一大半，因此连续追击到塞外，敌人着急逃走，都丢下兵器光着身体向四面逃散，斩获敌首三千多，获得数千匹战马。自此之后鲜卑震惊害怕，畏惧祭肜不敢再觊觎边塞。祭肜认为匈奴、鲜卑及乌桓三家联合，终究是边塞的大害，建武二十五年（49），便派遣使者招揽鲜卑，拿钱财利益示意对方。对信耳。”偏何等皆仰天指心曰：“必自效！”即击匈奴左伊秩訾部，斩首二千余级，持头诣郡。其后岁岁相攻，辄送首级受赏赐。自是匈奴衰弱，边无寇警，鲜卑、乌桓并入朝贡。

肜为人质厚重毅，体貌绝众。抚夷狄以恩信，皆畏而爱之，故得其死力。初，赤山乌桓数犯上谷，为边害，诏书设购赏，切责州郡，不能禁。肜乃率励偏何，遣往讨之。永平元年，偏何击破赤山，斩其魁帅，持首诣肜，塞外震詟。肜之威声，畅于北方，西自武威，东尽玄菟及乐浪，胡夷皆来内附，野无风尘。乃悉罢缘边屯兵。

十二年，征为太仆。肜在辽东几三十年，衣无兼副。显宗既嘉其功，又美肜清约，拜日，赐钱百万，马三匹，衣被刀剑下至居室什物，大小无不悉备。帝每见肜，常叹息以为可属以重任。后从东巡狩，过鲁，坐孔子讲堂，顾指子路室谓左右曰：“此太仆之室。太仆，吾之御侮也。”

十六年，使肜以太仆将万余骑与南单于左贤王信伐北匈奴，期至涿邪山。信初有嫌于肜，行出高阙塞九百余里，得小山，乃妄言以为涿邪山。肜到不见虏而还，坐逗留畏懦下狱免。肜性沉毅内重，自恨见诈无功，出狱数日，欧血死。临终谓其子曰：“吾蒙国厚恩，奉使不称，微绩不立，身死诚惭恨。义不可以无功受赏，死后，若悉方的大都护偏何遣使进献，愿意归服，祭彤安抚接纳予以赏赐，逐渐重新亲近依附汉室。其中诸如满离、高句骊之类的异族，就络绎不绝地入塞通好，献上貂裘好马，皇帝则加倍赏赐他们。之后偏何部落的各个首领一并归附，希望贡献自己的力量。祭彤说："真想立功，应当返回去攻击匈奴，斩下他们的人头送来才是可信。"偏何等人都仰面向天手指心口说："必会献上自己的力量！"随即攻击匈奴左伊秩訾部，斩获敌首二千多，拿着总金额写人头到了郡里。之后年年进攻，总是送来敌人的首级领赏赐。自那以后匈奴衰弱，边境再无敌军入侵的警报，鲜卑、乌桓一同入京朝贡。

祭彤为人质朴敦厚庄重坚毅，体态容貌出众超群。凭借恩德信义安抚少数民族，少数民族都敬畏且爱戴他，因此能够得到对方的死力相助。起初，赤山乌桓数次入上谷，成为边地大害，皇帝颁发诏书悬赏，严厉责备各州郡，却不能制止。祭彤便激励偏何，让他前去征讨。永平元年（58），偏何攻下赤山，斩杀了对方的首领，拿着敌首拜见祭彤，塞外为之震动丧胆。祭彤的威名，传扬北方，西自武威，东至玄菟以及乐浪，外族胡夷都来归附朝廷，郊野没有战事。于是尽数取消沿边屯守的兵众。

永平十二年（69），祭彤被征召为太仆。祭彤在辽东几近三十年，只有一套衣服。明帝既嘉许他的功绩，又称美他清廉节俭，拜任他为太仆的当天，赐予他钱百万，马三匹，上至衣被刀剑下至生活物品，大大小小无不齐备。皇帝每每见到祭彤，总是赞叹不已认为可以把重大任务交给他处理。后来跟从皇帝向东巡行，路过鲁地，在孔子讲堂坐下，皇帝回头指向子路的屋室对身边的人说："这是太仆的屋室。太仆，是为我抵挡外来欺侮的。"

永平十六年（73），皇帝命祭彤以太仆的身份统领一万多骑兵与南单于左贤王信讨伐北匈奴，相约到涿邪山会合。信当初对祭彤有嫌隙，出高阙塞走了九百多里，走到一座小山，就随便说是涿邪山。祭彤到达后没有看见匈奴人就返了回去，因逗留塞外胆怯软弱的罪名入狱免职。祭彤天性沉着文静内心稳重，恨自己被人欺骗无功而返，出狱数天，呕血而死。临终前对他的儿子说："我承蒙国家大恩，奉命簿上所得赐物，身自诣兵屯，效死前行，以副吾心。”既卒，其子逢上疏具陈遗言。帝雅重肜，方更任用，闻之大惊，召问逢疾状，嗟叹者良久焉。乌桓、鲜卑追思肜无已，每朝贺京师，常过冢拜谒，仰天号泣乃去。辽东吏人为立祠，四时奉祭焉。

肜既葬，子参遂诣奉车都尉窦固，从军击车师有功，稍迁辽东太守。永元中，鲜卑入郡界，参坐沮败，下狱死。肜子孙多为边吏者，皆有名称。

论曰：祭肜武节刚方，动用安重，虽条侯、穰苴之伦，不能过也。且临守偏海，政移犷俗，徼人请符以立信，胡貊数级于郊下，至乃卧鼓边亭，灭烽幽障者将三十年。古所谓“必世而后仁”，岂不然哉！而一眚之故，以致感愤，惜哉，畏法之敝也！

赞曰：期启燕门，霸冰虖河。祭遵好礼，临戎雅歌。肜抗辽左，边廷怀和。

出使不能胜任，没有立下微小的功绩，纵使身死也确实羞愧遗恨。为了道义不可以无功受赏，我死后，你将我所获得的赏赐物品悉数登记在册呈给圣上，你自己到军队里去，在先锋部队里舍命报效，来符合我的心意。”死后，他的儿子祭逢上疏详述祭肜的遗言。皇帝素来看重祭肜，正准备再次任用他，听闻他的死讯后大感震惊，召来祭逢询问祭肜死前的症状，叹息了许久。吾桓、鲜卑对祭肜追念不已，每每来京师朝觐庆贺，总是到他的坟前祭拜，仰天痛哭一番才离去。辽东官吏百姓为他修建祠堂，四季供奉祭祀他。

祭肜入葬后，儿子祭参就前往拜见奉车都尉窦固，随从窦固的军队进攻车师有功，逐渐迁升为辽东太守。永元年间，鲜卑人入侵辽东边界，祭参因在战争中失败而被定罪，北关入狱中去世。祭肜子孙大多是边塞小吏，都有声名称誉。

评论说：祭肜富有武德刚直方正，一举一动从容稳重，纵使条侯、穰苴之类的大将，也不能比得过他。况且他到边远的滨海地区驻守，凭借政治改变粗野强悍的民俗，召来外族人令他们斩杀敌首来树立信义，北方各族在边塞下献上敌人的首级接受赏赐，以至于边亭停止击鼓，城堡灭掉烽火将近三十年。古人所说的“必定要先经过三十年后才能达到仁的境界”，难道不是嘛！然而由于一次过错，导致心生愤慨，太可惜了，是畏惧严法的弊端呀！

赞辞说：铫期开启燕门，王霸冰冻虖河。祭遵爱好礼仪，在军队里歌唱雅诗。祭肜在辽东抵御敌寇，边地因他得以安宁。

卷五十一

任李万邳刘耿列传第十一

任光字伯卿，南阳宛人也。少忠厚，为乡里所爱。初为乡啬夫，郡县吏。汉兵至宛，军人见光冠服鲜明，令解衣，将杀而夺之。会光禄勋刘赐适至，视光容貌长者，乃救全之。光因率党与从赐，为安集掾，拜偏将军，与世祖破王寻、王邑。

更始至洛阳，以光为信都太守。及王郎起，郡国皆降之，光独不肯，遂与都尉李忠、令万脩、功曹阮况、五官掾郭唐等同心固守。廷掾持王郎檄诣府白光，光斩之于市，以徇百姓，发精兵四千人城守。更始二年春，世祖自蓟还，狼狈不知所向，传闻信都独为汉拒邯郸，即驰赴之。光等孤城独守，恐不能全，闻世祖至，大喜，吏民皆称万岁，即时开门，与李忠、万脩率官属迎谒。世祖入传舍，谓光曰："伯卿，今势力虚弱，欲俱入城头子路、力子都兵中，何如邪？"光曰："不可。"世祖曰："卿兵少，如何？"光曰："可募发奔命，出攻傍县，若不降者，恣听掠之。人贪财物，则兵可招而致也。"世祖从之。拜光为左大将军，封武成侯，留南阳宗广领信都太守事，使光将兵从。光乃多作檄文曰："大司马刘公将城头子路、力子都兵百万众从东方来，击诸反虏。"遣骑驰至钜鹿界中。吏民得檄，传相告语。世祖遂与光等投暮入堂阳界，使骑各持炬火，弥满泽中，光炎烛天地，举城莫不震惊惶怖，其夜即降。旬日之间，兵众大盛，因攻城邑，遂屠邯郸，乃遣光归郡。

任光字伯卿，南阳郡宛县人。年少时忠诚宽厚，同乡人很是敬重他。起初担任乡啬夫，郡县吏。汉军到达宛县，看见任光帽子衣服光鲜亮丽，就命令他脱掉衣帽，打算杀了他并夺走他的衣帽。正好遇上光禄勋刘赐前来，看任光容貌好似言行仁厚的长者，就给予救助使他得到了安全。任光因此率同党追随刘赐，任安集掾，拜偏将军，与光武帝打败王寻、王邑。

更始帝到达洛阳，任命任光当信都太守。等到王郎起事，郡国都归降了他，只有任光不肯投降，与都尉李忠、县令万脩、功曹阮况、五官掾郭唐等人同心同德坚守城池。廷掾持王郎信函到任光府上劝说任光投降，任光将其斩杀在集市上，巡行示众以警戒百姓，派遣四千精兵守卫城邑。更始二年（24）春季，光武帝从蓟地返还，狼狈窘迫不知道可以去向何方，辗转听闻信都独自为汉室抵抗邯郸的王郎，立刻就奔赴信都。任光等人独自守卫孤城，害怕不能保住信都的安全，听闻光武帝来了，十分欢喜，官民都高呼万岁，马上开启城门，与李忠、万脩率官属迎接谒见。世祖进入驿站内供人休息的房舍，对任光说：“伯卿，而今你我势力虚弱，打算与你一同加入城头子路、力子都的军队里，你觉得如何？”任光说：“不可以。”光武帝说：“你军队人数稀少，要怎么做？”任光说：“可以招募一支应急出战的军队，出城攻伐邻县，如若对方不投降，就听任士兵抢掠。人们都贪财物，那么士兵就可以一招就来了。”光武帝采取了他的办法。任命任光为左大将军，封武成侯，留南阳宗广统领信都太守事宜，让任光率兵跟随自己。任光便写下很多檄文说：“大司马刘公率城头子路、力子都兵众百万从东方而来，讨伐众造反者。”派骑兵拿着檄文驰往钜鹿界内。官民得到檄文，奔走相告。光武帝就与任光等人在日落时分踏入堂阳界内，使骑兵都手持点燃的火把，站满沼泽，火光照亮城头子路者，东平人，姓爰，名曾，字子路，与肥城刘诩起兵卢城头，故号其兵为“城头子路”。曾自称“都从事”，诩称“校三老”，寇掠河、济间，众至二十余万。更始立，曾遣使降，拜曾东莱郡太守，诩济南太守，皆行大将军事。是岁，曾为其将所杀，众推诩为主，更始封诩助国侯，令罢兵归本郡。

力子都者，东海人也。起兵乡里，钞击徐、兖界，众有六七万。更始立，遣使降，拜子都徐州牧。为其部曲所杀，余党复相聚，与诸贼会于檀乡，因号为檀乡。檀乡渠帅董次仲始起茌平，遂渡河入魏郡清河，与五校合，众十余万。建武元年，世祖入洛阳，遣大司马吴汉等击檀乡，明年春，大破降之。

是岁，更封光阿陵侯，食邑万户。五年，征诣京师，奉朝请。其冬卒。子隗嗣。

后阮况为南阳太守，郭唐至河南尹，皆有能名。

隗字仲和，少好黄老，清静寡欲，所得奉秩，常以赈恤宗族，收养孤寡。显宗闻之，擢奉朝请，迁羽林左监、虎贲中郎将，又迁长水校尉。肃宗即位，雅相敬爱，数称其行，以为将作大匠。将作大匠自建武以来常谒者兼之，至隗乃置真焉。建初五年，迁太仆，八年，代窦固为光禄勋，所历皆有称。章和元年，拜司空。

隗义行内修，不求名誉，而以沉正见重于世。和帝即位，大将军窦宪秉权，专作威福，内外朝臣莫不震慑。时宪击匈奴，国用劳费，隗奏议征宪还，前后十上。独与司徒袁安同心毕力，持重处正，鲠言直议，无所回隐，语在《袁安传》。

天地，整个城里的人没有不震惊害怕的，这天夜晚就投降了。十天之间，兵众大盛，随之攻击城邑，屠戮邯郸，让任光返回郡中。

城头子路，东平人，姓爰，名曾，字子路，与肥城刘诩在卢县城头起兵，因此称呼他的士兵为“城头子路。”爰曾自称“都从事”，刘诩自称“校三老”，在黄河、济水间侵犯劫掠，兵众多至二十多万。更始帝即位，爰曾遣使投降，爰曾被任命为东莱郡太守，刘诩被任命为济南太守，都行大将军事务。这年，爰曾被他部下杀害，众人推选刘诩做领袖，更始帝封刘诩为助国侯，命他休兵返回原籍所在之郡。

力子都，东海人，在家乡起兵，抢掠侵犯徐州，兖州界内，兵众有六七万。更始帝即位，遣使投降，任命力子都为徐州牧。被他的部属杀害，余党又聚在一起，与众贼寇在檀乡会和，因而号称檀乡。檀乡首领董次仲最开始时在茌平县起事，最后通过黄河进入魏郡清河，与五校会合，有兵众十多万。建武元年（25），光武帝进入洛阳，遣大司马吴汉军等攻击檀乡，第二年春季，檀乡被击溃归降。

这年，光武帝改封任光为阿陵侯，食邑万户。建武五年（29），任光被召往京师，赐予奉朝请的名号。这年冬季去世。儿子任隗继承了他的爵位。

后来阮况任南阳太守，郭唐官至河南尹，都有能干之名。

任隗字仲和，年少时喜好黄老之学，清静寡欲，所得到的俸禄，常用来接济抚恤同族之人，收养孤儿寡母。明帝听闻了他的事迹，提拔他为奉朝请，迁升羽林左监、虎贲中郎将，又升为长水校尉。章帝即位，向来待他敬爱有加，多次称许他的操行，任命他为将作大匠。将作大匠自建武年以来常以谒者兼任，到任隗时才另设专官担任。建初五年（80），任隗迁升太仆，建初八年（83），接替窦固任光禄勋，历任官职都有美名。章和元年（87），被授予司空一官。

任隗内修义行，不求名誉，而因沉着方正被世人敬重。和帝即位，大将军窦宪执掌政权，独断专行作威作福，内外朝没有人不震惊恐惧。当时窦宪出击匈奴，消耗国家的人力财力，任隗上书称应该召回窦宪，前后上书了十次。唯独与司徒袁安同心尽力，谨慎稳重做事公正，坚决直率地议论政事，从不回避隐瞒什么，详见《袁安傅》。

永元四年薨，子屯嗣。帝追思隗忠，擢屯为步兵校尉，徙封西阳侯。

屯卒，子胜嗣。胜卒，子世嗣，徙封北乡侯。

李忠字仲都，东莱黄人也。父为高密都尉。忠元始中以父任为郎，署中数十人，而忠独以好礼修整称。王莽时为新博属长，郡中咸敬信之。

更始立，使使者行郡国，即拜忠都尉官。忠遂与任光同奉世祖，以为右大将军，封武固侯。时世祖自解所佩绶以带忠，因从攻下属县。至苦陉，世祖会诸将，问所得财物，唯忠独无所掠。世祖曰："我欲特赐李忠，诸卿得无望乎？"即以所乘大骊马及绣被衣物赐之。

进围钜鹿，未下，王郎遣将攻信都，信都大姓马宠等开城内之，收太守宗广及忠母妻，而令亲属招呼忠。时宠弟从忠为校尉，忠即时召见，责数以背恩反城，因格杀之。诸将皆惊曰："家属在人手中，杀其弟，何猛也！"忠曰："若纵贼不诛，则二心也。"世祖闻而美之，谓忠曰："今吾兵已成矣，将军可归救老母妻子，宜自募吏民能得家属者，赐钱千万，来从我取。"忠曰："蒙明公大恩，思得效命，诚不敢内顾宗亲。"世祖乃使任光将兵救信都，光兵于道散降王郎，无功而还。会更始遣将攻破信都，忠家属得全。世祖因使忠还，行太守事，收郡中大姓附邯郸者，诛杀数百人。及任光归郡，忠乃还复为都尉。建武二年，更封中水侯，食邑三千户。其年，征拜五官中郎将，从平庞萌、董宪等。

永元四年（92）去世，儿子任屯继承了爵位。皇帝追念任隗的忠贞，提拔任屯为步兵校尉，改封西阳侯。

任屯去世，儿子任胜继承了爵位。任胜去世，儿子任世继承了爵位，改封北乡侯。

李忠字仲都，东莱郡黄县人。父亲是高密都尉。元始年间李忠因父亲的原因任郎官，官署中有几十个官员，唯独李忠因爱好礼仪举止端庄为人所称赞。王莽时任新博属长，郡中之人都很尊重崇信他。

更始帝即位，命使者巡行郡国，随即任命李忠为都尉官。李忠与任光共同侍奉光武帝，被任命为右大将军，封武固侯。当时光武帝亲自解下自己所佩的绶带给李忠带上，因而李忠跟从光武帝攻打属县，行至苦陉县，光武帝会见众将，询问他们都缴获了什么财物，唯独李忠没有抢掠任何东西。光武帝说："我打算对李忠予以特别奖赏，你们能够毫不埋怨吗？"随即将自己乘坐的大骊马及绣被衣物赐予了李忠。

进兵围攻钜鹿，还未攻下，王郎派遣将领攻击信都，信都大姓马宠等开启城门让他们进入，王郎的手下把太守宗广及李忠的母亲妻子拘押起来，令李忠的亲属前去招抚李忠。当时马宠的弟弟随从李忠任校尉，李忠立刻召见他，拿他兄长背弃恩义献城投敌的事来责备数落他，接着击杀了他。众将都震惊地说："家属还在敌人手里，就杀掉对方的弟弟，多么勇敢呀！"李忠说："如若纵容贼人不杀，那就是有异心。"光武帝听闻后很是赞许，对李忠说："如今我的军队已经成事了，将军可以回家救老母妻儿了，应该自己招募能救下你家属的官民，赏赐一千万，从我这儿取赏钱。"李忠说："承蒙明公如此大恩，一心想为您效命，委实不敢关心顾虑同族亲属。"光武帝就让任光领兵援救信都，任光的士兵在半路上就逃走投降了王郎，任光无功而返。正好赶上更始帝遣将攻破信都，李忠家属获得保全。光武帝于是让李忠返回信都，代行太守职事，李忠收捕郡中依附邯郸王郎的大姓，诛杀了几百人。等到任光回到郡中，李忠就将太守之位还六年，迁丹阳太守。是时海内新定，南方海滨江淮，多拥兵据土。忠到郡，招怀降附，其不服者悉诛之，旬月皆平。忠以丹阳越俗不好学，嫁娶礼仪，衰于中国，乃为起学校，习礼容，春秋乡饮，选用明经，郡中向慕之。垦田增多，三岁间流民占著者五万余口。十四年，三公奏课为天下第一，迁豫章太守。病去官，征诣京师。十九年，卒。

子威嗣。威卒，子纯嗣，永平九年，坐母杀纯叔父，国除。永初七年，邓太后复封纯琴亭侯。纯卒，子广嗣。

万脩字君游，扶风茂陵人也。更始时，为信都令，与太守任光、都尉李忠共城守，迎世祖，拜为偏将军，封造义侯。及破邯郸，拜右将军，从平河北。建武二年，更封槐里侯。与扬化将军坚镡俱击南阳，未剋而病，卒于军。

子普嗣，徙封泫氏侯。普卒，子亲嗣，徙封扶柳侯。亲卒，无子，国除。永初七年，邓太后绍封脩曾孙丰为曲平亭侯。丰卒，子炽嗣。永建元年，炽卒，无子，国除。延熹二年，桓帝绍封脩玄孙恭为门德亭侯。

邳彤字伟君，信都人也。父吉，为辽西太守。彤初为王莽和成卒正。世祖徇河北，至下曲阳，彤举城降，复以为太守，留止数日。世祖北至蓟，会王郎兵起，使其将徇地，所到县莫不奉迎，唯和成、信都坚守不下。彤闻世祖从蓟还，失军，欲至信都，乃先使五官给任光继续任都尉。建武二年（126），改封中水侯，食邑三千户。这一年，隼被任命为五官中郎将，随从光武帝平定庞萌、董宪等人。

建武六年（30），迁升丹阳太守。这时天下刚刚安定下来，南方近海地区和长江淮水一带，许多人聚集军队占领土地。李忠到郡，招抚那些投降归附的人，不屈服的人全都杀死，十天之间全都平定了。李忠认为丹阳越地的习俗不好学习，嫁娶仪礼，比不上中原地区，就为他们建立学校，讲授礼制仪容，并在春秋时节举行乡饮酒礼，选用明晓经术之人，郡中官民都敬仰他。已被开垦的田地增多，三年间在丹阳落户定居的流民有五万多口。建武十四年（38），三公上报全国官吏的考绩李忠为天下第一，升为豫章太守。因病罢官，之后受召到达京师。建武十九年（43），李忠去世。

儿子李威继承了他的爵位。李威去世，儿子李纯继承了爵位，永平九年（66），因为李纯的母亲杀害了李纯的叔父而获罪，封国被撤。永初七年（113），邓太后又封李纯为琴亭侯。李纯去世，儿子李广继承了爵位。

万脩字君游，右扶风茂陵县人。更始帝时，任信都令，与太守任光、都尉李忠一同守御城邑，迎接光武帝，被任命为偏将军，封造义侯。等到攻下邯郸，被任命为右将军，随从光武帝平定河北。建武二年（26），改封槐里侯。之后万脩与扬化将军坚镡一同攻击南阳，还未成功就病倒了，死于军中。

儿子万普继承了他的爵位，改封泫氏侯。万普去世，儿子万亲继承了爵位，改封扶柳侯。万亲去世，没有儿子，封国被撤。永初七年，邓太后续封万脩的曾孙万丰为曲平亭侯。万丰去世，儿子万炽继承了爵位。永建元年，万炽去世，没有儿子，封国被撤。延熹二年（159），桓帝续封万脩的玄孙万恭为门德亭侯。

邳彤字伟君，信都人。父亲邳吉，任辽西太守。邳彤起初被王莽任命为和成郡卒正。光武帝攻克河北，到达下曲阳。邳彤带领全城吏民归降，光武帝又让他做太守，在城内停留了几日。光武帝向北到达蓟地，正好赶上王郎起兵，让他的部将掠取土地，所到达的县全都曲意逢迎，唯独和成、信都两地决绝御守不肯投降。邳彤听闻光武掾张万、督邮尹绥，选精骑二千余匹，缘路迎世祖军。彤寻与世祖会信都。世祖虽得二郡之助，而兵众未合，议者多言可因信都兵自送，西还长安。彤廷对曰：“议者之言皆非也。吏民歌吟思汉久矣，故更始举尊号而天下响应，三辅清宫除道以迎之。一夫荷戟大呼，则千里之将无不捐城遁逃，虏伏请降。自上古以来，亦未有感物动民其如此者也。又卜者王郎，假名因势，驱集乌合之众，遂震燕、赵之地；况明公奋二郡之兵，扬向应之威，以攻则何城不克，以战则何军不服！今释此而归，岂徒空失河北，必更惊动三辅，堕损威重，非计之得者也。若明公无复征伐之意，则虽信都之兵犹难会也。何者？明公既西，则邯郸城民不肯捐父母，背城主，而千里送公，其离散亡逃可必也。”世祖善其言而止。即日拜彤为后大将军，和成太守如故，使将兵居前，比至堂阳，堂阳已反属王郎，彤使张万、尹绥先晓譬吏民，世祖夜至，即开门出迎。引兵击破白奢贼于中山。自此常从战攻。

信都复反为王郎，郎所置信都王捕系彤父弟及妻子，使为手书呼彤曰：“降者封爵，不降族灭。”彤涕泣报曰：“事君者不得顾家。彤亲属所以至今得安于信都者，刘公之恩也。公方争国事，彤不得复念私也。”会更始所遣将攻拔信都，郎兵败走，彤家属得免。

及拔邯郸，封武义侯。建武元年，更封灵寿侯，行大司空事。

帝从蓟地返回，失去了许多军队，打算到信都，就先让五官掾张万、督邮尹绥，选精良骑兵二千多，沿路迎接光武帝的军队。邳肜很快与光武帝在信都会和。光武帝虽然获得了和成、信都两郡的援助，但兵众还未汇合，提供建议的人大多说可以倚靠信都兵马亲自护送光武帝，向西返回长安。邳肜当众对答说："这些献计的人都说得不对。官员百姓歌咏思恋汉室已经许久了，因而更始帝高举帝号而得到了天下人的响应，三辅官民打扫房屋道路来迎接他。一个人背着长戟高呼，千里之内的将士无不弃城而逃，贼寇全都伏地请降。自从上古以来，也不曾有感化万物民众到如此地步的。替人占卜的王郎，假借汉室之名凭借当今时势，驱使会集了一群乌合之众，竟然扫荡了燕、赵之地；何况明公统领二郡的兵马，显出四方响应的威力，以此攻伐则什么城不能攻占，以此交战则什么军队不肯降服！而今舍弃这样的优势回到长安，何止是白白失去河北，势必要惊动三辅，折损声威，并非适宜之计。如若明公没有继续征伐的心思，那么即使是信都的军队也难以会聚呀。为什么这么说呢？如明公已然向西而去，那么邯郸城民不肯舍弃父母，背叛城主，不远千里护送您回去，可以预料他们必然会四处逃散。"光武帝十分赞许他的这番话并且放弃了回去的打算。就在当日任命邳肜为后大将军，和成太守官位和从前一样，命他率兵走在前方。等他们走到堂阳，堂阳已反水归属了王郎，邳肜让张万、尹绥先去劝导官员百姓，光武帝在夜晚到了堂阳，堂阳吏民立刻开启城门出去迎接。之后邳肜率兵在中山击溃了白奢贼众。自此邳肜时常随从光武帝作战。

信都又反水被王郎招降，王郎所设立的信都王逮捕拘禁了邳肜父亲的弟弟及妻儿，令他们写亲笔信召唤邳肜说："归降我就封得爵位，不归降就要被灭族。"邳肜哭着答复说："侍奉君主的人不得顾及家人。邳肜亲属之所以至今能够在信都安稳度日，是因为刘公的恩义。刘公正在为国家大事做斗争，邳肜不得再惦念私情。"当时正好赶上更始帝所派遣的将领攻陷了信都，王郎的士兵战败逃走，邳肜的家属得以幸免于难。

等到汉军占领邯郸后，邳肜被封为武义侯。建武元年（25），改帝入洛阳，拜彤太常，月余日转少府，是年免。复为左曹侍中，常从征伐。六年，就国。

彤卒，子汤嗣，九年，徙封乐陵侯。十九年，汤卒，子某嗣；无子，国除。元初元年，邓太后绍封彤孙音为平亭侯。音卒，子柴嗣。

初，张万、尹绥与彤俱迎世祖，皆拜偏将军，亦从征伐。万封重平侯，绥封平台侯。

论曰：凡言成事者，以功著易显；谋几初者，以理隐难昭。斯固原情比迹，所宜推察者也。若乃议者欲因二郡之众，建入关之策，委成业，临不测，而世主未悟，谋夫景同，邳彤之廷对，其为几乎！语曰“一言可以兴邦”，斯近之矣。

刘植字伯先，钜鹿昌城人也。王郎起，植与弟喜、从兄歆率宗族宾客，聚兵数千人据昌城。闻世祖从蓟还，乃开门迎世祖，以植为骁骑将军，喜、歆偏将军，皆为列侯。时真定王刘扬起兵以附王郎，众十余万，世祖遣植说扬，扬乃降。世祖因留真定，纳郭后，后即扬之甥也，故以此结之。乃与扬及诸将置酒郭氏漆里舍，扬击筑为欢，因得进兵拔邯郸，从平河北。

建武二年，更封植为昌城侯。讨密县贼，战殁。子向嗣。帝使喜代将植营，复为骁骑将军，封观津侯。喜卒，复以歆为骁骑将军，封浮阳侯。喜、歆从征伐，皆传国于后。向徙封东武阳侯，卒，子述嗣，永平十五年，坐与楚王英谋反，国除。

封灵寿侯，代行大司空事宜。光武帝进入洛阳，任命邳彤为太常，一个多月以后改任少府，这年被免官。后来又担任左曹侍中，常常随从光武帝征伐。建武六年(30)，返回封国。

邳彤去世，儿子邳汤继承了爵位，建武九年(33)，改封乐陵侯。建武十九年(43)，邳汤去世，儿子邳某继承了爵位；邳某没有儿子，封国被撤。元初元年(114)，邓太后续封邳彤的孙子邳音为平亭侯。邳音去世，儿子邳柴继承了爵位。

当初，张万、尹绥与邳彤一同去迎接光武帝，都被任命为偏将军，也都随从光武帝征伐。张万被封为重平侯，尹绥被封为平台侯。

评论说：但凡那种成就大业的人，都因功勋卓著易于显露；说起在事情开头谋划的，都因事物的规律精深难以彰明。这两种情况本来推究实情是不相上下的，应该深入推求省察才对。至于献策之人想依靠两郡的兵众，制定入关的策略，舍弃已成之业，面对无法预料的事情，而光武帝未曾领悟，为他设谋献计的人只知道一味附和，邳彤当众的对答，大概就是在事情开头有所谋划吧！话说“一言可以兴邦”，邳彤说的话就近乎如此吧。

刘植字伯先，钜鹿昌城人。王郎兴起，刘植与弟弟刘喜、堂兄刘歆率宗族宾客，汇集了几千士兵据守昌城。听闻光武帝从蓟地返回，就开启城门迎接光武帝，光武帝任命刘植为骁骑将军，刘喜、刘歆为偏将军，都被封为列侯。这时真定王刘扬起兵附和王郎，有兵众十多万，光武帝让刘植去说服刘扬归降，刘扬就投降了。光武帝于是留在真定，纳郭后，郭后即刘扬的外甥女，因此光武帝靠着联姻与刘扬联合。光武帝与刘扬及众将在郭氏漆里的屋舍中设宴饮酒，刘扬击筑助兴，因而能够进兵攻下邯郸，随从光武帝平定河北。

建武二年(26)，光武帝改封刘植为昌城侯。其后征讨密县贼寇时，在战斗中死亡。儿子刘向继承了他的爵位。光武帝使刘喜代为统率刘植的军营，又任命刘喜为骁骑将军，封观津侯。刘喜去世，又任命刘歆为骁骑将军，封浮阳侯。刘喜、刘歆随从光武帝征伐，都将封国传与了后代。刘向被改封为东武阳侯，去世后，儿子刘述继承了爵耿纯字伯山，钜鹿宋子人也。父艾，为王莽济平尹。纯学于长安，因除为纳言士。

王莽败，更始立，使舞阴王李轶降诸郡国，纯父艾降，还为济南太守。时李轶兄弟用事，专制方面，宾客游说者甚众。纯连求谒不得通，久之乃得见，因说轶曰："大王以龙虎之姿，遭风云之时，奋迅拔起，期月之间兄弟称王，而德信不闻于士民，功劳未施于百姓，宠禄暴兴，此智者之所忌也。兢兢自危，犹惧不终，而况沛然自足，可以成功者乎？"轶奇之，且以其钜鹿大姓，乃承制拜为骑都尉，授以节，令安集赵、魏。

会世祖度河至邯郸，纯即谒见，世祖深接之。纯退，见官属将兵法度不与它将同，遂求自结纳，献马及缣帛数百匹。世祖北至中山，留纯邯郸。会王郎反，世祖自蓟东南驰，纯与从昆弟䜣、宿、植共率宗族宾客二千余人，老病者皆载木自随，奉迎于育。拜纯为前将军，封耿乡侯，䜣、宿、植皆偏将军，使与纯居前，降宋子，从攻下曲阳及中山。

是时郡国多降邯郸者，纯恐宗家怀异心，乃使䜣、宿归烧其庐舍。世祖问纯故，对曰："窃见明公单车临河北，非有府臧之蓄，重赏甘饵，可以聚人者也，徒以恩德怀之，是故士众乐附。今邯郸自立，北州疑惑，纯虽举族归命，老弱在行，犹恐宗人宾客半有不同心者，故燔烧屋室，绝其反顾之望。"世祖叹息。及至鄗，世祖止传舍，鄗大姓苏公反城开门内王郎将李恽。纯先觉知，将兵逆与恽战，大破斩之。从平邯郸，又破铜马。

位。永平十五年(72),刘述因与楚王刘英谋反获罪,封国被撤。

耿纯字伯山,钜鹿宋子人。父亲耿艾,在王莽手下任济平尹。耿纯在长安学习,因而被任命为纳言士。

王莽失败后,更始帝即位,令舞阳王李轶招降各个郡国,耿纯父亲耿艾投降,返回担任济南太守。当时李轶兄弟当权执政,专制一方,宾客游说则极多。耿纯接连请求拜谒却不被通传,许久才得以入见。因此耿纯劝说李轶道:"大王凭借龙虎之姿,遭逢风云变幻的时势,飞速兴起,一个月间兄弟称王,然而士兵百姓却不曾听闻您的仁德信誉,功劳从未施与百姓,荣宠禄位却骤然加身,这是智者所忌惮的。战战兢兢自感危险,尚且害怕不得善终,何况荣宠充沛自觉满足,就可以成功吗?"李轶认为他很特别,并且因他是钜鹿大姓,便依照光武帝的旨意任命他做骑都尉,授予他符节,令他安定聚合赵、魏民众。

正好赶上光武帝渡过黄河到达邯郸,耿纯立即前去谒见,光武帝亲密地接见了他。耿纯退出去后,看见光武帝手下的官员兵将和其他人的部将不一样,就主动请求与其结交,献上骏马及质地细腻轻薄的绢帛数百匹。光武帝向北到达中山,将耿纯留在邯郸。恰好遇上王郎反叛,光武帝从蓟地驰往东南方,耿纯与堂兄堂弟耿䜣、耿宿、耿植一起率领两千多名宗族宾客,年老多病的都带着棺材自愿追随,在育县迎接光武帝。光武帝任命耿纯为前将军,封耿乡侯,耿䜣、耿宿、耿植都被任命为偏将军,让他们与耿纯处于队伍前列,降服了宋子,之后又随从光武帝攻下曲阳及中山。

这时各个郡国大多归降了邯郸,耿纯害怕同族人怀有异心,就让耿䜣、耿宿回去将他们的庐舍全都烧毁。光武帝询问耿纯这么做的缘故,耿纯回答说:"我看见明公驾单车到河北,没有储藏积蓄,当作甘美的诱饵重赏他人,从而可以召集众人为您效命,只凭借深厚的恩德招揽人们,所以士兵乐意依附于您。而今邯郸的王郎自立为王,北州民众对此十分疑惑,耿纯虽然带领全族归顺您,年老体弱者也在队列里,但仍然害怕同族宾客有一半人不同心,因此焚烧了他们时赤眉、青犊、上江、大彤、铁胫、五幡十余万众并在射犬，世祖引兵将击之。纯军在前，去众营数里，贼忽夜攻纯，雨射营中，士多死伤。纯勒部曲，坚守不动。选敢死二千人，俱持强弩，各傅三矢，使衔枚间行，绕出贼后，齐声呼噪，强弩并发，贼众惊走，追击，遂破之。驰骑白世祖。世祖明旦与诸将俱至营，劳纯曰："昨夜困乎？"纯曰："赖明公威德，幸而获全。"世祖曰："大兵不可夜动，故不相救耳。军营进退无常，卿宗族不可悉居军中。"乃以纯族人耿伋为蒲吾长，悉令将亲属居焉。

世祖即位，封纯高阳侯。击刘永于济阴，下定陶。初，纯从攻王郎，堕马折肩，时疾发，乃还诣怀宫。帝问"卿兄弟谁可使者"，纯举从弟植，于是使植将纯营，纯犹以前将军从。

时真定王刘扬复造作谶记云："赤九之后，瘿扬为主。"扬病瘿，欲以惑众，与绵曼贼交通。建武二年春，遣骑都尉陈副、游击将军邓隆征扬，扬闭城门，不内副等。乃复遣纯持节，行赦令于幽、冀，所过并使劳慰王侯。密敕纯曰："刘扬若见，因而收之。"纯从吏士百余骑与副、隆会元氏，俱至真定，止传舍。扬称病不谒，以纯真定宗室之出，遣使与纯书，欲相见。纯报曰："奉使见王侯牧守，不得先诣，如欲面会，宜出传舍。"时扬弟临邑侯让及从兄细各拥兵万余人，扬自恃众强而纯意安静，即从官属诣之，兄弟并将轻兵的屋室，断绝其回头的希望。”光武帝为之赞叹。等到行至鄗县，光武帝在驿站的房舍里休息，鄗县大姓苏公献城投敌开启城门让王郎手下的大将李恽进入城内。耿纯率先察觉，带领士兵迎战李恽，打败了敌军并斩杀了李恽。后来随从光武帝平定邯郸，又击溃了铜马军。

这时赤眉、青犊、上江、大彤、铁胫、五幡十多万兵众全在射犬，光武帝率领兵马打算攻击他们。耿纯率领的军队走在前列，距离众营有数里，贼寇忽然在夜里袭击耿纯，箭就像雨一样落入耿纯的军营里，士兵大多死亡或受伤。耿纯统领军队，坚守不动。挑选敢死兵两千人，全都带着强弩，每人携带箭矢三支，命他们口中含枚悄无声息地从小路急行，绕道贼寇的后方，齐声叫喊，强弩并发，众贼受惊而逃，耿纯率兵追击，最后击败了敌人。并让手下驱马疾行将情况告知光武帝。第二天早上光武帝与众将都来到军营，慰劳耿纯说：“昨天晚上艰难吗？”耿纯说：“仰仗明公的威德，有幸能够保全。”光武帝说：“大军不可以在夜里轻举妄动，因此没有赶来营救。军营进退无常，你的宗族不可以全部在军中居住。”于是让耿纯的族人耿伋任蒲吾县令，令他率领所有亲属在蒲吾县居住。

光武帝即位，封耿纯为高阳侯。耿纯在济阴攻击刘永，攻占了定陶。当初，耿纯随从光武帝攻打王郎，从马背上摔了下来摔折了肩膀，此时肩膀的旧伤发作，便返回到怀宫。光武帝问他“你的兄弟谁可差使”，耿纯举荐自己的堂弟耿植，于是光武帝让耿植统帅耿纯的军队，耿纯仍然以前将军之位随从。

此时真定王刘扬又捏造预言未来的谶记说：“汉高祖的九代孙，颈部长有瘤子的就是天下之主。”刘扬颈部长有瘤子，想用谶记迷惑百姓，就与绵曼县的贼兵相互串通。建武二年（26）春季，光武帝派遣骑都尉陈副、游击将军邓隆征召刘扬，刘扬紧闭城门，不准陈副等人入内。于是又令耿纯持符节，在幽州、冀州施行赦令，并让他在所经过的地方慰劳王侯。光武帝给耿纯下密令说：“假如刘扬肯见你，便乘机将他抓住。”耿纯带着一百多名骑兵与陈副、邓隆在元氏会合，一同到了真定，在驿站的屋舍里居住。刘扬称病不去谒见，因耿纯是他真定宗室姊妹的儿子，便遣使给耿纯送去书信，打算同他在门外。扬入见纯，纯接以礼敬，因延请其兄弟，皆入，乃闭合悉诛之，因勒兵而出。真定震怖，无敢动者。帝怜扬、让谋未发，并封其子，复故国。

纯还京师，因自请曰："臣本吏家子孙，幸遭大汉复兴，圣帝受命，备位列将，爵为通侯。天下略定，臣无所用志，愿试治一郡，尽力自效。"帝笑曰："卿既治武，复欲修文邪？"乃拜纯为东郡太守。时东郡未平，纯视事数月，盗贼清宁。四年，诏纯将兵击更始东平太守范荆，荆降。进击太山济南及平原贼，皆平之。居东郡四岁，时发干长有罪，纯案奏，围守之，奏未下，长自杀。纯坐免，以列侯奉朝请。从击董宪，道过东郡，百姓老小数千随车驾涕泣，云"愿复得耿君"。帝谓公卿曰："纯年少被甲胄为军吏耳，治郡乃能见思若是乎？"

六年，定封为东光侯。纯辞就国，帝曰："文帝谓周勃'丞相吾所重，君为我率诸侯就国'，今亦然也。"纯受诏而去。至邺，赐谷万斛。到国，吊死问病，民爱敬之。八年，东郡、济阴盗贼群起，遣大司空李通、横野大将军王常击之。帝以纯威信著于卫地，遣使拜太中大夫，使与大兵会东郡。东郡闻纯入界，盗贼九千余人皆诣纯降，大兵不战而还。玺书复以为东郡太守，吏民悦服。十三年，卒官，相见。耿纯回复刘扬说:“奉命出使会晤王侯牧守,不可以先到你那儿,如若想要会面,应当出来到驿站相见。”此时刘扬的弟弟临邑侯刘让以及堂兄刘细每人拥兵一万多人,刘扬仗着自己兵力强盛而耿纯意图安静,便随从官属到驿站拜访耿纯,他的兄弟都率领轻兵在门外。刘扬进去面见耿纯,耿纯以合于礼仪的举动迎接他,乘机邀请他的兄弟进来,众人都进入驿站,耿纯便关闭大门将他们全都诛杀,接着指挥士兵出来。真定众人又惊又怕,没有人敢轻举妄动。光武帝可怜刘扬、刘让谋划尚未开展,便将他们的儿子都封爵,恢复了他们原来的封国。

耿纯返回京师,便自己主动请求说:“臣原本是官吏之家的子孙,幸运地遇上大汉复兴,圣帝受天之命,臣充任列将,被封为通侯。如今天下大致安定,臣没有地方施展抱负,愿意尝试着治理一个郡,尽力为国家贡献自己的力量。”光武帝笑着说:“你既然是经营武事的,又想要修治文事吗?”于是任命耿纯为东郡太守。当时东郡尚未平定,耿纯治事数月,郡中盗贼安静无事。建武四年(28),朝廷颁发诏书命耿纯领兵攻打更始帝手下的东平太守范荆,范荆归降。接着进兵攻打太山济南及平原贼寇,都将其平定。耿纯在东郡治事四年,这时发干县县长有罪,耿纯上奏弹劾,把县长包围监守起来,奏章尚未得到回复,发干县长就自杀了。耿纯因此获罪被免去官职,以列侯的身份担任奉朝请。随从光武帝攻打董宪,途经东郡,老少百姓几千人追随着御驾哭泣流泪,说“希望耿君再次治理东郡。”光武帝对公卿们说:“耿纯年少时只是披着甲胄担任军吏而已,治理郡中事务竟然也能被百姓像这般思慕吗?”

建武六年(30),耿纯被定封为东光侯。耿纯向光武帝辞别前往封国,光武帝说:“文帝对周勃说‘我十分器重丞相您,您为我统率诸侯前往封国’,今天我也想这样嘱咐你。”耿纯接受诏命后离开。行至邺县,被赐予谷物万斛。到达封国,吊祭死者问候病人,百姓十分爱戴尊敬他。建武八年(32),东郡、济阴许多盗贼一起兴起,光武帝派大司空李通、横野大将军王常前往攻打。光武帝因耿纯威信显著于卫地,便派遣使者任命耿纯为太中大夫,命他与大军在东郡会谥曰成侯。子阜嗣。

植后为辅威将军，封武邑侯。宿至代郡太守，封遂乡侯。䜣为赤眉将军，封著武侯，从邓禹西征，战死云阳。凡宗族封列侯者四人，关内侯者三人，为二千石者九人。

阜徙封莒乡侯，永平十四年，坐同族耿歙与楚人颜忠辞语相连，国除。建初二年，肃宗追思纯功，绍封阜子盱为高亭侯。盱卒，无嗣，帝复封盱弟腾。卒，子忠嗣。忠卒，孙绪嗣。

赞曰：任、邳识几，严城解扉。委佗还旅，二守焉依。纯、植义发，奉兵佐威。

合。东郡听闻耿纯进了郡界，九千多名盗贼全都到耿纯那里归降，大军不战而回。光武帝颁发玺书又让耿纯担任东郡太守，官员民众全都心悦诚服。建武十三年（37），耿纯在官位上去世，谥号为成侯。儿子耿阜继承了他的爵位。

耿植后来任辅威将军，被封为武邑侯。耿宿官至代郡太守，被封为遂乡侯。耿䜣任赤眉将军，被封为著武侯，随从邓禹西征，在云阳战死。耿氏宗族中被封为列侯的有四人，被封为关内侯的有三人，禄秩为二千石的有九人。

耿阜被改封为莒乡侯，永平十四年（71），因族人耿歙与楚人颜忠的口供有关获罪，封国被撤除。建初二年（77），章帝追思耿纯的功劳，续封耿阜的儿子耿盱为高亭侯。耿盱去世后，没有儿子，章帝又封耿盱的弟弟耿腾为侯。耿腾去世后，儿子耿忠继承了他的爵位。耿忠去世后，孙子耿绪继承了他的爵位。

赞辞说：任光、邳彤能够知晓事物发生变化的几微迹象，戒备森严的城池开启了城门。光武帝回师，依靠的就是这两位太守。耿纯、耿植仗义兴兵，率领军队为光武帝增加声势。

卷五十二

朱景王杜马刘傅坚马列传第十二

朱祐字仲先，南阳宛人也。少孤，归外家复阳刘氏，往来舂陵，世祖与伯升皆亲爱之。伯升拜大司徒，以祐为护军。及世祖为大司马，讨河北，复以祐为护军，常见亲幸，舍止于中。祐侍宴，从容曰："长安政乱，公有日角之相，此天命也。"世祖曰："召刺奸收护军！"祐乃不敢复言。从征河北，常力战陷阵，以为偏将军，封安阳侯。世祖即位，拜为建义大将军。建武二年，更封堵阳侯。冬，与诸将击邓奉于淯阳，祐军败，为奉所获。明年，奉破，乃肉袒因祐降。帝复祐位而厚加慰赐。遣击新野、随，皆平之。

延岑自败于穰，遂与秦丰将张成合，祐率征虏将军祭遵与战于东阳，大破之，临阵斩成，延岑败走归丰。祐收得印绶九十七。进击黄邮，降之，赐祐黄金三十斤。四年，率破奸将军侯进、辅威将军耿植代征南大将军岑彭围秦丰于黎丘，破其将张康于蔡阳，斩之。帝自至黎丘，使御史中丞李由持玺书招丰，丰出恶言，不肯降。车驾引还，敕祐方略，祐尽力攻之。明年夏，城中穷困，丰乃将其母妻子九人肉袒降。祐轞车传丰送洛阳，斩之。大司马吴汉劾奏祐废诏受降，违将帅之任，帝不加罪。祐还，与骑都尉臧宫会击延岑余党阴、酂、筑阳三县贼，悉平之。

朱祐字仲先，南阳郡宛县人。年少时成了孤儿，到复阳县外祖父刘氏家居住，在舂陵来来往往，光武帝与伯升都同他关系亲密、感情深厚。伯升任大司徒后，让朱祐做护军。等到光武帝任大司马，征伐河北时，又让朱祐做护军，他经常被召见宠幸，在光武帝房中留宿。朱祐陪从宴饮，神态从容地说："长安政治混乱不堪，您额骨中央隆起有帝王贵相，这是天命呀。"光武帝说："你小心召来刺客和奸细收了护军你啊！"朱祐才不敢再说了。朱祐随从光武帝征伐河北，常常奋力作战冲锋陷阵，被任命为偏将军，封安阳侯。光武帝即位，拜他为建义大将军。建武二年（26），改封他为堵阳侯。这年冬季，光武帝与众将在淯阳攻击邓奉，朱祐率领的军队战败，被邓奉抓获。第二年，邓奉被击败，于是脱去上衣随朱祐投降。光武帝恢复了朱祐的官位并对他安慰赏赐甚厚。之后派遣他攻击新野、随县，都被平定了。

延岑自从在穰县战败，就与秦丰的将领张成的军队合并，朱祐带领征虏将军祭遵同他们在东阳作战，击败了他们，在阵前斩杀了张成，延岑战败逃走投奔了秦丰。朱祐收缴了九十七个印绶。攻击黄邮，降伏了对方，光武帝赐予朱祐黄金三十斤。建武四年（28），朱祐带领破奸将军侯进、辅威将军耿植代征南大将军岑彭在黎丘围剿秦丰，在蔡阳击败了秦丰的大将张康，并斩杀了张康。光武帝亲临黎丘，让御史中丞李由拿着玺书招降秦丰，秦丰恶言相向，不肯归降。光武帝御驾返还，告知朱祐方略，朱祐尽力攻打。第二年夏季，城中穷困，秦丰才领着母亲妻子九人脱去上衣投降。朱祐用囚车把秦丰送去洛阳，斩杀了他。大司马吴汉上奏弹劾朱祐不顾诏命接受投降，有违将帅之职，光武帝没有治朱祐的罪。朱祐回来后，与骑都尉臧宫联合攻击延岑在余党阴、酂、筑阳三县的余党贼寇，这些贼寇全都被祐为人质直，尚儒学。将兵率众，多受降，以克定城邑为本，不存首级之功。又禁制士卒不得虏掠百姓，军人乐放纵，多以此怨之。九年，屯南行唐拒匈奴。十三年，增邑，定封鬲侯，食邑七千三百户。

十五年，朝京师，上大将军印绶，因留奉朝请。祐奏古者人臣受封，不加王爵，可改诸王为公。帝即施行。又奏宜令三公并去“大”名，以法经典。后遂从其议。

祐初学长安，帝往候之，祐不时相劳苦，而先升讲舍。后车驾幸其第，帝因笑曰：“主人得无舍我讲乎？”以有旧恩，数蒙赏赉。二十四年，卒。

子商嗣。商卒，子演嗣，永元十四年，坐从兄伯为外孙阴皇后巫蛊事，免为庶人。永初七年，邓太后绍封演子冲为鬲侯。

景丹字孙卿，冯翊栎阳人也。少学长安。王莽时举四科，丹以言语为固德侯相，有干事称，迁朔调连率副贰。

更始立，遣使者徇上谷，丹与连率耿况降，复为上谷长史。王郎起，丹与况共谋拒之。况使丹与子弇及寇恂等将兵南归世祖，世祖引见丹等，笑曰：“邯郸将帅数言我发渔阳、上谷兵，吾聊应言然，何意二郡良为吾来！方与士大夫共此功名耳。”拜丹为偏将军，号奉义侯。从击王郎将兒宏等于南綠，郎兵迎战，汉军退却，丹等纵突骑击，大破之，追奔十余里，死伤者从横。丹还，世祖谓曰：“吾闻突骑天下精兵，今乃见其战，乐可言邪？”遂从征河北。

平定了。

朱祐为人纯朴刚直，推崇儒学。带兵作战，大多接受敌人的投降，把安定城邑作为根本目的，不把斩杀敌人首级的功劳放在眼里。又约束士卒不能虏掠百姓，但他的军队以放纵为乐，很多人因此怨恨他。建武九年(33)，朱祐驻扎在南行唐抵挡匈奴。建武十三年(37)，朱祐被增加封邑，定封鬲侯，食邑七千三百户。

建武十五年(39)，朱祐来京师朝见天子，献上大将军印绶，留在京师为奉朝请。朱祐上奏说古代人臣受封，不加王爵，可以将王改为公。光武立即帝施行他的建议。又上奏说应当令三公一并去掉"大"的冠号，来效法经典。后来光武听从了他的建议。

朱祐起初在长安学习，光武帝前去探望他，朱祐没有及时招待对方，反而先去了讲舍。后来光武帝驾临朱祐的府第，笑着说："你不会又要丢下我去讲舍吧？"朱祐与光武帝因为有旧时的恩情，多次蒙受赏赐。建武二十四年(48)，朱祐去世。

儿子朱商继承了他的爵位。朱商去世，儿子朱演继承了爵位，永元十四年(102)，因兄伯为外孙阴皇后巫蛊事获罪，被免为庶人。永初七年(113)，邓太后封朱演的儿子朱冲为鬲侯。

景丹字孙卿，左冯翊栎阳县人。少时在长安学习。王莽时举荐官吏有四个科目，景丹因言语科十分优异成为了固德侯相，有做事能干之称，升为朔调连率的属僚。

更始帝即位，派遣使者攻占上谷，景丹与连率耿况投降，又做了上谷长史。王郎起兵，景丹与耿况共谋抵抗之法。耿况令景丹与儿子耿弇及寇恂等人率领军队南下归附光武帝，光武帝派人引景丹等入内会面，笑着说："邯郸将帅多次说我要征发渔阳、上谷的士兵，我暂且回答说是的，不料二郡士兵真的为我来了！我将与士大夫共享此等功名呀。"光武帝拜景丹为偏将军，号奉义侯。景丹随从光武帝在南䜌进攻王郎的将领兒宏等，王郎的士兵上前迎战，汉军后退，景丹突骑骑兵出击，打败敌军，追了敌人十多里，打死打伤的横竖躺了一地。景丹回去，光武帝对他说："我听闻突骑是天下精兵，如今看见他们作战，心中的快乐可以说得出来吗？"之后景丹又随从光武帝出征河北。

世祖即位，以谶文用平狄将军孙咸行大司马，众咸不悦。诏举可为大司马者，群臣所推唯吴汉及丹。帝曰："景将军北州大将，是其人也。然吴将军有建大策之勋，又诛苗幽州、谢尚书，其功大。旧制骠骑将军官与大司马相兼也。"乃以吴汉为大司马，而拜丹为骠骑大将军。

建武二年，定封丹栎阳侯。帝谓丹曰："今关东故王国，虽数县，不过栎阳万户邑。夫'富贵不归故乡，如衣绣夜行'，故以封卿耳。"丹顿首谢。秋，与吴汉、建威大将军耿弇、建义大将军朱祐、执金吾贾复、偏将军冯异、强弩将军陈俊、左曹王常、骑都尉臧宫等从击破五校于羛阳，降其众五万人。会陕贼苏况攻破弘农，生获郡守。丹时病，帝以其旧将，欲令强起领郡事，乃夜召入，谓曰："贼迫近京师，但得将军威重，卧以镇之足矣。"丹不敢辞，乃力疾拜命，将营到郡，十余日薨。

子尚嗣，徙封余吾侯。尚卒，子苞嗣。苞卒，子临嗣，无子，国绝。永初七年，邓太后绍封苞弟遽为监亭侯。

王梁字君严，渔阳要阳人也。为郡吏，太守彭宠以梁守狐奴令，与盖延、吴汉俱将兵南及世祖于广阿，拜偏将军。既拔邯郸，赐爵关内侯。从平河北，拜野王令，与河内太守寇恂南拒洛阳，北守天井关，朱鲔等不敢出兵，世祖以为梁功。及即位，议选大司空，而《赤伏符》曰"王梁主卫作玄武"，帝以野王卫之所徙，玄武水神之名，司空水土之官也，于是擢拜梁为大司空，封武强侯。

建武二年，与大司马吴汉等俱击檀乡，有诏军事一属大司马，光武帝即位，根据谶文任用平狄将军孙咸代理大司马一职，众人都怏怏不悦。光武帝颁发诏书命大家举荐可以任大司马的人，群臣所推选的唯有吴汉及景丹。光武帝说："景将军是北州大将，确实可以做大司马。然而吴将军有从龙之功，又铲除了苗幽州、谢尚书，功勋卓越。依照旧时制度骠骑将军的官位与大司马相同。"光武帝让吴汉做大司马，拜景丹为骠骑大将军。

建武二年（26），确定封景丹为栎阳侯。光武帝对景丹说："如今关东旧王国，虽然包含了几个县，却比不过栎阳的万户之邑。俗语说'获得富贵后不归故乡，就如同穿着锦绣华服在夜里行走'，因此封你为栎阳侯。"景丹叩头谢恩。秋季，景丹与吴汉、建威大将军耿弇、建义大将军朱祐、执金吾贾复、偏将军冯异、强弩将军陈俊、左曹王常、骑都尉臧宫等跟从光武帝在蒹阳击败五校，招降了对方五万士兵。正遇上贼寇苏况攻下弘农，生擒郡守。景丹当时得了病，光武帝因为他是旧将，想令他勉强起身统领郡中事务，就连夜召他入宫，对他说："贼寇迫近京师，但是凭借将军的威严庄重，躺着就足以平定对方了。"景丹不敢推辞，便强撑着病体领命，领军到达弘农郡，十多天后去世。

儿子景尚继承了他的爵位，改封为余吾侯。景尚去世，儿子景苞继承了爵位。景苞去世，儿子景临继承了爵位，景临没有儿子，封国被废。永初七年（113），邓太后续封景苞的弟弟景遽为监亭侯。

王梁字君严，渔阳郡要阳县人。担任郡守的属官，太守彭宠让王梁掌狐奴县令一职，王梁与盖延、吴汉共同统领士兵向南在广阿赶上了光武帝，被任命为偏将军。攻下邯郸后，王梁被赐予关内侯的爵位。随从光武帝平定河北，被任命为野王县令，与河内太守寇恂向南抵御洛阳，向北守卫天井关，朱鲔等人不敢出兵，光武帝认为是王梁的功劳。等到光武帝即位，与众人讨论大司空的人选，而《赤伏符》说"王梁主卫作玄武"，光武帝认为野王是卫君的迁居帝，玄武是水神的名字，司空是掌管水土的官吏，于是提拔王梁任大司空，封他为武强侯。

建武二年（26），王梁与大司马吴汉等一同攻击檀乡，光武帝发而梁辄发野王兵，帝以其不奉诏敕，令止在所县，而梁复以便宜进军。帝以梁前后违命，大怒，遣尚书宗广持节军中斩梁。广不忍，乃槛车送京师。既至，赦之。月余，以为中郎将，行执金吾事。北守箕关，击赤眉别校，降之。三年春，转击五校，追至信都、赵国，破之，悉平诸屯聚。冬，遣使者持节拜梁前将军。四年春，击肥城、文阳，拔之。进与骠骑大将军杜茂击佼强、苏茂于楚、沛间，拔大梁、啮桑，而捕虏将军马武、偏将军王霸亦分道并进，岁余悉平之。五年，从救桃城，破庞萌等，梁战尤力，拜山阳太守，镇抚新附，将兵如故。

数月征入，代欧阳歙为河南尹。梁穿渠引穀水注洛阳城下，东写巩川，及渠成而水不流。七年，有司劾奏之，梁惭惧，上书乞骸骨。乃下诏曰："梁前将兵征伐，众人称贤，故擢典京师。建议开渠，为人兴利，旅力既愆，迄无成功，百姓怨讟，谈者欢哗。虽蒙宽宥，犹执谦退，'君子成人之美'，其以梁为济南太守。"十三年，增邑，定封阜成侯。十四年，卒官。

子禹嗣。禹卒，子坚石嗣。坚石追坐父禹及弟平与楚王英谋反，弃市，国除。

杜茂字诸公，南阳冠军人也。初归光武于河北，为中坚将军，常从征伐。世祖即位，拜大将军，封乐乡侯。北击五校于真定，进降广平。建武二年，更封苦陉侯。与中郎将王梁击五校贼于魏郡、清布诏书令军中事物一概归大司马主持，而王梁私自派遣野王的士兵，光武帝因为他不遵循诏命，令他止步于所在之县，而王梁又自行进军。光武帝因王梁前后两次违反诏令，勃然大怒，使尚书宗广持符节前往军中斩杀王梁。宗广于心不忍，就拿囚车把他送往京师。到达京师后，光武帝宽赦了他。一个多月后，光武帝任命他为中郎将，代行执金吾事宜。王梁向北守护箕关，攻击赤眉别校，降伏了对方。建武三年（27）春季，转而攻击五校，追击敌军至信都、赵国，击败了对方，各处屯聚的贼兵全都被平定了。冬季，光武帝派遣使者持符节任命王梁为前将军。建武四年（28）春季，攻击肥城、文阳，成功攻取。进而与骠骑大将军杜茂在楚、沛之间攻击佼强、苏茂，攻下大梁、啮桑，而捕虏将军马武、偏将军王霸也同他们分道并进，花费一年多的时间把敌人都平定了。建武五年（29），王梁随从光武帝援救桃城，击溃庞萌等人，王梁作战尤为拼命，被任命为山阳太守，安定抚恤最近归附的人，像以前一样统领士兵。

几个月后王梁被召入京师，接替欧阳歙任河南尹。王梁开挖沟渠引榖水灌入洛阳城下，向东倾注到巩川，等到沟渠建成榖水却不流动。建武七年（31），有关部门上奏弹劾此事，王梁羞愧害怕，上书请求辞职归乡。光武帝颁发诏书说：“王梁从前领兵征伐，众人称赞他贤良，因而提拔他到京师做官。建议开挖沟渠，是为百姓兴办有利之事，已然耗尽了力气，至今却没有成功。百姓抱怨，谈论者争论不休。虽然得到原谅，却仍然执意谦让现在的官职，‘君子成人之美’，可任命王梁为济南太守。”建武十三年（37），朝廷增加了王梁食邑，定封他为阜成侯。建武十四年（38），王梁在官位上去世。

儿子王禹继承了他的爵位。王禹去世，儿子王坚石继承了爵位。王坚石因父亲王禹及弟王平与楚王刘英谋反被追究罪责，在闹市上被处死示众，封国被撤。

杜茂字诸公，南阳郡冠军县人。起初在河北归顺光武帝，任中坚将军，时常随从光武帝征伐。光武帝即位，被任命为大将军，封乐乡侯。向北在真定攻击五校，进而降伏广平。建武二年（26），改封苦陉侯。与中郎将王梁在魏郡、清河、东郡攻击五校贼兵，踏平了敌人河、东郡，悉平诸营保，降其持节大将三十余人，三郡清静，道路流通。明年，遣使持节拜茂为骠骑大将军，击沛郡，拔芒。时西防复反，迎佼强。五年春，茂率捕虏将军马武进攻西防，数月拔之，强奔董宪。

东方既平，七年，诏茂引兵北屯田晋阳、广武，以备胡寇。九年，与雁门太守郭凉击卢芳将尹由于繁畤，芳将贾览率胡骑万余救之，茂战，军败，引入楼烦城。时卢芳据高柳，与匈奴连兵，数寇边民，帝患之。十二年，遣谒者段忠将众郡弛刑配茂，镇守北边，因发边卒筑亭候，修烽火，又发委输金帛缯絮供给军士，并赐边民，冠盖相望。茂亦建屯田，驴车转运。先是，雁门人贾丹、霍匡、解胜等为尹由所略，由以为将帅，与共守平城。丹等闻芳败，遂共杀由诣郭凉；凉上状，皆封为列侯，诏送委输金帛赐茂、凉军吏及平城降民。自是卢芳城邑稍稍来降，凉诛其豪右郇氏之属，镇抚羸弱，旬月间雁门且平，芳遂亡入匈奴。帝擢凉子为中郎，宿卫左右。

凉字公文，右北平人也。身长八尺，气力壮猛，虽武将，然通经书，多智略，尤晓边事，有名北方。初，幽州牧朱浮辟为兵曹掾，击彭宠有功，封广武侯。

十三年，增茂邑，更封脩侯。十五年，坐断兵马禀缣，使军吏杀人，免官，削户邑，定封参蘧乡侯。十九年，卒。

子元嗣，永平十四年，坐与东平王等谋反，减死一等，国除。永的全部堡垒，降伏了敌军的三十多位持节大将，三郡清静无事，道路通畅无阻。第二年，光武帝让使者持符节任命杜茂为骠骑大将军，攻击沛郡，攻下芒县。这时西防再一次叛变，迎接佼强入内。建武五年（29）春季，杜茂带领捕虏将军马武进攻西防，历时数月攻下了西防，佼强逃跑投靠了董宪。

东方被平定后，建武七年（31），光武帝颁发诏书命杜茂率兵北上在晋阳、广武屯田，来防备胡寇的入侵。建武九年（33），杜茂与雁门太守郭凉在繁畤攻击卢芳的大将尹由，卢芳的大将贾览率一万多胡人骑兵前来救援，杜茂同对方进行了交战，战败后，带领士兵进入楼烦城。此时卢芳盘踞高柳，与匈奴联合兵力，多次侵扰边地民众，光武帝对此十分担心。建武十二年（36），光武帝命谒者段忠带着各郡弛刑徒配合杜茂，镇守北方边地，杜茂于是派遣守边士卒建造亭候，修筑烽火，又派人转运金帛丝绵供给兵卒，一并赐予边地民众，使者往来不断。杜茂又建立屯田，使用驴车转运物资。在此之前，雁门人贾丹、霍匡、解胜等人被尹由掠去，尹由让他们担任将帅，与他共同守卫平城。贾丹等人听闻卢芳失败，就共同杀掉尹由前去拜见郭凉；郭凉将事情上报给光武帝，他们都被封为列侯，光武帝颁发诏书将转运金帛送去赐予杜茂、郭凉的军官及归降的平城百姓。从这之后归属卢芳的城邑渐渐前来归降，郭凉诛杀了其中诸如郇氏之类的世家大族，安定抚恤瘦弱的百姓，一月之内雁门便几乎被平定了，卢芳就逃入了匈奴。光武帝提拔郭凉的儿子担任中郎，在他左右担任警卫。

郭凉字公文，右北平郡人。身长八尺，力气壮猛，虽然身为武将，却精通经书，富有才智谋略，尤为了解边防，闻名北方。起初，幽州牧朱浮任用他作兵曹掾，攻击彭宠立下功劳，被封为广武侯。

建武十三年（37），朝廷增加了杜茂的食邑，改封他为脩侯。建武十五年（39），杜茂因切断粮饷，指使军吏杀人，被免去官职，缩减户邑，定封参蘧乡侯。建武十九年（43），去世。

儿子杜元继承了他的爵位。永平十四年（71），因与东平王等人初七年，邓太后绍封茂孙奉为安乐亭侯。

马成字君迁，南阳棘阳人也。少为县吏。世祖徇颍川，以成为安集掾，调守郏令。及世祖讨河北，成即弃官步负，追及于蒲阳，以成为期门，从征伐。世祖即位，再迁护军都尉。

建武四年，拜扬武将军，督诛虏将军刘隆、振威将军宋登、射声校尉王赏，发会稽、丹阳、九江、六安四郡兵击李宪，时帝幸寿春，设坛场，祖礼遣之。进围宪于舒，令诸军各深沟高垒。宪数挑战，成坚壁不出，守之岁余。至六年春，城中食尽，乃攻之，遂屠舒，斩李宪，追击其党与，尽平江淮地。

七年夏，封平舒侯。八年，从征破隗嚣，以成为天水太守，将军如故。冬，征还京师。九年，代来歙守中郎将，率武威将军刘尚等破河池，遂平武都。明年，大司空李通罢，以成行大司空事，居府如真，数月复拜扬武将军。

十四年，屯常山、中山以备北边，并领建义大将军朱祐营。又代骠骑大将军杜茂缮治障塞，自西河至渭桥，河上至安邑，太原至井陉，中山至邺，皆筑保壁，起烽燧，十里一候。在事五六年，帝以成勤劳，征还京师。边人多上书求请者，复遣成还屯。及南单于保塞，北方无事，拜为中山太守，上将军印绶，领屯兵如故。二十四年，南击武溪蛮贼，无功，上太守印绶。

二十七年，定封全椒侯，就国。三十二年卒。

谋反获罪，减死罪一等，封国被除。永初七年，邓太后续封杜茂的孙子杜奉为安乐亭侯。

马成字君迁，南阳郡棘阳县人。少时担任县吏。光武帝攻打颍川，任命马成为安集掾，调他掌管郏县县令的职务。等到光武帝征讨河北时，马成立即舍弃官位轻装步行，在蒲阳追上了光武帝，光武帝任用马成为期门，随从征伐。光武帝即位，马成再一次升任为护军都尉。

建武四年（28），马成被任命为扬武将军，督导诛虏将军刘隆、振威将军宋登、射声校尉王赏，征调会稽、丹阳、九江、六安四郡的兵卒进攻李宪。这时光武帝亲临寿春，设置坛场，祭祀路神相送。马成在舒县进兵围攻李宪，令众军各自挖掘深深的壕沟构筑高大的壁垒。李宪几次发起挑战，马成坚守壁垒不出来迎战，坚守了一年多，到了建武六年（30）春季，城中粮食耗尽，才开始进攻，最后杀尽舒县百姓，斩杀了李宪，追击李宪的党羽，全数平定了江淮地区。

建武七年（31）夏季，马成被封为平舒侯。建武八年（32），随从光武帝击败隗嚣，光武帝让马成担任天水太守，像从前一样统领军队。这年冬季，马成被召回京师。建武九年（33），接替来歙掌中郎将，率武威将军刘尚等人攻下河池县，最终平定了武都郡。第二年，大司空李通罢官，让马成代行大司空事务，居住在大司空府上好似真的大司空，几个月后又被任命为扬武将军。

建武十四年（38），马成驻扎在常山、中山来防备北方边境的战事，并统领建义大将军朱祐的军营。又代替骠骑大将军杜茂修缮边防要塞，自西河到渭桥，河上到安邑，太原到井陉，中山到邺县，都筑造堡垒，兴建烽燧，每十里就设一个碉堡。马成居官任事五六年，光武帝因马成勤劳，将其召回京师。边地的人们大多上书请求让他留在边地，于是光武帝再次派遣马成回到边地驻扎。等到南单于居边守塞，北方太平无事，朝廷任命马成为中山太守，上交将军印绶，像从前一样统领屯兵。建武二十四年（48），南下攻击武溪蛮的贼人，没有立下战功，交上太守印绶。

建武二十七年（51），朝廷定封马成为全椒侯，前往封国。建武子卫嗣。卫卒，子香嗣，徙封棘陵侯。香卒，子丰嗣。丰卒，子玄嗣。玄卒，子邑嗣。邑卒，子丑嗣，桓帝时以罪失国。延熹二年，帝复封成玄孙昌为益阳亭侯。

刘隆字元伯，南阳安众侯宗室也。王莽居摄中，隆父礼与安众侯崇起兵诛莽，事泄，隆以年未七岁，故得免。及壮，学于长安，更始拜为骑都尉。谒归，迎妻子置洛阳。闻世祖在河内，即追及于射犬，以为骑都尉，与冯异共拒朱鲔、李轶等，轶遂杀隆妻子。建武二年，封亢父侯。四年，拜诛虏将军，讨李宪。宪平，遣隆屯田武当。

十一年，守南郡太守，岁余，上将军印绶。十三年，增邑，更封竟陵侯。是时，天下垦田多不以实，又户口年纪互有增减。十五年，诏下州郡检核其事，而刺史太守多不平均，或优饶豪右，侵刻羸弱，百姓嗟怨，遮道号呼。时诸郡各遣使奏事，帝见陈留吏牍上有书，视之，云“颍川、弘农可问，河南、南阳不可问”。帝诘吏由趣，吏不肯服，抵言于长寿街上得之。帝怒。时显宗为东海公，年十二，在幄后言曰：“吏受郡敕，当欲以垦田相方耳。”帝曰：“即如此，何故言河南、南阳不可问？”对曰：“河南帝城，多近臣，南阳帝乡，多近亲，田宅逾制，不可为准。”帝令虎贲将诘问吏，吏乃实首服，如显宗对。于是遣谒者考实，具知奸状。明年，隆坐征下狱，其畴辈十余人皆死。帝以隆功臣，特免为庶人。

三十二年（56），去世。

儿子马卫继承了他的爵位。马卫去世，儿子马香继承了爵位，改封棘陵侯。马香去世，儿子马丰继承了爵位。马丰去世，儿子马玄继承了爵位。马玄去世，儿子马邑继承了爵位。马邑去世，儿子马丑继承了爵位，桓帝时因获罪失去了封国。延熹二年（159），桓帝又封马成的玄孙马昌为益阳亭侯。

刘隆字元伯，是南阳安众侯的同族人。王莽掌权期间，刘隆的父亲刘礼与安众侯刘崇起兵诛杀王莽，事情泄漏，刘隆因为年纪还不到七岁，所以得以免遭灾祸。等到刘隆长大成年，去长安学习，更始帝任命他做骑都尉。告假归乡，将妻儿迎接到洛阳安置。听闻光武帝在河内，立即追到射犬，被光武帝任命为骑都尉，与冯异共同抵挡朱鲔、李轶等人，李轶就杀掉了刘隆的妻儿。建武二年（26），封亢父侯。建武四年（28），刘隆被任命为诛虏将军，征讨李宪。李宪被平定后，命刘隆在武当屯田。

建武十一年（35），刘隆掌管南阳太守之职，一年多后，上交大将军印绶。建武十三年（37），朝廷增加了刘隆食邑，改封竟陵侯。这时，天下垦田大多不依照事实上报，还有户口年纪也相较于实际年龄有所增减。建武十五年（39），光武帝颁发诏书到各州令检验核查此事，而刺史太守大多不一视同仁，有的人优待世家大族，苛待瘦弱民众，百姓怨恨，拦在路中间哀号哭喊。当时各郡分别派遣使者奏事，光武帝看见陈留小吏的公文上有书信，仔细看，上面说“颍川、弘农可问，河南、南阳不可问”。光武帝向小吏询问书信的来由，小吏不肯招认，谎称是在长寿街上获得的。光武帝十分生气。此时明帝为东海公，年纪十二，在帐幕后说：“小吏是受郡守的命令，应当是想说问责垦田的是吧。”光武帝说：“倘若如此，为什么说河南、南阳不可问呢？”明帝回答说：“河南是京都，多是皇帝的近臣，南阳是皇帝的故乡，多是皇帝的近亲，田宅违反了规定，不可当作标准。”光武帝令虎贲将诘问小吏，小吏才真的自首服罪，正如明帝回答的那般。于是光武帝派遣谒者考查实情，详细得知了垦田诈伪的情状。第二年，刘隆因获罪而被召回京师入狱，他的十多位同僚都被处死。光武帝因为明年，复封为扶乐乡侯，以中郎将副伏波将军马援击交阯蛮夷徵侧等，隆别于禁溪口破之，获其帅徵贰，斩首千余级，降者二万余人。还，更封大国，为长平侯。及大司马吴汉薨，隆为骠骑将军，行大司马事。

隆奉法自守，视事八岁，上将军印绶，罢，赐养牛，上樽酒十斛，以列侯奉朝请。三十年，定封慎侯。中元二年，卒，谥曰靖侯。子安嗣。

傅俊字子卫，颍川襄城人也。世祖徇襄城，俊以县亭长迎军，拜为校尉，襄城收其母弟宗族，皆灭之。从破王寻等，以为偏将军。别击京、密，破之，遣归颍川，收葬家属。

及世祖讨河北，俊与宾客十余人北追，及于邯郸，上谒，世祖使将颍川兵，常从征伐。世祖即位，以俊为侍中。建武二年，封昆阳侯。三年，拜俊积弩将军，与征南大将军岑彭击破秦丰，因将兵徇江东，扬州悉定。七年，卒，谥曰威侯。

子昌嗣，徙封芜湖侯。建初中，遭母忧，因上书，以国贫不愿之封，乞钱五十万，为关内侯。肃宗怒，贬为关内侯，竟不赐钱。永初七年，邓太后复封昌子铁为高置亭侯。

坚镡字子伋，颍川襄城人也。为郡县吏。世祖讨河北，或荐镡者，因得召见。以其吏能，署主簿。又拜偏将军，从平河北，别击破大枪于卢奴。世祖即位，拜镡扬化将军，封㶏强侯。

刘隆是功臣，特别将他免为庶人。

第二年，刘隆又被封为扶乐乡侯，以中郎将的身份任伏波将军马援的福寿攻击蛮族徵侧等人，刘隆另外在禁溪口击败了敌军，捕获了敌军的统帅徵贰，斩获敌首一千多，归降的有两万多。刘隆返回京师后，改封大国，为长平侯。等到大司马吴汉去世，刘隆任骠骑将军，代行大司马事务。

刘隆遵奉法令恪守本分，治事八年，上交大将军印绶，罢去官职，光武帝赐予他御厩所养的牛，上等美酒十斛，以列侯的身份被授予奉朝请的职位。建武三十年（54），朝廷定封刘隆慎侯。中元二年（57），去世，谥号为靖侯。儿子刘安继承了他的爵位。

傅俊字子卫，颍川郡襄城县人。光武帝攻占襄城，傅俊以县亭长的身份迎接光武帝的军队，被任命为校尉，襄城收捕了他母亲的弟弟及族人，将其全都杀害。傅俊随从光武帝击败王寻等人，被任命为偏将军。另外攻击京、密，攻下了两地，令他返回颍川，收殓埋葬家中亲属。

等到光武帝征讨河北，傅俊与门客十多人北上追，在邯郸追上了光武帝，请求晋见光武帝，光武帝命他统帅颍川兵马，时常随从光武帝征伐。光武帝即位，命傅俊担任侍中。建武二年（26），封昆阳侯。建武三年（27），光武帝任命傅俊为积弩将军，与征南大将军岑彭击败秦丰，接着领兵攻克江东，扬州全都被平定。建武七年（31），傅俊去世，谥号为威侯。

儿子傅昌继承了他的爵位，改封芜湖侯。建初年间，遭逢母亲去世，趁机上书，认为封国贫困不愿前往，乞赐钱五十万，为关内侯。章帝大怒，将傅昌贬为关内侯，到底没有赐钱给他。永初七年（113），邓太后又封傅昌的儿子傅铁为高置亭侯。

坚镡字子伋，颍川郡襄城县人。在郡县里任小吏。光武帝征讨河北，有人荐举坚镡，他因此得到召见。因为他有为政的才能，光武帝让他暂代主簿一职。后又被任命为偏将军，随从光武帝平定河北，另外在卢奴攻下大枪。光武帝即位，任命坚镡为扬化将军，封潕强侯。

与诸将攻洛阳，而朱鲔别将守东城者为反间，私约镡晨开上东门。镡与建义大将军朱祐乘朝而入，与鲔大战武库下，杀伤甚众，至旦食乃罢，朱鲔由是遂降。又别击内黄，平之。建武二年，与右将军万脩徇南阳诸县，而堵乡人董䜣反宛城，获南阳太守刘驎。镡乃引军赴宛，选敢死士夜自登城，斩关而入，䜣遂弃城走还堵乡。邓奉复反新野，攻破吴汉。时万脩病卒，镡独孤绝，南拒邓奉，北当董䜣，一年间道路隔塞，粮馈不至，镡食蔬菜，与士卒共劳苦。每急，辄先当矢石，身被三创，以此能全其众。及帝征南阳，击破䜣、奉，以镡为左曹，常从征伐。六年，定封合肥侯。二十六年，卒。

子鸿嗣。鸿卒，子浮嗣。浮卒，子雅嗣。

马武字子张，南阳湖阳人也。少时避仇，客居江夏。王莽末，竟陵、西阳三老起兵于郡界，武往从之，后入绿林中，遂与汉军合。更始立，以武为侍郎，与世祖破王寻等，拜为振威将军，与尚书令谢躬共攻王郎。

及世祖拔邯郸，请躬及武等置酒高会，因欲以图躬，不剋。既罢，独与武登丛台，从容谓武曰："吾得渔阳、上谷突骑，欲令将军将之，何如？"武曰："驽怯无方略。"世祖曰："将军久将，习兵，岂与我掾史同哉！"武由是归心。

及谢躬诛死，武驰至射犬降，世祖见之甚悦，引置左右，每劳飨诸将，武辄起斟酙于前，世祖以为欢。复使将其部曲至邺，武叩头辞以不愿，世祖愈美其意，因从击群贼。世祖击尤来、五幡等，败光武帝与众将进攻洛阳，而朱鲔手下负责把守东城的别将是间谍，暗地里与坚镡相约在早晨开启上东门。坚镡与建义大将军朱祐乘着早晨进入城内，与朱鲔在武库下大战，杀死打伤了许多人，等到吃早饭时才停止，朱鲔因此便归降了。又另外攻击内黄，平定了内黄。建武二年（26），坚镡与右将军万脩攻取南阳各县，而堵乡人董䜣在宛城谋反，抓获了南阳太守刘驎。坚镡于是率军赶赴宛县，选取敢死之士在夜晚登城，攻破城门而入，董䜣便舍弃宛城逃回堵乡。邓奉又在新野谋反，攻下了吴汉。这时万脩病逝，坚镡孤立无助，在南抵御邓奉，在北抵挡董䜣，一年间道路被阻，粮食匮乏无法到达，坚镡以蔬菜为食，与士卒一起劳累受苦。每每遇到危急时刻，总是先挡下箭矢飞石，身上有三处创伤，凭此能够保全他的兵众。等到光武帝征战南阳，击败董䜣、邓奉，任命坚镡为左曹，时常随从光武帝征伐。建武六年（30），朝廷定封坚镡为合肥侯。建武二十六年（50）去世。

儿子坚鸿继承了他的爵位。坚鸿去世，儿子坚浮继承了爵位。坚浮去世，儿子坚雅继承了爵位。

马武字子张，南阳郡湖阳县人。年少时为了躲避仇敌，旅居江夏客居。王莽末年，竟陵、西阳三老在郡治内起兵，马武前往追随，后来进入绿林山内，最终与汉军相会。更始帝即位，任命马武为侍郎，与光武帝打败王寻等人，被任命为振威将军，与尚书令谢躬一同攻击王郎。

等到光武帝攻下邯郸，请谢躬及马武等人参加盛大酒席，想乘此除去谢躬，没能成功。酒席完毕后，光武帝单独与马武登上丛台，神态从容地对马武说："我获得了渔阳、上谷的用以冲锋陷阵的优秀骑兵，想令将军统领，如何？"马武说："我资质低下且胆小怕事不懂策略。"光武帝说："将军长期领兵作战，熟谙军事，怎会与我掾史一样呐！"马武自此之后真心归附了光武帝。

等到谢躬被诛杀，马武疾驰至射犬归降，光武帝看见他很是开心，将他安置在左右，每每慰劳犒赏众将，马武总是起身在前倒酒，光武帝把这当作欢乐的事。又命马武带领他的兵众到达邺县，马武叩头退却不愿离开，光武帝愈发夸赞他的心意，于是随从光武帝攻击于慎水，武独殿，还陷阵，故贼不得迫及。进至安次、小广阳，武常为军锋，力战无前，诸将皆引而随之，故遂破贼，穷追至平谷、浚靡而还。

世祖即位，以武为侍中、骑都尉，封山都侯。建武四年，与虎牙将军盖延等讨刘永，武别击济阴，下成武、楚丘，拜捕虏将军。明年，庞萌反，攻桃城，武先与战，破之；会车驾至，萌遂败走。六年夏，与建威大将军耿弇西击隗嚣，汉军不利，引下陇，嚣追急，武选精骑还为后拒，身被甲持戟奔击，杀数千人，嚣兵乃退，诸军得还长安。

十三年，增邑，更封鄃侯。将兵北屯下曲阳，备匈奴。坐杀军吏，受诏将妻子就国。武径诣洛阳，上将军印绶，削户五百，定封为杨虚侯，因留奉朝请。

帝后与功臣诸侯宴语，从容言曰："诸卿不遭际会，自度爵禄何所至乎？"高密侯邓禹先对曰："臣少尝学问，可郡文学博士。"帝曰："何言之谦乎？卿邓氏子，志行修整，何为不掾功曹？"余各以次对，至武，曰："臣以武勇，可守尉督盗贼。"帝笑曰："且勿为盗贼，自致亭长，斯可矣。"武为人嗜酒，阔达敢言，时醉在御前面折同列，言其短长，无所避忌。帝故纵之，以为笑乐。帝虽制御功臣，而每能回容，宥其小失。远方贡珍甘，必先遍赐列侯，而太官无余。有功，辄增邑赏，不任以吏职，故皆保其福禄，终无诛谴者。

二十五年，武以中郎将将兵击武陵蛮夷，还，上印绶。显宗初，群贼。光武帝进攻尤来、五幡等贼兵，在慎水战败，马武独自殿后，转身攻入敌阵，因而贼人无法逼近大军。光武帝进兵到达安次、小广阳，马武时常担任军队的前锋，奋力作战力一往无前，众将都率兵追随，因而最终击溃贼人，连续追击到平谷、浚靡后返回。

世祖即位，任命马武为侍中、骑都尉，封山都侯。建武四年（28），与虎牙将军盖延等征讨刘永，马武另外前往攻击济阴，攻克了成武、楚丘，被任命为捕虏将军。第二年，庞萌反叛，攻击桃城，马武率先与他对战，击败了他；正好遇上御驾亲临，庞萌于是失败逃跑。建武六年（30）夏，马武与建威大将军耿弇往西攻击隗嚣，汉军失利，率兵下陇。隗嚣追得又快又猛，马武挑选精锐骑兵掉头在后抗击度日，自己披甲执戟本冲向敌军作战，杀死敌人数千，隗嚣的士兵才后退，众军得以返回长安。

建武十三年（37），朝廷增加了马武食邑，改封鄃侯。马武领兵北上在下曲阳驻扎，防备匈奴。后因杀死军中官员获罪，禀承诏命带领妻儿前往封国。马武径直到达洛阳，递上将军印绶，被削去食邑五百户，定封为杨虚侯，于是留在京师做奉朝请。

光武帝之后与功臣诸侯闲谈，神态从容地说："众卿如若不遭遇现今的际遇，自忖官爵俸禄能达到什么样的程度呢？"高密侯邓禹率先回答说："臣少时曾学有知识，可做郡文学博士。"光武帝说："怎么说话如此谦虚呢？你是邓氏的后代，志向品行美善端庄，为何不做掾功曹呢？"其他人各自按照次序作答，轮到马武，马武说："臣凭借威武勇猛，可任郡尉监管盗贼。"光武帝笑着说："别说是监管盗贼，自己做亭长，也是可以的。"马武嗜好饮酒，通达不拘敢进直言，时常喝醉酒在御前当面指责同僚，评说他们的长短，没有什么忌讳回避的。光武帝有意纵容他，当作欢喜快乐的事。光武帝虽然控制功臣，却往往能法外开恩，宽恕他们的小错。有远方进献的珍奇甘美的食物，必定先遍赐列侯，而掌管皇帝膳食的太官却没有剩下一点美食。立有功勋，就增加封地赏赐，不将官位交与他们，因而他们都保全福禄，始终没有被杀死贬谪的。

建武二十五年（49），马武以中郎将的身份领兵攻击武陵蛮夷，西羌寇陇右，覆军杀将，朝廷患之，复拜武捕虏将军，以中郎将王丰副，与监军使者窦固、右辅都尉陈䜣，将乌桓、黎阳营、三辅募士、凉州诸郡羌胡兵及弛刑，合四万人击之。到金城浩亹，与羌战，斩首六百级。又战于洛都谷，为羌所败，死者千余人。羌乃率众引出塞，武复追击到东、西邯，大破之，斩首四千六百级，获生口千六百人，余皆降散。武振旅还京师，增邑七百户，并前千八百户。永平四年，卒。

子檀嗣，坐兄伯济与楚王英党颜忠谋反，国除。永初七年，邓太后绍封武孙震为漻亭侯。震卒，子側嗣。

论曰：中兴二十八将，前世以为上应二十八宿，未之详也。然咸能感会风云，奋其智勇，称为佐命，亦各志能之士也。议者多非光武不以功臣任职，至使英姿茂绩，委而勿用。然原夫深图远算，固将有以焉尔。若乃王道既衰，降及霸德，犹能授受惟庸，勋贤皆序，如管、隰之迭升桓世，先、赵之同列文朝，可谓兼通矣。降自秦、汉，世资战力，至于翼扶王运，皆武人屈起。亦有鬻缯屠狗轻猾之徒，或崇以连城之赏，或任以阿衡之地，故势疑则隙生，力侔则乱起。萧、樊且犹缧绁，信、越终见菹戮，不其然乎！自兹以降，迄于孝武，宰辅五世，莫非公侯。遂使缙绅道塞，贤能蔽壅，朝有世及之私，下多抱关之怨。其怀道无闻，委身草莽者，亦何可胜言。故光武鉴前事之违，存矫枉之志，虽寇、邓之高勋，耿、贾之鸿烈，分土不过大县数四，所加特进、朝请而已。观其治平临政，课职责咎，将所谓"导之以政，齐之以刑"者乎！若格之功臣，其伤已甚。何者？直绳则亏丧恩旧，桡情则违废禁典，选德则功不必厚，举劳则人或未贤，参任则群心难塞，并列则其敝未远。不得不校其胜否，即以返回后，递上印绶。明帝初年，西羌侵扰陇右，消灭了陇右的军队杀死了陇右的将领，朝廷忧虑，又任命马武为捕虏将军，让中郎将王丰做副手，与监军使者窦固、右辅都尉陈䜣，统率乌桓、黎阳营、三辅招募的兵士、凉州各郡羌胡兵及驰刑徒，共计四万人进攻西羌贼人。众军到达到了金城郡浩亹，与羌人对战，斩杀敌首六百级。又在雒都谷作战，被羌人击败，死亡的有一千多人。羌人于是率领部众出塞，马武又追击羌人到东、西邯，大败了羌人，斩杀敌首四千六百级，获得俘虏一千六百人，剩下的都或归降或逃散。马武整顿军队返回京师，增加食邑七百户，加上之前的有一千八百户。永平四年（61），去世。

儿子马檀继承了他的爵位，因兄长伯济与楚王刘英的党羽颜忠谋反获罪，封国被撤。永初七年（113），邓太后续封马武的孙子马震为漻亭侯。马震去世，儿子马侧继承了爵位。

评论说：中兴二十八将，前代以为对应着天上的二十八宿，现在还不清楚。然而他们都能感应迎合时势，施展自己的智慧勇气，被称为是辅助天子创立帝业的功臣，也都是有志气有才干的人。议论时事的人大多认为光武帝不让功臣担任职务，导致有英俊威武之姿且功绩丰厚的人，被舍弃得不到任用是不对的。然而推究其中的深谋远虑，确实是有道理的。至于王道衰落后，霸道降临，还能仅凭功劳授予官职，有功勋有才能的都依序任职，如同管仲、隰朋在齐桓公时依次执政，先轸、赵衰同在晋文公朝上为官，可以说是一起显达。自秦、汉以来，代代凭借战功，至于辅佐王运，都靠武人崭露头角。也有卖丝屠狗的轻薄狡猾之徒，或用连城的赏赐来推崇他们，或将阿衡之地委派给他们，因而权势类似则嫌隙产生，威力相等则动乱兴起。萧何、樊哙尚且还身陷牢狱，韩信、彭越最终被斩杀，难道不是这样嘛！自此以后，直到孝武，五代的辅政大臣，都由公侯担任。于是使得仕途之路堵塞，有品德有才能的人被掩埋，朝廷有世代相袭的不公之行，下面的人大多因地位卑微而心生埋怨。那些胸怀治国之道却不为人知，委身乡野的人，又如何能说完。因而光武帝鉴戒前事的错误，心怀纠正偏差的志愿，纵使是寇恂、邓禹这样的丰功，事相权。故高秩厚礼，允答元功，峻文深宪，责成吏职。建武之世，侯者百余，若夫数公者，则与参国议，分均休咎，其余并优以宽科，完其封禄，莫不终以功名延庆于后。昔留侯以为高祖悉用萧、曹故人，而郭伋亦讥南阳多显，郑兴又戒功臣专任。夫崇恩偏授，易启私溺之失，至公均被，必广招贤之路，意者不其然乎！

永平中，显宗追感前世功臣，乃图画二十八将于南宫云台，其外又有王常、李通、窦融、卓茂，合三十二人。故依其本弟系之篇末，以志功臣之次云尔。

太傅高密侯邓禹

大司马广平侯吴汉

左将军胶东侯贾复

建威大将军好畤侯耿弇

执金吾雍奴侯寇恂

征南大将军舞阳侯岑彭

征西大将军阳夏侯冯异

建义大将军鬲侯朱祐

征虏将军颍阳侯祭遵

耿弇、贾复这般的伟烈，分到的土地不过四个大县，加赐特进、奉朝请的名号罢了。观察他们治理政事的功绩，督责他们是否忠于职守及责究罪过，这就是所谓的“用政治来教导，用刑罚来统治”啊！如若用法令匡正功臣，其中的伤害就太重了。为什么这么说呢？以法律制裁就会损伤旧交，碍于情分宽恕就会废弛朝廷法令，挑选有德之人那么功劳就无须深厚，推举有功之人那么这个人就未必贤能，这两种人参合任用则众心难以填满，这两种人地位相当则离失败就不远了。不得不考察他们能否胜任，就是凭借事实来相互平衡。因而用优厚的俸禄和昂贵的礼物，诚心报答功臣，用苛细的法令条文和严厉的刑法，要求官吏恪尽职守。建武年间，封侯的有一百多个，至于上述几人，则参与对国事的议论，祸福相当，其余一并用宽大的律条优待，保全他们的封地俸禄，最终都将功名福祚延续到后人身上。过去留侯张良以为高祖全都任用萧何、曹参的故人，而郭伋也讥讽南阳之人大多显达，郑兴又警告天子不要专任功臣。推崇旧恩偏私授予官职，容易引发偏心的过失，公正平均，必然会扩大招揽贤人的途径，是不是如此呢！

永平年间，明帝追忆前代功臣，便在南宫云台上画了二十八位将领的画像，在此之外又有王常、李通、窦融、卓茂，合计三十二人。所以依照本来的等级次第附在篇末，来记录功臣的次第罢了。

太傅高密侯邓禹

大司马广平侯吴汉

左将军胶东侯贾复

建威大将军好畤侯耿弇

执金吾雍奴侯寇恂

征南大将军舞阳侯岑彭

征西大将军阳夏侯冯异

建义大将军鬲侯朱祐

征虏将军颍阳侯祭遵

骠骑大将军栎阳侯景丹

虎牙大将军安平侯盖延

卫尉安成侯铫期

东郡太守东光侯耿纯

城门校尉朗陵侯臧宫

捕虏将军杨虚侯马武

骠骑将军慎侯刘隆

中山太守全椒侯马成

河南尹阜成侯王梁

琅邪太守祝阿侯陈俊

骠骑大将军参蘧侯杜茂

积弩将军昆阳侯傅俊

左曹合肥侯坚镡

上谷太守淮陵侯王霸

信都太守阿陵侯任光

豫章太守中水侯李忠

右将军槐里侯万脩

太常灵寿侯邳彤

骁骑将军昌成侯刘植

横野大将军山桑侯王常

大司空固始侯李通

大司空安丰侯窦融

太傅宣德侯卓茂

赞曰：帝绩思乂，庸功是存。有来群后，捷我戎轩。婉娈龙姿，俪景同翻。

骠骑大将军栎阳侯景丹

虎牙大将军安平侯盖延

卫尉安成侯铫期

东郡太守东光侯耿纯

城门校尉朗陵侯臧宫

捕虏将军杨虚侯马武

骠骑将军慎侯刘隆

中山太守全椒侯马成

河南尹阜成侯王梁

琅邪太守祝阿侯陈俊

骠骑大将军参蘧侯杜茂

积弩将军昆阳侯傅俊

左曹合肥侯坚镡

上谷太守淮陵侯王霸

信都太守阿陵侯任光

豫章太守中水侯李忠

右将军槐里侯万脩

太常灵寿侯邳彤

骁骑将军昌成侯刘植

横野大将军山桑侯王常

大司空固始侯李通

大司空安丰侯窦融

太傅宣德侯卓茂

赞辞说：帝王功业考虑安定，怀念功勋。之后的众位帝王，军队胜利。亲爱的龙姿，并列翻飞。

卷五十三

窦融列传第十三

窦融字周公，扶风平陵人也。七世祖广国，孝文皇后之弟，封章武侯。融高祖父，宣帝时以吏二千石自常山徙焉。融早孤。王莽居摄中，为强弩将军司马，东击翟义，还攻槐里，以军功封建武男。女弟为大司空王邑小妻。家长安中，出入贵戚，连结闾里豪杰，以任侠为名；然事母兄，养弱弟，内修行义。王莽末，青、徐贼起，太师王匡请融为助军，与共东征。

及汉兵起，融复从王邑败于昆阳下，归长安。汉兵长驱入关，王邑荐融，拜为波水将军，赐黄金千斤，引兵至新丰。莽败，融以军降更始大司马赵萌，萌以为校尉，甚重之，荐融为钜鹿太守。

融见更始新立，东方尚扰，不欲出关，而高祖父尝为张掖太守，从祖父为护羌校尉，从弟亦为武威太守，累世在河西，知其土俗，独谓兄弟曰："天下安危未可知，河西殷富，带河为固，张掖属国精兵万骑，一旦缓急，杜绝河津，足以自守，此遗种处也。"兄弟皆然之。融于是日往守萌，辞让钜鹿，图出河西。萌为言更始，乃得为张掖属国都尉。融大喜，即将家属而西。既到，抚结雄杰，怀辑羌虏，甚得其欢心，河西翕然归之。

是时酒泉太守梁统、金城太守厍钧、张掖都尉史苞、酒泉都尉窦融字周公，右扶风平陵县人。七世祖窦广国，是孝文皇后的弟弟，被封为章武侯。窦融的高祖父，宣帝时作为俸禄二千石的官员从常山移居平陵。窦融早早就成了孤儿。王莽掌权时，任强弩将军司马。东行攻击翟义，返回时攻击槐里，凭借军功被封为建武男。妹妹是大司空王邑的小妾。家在长安，出入王室贵戚之家，结交民间豪杰，以抑强扶弱出名；然后侍奉母亲兄长，养育幼弟，内修仁义。王莽末年，青州、徐州贼寇兴起，太师王匡请窦融担任助军，与他一同东征。

等到汉兵兴起，窦融又跟从王邑在昆阳城下战败，返回长安。汉兵长驱直入关内，王邑推举窦融，窦融被拜为波水将军，王莽赐予他黄金千斤，命他率兵到新丰。王莽失败，窦融带领军队向更始帝手下的大司马赵萌投降，赵萌让窦融当校尉，很是看重他，荐举窦融为钜鹿太守。

窦融见更始帝新登上君位，东方尚且处于混乱之中，不打算出关，而他的高祖父曾任张掖太守，从祖父曾任护羌校尉，堂弟也是武威太守，连续好几代人在河西为官，了解那儿的风土人情，单独对兄弟们说："如今天下的平安危险还无法知晓，河西殷实富足，又有黄河环绕，十分坚固，张掖属国有训练精良的骑兵万人，一旦遇到危急情况，只要阻断黄河渡口，便足以自保，这里是繁育后代的绝佳去处。"兄弟们都深以为然。窦融于是天天前去请求赵萌，婉拒钜鹿太守一职，意图去河西任职。赵萌在更始帝面为他说话，他才得以被任命为张掖属国都尉。窦融特别欢喜，随即带领家属向西而行。到达河西后，慰问结纳才智杰出之人，以温和的手段聚揽羌族民众，甚得当地人心，河西十分和顺地归附了他。

这时酒泉太守梁统、金城太守厍钧、张掖都尉史苞、酒泉都尉竺曾、敦煌都尉辛肜，并州郡英俊，融皆与为厚善。及更始败，融与梁统等计议曰：“今天下扰乱，未知所归。河西斗绝在羌胡中，不同心勠力则不能自守；权钧力齐，复无以相率。当推一人为大将军，共全五郡，观时变动。”议既定，而各谦让，咸以融世任河西为吏，人所敬向，乃推融行河西五郡大将军事。是时武威太守马期、张掖太守任仲并孤立无党，乃共移书告示之，二人即解印绶去。于是以梁统为武威太守，史苞为张掖太守，竺曾为酒泉太守，辛肜为敦煌太守，厍钧为金城太守。融居属国，领都尉职如故，置从事监察五郡。河西民俗质朴，而融等政亦宽和，上下相亲，晏然富殖。修兵马，习战射，明烽燧之警，羌胡犯塞，融辄自将与诸郡相救，皆如符要，每辄破之。其后匈奴惩乂，稀复侵寇，而保塞羌胡皆震服亲附，安定、北地、上郡流人避凶饥者，归之不绝。

融等遥闻光武即位，而心欲东向，以河西隔远，未能自通。时隗嚣先称建武年号，融等从受正朔，嚣皆假其将军印绶。嚣外顺人望，内怀异心，使辩士张玄游说河西曰：“更始事业已成，寻复亡灭，此一姓不再兴之效。今即有所主，便相系属，一旦拘制，自令失柄，后有危殆，虽悔无及。今豪杰竞逐，雌雄未决，当各据其土宇，与陇、蜀合从，高可为六国，下不失尉佗。”融等于是召豪杰及诸太守计议，其中智者皆曰：“汉承尧运，历数延长。今皇帝姓号见于图书，自前世博物道术之士谷子云、夏贺良等，建明汉有再受命之符，言之久矣，故刘子骏改易名字，冀应其占。及莽末，道士西门君惠言刘秀当为天子，遂谋立子骏。事觉被杀，出谓百姓观者曰：‘刘秀真汝主也。’皆近事暴著，智者所共见也。除言天命，且以人事论之：今称帝者数人，而洛阳土地最广，甲兵最强，号令最明。观符命竺曾、敦煌都尉辛肜，以及各个州郡的英杰，窦融都同他们友好亲善。等到更始失败，窦融与梁统等人计划商议说："如今天下纷乱，不知会归向何处。河西孤悬于羌胡之中，不勠力同心就无法自保；大家权势相当，又无人带领。应当举荐一人当大将军，共同保全五郡的安危，静观其变。"决定好后，大家彼此谦让，都认为窦融家好几代人都在河西为官，深受人们敬仰，就推举窦融代理河西五郡大将军事宜。这时武威太守马期、张掖太守任仲都因孤立没有依傍的同党，窦融就致书将自己的意思告知他们，马、任二人随即解下印绶离开。于是窦融让梁统任武威太守，史苞任张掖太守，竺曾任酒泉太守，辛肜任敦煌太守，厍钧任金城太守。窦融仍在属国居住，像从前一样任属国都尉，设置从事监察五郡。河西民俗质朴，窦融等人也为政宽和，上下相亲，安宁富有。整治兵马，训练作战射击，使大家明了烽火示警，羌胡进犯边塞，窦融就自己带着将士和众郡士兵前去相救，全都按约定行事，每每都能击败对方。在这之后匈奴引以为戒，极少进犯，而住在边塞的羌胡都因畏惧窦融等人的威望而屈服依附，安定、北地、上郡逃荒者，源源不断地前来归附。

窦融等人远远地听闻光武帝即位，心中想要归顺东方，因为西河与东方隔得很远，未能自行和东方沟通。这时隗嚣先称建武年号，窦融等人跟从他接受建武新历，隗嚣都给他们授予了印绶。隗嚣表面顺应众人的期望，暗地里却抱有二心，派遣能言善辩的辩士张玄游说河西众人说："更始帝的大业本来已经达成，顷刻间又覆灭了，这是一姓不可再兴的应验。如今一有国主，便去归附，一旦遭到管束，自然就失去了权柄，后边有了危险，纵使悔恨也来不及了。现今豪杰角逐，胜败尚且还未决出，应当各自占据自己的土地，与陇、蜀联合对抗强敌，好点儿的话可以成为像战国时六国一般的存在，差点儿的话也可以像尉佗一样当个小王。"窦融等人于是召来英豪俊杰以及各郡太守计划商议，其中聪明人都说："汉朝承袭了唐尧的气运，气数长久。当今皇帝的姓氏可见于河图雒书，自前代博通万物晓知道术之士谷子云、夏贺良等，提出汉朝有再受天命的征候，已经说了很久了，因而刘子骏更改名字，期冀这一征兆能得到应验。等到王而察人事，它姓殆未能当也。”诸郡太守各有宾客，或同或异。融小心精详，遂决策东向。五年夏，遣长史刘钧奉书献马。

先是，帝闻河西完富，地接陇、蜀，常欲招之以逼嚣、述，亦发使遗融书，遇钧于道，即与俱还。帝见钧欢甚，礼飨毕，乃遣令还，赐融玺书曰：“制诏行河西五郡大将军事、属国都尉：劳镇守边五郡，兵马精强，仓库有蓄，民庶殷富，外则折挫羌胡，内则百姓蒙福。威德流闻，虚心相望，道路隔塞，邑邑何已！长史所奉书献马悉至，深知厚意。今益州有公孙子阳、天水有隗将军，方蜀汉相攻，权在将军，举足左右，便有轻重。以此言之，欲相厚岂有量哉！诸事具长史所见，将军所知。王者迭兴，千载一会。欲遂立桓、文，辅微国，当勉卒功业；欲三分鼎足，连衡合从，亦宜以时定。天下未并，吾与尔绝域，非相吞之国。今之议者，必有任嚣效尉佗制七郡之计。王者有分土，无分民，自适己事而已。今以黄金二百斤赐将军，便宜辄言。”因授融为凉州牧。

玺书既至，河西咸惊，以为天子明见万里之外，网罗张立之情。融即复遣钧上书曰：“臣融窃伏自惟，幸得托先后末属，蒙恩为外戚，累世二千石。至臣之身，复备列位，假历将帅，守持一隅。以莽末年，道士西门君惠说刘秀当为天子，就谋划着立刘子骏为天子。事情被察觉后遭到杀害，出来对旁观的百姓说：‘刘秀真的是你们的国主啊。’这些事都是近来显露的，聪明人有目共见。不说天命，暂且拿人事来说：如今称帝的几人中，洛阳土地最广，兵力最强，号令最明。观看符命并考察人事，别的姓氏大概是不能担当天子之任的。”诸郡太守各自都有宾客，他们或持相同看法或持不同意见。窦融通过小心周详的考量，定下归顺东方的策略。建武五年（29）夏，窦融遣长史刘钧向光武帝进献书信骏马。

在此之前，皇帝听闻河西完好富庶，地理位置靠近陇、蜀，常常想招揽河西来逼迫隗嚣、公孙述，也打发使者给窦融送信，使者在途中遇到刘钧，就和刘钧一起回来了。皇帝看见刘钧甚是开心，宴饮结束，就指使他返回西河，赐予窦融玺书说：“制诏行河西五郡大将军事、属国尉；辛苦你镇守边地五郡，兵将精良马匹健壮，仓库充足，百姓富有，在外使羌胡受挫，在内使百姓蒙福。威德远扬使我听闻，虚心期望你的到来，奈何道路阻塞，心中的忧愁如何能够停止！长史进献的书信骏马都到了，朕十分了解你的深情厚意。如今益州有公孙子阳，天水有隗将军。正值蜀汉相攻之时，将军手握大权，抬脚倾向一方，便会分出胜败。就此而言，想要与你结下深厚交情的人数之不尽！这些事长史都看在眼里，将军也是知道的。王者相继兴起，千年才得一遇。想要建立齐桓、晋文那样的事业，辅助微小的国家，就当勉励达成功业；想要三足鼎立，连横合纵，也当依照时势来定。天下没有合并统一，我与你相距遥远，并非需要互相吞并的国家。现今议论时事之人，必然有提出任嚣教赵佗制七郡的计策的人。王者有分人土地的，没有分人百姓的，自我调理自己的事情而已。如今用黄金二百斤赏赐将军，有任何合宜的建议都来信告诉我。”光武帝随之任命窦融为凉州牧。

玺书到达后，河西人都大感震惊，认为天子可以清楚地看到万里之外的事情，收集到了张玄游说的情报。窦融随即又派遣刘钧上书说：“臣窦融自己思量，有幸托生为先后的亲属，蒙恩成为外戚，世代为二千石之官。到了我这代，又愧居官位，暂且充任将帅，坚守委质则易为辞，以纳忠则易为力。书不足以深达至诚，故遣刘钧口陈肝胆。自以底里上露，长无纤介。而玺书盛称蜀、汉二主，三分鼎足之权，任嚣、尉佗之谋，窃自痛伤。臣融虽无识，犹知利害之际，顺逆之分。岂可背真旧之主，事奸伪之人；废忠贞之节，为倾覆之事；弃已成之基，求无冀之利。此三者虽问狂夫，犹知去就，而臣独何以用心！谨遣同产弟友诣阙，口陈区区。”友至高平，会嚣反叛，道绝，驰还，遣司马席封间行通书。帝复遣席封赐融、友书，所以尉藉之甚备。

融既深知帝意，乃与隗嚣书责让之曰：“伏惟将军国富政修，士兵怀附。亲遇厄会之际，国家不利之时，守节不回，承事本朝，后遣伯春委身于国，无疑之诚，于斯有效。融等所以欣服高义，愿从役于将军者，良为此也。而忿悁之间，改节易图，君臣分争，上下接兵。委成功，造难就，去从义，为横谋，百年累之，一朝毁之，岂不惜乎！殆执事者贪功建谋，以至于此，融窃痛之！当今西州地势局迫，人兵离散，易以辅人，难以自建。计若失路不反，闻道犹迷，不南合子阳，则北入文伯耳。夫负虚交而易强御，恃远救而轻近敌，未见其利也。融闻智者不危众以举事，仁者不违义以要功。今以小敌大，于众何如？弃子徼功，于义何如？且初事本朝，稽首北面，忠臣节也。及遣伯春，垂涕相送，慈父恩也。俄而背之，谓吏士何？忍而弃之，谓留子何？自兵起以来，转相攻击，城郭皆为丘墟，生人转于沟壑。今其存者，非锋刃之余，则流亡之孤。迄今伤痍之体未愈，哭泣之声尚闻。幸赖天运少还，而大将军复重于难，是使积痾不得遂瘳，幼孤将复流离，其为悲痛，尤足愍伤，言之可为酸鼻！庸人且犹不忍，况仁者乎？融闻为忠甚易，得宜实难。忧人大过，以德取一隅。让我入仕为官就容易建言献策，让我交出忠心就容易尽职尽力。书信不足以深切表达我的一片至诚之心，因此派遣刘钧口头陈说我的真心。自己将内心表露，没有一点隐藏。然而陛下的玺书却极为称赞蜀、汉二主，三分天下的计策，以及任嚣、尉佗的谋划，我的心里十分痛苦忧伤。臣窦融虽然无知，仍然知道利害的交界、顺逆的分别。岂可背叛真正的旧主，侍奉诡诈虚伪之人；舍弃忠诚坚贞之节，做那倾覆国家之事；丢弃已经成功的基础，追求无望的好处。这三个问题纵使询问狂妄无知的人，尚且明白如何选择，而唯独臣如此居心么！郑重派遣同母之弟窦友赴京拜见，口头陈说我的区区之心。”窦友到达高平，正好赶上隗嚣反叛，道路断绝，窦友疾驰而还，窦融又派司马席封秘密走小路与天子互通书信。皇帝又派遣席封赐予窦融、窦友书信，信中极为周到地安抚了他们。

窦融既然已经深深了解了皇帝的意思，便寄给隗嚣书信责问对方说：“将军国家殷富，政治修明，士兵一心归附。亲身遇上厄运降临之际，固守节操不曾改变，受命于本朝，后来令儿子隗伯春以身相托于朝廷，确定无疑的忠诚，在这里有所显现。窦融等因而心悦诚服将军的高尚品德，愿意听凭将军差遣的理由，确实在于此。然而愤怒之间，改变了原来的操行和意图，分割争霸。舍弃已经成功的，建立难以实现的，去掉合纵的义举，做下连横的计谋，百年的累积，一朝就毁掉，岂不可惜！大概是主管具体事务的人贪功献策，以至于如此，窦融内心为此十分痛惋！当今西州地势狭窄，士兵分散，容易辅佐他人，不易自己建立功业。如若决计执迷不返，听闻道理仍然迷离彷徨，不是向南与子阳合并，就是向北归入了文伯罢了。靠着虚无的情谊而换走强大的保卫者，仰仗远处的救兵而轻视身旁的强敌，没有看见其中的利益。窦融听闻有智慧有谋略的人不使众人陷入危险来做事情，有仁德的人不违背义理来求取功名。而今将军以小敌大，对于众人来说怎么样？弃子求功，对于情义来说怎么样？并且将军起初奉事本朝，面向北面叩头至地，这是忠臣的节操。等到派遣隗伯春进京，垂泪相送，是慈父的情谊。顷刻间背弃了朝廷，让官兵怎么办？忍心抛弃了儿子，让留在京师的儿子怎么办？自从出兵以来，连怨，知且以言获罪也。区区所献，唯将军省焉。”嚣不纳。融乃与五郡太守共砥厉兵马，上疏请师期。

帝深嘉美之，乃赐融以外属图及太史公《五宗》《外戚世家》《魏其侯列传》。诏报曰：“每追念外属，孝景皇帝出自窦氏，定王，景帝之子，朕之所祖。昔魏其一言，继统以正，长君、少君尊奉师傅，修成淑德，施及子孙，此皇太后神灵，上天祐汉也。从天水来者写将军所让隗嚣书，痛入骨髓。畔臣见之，当股栗惭愧，忠臣则酸鼻流涕，义士则旷若发矇，非忠孝悫诚，孰能如此？岂其德薄者所能克堪！嚣自知失河西之助，族祸将及，欲设间离之说，乱惑真心，转相解搆，以成其奸。又京师百僚，不晓国家及将军本意，多能采取虚伪，夸诞妄谈，令忠孝失望，传言乖实。毁誉之来，皆不徒然，不可不思。今关东盗贼已定，大兵今当悉西，将军其抗厉威武，以应期会。”融被诏，即与诸郡守将兵入金城。

初，更始时，先零羌封何诸种杀金城太守，居其郡，隗嚣使使赂遗封何，与共结盟，欲发其众。融等因军出，进击封何，大破之，斩首千余级，得牛马羊万头，谷数万斛，因并河扬威武，伺候车驾。时大兵未进，融乃引还。

帝以融信效著明，益嘉之。诏右扶风修理融父坟茔，祠以太续攻击，城郭都化为了废墟，活人死在了沟壑。现今存活的人，不是从刀剑底下逃生的，就是孤身流亡的。直到今天满是伤口的身体还未痊愈，哭泣的声音尚可听见。多亏了天运稍有好转，而大将军却又降难于民，这是使久病之人不得病愈，年幼的孤儿再度流离，其中的悲痛，尤为值得哀伤，说起这些可以让人鼻子发酸！庸人尚且还不忍心，何况有仁德的人呢？窦融听闻忠心极为容易，做事恰当确实很难。太过于忧心他人，因仁德招致怨恨，知道我暂且将因为言论获罪了。区区进言，惟愿将军醒悟。”隗嚣没有采纳他的建议。窦融就与五郡太守一同训练兵马，上疏朝廷询问出师的日期。

皇帝深深地赞许他，便赐予窦融外属图及太史公《五宗》《外戚世家》《魏其侯列传》。下诏回复说：“每每追念外家亲属，孝景皇帝出自窦氏，定王，是景帝的孙子，朕的先代。过去魏其侯凭借一句话，帝统继承得到匡正，长君、少君尊奉师傅，涵养淑德，施及子孙，这是皇太后的神灵，上天庇佑汉朝呀。从天水来的人抄写将军所写的谴责隗嚣的信，痛入骨髓。叛臣看见这封信，应当双腿发抖惭愧不已，忠臣看了则鼻头发酸泪流不止，义士看了则豁然开朗，若非忠厚孝顺恭谨诚实之人，谁能做到如此？那些德行浅薄的人哪能胜任！隗嚣自知丧失了河西的助力，灭亡的灾祸将要降临，想要设下间离的说法，惑乱真心，轮流离间，以达成他的奸计。还有京师百官，不知道国家及将军的本意，大多采信虚伪之言，说些夸大不实的话，令忠心孝顺之人失望，传言背离实际。非议赞誉的产生，都不是无缘无故的，不可以不深思。如今关东盗贼已经被平定，大部队而今应当都向西进军，将军可严阵威武以待，来接应会师。”窦融收到诏书，立即与各郡太守领兵进入金城。

起初，更始帝时，先零羌封何各部杀害金城太守，居住在城内，隗嚣派遣使者赠送财物买通封何，与对方结盟，想要发动对方的部众。窦融等因而出军，攻击封何，击溃了封何，斩杀敌首一千多级，得到牛马羊一万头，谷物几万斛，接着在黄河两岸宣扬威武之风，等候皇帝的车驾。此时大兵尚未行进，窦融便领军返还。

皇帝因窦融坚守信用且成效显著，愈发赞许他。颁发诏书令右牢。数驰轻使，致遗四方珍羞，梁统乃使人刺杀张玄，遂与嚣绝，皆解所假将军印绶。七年夏，酒泉太守竺曾以弟报怨杀人而去郡，融承制拜曾为武锋将军，更以辛肜代之。

秋，隗嚣发兵寇安定，帝将自西征之，先戒融期。会遇雨，道断，且嚣兵已退，乃止。融至姑臧，被诏罢归。融恐大兵遂久不出，乃上书曰："隗嚣闻车驾当西，臣融东下，士众骚动，计且不战。嚣将高峻之属皆欲逢迎大军，后闻兵罢，峻等复疑。嚣扬言东方有变，西州豪桀遂复附从。嚣又引公孙述将，令守突门。臣融孤弱，介在其间，虽承威灵，宜速救助。国家当其前，臣融促其后，缓急迭用，首尾相资，嚣势排迮，不得进退，此必破也。若兵不早进，久生持疑，则外长寇仇，内示困弱，复令谗邪得有因缘，臣窃忧之。惟陛下哀怜！"帝深美之。

八年夏，车驾西征隗嚣，融率五郡太守及羌虏小月氏等步骑数万，辎重五千余两，与大军会高平第一。融先遣从事问会见仪适。是时军旅代兴，诸将与三公交错道中，或背使者交私语。帝闻融先问礼仪，甚善之，以宣告百僚。乃置酒高会，引见融等，待以殊礼。拜弟友为奉车都尉，从弟士太中大夫。遂共进军，嚣众大溃，城邑皆降。帝高融功，下诏以安丰、阳泉、蓼、安风四县封融为安丰侯，弟友为显亲侯。遂以次封诸将帅：武锋将军竺曾为助义侯，武威太守梁统为成义侯，张掖太守史苞为褒义侯，金城太守厍钧为辅义侯，酒泉太守辛肜为扶义侯。封爵既毕，乘舆东归，悉遣融等西还所镇。

扶风修理窦融父亲的墓地，以牛羊猪全都具备的太牢之礼祭祀。多次派去行动迅速的使者，送给窦融四方珍馐美味。梁统便让人刺杀张玄，于是与隗嚣彻底绝交，都解下隗嚣授予的将军印绶。建武七年(31)夏，酒泉太守竺曾因弟弟怀怨杀人而离职，窦融秉承皇帝旨意拜曾竺为武锋将军，又让辛彤代替竺曾做酒泉太守。

秋季，隗嚣出兵入侵安定，皇帝打算御驾西征，事先告知窦融日期。恰逢下雨，道路断绝不通，而且隗嚣的军队已经撤退，便中止了。窦融到达姑臧，收到诏命回师。窦融担心大军久久不出兵，就上书说："隗嚣听闻皇帝车驾即将西征，臣窦融即将东下，众士兵骚动不已，决定暂且不战。隗嚣的大将高峻等人都打算迎接大军，之后听闻士兵中止返回，高峻等又生出疑惑。隗嚣扬言东方有变，西州豪杰就又归附了他。隗嚣又召来公孙述手下的部将，令他们看守城外的秘密出口。臣窦融势单力薄，处于陇蜀中间，虽然蒙受圣上的声威，也应当速来救助。国家在前面抵挡，臣窦融在后面逼近，缓急叠用，首尾相助，隗嚣情势窘迫，进退维谷，这样必然能击溃他了。如若朝廷大军不早早进军，长此以往生出迟疑之心，则对于外面来说增长了仇敌的气势，对于内部来说显出了困弱的样子，又使得谗言邪说有了可乘之机，臣的内心为此十分担忧，惟愿陛下哀怜！"皇帝对他大加赞扬。

建武八年(32)夏，皇帝御驾西征隗嚣，窦融率五郡太守及羌虏小月氏等步兵骑兵数万，运输物资的车辆五千多辆，与大军在高平第一城会和。窦融先让从事询问会见天子时的适当礼仪，这时军队更替兴起，众将与三公官员在道路中交错而站，有的人背着使者交头接耳低声说话。皇帝听闻窦融先询问礼仪，很是赞许，将这件事告知百官。于是摆下酒席举办盛宴，引见窦融等人，并以特别的礼遇招待他们。拜窦融的弟弟窦友为奉车都尉，堂弟窦士为太中大夫。于是大军一同进军，隗嚣部将被击溃，城邑都投降了。皇帝敬重窦融的功绩，下诏以安丰、阳泉、蓼、安风四县封窦融为安丰侯，封他的弟弟窦友为显亲侯。便依照先后次序封众将帅：武锋将军竺曾为助义侯，武威太守梁统为成义侯，张掖太守史苞为褒义侯，金城太守厍钧为辅义侯，酒泉太守辛彤为扶义侯。封爵结束，皇帝乘车东归，让窦融等全融以兄弟并受爵位，久专方面，惧不自安，数上书求代。诏报曰："吾与将军如左右手耳，数执谦退，何不晓人意？勉循士民，无擅离部曲。"

及陇、蜀平，诏融与五郡太守奏事京师，官属宾客相随，驾乘千余两，马牛羊被野。融到，诣洛阳城门，上凉州牧、张掖属国都尉、安丰侯印绶，诏遣使者还侯印绶。引见，就诸侯位，赏赐恩宠，倾动京师。数月，拜为冀州牧，十余日，又迁大司空。融自以非旧臣，一旦入朝，在功臣之右，每召会进见，容貌辞气卑恭已甚，帝以此愈亲厚之。融小心，久不自安，数辞让爵位，因侍中金迁口达至诚。又上疏曰："臣融年五十三。有子年十五，质性顽钝。臣融朝夕教导以经艺，不得令观天文，见谶记。诚欲令恭肃畏事，恂恂循道，不愿其有才能，何况乃当传以连城广土，享故诸侯王国哉？"因复请间求见，帝不许。后朝罢，逡巡席后，帝知欲有让，遂使左右传出。它日会见，迎诏融曰："日者知公欲让职还土，故命公暑热且自便。今相见，宜论它事，勿得复言。"融不敢重陈请。

二十年，大司徒戴涉坐所举人盗金下狱，帝以三公参职，不得已乃策免融。明年，加位特进。二十三年，代阴兴行卫尉事，特进如故，又兼领将作大匠。弟友为城门校尉，兄弟并典禁兵。融复乞骸骨，辄赐钱帛，太官致珍奇。及友卒，帝愍融年衰，遣中常侍、中谒者即其卧内强进酒食。

部向西回到镇守处。

窦融因兄弟二人共同接受了爵位的封赏，长久独当一面，都感到不安，几次上书请求别人代替自己的官职。皇帝颁发诏书回复说：“我和将军好似左手和右手，将军却多次固执地谦让求退，难道不明白我的心意吗？努力安抚百姓，不要擅离封地。”

等到陇、蜀平定，皇帝诏令窦融与五郡太守进京奏事，他们的官属宾客相随入京，车驾有一千多辆，马牛羊到处都是。窦融到了京师，行至洛阳城门，献上凉州牧、张掖属国都尉、安丰侯印绶，皇帝诏令使者返还安丰侯印绶。引入皇宫拜见天子，坐在诸侯位上，赏赐颇丰恩宠深厚，惊动了整个京师。数月后，窦融被拜为冀州牧，十多天后，又升为大司空。窦融自以为自己并非老臣，一旦入朝，位居功臣之上，每每召会进见，面容言辞语气都过分卑恭，皇帝因此愈发亲近厚待他。窦融做事小心，久久不能感到安心，多次辞让爵位，依靠侍中金迁口头传达自己的一片至诚之心。又上疏说：“窦融时年五十三岁，有个儿子今年十五岁，本性愚笨。臣窦融早晚教导他儒家经书，不令他观览天文，见到谶书。确实想让他谦恭肃穆诚敬做事，小心谨慎地遵循正道，不愿他有才能，何况是传给他并列相连的城池和广阔无际的土地，令他享有旧时的诸侯王国呢？”因此又请求在公余闲暇时进见，皇帝没有允许。后来朝会完毕，窦融在席后徘徊不前，皇帝知道他想推却官位，就让左右通知他出去。之后的某一天进见，皇帝面向他告诫说：“近日得知你想辞让官职返回封地，因此命你暑热天气姑且随自己的方便行事。今天相见，应当谈论其他事情，不得再说辞官之事。”窦融不敢再次陈说自己的请求。

建武二十年（44），大司徒戴涉因所举荐的人盗取黄金而获罪入狱，皇帝因三公参与主管此事，不得已才以策书罢免窦融的官职。第二年，升为特进。建武二十三年（47），代阴兴行卫尉事，像从前一样位居特进，又兼任将作大匠。弟弟窦友为城门校尉，兄弟二人一并主管禁兵。窦融又请求辞官归老，皇帝便赐予他钱财布帛，太官给他送去珍奇之物。等到窦友去世，皇帝怜恤窦融年老体衰，令中常侍、中谒者进他卧室里劝慰他勉强进用酒食。

融长子穆，尚内黄公主，代友为城门校尉。穆子勋，尚东海恭王强女沘阳公主，友子固，亦尚光武女涅阳公主。显宗即位，以融从兄子林为护羌校尉，窦氏一公、两侯、三公主、四二千石，相与并时。自祖及孙，官府邸第相望京邑，奴婢以千数，于亲戚、功臣中莫与为比。

永平二年，林以罪诛，事在《西羌传》。帝由是数下诏切责融，戒以窦婴、田蚡祸败之事。融惶恐乞骸骨，诏令归第养病。岁余，听上卫尉印绶，赐养牛，上樽酒。融在宿卫十余年，年老，子孙纵诞，多不法。穆等遂交通轻薄，属托郡县，干乱政事。以封在安丰，欲令姻戚悉据故六安国，遂矫称阴太后诏，令六安侯刘盱去妇，因以女妻之。五年，盱妇家上书言状，帝大怒，乃尽免穆等官，诸窦为郎吏者皆将家属归故郡，独留融京师。穆等西至函谷关，有诏悉复追还。会融卒，时年七十八，谥曰戴侯，赙送甚厚。

帝以穆不能修尚，而拥富赀，居大第，常令谒者一人监护其家。居数年，谒者奏穆父子自失势，数出怨望语，帝令将家属归本郡，唯勋以沘阳主婿留京师。穆坐赂遗小吏，郡捕系，与子宣俱死平陵狱，勋亦死洛阳狱。久之，诏还融夫人与小孙一人居洛阳家舍。

十四年，封勋弟嘉为安丰侯，食邑二千户，奉融后。和帝初，为少府。及勋子大将军宪被诛，免就国。嘉卒，子万全嗣。万全卒，子会宗嗣。万全弟子武，别有传。

窦融的长子窦穆，娶内黄公主为妻，接替窦友做城门校尉。窦穆的儿子窦勋，娶东海恭王刘强的女儿沘阳公主为妻，窦友的儿子窦固，也娶了光武帝的女儿涅阳公主为妻。明帝即位，任命窦融堂兄的儿子窦林为护羌校尉。窦氏一族出了一个公、两个侯、三个公主、四个二千石，同时存在。自祖父及儿孙，官府邸第与京都相望，奴婢数以千计，在皇戚、功臣中没有能同此一样的。

永平二年（59），窦林被以罪处死，事情记载在《西羌传》中。皇帝因此多次下诏严厉谴责窦融，用窦婴、田蚡祸败之事警告他。窦融十分惶恐请求辞官归老，皇帝颁发诏书令他回到府第养病。一年多后，听凭他献上卫尉印绶，赐予他御厩饲养的牛，上等好酒。窦融值宿宫禁十多年，年老时，子孙肆意放纵，大多不遵守法律规章。窦穆等人竟与轻薄之人来往，嘱托郡县，干预扰搅扰国家政事。因为封地在安丰，想令姻亲全都盘踞在旧时的六安国，就矫称阴太后诏，令六安侯刘盱修掉原来的妻子，接着将自己的女儿嫁给刘盱为妻。永平五年（62），刘盱原来的妻子的娘家上书说明情况，皇帝勃然大怒，便将窦穆等人全部免官，窦氏家族里当郎吏的人都领着家属返回故乡，唯独留窦融在京师。窦穆等西行至函谷关，皇帝颁发诏书又把他们全都追回。正好赶上窦融去世，时年七十八岁，谥号为戴侯，皇帝赠予了丰厚的用以办理丧事的财物。

皇帝因窦穆不能提高自己的修养品德，却坐拥巨资，住在宏伟的府第里，就时常令一位谒者监护他家。这样住了几年后，谒者上奏说窦穆父子自失势以来，多次口出怨恨不满之语，皇帝令窦穆带领家属返回原籍所在地，唯有窦勋因为娶了沘阳公主而留在京师。窦穆因拿钱财收买小吏而获罪，被郡里逮捕拘禁，与儿子窦宣一起死在平陵狱里，窦勋也死在洛阳狱里。许久以后，皇帝颁发诏书命窦融的夫人与一个小孙子返回洛阳家舍居住。

永平十四年（71），皇帝封窦勋的弟弟窦嘉为安丰侯，食邑二千户，供养窦融的后代。和帝初年，任少府。等到窦勋的儿子大将军窦宪被杀，和帝免去了窦嘉的官职让他回到封国。窦嘉去世，儿子窦万全继承了爵位。万全去世，儿子窦会宗继承了爵位。窦万全弟弟的儿论曰：窦融始以豪侠为名，拔起风尘之中，以投天隙。遂蝉蜕王侯之尊，终膺卿相之位，此则徼功趣势之士也。及其爵位崇满，至乃放远权宠，恂恂似若不能已者，又何智也！尝独详味此子之风度，虽经国之术无足多谈，而进退之礼良可言矣。

固字孟孙，少以尚公主为黄门侍郎。好览书传，喜兵法，贵显用事。中元元年，袭父友封显亲侯。显宗即位，迁中郎将，监羽林士。后坐从兄穆有罪，废于家十余年。时天下乂安，帝欲遵武帝故事，击匈奴，通西域，以固明习边事，十五年冬，拜为奉车都尉，以骑都尉耿忠为副，谒者仆射耿秉为驸马都尉，秦彭为副，皆置从事、司马，并出屯凉州。明年，固与忠率酒泉、敦煌、张掖甲卒及卢水羌胡万二千骑出酒泉塞，耿秉、秦彭率武威、陇西、天水募士及羌胡万骑出居延塞，又太仆祭肜、度辽将军吴棠将河东北地、西河羌胡及南单于兵万一千骑出高阙塞，骑都尉来苗、护乌桓校尉文穆将太原、雁门、代郡、上谷、渔阳、右北平、定襄郡兵及乌桓、鲜卑万一千骑出平城塞。固、忠至天山，击呼衍王，斩首千余级。呼衍王走，追至蒲类海。留吏士屯伊吾卢城。耿秉、秦彭绝漠六百余里，至三木楼山，来苗、文穆至匈奴河水上，虏皆奔走，无所获。祭肜、吴棠坐不至涿邪山，免为庶人。时诸将唯固有功，加位特进。明年，复出玉门击西域，诏耿秉及骑都尉刘张皆去符传以属固。固遂破白山，降车师，事已具《耿秉传》。固在边数年，羌胡服其恩信。

肃宗即位，以公主修敕慈爱，累世崇重，加号长公主，增邑三千户；征固代魏应为大鸿胪。帝以其晓习边事，每被访及。建初三子窦武，另有传记载。

评论说：窦融最初因豪放勇敢讲义气而闻名，在战火风尘之中脱颖而出，迎合了时机。于是从王侯之尊脱离出来，最终膺任卿相之位，这是追求功名顺应时势的人呐。等到他德高位尊之时，却放弃权势远离荣宠，紧张恐惧到好像不能自已，又是何等聪慧呀！曾经独自一人细细品味此人的风度，虽然治国之术没什么可以多谈的，但进退之礼的确值得说道一番啊。

窦固字孟孙，年少时因娶了公主为妻成为黄门侍耶。窦固喜好阅览书籍传记，喜爱兵法，高贵显要当权执政。中元元年（56），承袭父亲窦友的爵位被封为显亲侯。明帝即位，窦固迁任中郎将，监羽林士。后来因堂兄窦穆有罪而遭到连累，罢官闲居家中十多年。当时天下太平无事，皇帝打算遵照武帝旧事，击匈奴，通西域，因窦固明了熟习边防事务，永平十五年（72）冬季，明帝任命他为奉车都尉，骑都尉耿忠为副手，谒者仆射耿秉为驸马都尉，秦彭为副手，都设置了从事、司马，一同出京驻守凉州。第二年，窦固与耿忠率酒泉、敦煌、张掖甲卒及卢水羌胡骑兵一万两千人出酒泉塞，耿秉、秦彭率武威、陇西、天水招募的兵士及羌胡骑兵一万人出居延塞，还有太仆祭肜、度辽将军吴棠率河东、北地、西河羌胡及南单于骑兵一万一千人出高阙塞，骑都尉来苗、护乌桓校尉文穆率太原、雁门、代郡、上谷、渔阳、右北平、定襄郡兵士及乌桓、鲜卑骑兵一万一千人出平城塞。窦固、耿忠到达天山，攻击呼衍王，斩杀敌首一千多。呼衍王逃走，窦固追击到蒲类海。留下官兵驻守伊吾卢城。耿秉、秦彭横渡沙漠六百多里，行至三木楼山，来苗、文穆到了匈奴河水上，敌军全都迅速逃走，一无所获。祭肜、吴棠因没有到达涿邪山而获罪，被免为庶人。当时众将中唯有窦固有功，加官特进。第二年，又出玉门关攻击西域，皇帝诏令耿秉及骑都尉刘张都上交兵符归属窦固。窦固于是攻下白山，降服车师。窦固在边地数年，羌胡钦佩他的恩德信义。

章帝即位，因公主谨慎守礼仁慈有爱，连续好几代尊贵显要，加封长公主，增加食邑三千户；任命窦固代替魏应做大鸿胪。皇帝因他精通边防事务，每每向他征询意见。建初三年（78），朝廷追录他年，追录前功，增邑一千三百户。七年，代马防为光禄勋。明年，复代马防为卫尉。

固久历大位，甚见尊贵，赏赐租禄，赀累巨亿，而性谦俭，爱人好施，士以此称之。章和二年卒。谥曰文侯。子彪，至射声校尉，先固卒，无子，国除。

宪字伯度。父勋被诛，宪少孤。建初二年，女弟立为皇后，拜宪为郎，稍迁侍中、虎贲中郎将；弟笃，为黄门侍郎。兄弟亲幸，并侍宫省，赏赐累积，宠贵日盛，自王、主及阴、马诸家，莫不畏惮。宪恃宫掖声势，遂以贱直请夺沁水公主园田，主逼畏，不敢计。后肃宗驾出过园，指以问宪，宪阴喝不得对。后发觉，帝大怒，召宪切责曰："深思前过，夺主田园时，何用愈赵高指鹿为马？久念使人惊怖。昔永平中，常令阴党、阴博、邓叠三人更相纠察，故诸豪戚莫敢犯法者，而诏书切切，犹以舅氏田宅为言。今贵主尚见枉夺，何况小人哉！国家弃宪如孤雏腐鼠耳。"宪大震惧，皇后为毁服深谢，良久乃得解，使以田还主。虽不绳其罪，然亦不授以重任。

和帝即位，太后临朝，宪以侍中，内干机密，出宣诰命。肃宗遗诏以笃为虎贲中郎将，笃弟景、瓌并中常侍，于是兄弟皆在亲要之地。宪以前太尉邓彪有义让，先帝所敬，而仁厚委随，故尊崇之，以为太傅，令百官总己以听。其所施为，辄外令彪奏，内白太后，事无不从。又屯骑校尉桓郁，累世帝师，而性和退自守，故上书荐之，令授经禁中。所以内外协附，莫生疑异。

之前的功绩，增加食邑一千三百户。建初七年（82），窦固代替马防成为光禄勋。第二年，又代替马防做了卫尉。

窦固久居高位，很是尊贵，皇帝赐予他租禄，积累亿万资产，而他天性谦恭节俭，友爱他人乐善好施，士人因此称颂他。章和二年（88）去世，谥号为文侯。儿子窦彪，官做到射声校尉，先窦固而死，没有儿子，封国被撤。

窦宪字伯度。父亲窦勋被杀，窦宪年少时就成了孤儿。建初二年（77），妹妹被立为皇后，皇帝任命窦宪为郎官，逐渐迁升为侍中、虎贲中郎将；弟弟窦笃，为黄门侍郎。兄弟都深受宠爱，同在皇宫侍奉皇帝，赏赐不断累积，恩宠地位一天比一天繁盛，自王侯、公主到阴、马各家族，全都十分忌惮他们。窦宪仗着自己在宫中的声势，竟请求以低价强买沁水公主的园田，公主遭到逼迫而心生畏惧，不敢计较。后来章帝御驾出宫路过公主的园子，指着园子询问窦宪，窦宪语塞对答不上来。后来皇帝发觉了事情的真相，勃然大怒，召来窦宪严厉斥责说："认真思考之前的错误，强取公主田园时，不比赵高指鹿为马还要严重？反复深思使人震惊恐惧。过去永平年间，皇帝常令阴党、阴博、邓叠三人互相检举纠察，所以豪门贵戚没有人敢犯法，而皇帝频频颁发诏书，还拿舅父田宅说话。而今尊贵的公主尚被白白夺去田园，何况平民百姓呐！国家丢弃窦宪犹如丢弃孤独的幼鸟和腐烂的老鼠而已。"窦宪大为震惊恐惧，皇后为他除去官服表示深切的道歉，许久之后情况才得到缓解，皇帝命他将田园还给公主。虽然没有治他的罪，但也不委以他重任。

和帝即位，太后临朝，窦宪以侍中的官位，在内掌管国家机密，对外宣布朝廷诰命。章帝遗诏让窦笃做虎贲中郎将，窦笃的弟弟窦景、窦瓌一同担任中常侍，于是兄弟都身处亲信显要之地。窦宪因前太尉邓彪讲求大义谦让有礼，为先帝所敬重，且仁厚随顺，所以很是尊崇邓彪，让邓彪做太傅，窦宪令百官管理好自己的职务然后听从他的差遣。他想要做些什么，就在外令邓彪上奏，在内告知太后，事情没有不听从他的。还有屯骑校尉桓郁，连续好几代都是帝师，且宪性果急，睚眦之怨莫不报复。初，永平时，谒者韩纡尝考劾父勋狱，宪遂令客斩纡子，以首祭勋冢。齐殇王子都乡侯畅来吊国忧，畅素行邪僻，与步兵校尉邓叠亲属数往来京师，因叠母元自通长乐宫，得幸太后，被诏召诣上东门。宪惧见幸，分宫省之权，遣客刺杀畅于屯卫之中，而归罪于畅弟利侯刚，乃使侍御史与青州刺史杂考刚等。后事发觉，太后怒，闭宪于内宫。

宪惧诛，自求击匈奴以赎死。会南单于请兵北伐，乃拜宪车骑将军，金印紫绶，官属依司空，以执金吾耿秉为副，发北军五校、黎阳、雍营、缘边十二郡骑士，及羌胡兵出塞。明年，宪与秉各将四千骑及南匈奴左谷蠡王师子万骑出朔方鸡鹿塞，南单于屯屠河，将万余骑出满夷谷，度辽将军邓鸿及缘边义从羌胡八千骑，与左贤王安国万骑出稒阳塞，皆会涿邪山。宪分遣副校尉阎盘、司马耿夔、耿谭将左谷蠡王师子、右呼衍王须訾等，精骑万余，与北单于战于稽落山，大破之，虏众崩溃，单于遁走，追击诸部，遂临私渠比鞮海。斩名王已下万三千级，获生口马牛羊橐驼百余万头。于是温犊须、日逐、温吾、夫渠王柳鞮等八十一部率众降者，前后二十余万人。宪、秉遂登燕然山，去塞三千余里，刻石勒功，纪汉威德，令班固作铭曰：

惟永元元年秋七月，有汉元舅曰车骑将军窦宪，寅亮圣明，登翼王室，纳于大麓，惟清缉熙。乃与执金吾耿秉，述职巡御，理兵于朔方。鹰扬之校，螭虎之士，爰该六师，暨南单于、东乌桓、西戎氐羌侯王君长之群，骁骑三万。元戎轻武，长毂四分，云辎蔽路，性格温和谦让固守本分，因而窦宪上书举荐他，令他在皇宫讲授经书。故而内外都依附窦宪，没有人产生疑异。

窦宪生性果决没有耐心，极小的怨恨都要报复回去。当初，永平年间，谒者韩纡曾审讯窦宪父亲窦勋的案件，窦宪于是令刺客斩杀韩纡的儿子，用韩纡儿子的头祭祀窦勋的坟墓。齐殇王的儿子都乡侯刘畅前来吊唁国丧，刘畅素来举止乖谬不不合正道，与步兵校尉邓叠亲属多次出入京师，凭借邓叠的母亲元和长乐宫搭上关系，受到太后的宠爱，收到诏命召他至上东门。窦宪害怕他被宠爱，分走自己在宫内的权势，令刺客在兵卫之所刺杀刘畅，将罪名归到刘畅的弟弟利侯刘刚的头上，便让侍御史与青州刺史会审刘刚等人。后来事情的真相被人发觉，太后勃然大怒，将窦宪关在内宫。

窦宪惧怕被杀，主动求着带兵攻击匈奴来免除死罪。适逢南单于请朝廷出兵北伐，于是皇帝任命窦宪为车骑将军，掌金印紫绶，官属依照司空的规模配置，让执金吾耿秉担任副手，征发北军五校、黎阳、雍营、沿边十二郡骑兵，及羌胡兵出塞。第二年，窦宪与耿秉各率四千骑兵及南匈奴左谷蠡王师子一万骑兵出朔方鸡鹿塞，南单于驻军屠河，率一万多骑兵出满夷谷，度辽将军邓鸿及沿边义从羌胡八千骑兵，与左贤王安国一万骑兵出稒阳塞，都在涿邪山会和。窦宪分别派遣副校尉阎盘、司马耿夔、耿谭率左谷蠡王师子、右呼衍王须訾等，及训练精良的骑兵一万多人，与北单于在稽落山作战，大举击溃了北单于，敌军溃败瓦解，单于逃走，汉军追击各部，最终到达私渠比鞮海。斩杀名王以下敌首一万三千，缴获俘虏马牛羊橐驼一百多万头。因此温犊须、日逐、温吾、夫渠王柳鞮等八十一个部落率部众投降的，前后有二十多万人。窦宪、耿秉最后登临燕然山，离边塞有三千多里，将功绩刻在石碑上，用来记载汉朝的威德，令班固作铭文说：

永元元年（89）秋季七月份，汉朝长舅车骑将军窦宪，恭敬信奉圣明天子，用心辅佐汉朝王室，总领天子之事，清平光明。便与执金吾耿秉，陈述职守巡防警戒，治军朔方。威武的校尉，勇猛的将士，备好六师，和南单于、东乌桓、西戎氐羌侯王君长众人，三万骁勇的骑兵。大军轻疾迅猛，兵车向四处奔驰，车辆众多遮蔽道路，有万有三千余乘。勒以八阵，莅以威神，玄甲耀日，朱旗绛天。遂陵高阙，下鸡鹿，经碛卤，绝大漠，斩温禺以衅鼓，血尸逐以染锷。然后四校横徂，星流彗埽，萧条万里，野无遗寇。于是域灭区单，反旆而旋，考传验图，穷览其山川。遂逾涿邪，跨安侯，乘燕然，蹑冒顿之区落，焚老上之龙庭。上以摅高、文之宿愤，光祖宗之玄灵；下以安固后嗣，恢拓境宇，振大汉之天声。兹所谓一劳而久逸，暂费而永宁者也。乃遂封山刊石，昭铭上德。其辞曰：

铄王师兮征荒裔，剿凶虐兮截海外，敻其邈兮亘地界，封神丘兮建隆嵑，熙帝载兮振万世。

宪乃班师而还。遣军司马吴汜、梁讽，奉金帛遗北单于，宣明国威，而兵随其后。时虏中乖乱，汜、讽所到，辄招降之，前后万余人。遂及单于于西海上，宣国威信，致以诏赐，单于稽首拜受。讽因说宜修呼韩邪故事，保国安人之福。单于喜悦，即将其众与讽俱还，到私渠海，闻汉军已入塞，乃遣弟右温禺鞮王奉贡入侍，随讽诣阙。宪以单于不自身到，奏还其侍弟。南单于于漠北遗宪古鼎，容五斗，其傍铭曰“仲山甫鼎，其万年子子孙孙永保用”，宪乃上之。诏使中郎将持节即五原拜宪大将军，封武阳侯，食邑二万户。宪固辞封，赐策许焉。

旧大将军位在三公下，置官属依太尉。宪威权震朝庭，公卿希旨，奏宪位次太傅下，三公上；长史、司马秩中二千石，从事中郎二人六百石，自下各有增。振旅还京师。于是大开仓府，劳赐士吏，其所将诸郡二千石子弟从征者，悉除太子舍人。

一万三千多辆。统率八阵，降下神威，玄甲映照日光，朱旗染红天空。就上高阙，下鸡鹿，经沙地，穿大漠，斩杀温禺以其血涂鼓，血刃尸逐以其血涂刃。然后四面之军纵横驰骋，犹如流星扫过，万里萧索，野无残寇。于是剿灭了北单于，凯旋而返，研究书传查验地图，遍观敌人山川。最后越涿邪，跨安侯，登燕然，踏入冒顿的部落，焚毁老上的朝廷。于上疏解高帝、文帝的旧怨，光耀祖宗的神灵；于下安定巩固后世子孙，拓展境域，振我大汉的雷霆之声。这就是所谓的经过一次的劳苦而获得长久的安逸，通过暂时的耗费而获得永久的太平。于是最终封山刻石，清楚铭刻天子的至德。铭辞说：

光辉美好的帝王之师兮出征边地，讨伐凶残暴虐的敌人兮整治海外，路途遥远兮到达了大地的终点，神丘祭天兮建立了高大的碑石，光大帝王之业兮奋发万世。

窦宪于是班师回京。派遣军司马吴汜、梁讽，捧着金钱布帛送交北单于，宣扬我国的声威，而士兵紧随其后。这时匈奴动乱，吴汜、梁讽每每到达一个地方，就进行招降，前后招降了一万多人。最后在西海上追上单于，宣示我国威信，给予诏书赏赐，单于磕头行礼拜而受之。梁讽借机说应当恢复呼韩邪的旧制，那是保国安民的福事。单于十分欢喜，立即带领部众与梁讽一同返还，走到私渠海，听闻汉军已经入塞，单于就让他的弟弟右温禺鞮王拿着贡品入朝侍奉，跟随梁讽前往京师。窦宪因单于不亲自到京，就上奏请求遣还单于的弟弟。南单于在漠北赠予窦宪一个，里面能装五斗东西，古鼎旁有铭文为“仲山甫鼎，其万年子子孙孙永远珍惜爱护”，窦宪就将它献与皇帝。皇帝颁发诏书命中郎将持符节前往五原拜窦宪为大将军，封其为武阳侯，食邑二万户。窦宪执意辞让封赏，皇帝赐下策书允许了他的请求。

依照旧制大将军位列三公之下，按照太尉的标准设置属官。窦宪声威权势动荡朝廷，公卿迎合他的意旨，上奏说窦宪应位列太傅之下，三公之上；其属官长史、司马的秩级为中二千石，从事中郎为二人六百石，他们之下各有增加。窦宪修整士兵班师还京。于是大开粮仓钱库，犒赏兵吏，他所统领的各郡二千石子弟跟从出征的，全都任是时笃为卫尉，景、瓌皆侍中、奉车、驸马都尉，四家竞修第宅，穷极工匠。明年，诏曰："大将军宪，前岁出征，克灭北狄，朝加封赏，固让不受。舅氏旧典，并蒙爵土。其封宪冠军侯，邑二万户；笃郾侯，景汝阳侯，瓌夏阳侯，各六千户。"宪独不受封，遂将兵出镇凉州，以侍中邓叠行征西将军事为副。

北单于以汉还侍弟，复遣车谐储王等款居延塞，欲入朝见，愿请大使。宪上遣大将军中护军班固行中郎将，与司马梁讽迎之。会北单于为南匈奴所破，被创遁走，固至私渠海而还。宪以北虏微弱，遂欲灭之。明年，复遣右校尉耿夔、司马任尚、赵博等将兵击北虏于金微山，大破之，克获甚众。北单于逃走，不知所在。

宪既平匈奴，威名大盛，以耿夔、任尚等为爪牙，邓叠、郭璜为心腹。班固、傅毅之徒，皆置幕府，以典文章。刺史、守令多出其门。尚书仆射郅寿、乐恢并以忤意，相继自杀。由是朝臣震慑，望风承旨。而笃进位特进，得举吏，见礼依三公。景为执金吾，瓌光禄勋，权贵显赫，倾动京都。虽俱骄纵，而景为尤甚，奴客缇骑依倚形势，侵陵小人，强夺财货，篡取罪人，妻略妇女。商贾闭塞，如避寇雠。有司畏懦，莫敢举奏。太后闻之，使谒者策免景官，以特进就朝位。瓌少好经书，节约自修，出为魏郡，迁颍川太守。窦氏父子兄弟并居列位，充满朝廷。叔父霸为城门校尉，霸弟褒将作大匠，褒弟嘉少府，其为侍中、将、大夫、郎吏十余人。

宪既负重劳，陵肆滋甚。四年，封邓叠为穰侯。叠与其弟步兵命为太子舍人。

这时窦笃任卫尉，窦景、窦瓌都任侍中、奉车、驸马都尉，四家争相修造宅第，找来了所有的工匠。第二年，皇帝颁发诏书说："大将军窦宪，去年出征，歼灭北狄，朝廷进行封赏，执意推辞不肯接受。根据旧时的典章制度，舅父都要接受封爵。可封窦宪为冠军侯，食邑二万户；封窦笃为郾侯，窦景为汝阳侯，窦瓌为夏阳侯，食邑各六千户。"唯独窦宪不接受封爵，便率兵出京坐镇凉州，让侍中邓叠代理征西将军事宜担任副手。

北单于因汉朝遣还了他的弟弟，又让车谐储王等人到达居延塞，想要如今拜见汉朝天子，请求汉朝派去大使。窦宪奏请派遣大将军中护军班固代行中郎将之职，与司马梁讽前去迎接。恰逢北单于被南匈奴击溃，负伤逃走，班固走到私渠海后返回。窦宪认为北匈奴实力衰微，便想要歼灭对方。第二年，又派遣右校尉耿夔、司马任尚、赵博等领兵在金微山攻击北匈奴，大举击败了对方，战胜掳获敌人甚多。北单于逃走，不知所踪。

窦宪平定匈奴以后，威名大盛，把耿夔、任尚等人当作爪牙，将邓叠、郭璜视作心腹。班固、傅毅等人，都被安排在他的幕府里，来管理文章典籍。刺史、守令很多都出自他的门下。尚书仆射郅寿、乐恢都因忤逆了他的心意，相继自杀。自此以后朝臣震惊恐惧，察言观色以求迎合他的意向。而窦笃升为特进，得以选举官吏，按照三公的标准行礼。窦景任执金吾，窦瓌任光禄勋，官高势大显赫无比，震动京都。他们虽然都放纵专横，但其中窦景尤为严重，家奴侍从倚靠权势，侵犯欺陵平民百姓，强行夺走他人的钱币货物，非法抢夺罪犯，奸污霸占妇女。商人闭门不出，犹如躲避仇敌。有关部门胆小软弱，不敢上章检举。太后听闻此事，令谒者以策书罢免窦景的官职，以特进之位在朝中立足。窦瓌年少时喜好经书，节制约束自己，出守魏郡，升任颍川太守。窦氏父子兄弟并居官位，遍布朝廷。叔父窦霸任城门校尉，窦霸的弟弟窦褒任将作大匠，窦褒的弟弟窦嘉任少府，其他人任侍中、将、大夫、郎吏的有十多人。

窦宪拥有重大功劳后，愈发任意妄为。永元四年（92），皇帝封校尉磊及母元，又宪女婿射声校尉郭举，举父长乐少府璜，皆相交结。元、举并出入禁中，举得幸太后，遂共图为杀害。帝阴知其谋，乃与近幸中常侍郑众定议诛之。以宪在外，虑其惧祸为乱，忍而未发。会宪及邓叠班师还京师，诏使大鸿胪持节郊迎，赐军吏各有差。宪等既至，帝乃幸北宫，诏执金吾，五校尉勒兵屯卫南、北宫、闭城门，收捕叠、磊、璜、举，皆下狱诛，家属徙合浦。遣谒者仆射收宪大将军印绶，更封为冠军侯。宪及笃、景、瓌皆遣就国。帝以太后故，不欲名诛宪，为选严能相督察之。宪、笃、景到国，皆迫令自杀，宗族，宾客以宪为官者皆免归本郡。瓌以素自修，不被逼迫，明年坐禀假贫人，徙封罗侯，不得臣吏人。初，窦后之谮梁氏，宪等豫有谋焉，永元十年，梁棠兄弟徙九真还，路由长沙，逼瓌令自杀。后和熹邓后临朝，永初三年，诏诸窦前归本郡者与安丰侯万全俱还京师。万全少子章。

论曰：卫青、霍去病资强汉之众，连年以事匈奴，国耗太半矣，而猾虏未之胜，后世犹传其良将，岂非以身名自终邪！窦宪率羌胡边杂之师，一举而空朔庭，至乃追奔稽落之表，饮马比鞮之曲，铭石负鼎，荐告清庙。列其功庸，兼茂于前多矣，而后世莫称者，章末衅以降其实也。是以下流，君子所甚恶焉。夫二三子得之不过房幄之间，非复搜扬仄陋，选举而登也。当青病奴仆之时，窦将军念咎之日，乃庸力之不暇，思鸣之无晨，何意裂膏腴，享崇号乎？东方朔称“用之则为虎，不用则为鼠”，信矣。以此言之，士有怀琬琰以就煨尘者，亦何可支哉！

邓叠为穰侯。邓叠与他的弟弟步兵校尉邓磊及母亲元，还有窦宪的女婿射声校尉郭举，郭举的父亲长乐少府郭璜，都互相结交。邓叠之母元、郭举一起出入皇宫，郭举得到太后的宠爱，就和太后共谋杀帝之计。皇帝暗中得知他们的谋划，便与他宠爱的中常侍郑众商议着杀死他们。因为窦宪身在京外，担忧他惧怕遭难而造反，隐忍着没发作。恰逢窦宪及邓叠班师回京，皇帝诏令大鸿胪持符节出郊迎接，各个军官收到的奖赏各有差别。窦宪等人到达后，皇帝就亲临北宫，诏令执金吾、五校尉指挥军队驻守南、北宫，关闭城门，收捕邓叠、邓磊、郭璜、郭举，都被关入狱中诛杀，他们的家属被流放到合浦。皇帝派遣谒者仆射收回窦宪的大将军印绶，改封其为冠军侯。窦宪及窦笃、窦景、窦瓌都被遣回封国。皇帝因太后的缘故，不想明着诛杀窦宪，为他选了一位端庄干练的国相督察他。窦宪、窦笃、窦景到了封国后，都被迫自杀，族人、宾客因为窦宪为官的全都被免去官职返回本郡。窦瓌因为素来自我约束，修养德性，不曾遭到逼迫，第二年因给贫人借贷而获罪，改封为罗侯，不得役使吏人。当初，窦皇后进谗言杀死梁氏的两位贵人，窦宪等人参与了谋划，永元十年(98)，梁棠兄弟从九真还朝，途经长沙，迫使窦瓌自杀。后来和熹邓后临朝，永初三年(109)，皇帝诏令之前回到本郡的窦氏众人与安丰侯窦万全都返回京师。窦万全的幼子名叫窦章。

评论说：卫青、霍去病凭借强盛的汉朝众兵，连年征战匈奴，国家的损耗超过了大半，然而并未战胜奸狡的敌人，后世仍然传扬他们是能征善战的良将，难道不是依靠声誉得以善终吗！窦宪率着羌胡边塞杂乱之军，一举扫空北方政权，甚至追赶逃敌至稽落山外，在比鞮海的拐弯处喂马喝水，刻石记功负鼎进献，祭祀宗庙告知神灵。罗列他的功劳，都比前面的两个人多许多，然而后世却不称赞他的原因，是他后来的过失贬损了他的功绩。因而下游，是君子极其憎恶的地方。这两三个人不过凭借后宫得势，并非靠着搜寻推举身份卑微的贤才，通过选举而登上高位。当卫青为自己的奴仆出身而苦恼时，正是窦将军被关在内宫反省过失之日，想要卖力却害怕没有时间，正如公鸡想要鸣叫却失去了早晨，何曾料到之后会分得沃土，享章字伯向。少好学，有文章，与马融、崔瑗同好，更相推荐。

永初中，三辅遭羌寇，章避难东国，家于外黄。居贫，蓬户蔬食，躬勤孝养，然讲读不辍。太仆邓康闻其名，请欲与交，章不肯往，康以此益重焉。是时学者称东观为老氏臧室，道家蓬莱山，康遂荐章入东观为校书郎。

顺帝初，章女年十二，能属文，以才貌选入掖庭，有宠，与梁皇后并为贵人。擢章为羽林郎将，迁屯骑校尉。章谦虚下士，收进时辈，甚得名誉。是时梁、窦并贵，各有宾客，多交构其间，章推心待之，故得免于患。

贵人早卒，帝追思之无已，诏史官树碑颂德，章自为之辞。贵人殁后，帝礼待之无衰。永和五年，迁少府。汉安二年，转大鸿胪。建康元年，梁后称制，章自免，卒于家。中子唐，有俊才，官至虎贲中郎将。

赞曰：悃悃安丰，亦称才雄。提契河右，奉图归忠。孟孙明边，伐北开西。宪实空漠，远兵金山。听笳龙庭，镂石燕然。虽则折鼎，王灵以宣。

有尊贵的爵位呢？东方朔称“如果重用他那么他就会是老虎，如果不重用他那么他就会是老鼠”，说得很正确呀。由此来说，怀有君子之德却归入灰烬尘土的士人，又如何能够数得清啊！

窦章字伯向。年少时爱好学习，富有文采，与马融、崔瑗志趣相同，彼此轮流推荐。

永初年间，三辅地区遭到羌人的入侵，窦章到东国避难，在外黄县安家。家境清贫。蓬草作门草菜为食，亲自劳作来竭尽孝心奉养父母，然而却从未停止讲习诵读。太仆邓康听闻了他的大名，想请他前来与他结交，窦章不肯前往，邓康因此愈发敬重他。这时候学者称东观为老子收藏经籍的屋室，道家的蓬莱山，邓康就举荐都章进东观担任校书郎。

顺帝初年，窦章的女儿年十二岁，能够撰写文章，凭借才华美貌被选入后宫，得到宠幸，与梁皇后同为贵人。顺帝提拔窦章做羽林郎将，迁升屯骑校尉。窦章对待地位比自己低的士人十分谦虚，收集推荐当时的著名人物，很有美名。当时梁氏、窦氏同为贵人，各自都有自己的宾客，他们大多在中间挑拨离间，窦章以暂行对待他们，所以得以免于祸患。

窦贵人早早去世，皇帝一直追念她，诏令史官为其立碑颂德，窦章亲自为其撰写碑文。贵人死后，皇帝仍然像从前一样礼待窦章。永和五年（140），升为少府。汉安二年（143），转任大鸿胪。建康元年（144），梁后临朝称制，窦章主动请求免去官职，在家中去世。排行居中的儿子窦唐，有卓越的才能，官至虎贲中郎将。

赞辞说：忠诚的安丰侯，也称得上是杰出人才。统率河右官民，献上地图归附效忠于汉室。孟孙通晓边地事务，征讨北方开通西部。率领兵卒远到金山。在龙庭聆听胡笳之声，在燕然山刻石记功。虽然不能胜任，王朝的威德却得到宣扬。

卷五十四

马援列传第十四

马援字文渊，扶风茂陵人也。其先赵奢为赵将，号曰马服君，子孙因为氏。武帝时，以吏二千石自邯郸徙焉。曾祖父通，以功封重合侯，坐兄何罗反，被诛，故援再世不显。援三兄况、余、员，并有才能，王莽时皆为二千石。

援年十二而孤，少有大志，诸兄奇之。尝受《齐诗》，意不能守章句，乃辞况，欲就边郡田牧。况曰："汝大才，当晚成。良工不示人以朴，且从所好。"会况卒，援行服期年，不离墓所；敬事寡嫂，不冠不入庐。后为郡督邮，送囚至司命府，囚有重罪，援哀而纵之，遂亡命北地。遇赦，因留牧畜，宾客多归附者，遂役属数百家。转游陇汉间，常谓宾客曰："丈夫为志，穷当益坚，老当益壮。"因处田牧，至有牛马羊数千头，谷数万斛。既而叹曰："凡殖货财产，贵其能施赈也，否则守钱虏耳。"乃尽散以班昆弟故旧，身衣羊裘皮绔。

王莽末，四方兵起，莽从弟卫将军林广招雄俊，乃辟援及同县原涉为掾，荐之于莽。莽以涉为镇戎大尹，援为新成大尹。及莽败，援兄员时为增山连率，与援俱去郡，复避地凉州。世祖即位，员先诣洛阳，帝遣员复郡，卒于官。援因留西州，隗嚣甚敬重之，以援为马援字文渊，右扶风茂陵县人。他的先人赵奢是赵国大将，爵号为马服君，于是他的子孙将马定为姓氏。武帝时，马氏作为俸禄二千石的官吏从邯郸迁居茂陵。曾祖父马通，凭借功绩被封为重合侯，因兄长马何罗谋反获罪，被诛杀，因而马援的祖父、父亲两代不得担任显要的官职。马援的三位兄长马况、马余、马员，都有才能，王莽时都担任俸禄为二千石的官吏。

马援十二岁时就失去父亲成了孤儿，年少时胸怀大志，几位兄长都为此感到惊奇。曾教授他《齐诗》，他的心思不能拘泥于分析章节句读，于是马援辞别兄长马况，打算前往边郡耕田放牧。马况说："你有大才，应当会在年岁较晚的时候有所成就。技艺精妙的工匠不把未加工成器的木材展示给人看，姑且去做你爱好做的事吧。"恰好遇上兄长马况去世，马援身穿孝服居丧一年，不曾离开墓地；恭敬地侍候寡嫂，不戴好帽子就不进入屋内。后来担任郡里的督邮，押解囚犯到司命府，囚犯犯有重罪，马援很是同情囚犯就把囚犯放走了，自己逃往北地。赶上大赦，就留在北地放牧，归附他的宾客众多，因此隶属于他并供他役使的人户有数百家。游转在陇汉间游牧，他经常对宾客说："大丈夫树立志向，穷苦时应当愈发坚韧，老迈时应当愈发豪壮。"因而进行耕田放牧，以至拥有牛马羊数千头，谷数万斛。之后感叹道："所有通过积聚货物产生的财产，贵在能用来救济贫苦百姓，否则不过是守财奴而已。"于是马援把家中所有的财物都分给了兄长故友，身穿羊皮做的上衣裤子生活。

王莽末年，四方兴兵，王莽堂弟卫将军王林广为招揽英雄俊杰，便征召马援及同县人原涉为掾吏，将他们推荐给王莽。王莽任命原涉为镇戎大尹，任命马援为新成大尹。等到王莽失败时，马援的兄长马员正任增山连率，与马援一同离开郡中，又迁居凉州避乱。光武帝绥德将军，与决筹策。

是时公孙述称帝于蜀，嚣使援往观之。援素与述同里闬，相善，以为既至当握手欢如平生，而述盛陈陛卫，以延援入，交拜礼毕，使出就馆，更为援制都布单衣、交让冠，会百官于宗庙中，立旧交之位。述鸾旗旄骑，警跸就车，磬折而入，礼飨官属甚盛，欲授援以封侯大将军位。宾客皆乐留，援晓之曰："天下雄雌未定，公孙不吐哺走迎国士，与图成败，反修饰边幅，如偶人形。此子何足久稽天下士乎？"因辞归，谓嚣曰："子阳井底蛙耳，而妄自尊大，不如专意东方。"

建武四年冬，嚣使援奉书洛阳。援至，引见于宣德殿。世祖迎笑谓援曰："卿遨游二帝间，今见卿，使人大惭。"援顿首辞谢，因曰："当今之世，非独君择臣也，臣亦择君矣。臣与公孙述同县，少相善。臣前至蜀，述陛戟而后进臣。臣今远来，陛下何知非刺客奸人，而简易若是？"帝复笑曰："卿非刺客，顾说客耳。"援曰："天下反覆，盗名字者不可胜数。今见陛下，恢廓大度，同符高祖，乃知帝王自有真也。"帝甚壮之。援从南幸黎丘，转至东海。及还，以为待诏，使太中大夫来歙持节送援西归陇右。

隗嚣与援共卧起，问以东方流言及京师得失。援说嚣曰："前到朝廷，上引见数十，每接宴语，自夕至旦，才明勇略，非人敌也。且开心见诚，无所隐伏，阔达多大节，略与高帝同。经学博览，政事即位，马员先到洛阳，光武帝让马员恢复增山郡守一职，后死在官位上。马援就留在西州，隗嚣很是敬重他，任命他为绥德将军，与他一起决定筹谋策略。

这时公孙述在蜀地称帝，隗嚣让马援前去察看。马援与公孙述是同乡，彼此交好，以为到那里后应当如从前一般把手言欢，然而公孙述却陈列了众多守卫，引马援入内，互拜之礼结束，让他出去前往使馆，又为马援制都布单衣、交让冠，在宗庙内会见百官，为他设立旧交之位。公孙述配有鸾旗旄骑等天子仪仗，沿途侍卫在前清道警戒后他才登车，弯着腰进入宗庙，用盛大的礼仪宴饮宾客官属，打算封马援为侯并授予他大将军的官位。宾客都愿意留下，马援对他们晓之以理道："天下胜败未定，公孙述不吐出嘴里的食物殷勤地跑出去迎接国内的贤士，同他们一起谋划成败大计，反而讲究衣饰仪容，如同人偶一般，这样的人哪里能够长久留住天下的贤士呢？"因而辞别归去，马援对隗嚣说："子阳只是个井底蛙而已，却妄自尊大，不如专心谋划归顺东方。"

建武四年（28）冬季，隗嚣让马援拿着书信到洛阳进呈。马援到达后，被引入宣德殿面见光武帝。光武帝笑脸相迎对马援说："你奔波周旋在两位皇帝之间，如今看见你，令人大为惭愧。"马援叩首婉谢，说："当今的世道，并非只有君主选择臣子，臣子也要选择君主啊。臣与公孙述是同乡，年幼时彼此交好，臣之前到达蜀地，公孙述先让侍卫持戟立于殿阶两侧之后引臣进入。臣今天远道而来，陛下如何知道我并非刺客奸人，反而如此防卫简易呢？"光武帝又笑着说："你并非刺客，而是说客啊。"马援说："天下反复无常，欺世盗名者不可胜数。而今看见陛下，胸怀广阔度量宏远，与高祖相合，方知自有真龙天子。"光武帝很是赞赏他。马援随从光武帝南巡黎丘，转至东海。等回去后，任他为待诏，命太中大夫来歙持符节送马援向西返回陇右。

隗嚣与马援同室而居，拿东方流言及京师得失询问他。马援劝说隗嚣道："之前到朝廷，皇帝数十次引我入见，每次接待闲谈，从晚到早，他的才智谋略，非他人能敌。并且真诚相待，毫无隐瞒。通文辩，前世无比。”嚣曰：“卿谓何如高帝？”援曰：“不如也。高帝无可无不可；今上好吏事，动如节度，又不喜饮酒。”嚣意不怿，曰：“如卿言，反复胜邪？”然雅信援，故遂遣长子恂入质。援因将家属随恂归洛阳。居数月而无它职任。援以三辅地旷土沃，而所将宾客猥多，乃上书求屯田上林苑中，帝许之。

会隗嚣用王元计，意更狐疑，援数以书记责譬于嚣，嚣怨援背己，得书增怒，其后遂发兵拒汉。援乃上疏曰：“臣援自念归身圣朝，奉事陛下，本无公辅一言之荐，左右为容之助。臣不自陈，陛下何因闻之。夫居前不能令人轻，居后不能令人轩，与人怨不能为人患，臣所耻也。故敢触冒罪忌，昧死陈诚。臣与隗嚣，本实交友。初，嚣遣臣东，谓臣曰：‘本欲为汉，愿足下往观之。于汝意可，即专心矣。’及臣还反，报以赤心，实欲导之于善，非敢谲以非义。而嚣自挟奸心，盗憎主人，怨毒之情遂归于臣。臣欲不言，则无以上闻。愿听诣行在所，极陈灭嚣之术，得空匈腹，申愚策，退就陇亩，死无所恨。”帝乃召援计事，援具言谋画。因使援将突骑五千，往来游说嚣将高峻、任禹之属，下及羌豪，为陈祸福，以离嚣支党。

援又为书与嚣将杨广，使晓劝于嚣，曰：“春卿无恙，前别冀南，寂无音驿。援间还长安，因留上林。窃见四海已定，兆民同情，而季孟闭拒背畔，为天下表的。常惧海内切齿，思相屠裂，故遗书达有高节，大略与高帝相同。对于经学的博览，对于政事的辩论，前代之人无人能比。”隗嚣说：“你认为他能胜过高帝吗？”马援说：“不如高帝。高帝怎样都可以；当今圣上喜好官务，一举一动合乎法度，又不喜欢饮酒。”隗嚣心中不悦，说：“如你所说，当今圣上反而又胜过高帝了？”然而隗嚣素来信任马援，所以就让长子隗恂入京当人质。马援因而带着家属跟随隗恂回洛阳。在洛阳居住了数月却没有收到其他职务的任命。马援因三辅土地广阔肥沃，而自己带来的宾客繁多，就上书请求在上林苑中屯田。光武帝同意了他的请求。

碰巧遇上隗嚣采用王元的计谋，心中愈发狐疑，马援多次寄去书信用责备的口吻劝导隗嚣。隗嚣怨马援背叛了自己，得到书信后更为恼怒，这之后就出兵抵御汉军。马援于是上疏说：“臣马援自己想着投靠圣朝，侍奉陛下，本来没有得到三公四辅说一句举荐的话，也没有左右侍从帮忙粉饰美言。臣不自荐，陛下凭借什么能听说我。处于人前却不能令人高看，处于人后却不能令人看轻，与人结怨却不能让对方忧虑，这是臣所羞耻的。因而臣敢触犯罪罚与忌讳，冒死陈说自己的一片赤诚之心。臣与隗嚣，本来确实是朋友。起初，隗嚣派臣前往东方，对臣说：‘我本想归降汉室，期望你前去察看一番，在你看来可行的话，就专心归降汉室了。’等臣返回后，以一片赤心相报，确实想劝导他向善，不敢用不义之言欺骗他。然而隗嚣心怀不轨，身为盗贼却怨恨物主，将怨毒之情归到臣的身上。臣不打算说，就没有办法使陛下知晓。希望能到陛下那里，极力陈说灭亡隗嚣的办法，得以倾心吐胆，说明自己的愚见，之后再退归田里，便死而无憾了。”光武帝便召马援计议大事，马援详细告知了自己谋划。光武帝便令马援带领五千名冲锋陷阵的精锐骑兵，往来游说隗嚣的将领高峻、任禹等人，包括下面的羌人英豪，为他们陈述祸福厉害，来离间隗嚣的党羽。

马援又致信隗嚣手下的大将杨广，令对方劝谏隗嚣，信中说：“春卿无恙。之前在冀南分别，杳无音信。马援返回长安已有些时日，如今留在上林。我看见四海已定，万民一心，而隗季孟却闭关抵拒背叛汉朝，成为天下所攻击的目标。我经常忧惧海内之人咬紧牙齿恋恋，以致恻隐之计。乃闻季孟归罪于援，而纳王游翁谄邪之说，自谓函谷以西，举足可定，以今而观，竟何如邪？援间至河内，过存伯春，见其奴吉从西方还，说伯春小弟仲舒望见吉，欲问伯春无它否，竟不能言，晓夕号泣，婉转尘中。又说其家悲愁之状，不可言也。夫怨仇可刺不可毁，援闻之，不自知泣下也。援素知季孟孝爱，曾、闵不过。夫孝于其亲，岂不慈于其子？可有子抱三木，而跳梁妄作，自同分羹之事乎？季孟平生自言所以拥兵众者，欲以保全父母之国而完坟墓也，又言苟厚士大夫而已。而今所欲全者将破亡之，所欲完者将毁伤之，所欲厚者将反薄之。季孟尝折愧子阳而不受其爵，今更共陆陆，欲往附之，将难为颜乎？若复责以重质，当安从得子主给是哉！往时子阳独欲以王相待，而春卿拒之；今者归老，更欲低头与小儿曹共槽枥而食，并肩侧身于怨家之朝乎？男儿溺死何伤而拘游哉！今国家待春卿意深，宜使牛孺卿与诸耆老大人共说季孟，若计画不从，真可引领去矣。前披舆地图，见天下郡国百有六所，奈何欲以区区二邦以当诸夏百有四乎？春卿事季孟，外有君臣之义，内有朋友之道。言君臣邪，固当谏争；语朋友邪，应有切磋。岂有知其无成，而但萎腰咋舌，叉手从族乎？及今成计，殊尚善也；过是，欲少味矣。且来君叔天下信士，朝廷重之，其意依依，常独为西州言。援商朝廷，尤欲立信于此，必不负约，援不得久留，愿急赐报。”广竟不答。

对他恨之入骨，想着把他大卸八块，因而十分眷念地寄去书信，表达心中的恻隐之情。却听闻季孟将一切归罪于我马援，采纳了王游翁的谄媚邪恶之说，自以为函谷关以西，能够轻而易举地平定，从现今看来，到底如何呢？马援不久前到达河内，登门拜访伯春，看到他的奴仆吉从西方归来，说伯春的小弟仲舒看到吉，想问伯春有没有事，竟不能开口说话，夙夜放声大哭，哭声婉转于尘土之间。又诉说自己家中的悲愁之状，难以通过言语来描述。对待怨恨仇视之人可以刺杀却不能毁谤，马援听后，不知不觉中流下了眼泪。马援素来知晓季孟孝敬长辈爱重小辈，曾参、闵子骞也比不过他。孝敬自己父母的人，难道会不爱怜自己的儿子吗？怎会有儿子刑具加身，父亲却上蹿下跳胡作非为，自己分食拿儿子的肉制成的羹汤的事呢？季孟一向自称之所以拥兵众多，是为了保全父母之国和祖先坟墓，又说是想暂且厚待士大夫而已。如今想要保全的即将破亡，想要完护的即将损毁，想要厚待的即将反被苛待。季孟曾折辱子阳而不接受对方授予的封爵，如今转而与对方一起奔波忙碌，想前去依附对方，难道不觉得难为情吗？如若对方又索要重要人质，他又要从哪儿寻得儿子公主给对方啊！过去子阳唯独想用王侯之位相待，春卿却拒绝了他；而今归乡养老之时，又想低头与孩子们在同一个槽子内吃饭，并肩置身于仇家的朝中吗？男儿溺水而死又何妨，何必拘限游水呐！如今国家待春卿你心意很深，应当让牛孺卿与各位德高望重的老人一同劝导季孟，如若他不听从你们的计议考量，就真的可以带领众人离他而去了。之前翻阅地图，看见天下共有一百零六个郡国，为何想凭区区两个郡国来抵挡其余的一百零四个呢？春卿你侍奉季孟，外有君臣之间的义务，内有朋友之间的道义。就君臣来说，你本来就应该直言规劝；就朋友来说，也应该有互相讨论的过程。岂有知道对方无法完成，却只是软弱害怕到不敢说话，叉着手跟从他一起被灭呢？乘着今天达成共识，尚且还算不错；过了今天，即使想要这么做也没什么意义了。而且来君叔是天下信士，朝廷看重他，他的内心怀有思慕之情，经常单独为西州说话。马援推测朝廷，也很想凭这件事树立诚信，必然不会违背约定。马援不能久留，期望速速回信。”杨广最终不曾答复。

八年，帝自西征嚣，至漆，诸将多以王师之重，不宜远入险阻，计冘豫未决。会召援，夜至，帝大喜，引入，具以群议质之。援因说隗嚣将帅有土崩之势，兵进有必破之状。又于帝前聚米为山谷，指画形势，开示众军所从道径往来，分析曲折，昭然可晓。帝曰："虏在吾目中矣。"明旦，遂进军至第一，嚣众大溃。

九年，拜援为太中大夫，副来歙监诸将平凉州。自王莽末，西羌寇边，遂入居塞内，金城属县多为虏有。来歙奏言陇西侵残，非马援莫能定。十一年夏，玺书拜援陇西太守。援乃发步骑三千人，击破先零羌于临洮，斩首数百级，获马牛羊万余头。守塞诸羌八千余人诣援降，诸种有数万，屯聚寇钞，拒浩亹隘。援与扬武将军马成击之。羌因将其妻子辎重移阻于允吾谷，援乃潜行间道，掩赴其营。羌大惊坏，复远徙唐翼谷中，援复追讨之。羌引精兵聚北山上，援陈军向山，而分遣数百骑绕袭其后，乘夜放火，击鼓叫噪，虏遂大溃，凡斩首千余级。援以兵少，不得穷追，收其谷粮畜产而还。援中矢贯胫，帝以玺书劳之，赐牛羊数千头，援尽班诸宾客。

是时，朝臣以金城破羌之西，涂远多寇，议欲弃之。援上言，破羌以西城多完牢，易可依固；其田土肥壤，灌溉流通。如令羌在湟中，则为害不休，不可弃也。帝然之，于是诏武威太守，令悉还金城客民。归者三千余口，使各反旧邑。援奏为置长吏，缮城郭，起坞建武八年（32），光武帝向西征讨隗嚣，行至漆县，众将大多因天子军队极其重要，不适合深入险阻，拿不定主意。正赶上光武帝召见马援，夜晚的时候马援到了，光武帝非常欢喜，派人引他入内面见，将众人的议论想法全部交由他评断。马援就说了隗嚣将帅有崩溃破败的趋势，出兵进攻必然会打败对方。又在光武帝面前把米堆当作山谷，用手指比画现在的形势，指出众军往来所经之路，分析其中的曲折，清晰可知。光武帝说："敌军在我眼中了。"第二天早上，光武帝就将军队推进到敌方的第一座城池，隗嚣的部下兵众大半溃亡。

建武九年（33），光武帝任命马援为太中大夫，辅助来歙统领众将平定凉州。自王莽末年，西羌不断侵犯我国边境，最终进入塞内居住，金城属县大多为敌人西羌所有。来歙上书说陇西遭到侵犯残害，只有马援才能平定。建武十一年（35）夏季，光武帝下诏命马援任陇西太守。马援就征发步兵骑兵三千人，在临洮攻破先零羌，斩下敌首数百级，获得马牛羊一万多头。防守边塞的八千多名羌人归降马援。各个种族有数万人，聚集在一起攻杀抢掠，把守着浩大不绝的关隘。马援与扬武将军马成一起进攻。羌人便将妻儿行李转移到允吾谷抵御，马援秘密从小路行走，乘其不备到了敌方的军营。羌人大为吃惊被吓坏了，又向远转移到唐翼谷中，马援接着追击讨伐。羌人率领精兵在北山上聚集，马援陈列军队向山上挺进，又分出数百名骑兵让他们绕到敌人后方袭击，乘着夜晚放火烧山，击鼓叫喊，羌人大半溃亡，汉军斩获敌首一千多级。马援因为兵力较少，不能继续追击，收缴了对方的谷物牲畜就返回了。马援被敌人的箭贯穿小腿，光武帝颁发诏书慰劳他，赐牛羊数千头，马援将赏赐全都分予了各个宾客。

这时，朝中大臣因金城位于破羌的西面，路途遥远且寇贼众多，议论着想舍弃这座城池。马援进言说，破羌西面的城池大多坚固完整，可以容易地依靠这些城墙进行防卫；其地土壤肥沃，灌溉便利。若让羌人在湟中居住，他们就会不断制造祸害，不可放弃金城。光武帝认为确实如此，便下达诏书给武威太守，令寄居武威的候，开导水田，劝以耕牧，郡中乐业。又遣羌豪杨封譬说塞外羌，皆来和亲。又武都氐人背公孙述来降者，援皆上复其侯王君长，赐印绶，帝悉从之。乃罢马成军。

十三年，武都参狼羌与塞外诸种为寇，杀长吏。援将四千余人击之，至氐道县，羌在山上，援军据便地，夺其水草，不与战，羌遂穷困，豪帅数十万户亡出塞，诸种万余人悉降，于是陇右清静。

援务开恩信，宽以待下，任吏以职，但总大体而已。宾客故人，日满其门。诸曹时白外事，援辄曰："此丞、掾之任，何足相烦。颇哀老子，使得遨游。若大姓侵小民，黠羌欲旅距，此乃太守事耳。"傍县尝有报仇者，吏民惊言羌反，百姓奔入城郭。狄道长诣门，请闭城发兵。援时与宾客饮，大笑曰："烧虏何敢复犯我。晓狄道长归守寺舍，良怖急者，可床下伏。"后稍定，郡中服之。视事六年，征入为虎贲中郎将。

初，援在陇西上书，言宜如旧铸五铢钱。事下三府，三府奏以为未可许，事遂寝。及援还，从公府求得前奏，难十余条，乃随牒解释，更具表言。帝从之，天下赖其便。援自还京师，数被进见。为人明须发，眉目如画。闲于进对，尤善述前世行事。每言及三辅长者，下至闾里少年，皆可观听。自皇太子、诸王侍闻者，莫不属耳忘倦。又善兵策，帝常言"伏波论兵，与我意合"，每有所谋，未尝不用。

金城百姓全都回到金城。回去的有三千多口，命他们各自返回之前的县邑。马援上奏请求为他们设置长吏，修补城墙，兴建土堡，开通水田，劝民耕牧，郡中百姓从此安生乐业。又派羌族首领杨封劝导塞外羌人，这些塞外的羌人都来与汉人和睦亲善起来。还有武都氐人背叛公孙述前来归降的，马援都上奏请求恢复他们的侯王君长之位，赐予他们印绶，光武帝全都遵从了他的建议。就将马成的军队调了回来。

建武十三年（37），武都参狼羌与塞外各族前来侵犯，杀掉了长吏。马援带领四千多人攻打他们，行至氐道县，羌人位于山上，马援所率的军队占领了形势便利的地方，夺走了羌人的水草，不与他们作战，羌人走投无路，首领带着数十万户羌人逃出塞外，各族的一万多人全都投降，于是陇右清净无忧。

马援致力于树立恩德信义，对待下属十分宽容，依照职务任用官吏，他自己只总管整体局面而已。宾客故人，每天都聚满了他的家门。手下的官员经常向他汇报外面的事情，马援每次都说："这是县丞、长史、掾史的职责，不值得来烦劳我。略微怜悯一下老夫，使我得以逍遥自在地游玩。如若遇到高门大户侵扰小老百姓，奸猾的羌人想聚众反抗，这才是太守要管的事情。"邻县曾有报仇的人，官吏百姓害怕地说是羌人造反了，百姓跑入城内。狄道县令上门拜访，请求马援关闭城门发兵作战，马援这时正与宾客宴饮，大笑道："烧羌怎敢又来侵扰我。告知狄道县令回去守好官舍，确实极其惶恐无措的，可以趴在床下躲着。"后来逐渐安定下来，郡中官民都很佩服他。马援任职六年，被召入朝中任虎贲中郎将。

起初，马援在陇西上书朝廷，建言应依照旧制铸五铢钱。事情转交三府讨论，三府奏称不可批准，这件事就被搁置至今，等到马援还朝，从公府中求得之前的奏疏，上面有十多条责难，他就在旁逐一解释，又详细论述了自己的想法。光武帝听从了他的建议，天下百姓赖此获得了便利。自从马援回到京师，多次被光武帝召入宫中。马援须发明亮，眉目如画。对于回答天子的提问很是娴熟，尤其擅长讲述前代发生的事情。每次讲到三辅长者，乡里少年的故事，都可一听。上初，卷人维汜，訞言称神，有弟子数百人，坐伏诛。后其弟子李广等宣言汜神化不死，以诳惑百姓。十七年，遂共聚会徒党，攻没皖城，杀皖侯刘闵，自称“南岳大师”。遣谒者张宗将兵数千人讨之，复为广所败。于是使援发诸郡兵，合万余人，击破广等，斩之。

又交阯女子徵侧及女弟徵贰反，攻没其郡，九真、日南、合浦蛮夷皆应之，寇略岭外六十余城，侧自立为王。于是玺书拜援伏波将军，以扶乐侯刘隆为副，督楼船将军段志等南击交阯。军至合浦而志病卒，诏援并将其兵。遂缘海而进，随山刊道千余里。十八年春，军至浪泊上，与贼战，破之，斩首数千级，降者万余人。援追徵侧等至禁溪，数败之，贼遂散走。明年正月，斩徵侧、徵贰，传首洛阳。封援为新息侯，食邑三千户。援乃击牛酾酒，劳飨军士。从容谓官属曰：“吾从弟少游常哀吾慷慨多大志，曰：‘士生一世，但取衣食裁足，乘下泽车，御款段马，为郡掾史，守坟墓，乡里称善人，斯可矣。致求盈余，但自苦耳。’当吾在浪泊、西里间，虏未灭之时，下潦上雾，毒气重蒸，仰视飞鸢跕跕堕水中，卧念少游平生时语，何可得也！今赖士大夫之力，被蒙大恩，猥先诸君纡佩金紫，且喜且惭。”吏士皆伏称万岁。

援将楼船大小二千余艘，战士二万余人，进击九真贼徵侧余党都羊等，自无功至居风，斩获五千余人，峤南悉平。援奏言西于自皇太子、下至众王侍从听他讲述的人，无不侧耳倾听忘却疲倦。还擅长用兵之策，光武帝常说“伏波谈论起用兵之事，与我的想法不谋而合。”他每每提出什么计策，没有不被光武帝采用的。

起初，卷县人维汜，发表邪恶之言称自己是神，有弟子数百人，因触犯法律被处以死刑。后来他的弟子李广等宣称维汜是神的化身不会死亡，以此来诓骗百姓。建武十七年（41），李广等人召集徒党，攻占了皖城，杀害了皖侯刘闵，自称是“南岳大师”。朝廷派遣谒者张宗领兵数千人讨伐，又被李广击败。于是皇帝令马援征调各郡兵马，合计一万多人，打败李广等人，斩杀了他们。

又有交阯女子徵侧及其妹妹征贰谋反，攻占了交阯郡，九真、日南、合浦的少数民族都呼应她们，侵犯劫掠了岭外六十多座城池后，徵侧自立为王。于是光武帝颁发诏书任命马援为伏波将军，令扶乐侯刘隆担任副将，带领楼船将军段志等向南攻击交阯。大军行至合浦时段志病亡，光武帝下诏命马援一并统帅段志的士兵。马援率军沿着海边行进，沿山开辟了一千多里的道路。建武十八年（42）春季，大军行至流泊上，与贼寇交战，击溃了对方。斩获敌首数千级，有一万多人投降。马援追赶徵侧等人到禁溪，多次击败对方，贼寇便四散而逃。明年正月，马援斩杀了徵侧、徵贰，传送二人的首级到洛阳。光武帝封马援为新息侯，食邑三千户。马援于是杀牛滤酒，慰劳犒赏手底下的兵卒。神态从容地对属下说：“我的堂弟少游常常哀叹我慷慨大方胸怀大志，说：‘人这一生，只要够吃够穿，乘着适于在沼泽地行驶的短毂车，驾着行走迟缓的小马，当一个郡中的掾史，守着先祖的坟墓，乡人称自己是善人，这就够了。致力于追求多余的东西，不过是自寻苦恼而已。’当我在浪泊、西里之间，贼寇尚未被灭之时，脚踏潦水，头顶浓雾，毒气蒸人，抬头望见小心前行的飞鸢落入水中，躺下想起少游平生时常说的这些话，怎么能够实现啊！而今仰仗士大夫之力，蒙受大恩，以我微贱之躯先于诸君位居高位，又欢喜又惭愧。”兵吏们都趴在地上高呼万岁。

马援率领大小楼船两千多艘，战士两万多人，进攻九真贼寇徵侧余党都羊等，从无功到居风，斩获敌寇五千多人，岭南全都被平县户有三万二千，远界去庭千余里，请分为封溪、望海二县，许之。援所过辄为郡县治城郭，穿渠灌溉，以利其民。条奏越律与汉律驳者十余事，与越人申明旧制以约束之，自后骆越奉行马将军故事。

二十年秋，振旅还京师，军吏经瘴疫死者十四五。赐援兵车一乘，朝见位次九卿。

援好骑，善别名马，于交阯得骆越铜鼓，乃铸为马式，还上之。因表曰："夫行天莫如龙，行地莫如马。马者甲兵之本，国之大用。安宁则以别尊卑之序，有变则以济远近之难。昔有骐骥，一日千里，伯乐见之，昭然不惑。近世有西河子舆，亦明相法。子舆传西河仪长孺，长孺传茂陵丁君都，君都传成纪杨子阿，臣援尝师事子阿，受相马骨法。考之于行事，辄有验效。臣愚以为传闻不如亲见，视景不如察形。今欲形之于生马，则骨法难备具，又不可传之于后。孝武皇帝时，善相马者东门京铸作铜马法献之，有诏立马于鲁班门外，则更名鲁班门曰金马门。臣谨依仪氏�，中帛氏口齿，谢氏唇鬐，丁氏身中，备此数家骨相以为法。"马高三尺五寸，围四尺五寸，有诏置于宣德殿下，以为名马式焉。

初，援军还，将至，故人多迎劳之，平陵人孟冀，名有计谋，于坐贺援。援谓之曰："吾望子有善言，反同众人邪？昔伏波将军路博德开置七郡，裁封数百户；今我微劳，猥飨大县，功薄赏厚，定。马援上奏向光武帝陈述说西于县有三万二千人户，最远的边境地区距离县廷有一千多里，请将西于县分为封溪、望海两县，光武帝批准了他的请求。马援每经过一个地方就为那里的郡县修筑城墙，挖渠灌溉，来便利百姓。逐条上奏越律与汉律相悖的十多件事，向越人申明旧制来约束他们，自那之后骆越便奉行马将军定下的旧制。

建武二十年（44）秋季，马援整顿军队班师回朝，军吏遭受瘴疫而死的十个里面就有四五个。光武帝赐予马援兵车一乘，觐见君主时的位置排在九卿的后面。

马援喜好骑马，擅长分辨名马，在交阯获得骆越铜鼓，就用其铸成骏马的标准式样，还朝后进献给了光武帝。乘机启奏光武帝说："在天上飞行没有比龙更好的，在地上奔驰没有比马更好的。马是士兵作战的根本，对于国家来说也有很大的用处。安定和平时就用来分别等级尊卑的高低，发生事变时就用来救济远处和近处的灾祸。以前有良马，可以日行千里，伯乐看见它，对它的品质明确无疑。近代有西河子舆，也明白观察体貌分辨名马的方法。子舆将分辨名马的方法传给了西河仪长孺，长孺传给了茂陵丁君都，君都传给了成纪杨子阿，臣马援曾师从子阿，习得了观察马的骨相分辨名马的方法。经过长期地实践考察，一直都十分准确。臣以为听人传言不如亲眼看见，看其影子不如察看实体。如今想在活马身上描绘骨相，一匹活马却难以具备所有的骨相，也无法把其传给后人看。孝武皇帝时，擅长分辨名马的东门京，铸造铜马标明辨马之法献给皇帝，皇帝颁发诏书将铜马立在鲁班门外，于是将鲁班门更名为金马门。臣谨慎小心地依照仪氏的络头，中帛氏的口齿，谢氏的唇鬐，丁氏的身子铸成铜马，将这几家的骨相汇集于这匹铜马上作为分辨名马的法则。"铜马高三尺五寸，围四尺五寸。光武帝颁发诏书将这匹铜马放置在宣德殿下，作为名马的标准式样。

起初，马援所率的大军还朝，快到时，故人大多前来迎接慰劳他，平陵人孟冀，以计谋出众闻名，在座上恭贺马援。马援对他说："我盼望着你说些有益之言，你怎么反而和众人一样呢？以前伏波将军路博德开疆拓土设置了七个郡，才封邑数百户；而今我不过有一何以能长久乎？先生奚用相济？”冀曰：“愚不及。”援曰：“方今匈奴、乌桓尚扰北边，欲自请击之。男儿要当死于边野，以马革裹尸还葬耳，何能卧床上在儿女子手中邪？”冀曰：“谅为烈士，当如此矣。”

还月余，会匈奴、乌桓寇扶风，援以三辅侵扰，园陵危逼，因请行，许之。自九月至京师，十二月复出屯襄国。诏百官祖道。援谓黄门郎梁松、窦固曰：“凡人为贵，当使可贱，如卿等欲不可复贱，居高坚自持，勉思鄙言。”松后果以贵满致灾，固亦几不免。

明年秋，援乃将三千骑出高柳，行雁门、代郡、上谷障塞。乌桓候者见汉军至，虏遂散去，援无所得而还。

援尝有疾，梁松来候之，独拜床下，援不答。松去后，诸子问曰：“梁伯孙帝婿，贵重朝廷，公卿已下莫不惮之，大人奈何独不为礼？”援曰：“我乃松父友也。虽贵，何得失其序乎？”松由是恨之。

二十四年，武威将军刘尚击武陵五溪蛮夷，深入，军没，援因复请行。时年六十二，帝愍其老，未许之。援自请曰：“臣尚能被甲上马。”帝令试之。援据鞍顾眄，以示可用。帝笑曰：“矍铄哉是翁也！”遂遣援率中郎将马武、耿舒、刘匡、孙永等，将十二郡募士及弛刑四万余人征五溪。援夜与送者诀，谓友人谒者杜愔曰：“吾受厚恩，年迫余日索，常恐不得死国事。今获所愿，甘心瞑目，但畏长者家儿或在左右，或与从事，殊难得调，介介独恶是耳。”明年春，军至临乡，遇贼攻县，援迎击，破之，斩获二千余人，皆散走入竹林中。

点微小的功劳，就享有大县之封，功绩浅薄却赏赐丰厚，如何能长久呢？先生拿什么能来勉励我呢？”孟冀说：“我太愚钝了无法达到。”马援说：“现今匈奴、乌桓尚且侵扰北方边境，我打算主动请求攻击他们，男儿自当死在边地，马革裹尸归乡入葬啊，怎么能躺在床上死在儿女身边呢？”孟冀说：“想必烈士，本当如此啊。”

马援还朝一月有余，恰好赶上匈奴、乌桓入侵扶风，马援认为三辅遭到侵扰，帝王墓园形势危急，因而请求出征，光武帝批准了他的请求。自九月到达京师，十二月又出京驻守襄国。光武帝下诏命百官为他祭祀路神设宴送行。马援对黄门郎梁松、窦固说：“凡是身份高贵的人，应当使其可以接受卑贱的状况，如果你们想不接受再次的卑贱，身居尊贵高尚之位就要自我克制，好好想想我的话吧。”梁松后来果然因为过于富贵而招致灾祸，窦固也险些没能豁免。

第二年秋季，马援就统率三千骑兵出了高柳，途经雁门、代郡、上谷等边防要塞。乌桓负责侦查的斥候看到汉军来了，就四散逃走，马援一无所得而还朝。

马援曾得了重病，梁松前来探望他，独自在他的床下行拜礼，马援不回应。梁松走后，儿子们问道：“梁伯松是皇帝的女婿，在朝堂上位高权重，公卿以下无不忌惮他，大人为什么独独不回应他的拜礼呢？”马援说：“我是梁松父亲的朋友。梁松虽然尊贵，但哪能违背长幼的次序呢？”梁松由此怨恨上了他。

建武二十四年（48），武威将军刘尚攻击武陵五溪蛮夷，深入敌军内部，结果全军覆没，马援因而又请求前去攻打。马援这年已经六十二岁，光武帝念他老迈，没有准许。马援自己请求道：“臣尚且还能披甲上马。”光武帝令他尝试一下。马援跨着马鞍回头看去，来证明自己可以被任用作战。光武帝笑着说：“此翁真强健啊！”于是派马援统率中郎将马武、耿舒、刘匡、孙永等，带领十二个郡招募的兵士以及弛刑徒四万多人征讨五溪。马援在夜晚与前来送行的人诀别，对担任谒者的友人杜愔说：“我承蒙厚恩，老年逼近余日不多，经常害怕不能为国捐躯，如今得到了达成心愿的机会，死也瞑目无憾，只是担心权贵子弟有的跟在皇帝左右，有的随我征战，很难调初，军次下隽，有两道可入，从壶头则路近而水崄，从充则涂夷而运远，帝初以为疑。及军至，耿舒欲从充道，援以为弃日费粮，不如进壶头，扼其喉咽，充贼自破。以事上之，帝从援策。三月，进营壶头。贼乘高守隘，水疾，船不得上。会暑甚，士卒多疫死，援亦中病，遂困，乃穿岸为室，以避炎气。贼每升险鼓噪，援辄曳足以观之，左右哀其壮意，莫不为之流涕。耿舒与兄好畤侯弇书曰："前舒上书当先击充，粮虽难运而兵马得用，军人数万争欲先奋。今壶头竟不得进，大众怫郁行死，诚可痛惜。前到临乡，贼无故自致，若夜击之，即可殄灭。伏波类西域贾胡，到一处辄止，以是失利。今果疾疫，皆如舒言。"弇得书，奏之。帝乃使虎贲中郎将梁松乘驿责问援，因代监军。会援病卒，松宿怀不平，遂因事陷之。帝大怒，追收援新息侯印绶。

初，兄子严、敦并喜讥议，而通轻侠客。援前在交阯，还书诫之曰："吾欲汝曹闻人过失，如闻父母之名，耳可得闻，口不可得言也。好论议人长短，妄是非正法，此吾所大恶也，宁死不愿闻子孙有此行也。汝曹知吾恶之甚矣，所以复言者，施衿结褵，申父母之戒，欲使汝曹不忘之耳。龙伯高敦厚周慎，口无择言，谦约节俭，廉公有威，吾爱之重之，愿汝曹效之。杜季良豪侠好义，忧人之忧，乐动，我唯独无法忘怀此事而已。”第二年春季，大军行至临乡，遇到贼寇攻击县城，马援迎面痛击，击溃了贼人，斩获敌军两千多人，剩下的都逃散到竹林内了。

起初，军队临时驻扎在下隽，有两条路可以攻入敌方，从壶头攻入的那条路近一些但水势凶险，从充县攻入的那条路道路平坦但路途遥远，光武帝当时对此抱有疑虑。等到军队到达后，耿舒打算从充县攻入，马援以为这条路耗时太久且过于费粮，不如从壶头挺进，扼住敌方的咽喉，充县的贼寇便自己瓦解了。将事情上奏光武帝，光武帝听从了马援的策略。三月，进驻壶头。贼寇凭借居高临下的地势坚守关隘，水势极快，船只不能逆流而上。又正好赶上暑热难耐，士卒大多患疫病而死，马援也得了病，故而全军被困，就凿穿河岸建造屋室，来躲避暑气。贼寇每次登上险地鸣鼓呐喊，马援就常拖着脚去观看，左右哀叹他豪壮的意气，没有不为他落泪的。耿舒致信兄长好畤侯耿弇说：“之前耿舒上书建言说应当先进击充县，粮食虽然难以运输但却有兵马可用，数万名士兵争先恐后地想最先进发。而今壶头无法推进，大家忧愤到快要死去，实在太令人痛惜了。之前到临乡，贼寇没有原因而不请自来，如若乘着夜色袭击对方，便可将其全部歼灭。伏波将军好似西域的胡尚，每到一处就停下脚步，因此吃亏。现今果然被疫病所困，都像我先前说的那样。”耿弇收到书信，上奏了此事。光武帝就让虎贲中郎将梁松驾着驿马前去责问马援，从而代替马援主管大军。恰好碰上马援病亡，梁松素来对马援心怀不满，就趁机陷害对方。光武帝勃然大怒，追收马援的新息侯印绶。

起初，马援兄长的儿子马严、马敦都喜欢讥讽非议他人，且随意与侠客来往。马援之前在交阯的时候，寄回书信告诫他们说：“我想要你们听说他人的过失，就好像听到父母的名字一样，耳朵可以听进去，嘴巴不可以说出来。好议论他人长短，胡乱评论朝政的是非对错，这是我最不喜欢的，我宁愿去死也不愿听闻子孙们有这样的行为啊。你们早就知道我对此十分不喜，之所以再次提起，如同女儿出嫁母亲要为其施衿结褵一般，是想一再申明父母对你们的规人之乐，清浊无所失，父丧致客，数郡毕至，吾爱之重之，不愿汝曹效也。效伯高不得，犹为谨敕之士，所谓刻鹄不成尚类鹜者也。效季良不得，陷为天下轻薄子，所谓画虎不成反类狗者也。讫今季良尚未可知，郡将下车辄切齿，州郡以为言，吾常为寒心，是以不愿子孙效也。”季良名保，京兆人，时为越骑司马。保仇人上书，讼保“为行浮薄，乱群惑众，伏波将军万里还书以诫兄子，而梁松、窦固以之交结，将扇其轻伪，败乱诸夏”。书奏，帝召责松、固，以讼书及援诫书示之，松、固叩头流血，而得不罪。诏免保官。伯高名述，亦京兆人，为山都长，由此擢拜零陵太守。

初，援在交阯，常饵薏苡实，用能轻身省欲，以胜瘴气。南方薏苡实大，援欲以为种，军还，载之一车。时人以为南土珍怪，权贵皆望之。援时方有宠，故莫以闻。及卒后，有上书谮之者，以为前所载还，皆明珠文犀。马武与於陵侯侯昱等皆以章言其状，帝益怒。援妻孥惶惧，不敢以丧还旧茔，裁买城西数亩地槁葬而已。宾客故人莫敢吊会。严与援妻子草索相连，诣阙请罪。帝乃出松书以示之，方知所坐，上书诉冤，前后六上，辞甚哀切，然后得葬。

又前云阳令同郡朱勃诣阙上书曰：

臣闻王德圣政，不忘人之功，采其一美，不求备于众。故高祖诫，想让你们铭记不忘。龙伯高为人宽和忠厚周密谨慎，所说的话都合乎道理，谦逊节俭，廉洁奉公享有威名，我对他又爱又敬，愿你们效仿他。杜季良豪放勇敢行侠仗义，忧心他人所忧心的，快乐他人所快乐的，无论什么人都与他交好，父亲去世，好几个郡的人全都来了，我爱他敬他，不愿你们效仿他。效仿龙伯高不成功，尚且还是谨慎克制之士，正所谓刻鹄不成尚且像鹜。效仿杜季良不成功，就沦为天下的轻薄之人，正所谓画虎不成反而像犬了。杜季良的结局至今尚未可知，郡守刚一下车就任就咬紧牙齿十分痛恨他，州郡以此来说他，我常为之寒心，因而不愿子孙们效仿他。”杜季良名保，京兆人，当时为越骑司马。他的仇人上书，告他“举止轻薄不朴实，惑乱百姓，伏波将军不远万里寄回书信拿他告诫兄长的儿子，梁松、窦固却和他结交，将会鼓动轻薄诈伪之行，败乱诸夏。”奏书进呈后，光武帝召来梁松、窦固责问，把诉状以及马援训诫兄长儿子的书信拿给他们看，梁松、窦固磕头磕到流血，才得以不被治罪。光武帝颁发诏书免去杜季良的官职。龙伯高名述，也是京兆人，是山都县令，因此被提拔为零陵太守。

起初，马援在交阯，常吃薏苡仁，薏苡仁能用来使身体轻盈减少欲望，从而压制住体内的瘴气。南方薏苡的果实很大，马援想用来做种子，军队还京时，载了一车薏苡的果实。当时的人们以为载的是南方的奇珍异宝，朝廷权贵都看在眼里。因为马援这时正深受恩宠，所以没有人上奏光武帝。等到马援死后，有人上书诬陷他，认为他之前用车子载回来的，都是明珠文犀等珍奇之物。马武与於陵侯侯昱等都上章陈说这件事，光武帝愈发震怒。马援的妻子儿女惶恐不安，不敢把马援的尸骨运回家乡的祖坟，仅仅买下城西几亩地草草埋葬了他而已。宾客故人不敢为他聚集吊丧。马严与马援的妻子用草绳捆在一起，赴朝请罪，光武帝便取出梁松的奏书给他们看，他们才知道为何获罪，立即上书陈述冤屈，前后上了六次书，言辞很是哀切，然后马援得以安葬。

又有前云阳县令马援同郡人朱勃赴京上书说：

臣听闻德行高尚的君王和圣明的政治，不会忘掉人臣的功劳，赦蒯通而以王礼葬田横，大臣旷然，咸不自疑。夫大将在外，谗言在内，微过辄记，大功不计，诚为国之所慎也。故章邯畏口而奔楚，燕将据聊而不下。岂其甘心末规哉，悼巧言之伤类也。

窃见故伏波将军新息侯马援，拔自西州，钦慕圣义，间关险难，触冒万死，孤立群贵之间，傍无一言之佐，驰深渊，入虎口，岂顾计哉！宁自知当要七郡之使，徼封侯之福邪？八年，车驾西讨隗嚣，国计狐疑，众营未集，援建宜进之策，卒破西州。及吴汉下陇，冀路断隔，唯独狄道为国坚守，士民饥困，寄命漏刻。援奉诏西使，镇慰边众，乃招集豪杰，晓诱羌戎，谋如涌泉，势如转规，遂救倒县之急，存几亡之城，兵全师进，因粮敌人，陇、冀略平，而独守空郡，兵动有功，师进辄克。铢锄先零，缘入山谷，猛怒力战，飞矢贯胫。又出征交阯，土多瘴气，援与妻子生诀，无悔吝之心，遂斩灭徵侧，克平一州，间复南讨，立陷临乡，师已有业，未竟而死，吏士虽疫，援不独存。夫战或以久而立功，或以速而致败，深入未必为得，不进未必为非。人情岂乐久屯绝地，不生归哉！惟援得事朝廷二十二年，北出塞漠，南度江海，触冒害气，僵死军事，名灭爵绝，国土不传。海内不知其过，众庶未闻其毁，卒遇三夫之言，横被诬罔之谗，家属杜门，葬不归墓，怨隙并兴，宗亲怖栗。死者不能自列，生者莫为之讼，臣窃伤之。

择取对方一处好的德行即可，不苛求完美无缺。因而高祖刘邦宽赦了蒯通并用侯王之礼安葬了田横，大臣们豁然开朗，都不再怀疑自己将陷入危险。大将身处京外，却有谗言在京内产生，微小的过失就要记下，巨大的功劳却不计算在内，实在是国家应当谨慎对待的事。所以章邯因畏惧他人的谗言而投奔了西楚，燕将占据了聊城却因他人的谗言而不敢下来。难道他们甘心采取这样拙劣的计策嘛，是因为害怕那些虚伪之言伤害族类啊。

我看到前伏波将军新息侯马援，选拔自西州，钦慕圣上的仁义，历经千难万险，冒着万死的危险，独立于群贵之间，旁边没有人帮他说一句话，驰深渊，入虎口，哪里顾惜过自己啊！难道他一开始就知道自己今后会当上七郡之使，贪求封侯的福气吗？建武八年（32），陛下御驾西征隗嚣，众人犹豫不决拿不出计策，各个军营也还没有集结起来，马援建议出兵并献上计策，最终攻下了西州。等到吴汉夺得陇右，冀路被断，唯独狄道为国坚守，士兵百姓忍饥挨饿，马上就会没命。马援奉诏西行，安抚慰问边地百姓，招集豪杰，规劝诱导羌戎人民，计谋像喷涌的泉水一般多，所向披靡一往无阻，于是拯救了极其危急的处境，保全了几乎灭亡的城池，士兵完好地向前进发，取用敌人的粮食，陇、冀全都被平定了，而马援却独自守着一个空郡，只要出兵就会立功，只要进攻就会大胜。铲除先零羌时，潜入山谷，奋力征战，被敌人急速射来的箭贯穿小腿。又出征交阯，交阯瘴气弥漫，马援与妻子儿女诀别，毫无后悔惜命之心，于是斩除徵侧，平定一州。乘机又南下征讨，立马攻陷临乡，大军已经建立了功业，战争还未结束马援就去世了，官兵虽然患了疫病，马援也没有独活。战役有时凭借旷日持久而立功，有时因为速战速决而战败，深入敌军未必合适，不进入敌腹也未必不对。按照人的常情来说难道会乐意长久驻扎在孤绝险阻之地，不想活着回来吗！马援在朝做官二十二年，北去塞漠，南度江海，冒着瘴气，死在军事上，没了名声爵位，国土也不能传给后代。天下人不知道他犯了什么过错，老百姓从未听闻对他的毁谤之言，最后因为遭遇流言，意外被诬陷毁谤，家属闭门不敢外出，尸体也不得葬入祖坟，嫌隙并生，宗亲害怕到发抖。死者不能陈夫明主醲于用赏，约于用刑。高祖尝与陈平金四万斤以间楚军，不问出入所为，岂复疑以钱谷间哉？夫操孔父之忠而不能自免于谗，此邹阳之所悲也。《诗》云：“取彼谗人，投畀豺虎。豺虎不食，投畀有北。有北不受，投畀有昊。”此言欲令上天而平其恶。惟陛下留思竖儒之言，无使功臣怀恨黄泉。臣闻《春秋》之义，罪以功除；圣王之祀，臣有五义。若援，所谓以死勤事者也。愿下公卿平援功罪，宜绝宜续，以厌海内之望。

臣年已六十，常伏田里，窃感栾布哭彭越之义，冒陈悲愤，战栗阙庭。

书奏，报，归田里。

勃字叔阳，年十二能诵《诗》《书》。常候援兄况。勃衣方领，能矩步，辞言娴雅，援裁知书，见之自失。况知其意，乃自酌酒慰援曰：“朱勃小器速成，智尽此耳，卒当从汝禀学，勿畏也。”朱勃未二十，右扶风请试守渭城宰，及援为将军，封侯，而勃位不过县令。援后虽贵，常待以旧恩而卑侮之，勃愈身自亲，及援遇谗，唯勃能终焉。肃宗即位，追赐勃子谷二千斛。

初，援兄子婿王磐子石，王莽从兄平阿侯仁之子也。莽败，磐拥富赀居故国，为人尚气节而爱士好施，有名江淮间。后游京师，与卫尉阴兴，大司空朱浮、齐王章共相友善。援谓姊子曹训曰：“王氏，废姓也。子石当屏居自守，而反游京师长者，用气自行，多所陵折，其败必也。”后岁余，磐果与司隶校尉苏邺、丁鸿事相连，坐死述自己的内心，生者不能为他申诉冤屈，臣的心中为之伤怀。

圣明之君看重赏赐的使用，很少使用刑罚治理国家。高祖曾交与陈平金四万斤来离间楚军，从不过问都拿去做了什么，怎会又怀疑他拿钱谷行贿呢？纵使拥有孔子那般的忠心也不能免于他人的谗害，这是邹阳所悲恸的。《诗经》说：“抓来那些进献谗言的小人，丢给豺虎食用。豺虎不愿吃，扔到北方寒冷荒凉的地方。北方不接受，就交给上天处置吧。”这句话是说想令上天消除他们的恶行。惟愿陛下留意小儒的话，不要使功臣怀恨黄泉。臣听闻按照《春秋》之义，罪责可以拿功业除掉；圣王之祀，臣子拥有五大功绩中的一个便可享受祭祀。拿马援来说，他正是以死效忠的那一类。希望下诏让公卿评定马援的功罪，看看是应该断绝他的爵位还是应该延续封爵，来满足天下的期望。

臣今年已经六十岁了，经常隐居田里，心中感慨栾布吊唁彭越的义举，冒死陈说内心的悲愤。在宫廷上害怕到发抖。

奏书进呈后，得到了答复，朱勃返回了田里。

朱勃字叔阳，十二岁时便能背诵《诗经》《尚书》。经常看望马援的兄长马况。朱勃身穿儒者方领之服，举止合乎礼仪规矩，说话沉稳闲静，马援才接触书籍，见到对方自惭形秽。马况知道他的想法，便自己斟酒安慰马援说：“朱勃才华不大早早成功，才智只有这些而已，最终会跟随你求学，不要畏惧他。”朱勃还不到二十岁，右扶风请他试任渭城宰，等到马援成了将军，被封侯，朱勃的官位不过县令。马援后来虽然地位尊贵，却常常以昔日的恩情对待他并不欺辱他，朱勃愈发与马援亲密，等到马援被人诬陷，唯有朱勃能待他始终如一。章帝即位，追赐朱勃的儿子谷二千斛。

起初，马援兄长的儿子的女婿名王磐字子石，是王莽堂兄平阿侯王仁的儿子。王莽失败，王磐怀抱巨资住在故国，为人注重气节且爱护贤士喜好施舍，闻名于江淮间。后来到京师游览，与卫尉阴兴、大司空朱浮、齐王章相处得友爱和善。马援对姐姐的儿子曹训说：“王氏，是被废除了的姓氏，子石应当隐居自保，反倒结交豪门显贵，洛阳狱。而磐子肃复出入北宫及王侯邸第。援谓司马吕种曰："建武之元，名为天下重开。自今以往，海内日当安耳。但忧国家诸子并壮，而旧防未立，若多通宾客，则大狱起矣。卿曹戒慎之！"及郭后薨，有上书者，以为肃等受诛之家，客因事生乱，虑致贯高、任章之变。帝怒，乃下郡县收捕诸王宾客，更相牵引，死者以千数。吕种亦豫其祸，临命叹曰："马将军诚神人也！"

永平初，援女立为皇后。显宗图画建武中名臣、列将于云台，以椒房故，独不及援。东平王苍观图，言于帝曰："何故不画伏波将军像？"帝笑而不言。至十七年，援夫人卒，乃更修封树，起祠堂。

建初三年，肃宗使五官中郎将持节追策，谥援曰忠成侯。

四子：廖，防，光，客卿。

客卿幼而歧嶷，年六岁，能应接诸公，专对宾客。尝有死罪亡命者来过，客卿逃匿，不令人知。外若讷而内沈敏。援甚奇之，以为将相器，故以客卿字焉。援卒后，客卿亦夭没。

论曰：马援腾声三辅，遨游二帝，及定节立谋，以干时主，将怀负鼎之愿，盖为千载之遇焉。然其戒人之祸，智矣，而不能自免于谗隙。岂功名之际，理固然乎？夫利不在身，以之谋事则智；虑不私己，以之断义必厉。诚能回观物之智而为反身之察，若施之于人则能恕，自鉴其情亦明矣。

意气行事，多行欺凌折辱他人之举，必然会失败。”一年多后，王磐果然因为与司隶校尉苏邺、丁鸿的事有关连，获罪死在洛阳狱里。王磐的儿子王肃又如他的父亲一般出入北宫及王侯府邸。马援对司马吕种说：“改元建武，号称是重建天下繁盛之貌。从今以后，海内当会日渐安定。只是忧心国家诸侯之子全都正值壮年，而诸侯之子不许结交宾客的旧有禁制却还未树立，如若他们多与宾客往来，那么就会兴起大狱，你们要警惕这件事！”等到郭后去世，有人上书，认为王肃等作为受诛之人的家属，如果宾客趁事生乱，担心会导致贯高、任章那样的变乱。光武帝大怒，下诏让郡县收捕众王的宾客，互相牵扯连累，为此而死的有数千人。吕种也碰上了这等灾祸，将死之时感叹道：“马将军的确是神人啊！”

永平初年，马援的女儿被立为皇后。明帝在云台绘制建武年间名臣、列将像，因为皇后的原因，唯独没有马援。东平王刘苍看到图像，对明帝说：“为何不画伏波将军的图像？”明帝笑而不语。等到永平十七年（74），马援的夫人去世，才重修坟墓，建祠堂。

建初三年（78），章帝命五官中郎将持符节追封马援，赐予马援谥号为忠成侯。

马援的四个儿子：马廖、马防、马光、马客卿。

马客卿年幼时就十分聪敏，年仅六岁，便能应酬公卿，单独面对宾客。曾经有个犯下死罪的亡命之徒来到他家，客卿帮他逃走隐匿起来，不令他人知道。表面看上去好似十分木讷然而内心却沉稳聪敏。马援视他为奇人，认为他是做将相的料，因而用客卿为他取名。马援去世后，客卿也早早死了。

评论说：马援名扬三辅，奔走周旋于二帝间，等确定志节立下谋略，来求见当时的天子，怀揣伊尹辅佐国君之愿，大概是千年一遇吧。然而马援警告他人注意祸患时，十分机智，却不能自免于谗言的伤害。难道功成名就之际，就应当如此？利益不关乎自身，谋划事情就十分机智；思虑不涉及个人，决断就能迅速作出。若真的能找回观察别的事物时的机智来反察自身，对待他人能推己及人，审查自己时廖字敬平，少以父任为郎。明德皇后既立，拜廖为羽林左监、虎贲中郎将。显宗崩，受遗诏典掌门禁，遂代赵熹为卫尉，肃宗甚尊重之。

时皇太后躬履节俭，事从简约，廖虑美业难终，上疏长乐宫以劝成德政，曰："臣案前世诏令，以百姓不足，起于世尚奢靡，故元帝罢服官，成帝御浣衣，哀帝去乐府。然而侈费不息，至于衰乱者，百姓从行不从言也。夫改政移风，必有其本。传曰：'吴王好剑客，百姓多创瘢；楚王好细腰，宫中多饿死。'长安语曰：'城中好高髻，四方高一尺；城中好广眉，四方且半额；城中好大袖，四方全匹帛。'斯言如戏，有切事实。前下制度未几，后稍不行。虽或吏不奉法，良由慢起京师。今陛下躬服厚缯，斥去华饰，素简所安，发自圣性。此诚上合天心，下顺民望，浩大之福，莫尚于此。陛下既已得之自然，犹宜加以勉勖，法太宗之隆德，戒成、哀之不终。《易》曰：'不恒其德，或承之羞。'诚令斯事一竟，则四海诵德，声薰天地，神明可通，金石可勒，而况于行仁心乎，况于行令乎！愿置章坐侧，以当瞽人夜诵之音。"太后深纳之。朝廷大议，辄以询访。

廖性质诚畏慎，不爱权势声名，尽心纳忠，不屑毁誉。有司连据旧典，奏封廖等，累让不得已，建初四年，遂受封为顺阳侯，以特进就第。每有赏赐，辄辞让不敢当，京师以是称之。

也就明晰透彻了。

马廖字敬平，年少时因为父亲的原因被任命为郎官。明德皇后登上后位时，拜马廖为左监、虎贲中郎将。明帝驾崩，蒙受遗诏主管宫门防卫事宜，于是接替赵熹做了卫尉，章帝十分尊重他。

当时皇太后躬行节俭，做事采取简约的方法，马廖忧虑美好功业不能有一个美满的结局，上疏长乐宫劝说太后促成德政，说："臣查看前代诏令，以为百姓不富足，起因是世人推崇奢靡之风，所以元帝废除主制御服的官吏，成帝穿着洗过的旧衣服，哀帝裁减乐府乐工。然而奢靡浪费不曾停息，从而引发衰乱，是因为百姓效法国君的行为不听从国君的语言。移风易俗，必然有其根本所在。书上说：'吴王喜好剑客，百姓身上大多有伤疤；楚王喜好细腰，宫中多是饿死之人。'长安有俗语说：'城中推崇高高的发髻，四方之人的发髻高达一尺；城中推崇宽宽的眉毛，四方之人的眉毛几乎占半个额头；城中推崇宽大的衣袖，四方之人就用一匹帛来做袖子。'这些话好似开玩笑，却有和事实相一致的地方。先前的制度颁布没多久，之后随即便不再施行。纵使有的官员不遵行法令，但的确是由京师慢慢引起的。现在陛下亲自穿着粗布制成的衣服，去掉华丽的装饰，满足于朴素简约，这一切都发自圣上的本性。这确实对上来说合乎上天的心意，对下来说顺应民众的期望，浩大的福祉，莫过于此。陛下既然已经自然而然地得到了，仍然应该为之努力，效法文帝的崇高品德，警惕成帝、哀帝不得善终的教训。《易经》说：'没有恒久不变的德行，就会承受他人的羞辱。'真的能使这件事有一个美满的结局，四海就会歌颂您的大德，声名就会感动天地，可以连通神明，可以刻石颂功，何况是行仁爱之心，何况是行仁爱之政呀！希望将这封奏章放在座旁，用来当作盲人乐师夜晚诵唱之音。"太后采纳了他的全部建议。朝廷议论国家大事时，总是向他咨询建议。

马廖性格质朴小心谨慎，不爱权势声名，尽心尽力献纳忠诚，不屑于非议他人。有关官员根据旧时的典章制度，连续上奏请求赐封马廖等人，屡屡推让不得，后在建初四年（79），受封为顺阳侯，以特子豫，为步兵校尉。太后崩后，马氏失势，廖性宽缓，不能教勒子孙，豫遂投书怨诽。又防、光奢侈，好树党与。八年，有司奏免豫，遣廖、防、光就封。豫随廖归国，考击物故。后诏还廖京师。永元四年，卒。和帝以廖先帝之舅，厚加赗赙，使者吊祭，王主会丧，谥曰安侯。

子遵嗣，徙封程乡侯。遵卒，无子，国除。元初三年，邓太后诏封廖孙度为颍阳侯。

防字江平，永平十二年，与弟光俱为黄门侍郎。肃宗即位，拜防中郎将，稍迁城门校尉。

建初二年，金城、陇西保塞羌皆反，拜防行车骑将军事，以长水校尉耿恭副，将北军五校兵及诸郡积射士三万人击之。军到冀，而羌豪布桥等围南部都尉于临洮。防欲救之，临洮道险，车骑不得方驾，防乃别使两司马将数百骑，分为前后军，去临洮十余里为大营，多树幡帜，扬言大兵旦当进。羌候见之，驰还言汉兵盛不可当。明旦遂鼓噪而前，羌虏惊走，因追击破之。斩首虏四千余人，遂解临洮围。防开以恩信，烧当种皆降，唯布桥等二万余人在临洮西南望曲谷。十二月，羌又败耿恭司马及陇西长史于和罗谷，死者数百人。明年春，防遣司马夏骏将五千人从大道向其前，潜遣司马马彭将五千人从间道冲其心腹，又令将兵长史李调等将四千人绕其西，三道俱击，复破之，斩获千余人，得牛羊十余万头。羌退走，夏骏追之，反为所败。防乃引兵与战于索西，又破之。布桥迫急，将种人万余降。诏征防还，拜车骑将军，城门校尉如故。

进之位免职回家。每每收到赏赐，他就婉拒不敢接受，京城以此称颂他。

儿子马豫，是步兵校尉。太后薨逝后，马氏失去权势，马廖天性宽和，不能教导约束子孙，马豫就投递奏书非议时事。此外马防、马光为人奢侈追求享乐，好结党营私。建初八年(83)，有关官员上奏请求免除马豫的官位，皇帝命马廖、马防、马光前往封地。马豫跟随马廖返回封国，被拷打而死。后来诏令马廖还京，永元四年(92)，去世。和帝因为马廖是先帝的舅舅，赠予了丰厚的用以办理丧事的财物，使者前往祭拜，侯王公主共同参加葬礼，谥号为安侯。

儿子马遵继承了爵位，改封程乡侯。马遵去世，没有儿子，封国被废除。元初三年(116)，邓太后续封马廖的孙子马度为颍阳侯。

马防字江平，永平十二年(69)，与弟弟马光同为黄门侍郎。章帝即位，任命马防为中郎将，逐渐升为城门校尉。

建初二年(77)，金城、陇西住在边塞的羌人都发动叛乱，皇帝任命马防代理车骑将军事宜，令长水校尉耿恭任副手，带领北军五校兵及各郡善于寻迹而射的兵士三万人攻击保塞羌。大军行至冀，羌族首领布桥等在临洮围困了南部都尉。马防打算前去解救，临洮道路险峻，车马不能并行，马防就另外让两个司马领数百骑兵，分为前后两军，在距离临洮十多里处设立大本营，在军营外多立旗帜，扬言大部队一早就会进军。羌人负责侦察敌情的斥候看到军营军旗后，疾驰而还说汉军势不可挡。第二天早上擂鼓呐喊向前推进，羌人敌寇受惊逃走，汉军就乘胜追击打败了对方。斩获羌人首级四千多，解救了临洮之围。马防树立恩德信义，烧当族全部归降，唯有布桥等两万多人在临洮西南方的望曲谷中。十二月，羌人又在和罗谷打败耿恭司马及陇西长史，有数百人身亡。第二年春季，马防令司马夏骏率五千人从大路赶向敌军的前面，秘令司马马彭率五千人从小路冲入敌腹，又令将兵长史李调等人率四千人绕到敌军的西面，三路部队一同发起攻击，又击溃了敌人，斩获一千多人，得到十万多头牛羊。羌人退军，夏骏前往追讨，反被对方打败。马防就率兵和敌军在索西作战，又一防贵宠最盛，与九卿绝席。光自越骑校尉迁执金吾。四年，封防颍阳侯，光为许侯，兄弟二人各六千户。防以显宗寝疾，入参医药，又平定西羌，增邑千三百五十户。屡上表让位，俱以特进就第。皇太后崩，明年，拜防光禄勋，光为卫尉。防数言政事，多见采用。是冬始施行十二月迎气乐，防所上也。子钜，为常从小侯。六年正月，以钜当冠，特拜为黄门侍郎。肃宗亲御章台下殿，陈鼎俎，自临冠之。明年，防复以病乞骸骨，诏赐故中山王田庐，以特进就第。

防兄弟贵盛，奴婢各千人已上，资产巨亿，皆买京师膏腴美田，又大起第观，连阁临道，弥亘街路，多聚声乐，曲度比诸郊庙。宾客奔凑，四方毕至，京兆杜笃之徒数百人，常为食客，居门下。刺史、守、令多出其家。岁时赈给乡间，故人莫不周洽。防又多牧马畜，赋敛羌胡。帝不喜之，数加谴敕，所以禁遏甚备，由是权势稍损，宾客亦衰。八年，因兄子豫怨谤事，有司奏防、光兄弟奢侈逾僭，浊乱圣化，悉免就国。临上路，诏曰："舅氏一门，俱就国封，四时陵庙无助祭先后者，朕甚伤之。其令许侯思愆田庐，有司勿复请，以慰朕《渭阳》之情。"

光为人小心周密，丧母过哀，帝以是特亲爱之，乃复位特进。子康，黄门侍郎。永元二年，光为太仆，康为侍中。及窦宪诛，光坐与厚善，复免就封。后宪奴诬光与宪逆，自杀，家属归本郡。本郡复次击溃了对方。布桥走投无路，带着一万族人投降了。朝廷下令征召马防还朝，拜他为车骑将重，城门校尉一职不变。

马防受到的恩宠最盛，不与九卿同席而专坐一席。马光自越骑校尉迁升为执金吾。建初四年，皇帝封马防为颍阳侯，马光为许侯，兄弟二人各六千户食邑。马防因明帝身患重病时，入宫参议医药之法，又平定了西羌，增加了一千三百五十户的食邑。屡次上奏请求让出官位，都以特进之位免职回家。皇太后薨逝，第二年，皇帝任命马防为光禄勋，马光为卫尉。马防几次议论政事，他的建议大多被采用。这年冬季开始施行十二月迎气乐，是马防上奏建言的。儿子马钜，为侍从小侯。建初六年（81）正月，因为马钜正当加冠成年之际，所以特授黄门侍郎一官。章帝亲自驾临章台下殿，陈列鼎俎等礼器，为其加冠。第二年，马防又因病请求辞官归老，章帝下诏赐予他先前中山王的田地房屋，以特进之位免职回家。

马防兄弟高贵显赫，各有奴婢上千人，资产数以亿计，都买有京师肥美之田，又大举建造宅第楼观，楼阁相连立于道旁，绵延街路，多有声乐汇聚于内，曲调堪比祭祀天地宗庙之乐。宾客集聚在此，天下之人都到，京兆杜笃等数百人，常常作为食客，居住门下。刺史、太守、县令大多出自他的家门。在特定的季节救济乡亲，恩惠遍及故人。马防又有许多马牛羊类的牲畜，征收羌人胡人的赋税。章帝不喜他们的行为，数次加以谴责告诫，有着齐全的遏止之策，因此他们的权势稍有折损，宾客也有所衰减。建初八年，因兄长的儿子马豫非议时事，有关官员上奏马防、马光兄弟奢侈浪费超过本分，搅乱天子的教化，将他们免职遣回封国。临近上路，章帝颁发诏书说："舅舅一门，都到了封国，四季祭祀之时没人为先后助祭，朕为此很是伤怀。令许侯留京看护田庐反思过错，有关官员不要再上奏请求，来慰藉朕与舅舅间的渭阳之情。"

马光为人小心周密，母亲去世过度哀伤，皇上因此特别与他亲近友爱，便恢复了他特进一官。儿子马康，任黄门侍郎。永元二年（90），马光任太仆，马康任侍中。等到窦宪被诛，马光因与之亲厚友善而获罪，又被免官回到封地。后来窦宪的奴仆诬陷马光与窦宪谋杀康，而防及廖子遵皆坐徙封丹阳。防为翟乡侯，租岁限三百万，不得臣吏民。防后以江南下湿，上书乞归本郡，和帝听之。十三年，卒。

子钜嗣，后为长水校尉。永初七年，邓太后诏诸马子孙还京师，随四时见会如故事，复绍封光子朗为合乡侯。

严字威卿。父余，王莽时为杨州牧。严少孤，而好击剑，习骑射。后乃白援，从平原杨太伯讲学，专心坟典，能通《春秋左氏》，因览百家群言，遂交结英贤，京师大人咸器异之。仕郡督邮，援常与计议，委以家事。弟敦，字孺卿，亦知名。援卒后，严乃与敦俱归安陵，居钜下，三辅称其义行，号曰“钜下二卿”。

明德皇后既立，严乃闭门自守，犹复虑致讥嫌，遂更徙北地，断绝宾客。永平十五年，皇后敕使移居洛阳。显宗召见，严进对闲雅，意甚异之，有诏留仁寿闼，与校书郎杜抚、班固等杂定《建武注记》。常与宗室近亲临邑侯刘复等论议政事，甚见宠幸。后拜将军长史，将北军五校士，羽林禁兵三千人，屯西河美稷，卫护南单于，听置司马、从事。牧守谒敬，同之将军。敕严过武库，祭蚩尤，帝亲御阿阁，观其士众，时人荣之。

肃宗即位，征拜侍御史中丞，除子鱄为郎，令劝学省中。其冬，有日食之灾，严上封事曰：“臣闻日者众阳之长，食者阴侵之征。《书》曰：‘无旷庶官，天工人其代之。’言王者代天官人也。故考绩黜陟，以明褒贬。无功不黜，则阴盛陵阳。臣伏见方今刺史、太守反，马光自杀，家属返回原籍所在之郡。本郡又杀死了马康，而马防及马廖的儿子马遵都因此获罪改封丹阳。马防为翟乡侯，田赋每年不许超过三百万，不得奴役官吏百姓。马防后来因江南地势低且潮湿，上书请归本郡，和帝批准了他的请求。永元十三年（101），马防去世。

儿子马钜继承了父亲的爵位，后来做了长水校尉。永初七年（113），邓太后下诏令马氏子孙还京，像过去一样随四季入宫朝会，又续封马光的儿子马朗为合乡侯。

马严字威卿。父亲马余，王莽时为杨州牧。马严年少时就成了孤儿，喜好击剑，练习骑射。之后便与马援通信往来，跟从平原杨太伯讲学，专心研读三坟五典等古代典籍，精通《春秋左氏》，因此博览百家之言，结交德才杰出之辈，京城权贵大人都异常器重他。担任郡督邮，马援经常同他商议要事，把家里的事委托给他。弟弟马敦，字孺卿，也有声名。马援去世后，马严便与马敦一起回到安陵，在矩下居住，三辅百姓称许他们的义行，号称“钜下二卿”。

明德皇后被立为皇后后，马严就闭门不出洁身自守，仍然忧虑招致他人的非议厌恶，于是又移居北地，断绝宾客往来。永平十五年（72），皇后命他移居洛阳。明帝召见他，马严进谒对答从容优雅，明帝觉得很是奇怪，下诏命他留在仁寿闼，与校书郎杜抚、班固等人共同审定《建武注记》。常常与宗室近亲临邑侯刘复等人论议政事，很是受宠。马严后来被任命为将军长史，统帅北军五校士、羽林禁兵三千人，在西河郡美稷县驻军，守卫南单于，听凭他任命司马、从事。州牧太守拜见他时都满怀敬意，将他当作将军看待。明帝命马严到武库，祭蚩尤，明帝亲自驾临阿阁，检阅他的士兵，当时的人以之为荣。

章帝即位，征拜马严为侍御史中丞，任命他的儿子马鱄为郎官，令他在宫中劝学。这年冬季，有日食之灾，马严上密奏说：“臣听闻太阳是众阳之长，日食是阴气入侵的征兆。《尚书》说：‘不要让百官德不配位，人是代替上天管理官员的。’这句话是说国君是替上天任命官员。所以考查官员的政绩并据此予以升降，来明确是非优劣。无功专州典郡，不务奉事尽心为国，而司察偏阿，取与自己，同则举为尤异，异则中以刑法，不即垂头塞耳，采求财赂。今益州刺史朱酺、杨州刺史倪说、凉州刺史尹业等，每行考事，辄有物故，又选举不实，曾无贬坐，是使臣下得作威福也。故事，州郡所举上奏，司直察能否以惩虚实。今宜加防检，式遵前制。旧丞相、御史亲治职事，唯丙吉以年老优游，不案吏罪，于是宰府习为常俗，更共罔养，以崇虚名，或未晓其职，便复迁徙，诚非建官赋禄之意。宜敕正百司，各责以事，州郡所举，必得其人。若不如言，裁以法令。传曰：'上德以宽服民，其次莫如猛。故火烈则人望而畏之，水懦则人狎而翫之。为政者宽以济猛，猛以济宽。'如此，绥御有体，灾眚消矣。"书奏，帝纳其言而免酺等官。

建初元年，迁五官中郎将，除三子为郎。严数荐达贤能，申解冤结，多见纳用。复以五官中郎将行长乐卫尉事。二年，拜陈留太守。严当之职，乃言于帝曰："昔显亲侯窦固误先帝出兵西域，置伊吾卢屯，烦费无益。又窦勋受诛，其家不宜亲近京师。"是时勋女为皇后，窦氏方宠，时有侧听严言者，以告窦宪兄弟，由是失权贵心。严下车，明赏罚，发奸慝，郡界清静。时京师讹言贼从东方来，百姓奔走，转相惊动，诸郡遑急，各以状闻。严察其虚妄，独不为备。诏书敕问，使驿系道，严固执无贼，后卒如言。典郡四年，坐与宗正刘轶、少府丁鸿等更相属托，征拜太中大夫；十余日，迁将作大匠。七年，复坐事免。后既为窦氏所忌，遂不复在位。及帝崩，窦太后临之人不加以贬黜，则阴气旺盛凌驾于阳气之上。臣看见而今刺史、太守专擅州郡之政，不致力于为国家尽心尽职，督察时偏袒徇私，依照自己的想法选取官员，与自己一心的就举为优异，不一心的就刑法加身，要不就装聋作哑，谋求财物。现今益州刺史朱酺、杨州刺史倪说、凉州刺史尹业等人，每次进行考察，就有事故，还有选举贤才与实际不符，竟然不曾遭到贬职定罪，这使得臣下可以作威作福。依照旧例，州郡将所举荐的人才上奏，司直要察看这些人是否能够胜任并对虚报的人加以惩戒。如今应该加强防范约束，效法遵循旧制。从前丞相、御史亲自处理职务，唯有丙吉因年老而悠闲自在，不查办属吏的罪行，因此宰府对此习以为常，彼此倚仗，来追崇虚名。有的人还没弄清楚自己的职责，便又升迁为其他官职，实在不符合设置官职给予俸禄的目的。陛下应当整饬百官，令他们各司其职，州郡所推举的人，必须要名副其实。如若和说的不一样，就拿法令来裁断。书上说：'至德用宽政让百姓臣服，其次就属严政最为有效。所以烈火人远远望见就心生畏惧，柔水人就接近它并玩弄它。执政者用宽政辅助严政，用猛政辅助宽政。'如此一来，安抚防御有其体统，灾患便消失了。"奏书进呈后，章帝接受了他的建议并免去了朱酺等人的官位。

建初元年（76），马严升为五官中郎将，任命他的三个儿子为郎官。马严几次举荐引进贤能之辈，申报冤屈，大多被章帝采用。又以五官中郎将的官职代理长乐卫尉事。建初二年，马严任陈留太守。马严前去就任时，对章帝说："过去显亲侯窦固误导先帝出兵西域，在伊吾卢设置军营，花费繁多却毫无益处。还有窦勋犯法被杀，他的家人不适合接近京师。"此时窦勋的女儿为皇后，窦氏正得宠，马严说这些话的时候有人在旁边听到了，将这番话说给窦宪兄弟听，马严因此失掉了权贵的倾心。马严下车就任，明赏罚，除奸恶，郡治内清静无事。这时京师谣传有贼寇从东方来，百姓奔走，彼此影响使得大家更为惊骇，各郡惊惶急迫，各自上奏说明情况。马严发现传言虚假，唯独不做准备。章帝下发诏书询问，驿站传送文书的人络绎不绝，马严坚称没有贼寇，后来确实和他说的一样。马严治理陈留四年，因与朝，严乃退居自守，训教子孙。永元十年，卒于家，时年八十二。

弟敦，官至虎贲中郎将。严七子，唯续、融知名。续字季则，七岁能通《论语》，十三明《尚书》，十六治《诗》，博观群籍，善《九章算术》。顺帝时，为护羌校尉，迁度辽将军，所在有威恩称。融自有传。

棱字伯威，援之族孙也。少孤，依从兄毅共居业，恩犹同产。毅卒无子，棱心丧三年。

建初中，仕郡功曹，举孝廉。及马氏废，肃宗以棱行义，征拜谒者。章和元年，迁广陵太守。时谷贵民饥，奏罢盐官，以利百姓，赈贫羸，薄赋税，兴复陂湖，溉田二万余顷，吏民刻石颂之。永元二年，转汉阳太守，有威严称。大将军窦宪西屯武威，棱多奉军费，侵赋百姓，宪诛，坐抵罪。后数年，江湖多剧贼，以棱为丹阳太守。棱发兵掩击，皆禽灭之。转会稽太守，治亦有声。转河内太守。永初中，坐事抵罪，卒于家。

赞曰：伏波好功，爰自冀、陇。南静骆越，西屠烧种。徂年已流，壮情方勇。明德既升，家祚以兴。廖乏三趣，防遂骄陵。

宗正刘轶、少府丁鸿等人彼此勾连而获罪，被征拜为太中大夫；十多天后，升为将作大匠。建初七年（82），马严又因事获罪被免官。随后不久遭到窦氏的憎恶，于是不再为官。等到章帝驾崩，窦太后临朝执政，马严便退隐闲居洁身自保，教导子孙。永元十年（98），马严在家中去世，时年八十二岁。

弟弟马敦，官做到了虎贲中郎将。马严有七个儿子，唯有马续、马融为人所知。马续字季则，七岁时能通晓《论语》，十三岁时能读懂《尚书》，十六岁时能研究《诗经》，广泛阅览了各种书籍，擅长《九章算术》。顺帝时，为护羌校尉，后升为度辽将军，所到之处有恩威并济之称。马融自己有传。

马棱字伯威，是马援同族兄弟的孙子。年少时就成了孤儿，依赖堂兄马毅的家业生活，情谊犹如同母所生的兄弟。马毅去世没有留下儿子，马棱不穿丧服为其守丧三年。

建初年间，马棱担任郡里的功曹，被举荐为孝廉。等到马氏衰败，章帝因马棱躬行仁义，征拜他为谒者。章和元年（87），马棱升为广陵太守。当时谷物价格很高民众吃不饱，他奏请废除盐官，来便利百姓，赈济贫困羸弱之人，降低赋税，恢复湖泽，灌溉了两万多顷田地，官吏百姓刻石记功颂扬他的美德。永元二年，马棱转任汉阳太守，有威武严肃之称。大将军窦宪西行至武威驻军防守，马棱多次贡献军费，通过赋税剥削百姓，窦宪被杀，马棱因此也受到了应有的惩处。数年后，天下多是强悍的贼寇，皇帝任命马棱为丹阳太守。马棱派兵袭击，贼寇都被捉拿消灭。转任会稽太守，治政也有声名。转任河内太守。永初年间，马棱因事获罪，在家中去世。

赞辞说：伏波将军喜欢功名，是自冀、陇开始的。南平骆越，西灭烧种。光阴已渐渐流逝，豪壮的抱负才正凶猛。明德皇后登上后位，家运因此兴旺。马廖缺少谦恭，马防最终变得骄横凶暴。

卷五十五

卓鲁魏刘列传第十五

卓茂字子康，南阳宛人也。父祖皆至郡守。茂，元帝时学于长安，事博士江生，习《诗》《礼》及历算，究极师法，称为通儒。性宽仁恭爱。乡党故旧，虽行能与茂不同，而皆爱慕欣欣焉。

初辟丞相府史，事孔光，光称为长者。时尝出行，有人认其马。茂问曰："子亡马几何时？"对曰："月余日矣。"茂有马数年，心知其谬，嘿解与之，挽车而去，顾曰："若非公马，幸至丞相府归我。"他日，马主别得亡者，乃诣府送马，叩头谢之。茂性不好争如此。

后以儒术举为侍郎，给事黄门，迁密令。劳心谆谆，视人如子，举善而教，口无恶言，吏人亲爱而不忍欺之。人尝有言部亭长受其米肉遗者，茂辟左右问之曰："亭长为从汝求乎？为汝有事嘱之而受乎？将平居自以恩意遗之乎？"人曰："往遗之耳。"茂曰："遗之而受，何故言邪？"人曰："窃闻贤明之君，使人不畏吏，吏不取人。今我畏吏，是以遗之，吏既卒受，故来言耳。"茂曰："汝为敝人矣。凡人所以贵于禽兽者，以有仁爱，知相敬事也。今邻里长老尚致馈遗，此乃人道所以相亲，况吏与民乎？吏顾不当乘威力强请求耳。凡人之生，群居杂处，故有经纪礼义以相交接。汝独不欲修之，宁能高飞远走，不在人间邪？亭长素善吏，岁时遗之，礼也。"人曰："苟如此，律何故禁之？"茂笑曰："律设大法，礼顺人情。今我以礼教汝，汝必无怨恶；以律治汝，何所措其手足乎？一门之内，小者卓茂字子康，南阳郡宛县人。父亲祖父都做到了郡守。卓茂，元帝时在长安学习，以师礼对待博士江翁，学习《诗经》《礼记》以及历法算术，学尽了老师所会之学，被称为通儒。卓茂本性宽仁恭爱。乡人故交，虽然德行才干与他不同，却都喜欢仰慕他。

卓茂起初被任命为丞相府吏，侍奉孔光，孔光称他是言行仁厚的长者。当时有一天外出，有人称卓茂乘的是他的马。卓茂问对方："你丢马有多少时日了？"对方回答说："一个多月了。"卓茂的马已经在他身边有几年了，心里知道对方认错了，却沉默地将马解开交与对方，挽着车就走，回头说："如若并非你的马，希望能到丞相府归还于我。"后来的一天，马的主人在别的地方寻得了自己丢失的那匹马，就到丞相府送马，以头叩地对卓茂道歉。卓茂不愿与人争论的性格就是如此。

后来卓茂凭借儒术被举荐为侍郎，给事黄门，升为密县县令。尽忠尽职，待民如子，施行善政教化百姓，口中从无半句恶言，官员百姓亲之爱之不忍心欺负他。有人曾说卓茂手下的亭长收了他送的米肉。卓茂让左右之人回避后询问那人说："亭长是主动向你索要的吗？还是你有事求他他才收的呢？抑或是你出于他对你平时的恩情而送给他的呢？"那人说："是我主动去送的。"卓茂说："你送他的他才接受了，为何还要说呢？"那人说："我听闻贤明之君，能让百姓不畏惧官吏，官吏也不收取百姓的东西。而今我畏惧官吏，所以才送礼给他，亭长最终收下了我的礼物，因而我来和您说这件事。"卓茂说："你是个鄙贱的人啊。人之所以比禽兽高贵，是因为心怀仁爱，懂得相互尊重。现今对于邻里长老尚且还要赠予礼物，这是人们彼此亲近的原因，何况官吏与百姓之间呢？官吏虽然不该利用威势强行索要财物。然而人的一生，与大家住在一起生活，因而有了纲纪礼可论，大者可杀也。且归念之！”于是人纳其训，吏怀其恩。初，茂到县，有所废置，吏人笑之，邻城闻者皆蚩其不能。河南郡为置守令，茂不为嫌，理事自若。数年，教化大行，道不拾遗。平帝时，天下大蝗，河南二十余县皆被其灾，独不入密县界。督邮言之，太守不信，自出案行，见乃服焉。

是时王莽秉政，置大司农六部丞，劝课农桑，迁茂为京部丞，密人老少皆涕泣随送。及莽居摄，以病免归郡，常为门下掾祭酒，不肯作职吏。

更始立，以茂为侍中祭酒，从至长安，知更始政乱，以年老乞骸骨归。

时光武初即位，先访求茂，茂诣河阳谒见。乃下诏曰：“前密令卓茂，束身自修，执节淳固，诚能为人所不能为。夫名冠天下，当受天下重赏，故武王诛纣，封比干之墓，表商容之闾。今以茂为太傅，封褒德侯，食邑二千户，赐几杖、车马，衣一袭，絮五百斤。”复以茂长子戎为太中大夫，次子崇为中郎，给事黄门。建武四年，薨，赐棺椁冢地，车驾素服亲临送葬。

子崇嗣，徙封汎乡侯，官至大司农。崇卒，子棽嗣。棽卒，子訢嗣。訢卒，子隆嗣。永元十五年，隆卒，无子，国除。

义用来与人交往。唯独你不愿修习这些为人处世之道，难道你要远走高飞，不在人间吗？亭长素来是位良吏，年节时送礼，是合乎礼仪的。”那人说：“果真如此，法律为何要禁止送礼呢？”卓茂笑着说道：“法律设立的是国家的基本法则，礼仪顺应的是人与人之间的情义。如今我用礼义教导你，你必然心无怨憎；用法律来治理你，你会怎样的无所适从啊？就在这一门之内，用法律处理的话小罪可以论处，大罪就可以杀头。你暂且回去仔细想想吧！”于是百姓接纳他的训诲，官吏铭记他的恩德。起初，卓茂来密县上任时，废弃了一些原有的政治措施，官吏百姓全都嘲笑他，听闻此事的邻城人也都讥笑他才能低下。河南郡为此设立守令辅助他，他也没有不满，一如既往地处理事务。几年后，教化大行，道不拾遗。平帝时，天下遭逢大蝗灾，河南二十余县都遭受了此灾，蝗虫唯独不入密县界内。督邮说了这事，太守不信，亲自前往巡视，见到确实如此才心服口服。

当时王莽执政，设立大司农六部丞，鼓励督责百姓努力耕作，迁任卓茂为京部丞，密县老少都哭着跟在他身后为他送行。等到王莽摄政时，卓茂称病免官回到家乡，一直担任门下掾祭酒，不肯做处理具体事务的官吏。

更始帝即位后，让卓茂担任侍中祭酒，卓茂跟随他到达长安，知道更始帝治下的政局混乱，便称年老请求归乡。

这时光武帝刚刚即位，先命人访求卓茂，卓茂到河阳谒见。光武帝颁布诏书说：“前密县县令卓茂，自我约束修养，坚守节操，宽厚坚毅，确实能做他人所做不到的事。名冠天下之人，应当获得天下重赏，从前武王诛杀纣王时，为比干堆土修坟，表彰商容的功德。现在让卓茂担任太傅，封褒德侯，食邑二千户，赐凭几手杖、车驾骏马，衣裳一套，棉絮五百斤。”又让卓茂的长子卓戎任太中大夫，次子卓崇任中郎，给事黄门。建武四年（28），卓茂去世，光武帝赐给棺椁坟地，皇帝穿着素服亲临送葬。

儿子卓崇继承了父亲的爵位，改封汎乡侯，官至大司农。卓崇去世，儿子卓棽继承了爵位。卓棽去世，儿子卓诉继承了爵位。卓诉去初，茂与同县孔休、陈留蔡勋、安众刘宣、楚国龚胜、上党鲍宣六人同志，不仕王莽时，并名重当时。休字子泉，哀帝初，守新都令。后王莽秉权，休去官归家。及莽篡位，遣使赍玄纁、束帛，请为国师，遂欧血托病，杜门自绝。光武即位，求休、勋子孙，赐谷以旌显之。刘宣字子高，安众侯崇之从弟，知王莽当篡，乃变名姓，抱经书隐避林薮。建武初乃出，光武以宣袭封安众侯。擢龚胜子赐为上谷太守。胜、鲍宣事在《前书》。勋事在玄孙邕传。

论曰：建武之初，雄豪方扰，虓呼者连响，婴城者相望，斯固倥偬不暇给之日。卓茂断断小宰，无它庸能，时已七十余矣，而首加聘命，优辞重礼，其与周、燕之君表闾立馆何异哉？于是蕴愤归道之宾，越关阻，捐宗族，以排金门者众矣。夫厚性宽中近于仁，犯而不校邻于恕，率斯道也，怨悔曷其至乎！

鲁恭字仲康，扶风平陵人也。其先出于鲁顷公，为楚所灭，迁于下邑，因氏焉。世吏二千石，哀、平间，自鲁而徙。祖父匡，王莽时，为羲和，有权数，号曰“智囊”。父某，建武初，为武陵太守，卒官。时恭年十二，弟丕七岁，昼夜号踊不绝声，郡中赙赠无所受，乃归服丧，礼过成人，乡里奇之。十五，与母及丕俱居太学，习《鲁诗》，闭户讲诵，绝人间事，兄弟俱为诸儒所称，学士争归之。

世，儿子卓隆继承了爵位。永元十五年（103），卓隆去世，没有儿子，封国被撤。

起初，卓茂与同县孔休、陈留蔡勋、安众刘宣、楚国龚胜、上党鲍宣六人志同道合，不肯在王莽手下做官，都在当时名声显赫。孔休字子泉，哀帝初年，代理新都县县令一职。后来王莽执掌政权，孔休离官归家。等到王莽篡位时，派遣使者拿着黑色和浅红色的捆成一束的布帛，聘请他担任国师，孔休于是吐血称病，闭门不出。光武帝即位，寻访孔休、蔡勋的子孙，赐予谷物来表彰他们的德行。刘宣字子高，是安众侯刘崇的堂弟，知道王莽应当会篡位，就变名易姓，怀抱经书隐避山林。建武初年才从山中出来，光武帝让刘宣袭封安众侯。选用龚胜的儿子龚赐任上谷太守。龚胜、鲍宣的事迹详见《汉书》。蔡勋的事迹详见他的玄孙蔡邕的传记。

评论说：建武之初，群雄正纷纷兴起，勇猛强悍者声音相连，环城而守者相对而望，这本来就是世事纷繁紧迫无暇给足的时候。卓茂只是一个小小的县令，毫无其他才能，当时已经七十多岁，却被首先任命，享受赞美之词和隆重的礼遇，这与周武王显彰商容之功、燕昭王为郭隗建馆有什么两样吗？于是心怀怨愤、归从光武帝的人们，翻越关阻，舍弃宗族，来推开天子之门的很多。性格忠厚胸怀宽广近于仁义，被人冒犯却不计较近于宽恕，遵循此道，抱怨懊悔怎么会出现呢！

鲁恭字仲康，右扶风平陵县人。他的先人是鲁顷公的后代，为楚国所灭，迁到下邑，因此用鲁做姓氏。世代任俸禄为二千石的官员，哀帝平帝年间，从鲁地搬到右扶风。祖父鲁匡，王莽时，担任羲和，深谙权谋术数，号称“智囊”。父亲鲁某，建武初年，担任武陵太守，在官位上去世。当时鲁恭年仅十二岁，他的弟弟鲁丕年仅七岁，兄弟昼夜大哭以脚跺地个不停，郡中赠送的用以办理丧事的财物他们一律不收，归家服丧，礼仪方面超过了成年人，同乡的人对此感到十分惊奇。鲁恭十五岁时，与母亲及弟弟鲁丕都在太学居住，学习《鲁诗》，闭门讲读，不问世事，兄弟二人都得到了众儒的称扬，学士争相以他们为师。

太尉赵憙慕其志，每岁时遣子问以酒粮，皆辞不受。恭怜丕小，欲先就其名，托疾不仕。郡数以礼请，谢不肯应，母强遣之，恭不得已而西，因留新丰教授。建初初，丕举方正，恭始为郡吏。太傅赵憙闻而辟之。肃宗集诸儒于白虎观，恭特以经明得召，与其议。

憙复举恭直言，待诏公车，拜中牟令。恭专以德化为理，不任刑罚，讼人许伯等争田，累守令不能决，恭为平理曲直，皆退而自责，辍耕相让。亭长从人借牛而不肯还之，牛主讼于恭。恭召亭长，敕令归牛者再三，犹不从。恭叹曰："是教化不行也。"欲解印绶去。掾史泣涕共留之，亭长乃惭悔，还牛，诣狱受罪，恭贳不问。于是吏人信服。建初七年，郡国螟伤稼，犬牙缘界，不入中牟。河南尹袁安闻之，疑其不实，使仁恕掾肥亲往廉之。恭随行阡陌，俱坐桑下，有雉过，止其傍。傍有童儿，亲曰："儿何不捕之？"儿言："雉方将雏。"亲瞿然而起，与恭诀曰："所以来者，欲察君之政迹耳。今虫不犯境，此一异也；化及鸟兽，此二异也；竖子有仁心，此三异也。久留，徒扰贤者耳。"还府，具以状白安。是岁，嘉禾生恭便坐廷中，安因上书言状，帝异之。会诏百官举贤良方正，恭荐中牟名士王方，帝即征方诣公车，礼之与公卿所举同，方致位侍中。恭在事三年，州举尤异，会遭母丧去官，吏人思之。

太尉赵憙敬仰他们的志趣，每年度岁时就派儿子拿着美酒粮食前去问候，二人都推辞不肯接受。鲁恭怜惜鲁丕年少，想要弟弟先获得美名，推脱有病不肯做官。郡里多次以应有的礼节请他出仕，都辞谢不应允，母亲强行遣他前往，鲁恭不得已下往西行去，因而留在新丰教授学生。建初初年，鲁丕被举荐为方正，鲁恭才开始做郡吏。太傅赵憙听说后征召了他。章帝把群儒召集到白虎观，鲁恭特以明晓经学被召，与他们一起议论。

赵憙又推举鲁恭为直言，待诏公车，拜中牟县县令。鲁恭专以德业感化作为为政意旨，不使用刑罚。诉讼者许伯等争抢田地，之前的几位守令都不能决断，鲁恭为他们辨明是非曲直的道理，他们都回到家中自责不已，停止耕种互相谦让田地。亭长向人借牛却不肯送还，牛的主人向鲁恭讼冤。鲁恭召来亭长，再三命令他归还给牛主，亭长还是不听从。鲁恭叹息道："这是教化不行的缘故啊。"鲁恭打算解下印绶离去。掾吏们一起哭着挽留他，亭长这才羞愧后悔，将牛还了回去，主动走到狱中接受罪责，鲁恭宽免了他，不再追究他的责任。于是官民都很信服他。建初七年（82），郡国的螟虫毁伤庄稼，螟虫顺着县界啃咬，却不进入中牟县。河南尹袁安听闻此事，怀疑事情是假的，让仁恕掾肥亲前去考察。鲁恭跟随他走在田间小路上，一起坐在桑树下，有野鸡经过，停在他们身旁，旁边还有一个孩童，肥亲说："小孩子你怎么不捕这只野鸡呢？"孩童说："野鸡正要生小鸡呢。"肥亲惊骇地站了起来，与鲁恭话别道："我之所以来到此处，是想考察你的政绩罢了。如今螟虫不侵犯你管辖的县境，此乃第一处奇异；教化惠及鸟兽，此乃第二处奇异；儿童怀有仁心，此乃第三处奇异。我若在此久留，仅仅是搅扰贤者而已。"肥亲返回府上，把自己看到的所有情况都告诉了袁安。这年，奇特美好的禾苗长在鲁恭别室廷中，袁安因此上书描述这事，皇帝十分惊异。恰逢皇帝诏令百官推举贤良方正，鲁恭举荐中牟名士王方，皇帝即刻征召王方到公车，对待他的礼仪与其他公卿所举荐的士人完全相同，王方后来做到了侍。鲁恭在任三年，州中举荐他做官特别优异，正好遭受母丧离任，官员民众都很思念他。

后拜侍御史。和帝初立，议遣车骑将军窦宪与征西将军耿秉击匈奴，恭上疏谏曰：

陛下亲劳圣思，日昃不食，忧在军役，诚欲以安定北垂，为人除患，定万世之计也。臣伏独思之，未见其便。社稷之计，万人之命，在于一举。数年以来，秋稼不熟，人食不足，仓库空虚，国无畜积。会新遭大忧，人怀恐惧。陛下躬大圣之德，履至孝之行，尽谅阴三年，听于冢宰。百姓阙然，三时不闻警跸之音，莫不怀思皇皇，若有求而不得。今乃以盛春之月，兴发军役，扰动天下，以事戎夷，诚非所以垂恩中国，改元正时，由内及外也。

万民者，天之所生。天爱其所生，犹父母爱其子。一物有不得其所者，则天气为之舛错，况于人乎？故爱人者必有天报。昔太王重人命而去邠，故获上天之祐。夫戎狄者，四方之异气也。蹲夷踞肆，与鸟兽无别。若杂居中国，则错乱天气，污辱善人，是以圣王之制，羁縻不绝而已。

今边境无事，宜当修仁行义，尚于无为，令家给人足，安业乐产。夫人道乂于下，则阴阳和于上，祥风时雨，覆被远方，夷狄重译而至矣。《易》曰："有孚盈缶，终来有它，吉。"言甘雨满我之缶，诚来有我而吉已。夫以德胜人者昌，以力胜人者亡。今匈奴为鲜卑所杀，远臧于史侯河西，去塞数千里，而欲乘其虚耗，利其微弱，是非义之所出也。前太仆祭彤远出塞外，卒不见一胡而兵已困矣。白山之难，不绝如綖，都护陷没，士卒死者如积，迄今被其辜毒。孤寡哀思之心未弭，仁者念之，以为累息，奈何复欲袭其迹，不顾患难乎？今始征发，而大司农调度不足，使者在道，分部督趣，上下相迫，民间之急亦已甚矣。三辅、并、凉少雨，麦根枯焦，牛死日甚，后来鲁恭任侍御史。和帝即位之初，议论派遣车骑将军窦宪与征西将军耿秉出击匈奴，鲁恭上书规劝道：

陛下劳心思虑，太阳偏西还没有吃饭，忧心战事，确实想安定北方边陲，为百姓除去祸患，确定万世之计。臣独独想到，这件事还不便施行。国家社稷的大计，数万人的生命，在此一举。数年以来，秋季庄稼不熟，百姓粮食不够，仓库空空如也，国家没有半点积蓄。加上刚刚遭遇先帝去世，百姓心中恐惧不已。陛下亲自施行大圣之德，履行至纯至孝之举，完成三年居丧，政事听从冢宰治理。百姓心中怅然若失，三个季节没有听到御驾出行的警戒清道之声，全都怀念您的皇皇风采，好像有一种求而不得的感觉。如今陛下却在盛春之月，征发军役，扰动天下，来攻打夷狄，确实并非垂恩中原，改元正时，由内及外所应该做的事。

万民，天之所生。上天爱其所生，犹如父母爱其儿子。有一件事不能达到目的，天气就为之错误，何况万民呢？因而爱人的人必然会获得上天的回报。过去太王由于看重人命而离开邠国，因而获得上天的庇佑。戎狄，是分布于四方的不同于华夏的异气。野蛮无礼骄慢放肆，与鸟兽没有差别。如若让这些戎狄杂居在中原地区，那么就会错乱天气，玷污善人，因而圣王之制，只是一直牵制着戎狄而已。

而今边境无事，陛下应当和平治国躬行仁义，尊崇无为之治，令家家足衣足食人人生活富足，安于本业乐于生产。位于下方的人道平安无事，处于上方的阴阳就和谐顺畅，祥风时雨，惠及远方，夷狄自然便会辗转翻译来到中原。《易经》说：“诚信充满了瓦罐，终会有意外的吉事到来。”这是说甘雨装满了我的瓦罐，远方之人诚心前来归顺就会有吉事发生。凭借德行胜过他人者兴旺发达，凭借武力胜过他人者衰落消亡。如今匈奴为鲜卑所攻杀，躲藏到了极远处的史侯河西，距离边塞有数千里，想乘着对方空竭，利用对方的微弱打败对方，这并非是出于仁义的战争。前太仆祭肜远征塞外，最后没有看见一个胡人就兵困马乏了。白山的困难，延绵不绝，都护沦陷，死者堆积如山，至今遭其祸害。孤儿寡妇的哀思之心尚未消散，有仁德的人们想到他们，就会为之长叹，为何又想蹈其覆辙，不顾人们此其不合天心之效也。群僚百姓，咸曰不可，陛下独奈何以一人之计，弃万人之命，不恤其言乎？上观天心，下察人志，足以知事之得失。臣恐中国不为中国，岂徒匈奴而已哉！惟陛下留圣恩，休罢士卒，以顺天心。

书奏，不从。每政事有益于人，恭辄言其便，无所隐讳。

其后拜为《鲁诗》博士，由是家法学者日盛。迁侍中，数召宴见，问以得失，赏赐恩礼宠异焉。迁乐安相。是时东州多盗贼，群辈攻劫，诸郡患之。恭到，重购赏，开恩信，其渠帅张汉等率支党降，恭上以汉补博昌尉，其余遂自相捕击，尽破平之，州郡以安。

永元九年，征拜议郎。八月，饮酎，斋会章台，诏使小黄门特引恭前。其夜拜侍中，敕使陪乘，劳问甚渥。冬，迁光禄勋，选举清平，京师贵戚莫能枉其正。十三年，代吕盖为司徒。十五年，从巡狩南阳，除子抚为郎中，赐驸马从驾。时弟丕亦为侍中。兄弟父子并列朝廷。后坐事策免。殇帝即位，以恭为长乐卫尉。永初元年，复代梁鲔为司徒。

初，和帝末，下令麦秋得案验薄刑，而州郡好以苛察为政，因此遂盛夏断狱。恭上疏谏曰：

臣伏见诏书，敬若天时，忧念万民，为崇和气，罪非殊死，且勿案验。进柔良，退贪残，奉时令。所以助仁德，顺昊天，致和气，利艰难困苦的处境呢？现今开始征发人力物资，而大司农调度不足，使者在路上，划分区域督责催促，从上到下一起逼迫，民间的危急也已经十分严重了。三辅、并州、凉州因缺少雨水的灌溉，麦根枯焦，死去的耕牛死亡一天比一天多，这就是不顺应上天的心意的下场。群僚百姓，都说不可以如此，唯独陛下为何仅凭一个人的计划，舍弃千万人的生命，不管他们的议论？上观天心，下察人意，足以知道事情的得失。臣担心如此一来中原不是中原，何止是匈奴遭殃啊！惟愿陛下保留圣恩，让士卒停止征战，来顺应上天的心意。

奏疏呈上，皇帝不肯听从。每每发现有益人民的政事，鲁恭就说明其中的便利，从不忌讳隐瞒什么。

之后鲁恭拜为《鲁诗》博士，由此鲁家学风门徒日益兴盛。升为侍中，多次在公余之时被召入宫中拜见天子，皇帝拿政事得失询问他，赏赐礼遇宠爱异于众人。升为乐安相。这时东州盗贼很多，聚众抢掠，诸郡百姓为此都很忧虑。鲁恭到任后，重金悬赏，广开恩信，盗贼首领张汉等带着支党归降，鲁恭上奏请求让张汉补任博昌县尉，其余盗贼于是互相捕杀，全都被打败平定，州郡从而大安。

永元九年(97)，朝廷征拜鲁恭为议郎。八月，行饮酎礼，在章台举行祭祀宗庙的斋会，皇帝特派小黄门引鲁恭上前。就在这天晚上拜鲁恭为侍中，命使者在他的右边陪乘，慰问甚厚。这年冬季，鲁恭升为光禄勋，选举贤才公平恰当，京师贵戚不能冤陷他的公正。永元十三年(101)，鲁恭代替吕盖成为司徒。永元十五年(103)，鲁恭随从皇帝巡行南阳，任命他的儿子鲁抚为郎中，赐副车之马随从皇帝出行。此时鲁恭的弟弟鲁丕也成了侍中。兄弟父子一并在朝中任职。后来因事获罪被皇帝以策书免官。殇帝即位，任命鲁恭为长乐卫尉。永初元年(107)，又代替梁鲔为司徒。

起初，和帝末年，下令初夏冬小麦成熟时期审查判处罪犯得以减损刑罚，而州郡却喜欢用严求细察处理政事，因此就在盛夏判决讼案。鲁恭上疏劝谏说：

臣看到诏书，尊敬顺应四时运转的法则，忧虑天下万民，为了尊崇天地平和之气，如若并非斩首的死罪，姑且不必查验治罪。提拔黎民者也。

旧制至立秋乃行薄刑，自永元十五年以来，改用孟夏，而刺史、太守不深惟忧民息事之原，进良退残之化，因以盛夏征召农人，拘对考验，连滞无已。司隶典司京师，四方是则，而近于春月分行诸部，托言劳来贫人，而无隐恻之实，烦扰郡县，廉考非急，逮捕一人，罪延十数，上逆时气，下伤农业。案《易》五月姤用事。经曰："后以施令诰四方。"言君以夏至之日，施命令止四方行者，所以助微阴也。行者尚止之，况于逮召考掠，夺其时哉！

比年水旱伤稼，人饥流冗。今始夏，百谷权舆，阳气胎养之时。自三月以来，阴寒不暖，物当化变而不被和气。《月令》："孟夏断薄刑，出轻系。行秋令则苦雨数来，五谷不熟。"又曰："仲夏挺重囚，益其食。行秋令则草木零落，人伤于疫。"夫断薄刑者，谓其轻罪已正，不欲令久系，故时断之也。臣愚以为今孟夏之制，可从此令，其决狱案考，皆以立秋为断，以顺时节，育成万物，则天地以和，刑罚以清矣。

初，肃宗时，断狱皆以冬至之前，自后论者互多駮异。邓太后诏公卿以下会议，恭议奏曰：

夫阴阳之气，相扶而行，发动用事，各有时节。若不当其时，则物随而伤。王者虽质文不同，而兹道无变，四时之政，行之若一。《月令》，周世所造，而所据皆夏之时也，其变者唯正朔、服色、牺柔顺良善之人，贬退贪婪凶残之徒，尊奉时令处理政事。所以这是助长仁德，顺应昊天，达到和气，有益黎民的事情。

过去的制度规定等到立秋时节就施行减轻刑罚的举措，自永元十五年以来，改在孟夏时节施行，而刺史、太守却不深入思考心系百姓平息事端的根本，进用贤才贬退凶吏的教化，因此在盛夏时节召集农人，对其进行拘押对质考查验证，牵扯无穷。司隶主管京师，是四方的典范，近期却在春季分批巡视各部，借口慰劳穷人，却没有怜惜穷人的实际举措，搅扰郡县，审理一些并不着急的案子，逮捕一人，罪责牵连十多人，于上不合乎时节气候，于下损害农业生产。依照《易经》五月姤卦作用于事，经上说："君王在五月发布命令告知四方。"这是说君王在夏至这天，发布诏令禁止四方行者活动，用来增加初生的阴气。行者尚且要禁止活动，何况逮捕传唤审问鞭打，剥夺百姓的农时啊！

最近几年水灾旱灾损害农田，人们忍饥挨饿流离失所。而今夏季刚刚开始，是百谷萌芽，阳气孕育的时节。自三月以来，天气阴冷寒凉，万物正当发育变化却不能遇到阴阳调和之气。《月令》说："孟夏时节处理轻刑，释放因轻罪而被拘囚的犯人。施行秋季的政令就会苦雨连绵造成灾害，五谷无法成熟。"又说："仲夏时节宽待犯有重罪的囚犯，增加他们的饭食。施行秋季的政令就会草木零落，人们为疫病所伤。"处理轻刑，因为轻罪已经得到纠正，不想让他们长久关在狱中，因而及时裁决。臣以为如今孟夏时的制度，可以依从此令制定，其判决狱讼查审考问，都以立秋为节点，来顺应时节，养育万物，天地就得以和谐，刑罚就得清正。

起初，章帝在位时，判决讼案都在冬至之前，从那之后议论的人大多互相提出不同意见辩论。邓太后办法诏书命公卿以下聚众议论，鲁恭将讨论后的意见上奏皇帝说：

阴阳之气，相辅相成，起动作用于万事，各有其时节。如若不在应当的时节起动，万物就随之受到伤害。帝王虽然有质朴和华丽的区别，但这一道理却始终不变，四时的政令，行之如一。《月令》，是周朝创造的，然而所依据的都是夏朝的时节，其中变化的唯有历法、服牲、徽号、器械而已。故曰:“殷因于夏礼,周因于殷礼,所损益可知也。”《易》曰:“潜龙勿用。”言十一月、十二月阳气潜藏,未得用事。虽煦嘘万物,养其根荄,而犹盛阴在上,地冻水冰,阳气否隔,闭而成冬。故曰:“履霜坚冰,阴始凝也。驯致其道,至坚冰也。”言五月微阴始起,至十一月坚冰至也。

夫王者之作,因时为法。孝章皇帝深惟古人之道,助三正之微,定律著令,冀承天心,顺物性命,以致时雍。然从变改以来,年岁不熟,谷价常贵,人不宁安。小吏不与国同心者,率入十一月得死罪贼,不问曲直,便即格杀,虽有疑罪,不复谳正。一夫吁嗟,王道为亏,况于众乎?《易》十一月“君子以议狱缓死”。可令疑罪使详其法,大辟之科,尽冬月乃断。其立春在十二月中者,勿以报囚如故事。

后卒施行。

恭再在公位,选辟高第,至列卿郡守者数十人。而其耆旧大姓,或不蒙荐举,至有怨望者。恭闻之,曰:“学之不讲,是吾忧也。诸生不有乡举者乎?”终无所言。恭性谦退,奏议依经,潜有补益,然终不自显,故不以刚直为称。三年,以老病策罢。六年,年八十一,卒于家。

以两子为郎。长子谦,为陇西太守,有名绩。谦子旭,官至太仆,从献帝西入关,与司徒王允同谋共诛董卓。及李傕入长安,旭与允色、牺牲、徽号、器械而已。因而说："殷商承袭了夏朝的礼仪制度，周朝承袭了殷商的礼仪制度，其中增补废除的内容是可以知道的。"《易经》说："潜藏之龙不可施用。"是说十一月、十二月阳气潜藏，不得作用于事。虽然使得万物温暖，涵养着它们的根部，但旺盛的阴气仍然处在上方，大地封冻滴水成冰，阳气被隔绝，闭塞不通形成冬季。因而说："脚踩在寒霜坚冰之上，阴气开始凝聚，由此推知，严寒冰冻的季节即将到来。"这是说五月初生的阴气开始兴起，到十一月形成坚冰。

天子振兴，依照时序设立法令。孝章皇帝深入思考古人之道，辅助天地人三道的生发，制定法则律令，希冀能合乎上天的意愿，顺应万物的命理，以求天下太平。然而自从改变法度以来，农作物连年歉收，谷物常年价格昂贵，百姓不得安宁。不与国家同心的小吏，一进入十一月就都对抓获的犯有死罪的罪犯，不问对错曲直，就立即杀死，纵使证据不足，也不再审议驳正。一人唉声叹气，王道便有所亏损，何况众人都哀叹不已呢？依照《易经》十一月"君子要审理狱案宽赦死罪"。可令证据不足的疑罪都据此法审理，对于死刑，十一月过去才进行决断。立春在十二月中旬的时候，不可像过去一样判决囚犯。

之后终于得以施行。

鲁恭再居官位，选拔举荐成绩优异的士人，通过他的举荐位居九卿郡守的有数十人。而那些德高望重的长者和世家大族，有的未能得到他的荐举，导致心中不满。鲁恭听闻后，说："不追求学识的长进，是我所忧虑的。诸生难道没有乡里举荐吗？"那些人终究说不出什么来了。鲁恭天性谦恭退让，上奏议事都引经据典，虽然藏有助益，却始终不自我彰显，因此没有凭借刚直出名。永初三年（109），鲁恭因年老患病被皇帝以策书罢官。永初六年（112），八十一岁，死于家中。

皇帝让他的两个儿子担任郎官。长子鲁谦，为陇西太守，颇有名声功绩。鲁谦的儿子鲁旭，官至太仆，跟从献帝西行入关，与司徒王允共同筹谋诛杀董卓的计划。等到李傕进入长安，鲁旭和王允全都俱遇害。

丕字叔陵，性沈深好学，孳孳不倦，遂杜绝交游，不答候问之礼。士友常以此短之，而丕欣然自得。遂兼通《五经》，以《鲁诗》《尚书》教授，为当世名儒。后归郡，为督邮、功曹，所事之将，无不师友待之。

建初元年，肃宗诏举贤良方正，大司农刘宽举丕。时对策者百有余人，唯丕在高第，除为议郎，迁新野令。视事期年，州课第一，擢拜青州刺史。务在表贤明，慎刑罚。七年，坐事下狱司寇论。

元和元年征，再迁，拜赵相。门生就学者常百余人，关东号之曰“《五经》复兴鲁叔陵”。赵王商尝欲避疾便时移住学官，丕止不听。王乃上疏自言，诏书下丕。丕奏曰：“臣闻《礼》，诸侯薨于路寝，大夫卒于嫡室，死生有命，未有逃避之典也。学官传五帝之道，修先王礼乐教化之处，王欲废塞以广游宴，事不可听。”诏从丕言，王以此惮之。其后帝巡狩之赵，特被引见，难问经传，厚加赏赐。在职六年，嘉瑞屡降，吏人重之。

永元二年，迁东郡太守。丕在二郡，为人修通溉灌，百姓殷富。数荐达幽隐名士。明年，拜陈留太守。视事三期，后坐禀贫人不实，征司寇论。

十一年复征，再迁中散大夫。时侍中贾逵荐丕道艺深明，宜见任用。和帝因朝会，召见诸儒，丕与侍中贾逵、尚书令黄香等相难数事，帝善丕说，罢朝，特赐冠帻履袜衣一袭。丕因上疏曰：“臣以愚顽，显备大位，犬马气衰，猥得进见，论难于前，无所甄明，衣服遇害。

鲁丕字叔陵，天性沉着好学，勤勉学习不知疲倦，因而断绝与他人的一切往来，有人向他问候行礼他也不作回应。和他一起读书的朋友经常拿这件事说他，鲁丕却欣然自得。于是他兼通《五经》，以《鲁诗》《尚书》教授学生，成了当世名儒。后来回到郡里，做督邮、功曹，所侍奉的郡将，没有不把他当作老师朋友对待的。

建初元年(76)，章帝诏令举荐贤良方正，大司农刘宽举荐鲁丕。当时对答策问的有一百多人，唯有鲁丕成绩优异，被任命为议郎，后升任新野县令。他任职一年，在州郡政绩考核中成绩第一，提拔为青州刺史。他致力于推荐贤明之人，谨慎使用刑罚。建初七年，鲁丕因事获罪入狱判二岁刑。

元和元年(84)鲁丕被征召，两次升迁，拜任赵相。前来向他学习的门生常常有一百多人，关东百姓称其为“《五经》复兴鲁叔陵”。赵王商曾想选个好日子移居学官躲避疾病，鲁丕阻止他他不听从。赵王便上疏自述此事，皇帝颁发诏书给鲁丕。鲁丕上书说：“臣听闻依照《礼记》，诸侯死于正厅，大夫死于正室。生死有命，没有逃避的先例。学官是传授五帝之道，学习先王礼乐教化的场所，赵王打算废置学官用来扩充交游宴饮的地方，这件事不能听凭他去做。”皇帝下诏听从了鲁丕的话，赵王因此十分忌惮鲁丕。这之后皇帝巡行到达赵地，鲁丕被特意引入拜见天子，皇帝向他请教儒家经典及解释经文的书籍，对他厚加赏赐。在职六年，上天屡次降下祥瑞，官民十分敬重他。

永元二年(90)，鲁丕升为东郡太守。他身处二郡，为当地百姓修通沟渠用以灌溉农田，百姓因此殷实富足。他数次向朝廷举荐引进声望颇高却没有入仕的著名隐士。第二年，鲁丕拜陈留太守。治事三年，后因禀报的贫人与事实不符而获罪，征受司寇之刑。

永元十一年(99)鲁丕再次被征召，经过两次升迁任中散大夫。当时侍中贾逵举荐鲁丕道术精深，应当被任用。和帝乘着朝会之际，召见群儒，鲁丕与侍中贾逵、尚书令黄香等人相互辩驳了几件事，和帝喜爱鲁丕所说，朝会结束后，特赐他帽子鞋袜衣裳一套。鲁丕因而之赐，诚为优过。臣闻说经者，传先师之言，非从己出，不得相让；相让则道不明，若规矩权衡之不可枉也。难者必明其据，说者务立其义，浮华无用之言不陈于前，故精思不劳而道术愈章。法异者，各令自说师法，博观其义。览诗人之旨意，察《雅》《颂》之终始，明舜、禹、皋陶之相戒，显周公、箕子之所陈，观乎人文，化成天下。陛下既广纳謇謇以开四聪，无令刍荛以言得罪；既显岩穴以求仁贤，无使幽远独有遗失。”

十三年，迁为侍中，免。

永初二年，诏公卿举儒术笃学者，大将军邓骘举丕，再迁，复为侍中、左中郎将，再为三老。五年，年七十五，卒于官。

魏霸字乔卿，济阴句阳人也。世有礼义。霸少丧亲，兄弟同居，州里慕其雍和。

建初中，举孝廉，八迁，和帝时为钜鹿太守。以简朴宽恕为政。掾史有过，霸先诲其失，不改者乃罢之。吏或相毁诉，霸辄称它吏之长，终不及人短，言者怀惭，谮讼遂息。

永元十六年，征拜将作大匠。明年，和帝崩，典作顺陵。时盛冬地冻，中使督促，数罚县吏以厉霸。霸抚循而已，初不切责，而反劳之曰：“令诸卿被辱，大匠过也。”吏皆怀恩，力作倍功。

上疏说："臣凭借愚蠢顽固之资，愧居显赫之位，气息衰弱的犬马，能够入宫拜见天子，在御前争论疑难问题，没有辨明什么，却得到衣服的赏赐，确实优待过度了。臣听闻讲述经书的人，只是传述前辈的学说，并非出自自己的想法，辩论时不能互相退让；互相退让就会使得道理辩不明白，正如法度标准不能违背。提出问题的人必须要阐明其中的依据，辩论的人务必要树立自己的观点，不把浮华无用的话在人前陈述，因而不用精心思考道术却愈发彰明。所传承的师法不同的人，令他们各自陈述自己学到的看法，博观他们的学说。领悟诗人的旨意，体察《雅》《颂》的始终，明白舜、禹、皋陶所警戒的事，传扬周公、箕子所说的话，观看世间百态，教化天下万民。陛下既然要广纳正直之言来开通四方的听觉，就不要令草野鄙陋之人因为发表议论而获罪；既然要显扬隐士来招揽仁贤之才，就不要唯独遗失幽居草野的人才。"

永元十三年（101），鲁丕升为侍中，后罢免。

永初二年（108），安帝诏令公卿举荐好学儒术的人，大将军邓骘举荐鲁丕，经过两次升迁后，又做了侍中、左中郎将，又任三老。永初五年（111），鲁丕时年七十五岁，在官位上去世。

魏霸字乔卿，济阴郡句阳县人。世代有礼仪。魏霸年少时失去了双亲，和兄弟住在一起，乡人敬仰魏霸兄弟相处融洽。

建初年间，魏霸被举荐为孝廉，升了八次官，和帝时任钜鹿太守。凭借简朴宽恕治理政务。掾吏有过错，魏霸先教诲他改正，拒不悔改的才罢免其官职。官员们有时互相诋毁告状，魏霸总是称赞别的官员的长处，始终不谈及他人的短处，说别人短处的人心中惭愧，诋毁和讼争于是得以停止。

永元十六年（104），和帝征拜魏霸为将作大匠。第二年，和帝驾崩，魏霸掌管修建顺陵之事。这时正值盛冬天寒地冻，内廷使者督促他们尽快完工，多次惩罚县吏来敲打魏霸。魏霸只是安抚那些小吏而已，一直不严厉谴责他们，反而慰劳他们说："如今你们遭受折辱，是我的过错。"小吏们都心怀感激，努力工作加倍用功。

延平元年，代尹勤为太常。明年，以病致仕，为光禄大夫。永初五年，拜长乐卫尉，以病乞身，复为光禄大夫，卒于官。

刘宽字文饶，弘农华阴人也。父崎，顺帝时为司徒。宽尝行，有人失牛者，乃就宽车中认之。宽无所言，下驾步归。有顷，认者得牛而送还，叩头谢曰："惭负长者，随所刑罪。"宽曰："物有相类，事容脱误，幸劳见归，何为谢之？"州里服其不校。

桓帝时，大将军辟，五迁司徒长史。时京师地震，特见询问。再迁，出为东海相。延熹八年，征拜尚书令，迁南阳太守。典历三郡，温仁多恕，虽在仓卒，未尝疾言遽色。常以为"齐之以刑，民免而无耻。"吏人有过，但用蒲鞭罚之，示辱而已，终不加苦。事有功善，推之自下。灾异或见，引躬克责。每行县止息亭传，辄引学官祭酒及处士诸生执经对讲。见父老慰以农里之言，少年勉以孝悌之训。人感德兴行，日有所化。

灵帝初，征拜太中大夫，侍讲华光殿。迁侍中，赐衣一袭。转屯骑校尉，迁宗正，转光禄勋。熹平五年，代许训为太尉。灵帝颇好学艺，每引见宽，常令讲经。宽尝于坐被酒睡伏。帝问："太尉醉邪？"宽仰对曰："臣不敢醉，但任重责大，忧心如醉。"帝重其言。

宽简略嗜酒，不好盥浴，京师以为谚。尝坐客，遣苍头市酒，迂久，大醉而还。客不堪之，骂曰："畜产。"宽须臾遣人视奴，疑必自杀。顾左右曰："此人也，骂言畜产，辱孰甚焉！故吾惧其死也。"

延平元年（106），魏霸代替尹勤成为太常。第二年，因病退职，任光禄大夫。永初五年（111），魏霸拜长乐卫尉，因病自请离职，又任光禄大夫，死在官位上。

刘宽字文饶，弘农郡华阴县人。父亲刘崎，顺帝时为司徒。刘宽曾经出行，有个丢了牛的人，到刘宽的车中认走了自己的牛。刘宽什么都没说，下车步走回去。不一会儿，认走牛的人找到了自己丢的那头牛而把刘宽的牛送了回来，叩头道歉说："心中惭愧辜负了长者，随您责罚。"刘宽说："东西有相似的，事情也有疏忽脱漏的，劳烦你还牛，为何要道歉呢？"乡人钦佩他为人宽容不计较。

桓帝时，大将军征召他，刘宽经过五次升迁成为司徒长史。当时京师发生地震，桓帝特意召见他询问。之后又经过两次升迁，出任东海相。延熹八年（165），刘宽征拜尚书令，升为南阳太守。主管三郡，温厚宽仁，纵使处于急促匆忙之间，也不曾言语急躁神色严厉。常常认为"用刑法整治百姓，百姓虽能避免犯罪却没有羞耻之心"。官民有错，只用蒲草制成的鞭子稍加惩罚他们，以示耻辱而已，始终不曾让他们遭受皮肉之苦。做事取得好的成绩，推给下属。如果出现灾异，就归到自己身上承担责罚。每次到县里视察在亭传休息时，就招来学官祭酒及处士学生拿着互相讲论。遇到父老就拿乡下话慰问对方，遇到少年就拿孝悌的训范勉励对方。人们感念他的恩德并将他的教诲付诸实践，每天都有人接受教化做出改变。

灵帝初年，刘宽征拜太中大夫，在华光殿传授讲学。升为侍中，灵帝赐予他衣服一套。转任屯骑校尉，升为宗正，改任光禄勋。熹平五年（176），他代替许训成为太尉。灵帝颇为喜好学艺，每次引刘宽入见，时常令他讲解经术。刘宽曾在座位上醉酒伏在几上打盹。灵帝问："太尉醉了吗？"刘宽仰起头回答说："臣不敢醉，只是身负重任，心中忧闷如同醉酒后那般难过。"灵帝很看重他说的话。

刘宽为人简单爱好饮酒，不好盥洗沐浴，京师之人就此编了谚语。曾经席上有客人，让仆人买酒，过来许久后，仆人大醉而归。客人无法忍受，骂道："畜牲。"刘宽在片刻后派人察看仆人，猜测对方必然会自杀。看着身边人说："他是人，被骂作畜牲，还有比这更夫人欲试宽令恚，伺当朝会，装严已讫，使侍婢奉肉羹，翻污朝衣。婢遽收之，宽神色不异，乃徐言曰："羹烂汝手？"其性度如此。海内称为长者。

后以日食策免。拜卫尉。光和二年，复代段颎为太尉。在职三年，以日变免。又拜永乐少府，迁光禄勋。以先策黄巾逆谋，以事上闻，封逯乡侯六百户。中平二年卒，时年六十六。赠车骑将军印绶，位特进，谥曰昭烈侯。子松嗣，官至宗正。

赞曰：卓、鲁款款，情悫德满。仁感昆虫，爱及胎卵。宽、霸临政，亦称优缓。

侮辱人的么！因而我害怕他会自杀而死。”夫人想试探一下刘宽令他愤怒，等他参加朝会，整理好装束后，让侍婢捧着肉汤，将其打翻弄脏刘宽参加朝会的衣服。侍婢急忙收那些肉汤，刘宽神色不变，从容地问道：“汤伤到你的手了吗？”他的性情气度就是如此。海内称他为言行仁厚的长者。

后来刘宽因日食被灵帝以策书免官。之后又任卫尉。光和二年（179），刘宽又代替段颎成为太尉。在职三年，因太阳有变被免职。又拜永乐少府，升为光禄勋，因预先料知黄巾意图谋反，将事情上报灵帝，被封为食邑六百户的逯乡侯。中平二年（185）刘宽去世，时年六十六岁。赠予车骑将军印绶，位列特进，谥号为昭烈侯。儿子刘松继承了他的爵位，官至宗正。

赞辞说：卓茂、鲁恭忠诚恳切，感情质朴道德高尚。仁心感动了昆虫，爱心惠及了胎卵。刘宽、魏霸处理政务，也可称为宽和。

卷五十六

伏侯宋蔡冯赵牟韦列传第十六

伏湛字惠公，琅邪东武人也。九世祖胜，字子贱，所谓济南伏生者也。湛高祖父孺，武帝时，客授东武，因家焉。父理，为当世名儒，以《诗》授成帝，为高密太傅，别自名学。

湛性孝友，少传父业，教授数百人。成帝时，以父任为博士弟子。五迁，至王莽时为绣衣执法，使督大奸，迁后队属正。

更始立，以为平原太守。时仓卒兵起，天下惊扰，而湛独晏然，教授不废。谓妻子曰："夫一谷不登，国君彻膳；今民皆饥，奈何独饱？"乃共食粗粝，悉分奉禄以赈乡里，来客者百余家。时门下督素有气力，谋欲为湛起兵，湛恶其惑众，即收斩之，徇首城郭，以示百姓，于是吏人信向，郡内以安。平原一境，湛所全也。

光武即位，知湛名儒旧臣，欲令干任内职，征拜尚书，使典定旧制。时大司徒邓禹西征关中，帝以湛才任宰相，拜为司直，行大司徒事。车驾每出征伐，常留镇守，总摄群司。建武三年，遂代邓禹为大司徒，封阳都侯。

时彭宠反于渔阳，帝欲自征之，湛上疏谏曰："臣闻文王受命而征伐五国，必先询之同姓，然后谋于群臣，加占蓍龟，以定行事，故谋则成，卜则吉，战则胜。其《诗》曰：'帝谓文王，询尔仇方，同尔弟兄，以尔钩援，与尔临冲，以伐崇庸。'崇国城守，先退后伐，伏湛字惠公，琅琊郡东武县人。其九世祖伏胜，字子贱，就是大家所说的济南人伏生。伏湛的高祖父伏孺，武帝时，在东武讲学，故而就在东武安了家。父亲伏理，是当世名儒，为成帝讲读《诗经》，为高密太傅，名学理论独成一家。

伏湛孝顺父母友爱兄弟，年少时就承袭了父亲的事业，教授了数百名学生。成帝时，伏湛凭借父亲成了博士弟子。升了五次官，到王莽时成了绣衣执法，王莽命他督察大奸之徒，后迁为后队属正。

更始帝即位后，任命伏湛为平原太守。当时战事突发，天下惊扰，唯独伏湛一派安适之态，依然悠闲地教授学生读书。他对妻儿说："庄稼歉收，国君就会撤减膳食；而今百姓都吃不上饭，我们怎能享受饱食呢？"于是他与家人一起吃糙米，拿出全部俸禄赈济乡人，有一百多户人家到他这里吃饭。当时在他门下做事的一个人素来气力很大，谋划着助伏湛起兵，伏湛厌恶他出言惑民，立即将他捉住杀了，并在城中传首示众，从而获得了官民的信赖，郡内由此大安。平原郡，是伏湛保全下来的。

光武即位后，知晓伏湛是名儒旧臣，想令他主管朝廷要事，征拜他为尚书，让他主持勘定旧时制度。当时大司徒邓禹西征关中，光武帝觉得凭借伏湛的才能可以胜任宰相之职，拜他为司直，行大司徒事。每当光武帝御驾出征时，就常留他在京镇守，总管群司。建武三年（27），伏湛代替邓禹任大司徒，被封为阳都侯。

当时彭宠在渔阳谋反，光武帝想御驾亲征，伏湛上疏规谏说："臣听闻文王受命征伐五国，必定会先询问同姓亲族的看法，然后与群臣商讨谋划，还要用蓍草大龟占卜一番，才能决定是否出征，因而谋略便会成功，占卜便会大吉，征战便会胜利。《诗经》说：'天帝对文王说，询问你的邻国，叫上你的弟兄，拿上你的钩梯，备好你的战所以重人命，俟时而动，故参分天下而有其二。陛下承大乱之极，受命而帝，兴明祖宗，出入四年，而灭檀乡，制五校，降铜马，破赤眉，诛邓奉之属，不为无功。今京师空匮，资用不足，未能服近而先事边外；且渔阳之地，逼接北狄，黠虏困迫，必求其助。又今所过县邑，尤为困乏。种麦之家，多在城郭，闻官兵将至，当已收之矣。大军远涉二千余里，士马罢劳，转粮艰阻，今兖、豫、青、冀，中国之都，而寇贼从横，未及从化。渔阳以东，本备边塞，地接外虏，贡税微薄。安平之时，尚资内郡，况今荒耗，岂足先图？而陛下舍近务远，弃易求难，四方疑怪，百姓恐惧，诚臣之所惑也。复愿远览文王重兵博谋，近思征伐前后之宜，顾问有司，使极愚诚，采其所长，择之圣虑，以中土为忧念。”帝览其奏，竟不亲征。

时贼徐异卿等万余人据富平，连攻之不下，唯云“愿降司徒伏公。”帝知湛为青、徐所信向，遣到平原，异卿等即日归降，护送洛阳。

湛虽在仓卒，造次必于文德，以为礼乐政化之首，颠沛犹不可违。是岁奏行乡饮酒礼，遂施行之。

其冬，车驾征张步，留湛居守。时蒸祭高庙，而河南尹、司隶校尉于庙中争论，湛不举奏，坐策免。六年，徙封不其侯，邑三千六百户，遣就国。后南阳太守杜诗上疏荐湛曰：“臣闻唐、虞以股肱康，文王以多士宁，是故《诗》称‘济济’，《书》曰‘良哉’。臣诗窃见故大司徒阳都侯伏湛，自行束脩，讫无毁玷，笃信好学，守死善道，车，来攻伐崇国的城墙。'崇国据城而守，久攻不下，就先退以自修，再起兵征伐，这是因为文王看重人命，俟时而动，所以能够拥有三分之二的天下。陛下在天下大乱的时候承袭重任，受天之命，成为帝王，为了兴明祖宗大业，出生入死，已有四年，灭亡檀乡，制服五校，降服铜马，击溃赤眉，诛杀邓奉等人，不可谓无功。而今京师穷乏，财用不足，还未降服近邻就先用兵远地；而且渔阳之地，迫近北狄，狡黠的敌人陷入窘迫，必定会向北狄求助。再加上如今出征所经过的县邑，尤为困乏。种麦的百姓，大多住在城中，听闻官兵将至，应该已经把麦子收完了。大军长途跋涉了两千多里，人困马乏，粮食运送，困难重重。现在的兖州、豫州、青州、冀州，均是中原之都，却盗匪肆行，尚未归化。渔阳以东，本是边塞，接近外虏，贡税微薄。太平之时，尚且需要内郡救助，何况现今财物耗尽，哪里值得最先图谋呢？陛下舍近务远，弃易求难，四方诧异，百姓恐惧，臣确实也觉得万分不解。再次希望陛下远览文王重视士兵、多次谋议的成功之道，近思征伐前后的种种事宜，咨询相关部门，让他们尽忠竭力，采其所长，由您决断，万事以中土为重。"光武帝阅览过他的奏疏，最终没有亲征渔阳。

这时贼寇徐异卿等一万多人占据了富平，士兵屡攻不下，这些贼寇只是说："愿意归降司徒伏公。"光武帝知道青州、徐州百姓都很信赖伏湛，便派遣他到平原郡，徐异卿等人当日就归降了，被护送到洛阳。

伏湛纵然处于急迫匆忙之下，举止言行也必然符合文德之道，他认为文德是礼乐政化之首，即使颠沛流离也不能违背。这一年他上奏请求举行乡饮酒礼，朝廷就施行了这项礼仪。

这年冬季，光武帝亲征张步，留下伏湛在京镇守。当时正在高庙内举行蒸祭，河南尹、司隶校尉却在庙中争论，伏湛没有上奏检举，被光武帝以策书免官。建武六年（30），伏湛徙封不其侯，食邑三千六百户，令他前往封国居住。后来南阳太守杜诗上疏举荐伏湛说："臣听闻唐尧、虞舜凭借股肱之臣而天下康乐，文王仰赖众多贤才而国家安宁，因而《诗经》称多士'济济'，《尚书》说股肱'良哉'。

经为人师，行为仪表。前在河内朝歌及居平原，吏人畏爱，则而象之。遭时反覆，不离兵凶，秉节持重，有不可夺之志。陛下深知其能，显以宰相之重，众贤百姓，仰望德义。微过斥退，久不复用，有识所惜，儒士痛心，臣窃伤之。湛容貌堂堂，国之光晖；智略谋虑，朝之渊薮。髫发厉志，白首不衰。实足以先后王室，名足以光示远人。古者选擢诸侯以为公卿，是故四方回首，仰望京师。柱石之臣，宜居辅弼，出入禁门，补缺拾遗。臣诗愚戆，不足以知宰相之才，窃怀区区，敢不自竭。臣前为侍御史，上封事，言湛公廉爱下，好恶分明，累世儒学，素持名信，经明行修，通达国政，尤宜近侍，纳言左右，旧制九州五尚书，令一郡二人，可以湛代。颇为执事所非。但臣诗蒙恩深渥，所言诚有益于国，虽死无恨，故复越职触冒以闻。”

十三年夏，征，敕尚书择拜吏日，未及就位，因宴见中暑，病卒。赐秘器，帝亲吊祠，遣使者送丧修冢。

二子：隆、翕。

翕嗣爵，卒，子光嗣。光卒，子晨嗣。晨谦敬博爱，好学尤笃，以女孙为顺帝贵人，奉朝请，位特进。卒，子无忌嗣，亦传家学，博物多识，顺帝时，为侍中屯骑校尉。永和元年，诏无忌与议郎黄景校定中书《五经》、诸子百家、艺术。元嘉中，桓帝复诏无忌与黄景、崔寔等共撰《汉记》。又自采集古今，删著事要，号曰《伏侯臣杜诗看见之前的大司徒阳都侯伏湛，自从跟随老师学习以来，从未有过污点过失，笃信好学，坚守善道，对于经学的领悟可以担任他人的老师，对于行为的规范可以当作他人的榜样。先前在河内朝歌以及平原居住时，吏民都很敬佩爱戴他，把他当作模范效仿。遭逢反覆无常的时代，战乱不断，伏湛坚守节操，举止稳重，有不可夺之志。陛下十分了解他的才能，让他凭借宰相的重职名声显扬，众多贤才百姓，均仰慕他的大德大义。之后由于极小的过失遭到免职，长久以来不被起用，有识之辈为之惋惜，儒学之士为之痛心，臣也为此伤怀不已。伏湛容貌堂堂，是国家的光晖荣耀；智略谋虑，聚集了所有朝臣的优点。幼年开始磨砺意志，直至白首不曾衰减。能力足以辅佐王室，盛名足以昭示异族。古代选拔诸侯升任公卿，因而四方回首，仰望京师。柱石之臣，当居相位，出入宫门，查漏补缺匡正错失。臣杜诗愚钝鲁莽，不足以识别宰相之才，内心的这点微小的心思，不敢不袒露无余。臣之前担任侍御史时，呈过一份密封好的奏章，说伏湛公正廉洁爱护下属，好恶分明，家族世代通晓儒学，素来拥有极高的名声信誉，明晓经术涵养德行，通达国政，尤为适合陪侍帝侧，进献良言，依照旧制要从九州中选取五人担任尚书，从一郡内选取两人担任县令，都可以让伏湛来代替。臣的这些言论颇受执事大臣的反对。但臣杜诗蒙恩极深，所说的话果真于国有益，死而无憾，因而又一次越职上疏，冒犯圣听。”

建武十三年(37)夏，伏湛重被征召，诏令尚书挑选拜官之日，伏湛尚未就任，就因光武帝的宴见而中暑，最终病重而亡。光武帝赐下棺材，亲自前去祭拜，并遣使为其送丧修墓。

伏湛的两个儿子：伏隆、伏翕。

伏翕承袭了伏湛的爵位，他去世后，儿子伏光又继承了他的爵位。伏光去世后，儿子伏晨继承了爵位。伏晨谦逊恭敬博爱众生，一心向学，因为孙女是顺帝的贵人，所以得以参加朝会，位列特进。伏晨去世后，儿子无忌继承了他的爵位，无忌也传承了家学，博通万物知识广博，顺帝时，担任侍中屯骑校尉。永和元年(136)，皇帝诏令无注》。无忌卒，子质嗣，官至大司农。质卒，子完嗣，尚桓帝女阳安长公主。女为孝献皇后。曹操杀后，诛伏氏，国除。

初，自伏生已后，世传经学，清静无竞，故东州号为“伏不斗”云。

隆字伯文，少以节操立名，仕郡督邮。建武二年，诣怀宫，光武甚亲接之。

时张步兄弟各拥强兵，据有齐地，拜隆为太中大夫，持节使青、徐二州，招降郡国。隆移檄告曰：“乃者，猾臣王莽，杀帝盗位。宗室兴兵，除乱诛莽，故群下推立圣公，以主宗庙。而任用贼臣，杀戮贤良，三王作乱，盗贼从横，忤逆天心，卒为赤眉所害。皇天祐汉，圣哲应期，陛下神武奋发，以少制众。故寻、邑以百万之军，溃散于昆阳，王郎以全赵之师，土崩于邯郸，大彤、高胡望旗消靡，铁胫、五校莫不摧破。梁王刘永，幸以宗室属籍，爵为侯王，不知厌足，自求祸弃，遂封爵牧守，造为诈逆。今虎牙大将军屯营十万，已拔睢阳，刘永奔迸，家已族矣。此诸君所闻也。不先自图。后悔何及？”青、徐群盗得此惶怖，获索贼右师郎等六校即时皆降。张步遣使随隆，诣阙上书，献鳆鱼。

其冬，拜隆光禄大夫，复使于步，并与新除青州牧守及都尉俱东，诏隆辄拜令长以下。隆招怀绥缉，多来降附。帝嘉其功，比之郦生。即拜步为东莱太守，而刘永亦复遣使立步为齐王。步贪受王爵，冘豫未决。隆晓譬曰：“高祖与天下约，非刘氏不王，今可得为忌与议郎黄景校定中书《五经》、诸子百家、艺术。元嘉年间，桓帝又下诏令无忌与黄景、崔寔等一起编撰《汉记》。无忌又自己收集古今之事，删定编著历朝事要，号称《伏侯注》。无忌去世后，儿子伏质继承父爵，官至大司农。伏质去世后，儿子伏完继承父爵，娶桓帝之女阳安长公主为妻。女儿是孝献皇后。曹操杀害皇后，诛除伏氏，封国被撤。

起初，自伏生之后，伏家世代以教授经学为生，清静无争，所以东州人称之为“伏不斗”。

伏隆字伯文，少时凭借节操树立名誉，担任督邮郡守。建武二年（26），前往怀宫拜见天子，光武帝很是亲切地接待了他。

此时张步兄弟各自掌握着一支强军，占有齐地，拜伏隆为太中大夫，让他执符节出使青、徐二州，招降郡国。伏隆发布公文告知各个郡国说：“从前，奸臣王莽，杀帝篡位，宗室发兵，除去乱臣，杀掉王莽，所以群臣拥立圣公，来主持宗庙。然而圣公任用贼臣，杀害贤良，三王作乱，盗贼横行，忤逆天意，最终为赤眉所害。皇天祐我汉朝江山，圣人顺应天运而生，陛下英明神武奋发图强，凭借少数兵力战胜众多敌人。因而王寻、王邑虽有百万之军，却在昆阳被打败逃散，王郎虽有全赵之师，却在邯郸彻底土崩瓦解，大肜、高胡望见我方的旗帜就溃散而逃，铁胫、五校全都被摧毁攻克。梁王刘永，有幸以宗室的身份，被封侯王，却不知餍足，自寻死路，封土授爵，成为牧守，而制造叛逆。而今虎牙大将屯营十万，已经占领睢阳，刘永逃散，已被灭族。各位对此都有耳闻。大家不事先为自己谋划，事后后悔来得及吗？”青州、徐州的贼人们收到这份公文后都惊恐万分，获索贼军右师郎等六校很快便都投降了。张步遣使随伏隆赴京上书，进献鳆鱼。

这年冬季，皇帝拜伏隆为光禄大夫，又派他出使张步所在处，并与新拜青州太守及都尉一同东行，诏命伏隆凡令长以下官员均可直接任命。在伏隆的招降安抚下，投降归附者众多。光武帝嘉许他的功绩，将他比作郦生。随即拜他为东莱太守，而刘永又遣使立张步为齐十万户侯耳。”步欲留隆与共守二州，隆不听，求得反命，步遂执隆而受永封。隆遣间使上书曰：“臣隆奉使无状，受执凶逆，虽在困厄，授命不顾。又吏人知步反畔，心不附之，愿以时进兵，无以臣隆为念。臣隆得生到阙廷，受诛有司，此其大愿；若令没身寇手，以父母昆弟长累陛下。陛下与皇后、太子永享万国，与天无极。”帝得隆奏，召父湛流涕以示之曰：“隆可谓有苏武之节。恨不且许而遽求还也！”其后步遂杀之，时人莫不怜哀焉。

五年，张步平，车驾幸北海，诏隆中弟咸收隆丧，赐给棺敛，太中大夫护送丧事，诏告琅邪作冢，以子瑗为郎中。

侯霸字君房，河南密人也。族父渊，以宦者有才辩，任职元帝时，佐石显等领中书，号曰大常侍。成帝时，任霸为太子舍人。霸矜严有威容，家累千金，不事产业。笃志好学，师事九江太守房元，治《穀梁春秋》，为元都讲。王莽初，五威司命陈崇举霸德行，迁随宰。县界旷远，滨带江湖，而亡命者多为寇盗。霸到，即案诛豪猾，分捕山贼，县中清静。再迁为执法刺奸，纠案势位者，无所疑惮。后为淮平大尹，政理有能名。及王莽之败，霸保固自守，卒全一郡。

更始元年，遣使征霸，百姓老弱相携号哭，遮使者车，或当道而卧。皆曰：“愿乞侯君复留期年。”民至乃戒乳妇勿得举子，侯君当去，必不能全。使者虑霸就征，临淮必乱，不敢授玺书，具以状王。张步贪恋侯王之爵，再三犹豫，拿不定主意。伏隆劝解道："高祖曾对天下盟约，不是刘氏子孙不可称王，而今非刘氏子孙已经能当十万户侯了。"张步想让伏隆留下与他共同据守二州，伏隆不肯听从，请求回京复命，张步就控制了伏隆，并接受了刘永的封爵。伏隆派遣密使上书说："臣伏隆奉命出使，言行无状，被凶恶的叛贼捉住了，虽身处危难困苦之中，愿献出生命，无所顾虑。还有官吏百姓知道张步反叛，并不和他同心，期望皇上即时出兵，不要惦记臣的安危。臣能够活着回到朝廷，被相关部门处以死刑，就是臣最大的心愿；如若死于贼人之手，就只能以父母兄弟拖累陛下了。陛下与皇后、太子永享万国，与天无极。"光武帝收到伏隆的奏书后，将伏隆的父亲伏湛召进宫，哭着把奏书拿给伏湛说："伏隆可谓有苏武之节。恨不能暂且实现他的心愿让他马上回京啊！"在这之后张步就杀死了伏隆，当时的人们都很同情怜惜他。

建武五年(29)，平定了张步的叛乱，光武帝御驾亲临北海，诏命伏隆二弟伏咸为伏隆收丧，赐予棺殓，太中大夫负责护送丧事，诏告琅琊为其修墓，并让他的二子伏瑗担任郎中。

侯霸字君房，河南郡密县人。族父侯渊，是一位富有才智机辩的宦官，在元帝手下任职时，辅佐石显等统领中书，被称为大常侍。成帝时，任侯霸为太子舍人。侯霸庄重严肃有威容，家中富有千金之资，却从不打理产业。笃志好学，以九江太守房元为师，研习《穀梁春秋》，在房元的学舍中任主讲人。王莽初年，五威司命陈崇举荐侯霸德行高尚，升为随县县令。随县面积辽阔，濒临江湖，逃亡之人大多成为寇盗。侯霸到任后，即刻查明这些违法之徒的罪行将其处以死刑，并分派官兵捉拿山贼，县内由此清静无事。后又升任为执法刺奸，弹劾审查位高权重者时，毫无疑惧。之后任淮平大尹，政绩突出，负有盛名。等到王莽失败时，侯霸坚壁自守，最终保全了一郡百姓。

更始元年(23)，更始帝派遣使者征召侯霸，郡内百姓无论老少全都相互搀扶着挡在使者车前号哭不止，还有人在路中间躺着阻拦去路。他们都说："愿请求侯君再留任一年。"民众甚至告诫产妇不得养育小孩，假使侯君离开了，大家必定就完了。使者考虑到侯霸接闻。会更始败，道路不通。

建武四年，光武征霸与车驾会寿春，拜尚书令。时无故典，朝廷又少旧臣，霸明习故事，收录遗文，条奏前世善政法度有益于时者，皆施行之。每春下宽大之诏，奉四时之令，皆霸所建也。明年，代伏湛为大司徒，封关内侯。在位明察守正，奉公不回。

十三年，霸薨，帝深伤惜之，亲自临吊。下诏曰："惟霸积善清絜，视事九年。汉家旧制，丞相拜日，封为列侯。朕以军师暴露，功臣未封，缘忠臣之义，不欲相逾，未及爵命，奄然而终。呜呼哀哉！"于是追封谥霸则乡哀侯，食邑二千六百户。子昱嗣。临淮吏人共为立祠，四时祭焉。以沛郡太守韩歆代霸为大司徒。

歆字翁君，南阳人，以从攻伐有功，封扶阳侯。好直言，无隐讳，帝每不能容。尝因朝会，闻帝读隗嚣、公孙述相与书，歆曰："亡国之君皆有才，桀纣亦有才。"帝大怒，以为激发。歆又证岁将饥凶，指天画地，言甚刚切，坐免归田里。帝犹不释，复遣使宣诏责之。司隶校尉鲍永固请不能得，歆及子婴竟自杀。歆素有重名，死非其罪，众多不厌，帝乃追赐钱谷，以成礼葬之。

后千乘欧阳歙、清河戴涉相代为大司徒，坐事下狱死，自是大臣难居相任。其后河内蔡茂、京兆玉况、魏郡冯勤，皆得薨位。况字文伯，性聪敏，为陈留太守，以德行化人，迁司徒，四年薨。

受征召离去后，临淮必乱，不敢把更始帝的敕令诏书交与侯霸，只是将自己的所见所闻全部写入奏书，上报给更始帝听。当时正好赶上更始失败，道路不通。

建武四年(28)，光武帝征召侯霸来寿春会面，拜其为尚书令。当时没有旧时典制，朝廷又少有老臣，侯霸明了熟习旧时典例，收录前代遗留的法令条文，把其中有益于当世的善政良法逐条上奏，都被施行。每年春季朝廷下发的宽大之诏，遵奉四时的政令，都是侯霸所建议的。第二年，侯霸代替伏湛担任大司徒，被封为关内侯。在任期间明察秋毫恪守正道，克己奉公刚正不阿。

建武十三年，侯霸去世，光武帝很是哀伤惋惜，亲临丧礼痛哭吊唁。发布诏令说："侯霸积德行善廉洁奉公，在朝为官已有九年。汉家旧制，拜为丞相的当天，要封列侯。朕因大军一直在外征战，尚未论功封赏，依照忠臣之义，不想逾矩，还没来得及为侯霸封爵，他就忽然逝世。实在太哀痛了！"于是追封侯霸为乡哀侯，食邑二千六百户。他的儿子侯昱继承了他的爵位。临淮的官员百姓共同为他建立了祠堂，一年四季都去祭拜他。让沛郡太守韩歆代替侯霸成为大司徒。

韩歆字翁君，南阳人，因追随光武帝征伐有功，被封为扶阳侯。他说话好直来直去，没有忌讳和隐瞒，光武帝时常不能容纳。曾在朝会上听光武帝读隗嚣、公孙述的来往书信，韩歆说："亡国之君皆有才华，夏桀商纣也有文才。"光武帝大怒，以为他在讥讽自己。韩歆又断定国家即将遭逢饥凶之年，边说话边用手比画，言辞很是刚切，因为此事被罢官免职，返乡归田。光武帝还是不能释怀，又派使者宣读诏书谴责他。司隶校尉鲍永一直为他请求却不被批准，韩歆和他儿子韩婴竟自杀而亡。韩歆素有盛名，无罪而死，众人对此大多心怀不满，光武帝便追赐钱谷给韩歆，为他举办了完备的葬礼。

后来千乘欧阳歙、清河戴涉相继接替大司徒一职，全都因罪入狱而亡，自此大臣难以在这一官位上善终。这之后河内蔡茂、京兆玉况、魏郡冯勤，都死在大司徒位上。玉况字文伯，天资聪敏，为陈留太守，用德行教化百姓，升为司徒，在位四年去世。

昱后徙封於陵侯，永平中兼太仆。昱卒，子建嗣。建卒，子昌嗣。

宋弘字仲子，京兆长安人也。父尚，成帝时至少府。哀帝立，以不附董贤，违忤抵罪。弘少而温顺，哀、平间作侍中，王莽时为共工。赤眉入长安，遣使征弘，逼迫不得已，行至渭桥，自投于水，家人救得出，因佯死获免。

光武即位，征拜太中大夫。建武二年，代王梁为大司空，封栒邑侯。所得租奉分赡九族，家无资产，以清行致称。徙封宣平侯。

帝尝问弘通博之士，弘乃荐沛国桓谭才学洽闻，几能及杨雄、刘向父子。于是召谭拜议郎、给事中。帝每宴，辄令鼓琴，好其繁声。弘闻之不悦，悔于荐举，伺谭内出，正朝服坐府上，遣吏召之。谭至，不与席而让之曰："吾所以荐子者，欲令辅国家以道德也，而今数进郑声以乱《雅》《颂》，非忠正者也。能自改邪？将令相举以法乎？"谭顿首辞谢，良久乃遣之。后大会群臣，帝使谭鼓琴，谭见弘，失其常度。帝怪而问之。弘乃离席免冠谢曰："臣所以荐桓谭者，望能以忠正导主，而令朝廷耽悦郑声，臣之罪也。"帝改容谢，使反服，其后遂不复令谭给事中。弘推进贤士冯翊、桓梁三十余人，或相及为公卿者。

弘当宴见，御坐新屏风，图画列女，帝数顾视之。弘正容言曰："未见好德如好色者。"帝即为彻之。笑谓弘曰："闻义则服，可乎？"对曰："陛下进德，臣不胜其喜。"

韩昱后来改封为於陵侯，永平年间兼任太仆。韩昱去世后，他的儿子韩建继承了他的爵位。韩建去世后，他的儿子韩昌承袭了爵位。

宋弘字仲子，京兆长安人。父亲宋尚，成帝时官至少府。哀帝即位后，因不归附董贤，违背对方的命令而负罪。宋弘年少时温和顺从，哀帝、平帝时期担任侍中，王莽时做了共工。赤眉攻入长安后，派遣使者征召宋弘，宋弘在逼不得已下，行至渭桥，投身水中，家人将他从水中救出，他便乘机假死脱身。

光武帝即位，征拜宋弘为太中大夫。建武二年（26），代替王梁成为大司空，被封为栒邑侯。他将得到的租俸拿出来赡养九族，自己家里毫无资产，凭借清洁之行为人称赞。后又被改封为宣平侯。

光武帝曾询问宋弘通博之士都有谁，宋弘就举荐沛国桓谭才学出众博识多闻，几乎能比得上扬雄、刘向父子。于是光武帝召来桓谭拜为议郎、给事中。光武帝每每宴饮，就令桓谭在旁弹琴，喜欢他弹的浮靡之音。宋弘听说后怏怏不悦，后悔荐举了他，观察到桓谭从宫内出来，就整理好朝服坐于府上，派遣小吏召来桓谭。桓谭来了后，宋弘没给他准备座位，而是责备他说：“我之所以举荐你，是想让你凭借道德辅佐国家，而今你却数次进呈淫靡的郑声来破坏《雅》《颂》之乐，并非忠正之辈。你能自我改正吗？或者是要我来依法举报你吗？”桓谭叩头认错，宋弘很久后才放他离开。后来大会群臣，光武帝命桓谭弹琴，桓谭看见宋弘，举止失常。光武帝感到很是奇怪便询问他缘由。宋弘离开座位脱去帽子谢罪道：“臣之所以举荐桓谭，是期望他能用忠正之心引导圣上，如今他却让朝廷上下沉迷郑声，这是臣的过失。”光武帝神色动容地向宋弘认错，让他戴上帽子，之后不再让桓谭担任给事中。宋弘举荐贤士冯翊、桓梁等三十余人，其中的一些人相继成为公卿。

宋弘在光武帝闲暇时入宫拜见，光武帝的御座在新屏风的前面，屏风上画着几位美人，光武帝有好几次回头看上面的美女。宋弘面容严肃地说：“没有见过喜好德行如同喜好美色一般的人。”光武帝因为他的话立刻撤掉了屏风，笑着对他说：“听到合乎义理的话就顺从，可以吗？”宋弘回答道：“陛下能够精进德行，臣不胜欢喜。”

时帝姊湖阳公主新寡，帝与共论朝臣，微观其意。主曰："宋公威容德器，群臣莫及。"帝曰："方且图之。"后弘被引见，帝令主坐屏风后，因谓弘曰："谚言贵易交，富易妻，人情乎？"弘曰："臣闻贫贱之知不可忘，糟糠之妻不下堂。"帝顾谓主曰："事不谐矣。"

弘在位五年，坐考上党太守无所据，免归第。数年卒，无子，国除。

弘弟嵩，以刚强孝烈著名，官至河南尹。嵩子由，章、和间为太尉，坐阿党窦宪，策免归本郡，自杀。由二子：汉、登。登在《儒林传》。

汉字仲和，以经行著名，举茂才，四迁西河太守。永建元年，为东平相、度辽将军，立名节，以威恩著称。迁太仆，上病自乞，拜太中大夫，卒。策曰："太中大夫宋汉，清修雪白，正直无邪。前在方外，仍统军实，怀柔异类，莫匪嘉绩，戎车载戢，边人用宁。予录乃勋，引登九列。因病退让，守约弥坚，将授三事，未克而终。朝廷愍悼，怛其怆然。《诗》不云乎：'肇敏戎功，用锡尔祉。'其令将相大夫会葬，加赐钱十万，及其在殡，以全素丝羔羊之絜焉。"

子则，字元矩，为鄢陵令，亦有名迹。拔同郡韦著、扶风法真，称为知人。则子年十岁，与苍头共弩射，苍头弦断矢激，误中之，即死。奴叩头就诛，则察而恕之。颍川荀爽深以为美，时人亦服焉。

当时光武帝的姐姐湖阳公主刚刚守寡，光武帝同她谈论朝臣，偷偷观察她的心意。公主说：“宋公仪容庄重威严品德才识无双，群臣没人比得上他。”光武帝说：“我将徐徐图之。”后来宋弘被引入宫内拜见光武帝，光武帝让公主坐在屏风后，对宋弘说：“俗语说人显贵了就另交新友，富有了就另娶娇妻，这是人之常情吗？”宋弘说：“臣听闻贫贱时的知己不可忘，患难时的妻子不下堂。”光武帝回头对公主说：“事情不成功啊。”

宋弘为官五年，因审查上党太守时找不到证据被治罪罢官，回到家中。数年后去世，因膝下无子，封国被撤。

宋弘的弟弟宋嵩，因刚强孝烈而出名，官至河南尹。宋嵩的儿子宋由，章帝、和帝年间担任太尉，因结党窦宪被治罪，皇帝以策书免其官职，让他回到家乡，自杀而亡。宋由有两个儿子：宋汉、宋登。宋登的事迹被写入《儒林传》中。

宋汉字仲和，因通晓经学品行高尚而闻名，被举荐为茂才，经过四次升迁后做了西河太守。永建元年（126），宋汉担任东平相、度辽将军，树立名节，以声威恩泽著称。后升任为太仆，因病上书请求归老，拜太中大夫，去世。顺帝颁布策书说：“太中大夫宋汉，操行洁白如雪，正直无邪。之前在边域的时候，频频管理军用的器械和粮食，以温和的手段使异族归附，全都建立了美善的功绩，战事结束，边人大安。赫赫功勋记录在册，举荐他登九卿之列。因病退职，保持俭约德行的心意却愈发坚定不移。正要授予他三公之位，没来得及施行就猝然长逝。举朝哀悼，悲痛不已。《诗经》中不是说：‘勉励戎事，赐予福祉。’应该让将相大夫一起为其送葬，加赐十万钱，等到出殡时，让他穿上用素丝装饰的羔羊皮衣，来保全他正直廉洁的美德。”

宋汉的儿子宋则，字元矩，为鄢陵县令，也有声名功绩。他提拔同郡韦著、扶风法真，被称为有知人之才。宋则的儿子十岁时，与奴仆一同用弩射箭，奴仆的弓弦断了，弓箭飞了出去，误射了宋则的儿子，宋则的儿子马上就死亡了。奴仆伏身磕头等待被杀，宋则知晓前因后果后饶恕了奴仆。颍川荀爽很是赞美这件事，当时的人们也十分论曰：中兴以后，居台相总权衡多矣，其能以任职取名者，岂非先远业后小数哉？故惠公造次，急于乡射之礼；君房入朝，先奏宽大之令。夫器博者无近用，道长者其功远，盖志士仁人所为根心者也。君子以之得，固贵矣；以之失，亦得矣。宋弘止繁声，戒淫色，其有《关雎》之风乎！

蔡茂字子礼，河内怀人也。哀、平间以儒学显，征试博士，对策陈灾异，以高等擢拜议郎，迁侍中。遇王莽居摄，以病自免，不仕莽朝。

会天下扰乱，茂素与窦融善，因避难归之。融欲以为张掖太守，固辞不就；每所饷给，计口取足而已。后与融俱征，复拜议郎，再迁广汉太守，有政绩称。时阴氏宾客在郡界多犯吏禁，茂辄纠案，无所回避。会洛阳令董宣举纠湖阳公主，帝始怒收宣，既而赦之。茂喜宣刚正，欲令朝廷禁制贵戚，乃上书曰："臣闻兴化致教，必由进善；康国宁人，莫大理恶。陛下圣德系兴，再隆大命，即位以来，四海晏然。诚宜夙兴夜寐，虽休勿休。然顷者贵戚椒房之家，数因恩势，干犯吏禁，杀人不死，伤人不论。臣恐绳墨弃而不用，斧斤废而不举。近湖阳公主奴杀人西市，而与主共舆，出入宫省，逋罪积日，冤魂不报。洛阳令董宣，直道不顾，干主讨奸。陛下不先澄审，召欲加箠。当宣受怒之初，京师侧耳；及其蒙宥，天下拭目。今者，外戚憍逸，宾客放滥，宜敕有司案理奸罪，使执平之吏永申其用，以厌远近不缉之情。"光武纳之。

拜服他。

评论说：中兴之后，身居宰相之位总理朝廷大事的人有很多，其中能够凭借自己的职务取得名声的人，难道不是先着眼德行礼教后考虑刑名律法吗？因而惠公在紧迫之中，急于建立乡射之礼；君房入朝为官，率先奏请宽大之令。气度雄远才识广博的人不在乎眼前的小利，思想成熟道德高尚的人功德深远，这大概就是志士仁人出自本心的东西。君子因此而有所得到，固然可贵；因此而有所失去，也是得到。宋弘阻止了浮靡之音的传播，规劝皇帝戒掉了淫色，确实有《关雎》之风啊！

蔡茂字子礼，河内郡怀县人。哀帝、平帝年间，凭借通晓儒学而显名，被征试为博士，针对皇上的策问陈述了有关灾异的看法，以上等成绩被擢拜为议郎，升为侍中。遇上王莽摄政，借口生病自请免官，不愿在王莽掌管的朝廷里任职。

当时正逢天下混乱，蔡茂向来与窦融亲善，就归附窦融避难。窦融想让他做张掖太守，蔡茂再三推辞不接受任命；每次给他发粮，按照人口取足而已。后来他和窦融一起被征召，又被授予议郎之位，再迁为广汉太守，以政绩斐然而著称。当时阴氏的宾客在郡界内多次触犯官府禁令，蔡茂依法予以弹劾审察，从不回避什么。正好赶上洛阳县令董宣举报湖阳公主，光武帝起初怒不可遏地捉拿了董宣，不久后就又赦免了他。蔡茂喜爱董宣刚正不阿的品性，想令朝廷约束贵戚，便上书说：“臣听闻振兴教化，必须要进举贤善之人；富国安民，最重要的是惩办恶人。陛下沿袭振兴了圣明之德，又使天命隆盛不衰，即位以来，四海晏然。确实应当早起晚睡勤于政务，即使得到了众人的称赞也不要沾沾自喜。然而近来贵戚后妃之家，多次仗着恩宠权势，触犯官禁，杀人不用偿命，伤人也不被判处。长此以往臣害怕法度规矩弃而不用，国家刑罚废而不举。最近湖阳公主的奴仆在西市杀人，却与公主同车而行，出入宫禁之间，连续多日逃脱罪行，含冤而死的鬼魂不能报仇。洛阳县令董宣，做事公正不畏强权，触犯公主讨除奸凶。陛下不先查清事情的原委，就将其召来想要用刑。当董宣承受圣怒之初，京师上下无不侧耳；待他蒙恩被赦时，天下之建武二十年，代戴涉为司徒，在职清俭匪懈。二十三年薨于位，时年七十二。赐东园梓棺，赙赠甚厚。

茂初在广汉，梦坐大殿，极上有三穗禾，茂跳取之，得其中穗，辄复失之。以问主簿郭贺，贺离席庆曰："大殿者，宫府之形象也。极而有禾，人臣之上禄也。取中穗，是中台之位也。于字禾失为秩，虽曰失之，乃所以得禄秩也。衮职有阙，君其补之。"旬月而茂征焉，乃辟贺为掾。

贺字乔卿，雒人。祖父坚伯，父游君，并修清节，不仕王莽。贺能明法，累官，建武中为尚书令，在职六年，晓习故事，多所匡益。拜荆州刺史，引见赏赐，恩宠隆异，及到官，有殊政。百姓便之，歌曰："厥德仁明郭乔卿，忠正朝廷上下平。"显宗巡狩到南阳，特见嗟叹，赐以三公之服，黼黻冕旒。敕行部去襜帷，使百姓见其容服，以章有德。每所经过，吏人指以相示，莫不荣之。永平四年，征拜河南尹，以清静称。在官三年卒，诏书愍惜，赐车一乘，钱四十万。

冯勤字伟伯，魏郡繁阳人也。曾祖父扬，宣帝时为弘农太守。有八子，皆为二千石，赵魏间荣之，号曰"万石君"焉。兄弟形皆伟壮，唯勤祖父偃，长不满七尺，常自耻短陋，恐子孙之似也，乃为子伉娶长妻。伉生勤，长八尺三寸。八岁善计。

人般切注目。而今，外戚骄奢淫逸，宾客放纵无度，陛下应当命令相关部门审理奸凶之罪，使那些主持公道的官吏永远得到采用，来满足远近之人不愿缉拿公正之官的心意。”光武帝采纳了他的话。

建武二十年(44)，蔡茂代替戴涉担任司徒，在职期间廉洁俭约始终不懈。建武二十三年(47)蔡茂死在官位上，时年七十二岁。被赐予东园梓棺，赠送了丰厚的用以办理丧事的财物。

蔡茂起初在广汉任太守时，梦到自己坐在大殿上，正梁上有三株稻谷的穗子，蔡茂跳起来取，得到了中间的那株，后来又丢失了。他向主簿郭贺询问这个梦，郭贺离开席位恭喜道：“大殿，象征宫府。正梁上有穗禾，象征着人臣中的高位。取到中间的穗禾，意味着会得到中台之位。从字形上看，‘禾’和‘失’组成‘秩’，虽说失去了穗禾，却因此得到了禄秩。三公的职位有空缺，蔡君你将补上呀。”不过一个月的时间蔡茂就被征召，于是他让郭贺做了掾吏。

郭贺字乔卿，雒县人。祖父郭坚伯，父亲郭游君，全都修养高洁的操守，不在王莽管理的朝堂中做官。郭贺能通晓法令，因累累功绩多次升官，建武年间任尚书令，在位六年，精通旧时的典章制度，做起事来多凭此而有所匡正补益。拜荆州刺史，被引入皇宫拜见皇帝，接受赏赐，得到的恩宠异常优厚。郭贺到任后，政绩突出。百姓因他而受利，歌颂他道：“德行高尚仁爱明察的郭乔卿，忠于朝廷为官正直上下太平。”明帝巡行到南阳，特意接见了郭贺，对他赞叹不已，赐予其三公的官服、官帽。命他巡察所属区域时去掉车上的帷幕，使百姓能够看见他的仪容服饰，以此来彰显他的高德。他每经过一处，官吏百姓就指着他互相提示，都很尊重他。永平四年(61)，郭贺被征拜为河南尹，以纯正安静而著称。在官三年去世，皇上颁发诏书为他痛惜，赐车一乘，钱四十万。

冯勤字伟伯，魏郡繁阳县人。曾祖父冯扬，宣帝时为弘农太守。有八个儿子，都担任俸禄二千石的官吏，赵魏之地的人们为他感到光荣，号称他为“万石君”。兄弟几个的外形都很雄壮魁梧，唯有冯勤的祖父冯偃，身高不满七尺，常常耻于自己低矮丑陋，害怕子孙和他一样矮，就为儿子冯伉娶了一个身高极高的妻子。冯伉生的儿子冯初为太守铫期功曹，有高能称。期常从光武征伐，政事一以委勤。勤同县冯巡等举兵应光武，谋未成而为豪右焦廉等所反，勤乃率将老母兄弟及宗亲归期，期悉以为腹心，荐于光武。初未被用，后乃除为郎中，给事尚书。以图议军粮，在事精勤，遂见亲识。每引进，帝辄顾谓左右曰："佳乎吏也！"由是使典诸侯封事。勤差量功次轻重，国土远近，地势丰薄，不相逾越，莫不厌服焉。自是封爵之制，非勤不定。帝益以为能，尚书众事，皆令总录之。

司徒侯霸荐前梁令阎杨。杨素有讥议，帝常嫌之，既见霸奏，疑其有奸，大怒，赐霸玺书曰："崇山、幽都何可偶，黄钺一下无处所。欲以身试法邪？将杀身以成仁邪？"使勤奉策至司徒府。勤还，陈霸本意，申释事理，帝意稍解，拜勤尚书仆射。职事十五年，以勤劳赐爵关内侯。迁尚书令，拜大司农，三岁迁司徒。

先是，三公多见罪退，帝贤勤，欲令以善自终，乃因宴见从容戒之曰："朱浮上不忠于君，下陵轹同列，竟以中伤至今，死生吉凶未可知，岂不惜哉！人臣放逐受诛，虽复追加赏赐赙祭，不足以偿不訾之身。忠臣孝子，览照前世，以为镜诫。能尽忠于国，事君无二，则爵赏光乎当世，功名列于不朽，可不勉哉！"勤愈恭约尽忠，号称任职。

勤母年八十，每会见，诏敕勿拜，令御者扶上殿，顾谓诸王主勤，身长八尺三寸。八岁时就善于算术。

冯勤起初担任太守铫期的功曹，有才能优秀之称。铫期常常追随光武帝征伐，把所有政事都托付给冯勤。冯勤同县人冯巡等出兵响应光武帝，谋略尚未达成就被豪强焦廉等人反对，冯勤就带着老母兄弟以及宗亲们投奔铫期，铫期将把他们都视为心腹之人，并向光武帝推荐冯勤。刚开始并没有被任用，后来就被任命为郎中，给事尚书。因筹划军粮时，处处上心勤奋，被光武帝亲近赏识。每次被引入皇宫拜见光武帝时，光武帝就对左右侍从说："真是位好官啊！"因此令他主持封侯之事。冯勤仔细衡量功绩的轻重，国土的远近，地势的丰薄，使被封诸侯所得封赏与之相当，大家都很满意信服他。从此封爵之制，不是冯勤就定不下来。光武帝更加觉得他极有才能，尚书省的诸多事情，都令他统领。

司徒侯霸推荐前梁县县令阎杨。阎杨向来喜欢发表一些讥讽朝政的议论，光武帝时常厌恶他，看到侯霸的奏书，怀疑他有奸心，勃然大怒，赐予侯霸玺书说："崇山、幽都谁可匹敌，拿黄钺一砍就啥都没了。你是想以身试法吗？抑或想杀身成仁吗？"光武帝让冯勤捧着策书到司徒府。冯勤回宫，向光武帝陈述了侯霸的本意，说明解释其中的事理，光武帝的怒意稍有缓解，拜冯勤为尚书仆射。冯勤任职十五年，因勤于职事被赐关内侯之爵。升尚书令，拜大司农，三年后升任司徒。

先前，三公大多因获罪被黜退，光武帝觉得冯勤十分有才德，想让他有一个圆满的结局，就乘着公余之闲召见他时从容地告诫道："朱浮上不忠于君主，下欺凌在朝同僚，最后因中伤获罪，至今生死吉凶不可知，岂不可惜！人臣被放逐诛杀，即使之后又被追加赏赐赠予钱财祭奠，也不足以补偿贵重无比的身体。忠君爱国孝顺父母的人，比照前代，以之为鉴。能够对待国家竭尽忠诚，侍奉国君忠心无二，那么就会得到荣耀当代的爵位封赏，功业名声也会永垂不朽，可不是要努力啊！"冯勤愈发敬慎俭朴忠君报国，号称足以担任三公之职。

冯勤的母亲年已八十，每次会见，光武帝就诏命她不必行礼，曰："使勤贵宠者，此母也。"其见亲重如此。

中元元年，薨，帝悼惜之，使者吊祠，赐东园秘器，赗赠有加。

勤七子。长子宗嗣，至张掖属国都尉。中子顺，尚平阳长公主，终于大鸿胪。建初八年，以顺中子奋袭主爵为平阳侯，薨，无子。永元七年，诏书复封奋兄羽林右监劲为平阳侯，奉公主之祀。奋弟由，黄门侍郎，尚平安公主。劲薨，子卯嗣。卯延光中为侍中，薨，子留嗣。

赵憙字伯阳，南阳宛人也。少有节操。从兄为人所杀，无子，憙年十五，常思报之。乃挟兵结客，后遂往复仇。而仇家皆疾病，无相距者。憙以因疾报杀，非仁者心，且释之而去。顾谓仇曰："尔曹若健，远相避也。"仇皆卧自搏。后病愈，悉自缚诣憙，憙不与相见，后竟杀之。

更始即位，舞阴大姓李氏拥城不下，更始遣柱天将军李宝降之，不肯，云："闻宛之赵氏有孤孙憙，信义著名，愿得降之。"更始乃征憙。憙年未二十，既引见，更始笑曰："茧栗犊，岂能负重致远乎？"即除为郎中，行偏将军事，使诣舞阴，而李氏遂降。憙因进入颍川，击诸不下者，历汝南界，还宛。更始大悦，谓憙曰："卿名家驹，努力勉之。"会王莽遣王寻、王邑将兵出关，更始乃拜憙为五威偏将军，使助诸将拒寻、邑于昆阳。光武破寻、邑，憙被创，有战劳，还拜中郎将，封勇功侯。

更始败，憙为赤眉兵所围，迫急，乃逾屋亡走，与所友善韩仲令侍从将她扶上殿，注视着诸王公主说："使冯勤显贵得宠的，正是这位母亲。"他就是这般被光武帝亲信重视。

中元元年（56），冯勤去世，光武帝为他感到哀伤惋惜，派使者吊祭他，赐东园棺材，赠送的用以办理丧事的财物极其丰厚。

冯勤有七个儿子。长子冯宗继承了父亲的爵位，官至张掖属国都尉。中子冯顺，娶平阳长公主为妻，官至大鸿胪。建初八年（83），皇帝让冯顺中子冯奋承袭公主的爵位为平阳侯，后来去世，没有儿子。永元七年（95），和帝颁发诏书又封冯奋的兄长羽林右监冯劲为平阳侯，命他供奉公主之祭。冯奋的弟弟冯由，任黄门侍郎，娶平安公主为妻。冯劲去世，儿子冯卯继承了爵位。冯卯在延光年间任侍中，去世后，儿子冯留承袭了爵位。

赵憙字伯阳，南阳郡宛县人。年少时有节操。堂兄被人杀死，膝下无子，赵憙当时年仅十五，时常想着为堂兄报仇。于是收买兵器结交朋友，前去复仇。然而仇家都身患疾病，无人反抗。赵憙觉得趁着对方患病时杀死对方报仇，并非仁者之心，姑且放过他们走了。他回过头对仇家说："你们如果恢复了健康，就跑得远远的躲开我。"仇人们都趴倒叩头，悔恨不已。仇人病愈后，全都绑着自己来拜见赵憙，赵憙不见他们，后来还是杀死了他们。

更始帝即位，舞阴大姓李氏坚守城池，久攻不下，更始帝派柱天将军李宝前去招降，李氏众人不肯投降，说："听闻宛县的赵氏有孤孙赵憙，以信义著称，把他找来，我们愿向他投降。"更始帝就征召赵憙。赵憙这时还不到二十岁，被引入皇宫拜见天子，更始帝笑着说："刚出生的牛犊，怎能背负重物前往远方呢？"随即授予他郎中一职，代行偏将军职事，令他去到舞阴，李氏就投降了。赵憙因而进入颍川，攻打那些久攻不下的城池，经汝南界，回到宛县。更始帝龙颜大悦，对赵憙说："你是匹名驹，好好努力啊。"适逢王莽派王寻、王邑领兵出关，更始帝就拜赵憙为五威偏将军，让他协助众将在昆阳抵御王寻、王邑。光武帝击溃王寻、王邑，赵憙被伤，建立了战功，还朝后被任命为中郎将，封勇功侯。

更始帝失败，赵憙为赤眉兵所困，情况危急，就越上屋顶逃走伯等数十人，携小弱，越山阻，径出武关。仲伯以妇色美，虑有强暴者，而己受其害，欲弃之于道。憙责怒不听，因以泥涂仲伯妇面，载以鹿车，身自推之。每道逢贼，或欲逼略，憙辄言其病状，以此得免。既入丹水，遇更始亲属，皆裸跣涂炭，饥困不能前。憙见之悲感，所装缣帛资粮，悉以与之，将护归乡里。

时邓奉反于南阳，憙素与奉善，数遗书切责之，而谗者因言憙与奉合谋，帝以为疑。及奉败，帝得憙书，乃惊曰："赵憙真长者也。"即征憙，引见，赐鞍马，待诏公车。时江南未宾，道路不通，以憙守简阳侯相。憙不肯受兵，单车驰之简阳。吏民不欲内憙，憙乃告譬，呼城中大人，示以国家威信，其帅即开门面缚自归，由是诸营壁悉降。荆州牧奏憙才任理剧，诏以为平林侯相。攻击群贼，安集已降者，县邑平定。

后拜怀令。大姓李子春先为琅邪相，豪猾并兼，为人所患。憙下车，闻其二孙杀人事未发觉，即穷诘其奸，收考子春，二孙自杀。京师为请者数十，终不听。时赵王良疾病将终，车驾亲临王，问所欲言。王曰："素与李子春厚，今犯罪，怀令赵憙欲杀之，愿乞其命。"帝曰："吏奉法，律不可枉也，更道它所欲。"王无复言。既薨，帝追感赵王，乃贳出子春。

了，与和他亲近友善的韩仲伯等数十人，带着家中弱小，跋山涉水，径直出了武关。韩仲伯因为妻子外表美丽，忧心有人生出强暴之心，而自己被连累受害，打算将妻子丢在路上。赵憙大怒不听，就用泥涂抹韩仲伯妻子的面庞，用小车载着她，自己亲自推着她。每次在道上碰到贼人想强行把妇人夺走，赵憙就将她的病情描述一番，以此避免了遭难。进入丹水县，碰到了更始帝的家属，对方都裸身赤脚污浊不堪，饥饿难耐无法前行。赵憙看见后十分悲伤，将所装的布帛钱粮全都交给了他们，并护送他们回到家乡。

此时邓奉在南阳谋反，赵憙向来与邓奉交好，多次寄去书信严厉地责备邓奉，好进谗言的人却趁机诽谤赵憙与邓奉合谋，光武帝对此有所怀疑。等到邓奉谋反失败后，光武帝取得赵憙的书信，才惊讶地说："赵憙真是一位言行仁厚的长者呀。"随即征召赵憙，让人引他进宫拜见，赐予鞍马，让他于公车官署听候诏命。这时江南尚未归顺，道路不通，光武帝让赵憙担任简阳侯相。赵憙不肯接受士兵的陪同，驾着单车赶赴简阳。简阳的官员百姓不想让赵憙进入城内，赵憙就晓之以理，大声呼叫城中领导官员，向其表明国家威信，城内长官立即打开城门反绑双手主动归顺，由此各营垒全都归降了。荆州牧上奏称赵憙的才能可以胜任繁杂之事的治理工作，光武帝颁发诏书命他任平林侯相。赵憙攻击群贼，安抚投降者，县邑全部被平定。

后来赵憙担任怀县县令。大姓李子春起先任琅琊相，强横狡猾违法兼并他人土地，人们都很憎恶他。赵憙下车就任后，听闻李子春两个孙子杀人之事还未被察觉，立即深入追问他们做过的违法之事，拘捕拷问李子春，两个孙子因而自杀了。京师里有几十人为他求情，赵憙最终也没有听从。当时赵王刘良身患重病即将去世，光武帝亲临探望，问他有何心愿未了。赵王说："我向来与李子春是至交，如今他犯了罪，怀县县令赵憙打算杀了他，希望陛下能留他一命。"光武帝说："官吏遵奉法令行事，不可违背律法，你还是换一个心愿吧。"赵王没有再说什么。等到赵王去世后，光武帝回忆起对方来感触颇深，就赦免了李子春。

其年，迁憙平原太守。时平原多盗贼，憙与诸郡讨捕，斩其渠帅，余党当坐者数千人。憙上言："恶恶止其身，可一切徙京师近郡。"帝从之，乃悉移置颍川、陈留。于是擢举义行，诛锄奸恶。后青州大蝗，侵入平原界辄死，岁屡有年，百姓歌之。

二十六年，帝延集内戚宴会，欢甚，诸夫人各各前言"赵憙笃义多恩，往遭赤眉出长安，皆为憙所济活"。帝甚嘉之。后征憙入为太仆，引见谓曰："卿非但为英雄所保也，妇人亦怀卿之恩。"厚加赏赐。

二十七年，拜太尉，赐爵关内侯。时南单于称臣，乌桓、鲜卑并来入朝，帝令憙典边事，思为久长规。憙上复缘边诸郡，幽、并二州由是而定。

三十年，憙上言宜封禅，正三雍之礼。中元元年，从封泰山。及帝崩，憙受遗诏，典丧礼。是时藩王皆在京师，自王莽篡乱，旧典不存，皇太子与东海王等杂止同席，宪章无序。憙乃正色，横剑殿阶，扶下诸王，以明尊卑。时藩国官属出入宫省，与百僚无别，憙乃表奏谒者将护，分止它县，诸王并令就邸，唯朝晡入临。整礼仪，严门卫，内外肃然。

永平元年，封节乡侯。三年春，坐考中山相薛脩事不实免。其冬，代窦融为卫尉。八年，代虞延行太尉事，居府如真。后遭母忧，上疏乞身行丧礼，显宗不许，遣使者为释服，赏赐恩宠甚渥。憙内典宿卫，外干宰职，正身立朝，未尝懈惰。及帝崩，复典丧事，再奉这年，光武帝任命赵憙为平原太守。当时平原盗贼很多，赵憙与各郡一起搜捕，斩杀了盗贼的首领，被牵连获罪的余党有数千人。赵憙上书说：“憎恶恶人恶事，只限于作恶的当事人，其余众人可一并迁往京师周边的郡内。”光武帝听从了他的话，把他们全都转移到颍川、陈留安置。赵憙就选拔举荐行义之人，根除诛杀奸恶之辈。后来青州爆发了一场巨大的蝗灾，蝗虫一旦进入到平原郡界内就被杀死，年年丰收，百姓全都歌颂赵憙。

建武二十六年（50），光武帝邀请内戚聚会宴饮，十分欢乐，诸位夫人个个都上前说“赵憙重义多恩，过去遭逢赤眉之乱逃出长安，都是为赵憙所救。”光武帝很是嘉许赵憙。后来征召赵憙入京担任太仆，引他入宫见面时对他说：“你不只被英雄举荐，妇人也感念你的恩情。”接着对他厚加赏赐。

建武二十七年（51），赵憙任太尉，被赐予关内侯之爵。当时南单于俯首称臣，乌桓、鲜卑一并入朝谒见天子，光武帝令赵憙掌管边防诸事，让他思考长久之计。赵憙奏请恢复沿边诸郡，幽、并两州由此大定。

建武三十年（54），赵憙进言说应当举行封禅大典，规正三雍之礼。中元元年，赵憙随从光武帝在泰山筑坛祭天。等到光武帝驾崩时，赵憙接受遗诏，主持丧礼。这时藩王都在京师，自从王莽篡乱以来，旧有的法则制度荡然无存，皇太子与东海王等混坐一席，法度典章毫无秩序。赵憙就神色严肃地将剑横在大殿的台阶上，把诸王扶到殿下，来让他们明白等级的尊卑。当时藩国官属出入皇宫，与朝廷百官毫无差别，赵憙就上表奏请让接待宾客的近侍看护他们，分别使他们留在其他县内，令诸王全都回到府邸，唯有朝时和晡时才能进宫。赵憙整治礼仪，严修门卫，内外肃然。

永平元年（58），赵憙被封为节乡侯。永平三年（60）春季，因弹劾中山相薛脩事不实获罪被免。这年冬季，赵憙代替窦融成为卫尉。永平八年（64），代虞延行太尉事，在官府中如同正式官员。后来遭逢母亲去世，上疏请求回家为母亲守丧，明帝不许，派遣使者为他脱去丧服，赏赐恩宠甚是优厚。赵憙在内主管宫中宿卫，在外从事宰大行，礼事修举。肃宗即位，进为太傅，录尚书事。擢诸子为郎吏者七人。长子代，给事黄门。

建初五年，憙疾病，帝亲幸视。及薨，车驾往临吊。时年八十四。谥曰正侯。

子代嗣，官至越骑校尉。永元中，副行征西将军刘尚征羌，坐事下狱，疾病物故。和帝怜之，赐秘器钱布，赠越骑校尉、节乡侯印绶。子直嗣，官至步兵校尉。直卒，子淑嗣，无子，国除。

牟融字子优，北海安丘人也。少博学，以《大夏侯尚书》教授，门徒数百人，名称州里。以司徒茂才为丰令，视事三年，县无狱讼，为州郡最。

司徒范迁荐融忠正公方，经行纯备，宜在本朝，并上其理状。永平五年，入代鲍昱为司隶校尉，多所举正，百僚敬惮之。八年，代包咸为大鸿胪。十一年，代鲑阳鸿为大司农。

是时显宗方勤万机，公卿数朝会，每辄延谋政事，判折狱讼。融经明才高，善论议，朝廷皆服其能；帝数嗟叹，以为才堪宰相。明年，代伏恭为司空，举动方重，甚得大臣节。肃宗即位，以融先朝名臣，代赵憙为太尉，与憙参录尚书事。

建初四年薨，车驾亲临其丧。时融长子麟归乡里，帝以其余子幼弱，敕太尉掾史教其威仪进止，赠赗恩宠笃密焉。又赐冢茔地于显节陵下，除麟为郎。

相之职，在朝为官刚正不阿，从不懈怠。等到明帝驾崩时，赵憙又负责丧事，恭敬地准备明帝初崩事宜，丧礼得以妥善进行。章帝即位，升为太傅，录尚书事。选任他儿子中的七个为郎吏。长子赵代，任给事黄门。

建初五年（80），赵憙得了疾病，章帝亲自前往探望。等他去世后，章帝又亲临丧礼痛哭吊唁。时年八十四岁，谥为正侯。

儿子赵代继承了父亲的爵位，官至越骑校尉。永元年间，以征西将军刘尚副官的身份随从征伐羌人，因事获罪被关入狱中，患病身亡。和帝哀怜他，赐棺材钱布，赠越骑校尉、节乡侯印绶。儿子赵直继承了爵位，官至步兵校尉。赵直去世，儿子赵淑继承了爵位，赵淑无子，封国被撤。

牟融字子优，北海郡安丘县人。少时博学，用《大夏侯尚书》教授了数百名门徒，名扬州里。被司徒举荐为茂才任丰县县令，任职三年，县内无有诉讼案件，是州郡中治理得最好的县。

司徒范举荐牟融忠诚正直公平方正，举止纯洁经学完备，应当在朝中做官，并呈上了牟融的政绩。永平五年（62），牟融入朝代替鲍昱任司隶校尉，多次检举纠正朝中过失，百官都很敬重忌惮他。永平八年（65），他代替包咸为大鸿胪。永平十一年（68），代替鲑阳鸿为大司农。

这时明帝正日日忙于政务，公卿一天多次朝会，每次朝会就邀请牟融商量政事，裁决狱讼。牟融通晓经学才华极高，擅长论议，朝臣都很佩服他的才能；明帝好几次赞叹他，认为凭借他的才干能够胜任宰相之位。第二年，牟融代伏恭为司空，言行端庄稳重，很得大臣之节。章帝即位，认为牟融是先朝名臣，命他代赵憙为太尉，与赵憙同任参录尚书事。

建初四年（79）去世，章帝亲临吊丧。当时牟融长子牟麟回到了家乡，章帝认为牟融的其他儿子都很年幼，诏令太尉掾史教导他们容止仪态，赠予用以助葬的车马，对其恩宠有加，感情深厚。又赐以显节陵下之墓地，授予牟麟郎官一职。

韦彪字孟达，扶风平陵人也。高祖贤，宣帝时为丞相。祖赏，哀帝时为大司马。

彪孝行纯至，父母卒，哀毁三年，不出庐寝。服竟，羸瘠骨立异形，医疗数年乃起。好学洽闻，雅称儒宗。建武末，举孝廉，除郎中，以病免，复归教授。安贫乐道，恬于进趣，三辅诸儒莫不慕仰之。

显宗闻彪名，永平六年，召拜谒者，赐以车马衣服，三迁魏郡太守。肃宗即位，以病免。征为左中郎将、长乐卫尉，数陈政术，每归宽厚。比上疏乞骸骨，拜为奉车都尉，秩中二千石，赏赐恩宠，侔于亲戚。

建初七年，车驾西巡狩，以彪行太常从，数召入，问以三辅旧事，礼仪风俗。彪因建言："今西巡旧都，宜追录高祖、中宗功臣，褒显先勋，纪其子孙。"帝纳之。行至长安，乃制诏京兆尹、右扶风求萧何、霍光后。时光无苗裔，唯封何末孙熊为酂侯。建初二年已封曹参后曹湛为平阳侯，故不复及焉。乃厚赐彪钱珍羞食物，使归平陵上冢。还，拜大鸿胪。

是时，陈事者多言郡国贡举率非功次，故守职益懈而吏事寖疏，咎在州郡。有诏下公卿朝臣议。彪上议曰："伏惟明诏，忧劳百姓，垂恩选举，务得其人。夫国以简贤为务，贤以孝行为首。孔子曰：'事亲孝故忠可移于君，是以求忠臣必于孝子之门。'夫人才行少能相兼，是以孟公绰优于赵、魏老，不可以为滕、薛大夫。忠孝之人，持心近厚；锻炼之吏，持心近薄。三代之所以直道而行者，在其所以磨之故也。士宜以才行为先，不可纯以阀阅。然其要归，在于选二千石。二千石贤，则贡举皆得其人矣。"帝深纳之。

韦彪字孟达，右扶风平陵县人。高祖韦贤，宣帝时官居丞相。祖父韦赏，哀帝时为大司马。

韦彪至纯至孝，父母去世，居丧三年期间，悲伤成疾，从不离开墓旁小屋。服丧结束后，瘦得脱了相，医治了好几年才有起色。一心向学见多识广，素称其为儒宗。建武末年，韦彪被举为孝廉，授郎中官，因病免职，又返回家乡教授学生。韦彪安贫乐道，淡泊进取，三辅众儒都很仰慕他。

明帝听闻了韦彪的大名，永平六年（63），召拜他为谒者，赐予车马衣服，经过三次升迁任魏郡太守。章帝即位，他因病免职。被征召为左中郎将、长乐卫尉，几次上陈为政之术，每每归于宽厚之政。频频上疏请求归老，被任命为奉车都尉，禄秩为中二千石，赏赐恩宠，同皇亲国戚相当。

建初七年（82），御驾西巡，皇帝让韦彪暂行太常之职随从巡行，多次召见他，向他询问三辅旧事，礼仪风俗。韦彪于是建议道："而今西巡旧都，应当追录高祖、中宗时期的功臣，推崇显扬祖先的功勋，记录下他们的子孙。"章帝听从了他的话。到了长安，就令京兆尹、右扶风召来萧何、霍光的后代。当时霍光没有后代，章帝只是封了萧何的末代子孙萧熊为酂侯。建初二年（77）已经封曹参之后曹湛为平阳侯，所以此次封爵不再涉及曹参的后代。就赐予韦彪丰厚的钱财美食，让他回到家乡平陵上坟。韦彪还朝后，拜大鸿胪。

这时，议论时事者大多说郡国贡举不遵循功绩大小，因而官员不忠于职守日渐松懈而官务逐步疏忽，错在州郡。章帝颁发诏书命公卿朝臣议论。韦彪上书建言说："此乃圣明之诏，劳心百姓，垂恩选举，志在选得合适的贤才。国家以选用贤能为要务，推举贤才应当以行孝为首。孔子说：'侍奉父母克尽孝道的这份忠心可以转移到君主身上，因此求取忠臣必然要去孝子的门前。'人的才干与操行很少有能同时兼具的，所以孟公绰做大夫赵氏、魏氏的家臣是游刃有余的，却不可以做滕国、薛过的大夫。忠孝之人，处事仁厚；老成之吏，处事刻薄。三代之臣之所以能够用公正无私的态度处理政事，在于他们彪以世承二帝吏化之后，多以苛刻为能，又置官选职，不必以才，因盛夏多寒，上疏谏曰："臣闻政化之本，必顺阴阳。伏见立夏以来，当暑而寒，殆以刑罚刻急，郡国不奉时令之所致也。农人急于务而苛吏夺其时，赋发充常调而贪吏割其财，此其巨患也。夫欲急人所务，当先除其所患。天下枢要，在于尚书，尚书之选，岂可不重？而间者多从郎官超升此位，虽晓习文法，长于应对，然察察小慧，类无大能。宜简尝历州宰素有名者，虽进退舒迟，时有不逮，然端心向公，奉职周密。宜鉴啬夫捷急之对，深思绛侯木讷之功也。往时楚狱大起，故置令史以助郎职，而类多小人，好为奸利。今者务简，可皆停省。又谏议之职，应用公直之士，通才謇正，有补益于朝者。今或从征试辈为大夫。又御史外迁，动据州郡。并宜清选其任，责以言绩。其二千石视事虽久，而为吏民所便安者，宜增秩重赏，勿妄迁徙。惟留圣心。"书奏，帝纳之。

元和二年春，东巡狩，以彪行司徒事从行。还，以病乞身，帝遣小黄门、太医问病，赐以食物。彪遂称困笃。章和二年夏，使谒者策诏曰："彪以将相之裔，勤身饬行，出自州里，在位历载。中被笃疾，连上求退。君年在耆艾，不可复以加增，恐职事烦碎，重有损焉。

经过了考察磨砺。选举士人应当以才干操行为先，不可单纯以门第功绩说事。然而选拔官员的要旨，在于选出俸禄为二千石的官吏，如果二千石贤能，那么贡举所选的官员就都恰到好处了。”章帝采纳了他的全部建议。

韦彪认为自从承袭了光武、明帝二世的吏治教化后，官吏大多把苛刻当作能干，又设立专官负责选拔人才，不以才能为必要标准，乘着今年盛夏时节却寒天居多，他上疏谏言道：“臣听闻政治教化的根本，必然要顺应阴阳。臣看到立夏以来，正当暑天却天气寒冷，必定是因为刑罚苛刻严峻，郡国做事不遵奉时令引起的。农人急于专心耕种而酷吏却夺走了他们的时机，赋税已满足平常所征而贪官却抢走了他们的钱财，这确实是大患啊。想要迅速完成百姓的紧要之事，应当先除掉他们忧患的事情。天下的核心，在于尚书，尚书的选择，怎么可以不看重呢？然而近来的尚书大多是从郎官越级升任的，他们虽然精通文书法令，善于应对众多问题，然而只是有些小聪明，大都没有大才能。陛下应选曾担任过州宰且素有美名的人做尚书，他们虽然进退从容，时常有不足之处，然而一心向公，做事周到细腻。应以文帝差点错任能言善对的啬夫做县令的事为鉴，认真考虑绛侯为人木讷却功绩过人的深意。昔日楚国狱讼大起，所以设立令史来辅助郎官的工作，而这些令史大都是小人，好做非法谋利之事。如今力求机构简约，可以将其全部撤除。还有谏议之职，应当任用公正耿直，见识广博忠贞正直，对朝政有所补益的人。现今有时从征召试用的人里面任命谏议大夫。还有御史在外任职，动不动就掌有州郡。一并应当挑选他们的能力，责令他们拿出政绩。其中一些郡守任职虽久，却为官民带来了便利安稳的，应增俸重赏，不可胡乱改变他们的职位。惟愿圣上留心此事。”奏书呈上后，章帝采纳了他的建议。

元和二年（85）春季，章帝东巡，让韦彪代行司徒职事随从巡行。还京后，韦彪因病请辞，章帝遣小黄门、太医查问病情，赐予食物。韦彪声称病重。章和二年（88）夏季，章帝让谒者传达诏书说：“韦彪作为将相后代，兢兢业业举止谨严，从州里出来后，在位多年。中间身患重病，连续上书求退。韦君年在耆艾，不可再添负担，害其上大鸿胪印绶。其遣太子舍人诣中臧府，受赐钱二十万。”永元元年，卒，诏尚书：“故大鸿胪韦彪，在位无愆，方欲录用，奄忽而卒。其赐钱二十万，布百匹，谷三千斛。”

彪清俭好施，禄赐分与宗族，家无余财，著书十二篇，号曰《韦卿子》。

族子义。义字季节。高祖父玄成，元帝时为丞相。初，彪独徙扶风，故义犹为京兆杜陵人焉。

兄顺，字叔文，平舆令。有高名。次兄豹，字季明。数辟公府，辄以事去。司徒刘恺复辟之，谓曰：“卿以轻好去就，爵位不跻。今岁垂尽，当选御史，意在相荐，子其宿留乎？”豹曰：“犬马齿衰，旅力已劣，仰慕崇恩，故未能自割。且眩瞀滞疾，不堪久待，选荐之私，非所敢当。”遂跣而起。恺追之，径去不顾。安帝西巡，征拜议郎。

义少与二兄齐名，初仕州郡。太傅桓焉辟举理剧，为广都长，甘陵、陈二县令，政甚有绩，官曹无事，牢狱空虚。数上书顺帝，陈宜依古典，考功黜陟，征集名儒，大定其制。又讥切左右，贬刺窦氏。言既无感，而久抑不迁，以兄顺丧去官。比辟公府，不就。广都为生立庙。及卒，三县吏民为义举哀，若丧考妣。

豹子著，字休明。少以经行知名，不应州郡之命。大将军梁冀辟，不就。延熹二年，桓帝公车备礼征，至霸陵，称病归，乃入云阳山，采药不反。有司举奏加罪，帝特原之。复诏京兆尹重以礼敦劝，著遂不就征。灵帝即位，中常侍曹节以陈蕃、窦氏既诛，海内多怕职事烦琐，加重对身体的损伤。就呈上大鸿胪印绶吧。遣太子舍人去中藏府，受赐钱二十万。”永元元年（89），韦彪去世，皇帝诏命尚书：“前大鸿胪韦彪，任职期间没有过失，正打算接着录用，猝然去世。赐钱二十万，布百匹，谷三千斛。”

韦彪清廉俭朴乐善好施，把官禄分给宗族亲人，家里没有一点积蓄。著书十二篇，号称《韦卿子》。

同族兄弟的儿子韦义。韦义字季节。高祖父韦玄成，元帝时位居丞相。起初，只有韦彪一家移居扶风，因此韦义依然是京兆杜陵人。

兄长韦顺，字叔文，任平舆县令。有很高的名望。次兄韦豹，字季明。多次被公府征召，都称有事离任而去。司徒刘恺又征召他，对他说：“你因为随意不任好的官职，所以没能跻身爵位之列。今年年末，将选御史，我有意举荐你，你愿意为此停留吗？”韦豹说：“我老了，能力已经不行了，由于仰慕您的厚恩，因而没能自行离去。并且我双眼昏花久病不愈，无法久待，您的举荐之情，愧不敢受。”于是韦顺赤着脚站起身离开。刘恺追赶，他直接走了不曾回头。安帝西巡，征拜他任议郎。

韦义与两位兄长齐名，起初在州郡做官。太傅桓焉举荐他处理繁难事务，任用他为广都长，甘陵县、陈县县令，为政颇有治绩，官府无事，牢狱空虚。韦义几次上书顺帝，建言说应当依循古代典制，根据官吏的政绩升降官职，征集名儒，将这一制度完全确立下来。又言辞激切地讥讽顺帝身旁的近侍，建议贬刺窦氏。他的奏书既没有得到回应，又长久被压制无法升官，便以兄长韦顺的丧事为由辞去了官职。多次被公府征召，不去。广都百姓为他修建生祠。等到他去世时，三县的官员百姓都为他痛哭哀悼，好像死了父母一般。

韦豹的儿子韦著，字休明。年少时凭借经术品行知名，不答应州郡的任命。大将军梁冀征召他，他不去就任。延熹二年（159），桓帝以公车厚礼征召，到达霸陵时，称病归乡，进入云阳山采药，不曾返回。相关部门上章检举，请求治他的罪，桓帝破例宽赦了他。又诏令京兆尹以重礼劝说，韦著到底不肯接受征召。灵帝即位，中常侍曹节怨，欲借宠时贤以为名，白帝就家拜著东海相。诏书逼切，不得已，解巾之郡。政任威刑，为受罚者所奏，坐论输左校。又后妻骄恣乱政，以之失名，竟归，为奸人所害，隐者耻之。

赞曰：湛、霸奋庸，维宁两邦。淮人孺慕，徐寇要降。弘实体远，仁不忘本。憙政多迹，彪明理损。牟公简帝，身终上衮。

认为陈蕃、窦氏被诛杀，海内怨言颇多，想借着尊宠当代贤俊的名义为自己扬名，就告诉桓帝去韦著家拜其为东海相。因为诏书的逼迫，韦著不得已之下，只好脱去头巾前去就任。采用严厉的刑罚治理政务，被受罚的人上奏举报，因此获罪被发遣左校劳动。再娶的妻子骄纵乱政，韦著因而失去了名节，最终回到了故乡，被奸人迫害，隐者都耻笑他。

赞辞说：伏湛、侯霸奋力建立功业，维护了两邦的安宁。淮人深切地依恋仰慕他们，徐异卿等贼寇要归降于伏湛。宋弘确实思想深远，胸怀仁义不忘本心。赵憙为政治绩颇多，韦彪晓明治国之道。牟公多次劝谏皇帝改正过失，死于宰辅位上。

卷五十七

宣张二王杜郭吴承郑赵列传第十七

宣秉字巨公，冯翊云阳人也。少修高节，显名三辅。哀、平际，见王氏据权专政，侵削宗室，有逆乱萌，遂隐遁深山，州郡连召，常称疾不仕。王莽为宰衡，辟命不应。及莽篡位，又遣使者征之，秉固称疾病。更始即位，征为侍中。建武元年，拜御史中丞。光武特诏御史中丞与司隶校尉、尚书令会同并专席而坐，故京师号曰“三独坐”。明年，迁司隶校尉。务举大纲，简略苛细，百僚敬之。

秉性节约，常服布被，蔬食瓦器。帝尝幸其府舍，见而叹曰：“楚国二龚，不如云阳宣巨公。”即赐布帛帐帷什物。四年，拜大司徒司直。所得禄奉，辄以收养亲族。其孤弱者，分与田地，自无担石之储。六年，卒于官，帝敏惜之，除子彪为郎。

张湛字子孝，扶风平陵人也。矜严好礼，动止有则，居处幽室，必自修整，虽遇妻子，若严君焉。及在乡党，详言正色，三辅以为仪表。人或谓湛伪诈，湛闻而笑曰：“我诚诈也。人皆诈恶，我独诈善，不亦可乎？”

成、哀间，为二千石。王莽时，历太守、都尉。

建武初，为左冯翊。在郡修典礼，设条教，政化大行。后告归平陵，望寺门而步。主簿进曰：“明府位尊德重，不宜自轻。”湛曰：

宣秉字巨公，左冯翊云阳县人。少时就培养了高尚节操，名声显扬三辅之地。哀帝、平帝时，他看到王莽大权独揽，侵剥宗室，有谋反叛乱之兆，便躲入深山隐居避世，州郡接连征召，他常以疾病为由，不愿入仕。王莽担任宰衡时，召他为官，他不答应。等到王莽篡位后，又派遣使者召他为官，他依旧坚决称病，不肯答应。更始帝即位，征召他为侍中。建武元年（25），任御史中丞。光武帝特诏御史中丞与司隶校尉、尚书令在朝会时独坐专席，因而京师称之为"三独坐"。第二年，升任司隶校尉。宣秉做事以大纲为准，省去诸多苛刻烦杂的过程，得到了百官的敬仰。

宣秉生性节约，常以布为被，以瓦盛饭。光武帝曾亲临他的府舍，见此情形感叹道："楚国的龚胜、龚舍，不如云阳的宣巨公啊。"光武帝随即赐予宣秉布帛帐帷等日常用品。建武四年（28），被拜为大司徒司直。宣秉每次收到禄奉，都用来收养亲族。给那些孤苦无依的亲族分田分地，自己却连一担粮的积蓄都没有。建武六年（30），宣秉在官位上去世，光武帝怜惜他，除授他的儿子宣彪为郎官。

张湛字子孝，右扶风平陵县人。为人庄严守礼，一举一动都讲规则，即使身居幽室，也一定要整理仪容，纵然面对妻子儿女，也仿若对待父母一般。他在乡里时，说话谨慎态度端正，三辅百姓把他当作学习的榜样。有人说他是在装模作样，张湛听闻后笑着说："我的确是装的，他人装恶，我独装善，不也可以吗？"

成帝、哀帝时，张湛担任秩禄为二千石的官员。王莽时，先后担任太守、都尉。

建武初年，张湛任左冯翊。他于郡内修正典法礼仪，设立法规教令，政治教化因而大行。之后告假还乡请归平陵，望见县门便下车

“《礼》，下公门，轼辂马。孔子于乡党，恂恂如也。父母之国，所宜尽礼，何谓轻哉？”

五年，拜光禄勋。光武临朝，或有惰容，湛辄陈谏其失。常乘白马，帝每见湛，辄言“白马生且复谏矣”。

七年，以病乞身，拜光禄大夫，代王丹为太子太傅。及郭后废，因称疾不朝，拜太中大夫，居中东门候舍，故时人号曰中东门君。帝数存问赏赐。后大司徒戴涉被诛，帝强起湛以代之。湛至朝堂，遗失溲便，因自陈疾笃，不能复任朝事，遂罢之。后数年，卒于家。

王丹字仲回，京兆下邽人也。哀、平时，仕州郡。王莽时，连征不至。家累千金，隐居养志，好施周急。每岁农时，辄载酒肴于田间，候勤者而劳之。其惰孏者，耻不致丹，皆兼功自厉。邑聚相率，以致殷富。其轻黠游荡废业为患者，辄晓其父兄，使黜责之。没者则赙给，亲自将护。其有遭丧忧者，辄待丹为办，乡邻以为常。行之十余年，其化大洽，风俗以笃。

丹资性方絜，疾恶强豪。时河南太守同郡陈遵，关西之大侠也。其友人丧亲，遵为护丧事，赙助甚丰。丹乃怀缣一匹，陈之于主人前，曰：“如丹此缣，出自机杼。”遵闻而有惭色。自以知名，欲结交于丹，丹拒而不许。

会前将军邓禹西征关中，军粮乏，丹率宗族上麦二千斛。禹表丹领左冯翊，称疾不视事，免归。后征为太子少傅。

时大司徒侯霸欲与交友，及丹被征，遣子昱候于道。昱迎拜车步行。主簿上前说:“明府位尊德重,不应自贬身份。”张湛说:“《礼记》说,下公门,轼辂马。孔子于乡党,恂恂如也。父母之国,本应极尽礼仪,怎么能说是自贬身份呢?”

建武五年(29),张湛被任命为光禄勋。光武帝处理国政时,有时会神情萎靡,张湛便直言进谏,指出他的过失。张湛常乘一匹白马,光武帝每次看见张湛,就说“白马生又来谏言了”。

建武七年(31),张湛因病请辞,被任命为光禄大夫,代替王丹成为太子太傅。等到郭后被废时,他称病不上朝,被任命为太中大夫,住在中东门候舍里,因而当时的人们称他为中东门君。光武帝多次对他慰问赏赐。后来大司徒戴涉被杀,光武帝坚决起用张湛代理戴涉的职务。张湛来到朝堂,小便失禁,称自己病势过重,不能再在朝中任职,因此罢职。几年后,死于家中。

王丹字仲回,京兆下邽人。哀帝、平帝时,在州郡中做官。王莽时,接连被召,不去。家中财产积有千金,隐居山林涵养心志,喜欢周济他人于危难之间。每年农忙时,就拿着美酒佳肴来到田间,等候慰劳勤苦耕作的农民。那些懒惰的人,羞于到王丹身边,都告诫自己加倍劳作。村人聚在一起,互相激励,日子逐渐富足起来。对于那些游手好闲的狡猾之辈,王丹就对他们的父亲兄弟晓之以理,让他们的父亲兄弟去责罚他们。对待死者,就拿出钱财,亲自帮忙处理丧葬护卫之事。有人遭遇重大变故,就等待王丹为他解决,乡邻对此习以为常。这样做了十多年,当地教化广布,风俗醇厚。

王丹天性方正廉洁,痛恨豪强。当时河南太守的老乡陈遵,是关西大侠。王丹的友人失去亲人,陈遵为其料理丧事,资助颇多。王丹就抱着一匹缣帛,放到主人面前,说:“我王丹的这匹缣,是用机杼一点点织出来的。”陈遵听后,面带惭色。自那以后知道了王丹的大名,想和王丹结交,却被王丹拒绝了。

当时正好遇上前将军邓禹西征关中,军粮匮乏,王丹带领同族人献麦二千斛。邓禹上表举荐王丹任左冯翊,王丹称病请辞,被免职遣归。后来被征召为太子少傅。

这时大司徒侯霸想与王丹结交,等王丹被征召时,派儿子侯昱下，丹下答之。昱曰：“家公欲与君结交，何为见拜？”丹曰：“君房有是言，丹未之许也。”

丹子有同门生丧亲，家在中山，白丹欲往奔慰。结侣将行，丹怒而挞之，令寄缣以祠焉。或问其故，丹曰：“交道之难，未易言也。世称管、鲍，次则王、贡。张、陈凶其终，萧、朱隙其末，故知全之者鲜矣。”时人服其言。

客初有荐士于丹者，因选举之，而后所举者陷罪，丹坐以免。客惭惧自绝，而丹终无所言。寻复征为太子太傅，乃呼客谓曰：“子之自绝，何量丹之薄也？”不为设食以罚之，相待如旧。其后逊位，卒于家。

王良字仲子，东海兰陵人也。少好学，习《小夏侯尚书》。王莽时，寝病不仕，教授诸生千余人。

建武二年，大司马吴汉辟，不应。三年，征拜谏议大夫，数有忠言，以礼进止，朝廷敬之。迁沛郡太守。至蕲县，称病不之府，官属皆随就之，良遂上疾笃，乞骸骨，征拜太中大夫。

六年，代宣秉为大司徒司直。在位恭俭，妻子不入官舍，布被瓦器。时司徒史鲍恢以事到东海，过候其家，而良妻布裙曳柴，从田中归。恢告曰：“我司徒史也，故来受书，欲见夫人。”妻曰：“妾是也。苦掾，无书。”恢乃下拜，叹息而还，闻者莫不嘉之。

在路旁等候。侯昱走到车下迎接行礼，王丹下车答礼。侯昱说：“家父想与王君结交，为什么要行拜礼呢？”王丹说：“君房这么说，可丹还没应允呢。”

王丹儿子的一位同门家里办丧事，家在中山，儿子告诉王丹想赶去奔丧，安慰同门。将要结伴前往时，王丹愤怒地鞭打了他，只让他寄去缣帛以示祭拜。有人向他询问其中缘由，王丹说：“与人交往有多难，并不容易说清楚。世人都称赞管仲和鲍叔牙的友谊，其次则称赞王吉和贡禹的情谊。但张耳、陈余却落了个反目成仇兵戎相向的结局，萧育、朱博最终也有了嫌隙，因此知道能够善始善终的友情太少了。”当时的人们对王丹的这番话很是信服。

起初有门客向王丹举荐士人，王丹便择其善者而举之，之后被举荐的人获了罪，王丹受其牵连而被罢官。那位门客在羞惭害怕之下，主动和王丹断绝了往来，王丹却一直没说什么。不久后王丹又被征召为太子太傅，他叫来门客对其说：“你主动与我绝交，是把我想得太浅薄了吧？”作为惩罚，王丹没有为他准备食物，还是像从前那般待他友善。在那之后让出了官职，死于家中。

王良字仲子，东海郡兰陵县人。少时好学，研读《小夏侯尚书》。王莽时，卧病不仕，教授了一千多名学生。

建武二年（26），大司马吴汉征辟他做官，王良不答应。建武三年（27），光武帝征拜他为谏议大夫，多次进谏忠言，进退守礼，朝廷很是敬重他。后迁为沛郡太守。行至蕲县，称病不去官府就任，官属都跟随在他左右，王良于是上书称病情过重，乞辞官归乡，征拜太中大夫。

建武六年（30），王良接替宣秉成为大司徒司直。在官位上恭谨节俭，妻子孩子都不进官舍居住，以布为被以瓦为器。当时司徒史鲍恢有事到东海，经过王良家时前往拜访，王良的妻子身着布裙，手拉木柴，正从田中回来。鲍恢告诉她说：“我是司徒史，特地前来拿书信，想要见王夫人。”王良的妻子说：“妾就是。辛苦掾史跑一趟了，并无书信。”鲍恢于是俯身而拜，一路叹息着回去了，听闻此事的人们后以病归。一岁复征，至荥阳，疾笃不任进道，乃过其友人。友人不肯见，曰："不有忠言奇谋而取大位，何其往来屑屑不惮烦也？"遂拒之。良惭，自后连征，辄称病。诏以玄纁聘之，遂不应。后光武幸兰陵，遣使者问良所苦疾，不能言对。诏复其子孙邑中徭役，卒于家。

论曰：夫利仁者或借仁以从利，体义者不期体以合义。季文子妾不衣帛，鲁人以为美谈。公孙弘身服布被，汲黯讥其多诈。事实未殊而誉毁别议。何也？将体之与利之异乎？宣秉、王良处位优重，而秉甘疏薄，良妻荷薪，可谓行过乎俭。然当世咨其清，人君高其节，岂非临之以诚哉！语曰："同言而信，则信在言前；同令而行，则诚在令外。"不其然乎！张湛不屑矜伪之诮，斯不伪矣。王丹难于交执之道，斯知交矣。

杜林字伯山，扶风茂陵人也。父邺，成、哀间为凉州刺史。林少好学沈深，家既多书，又外氏张竦父子喜文采，林从竦受学，博洽多闻，时称通儒。

初为郡吏。王莽败，盗贼起，林与弟成及同郡范逡、孟冀等，将细弱俱客河西。道逢贼数千人，遂掠取财装，褫夺衣服，拔刃向林等将欲杀之。冀仰曰："愿一言而死。将军知天神乎？赤眉兵众百万，所向无前，而残贼不道，卒至破败。今将军以数千之众，欲规霸王之事，不行仁恩而反遵覆车，不畏天乎？"贼遂释之，俱免于难。

无不称许王良夫妻。

后来王良因病归乡。一年后又被征召，行至荥阳，病情严重不能再走，就前去拜访友人。友人不肯见他，说："没有忠言奇谋却取得高位，多么往来匆匆不怕麻烦啊？"便将其拒之门外。王良感到羞惭，此后再被征召，就称病不去。光武帝下诏用玄纁重礼聘他为官，王良竟也不答应。后来光武帝巡幸兰陵，派使者问王良有什么苦衷，王良说不上来。光武帝又下诏免除他子孙在邑中的徭役，王良最后死于家中。

评论说：利用仁义的人有时会借仁义来谋利，体悟仁义的人不求通过体悟来合乎仁义。季文子的姬妾不穿丝帛，鲁人把其当作美谈。公孙弘以布为被，及黯讥讽他狡猾多诈。事情相同，毁誉有别。这是为什么呢？难道是因为利用仁义者与体悟仁义者是不同的吗？宣秉、王良身居高位待遇优渥，但宣秉心甘情愿地吃着粗茶淡饭，王良的妻子却背着沉重的木柴，可谓是过于俭朴了。然而世人赞叹他们的清廉，君主敬重他们的气节，难道不是以真诚之心对待他们吗？古语有言："同样的话有人相信，是因为在说话前就取得了信任；同样的命令有人执行，是因为命令之外有诚信存在。"难道不是如此吗？张湛不在乎别人讥诮他虚伪，正是不虚伪。王丹把交友之道看得很难，正是知晓交道的真谛。

杜林字伯山，右扶风茂陵县人。父亲杜邺，曾在成帝、哀帝时担任凉州刺史。杜林少时沉着好学，家中书籍众多，外祖父家张竦父子又喜爱文辞，杜林跟随张竦学习，学识丰富见识广博，时人称其为通儒。

杜林起初担任过郡吏。王莽失败后，盗贼四起，杜林与弟弟杜成以及同乡范逡、孟冀等人，带着妻子儿女一起逃往河西。途中遇到几千名贼寇，这些贼寇抢走他们的钱财，剥下他们的衣服，拔出刀剑，对着杜林等人打算将他们杀死。孟冀仰着头说："请允许我说一句话再死。将军知道天神吗？赤眉军有兵众百万，所向无敌，然而其中一些残贼不行正道，最终走向了败亡。如今将军不过数千兵马，想谋求霸业，不行仁德之道反而重蹈其覆辙，难道不畏惧天神吗？"

隗嚣素闻林志节，深相敬待，以为持书平。后因疾告去，辞还禄食。嚣复欲令强起，遂称笃。嚣意虽相望，且欲优容之，乃出令曰："杜伯山天子所不能臣，诸侯所不能友，盖伯夷、叔齐耻食周粟。今且从师友之位，须道开通，使顺所志。"林虽拘于嚣，而终不屈节。建武六年，弟成物故，嚣乃听林持丧东归。既遣而悔，追令刺客杨贤于陇坻遮杀之。贤见林身推鹿车，载致弟丧，乃叹曰："当今之世，谁能行义？我虽小人，何忍杀义士！"因亡去。

光武闻林已还三辅，乃征拜侍御史，引见，问以经书故旧及西州事，甚悦之，赐车马衣被。群寮知林以名德用，甚尊惮之。京师士大夫，咸推其博洽。

河南郑兴、东海卫宏等，皆长于古学。兴尝师事刘歆，林既遇之，欣然言曰："林得兴等固谐矣，使宏得林，且有以益之。"及宏见林，闇然而服。济南徐巡，始师事宏，后皆更受林学。林前于西州得漆书《古文尚书》一卷，常宝爱之，虽遭难困，握持不离身。出以示宏等曰："林流离兵乱，常恐斯经将绝。何意东海卫子、济南徐生复能传之，是道竟不坠于地也。古文虽不合时务，然愿诸生无悔所学。"宏、巡益重之，于是古文遂行。

明年，大议郊祀制，多以为周郊后稷，汉当祀尧。诏复下公卿议，议者佥同，帝亦然之。林独以为周室之兴，祚由后稷，汉业特起，功不缘尧。祖宗故事，所宜因循。定从林议。

于是这伙盗贼放过了他们，大家得以幸免于难。

隗嚣素闻杜林心怀大志气节不凡，对他很是尊敬，让他担任持书平。后来杜林因病请辞，归还食禄。隗嚣又想强行起用他，杜林就称自己病重，推辞不受。隗嚣虽心生恨意，但还是想宽待他，就发布命令说：“杜伯山，天子不能聘他为臣，诸侯不能与他为友，大概就和伯夷、叔齐耻食周粟一样。如今我姑且站在亦师亦友的角度上，满足他的需求，使他顺从自己的意愿做事。”杜林虽为隗嚣所拘，却始终不曾屈从。建武六年（30），杜林弟弟杜成亡故，隗嚣于是听任杜林护丧东归。送走杜林后，隗嚣却后悔了，追令刺客杨贤在陇坻将其拦截杀害。杨贤看见杜林推着小车，载着弟弟的尸体徐徐前行，感叹道：“当今之世，有谁能行义举呢？我虽只是一介小人，也不忍心杀掉义士啊！”因此逃跑了。

光武帝听说杜林已经返回三辅，就征召他为侍御史，杜林被引来与光武帝见面，光武帝问他经书故友以及西州之事，他的回答让光武帝十分开心，赐予他车马衣被。群僚知道杜林是凭借名望德行受到重用，很是尊重忌惮他。京师的士大夫，都推许他博洽多闻。

河南郑兴、东海卫宏等，都长于古学。郑兴曾拜刘歆为师，杜林遇见郑兴，十分开心地说道：“杜林得遇郑兴等确实已经很好了，假使卫宏得遇杜林，将会对他有益。”等卫宏见到杜林时，内心暗暗佩服。济南徐巡，起先拜卫宏为师，之后就改为接受杜林的教导。杜林之前在西州得到漆书《古文尚书》一卷，一直珍之爱之，即使遭受困难，也握在手中，不曾离身。他将书取出展示给卫宏等人说：“我杜林在战乱中四处逃亡，时常害怕这本经书将会断送在我的手上。岂料东海卫子、济南徐生又能将之传承下去，此道竟然没有衰亡。古文虽然不合时务，然而还是期望诸生无悔所学。”卫宏、徐巡愈发重视起来，于是古文大行于世。

第二年，朝廷大议郊祀制度，人们大多认为周人祭祀后稷，汉朝应当祭祀尧帝。光武帝的诏令下发到公卿手中，让他们再议，公卿们一致赞同，光武帝也如此认为。只有杜林认为周室之兴，福自后稷，汉业大盛，尧无寸功。祖宗故事，应当遵循旧制。光武帝最终决后代王良为大司徒司直。林荐同郡范逡、赵秉、申屠刚及陇西牛邯等，皆被擢用，士多归之。十一年，司直官罢，以林代郭宪为光禄勋。内奉宿卫，外总三署，周密敬慎，选举称平。郎有好学者，辄见诱进，朝夕满堂。

十四年，群臣上言："古者肉刑严重，则人畏法令；今宪律轻薄，故奸轨不胜。宜增科禁，以防其源。"诏下公卿。林奏曰："夫人情挫辱，则义节之风损；法防繁多，则苟免之行兴。孔子曰：'导之以政，齐之以刑，民免而无耻。导之以德，齐之以礼，有耻且格。'古之明王，深识远虑，动居其厚，不务多辟，周之五刑，不过三千。大汉初兴，详览失得，故破矩为圆，斫彫为朴，蠲除苛政，更立疏网，海内欢欣，人怀宽德。及至其后，渐以滋章，吹毛索疵，诋欺无限。果桃菜茹之馈，集以成臧，小事无妨于义，以为大戮，故国无廉士，家无完行。至于法不能禁，令不能止，上下相遁，为敝弥深。臣愚以为宜如旧制，不合翻移。"帝从之。

后皇太子彊求乞自退，封东海王，故重选官属，以林为王傅。从驾南巡狩。时诸王傅数被引命，或多交游，不得应诏；唯林守慎，有召必至。余人虽不见谴，而林特受赏赐，又辞不敢受，帝益重之。

明年，代丁恭为少府。二十二年，复为光禄勋。顷之，代朱浮为大司空。博雅多通，称为任职相。明年薨，帝亲自临丧送葬，除子乔定听从杜林的建议。

杜林后来代替王良成为大司徒司直。他举荐的同乡范逡、赵秉、申屠刚以及陇西牛邯等人，都得到了提携任用，士人大多依附于他。建武十一年（35），朝廷废除了司直一官，杜林代替郭宪成为光禄勋。他在内奉命值宿宫禁，在外总管三署诸事，为官周密细心恭敬谨慎，选举人才公平无私为人称赞。爱好学习的郎官，都在杜林的引导下积极进取，杜家的大堂朝夕满堂。

建武十四年（38），群臣进言说："古时候肉刑严重，众人就畏惧法令；如今法律太轻，因而违法作乱之徒不可胜数。应当增加戒律禁令，从源头上加以阻止。"皇帝的诏令下达到公卿手中。杜林上奏说："人情遭到凌辱，节义之风就会有所损伤；法禁太过繁多，想要苟且免责的行为就会出现。孔子说：'拿政令进行引导，用刑法加以规整，虽能避免犯罪，百姓却不知羞耻。以道德进行引导，用礼仪加以整治，百姓有羞耻之心并且会主动改正自己的行为。'古之明君，见识精深思虑长远，一举一动皆以宽厚为本，不追求刑法的繁多，周朝的五刑，不过才三千条。大汉刚兴起的时候，详细查览前朝的成败得失，因而破除严酷刑法，去掉浮华之俗，废除苛刻之政，另立宽大之法，天下欢欣，人怀宽德。等到后来，条文愈来愈多，官员吹毛求疵，没有限制地毁谤百姓。不过是果桃菜蔬般小的馈赠，也被当作赃物收集起来，本来只是无妨大义的小事，却被当成死罪处理，因此国内再无有节之士，家中再无完美操行。以至于法不能禁，令不能止，上下包庇，弊端更大。臣以为应当遵循旧制，不可变更。"光武帝采取了他的建议。

后来皇太子刘彊请求自请退位，被封为东海王，因而要重选官属，让杜林担任王傅。跟随帝王南下巡狩。此时诸位王傅多次被光武帝宣召，他们中的许多人外出交游，无法应诏；唯有杜林慎守持重，有召必应。其他人虽然没有遭到谴责，杜林却得到特别赏赐，他一再推辞不敢接受，光武帝愈发看重他了。

第二年，杜林代替丁恭成为少府。建武二十二年（46），又任光禄勋。不久后，代替朱浮成为大司空。杜林博学雅正，被大家称为称为郎。诏曰："公侯子孙，必复其始，贤者之后，宜宰城邑。其以乔为丹水长。"

论曰：夫威强以自御，力损则身危；饰诈以图己，诈穷则道屈；而忠信笃敬，蛮貊行焉者，诚以德之感物厚矣。故赵孟怀忠，匹夫成其仁；杜林行义，烈士假其命。《易》曰"人之所助者信"，有不诬矣。

郭丹字少卿，南阳穰人也。父稚，成帝时为庐江太守，有清名。丹七岁而孤，小心孝顺，后母哀怜之，为鬻衣装，买产业。后从师长安，买符入函谷关，乃慨然叹曰："丹不乘使者车，终不出关。"既至京师，常为都讲，诸儒咸敬重之。大司马严尤请丹，辞病不就。王莽又征之，遂与诸生逃于北地。更始二年，三公举丹贤能，征为谏议大夫，持节使归南阳，安集受降。丹自去家十有二年，果乘高车出关，如其志焉。

更始败，诸将悉归光武，并获封爵；丹独保平氏不下，为更始发丧，衰绖尽哀。建武二年，遂潜逃去，敝衣间行，涉历险阻，求谒更始妻子，奉还节传，因归乡里。太守杜诗请为功曹，丹荐乡人长者自代而去。诗乃叹曰："昔明王兴化，卿士让位，今功曹推贤，可谓至德。敕以丹事编署黄堂，以为后法。"

十三年，大司马吴汉辟举高第，再迁并州牧，有清平称。转使匈奴中郎将，迁左冯翊。永平三年，代李䜣为司徒。在朝廉直公正，与侯霸、杜林、张湛、郭伋齐名相善。明年，坐考陇西太守邓融事无职的宰相。于下一年去世，光武帝亲临丧礼为他送葬，任命他的儿子杜乔为郎官。诏书说："公侯的子孙，必然要继承先祖的爵位，贤者的后代，应当担任一邑之长。就让杜乔做丹水县令吧。"

评论说：凭借威武强壮来自我保护，威强之力减弱了就身处险境；通过作假骗人来为自己谋利，诈术用完后这条路就走不通了；而做人忠诚笃厚，即使身处蛮貊之邦也可畅行，用德行感化万物的力量确实很强大啊。因此晋大夫赵盾心怀忠贞，谋杀他的匹夫也愿杀身成仁；杜林行仁义之举，截杀他的烈士也愿饶他一命。《易经》说"人们所帮助的是笃信之人"，确实不是假话啊。

郭丹字少卿，南阳郡穰县人。父亲郭稚，成帝时为庐江太守，有清美之名。郭丹七岁时就成了孤儿，做事小心很是孝顺，后母怜惜他，把自己的衣服卖掉为他购置产业。后来他在长安学习，买上用来通行的符信进入了函谷关，慨叹道："郭丹坐不上使者的车驾，就不出关了。"等他到了京师，常去学舍讲学，学生们都很敬重他。大司马严尤邀请郭丹，郭丹称病不去。王莽又征召他，他便与儒生们一起逃到了北地。更始二年（24），三公举荐郭丹贤良有才，征召他为谏议大夫，命他拿着符节回到南阳，安抚民众使之投降。郭丹已经离家十二年了，终于能乘着使者的高车出关，达成所愿。

更始帝失败后，众将士都归降光武帝，获得了封爵；唯独郭丹坚守平氏县不肯投降，并为更始帝发丧，穿着丧服竭尽哀思。建武二年（26），郭丹潜逃出城，身着破衣烂衫穿梭于小路之间，历经艰难险阻，前往拜见更始帝的妻子，归还节传后，回到了家乡。太守杜诗请他担任功曹，郭丹推荐乡人中的一位长者代替自己，然后就离开了。杜诗感叹道："过去圣明的君王大兴教化，卿士争相谦让官位，如今郭功曹推举贤才取代自己，可谓大德啊。命人将郭丹的事迹撰写在太守府衙的正堂上，作为后世学习的榜样。"

建武十三年（37），郭丹被大司马吴汉选为优秀之人，升迁为并州牧，有廉洁公正之称。后转任使匈奴中郎将，升左冯翊。永平三年（60），代李䜣为司徒。在朝中廉直公正，与侯霸、杜林、张湛、郭伋名声相当互相交好。第二年，因审察陇西太守邓融事时找不到证据，被策所据，策免。五年，卒于家，时年八十七。以河南尹范迁有清行，代为司徒。

迁字子庐，沛国人，初为渔阳太守，以智略安边，匈奴不敢入界。及在公辅，有宅数亩，田不过一顷，复推与兄子。其妻尝谓曰："君有四子而无立锥之地，可余奉禄，以为后世业。"迁曰："吾备位大臣而蓄财求利，何以示后世！"在位四年薨，家无担石焉。

后显宗因朝会问群臣郭丹家今何如，宗正刘匡对曰："昔孙叔敖相楚，马不秣粟，妻不衣帛，子孙竟蒙寝丘之封。丹出典州郡，入为三公，而家无遗产，子孙困匮。"帝乃下南阳访求其嗣。长子宇，官至常山太守。少子济，赵相。

吴良字大仪，齐国临淄人也。初为郡吏，岁旦与掾史入贺，门下掾王望举觞上寿，谄称太守功德。良于下坐勃然进曰："望佞邪之人，欺谄无状，愿勿受其觞。"太守敛容而止。宴罢，转良为功曹；耻以言受进，终不肯谒。

时骠骑将军东平王苍闻而辟之，署为西曹。苍甚相敬爱，上疏荐良曰："臣闻为国所重，必在得人；报恩之义，莫大荐士。窃见臣府西曹掾齐国吴良，资质敦固，公方廉恪，躬俭安贫，白首一节；又治《尚书》，学通师法，经任博士，行中表仪。宜备宿卫，以辅圣政。臣苍荣宠绝矣，忧责深大，私慕公叔同升之义，惧于臧文窃位之罪，敢秉愚瞽，犯冒严禁。"显宗以示公卿曰："前以事见良，须发皓然，衣冠甚伟。夫荐贤助国，宰相之职，萧何举韩信，设坛而拜，不复考试。今以良为议郎。"

书免官。永平五年（62），郭丹死于家中，时年八十七岁。因河南尹范迁品行纯洁，之后就代替郭丹成了司徒。

范迁字子庐，沛国人，起初任渔阳太守，凭借才智谋略安定边境，使得匈奴不敢踏入边界。等到位居三公、辅相时，家中有宅数亩，田地才一顷不到，又都让给了兄长的儿子。他的妻子曾对他说："您的四个儿子都没有立锥之地，可以将俸禄保留下来，作为后代的家业。"范迁说："我身为大臣却积蓄财物追求私利，如何面对后世之人？"他做了四年司徒后去世，家里连一担粮食的积蓄都没有。

后来明帝在朝会上询问群臣郭丹家现在怎么样了，宗正刘匡答道："昔日孙叔敖在楚国为相时，马不食粟，妻不穿帛，他的子孙最终获得了寝丘的封地。郭丹外出主管州郡事宜，入朝身居三公之位，家里却没有一点遗产，子孙过得十分贫困。"于是明帝命人前往南阳寻找郭丹的子嗣。郭丹的长子郭宇，官至常山太守。少子郭济，成了赵相。

吴良字大仪，齐国临淄人。起初担任郡吏，新年第一天陪掾史去太守府拜贺，门下掾王望举杯祝寿，谄媚地称赞太守的功德。座下的吴良勃然大怒地进言说："王望是奸邪之人，欺骗谄媚行为无礼，希望您不要接受他的敬酒。"太守收敛了笑容，不再理会王望的敬酒。宴席结束后，吴良转任为功曹；他耻于因进言而升，始终不肯进拜太守接受任命。

此时骠骑将军东平王刘苍听说了吴良的事迹后，征辟他代理西曹一官。刘苍很是敬爱吴良，向皇帝上疏推荐吴良说："臣听闻国家最重要的，必然是获得人才；回报皇恩的义举，没有比举荐贤士更大的。臣发现臣府上西曹掾齐国吴良，天资敦厚坚贞不移，公平方正廉洁恭谨，白首到老志节如一；又钻研《尚书》，通晓师法，堪任博士，一言一行可为仪表。应当让他充任宿卫，辅佐圣政。臣刘苍的荣宠至深，责任重大，内心仰慕公叔推荐家臣同任大夫的义举，害怕犯下臧文明知贤才却不予举荐的窃位之罪，臣斗胆禀告自己的愚见，犯冒天威举荐吴良。"明帝将刘苍的奏疏展示给众公卿说："之前有永平中，车驾近出，而信阳侯阴就干突禁卫，车府令徐匡钩就车，收御者送狱。诏书谴匡，匡乃自系。良上言曰："信阳侯就倚恃外戚，干犯乘舆，无人臣礼，为大不敬。匡执法守正，反下于理，臣恐圣化由是而弛。"帝虽赦匡，犹左转良为即丘长。后迁司徒长史。每处大议，辄据经典，不希旨偶俗，以徼时誉。后坐事免，复拜议郎，卒于官。

承宫字少子，琅邪姑幕人也。少孤，年八岁为人牧豕。乡里徐子盛者，以《春秋经》授诸生数百人，宫过息庐下，乐其业，因就听经，遂请留门下，为诸生拾薪。执苦数年，勤学不倦。经典既明，乃归家教授。遭天下丧乱，遂将诸生避地汉中，后与妻子之蒙阴山，肆力耕种。禾黍将孰，人有认之者，宫不与计，推之而去，由是显名。三府更辟，皆不应。

永平中，征诣公车。车驾临辟雍，召宫拜博士，迁左中郎将。数纳忠言，陈政，论议切悫，朝臣惮其节，名播匈奴。时北单于遣使求得见宫，显宗敕自整饰，宫对曰："夷狄眩名，非识实者也。臣状丑，不可以示远，宜选有威容者。"帝乃以大鸿胪魏应代之。十七年，拜侍中祭酒。建初元年，卒，肃宗褒叹，赐以冢地。妻上书乞归葬乡里，复赐钱三十万。

郑均字仲虞，东平任城人也。少好黄老书。兄为县吏，颇受礼遗，均数谏止，不听。即脱身为佣，岁余，得钱帛，归以与兄。曰：

事见到吴良，对方须发皓然，仪表堂堂。荐举贤才以助国家，这是宰相的职责，萧何推举韩信时，设坛祭拜，不再考试。如今让吴良担任议郎。”

永平年间，明帝的车驾就近出行，信阳侯阴就的车子冲撞了明帝的禁卫，车府令徐匡扣留了阴就的车子，并把车夫送入了狱中。明帝下发诏书斥责徐匡，徐匡就自请拘禁。吴良进言说：“信阳侯阴就仗着自己的外戚身份，冒犯圣驾，没有一点为人臣子的礼仪，这是大不敬。徐匡执法公平，反而下狱，臣恐怕陛下您的教化会由此而废弛。”明帝虽然赦免了徐匡，还是将吴良降为了即丘长。后来升为司徒长史。吴良每到处理国家大事时，就引经据典，从不迎合上意，逢迎世俗，来获得当时之誉。后来因事被罢，又拜议郎，在官位上去世。

承宫字少子，琅琊郡姑幕县人。年少时就成了孤儿，八岁时为别人放猪。乡人徐子盛，拿《春秋经》教了数百名学生，承宫路过徐子盛的庐下，在此休息，很喜欢对方的授课，就在那儿听对方讲经，之后请求留在徐子盛门下，给学生们拾柴。如此劳苦数年，勤学不倦。他学懂经典后，便归家教书。遭逢天下动乱，承宫带领学生去汉中避难，后来与妻子去了蒙阴山，全力耕种。禾黍将要成熟时，有人说是自己的，承宫不和他计较，让给对方后就离去了，从那之后名声显扬。三府争相征辟他，都没有答应。

永平年间，朝廷召他前往公车。明帝车驾亲临辟雍，征召承宫为博士，后升左中郎将。数献忠言，述说政事，言辞恳切，朝臣忌惮他的气节，声名远播到了匈奴。当时北单于遣使求见承宫，明帝命他整理仪容，承宫说：“夷狄被我的名气迷惑了，并非要认识我这个真人。臣外表丑陋，不可以展示给远方来客，应当选择庄重威严之人代我见客。”明帝就命大鸿胪魏应代替他。永平十七年（74），拜侍中祭酒。建初元年（76），承宫去世，章帝很是赞叹他的为人，赐给他一处墓地。承宫之妻上书乞将丈夫葬在家乡，章帝又赐钱三十万。

郑均字仲虞，东平国任城人。年少时好读黄老之书。他的兄长是县吏，收了许多礼品，郑均多次劝兄长罢手，兄长不听。郑均随即抽身离开做了佣工，一年多后，赚得钱帛，回到家中交给兄长。他说：

“物尽可复得，为吏坐臧，终身捐弃。”兄感其言，遂为廉絜。均好义笃实，养寡嫂孤儿，恩礼敦至。常称病家廷，不应州郡辟召。郡将欲必致之，使县令谲将诣门，既至，卒不能屈。均于是客于濮阳。

建初三年，司徒鲍昱辟之，后举直言，并不诣。六年，公车特征，再迁尚书，数纳忠言，肃宗敬重之。后以病乞骸骨，拜议郎，告归，因称病笃，帝赐以衣冠。

元和元年，诏告庐江太守、东平相曰：“议郎郑均，束修安贫，恭俭节整，前在机密，以病致仕，守善贞固，黄发不怠。又前安邑令毛义，躬履逊让，比征辞病，淳絜之风，东州称仁。书不云乎：‘章厥有常，吉哉！’其赐均、义谷各千斛，常以八月长吏存问，赐羊酒，显兹异行。”明年，帝东巡过任城，乃幸均舍，敕赐尚书禄以终其身，故时人号为“白衣尚书”。永元中，卒于家。

赵典字仲经，蜀郡成都人也。父戒，为太尉，桓帝立，以定策封厨亭侯。典少笃行隐约，博学经书，弟子自远方至。建和初，四府表荐，征拜议郎，侍讲禁内，再迁为侍中。时帝欲广开鸿池，典谏曰：“鸿池泛溉，已且百顷，犹复增而深之，非所以崇唐虞之约已，遵孝文之爱人也。”帝纳其言而止。

父卒，袭封。出为弘农太守，转右扶风。公事去官，征拜城门校尉，转将作大匠，迁少府，又转大鸿胪。时恩泽诸侯以无劳受封，群臣不悦而莫敢谏，典独奏曰：“夫无功而赏，劳者不劝，上忝下辱，乱象干度。且高祖之誓，非功臣不封。宜一切削免爵土，以存旧

“钱物耗尽还能再赚，成了贪官，一辈子就啥都没有了。”兄长深受感动，就变成了廉洁之官。郑均淳朴好义，出钱养寡嫂孤儿，对待他们很是有礼周到。经常称病在家，不答应州郡的征召。郡守势必要他应召，命县令将他骗上门，郑均到了后，最终还是没有屈从郡守的征召。郑均因此离开家乡到濮阳生活了。

建初三年(78)，司徒鲍昱召他做官，后来又以直言举荐他，他都不去。建初六年(81)，朝廷派公车对他予以特别征召，后又升任尚书，数献忠言，章帝十分敬重他。后来因病请归，又拜议郎，依然请求告老归乡，说自己病得很重，章帝赐了衣冠给他。

元和元年(84)，诏告庐江太守、东平相说：“议郎郑均，严于律己安于贫困，恭敬节约坚贞严正，之前在朝堂机要部门做官时，因病辞官，坚守善道，直至年老不曾懈怠。又有前安邑令毛义，躬行谦让之道，屡次受召称病不应，作风淳洁，东州百姓都称他为仁义之士。《尚书》里不是说：‘彰明有恒之行，是有利于国家的吉政！’赐予郑均、毛义谷物各千斛，常在八月遣长吏前往问候，赏赐羊、酒，来彰显此等优异的品行。”第二年，章帝东巡，途经任城，亲自来到郑均家中，下令赐予郑均尚书级别的俸禄直到去世，因而时人称郑均为“白衣尚书”。永元年间，郑均死于家中。

赵典字仲经，蜀郡成都县人。父亲赵戒，任太尉，桓帝即位，因拥立之功被封为厨亭侯。赵典少时纯厚俭约，博学经书，弟子从远方赶来向他求学。建和初年，太尉、司徒、司空、大将军四府一起上表推荐他，征拜他为议郎，在宫中为帝王讲学，又升为侍中。当时桓帝想扩大对鸿池的开采，赵典谏言说：“鸿池之水已然泛溢，接近百顷，而今还要扩大加深，并非是推崇尧舜严于律己，遵从孝文珍爱民众的做法。”桓帝采纳了他的话，打消了这个念头。

父亲去世后，赵典承袭了父亲的爵位。出任弘农太守，转任右扶风。因公罢官，被征拜为城门校尉，又转为将作大匠，升为少府，又转任大鸿胪。当时恩泽诸侯让其无功受封，群臣心中虽然不悦，却不敢进言规劝桓帝，唯独赵典上奏说：“无功之人得到封赏，辛劳之臣却没有一点慰劳，皇上有愧臣下受辱，法度被扰。而且高祖有誓，非功典。”帝不从。顷之，转太仆，迁太常。朝廷每有灾异疑议，辄咨问之。典据经正对，无所曲折。每得赏赐，辄分与诸生之贫者。后以谏争违旨，免官就国。

会帝崩，时禁藩国诸侯不得奔吊，典慨然曰：“身从衣褐之中，致位上列。且鸟乌反哺报德，况于士邪！”遂解印绶符策付县，而驰到京师。州郡及大鸿胪并执处其罪，而公卿百寮嘉典之义，表请以租自赎，诏书许之。再迁长乐少府、卫尉。公卿复表典笃学博闻，宜备国师。会病卒，使者吊祠。窦太后复遣使兼赠印绶，谥曰献侯。

典兄子谦，谦弟温，相继为三公。

谦字彦信，初平元年，代黄琬为太尉。献帝迁都长安，以谦行车骑将军，为前置。明年病罢。复为司隶校尉。车师王侍子为董卓所爱，数犯法，谦收杀之。卓大怒，杀都官从事，而素敬惮谦，故不加罪。转为前将军，遣击白波贼，有功，封郫侯。李傕杀司徒王允，复代允为司徒，数月病免，拜尚书令。是年卒，谥曰忠侯。

温字子柔，初为京兆郡丞，叹曰：“大丈夫当雄飞，安能雌伏！”遂弃官去。遭岁大饥，散家粮以振穷饿，所活万余人。献帝西迁都，为侍中，同舆辇至长安，封江南亭侯，代杨彪为司空，免，顷之，复为司徒，录尚书事。

时李傕与郭汜相攻，傕遂虏掠禁省，劫帝幸北坞，外内隔绝。傕素疑温不与己同，乃内温于坞中，又欲移乘舆于黄白城。温与傕臣不封。陛下应当削去所有无功被封的诸侯的爵位，维持旧有的制度法则。”桓帝没有听从他的建议。不久后，赵典转任太仆，升为太常。朝廷每每遇到灾异，争议不下时，就向他请教。赵典依照经典直言作答，从不违背本心曲意逢迎。每次得到赏赐，就分给贫困的学生。后来因直言规劝违背圣旨，被罢去官职返回封国。

适逢桓帝驾崩，当时禁止藩国诸侯入京奔丧，赵典激动地说：“我本是一介布衣，承蒙圣上厚爱，身居高位。况且乌鸦都知道反哺报恩，何况士大夫呢？”于是解下印绶符策交与官府，疾驰进京吊唁桓帝。州郡及大鸿胪要将其论罪处罚，公卿百僚纷纷赞许他的义举，上表请求准许赵典以租自赎，得到了准许。又迁任长乐少府、卫尉。公卿又上表说赵典好学博闻，应当担任国师。正在这时，赵典病逝，使者进行了吊唁。窦太后又遣使赠予印绶，授与他献侯的谥号。

赵典兄长的儿子赵谦，赵谦的弟弟赵温，相继位列三公。

赵谦字彦信，初平元年（190），代替黄琬担任太尉。献帝迁都长安，令赵谦做车骑将军，为献帝提前安排行程。第二年，因病罢官。后又成为司隶校尉。入朝陪侍天子的车师王子很受董卓喜爱，多次违犯法律，被赵谦捉起来杀了。董卓勃然大怒，杀了都官从事，由于董卓向来敬畏赵谦，就没有治他的罪。赵谦转而担任前将军，派遣他攻打白波众贼，攻打有功，被封为郫侯。李傕杀了司徒王允，赵谦又代替王允做了司徒，数月后因病被罢，拜尚书令。就在这一年去世，谥号是忠侯。

赵温字子柔，起初担任京兆郡丞，叹息道：“大丈夫应当像雄鸟一般奋力飞翔，怎能像母鸡一般趴在窝里！”于是弃官而去。赶上大饥荒，把家中的粮食分出去赈济穷困饥饿之人，救活的人有一万多。献帝向西迁都，赵温担任侍中，同献帝一起乘车到达长安，被封为江南亭侯，代替杨彪成为司空，之后被罢，不久后，又成了司徒，录尚书事。

这时李傕与郭汜互相攻打，李傕就攻入皇宫进行掳掠，将献帝挟持到了北坞，让献帝与外面失去了联系。李傕素来怀疑赵温与他不一心，就将赵温关在坞中，又打算将献帝转移到黄白城。赵温写信书曰："公前托为董公报仇，然实屠陷王城，杀戮大臣，天下不可家见而户说也。今与郭汜争睚眦之隙，以成千钧之仇，人在涂炭，各不聊生。曾不改悟，遂成祸乱。朝廷仍下明诏，欲令和解。上命不行，威泽日损。而复欲移转乘舆，更幸非所，此诚老夫所不达也。于《易》，一为过，再为涉，三而弗改，灭其顶，凶。不如早共和解，引军还屯，上安万乘，下全人民，岂不幸甚。"傕大怒，欲遣人杀温。李傕从弟应，温故掾也，谏之数日，乃获免。

温从车驾都许。建安十三年，以辟司空曹操子丕为掾，操怒，奏温辟臣子弟，选举不实，免官。是岁卒，年七十二。

赞曰：宣、郑、二王，奉身清方。杜林据古，张湛矜庄。典以义黜，宫由德扬。大仪鹄发，见表宪王。少卿志仕，终乘高箱。

给李傕说："李公从前借口说为董公报仇，然而事实上做的却是屠杀皇城，杀戮大臣的恶事，天下百姓全都看在眼里。现在你与郭汜为了一点极小的嫌隙互相争斗，最终变成了不共戴天的仇恨，导致生灵涂炭，民不聊生。再不悔悟，就会酿成极大的祸乱。朝廷依旧下发了圣明之诏，想令你们达成和解。圣上的诏令迟迟不被施行，声威德泽就会逐渐减少。你却还想将皇上转移到更不适合的地方去，老夫对此实在不能理解。就像《易经》所说的，第一次是犯了过错，第二次是明知故犯，第三次还不悔改，就会带来灭顶之灾，是大凶之兆。不如早点与对方和解，带着军队回去，对上来说安抚了天子，于下来说保全了百姓，难道不是很好的选择吗？"李傕看后大为震怒，打算派人杀掉赵温，李傕的堂弟李愿，从前是赵温手下的属吏，进言规劝了李傕好多天，赵温才得到赦免。

赵温跟从献帝在许地建都。建安十三年（208），因辟举司空曹操的儿子曹丕为掾吏，导致曹操十分愤怒，上奏说赵温征召大臣的子弟，选举人才有失妥当，汉献帝免去了赵温的官职。赵温在这一年去世，时年七十二岁。

赞辞说：宣秉、郑均、王丹、王良，恪尽职守廉洁正直。杜林做事遵从古道，张湛为人严肃稳重。赵典因行义举而被罢官，承宫因品德高尚而声名远扬。吴良满头白发，被宪王上表推荐。郭丹志在入仕，最终坐上了高车。

文白对照

二十四史新译

後漢書

三

主编　楼宇烈

执行主编　梁光玉　萧祥剑

〔南朝宋〕范晔　撰　谦德书院　译

团结出版社

图书在版编目（C I P）数据

后汉书 / (南朝宋) 范晔著 ; 谦德书院译 . -- 北京 :
团结出版社 , 2024.12
ISBN 978-7-5234-0577-2

Ⅰ . ①后… Ⅱ . ①范… ②谦… Ⅲ . ①《后汉书》-
译文 Ⅳ . ① K234.204.2

中国国家版本馆 CIP 数据核字 (2023) 第 208361 号

责任编辑：梁光玉
封面设计：肖宇岐

出　版：团结出版社
（北京市东城区东皇城根南街 84 号　邮编：100006）
电　话：（010）65228880　65244790
网　址：http://www.tjpress.com
E-mail：zb65244790@vip.163.com
经　销：全国新华书店
印　装：北京印匠彩色印刷有限公司

开　本：145mm × 210mm　32 开
印　张：113.25　字　数：2195 千字
版　次：2024 年 12 月 第 1 版　印　次：2024 年 12 月 第 1 次印刷

书　号：978-7-5234-0577-2
定　价：480.00 元（全五册）

目　录

第三册

卷五十八—卷七十八

卷五十八上

桓谭冯衍列传第十八上

桓谭字君山，沛国相人也。父成帝时为太乐令。谭以父任为郎，因好音律，善鼓琴。博学多通，遍习《五经》，皆诂训大义，不为章句。能文章，尤好古学，数从刘歆、杨雄辩析疑异。性嗜倡乐，简易不修威仪，而憙非毁俗儒，由是多见排抵。

哀、平间，位不过郎。傅皇后父孔乡侯晏深善于谭。是时高安侯董贤宠幸，女弟为昭仪，皇后日已疏，晏嘿嘿不得意。谭进说曰：“昔武帝欲立卫子夫，阴求陈皇后之过，而陈后终废，子夫竟立。今董贤至爱而女弟尤幸，殆将有子夫之变，可不忧哉！”晏惊动，曰：“然，为之奈何？”谭曰：“刑罚不能加无罪，邪枉不能胜正人。夫士以才智要君，女以媚道求主。皇后年少，希更艰难，或驱使医巫，外求方技，此不可不备。又君侯以后父尊重而多通宾客，必借以重势，贻致讥议。不如谢遣门徒，务执谦悫，此修己正家避祸之道也。”晏曰：“善。”遂罢遣常客，入白皇后，如谭所戒。后贤果风太医令真钦，使求傅氏罪过，遂逮后弟侍中喜，诏狱无所得，乃解，故傅氏终全于哀帝之时。及董贤为大司马，闻谭名，欲与之交。谭先奏书于贤，说以辅国保身之术，贤不能用，遂不与通。当王莽居摄篡弑之际，天下之士，莫不竞褒称德美，作符命以求容媚，谭独自守，默然无言。莽时为掌乐大夫，更始立，召拜太中大夫。

桓谭，字君山，沛国相县人。父亲在成帝时担任太乐令。桓谭凭借父亲的官职担任郎官，桓谭喜好音律，善于鼓琴。博学多通，熟读《五经》，能解释大义，但不会过度钻研章句。桓谭擅长写文章，尤其喜爱古文学，多次与刘歆、杨雄辩论分析经文中的疑问异议。桓谭生性爱好歌舞杂戏，为人平易不注重威仪，喜欢讥讽诋毁浅陋迂腐的儒生，因此经常遭到排挤和抨击。

哀帝、平帝年间，桓谭的官位还不及一介郎官。傅皇后的父亲孔乡侯傅晏与桓谭十分交好。当时高安侯董贤深受哀帝宠幸，董贤的妹妹被封为昭仪，哀帝对傅皇后则日渐疏远，傅晏整天沉默不语，很不如意。桓谭向傅晏进言道："以前武帝欲立卫子夫为皇后，暗中寻求陈皇后的过错，陈皇后最终被废，卫子夫最终被册立为后。如今董贤深受皇上宠幸而他妹妹也倍受宠爱，恐怕当年的子夫之变会重现，怎能不忧虑！"傅晏大为震惊，问道："说的有道理，那该怎么办呢？"桓谭说："刑罚不能加无罪，邪枉不能胜正人。士人以才智奉事君王，女子以谄媚取悦主人。皇后年少，很难求得皇上宠幸，或许会有人驱使巫医，或是在宫外寻求占卜看相等邪门歪道，这些不可不防备。再者君侯以皇后父亲的身份受人尊重并且广交宾客，这样必然有人借君侯的权势名声行事，反而会给君侯招来非议。不如遣散宾客谢绝门徒，务必要谦恭谨慎，这便是修己正家避祸的良策啊。"傅晏说"有道理"。于是罢遣宾客，入宫告知皇后，就如桓谭告诫的那样。后来董贤果然唆使太医令真钦，命其寻找傅氏的罪过，并且逮捕了傅皇后的弟弟侍中傅喜，押入诏狱审问，一无所获，之后将其释放，因此傅氏在哀帝时终得保全。后来董贤担任大司马，听说桓谭的名声，想其结交。桓谭先给董贤写信，陈述辅国保身的方法，董贤没有接受，因此桓谭不再与董贤往来。当王莽摄政篡权弑君之际，天下之世祖即位，征待诏，上书言事失旨，不用。后大司空宋弘荐谭，拜议郎给事中，因上疏陈时政所宜，曰：

臣闻国之废兴，在于政事；政事得失，由乎辅佐。辅佐贤明，则俊士充朝，而理合世务；辅佐不明，则论失时宜，而举多过事。夫有国之君，俱欲兴化建善，然而政道未理者，其所谓贤者异也。昔楚庄王问孙叔敖曰："寡人未得所以为国是也。"叔敖曰："国之有是，众所恶也，恐王不能定也。"王曰："不定独在君，亦在臣乎？"对曰："君骄士，曰士非我无从富贵；士骄君，曰君非士无从安存。人君或至失国而不悟，士或至饥寒而不进。君臣不合，则国是无从定矣。"庄王曰："善。愿相国与诸大夫共定国是也。"盖善政者，视俗而施教，察失而立防，威德更兴，文武迭用，然后政调于时，而躁人可定。昔董仲舒言"理国譬若琴瑟，其不调者则解而更张"。夫更张难行，而拂众者亡，是故贾谊以才逐，而朝错以智死。世虽有殊能而终莫敢谈者，惧于前事也。

且设法禁者，非能尽塞天下之奸，皆合众人之所欲也，大抵取便国利事多者，则可矣。夫张官置吏，以理万人，县赏设罚，以别善恶，恶人诛伤，则善人蒙福矣。今人相杀伤，虽已伏法，而私结怨仇，子孙相报，后忿深前，至于灭户殄业，而俗称豪健，故虽有怯士，无不争相为王莽歌功颂德，伪造符命向王莽献媚，唯独桓谭清白自守，默然无言。王莽执政时桓谭担任掌乐大夫，更始帝即位，征召桓谭拜任太中大夫。

光武帝即位后，征召桓谭为待诏，桓谭上书陈奏政事不合光武帝旨意，不得重用。后来大司空宋弘举荐桓谭，桓谭拜任议郎给事中，因而桓谭上书陈奏时政所宜之事，奏书中写道：

臣听闻国家的兴衰，在于政事；政事的得失，则取决于辅佐之臣。辅佐之臣贤明，则俊杰士人会充满朝廷，而治理也能符合世情；辅佐之臣不贤明，则论议的政事就会不合时世，政令举措大多也会失当。作为一国之君，都希望振兴教化推行善政，然而在治政还会有偏颇，是因为贤者提出的意见不同。从前楚庄王问孙叔敖说：“寡人还不知道如何治理好国家。”孙叔敖说：“治国的嘉谋良策，会遭到很多人的厌恶，恐怕大王无法决定啊。”楚庄王说：“无法决定的原因单单在于君主吗，难道臣子也是一样，无法决定吗？”孙叔敖说：“君主傲慢对待士人，说士人离开我就无法富贵；士人傲慢对待君主，说君主没有士人就无法安存。有的君主失去国家还不醒悟，有的士人饥寒交迫也不肯入仕为官。君臣不合，那么嘉谋良策就无从定夺了。”楚庄王说：“有道理。希望相国与诸位大夫共同商定治国良策。”善于治政的人，会根据实际情况施行教化，省察到失误就立刻防微杜渐，威德并施，文武兼用，然后政局协调随顺时势，那些蠢蠢欲动的人便能安定下来。从前董仲舒曾说：“治理国家譬如调整琴瑟一样，倘若琴弦已经无法调整就应改换新弦。”改革变更难以实行，而违逆众愿者自取灭亡，所以贾谊因才华卓越而被放逐，晁错因智囊之名而被诛杀。世上虽然有才华卓越的人却始终不敢畅所欲言，就是害怕重蹈前人的覆辙啊。

况且国家设立刑法和禁令，并不能完全根除天下之奸，也不能完全符合众人的心意，大抵只要能满足大半便国利事的条件，就可以了。国家设置官吏，来治理天下万民，悬赏设罚，来区别善恶，恶人受诛，则善人就能蒙福。如今人们相互杀伤，犯罪之人虽已伏法，但彼此私下已经结怨，子孙相互报复，后代的仇恨更深于前人，以至于弱，犹勉而行之，此为听人自理而无复法禁者也。今宜申明旧令，若已伏官诛而私相伤杀者，虽一身逃亡，皆徙家属于边，其相伤者，加常二等，不得雇山赎罪。如此，则仇怨自解，盗贼息矣。

夫理国之道，举本业而抑末利，是以先帝禁人二业，锢商贾不得宦为吏，此所以抑并兼长廉耻也。今富商大贾，多放钱货，中家子弟，为之保役，趋走与臣仆等勤，收税与封君比入，是以众人慕效，不耕而食，至乃多通侈靡，以淫耳目。今可令诸商贾自相纠告，若非身力所得，皆以臧畀告者。如此，则专役一己，不敢以货与人，事寡力弱，必归功田亩。田亩修，则谷入多而地力尽矣。

又见法令决事，轻重不齐，或一事殊法，同罪异论，奸吏得因缘为市，所欲活则出生议，所欲陷则与死比，是为刑开二门也。今可令通义理明习法律者，校定科比，一其法度，班下郡国，蠲除故条。如此，天下知方，而狱无怨滥矣。

书奏，不省。

是时帝方信谶，多以决定嫌疑。又酬赏少薄，天下不时安定。谭复上疏曰：

臣前献瞽言，未蒙诏报，不胜愤懑，冒死复陈。愚夫策谋，有益于政道者，以合人心而得事理也。凡人情忽于见事而贵于异闻，观先王之所记述，咸以仁义正道为本，非有奇怪虚诞之事。盖天道全家被灭家业尽绝，而世人却称赞其豪侠强健，所以有些人虽然怯弱，但依旧会勉强去复仇，这都是世俗听任百姓自行处理而朝廷没有制定法律禁令的缘故。如今应当申明旧令，若是罪犯已伏法而家人依旧私相伤杀报复的，即便是罪犯只身逃亡，也要将其家属全部流放到边境去，伤害对方的，处罚要比平常加重二等，不得雇人上山伐木来赎罪。如此，则仇怨自解，盗贼也能平息了。

理国之道，在于加强农业而抑制商业，所以先帝严禁百姓经商，禁止商贾入仕为官，这样就可以抑制商贾兼并土地，使得百姓知晓廉耻。如今富商大贾，大多放高利贷，中等人家的子弟，为他们担保，驱使奔走像臣仆一样殷勤，收取的利息可以比肩分封的贵族，因此众人羡慕不已，纷纷效仿，富商大贾不耕而食，大多奢侈浪费，以满足耳目之淫欲。如今可令众商贾自相纠举揭发，若不是自己通过劳动所得的，一律没收脏物，并奖励给告发的人。这样一来，百姓就会专注于本业，通过自己的劳动获得财富，而不敢把财货借给别人，以此收取利息，商贾事寡力弱，必然会弃商归农。田地得到修治，粮食就会增收，地力就能被充分利用了。

臣又见到官吏依照法令来决断事情，法令标准的轻重各不相同，有时同一件事参照着不同的法令，同一罪行论处不同的罪罚，奸吏因此有了可乘之机，收受贿赂，想让人活命就依据活命的法令，想致人死就依据死罪判处，因此就为刑罚打开两扇门。如今可以令通义理明习法律者，校定类比法令条文，统一法度，颁布到各地郡国，废除旧法。这样一来，天下人都能知晓朝廷法令，刑狱就没有无辜之人了。

奏书呈上之后，光武帝不予理会。

当时光武帝正迷信图谶纬书，多依照图谶纬书决定疑难。并且对臣子的酬赏又很少，天下时常动荡。桓谭再次上书奏言：

臣此前冒昧上书妄言，未蒙陛下诏问答复，不胜愤懑，因此冒死再次上奏。愚人出谋献策，能对政道有益的，是因为顺合人心而了解事理。凡是世间人情总是忽视现实本身，反而喜欢奇闻异事，观滥先性命，圣人所难言也。自子贡以下，不得而闻，况后世浅儒，能通之乎！今诸巧慧小才伎数之人，增益图书，矫称谶记，以欺惑贪邪，诖误人主，焉可不抑远之哉！臣谭伏闻陛下穷折方士黄白之术，甚为明矣；而乃欲听纳谶记，又何误也！其事虽有时合，譬犹卜数只偶之类。陛下宜垂明听，发圣意，屏群小之曲说，述《五经》之正义，略雷同之俗语，详通人之雅谋。

又臣闻安平则尊道术之士，有难则贵介胄之臣。今圣朝兴复祖统，为人臣主，而四方盗贼未尽归伏者，此权谋未得也。臣谭伏观陛下用兵，诸所降下，既无重赏以相恩诱，或至虏掠夺其财物，是以兵长渠率，各生狐疑，党辈连结，岁月不解。古人有言曰："天下皆知取之为取，而莫知与之为取。"陛下诚能轻爵重赏，与士共之，则何招而不至，何说而不释，何向而不开，何征而不克！如此，则能以狭为广，以迟为速，亡者复存，失者复得矣。

帝省奏，愈不悦。

其后有诏会议灵台所处，帝谓谭曰："吾欲谶决之，何如？"谭默然良久，曰："臣不读谶。"帝问其故，谭复极言谶之非经。帝大怒曰："桓谭非圣无法，将下斩之。"谭叩头流血，良久乃得解。出为六安郡丞，意忽忽不乐，道病卒，时年七十余。

初，谭著书言当世行事二十九篇，号曰《新论》，上书献之，世祖善焉。《琴道》一篇未成，肃宗使班固续成之。所著赋、诔、书、王的记述，都是以仁义正道为本，没有奇怪虚诞之事。至于天道性命的问题，圣人也难以解释清楚。孔子的弟子中，自子贡以下的其他弟子，都没有机会听到，更何况是后世浅鄙的儒生，又怎能通达明了、解释清楚呢！如今诸多卖弄小聪明的方伎术士，擅自增加图谶纬书的内容，诈称这也是谶书，企图以此欺骗贪邪之人，贻误人主，这样的人怎可不远离！臣听闻陛下竭力斥责方士所谓的烧炼丹药点化金银的法术，陛下甚为英明；可是陛下又想听纳谶书，又是何等的荒谬！谶书虽然有时候与某件事偶尔巧合，就像卜卦偶尔能猜中一样。陛下应当明辨是非，颁布圣明的旨意，摒弃群小的歪理邪说，宣扬《五经》的正确义理，省去人云亦云的俗语，详察通达之人的雅谋。

再者臣听闻天下安平时则尊重有道之士，天下有难时则器重介胄之臣。如今圣朝复兴先祖大业，陛下身为臣民之主，而四方盗贼还未尽数归降，其原因是陛下还没掌握权变的谋略。臣观察陛下用兵，对于归降的将领，既不重赏他们以施恩诱导，甚至还掠夺他们的财物，因此大小将领，各生狐疑，互相勾结朋党，经年累月也得不到根除。古人有言："天下都知道获取就是得到，却不知道给予也是得到。"陛下若是真能看轻封爵重视赏赐，与士卒同甘共苦，那么招揽什么样的人才而不会前来，解释什么样的说法而不能明了，指向何处而不会通畅，征战何方而不能攻克呢！这样一来，则能变狭为广，变迟为速，起死回生，失而复得。

光武帝看了奏书，对桓谭愈发不悦。

后来光武帝下诏，召集群臣论议灵台的建造位置，光武帝对桓谭说："朕想用图谶来决定，如何？"桓谭沉默良久，说："臣不读图谶。"光武帝询问原因，桓谭再次竭力劝谏，说图谶并非正道经典。光武帝大怒说："桓谭非议圣人之道，无法无天，将他带下去斩首。"桓谭跪地叩头以至于流血，良久之后光武帝才宽恕了他。之后桓谭出外担任六安郡丞，他闷闷不乐，在赴任路上病逝，享年七十多岁。

起初，桓谭著书论议当世行事二十九篇，名为《新论》，桓谭将此书进献给朝廷，光武帝大为称赞。其中《琴道》一篇未完，明帝命奏，凡二十六篇。

元和中，肃宗行东巡狩，至沛，使使者祠谭冢，乡里以为荣。

冯衍字敬通，京兆杜陵人也。祖野王，元帝时为大鸿胪。衍幼有奇才，年九岁，能诵《诗》，至二十而博通群书。王莽时，诸公多荐举之者，衍辞不肯仕。

时天下兵起，莽遣更始将军廉丹讨伐山东。丹辟衍为掾，与俱至定陶。莽追诏丹曰："仓廪尽矣，府库空矣，可以怒矣，可以战矣。将军受国重任，不捐身于中野，无以报恩塞责。"丹惶恐，夜召衍，以书示之。衍因说丹曰："衍闻顺而成者，道之所大也；逆而功者，权之所贵也。是故期于有成，不问所由；论于大体，不守小节。昔逢丑父伏轼而使其君取饮，称于诸侯；郑祭仲立突而出忽，终得复位，美于《春秋》。盖以死易生，以存易亡，君子之道也。诡于众意，宁国存身，贤智之虑也。故《易》曰'穷则变，变则通，通则久，是以自天祐之，吉，无不利'。若夫知其不可而必行之，破军残众，无补于主，身死之日，负义于时，智者不为，勇者不行。且衍闻之，得时无怠。张良以五世相韩，椎秦始皇博浪之中，勇冠乎贲、育，名高乎太山。将军之先，为汉信臣。新室之兴，英俊不附。今海内溃乱，人怀汉德，甚于诗人思召公也，爱其甘棠，而况子孙乎？人所歌舞，天必从之。方今为将军计，莫若屯据大郡，镇抚吏士，砥厉其节，百里之内，牛酒日赐，纳雄桀之士，询忠智之谋，要将来之心，待从横之变，兴社稷之利，除万人之害，则福禄流于无穷，功烈著于不灭。何与军覆于中原，身膏于草野，功败名丧，耻及先祖哉？圣人转祸而为福，智士因败而为功，愿明公深计而无与俗同。"丹不能从。进及睢阳，复说丹曰："盖闻明者见于无形，智者虑于未萌，况其昭晢者乎？凡患生于所忽，祸发于细微，败不可悔，时不可失。公孙鞅班固续写完成。桓谭所著赋、诔、书、奏，共二十六篇。

元和年间，章帝前往东部巡狩，抵达沛县，派使者前往桓谭墓冢前祭祀，乡里人都以此为荣。

冯衍，字敬通，京兆杜陵县人。祖父冯野王，元帝时担任大鸿胪。年冯衍幼时就才智出众，九岁时，能诵读《诗经》，到了二十岁时就已博通群书。王莽时，朝中许多公卿举荐冯衍，冯衍推辞不肯入仕为官。

当时天下兵戈四起，王莽派更始将军廉丹讨伐崤山以东的郡县。廉丹授任冯衍为掾吏，跟随廉丹一起前往定陶县。王莽追诏廉丹说："粮仓已经耗尽，府库已经空虚，将军可以奋勇而起，尽力一战了。将军受国重任，若不能在沙场为国捐躯，则无法报答朝廷的厚恩，无法完成肩负的职责。"廉丹惶恐，连夜召来冯衍，将诏书拿给冯衍看。冯衍趁机劝说廉丹："我听闻顺势而为取得成功，是符合正道；逆势而为取得成功，是运用权变之计。因此期望取得成效，就不问事情的缘由；把握大局，就不必拘泥于小节。从前齐国大臣逢丑父手扶车前横木，而让齐顷公扮成侍从下车取水，最终齐顷公免遭祸患，逢丑父因此得到诸侯称颂；郑国大夫祭仲被迫拥立公子突为国君，而赶走太子忽，而太子忽最终国复位，《春秋》也在赞美祭仲的行为。以死易生，以存易亡，是君子之道。违背众意，以此安定国家，保全自身，是贤明智慧之人的谋略。因此《易经》上说：'穷极则发生变化，变化则能通达，通达则能长久，因此得到上天的护佑，吉，没有不利之处。'如若知道不可行而必行之，则将致使军队败亡部众伤残，对君主毫无补益，自己身死之日，也是违背道义的时候，这种事智者不为，勇者不行。况且我听闻，抓住时机不要错过。张良的祖上担任韩国五朝的国相，秦灭韩后，张良派人在博浪沙用铁椎刺杀秦始皇，其勇气胜过孟贲、夏育，名声高过泰山。将军的先祖，是汉朝的忠臣。王莽篡位建立新朝，天下英杰不肯归附。如今海内溃乱，世人怀念汉朝的恩德，胜过诗人想念召公，从前召公憩息于甘棠树下，后人爱屋及乌珍爱甘棠树，何况将军是忠臣的子孙呢？人们通过歌舞赞扬汉室之德，上天必定会顺应民心。如今我为将军谋划，不如曰：‘有高人之行，负非于世；有独见之虑，见赘于人。’故信庸庸之论，破金石之策，袭当世之操，失高明之德。夫决者智之君也，疑者事之役也。时不重至，公勿再计。”丹不听，遂进及无盐，与赤眉战死。衍乃亡命河东。

更始二年，遣尚书仆射鲍永行大将军事，安集北方。衍因以计说永曰：

衍闻明君不恶切悫之言，以测幽冥之论；忠臣不顾争引之患，以达万机之变。是故君臣两兴，功名兼立，铭勒金石，令问不忘。今衍幸逢宽明之日，将值危言之时，岂敢拱默避罪，而不竭其诚哉！

伏念天下离王莽之害久矣。始自东郡之师，继以西海之役，巴、蜀没于南夷，缘边破于北狄，远征万里，暴兵累年，祸拏未解，兵连不息，刑法弥深，赋敛愈重。众强之党，横击于外，百僚之臣，贪残于内，元元无聊，饥寒并臻，父子流亡，夫妇离散，庐落丘墟，田畴芜秽，疾疫大兴，灾异蜂起。于是江湖之上，海岱之滨，风腾波涌，更相骀藉，四垂之人，肝脑涂地，死亡之数，不啻太半，殃咎之屯兵据守大郡，安抚将士，砥砺他们的志节，在百里之内，每天赐予他们美酒牛肉，招揽天下英雄豪杰，询问智慧忠诚的谋略，在将来赢得民心，等待天下有变，施展纵横之谋，振兴社稷之利，铲除万民之害，这样福禄则能流传于无穷后世，功勋则能永载于不灭史册。何必率军覆灭于中原，使自身血肉润泽于荒野，身败名裂，给先祖蒙羞？圣人可以转祸为福，智士可以转失败为成功，希望明公深思熟虑，不要流于世俗。”廉丹没有听从冯衍的谏言。军队行进到睢阳，冯衍再次劝谏廉丹：“听闻明者能在问题没有痕迹之时看出端倪，智者能在问题没有萌芽之时考虑对策，更何况事态已经清楚明了？所有的忧患都是从疏忽中产生，所有的祸端都是从细微处引发，败不可悔，时不可失。公孙鞅说：‘有高于常人的行为，就要背负世人的非议；有自己独到的见解，总会遭到别人的厌恶。’因此相信庸俗的言论，就破坏了坚定稳固的策略，沿袭世俗的行为，就会失去高明的德行。决断是明智之举，迟疑是失败之因。机不可失，时不再来，明公不要再犹疑不决了。”廉丹不听，之后进军无盐县，与赤眉军交战，廉丹战死沙场。冯衍逃往河东郡。

更始二年（24），朝廷派尚书仆射鲍永代任大将军，命其安定北方。冯衍借此向鲍永进言：

我听说明君不会厌恶恳切的言辞，以此琢磨深远之理；忠臣不顾谏诤引发的祸患，以此通达万机之变。因此君臣两兴，功名兼立，将颂扬功德的箴铭刻在碑上，后世不忘他们的美名。如今我有幸身处宽大清明的朝代，正值直言议论的时候，我岂敢拱手缄默，逃避罪责，而不竭尽忠诚呢！

伏念天下百姓遭受王莽之害时日已久。起初有翟义在东郡起兵，接着又是庞恬等人在西海郡造反，南夷攻占巴、蜀两地，北狄侵扰西北边境，王莽派军远征万里，兵卒在外连年累月，祸乱没被解除，战争延绵不断，刑法日渐残酷，赋税愈发繁重。众多强暴的党徒，在外横行霸道，群臣百官，在内贪赃枉法，天下百姓穷困无依，饥寒交迫，父子流亡，夫妇离散，房舍化为废墟，田地渐被荒废，疾毒，痛入骨髓，匹夫僮妇，咸怀怨怒。皇帝以圣德灵威，龙兴凤举，率宛、叶之众，将散乱之兵，喢血昆阳，长驱武关，破百万之陈，摧九虎之军，雷震四海，席卷天下，攘除祸乱，诛灭无道，一期之间，海内大定。继高祖之休烈，修文武之绝业，社稷复存，炎精更辉，德冠往初，功无与二。天下自以去亡新，就圣汉，当蒙其福而赖其愿。树恩布德，易以周洽，其犹顺惊风而飞鸿毛也。然而诸将虏掠，逆伦绝理，杀人父子，妻人妇女，燔其室屋，略其财产，饥者毛食，寒者裸跣，冤结失望，无所归命。今大将军以明淑之德，秉大使之权，统三军之政，存抚并州之人，惠爱之诚，加乎百姓，高世之声，闻乎群士，故其延颈企踵而望者，非特一人也。且大将军之事，岂得珪璧其行，束修其心而已哉？将定国家之大业，成天地之元功也。昔周宣中兴之主，齐桓霸强之君耳，犹有申伯、召虎、夷吾、吉甫攘其蝥贼，安其疆宇。况乎万里之汉，明帝复兴，而大将军为之梁栋，此诚不可以忽也。

且衍闻之，兵久则力屈，人愁则变生。今邯郸之贼未灭，真定之际复扰，而大将军所部不过百里，守城不休，战军不息，兵革云翔，百姓震骇，奈何自怠，不为深忧？夫并州之地，东带名关，北逼强胡，年谷独孰，人庶多资，斯四战之地，攻守之场也。如其不虞，何以待之？故曰“德不素积，人不为用。备不豫具，难以应卒”。今生人之命，县于将军，将军所杖，必须良才，宜改易非任，更选贤能。夫十室之邑，必有忠信。审得其人，以承大将军之明，虽则山泽之人，无不感德，思乐为用矣。然后简精锐之卒，发屯守之士，三军疫肆虐，灾异蜂起。于是江湖之上，山海之滨，风腾波涌，青、徐、荆、楚之地互相侵扰，动荡不安，四方边境，战争不断，致使百姓肝脑涂地，死亡之数，超过半数，灾祸带来的毒害，痛入骨髓，匹夫民妇，无不心怀怨怒。皇帝以圣德灵威，如龙兴起，似凤高举，率领宛县、叶县的部队，统率散乱的士兵，进军昆阳喢血而战，长驱直入军临武关，攻破百万之敌阵，摧毁王莽的九虎之军，威震四海，席卷天下，清除祸乱，诛灭无道，一年之间，海内大定。承袭高祖伟大是事业，继续文帝、武帝中断的功业，大汉社稷得以再次保全，汉朝火德更加辉煌，恩德冠于往昔，功绩无人可比。天下都以为铲除王莽，迎接圣汉，就能蒙受圣朝带来的福祉，依赖圣朝实现安定的心愿。圣朝应当树恩布德，遍及天下，犹如顺着大风而飞的鸿毛一样。然而当今诸将虏掠财物，悖逆伦理，杀人父子，淫人妻女，烧其房屋，夺其财产，致使饥者无食，寒者裸足，冤气郁结，大失所望，无处归附。现在大将军以明淑之德，秉大使之权，统三军之政，抚慰并州之民，仁爱之诚，施于百姓，超越世俗的名声，在士人中传播，因此伸长脖子踮起脚跟、殷切期盼将军的人，不只一人。况且大将军的职责，怎么能像珪璧一样洁身自好，只求束己修身呢？应当奠定国家之基业，成就天地之大功。从前周宣王身为周朝的中兴之主，齐桓公身为称霸之君，他们尚且有申伯、召虎、夷吾、尹吉甫这些功臣为他们铲除奸邪，安定疆宇。何况是幅员万里的大汉社稷，圣明的帝王要复兴汉室功业，而大将军是国之栋梁，肩负的重任的确不能忽视。

而且我听说，如果战争持续太久，兵力就会衰弱，如果人过于愁闷，意外就会发生。如今邯郸的贼寇还没有被剿灭，真定边境再次发生动乱，而大将军统辖的地域不过百里，守城士卒得不到休整，参战军队无法停息，战事四起，百姓震骇，将军为何要懈怠，而不为此做长远的规划呢？并州之地，东面连接井陉关，北面靠近胡人，而当地粮食丰收，百姓生活富庶，此地是四面受敌，战争频发之地。倘若发生意外，将军该如何应对呢？所以说“平素里若不积累恩德，那么百姓就不为自己所用。平时没有做好准备，就难以应对突发的意外。”如今百姓的生死，都在将军手中，将军所倚仗的，必须是良才贤既整，甲兵已具，相其土地之饶，观其水泉之利，制屯田之术，习战射之教，则威风远畅，人安其业矣。若镇太原，抚上党，收百姓之欢心，树名贤之良佐，天下无变，则足以显声誉，一朝有事，则可以建大功。惟大将军开日月之明，发深渊之虑，监《六经》之论，观孙吴之策，省群议之是非，详众士之白黑，以超《周南》之迹，垂《甘棠》之风，令夫功烈施于千载，富贵传于无穷。伊、望之策，何以加兹！

永既素重衍，为且受使得自置偏裨，乃以衍为立汉将军，领狼孟长，屯太原，与上党太守田邑等缮甲养士，扞卫并土。

及世祖即位，遣宗正刘延攻天井关，与田邑连战十迹合，延不得进。邑迎母弟妻子，为延所获。后邑闻更始败，乃遣使诣洛阳献璧马，即拜为上党太守。因遣使者招永、衍，永、衍等疑不肯降，而忿邑背前约，衍乃遗邑书曰：

盖闻晋文出奔而子犯宣其忠，赵武逢难而程婴明其贤，二子之义当矣。今三王背畔，赤眉危国，天下蚁动，社稷颠陨，是忠臣立功之日，志士驰马之秋也。伯玉擢选剖符，专宰大郡。夫上党之地，有四塞之固，东带三关，西为国蔽，奈何举之以资强敌，开天下之士，应当换掉那些不称职的人，重新选拔贤能之士。就算是十户人家的地方，也一定会有忠信之人。经过考核选拔英才，以承大将军的英明，即使是山野中人，也无不感恩戴德，愿意为将军效力。然后挑选精锐之卒，征发屯守之士，三军都已整装待发，铠甲兵器都已齐备，找寻富饶的土地，察看便利的水泉，制定屯田的策略，研习战射的技艺，这样就能使威风远扬，百姓安居乐业了。若镇太原，抚上党，收百姓之欢心，树名贤之良佐，天下无变，则足以显声誉，一朝有事，则可以建大功。惟大将军开日月之明，发深渊之虑，监《六经》之论，观孙吴之策，省群议之是非，详众士之白黑，以超《周南》之迹，垂《甘棠》之风，令夫功烈施于千载，富贵传于无穷。伊、望之策，何以加兹！将军若能镇守太原，安抚上党，赢得百姓的欢心，选拔贤德的官员，这样一来，若天下没有变故，则足以显扬美声，一旦发生不测，则可以建立大功。希望大将军开日月之明，发深远之虑，参考《六经》之论，纵观孙武吴起之策，审视群议之是非，详阅众士之贤愚，以超越《周南》的功业，垂范《甘棠》的遗风，使得功绩永垂千载，富贵传于无穷。伊尹、吕望的良策，怎能胜过将军！

鲍永平素看重冯衍，并且朝廷准许鲍永自行选任副将，于是鲍永任命冯衍为立汉将军，总领狼孟县长，戍守太原，与上党太守田邑等人修整兵器，训练兵士，守卫并州土地。

光武帝即位后，派宗正刘延攻打天井关，与田邑连战十多个回合，刘延无法攻下天井关。田邑迎接母亲兄弟和妻儿，被刘延擒获。后来田邑听闻更始帝败亡，便派遣使者前往洛阳进献宝马玉璧，光武帝当即诏令田邑拜任上党太守。田邑便派遣使者招降鲍永、冯衍，鲍永、冯衍等人心存怀疑，不肯归降，并且忿恨田邑背弃前约，就冯衍给田邑写信道：

听闻晋文公为了躲避骊姬之难出逃，狐偃彰显出他的忠心，赵武逢难时，程婴表明了他的贤德，他们二人大义凛然。如今三王背叛朝廷，赤眉军祸乱国家，天下动乱不安，社稷颠覆沦丧，这正是忠臣建功立业之日，志士驰骋疆场之时。伯玉得到提拔担任太守，执掌上党大郡。上党之地，四面有牢固的要塞，东面连接着上党关、壶口关、匈，假仇雠之刃？岂不哀哉！

衍闻之，委质为臣，无有二心；挈瓶之智，守不假器。是以晏婴临盟，拟以曲戟，不易其辞；谢息守郕，胁以晋、鲁，不丧其邑。由是言之，内无钩颈之祸，外无桃莱之利，而被畔人之声，蒙降城之耻，窃为左右羞之。且邾庶其窃邑畔君，以要大利，曰贱而必书；莒牟夷以土地求食，而名不灭。是以大丈夫动则思礼，行则思义，未有背此而身名能全者也。为伯玉深计，莫若与鲍尚书同情勠力，显忠贞之节，立超世之功。如以尊亲系累之故，能捐位投命，归之尚书，大义既全，敌人纾怨，上不损剖符之责，下足救老幼之命，申眉高谈，无愧天下。若乃贪上党之权，惜全邦之实，衍恐伯玉必怀周赵之忧，上党复有前年之祸。昔晏平仲纳延陵之诲，终免栾高之难；孙林父违穆子之戒，故陷终身之恶。以为伯玉闻此至言，必若刺心，自非婴城而坚守，则策马而不顾也。圣人转祸而为福，智士因败以成胜，愿自强于时，无与俗同。

邑报书曰：

仆虽驽怯，亦欲为人者也，岂苟贪生而畏死哉！曲戟在颈，不易其心，诚仆志也。

间者，老母诸弟见执于军，而邑安然不顾者，岂非重其节乎？若使人居天地，寿如金石，要长生而避死地可也。今百龄之期，未有能至，老壮之间，相去几何。诚使故朝尚在，忠义可立，虽老亲受石陉关，西面作为国家的屏障，为何要拱手相让，助长强敌之势，大开天下之要塞，借给仇人之利刃？岂不悲哀！

我听说，卑身为臣，不应当有二心；虽然只有如同汲水的小瓶般的见识与能力，也能慎忠职守。所以晏婴被逼迫盟誓，即便戟剑加身，也不改自己的言辞；孟孙的家臣谢息为孟孙守护郕邑，即便季孙以晋国、鲁国相威胁，也不肯弃守郕邑。由此而言，内无钩颈杀头之祸，外无桃邑、莱山之利，而背负反叛的名声，蒙受投降的耻辱，着实令人感到羞耻。而且邾国大夫庶其献出城邑，背叛国君，投奔鲁国，以谋大利，史书评价他虽鄙陋卑贱，但必须将其事迹记载下来；莒国大夫牟夷献出土地来乞求食物，但其美名长存。所以大丈夫动则思礼，行则思义，从来没有违背礼义而能够保全身名的人。现在我为伯玉考虑，不如与鲍尚书勠力同心，彰显忠贞之节，建立超世之功。如若以尊亲被拘押为由，能弃官逃命，投奔鲍尚书，这样大义既可保全，敌人也能消除对你的怨恨，对上不损剖分信符的职责，对下足以挽救一家老幼的性命，而您则可以伸眉高谈，无愧天下。如若为了贪求上党之权，不舍全邦之财，我恐怕伯玉必定会重蹈周朝时的赵王目光短浅，只为眼前之利，最终因小失大的覆辙，上党郡又会遭受从前的灾祸。过去晏平仲听从延陵季子的劝谏，最终免于栾氏、高氏之祸；孙林父违逆了穆子的告诫，身陷一辈子的恶名。我觉得伯玉听到这些至真之言，必定非常痛心，若不能据城坚守，则会策马离去，永不回头。圣人能转祸为福，智士能转败为胜，愿伯玉振奋自强，审时度势，不要流于世俗。

田邑回信道：

我虽然驽愚笨怯弱，但也想做一个正直守义的人啊，怎能苟活于世而贪生怕死呢！即便是刀戟架在脖子上，也不会改变我的心意，这就是我的志节。

前些时，老母与众兄弟被敌军擒获，而我却安然不顾，这难道不是注重志节吗？假若人居于天地之间，寿命如金石般长久，若想长生，避开死地即可。如今百岁寿龄，没有几人能达到，老年壮年之间，相差无几。倘若旧朝尚在，忠义可立，即便双亲受戮，妻儿身首分戮，妻儿横分，邑之愿也。

间者，上党黠贼，大众围城，义兵两辈，入据井陉。邑亲溃敌围，拒击宗正，自试智勇，非不能当。诚知故朝为兵所害，新帝司徒已定三辅，陇西、北地从风响应。其事昭昭，日月经天，河海带地，不足以比。死生有命，富贵在天。天下存亡诚云命也。邑虽没身，能如命何？

夫人道之本，有恩有义，义有所宜，恩有所施。君臣大义，母子至恩。今故主已亡，义其谁为；老母拘执，恩所当留。而厉以贪权，诱以策马，抑其利心，必其不顾，何其愚乎！

邑年三十，历位卿士，性少嗜欲，情厌事为。况今位尊身危，财多命殆，鄙人知之，何疑君子？

君长、敬通揭节垂组，自相署立。盖仲由使门人为臣，孔子讥其欺天。君长据位两州，加以一郡，而河东畔国，兵不入彘，上党见围，不窥大谷，宗正临境，莫之能援。兵威屈辱，国权日损，三王背畔，赤眉害主，未见兼行倍道之赴，若墨翟累茧救宋，申包胥重胝存楚，卫女驰归唁兄之志。主亡一岁，莫知定所，虚冀妄言，苟肆鄙塞。未能事生，安能事死？未知为臣，焉知为主？岂厌为臣子，思为君父乎！欲摇太山而荡北海，事败身危，要思邑言。

衍不从，或讹言更始随赤眉在北，永、衍信之，故屯兵界休，方移书上党，云皇帝在雍，以惑百姓。永遣弟升及子婿张舒诱降涅离，我也愿意。

前些时，上党郡的奸贼众多，围困城池，义兵分为两队，进军井陉关。我亲自冲破敌人的包围，抗击宗正刘延，我自认为智勇过人，并非不能抗击敌人。但我深知更始帝已死于兵乱之中，原司徒新帝刘秀已经平定了三辅，陇西郡、北地郡顺势响应。事态清楚明白，就连日月经过天空，河海流过大地，都不足以与这些明白的事态相比。死生有命，富贵在天。天下存亡实则是命中注定。我虽可赴死，又怎么能够改变命运呢？

人道之本，在于有恩有义，义有所报，恩有所施。君臣大义，母子至恩。如今故主已经败亡，于义我还要为谁去践行呢；老母被捕，于恩我应当留下。而你训斥我贪图权势，诱导我策马逃亡，我早已抛却了利欲之心，必将义无反顾，你的劝导，是何其的愚蠢！

我已经三十岁了，历位卿士，生性少有嗜欲，不喜欢多事妄为。何况如今位尊身危，虽然有很多钱财，但是生命危在旦夕，连鄙陋之人都深知的道理，像你这样的君子又何必怀疑？

鲍永、冯衍你们手持符节印绶，自相授予官职，以前仲由想让门生充当家臣，依照大夫之礼，为孔子处理后事，孔子谴责仲由欺天。鲍永占据两州，外加一郡，而河东反叛，军队不去彘县征讨，贼人围攻上党，不见鲍永发兵营救大谷县，宗正刘延兵临城下，也不见鲍永前去援助。军队的威严受到了屈辱，国家的权势日益减损，三王背叛，赤眉害主，未见鲍永日夜兼行，奔赴营救，就像墨翟脚上磨出厚茧去援救宋国，申包胥手脚磨出层层厚茧也要保全楚国，卫女驾车飞驰归国去吊唁自己兄长一样。如今更始帝已去世一年了，还不知道死在何处，只能苟且待在闭塞偏远之地凭空妄言。生时未能事奉，死了又如何事奉？不知道如何为人臣，又怎知如何为人主？难道你已经厌烦为人臣子，企图为人君父了吗！想撼动泰山，荡平北海，终会事败而身危，你要细细思考我的话。

冯衍没有听从田邑的话，有人散布谣言，说更始帝跟随赤眉军在北面活动，鲍永、冯衍听信了谣言，因而在界休县屯兵，又向上党郡发送公文，说更始帝在雍州，以此迷惑百姓。鲍永派弟弟鲍升及女城，舒家在上党，邑悉系之。又书劝永降，永不答，自是与邑有隙。邑字伯玉，冯翊人也，后为渔阳太守。永、衍审知更始已殁，乃共罢兵，幅巾降于河内。

帝怨衍等不时至，永以立功得赎罪，遂任用之，而衍独见黜。永谓衍曰："昔高祖赏季布之罪，诛丁固之功。今遭明主，亦何忧哉！"衍曰："记有之，人有挑其邻人之妻者，挑其长者，长者詈之，挑其少者，少者报之，后其夫死而取其长者。或谓之曰：'夫非骂尔者邪？'曰：'在人欲其报我，在我欲其骂人也。'夫天命难知，人道易守，守道之臣，何患死亡？"顷之，帝以衍为曲阳令，诛斩剧贼郭胜等，降五千余人，论功当封，以谗毁，故赏不行。

建武六年日食，衍上书陈八事：其一曰显文德，二曰褒武烈，三曰修旧功，四曰招俊杰，五曰明好恶，六曰简法令，七曰差秩禄，八曰抚边境。书奏，帝将召见。初，衍为狼孟长，以罪摧陷大姓令狐略。是时略为司空长史，谗之于尚书令王护、尚书周生丰曰："衍所以求见者，欲毁君也。"护等惧之，即共排间，衍遂不得入。

后卫尉阴兴、新阳侯阴就以外戚贵显，深敬重衍，衍遂与之交结，由是为诸王所聘请，寻为司隶从事。帝惩西京外戚宾客，故皆以法绳之，大者抵死徙，其余至贬黜。衍由此得罪，尝自诣狱，有诏赦不问。西归故郡，闭门自保，不敢复与亲故通。

婿张舒使计诱杀涅城县长，占据涅城县，张舒家在上党郡，田邑将其家人全部拘捕。田邑又写信劝鲍永归降，鲍永没有回应，自此鲍永和田邑产生了嫌隙。田邑字伯玉，左冯翊人，后来担任渔阳太守。鲍永、冯衍深知更始帝已死，于是全部停战，头上单单戴了一条幅巾，前往河内郡投降。

光武帝责难冯衍等人不肯及时投降，鲍永因立功得以赎罪，因此得到任用，而冯衍却遭贬黜。鲍永对冯衍说："从前季布虽犯罪，高祖却将其赦免，而丁固虽立功，却被斩杀。如今遇到明主，还有何担忧呢！"冯衍说："我记得古书上讲，有个人挑逗邻居的妻子，挑逗年长的，年长的将其痛骂一通，挑逗年少的，年少的却予以回应。后来其丈夫去世，他就娶了那位年长的妇人。有人问他：'这位妇人不是骂过你吗？'那人说：'在别人家时我希望她予以回应，在我家时我希望她痛骂别人。'天命难知，人道易守，守道之臣，还会惧怕死亡吗？"过了不久，光武帝任命冯衍为曲阳县令，冯衍诛杀了大盗郭胜等人，降服了五千多人，论功应当封赏，又因遭到谗言毁谤，因此光武帝没有对他进行封赏。

建武六年（30）有日食发生，冯衍上书陈奏八件要事：第一是彰显文德，第二是褒奖武烈，第三是肯定旧功，第四是招揽俊杰，第五是明辨善恶，第六是简化法令，第七是确定秩禄，第八是安抚边境。奏书呈上之后，光武帝打算召见冯衍。起初，冯衍担任狼孟县长时，曾依照罪行惩治了当地大姓令狐略。当时令狐略担任司空长史，便向尚书令王护、尚书周生丰进献谗言："冯衍之所以求见皇上，是想诬陷诋毁诸君。"王护等人十分恐惧，就一起排挤冯衍，冯衍因此没能入朝得到光武帝接见。

后来卫尉阴兴、新阳侯阴就以外戚的身份在朝中显贵，他们对冯衍非常敬重，冯衍便与他们交往，因此得到了诸王的聘请，不久冯衍担任司隶从事。后来光武帝惩治西京的外戚及其宾客，因此大多数外戚被绳之以法，罪重者被判死刑或被流放，其余遭到贬黜。冯衍由此获罪，冯衍曾亲自到监狱请罪，光武帝下诏赦免冯衍，不再追究。之后冯衍西归故乡，闭门自保，不敢再与故旧亲属往来。

卷五十八下

冯衍传第十八下

建武末，上疏自陈曰：

臣伏念高祖之略而陈平之谋，毁之则疏，誉之则亲。以文帝之明而魏尚之忠，绳之以法则为罪，施之以德则为功。逮至晚世，董仲舒言道德，见妒于公孙弘，李广奋节于匈奴，见排于卫青，此忠臣之常所为流涕也。臣衍自惟微贱之臣，上无无知之荐，下无冯唐之说，乏董生之才，寡李广之势，而欲免谗口，济怨嫌，岂不难哉！

臣衍之先祖，以忠贞之故，成私门之祸。而臣衍复遭扰攘之时，值兵革之际，不敢回行求时之利，事君无倾邪之谋，将帅无虏掠之心。卫尉阴兴，敬慎周密，内自修敕，外远嫌疑，故敢与交通。兴知臣之贫，数欲本业之。臣自惟无三益之才，不敢处三损之地，固让而不受之。昔在更始，太原执货财之柄，居苍卒之间，据位食禄二十余年，而财产岁狭，居处日贫，家无布帛之积，年无舆马之饰。于今遭清明之时，饬躬力行之秋，而怨仇丛兴，讥议横世。盖富贵易为善，贫贱难为工也。疏远垄亩之臣，无望高阙之下，惶恐自陈，以救罪尤。

书奏，犹以前过不用。

建武末年，冯衍上疏自己陈述说：

臣伏念高祖的大略以及陈平的多谋，高祖若是听到别人毁谤陈平就会疏远他，若是听到别人赞誉陈平就会亲近他。以文帝的英明以及魏尚的忠诚，别人提出对魏尚绳之以法那他就有罪，别人提出对魏尚施以恩德那他就是功臣。到了近世，董仲舒论述道德，却遭到公孙弘的嫉妒，李广以英勇壮烈的行为抗击匈奴，却遭到卫青的排斥，这些都是忠臣时常悲泣的原因。臣自思只是身份微贱的臣子，在上没有魏无知那样的人举荐，在下没有冯唐那样的人谈论，不仅缺乏董仲舒的才学，还缺少李广的技能，如果想避免谗言，弥补嫌隙，岂不是太难！

臣的先祖，因为忠贞不屈的缘故，竟然酿成一门之祸。而臣又遭遇暴动纷乱之时，遇到战争四起之际，臣不敢行为不当而去贪图一时的小利，侍奉君主没有邪僻不正的私谋，率领将士没有抢劫掠夺的心思。卫尉阴兴，恭敬谨慎、周到细密，对内能谨慎不逾，对外能远避嫌疑，所以臣才敢与他来往。阴兴知道臣家中贫苦，多次想送我财物、为我创立谋生的产业。臣自思没有孔子所讲的三种益友的才华，也不敢处于三种损友的行列，坚决辞让不敢接受他的馈赠。在更始年间，臣在太原执掌货财的权柄，身居动乱的非常时期，占据要位、享受俸禄二十多年，而财产还是一年比一年减少，日子还是一天比一天贫困，家中没有多余的布帛，出门没有装饰的车马。现在遇上政治清明的时候，本该是警饬己身、力行善道的时候，可是怨仇丛生，讥议充满世间。大概是富贵的人容易行善，贫贱的人难以做好啊。被疏远在田中耕作的大臣，不敢希望在高阙之下奉职，臣惶恐自陈，但求皇上宽恕臣的罪过。

奏书呈上后，光武帝还是因为他以前的过失而不任用。

衍不得志，退而作赋，又自论曰：

冯子以为夫人之德，不碌碌如玉，落落如石。风兴云蒸，一龙一蛇，与道翱翔，与时变化，夫岂守一节哉？用之则行，舍之则臧，进退无主，屈申无常。故曰："有法无法，因时为业，有度无度，与物趣舍。"常务道德之实，而不求当世之名，阔略杪小之礼，荡佚人间之事。正身直行，恬然肆志。顾尝好俶傥之策，时莫能听用其谋，喟然长叹，自伤不遭。久栖迟于小官，不得舒其所怀。抑心折节，意凄情悲。夫伐冰之家，不利鸡豚之息；委积之臣，不操市井之利。况历位食禄二十余年，而财产益狭，居处益贫。惟夫君子之仕，行其道也。虑时务者不能兴其德，为身求者不能成其功。去而归家，复羁旅于州郡，身愈据职，家弥穷困，卒离饥寒之灾，有丧元子之祸。

先将军葬渭陵，哀帝之崩也，营之以为园。于是以新丰之东，鸿门之上，寿安之中，地势高敞，四通广大，南望郦山，北属泾渭，东瞰河华，龙门之阳，三晋之路，西顾酆鄗，周秦之丘，宫观之墟，通视千里，览见旧都，遂定茔焉。退而幽居。盖忠臣过故墟而歔欷，孝子入旧室而哀叹。每念祖考，著盛德于前，垂鸿烈于后，遭时之祸，坟墓芜秽，春秋蒸尝，昭穆无列。年衰岁暮，悼无成功，将西田牧肥饶之野，殖生产，修孝道，营宗庙，广祭祀。然后阖门讲习道德，观览乎孔老之论，庶几乎松乔之福。上陇阪，陟高冈，游精宇宙，流目八纮。历观九州山川之体，追览上古得失之风，愍道陵迟，伤德分崩。夫睹其终必原其始，故存其人而咏其道。疆理九野，经营五山，眇然有思陵云之意。乃作赋自厉，命其篇曰《显志》。显志者，言光明风化之情，昭章玄妙之思也。其辞曰：

冯衍不得志，回家后作赋，再次自我陈述说：

冯衍以为人的德行，不能像玉石一样被人追捧，也不能像顽石一样被人遗弃。大风兴起、云雾涌集，一龙一蛇、时隐时现，与道翱翔，与时俱进，怎么能固守一节呢？被任用时就施行，被废黜时就潜藏，前进或后退没有依据，委屈或伸展没有常规。所以说："有没有法度，都在于当时，有没有节制，都在于取舍。"为人要经常追求道德富足，而不奢求当世功名，不讲究微小的礼节，不约束于人间的事。正道直行，泰然随心。曾经喜欢卓异不凡的策略，时代却不能听从任用我的谋划，喟然长叹，为自己的怀才不遇感到哀伤。滞留于微末官职已经很久了，不能施展自己的抱负。心情压抑、屈己从人，意气凄凉、心情悲痛。达官贵族，不谋求微小的收益；积聚财富的大臣，不谋求商贾的利益。何况我在朝廷任职二十多年，财产越来越少，生活越来越贫困。君子处于仕途，就要谋求施行大道。考虑当下风俗的人，不能推行其德行，为自己谋求私利的人，不能成就其功业。我辞官归家，再次游荡寄居于州郡之间，在朝为官的时候，家境更加穷困，最终好不容易离开饥寒的灾殃，却又遭遇丧失长子的祸患。

先祖冯奉世将军葬在渭陵，哀帝驾崩后，在渭陵建造陵寝。于是我选择新丰县东，鸿门之上，寿安县中，那里地势高耸宽敞，四通八达、广大开阔，南可望见郦山，北可通往泾水、渭水，东可俯瞰黄河、华山，龙门山的南面，是通往三晋的道路，西可环顾酆、鄗，周朝秦朝时期的土丘，宫庭道观的废墟，能够遍览千里，可以望见旧都的遗迹，于是把这里定为墓地。我从此隐退幽居。忠臣经过废墟时歔欷不已，孝子回到旧屋时悲伤叹息。每当思念祖宗，他们在前代树立崇高的品德，在后世流传伟大的功勋，却遭逢时局动荡的祸患，坟墓杂草丛生，春秋时候的祭祀，昭穆位次排列混乱。如今我已年老，伤感自己身无寸功，我将在墓茔西面肥沃富饶的土地上放牧，在那里种植生产，修持孝道，建造宗庙，广开祭祀。然后关门讲习道德，阅览孔子老子的经论，差不多有赤松子和王子乔的洪福。登上陇阪，攀爬高冈，神游宇宙，放眼八方极远之地。逐一细看九州山川的外形，回顾上古得失的风气，怜悯大道的衰颓，感伤道德的分崩离析。看到事情开岁发春兮，百卉含英。甲子之朝兮，汨吾西征。发轫新丰兮，裴回镐京。陵飞廉而太息兮，登平阳而怀伤。悲时俗之险阸兮，哀好恶之无常。弃衡石而意量兮，随风波而飞扬。纷纶流于权利兮，亲雷同而妒异；独耿介而慕古兮，岂时人之所意？沮先圣之成论兮，邈名贤之高风；忽道德之珍丽兮，务富贵之乐耽。遵大路而裴回兮，履孔德之窈冥；固众夫之所眩兮，孰能观于无形？行劲直以离尤兮，羌前人之所有；内自省而不惭兮，遂定志而弗改。欣吾党之唐虞兮，愍吾生之愁勤；聊发愤而扬情兮，将以荡夫忧心。往者不可攀援兮，来者不可与期；病没世之不称兮，愿横逝而无由。

陟雍畤而消摇兮，超略阳而不反。念人生之不再兮，悲六亲之日远。陟九嵕而临嶻嶭兮，听泾渭之波声。顾鸿门而歔欷兮，哀吾孤之早零。何天命之不纯兮，信吾罪之所生；伤诚善之无辜兮，赍此恨而入冥。嗟我思之不远兮，岂败事之可悔？虽九死而不眠兮，恐余殃之有再。泪汍澜而雨集兮，气滂浡而云披；心佛郁而纡结兮，意沈抑而内悲。

瞰太行之嵯峨兮，观壶口之峥嵘；悼丘墓之芜秽兮，恨昭穆之不荣。岁忽忽而日迈兮，寿冉冉其不与；耻功业之无成兮，赴原野而穷处。昔伊尹之干汤兮，七十说而乃信；皋陶钓于雷泽兮，赖虞舜而后亲。无二士之遭遇兮，抱忠贞而莫达；率妻子而耕耘兮，委厥美而不伐。韩卢抑而不纵兮，骐骥绊而不试；独慷慨而远览兮，非庸的最终结果必须研究事情的本源，所以存恤其人而咏诵其道。治理九州土地，规划五岳名山，恍惚间竟然有羽化登仙的意境。于是创作辞赋以自我勉励，命名这篇为《显志》。显志的意思，就是光大风俗教化的情趣，远扬深奥玄妙的思想。赋中说：

新年春天开始了啊，花草齐争芳。甲子日的清晨啊，我将要西行。从新丰出发啊，徘徊于镐京。登上飞廉观而叹息啊，来到平阳城而怀伤。悲伤流俗的险恶啊，哀叹好恶的无常。现在的人丢弃法度而用意衡量啊，随波逐流而随风飘扬。舆论全都迎合权利啊，亲近同党而嫉妒异己；唯独我正直不阿而仰慕古人啊，怎么会受到今人的欢迎？诋毁先圣的定论啊，忽视名贤的高风亮节；忽略道德的珍贵难得啊，追求富贵的欢乐。遵循大道而徘徊不前啊，实践大德的深奥道义；世人迷惑于名利啊，谁能看到大象无形？举止刚强而遭遇祸患啊，重蹈前人的覆辙；内心自省无愧于古人啊，随即坚定志向而矢志不移。欣慰我辈能与尧舜为伍啊，怜悯吾生忧苦勤劳；只好发泄愤怒而舒展心情啊，来涤荡心中的忧虑。以往的圣贤不可追随啊，将来的圣贤不可预期；担心死后不能扬名啊，希望远远离去而没有机会。

登上祭坛悠闲自得啊，路过略阳而不返回。感念人生不能再来啊，悲叹六亲日益疏远。登九峻山而临嶻嶭山啊，聆听泾水渭水的水波声。回望鸿门而哀叹啊，悲伤我孤身只影儿子早夭。为何天命不纯良啊，相信这是我罪大恶极而产生的后果；感伤我诚实善良而无辜啊，我将带着此生的遗恨进入黄泉。嗟叹我思虑不够深远啊，岂能因为已经失败的事而追悔？追忆往昔即便是万死也不能瞑目啊，担心后患再次发生。眼泪疾流如雨密集啊，怒气勃发似乌云蔽日；心情郁闷而郁积不畅啊，意志消沉而内心悲痛。

远望山势高峻的太行山啊，观览峥嵘的壶口；哀叹墓地杂草丛生、荒凉不堪啊，忿恨祭祀中昭穆位次混乱。时间飞逝而日益年迈啊，白驹过隙、时不我待；功业无成而感到羞耻啊，奔赴原野而隐居。昔日伊尹辅助商汤啊，在七十岁时劝说商汤而建立功业；皋陶在雷泽垂钓啊，依靠虞舜而获得亲近。我没有两位高士那样的遭遇啊，怀揣忠诚坚贞而不能上达；带领妻儿去耕耘啊，委屈隐藏才华而不庸之所识。卑卫赐之阜货兮，高颜回之所慕；重祖考之洪烈兮，故收功于此路。循四时之代谢兮，分五土之刑德；相林麓之所产兮，尝水泉之所殖。修神农之本业兮，采轩辕之奇策；追周弃之遗教兮，轶范蠡之绝迹。陟陇山以逾望兮，眇然览于八荒；风波飘其并兴兮，情惆怅而增伤。览河华之泱漭兮，望秦晋之故国。愤冯亭之不遂兮，愠去疾之遭惑。

流山岳而周览兮，徇碣石与洞庭；浮江河而入海兮，溯淮济而上征。瞻燕齐之旧居兮，历宋楚之名都；哀群后之不祀兮，痛列国之为墟。驰中夏而升降兮，路纡轸而多艰；讲圣哲之通论兮，心愊忆而纷纭。惟天路之同轨兮，或帝王之异政；尧舜焕其荡荡兮，禹承平而革命。并日夜而幽思兮，终悇憛而洞疑；高阳邈其超远兮，世孰可与论兹？讯夏启于甘泽兮，伤帝典之始倾；颂成康之载德兮，咏《南风》之歌声。思唐虞之晏晏兮，揖稷契与为朋；苗裔纷其条畅兮，至汤武而勃兴。昔三后之纯粹兮，每季世而穷祸；吊夏桀于南巢兮，哭殷纣于牧野。诏伊尹于亳郊兮，享吕望于酆洲；功与日月齐光兮，名与三王争流。

杨朱号乎衢路兮，墨子泣乎白丝；知渐染之易性兮，怨造作之弗思。美《关雎》之识微兮，愍王道之将崩；拔周唐之盛德兮，捃桓文之谲功。忿战国之遘祸兮，憎权臣之擅强；黜楚子于南郢兮，执赵武于湨梁。善忠信之救时兮，恶诈谋之妄作；聘申叔于陈蔡兮，禽荀息于虞虢。诛犁鉏之介圣兮，讨臧仓之诉知；媄子反于彭城兮，爵管仲于夷仪。疾兵革之浸滋兮，苦攻伐之萌生；沈孙武于五湖兮，斩白起于长平。恶从巧之乱世兮，毒从横之败俗；流苏秦于洹水兮，自我夸耀。矫健善驰的猎犬受到抑制而不能纵横奔驰啊，良马受到羁绊而不被使用；独自慷慨而远看啊，这不是庸碌之辈所能明白的。轻视子贡厚积财货啊，崇尚颜回甘于清贫；重视祖先的伟大功业啊，故在此地重新成就大业。遵循四季的更替啊，分辨五土因地制宜的生克；观察山林孕育的产物啊，品尝水泉适合的植物。修整神农氏的本业啊，采用轩辕氏的奇策；追思周朝废弃的学说啊，超越范蠡卓越的事迹。登上陇山远望啊，远望八方的苍茫辽阔；大风飞扬连着波涛震天啊，心情惆怅而更加感伤。观览黄河华山的广大啊，望秦晋的故国。愤恨先祖冯亭的失败啊，愠怒冯去疾横遭灾祸。

周游山岳而巡视群山啊，巡行碣石和洞庭；浮泛江河而进入大海啊，逆着淮河济水而上。瞻望燕国齐国的故居啊，游历宋国楚国的名城；哀叹诸侯牧伯不受祭祀啊，痛悼列国变为废墟。驰骋华夏地形起伏啊，道路曲折而多么艰辛；讲习贯通圣哲的言论啊，心中忧愁郁结而杂乱。只有天道一统啊，感叹帝王各有不同的政教；尧舜光明磊落、宽广浩荡啊，夏禹继承太平盛世还加以改革。夜以继日地深入思考啊，终日忧苦悲伤而惶恐；高阳遥远难及啊，世上有谁能与他争论？在甘泽询问夏启啊，感伤帝王法则开始倾颓；歌颂成康高尚的道德啊，咏唱《南风》的歌声。思念唐尧虞舜的盛世啊，对后稷商契作揖结交；后代子孙纷繁昌盛啊，到商汤周武王时蓬勃兴起。昔日三代的帝王都纯粹啊，但每到末年就遭逢大乱；凭吊夏桀被关在南巢啊，哭泣商纣王在牧野战败。在商都南亳之郊祭祀伊尹啊，在酆洲供奉吕望；他们的功绩与日月齐明啊，名声与三王并列。

杨朱在道路上嚎哭啊，墨子对着白色茧丝哭泣；知道日久会逐渐改变本性啊，抱怨天地造化不细思。赞美《关雎》的见微知著啊，怜悯王道将要崩坏；提倡周唐的盛德啊，采取齐桓公晋文公的诈功。忿恨战国时期给百姓带来的祸患啊，厌恶权臣的专横强暴；在南郢黜逐楚王啊，在溴梁抓获晋卿赵武。赞许忠信之人匡救时弊啊，厌恶狡诈的诡计肆意妄为；探问申叔时为陈蔡复国啊，擒拿晋国的荀息假虞途灭虢国。责怪犁鉏离间齐景公排挤孔圣人啊，声讨臧仓上进谗言阻止孟子进见鲁平公；讥刺子反不受君命于彭城啊，封赏管幽张仪于鬼谷。澄德化之陵迟兮，烈刑罚之峭峻；燔商鞅之法术兮，烧韩非之说论。诮始皇之跋扈兮，投李斯于四裔；灭先王之法则兮，祸浸淫而弘大。援前圣以制中兮，矫二主之骄奢；馌女齐于绛台兮，飨椒举于章华。摛道德之光耀兮，匡衰世之眇风；褒宋襄于泓谷兮，表季札于延陵。摭仁智之英华兮，激乱国之末流，观郑侨于溱洧兮，访晏婴于营丘。日曀曀其将暮兮，独于邑而烦惑；夫何九州之博大兮，迷不知路之南北。驷素虬而驰骋兮，乘翠云而相佯；就伯夷而折中兮，得务光而愈明。款子高于中野兮，遇伯成而定虑；钦真人之德美兮，淹踌躇而弗去。意斟愖而不澹兮，俟回风而容与；求善卷之所存兮，遇许由于负黍。轫吾车于箕阳兮，秣吾马于颍浒；闻至言而晓领兮，还吾反乎故宇。

览天地之幽奥兮，统万物之维纲；究阴阳之变化兮，昭五德之精光。跃青龙于沧海兮，豢白虎于金山；凿岩石而为室兮，托高阳以养仙。神雀翔于鸿崖兮，玄武潜于婴冥；伏朱楼而四望兮，采三秀之华英。纂前修之夸节兮，曜往昔之光勋；披绮季之丽服兮，扬屈原之灵芬。高吾冠之岌岌兮，长吾佩之洋洋；饮六醴之清液兮，食五芝之茂英。

揵六枳而为篱兮，筑蕙若而为室；播兰芷于中廷兮，列杜衡于外术。攒射干杂蘼芜兮，构木兰与新夷；光扈扈而炀耀兮，纷郁郁而畅美；华芳晔其发越兮，时恍忽而莫贵；非惜身之埳轲兮，怜众美之憔悴。游精神于大宅兮，抗玄妙之常操；处清静以养志兮，实吾心之所乐。山峨峨而造天兮，林冥冥而畅茂；鸾回翔索其群兮，鹿仲帮助邢国迁都夷仪。憎恨战争渐渐地滋生啊，苦于攻打讨伐的萌生；在五湖溺死孙武啊，在长平斩杀白起。厌恶乱世的诈伪小术啊，憎恨横行的伤风败俗；在洹水流放苏秦啊，在鬼谷囚禁张仪。澄清衰颓的道德教化啊，憎恨严苛的刑法；焚烧商鞅的法术啊，烧毁韩非的学说。责备秦始皇的跋扈啊，流放李斯于四方边远之地；毁灭先王的法度啊，祸患逐渐蔓延至弘大。援引前圣治理政事啊，矫正二主的骄奢淫逸；在绛台宴请女叔齐啊，在章华台犒赏伍举。散布道德的光辉啊，匡正衰乱末世的风气；在泓谷褒奖宋襄公啊，在封国延陵表扬贤人季札。拾取仁智的精华啊，激发乱国的遗业，在溱洧二水看望郑国的公孙侨啊，在营丘拜访贤臣晏婴。天色阴沉即将日暮啊，独自在邑中感到烦躁疑惑；为何如此博大的九州，心中迷惑不知道前路在何方。乘着白色龙马驰骋啊，驾着翠云在天空徜徉；靠近伯夷来当作典范啊，相伴务光来更加明理。在荒野款留伯成子高啊，遇到伯成子高平定我心中疑虑；钦佩真人的美德啊，留滞踌躇不忍离去。心中迟疑而难以安定啊，等待旋风悠闲自得；追寻善卷的心志所在啊，在负黍亭遇到许由。在箕山南面停下我的车子啊，在颍水边喂我的马；听闻至理名言而了悟啊，返回我平日休息的地方。

阅览天地的深远啊，统领万物的法度；探究阴阳的变化啊，昭彰五德的光芒。青龙在沧海中飞跃啊，白虎在金山喂养；开凿岩石建造屋室啊，寄居在高耸向阳的地方修养仙道。神雀在鸿崖翱翔啊，玄武在幽都潜游；伏身朱楼向四方眺望啊，在山间采集芝草的花朵。继承前贤高尚的节操啊，光耀祖先昔日的功劳；身披绮里季的华服啊，发扬屈原的美德。头顶高耸的冠帽啊，配上众多玉佩；畅饮六气调和的清液啊，品尝五种灵芝草的花朵。

竖立枳木编成的六藩篱啊，堆砌蕙草与杜若营造居室；在中庭播种兰草与白芷啊，在道旁陈列杜衡。射干夹杂靡芜簇拥啊，木兰与新夷相互勾连；光彩奕奕而照耀四方啊，香气馥郁而畅快美好；花香四散越发浓郁啊，时光恍然无人珍爱；并非爱惜生命而感到坎坷啊，怜惜众多芳草枯萎凋零。精神神游于天地宇宙间啊，与玄妙不变的操守匹配；居处清静保摄志气啊，实在是我心中所乐意的。山势高哀鸣而求其友。诵古今以散思兮，览圣贤以自镇；嘉孔丘之知命兮，大老聃之贵玄；德与道其孰宝兮？名与身其孰亲？陂山谷而间处兮，守寂寞而存神。夫庄周之钓鱼兮，辞卿相之显位；于陵子之灌园兮，似至人之仿佛。盖隐约而得道兮，羌穷悟而入术；离尘垢之窈冥兮，配乔、松之妙节。惟吾志之所庶兮，固与俗其不同；既俶傥而高引兮，愿观其从容。

显宗即位，又多短衍以文过其实，遂废于家。

衍娶北地女任氏为妻，悍忌，不得畜媵妾，儿女常自操井臼，老竟逐之，遂埳壈于时。然有大志，不戚戚于贱贫。居常慷慨叹曰："衍少事名贤，经历显位，怀金垂紫，揭节奉使，不求苟得，常有陵云之志。三公之贵，千金之富，不得其愿，不概于怀。贫而不衰，贱而不恨，年虽疲曳，犹庶几名贤之风。修道德于幽冥之路，以终身名，为后世法。"居贫年老，卒于家。所著赋、诔、铭、说、《问交》《德诰》《慎情》、书记说、自序、官录说、策五十篇，肃宗甚重其文。子豹。

豹字仲文，年十二，母为父所出。后母恶之，尝因豹夜寐，欲行毒害，豹逃走得免。敬事愈谨，而母疾之益深，时人称其孝。长好儒学，以《诗》《春秋》教丽山下。乡里为之语曰："道德彬彬冯仲文。"举孝廉，拜尚书郎，忠勤不懈。每奏事未报，常俯伏省阁，或从昏至明。肃宗闻而嘉之，使黄门持被覆豹，敕令勿惊，由是数加赏赐。是时方平西域，以豹有才谋，拜为河西副校尉。和帝初，数言边事，奏置戊己校尉，城郭诸国复率旧职。迁武威太守，视事二年，辇而到达天宫啊，深林幽暗而繁茂旺盛；神鸾回翔寻觅族群啊，孤鹿哀鸣寻求朋友。吟诵古今来舒散心情啊，遍览圣贤以自重；孔丘知天命实在可嘉啊，赞美老子大道的尊贵玄妙；德与道哪一个更宝贵啊？名与身哪一个更亲近？斜倚山谷而隐居啊，甘守寂寞而存养精神。庄周在江边钓鱼啊，辞去卿相的高位；羡慕陵子隐退浇灌田园啊，仿佛是超凡脱俗的至人。大概在幽微中得到大道啊，透彻领悟而入术；离开幽暗的尘垢啊，配享乔松二仙高尚的节操。愿我的志向高尚纯洁啊，超凡脱俗与众不同；豪爽洒脱而又引吭高歌啊，愿我自在从容观览世间。

明帝即位，朝中又有很多人指出冯衍文辞浮夸、不切实际的缺点，于是被罢黜回到家中。

冯衍娶北地郡女子任氏为妻，任氏凶悍善妒，不让冯衍蓄纳小妾，他的儿女们常常自己操持家务，冯衍老了以后终究还是赶走了自己的妻子，因此一时之间更加困顿。然而冯衍心怀大志，不因贫贱而忧愁。他常常慷慨感叹道："我从小受到明贤教导，曾经担任过尊贵的高位，怀里揣金印垂下紫色绶带，高举符节奉命出使，不求苟活于世，常有凌云壮志。显贵的三公，拥有千金的巨富，都不合我的心愿，不屑于获得。贫困而不哀伤，卑贱而不忿恨，虽然衰老疲困，依然保持着名贤的风范。行于幽冥也不忘修道立德，以成就自己终身的美名，被后世人效法。"冯衍年老却甘于贫困，在家中去世。所著赋、诔、铭、说、《问交》《德诰》《慎情》、书记说、自序、官录说、策五十篇，章帝非常重视这些文章。冯衍的儿子叫冯豹。

冯豹，字仲文，在他十二岁时，生母被父亲休弃。后母厌恶他，曾经趁着冯豹夜晚熟睡时，准备毒害他，冯豹逃走才免于一死。从此做事更加谨慎，而后母也更加忌恨他，当时人们称赞他孝顺。冯豹长大以后喜欢儒学，在丽山下教授《诗经》《春秋》。同乡人为此称赞他："道德彬彬冯仲文。"后被举荐为孝廉，受朝廷征召拜为尚书郎，忠心勤劳、不敢懈怠。他每次奏事要是没有得到朝廷的答复，就常常留在宫中伏案等待结果，有时候从黄昏等到天亮。明帝听说后夸奖他，派黄门拿被子给冯豹盖上，还下令黄门不许惊动他，因此多河西称之，复征入为尚书。永元十四年，卒于官。

论曰：夫贵者负势而骄人，才士负能而遗行，其大略然也。二子不其然乎！冯衍之引挑妻之譬，得矣。夫纳妻皆知取詈己者，而取士则不能。何也？岂非反妒情易，而恕义情难。光武虽得之于鲍永，犹失之于冯衍。夫然，义直所以见屈于既往，守节故亦弥阻于来情。呜呼！

赞曰：谭非谶术，衍晚委质。道不相谋，诡时同失。体兼上才，荣微下秩。

次给予他赏赐。当时朝廷刚刚平定西域，因为冯豹富有才智谋略，朝廷封他为河西副校尉。和帝初年，冯豹多次谈论边疆事务，上奏建议设立戊己校尉，在城郭诸国中恢复原来的官职。冯豹后来升任武威郡太守，到任两年，河西百姓都称赞他，后又接受朝廷的征召回京城担任尚书。永元十四年(102)，冯豹在任上去世。

评论说：身份高贵的人往往依仗自己的权势傲慢待人，有智慧的士人往往自负才能而行为有所缺失，大概是这样的啊。桓谭、冯衍两位不就是这样吗！冯衍文中引用挑拨他人妻子的比喻，这说得很对啊。娶妻都知道要娶敢责骂丈夫的，而朝廷选拔士人却做不到。为什么呢？难道不是因为克制妒忌的情绪很容易做到，而宽恕他人的恩义之情很难做到吗？光武帝虽然得到了鲍永，但却失去了冯衍。这就说明，以往备受委屈是因为仗义持正，后来遭受阻拦也是因为坚守节操。悲哀啊！

赞辞说：桓潭非议占卜谶术，冯衍没有尽早向光武帝表达忠心。志向不同的人不会共事，但都错在违背时宜。身兼上等才能，却荣华极微、官职低下。

卷五十九

申屠刚鲍永郅恽列传第十九

申屠刚字巨卿，扶风茂陵人也。七世祖嘉，文帝时为丞相。刚质性方直，常慕史鳝、汲黯之为人。仕郡功曹。

平帝时，王莽专政，朝多猜忌，遂隔绝帝外家冯卫二族，不得交宦，刚常疾之。及举贤良方正，因对策曰：

臣闻王事失则神祇怨怒，奸邪乱正，故阴阳谬错。此天所以谴告王者，欲令失道之君，旷然觉悟，怀邪之臣，惧然自刻者也。今朝廷不考功校德，而虚纳毁誉，数下诏书，张设重法，抑断诽谤，禁割论议，罪之重者，乃至腰斩。伤忠臣之情，挫直士之锐，殆乖建进善之旌，县敢谏之鼓，辟四门之路，明四目之义也。

臣闻成王幼少，周公摄政，听言下贤，均权布宠，无旧无新，唯仁是亲，动顺天地，举措不失。然近则召公不悦，远则四国流言。夫子母之性，天道至亲。今圣主幼少，始免襁褓，即位以来，至亲分离，外戚杜隔，恩不得通。且汉家之制，虽任英贤，犹援姻戚。亲疏相错，杜塞闲隙，诚所以安宗庙，重社稷也。今冯、卫无罪，久废不录，或处穷僻，不若民庶，诚非慈爱忠孝承上之意。夫为人后者，自有正义，至尊至卑，其势不嫌，是以人无贤愚，莫不为怨，奸臣贼子，以之为便，不讳之变，诚难其虑。今之保傅，非古之周公。

申屠刚字巨卿，他是扶风郡茂陵人。他的七世祖申屠嘉，在西汉文帝时担任丞相。申屠刚生性端方正直，他常常倾慕刚正的史鳍和汲黯的为人。申屠刚最初是在郡府担任功曹。

西汉平帝时，王莽大权独揽，他对朝中大臣多有猜忌，就禁止平帝的外戚祖母冯氏和母亲卫氏两家族人来京，不允许他们与官员交往，申屠刚常常对王莽表示憎恨。等到朝廷命公卿、郡守举荐贤良方正时，申屠刚在对策中说道：

微臣听说，如果国家政事有过失，天地间的神祇就会生怨、发怒，奸诈邪恶的人就会扰乱正道，因此阴阳的调和就会出现谬误和错乱。这是上天用来谴责并警示君王的方式，希望能使失道的君王，豁然觉悟，使那些心怀奸邪的朝臣，因畏惧而自责。如今朝廷对官员不考查功绩和德行，反而不顾事实地对诋毁与称赞照单全收，朝廷还多次颁发诏书，部署严酷的法令，阻绝诽谤，禁止议论，触犯重罪者，甚至处以腰斩。这样做伤害了忠臣对朝廷的情义，挫伤了耿直之士的锐气，大概是与树立进献善言的旗帜，悬挂敢于进谏的钟鼓，开四方之门广纳贤才，广视四方时下情上达的意旨相违背。

臣听说周成王年幼时，周公代替他处理政事，周成王虚心纳谏，屈尊待贤，对群臣一视同仁，广布恩宠，不分新人旧人，只亲近仁善之士，一举一动都顺应天地，制定的举措不违正道。虽然如此，身边的召公对周公尚在相位仍觉不满，远方则有管、蔡、商、奄四国的流言蜚语。母子之情，在自然天理中是至亲的关系。如今圣上年幼，刚刚脱离襁褓，即位以来，就让他母子分离，隔绝外戚，亲情无法沟通。而且根据汉朝的制度，虽已任用了德才兼备的英才，但仍需外戚的援助和辅佐。这样群臣与朝廷的亲疏关系才能远近不一，可以杜绝君臣关系间的嫌隙，这确实是能用以安定宗庙，保卫社稷的周公至圣，犹尚有累，何况事失其衷，不合天心者哉？昔周公先遣伯禽守封于鲁，以义割恩，宠不加后，故配天郊祀，三十余世。霍光秉政，辅翼少主，修善进士，名为忠直，而尊崇其宗党，摧抑外戚，结贵据权，至坚至固，终没之后，受祸灭门。方今师傅皆以伊、周之位，据贤保之任，以此思化，则功何不至？不思其危，则祸何不到？损益之际，孔父攸叹，持满之戒，老氏所慎。盖功冠天下者不安，威震人主者不全。今承衰乱之后，继重敝之世，公家屈竭，赋敛重数，苛吏夺其时，贪夫侵其财，百姓困乏，疾疫夭命。盗贼群辈，且以万数，军行众止，窃号自立，攻犯京师，燔烧县邑，至乃讹言积弩入宫，宿卫惊惧。自汉兴以来，诚未有也。国家微弱，奸谋不禁，六极之效，危于累卵。王者承天顺地，典爵主刑，不敢以天官私其宗，不敢以天罚轻其亲。陛下宜遂圣明之德，昭然觉悟，远述帝王之迹，近遵孝文之业，差五品之属，纳至亲之序，亟遣使者征中山太后，置之别宫，令时朝见。又召冯卫二族，裁与冗职，使得执戟，亲奉宿卫，以防未然之符，以抑患祸之端。上安社稷，下全保傅，内和亲戚，外绝邪谋。

制度啊。如今冯、卫两族并无罪过，却久遭废黜而不受录用，有的甚至在遥远的穷乡僻壤居住，境遇还不如普通百姓，这确实不能显示陛下慈爱、忠孝、侍奉尊上的心意。作为继承帝王之位的人，自有所应奉行的公正之道，不论是极为尊贵还是极为卑贱之人，都不应对他们权势的高低有所嫌弃，因此眼下不论是贤德之人还是愚笨之人，没有不因为朝廷对冯、卫两家下达禁令而心生怨恨的，同时奸臣贼子，也把这样的情势作为便于自己作乱的时机，这无法避而不谈的变故，实在是让人难以预料。如今教导天子、诸侯子弟的保傅，并非古代的周公。周公这样极为圣明之人，尚且会对天子权威有所拖累，何况是这些行事已偏离初衷，所为不合乎天心的保傅呢？从前周公先派遣儿子伯禽回到鲁国守护自己的封地，他以大义割断父子亲情，不使自己所受的恩宠能够施予后代，因此鲁国国君在郊外祭祀天地时，享有与天子相当的礼制，自伯禽以来长达三十多代。西汉霍光秉执掌朝政时，辅佐年少的昭帝，他修养善心、荐进贤士，表面上忠义正直，实际上却将自己的同宗和党羽提拔到尊位，摧残并压制外戚，他结交权贵垄断朝政，地位极其稳固，然而当霍光一死，霍家便惨遭灭门的灾祸。如今天子的师傅都身居伊尹、周公的地位，肩负着贤良保国之臣的重任，如果以这样的尊位考虑变革朝政，那么哪有什么不能达成的功劳？如若不能思考其中的危险，那么哪有什么不会招致的灾祸？对于自谦和自满的界限，是孔子所喟然长叹过的，不顾倾覆之危而一直保持满溢的禁忌，也是老子所警惕的。因为功冠天下的人必然危险，威震君主的人难以保全。如今的汉朝承接于衰败混乱的时代之后，又继承了历经重重破坏的世代，国家财政枯竭，赋税沉重，酷吏侵占百姓的务农时间，贪婪的人掠夺百姓的财产，导致百姓深陷困苦，并因疾疫短命而亡。盗贼群起，况且人众数以万计，贼寇调发军队向各地推进，兵员众多便盘踞一处，他们窃用帝王的尊号自立为王，攻打进犯京师，焚烧郡县城邑，甚至有谣传说贼寇的连弩射进了皇宫，使值宿的卫士惊慌恐惧。自从汉朝兴起，实在是从未有过这样的事。国家衰微虚弱，不能禁止奸邪的谋略，六种极端的失政之象已然出现，国家已经危如累卵。王者顺应天地之命，执掌封爵之书奏，莽令元后下诏曰：“刚所言僻经妄说，违背大义。其罢归田里。”

后莽篡位，刚遂避地河西，转入巴蜀，往来二十许年。及隗嚣据陇右，欲背汉而附公孙述。刚说之曰：“愚闻人所归者天所与，人所畔者天所去也。伏念本朝躬圣德，举义兵，龚行天罚，所当必摧，诚天之所福，非人力也。将军本无尺土，孤立一隅，宜推诚奉顺，与朝并力，上应天心，下酬人望，为国立功，可以永年。嫌疑之事，圣人所绝。以将军之威重，远在千里，动作举措，可不慎与？今玺书数到，委国归信，欲与将军共同吉凶。布衣相与，尚有没身不负然诺之信，况于万乘者哉！今何畏何利，久疑如是？卒有非常之变，上负忠孝，下愧当世。夫未至豫言，固常为虚，及其已至，又无所及，是以忠言至谏，希得为用。诚愿反覆愚老之言。”嚣不纳，遂畔从述。

权，主管施刑之柄，不敢借着天的名义把高官的位置私自授予宗亲，不敢借着天的名义随意减轻对宗亲的处罚。陛下应顺应先代圣明天子的德业，清楚明白地领悟到正确的做法，遵循久远之时上古帝王的足迹，奉行近世明君孝文帝的功业，对五种亲情关系做出区分，按亲疏之序接纳至亲，希望陛下立刻派遣使者召请中山太后冯媛，并将她安置在别宫，让她按时朝见天子。然后召回冯、卫两家的族人，授与他们闲散的官职，让他们能手执长戟，亲自在皇宫值宿，以防范尚未发生而有所预兆的灾难，以抑制酿成祸患的根源。倘能如此，对上可以安定社稷，对下能够保全太保太傅，对内使亲戚和睦，对外杜绝邪恶的阴谋。

奏书上达朝廷后，王莽命令元后王政君下诏说："申屠刚所说的是背离经典的虚妄荒谬之言，违背正道。应罢免此人并遣送回家。"

后来王莽篡位，申屠刚便躲避到河西郡，后来又迁居于巴蜀之地，前后近二十多年。等到隗嚣占据陇右时，隗嚣打算背叛汉朝归附公孙述。申屠刚劝隗嚣说："在下听说为众人的所归附的人为上天所亲近，为众人所背叛的人为上天所远离。我想到本朝的光武帝躬行无上的道德，发起兴复汉室的义兵，奉天之命惩罚乱臣贼子，阻挡光武帝的势力，必定被摧毁，这确实是上天所赐的福瑞，并非人力能做到的啊。将军本来连一小片土地都未曾拥有，如今却在这边远之地孤身奋战，将军应当进献诚心，表示恭顺，与朝廷齐心合力，对上顺应天心，对下合乎百姓的心愿，从而为国立功，以流芳百世。猜忌与怀疑之举，绝非圣人所为。以将军的威权和重要的身份，而且又远在千里之外，您的一举一动，难道能不有所谨慎吗？如今朝廷的玺书多次下达，不仅对将军以国事相托，而且对将军致以信任，希望与将军患难与共。普通人交往，尚且有至死都不违背诺言的信义，更何况和您定约的是万乘君主呢！眼下您到底畏惧什么，图什么利，以至于如此久疑不决呢？万一最终有异乎寻常的变故，那将军便会对上辜负忠孝之义，对下有愧当世万民。在事情没有发生时就先预言，本就常是虚妄之言，等到事情发生后，又会追悔莫及，因此在下尽陈忠言并致以恳切的劝谏，希望为您所采用。真的希望您能反复思考我这愚建武七年，诏书征刚。刚将归，与嚣书曰："愚闻专己者孤，拒谏者塞，孤塞之政，亡国之风也。虽有明圣之姿，犹屈己从众，故虑无遗策，举无过事。夫圣人不以独见为明，而以万物为心。顺人者昌，逆人者亡，此古今之所共也。将军以布衣为乡里所推，廊庙之计，既不豫定，动军发众，又不深料。今东方政教日睦，百姓平安，而西州发兵，人人怀忧，骚动惶惧，莫敢正言，群众疑惑，人怀顾望。非徒无精锐之心，其患无所不至。夫物穷则变生，事急则计易，其势然也。夫离道德，逆人情，而能有国有家者，古今未有也。将军素以忠孝显闻，是以士大夫不远千里，慕乐德义。今苟欲决意徼幸，此何如哉？夫天所祐者顺，人所助者信。如未蒙祐助，令小人受涂地之祸，毁坏终身之德，败乱君臣之节，污伤父子之恩，众贤破胆，可不慎哉！"嚣不纳。刚到，拜侍御史，迁尚书令。

光武尝欲出游，刚以陇蜀未平，不宜宴安逸豫。谏不见听，遂以头轫乘舆轮，帝遂为止。

时内外群官，多帝自选举，加以法理严察，职事过苦，尚书近臣，至乃捶扑牵曳于前，群臣莫敢正言。刚每辄极谏，又数言皇太钝老者的谏言。”隗嚣没有接受申屠刚的劝谏，最后反叛汉朝倒向了公孙述。

建武七年（31），朝廷下诏征召申屠刚。申屠刚将要归附光武帝，便给隗嚣写信说：“在下听说独断专行的人会孤独，拒绝谏言的人容易闭塞，执政却陷入孤立、闭目塞听，这是亡国的征兆。即便有明达圣哲的资质，尚需委屈自己听从大家的建议，因此才能考虑周全，不会失策，做事也会适当，不会出差错。圣人从不把固执己见视为高明之举，反而会将众人的心意当做自己的心意。顺人者昌，逆人者亡，这是从古至今不变的道理。将军以布衣的身份被乡里举荐为统帅，然而您既没有在廊屋和太庙中预先计议国家的大计，也没有就兴兵动众的要事做出深远的考虑。如今，在东方的洛阳，刘秀治下的政教日益协和，百姓平安，可是在西州的将军却频频用兵，以致人人心怀忧虑，骚动恐惧，不敢说实话，百姓疑惑，人人心怀顾虑。将军不仅没有一点儿精明锐利的心思，那祸患将会无孔不入了。事物发展到尽头就会出现变化，事出紧急那么决断就容易做出，这也是形势造成的啊。背离道德，违逆人情，而能享有国和家的，从古至今都没有啊。将军平素就以忠孝闻名天下，所以士大夫不远千里来为您效力，众人都仰慕、欣赏您的德行和节义。如今将军您要是下定决心侥幸行事，这将会造成什么样的后果呢？受上天护佑的人一定会顺心顺义，能得到众人帮助的人一定是忠信之士。如果没能得到上天的护佑，没能得到众人的帮助，反而使百姓遭受残害，并毁坏了自己终身树立的德行和节义，不仅破坏、打乱了君臣间的礼节，而且玷污、损害了父子间的恩义，那将让众多贤士心惊胆战，将军怎能不谨慎行事呢！”隗嚣最终还是没有接受劝谏。随后，申屠刚到达洛阳，朝廷任命他为侍御史，后来他又升迁为尚书令。

光武帝曾经想要外出游览，申屠刚觉得陇右和蜀地还没有平定下来，不应该宴游逸乐。他的劝谏没被光武帝接受，申屠刚就用脑袋顶住光武帝车驾的车轮，光武帝就取消了这次行动。

当时朝廷内外众多官吏，大多是光武帝自己选定任命的，再加上法律严厉苛察，官员职务内的事情非常辛苦，尚书作为天子身边的子宜时就东宫，简任贤保，以成其德，帝并不纳。以数切谏失旨，数年，出为平阴令。复征拜太中大夫，以病去官，卒于家。

鲍永字君长，上党屯留人也。父宣，哀帝时任司隶校尉，为王莽所杀。永少有志操，习欧阳《尚书》。事后母至孝，妻尝于母前叱狗，而永即去之。

初为郡功曹。莽以宣不附己，欲灭其子孙。都尉路平承望风旨，规欲害永。太守苟谏拥护，召以为吏，常置府中。永因数为谏陈兴复汉室，翦灭篡逆之策。谏每戒永曰："君长几事不密，祸倚人门。"永感其言。及谏卒，自送丧归扶风。路平遂收永弟升。太守赵兴到，闻乃叹曰："我受汉茅土，不能立节，而鲍宣死之，岂可害其子也！"敕县出升，复署永功曹。时有矫称侍中止传舍者，兴欲谒之。永疑其诈，谏不听而出，兴遂驾往，永乃拔佩刀截马当匈，乃止。后数日，莽诏书果下捕矫称者，永由是知名。举秀才，不应。

更始二年征，再迁尚书仆射，行大将军事，持节将兵，安集河东、并州、朔部，得自置偏裨，辄行军法。永至河东，因击青犊，大破之，更始封为中阳侯。永虽为将率，而车服敝素，为道路所识。

近臣，甚至在朝堂前被拉拽着鞭打，群臣都不敢直言劝阻。而申屠刚每次都极力劝谏，又多次进言说皇太子应当按时入住东宫，并应为皇太子选拔贤德之人担任辅佐，以培养太子的德行，对于申屠刚的谏言，光武帝全无采纳。后来他因为多次直言极谏，触犯了光武帝的旨意，几年后，申屠刚离开京城担任平阴县令。后来他又被朝廷征召并获任太中大夫，最终申屠刚因为生病辞去官职，在家中去世。

鲍永字君长，是上党郡屯留县人。他的父亲鲍宣，在哀帝时担任司隶校尉，最终遭王莽杀害。鲍永年少时就很有志气，重视操守，他研习了欧阳《尚书》的学问。鲍永侍奉后母非常孝敬，他的妻子曾经在后母面前呵叱狗，鲍永随即便将妻子休掉。

起初，鲍永担任郡府功曹。王莽因为鲍宣不归附自己，想诛灭他的子孙。郡都尉路平为了迎合王莽的心思，便设下阴谋想要谋害鲍永。郡太守苟谏为了保护鲍永，便征召他并任命他为郡府官吏，将他长久地安置在府中。鲍永顺势多次在苟谏面前陈述兴复汉室、消灭篡权逆贼的谋略。苟谏频频告诫鲍永说：“您总是对机要之事不周密，这样将会大祸临门的。”鲍永对苟谏的劝诫非常感激。等到苟谏去世，鲍永亲自将他的灵柩送回故乡扶风。与此同时，路平就收捕了鲍永的弟弟鲍升。继任太守赵兴到任后，听到这件事便感叹说：“我接受汉朝的封赐，却不能树立节操，然而鲍宣却能为保全志节而死，怎么可以再让他的儿子丢掉性命呢！”于是赵兴命令县衙释放鲍升，并再次任命鲍永为郡功曹。当时有个谎称自己是侍中的人住在旅舍，赵兴打算前去拜见。鲍永怀疑此人有诈便劝说赵兴不要向往，赵兴不听从他的建议，准备驾车前往，鲍永便拔出佩刀截断马胸前的皮带，赵兴这才放弃前往。几天后，王莽果然下诏逮捕冒充侍中的人，鲍永因此出了名。之后鲍永被举荐为秀才，但他没有接受。

更始二年（24），鲍永被朝廷征召，两度升迁后，鲍永官至尚书仆射，同时代理大将军职务，鲍永手持符节统领军队，安定了河东郡、并州、塞北地区，并和当地百姓和睦相处，鲍永得到更始帝准许可以自己安置偏将与裨将，并可自行决断施行军法。鲍永到达河东郡时赤眉害更始，三辅道绝。光武即位，遣谏议大夫储大伯，持节征永诣行在所。永疑不从，乃收系大伯，遣使驰至长安。既知更始已亡，乃发丧，出大伯等，封上将军列侯印绶，悉罢兵，但幅巾与诸将及同心客百余人诣河内。帝见永，问曰："卿众所在？"永离席叩头曰："臣事更始，不能令全，诚惭以其众幸富贵，故悉罢之。"帝曰："卿言大！"而意不悦。时攻怀未拔，帝谓永曰："我攻怀三日而兵不下，关东畏服卿，可且将故人自往城下譬之。"即拜永谏议大夫。至怀，乃说更始河内太守，于是开城而降。帝大喜，赐永洛阳商里宅，固辞不受。

时董宪裨将屯兵于鲁，侵害百姓，乃拜永为鲁郡太守。永到，击讨，大破之，降者数千人。唯别帅彭丰、虞休、皮常等各千余人，称"将军"，不肯下。顷之，孔子阙里无故荆棘自除，从讲堂至于里门。永异之，谓府丞及鲁令曰："方今危急而阙里自开，斯岂夫子欲令太守行礼，助吾诛无道邪？"乃会人众，修乡射之礼，请丰等共会观视，欲因此禽之。丰等亦欲图永，乃持牛酒劳飨，而潜挟兵器。永觉之，手格杀丰等，禽破党与。帝嘉其略，封为关内侯，迁杨州牧。时南土尚多寇暴，永以吏人痍伤之后，乃缓其衔辔，示诛强横而镇抚其余，百姓安之。会遭母忧，去官，悉以财产与孤弟子。

后，就趁势攻打青犊军，敌军大败，更始帝封他为中阳侯。鲍永虽然身为将军，但是他的车子、衣服却破旧、朴素，因而路上的人们都认识他。

当时赤眉军杀害了更始帝，通往三辅地区的道路被阻断。光武帝即位后，便派遣谏议大夫储大伯前去征召鲍永，储大伯手持符节征召鲍永前往光武帝的驻地。鲍永心下怀疑，不肯服从，就将储大伯监禁，并派使者赶赴长安探听消息。等他知道更始帝已经死去后，他就为更始帝发丧，并释放了储大伯等人，同时封存了自己上将军与列侯的印信、绶带，又将麾下人马全部遣散，鲍永只是头戴幅巾，并且只率领着手下众部将以及一百多位与自己同心的门客来到河内郡。光武帝见到鲍永后便问道："卿的部众在哪里？"鲍永离席叩头说："微臣侍奉更始帝，却不能让更始帝保全生命，心里实在是惭愧，羞于献上他的军队借此谋取富贵，因此微臣已经全部遣散了。"光武帝说："爱卿的话真是正大无私！"但是光武帝内心非常不高兴。当时怀县久攻不下，光武帝对鲍永说："我军攻打怀县已经三天了，一直攻不下来，关东之人对爱卿又怕又敬，爱卿可以暂且率领众位老友，亲自到城下晓谕他们归顺朝廷。"光武帝随即任命鲍永为谏议大夫。鲍永到达怀县后，就游说更始朝廷的河内太守归顺光武帝，因此河内太守打开城门投降。光武帝大喜，便将洛阳上商里的宅第赐给鲍永，鲍永坚决推辞没有接受。

当时董宪裨将屯兵在鲁地，侵害百姓，光武帝就拜鲍永为鲁郡太守。鲍永到了鲁地之后，率兵讨伐董宪，一举打败了他，向鲍永投降的人有几千人。只有别帅彭丰、虞林、皮常等各自拥兵千余人，自称"将军"，不肯归降。没多久孔子旧宅中的杂草树木不知什么原则全部没有了，从讲堂到里门干干净净。鲍永对此感到很诧异，就对府丞和鲁地县令说："现在在危急之时但孔府自己打开，这不是孔夫子想念太守行礼，从而帮我诛灭无道之人吗？"于是鲍永与众人相会，修习乡射之礼，请彭丰等人一同观礼，想借此机会一举擒获他们。彭丰等人也想抓获鲍永，便拿着牛酒助祭，而暗藏兵器。鲍永发现了他们的图谋，亲自诛杀了他们，并抓获了他们的党羽。光武帝建武十一年，征为司隶校尉。帝叔父赵王良尊戚贵重，永以事劾良大不敬，由是朝廷肃然，莫不戒慎。乃辟扶风鲍恢为都官从事，恢亦抗直不避强御。帝常曰："贵戚且宜敛手，以避二鲍。"其见惮如此。

永行县到霸陵，路经更始墓，引车入陌，从事谏止之。永曰："亲北面事人，宁有过墓不拜！虽以获罪，司隶所不避也。"遂下拜，哭尽哀而去。西至扶风，椎牛上苟谏冢。帝闻之，意不平，问公卿曰："奉使如此何如？"太中大夫张湛对曰："仁者行之宗，忠者义之主也。仁不遗旧，忠不忘君，行之高者也。"帝意乃释。

后大司徒韩歆坐事，永固请之不得，以此忤帝意，出为东海相。坐度田事不实，被征，诸郡守多下狱。永至城皋，诏书逆拜为兖州牧，便道之官。视事三年，病卒。子昱。

论曰：鲍永守义于故主，斯可以事新主矣。耻以其众受宠，斯可以受大宠矣。若乃言之者虽诚，而闻之未譬，岂苟进之悦，易以情纳，持正之忤，难以理求乎？诚能释利以循道，居方以从义，君子之很赞赏鲍永的谋略，封他为关内侯，后升迁为杨州牧。当时南方多寇敌，鲍永派吏民将其重创之后，再慢慢的法令进行教化，目的就是诛灭强寇的同时镇抚其他人，从而使得百姓安宁生活。后来恰逢他母亲去世鲍永去职离官，将所有财产捐给了那些没有父母的孤儿。

建武十一年（35），光武帝征召鲍永为司隶校尉。光武帝的叔父赵王刘良虽为尊贵的皇室宗亲，但鲍永仍因事弹劾刘良大不敬，从此朝廷上下都变得严肃谨慎，百官无不警戒慎重。朝廷于是征召右扶风人鲍恢担任都官从事，鲍恢为人同样刚直不屈，不避强暴。光武帝常常说：“皇亲贵戚们暂且应当恭谨行事了，这样才免遭二鲍处治。”二鲍便是如此为群臣所忌惮。

鲍永在各县巡行时来到了霸陵县，路过更始帝的陵墓时，他指引马车进入陵墓前的小路，属下的从事劝他不要前去。鲍永说：“这是我曾经亲自称臣侍奉过的人，岂有路过他的陵墓却不祭拜的道理！即便因为这件事情获罪，我这个司隶也不会逃避责任。”鲍永便在更始帝的陵前下拜，痛哭流涕，极尽悲哀后才离开。之后鲍永向西巡行到达右扶风，他又杀牛带去苟谏的墓冢祭拜。光武帝听到这些事，心里觉得不痛快，问众公卿道：“奉命出使的鲍永这样做合适吗？”太中大夫张湛回答说：“行动的宗旨是仁爱，义举的主导是忠诚。仁爱之人不遗忘旧主，忠诚之士不忘怀君恩，这是很高尚的行为啊。”光武帝心中的不痛快这才得以消除。

后来大司徒韩歆因事获罪，鲍永坚决请求光武帝赦免韩歆却没能遂愿，并因此忤逆了光武帝的意愿，最终朝廷命他离开京城到东海国担任国相。后来他又因为丈量田地不实而获罪，被朝廷征召回到洛阳，当时各郡太守有不少人都因为此事入狱。鲍永在回京途中到达城皋时，光武帝下诏预先任命鲍永为兖州牧，于是鲍永顺路赴任。担任兖州牧三年后，鲍永因病去世。他的儿子叫鲍昱。

评论说：鲍永对故主更始帝坚守忠义，因此能凭这份忠义得到侍奉新主光武帝的机会。他把将部众献给光武帝邀功视为耻辱，并因这种行为而深受光武帝的恩宠。至于讲话者虽然一片诚心，而听闻者却无法领悟，难道是为了眼前禄位而说的谄媚之言能够取悦人概也。

昱字文泉。少传父学，客授于东平。建武初，太行山中有剧贼，太守戴涉闻昱鲍永子，有智略，乃就谒，请署守高都长。昱应之，遂讨击群贼，诛其渠帅，道路开通，由是知名。后为沘阳长，政化仁爱，境内清净。

荆州刺史表上之，再迁，中元元年，拜司隶校尉。诏昱诣尚书，使封胡降檄。光武遣小黄门问昱有所怪不？对曰："臣闻故事通官文书不著姓，又当司徒露布，怪使司隶下书而著姓也。"帝报曰："吾故欲令天下知忠臣之子复为司隶也。"昱在职，奉法守正，有父风。永平五年，坐救火迟，免。

后拜汝南太守。郡多陂池，岁岁决坏，年费常三千余万。昱乃上作方梁石洫，水常饶足，溉田倍多，人以殷富。

十七年，代王敏为司徒，赐钱帛什器帷帐，除子得为郎。建初元年，大旱，谷贵。肃宗召昱问曰："旱既太甚，将何以消复灾眚？"对曰："臣闻圣人理国，三年有成。今陛下始践天位，刑政未著，如有失得，何能致异？但臣前在汝南，典理楚事，系者千余人，恐未能尽当其罪。先帝诏言，大狱一起，冤者过半。又诸徙者骨肉离分，孤魂不祀。一人呼嗟，王政为亏。宜一切还诸徙家属，蠲除禁锢，兴灭心，所以在感情上就容易被接纳，而出于坚守正直而说的忤逆别人的话，却难以照理得到应有的效果吗？如果确实能够放下利益以遵循道义，心怀方正以遵从义理，这便是君子的气概了。

鲍昱字文泉。他在年少时就继承了父亲的学识，后来离家在东平县教书授徒。光武帝建武初年，太行山中盘踞着猖獗的贼寇，太守戴涉听说鲍昱是鲍永的儿子，而且足智多谋，他就去拜访鲍昱，请他代理高都县长的职务。鲍昱答应了，便去讨伐群贼，他率军诛杀了盗贼的首领，太行山的道路得以畅通，鲍昱因此扬名。后来鲍昱担任沘阳县长，他施行仁政，并以仁义教化百姓，沘阳县境内因此非常安定。

荆州刺史在奏书中将鲍昱的政绩列位上等，鲍昱在经过两次升迁后，于建武中元元年（56），担任司隶校尉。朝廷命鲍昱到尚书省，负责密封胡人归降汉朝的军中公文。之后光武帝派小黄门问鲍昱是否感到奇怪。鲍昱答道："臣听说以往统揽各种事务的官员所发布文书无需签署自己的姓氏，另外负责发布文书的本应是司徒，臣奇怪陛下为何派司隶校尉发布文书，并且还要签上自己的姓氏。"光武帝回复道："朕特意想让天下的人都知道，忠臣鲍永的儿子又担任了司隶校尉。"鲍昱在职期间，秉公守法、恪守正道，有父亲鲍永的风范。永平五年（62），鲍昱因救火迟缓而获罪，明帝罢免了他的官位。

后来，鲍昱出任汝南太守。汝南郡有很多池塘，池塘的堤坝连年决口，每年修整堤坝耗费的钱财有三千多万。鲍昱就在河流上游修建石砌的水渠，水量总是十分充足，得到灌溉的农田倍增，郡中百姓因此生活富足。

永平十七年（74），鲍昱代替王敏担任司徒，朝廷赐给他金银、布帛、日常用具、帷帐，并任命他的儿子鲍德担任郎官。建初元年（76），天下大旱，谷物很贵。章帝召见鲍昱询问道："旱灾非常严重，如何应对才能消除灾祸恢复正常？"鲍昱回答道："臣下听说圣人治理国家，三年才能见成效。如今陛下即位不久，刑法和政令的效果尚未显扬，即便陛下有所过失，也还不至于造成灾祸吧？但是臣下之前在汝南任太守时，曾审理楚王刘英的谋反案件，此案中受到牵连被继绝，死生获所。如此，和气可致。”帝纳其言。

四年，代牟融为太尉。六年，薨，年七十余。

子德，修志节，有名称，累官为南阳太守。时岁多荒灾，唯南阳丰穰，吏人爱悦，号为神父。时郡学久废，德乃修起横舍，备俎豆黻冕，行礼奏乐。又尊飨国老，宴会诸儒。百姓观者，莫不劝服。在职九年，征拜大司农，卒于官。

子昂，字叔雅，有孝义节行。初，德被病数年，昂俯伏左右，衣不缓带；及处丧，毁瘠三年，抱负乃行；服阕，遂潜于墓次，不关时务。举孝廉，辟公府，连征不至，卒于家。

郅恽字君章，汝南西平人也。年十二失母，居丧过礼。及长，理《韩诗》《严氏春秋》，明天文历数。

王莽时，寇贼群发，恽乃仰占玄象，叹谓友人曰：“方今镇、岁、荧惑并在汉分翼、轸之域，去而复来，汉必再受命，福归有德。

逮捕的有一千多人，恐怕并非人人皆应担罪。先帝的诏书说，一旦大事调查罪案，蒙受冤屈的人便会多达一半以上。另外还有那些惨遭流放边郡、被迫与亲人分离的人，他们那孤苦无依的灵魂无法得到后人的祭祀。一介草民的呼号哀叹，便使仁政之德有所减损。应让那些受到流放的家属全都回到家乡，将蒙冤之人从监禁中释放，使几乎绝后的家族重新振兴，家业得以延续下去，令死者、生者都各得其所。这样一来，祥和之气便会降临。”章帝接受了鲍昱的建议。

建初四年（79），鲍昱代替牟融担任太尉。建初六年（81），鲍昱去世，享年七十多岁。

鲍昱的儿子鲍德，一向注重砥砺自己的志气和节操，并因此名声在外，历任多个官职之后，鲍德出任南阳太守。当时，全国有很多地方遭遇饥荒，只有南阳郡五谷丰登，官吏百姓都爱戴鲍德，并尊称他为“神父”。当时郡中学校荒废已久，鲍德便重新修建学舍，准备盛放供肉的俎和豆以及礼服、冠冕等祭祀用的服饰，并举行祭礼、吹奏雅乐。鲍德又设宴招待当地告老退职的卿、大夫、士人，并宴请众位儒生。百姓看到这些，无人不因受到勉励而对鲍德的教化心服口服。鲍德担任南阳太守九年后，应朝廷征召担任大司农，他最终在大司农任上去世。

鲍德的儿子鲍昂，字叔雅，他行孝重义，注重节操和品行。起初，鲍德患病多年，鲍昂始终恭恭敬敬地在父亲身边侍奉，未曾脱衣安寝；等到为父亲守丧时，鲍昂由于过于哀伤而身体瘦弱，在服丧的三年期间，他只有靠人搀扶才能行走；守丧期满除去丧服后，鲍昂随即隐居在陵墓旁，不再过问时事。后来他被推举为孝廉，三公府也征召他做官，面对接踵而至的征召，鲍昂全都未曾到任，最后他在家中去世。

郅恽字君章，是汝南郡西平县人。郅恽十二岁时母亲就去世了，他在居丧期间极为悲痛，远超常礼。等郅恽长大以后，他能够清楚地分析《韩诗》和《严氏春秋》的义理，而且明晓天文历法。

王莽执政时，贼寇作乱大量爆发，郅恽就仰观天象，感叹地对友人说：“如今土星、木星、火星都位于高祖反秦时荆楚之地的分如有顺天发策者，必成大功。”时左队大夫逯并素好士，恽说之曰：“当今上天垂象，智者以昌，愚者以亡。昔伊尹自鬻辅商，立功全人。恽窃不逊，敢希伊尹之踪，应天人之变。明府傥不疑逆，俾成天德。”并奇之，使署为吏。恽不谒，曰：“昔文王拔吕尚于渭滨，高宗礼傅说于岩筑，桓公取管仲于射钩，故能立弘烈，就元勋。未闻师相仲父，而可为吏位也。非窥天者不可与图远。君不授骥以重任，骥亦俯首裹足而去耳。”遂不受署。

西至长安，乃上书王莽曰：“臣闻天地重其人，惜其物，故运机衡，垂日月，含元包一，甄陶品类，显表纪世，图录豫设。汉历久长，孔为赤制，不使愚惑，残人乱时。智者顺以成德，愚者逆以取害，神器有命，不可虚获。上天垂戒，欲悟陛下，令就臣位，转祸为福。刘氏享天永命，陛下顺节盛衰，取之以天，还之以天，可谓知命矣。若不早图，是不免于窃位也。且尧舜不以天显自与，故禅天下，陛下何贪非天显以自累也？天为陛下严父，臣为陛下孝子。父教不可废，子谏不可拒，惟陛下留神。”莽大怒，即收系诏狱，劾以大逆。犹以恽据经谶，难即害之，使黄门近臣胁恽，令自告狂病恍忽，不觉所言。恽乃瞋目詈曰：“所陈皆天文圣意，非狂人所能造。”遂系须冬，会赦得出，乃与同郡郑敬南遁苍梧。

野，运行于翼宿、轸宿所在的鹑尾星次，高祖之时三星便在那里，如今三星去而复返，汉室必然会再次接受天命，福瑞将回归有德明君。如果有顺应天命策划起义之人，必定能够成就大功。”当时依汉制应为颍川太守的左队大夫逯并素来喜欢与士人交往，郅恽游说他说：“根据如今上苍所显示的天象，智者将因此而昌盛，愚者将因此而灭亡。从前伊尹毛遂自荐辅佐商汤，最终立业建功，保全万民。我郅恽自不量力，斗胆企图追寻伊尹的足迹，顺应天象感应人事所发生的变化。如果您不怀疑我所说的一切，便能使上天化育万物的恩泽得以成就。”逯并认为郅恽非同常人，便命他代理郡府小吏的事务。但郅恽并没有前去赴任，他说：“从前周文王在渭水之滨拔擢吕望，武丁礼待从事版筑的傅说，齐桓公抛开射钩之仇而任用管仲，因此他们都立下大功，成就伟业。从来没听说吕望、傅说、管仲这三人，却是从担任普通小吏起家。对大事并无图谋之人，不值得与他谋划长远之计。您既然不肯授予贤能之人以重任，贤能之人也只能低下头来，以衣裹足尽快离您而去了。”最终郅恽没有接受代理小吏的任命。

郅恽西行来到长安后，就向王莽上书说：“臣下听说天地重视天地间的生民，爱惜天地间的万物，所以运转北斗星，使日月高悬，包含元气并使天、地、人三才合一，天地造化万物正如陶匠制作各种陶器一般，上天预先设置图谶符命之类的预言之书以昭示帝王的年代。汉朝经历的时间已经很久了，孔子创制纬书写下了炎汉气数的期限，为的是不让世人遭受蒙蔽，以至于残害百姓、扰乱时政。智者顺应天道因而成就德行，愚者违逆天道因而自取灭亡，帝位是由上天决定的，不可无缘无故地取得。上天早已传下告戒，想使陛下觉悟，想让陛下回到臣子的本位，由此便能转祸为福。刘氏秉承天命，仍应长久地享受帝位，陛下应当顺应大汉天命的盛衰，既然是取之于天，便应还之于天，如此一来陛下就可以说是明晓天命的人了。如果陛下不趁早筹划此事，就免不了沦为窃取帝位的恶人了。况且尧舜不以上天显示的意旨而允许自己久居帝位，因此他们通过禅让让出帝位，陛下何必贪恋不是通过上天所显示的意旨而获赐的帝位，反因此拖累自己呢？上天是陛下的严父，臣下是陛下的孝子。父亲的教诲不可抛建武三年，又至庐江，因遇积弩将军傅俊东徇扬州。俊素闻恽名，乃礼请之，上为将兵长史，授以军政。恽乃誓众曰："无掩人不备，穷人于厄，不得断人支体，裸人形骸，放淫妇女。"俊军士犹发冢陈尸，掠夺百姓。恽谏俊曰："昔文王不忍露白骨，武王不以天下易一人之命，故能获天地之应，克商如林之旅。将军如何不师法文王，而犯逆天地之禁，多伤人害物，虐及枯尸，取罪神明？今不谢天改政，无以全命。愿将军亲率士卒，收伤葬死，哭所残暴，以明非将军本意也。"从之，百姓悦服，所向皆下。

七年，俊还京师，而上论之。恽耻以军功取位，遂辞归乡里。县令卑身崇礼，请以为门下掾。恽友人董子张者，父先为乡人所害。及子张病，将终，恽往候之。子张垂殁，视恽，歔欷不能言。恽曰："吾知子不悲天命，而痛仇不复也。子在，吾忧而不手；子亡，吾手而不忧也。"子张但目击而已。恽即起，将客遮仇人，取其头以示子张。

却，儿子的劝谏不可拒绝，希望陛下小心谨慎。”王莽非常愤怒，立即将郅恽收押入奉皇命治罪的诏狱，判处他大逆不道的重罪。但因为郅恽所说的话都有经书与图谶为依据，王莽一时难以加害于他，于是王莽派自己在黄门的亲信威胁郅恽，要他自首并承认自己是因为狂病发作，精神恍惚，才一时胡言乱语。郅恽瞪大眼睛怒视着王莽的亲信并责骂道：“我所说的全是天象所显示的圣意，不是狂人所能捏造出来的。”郅恽因此被关押在狱中直到冬季，恰逢天下大赦才得以出狱，郅恽便鼓动同郡人郑敬和他南下，两人一起逃到苍梧山隐居。

建武三年(27)，郅恽又来到庐江郡，因而遇到了正在东巡扬州的积弩将军傅俊。傅俊一向就听说过郅恽的大名，他就依礼聘请郅恽，并向朝廷上书请求任命郅恽为将兵长史，授予他军政大权。郅恽就告诫众人说：“不要趁人不备时对他们发动袭击，不要在人落难的时把他们逼上绝路，不得斩断他人的四肢，不得暴露他人的躯体，不得奸淫妇女。”但是傅俊手下的士兵仍旧挖开百姓的冢墓，将尸体抛于野外，他们还大肆掠夺百姓。郅恽劝谏傅俊说：“从前周文王不忍心看到白骨曝露于荒野，周武王不因为夺取天下而轻视一人的性命，所以才能获得天地的感应，攻克殷商如林的大军。将军为何不效法文王，反而触犯天地的禁令，过分的摧残百姓、损坏财物，施虐于干枯的尸骨，以至于得罪神明呢？如今若不赶快向天地谢罪，及时改过，将无法保全性命。希望将军亲自率领士兵，收养伤者并安葬死者，痛哭哀悼受到伤害的生民和亡者，旨在证明士兵所为并非将军本意。”傅俊听从了郅恽的劝谏，百姓都心悦诚服，傅俊的军队从此所向披靡，贼寇纷纷投降。

建武七年(31)，傅俊返回京师，他将郅恽的功劳评定为上等。但郅恽把凭借军功获取官位视为耻辱，他便辞官回到故乡西平县。西平县令降低身份，以隆重的礼节招待郅恽，并聘请他担任县衙的门下掾。郅恽的好友中有个叫董子张的，他的父亲此前惨遭同乡之人谋害。等到董子张病重时，在他临终前，郅恽前去看望他。董子张生命垂危，他只是看着郅恽，抽噎叹息，却说不出话来。郅恽说：“我子张见而气绝。恽因而诣县，以状自首。令应之迟，恽曰："为友报仇，吏之私也。奉法不阿，君之义也。亏君以生，非臣节也。"趋出就狱。令跣而追恽，不及，遂自至狱，令拔刃自向以要恽曰："子不从我出，敢以死明心。"恽得此乃出，因病去。

久之，太守欧阳歙请为功曹。汝南旧俗，十月飨会，百里内县皆赍牛酒到府宴饮。时临飨礼讫，歙教曰："西部督邮繇延，天资忠贞，禀性公方，摧破奸凶，不严而理。今与众儒共论延功，显之于朝。太守敬嘉厥休，牛酒养德。"主簿读教，户曹引延受赐。恽于下坐愀然前曰："司正举觥，以君之罪，告谢于天。案延资性贪邪，外方内员，朋党构奸，罔上害人，所在荒乱，怨慝并作。明府以恶为善，股肱以直从曲，此既无君，又复无臣，恽敢再拜奉觥。"歙色惭动，不知所言。门下掾郑敬进曰："君明臣直，功曹言切，明府德也，可无受觥哉？"歙意少解，曰："实歙罪也，敬奉觥。"恽乃免冠谢曰："昔虞舜辅尧，四罪咸服，谗言弗庸，孔任不行，故能作股肱，帝用有歌。恽不忠，孔任是昭，豺虎从政，既陷诽谤，又露所言，罪莫重焉。请收恽、延，以明好恶。"歙曰："是重吾过也。"遂不宴而罢。恽归府，称病，延亦自退。

知道你不是因为自己天命将尽而悲伤，而是悲痛于杀父之仇不能报。你在世时，我只能心忧此事，却不能替你动手；你去世后，我会亲手为你报仇，这样我也无需忧虑了。”董子张只是目不转睛地看着郅恽而已。郅恽立即起身，率领门客阻截仇人，斩下仇人之头后将其拿给子张看。子张看见大仇已报，随即气绝身亡。郅恽因而来到县衙，说明了自己的罪状并提出自首。县令对这个案子迟迟没有审理，郅恽说：“为好友报仇，是我这个掾吏的私事。奉法审案不曲从私情，是您应该遵循的大义。若只为保存我的性命而有损于您对大义的坚守，这有违于身为臣子应该坚守的节操。”郅恽小步疾行退下，随即前往监狱。县令光着脚追赶郅恽，但没能追上，于是县令亲自来到监狱，他拔出剑来对着自己，要挟郅恽说：“如果你不跟着我出去，我就敢以死表明心迹。”郅恽这才出去，后来郅恽因病辞官。

过了很久，汝南太守欧阳歙聘请郅恽担任郡功曹。按照汝南郡的旧俗，到了十月便要举行宴会，离郡府百里之内的县衙的官吏们都要带着牛肉、美酒到郡府宴饮。当时，在宴请宾客的典礼即将结束前，欧阳歙指示道：“西部督邮繇延，天资忠诚坚贞，品性方正、坚守公平，他铲除奸邪作恶的人，不用严苛的法律，却使地方得到了治理。今天就和众位儒生共同平定繇延的功劳，之后便可向朝廷表彰他，本太守敬重并赞赏繇延的美政，特此奉上牛肉、美酒以助繇延修养德行。”主簿读完郡太守的指令，户曹带领繇延上前接受赏赐。郅恽坐在末席神色不快，他起身上前说道：“主持礼仪的司正举着用于罚酒的觥，正将太守的过错昭告上天，并向上天请罪呢。经过查验，繇延本性贪得无厌，奸诈邪恶，外强中干，色厉内荏，他还结交党羽，勾结奸佞，欺骗君上，残害百姓，他所管辖的地方年荒世乱，百姓的怨恨和憎恶之情一并爆发。太守您以恶为善，左右臣辅又曲意逢迎，这里已经既无君上，也无臣下，郅恽斗胆再拜，向您献上罚酒。”欧阳歙面带惭愧，哑口无言。门下掾郑敬进言道：“君上贤明，大臣才会直言劝谏，功曹郅恽言语恳切，这是太守有德的明证啊，怎能不接受这杯酒呢？”欧阳歙的羞怒之情稍有缓解，他说：“您刚才所说确实是我的罪过，我恭敬地接过您的这杯酒。”郅恽于是脱帽谢罪说：

郑敬素与恽厚，见其言忤歙，乃相招去，曰："子廷争繇延，君犹不纳。延今虽去，其势必还。直心无讳，诚三代之道。然道不同者不相为谋，吾不能忍见子有不容君之危，盍去之乎！"恽曰："孟轲以强其君之所不能为忠，量其君之所不能为贼。恽业已强之矣。障君于朝，既有其直，而不死职，罪也。延退而恽又去，不可。"敬乃独隐于弋阳山中。居数月，歙果复召延，恽于是乃去，从敬止，渔钓自娱，留数十日。恽志在从政，既乃喟然而叹，谓敬曰："天生俊士，以为人也。鸟兽不可与同群，子从我为伊吕乎？将为巢许，而父老尧舜乎？"敬曰："吾足矣。初从生步重华于南野，谓来归为松子，今幸得全躯树类，还奉坟墓，尽学问道，虽不从政，施之有政，是亦为政也。吾年耄矣，安得从子？子勉正性命，勿劳神以害生。"恽于是告别而去。敬字次都，清志高世，光武连征不到。

“从前虞舜辅佐唐尧，降服了四位罪大恶极的人，谗言不受采用，大奸之人无法横行，因此贤能之人才可成为辅国重臣，君王也因任用贤人受到诗歌赞颂。郅恽未能对太守尽忠，以至于暴露了奸佞之臣的恶行，并使豺虎般的贪婪之徒能够参与政事，如今在下不仅陷入诽谤之罪，又当众明言繇延之罪，已然犯下了莫大的罪过。请太守将在下和繇延一起收押，以向世人申明是非善恶。”欧阳歙说：“这样做是加重了我的罪过啊。”于是欧阳歙中止了宴饮并遣散了宾客。郅恽回到郡府后，托病退职，繇延也自行辞官。

郑敬和郅恽一向交情深厚，郑敬看到郅恽的谏言忤逆了欧阳歙，就招呼郅恽去见他，他对郅恽说：“你已经在大庭广众之下极力规劝太守不要赏赐繇延了，但太守仍不能采纳你的谏言。繇延现在虽然辞官了，但他势必还会回来。心地刚正而直言不讳，这的确是夏、商、周三代所推崇的正道。然而道不同不相为谋，我不忍心看到你因不为太守所容而惹火上身，为何不赶快离开这里呢！”郅恽说：“孟轲把勉强自己的君王去做难为而应为之事视为忠诚；把估计君王能力不足，难以施行仁政视为背弃。我已经勉强太守去做难为而应为之事了。我在堂上阻止太守赏给繇延牛肉和美酒，如果在尽了直言劝谏的职责之后，却不能为忠于职守而死，这也是罪过啊。繇延已经请辞，如果我再离开，就太不应该了。”郑敬因此独自在弋阳山中隐居。过了几个月，欧阳歙果然再次征召繇延，郅恽就退职离开，随郑敬一同隐居，他们在那里钓鱼，自娱自乐，就这样过了几十天。郅恽的志向仍是从政，于是他喟然而叹，对郑敬说：“上天创造了我们这些才能出众的生灵，是要让我们成为人。我们不能长期与鸟兽同群，您是愿意与我一起成为伊尹、吕望呢？还是要成为像巢父、许由那样的隐士，并将尧、舜视为掌管一乡之事的父老呢？”郑敬说：“我知足了。起初我曾与你一起去苍梧山寻找过虞舜的圣迹，并将归隐故乡比作效仿赤松子，我很庆幸自己能够全身而退，而且还有后嗣子孙，还能回乡奉祀祖先，穷究学问、探讨大道，虽然不从政，但隐居在家、行孝求道，所为亦和施政有关，也是一种从政。我已年老，怎么能跟得上你呢？你也要努力不要偏离养生正道，不要因过于劳神而伤害恽遂客居江夏教授，郡举孝廉，为上东城门候。帝尝出猎，车驾夜还，恽拒关不开。帝令从者见面于门间。恽曰："火明辽远。"遂不受诏。帝乃回从东中门入。明日，恽上书谏曰："昔文王不敢槃于游田，以万人为忧。而陛下远猎山林，夜以继昼，其如社稷宗庙何？暴虎冯河，未至之戒，诚小臣所窃忧也。"书奏，赐布百匹，贬东中门候为参封尉。

后令恽授皇太子《韩诗》，侍讲殿中。及郭皇后废，恽乃言于帝曰："臣闻夫妇之好，父不能得之于子，况臣能得之于君乎？是臣所不敢言。虽然，愿陛下念其可否之计，无令天下有议社稷而已。"帝曰："恽善恕己量主，知我必不有所左右而轻天下也。"后既废，而太子意不自安，恽乃说太子曰："久处疑位，上违孝道，下近危殆。昔高宗明君，吉甫贤臣，及有纤介，放逐孝子。《春秋》之义，母以子贵。太子宜因左右及诸皇子引愆退身，奉养母氏，以明圣教，不背所生。"太子从之，帝竟听许。

恽再迁长沙太守。先是长沙有孝子古初，遭父丧未葬，邻人失火，初匍匐柩上，以身扞火，火为之灭。恽甄异之，以为首举。后坐了身体。”郅恽就告别郑敬离去。郑敬字次都，他志趣清高、超越世俗，光武帝接连几次征召他，他都没有赴召。

郅恽于是旅居江夏郡教授学生，后来郡府举荐他为孝廉，郅恽便前往洛阳出任上东城门侯。光武帝曾经外出打猎，直到夜晚他才返回京城，郅恽据守城关不肯开门。光武帝命令随从官员通过门缝与郅恽相见。郅恽说：“火光太远看不清是否真是陛下。”便不接受诏令。光武帝就调转车马绕行，从洛阳城东面的中门进城。第二天，郅恽上书劝谏道：“从前周文王不敢以出游田猎为乐，因为他所忧虑的是天下万民。而今陛下到远方的山林中游猎，夜以继日地不在京城，那汉朝的社稷与宗庙该怎么办呢？陛下如徒手搏虎、无船涉水一般任性妄为，同时又无人劝谏，这实在是微臣暗中心忧之事。”奏书呈上后，光武帝赐给郅恽一百匹布帛，又把东中门侯贬为参封县尉。

后来光武帝命郅恽为皇太子刘彊讲授《韩诗》，于是郅恽来到宫殿中担任侍讲为太子讲学。等到郭皇后被废时，郅恽就向光武帝进谏说：“臣下听说对于夫妇间的亲爱之情，做父亲的不会为儿子所制约，何况是身为臣子之人，又怎么可能制约君王和后妃间的恩情呢？所以臣下一直对此事未敢多言。虽然如此，臣下仍希望陛下做事时，要考虑能不能做，不要让天下人对国家的事有所议论。”光武帝说：“郅恽善于用自己的心思去揣度主上的心思，他知道我必定不会有失偏颇而忽视天下安危啊。”郭皇后被废黜以后，太子刘彊不能安心，郅恽就劝说太子道：“殿下心里常常疑虑，是因为殿下现在对上违背孝道，对下面临危险。从前的商王武丁是一代明君，周朝的尹吉甫是位贤臣，他们都因为后妻的挑拨而对儿子产生些微的猜疑，最终流放了自家的孝子。按照《春秋》大义，母亲因为儿子才变得显贵。太子应当通过陛下身边的近臣和众位皇子向朝廷承认自己的错误并辞让太子之位，这样便可奉养母亲，借此宣扬圣人的教诲，又不会背弃生下您的郭太后。”太子接受了郅恽的谏言，光武帝最终准许了太子的请求。

后来，郅恽经过两次升迁官至长沙太守。此前，长沙郡有位孝子，名叫古初，他父亲去世后还没有下葬，邻居家中却突然失火，古事左转芒长，又免归，避地教授，著书八篇。以病卒。子寿。

寿字伯考，善文章，以廉能称，举孝廉，稍迁冀州刺史。时冀部属郡多封诸王，宾客放纵，类不检节，寿案察之，无所容贷。乃使部从事专住王国，又徙督邮舍王宫外，动静失得，即时骑驿言上奏王罪及劾傅相，于是藩国畏惧，并为遵节。视事三年，冀土肃清。三迁尚书令。朝廷每有疑议，常独进见。肃宗奇其智策，擢为京兆尹。郡多强豪，奸暴不禁。三辅素闻寿在冀州，皆怀震竦，各相检敕，莫敢干犯。寿虽威严，而推诚下吏，皆愿效死，莫有欺者。以公事免。

复征为尚书仆射。是时大将军窦宪以外戚之宠，威倾天下。宪尝使门生赍书诣寿，有所请托，寿即送诏狱。前后上书陈宪骄恣，引王莽以诫国家。是时宪征匈奴，海内供其役费，而宪及其弟笃、景并起第宅，骄奢非法，百姓苦之。寿以府臧空虚，军旅未休，遂因朝会讥刺宪等，厉音正色，辞旨甚切。宪怒，陷寿以买公田诽谤，下吏当诛。侍御史何敞上疏理之曰："臣闻圣王辟四门，开四聪，延直言之路，下不讳之诏，立敢谏之旗，听歌谣于路，争臣七人，以自鉴照，考知政理，违失人心，辄改更之，故天人并应，传福无穷。臣伏见尚书仆射郅寿坐于台上，与诸尚书论击匈奴，言议过差，及上书初便匍匐在父亲棺材上，用身体遮挡烈火，而火竟然因此而熄灭。郅恽考察了古初后认为他是出众之士，便在察举中将古初列为首位。后来郅恽因事获罪被贬为芒县县长，之后又被罢免遣送回乡，郅恽从此隐居不仕教书授徒，他著有八篇作品。最终郅恽因病去世。他的儿子名叫郅寿。

郅寿字伯考，他文笔很好，并因为廉洁有才能而出名，起初他被举荐为孝廉，后来逐渐被提拔为冀州刺史。当时冀州下辖的郡县有不少都分封给了诸侯王，诸侯王的宾客放纵无度，全都不知检点，恣意妄为毫无节制，郅寿对他们一一查处，毫不宽恕。随后郅寿就将刺史部的从事专门派驻于各个诸侯国，又派督邮在王宫外居住，宫内人的行为如果有失检点，立即派人骑快马通过驿站将诸侯王的罪责上奏朝廷，并弹劾诸侯王的傅相，于是各藩国都很畏惧，并因此而谨遵法度。郅寿担任刺史的三年期间，冀州整顿一新、太平无事。后来郅寿历经三度升迁后官至尚书令。每当朝廷有难以决断的事，郅寿就常常独自进见提出谏言。章帝惊异于他的智慧和策略，便提拔他为京兆尹。京兆地区居住着很多强横的豪族，他们的恶行和暴虐难以禁止。三辅地区的人一向就听说过郅寿在冀州的政绩，他们都心怀惊惧，各自开始注意言行并互相告诫，无人再敢触犯法律。郅寿处理政事时虽然威严，但对下属官吏真诚相待，因此下属官吏都愿意为他拼死效力，无人曾对他有所欺瞒。后来郅寿因公事被罢免官职。

后来郅寿再次被朝廷征召，入朝担任尚书仆射。当时大将军窦宪凭借身为外戚所受的恩宠，权威足以压倒天下。窦宪曾派门生带上书信前去拜访郅寿，托请郅寿办些私事，郅寿立即将来客投入奉皇命治罪的诏狱。他前后多次上书陈述窦宪的蛮横任性，并引用王莽的事例警示朝廷。当时窦宪正征讨匈奴，军费由全国上下供给，但是窦宪与他的弟弟窦笃、窦景却同时大兴土木、建筑豪宅，骄奢淫逸，违反法度，百姓都因劳役而痛苦不堪。郅寿认因为国库已然空虚，而战事仍无休无止，就借天下群臣朝见天子的朝会之机批评窦宪等人，义正词严、声色俱厉。窦宪暴怒，他便诬陷郅寿说他购买公田并且诽谤大臣，应当交付司法官吏审讯并处死。侍御史何敞上书为郅寿辩解请买公田，遂系狱考劾大不敬。臣愚以为寿机密近臣，匡救为职。若怀默不言，其罪当诛。今寿违众正议，以安宗庙，岂其私邪？又台阁平事，分争可否，虽唐虞之隆，三代之盛，犹谓谔谔以昌，不以诽谤为罪。请买公田，人情细过，可裁隐忍。寿若被诛，臣恐天下以为国家横罪忠直，贼伤和气，忤逆阴阳。臣所以敢犯严威，不避夷灭，触死瞽言，非为寿也。忠臣尽节，以死为归。臣虽不知寿，度其甘心安之。诚不欲圣朝行诽谤之诛，以伤晏晏之化，杜塞忠直，垂讥无穷。臣敞谬豫机密，言所不宜，罪名明白，当填牢狱，先寿僵仆，万死有余。”书奏，寿得减死，论徙合浦。未行，自杀，家属得归乡里。

赞曰：鲍永沉吟，晚乃归正。志达义全，先号后庆。申屠对策，郅恽上书。有道虽直，无道不愚。

道："臣下听说圣明的帝王开启四门以广纳忠言，开张圣听以遍察民情，拓宽直言纳谏之路，颁布允许进言者不避忌讳的诏书，树立使人臣敢于进谏的旗帜，倾听反映民风的歌谣，并在朝中安排七位敢于谏诤的忠臣，作为鉴照自身的镜子，适可考察自己的为政之道，一旦违背民意、失去民心，就立即改正，所以天福与人事互相应和，明君的福气可以永世流传。臣下见到尚书仆射郅寿在尚书台为官时，曾与其他尚书谈论窦宪讨伐匈奴之事，他的言辞确实有过分之处，到后来他又上书请求购置公田，于是他被关进监狱并因大不敬之罪受到审讯和检举。依臣下愚见，郅寿作为负责机密要务的近臣，匡正过失正是他的本职。如果他沉默不语，他便犯下了应受处死的罪行。如今郅寿违逆多数人的意见，发表公正的言论，为的是安定宗庙社稷，怎会是出于他的私心呢？况且百官在尚书台评议事情，并相互争论可行与否，即便是在唐尧虞舜那政教隆盛的时代，以及在夏、商、周三代的盛世，也认为国家将因谏诤而昌盛，并且不将诽谤视为罪过。郅寿请求购买公田之事，是合乎人之常情的小错，可以将其裁定为尚能容忍的罪责。但郅寿如果遭到处死，臣下担心天下的人会认为国家毫无理由地处罚忠直的大臣，会伤害祥和之气，忤逆阴阳二气的调和。臣下之所以胆敢冒犯陛下的威严，不愿逃避将遭处死的危险，冒死提出不合情理的谬论，并不是为了郅寿这个人。而是因为忠臣保全名节自应尽心竭力，视死如归。臣下虽然不了解郅寿，但猜想他也会为尽忠而死感到心甘情愿，处之泰然。臣下实在不希望圣明的朝廷因诽谤罪而处死忠臣，并因此伤害了为政宽和的风气，阻塞了忠直臣子进谏的路，使得朝廷蒙受的指责永传后世。臣下何敞错误地干预朝廷的机要大事，所言不当，罪责清楚，应当被投入监牢，在郅寿之前赴死，臣下身遭万死仍不足以抵罪。"奏疏呈上朝廷以后，郅寿得以免除死罪，被判流放到合浦郡。还没有动身，郅寿便自杀了，他的家属得以回到故乡。

赞辞说：鲍永早年犹豫不决，晚年方才回归正道。达成志向、保全名节，初遭凶险、后逢吉庆。申屠刚对策批王莽，郅君章上奏劝光武。天下有道固然正直，无道也不装作愚笨。

卷六十上

苏竟杨厚列传第二十上

苏竟字伯况，扶风平陵人也。平帝世，竟以明《易》为博士讲《书》祭酒。善图纬，能通百家之言。王莽时，与刘歆等共典校书，拜代郡中尉。时匈奴扰乱，北边多罹其祸，竟终完辑一郡。光武即位，就拜代郡太守，使固塞以拒匈奴。建武五年冬，卢芳略得北边诸郡，帝使偏将军随弟屯代郡。竟病笃，以兵属弟，诣京师谢罪。拜侍中，数月，以病免。

初，延岑护军邓仲况拥兵据南阳阴县为寇，而刘歆兄子龚为其谋主。竟时在南阳，与龚书晓之曰：

君执事无恙。走昔以摩研编削之才，与国师公从事出入，校定秘书，窃自依依，末由自远。盖闻君子愍同类而伤不遇。人无愚智，莫不先避害然后求利，先定志然后求名。昔智果见智伯穷兵必亡，故变名远逝，陈平知项王为天所弃，故归心高祖，皆智之至也。闻君前权时屈节，北面延牙，乃后觉悟，栖迟养德。先世数子，又何以加。君处阴中，土多贤士，若以须臾之间，研考异同，揆之图书，测之人事，则得失利害，可陈于目，何自负畔乱之困，不移守恶之名乎？与君子之道，何其反也？

苏竟，字伯况，右扶风平陵县人。平帝时，苏竟因精通《易经》而担任博士，并在宫中担任讲授《尚书》的祭酒。苏竟擅长图谶纬书等占卜之术，通晓百家经典。王莽时，苏竟与刘歆等人共同校对书籍，后来苏竟拜任代郡中尉。当时匈奴侵扰边境，北部边境多次遭受灾祸，而苏竟所治理的地区竟然安然无恙，免受其祸。光武帝即位后，拜任为苏竟代郡太守，让他坚固边塞以抗匈奴。建武五年（29）冬季，卢芳攻占了北边诸郡，光武帝派遣偏将军随弟戍守代郡。苏竟病重，将军队兵事交予随弟，自己返回京师谢罪。光武帝命苏竟拜任侍中，数月后，苏竟因病免职。

起初，延岑护军邓仲况拥兵占据南阳郡阴县，沦为贼寇骚扰地方，而刘歆兄长的儿子刘龚为邓仲况出谋划策。苏竟当时身在南阳郡，便给刘龚写信劝告：

君近来无恙。从前我以粗浅研究、编次删削的才能，与国师公刘歆共事，一起校定宫中藏书，我与刘歆交情深厚，十分怀念，自己却没有多少建树。我听闻君子怜悯与自己志同道合之士，而伤感怀才不遇之人。人无论是愚钝还是智慧，无一不是先躲避祸害，然后求取利益，先树立志向，而后博取名声。从前春秋时期晋国的智果见智伯滥用武力必将灭亡，故而改名换姓远走他乡，陈平知道项羽为天所弃，将来必败，因此归顺高祖刘邦，他们都是充满智慧的人。听闻君以前为权益时势而卑躬屈节，向延岑称臣，后来君有所觉悟，告辞离去，继续修身养德，不再事奉延岑。从前的智果、陈平，怎么能比得上您呢。如今君住在阴县，当地有很多贤士，如果能在片刻之间，研究考察世事的异同，通过图书加以估量，通过人事加以推测，那么得失利害，就会一目了然，君为何背负着叛乱的困惑，蒙受守恶的名声？与君子之道，为什么要相违背呢？

世之俗儒末学，醒醉不分，而稽论当世，疑误视听。或谓天下迭兴，未知谁是，称兵据土，可图非冀。或曰圣王未启，宜观时变，倚强附大，顾望自守。二者之论，岂其然乎？夫孔丘秘经，为汉赤制，玄包幽室，文隐事明。且火德承尧，虽昧必亮，承积世之祚，握无穷之符，王氏虽乘间偷篡，而终婴大戮，支分体解，宗氏屠灭，非其效欤？皇天所以眷顾踟蹰，忧汉子孙者也。论者若不本之于天，参之于圣，猥以《师旷杂事》轻自眩惑，说士作书，乱夫大道，焉可信哉？

诸儒或曰：今五星失晷，天时谬错，辰星久而不效，太白出入过度，荧惑进退见态，镇星绕带天街，岁星不舍氐、房。以为诸如此占，归之国家。盖灾不徒设，皆应之分野，各有所主。夫房、心即宋之分，东海是也。尾为燕分，渔阳是也。东海董宪迷惑未降，渔阳彭宠逆乱拥兵，王赫斯怒，命将并征，故荧惑应此，宪、宠受殃。太白、辰星自亡新之末，失行算度，以至于今，或守东井，或没羽林，或裴回藩屏，或踯躅帝宫，或经天反明，或潜臧久沈，或衰微闇昧，或煌煌北南，或盈缩成钩，或偃蹇不禁，皆大运荡除之祥，圣帝应符之兆也。贼臣乱子，往往错互，指麾妄说，传相坏误。由此论之，天文安得遵度哉！

乃者，五月甲申，天有白虹，自子加午，广可十丈，长可万丈，正临倚弥。倚弥即黎丘，秦丰之都也。是时月入于毕。毕为天网，主世俗那些浅陋迂腐的儒士，以及肤浅鄙陋的末流学者，他们连清醒与酒醉都分辨不清，还要议论当世事政，疑误视听。有人认为天下群雄迭起，鹿死谁手，尚且可知，他们兴兵占领土地，就可以图谋非分的冀望。有人认为圣王还未出世，应当静观时事的变化，倚附强者，观望自守。这两者的议论，难道是正确的吗？孔子所著的纬书中，早已言明汉室国运，纬书内容玄秘，藏于幽室之中，文字虽然隐晦，但具体的事情已经应验。而且汉室以火德承继唐尧之后，虽然遭受王莽篡权，一时昏暗，而如今光武中兴，必将明亮，汉室承继累世的福祚，掌握无穷的符瑞，王莽即便乘机篡权夺位，最终依旧身受诛戮，肢体分解，屠灭宗氏，这不正是他篡权夺位的后果吗？皇天之所以眷顾徘徊，是担忧大汉的子孙啊。议论的人若是不能本于天意，不能参照圣人的经典，随便根据《师旷杂事》来自吹自擂，迷惑他人，游说士人胡乱作书，扰乱大道，如此怎可轻易相信呢？

有些儒士说：如今五星运行失度，天时发生谬误，水星长期运行失常，金星往来过度，火星进退出现异象，土星围绕着天街星运行，木星运行不离开氐星、房星。我以为这些征兆，应当与国家有关。灾难不会凭空出现，都是与星象对应的州郡封国所呼应，各有所主。房星、心星对应宋国，即东海郡。尾星对应燕国，即渔阳郡。东海郡的董宪一意孤行，不肯归降，渔阳郡的彭宠拥兵逆乱，天子对此勃然大怒，诏命大将前去征剿镇压，因此火星对应此次征剿，董宪、彭宠当受灾殃。金星、水星自王莽新政败亡以来，运行失序，以至于今，有时停在东井星一带，有时候消失在羽林众星一带，有时徘徊在太微垣两旁的星星之间，有时环绕在太微垣一带，有时经过天空，反而特别明亮，有时潜藏久沉，找不到踪迹，有时衰微昏暗，有时光耀南北，有时伸缩进退如钩状，有时高耸明亮无禁制，这些都是大运降临，荡除邪恶之祥，圣帝受命，响应符瑞之兆。乱臣贼子，总是往来交错，无知妄说，以讹传讹。这样看来，天象运行怎么可能遵循常规呢！

此前，五月甲申日，天上有白虹出现，自子时到午时，宽有十丈，长约万丈，正好照临在倚弥。倚弥就是黎丘县，是秦丰的都城。当时网罗无道之君，故武王将伐纣，上祭于毕，求助天也。夫仲夏甲申为八魁。八魁，上帝开塞之将也，主退恶攘逆。流星状似蚩尤旗，或曰营头，或曰天枪，出奎而西北行，至延牙营上，散为数百而灭。奎为毒螫，主库兵。此二变，郡中及延牙士众所共见也。是故延牙遂之武当，托言发兵，实避其殃。今年《比卦》部岁，《坤》主立冬，《坎》主冬至，水性灭火，南方之兵受岁祸也。德在中宫，刑在木，木胜土，刑制德，今年兵事毕已，中国安宁之效也。五七之家三十五姓，彭、秦、延氏不得豫焉。如何怪惑，依而恃之？《葛累》之诗，"求福不回"，其若是乎！

图谶之占，众变之验，皆君所明。善恶之分，去就之决，不可不察。无忽鄙言！

夫周公之善康叔，以不从管蔡之乱也；景帝之悦济北，以不从吴濞之畔也。自更始以来，孤恩背逆，归义向善，臧否粲然，可不察欤！良医不能救无命，强梁不能与天争，故天之所坏，人不得支。宜密与太守刘君共谋降议。仲尼栖栖，墨子遑遑，忧人之甚也。屠羊救楚，非要爵禄；茅焦干秦，岂求报利？尽忠博爱之诚，愤满不能已耳。

又与仲况书谏之，文多不载，于是仲况与龚遂降。

龚字孟公，长安人，善论议，扶风马援、班彪并器重之。竟终不伐其功，潜乐道术，作《记诲篇》及文章传于世。年七十，卒月亮进入毕星。毕星为天网，主网罗无道之君，因此周武王将要伐纣时，向毕星祭祀祝祷，以此求助上天。仲夏甲申日是八魁日。八魁日，是上帝诏命将军开辟疆域的日子，主清退邪恶攘除悖逆。流星的形状好像蚩尤旗，或叫营头，或叫天枪，出现在奎星而向西北运行，直到延岑的军营上空，化为几百颗流星消散。奎星是毒螫星，主库藏武器。这两种天象异变，郡中百姓以及延岑的部众都看到了。因此延岑抵达武当山，声称是调兵，实则是避祸。今年是以《比卦》来安排时令，《坤卦》主立冬，《坎卦》主冬至，坎卦属水，而水能灭火，南方的士兵将要遭受岁星带来的灾祸了。德在北极星所在的范围，属于中宫，中宫在五行中属土，刑在木，木克土，刑制德，今年的战争结束，中原就能享有安宁。三十五家有三十五个姓，彭姓、秦姓、延姓不得享有安宁。为什么君至今还会奇怪疑惑，依旧要依恃胡乱之言呢？《诗经·葛累》中讲，“求福不回”，说的就是这个道理！

图谶的占卜，众多异变的效验，这些都是君所明白的。善与恶的分别，去与留的决策，不可不察。希望君不要忽视我的话！

从前周公之所以善待康叔，是因为康叔没有跟随管叔、蔡叔一起叛乱；景帝之所以喜爱济北王刘志，是因为刘志没有跟随吴王刘濞造反。自更始帝以来，负恩悖逆的人，归附正义，心向良善的人，他们的福祸得失都十分清楚明白，君怎能不明察！良医无法挽救没命的人，刚强横暴的人无法与上天抗争，因此上天要毁坏的东西，人力是无法保全的。君应当秘密与太守刘君共商归降的事情。孔子四处奔走，墨子无暇安居，他们都是为别人过度的忧虑。屠羊说救楚国，并不是为了封爵厚禄；茅焦解衣劝谏秦始皇，难道是为了一己私利吗？我满怀尽忠博爱的诚心，与君畅言，只是因为不能控制自己的愤懑之情而已。

苏竟给邓仲况写信劝谏，文章太长，这里不再记载，最终邓仲况与刘龚归降朝廷。

刘龚，字孟公，长安人，擅长辩论，右扶风马援、班彪都对十分器重视刘龚。苏竟始终没有宣扬自己劝降的功绩，潜心研究道术，于家。

杨厚字仲桓，广汉新都人也。祖父春卿，善图谶学，为公孙述将。汉兵平蜀，春卿自杀，临命戒子统曰："吾绨帙中有先祖所传秘记，为汉家用，尔其修之。"统感父遗言，服阕，辞家从犍为周循学习先法，又就同郡郑伯山受《河洛书》及天文推步之术。建初中为彭城令，一州大旱，统推阴阳消伏，县界蒙泽。太守宗湛使统为郡求雨，亦即降澍。自是朝廷灾异，多以访之。统作《家法章句》及《内谶》二卷解说，位至光禄大夫，为国三老。年九十卒。

统生厚。厚母初与前妻子博不相安，厚年九岁，思令和亲，乃托疾不言不食。母知其旨，惧然改意，恩养加笃。博后至光禄大夫。

厚少学统业，精力思述。初，安帝永初三年，太白入斗，洛阳大水。时统为侍中，厚随在京师。朝廷以问统，统对年老耳目不明，子厚晓读图书，粗识其意。邓太后使中常侍承制问之，厚对以为"诸王子多在京师，容有非常，宜亟发遣各还本国"。太后从之，星寻灭不见。又克水退期日，皆如所言。除为中郎。太后特引见，问以图谶，厚对不合，免归。复习业犍为，不应州郡、三公之命，方正、有道、公车特征皆不就。

永建二年，顺帝特征，诏告郡县督促发遣。厚不得已，行到长编撰《记诲篇》及其他文章留传于后世。苏竟享年七十岁，在家中去世。

杨厚，字仲桓，广汉郡新都县人。祖父杨春卿，擅长图谶之学，曾在公孙述麾下担任部将。汉军平定蜀地时，杨春卿自杀，临终前嘱托儿子杨统说："在我的包裹中，有先祖留传下来占卜的书籍，可以为汉家所用，你应当好好修习。"杨统感念父亲的遗言，在守孝结束之后，杨统向家人辞别，跟随犍为郡人周循学习先法，又师从同郡人郑伯山学习《河洛书》以及天文推算之术。建初年间杨统担任彭城县令，当时全州大旱，杨统推算阴阳消除旱灾，县界百姓无不蒙受雨水润泽。太守宗湛命杨统为郡中求雨，同样立即降下甘霖。此后但凡朝廷出现灾异，大多会拜访杨统，向其寻求解决之法。杨统撰写《家法章句》及《内谶》两卷解说，官至光禄大夫，成为三朝元老。九十岁去世。

杨统的儿子杨厚。起初，杨厚的母亲与杨统前妻的儿子杨博相处不融洽，杨厚九岁时，想让他们二人和睦亲善，于是借口生病不说话也不吃东西。母亲知晓杨厚的心意，就彻底改变自己的态度，对前妻的儿子杨博悉心抚养，疼爱有加。后来杨博官至光禄大夫。

杨厚年少时修习杨统的遗业，醉心于研究著述。起初，安帝永初三年（109），太白星进入斗星运转，洛阳发大水。当时杨统担任侍中，杨厚跟随父亲在京师。朝廷就此事询问杨统，杨统回禀朝廷，说自己年老昏聩，耳目不明，儿子杨厚晓读图谶之书，粗识其意。邓太后派中常侍奉旨，诏问杨厚，杨厚回答，认为"诸王子大多居住在京师，或许会发生非常之变，应当安排他们尽快回到自己的封国。"邓太后听从了杨厚的建议，太白星在不久之后就消失不见了。另外洛阳的大水，也在预测的时间退去，这些都如杨厚所言。之后朝廷任命杨厚为中郎。邓太后特意召见杨厚，向他询问图谶之事，杨厚的回答不合邓太后意旨，因此被免官回家。杨厚重新回到犍为郡研究学问，不接受州郡以及三公府的征召，被举荐为方正、有道以及公车署的特别征召，杨厚一律没有应召。

永建二年（127），顺帝特别征召杨厚，下诏告知郡县督促杨厚安，以病自上，因陈汉三百五十年之厄，宜蠲法改宪之道，及消伏灾异，凡五事。制书褒述，有诏太医致药，太官赐羊酒。及至，拜议郎，三迁为侍中，特蒙引见，访以时政。四年，厚上言“今夏必盛寒，当有疾疫蝗虫之害”。是岁，果六州大蝗，疫气流行。后又连上“西北二方有兵气，宜备边寇”。车驾临当西巡，感厚言而止。至阳嘉三年，西羌寇陇右，明年，乌桓围度辽将军耿晔。永和元年，复上“京师应有水患，又当火灾，三公有免者，蛮夷当反畔”。是夏，洛阳暴水，杀千余人；至冬，承福殿灾，太尉庞参免；荆、交二州蛮夷贼杀长吏，寇城郭。又言“阴臣、近戚、妃党当受祸”。明年，宋阿母与宦者褒信侯李元等遘奸废退；后二年，中常侍张逵等复坐诬罔大将军梁商专恣，悉伏诛。每有灾异，厚辄上消救之法，而阉宦专政，言不得信。

时大将军梁冀威权倾朝，遣弟侍中不疑以车马、珍玩致遗于厚，欲与相见。厚不答，固称病求退。帝许之，赐车马钱帛归家。修黄老，教授门生，上名录者三千余人。太尉李固数荐言之。本初元年，梁太后诏备古礼以聘厚，遂辞疾不就。建和三年，太后复诏征之，经四年不至。年八十二，卒于家。策书吊祭。乡人谥曰文父。门人为立庙，郡文学掾史春秋飨射常祠之。

赶快动身进京。杨厚不得已，到了长安，因为生病向朝廷上奏，趁机陈奏汉朝三百五十年的厄运，应当严明制度，改良宪法，以及消除灾异，共五件事情。顺帝下发制书褒奖杨厚，并诏令太医为其看病送药，诏令太官赐予羊肉、美酒。等杨厚抵达京师，顺帝命他拜任议郎，经过三次升迁担任侍中，杨厚特蒙召见，顺帝向其询问时政的得失。永建四年（129），杨厚上奏说“今年夏天必将有大寒，会有瘟疫蝗虫之害”。那一年，果然有六个州蝗灾肆虐，瘟疫盛行。后来杨厚再次上奏“西、北两个方向有战争之象，应当早做防备，以防边境有敌寇侵犯”。顺帝本打算西巡，有感于杨厚的奏书便停止了西行。到了阳嘉三年（134），西面的羌贼侵扰陇右，第二年，乌桓围困度辽将军耿晔。永和元年（136），杨厚再次上奏说“京师将会有水灾，还会有火灾，三公之中有人会被免职，蛮夷之中当有人会反叛”。同年夏季，洛阳暴发洪水，淹死一千多人；到了冬季，承福殿发生火灾，太尉宠参被免；荆州、交州的蛮夷残杀当地官吏，侵犯城邑。杨厚再次上奏说“私臣、皇亲国戚、后妃的党羽将要遭受灾祸”。第二年，顺帝的乳母山阳君宋娥与宦官褒信侯李元等人因作奸犯科、为非作歹而被贬黜；又过了两年，中常侍张逵等人因毁谤大将军梁商专横放肆而被判罪，都被处以死刑。每有灾异发生，杨厚都会上书奏言，提出消灾补救的办法，但是阉党宦官专政，杨厚的奏书大多不被采纳。

当时大将军梁冀权倾朝野，梁冀派弟弟侍中梁不疑送给杨厚车马、珍珠玩物，想与杨厚相见。杨厚没有答应，再三称病，请求辞官。顺帝应允杨厚的请求，赐予杨厚车马钱帛，让他归家。杨厚修习黄老之术，教授门生，记录在册的学生有三千多人。太尉李固多次举荐杨厚。本初元年（146），梁太后下诏按照古礼延请杨厚，但他称病推辞没有应诏。建和三年（149），梁太后再次下诏征聘杨厚，先后经过四年他依旧不肯应诏。杨厚享年八十二岁，在家中去世。桓帝颁布策书吊祭杨厚。乡人为其追谥为文父。弟子门人为其立庙，郡府文学掾史每年举行飨射时，都会祭祀杨厚。

卷六十下

郎顗襄楷列传第二十下

郎顗字雅光，北海安丘人也。父宗，字仲绥，学《京氏易》，善风角、星算、六日七分，能望气占候吉凶，常卖卜自奉。安帝征之，对策为诸儒表，后拜吴令。时卒有暴风，宗占知京师当有大火，记识时日，遣人参候，果如其言。诸公闻而表上，以博士征之。宗耻以占验见知，闻征书到，夜县印绶于县廷而遁去，遂终身不仕。

顗少传父业，兼明经典，隐居海畔，延致学徒常数百人。昼研精义，夜占象度，勤心锐思，朝夕无倦。州郡辟召，举有道、方正，不就。

顺帝时，灾异屡见，阳嘉二年正月，公车征，顗乃诣阙拜章曰：

臣闻天垂妖象，地见灾符，所以谴告人主，责躬修德，使正机平衡，流化兴政也。《易内传》曰："凡灾异所生，各以其政。变之则除，消之亦除。"伏惟陛下躬日昃之听，温三省之勤，思过念咎，务消祇悔。

郎顗字雅光，是北海国安丘县人。他的父亲郎宗，字仲绥，曾学习《京氏易》，擅长观测四方之风借此占卜吉凶，他还擅长星占术以及将一卦定为六日七分的基于六十四卦的历法，他能通过观测气候变化占卜吉凶，常以占卜维生。安帝征召了郎宗，他在应答安帝策问时的表现被视为众位儒生的表率，后来朝廷任命他为吴县县令。当时突然刮起暴风，郎宗通过占卜得知京城应该会发生大火灾，于是他记下时日，并派人赴京城观察占卜是否应验，最终果然如他所料。诸位朝臣听说后便上表报告此事，朝廷就征召他并封为博士。郎宗认为因占卜灵验而为人所知是种耻辱，他听说朝廷的征召公文到了，便趁着夜晚将官印和绶带挂在县府公堂后逃走了，最后，郎宗终身不再做官。

郎顗年少时便继承了父亲的学问，同时通晓儒家经典，他在海边隐居，闻名而来的学生常达数百人。他白天研究精妙的义理，晚上根据天体运行的度数做出占卜，他勤于用心、思维敏锐，从早到晚不知疲倦。州郡官府征召他做官，并先后举荐他为有道、方正，但他全都推辞未曾赴召。

顺帝年间，异常的自然灾害频频发生，阳嘉二年（133）正月，公车征召郎顗，郎顗便入朝上奏说：

微臣听说上天降下妖异的灾象，大地出现灾祸的征兆，为的是谴责、告诫人君，想让人君反躬自省、修养德性，以使北斗星天机和玉衡的运行回归正道和平稳，并使人世间的教化流布万民，国政重归兴隆。《易内传》曾有言：“凡有灾害异常发生，都是由灾异各自对应的政事有失而引起。变革恶政就能去除灾异，消除恶政也能去除灾异。”微臣希望陛下夙兴夜寐亲理朝政，勤于温习三省吾身的道理，反思过失、不忘谬误，务必不要使自己陷入极大的悔恨。

方今时俗奢佚，浅恩薄义。夫救奢必于俭约，拯薄无若敦厚，安上理人，莫善于礼。修礼遵约，盖惟上兴，革文变薄，事不在下。故《周南》之德，《关雎》政本。本立道生，风行草从，澄其源者流清，溷其本者末浊。天地之道，其犹鼓籥，以虚为德，自近及远者也。伏见往年以来，园陵数灾，炎光炽猛，惊动神灵。《易天人应》曰："君子不思遵利，兹谓无泽，厥灾孽火烧其宫。"又曰："君高台府，犯阴侵阳，厥灾火。"又曰："上不俭，下不节，炎火并作烧君室。"自顷缮理西苑，修复太学，宫殿官府，多所构饰。昔盘庚迁殷，去奢即俭，夏后卑室，尽力致美。又鲁人为长府，闵子骞曰："仍旧贯，何必改作。"臣愚以为诸所缮修，事可省减，禀恤贫人，赈赡孤寡，此天之意也，人之庆也，仁之本也，俭之要也。焉有应天养人，为仁为俭，而不降福者哉？

土者地祇，阴性澄静，宜以施化之时，敬而勿扰，窃见正月以来，阴闇连日。《易内传》曰："久阴不雨，乱气也，蒙之比也。蒙者，君臣上下相冒乱也。"又曰："欲德不用，厥异常阴。"夫贤者化之本，云者雨之具也。得贤而不用，犹久阴而不雨也。又顷前数日，寒过其节，冰既解释，还复凝合。夫寒往则暑来，暑往则寒来，此言日月相推，寒暑相避，以成物也。今立春之后，火卦用事，当温而寒，违反时节，由功赏不至，而刑罚必加也。宜须立秋，顺气行罚。

如今世风奢靡放纵，轻视恩情、鄙薄道义。一定是简朴和节约才能挽救奢侈之风，拯救浇薄之俗的莫过于诚朴宽厚，安定朝政和治理万民之道，没有比礼义更适合的。修明礼义、谨遵节约的行动，只能由君上来发起，革除巧饰、改变浮薄的举措，并非应由臣下担责。因此《周南》所称颂的德行，即《关雎》所提倡的夫妇谐协之意才是为政的根本。树立了根基，正道才会产生；施加了风教，臣民才会依顺。澄清了源头，水流才能清澈；搅浑了源头，下游便会污浊。天地间万事万物的运行之道，它正如内虚而气实的鼓和籥一般，内在的空虚正是道的至德，道也正因空虚之德才能从近处流播远方。微臣看到自从永建、阳嘉年间以来，皇陵数次遭遇火灾，火焰炽热猛烈，惊动天地神灵。《易天人应》曾有言：“统治者如果不以于国有利之事为虑，这就叫不施恩泽，就会招来邪火焚烧宫殿的灾祸。”《易天人应》又有言：“人君建起高大的台阁和府第，这会触犯阴气、侵扰阳气，从而会招来火灾。”又有言：“君上不知俭约，臣下不知节省，各处火灾齐发烧毁你们的宫室。”近来朝廷修缮西苑，又重修太学，兴修并妆点了不少宫殿和官府。从前商王盘庚迁都到殷地时，革除奢靡、躬行节俭，夏王大禹轻视宫室，致力于在祭服上追求大美。另外，鲁国有意改建长府，闵子骞说：“沿袭长府的老样子就好，何必改建。”以微臣愚见，如今各处宫室的修建，可以有所减少，同时应发粮赈济贫民，接济赡养孤儿、寡妇，这一政举是上天的意旨，为万民所庆贺，是仁义的根本，是节俭的要义。怎会有人君顺应天意安养百姓，施行仁政、厉行节俭，而上天却不赐福于国的事情呢？

土是地神，其本性是阴柔并以平静为贵，应当顺应造化土地的天时，崇敬地神而不去侵扰它，微臣看到自从正月以来，一连几日天色都昏暗不明。《易内传》曾有言：“久阴不雨，是阴阳二气错乱的征兆，蒙气连日不散。蒙气是君臣上下尊卑之序混乱的征兆。”《易内传》又有言：“得到贤德之人却不任用他，于是会招来连日阴天的异象。”贤人是教化的根本，密云是施雨的器具。得到贤人而不重用，正如天久阴不雨。另外，几天以前，寒冷的季节已经过去，寒冰本来已经消融，后来却又重新凝结。寒冷离去暑热便到来，暑热离去寒臣伏案《飞候》，参察众政，以为立夏之后，当有震裂涌水之害。又比荧惑失度，盈缩往来，涉历舆鬼，环绕轩辕。火精南方，夏之政也。政有失礼，不从夏令，则荧惑失行。正月三日至乎九日，三公卦也。三公上应台阶，下同元首。政失其道，则寒阴反节。“节彼南山”，咏自《周诗》；“股肱良哉”，著于《虞典》。而今之在位，竞托高虚，纳累钟之奉，忘天下之忧，栖迟偃仰，寝疾自逸，被策文，得赐钱，即复起矣。何疾之易而愈之速？以此消伏灾眚，兴致升平，其可得乎？今选举牧守，委任三府。长吏不良，既咎州郡，州郡有失，岂得不归责举者？而陛下崇之弥优，自下慢事愈甚，所谓大网疏，小网数。三公非臣之仇，臣非狂夫之作，所以发愤忘食，恳恳不已者，诚念朝廷欲致兴平，非不能面誉也。

臣生长草野，不晓禁忌，披露肝胆，书不择言。伏锧鼎镬，死不敢恨。谨诣阙奉章，伏待重诛。

书奏，帝复使对尚书。顗对曰：

臣闻明王圣主好闻其过，忠臣孝子言无隐情。臣备生人伦视听之类，而禀性愚悫，不识忌讳，故出死忘命，恳恳重言。诚欲陛下修乾坤之德，开日月之明，披图籍，案经典，览帝王之务，识先后之政。如有阙遗，退而自改。本文武之业，拟尧舜之道，攘灾延庆，号令天下。此诚臣顗区区之愿，夙夜梦寤，尽心所计。谨条序前章，畅冷便到来，这说的是日月交相推移，寒暑交相更替，为的是能化育万物。如今正值立春之后，正是火卦合于时令之时，本应温暖的气候仍旧寒冷，气候不合当下的季节，是因为立功之人未能受赏，而朝廷却执意施加刑罚。应当等到立秋之时，再顺应节气施加刑罚。

微臣查验了《易飞候》，并参照、考察了眼下的各项政事，微臣认为立夏之后，应当会发生地震和大浪的灾害。另外，火星的运行频频偏离常规，它在进退往来的运行中，经过了南方的鬼宿，如今却于星宿以北的轩辕星座处回转逆行。火星位于南方七宿时，正值夏季的时令。若是国政未能遵行礼义，便是不顺从夏季的时令，那么火星就会逆行。正月三日是三公的卦位，至于正月九日亦为三公卦位。三公在天上对应着三台星的中台，在人世便应与国君同心同德。朝政偏离了正道，便出现不合时节的寒冷和阴天。"高贵的三公正如那南山一般高峻"，三公是《小雅》所歌颂过的；'辅国的股肱之臣多么良善啊'，《尚书》中记载着这样的话。然而如今位居三公之臣，都托身于高位而不做实事，他们享受着多达数钟的俸禄，却将心忧天下之责抛于脑后，他们或游息、或玩乐，假托卧病却身心安闲，一旦受到天子下策书加官，一旦得到朝廷赏赐的财物，便重新起身病痛全消。为什么他们得病如此容易而且康复又如此迅速呢？凭借这样的辅臣却想消除灾祸、平复祸患，还想复兴天下、成就太平，这种想法怎能实现呢？

微臣出身于草野之中，不晓得什么是禁忌，因此尽陈肺腑之言，奏书不曾斟酌词句。微臣甘受腰斩、烹刑，虽死不敢有所悔恨。微臣恭谨地入朝奉上奏章，静待身受极刑。

奏书呈上后，顺帝又让郎顗答复尚书的策问。郎顗上书答道：

微臣听说明君圣主喜欢倾听臣下指出他的过失，忠臣孝子因此便能直言不讳、毫无隐瞒。微臣愧为人类，空有眼观耳听之能，但却天性愚笨耿直，不知禁忌，因此献出生命、忘却全躯，再次向朝廷献上恳切的谏言。实在是希望陛下能修明您那天地般广大的至德，开启您那如日月般灿烂的双目，翻看文集图书，查阅圣贤经典，观览帝王应尽的要务，理解国政的轻重缓急。如果陛下在为政中有所疏漏，便其旨趣，条便宜七事，具如状对：

一事：陵园至重，圣神攸冯，而灾火炎赫，迫近寝殿，魂而有灵，犹将惊动。寻宫殿官府，近始永平，岁时未积，便更修造。又西苑之设，禽畜是处，离房别观，本不常居，而皆务精土木，营建无已，消功单贿，巨亿为计。《易内传》曰："人君奢侈，多饰宫室，其时旱，其灾火。"是故鲁僖遭旱，修政自敕，下钟鼓之县，休缮治之官，虽则不宁，而时雨自降。由此言之，天之应人，敏于景响。今月十七日戊午，徵日也，日加申，风从寅来，丑时而止。丑、寅、申皆徵也，不有火灾，必当为旱。愿陛下校计缮修之费，永念百姓之劳，罢将作之官，减彫文之饰，损庖厨之馔，退宴私之乐。《易中孚传》曰："阳感天，不旋日。"如是，则景云降集，眚沴息矣。

二事：去年已来，'兑卦'用事，类多不效。《易传》曰："有貌无实，佞人也；有实无貌，道人也。"寒温为实，清浊为貌。今三公皆令色足恭，外厉内荏，以虚事上，无佐国之实，故清浊效而寒温应暂时不施威权并自行改过。以文王、武王的功业为寻求治国良策的本源，以唐尧、虞舜的治国之道为学习、效法的典范，由此便能消除灾厄、延续吉庆，号令天下。这确实是微臣郎顗的渺小心愿，是微臣日日夜夜、梦中醒时都在考虑的要事，是微臣费尽心机所谋划出的建议。微臣恭谨地将之前所献奏章中的观点依次详述，并清晰地说明其中的意义，微臣将七项利国利民的建议逐条列出，对尚书的策问完全据实回答：

第一件事：先王陵园极为重要，这是先皇英魂所凭依之地，然而火灾发生，火势极猛，以至于迫近了宗庙的后殿，先王魂魄自有灵性，仍会因此受到惊扰。大事兴建宫殿官府，始于近来的永平年间，到如今本来并未经过多少年岁，却又重新修缮、兴建。另外，西苑的修建，只是为安放禽兽，京城外的离宫别馆，也本非陛下经常临幸之地，然而全国上下都致力于大兴土木，宫苑的修筑见不到尽头，消耗的人工和竭尽的物力，已然数以亿计。《易内传》曾有言：“人君奢侈无度，大事装点宫室，那时会有大旱，灾害即为失火。”因此鲁僖公时鲁国遭遇大旱，鲁僖公便修明政治、自我告诫，他下令设钟悬鼓、广开言路，罢免了修筑宫室的官吏，虽然国家尚未即刻安定，但应时的雨水自动降下。据此而言，当上天应和于人事的变动时，其敏锐甚于光影和声响。本月十七日为戊午日，正值徵音之日，下午太阳运行到申时的方位时，有风从寅对应的方位吹来，此风持续到丑时才停止。丑、寅、申都对应着徵音，据此判断，即使没有火灾，也定会发生旱情。希望陛下核算修缮宫室的耗费，永远铭记百姓的劳苦，罢免掌管土木的官吏，减少彩绘之类的装饰，降低御厨供膳的规格，取消闲时的宴饮、游乐。《周易》“中孚卦”的传文中曾有言：“天子的行动很快便会为上天所感应，无需经过一天的时间。”如果陛下能依微臣之意行事，那么五色祥云就会降临、汇集，灾害也会平息了。

第二件事：去年是壬申年，从去年以来到如今的癸酉年，酉年所对应的正是‘兑卦’，然而实际的节候、人事常常不能验证依‘兑卦’所作的占卜。《易传》中曾有言：“徒有外表而无实才，这是巧言谄媚之辈；有实才而其貌不扬，这是躬行正道之士。”寒冷和温暖是节不效也，是以阴寒侵犯消息。占曰："日乘则有妖风，日蒙则有地裂。"如是三年，则致日食，阴侵其阳，渐积所致。立春前后温气应节者，诏令宽也。其后复寒者，无宽之实也。夫十室之邑，必有忠信，率土之人，岂无贞贤，未闻朝廷有所赏拔，非所以求善赞务，弘济元元。宜采纳良臣，以助圣化。

三事：臣闻天道不远，三五复反。今年少阳之岁，法当乘起，恐后年已往，将遂惊动，涉历天门，灾成戊己。今春当旱，夏必有水，臣以六日七分候之可知。夫灾眚之来，缘类而应。行有玷缺，则气逆于天，精感变出，以戒人君。王者之义，时有不登，则损滋彻膳。数年以来，谷收稍减，家贫户馑，岁不如昔。百姓不足，君谁与足？水旱之灾，虽尚未至，然君子远览，防微虑萌。《老子》曰："人之饥也，以其上食税之多也。"故孝文皇帝绨袍革舄，木器无文，约身薄赋，时致升平。今陛下圣德中兴，宜遵前典，惟节惟约，天下幸甚。《易》曰："天道无亲，常与善人。"是故高宗以享福，宋景以延年。

候变易的实效，清浊和优劣是人事变易的表象。如今三公都是巧言令色、过分恭敬之徒，他们外强中干、色厉内荏，以虚情假意侍奉主上，没有切实地辅佐朝政，所以人事优劣的变化有所效验但气候的冷热之变却未能效验，因此可知对应着阴寒的人臣如今侵夺了人君的权柄。根据占卜记录所载："太阳为阴气所侵凌就会产生邪风，太阳为蒙气所笼罩就会发生地震。"如果朝政仍像这样无所改变，三年之后，就会引发日食，这是阴气侵凌阳气的怪象日益月累所导致的。今年立春前后温暖的气候之所以应时而至，是因为朝廷的诏令宽和。之后气候之所以又变的寒冷，是因为宽和的朝令并未落到实处。即便是只有十户人家的乡邑，也定会有忠信之士，四海之内的万民之中，怎会没有忠贞的贤才，但微臣却未曾听闻朝廷对这些遗落于草野间的贤才有所赏赐和提拔，这不是寻求仁善之人协助处理国事的态度，这样也无法救助全天下的黎民百姓。陛下应简选任用忠良之臣，为的是辅佐朝廷施行圣明的教化。

第三件事：微臣听说天道的运行不会远离定数，每逢三正、五行之时又重回常轨。今年是陛下即位后的第七年，正是少阳之年，变革朝政的法令应当趁此时施行，否则微臣担心从后年之后，即乙亥年之后，终将发生骚动，如果使眼下的异象继续下去，并跨过明年与后年之间的时刻，即甲戌年和乙亥年之间所对应的'乾卦'天门，那么灾祸会在四年之后的戊寅年和己卯年之间爆发。今年春季应有旱情，夏季定有涝灾，这是微臣根据将一卦定为六日七分的基于六十四卦的历法所预测得知的。灾害的到来，是因为感应于相应人事的变化而产生的。人君的行动有所过失，那么邪气便会抵触天道，上天有灵因有所感于是降下异象，为的是告诫人君。根据王者所应遵行的正道可知，当年成不好时，人君就应减少饮食中的滋味、降低膳食的规格。最近几年以来，收获粮食的逐渐减少，家家贫困、户户饥馑，年成不如往昔。百姓用度不足，国君用度怎会充足？涝灾和旱灾虽然尚未到来，但君子应目光长远，防微杜渐。《老子》中曾有言："百姓之所以挨饿，是因为他们上缴了过多的赋税。"所以文帝执政时身披粗丝之袍，脚穿革制之鞋，兵器如木而无刃，乱絮之衣无花四事：臣窃见皇子未立，储宫无主，仰观天文，太子不明。荧惑以去年春分后十六日在娄五度，推步《三统》，荧惑今当在翼九度，今反在柳三度，则不及五十余度。去年八月二十四日戊辰，荧惑历舆鬼东入轩辕，出后星北，东去四度，北旋复还。轩辕者，后宫也。荧惑者，至阳之精也，天之使也，而出入轩辕，绕还往来。《易》曰："天垂象，见吉凶。"其意昭然可见矣。礼，天子一娶九女，嫡媵毕具。今宫人侍御，动以千计，或生而幽隔，人道不通，郁积之气，上感皇天，故遣荧惑入轩辕，理人伦，垂象见异，以悟主上。昔武王下车，出倾宫之女，表商容之闾，以理人伦，以表贤德，故天授以圣子，成王是也。今陛下多积宫人，以违天意，故皇胤多夭，嗣体莫寄。《诗》云："敬天之怒，不敢戏豫。"方今之福，莫若广嗣，广嗣之术，可不深思？宜简出宫女，恣其姻嫁，则天自降福，子孙千亿。惟陛下丁宁再三，留神于此。左右贵幸，亦宜惟臣之言，以悟陛下。盖善言古者合于今，善言天者合于人。愿访问百僚，有违臣言者，臣当受苟言之罪。

纹，他躬行节俭，减轻赋税，在当时便使天下大治。如今陛下身怀圣德又肩负中兴大业，应当遵照前代典籍，厉行节约，这将是天下的大幸。《周易》说："天道并无偏爱，总助行善之人。"因此武丁因有德而享有万国来朝、国祚绵长之福，宋景公因仁德之言而承蒙天赐延长年寿。

第四件事：微臣看到陛下尚未册立太子，王储之宫尚无太子主宰，微臣仰观天文，发现太子星即心宿一不甚明亮。另外，火星于去年春分后第十六天时位于娄宿五度，按照《三统历》推算可知，眼下火星应在翼宿九度，然而现在火星却在柳宿三度，距离运行到翼宿九度还差五十多度。去年八月二十四日为戊辰日，火星经过了鬼宿后向东进入轩辕星座，之后又从轩辕星座的后星以北离开轩辕，继续向东运行了四度后，又向北回转逆行向西。轩辕星座是后宫的象征。火星是极盛的阳气之精华，是上天的使者，而今，它出入于轩辕星座之中，在轩辕星座回环往来。《周易》说："上天展示异象，以此表现吉凶。"如今上天的旨意已经显而易见了。依据礼制，天子大婚时迎娶九名女子，正妻和随嫁姬妾一并具备。如今后宫中的宫女和婢妾，动辄数以千计，有的刚一出生就隔绝于俗世，对人伦之道一无所知，她们心中郁结的怨怒之气，直上云霄为上天所感应，所以上天派遣火星进入代表后宫的轩辕星座，执行整顿伦常之任，上天展现异象，为的是让人君醒悟。从前武王刚刚即位，便允许所有的宫女出宫，并将牌坊、匾额赐予劝谏纣王的商容所居住的里巷，目的便是整顿伦常，表彰才德兼备之士，所以上天赐给武王神圣的子嗣，这便是成王。现在陛下后宫蓄积了大量宫女，已经违逆了上天意旨，因此陛下的后代常常夭折，尚未有皇子可以托付帝位。《诗经》中曾有言："对天怒要有所敬畏，不要溺于闲适安乐。"如今陛下所需的福泽，没有比子嗣众多更要紧的了，增加子嗣的方法，陛下怎能不认真考虑呢？应当在简选后放归一些宫女，听凭她们嫁为人妇，这样上天自会降赐福泽，陛下子孙亦可多达千亿。希望陛下多加仔细，注意这一切要之事。陛下身边的尊贵和受宠之臣，也应对微臣所言加以考虑，并借此使陛下醒悟。善于讲论古事之人，其言必能合于当世所需，善于五事：臣窃见去年闰月十七日己丑夜，有白气从西方天苑趋左足，入玉井，数日乃灭。《春秋》曰："有星孛于大辰。大辰者何？大火也。大火为大辰，伐又为大辰，北极亦为大辰。"所以孛一宿而连三宿者，言北辰王者之宫也。凡中宫无节，政教乱逆，威武衰微，则此三星以应之也。罚者白虎，其宿主兵，其国赵、魏，变见西方，亦应三辅。凡金气为变，发在秋节。臣恐立秋以后，赵、魏、关西将有羌寇畔戾之患。宜豫宣告诸郡，使敬授人时，轻徭役，薄赋敛，勿妄缮起，坚仓狱，备守卫，回选贤能，以镇抚之。金精之变，责归上司。宜以五月丙午，遣太尉服干戚，建井旟，书玉板之策，引白气之异，于西郊责躬求愆，谢咎皇天，消灭妖气。盖以火胜金，转祸为福也。

六事：臣窃见今月十四日乙卯巳时，白虹贯日。凡日傍气色白而纯者名为虹。贯日中者，侵太阳也；见于春者，政变常也。方今中官外司，各各考事，其所考者，或非急务。又恭陵火灾，主名未立，多所收捕，备经考毒。寻火为天戒，以悟人君，可顺而不可违，可敬而论说天象之人，其言必能合乎人事之变。希望陛下就微臣所言询问群臣想法，如果他们的想法有和微臣之言相悖的，微臣自应承担轻率妄言之罪。

第五件事：微臣看到在去年闰十二月十七日己丑夜晚，有笼罩着白气的彗星从西方天空毕宿以南的天苑星座现身并向参宿的左足方位进发，之后进入参宿下方的玉井星座，几天后光芒才消逝。《春秋》中曾有言："有彗星作乱于大辰。大辰是那颗星？大辰就是心宿中的大火。大火可称大辰，参宿中的伐星可称大辰，北极星也可称为大辰。"之所以彗星在一处星宿作乱却可以连及三处星宿，原因在于北极星是王者在天宫中的象征。凡是北极星所处的中宫秩序混乱，说明人世间的朝政和教化出现了混乱和背逆正道之处，朝廷的威权也变得衰微，所以大火、伐星、北极星都会有所感应。代表杀伐的是白虎，亦即参宿，参宿决定着战争，临近参宿的昴宿和毕宿分别是赵国和魏国的分野，因此国家西方有事，京畿地区便会有所感应。大凡预示杀伐的金气所造成的变乱，都会在秋季发生。微臣担心立秋之后，赵、魏之地和函谷关以西将有西羌入侵反叛作乱的祸患。应当预先对各郡宣布此事，并命令当地官府慎重地将历法赋予百姓以使百姓不误农时，同时减轻赋税，不要妄加大兴土木，并且还应坚守粮仓和监牢，整备守卫以防不测，此外亦应改选贤能的官吏，为的是镇守当地并安抚百姓。金气之精华生变，罪责在于司马，亦即如今的太尉。朝廷应当在五月丙午日，派太尉手持盾牌和大斧，竖起绘有井宿的军旗，井宿位于南方七宿之首，南方七宿即为象征火的朱雀，另外还要在玉板上刻下祷告之辞，在其中援引白气出现的异象，之后再到洛阳西郊反躬自省，并向皇天谢罪，祈求消灭妖异之气。这样大概能用火制约金，把灾祸转化为福泽。

第六件事：微臣看到本月十四日巳时，即乙卯日巳时，出现了白色虹气横穿太阳的异象。凡是太阳近旁白色而纯净的雾气便是虹。虹气从太阳正中穿过，这便是虹气侵凌了太阳；当如此异象出现于春季时，说明当时的朝政改变了先代常规。眼下朝廷内外的众位官吏，都在行检举揭发之事，他们所揭发的罪案，有些并非紧急的要务。另不可慢。陛下宜恭己内省，以备后灾。凡诸考案，并须立秋。又《易传》曰："公能其事，序贤进士，后必有喜。"反之，则白虹贯日。以甲乙见者，则谴在中台。自司徒居位，阴阳多谬，久无虚己进贤之策，天下兴议，异人同咨。且立春以来，金气再见，金能胜木，必有兵气，宜黜司徒以应天意。陛下不早攘之，将负臣言，遗患百姓。

七事：臣伏惟汉兴以来三百三十九岁。于《诗三基》，高祖起亥仲二年，今在戌仲十年。《诗氾历枢》曰："卯酉为革政，午亥为革命，神在天门，出入候听。"言神在戌亥，司候帝王兴衰得失，厥善则昌，厥恶则亡。于《易雄雌秘历》，今值困乏。凡九二困者，众小人欲共困害君子也。《经》曰："困而不失其所，其唯君子乎！"唯独贤圣之君，遭困遇险，能致命遂志，不去其道。陛下乃者潜龙养德，幽隐屈戹，即位之元，紫宫惊动，历运之会，时气已应。然犹恐妖祥未尽，君子思患而豫防之。臣以为戌仲已竟，来年入季，文帝改法，除肉刑之罪，至今适三百载。宜因斯际，大蠲法令，官名称号，舆服器械，事有所更，变大为小，去奢就俭，机衡之政，除烦为简。改元更始，招求幽隐，举方正，征有道，博采异谋，开不讳之路。

外，关于安帝恭陵所发生的火灾，纵火之人的姓名仍未审问明白，同时官府收捕了大量可疑之人，这些人全都遭受了拷问和毒打。据微臣推求，此次火灾是上天的告诫，目的是让人君有所醒悟，上天的告诫只可顺应而不可违逆，只可崇敬而不可慢待。陛下应当恭谨地约束自己并自我反省，为的是防备之后可能出现的灾祸。对于百官眼下正在施行的所有拷问和审察，都应暂时中止并等到立秋之后再继续进行。另外，《易传》中曾有言："如果国君在政务上公正能干，并依才能高下任用贤才，之后定有可喜之事。"但如果国君所为与此相反，那就会出现白虹贯日的异象。若是白虹贯日出现在了甲日或者乙日，就说明上天所谴责的是位居三公之臣。自从司徒刘崎就任后，阴阳二气常有混乱失调之事，司徒很久都没有做出以谦虚之心推荐贤才的谋划，天下万民掀起议论，杰出之士一同嗟叹。而且自从本年立春以来，金气第二次出现，金气能够克制木气，将来定有战事，应当罢免司徒，以便顺应天意。陛下如果不尽早革除此人，将会辜负于微臣的忠言，并将祸患留给百姓。

第七件事：微臣想到自大汉建立以来至今已有三百三十九年。依据《诗三基》推算，若将王朝之天命按十二地支划分，则高祖建立大汉始于亥仲的第二年，如今正值戌仲的第十年。《诗纬·氾历枢》中曾有言："对于一个王朝，从它的卯时期到酉时期是变革国政之时，从它的午时期到亥时期是改朝换代之时，神灵居于戌亥之间的天门，神灵在此处观察聆听王朝的兴亡。"这说的是神灵居于戌亥之间所对应的"乾卦"之天门，掌管并观测着帝王的兴衰和为政之优劣，帝王行善政就赐予昌盛之福，帝王行恶政就降下灭亡之灾。根据《易雄雌秘历》可知，如今正是王朝窘迫之时。凡是对"困卦"由下至上第二个阳爻的读解，都解释为人君为众多小人所困将要遭到谋害。《象传》中这样解释'困卦'："经受困厄但仍不迷失于他所应遵循的正道，只有君子能做到吧！"只有圣明贤能的国君才能在陷入困境、遇到危险时达成自己的使命，实现自己的心愿，而且也不会偏离正道。陛下从前尚为济阴王时正是那安养至德的潜龙，您失去了太子之尊而被迫潜藏于下位，在陛下即位的元年，紫微垣受到了惊动，这标臣陈引际会，恐犯忌讳，书不尽言，未敢究畅。

台诘顗曰："对云'白虹贯日，政变常也'。朝廷率由旧章，何所变易而言变常？又言'当大蠲法令，革易官号'。或云变常以致灾，或改旧以除异，何也？又阳嘉初建，复欲改元，据何经典？其以实对。"顗对曰：

方春东作，布德之元，阳气开发，养导万物。王者因天视听，奉顺时气，宜务崇温柔，遵其行令。而今立春之后，考事不息，秋冬之政，行乎春夏，故白虹春见，掩蔽日曜。凡邪气乘阳，则虹蜺在日，斯皆臣下执事刻急所致，殆非朝廷优宽之本。此其变常之咎也。又今选举皆归三司，非有周召之才，而当则哲之重，每有选用，辄参之掾属，公府门巷，宾客填集，送去迎来，财货无已。其当迁者，竞相荐谒，各遣子弟，充塞道路，开长奸门，兴致浮伪，非所谓率由旧章也。尚书职在机衡，宫禁严密，私曲之意，羌不得通，偏党之恩，或无所用。选举之任，不如还在机密。臣诚愚戆，不知折中，斯固远志着此时正是帝位更迭的时机，因此天时、气运与人事产生了感应。然而微臣仍担心妖异之气尚未散尽，人君应考虑到祸患将至并预先做出防范。微臣认为按照以十年为一节的帝王命数，那么戊仲十年便意味着戊仲之节的结束，明年便进入了戌季之节，从文帝改革法律，革除肉刑，至今恰好三百年。陛下应当趁着这个时机，对法律、政令大加撤销，对于官名称号，以及车马、服饰、用具等等诸多事项，都应有所变更，缩减过大规模的工程，戒除奢侈、厉行节俭，对于重要的政事的处理，裁汰繁琐的规章而以简明为要。同时改变年号，召请、访求隐居的贤才，推举方正之士，征辟有道之人，广泛采纳各种不同的计策，开辟能使诤臣直言不讳的进谏之路。

微臣在对策中陈述、援引了关于改革国政和帝王更迭之时机的言论，微臣担心触犯忌讳，所以在奏书中没有充分表达其中含义，不敢畅所欲言。

尚书台质问郎顗道："你在对策中说'白色虹气横穿太阳，说明当下朝政改变了先代常例'。然而朝廷一律按先代典章办事，朝政究竟在何处有所改变以至于你认为改变了先代常例？你又说：'应当大事撤销法律、政令，并对官名称号有所革除和改变'。你时而说改变常例会招致灾祸，时而又说要通过改革旧政来消除异象，这是为什么？此外，阳嘉年号刚刚定立不久，现在却又打算更改，你所依据的是什么经典？希望你据实回答。"郎顗答道：

如今正值春季春耕之时，正是天子向万民遍施仁德的起始，此时上天开通并散布阳气，以此生养导引天下万物。王者依顺天道履行明察兼听的职责，遵奉并顺应时令和气运，自然应当致力于推崇温和仁厚的持国之道，遵守天道的运行和时令。然而今年立春之后，百官检举罪行之事持续已久，刑罚本是秋季、冬季才应施行的政举，如今却施行于春季、夏季，所以白色的虹气才在春天出现，遮蔽了太阳的光芒。凡是邪气凌驾于太阳之上，便产生虹蜺二气横贯太阳的异象，这都是臣下处理政事过于苛刻急躁所导致的，大概并不合乎朝廷将优厚、宽容作为执政之本的宗旨。这就是微臣所说的朝政犯了改变常例的过错。另外，现在推选官员的权力都归于三公府，近之论，当今之宜。又孔子曰："汉三百载，斗历改宪。"三百四岁为一德，五德千五百二十岁，五行更用。王者随天，譬犹自春徂夏，改青服绛者也。自文帝省刑，适三百年，而轻微之禁，渐已殷积。王者之法，譬犹江河，当使易避而难犯也。故《易》曰："易则易知，简则易从，易简而天下之理得矣。"今去奢即俭，以先天下，改易名号，随事称谓。《易》曰："君子之道，或出或处，同归殊涂，一致百虑。"是知变常而善，可以除灾，变常而恶，必致于异。今年仲竟，来年入季，仲终季始，历运变改，故可改元，所以顺天道也。

然而现任三公并无周公、召公的才干，却肩负着选贤、识人的重任，因此每当他们选任官员时，总要参照自己属下掾吏的意见，以至于三公府的门庭和通往官府的里巷中，挤满了前来投靠、依附的宾客，这些宾客三公府送走一批又迎来一批，他们在和三公的来往交际中不停地送上财物。那些应当升迁之人，又争相求访并向三公推荐亲友，他们都派自己的子弟前往三公府，求官之人挤满道路，三公府助长歪风并开启了不正的门路，激起并引出了浮薄、虚伪的做派，这可不是您所谓的一律按先代典章办事。尚书之职正如北斗七星中的天玑和玉衡，尚书台设置于看守严密的宫禁之中，因此那些想使朝廷屈从私情而授予官位的心意，便无法上达于尚书台，同时选官之人在选官时偏向亲故的恩情，或许也无所施展。所以推选、任用官吏的重任，不如交还给尚书台。微臣着实愚钝耿直，不懂中庸、调和之道，微臣所说的这些固然是极端的建议，但却是适合于当今的策略。此外，孔子说："汉朝建立三百年后，根据依照北斗运转所制定的历法，正是改变年号之时。"王朝的命运对应着金、木、水、火、土五德，三百零四年为一德，五德便是一千五百二十年，在此期间五行更迭，分别代表不同时期的命运。人君应当顺从天道，正如春去夏来，天子褪下青衣、摘下仓玉，改穿朱衣、佩戴赤玉。自从文帝裁汰刑罚，到如今正好三百年，同时当年尚且轻微的禁令，三百年后也渐渐累积增多。人君所订立的法令，正如大江大河一般，应当使百姓易于避免获罪同时又难以触犯。所以《周易》说："《周易》并不困难因而易于明白，《周易》说理简单因而易于遵行，《易周》虽然简易但天下万事万物的道理都在其中了。"如今陛下应当戒除奢侈、厉行节俭，将天下安定放在首位，希望陛下改变现行的官名称号，而根据官吏所负责的政事重定名号。《周易》说："所谓君子的为人处世之道是指，不管出仕还是隐居，君子的所作所为最终都会因为对道的坚持而殊途同归，他所做出的百种思虑也都是基于这一个恒常的道。"由此可知，改变常例若能达成好的效果，便可消除灾异，改变常例若是引发坏的后果，必定招致灾异。今年是戌仲之节结束的年份，明年便进入戌季之节，仲之节告终，季之节开始，王朝的气运发生了改变，所以可以改变年臣顗愚蔽，不足以答圣问。

顗又上书荐黄琼、李固，并陈消灾之术曰：

臣前对七事，要政急务，宜于今者，所当施用。诚知愚浅，不合圣听，人贱言废，当受诛罚，征营惶怖，靡知厝身。

臣闻刳舟剡楫，将欲济江海也；聘贤选佐，将以安天下也。昔唐尧在上，群龙为用，文武创德，周召作辅，是以能建天地之功，增日月之耀者也。《诗》云："赫赫王命，仲山甫将之。邦国若否，仲山甫明之。"宣王是赖，以致雍熙。陛下践祚以来，勤心庶政，而三九之位，未见其人，是以灾害屡臻，四国未宁。臣考之国典，验之闻见，莫不以得贤为功，失士为败。且贤者出处，翔而后集，爵以德进，则其情不苟，然后使君子耻贫贱而乐富贵矣。若有德不报，有言不醻，来无所乐，进无所趋，则皆怀归薮泽，修其故志矣。夫求贤者，上以承天，下以为人。不用之，则逆天统，违人望。逆天统则灾眚降，违人望则化不行。灾眚降则下呼嗟，化不行则君道亏。四始之缺，五际之厄，其咎由此。岂可不刚健笃实，矜矜栗栗，以守天功盛德大业乎？

号，朝廷可以借此做法顺应天道。

微臣郎顗愚顿糊涂，能力不足以对圣上的询问做出完美的回答。

郎顗又向朝廷上书推荐黄琼、李固，同时陈述了消除灾祸的方法，他在奏书中说：

微臣之前在对策中所陈述的七件事，都是切要、紧急的政务，合于当前需要，是朝廷应该施行采用的。微臣的确知道自己的愚浅之见，在陛下听来十分刺耳，微臣那卑贱的身份也会使这意见不被采纳，微臣应当受到惩办，因此惶恐不安，不知何处安身。

微臣听说挖空树干做成舟船，削刮木材制成船桨，是因为将要横渡江海；国君聘请贤能之士，选用辅国之臣，是因为将要凭此安定天下。从前唐尧担任君王之时，有众多如龙一般的贤臣为他所用，文王武王创立德业，周公、召公担任辅佐，因此先代明君能够建立如天地般伟大的功业，为太阳、月亮增光添彩。《诗经》中曾有言："显赫君王的命令，仲山甫遵照奉行。国家有德或有失，仲山甫心如明镜。"宣王仰赖他的辅佐，凭此达成天下大治。自从陛下登基以来，勤于政务、日理万机，然而官居三公、九卿之人，全都不称其职，因此灾害屡次袭来，四方各国不得安宁。微臣详察大汉典籍，并验证于所闻所见，发现国家从来都是因为得到贤才而达成功绩，因为失去辅佐而归于败亡。况且贤才究竟是选择出仕还是隐居，他们会如群鸟般盘旋观察后才肯落下休息，根据群臣的德行来加官进爵，百官的尽忠之心就不会轻率、随便，如此一来便能让君子耻于贫贱而乐于富贵。如果有德之人不获回报，直言之人不获酬谢，入朝之人心意不快，出仕之人无处效力，那么贤才都会怀有复归草野之意，重新修养他们从前的隐逸之心。君主访求贤才之举，对上是为了秉承天意，对下是为了安抚万民。若是君主最终不能善用贤才，那就触犯了天道，违逆了民望。触犯天道灾害就会降临，违逆民望教化便难施行。灾害降临万民便会哀叹，不施教化王道便有减损。《国风》《大雅》《小雅》《颂》等四章首篇所彰明的德行有所缺失，阴阳终始相遇的卯、酉、午、戌、亥之年国政大变，这样的过错正是因触犯天道、臣伏见光禄大夫江夏黄琼，耽道乐术，清亮自然，被褐怀宝，含味经籍，又果于从政，明达变复。朝廷前加优宠，宾于上位。琼入朝日浅，谋谟未就，因以丧病，致命遂志。《老子》曰："大音希声，大器晚成。"善人为国，三年乃立。天下莫不嘉朝廷有此良人，而复怪其不时还任。陛下宜加隆崇之恩，极养贤之礼，征反京师，以慰天下。又处士汉中李固，年四十，通游夏之艺，履颜闵之仁。絜白之节，情同皦日，忠贞之操，好是正直，卓冠古人，当世莫及。元精所生，王之佐臣，天之生固，必为圣汉，宜蒙特征，以示四方。夫有出伦之才，不应限以官次。昔颜子十八，天下归仁；子奇稚齿，化阿有声。若还琼征固，任以时政，伊尹、傅说，不足为比，则可垂景光，致休祥矣。臣顗明不知人，伏听众言，百姓所归，臧否共叹。愿泛问百僚，核其名行，有一不合，则臣为欺国。惟留圣神，不以人废言。

谨复条便宜四事，附奏于左：

一事：孔子作《春秋》，书"正月"者，敬岁之始也。王者则天违逆民望而生。因此陛下怎能不雷厉风行、脚踏实地，同时谨慎小心、时时戒备，借此奉行上苍降赐的天职，成就日有所进的盛德，达成国富民安的大业呢?

以微臣愚见光禄大夫江夏人黄琼，他醉心于道家之术，清高正直、遵从自然之道，他安于贫贱不着华服但却身怀大才，嗜好品味圣贤典籍，此外，他为政果决明断，又通晓改变灾祸、消除异象，使清平恢复如初的方法。此前朝廷对他的恩宠极为优厚，授予他尊贵的官职。黄琼入朝为官为时不久，他的谋划和妙策尚未有所成效，最终却因丧事和疾病而退职，但他仍有为实现大志献出生命的意愿。《老子》中曾有言："声震寰宇的大音很少为人听闻，无所不容的大器迟迟不能形成。"有德之人执掌一国之政，三年之后才能有所成效。因此天下万民无不对朝廷有这样的贤人辅佐而大加称赞，并且又对黄琼不能按时复任感到奇怪。陛下应增加推重贤才的恩泽，极尽供养贤才的礼遇，将黄琼召回京城，以此抚慰天下百姓。另外，隐居的贤士汉中人李固，他今年四十岁了，像子游、子夏一般博通文艺，如颜回、闵子骞一般躬行仁义。他的气节高尚清白，性情志趣灿若明日，他的操守忠诚坚贞，乐于守义公正刚直，才德超越古人，时人难以匹敌。他正是天地间阴阳二气所生的大才，堪为天子的贤能辅相，上天造就李固，定是为了大汉，李固应当承蒙朝廷的特别征召，为的是向天下四方展现朝廷的爱贤之意。才能出众之人，不应在官位高低上予以限制。从前颜回年方十八，天下众人赞其仁德；齐国子奇虽然年少，教化阿县颇有政声。如果陛下能请回黄琼、征召李固，任用他们处理眼下的政务，那么即便是伊尹、傅说，也不能和他们相比，这样就能使上天赐予吉光，引来福泽、祥瑞了。微臣郎顗并无明察识人之才，但微臣恭敬地倾听众人的议论，观察百姓归心于何人，并根据万民的歌咏做出评定。希望陛下广泛征询百官意见，核查黄琼、李固的名声与品行，若有一处与微臣所言相悖，那么微臣便犯下了欺君之罪。希望陛下留意于微臣的愚见，不因微臣的卑下而有所拒斥。

微臣再次恭谨地逐条陈述四件利国之事，另于下文说明：

第一件事：孔子编纂《春秋》，之所以将一年的第一个月称为之象，因时之序，宜开发德号，爵贤命士，流宽大之泽，垂仁厚之德，顺助元气，含养庶类。如此，则天文昭烂，星辰显列，五纬循轨，四时和睦。不则太阳不光，天地溷浊，时气错逆，霾雾蔽日。自立春以来，累经旬朔，未见仁德有所施布，但闻罪罚考掠之声。夫天之应人，疾于景响，而自从入岁，常有蒙气，月不舒光，日不宣曜。日者太阳，以象人君。政变于下，日应于天。清浊之占，随政抑扬。天之见异，事无虚作。岂独陛下倦于万机，帷幄之政有所阙欤？何天戒之数见也！臣愿陛下发扬乾刚，援引贤能，勤求机衡之寄，以获断金之利。臣之所陈，辄以太阳为先者，明其不可久闇，急当改正。其异虽微，其事甚重。臣言虽约，其旨甚广。惟陛下乃眷臣章，深留明思。

二事：孔子曰："雷之始发'大壮'始，君弱臣强从'解'起。"今月九日至十四日，'大壮'用事，消息之卦也。于此六日之中，雷当发声，发声则岁气和，王道兴也。《易》曰："雷出地奋，豫，先王以作乐崇德，殷荐之上帝。"雷者，所以开发萌牙，辟阴除害。万物须雷而解，资雨而润。故经曰："雷以动之，雨以润之。"王者崇宽大，顺春令，则雷应节，不则发动于冬，当震反潜。故《易传》曰："当雷不雷，太阳弱也。"今蒙气不除，日月变色，则其效也。天网恢恢，疏而不失，随时进退，应政得失。大人者，与天地合其德，与日月合

“正月”，是为了表达对一年之始的推崇。人君以天文现象作为治国准则，顺应季节和时序施行政令，因此陛下应当颁布仁德的号令，为贤能之士加官进爵，流播宽和弘大的恩泽，降赐仁爱宽厚的圣德，顺应壮大天地间的自然之气，包容养育世间万物。这样，就可使苍穹中的天体灿烂夺目，使行星和恒星闪耀于夜空，使金、木、水、火、土五星不离常轨，使春、夏、秋、冬四季调和有序。否则太阳便会黯淡无光，天地之间清气混浊，四季、节气颠倒错乱，烟尘雾气遮天蔽日。自从今年立春以来，至今已有十天乃至一个月，但臣民未曾见到陛下的仁德遍施天下，却只能听到惩办罪人的拷打之声。上天对人事即刻便有感应，其敏锐甚于光影和声响，因而自从年初开始，便常有蒙气出现，月光难以展现，日光不曾灿烂。日就是太阳，象征着人君。因此下界的朝政有所变化，天上的太阳便会有所感应。根据清浊之气占卜吉凶，卦象随国政有高下之别。上天向下民展现异象，绝非是无缘无故之事。难道只是因为陛下倦怠于诸般要务，而且谋臣为政亦有所疏漏吗？不然为何上天的警戒频频出现呢！微臣希望陛下发扬那如天一般刚健的圣德，提拔任用贤能之士，勤恳地访求可以托付机要之职的能臣，与群臣勠力同心以求利国利民。之所以在微臣所陈述的意见中，总是把使太阳重归光明作为要务，原因在于微臣明白太阳不能久久昏暗，这是急需改变和纠正的异象。太阳昏暗的异象看似轻微，它所预兆的人事却非常重大。微臣所言虽然简略，其中含意极为深广。希望陛下对微臣的奏章多加顾念，多加留心。

第二件事：孔子说：“春雷响起后合于‘大壮’卦的时节便开始了，君权削弱而权臣强横始于‘解’卦合乎时令之刻。”本月九日至十四日，正是合于“大壮”卦的时节，“大壮”卦是反映阴阳消长的消息卦之一。在九日至十四日这六天当中，春雷应当响起，春雷响起那么一年的气候便能调和，王道便可兴起。《周易》中曾有言：“雷震激发出离大地，这是可喜之事，先王会为了推崇天德而演奏雅乐，隆重地将此雅乐进献给天帝。”雷声是上天借以生发草木嫩芽，并用于驱除阴气、消灭害物的。天地间的万物需要雷声使之焕发生机，需要雨水才能获得滋润。所以《说卦》中曾有言：“用春雷使万物萌动，用春其明，琁玑动作，与天相应。雷者号令，其德生养。号令殆废，当生而杀，则雷反作，其时无岁。陛下若欲除灾昭祉，顺天致和，宜察臣下尤酷害者，亟加斥黜，以安黎元，则太皓悦和，雷声乃发。

三事：去年十月二十日癸亥，太白与岁星合于房、心。太白在北，岁星在南，相离数寸，光芒交接。房、心者，天帝明堂布政之宫。《孝经钩命决》曰："岁星守心年谷丰。"《尚书洪范记》曰："月行中道，移节应期，德厚受福，重华留之。"重华者，谓岁星在心也。今太白从之，交合明堂，金木相贼，而反同合，此以阴陵阳，臣下专权之异也。房、心东方，其国主宋。《石氏经》曰："岁星出左有年，出右无年。"今金木俱东，岁星在南，是为出右，恐年谷不成，宋人饥也。陛下宜审详明堂布政之务，然后妖异可消，五纬顺序矣。

雨使万物润泽。”人君若能推崇宽大的仁政，顺应春季的时令，那么春雷便应和着春季的时节而响起，否则雷声就会在冬季响起，而沉默于应当响起的春季。因此《易传》说：“雷声应起而未起，是因为旺盛的阳气衰弱了。”现在蒙气久久不消，日月因而变色，这便是人君未能顺应时令施行仁政的效验了。天道的罗网宽广无边，看似稀疏而绝无遗漏，顺应时节而动静有变，感应人君的为政得失。身为天子之人，应使自己的德行与天地之理相合，使自己的英明与日月之光相映，天子是人间的北斗，其行动自当顺应天道。雷声是天帝的号令，雷声的德行是生养万物。人君懈怠、废弛于天帝的号令，在应当保全人命之时滥杀，那么雷声便违逆时令响于冬季，本年便是灾荒之年。陛下如果想要祛除灾害并彰显天之福佑，顺应天意并招致祥和之气，就应当仔细分辨出群臣中的极为残暴之辈，并立刻加以罢免，为的是安抚天下万民，这样就能使上天喜悦和顺，雷声才会应和时令而响。

第三件事：去年十月二十日，即癸亥日，金星和木星在房宿和心宿区域相会。金星在北面，木星在南面，两星看上去相距不过几寸，它们的光芒交相辉映。房宿和心宿是天帝的明堂，是天帝宣布政令的地方。《孝经鉤命决》中曾有言：“木星运行到心宿区域预示着丰收之年。”《尚书洪范记》中曾有言：“月亮的运行合乎一定的轨道，随时期不同改变运行节奏，当人君因恩德深厚而秉承天福时，月亮便会受行经心宿的重华挽留而行进缓慢。”所谓重华便是木星运行到心宿区域。现在金星随同木星的步伐，二星相会于天帝的明堂，出于金克木的缘故，木星位于心宿本该有的吉兆便被颠倒了，这是因为阴气侵凌了阳气，是臣下大权独揽引发的异象。房宿、心宿位于东方，是宋国的分野。《石氏经》说：“木星出现在左边预示着丰年，出现在右边预示着荒年。”现在金星、木星都在东方的房宿、心宿方位，而木星又位于金星之南，这便是木星出现在了右边，微臣担心今年粮食将会歉收，宋国百姓将遭饥荒。自己在朝堂中宣明政教的要务是否有所不足？陛下应对此加以详察。这之后妖异之象便能消除，金、木、水、火、土五星的运行也会归于协调。

四事：《易传》曰："阳无德则旱，阴僭阳亦旱。"阳无德者，人君恩泽不施于人也。阴僭阳者，禄去公室，臣下专权也。自冬涉春，讫无嘉泽，数有西风，反逆时节。朝廷劳心，广为祷祈，荐祭山川，暴龙移市。臣闻皇天感物，不为伪动，灾变应人，要在责己。若令雨可请降，水可攘止，则岁无隔并，太平可待。然而灾害不息者，患不在此也。立春以来，未见朝廷赏录有功，表显有德，存问孤寡，赈恤贫弱，而但见洛阳都官奔车东西，收系纤介，牢狱充盈。臣闻恭陵火处，比有光曜，明此天灾，非人之咎。丁丑大风，掩蔽天地。风者号令，天之威怒，皆所以感悟人君忠厚之戒。又连月无雨，将害宿麦。若一谷不登，则饥者十三四矣。陛下诚宜广被恩泽，贷赡元元。昔尧遭九年之水，人有十载之蓄者，简税防灾，为其方也。愿陛下早宣德泽，以应天功。若臣言不用，朝政不改者，立夏之后乃有澍雨，于今之际未可望也。若政变于朝而天不雨，则臣为诬上，愚不知量，分当鼎镬。

书奏，特诏拜郎中，辞病不就，即去归家。至四月京师地震，遂陷。其夏大旱。秋，鲜卑入马邑城，破代郡兵。明年，西羌寇陇右。

第四件事：《易传》说："阳气无德就会发生旱灾，阴气超越阳气也会大旱。"所谓阳气无德，说的是天子的恩德福泽未能施及于百姓。所谓阴气超越阳气，说的是福分离开王室，臣下独揽大权。从去冬到今春，直到今日也没有甘霖，加之西风频发，气候不合春季的时令。朝廷为此煞费苦心，举行了大规模的祈祷，多次祭祀山河神灵，在集市中也举行了'曝龙'求雨的祭典。微臣听说皇天感应人事之变，不会因人之虚情假意而有所动静，灾祸和异象是应人事而生的，消灾的关键在于人君的反躬自省。如果皇天让雨水能因祈请而降，让涝灾能因禳祭而止，那么人世间每年都不会因阴阳失调而罹受旱涝，天下太平便是可以期待之事了。然而如今灾害仍未止息，说明问题并不在于是否祈祷。今年立春以来，微臣未曾看到朝廷奖赏、录用有功之人，表彰、传扬有德之人，问候、慰劳孤儿、寡妇，接济、抚恤贫弱之民，反而只看到京都洛阳的官吏们驱车东奔西跑，因纤微之过滥加收捕，使无辜之人充斥监牢。微臣又听说安帝恭陵起火之处，火光至今依然无休无止，说明恭陵失火必为天灾，而非有人犯下纵火之罪。另外，丁丑日那天狂风大作，天地昏暗不明。风亦是天帝的号令，代表了天帝的盛怒，邪火和狂风的降临都是天帝用以使人君醒悟，并告诫人君厉行忠厚之道的方法。此外，久旱无雨已经连续数月，这将会妨害冬麦的收成。一年如果有一茬粮食未获丰收，那就会有十分之三、四的百姓忍饥挨饿。陛下实在应当广施仁惠，使恩德遍及天下，救济黎民百姓。从前唐尧之时曾遭遇了九年的涝灾，但百姓们家中都有可吃十年的储粮，以减轻赋税来防范天灾，这便是唐尧的良方。希望陛下尽早宣布遍施恩泽的政令，为的是顺应上天赋予陛下的天职。如果微臣之言不获采用，朝政也毫无改进，那么直到立夏之后才会降下大雨，不用指望眼下会有甘霖降至了。如果朝政有所改变而上天却不赐予时雨，那么微臣就犯了欺君之罪，微臣愚钝不知罪责深重，自当受烹刑处治。

奏书呈给朝廷后，顺帝特别下令任命郎顗为郎中，郎顗托病并未赴任，随即离开京城回到家中。到元嘉二年（152）四月时，京城发生了地震，京城的地面因此而塌陷。这年夏季，发生大旱。秋季，鲜卑皆略如顗言。后复公车征，不行。

同县孙礼者，积恶凶暴，好游侠，与其同里人常慕顗名德，欲与亲善。顗不顾，以此结怨，遂为礼所杀。

襄楷字公矩，平原隰阴人也。好学博古，善天文阴阳之术。

桓帝时，宦官专朝，政刑暴滥，又比失皇子，灾异尤数。延熹九年，楷自家诣阙上疏曰：

臣闻皇天不言，以文象设教。尧舜虽圣，必历象日月星辰，察五纬所在，故能享百年之寿，为万世之法。臣窃见去岁五月，荧惑入太微，犯帝坐，出端门，不轨常道。其闰月庚辰，太白入房，犯心小星，震动中耀。中耀，天王也；傍小星者，天王子也。夫太微天廷，五帝之坐，而金火罚星扬光其中，于占，天子凶；又俱入房、心，法无继嗣。今年岁星久守太微，逆行西至掖门，还切执法。岁为木精，好生恶杀，而淹留不去者，咎在仁德不修，诛罚太酷。前七年十二月，荧惑与岁星俱入轩辕，逆行四十余日，而邓皇后诛。其冬大寒，杀鸟兽，害鱼鳖，城傍竹柏之叶有伤枯者。臣闻于师曰："柏伤竹枯，不出三年，天子当之。"今洛阳城中人夜无故叫呼，云有火光，人声正喧，于占亦与竹柏枯同。自春夏以来，连有霜雹及大雨雷，而臣作威作福，刑罚急刻之所感也。

人侵入了马邑城，击败了代郡的地方军队。第二年，西羌进犯陇山以西地区。这些事都大致如郎顗所预言的那样发生了。后来朝廷又让公车征召郎顗，但他不肯赴召。

和郎顗同为安丘县人的孙礼是一个作恶多端、凶狠残暴的人，并且喜欢以武犯禁，孙礼和他的同乡一直都仰慕郎顗的名望和德行，就想和郎顗拉近关系。郎顗对他们则不予理睬，并因此和孙礼等人结下仇怨，郎顗最终死于孙礼之手。

襄楷字公矩，他是平原郡隰阴县人。襄楷喜欢学习、通晓古事，擅长天文和阴阳方术。

桓帝年间，宦官独揽朝政，政令和刑罚都残暴无度，此外，皇子又接连夭折，各种灾异极为频发。延熹九年（166），襄楷离家入朝上书说：

微臣听说上天虽然一言不发，却能用天文现象施行教化。所以唐尧、虞舜虽为圣明之主，也一定会推算观测太阳、月亮、行星、恒星的运行，仔细观察金、木、水、火、土五星的位置，因此他们能够享有百岁高寿，成为之后万世君王的楷模。微臣看到去年五月时，火星曾进入太微垣的区域，而后又侵入了五帝座，最终从太微垣以南，左执法星和右执法星之间的端门离开太微垣，这并非火星正常运行时所遵循的轨迹。同年的闰月庚辰日，金星又进入了房宿区域，而后又侵入了心宿小星所在的区域，并震动了心宿三星中位于中央的中耀。中耀便是天王；天王两旁的小星都是天王之子。太微垣是天上的朝廷，是天上五方之帝的玉座所在，而如今金星、火星之类掌管杀伐的星体却在天上的朝廷中熠耀，根据占卜，天子有大凶之兆；同时，金星、火星之类掌管杀伐的星体又进入了房宿、心宿区域，依占卜之法可知君位无人继承。今年木星又长久地逗留于太微垣区域，先是逆行到太微垣南方端门左右的诸颗掖门星区域，之后又迫近了执法星。木星是木气的精华，爱惜生灵而厌恶杀戮，因而木星之所以留在太微垣久久不去，罪过在于朝廷没有修明仁德，刑罚过于严酷。此前在延熹七年十二月时，火星和木星同时进入象征后宫的轩辕星座，二星在这片区域逆行了四十多天，同时邓皇后便受到朝廷治罪。那年太原太守刘瓆、南阳太守成瑨，志除奸邪，其所诛翦，皆合人望，而陛下受阉竖之谮，乃远加考逮。三公上书乞哀瓆等，不见采察，而严被谴让。忧国之臣，将遂杜口矣。

臣闻杀无罪，诛贤者，祸及三世。自陛下即位以来，频行诛伐，梁、寇、孙、邓，并见族灭，其从坐者，又非其数。李云上书，明主所不当讳，杜众乞死，谅以感悟圣朝，曾无赦宥，而并被残戮，天下之人，咸知其冤。汉兴以来，未有拒谏诛贤，用刑太深如今者也。

永平旧典，诸当重论皆须冬狱，先请后刑，所以重人命也。顷数十岁以来，州郡翫习，又欲避请谳之烦，辄托疾病，多死牢狱。长吏杀生自己，死者多非其罪，魂神冤结，无所归诉，淫厉疾疫，自此而起。昔文王一妻，诞致十子，今宫女数千，未闻庆育。宜修德省刑，以广《螽斯》之祚。

冬天极为寒冷，鸟兽皆死，鱼鳖尽亡，洛阳城边本应耐寒的竹子和柏树的叶子也因冻伤而枯萎。微臣听老师说过：“柏树冻伤、竹子枯死，无需三年，将有罪在天子的灾祸降临。”现在洛阳城中的人们在夜晚无缘无故地叫嚷，说有火光在城中漂移不定，目前正是人声鼎沸之时，根据占卜，此等异象所预兆的和竹柏枯萎所预兆的相同。另外，自从春夏两季以来，冰雹和强烈的雷雨连日袭来，同时朝中正有滥权专横的作威作福之臣，冰雹和雷雨便是上天有感于人事施刑严酷、苛刻而降下的。

太原太守刘瓆，南阳太守成瑨，二人立志除去奸诈邪恶之辈，为他们所处死之人，都正是百姓所希望惩治的恶徒，但陛下却听信宦官的诬陷，竟对远方的忠良加以逮捕和拷问。三公上书请求朝廷怜悯刘瓆等人，不仅未能受到陛下的采纳和明察，反而遭到严厉的责备。如此一来，心忧国事的忠臣，最终都将闭口不言了。

微臣听说杀害无罪之人，处死贤良之士，灾祸将延及三代。自从陛下即位以来，朝廷屡行惩治、杀伐之事，梁冀、寇荣、孙寿、邓万世等人，都被灭族，那些因受牵连而死的人，更是不计其数。李云上书所进献的忠言，是明君所不应视为忌讳之事，杜众乞请和李云一同赴死，是期待借此使朝廷醒悟，但二人竟然并未受到宽恕，反而全都遭到残杀，全天下的人们，都知道二人的冤屈。自从汉朝建立以来，还没有哪一代的朝廷像现在这样拒斥规劝、杀害贤臣，并且用刑严酷、滥刑无度的。

按照永平年间的旧时法典，那些应当从重论处的犯人都应等到冬天定罪，而且行刑的官吏应预先请示朝廷，之后再施刑罚，当时的朝廷用这样的方式表示对人命的重视。然而最近几十年来，各州各郡的官吏玩忽职守，又想逃避对疑案须请廷尉审判定罪的麻烦，他们常常借口嫌犯身患疾病，嫌犯因此大多死在牢狱之中。地方长官擅自行使生杀大权，被处死之人大多并无罪责，他们的灵魂心怀冤屈，无处申诉，严重、凶猛的疫病，便由此而爆发。从前周文王只有一位妻子，她最终生下了十个儿子，现在陛下有宫女数千人，却未曾听说有皇子诞生。陛下应当修养德行并且裁汰刑罚，借此来增益《周又七年六月十三日，河内野王山上有龙死，长可数十丈。扶风有星陨为石，声闻三郡。夫龙形状不一，小大无常，故《周易》况之大人，帝王以为符瑞。或闻河内龙死，讳以为蛇。夫龙能变化，蛇亦有神，皆不当死。昔秦之将衰，华山神操璧以授郑客，曰“今年祖龙死”，始皇逃之，死于沙丘。王莽天凤二年，讹言黄山宫有死龙之异，后汉诛莽，光武复兴。虚言犹然，况于实邪？夫星辰丽天，犹万国之附王者也。下将畔上，故星亦畔天。石者安类，坠者失势。春秋五石陨宋，其后襄公为楚所执。秦之亡也，石陨东郡。今陨扶风，与先帝园陵相近，不有大丧，必有畔逆。

案春秋以来及古帝王，未有河清及学门自坏者也。臣以为河者，诸侯位也。清者属阳，浊者属阴。河当浊而反清者，阴欲为阳，诸侯欲为帝也。太学，天子教化之宫，其门无故自坏者，言文德将丧，教化废也。京房《易传》曰：“河水清，天下平。”今天垂异，地吐妖，人厉疫，三者并时而有河清，犹春秋麟不当见而见，孔子书之以为异也。

臣前上琅邪宫崇受干吉神书，不合明听。臣闻布谷鸣于孟夏，蟋蟀吟于始秋，物有微而志信，人有贱而言忠。臣虽至贱，诚愿赐清闲，极尽所言。

南·螽斯》所赞颂的后妃多子多孙之福。

另外，延熹七年（164）六月十三日，有一条龙死在了河内郡野王县的山上，这条龙长达几十丈。那时，右扶风又有星落下化为石头，落星的声音传遍周边三郡。龙的形状不同，大小不定，所以《周易》将龙比作天子，帝王将龙视为吉兆。有人听说有龙死在河内郡，出于避讳将其称之为蛇。龙能够变化，蛇也有神力，它们都是本不应死的生灵。从前秦朝将要衰亡时，华山神将手中的玉璧交给郑客让他送给滈池君，并对他说："今年祖龙就会逝世了。"秦始皇为了逃避这一预言，就离开咸阳最终死在沙丘。王莽天凤二年（15），有流言说发生了龙死在黄山宫的怪事，后来大汉诛杀了王莽，光武帝复兴了汉室。虚假的谣传仍会造成这样的效果，何况是真实发生的事情呢？星辰附着于天幕，正如天下各国依附于天子。因为臣下将要反叛君上，所以星斗也会背叛上天。石头本为安定的事物，石头坠落之地将失去权势。春秋时五块陨石落在宋国，在那之后宋襄公便为楚国俘获。秦朝亦因此而亡，当时曾有陨石落在东郡。现在陨石落在右扶风，这是临近先帝园陵的地方，因此国家即便没有大的损失，也一定会有叛乱发生。

查验春秋以来以及上古帝王之时的史事，从未出现过黄河变清和太学门户径自损坏之事。微臣认为黄河象征诸侯之位。清轻之物属于阳气，浊重之物属于阴气。黄河应为浊重之物如今却反而变得清轻，这说明阴气想要化为阳气，诸侯想要僭越称帝。太学是天子教化天下的殿宇，它的门若是无缘无故径自损坏，说明朝廷的礼乐制度就要沦丧，风雅教化将会废弛。京房所著的《易传》中曾有言："黄河水清，天下太平。"然而现在上天降下异象，大地散发妖气，百姓遭受大疫，三种大灾同时出现可黄河之水反倒变清，这正像春秋乱世之时麒麟不当出现而出现一样，孔子将猎获麒麟一事视为怪异所以才将其记载于史书中。

在微臣之前琅琊人宫崇曾将传自他的师父干吉的神书献给朝廷，但此书并不合乎天子心意。微臣听说布谷鸟会在夏季首月鸣叫，蟋蟀会在秋季之始吟唱，有些生灵虽小但其心意可信，有人身份卑书奏不省。

十余日，复上书曰：

臣伏见太白北入数日，复出东方，其占当有大兵，中国弱，四夷强。臣又推步，荧惑今当出而潜，必有阴谋。皆由狱多冤结，忠臣被戮。德星所以久守执法，亦为此也。陛下宜承天意，理察冤狱，为刘瓆、成瑨亏除罪辟，追录李云、杜众等子孙。

夫天子事天不孝，则日食星斗。比年日食于正朔，三光不明，五纬错戾。前者宫崇所献神书，专以奉天地顺五行为本，亦有兴国广嗣之术。其文易晓，参同经典，而顺帝不行，故国胤不兴，孝冲、孝质频世短祚。

臣又闻之，得主所好，自非正道，神为生虐。故周衰，诸侯以力征相尚，于是夏育、申休、宋万、彭生、任鄙之徒生于其时。殷纣好色，妲己是出。叶公好龙，真龙游廷。今黄门常侍，天刑之人，陛下爱待，兼倍常宠，系嗣未兆，岂不为此？天官宦者星不在紫宫而在天市，明当给使主市里也。今乃反处常伯之位，实非天意。

又闻宫中立黄老、浮屠之祠。此道清虚，贵尚无为，好生恶杀，省欲去奢。今陛下嗜欲不去，杀罚过理，既乖其道，岂获其祚哉！或言老子入夷狄为浮屠。浮屠不三宿桑下，不欲久生恩爱，精之至也。

贱但他尽忠直言。微臣身份虽然极其卑贱，但实在希望陛下能抽出片刻闲暇，使微臣能将满腹忠言尽行倾吐。

襄楷的奏书呈上后，桓帝并未观览。

十多天后，襄楷又上书说：

微臣看到金星在北方没入地表后几天，又重新在东方出现，据此占卜应当有大规模的战事发生，在此一战中，中原将居于弱势，四夷则居于强势。微臣推算天象后又发现，如今火星本应出现但却潜藏未现，定有阴谋发生。而这都是冤案过多，忠臣被害的缘故。木星之所以久久逗留于左右执法星的区域，也是因为这个缘故。陛下应秉承天意，审明冤案，减免刘瓆、成瑨触犯刑律之罪，并任用已逝的李云、杜众等人的子孙。

天子不以孝道侍奉上天，就会出现日食和五星失常的现象。近来一连两年的正月朔日都有日食发生，日、月、星三光不明，五星运行失序。此前宫崇所献来的神书，专门将遵奉天地之道、顺应五行变化作为全书要旨，书中也有振兴国家和使子孙众多的方法。它的文字平易晓畅，可与经典相互验证，然而顺帝并未依此行事，所以子孙未能兴旺，冲帝、孝帝两朝接连短命。

微臣又听说，投合君主的爱好，自然绝非正道，神明会因此降灾。所以周王室衰弱后，诸侯互相推崇的是凭武力征伐天下，于是在那时出现了夏育、申休、宋万、彭生、任鄙之类的力士。殷纣王好色，妲己因此现身。叶公好龙，真龙游于庭院。现在黄门署的诸位常侍，都是受了宫刑之人，然而陛下却宠爱、善待他们，对他们的宠信数倍于常规，如今仍未有皇子诞生的迹象，难道不正是缘于此故？星官之中宦官之星并不在紫微垣而位于天市垣，说明按照天意应当差遣宦官负责街市里巷的事务。现在宦官竟反倒高居侍中之位，这实在不合天意。

微臣又听说陛下在宫中设立了黄帝、老子和佛陀的祠堂。黄老和佛陀之道主张清净虚无，重视推崇自然无为，爱惜生灵、厌恶杀戮，节制欲望、远离奢靡。现在陛下并未戒除情欲，用刑超过常理，天神遗以好女，浮屠曰："此但革囊盛血。"遂不眄之。其守一如此，乃能成道。今陛下婬女艳妇，极天下之丽，甘肥饮美，单天下之味，奈何欲如黄老乎？

书上，即召诏尚书问状。楷曰："臣闻古者本无宦臣，武帝末，春秋高，数游后宫，始置之耳。后稍见任，至于顺帝，遂益繁炽。今陛下爵之，十倍于前，至今无继嗣者，岂独好之而使之然乎？"尚书上其对，诏下有司处正，尚书承旨奏曰："其宦者之官，非近世所置。汉初张泽为大谒者，佐绛侯诛诸吕；孝文使赵谈参乘，而子孙昌盛。楷不正辞理，指陈要务，而析言破律，违背经艺，假借星宿，伪托神灵，造合私意，诬上罔事。请下司隶，正楷罪法，收送洛阳狱。"帝以楷言虽激切，然皆天文恒象之数，故不诛，犹司寇论刑。

初，顺帝时，琅邪宫崇诣阙，上其师干吉于曲阳泉水上所得神书百七十卷，皆缥白素朱介青首朱目，号《太平清领书》。其言以阴阳五行为家，而多巫觋杂语。有司奏崇所上妖妄不经，乃收臧之。后张角颇有其书焉。

陛下已经违背了黄老、佛陀之道，又怎能获得其中的福分呢！有人说老子西出函谷关来到夷狄之地后便成为了佛陀。佛陀不会在一颗桑树下留宿三夜，不想因久处桑下而生眷恋之心，摒除情欲之心极为真诚。天神将美丽的女子送给佛陀，佛陀说：“这只是装着血的皮囊罢了。”于是便不再多看一眼。佛陀就是像这样一心守道，最终才能修成正果。现在陛下后宫中尽是放荡、美艳的妇人，穷尽了全天下的佳丽，安享香甜的御膳、醇厚的美酒，竭尽了全天下的至味，陛下如此行事为何还想像黄帝、老子一般呢？

奏书呈上后，朝廷立刻将襄楷召到尚书台询问情况。襄楷说：“微臣听说古时本来没有宦官，武帝末年，天子年事已高，加之武帝屡在后宫游乐，这才开始设立宦官。后来宦官渐渐受到重用，直到顺帝年间，宦官的权势最终愈加壮大。现在陛下为宦官封爵，爵位的级别相较以往增加了十倍，陛下到现在仍没有皇子，这又何止是因为宠信宦官而造成的结果呢？”尚书将他的答复呈给桓帝，桓帝命令将此事交由执法官吏做出裁决，尚书奉旨上奏说：“任用宦者，并非始于近代。汉朝初年张泽担任大谒者，他帮助绛侯周勃诛杀了吕氏一门；文帝让赵谈与自己同车担任参乘，然而文帝依旧子孙昌盛。襄楷言辞混乱、条理不清，却胆敢陈说朝政要事，而且他的分析违反国法，离经叛道，只是借着星宿运行之理，假托神灵之意，以捏造使天象、神意符合己见，并以此诬蔑圣上耽误国事。请陛下将其交给司隶校尉处治，对襄楷的罪行做出裁决，并将他关进洛阳监牢。”桓帝认为襄楷的进言虽然偏激、直率，却都是依照天体运行的恒常规律所发，所以不愿处死襄楷，而仍命司寇对他予以判刑。

起初，在顺帝年间，琅琊人宫崇来到朝廷，献上了他的师父干吉在曲阳山泉水上得到的一百七十卷神书，书卷都是用青白色的生绢制成，逐行都以红线分栏，各卷封面都以青墨题字，各章题目都以红墨书写，书名是《太平清领书》。书中内容以阴阳五行的学问为主，并夹杂了不少巫术之说。负责经学的官吏上奏说宫崇献上的神书充斥着怪异荒诞、不合经义的言论，最终朝廷只是将神书收藏起来。后来张角得到了其中的不少篇章。

及灵帝即位，以楷书为然。太傅陈蕃举方正，不就。乡里宗之，每太守至，辄致礼请。中平中，与荀爽、郑玄俱以博士征，不至，卒于家。

论曰：古人有云："善言天者，必有验于人。"而张衡亦云："天文历数，阴阳占候，今所宜急也。"郎顗、襄楷能仰瞻俯察，参诸人事，祸福吉凶既应，引之教义亦明。此盖道术所以有补于时，后人所当取鉴者也。然而其敝好巫，故君子不以专心焉。

赞曰：仲桓术深，蒲车屡寻。苏竟飞书，清我旧阴。襄、郎灾戒，寔由政淫。

到灵帝即位时，灵帝认可了襄楷的奏书。太傅陈蕃举荐襄楷为方正，但他并未赴任。同乡之人都很尊敬襄楷，每逢平原郡有新太守到任，太守总会送去礼物邀请他。中平年间，襄楷与荀爽、郑玄都受到朝廷征召并获任博士之职，襄楷仍未赴任，最后在家中去世。

评论说：古人曾说："善于论说天象之人，他的预测定会在人事中得到验证。"而且张衡也说："根据天象推算年时节候，根据阴阳之变预测人事，这些都是当前所急需的技艺。"郎顗、襄楷擅长仰观天文、俯察地理，同时又能参照人事之变，不仅预测福祸吉凶颇为灵验，而且引证佛老义理清楚明白。这大概就是方术能够借以裨补时弊，后人应当有所借鉴之处。然而方术之学的弊病在于嗜好讲论亡魂、神灵之事，所以君子不会将其作为自己一心钻研的学问。

赞辞说：杨厚道术高深莫测，蒲车征召屡不赴任。苏竟寄信晓喻刘恭，帝乡治下阴县归顺。襄楷、郎顗逢灾必戒，实则出于善政未申。

卷六十一

郭杜孔张廉王苏羊贾陆列传第二十一

郭伋字细侯，扶风茂陵人也。高祖父解，武帝时以任侠闻。父梵，为蜀郡太守。伋少有志行，哀、平间辟大司空府，三迁为渔阳都尉。王莽时为上谷大尹，迁并州牧。

更始新立，三辅连被兵寇，百姓震骇，强宗右姓各拥众保营，莫肯先附。更始素闻伋名，征拜左冯翊，使镇抚百姓。世祖即位，拜雍州牧，再转为尚书令，数纳忠谏争。

建武四年，出为中山太守。明年，彭宠灭，转为渔阳太守。渔阳既离王莽之乱，重以彭宠之败，民多猾恶，寇贼充斥。伋到，示以信赏，纠戮渠帅，盗贼销散。时匈奴数抄郡界，边境苦之。伋整勒士马，设攻守之略，匈奴畏惮远迹，不敢复入塞，民得安业。在职五岁，户口增倍。后颍川盗贼群起，九年，征拜颍川太守。召见辞谒，帝劳之曰："贤能太守，去帝城不远，河润九里，冀京师并蒙福也。君虽精于追捕，而山道险厄，自斗当一士耳，深宜慎之。"伋到郡，招怀山贼阳夏赵宏、襄城召吴等数百人，皆束手诣伋降，悉遣归附农。因自劾专命，帝美其策，不以咎之。后宏、吴等党与闻伋威信，远自江南，或从幽、冀，不期俱降，骆驿不绝。

郭伋字细侯，右扶风茂陵县人。他的高祖父郭解，在武帝年间因行侠仗义而闻名。他的父亲郭梵，担任蜀郡太守。郭伋年少时便有远大的志向和端正的品行，哀帝平帝年间朝廷征召他到大司空府为官，后来三度升迁官至渔阳都尉。王莽年间郭伋担任上谷大尹，之后升任为并州牧。

更始政权建立之初，京畿的三辅地区多次遭到乱兵侵扰，百姓惊恐不已，当地的豪门大族都各自掌握军队、坚壁自守，不愿先行归附更始帝。更始帝向来便知郭伋的盛名，就征召他担任左冯翊，命他安抚百姓。光武帝即位后，朝廷任命郭伋为雍州牧，之后调任为尚书令，郭伋多次进献忠言直言劝谏。

建武四年（28），郭伋出任为中山太守。第二年，彭宠败亡，郭伋调任为渔阳太守。渔阳郡在王莽年间已饱受战乱，现在又经历了彭宠叛乱的兵祸，所以当地居民大多狡诈凶恶，小偷、强盗遍布各地。郭伋上任后，向百姓展示朝廷信义并加以赏赐，审判并处死强盗头目，最终消除了小偷和强盗的危害。当时匈奴经常到渔阳郡边境劫掠，边地百姓久遭折磨。郭伋操练军队，筹划了进攻和防守的计略，使得匈奴心生畏惧逃往远方，再也不敢进犯边关，百姓得以安居乐业。郭伋担任渔阳太守五年，当地的人户便增加了一倍。后来颍川郡的小偷和强盗大量出现，于是在建武九年（33），朝廷任命郭伋为颍川太守。临行前光武帝召见了郭伋，光武帝慰劳他说："你是位贤能的太守啊，如今你赴任的颍川离京城不远，黄河之水能滋润方圆九里的土地，希望京城也能蒙受颍川的福泽。你虽然善于追捕贼人，但是颍川山路艰险，一旦开战您自己也只是一名士兵了，一定要小心呐。"到颍川郡上任后，郭伋招降安抚了山贼阳夏人赵宏和襄城人召吴及其麾下的几百人，他们都把自己的手捆起来到郭伋这里投降，十一年，省朔方刺史属并州。帝以卢芳据北土，乃调伋为并州牧。过京师谢恩，帝即引见，并召皇太子诸王宴语终日，赏赐车马衣服什物。伋因言选补众职，当简天下贤俊，不宜专用南阳人。帝纳之。伋前在并州，素结恩德，及后入界，所到县邑，老幼相携，逢迎道路。所过问民疾苦，聘求耆德雄俊，设几杖之礼，朝夕与参政事。

始至行部，到西河美稷，有童儿数百，各骑竹马，道次迎拜。伋问“儿曹何自远来”。对曰：“闻使君到，喜，故来奉迎。”伋辞谢之。及事讫，诸儿复送至郭外，问“使君何日当还”。伋谓别驾从事，计日当告之。行部既还，先期一日，伋为违信于诸儿，遂止于野亭，须期乃入。

是时朝廷多举伋可为大司空，帝以并部尚有卢芳之儆，且匈奴未安，欲使久于其事，故不召。伋知卢芳夙贼，难卒以力制，常严烽候，明购赏，以结寇心。芳将隋昱遂谋胁芳降伋，芳乃亡入匈奴。

郭伋把他们都放回去务农。之后郭伋便上书光武帝检举自己越权释放贼人的罪责，光武帝称赞了他的处置，并未因此怪罪他。后来赵宏、召吴等人的同党得知郭伋的威信后，有的从江南远道而来，有的从幽州、冀州出发，他们不约而同地到郭伋处投降，前来归降的人络绎不绝。

建武十一年（35），朝廷撤销了朔方刺史部将其归入并州。光武帝因为卢芳割据北方，调任郭伋为并州牧。郭伋赴任途中路过京师便想入朝谢恩，光武帝立刻派人引见郭伋，并召集皇太子和其他儿子设宴款待郭伋还和他聊了一整天，之后赏赐给他车马、衣服、各色器物。趁此机会郭伋就选任补缺一事向光武帝进谏，说应当从全国各地选贤任能，不应仅限于南阳人。光武帝采纳了郭伋的意见。郭伋此前曾任并州牧，向来因仁德而与当地百姓结下恩情，等后来郭伋再次回到并州时，一路所经各县，百姓都扶老携幼，在道路两旁恭迎郭伋。郭伋每到一处都对百姓嘘寒问暖，并招揽德高望重的长者和英雄俊杰，他在官署依礼制安放了几案和手杖，使长者时刻都可参与政务。

从前郭伋巡视并州时，途经西河郡美稷县，路上遇到几百个孩子，他们都骑着竹马，在路旁行拜礼恭迎郭伋。郭伋问："孩子们为何远道而来呢？"他们说："听说大人您来了，我们特别高兴，所以就来迎接你了。"郭伋向孩子们致谢。到视察结束后，孩子们又把郭伋送到了外城的城墙外，他们问郭伋："您哪天回来呢？"郭伋和别驾从事说明此事，命他算好日子告诉孩子们。郭伋巡行回来又到了美稷县，比约定的日子提前了一天，郭伋为了不失信于孩子们，就在郊外的邮亭住下，等到了约定的那天才入城。

当时，朝中百官很多人都举荐郭伋应当担任大司空，光武帝因为并州刺史部还要戒备卢芳作乱，而且匈奴亦尚未平定，便想让郭伋长久地担负并州刺史的重任，所以没有将郭伋召回朝中。郭伋知道卢芳为患已久，难以迅速地用武力镇压，便经常整备烽火、修缮哨所，同时申明对归降者予以赏赐，以此引起叛军的归顺之意。卢芳麾下的将领隋昱因此企图胁迫卢芳向郭伋投降，卢芳就投奔了匈奴。

伋以老病上书乞骸骨。二十二年，征为太中大夫，赐宅一区，及帷帐钱谷，以充其家，伋辄散与宗亲九族，无所遗余。明年卒，时年八十六。帝亲临吊，赐冢茔地。

杜诗字公君，河内汲人也。少有才能，仕郡功曹，有公平称。更始时，辟大司马府。建武元年，岁中三迁为侍御史，安集洛阳。时将军萧广放纵兵士，暴横民间，百姓惶扰，诗敕晓不改，遂格杀广，还以状闻。世祖召见，赐以棨戟，复使之河东，诛降逆贼杨异等。诗到大阳，闻贼规欲北度，乃与长史急焚其船，部勒郡兵，将突骑趁击，斩异等，贼遂翦灭。拜成皋令，视事三岁，举政尤异。再迁为沛郡都尉，转汝南都尉，所在称治。

七年，迁南阳太守。性节俭而政治清平，以诛暴立威，善于计略，省爱民役。造作水排，铸为农器，用力少，见功多，百姓便之。又修治陂池，广拓土田，郡内比室殷足。时人方于召信臣，故南阳为之语曰："前有召父，后有杜母。"

诗自以无劳，不安久居大郡，求欲降避功臣，乃上疏曰：

陛下亮成天工，克济大业，偃兵修文，群帅反旅，海内合和，万世蒙福，天下幸甚。唯匈奴未譬圣德，威侮二垂，陵虐中国，边郭伋以年老多病为由上书朝廷请求允许他告老还乡。建武二十二年(46),朝廷征招郭伋出任太中大夫,并赐给他一处住宅,以及帷帐钱粮,以供日常使用和家庭开支,郭伋立刻便把赏赐分给同宗老老少少的亲人们,却没给自己留下什么。第二年郭伋去世,享年八十六岁,光武帝亲自前来吊唁,并赏赐了一块墓地。

杜诗字公君,河内郡汲县人。年轻时便富有才干,在郡府里担任功曹,因行事公正而为人称道。更始帝年间,朝廷将他召入朝中在大司马府为官。建武元年(25),杜诗在一年之内三度升迁官至侍御史,负责洛阳城的安定和睦。当时将军萧广没有严加管束部队,放任士兵在百姓当中肆意横行,百姓们因而惶惶不可终日,杜诗见自己对萧广的告诫和劝导收效甚微,便处死了萧广,并将情况报告给朝廷。光武帝召见了杜诗,赐给他木戟的仪仗,又派他赶赴河东郡,诛灭降服叛贼杨异等人。杜诗刚到大阳县后,就听说杨异等人图谋要北渡黄河,于是他就赶忙与河东长史烧毁了叛贼的渡船,之后指挥着本郡部队,率领精锐的骑兵追击叛军,最终斩杀了杨异等人,于是叛军便归于覆灭。朝廷任命杜诗为成皋县令,杜诗在此为官三年,政绩非常优异。杜诗因此又升任为沛郡都尉,后来又调任为汝南都尉,他在每个职位上都有善政的美名。

建武七年(31),杜诗升任为南阳太守。杜诗性格节俭而且执政清廉公正,他用惩恶除暴的行动树立了威望,而且足智多谋,重视减轻百姓的劳役。杜诗创造出水力鼓风的铸铁装置,以此打造农具,节省了人力,但效率提高,百姓都觉得很方便。杜诗又主持修筑了蓄水池,大规模开垦耕地,南阳郡家家户户因此生活富足。当时的人把杜诗比作西汉时的南阳太守召信臣,因此南阳人称赞这两位父母官说:“前有召父,后有杜母。”

杜诗自认为没有什么功绩,不安于长期在南阳这样的大郡任职,他恳请朝廷想退位让贤,于是上奏说:

陛下遵行天道,成就伟业,马放南山施行文治,精兵猛将班师还朝,四海之内和睦安宁,子孙万代承蒙福泽,这是天下百姓的幸运。惟独匈奴不能领悟朝廷的圣德,侵入西部、北部边疆作乱,为患民虚耗，不能自守，臣恐武猛之将虽勤，亦未得解甲櫜弓也。夫勤而不息亦怨，劳而不休亦怨，怨恨之师，难复责功。臣伏睹将帅之情，功臣之望，冀一休足于内郡，然后即戎出命，不敢有恨。臣愚以为“师克在和不在众”，陛下虽垂念北边，亦当颇泄用之。昔汤武善御众，故无忿鸷之师。陛下起兵十有三年，将帅和睦，士卒凫藻。今若使公卿郡守出于军垒，则将帅自厉；士卒之复，比于宿卫，则戎士自百。何者？天下已安，各重性命，大臣以下，咸怀乐土，不雠其功而厉其用，无以劝也。陛下诚宜虚缺数郡，以俟振旅之臣，重复厚赏，加于久役之士。如此，缘边屯戍之师，竞而忘死，乘城拒塞之吏，不辞其劳，则烽火精明，守战坚固。圣王之政，必因人心。今猥用愚薄，塞功臣之望，诚非其宜。

臣诗伏自惟忖，本以史吏一介之才，遭陛下创制大业，贤俊在外，空乏之间，超受大恩，牧养不称，奉职无效，久窃禄位，令功臣怀愠，诚惶诚恐。八年，上书乞避功德，陛下殊恩，未许放退。臣诗蒙恩尤深，义不敢苟冒虚请，诚不胜至愿，愿退大郡，受小职。及臣齿壮，力能经营剧事，如使臣诗必有补益，复受大位，虽析珪授爵，所不辞也。惟陛下哀矜！

中原，边地百姓因此虚弱、贫困，无法自保，我担心勇猛的将领们即便是竭尽全力地戍边征战，也不能平定匈奴卸甲藏弓。军队勤于作战却不能休整也会使士卒生怨，劳于战事而无法休息也会使士卒怀恨，心有怨恨的军队，便难以再勉励他们立下战功。我看到将领们的心意，功臣们的愿望，都是希望能回到中原休息一下，之后哪怕立即奉命出征，他们也不会心怀怨恨。依臣下愚见'军队能打胜仗在于人和而非兵多将广'，陛下您虽然非常挂念北部边疆的安定，但于治军也应当勉励和休整并用才对。从前商汤和武王善于治军，所以打造出一支仁义之师。陛下您兴兵作战已经十三年了，将领们彼此之间关系融洽，士兵们如鸭戏水藻般欢悦。假如现在让公卿，郡守这类人也轮换着出入军队，那么将帅们一定会努力自勉；如果对士卒予以优待，军饷可与皇宫警卫一般，那战士们自会斗志百倍。为何要这样做呢？因为天下安宁承平日久，人人都以性命为重，自大臣以下的人们，无不思念和平之地，所以除非对立功之人予以重赏以此勉励他们作战，否则就无法激励他们了。陛下实在应该留出几个郡守的位置，留待有功的将领补缺，奖赏要丰厚而且频繁，赐给从军已久的士卒。这样一来，驻守边关的部队，争相拼死作战，登城守塞的官吏，全力以赴不辞辛劳，于是报警的烽火便准确及时，防守严密固若金汤。明君的为政之道，一定能顺应民心。现在您让我这样愚笨浅薄的人占着太守的位置，阻塞了功勋卓著的将领竭忠尽智的想望，这确实是不合适的。

微臣杜诗曾私下里想过，我的才能不过堪为功曹之类的小官，只是恰逢陛下致力于复兴汉室的大业，当时贤臣良将四方奔波，朝堂之中缺乏人才，承蒙朝廷过分恩典，治理南阳很不称职，身居要职并无功劳，愧为太守徒受俸禄，致使有功之人心怀愤恨，微臣诚惶诚恐。建武八年（32）时，微臣曾上书请求避功德，陛下对臣恩宠有加，没有准许我的请求。微臣杜诗承蒙皇恩如此深重，照理绝不敢率然违抗圣意假意请辞，确实是无法达成陛下的期待，所以希望能辞退重要的郡守一职，另任较低的职务。待到微臣年富力强，足以堪当重任之时，假使微臣杜诗定能对朝廷有所助益，自当再任要职，到那时帝惜其能，遂不许之。

诗雅好推贤，数进知名士清河刘统及鲁阳长董崇等。

初，禁网尚简，但以玺书发兵，未有虎符之信，诗上疏曰："臣闻兵者国之凶器，圣人所慎。旧制发兵，皆以虎符，其余征调，竹使而已。符第合会，取为大信，所以明著国命，敛持威重也。间者发兵，但用玺书，或以诏令，如有奸人诈伪，无由知觉。愚以为军旅尚兴，贼虏未殄，征兵郡国，宜有重慎，可立虎符，以绝奸端。昔魏之公子，威倾邻国，犹假兵符，以解赵围，若无如姬之仇，则其功不显。事有烦而不可省，费而不得已，盖谓此也。"书奏，从之。

诗身虽在外，尽心朝廷，谠言善策，随事献纳。视事七年，政化大行。十四年，坐遣客为弟报仇，被征，会病卒。司隶校尉鲍永上书言诗贫困无田宅，丧无所归。诏使治丧郡邸，赙绢千匹。

孔奋字君鱼，扶风茂陵人也。曾祖霸，元帝时为侍中。奋少从刘歆受春秋左氏传，歆称之，谓门人曰："吾已从君鱼受道矣。"

遭王莽乱，奋与老母幼弟避兵河西。建武五年，河西大将军窦融请奋署议曹掾，守姑臧长。八年，赐爵关内侯。时天下扰乱，唯河即便是封官加爵，微臣也不会推辞。希望得到陛下的体恤！

光武帝爱惜他的才能，最终没有准许。

杜诗一向喜欢举荐贤才，多次进荐名声在外的贤士如清河县刘统和鲁阳县长董崇等人。

起初，朝廷法令务求简省，仅凭加封的玺书便可调兵遣将，尚未使用虎符作为信物，于是杜诗上奏说："微臣听说军队是国家的兵器，是圣人所谨慎使用的。以往的调兵制度，都用虎符作为凭证，调集其他的人力、物力，竹制信符就足够了。两半虎符相合，调兵的命令才最终生效，以此朝廷的命令才能清晰显明，重大命令的发布才能慎之又慎。近来调兵，仅需玺书，抑或诏书，假使遭恶人伪造，也无法得知。依臣下愚见值此尚需用兵之时，国贼外辱并未殄灭之际，从各郡各国调动兵马，应尤为慎重，可以恢复凭虎符发兵的制度，以杜绝诈伪矫诏的苗头。从前的魏公子信陵君，他的威望胜过四方邻国，仍需凭借魏王兵符，才得以发兵解除了秦军对赵国的包围，如果不是如姬因公子帮她报了杀父之仇而盗来兵符，那么信陵君救赵的功绩也无法建立了。有些事务虽然烦琐却不能简省，虽然费事却不能不做，大概说的就是凭虎符调兵的制度吧。"上书奏闻朝廷后，光武帝采纳了他的建议。

杜诗虽在地方做官，却心系朝政，他忠言纳谏进献良策，朝中每有要事他便上书建言。就任南阳太守七年，他的德政和教化推行于全郡上下。建武十四年（38），杜诗因派门客为弟报仇而获罪，被召回京城治罪。正当此时杜诗因病逝世。司隶校尉鲍永上书说杜诗为官清贫没有田地和住宅，死后无处安葬。光武帝下诏命令在京城的郡邸为杜诗办理丧事，并赐予一千匹绢作为治丧费用。

孔奋字君鱼，右扶风茂陵县人。他的曾祖父孔霸，在西汉元帝时担任侍中。孔奋年少时师从刘歆学习《春秋左氏传》，刘歆称赞他的学业，对学生们说："我已经能从君鱼这里学到大道了。"

后来因遭受王莽之乱，孔奋与老母幼弟为避兵祸迁居河西地区。建武五年（29），河西大将军窦融请孔奋代理议曹掾一职，并担任姑臧县长。建武八年（32），朝廷封孔奋为关内侯。当时天下动荡西独安，而姑臧称为富邑，通货羌胡，市日四合，每居县者，不盈数月辄致丰积。奋在职四年，财产无所增。事母孝谨，虽为俭约，奉养极求珍膳。躬率妻子，同甘菜茹。时天下未定，士多不修节操，而奋力行清潔，为众人所笑，或以为身处脂膏，不能以自润，徒益苦辛耳。奋既立节，治贵仁平，太守梁统深相敬待，不以官属礼之，常迎于大门，引入见母。

陇蜀既平，河西守令咸被征召，财货连毂，弥竟川泽。唯奋无资，单车就路。姑臧吏民及羌胡更相谓曰："孔君清廉仁贤，举县蒙恩，如何今去，不共报德！"遂相赋敛牛马器物千万以上，追送数百里。奋谢之而已，一无所受。既至京师，除武都郡丞。

时陇西余贼隗茂等夜攻府舍，残杀郡守，贼畏奋追急，乃执其妻子，欲以为质。奋年已五十，唯有一子，终不顾望，遂穷力讨之。吏民感义，莫不倍用命焉。郡多氐人，便习山谷，其大豪齐钟留者，为群氐所信向。奋乃率厉钟留等令要遮钞击，共为表里。贼窘惧逼急，乃推奋妻子以置军前，冀当退却，而击之愈厉，遂禽灭茂等，奋妻子亦为所杀。世祖下诏褒美，拜为武都太守。

不安，唯独河西地区较为安定，而姑臧县又是又名的富庶之地，姑臧县还开设了和羌胡通商的集市，因交易繁忙一天之内开市四轮，以往的各任姑臧县长，在任不过几个月便能发财致富。而孔奋在职四年，财产并未增加。孔奋侍奉母亲既孝顺又恭谨，虽生活简朴，但务求用珍馐佳肴赡养母亲。而他自己带着妻子和孩子，一起以蔬菜为食。当时天下尚未安定，士人们大多数放弃了气节和操守，而孔奋却尽力保持清洁，因此为大家所嘲笑，有的人认为他占着姑臧县长这样的肥缺，却不能借此谋取私利，厉行节俭和清洁只是在自讨苦吃罢了。孔奋已经树立了自己的操守，治理姑臧遵循仁义公正之道，武威太守梁统因而非常敬重孔奋，不用官府的礼法招待他，梁统经常在大门前亲迎孔奋，带他入宅面见自己的母亲。

朝廷荡平割据陇蜀之地的隗嚣后，驻守河西地区的县令、县长都被召回京城，他们运送的财物一车接着一车，河道上也布满了货船。只有孔奋没有资财，仅乘一辆车便上路了。姑臧县的官吏、百姓、羌人、胡人互相商量说："孔大人为官清廉、仁义贤明，全县都承蒙他的恩泽，为何现在他走了，我们却不报答他的恩情呢！"于是人们各从自家筹集了大量牛马器物，追了几百里赶上孔奋的车驾进献礼品。孔奋只是对人们致以感谢，谢礼丝毫不受。到达京城后，朝廷任命孔奋为武都郡丞。

当时陇西的隗嚣余党隗茂等人在夜里攻打郡府，并残忍地杀害了郡守，贼军害怕孔奋会迅速地追击他们，就劫走了他的妻子儿子，打算把他们当作人质。孔奋当时已经五十岁了，只有这一个儿子，但他终究还是将妻儿的安危置之度外，对贼军穷追猛打。官吏百姓有感于孔奋的义气，都加倍地为孔奋效力。武威郡住着不少氐人，他们熟悉山谷地形，氐人首领齐钟留，受到了氐人们的信赖。孔奋于是激励齐钟留他的族人们要求他们截断贼军的退路包抄贼军，和官军一内一外互相配合。贼军困窘惊惧被逼至绝路，就把孔奋的妻儿推到军阵前面，希图孔奋会领兵撤退，然而官军的攻击更猛烈了，最终将隗茂等叛贼或生擒或剿灭，但孔奋的妻子儿子也因此遇害。光武帝下诏表彰孔奋，任命他为武都太守。

奋自为府丞，已见敬重，及拜太守，举郡莫不改操。为政明断，甄善疾非，见有美德，爱之如亲，其无行者，忿之若仇，郡中称为清平。

弟奇，游学洛阳。奋以奇经明当仕，上病去官，守约乡闾，卒于家。奇博通经典，作春秋左氏删。奋晚有子嘉，官至城门校尉，作左氏说云。

张堪字君游，南阳宛人也，为郡族姓。堪早孤，让先父余财数百万与兄子。年十六，受业长安，志美行厉，诸儒号曰“圣童”。

世祖微时，见堪志操，常嘉焉。及即位，中郎将来歙荐堪，召拜郎中，三迁为谒者。使送委输缣帛，并领骑七千匹，诣大司马吴汉伐公孙述，在道追拜蜀郡太守。时汉军余七日粮，阴具船欲遁去。堪闻之，驰往见汉，说述必败，不宜退师之策。汉从之，乃示弱挑敌，述果自出，战死城下。成都既拔，堪先入据其城，捡阅库藏，收其珍宝，悉条列上言，秋毫无私。慰抚吏民，蜀人大悦。

在郡二年，征拜骑都尉，后领票骑将军杜茂营，击破匈奴于高柳，拜渔阳太守。捕击奸猾，赏罚必信，吏民皆乐为用。匈奴尝以万骑入渔阳，堪率数千骑奔击，大破之，郡界以静。乃于狐奴开稻田八千余顷，劝民耕种，以致殷富。百姓歌曰：“桑无附枝，麦穗两岐。张君为政，乐不可支。”视事八年，匈奴不敢犯塞。

自从孔奋担任武都郡丞时，就已经为人所敬重，等到担任太守时，全郡上下无人不洗心革面。孔奋处理政事时裁断公正，他赞扬善举憎恶恶行，对于道德高尚之人，他会像对待亲人一般爱护，对于品行不端之人，他便像对待仇敌一样痛恨，孔奋在郡内有清廉公正的盛誉。

孔奋的弟弟孔奇，离家到洛阳求学。孔奋认为孔奇通晓经学应当做官，就上书称病请求辞官，回到家乡安守清贫的生活，最终在家里去世。孔奇博览精通儒家经典，著有《春秋左氏删》。孔奋在晚年有了儿子孔嘉，孔嘉做官最高升任至城门校尉，著有《左氏说》。

张堪字君游，南阳郡宛县人，张家是本郡的大族。张堪很小的时候父亲就去世了，他把亡父几百万钱的遗产都让给了侄子。张堪十六岁的时候，到长安求学，他志趣高洁、磨炼操行，儒生们都把他叫做“圣童”。

光武帝未发达时，发现张堪的志趣高洁、操守坚贞，便经常夸奖他。到光武帝即位后，中郎将来歙向朝廷推荐了张堪，朝廷将张堪任命为郎中，后来三度升迁官至谒者。朝廷命张堪转运丝绢到前线，并分派给他七千名骑兵，命他到大司马吴汉麾下讨伐公孙述，在去吴汉处的路上张堪又被任命为蜀郡太守。当时汉军只剩七天的口粮，正秘密地备办船只准备撤退。张堪知道后，急忙去见吴汉，劝谏说公孙述必败，不应退兵。吴汉采纳了他的建议，就故意示弱引诱敌军进攻，公孙述果然主动出击，结果汉军将公孙述诛杀于成都城下。攻克成都后，张堪率先进入占领了城市，他查看了府库物资，收缴了当中有价值的物品，并将其全部列入清单上报，丝毫没有侵吞。张堪安抚了成都的官吏百姓，蜀地上下一片欢腾。

张堪任蜀郡太守两年后，朝廷任命他为骑都尉，后来张堪又兼任了骠骑将军杜茂部队的统帅，击败了驻守在高柳的匈奴，朝廷将他调任为渔阳太守。张堪在渔阳剪恶除奸，赏罚分明，官吏百姓都乐于为他效力。匈奴曾纠集一万名骑兵进犯渔阳，张堪率几千名骑兵赶去讨伐，大败匈奴，渔阳边境因此安定下来。于是张堪便在狐奴县主持开垦了八千多顷稻田，鼓励百姓耕种，最终使得渔阳富裕起来。百帝尝召见诸郡计吏，问其风土及前后守令能否。蜀郡计掾樊显进曰：“渔阳太守张堪昔在蜀，其仁以惠下，威能讨奸。前公孙述破时，珍宝山积，卷握之物，足富十世，而堪去职之日，乘折辕车，布被囊而已。”帝闻，良久叹息，拜显为鱼复长。方征堪，会病卒，帝深悼惜之，下诏褒扬，赐帛百匹。

廉范字叔度，京兆杜陵人，赵将廉颇之后也。汉兴，以廉氏豪宗，自苦陉徙焉。世为边郡守，或葬陇西襄武，故因仕焉。曾祖父褒，成哀间为右将军，祖父丹，王莽时为大司马庸部牧，皆有名前世。范父遭丧乱，客死于蜀汉，范遂流寓西州。西州平，归乡里。年十五，辞母西迎父丧。蜀郡太守张穆，丹之故吏，乃重资送范，范无所受，与客步负丧归葭萌。载船触石破没，范抱持棺柩，遂俱沉溺。众伤其义，钩求得之，疗救仅免于死。穆闻，复驰遣使持前资物追范，范又固辞。归葬服竟，诣京师受业，事博士薛汉。京兆、陇西二郡更请召，皆不应。永平初，陇西太守邓融备礼谒范为功曹，会融为州所举案，范知事谴难解，欲以权相济，乃托病求去，融不达其意，大恨之。范于是东至洛阳，变名姓，求代廷尉狱卒。居无几，融果征下狱，范遂得卫侍左右，尽心勤劳。融怪其貌类范而殊不意，乃谓曰：“卿何似我故功曹邪？”范诃之曰：“君困厄瞀乱邪！”语遂绝。融系出困病，范随而养视，及死，竟不言，身自将车送丧致南阳，葬毕乃去。

姓歌颂他说："桑树没有多余枝条，麦苗长出两根麦穗。张堪大人治理渔阳，生活幸福乐不可支。"张堪就任渔阳太守八年，匈奴不敢进犯边关。

光武帝曾召见各郡负责财务账簿的官吏，询问他们当地风俗地理的情形以及前任现任太守、县令的政绩。蜀郡计掾樊显报告说："渔阳太守张堪之前担任蜀郡太守，他以仁德善待部下，以威风讨伐奸邪。从前公孙述败亡后，财宝堆积如山，他所攫取的财物，足以让十代人安享富裕，然而张堪卸任离开的那天，乘坐的不过是断了辕木的马车，行李只有一个布制的衣被行囊。"光武帝听到后，深深地叹息，将樊显任命为鱼复县长。朝廷正要召张堪回京，却赶上张堪因病逝世，光武帝对他的死深感惋惜，下诏表彰，并赐给张堪家一百匹丝帛。

廉范字叔度，京兆杜陵县人，他是赵国将军廉颇的后人。汉朝建立后，朝廷因为廉家是世家大族，就把廉氏一族从苦陉县迁到杜陵县。廉家世代为朝廷镇守边境郡县，祖先当中有的安葬在陇西郡襄武县，所以廉范这一支族人就在陇西出仕。廉范的曾祖父廉褒，在成帝、哀帝年间担任右将军。廉范祖父廉丹，在王莽时担任大司马庸部牧，廉范的祖先在前代都很有名声。廉范的父亲因遭战乱，远离家乡死在蜀汉地区，廉范因此迁居巴蜀。汉军平定巴蜀后，廉范回到故乡。到廉范十五岁时，他辞别母亲西行打算迎回父亲的遗骨归葬。蜀郡太守张穆，因为自己是廉丹的老部下，所以准备了大量财物送给廉范，而廉范分文不取，并和门客背着父亲的灵柩步行返回葭萌县。渡河时载着棺材的船撞到礁石沉没了，廉范抱着灵柩，和棺材一起沉到水中。大家为他的孝心感到悲痛，用钩子把他救了上来，经过救治后廉范才捡回一命。张穆听说此事后，又派使者带着之前准备的财物追上廉范，廉范再次坚决推辞。最终廉范把父亲灵柩运回家乡安葬，服丧结束后他到京城求学，师从博士薛汉。京兆、陇西二郡几次请他去做官，廉范都没有答应。明帝永平初年，陇西太守邓融备好礼物把廉范请去做功曹，恰逢州府检举了邓融的罪行，廉范知道邓融难以脱罪，想用变通的办法帮助他。廉范于是假托有病退职离去，后辟公府，会薛汉坐楚王事诛，故人门生莫敢视，范独往收敛之。吏以闻，显宗大怒，召范入，诘责曰："薛汉与楚王同谋，交乱天下，范公府掾，不与朝廷同心，而反收敛罪人，何也？"范叩头曰："臣无状愚戆，以为汉等皆已伏诛，不胜师资之情，罪当万坐。"帝怒稍解，问范曰："卿廉颇后邪？与右将军褒、大司马丹有亲属乎？"范对曰："褒，臣之曾祖；丹，臣之祖也。"帝曰："怪卿志胆敢尔！"因贳之。由是显名。

举茂才，数月，再迁为云中太守。会匈奴大入塞，烽火日通。故事，虏人过五千人，移书傍郡。吏欲传檄求救，范不听，自率士卒拒之。虏众盛而范兵不敌。会日暮，令军士各交缚两炬，三头爇火，营中星列。虏遥望火多，谓汉兵救至，大惊。待旦将退，范乃令军中蓐食，晨往赴之，斩首数百级，虏自相辚藉，死者千余人，由此不敢复向云中。

后频历武威、武都二郡太守，随俗化导，各得治宜。建初中，邓融曲解了廉范的心意，对他大为怨恨。之后廉范东行来到洛阳，改名换姓，请求在廷尉下做一名代理狱卒。廉范做狱卒没几天后，邓融果然被捕入狱，廉范因此能够在邓融身边看护照顾，很是尽心尽力。邓融对狱卒长得很像廉范感到奇怪，觉得非常出乎意料，就对廉范说："你怎么这么像我以前的功曹呀？"廉范呵斥道："你窘迫得精神错乱了吧！"之后便不再答理邓融。邓融困生病被送出监狱软禁，廉范始终随行照看，直到邓融去世时，廉范也没有说出真相。廉范亲自驾车把邓融的灵柩送到南阳，将邓融安葬后才离去。

后来朝廷将廉范召入三公府为官，却正值他的老师薛汉因与楚王刘英谋反之事有牵连而被处死，薛汉的老友和学生无人敢去探视，只有廉范一人前去收殓了老师的遗体，官吏们将此事上报朝廷，明帝大怒，召廉范入朝，责问他说："薛汉是楚王的同谋，一起祸乱天下，你廉范是三公府的掾吏，不和朝廷同心，却反为罪人收尸体，原因何在？"廉范叩头说："微臣行为失检、愚蠢莽撞，臣认为薛汉等人都已然是认罪伏法了，而臣亦无法控制师徒之情，臣罪该万死。"明帝的怒意消解了一些，他问廉范说："你是廉颇的后代吗？和前代的右将军廉褒、大司马廉丹是亲戚吗？"廉范回答说："廉褒是臣的曾祖父；廉丹是臣的祖父。"明帝说："难怪你竟有如此胆量！"明帝因而免去了廉范的罪责。从此廉范声名远扬。

后来廉范被选拔为茂才，几个月以后，又升任为云中太守。当时正值匈奴对边关大举入侵，每天都点起烽火发出警报。依照常例，寇边敌虏超过五千时，应向邻郡送信求援。廉范麾下众官打算发檄书求救，廉范不准，亲自率士卒迎战匈奴。因敌军人多势众廉范的部队无法取胜。正巧赶上黄昏，廉范命令士兵们每人都把两个火炬扎成十字，手握一头，点燃三头，火光密布在军营中像星星罗列。匈奴远远地看到密匝匝的灯火，以为汉军的救兵已至，大为惊骇。匈奴打算等到天亮时便退军，廉范就早早地命将士们在床席上饱餐一顿，于破晓之时对匈奴发起进攻，斩杀了几百名敌军，匈奴的车马兵卒自相践踏，损兵折将一千多人，自此再不敢进犯云中郡。

之后廉范又历任武威、武都二郡太守，在每个郡都根据当地民迁蜀郡太守，其俗尚文辩，好相持短长，范每厉以淳厚，不受偷薄之说。成都民物丰盛，邑宇逼侧，旧制禁民夜作，以防火灾，而更相隐蔽，烧者日属。范乃毁削先令，但严使储水而已。百姓为便，乃歌之曰："廉叔度，来何暮？不禁火，民安作。平生无襦今五绔。"在蜀数年，坐法免归乡里。范世在边，广田地，积财粟，悉以赈宗族朋友。

肃宗崩，范奔赴敬陵。时庐江郡掾严麟奉章吊国，俱会于路。麟乘小车，涂深马死，不能自进，范见而愍然，命从骑下马与之，不告而去。麟事毕，不知马所归，乃缘踪访之。或谓麟曰："故蜀郡太守廉叔度，好周人穷急，今奔国丧，独当是耳。"麟亦素闻范名，以为然，即牵马造门，谢而归之。世伏其好义，然依倚大将军窦宪，以此为讥。卒于家。

初，范与洛阳庆鸿为刎颈交，时人称曰："前有管鲍，后有庆廉。"鸿慷慨有义节，位至琅邪、会稽二郡太守，所在有异迹。

论曰：张堪、廉范皆以气侠立名，观其振危急，赴险阸，有足壮者。堪之临财，范之忘施，亦足以信意而感物矣。若夫高祖之召栾布，明帝之引廉范，加怒以发其志，就戮更延其宠，闻义能徙，诚君道所尚，然情理之枢，亦有开塞之感焉。

情推行教化、开导百姓，各项事务都施行了适宜的措施。章帝建初年间，朝廷调任廉范为蜀郡太守，当地习俗推崇能文善辩，喜欢互相争论是非，廉范常常勉励大家务为淳厚质朴，不要受轻薄不实的言论的影响。成都人口众多、物产丰饶，城内房屋间距狭窄，以往的法令禁止百姓在夜间劳作，以此防止火灾，但人们相互遮掩暗中工作，以至于火灾依旧连日发生。于是廉范就取消了旧制，只是严格要求大家备足防火用水而已。百姓们免去了麻烦，歌颂廉范说："廉叔度，为什么来得这么晚，你不禁止人民夜间点火，老百姓可以安安心心地干活了。我之前从来都没有短衣，现在却拥有了五条裤子。"廉范担任蜀郡太守几年后，因犯法被革职后回到家乡。廉范一生在边地为官，买下不少田地，攒了很多钱粮，他把这些都接济给了家人和朋友。

章帝驾崩后，廉范奔赴敬陵祭奠。当时庐江郡掾严麟也带着奏章赶赴国葬，两人在路上相遇。严麟坐了一辆小车，因道路十分泥泞而且马又死了，所以无法前进，廉范见此非常同情，命随从把他的马送给严麟，没有告诉严麟自己的姓名便离去了。严麟祭吊完毕后，不知该把马还给谁，就顺着廉范的行踪寻访他。有人告诉严麟说："前任蜀郡太守廉叔度，喜欢扶危济困，现在他也来参加国葬，一定是他了。"严麟也一向知道廉范的大名，认为此人的猜测没错，就牵着马去了廉范家，向廉范致以谢意并归还了马匹。世人们对廉范的好义很钦佩，但廉范曾经倚靠过大将军窦宪，人们因此也对他有所非议。廉范最终在家里去世。

起初，廉范和洛阳人庆鸿是生死之交的好友，当时的人们赞扬说："前有管仲鲍叔牙，后有庆鸿廉叔度。"庆鸿志气昂扬有操守，官至琅琊、会稽二郡太守，他在任上政绩优异。

评论说：张堪、廉范都因义气豪侠而扬名，看他们二人扶危济困，一往无前，确实有值得赞赏之处。张堪那面对财富的廉洁，廉范那急公好义的无私，也足以表明他们的胸怀并令人心有所感啊。至于高祖召见季布，明帝召见廉范，天子的怒火更加激发了义士的志气，赴死的从容更加深了天子的恩宠，所以因善心义举而变通决断，确实是为君之道所要求的。如此这般通达人情事理的枢纽，也是由王堂字敬伯，广汉郪人也。初举光禄茂才，迁穀城令，治有名迹。永初中，西羌寇巴郡，为民患，诏书遣中郎将尹就攻讨，连年不克。三府举堂治剧，拜巴郡太守。堂驰兵赴贼，斩虏千余级，巴、庸清静，吏民生为立祠。刺史张乔表其治能，迁右扶风。

安帝西巡，阿母王圣、中常侍江京等并请属于堂，堂不为用。掾吏固谏之，堂曰："吾蒙国恩，岂可为权宠阿意，以死守之！"即日遣家属归，闭阁上病。果有诬奏堂者，会帝崩，京等悉诛，堂以守正见称。永建二年，征入为将作大匠。四年，坐公事左转议郎。复拜鲁相，政存简一，至数年无辞讼。迁汝南太守，搜才礼士，不苟自专，乃教掾吏曰："古人劳于求贤，逸于任使，故能化清于上，事缉于下。其宪章朝右，简核才职，委功曹陈蕃。匡政理务，拾遗补阙，任主簿应嗣。庶循名责实，察言观效焉。"自是委诚求当，不复妄有辞教，郡内称治。时大将军梁商及尚书令袁汤，以求属不行，并恨之。后庐江贼迸入弋阳界，堂勒兵追讨，即便奔散，而商、汤犹因此风州奏堂在任无警，免归家。

年八十六卒。遗令薄敛，瓦棺以葬。子稺，清行不仕。曾孙商，益州牧刘焉以为蜀郡太守，有治声。

于心有所感才得以开启的呢。

王堂字敬伯，广汉郡郪县人。起初王堂经光禄勋举荐为茂才，朝廷将他任命为穀城县令，王堂在谷城政绩优异名声在外。安帝永初年间，西羌侵入巴郡，成为当地百姓的大患，安帝下诏派遣中郎将尹就前去剿讨，征战多年不见成效。三公府推举王堂接下重任，于是朝廷任命他为巴郡太守。王堂迅速率军赶到前线，斩杀了一千多名羌兵，巴、庸之地终于归于平静，当地的官员百姓为王堂建立了生祠以表感激。益州刺史张乔上书禀报了王堂处理政务的才能，朝廷将王堂调任为右扶风。

当安帝到西部各郡巡行时，安帝的乳母王圣和中常侍江京等人都来拉拢王堂，王堂拒绝了他们的利用。属下的掾史执意劝王堂接受，王堂说："我承蒙朝廷恩德，怎能逢迎这些宠臣，我将以死守节！"王堂当天便打发家属回老家，然后紧闭侧边的小门并上书称病不见客。后来果然有人上奏诬陷王堂，幸而适逢安帝驾崩，江京等人都被处死，而王堂因刚正不阿为人称赏。顺帝永建二年，朝廷召王堂入朝担任将作大匠。永建四年，王堂因罪被降职为议郎。之后又被任命为鲁国相，他为政清简不严苛，多达数年没有一起诉讼。后来朝廷又将王堂调任为汝南太守，王堂在任上求访贤才礼遇士子，从不独断专行，他教导掾史说："古人勤勉于访求贤士，而无为于指挥使唤，所以在上能使政治教化太平无事，在下能使各项政事协调一致。对于法律礼制，以及选拔人才、考核政绩，交由功曹陈蕃负责。对于协助政务、拾遗补缺，交由主簿应嗣负责。这样应该可以依照职位名义来核实工作成效，考察外在言谈而观察实际行动了。"此后王堂对属下们便只是虚心请教，不再轻易随便地对他们念叨和教训，全郡上下都称赞王堂治理得法。那时大将军梁商和尚书令袁汤，因无法拉拢王堂，都对他心怀怨恨。后来庐江贼入侵弋阳县境，王堂率军追剿他们，贼军很快就四散奔逃，然而梁商、袁汤还是向州府告状说王堂担任太守武备废弛，王堂因此被革职而返回家乡。

王堂享年八十六岁。留下遗嘱要求一切从简，收殓在陶土棺材里下葬。王堂的儿子王稺，志洁行廉不做官。曾孙王商，益州牧刘焉苏章字孺文，扶风平陵人也。八世祖建，武帝时为右将军。祖父纯，字桓公，有高名，性强切而持毁誉，士友咸惮之，至乃相谓曰："见苏桓公，患其教责人，不见，又思之。"三辅号为"大人"。永平中，为奉车都尉窦固军，出击北匈奴、车师有功，封中陵乡侯，官至南阳太守。

章少博学，能属文。安帝时，举贤良方正，对策高第，为议郎。数陈得失，其言甚直。出为武原令，时岁饥，辄开仓廪，活三千余户。顺帝时，迁冀州刺史。故人为清河太守，章行部案其奸臧。乃请太守，为设酒肴，陈平生之好甚欢。太守喜曰："人皆有一天，我独有二天。"章曰："今夕苏孺文与故人饮者，私恩也；明日冀州刺史案事者，公法也。"遂举正其罪。州境知章无私，望风畏肃。换为并州刺史，以摧折权豪，忤旨，坐免。隐身乡里，不交当世。后征为河南尹，不就。时天下日敝，民多悲苦，论者举章有干国才，朝廷不能复用，卒于家。兄曾孙不韦。

不韦字公先。父谦，初为郡督邮。时魏郡李暠为美阳令，与中常侍具瑗交通，贪暴为民患，前后监司畏其势援，莫敢纠问。及谦至，部案得其臧，论输左校。谦累迁至金城太守，去郡归乡里。汉法，免罢守令，自非诏征，不得妄到京师。而谦后私至洛阳，时暠为举荐他作蜀郡太守，有善政的好名声。

苏章字孺文，右扶风平陵县人。苏家的八世祖苏建，在武帝时官至右将军。苏章的祖父苏纯，字桓公，有很高的名望，他性情刚直严厉而且负责品评人物，所以士子和友人都很怕他，甚至互相议论说："想见苏桓公，又担心他教训责备人，见不到他，却又想他。"京兆尹、左冯翊、右扶风三位官员都尊称苏纯为"大人"。明帝永平年间，苏纯加入了奉车都尉窦固的部队，并在讨伐北匈奴和车师的作战中立下战功，因此被封为中陵乡侯，苏纯最终官至南阳太守。

苏章年少时博学多才，文笔出色。安帝年间，苏章参加了贤良方正的选拔，在回答皇帝策问中名列前茅，最终被任命为议郎。苏章多次上书陈说朝廷得失，措辞毫不避讳。后来苏章出任为武原县令，当时年成不好，苏章就打开粮仓，赈济了三千多户县民。顺帝年间，朝廷任命苏章为冀州刺史。当时苏章的一位老友正担任清河太守，苏章巡行清河时查到了他贪污的罪行。苏章于是请来太守，设宴款待，非常开心地聊起两人一向的好交情。清河太守高兴地说："大家头上不过一片天，只有我头上是两片天。"苏章说："今晚我苏孺文和你这位老朋友喝酒，为的是咱俩的私人情分；明天我作为冀州刺史要案查你的脏事，为的是朝廷的法律呀。"第二天苏章就检举了老友的罪行并予以惩处。于是冀州上下都知道了苏章的铁面无私，人们仰望苏章的风采对他肃然起敬。之后苏章被调任为并州刺史，他在任上因打击权贵豪强势力，触犯了圣旨，因此获罪而遭革职。苏章便隐居在家乡，不再参与世事。后来朝廷任命他为河南尹，但他并未赴任。当时天下日益凋敝，很多百姓陷入悲伤和困苦，有人以苏章有治国之才而举荐他，但朝廷终究还是没能再次起用他，最终苏章在家中去世。苏章哥哥的曾孙是苏不韦。

苏不韦字公先。他的父亲苏谦，起初担任郡督邮。当时魏郡人李暠是美阳县令，他和宦官中常侍具瑗相勾结，他的贪婪暴虐使百姓十分痛苦。前任和后任的监察官出于对李暠靠山的畏惧，没有人敢去纠正、问责。到苏谦就任督邮后，查明了李暠贪污的罪状，就判李暠到左校服劳役。苏谦经过几次升迁后官至金城太守，后来退职还回司隶校尉，收谦诘掠，死狱中，暠又因刑其尸，以报昔怨。

不韦时年十八，征诣公车，会谦见杀，不韦载丧归乡里，瘗而不葬，仰天叹曰："伍子胥独何人也！"乃藏母于武都山中，遂变名姓，尽以家财募剑客，邀暠于诸陵间，不克。会暠迁大司农，时右校刍廥在寺北垣下，不韦与亲从兄弟潜入廥中，夜则凿地，昼则逃伏。如此经月，遂得傍达暠之寝室，出其床下。值暠在厕，因杀其妾并及小儿，留书而去。暠大惊惧，乃布棘于室，以板籍地，一夕九徙，虽家人莫知其处。每出，辄剑戟随身，壮士自卫。不韦知暠有备，乃日夜飞驰，径到魏郡，掘其父阜冢，断取阜头，以祭父坟，又标之于市曰"李君迁父头"。暠匿不敢言，而自上退位，归乡里，私掩塞冢椁。捕求不韦，历岁不能得，愤恚感伤，发病欧血死。

不韦后遇赦还家，乃始改葬，行丧。士大夫多讥其发掘冢墓，归罪枯骨，不合古义，唯任城何休方之伍员。太原郭林宗闻而论之曰："子胥虽云逃命，而见用强吴，凭阖庐之威，因轻悍之众，雪怨旧郢，曾不终朝，而但鞭墓戮尸，以舒其愤，竟无手刃后主之报。岂如苏子单特孑立，靡因靡资，强雠豪援，据位九卿，城阙天阻，宫府幽绝，埃尘所不能过，雾露所不能沾。不韦毁身燋虑，出于百死，冒触严禁，陷族祸门，虽不获逞，为报已深。况复分骸断首，以毒生乡。依据汉朝的法令，已被免职的太守、县守，未经朝廷召见，禁止自行进入京城。但后来苏谦私自来到洛阳，当时的司隶校尉正是李暠，李暠收押了苏谦并对他审讯、拷打，以至苏谦死在狱中，李暠接着又对苏谦的尸体用刑，以报旧仇宿怨。

苏不韦那时十八岁了，他被召到公车时，恰逢父亲苏谦被害，苏不韦便驱车将父亲的遗体送回家乡，仅仅掩埋起来而没有举行葬礼。苏不韦仰天长叹道："难道世上就只有一个伍子胥吗！"于是他把母亲藏在武都郡的山里，之后又更名改姓，散尽家财招募剑客，在西汉的各处皇陵之间截击李暠，但没有成功。正巧李暠升任为大司农，而当时右校喂养牲畜的草料仓库就在大司农官署的北墙下，苏不韦与随从和兄弟们潜入仓库，晚上挖地道，白天躲起来。这样一个月后，苏不韦他们终于可以顺着地道到达李暠的卧房，从他的床下现身。李暠当时正在上厕所，苏不韦就杀掉李暠的妾和小儿子，留下一封书信后离开。李暠极为惊恐，便在屋内遍布棘刺，在地板下垫上硬板，一晚上换九个地方，即便是自家人都不知道他在哪。每次外出，李暠都佩剑执戟，身边卫士环绕。苏不韦知道李暠有了防备，就日夜兼程，径直来到李暠的老家魏郡，他挖开李暠父亲李阜的坟墓，割下李阜的首级，拿去祭祀了父亲苏谦的坟冢，之后又给李阜的首级标上"李暠父亲首级"的标签抛到了集市上。李暠隐瞒了其中缘由不敢报官，并且上书请辞，回到家乡，暗中掩埋了父亲的棺椁修葺了坟墓。李暠命人追捕苏不韦，但历经多年仍一无所获。李暠既愤恨，又悲伤，最终生病吐血而亡。

后来苏不韦碰上大赦回到家乡，这才将父亲另行安葬，并举办了丧事。士大夫大多都指责苏不韦挖开坟墓，归罪于死人，不符合古人立身行事的道理，只有任城人何休把他比作伍子胥。太原人郭林宗听说后评论道："伍子胥虽然说是在逃命，却被强吴所用，靠着吴王阖庐的权势，凭借吴国轻捷强悍的军队，他攻入郢都一雪前耻，只用了不到一天的时间，而且伍子胥不过是掘开平王的坟墓鞭打尸体，以此发泄愤怒，最终也没有手刃平王的后人为父报仇。那里比得上苏不韦形单影只，无依无靠又无财，而他那强大的仇人不乏援手，位列者，使嵩怀忿结，不得其命，犹假手神灵以毙之也。力唯匹夫，功隆千乘，比之于员，不以优乎？”议者于是贵之。

后太傅陈蕃辟，不应，为郡五官掾。初，弘农张奂睦于苏氏，而武威段颎与嵩素善，后奂颎有隙。及颎为司隶，以礼辟不韦，不韦惧之，称病不诣。颎既积愤于奂，因发怒，乃追咎不韦前报嵩事，以为嵩表治谦事，被报见诛，君命天也，而不韦仇之。又令长安男子告不韦多将宾客夺舅财物，遂使从事张贤等就家杀之。乃先以鸩与贤父曰：“若贤不得不韦，便可饮此。”贤到扶风，郡守使不韦奉谒迎贤，即时收执，并其一门六十余人尽诛灭之，诸苏以是衰破。及段颎为阳球所诛，天下以为苏氏之报焉。

羊续字兴祖，太山平阳人也。其先七世二千石卿校。祖父侵，安帝时司隶校尉。父儒，桓帝时为太常。

续以忠臣子孙拜郎中，去官后，辟大将军窦武府。及武败，坐党事，禁锢十余年，幽居守静。及党禁解，复辟太尉府，四迁为庐江太守。后扬州黄巾贼攻舒，焚烧城郭，续发县中男子二十以上，皆持兵勒陈，其小弱者，悉使负水灌火，会集数万人，并势力战，大破之，郡界平。后安风贼戴风等作乱，续复击破之，斩首三千余级，九卿，有城门哨塔作为阻隔，有宫廷官署可以藏身，尘埃无法飘过身旁，雾气露水亦不沾身。苏不韦倾尽家产竭精惮虑，冒着九死一生的风险，触犯国法，使家人陷于险境，虽未能手刃李暠，但他的复仇已经足够了。何况他又斩下仇人亡父的首级，以此伤害逃得一命的仇人，使李暠的愤恨久久郁结于心中，最终送了性命，好似借神明之手来诛杀仇人一般。实力不过一介匹夫，功业胜于千军万马，将苏不韦和伍子胥相比，难道不是苏不韦更胜一筹吗？”议者于是以苏不韦之举为贵。

后来太傅陈蕃征召苏不韦出仕，而苏不韦并未接受，之后担任了本郡的五官掾。起初，弘农人张奂和苏家关系亲密，而武威人段颎和李暠向来很好，后来张奂与段颎有了矛盾。到段颎担任司隶校尉时，曾遵照礼制征召苏不韦，苏不韦惧怕被卷入这个矛盾中，便假托有病未去拜见。段颎本就与张奂有仇，因此更加生气，于是就追究苏不韦之前报复李暠的事，认为李暠只是上书请求惩办苏谦的罪行，而苏谦的罪行在上报后被判以死刑，这是君王的命令也是天意，可苏不韦却因此寻仇。段颎又命令长安的一名男子将苏不韦曾率多名宾客劫掠他舅舅财物一事上报官府，接着便派从事张贤等人到苏不韦家去处死他。并事先把剧毒交给张贤的父亲说：“如果张贤没有杀掉苏不韦，你便把它喝了。”张贤到右扶风后，郡守命苏不韦拜见迎接张贤，张贤当下就抓捕了苏不韦，并将苏家六十多口人全部杀害，苏家从此便衰落了。到段颎死于阳球之手时，天下人都认为是苏氏使其得到报应。

羊续字兴祖，泰山郡平阳县人。他的第七代先祖是享受二千石俸禄的高官。祖父羊侵，在安帝时曾任司隶校尉。父亲羊儒，在桓帝时曾任太常。

羊续凭借忠臣子孙的身份被任命为郎中，辞官后，被征召到大将军窦武府中任职。到窦武败亡后，羊续因结党获罪，有十多年不得为官，他隐居在家安守清静。到为官禁令解除时，羊续又被召入太尉府，之后历经四度升迁官至庐江太守。后来扬州的黄巾贼进犯舒县，焚烧城市，羊续调集了舒县中二十岁以上的男子，每人都分给兵器并指挥他们排兵布阵，体弱年幼的男孩子们，都奉命挑水灭火，羊续生获渠帅，其余党辈原为平民，赋与佃器，使就农业。

中平三年，江夏兵赵慈反叛，杀南阳太守秦颉，攻没六县，拜续为南阳太守。当入郡界，乃羸服间行，侍童子一人，观历县邑，采问风谣，然后乃进。其令长贪絜，吏民良猾，悉逆知其状，郡内惊竦，莫不震慑。乃发兵与荆州刺史王敏共击慈，斩之，获首五千余级。属县余贼并诣续降，续为上言，宥其枝附。贼既清平，乃班宣政令，候民病利，百姓欢服。时权豪之家多尚奢丽，续深疾之，常敝衣薄食，车马羸败。府丞尝献其生鱼，续受而悬于庭；丞后又进之，续乃出前所悬者以杜其意。续妻后与子秘俱往郡舍，续闭门不内，妻自将秘行，其资藏唯有布衾、敝祇裯，盐、麦数斛而已，顾敕秘曰："吾自奉若此，何以资尔母乎？"使与母俱归。

六年，灵帝欲以续为太尉。时拜三公者，皆输东园礼钱千万，令中使督之，名为"左驺"。其所之往，辄迎致礼敬，厚加赠赂。续乃坐使人于单席，举缊袍以示之，曰："臣之所资，唯斯而已。"左驺白之，帝不悦，以此故不登公位。而征为太常，未及行，会病卒，时年四十八。遗言薄敛，不受赗遗。旧典，二千石卒官赙百万，府丞焦俭遵续先意，一无所受。诏书褒美，敕太山太守以府赙钱赐续集结了数万人的军队，合力奋战，最终大败黄巾贼，庐江郡重归安定。后来安风县的叛贼戴风等人作乱，羊续又将其击败，斩杀了三千名贼兵，生擒了他们的首领，其余的贼人本是普通百姓，马续将农具交给他们，命他们从事农业生产。

中平三年（186），江夏郡部队在赵慈的率领下发动叛乱，叛军杀害了南阳太守秦颉，攻陷了六个县，朝廷就任命羊续为南阳太守。羊续进入郡界时，就穿着破旧的衣服从小路走，只带了一名童子陪侍，羊续遍历郡内各县，把当地的风气和流言问个明白，之后才出发去下一个县。于是各地县令和县长贪婪、廉洁与否，官吏百姓纯良、奸诈与否，羊续都预先知道了情况，全郡上下又惊又怕，尽为羊续所震慑。之后羊续便派军队会同荆州刺史王敏的部队一同进军击败了赵慈，官军斩杀了赵慈，并斩首了五千多名贼兵。郡内各县残余的贼兵都到羊续处投降，羊续帮他们上书求情，朝廷就赦免了那些从属的贼人。平定了郡内的乱贼后，羊续就宣布了政策和法令，考察了百姓的难处和受益的方面，百姓欢心鼓舞心服口服。当时的权贵豪强大多崇尚奢靡华丽的风气，羊续对此极为痛恨，他经常穿着破衣烂衫，吃着粗茶淡饭，驾着老马破车。郡丞曾献给羊续一条鲜鱼，羊续收下鱼挂在了院子里；郡丞后来又献上一条鱼，羊续就拿出之前挂起来的鱼给他看想让郡丞断了送鱼的念头。后来羊续的妻子和儿子羊秘一起来到了羊续在郡府的住处，羊续紧闭大门不放他们进来，妻子便自己带着羊秘离开，羊续的财物只有一席布被、破旧的贴身短衫，和几斛盐巴、麦子而已，羊续看着羊秘告诫道：“我过着这样的日子，哪能养活你们母子呢？”羊续让羊秘和母亲一起回去。

中平六年（189），灵帝打算任命羊续为太尉。当时就任为三公的人，都要捐献给东园一千万钱礼钱，天子会派使臣监督礼钱的缴纳，该使臣名为“左驺”。左驺所到之处，受访者总会礼数备至地迎接左驺以示尊敬，并送给他丰厚的礼物。羊续竟然请左驺坐在单层的席子上，一边拿起自己乱麻、旧絮的袍子让左驺看一边说：“微臣的家当，只有这个罢了。”左驺将情况上报给灵帝，灵帝很不满，因此羊续没能位列三公。朝廷就任命羊续为太常，但羊续还没来得及赴家云。

贾琮字孟坚，东郡聊城人也。举孝廉，再迁为京令，有政理迹。

旧交阯土多珍产，明玑、翠羽、犀、象、玳瑁、异香、美木之属，莫不自出。前后刺史率多无清行，上承权贵，下积私赂，财计盈给，辄复求见迁代，故吏民怨叛。中平元年，交阯屯兵反，执刺史及合浦太守，自称“柱天将军”。灵帝特敕三府精选能吏，有司举琮为交阯刺史。琮到部，讯其反状，咸言赋敛过重，百姓莫不空单，京师遥远，告冤无所，民不聊生，故聚为盗贼。琮即移书告示，各使安其资业，招抚荒散，蠲复徭役，诛斩渠帅为大害者，简选良吏试守诸县，岁间荡定，百姓以安。巷路为之歌曰：“贾父来晚，使我先反；今见清平，吏不敢饭。”在事三年，为十三州最，征拜议郎。

时黄巾新破，兵凶之后，郡县重敛，因缘生奸。诏书沙汰刺史、二千石，更选清能吏，乃以琮为冀州刺史。旧典，传车骖驾，垂赤帷裳，迎于州界。及琮之部，升车言曰：“刺史当远视广听，纠察美恶，何有反垂帷裳以自掩塞乎？”乃命御者褰之。百城闻风，自然竦震。其诸臧过者，望风解印绶去，唯瘿陶长济阴董昭、观津长梁国黄就当官待琮，于是州界翕然。

任，却刚好因病逝世，享年四十八岁。羊续留下遗言要丧事简办，而且不接受赠礼。依照常例，食禄二千石的官员去世由朝廷赐予一百万的治丧费，郡丞焦俭谨遵羊续当初的遗愿，分文不取。于是灵帝下诏表彰了羊续，并命泰山太守从本郡府库拨一笔治丧费赐给羊续家。

贾琮字孟坚，东郡聊城人。贾琮先被本郡举荐为孝廉，之后又就任为京县县令，政绩斐然。

以往的交阯刺史部有很多名贵的物产，举凡明亮的珍珠、翠鸟的羽毛、犀牛、大象、玳瑁、浓烈的香料、美丽的树木之类，交阯都有出产。而前任和后任刺史大多品行不端，他们对上奉迎权贵，对下聚敛私财，当攒够充足的财物后，就又以此行贿图谋升官，所以当地官吏百姓心生怨恨背叛了刺史。中平元年（184），交阯刺史部的驻军哗变，拘押了刺史与合浦太守，叛首自称“柱天将军”。灵帝特别命令三公府严加选拔能干的官员，三公府就举荐了贾琮出任交阯刺史。贾琮上任后，询问叛军作乱的情形，人们都说因为刺史征收的赋税太过沉重，百姓们都一贫如洗，而京师路途遥远，百姓无处赴诉冤情，民不聊生，所以才聚在一起行劫掠、偷盗之事。贾琮立刻颁布公告晓谕乱民，命他们各安其业，同时招抚逃荒的流民，免除他们的劳役，又将罪恶滔天的首领处斩，并选拔良吏暂时代理各县事务以观后效，一年之内贾琮便平定了叛乱，百姓因此重获安宁。大街小巷的人们歌颂贾琮说：“贾大人您来得晚，致使我等先反叛；如今交阯归太平，官吏繁忙不吃饭。”贾琮就任刺史三年，政绩冠绝十三州，朝廷召回贾琮任命为议郎。

当时官军刚刚击败了黄巾军，战乱之后，郡县官府加重了赋税，因此产生了各种违法乱纪之事。灵帝下诏裁汰各州刺史和食禄二千石的官员，另选廉洁贤能的官吏，因此朝廷任命贾琮为冀州刺史。依照常例，刺史应乘驿站的三驾马车赴任，该车应悬挂红色的帷幔，在州界接受当地官吏百姓的迎接。等到贾琮赴任时，他在登车时说：“刺史应当全面考察、广开言路，纠正明察是非善恶，怎能反而挂起帷幔阻塞自己的视听呢？”因此贾琮命车夫掀起帷幔。州内各地得知消息，自然陷入惊恐。那些贪污违法的官吏，听到风声便解下印信、灵帝崩，大将军何进表琮为度辽将军，卒于官。

陆康字季宁，吴郡吴人也。祖父续，在独行传。父褒，有志操，连征不至。

康少仕郡，以义烈称，刺史臧旻举为茂才，除高成令。县在边垂，旧制，令户一人具弓弩以备不虞，不得行来。长吏新到，辄发民缮修城郭。康至，皆罢遣，百姓大悦。以恩信为治，寇盗亦息，州郡表上其状。光和元年，迁武陵太守，转守桂阳、乐安二郡，所在称之。

时灵帝欲铸铜人，而国用不足，乃诏调民田，亩敛十钱。而比水旱伤稼，百姓贫苦。康上疏谏曰："臣闻先王治世，贵在爱民。省徭轻赋，以宁天下，除烦就约，以崇简易，故万姓从化，灵物应德。末世衰主，穷奢极侈，造作无端，兴制非一，劳割自下，以从苟欲，故黎民吁嗟，阴阳感动。陛下圣德承天，当隆盛化，而卒被诏书，亩敛田钱，铸作铜人，伏读惆怅，悼心失图。夫十一而税，周谓之彻。彻者通也，言其法度可通万世而行也。故鲁宣税亩，而蝝灾自生；哀公增赋，而孔子非之。岂有聚夺民物，以营无用之铜人；捐舍圣戒，自蹈亡王之法哉！《传》曰：'君举必书，书而不法，后世何述焉？'陛下宜留神省察，改敝从善，以塞兆民怨恨之望。"书奏，内幸因此谮康援引亡国，以譬圣明，大不敬，槛车征诣廷尉。侍御史刘岱典考其事，岱为表陈解释，免归田里。复征拜议郎。

绶带辞官离开，只有瘿陶县长济阴人董昭、观津县长梁国人黄就仍守职尽责等待贾琮，这之后冀州上下安定和顺。

灵帝驾崩后，大将军何进上表推举贾琮为度辽将军，贾琮在任内去世。

陆康字季宁，吴郡吴县人。他的祖父陆续，其事迹收录在《独行传》。他的父亲陆褒，志向高洁、砥砺操行，曾拒绝了朝廷的多次召见。

陆康年轻时在吴郡做官，有忠义刚烈的名声，刺史臧旻举荐他为茂才，之后陆康出任高成县令。因高成县地处边陲，依照常例，官府应下令每户各出一人备好弓弩以防意外，而且限制此人的出入往来。另有常例要求长官上任伊始，就应调集百姓修缮县城的内墙和外墙。陆康就任后，将这些旧例都撤销了，百姓大为欢喜。陆康以恩德和信义治理高成，强盗作乱也平息下来，州郡官府上书报告了他的政绩。光和元年（178），朝廷调任陆康为武陵太守，后来又接连出任为桂阳、乐安二郡太守，当地人都对他称赞有加。

当时灵帝想铸造铜人，然而国库经费不够，于是下诏对民田征税，每亩收十钱。而当时接连的水旱灾害影响了收成，百姓深陷贫穷困苦。陆康上疏进谏说："微臣听说先王治国，重视爱惜民力。减少劳役减轻赋税，以使天下归于安宁，戒除繁琐厉行节约，推崇简便浅易之道，因此黎民百姓接受教化，异象吉兆感应圣德。衰微之世昏庸之君，挥霍无度铺张浪费，治国理政毫无章法，朝令夕改政令百出，万民劳顿备受剥削，仅为满足可鄙之欲，以致百姓哀叹之声，天地为之撼动。陛下圣德秉承天意，应推行昌明的风教，为何反而突然下诏，按亩加征田赋，为铸铜人筹资，微臣读毕惆怅万分，心中哀痛一筹莫展。对公田的十分之一征税，这种税法在周朝叫'彻'。'彻'有'通'的意思，是说此种税法可通行万世。所以鲁宣公按亩收税于公田之外另收十分之一，而虫灾自此而生；鲁哀公增税不依古制，为孔子所反对。怎能聚敛剥夺百姓财富，用以铸造豪无用处的铜人；置圣人劝戒于脑后，自己踏上亡国之君的道路呢？《左传》说：'君王的行事必载于史书，所载君王之行不合礼法，后世的评论又会怎样呢？'

会庐江贼黄穰等与江夏蛮连结十余万人，攻没四县，拜康庐江太守。康申明赏罚，击破穰等，余党悉降。帝嘉其功，拜康孙尚为郎中。献帝即位，天下大乱，康蒙险遣孝廉计吏奉贡朝廷，诏书策劳，加忠义将军，秩中二千石。时袁术屯兵寿春，部曲饥饿，遣使求委输兵甲。康以其叛逆，闭门不通，内修战备，将以御之。术大怒，遣其将孙策攻康，围城数重。康固守，吏士有先受休假者，皆遁伏还赴，暮夜缘城而入。受敌二年，城陷。月余，发病卒，年七十。宗族百余人，遭离饥戹，死者将半。朝廷愍其守节，拜子儁为郎中。

少子绩，仕吴为郁林太守，博学善政，见称当时。幼年曾谒袁术，怀橘堕地者也，有名称。

赞曰：伋牧朔藩，信立童昏。诗守南楚，民作谣言。奋驰单乘，堪驾毁辕。范得其朋，堂任良肱。二苏劲烈，羊、贾廉能。季宁拒策，城陨冲棚。

陛下当三思而行明察利弊，纠正弊端推行善政，以断绝万民的怨恨之心。”奏书上达朝廷后，灵帝的宠妃们因此便诬陷陆康援引亡国之君，来比喻灵帝，是大不敬，朝廷就用囚车将陆康押解至廷尉。侍御史刘岱负责考核陆康的罪案，之后他上表说明了陆康的案情并为之申辩，最终朝廷罢免了陆康放还故里。后来陆康又被任命为议郎。

恰逢庐江郡的乱贼黄穰等人勾结江夏郡蛮夷一同纠集了十多万人的叛军，他们攻陷了四个县城，朝廷就任命陆康为庐江太守。陆康治军赏罚分明，率军击败了黄穰等人，最终贼军残党全部投降。灵帝表彰了陆康的功劳，并任命陆康的孙子陆尚为郎中。献帝即位后，天下大乱，陆康冒着危险派本郡被举为孝廉的贤才和计吏入朝进贡，献帝下诏向陆康致以勉励和慰劳，并加封他为忠义将军，俸禄等级为中二千石。当时袁术率军驻扎在寿春县，而军中缺粮，就派使者请陆康运送兵器和甲胄。陆康因为袁术背叛朝廷，所以紧闭城门拒绝往来，并在城内备战，做好准备防范袁术的进攻。袁术大怒，便派麾下将领孙策攻打陆康，将陆康驻守的县城重重包围。陆康坚守城池，而之前获准休假的官员、士兵们，都隐藏行迹潜伏回来，趁着晚上翻过城墙进入城中。陆康坚持抗敌两年后，被孙策攻破城池。一个多月后，陆康病发身亡，享年七十岁。陆家一百多口人，因饥饿和困窘，死者将近一半。朝廷怜悯于陆康的忠于职守，任命他的儿子陆儁为郎中。

陆康的小儿子陆绩，在吴国出任为郁林太守，他学识渊博政绩优异，在当时很有名望。陆绩小时候曾拜见袁术，他就是那个为奉送母亲怀抱橘子而橘子滚落地上的孩子，陆绩在那时便有了好名声。

赞辞说：郭伋治理北方边关，对待孩子信守诺言。杜诗镇守楚地南阳，百姓作歌大加称赞。孔奋清正单车上路，张堪廉洁马车断辕。廉范入蜀百姓友爱，王堂明察选贤任能。苏家老小坚强刚直，羊续、贾琮清廉贤明。陆康守节抵御孙策，奋战两年冲车破城。

卷六十二

樊宏阴识列传第二十二

樊宏字靡卿，南阳湖阳人也，世祖之舅。其先周仲山甫，封于樊，因而氏焉，为乡里著姓。父重，字君云，世善农稼，好货殖。重性温厚，有法度，三世共财，子孙朝夕礼敬，常若公家。其营理产业，物无所弃，课役童隶，各得其宜，故能上下勠力，财利岁倍，至乃开广田土三百余顷。其所起庐舍，皆有重堂高阁，陂渠灌注。又池鱼牧畜，有求必给。尝欲作器物，先种梓漆，时人嗤之，然积以岁月，皆得其用，向之笑者咸求假焉。赀至巨万，而赈赡宗族，恩加乡闾。外孙何氏兄弟争财，重耻之，以田二顷解其忿讼。县中称美，推为三老。年八十余终。其素所假贷人间数百万，遗令焚削文契。责家闻者皆惭，争往偿之，诸子从敕，竟不肯受。

宏少有志行。王莽末，义兵起，刘伯升与族兄赐俱将兵攻湖阳，城守不下。赐女弟为宏妻，湖阳由是收系宏妻子，令出譬伯升，宏因留不反。湖阳军帅欲杀其妻子，长吏以下共相谓曰："樊重子父，礼义恩德行于乡里，虽有罪，且当在后。"会汉兵日盛，湖阳惶急，未敢杀之，遂得免脱。更始立，欲以宏为将，宏叩头辞曰："书生不习兵事。"竟得免归，与宗家亲属作营堑自守，老弱归之者千樊宏字靡卿，南阳郡湖阳县人，他是光武帝的舅舅。樊家的祖先是周朝的仲山甫，仲山甫被分封在樊地，于是便把“樊”作为姓氏，樊氏是村里的大姓。樊宏的父亲樊重，字君云，樊家世代善于农耕，喜欢做买卖。樊重性情温和宽厚，做事讲规矩，家中的三代人并未分家而是共享家业，樊重的子孙早晚都要以一定的礼节拜见他，一直以来都像是朝廷里的规矩。樊重经营产业，什么东西都不浪费，督促役使童仆，人尽其才、各司其职，所以全家上下都能齐心协力，家产一年便可翻倍，最终名下的土地竟增加到三百多顷。樊重家修建的房屋，都有多层的厅堂和高高的楼阁，又修筑池塘并以水渠将水流引入房屋之间。樊重家还经营鱼塘和牧场，能够满足人们的任何需求。樊重家曾想制作一些生活用具使预先种了梓树和漆树，在那时还受到了人们的讥笑，然而经年累月之后，梓树和漆树都派上了用场，之前嘲笑樊重的人都来向他租借。樊重家最终达到了家财万贯的地步，同时不忘接济、赡养同宗族人，同乡之人也蒙受恩惠。樊重的外孙何家兄弟曾争夺财产，他觉得很没面子，便送给何家两顷田化解了他们的怒气和争讼。县里人都称赞樊重的善举，推举他做本县的三老。樊重在八十多岁时去世。对于自己平日里借给人们的数百万计的钱款，樊重立下遗嘱要求销毁文契。欠债者听说后都很惭愧，争着来樊重家还债，樊重的儿子们谨遵父亲的告诫，最终分文不取。

樊宏年轻时便有远大的志向和端正的品行。王莽末年，各路义军兴起，刘伯升和族兄刘赐一起率军攻打湖阳县，湖阳城防守严密没能攻下。刘赐的妹妹是樊宏的妻子，于是湖阳守军拘押了樊宏的妻子和孩子，要樊宏出城晓谕刘伯升退兵，樊宏顺势就留在了刘伯升军中没有回湖阳。湖阳守将打算处死樊宏的妻儿，然而湖阳县长吏以下的官吏们都说：“樊重父子，全县百姓都承蒙了他们的礼义恩德，樊余家。时赤眉贼掠唐子乡，多所残杀，欲前攻宏营，宏遣人持牛酒米谷，劳遗赤眉，赤眉长老先闻宏仁厚，皆称曰：“樊君素善，且今见待如此，何心攻之。”引兵而去，遂免寇难。

世祖即位，拜光禄大夫，位特进，次三公。建武五年，封长罗侯。十三年，封弟丹为射阳侯，兄子寻玄乡侯，族兄忠更父侯。十五年，定封宏寿张侯。十八年，帝南祠章陵，过湖阳，祠重墓，追爵谥为寿张敬侯，立庙于湖阳。车驾每南巡，常幸其墓，赏赐大会。

宏为人谦柔畏慎，不求苟进。常戒其子曰：“富贵盈溢，未有能终者。吾非不喜荣势也，天道恶满而好谦，前世贵戚皆明戒也。保身全己，岂不乐哉！”每当朝会，辄迎期先到，俯伏待事，时至乃起。帝闻之，常敕驺骑临朝乃告，勿令豫到。宏所上便宜及言得失，辄手自书写，毁削草本。公朝访逮，不敢众对。宗族染其化，未尝犯法。帝甚重之。及病困，车驾临视，留宿，问其所欲言。宏顿首自陈：“无功享食大国，诚恐子孙不能保全厚恩，令臣魂神慙负黄泉，愿还寿张，食小乡亭。”帝悲伤其言，而竟不许。

宏虽有罪过，且待以后再说。”恰逢汉军势力日益强大，湖阳守军因此愈发惊慌焦急，没人敢对樊宏的妻儿下手，他们最终免于屠戮。更始政权建立后，朝廷想任命樊宏为将领，樊宏叩头推辞说：“我乃一介书生并不懂得军事。”最终樊宏得以免于出仕回到家乡，回家后樊宏便和同族的亲戚筑营垒、挖壕沟以求自保，当地年老体弱的人投奔樊宏的有一千多家。当时赤眉军劫掠了唐子乡，杀害了很多百姓，正当他们打算接着进军攻打樊宏的营地，樊宏派人带上酒肉粮食，作为犒劳送给赤眉军，赤眉军中的老者早就听说过樊宏的仁爱宽厚，他们都称赞说：“樊君一向有善心，而且我们现在受到了这样的款待，凭什么还去攻打他呢。”于是他们率军离开，樊宏等人因此免于兵祸。

光武帝即位后，朝廷任命樊宏为光禄大夫，并授予特进之位，地位仅次于三公。建武五年（29），樊宏获封为长罗侯。建武十三年（37），朝廷封樊宏的弟弟樊丹为射阳侯，封樊宏哥哥的儿子樊寻为玄乡侯，封樊宏的族兄樊忠为更父侯。建武十五年（39），朝廷定下了樊宏的爵位封他为寿张侯。建武十八年（42），光武帝南行到章陵祭祀，途径湖阳县，祭祀了樊重墓，并将樊重追封为寿张敬侯，在湖阳为他修筑了祠庙。此后光武帝每次南巡时，经常来樊重墓前祭拜，并于此举办大会赏赐樊家。

樊宏为人谦虚和顺小心谨慎，不贪图轻率地求取仕进。樊宏经常告戒自己的儿子说：“过分追求富贵的人，不会有好下场。我并非不喜欢荣华和权势，然而天道厌弃充盈而保佑谦虚，前代天子亲族的下场都是明确的教训呀。以谦虚谨慎求得自保，难道不快乐吗？”每当樊宏要朝见天子时，总会注意时间先行到殿，之后便伏在殿前等待，到了朝会时间才起身。光武帝得知此事后，常命人在临近朝会时才驾马通知樊重，不让他提前赶去。樊宏所进献的良策和讨论成败得失的奏书，总是亲手书写，并将草稿销毁。在朝堂上被问及意见时，樊宏亦不敢当众直言。族人们深受樊宏影响，不曾有违法乱纪之举。光武帝非常倚重他。等到樊宏病重时，光武帝亲自前来看望，并留在他家过夜，问他有什么要求。樊宏叩头请求道：“我没有功劳却徒受大汉俸禄，实在是担心子孙没法保全陛下洪恩，使我的灵魂二十七年，卒。遗敕薄葬，一无所用，以为棺柩一臧，不宜复见，如有腐败，伤孝子之心，使与夫人同坟异臧。帝善其令，以书示百官，因曰："今不顺寿张侯意，无以彰其德。且吾万岁之后，欲以为式。"赙钱千万，布万匹，谥为恭侯，赠以印绶，车驾亲送葬。子鯈嗣。帝悼宏不已，复封少子茂为平望侯。樊氏侯者凡五国。明年，赐鯈弟鲔及从昆弟七人合钱五千万。

论曰：昔楚顷襄王问阳陵君曰："君子之富何如？"对曰："假人不德不责，食人不使不役，亲戚爱之，众人善之。"若乃樊重之折契止讼，其庶几君子之富乎！分地以用天道，实廪以崇礼节，取诸理化，则亦可以施于政也。与夫爱而畏者，何殊间哉！

鯈字长鱼，谨约有父风。事后母至孝，及母卒，哀思过礼，毁病不自支，世祖常遣中黄门朝暮送餰粥。服阕，就侍中丁恭受《公羊严氏春秋》。建武中，禁网尚阔，诸王既长，各招引宾客，以鯈外戚，争遣致之，而鯈清静自保，无所交结。及沛王辅事发，贵戚子弟多见收捕，鯈以不豫得免。帝崩，鯈为复土校尉。

在黄泉之下也感到惭愧，希望陛下允许我回到寿张，享受乡、亭级别的俸禄就好。”光武帝对樊宏的话感到悲伤，但最终没有准许他的请求。

建武二十七年（51），樊宏去世。他留下遗言叮嘱子孙葬礼从简，切勿浪费，又考虑到妻子的棺材既然已经埋下，便不宜再次出土，因为如果看到朽烂的棺木，会使孝子伤心，便要求把自己和妻子葬在同一个坟内的不同墓穴中。光武帝赞同樊宏的遗嘱，把他的遗书展示给百官阅览，并说：“如今如果不顺从寿张侯的意愿，那就没法表彰他的德行。而且在我去世之后，我也打算效仿樊宏的葬法。”朝廷为樊家分拨了一千万丧葬费，以及一万匹布，并给予樊宏“恭侯”的谥号，又赐予印信、绶带，光武帝亲自为他送葬。樊宏的儿子樊儵继承了寿张侯之位。光武帝对樊宏的哀悼难以停止，又封樊宏的小儿子樊茂为平望侯。至此樊家共有五人获封爵位和国土。第二年，朝廷赐给樊儵的弟弟樊鲔以及其他六位弟弟、堂弟共计五千万钱。

评论说：从前楚国的顷襄王曾问阳陵君说：“君子的富裕是怎样的呢？”阳陵君答道：“借给他人财物但既不认为有德于人也不求回报，供给别人食品但不使唤人家，亲戚敬爱他，大家称赞他。”至于樊重的焚毁文契放弃欠款和赠予土地阻止争讼，这大概就是君子的富裕吧！秉持兄友弟恭的天道而分给别人土地，为了推崇礼仪和规矩而充实粮仓，吸取这其中的治理和教化之道，也能够运用到治国理政当中呀。这与那些受到大家爱戴和敬畏的君子，又有什么不同呢？

樊儵字长鱼，谨慎克制有父亲樊宏的风范。樊儵非常孝顺地侍奉后母，到后母去世时，他对后母的哀痛和思念超过了礼制的要求，因而悲伤过度以至于病倒。光武帝经常派中黄门每日每夜为他送去粥饭。樊儵服丧结束后，师从侍中丁恭学习《公羊严氏春秋》。建武年间中期，朝廷法令还不严厉，那时各封国的诸侯王年纪渐长，都招引宾客，他们因为樊儵是外戚，所以争相拉拢他，但樊儵不为所动守节不移，不和诸王有所来往。等到沛王刘辅因门客作乱而获罪后，大批贵族子弟遭到拘捕，樊儵因未曾参与而免受牵连。光武帝驾崩后，樊永平元年，拜长水校尉，与公卿杂定郊祠礼仪，以谶记正“五经”异说。北海周泽、琅邪承宫并海内大儒，鯈皆以为师友而致之于朝。上言郡国举孝廉，率取年少能报恩者，耆宿大贤多见废弃，宜敕郡国简用良俊。又议刑辟宜须秋月，以顺时气。显宗并从之。二年，以寿张国益东平王，徙封鯈燕侯。其后广陵王荆有罪，帝以至亲悼伤之，诏鯈与羽林监南阳任隗杂理其狱。事竟，奏请诛荆。引见宣明殿，帝怒曰：“诸卿以我弟故，欲诛之，即我子，卿等敢尔邪！”鯈仰而对曰：“天下高帝天下，非陛下之天下也。《春秋》之义，‘君亲无将，将而诛焉’。是以周公诛弟，季友鸩兄，经传大之。臣等以荆属托母弟，陛下留圣心，加恻隐，故敢请耳。如令陛下子，臣等专诛而已。”帝叹息良久。鯈益以此知名。其后弟鲔为子赏求楚王英女敬乡公主，鯈闻而止之，曰：“建武时，吾家并受荣宠，一宗五侯。时特进一言，女可以配王，男可以尚主，但以贵宠过盛，即为祸患，故不为也。且尔一子，奈何弃之于楚乎？”鲔不从。

十年，鯈卒，赗赠甚厚，谥曰哀侯。帝遣小黄门张音问所遗言。先是河南县亡失官钱，典负者坐死及罪徙者甚众，遂委责于人，以儵出任为复土校尉。

永平元年（58），朝廷任命樊儵为长水校尉，他和公卿们一起制定了国都郊外祭祀天地的礼仪，还用谶书纠正了有关“五经”的不同学说。北海人周泽和琅邪人承宫都是国内著名的儒学学者，樊儵将二人视为自己的老师和朋友并把他们都引荐到朝廷里。樊儵上书说现在各郡各国推举孝廉时，一律选取那些年轻、能向推荐者报答恩德的人，而年事已高的贤才大多都落选，朝廷应命令郡国挑选任用有真才实学的人。樊儵又建议应在秋季用刑，以此顺应自然的时序。明帝接受了这两项建议。永平二年，朝廷将寿张国加封到东平王治下，改封樊儵为燕侯。后来广陵王刘荆犯了谋反之罪，明帝因广陵王是自己的亲兄弟而感到悲伤，下诏命樊儵和羽林左监南阳人任隗一起办理刘荆的罪案。案件审理结束后，樊儵上奏请求处死刘荆。明帝将樊儵召入宣明殿，他非常生气地说：“你们因为广陵王是我弟弟，所以就想杀了他，假如刘荆是我儿子，你们还敢吗！”樊儵抬起头回答道：“天下是高祖的天下，并非陛下的天下。《春秋》记载着这样的义理，‘国君的亲属不可背叛、弑君，违者应处死。’因此周公处死自己的弟弟，鲁国季友毒杀自己的哥哥，这样的行动为经传所称赞。我们料想刘荆是陛下一母所生的弟弟，陛下也许会手下留情，宽大为怀，所以才敢向陛下提出恳请。假如是陛下的儿子谋反，我们早就不经奏请便把他处死了。”明帝叹息了很久。樊儵因此名震朝野。后来樊儵的弟弟樊鲔向楚王刘英求亲想让刘英的女儿敬乡公主嫁给自己的儿子樊赏，樊儵听说后想劝阻樊鲔，他说：“建武年间，我们全家都享受着朝廷赐予的荣耀和恩宠，一族之内竟有五人封侯。当时先父的一句话，就能让樊家之女嫁给帝王之子，樊家之子迎娶帝王之女。但因为权势和恩宠一旦过度，便会成为祸患，所以从未如此。况且你只有这一个儿子，为何要把他抛在楚国呢？”然而樊鲔没有听从劝告。

永平十年（67），樊儵去世，朝廷赐给樊家丰厚的财物用以办理丧事，并给予樊儵“哀侯”的谥号。樊儵去世前，明帝曾派小黄门张音询问他的遗言。樊儵提起之前河南县丢失官钱的事，主管官吏因偿其耗。乡部吏司因此为奸，儵常疾之。又野王岁献甘醪、膏饧，每辄扰人，吏以为利。儵并欲奏罢之，疾病未及得上。音归，具以闻，帝览之而悲叹，敕二郡并令从之。

长子汜嗣，以次子郴、梵为郎。其后楚事发觉，帝追念儵谨恪，又闻其止鲔婚事，故其诸子得不坐焉。

梵字文高，为郎二十余年，三署服其重慎。悉推财物二千余万与孤兄子，官至大鸿胪。

汜卒，子时嗣。时卒，子建嗣。建卒，无子，国绝。永宁元年，邓太后复封建弟盼。盼卒，子尚嗣。

初，儵删定《公羊严氏春秋》章句，世号“樊侯学”，教授门徒前后三千余人。弟子颍川李修、九江夏勤，皆为三公。勤字伯宗，为京、宛二县令，零陵太守，所在有理能称。安帝时，位至司徒。

准字幼陵，宏之族曾孙也。父瑞，好黄老言，清静少欲。准少励志行，修儒术，以先父产业数百万让孤兄子。永元十五年，和帝幸南阳，准为郡功曹，召见，帝器之，拜郎中，从车驾还宫，特补尚书郎。邓太后临朝，儒学陵替，准乃上疏曰：

臣闻贾谊有言，“人君不可以不学”。故虽大舜圣德，孳孳为罪被处死和流放的人很多，最终官府将还债的责任转嫁给县民，让老百姓偿还府库的损失。乡里的官员因此便为非作歹，樊鯈常对此事充满愤恨。另外野王县每年都要向朝廷进献甜酒、饴糖，百姓每年都因此备受烦劳，而官吏们却从中牟利。樊鯈本想奏请朝廷制止这两件事，后因病重而没来得及上奏。张音回宫后，把情况一五一十地汇报给明帝，明帝看了奏书后大为悲叹，下令河南、河内二郡太守和二县县令照樊鯈的意见行事。

长子樊汜继承了樊鯈的燕侯之位，朝廷任命樊鯈的次子樊郴、三子樊梵为郎。后来朝廷察觉了楚王谋逆的行迹，明帝回想起樊鯈的严肃谨慎，又听说他曾尝试制止樊鲔与楚王联姻，因而樊鯈的儿子都得以免除罪责。

樊梵字文高，担任郎官二十多年，五官、左、右署都佩服他的稳重谨慎。樊梵把二千多万的财产都让给了亡兄留下的侄子，樊梵最终官至大鸿胪。

樊汜去世后，儿子樊时继承了燕侯之位。樊时去世后，儿子樊建继承侯位。樊建去世后，因为没有儿子，所以爵位和封地的继承便断绝了。永宁元年（120），邓太后再次将樊建的弟弟樊盼封为侯。樊盼去世后，儿子樊尚继承侯位。

起初，樊鯈曾删削改定《公羊严氏春秋》的章节和句读，时人称之为“樊侯学”，传授这门学问的老师和学生共计有三千多人。樊鯈的弟子颍川人李修、九江人夏勤，后来都位至三公。夏勤字伯宗，曾先后担任過京、宛二县县令，后来担任零陵太守，在治下各地都留下了善政的美名。安帝年间，夏勤升任至司徒。

樊准字幼陵，是樊宏亲兄弟的曾孙。樊准的父亲樊瑞，喜好黄帝和老子的学说，长保心神宁静、克制欲望。樊准年轻时磨炼志趣、砥砺操行，修习儒学，并将亡父的几百万家产让给了亡兄留下的侄子。永元十五年（103），和帝巡行南阳郡，樊准时任郡功曹，和帝召见了樊准，非常器重他，任命他为郎中，樊准随天子车驾入朝，朝廷又加封他为尚书郎。邓太后亲掌朝政时，儒学渐趋衰微，樊准就上书说：

微臣听说贾谊曾有一言，“君主不可以不学习”。因此大舜的道善；成王贤主，崇明师傅。及光武皇帝受命中兴，群雄崩扰，旌旗乱野，东西诛战，不遑启处，然犹投戈讲艺，息马论道。至孝明皇帝，兼天地之姿，用日月之明，庶政万机，无不简心，而垂情古典，游意经艺，每飨射礼毕，正坐自讲，诸儒并听，四方欣欣。虽阙里之化，矍相之事，诚不足言。又多征名儒，以充礼官，如沛国赵孝、琅邪承宫等，或安车结驷，告归乡里；或丰衣博带，从见宗庙。其余以经术见优者，布在廊庙。故朝多皤皤之良，华首之老。每宴会，则论难衎衎，共求政化。详览群言，响如振玉。朝者进而思政，罢者退而备问。小大随化，雍雍可嘉。期门羽林介胄之士，悉通《孝经》。博士议郎，一人开门，徒众百数。化自圣躬，流及蛮荒，匈奴遣伊秩訾王大车且渠来入就学。八方肃清，上下无事。是以议者每称盛时，咸言永平。

今学者盖少，远方尤甚。博士倚席不讲，儒者竞论浮丽，忘謇謇之忠，习諓諓之辞。文吏则去法律而学诋欺，锐锥刀之锋，断刑辟之重，德陋俗薄，以致苛刻。昔孝文窦后性好黄老，而清静之化流景武之间。臣愚以为宜下明诏，博求幽隐，发扬岩穴，宠进儒雅，有如孝、宫者，征诣公车，以俟圣上讲习之期。公卿各举明经及旧儒子孙，进其爵位，使缵其业。复召郡国书佐，使读律令。如此，则延颈者日有所见，倾耳者月有所闻。伏愿陛下推述先帝进业之道。

德虽已臻于极致，但仍勤勉地积善行德；成王已是贤明之主，师从周公尊师重道。到光武帝承蒙天意复兴汉朝时，各路枭雄为患一方，旗帜如林遍布原野，光武皇帝东征西讨，四处作战无暇休息，却仍然收起武器讲习六艺，放马休息讨论儒道。明帝继承大统时，兼备天地所赐之才干，运用日月一般的睿智，朝廷内外各项事务，皆尽查验事事关心，但依旧投注精力修习古籍，潜心研读儒家经典，每次大宴群臣射礼结束后，明帝正身端坐亲授经艺，全体儒生一同聆听，各地学子无不欢悦。即使是孔子在阙里的讲学，和在矍相练习射箭，吸引的观众亦无法与明帝相比。明帝又广召大儒，任命为司礼之官，如沛国人赵孝、琅琊人承宫等人，儒者们有的安坐于尊贵的四驾马车之中，告老还乡荣归故里；有的身着宽大的礼服，腰系宽幅的束带，随侍参与宗庙祭祀。其他那些博览经典、才学过人的儒者，更遍布于朝廷之内。因此朝堂之上有不少鹤发的贤才，白首的宿儒。每逢宴会，明帝便与他们展开其乐融融的辩论，一同探求为政治国、教化万民之方。明帝详尽观览群臣进言，良言似有美玉之声。明帝上朝时思索美政之道，退朝时筹备明日庭问。大小官员依从教化，合作融洽值得嘉许。期门、羽林的披甲武人，也都通晓《孝经》。至于博士、议郎，如果有谁开创学说，便可引来上百门徒。儒学之教化源于明帝的亲力亲为，最终流播至偏远荒凉的化外之地，以至于匈奴派秩訾王大车且渠入朝学习儒术。于是四境之内安享太平，君臣上下和乐融融。因此每当人们称颂盛世，都会提到明帝永平年间。

如今本朝儒生却为数不多，偏远之地则更为稀少。博士不设坐席，讲学废弛，儒生竞相攀比浮辞丽藻，忘却了尽忠直言的信义，熟习于花言巧语的歪风。执法官员则抛弃法律而溺于欺诈，对微小的事情，往往判成很重的罪行，于是道德败坏，风俗浮薄，以致刑罚归于刻薄严厉。从前文帝和窦太后崇尚黄帝、老子的学说，因而清静无为的风气便流播于景帝、武帝年间。以臣下愚见太后应颁布英明的诏令，广为求访避世的贤才，提拔隐居山洞的儒士，恩宠并引荐文人雅士，恰如赵孝、承宫之类的人，将他们召至公车，为圣上将来修习儒术做好准备。各位公卿应举荐通晓经术之人以及先代大儒的子孙，太后深纳其言，是后屡举方正、敦朴、仁贤之士。

准再迁御史中丞。永初之初，连年水旱灾异，郡国多被饥困，准上疏曰：

臣闻《传》曰："饥而不损兹曰太，厥灾水。"《春秋榖梁传》曰："五谷不登，谓之大侵。大侵之礼，百官备而不制，群神祷而不祠。"由是言之，调和阴阳，寔在俭节。朝廷虽劳心元元，事从省约，而在职之吏，尚未奉承。夫建化致理，由近及远，故《诗》曰"京师翼翼，四方是则"。今可先令太官、尚方、考功、上林池籞诸官，实减无事之物，五府调省中都官吏京师作者。如此，则化及四方，人劳省息。

伏见被灾之郡，百姓凋残，恐非赈给所能胜赡，虽有其名，终无其实。可依征和元年故事，遣使持节慰安。尤困乏者，徙置荆、扬孰郡，既省转运之费，且令百姓各安其所。今虽有西屯之役，宜先东州之急。如遣使者与二千石随事消息，悉留富人守其旧土，转尤贫者过所衣食，诚父母之计也。愿以臣言下公卿平议。

为他们加官进爵，让他们继承事业。再将各郡国的主管文法的佐吏召入朝中，命其诵读律令。这样一来，那么圣上引颈探视时每日皆有所见，侧耳倾听时每月皆有所闻。恭谨地希望太后殿下可以发扬先帝增进品德、修习学业的正道。

邓太后完全采纳了樊准的意见，此后朝廷多次推举刚正不阿、敦厚朴实和仁爱贤能之人。

樊准之后又被调任为御史中丞。安帝永初初年，连年水旱频仍、异象横生，各郡国有大量百姓陷于饥饿贫困，樊准上书说：

微臣听说《洪范五行传》中有这样的话："天下百姓饥饿而君王却不节约，这是过分之举，于是水灾便发生了。"《春秋穀梁传》说："五谷未能成熟，这就是大饥荒。大饥荒时的礼制是，百官安于职守但清静无为，对神明致以祈祷而不祭祀。"这样说来，调和阴阳以求风调雨顺，确实在于能否厉行节俭。即便朝廷已为百姓安宁煞费苦心，宫内诸事一律从简，而各方在职官吏，尚未奉行节俭之道。国家要确立教化求得安定，应该遵循从中央朝廷推广至四方各地的理念，所以《韩诗》说"京师繁盛，四方榜样"。现在可以先命令太官、尚方、考功和上林苑中的各位官吏，核察并裁汰并非必须之物，太傅、太尉、司徒、司空、大将军等五府，简省京城官员及营造宫室的工匠。这样一来，那么朝廷的风气便能波及全国，百姓的劳苦得以止息。

微臣见那受灾各郡，百姓极为困顿，恐怕仅凭朝廷赈济不足以让他们脱困，从而导致虽有赈济之名，最终却收不到实效。可以效法武帝征和元年（前92）的旧例，派使者持符节慰问安抚受灾百姓。对于极为贫困、疲惫的灾民，将其迁徙到荆州、扬州收成很好的郡内安置，不仅省下运送救济的费用，还让百姓们有了安居之所。如今虽然西部尚有战事，但应优先解决东部冀、兖二州的危难。如果能派使者陪同享禄二千石的高官一同前往并传达消息，命令富裕人家留在当地安守故土，将极为贫困的居民迁至能吃饱穿暖的地区，这才是为民父母的策略呀。希望太后殿下将微臣的谏言下发给各位公卿太后从之，悉以公田赋与贫人。即擢准与议郎吕仓并守光禄大夫，准使冀州，仓使兖州。准到部，开仓禀食，慰安生业，流人咸得苏息。还，拜钜鹿太守。时饥荒之余，人庶流迸，家户且尽，准课督农桑，广施方略，期年间，谷粟丰贱数十倍。而赵、魏之郊数为羌所钞暴，准外御寇虏，内抚百姓，郡境以安。

五年，转河内太守。时羌复屡入郡界，准辄将兵讨逐，修理坞壁，威名大行。视事三年，以疾征，三转为尚书令，明习故事，遂见任用。元初三年，代周畅为光禄勋。五年，卒于官。

阴识字次伯，南阳新野人也，光烈皇后之前母兄也。其先出自管仲，管仲七世孙修，自齐适楚，为阴大夫，因而氏焉。秦汉之际，始家新野。

及刘伯升起义兵，识时游学长安，闻之，委业而归，率子弟、宗族、宾客千余人往诣伯升。伯升乃以识为校尉。更始元年，迁偏将军，从攻宛，别降新野、淯阳、杜衍、冠军、湖阳。二年，更始封识阴德侯，行大将军事。

建武元年，光武遣使迎阴贵人于新野，并征识。识随贵人至，以为骑都尉，更封阴乡侯。二年，以征伐军功增封，识叩头让曰："天下初定，将帅有功者众，臣托属掖廷，仍加爵邑，不可以示天下。"帝甚美之，以为关都尉，镇函谷。迁侍中，以母忧辞归。十五年，定封原鹿侯。及显宗立为皇太子，以识守执金吾，辅导东宫。帝商议。

邓太后接纳了樊准的建议，将公田都赐予饥民耕种。并立刻提拔樊准命他和议郎吕仓一同在光禄大夫一职上试用，命樊准出使冀州，吕仓出使兖州。樊准到了冀州刺史部后，开仓赈灾，安抚百姓，复兴产业，流民都得以休养生息。回京后，朝廷任命樊准为钜鹿太守。当时钜鹿的饥荒刚刚结束，百姓流离失所，人口即将枯竭，樊准督促农事，广施良策，一年之间，粮食增产、粮价骤降都有几十倍之多。当时赵地、魏地的城郊多次遭受羌人洗劫，樊准对外抵御入侵劫掠，对内安抚黎民百姓，郡内上下得以安定。

永初五年（111），朝廷调任樊准为河内太守。当时羌人又屡次侵入郡界，于是樊准率军讨伐羌人将其逐出郡内，同时又在边境修筑土堡，从此樊准威名远扬。担任河内太守三年后，樊准因病被召入朝中，经三度升迁后就任尚书令，樊准因自己熟习于先代旧制，而被任用。元初三年（116），樊准代替周畅继任为光禄勋。元初五年（118），樊准在任上去世。

阴识字次伯，南阳郡新野人，是阴皇后的异母兄长。阴识的祖先是管仲的后人，管仲的七世孙管修，从齐国来到楚国，出任为阴大夫，因此便以“阴“为姓氏。秦汉之间，管修开始定居在新野。

到刘伯升组织义军时，那时阴识正在长安求学，得知此事后，他便放下学业回乡，率领子弟、族人、门客共一千多人前往拜访刘伯升。刘伯升便任命阴识为校尉。更始元年（23），阴识改任偏将军，随刘伯升一同攻打宛县，之后又分别攻占了新野、淯阳、杜衍、冠军、湖阳等南阳五县。更始二年，更始帝封阴识为阴德侯，并兼任大将军职务。

建武元年（25），光武帝派使者前往新野迎娶阴贵人入宫，同时将阴识也召入朝中。阴识随阴贵人一起入京，朝廷任命阴识为骑都尉，并封他为阴乡侯。建武二年（26），朝廷因为阴识立下军功打算晋升他的爵位，阴识叩头辞让说：“天下刚刚平定，立下大功的将领还有很多，微臣本是以外戚身份封侯的，再提高爵位、增加封邑，这每巡郡国，识常留镇守京师，委以禁兵。入虽极言正议，及与宾客语，未尝及国事。帝敬重之，常指识以敕戒贵戚，激厉左右焉。识所用掾史皆简贤者，如虞延、傅宽、薛愔等，多至公卿校尉。

显宗即位，拜为执金吾，位特进。永平二年，卒，赠以本官印绶，谥曰贞侯。

子躬嗣。躬卒，子璜嗣。永初七年，为奴所杀，无子，国绝。永宁元年，邓太后以璜弟淑绍封。淑卒，子鲔嗣。

躬弟子纲女为和帝皇后，封纲吴房侯，位特进，三子轶、辅、敞，皆黄门侍郎。后坐巫蛊事废，纲自杀，辅下狱死，轶、敞徙日南。识弟兴。

兴字君陵，光烈皇后母弟也，为人有膂力。建武二年，为黄门侍郎，守期门仆射，典将武骑，从征伐，平定郡国。兴每从出入，常操持小盖，障翳风雨，躬履涂泥，率先期门。光武所幸之处，辄先入清宫，甚见亲信。虽好施接宾，然门无侠客。与同郡张宗、上谷鲜于裒不相好，知其有用，犹称所长而达之；友人张汜、杜禽与兴厚善，以为华而少实，但私之以财，终不为言：是以世称其忠平。第宅苟完，裁蔽风雨。

种做法不能教导天下。”光武帝对阴识大加称赞，任命他为关都尉，镇守函谷关。后来朝廷调任阴识担任侍中，阴识因母亲的丧事辞官回乡。建武十五年（40），朝廷定下了阴识的爵位将他封为原鹿侯。到朝廷册立明帝为太子时，阴识在执金吾一职上试用，负责辅导太子。光武帝每次到各郡国巡行时，阴识常常留在京城镇守，统领禁兵。阴识上朝时虽然秉公直言，但到和宾客交谈时，从不提及国事。光武帝对阴识甚为敬重，在朝中常常指着阴识告戒诸位皇亲国戚，勉励近臣。阴识所任用的辅佐官都是经过精挑细选的贤士，比如虞延、傅宽、薛愔等人，他们大多官至公卿、校尉。

明帝即位后，朝廷正式将阴识任命为执金吾，并授予特进之位。永平二年（59），阴识去世，朝廷将执金吾的印信、绶带赐予阴家，并给予阴识“贞侯”的谥号。

阴识的儿子阴躬继承了亡父的爵位。阴躬去世后，他的儿子阴璜继承爵位。永初七年（113），阴璜被家奴杀害，阴璜没有儿子，因此阴家对爵位和封地的继承便断绝了。永宁元年，邓太后让阴璜的弟弟阴淑继承了封地和爵位。阴淑去世后，他的儿子阴鲔继承爵位。

阴躬弟弟的儿子阴纲之女嫁给和帝成为皇后，朝廷封阴纲为吴房侯，并授予特进之位，阴纲的三个儿子阴轶、阴辅、阴敞，都出任为黄门侍郎。后来皇后因以巫术害人之事而遭废黜，于是阴纲自杀，阴辅入狱后死在狱中，阴轶、阴敞被流放到日南郡。阴识的弟弟是阴兴。

阴兴字君陵，是光武帝皇后阴丽华的同母弟弟，他体魄强健。建武二年（26），阴兴出任黄门侍郎，并在期门仆射一职上试用，阴兴统领骑兵部队，追随光武帝征讨天下，平定各郡各国。阴兴每次随侍光武帝外出入内时，经常拿上小伞盖，用以遮风挡雨，并亲自走到泥泞的道路上，率先赶到殿门前。一旦光武帝要亲临某处，阴兴总是先行进入检查、洒扫，深受光武帝的信赖。阴兴虽然乐善好施，喜欢结交宾客，但门下并不收罗侠客。阴兴和南阳郡的同乡张宗、上谷郡的鲜于裒关系不好，但阴兴知道他们是可用之才，依然称赞他们的优长为他们提供进身之阶；而阴兴的朋友张汜、杜禽虽然和阴兴很要九年，迁侍中，赐爵关内侯。帝后召兴，欲封之，置印绶于前，兴固让曰："臣未有先登陷阵之功，而一家数人并蒙爵土，令天下觖望，诚为盈溢。臣蒙陛下、贵人恩泽至厚，富贵已极，不可复加，至诚不愿。"帝嘉兴之让，不夺其志。贵人问其故，兴曰："贵人不读书记邪？'亢龙有悔。'夫外戚家苦不知谦退，嫁女欲配侯王，取妇眄睨公主，愚心实不安也。富贵有极，人当知足，夸奢益为观听所讥。"贵人感其言，深自降挹，卒不为宗亲求位。十九年，拜卫尉，亦辅导皇太子。明年夏，帝风眩疾甚，后以兴领侍中，受顾命于云台广室。会疾瘳，召见兴，欲以代吴汉为大司马。兴叩头流涕，固让曰："臣不敢惜身，诚亏损圣德，不可苟冒。"至诚发中，感动左右，帝遂听之。

二十三年，卒，时年三十九。兴素与从兄嵩不相能，然敬其威重。兴疾病，帝亲临，问以政事及群臣能不。兴顿首曰："臣愚不足以知之。然伏见议郎席广、谒者阴嵩，并经行明深，逾于公卿。"兴没后，帝思其言，遂擢广为光禄勋；嵩为中郎将，监羽林十余年，以谨敕见幸。显宗即位，拜长乐卫尉，迁执金吾。

好，但阴兴认为他们华而不实，所以只用财物接济他们以示私情，却始终未曾称赏、举荐二人：世人因此赞扬阴兴的忠诚和公正。阴识家的宅第姑且还是完好的，仅能遮避风雨。

建武九年（33），朝廷调任阴兴为侍中，并打算封他为关内侯。光武帝和尚未立为皇后的阴贵人召见了阴兴，想要为他封爵，把关内侯的印信、绶带摆在了阴兴面前，阴兴坚决推辞说："微臣从未立下率先登城、冲锋陷阵的功劳，但阴家已有很多人都获封爵位和土地，这会使得天下人因嫉生怨，这确实太过了。微臣承蒙陛下和贵人的厚爱恩情，财富和地位已至极点，不能再增加了，微臣非常诚恳地推辞陛下的加封。"光武帝称赞了阴兴的谦逊，没有强迫他改变心意。阴贵人问阴兴为何拒绝，他说："您难道未曾读到过这样的话吗？'处于龙上，则有定异。'外戚之家的大患便在于不懂得谦逊和退让，女儿想要许配给侯王，娶妻连公主都瞧不上，微臣实在是心有不安。富贵终有尽头，为人应当知足，越是炫耀豪奢越会为舆论所谴责。"阴兴的话让阴贵人很有感触，于是努力地控制自己，最终放弃了为家人求取官爵。建武十九年（43），阴兴出任卫尉，也参与辅导太子。到第二年的夏天，光武帝因风邪而头晕病得很重，便再次任命阴兴为侍中，让他在云台阁的广室中领受自己的遗诏。恰巧光武帝病愈，于是光武帝又召见了阴兴，想让他代替吴汉继任大司马。阴兴一边流泪一边叩头，极力推辞道："微臣并非胆敢因舍不得自己的性命而拒绝受任，实在是蒙受了太多的恩德不愿再有损于陛下的圣德，微臣不能随便顶替要职。"阴兴那极为真挚的、发自内心的话语，令光武帝身边的人都感动了，光武帝便答应了他的请求。

建武二十三年（47），阴兴去世，终年三十九岁。阴兴和堂兄阴嵩一向关系不佳，但他对阴嵩的威严和庄重很是尊敬。阴兴病重之时，光武帝亲自来看望他，询问他各项政策之成效和百官贤能与否。阴兴叩头回答说："微臣愚顿难以知根知底。但依臣下愚见议郎席广、谒者阴嵩，他们都通晓经术，修行深厚，胜过诸位公卿。"阴兴去世后，光武帝考虑了阴兴的话，就提拔席广为光禄勋；任命阴嵩为中郎将，阴嵩统领羽林军十多年，因小心谨慎而备受恩宠。明帝即位永平元年诏曰："故侍中卫尉关内侯兴，典领禁兵，从平天下，当以军功显受封爵，又诸舅比例，应蒙恩泽，兴皆固让，安乎里巷。辅导朕躬，有周昌之直，在家仁孝，有曾、闵之行，不幸早卒，朕甚伤之。贤者子孙，宜加优异。其以汝南之鮦阳封兴子庆为鮦阳侯，庆弟博为灄强侯。"博弟员、丹并为郎，庆推田宅财物悉与员、丹。帝以庆义让，擢为黄门侍郎。庆卒，子琴嗣。建初五年，兴夫人卒，肃宗使五官中郎将持节即墓赐策，追谥兴曰翼侯。琴卒，子万全嗣。万全卒，子桂嗣。

兴弟就，嗣父封宣恩侯，后改封为新阳侯。就善谈论，朝臣莫及，然性刚傲，不得众誉。显宗即位，以就为少府，位特进。就子丰尚郦邑公主。公主娇妒，丰亦狷急。永平二年，遂杀主，被诛，父母当坐，皆自杀，国除。帝以舅氏故，不极其刑。

阴氏侯者凡四人。初，阴氏世奉管仲之祀，谓为"相君"。宣帝时，阴子方者，至孝有仁恩，腊日晨炊而灶神形见，子方再拜受庆。家有黄羊，因以祀之。自是已后，暴至巨富，田有七百余顷，舆马仆隶，比于邦君。子方常言"我子孙必将强大"，至识三世而遂繁昌，故后常以腊日祀灶，而荐黄羊焉。

后，朝廷任命阴嵩为长乐宫卫尉，后来又将他调任为执金吾。

明帝于永平元年下诏说："已故的侍中、卫尉、关内侯阴兴，统领禁军，追随先帝平定天下，本当因赫赫军功光荣地接受封爵，而他的各位舅父也应照例蒙受朝廷的恩惠，然而阴兴对这些殊荣都坚决推辞，安于居住在里巷之中。阴识曾亲自辅导朕，他有像周昌一样的正直，阴识在家仁爱孝顺，兼有曾子、闵子骞的品行，不幸他英年早逝，朕备感伤痛。贤士子孙，应当优待。可将汝南郡鲖阳县作为封地赐予阴兴的儿子阴庆并封他为鲖阳侯，阴庆的弟弟阴博封为灈强侯。"阴博的弟弟阴员、阴丹都出任为郎，阴庆将耕田、宅第和财物都让给了阴员和阴丹。明帝为了表彰阴庆的谦让，将阴庆提拔为黄门侍郎。阴庆去世后，儿子阴琴继承了爵位。建初五年（80），阴兴的夫人去世，章帝派五官中郎将拿着符节前往阴兴墓前赐予了委任的策书，为阴兴追加了"翼侯"的谥号。阴琴去世后，儿子阴万全继承爵位。阴万全去世后，儿子阴桂继承爵位。

阴兴的弟弟阴就，继承了父亲宣恩侯的爵位，后来朝廷改封他为新阳侯。阴就善于言谈、辩论，朝中百官难以企及，但他性情倔强傲慢，没有得到众人称赞。章帝即位后，朝廷任命阴就为少府，并授予特进之位。阴就的儿子阴丰迎娶了光武帝的女儿郦邑公主。公主任性善妒，阴丰偏狭急躁。永平二年（59），阴丰最终杀死了公主，自己也被处死，按照法律阴丰的父母应当连坐，阴就夫妇因此便都自杀了，朝廷撤销了阴就的封地和爵位。明帝因阴氏一门是舅舅家亲人的缘故，没有对阴氏一门施以极刑。

阴家获封侯之位的共有四人。起初，阴家世代祭祀管仲，尊称管仲为"相君"。宣帝时，阴家的阴子方，对父母极为孝顺并以仁爱和恩德对待他人，腊日早晨做饭时灶神显圣，阴子方连行两次大礼拜受祥瑞。家中有头黄羊，阴子方便将其献祭给灶神。自此之后，阴子方突然发财富甲一方，名下良田七百多顷，更有大量车马奴仆，其财富可与诸侯国国君相比。阴子方常说"我的子孙一定会出人头地"，三代人后到了阴识这辈阴家终于成为望族，所以阴氏后人常在腊日祭灶，并献祭黄羊。

赞曰：权族好倾，后门多毁。樊氏世笃，阴亦戒侈。恂恂苗胤，传龟袭紫。

赞辞说：权贵之族易于覆灭，外戚之家常归倾颓。樊家世代忠心耿耿，阴家子孙谨戒奢侈。祖祖辈辈小心谨慎，龟印紫绶相传累世。

卷六十三

朱冯虞郑周列传第二十三

朱浮字叔元，沛国萧人也。初从光武为大司马主簿，迁偏将军，从破邯郸。光武遣吴汉诛更始幽州牧苗曾，乃拜浮为大将军幽州牧，守蓟城，遂讨定北边。建武二年，封舞阳侯，食三县。

浮年少有才能，颇欲厉风迹，收士心，辟召州中名宿涿郡王岑之属，以为从事，及王莽时故吏二千石，皆引置幕府，乃多发诸郡仓谷，禀赡其妻子。渔阳太守彭宠以为天下未定，师旅方起，不宜多置官属，以损军实，不从其令。浮性矜急自多，颇有不平，因以峻文诋之；宠亦狠强，兼负其功，嫌怨转积。浮密奏宠遣吏迎妻而不迎其母，又受货贿，杀害友人，多聚兵谷，意计难量。宠既积怨，闻之，遂大怒，而举兵攻浮。浮以书质责之曰：

盖闻知者顺时而谋，愚者逆理而动，常窃悲京城太叔以不知足而无贤辅，卒自弃于郑也。

伯通以名字典郡，有佐命之功，临人亲职，爱惜仓库，而浮秉征伐之任，欲权时救急，二者皆为国耳。即疑浮相谮，何不诣阙自陈，而为族灭之计乎？朝廷之于伯通，恩亦厚矣，委以大郡，任以威武，事有柱石之寄，情同子孙之亲。匹夫媵母尚能致命一餐，岂有身朱浮字叔元，沛国萧县人。起初追随光武帝出任大司马主簿，后来调任为偏将军，跟从光武帝攻占了邯郸。光武派吴汉诛杀了更始帝所任命的幽州牧苗曾后，就任命朱浮为大将军兼领幽州牧，率军驻守蓟城，于是朱浮平定了北部边境。建武二年（26），朝廷封朱浮为舞阳侯，俸禄为三个县的租税。

朱浮年轻时很有才干，非常着意于砥砺个人气度并注重自己的行事风格，以此笼络士人，他招揽了幽州甚有名望的如涿郡人王岑之类的贤士，任命他们为州从事，还招纳了王莽时享禄二千石的前任新朝官吏，朱浮将他们都请入幕府委以职责，并因此频繁地打开各郡粮仓，供养这些士人的妻儿。渔阳太守彭宠认为天下尚未平定，加之军队组建不久，所以不应多设官职，以免有损于兵器、盔甲和粮食的储备，于是对朱浮的命令拒不执行。朱浮性情自负急躁自命不凡，对于彭宠的抗命甚为不满，就作了一篇措辞严厉的文章指责彭宠；彭宠也是个叛逆强硬的人，又仗着自己立过军功，所以对朱浮的怨恨日甚一日。朱浮暗中上书说彭宠曾派官吏迎接自己的妻子却不迎接自己的母亲，他还收受财物贿赂，杀害朋友，甚至广聚兵马多积粮草，野心难料。彭宠本就心怀怨恨，听闻此事后极为愤怒，因而发兵攻打朱浮。朱浮寄去书信质问责备彭宠说：

我听说智者的谋略顺应时势，愚者的行动背离常理，因此我常常暗自悲叹京城大叔因不知足而又没有贤臣辅佐，终于在郑国自取身亡的结局。

伯通因声誉远播而为一郡太守，有辅佐天子之功，治理百姓，亲临政务，珍惜粮食；而我身负征伐重任，想权衡天下形势，以救国家危急，你我二者都是为国着想罢了。既然怀疑我向朝廷进谗言诬陷你，你为何不亲自进京向皇帝陈述原委，却要做出这反叛朝廷、招致灭族带三绶，职典大邦，而不顾恩义，生心外畔者乎！伯通与吏人语，何以为颜？行步拜起，何以为容？坐卧念之，何以为心？引镜窥影，何施眉目？举措建功，何以为人？惜乎弃休令之嘉名，造枭鸱之逆谋，捐传世之庆祚，招破败之重灾，高论尧舜之道，不忍桀纣之性，生为世笑，死为愚鬼，不亦哀乎！

伯通与耿侠游俱起佐命，同被国恩。侠游谦让，屡有降挹之言；而伯通自伐，以为功高天下。往时辽东有豕，生子白头，异而献之，行至河东，见群豕皆白，怀惭而还。若以子之功论于朝廷，则为辽东豕也。今乃愚妄，自比六国。六国之时，其势各盛，廓土数千里，胜兵将百万，故能据国相持，多历年世。今天下几里，列郡几城，奈何以区区渔阳而结怨天子？此犹河滨之人捧土以塞孟津，多见其不知量也！

方今天下适定，海内愿安，士无贤不肖，皆乐立名于世。而伯通独中风狂走，自捐盛时，内听骄妇之失计，外信谗邪之谀言，长为群后恶法，永为功臣鉴戒，岂不误哉！定海内者无私仇，勿以前事自误，愿留意顾老母幼弟。凡举事无为亲厚者所痛，而为见仇者所快。

宠得书愈怒，攻浮转急。明年，涿郡太守张丰亦举兵反。

的事情来呢？朝廷对于伯通，恩义也是足够深厚了！委任你为大郡之长，赐你大将军封号，政事上对你寄托了柱石之望，情义上等同于皇家子孙一样亲近。平常男女尚能为一餐之恩以命相报，岂有身兼数职，执掌最大州郡的人，却不顾恩义，生出反叛之心呢？你将以何颜面与下级官吏及百姓谈及此事？行路拜起有什么脸面？平居休息时考虑这些事能心安理得吗？对镜自视，有什么值得修饰打扮的呢？大丈夫生于世上，一切举动都是为了建功立业，而你这样做，你还算是人吗？真是可惜啊！抛弃美善之名，酿成奸邪反叛的阴谋；葬送可以传代的福祚，招致家破人亡的重大灾祸；高谈尧舜之道，却难以抑制桀纣的暴虐之性。活着为世人耻笑，死后为愚痴之鬼，不也很可悲吗？

伯通与耿侠游一起佐助天子开创伟业，共同受到国家恩遇。侠游谦让，屡有谦退损抑之言；而伯通总是自夸其功，以为自己功高天下。从前辽东有头猪，生了一头白头小猪，当地人认为这是珍奇之物，打算将小猪献给朝廷。行至河东时，见到那里的猪都是白的，便心怀惭愧而返。若将您的功劳拿到朝廷上，与将相们论比，就仅是那辽东猪罢了。而今却狂妄无知地以六国诸侯自比。六国之时，他们各自拥有强大的势力，开拓了数千里的疆土，可以作战的兵士将近百万，所以才凭借着自己的国家与对方相持不下，历时久远。如今天下土地有多么广阔？各郡之中又有多少城池？怎能以区区渔阳一郡而与天子结怨为敌？这无异于河边的百姓想以一捧土去堵塞孟津的急流，可见其有多么不自量力啊！

现今天下刚刚平定，四海之内所有百姓都盼望得到安宁，士人无论贤能与否，都愿意扬名于世。而伯通却如患疯癫般举止放纵，自弃于这太平盛世，内听娇妇的错误计谋，外信奸邪的谄媚之言，长期成为州郡长官的罪恶样板，永远作为功臣们的鉴戒，难道不是错误的吗？使四海安定的人是不计私仇的，不要拿以前的事让自己心生疑虑。愿你能留意顾念老母少弟，但凡做事不要让待你亲厚之人痛心，不要让自己的仇家心生快意。

彭宠收到来信后更加愤怒，对朱浮的进攻也更加急迫。第二年（建武三年，37年），涿郡太守张丰也起兵反叛朝廷。

时二郡畔戾，北州忧恐，浮以为天子必自将兵讨之，而但遣游击将军邓隆阴助浮。浮怀惧，以为帝怠于敌，不能救之，乃上疏曰：“昔楚宋列国，俱为诸侯，庄王以宋执其使，遂有投袂之师。魏公子顾朋友之要，触冒强秦之锋。夫楚魏非有分职匡正之大义也，庄王但为争强而发忿，公子以一言而立信耳。今彭宠反畔，张丰逆节，以为陛下必弃捐它事，以时灭之。既历时月，寂寞无音。从围城而不救，放逆虏而不讨，臣诚惑之。昔高祖圣武，天下既定，犹身自征伐，未尝宁居。陛下虽兴大业，海内未集，而独逸豫，不顾北垂，百姓遑遑，无所系心，三河、冀州，曷足以传后哉！今秋稼已孰，复为渔阳所掠。张丰狂悖，奸党日增，连年拒守，吏士疲劳，甲胄生虮虱，弓弩不得弛，上下燋心，相望救护，仰希陛下生活之恩。”诏报曰：“往年赤眉跋扈长安，吾策其无谷必东，果来归降。今度此反虏，势无久全，其中必有内相斩者。今军资未充，故须后麦耳。”浮城中粮尽，人相食。会上谷太守耿况遣骑来救浮，浮乃得遁走。南至良乡，其兵长反遮之，浮恐不得脱，乃下马刺杀其妻，仅以身免，城降于宠。尚书令侯霸奏浮败乱幽州，构成宠罪，徒劳军师，不能死节，罪当伏诛。帝不忍，以浮代贾复为执金吾，徙封父城侯。后丰、宠并自败。

帝以二千石长吏多不胜任，时有纤微之过者，必见斥罢，交易纷扰，百姓不宁。六年有日食之异，浮因上疏曰：“臣闻日者众阳之此时渔阳、涿郡二郡都背叛朝廷，北方各州官民陷入愁闷和恐惧，朱浮认为光武帝一定会御驾亲征，而朝廷却只派了游击将军邓隆暗中支援朱浮。朱浮心生畏惧，认为光武帝轻视叛军，不能解救北州的危急，就上书说："从前楚宋二国，都是诸侯，楚庄王因宋国扣押并杀害了楚国使者，于是甩开袖子当即发兵攻宋。魏公子信陵君顾及于亲友的邀约，窃符调兵对抗强大的秦军。楚国、魏国并非肩负着匡扶王室的大义，楚庄王不过是因为争强好胜而震怒，信陵君只是为履行诺言立信于天下。如今彭宠反水，张丰叛变，我还以为陛下一定会放下其他事务，及时讨平叛贼。然而历时已久，仍旧杳无音信。朝廷纵容敌军围城却不救援，放任叛贼作乱而不镇压，臣下实在是感到困惑。从前高祖英明神武，平定天下后，仍亲身征战，未曾安居。如今陛下虽然实现了复兴汉室的大业，但境内境外尚未归心，而陛下却独享逸乐，对北方边疆全然不顾，黎民百姓惊惶不安，无依无靠心神不定，这样三河和冀州之地，还怎能传于后世呢！现在秋粮已经成熟，却又被渔阳乱军劫掠。涿郡张丰狂妄叛逆，乱臣贼子与日俱增，忠臣良将连年固守，官吏士卒疲惫不堪，虱子生于甲胄之下，弓弩在手不得放下，官兵上下心急如焚，相继盼望朝廷救援，仰赖期待着陛下的活命之恩。"光武帝下诏回报说："之前赤眉军在长安胡作非为，朕判断他们耗尽粮草后必将东去，后来果然前来归降。对于如今的这股反贼，朕料定他们无法长久地保持势力，叛军一定会发生内讧。眼下朝廷军需不足，所以要等到麦收以后才能发兵。"最终朱浮城中断粮，发生人吃人的惨剧。正巧上谷太守耿况派骑兵来救朱浮，朱浮才得以逃走。朱浮向南逃到良乡时，却遭此地驻军长官阻拦，朱浮害怕不能脱身，竟下马拔刀杀死了长官的妻子，最终仅能逃得一命，而幽州城则投降了彭宠。尚书令侯霸上书说朱浮祸乱幽州，造成彭宠反叛，最终白费军力，反而弃城逃命，按律应当处死。光武帝于心不忍，命朱浮代替贾复继任执金吾，改封朱浮为父城侯。后来彭宠、张丰都自取灭亡了。

光武帝认为享禄二千石的高官们大多并不胜任，每当他们犯下很小的过错，必定将其罢免，官员变动频繁，百姓不得安宁。建武六年所宗，君上之位也。凡居官治民，据郡典县，皆为阳为上，为尊为长。若阳上不明，尊长不足，则干动三光，垂示王者。五典纪国家之政，鸿范别灾异之文，皆宣明天道，以征来事者也。陛下哀愍海内新离祸毒，保宥生人，使得苏息。而今牧人之吏，多未称职，小违理实，辄见斥罢，岂不粲然黑白分明哉！然以尧舜之盛，犹加三考，大汉之兴，亦累功效，吏皆积久，养老于官，至名子孙，因为氏姓。当时吏职，何能悉理；论议之徒，岂不喧哗。盖以为天地之功不可仓卒，艰难之业当累日也。而间者守宰数见换易，迎新相代，疲劳道路。寻其视事日浅，未足昭见其职，既加严切，人不自保，各相顾望，无自安之心。有司或因睚眦以骋私怨，苟求长短，求媚上意。二千石及长吏迫于举劾，惧于刺讥，故争饰诈伪，以希虚誉。斯皆群阳骚动，日月失行之应。夫物暴长者必夭折，功卒成者必亟坏，如摧长久之业，而造速成之功，非陛下之福也。天下非一时之用也，海内非一旦之功也。愿陛下游意于经年之外，望化于一世之后。天下幸甚。”帝下其议，群臣多同于浮，自是牧守易代颇简。

旧制，州牧奏二千石长吏不任位者，事皆先下三公，三公遣掾史案验，然后黜退。帝时用明察，不复委任三府，而权归刺举之

（30）出现了日食的异象，朱浮于是上书说：“微臣听说太阳为一切阳气所归向，它是阳气的君主。凡是身居官位治理万民，官至郡守管辖各县的，他们都如太阳是阳气的宗主一般，是郡县百姓的尊长。如果太阳的光芒不明亮，长官的才能不充分，那么日月星光便遭伤损，上天便以此异象警戒王者。“五经”记载了为政之道，《鸿范》区分了吉凶之兆，这些经典都宣扬阐释了天道的法则，可以验证之后的政事得失。陛下对刚刚遭受了祸乱的天下万民感到怜悯，志在以宽厚安养黎民，使百姓得以休养生息。另外当前管理百姓的官员，大多不能胜任其职，为政稍有无理之处，便立即遭朝廷罢免，这难道不正是显示了陛下的明察秋毫吗？然而在尧舜的盛世，对官吏成败的考核亦需三轮，大汉的兴隆，也在于经年之功的累积，大汉命官都任职已久，终身为官在任内养老，以至由子孙继承官位，并因此以官名为姓氏。当时的官吏们，多么的通晓义理；能言善辩之士，谁不是口若悬河。臣以为天地的造化不在一朝一夕，艰难的功业自当经年累月。然而最近官员调动频繁，百姓迎接继任新官，疲劳地奔波于道路。而官员们在任为时不久，尚不足以显示为政之才，他们已处于严格的监督之下，全都难以自保，互相窥探打量，人人自危。他们的属下有时对自己的长官睚眦必报，对他们的是非大加苛责，以此取悦朝廷。于是享禄二千石的大员和其他高官迫于举报和弹劾，畏于职责和非议，因而争着装模作样、弄虚作假，以此谋求虚假的声誉。这都是阳气失去统率陷于骚乱，日月运行偏离正轨的明证。极速成长的事物必会夭折，突然达成的功业必会倾覆，假使损毁长久的基业，反为求得速成的功效，这可不是陛下的福气呀。天下太平不是一时半刻所能实现的，海内大治不是一朝一夕所能成功的。希望陛下留意于多年之后的功业，期待于一代之后的变化。如此一来便是天下的幸运。”光武帝将朱浮的奏章交由百官讨论，群臣大多都赞同朱浮的意见，自此州牧、太守的调动大为减少。

照以往的制度，凡是州牧上奏朝廷检举享禄二千石的高官不能胜任其职位的，此类检举都应先交由三公决断，并由三公派属下的掾史查验情形，然后予以降职或罢免。光武帝时对官员的考核采吏。浮复上疏曰："陛下清明履约，率礼无违，自宗室诸王、外家后亲，皆奉遵绳墨，无党势之名。至或乘牛车，齐于编人。斯固法令整齐，下无作威者也。求之于事，宜以和平，而灾异犹见者，而岂徒然？天道信诚，不可不察。窃见陛下疾往者上威不行，下专国命，即位以来，不用旧典，信刺举之官，黜鼎辅之任，至于有所劾奏，便加免退，覆案不关三府，罪谴不蒙澄察。陛下以使者为腹心，而使者以从事为耳目，是为尚书之平，决于百石之吏，故群下苛刻，各自为能。兼以私情容长，憎爱在职，皆竞张空虚，以要时利，故有罪者心不厌服，无咎者坐被空文，不可经盛衰，贻后王也。夫事积久则吏自重。吏安则人自静。传曰：'五年再闰，天道乃备。'夫以天地之灵，犹五载以成其化，况人道哉！臣浮愚戆，不胜惓惓，愿陛下留心千里之任，省察偏言之奏。"

七年，转太仆。浮又以国学既兴，宜广博士之选，乃上书曰："夫太学者，礼义之宫，教化所由兴也。陛下尊敬先圣，垂意古典，宫室未饰，干戈未休，而先建太学，进立横舍，比日车驾亲临观飨，将以弘时雍之化，显勉进之功也。寻博士之官，为天下宗师，使孔圣之言传而不绝。旧事，策试博士，必广求详选，爰自畿夏，延及四方，是以博举明经，唯贤是登，学者精励，远近同慕。伏闻诏书更试五人，唯取见在洛阳城者。臣恐自今以往，将有所失。求之密迩，容或未尽，而四方之学，无所劝乐。凡策试之本，贵得其真，非有期用了严格调察的策略，不再将责任委托给三公府，而是将职权交给州牧。于是朱浮又上书说：“陛下治国有方，言而有信，礼法制度全无违背，因此从同族的封国国君到外戚之家的后妃亲属，都遵纪守法，并无结党营私的恶名。有的亲族甚至乘牛车外出，自降身份如同编入户籍的平民一般。这固然是因为法令严明，峻法之下无人敢于横行霸道。考虑到这样的事实，天下本应和谐安宁，然而灾异之象依然出现，这难道是平白无故的吗？天道法则毋庸置疑，但为政得失不可不察。微臣发现陛下对从前天子声威无法施行，而权臣把持朝廷政令甚为不满，因而即位以来，摒弃先代典章，信任地方州牧，撤销三公职权，以至于一旦州牧上奏弹劾某位高官，朝廷便将其加以革职，而三公府不得参与复审，从而使罪名无法得到彻查。陛下把刺史视为亲信，而刺史靠从事掌握情况，这就是将裁决尚书级别高官的责任，委托于享禄百石的低级官吏，因此大批小吏吹毛求疵，无所不用其极。此外还出于私情而宽容以待，以个人爱憎左右裁断，巧立名目、罗织罪名，以此谋求一时之利，以至于有罪之人不服判决，无罪之人反蒙不白之冤，这不是可以历经盛衰，传于后世的做法呀。官员为政已久便会爱惜羽毛，官员心安则治下百姓自然归于平静。《易传》上说：‘五年之内两次闰年，如此天道才可完备。’以天地的神妙，尚需五年才能完成一轮变化，何况人道呢？微臣朱浮愚顿莽撞，难以承受心中忧虑，希望陛下对千里之外的任免多加留心，对可能的偏颇之言多加明察。”

建武七年（31），朝廷调任朱浮为太仆。朱浮又认为儒学已经复兴，应扩大博士的选拔范围，于是上书说：“太学，是礼法与道义的宫廷，是教化的发端。陛下尊敬古时的儒家圣贤，爱好儒学经典，在宫殿尚未装饰之前，战事尚未止息之际，而优先建立太学，并进而建立学堂，近来圣驾亲自造访观览，计划用太学来弘扬天下太平的教化，彰显勤勉治学的功效。朝廷搜求堪任博士之人，任命为天下万民的宗师，以使孔子的圣言绵延万代。依照旧例，策试博士，一定是在全国范围内遴选，因而选拔范围从京畿所在的中原，遍及到四方各地，因此开始大量地发掘通晓经典的士子，唯有贤士才能获得入选的殊会，不及远方也。又诸所征试，皆私自发遣，非有伤费烦扰于事也。语曰：‘中国失礼，求之于野。’臣浮幸得与讲图谶，故敢越职。”帝然之。

二十年，代窦融为大司空。二十二年，坐卖弄国恩免。二十五年，徙封新息侯。

帝以浮陵轹同列，每衔之，惜其功能，不忍加罪。永平中，有人单辞告浮事者，显宗大怒，赐浮死。长水校尉樊鯈言于帝曰：“唐尧大圣，兆人获所，尚优游四凶之狱，厌服海内之心，使天下咸知，然后殛罚。浮事虽昭明，而未达人听，宜下廷尉，章著其事。”帝亦悔之。

论曰：吴起与田文论功，文不及者三，朱买臣难公孙弘十策，弘不得其一，终之田文相魏，公孙宰汉，诚知宰相自有体也。故曾子曰：“君子所贵乎道者三，笾豆之事则有司存。”而光武、明帝躬好吏事，亦以课核三公，其人或失而其礼稍薄，至有诛斥诘辱之累。任职责过，一至于此，追感贾生之论，不亦笃乎！朱浮讥讽苛察欲速之弊，然矣，焉得长者之言哉！

荣，于是海内学者努力精进，各方士人一同向往受到擢拔。臣得知陛下下诏打算另增五个名额，只选取目前在洛阳城中的人。微臣担心自此之后，将会埋下祸患。仅在京城附近招贤纳士，或许做不到野无遗贤，而且让四面八方的学者，无法感受到勉励和喜悦。大凡策试的根本，重在求得有真才实学的贤才，如果策试不是以定期集会的形式举行，那远方的士子就失去机会了。另外各位应召前来策试的学子，之后都由朝廷各自送离京城，并不会有所耗费抑或造成搅扰。古语说：'中原国家的礼义节文消失了，可以从周边国家的社会规范行为准则中探求。'微臣朱浮曾有幸参与图谶的讲授，因此斗胆越职上奏。"光武帝认可了朱浮的建议。

建武二十年（44），朱浮替下窦融继任大司空。建武二十二年（46），朱浮因倚仗皇恩专权之罪遭到罢免。建武二十五年（49），朝廷将朱浮改封为新息侯。

光武帝因朱浮欺压同朝共事的大臣，常对他心怀怨恨，但又爱惜他的才能，总不忍心治他的罪。明帝永平年间，有人单方面地捕风捉影状告朱浮，明帝震怒，赐朱浮死罪。长水校尉樊鯈对明帝说："唐尧贤明圣德，万民各得其所，仍对四名穷凶极恶之徒宽大处理，令天下人心服口服，唐尧先将判决遍告天下，然后才施以刑罚。朱浮的罪状虽然明白，但并未人所共知，应将此事交由廷尉处理，将朱浮的罪行陈述清楚。"明帝也对自己的决定感到后悔。

评论说：吴起和田文评定彼此的功劳高下，田文在三种事务上都逊于吴起，朱买臣用十个问题责难公孙弘，而公孙弘一条都无法反驳，但最终田文成了魏国国相，公孙弘成了汉朝宰相，由此确实可知宰相之位自有其特质。所以曾子说："君子所应重视的是三种道：容貌庄重、面色严正、言辞得体，祭祀之类的琐事自有专人负责。"然而光武帝、明帝却对各项政务事必躬亲，甚至对三公为政得失的监督、核查也亲力亲为，官吏有时犯了过错并有违背礼仪之举，竟至于遭到处死、罢免、非难、侮辱的祸害。为官而受惩处，竟到如此地步，回想贾谊提出应用礼义约束大夫而不应诛杀侮辱的主张，这不正是金玉良言吗？朱浮劝谏朝廷革除苛责大臣和急功近利的弊病，这也冯鲂字孝孙，南阳湖阳人也。其先魏之支别，食菜冯城，因以氏焉。秦灭魏，迁于湖阳，为郡族姓。

王莽末，四方溃畔，鲂乃聚宾客，招豪桀，作营堑，以待所归。是时湖阳大姓虞都尉反城称兵，先与同县申屠季有仇，而杀其兄，谋灭季族。季亡归鲂，鲂将季欲还其营，道逢都尉从弟长卿来，欲执季。鲂叱长卿曰："我与季虽无素故，士穷相归，要当以死任之，卿为何言？"遂与俱归。季谢曰："蒙恩得全，死无以为报，有牛马财物，愿悉献之。"鲂作色曰："吾老亲弱弟皆在贼城中，今日相与，尚无所顾，何云财物乎？"季惭不敢复言。鲂自是为县邑所敬信，故能据营自固。

时天下未定，而四方之士拥兵矫称者甚众，唯鲂自守，兼有方略。光武闻而嘉之，建武三年，征诣行在所，见于云台，拜虞令。为政敢杀伐，以威信称。迁郏令。后车驾西征隗嚣，颍川盗贼群起，郏贼延褒等众三千余人，攻围县舍，鲂率吏士七十许人，力战连日，弩矢尽，城陷，鲂乃遁去。帝闻郡国反，即驰赴颍川，鲂诣行在所。帝案行斗处，知鲂力战，乃嘉之曰："此健令也。所当讨击，勿拘州郡。"褒等闻帝至，皆自髡剔，负鈇锧，将其众请罪。帝且赦之，使鲂转降诸聚落，县中平定，诏乃悉以褒等还鲂诛之。鲂责让以行军法，皆叩头曰："今日受诛，死无所恨。"鲂曰："汝知悔过伏罪，今一切相赦，听各反农桑，为令作耳目。"皆称万岁。是时每有盗贼，并为褒等所发，无敢动者，县界清静。

是很正确的，朱浮竟能说出此等有德之人的言论！

冯鲂字孝孙，南阳郡湖阳县人。他的祖先是魏国人的支系，因为曾在冯城这个地方食采邑，因此把“冯”作为姓氏。秦国灭掉魏国后，冯家迁居到湖阳郡，成为本郡的望族。

王莽末年，天下分崩离析各路叛军割据，冯鲂于是聚集宾客，招揽豪杰，筑起军营、壕沟，以此自保等待明主。当时湖阳郡的大族虞都尉背叛了本县夺下城池拥兵自重，虞都尉之前和同县的申屠季有仇，因而杀掉了申屠季的兄长，并企图杀光申屠季全家。因此申屠季逃走投奔了冯鲂，冯鲂带着申屠季打算回到军营，而路上遇到了虞都尉的堂弟虞长卿，虞长卿想要捉拿申屠季。冯鲂高声呵斥虞长卿说：“我和申屠季虽然是素不相识，但是士人落难前来依附于我，我自当以死为他担保，你有什么话好说？”于是申屠季得以和冯鲂一同回营。申屠季向冯鲂道谢说：“承蒙您的大恩得以保全，即便是死我也无法报答，我有不少牛马财物，情愿全部献给您。”冯鲂变了脸色严肃地说：“我全家老幼都落在贼军城中，如今和您结交，我对全家性命尚且无所顾及，财物又算得了什么呢？”申屠季惭愧地不敢再提此事。从此冯鲂获得了县城上下的尊敬和信任，所以能够据守军营得以自保。

当时天下动荡不安，因而各路豪杰云起拥兵自重僭号称王，只有冯鲂安于自守，而且胸怀韬略。光武帝听说后对冯鲂大加称道，建武三年（27）时，光武帝将他征召到自己的驻地，在南宫云台阁接见了他，之后任命他为虞县县令。冯鲂治理虞县杀伐果断，立下了威名。之后他又调任到颍川郡郏县任县令。后来光武帝西征隗嚣时，颍川郡的贼寇一同作乱，郏县的贼人延褒等人纠集了三千人马，围攻县府，冯鲂率七十多名官兵，与敌军连续奋战多日，直至耗尽了弓矢，县城陷落后，冯鲂才退走。光武帝听说中原郡国反叛，立即赶回颍川，冯鲂便来到光武帝的驻地。光武帝巡视了郏县战场，明白了冯鲂作战的奋勇，就称赞他说：“好一位勇猛的县令。凡是应当征讨的地方您都可以前去平定，不必局限在州郡境内。”延褒等人听说光武帝驾到，全都自行剃光头发，背着施行腰斩的刑具，率领麾下贼众前来十三年，迁魏郡太守。二十七年，以高第入代赵憙为太仆。中元元年，从东封岱宗，行卫尉事。还，代张纯为司空，赐爵关内侯。二年，帝崩，使鲂持节起原陵，更封杨邑乡侯，食三百五十户。永平四年，坐考陇西太守邓融，听任奸吏，策免，削爵土。六年，显宗幸鲁，复行卫尉事。七年，代阴嵩为执金吾。

鲂性矜严公正，在位数进忠言，多见纳用。十四年，诏复爵土。明年，东巡郡国，留鲂宿卫南宫。建初三年，以老病乞身，肃宗许之。其冬为五更，诏鲂朝贺，就列侯位。元和二年，卒，时年八十六。

子柱嗣，尚显宗女获嘉长公主，少为侍中，以恭肃谦约称，位至将作大匠。柱卒，子定嗣，官至羽林中郎将。定卒，无子，国除。

定弟石，袭母公主封获嘉侯，亦为侍中，稍迁卫尉。能取悦当世，为安帝所宠。帝尝幸其府，留饮十许日，赐驳犀具剑、佩刀、紫艾绶、玉玦各一，拜子世为黄门侍郎，世弟二人皆郎中。自永初请求治罪。光武帝暂时赦免了他们，并命冯鲂再去降服其他贼寇的聚落，最终郏县归于平定，之后光武帝下诏将延褒等人全部交由冯鲂处死。冯鲂斥责了群贼后将要执行军法，贼寇们都叩头说："今日受死，并无怨恨。"冯鲂说："既然你们承认了罪行而且深感懊悔，本县令现在便将你们全部免罪，并放你们回去务农，同时为本县令打探消息。"众人都高呼万岁。当时每次出现盗贼，都被延褒等人揭发，于是盗贼再也不敢作乱，全县上下太平无事。

建武十三年（37），朝廷调任冯鲂为魏郡太守。建武二十七年（51），冯鲂因以政绩优异入朝接替赵憙担任太仆。建武中元元年（56），冯鲂随光武帝东行到泰山封禅，并就任代理卫尉。回京后，冯鲂接替张纯担任司空，并获封关内侯的爵位。建武中元二年（57），光武帝驾崩，朝廷派冯鲂持符节修建原陵，并改封他为杨邑乡乡侯，俸禄为三百五十户乡民的租税。永平四年（61），冯鲂因为在考核陇西太守邓融的政绩时，对徇私枉法的官吏听之任之而获罪，明帝颁布策书将冯鲂革职，并降低他的爵位，削减封地。永平六年，明帝到鲁国巡行，再次任命冯鲂为代理卫尉。永平七年，冯鲂接替阴嵩担任执金吾。

冯鲂性情沉稳、严肃、公正，为官时屡次进献忠言，纳谏多次为朝廷所采纳、施行。永平十四年（71），明帝下诏恢复了冯鲂的爵位和封地。第二年，明帝到东部各郡国巡行，冯鲂留在京城值宿守卫洛阳南宫。建初三年（78），冯鲂因自己年老多病向朝廷请辞，章帝同意了。这年冬天朝廷任命冯鲂为五更，章帝下诏召冯鲂入朝庆贺，冯鲂就任于侯爵之位。元和二年（85），冯鲂去世，享年八十六岁。

冯鲂的儿子冯柱继承了先父的爵位，迎娶明帝的女儿获嘉长公主为妻，冯柱年轻时担任侍中，因恭敬、严肃、谦逊、节俭而闻名，冯柱官至将作大匠。冯柱去世后，他的儿子冯定继承爵位，冯定官至羽林中郎将。冯定去世后，没有儿子，封国为朝廷撤销。

冯定的弟弟冯石，继承了母亲获嘉长公主的爵位获封为获嘉侯，起初和父亲一样也担任侍中，后来逐渐升任卫尉。冯石善于讨好权势，备受安帝恩宠。安帝曾造访冯石家，留在那里喝了十几天酒，兵荒，王侯租秩多不充，于是特诏以它县租税足石，令如旧限，岁入谷三万斛，钱四万。迁光禄勋，遂代杨震为太尉。及北乡侯立，迁太傅，与太尉东莱刘喜参录尚书事。顺帝既立，石与喜皆以阿党阎显、江京等策免，复为卫尉。卒，子代嗣。代卒，弟承嗣，为步兵校尉。

石弟珗，和帝时诏封杨邑侯，亦以石宠，官至城门校尉。卒，子肃嗣，为黄门侍郎。

虞延字子大，陈留东昏人也。延初生，其上有物若一匹练，遂上升天，占者以为吉。及长，长八尺六寸，要带十围，力能扛鼎。少为户牖亭长。时王莽贵人魏氏宾客放从，延率吏卒突入其家捕之，以此见怨，故位不升。性敦朴，不拘小节，又无乡曲之誉。王莽末，天下大乱，延常婴甲胄，拥卫亲族，扞御钞盗，赖其全者甚众。延从女弟年在孩乳，其母不能活之，弃于沟中，延闻其号声，哀而收之，养至成人。建武初，仕执金吾府，除细阳令。每至岁时伏腊，辄休遣徒系，各使归家，并感其恩德，应期而还。有囚于家被病，自载诣狱，既至而死，延率掾吏，殡于门外，百姓感悦之。

并赐给他一把饰有犀牛皮的佩剑、一把佩刀、一副紫绿色的绶带和一块玉玦，还将冯石的长子冯世任命为黄门侍郎，任命冯世的两个弟弟为郎中。从永初年间中原连遭兵祸以来，王侯们封地的租税大多并未足额缴纳，安帝就特别诏令用其他县的租税补足冯石的俸禄，使冯石的俸禄达到往常规定的数额，即一年收入三万斛谷、四万钱。后来朝廷升任冯石为光禄勋，冯石便接替杨震担任太尉。到章帝的孙子北乡侯即位时，冯石又升任为太傅，和太尉东莱人刘喜一起参与总管尚书台事务。顺帝即位时，冯石和刘喜都因为逢迎依附于阎显、江京等人而遭顺帝颁布策书罢免，后来冯石再次担任卫尉。冯石去世后，儿子冯代继承爵位。冯代去世后，他的弟弟冯承继承爵位，冯承出任为步兵校尉。

冯石的弟弟冯珖，在和帝时获封为杨邑侯，也因冯石而受到明帝恩宠，冯珖最高升任至城门校尉。冯珖去世后，儿子冯肃继承爵位，冯肃出任为黄门侍郎。

虞延字子大，陈留郡东昏县人。虞延刚出生时，有一匹白绢一样的东西覆盖在他身上，之后就飞入空中，占卜的人认为这是吉兆。到虞延长大后，他身高八尺六寸，以双手拇指食指相触为一围，他的腰围可达十围，而且虞延力大无比能举鼎。虞延年轻时担任户牖亭长。当时王莽的贵人魏氏放纵门下宾客胡作非为，而虞延带领官兵直接冲进魏氏家中捉拿宾客，虞延因此受到魏氏怨恨，所以不能升官。虞延为人敦厚朴实，不拘小节，也没能获得乡里的称赞。王莽末年，天下大乱，虞延常裹上甲胄，保护自家的亲人、同族，抵御乱军贼寇的劫掠，全族上下有很多人依靠虞延保全了性命。虞延的堂妹当时正是吃奶的年纪，她的母亲无力抚养，便把她抛弃到沟渠中，虞延听到她的哭声，心生怜悯收养了她，一直把她抚养成人。光武帝建武初年，虞延在执金吾府任职，朝廷将其任命为细阳县令。一到每年的伏日和腊日祭祀之时，虞延总会暂时释放囚犯，让他们回家，囚徒们都感激他的恩德，按约定的日期回到狱中。有位犯人在家患病，仍然自己乘车返回监狱，到狱之后便病死了，虞延率领辅佐官员将他的灵柩安放在县衙门外，百姓对虞延的义举既感动又喜悦。

后去官还乡里，太守富宗闻延名，召署功曹。宗性奢靡，车服器物，多不中节。延谏曰：“昔晏婴辅齐，鹿裘不完，季文子相鲁，妾不衣帛，以约失之者鲜矣。”宗不悦，延即辞退。居有顷，宗果以侈从被诛，临当伏刑，揽涕而叹曰：“恨不用功曹虞延之谏！”光武闻而奇之。二十年东巡，路过小黄，高帝母昭灵后园陵在焉，时延为部督邮，诏呼引见，问园陵之事。延进止从容，占拜可观，其陵树株蘖，皆谙其数，俎豆牺牲，颇晓其礼。帝善之，敕延从驾到鲁。还经封丘城门，门下小，不容羽盖，帝怒，使挞侍御史，延因下见引咎，以为罪在督邮。言辞激扬，有感帝意，乃制诰曰：“以陈留督邮虞延故，贳御史罪。”延从送车驾西尽郡界，赐钱及剑带佩刀还郡，于是声名遂振。

二十三年，司徒玉况辟焉。时元正朝贺，帝望而识延，遣小黄门驰问之，即日召拜公车令。明年，迁洛阳令。是时阴氏有客马成者，常为奸盗，延收考之。阴氏屡请，获一书辄加篣二百。信阳侯阴就乃诉帝，谮延多所冤枉。帝乃临御道之馆，亲录囚徒。延陈其狱状可论者在东，无理者居西。成乃回欲趋东，延前执之，谓曰：“尔人之巨蠹，久依城社，不畏熏烧。今考实未竟，宜当尽法！”成大呼称枉，陛戟郎以戟刺延，叱使置之。帝知延不私，谓成曰：“汝犯王法，身自取之！”呵使速去。后数日伏诛。于是外戚敛手，莫敢干法。在县三年，迁南阳太守。

后来虞延退职还乡，陈留太守富宗对虞延的名声有所知晓，于是便召他到郡府暂任功曹。富宗生性奢侈、挥霍无度，所使用的车驾、服饰和器物，大多不合礼制。虞延规劝他说：“从前晏婴辅佐齐王，穿的是破旧的鹿裘，季文子在鲁国为相，姬妾不着丝质衣物，很少有人会因节约犯错呀。”听了这话富宗很不满，虞延便立即请辞。没过多久，富宗果然因为奢侈、放纵而被处死，临刑之前，抹着眼泪叹道：“后悔没有听从功曹虞延的谏言！”光武帝听到后觉得很奇怪。建武二十年（45）光武帝巡行东方，途径小黄县，这里有高祖母亲昭灵后的墓园，当时虞延正担任部督邮，光武帝下诏引见了他，询问虞延和墓园有关的事务。虞延进退从容举止得体，言之有物行礼优雅，对于墓园中的植株和砍伐后又生新枝的树桩，其数目都了然于心，关于祭祀时上供和献祭的礼制，虞延亦是颇为通晓。光武帝很认可虞延的贤能，命虞延陪侍自己到鲁国巡行。光武帝返回京城时经过陈留郡封丘县的城门，城门又矮又小，光武帝那配有羽毛车盖的马车无法通过，光武帝很生气，下令鞭打侍御史，虞延下车拜见了光武帝并将过失归于自己，认为车驾受阻是督邮的罪过。虞延的话语激奋昂扬，感动了光武帝的心意，于是光武帝下达诏命说：“出于陈留督邮虞延的缘故，赦免御史的罪过。”虞延陪同光武帝西行直至到达陈留郡边界，接受了光武帝所赐的钱财、剑带和佩刀后便返回陈留郡府，因此虞延的美名就远播海内了。

建武二十三年（47），司徒玉况征召了虞延。正月初一时满朝文武向百官致以朝拜、祝贺，光武帝望见虞延认出了他，就派小黄门赶去问候，并在当天就任命他为公车令。第二年，朝廷将虞延调任为洛阳县令。当时外戚阴家的门客马成，经常作奸犯科，虞延拘捕了马成并拷问他。阴家屡次向虞延求请，然而虞延每收到阴家的一封求情信就加罚虞延二百鞭刑。信阳侯阴就便向光武帝告状，诬陷虞延说他制造了很多冤案。光武帝于是移驾到御道旁的馆舍中，亲自审讯并记录犯人的罪状，虞延向光武帝报告说罪行尚可讨论的犯人在东边，无可置辩的犯人在西边。马成听了这话就回身想到东边去，虞延上前抓住了他，对他说：“你这大奸大恶的人中蛀虫，积年累月地仗永平初，有新野功曹邓衍，以外戚小侯每豫朝会，而容姿趋步，有出于众，显宗目之，顾左右曰："朕之仪貌，岂若此人！"特赐舆马衣服。延以衍虽有容仪而无实行，未尝加礼。帝既异之，乃诏衍令自称南阳功曹诣阙。既到，拜郎中，迁玄武司马。衍在职不服父丧，帝闻之，乃叹曰："'知人则哲，惟帝难之。'信哉斯言！"衍惭而退，由是以延为明。

三年，征代赵憙为太尉；八年，代范迁为司徒。历位二府，十余年无异政绩。会楚王英谋反，阴氏欲中伤之，使人私以楚谋告延，延以英藩戚至亲，不然其言，又欲辟幽州从事公孙弘，以弘交通楚王而止，并不奏闻。及英事发觉，诏书切让，延遂自杀。家至清贫，子孙不免寒馁。

延从曾孙放，字子仲。少为太尉杨震门徒，及震被谗自杀，顺帝初，放诣阙追讼震罪，由是知名。桓帝时为尚书，以议诛大将军梁冀功封都亭侯，后为司空，坐水灾免。性疾恶宦官，遂为所陷，灵帝初，与长乐少府李膺等俱以党事诛。

着权贵的保护，如社鼠一般不惧惩处。现在你的案子还没审到头呢，对你应当完全依法处置！”马成大呼冤枉，光武帝两旁的执戟郎官持戟刺向虞延，还呵斥虞延放了马成。光武帝明白虞延的公正无私，对马成说：“你触犯了王法，你是自作自受！”之后喝令马成尽速退下。几天之后马成被处死。于是外戚、后党收手不再轻举妄动，再不敢违法乱纪。任洛阳县令三年后，虞延被调任为南阳太守。

明帝永平初年，南阳郡新野县的功曹邓衍，以外戚子弟的身份获封侯之位，每次参加朝会拜见天子时，他的容貌姿态和步伐，都很出众，明帝看着他，回过头对身边的人说：“朕的仪表相貌，怎么能赶得上这个人！”于是特别赏赐邓衍车马衣服。虞延认为邓衍虽说仪表堂堂却并无切实的操行，因此未曾对他以礼相待。光武帝对虞延的做法感到奇怪，就命令邓衍让他自称南阳功曹入朝，邓衍到殿后，明帝任命他为郎中，把他调任为玄武司马负责守卫宫殿北门。邓衍在父亲死后并不退职服丧，明帝知道后，就叹道：“‘知人善任才称得上圣哲，即使是尧舜也难以做到。’确实如此呀！”邓衍大为羞愧就请辞，自此明帝便认为虞延是明智之士。

永平三年（60），朝廷将虞延召入朝中接替赵憙继任为太尉；明帝永平八年，虞延接替范迁继任为司徒。虞延历任太尉、司徒二府，十几年来政绩乏善可陈。适逢楚王刘英谋反，外戚阴家想趁机陷害虞延，就派人秘密地将楚王谋反的消息告知虞延，虞延认为楚王刘英是明帝的至亲又获封侯王，因而对密报不以为然，虞延又打算召见幽州从事公孙弘授予他官职，但因为公孙弘与楚王来往密切而作罢，却并未向明帝报告。到刘英谋反之事败露时，明帝下诏严厉地批评了虞延，虞延便自杀谢罪。虞延家生活非常清贫，子孙时不时挨饿受冻。

虞延的堂曾孙虞放，字子仲。年轻时师从太尉杨震，到杨震因遭谗言陷害而自杀时，正值顺帝初年，虞放到朝堂之上为杨震的罪行申辩，从此名声在外。桓帝时虞放就任为尚书，因进言处死大将军梁冀的功劳获封都亭侯，后来虞放出任司空，最终因水灾被革职。虞放生性憎恶宦官，因而遭到宦官陷害，灵帝初年，虞放和长乐少府李膺郑弘字巨君，会稽山阴人也。从祖吉，宣帝时为西域都护。弘少为乡啬夫，太守第五伦行春，见而深奇之，召署督邮，举孝廉。

弘师同郡河东太守焦贶。楚王英谋反发觉，以疏引贶，贶被收捕，疾病于道亡没，妻子闭系诏狱，掠考连年。诸生故人惧相连及，皆改变名姓，以逃其祸，弘独髡头负鈇锧，诣阙上章，为贶讼罪。显宗觉悟，即赦其家属，弘躬送贶丧及妻子还乡里，由是显名。

拜为驺令，政有仁惠，民称苏息。迁淮阳太守。四迁，建初，为尚书令。旧制，尚书郎限满补县长令史丞尉。弘奏以为台职虽尊，而酬赏甚薄，至于开选，多无乐者，请使郎补千石，令史为长。帝从其议。弘前后所陈有补益王政者，皆著之南宫，以为故事。

出为平原相，征拜侍中。建初八年，代郑众为大司农。旧交阯七郡贡献转运，皆从东冶。泛海而至，风波艰阻，沉溺相系。弘奏开零陵、桂阳峤道，于是夷通，至今遂为常路。在职二年，所息省三亿万计。时岁天下遭旱，边方有警，人食不足，而帑藏殷积。弘又奏宜省贡献，减徭费，以利饥人。帝顺其议。

等人都因结党对抗宦官而受害。

郑弘字巨君，会稽郡山阴县人。郑弘的从祖父郑吉，在宣帝时出任西域都护。郑弘年轻时担任掌管赋税徭役的乡啬夫，会稽太守第五伦在春季巡行各县时，遇见了郑弘并认为他绝非常人，便将郑弘召入郡府暂任督邮，并将他推举为孝廉。

郑弘师从同为会稽人氏的河东太守焦贶。楚王刘英谋逆之事败露后，焦贶因和楚王的书信往来而遭牵连，焦贶被押解回京，并在路上因病身亡，他的妻子儿子最终被收押到奉皇命开设的监狱，经受了连年的拷打。焦贶的学生和故交害怕受到牵连，都改名换姓，以求逃避祸患，唯独郑弘却剃去头发身背施行腰斩的刑具，到朝堂之上呈上奏章，为焦贶申辩。明帝悔悟过来，便立即赦免了焦贶的家属，郑弘亲自将焦贶的遗体和先师的妻儿送回家乡，从此郑弘声名远扬。

朝廷任命郑弘为驺县县令，郑弘为政以仁慈和恩惠为本，百姓都对郑弘的休养生息大加称赞。之后朝廷将郑弘调任为淮阳太守。四度升迁后，在章帝建初年间，郑弘出任为尚书令。按以往的规定，尚书郎任期已满后可以补任县长、令史、县丞、县尉。郑弘上书提议认为尚书台的官职虽然地位尊贵，但获得的酬劳和赏赐却非常微薄，以至于开考选官时，很少有人乐于在尚书台就职，恳请朝廷让尚书郎可以补任享禄千石的官员，原先可补任令史的可以补任县长。章帝采纳了他的建议。郑弘所有的奏章中凡是对国家的政事有所助益的，都被记录并收藏在洛阳南宫，作为值得参考的先例保存起来。

郑弘出任为平原国国相，后来朝廷又将其召回任命为侍中。建初八年(83)，郑弘接替郑众继任大司农。以往交州刺史部七个郡的贡品若想送入京城，都要经由会稽郡东冶县转运，贡品从交州渡海来到东冶，一路历经狂风恶浪、艰难险阻，船只沉没、人员溺亡接连发生。郑弘因此上奏请求开辟零陵、桂阳二郡的山道，于是山险变得平坦通畅，到如今终于成为了平常的道路。郑弘做了二年大司农，节约了三万亿的费用。当时全国遭遇旱灾，边疆又有敌虏入侵的警报，百姓们缺少口粮，而国库充盈。因而郑弘又上奏提议应当降低赋元和元年，代邓彪为太尉。时举将第五伦为司空，班次在下，每正朔朝见，弘曲躬而自卑。帝问知其故，遂听置云母屏风，分隔其间，由此以为故事。在位四年，奏尚书张林阿附侍中窦宪，而素行臧秽，又上洛阳令杨光，宪之宾客，在官贪残，并不宜处位。书奏，吏与光故旧，因以告之。光报宪，宪奏弘大臣漏泄密事。帝诘让弘，收上印绶。弘自诣廷尉，诏敕出之，因乞骸骨归，未许。病笃，上书陈谢，并言窦宪之短。帝省章，遣医占弘病，比至已卒。临殁悉还赐物，敕妻子褐巾布衣素棺殡殓，以还乡里。

周章字次叔，南阳随人也。初仕郡为功曹。时大将军窦宪免，封冠军侯就国。章从太守行春到冠军，太守犹欲谒之。章进谏曰："今日公行春，岂可越仪私交。且宪椒房之亲，势倾王室，而退就藩国，祸福难量。明府剖符大臣，千里重任，举止进退，其可轻乎？"太守不听，遂便升车。章前拔佩刀绝马鞅，于是乃止。及宪被诛，公卿以下多以交关得罪，太守幸免，以此重章。举孝廉，六迁为五官中郎将。延平元年，为光禄勋。

永初元年，代魏霸为太常。其冬，代尹勤为司空。是时中常侍郑众、蔡伦等皆秉势豫政，章数进直言。初，和帝崩，邓太后以皇子税，减轻徭役，使饥民受益。章帝听从了他的建议。

元和元年（84），郑弘接替邓彪继任太尉。当时早年推举他为孝廉的第五伦正担任司空，位次低于郑弘，于是每次正月一日百官朝见天子时，郑弘都弯下腰来以示谦卑。章帝问清了缘由，就允许郑弘设下一面云母屏风，将太尉和司空的位子隔开，此举从此之后成为一种常例。在担任太尉的第四年时，郑弘上奏说尚书张林逢迎依附于侍中窦宪，而且一向贪赃枉法，又上书说洛阳县令杨光，是窦宪的宾客，他为官贪婪残暴，这两人都不应居此要职。奏书呈上后，呈递奏书的官吏正是杨光的老友，就将奏章透露给杨光。杨光又报告给窦宪，窦宪便上奏诋毁郑弘说他身为大臣却泄漏机密。章帝质问并斥责了郑弘，收回了他的印信和绶带。郑弘自行到廷尉处请罪，章帝下诏命他离开，于是郑弘请求允许自己告老还乡，章帝不准。后来郑弘病重，上书表示感谢，并指出窦宪的缺点。章帝读罢奏章，派太医探视郑弘的病情，等太医赶到时郑弘已经病逝。郑弘死前将所获赏赐全部归还，还要求妻子儿女为自己的遗体穿戴上粗布的头巾和衣服并用普通的棺材装殓，之后送归故乡安葬。

周章字次叔，南阳郡随县人。起初在郡府担任功曹。当时朝廷罢免了窦宪的大将军之位，将他封为冠军侯并命他回到冠军县。周章陪同太守执行春季巡行的任务时途径冠军县，太守还想去拜见窦宪。周章劝谏道："现在您是在执行春季巡行的公务，怎能不顾礼法忙于私人交往呢。况且窦宪因和后妃有亲，所以权势才能压倒王室，现在窦宪退职回到封地，他的气数盛衰难以预料。太守您是朝廷赐予一半符节的重臣，在京师的千里之外担此要职，您的一举一动，难道可以掉以轻心吗？"太守对周章的话充耳不闻，就上车出发了。周章赶忙上前拔出佩刀斩断套马的皮带，车驾因此才停了下来。等到窦宪被处死后，公卿以下有很多官员因与窦宪有来往而获罪，南阳太守则幸免于难，并因此而敬重周章。后来周章被推举为孝廉，历经六度升迁后出任五官中郎将。延平元年（106），周章官拜光禄勋。

永初元年（107），周章接替魏霸继任太常。这年冬，周章又接替尹勤继任司空。当时中常侍郑众、蔡伦等人都执掌权势干涉朝政，胜有痼疾，不可奉承宗庙，贪殇帝孩抱，养为己子，故立之，以胜为平原王。及殇帝崩，群臣以胜疾非痼，意咸归之，太后以前既不立，恐后为怨，乃立和帝兄清河孝王子祐，是为安帝。章以众心不附，遂密谋闭宫门，诛车骑将军邓骘兄弟及郑众、蔡伦，劫尚书，废太后于南宫，封帝为远国王，而立平原王胜。事觉，策免，章自杀。家无余财，诸子易衣而出，并日而食。

论曰：孔子称"可与立，未可与权"。权也者，反常者也。将从反常之事，必资非常之会，使夫举无违妄，志行名全。周章身非负图之托，德乏万夫之望，主无绝天之舋，地有既安之势，而创虑于难图，希功于理绝，不已悖乎！如令君器易以下议，即斗筲必能叨天业，狂夫竖臣亦自奋矣。孟轲有言曰："有伊尹之心则可，无伊尹之心则篡矣。"於戏，方来之人戒之哉！

赞曰：朱定北州，激成宠尤。鲂用降帑，延感归囚。郑、窦怨偶，代相为仇。周章反道，小智大谋。

周章屡次直言劝谏。起初，和帝驾崩后，邓太后因为皇子刘胜身患顽疾，不能继承国家，又贪图殇帝尚且年幼，可以收养为自己的孩子，因此将殇帝扶立为太子，而把刘胜封为平原王。到殇帝驾崩后，文武百官认为刘胜的病并非顽疾，所以他们的心意都趋向于让刘胜登基，邓太后因为之前就剥夺过刘胜的即位资格，害怕刘胜即位后会怨恨她，就扶立和帝兄长清河孝王的儿子刘祜即位，这便是安帝。周章认为百官并不归服邓家，便和同道密谋要锁起宫门，处死车骑将军邓骘兄弟以及郑众、蔡伦，之后再挟持尚书，在洛阳南宫废黜太后，并将安帝改封到偏远之地做国君，转而扶立平原王刘胜继承大统。后来密谋败露，邓太后下策书罢免了周章，周章最终自杀。周家没有多余的财物，周章的儿子们轮流穿同一件衣服出门，一天的饭需要分成两天吃。

评论说：孔子声称“可以一起立功立事的人，未必可以一起权衡变通。”所谓“权”，指的是对恒常的悖反。要想背离常理行事，必须的条件是趁着非同寻常的时机，这样才能让自己的行动并无违礼非分之处，志向和操行才能够保全。周章并非如霍光获赐武帝所绘的周公背成王图一般被托负了辅佐幼主的重任，他的德行也不足以让他变得众望所归，当时的天子并无背弃天意之过，邓太后的权势也已然稳如泰山，而周章却为了难以实现的图谋而处心积虑，妄图在悖理违情之事上建功立业，这不是大错特错吗？如果君王的废立竟为臣下的决议所干涉，那么平庸之辈也定会贪图帝位，狂人小吏也会追名逐利力图发迹了。孟轲曾有一言：“有伊尹那样的忠君爱国之心就没关系，没有伊尹那样的忠君爱国之心就是篡位夺权了。”唉，将来的人要引以为戒呀！

赞辞说：朱浮平定北方各州，激起彭宠造反谋逆。冯鲂任用归降叛贼，虞延感化囚徒归狱。郑弘窦宪相互为敌，世世代代未消仇隙。周章筹谋悖理违情，智量不足妄图大计。

卷六十四

梁统列传第二十四

梁统字仲宁，安定乌氏人，晋大夫梁益耳，即其先也。统高祖父子都，自河东迁居北地，子都子桥，以赀千万徙茂陵，至哀、平之末，归安定。

统性刚毅而好法律。初仕州郡。更始二年，召补中郎将，使安集凉州，拜酒泉太守。会更始败，赤眉入长安，统与窦融及诸郡守起兵保境，谋共立帅。初以位次，咸共推统，统固辞曰："昔陈婴不受王者，以有老母也。今统内有尊亲，又德薄能寡，诚不足以当之。"遂共推融为河西大将军，更以统为武威太守。为政严猛，威行邻郡。

建武五年，统等各遣使随窦融长史刘钧诣阙奉贡，愿得诣行在所，诏加统宣德将军。八年夏，光武自征隗嚣，统与窦融等将兵会车驾。及嚣败，封统为成义侯，同产兄巡、从弟腾并为关内侯，拜腾酒泉典农都尉，悉遣还河西。十二年，统与融等俱诣京师，以列侯奉朝请，更封高山侯，拜太中大夫，除四子为郎。

统在朝廷，数陈便宜。以为法令既轻，下奸不胜，宜重刑罚，以遵旧典，乃上疏曰：

梁统字仲宁，安定郡乌氏族人，晋国大夫梁益耳是梁家的祖先。梁统的高祖父梁子都，从河东郡迁居到北地郡，梁子都的儿子梁桥，凭千万家产移居茂陵邑，到哀帝、平帝末年，梁家回到安定郡定居。

梁统性情刚毅并且爱好法律。起初在州郡做官。更始二年（24），更始帝召梁统入朝补任中郎将一职，派他安定抚恤凉州各郡，之后将他任命为酒泉太守。恰逢更始政权败亡，赤眉军攻占了长安，梁统便和窦融以及各郡太守发兵保卫领地，并一起商议着要推举一名统帅。一开始大家按照地位高低，都推选梁统就任，梁统坚决推辞道："当初陈婴之所以不接受王号，是因为有其老母在。如今我梁统家里也有父母，加之我德行浅薄才能低下，我是在担不起这统帅之位。"于是大家推举窦融为河西大将军，转而推举梁统为武威太守。梁统执政法纪严明，威名远播周边各郡。

建武五年（29），梁统等人各派使者随窦融麾下长史刘钧入朝进贡，并托使者传达了希望能去光武帝的驻地拜见的愿望，光武帝下诏封梁统为宣德将军。建武八年（32）夏，光武帝亲征隗嚣，梁统与窦融等人率军随光武帝一起出征。等到隗嚣败亡后，光武帝封梁统为成义侯，并将梁统同母所生的兄长梁巡、堂弟梁腾都封为关内侯，又任命梁腾为酒泉郡典农都尉，最后把他们都派回黄河以西之地。建武十二年（37），梁统与窦融等人一起来到京师，以列侯身份参加朝会，朝廷又加封梁统为高山侯，任命他为太中大夫，并任命梁统的四个儿子为郎。

梁统在朝为官时，多次进献良策。他认为当时国家法令轻缓，乱臣贼子便难以制服，应当加重刑罚，遵照旧时律令办事，于是梁统上书说：

臣窃见元哀二帝轻殊死之刑以一百二十三事，手杀人者减死一等，自是以后，著为常准，故人轻犯法，吏易杀人。

臣闻立君之道，仁义为主，仁者爱人，义者政理，爱人以除残为务，政理以去乱为心。刑罚在衷，无取于轻，是以五帝有流、殛、放、杀之诛，三王有大辟、刻肌之法。故孔子称“仁者必有勇”，又曰“理财正辞，禁民为非曰义”。高帝受命诛暴，平荡天下，约令定律，诚得其宜。文帝宽惠柔克，遭世康平，唯除省肉刑、相坐之法，它皆率由，无革旧章。武帝值中国隆盛，财力有余，征伐远方，军役数兴，豪桀犯禁，奸吏弄法，故重首匿之科，著知从之律，以破朋党，以惩隐匿。宣帝聪明正直，总御海内，臣下奉宪，无所失坠，因循先典，天下称理。至哀、平继体，而即位日浅，听断尚寡，丞相王嘉轻为穿凿，亏除先帝旧约成律，数年之间，百有余事，或不便于理，或不厌民心。谨表其尤害于体者傅奏于左。

伏惟陛下包元履德，权时拨乱，功逾文武，德侔高皇，诚不宜因循季末衰微之轨。回神明察，考量得失，宣诏有司，详择其善，定不易之典，施无穷之法，天下幸甚。

事下三公、廷尉，议者以为隆刑峻法，非明王急务，施行日久，岂一朝所厘。统今所定，不宜开可。

微臣知道元帝、哀帝曾对一百二十三种应判死刑的罪行做了宽大处理，亲手杀人者判处死罪免死减刑一等，从此以后，朝廷将此确定为标准，因此人们轻率地触犯法律，官吏杀人亦不以为意。

微臣听说为君之道，要旨在于仁和义，仁者爱护百姓，义者匡扶公理，爱护百姓就应将锄强扶弱作为要务，匡扶公理就要把铲除叛逆视为核心。刑罚的关键在于不偏不倚，并不以宽大为贵，所以五帝时有流、殛、放、杀等刑罚，夏、商、周三代有大辟、刻肌等肉刑。因此孔子说“仁者一定也是勇往直前、敢作敢当的”，孔子又在《系辞》中说“治理、裁断、匡正、谴责，严禁百姓为非作歹就是义。”高祖奉天命诛灭暴秦，平定天下，确立法律，确实妥帖合宜。文帝治国宽和仁惠，以柔克刚，那时天下太平，于是文帝仅仅废除肉刑和连坐的刑罚，其余的都依照成规，并未裁汰先代旧法。武帝时正值中原强盛之时，府库充盈，南征北讨，屡发大军，当时豪强触犯禁令，奸臣玩弄法律，因此武帝对主犯窝藏罪人之举予以重罚，又命人将见人犯法而不上报之举列入刑律，用以打击结党营私，惩罚隐瞒罪行之人。宣帝聪明正直，总揽全国事务，百官遵纪守法，未有过错失职，为政谨遵旧制，善政天下称颂。到哀帝、平帝继承大统之时，二帝在位时日不久，听讼裁断缺乏经验，丞相王嘉轻率地解释法条，减轻了先帝时旧法的效力，因而几年之内，有一百多起案件的审理，或者不合情理，或令民心不满。微臣郑重地将那些对为政之道极为有害的案件于下文中呈报。

微臣恭敬地希望陛下修习五常、践行明德，审时度势、拨乱反正，如此一来功劳远胜文王武王，圣德可与高祖相当，实在不应照搬末代衰微之世的法度。希望陛下回心转意明察利害，考量古今律令得失，敕令官吏重修法律，慎之又慎择善而从，制定出永恒不变的典章，流传于子孙万代的法令，如此一来便是天下的大幸。

光武帝将此事交由三公、廷尉讨论，他们认为推行严刑峻法，并非圣明天子当前的要务，况且旧法施行已久，不是一朝一夕所能改定的。梁统本次定下的方略，不应予以许可。

统复上言曰："有司以臣今所言，不可施行。寻臣之所奏，非曰严刑。窃谓高帝以后，至乎孝宣，其所施行，多合经传，宜比方今事，验之往古，聿遵前典，事无难改，不胜至愿。愿得召见，若对尚书近臣，口陈其要。"帝令尚书问状，统对曰：

闻圣帝明王，制立刑罚，故虽尧舜之盛，犹诛四凶。《经》曰："天讨有罪，五刑五庸哉。"又曰："爰制百姓于刑之衷。"孔子曰："刑罚不衷，则人无所厝手足。"衷之为言，不轻不重之谓也。《春秋》之诛，不避亲戚，所以防患救乱，全安众庶，岂无仁爱之恩，贵绝残贼之路也？

自高祖之兴，至于孝宣，君明臣忠，谟谋深博，犹因循旧章，不轻改革，海内称理，断狱益少。至初元、建平，所减刑罚百有余条，而盗贼浸多，岁以万数。间者三辅从横，群辈并起，至燔烧茂陵，火见未央。其后陇西、北地、西河之贼，越州度郡，万里交结，攻取库兵，劫略吏人，诏书讨捕，连年不获。是时以天下无难，百姓安平，而狂狡之势，犹至于此，皆刑罚不衷，愚人易犯之所致也。

由此观之，则刑轻之作，反生大患；惠加奸轨，而害及良善也。故臣统愿陛下采择贤臣孔光、师丹等议。

议上，遂寝不报。

后出为九江太守，定封陵乡侯。统在郡亦有治迹，吏人畏爱梁统又上书说："百官认为微臣现在所提的建议，并不应当实行。微臣又再三考虑了自己的奏议，认为不能称其为推行严刑峻法。微臣想说从高祖之后，直到宣帝，他们所施行的法律，大多合乎经传要义，眼下应将当前实际比之于过去，从先代旧例中寻找验证，只要能遵循旧制，改定并非难事，这是微臣难以藏于心底的恳切愿望。微臣希望得到陛下召见，或者能向尚书等近臣汇报，微臣将口述要点。"光武帝命尚书向梁统问明情况，梁统答道：

微臣听说圣明的君主，也要制立刑罚，因此即便是尧舜那样的的盛德之君，也要处死四命恶徒。《尚书》说："有罪之人必将难逃天罚，五种刑罚自有五种用处。"《尚书》又说："用不偏不倚、轻重得当的刑罚约束百姓。"孔子说："刑罚如果不'衷'，那么百姓将手足无措不知如何是好。""衷"的意思，即为不轻不重。《春秋》所提倡的诛罪，不会回避亲戚，目的是防范祸患力挽狂澜，保护安抚黎民百姓，怎能认为是没有仁爱之恩，使亲贵断绝的残害之路呢？

从高祖建立汉朝，直到宣帝继承大统，这段时期君主贤明百官忠心，良策奇谋层出不穷，却仍谨遵先代典章，断然不愿贸然改革，天下称颂治理有方，所判罪案日益减少。到了元帝初元、哀帝建平年间，朝廷裁汰刑罚一百多条，盗贼反而逐渐增多，每年所增多达万数。不久之前三辅之地的乱贼横行无忌，各路盗贼群起作乱，甚至烧毁茂陵，在未央宫纵火。之后陇西、北地、西河三郡的贼寇，跨越州郡，从万里之遥勾结一处，合兵击败了保卫仓库的士兵并攻占仓库，官吏百姓屡遭劫掠，朝廷下诏平叛追捕，连续多年毫无斩获。如今天下并无灾祸，百姓安享太平，然而狂妄狡诈之徒的势力，仍然膨胀到如此地步，这都是刑罚未能不偏不倚、轻重得当，以至愚妄之辈随随便便就违法乱禁所造成的。

这样看来，减轻刑罚之举，反而引发大祸；对乱臣贼子的宽容，却是对善良之人的伤害。因此微臣梁统希望陛下能够采用哀帝时的贤臣孔光、师丹等人的意见。

尚书听毕梁统谏言，便将他的奏章束之高阁不予上报。

后来梁统出任为九江太守，朝廷定下了他的封地和爵位，封他为之。卒于官。子松嗣。

松字伯孙，少为郎，尚光武女舞阴长公主，再迁虎贲中郎将。松博通经书，明习故事，与诸儒修明堂、辟廱、郊祀、封禅礼仪，常与论议，宠幸莫比。光武崩，受遗诏辅政。永平元年，迁太仆。

松数为私书请托郡县，二年，发觉免官，遂怀怨望。四年冬，乃县飞书诽谤，下狱死，国除。

子扈，后以恭怀皇后从兄，永元中，擢为黄门侍郎，历位卿、校尉。温恭谦让，亦敦诗书。永初中，为长乐少府。松弟竦。

竦字叔敬，少习孟氏易，弱冠能教授。后坐兄松事，与弟恭俱徙九真。既徂南土，历江、湖，济沅、湘，感悼子胥、屈原以非辜沉身，乃作悼骚赋，系玄石而沉之。

显宗后诏听还本郡，竦闭门自养，以经籍为娱，著书数篇，名曰七序。班固见而称曰："孔子著春秋而乱臣贼子惧，梁竦作七序而窃位素餐者惭。"性好施，不事产业。长嫂舞阴公主赡给诸梁，亲疏有序，特重敬竦，虽衣食器物，必有加异。竦悉分与亲族，自无所服。

竦生长京师，不乐本土，自负其才，郁郁不得意。尝登高远望，陵乡侯。梁统担任太守时政绩也非常优异，官吏百姓对他既敬畏又爱戴。梁统在任内去世。他的儿子梁松继承了爵位。

梁松字伯孙，年轻时担任郎官，迎娶了光武帝的女儿舞阴长公主为妻，两度升迁后官至虎贲中郎将。梁松博览群书通晓经义，熟知前代掌故旧例，他和儒生们兴修明堂，建立了天子为贵族子弟开设的名为辟雍的学府，又确立了郊祀、封禅的礼仪，光武帝常和梁松论道议事，梁松所受的恩宠无人可比。光武帝驾崩时，梁松拜受遗诏奉命匡辅国政。永平元年（58），梁松升任为太仆。

梁松曾多次私下里给郡县官吏写信请他们办私事，永平二年（59），朝廷得知此事后罢免了梁松，梁松因此心生怨恨。永平四年冬，曾受梁松委托办事的县衙向朝廷寄去匿名信诋毁梁松，梁松因而入狱并死在狱中，封国也被撤销。

梁松的儿子梁扈，后来以恭怀皇后堂兄的身份，在和帝永元年间，升任为黄门侍郎，并先后担任卿、校尉。梁扈性情温和恭敬、谦和不争，同样勤勉于钻研《诗经》《尚书》。安帝永初年间，梁扈就任为长乐少府。梁松的弟弟是梁竦。

梁竦字叔敬，年轻时修习《孟氏易》，到二十岁时便能为别人讲授经义。后来因为哥哥梁松的罪行，梁竦和弟弟梁恭一起被流放到九真郡。梁竦到了南方后，游历了长江、洞庭湖，渡过了沅水、湘江，他伤感于伍子胥、屈原无罪却投水自尽，于是写下《悼骚赋》，梁竦把作品系在了一块可做墓碑的黑石上后将其沉入水中。

明帝后来下诏允许梁竦回到安定郡故乡，梁竦回乡后关起门来修身养性，靠研习儒家经典排解苦闷，他创作了几部作品，统称为《七序》。班固读毕称赞道："孔子写下《春秋》后乱臣贼子便感到害怕，梁竦创作《七序》后不称职者便应感到羞惭。"梁竦为人乐善好施，而且并不留心于管理家产。梁竦的长嫂舞阴公主在周济梁家子弟时，是按血缘关系的远近予以资助的，但公主对梁竦尤为敬重，哪怕是分配衣食器物，也一定会对梁竦有所优待。然而梁竦把自己的那份都分给了族人，自己没有享用分毫。

梁竦自幼在京城长大，对自己的家乡并无感情，他自认为才干超叹息言曰："大丈夫居世，生当封侯，死当庙食。如其不然，闲居可以养志，诗书足以自娱，州郡之职，徒劳人耳。"后辟命交至，并无所就。有三男三女，肃宗纳其二女，皆为贵人。小贵人生和帝，窦皇后养以为子，而竦家私相庆。后诸窦闻之，恐梁氏得志，终为己害，建初八年，遂谮杀二贵人，而陷竦等以恶逆。诏使汉阳太守郑据传考竦罪，死狱中，家属复徙九真。辞语连及舞阴公主，坐徙新城，使者护守。宫省事密，莫有知和帝梁氏生者。

永元九年，窦太后崩，松子扈遣从兄襢奏记三府，以为汉家旧典，崇贵母氏，而梁贵人亲育圣躬，不蒙尊号，求得申议。太尉张酺引襢讯问事理，会后召见，因白襢奏记之状。帝感恸良久，曰："于君意若何？"酺对曰："春秋之义，母以子贵。汉兴以来，母氏莫不隆显，臣愚以为宜上尊号，追慰圣灵，存录诸舅，以明亲亲。"帝悲泣曰："非君孰为朕思之！"会贵人姊南阳樊调妻嫕上书自讼曰："妾同产女弟贵人，前充后宫，蒙先帝厚恩，得见宠幸。皇天授命，诞生圣明。而为窦宪兄弟所见谮诉，使妾父竦冤死牢狱，骸骨不掩。老母孤弟，远徙万里。独妾遗脱，逸伏草野，常恐没命，无由自达。今遭值陛下神圣之运，亲统万机，群物得所。宪兄弟奸恶，既伏辜诛，海内旷然，各获其宜。妾得苏息，拭目更视，乃敢昧死自陈所天。妾闻太宗即位，薄氏蒙荣；宣帝继统，史族复兴。妾门虽有薄、史之亲，独无外戚余恩，诚自悼伤。妾父既冤，不可复生，母群，因此常为才能无法施展感到郁闷。梁竦曾经登高远眺，并叹息道："大丈夫这一辈子，活着应封侯于朝堂之上，死后应受祭于宗庙之中。如果不能实现的话，就闲居乡里借以保养高洁的志向，研读《诗经》《尚书》足以使自己快乐，至于出任刺史郡守之类的高官，那不过是白白地劳心劳力而已。"后来梁竦受到朝廷的多次征召和授职，但他并未就任。梁竦有三个儿子三个女儿，其中两个女儿嫁给了章帝，获封为贵人。年轻的那位贵人之后生下了和帝，而窦皇后将和帝收养为自己的儿子，当时梁竦家的人们私下里互相庆贺。后来窦氏一门得知此事，他们担心梁贵人得宠，最终会威胁到窦家的权势，在建初八年（83）时，窦家终究进谗谋害了两位贵人，并以奸邪谋反之罪诬陷梁竦等人。于是章帝下诏命令汉阳太守郑据收押并审理梁竦的罪行，梁竦最终死在狱中，家属再次被流放到九真郡。梁竦的供词也将舞阴公主牵连进来，公主因此被流放到新城县，朝廷派使者监督并看守她。由于宫里的事都发生得很隐密，所以外人对和帝是梁氏所生之事一无所知。

永元九年（97），窦太后驾崩，梁松的儿子梁扈派堂兄梁禧向三公府上书进言，认为按照汉朝原本的制度，天子的母亲应享有尊贵的身份，然而梁贵人虽是和帝的生母，却并无尊贵的称号，故此上书请求三公府能够申报朝廷并商议此事。太尉张酺引见梁禧问明了背后的原因，恰好在这之后张酺就被和帝召见，他便向和帝报告了梁禧向三公府进言的情况。和帝在悲伤中沉浸了很久，然后才问张酺："您对此事有什么看法？"张酺答道："《春秋》的义理，讲究母亲因儿子的高贵而尊荣。自汉朝建立以来，天子的母后没有不高贵显赫的。依臣下愚见陛下应为梁贵人追谥封号，以此追悼告慰她的亡灵，还应抚恤、任用您的各位舅舅，以此彰显对亲族的至爱。"和帝一边低声哭泣一边说："除了您谁还会为我考虑呢！"恰逢梁贵人的姐姐，即南阳人樊调的妻子梁嫕，亲自上书申诉道："妾身那一母所生的妹妹梁贵人，此前嫁入宫中，承蒙先帝大恩，有幸受到宠爱。她又领受苍天敕令，得以产下圣明天子。然而她却横遭窦宪兄弟的攻讦诋毁，致使妾身家父梁竦蒙冤死于牢狱之中，曝尸在外无人掩埋。妾身氏年殊七十，及弟棠等，远在绝域，不知死生。愿乞收竦朽骨，使母弟得归本郡，则施过天地，存殁幸赖。”帝览章感悟，乃下中常侍、掖庭令验问之，嫕辞证明审，遂得引见，具陈其状。乃留嫕止宫中，连月乃出，赏赐衣被钱帛第宅奴婢，旬月之间，累资千万。嫕素有行操，帝益爱之，加号梁夫人；擢樊调为羽林左监。调，光禄大夫宏兄曾孙也。

于是追尊恭怀皇后。其冬，制诏三公、大鸿胪曰：“夫孝莫大于尊尊亲亲，其义一也。《诗》云：‘父兮生我，母兮鞠我，抚我畜我，长我育我，顾我复我，出入腹我。欲报之德，昊天罔极。’朕不敢兴事，览于前世，太宗、中宗，寔有旧典，追命外祖，以笃亲亲。其追封谥皇太后父竦为褒亲愍侯，比灵文、顺成、恩成侯。魂而有灵，嘉斯宠荣，好爵显服，以慰母心。”遣中谒者与嫕及扈，备礼西迎竦丧，诣京师改殡，赐东园画棺、玉匣、衣衾，建茔于恭怀皇后陵傍。帝亲临送葬，百官毕会。

那年老的母亲和丧父的弟弟，也被流放到万里之外的蛮荒。惟妾身逃得一命，藏身于百姓之中，常害怕性命不保，再无法赴诉冤情。如今妾身正赶上陛下执政的神圣运势，陛下您亲自处理繁杂的政务，各项事务都得到了妥善的安排。窦宪兄弟奸佞邪恶，如今已然伏法，天下清平安宁，百姓各得其所。妾身脱离苦海得以喘息，揉揉眼睛只觉重见天日，这才胆敢冒死向陛下申诉。妾身听说文帝即位后，薄氏一门蒙受荣华，宣帝登基后，史氏家族再获兴盛。妾身一家与薄家、史家虽同为天子姻亲，却是唯一失却了天子恩宠的外戚，妾身实在是对此感到悲伤。妾身家父已蒙冤而死，不可复生，但妾身那年过七十的老母，和弟弟梁棠等亲人，还在那遥远的边疆，生死未卜。妾身想请陛下允许妾身收殓亡父的遗骨，并让家母和弟弟能回到家乡，若能如此，梁家便蒙受了陛下远胜天地的恩德，妾身至亲的生死便有幸托付于陛下了。"和帝阅毕奏章心有所感幡然醒悟，就下令中常侍、掖庭令到梁嫕处检验查问真相，最终认定梁嫕所言句句属实，梁嫕终于得以受到和帝接见，并将来龙去脉一五一十地说明清楚。因而和帝将梁嫕留在宫中，梁嫕在宫里一连住了几个月后才离开，和帝将大量衣服、被褥、金钱、布帛、宅第、奴婢赐予梁嫕，十个月的时间里，积聚了上千万的财物。梁嫕一向品行高洁，和帝因此更加爱戴她，加封她为梁夫人；和帝又将梁夫人的丈夫樊调提拔为羽林左监。樊调，是光禄大夫樊宏兄长的曾孙。

于是朝廷将和帝生母梁贵人追尊为恭怀皇后。这年冬天，和帝向三公、大鸿胪颁布诏书说："所谓孝道没有比尊敬尊长、关爱亲人更为重要的了，这其中的道理是一致的。《诗经》说：'父亲是生养我的人，母亲是养育我的人，他们抚育、培养了我，他们让我长大成人，他们把我看了又看，出入家门抱我在怀。想要报答父母恩德，恩如苍天无穷无尽。'朕并非胆敢率性妄为，只是阅览前朝旧事时，发现文帝、宣帝年间，确实有这样的旧制，天子应为外祖父追授封号，以坚守关爱亲人之道。可以追封皇太后的父亲梁竦为褒亲愍侯，效仿当年文帝、昭帝、宣帝分别追封自己的外祖父为灵文侯、顺成侯、恩成侯的旧例。皇太后的灵魂若有所应验，也会对这样的恩宠和荣耀感征还竦妻子，封子棠为乐平侯，棠弟雍乘氏侯，雍弟翟单父侯，邑各五千户，位皆特进，赏赐第宅奴婢车马兵弩什物以巨万计，宠遇光于当世。诸梁内外以亲疏并补郎、谒者。

棠官至大鸿胪，雍少府。棠卒，子安国嗣，延光中为侍中，有罪免官，诸梁为郎吏者皆坐免。

商字伯夏，雍之子也。少以外戚拜郎中，迁黄门侍郎。永建元年，袭父封乘氏侯。三年，顺帝选商女及妹入掖庭，迁侍中、屯骑校尉。阳嘉元年，女立为皇后，妹为贵人，加商位特进，更增国土，赐安车驷马，其岁拜执金吾。二年，封子冀为襄邑侯，商让不受。三年，以商为大将军，固称疾不起。四年，使太常桓焉奉策就第即拜，商乃诣阙受命。明年，夫人阴氏薨，追号开封君，赠印绶。

商自以戚属居大位，每存谦柔，虚己进贤，辟汉阳巨览、上党陈龟为掾属，李固、周举为从事中郎，于是京师翕然，称为良辅，帝委重焉。每有饥馑，辄载租谷于城门，赈与贫餧，不宣己惠。检御门到欢喜，用高贵的爵位和显赫的服饰，来安慰母后的心。”和帝派中谒者陪同梁嫕和梁扈，备齐礼物到西边的汉阳郡监狱迎回梁竦的灵柩，到京城后重新安葬，和帝赏赐了东园署特制的饰有图画的棺材、收殓遗体的玉衣、衣被，梁竦的墓地便修建在恭怀皇后的陵墓旁边。和帝自前来为梁竦送葬，文武百官也全部到齐。

和帝将梁竦的妻儿从九真郡召回，并加封梁竦的儿子梁棠为乐平侯，加封梁棠的弟弟梁雍为乘氏侯，加封梁雍的弟弟梁翟为单父侯，三个儿子每人都获赐封地五千户，并都获封特进之位，朝廷赏赐给梁家的宅第、奴婢、车马、兵器、弩弓以及各色器物数以万计，梁家所受的恩宠在那时终于得以彰显。朝廷根据梁氏族内血缘关系的远近分别补授梁氏男丁郎或谒者的官职。

梁棠最终官至大鸿胪，梁雍官至少府。梁棠死后，儿子梁安国继承了他的侯位，并在安帝延光年间担任侍中，后因犯罪而遭革职，梁家担任郎官的子弟全部因此免官。

梁商字伯夏，是梁雍的儿子，梁商在年轻时便以外戚的身份就任郎中，后来升任为黄门侍郎。到永建元年（126）时，梁商继承了父亲乘氏侯的爵位。永建三年（128），顺帝将梁商的女儿和妹妹选入后宫，梁商因此又先后升任为侍中、屯骑校尉。阳嘉元年（132），朝廷将梁商的女儿册立为皇后，将妹妹册立为贵人，并因此加封梁商特进之位，还增加了梁商的封地，赐给他可以乘坐的四驾马车，又于同年任命梁商为执金吾。阳嘉二年，朝廷打算将梁商的儿子梁冀封为襄邑侯，但梁商推辞没有接受。阳嘉三年，朝廷准备任命梁商为大将军，而梁商借口生病不愿出任。阳嘉四年，顺帝派太常桓焉捧着封官的策书来到梁商家中为他授官，梁商这才入朝拜受了大将军之位。第二年，梁商的夫人阴氏去世，朝廷追授阴氏开封君的尊号，并追赠了印信、绶带。

梁商认为自己是凭着外戚身份才能身居高位的，所以常常保持着谦逊平和的心态，梁商秉持虚心举荐贤才，他征召了汉阳人巨览、上党人陈龟并任命为掾属，又征召了李固、周举任命为从事中郎，于是京城上下一片安宁，人们称赞梁商是贤能的辅国大臣，顺帝因此族，未曾以权盛干法。而性慎弱无威断，颇溺于内竖。以小黄门曹节等用事于中，遂遣子冀、不疑与为交友，然宦者忌商宠任，反欲陷之。永和四年，中常侍张逵、蘧政，内者令石光，尚方令傅福，冗从仆射杜永连谋，共谮商及中常侍曹腾、孟贲，云欲征诸王子，图议废立，请收商等案罪。帝曰："大将军父子我所亲，腾、贲我所爱，必无是，但汝曹共妒之耳。"逵等知言不用，惧迫，遂出矫诏收缚腾、贲于省中。帝闻震怒，敕宦者李歙急呼腾、贲释之，收逵等，悉伏诛。辞所连染及在位大臣，商惧多侵枉，乃上疏曰："春秋之义，功在元帅，罪止首恶，故赏不僭溢，刑不淫滥，五帝、三王所以同致康乂也。窃闻考中常侍张逵等，辞语多所牵及。大狱一起，无辜者众，死囚久系，纤微成大，非所以顺迎和气，平政成化也。宜早讫竟，以止逮捕之烦。"帝乃纳之，罪止坐者。

六年秋，商病笃，敕子冀等曰："吾以不德，享受多福。生无以辅益朝廷，死必耗费帑臧，衣衾饭唅玉匣珠贝之属，何益朽骨。百僚劳扰，纷华道路，秪增尘垢，虽云礼制，亦有权时。方今边境不宁，盗贼未息，岂宜重为国损！气绝之后，载至冢舍，即时殡敛。敛以时服，皆以故衣，无更裁制。殡已开冢，冢开即葬。祭食如存，无用三牲。孝子善述父志，不宜违我言也。"及薨，帝亲临丧，诸子更加倚重梁商。每逢饥荒爆发，梁商就用车把自家封地的粮食运到城门处，用以接济贫困饥饿的灾民，而且并不宣扬自己的善举。梁商对梁氏族人的监督和管理非常严格，不曾因自己大权在握而违法乱纪。然而梁商性情谨小慎微、柔弱怯懦、犹豫不决，对宫中宦官过于溺爱。他因为小黄门曹节等宦官在朝中当权，就派儿子梁冀、梁不疑和曹节等人结交，但宦官却忌妒梁商受到的恩宠，反而打算陷害他。在永和四年（139），中常侍张逵、蘧政，与内者令石光，尚方令傅福，冗从仆射杜永合谋，一同诋毁梁商和中常侍曹腾、孟贲，说他们阴谋召集各封国的王子，图谋商议废掉顺帝另立新君，因此恳请顺帝拘捕梁商等人并治他们的罪。顺帝说："大将军父子是我的家人，曹腾、孟贲是我的近臣，他们一定不会如此，只不过是你们这些人都忌妒他们罢了。"张逵等人得知谗言未被采信后，极为害怕，就又伪造天子诏书将曹腾、孟贲拘捕在宫中。顺帝听说后大怒，就又命令宦官李歙紧急召见曹腾、孟贲并趁机放了二人，同时将张逵等人逮捕，之后将其全部处死。张逵等人的供词牵扯到一些现任大臣，梁商担心会有太多的人受到冤枉，就上书说："根据《春秋》的义理，功劳应归于主帅，罪责应归于罪魁。因此赏赐不应过分，用刑亦当适量，五帝、三王都是由此实现天下太平的。微臣听说在拷问中常侍张逵等人时，他们的供词牵连了不少大臣。如果大肆株连，必多冤假错案，判以死刑的囚犯久遭关押，一定会将小过攀扯成大案，果真如此便无法顺应阴阳谐和之气，无法修明政治、教化百姓呀。陛下应当尽早结案，以此终止大规模的搜捕。"顺帝便采纳了梁商的谏言。只将罪行确凿的人判刑。

永和六年（141）秋，梁商病重，他告诫儿子梁冀等人说："我并非有德之人，却享受许多福分。生前并未对朝廷有所助益，死后又必将空费国家财产，那华贵的衣物、嘴里的含玉、身上的玉衣、陪葬的珍珠宝贝之类的东西，对已死之人又有什么好处呢。文武百官徒遭劳顿搅扰，聚在路上繁华热闹，只增添了尘埃污垢，虽说这是依礼行事，但也应当审时度势。如今边疆陷于战乱，盗贼尚未平息，哪能再因我的丧事又让国家蒙受损失！我死之后，先把我运到停放棺材欲从其海，朝廷不听，赐以东园朱寿之器、银镂、黄肠、玉匣、什物二十八种，钱二百万，布三千匹。皇后钱五百万，布万匹。及葬，赠轻车介士，赐谥忠侯。中宫亲送，帝幸宣阳亭，瞻望车骑。

子冀嗣。

冀字伯卓。为人鸢肩豺目，洞精矘眄，口吟舌言，裁能书计。少为贵戚，逸游自恣。性嗜酒，能挽满、弹棋、格五、六博、蹴鞠、意钱之戏，又好臂鹰走狗，骋马斗鸡。初为黄门侍郎，转侍中，虎贲中郎将，越骑、步兵校尉，执金吾。

永和元年，拜河南尹。冀居职暴恣，多非法，父商所亲客洛阳令吕放，颇与商言及冀之短，商以让冀，冀即遣人于道刺杀放。而恐商知之，乃推疑于放之怨仇，请以放弟禹为洛阳令，使捕之，尽灭其宗亲、宾客百余人。

商薨未及葬，顺帝乃拜冀为大将军，弟侍中不疑为河南尹。

及帝崩，冲帝始在襁褓，太后临朝，诏冀与太傅赵峻、太尉李固参录尚书事。冀虽辞不肯当，而侈暴滋甚。

的地方，之后立即装殓入棺。装殓时为我穿上普通的衣服，就用我的旧衣，不要再做新衣。入殓后便打开坟墓，坟墓打开后便即刻下葬。祭祀时就供奉我生前吃的东西，不要用牛羊猪三牲作供品。能够遵循父亲遗志的才是孝子，你们不要违背我的告诫啊。”到梁商逝世时，顺帝亲自前来吊唁，梁商的儿子们想要遵从先父的遗嘱治丧，朝廷却不允许，顺帝赏赐了东园署特制的棺材，上有红色的纹饰和饰以银丝的刻线，又赏赐了黄心柏木制作的外棺、玉衣，以及各式器物一共二十八件，另有二百万钱，三千匹布。皇后赏赐了五百万钱、一万匹布。到下葬时，顺帝又赠与轻装的兵车和披甲的武士作为送葬队伍的扈从，并追谥梁商为忠侯。皇后亲自送葬，顺帝则来到宣阳门的岗亭中，目送葬队伍远去。

梁商的儿子梁冀继承了爵位。

梁冀字伯卓。他两肩高耸似鹰、双目倒竖似豺，长着一对直勾勾的斗鸡眼，说话口吃含糊不清，只是勉强会写会算。梁冀年轻时便仗着皇亲国戚的身份，游手好闲、肆意妄为。他饮酒无度，擅长拉满强弓、弹棋、格五、六博、蹴鞠、意钱等游戏，还喜欢架着猎鹰、赶着猎犬去打猎，又爱好赛马、斗鸡。梁冀起初担任黄门侍郎，后来先后调任为侍中、虎贲中郎将、越骑校尉和步兵校尉、执金吾等官。

永和元年（136），梁冀出任河南尹。梁冀做官时暴虐放肆，做了大量违法之事。洛阳令吕放是位和梁冀父亲梁商关系亲密的门客，他常和梁商说起梁冀的短处，梁商因此教训了梁冀，梁冀立刻派人在半道刺杀了吕放。但梁冀又怕让梁商知道，就把害死吕放的嫌疑推到吕放的仇人身上，又请求朝廷让吕放的弟弟吕禹继任洛阳令，让吕禹去抓捕吕放的仇人，最终吕禹将吕放仇家的亲戚、宾客一百多人全部杀害。

梁商去世后还未安葬，顺帝就命梁冀继任了大将军，任命梁冀的弟弟时任侍中梁不疑为河南尹。

到顺帝驾崩时，冲帝只是个襁褓中的孩子，因此太后亲掌朝政，朝廷下诏命梁冀和太傅赵峻、太尉李固一同总领尚书台的事务。梁冀虽故作推辞不愿就任，但却愈加奢侈暴虐。

冲帝又崩，冀立质帝。帝少而聪慧，知冀骄横，尝朝群臣，目冀曰："此跋扈将军也。"冀闻，深恶之，遂令左右进鸩加煮饼，帝即日崩。

复立桓帝，而枉害李固及前太尉杜乔，海内嗟惧，语在李固传。建和元年，益封冀万三千户，增大将军府举高第茂才，官属倍于三公。又封不疑为颍阳侯，不疑弟蒙西平侯，冀子胤襄邑侯，各万户。和平元年，重增封冀万户，并前所袭合三万户。

弘农人宰宣素性佞邪，欲取媚于冀，乃上言大将军有周公之功，今既封诸子，则其妻宜为邑君。诏遂封冀妻孙寿为襄城君，兼食阳翟租，岁入五千万，加赐赤绂，比长公主。寿色美而善为妖态，作愁眉，啼妆，堕马髻，折腰步，龋齿笑，以为媚惑。冀亦改易舆服之制，作平上軿车，埤帻，狭冠，折上巾，拥身扇，狐尾单衣。寿性钳忌，能制御冀，冀甚宠惮之。

初，父商献美人友通期于顺帝，通期有微过，帝以归商，商不敢留而出嫁之，冀即遣客盗还通期。会商薨，冀行服，于城西私与之居。寿伺冀出，多从仓头，篡取通期归，截发刮面，笞掠之，欲上书告其事。冀大恐，顿首请于寿母，寿亦不得已而止。冀犹复与私通，生子伯玉，匿不敢出。寿寻知之，使子胤诛灭友氏。冀虑寿害伯玉，常置复壁中。冀爱监奴秦宫，官至太仓令，得出入寿所。寿后来冲帝又驾崩了，梁冀扶立质帝即位。质帝虽然年少却很聪慧，他知道梁冀是个傲慢专横的人，质帝曾经朝见群臣，并看着梁冀说："这是一个专横暴戾的将军。"梁冀听了，对质帝深为憎恨，就命质帝的近臣在质帝的汤面里投毒，质帝当天便驾崩了。

梁冀又扶立桓帝登基，并诬陷害死了李固和前任太尉杜乔，全国上下为此叹息、惊惧不安。此事详见《李固传》。建和元年（147），朝廷加封了梁冀一万三千户的封地，又增加了大将军府推选考核成绩优异者和茂才的名额，使大将军府的辅佐官数量成倍于太尉、司徒、司空三公府。朝廷又封梁冀的弟弟梁不疑为颍阳侯，封梁不疑的弟弟梁蒙为西平侯，封梁冀的儿子梁胤为襄邑侯，三人都享受一万户封地租税的供养。和平元年（150），朝廷再次加封了梁冀一万户的封地，加上此前梁冀所继承的封地共计三万户。

弘农人宰宣为人一向谗佞奸邪，他打算取悦梁冀，就上书说大将军梁冀辅国之功可与周公相比，如今已经分封了他的儿子们，便也应该封他的妻子为邑君。桓帝便下诏封梁冀的妻子孙寿为襄城君，并同时享用阳翟县的赋税，每年有五千万的收入，还特别赐予孙寿赤色绶带，级别与长公主相当。孙寿貌美又善于摆出一副妖媚的姿态，她给自己画上又细又弯的愁眉，两颊略施脂粉状若哭痕，编起侧向一边的堕马髻，走路时摆动腰肢，露笑时好似牙痛，以此媚惑梁冀。梁冀也篡改了车驾和服饰的常例，制作了平顶的帷幔马车、形制粗陋的头巾、窄小的头冠、折角的头巾、可以遮蔽身体的大障扇、后摆拖地貌若狐尾的单衣。孙寿的妒忌心如钳子一般，她因此能够控制梁冀，梁冀对她又是宠爱、又是害怕。

起初，梁冀的父亲梁商将美人友通期献给了顺帝，后来友通期犯了小错，顺帝把她送还了梁商，梁商不敢收留友通期并将她嫁予外人，而梁冀却随即派门客偷偷地把友通期带了回来。适逢梁商去世，梁冀要为父亲服丧，却暗地里在城西和友通期同居。孙寿看准梁冀出门的机会，便带了大批奴仆，把友通期抢回自家，之后弄断了她的头发，划破了她的面孔，又将她拷打一番，并打算上书顺帝状告梁冀，梁冀极为惊恐，向岳母叩头请求获得原谅，孙寿也因此觉得无可见宫，辄屏御者，托以言事，因与私焉。宫内外兼宠，威权大震，刺史、二千石皆谒辞之。

冀用寿言，多斥夺诸梁在位者，外以谦让，而实崇孙氏宗亲。冒名而为侍中、卿、校尉、郡守、长吏者十余人，皆贪叨凶淫，各遣私客籍属县富人，被以它罪，闭狱掠拷，使出钱自赎，赀物少者至于死徙。扶风人士孙奋居富而性吝，冀因以马乘遗之，从贷钱五千万，奋以三千万与之，冀大怒，乃告郡县，认奋母为其守臧婢，云盗白珠十斛、紫金千斤以叛，遂收考奋兄弟，死于狱中，悉没赀财亿七千余万。

其四方调发，岁时贡献，皆先输上第于冀，乘舆乃其次焉。吏人赍货求官请罪者，道路相望。冀又遣客出塞，交通外国，广求异物。因行道路，发取伎女御者，而使人复乘势横暴，妻略妇女，殴击吏卒，所在怨毒。

冀乃大起第舍，而寿亦对街为宅，殚极土木，互相夸竞。堂寝皆有阴阳奥室，连房洞户。柱壁雕镂，加以铜漆；窗牖皆有绮疏青奈何便放弃了这个打算。然而梁冀却仍和友通期私通，还生下了儿子梁伯玉，梁冀把梁伯玉藏好不敢放他出来。孙寿不久便得知此事，她命儿子梁胤杀光了友通期一家。梁冀担心孙寿谋害梁伯玉，便常将他藏在夹墙中。家奴头子秦宫深为梁冀所宠信，他做官做到了太仓令的位子，甚至可以出入孙寿的住宅。孙寿见到秦宫后，便令侍从退下，假托和秦宫商量事情，却趁机和他私通。自此秦宫在内在外同时受宠于孙寿和梁冀，他那急速膨胀的威势和权力震惊了朝野，刺史和郡守在赴任之时都要拜访秦宫向他辞别。

梁冀听从孙寿的指示，罢黜了不少有官在身的梁家人，表面上是展示梁家的谦让之德，但实际上是借机为孙氏族人谋取高位。孙氏一门有十几个人假借梁家的名义爬上侍中、卿、校尉、郡守、长吏的位置，他们都贪婪无度，残暴放肆。每个人都派出自家门客登记所辖县内的富人，然后罗织罪名，将他们投入监牢并施以严刑，逼他们出钱赎罪。财物没给够的人竟至于遭到处死或流放。扶风人氏士孙奋家藏万贯但生性吝啬。梁冀就把四匹马送给士孙奋，要和他借五千万钱，而士孙奋只借了三千万，梁冀大怒，就到郡县官府状告士孙奋，他指认士孙奋的母亲是他家看守仓库的奴婢，说她偷了十斛白珠、一千斤紫金后就背叛主家逃走了，官府就收押了士孙奋兄弟并严刑拷打，以至于士孙奋兄弟死在狱中，最终官府将士孙家一亿七千多万的财产全部没收。

那些从全国各地征调来的财物，以及各地一年四季的贡品，其中的上等货都要先送给梁冀，次等的才会献给天子。带着财物来向梁冀求取官位或请求免罪的官吏百姓，在路上排着长队。梁冀还派宾客到边关之外，去和外国打交道，要他们大加搜罗奇珍异宝。趁着使者出行的机会，梁冀命他们沿路征调歌伎舞女、侍从仆役，使者因此便仗着梁冀的权势胡作非为，他们奸污、霸占良家妇女，殴打官吏、士兵，沿路各地无不对他们恨之入骨。

梁冀便大建豪宅，而孙寿也在对面街道修筑宅第，工程无所不用其极，二人互相炫耀攀比。厅堂卧房的深处都各有阴阳密室，房间相连、门户相通。庭柱墙壁雕有花纹，并以铜漆刷于其上。大窗小琐，图以云气仙灵。台阁周通，更相临望；飞梁石蹬，陵跨水道。金玉珠玑，异方珍怪，充积臧室。远致汗血名马。又广开园囿，采土筑山，十里九坂，以像二崤，深林绝涧，有若自然，奇禽驯兽，飞走其间。冀寿共乘辇车，张羽盖，饰以金银，游观第内，多从倡伎，鸣钟吹管，酣讴竟路。或连继日夜，以骋娱恣。客到门不得通，皆请谢门者，门者累千金。又多拓林苑，禁同王家，西至弘农，东界荥阳，南极鲁阳，北达河、淇，包含山薮，远带丘荒，周旋封域，殆将千里。又起菟苑于河南城西，经亘数十里，发属县卒徒，缮修楼观，数年乃成。移檄所在，调发生菟，刻其毛以为识，人有犯者，罪至刑死。尝有西域贾胡，不知禁忌，误杀一兔，转相告言，坐死者十余人。冀二弟尝私遣人出猎上党，冀闻而捕其宾客，一时杀三十余人，无生还者。冀又起别第于城西，以纳奸亡。或取良人，悉为奴婢，至数千人，名曰“自卖人”。

元嘉元年，帝以冀有援立之功，欲崇殊典，乃大会公卿，共议其礼。于是有司奏冀入朝不趋，剑履上殿，谒赞不名，礼仪比萧何；悉以定陶、成阳余户增封为四县，比邓禹；赏赐金钱、奴婢、彩帛、车马、衣服、甲第，比霍光：以殊元勋。每朝会，与三公绝席。十日一入，平尚书事。宣布天下，为万世法。冀犹以所奏礼薄，意不悦。专窗都刻着美丽繁复的花纹并饰以青色，都画着逍遥于祥云之间的神灵仙人。宅第四周高台楼阁相通，可以登临其上互相对望；桥梁高架布以石阶，凌空横跨河道之上。黄金、玉器、珍珠、宝石，殊方异域珍奇异物，藏入宝库堆积如山，还有出自远方的汗血名马。他们又大力打造园林，运来土石筑成小山，长达十里山坡九道，形制仿效东西崤山，密林幽深溪谷阻道，恰似自然天成之景，奇丽之鸟驯服之兽，飞翔奔跑遨游其间。梁冀、孙寿同坐在仆役拉着的便车上，这车顶上架着羽饰车盖，车身遍布金银装饰，二人乘车游览府第，大量倡伎陪同随行，钟声悠扬箫管婉转，一路尽是歌声酣畅。玩赏有时没日没夜，逸乐之心放纵无度。来客登门发现守门人竟不予通报，都只好请求放行并以礼物酬谢，守门人凭此敛财以至千金。二人又开辟了许多林苑，苑内禁令如同皇家，西界到达弘农，东界连接荥阳，南边直到鲁阳，北至黄河、淇水，山峦湖泽尽在其中，丘陵荒原绵延不绝，若要环绕这片林苑，大概将是千里之行。梁冀又在河南县城西建起一座兔园，占地几十里见方，他征调了河南县的兵士和民工，在园内修建楼宇，耗费数年才建成。他又向当地送去公文，下令聚集所有的活兔，割下一撮兔毛作为标记，如果有人伤害了这些兔子，严重的会判处死刑。曾有一批西域来的胡商，他们不知道还有这样的禁令，误杀了一只兔子，他们互相告发，最终有十几个胡商因罪被处死。梁冀的二弟曾擅自派宾客到上党郡打猎，梁冀知道后便把宾客们抓了起来，片刻之间就杀死了三十多人，没留一个活口。梁冀又在城西另建了一座府第，用以招揽恶人和逃犯。有时梁家掳走清白人家的百姓，把他们全部当做奴婢使唤，沦为奴婢的百姓最终竟有几千人，名为“自卖人”。

元嘉元年（151），桓帝因为梁冀有帮助自己登基的功劳，打算给予他特殊的恩典，就召集了大批公卿，和他们一起商议符合梁冀身份的礼制。于是负责礼仪的官吏先是提出梁冀入朝不必小步快走，上殿可以佩剑穿鞋，拜见天子时赞礼官不可直呼其名，这方面的礼仪可以和萧何相比拟；又提出把定陶、成阳两县剩余的户数全部封给梁冀，使他的食邑增加到四个县，俸禄与邓禹相当；并提出赐予梁冀擅威柄，凶恣日积，机事大小，莫不咨决之。宫卫近侍，并所亲树，禁省起居，纤微必知。百官迁召，皆先到冀门笺檄谢恩，然后敢诣尚书。下邳人吴树为宛令，之官辞冀，冀宾客布在县界，以情托树。树对曰："小人奸蠹，比屋可诛。明将军以椒房之重，处上将之位，宜崇贤善，以补朝阙。宛为大都，士之渊薮，自侍坐以来，未闻称一长者，而多托非人，诚非敢闻！"冀嘿然不悦。树到县，遂诛杀冀客为人害者数十人，由是深怨之。树后为荆州刺史，临去辞冀，冀为设酒，因鸩之，树出，死车上。又辽东太守侯猛，初拜不谒，冀托以它事，乃腰斩之。

时郎中汝南袁著，年十九，见冀凶纵，不胜其愤，乃诣阙上书曰："臣闻仲尼叹凤鸟不至，河不出图，自伤卑贱，不能致也。今陛下居得致之位，又有能致之资，而和气未应，贤愚失序者，势分权臣，上下壅隔之故也。夫四时之运，功成则退，高爵厚宠，鲜不致灾。今大将军位极功成，可为至戒，宜遵悬车之礼，高枕颐神。传曰：'木实繁者，披枝害心。'若不抑损权盛，将无以全其身矣。左右闻臣言，将侧目切齿，臣特以童蒙见拔，故敢忘忌讳。昔舜、禹相戒无若丹朱，周公戒成王无如殷王纣，愿除诽谤之罪，以开天下之金钱、奴婢、彩帛、车马、衣服、宅第，待遇与霍光相当：这样梁冀所受的礼遇超过了历代的大功臣。负责官吏又提出每次百官朝见天子时，梁冀的席位应独立于三公之外。并且梁冀只需每十天上一次朝，负责评议尚书台事务。朝廷向全国宣布了新的恩典，定为万世不易的制度。而梁冀还嫌百官提出的礼遇不够优厚，心中不快。梁冀独揽大权，日益凶残狂妄，政事无论大小，无不提请梁冀定夺。皇宫内的侍卫和近臣，都由梁冀亲自安排，天子在宫中的生活起居，些微小事也尽为梁冀所知。百官不论获得升迁还是接受召见，都要先拜访梁冀献书谢恩，之后才敢到尚书台领命。下邳人吴树被任命为宛县县令，赴任前他向梁冀辞行，梁冀有不少宾客遍布在宛县，于是梁冀向吴树说情托他关照自己的宾客。吴树答道："对那些邪恶的小人，任何人都可以诛杀他。大将军您凭借外戚的身份，才得到大将军的位子，阁下应当推重贤良，补益朝政疏漏之处。宛县是个大城，士人汇聚于此，然而从卑职登门陪阁下聊到现在，阁下连一位宛县的长者都没提到，反而把不少奸贼托付给卑职关照，您的话我确实不敢听"梁冀听罢默然不语心生不满。吴树一上任，就处死了几十个胡作非为的梁冀门客，从此梁冀对吴树大为怨恨。吴树后来升任为荆州刺史，赴任前向梁冀告辞，梁冀设下酒席招待吴树，趁机对他下毒，吴树离开梁府后，便在车上身亡。另有一位辽东太守侯猛，他在接到任命之初没有前去拜见梁冀，梁冀找了一个借口，最终将侯猛处以腰斩。

当时担任郎中的汝南郡人袁著，时年十九岁，他看到梁冀的残暴狂妄后，怒气难平，便入朝上书说："微臣听闻孔子曾叹息说凤鸟久未现身，黄河中也不见河图，微臣感伤于自己人微言轻，无法带来太平盛世。如今陛下正身居可以开辟盛世的尊位，又拥有开辟盛世的天资，然而祥瑞之气尚未应验，贤者在野愚者在朝，其中的原因在于大权旁落、权臣当道，以至于天子群臣之间政令不通。依照四季天时的运行之道，为人自当功成身退。显赫的爵位、深厚的恩宠，经常是祸乱之源。如今大将军位极人臣、功业完满，正当严加防备，应让大将军谨遵薛广德'悬车'的致仕之礼退职还乡，安心垫高枕头颐养天口。”书得奏御，冀闻而密遣掩捕著。著乃变易姓名，后托病伪死，结蒲为人，市棺殡送。冀廉问知其诈，阴求得，笞杀之，隐蔽其事。学生桂阳刘常，当世名儒，素善于著，冀召补令史以辱之。时太原郝絜、胡武，皆危言高论，与著友善。先是絜等连名奏记三府，荐海内高士，而不诣冀，冀追怒之，又疑为著党，敕中都官移檄捕前奏记者并杀之，遂诛武家，死者六十余人。絜初逃亡，知不得免，因舆榇奏书冀门。书入，仰药而死，家乃得全。及冀诛，有诏以礼祀著等。冀诸忍忌，皆此类也。

不疑好经书，善待士，冀阴疾之，因中常侍白帝，转为光禄勋。又讽众人共荐其子胤为河南尹。胤一名胡狗，时年十六，容貌甚陋，不胜冠带，道路见者，莫不蚩笑焉。不疑自耻兄弟有隙，遂让位归第，与弟蒙闭门自守。冀不欲令与宾客交通，阴使人变服至门，记往来者，南郡太守马融、江夏太守田明，初除，过谒不疑，冀讽州郡以它事陷之，皆髡笞徙朔方。融自刺不殊，明遂死于路。

年。《左传》中说：‘树上果实太过繁多，就会压折树枝、祸及树心。’如果不对大将军日益滋长的权势加以控制，大将军将无法保全身家性命了。陛下近臣听了微臣所言，必将侧目而视、咬牙切齿，然而微臣虽蒙提拔授官却仍未成人，因此敢于抛却忌讳直言进谏。从前舜禹互相告诫不要像丹朱一般傲慢，周公劝诫成王不要像殷纣王一般荒淫。希望陛下废除因言获罪的法律，让全天下敢于直言不讳。”袁著的奏书呈给了桓帝，梁冀知道后秘密派人想趁袁著不备抓捕他。袁著竟已改名换姓，之后诈称病重假装已死，他的尸体是用蒲草扎成的，还买了棺材以备停灵后送葬。梁冀多方察问后识破了袁著的策略，暗地里抓到袁著，将他拷打至死，并将真相隐瞒。太学生桂阳郡人刘常，是当时有名的儒士，一向和袁著要好，梁冀征召他补任令史这样的下级官吏以此羞辱他。当时太原郡人郝絜、胡武，都仗义执言，其言论振聋发聩，他们都是袁著的好友。此前郝絜等人曾联名上书三公府，推举各地隐居不仕的品行高洁之人，却从未拜访过梁冀。梁冀想到此事后极为愤怒，又因怀疑郝絜等人是袁著的同党，就命令京城的各处官府发布声讨公文抓捕此前向三公府上书的人并下令将他们都处死，最终胡武一家惨遭屠杀，六十多人身亡。郝絜起初逃走了，后来他认为自己终究不能幸免，就驱车载着棺材来到梁府门前投递文书。文书送入府内后，郝絜就服毒自尽，他的家人因此得以保全。到朝廷诛杀梁冀后，桓帝下诏依礼制祭奠袁著等人。梁冀犯下的种种暴行和猜忌之事，都和以上所述类似。

梁不疑醉心于儒家经典，善待士子，梁冀背地里对这个弟弟很是嫉妒，就托中常侍向桓帝禀报，请顺帝下令将梁不疑从河南尹调任为光禄勋。之后梁冀又旁敲侧击要百官一起推荐自己的儿子梁胤为河南尹。梁胤诨名胡狗，当时十六岁，他相貌丑陋，身着官服不成模样。行人见了，全都嘲笑他。梁不疑把兄弟不和看作一种耻辱，因而退职还乡，和弟弟梁蒙闭门不出、洁身自好。梁冀不愿让梁不疑和宾客们往来，暗中派人装扮起来守在梁不疑家门前，记下每个登门拜访的人，南郡太守马融和江夏太守田明，他们刚刚接受任命，便毫无戒心地拜见了梁不疑，梁冀便默示州郡官府罗织罪名陷害二人，对永兴二年，封不疑子马为颍阴侯，胤子桃为城父侯。冀一门前后七封侯，三皇后，六贵人，二大将军，夫人、女食邑称君者七人，尚公主者三人，其余卿、将、尹、校五十七人。在位二十余年，穷极满盛，威行内外，百僚侧目，莫敢违命，天子恭己而不得有所亲豫。

帝既不平之。延熹元年，太史令陈授因小黄门徐璜，陈灾异日食之变，咎在大将军，冀闻之，讽洛阳令收考授，死于狱。帝由此发怒。

初，掖庭人邓香妻宣生女猛，香卒，宣更适梁纪。梁纪者，冀妻寿之舅也。寿引进猛入掖庭，见幸，为贵人，冀因欲认猛为其女以自固，乃易猛姓为梁。时猛姊婿邴尊为议郎，冀恐尊沮败宣意，乃结刺客于偃城，刺杀尊，而又欲杀宣。宣家在延熹里，与中常侍袁赦相比。冀使刺客登赦屋，欲入宣家。赦觉之，鸣鼓会众以告宣。宣驰入以白帝，帝大怒，遂与中常侍单超、具瑗、唐衡、左悺、徐璜等五人成谋诛冀。语在宦者传。

冀心疑超等，乃使中黄门张恽入省宿，以防其变。具瑗敕吏收恽，以辄从外入，欲图不轨。帝因是御前殿，召诸尚书入，发其事，使尚书令尹勋持节勒丞郎以下皆操兵守省阁，敛诸符节送省中。使黄门令具瑗将左右厩驺、虎贲、羽林、都候剑戟士，合千余人，与司隶校尉张彪共围冀第。使光禄勋袁盱持节收冀大将军印绶，徙封比景都乡侯。冀及妻寿即日皆自杀。悉收子河南尹胤、叔父屯骑校二人施以剃光头发和竹条抽打的刑罚后流放到朔方郡。马融自杀未遂，田明最终死在半路。

永兴二年（154），朝廷封梁不疑的儿子梁马为颍阴侯，封梁胤的儿子梁桃为城父侯。梁冀一家总共有七人封侯，三位皇后，六名贵人，两位大将军，夫人、女儿获得封地和“君”的尊号的有七人，迎娶公主的有三人，其他担任卿、将、尹、校的有五十七人。梁冀担任大将军二十多年，权势滔天无以复加，威势遍及朝野上下，百官慑服侧目而视，没有一人敢于抗命，桓帝只得恭顺小心、自我克制而始终无法亲政。

桓帝对梁冀已然心怀不满。延熹元年（158），太史令陈授通过小黄门徐璜，向桓帝报告说出现日食的灾异，祸端在于大将军，梁冀听闻此事后，便对洛阳县令旁敲侧击要他收押陈授严加拷打，最终陈授死在监牢。桓帝因此大发雷霆。

起初，在掖庭就职的邓香的妻子宣生下了女儿邓猛，邓香死后，宣改嫁梁纪。梁纪，是梁冀妻子孙寿的舅父。孙寿将邓猛引荐到后宫，邓猛受到桓帝宠幸，获封为贵人。梁冀为了巩固自己的地位因而想把邓猛认作自己的女儿。便命邓猛改姓为梁。邓猛的姐夫邴尊时任议郎，梁冀担心他会妨碍宣同意女儿改姓，因而从偃城拉拢了一个刺客，要他刺杀邴尊，而且还想把宣也杀了。宣家住在延熹里，住所就在中常侍袁赦家隔壁。梁冀让刺客爬上袁赦家屋顶，想这样潜入宣家。袁赦发现有人图谋不轨，就敲起鼓来召集众人将此事告知了宣，宣赶赴宫中向桓帝报告，桓帝震怒，便和中常侍单超、具瑗、唐衡、左悺、徐璜等五人定下计划要诛杀梁冀。此事详见《宦者传》。

梁冀对单超等人不放心，就派中黄门张恽到宫中值宿，以防单超等人发动事变。具瑗命官吏拘捕了张恽，他认为张恽擅自进宫，有图谋不轨的打算。桓帝因而来到正殿，召见了各位尚书，宣布了锄奸之事，之后命尚书令尹勋拿着符节率领尚书左、右丞和尚书郎以下官吏一起拿上武器保卫宫中官署，并将全部符节收入宫中。桓帝又命令黄门令具瑗率领左右厩的骑兵，虎贲、羽林的禁军，以及都候麾下的剑戟士，合计一千多人，联合司隶校尉张彪一起包围了梁府。桓帝命尉让，及亲从卫尉淑、越骑校尉忠、长水校尉戟等，诸梁及孙氏中外宗亲送诏狱，无长少皆弃市。不疑、蒙先卒。其它所连及公卿列校刺史二千石死者数十人，故吏宾客免黜者三百余人，朝廷为空，唯尹勋、袁盱及廷尉邯郸义在焉。是时事卒从中发，使者交驰，公卿失其度，官府市里鼎沸，数日乃定，百姓莫不称庆。

收冀财货，县官斥卖，合三十余万万，以充王府，用减天下税租之半。散其苑囿，以业穷民。录诛冀功者，封尚书令尹勋以下数十人。

论曰：顺帝之世，梁商称为贤辅，岂以其地居亢满，而能以愿谨自终者乎？夫宰相运动枢极，感会天人，中于道则易以兴政，乖于务则难乎御物。商协回天之势，属彫弱之期，而匡朝恤患，未闻上术，憔悴之音，载谣人口。虽舆粟盈门，何救阻饥之厄；永言终制，未解尸官之尤。况乃倾侧孽臣，传宠凶嗣，以至破家伤国，而岂徒然哉！

赞曰：河西佐汉，统亦定算。褒亲幽愤，升高累叹。商恨善柔，冀遂贪乱。

光禄勋袁盱拿着符节收回梁冀的大将军印信和绶带，并将他改封为比景都乡侯。梁冀和妻子孙寿当天便都自杀了。之后朝廷将梁冀的儿子河南尹梁胤、梁冀的叔父屯骑校尉梁让、族人卫尉梁淑、越骑校尉梁忠、长水校尉梁戟等人，以及梁家和孙家在宫里宫外的所有亲戚全都收押到天子下诏特设的监牢中，并且不论老少全部处死示众。梁不疑、梁蒙已经去世。而其余和梁冀有牵连的现任公卿、校尉、刺史、郡守遭处死的有几十个，过去曾为梁冀所举荐的僚属和宾客遭革职的有三百多人。朝廷上下官位空缺，只有尹勋、袁盱和廷尉邯郸义仍在任上。当时事变突发于宫中，因此使者往来奔走通报消息，朝中高官手足无措，各路官府、街巷大为轰动。几天后才平静下来，百姓们全都向朝廷道贺。

梁冀的财产为朝廷所收缴，既而由朝廷变卖，合计卖得三十余亿，朝廷用这笔钱充实了国库，减免了全国的一半租税。朝廷又分割了梁家园林的土地，分给穷苦的百姓耕种。后来又录用了为诛杀梁冀立下功劳的人，并为尚书令尹勋及以下的几十人封爵。

评论说：顺帝年间，人们将梁商称作是贤能的辅国大臣，难道是因为他虽然身居高位，却能凭借诚实谨慎获得善终吗？宰相执掌大权如天枢和北极星一般，他的行动作为人事自会与上天感应，行动合于天道则振兴政教毫不费力，行动背离要务则统御万事难上加难。梁商虽可倚仗足以力挽狂澜的权势，但他身处衰世，因而对于匡正朝廷赈济灾患，未曾听闻他有何等良策，受难百姓痛苦的哀号，充斥在歌谣和街谈巷议之中。虽然梁商运去的粮食堆满了城门，又哪能真正解决黎民挨饿的灾难呢；虽就薄葬之礼对子孙千叮万嘱，终究未能避免尸位素餐的过失。何况梁商竟命后辈结交宦官追随奸佞，又将朝廷的恩宠传给暴虐的后人，最终导致家破人亡国家受难，这难道是无缘无故的吗！

赞辞说：河西之地辅佐汉室，梁统决定追随光武。梁竦失意悲愤难平，登高长叹心中酸楚。遗憾梁商优柔寡断，梁冀贪虐万民受苦。

卷六十五

张曹郑列传第二十五

张纯字伯仁，京兆杜陵人也。高祖父安世，宣帝时为大司马卫将军，封富平侯。父放，为成帝侍中。纯少袭爵土，哀、平间为侍中，王莽时至列卿。遭值篡伪，多亡爵土，纯以敦谨守约，保全前封。

建武初，先来诣阙，故得复国。五年，拜太中大夫，使将颍川突骑安集荆、徐、杨部，督委输，监诸将营。后又将兵屯田南阳，迁五官中郎将。有司奏，列侯非宗室不宜复国。光武曰："张纯宿卫十有余年，其勿废，更封武始侯，食富平之半。"

纯在朝历世，明习故事。建武初，旧章多阙，每有疑议，辄以访纯，自郊庙婚冠丧纪礼仪，多所正定。帝甚重之，以纯兼虎贲中郎将，数被引见，一日或至数四。纯以宗庙未定，昭穆失序，十九年，乃与太仆朱浮共奏言："陛下兴于匹庶，荡涤天下，诛鉏暴乱，兴继祖宗。窃以经义所纪，人事众心，虽实同创革，而名为中兴，宜奉先帝，恭承祭祀者也。元帝以来，宗庙奉祠高皇帝为受命祖，孝文皇帝为太宗，孝武皇帝为世宗，皆如旧制。又立亲庙四世，推南顿君以上尽于舂陵节侯。礼，为人后者则为之子，既事大宗，则降其私亲。今禘祫高庙，陈序昭穆，而舂陵四世，君臣并列，以卑厕尊，不合礼意。设不遭王莽，而国嗣无寄，推求宗室，以陛下继统者，安得复顾私亲，违礼制乎？昔高帝以自受命，不由太上，宣帝以孙后祖，张纯字伯仁，京兆杜陵县人。他的高祖父张安世，在西汉宣帝年间就任大司马卫将军，获封为富平侯。他的父亲张放，在成帝年间担任侍中。张纯年少时继承了祖辈的爵位和封地，在哀帝、平帝年间出任侍中，到王莽时张纯官至列卿。后来遭逢王莽篡位，许多官员被剥夺了爵位和封地，而张纯因为人忠厚谨慎，信守承诺，得以保全此前继承的爵位和土地。

光武帝建武初年，张纯率先拜谒了光武帝，因而得以恢复自己的封地。建武五年（29），朝廷任命张纯为太中大夫，又派他率领颍川郡的精锐骑兵安定抚恤荆州、徐州和扬州刺史部，负责督促物资运输，并监管各部军营。后来朝廷又命张纯率军到南阳郡屯田，并将他升任为五官中郎将。有官吏上奏说，并非皇室宗亲的列侯不应恢复他的封地。光武帝说："张纯在宫中值守已经十多年了，不应废黜他的爵位，可以改封他为武始侯，俸禄为富平县赋税的一半。"

张纯在朝为官多年，熟悉前代旧事。光武帝建武初年，先代典章有不少缺漏，朝廷每次有了疑问，就到张纯处请教。但凡宗庙祭祀、婚礼、加冠、丧葬等礼制，很多都仰赖张纯所订正定夺。光武帝非常倚仗张纯，命张纯兼任虎贲中郎将，多次引见他，有时一天里引见了三、四次。张纯认为宗庙祭礼的制度尚未确定，宗庙中祖先灵位的排列次序还是很混乱，于是在建武十九年（43），张纯和太仆朱浮一道上书说："陛下以平民百姓身份起兵，扫平天下，剿灭暴虐作乱之徒，复兴并传承了先祖基业。参照经典中所记载的义理，结合当前实情和众人心意，微臣认为陛下虽然实际上是创建了新王朝，但却以中兴为名，所以应当供奉前朝先帝，并恭敬地奉行祭祀之礼。元帝以来，朝廷在举行宗庙祭祀时尊奉高祖为领受天命的汉家始祖，尊奉文帝为太宗，尊奉武帝为世宗，这种排列都是按照了历代祭祖旧制不敢私亲，故为父立庙，独群臣侍祠。臣愚谓宜除今亲庙，以则二帝旧典，愿下有司博采其议。”诏下公卿，大司徒戴涉、大司空窦融议：“宜以宣、元、成、哀、平五帝四世代今亲庙，宣、元皇帝尊为祖、父，可亲奉祠，成帝以下，有司行事，别为南顿君立皇考庙。其祭上至舂陵节侯，群臣奉祠，以明尊尊之敬，亲亲之恩。”帝从之。是时宗庙未备，自元帝以上，祭于洛阳高庙，成帝以下，祠于长安高庙，其南顿四世，随所在而祭焉。

明年，纯代朱浮为太仆。二十三年，代杜林为大司空。在位慕曹参之迹，务于无为，选辟掾史，皆知名大儒。明年，上穿阳渠，引洛水为漕，百姓得其利。

二十六年，诏纯曰：“禘、祫之祭，不行已久矣。‘三年不为礼，礼必坏；三年不为乐，乐必崩’。宜据经典，详为其制。”纯奏曰：

的。而陛下又为亲生祖先另立亲庙，供奉从陛下的父亲南顿县令开始到陛下的高祖父春陵节侯为止的四代祖先。按照礼制，继承君位者应当将先王视作他宗法上的父亲，既然陛下已经奉元帝为大宗，就应降低亲生祖先在祠庙中的排位。现在朝廷在洛阳高庙祭祖，谨遵左昭右穆的次序安排祖、父之位，然而亲庙中春陵节侯之后的四代先祖，他们的灵位却不分君臣并列而设，尊卑相杂，不合礼仪。如果汉室未逢王莽篡权，同时天子并无子嗣以致大统无所寄托，此时自然要从同宗选择继承人，若选陛下继承大统，难道陛下也会顾及自家祖先而违背礼制吗？从前高祖受命于天，并非受命于太上皇刘太公，宣帝以嗣孙的身份继承了祖父昭帝的君位，他不敢对血亲怀有私情，所以他为生父设立的祠庙，需排除群臣陪侍由宣帝独自祭祀。依微臣愚见应废除如今的亲庙，以此端正宣帝、元帝时的旧制，希望陛下将微臣的奏书下达给负责礼制的官吏讨论并广泛地采纳他们的意见。”光武帝便下令公卿商议，大司徒戴涉、大司空窦融提议道：“应以宣帝、元帝、成帝、哀帝、平帝这四个世代的五位皇帝取代如今的亲庙，尊宣帝为祖，尊元帝为父，这一五帝四世的宗庙陛下可以亲自供奉，成帝以下的前代帝王，由负责祭礼的官吏供奉，另外为陛下的父亲南顿君设立皇考庙。在皇考庙祭祀时要向上供奉到陛下的高祖父春陵节侯，皇考庙由文武百官负责供奉，以此彰明尊奉尊长的敬意和关爱血亲的恩德。”光武帝采纳了他们的建议。当时宗庙的设立尚不完备，因此对于元帝以上的先祖，祭礼在洛阳高庙举行，对于成帝以下的先祖，祭礼在长安高庙举行，对南顿君以上四代血亲的供奉，其祠庙则随光武帝的驻地而变动。

第二年，张纯接替朱浮继任太仆。建武二十三年（47），张纯接替杜林继任大司空。他在位期间仰慕汉初丞相曹参的事迹，力求于无为政治，他所选任的属官，都是闻名天下的大儒。又过了一年，张纯主持开通了阳渠，引入洛水形成水道用以运输货物，阳渠为沿岸百姓带来了方便。

建武二十六年（50），光武帝给张纯下诏说：“禘、祫的祭礼，废弛已久了。《论语》有言：‘三年不修习礼义，礼制便会败坏；三年

“《礼》，三年一祫，五年一禘。《春秋传》曰：‘大祫者何？合祭也。’毁庙及未毁庙之主皆登，合食乎太祖，五年而再殷。汉旧制三年一祫，毁庙主合食高庙，存庙主未尝合祭。元始五年，诸王公列侯庙会，始为禘祭。又前十八年亲幸长安，亦行此礼。礼说三年一闰，天气小备；五年再闰，天气大备。故三年一祫，五年一禘。禘之为言谛，谛定昭穆尊卑之义也。禘祭以夏四月，夏者阳气在上，阴气在下，故正尊卑之义也。祫祭以冬十月，冬者五谷成孰，物备礼成，故合聚饮食也。斯典之废，于兹八年，谓可如礼施行，以时定议。”帝从之，自是禘、祫遂定。

时南单于及乌桓来降，边境无事，百姓新去兵革，岁仍有年，家给人足。纯以圣王之建辟雍，所以崇尊礼义，既富而教者也。乃案七经谶、明堂图、河间《古辟雍记》、孝武太山明堂制度，及平帝时议，欲具奏之。未及上，会博士桓荣上言宜立辟雍、明堂，章下三公、太常，而纯议同荣，帝乃许之。

三十年，纯奏上宜封禅，曰：“自古受命而帝，治世之隆，必有封禅，以告成功焉。《乐动声仪》曰：‘以雅治人，风成于颂。’有周之盛，成康之间，郊配封禅，皆可见也。《书》曰‘岁二月，东巡狩，不修习音乐，乐制便会放纵。’应当谨遵经典，周详地订立禘、祫的制度。”张纯上奏说：“根据《周礼》，三年一次祫祭，五年一次禘祭。《春秋传》说：‘大祫是什么呢？是合祭。’即撤除了宗庙的祖先和尚未撤除宗庙的祖先其牌位都列于祭坛，和太祖一起接受供奉，到第五年时再举行一次大祭。而汉朝的旧制是三年一次祫祭，撤除了宗庙的祖先牌位与太祖在高庙合祭，但宗庙并未撤销的祖先未曾接受过合祭。元始五年（5），众位国王、公卿、列侯一起参加了庙会，汉朝这才开始有了禘祭。第二次是在此前的建武十八年（42）陛下亲临长安时，也举行了禘祭。按照礼制三年后的第一个闰年，天时与和气基本具备，五年内的第二次闰年，天时与和气彻底完备。所以三年举行一次祫祭，五年举行一次禘祭。“禘”与“谛”同义，即为审定昭穆尊卑的意思。禘祭在四月的夏季举行，夏季阳气在上，阴气在下，所以正应了尊卑有序的义理。祫祭在十月的冬季举行，冬季五谷成熟，供物完备礼制周全，所以祭礼结束后众人一起宴乐饮酒。禘祭、祫祭的废弛至今已有八年，微臣建议应当遵循古礼行事，按照天时设定。”光武帝采纳了张纯的意见，从此禘、祫的祭礼就定下来了。

当时南匈奴和乌桓前来归顺，边疆重归平定，百姓刚刚免于兵乱，连年丰收，家家生活富足。张纯认为圣明君主兴建辟雍这一举行祭礼的大学，其目的在于推崇和弘扬礼义，教化丰衣足食的百姓。于是张纯考证了《诗经》《尚书》《礼经》《乐经》《易经》《春秋》《论语》七部经典中的预言、黄帝时修建明堂的图样、河间献王的《古辟雍记》、武帝泰山封禅时所建明堂的规格，以及平帝时所征召入京的四方学者的奏议，打算详细地作成奏书递交朝廷。张纯的奏书还未来得及呈上，正巧博士桓荣也上书建议设立辟雍、明堂，光武帝将桓荣的奏章下发给三公、太常商议，而张纯的意见与桓荣如出一辙，光武帝便采纳了设立辟雍和明堂的建议。

建武三十年（54），张纯上奏说应举行祭祀天地的大典，奏书说：“自古以来受命于天的帝王，每到天下太平的隆兴之时，定会举行封禅之礼，以此向上天宣告天子功业已成。《乐纬·动声仪》说：‘用《大雅》《小雅》治理百姓，《国风》遵循《颂》而写就。’周朝的昌盛至于岱宗’，则封禅之义也。臣伏见陛下受中兴之命，平海内之乱，修复祖宗，抚存万姓，天下旷然，咸蒙更生，恩德云行，惠泽雨施，黎元安宁，夷狄慕义。《诗》云：‘受天之祜，四方来贺。’今摄提之岁，仓龙甲寅，德在东宫。宜及嘉时，遵唐帝之典，继孝武之业，以二月东巡狩，封于岱宗，明中兴，勒功勋，复祖统，报天神，禅梁父，祀地祇，传祚子孙，万世之基也。”中元元年，帝乃东巡岱宗，以纯视御史大夫从，并上元封旧仪及刻石文。三月，薨，谥曰节侯。

子奋嗣。

奋字稺通。父纯，临终敕家丞曰：“司空无功于时，猥蒙爵土，身死之后，勿议传国。”奋兄根，少被病，光武诏奋嗣爵，奋称纯遗敕，固不肯受。帝以奋违诏，敕收下狱，奋惶怖，乃袭封。永平四年，随例归国。

奋少好学，节俭行义，常分损租奉，赡恤宗亲，虽至倾匮，而施与不怠。十七年，儋耳降附，奋来朝上寿，引见宣平殿，应对合旨，显宗异其才，以为侍祠侯。建初元年，拜左中郎将，转五官中郎将，迁长水校尉。七年，为将作大匠，章和元年，免。永元元年，复拜城门校尉。四年，迁长乐卫尉。明年，代桓郁为太常。六年，代刘方为司空。

之时，正值成王、康王年间，祭天之时先祖合祭以及封禅之礼，都通行于当时。《尚书》记载说：‘每年二月，帝王要离开国都向东方巡行，直至岱宗泰山。’这说的就是封禅之礼。微臣目睹陛下领受复兴汉室的天命，平定中原的乱局，恢复先祖的宗庙，抚恤天下的百姓，四境之内阴霾一扫，黎民皆蒙再生之德，恩德如云笼罩四方，惠泽如雨遍及万物，华夏万民安居乐业，荒外夷狄仰慕仁义。《诗经》说：‘武王蒙受上天之福，四方各国都来祝贺。’如今正当摄提之年，岁星行至甲寅区域，天道之德位于东宫。应趁此良辰吉日，谨遵唐尧订立的典章，继承武帝封禅的往业，在二月巡行东方，于泰山举行封礼祭天，宣明中兴大业已成，刻碑记载定国之功，恢复祖宗传统，报答天神护佑，于梁父山办禅礼祭地，祭祀供奉地神，传福祚于子孙，这是泽被万世的基业呀。”于是在建武中元元年（56），光武帝便东临泰山，朝廷命张纯兼任御史大夫随行，张纯将武帝元封年间的封禅礼仪和刻石文呈上。同年三月，张纯去世，朝廷赐予他“节侯”的谥号。

张纯的儿子张奋继承了先父的爵位和封地。

张奋字稺通。父亲张纯，临终时嘱咐家臣说：“我做司空对国家并无功劳，操行浅薄却承蒙恩赐爵位土地，我死之后，你们不要商量什么继承封国的事情。”张奋的哥哥张根，从小就有病缠身，光武帝下诏命张奋继承爵位，张奋提起了先父遗嘱，坚决不肯接受。光武帝便以张奋抗命为名，下令将他关入监牢，张奋惶恐不易，就继承了爵土。永平四年（61），张奋依照常例回到封国。

张奋年少时醉心于治学，生活节俭奉行道义，他常常分出自己的俸禄，用来供养接济同宗的亲人，即使到了需要倾囊相助的地步，他也坚持施与。永平十七年（74），儋耳归附朝廷，张奋入朝为明帝贺寿，明帝在宣平殿引见了他，张奋对答入流合于要旨，明帝看中了他的才华，任命他为侍祠侯。建初元年（76），张奋就任了左中郎将，之后调任为五宫中郎将，后来又升任长水校尉。建初七年，张奋担任将作大匠，后于章和元年（87），被免去将作大匠一职。永元元年（89），张奋再次出任城门校尉。永元四年（92）时，他升任为长乐卫尉。第二年，张奋接替桓郁继任太常。永元六年（94）时，他又接替刘时岁灾旱，祈雨不应，乃上表曰："比年不登，人用饥匮，今复久旱，秋稼未立，阳气垂尽，岁月迫促。夫国以民为本，民以谷为命，政之急务，忧之重者也。臣蒙恩尤深，受职过任，夙夜忧惧，章奏不能叙心，愿对中常侍疏奏。"即时引见，复口陈时政之宜。明日，和帝召太尉、司徒幸洛阳狱，录囚徒，收洛阳令陈歆，即大雨三日。

奋在位清白，无它异绩。九年，以病罢。在家上疏曰："圣人所美，政道至要，本在礼乐。五经同归，而礼乐之用尤急。孔子曰：'安上治民，莫善于礼；移风易俗，莫善于乐。'又曰：'揖让而化天下者，礼乐之谓也。'先王之道，礼乐可谓盛矣。孔子谓子夏曰：'礼以修外，乐以制内，丘已矣夫！'又曰：'礼乐不兴，则刑罚不中；刑罚不中，则民无所厝其手足。'臣以为汉当制作礼乐，是以先帝圣德，数下诏书，愍伤崩缺，而众儒不达，议多驳异。臣累世台辅，而大典未定，私窃惟忧，不忘寝食。臣犬马齿尽，诚冀先死见礼乐之定。"十三年，更召拜太常。复上疏曰："汉当改作礼乐，图书著明。王者化定制礼，功成作乐。谨条礼乐异议三事，愿下有司，以时考定。昔者孝武皇帝、光武皇帝封禅告成，而礼乐不定，事不相副。先帝已诏曹褒，今陛下但奉而成之，犹周公斟酌文武之道，非自为制，诚无所疑。久执谦谦，令大汉之业不以时成，非所以章显祖宗功德，建太平之基，为后世法。"帝虽善之，犹未施行。其冬，复以病罢。明年，卒于家。

方继任司空。

当年遭遇旱灾，朝廷祈祷求雨亦未灵验，于是张奋上书说："多年收成不好，百姓吃穿用度日益匮乏，如今旱情已久，秋粮尚未成熟，而温暖的时节行将结束，时间紧迫。国家以百姓为本，百姓靠粮食活命，粮食问题是眼下最紧急的政务，是最大的忧患。微臣累受皇恩，德不配位，日夜心忧，书面奏章难以尽述心意，希望能向中常侍逐条详述。"张奋立刻便受到引见，他再次亲口申明了当下的施政良方。第二天，和帝召集太尉、司徒陪同亲临洛阳监狱调查，他们查验了囚犯的罪案，拘捕了洛阳县令陈歆，之后便大雨三天。

张奋为官清正廉洁，政绩差强人意。永元九年（97），张奋因病退职。他在家中上书说：圣人所赞美的统治要领，其根本在于礼乐制度。"五经"的要义是一致的，因而发挥礼乐的功用便是当前的要务。孔子曾说：'要让朝堂和睦、百姓安心，没有比制礼更好的方法；想要转化民风、改变习俗，没有比作乐更好的方法。'孔子又说：'用作揖谦让的礼制来教化天下，这便是所谓的礼乐制度。'先王的治国之道，对礼乐的推行可以说是非常广泛了。孔子对子夏说：'用礼节修饰外在，用音乐约束内心，可惜我无法恢复礼乐了！'孔子又说：'礼乐不能蔚然成风，刑罚就无法轻重合宜；刑罚无法轻重合宜，百姓就会不知所措。'微臣认为大汉应当制定礼乐制度，因此圣明的章帝，他曾多次下诏，表达了对于礼乐不备的悲伤，然而各位儒生未能明晓圣意，所上的奏议常有异议。微臣全家几代担任三公宰辅，然而礼乐典章至今未能订立，微臣暗自思虑担忧，睡觉吃饭难忘此事。微臣年老多病行将就木，实在希望能在死前目睹礼乐典章的确定。"永元十三年（101），朝廷又征召张奋任命他为太常。张奋再次上书说："大汉应当修订礼乐制度，《河图》和《尚书琁机钤》中已昭示了其中的道理。王者实现了教化后便制定礼仪，建立了功业后就创制音乐。微臣郑重地列出对于礼乐制度的三条异议，希望陛下将其下发给负责礼制的官员，及时审定。从前武帝、光武帝封禅时向上天报告功业已成，然而礼乐制度并未确定，这就和功业已成的说法不符。章帝先前已向曹褒下诏让他修订礼制，如今陛下仅需奉行旧典完成制子甫嗣，官至津城门候。甫卒，子吉嗣。永初三年，吉卒，无子，国除。自昭帝封安世，至吉，传国八世，经历篡乱，二百年间未尝谴黜，封者莫与为比。

曹褒字叔通，鲁国薛人也。父充，持庆氏礼，建武中为博士，从巡狩岱宗，定封禅礼，还，受诏议立七郊、三雍、大射、养老礼仪。显宗即位，充上言："汉再受命，仍有封禅之事，而礼乐崩阙，不可为后嗣法。五帝不相沿乐，三王不相袭礼，大汉自制礼，以示百世。"帝问："制礼乐云何？"充对曰："河图括地象曰：'有汉世礼乐文雅出。'尚书琁机钤曰：'有帝汉出，德洽作乐，名予。'"帝善之，下诏曰："今且改太乐官曰太予乐，歌诗曲操，以俟君子。"拜充侍中。作章句辩难，于是遂有庆氏学。

褒少笃志，有大度，结发传充业，博雅疏通，尤好礼事。常感朝廷制度未备，慕叔孙通为汉礼仪，昼夜研精，沉吟专思，寝则怀礼作乐的大业即可，正如周公斟酌文王武王之德后制定礼仪，礼乐并非为周公独创，陛下还有什么可疑虑而不执行的呢。如果陛下长久地在为政上保持谦逊之心，以至大汉的弘业无法及时创立，这样便无法彰显祖宗的功德，建立治世的基业，无法成为后世的楷模。”和帝虽然认可张奋的奏议，但仍未实际施行。这年冬天，张奋再次因病退职。第二年，张奋在家中去世。

张奋之子张甫继承了爵位，官至洛阳津城门的候官。张甫去世后，儿子张吉继承爵位。永初三年（109），张吉去世，他没有儿子，因此朝廷取消了张家的封国。从西汉昭帝为张纯高祖父张安世封爵，到张吉为止，张家的封国传承了八代人，其间经历了王莽篡权的乱世，二百年来的张氏传人无人遭受过降职或罢免，封爵之家没有能和张氏相比的。

曹褒字叔通，鲁国薛县人。他的父亲曹充，坚持修习《庆氏礼》，在建武年间担任博士，他曾陪同光武帝到泰山巡行，参与确定了封禅的礼制，东巡归来后，曹充接受诏命和百官商议设立祭祀五帝和天地的近郊祭礼，兴建辟雍、明堂、灵台三雍，复兴古时名为“大射”的射礼，推行奉养老人的礼仪。明帝即位后，曹充上书说：“大汉两次领受天命，第二次受命仍举行了封禅的祭礼，但礼乐制度或败坏、或残缺，无法为后世效法。五帝不曾相互沿袭音乐，三王并未彼此袭用礼制，大汉亦应自定礼乐典章，用来教化千秋万代的子孙。”明帝问：“要怎样制作礼乐呢？”曹充答道：“《河图括地象》说：‘汉代时产生了礼乐等推行文雅的制度。’《尚书琁机钤》说：‘汉代时出现了圣明帝王，他德被天下创制音乐，名为予乐。’”明帝认可了曹充的建议，下诏书说：“现在暂且将太乐官改名为太予乐，至于演唱诗篇、谱写操曲的事，就留待后世的君子完成。”之后明帝任命曹充为侍中。曹充分析了《庆氏礼》的章节和句读并和儒生们相互辩驳问难，因而最终发展出一门“庆氏学”。

曹褒年少时坚守志向，抱负宏伟，二十岁成年时继承了父亲的治学事业，他博学文雅通达世情，尤其嗜醉心于研习礼制。曹褒常觉得朝廷的礼乐制度尚未完备，仰慕为西汉朝廷制定礼仪的叔孙通，就抱笔札，行则诵习文书，当其念至，忘所之适。

初举孝廉，再迁圉令，以礼理人，以德化俗。时它郡盗徒五人来入圉界，吏捕得之，陈留太守马严闻而疾恶，风县杀之。褒敕吏曰："夫绝人命者，天亦绝之。皋陶不为盗制死刑，管仲遇盗而升诸公。今承旨而杀之，是逆天心，顺府意也，其罚重矣。如得全此人命而身坐之，吾所愿也。"遂不为杀。严奏褒耎弱，免官归郡，为功曹。

征拜博士。会肃宗欲制定礼乐，元和二年下诏曰："《河图》称'赤九会昌，十世以光，十一以兴'。《尚书琁机钤》曰：'述尧理世，平制礼乐，放唐之文。'予末小子，托于数终，曷以缵兴，崇弘祖宗，仁济元元？《帝命验》曰：'顺尧考德，题期立象。'且三五步骤，优劣殊轨，况予顽陋，无以克堪，虽欲从之，末由也已。每见图书，中心恧焉。"褒知帝旨欲有兴作，乃上疏曰："昔者圣人受命而王，莫不制礼作乐，以著功德。功成作乐，化定制礼，所以救世俗，致祯祥，为万姓获福于皇天者也。今皇天降祉，嘉瑞并臻，制作之符，甚于言语。宜定文制，著成汉礼，丕显祖宗盛德之美。"章下太常，太常巢堪以为一世大典，非褒所定，不可许。帝知群僚拘挛，难与图始，朝廷礼宪，宜时刊立，明年复下诏曰："朕以不德，膺祖宗弘烈。乃者鸾凤仍集，麟龙并臻，甘露宵降，嘉谷滋生，赤草之类，纪于史官。朕夙夜祗畏，上无以彰于先功，下无以克称灵物。汉遭秦余，礼坏乐崩，且因循故事，未可观省，有知其说者，各尽所能。"褒省诏，乃叹息谓诸生曰："昔奚斯颂鲁，考甫咏殷。夫人臣依义显君，竭忠彰主，行之美也。当仁不让，吾何辞哉！"遂复不分日夜精心钻研，潜心思考殚精竭虑，入睡时怀中抱着毛笔、竹简，走路时诵读温习文章、典籍，当他思考得入了神时，竟忘了自己要去哪里。

起初曹褒被推举为孝廉，之后又出任为陈留郡圉县县令，他用礼义管理百姓，用德政教化风俗。当时有五名盗贼从外郡进入圉县境内，圉县官吏逮捕了他们，陈留太守马严听闻此事后出于对盗贼的痛恨，便命令圉县官吏处死他们。曹褒命令属下说："断绝他人性命之人，便是自绝于天。皋陶并不对盗贼施以死刑，管仲遇到盗贼反从其中简拔堪当公臣之人。如今我若奉太守旨意处死盗贼，便是背逆天意，盲从上意，将受到更重的天罚。如能保全贼人性命即使由我自担罪责，也如我所愿。"最终曹褒没有处死盗贼。马严上书状告曹褒软弱，曹褒遭革职后回到鲁国家乡，出任为功曹。

后来朝廷征召曹褒任命他为博士。适逢章帝计划制定礼乐制度，在元和二年（85）下诏说："《河图》说'赤汉之第九世正当昌盛之时，第十世将赤汉大业发扬光大，第十一世推行汉业愈加兴隆'。《尚书琁机钤》说：'君主应遵行唐尧的治国之道，安定国家制定礼乐制度，效仿唐尧之时的法律和礼制。'朕是微末的后生晚辈，受命于天数终末之时，要如何继承兴国之任，推崇弘扬祖宗的基业，将仁德广施于黎民呢？《帝命验》说：'虞舜依从唐尧研习唐尧时的礼制作《考河命》一书，叙述了五德循环的天时订立了王朝更迭的征象。'况且三皇五帝的制礼步骤，高下优劣相差甚远，何况朕愚蠢而鄙陋，并无堪当大业之德，即便想要遵循古礼，也不知从何下手呀。每次读到《河图》和《尚书琁机钤》时，心里甚是惭愧啊。"曹褒看出章帝想要有所作为，于是上书说："从前圣人领受天命称王，没有不制礼作乐，以显示功德的。建功立业后创制音乐，教化已成后定制礼仪，以此拯救俗世凡人，招来吉兆祥瑞，使百姓领受皇天赐福。如今皇天降下福祉，吉兆祥瑞一齐出现，天造地设的符应，比言语更加显明。陛下应命人编写礼仪条文，使汉礼成为一部书，如此祖宗大德的美善便可彰显。"章帝将奏章下发给太常审议，太常巢堪认为国家的重要典籍，不是曹褒一人所能写定的，因此没有准许。章帝明白百官拘上疏，具陈礼乐之本，制改之意。拜褒侍中，从驾南巡，既还，以事下三公，未及奏，诏召玄武司马班固，问改定礼制之宜。固曰：“京师诸儒，多能说礼，宜广招集，共议得失。”帝曰：“谚言‘作舍道边，三年不成’。会礼之家，名为聚讼，互生疑异，笔不得下。昔尧作大章，一夔足矣。”章和元年正月，乃召褒诣嘉德门，令小黄门持班固所上叔孙通汉仪十二篇，敕褒曰：“此制散略，多不合经，今宜依礼条正，使可施行。于南宫、东观尽心集作。”褒既受命，乃次序礼事，依准旧典，杂以五经谶记之文，撰次天子至于庶人冠婚吉凶终始制度，以为百五十篇，写以二尺四寸简。其年十二月奏上。帝以众论难一，故但纳之，不复令有司平奏。会帝崩，和帝即位，褒乃为作章句，帝遂以新礼二篇冠。擢褒监羽林左骑。永元四年，迁射声校尉。后太尉张酺、尚书张敏等奏褒擅制汉礼，破乱圣术，宜加刑诛。帝虽寝其奏，而汉礼遂不行。

泥于旧制，难以和他们谋划新规，但朝廷的礼法制度，自当及时订立刊印，于是章帝在元和三年又下诏说："朕并无德行，却继承祖先的大业。从前鸾凤频频留步，麟龙也会同时来到。雨露甜美夜晚降临，五谷丰登颗粒饱满，祥瑞赤草亦在眼前，如此景象皆可见于史书。朕从早到晚心怀敬畏，忧虑自己毫无功业可向祖先彰显，亦未有可与祥瑞相称的政绩。汉朝接续了秦朝末世的余风，礼乐制度败坏、残缺，得过且过因循旧例行事，实在是经不住审视省察，如有了解制礼作乐之道的人，希望你们各尽所能。"曹褒悟出了诏书的深意，就叹息着对众位儒生说："从前奚斯歌颂鲁王翻新祠庙，正考甫作《商颂》赞扬殷商。人臣奉行道义彰显君主之德，竭尽忠心彰显明君之贤，这正是美好的善行。身为儒者自应当仁不让，我可不能推辞这份责任呀！"于是曹褒再次上书，详细地陈述了礼乐的根本，以及改定礼制的意义。章帝将曹褒任命为郎中，之后曹褒随章帝南巡，回京之后，章帝将制礼之事下达给三公，而三公却并未及时上奏报告，章帝又下诏召见了玄武司马班固，询问他改定礼制的事宜。班固说："京师的儒生们，很多都通晓礼仪，应当广泛地招集儒生，一起商议现行礼制的利弊。"章帝说道："俗话说'大路旁边盖房子，路人纷纷提意见，三年时间盖不好'。会集各家通晓礼仪之士商议，不过徒有群策群力之名，他们互不信任各有异议，迟迟不能下笔。从前尧帝制定《大章》，乐官夔一人便可胜任。"在章和元年正月，皇帝将曹褒召至嘉德门，小黄门奉命在一旁捧着班固献上的由西汉叔孙通所著的《汉仪》十二篇，章帝对曹褒下令道："这部《汉仪》粗疏简略，且有多处不合经义，现在应依礼制逐条订正，使其能够推行于世。希望您在洛阳南宫的东观用心地整理创作。"曹褒领命后，便排列了种种礼节的次序，谨遵先王旧典修订，并杂糅关于"五经"的预言文字，撰写并编订了从天子到平民的有关加冠、嫁娶、吉凶、丧葬、出生的种种礼制，最终编为一百五十篇，都写在二尺四寸的竹简上。在当年的十二月曹褒将一百五十篇呈上朝廷。因为众口难调，所以章帝只是收下了曹褒的文书，而没有再让掌管礼仪的官吏们评议。适逢章帝驾崩，和帝即位，曹褒就为一百五十篇划分了章节和句读，元帝最终将褒在射声，营舍有停棺不葬者百余所，褒亲自履行，问其意故。吏对曰："此等多是建武以来绝无后者，不得埋掩。"褒乃怆然，为买空地，悉葬其无主者，设祭以祀之。迁城门校尉、将作大匠。时有疾疫，褒巡行病徒，为致医药，经理饘粥，多蒙济活。七年，出为河内太守。时春夏大旱，粮谷踊贵。褒到，乃省吏并职，退去奸残，澍雨数降。其秋大孰，百姓给足，流冗皆还。后坐上灾害不实免。有顷征，再迁，复为侍中。

褒博物识古，为儒者宗。十四年，卒官。作通义十二篇，演经杂论百二十篇，又传礼记四十九篇，教授诸生千余人，庆氏学遂行于世。

论曰：汉初天下创定，朝制无文，叔孙通颇采经礼，参酌秦法，虽适物观时，有救崩敝，然先王之容典盖多阙矣，是以贾谊、仲舒、王吉、刘向之徒，怀愤叹息所不能已也。资文、宣之远图明懿美，而终莫或用，故知自燕而观，有不尽矣。孝章永言前王，明发兴作，专命礼臣，撰定国宪，洋洋乎盛德之事焉。而业绝天算，议黜异端，斯道竟复坠矣。夫三王不相袭礼，五帝不相沿乐，所以咸、茎异调，中都殊绝。况物运迁回，情数万化，制则不能随其流变，品度未足定其滋章，斯固世主所当损益者也。且乐非夔、襄，而新音代起，律谢皋、苏，而制令亟易，修补旧文，独何猜焉？礼云礼云，曷

《新礼》二篇冠于各篇之首。之后朝廷提拔曹褒为监羽林左骑。永元四年，曹褒升任为射声校尉。后来太尉张酺、尚书张敏等人上书状告曹褒擅自制订《汉礼》，破乱神圣的法制，应将其处死。元帝虽然搁置了他们的奏章，但是《汉礼》因而没能施行。

曹褒担任射声校尉时，兵营内有一百多口停灵未葬的棺材，曹褒亲自处理此事，询问缘故。属下官员答道："这些死者大多是建武年间以来断绝了后代的人，所以始终未能安葬。"曹褒因此心中难过，就为他们买了一块空地，将那些没有亲友主祭的死者全部埋葬，并为他们设置祭坛以便祭拜。后来曹褒又先后升任为城门校尉、将作大匠。当时爆发了传染病，曹褒巡视染病的士卒，帮他们求医问药，为他们准备稠粥，不少人蒙曹褒救济幸免于难。永元七年（95），曹褒出任河内太守。当时发生了从春天持续到夏天的大旱，粮食价格飙升。曹褒到任后，就裁汰官吏、合并官职，罢黜奸邪暴虐之官，之后一连下了好几场大雨。那年秋天大丰收，百姓家给人足，流民全部还乡。后来曹褒因上报灾情不实之罪被革职。不久之后又被征召，两度升迁后，再次担任侍中。

曹褒学识渊博、通晓古事，儒生们尊奉他为宗师。永元十四年（102），曹褒在侍中任上去世。曹褒写下了十二篇《通义》，完成了阐释经义的论文和各类文章共一百二十篇，又做了四十九篇解释《礼记》的传，曾受教于他的儒生有一千多人，"庆氏学"因此通行于世。

评论说：西汉之初天下开始归于安定，当时关于朝廷的礼制却并无成文的法律，叔孙通从古代典籍和古礼中吸纳了不少旧制，同时参照、考虑了秦朝的法律，虽然是审时度势后所制定的适于当时的制度，并对败坏凋敝的礼制有所补救，然而有关先王的礼制容仪之法却颇多缺漏，因此贾谊、董仲舒、王吉、刘向等人，心怀遗憾不住地叹息。虽说当时执政的正是深谋远虑的圣明君主文帝、宣帝，但贾谊等人的建议最终未获采用，因此可知当时汉朝的礼制正如燕人来观看的孔子葬礼一般，是远未完备的。章帝长声吟咏先王旧制，通晓思索着有所作为，他命曹褒独掌制礼之任，编定国家的礼仪典章，这是何等美好的践行德政之事啊。然而功业毁于天命不佑，朝中的决议排斥其然哉!

郑玄字康成,北海高密人也。八世祖崇,哀帝时尚书仆射。玄少为乡啬夫,得休归,常诣学官,不乐为吏,父数怒之,不能禁。遂造太学受业,师事京兆第五元先,始通《京氏易》《公羊春秋》《三统历》《九章算术》。又从东郡张恭祖受《周官》《礼记》《左氏春秋》《韩诗》《古文尚书》。以山东无足问者,乃西入关,因涿郡卢植,事扶风马融。

融门徒四百余人,升堂进者五十余生。融素骄贵,玄在门下,三年不得见,乃使高业弟子传授于玄。玄日夜寻诵,未尝怠倦。会融集诸生考论图纬,闻玄善算,乃召见于楼上,玄因从质诸疑义,问毕辞归。融喟然谓门人曰:“郑生今去,吾道东矣。”

玄自游学,十余年乃归乡里。家贫,客耕东莱,学徒相随已数百千人。及党事起,乃与同郡孙嵩等四十余人俱被禁锢,遂隐修经业,杜门不出。时任城何休好《公羊》学,遂著《公羊墨守》《左氏膏肓》《穀梁废疾》;玄乃发《墨守》,针《膏肓》,起《废疾》。休见曹褒这样的异见人士，重修礼制之事竟再度废弛了。三王不曾相互袭用礼制，五帝并未彼此沿袭音乐，因此黄帝时的《咸池》、颛顼时的《六茎》异于当今的旋律，孔子在中都邑制定的礼仪至今已然断绝。何况事物运行不定、变迁反复，实际情况和命数变化无常，规则当然难以随万事万物即刻变革，法度亦不足以规定愈加繁杂的世情，礼乐制度本就是君主所应及时除旧布新的。况且如今的音乐已非古时乐官夔和襄的作品了，而新乐相继出现，法律亦并非皋繇、苏忿生之时的旧法了，而律令频繁变更，那么修订从前的礼制文献，为何就偏偏受到猜疑呢？礼制呀礼制，为何难以制定！

郑玄字康成，是北海郡高密人。郑氏的第八代祖先郑崇，在哀帝时任尚书仆射。郑玄年轻时在乡下担任听讼、收税的啬夫，每逢休假回家，便常到学校听讲，不喜欢作一名小官吏，他的父亲常常因此对他发火，但始终不能阻止他。最终郑玄来到京城的太学里学习，师从京兆人第五元先，这才开始掌握了《京氏易》《春秋公羊传》《三统历》《九章算术》。之后又师从东郡人张恭祖学习《周礼》《礼记》《春秋左氏传》《韩诗》《古文尚书》。后来郑玄因为崤山以东已无人可以解答自己的问题了，于是他西行进入函谷关，经涿郡人卢植介绍，师从扶风人马融。

马融有四百多名弟子，但其中能进入厅堂亲聆教诲的只有五十多名。马融一向自傲尊贵，郑玄在他门下学习，三年未能见到马融。马融只派了一名学业优秀的门生教导郑玄。郑玄从早到晚手不释卷，未曾有丝毫懈怠。适逢马融召集众门生研究讨论图谶、纬书，他听说郑玄善于算术，就在楼上召见了郑玄。郑玄趁此机会就自己的诸多疑问向马融请教，讨教完毕后便告辞回乡。马融感慨地对弟子们说：“郑生如今离去，我的学术也就向东方传播了！”

自从郑玄外出游学，十几年后他才回到家乡。郑玄家里贫困，他搬到东莱郡租种别家田地，此时跟随他一道学习的已经有成百上千人。到“党锢之祸”发生时，郑玄和同郡孙嵩等四十多人一起因此被禁止做官，于是郑玄便隐居家中修习经术，闭门不出一心治学。当时任城人何休醉心于研究《春秋公羊传》，便创作了《公羊墨守》论证而叹曰："康成入吾室，操吾矛，以伐我乎！"初，中兴之后，范升、陈元、李育、贾逵之徒争论古今学，后马融答北地太守刘瓌及玄答何休，义据通深，由是古学遂明。

灵帝末，党禁解，大将军何进闻而辟之。州郡以进权戚，不敢违意，遂迫胁玄，不得已而诣之。进为设几杖，礼待甚优。玄不受朝服，而以幅巾见。一宿逃去。时年六十，弟子河内赵商等自远方至者数千。后将军袁隗表为侍中，以父丧不行。国相孔融深敬于玄，屣履造门。告高密县为玄特立一乡，曰："昔齐置'士乡'，越有'君子军'，皆异贤之意也。郑君好学，实怀明德。昔太史公、廷尉吴公、谒者仆射邓公，皆汉之名臣。又南山四皓有园公、夏黄公，潜光隐耀，世嘉其高，皆悉称公。然则公者仁德之正号，不必三事大夫也。今郑君乡宜曰'郑公乡'。昔东海于公仅有一节，犹或戒乡人侈其门闾，矧乃郑公之德，而无驷牡之路！可广开门衢，令容高车，号为'通德门'。"

《公羊传》的义理严密、难以驳难，创作了《左氏膏肓》对《左氏传》发起批评，又创作了《穀梁废疾》对《穀梁传》提出异议；郑玄便撰文对《公羊墨守》发难，疗救《左氏膏肓》所抨击的《左氏传》中的“膏肓”，治愈《穀梁废疾》所说的《穀梁传》中的“废疾”。何休读毕赞叹道：“郑康成进入我的治学领域，反而拿起我的长矛，向我发起了进攻。”起初，光武帝复兴汉室之后，有范升、陈元、李育、贾逵等人对古今儒学展开讨论，后来又有马融对北地太守刘瓌的答复以及郑玄对何休的答复，他们对义理的分析考据既透彻又深刻，自此研究古代儒学经典的学问就昌明起来。

灵帝末年，禁止党人为官的禁令解除了，大将军何进听闻郑玄的名声后便征召他。州郡官府畏惧何进身为外戚的权势，不敢违抗他的意志，就威胁郑玄服从征召，郑玄迫不得已就去拜见了何进。何进为郑玄准备了几案和手杖，以优厚的礼节招待他。郑玄拒绝身着朝服，而是戴着幅巾以儒生的装束面见何进。过了一个晚上，郑玄便逃走了。当时郑玄年已六十，河内人赵商等几千名郑玄的门生不远万里前来追随他。后将军袁隗上书举荐郑玄担任侍中，郑玄因父亲过世没有赴任。北海国相孔融对郑玄十分敬重，他拖着鞋子急匆匆地登门拜访郑玄。之后孔融命高密县令为郑玄特别设立一个乡，孔融说：“从前齐国设置过‘士乡’，越国曾组建‘君子军’，这些都是为了表现对贤人的推崇。郑玄君醉心于学，确实是具有美德之人。从前的太史公司马谈、廷尉吴公、谒者仆射邓公，都是汉代的名臣。另外有‘南山四皓’之称的四位隐者当中的园公、夏黄公，他们敛藏自己光明的盛德，世人赞美他们高尚的志行，此二人都获得了‘公’的尊号。既如此‘公’便是仁德之人应得的名号，不必非得是做过太尉、司徒、司空的大夫才可称之为‘公’。如今为郑玄特设的乡应取名为‘郑公乡’。从前东海郡人于公仅凭公平断狱便赢得了民心，百姓们为他修缮里巷大门时他尚且还提醒百姓把门修得大一些，又何况是郑玄这样的仁德之士，难道他家门前的道路反而不能通行四驾马车吗！应扩大郑玄家的里巷大门、扩宽门前道路，使高大的车可以通过，并将此门命名为‘通德门’。”

董卓迁都长安，公卿举玄为赵相，道断不至。会黄巾寇青部，乃避地徐州，徐州牧陶谦接以师友之礼。建安元年，自徐州还高密，道遇黄巾贼数万人，见玄皆拜，相约不敢入县境。玄后尝疾笃，自虑，以书戒子益恩曰：“吾家旧贫，不为父母群弟所容，去厮役之吏，游学周、秦之都，往来幽、并、兖、豫之域，获觐乎在位通人，处逸大儒，得意者咸从捧手，有所受焉。遂博稽六艺，粗览传记，时睹秘书纬术之奥。年过四十，乃归供养，假田播殖，以娱朝夕。遇阉尹擅势，坐党禁锢，十有四年，而蒙赦令，举贤良方正有道，辟大将军三司府。公车再召，比牒并名，早为宰相。惟彼数公，懿德大雅，克堪王臣，故宜式序。吾自忖度，无任于此，但念述先圣之元意，思整百家之不齐，亦庶几以竭吾才，故闻命罔从。而黄巾为害，萍浮南北，复归邦乡。入此岁来，已七十矣。宿素衰落，仍有失误，案之礼典，便合传家。今我告尔以老，归尔以事，将闲居以安性，覃思以终业。自非拜国君之命，问族亲之忧，展敬坟墓，观省野物，胡尝扶杖出门乎！家事大小，汝一承之。咨尔茕茕一夫，曾无同生相依。其勖求君子之道，研钻勿替，敬慎威仪，以近有德。显誉成于僚友，德行立于己志。若致声称，亦有荣于所生，可不深念邪！可不深念邪！吾虽无绂冕之绪，颇有让爵之高。自乐以论赞之功，庶不遗后人之羞。末所愦愦者，徒以亡亲坟垄未成，所好群书率皆腐敝，不得于礼堂写定，传与其人。日西方暮，其可图乎！家今差多于昔，勤力务时，无恤饥寒。菲饮食，薄衣服，节夫二者，尚令吾寡恨。若忽忘不识，亦已焉哉！”

董卓迁都到长安时，公卿举荐郑玄担任赵国国相，但因道路不通郑玄并未赴任。又赶上黄巾军入侵青州，郑玄便到徐州避乱，徐州牧陶谦用对待师长、朋友的礼仪招待了他。建安元年（196），在从徐州回高密家乡的路上，郑玄撞见了几万人的黄巾军，黄巾军见了郑玄都下拜，并相互约定不可侵入高密县境。后来郑玄曾身患重病，他担心自己将不久于人世，就写信告诫儿子郑益恩说："从前咱们家很贫困，我的父母和弟弟们都对我很刻薄，我辞掉了和仆役无二的小吏，在周地、秦地的城市间游学，足迹踏遍了幽、并、兖、豫各州的土地，有机会面见了身居高位而又学富五车、融会贯通的高人和隐居不仕、一心治学的著名儒者，能在他们面前拱手而立、聆听教诲实在是令我感到心满意足。于是我广泛地积累'六艺'的知识，浏览各类经传和书籍，偶尔能够窥见谶记、纬书的奥妙。直到年过四十之时，我才回家赡养父母，租种田地，以此享受时光。不巧碰上宦官专权，我因结党之罪而遭禁止做官，十四年后，获得赦免，于是我通过了贤良、方正、有道各科的推选，受到大将军府和太尉、司空、司徒三司府的征召，我曾两度被官署征召，那些和我齐名并同时收到征召公文的人，早就做了宰相。现在想想那几位大人，他们都是葆有美德、典雅方正的君子，足以胜任帝王的臣子，所以应当受到任用、位列朝堂。而我考虑了自己的才能，自觉无法胜任此类要职，只是惦念着阐释孔子学说的本意，考虑整理统一诸家学派的分歧，也期望能在这方面竭力发挥我的才能，所以我接到任命却并未就职。后来黄巾军作乱，我飘零于天下各地后，再次回到了故乡。到了今年，我已经七十岁了。以往的学问已渐渐生疏，失误遗漏之事频频发生。按照礼法，我也该把家事传给你负责了。现在我老了，家事都要托付给你，以后我就要以清闲的生活来安养性情，以深入的思考来完成事业。假如不是为了拜受国君的命令，或者慰问亲属的忧患，或去坟墓向亡人表示敬意，或去视察田野之物，我何曾拄拐杖出过门呢！家事不论大小，一律由你承担。可叹你是我唯一的孩子，没有兄弟姐妹可以依靠。希望你勤勉地追求君子之道，坚定不移地钻研儒术。要恭谨地保持自己庄严的容仪，以此亲近有德之人择善而从。赫赫名声源于同僚和友人，树时大将军袁绍总兵冀州，遣使要玄，大会宾客，玄最后至，乃延升上坐。身长八尺，饮酒一斛，秀眉明目，容仪温伟。绍客多豪俊，并有才说，见玄儒者，未以通人许之，竞设异端，百家互起。玄依方辩对，咸出问表，皆得所未闻，莫不嗟服。时汝南应劭亦归于绍，因自赞曰："故太山太守应中远，北面称弟子何如？"玄笑曰："仲尼之门考以四科，回、赐之徒不称官阀。"劭有惭色。绍乃举玄茂才，表为左中郎将，皆不就。公车征为大司农，给安车一乘，所过长吏送迎。玄乃以病自乞还家。

五年春，梦孔子告之曰："起，起，今年岁在辰，来年岁在巳。"既寤，以谶合之，知命当终，有顷寝疾。时袁绍与曹操相拒于官度，令其子谭遣使逼玄随军。不得已，载病到元城县，疾笃不进，其年六月卒，年七十四。遗令薄葬。自郡守以下尝受业者，缞绖赴会千立德行要靠自己的志向。你若能赢得世间的美誉，做父母的也会引以为荣，一定要好好想想呀！一定要好好想想呀！我虽未有出任高官的功业，但却很有辞让名爵的盛名，我满足于评论经典、称颂先圣的事业，大概不会令后人耻笑。最后我所愤愤不平的原因，只在于过世双亲的坟墓尚未修成，以及我所喜爱的各种书籍大概都腐烂了，而我又未能在授课、习礼的学堂内完成修订，传给可以托付之人。如今我已日薄西山，这些心愿还能实现吗！现在家里比过去稍稍富裕了一些，只要勤劳耕作、不误农时，就无需为吃饱穿暖而心忧。粗茶淡饭，衣冠简朴，治家若能在吃穿上节约，差不多也能让我少一些遗憾了。如果你没有牢记心头抑或不能理解，那就到此为止吧！”

当时大将军袁绍率军驻扎在冀州，他派出使者邀请郑玄，同时大摆宴席招待宾客，郑玄是最后一个到的，于是袁绍请他到上座入席。郑玄身高八尺，能喝一斛酒，双眉秀丽、两眼明亮，面容温和、身形伟岸。袁绍的宾客中有不少豪杰俊才，都是才智过人、能言善辩之士，他们看到郑玄是个儒者，因而并不认为他是什么通今博古的人，他们争相对儒学大发议论，持各家学说的人相继发难。郑玄依照儒家经义与他们论战，他那深刻的应对之辞已超越了诘问的表层，大家伙学到了闻所未闻的知识，无不赞叹钦佩。当时汝南人应劭也归附了袁绍，于是自我引荐道：“我是前任泰山太守应中远，面朝北面拜您为师怎么样？”郑玄笑着说：“孔子的门徒是以德行、言语、政事、文学四科来品评人物的，像颜回、端木赐这样的学生是不会以官职和门第称呼自己的。”应劭听了面有愧色。最终袁绍推举郑玄为茂才，并向朝廷上书举荐他出任左中郎将，郑玄没有接受这两项任命。后来公车署征召郑玄担任大司农，并赐给郑玄一辆可以乘坐的马车，每到一处，当地官员便会亲来迎接、送行。郑玄最终因病请求还乡。

建安五年春（200），郑玄梦见孔子和他说：“起来吧，起来吧，今年岁星在辰位，明年岁星在巳位。”醒来后，郑玄查对了谶书，知道自己来日无多，不久他便卧病在床了。当时袁绍正和曹操在官渡相持不下，袁绍命儿子袁谭派使者逼迫郑玄跟随军队行动。郑玄迫不得已只得接受，他拖着病体来到元城县时，因病重而无法前进，并于同余人。

门人相与撰玄答诸弟子问五经，依《论语》作《郑志》八篇。凡玄所注《周易》《尚书》《毛诗》《仪礼》《礼记》《论语》《孝经》《尚书大传》《中候》《乾象历》，又著《天文七政论》《鲁礼禘祫义》《六艺论》《毛诗谱》《驳许慎五经异义》《答临孝存周礼难》，凡百余万言。

玄质于辞训，通人颇讥其繁。至于经传洽孰，称为纯儒，齐鲁间宗之。其门人山阳郗虑至御史大夫，东莱王基、清河崔琰著名于世。又乐安国渊、任嘏，时并童幼，玄称渊为国器，嘏有道德，其余亦多所鉴拔，皆如其言。玄唯有一子益恩，孔融在北海，举为孝廉；及融为黄巾所围，益恩赴难陨身。有遗腹子，玄以其手文似己，名之曰小同。

论曰：自秦焚六经，圣文埃灭。汉兴，诸儒颇修艺文；及东京，学者亦各名家。而守文之徒，滞固所禀，异端纷纭，互相诡激，遂令经有数家，家有数说，章句多者或乃百余万言，学徒劳而少功，后生疑而莫正。郑玄括囊大典，网罗众家，删裁繁诬，刊改漏失，自是学者略知所归。王父豫章君每考先儒经训，而长于玄，常以为仲尼之门不能过也。及传授生徒，并专以郑氏家法云。

年六月去世，享年七十四岁。郑玄留下遗嘱要求薄葬。当时郡守以下曾师从郑玄学习的士人，披麻戴孝前来为郑玄送葬的有一千多人。

郑玄的弟子们一同编纂了郑玄为各位门生解答“五经”疑问的言论，依照《论语》体例编为《郑志》八篇。郑玄曾为以下典籍作注，有《周易》《尚书》《毛诗》《仪礼》《礼记》《论语》《孝经》《尚书大传》《中候》《乾象历》，他又独立完成了《天文七政论》《鲁礼禘祫义》《六艺论》《毛诗谱》《驳许慎五经异义》《答临孝存周礼难》，他所写下的文字共计一百多万。

郑玄注解古书时对辞义做出了平易朴实的解释，学识渊博的人经常讥讽郑玄注文的繁琐。至于对儒家经典和经传的博览和熟悉，郑玄堪称是纯粹的儒者，齐鲁一带都尊奉他为儒学宗师。郑玄的门徒山阳郡人郗虑官至御史大夫，东莱郡人王基、清河郡人崔琰在当时都颇负盛名。还有乐安郡的国渊、任嘏，他们师从郑玄时都还很小，郑玄称赞国渊有治国之材，夸任嘏品德高尚，其他弟子也有很多获得了郑玄的品评和举荐，而他们后来的事迹都证明郑玄所言非虚。郑玄只有一个儿子郑益恩，孔融任北海国相时，曾推举他为孝廉；到后来孔融陷入黄巾军的包围，郑益恩前往救援死于乱军之中。郑益恩留下一个遗腹子，郑玄因为孙子的掌纹和自己的很像，便给他取名叫郑小同。

评论说：自从秦朝时烧毁了“六经”以后，圣人的经典便如尘埃般泯灭。到汉朝建立后，众位儒生在修习六艺文章方面下了苦功；到了定都洛阳的东汉时期，儒者们也都自成一家。然而墨守旧说的人，固执地奉自己所学为正宗，于是当时众多学派纷纷出现，并相继溺于偏激悖理的邪说，最终导致经学分出多种流派，每个流派又有多种学说，他们以大篇阐释自己的理论有的竟达一百多万字，学习的人白费辛苦却并未学到什么知识，后世门生心怀疑惑又不知究竟何为正解。万幸有郑玄总结了正统经典，综合了各派学说，删削繁琐、不实之辞，修改遗漏、失误之处，自此求学者稍微开始明白自己所应尊奉的到底是怎样的学说。我的祖父豫章君每次考据前代儒士的解经作品时，都认为郑玄的训诂最为出类拔萃，他常常认为即使是孔子的赞曰：富平之绪，承家载世。伯仁先归，厘我国祭。玄定义乖，褒修礼缺。孔书遂明，汉章中辍。

亲传弟子也无法超越郑玄。到豫章君教授学生时，他也只采用郑氏的学说。

赞辞说：富平县侯封爵之始，张氏爵土累世传承。张纯率先归附光武，改革大汉祭祖制度。郑玄修定悖理异端，曹褒裨补礼制缺漏。儒学经典终于阐明，重修汉礼半途而废。

卷六十六

郑范陈贾张列传第二十六

郑兴字少赣，河南开封人也。少学公羊春秋。晚善左氏传，遂积精深思，通达其旨，同学者皆师之。天凤中，将门人从刘歆讲正大义，歆美兴才，使撰条例、章句、传诂，及校《三统历》。

更始立，以司直李松行丞相事，先入长安，松以兴为长史，令还奉迎迁都。更始诸将皆山东人，咸劝留洛阳。兴说更始曰："陛下起自荆楚，权政未施，一朝建号，而山西雄桀争诛王莽，开关郊迎者，何也？此天下同苦王氏虐政，而思高祖之旧德也。今久不抚之，臣恐百姓离心，盗贼复起矣。《春秋》书'齐小白入齐'，不称侯，未朝庙故也。今议者欲先定赤眉而后入关，是不识其本而争其末，恐国家之守转在函谷，虽卧洛阳，庸得安枕乎？"更始曰："朕西决矣。"拜兴为谏议大夫，使安集关西及朔方、凉、益三州，还拜凉州刺史。会天水有反者，攻杀郡守，兴坐免。

时赤眉入关，东道不通，兴乃西归隗嚣，嚣虚心礼请，而兴耻为之屈，称疾不起。嚣矜己自饰，常以为西伯复作，乃与诸将议自立郑兴字少赣，河南郡开封人。年轻时修习《春秋公羊传》。后来又醉心于《春秋左氏传》，便一心一意、深入思考，透彻地习得了书中的要义，同学们都向他求教。王莽天凤年间，郑兴率领弟子们师从刘歆听他讲授《春秋左氏传》的正确义理，刘歆非常欣赏郑兴的才华，就让郑兴帮忙撰写条例，分析经文的章节和句读，为经文做注解，以及订正《三统历》。

更始帝登基后，任命司直李松代行丞相之职，李松率先进入长安，他任命郑兴为长史，命他回洛阳迎接更始帝迁都。更始帝麾下的将领们都是崤山以东的人，他们都劝更始帝留在洛阳。郑兴劝更始帝说："陛下起兵于荆楚之地，并未发出什么政令，便在一天之内自立为君，然而崤山以西的英雄豪杰们却争着处死了王莽，打开城门到郊外迎接陛下，原因何在呢？这是因为全天下都在王莽的暴政下受苦受难，因而黎民百姓都追念高祖从前的德行。现在如果迟迟不赴长安安抚百姓，微臣担心百姓会和陛下离心离德，盗贼也会再次出现。《春秋》曾有'齐小白入齐'的记载，之所以不将小白尊称为齐侯，是因为他还未曾赴宗庙祭祖。现在发表意见的人都想在讨平赤眉军之后才进入关中，这就叫没有认识到根本反而在细枝末节上纠缠，微臣担心此举会使国家的边防后退到函谷关一带了，这样虽说是躺在洛阳城里，但又凭什么能高枕无忧呢？"更始帝说："朕下决心要西行进入长安了。"于是朝廷任命郑兴为谏议大夫，派他安抚并统一管理函谷关以西的地区以及朔方郡、凉州、益州总计三个州的土地，后来又任命他为凉州刺史。适逢天水郡有叛军作乱，攻占郡府杀害郡守，郑兴因此获罪而遭革职。

当时赤眉军攻入关中地区，阻断了东行的道路，郑兴就西行依附于隗嚣，隗嚣对郑兴非常谦逊，待之以礼请他做官，但郑兴对成为王。兴闻而说嚣曰："《春秋传》云：'口不道忠信之言为嚚，耳不听五声之和为聋。'间者诸将集会，无乃不道忠信之言；大将军之听，无乃阿而不察乎？昔文王承积德之绪，加之以睿圣，三分天下，尚服事殷。及武王即位，八百诸侯不谋同会，皆曰'纣可伐矣'，武王以未知天命，还兵待时。高祖征伐累年，犹以沛公行师。今令德虽明，世无宗周之祚，威略虽振，未有高祖之功，而欲举未可之事，昭速祸患，无乃不可乎？惟将军察之。"嚣竟不称王。后遂广置职位，以自尊高。兴复止嚣曰："夫中郎将、太中大夫、使持节官皆王者之器，非人臣所当制也。孔子曰：'唯器与名，不可以假人。'不可以假人者，亦不可以假于人也。无益于实，有损于名，非尊上之意也。"嚣病之而止。

及嚣遣子恂入侍，将行，兴因恂求归葬父母，嚣不听而徙兴舍，益其秩礼。兴入见嚣曰："前遭赤眉之乱，以将军僚旧，故敢归身明德。幸蒙覆载之恩，复得全其性命。兴闻事亲之道，生事之以礼，死葬之以礼，祭之以礼，奉以周旋，弗敢失坠。今为父母未葬，请乞骸骨，若以增秩徙舍，中更停留，是以亲为饵，无礼甚矣。将军焉用之！"嚣曰："嚣将不足留故邪？"兴曰："将军据七郡之地，拥羌胡之众，以戴本朝，德莫厚焉，威莫重焉。居则为专命之使，入必为鼎足之臣。兴，从俗者也，不敢深居屏处，因将军求进，不患不达，因将军求入，何患不亲，此兴之计不逆将军者也。兴业为父母为隗嚣的部下感到耻辱，他托辞生病不与隗嚣共事。隗嚣惯于自我标榜，常认为自己是周文王再世，因此他与诸将商议打算自立为王。郑兴得此消息便劝阻隗嚣道：“《春秋左氏传》说：‘满嘴不忠不信之言便是奸诈虚伪，有耳不闻谐和之音便是聋聩愚昧。’近来诸将会集，恐怕不会说忠信之言，大将军您听信谗言，岂不是偏听偏信、未能明察么？从前周文王继承了先祖累世圣德的余光，自己也是睿智圣明的英主，西周统辖了天下三分之二的领土，尚且能以臣道服侍殷商。到周武王即位时，八百诸侯不约而同地到武王的阅兵式上会合，并一致同意‘可以讨伐商纣了’，周武王认为他们没有明晓天命，便率军回国静待天时。高祖征讨四方经年累月，仍以沛公的名义指挥军队。如今大将军的大德虽已显扬，但家世并无周朝那样的福泽，声威谋略虽已震撼世人，但尚未建立高祖一般的功勋，这样却想施行力所不及之事，显然是在加速祸患的来临，岂不是不智之举吗？希望大将军仔细考虑。”隗嚣最终没有称王。后来隗嚣竟开始大量地设置官职，用来拔高自己的尊贵地位。郑兴再次劝阻隗嚣说：“中郎将、太中大夫、使持节官都是王者才可运用的器物，不是臣子可以制立的。孔子说：‘只有车服之类的器物和爵位之类的名号，不可将其借给他人。’不可借给他人的东西，也不可向他人借用。这些都是无益于实际，却损害名声的举措，无法彰明您对天子的尊重。”隗嚣因此心生忧虑就收回成命。

到隗嚣派儿子隗恂入光武帝朝中侍奉时，隗恂临行时，郑兴托隗恂向隗嚣提出请求希望能回家安葬父母，隗嚣不予批准并搬迁了郑兴的住所，又提高了招待郑兴的礼仪。郑兴谒见隗嚣说道：“此前在下身逢赤眉之乱，我因为将军是旧日同僚，故敢归身投德。有幸承蒙将军天覆地载般的恩德，在下才得以再次保全性命。在下听说侍奉父母的孝道是这样的，父母在世时依礼制奉养，父母去世后依礼制安葬，依礼制祭拜，应谨遵礼制侍奉，不敢有丝毫怠慢。如今在下出于父母尚未安葬，因此请求告老还乡，如果大将军您对在下倍加礼遇又搬迁房舍，想以此拖延、挽留我，这是把亲情用作了钓饵，实在是无礼之举。将军怎能用此类人！”隗嚣说：“我是否不值得你留请，不可以已，愿留妻子独归葬，将军又何猜焉？”嚣曰：“幸甚。”促为辨装，遂令与妻子俱东。时建武六年也。

侍御史杜林先与兴同寓陇右，乃荐之曰：“窃见河南郑兴，执义坚固，敦悦诗书，好古博物，见疑不惑，有公孙侨、观射父之德，宜侍帷幄，典职机密。昔张仲在周，燕翼宣王，而诗人悦喜。惟陛下留听少察，以助万分。”乃征为太中大夫。

明年三月晦，日食。兴因上疏曰：

《春秋》以天反时为灾，地反物为妖，人反德为乱，乱则妖灾生。往年以来，谪咎连见，意者执事颇有阙焉。案《春秋》“昭公十七年夏六月甲戌朔，日有食之”。《传》曰：“日过分而未至，三辰有灾，于是百官降物，君不举，避移时，乐奏鼓，祝用币，史用辞。”今孟夏，纯乾用事，阴气未作，其灾尤重。夫国无善政，则谪见日月，变咎之来，不可不慎，其要在因人之心，择人处位也。尧知鲧不可用而用之者，是屈己之明，因人之心也。齐桓反政而相管仲，晋文归国而任郤縠者，是不私其私，择人处位也。今公卿大夫多举渔阳太守郭伋可大司空者，而不以时定，道路流言，咸曰“朝廷欲用功臣”，功臣用则人位谬矣。愿陛下上师唐、虞，下览齐、晋，以成屈己从众之德，以济群臣让善之功。

下共事呢？”郑兴说：“将军您统辖七郡的土地，又有羌胡之人的支持，凭此实力拥护大汉，品德是何等的崇高，声威是何等的显赫。在七郡之地是可越权行事的使臣，在朝堂之上定是位列三公的重臣。在下郑兴，是顺从时俗之人，并非敢于背逆时势隐居无为，倚傍将军谋求进取，不愁不能显达；依傍将军入朝为官，不愁不得恩宠，因此在下的心愿并非是对将军的背弃呀。在下已提出了回乡安葬父母的请求，决心要做成此事，在下情愿留下妻儿独自回家，将军又何必心怀猜忌呢？”隗嚣说：“我非常庆幸呀。”赶忙为郑兴准备行装，最终让郑兴和妻儿一道东去还乡。当时正值建武六年（30）。

侍御史杜林之前曾和郑兴同在陇右依附隗嚣，他得知郑兴回乡后就向光武帝推荐道：“依微臣浅见河南人郑兴，他坚守道义，酷爱诗书，嗜好古时事物、学识渊博，面对疑难亦能保持清醒，有子产、观射父一般的博学和明德，应让他随侍陛下左右，掌管机密事务。一如从前周朝时的张仲，他因辅佐周宣王有功，而受到诗人们的称赞。希望陛下留下郑兴听用并稍减苛察信任于他，这样他会对陛下大有助益。”于是光武帝征召郑兴担任太中大夫。

第二年三月的最后一天，出现了日食。郑兴就上书说：

《春秋》认为天上时序反常便是灾异，地上物候反常便是妖异，人世背逆道德便是祸乱，人世祸乱那么天地间就出现妖灾。过去的一段时间里，灾祸接连发生，微臣料想是为政之人常犯疏漏的缘故。查阅《春秋》所言“鲁昭公十七年夏季六月正当甲戌年的初一，发生了日食。”《左传》说：“当时已过春分而未到夏至，日、月、星三辰出现灾异，于是群臣穿起白色衣服，昭公饮食粗疏，日食期间不居正屋，乐师击鼓，主祭人用钱币祭祀，史官用文辞自责。”现在正值孟夏，恰逢纯阳之气制御万物之时，而阴气尚未兴起，因此灾害极为沉重。国家为政无方，则日、月便会现出异象，发生了灾异，不可不谨慎，其中的关键在于是顺应人心，还是任人唯贤。唐尧知道鲧不能胜任却任用了他，这是压抑自己的明察，而顺应人心的做法。齐桓公掌握权柄后不计旧怨任用管仲，晋文公回国后原谅了郤縠而委以重任，这是不计私仇，任人唯贤的做法。眼下有不少公卿大夫都举荐渔夫日月交会，数应在朔，而顷年日食，每多在晦。先时而合，皆月行疾也。日君象而月臣象，君亢急则臣下促迫，故行疾也。今年正月繁霜，自尔以来，率多寒日，此亦急咎之罚。天于贤圣之君，犹慈父之于孝子也，丁宁申戒，欲其反政，故灾变仍见，此乃国之福也。今陛下高明而群臣惶促，宜留思柔剋之政，垂意《洪范》之法，博采广谋，纳群下之策。

书奏，多有所纳。

帝尝问兴郊祀事，曰："吾欲以谶断之，何如？"兴对曰："臣不为谶。"帝怒曰："卿之不为谶，非之邪？"兴惶恐曰："臣于书有所未学，而无所非也。"帝意乃解。兴数言政事，依经守义，文章温雅，然以不善谶故不能任。

九年，使监征南、积弩营于津乡，会征南将军岑彭为刺客所杀，兴领其营，遂与大司马吴汉俱击公孙述。述死，诏兴留屯成都。顷之，侍御史举奏兴奉使私买奴婢，坐左转莲勺令。是时丧乱之余，郡县残荒，兴方欲筑城郭，修礼教以化之，会以事免。

兴好古学，尤明《左氏》《周官》，长于历数，自杜林、桓谭、卫阳太守郭伋做大司空，而朝廷却并未及时敲定，以至道路上出现传言，都说“朝廷打算任用功臣”，如果真的任用了功臣那么贤臣又将置于何处呢。希望陛下向上师法唐尧、虞舜，向下参考齐桓、晋文，既可成就抛却私情、顺从人心的美德，又可促成文武百官谦让贤臣的功劳。

日月交会的时间，本应在每月初一，而近年来的日食，却常发生在每月最末一日。日月之交提前了，都是因为月亮的运行快了些。太阳象征君王而月亮象征臣子，君主过于急躁那么臣下便会焦躁，因此月亮的运行加快。今年夏季四月本为正阳之月却多有寒霜，从那时起，便常常出现寒冷的日子，这也是急躁之过所招致的天罚。上天对于贤明君主而言，好似慈父对于孝子一般，上天向君主致以叮咛和告戒，想让他反思自己的为政之道，因此灾变频频出现，这是国家的福泽。现在陛下甚为高明以至百官惶恐局促，陛下应留心运用以柔致胜的手段，注意仿效《尚书·洪范》的策略，广泛地征求意见，积极采纳百官的献策。

郑兴的奏书呈上后，有不少意见为朝廷所采纳。

光武帝曾经询问郑兴有关郊外祭祀天地的事，他说：“我想用谶纬之学来做出判断，你怎么看？”郑兴答道：“微臣不用谶纬做决策。”光武帝生气地说：“您不用谶纬，是认为它不对吗？”郑兴惶恐地说：“微臣没怎么学过谶书，并不是不认同呀。”光武帝的怒意稍稍缓和了一些。郑兴多次就政事进谏，遵奉儒家经典、严守书中义理，为文温和典雅，但因为短于谶纬之学而不得重用。

建武九年（33），朝廷派郑兴到津乡监督征南将军和积弩将军的军队，适逢征南将军岑彭死于刺客之手，郑兴接管了他的兵马，就和大司马吴汉一同攻打公孙述。公孙述败亡后，朝廷下诏命郑兴驻守成都。没过多久，侍御史上奏状告郑兴以使节的名义私自购买奴婢，郑兴因此获罪被贬为莲勺县令。当时天下刚刚经历了兵荒马乱，郡县残破荒凉，郑兴正打算修缮县城的内外城墙，同时修明礼教以此教化百姓，却因变故而遭罢免。

郑兴醉心于古时的学问，尤其通晓于《春秋左氏传》和《周宏之属，莫不斟酌焉。世言《左氏》者多祖于兴，而贾逵自传其父业，故有郑、贾之学。兴去莲勺，后遂不复仕，客授阌乡，三公连辟不肯应，卒于家。子众。

众字仲师。年十二，从父受《左氏春秋》，精力于学，明《三统历》，作《春秋难记条例》，兼通《易》《诗》，知名于世。建武中，皇太子及山阳王荆，因虎贲中郎将梁松以缣帛聘请众，欲为通义，引籍出入殿中。众谓松曰："太子储君，无外交之义，汉有旧防，蕃王不宜私通宾客。"遂辞不受。松复风众以"长者意，不可逆"。众曰："犯禁触罪，不如守正而死。"太子及荆闻而奇之，亦不强也。及梁氏事败，宾客多坐之，唯众不染于辞。

永平初，辟司空府，以明经给事中，再迁越骑司马，复留给事中。是时北匈奴遣使求和亲。八年，显宗遣众持节使匈奴。众至北庭，虏欲令拜，众不为屈。单于大怒，围守闭之，不与水火，欲胁服众。众拔刀自誓，单于恐而止，乃更发使随众还京师。

朝议复欲遣使报之，众上疏谏曰："臣伏闻北单于所以要致汉使者，欲以离南单于之众，坚三十六国之心也。又当扬汉和亲，夸示邻敌，令西域欲归化者局促狐疑，怀土之人绝望中国耳。汉使既到，便偃蹇自信。若复遣之，虏必自谓得谋，其群臣駮议者不敢复言。如是，南庭动摇，乌桓有离心矣。南单于久居汉地，具知形势，礼》，并且擅长推算历法，从杜林到桓谭、卫宏之类的儒生，都对郑兴学说的要义有所取法。世上讲论《春秋左氏传》的很多都奉郑兴为祖师，而贾逵的学问传承自他的父亲，因此有“郑、贾之学”的说法。郑兴卸任莲勺令后，最终不再做官，而是旅居阌乡讲授儒术，三公府的多次征召他都没有接受，最后在家里去世。郑兴的儿子是郑众。

郑众字仲师。到了十二岁时，他就和父亲学习《春秋左氏传》，他用功钻研，最终精通了《三统历》，创作了《春秋难记条例》，还通晓了《易经》《诗经》，因此扬名于当时。光武帝建武年间，皇太子刘庄和山阳王刘荆，他们通过虎贲中郎将梁松用缣帛聘请郑众，想让他编纂一部解释经典的通义，并允许他仅向门卫报上姓名便可出入王宫。但郑众对梁松说：“太子是储君，并无负责外交的义务，而且大汉的旧时禁令曾规定，藩王不应与宾客私下往来。”郑众因此拒绝了梁松的引荐。梁松又劝郑众说“尊长的心意，不可违背”。郑众说：“与其违反禁令，犯下罪行，不如正道直行而死。”太子和山阳王知道后都认为郑众是难得的君子，也没有再强迫他。到梁松因事败亡后，他的宾客有不少都受到牵连，唯独郑众没有被牵扯到供词中。

明帝永平初年，郑众获司空府征召，郑众因通晓经术出任给事中，后来升任为越骑司马，并兼任给事中。当时北匈奴单于派来使者请求和亲。永平八年（65），明帝派郑众拿着符节出使北匈奴。郑众到了北匈奴王庭后，北匈奴人想让郑众向单于行拜礼，郑众没有屈从。单于震怒，将郑众包围并关押起来，而且不供给饮食，想要逼郑众屈服。郑众拔出剑来打算自尽以表心志，单于为郑众所震慑便不再威逼，反而派遣使者随郑众一起回到京城。

朝廷的决议是打算再派使者回访北匈奴，郑众上书进谏说：“微臣得知北匈奴单于之所以想请大汉使者回访，是想要离间南匈奴各部落间的关系，并促使西域三十六国坚定依附北匈奴的决心。之后他们又会宣扬自己与大汉的和亲，以此向周边的敌国炫耀实力，以至西域本想归顺朝廷的国家畏手畏脚、犹豫不决，当地心念故乡的汉人也会因此对中原绝望。之前汉使者一到北匈奴，匈奴人便重万分离析，旋为边害。今幸有度辽之众扬威北垂，虽勿报答，不敢为患。”帝不从，复遣众。众因上言：“臣前奉使不为匈奴拜，单于恚恨，故遣兵围臣。今复衔命，必见陵折。臣诚不忍持大汉节对毡裘独拜。如令匈奴遂能服臣，将有损大汉之强。”帝不听，众不得已，既行，在路连上书固争之。诏切责众，追还系廷尉，会赦归家。

其后帝见匈奴来者，问众与单于争礼之状，皆言匈奴中传众意气壮勇，虽苏武不过。乃复召众为军司马，使与虎贲中郎将马廖击车师。至敦煌，拜为中郎将，使护西域。会匈奴胁车师，围戊己校尉，众发兵救之。迁武威太守，谨修边备，虏不敢犯。迁左冯翊，政有名迹。

建初六年，代邓彪为大司农。是时肃宗议复盐铁官，众谏以为不可。诏数切责，至被奏劾，众执之不移。帝不从。在位以清正称。其后受诏作《春秋删》十九篇。八年，卒官。

子安世，亦传家业，为长乐、未央厩令。延光中，安帝废太子为济阴王，安世与太常桓焉、太仆来历等共正议谏争。及顺帝立，安世已卒，追赐钱帛，除子亮为郎。众曾孙公业，自有传。

拾傲慢并恢复自信。如果再派使者回访,他们定会自认为阴谋得逞,那些有意劝单于归顺大汉的臣子也不再敢再进言。真要这样的话,南匈奴和我们的关系就会动摇,乌桓也会怀有二心。南匈奴定居汉地已经很久了,非常了解这里的地形和情况,哪怕是极少的南匈奴背叛了朝廷,也立刻会成为边疆的大害。如今幸好度辽将军的军队已经威震北部边境,因此即使朝廷不派使者回访,北匈奴也不敢作乱。”明帝不愿采纳,又要派郑众回访。郑众就再次上书说:“微臣此前奉命出使北匈奴时拒绝向单于下拜,单于发怒,因此派兵围困了微臣。如今微臣再次奉命出使,必会再遭欺凌、屈辱。微臣实在不忍心手拿大汉符节却向匈奴下拜。如果匈奴最终使微臣屈服,这将有损于强汉的声誉。”明帝没有听从,郑众无能为力只好领命,郑众上路后,还在路上接连上书坚持申辩。明帝下诏严厉斥责了他,将他追回并押送廷尉治罪,恰逢大赦,郑众便回到家中。

之后明帝接见了来自北匈奴的人,询问了他们郑众拒不向单于行拜礼的情形,来客都说匈奴人传言郑众气概豪迈、英勇无畏,即使苏武也难以匹敌。明帝便再次征召了郑众任命他为军司马,命他和虎贲中郎将马廖一道讨伐车师国。郑众到敦煌后,出任为中郎将,受命镇守西域。恰逢匈奴胁迫了车师,两国组成联军围攻戊己校尉驻地,于是郑众调兵救援。后来郑众升任为武威太守,他严密地巩固边防,使敌虏不敢进犯。后来郑众又调任为左冯翊,在任上政绩优异。

建初六年(81),郑众代替邓彪继任大司农。那时章帝决议恢复盐铁官,郑众认为不妥就直言进谏。章帝因而屡次下诏严厉斥责,甚至于让大臣弹劾郑众,但郑众坚持己见不为所动。章帝最终也没有采纳他的意见。郑众任大司农之时有清正廉洁的美名。之后奉命撰写了《春秋删》十九篇。建初八年(83),郑众在任内去世。

郑众的儿子郑安世,也继承了修习儒术的家学,后来就任为长乐宫、未央宫的厩令。安帝延光年间,安帝废黜了太子刘保改封他为济阴王,郑安世和太常桓焉、太仆来历等人一同秉持公心、直言劝谏。到顺帝刘保即位时,郑安世已经去世,顺帝追赐给他财物,并任范升字辩卿，代郡人也。少孤，依外家居。九岁通《论语》《孝经》，及长，习《梁丘易》《老子》，教授后生。

王莽大司空王邑辟升为议曹史。时莽频发兵役，征赋繁兴，升乃奏记邑曰："升闻子以人不间于其父母为孝，臣以下不非其君上为忠。今众人咸称朝圣，皆曰公明。盖明者无不见，圣者无不闻。今天下之事，昭昭于日月，震震于雷霆，而朝云不见，公云不闻，则元元焉所呼天？公以为是而不言，则过小矣；知而从令，则过大矣。二者于公无可以免，宜乎天下归怨于公矣。朝以远者不服为至念，升以近者不悦为重忧。今动与时戾，事与道反，驰骛覆车之辙，探汤败事之后，后出益可怪，晚发愈可惧耳。方春岁首，而动发远役，藜藿不充，田荒不耕，谷价腾跃，斛至数千，吏人陷于汤火之中，非国家之人也。如此，则胡、貊守关，青、徐之寇在于帷帐矣。升有一言，可以解天下倒县，免元元之急，不可书传，愿蒙引见，极陈所怀。"邑虽然其言，而竟不用。升称病乞身，邑不听，令乘传使上党。升遂与汉兵会，因留不还。

建武二年，光武征诣怀宫，拜议郎，迁博士，上疏让曰："臣与博士梁恭、山阳太守吕羌俱修《梁丘易》。二臣年并耆艾，经学深明，而臣不以时退，与恭并立，深知羌学，又不能达，惭负二老，无命他的儿子郑亮为郎。郑众的曾孙郑公业的事迹，另有列传记载。

范升字辩卿，代郡人。范升很小时父亲便去世了，他托身在外公、外婆家生活。范升九岁时便通晓了《论语》《孝经》，长大后，又修习了《梁丘易》《老子》，并开始为晚辈讲学。

王莽的大司空王邑征召了范升任命他为议曹史。当时王莽频繁征兵，又对百姓课以苛捐杂税，范升就上书向王邑进谏说："在下听说父母对他的称赞并不为人所质疑，这样的人才是孝子；不以臣子的身份非议君主，这样的人才是忠臣。如今大家都称道朝廷圣明，称赞司空明察。所谓明察之人无所不见，圣明之人无所不闻。眼前天下的乱象，如日月一般显眼，如雷霆一般震耳，然而朝廷视而不见，您也置若罔闻，那百姓还能到什么地方鸣冤叫屈呢？司空如果是认同朝廷因此才并未进谏，那么过失还小；如果明知朝政有失却还盲从听命，那就犯了大错。无论小过还是大错，司空您都无法免责，所以天下万民对您有怨言是应该的。朝廷看重镇压荒外异族的背叛，在下更担心海内百姓心怀不满。如今朝廷为政背逆时势，施策行事偏离正道，在翻车的老路上狂奔，失败之后才心存畏惧，最后关头才逃出绝地已然非常奇怪，悔之晚矣才发现错误那就更加可怕了。如今正值一年之初的春季，朝廷却征调百姓劳师远征，黎民饥饿仅以野菜为生，无人耕种以致田地荒芜，粮价飙升，每斛竟达几千钱，官吏百姓都陷于水深火热之中，一似无国无家的流民。这样下去，好比让胡、貊之类的蛮夷把守关隘，而青州、徐州的反贼已经攻入卧榻之侧了。在下有一句话，可以解救天下人脱离苦海，免除百姓的危急患难，此话不可用书信传递，希望您能引见在下面圣，以便在下倾吐衷肠。"王邑虽然认同范升的话，但最终也没有采纳。于是范升托病请求退职，王邑不准，派他乘驿车出使上党郡。范升因此遇到了光武帝的汉军，就留在汉军没再回去。

建武二年（26），光武帝征召范升到怀宫，任命他为议郎，后来又调任他为博士，范升上书推辞道："微臣和博士梁恭、山阳太守吕羌都修习过《梁丘易》。他们二人都是我的尊长，对经术的研究深刻、透彻，然而微臣未能及时退休，所以才能与梁恭并列，深知吕羌颜于世。诵而不行，知而不言，不可开口以为人师，愿推博士以避恭、羌。”帝不许，然由是重之，数诏引见，每有大议，辄见访问。

时尚书令韩歆上疏，欲为《费氏易》《左氏春秋》立博士，诏下其议。四年正月，朝公卿、大夫、博士，见于云台。帝曰：“范博士可前平说。”升起对曰：“《左氏》不祖孔子，而出于丘明，师徒相传，又无其人，且非先帝所存，无因得立。”遂与韩歆及太中大夫许淑等互相辩难，日中乃罢。升退而奏曰：“臣闻主不稽古，无以承天；臣不述旧，无以奉君。陛下愍学微缺，劳心经艺，情存博闻，故异端竞进。近有司请置《京氏易》博士，群下执事，莫能据正。《京氏》既立，《费氏》怨望，《左氏春秋》复以比类，亦希置立。《京》《费》已行，次复《高氏》，《春秋》之家，又有《驺》《夹》。如令《左氏》《费氏》得置博士，《高氏》《驺》《夹》，五经奇异，并复求立，各有所执，乖戾分争。从之则失道，不从则失人，将恐陛下必有猒倦之听。孔子曰：‘博学约之，弗叛矣夫。’夫学而不约，必叛道也。颜渊曰：‘博我以文，约我以礼。’孔子可谓知教，颜渊可谓善学矣。《老子》曰：‘学道日损。’损犹约也。又曰：‘绝学无忧。’绝末学也。今《费》《左》二学，无有本师，而多反异，先帝前世，有疑于此，故《京氏》虽立，辄复见废。疑道不可由，疑事不可行。《诗》《书》之作，其来已久。孔子尚周流游观，至于知命，自卫反鲁，乃正《雅》《颂》。今陛下草创天下，纪纲未定，虽设学官，无有弟子，《诗》《书》不讲，礼乐不修，奏立《左》《费》，非政急务。孔子曰：‘攻乎异端，斯害也已。’《传》曰：‘闻疑传疑，闻信传信，而尧舜之道存。’愿陛下疑先帝之所疑，信先帝之所信，以示反本，明不专己。天下之事所以异者，以不一本也。《易》曰：‘天下之动，贞夫一的博学，在下又难以追赶，因此在下面对二老深感惭愧，无颜再见世人。在下虽能诵读经书却未能践行经义，虽然明白道理却短于讲述明白，我没有资格开口授课担任师长，希望陛下允许微臣推辞博士之职以此避让梁恭、吕羌。”光武帝不同意，但从此更加器重范升，多次下诏引见他，一旦要做重大决定，光武帝总会询问范升。

当时尚书令韩歆上书进谏，提议设立讲授《费氏易》和《春秋左氏传》的博士，光武帝下诏命百官商议。建武四年（28）正月，某日一早，公卿、大夫、博士到云台朝见天子。光武帝说：“范博士可上前发表意见。”范升起身答道：“《春秋左氏传》不以孔子为祖师，而出自左丘明之手，《春秋左氏传》是师徒相传的学问，到如今已无传人，况且它也不是由古时帝王所保存下来的作品，没有理由为它设立博士。”之后范升和韩歆及太中大夫许淑等人彼此辩论、问难，一直争论到中午才停下。范升退朝后又上奏说：“微臣听说天子不考察古史，便无法担负天命；人臣不传述旧典，便无法侍奉人君。陛下怜悯于儒学的衰败残缺，在修明经艺上劳心劳力，又葆有广闻博见的追求，因此各异的儒学流派都竞相出现。近来负责学术的官吏曾请求设立教授《京氏易》的博士，群臣百官，竟无人能根据正确的义理制止此举。设立了《京氏易》博士，于是修习《费氏易》的人便多有怨言，之后修习《春秋左氏传》的人也会有类似心态，也希望设立《春秋左氏传》博士。设立了《京氏易》和《费氏易》博士，后面还有修习《高氏》的人，研究《春秋》的各种学派，又有《驺》《夹》两家。如果允许《春秋左氏传》和《费氏易》设立博士，那么《高氏》学派、《驺》学派、《夹》学派，以及修习“五经”的各路离经叛道的学派，都会要求设立博士，到那时多方各执己见，歪理邪说纷争迭起。朝廷若是听从了谬见便会偏离正道，若不采纳他们的谬论就会失去人心，微臣会担心陛下到那时定会听得厌烦。孔子说：‘广博的学问要用礼义约束，这样便不违正道了。’这就是说，只顾谋求学问却不加约束，定会偏离正道。颜渊说：‘以治学丰富自己，以礼义管束自己。’孔子可以说是长于教导，颜渊可以说是善于学习了。《老子》中有这样的话：‘学道，每天都要加以减损。’“损”的意思类似也。’又曰：‘正其本，万事理。’《五经》之本自孔子始，谨奏《左氏》之失凡十四事。”时难者以太史公多引《左氏》，升又上太史公违戾《五经》，谬孔子言，及《左氏春秋》不可录三十一事。诏以下博士。

后升为出妻所告，坐系，得出，还乡里。永平中，为聊城令，坐事免，卒于家。

陈元字长孙，苍梧广信人也。父钦，习《左氏春秋》，事黎阳贾护，与刘歆同时而别自名家。王莽从钦受《左氏》学，以钦为猒难将军。元少传父业，为之训诂，锐精覃思，至不与乡里通。以父任为郎。

于“约束”。《老子》中又有一言：‘断绝学问便免于忧患。’这话说的是要断绝肤浅、异端的末学。现在《费氏易》和《春秋左氏传》这两门学问，没有原原本本的师承，而且常有异于“五经”的理论，前朝的帝王和世人，便对此书心怀疑虑，所以虽为《京氏易》设立了博士，但立刻便遭撤销。人们怀疑其中的道理不可遵循，行事之法不可仿效。而《诗经》《尚书》的出现，由来已久了。孔子尚需周游列国、观览世情，出发时已是知天命之年，最终从卫国返回鲁国后，他才校正了《雅》《颂》。现在陛下刚刚开始创立天下大业，法律纲纪尚未敲定，此时即便设立了学官，也没有弟子相传，那些人不讲授《诗经》《尚书》，不修明礼乐制度，反而上奏请求设立《春秋左氏传》和《费氏易》的博士，这可不是当务之急。孔子说：‘钻研那些偏执的异端之学，就会带来祸害呀。’《穀梁传》和《公羊传》说：‘可疑之言当做可疑之言传承，可信之言当做可信之言传承，这样尧舜之道就保存下来了。’希望陛下对上古圣王所存疑的也要存疑，对他们所确信的也要确信，以此将陛下的回归本源遍示天下，将陛下对固执己见的摒弃彰明于世。天下之事之所以产生错谬，在于根本的不一致。《易经》说：‘天下万事万物的运行，根本上都坚守着一致的公理。’《易经》又说：‘端正起根本作用的正道，纷乱的万事便得以治理。’“五经”的本源始于孔子，微臣恭谨地呈上《春秋左氏传》的十四条错误。”当时反驳范升的人认为太史公常常对《春秋左氏传》有所援引，范升就又上书陈述了太史公违背“五经”，歪曲孔子之言，以及对《春秋左氏传》的不当引用，共计三十一处谬误。光武帝下诏书将范升的意见下发给博士们讨论。

后来范升被他休弃的妻子所控告，因此入狱，出狱后，他回到家乡。明帝永平年间，范升出任为聊城县令，后来又因变故遭罢免，最终在家中去世。

陈元字长孙，苍梧郡广信县人。他的父亲陈钦，专攻《春秋左氏传》，师事黎阳县人贾护，陈钦与刘歆同时而在儒术上自成一家。王莽师从陈钦学习《春秋左氏传》，并封陈钦为猒难将军。陈元年轻时继承了父亲的学说，他为《春秋左氏传》作注，心无旁骛、苦心孤诣，建武初，元与桓谭、杜林、郑兴俱为学者所宗。时议欲立《左氏传》博士，范升奏以为《左氏》浅末，不宜立。元闻之，乃诣阙上疏曰：

陛下拨乱反正，文武并用，深愍经艺谬杂，真伪错乱，每临朝日，辄延群臣讲论圣道。知丘明至贤，亲受孔子，而《公羊》《穀梁》传闻于后世，故诏立《左氏》，博询可否，示不专己，尽之群下也。今论者沉溺所习，翫守旧闻，固执虚言传受之辞，以非亲见实事之道。《左氏》孤学少与，遂为异家之所覆冒。夫至音不合众听，故伯牙绝弦；至宝不同众好，故卞和泣血。仲尼圣德，而不容于世，况于竹帛余文，其为雷同者所排，固其宜也。非陛下至明，孰能察之！

臣元窃见博士范升等所议奏《左氏春秋》不可立，及太史公违戾凡四十五事。案升等所言，前后相违，皆断截小文，媟黩微辞，以年数小差，掇为巨谬，遗脱纤微，指为大尤，抉瑕擿衅，掩其弘美，所谓"小辩破言，小言破道"者也。升等又曰："先帝不以《左氏》为经，故不置博士，后主所宜因袭。"臣愚以为若先帝所行而后主必行者，则盘庚不当迁于殷，周公不当营洛邑，陛下不当都山东也。往者，孝武皇帝好《公羊》，卫太子好《穀梁》，有诏诏太子受《公羊》，不得受《穀梁》。孝宣皇帝在人间时，闻卫太子好《穀梁》，于是独学之。及即位，为石渠论而《穀梁氏》兴，至今与《公甚至不与同乡的人们往来。陈元因父亲贵为将军而出任为郎。

建武初年，陈元与桓谭、杜林、郑兴都为学者们所尊崇。当时有人提议要设立讲授《春秋左氏传》的博士，范升上奏反对，他认为《春秋左氏传》是肤浅的末学，不应为之设立博士。陈元听了，就入朝上奏说：

陛下整治乱象、归于正道，文治武功兼备，陛下对儒家经学的谬误、杂乱深感担忧，每到亲理国政之日，总会召集群臣讲坛、议论圣人之道。陛下知道左丘明是极为贤德的人，他得到了孔子的亲传，然而《春秋公羊传》《春秋穀梁传》得以传闻于后世，《春秋左氏传》却不得传承，所以陛下下诏命令百官商议设立《春秋左氏传》博士，广泛地征询意见，展示出明君的雅量，使群臣得以畅所欲言。现在有些参与商讨的人拘泥于自己的治学领域，习惯于固守陈旧的见识，顽固地死守虚浮的言辞和口耳相传的知识，以此来非难亲眼所见、真实存在的义理。《春秋左氏传》是少有人所修习以至即将失传的学问，因此为其他学派所埋没。卓绝的音乐不为众人所欣赏，所以伯牙挑断琴弦不再演奏；至高的宝物不为众人所看重，所以卞和抱玉痛苦直至泣血。孔子乃是圣德之人，然而他的理念尚不为当世人所接纳，何况那些残留在竹简和布帛上的文字，这种学问被类似的学派所排斥，本来是自然而然的。若不是有陛下这样的圣明之君，谁又能体察到呢！

微臣陈元见到范升博士等人上奏说不应为《春秋左氏传》设立博士，也看到了他所列举的所谓太史公违背经义的四十五个实例。然而微臣查验范升等人所言，发现他们的说法前后矛盾，他们都是在截取只言片语，吹毛求疵，把年代数字上的小错，挑拣出来视为大错，把纤微之处的疏漏，指摘为严重的谬误，他们挑捡瑕疵、择取过失，企图掩盖《春秋左氏传》的大美，所谓“咬文嚼字会影响要言的申明，只言片语会搅乱大道的阐发”就是这个意思。范升等人他们又说：“前代帝王不曾将《春秋左氏传》视为经典，因此没有为其设置博士，这是后代人主所应沿袭的旧制。”依微臣愚见如果后世帝王一定要对前代帝王亦步亦趋的话，那么盘庚就不应迁都到殷，周羊》并存。此先帝后帝各有所立，不必其相因也。孔子曰，纯，俭，吾从众；至于拜下，则违之。夫明者独见，不惑于朱紫，听者独闻，不谬于清浊，故离朱不为巧眩移目，师旷不为新声易耳。方今干戈少弭，戎事略戢，留思圣艺，眷顾儒雅，采孔子拜下之义，卒渊圣独见之旨，分明白黑，建立《左氏》，解释先圣之积结，洮汰学者之累惑，使基业垂于万世，后进无复狐疑，则天下幸甚。

臣元愚鄙，尝传师言。如得以褐衣召见，俯伏庭下，诵孔氏之正道，理丘明之宿冤；若辞不合经，事不稽古，退就重诛，虽死之日，生之年也。

书奏，下其议，范升复与元相辩难，凡十余上。帝卒立《左氏》学，太常选博士四人，元为第一。帝以元新忿争，乃用其次司隶从事李封，于是诸儒以《左氏》之立，论议欢哗，自公卿以下，数廷争之。会封病卒，《左氏》复废。

公也不应营建洛邑，陛下也不应定都于崤山以东了。从前，武帝嗜好《春秋公羊传》，卫夫人所生的太子刘据则喜欢《春秋穀梁传》，武帝下诏让刘据学习《公羊传》，而不许修习《穀梁传》。宣帝在继承大统之前，听说自己的祖父刘据尊崇《穀梁传》，他便独自研习《穀梁传》。到宣帝即位后，他在石渠阁召见儒生讲论"五经"，修习《春秋穀梁传》的学派便因此兴起，至今与修习《春秋公羊传》的学派并存。这就是所谓前代帝王和后世帝王各有为政之道，不必互相因袭。孔子说，如今都用丝线制作缁布冠，这是节俭之举，我赞成大家的做法。至于我奉行在堂下向尊长叩首，这就不同于流俗了。明察之人对所见自有独立的判断，不会无法区分正色杂色之别，博闻之人对所闻自有独立的判断，不会无法辨别清音浊音之异，所以明察的离朱认为令人眼花缭乱之物不值一看，守正的师旷认为新创制的亡国之音不可聆听。现在征伐稍有平息，战事略有中止，朝廷开始留心圣贤的经艺，关照儒学之风雅，如果能尊奉孔子堂下叩首的礼义，追求至圣独立思考的要义，明察于众议的是非曲直，建立《春秋左氏传》的学派，解释先圣为后人留下的疑问，荡涤学者们一直以来的困惑，使先帝尊儒的基业能万世流传，后辈学人再无百思不解之苦，这将是天下的幸事呀。

微臣陈元愚顿鄙陋，曾蒙传授先师学说。如果贫贱如臣有幸受到召见，得以在堂下俯首面圣，微臣愿申明孔氏之学的正确义理，辨明左氏之学长久的冤屈；如果微臣所论之理不能契合经传，所述之事未有古事所依，微臣甘愿退下领受极刑，虽是赴死之日，亦是重生之时。

陈元的奏章呈上后，光武帝将其下发给百官商议，范升又与陈元互相辩驳、问难，一共辩了十几次。光武帝最终为《春秋左氏传》设立了学官，太常选出四名博士候选，陈元位列榜首。但光武帝因为陈元刚和其他儒臣有过争论，所以就任命位列其次的司录从事李封为博士，于是众位儒生因为《春秋左氏传》博士的设立，掀起了一场激辩，自公卿以下的百官，也多次在朝堂之上就此发生争论。适逢李封因病去世，《春秋左氏传》的学官便又遭撤销。

元以才高著名，辟司空李通府。时大司农江冯上言，宜令司隶校尉督察三公。事下三府。元上疏曰："臣闻师臣者帝，宾臣者霸。故武王以太公为师，齐桓以夷吾为仲父。孔子曰：'百官总己听于冢宰。'近则高帝优相国之礼，太宗假宰辅之权。及亡新王莽，遭汉中衰，专操国柄，以偷天下，况己自喻，不信群臣。夺公辅之任，损宰相之威，以刺举为明，徼讦为直。至乃陪仆告其君长，子弟变其父兄，罔密法峻，大臣无所措手足。然不能禁董忠之谋，身为世戮。故人君患在自骄，不患骄臣；失在自任，不在任人。是以文王有日昃之劳，周公执吐握之恭，不闻其崇刺举，务督察也。方今四方尚扰，天下未一，百姓观听，咸张耳目。陛下宜修文武之圣典，袭祖宗之遗德，劳心下士，屈节待贤，诚不宜使有司察公辅之名。"帝从之，宣下其议。

李通罢，元后复辟司徒欧阳歙府，数陈当世便事、郊庙之礼，帝不能用。以病去，年老，卒于家。子坚卿，有文章。

贾逵字景伯，扶风平陵人也。九世祖谊，文帝时为梁王太傅。曾祖父光，为常山太守，宣帝时以吏二千石自洛阳徙焉。父徽，从刘歆受《左氏春秋》，兼习《国语》《周官》，又受《古文尚书》于涂恽，学《毛诗》于谢曼卿，作《左氏条例》二十一篇。

陈元学富才高、名重士林，因此司空李通将他召入司空府。当时大司农江冯上书说，应予以司隶校尉督察三公之权。朝廷将奏章下发给三公府讨论。陈元上书说："微臣听说以臣子为师之人可为帝王，待臣子如宾之人可为霸主。所以周武王以姜太公为师，齐桓公尊管仲为仲父。孔子说：'百官总揽分内之职并听命于冢宰。'近世的例子又有高祖对相国萧何的礼遇和优待，以及文帝救下宠臣亦不曾违逆丞相的权威，到了已经败亡的新朝王莽之时，当时正值汉室衰弱，王莽独揽大权，借此窃取天下，他自比周公，不信任群臣。剥夺了三公的职责，贬损了宰相的权威，把检举视为严明，把揭短视为正直。以至于仆役可以控告他的君长，做儿子、做弟弟的竟反对父亲和哥哥，法网严密，刑罚严酷，百官不知所措。然而即便如此王莽也没能防止董忠的反叛，最终身死于世人之手。所以人君之患在于自骄而不在骄人；过失的原因往往在于放任自己专权，而不在于放权于臣下。因此文王勤政，时至正午依然无暇吃饭；周公尚贤，饭中吐哺、浴中握发接待贤才，不曾听闻他们曾有什么大兴检举，加强督察的恶政。眼下各地尚有骚乱，天下仍未统一，百姓观望着朝廷的举措，全都张大眼睛、侧着耳朵。陛下应当修明文王、武王的圣法，继承祖宗传于后世的至德，勤于政务、礼贤下士，以谦逊之礼对待贤才，千万不要使朝廷蒙上督察三公的恶名。"光武帝听从了陈元的意见，将他的奏章作为指令下达。

李通从司空之位引退，之后陈元又被司徒欧阳歙召入司徒府，他多次提出于时政有益的方略，并编制出郊庙祭祀的礼制，但光武帝未能采用。后来陈元因病退职，上了年岁后，在家中逝世。陈元的儿子陈坚卿，很有文才。

贾逵字景伯，扶风郡平陵县人。贾家的第九代祖先贾谊，在文帝时担任梁王的老师。贾逵的曾祖父贾光，曾任常山太守，在宣帝时作为食邑二千石的官员从洛阳迁居至平陵县。贾逵的父亲贾徽，师从刘歆学习《春秋左氏传》，同时又学习了《国语》《周礼》，后来又和涂恽学习了《古文尚书》，和谢曼卿学习了《毛诗》，贾徽著有《左氏条例》二十一篇。

逵悉传父业，弱冠能诵《左氏传》及《五经》本文，以《大夏侯尚书》教授，虽为古学，兼通五家《穀梁》之说。自为儿童，常在太学，不通人间事。身长八尺二寸，诸儒为之语曰：“问事不休贾长头。”性恺悌，多智思，俶傥有大节。尤明《左氏传》《国语》，为之《解诂》五十一篇，永平中，上疏献之。显宗重其书，写藏秘馆。

时有神雀集宫殿官府，冠羽有五采色，帝异之，以问临邑侯刘复，复不能对，荐逵博物多识，帝乃召见逵，问之。对曰：“昔武王终父之业，鸑鷟在岐，宣帝威怀戎狄，神雀仍集，此胡降之征也。”帝敕兰台给笔札，使作《神雀颂》，拜为郎，与班固并校秘书，应对左右。

肃宗立，降意儒术，特好《古文尚书》《左氏传》。建初元年，诏逵入讲北宫白虎观、南宫云台。帝善逵说，使发出《左氏传》大义长于二传者。逵于是具条奏之曰：

臣谨擿出《左氏》三十事尤著明者，斯皆君臣之正义，父子之纪纲。其余同《公羊》者什有七八，或文简小异，无害大体。至如祭仲、纪季、伍子胥、叔术之属，《左氏》义深于君父，《公羊》多任于权变，其相殊绝，固以甚远，而冤抑积久，莫肯分明。

臣以永平中上言《左氏》与图谶合者，先帝不遗刍荛，省纳臣贾逵完全继承了父亲的学问，到二十岁成人时能够诵读《春秋左氏传》和“五经”的原文，他用《大夏侯尚书》教授学生，贾逵虽然专攻古文经学，但他也通晓五种《春秋穀梁传》的学说。从儿时起，贾逵就常在太学学习，对世俗情况则知道的很少。他身高八尺二寸，众位儒生们说他是：“问问题问个不停的贾长头。”贾逵性格活泼，平易近人，足智多谋、喜爱思考，卓尔不群，志行高洁。贾逵对《左氏传》和《国语》很有研究，他基于自己的研究编写了《解诂》五十一篇，并于明帝永平年间，上书献给天子。明帝很重视这部书，他命人誊写了一份纳入秘阁收藏。

当时有神雀飞到宫殿官府中，头上有五彩的羽毛，明帝感到惊讶，就询问临邑侯刘复个中缘由，刘复答不上来，他向明帝推荐了贾逵说他知识渊博、见多识广，于是明帝召见贾逵，向他请教。贾逵答道：“从前武王完成了文王的伐纣大业，凤凰便降临在岐山，宣帝恩威并施终得戎狄归顺，神雀亦是频频降临，因此陛下所见乃是胡人将要归降的预兆。”明帝命令兰台史官将笔和木简交给贾逵，命他创作《神雀赋》，并任命贾逵为郎，贾逵与班固一道在秘阁校对藏书，同时随侍明帝左右以备征询。

章帝即位后，推崇儒家学术，他尤其喜欢《古文尚书》《春秋左氏传》。建初元年(76)，章帝下诏将贾逵召入洛阳北宫的白虎观、南宫的云台讲学。章帝倾心于贾逵的学说，命他将《春秋左氏传》在经义方面相比于《春秋公羊传》《春秋穀梁传》更为精妙之处阐发出来。因此贾逵在奏书中逐条陈述道：

微臣恭谨地选出《春秋左氏传》中尤为明显的三十项精妙之处，所申明的都是君臣间的正道，父子间的礼法。其余和《春秋公羊传》一致的部分占了七八成，这些类似的部分有的不过是在文字上略有差异，无伤大雅。至于涉及祭仲、纪季、伍子胥、叔术等人的部分，《春秋左氏传》更重视对君臣大义的宣扬，《春秋公羊传》倾向于做通权达变的解释，它们之间的差异，本已非常显著了，但学派间的争端和贬抑由来已久，导致彼此间的优劣高下尚无法判明。

微臣曾在明帝永平年间上书陈述了《春秋左氏传》中与河图、谶言，写其传诂，藏之秘书。建平中，侍中刘歆欲立《左氏》，不先暴论大义，而轻移太常，恃其义长，诋挫诸儒，诸儒内怀不服，相与排之。孝哀皇帝重逆众心，故出歆为河内太守。从是攻击《左氏》，遂为重仇。至光武皇帝，奋独见之明，兴立《左氏》《穀梁》，会二家先师不晓图谶，故令中道而废。凡所以存先王之道者，要在安上理民也。今《左氏》崇君父，卑臣子，强干弱枝，劝善戒恶，至明至切，至直至顺。且三代异物，损益随时，故先帝博观异家，各有所采。《易》有施、孟，复立梁丘，《尚书》欧阳，复有大小夏侯，今三《传》之异亦犹是也。又《五经》家皆无以证图谶明刘氏为尧后者，而《左氏》独有明文。《五经》家皆言颛顼代黄帝，而尧不得为火德。《左氏》以为少昊代黄帝，即图谶所谓帝宣也。如令尧不得为火，则汉不得为赤。其所发明，补益实多。

陛下通天然之明，建大圣之本，改元正历，垂万世则，是以麟凤百数，嘉瑞杂遝。犹朝夕恪勤，游情六艺，研机综微，靡不审核。若复留意废学，以广圣见，庶几无所遗失矣。

书的相符之处，先帝没有将微臣的鄙陋之言弃之不顾，他审查并采纳了微臣的奏书，命人誊写了注解后，收入秘阁保存。哀帝建平年间，侍中刘歆想为《春秋左氏传》设立讲经博士，他没有预先讲明《春秋左氏传》的正确义理，反而轻率地写信责备太常的博士们，他仗着自己理由充分，中伤并驳倒了各位儒生，但儒生们内心并未认同刘歆的意见，就一起排挤他。而哀帝更重视迎合多数人的心意，因此将刘歆派到地方出任河内太守。从此儒生们对《春秋左氏传》大加抨击，《春秋左氏传》成为千夫所指。到光武帝时，他独立判断、破除蒙蔽，开始为《春秋左氏传》和《春秋穀梁传》设立博士，恰巧两家学派的宗师并不通晓图谶的征验之学，由此致使博士的设立半途而废了。微臣总结了保存先王之道的原因，其要义在于安定朝政、治理万民。而如今《春秋左氏传》恰恰以国君、人父为尊，而以人臣、人子为卑，推崇强干弱枝，勉励善举、劝戒恶行，其所阐述的义理甚为明白而切实，甚为守正而适宜。况且从哀帝到光武帝时已历三代，世殊事异，《春秋左氏传》亦随时有所增减，因此先帝博览不同的《春秋》学说，广泛吸纳各家之长。正如《易经》已有施、孟两家，后又设立梁丘氏学派，《尚书》已有欧阳一家，后又设立大、小夏侯氏学派，如今的《春秋三传》之别亦在于此。另外修习“五经”的各家学派都未能在所治典籍中找到与图谶的相应证之处以此证明刘氏为唐尧后人，而唯独《春秋左氏传》中有明确依据。“五经”各派都认为颛顼是黄帝的继承者，而这样一来唐尧便无法受命火德。但《春秋左氏传》却认为少昊是黄帝的继承者，就是《河图》中提到的“白帝朱宣”。如果使唐尧不能受命火德，那么大汉也就无法称为“赤汉”。《春秋左氏传》所阐明的经义，对儒术的研究大有裨益。

陛下究明了天地之间的至理，建立了超凡大业的根基，改换年号、修正历法，足以成为万世典范，因此麒麟、凤凰频频降临，祥瑞吉兆纷至沓来。而陛下依然日夜勤政，潜心钻研儒家“六经”，深究根由、博采精微，细大无遗，审察核实。若能再着意于《春秋左氏传》这样的遭到遗弃的学问，以增加圣上的学识，那就差不多没有什么疏漏了。”

书奏，帝嘉之，赐布五百匹，衣一袭，令逵自选《公羊》严、颜诸生高才者二十人，教以《左氏》，与简纸经传各一通。

逵母常有疾，帝欲加赐，以校书例多，特以钱二十万，使颍阳侯马防与之。谓防曰："贾逵母病，此子无人事于外，屡空则从孤竹之子于首阳山矣。"

逵数为帝言《古文尚书》与经传《尔雅》诂训相应，诏令撰《欧阳》《大小夏侯尚书》《古文》同异。逵集为三卷，帝善之。复令撰《齐》《鲁》《韩诗》与《毛氏》异同。并作《周官解故》。迁逵为卫士令。八年，乃诏诸儒各选高才生，受《左氏》《穀梁春秋》《古文尚书》《毛诗》，由是四经遂行于世。皆拜逵所选弟子及门生为千乘王国郎，朝夕受业黄门署，学者皆欣欣羡慕焉。

和帝即位，永元三年，以逵为左中郎将。八年，复为侍中，领骑都尉。内备帷幄，兼领秘书近署，甚见信用。

逵荐东莱司马均、陈国汝郁，帝即征之，并蒙优礼。均字少宾，安贫好学，隐居教授，不应辟命。信诚行乎州里，乡人有所计争，辄令祝少宾，不直者终无敢言。位至侍中，以老病乞身，帝赐以大夫禄，归乡里。郁字叔异，性仁孝，及亲殁，遂隐处山泽。后累迁为鲁相，以德教化，百姓称之，流人归者八九千户。

逵所著经传义诂及论难百余万言，又作诗、颂、诔、书、连珠、贾逵的奏书呈上后，章帝十分赞同，赏赐给贾逵五百匹布，一套衣服，并命令贾逵从修习《春秋公羊传》的严氏、颜氏学派中自行挑选优秀的生员二十人，将《春秋左氏传》传授给他们，每位生员获赐竹简和纸写的经传各一部。

贾逵的母亲屡遭病痛折磨，章帝想要增加对贾逵的赏赐，因贾逵校对典籍的数量多于旁人，章帝特别拨出二十万钱，派颍阳侯马防送去。章帝对马防说："贾逵的母亲病了，而且他在宫外结交不广、无人周济，总是缺衣少食就会像饿死在首阳山的伯夷、叔齐一样了。"

贾逵多次为章帝讲解《古文尚书》与经传《尔雅》释义的相呼应之处，章帝下诏命贾逵撰文论述《欧阳尚书》《大小夏侯尚书》与《古文尚书》的异同。贾逵将论著编纂为三卷，章帝盛赞了这部作品。章帝又命他撰文论述《齐诗》《鲁诗》《韩诗》与《毛诗》的异同。并另外创作《周官解故》。后来贾逵升迁为卫士令。建初八年（83），朝廷终于下诏从众位儒生中简选优秀的生员，命其学习《春秋左氏传》《春秋穀梁传》《古文尚书》《毛诗》，从此这四部经典便风行于世。之后贾逵亲选的弟子和再传的门生都到千乘王刘伉的封国出任为郎，他们在黄门署日夜研习，颇为当时的学者们羡慕。

和帝即位后，于永元三年（91），任命贾逵为左中郎将。永元八年（96），贾逵再次就任侍中，并兼任骑都尉。贾逵在宫内侍奉和帝左右，同时在近署兼任秘书，他深受和帝信任，意见常被采用。

贾逵向朝廷举荐了东莱郡人司马均、陈国人汝郁，元帝立即征召了二人，二人都备受优待和礼遇。司马均字少宾，安于贫困醉心治学，隐居乡里设馆讲学，不接受朝廷征召。司马均因信义和诚信名扬乡里，当地人之间发生计较和纷争时，总会让对方对司马少宾发誓，理亏的人最后便无话可说。司马均官至侍中，后来因年老多病请求退职，和帝赐给他大夫级别的俸禄，允许他回到故乡。汝郁字叔异，为人讲仁义、有孝心，在双亲去世后，他就到山野中隐居。后来汝郁经几度升迁后官至鲁国国相，他以仁德教化百姓，获得了大家的称赞，流亡的百姓有八九千户又回到家乡。

贾逵所著的解经论文、章句释义及论难之作共有一百多万字，他酒令凡九篇，学者宗之，后世称为通儒。然不修小节，当世以此颇讥焉，故不至大官。永元十三年卒，时年七十二。朝廷愍惜，除两子为太子舍人。

论曰：郑、贾之学，行乎数百年中，遂为诸儒宗，亦徒有以焉尔。桓谭以不善谶流亡，郑兴以逊辞仅免，贾逵能附会文致，最差贵显。世主以此论学，悲矣哉！

张霸字伯饶，蜀郡成都人也。年数岁而知孝让，虽出入饮食，自然合礼，乡人号为“张曾子”。七岁通《春秋》，复欲进余经，父母曰“汝小未能也”，霸曰“我饶为之”，故字曰“饶”焉。

后就长水校尉樊儵受《严氏公羊春秋》，遂博览《五经》。诸生孙林、刘固、段著等慕之，各市宅其傍，以就学焉。

举孝廉光禄主事，稍迁，永元中为会稽太守，表用郡人处士顾奉、公孙松等。奉后为颍川太守，松为司隶校尉，并有名称。其余有业行者，皆见擢用。郡中争厉志节，习经者以千数，道路但闻诵声。

初，霸以樊儵删《严氏春秋》犹多繁辞，乃减定为二十万言，更名《张氏学》。

霸始到越，贼未解，郡界不宁，乃移书开购，明用信赏，贼遂束手归附，不烦士卒之力。童谣曰：“弃我戟，捐我矛，盗贼尽，吏皆休。”视事三年，谓掾史曰：“太守起自孤生，致位郡守。盖日中则移，月满则亏。老氏有言：‘知足不辱。’”遂上病。

还创作了诗、颂、悼文、书信、连珠、酒令等作品一共九篇，贾逵受到学者们的尊崇，后人称他为通儒。但贾逵的不拘小节，使他颇受时人非议，因此他始终无法出任高官。贾逵在永元十三年（101）去世，享年七十二岁。朝廷为表怜悯，任命他的两个儿子为太子舍人。

评论说：郑兴、贾逵的学说，数百年间通行于世，于是二人成为众位儒者的宗师，但他们所受的尊崇也不过是枉然。桓谭因不善谶纬之学而遭放逐，郑兴凭着谦逊的话语仅仅免去罪责，贾逵因能将《左传》所言附会于谶纬，所以在三人当中算是比较显贵的一位。人君以对谶纬的熟习来评定人臣的学问高下，可悲啊！

张霸字伯饶，蜀郡成都人。很小的时候就懂得孝顺和谦让，即便是出外入内、饮水吃饭，他的一举一动也自然而然地合乎礼节，同乡人夸他叫“张曾子”。张霸七岁时就吃透了《春秋》，他又想进修其他经书，父母说“你还小，还学不懂呢”，张霸说“我饶为之”，意思是说“我绰绰有余呀”，所以便用“饶”作为他的表字。

张霸后来师从长水校尉樊儵学习《严氏公羊春秋》，最终得以博览“五经”。儒生孙林、刘固、段著等人仰慕张霸的才学，于是每人在张霸的住所旁买了房子住下，以便向张霸讨教。

张霸被推举为孝廉担任光禄勋的主事，之后逐渐升迁，并在永元年间出任会稽太守，张霸上表推荐了会稽郡的贤能隐士顾奉、公孙松等人。顾奉后来出任颍川太守，公孙松出任司隶校尉，二人都颇负盛名。郡内其余的学业优异、德行高洁之人，也都受到张霸的提拔和任用。因而会稽郡的士子们都争相磨砺志向、操守，有数以千计的人开始修习经书，只听见路上都是朗朗的读书声。

起初，张霸认为经过樊儵删改的《严氏公羊春秋》还是有不少繁杂之语，他便将此书删减为二十万字，改名为《张氏学》。

张霸刚到会稽郡赴任时，那里的匪患尚未平定，全郡不得安宁，张霸便张贴公告公开悬赏招安盗贼，张霸开诚布公、信守承诺，最终盗贼自缚双手归降张霸，没有动用一兵一卒。当地童谣说：“丢开我的戟，抛下我的矛，盗贼消灭尽，官吏不打搅。”张霸担任太守三年后，对属下说：“太守我不过出身于一介孤陋之辈，最终竟做到了郡后征，四迁为侍中。时皇后兄虎贲中郎将邓骘，当朝贵盛，闻霸名行，欲与为交，霸逡巡不答，众人笑其不识时务。后当为五更，会疾卒，年七十。遗敕诸子曰："昔延州使齐，子死嬴、博，因坎路侧，遂以葬焉。今蜀道阻远，不宜归茔，可止此葬，足藏发齿而已。务遵速朽，副我本心。人生一世，但当畏敬于人，若不善加己，直为受之。"诸子承命，葬于河南梁县，因遂家焉。将作大匠翟酺等与诸儒门人追录本行，谥曰宪文。中子楷。

楷字公超，通《严氏春秋》《古文尚书》，门徒常百人。宾客慕之，自父党夙儒，偕造门焉。车马填街，徒从无所止，黄门及贵戚之家，皆起舍巷次，以候过客往来之利。楷疾其如此，辄徙避之。家贫无以为业，常乘驴车至县卖药，足给食者，辄还乡里。司隶举茂才，除长陵令，不至官。隐居弘农山中，学者随之，所居成市，后华阴山南遂有公超市。五府连辟，举贤良方正，不就。

汉安元年，顺帝特下诏告河南尹曰："故长陵令张楷行慕原宪，操拟夷、齐，轻贵乐贱，窜迹幽薮，高志确然，独拔群俗。前比守的高位。太阳过了日中便开始偏移，月亮到了满月就开始消损。老子曾说：‘懂得满足便能免遭屈辱。’”于是张霸便假托生病上书请求退职。

张霸后来又受征辟，经四度升迁后官至侍中。当时皇后的哥哥虎贲中郎将邓骘，正是把持朝政的显贵，邓骘听说了张霸的名声和品行后，想和他结交，张霸有所顾虑未作回应，人们笑他不识时务。后来在某日五更时的凌晨，张霸恰巧因病去世，享年七十。他临终前告诫儿子们说：“从前吴国的季札出使齐国时，他的儿子死在嬴县、博县之间，季札就乘便在坎坷的道路旁，将儿子埋葬。眼下通往故乡的蜀道既艰险又遥远，再把我送回故乡安葬可就不合适了，就把我藏在此处，墓穴足够埋下我的头发和牙齿就好。你们一定要依着我薄葬的心愿治丧，因薄葬而迅速腐朽才符合我的本心。人生一世，对他人只应怀有敬畏之心，如果不善于让自己竿头日进，只会自食其果。”儿子们谨遵父命，将张霸葬于河南郡梁县，并顺便在那里安家。将作大匠翟酺等人和众位儒生中的张霸弟子、门人为表彰他的事业，为他追授了“宪文”的谥号。张霸排行居中的儿子是张楷。

张楷字公超，通晓《严氏春秋》《古文尚书》，门徒经常多达百人。往来宾客都对张楷甚为仰慕，从父亲张霸的友人到年高的大儒，他们常常一起造访张楷家。以至于来客的车马停满了街道，随从们无处驻足，黄门署的官吏们以及皇亲国戚的家人们，都在小巷内盖起房子，以此等候往来过客和他们做生意。张楷对这样的做法很痛恨，总要搬家躲避。张楷家境贫困没有可以自谋生计的工作，常常赶着驴车到县城卖药，赚够养家糊口的钱后，就回到家乡。司隶校尉曾推举张楷为茂才，并任他为长陵县令，但张楷并未赴任。后来张楷到弘农郡的山中隐居，有不少求学者追随他而来，致使他的隐居之地最终形成了市镇，因此后来华阴县的山南便有了“公超市”。太傅、太尉、司徒、司空、大将军府等五大中央官府曾接连征辟张楷，推举他为贤良方正并授予官职，而张楷始终没有就任。

汉安元年（142），顺帝特意下诏命令河南尹说：“前长陵县令张楷在品行上追慕原宪，在志操上效仿伯夷、叔齐，他不慕荣利、安征命，盘桓未至，将主者翫习于常，优贤不足，使其难进欤？郡时以礼发遣。”楷复告疾不到。

性好道术，能作五里雾。时关西人裴优亦能为三里雾，自以不如楷，从学之，楷避不肯见。桓帝即位，优遂行雾作贼，事觉被考，引楷言从学术，楷坐系廷尉诏狱，积二年，恒讽诵经籍，作《尚书注》。后以事无验，见原还家。建和三年，下诏安车备礼聘之，辞以笃疾不行。年七十，终于家。子陵。

陵字处冲，官至尚书。元嘉中，岁首朝贺，大将军梁冀带剑入省，陵呵叱令出，敕羽林、虎贲夺冀剑。冀跪谢，陵不应，即劾奏冀，请廷尉论罪，有诏以一岁俸赎，而百僚肃然。

初，冀弟不疑为河南尹，举陵孝廉。不疑疾陵之奏冀，因谓曰：“昔举君，适所以自罚也。”陵对曰：“明府不以陵不肖，误见擢序，今申公宪，以报私恩。”不疑有愧色。陵弟玄。

玄字处虚，沉深有才略，以时乱不仕。司空张温数以礼辟，不能致。中平二年，温以车骑将军出征凉州贼边章等，将行，玄自田庐被褐带索，要说温曰：“天下寇贼云起，岂不以黄门常侍无道故乎？闻中贵人公卿已下当出祖道于平乐观，明公总天下威重，握六师之要，若于中坐酒酣，鸣金鼓，整行阵，召军正执有罪者诛之，引兵还屯都亭，以次翦除中官，解天下之倒县，报海内之怨毒，然后显用隐贫乐道，隐遁于幽僻的草野，志洁行廉矢志不渝，出类拔萃、超凡脱俗。此前朝廷频频征召，他却踌躇观望未曾应召，可能是因为当政者时常玩忽职守，不够礼贤下士，致使他慎于进身吧？河南郡应按时以礼相待送他应召。”而张楷以患病为名再次推辞不去。

张楷生性嗜好道术，能作法散布五里广的烟雾。当时关西人裴优也会作法能散布三里广的烟雾，裴优自认为技不如人，便向张楷讨教，而张楷则避而不见。桓帝即位后，裴优竟潜身于烟雾中行盗窃之事，事情败露后他受到拷问，他攀扯张楷说自己的道术是和张楷学的，张楷因此被廷尉收押于奉皇命而设的监牢中，入狱两年，张楷一直坚持背诵儒家经典，并创作了《尚书注》。后因罪案缺乏证据，张楷被判无罪放归家中。建和三年（149），桓帝下诏命令准备可以乘坐的马车并用周全的礼仪请张楷出仕，张楷因重病缠身而推辞不去。到七十岁时，张楷在家中逝世。他的儿子是张陵。

张陵字处冲，官至尚书。桓帝元嘉年间，正月百官向天子朝拜祝贺时，大将军梁冀带剑进入宫禁，张陵呵斥梁冀让他退下，并命羽林和虎贲的卫士夺下梁冀的剑。梁冀跪下谢罪，张陵不予理睬，他即刻上奏请求弹劾梁冀，并提请廷尉判定梁冀的罪行，朝廷下诏命梁冀用一年的俸禄赎罪，百官因此而小心谨慎。

起初，梁冀的弟弟梁不疑担任河南尹时，曾推举张陵为孝廉。如今梁不疑对张陵上奏弹劾梁冀心生愤恨，就对张陵说：“当初我举荐了您，恰好因此而惩罚了自己呀。”张陵答道：“当初贤明府君您不因我张陵无能，使我误被提拔，如今我申张国法，以此报答您对我的私人恩惠。”梁不疑面有愧色。张陵的弟弟是张玄。

张玄字处虚，沉着冷静、足智多谋，他因为当时朝政混乱而不去做官。司空张温多次以礼相待想要征召张玄，却始终未能使他应召。中平二年（185），张温以车骑将军的身份率军讨伐凉州的叛军边章等人，临行时，张玄身着粗布短衫，扎着绳索制成的衣带，离开自家田里的庐舍，来到半路迎接张温并劝说道：“天下各路反贼如云涌起一般纷纷作乱，难道不应归咎于黄门署以及担任常侍的宦官们为政无道吗？我听说宫禁内的高官、公卿及其以下的官员们应在平乐观为逸忠正之士，则边章之徒宛转股掌之上矣。”温闻大震，不能对，良久谓玄曰：“处虚，非不悦子之言，顾吾不能行，如何！”玄乃叹曰：“事行则为福，不行则为贼。今与公长辞矣。”即仰药欲饮之。温前执其手曰：“子忠于我，我不能用，是吾罪也，子何为当然！且出口入耳之言，谁今知之！”玄遂去，隐居鲁阳山中。及董卓秉政，闻之，辟以为掾，举侍御史，不就。卓临之以兵，不得已强起，至轮氏，道病终。

赞曰：中世儒门，贾、郑名学。众驰一介，争礼毡幄。升、元守经，义偏情较，霸贵知止，辞交戚里。公超善术，所舍成市。

您设宴送行，明公您总揽天下的威势，掌握全军的兵权，您若能在宴会中途众人喝得尽兴之时，鸣金击鼓，集合军队，召来军中执法的军正将有罪之人拿下并处死，之后撤回军队把守各地郡县驿亭封锁消息，再将宦官们一个接一个地剿灭，使天下万民的急难得以解除，使四境之内的黎民大仇得报，然后再重用那些不愿同流合污的忠诚正直之人，那么边章等人就像落在您的大腿和手掌之上一般可以轻易处治了。”张温听罢大为震惊，无言以对，过了好一会儿才对张玄说：“处虚呀，不是我不同意你的意见，只是我也无能为力呀，这如何是好！”张玄于是叹息道：“此事若能做成便是你我的福气，要是失败了你我便是国贼。如今只好和您永别了。”说完便举起毒药要喝。张温上前抓住他的手说：“你对我忠心耿耿，我不能采纳你的建议，是我一人之罪，你为何要担责！况且这话出于你口，入于我耳，现在谁又能知道！”于是张玄告别了张温，来到鲁阳山中隐居。到董卓把持朝政时，他听说张玄贤能，便征召张玄做辅佐官，并推举张玄出任侍御史，张玄没有领命。董卓于是派去士兵威胁他，张玄无奈被迫应召，途中到达轮氏县后，张玄因病逝世。

赞辞说：中古时期东汉儒学，贾逵、郑兴堪称名家。郑众孤身出使匈奴，单于帐内争礼不拜。范升、陈元固守经义，各执己见争辩驳斥，张霸崇尚适可而止，守节不与外戚往来。张楷作雾道法高超，隐居之所变为市镇。

卷六十七

桓荣丁鸿列传第二十七

桓荣字春卿，沛郡龙亢人也。少学长安，习《欧阳尚书》，事博士九江朱普。贫窭无资，常客佣以自给，精力不倦，十五年不窥家园。至王莽篡位乃归。会朱普卒，荣奔丧九江，负土成坟，因留教授，徒众数百人。莽败，天下乱。荣抱其经书与弟子逃匿山谷，虽常饥困而讲论不辍，后复客授江淮闲。

建武十九年，年六十余，始辟大司徒府。时显宗始立为皇太子，选求明经，乃擢荣弟子豫章何汤为虎贲中郎将，以《尚书》授太子。世祖从容问汤本师为谁，汤对曰："事沛国桓荣。"帝即召荣，令说《尚书》，甚善之。拜为议郎，赐钱十万，入使授太子。每朝会，辄令荣于公卿前敷奏经书。帝称善，曰："得生几晚！"会《欧阳》博士缺，帝欲用荣。荣叩头让曰："臣经术浅薄，不如同门生郎中彭闳、扬州从事皋弘。"帝曰："俞，往，女谐。"因拜荣为博士，引闳、弘为议郎。

车驾幸大学，会诸博士论难于前，荣被服儒衣，温恭有蕴籍，辩明经义，每以礼让相猒，不以辞长胜人，儒者莫之及，特加赏赐。又诏诸生雅吹击磬，尽日乃罢。后荣入会庭中，诏赐奇果，受者皆怀之，荣独举手捧之以拜。帝笑指之曰："此真儒生也。"以是愈见桓荣字春卿，沛郡龙亢县人。桓荣年轻时曾到长安求学，研习《欧阳尚书》，师从博士九江郡人朱普，桓荣一贫如洗，囊中羞涩，常到外地做雇工以此养活自己，他精力充沛不知疲倦，一连十五年都不回乡看望家人。一直到王莽篡位时桓荣才回去。适逢老师朱普去世，桓荣便赶赴九江郡处理丧事，他背来泥土筑好老师的坟墓，之后就便留在九江讲学，听他讲课的学生有几百人之多。王莽败亡后，天下大乱，桓荣抱着自己的儒经与弟子们逃到山谷中避难，虽然经常食不果腹、困顿窘迫但仍诲人不倦，后来他又旅居江淮一带讲授儒术。

建武十九年（43），桓荣已经六十多岁了，这才被大司徒府征召。那时明帝刚被册立为皇太子，朝廷正要为他选拔、搜求一位通晓经术的老师，就提拔了桓荣的学生豫章郡人何汤为虎贲中郎将，让他为太子讲授《尚书》。光武帝平静地询问何汤他的老师是谁，何汤答道："沛国人桓荣。"光武帝便立即召见了桓荣，并命他讲解《尚书》，听罢觉得桓荣讲得非常好。光武帝将桓荣任命为议郎，又赐给他十万钱，命他入宫教导太子。每次百官入朝觐见天子时，光武帝总会命桓荣在公卿面前陈说经书。光武帝对桓荣大加称赞，他说："可惜我知道你太晚了！"正巧当时太学讲授《欧阳尚书》的博士空缺了，光武帝想让桓荣继任。荣叩头推辞道："微臣对经典的研究不深，比不上臣下的同学郎中彭闳和扬州从事皋弘。"光武帝说："好，但还是您去担任博士吧，您能让博士们彼此更加融洽。"于是光武帝任命桓荣为博士，并将彭闳、皋弘召入朝中任命为议郎。

光武帝曾到太学探视，恰逢各位博士在太学庭前辩论经义疑难，光武帝看到桓荣身着儒服，温和谦恭，宽容大度，为将经义辩论明白，常以礼让令对方心服口服，而并非以能言善道来驳倒他人，在场儒生的儒雅没有一人可与他媲美，于是特别对桓荣施以赏赐。光武敬厚，常令止宿太子宫。积五年，荣荐门下生九江胡宪侍讲，乃听得出，旦一入而已。荣尝寝病，太子朝夕遣中傅问病，赐以珍羞、帷帐、奴婢，谓曰："如有不讳，无忧家室也。"后病愈，复入侍讲。

二十八年，大会百官，诏问谁可傅太子者，群臣承望上意，皆言太子舅执金吾原鹿侯阴识可。博士张佚正色曰："今陛下立太子，为阴氏乎？为天下乎？即为阴氏，则阴侯可；为天下，则固宜用天下之贤才。"帝称善，曰："欲置傅者，以辅太子也。今博士不难正朕，况太子乎？"即拜佚为太子太傅，而以荣为少傅，赐以辎车、乘马。荣大会诸生，陈其车马、印绶，曰："今日所蒙，稽古之力也，可不勉哉！"荣以太子经学成毕，上疏谢曰："臣幸得侍帷幄，执经连年，而智学浅短，无以补益万分。今皇太子以聪睿之姿，通明经义，观览古今，储君副主莫能专精博学若此者也。斯诚国家福祐，天下幸甚。臣师道已尽，皆在太子，谨使掾臣汜再拜归道。"太子报书曰："庄以童蒙，学道九载，而典训不明，无所晓识。夫《五经》广大，圣言幽远，非天下之至精，岂能与于此！况以不才，敢承诲命。昔之先师谢弟子者有矣，上则通达经旨，分明章句，下则去家慕乡，求谢师门。今蒙下列，不敢有辞，愿君慎疾加餐，重爱玉体。"

帝又下诏命诸生吹奏《雅》《颂》之音并伴以击磬，终日之后才结束演奏。后来桓荣来到庭中与众人相会，光武帝下诏将名贵的果品赐给各位儒生，接受了赏赐的儒生们都把珍果藏入衣襟，唯独桓荣双手捧起果品举手拜谢。光武帝指着桓荣笑道："这位是真正的儒生呀！"光武帝因此更加敬重、厚待桓荣，常让他在太子宫中留宿。五年后，桓荣推荐自己的门生九江郡人胡宪继任太子的侍讲，自己每天仅需听毕胡宪的讲授便可出宫，只需每天早晨进宫一次即可。桓荣曾卧病在床，那时太子早晚各一次派中傅探问病情，并将美食、帷帐、奴婢赏赐给他，还对他说："如果您未能平安无事，也不必为家人担忧。"后来桓荣康复了，便再次进宫担任侍讲。

建武二十八年（52），光武帝大会群臣，他下诏向百官征询可为太子太傅的合适人选，百官揣测上意后，都说太子的舅父执金吾原鹿侯阴识可以胜任。博士张佚神情严肃地进言说："如今陛下册立太子，是为阴家而立呢？还是为天下？若是为阴家而立，那么阴侯自可以担任太傅；若是为天下而立，那就本应从天下人当中选用贤才。"光武帝赞同张佚的意见，他说："之所以想要设立太傅，是想让他辅佐太子。如今博士张佚对于纠正朕的过失都毫不畏难，何况是让他纠正太子呢？"光武帝当即便任命张佚为太子太傅，同时任命桓荣为少傅，二人获赐带有车盖和帷幔的马车以及四匹马。桓荣大会各位儒生，将车马、印信和绶带展示给众人，他说："今日能够承蒙朝廷恩典，这正是考察古事的效用啊，各位怎能不勉力治学呢！"桓荣认为太子的经术已经学成，就上书辞谢太子说："微臣有幸能在殿下身边侍奉，殿下手持经书随微臣研习多年，然而微臣智略短浅、学识浅薄，实在是未能对殿下的学业有所助益。如今太子凭借自己聪慧的天资，通晓了儒学经籍的义理，微臣遍览古今，未曾见过如太子一般专心致志、学识渊博的储君。这实在是大汉的洪福，天下的幸运。微臣已经不足以继续担任殿下的师傅了，微臣已然倾囊相授，微臣恭谨地派去掾吏汜再次拜谢殿下并请辞少傅之职。"太子回信道："我刘庄从一个懵懂无知的孩童，跟随您修习了九年儒道，然而至今尚未明晓《尧典》和《伊训》的要义，于儒术无所精通。儒家'五经'博大三十年，拜为太常。荣初遭仓卒，与族人桓元卿同饥戹，而荣讲诵不息。元卿嗤荣曰："但自苦气力，何时复施用乎？"荣笑不应。及为太常，元卿叹曰："我农家子，岂意学之为利乃若是哉！"

显宗即位，尊以师礼，甚见亲重，拜二子为郎。荣年逾八十，自以衰老，数上书乞身，辄加赏赐。乘舆尝幸太常府，令荣坐东面，设几杖，会百官骠骑将军东平王苍以下及荣门生数百人，天子亲自执业，每言辄曰"大师在是"。既罢，悉以太官供具赐太常家。其恩礼若此。

永平二年，三雍初成，拜荣为五更。每大射养老礼毕，帝辄引荣及弟子升堂，执经自为下说。乃封荣为关内侯，食邑五千户。

荣每疾病，帝辄遣使者存问，太官、太医相望于道。及笃，上疏谢恩，让还爵土。帝幸其家问起居，入街下车，拥经而前，抚荣垂涕，赐以床茵、帷帐、刀剑、衣被，良久乃去。自是诸侯将军大夫问疾者，不敢复乘车到门，皆拜床下。荣卒，帝亲自变服，临丧送葬，赐冢茔于首山之阳。除兄子二人补四百石，都讲生八人补二百石，精深，圣人之言意旨深远，若非天下绝伦之士，怎能追步先贤至道！何况是我这样才疏学浅的人，哪里担得起您的教诲和评价。从前师傅向弟子请辞的也是有的，但那些弟子上品者已然能够通晓经义，判明章节句读，下品者出于背井离乡思家甚切，因而辞别尊师。如今您屈尊请求于我，我不敢有所拒绝，希望您谨防生病，多进饮食，保重身体。”

建武三十年（54），桓荣出任太常。起初桓荣曾遭逢变乱，他和同族人桓元卿一起陷入饥饿和困顿，然而桓荣继续坚持讲授、诵读经书。桓元卿嘲笑桓荣说：“你这不过是自找罪受，你的那些学问什么时候才会再派上用场呢？”桓荣笑而不答。到桓荣出任太常时，桓元卿叹道：“我是农家子弟，哪能想到学问竟有这么大的好处呀！”

明帝即位后，仍敬重桓荣待之以师礼，对桓荣非常亲近、器重，还任命桓荣的两个儿子为郎。桓荣八十多岁时，他觉得自己年老体弱，便几次上书请求退职，每次都会获得赏赐。明帝曾亲自造访太常府，明帝请桓荣坐在东面的师者之位，并为桓荣备好了几案和手杖，之后召集了骠骑将军东平王刘苍及其以下的文武百官以及桓荣的学生一共几百人听桓荣讲学，明帝也一同以弟子的身份亲自听讲，每当有人提出质疑时明帝就说：“太师在这里呢。”讲学结束后，就将太官所制的御膳全部赐给太常府。桓荣就是像这般备受礼遇。

永平二年（59），辟雍、明堂、灵台三雍宫刚刚建成，明帝将桓荣选为五更送往辟雍养老。每次大射礼、养老礼结束后，明帝就领着桓荣和他的弟子们登上厅堂，明帝手捧经书亲自接着桓荣的话为众人讲解。明帝出于师生情意最终将桓荣封为关内侯，所赐封地有五千户人家。

每当桓荣生病时，明帝总会派使者问候，太官、太医在去桓荣家的道路上络绎不绝。到桓荣病重时，他上书谢恩，向朝廷辞让爵位和封地。明帝亲赴桓荣家问候他的生活作息，进入桓荣家的街道时便下车步行，明帝抱着经书来到桓荣面前，抚摸着他流下眼泪，明帝又将床褥、帷帐、刀剑、衣被赐给桓荣，很久之后才和他告别。此后诸侯、将军、大夫凡是前往探病的，都不敢再安坐车上来到门前，见其余门徒多至公卿。子郁嗣。

论曰：张佚讦切阴侯，以取高位，危言犯众，义动明后，知其直有余也。若夫一言纳赏，志士为之怀耻；受爵不让，风人所以兴歌。而佚廷议戚援，自居全德，意者以廉不足乎？昔乐羊食子，有功见疑；西巴放麑，以罪作傅。盖推仁审伪，本乎其情。君人者能以此察，则真邪几于辨矣。

郁字仲恩，少以父任为郎。敦厚笃学，传父业，以《尚书》教授，门徒常数百人。荣卒，郁当袭爵，上书让于兄子汎，显宗不许，不得已受封，悉以租入与之。帝以郁先师子，有礼让，甚见亲厚，常居中论经书，问以政事，稍迁侍中。帝自制《五家要说章句》，令郁校定于宣明殿，以侍中监虎贲中郎将。

永平十五年，入授皇太子经，迁越骑校尉，诏敕太子、诸王各奉贺致礼。郁数进忠言，多见纳录。肃宗即位，郁以母忧乞身，诏听以侍中行服。建初二年，迁屯骑校尉。

和帝即位，富于春秋，侍中窦宪自以外戚之重，欲令少主颇涉经学，上疏皇太后曰：“《礼记》云：‘天下之命，悬于天子；天子之到桓荣后都在床前行拜礼。桓荣去世后，明帝亲自改换服饰，亲临葬礼为他送葬，明帝将首阳山南面的墓地赐给桓荣。除了桓荣兄长的两个儿子获赐朝廷加俸四百石，以及协助主讲的八名都讲生获赐加俸二百石以外，桓荣其余的弟子大多官至公卿之位。桓荣的儿子桓郁继承了父亲的爵位。

评论说：张佚对阴识严加攻讦，借此牟取高位，他以直言触犯百官，用义举触动圣上，光武帝因此知道他耿直有余。至于凭一句话就接受赏赐，有志之士因此心怀羞耻；接受爵位而毫不谦让，诗人因此便会作歌相劝。然而张佚在朝堂之上就外戚对国事的助益大发议论，自认为道德完备远胜天下贤才，大概他的正直和节操尚有不足吧？从前乐羊吃了自己儿子的肉，虽然有功仍遭国君怀疑；西巴违背君命放生幼鹿，戴罪之身出任太子太傅。推求仁义之心、穷究诈伪之行，以此得知人情本源。人君若能以此审察臣下，忠贞与奸邪便差不多能够判明了。

桓郁字仲恩，年轻时因父亲在朝为官而出任为郎。他性情敦厚、一心治学，传承了父亲的学问，他为弟子们讲授《尚书》，前来听讲的常有几百人之多。桓荣去世后，桓郁本应继承爵位，他却上书请求将爵位让给哥哥的儿子桓汎，明帝没有同意，桓郁无奈只好接受爵位，但将封地的租赋收入全都送给了桓汎。明帝因为桓郁是先师的儿子，而且有礼让之德，所以对桓郁十分亲近、器重，常让桓郁住在宫中和他谈论经书，并向他咨询国事，不久后便将桓郁升提拔为侍中。明帝自己编写了《五家要说章句》，他命令桓郁在宣明殿校订此书，并让他以侍中身份掌管虎贲中郎将的职务。

永平十五年（72），桓郁入宫为太子讲授经义，并升任为越骑校尉，明帝下诏命太子和各封国国王都要奉上祝贺、献上礼品。桓郁多次向朝廷进献忠言，意见常被采纳。章帝即位后，桓郁为给母亲服丧因而请求退职，朝廷下诏允许他在侍中任上为母亲守孝。建初二年（77），桓郁升任屯骑校尉。

和帝即位后，年纪尚小，侍中窦宪凭着自己身为外戚的权势，想让少年和帝多涉猎一些儒家经典，于是他向皇太后上书说："《大戴善，成乎所习。习与智长，则切而不勤；化与心成，则中道若性。昔成王幼小，越在襁保，周公在前，史佚在后，太公在左，召公在右。中立听朝，四圣维之。是以虑无遗计，举无过事。’孝昭皇帝八岁即位，大臣辅政，亦选名儒韦贤、蔡义、夏侯胜等入授于前，平成圣德。近建初元年，张酺、魏应、召训亦讲禁中。臣伏惟皇帝陛下，躬天然之姿，宜渐教学，而独对左右小臣，未闻典义。昔五更桓荣，亲为帝师，子郁，结发敦尚，继传父业，故再以校尉入授先帝，父子给事禁省，更历四世，今白首好礼，经行笃备。又宗正刘方，宗室之表，善为《诗经》，先帝所褒。宜令郁、方并入教授，以崇本朝，光示大化。”由是迁长乐少府，复入侍讲。顷之，转为侍中奉车都尉。永元四年，代丁鸿为太常。明年，病卒。

郁经授二帝，恩宠甚笃，赏赐前后数百千万，显于当世。门人杨震、朱宠，皆至三公。

初，荣受朱普学章句四十万言，浮辞繁长，多过其实。及荣入授显宗，减为二十三万言。郁复删省定成十二万言。由是有《桓君大小太常章句》。

子普嗣，传爵至曾孙。郁中子焉，能世传其家学。孙鸾、曾孙彬，并知名。

礼记》中说：‘天下的命运，托付在天子身上，天子的美德，因其所学而形成。若天子的学识和才智一并成长，他便能自我勉励而无需频频告诫；若所受的教化和心性一同形成，他的言行便自然而然地合乎道义。从前周成王即位时尚且年幼，甚至还在襁褓当中，然而周公护持于前，史佚侍奉在后，太公协助于左，召公辅佐在右。成王位居正中临朝听政，四位圣人并力扶持。因此成王思虑周密无疏漏，行事万全无过失。’从前昭帝八岁登基，由大臣们匡辅国政，他们也选用大儒韦贤、蔡义、夏侯胜等人进宫为天子讲授经学，昭帝圣德的造就自然安稳妥帖。不久前的建初元年，张酺、魏应、召训也在曾宫中为先帝讲学。以微臣愚见，皇帝陛下，身负天姿，应逐步修习经义，而如今只是与身边的宦官共处，没有听见有人对他陈述经书上的道理。从前五更桓荣，亲自担任明帝的师傅，他的儿子桓郁，长大成人时便推崇儒术，继承家学，因此再次以校尉身份进宫为先帝传授经术，桓氏父子在宫禁中供职，历经四代君主，如今桓郁年高德劭、崇尚礼义，学问品行忠厚完备。还有宗正刘方，他是天子宗亲的表率，研习《诗经》的大家，曾为先帝所赞赏。应当让桓郁、刘方一起入宫为和帝讲学，以使朝廷的盛德得到推崇，昭示朝廷教化的广大深刻。”因此桓郁升任为长乐少府，再此入宫为和帝讲学。不久，桓郁调任为侍中奉车都尉。永元四年（92），桓郁代替丁鸿继任太常。第二年，桓郁病逝。

桓郁先后为两代天子讲学，备受恩宠，所受赏赐共计成百上千万，名重一时。桓郁的门生杨震、朱宠，都官至三公。

起初，桓荣向朱普学习《欧阳尚书》时朱普作了四十万字的章句，空泛之辞又多又长，有不少夸张的注解。到桓荣进宫教授明帝时，他将章句删减为二十三万字。桓郁后来又加以精简写定为十二万字。此后便有了《桓君大小太常章句》。

桓郁的儿子桓普继承了爵位，关内侯的爵位一直传到桓郁的曾孙。桓郁排行居中的儿子桓焉，将家学传承了下去。桓郁的孙子桓鸾、曾孙桓彬在当时都是名士。

焉字叔元，少以父任为郎。明经笃行，有名称。永初元年，入授安帝，三迁为侍中步兵校尉。永宁中，顺帝立为皇太子，以焉为太子少傅，月余，迁太傅，以母忧自乞，听以大夫行丧。逾年，诏使者赐牛酒，夺服，即拜光禄大夫，迁太常。时废皇太子为济阴王，焉与太仆来历、廷尉张皓谏，不能得，事已具《来历传》。

顺帝即位，拜太傅，与太尉朱宠并录尚书事。焉复入授经禁中，因宴见，建言宜引三公、尚书入省事，帝从之。以焉前廷议守正，封阳平侯，固让不受。视事三年，坐辟召禁锢者为吏免。复拜光禄大夫。阳嘉二年，代来历为大鸿胪，数日，迁为太常。永和五年，代王龚为太尉。汉安元年，以日食免。明年，卒于家。

弟子传业者数百人，黄琼、杨赐最为显贵。焉孙典。

典字公雅，复传其家业，以《尚书》教授颍川，门徒数百人。举孝廉为郎。居无几，会国相王吉以罪被诛，故人亲戚莫敢至者。典独弃官收敛归葬，服丧三年，负土成坟，为立祠堂，尽礼而去。

辟司徒袁隗府，举高第，拜侍御史。是时宦官秉权，典执政无所回避。常乘骢马，京师畏惮，为之语曰："行行且止，避骢马御史。"及黄巾贼起荥阳，典奉使督军。贼破，还，以牾宦官赏不行。

桓焉字叔元，年轻时因父亲在朝为官而就任为郎。桓焉通晓经义，品行仁厚，名声在外。永初元年（107），桓焉进宫为安帝讲学，三度升迁后官至侍中步兵校尉。安帝永宁年间，安帝册立顺帝为皇太子，并任命桓焉为太子少傅，一个多月后，又提拔他为太傅，桓焉因要为母亲服丧请求退职，安帝允许他以大夫身份守孝。一年后丧期未满，安帝下诏派使者将牛和酒赏赐给桓焉，命他除去丧服，并当即任命他为光禄大夫，之后又提拔为太常。当时朝廷将太子废为济阴王，桓焉和太仆来历、廷尉张皓曾进谏阻止，但没有成功，此事已记载于《来历传》。

顺帝即位后，朝廷任命桓焉为太傅，桓焉和太尉朱宠一同总管尚书台事务。桓焉再次进宫讲学，顺帝于公务闲暇时召见了他，桓焉乘便向顺帝提议应请三公、尚书入朝办理政务，顺帝同意了。顺帝又因为桓焉此前在朝廷商议废立时坚守正道，就封他为阳平侯，但桓焉坚定地回绝了。桓焉在顺帝朝中供职三年后，因征召任用了受到禁锢的人为官而遭罢免。后又出任为光禄大夫。阳嘉二年（133），桓焉接替来历继任大鸿胪，几天后，又调任为太常。永和五年（140），桓焉接替王龚继任太尉。汉安元年（142），桓焉因出现日食而遭罢免。第二年，桓焉在家中去世。

有几百名弟子继承了桓焉的学问，其中黄琼、杨赐后来最为显贵。桓焉的孙子是桓典。

桓典字公雅，他重新继承了祖父研习儒术的事业，在颍川郡教授《尚书》，有几百名弟子。桓典被举荐为孝廉出任为郎。做官没多久，适逢家乡沛国的国相王吉因罪被处死，他的朋友亲戚都远离是非。惟独桓典不顾官位收殓了王吉的遗体并将他送回家乡安葬，桓典为王吉服丧三年，还背来泥土为王吉筑好坟墓，之后又为他设立祠堂，尽了应尽的礼数之后才离开。

司徒袁隗将桓典征召到司徒府，桓典在考核中名列前茅，袁隗便任命他为侍御史。当时宦官专权，而桓典执政却对阉党毫无顾忌。桓典常常骑着一匹青白色的骏马，京城的人都对这一人一骑感到畏惧，他们传言道："走走停停小心翼翼，骑青白马的御史要注意躲在御史七年不调，后出为郎。

灵帝崩，大将军何进秉政，典与同谋议，三迁羽林中郎将。献帝即位，三公奏典前与何进谋诛阉官，功虽不遂，忠义炳著。诏拜家一人为郎，赐钱二十万。

从西入关，拜御史中丞，赐爵关内侯。车驾都许，迁光禄勋。建安六年，卒官。

鸾字始春，焉弟子也。少立操行，褞袍糟食，不求盈余。以世浊，州郡多非其人，耻不肯仕。

年四十余，时太守向苗有名迹，乃举鸾孝廉，迁为胶东令。始到官而苗卒，鸾即去职奔丧，终三年然后归，淮汝之间高其义。后为巳吾、汲二县令，甚有名迹。诸公并荐，复征拜议郎。上陈五事：举贤才，审授用，黜佞幸，省苑囿，息役赋。书奏御，牾内竖，故不省。以病免。中平元年，年七十七，卒于家。子晔。

晔字文林，一名严，尤修志介。姑为司空杨赐夫人。初鸾卒，姑归宁赴哀，将至，止于传舍，整饰从者而后入，晔心非之。及姑劳问，终无所言，号哭而已。赐遣吏奉祠，因县发取祠具，晔拒不受。后每至京师，未尝舍宿杨氏。其贞忮若此。宾客从者，皆祗其志行，一餐不受于人。仕为郡功曹。后举孝廉、有道、方正、茂才，三公并避。”到黄巾军在荥阳县发动起义时，桓典奉命出使荥阳督战。官军击败贼兵后，桓典回到京城，但因为冒犯了宦官而未获赏赐。桓典担任御史七年始终未获升迁，后来离开京城到郡县担任郎官。

灵帝驾崩后，大将军何进总揽朝政，桓典和他一同商议国事，三度升迁后桓典官至羽林中郎将。献帝即位后，三公上书说桓典之前与何进定计诛灭宦官，最终虽然大事未成，但耿耿忠心昭然若揭。献帝下诏任命桓典家中一人为郎，并赐给桓典二十万钱。

桓典从西边进入函谷关，朝廷任命他为御史中丞，并将他封为关内侯。献帝迁都到许县后，桓典升任为光禄勋。建安六年（201），桓典在光禄勋任上去世。

桓鸾字始春，是桓焉弟弟的儿子。桓鸾年轻时注意磨砺节操和品行，身穿乱麻作内衬的袍子吃着粗劣的食物，而不求生活富足。桓鸾认为世道昏暗，州郡官员大多不胜其任，他因耻与其为伍而不愿出来做官。

桓鸾四十多岁时，当时本郡太守向苗治郡有方，他因此推举桓鸾为孝廉，并提拔桓鸾为胶东县令。桓鸾刚刚上任而向苗却去世了，他当即辞官赶去参加向苗的丧事，服丧三年后才回到胶东县，淮河、汝河一带的人们都称赞他重情重义。后来桓鸾先后担任了巳吾县、汲县县令，政绩优异、声名远扬。后来桓鸾得到了众位公卿的共同推荐，朝廷又征召并任命他为议郎。桓鸾上书陈述了五条意见：推举贤能之人，审察在任官吏，罢黜以谄媚取宠之人，节约建设林苑的花费，停止人力、租赋的征调。奏书呈上后，触犯了宫内小臣，因此他们未将奏书转交给灵帝。后来桓鸾因病被罢免。中平元年（184），桓鸾七十七岁时，他在家中去世。他的儿子是桓晔。

桓晔字文林，又名桓严，他极为注重磨砺志气与节操。他的姑姑是司空杨赐的夫人。起初桓鸾去世时，桓晔的姑姑回娘家参加丧事，快到家时，一行人在驿馆暂歇，桓晔的姑姑整顿妆点了随从之后才踏入家门，桓晔认为这样的做法不合礼数。等到姑姑慰问他时，他始终一言不发，只是放声大哭。杨赐派官吏前来祭拜，他们顺便命令当地县衙提供祭祀用具，而桓晔拒不接受。之后每次到京城时，辟，皆不应。

初平中，天下乱，避地会稽，遂浮海客交阯越人化其节，至闾里不争讼。为凶人所诬，遂死于合浦狱。

彬字彦林，焉之兄孙也。

父麟，字元凤，早有才惠。桓帝初，为议郎，入侍讲禁中，以直道牾左右，出为许令，病免。会母终，麟不胜丧，未祥而卒，年四十一。所著碑、诔、赞、说、书凡二十一篇。

彬少与蔡邕齐名。初举孝廉，拜尚书郎。时中常侍曹节女婿冯方亦为郎，彬厉志操，与左丞刘歆、右丞杜希同好交善，未尝与方共酒食之会，方深怨之，遂章言彬等为酒党。事下尚书令刘猛，猛雅善彬等，不举正其事，节大怒，劾奏猛，以为阿党，请收下诏狱，在朝者为之寒心，猛意气自若，旬日得出，免官禁锢。彬遂以废。光和元年，卒于家，年四十六。诸儒莫不伤之。

所著《七说》及书凡三篇，蔡邕等共论序其志，佥以为彬有过人者四：夙智早成，岐嶷也；学优文丽，至通也；仕不苟禄，绝高也；辞隆从窊，絜操也。乃共树碑而颂焉。

刘猛，琅邪人。桓帝时为宗正，直道不容，自免归家。灵帝即桓晔从不在杨赐家留宿。他就是这样气节坚定的人。桓晔的宾客及随从，都敬佩他的志气和操行，因而从未接受过外人的一顿饭食。桓晔担任郡功曹一职。后来又被推举为孝廉、有道、方正、茂才，三公府都曾征召他为官，而桓晔无一次应召。

灵帝初平年间，天下动荡，桓晔到会稽郡避难，最后又渡海客居交阯并教化了当地越人的礼节，使得乡里之间再无争斗和控诉。后来桓晔被恶人诬陷，最终命丧合浦郡狱中。

桓彬字彦林，他是桓焉兄长的孙子。

桓彬的父亲桓麟，字元凤，年轻时颇富才华和智慧。桓帝初年，桓麟担任议郎，并入宫讲学，后因坚守正道触犯了桓帝的近臣，他奉命离开京城出任许县县令，最终因病免官。不幸又恰逢母亲去世，桓麟不能承受丧母之痛，守孝未满周年时就去世了，终年四十一岁。桓麟生前著有碑文、祭文、赞文、论文、书信共计二十一篇。

桓彬年少时与蔡邕齐名。起初桓彬被推举为孝廉，出任尚书郎。当时中常侍曹节的女婿冯方也担任郎官，桓彬坚持砥砺志向和节操，他和尚书左丞刘歆、尚书右丞杜希志趣相投，往来密切，而未曾与冯方一起参加过酒宴，冯方对他们甚为怨恨，就上奏诬陷桓彬等人以酒会结党。朝廷将此事交给尚书令刘猛裁夺，刘猛一向与桓彬等人交好，因此断定他们无罪而不予责罚，曹节大怒，上书弹劾刘猛，认为刘猛亦有结党之罪，请求朝廷拘捕他并关入奉皇命而设的监牢，在朝为官之人无不因此心惊胆寒，而刘猛则神色从容，十天后刘猛得以出狱，他遭到罢免并被禁止再次为官。桓彬也因此而遭革职。光和元年（178），桓彬在家中去世，终年四十六岁。众位儒生无不为此感到悲伤。

桓彬著有《七说》和书信共三篇文字，蔡邕等人一起作文论述桓彬的志向，他们都认为桓彬有四个过人之处：少年时便冰雪聪明，可见其天生早慧；学富五车、文辞华美，可见其博学多才；做官并不贪图俸禄，可见其高风亮节；推辞高位、甘居下僚，可见其操守纯洁。于是蔡邕等人一同刻字立碑赞扬桓彬。

刘猛，琅琊国人。他在桓帝年间担任宗正，但因坚守正道而遭位，太傅陈蕃、大将军窦武辅政，复征用之。

论曰：伏氏自东西京相袭为名儒，以取爵位。中兴而桓氏尤盛，自荣至典，世宗其道，父子兄弟代作帝师，受其业者皆至卿相，显乎当世。孔子曰："古之学者为己，今之学者为人。"为人者，凭誉以显物；为己者，因心以会道。桓荣之累世见宗，岂其为己乎！

丁鸿字孝公，颍川定陵人也。

父綝，字幼春，王莽末守颍阳尉。世祖略地颍阳，颍阳城守不下，綝说其宰，遂与俱降，世祖大喜，厚加赏劳，以綝为偏将军，因从征伐。綝将兵先度河，移檄郡国，攻营略地，下河南、陈留、颍川二十一县。

建武元年，拜河南太守。及封功臣，帝令各言所乐，诸将皆占丰邑美县，唯綝愿封本乡。或谓綝曰："人皆欲县，子独求乡，何也？"綝曰："昔孙叔敖敕其子，受封必求墝埆之地，今綝能薄功微，得乡亭厚矣。"帝从之，封定陵新安乡侯，食邑五千户，后徙封陵阳侯。

鸿年十三，从桓荣受《欧阳尚书》，三年而明章句，善论难，为都讲，遂笃志精锐，布衣荷担，不远千里。

初，綝从世祖征伐，鸿独与弟盛居，怜盛幼小而共寒苦。及綝卒，鸿当袭封，上书让国于盛，不报。既葬，乃挂缞绖于冢庐而逃打压，于是他主动请辞返回家乡。灵帝即位后，太傅陈蕃、大将军窦武辅佐灵帝处理政务，朝廷重新征召刘猛委以重任。

评论说：伏生及其后人从西汉到东汉代代都传承了大儒之名，并因此获得爵位。光武帝复兴汉室之后桓氏一族极为兴盛，从桓荣到桓典，其家学为历代士子所尊崇，桓氏父子兄弟代代担任帝王的老师，其他弟子历朝都有官至卿相之人，在当时十分显赫。孔子说："古时学者治学是为了自我完善，如今学者治学是为了取悦于人。"为人治学，是凭藉声誉对外夸耀；为己治学，是引导内心顺应道义。桓荣代代受到尊崇，他哪里是为己治学呢！

丁鸿字孝公，颍川郡定陵县人。

丁鸿的父亲丁綝，字幼春，于王莽末年担任颍阳县尉。光武帝攻打颍阳时，颍阳城防守严密难以攻克，丁綝游说了颍阳县令，县令便与他一起投降，光武帝非常高兴，对丁綝大加赏赐，并任命他为偏将军，于是丁綝便追随光武帝四处征战。丁綝带领军队率先渡过黄河，并向各郡国发出招降文书，之后攻占军营、光复土地，占领了河南郡、陈留国、颍川郡的二十一个县。

建武元年（25），朝廷任命丁綝为河南太守。到分封功臣时，光武帝让每人说出自己想要的封地，各位将领都挑选了富裕的县城，只有丁綝想要把本乡作为封地。有人问丁綝："人家都想当县侯，你却只想当乡侯，为什么呀？"丁綝说："从前孙叔敖曾告诫儿子，受封时一定要选择土地贫瘠之所，如今我丁綝能力不足、功劳不大，能获封乡侯、亭侯就很不错了。"光武帝答应了他的心愿，封他为定陵县新安乡乡侯，俸禄为五千户人家的租赋，后来改封他为陵阳县侯。

丁鸿十三岁时，师从桓荣学习《欧阳尚书》，三年后就通晓了章节和句读的分析，善于讲论疑难之处，成为了协助桓荣讲经的都讲，自此丁鸿更加坚定志向、一心治学，他身穿布衣、肩挑行李，不远千里外出求学。

起初，丁綝跟随光武帝四处征战，家里只有丁鸿和弟弟丁盛住在一起，丁鸿因丁盛这么小就要和自己一起过苦日子而很怜悯他。等到丁綝去世后，丁鸿应当继承封地，而他却向朝廷上书要将封国去，留书与盛曰："鸿贪经书，不顾恩义，弱而随师，生不供养，死不饭唅，皇天先祖，并不祐助，身被大病，不任茅土。前上疾状，愿辞爵仲公，章寝不报，迫且当袭封。谨自放弃，逐求良医。如遂不瘳，永归沟壑。"鸿初与九江人鲍骏同事桓荣，甚相友善，及鸿亡封，与骏遇于东海，阳狂不识骏。骏乃止而让之曰："昔伯夷、吴札乱世权行，故得申其志耳。《春秋》之义，不以家事废王事。今子以兄弟私恩而绝父不灭之基，可谓智乎？"鸿感悟，垂涕叹息，乃还就国，开门教授。鲍骏亦上书言鸿经学至行，显宗甚贤之。

永平十年诏征，鸿至即召见，说《文侯之命篇》，赐御衣及绶，禀食公车，与博士同礼。顷之，拜侍中。十三年，兼射声校尉。建初四年，徙封鲁阳乡侯。

肃宗诏鸿与广平王羡及诸儒楼望、成封、桓郁、贾逵等，论定五经同异于北宫白虎观，使五官中郎将魏应主承制问难，侍中淳于恭奏上，帝亲称制临决。鸿以才高，论难最明，诸儒称之，帝数嗟美焉。时人叹曰："殿中无双丁孝公。"数受赏赐，擢徙校书，遂代成封为少府。门下由是益盛，远方至者数千人。彭城刘恺、北海巴茂、九江朱伥皆至公卿。元和三年，徙封马亭乡侯。

让给丁盛，然而奏书未获朝廷回复。丁鸿安葬了父亲后，就将丧服挂在守墓的草庐里逃走了，他在留给丁盛的信里说：“丁鸿贪恋修习儒家经典，不顾父亲的恩德和情义，我年少时追随师傅学习，先父在世未尽供养之责，死后未能施行‘饭含’之礼，多亏皇天神明、先人祖宗，并不保佑帮助不孝之人，丁鸿如今重病在身，难以继承爵位封土。此前上书呈报病情，想将爵位让与弟弟，然而奏章搁置未获答复，我被迫领受继承爵土之责。如今我郑重地放弃爵位，离家追寻、搜求治病良医。如果最终无法治愈，我愿死在沟壑之中。”起初丁鸿与九江郡人鲍骏一同侍奉桓荣，两人关系深厚，到丁鸿逃离封地时，他在东海郡遇到了鲍骏，丁鸿佯装发疯假装不认识鲍骏。鲍骏就拉住丁鸿并且责备他说：“从前伯夷、季札身处乱世便宜行事，因此他们的让国之志得以申明。《春秋》义理所推崇的是，不因家事放弃国事，现在你只因兄弟私情却要断绝令尊本应万世不灭的基业，这难道是明智之举吗？”丁鸿心生悔悟，流泪叹息，就回乡继承封国，并且打开家门设馆讲学。鲍骏也向朝廷上书说丁鸿通晓经义、品行高洁，显宗就对丁鸿甚为器重。

永平十年（67）明帝下诏征召贤才，丁鸿一到京城便受到召见，他为明帝讲述了《尚书·文侯之命》，之后获赐了明帝的衣服和绶带，并在公车署领受了御赐的饭菜，享受了与博士同等的礼遇。不久，朝廷任命丁鸿为侍中。永平十三年（70），丁鸿兼任射声校尉。建初四年（79），朝廷将丁鸿改封为鲁阳乡侯。

章帝下诏召集了丁鸿与广平王刘羡以及楼望、成封、桓郁、贾逵等诸位儒生，一行人在洛阳北宫的白虎观讨论“五经”之间的异同，章帝令五官中郎将魏应负责秉承自己的旨意提出质疑，令侍中淳于恭将众人的陈述奏上，章帝亲自行使职权做出裁决。丁鸿因为学富才高，回应质询最为明白，众位儒生交口称赞，章帝也频频赞叹褒奖。当时人叹道：“殿中回答问题，丁孝公是举世无双的。”丁鸿多次受到赏赐，朝廷提拔他为校书，最终丁鸿接替成封继任少府。从此越来越多的弟子受业于丁鸿，有几千人远道而来。其中彭城人刘恺、北海郡人巴茂、九江郡人朱伥都官至公卿。元和三年（86），朝廷将丁鸿改和帝即位，迁太常。永元四年，代袁安为司徒。是时窦太后临政，宪兄弟各擅威权。鸿因日食，上封事曰：

臣闻日者阳精，守实不亏，君之象也；月者阴精，盈毁有常，臣之表也。故日食者，臣乘君，阴陵阳；月满不亏，下骄盈也。昔周室衰季，皇甫之属专权于外，党类强盛，侵夺主势，则日月薄食，故《诗》曰："十月之交，朔月辛卯，日有食之，亦孔之丑。"《春秋》日食三十六，弑君三十二。变不空生，各以类应。夫威柄不以放下，利器不可假人。览观往古，近察汉兴，倾危之祸，靡不由之。是以三桓专鲁，田氏擅齐，六卿分晋；诸吕握权，统嗣几移；哀、平之末，庙不血食。故虽有周公之亲，而无其德，不得行其势也。

今大将军虽欲敕身自约，不敢僭差，然而天下远近皆惶怖承旨，刺史二千石初除谒辞，求通待报，虽奉符玺，受台敕，不敢便去，久者至数十日。背王室，向私门，此乃上威损，下权盛也。人道悖于下，效验见于天，虽有隐谋，神照其情，垂象见戒，以告人君。间者月满先节，过望不亏，此臣骄溢背君，专功独行也。陛下未深觉悟，故天重见戒，诚宜畏惧，以防其祸。《诗》云："敬天之怒，不敢戏豫。"若敕政责躬，杜渐防萌，则凶妖销灭，害除福凑矣。

封为马亭乡侯。

和帝即位后，丁鸿升迁为太常。永元四年，丁鸿接替袁安继任司徒。当时窦太后临朝执政，窦氏兄弟各自把持大权。丁鸿趁着发生日食，进呈密折说：

微臣听说太阳为阳气之精萃，永葆充实绝无损毁，是君主的象征；月亮为阴气之精萃，阴晴圆缺合于规律，是臣子的标志。所以日食所预兆的是，臣子僭越君主，阴气凌驾阳气；月相圆满全无残缺，说明臣下骄慢放肆。从前周王室衰微之时，皇甫等权臣在朝廷外统揽政权，臣下结党势力壮大，导致君主大权旁落，因此日月相侵发生日食。《诗经》上说：十月日月相交时，初一正值辛卯日，空中忽然现日食，大难临头天昭示。《春秋》记载了三十六次日食，同时发生三十二场弑君惨案。天地异变自有因由，兆相人事各有对应。驭人之术不可下放，治国之权不可出借。回溯遍览远古之事，考察近世中兴之时，国势危急之祸，全都由此产生。因此三桓把持鲁国朝政，田氏独揽齐国大权，六卿专权瓜分晋国；吕氏一门权倾朝野，大汉帝位险遭篡夺；哀帝、平帝衰末之世，汉家宗庙香火断绝。因此即便有周公一般的皇亲，若无周公忠贞之德行，也不能很好地治理国家。

如今大将军虽有心慎言慎行自我约束，不敢僭越有所差池，然而朝野上下四境之内无人不对大将军心怀畏惧唯命是从，刺史和太守在赴任之前都要造访窦府辞别，他们恳求门卫通报姓名而后静待回音，即使已经领受了印信，拜受了朝廷指示，也不敢即刻离开，有时回复迟迟不至竟要等待几十天之多。百官背离朝廷，依附权贵之家，这是君威减损，权臣强势呀。下界人事反于正道，上天便会有所昭示，即便有人暗中谋划，神灵亦能知晓隐情，彰明异象显示警戒，以此警告人君失德。不久前望日未至而月相圆满，望日已过而仍无残缺，这正象征着臣下骄傲自满，背弃君王，贪天之功，独断专行啊。那时陛下还没有彻底醒悟，因此上天再次显示警戒，陛下实在应该有所忌惮，以防大祸临头。《诗经》上说："敬畏上天的愤怒，绝不敢轻慢疏忽。"如果陛下整饬朝政、反躬自省，防微杜渐，那么凶兆、妖异就会消灭，灾害就会消除，福祉将会到来。

夫坏崖破岩之水，源自涓涓；干云蔽日之木，起于葱青。禁微则易，救末者难，人莫不忽于微细，以致其大。恩不忍诲，义不忍割，去事之后，未然之明镜也。臣愚以为左官外附之臣，依托权门，倾覆谄谀，以求容媚者，宜行一切之诛。间者大将军再出，威振州郡，莫不赋敛吏人，遣使贡献。大将军虽云不受，而物不还主，部署之吏无所畏惮，纵行非法，不伏罪辜，故海内贪猾，竞为奸吏，小民吁嗟，怨气满腹。臣闻天不可以不刚，不刚则三光不明；王不可以不强，不强则宰牧从横。宜因大变，改政匡失，以塞天意。

书奏十余日，帝以鸿行太尉兼卫尉，屯南、北宫。于是收窦宪大将军印绶，宪及诸弟皆自杀。

时大郡口五六十万举孝廉二人，小郡口二十万并有蛮夷者亦举二人，帝以为不均，下公卿会议。鸿与司空刘方上言："凡口率之科，宜有阶品，蛮夷错杂，不得为数。自今郡国率二十万口岁举孝廉一人，四十万二人，六十万三人，八十万四人，百万五人，百二十万六人。不满二十万二岁一人，不满十万三岁一人。"帝从之。

六年，鸿薨，赐赠有加常礼。子湛嗣。湛卒，子浮嗣。浮卒，子夏嗣。

论曰：孔子曰"太伯三以天下让，民无得而称焉"。孟子曰"闻冲垮山崖击破岩石的江水，源于细小的水流；直上云霄遮天蔽日的大树，起于葱青的幼苗。禁止微小的事情产生是很容易的，但挽救已经发展的事情很难。人们都会轻视苗头，以致酿成大祸。出于恩义不忍教训，出于情分不忍绝交，往事之于后人，正是如今大祸未临之时的鉴戒。依微臣愚见那些背弃朝廷依附外戚的佞臣，以及那些倚仗权贵之家，排挤贤良曲奉上意，奉承谄媚意有所图的小人，应当一律处死。近来大将军重获权势，声威震撼州郡，各州各郡无不搜刮差役百姓，派出使者献上贡品。大将军虽然嘴上推辞，但并没有物归原主，他扶植的官员无所忌惮，恣意妄为、违法乱纪，屡次三番逃脱罪责，因此四海之内贪婪狡猾的人，竞相成为贪赃枉法的官吏，小民呜呼哀哉，内心充满怨恨。微臣听说天不能不维系刚健，失却刚健日、月、星三光就会变得黯淡；王不能不保持威势，失却威势中央、地方诸官就无所顾忌。应趁天生异象之际，改革朝政，匡正过失，来使天意得到满足。

奏书呈上十几天后，和帝任命丁鸿为代理太尉并兼任卫尉，驻军防守洛阳南宫、北宫。之后朝廷便收回了窦宪的大将军印信及绶带，窦宪和他的弟弟们都自尽了。

当时五六十万人口的大郡每年可推举两名孝廉，而算上蛮夷共计二十万人口的小郡也可推举两名，和帝认为不够均等，便将此事交由公卿商议良方。丁鸿与司空刘方上书说：“凡按人口比率组织的察举，各郡推举数量应有多少之别，杂居各处的蛮夷，不能算入总数。自今以后各郡各国一律每二十万人每年推举一名孝廉，四十万人口的郡则推举两名，六十万人口的郡推举三名，八十万人口的郡推举四名，一百万人口的郡推举五人，一百二十万人口的郡推举六人。不满二十万人口的郡每两年推举一人，不满十万人口的郡每三年推举一人。”和帝采纳了他们的意见。

永元六年（94），丁鸿去世，朝廷对他的赏赐规格超过通常的礼制。他的儿子丁湛继承了爵位。丁湛去世后，他的儿子丁浮继承了爵位。丁浮去世后，他的儿子丁夏继承了爵位。

评论说：孔子曾有言“长子太伯三次默默地让位于次子季历，百伯夷之风者，贪夫廉，懦夫有立志”。若乃太伯以天下而违周，伯夷率絜情以去国，并未始有其让也。故太伯称至德，伯夷称贤人。后世闻其让而慕其风，徇其名而昧其致，所以激诡行生而取与妄矣。至夫邓彪、刘恺，让其弟以取义，使弟受非服而己厚其名，于义不亦薄乎！君子立言，非苟显其理，将以启天下之方悟者；立行，非独善其身，将以训天下之方动者。言行之所开塞，可无慎哉！原丁鸿之心，主于忠爱乎？何其终悟而从义也！异夫数子类乎徇名者焉。

赞曰：五更待问，应若鸣钟。庭列辎驾，堂修礼容。穆穆帝则，拥经以从。丁鸿翼翼，让而不饰。高论白虎，深言日食。

姓无人得知因此未予称赞”。孟子说“听闻伯夷风范的人，贪婪的人会变得廉洁，懦弱的人会树立志向”。至于太伯为天下大义考虑而离开周国，伯夷遵循高洁的情操而离开孤竹，他们都未曾存心求取谦让之名。因此太伯有至德之名，伯夷有贤人之称。然而后世之人得知圣贤的谦让后进而仰慕他们的风范，贪求圣贤的名声但却违背他们的深意，因此出现了标新立异的行为并在对名利的取舍中充满欺诈。说到邓彪、刘恺，他们将封国让给弟弟以此谋取道义，令弟弟悖理违情接受封土而显扬自己的名声，从道义上说，不也是太刻薄了吗！君子著书立说，不是姑且传扬自己的道理，而是打算用来启发天下有所醒悟之人；树立德行，不是仅为个人身心的修养，而是打算用来教导天下将要行动之人。是否宣扬所言、是否采取行动，岂可轻率！推想丁鸿的本心，是为了持守忠诚和仁爱吗？为何如此最终悔悟从而遵从道义！和那些近乎贪求名声的人是不同的呀。

赞辞说：五更桓荣等待询问，善于应答恰如撞钟。带篷马车列队庭院，殿中修明礼制仪容。当朝天子平和恭敬，手持经典师从桓荣。丁鸿为人恭敬谨慎，谦让封地并非矫饰。白虎观中识见不凡，讲论日食谏言深挚。

卷六十八

张法滕冯度杨列传第二十八

张宗字诸君，南阳鲁阳人也。王莽时，为县阳泉乡佐。会莽败，义兵起，宗乃率阳泉民三四百人起兵略地，西至长安，更始以宗为偏将军。宗见更始政乱，因将家属客安邑。

及大司徒邓禹西征，定河东，宗诣禹自归。禹闻宗素多权谋，乃表为偏将军。禹军到栒邑，赤眉大众且至，禹以栒邑不足守，欲引师进就坚城，而众人多畏贼追，惮为后拒。禹乃书诸将名于竹简，署其前后，乱著笥中，令各探之。宗独不肯探，曰："死生有命，张宗岂辞难就逸乎！"禹叹息谓曰："将军有亲弱在营，奈何不顾？"宗曰："愚闻一卒毕力，百人不当；万夫致死，可以横行。宗今拥兵数千，以承大威，何遽其必败乎！"遂留为后拒。诸营既引兵，宗方勒厉军士，坚垒壁，以死当之。禹到前县，议曰："以张将军之众，当百万之师，犹以小雪投沸汤，虽欲戮力，其势不全也。"乃遣步骑二千人反还迎宗。宗引兵始发，而赤眉卒至，宗与战，却之，乃得归营，于是诸将服其勇。及还到长安，宗夜将锐士入城袭赤眉，中矛贯胛，又转攻诸营保，为流矢所激，皆几至于死。

张宗字诸君，南阳郡鲁阳县人。王莽时，他担任本县阳泉乡乡佐。恰逢王莽败亡，各地组织义军，于是张宗也率领三四百名阳泉百姓出兵抢占领地，后来张宗西行来到长安，更始帝任命张宗为偏将军。张宗看到更始帝治国无道，因此领着家眷旅居河东郡安邑县。

到大司徒邓禹西征时，邓禹平定了河东郡，张宗造访邓禹主动归附。邓禹对张宗素来的足智多谋早有耳闻，就上书请朝廷任命他为偏将军。后来邓禹军占领了栒邑县，而赤眉军的大队人马也即将到来，邓禹认为栒邑不足以部署防御，打算率军开赴易守难攻的城邑，然而众将大多畏于贼军的追击，不敢担当殿后之任。邓禹就把众将姓名写在竹简上，并分别标上担任前军或殿军的任务，打乱后放到竹制食器中，令每人伸手抽取。只有张宗不愿伸手，他说：“是死是活命定之事，我张宗怎么会避难就易呢？”邓禹叹息道：“将军您有家人孩子在军中，怎么不为他们考虑呢？”张宗说：“依在下愚见一人竭力作战，百人无法抵挡；万人拼死杀敌，便能所向披靡。我张宗如今手下几千精兵，又秉承着司徒大军的威势，为什么就一定会失败呢！”张宗就留下负责断后。各个军营的将领们率部出发后，张宗便操练、激励士卒，修饬防御工事，准备拼死阻击贼军。邓禹率军到达前方的县城后，和众将们商议道：“就凭张将军的人马，想要抵挡百万贼军，就像把很少的雪抛入沸水中，即便想要拼力奋战，他的军力也会大受损失。”邓禹便派了两千名步兵骑兵回军迎接张宗撤退。张宗刚刚领兵启程，但是赤眉军突然袭来，张宗随即率军迎战，击退了贼军，这才得以返回军营，众将都佩服他的勇敢。等到重返长安时，张宗率精兵潜入长安夜袭赤眉军，战斗中长矛刺中了他的身体从肩胛之间穿出，后来张宗又转而攻打赤眉军的各处堡垒，其间身中流箭，两次负伤张宗都差点死去。

及邓禹征还，光武以宗为京辅都尉，将突骑与征西大将军冯异共击关中诸营保，破之，迁河南都尉。建武六年，都尉官省，拜太中大夫。八年，颍川桑中盗贼群起，宗将兵击定之。后青、冀盗贼屯聚山泽，宗以谒者督诸郡兵讨平之。十六年，琅邪、北海盗贼复起，宗督二郡兵讨之，乃设方略，明购赏，皆悉破散，于是沛、楚、东海、临淮群贼惧其威武，相捕斩者数千人，青、徐震栗。后迁琅邪相，其政好严猛，敢杀伐。永平二年，卒于官。

法雄字文彊，扶风郿人也，齐襄王法章之后。秦灭齐，子孙不敢称田姓，故以法为氏。宣帝时，徙三辅，世为二千石。雄初仕郡功曹，辟太傅张禹府，举雄高第，除平氏长。善政事，好发擿奸伏，盗贼稀发，吏人畏爱之。南阳太守鲍得上其理状，迁宛陵令。

永初三年，海贼张伯路等三千余人，冠赤帻，服绛衣，自称"将军"，寇滨海九郡，杀二千石令长。初，遣侍御史庞雄督州郡兵击之，伯路等乞降，寻复屯聚。明年，伯路复与平原刘文河等三百余人称"使者"，攻厌次城，杀长吏，转入高唐，烧官寺，出系囚，渠帅皆称"将军"，共朝谒伯路。伯路冠五梁冠，佩印绶，党众浸盛。乃遣御史中丞王宗持节发幽、冀诸郡兵，合数万人，乃征雄为青州刺史，与王宗并力讨之。连战破贼，斩首溺死者数百人，余皆奔走，收器械财物甚众。会赦诏到，贼犹以军甲未解，不敢归降。于是王宗召刺史太守共议，皆以为当遂击之。雄曰："不然。兵，凶器；战，危等到邓禹受召回到京城后，光武帝任命张宗为京辅都尉，张宗率领精于冲锋陷阵的骑兵和征西大将军冯异一道攻打关中地区的各处堡垒，最终汉军攻克堡垒，张宗升任为河南都尉。建武六年（30），朝廷裁撤了都尉一职，任命张宗为太中大夫。建武八年（32），颍川郡桑中县盗贼群起作乱，张宗率军击败贼军镇压了叛乱。后来，青州、冀州的盗贼聚众盘踞于山野之间，张宗以谒者之职监督各郡官军讨伐平定了贼军。建武十六年（40），琅琊郡、北海郡的盗贼再度兴起，张宗负责监督两郡官军征讨贼军，他定下计策，公示悬赏，盗贼全部散伙，沛、楚、东海、临淮四郡的各路贼人出于对张宗威势武力的畏惧，有几千人互相抓捕、彼此残杀，青州、徐州的盗贼因而怕得发抖。后来张宗升任为琅琊国相，他执政风格严厉，敢于做出决断。永平二年（60），张宗在琅琊国相之位上去世。

法雄字文彊，扶风郡郿县人，是齐襄王法章的后人。秦国灭掉齐国后，法章的子孙不敢自称田氏一族，所以用法作为姓氏。宣帝时，法氏族人迁居三辅地区，世代有人出任享禄两千石的太守。法雄起初在本郡担任功曹，后来太傅张禹将他征召到太傅府，将他考定为成绩优异者，并任命他为平氏县长。法雄治县有方，务求揭发、处置暗中发生的恶行，于是平氏县盗贼作乱少有发生，官吏百姓对他又畏惧又敬爱。南阳太守鲍得上书陈说法章的政绩，法章因而升迁为宛陵县令。

永初三年（109），海贼张伯路等三千多人作乱，他们扎着红头巾，穿着红衣服，张伯路自称“将军”，贼军入侵沿海九郡，杀害郡守、县令、县长。起初，朝廷派侍御史庞雄监督州郡官军讨伐他们，张伯路等乞求投降，但不久后又纠集起来。第二年，张伯路又和平原郡人刘文河等三百多人诈称“使者”，合兵攻打平原郡厌次县城，杀害了本县长官，之后贼军又转而进攻平原郡高唐县，他们烧毁县衙，放走在押犯人，贼军的头目们都自称“将军”，一同朝见张伯路。张伯路头戴有五道梁的尊贵的梁冠，腰佩印信、绶带，麾下党羽与日俱增。朝廷派御史中丞王宗拿着符节调遣了幽州、冀州各郡军队，共计几万人马，之后征召法雄并任命他为青州刺史，让他和王宗合力镇事。勇不可恃，胜不可必。贼若乘船浮海，深入远岛，攻之未易也。及有赦令，可且罢兵，以慰诱其心，势必解散，然后图之，可不战而定也。”宗善其言，即罢兵。贼闻大喜，乃还所略人。而东莱郡兵独未解甲，贼复惊恐，遁走辽东，止海岛上。五年春，乏食，复抄东莱间，雄率郡兵击破之，贼逃还辽东，辽东人李久等共斩平之，于是州界清静。

雄每行部，录囚徒，察颜色，多得情伪，长吏不奉法者皆解印绶去。

在州四年，迁南郡太守，断狱省少，户口益增。郡滨带江沔，又有云梦薮泽，永初中，多虎狼之暴，前太守赏募张捕，反为所害者甚众。雄乃移书属县曰：“凡虎狼之在山林，犹人之居城市。古者至化之世，猛兽不扰，皆由恩信宽泽，仁及飞走。太守虽不德，敢忘斯义。记到，其毁坏槛穽，不得妄捕山林。”是后虎害稍息，人以获安。在郡数岁，岁常丰稔。元初中卒官。

子真，在《逸人传》。

压乱贼。官军接二连三地对贼军发起攻击并最终击败了他们，几百名贼军或遭斩首或溺水身亡，残兵败将全部逃跑，官军缴获了大量器械和财物。适逢朝廷赦免的诏书到了，但贼军仍因为官军并未解除武装，所以不敢归顺投降。于是王宗召来了刺史、太守一起商议，众人都认为应当为此而进攻贼军。法雄说："并非如此。刀剑，是凶险的器械；战争，是危险之事。不可倚仗蛮勇，不可自信必胜。乱贼如果乘船渡海，并深藏于远方的海岛中，就会难以攻打了。趁着有了免罪的命令，可以暂时停战，以此宽慰贼兵并挑起他们的归降之心，这样贼军的力量定会溃散，之后再设法对付他们，可以兵不血刃地平定他们。"王宗同意了法雄的意见，立即宣布休战。贼军得知消息后大为欣喜，就送回了此前所掳掠的士兵、百姓。然而唯独东莱郡官军仍未解除武装，致使贼兵再次心生惊惧，他们逃离辽东郡，盘踞于海岛之上。永初五年(111)春季，贼军粮草不足，再次到东莱郡内劫掠，法雄率本郡部队击败了他们，之后贼军逃回辽东郡，而辽东郡的李久等人一同诛灭并镇压了他们，于是青州境内归于平静。

法雄每次巡行青州各郡时，都将囚徒登记入册，同时观察他们的神色，常能估计出案情的虚实，未能依法行事的郡县长官们都解下印信、绶带辞官而去。

法雄担任青州刺史四年后，升任为南郡太守，他很少审理案件，而人口日益增加。南郡地处长江、沔水之滨，郡内又有名为"云梦"的湖沼之地，安帝永初年间，虎狼频频为害百姓，前任太守曾悬赏招募猎人张网捕捉，却有多人反遭虎狼所害。法雄就向治下各县发公文说："虎狼栖息在山林，如同人民居住在城市。古时教化最为美好的时代，猛兽于人无所侵扰，这都是因为施政时秉持恩德信义、广施泽惠，仁慈遍及飞禽走兽。太守我虽然缺乏德行，但哪敢忘记这样的道义。收到公文后，各县应当毁坏捕兽机关和陷阱，不可到山林中滥捕野兽。"此后虎患渐渐平息，百姓因此重获安宁。法雄担任太守的几年间，南郡常年获得丰收。法雄于安帝元初年间在南郡太守之位上去世。

法雄的儿子法真，他的事迹记载在《逸民列传》中。

滕抚字叔辅，北海剧人也。初仕州郡，稍迁为涿令，有文武才用。太守以其能，委任郡职，兼领六县。风政修明，流爱于人，在事七年，道不拾遗。

顺帝末，扬、徐盗贼群起，磐牙连岁。建康元年，九江范容、周生等相聚反乱，屯据历阳，为江淮巨患，遣御史中丞冯绲将兵督扬州刺史尹耀、九江太守邓显讨之。耀、显军败，为贼所杀。又阴陵人徐凤、马勉等复寇郡县，杀略吏人。凤衣绛衣，带黑绶，称“无上将军”，勉皮冠黄衣，带玉印，称“黄帝”，筑营于当涂山中。乃建年号，置百官，遣别帅黄虎攻没合肥。明年，广陵贼张婴等复聚众数千人反，据广陵。朝廷博求将帅，三公举抚有文武才，拜为九江都尉，与中郎将赵序助冯绲合州郡兵数万人共讨之。又广开赏募，钱、邑各有差。梁太后虑群贼屯结，诸将不能制，又议遣太尉李固。未及行，会抚等进击，大破之，斩马勉、范容、周生等千五百级，徐凤遂将余众攻烧东城县。下邳人谢安应募，率其宗亲设伏击凤，斩之，封安为平乡侯，邑三千户。拜抚中郎将，督扬徐二州事。抚复进击张婴，斩获千余人。赵序坐畏懦不进，诈增首级，征还弃市。又历阳贼华孟自称“黑帝”，攻九江，杀郡守。抚乘胜进击，破之，斩孟等三千八百级，虏获七百余人，牛马财物不可胜算。于是东南悉平，振旅而还。以抚为左冯翊，除一子为郎。抚所得赏赐，尽分于麾下。

滕抚字叔辅，北海国剧县人。起初滕抚在州郡做官，后来渐渐升任为涿县县令，他能文能武。涿郡太守认为滕抚贤能，就委任他以郡府的官职，让他同时兼任其他六县的治理。滕抚教化百姓、为政清明，仁爱遍及万民，他为官七年，治下各县道不拾遗。

顺帝末年，扬州、徐州的匪患大量产生，两州贼寇互相勾结连年作乱。建康元年（144），九江郡的范容、周生等人合兵造反，他们盘踞在历阳县，成为江淮地区的心腹大患，朝廷派御史中丞冯绲率兵监督扬州刺史尹耀、九江太守邓显讨伐乱贼。然而尹耀、邓显军战败，死于乱贼之手。另有阴陵县的徐凤、马勉等人又入侵九江的郡府、县城，他们杀害掳掠官吏百姓。徐凤身穿红衣，腰缠黑色绶带，自称“无上将军”，马勉戴皮帽、穿黄衣，腰佩玉制印信，自称“黄帝”，他们在当涂县的山中安营扎寨。二人竟然建立年号，设置百官，又派副将黄虎攻陷了合肥县。第二年，广陵的贼寇张婴等人又纠集了几千人马造反，攻占了广陵县。朝廷因此广召将领，三公因滕抚文武双全而举荐了他，朝廷任命滕抚为九江都尉，命他和中郎将赵序一道帮助御史中丞冯绲并调集了几万名州郡军队合力镇压乱贼。官军又广发悬赏和招募令，设下了数目不等的金钱和封邑作为赏赐。梁太后担心若是各路贼军集结势力壮大，将使几位将领无力压制，就又和百官商议派遣太尉李固出征。没等李固出发，恰逢滕抚等人发动进攻，大败贼军，斩首了马勉、范容、周生及其党羽一千五百人，徐凤便率残党攻打九江郡东城县并在城内防火。下邳人谢安响应了征募，他率领同宗亲属设下埋伏袭击徐凤，并斩下徐凤首级，谢安获封平乡侯，获赐食邑三千户。朝廷又任命滕抚为中郎将，监督扬州、徐州的战事。滕抚再次向张婴发起进攻，斩杀并俘获了一千多人。中郎将赵序因怯战不进军之罪，以及夸大斩首数目之罪，被召回处斩示众。之后又有九江郡历阳县的贼寇华孟自称“黑帝”，他进攻九江郡郡府，杀害了郡守。滕抚击败张婴后乘胜讨伐华孟，再次击败贼军，斩杀了华孟在内的三千八百名贼寇，俘虏了七百多人，缴获了不计其数的牛马、财物。于是东南各地全部平定，滕抚等人整顿军队后班师。朝廷任命滕抚为左冯翊，并任命他的一个儿子为郎。所获赏赐，滕抚全都性方直，不交权势，宦官怀忿。及论功当封，太尉胡广时录尚书事，承旨奏黜抚，天下怨之。卒于家。

冯绲字鸿卿，巴郡宕渠人也，少学《春秋》《司马兵法》。父焕，安帝时为幽州刺史，疾忌奸恶，数致其罪。时玄菟太守姚光亦失人和。建光元年，怨者乃诈作玺书谴责焕、光，赐以欧刀。又下辽东都尉庞奋使速行刑，奋即斩光收焕。焕欲自杀，绲疑诏文有异，止焕曰："大人在州，志欲去恶，实无它故，必是凶人妄诈，规肆奸毒。愿以事自上，甘罪无晚。"焕从其言，上书自讼，果诈者所为，征奋抵罪。会焕病死狱中，帝愍之，赐焕、光钱各十万，以子为郎中。绲由是知名。

家富好施，赈赴穷急，为州里所归爱。初举孝廉，七迁为广汉属国都尉，征拜御史中丞。顺帝末，以绲持节督扬州诸郡军事，与中郎将滕抚击破群贼，迁陇西太守。后鲜卑寇边，以绲为辽东太守，晓喻降集，虏皆弭散。征拜京兆尹，转司隶校尉，所在立威刑。迁廷尉、太常。

时长沙蛮寇益阳，屯聚积久，至延熹五年，众转盛，而零陵蛮贼复反应之，合二万余人，攻烧城郭，杀伤长吏。又武陵蛮夷悉反，寇掠江陵间，荆州刺史刘度、南郡太守李肃并奔走，荆南皆没。

分给了部下。

滕抚性情方正刚直，于权贵无所结交，以致宦官们心怀怨恨。等到评定功劳滕抚当获封赏时，太尉胡广正总管尚书台事务，他逢迎宦官心意上奏提出罢黜滕抚，黎民百姓因此生怨。滕抚最终在家中去世。

冯绲字鸿卿，巴郡宕渠县人，他年轻时修习了《春秋》《司马兵法》。他的父亲冯焕，于安帝年间担任幽州刺史，因嫉恶如仇，多次为自己招致罪过。当时玄菟太守姚光也未能协调人事关系。建光元年（121），两人的仇家就伪造天子诏书斥责冯焕与姚光，并假托天子赐来一把行刑的欧刀。仇家又下令辽东都尉庞奋命他尽快处刑，庞奋就处斩了姚光并收押了冯焕。冯焕打算自杀，然而冯绲认为诏文蹊跷，便制止冯焕说："大人担任幽州刺史时，志向是想要驱除邪恶，实在没有其他可以惹祸上身的理由，这一定是有恶党妄加欺骗，肆意图谋毒害大人。希望您将此事自行上报朝廷，如果并无冤屈，那时甘心服罪也不晚。"冯焕听从冯绲的话，向朝廷上书自我申辩，发现果真是狡诈之徒所为，最终朝廷召回庞奋接受惩处。然而此时冯焕却刚刚在狱中逝世，安帝很同情他，追赐冯焕、姚光各十万钱，并任命他们的儿子为郎中。冯绲因此声名鹊起。

冯绲家财万贯，乐善好施，他参与救济落入贫困和急难的人，因此为当地人所爱戴。起初冯绲被举荐为孝廉，七度升迁后官至广汉属国都尉，后来他又被召入朝中担任御史中丞。顺帝末年，朝廷命冯绲持符节监督扬州各郡的战事，冯绲与中郎将滕抚一道击败了各地的乱贼，并因此升任为陇西太守。后来鲜卑进犯边疆，朝廷任命冯绲为辽东太守，冯绲用劝导的方式招降并安抚了鲜卑，于是他们都驯服下来四散离去。朝廷又将冯绲召回并任命为京兆尹，之后又调任他为司隶校尉，冯绲每到一处便施行严厉的刑罚。后来冯绲又先后升任为廷尉、太常。

当时长沙郡蛮夷入侵益阳县，并久久地盘踞于此，到延熹五年（162）时，他们的兵力壮大起来，而且零陵郡的蛮夷也再次掀起叛乱响应他们，两路蛮军合计两万余人，蛮夷们攻打城邑、放火烧城，于是拜绲为车骑将军，将兵十余万讨之，诏策绲曰："蛮夷猾夏，久不讨摄，各焚都城，蹈籍官人。州郡将吏，死职之臣，相逐奔窜，曾不反顾，可愧言也。将军素有威猛，是以擢授六师。前代陈汤、冯、傅之徒，以寡击众，郅支、夜郎、楼兰之戎，头悬都街，卫、霍北征，功列金石，是皆将军所究览也。今非将军，谁与修复前迹？进赴之宜，权时之策，将军一之，出郊之事，不复内御。已命有司祖于国门。《诗》不云乎：'进厥虎臣，阚如虓虎，敷敦淮濆，仍执丑虏。'将军其勉之！"

时天下饥馑，帑藏虚尽，每出征伐，常减公卿奉禄，假王侯租赋，前后所遣将帅，宦官辄陷以折耗军资，往往抵罪。绲性烈直，不行贿赂，惧为所中，乃上疏曰："势得容奸，伯夷可疑；苟曰无猜，盗跖可信。故乐羊陈功，文侯示以谤书。愿请中常侍一人监军财费。"尚书朱穆奏绲以财自嫌，失大臣之节。有诏勿劾。

绲军至长沙，贼闻，悉诣营道乞降。进击武陵蛮夷，斩首四千余级，受降十余万人，荆州平定。诏书赐钱一亿，固让不受。振旅还京师，推功于从事中郎应奉，荐以为司隶校尉，而上书乞骸骨，朝廷不许。监军使者张敞承宦官旨，奏绲将傅婢二人戎服自随，又辄于江陵刻石纪功，请下吏案理。尚书令黄儁奏议，以为罪无正打死打伤郡县长官。又有武陵郡的蛮夷集体造反，入侵劫掠江陵一带，荆州刺史刘度，南郡太守李肃都不战而逃，致使荆州南部全部沦陷。因此朝廷任命冯绲为车骑将军，命他率领十多万人马讨伐蛮军，桓帝下诏勉励冯绲说："荆州蛮夷祸乱中原，久久不能讨伐威摄，各路蛮夷焚毁都市，摧残欺凌官吏百姓。州郡官府将帅官员，本应守职尽节之臣，居然竞相流亡逃窜，夺路而逃不曾回顾，谈及此事实在可羞。将军一向以威猛闻名，因此提拔将军委以天兵。前代的陈汤、冯奉世、傅介子等人，他们以少量兵力进攻大量敌军，郅支、夜郎、楼兰的敌虏，最终首级悬于长安闹市，卫青、霍去病北征匈奴，功勋刻于钟鼎石碑之上，这些事迹都是将军所熟知的。现在如果没有将军，谁还能够恢复我们大汉先前的辉煌呢？在外进军退军之事，审时度势定下计策，都由将军一人作主，国郊之外各项战事，朝廷不再插手其中。朕已令司礼官员于国门处祭祀路神为您饯行。《诗经》不是说过：'提拔良将勇若猛虎，将士怒吼声如哮虎，陈兵威逼淮水之滨，因而降服百万敌虏。'将军要努力呀！"

当时天下大饥，国库空虚，朝廷每次派兵出征，常要降低公卿俸禄，借用王侯租赋筹款，此前受命出征的将领，总遭宦官以损耗军费之名诬陷，往往因此受到惩处。冯绲性情刚烈正直，不愿向宦官行贿，但他担心被宦官们构陷，就上书说："如果权势能够容得下奸邪，那么伯夷也是值得怀疑的；如果说深信不疑，那么盗跖也值得信赖。因此乐羊报告战功，魏文侯却将诽谤他的书信拿给他看。微臣希望请朝廷派一位中常侍随军监督军费用度。"尚书朱穆上书说冯绲因财费之事而心生顾忌，丧失了身为大臣的气节。顺帝下诏要求不得弹劾冯绲。

冯绲大军到达长沙后，当地的蛮夷叛贼一得知消息，便全部来到冯绲军营前的大道上请求投降。于是冯绲对武陵郡的蛮夷发起进攻，斩杀了四千多名敌虏，并接受了十多万人的投降，最终荆州的蛮夷叛乱平定了。桓帝下诏赐给他一亿钱，而冯绲坚决推辞不接受。冯绲整顿军队后回到京城，他将功劳推让给从事中郎应奉，并推荐应奉作司隶校尉，而自己却上书请求允许告老还乡，朝廷没有准许。监军法，不合致纠。会长沙贼复起，攻桂阳、武陵，绲以军还盗贼复发，策免。

顷之，拜将作大匠，转河南尹。上言“旧典，中官子弟不得为牧人职”，帝不纳。复为廷尉。时山阳太守单迁以罪系狱，绲考致其死。迁，故车骑将军单超之弟，中官相党，遂共诽章诬绲，坐与司隶校尉李膺、大司农刘祐俱输左校。应奉上疏理绲等，得免。后拜屯骑校尉，复为廷尉，卒于官。

绲弟允，清白有孝行，能理《尚书》，善推步之术。拜降虏校尉，终于家。

度尚字博平，山阳湖陆人也。家贫，不修学行，不为乡里所推举。积困穷，乃为宦者同郡侯览视田，得为郡上计吏，拜郎中，除上虞长。为政严峻，明于发擿奸非，吏人谓之神明。迁文安令，遇时疾疫，谷贵人饥，尚开仓禀给，营救疾者，百姓蒙其济。时冀州刺史朱穆行部，见尚甚奇之。

延熹五年，长沙、零陵贼合七八千人，自称“将军”，入桂阳、苍梧、南海、交阯，交阯刺史及苍梧太守望风逃奔，二郡皆没。遣御史中丞盛修募兵讨之，不能剋。豫章艾县人六百余人，应募而不得赏直，怨恚，遂反，焚烧长沙郡县，寇益阳，杀县令，众渐盛。又遣使者张敞逢迎宦官心意，上奏状告冯绲说他令两名侍婢身着戎装随军同行，又总在江陵县刻石纪功，张敞请求朝廷将冯绲交给司法官审训。尚书令黄隽上奏反对，他认为张敞所举之“罪”在律例中并无明文规定，不应对冯绲施以纠举检查。适逢长沙郡的贼寇又起兵作乱，进犯桂阳郡、武陵郡，冯绲因班师后贼寇再次造反之罪，被顺帝下诏罢免。

不久后，朝廷任命冯绲为将作大匠，之后又调任为河南尹。冯绲上书说：“依旧制，宦官子弟不可担任管理百姓的官职。”桓帝没有采纳。后来冯绲复任廷尉。当时山阳太守单迁因罪入狱，死在冯绲的拷问之下。单迁，是已故车骑将军单超的弟弟，宦官们相互勾结，一起上奏诬陷冯绲，冯绲因此获罪并与司隶校尉李膺、大司农刘祐一起受罚到左校服劳役。应奉上书为冯绲等人申辩，冯绲因此得以免罪。后来冯绲就任为屯骑校尉，并再次复任廷尉，冯绲最终在任内去世。

冯绲的弟弟冯允，他品行高洁、孝敬父母，通晓《尚书》，善于推算天象历法。冯允曾任降虏校尉一职，最终他在家中逝世。

度尚字博平，山阳郡湖陆县人。度尚家境贫寒，并未修习学业、修养德行，因此没有被乡里推举为官。度尚因长年困于困窘和贫穷，就去帮宦官同郡人侯览照看田地，并因此得以担任本郡呈送计簿的上计吏，后来朝廷任命他为郎中，最终授予他上虞县长一职。度尚办理政务严厉苛刻，有一双揭发检举邪恶非法之事的慧眼，县衙的差役们都称他为神明。后来度尚升任为文安县令，正碰上瘟疫爆发的时候，当时粮价飙升、百姓饥饿，度尚开仓发粮，并援救患者，全县百姓都受到度尚的救济。当时的冀州刺史朱穆来文安县巡视，他见到度尚后认为度尚是难得的奇才。

延熹五年，长沙、零陵二郡共有贼寇七八千人，他们的头目自称“将军”，贼兵先后入侵了桂阳、苍梧、南海、交阯四郡，交州刺史和苍梧太守一见贼兵便不战而逃，致使交阯、苍梧二郡全部沦陷。朝廷派御史中丞盛修招募兵员讨伐贼寇，但没能取胜。豫章郡艾县的六百多人，他们前来应征却没有收到赏金，因此心生怨恨，最终起兵谒者马睦，督荆州刺史刘度击之，军败，睦、度奔走。桓帝诏公卿举任代刘度者，尚书朱穆举尚，自右校令擢为荆州刺史。尚躬率部曲，与同劳逸，广募杂种诸蛮夷，明设购赏，进击，大破之，降者数万人。桂阳宿贼渠帅卜阳、潘鸿等畏尚威烈，徙入山谷。尚穷追数百里，遂入南海，破其三屯，多获珍宝。而阳、鸿等党众犹盛，尚欲击之，而士卒骄富，莫有斗志。尚计缓之则不战，逼之必逃亡，乃宣言卜阳、潘鸿作贼十年，习于攻守，今兵寡少，未易可进，当须诸郡所发悉至，尔乃并力攻之。申令军中，恣听射猎。兵士喜悦，大小皆相与从禽。尚乃密使所亲客潜焚其营，珍积皆尽。猎者来还，莫不泣涕。尚人人慰劳，深自咎责，因曰："卜阳等财宝足富数世，诸卿但不并力耳。所亡少少，何足介意！"众闻咸愤踊，尚敕令秣马蓐食，明旦，径赴贼屯。阳、鸿等自以深固，不复设备，吏士乘锐，遂大破平之。

尚出兵三年，群寇悉定，七年，封右乡侯，迁桂阳太守。明年，征还京师。时荆州兵朱盖等，征戍役久，财赏不赡，忿恚，复作乱，与桂阳贼胡兰等三千余人复攻桂阳，焚烧郡县，太守任胤弃城走，贼众遂至数万。转攻零陵，太守陈球固守拒之。于是以尚为中郎将，将幽、冀、黎阳、乌桓步骑二万六千人救球，又与长沙太守抗徐造反，他们在长沙郡内各县放火，攻破了益阳城，杀害县令，兵力逐渐壮大。朝廷就又派出谒者马睦，命他监督荆州刺史刘度讨伐贼寇，官军再次落败，马睦、刘度都逃跑了。桓帝令公卿推举可接替刘度之人，尚书朱穆举荐了度尚，于是度尚从右校令被提拔为荆州刺史。度尚亲率部下出战，与他们同甘共苦，同时广招异族的各路蛮夷，并设下清晰明确的悬赏，联军发起进攻，大败贼兵，敌军有数万人投降。在桂阳郡盘踞已久的贼寇头目卜阳、潘鸿等人畏于度尚的威势，流窜到山谷之中。度尚紧追不舍追踪了几百里之遥，最终进入南海郡境内，击破了贼寇的三处营寨，缴获了大批珍宝。但是卜阳、潘鸿等人的兵力还很强大，度尚打算继续进攻，然而士卒们因多有斩获而骄纵、富裕，丧失了斗志。度尚考虑到若对他们宽宏大量就会使其失却战意，若对他们步步紧逼就会使其逃离军队，于是度尚宣称卜阳、潘鸿聚众作乱已有十年之久，他们精通进攻防守之道，如今联军将寡兵微，不可轻易发起进攻，应当等到各郡调集的军队全部会和，之后你们才可与他们一道进攻。度尚还号令全军，听任他们去打猎。士兵们非常高兴，全军不分上下级都一起离营狩猎。然后度尚就暗中派遣亲信偷偷烧毁了自家军营，珍宝积蓄全部付之一炬。打猎的将士们回营后，无人不泪流满面。度尚慰问犒劳众人，内心深深自责，随后说："卜阳等人囤积的财宝足以让几代人安享富贵，你们只是不愿同我齐心协力罢了。现在所损失的珍宝不过是很少的一部分，用不着放在心上！"众人听毕都振奋踊跃起来，度尚下令众将士喂饱马匹并提前在床褥上吃罢早饭，第二天一早，联军直接奔赴贼营。卜阳、潘鸿等人自以为防守牢固，没有另外设置防御，官兵趁着锐气正盛，最终大败贼军并平定了叛乱。

度尚出兵三年后，各路贼寇全部平定，延熹七年（164），朝廷封度尚为右乡侯，并提拔他为桂阳太守。第二年，朝廷将度尚召回京城。当时荆州当地军队的士兵朱善等人，因在外征战服役多年，然而所获军饷、赏钱却很少，因而心生愤恨，再次起兵造反，朱盖伙同桂阳郡贼寇胡兰等三千多人又对桂阳发起进攻，他们在郡治、县城放火，桂阳太守任胤弃城逃走，贼军最终增至几万人。乱贼又转而等发诸郡兵，并势讨击，大破之，斩兰等首三千五百级，余贼走苍梧。诏赐尚钱百万，余人各有差。

时抗徐与尚俱为名将，数有功。徐字伯徐，丹阳人，乡邦称其胆智。初试守宣城长，悉移深林远薮椎髻鸟语之人置于县下，由是境内无复盗贼。后为中郎将宗资别部司马，击太山贼公孙举等，破平之，斩首三千余级，封乌程东乡侯五百户。迁太山都尉，寇盗望风奔亡。及在长沙，宿贼皆平。卒于官。桓帝下诏追增封徐五百户，并前千户。

复以尚为荆州刺史。尚见胡兰余党南走苍梧，惧为己负，乃伪上言苍梧贼入荆州界，于是征交阯刺史张磐下廷尉。辞状未正，会赦见原。磐不肯出狱，方更牢持械节，狱吏谓磐曰："天恩旷然而君不出，何乎？"磐因自列曰："前长沙贼胡兰作难荆州，余党散入交阯。磐身婴甲胄，涉危履险，讨击凶患，斩殄渠帅，余尽鸟窜冒遁，还奔荆州。刺史度尚惧磐先言，怖畏罪戾，伏奏见诬。磐备位方伯，为国爪牙，而为尚所枉，受罪牢狱。夫事有虚实，法有是非。磐实不辜，赦无所除。如忍以苟免，永受侵辱之耻，生为恶吏，死为敝鬼。乞传尚诣廷尉，面对曲直，足明真伪。尚不征者，磐埋骨牢槛，终不虚出，望尘受枉。"廷尉以其状上，诏书征尚到廷尉，辞穷受罪，以先有功得原。磐字子石，丹阳人，以清白称，终于庐江太守。

进犯零陵郡，太守陈球坚守城池抵挡贼军。朝廷就任命度尚为中郎将，命他率领幽州地方军、冀州地方军、黎阳营常备军以及乌桓军共计步兵、骑兵二万六千人救援陈球，度尚又和长沙太守抗徐等人从各郡征调兵力，各路大军会集后合力出击，大败贼军，斩杀了包括胡兰在内的三千五百名贼寇，贼军残部败逃到苍梧郡。桓帝下诏赏赐度尚一百万钱，其余众将所获赏赐各有不同。

当时抗徐和度尚同为名将，抗徐也多次立功。抗徐字伯徐，丹阳郡人，同乡人都称赞他智勇双全。起初抗徐在宣城县长一职上试用，他将县境周遭藏身在深山老林中和远方湖泽边，梳着椎形发髻，语言难懂似鸟语的蛮夷迁至县内居住，自此宣城县境内不再有盗贼作乱。后来抗徐到中郎将宗资麾下担任别部司马，率兵讨伐泰山郡贼寇公孙举等人，抗徐最终击败并平定了乱贼，斩杀了三千多名贼寇，他因此获封乌程东乡侯，食邑五百户。后来抗徐升任为泰山郡都尉，当地贼寇听到风声后便落荒而逃。等到抗徐担任长沙太守时，他将当地盘踞已久的贼寇全部镇压。抗徐在长沙太守任内去世。桓帝下诏为抗徐追加五百户封地，加上此前的封地共计一千户。

度尚再次受命出任荆州刺史。度尚看到胡兰的残党南逃到苍梧郡，害怕这伙未能斩尽杀绝的乱贼成为自己的负担，于是就上书谎称胡兰等贼寇是从苍梧郡流窜到荆州境内的，朝廷便将交州刺史张磐召回京城押送廷尉治罪。张磐的口供尚未查明时，恰逢大赦张磐得以免罪。张磐不肯出狱，反倒恰恰将脖子上木枷的合缝处扣得更紧了，典狱官对张磐说：“皇恩浩荡而您却不肯出狱，这为什么？”张磐因而自行列述道：“此前长沙郡的贼寇胡兰在荆州作乱，他的残党溃逃到交州。我张磐甲胄裹身，历经危难，踏入险境，率兵征讨恶人大患，斩杀剿灭乱贼头领，残敌全部四下溃散潜逃，仓皇离境逃回荆州。荆州刺史度尚怕我先说明实情，他畏于自己担罪，所以上书诬陷我。我张磐愧为一方刺史，是护国的利爪尖牙，然而受到度尚冤枉，获罪蒙受牢狱之灾。万事自有虚实之别，法律自有是非之分。我张磐确实并无过失，大赦自不能免除无罪之人的罪责。如果我因为这样随意的赦罪而忍气吞声，便会永远蒙受身遭凌辱之耻，我活着不过尚后为辽东太守，数月，鲜卑率兵攻尚，与战，破之，戎狄惮畏。年五十，延熹九年，卒于官。

杨琁字机平，会稽乌伤人也。高祖父茂，本河东人，从光武征伐，为威寇将军，封乌伤新阳乡侯。建武中就国，传封三世，有罪国除，因而家焉。父扶，交阯刺史，有理能名。兄乔，为尚书，容仪伟丽，数上言政事，桓帝爱其才貌，诏妻以公主，乔固辞不听，遂闭口不食，七日而死。

琁初举孝廉，稍迁，灵帝时为零陵太守。是时苍梧、桂阳猾贼相聚，攻郡县，贼众多而琁力弱，吏人忧恐。琁乃特制马车数十乘，以排囊盛石灰于车上，系布索于马尾，又为兵车，专彀弓弩，剋期会战。乃令马车居前，顺风鼓灰，贼不得视，因以火烧布，布然马惊，奔突贼阵，因使后车弓弩乱发，钲鼓鸣震。群盗波骇破散，追逐伤斩无数，枭其渠帅，郡境以清。荆州刺史赵凯，诬奏琁实非身破贼，而妄有其功。琁与相章奏，凯有党助，遂槛车征琁。防禁严密，无由自讼，乃噬臂出血，书衣为章，具陈破贼形势，及言凯所诬状，潜令亲属诣阙通之。诏书原琁，拜议郎，凯反受诬人之罪。

是一名凶暴的官吏，死后必将化为厉鬼。我请求朝廷将度尚传唤到廷尉处，我愿和他当面对质辩明是非，一定足以判明真相。如果朝廷不愿召回度尚，我张磐宁愿死在牢中，也终究不愿白白地蒙罪出狱，因捕风捉影之罪而枉受冤屈。”廷尉将张磐的状辞呈上朝廷，桓帝下诏将度尚召至廷尉处，度尚理屈词穷接受罪责，但因他此前立下战功而得到原谅。张磐字子石，丹阳郡人，以清廉著称，最终在庐江太守任上去世。

度尚后来出任为辽东太守，几个月后，鲜卑人率军进攻度尚，度尚迎击鲜卑，击败了他们，戎狄之人因此对他心怀畏惧。度尚五十岁时，正值延熹九年（166），他在辽东太守任上去世。

杨琁字机平，会稽郡乌伤县人。他的高祖父杨茂，本为河东郡人氏，杨茂随光武帝征伐天下时，担任威寇将军，后获封为乌伤新阳乡侯。杨茂于建武年间迁居新阳乡封国，爵土传承了三代人后，后人因罪被褫夺封国，因此搬回老家居住。杨琁的父亲杨扶，官至交州刺史，因治理有方而闻名。杨琁的哥哥杨乔，官至尚书，他容貌端庄、仪态俊美，多次上书进言议事，桓帝看重他的才貌，下诏把公主嫁给他，杨乔坚决推辞而桓帝并未同意，于是杨乔闭口绝食，于七天后身亡。

杨琁起初被推举为孝廉，后来逐渐升迁，到灵帝年间出任为零陵太守。当时苍梧郡、桂阳郡有狡猾的贼寇互相勾结，进犯零陵郡内各县，贼军兵力强大而杨琁势单力薄，官吏百姓因而担忧惶恐。杨琁就特制了几十辆马车，并将装有石灰的鼓风革囊放在车上，还在马尾上系上布绳，杨琁又打造战车，专门在车上设置张开的弓弩，马车和战车如期造好正值与贼军交战之日。杨琁命马车在前，顺风鼓灰，以此遮蔽贼兵的视线，之后趁机用火点燃布绳，布绳燃起马受惊，便奔跑着冲入贼军战阵，杨琁之后再顺势命后方的战车弓弩乱发，同时敲钲擂鼓，各路贼军如波浪般相继受惊，阵脚大乱四散奔逃，官军在后追击杀伤贼军不计其数，杨琁将其头目处斩并悬首示众，郡内因此重归太平。荆州刺史赵凯，上奏诬陷杨琁说他实际上并非亲身破贼，却不合本分地抢占功劳。杨琁便上书相争，然而赵凯有同党相琁三迁为勃海太守，所在有异政，以事免。后尚书令张温特表荐之，征拜尚书仆射。以病乞骸骨，卒于家。

论曰：安顺以后，风威稍薄，寇攘浸横，缘隙而生，剽人盗邑者不阕时月，假署皇王者盖以十数，或托验神道，或矫妄冕服。然其雄渠魁长，未有闻焉，犹至垒盈四郊，奔命首尾。若夫数将者，并宣力勤虑，以劳定功，而景风之赏未甄，肤受之言互及。以此而推，政道难乎以免。

赞曰：张宗禅禹，敢殿后拒。江、淮、海、岱，虔刘寇阻。其谁清之？雄、尚、绲、抚。琁能用谲，亦云振旅。

助，朝廷最终派囚车将杨琁押回京城。杨琁在狱中被看得很紧，无法为自己申辩，于是他将手臂咬出血，用血在囚衣上写下奏章，详细地陈述了自己击败贼军的情况，并说到自己被赵凯所诬陷的状况，之后他偷偷地让亲属入宫通报。灵帝下诏赦免了杨琁，并任命他为议郎，赵凯反获诬告他人之罪。

杨琁三度升迁后官至勃海太守，他在每个职位上都有优异的政绩，但最终因故遭到罢免。后来尚书令张温特地上表推荐他，朝廷召见杨琁任命他为尚书仆射。但杨琁因病请求退职，最后在家中去世。

评论说：安帝、顺帝之后，朝廷的风教和威势便渐渐衰弱，盗贼作乱逐渐横流天下，因守备空虚而四处滋长，贼寇时刻不停地抢劫百姓、攻占城邑，伪称皇帝、侯王的匪首大概有十几人。有的伪托神迹道术来证验自己秉承天命，有的假冒帝王妄自伪造天子公卿的礼服。然而那些头目首领，并非赫赫有名之人，却仍使国家陷于城郊四面尽是壁垒的困境，将帅南征北战疲于奔命、首尾相救。至于上文所述的几位将军，他们都为了将大汉威势宣示各方而殚精竭虑，凭自己的不辞辛劳建立功勋，然而他们并未得到如祥和之风一般的赏赐作为表彰，捕风捉影虚浮空泛的闲言碎语却相继袭来。由此推论，几位将军在当时的政坛风气下自然是难以避免灾祸了。

赞辞说：张宗担任邓禹副将，敢于殿后抵挡敌虏。江淮地区、南海、泰山，劫掠、杀戮、侵凌、阻路。谁可清剿作乱贼寇？法雄、度尚、冯绲、滕抚。杨琁善于施展奇谋，也能胜任整顿军务。

卷六十九

刘赵淳于江刘周赵列传第二十九

孔子曰："夫孝莫大于严父，严父莫大于配天，则周公其人也。"子路曰："伤哉贫也！生无以养，死无以葬。"子曰："啜菽饮水，孝也。"夫钟鼓非乐云之本，而器不可去；三牲非致孝之主，而养不可废。存器而忘本，乐之遁也；调器以和声，乐之成也。崇养以伤行，孝之累也；修己以致禄，养之大也。故言能大养，则周公之祀，致四海之祭；言以义养，则仲由之菽，甘于东邻之牲。夫患水菽之薄，干禄以求养者，是以耻禄亲也。存诚以尽行，孝积而禄厚者，此能以义养也。

中兴，庐江毛义少节，家贫，以孝行称。南阳人张奉慕其名，往候之。坐定而府檄适至，以义守令，义奉檄而入，喜动颜色。奉者，志尚士也，心贱之，自恨来，固辞而去。及义母死，去官行服。数辟公府，为县令，进退必以礼。后举贤良，公车征，遂不至。张奉叹曰："贤者固不可测。往日之喜，乃为亲屈也。斯盖所谓'家贫亲老，不择官而仕'者也。"建初中，章帝下诏褒宠义，赐谷千斛，常以八月长吏问起居，加赐羊酒。寿终于家。

孔子说："孝道中没有比尊敬父亲更大的孝了，尊敬父亲没有比以先父配祭上天更隆重的了，周公便是这样的人。"子路说："贫苦真是令人伤叹啊！父母在世无法供养，父母离世无力安葬。"孔子说："用豆子和清水这样简单的饮食供养父母并使他们欢乐，这也是孝啊。"钟鼓乐器虽非音乐的根本，但乐器不能抛却；供奉三牲虽非尽孝的本质，但供养不能废弃。保存乐器但却忘记音乐的根本，奏乐的用意便会散失；调整乐器使演奏时的音律和谐，音乐的效用便可达成。隆盛的奉养让孝行受损，这种尊奉便是尽孝的负担；以修养自身来求取俸禄，这是供养父母最好的方式。所以说到隆重地奉养父母，那便是周公以文王配祭上天，并献上全国各地的祭品；说到以道义奉养父母，那便是子路以豆子、清水尽孝，比东边邻居的畜肉还香甜。那些担心清水、豆子过于菲薄，用邪道求禄来奉养其亲的行为，他们是在用不义之财奉养父母。用坦荡的胸襟来修炼完美的操行，孝行和俸禄都会与日俱增，这便是能用道义奉养双亲的人。

光武帝中兴之时，庐江郡人毛义，字少节，他家境贫寒，因孝行而为人赞扬。南阳人张奉仰慕他的美名，便去问候他。张奉在毛义家一落坐，恰巧官府的征召文书就送到了，朝廷封毛义为安阳县令，毛义捧着文书进来，面露喜色。张奉，他的志趣是崇尚贤士，他看到毛义此举而心生鄙夷，后悔自己到访，执意告辞离去。等到毛义母亲去世时，毛义辞去官职身着孝服守孝。之后三公府又多次征召毛义，打算任命他为县令，毛义到府后拜见、告退时都必定依礼行事。后来毛义又被推举为贤良，公车署征召他入京，但毛义最终没有应召。张奉慨叹道："对于贤良的人确实不应妄加揣测。从前毛义得官而面露喜色，是为了奉养双亲而委屈自己啊。这大概就是古人所说的'家境贫寒而且父母年迈，出仕时不会挑剔官职大小的人'。"建初年间，章安帝时，汝南薛包孟尝，好学笃行，丧母，以至孝闻。及父娶后妻而憎包，分出之，包日夜号泣，不能去，至被欧杖。不得已，庐于舍外，旦入而洒扫，父怒，又逐之。乃庐于里门，昏晨不废。积岁余，父母惭而还之。后行六年服，丧过乎哀。既而弟子求分财异居，包不能止，乃中分其财。奴婢引其老者，曰："与我共事久，若不能使也。"田庐取其荒顿者，曰："吾少时所理，意所恋也。"器物取朽败者，曰："我素所服食，身口所安也。"弟子数破其产，辄复赈给。建光中，公车特征，至，拜侍中。包性恬虚，称疾不起，以死自乞。有诏赐告归，加礼如毛义。年八十余，以寿终。

若二子者，推至诚以为行，行信于心而感于人，以成名受禄致礼，斯可谓能以孝养也。若夫江革、刘般数公者之义行，犹斯志也。撰其行事著于篇。

刘平字公子，楚郡彭城人也。本名旷，显宗后改为平。王莽时为郡吏，守菑丘长，政教大行。其后每属县有剧贼，辄令平守之，所帝下诏褒奖并号召尊崇毛义，顺帝又赐给他一千斛粮食，还经常命地方长官每年八月前去问候毛义的日常生活，同时增加羊肉美酒之类的赏赐。毛义在家中寿终正寝。

安帝年间，汝南郡人薛包，字孟尝，他一心治学并践行所学，薛包的生母去世得早，他因极为孝顺而名声在外。等到他的父亲娶了后妻之后薛包便为父亲所厌恶，父亲让他分家出去一人生活，薛包便没日没夜地痛哭，不愿离家，以至于遭到父亲的棍棒殴打。薛包无可奈何，便在家门外搭了一间茅屋住下，每天早晨仍回家打扫，他的父亲大怒，又把他从门外赶走。薛包便在闾里的门附近搭起茅屋，从早到晚都住在这里。这样过了一年多，他的父母心生惭愧便让他住回家中。后来薛包为亡父亡母守了六年孝，服丧时极为悲痛。丧期已满后家里的弟弟、侄子们请求分开家产各自成家，薛包不能制止他们，于是一家人便平分了财产。对于仆人薛包领走了年老的，他说："他们随我生活了很久，你们不能使唤。"对于耕地、房屋薛包选择了撂荒的和废弃的，他说："这些是我小时候照看过的，我心里很留恋。"对于生活用品薛包选择了腐朽破旧的，他说："这都是我向来穿惯的衣服、用惯的碗筷，更合我的体形和胃口。"薛包的弟弟和侄子们多次耗尽了他们的财产，而薛包每次都会接济他们。安帝建光年间，公车署特地征召薛包，薛包到达京城后，朝廷任命他为侍中。薛包生性淡泊谦虚，他说自己有病在身不愿接受任用，并以死乞求朝廷准许。安帝下诏同意他告辞回家，安帝像对待毛义那样对他礼遇备至。薛包八十多岁的时候，寿终正寝。

像毛义、薛包这两位孝子，他们将自己极为真诚的孝心推及于行动之中，以知行合一而感动他人，他们因自己孝顺的美名而得到俸禄，受到礼遇，这可以说是能用孝道奉养父母的例子了。至于江革、刘般等人的节义和操行，正如毛义、薛包的志趣一般。以下记述了他们行动和事迹编为列传一篇。

刘平字公子，楚郡彭城国人。原名刘旷，明帝即位后改名刘平。刘平在新朝王莽时曾担任郡守的属官，并曾在菑丘县长一职上试用，他在任上大力整顿政务、教化百姓。之后每当郡内某县出现大盗，郡至皆理，由是一郡称其能。

更始时，天下乱，平弟仲为贼所杀。其后贼复忽然而至，平扶侍其母，奔走逃难。仲遗腹女始一岁，平抱仲女而弃其子。母欲还取之，平不听，曰："力不能两活，仲不可以绝类。"遂去不顾，与母俱匿野泽中。平朝出求食，逢饿贼，将亨，平叩头曰："今旦为老母求菜，老母待旷为命，愿得先归，食母毕，还就死。"因涕泣。贼见其至诚，哀而遣之。平还，既食母讫，因白曰："属与贼期，义不可欺。"遂还诣贼。众皆大惊，相谓曰："常闻烈士，乃今见之。子去矣，吾不忍食子。"于是得全。

建武初，平狄将军庞萌反于彭城，攻败郡守孙萌。平时复为郡吏，冒白刃伏萌身上，被七创，困顿不知所为，号泣请曰："愿以身代府君。"贼乃敛兵止，曰："此义士也，勿杀。"遂解去。萌伤甚气绝，有顷苏，渴求饮。平倾其创血以饮之。后数日萌竟死，平乃裹创，扶送萌丧，至其本县。

后举孝廉，拜济阴郡丞，太守刘育甚重之，任以郡职，上书荐平。会平遭父丧去官。服阕，拜全椒长。政有恩惠，百姓怀感，人或增赀就赋，或减年从役。刺史、太守行部，狱无系囚，人自以得所，不知所问，唯班诏书而去。后以病免。

府就派刘平去试用该县县令，他所任职过的县都治理得很好，因此全郡上下都称赞他的贤能。

更始年间，天下大乱，刘平的弟刘仲被强盗杀害。后来强盗又忽然袭来，刘平搀扶伺候着老母亲，准备逃走躲避强盗。刘仲的遗腹女刚满一岁，刘平便抱起刘仲的女儿却把自己的儿子丢下。刘平的老母想回去带上孙子，刘平不同意，他说："我没法养活两个小孩，我不能让刘仲绝后。"刘平便将儿子弃之不顾只带着老母和侄女离开，之后刘平和母亲一起到野外的沼泽地里藏身。早晨刘平离开沼泽去找食物，路上撞见了一群饥饿的强盗，强盗们打算把刘平煮了吃掉，刘平叩头道："我今早是要为老母亲找点野菜的，老母亲正等着刘旷的菜活命呢，希望你们让我先回去，等我伺候母亲吃完饭，我就回来赴死。"刘平说着便哭了起来。强盗们见他非常诚恳，出于同情便放他离去。刘平回来，侍奉母亲吃完饭，就对母亲说："方才我和强盗有约，出于道义我不能欺骗他们。"随后刘平又回到强盗那里。强盗们都大为震惊，彼此感叹道："常听说有舍生取义的人，如今亲眼见到了。你走吧，我们不忍心吃你。"刘平因此得以保全性命。

建武初年，平狄将军庞萌在彭城县发动叛乱，贼军击败了楚郡太守孙萌。刘平当时再次担任郡守属官，他冒着贼兵的刀剑扑到孙萌身上保护，受了七处伤，疲惫已极不知该做什么，便放声大哭向贼兵请求道："我愿替太守赴死。"贼兵就收回兵器不再行凶，他们说："这是位义士啊，不要杀他。"贼兵就散开包围离去。孙萌因伤势过重没了呼吸，不久又苏醒过来，口渴难忍想喝水。刘平把自己伤口中的血倒给他喝。几天后孙萌最终身亡，刘平便扎好伤口，扶着运送孙萌的灵柩，一直送到孙萌家乡。

后来刘平被推举为孝廉，并出任为济阴郡郡丞，太守刘育非常器重他，不仅将郡内的公务托付给他，还向朝廷上书举荐刘平。但恰逢刘平因父亲去世而辞官守孝。服丧结束后，朝廷任命刘平为全椒县长。刘平以恩义和仁惠治理全椒，百姓心怀感激。刘平对于囚犯，有的增加了罚款并派去服徭役，有的减少刑期以劳役相抵。刺史、太守到全椒巡察时，监狱中没有一个被拘禁的囚犯，囚犯全部得到显宗初，尚书仆射钟离意上书荐平及琅邪王望、东莱王扶曰："臣窃见琅邪王望、楚国刘旷、东莱王扶，皆年七十，执性恬淡，所居之处，邑里化之，修身行义，应在朝次。臣诚不足知人，窃慕推士进贤之义。"书奏，有诏征平等，特赐办装钱。至皆拜议郎，并数引见。平再迁侍中，永平三年，拜宗正，数荐达名士承宫、郇恁等。在位八年，以老病上疏乞骸骨，卒于家。

王望字慈卿，客授会稽，自议郎迁青州刺史，甚有威名。是时州郡灾旱，百姓穷荒，望行部，道见饥者，裸行草食，五百余人，愍然哀之，因以便宜出所在布粟，给其廪粮，为作褐衣。事毕上言，帝以望不先表请，章示百官，详议其罪。时公卿皆以为望之专命，法有常条。钟离意独曰："昔华元、子反，楚、宋之良臣，不禀君命，擅平二国，《春秋》之义，以为美谈。今望怀义忘罪，当仁不让，若绳之以法，忽其本情，将乖圣朝爱育之旨。"帝嘉意议，赦而不罪。

王扶字子元，掖人也。少修节行，客居琅邪不其县，所止聚落化其德。国相张宗谒请，不应，欲强致之，遂杖策归乡里。连请，固病不起。太傅邓禹辟，不至。后拜议郎，会见，恂恂似不能言。然性沉正，不可干以非义，当世高之。永平中，临邑侯刘复著《汉德了适当的安排，他们认为没有查问的必要了，只是颁发了诏书便离开了。后来刘平因病免职。

明帝初年，尚书仆射钟离意上书举荐刘平和琅琊王刘望、东莱王刘扶说："依微臣愚见琅琊王刘望、楚国刘旷、东莱王刘扶，他们都已年满七十，秉性恬静淡泊，在他们所治理的地方，乡里百姓都承蒙教化，修身养性并践行仁义，如此贤人应入朝为官。微臣才薄智浅确实不足以甄别人才，但出于对进贤之道的仰慕而妄加呈递奏章。"奏书呈给明帝后，明帝下诏征召刘平等人，并特地赐给他们置办行装的开支。几人进京后都被任命为议郎，并多次被引见面圣。刘平两度升迁后官至侍中，到永平三年（60）时，又出任为宗正，他多次举荐引进承宫、郇恁等名士。刘平担任宗正八年，后因年老多病上书请求退职，最终在家中去世。

王望字慈卿，他曾旅居会稽讲学，他从议郎升任为青州刺史，是很有威望的人。当时青州各郡爆发旱灾，百姓穷困，粮食歉收，王望巡察各郡时，在路上遇见饥民，饥民们都裸身赶路，以草为食，共有五百多名。王望同情他们，就根据情况自行决定调用当地官府的布匹和粮食，给饥民们发粮，并为他们制作粗布衣服。办完此事后王望上书报告朝廷，明帝认为王望没有预先上书请示，于是便将王望的奏章展示给朝中群臣，命他们仔细讨论王望的罪行。当时高官们都认为王望越权行事，可依法律本有的条例处置。唯独钟离意反对道："从前的华元和子反，分别是宋、楚的贤臣，他们没有领受国君命令，擅自为两国的战争讲和，然而依《春秋》所推崇的道义，人们却将此事视为美谈。如今王望心怀道义、不顾罪责，面对应当践行的义举毫不推辞，若依国法为准加以处置，而忽视王望此举的本心，就会违背朝廷爱护养育天下万民的宗旨。"明帝称赞了钟离意的意见，于是赦免王望而不予惩处。

王扶字子元，掖县人。他在年轻时注重砥砺节操和品行，离家到琅琊国不其县居住，在他所居住的小村庄中，百姓都因他的德行而受到感化。琅琊国国相张宗前来拜访并请他做官，王扶没有答应，张宗想强行请他赴任，王扶就拄着拐杖回到家乡。张宗一连几次邀请他出仕，他借口患病执意推辞。太傅邓禹也来征召王扶，但他依旧没颂》，盛称扶为名臣云。

赵孝字长平，沛国蕲人也。父普，王莽时为田禾将军，任孝为郎。每告归，常白衣步担。尝从长安还，欲止邮亭。亭长先时闻孝当过，以有长者客，扫洒待之。孝既至，不自名，长不肯内，因问曰："闻田禾将军子当从长安来，何时至乎？"孝曰："寻到矣。"于是遂去。及天下乱，人相食。孝弟礼为饿贼所得，孝闻之，即自缚诣贼，曰："礼久饿羸瘦，不如孝肥饱。"贼大惊，并放之，谓曰："可且归，更持米糒来。"孝求不能得，复往报贼，愿就亨。众异之，遂不害。乡党服其义。州郡辟召，进退必以礼。举孝廉，不应。

永平中，辟太尉府，显宗素闻其行，诏拜谏议大夫，迁侍中，又迁长乐卫尉。复征弟礼为御史中丞。礼亦恭谦行己，类于孝。帝嘉其兄弟笃行，欲宠异之，诏礼十日一就卫尉府，太官送供具，令共相对尽欢。数年，礼卒，帝令孝从官属送丧归葬。后岁余，复以卫尉赐告归，卒于家。孝无子，拜礼两子为郎。

时汝南有王琳巨尉者，年十余岁丧父母。因遭大乱，百姓奔有应召。后来朝廷任命王扶为议郎，被召相见时，他神情恭谨似乎不善言谈。然而王扶为人稳重正直，不会被不义之事牵连，当时的人都很敬重他。明帝永平年间，临邑侯刘复创作了《汉德颂》一文，他在颂辞中盛赞王扶是有名的贤臣。

赵孝字长平，沛国蕲县人。他的父亲赵普，于新朝王莽年间出任田禾将军，同时朝廷任命赵孝为郎。赵孝每次请假回家时，总是穿着白衣、挑着行李步行回去。有一次他从长安回家时，打算在邮亭歇脚。亭长预先听说赵孝要从此经过，他认为有大人物莅临，就清扫房间恭候赵孝。赵孝到了邮亭后，没有自报姓名，亭长不愿放他进来，还顺便问他："我听说田禾将军的儿子应该要从长安路过此处，他什么时候到呢？"赵孝说："快到了。"说完便离开了邮亭。等到天下大乱时，出现了人吃人的乱象。赵孝的弟弟赵礼不幸落入饥饿的强盗之手，赵孝听说后，就把自己绑了起来前往强盗巢穴，他对强盗们说："赵礼饿了很久十分瘦弱，不如我肥胖壮实。"强盗很震惊，把兄弟二人都放了，且对他们说："你们暂且先回去，再拿些粮食送来。"赵孝没能找到粮食，又到强盗那里告知此事，并情愿让他们把自己煮了吃掉。强盗们对赵孝的守信感到诧异，终究没有加害于他。同乡朋友也佩服赵孝的义气。州郡官府征召了赵孝，赵孝到府后拜见、告退一定谨守礼节。后来赵孝被举荐为孝廉，他没有应召。

明帝永平年间，赵孝被征召到太尉府，明帝一向对赵孝的德行有所耳闻，便下诏任命赵孝为谏议大夫，后来赵孝先是升任为侍中，之后又升任长乐卫尉。朝廷又征召了赵孝的弟弟赵礼任命他为御史中丞。赵礼立身处世以恭敬谦逊为本，就像赵孝一样。明帝对他们兄弟二人的忠厚品行大加称赞，想予以他们破格的恩宠。便下诏允许赵礼每十天来一次长乐卫尉府与哥哥相见，并由御厨的太官为他们送来酒食，让二人可以对坐共饮尽情欢乐。几年后，赵礼去世，明帝命赵孝在卫尉府属官的陪同下运送赵礼的灵柩回乡安葬。之后一年多，朝廷又保留赵孝的卫尉官职并赐他请假归家，赵孝最后在家中去世。因赵孝没有儿子，朝廷就任命赵礼的两个儿子为郎。

当时汝南郡还有一位叫王琳、字巨尉的志士，他十几岁时便父逃，唯琳兄弟独守冢庐，号泣不绝。弟季，出遇赤眉，将为所哺，琳自缚，请先季死，贼矜而放遣，由是显名乡邑。后辟司徒府，荐士而退。

琅邪魏谭少閒者，时亦为饥寇所获，等辈数十人皆束缚，以次当亨。贼见谭似谨厚，独令主爨，暮辄执缚。贼有夷长公，特哀念谭，密解其缚，语曰："汝曹皆应就食，急从此去。"对曰："谭为诸君爨，恒得遗余，余人皆茹草莱，不如食我。"长公义之，相晓赦遣，并得俱免。谭永平中为主家令。

又齐国兒萌子明、梁郡车成子威二人，兄弟并见执于赤眉，将食之，萌、成叩头，乞以身代，贼亦哀而两释焉。

淳于恭字孟孙，北海淳于人也。善说《老子》，清静不慕荣名。家有山田果树，人或侵盗，辄助为收采。又见偷刈禾者，恭念其愧，因伏草中，盗去乃起，里落化之。

王莽末，岁饥兵起，恭兄崇将为盗所亨，恭请代，得俱免。后崇卒，恭养孤幼，教诲学问，有不如法，辄反用杖自箠，以感悟之，儿惭而改过。初遭贼寇，百姓莫事农桑。恭常独力田耕，乡人止之，曰："时方淆乱，死生未分，何空自苦为？"恭曰："纵我不得，它人母双亡。因为正逢天下大乱，百姓们都四处逃亡，只有王琳两兄弟留在守丧的草屋里坚守双亲坟墓，二人放声大哭不能停止。王琳的弟弟王季，外出时遇到了赤眉军，正当他要被赤眉军吃掉时，把自己绑了起来的王琳来到，他请求赤眉军让自己死在王季前面，贼兵出于同情便将两兄弟放走了，二人的名声因此传遍家乡。后来司徒府征召了王琳，他举荐了几位贤士后便告辞离去。

琅琊国人魏谭字少閒，他在王莽末年天下大乱之时也被饥饿的贼寇擒获，贼寇们把魏谭和他的几十名同伴都绑了起来，打算按次序把他们煮了吃掉。贼人们见魏谭像是一个老实谨慎的人，就只让他一人负责烧火做饭，到了晚上就再把他抓起来绑住。贼寇中有一个叫夷长公的人，他非常可怜魏谭，就偷偷地给魏谭松绑，并对他说："你们应该都会被吃掉，你赶紧逃离此地吧。"魏谭答道："我魏谭帮各位烧火做饭，总能吃到剩饭，我那些还没受害的伙伴们都只靠野菜度日，你们不如吃我吧。"夷长公觉得魏谭讲义气，就将此事告诉其他贼人并提出把他们放走，最终魏谭和同伴们都得以幸免于难。魏谭在明帝永平年间担任负责公主家事务的家令。

另有齐国人兒萌，字子明，以及梁郡人氏车成，字子威两位义士，二人的兄弟都落入赤眉军之手，都要被贼兵吃掉，兒萌、车成向贼兵叩头，乞求贼兵让他们二人替兄弟赴死，贼兵也心生怜悯因而放了这两对兄弟。

淳于恭字孟孙，北海国淳于县人。他善于讲论《老子》，清心寡欲不慕名利。他家有几亩薄田、几株果树，人们有时会闯进去偷粮、偷果，淳于恭就帮他们收割、摘采。又有一次淳于恭看见有人偷割稻谷，他担心窃贼被发现后会觉得惭愧，因此就卧倒在草从里躲避，等窃贼走后才起身，同乡人都受到了他的感化。

王莽末年，年成不好，饥荒爆发，战乱四起。正当强盗要把淳于恭的哥哥淳于崇杀掉烹煮之时，淳于恭请求让自己代替哥哥，两人最终都逃得一命。其后淳于崇死后，淳于恭收养了丧父的小侄子，并教导他学习，一旦他没有遵守规矩认真学习时，淳于恭就反过来用棍棒打自己，以求让侄子有所触动并悔悟，小侄子心生惭愧因而改正何伤。”垦耨不辍。后州郡连召，不应，遂幽居养志，潜于山泽。举动周旋，必由礼度。建武中，郡举孝廉，司空辟，皆不应，客隐琅邪黔陬山，遂数十年。

建初元年，肃宗下诏美恭素行，告郡赐帛二十匹，遣诣公车，除为议郎。引见极日，访以政事，迁侍中骑都尉，礼待甚优。其所荐名贤，无不征用。进对陈政，皆本道德，帝与之言，未尝不称善。五年，病笃，使者数存问，卒于官。诏书褒叹，赐谷千斛，刻石表闾。除子孝为太子舍人。

江革字次翁，齐国临淄人也。少失父，独与母居。遭天下乱，盗贼并起，革负母逃难，备经阻险，常采拾以为养。数遇贼，或劫欲将去，革辄涕泣求哀，言有老母，辞气愿款，有足感动人者。贼以是不忍犯之，或乃指避兵之方，遂得俱全于难。革转客下邳，穷贫裸跣，行佣以供母，便身之物，莫不必给。

建武末年，与母归乡里。每至岁时，县当案比，革以母老，不欲摇动，自在辕中挽车，不用牛马，由是乡里称之曰“江巨孝”。太守了错误。起初因为常遭强盗侵扰，百姓们便都不再务农。但淳于恭却常常独自种田，同乡人想要劝阻他，就说："现在正是不太平的时候，将来是死是活还不知道呢，你为何要白白地自讨苦吃？"淳于恭说："即使我吃不上这口粮食，让别人吃了又有何妨。"于是他坚持不懈地耕地、除草。后来州郡官府连续多次征召他，淳于恭始终没有应召，最终他隐居起来涵养志行，藏身于山野中避世。他的一举一动、为人处世，都一定谨遵礼仪法度。建武年间，郡府举荐淳于恭为孝廉，司空府也征召他做官，但他全都回绝了。淳于恭离家来到琅琊国黔陬县的山里隐居，最终在哪里住了几十年。

建初元年（76），章帝下诏褒美淳于恭始终如一的品行，章帝要求郡府赐给他二十匹丝绸，并把他送到公车署，之后朝廷任命淳于恭为议郎。淳于恭被引见天子后和章帝交谈了一整天，章帝就朝政向他征询了很多意见，之后便提拔他做侍中骑都尉，对他礼遇有加。对于淳于恭所推荐的名士贤才，朝廷全部征召授官。淳于恭在进言、应答、陈述政事时，他的发言都以道德为本，每次章帝和他交谈，章帝没有一次不大加称赞他。建初五年（80），淳于恭病重，章帝多次派使者慰问，最终他在任上去世。朝廷下诏嘉奖、赞扬，并追赐给淳于恭一千斛粮食，还将刻有颂词的石碑立在他所居住的乡村里作为表彰。朝廷任命他的儿子淳于孝为太子舍人。

江革字次翁，齐国临淄县人。他的父亲在江革年幼的时候就去世了，留下母子二人相依为命。不幸又逢天下大乱，各路强盗一同出现，江革背着母亲逃难，一路上历尽艰险，常靠采摘野果和拾取别人丢掉的食物活命。江革曾多次遭遇强盗，有的想要把他掳走，江革就哭着请求得到怜悯，说自己还有老母要养，语气郑重而诚恳，足以感动人心。强盗们因此不忍心伤害他，有的竟指给他躲避兵乱的方向，因此母子二人都在灾难中保全了性命。后来江革和母亲离开家乡来到了下邳，江革身无分文衣不蔽体赤足而行，靠给人作工来供养母亲，能让母亲过得舒适的物品，江革全都设法提供。

光武帝建武末年，江革与母亲回到家乡。每到当年特定的日子里，县府都要查验县民的相貌以核对户口，江革因为母亲年事已高，尝备礼召，革以母老不应。及母终，至性殆灭，尝寝伏冢庐，服竟，不忍除。郡守遣丞掾释服，因请以为吏。

永平初，举孝廉为郎，补楚太仆。月余，自劾去。楚王英驰遣官属追之，遂不肯还。复使中傅赠送，辞不受。后数应三公命，辄去。

建初初，太尉牟融举贤良方正，再迁司空长史。肃宗甚崇礼之，迁五官中郎将。每朝会，帝常使虎贲扶侍，及进拜，恒目礼焉。时有疾不会，辄太官送醪膳，恩宠有殊。于是京师贵戚卫尉马廖、侍中窦宪慕其行，各奉书致礼，革无所报受。帝闻而益善之。后上书乞骸骨，转拜谏议大夫，赐告归，因谢病称笃。

元和中，天子思革至行，制诏齐相曰："谏议大夫江革，前以病归，今起居何如？夫孝，百行之冠，众善之始也。国家每惟志士，未尝不及革。县以见谷千斛赐'巨孝'，常以八月长吏存问，致羊酒，以终厥身。如有不幸，祠以中牢。"由是"巨孝"之称，行于天下。及卒，诏复赐谷千斛。

刘般字伯兴，宣帝之玄孙也。宣帝封子嚣于楚，是为孝王。孝王生思王衍，衍生王纡，纡生般。自嚣至般，积累仁义，世有名节，而纡尤慈笃。早失母，同产弟原乡侯平尚幼，纡亲自鞠养，常与共受不住晃动，便自己站到两辕之间拉车，而不用牛马，自此同乡人称他为“江大孝子”。太守曾礼仪备至地征召江革，江革因母亲年老而没有应召。等到母亲死后，江革悲伤过度以至于几乎丧命，他常常卧倒在守孝的草屋中睡觉，到丧服结束后，他仍不忍心脱下孝服。郡守派郡丞等属官帮他脱掉丧服，并乘便请他出仕。

明帝永平初年，江革被推举为孝廉，补任了楚国太仆的职缺。一个多月后，他自己检举自己辞官离去。楚王刘英派属官驾马追赶江革，他终究不愿回去。刘英又派中傅送去礼物，江革推辞不收。但后来江革几次接受了三公府的命令，总会奉命行事。

章帝建初初年，太尉牟融推举江革为贤良方正，两度升迁后江革官至司空长史。章帝对江革甚为恭敬礼遇，后来又提拔他为五官中郎将。每逢王侯百官朝见天子时，章帝常让虎贲卫士搀扶陪侍他，等江革进前朝拜时，章帝常会注视着他以示礼遇。江革偶尔因病未能参加朝会，章帝就派御厨的太官为他送去酒菜，江革所受的恩宠远胜常例。因此京城的皇亲国戚卫尉马廖、侍中窦宪出于对江革德行的仰慕，都向他送上书信和礼物，而他既未回信，也不受礼物。章帝知道后更加赞赏江革。后来江革上书乞求告老还乡，朝廷将他调任为谏议大夫，允许他告假归家，江革就托病请辞说自己病得很重。

元和年间，章帝很想念江革的卓绝品行，他下诏给齐国国相说：“谏议大夫江革，此前因病还乡，现在他平日里的生活怎么样？孝，位列百种德行之首，是一切善行的源头。朝廷每当思念节操高洁之士时，都会想到江革。朕要求临淄县将一千斛库存的粮食赐给‘巨孝’江革，每年八月县府长官要前去慰问，并送上羊酒，直至江革辞世。如果江革已然离世，用猪、羊二牲祭祀他。”从此江革“巨孝”的雅号，便为天下所知。等江革去世后，章帝下诏再加赐一千斛粮食给他。

刘般字伯兴，他是宣帝的玄孙。宣帝将儿子刘嚣分封在楚国，他便是后世所追谥的孝王。孝王的儿子是思王刘衍，刘衍的儿子是楚王刘纡，刘纡的儿子便是刘般。从刘嚣到刘般，代代不绝地坚守仁德和正义，因此世代都有卓越的名望和操守，而刘纡更是尤为仁慈忠卧起饮食。及成人，未尝离左右。平病卒，纡哭泣欧血，数月亦殁。初，纡袭王封，因值王莽篡位，废为庶人，因家于彭城。

般数岁而孤，独与母居。王莽败，天下乱，太夫人闻更始即位，乃将般俱奔长安。会更始败，复与般转侧兵革中，西行上陇，遂流至武威。般虽尚少，而笃志修行，讲诵不怠。其母及诸舅，以为身寄绝域，死生未必，不宜苦精若此，数以晓般，般犹不改其业。

建武八年，隗嚣败，河西始通，般即将家属东至洛阳，修经学于师门。明年，光武下诏，封般为菑丘侯，奉孝王祀，使就国。后以国属楚王，徙封杼秋侯。

十九年，行幸沛，诏问郡中诸侯行能。太守荐言般束修至行，为诸侯师。帝闻而嘉之，乃赐般绶，钱百万，缯二百匹。二十年，复与车驾会沛，因从还洛阳，赐谷什物，留为侍祠侯。

永平元年，以国属沛，徙封居巢侯，复随诸侯就国。数年，杨州刺史观恂荐般在国口无择言，行无怨恶，宜蒙旌显。显宗嘉之。十年，征般行执金吾事，从至南阳，还为朝侯。明年，兼屯骑校尉。时五校官显职闲，而府寺宽敞，舆服光丽，伎巧毕给，故多以宗室肺腑厚的一位。刘纡年轻的时候母亲便去世了，他的同母弟弟原乡侯刘平那时还很小，刘纡便亲自抚养他，不论睡觉、起床、喝水、吃饭都常常和他在一起。一直到刘平成年，刘纡始终陪伴在刘平身边。刘平病逝后，刘纡哭泣不已以至于吐血，几个月后也过世了。起初，刘纡继承了楚王的封号，因正值王莽篡位，他被废黜为平民，顺便就在楚国王都彭城安家。

刘般才几岁大的时候就没了父亲，独自和母亲相依为命。王莽败亡后，天下大乱，刘般的母亲听说更始帝登基后，就带着刘般一起投奔长安。适逢更始帝败于赤眉军之手，刘般又和母亲辗转流离于战乱之中，他们西行来到陇右地区，最终迁徙到武威郡。刘般那时虽然年少，但他坚定志向砥砺操行，坚持不懈地讲授并诵读经典。他的母亲以及各位舅父，都认为如今全家托身在这道路不便的边疆，将来是死是活都难说，所以刘般不应这般刻苦、专注，他们多次和刘般谈及此事，刘般仍然坚持治学。

建武八年（32），陇右军阀隗嚣败亡，河西地区与中原的交通这才恢复，刘般就带着家人东行至洛阳定居，在这里刘般找到老师继续修习经学。第二年，光武帝下诏，封刘般为菑丘县侯，命他恢复对先祖楚孝王刘嚣的祭祀，并到菑丘县封国就任。后来因为菑丘县本为楚国属地应归楚王管辖，光武帝就将刘般改封为杼秋县侯。

建武十九年（43），光武帝亲临沛国，下诏询问郡内诸侯的品行、才能如何。太守进言推荐刘般说他注意约束、修养卓越的品行，可为诸侯表率。光武帝听毕便夸奖了刘般，赐给他一条绶带，一百万前，二百匹丝绸。建武二十年（44），刘般又和光武帝在沛郡相会，之后便随光武帝回洛阳，光武帝赐给刘般粮食和日常用具，将他留在京城并封为侍祠侯负责陪从祭祀。

永平元年（58），因为刘般当时的封国本属沛郡，朝廷改封他为居巢县侯，于是刘般又与各位侯王分赴各自的封国就任。几年后，扬州刺史观恂推举刘般说他在封国言语之间合乎法度，行为举止无人怨恨憎恶，应当获得表彰。明帝因此嘉奖了刘般。永平十年（67），朝廷召刘般入京代行执行执金吾职务，之后刘般随从明帝到访南居之。每行幸郡国，般常将长水胡骑从。

帝曾欲置常平仓，公卿议者多以为便。般对以“常平仓外有利民之名，而内实侵刻百姓，豪右因缘为奸，小民不能得其平，置之不便”。帝乃止。是时下令禁民二业，又以郡国牛疫，通使区种增耕，而吏下检结，多失其实，百姓患之。般上言：“郡国以官禁二业，至有田者不得渔捕。今滨江湖郡率少蚕桑，民资渔采以助口实，且以冬春闲月，不妨农事。夫渔猎之利，为田除害，有助谷食，无关二业也。又郡国以牛疫、水旱，垦田多减，故诏敕区种，增进顷亩，以为民也。而吏举度田，欲令多前，至于不种之处，亦通为租。可申敕刺史、二千石，务令实核，其有增加，皆使与夺田同罪。”帝悉从之。

肃宗即位，以为长乐少府。建初二年，迁宗正。般妻卒，厚加赗赠，及赐冢茔地于显节陵下。般在位数言政事。其收恤九族，行义尤著，时人称之。年六十，建初三年卒。子宪嗣。宪卒，子重嗣。宪兄恺。

恺字伯豫，以当袭般爵，让与弟宪，遁逃避封。久之，章和中，有司奏请绝恺国，肃宗美其义，特优假之，恺犹不出。积十余岁，阳郡，回京后受封为朝侯。第二年，刘般兼任屯骑校尉。当时北军五校尉官位显赫而职务清闲，而且府邸、官署宽敞，车马、冠服光鲜亮丽，精美陈设应有尽有，所以五校尉大多由皇族和心腹担任。每次明帝到各郡国巡行时，刘般常率领驻于长水的匈奴骑兵随行。

明帝曾打算设置常平仓，一起商议的公卿们都认为常平仓能够带来便利。刘般则回答说："常平仓只是表面上有利民的虚名，然而本质上却是对百姓的剥削和侵害，豪门大族会借此为非作歹，百姓并不能从平抑粮价中真正得到实惠，设置常平仓不会带来便利。"明帝因此打消此意。当时朝廷下令禁止百姓在务农之外从事第二种职业，又因各郡各国爆发牛瘟，朝廷还下令各地都要推广单株密植的区田法以增加耕地，然而官差们到当地检查田亩后上交的字据，大多悖于实情，百姓深受其害。刘般上书说："各郡各国因为官府禁止从事两种职业，以至于有地的人家不准打鱼捕猎。现在位于江、湖沿岸的各郡都很少养蚕种桑，百姓们靠捕捞采集水产来补充口粮，况且他们是趁着冬季、春季的农闲月份渔猎，这不会影响务农。而且打鱼捕猎另有益处，可以为田地消灭害兽，有助于粮食增产，所以打鱼捕猎算不上是从事第二种职业。另外各郡各国因为牛瘟、旱涝，耕地大幅减少，所以陛下下诏命令推行区田法，以此增加耕地面积，这本是在为百姓着想。然而官差们在登记测量耕地时，却想让亩数多于去年，以至于不宜耕种的土地，也全被他们纳入收租的范围。陛下可以向各地刺史、太守下令，让他们一定据实核查耕地面积，如有虚增亩数的，都和瞒报亩数同罪。"明帝全盘采纳了刘般的意见。

章帝即位后，任命刘般为长乐少府。建初二年（77），刘般升任为宗正。刘般的夫人去世后，朝廷为帮助治丧赏赐颇丰，以至于赏赐了一块位于明帝显节陵下方的封地。刘般为官时多次就国事进言。他坚持收养、接济宗亲，操行和义气尤为卓著，在当时广受众人称赞。刘般享年六十岁，在建初三年（78）去世。他的儿子刘宪继承了爵位。刘宪去世后，儿子刘重继承了爵位。刘宪的兄长是刘恺。

刘恺字伯豫，他将自己本应继承于刘般的爵位，让给了弟弟刘宪，而自己却逃走以避让受封。很久以后，到了章帝章和年间，负责至永元十年，有司复奏之，侍中贾逵因上书曰："孔子称'能以礼让为国，于从政乎何有'。窃见居巢侯刘般嗣子恺，素行孝友，谦逊絜清，让封弟宪，潜身远迹。有司不原乐善之心，而绳以循常之法，惧非长克让之风，成含弘之化。前世扶阳侯韦玄成，近有陵阳侯丁鸿、鄳侯邓彪，并以高行絜身辞爵，未闻贬削，而皆登三事。今恺景仰前修，有伯夷之节，宜蒙矜宥，全其先功，以增圣朝尚德之美。"和帝纳之，下诏曰："故居巢侯刘般嗣子恺，当袭般爵，而称父遗意，致国弟宪，遁亡七年，所守弥笃。盖王法崇善，成人之美。其听宪嗣爵。遭事之宜，后不得以为比。"乃征恺，拜为郎，稍迁侍中。

恺之入朝，在位者莫不仰其风行。迁步兵校尉。十三年，迁宗正，免。复拜侍中，迁长水校尉。永初元年，代周章为太常。恺性笃古，贵处士，每有征举，必先岩穴。论议引正，辞气高雅。永初六年，代张敏为司空。元初二年，代夏勤为司徒。

旧制，公卿、二千石、刺史不得行三年丧，由是内外众职并废丧礼。元初中，邓太后诏长吏以下不为亲行服者，不得典城选举。时有上言牧守宜同此制，诏下公卿，议者以为不便。恺独议曰："诏封爵之礼的官员上书请求撤销刘恺的封国，章帝出于对刘恺义举的欣赏，给予他破格的优待和照顾，但刘恺还是不肯露面。又过了十几年，到了永元十年（98），专司此事的官员再次上书提请。侍中贾逵就上书谏言说：“孔子曾说‘如果能用守礼谦让之道来治国，那么对处理政务就没什么困难了！’。依微臣愚见居巢侯刘般的依制应继承爵位的长子刘恺，一向在行动上对父母孝顺、对兄弟友爱，他谦逊礼让、操行高洁，将封国让给弟弟刘宪后，自己藏身隐居远离人世。相关官吏非但没有推求他乐于行善的本心，反而死守寻常之法对他予以制裁，微臣担心撤销封国不能促进厉行谦让的风气，也不能造就包容宽厚的教化。前代有扶阳侯韦玄成让国于兄，近世有陵阳侯丁鸿、鄳侯邓彪让国于弟，他们都出于高洁的操行和洁身自好而推辞了爵位，但未曾听说过他们的封地遭到降格或撤销，反而都位列三公。如今刘恺仰慕前贤，有伯夷的气节，应当得到陛下的同情和宽宥，并保全他祖先因功受封的国土，以此增益朝廷尊崇至德的美政。”和帝采纳了贾逵的建议，并下诏说：“已故居巢侯刘般的依制应继承爵位的长子刘恺，本当承袭刘般的爵位，然而刘恺声称父亲有遗嘱在先，将封国让给弟弟刘宪，他逃离人世已有七年，保守操行愈加坚定。国法以扬善为贵，君子应成人之美。可以允许刘宪继承爵位。这是根据实情而采取的权宜之策，并不宜作为后世的参照。”朝廷就征召刘恺，允许他让出封国就任为郎，后来渐渐地升任为侍中。

刘恺入朝为官后，同列群臣无不仰慕他的风范和操行。后来刘恺升任为步兵校尉。永元十三年（101），刘恺升任为宗正，不久又遭免职。后来刘恺又出任为侍中，之后升任为长水校尉。永初元年（107），刘恺接替周章继任太常。刘恺生性恪守古人的风尚，欣赏隐居不仕的贤士，每次征召举荐人材，必定优先选择隐士。刘恺评议是非时善于引经据典，言辞语气间自有高雅韵致。永初六年（112），刘恺接替张敏继任司空。元初二年（115），刘恺接替夏勤继任司徒。

依据旧时制度，三公、九卿、太守、刺史不可服满三年丧期，因此在从朝廷到郡县的众多官职上都废除了丧事的礼仪。安帝元初年间，邓太后下诏规定俸禄低于六百石的官吏若不为父母守孝，便不可书所以为制服之科者，盖崇化厉俗，以弘孝道也。今刺史一州之表，二千石千里之师，职在辩章百姓，宣美风俗，尤宜尊重典礼，以身先之。而议者不寻其端，至于牧守则云不宜，是犹浊其源而望流清，曲其形而欲景直，不可得也。”太后从之。

时征西校尉任尚以奸利被征抵罪。尚曾副大将军邓骘，骘党护之，而太尉马英、司空李郃承望骘旨，不复先请，即独解尚臧锢，恺不肯与议。后尚书案其事，二府并受谴咎，朝廷以此称之。

视事五岁，永宁元年，称病上书致仕，有诏优许焉，加赐钱三十万，以千石禄归养，河南尹常以岁八月致羊酒。时安帝始亲政事，朝廷多称恺之德，帝乃遣问起居，厚加赏赐。会马英策罢，尚书陈忠上疏荐恺曰：“臣闻三公上则台阶，下象山岳，股肱元首，鼎足居职，协和阴阳，调训五品，考功量才，以序庶僚，遭烈风不迷，遇迅雨不惑，位莫重焉。而今上司缺职，未议其人。臣窃差次诸卿，考合众议，咸称太常朱伥、少府荀迁。臣父宠，前忝司空，伥、迁并为掾属，具知其能。伥能说经书而用心褊狭，迁严毅刚直而薄于艺文。伏见前司徒刘恺，沉重渊懿，道德博备，克让爵土，致祚弱弟，躬浮云之志，兼浩然之气，频历二司，举动得礼。以疾致仕，侧身里巷，处约思纯，进退有度，百僚景式，海内归怀。往者孔光、师丹，近世邓彪、张酺，皆去宰相，复序上司。诚宜简练卓异，以猒众出任掌管一城或负责举荐贤材的官吏。当时有人上奏说这样的丧礼制度也应适用于州郡长官，邓太后下诏命公卿商议，参与商议的大臣们认为不合适。唯独刘恺进言道："太后诏书之所以将服丧纳入简拔官吏的制度，是为了推崇良善的风教、勉励习俗的改良，以此弘扬孝道。如今刺史身为全州上下的榜样，太守作为千里之郡的表率，他们的职责便是教育百姓明辨事理，宣扬教化风尚习俗，他们更应当谨遵守孝的礼制，以身作则。然而参与商议之人不愿推求太后下诏的原委，对于州郡高官亦应恪守丧礼却认为不妥，这就像搅浑了河水的源头反而指望水流清澈，弯曲了自己的身形却还想让身影笔直，这是做不到的。"太后采纳了刘恺的建议。

当时征西校尉任尚因触犯国法谋取私利而被押解回京接受惩处。任尚曾担任大将军邓骘的副将，因此邓骘的朋党便袒护他，同时太尉马英、司空李郃也逢迎邓骘的旨意，他们没有再预先向朝廷请示，就擅自释放了因受贿而入狱的任尚，时任司徒的刘恺不愿参与他们的谋划。后来尚书台查办了这桩包庇事件，太尉马英、司空李合一并受到谴责，刘恺因此受到朝廷褒美。

刘恺担任司徒五年后，于永宁元年（120），托言患病上书辞官，安帝下诏准许并予以优待，刘恺额外获赐三十万钱，归家休养期间的俸禄为一千石，河南郡最高长官河南尹常在每年八月为刘恺奉上羊肉、美酒。当时安帝刚开始亲理政务，朝中百官大多对刘恺的德行称赞有加，安帝就派人前去问候他的日常生活，并予以丰厚的赏赐。适逢安帝颁布策书罢免了马英的太尉一职，尚书陈忠上书推荐刘恺说："微臣听说三公在天界就是三台之星，在下界象征五岳群山，如大腿和手臂一般辅佐君主，身居公府要职恰如三足鼎立，使朝中的阴阳之气协调和顺，整饬规训群臣的仁义礼智信，考核功劳评定才能，以使百官各司其职，三公如舜一般身陷狂风也不迷路，遭遇骤雨也不困惑，地位之高、责任之重远胜群臣。而如今太尉一职空缺，朝廷尚未商议继任之臣。微臣私自评定众位公卿，又考量、综合众人意见，大家都举荐太常朱伥、少府荀迁为候选。微臣家父陈宠，此前曾愧居司空之职，当时朱伥、荀迁同为他的属官，因此微臣得以充望。”书奏，诏引恺拜太尉。安帝初，清河相叔孙光坐臧抵罪，遂增锢二世，衅及其子。是时居延都尉范邠复犯臧罪，诏下三公、廷尉议。司徒杨震、司空陈褒、廷尉张皓议依光比。恺独以为“《春秋》之义，‘善善及子孙，恶恶止其身’，所以进人于善也。《尚书》曰：‘上刑挟轻，下刑挟重。’如今使臧吏禁锢子孙，以轻从重，惧及善人，非先王详刑之意也”。有诏：“太尉议是。”

视事三年，以疾乞骸骨，久乃许之，下河南尹礼秩如前。岁余，卒于家。诏使者护丧事，赐东园秘器，钱五十万，布千匹。

少子茂，字叔盛，亦好礼让，历位出纳，桓帝时为司空。会司隶校尉李膺等抵罪，而南阳太守成瑨、太原太守刘瓆下狱当死，茂与太尉陈蕃、司徒刘矩共上书讼之。帝不悦，有司承旨劾奏三公，茂遂坐免。建宁中，复为太中大夫，卒于官。

周磐字坚伯，汝南安成人，征士燮之宗也。祖父业，建武初为分了解二人的才能。朱伥善于讲论经典而心胸狭隘，荀迁严正刚毅而短于经艺、文学。依微臣愚见前任司徒刘恺，他沉稳庄重，盛德遥深，修身养性道德完备，能够谦让爵位、封地，将其让给年幼弟弟，他躬行视富贵如浮云的意志，兼有正大刚直的浩然之气，接连担任司空、司徒，一举一动合乎礼仪。如今刘恺因病退休，身处故乡街巷之中，生活简朴，情思纯厚，言行之间谨遵法度，他为群臣仰慕视作模范，更是天下万民心之所向。从前的孔光、师丹，近世的邓彪、张酺，他们都曾被免去宰相之位，而后却再次位列三公。实在是应该选任刘恺这样的卓越之人，以满足众人的期待。”奏书呈上之后，安帝下诏召来刘恺并任命他为太尉。安帝初年，当时清河国国相叔孙光因贪污而遭惩处，朝廷最终从重处罚判叔孙家两代人不得为官，叔孙光的儿子也因此受牵连获罪。如今居延都尉范邠再次犯下贪污之罪，安帝下诏命三公、廷尉商议如何处置。司徒杨震、司空陈褒、廷尉张皓提议比照叔孙光之案治罪。惟独刘恺认为“依照《春秋》所推崇的大义，‘称赏善行应赏及子孙，惩处罪人应限于自身’，凭此便能勉励臣民的向善之心。《尚书》说：‘适于从轻处置的重罪应轻判，适于从重处置的轻罪应重罚。’如今因贪官之罪而禁止其子孙为官，这便是将轻罪从重处罚了，微臣担心如此判决将殃及良善，不合先王慎于用刑的意旨啊。”安帝下诏说：“太尉言之有理。”

刘恺担任太尉三年后，因病请求退职，很久之后安帝才准许，并命河南尹按以往的规格礼待刘恺。一年多后，刘恺在家中去世。朝廷命使者主持办理丧事，并赐给刘恺东园署打造的棺材，以及五十万钱、一千匹布。

刘恺最小的儿子刘茂，字叔盛，同样乐于以礼让待人，曾担任尚书，后于桓帝时出任司空。当时司隶校尉李膺等人遭到惩处，同时南阳太守成瑨、太原太守刘瓆也身陷囹圄将遭处死，刘茂与太尉陈蕃、司徒刘矩一同上书为二人申辩。桓帝不高兴，负责监察的官吏们奉皇命弹劾分任三公的刘茂、陈蕃和刘矩，刘茂就因罪遭到罢免。灵帝建宁年间，刘茂再次出任太中大夫，最终在任内去世。

周磐字坚伯，汝南郡安成县人，他是隐士周燮的本家。周磐的天水太守。磐少游京师，学《古文尚书》《洪范五行》《左氏传》，好礼有行，非典谟不言，诸儒宗之。居贫养母，俭薄不充。尝诵《诗》至《汝坟》之卒章，慨然而叹，乃解韦带，就孝廉之举。和帝初，拜谒者，除任城长，迁阳夏、重合令，频历三城，皆有惠政。后思母，弃官还乡里。及母殁，哀至几于毁灭，服终，遂庐于冢侧。教授门徒常千人。

公府三辟，皆以有道特征，磐语友人曰："昔方回、支父啬神养和，不以荣利滑其生术。吾亲以没矣，从物何为？"遂不应。建光元年，年七十三，岁朝会集诸生，讲论终日，因令其二子曰："吾日者梦见先师东里先生，与我讲于阴堂之奥。"既而长叹："岂吾齿之尽乎！若命终之日，桐棺足以周身，外椁足以周棺，敛形悬封，濯衣幅巾。编二尺四寸简，写《尧典》一篇，并刀笔各一，以置棺前，示不忘圣道。"其月望日，无病忽终，学者以为知命焉。

磐同郡蔡顺，字君仲，亦以至孝称。顺少孤，养母。尝出求薪，有客卒至，母望顺不还，乃噬其指，顺即心动，弃薪驰归，跪问其故。母曰："有急客来，吾噬指以悟汝耳。"母年九十，以寿终。未及得葬，里中灾，火将逼其舍，顺抱伏棺柩，号哭叫天，火遂越烧它祖父周业，在光武帝建武初年担任天水太守。周磐年轻时离家到京城游学，学习《古文尚书》《洪范五行》《春秋左氏传》，他待人以礼、秉持行操，发表言论必以儒家经典为据，各位儒生都对他甚为推崇。周磐甘于清贫尽力赡养母亲，生活俭朴、身无长物。他曾在朗读到《诗经·汝坟》的最后一章时，深有感触地叹了一口气，之后便解下不仕之人才佩戴的韦皮衣带，参加了孝廉的推举。和帝初年，周磐出任为谒者，后来又出任任城县长，之后先后升任为阳城、重合县令，他接连就任三座县城的长官，在各县都施行仁政。后来周磐因为思念母亲，主动辞官回到家乡。到母亲去世时，周磐极为哀痛几乎丧命，丧期结束后，他就在坟旁搭起小屋住下。他所教授的弟子常有上千人之多。

三公府一连三次征召周磐，都是因为他的德才兼备而特地请他出仕，周磐对朋友说："从前尧舜时的隐士方回、贤士支父注重保养精神、安养平和之心，不因功名利禄而扰乱自己的养生之道。如今家母已逝，我为何还要追求财富、功名这些外物呢？"就没有应召。建光元年（121），周攀时年七十三岁，这年元旦他会集了自己的弟子，和他们讨论了一整天，并顺便对两个儿子说："我前些天梦见了我的老师东里先生，他和我在暗室的东南角讲论经术。"他说完这话后又长叹道："也许我是来日无多了吧！如果我离世的那天，简单的桐木棺足够容纳遗体，外棺足以容纳内棺就行了，寿衣足以蔽体便可，无需开掘墓道棺材垂直吊入墓穴就好，寿衣就用洗过的衣服和幅巾。再给我编一卷二尺四寸长的竹简，在上面抄写一篇《尧典》，连同一把书刀和一支毛笔，把它们放在棺前，以示对圣人之道的铭记。"本月十五日，周磐未受病痛溘然长逝，学者认为他是知道自己天命的人。

与周磐同郡的蔡顺，字君仲，他也因非常孝顺而著称。蔡顺少年时丧父，他独自赡养母亲。有一次蔡顺外出寻找柴火时，家里忽然来了客人，母亲盼着蔡顺回来但却等不到人，就咬了咬自己的手指，蔡顺随即心有所感，他放下柴薪赶回家中，跪在母亲面前询问缘由。母亲说："因为有客人突然到访，所以我咬了咬手指好让你知道而室，顺独得免。太守韩崇召为东阁祭酒。母平生畏雷，自亡后，每有雷震，顺辄圜冢泣，曰：“顺在此。”崇闻之，每雷辄为差车马到墓所。后太守鲍众举孝廉，顺不能远离坟墓，遂不就。年八十，终于家。

赵咨字文楚，东郡燕人也。父畅，为博士。咨少孤，有孝行，州郡召举孝廉，并不就。

延熹元年，大司农陈奇举咨至孝有道，仍迁博士。灵帝初，太傅陈蕃、大将军窦武为宦者所诛，咨乃谢病去。太尉杨赐特辟，使饰巾出入，请与讲议。举高第，累迁敦煌太守。以病免还，躬率子孙耕农为养。

盗尝夜往劫之，咨恐母惊惧，乃先至门迎盗，因请为设食，谢曰：“老母八十，疾病须养，居贫，朝夕无储，乞少置衣粮。”妻子物余，一无所请。盗皆惭叹，跪而辞曰：“所犯无状，干暴贤者。”言毕奔出，咨追以物与之，不及。由此益知名。征拜议郎，辞疾不到，诏书切让，州郡以礼发遣，前后再三，不得已应召。

复拜东海相。之官，道经荥阳，令敦煌曹暠，咨之故孝廉也，迎路谒候，咨不为留。暠送至亭次，望尘不及，谓主簿曰：“赵君名已。”蔡顺母亲到九十岁时，享尽天年而逝。蔡顺还没来得及安葬母亲，一里之中突发火灾，火势将要蔓延到他家房子时，蔡顺抱着母亲的灵柩伏在上面，他放声大哭、呼天唤地，最终火势越过他家吞没了其他的房子，惟独蔡顺家避遭其害。后来汝南太守韩崇征召蔡顺任命他为东阁祭酒。蔡顺的母亲一向害怕雷声，从她去世后，每当蔡顺听到雷鸣，他就一边绕着母亲的坟冢哭泣，一边在嘴里说着：“蔡顺在这儿呢。”韩崇听闻此事后，每次打雷时总会派车马送蔡顺去坟地。后来继任汝南太守的鲍众推举蔡顺为孝廉，蔡顺因不愿远离母亲的坟墓，就没有接受任命。到八十岁时，蔡顺在家中去世。

赵咨字文楚，东郡燕城人。他的父亲赵畅，曾担任博士。赵咨年少时丧父，有孝顺的德行，州府和郡府都征召赵咨并推举他为孝廉，但他都未接受。

延熹元年（158），大司农陈奇举荐赵咨说他极为孝顺又有道德，因此赵咨沿袭先父之职仍出任为博士。灵帝初年，太傅陈蕃、大将军窦武为宦官所害，赵咨便称病退职。太尉杨赐特地征召了他，让他仅佩幅巾而不带冠冕出入于太尉府，请他到此与众官谈论经义。之后赵咨在太尉府的考核中名列前茅，几度升迁后官至敦煌太守。后来他因病而遭免职后返回家乡，亲自率领子孙以务农为生。

曾有强盗晚上闯到赵咨家打劫，赵咨担心母亲受惊，就先行来到院门迎接强盗，强盗们顺势要求他准备饭菜，他向强盗们道歉说：“家母年老已经八十岁了，身患重病需要用心奉养，但我家境贫寒，没有一日有所积蓄，恳请各位多少留下一些衣服粮食。”但对于自己的妻儿和其他物品，赵咨都全然不顾并未求情，强盗们心生惭愧无不叹息，他们跪下告辞道：“我们的恶行不可言状，竟然冒犯、侵凌了贤者。”说完便奔跑而去，赵咨拿着东西追出来要送给他们，没有追上。自此赵咨名声更盛。朝廷征召赵咨要任命他为议郎，赵咨托病没有应召，朝廷下诏责备他，州郡官府也以礼相送，面对朝廷和州郡前后多次的征召，赵咨无可奈何便去应召。

后来朝廷又任命赵咨为东海国国相。到东海国赴任时，赵咨路过荥阳，荥阳县令敦煌郡人曹暠，是赵咨之前任敦煌太守时所举荐重，今过界不见，必为天下笑！”即弃印绶，追至东海。谒咨毕，辞归家。其为时人所贵若此。

咨在官清简，计日受奉，豪党畏其俭节。视事三年，以疾自乞，征拜议郎。抗疾京师，将终，告其故吏朱祗、萧建等，使薄敛素棺，籍以黄壤，欲令速朽，早归后土，不听子孙改之。乃遗书敕子胤曰：“夫含气之伦，有生必终，盖天地之常期，自然之至数。是以通人达士，鉴兹性命，以存亡为晦明，死生为朝夕，故其生也不为娱，亡也不知戚。夫亡者，元气去体，贞魂游散，反素复始，归于无端。既已消仆，还合粪土。土为弃物，岂有性情，而欲制其厚薄，调其燥湿邪？但以生者之情，不忍见形之毁，乃有掩骼埋窆之制。《易》曰：‘古之葬者，衣以薪，藏之中野，后世圣人易之以棺椁。’棺椁之造，自黄帝始。爰自陶唐，逮于虞、夏，犹尚简朴，或瓦或木，及至殷人而有加焉。周室因之，制兼二代。复重以墙翣之饰，表以旌铭之仪，招复含敛之礼，殡葬宅兆之期，棺椁周重之制，衣衾称袭之数，其事烦而害实，品物碎而难备。然而秩爵异级，贵贱殊等。自成、康以下，其典稍乖。至于战国，渐至颓陵，法度衰毁，上下僭杂。终使晋侯请隧，秦伯殉葬，陈大夫设参门之木，宋司马造石椁之奢。爰暨暴秦，违道废德，灭三代之制，兴淫邪之法，国赀糜于三泉，人力单于郦墓，玩好穷于粪土，伎巧费于窀穸。自生民以来，厚终之敝，未有若此者。虽有仲尼重明周礼，墨子勉以古道，犹不能御也。是以华夏之士，争相陵尚，违礼之本，事礼之末，务礼之华，弃礼之实，单家竭财，以相营赴。废事生而营终亡，替所养而为厚葬，岂云圣人制礼之意乎？记曰：‘丧虽有礼，哀为主矣。’又曰：‘丧与的孝廉，他到路旁迎接想要拜见、问候赵咨，而赵咨并未留步，曹暠一直把赵咨送离本县的驿馆，望着赵咨车驾扬起的尘土而不能赶上，他便对县主簿说："赵君声名赫赫，如今他路过本县我却不曾拜见，我定会成为天下人的笑柄。"曹暠随即解下官印和绶带，追到了东海国。拜见了赵咨之后，他才告辞回家。当时的士人便是如此地对赵咨满怀敬意。

赵咨为官时清廉简朴，他计算着自己的工作日数领取俸银，当地豪强对他的节俭和气节心怀敬畏。赵咨担任东海国相三年后，因病而自行提请退职，朝廷将他召入京城任命为议郎。赵咨带病来到京师，临终时，他向自己旧时的下属朱祇、萧建等人提出请求，让他们在安葬自己时要把遗体简单地装殓在朴素的棺材里，棺材底下再垫上黄土，赵咨想让自己的遗体尽速腐朽，尽早回归大地，并请求二人不要听任自己的子孙改变自己的遗愿。之后赵咨写下遗书嘱咐儿子赵胤道："凡是含有气息的生灵，有生必有死，这是天地所定下的期限，自然而然的必然结果。因此世事洞明的通达之士，对生之终始自有明鉴，他们将存亡看作清朗与黑暗，将死生视为早晨和夜晚，因此他们在世时不寻欢作乐，临终时也心无悲戚。所谓死亡，就是元气离开身体，精魂游荡散逸，回归本质，返回本源，归于无始无终之间，肉体消散败亡之后，回归粪土融合其中。粪土本为无用之物，哪里会有性格感情，为何世人反而想规定土葬的盛大与朴素，调整土壤的干燥与潮湿呢？不过是因为生者心非木石，所以他们不忍心看到遗体损毁，才有了收殓遗骨、入棺安葬的制度。《易经》说：'上古之时安葬遗体，仅以干草装殓，之后藏于荒野之中，后世圣人用棺椁代替了干草。'制作棺椁，始于黄帝。之后从唐尧，一直到舜帝、夏朝时期，世风仍以简朴为尚，棺椁或为瓦制，或为木制，到殷商之时才开始有所讲究。周朝沿袭殷商丧制，东周、西周皆遵此制。并又在载棺车厢旁竖起白幡作为装饰，推行用旗帜标识死者身份的礼仪，又创制招魂、饭含、殓尸的礼仪，严选停灵、下葬、筑坟的日期，定下依身份增加棺椁层数的制度，所袭寿衣、衾被也依等级各有层数。丧制繁琐而损害丧葬之本，所需物品甚多而难以备齐。然而当时的人至少其易也宁戚。’今则不然，并棺合椁，以为孝恺，丰赀重禭，以昭恻隐，吾所不取也。昔舜葬苍梧，二妃不从。岂有匹配之会，守常之所乎？圣主明王，其犹若斯，况于品庶，礼所不及。古人时同即会，时乖则别，动静应礼，临事合宜。王孙裸葬，墨夷露骸，皆达于性理，贵于速变。梁伯鸾父没，卷席而葬，身亡不反其尸。彼数子岂薄至亲之恩，亡忠孝之道邪？况我鄙闇，不德不敏，薄意内昭，志有所慕，上同古人，下不为咎。果必行之，勿生疑异。恐尔等目猒所见，耳讳所议，必欲改殡，以乖吾志，故远采古圣，近揆行事，以悟尔心。但欲制坎，令容棺椁，棺归即葬，平地无坟。勿卜时日，葬无设奠，勿留墓侧，无起封树。於戏小子，其勉之哉，吾蔑复有言矣！”朱祇、萧建送丧到家，子胤不忍父体与土并合，欲更改殡，祇、建譬以顾命，于是奉行，时称咨明达。

维护了俸禄和爵位上的差异，能严格遵守礼制上的贵贱之别。但是从成王、康王以后的时代开始，那些礼仪制度逐渐偏离正道。到了战国时期，渐渐至于衰颓，法律制度削弱败坏，下者犯上僭越失序。最终以至于晋文公向周襄王提请允许自己采用如君王一般的掘墓道下葬的丧礼，秦缪公下葬时忠臣良将殉葬而亡，陈国大夫培植高出城门的树木作为制棺的材料，宋国司马桓魋打造奢侈的石椁耗尽三年仍未成。到暴虐的秦朝之时，时人视道德为无物，毁弃了夏、商、周三代的常例，推行严酷无道的乱国之法，国用浪费到凿穿三重泉水的墓穴营造上，民力倾尽于郦山墓的修建上，于粪土之下广积奇珍异宝，在墓穴之中广布机关陷阱。从出现自有人类以来，厚葬礼制之败坏，未曾像如此这般。即使有孔子重新修明周朝礼制，墨子以上古正道勉励世人，仍无法制御厚葬的奢靡。因此中原的士人，争相攀比葬礼的豪奢，违背丧葬之礼的根本，溺于丧葬之礼的末节，务求丧礼的虚浮之花，抛弃丧礼的朴实之果，倾其所有并耗尽家财，用于谋求或备办厚葬。人们不顾侍奉生者而为死者处心积虑，抛却所应奉养之亲只顾厚葬之礼，这哪里是圣人制定丧礼的本意呢?《墨子》中说：‘丧葬虽有应当遵守之礼，但真诚的哀思才是根本。’《论语》又说：‘与其篡改丧礼之制宁可安守单纯的悲戚。’如今就并非如此，亲密之人与墓主的棺材并置后纳入一椁，被认为是孝悌之道，大量的陪葬品和入殓时层层叠叠的衣被，用于昭显不忍之心，这是我所反对的。从前舜帝被安葬在苍梧山时，娥皇、女英的灵柩并未相陪。人在百年之后哪有再续前缘的机会，哪有永葆情义的地方呢?圣德之主、贤明之君，他们尚有此等操守，何况对于庶民百姓，厚葬之礼更不适用。古人陪葬要留待亲人亦去世之后，并未一同辞世就暂且阴阳两隔，古人一举一动符合礼节，审时度势，因时制宜。杨王孙无衣无棺裸身下葬，墨夷奉墨家丧制尸骨不掩，他们都通达于生命的规律，看重于遗体的速朽。梁鸿的父亲去世后，他用草席裹起父亲安葬，自己死后也不归葬家乡。这几位难道是淡漠于亲人的恩情，不再持守忠孝之道了吗?何况我这样鄙陋愚昧，寡德寡智的人，我心中想法已然明确，诚心追慕先贤薄葬，愿取法于前效仿古人，践行于后正道赞曰：公子、长平，临寇让生。淳于仁悌，“巨孝”以名。居巢好读，遂承家禄。伯豫逡巡，方迹孤竹。文楚薄终，丧朽惟速。周能感亲，啬神养福。

直行。我定要采用薄葬，你不要感到诧异。我担心我的尸骨朽烂会使你目不忍视，旁人的闲言碎语会使你耳不忍闻，因此你一定会想要改变安葬方式，而不顾我薄葬的心意，所以我援引远古先圣的行止，又引证近世贤人的事迹，以求让你醒悟。我只打算挖一个墓穴，使其能容下棺椁即可，灵柩到家后即刻下葬，抹平地面且不要筑坟，下葬不要卜算吉日，葬礼不必陈设供品，无须留在墓侧守孝，坟旁不用种树为饰。我的儿子呀，好生努力吧，为父言尽于此了！”朱祇、萧建将身着单衣安卧在棺内黄土之上的赵咨送回东郡家乡，儿子赵胤不忍心让父亲的遗体和黄土同在棺内，想更改安葬方式，朱祇、萧建将赵咨的遗言告诉了他，赵胤于是依言照办，当时的人都称颂赵咨的明智和通达。

赞辞说：楚郡刘平、沛国赵孝，面对贼寇舍生取义。淳于孟孙仁爱兄长，江革事母人称“巨孝”。刘般治学刻苦专注，因此承袭先祖爵禄。刘恺退避辞让封国，伯夷叔齐他所追步。赵咨知命决意薄葬，遗体速朽是其所图。周磐诵诗想到侍亲，爱惜精神、保养天福。

卷七十上

班彪列传第三十上

班彪字叔皮，扶风安陵人也。祖况，成帝时为越骑校尉。父稚，哀帝时为广平太守。

彪性沉重好古。年二十余，更始败，三辅大乱。时隗嚣拥众天水，彪乃避难从之。嚣问彪曰："往者周亡，战国并争，天下分裂，数世然后定。意者从横之事复起于今乎？将承运迭兴，在于一人也？愿生试论之。"对曰："周之废兴，与汉殊异。昔周爵五等，诸侯从政，本根既微，枝叶强大，故其末流有从横之事，势数然也。汉承秦制，改立郡县，主有专己之威，臣无百年之柄。至于成帝，假借外家，哀、平短祚，国嗣三绝，故王氏擅朝，因窃号位。危自上起，伤不及下，是以即真之后，天下莫不引领而叹。十余年间，中外搔扰，远近俱发，假号云合，咸称刘氏，不谋同辞。方今雄桀带州域者，皆无七国世业之资，而百姓讴吟，思仰汉德，已可知矣。"嚣曰："生言周、汉之势可也；至于但见愚人习识刘氏姓号之故，而谓汉家复兴，疏矣。昔秦失其鹿，刘季逐而羁之，时人复知汉乎？"

彪既疾嚣言，又伤时方艰，乃著《王命论》，以为汉德承尧，有班彪字叔皮，右扶风安陵县人。他的祖父班况，在成帝时担任越骑校尉。他的父亲班稚，在哀帝时担任广平太守。

班彪性情稳重，醉心于古学。在他二十多岁的时候，更始政权败亡，长安附近三辅地区的局势极为混乱。当时隗嚣兵多将广割据天水，班彪为躲避战乱投奔了隗嚣。隗嚣向班彪问道："从前周朝衰亡，战国诸侯争战，天下分崩离析，几代之后才重归安定。抑或那合纵连横的纷争之事到如今再次出现了吧？难道秉承天命使政权更迭的运气，又将落在某人身上吗？希望先生姑且评论一二。"班彪答道："周朝的盛衰兴亡，与汉朝大为不同。从前周王为诸侯划分了五个等级的爵位，诸侯可以参与国政，作为根基的王室已然弱小，作为枝叶的诸侯却很强大，因此周朝末期出现合纵连横之事，是形势天数的自然结果。汉朝继承秦朝制度，改分封为设立郡县，君主有大权独揽的威势，臣下无长期在手的权柄。到了成帝年间，天子倚重外戚，哀帝、平帝国祚短暂，连续三代竟无太子，所以王莽把持朝政，趁势窃取名号爵位。危险起自朝廷当中，祸乱并未遍及民间，因此王莽真正篡位之后，天下万民全都伸着脖子叹息。在之后的十多年间，中原内外搔乱频仍，远近各地义军并起，自立名号纠集人马，都打着刘氏的旗号，不谋而合、众口一词。如今控制一州之地的英雄豪杰，都并无战国七雄世代相承的实力，然而在百姓们的歌颂和吟咏中，却都是思慕大汉恩德的话语，汉祚未绝已经可想而知了。"隗嚣听罢说："先生对周朝、汉朝之形势分析得很对；至于您只因为看到愚昧之徒对刘氏旗号的怀念，就说汉室复兴有望，这就不严谨了。从前秦朝丧失天下，刘邦在纷争中夺得了政权，当时的人有谁知道以后会有汉朝呢？"

班彪既对隗嚣的谬论极为憎恨，又感伤于时局正当艰难之时，灵命之符，王者兴祚，非诈力所致，欲以感之，而嚣终不寤，遂避地河西。河西大将军窦融以为从事，深敬待之，接以师友之道。彪乃为融画策事汉，总西河以拒隗嚣。

及融征还京师，光武问曰：“所上章奏，谁与参之？”融对曰：“皆从事班彪所为。”帝雅闻彪才，因召入见，举司隶茂才，拜徐令，以病免。后数应三公之命，辄去。

彪既才高而好述作，遂专心史籍之间。武帝时，司马迁著《史记》，自太初以后，阙而不录，后好事者颇或缀集时事，然多鄙俗，不足以踵继其书。彪乃继采前史遗事，傍贯异闻，作后传数十篇，因斟酌前史而讥正得失。其略论曰：

唐虞三代，《诗》《书》所及，世有史官，以司典籍，暨于诸侯，国自有史，故《孟子》曰“楚之《梼杌》，晋之《乘》，鲁之《春秋》，其事一也”。定哀之间，鲁君子左丘明论集其文，作《左氏传》三十篇，又撰异同，号曰《国语》，二十一篇，由是《乘》《梼杌》之事遂闇，而《左氏》《国语》独章。又有记录黄帝以来至春秋时帝王公侯卿大夫，号曰《世本》，一十五篇。春秋之后，七国并争，秦并诸侯，则有《战国策》三十三篇。汉兴定天下，太中大夫陆贾记录时功，作《楚汉春秋》九篇。孝武之世，太史令司马迁采《左氏》《国语》，删《世本》《战国策》，据楚、汉列国时事，上自黄帝，下讫获麟，作本纪、世家、列传、书、表凡百三十篇，而十篇缺焉。迁之所记，从汉元至武以绝，则其功也。至于采经摭传，分散百家之事，甚多疏就写下了《王命论》，认为大汉之德承自唐尧，又有神灵和天命加祐的吉兆为证，高祖创立汉朝，并非是凭借欺诈和暴力达成的，他想以此文触动隗嚣，但隗嚣始终未能醒悟，于是班彪离开隗嚣来到河西地区避乱。河西大将军窦融任命班彪为从事，对他礼遇有加，以师礼和交友之道招待班彪。班彪就为窦融拟定了侍奉汉室的策略，统领西河郡兵马来抵御隗嚣。

等到朝廷召窦融回京后，光武帝问道："卿所呈上的奏章，有谁参与了起草？"窦融答道："都是微臣的从事班彪所作。"光武帝素来就对班彪的才干有所耳闻，于是便召见了班彪，司隶校尉府举荐班彪为茂才，朝廷任命他为徐县县令，最终班彪因病免职。后来班彪又多次受到三公府的征召，每次都会应召。

班彪才华横溢又爱好写作，因而着意于研究史籍。武帝年间，司马迁曾创作《史记》，而自武帝太初年间之后的历史，《史记》并未记载，后来有些好事之徒稍稍连缀编纂了之后的史事，然而内容大多鄙陋庸俗，不配为《史记》的续作。班彪就继续搜集前朝历史中流传下来的史事，并博采奇闻异事，为《史记》编著了几十篇后传，还顺便推敲了《史记》的得失并做出批评和纠正。他大致评论道：

唐尧、虞舜和夏、商、周三代，据《诗经》《尚书》的记载，当时已经有了史官，负责管理典籍文献，到了诸侯争霸之世，诸国各有各的史书，所以《孟子》上说"楚国的《梼杌》，晋国的《乘》，鲁国的《春秋》，它们都是记载历史的史书"。鲁定公、鲁哀公年间，鲁国君子左丘明编纂各国史书，撰写了《左传》三十篇，他又汇编了不同于《左传》的史料，写成《国语》，共二十一篇，自此《乘》和《梼杌》的记载便未能世代流传，而只有《左传》《国语》的记载彰明于世。先代又有史书记录了从黄帝开始到春秋时期的帝王、公侯和卿大夫的事迹，此书名为《世本》，共十五篇。春秋之后，七国争雄，秦国最终吞并各路诸侯，当时便有史书《战国策》三十三篇。汉朝兴盛天下安定，太中大夫陆贾记录了当时建立王朝的功业，著有《楚汉春秋》九篇。武帝年间，太史令司马迁采用了《左传》《国语》的记载，删削了《世本》《战国策》的记录，根据楚汉争霸时各诸侯国当时发生的事略，不如其本，务欲以多闻广载为功，论议浅而不笃。其论术学，则崇黄老而薄“五经”；序货殖，则轻仁义而羞贫穷；道游侠，则贱守节而贵俗功：此其大敝伤道，所以遇极刑之咎也。然善述序事理，辩而不华，质而不野，文质相称，盖良史之才也。诚令迁依“五经”之法言，同圣人之是非，意亦庶几矣。

夫百家之书，犹可法也。若左氏、国语、世本、战国策、楚汉春秋、太史公书，今之所以知古，后之所由观前，圣人之耳目也。司马迁序帝王则曰本纪，公侯传国则曰世家，卿士特起则曰列传。又进项羽、陈涉而黜淮南、衡山，细意委曲，条列不经。若迁之著作，采获古今，贯穿经传，至广博也。一人之精，文重思烦，故其书刊落不尽，尚有盈辞，多不齐一。若序司马相如，举郡县，著其字，至萧、曹、陈平之属，及董仲舒并时之人，不记其字，或县而不郡者，盖不暇也。今此后篇，慎核其事，整齐其文，不为世家，唯纪、传而已。传曰：“杀史见极，平易正直，春秋之义也。”

件，向前追溯到黄帝时期，向后记录到武帝捕获白麟的太始二年，撰写了本纪、世家、列传、书、表共一百三十篇，但有十篇遗失了。司马迁个人的记录，是从汉朝开国到武帝年间为止，这是他的功劳。至于他对经书、传书的寻章摘句，对诸子著作的断章取义，却有颇多疏忽省略之处，未能忠实于原书的本貌，执意要将见多识广、旁征博引当做能耐，论议肤浅而不切实。他评论学术时，便推崇黄帝、老子而鄙薄儒家“五经”；为商人作传时，就轻视仁义而耻于贫穷；叙游侠之事时，就看轻坚守节操而看重世俗功名。这便是他著述中极为败坏风气、妨害正道之处，所以他才遭受腐刑的处置。然而司马迁善于叙述事件背后的道理，长于论辩而不为繁丽之词，行文朴实而不会落入粗野，文采、质朴的结合恰到好处，这正是优秀史官才具备的才华。如果让司马迁遵奉“五经”的礼法之言，认同圣人的是非判断，《史记》应该就近乎完美了。

先秦诸子的著作，仍不乏可取之处。像《左传》《国语》《世本》《战国策》《楚汉春秋》《史记》之类的作品，今人可从中了解古事，后人可从中观览前朝，堪为圣人增长闻见的耳目。司马迁所记叙的帝王事迹就称为本纪，传承封国的公侯之事迹就称为世家，出众的官吏、士子之事迹就称为列传。他将项羽、陈涉的事迹分别提升到本纪和世家，而将淮南王、衡山王的事迹降为列传，司马迁记事细大不捐、情由周详，荒诞之事亦尽行罗列。司马迁的著作，基于对古今诸事的收集，对经传义理的通晓，涵盖范围极为广博。《史记》全凭一个人的精力编成，鸿文难成而需竭尽心力，所以他的著作繁芜之处删削不尽，多余之言依然存在，常常前后体例不一。就像记叙司马相如时，司马迁会记录他的籍贯，记下他的表字，到记叙萧何、曹参、陈平等人，以及记叙和董仲舒同时期的人时，便不再记录传主的表字，对于籍贯有时只记县名而不见郡名，大概是来不及写明吧。如今在下所作的《史记》后传，谨慎地核查了《史记》所记之事，整理了《史记》体例的失序之处，不再划出世家部分，只留下本纪、列传而已。传说：“写定史书昭示准则，文辞浅近、秉笔直书，这正是《春秋》所坚守的正义。”

彪复辟司徒玉况府。时东宫初建，诸王国并开，而官属未备，师保多阙。彪上言曰：

孔子称“性相近，习相远也”。贾谊以为“习与善人居，不能无为善，犹生长于齐，不能无齐言也。习与恶人居，不能无为恶，犹生长于楚，不能无楚言也”。是以圣人审所与居，而戒慎所习。昔成王之为孺子，出则周公、邵公、太史佚，入则大颠、闳夭、南宫括、散宜生，左右前后，礼无违者，故成王一日即位，天下旷然太平。是以《春秋》“爱子教以义方，不纳于邪。骄奢淫佚，所自邪也”。《诗》云：“诒厥孙谋，以宴翼子。”言武王之谋遗子孙也。

汉兴，太宗使晁错导太子以法术，贾谊教梁王以《诗》《书》。及至中宗，亦令刘向、王褒、萧望之、周堪之徒，以文章儒学保训东宫以下，莫不崇简其人，就成德器。今皇太子诸王，虽结发学问，修习礼乐，而傅相未值贤才，官属多阙旧典。宜博选名儒有威重明通政事者，以为太子太傅，东宫及诸王国，备置官属。又旧制，太子食汤沐十县，设周卫交戟，五日一朝，因坐东箱，省视膳食，其非朝日，使仆、中允旦旦请问而已，明不媟黩，广其敬也。

书奏，帝纳之。

后察司徒廉为望都长，吏民爱之。建武三十年，年五十二，卒后来班彪又被司徒玉况征召到司徒府。那时朝廷刚刚册立太子，同时分封了各个王国，但东宫和各国的官吏尚未齐备，教导太子和诸王的师保之职亦有不少空缺。班彪上书说：

孔子说："人们先天的性格差异不大，后天的习惯却千差万别。"贾谊认为："惯于和有德之人共居，便不会不行善，正如在齐国成长之人，便不会不说齐国话。惯于和丑恶之人共居，便不会不作恶，正如在楚国成长之人，便不会不说楚国话。"因此圣人注重审视自己的邻人，并对习惯的养成充满警惕和谨慎。从前周成王尚且年幼之时，上朝时便由周公、邵公、太史佚辅佐；退朝后便由大颠、闳夭、南宫适、散宜生辅佐，使成王在大大小小的事情上，都不会违背礼制，所以成王一旦继承君位，天下便豁然太平。因此《春秋》有言："疼爱儿子就应该教导他遵循正义之道，对邪门歪道拒之千里。骄矜奢靡、放纵逸乐，这都是引人走上邪路的恶德。"《诗经》上说："将智谋传给孙子，将礼义传给儿子。"说的是指周武王将自己的谋划留给子孙。

大汉建立后，文帝命晁错用治国之道教导太子，贾谊用《诗经》《尚书》教育梁王。到宣帝时，宣帝也对刘向、王褒、萧望之、周堪等人下令，命他们用文章和儒学培养、教育太子及以下的各位王子，朝廷在师保的选拔上都会慎之又慎，为的是将太子造就为德才兼备的储君。如今的皇太子和各位王子，虽然刚一成人就开始治学，研习儒家的礼乐文化，但是尚未遇到堪当太傅和国相的贤才，属下官吏对古时经典的研究也颇多疏漏。应当广泛地简选威严庄重、通晓国政的大儒，并任命他为太子太傅，对于东宫和各个王国，属下的官吏也应该配齐。而且前朝亦有相关制度，太子享有十个县的封邑供其斋戒沐浴，邑内设有执戟的禁卫，太子每五天入宫朝见天子一次，之后在东厢落座，检查御膳，无需朝见的时候，太子只需派太子仆和太子中允每日入宫向天子致以问候便可，以此表明自己毫无轻慢之心，彰显自己对天子的恭敬。

奏书呈上后，光武帝采纳了班彪的建议。

后来司徒府因班彪的廉洁正直而举荐他担任望都县长，班彪在官。所著赋、论、书、记、奏事合九篇。

二子：固，超。超别有传。

论曰：班彪以通儒上才，倾侧危乱之间，行不逾方，言不失正，仕不急进，贞不违人，敷文华以纬国典，守贱薄而无闷容。彼将以世运未弘，非所谓贱焉耻乎？何其守道恬淡之笃也！

固字孟坚。年九岁，能属文诵诗赋，及长，遂博贯载籍，九流百家之言，无不穷究。所学无常师，不为章句，举大义而已。性宽和容众，不以才能高人，诸儒以此慕之。

永平初，东平王苍以至戚为骠骑将军辅政，开东阁，延英雄。时固始弱冠，奏记说苍曰：

将军以周、邵之德，立乎本朝，承休明之策，建威灵之号，昔在周公，今也将军，《诗》《书》所载，未有三此者也。传曰："必有非常之人，然后有非常之事；有非常之事，然后有非常之功。"固幸得生于清明之世，豫在视听之末，私以蝼蚁，窃观国政，诚美将军拥千载之任，蹑先圣之踪，体弘懿之姿，据高明之势，博贯庶事，服膺"六艺"，白黑简心，求善无猒，采择狂夫之言，不逆负薪之议。窃见幕府新开，广延群俊，四方之士，颠倒衣裳。将军宜详唐、殷之举，察伊、皋之荐，令远近无偏，幽隐必达，期于总览贤才，收集明智，为国得人，以宁本朝。则将军养志和神，优游庙堂，光名宣于当世，遗烈著于无穷。

任时得到了属下和百姓的爱戴。到建武三十年(54),班彪五十二岁时,他在任上去世。班彪所著的赋、论、书、记、奏事共有九篇。

班彪有两个儿子:班固、班超。班超的事迹另有列传记载。

评论说:班彪作为博学多闻的儒者,堪当重任的大才,辗转流离在危险动乱的世间,他的行止不偏于正道,言谈不违逆公义,为官不急于高升,守信不背叛他人,他施展文采用以编纂国史,安守贫贱却不愁容满面。他大概是对于治世的气运尚未光大更为忧虑,而无心于以个人的贫贱为耻吧?班彪那持守正道安于恬淡的心意是多么坚定啊!

班固字孟坚。九岁时,他便能缀字作文、诵读诗赋,长大后,就博览群书并完全掌握,对各种流派的学说,他无不追根究底。班固治学没有固定的老师,不在分析章节和句读上下功夫,只求理解要义而已。他性情宽厚温和,大度包容,并不恃才傲物,众位儒生因此对他心向往之。

明帝永平初年,东平王刘苍作为明帝最亲近的弟弟出任骠骑将军一职辅佐国政,他打开东边小门,招揽四方英杰。当时班固刚刚成人,他向刘苍上书进言道:

将军凭着周公、召公一般的至德,在本朝身居高位,秉承朝廷清平的美政,获封骠骑将军的尊号。此等德高望重之人从前有周公,现在是将军,即便遍览《诗经》《尚书》所记载的先贤,也没有第三人能与周公和将军相提并论。前人曾有言:‘一定要先有卓越之人,然后才会有卓绝之事;先有卓绝之事,然后才会有卓著之功。’班固有幸生在这国政清明的太平盛世,虽人微言轻但仍能参与政事,以如蝼蚁一般的卑微身份,私自对国之大政有所观察,实在是叹服于将军身担周公之后至今千年无人堪当的大任,追随先代圣人的足迹,拥有弘大完满的天资,身居尊贵显赫的高位,博览通晓世间之事,衷心遵奉儒家经义,是非曲直洞若观火,积德累善永无止境,对无知之人的妄言亦有所采纳,对卑微樵夫的议论不断然拒斥。我私下见到将军的幕府刚刚建立,您广纳天下英才,各地有志之士,衣衫不整赶来归附。将军此时应效法唐尧、殷商之时的举贤之道,考察伊尹、窃见故司空掾桓梁，宿儒盛名，冠德州里，七十从心，行不逾矩，盖清庙之光晖，当世之俊彦也。京兆祭酒晋冯，结发修身，白首无违，好古乐道，玄默自守，古人之美行，时俗所莫及。扶风掾李育，经明行著，教授百人，客居杜陵，茅室土阶。京兆、扶风二郡更请，徒以家贫，数辞病去。温故知新，论议通明，廉清修絜，行能纯备，虽前世名儒，国家所器，韦、平、孔、翟，无以加焉。宜令考绩，以参万事。京兆督邮郭基，孝行著于州里，经学称于师门，政务之绩，有绝异之效。如得及明时，秉事下僚，进有羽翮奋翔之用，退有杞梁一介之死。凉州从事王雍，躬卞严之节，文之以术艺，凉州冠盖，未有宜先雍者也。古者周公一举则三方怨，曰"奚为而后己"。宜及府开，以慰远方。弘农功曹史殷肃，达学洽闻，才能绝伦，诵《诗》三百，奉使专对。此六子者，皆有殊行绝才，德隆当世，如蒙征纳，以辅高明，此山梁之秋，夫子所为叹也。昔卞和献宝，以离断趾，灵均纳忠，终于沉身，而和氏之璧，千载垂光，屈子之篇，万世归善。愿将军隆照微之明，信日昊之听，少屈威神，咨嗟下问，令尘埃之中，永无荆山、汨罗之恨。

皋陶承蒙擢拔的情由，使人才的选拔不因祖籍距京城的远近而有所偏私，幽居僻地的隐士也一定能得到机会。由此希望能够统辖天下贤才，搜罗明智之士，为国求得人才，以使本朝安宁。那么将军便能够保养志气、心神和顺，于朝廷中安闲自在，美名宣扬于当今，功业流传于万代。

依不才愚见前任司空府的属官桓梁，身为大儒名声卓著，德行冠绝本地同乡，七十高龄从心所欲，然而行为亦合礼法，以其光辉堪当宗庙助祭，是当今的德才兼备之士。在京兆尹担任祭酒的晋冯，刚成年便修养德行，到年老亦守节不移，雅好古事乐于行道，清静无为坚定操守，他秉承古人的美德，并非流俗所能企及。右扶风的属官李育，通晓经义、德行出众，教授弟子百人之多，离家旅居京兆杜陵，茅草为屋，泥土为阶。京兆尹、右扶风两郡多次征召李育，只因家境贫寒，几次因病退职。他治学温故知新，解经通透明白，廉洁清白、洁身自好，德行纯粹、文武全才，即使前朝大儒，国之栋梁，韦贤、平当、孔光、翟方进之辈，亦不能与李育匹敌。应该让他执掌考绩工作，以使他参与大小政事。在京兆尹担任督邮的郭基，孝敬父母的德行名扬乡里，经术的学问受到老师称赞，为政功绩，有极为突出之功。若能够赶上清明之时，受命担任下级属官，日后高升便能如鸿鸟高飞所凭借的六根飞羽一般担当重任，仕途不达亦能如杞梁一般未蒙优待却仍冲锋陷阵为国捐躯。凉州从事王雍，身有卞严行孝重义的气节，多才多艺更为他锦上添花，凉州的官吏士绅，没有谁在察举中应当位列王雍之前。古时周公出征一方平乱而其他三方的百姓便有所怨言，他们说“为何我等迟迟不得解救呢”。将军应趁幕府成立之际广纳贤才，使远方志士的归附之心得到宽慰。弘农郡的功曹使殷肃，学问大、见识广，才能超出众人，惯于诵读《诗经》三百篇，能奉命出使酬答异域。这六位士人，都有卓著的行操和才干，品德远胜当世之人，他们若蒙将军征用，以辅佐将军和朝廷，这正如山梁上的雌野鸡飞飞停停正得其时，是孔子所为之感叹的呀！从前卞和献上璞玉，却遭斩下双脚，屈原进献忠言，死于自沉汨罗，然而和氏之璧，光彩千年传承，屈原遗作，万代效法称赞。希望将军施展您洞悉纤微、明察秋苍纳之。

父彪卒，归乡里。固以彪所续前史未详，乃潜精研思，欲就其业。既而有人上书显宗，告固私改作国史者，有诏下郡，收固系京兆狱，尽取其家书。先是扶风人苏朗伪言图谶事，下狱死。固弟超恐固为郡所核考，不能自明，乃驰诣阙上书，得召见，具言固所著述意，而郡亦上其书。显宗甚奇之，召诣校书部，除兰台令史，与前睢阳令陈宗、长陵令尹敏、司隶从事孟异共成世祖本纪。迁为郎，典校秘书。固又撰功臣、平林、新市、公孙述事，作列传、载记二十八篇，奏之。帝乃复使终成前所著书。

固以为汉绍尧运，以建帝业，至于六世，史臣乃追述功德，私作本纪，编于百王之末，厕于秦、项之列，太初以后，阙而不录，故探撰前记，缀集所闻，以为《汉书》。起元高祖，终于孝平王莽之诛，十有二世，二百三十年，综其行事，傍贯五经，上下洽通，为《春秋》考纪、表、志、传凡百篇。固自永平中始受诏，潜精积思二十余年，至建初中乃成。当世甚重其书，学者莫不讽诵焉。

自为郎后，遂见亲近。时京师修起宫室，浚缮城隍，而关中耆毫的慧眼，扩大昭昭红日、无尽苍穹般的圣听，稍微降低您神明般的威严，慷慨地赞美贤才、不耻下问，使俗世之中，永无卞和于荆山泣玉、屈原于汨罗自沉的遗憾。

东平王刘苍采纳了班固的谏言。

父亲班彪死后，班固回到家乡。他认为父亲续写的《史记》后传不够周详，就潜心研究，深思熟虑，打算完成父亲留下的事业。不久有人向明帝上书，状告班固私自篡改国史，朝廷将诏书下达到右扶风郡府，将班固收押在京兆尹的监牢中，并将家中书籍全部抄没。此前曾发生右扶风人苏朗曲解图谶的事件，苏朗入狱后身亡。班固的弟弟班超害怕哥哥被郡府审查拷打，而无法为自己申辩，于是他赶赴朝堂上书鸣冤，班超受到了明帝召见，他详细地说明了班固编写史书的本意，同时郡府也将班固的作品呈上。明帝认为班固并非泛泛之辈，就将他召至校书部，任命他为兰台令史，班固和前任睢阳县令陈宗、长陵县令尹敏、司隶从事孟异一同完成了《世祖本纪》。后来班固升任为郎，负责校勘宫中藏书。班固还撰写了开国功臣的事迹，以及平林义军、新市义军和割据蜀地的公孙述的事迹，编纂了列传、载记共二十八篇，并将其进呈给明帝。明帝终于又命班固完成他此前所著的史书。

班固认为汉朝气运继承自唐尧，王朝创立后，一直到第六代的武帝年间，史官才开始追述大汉的功德，自行编写大汉先帝的本纪，编列在先代诸位帝王之后，与秦皇、项羽归于同一序列，而武帝太初年间之后的历史，也空缺出来并未记录，因此班固便推究、编纂前朝留下的记载，连缀、汇集自己耳闻的轶事，编写了《汉书》。全书所记载的历史起自高祖，止于孝平帝后王莽受诛之时，包含了十二代帝王之事，共计二百三十年的历史，班固汇集前人行止事迹，编纂之法谨遵“五经”要义，对“五经”的尊奉之心贯通全书，遵照《春秋》体例和义理写成了纪、表、志、传共一百篇。班固于明帝永平年间受诏开始编写此书，一心一意、深思熟虑二十多年，到章帝建初年间才写就。当时的人们非常重视此书，没有哪位学者不曾诵读。

班固自从担任郎官后，就深受明帝的信赖和亲近。当时，京师洛老犹望朝廷西顾。固感前世相如、寿王、东方之徒，造构文辞，终以讽劝，乃上《两都赋》，盛称洛邑制度之美，以折西宾淫侈之论。其辞曰：

有西都宾问于东都主人曰："盖闻皇汉之初经营也，尝有意乎都河洛矣。辍而弗康，寔用西迁，作我上都。主人闻其故而睹其制乎？"主人曰："未也。愿宾摅怀旧之蓄念，发思古之幽情，博我以皇道，弘我以汉京。"宾曰："唯唯。"

汉之西都，在于雍州，寔曰长安。左据函谷、二崤之阻，表以太华、终南之山。右界褒斜、陇首之险，带以洪河、泾、渭之川。华实之毛，则九州之上腴焉；防御之阻，则天下之奥区焉。是故横被六合，三成帝畿，周以龙兴，秦以虎视。及至大汉受命而都之也，仰寤东井之精，俯协《河图》之灵，奉春建策，留侯演成，天人合应，以发皇明，乃眷西顾，寔惟作京。于是睎秦领，睋北阜，挟酆霸，据龙首。图皇基于亿载，度宏规而大起，肇自高而终平，世增饰以崇丽，历十二之延祚，故穷奢而极侈。建金城其万雉，呀周池而成渊，披三条之广路，立十二之通门。内则街衢洞达，闾阎且千，九市开场，货别隧分，人不得顾，车不得旋，阗城溢郭，傍流百廛，红尘四合，烟云相连。于是既庶且富，娱乐无疆，都人士女，殊异乎五方，游士拟于公侯，列肆侈于姬、姜。乡曲豪俊游侠之雄，节慕原、尝，名亚春、陵，连交合众，骋骛乎其中。

阳已经修葺兴建了宫殿，疏通修缮了城池，但祖居关中的长者们仍希望朝廷将都城迁回长安。班固有感于西汉司马相如、吾丘寿王、东方朔等人的事迹，他们都缀文成篇、创作辞赋，最终以此对天子婉言相劝，班固就献上《两都赋》，盛赞洛阳城建筑式样的典美，来驳倒长安来客的浮夸之辞。赋文是：

有西都客人问东都主人说："我听说大汉初年规划京都时，曾经有意建都在黄河洛水间，但是觉得不安全就放弃了。于是西迁，把长安作为我们的京都。主人听说过这个缘故，看见过它的形制吗？"主人说："没有。希望客人抒发怀旧的心思，表达思古的情念，以高祖定都的法则增长我的见闻，用西都美好的景致扩充我的眼界。"客人说："好的，好的。"

汉代的西都，位于雍州，名叫长安。左边倚仗函谷关和崤山的险阻，靠近华山和终南山。右边毗邻褒谷斜谷和龙首山的险要，环绕黄河和泾渭之水。众河弯曲的地方，汧水奔涌向西面。花果茂盛，是九州最肥沃的土地；防御险阻，是天下最宜居的地方。因此连接各方，周秦汉三代都作为京都。周借此兴起，秦凭此虎视天下，直到大汉受天命而建都于此。仰望上天有五星聚于东井，感悟到是高祖即位的吉兆；俯察大地有灵图现于河滨，了解到是帝王符合受命的祥瑞。娄敬提议建都长安，张良促成最终实现。天人互相感应，启发高祖的圣明。西入长安，作为京都。眺望秦岭，远视北阜。夹带沣灞二水，倚仗龙首之山。希望帝王的基业绵延亿年，考虑远大的规划而大举兴建。始于高祖而终于平帝，世代增补修饰而高大华丽。经历十二位帝王的福禄延续，因而极其奢侈。建起的金城有万雉之高，空阔的周池可形成深渊。开拓三条广阔大路，设立十二座通行大门。城内街道四通八达，里巷近千。街市开场，货物按照不同道路分列。行人不能转头，车马不得回旋，充塞城内，商店遍布。红尘围拢，烟云相连。人口众多，物资富足，欢娱快乐，没有止境。京都的男女，和其他地方的男女有很大不同。云游人可比公侯，卖货女胜过贵妇。乡里豪士，游侠英雄，气节近乎平原君孟尝君，名望次于春申君信陵君。广泛结交，聚合众人，驰骋城中。

若乃观其四郊，浮游近县，则南望杜、霸，北眺五陵，名都对郭，邑居相承，英俊之域，黻冕所兴，冠盖如云，七相五公。与乎州郡之豪桀，五都之货殖，三选七迁，充奉陵邑，盖以强干弱枝，隆上都而观万国。封畿之内，厥土千里，逴荦诸夏，兼其所有。其阳则崇山隐天，幽林穹谷，陆海珍藏，蓝田美玉，商、洛缘其隈，鄠、杜滨其足，源泉灌注，陂池交属，竹林果园，芳草甘木，郊野之富，号曰近蜀。其阴则冠以九嵕，陪以甘泉，乃有灵宫起乎其中。秦、汉之所极观，渊、云之所颂叹，于是乎存焉。下有郑、白之沃，衣食之源，隄封五万，疆埸绮分，沟塍刻镂，原隰龙鳞，决渠降雨，荷臿成云，五谷垂颖，桑麻敷菜。东郊则有通沟大漕，溃渭洞河，泛舟山东，控引淮、湖，与海通波。西郊则有上囿禁苑，林麓薮泽，陂池连乎蜀、汉，缭以周墙，四百余里，离宫别馆，三十六所，神池灵沼，往往而在。其中乃有九真之麟，大宛之马，黄支之犀，条枝之鸟，逾昆仑，越巨海，殊方异类，至三万里。

其宫室也，体象乎天地，经纬乎阴阳，据坤灵之正位，放泰、紫之圆方。树中天之华阙，丰冠山之朱堂，因瑰材而究奇，抗应龙之虹梁，列棼橑以布翼，荷栋桴而高骧。雕玉瑱以居楹，裁金璧以饰珰，发五色之渥采，光焰朗以景彰。于是左城右平，重轩三阶，闺房周通，门闼洞开，列钟虡于中庭，立金人于端闱，仍增崖而衡阈，临峻路而启扉。徇以离殿别寝，承以崇台闲馆，焕若列星，紫宫是环。清凉宣温，神仙长年，金华玉堂，白虎麒麟，区宇若兹，不可殚论。增槃业峨，登降炤烂，殊形诡制，每各异观，乘茵步辇，唯所息宴。后宫则有掖庭椒房，后妃之室，合欢增成，安处常宁，茝若椒风，披香发越，兰林蕙草，鸳鸾飞翔之列。昭阳特盛，隆乎孝成，屋不呈材，墙不露形，裛以藻绣，络以纶连，随侯明月，错落其间，金至于观察京郊四周，漫游附近州县，南望杜霸，北眺五陵。名都与城郭相对，里邑和住宅相连。英才俊杰居住的区域，达官贵人所建的地方，冠盖如云，七相五公。和州郡豪杰，五都商人，选此三等家庭，迁入汉家七陵，充当供奉皇陵的角色，以此来强化中央力量，削弱地方势力，使京都兴盛，显威于万国。封畿之内，土地千里，面积超出诸侯，物产兼其所有。南面崇山遮天，茂林深谷，陆海藏珍，蓝田美玉。商县洛县沿着水湾，鄠县杜县靠近山脚。清泉流入，池塘相连。竹林果园，芳草佳树，郊野之富，号称近蜀。北面九嵕山高耸入云，甘泉山作为陪衬，并有甘泉宫建于其中。秦汉两代最壮观的宫殿，王褒扬雄所颂扬的甘泉，都存在其间。下面有郑渠白渠浇灌的沃野，是百姓的衣食源泉，总共五万顷，田地交界错落似罗绮，沟渠田埂贯穿如刻镂，平原低地如片片龙鳞，开渠灌溉像阵阵降雨，荷插治水若连接成云。五谷茂盛，禾穗下垂；桑麻繁多，拥在道旁。东郊有畅通的沟渠漕运，直通渭水黄河，泛舟华山之东，控引淮水湖泊，与海波涛相连。西郊有上林禁苑，山林水泽，倾斜曲折同蜀汉相连。围墙环绕，四百多里。离宫别馆，三十六所。神池灵沼，处处都是。其中有九真之麟，大宛之马，黄支之犀，条支之鸟。跨越昆仑，横渡大海，各地不同的珍奇异兽，到大汉要经过三万里。

西都的宫室，体制象征天地，方位契合阴阳，占据大地正位，模仿太紫形体。华丽的双阙建在半空之中，朱红的宫殿筑在龙首山顶。用珍贵的建材构筑奇丽的式样，高拱的殿梁形如应龙飞舞，栋椽排列如鸟翼张开，屋梁负重像骏马高昂。雕玉柱石使承接殿柱，裁金璧用来装饰瓦当，焕发五色浓光，光焰朗如日光。左为台阶，右为平阶。重重栏杆，层层台阶，闺房四通，门闼洞开。陈列钟架在庭中，竖立金人于正门。以高崖设成门槛，对大路敞开宫门。环绕着离宫别院，承接着高台闲馆。像群星闪耀，环绕紫微星。清凉宣温，神仙长年，金华玉堂，白虎麒麟。像这样的华丽宫殿，不可能全部说完。重叠盘曲，高大巍峨。上下起伏，光辉灿烂。奇形怪制，各显异观。乘车坐辇，皆可休息。后宫则有掖庭椒房，是后妃居住之地，合欢增城，安处常宁，茝若椒风，披香发越，兰林蕙草，鸳鸾飞翔之类都住釭衔璧，是为列钱，翡翠火齐，流燿含英，悬黎垂棘，夜光在焉。于是玄墀釦切，玉阶彤庭，碝磩采缴，琳珉青荧，珊瑚碧树，周阿而生。红罗飒纚，绮组缤纷，精曜华烛，俯仰如神。后宫之号，十有四位，窈窕繁华，更盛迭贵，处乎斯列者，盖以百数。左右廷中，朝堂百僚之位，萧曹魏邴，谋谟乎其上。佐命则垂统，辅翼则成化，流大汉之恺悌，荡亡秦之毒螫。故令斯人扬乐和之声，作画一之歌，功德著于祖宗，膏泽洽于黎庶。又有天禄石渠，典籍之府，命夫谆诲故老，名儒师傅，讲论乎六艺，稽合乎同异。又有承明金马，著作之庭，大雅宏达，于兹为群，元元本本，周见洽闻，启发篇章，校理秘文。周以钩陈之位，卫以严更之署，总礼官之甲科，群百郡之廉孝。虎贲赘衣，阉尹阍寺，陛戟百重，各有攸司。周庐千列，徼道绮错。辇路经营，修涂飞阁。自未央而连桂宫，北弥明光而絚长乐，陵墱道而超西墉，混建章而外属，设璧门之凤阙，上觚棱而栖金雀。内则别风之嶕峣，眇丽巧而竦擢，张千门而立万户，顺阴阳以开阖。尔乃正殿崔巍，层构厥高，临乎未央，经骀荡而出馺娑，洞枍诣与天梁，上反宇以盖戴，激日景而纳光。神明郁其特起，遂偃蹇而上跻，轶云雨于太半，虹霓回带于棼楣，虽轻迅与僄狡，犹愕眙而不敢阶。攀井干而未半，目眴转而意迷，舍棂槛而却倚，若颠坠而复稽，魂怳怳以失度，巡回涂而下低。既惩惧于登望，降周流以彷徨，步甬道以萦纡，又杳窱而不见阳。排飞闼而上出，若游目于天表，似无依而洋洋。前唐中而后太液，揽沧海之汤汤，扬波涛于碣石，激神岳之嶈嶈，滥瀛洲与方壶，蓬莱起乎中央。于是灵草冬荣，神木丛生，岩峻崔崒，金石峥嵘。抗仙掌以承露，擢双立之金茎，轶埃壒之混浊，鲜颢气之清英。骋文成之丕诞，驰五利之所刑，庶松乔之群类，时游从乎斯庭，实列仙之攸馆，匪吾人之所宁。

着妃嫔女官。昭阳殿特别豪华，增修于汉成帝之时。屋不显梁，墙不露形。锦绣缠绕，扎彩捆缚。随侯宝珠如明月，错落其间。壁带金釭衔璧玉，排列成钱。翡翠火齐，流光含彩。悬黎垂棘，夜光之璧，闪耀在此。殿堂地面，涂以黑漆。殿堂门槛，嵌上黄金。白玉砌台阶，朱漆涂中庭。碝碱琳珉，众多美玉，光彩致密，青光闪映。珊瑚碧树，植于殿庭之隅，栩栩如生。宫女妃嫔，红罗衣裙，长袖飘拂，绶带缤纷，光彩照人，俯仰如神。后宫号位，十有四等。各级女官，美好华丽，更替显贵。身处号位者，数以百计。左右庭中，是朝堂百官议政之处，萧何曹参，魏相邴吉，在那出谋划策。辅佐君王使基业留传，协助施德使教化完成。传扬大汉的仁德，洗涤亡秦的毒害。因此，大臣传播和谐之乐，百姓创作“画一之歌”。其功德显扬于祖宗，其恩惠遍施于黎民。又有天禄阁和石渠阁，是珍藏典籍之府。命那些勤勉教诲的旧臣元老，名儒师傅，讲论六艺，考核异同。又有承明庐和金马门，是词臣著作之庭。学问渊博之士，才识广达之人，汇集于此，追本溯源，见多识广，阐明篇章，校订秘籍。周围是帝王所居之处，有值夜的官署护卫。汇礼官考核的甲科举子，聚各郡选拔的孝廉之士。虎贲赘衣，阉尹阍寺，殿阶执戟，前后数重，各有职责。警卫的庐舍，周围环列；巡逻的道路，纵横交错。宫中辇道，往来回旋；修长台阶，上通阁道。从未央宫连接桂宫，北止明光宫，又横贯长乐宫，越过阁道，跨过西墙，通建章宫与附属建筑相连。建章宫设有壁门和凤阙，殿堂檐角隆起，上面铸有铜凤。宫内别风阙高耸，远看华丽精巧，高耸突出。开千门立万户，顺阴阳可开闭。正殿高大耸立，层层楼阁而高耸矗立，凌驾于未央宫之上。经骀荡宫出馺娑宫，穿枍诣宫可到天梁宫。瓦头覆盖，金光闪烁；反射日光，纳入宫内。神明台壮观突起，高耸上升，大半越过云雨之上，虹霓缭绕栋梁之间。即使是敏捷勇猛的壮士，也会惊奇注视不敢攀登。登井干楼还未半，就目眩而意迷。放开栏杆向身后靠，好像从高处坠落而又停止。心神恍惚而失去常态，沿着归途而下到低处。既然恐惧登高望远，就在低处周边徘徊。走上回旋曲折的甬道，又幽深而不见阳光。推开高楼的门从上眺望，就像放眼于天外，似失去依靠而没有归宿。前有唐中池而尔乃盛娱游之壮观，奋大武乎上囿，因兹以威戎夸狄，燿威而讲事。命荆州使起鸟，诏梁野而驱兽，毛群内阗，飞羽上覆，接翼侧足，集禁林而屯聚。水衡虞人，理其营表，种别群分，部曲有署。罘罔连紘，笼山络野，列卒周匝，星罗云布。于是乘銮舆，备法驾，帅群臣，披飞廉，入苑门。遂绕酆镐，历上兰，六师发冑，百兽骇殚，震震爚爚，雷奔电激，草木涂地，山渊反覆，蹂躏其十二三，乃拗怒而少息。尔乃期门佽飞，列刃钻鍭，要趹追踪，鸟惊触丝，兽骇值锋，机不虚掎，弦不再控，矢无单杀，中必叠双，飑飑纷纷，矰缴相缠，风毛雨血，洒野蔽天。平原赤，勇士厉，猿狖失木，豺狼慑窜。尔乃移师趋险，并蹈潜秽，穷虎奔突，狂兕触蹷。许少施巧，秦成力折，掎僄狡，扼猛噬，脱角挫脰，徒搏独杀。挟师豹，拖熊螭，顿犀犛，曳豪罴，超迥壑，越峻崖，蹷巉岩，巨石隤，松柏仆，丛林摧，草木无余，禽兽殄夷。于是天子乃登属玉之馆，历长杨之榭，览山川之体势，观三军之杀获，原野萧条，目极四裔，禽相镇厌，兽相枕藉。然后收禽会众，论功赐胙，陈轻骑以行炰，腾酒车而斟酌，割鲜野食，举燧命爵。飨赐毕，劳逸齐，大辂鸣鸾，容与裴回，集乎豫章之宇，临乎昆明之池。左牵牛而右织女，似云汉之无崖，茂树荫蔚，芳草被堤，兰茝发色，晔晔猗猗，若摛锦布绣，烛燿乎其陂。玄鹤白鹭，黄鹄䴔鹳，鸧鸹鸨鶂，凫鹥鸿雁，朝发河海，夕宿江汉，沉浮往来，云集雾散。于是后宫乘輚路，登龙舟，张凤盖，建华旗，袪黼后有太液池，览池水似沧海般浩浩荡荡，波涛拍击碣石，浪花冲激神岳。水漫瀛洲与方壶，蓬莱起于两山之中。于是仙草冬季茂盛，神木遍地丛生。山势高峻险要，金石奇绝突兀。神明台铜人举掌承接甘露，一双铜柱矗立相对。甘露超过尘埃的混浊，是新鲜清新之气的精华。听信少翁的谎言，施行栾大的方术。大概只有赤松子、王子乔这类仙人，时常会同游于此庭。实为众仙所居馆舍，不是我等凡人的住处。

为了展示游乐的盛大壮观，奋力显示武力于上林苑。以此来示威戎狄，显威风而习武事。命荆州百姓逐起鸟，令梁州乡民驱赶兽。兽群充满苑内，飞鸟覆盖上天。翅膀相挨，足腿相连，聚集在上林禁苑。水衡虞人，修建立标。军队分列，部曲有责。罗网相连，笼罩山野。士卒排列周围，如星罗棋布。于是天子乘銮驾，备车马，率群臣，出飞廉，入苑门，绕酆鄗，过上兰，六军发逐，百兽惊惧。战车飞驰如雷霆震震，骏马穿梭似电光石火，草木涂地，山渊倾覆。等十分之二三禽兽被捕捉，士卒的盛怒才得以控制，稍稍休息。于是期门佽飞之类勇士，一起举刀刃，拉弓箭，截杀追踪逃跑藏匿的猛兽。鸟受惊自投罗网，兽害怕误触刀锋。弓不虚引，弦不再控，矢不单杀，中必成双。飞鸟中箭纷纷落地，短箭丝绳相互缠绕。落毛如风，洒血似雨。布满山野，遮蔽天空。平原染红，勇士凶猛。猿猴藏林，豺狼逃窜。于是挥师去往险处，直捣荒芜之地。困虎狂奔乱突，狂兕自相冲撞。如许少般的捷人施展灵巧，像秦成般的勇士显示力量。拖住狡兽，扼住猛兽。扳掉角，折断颈。徒手搏斗，独自杀死。挟住狮豹，拖住熊螭，拽住犀牦，捉住象罴，跨过深谷，越过陡崖，峻石倒塌，巨石坠落，松柏仆倒，丛林摧毁，草木不剩，禽兽灭尽。于是天子登上属玉之馆，经过长杨之榭，游览山川之形胜，视察三军之捕获。原野萧条，远望四处，禽鸟满地堆积，野兽交错躺卧。然后收集猎物，会聚将士，论功赐肉。排列轻骑分送烤肉，奔驰酒车斟满杯盏。切割鲜肉，野外进食。高举烽火，饮尽美酒。赏赐完毕，劳逸齐备。天子之车，銮铃响鸣，悠闲徘徊。集合在豫章之观，面对着昆明之池。池上有两石像，左牵牛右织女。池水烟波浩渺，似银河之无涯。茂树荫蔚，芳帷，镜清流，靡微风，澹淡浮。棹女讴，鼓吹震，声激越，謍厉天，鸟群翔，鱼窥渊。招白闲，下双鹄，揄文竿，出比目。抚鸿幢，御矰缴，方舟并骛，俯仰极乐。遂风举云摇，浮游普览，前乘秦领，后越九嵕，东薄河华，西涉岐雍，宫馆所历，百有余区，行所朝夕，储不改供。礼上下而接山川，究休祐之所用，采游童之欢谣，第从臣之嘉颂。于斯之时，都都相望，邑邑相属，国藉十世之基，家承百年之业，士食旧德之名氏，农服先畴之畎亩，商修族世之所鬻，工用高曾之规矩，粲乎隐隐，各得其所。

若臣者，徒观迹乎旧墟，闻之乎故老，什分而未得其一端，故不能遍举也。

草被堤。兰草白芷，光色焕发，美丽茂盛，像舒展锦绣，照耀池水中。鸟有黑鹤白鹭，黄鹄鵁鹳，鸧鸹鸨鶂，凫鹥鸿雁。它们早上从河海出发，晚上在江汉停留。沉浮往来，云集雾散。于是后宫妃嫔，乘卧车，登龙舟，张凤盖，举彩旗，挂帷帐，映清流，随微风，漂浮游。船女歌，《鼓吹》奏，声激越，冲上天，鸟群翔，鱼窥渊。拉白鹇，射双鹄，举文竿，钓比目。持大网，掌丝箭。两船并进，俯仰极乐。于是风飘云摇，浮游遍览。前登秦岭，后越九嵕。东至黄河华山，西到岐山雍水。所经宫馆，有百余所。行在朝夕，储备丰富，无需改供。祭祀天地山川，穷尽求福之所需。采集儿童欢唱的歌谣，评定侍从词臣的赞颂。于此之时，都都相望，邑邑相连。藩国奠定十世之基，世家承续百年之业，士人享有先代功德之名位，农夫耕作祖辈开垦之土地，商人经营世代售卖之货物，工匠使用先祖遗留之工具。繁荣兴盛，各得其所。

像我这样的臣子，所见到的只是西都的旧迹，听到的只是遗老的讲述，未得其十分之一，因而不能全部列举。

卷七十下

班彪列传第三十下

主人喟然而叹曰："痛乎风俗之移人也！子实秦人，矜夸馆室，保界河山，信识昭襄而知始皇矣，恶睹大汉之云为乎？夫大汉之开原也，奋布衣以登皇极，繇数期而创万世，盖六籍所不能谈，前圣靡得而言焉。当此之时，功有横而当天，讨有逆而顺人，故娄敬度势而献其说，萧公权宜以拓其制。时岂泰而安之哉？计不得以已也。吾子曾不是睹，顾耀后嗣之末造，不亦闇乎？今将语子以建武之理，永平之事，监乎太清，以变子之或志。

往者王莽作逆，汉祚中缺，天人致诛，六合相灭。于时之乱，生民几亡，鬼神泯绝，壑无完柩，郛罔遗室，原野猒人之肉，川谷流人之血，秦、项之灾犹不克半，书契已来未之或纪也。故下民号而上诉，上帝怀而降鉴，致命于圣皇。于是圣皇乃握乾符，阐坤珍，披皇图，稽帝文，赫尔发愤，应若兴云，霆发昆阳，凭怒雷震。遂超大河，跨北岳，立号高邑，建都河洛。绍百王之荒屯，因造化之荡涤，体元立制，继天而作。系唐统，接汉绪，茂育群生，恢复疆宇，勋兼乎在昔，事勤乎三五。岂特方轨并迹，纷纶后辟，理近古之所务，蹈一圣之险易云尔哉？且夫建武之元，天地革命，四海之内，更造夫妇，肇有父子，君臣初建，人伦寔始，斯乃虙羲氏之所以基皇德也。分州土，立市朝，作舟车，造器械，斯轩辕氏之所以开帝功也。龚行天罚，应天顺民，斯乃汤武之所以昭王业也。迁都改邑，有殷宗中兴之则焉；即土之中，有周成隆平之制焉。不阶尺土一人之柄，同东都主人喟然叹息道：风俗多么影响人们的观念。先生的确是秦地之人，只知道夸耀宫室的华美，依仗河山的险固，了解昭襄王，也知道秦始皇，哪里看见大汉的成就呢？大汉天下的开创，是高祖以一介平民愤然而起登上皇位，经由数年的战斗而创立万代的基业。是六经不曾记载过，圣贤没有谈及的吧。当此之时，高祖攻打专横的秦朝而起义，顺应天意，讨伐暴虐的秦君而造反，符合民心。因此，娄敬揣测形势而提出建议定都长安，萧何权宜之后而拓展未央的体制。当时难道是贪图奢侈和安逸吗？是因为考虑当时形势不得已而为之。先生竟然看不到这点，只顾炫耀后代奢侈享乐之事，不是太愚蠢了吗？现在我将告诉您建武时期的治世和永平时期的政事，使您知道为政顺应天道之理，以改变自身的糊涂观念。

过去王莽作乱谋逆，汉朝皇统因而中断，天意人心皆欲诛戮，四方天下共同消灭。当时之乱，活人几亡，鬼神灭绝。暴尸沟壑全无完柩，城郭荒废不见房舍。原野堆满尸体，川谷流遍人血。秦王项羽之灾，犹不及半，有字以来，未曾记载。因此黎民号哭而上告于天，天帝怜悯而下视人间，就传命给圣皇光武帝。于是光武帝手握天降祥瑞，打开地现珍符，翻阅皇图，考察帝文，勃然发兵，应者如云。霆击昆阳，盛怒如同雷震。越过大河，跨过北岳。在高邑立帝号，于河洛建都城。继续历代君王荒废的基业，遵循天意清除弊政。以天地元气为本建立制度，秉承天意付诸实施。继承唐尧的传统，接续大汉的功业，努力育养众生万物，恢复四方疆域统一。功勋盖过前代明君，事迹超过三皇五帝。他难道只是与近代君主并驾齐驱，毫无分别，治理近古所需的国务，蹈袭个别君主治乱之法吗？建武初年，天地变革。四海之内，重建夫妇之道，开始有父子之礼，君臣之仪初建，人伦之法实始，这就是伏羲氏所以奠定皇德的基础。划分州土，设立符乎高祖。克己复礼，以奉终始，允恭乎孝文。宪章稽古，封岱勒成，仪炳乎世宗。案六经而校德，妙古昔而论功，仁圣之事既该，帝王之道备矣。

至于永平之际，重熙而累洽，盛三雍之上仪，修衮龙之法服，敷洪藻，信景铄，扬世庙，正予乐。人神之和允洽，君臣之序既肃。乃动大路，遵皇衢，省方巡狩，穷览万国之有无，考声教之所被，散皇明以烛幽。然后增周旧，修洛邑，翩翩巍巍，显显翼翼，光汉京于诸夏，总八方而为之极。是以皇城之内，宫室光明，阙庭神丽，奢不可逾，俭不能侈。外则因原野以作苑，顺流泉而为沼，发蘋藻以潜鱼，丰圃草以毓兽，制同乎梁驺，义合乎灵囿。若乃顺时节而蒐狩，简车徒以讲武，则必临之以《王制》，考之以《风》《雅》。历《驺虞》，览《四驖》，嘉《车攻》，采《吉日》，礼官正仪，乘舆乃出。于是发鲸鱼，铿华钟，登玉辂，乘时龙，凤盖飒洒，和鸾玲珑，天官景从，祲威盛容。山灵护野，属御方神，雨师泛洒，风伯清尘，千乘雷起，万骑纷纭，元戎竟野，戈鋋彗云，羽旄扫霓，旌旗拂天。焱焱炎炎，扬光飞文，吐焰生风，吹野燎山，日月为之夺明，丘陵为之摇震。遂集乎中囿，陈师案屯，骈部曲，列校队，勒三军，誓将帅。然后举烽伐鼓，以命三驱，轻车霆发，骁骑电骛，游基发射，范氏施御，弦不失禽，辔不诡遇，飞者未及翔，走者未及去。指顾倏忽，获车已实，乐不极般，杀不尽物，马踠余足，士怒未泄，先驱复路，属车案节。于是荐三牺，效五牲，礼神祇，怀百灵，觐明堂，临辟雍，扬缉熙，宣皇风，登灵台，考休征。俯仰乎乾坤，参象乎圣躬，目中夏而布德，瞰四裔而抗棱。西荡河源，东澹海漘，北动幽崖，南趯市朝，制作舟车，建造器械，这就是轩辕氏所以开创王业的方法。恭敬地代替上天诛罚叛逆，顺应天命人心，这就是商汤周武所以弘扬帝业的举措。迁都改邑，有殷祖盘庚中兴的准则。居地之中，有西周成王昌平的模式。光武帝不靠尺寸封地一人之权，与高祖同受符命。克己复礼，奉行始终，与汉文帝一样信实恭勤。效法前代的典章，考察古代的善政，在泰山祭天，刻石记叙功成，礼仪与汉武同样光耀。遵照六经考核德行，观察先贤评论功绩，仁圣之事既具，帝王之道兼备。

至于永平之际，就更加光明和谐，在三雍宫举行隆重的礼仪，汉明帝穿着绣龙的礼服。铺陈华丽的文章，发扬盛明的美德，传颂世祖的庙号，端正庙堂的雅乐。人神关系和谐融洽，群臣序次庄重严肃。天子车驾出动，沿皇家道路驰行，巡视四方，视察守郡，遍观诸国礼仪风俗，考察声威教化普及，散播帝王英明，照耀幽暗之处。然后扩大周代京城的旧制，修建洛阳的宫室，弘扬巍峨，显示雄伟。显耀汉京的光彩于诸国，统领八方成为天下的标志。皇城之内，宫室光明，宫廷神丽。豪华不越法度，俭朴不过其分。皇城之外，依原野而建苑囿，填流泉而为池沼，蘋藻繁盛以藏鱼，圃草丰茂以育兽。体制和梁邹相同，意义与灵囿相合。如果顺应时节而射猎，检阅车卒以讲武，则必按《礼记·王制》施行，依《诗经》的《风》《雅》参考。观《驺虞》，览《驷铁》，赞《车攻》，采《吉日》。礼官整顿仪仗，天子车驾才出。于是举鲸鱼之杵，击花纹之钟，登玉饰之车，驾强壮之马。凤饰伞盖披垂，銮铃响声清亮。百官影从，声威庄重，仪容盛大。山神在郊野护卫，四方之神驾车随行。雨师漫洒道路，风伯清除尘土。千辆兵车起如雷动，万名骑卒奔驰追逐。巨型战车布满山野，长戈短矛蔽拂云天。羽旄扫过霓虹，旌旗拂过天空。火花闪耀，刀剑挥动；光彩飞扬，旌旗飘荡；发出光焰，生起长风；山野之气，吸进喷出。日月为之夺明，丘陵为之摇震。于是聚集苑囿之中，陈列军队，停兵驻守，部曲并列，校队成行，统率三军，告诫将帅。然后举起烽火，击起战鼓，命令田猎按三驱原则开始，轻车如迅雷激震，骁骑像闪电疾驰。若由基的箭手张弓发射，似范氏的御手挥鞭驾车。不射击迎面飞朱垠。殊方别区，界绝而不邻，自孝武所不能征，孝宣所不能臣，莫不陆讋水栗，奔走而来宾。遂绥哀牢，开永昌，春王三朝，会同汉京。是日也，天子受四海之图籍，膺万国之贡珍，内抚诸夏，外接百蛮。乃盛礼乐供帐，置乎云龙之庭，陈百僚而赞群后，究皇仪而展帝容。于是庭实千品，旨酒万钟，列金罍，班玉觞，嘉珍御，大牢飨。尔乃食举《雍》彻，太师奏乐，陈金石，布丝竹，钟鼓铿鎗，管弦晔煜。抗五声，极六律，歌九功，舞八佾，《韶》《武》备，太古毕。四夷间奏，德广所及，《伶》《佅》《兜离》，罔不具集。万乐备，百礼暨，皇欢浃，群臣醉，降烟煴，调元气，然后撞钟告罢，百僚遂退。

于是圣上睹万方之欢娱，久沐浴乎膏泽，惧其侈心之将萌，而怠于东作也，乃申旧章，下明诏，命有司，班宪度，昭节俭，示大素。去后宫之丽饰，损乘舆之服御，除工商之淫业，兴农桑之上务。遂令海内弃末而反本，背伪而归真，女修织纴，男务耕耘，器用陶匏，服尚素玄，耻纤靡而不服，贱奇丽而不珍，捐金于山，沉珠于渊。于是百姓涤瑕荡秽而镜至清，形神寂漠，耳目不营，嗜欲之原灭，廉正之心生，莫不优游而自得，玉润而金声。是以四海之内，学校如林，庠序盈门，献酬交错，俎豆莘莘，下舞上歌，蹈德咏仁。登降饫来的禽鸟，不猎杀侧面跑过的野兽。飞鸟来不及飞就中箭坠落，走兽来不及逃就受伤仆倒。指点顾盼之间，获车已经充盈。享乐而不过分，猎杀而不尽绝。马有余力，士气未减。先驱已上归路，属车按辔徐行。于是向天地宗庙进献三牺，呈上麋鹿麏狼兔五牲，祭礼天地神祇，敬礼各种神灵。在明堂朝见诸侯，于辟雍宣讲政教，发扬光明之德行，彰显帝王之风范。登上灵台，考察吉兆。俯仰于天地，思考自身仁德与天地是否合一。面向中国而广施恩德，远望四边而传布神威。西荡黄河之源，东触大海之滨，北动幽深之崖，南跃极远之地，直至远方异域，边界隔绝而不相邻之处。自汉武帝所不曾征讨，汉宣帝所不曾臣服，无不既畏且惧，水陆并行，奔走而来，俯首称臣。于是安抚哀牢，开辟永昌，正月初一诸侯在洛京朝见天子。这天，汉明帝接受四海的地图户籍，收受万国的贡品珍宝。对内安抚诸侯各国，对外绥靖蛮族夷民。继而大兴礼乐，供设帷帐，置于云龙之庭，百官列队，引导诸侯之王，尽显皇帝威仪，展现君主容态。在宫廷陈列千种佳肴，万钟美酒。金罍成列，玉杯成行，享用美味，犒赏太牢。继而食毕奏《雍》之乐，乐师指挥吹奏。排列钟磬，布置丝竹。钟鼓铿锵，管弦奔放。高弹五声，尽奏六律，歌《九功》，跳《八佾》。《韶乐》《武乐》，上古之乐，全部演奏。四夷之乐，交替演奏。大汉声威影响深远，《伶》《侏》《兜离》，无不具集。万乐齐备，百礼俱至。皇帝欢洽，群臣沉醉，此时天降烟煴，调和人间元气。然后撞钟宣告礼毕，百官方才谢恩退去。

于是圣上见四方如此欢乐，享受上天的恩惠，害怕奢侈之心因此萌生，而怠慢于农事劳作，就申明旧有章法，下达英明诏书，命令官员，颁布法度，彰显节俭，表扬朴素。摒弃后宫的华丽装饰，减少天子的衣服车马，抑制工商之末业，鼓励农桑之要务。之后就令天下百姓放弃工商而复归农业，背弃虚伪而还其本来。妇女专注织作，男子致力耕耘。器具采用陶器葫芦，衣服崇尚朴素颜色。羞愧精致华丽的衣服而不穿着，轻视新奇美丽的饰物而不珍惜。弃金于山，沉珠于渊。于是百姓洗除污秽，而借鉴于天道自然。形神保持恬静，耳目不被外物惑乱。嗜欲之源灭，廉耻之心生。无不悠然而自得，养成如金宴之礼既毕，因相与嗟叹玄德，谠言弘说，咸含和而吐气，颂曰“盛哉乎斯世”！

今论者但知诵虞夏之《书》，咏殷周之《诗》，讲羲文之《易》，论孔氏之《春秋》，罕能精古今之清浊，究汉德之所由。唯子颇识旧典，又徒驰骋乎末流。温故知新已难，而知德者鲜矣！且夫辟界西戎，险阻四塞，修其防御，孰与处乎土中，平夷洞达，万方辐凑？秦领九嵕，泾渭之川，曷若四渎五岳，带河溯洛，图书之渊？建章甘泉，馆御列仙，孰与灵台明堂，统和天人？太液昆明，鸟兽之囿，曷若辟雍海流，道德之富？游侠逾侈，犯义侵礼，孰与同履法度，翼翼济济也？子徒习秦阿房之造天，而不知京洛之有制也；识函谷之可关，而不知王者之无外也。”

主人之辞未终，西都宾矍然失容，逡巡降阶，惵然意下，捧手欲辞。主人曰：“复位，今将喻子五篇之诗。”宾既卒业，乃称曰：“美哉乎此诗！义正乎杨雄，事实乎相如，非唯主人之好学，盖乃遭遇乎斯时也。小子狂简，不知所裁，既闻正道，请终身诵之。”其诗曰：

《明堂诗》：於昭明堂，明堂孔阳；圣皇宗祀，穆穆煌煌。上帝宴飨，五位时序；谁其配之，世祖光武。普天率土，各以其职；猗与缉熙，允怀多福。

《辟雍诗》：乃流辟雍，辟雍汤汤，圣皇莅止，造舟为梁。皤皤似玉的品德。因此四海之内，学校如林，学子盈门。敬酒酬答，往来交错，俎豆礼器，陈列众多。下堂起舞，上座咏歌。舞蹈褒扬德政，歌声咏叹仁德。尊卑宴饮之礼已毕，就一起赞叹明帝的美德，高谈阔论。各人发表良言宏议，内怀中和之德，吐纳天地元气。最后齐声颂扬："多么伟大啊，这圣明的时期！"

现今论者只知道诵读虞夏之《书》，咏唱殷周之《诗》，讲习羲文之《易》，讨论孔氏之《春秋》，很少能精通古今之演变，探究汉德之缘由。只有先生对过去的典章制度颇有研究，又只迷恋于往日的奢靡习气。温故知新已很难，想知当今盛德就更为困难。况且西都地势偏僻，毗邻西戎，艰难险阻，四方关塞，筑其防御，怎能比得上东都地处正中，平坦通达，四方归服，像辐条集于车毂一样呢？西都依傍秦岭九嵕，挟带泾渭之河，怎能比得上东都四河贯穿，五岳巍峨，挟带黄河，上溯洛水，呈现河图洛书之瑞呢？西都的建章甘泉，迎接众仙，怎能比得上东都的灵台明堂，统理协和天人之德呢？西都的太液昆明，鸟兽之囿，怎能比得上东都的辟雍四周环水，象征道德之富如海畅流呢？西都的游侠逾越法纪，侵害礼义，怎能比得上东都的百姓同履法度，恭敬威仪呢？先生只熟悉秦朝阿房宫至天之高，而不知道东都拥有的制度；只认得函谷可以作为关口，而不知道以王道治世是无往不胜的。"

东都主人的话还没说完，西都客人就惊惶变色，后退下阶，表情畏惧，情绪低落，拱手想要告辞。主人说："请坐回来，现在我要告诉您五篇颂诗。"客人听完后，就称赞道："这诗多么美啊！它的大义比扬雄更正确，内容比相如更真实。不仅是主人好学不倦，而且也是适逢明时。我志大才疏，不知深浅。既然听闻了诗中颂扬的正道，愿意一生诵读它。"诗文是：

《明堂诗》：光辉明堂，多么明亮；圣皇祭祖，肃穆辉煌。天帝宴享，五神就位；谁可相配，世祖光武。四海之内，各尽其职；光明恩德，招致多福。

《辟雍诗》：辟雍环水，波浪滚滚，圣皇驾临，连船成桥。德高国老，乃父乃兄；抑抑威仪，孝友光明。於赫太上，示我汉行；鸿化惟神，永观厥成。

《灵台诗》：乃经灵台，灵台既崇；帝勤时登，爰考休征。三光宣精，五行布序；习习祥风，祁祁甘雨。百谷溱溱，庶卉蕃芜；屡惟丰年，於皇乐胥。

《宝鼎诗》：岳修贡兮川效珍，吐金景兮歊浮云。宝鼎见兮色纷缊，焕其炳兮被龙文。登祖庙兮享圣神，昭灵德兮弥亿年。

《白雉诗》：启灵篇兮披瑞图，获白雉兮效素乌。发皓羽兮奋翘英，容絜朗兮于淳精。章皇德兮侔周成，永延长兮膺天庆。

及肃宗雅好文章，固愈得幸，数入读书禁中，或连日继夜。每行巡狩，辄献上赋颂，朝廷有大议，使难问公卿，辩论于前，赏赐恩宠甚渥。固自以二世才术，位不过郎，感东方朔、杨雄自论，以不遭苏、张、范、蔡之时，作《宾戏》以自通焉。后迁玄武司马。天子会诸儒讲论五经，作《白虎通德论》，令固撰集其事。

时北单于遣使贡献，求欲和亲，诏问群僚。议者或以为"匈奴变诈之国，无内向之心，徒以畏汉威灵，逼惮南虏，故希望报命，以安其离叛。今若遣使，恐失南虏亲附之欢，而成北狄猜诈之计，不可"。固议曰："窃自惟思，汉兴已来，旷世历年，兵缠夷狄，尤事匈奴。绥御之方，其涂不一，或修文以和之，或用武以征之，或卑下以就之，或臣服而致之。虽屈申无常，所因时异，然未有拒绝弃放，不与交接者也。故自建武之世，复修旧典，数出重使，前后相继，至于元老，如父如兄；威仪谦谨，孝友光明。显耀天子，展我汉德；德化如神，永见其成。

《灵台诗》：建造灵台，既高且崇；明帝时登，考察吉兆。三光闪耀，五行有序；祥风轻拂，好雨舒缓。百谷繁盛，众草茂密。屡遇丰年，圣皇喜乐。

《宝鼎诗》：山岳长出贡品啊，河川献上珍宝，山川放出金光啊，升起浮云袅袅。王雒山出现宝鼎啊，色彩缤纷闪耀。焕发光辉灿烂啊，遍布龙形文彩。进献宗庙殿堂啊，供奉给祖先神明。彰显神灵恩德啊，亿年帝位可继。

《白雉诗》：翻灵篇啊览瑞图，获白雉啊献素乌。展白羽啊翘玉尾，色光洁啊又纯白。显皇德啊配成王，永绵延啊受天福。

到一向嗜好文学的章帝即位后，班固更受恩宠，多次入宫为章帝读书，有时竟至于夜以继日。每逢章帝到各郡国巡行时，班固总会献上赋和颂，每当朝廷商议大事时，章帝便命班固向公卿们提出质疑和疑问，班固在御前与众位公卿辩论，所受的赏赐和恩宠都极为优渥。班固自己认为他们父子两代虽都颇富才学，但官职却从未高于郎官，他因东方朔和扬雄的自我派遣之作而心有所感，二人都自认为没有赶上苏秦、张仪、范雎、蔡泽的好时运，因此班固创作了《答宾戏》以自求解脱。后来班固升迁为统领皇宫北门守军的玄武司马。建初四年（79），章帝召集众位儒生讨论“五经”，并撰写《白虎通德论》，章帝命班固将在此期间的诸事汇集并记录下来。

当时北匈奴单于派遣使臣献上贡品，请求和汉朝和亲，章帝下诏询问百官意见。与会群臣有的认为“匈奴国一向善变、奸诈，并非真心有意归附，不过是畏于大汉声威，又迫于南匈奴的威胁而心有忌惮，所以才希望大汉遣使回访，以使北匈奴内有意倒向南匈奴之人心安。现在如果遣使回访，恐怕会使南匈奴丧失亲近依附我们的好意，反使北匈奴诱骗南匈奴对我方产生猜忌的诡计得逞，所以不能这样办。”班固进言道：“依微臣愚见，大汉建立以来，已有数代之久，天兵困于异族寇边，尤其忙于讨伐匈奴。安抚、抵御匈奴之道，其末，始乃暂绝。永平八年，复议通之。而廷争连日，异同纷回，多执其难，少言其易。先帝圣德远览，瞻前顾后，遂复出使，事同前世。以此而推，未有一世阙而不修者也。今乌桓就阙，稽首译官，康居、月氏，自远而至，匈奴离析，名王来降，三方归服，不以兵威，此诚国家通于神明自然之征也。臣愚以为宜依故事，复遣使者，上可继五凤、甘露致远人之会，下不失建武、永平羁縻之义。虏使再来，然后一往，既明中国主在忠信，且知圣朝礼义有常，岂可逆诈示猜，孤其善意乎？绝之未知其利，通之不闻其害。设后北虏稍强，能为风尘，方复求为交通，将何所及？不若因今施惠，为策近长。”

固又作《典引篇》，述叙汉德。以为相如《封禅》，靡而不典，杨雄《美新》，典而不实，盖自谓得其致焉。其辞曰：

太极之原，两仪始分，烟烟煴煴，有沉而奥，有浮而清。沉浮交错，庶类混成。肇命人主，五德初始，同于草昧，玄混之中。逾绳越契，寂寥而亡诏者，《系》不得而缀也。厥有氏号。绍天阐绎者，方法、手段不只一种，或者修明文教达成和平，或者动用武力踏平王庭，或者卑恭屈膝北面称臣，或者使其臣服招降其人。虽然有时让步有时强硬，皆因情势随时而变，但未曾有过拒人千里，置之不顾，与其断绝往来的应对之道。所以从光武帝建武年间以来，大汉重新恢复旧时常法，多次派遣高级使臣，往返不断，络绎不绝，直到建武末年之时，方才开始暂停往来。等到永平八年（65），再次商议与其通使。然而朝中百官连日争论，针锋相对各执己见，多数人执迷于难处，少数人提到其简易。明帝德行高尚高瞻远瞩，思前想后，深思熟虑，终于再次派出使者，往来如常恰如前朝。基于如此历史而论，大汉未有一朝一代与匈奴断交而不修好。如今乌桓到访朝堂，向译官行跪拜大礼，西域之国康居、月氏，远道而来归附朝廷，匈奴内讧分崩离析，显贵之王前来归降，各部匈奴归顺中原，未曾凭借天兵之威，这实在是国运与神明之意自然之理相调和的征兆啊。以微臣愚见应当效法前朝先例，重派使者，上可继承宣帝五凤、甘露年间招致远方匈奴所创造的时机，下不违背近世建武、永平年间对匈奴既束缚又怀柔的宗旨。匈奴使者到访两轮，然后大汉遣使一次，既可向其昭明中原上国注重忠诚信义，又可使其明了大汉礼义自有定则，怎能无端揣测匈奴有欺诈之意而对其表现出猜忌之心，反而辜负他们的一片好意呢？微臣不知道与匈奴绝交会有什么好处，但也没听说与匈奴来往会有什么害处。假使北匈奴的实力在这之后日渐滋长，以至于能够进犯边关掀起狂风沙尘，等到那时再向其提请恢复往来，还来得及吗？不如趁着现在施行恩惠，基于眼下、长远制定计策。”

班固又创作了《典引篇》，来陈说汉朝的功德。他认为司马相如的《封禅文》，文辞华美而无古雅之风，而扬雄的《剧秦美新》，风格古雅但不切合事实。班固认为自己的《典引篇》兼具华美、古雅和切实的旨趣。赋文是：

太极之初，天地始分，阴阳二气和合。阴气下沉而混浊，阳气上浮而清新。阴沉阳浮，交错相浑；万物混合生成，纷纷纭纭。天命人间君主，遵循五德之始，同样蒙昧，处于幽玄混沌之中。结绳书契以前，沉寂而不可言传，《易·系》不得而记载说明。有氏号之君，上承莫不开元于大昊皇初之首，上哉敻乎，其书犹可得而修也。亚斯之世，通变神化，函光而未曜。

若夫上稽乾则，降承龙翼，而炳诸《典》《谟》，以冠德卓踪者，莫崇乎陶唐。陶唐舍胤而禅有虞，虞亦命夏后，稷契熙载，越成汤武。股肱既周，天乃归功元首，将授汉刘。俾其承三季之荒末，值亢龙之灾孽，悬象暗而恒文乖，彝伦斁而旧章缺。故先命玄圣，使缀学立制，宏亮洪业，表相祖宗，赞扬迪哲，备哉灿烂，真神明之式也。虽前圣皋、夔、衡、旦密勿之辅，比兹褊矣。是以高、光二圣，辰居其域，时至气动，乃龙见渊跃。拊翼而未举，则威灵纷纭，海内云蒸，雷动电熛，胡缢莽分，不莅其诛。然后钦若上下，恭揖群后，正位度宗，有于德不台渊穆之让，靡号师矢敦奋㧑之容。盖以膺当天之正统，受克让之归运，蓄炎上之烈精，蕴孔佐之弘陈云尔。

洋洋乎若德，帝者之上仪，诰誓所不及已。铺观二代洪纤之度，其赜可探也。并开迹于一匮，同受侯甸之所服，奕世勤民，以伯方统牧。乘其命赐彤弧黄戚之威，用讨韦、顾、黎、崇之不格。至乎三五华夏，京迁镐亳，遂自北面，虎离其师，革灭天邑。是故义士伟而不敦，《武》称未尽，《护》有惭德，不其然与？然犹於穆猗那，翕纯皦绎，以崇严祖考，殷荐宗祀配帝，发祥流庆，对越天地者，舄奕乎千载。岂不克自神明哉！诞略有常，审言行于篇籍，光藻朗而不渝耳。

天命，下导人事，无不以太昊为开创新纪元之首。上古啊，太久远了，典籍还能够编纂。而太昊以上之代，则出神入化、变幻神秘，隐藏光辉而无所照耀。

若上考天道，下承帝王的辅相，光耀于《典》《谟》，道德超群、无与伦比者，没有高过唐尧的。唐尧不传帝位于亲子而禅位于虞舜，虞舜又依天命禅位于夏禹，后稷与契弘扬功业，于是成就商汤、周武。辅佐大臣的子孙既已循环为王，天命又重归于元首唐尧，将授予汉王刘氏。使其远承三代末期的荒乱末世，正逢骄横无德之君酿成灾祸，天象昏暗而星辰离轨，伦常败坏而昔日的典章缺亏。因而先命其讲习圣人之教，使之从事编辑前人旧文之学问，恢复缺失之制度，光大帝王之业，显扬而佐助祖宗的功德，赞扬蹈行圣明之道。完美啊，事业辉煌！真是神明的范式。即使皋陶、后夔、阿衡、周公旦那样勤勉努力的辅佐之功，比于孔子之教，也显得狭隘。所以高祖、光武二圣，居其帝王之位，时运既至，气数生动，便如龙在渊中跃动欲飞，拍打羽翼而尚未飞翔，则神灵纷纷显现，海内云气升腾，雷声震响，电火闪动，胡亥自杀，王莽分尸，汉帝尚未亲临责罚。然后敬顺天地之义，召集公卿诸侯，正式登位而居尊位。有让位于贤能而不传于子孙的深厚美德，无显扬名号阵前发誓挥舞旌旗的威严仪容。大概是由于接受天命正统，继承唐尧谦让，顺时而至的天运，蓄积汉代火德的光明，蕴藏孔子传播的道术。

如此之盛德，合于五帝至高的法则，汉帝功业乃《诰》《誓》赞美的武王、周公所不及。纵观殷周二代大小法度，其奥秘精妙都可以探究。都发迹于狭小之地，同受侯服与甸服之封，世代尽心尽力于民事，或为方伯，或为统牧。就着皇朝赐予彤弓、黄钺的威力，趁着讨伐韦顾、黎崇不敬的机遇，至于三分五割华夏疆域，京都迁于镐、亳，以臣者之位，统率勇猛威武之师，诛灭暴虐之君，而登天子之位。因此义士都以为浮薄之举而不合忠厚之道，《武》乐尽美而未能尽善，《护》乐言行有缺失而内愧于心，这种评论不是很正确吗？即使如此，殷周之世仍然认为《武》《护》之乐美善而盛明，用以崇敬祖先，殷切地配祭于天帝，显现吉利的征象、启发祥瑞，传福子孙，矧夫赫赫圣汉，巍巍唐基，溯测其源，乃先孕虞育夏，甄殷陶周，然后宣二祖之重光，袭四宗之缉熙。神灵日烛，光被六幽，仁风翔乎海表，威灵行于鬼区，慝亡迥而不泯，微胡琐而不颐。故夫显定三才昭登之绩，匪尧不兴，铺闻遗策在下之训，匪汉不弘。厥道至乎经纬乾坤，出入三光，外运混元，内浸豪芒，性类循理，品物咸亨，其已久矣。

盛哉！皇家帝世，德臣列辟，功君百王，荣镜宇宙，尊无与抗。乃始虔巩劳谦，兢兢业业，贬成抑定，不敢论制作。至令迁正黜色宾监之事焕扬宇内，而礼官儒林屯朋笃论之士而不传祖宗之仿佛，虽云优慎，无乃葸欤！

于是三事岳牧之僚，佥尔而进曰：陛下仰监唐典，中述祖则，俯蹈宗轨。躬奉天经，惇睦辩章之化洽。巡靖黎蒸，怀保鳏寡之惠浃。燔瘗县沉，肃祇群神之礼备。是以凤凰来仪集羽族于观魏，肉角驯毛宗于外囿，扰缁文皓质于郊，升黄晖采鳞于沼，甘露宵零于丰草，三足轩翥于茂树。若乃嘉谷灵草，奇兽神禽，应图合谍，穷祥极瑞者，朝夕坰牧，日月邦畿，卓荦乎方州，羡溢乎要荒。昔姬有素雉、朱乌、玄秬、黄鍪之事耳，君臣动色，左右相趋，济济翼翼，峨峨如也。盖用昭明寅畏，承聿怀之福。亦以宠灵文武，贻燕后昆，覆以懿铄，岂其为身而有颛辞也？若然受之，宜亦勤恁旅力，以充厥道，启恭馆之金縢，御东序之秘宝，以流其占。

答谢颂扬天地神灵，流传久远延续千年有余。难道不是自以为神明吗？只是由于远大的谋略合乎常道，谨慎的言行在典籍篇章中有所体现，光彩永不改变文藻使人永远难忘。

况且显著盛大的大汉，崇高伟大的唐尧为建国之基，追本推测，乃是唐尧培育虞舜、夏禹，造就商汤、周武，然后大汉二祖发扬累世盛德，四宗继承其光明。神灵如阳光普照，遍及天地四方幽远之处。恩泽如风流布于海外，声威显耀扩展于边远地区。逃跑躲藏之人无论逃遁多么遥远，也都覆灭。善良者无论何等弱小，也都得到安养。因此显示天地人合一之道，显著地升闻天帝之功，非唐尧而不能兴盛；遍闻古代的典籍，普施天下之教，非大汉而不能弘扬。至于主宰天地的变化，控制三光的运行，外充溢于天地自然之气，内滋润于毫末。生类遵循规律孕育，万物尽性繁衍，由来已是很久远了。

盛伟啊！大汉乃尧帝的世系，仁德使诸侯臣服，功勋使百王听命。光辉映照宇宙，至尊无可匹敌。其始则勤劳谦恭，谨慎勤恳，贬抑已有的成就与政绩，不敢谈论作乐与制礼。至于改正朔，易服色，殷周之后封侯之事，宣扬于宇内，而礼官儒生以及群集笃行训教之士，不能传述祖宗古远之道，虽说出于宽容谨慎，却也太过于小心拘谨了吧！

于是朝廷三公与封疆大吏，都进言说：陛下上参考唐尧典制，中述遵高祖法则，下遵循武帝规范。亲行天之常道，使笃爱和睦的教化遍及天下；巡行安抚百姓，使安抚保护鳏夫寡妇的恩惠，普施海内。祭祀天地山川，恭敬群神之礼也已完备。因此凤凰率领鸟族集于观阙，麒麟引导兽类戏于苑囿。驺虞游动于京郊，黄龙腾跃于池沼，甘露夜降于丰草，神鸟飞翔于茂树。至于嘉禾瑞草，奇兽神禽，应合图谶、符牒，诸多祥瑞，早晚显现于郊野，日日月月，王城及周围千里的地域，超出帝都，充满边疆。古时候周朝只有白雉、赤乌、黑黍、大麦之事而已，君臣尚且显出受感动的表情，纷纷左右奔走，容仪壮盛，表现恭敬礼拜，称美不已。周成王封禅，大概是因为恭敬戒惧天命，承受以仁德招来之福，也是由于恩宠光耀周文周武，使后代子孙安逸受福，又以美盛之德抚育子孙。成王难道只是专为一身称颂之夫图书亮章，天哲也；孔猷先命，圣孚也；体行德本，正性也；逢吉丁辰，景命也。顺命以创制，定性以和神，答三灵之繁祉，展放唐之明文，兹事体大而允，寤寐次于圣心。瞻前顾后，岂蔑清庙惮敕天乎？伊考自邃古，乃降戻爰兹，作者七十有四人，有不俾而假素，罔光度而遗章，今其如台而独阙也！

是时圣上固已垂精游神，包举艺文，屡访群儒，谕咨故老，与之乎斟酌道德之渊源，肴覈仁义之林薮，以望元符之臻焉。既成群后之谠辞，又悉经五繇之硕虑矣。将絣万嗣，炀洪晖，奋景炎，扇遗风，播芳烈，久而愈新，用而不竭，汪汪乎丕天之大律，其畴能亘之哉？唐哉皇哉，皇哉唐哉！

固后以母丧去官。永元初，大将军窦宪出征匈奴，以固为中护军，与参议。北单于闻汉军出，遣使款居延塞，欲修呼韩邪故事，朝见天子，请大使。宪上遣固行中郎将事，将数百骑与虏使俱出居延塞迎之。会南匈奴掩破北庭，固至私渠海，闻虏中乱，引还。及窦宪败，固先坐免官。

固不教学诸子，诸子多不遵法度，吏人苦之。初，洛阳令种兢尝行，固奴干其车骑，吏椎呼之，奴醉骂，兢大怒，畏宪不敢发，心衔之。及窦氏宾客皆逮考，兢因此捕系固，遂死狱中。时年六十一。

辞吗？如果当今接受众多祥瑞，也应勤思上天之命而尽力回报，以实现尊崇祖先、遗德后代之道。开恭馆而览金縢之篇，登东厢而阅秘宝之书，以流传占卜测知之福音。

《河图》《洛书》真实而显扬，那是天帝赐予给圣哲的；孔子之道受命而先定，圣明而使人信服；唐尧亲身实践道德的根本，汉帝遵照之而修养纯正的禀性；正当此吉日良辰，是上天授予帝王之位的伟大使命。顺应天命而建立制度，社会安定则以礼乐和悦心神，报答天地人神灵所赐多福，发扬唐尧所施明德教化。这件事性质重要，确实日夜思索于心。瞻仰先世圣王，顾念后代子孙，岂敢轻视宗庙而畏惧诉告上天吗？推求上自远古，下至如今，举行封禅之君有七十四人，有天下未尽顺从假借符牒而行封禅者，有未施恩德于四海却妄想留功于史传而封禅者，至今到我们这里却独独空缺！

此时圣上原以致力潜心，总括六艺群书，屡访众多儒生，询问谋划年老有德之人，从其体悟道德的深广宏大，反复寻求仁义的聚集处，盼望天示符瑞的降临，既感动于公卿诸侯正直的言辞，又五卜有测度吉凶的深远思虑，将使万世发扬其光辉，振奋其光芒，鼓动其遗留下来的风教，传播其盛美的功业，时代愈久而汉德愈新，无限取用而不会尽，深广博大啊如天之大法，同辈谁能延续不断此种终极真理呢？唐尧啊大汉，大汉啊唐尧！

后来班固因母亲去世而退职。和帝永元初年，大将军窦宪外出讨伐匈奴，他任命班固为中护军，参与谋议军务。北匈奴单于得知汉军出动，便派使者造访居延塞，表示想要恢复呼韩邪单于之时汉匈友好往来的旧例，希望自己能够朝见天子，并恳请朝廷派驻大使。窦宪上书提议派班固代理中郎将一职，由他率领几百骑兵与匈奴使者一道从居延塞离开边关迎接北匈奴单于。适逢南匈奴袭击并攻陷了北匈奴王庭，班固到达私渠海时，听说北匈奴国内大乱，就率军返回。到窦宪失势后，班固最先因罪遭到革职。

班固家教不严，他的儿子们经常违法乱纪，为当地官民所痛恨。起初，洛阳县令种兢曾离府出行，班固家的仆役醉后冲撞了种兢的车马队伍，官差一边用锤子驱赶一边喝令他让道，仆役乘着醉意便破诏以谴责兢，抵主者吏罪。

固所著《典引》、《宾戏》、《应讥》、诗、赋、铭、诔、颂、书、文、记、论、议、六言，在者凡四十一篇。

论曰：司马迁、班固父子，其言史官载籍之作，大义粲然著矣。议者咸称二子有良史之才。迁文直而事核，固文赡而事详。若固之序事，不激诡，不抑抗，赡而不秽，详而有体，使读之者亹亹而不猒，信哉其能成名也。彪、固讥迁，以为是非颇谬于圣人。然其论议常排死节，否正直，而不叙杀身成仁之为美，则轻仁义，贱守节愈矣。固伤迁博物洽闻，不能以智免极刑；然亦身陷大戮，智及之而不能守之。呜呼，古人所以致论于目睫也！

赞曰：二班怀文，裁成帝坟。比良迁、董，兼丽卿、云。彪识皇命，固迷世纷。

口大骂，种兢虽然怒火中烧，但畏于窦宪的权势没敢动怒，于是对班固怀恨在心。等到窦家的食客们都遭到拘捕和拷问时，种兢因而便逮收押了班固，最终班固在狱中身亡。班固享年六十一岁。后来朝廷下诏斥责种兢，并将负责审问班固的官员治罪。

班固著有《典引篇》《答宾戏》《应讥》以及诗、赋、铭、诔、颂、书、文、记、论、议、六言等各类文体的作品，流传至今的一共四十一篇。

评论说：对于司马迁父子和班固父子，说到他们作为史官所完成的巨著，其要义都清楚明白地彰显在世人眼前。评论者们都说司马迁、班固二人有不愧于优秀史官之名的大才。司马迁为文直白而且记事确凿，班固文辞丰赡而且叙事周详。说到班固的叙事风格，他的赞美和批评都恰如其分，对传主不会妄加贬抑或拔高，记事丰富而无冗辞，详细而有条理，读者百读不厌，班固自然能够名声在外。班彪、班固对司马迁有所指摘，认为他的是非标准与圣人大相径庭。但班固的评论常常排斥守节而死之人，否定正道直行之士，不将杀身成仁之举作为美好的事情记叙，就更暴露了他对仁义的藐视，对守节的轻贱了。班固诋毁司马迁说他虽然知识渊博，见多识广，却不能凭自己的才智免于腐刑；但班固自己也惨遭迫害，智量不在司马迁之下却仍无法自保。呜呼！由此可见古人亦难于看到自身之过而且并无自知之明啊！

赞辞说：班氏父子文采斐然，删削编纂古籍旧文。史才堪比史迁、董狐，文采兼揽长卿、子云。班彪知命安贫乐道，世间纷纭班固乱神。

卷七十一

第五钟离宋寒列传第三十一

第五伦字伯鱼，京兆长陵人也。其先齐诸田，诸田徙园陵者多，故以次第为氏。

伦少介然有义行。王莽末，盗贼起，宗族闾里争往附之。伦乃依险固筑营壁，有贼，辄奋厉其众，引强持满以拒之，铜马、赤眉之属前后数十辈，皆不能下。伦始以营长诣郡尹鲜于褒，褒见而异之，署为吏。后褒坐事左转高唐令，临去，握伦臂诀曰："恨相知晚。"

伦后为乡啬夫，平徭赋，理怨结，得人欢心。自以为久宦不达，遂将家属客河东，变名姓，自称王伯齐，载盐往来太原、上党，所过辄为粪除而去，陌上号为道士，亲友故人莫知其处。

数年，鲜于褒荐之于京兆尹阎兴，兴即召伦为主簿。时长安铸钱多奸巧，乃署伦为督铸钱掾，领长安市。伦平铨衡，正斗斛，市无阿枉，百姓悦服。每读诏书，常叹息曰："此圣主也，一见决矣。"等辈笑之曰："尔说将尚不下，安能动万乘乎？"伦曰："未遇知己，道不同故耳。"

第五伦字伯鱼，京兆尹长陵县人。他的祖先是齐国的田氏，因为迁居到长陵县皇陵附近的田氏族人为数甚多，因此他们依照迁居帝陵的次序将姓氏分别改为“第一”到“第八”八种。

第五伦年少时刚正不阿、见义勇为。王莽末年，盗贼四起，同宗、同乡的人们争着到第五伦那里投奔。第五伦于是便依凭地势险要之处修筑了坚固的军营和壁垒，强盗一来，他就激励众人，大家便架起强弩、拉满硬弓以此抵御强盗，曾来进犯的铜马军、赤眉军之类的义军一共有几十路，他们都没能攻破第五伦等人的防御。屡次胜利之后第五伦以营长身份到本郡大尹鲜于褒处拜访，鲜于褒见到第五伦后认为他绝非常人，便任用他为代理官吏。后来鲜于褒因变故获罪被贬为高唐县令，临行时，他握着第五伦的手臂诀别说：“恨相识太晚。”

第五伦后来在乡里担任掌管赋税和诉讼的乡啬夫，他公平地分派徭役、征收赋税，公正地处理乡民间的仇怨，因而受到大家爱戴。后来他觉得自己为官已久而高升无望，就拖家带口背井离乡迁居河东郡，他改名换姓，自称王伯齐，从事着在太原、上党两郡之间运送食盐的工作，他总是把自家车马所驶过的道路打扫干净之后才会离开，沿路人家都称他为道士，亲友故人没有人知道他的住处。

几年后，鲜于褒将第五伦推荐给京兆尹阎兴，阎兴立即召见第五伦且任命他为主簿。当时长安的铸币官多为作奸犯科的狡诈之徒，阎兴便任命第五伦暂任监督铸币的佐吏，并统管长安市场。第五伦规范了秤的规格，校准了斗和斛的度量，从此市场上买卖公平，百姓心悦诚服。每次第五伦读诏书时，他常会叹着气说：“这是位圣明的天子啊，见一面就可决定大事。”同僚们笑话他说：“你连州牧、刺史都说服不了，又怎能让圣上受到触动呢？”第五伦说：“我说服不成建武二十七年，举孝廉，补淮阳国医工长，随王之国。光武召见，甚异之。二十九年，从王朝京师，随官属得会见，帝问以政事，伦因此酬对政道，帝大悦。明日，复特召入，与语至夕。帝戏谓伦曰："闻卿为吏篣妇公，不过从兄饭，宁有之邪？"伦对曰："臣三娶妻皆无父。少遭饥乱，实不敢妄过人食。"帝大笑。伦出，有诏以为扶夷长，未到官，追拜会稽太守。虽为二千石，躬自斩刍养马，妻执炊爨。受俸裁留一月粮，余皆贱贸与民之贫羸者。会稽俗多淫祀，好卜筮。民常以牛祭神，百姓财产以之困匮，其自食牛肉而不以荐祠者，发病且死先为牛鸣，前后郡将莫敢禁。伦到官，移书属县，晓告百姓。其巫祝有依托鬼神诈怖愚民，皆案论之。有妄屠牛者，吏辄行罚。民初颇恐惧，或祝诅妄言，伦案之愈急，后遂断绝，百姓以安。永平五年，坐法征，老小攀车叩马，啼呼相随，日裁行数里，不得前。伦乃伪止亭舍，阴乘船去。众知，复追之。及诣廷尉，吏民上书守阙者千余人。是时显宗方案梁松事，亦多为松讼者。帝患之，诏公车诸为梁氏及会稽太守上书者勿复受。会帝幸廷尉录囚徒，得免归田里。身自耕种，不交通人物。

只因尚未遇见知己，只因他们的为政之道与我不同罢了。”

建武二十七年(51)，第五伦被举荐为孝廉，补充了淮阳国医工长的职缺，随淮阳王一起到封国就任。出发前光武帝曾召见他，认为他绝非常人。建武二十九年(53)，第五伦随淮阳王入京朝见天子，他作为随从官吏得以有机会面圣，光武帝询问他对于政事的看法，第五伦便答以为政之道，光武帝听毕非常满意。第二天，光武帝特地再次召见了第五伦，二人闲谈直至夜晚。光武帝和第五伦开玩笑说：“听说你做小官时曾棒打岳父，不去堂兄家吃饭，真有这样的事吗？”第五伦答道：“微臣娶过三次妻子，她们都没有父亲。年轻时微臣经历过饥荒，确实不敢随便到别人家吃饭。”光武帝听后大笑。第五伦离京后，朝廷下诏任命他为扶夷县长，他还没赶到县府，朝廷又改任他为会稽太守。即使贵为太守，第五伦还是亲自收割牧草喂养马匹，妻子也仍需负责烧火做饭。他领到俸禄后只留一个月的口粮，其余都低价卖给贫困、衰弱的百姓。会稽郡这个地方有无论什么都随意加以祭祀的风俗，人们很喜欢干些卜筮求神的事。百姓经常用牛祭神，他们因此家贫无财，那些没把牛肉献为贡品而自己食用的人，害病临死时会发出牛叫声，这种祭祀历任太守都不敢禁止。第五伦到任后，便向郡内各县颁布公文，并向百姓做出明确说明。他下令凡有巫师、祭司假托鬼神欺骗、吓唬、迷惑百姓的，都依法处置。无故杀牛之人，官差都会加以惩罚。一开始百姓们还很害怕，甚至有人诅咒、诋毁第五伦。于是他便更加迅速地察办此事，最后陋习终究得到了根除，百姓得以重获安宁。永平五年(62)，第五伦因犯法被廷尉召回，当地百姓无论老小都拉着第五伦的车马想要挽留他，大家哭喊着一路相随，以致他的马车每天只能走几里路，无法顺利前进。于是第五伦装作到驿馆歇脚，却暗中乘船离去。百姓们知道后，再次追了上来。等第五伦到了廷尉，为他上书求情的、在宫门守候的官员百姓共有一千多人。当时明帝正在察办梁松的案件，为梁松申辩的也为数不少。明帝心生忧虑，命令公车署不要接待那些替梁松和会稽太守上书求情的人。后来恰逢明帝到廷尉处检查并记录对囚徒的审判，第五伦因此得到豁免并回到家乡。他亲自务农，不再和人有所往来。

数岁，拜为宕渠令，显拔乡佐玄贺，贺后为九江、沛二郡守，以清絜称，所在化行，终于大司农。

伦在职四年，迁蜀郡太守。蜀地肥饶，人吏富实，掾史家赀多至千万，皆鲜车怒马，以财货自达。伦悉简其丰赡者遣还之，更选孤贫志行之人以处曹任，于是争赇抑绝，文职修理。所举吏多至九卿、二千石，时以为知人。

视事七岁，肃宗初立，擢自远郡，代牟融为司空。帝以明德太后故，尊崇舅氏马廖，兄弟并居职任。廖等倾身交结，冠盖之士争赴趣之。伦以后族过盛，欲令朝廷抑损其权，上疏曰："臣闻忠不隐讳，直不避害。不胜愚狷，昧死自表。《书》曰：'臣无作威作福，其害于而家，凶于而国。'《传》曰：'大夫无境外之交，束修之馈。'近代光烈皇后，虽友爱天至，而卒使阴就归国，徙废阴兴宾客；其后梁、窦之家，互有非法，明帝即位，竟多诛之。自是洛中无复权戚，书记请托一皆断绝。又譬诸外戚曰：'苦身待士，不如为国，戴盆望天，事不两施。'臣常刻著五臧，书诸绅带。而今之议者，复以马氏为言。窃闻卫尉廖以布三千匹，城门校尉防以钱三百万，私赡三辅衣冠，知与不知，莫不毕给。又闻腊日亦遗其在洛中者钱各五千，越骑校尉光，腊用羊三百头，米四百斛，肉五千斤。臣愚以为不应经义，惶恐不敢不以闻。陛下情欲厚之，亦宜所以安之。臣今言此，诚欲上忠陛下，下全后家，裁蒙省察。"及马防为车骑将军，当出征西羌，伦又上疏曰："臣愚以为贵戚可封侯以富之，不当职事以任之。何者？绳以法则伤恩，私以亲则违宪。伏闻马防今当西征，臣以太后恩仁，陛下至孝，恐卒有纤介，难为意爱。闻防请杜笃为从事中郎，多赐财帛。笃为乡里所废，客居美阳，女弟为马氏妻，恃此交几年后，第五伦出任为宕渠县令，他提拔了在乡里掌管税收的乡佐玄贺，玄贺后来相继担任九江郡、沛郡太守，他因清正廉洁而著称，在治下广施教化，最终官至大司农。

第五伦担任宕渠县令四年后，升任为蜀郡太守。蜀地土壤肥沃，物产丰富，百姓官吏都生活富足，郡府属官的家产多达千万，人人都有华丽的马车，肥壮的马匹，喜欢炫示自己的财物。第五伦挑出那些富有的官吏将他们罢免遣送回乡，另选孤苦贫穷而且具备高洁的志向和操行的人担任各部官吏，由此杜绝了争相行贿的邪风，文官的任免得到整顿。经由第五伦举荐的官吏大多官至九卿、太守，当时的人都认为他善于识人。

第五伦任蜀郡太守七年后，正是章帝刚刚登基之时，章帝提拔了远在蜀郡为官的第五伦，第五伦接替牟融继任司空。章帝出于明德太后的缘故，尊敬、推重自己的舅父马廖，马氏兄弟因此都身居要职。马廖等人自降身份广交士人，达官贵人争相前去依附。第五伦认为朝中的外戚势力太过强大了，便想让朝廷削弱他们的权势，上书说："微臣听说忠臣不因有所忌讳而隐瞒观点，诤臣不为躲避祸害而有所不言。因此微臣无法按捺自己的愚蠢和急躁，冒着死罪主动上书。《尚书》上说：'臣子不可作威作福，那样将会为你的家族埋下祸根，为你的国家招致灾难。'《春秋穀梁传》曾有类似的话：'大夫未奉君命不可在国境之外有所结交，不可在国境之内收受他人布帛干肉的赠礼。'近世的光烈皇后阴丽华，虽然出于天性难掩对兄弟的友爱，但终究还是支持朝廷让阴就远离京师回到封国，流放并黜退了阴兴的宾客；后来梁氏、窦氏两家外戚，交相触犯国法，明帝即位后，最终处死了不少梁、窦族人。自此京城中再无外戚专权，寄信请托外戚的现象也全部绝迹。明帝又明告各家外戚说：'与其不辞辛劳地招揽人才，不如全心全意地为国进忠，头上戴盆却还想仰望天空，为己与为国二者不能两全。'微臣将此金玉良言时时铭记在心，并写到腰带上提醒自己。然而如今参与议政的百官，口中所言又是秉承自马家旨意。微臣私下得知卫尉马廖准备了三千匹布，城门校尉马防准备了三百万钱，他们暗中以此豢养三辅之地的士人，无论是否相识，全通，在所县令苦其不法，收系论之。今来防所，议者咸致疑怪，况乃以为从事，将恐议及朝廷。今宜为选贤能以辅助之，不可复令防自请人，有损事望。苟有所怀，敢不自闻。”并不见省用。

伦虽峭直，然常疾俗吏苛刻。及为三公，值帝长者，屡有善政，乃上疏褒称盛美，因以劝成风德，曰：“陛下即位，躬天然之德，体晏晏之姿，以宽弘临下，出入四年，前岁诛刺史、二千石贪残者六人。斯皆明圣所鉴，非群下所及。然诏书每下宽和而政急不解，务存节俭而奢侈不止者，咎在俗敝，群下不称故也。光武承王莽之余，颇以严猛为政，后代因之，遂成风化。郡国所举，类多辨职俗吏，殊未有宽博之选以应上求者也。陈留令刘豫，冠军令驷协，并以刻薄之姿，临人宰邑，专念掠杀，务为严苦，吏民愁怨，莫不疾之，而今之议者反以为能，违天心，失经义，诚不可不慎也。非徒应都送上财物。又听说在腊祭之日马家也给洛阳的士人每人五千钱。越骑校尉马光，在腊祭时用掉了三百头羊，四百斛米，五千斤肉。依微臣愚见这并不符合经典中的义理，微臣惶恐不安不敢不将此禀报。陛下出于亲情想要厚待他们，但也应当因此让他们安分守己。微臣如今之所以谈及这些，确实是想向上进忠于陛下，向下保全太后的家族，因此才斗胆进言希望承蒙陛下审察。”等到马防担任车骑将军，将要出征西羌之时，第五伦再次上书说：“依微臣愚见尊贵的外戚可获封侯安享富贵，而不应委以官职使其担当重任。原因何在呢？用法律约束他们便会伤及恩情，因亲情而宽大处理就会违背国法。微臣听说如今马防将要西征，臣以为，太后素来恩惠仁爱，陛下则生性至孝，微臣担心若是马防以后突然犯下小过，太后和陛下会因爱意而在处置时感到为难。微臣又听说马防请杜笃担任从事中郎，并赐予他不少财物。杜笃在家乡做官时曾遭罢黜，后来离家旅居美阳县，之后他的妹妹嫁到了马家，杜笃凭此关系攀附马氏，当地县令痛恨他的违法乱纪，所以将他投入监牢判了罪。如今他竟能加入马防的幕府，这让府中议事之人无不心生疑惑，何况他竟被任命为从事，幕府众人正担心会有议论传到朝廷上。如今应当选派贤能之人辅助马防，不可再让马防妄自聘用，否则会有损朝廷的声望。微臣暂且有此愚见，不敢不禀告陛下。”第五伦的意见并没有得到章帝的审察和采纳。

第五伦虽然性格严厉刚直，但他对庸官的严酷常感到痛恨。到他出任司空位列三公时，恰逢章帝是贤德明君，常常推行宽厚、仁慈的政策，他就上书称赞颂扬，并借机劝谏章帝成就以仁德教化天下的善政，奏书说：“陛下登基后，凭借本有的天赋圣德，彰显出温和的姿态，以宽厚之心管理群臣，即位四年以来，于前年处死了六名贪婪、残暴的刺史和太守。这都有赖于陛下的圣明才得以察觉，并非文武百官所能企及。然而陛下每次下诏要求推行宽厚、仁和之政而各部为政严苛的状况却依旧不能得到解决，每次下诏强调节俭而各级官吏仍奢侈无度毫无收敛，这其中的过失在于风气败坏，群臣没有尽职尽责的缘故。光武帝继承了王莽之后的乱世，因此为政之道相坐豫、协，亦当宜谴举者。务进仁贤以任时政，不过数人，则风俗自化矣。臣尝读书记，知秦以酷急亡国，又目见王莽亦以苛法自灭，故勤勤恳恳，实在于此。又闻诸王主贵戚，骄奢逾制，京师尚然，何以示远？故曰：‘其身不正，虽令不从。’以身教者从，以言教者讼。夫阴阳和岁乃丰，君臣同心化乃成也。其刺史、太守以下，拜除京师及道出洛阳者，宜皆召见，可因博问四方，兼以观察其人。诸上书言事有不合者，可但报归田里，不宜过加喜怒，以明在宽。臣愚不足采。”及诸马得罪归国，而窦氏始贵，伦复上疏曰：“臣得以空虚之质，当辅弼之任。素性驽怯，位尊爵重，拘迫大义，思自策厉，虽遭百死，不敢择地，又况亲遇危言之世哉！今承百王之敝，人尚文巧，咸趋邪路，莫能守正。伏见虎贲中郎将窦宪，椒房之亲，典司禁兵，出入省闼，年盛志美，卑谦乐善，此诚其好士交结之方。然诸出入贵戚者，类多瑕衅禁锢之人，尤少守约安贫之节，士大夫无志之徒更相贩卖，云集其门。众煦飘山，聚蚊成雷，盖骄佚所从生也。三辅论议者，至云以贵戚废锢，当复以贵戚浣濯之，犹解酲当以酒也。诐险趣势之徒，诚不可亲近。臣愚愿陛下中宫严敕宪等闭门自守，无妄交通士大夫，防其未萌，虑于无形，令宪永保福禄，君臣交欢，无纤介之隙。此臣之至所愿也。”

当严厉苛刻，后人因袭他的执政风格，最终形成了为政严厉的风气。因此各郡各国所推举的人，多为只知死守法令辨明曲直的平庸官吏，还未曾简选过能满足朝廷需要的心胸开阔之人。陈留县令刘豫，冠军县令驷协，他们都由着自己刻薄的气质，管理百姓，治理城邑，心中只想着将嫌犯拷打至死，顽固地厉行严苛残酷的统治，官差、百姓心里发愁、生怨，无人不对他们深恶痛绝，然而如今的议政之人反将二人视为贤能之士，这种态度违背天意，偏离经典义理，对此二人的去留陛下实在是不可不予以慎重考虑啊。不仅应将刘豫、驷协定罪，还应谴责他们的举荐者。希望陛下务必提拔仁慈贤明之人来负责当前的政务，相信不需要多少真正的能吏，就可使清平的政风、民俗自然形成了。微臣曾在书中读到过，知道秦朝是因国政的严酷和急躁而亡国的。而微臣又亲眼目睹了王莽因严苛的法律而自取灭亡，微臣不知疲倦地向陛下致以诚挚的劝谏，原因其实就在这里。微臣又听说众位皇亲国戚亦有失道之举，他们骄横奢侈违背礼制，京城之内尚且如此，怎能为远方做出表率呢？所以《论语》中说：‘自身行为不端，即使发布命令也无人听从。’以身作则施行教化自会赢得响应，夸夸其谈好为人师只会招致谴责。阴阳调和年成才会好，君臣同心教化才成功。那些刺史、太守以下的官吏，无论是在京城为官的还是在洛阳之外的地方任职的，都应予以召见，不仅可以乘便了解四方民情，还可以观察诸官的高下优劣。对于那些在奏书中谈论国事悖理违情的官员，可以仅命其退职还乡，不应情绪激动地予以处置，从而以此彰显朝廷的宽宏大量。这便是微臣不足采纳的愚见。”等到马氏兄弟获罪离京回到各自的封国后，窦氏反而开始得势，因此第五伦再次上书说：“微臣仅凭胸无点墨的资质，却有幸能肩负辅国重任。微臣天性愚钝懦弱，地位尊贵、爵位显赫，于是严守大义约束，决意自我鞭策勉励，即便陷于危急之境，不敢因此畏缩慎行，又何况我正身处于应当不避危难敢于直言的太平之世呢？但现在时人因袭了众位外戚侯王对正道的破坏，人们以巧言令色为风尚，全都争着踏上邪路，无人能够坚守正道。微臣看到虎贲中郎将窦宪，他身为皇后亲戚，手握禁军大权，随意出入宫中，年富力强、志向高远，为人谦逊、伦奉公尽节，言事无所依违。诸子或时谏止，辄叱遣之，吏人奏记及便宜者，亦并封上，其无私若此。性质悫，少文采，在位以贞白称，时人方之前朝贡禹。然少蕴藉，不修威仪，亦以此见轻。或问伦曰："公有私乎？"对曰："昔人有与吾千里马者，吾虽不受，每三公有所选举，心不能忘，而亦终不用也。吾兄子常病，一夜十往，退而安寝；吾子有疾，虽不省视而竟夕不眠。若是者，岂可谓无私乎？"连以老病上疏乞身。元和三年，赐策罢，以二千石奉终其身，加赐钱五十万，公宅一区。后数年卒，时年八十余，诏赐秘器、衣衾、钱布。

少子颉嗣，历桂阳、庐江、南阳太守，所在见称。顺帝之为太子废也，颉为太中大夫，与太仆来历等共守阙固争。帝即位，擢为将作大匠，卒官。伦曾孙种。

喜行善事，这些特质确实是他爱惜人才、广交朋友的原因所在。但那些依附于皇亲国戚的人，多为犯下罪过而不得为官之人，很少有保持节俭、安贫乐道的守节之士。士大夫中的豪无志气之人互相吹捧，纷纷来到窦宪门下。众人吹气大山便会飘动，蚊子成群振翅声似雷鸣，大概骄纵和放肆便会因依附者为数众多而渐渐滋长吧。京师附近的三辅之地有人提出这样的观点，竟说因依附皇亲国戚而遭到罢免禁锢的人，便应当再让皇亲国戚去为他们洗脱罪名，这就像用酒来醒酒啊。谄媚阴险、趋炎附势之徒，实在是不可亲近。微臣愚钝只希望陛下和皇后严加命令窦宪等人闭门不出、保守节操，不可随意与士大夫交往，于祸患未生之时予以防范，于灾难无形之时预先谋划，使窦宪能够永保福分、富贵，使君臣感情融洽，没有丝毫嫌隙。这便是微臣最大的愿望。”

第五伦秉公办事、竭力守节，对凡事都坦率直言毫不瞻前顾后。儿子们有时会加以劝阻，总会受到他的斥责和驱赶，属下官吏呈上的奏书以及送来的赠礼，他都将其封存一并上交朝廷，第五伦便是这样的没有私心。第五伦禀性质朴诚实，不以文采见长，为官时以方正廉洁著称，当时的人把他比作西汉的贡禹。然而第五伦并无宽厚之心，而且平时不修威仪，因此也遭到了一些人的鄙夷轻视。曾有人问他说：“您有私心吗？”他答道：“从前有人送我一匹千里马，我虽然没有接受，但每当三公府简拔人才时，我心里都会想到他，但我终究也没有任用他。我的侄子体弱多病，我一晚上看望他十次之后，就告辞回家安心睡觉；而我儿子生病的时候，我虽然没去看望他但我却忧心忡忡整晚没法合眼。既然有这样的事情，哪能说我没有私心呢？”后来第五伦接连以年老多病为由上书请求退职。直到元和三年（86）时，章帝才下策书允许他退职，朝廷每月赐给第五伦二千石俸禄养老，并另外赐给他五十万钱，以及一片朝廷所有的宅第。几年后第五伦去世，享年八十多岁，章帝下诏赏赐了他棺材、衣被和钱款。

第五伦的小儿子第五颉继承了家业，他历任桂阳、庐江、南阳太守，受到治下各郡官民的称赞。顺帝的太子之位遭到废黜时，第五颉时任太中大夫，他和太仆来历等人一同守在宫门前据理力争。顺帝即论曰：第五伦峭覈为方，非夫恺悌之士，省其奏议，惇惇归诸宽厚，将惩苛切之敝使其然乎？昔人以弦韦为佩，盖犹此矣。然而君子侈不僭上，俭不逼下，岂尊临千里而与牧圉等庸乎？讵非矫激，则未可以中和言也。

种字兴先，少厉志义，为吏，冠名州郡。永寿中，以司徒掾清诏使冀州，廉察灾害，举奏刺史、二千石以下，所刑免甚众，弃官奔走者数十人。还，以奉使称职，拜高密侯相。是时徐兖二州盗贼群辈，高密在二州之郊，种乃大储粮稸，勤厉吏士，贼闻皆惮之，桴鼓不鸣，流民归者，岁中至数千家。以能换为卫相。

迁兖州刺史。中常侍单超兄子匡为济阴太守，负势贪放，种欲收举，未知所使。会闻从事卫羽素抗厉，乃召羽具告之。谓曰："闻公不畏强御，今欲相委以重事，若何？"对曰："愿庶几于一割。"羽出，遂驰至定陶，闭门收匡宾客亲吏四十余人，六七日中，纠发其臧五六千万。种即奏匡，并以劾超。匡窘迫，遣刺客刺羽，羽觉其奸，乃收系客，具得情状。州内震栗，朝廷嗟叹之。

位后，提拔第五颉为将作大匠，后来他在任上去世。第五伦的曾孙是第五种。

评论说：第五伦严厉急躁、喜好追根究底、为人方正，不是和善平易的人，然而查看他的奏书，笔下的敦厚纯朴又使人觉得他变为了宽厚之人，难道是为了警戒自己苛刻的缺点才让他在奏书中运用了敦厚的笔触吗？从前董安于和西门豹分别佩戴弦和韦来警戒自己紧张一些抑或从容一些，第五伦的奏议大概就是起这样的作用吧。然而君子生活奢侈却不会超越主上，生活节俭也不会接近属下，难道统辖千里之地的尊贵之人竟与养牛马的人一样平庸吗？如果第五伦没有大力纠正自己的偏狭之处，他就绝不可能得到中正平和的评价了。

第五种字兴先，年轻时注重砥砺自己的志气和操行，为官后，政绩优异冠绝州郡。桓帝永寿年间，第五种以司徒府清诏掾的身份出使冀州，调查灾情，之后上奏检举了刺史、太守以下的官员，这些官员当中有不少遭到惩处或罢免，弃官逃走的有几十人。回京后，因第五种出色地完成了出使冀州的任务，朝廷任命他为高密侯的国相。当时徐州、兖州盗贼成群，而高密国地处二州郊外，第五种就大力储备粮食，勤加激励官兵，贼军得知情况后都心生忌惮，最终高密境内未曾响起报警的鼓声，重归故土的流民，到年中时达到至数千家。第五种因才能出众调任卫国国相。

后来第五种又调任为兖州刺史。中常侍单超哥哥的儿子单匡时任兖州济阴郡太守，他依仗单超的权势贪污受贿，恣意妄为，第五种打算收押并检举他，但不知该派何人前往捉拿。恰好听说从事卫羽一向高尚严厉，于是第五种就召见了卫羽并向他说明详情。第五种对卫羽说：“听说您不畏强权，现在我打算将要事相托，您意下如何？”卫羽答道：“希望在下差不多可堪一用。”卫羽向第五种告辞后，就迅速赶往济阴郡治定陶县，他紧闭城门拘捕了四十多名单匡的宾客和亲信官吏，经过六七天的审讯，查获赃款五六千万钱。第五种立即上奏检举了单匡，同时也因此弹劾单超。单匡走投无路，便派刺客刺杀卫羽，卫羽发觉了阴谋，就逮捕刺客关进监牢，并从他口中问是时太山贼叔孙无忌等暴横一境，州郡不能讨。羽说种曰：“中国安宁，忘战日久，而太山险阻，寇猾不制。今虽有精兵，难以赴敌，羽请往譬降之。”种敬诺。羽乃往，备说祸福，无忌即帅其党与三千余人降。单超积怀忿恨，遂以事陷种，竟坐徙朔方。超外孙董援为朔方太守，稸怒以待之。初，种为卫相，以门下掾孙斌贤，善遇之。及当徙斥，斌具闻超谋，乃谓其友人同县闾子直及高密甄子然曰：“盖盗憎其主，从来旧矣。第五使君当投裔土，而单超外属为彼郡守。夫危者易仆，可为寒心。吾今方追使君，庶免其难。若奉使君以还，将以付子。”二人曰：“子其行矣，是吾心也。”于是斌将侠客晨夜追种，及之于太原，遮险格杀送吏，因下马与种，斌自步从。一日一夜行四百余里，遂得脱归。

种匿于闾、甄氏数年，徐州从事臧旻上书讼之曰：“臣闻士有忍死之辱，必有就事之计，故季布屈节于朱家，管仲错行于召忽。此二臣以可死而不死者，非爱身于须臾，贪命于苟活，隐其智力，顾其权略，庶幸逢时有所为耳。卒遭高帝之成业，齐桓之兴伯，遗其亡逃之行，赦其射钩之仇，拔于囚虏之中，信其佐国之谋，勋效传于百世，君臣载于篇籍。假令二主纪过于纤介，则此二臣同死于犬马，沉名于沟壑，当何由得申其补过之功，建其奇奥之术乎？伏见故兖州刺史第五种，杰然自建，在乡曲无苞苴之嫌，步朝堂无择言出了全部情况。兖州上下无不震惊战栗，朝廷对二人赞叹不已。

当时泰山地区的贼寇叔孙无忌等人在泰山郡内横行霸道，州郡官军无力镇压。卫羽游说第五种说："中原多年安定和平，忘记备战由来已久，而泰山艰险道路难行，贼寇狡猾难以镇压。如今虽有精兵猛将，却仍难以前往杀敌，请您允许卫羽前去劝降贼寇。"第五种满怀敬意地答应了。卫羽便前往贼营，一五一十地说明了归降的好处和顽抗的害处，叔孙无忌便率领他的党羽以及三千多人马投降了。单超心中满是对第五种的怨恨，故而借第五种未能剿灭泰山贼寇之事陷害他，第五种最终因罪被判流放朔方郡。单超的外孙董援时任朔方太守，他满怀愤怒地等待第五种。起初，第五种担任卫国国相时，他认为门下掾孙斌是贤能之人，便对他礼遇有加。等到第五种将要被放逐时，孙斌得知了单超的全部阴谋，他就对自己的朋友同县人闾子直以及高密国的甄子然说："大概窃贼都对物主心怀恨意，一向如此呀。第五大人将被抛弃到蛮荒之地了，而单超的外孙正是那里的郡守，高大之物容易倾倒，高尚之人易遭加害，第五大人的遭遇令人寒心。我如今要去追赶大人，也许能帮他免去灾难。如果能将大人救回，我就把他托付给你们。"两人答道："你去吧，我们和你同心同德。"孙斌便带领侠客日夜兼程追赶第五种，在太原郡追上了他，孙斌等人冒险与押送第五种的官差战斗并杀死了他们，之后孙斌下马将其交给第五种骑，自己徒步随行。两人一天一夜飞奔四百多里，最终得以逃脱归来。

第五种在闾子直和甄子然家躲藏了几年后，徐州从事臧旻上书为他申冤说："微臣听说士人凡是能够忍受耻辱不去赴死，定是打算完成未竟之事，因此季布在朱家那里屈尊为奴，管仲未像召忽一般为主尽节。此二人本可赴死却选择忍辱偷生的原因，不是出于一时之间的爱惜性命，不是因贪生怕死而选择苟活，他们隐瞒自己的才智与勇力，顾及于自己的权变之谋，只是希望能有幸得到机会有所作为而已。最终季布遇到了造就汉家大业的汉高祖，管仲遇到了日后称霸封伯的齐桓公，汉高祖忽略了季布的逃亡行径，齐桓公赦免了管仲射中衣带钩的仇恨，二人被从罪犯和俘虏中提拔出来，得以施展他们之阙，天性疾恶，公方不曲，故论者说清高以种为上，序直士以种为首。《春秋》之义，选人所长，弃其所短，录其小善，除其大过。种所坐以盗贼公负，筋力未就，罪至征徙，非有大恶。昔虞舜事亲，大杖则走。故种逃亡，苟全性命，冀有朱家之路，以显季布之会。愿陛下无遗须臾之恩，令种有持忠入地之恨。”会赦出，卒于家。

钟离意字子阿，会稽山阴人也。少为郡督邮。时部县亭长有受人酒礼者，府下记案考之。意封还记，入言于太守曰：“《春秋》先内后外，《诗》云‘刑于寡妻，以御于家邦’，明政化之本，由近及远。今宜先清府内，且阔略远县细微之愆。”太守甚贤之，遂任以县事。建武十四年，会稽大疫，死者万数，意独身自隐親，经给医药，所部多蒙全济。

举孝廉，再迁，辟大司徒侯霸府。诏部送徒诣河内，时冬寒，徒病不能行。路过弘农，意辄移属县使作徒衣，县不得已与之，而上那辅佐国政的智略，功勋成就流传百世，君臣事迹载于书卷。假使两位君王奉行的纲纪不遗巨细，那么这二人将如同犬马一样死去，名声将埋没于沟壑之中，那时他们要如何才能发挥自己弥补过失的才能，制定自己那神奇奥妙的策略呢？依微臣愚见前任兖州刺史第五种，注重树立自己出众的操行，在乡里为官时全无行贿受贿的嫌疑，在朝中为官时也没有口不择言的过错，嫉恶如仇出自天性，坚守公平绝不偏私，因此品评人物之人谈及清高之士便以第五种为上品，为正直之士排列次第时便以第五种为魁首。依照《春秋》的义理，应选用他人的长处，忘却他人的短处，记录他人的小善，删去他人的大过。第五种是因为清剿贼寇的公事未能办妥而获罪，他体力不济未能完成讨伐，以他的罪行竟至于被判处流放，然而他并非罪恶滔天之人。从前虞舜恭敬地侍奉双亲，遭到父亲棒打便会逃走。因此第五种之所以逃亡，之所以想要苟且偷生，也是希望能有朱家一般的人物为他提供出路，能像季布那样得到机会表现自己的才能。希望陛下不要使自己福泽万物的隆恩有片刻的遗漏，以使第五种产生保持忠心而死的遗憾而不再躲藏。”恰逢大赦，第五种重见天日，最后他在家中去世。

钟离意字子阿，会稽郡山阴县人。年轻时在本郡担任督邮。当时会稽郡治下某县有亭长接受了别人送来的酒和礼物，郡府向钟离意下达了文书要求他调查、审问这位亭长。钟离意将文书封好送回了郡府，并进入府内对太守说：“《春秋》所推崇的治理之术要求优先内部、其次外部，《诗经》说：‘在正室面前做出榜样，目的在于治理好国家。’这说明治理和教化的根本，在于从近旁的人事推及到远方的人事。现在应该率先使郡府内的风气归于清廉，暂且宽恕偏远县衙的细微过失。”太守认为钟离意德才兼备，就将郡府内和各县相关的事务全都委托给他。建武十四年（38），会稽爆发大瘟疫，上万人遇难，钟离意独自一人亲自抚恤百姓，他组织人手供给药品，所辖各县大多承蒙了他的保全和救济。

后来钟离意被举荐为孝廉，之后两度升迁，被召入大司徒侯霸府内任职。朝廷下诏命他将服徭役的囚犯押送到河内郡，当时正值书言状，意亦具以闻。光武得奏，以视霸，曰："君所使掾何乃仁于用心？诚良吏也！"意遂于道解徒桎梏，恣所欲过，与剋期俱至，无或违者。还，以病免。

后除瑕丘令。吏有檀建者，盗窃县内，意屏人问状，建叩头服罪，不忍加刑，遣令长休。建父闻之，为建设酒，谓曰："吾闻无道之君以刃残人，有道之君以义行诛。子罪，命也。"遂令建进药而死。二十五年，迁堂邑令。县人防广为父报仇，系狱，其母病死，广哭泣不食。意怜伤之，乃听广归家，使得殡敛。丞掾皆争，意曰："罪自我归，义不累下。"遂遣之。广敛母讫，果还入狱。意密以状闻，广竟得以减死论。

显宗即位，征为尚书。时交阯太守张恢，坐臧千金，征还伏法，以资物簿入大司农，诏班赐群臣。意得珠玑，悉以委地而不拜赐。帝怪而问其故。对曰："臣闻孔子忍渴于盗泉之水，曾参回车于胜母之闾，恶其名也。此臧秽之宝，诚不敢拜。"帝嗟叹曰："清乎尚书之言！"乃更以库钱三十万赐意。转为尚书仆射。车驾数幸广成苑，意以为从禽废政，常当车陈谏般乐游田之事，天子即时还宫。永平三年夏旱，而大起北宫，意诣阙免冠上疏曰："伏见陛下以天时小旱，忧念元元，降避正殿，躬自克责，而比日密云，遂无大润，岂政有未得应天心者邪？昔成汤遭旱，以六事自责曰：'政不节邪？使寒冬，囚犯们都身患重病不能行走。路过弘农郡时，钟离意就给弘农郡下辖的县府寄信要求为囚犯们制作冬衣，县府无可奈何便将冬衣交付给钟离意，并且上书说明了情况，而钟离意也向朝廷作出了详尽的报告。光武帝读罢奏书后，又将其交给侯霸看，并说："您派去的掾吏怎么如此地心怀仁慈呀？的确是贤能的官吏！"途中钟离意竟还解下了囚犯的脚镣和手铐，让他们随意选择路线，并和他们约定在期限内都要到达河内郡，最终没有一名囚犯违背约定。钟离意回到京城后，因病被罢免。

后来钟离意出任为瑕丘县令。县衙中有一个名叫檀建的官差，他在本县行盗窃之事，钟离意让身边人回避单独向檀建问明了罪状，檀建叩头认罪，钟离意不忍心对他用刑，便让他离开县衙长期休假。檀建的父亲得知此事后，便设下酒宴招待檀建，并对他说："我听说无道之君用锋刃残害臣民，有道之君用仁义诛杀罪人。你犯了罪，命该如此。"于是父亲就让檀建服毒自尽。建武二十五年（49），钟离意调任为堂邑县令。当时县民防广为父报仇杀了人，被捕入狱，与此同时他的母亲也因病去世，防广低声哭泣不愿吃饭。钟离意很同情他，就准许防广回家，让他能为母亲安排入殓事宜。县丞和掾吏都对此有异议，钟离意说："罪人是我放回家的，我会坚守义气绝不连累你们。"最终钟离意放还了防广。防广安排母亲入殓后，果然又回来坐牢。钟离意暗中将情况上报朝廷，防广竟得到改判减免了死罪。

明帝即位后，任命钟离意为尚书。那时交阯太守张恢，因贪污了大量财物，被召回京城治罪，朝廷将这些财物记录在案并交由大司农保管，之后明帝下诏将赃物赐给群臣。钟离意获赐珠宝一份，然而他却将珠宝全部丢在地上并且不向明帝致以拜谢，明帝很奇怪便问他为何如此。钟离意答道："微臣听说孔子在名为'盗泉'的泉水旁会强忍口渴，曾参来到名为'胜母'的村庄前会调转车马，是因为厌恶盗泉，胜母这两个名字。这些贪污受贿得来的宝物，微臣确实不敢拜受。"明帝叹道："尚书的话里尽是对清廉的坚持啊！"于是明帝将珠宝改换为取自国库的三十万钱赐给钟离意。并升任他为尚书仆射。当时明帝曾多次到广成苑田猎游乐，钟离意认为经常田猎会荒废人疾邪？宫室荣邪？女谒盛邪？苞苴行邪？谗夫昌邪？’窃见北宫大作，人失农时，此所谓宫室荣也。自古非苦宫室小狭，但患人不安宁。宜且罢止，以应天心。臣意以匹夫之才，无有行能，久食重禄，擢备近臣，比受厚赐，喜惧相并，不胜愚戆征营，罪当万死。”帝策诏报曰：“汤引六事，咎在一人。其冠履，勿谢。比上天降旱，密云数会，朕戚然惭惧，思获嘉应，故分布祷请，窥候风云，北祈明堂，南设雩场。今又敕大匠止作诸宫，减省不急，庶消灾谴。”诏因谢公卿百僚，遂应时澍雨焉。

时诏赐降胡子缣，尚书案事，误以十为百。帝见司农上簿，大怒，召郎将笞之。意因入叩头曰：“过误之失，常人所容。若以懈慢为愆，则臣位大，罪重，郎位小，罪轻，咎皆在臣，臣当先坐。”乃解衣就格。帝意解，使复冠而贯郎。

帝性褊察，好以耳目隐发为明，故公卿大臣数被诋毁，近臣尚政务，就常常挡在车驾前就玩乐游猎之事向明帝陈说谏言，明帝听罢便立刻回宫了。永平三年（60）夏季发生旱灾，而朝廷却大规模地兴建洛阳北宫，钟离意上朝后摘下冠帽上书说：“微臣看到陛下因气候略有干旱，而心忧百姓，退避于正殿居住，深切自责，然而虽然连日乌云密布，却最终未降大雨，难道朝政有所不能顺应天意之处吗？从前商汤为政时遭遇了旱情，他用六件事自责道：‘治国未能厉行节俭吗？为政致使百姓痛苦吗？营建宫殿太过华丽吗？受宠嫔妃进言颇多吗？贪贿之事盛行于世吗？进谗言者每日剧增吗？’微臣看到朝廷大力兴建北宫，百姓们耽误了务农时节，这正是商汤所反省的‘营建宫殿太过华丽’了。自古以来宫殿狭小并无需困扰，需要担心的是百姓不得安宁。现在应当暂且中止北宫的修建，为的是顺应天意。微臣钟离意仅凭平庸之辈的才干却受到任用，品行、能力并不出众，却长久地享有丰厚的俸禄，愧受擢拔在近臣之列凑数，又接连承蒙厚赏，心中半是欢喜半是恐惧，微臣无法控制自己的愚直，微臣罪该万死。”明帝下诏回复道：“商汤援引六事自责，自己一人承担罪过。您可以戴冠穿鞋了，也无需谢罪。近来天降旱灾，数次乌云密布而甘霖不至，朕心中忧虑，惭愧、恐惧交加，想从上天获得吉祥的报应，所以在各处布置求神仪式，观察、等待风云来临，在北面的明堂祈雨，在南面设置求雨场地。现在朕又命令将作大匠停止各处宫殿的修建，减少省略并不紧急的事务，但愿能消弭灾祸和天谴。”明帝又乘便在诏书中对公卿百官致以歉意，大雨立刻就从天而降。

那时明帝下诏要将细绢赐给已经归降的匈奴王子，尚书台办理此事时，误将“十匹”看作“百匹”。明帝看到司农呈上的账簿后，大发脾气，便召来尚书郎准备用荆条抽打他。钟离意就入朝叩头道：“犯了过失，一般人都能容忍。如果把懈怠和散漫看作大罪的话，那么微臣身为尚书仆射位尊势重，罪责更重，尚书郎职位低微，罪责轻微，过错都在微臣一人，微臣应当先行受罚。”说完钟离意就褪去衣衫来到荆条前。明帝怒意消解，便让钟离意戴上帽子并且赦免了尚书郎。

明帝气量狭小惯于苛察，喜欢把派探子揭发百官隐私视为长于书以下至见提拽。尝以事怒郎药崧，以杖撞之。崧走入床下，帝怒甚，疾言曰："郎出！郎出！"崧曰："天子穆穆，诸侯煌煌。未闻人君自起撞郎。"帝赦之。朝廷莫不悚栗，争为严切，以避诛责；唯意独敢谏争，数封还诏书，臣下过失辄救解之。会连有变异，意复上疏曰："伏惟陛下躬行孝道，修明经术，郊祀天地，畏敬鬼神，忧恤黎元，劳心不怠。而天气未和，日月不明，水泉涌溢，寒暑违节者，咎在群臣不能宣化理职，而以苛刻为俗。吏杀良人，继踵不绝。百官无相亲之心，吏人无雍雍之志。至于骨肉相残，毒害弥深，感逆和气，以致天灾。百姓可以德胜，难以力服。先王要道，民用和睦，故能致天下和平，灾害不生，祸乱不作。《鹿鸣》之诗必言宴乐者，以人神之心洽，然后天气和也。愿陛下垂圣德，揆万机，诏有司，慎人命，缓刑罚，顺时气，以调阴阳，垂之无极。"帝虽不能用，然知其至诚。亦以此故不得久留，出为鲁相。后德阳殿成，百官大会。帝思意言，谓公卿曰："钟离尚书若在，此殿不立。"

意视事五年，以爱利为化，人多殷富。以久病卒官。遗言上书陈升平之世，难以急化，宜少宽假。帝感伤其意，下诏嗟叹，赐钱二十万。

明察，所以公卿群臣频频遭到诋毁，亲近的臣子和尚书以下的官员甚至遭到传讯。明帝曾因事对郎官药崧发怒，便用棍棒打了他。药崧跑到床下躲避，明帝大怒，便急促地叫道："郎官出来！郎官出来！"药崧说："'天子言行美好端庄，诸侯仪表光彩辉煌。'从未听说竟有人君亲对郎官施以棍棒。"明帝听罢便赦免了他。朝中百官全都因此害怕战栗，争着施行严酷苛责的政策，以免受罚；只有钟离意敢于直言劝谏，并多次封好诏书退还明帝希望明帝三思，属下每因疏忽犯错时他都会施以援救。恰逢异象接连出现，钟离意又上书进言说："微臣想到陛下亲身践行孝道，昌明弘扬经学义理，南郊祭天，北郊祭地，尊崇敬畏先祖、神明，挂念同情黎民百姓，殚精竭虑从不懈怠。然而如今天气未能调和，日月昏暗不明，河水泉水泛滥，寒暑违背时节，其罪过在于百官不能宣明教化、恪尽职守，而使严酷苛刻之风盛行。官吏错杀无辜，冤案接二连三。百官之间没有互相友爱之心，官吏百姓没有彼此和睦之意。天下之人竟至于骨肉相残，苛政流毒危害极大，撼动违逆上天和气，导致上天降下灾祸。可以凭仁德让百姓归心，不可用暴力令百姓慑服。先王治国所遵循的最重要的道理，便是使用民力的同时仍和百姓相处融洽，所以才能达成天下大治，灾害不发生，祸乱不出现。《鹿鸣》诗之所以一定要谈到宴饮作乐，是因为先贤认为人神之心的协和在先，天气的风调雨顺在后。希望陛下能将无上的道德下赐于臣民，统管各项要务，下诏规制百官，慎重对待人命，减轻宽缓刑罚，顺应天时节气，以使阴阳调和，功业永垂不朽。"明帝虽然未能采用他的意见，但却明白他那极为真诚的心意。钟离意也因此而无法在朝中久留，之后离开京城出任鲁国国相。后来德阳殿落成时，盛大的集会上百官毕至。明帝想起了钟离意的话，他对公卿们说："钟离尚书如果仍在京城，这座宫殿就无法建成。"

钟离意担任鲁国国相五年，用仁爱和恩惠教化百姓，很多百姓都过上了富足的生活。后来因长期患病在任内去世。钟离意临终前向朝廷上书说要使世间变得太平，靠急躁是难以实现的，为政之道应稍加宽容。明帝对钟离意的心意有所感触悲从中来，便下诏褒美，并赐给他二十万钱。

药崧者，河内人，天性朴忠。家贫为郎，常独直台上，无被，枕杫，食糟糠。帝每夜入台，辄见崧，问其故，甚嘉之，自此诏太官赐尚书以下朝夕餐，给帷被皂袍，及侍史二人。崧官至南阳太守。

宋均字叔庠，南阳安众人也。父伯，建武初为五官中郎将。均以父任为郎，时年十五，好经书，每休沐日，辄受业博士，通《诗》《礼》，善论难。至二十余，调补辰阳长。其俗少学者而信巫鬼，均为立学校，禁绝淫祀，人皆安之。以祖母丧去官，客授颍川。

后为谒者。会武陵蛮反，围武威将军刘尚，诏使均乘传发江夏奔命三千人往救之。既至而尚已没。会伏波将军马援至，诏因令均监军，与诸将俱进，贼拒阸不得前。及马援卒于师，军士多温湿疾病，死者太半。均虑军遂不反，乃与诸将议曰："今道远士病，不可以战，欲权承制降之何如？"诸将皆伏地莫敢应。均曰："夫忠臣出竟，有可以安国家，专之可也。"乃矫制调伏波司马吕种守沅陵长，命种奉诏书入虏营，告以恩信，因勒兵随其后。蛮夷震怖，即共斩其大帅而降，于是入贼营，散其众，遣归本郡，为置长吏而还。均未至，先自劾矫制之罪。光武嘉其功，迎赐以金帛，令过家上冢。其后每有四方异议，数访问焉。

药崧，河内郡人，天性朴实忠诚。他担任郎官期间家境贫寒，常独自一人在尚书台当值，他没有被子，把几案当枕头，靠粗劣的饭菜为生。每当明帝夜晚来到尚书台时，总会见到药崧，明帝问明原因后，对药崧大加称赞，从此以后明帝便下令给御厨太官让他每天为尚书及其以下的官员提供早晚餐，明帝还为他们提供了帷帐、被子、黑袍服，并在尚书台设置了两名侍史负责照顾值班的尚书。药崧最终官至南阳太守。

宋均字叔庠，南阳郡安众县人。他的父亲宋伯，在光武帝建武初年担任五官中郎将。宋均因父亲的职位担任郎官，当时正十五岁，宋均喜欢诵读经书，每到休假沐浴的日子，他都会向博士学习，最终他通晓了《诗经》《礼记》，他擅长就难题辩论、质询。宋均二十多岁时，他调任到辰阳县长一职上补缺。辰阳当地的风俗是看轻学者而迷信巫祝，宋均为百姓们建立学校，彻底禁止了不合礼制的祭祀，最终百姓们都满足于这样的生活。后来宋均因祖母去世而退职，离开家乡到颍川郡讲学。

后来宋均出任为谒者。恰逢武陵郡蛮夷造反，围困了武威将军刘尚，朝廷命宋均乘坐驿站马车尽快奔赴江夏郡并调集三千郡兵前去救援刘尚。宋均率军赶到后刘尚已经战死。适逢伏波将军马援赶到，朝廷便下诏命宋均担任监军，随众将一起进军，但贼人据守于要害之地使得官军无法前进。等到马援在军营中病逝时，士卒们也大多因温热潮湿而患病，过半士兵未战先亡。宋均担心大军安危便没有自行回京，于是他和众将商议道："如今粮道过长士卒患病，军队不能作战，我打算暂且秉承朝廷名义招降叛贼，诸位意下如何呢？"众将都伏在地上不敢回应。宋均说："忠臣远在京城之外，若有可以安定国家之策，不经请示自行决断是可以的。"他便假托君命调任伏波将军府的司马吕种暂任沅陵县县长，并命吕种手捧诏书前往贼营，将朝廷的恩德、信义明告贼军，而宋均就率军跟在吕种之后。蛮夷见此极为震恐，就一同斩杀了他们的头目并且投降，宋均也因此进入贼营，命令贼众散伙，并打发他们回到本郡家乡，之后又为他们设置了县令、县长后这才踏上归途。宋均尚未回到朝廷，便事先上书检举了迁上蔡令。时府下记，禁人丧葬不得侈长。均曰：“夫送终逾制，失之轻者。今有不义之民，尚未循化，而遽罚过礼，非政之先。”竟不肯施行。

迁九江太守。郡多虎暴，数为民患，常募设槛穽而犹多伤害。均到，下记属县曰：“夫虎豹在山，鼋鼍在水，各有所托。且江淮之有猛兽，犹北土之有鸡豚也。今为民害，咎在残吏，而劳勤张捕，非忧恤之本也。其务退奸贪，思进忠善，可一去槛穽，除削课制。”其后传言虎相与东游度江。中元元年，山阳、楚、沛多蝗，其飞至九江界者，辄东西散去，由是名称远近。浚遒县有唐、后二山，民共祠之，众巫遂取百姓男女以为公妪，岁岁改易，既而不敢嫁娶，前后守令莫敢禁。均乃下书曰：“自今以后，为山娶者皆娶巫家，勿扰良民。”于是遂绝。

永平元年，迁东海相，在郡五年，坐法免官，客授颍川。而东海吏民思均恩化，为之作歌，诣阙乞还者数千人。显宗以其能，七年，征拜尚书令。每有驳议，多合上旨。均尝删翦疑事，帝以为有奸，大怒，收郎缚格之。诸尚书惶恐，皆叩头谢罪。均顾厉色曰：“盖忠臣执义，无有二心。若畏威失正，均虽死，不易志。”小黄门在傍，自己假托君命的罪过。光武帝对他的功劳予以嘉奖，备好财物迎接并赏赐了他，光武帝又命令宋均回家看望顺便上坟祭祖。这之后每当朝中百官就某事各执一词时，光武帝都会多次询问他的意见。

后来宋均升任上蔡县令。当时郡府下达了文书，严禁人们治丧奢侈无度。宋均说："为长辈办理丧事即使超过了规定，也只是犯下小过。如今仍有不讲礼义的百姓，还未能遵守教化，此时却急于惩罚逾越礼数之人，不是当前的为政要务。"宋均始终也不肯执行这道命令。

后来宋均升任为九江太守。九江郡内虎患频仍，老虎屡次成为百姓的祸害，郡府经常招募猎户设置捕兽机关和陷阱然而猛虎伤害百姓的事还是很多。宋均上任后，向治下各县发布公文说："老虎、花豹居于山林，大鳖、鼍龙居于水滨，野兽各有栖息之地，况且江淮地区有猛兽，就像北方有鸡和猪。如今老虎成为百姓的祸害，罪过在于残酷的官吏，因而费力劳心张网捕捉，不是心忧黎民、救济百姓的根本。应务必罢黜奸滑贪婪的官吏，考虑提拔忠诚仁爱的贤才，并应将机关和陷阱一律撤掉，同时免除或者削减赋税。"从这以后便有传言说老虎都一起游到长江东岸去了。建武中元元年（56），九江郡北边的山阳郡、楚国、沛国等地爆发蝗灾，那些蝗虫一飞到九江郡界，就向东西方向散去，宋均的善政因此远近闻名。九江郡浚遒县有唐、后两座山，两山受到了全体百姓的祭祀，各位巫祝就选择百姓家的儿女作为山神的替身接受祭祀，每年都要换人，不久之后各家百姓都不敢嫁女娶妇了，历任太守、县令竟无一人敢于禁止。宋均就下达命令说："从今以后，给山神娶亲都要娶巫祝家的儿女，不可骚扰安分守己的百姓。"此后这种陋俗便因此而绝迹了。

永平元年（58），宋均升任为东海国国相，他担任国相五年后，因犯法遭到革职，于是他离开东海国来到颍川郡讲学。然而东海国的官吏、百姓出于对宋均恩惠和教化的怀念，便作歌谣称颂他，甚至有几千人向朝廷请求让宋均官复原职。明帝认可了宋均的才能，在永平七年（64）时，将他召入朝中任命为尚书令。每当宋均对其他官员的意见有所驳斥，大多都能合乎明帝的心意。宋均曾经删减了一些可入具以闻。帝善其不挠，即令贯郎，迁均司隶校尉。数月，出为河内太守，政化大行。

均尝寝病，百姓耆老为祷请，旦夕问起居，其为民爱若此。以疾上书乞免，诏除子条为太子舍人。均自扶舆诣阙谢恩，帝使中黄门慰问，因留养疾。司徒缺，帝以均才任宰相，召入视其疾，令两驺扶之。均拜谢曰："天罚有罪，所苦浸笃，不复奉望帷幄！"因流涕而辞。帝甚伤之，召条扶侍均出，赐钱三十万。

均性宽和，不喜文法，常以为吏能弘厚，虽贪污放纵，犹无所害；至于苛察之人，身或廉法，而巧黠刻削，毒加百姓，灾害流亡所由而作。及在尚书，恒欲叩头争之，以时方严切，故遂不敢陈。帝后闻其言而追悲之。建初元年，卒于家。族子意。

意字伯志。父京，以《大夏侯尚书》教授，至辽东太守。意少传父业，显宗时举孝廉，以召对合旨，擢拜阿阳侯相。建初中，征为尚书。

肃宗性宽仁，而亲亲之恩笃，故叔父济南、中山二王每数入朝，特加恩宠，及诸昆弟并留京师，不遣就国。意以为人臣有节，不宜逾礼过恩，乃上疏谏曰："陛下至孝烝烝，恩爱隆深，以济南王疑的奏事，明帝认为其中有诈，大怒，便把郎官都拘捕入狱捆起来拷打。各部尚书惶恐不已，都叩头谢罪。宋均因遭捆绑便回过头来神色严肃地说道：“忠臣坚持正义，绝不怀有异心。如果畏惧权威便会偏离正道，我宋均即使死了，也不会改变意志。”当时小黄门正在旁边监督用刑，之后他入宫向明帝报告情况。明帝欣赏宋均的不屈不挠，当即下令赦免各位郎官，并提拔宋均为司隶校尉。几个月后，宋均又出任河内太守，他在当地的施政和教化成效显著。

宋均曾卧病在床，百姓和德高望重的老者都为他祈祷，早晨和晚上都要问候他的生活状况，宋均就是这样为百姓所爱戴。最终宋均因病上书请求退职，朝廷下诏任命他的儿子宋条担任太子舍人。宋均带病乘车亲自前往朝廷谢恩，明帝派中黄门慰问他，并顺便让宋均留在京城养病。后来司徒一职有了空缺，明帝认为宋均是宰相之才，便召他入宫打算观察他的病情，还派了两名侍从前去搀扶他。宋均下拜致歉道：“上天惩罚有罪之人，微臣病痛越来越重，无法再到陛下的帷幄之前问候了。”说罢宋均就流泪告辞。明帝对宋均十分同情，他召来宋条命其搀扶宋均离去，并赐给宋均三十万钱。

宋均性情宽厚温和，厌恶法律条文，他常常认为官吏若能宽宏大量，即使贪污受贿、恣意妄为，仍然不会造成危害；至于严苛明察的官吏，他自己或许廉洁守法，然而他的狡诈和刻薄，则会伤害百姓，天灾降临、百姓流亡便是因他而生的。等到宋均在尚书台为官时，他常想叩头规劝明帝，但因为当时的风尚正是为政严苛，所以他终究未敢进言。明帝后来得知他的这些话后更为他的死感到悲伤。建初元年（76），宋均在家中去世。宋意是他同宗兄弟的儿子。

宋意字伯志。他的父亲宋京，为儒生们讲授《大夏侯尚书》，宋京最终官至辽东太守。宋意年轻时继承了父亲的学问，在明帝年间被举荐为孝廉，因被召见参加对策时的应答合乎明帝的心意，宋意被提拔为阿阳侯国的国相。章帝建初年间，宋意受召入朝担任尚书。

章帝性情宽厚仁慈，而且对亲人的关爱之情也十分深厚，因此他的叔父济南王、中山王往往频繁入朝，章帝对叔父们特别予以恩宠，并且把他的各位兄弟们也一并留在京城，不派他们回封国就康、中山王焉先帝昆弟，特蒙礼宠，圣情恋恋，不忍远离，比年朝见，久留京师，崇以叔父之尊，同之家人之礼，车入殿门，即席不拜，分甘损膳，赏赐优渥。昔周公怀圣人之德，有致太平之功，然后王曰叔父，加以锡币。今康、焉幸以支庶享食大国，陛下即位，蠲除前过，还所削黜，衍食它县，男女少长，并受爵邑，恩宠逾制，礼敬过度。《春秋》之义，诸父昆弟无所不臣，所以尊尊卑卑，强干弱枝者也。陛下德业隆盛，当为万世典法，不宜以私恩损上下之序，失君臣之正。又西平王羡等六王，皆妻子成家，官属备具，当早就蕃国，为子孙基址。而室第相望，久磐京邑，婚姻之盛，过于本朝，仆马之众，充塞城郭，骄奢僭拟，宠禄隆过。今诸国之封，并皆膏腴，风气平调，道路夷近，朝聘有期，行来不难。宜割情不忍，以义断恩，发遣康、焉各归蕃国，令羡等速就便时，以塞众望。”帝纳之。

章和二年，鲜卑击破北匈奴，而南单于乘此请兵北伐，因欲还归旧庭。时窦太后临朝，议欲从之。意上疏曰：“夫戎狄之隔远中国，幽处北极，界以沙漠，简贱礼义，无有上下，强者为雄，弱即屈服。自汉兴以来，征伐数矣，其所剋获，曾不补害。光武皇帝躬服金任。宋意认为臣下受到的礼遇应有节制，朝廷不应超越礼制过分恩宠，于是宋意上书劝谏道："陛下那无上的孝心深厚美好，恩情和爱意也深切浓烈，济南王刘康、中山王刘焉因为自己身为先帝的兄弟，承蒙了陛下特别的礼遇和恩宠，圣上心中恋恋不舍，不忍至亲天各一方，二王连年朝见圣上，久留京城不返封国，凭叔父的地位受到尊崇，受到的礼遇和家人等同，进入殿门仍可安坐车内，登殿落座无需行礼下拜，天子分出美食、御膳行赏，所获赏赐确实优厚非常。从前周公身怀圣人的德行，有造就太平的功劳，之后周成王才称他为叔父，赐给他九锡和财物。如今刘康、刘焉有幸凭皇族旁系的身份而享有大国的食禄，陛下即位后，免除了他们之前的罪过，归还了此前削除的封地，又将其他的县封给他们，一家上下男女老幼，全部获封爵位、食邑，所受恩宠逾越礼制，所受礼遇超过限度。依照《春秋》的义理，国君的各位伯父、叔父、兄弟都是他的臣子，之所以厚待尊贵者、薄待卑下者，为的是加强君权、削弱旁支。陛下德行高尚、功业伟大，应成为万世的表率、楷模，不应让出于私情的恩惠破坏了上下尊卑的次序，有违于君臣关系的正道。另外西平王刘羡等六位国王，都已经娶妻生子建立家庭，封国的长官、属官也已备齐，应当尽早回到封国，负起身为子孙基础之责。然而他们在京城的宅第相隔不远、互相对望，在京城长久徘徊不愿离去，婚礼仪式盛大，超过本朝规定，仆役车马众多，充斥京城上下，态度傲慢、生活奢侈、僭越礼制、自比皇室，过分受宠、食禄逾矩。如今各国的封土，都是丰饶之地，风势平稳气候温和，赴京道路平坦不远，朝见天子自有定期，往来出入并不困难。陛下应割舍慈爱之心，用公义斩断私情，差遣刘康、刘焉各自回到封国，命令刘羡等人尽速选定方便的日子赴封地就任，以满足朝中众人的企盼。"章帝采纳了宋意的建言。

章和二年（88），鲜卑击败了北匈奴，南匈奴单于因而乘此机会请求朝廷出兵北伐，并想顺势迁回旧时的王庭。当时窦太后亲掌朝政，她和百官商议打算接受南匈奴单于的请求。宋意上书说："戎狄之国远离中原，潜藏于北方的边地，和中原以沙漠为界，怠慢轻贱礼法道义，上下尊卑全然不顾，强者即可称雄为王，弱者只得卑躬革之难，深昭天地之明，故因其来降，羁縻畜养，边人得生，劳役休息，于兹四十余年矣。今鲜卑奉顺，斩获万数，中国坐享大功，而百姓不知其劳，汉兴功烈，于斯为盛。所以然者，夷虏相攻，无损汉兵者也。臣察鲜卑侵伐匈奴，正是利其抄掠，及归功圣朝，实由贪得重赏。今若听南虏还都北庭，则不得不禁制鲜卑。鲜卑外失暴掠之愿，内无功劳之赏，豺狼贪婪，必为边患。今北虏西遁，请求和亲，宜因其归附，以为外扞，巍巍之业，无以过此。若引兵费赋，以顺南虏，则坐失上略，去安即危矣。诚不可许。”会南单于竟不北徙。

迁司隶校尉。永元初，大将军窦宪兄弟贵盛，步兵校尉邓叠、河南尹王调、故蜀郡太守廉范等群党，出入宪门，负势放纵。意随违举奏，无所回避，由是与窦氏有隙。二年，病卒。

孙俱，灵帝时为司空。

寒朗字伯奇，鲁国薛人也。生三日，遭天下乱，弃之荆棘；数日兵解，母往视，犹尚气息，遂收养之。及长，好经学，博通书传，以《尚书》教授。举孝廉。

永平中，以谒者守侍御史，与三府掾属共考案楚狱颜忠、王屈膝。自大汉建立以来，多次予以征伐，胜利所得战果，竟难补益损失。光武帝曾亲身经历过战争带来的苦难，为了充分地展示自己与天地相合的圣明，因而顺应了匈奴前来归降的心意，一边笼络控制，一边管理培植有利于大汉的势力，使得边疆百姓得以保全性命，战事所需的徭役也从此止息，光武帝的恩泽流传至今已有四十多年了。如今鲜卑对大汉拥戴顺从，斩杀俘获匈奴数以万计，中原坐享丰功伟业，而且百姓免于经受劳苦，大汉复兴以来的功业，到如今正是登峰造极。之所以能够这样，是因为鲜卑、匈奴相互攻打，而汉朝兵马毫无损失。微臣判断鲜卑征伐匈奴的原因，正是为了从劫掠中获利，至于他们归功于大汉，实则出于贪图朝廷重赏。眼下如果听任南匈奴重回北匈奴王庭定都，就不得不对鲜卑有所约束和限制。鲜卑在中原之外不能满足侵凌劫掠的贪念，在内因其归功于朝廷而不能因功受赏，以他们那豺狼般的贪婪，必会成为新的边疆祸患。如今北匈奴已然西逃，并且请求和亲，陛下应顺应他们的归附之心，将其作为抵御外敌的力量，此等赫赫功业，已然无法超越。如果真的率军出击浪费人力物力，只为顺从南匈奴意愿，就会白白失掉采用良策的时机，远离平安而趋近险境了。南匈奴的请求实在不可接受。”恰逢南匈奴单于最终并没有北迁。

后来宋意升任为司隶校尉。和帝永元初年，大将军窦宪和他的兄弟位尊势重，步兵校尉邓叠、河南尹王调、前任蜀郡太守廉范等人阿附窦氏结成朋党，他们和窦宪频频来往，依仗窦宪权势恣意妄为。宋意根据他们犯下的恶行上奏检举，对他们窦宪党羽的身份毫不避讳，因此与窦氏结怨。永元二年（90），宋意因病去世。

宋意之孙宋俱，在灵帝年间担任司空。

寒朗字伯奇，鲁国薛县人。他降生三天后，正逢天下大乱，家人把他抛弃到荆棘之中；几天后当地的兵乱解除，母亲前去查看寒朗的情况，发现他还有气息，便又把他带回抚养。等寒朗成人后，他喜好经学，博览并通晓了各部经典和解经之书，他把《尚书》作为教授弟子的讲义。后来寒朗被举荐为孝廉。

明帝永平年间，寒朗以较低的谒者身份代行侍御史职权，他和平等，辞连及隧乡侯耿建、朗陵侯臧信、护泽侯邓鲤、曲成侯刘建。建等辞未尝与忠、平相见。是时显宗怒甚，吏皆惶恐，诸所连及，率一切陷入，无敢以情恕者。朗心伤其冤，试以建等物色独问忠、平，而二人错愕不能对。朗知其诈，乃上言建等无奸，专为忠、平所诬，疑天下无辜类多如此。帝乃召朗入，问曰："建等即如是，忠、平何故引之？"朗对曰："忠、平自知所犯不道，故多有虚引，冀以自明。"帝曰："即如是，四侯无事，何不早奏，狱竟而久系至今邪？"朗对曰："臣虽考之无事，然恐海内别有发其奸者，故未敢时上。"帝怒骂曰："吏持两端，促提下。"左右方引去，朗曰："愿一言而死。小臣不敢欺，欲助国耳。"帝问曰："谁与共为章？"对曰："臣自知当必族灭，不敢多污染人，诚冀陛下一觉悟而已。臣见考囚在事者，咸共言妖恶大故，臣子所宜同疾，今出之不如入之，可无后责。是以考一连十，考十连百。又公卿朝会，陛下问以得失，皆长跪言，旧制大罪祸及九族，陛下大恩，裁止于身，天下幸甚。及其归舍，口虽不言，而仰屋窃叹，莫不知其多冤，无敢牾陛下者。臣今所陈，诚死无悔。"帝意解，诏遣朗出。后二日，车驾自幸洛阳狱录囚徒，理出千余人。后平、忠死狱中，朗乃自系。会赦，免官。复举孝廉。

三公府的辅佐官吏一起审理参与了楚王谋反之罪的颜忠、王平等人，他们的供词牵连到隧乡侯耿建、朗陵侯臧信、护泽侯邓鲤、曲成侯刘建。刘建等人在供词中说他们并不曾见过颜忠、王平。当时明帝正怒气冲天，官吏们都惊恐万分，他们便将受到牵连的人，全都一律安上罪名，没有一人敢于依据实情对嫌犯予以宽恕。寒朗对几位侯王所受的冤屈感到悲伤，就试着把颜忠、王平两人分开单独审问刘建等人的形貌，两人因而在仓卒之中哑口无言。寒朗明白了二人口供有假之后，就上书说刘建等人清白无辜，只是受到了颜忠、王平的诬陷，寒朗表示他怀疑天下还有很多无辜之人都是因此而蒙冤。明帝便召寒朗入宫，并问道："刘建等人假如就像这样清白无辜，那颜忠、王平为什么要攀扯他们？"寒朗答道："颜忠、王平对他们所犯下的大逆不道之罪心知肚明，所以才大量地妄加攀扯他人，企图借此自我辩白。"明帝说："即便如此，那四位侯王既然无罪，为何不尽早奏明，竟将他们长时间地囚禁在监牢中直到现在呢？"寒朗答道："虽然微臣经过审察认为他们无罪，但是担心四海之内或许会有其他人揭发了他们的罪行，所以不曾斗胆及时上报。"明帝怒气冲冲地骂道："这个当官的首鼠两端，速速拿下。"左右卫士正要将寒朗押下去，寒朗说："希望死前能再说一句话。微臣不敢欺君，只想对国家有所助益罢了。"明帝问道："谁和你一起写的奏章？"寒朗答道："微臣自知必应受到灭族，但微臣并不敢对他人有过多牵连，实在是希望陛下能有一瞬的觉悟罢了。微臣看到那些参与审察囚犯的官吏们，他们都统一口径说这种罪恶滔天的大罪，做臣子的都应该恨之入骨，如今放人不如抓人，这样才能免遭追责。因此审察一个嫌犯便会牵扯出十个，审察十个又牵连出上百个。另外在公卿们入朝面圣时，陛下曾问到对楚王案的处置是否恰当，众人都直身而跪地回答陛下的询问，他们说若按照旧制如此大罪本应株连九族，而如今陛下大恩大德，只治了他们本人的罪，天下如此幸运。然而等他们回到住处后，嘴里虽然不说，却仰望屋梁暗自叹息，他们无人不知罪案中颇多冤屈，但又无人敢于忤逆陛下。微臣现在所说之言，即便微臣因此而死也不会后悔的。"明帝平息了怒意，下令送寒朗离开。两天后，明帝亲自来建初中，肃宗大会群臣，朗前谢恩，诏以朗纳忠先帝，拜为易长。岁余，迁济阳令，以母丧去官，百姓追思之。章和元年，上行东巡狩，过济阳，三老吏人上书陈朗前政治状。帝至梁，召见朗，诏三府为辟首，由是辟司徒府。永元中，再迁清河太守，坐法免。

永初三年，太尉张禹荐朗为博士，征诣公车，会卒，时年八十四。

论曰：左丘明有言："仁人之言，其利博哉！"晏子一言，齐侯省刑。若钟离意之就格请过，寒朗之廷争冤狱，笃矣乎，仁者之情也！夫正直本于忠诚则不诡，本于谏争则绞切。彼二子之所本得乎天，故言信而志行也。

赞曰：伯鱼、子阿，矫急去苛。临官以絜，匡帝以奢。宋均达政，禁此妖禜。禽虫畏德，子民请病。意明尊尊，割恩蕃屏。憏憏楚黎，寒君为命。

到洛阳监牢审察并记录囚犯们的案情，辨明了一千多桩冤案。后来颜平、王忠死在狱中，寒朗就将自己送入监牢。之后恰逢大赦，寒朗被免官释放。后来寒朗又被举荐为孝廉。

建初年间，章帝大规模地召见百官，寒朗也前去谢恩，章帝下诏说因为寒朗曾向先帝进献忠言，就任命他为易县县长。过了一年多，寒朗升任为济阳县令，后来他因母亲去世而辞官，济阳百姓很怀念他。章和元年（87），章帝到东方各郡国巡行，到访济阳县时，三名上了岁数的官差上书诉说了寒朗从前治理济阳的情况。明帝返回梁县后，召见了寒朗，并命令三公府征召他，由此寒朗来到司徒府为官。和帝永元年间，寒朗两度升迁后官至清河太守，后来因犯法遭到罢免。

永初三年（109），太尉张禹推举寒朗担任博士，寒朗应召来到公车署时，却恰巧亡故，时年八十四岁。

评论说：左丘明说："仁德之人的话语，它的益处丰富繁多！"晏子的一句话，使齐侯取消了刖刑。至于钟离意来到荆条前请求受罚，寒朗在朝堂上为冤案争辩，实在是深厚啊！他们那仁者的性情，基于忠诚的正直便毫无虚伪，基于直言的正直就显得急切。他们二人的正直所基于的原则来自上天，所以他们的谏言赢得了信任而且志向得到了推行。

赞辞说：第五伯鱼、钟离子阿，正君急躁、劝君仁德。管理官吏廉洁为准，匡正明帝戒除豪奢。宋均治郡政绩优异，违礼之祭禁绝扫清。猛虎蝗虫敬畏德行，百姓祈祷消除疾病。宋意申明尊卑之序，对待藩王割舍私情。楚案牵连众人惊惧，寒朗为其保全性命。

卷七十二

光武十王列传第三十二

光武皇帝十一子：郭皇后生东海恭王彊、沛献王辅、济南安王康、阜陵质王延、中山简王焉，许美人生楚王英，光烈皇后生显宗、东平宪王苍、广陵思王荆、临淮怀公衡、琅邪孝王京。

东海恭王彊。建武二年，立母郭氏为皇后，彊为皇太子。十七年而郭后废，彊常戚戚不自安，数因左右及诸王陈其恳诚，愿备蕃国。光武不忍，迟回者数岁，乃许焉。十九年，封为东海王，二十八年，就国。帝以彊废不以过，去就有礼，故优以大封。兼食鲁郡，合二十九县。赐虎贲旄头，宫殿设钟虡之县，拟于乘舆。彊临之国，数上书让还东海，又因皇太子固辞。帝不许，深嘉叹之，以彊章宣示公卿。初，鲁恭王好宫室，起灵光殿，甚壮丽，是时犹存，故诏彊都鲁。中元元年入朝，从封岱山，因留京师。明年春，帝崩。冬，归国。

永平元年，彊病，显宗遣中常侍钩盾令将太医乘驿视疾，诏沛王辅、济南王康、淮阳王延诣鲁。及薨，临命上疏谢曰："臣蒙恩得光武皇帝有十一个儿子：郭皇后所生的东海恭王刘彊、沛献王刘辅、济南安王刘康、阜陵质王刘延、中山简王刘焉，许美人所生的楚王刘英，光烈皇后所生的显宗明帝刘庄、东平宪王刘苍、广陵思王刘荆、临淮怀公刘衡、琅琊孝王刘京。

东海恭王刘彊。建武二年（26），朝廷册立刘彊的母亲郭氏为皇后，册立刘彊为皇太子。建武十七年（41）郭皇后遭到废黜，刘彊常常忧心忡忡、忐忑不安，他多次经由近臣和各位国王向光武帝述说他那诚恳的心愿，愿意在藩王之位上凑数。光武帝于心不忍，迟迟不予回复，多年后才同意。建武十九年（43），刘彊获封为东海王。建武二十八年（52），刘彊前往东海国就位。光武帝认为刘彊的太子之位遭到废黜并非是因为他犯下了过错，而且认为他在做出取舍时不失礼节，所以光武帝对刘彊予以优待将他分封到土地广阔的封国。同时光武帝又将鲁郡的租税算入刘彊的俸禄，因而刘彊的俸禄总计为二十九个县的租税。光武帝还赐给他一队虎贲卫士，一队负责前导的骑兵，并在他的宫殿中布置了两旁支柱饰有猛兽图案的悬钟支架，这是近似于天子级别的礼制。刘彊在即将前去封国时，多次上书提请退还东海郡，又经由皇太子刘庄向光武帝表明了自己坚决推辞的态度。光武帝没有同意，但对刘彊的德行深表赞叹，并把刘彊的奏章展示给众位公卿。起初，西汉的鲁恭王刘余嗜好兴建宫殿，他所下令修建的灵光殿，十分壮丽，当时仍存于世，因此光武帝下令要求刘彊定都于鲁城。刘彊于建武中元元年（56）赴京谒见光武帝，并跟从光武帝赴泰山举行祭天仪式，之后就留在了京城。第二年春季，光武帝驾崩。冬季，刘彊返回封国。

永平元年（58），刘彊生病，明帝派中常侍和钩盾令带着太医乘坐驿站马车前去探病，并命令沛王刘辅、济南王刘康、淮阳王刘延也备蕃辅，特受二国，宫室礼乐，事事殊异，巍巍无量，讫无报称。而自修不谨，连年被疾，为朝廷忧念。皇太后、陛下哀怜臣彊，感动发中，数遣使者太医令丞方伎道术，络驿不绝。臣伏惟厚恩，不知所言。臣内自省视，气力羸劣，日夜浸困，终不复望见阙庭，奉承帷幄，孤负重恩，衔恨黄泉。身既夭命孤弱，复为皇太后、陛下忧虑，诚悲诚惭。息政，小人也。猥当袭臣后，必非所以全利之也。诚愿还东海郡。天恩愍哀，以臣无男之故，处臣三女小国侯，此臣宿昔常计。今天下新罹大忧，惟陛下加供养皇太后，数进御餐。臣彊困劣，言不能尽意。愿并谢诸王，不意永不复相见也。”天子览书悲恸，从太后出幸津门亭发哀。使司空持节护丧事，大鸿胪副，宗正、将作大匠视丧事，赠以殊礼，升龙、旄头、鸾辂、龙旂、虎贲百人。诏楚王英、赵王栩、北海王兴、馆陶公主、比阳公主及京师亲戚四姓夫人、小侯皆会葬。帝追惟彊深执谦俭，不欲厚葬以违其意，于是特诏中常侍杜岑及东海傅相曰：“王恭谦好礼，以德自终，遣送之物，务从约省，衣足敛形，茅车瓦器，物减于制，以彰王卓尔独行之志，将作大匠留起陵庙。”

前往鲁城探望。等到刘彊去世时，他在临终时上书致谢道：“微臣承蒙恩德得以在捍卫辅佐朝廷之职上凑数，破格领受了两国的领土作为封地，所居住的宫殿，所施行的礼乐制度，事事所受待遇都与其他诸侯大异，朝廷所赐恩德崇高雄伟、难以计量，最终没能致以与恩德相称的回报。由于微臣未能小心谨慎地修养自己的身心，连续多年久病不愈，劳烦朝廷心忧挂念。皇太后和陛下对微臣刘彊的怜悯，使微臣产生了发自内心的感动，朝廷多次派使者、太医、令丞、身怀绝技之人、精通法术之人前来探望、疗救，相助者接踵而至。微臣想到朝廷的洪恩，感激之情难以言表。微臣审视了自己的病情，气息虚弱、体力不济，旦夕之间渐趋困乏，终究无法再次入宫谒见圣上，并侍奉于帷幄之侧，辜负陛下大恩大德，黄泉之下心怀悔恨。微臣自己已然是寿命短促的孤苦衰弱之人，又让皇太后和陛下为微臣担心，实在是又悲伤又惭愧。微臣的儿子刘政，是德薄才疏之人，如果仅凭他的鄙陋却应当继承微臣的国土和爵位，这一定不是能保全、有利于他的做法。微臣实在是希望能退还东海郡。皇恩浩荡哀怜微臣，朝廷出于微臣男丁稀少的缘故，竟将微臣的三个女儿都封为小国之侯，这是微臣从前时时思量，不敢忘记的恩情。如今天下刚刚蒙受了先帝驾崩的大丧，希望陛下更加用心地赡养皇太后，陛下自己也要多进饮食。微臣刘彊虚弱无力，所言不能尽诉衷肠。我本希望能一并向各位诸侯致谢，没想到却要和他们永不相见了。”明帝读罢奏章大为悲痛，他随同太后来到洛阳津门外的亭子中为刘彊举行哀悼仪式。朝廷派司空手拿符节主持丧事，派大鸿胪为副手，派宗正、将作大匠办理丧事，朝廷特许用破格的礼节为刘彊治丧，并且允许使用升龙纹样，有一队骑兵担任先驱，马车为配有鸾铃的天子之驾，旗帜为两龙蟠结的天子之旗，还有一百名虎贲卫士。朝廷还命令楚王刘英、赵王刘栩、北海王刘兴、馆陶公主、比阳公主以及京师的樊、阴、郭、马四家外戚的夫人、外戚家未封列侯的子弟全部前来参加葬礼。明帝追想到刘疆对谦逊和节俭的厉行，不想违背他的心愿厚葬他，就特意向中常侍杜岑和东海国国相下令道：“东海王恭敬、谦和、尊奉礼制，自始至终坚守德行，东海王送葬所需各类物品，选取定要奉彊立十八年，年三十四。子靖王政嗣。政淫欲薄行。后中山简王薨，政诣中山会葬，私取简王姬徐妃，又盗迎掖庭出女。豫州刺史、鲁相奏请诛政，有诏削薛县。

立四十四年薨，子顷王肃嗣。永元十六年，封肃弟二十一人皆为列侯。肃性谦俭，循恭王法度。永初中，以西羌未平，上钱二千万。元初中，复上缣万匹，以助国费，邓太后下诏褒纳焉。

立二十三年薨，子孝王臻嗣。永建二年，封臻二弟敏、俭为乡侯。臻及弟蒸乡侯俭并有笃行，母卒，皆吐血毁眦。至服练红，兄弟追念初丧父，幼小，哀礼有阙，因复重行丧制。臻性敦厚有恩，常分租秩赈给诸父昆弟。国相籍褒具以状闻，顺帝美之，制诏大将军、三公、大鸿胪曰："东海王臻以近蕃之尊，少袭王爵，膺受多福，未知艰难，而能克己率礼，孝敬自然，事亲尽爱，送终竭哀，降仪从士，寝苫三年。和睦兄弟，恤养孤弱，至孝纯备，仁义兼弘，朕甚嘉焉。夫劝善厉俗，为国所先。曩者东平孝王敞兄弟行孝，丧母如礼，有增户之封。《诗》云：'永世克孝，念兹皇祖。'今增臻封五千户，俭五百户，光启土宇，以酬厥德。"

行节约，寿衣足以容身即可，茅车运棺、瓦器陪葬，所用器物低于礼制，以彰显东海王特立独行的志趣，将作大匠暂时不要兴建陵墓和宗庙。”

刘彊在位十八年，终年三十四岁。他的儿子靖王刘政继承了王号和封国。刘政放纵无度，德行浅薄。后来中山简王去世时，刘政赴中山国参加葬礼，他私自娶走了简王的姬妾徐妃，又偷偷迎娶了离开掖庭后宫的宫女。豫州刺史、鲁国国相上奏请求处罚刘政，明帝下令将薛县从刘政的封地中削除。

刘政在位四十四年后去世，他的儿子顷王刘肃继位。和帝永元十六年（104），刘肃的二十一个弟弟都获封为列侯。刘肃性格谦逊、节俭，谨遵祖父恭王刘彊立下的规范。安帝永初年间，刘肃出于西羌尚未平定的缘故，进献了二千万钱。安帝元初年间，刘肃又献上一万匹细绢，以资助国家的用度，邓太后下令称赞刘肃并收下了贡品。

刘肃在位二十三年后去世，他的儿子孝王刘臻继位。顺帝永建二年（127），刘臻的两个弟弟刘敏、刘俭获封为乡侯。刘臻和弟弟蒸乡侯刘俭都品行淳厚，母亲去世时，他们都口吐鲜血并因悲痛而形销骨立。到母亲逝世一周年的小祥祭之后刘臻兄弟将丧服换为黄里红边的练衣，他们回想到当初父亲去世时，因为年纪尚小，所以他们在为父亲守孝时于礼节上有不完备之处，因此他们又重新依礼为父亲服丧。刘臻性情敦厚、广施恩惠，他常常分出自己的租税、俸禄接济父辈和兄弟们。东海国国相籍褒把这些情况一五一十地汇报给了顺帝，顺帝对此极为称赞，他向大将军、三公、大鸿胪下令说：“东海王刘臻身居同姓藩王的尊位，年幼之时便继承王位，从小承蒙丰厚的福分，对世事艰难并无所知，然而他却能自我克制，遵奉礼义，孝敬之心出于自然，侍奉双亲倾尽爱心，办理丧事哀情毕至，屈尊依照士礼服丧，草席为榻守孝三年。兄友弟恭亲密融洽，接济赡养孤儿弱弟，无上孝心纯正完满，大仁大义同时具备，朕对其人赞赏有加。劝勉行善、激励易俗，本是国家首要之务。从前东平孝王刘敞兄弟恭行孝道，谨守礼制为母治丧，荣获增加封邑之赏。《诗经》说：‘永远能够遵行孝道，思念我那伟大祖父。’如今可为刘臻加封五千户的封立三十一年薨，子懿王祗嗣。初平四年，遣子琬至长安奉章，献帝封琬汶阳侯，拜为平原相。

祗立四十四年薨，子羡嗣。二十年，魏受禅，以为崇德侯。

沛献王辅，建武十五年封右翊公。十七年，郭后废为中山太后，故徙辅为中山王，并食常山郡。二十年，复徙封沛王。

时禁网尚疏，诸王皆在京师，竞修名誉，争礼四方宾客。寿光侯刘鲤，更始子也，得幸于辅。鲤怨刘盆子害其父，因辅结客，报杀盆子兄故式侯恭，辅坐系诏狱，三日乃得出。自是后，诸王宾客多坐刑罚，各循法度。二十八年，就国。中元二年，封辅子宝为沛侯。永平元年，封宝弟嘉为僮侯。

辅矜严有法度，好经书，善说《京氏易》《孝经》《论语》传及图谶，作《五经论》，时号之曰《沛王通论》。在国谨节，终始如一，称为贤王。显宗敬重，数加赏赐。

立四十六年薨，子釐王定嗣。元和二年，封定弟十二人为乡侯。

定立十一年薨，子节王正嗣。元兴元年，封正弟二人为县侯。

正立十四年薨，子孝王广嗣。有固疾。安帝诏广祖母周领王家事。周明正有法礼，汉安中薨，顺帝下诏曰："沛王祖母太夫人周，地，为刘俭加封五百户，拓大二人所辖国土，用来嘉奖二人功德。”

刘臻在位三十一年后去世，他的儿子懿王刘祇继位。献帝初平四年（193），刘祇派儿子刘琬到长安进呈奏章，献帝封刘琬为汶阳侯，并任命他为平原国国相。

刘祇在位四十四年后去世，他的儿子刘羡继位。献帝建安二十年（44），魏王曹丕接受献帝禅让后，魏国改封刘羡为崇德侯。

沛献王刘辅，于建武十五年（39）获封为右翊公。建武十七年（41），朝廷将郭皇后废黜为中山太后，并因此将刘辅改封为中山王，同时享有中山国和常山郡的租税。建武二十年（44），朝廷又改封他为沛王。

当时朝廷的法令尚不严苛，刘氏诸王都在京师定居，他们竞相树立名望，争着对各地的宾客予以厚待。寿光侯刘鲤，是更始帝刘玄的儿子，他得到了刘辅的宠幸。刘鲤因赤眉军杀害了他的父亲而对被赤眉军拥立为帝的刘盆子心怀怨恨，他经由刘辅结交了宾客，并命宾客杀害了刘盆子的兄长前任式侯刘恭作为对刘盆子的报复，刘辅因此被关押到天子直属的监牢中，三天后才获释放。自此以后，刘氏诸王门下有为数众多的宾客因罪遭到惩治，诸王全都谨遵法律。建武二十八年（52），刘辅前往沛国就位。建武中元二年（57），朝廷封刘辅之子刘宝为沛侯。永平元年（58），朝廷封刘宝之弟刘嘉为僮侯。

刘辅庄重严肃、一言一行自有规矩，他嗜好儒家经典，善于讲论《京氏易》《孝经》《论语》的解经之书以及记载帝王受命征验的书籍，他创作了《五经论》，当时名为《沛王通论》。他在封国时谨守法度，始终如一，有贤王的美称。明帝很敬重他，多次予以赏赐予。

刘辅在位四十六年后去世，儿子釐王刘定继承封国。元和二年（85），朝廷将刘定的十二个弟弟封为乡侯。

刘定在位十一年后去世，儿子节王刘正继位。元兴元年（105），朝廷封刘正的两个弟弟为县侯。

刘正在位十四年后去世，儿子孝王刘广继位。刘广身患顽疾。安帝令刘广的祖母周照料孝王家事。周明智公正注重法度和礼义，她秉心淑慎，导王以仁，使光禄大夫赠以妃印绶。”

广立三十五年薨，子幽王荣嗣。立二十年薨，子孝王琮嗣。薨，子恭王曜嗣。薨，子契嗣；魏受禅，以为崇德侯。

楚王英，以建武十五年封为楚公，十七年进爵为王，二十八年就国。母许氏无宠，故英国最贫小。三十年，以临淮之取虑、须昌二县益楚国。自显宗为太子时，英常独归附太子，太子特亲爱之。及即位，数受赏赐。永平元年，特封英舅子许昌为龙舒侯。

英少时好游侠，交通宾客，晚节更喜黄老，学为浮屠斋戒祭祀。八年，诏令天下死罪皆入缣赎。英遣郎中令奉黄缣白纨三十匹诣国相曰：“托在蕃辅，过恶累积，欢喜大恩，奉送缣帛，以赎愆罪。”国相以闻。诏报曰：“楚王诵黄老之微言，尚浮屠之仁祠，絜斋三月，与神为誓，何嫌何疑，当有悔吝？其还赎，以助伊蒲塞桑门之盛馔。”因以班示诸国中傅。英后遂大交通方士，作金龟玉鹤，刻文字以为符瑞。

十三年，男子燕广告英与渔阳王平、颜忠等造作图书，有逆谋，事下案验。有司奏英招聚奸猾，造作图谶，擅相官秩，置诸侯王公将军二千石，大逆不道，请诛之。帝以亲亲不忍，乃废英，徙丹在顺帝汉安年间去世，顺帝下令说："沛王刘广的祖母太夫人周，她秉持温良谨慎之心，用仁慈教导沛孝王，现派光禄大夫将妃子的印信、绶带追赠于她。"

刘广在位三十五年后去世，儿子幽王刘荣继位。刘荣在位二十年后去世，儿子孝王刘琮继位。刘琮去世后，儿子恭王刘曜继位。刘曜去世后，儿子刘契继位；魏王曹丕接受献帝禅让后，魏国封刘契为崇德侯。

楚王刘英，于建武十五年（39）受封为楚公，于建武十七年（41）爵位晋升受封为王，于建武二十八年（52）前往楚国就位。刘英的母亲许美人不受宠爱，所以刘英的封国最为贫困、狭小。建武三十年（54），朝廷将临淮郡的取虑、须昌二县划归楚国。自从朝廷册立明帝为太子后，刘英便一直依附于太子一人，太子对他格外亲近、宠爱。等到明帝即位后，刘英屡次受到赏赐。永平元年，明帝特地将刘英舅父之子许昌封为龙舒侯。

刘英年轻时喜欢行侠仗义，广交宾客，人生末期则对黄帝、老子的学说更为青睐，并钻研为佛陀斋戒祭祀的仪式。永平八年（65），朝廷颁布命令允许全国所有犯了死罪的人用上缴细绢的方式赎罪。刘英派郎中令捧着黄、白细绢共三十匹到楚国国相处说："微臣刘英托身于捍卫辅佐朝廷之位，错误和罪恶已经堆积如山，见朝廷广施大恩心中欢喜，因此奉上细绢、布帛，用来弥补微臣之罪。"国相将刘英的心愿汇报给朝廷。明帝下诏书回复道："楚王吟诵黄帝老子的精微之言，重视礼佛的流播仁义之祭，荡涤身心、诚心斋戒三月之久，之后才感虔诚地向佛陀发愿，为何心生猜忌、疑虑，当此之际而有悔恨？还是将楚王所献的细绢、布帛退还，凭此来帮助楚王为居士和僧侣安排丰盛的斋饭。"朝廷就将此诏书颁布给各诸侯国的国相。这以后刘英就与佛门方士大肆往来，制作金龟、玉鹤，并雕刻谶语作为受天命为王的征兆。

永平十三年（70），男子燕广状告刘英说他和渔阳郡的王平、颜忠等人制作谶纬之书，有谋反的嫌疑，朝廷将此罪案交由官吏调查。负责刑讯和诉讼的官员上奏说刘英招揽、聚集奸诈狡猾之徒，制造阳泾县，赐汤沐邑五百户。遣大鸿胪持节护送，使伎人奴婢工技鼓吹悉从，得乘辎軿，持兵弩，行道射猎，极意自娱。男女为侯主者，食邑如故。楚太后勿上玺绶，留住楚宫。

明年，英至丹阳，自杀。立三十三年，国除。诏遣光禄大夫持节吊祠，赠赗如法，加赐列侯印绶，以诸侯礼葬于泾。遣中黄门占护其妻子。悉出楚官属无辞语者。制诏许太后曰："国家始闻楚事，幸其不然。既知审实，怀用悼灼，庶欲宥全王身，令保卒天年，而王不念顾太后，竟不自免。此天命也，无可奈何！太后其保养幼弱，勉强饮食。诸许愿王富贵，人情也。已诏有司，出其有谋者，令安田宅。"于是封燕广为折奸侯。楚狱遂至累年，其辞语相连，自京师亲戚诸侯州郡豪桀及考案吏，阿附相陷，坐死徙者以千数。

十五年，帝幸彭城，见许太后及英妻子于内殿，悲泣，感动左右。建初二年，肃宗封英子种楚侯，五弟皆为列侯，并不得置相臣吏人。元和三年，许太后薨，复遣光禄大夫持节吊祠，因留护丧事，赙钱五百万。又遣谒者备王官属迎英丧，改葬彭城，加王赤绶羽盖华关于帝王受命之征兆的谶纬之书，还擅自模仿朝廷设置百官，设置了诸侯王、王公贵人、将军、太守，确实是大逆不道，请朝廷允许予以处死。明帝出于对至亲的关爱而不忍严惩，便废黜了刘英的王位，将刘英贬谪到丹阳郡泾县，并赐给他可供沐浴斋戒的封邑五百户。朝廷还派大鸿胪手捧符节护送刘英前往泾县，并让歌舞艺人、奴婢、手工艺人、仪仗乐队都一路相随，还允许刘英乘坐带帷幔的马车，护卫们都手拿兵器、弓弩，可以沿路打猎，恣意自寻欢乐。刘英的子女中身为王侯、公主的，仍照旧依靠封邑租税为生。刘英之母许太后也不必上交楚国太后的印玺、绶带，仍可留在楚宫居住。

第二年，刘英到达丹阳郡，之后他便自杀了。刘英在位三十三年，最终封国遭到剥夺。明帝下令派光禄大夫手捧符节前往吊唁，并依照诸侯之礼法赐予治丧费用，朝廷追授给刘英列侯的印信、绶带，最终用安葬诸侯的礼仪在泾县安葬了刘英。明帝派中黄门守护刘英的妻子儿女。朝廷将没有牵扯到谋反案的楚国官吏全部释放。明帝还为楚国许太后送去诏书说："朝廷起初听闻楚王谋反之事，本希望并非如此。后来查明真相后，内心因而悲痛、焦灼，本想宽恕楚王保全他的性命，使他自我保养尽享天年，然而楚王却未替太后着想，竟没能使自己免于祸患。这也是天命吧，无可奈何！希望太后能守护、养育年幼的子孙，尽力多进饮食。另外许氏一族希望楚王富贵，这是人之常情。朕已向负责刑狱的官吏下令，释放了参与谋反的许氏族人，让他们安居于自己的领地和家宅。"朝廷因燕广揭发了谋反而封他为折奸侯。楚王谋反案的审理最终持续了很多年，嫌犯在口供中接连攀扯他人，于是从楚王在京城的亲戚和其他诸侯王到地方州郡和楚王有所来往的大族甚至于调查案件的官吏，他们或是互相偏袒或是互相陷害，最终数以千计的人因此而被判以死罪或流放。

永平十五年（72），明帝亲临彭城，在楚宫后殿拜会了许太后和刘英的妻儿，一行人悲从中来不禁落泪，感动了左右近臣。建初二年，章帝封刘英之子刘种为楚侯，并将刘种的五个弟弟都封为列侯，但朝廷并不在楚侯和几位列侯名下设置辅相和官吏。元和三年（86），许太后去世，朝廷又派光禄大夫手捧符节前来吊唁，并命光藻，如嗣王仪，追爵，谥曰楚厉侯。章和元年，帝幸彭城，见英夫人及六子，厚加赠赐。

种后徙封六侯。卒，子度嗣。度卒，子拘嗣，传国于后。

济南安王康，建武十五年封济南公，十七年进爵为王，二十八年就国。三十年，以平原之祝阿、安德、朝阳、平昌、隰阴、重丘六县益济南国。中元二年，封康子德为东武城侯。

康在国不循法度，交通宾客。其后，人上书告康招来州郡奸猾渔阳颜忠、刘子产等，又多遗其缯帛，案图书，谋议不轨。事下考，有司举奏之，显宗以亲亲故，不忍穷竟其事，但削祝阿、隰阴、东朝阳、安德、西平昌五县。

建初八年，肃宗复还所削地，康遂多殖财货，大修宫室，奴婢至千四百人，厩马千二百匹，私田八百顷，奢侈恣欲，游观无节。永元初，国傅何敞上疏谏康曰："盖闻诸侯之义，制节谨度，然后能保其社稷，和其民人。大王以骨肉之亲，享食茅土，当施张政令，明其典法，出入进止，宜有期度，舆马台隶，应为科品。而今奴婢厩马皆有千余，增无用之口，以自蚕食。宫婢闭隔，失其天性，惑乱和气。又多起内第，触犯防禁，费以巨万，而功犹未半。夫文繁者质荒，木胜者人亡，皆非所以奉礼承上，传福无穷者也。故楚作章华以凶，禄大夫顺便留在那里主持丧事，另外朝廷赏赐了五百万钱的丧葬费用。朝廷又派谒者将楚王过去所辖的各级官属召集齐备一起到泾县迎回刘英的灵柩，改葬于彭城，提升了葬礼的规格，将缀有赤色丝带的礼服披在楚王身上，运送灵柩的马车配有羽毛车盖、饰有华丽的藻饰，正如安葬诸侯王的礼仪，朝廷为刘英追封了爵位，追加了名为“楚厉侯”的谥号。章和元年，章帝亲临彭城，拜会了刘英的夫人和六个儿子，并予以厚赏。

朝廷后来将刘种改封到六县担任县侯。刘种去世后，他的儿子刘度继承爵位。刘度去世后，他的儿子刘拘继承爵位，封国一直传了下去。

济南安王刘康，于建武十五年（39）获封为济南公，于建武十七年（41）晋爵受封为王，于建武二十八年（52）前往济南国就位。建武三十年，朝廷将平原郡祝阿、安德、朝阳、平昌、隰阴、重丘六县划归济南国。建武中元二年（57），朝廷封刘康之子刘德为东武城侯。

刘康在封国不遵守法度，结交宾客。后来，有人上书状告刘康说他招揽地方的奸诈狡猾之徒如渔阳郡的颜忠、刘子产等人，还送给他们大量丝织品作为酬劳，刘康和他们一起研究谶纬之书，阴谋造反。朝廷将此罪案交由官吏调查，最终负责刑讯和诉讼的官员上奏检举了他们的罪行，明帝出于对至亲的关爱，不忍心彻查此案，只是依法剥夺了刘康祝阿、隰阴、东朝阳、安德、西平昌等五县的封地。

建初八年（83），章帝又将之前剥夺的封地归还给济南国，刘康便开始大量地蓄积财物，大肆地兴建宫殿，奴婢达到一千四百人，厩中养马一千二百匹，私家耕地八百顷，生活奢侈，放纵无度，游玩、观览毫无节制。和帝永元初年，济南国国傅何敞上书劝谏刘康道：“听说诸侯的义务，在于以规则自我约束并谨守法度，之后才能保全自己的封地，并且使治下的百姓和睦融洽。大王凭借自己天子至亲的身份，享有封地并以租税为生，本应施行、伸张朝廷政令。彰明朝廷典章、法令，出宫入宫进退举止，应当自有分寸、限度，车驾、马匹、下级官吏，使用、设置应依等级。但如今宫中奴婢、厩中马匹的数量吴兴姑苏而灭，景公千驷，民无称焉。今数游诸第，晨夜无节，又非所以远防未然，临深履薄之法也。愿大王修恭俭，遵古制，省奴婢之口，减乘马之数，斥私田之富，节游观之宴，以礼起居，则敞乃敢安心自保。惟大王深虑愚言。”康素敬重敞，虽无所嫌牾，然终不能改。

立五十九年薨，子简王错嗣。错为太子时，爱康鼓吹妓女宋闰，使医张尊招之不得，错怒，自以剑刺杀尊。国相举奏，有诏勿案。永元十一年，封错弟七人为列侯。

错立六年薨，子孝王香嗣。永初二年，封香弟四人为列侯。香笃行，好经书。初，叔父笃有罪不得封，西平昌侯昱坐法失侯，香乃上书分爵土封笃子丸、昱子嵩，皆为列侯。

香立二十年薨，无子，国绝。

永建元年，顺帝立错子阜阳侯显为嗣，是为釐王。立三年薨，子悼王广嗣。永建五年，封广弟文为乐城亭侯。

广立二十五年，永兴元年薨，无子，国除。

都已上千，增添无用的人丁，结果自是国用渐渐耗尽。婢女幽闭宫中、隔绝人世，渐渐失去了自己的本性，和睦之意归于迷惑、混乱。大王又修建大量私宅，触犯国家禁法，耗费巨万资财，还没完成工程的一半。过分大兴土木百姓疲敝，这都不是为了奉行礼制、承蒙君恩，以求福分永流传的行为。因此楚灵王建起章华宫而遭杀身之祸，吴王阖庐筑姑苏台因而身死国灭，齐景公养马四千匹，百姓无人致以称颂。如今大王在各个宅第间游乐，早晚作息全然不依法度，这也不是能够预先防范尚未发生之祸，在面临深潭、脚踩薄冰时应该采取的做法。希望大王修养恭敬、节俭的德行，遵奉古时制度，精简奴婢人口，减少马匹数量，弃置肥沃的私田，节制巡游观赏之乐，生活起居依礼行事，这样在下何敞才无需顾念大王而敢于安心自我保全。希望大王对微臣的愚见多加考虑。”刘康向来敬重何敞，虽然他并不怨恨何敞或认为自己受到冒犯，但他终究未能改过自新。

刘康在位五十九年后去世，儿子简王刘错继位。刘错还是太子的时候，喜欢上了刘康仪仗乐队中的歌舞妓宋闰，他命医生张尊为自己招揽宋闰但最终未能如愿，刘错大怒，亲自用剑刺死了张尊。济南国国相向朝廷上奏检举了刘错，和帝下令不要查办。和帝永元十一年（99），朝廷将刘错的七个弟弟封为列侯。

刘错在位六年后去世，儿子孝王刘香继位。永初二年（108），朝廷封刘香的四个弟弟为列侯。刘香品行忠厚，嗜好儒家经典。起初，刘香的叔父刘笃因有罪在身而未获封侯，西平昌侯刘昱因犯法而失去侯位，刘香于是上书提请分出自己的爵位和封地分封给刘笃的儿子刘丸、刘昱的儿子刘嵩，后来朝廷将他们都封为列侯。

刘香在位二十年后去世，他没有儿子，济南国后继无人。

永建元年（126），顺帝选立刘错的儿子阜阳侯刘显继承济南国的王位，刘显便是釐王。刘显在位三年后去世，儿子悼王刘广继位。永建五年（130），朝廷封刘广的弟弟刘文为乐城亭侯。

刘广在位二十五年，于永兴元年（153）去世，他没有儿子，朝廷撤销了济南国。

东平宪王苍，建武十五年封东平公，十七年进爵为王。

苍少好经书，雅有智思，为人美须髯，要带八围，显宗甚爱重之。及即位，拜为骠骑将军，置长史掾史员四十人，位在三公上。

永平元年，封苍子二人为县侯。二年，以东郡之寿张、须昌，山阳之南平阳、橐、湖陵五县益东平国。是时中兴三十余年，四方无虞，苍以天下化平，宜修礼乐，乃与公卿共议定南北郊冠冕车服制度，及光武庙登歌八佾舞数，语在《礼乐》《舆服志》。帝每巡狩，苍常留镇，侍卫皇太后。

四年春，车驾近出，观览城第，寻闻当遂校猎河内，苍即上书谏曰："臣闻时令，盛春农事，不聚众兴功。《传》曰：'田猎不宿，食饮不享，出入不节，则木不曲直。'此失春令者也。臣知车驾今出，事从约省，所过吏人讽诵《甘棠》之德。虽然，动不以礼，非所以示四方也。惟陛下因行田野，循视稼穑，消摇仿佯，弭节而旋。至秋冬，乃振威灵，整法驾，备周卫，设羽旄。《诗》云：'抑抑威仪，惟德之隅。'臣不胜愤懑，伏自手书，乞诣行在所，极陈至诚。"帝览奏，即还宫。

苍在朝数载，多所隆益，而自以至亲辅政，声望日重，意不自安，上疏归职曰："臣苍疲驽，特为陛下慈恩覆护，在家备教导之东平宪王刘苍，建武十五年（39）获封为东平公，建武十七年（41）爵位晋升受封为王。

刘苍年轻时嗜好儒家经典，一向富有智慧，他长有漂亮的胡须，腰带有八围长，明帝对他很是喜爱、青睐。等到明帝即位后，朝廷任命刘苍为骠骑将军，并在他名下设有四十名长史、掾史之类的属官，刘苍的地位在三公之上。

永平元年（58），朝廷封刘苍的两个儿子为县侯。永平二年（59），朝廷将东郡寿张县、须昌县，山阳郡南部的平阳县、橐县、湖陵县等五县划归东平国。当时汉室中兴已有三十多年，四境之内太平无事，刘苍认为教化大行、天下大治，应当整顿礼乐制度，于是他与公卿一同商议制定了国都南北两面的郊祀制度、帝王百官所戴冠帽的式样、所用马车礼服的规格，以及在光武帝的宗庙中祭祀时乐师登堂献歌和表演八佾舞的礼数，相关详见于《礼乐志》《舆服志》。明帝每到各郡国巡行，刘苍总会留在京城镇守，陪侍并保卫皇太后。

永平四年（61）春，明帝到洛阳附近巡行，沿路观赏城邑住宅，没多久刘苍听说明帝要顺便在河内郡围猎，刘苍就立即上书劝谏道："微臣听说根据时令，正当春季之时应致力于农事，不可聚集兵马从事征伐之事以图功业。《尚书五行传》说：'田猎不依时节举行，年成不佳，饮食不足，国君出入不遵节令，那么树木便不能成材。'这两条说的都是违背春季节气的恶果。微臣知道陛下本次出行，诸事从简，所经各地的官吏百姓无不朗诵《甘棠》将陛下之仁德比之于召公。即使如此，国君的行动若是有违礼节，便无法为天下万民做出表率。希望陛下趁在乡间巡行之机，遍览播种、收割之事，漫游徜徉于郡县乡邑，暂驻车驾盘桓各地。待到秋冬时节，这才振奋声威，整备天子车驾，配备禁卫武士，布置鸟羽、牦牛尾制成的旌旗。《诗经》上说：'威仪谨慎轩昂，德行刚直不屈。'微臣无法压抑内心抑郁，恭敬地亲笔致信，更乞求能亲往陛下所在之地，尽力将微臣的一片诚心诉说明白。"明帝读罢奏章，立即返回宫中。

刘苍多年在朝为官，朝廷多次予以封赏，然而刘苍认为自己凭借天子至亲的身份辅佐国政，声望与日俱增，内心难以平静，于是他上书仁，升朝蒙爵命之首，制书褒美，班之四海，举负薪之才，升君子之器。凡匹夫一介，尚不忘箪食之惠，况臣居宰相之位，同气之亲哉！宜当暴骸膏野，为百僚先，而愚顽之质，加以固病，诚羞负乘，辱污辅将之位，将被诗人‘三百赤绂’之刺。今方域晏然，要荒无儆，将遵上德无为之时也，文官犹可并省，武职尤不宜建。昔象封有鼻，不任以政，诚由爱深，不忍扬其过恶。前事之不忘，来事之师也。自汉兴以来，宗室子弟无得在公卿位者。惟陛下审览虞帝优养母弟，遵承旧典，终卒厚恩。乞上骠骑将军印绶，退就蕃国，愿蒙哀怜。”帝优诏不听。其后数陈乞，辞甚恳切。五年，乃许还国，而不听上将军印绶。以骠骑长史为东平太傅，掾为中大夫，令史为王家郎。加赐钱五千万，布十万匹。

六年冬，帝幸鲁，征苍从还京师。明年，皇太后崩。既葬，苍乃归国，特赐宫人奴婢五百人，布二十五万匹，及珍宝服御器物。

十一年，苍与诸王朝京师。月余，还国。帝临送归宫，凄然怀思，乃遣使手诏国中傅曰：“辞别之后，独坐不乐，因就车归，伏轼提请退职说："微臣刘苍如年老的劣等马一般愚钝，却破例承蒙陛下之慈爱与恩德的庇护，在家备受仁慈的教导，入朝为臣时获封首席的爵位，陛下颁布命令称赞微臣，还将此命令公布于全国，陛下选任微臣这样的卑微之人，提拔微臣出任以君子之才才可肩负的要职。但凡是一个平头百姓，尚且不会忘记一箪饭菜的恩惠，何况微臣身居宰相之位，又和陛下有手足之情呢！微臣本应当曝尸于肥沃的田野以求有用于世，为百官做出表率，然而微臣天性愚昧、顽冥，加之身陷顽疾，实在是羞于身居君子之位，担心会对辅国之位有所侮辱，微臣必将因无德却居高位而遭诗人以'多人身着大夫之服'的诗歌予以讥刺。如今天下太平，远至要服、荒服的边地也没有敌袭的警报，正是遵奉至高之德无为而治的时代，文官仍能继续精简，武官尤其不应增设。从前舜将他的弟弟象分封到有鼻，但不任用象管理政事，这确实是因为舜深爱弟弟，不忍心让象的罪恶传扬于世。从前之事不能忘记，今后行事引以为戒。从大汉建立以来，皇族子弟便无一人能身居公卿之位。希望陛下仔细阅览舜帝优待、养护异母弟的故事，遵守秉承过去的典制，最终不再对微臣加以优厚的恩宠。微臣请求朝廷允许我上交骠骑将军的印信、绶带，退下将军之位而到封国赴任，希望得到陛下的同情和怜悯。"明帝下诏嘉奖刘苍却没有同意他的请求。这以后刘苍又多次上书恳求恩准，言辞极为恳切。永平五年（62），朝廷才准许刘苍回到东平国，但并不接受刘苍上交将军印绶的请求。朝廷任命骠骑将军府中的轻骑长史为东平国的太傅，任命府中掾吏为东平国的中大夫，任命府中令史为东平国国王的郎官。朝廷另外赐给刘苍五千万钱，十万匹布。

永平六年（63）冬，明帝赴鲁国巡行，回京时召来刘苍随行。第二年，皇太后驾崩。等皇太后的葬礼结束后，刘苍才返回东平国，明帝特地赏赐给他五百名奴婢，二十五万匹布，以及各色珍宝、服饰、器物。

永平十一年（68），刘苍和一众诸侯王入京朝见天子。一个多月后，刘苍返回封国。临行时明帝亲自前来送他回到东平王宫，明帝悲从中来、心中思念，就派使者将自己亲笔的诏书送往东平国国傅处，而吟，瞻望永怀，实劳我心，诵及《采菽》，以增叹息。日者问东平王处家何等最乐，王言为善最乐，其言甚大，副是要腹矣。今送列侯印十九枚，诸王子年五岁已上能趋拜者，皆令带之。”

十五年春，行幸东平，赐苍钱千五百万，布四万匹。帝以所作《光武本纪》示苍，苍因上《光武受命中兴颂》。帝甚善之，以其文典雅，特令校书郎贾逵为之训诂。

肃宗即位，尊重恩礼逾于前世，诸王莫与为比。建初元年，地震，苍上便宜，其事留中。帝报书曰：“丙寅所上便宜三事，朕亲自览读，反覆数周，心开目明，旷然发矇。间吏人奏事，亦有此言，但明智浅短，或谓傥是，复虑为非。何者？灾异之降，缘政而见。今改元之后，年饥人流，此朕之不德感应所致。又冬春旱甚，所被尤广，虽内用克责，而不知所定。得王深策，快然意解。《诗》不云乎：‘未见君子，忧心忡忡；既见君子，我心则降。’思惟嘉谋，以次奉行，冀蒙福应。彰报至德，特赐王钱五百万。”

后帝欲为原陵、显节陵起县邑，苍闻之，遽上疏谏曰：“伏闻当为二陵起立郭邑，臣前颇谓道路之言，疑不审实，近令从官古霸诏书说："自从辞别东平王之后，朕一人独坐闷闷不乐，于是就乘车踏上归途，靠着扶手朕吟诗抒怀，朕抬目远望倾吐深情，心中实在是烦恼丛生，吟诵到写朝会的《采菽》，反而又增添朕的叹息。朕之前曾问东平王您在家时最大的乐事是什么，东平王说最大的乐事就是行善，那些话语尤为光明正大，确实是和东平王那宽广的腰腹相称。现在朕再送上十九枚列侯的印信，东平王的各位王子当中那些到了五岁的、能够请安行礼的，就都给他们佩戴上侯印吧。"

永平十五年春，明帝出行前往东平国，赐给刘苍一千五百万钱，四万匹布。明帝将史官完成的《光武本纪》交给刘苍阅览，刘苍因此献上一篇《光武受命中兴颂》。明帝对这篇颂大加称赞，认为它文辞典雅，明帝特意命令校书郎贾逵为本颂作注解。

章帝即位后，刘苍受到的尊重、恩宠和礼遇超过前代，其他诸侯王无人可与刘苍相比。建初元年（76），发生地震，刘苍上书进呈了利国利民之策，章帝把他的奏章留在宫中并未交由百官商议。章帝给刘苍回信说："东平王丙寅日上书所谈到的几件利国之事，朕已亲自阅读，反复阅读多遍之后，朕心情舒畅目光明亮，豁然开朗似盲人复明。近来曾有官吏上书进谏，也提及和东平王一样的策略，然而朕才智不足，面对一些大臣对这些策略提出的质疑，朕又担心那些官吏的进谏是错误的。为何朕会这样认为呢？灾异的降临，是顺应国政之乱而显现的。眼下更改年号之后，年成不佳，百姓流离，这是朕德行浅薄为上天所感应而造成的。另外从去年冬天到今年春天连续发生大旱，受灾范围极广，朕虽然已经费尽心思，反躬自省，但仍不知该如何定夺。现在获得了东平王这深远周密的妙策，朕欣喜万分愁云顿消。《诗经》不是说过：'未见君子，忧心忡忡；见到君子，一扫愁容。'想到东平王的各项妙策，朕决定逐条施行，希望能承蒙妙策带来的福报。为了表彰、回报东平王的盛德，朕特别赏赐您五百万钱。"

后来章帝想在光武帝的原陵，明帝的显节陵旁设立县邑，刘苍听说后，立即上书劝谏道："微臣听说陛下将在两处皇陵旁设立城邑，此前微臣认为这不过是传闻，对其真实与否有所怀疑，最近微臣问涅阳主疾，使还，乃知诏书已下。窃见光武皇帝躬履俭约之行，深睹始终之分，勤勤恳恳，以葬制为言，故营建陵地，具称古典，诏曰‘无为山陵，陂池裁令流水而已’。孝明皇帝大孝无违，奉承贯行。至于自所营创，尤为俭省，谦德之美，于斯为盛。臣愚以园邑之兴，始自强秦。古者丘陇且不欲其著明，岂况筑郭邑，建都郛哉！上违先帝圣心，下造无益之功，虚费国用，动摇百姓，非所以致和气，祈丰年也。又以吉凶俗数言之，亦不欲无故缮修丘墓，有所兴起。考之古法则不合，稽之时宜则违人，求之吉凶复未见其福。陛下履有虞之至性，追祖祢之深思，然惧左右过议，以累圣心。臣苍诚伤二帝纯德之美，不畅于无穷也。惟蒙哀览。”帝从而止。自是朝廷每有疑政，辄驿使咨问。苍悉心以对，皆见纳用。

三年，帝飨卫士于南宫，因从皇太后周行掖庭池阁，乃阅阴太后旧时器服，怆然动容，乃命留五时衣各一袭，及常所御衣合五十箧，余悉分布诸王主及子孙在京师者各有差。特赐苍及琅邪王京书曰：“中大夫奉使，亲闻动静，嘉之何已！岁月骛过，山陵浸远，孤心凄怆，如何如何！间飨卫士于南宫，因阅视旧时衣物，闻于师曰：‘其物存，其人亡，不言哀而哀自至。’信矣。惟王孝友之德，亦岂不然！今送光烈皇后假紒帛巾各一，及衣一箧，可时奉瞻，以慰《凯风》寒泉之思，又欲令后生子孙得见先后衣服之制。今鲁国孔氏，尚有仲尼车舆冠履，明德盛者光灵远也。其光武皇帝器服，中元二年已赋诸国，故不复送。并遗宛马一匹，血从前髆上小孔中出。常派属下官员古霸前去探望涅阳公主的病情，古霸回来后，微臣才知道设立县邑的诏书已经下达。依微臣愚见光武帝亲身践行节俭的德行，明晓有始有终的守节之道，他勤勤恳恳，用安葬自己的礼制来彰明自己的心意，所以光武帝为自己兴建陵墓时，完全符合古时典章制度，光武帝下令说：‘不将陵墓筑成山陵，蓄水池只需能使积水流出而已。’明帝至孝不违祖训，先帝教导一概遵从、奉行。至于明帝为自己设计、营建陵墓时，更是极为节省，汉室谦虚、节俭之德的美好，到此已是鼎盛之时。以微臣愚见在陵园旁设立城邑的盛行，始于强秦。古时修建坟墓尚且不愿令其显明，何况是在坟旁筑起城郭，建起都邑呢！在上违背了先帝圣明的心意，在下营造了毫无好处的工程，白白耗费国家用度，扰乱惊动百姓生活，不是能用以招来和气、求得丰年的做法。另外依照吉凶的习俗、命数而言，也不应该无故修缮坟墓，大兴土木，考据古制便知其不合于古，查验时俗便知其有违人心，卜问吉凶又不见其福兆。陛下躬行舜帝卓绝的品性，效法先祖深远的思虑，然而怯于近臣过分的非议，以致圣上的真心受到拖累。微臣刘苍实在是为二帝纯正至德的美好感到痛心，痛心于此等至德无法代代畅行。微臣刘苍希望得到陛下的同情，希望奏章为陛下观览。”章帝接受了刘苍的建议并中止设县的行动。从此每当朝廷对政事难有定论，章帝就会派信使向刘苍请教。刘苍尽心尽力地予以回答，他的意见每次都被采用。

建初三年（78），章帝在后妃居住的洛阳南宫设宴犒劳卫士，并顺便陪同皇太后巡行了后宫的池塘、楼阁，章帝查看了阴太后过去用过的物品和衣服，脸上浮现出悲伤的神色，就下令将阴太后在春夏秋冬及夏末这五个时节的礼服各留一套在此，并将阴太后平常所穿的共计五十箱衣服也仍留此处，其余衣服全部分给各诸侯王的公主以及他们在京城的子孙们，每人所得衣服数量不一。章帝特地给刘苍和琅琊王刘京寄去书信说：“贵国的中大夫奉命出使京城，使朕得以亲耳听闻您的情况，怎么嘉奖都不为过呀！朕心惊于岁月的流逝，太后也逐渐离朕远去，朕内心寂寞，悲从中来，凄凉之感当如何排解。近来朕在南宫犒赏了卫士们，顺便查看了太皇太后的旧时衣物，朕曾听老师说过：‘那人的遗物尚在，那人却已然逝去，口中虽无哀闻武帝歌天马，沾赤汗，今亲见其然也。顷反虏尚屯，将帅在外，忧念遑遑，未有闲宁。愿王宝精神，加供养。苦言至戒，望之如渴。”

六年冬，苍上疏求朝。明年正月，帝许之。特赐装钱千五百万，其余诸王各千万。帝以苍冒涉寒露，遣谒者赐貂裘，及太官食物珍果，使大鸿胪窦固持节郊迎。帝乃亲自循行邸第，豫设帷床，其钱帛器物无不充备。下诏曰：“《礼》云伯父归宁乃国，《诗》云叔父建尔元子，敬之至也。昔萧相国加以不名，优忠贤也。况兼亲尊者乎！其沛、济南、东平、中山四王，赞皆勿名。”苍既至，升殿乃拜，天子亲答之。其后诸王入宫，辄以辇迎，至省阁乃下。苍以受恩过礼，情不自宁，上疏辞曰：“臣闻贵有常尊，贱有等威，卑高列序，上下以理。陛下至德广施，慈爱骨肉，既赐奉朝请，咫尺天仪，而亲屈至尊，降礼下臣，每赐宴见，辄兴席改容，中宫亲拜，事过典故。臣惶怖战栗，诚不自安，每会见，踧踖无所措置。此非所以章示群下，安臣子也。”帝省奏叹息，愈褒贵焉。旧典，诸王女皆封乡主，乃独封苍五女为县公主。

叹而悲哀却自然涌上心头。'的确如此呀！朕想到您那孝顺父母、友爱兄弟的美德，难道您不也会如朕一般做此感想么！现在为您送来光烈皇后的冠饰和丝质头巾各一件，以及衣服一箱，您可以经常捧出来看看，以安慰您那如《凯风》诗中所提到的人子无法将寒泉之水奉送母亲的愧疚之心，朕又想让您的子孙也能见到已故皇后衣物的形制。如今鲁国的孔氏一门，还保存着孔子的马车和鞋帽，以彰明品德崇高之人的恩泽、教化已然传于后世。光武帝生前用过的器物、服饰，建武中元二年时已赐予各国，所以现在便不再送上。此次一并送上的还有宛马一匹，它那如血的汗水是从前肩胛上的小孔中流出的。朕常常听说武帝所歌颂的天马，身上沾染着赤色的汗水，现在朕亲眼看到确实如此。近来反贼仍然屯聚着兵马，将领在京城之外征战，朕忧虑挂念、心神不定，不曾有一日可得安宁。希望您善加保重精神，多加保养身体。苦涩的话语饱含至善的劝戒，朕对您的想望如饥似渴。"

建初六年(81)冬，刘苍上书请求朝见。第二年正月，章帝同意了。朝廷特地赏赐了刘苍一千五百万钱用于置办行装，其余诸侯王各自获赐一千万钱。章帝因为刘苍是冒着严寒跋涉至此的，便派谒者赐给刘苍貂裘，以及负责制作御膳的太官所制的食物和珍贵的果品，朝廷还派大鸿胪窦固手捧符节到京城郊外迎接他。章帝更是亲自来到刘苍的下榻处巡行一番，预先安放好带帷帐的床铺，那些金钱、布帛和各类物品全都充足齐备。章帝下令道："《仪礼》说'伯父若无其他要事便可回到您的封国'，《诗经·鲁颂》说'叔父可以让您的令郎伯禽代替您受封鲁国'，这便是天子对待诸侯王最为恭敬的态度了。从前相国萧何享有朝拜天子时赞礼官不直呼其名的礼遇，优待忠诚贤明之人尚且要以如此方式。何况如今同时要表达对尊长的友爱呢！今后沛国、济南国、东平国、中山国的四位诸侯王，可以享有朝拜天子时赞礼官不直呼其名的礼遇。"刘苍到达京城，登殿后便朝拜天子，章帝亲自答礼。这以后各位藩王入宫时，朝廷都会派人力辇车前去迎接，到达宫门时藩王才需下车步行。刘苍认为自己所受的恩宠逾越了礼制，心中惴惴不安，于是他上书推辞道："微臣听说适用三月，大鸿胪奏遣诸王归国，帝特留苍，赐以秘书、列仙图、道术秘方。至八月饮酎毕，有司复奏遣苍，乃许之。手诏赐苍曰："骨肉天性，诚不以远近为亲疏，然数见颜色，情重昔时。念王久劳，思得还休，欲署大鸿胪奏，不忍下笔，顾授小黄门，中心恋恋，恻然不能言。"于是车驾祖送，流涕而诀。复赐乘舆服御，珍宝舆马，钱布以亿万计。

苍还国，疾病，帝驰遣名医，小黄门侍疾，使者冠盖不绝于道。又置驿马千里，传问起居。明年正月薨，诏告中傅，封上苍自建武以来章奏及所作书、记、赋、颂、七言、别字、歌诗，并集览焉。遣大鸿胪持节，五官中郎将副监丧，及将作使者凡六人，令四姓小侯诸国王主悉会诣东平奔丧，赐钱前后一亿，布九万匹。及葬，策曰："惟于高贵者的隆重礼仪是有常例的，适用于低微者的仪仗则是高下有别的，地位的卑微和尊贵自有排列顺序，上下级的次序安排也应依理而定。陛下将大德广泛地赐予臣等，对至亲的爱护温柔而仁慈，陛下不仅赐予微臣参加朝会的资格，使微臣得以于咫尺之遥亲睹您的容仪，而且亲自降低极为尊贵的身份，将礼遇赐予微臣，每次朝廷赐予微臣参加宴饮、面见圣上的机会时，陛下总会恭敬地离开坐席端正容仪，皇后也亲自向微臣致以还礼，如此的礼遇已经超过了旧时的典制。微臣胆战心惊，实在内心不安，每此拜会陛下，微臣只顾谨守谦逊紧张到手足无措。陛下对微臣的礼遇不是能够彰明于百官，安定群臣之心的举措。”章帝读罢奏章不觉长叹，更加称赏、尊重刘苍。按照旧时的典制，诸侯王的女儿都只可封为享受一乡俸禄的乡公主，朝廷竟唯独将刘苍的五个女儿封为县公主。

建初七年（82）三月，大鸿胪上奏建议遣送各诸侯王返回封国，章帝特意命刘苍留步，赐给他秘阁的珍贵藏书、列仙图、道教的秘术和秘方。直到八月饮酎礼结束后，负责迎送诸侯的官吏又上奏建议遣送刘苍归国，章帝这才同意。章帝将亲笔诏书赐给刘苍说：“骨肉亲情是人之天性，的确不会因为距离的远近而有了亲疏之别，然而近来朕多次亲睹您的面容，和您的感情比往日更深。考虑到您在京城辛劳已久，必定想要能够归国休息，然而朕想要签字准许大鸿胪的奏请，却不忍心下笔，回头将准许您离京的诏书交给小黄门时，心中恋恋不舍，难过地说不出话来。”因此朝廷用车驾送刘苍出宫并设宴祭祀路神为刘苍送行，章帝流着眼泪和刘苍辞别。章帝又赐给刘苍诸侯王才可乘作的马车以及服饰、仆役，另外还赐予珍宝和车马，以及价值数以亿万计的金钱和布帛。

刘苍回到封国后，病得很重，章帝派名医飞速赶去，并派小黄门前去陪护，使者和达官显贵在前往东平国路上络绎不绝。朝廷又在驿站配备了千里马，方便使者尽快回报和询问刘苍的日常生活状况。第二年正月刘苍去世，朝廷向东平国的中傅下令，要求他封好并呈上刘苍自建武年间以来的章奏以及他所创作的书信、记文、辞赋、颂文、七言诗、别字、可配乐歌唱的诗歌等各类作品，并将其编为文集。

建初八年三月己卯，皇帝曰：咨王丕显，勤劳王室，亲受策命，昭于前世。出作蕃辅，克慎明德，率礼不越，傅闻在下。昊天不吊，不报上仁，俾屏余一人，夙夜茕茕，靡有所终。今诏有司加赐鸾辂乘马，龙旂九旒，虎贲百人，奉送王行。匪我宪王，其孰离之！魂而有灵，保兹宠荣。呜呼哀哉！”

立四十五年，子怀王忠嗣。明年，帝乃分东平国封忠弟尚为任城王，余五人为列侯。

忠立一年薨，子孝王敞嗣。元和三年，行东巡守，幸东平宫，帝追感念苍，谓其诸子曰：“思其人，至其乡；其处在，其人亡。”因泣下沾襟，遂幸苍陵，为陈虎贲、鸾辂、龙旂，以章显之，祠以太牢，亲拜祠坐，哭泣尽哀，赐御剑于陵前。初，苍归国，骠骑时吏丁牧、周栩以苍敬贤下士，不忍去之，遂为王家大夫，数十年事祖及孙。帝闻，皆引见于前，既愍其淹滞，且欲扬苍德美，即皆擢拜议郎。牧至齐相，栩上蔡令。永元十年，封苍孙梁为矜阳亭侯，敞弟六人为列侯。敞丧母至孝，国相陈珍上其行状。永宁元年，邓太后增邑五千户，又封苍孙二人为亭侯。

朝廷派大鸿胪手捧符节主持丧事，派五官中郎将担任治丧的副手，还派去了共六名负责营造陵墓的将作使者，朝廷又命令樊、阴、郭、马四家外戚的子弟以及各诸侯国的公主都会集前往东平国奔丧，丧事期间朝廷一共赏赐了一亿钱，九万匹布。等到安葬时，朝廷下策书说：“建初八年三月己卯日，皇帝说：啧！东平王之德至大至明，为大汉朝廷劳心劳力，亲受先帝下策书任命，盛名显赫昭明于前代。离开京城赴封国就位，能行事谨慎持守美德，尊奉礼制而全不违背，盛德之名流布于臣民。苍天不怜悯如此长者，对他的大仁无所回报，竟不能让他保护朕这区区一人，从早到晚朕茕茕孑立，心中的孤寂没有终极。现在朕命令负责礼仪的官吏追赐给东平王王侯的鸾车和四匹骏马，并赐予他以龙为饰的旗帜和九条装点旗帜的丝带，另外还有一百名虎贲卫士，奉送东平王出殡。不是我的宪王，谁能蒙此恩德！灵魂若能灵验，保藏他的尊荣。呜呼哀哉！”

刘苍在位四十五年，他的儿子怀王刘忠继承了王位。第二年（章帝元和元年，84年），章帝将东平国的一部分国土分封给刘忠的弟弟刘尚并封他为任城王，其余的五个弟弟获封为列侯。

刘忠在位十一年后去世，他的儿子孝王刘敞继位。元和三年，章帝到东方巡行时，并亲自来到了东平王宫，追思刘苍心有所感，便对刘苍的众位子孙说：“朕想念那个人，便来到他的家乡；他的住所仍在，可他却已经死亡。”于是章帝泪如雨下沾湿了衣襟，之后就亲临刘苍的陵墓，在墓前安排了虎贲卫士，陈列了鸾车、龙旗，为的是彰显刘苍的尊荣，章帝用牛、羊、猪三牲祭祀了刘苍，并亲自到刘苍的灵位前祭拜，章帝低声哭泣极尽哀情，之后又将自己的佩剑追赐给刘苍并置于其陵前。起初，刘苍离京前往封国进行就位时，他任骠骑将军时的下属丁牧、周栩因为刘苍的礼贤下士，而不忍心离开他，于是二人出任了东平国的王家大夫，几十年间侍奉东平王家祖孙三代。章帝听说了此二人的事迹后，便命人引导二人到御前相见，章帝既同情二人沉沦下僚，又想称扬刘苍的美德，随即便提拔二人任命其为议郎。最终丁牧官至齐相，周栩官至上蔡令。永元十年（98），和帝封刘苍的孙子刘梁为矜阳亭侯，封时任东平王刘敞的另外六个弟弟为列侯。

敞立四十八年薨，子顷王端嗣。立四十七年薨，子凯嗣；立四十一年，魏受禅，以为崇德侯。

论曰：孔子称“贫而无谄，富而无骄，未若贫而乐，富而好礼者也。”若东平宪王，可谓好礼者也。若其辞至戚，去母后，岂欲苟立名行而忘亲遗义哉！盖位疑则隙生，累近则丧大，斯盖明哲之所为叹息。呜呼！远隙以全忠，释累以成孝，夫岂宪王之志哉！东海恭王逊而知废，“为吴太伯，不亦可乎”！

任城孝王尚，元和元年封，食任城、亢父、樊三县。

立十八年薨，子贞王安嗣。永元十四年，封母弟福为桃乡侯。永初四年，封福弟亢为当涂乡侯。安性轻易贪吝，数微服出入，游观国中，取官属车马刀剑，下至卫士米肉，皆不与直。元初六年，国相行弘奏请废之。安帝不忍，以一岁租五分之一赎罪。

安立十九年薨，子节王崇嗣。顺帝时，羌虏数反，崇辄上钱帛佐边费。及帝崩，复上钱三百万助山陵用度，朝廷嘉而不受。立三十一年薨，无子，国绝。

刘敞母亲去世后他在丧期极尽孝道，国相陈珍将他的孝行上报给天子。永宁元年（120），邓太后为东平国增加了五千户的封地，又将刘苍的两个孙子封为亭侯。

刘敞在位四十八年后去世，他的儿子顷王刘端继位。刘端在位四十七年后去世，他的儿子刘凯继位；刘凯在位四十一年后，魏王曹丕接受了献帝的禅让，魏国封刘凯为崇德侯。

评论说：孔子曾有言“贫贱而不谄媚，富贵而不傲慢，不如贫困而乐于守道，富贵而尊崇礼法”。比如东平宪王刘苍，可谓是富贵而尊崇礼法的人了。像他那样辞别家人到封国赴任时是何等的悲伤，他离开母后，那里是想要暂且树立自己的名声和操行却忘记亲情、抛弃礼义呢！只是因为地位受到猜疑便会使自己与时为天子的至亲的感情产生裂痕，天子的忧虑渐渐迫近便会让自己受到更大的损失，这大概便是贤明的智者所为之感叹的事情吧。呜呼！避开感情的裂痕来保全忠诚，解除天子的忧虑来促成孝道，这难道不是宪王刘苍的本心吗！另外东海恭王刘彊谦逊而明白废黜太子之位的事理，“称其为辞让王位的周太王长子吴太伯，不也是可以吗”！

刘苍之子任城孝王刘尚，于元和元年（84）封侯，他靠任城、亢父、樊等三县的租税生活。

刘尚在位十八年后去世，他的儿子贞王刘安继位。永元十四年（102），朝廷封刘安同母所生的弟弟刘福为桃乡侯。永初四年（110），朝廷封刘福的弟弟刘亢为当涂乡侯。刘安生性待人轻慢、贪婪吝啬，多次身穿平民便服离开王宫，他在国中游玩、观光，他擅自取用属下官吏的马车、马匹和刀剑，下至卫士的米、肉他都随意拿走，从不付钱。元初六年（119），国相行弘向朝廷上奏请求废除刘安的王位。安帝不忍心，让刘安用一年租赋的五分之一赎罪。

刘安在位十九年后去世，他的儿子节王刘崇继位。顺帝年间，羌人多次发动叛乱，刘崇总会奉上金钱和丝物作为支援边防的军费。到顺帝驾崩时，他又奉上三百万钱作为资助修建皇陵的费用，朝廷称赞了刘崇但回绝了他的进献。刘崇在位三十一年后去世，他没有儿子，因此任城国后继无人。

延熹四年，桓帝立河间孝王子参户亭侯博为任城王，以奉其祀。博有孝行，丧母服制如礼，增封三千户。立十三年薨，无子，国绝。

熹平四年，灵帝复立河间贞王建子新昌侯佗为任城王，奉孝王后。立四十六年，魏受禅，以为崇德侯。

阜陵质王延，建武十五年封淮阳公，十七年进爵为王，二十八年就国。三十年，以汝南之长平、西华、新阳、扶乐四县益淮阳国。

延性骄奢而遇下严烈。永平中，有上书告延与姬兄谢弇及姊馆陶主婿驸马都尉韩光招奸猾，作图谶，祠祭祝诅。事下案验，光、弇被杀，辞所连及，死徙者甚众。有司奏请诛延。显宗以延罪薄于楚王英，故特加恩，徙为阜陵王，食二县。

延既徙封，数怀怨望。建初中，复有告延与子男鲂造逆谋者，有司奏请槛车征诣廷尉诏狱。肃宗下诏曰："王前犯大逆，罪恶尤深，有同周之管、蔡，汉之淮南。经有正义，律有明刑。先帝不忍亲亲之恩，枉屈大法，为王受愆，群下莫不惑焉。今王曾莫悔悟，悖心不移，逆谋内溃，自子鲂发，诚非本朝之所乐闻。朕恻然伤心，不忍致王于理，今贬爵为阜陵侯，食一县，获斯辜者，侯自取焉。於戏诫哉！"赦鲂等罪勿验，使谒者一人监护延国，不得与吏人通。

延熹四年（161），桓帝选立河间孝王之子参户亭侯刘博为任城王，为的是让他祭祀他的先祖。刘博践行孝道，母亲去世后他谨遵礼制为母亲守孝，朝廷又为他增加了三千户封地。刘博在位十三年后去世，他没有儿子，任城国后继无人。

熹平四年（175），灵帝又选立河间贞王刘建之子新昌侯刘佗为任城王，命他作为河间孝王的后人祭祀孝王。刘佗在位四十六年后，魏王曹丕接受了献帝的禅让，魏国封刘佗为崇德侯。

阜陵质王刘延，于建武十五年获封为淮阳公，于建武十七年爵位晋升受封为王，于建武二十八年前往淮阳国进行就位。建武三十年，朝廷将汝南郡的长平、西华、新阳、扶乐四县划归淮阳国。

刘延生性骄横、奢侈无度而其对待属下严厉。明帝永平年间，有人上书状告刘延说他和自己姬妾的兄长谢弇以及姐姐馆陶公主的丈夫驸马都尉韩光招揽奸恶狡猾之人，他们伪造河图和谶书，求神拜鬼行诅咒之事。朝廷将此案交由官吏调查，韩光、谢弇受诛，他们在供词中又牵连他人，不少人被判处死刑或流放。主管刑狱和诉讼的官吏向朝廷上书请求处死刘延，明帝认为刘延之罪不及楚王刘英，就特地开恩，改封刘延为阜陵王，并将其所享有的俸禄降为两个县的租赋。

刘延被改封他处后，屡次心怀愤恨。章帝建初年间，又有人状告刘延说他和儿子刘鲂行阴谋造反之事，主管刑狱和诉讼的官吏上奏提请用囚车将二人押送至廷尉处受审并关入天子直属的监牢中。章帝下令说："阜陵王此前已犯下叛逆的大罪，罪恶极为深重，罪行正如周朝的管叔、蔡叔，以及汉朝的淮南王刘安一般。儒家经典自有正确的含义，大汉法律本有明确的刑例。先帝出于关爱亲人的恩情而心有不忍，扭曲、违背了国法，亲自替阜陵王担下了罪过，群下无人不感到困惑。现在阜陵王竟仍然没有悔悟，叛逆之心死不悔改，叛逆的谋划自内部瓦解，从儿子刘鲂开始败露，如此之事实在不是如今的朝廷所愿意得知的。朕难掩悲痛，不忍心将阜陵王交由理刑官处治。现在朕决定将阜陵王贬为阜陵侯，仅享有一个县的租赋作为俸禄。蒙受这种惩治，阜陵侯自作自受，呜呼！各位要警戒啊！"章帝章和元年，行幸九江，赐延书与车驾会寿春。帝见延及妻子，愍然伤之，乃下诏曰："昔周之爵封千有八百，而姬姓居半者，所以桢干王室也。朕南巡，望淮、海，意在阜陵，遂与侯相见。侯志意衰落，形体非故，瞻省怀感，以喜以悲。今复侯为阜陵王，增封四县，并前为五县。"以阜陵下湿，徙都寿春，加赐钱千万，布万匹，安车一乘，夫人诸子赏赐各有差。明年入朝。

立五十一年薨，子殇王冲嗣。永元二年，下诏尽削除前班下延事。

冲立二年薨，无嗣。和帝复封冲兄鲂，是为顷王。永元八年，封鲂弟十二人为乡、亭侯。

鲂立三十年薨，子怀王恢嗣。延光三年，封恢兄弟五人为乡、亭侯。

恢立十年薨，子节王代嗣。阳嘉二年，封代兄便亲为勃遒亭侯。

代立十四年薨，无子，国绝。

建和元年，桓帝立勃遒亭侯便亲为恢嗣，是为恭王。立十三年薨，子孝王统嗣。立八年薨，子王赦立；建安中薨，无子，国除。

赦免了刘鲂等人之罪并不予调查，只是派了一名谒者到刘延的封国监督，严禁他和官吏、百姓有所来往。

章和元年，章帝出行亲临九江郡，给刘延送去一封信让他和自己在寿春县相会。章帝会见了刘延和他的妻儿，心生怜悯十分难过，于是章帝便下令说：“从前周朝分封了一千八百名诸侯，而姬姓诸侯占了一半，目的在于拱卫王室。朕此次南巡，虽说是向淮河以南、滨海一带进发，但朕的本意是来拜访阜陵侯，于是便在此和您相见。如今阜陵侯的精神和意气已然衰颓，体魄也大不如前，探望了您之后朕心情复杂，喜悦有之，悲伤有之。现在朕下令将阜陵侯的爵位恢复为阜陵王，并增加四个县的封地，连同此前的封地共计五个县。”朝廷因为阜陵县地势低洼、气候潮湿，便下令刘延迁都到寿春县，还为他增加了一千万钱的赏赐，以及布一万匹，可乘坐的马车一辆，他的夫人和每位儿子也都获得了数目不一的赏赐。第二年又召他入朝。

刘延在位五十一年后去世，他的儿子殇王刘冲继位。永元二年(90)，朝廷下令取消了上一代朝廷对刘延的贬抑。

刘冲在位二年后去世，他没有儿子。和帝又将刘冲之兄刘鲂封为王，这就是顷王。永元八年(96)，朝廷将刘鲂的十二个弟弟分封为乡侯、亭侯。

刘鲂在位三十年后去世，他的儿子怀王刘恢继位。延光三年(124)，朝廷将刘恢的五位兄长和弟弟分封为乡侯、亭侯。

刘恢在位十年后去世，他的儿子节王刘代继位。阳嘉二年(133)，朝廷封刘代之兄刘便亲为勃遒亭侯。

刘代在位十四年后去世，刘代没有儿子，封国后继无人。

建和元年(147)，桓帝选立勃遒亭侯刘便亲为刘恢的继承人，刘便亲便是恭王。刘便亲在位十三年后去世，他的儿子孝王刘统继位。刘统在位八年后去世，他的儿子阜陵王刘赦继位；刘赦于献帝建安年间去世，他没有儿子，朝廷就撤销了阜陵国。

广陵思王荆，建武十五年封山阳公，十七年进爵为王。

荆性刻急隐害，有才能而喜文法。光武崩，大行在前殿，荆哭不哀，而作飞书，封以方底，令苍头诈称东海王彊舅大鸿胪郭况书与彊曰："君王无罪，猥被斥废，而兄弟至有束缚入牢狱者。太后失职，别守北宫，及至年老，远斥居边，海内深痛，观者鼻酸。及太后尸柩在堂，洛阳吏以次捕斩宾客，至有一家三尸伏堂者，痛甚矣！今天下有丧，弓弩张设甚备。间梁松敕虎贲史曰：'吏以便宜见非，勿有所拘，封侯难再得也。'郎官窃悲之，为王寒心累息。今天下争欲思刻贼王以求功，宁有量邪！若归并二国之众，可聚百万，君王为之主，鼓行无前，功易于太山破鸡子，轻于四马载鸿毛，此汤、武兵也。今年轩辕星有白气，星家及喜事者，皆云白气者丧，轩辕女主之位。又太白前出西方，至午兵当起。又太子星色黑，至辰日辄变赤。夫黑为病，赤为兵，王努力卒事。高祖起亭长，陛下兴白水，何况于王陛下长子，故副主哉！上以求天下事必举，下以雪除沉没之耻，报死母之仇。精诚所加，金石为开。当为秋霜，无为槛羊。虽欲为槛羊，又可得乎！窃见诸相工言王贵，天子法也。人主崩亡，闾阎之伍尚为盗贼，欲有所望，何况王邪！夫受命之君，天之所立，不可谋也。今新帝人之所置，强者为右。愿君王为高祖、陛下所志，无为扶苏、将闾叫呼天也。"彊得书惶怖，即执其使，封书上之。

广陵思王刘荆，于建武十五年获封为山阳公，于建武十七年爵位晋升受封为王。

刘荆生性苛刻严厉，常暗算他人，但他颇有才能而且喜欢研究法律。光武帝驾崩时，他的遗体停放在前殿，而刘荆的哭泣中并无哀情，这之后他反而写了一封匿名信，并用方底的袋子封好，他让仆役诈称此信是东海王刘疆的舅父大鸿胪郭况写给刘疆的，信中说："东海王本并无罪过，却屈辱地被废掉了太子之位，而且殿下的兄弟甚至有人遭到捆绑身陷牢狱。郭太后亦遭到废黜，另迁居于洛阳北宫，等她后来上了年岁，又被驱往远方边地，四海之内深感痛心，目睹此景鼻子发酸。后来太后去世停灵于正屋，洛阳的官差们便按次序抓捕、处死殿下曾经的宾客，竟有一家当中三人遇害横尸于正屋之事，这实在令人心痛！如今全国上下凡有丧事，官军便极为周全地设下拉满了弦的弓弩，近来虎贲中郎将梁松对虎贲史下令说：'差役们即使因便宜行事、自行裁决而遭到非难，也不要拘泥于固有的制度，像现在这样的封侯良机那可是过时不候呀！'郎官郭况暗中悲痛于眼下的现状，鄙人替东海王感到寒心以至于连连叹息。如今天下之人竞相打算借迫害东海王来牟求功劳，这样的恶行难道会有尽头吗！如果殿下合并东海国和鲁国两国的兵力，便能集结百万人马，之后东海王可亲任主帅，击鼓行军定能一往无前，做成此事比泰山压碎鸡蛋还容易，比四马运送鸿毛还轻松，因为殿下正如商汤和周武王一般率领着吊民伐罪之兵！今年轩辕星有白气笼罩，星相家和多事之人，都说白气象征着丧事，而轩辕星正是皇后之位。另外金星此前从西方升起，待到它行经中天之时战事便会发生。而且又有太子星颜色变黑，到了辰日又变为红色的异象。黑色象征疾病，红色象征战争，希望东海王努力成就大事。从前高祖刘邦以亭长身份举兵起事，本朝陛下在南阳白水创立大业，更何况东海王不仅是陛下长子，而且还是前任太子呢？往上说是为了求得天下必要之事的达成，往下说是为了一雪此前沉沦埋没的耻辱，为死去的母亲报仇。只要加以真心实意，金属、石头亦会开裂。殿下应化作凛冽的秋霜，莫作圈中的羔羊。殿下即使想做圈中之羊，又怎能遂心如意呢！鄙人私下里从众位相面先显宗以荆母弟，秘其事，遣荆出止河南宫。时西羌反，荆不得志，冀天下因羌惊动有变，私迎能为星者与谋议。帝闻之，乃徙封荆广陵王，遣之国。其后荆复呼相工谓曰："我貌类先帝。先帝三十得天下，我今亦三十，可起兵未？"相者诣吏告之，荆惶恐，自系狱。帝复加恩，不考极其事，下诏不得臣属吏人，唯食租如故，使相、中尉谨宿卫之。荆犹不改。其后使巫祭祀祝诅，有司举奏，请诛之，荆自杀。立二十九年死。帝怜伤之，赐谥曰思王。

十四年，封荆子元寿为广陵侯，服王玺绶，食荆故国六县；又封元寿弟三人为乡侯。明年，帝东巡狩，征元寿兄弟会东平宫，班赐御服器物，又取皇子舆马，悉以与之。建初七年，肃宗诏元寿兄弟与诸王俱朝京师。

元寿卒，子商嗣。商卒，子条嗣，传国于后。

生之口得知殿下是尊贵之相，是天子的典范。帝王驾崩之时，里巷中的平民尚且会起兵造反行贼寇之事，打算有所图谋，何况是藩王身份的人呢！受天之命的君王，是上天所选立的，不可图谋其帝位。当今刚刚即位的帝王则是凡人所设立的，是奉行强者为尊的法则才上台的。希望殿下遵行大汉高祖和本朝陛下的意志，不要像扶苏、将闾那样不敢反抗篡位的胡亥反而呼救于上天呀！”刘彊收到信后震恐不已，他当即拿下送信的使者，并将书信封好呈送明帝。

明帝因为刘荆是自己一母所生的弟弟，所以隐瞒了刘荆伪造信件陷害东海王的事情，只是打发刘荆离开山阳到河南县的宫殿安身。当时西羌发动了反叛，而刘荆称帝的愿望仍未实现，所以他希望天下大势会因羌人叛乱的影响而发生变故，刘荆暗中招揽懂得观测星象的人与其谋划受命称帝之事。明帝得知此事后，就改封刘荆为广陵王，派他到封国就位。后来刘荆又召来相面先生询问道："我的相貌像先帝。先帝在三十岁时取得天下，我现在也三十了，可以起兵了吗？"相面先生到官吏处告发了刘荆，刘荆惊恐不安，于是自己主动入狱甘受囚禁。明帝再次开恩，未对刘荆谋反之事予以追究，但却下令严禁刘荆设置下属官吏，唯独他所享有的封地赋税依然照旧未遭削减。明帝还命广陵国的国相和中尉对刘荆严加看守。但刘荆对称帝仍不死心。在那之后刘荆竟指使巫师求神拜鬼诅咒明帝，负责监视刘荆的官吏上奏检举了他，并提请朝廷处死刘荆，最终刘荆自尽而死。刘荆在位二十九年去世。明帝同情悲伤于他的离世，赐予刘荆"思王"的谥号。

永平十四年（71），朝廷封刘荆之子刘元寿为广陵侯，但允许他佩带诸侯王的印信、绶带，并享有刘荆旧时封国六个县的租税；朝廷又封刘元寿的三个弟弟为乡侯。第二年，明帝到东方巡行，他在东平宫召见了刘元寿兄弟，并分别赐予他们御用的服饰和器物，明帝又取来皇子们所用的车马，将其全部赐予刘元寿兄弟。章帝建初七年，章帝命令刘元寿兄弟和其他诸侯王都到京城来朝见天子。

刘元寿去世后，他的儿子刘商继位。刘商死后，他的儿子刘条继位，广陵国的王位代代相传。

临淮怀公衡，建武十五年立，未及进爵为王而薨，无子，国除。

中山简王焉，建武十五年封左冯翊公，十七年进爵为王。焉以郭太后少子故，独留京师。三十年，徙封中山王。永平二年冬，诸王来会辟雍，事毕归蕃，诏焉与俱就国，从以虎贲官骑。焉上疏辞让，显宗报曰："凡诸侯出境，必备左右，故夹谷之会，司马以从。今五国各官骑百人，称娖前行，皆北军胡骑，便兵善射，弓不空发，中必决眦。夫有文事必有武备，所以重蕃职也。王其勿辞。"帝以焉郭太后偏爱，特加恩宠，独得往来京师。十五年，焉姬韩序有过，焉缢杀之，国相举奏，坐削安险县。元和中，肃宗复以安险还中山。

立五十二年，永元二年薨。自中兴至和帝时，皇子始封薨者，皆赙钱三千万，布三万匹；嗣王薨，赙钱千万、布万匹。是时窦太后临朝，窦宪兄弟擅权，太后及宪等，东海出也，故睦于焉而重于礼，加赙钱一亿。诏济南、东海二王皆会。大为修冢茔，开神道，平夷吏人冢墓以千数，作者万余人。发常山、钜鹿、涿郡柏黄肠杂木，三郡不能备，复调余州郡工徒及送致者数千人。凡征发摇动六州十八郡，制度余国莫及。

临淮怀公刘衡，于建武十五年获封为公爵，刘衡还没来得及晋升爵位获封为王就去世了，而且他也没有儿子，朝廷便撤销了临淮国。

中山简王刘焉，于建武十五年获封为左冯翊公，于建武十七年爵位晋升获封为王。因为刘焉是郭太后的小儿子，所以在郭太后所生的几位皇子中唯独他能够留在京城。建武三十年，朝廷改封刘焉为中山王。永平二年冬，诸位藩王来到辟雍集会，仪式结束后又返回封国，明帝命令刘焉和诸位藩王一同启程回到自己的封国就位，并派遣皇家的虎贲骑兵随行。刘焉上书推辞，明帝答复道："大凡诸侯王离开了国境，就一定会在身边配备侍卫，所以齐侯、鲁公在颊谷相会，孔子提议鲁公让司马陪同。如今归国的五位藩王都各有一百名皇家骑兵随行，护卫骑兵列队前行、整齐划一，他们都是守卫京师的北军的胡人骑兵，百般兵器样样精通而且尤其擅长射箭，箭不虚发，命中目标必定射中眼眶。以文教治国定要有武力作为后盾，因此朝廷才对藩王之职如此重视，希望中山王不要推辞。"明帝因为刘焉为郭太后所偏爱，因此特地对刘焉恩宠有加，故而诸侯中唯独刘焉能在封国和京城之间往来。永平十五年，刘焉的姬妾韩序犯了过错，刘焉勒死了她，中山国国相上奏检举了刘焉的罪行，刘焉因罪被削除了安险县的封地。章帝元和年间，章帝又将安险县归还给中山国。

刘焉在位五十二年，于永元二年（90）去世。自光武帝复兴汉室到和帝即位时，其间初次封爵的皇帝之子去世后，朝廷都会赐予三千万钱的丧葬费，以及三万匹布；本应继位之王去世后，朝廷会赐予一千万钱的丧葬费、一万匹布。当时窦太后亲掌朝政，窦宪兄弟大权独揽，窦太后和窦宪等人，都是东海王之女沘阳公主所生，所以他们都亲近刘焉并因而提高了安葬刘焉的礼制，于是朝廷将赐予刘焉的丧葬费增加到一亿钱。另外朝廷还命令济南王和东海王都来参加葬礼。朝廷又为刘焉大事修建坟墓，并在墓前开辟了沿途有石柱作为标记的神道，为此夷平官吏、百姓的坟墓数以千计，调集的工匠有一万多人。朝廷又从常山郡、钜鹿郡、涿郡征调制作棺椁的黄心杂色的柏木，三郡未能备齐，朝廷又从其他州郡征发了几千名工匠和运送物子夷王宪嗣。永元四年，封宪弟十一人为列侯。

宪立二十二年薨，子孝王弘嗣。永宁元年，封弘二弟为亭侯。

弘立二十八年薨，子穆王畅嗣。永和六年，封畅弟荆为南乡侯。

畅立三十四年薨，子节王稚嗣，无子，国除。

琅邪孝王京，建武十五年封琅邪公，十七年进爵为王。

京性恭孝，好经学，显宗尤爱幸，赏赐恩宠殊异，莫与为比。永平二年，以太山之盖、南武阳、华，东莱之昌阳、卢乡、东牟六县益琅邪。五年，乃就国。光烈皇后崩，帝悉以太后遗金宝财物赐京。京都莒，好修宫室，穷极伎巧，殿馆壁带皆饰以金银。数上诗赋颂德，帝嘉美，下之史官。京国中有城阳景王祠，吏人奉祠。神数下言宫中多不便利，京上书愿徙宫开阳，以华、盖、南武阳、厚丘、赣榆五县易东海之开阳、临沂，肃宗许之。立三十一年薨，葬东海即丘广平亭，有诏割亭属开阳。

子夷王宇嗣。建初七年，封宇弟十三人为列侯。元和元年，封孝王孙二人为列侯。

宇立二十年薨，子恭王寿嗣。永初元年，封寿弟八人为列侯。

资的民夫。此次征调一共波及了六州十八个郡，丧葬礼制的规格之高为其他藩国国王所不及。

刘焉之子夷王刘宪继位。永元四年（92），朝廷将刘宪的十一个弟弟封为列侯。

刘宪在位二十二年后去世，他的儿子孝王刘弘继位。永宁元年（120），朝廷将刘弘的两个弟弟封为亭侯。

刘弘在位二十八年后去世，他的儿子穆王刘畅继位。永和六年（141），朝廷封刘畅之弟刘荆为南乡侯。

刘畅在位三十四年后去世，他的儿子节王刘稚继位，刘稚没有儿子，中山国后继无人。

琅琊孝王刘京，于建武十五年获封琅琊公，于建武十七年年爵位晋升获封为王。

刘京生性恭敬、孝顺，嗜好经学，明帝对他特别宠爱，给予他的赏赐和恩宠与旁人大为不同，无人能比。永平二年，朝廷将泰山郡的盖、南武阳、华，以及东莱郡的昌阳、卢乡、东牟共六个县划归于琅琊国。永平五年（62），刘京才前去封国就位。明帝及刘京之母光烈皇去世后，明帝将太后留下的金银财宝全都赐给了刘京。刘京定都于莒县，他爱好兴建宫殿，在工程中极尽了各种建筑技艺，宫殿墙壁中的横木上都用金环、银环作为装饰。刘京多次献上诗赋歌颂朝廷的功德，明帝对他大加称赞，并命史官将刘京所献的诗赋记录下来。刘京国中有一座西汉城阳景王的祠庙，广受当地官吏、百姓祭祀。神灵多次降下神谕说刘京的王宫中多有不适宜之处，刘京就上书提请将王宫迁往开阳县，希望用华、盖、南武阳、厚丘、赣榆五县交换东海郡的开阳、临沂二县，章帝准许了他的请求。刘京在位三十一年后去世，安葬于东海郡即丘县广平亭，章帝命令将广平亭划归于开阳县。

刘京之子夷王刘宇继位。建初七年，朝廷将刘宇的十三个弟弟封为列侯。元和元年，朝廷将孝王刘京的两个孙子为列侯。

刘宇在位二十年后去世，他的儿子恭王刘寿继位。永初元年（107），朝廷将刘寿的八个弟弟封为列侯。

立十七年薨，子贞王尊嗣。延光二年，封尊弟四人为乡侯。

尊立十八年薨，子安王据嗣。永和五年，封据弟三人为乡侯。

据立四十七年薨，子顺王容嗣。初平元年，遣弟邈至长安奉章贡献，帝以邈为九江太守，封阳都侯。

容立八年薨，国绝。

初，邈至长安，盛称东郡太守曹操忠诚于帝，操以此德于邈。建安十一年，复立容子熙为王。在位十一年，坐谋欲过江，被诛，国除。

赞曰：光武十子，胙土分王。沛献尊节，楚英流放。延既怨诅，荆亦觖望。济南阴谋，琅邪骄宕。中山、临淮，无闻夭丧。东平好善，辞中委相。谦谦恭王，寔惟三让。

刘寿在位十七年后去世，他的儿子贞王刘尊继位。延光二年（123），朝廷将刘尊的四个弟弟封为乡侯。

刘尊在位十八年后去世，他的儿子安王刘据继位。永和五年（140），朝廷将刘据的三个弟弟封为乡侯。

刘据在位四十七年后去世，他的儿子顺王刘容继位。初平元年（190），刘容派弟弟刘邈到长安呈上奏章、献上供品，献帝任命刘邈为九江太守，并封他为阳都侯。

刘容在位八年后去世，琅琊国后继无人。

起初，刘邈到长安时，他曾盛赞东郡太守曹操对献帝的忠诚，曹操因此对刘邈心怀感激。建安十一年（206）时，朝廷又选立刘容的儿子刘熙为琅琊国王。刘熙在位十一年后，他因图谋渡过长江之罪，遭到处死，朝廷撤销了琅琊国。

赞辞说：光武皇帝皇子十人，获赐封土分立为王。献王刘辅遵守法度，楚王刘英身遭流放。刘延怀怨诅咒君王，刘荆亦是野心不望。安王刘康暗中谋反，刘京受宠骄纵放荡。简王刘焉、怀公刘衡，一位无名、一位夭亡。献王刘苍行善为乐，朝廷拜相执意辞让。恭王刘彊谦逊恭谨，只有此王再三谦让。

卷七十三

朱乐何列传第三十三

朱晖字文季，南阳宛人也。家世衣冠。晖早孤，有气决。年十三，王莽败，天下乱，与外氏家属从田间奔入宛城。道遇群贼，白刃劫诸妇女，略夺衣物。昆弟宾客皆惶迫，伏地莫敢动。晖拔剑前曰："财物皆可取耳，诸母衣不可得。今日朱晖死日也！"贼见其小，壮其志，笑曰："童子内刀。"遂舍之而去。

初，光武与晖父岑俱学长安，有旧故。及即位，求问岑，时已卒，乃召晖拜为郎。晖寻以病去，卒业于太学。性矜严，进止必以礼，诸儒称其高。

永平初，显宗舅新阳侯阴就慕晖贤，自往候之，晖避不见。复遣家丞致礼，晖遂闭门不受。就闻，叹曰："志士也，勿夺其节。"后为郡吏，太守阮况尝欲市晖婢，晖不从。及况卒，晖乃厚赠送其家。人或讥焉，晖曰："前阮府君有求于我，所以不敢闻命，诚恐以财货污君。今而相送，明吾非有爱也。"骠骑将军东平王苍闻而辟之，甚礼敬焉。正月朔旦，苍当入贺。故事，少府给璧。是时阴就为府卿，贵骄，吏傲不奉法。苍坐朝堂，漏且尽，而求璧不可得，顾谓掾属曰："若之何？"晖望见少府主簿持璧，即往绐之曰："我数闻璧而未尝见，试请观之。"主簿以授晖，晖顾召令史奉之。主簿大惊，遽以白就。就曰："朱掾义士，勿复求。"更以它璧朝。苍既罢，召晖朱晖字文季，南阳宛县人。他家世代都是名门望族。朱晖幼年丧父，但他魄力十足。朱晖十三岁那年，正值王莽败亡，天下大乱之时，朱晖和外祖父家的亲人们打算从村里逃到宛城避难。途中他们撞上了一群强盗，强盗们手持利刃威胁朱晖外祖父家的女眷，要抢走她们的衣服和随身用品。朱晖的兄弟们和外祖父家的门客们都又怕又急，他们匍匐在地不敢动弹。朱晖拔剑上前道："财物你们都可拿走，但是各位舅妈、姨妈的衣服绝不能被你们抢走。今天就是我朱晖的死期了！"强盗见他还是个孩子，认为他气概豪壮，笑着说："孩子把刀收起来吧！"最终强盗放朱晖一行人并离开了。

起初，光武帝与朱晖之父朱岑都在长安求学，两人是老相识。等到光武帝即位后，他向众人打探朱岑的消息，当时朱岑已经去世了，光武帝就召来朱晖任命他为郎。不久后朱晖因病辞官，转而到太学完成了学业。朱晖性情矜持、严肃，举手投足间定会遵守礼节，众位儒生都称赞他的高风亮节。

永平初年，明帝的舅父新阳侯阴就对朱晖的贤能心向往之，他亲自登门问候，然而朱晖却对他避而不见。阴就又派新阳侯国的属官前去送礼，朱晖就紧闭家门拒不接受。阴就得知消息后，感叹道："朱晖是有志气的人呀，不应让他失掉气节。"后来朱晖在南阳郡府做官，太守阮况曾打算买朱晖家的婢女，朱晖没有同意。等到阮况去世后，朱晖就为阮况家送去厚礼。有人因此讽刺朱晖，朱晖说："此前阮太守有求于我，我之所以不敢接受命令，实在是担心因为金钱往来而玷污了太守的名声。现在我为阮家送去厚礼，是为了表明我并非有吝啬之心。"骠骑将军东平王刘苍听闻此事后就征召了朱晖，并对朱晖颇为礼遇、敬重。某个正月初一的早晨，刘苍应当入朝庆贺。按照过去的制度，应由少府供给玉璧。当时阴就身为少府卿，地位尊谓曰："属者掾自视孰与蔺相如？"帝闻壮之。及当幸长安，欲严宿卫，故以晖为卫士令。再迁临淮太守。

晖好节概，有所拔用，皆厉行士。其诸报怨，以义犯率，皆为求其理，多得生济。其不义之囚，即时僵仆。吏人畏爱，为之歌曰："强直自遂，南阳朱季。吏畏其威，人怀其惠。"数年，坐法免。

晖刚于为吏，见忌于上，所在多被劾。自去临淮，屏居野泽，布衣蔬食，不与邑里通，乡党讥其介。建初中，南阳大饥，米石千余，晖尽散其家资，以分宗里故旧之贫羸者，乡族皆归焉。初，晖同县张堪素有名称，尝于太学见晖，甚重之，接以友道，乃把晖臂曰："欲以妻子托朱生。"晖以堪先达，举手未敢对，自后不复相见。堪卒，晖闻其妻子贫困，乃自往候视，厚赈赡之。晖少子颉怪而问曰："大人不与堪为友，平生未曾相闻，子孙窃怪之。"晖曰："堪尝有知己之言，吾以信于心也。"晖又与同郡陈揖交善，揖早卒，有遗腹子友，晖常哀之。及司徒桓虞为南阳太守，召晖子骈为吏，晖辞骈而荐友。虞叹息，遂召之。其义烈若此。

贵而且傲慢专横，手下官吏也骄傲自大、违法乱纪。刘苍坐在朝堂中等待多时，漏壶中的水将要流尽了，然而少府却仍未送来玉璧，刘苍回头对属官说：“怎么办呢？”朱晖远远地看到少府的主簿手里拿着玉璧，于是他到主簿那里骗他说：“我多次听说有璧玉这样的宝物但却未曾见过，请您暂且让我看看。”主簿便把玉璧交给朱晖了，朱晖回头召来大将军府的令史让他把玉璧献给刘苍。主簿大吃一惊，赶忙将此事上报阴就。阴就说：“朱属官是坚守正义的人，不要再和他索要玉璧了。”阴就又带了另一块玉璧入朝庆贺。刘苍朝贺完毕后，他召来朱晖说：“朱属官您认为自己和蔺相如比起来怎么样？”明帝听闻此事后称赞朱晖的豪壮。等到明帝亲临长安时，他想要加强自己的值宿和警卫，于是就任命朱晖为卫士令。后来朱晖两度升迁出任为临淮太守。

朱晖看重操守和气概，他所选拔任用的官吏，都是严格执法的人。对于那些因复仇入狱的囚徒，以及因义气触犯法律的罪犯，朱晖都会替他们查明罪案中的情理，那些犯人大多都得以保全性命。而那些因行不义之事而获罪的囚犯，立即便会遭到处死。临淮郡的官吏、百姓对朱晖既敬畏又爱戴，人们为他创作歌谣歌颂道：“刚强正直、意志坚定，便是太守南阳朱晖。官吏敬畏他的威严，百姓心念他的恩惠。”几年后，朱晖因犯法而遭到革职。

朱晖为官时刚正不屈，为上司所厌恶，他在自己的历任官职上都常常受到弹劾。自从卸任临淮太守后，他便隐居于山野草泽，衣冠简朴、饮食粗疏，不与乡里的人们来往，同乡人都讥讽他的特立独行。建初年间，南阳郡发生了严重的饥荒，米价高达每石一千多钱。朱晖散尽家财，将其分给贫穷瘦弱的族人和故交，同乡的族人们都来投奔朱晖。起初，和朱晖同县的张堪一向名声在外，他曾经在太学与朱晖会面，张堪很欣赏朱晖，用对待朋友的方式招待了他，然后又抓着朱晖手臂说：“我打算把我的妻儿托付给你朱生呀。”朱晖因为张堪是才德兼善的前辈，所以只是拱手行礼而不敢答话，自那之后二人未再相见。张堪去世后，朱晖听说他的妻儿生活贫困，便亲自前往探望，并送去丰厚的财物接济他们。朱晖的小儿子朱颉感到奇怪元和中，肃宗巡狩，告南阳太守问晖起居，召拜为尚书仆射。岁中迁太山太守。晖上疏乞留中，诏许之。因上便宜，陈密事，深见嘉纳。诏报曰：“补公家之阙，不累清白之素，斯善美之士也。俗吏苟合，阿意面从，进无謇謇之志，却无退思之念，患之甚久。惟今所言，适我愿也。生其勉之！”

是时谷贵，县官经用不足，朝廷忧之。尚书张林上言：“谷所以贵，由钱贱故也。可尽封钱，一取布帛为租，以通天下之用。又盐，食之急者，虽贵，人不得不须，官可自鬻。又宜因交阯、益州上计吏往来，市珍宝，收采其利，武帝时所谓均输者也。”于是诏诸尚书通议。晖奏据林言不可施行，事遂寝。后陈事者复重述林前议，以为于国诚便，帝然之，有诏施行。晖复独奏曰：“王制，天子不言有无，诸侯不言多少，禄食之家不与百姓争利。今均输之法与贾贩无异，盐利归官，则下人穷怨，布帛为租，则吏多奸盗，诚非明主所当宜行。”帝卒以林等言为然，得晖重议，因发怒，切责诸尚书。晖等皆自系狱。三日，诏敕出之。曰：“国家乐闻驳议，黄发无愆，诏书过耳，何故自系？”晖因称病笃，不肯复署议。尚书令以下惶怖，谓晖曰：“今临得谴让，奈何称病，其祸不细！”晖曰：“行年八十，蒙便问道："父亲大人和张堪并非朋友，儿子也从来没听说过您和张堪有什么交情，家里的小辈们私下里都觉得奇怪。"朱晖说："张堪曾视我为知己而对我有所请托，当时我已经在心里答应了他。"另外朱晖和同郡的陈揖也颇为友善，陈揖去世得早，他离世时儿子陈友尚未出生，朱晖一直对陈友心怀同情。等到司徒桓虞担任南阳太守时，桓虞征召朱晖之子朱骈做官，朱晖为儿子推掉了官位转而推荐了陈友。桓虞赞叹不已，征召了陈友。朱晖就是如此的仗义、刚直。

元和年间，章帝外出巡行，到了南阳郡时章帝请太守打听朱晖的生活情况，之后章帝征召了朱晖并任命他为尚书仆射。同年朝廷提拔朱晖为泰山太守。而朱晖却上书请求留在朝中任职，章帝下诏同意了他的请求。这之后朱晖就献上利国之策，陈说机要之事，他的建议深受章帝赞许而且被广为采纳。章帝下诏回复朱晖说："您裨补朝廷的过失，而不拖累自己高洁的本心，正是德行美好之士。那些庸俗的官吏只知一味附和，曲意逢迎，当面顺从，在朝为官却没有刚正不阿的志向，辞官隐居却没有自我反省的想法，朕对这样的状况忧虑已久。只有您现在的进言，才能符合朕的心愿。希望先生努力呀！"

当时粮价昂贵，朝廷时常经费短缺，朝廷对此甚为忧虑。尚书张林上书说："粮价之所以高，是因为铜钱贬值。朝廷可以全面限制铜钱的使用，一律收取布帛作为租赋，来使天下的物资能够流通。另外盐这种物资，是饮食中很要紧的东西，所以即使价格昂贵，也为人们所必须，可以由官府专卖。另外应借着交阯、益州的上计吏每年入朝汇报当地人口、钱、粮的机会，由官府买卖当地的珍宝，朝廷可从中获得利润，这是武帝年间所谓'均输'的措施。"于是章帝命令各位尚书一起商议。朱晖上书反对并援引了张林的进言中他认为不可施行的意见，朝廷就将此事搁置。后来的进谏者又再次陈述了张林此前的建议，认为这是于国有利的举措，章帝同意了，便下令施行。朱晖又独自上奏道："圣王的治国之术，天子不会谈论财物之有无，诸侯不会谈论财物之多少，享有俸禄的官吏不与百姓争利。眼下如果施行由官府统一征收、买卖、运输的均输之法那么朝廷就会和商贩没什么区别，买卖食盐的利润归于官府，那么百姓便会陷入贫困，因恩得在机密，当以死报。若心知不可而顺旨雷同，负臣子之义。今耳目无所闻见，伏待死命。”遂闭口不复言。诸尚书不知所为，乃共劾奏晖。帝意解，寝其事。后数日，诏使直事郎问晖起居，太医视疾，太官赐食。晖乃起谢，复赐钱十万，布百匹，衣十领。

后迁为尚书令，以老病乞身，拜骑都尉，赐钱二十万。和帝即位，窦宪北征匈奴，晖复上疏谏。顷之，病卒。

子颉，修儒术，安帝时至陈相。颉子穆。

穆字公叔。年五岁，便有孝称。父母有病，辄不饮食，差乃复常。及壮耽学，锐意讲诵，或时思至，不自知亡失衣冠，颠队阬岸。其父常以为专愚，几不知数马足。穆愈更精笃。

初举孝廉。顺帝末，江淮盗贼群起，州郡不能禁。或说大将军梁冀曰：“朱公叔兼资文武，海内奇士，若以为谋主，贼不足平此心生怨恨，把布帛当作货币缴纳租赋，那么官差便会常犯违法侵夺之罪，这实在不是明君所应推行的政策。”章帝终究认可了张林等人的建议，所以再一次收到朱晖的奏议后，他便动了怒，严厉地斥责了各位尚书。朱晖等人都自行入狱。三天后，章帝下令赦免他们。章帝说：“朝廷乐于听取臣下的异议，长者朱晖并无罪过，诏书有了错误而已，为什么要主动坐牢？”这之后朱晖就声称病重，不愿再上书议事。尚书令以下的官吏都惊恐不已，他们对朱晖说：“今陛下也谴责自己您怎么还称病，这麻烦可不小！”朱晖说：“我已年近八十了，承蒙皇恩能在尚书台负责机密事务，自当以死相报。如果我心里明知谏言不妥却顺着圣上的旨意提出类似的谬论，这将辜负臣子所应奉行的道义。现在老朽已是耳聋眼花，老朽静待丧命之时。”言罢朱晖就闭住嘴不再多说一字。众位尚书不知如何是好，就一起弹劾朱晖。这时章帝的怒意已经消失，便将此事搁置。几天后，章帝下令派尚书直事郎去探望朱晖的生活状况，并派太医前去看病，派太官赏赐饮食。朱晖于是才起身谢恩，朝廷又赏赐给他十万钱，一百匹布，十套衣服。

后来朱晖升任为尚书令，最终因年老多病请辞，朝廷任命他为骑都尉，并赐给他二十万钱。和帝即位后，窦宪提出北征匈奴，朱晖又上书劝谏。不久之后，朱晖病逝。

朱晖之子朱颉，醉心于研习儒家学术，朱颉于安帝年间官至陈国国相。朱颉之子是朱穆。

朱穆字公叔。五岁时，他便有孝顺父母的美名。每当父母生病，他总是不吃不喝，直到病情稍有好转他才恢复正常的饮食。到成年时朱穆醉心于学习，一心一意地讲论、诵读经籍，有时思考得入了迷，连自己的衣服帽子都丢失了也不知道，甚至会失足跌落到沟堑中。他的父亲常认为他太过专注以至于不通常情，几乎不知道该怎么数清马脚，还比不上用马鞭数清马匹的石庆。而朱穆却更加精心、专注于治学。

起初朱穆被推举为孝廉。顺帝末年，江淮地区盗贼蜂起，州郡官府无力镇压。有人游说大将军梁冀道：“朱公叔文武双全，是四海也。”冀亦素闻穆名，乃辟之，使典兵事，甚见亲任。及桓帝即位，顺烈太后临朝，穆以冀势地亲重，望有以扶持王室，因推灾异，奏记以劝戒冀曰：“穆伏念明年丁亥之岁，刑德合于乾位，《易》经龙战之会。其文曰：‘龙战于野，其道穷也。’谓阳道将胜而阴道负也。今年九月天气郁冒，五位四候连失正气，此互相明也。夫善道属阳，恶道属阴，若修正守阳，摧折恶类，则福从之矣。穆每事不逮，所好唯学，传受于师，时有可试。愿将军少察愚言，申纳诸儒，而亲其忠正，绝其姑息，专心公朝，割除私欲，广求贤能，斥远佞恶。夫人君不可不学，当以天地顺道渐渍其心。宜为皇帝选置师傅及侍讲者，得小心忠笃敦礼之士，将军与之俱入，参劝讲授，师贤法古，此犹倚南山坐平原也，谁能倾之！今年夏，月晕房星，明年当有小厄。宜急诛奸臣为天下所怨毒者，以塞灾咎。议郎、大夫之位，本以式序儒术高行之士，今多非其人；九卿之中，亦有乖其任者。惟将军察焉。”又荐种暠、栾巴等。而明年严鲔谋立清河王蒜，又黄龙二见沛国。冀无术学，遂以穆“龙战”之言为应，于是请暠为从事中郎，荐巴为议郎，举穆高第，为侍御史。

时同郡赵康叔盛者，隐于武当山，清静不仕，以经传教授。穆之内的杰出之士，如果任用朱穆出谋划策，则平定叛贼易如反掌。”梁冀也向来听说过朱穆的美名，就征召了他，让他主管战事，朱穆颇受梁冀的亲近和信任。到桓帝即位时，顺烈太后亲掌朝政，朱穆认为梁冀位高权重为朝廷所倚重，所以希望能通过梁冀的力量来扶持王室，并根据阴阳术数预测灾异，呈上文书劝戒梁冀道：“在下朱穆考虑到明年太岁同时位于丁位和亥位，岁德和刑德都匹配于北方的乾位，《易经》曾讲到阴阳二气交战之时的事情。《易经·象辞》说：‘阴阳二气于原野之上交战，阴气之道将归于穷途末路。’这话说的便是阳道胜出而阴道落败之意。今年九月的天气让人气闷，五个方位以及四季的气候都接连出现混乱，这便是术数与气候异变的互相证明。善道属阳，恶道属阴，如果遵行正道，葆守阳气，摧毁、打击奸恶之辈，那么福气便会随之而来了。在下朱穆在很多事上都力有未逮，所喜爱的唯有治学，在下从老师那里略有所得，时常有能够验证预测的机会。希望将军能对在下的愚见稍作研究，任用接纳众位儒生，并且亲近那些忠诚正直的士人，和那些苟且之徒断绝往来，专心于朝政，并戒除私心，广泛搜求贤能之士，革除远离佞臣恶党。另外国君不可不学习，应当用合乎天地正道的义理渐渐渐地感化国君的心智。应当为皇帝选任老师和侍讲，选用那些小心谨慎、忠诚笃敬、尊崇礼仪之士，将军和他们一道入宫，参与勉励天子、讲授经义，师从圣贤、效法古人，这就像背靠南山安坐于平原之上，这样的王室谁能令其倾覆呢！今年夏季，月亮运行至房宿之位时产生光晕，明年应该会有小灾。将军应尽速处死为天下人所痛恨的奸臣，来遏止灾祸的发生。议郎和大夫之职，本应依次让通晓儒术、德行高尚之士出任，如今在位者却大多不称其职；九卿之中，也有尸位素餐之徒。希望将军明察。”朱穆又推荐了种暠、栾巴等人。之后第二年严鲔图谋扶立地处北方的清河国的国王刘蒜为帝，另外沛国又有黄龙二度现身的异象。梁冀对阴阳术数一无所知，就把这当成是朱穆所说的“阴阳二气交战”的应验，他向朝廷提请让种暠担任从事中郎，并推荐栾巴做议郎，又在考绩中推举朱穆为优等，任命朱穆为侍御史。

当时和朱穆同为南阳郡人氏的表字叔盛的赵康，他隐居在武当时年五十，乃奉书称弟子。及康殁，丧之如师。其尊德重道，为当时所服。

常感时浇薄，慕尚敦笃，乃作《崇厚论》。其辞曰：

夫俗之薄也，有自来矣。故仲尼叹曰："大道之行也，而丘不与焉。"盖伤之也。夫道者，以天下为一，在彼犹在己也。故行违于道则愧生于心，非畏义也；事违于理则负结于意，非惮礼也。故率性而行谓之道，得其天性谓之德。德性失然后贵仁义，是以仁义起而道德迁，礼法兴而淳朴散。故道德以仁义为薄，淳朴以礼法为贼也。夫中世之所敦，已为上世之所薄，况又薄于此乎！

故夫天不崇大则覆帱不广，地不深厚则载物不博，人不敦庬则道数不远。昔在仲尼不失旧于原壤，楚严不忍章于绝缨。由此观之，圣贤之德敦矣。老氏之经曰："大丈夫处其厚不处其薄，居其实不居其华，故去彼取此。"夫时有薄而厚施，行有失而惠用。故覆人之过者，敦之道也；救人之失者，厚之行也。往者，马援深昭此道，可以为德，诫其兄子曰："吾欲汝曹闻人之过如闻父母之名。耳可得闻，口不得言。"斯言要矣。远则圣贤履之上世，近则丙吉、张子孺行之汉廷。故能振英声于百世，播不灭之遗风，不亦美哉！

山，安守清静不愿做官，并为弟子们教授儒家经典和解经的传书。朱穆当时已经五十岁了，他竟送上书信拜赵康为师。等到赵康去世后，他按照对待老师的礼仪为赵康服丧。朱穆尊奉德行、重视道义，因此在当时为人所钦佩。

朱穆常对当时浅薄的时俗有所感触，出于对敦厚朴实之道的向往和推崇，他就创作了《崇厚论》。其文如下：

世风之浮薄，由来已久了。因此孔子叹道："三皇、五帝之时大道通行于世，然而我孔丘却没能赶上那个时代。"孔子大概是对时俗感到悲哀吧。道，放之四海都一样适用，无论是对于他人还是对于自己其作用都是类似的。因此行动有违于道就会心生惭愧，但这并非是出于对义理的畏惧；人们行事有违于理就会感到内疚，但这并非是出于对礼制的忌惮。因此行动顺从天性就是道，始终葆有天性就是德。失却了德与天性之后人们才开始看重仁爱与正义，因此仁义兴起后道德便会变迁，礼法兴起后淳朴便会消散。所以道德因仁义而变得浅薄，淳朴因礼法而受到损害。五帝之时为人所崇尚的，已然是三王之世所鄙薄的，何况今世又是五帝之时所鄙夷的呢！

因此天不宏大就不能广泛地覆盖万物，地不深厚就不能大量地承载万物，人不敦厚就不能深入地领悟至道。从前仲尼不愿抛却和原壤的旧情而苛责他，楚庄王不忍心让帽带断开的臣子暴露身份。由此看来，圣贤的道德是很敦厚的。老子的《道德经》里说："大丈夫安于敦厚的道德而不守浅薄的礼法，心怀质实的清虚而不顾浮华的声色，因此大丈夫远离礼法、声色而保守道德、清虚。"时俗之浅薄便用自身的敦厚来制御，他人的行为疏于检点便待之以恩惠。因此包容他人的错误，是宽厚的道德；挽救他人的过失，是淳厚的行动。从前，马援充分地彰明了这样的道，运用此道可以施恩于人，他曾告诫自己兄长的儿子说："我要求你们听闻他人过失正如听闻父母之名。这些过失可以入于耳，但不能说出口。"这话说得很恰当。上古就有孔子、楚庄王等圣贤于前代履行敦厚之道，近世则有丞相丙吉、将军张子孺在前汉履行敦厚之道。因此他们能在百世之间宣扬美好的名声，使自己遗留的风范流传不灭，这不是很美好的事吗！

然而时俗或异，风化不敦，而尚相诽谤，谓之臧否。记短则兼折其长，贬恶则并伐其善。悠悠者皆是，其可称乎！凡此之类，岂徒乖为君子之道哉，将有危身累家之祸焉。悲夫！行之者不知忧其然，故害兴而莫之及也。斯既然矣，又有异焉。人皆见之而不能自迁。何则？务进者趋前而不顾后，荣贵者矜己而不待人，智不接愚，富不赈贫，贞士孤而不恤，贤者戹而不存。故田蚡以尊显致安国之金，淳于以贵势引方进之言。夫以韩、翟之操，为汉之名宰，然犹不能振一贫贤，荐一孤士，又况其下者乎！此禽息、史鱼所以专名于前，而莫继于后者也。故时敦俗美，则小人守正，利不能诱也；时否俗薄，虽君子为邪，义不能止也。何则？先进者既往而不反，后来者复习俗而追之，是以虚华盛而忠信微，刻薄稠而纯笃稀。斯盖《谷风》有“弃予”之叹，《伐木》有“鸟鸣”之悲矣！

嗟乎！世士诚躬师孔圣之崇则，嘉楚严之美行，希李老之雅诲，思马援之所尚，鄙二宰之失度，美韩棱之抗正，贵丙、张之弘裕，贱时俗之诽谤，则道丰绩盛，名显身荣，载不刊之德，播不灭之声。然后知薄者之不足，厚者之有余也。彼与草木俱朽，此与金石相倾，岂得同年而语，并日而谈哉？

然而如今的习俗不同，风尚教化不淳厚，反而以相互诋毁为风气，背后妄议他人高下。惦记他人的短处就同时指责他人的长处，贬斥他人的罪恶就一并批评他人的善行。很多人都是如此，这难道可以称举吗！大凡此类恶行，岂止有违于君子之道，甚至会招来身死族灭的灾祸。可悲呀！如此行事之人不懂得心忧于灾祸的形成，因此到灾害发生时就追悔莫及了。现状已到如此地步，却又有令人惊异之怪象。世人都眼看着世事沦于如此地步却不能自我悔改。原因何在？务求进身之人只顾升官而不顾及后进，地位尊贵之人自吹自擂而不谦虚待人，有智者不对愚笨者施以援手，富有者不对贫困者帮助救济，幼年丧父的坚贞之士得不到周济，陷于困顿的贤能之人得不到慰问。所以田蚡因为尊显而接受韩安国的行贿之金，淳于长依靠侯王、九卿的尊位才获得翟方进的称赞之言。凭着韩安国、翟方进的操行，凭着他们身为汉朝著名宰相的地位，却仍不能赈济一位贫困的贤才，举荐一位幼年丧父的名士，更何况德行、官位逊色于他们的人呢！这便是唯独举荐百里奚的禽息和举荐蘧伯玉的史鱼能在前代的历史中留下美名，而继承其风范者却后继无人的原因。因此如果时俗风尚敦厚美好，那么小人也能谨守正道，因而不为利益所诱；如果时俗风尚败坏浅薄，即使君子行为失当，也无人出于正义予以阻止。为什么呢？堪为表率的前辈已经一去不复返了，后来者沿袭浅薄的风俗并亦步亦趋，因此虚妄、浮华大行其道而忠诚、信义衰微凋零，刻薄之风愈演愈烈而纯朴忠厚日渐稀少。这大概就是《小雅·谷风》所发出的“弃予”之叹，《小雅·伐木》所倾诉的“鸟鸣”之哀吧。

唉！世人若能真诚地躬行至圣孔子那崇高的典则，称道楚庄王那高尚的操行，景仰老子那美好的教诲，思慕马援所崇尚的道德，鄙夷韩、翟二位宰相的行为失矩，颂扬韩棱的对抗外戚刚正不阿，珍视丙吉、张子孺的宽宏大量，轻贱当世之俗人的相互中伤，便能使道德完善、功业盛大，声名赫赫、身份尊荣，至德载入史册不可改易，美名流播万世永不消散。之后世人便会明白德薄之人的缺憾，淳厚之人的完满。德薄之人随草木一并腐朽，淳厚之人可与金石相匹敌，岂能将二者相提并论，混为一谈呢？

穆又著《绝交论》，亦矫时之作。

梁冀骄暴不悛，朝野嗟毒，穆以故吏，惧其衅积招祸，复奏记谏曰："古之明君，必有辅德之臣，规谏之官，下至器物，铭书成败，以防遗失。故君有正道，臣有正路，从之如升堂，违之如赴壑。今明将军地有申伯之尊，位为群公之首，一日行善，天下归仁，终朝为恶，四海倾覆。顷者，官人俱匮，加以水虫为害。京师诸官费用增多，诏书发调或至十倍。各言官无见财，皆当出民，搒掠割剥，强令充足。公赋既重，私敛又深。牧守长吏，多非德选，贪聚无猒，遇人如虏，或绝命于箠楚之下，或自贼于迫切之求。又掠夺百姓，皆托之尊府。遂令将军结怨天下，吏人酸毒，道路叹嗟。昔秦政烦苛，百姓土崩，陈胜奋臂一呼，天下鼎沸，而面谀之臣，犹言安耳。讳恶不悛，卒至亡灭。昔永和之末，纲纪少弛，颇失人望。四五岁耳，而财空户散，下有离心。马免之徒乘敝而起，荆扬之间几成大患。幸赖顺烈皇后初政清静，内外同力，仅乃讨定。今百姓戚戚，困于永和，内非仁爱之心可得容忍，外非守国之计所宜久安也。夫将相大臣，均体元首，共舆而驰，同舟而济，舆倾舟覆，患实共之。岂可以去明即昧，履危自安，主孤时困，而莫之恤乎！宜时易宰守非其人者，减省第宅园池之费，拒绝郡国诸所奉送。内以自明，外解人惑，使挟奸之吏无所依托，司察之臣得尽耳目。宪度既张，远迩清壹，则将军身尊事显，德耀无穷。天道明察，无言不信，惟垂省览。"冀不纳，而纵放日滋，遂复赂遗左右，交通宦者，任其子弟、宾客以为州郡要职。穆又奏记极谏，冀终不悟。报书云："如此，仆亦无一可邪？"穆言虽切，然亦不甚罪也。

朱穆又创作了《绝交论》，也是纠正时俗之作。

当时梁冀骄横暴虐不知悔改，朝野上下无不因此悲叹、怀恨，朱穆因为自己曾是梁冀的属下，所以害怕老上司梁冀会因罪孽深重而招来灾祸，他又上书劝谏梁冀说："上古的贤明君王，一定有辅佐他修养德性的贤臣，规劝他择善而行的良吏，下到君王的日常用品，都会刻有警戒君王着意于是非成败的铭文，以防君王的行事有所疏漏。因此君王有自应尊奉的治国正道，臣子有本应如此的辅国正路，治国安邦躬行其道便能像登上厅堂一般渐入佳境，辅国安民有违其道便会像步入沟壑一般江河日下。如今贤明的将军您身居周宣王长舅申伯一般的尊位，地位在三公之上，一旦您率先行善，则天下人都会归心于您的仁德，但若您终日为恶，那么整个国家都会因恶行而覆灭。近来，官吏百姓都穷困潦倒，水灾虫灾的危害更是火上浇油。京城中各个官署的花费日益增多，朝廷下令征调的人力物力有时竟达过去的十倍。众人都说官家已无现成的财用，所需都应由百姓提供，酷吏们对百姓拷打掠夺，残害盘剥，强制要求百姓缴足苛捐杂税。官府的赋税已经很重了，豪强的田租又更加苛刻。州牧、郡守之类的地方高官，大多并非因才德而受到选用，他们贪婪无度，搜刮钱财，对待百姓就像对待仇敌，有的人死于酷吏鞭杖的拷打，有的人因急迫的剥削而自杀。而且他们掠夺百姓的罪行，都是假托于将军您的名义，最终使得大将军与天下人结下仇怨，官吏、百姓无不痛恨，路上行人叹息连连。从前秦朝的政令繁杂、苛刻，百姓对朝廷离心离德，以至于陈胜挥动手臂、一声高呼，天下顿时陷于动荡，而那些当面谄媚的佞臣，仍然谎称四境安宁。朝臣讳言噩耗不知悔改，最卒暴秦至于土崩瓦解。从前的顺帝永和末年，朝纲国法稍有废弛，朝廷声望大受损失。四五年间朝政不振，且国库空虚、万民流离，群臣百官心怀异志。马免等贼寇趁天下大乱而起兵造反，作乱于荆州扬州之间几乎酿成大患。幸亏有赖于顺烈皇后起初为政清平，百姓安静，朝野内外同心协力，才差不多平定乱贼。如今百姓心中忧惧万分，危难甚于永和年间，朝中的乱象不是心怀仁爱之士所能够容忍的，地方的安宁仅凭卫国的谋略不能长久维持。文武群臣、朝中百官，本与君王同永兴元年，河溢，漂害人庶数十万户，百姓荒馑，流移道路。冀州盗贼尤多，故擢穆为冀州刺史。州人有宦者三人为中常侍，并以檄谒穆。穆疾之，辞不相见。冀部令长闻穆济河，解印绶去者四十余人。及到，奏劾诸郡，至有自杀者。以威略权宜，尽诛贼渠帅。举劾权贵，或乃死狱中。有宦者赵忠丧父，归葬安平，僭为玙璠、玉匣、偶人。穆闻之，下郡案验。吏畏其严明，遂发墓剖棺，陈尸出之，而收其家属。帝闻大怒，征穆诣廷尉，输作左校。太学书生刘陶等数千人诣阙上书讼穆曰："伏见施刑徒朱穆，处公忧国，拜州之日，志清奸恶。诚以常侍贵宠，父兄子弟布在州郡，竞为虎狼，噬食小人，故穆张理天网，补缀漏目，罗取残祸，以塞天意。由是内官咸共恚疾，谤讟烦兴，谗隙仍作，极其刑谪，输作左校。天下有识，皆以穆同勤禹、稷而被共、鲧之戾，若死者有知，则唐帝怒于崇山，重华忿于苍墓矣。当今中官近习，窃持国柄，手握王爵，口含天宪，运赏则使饿隶富于季孙，呼噏则令伊、颜化为桀、跖。而穆独亢然不顾身害。非恶荣而好辱，恶生而好死也，徒感王纲之不摄，惧天网为一体，同车共行，同舟共济，若是车覆船沉，确实同遭患难。怎能远离明智、步入昏聩，踏上绝路、自认平安，天子无助、时局艰难，却全无忧虑之心呢！应及时裁汰德不称位的地方长官，减少节约修筑府邸池苑的费用，拒绝郡国各处官府进献的财物。向内使自身更加明智，向外解开众人的疑惑，使心怀奸诈的恶吏丧失靠山，让监察之官能够彻查不法。如此一来纲纪法度便可申张，远近内外清平纯一，那么将军您就能身份尊贵，功业显赫，明德光耀后世亘古不灭。愿天道明察在下文书，便可知在下全无虚言，希望大将军垂意一观。”梁冀没有听从朱穆的建议，而且他的恣意妄为愈演愈烈，他便再次向天子近臣献上贿赂，与宦官勾结往来，任命他的子弟、宾客担任州郡要职。朱穆又上书极力劝阻，梁冀最终也没有悔悟。他给朱穆回信说：“照你这么说，我难道就一无是处么？”朱穆的进言虽然直率、激烈，然而梁冀也没有严厉地责怪他。

永兴元年（153），黄河河水泛滥，几十万户平民受到洪水侵袭，收成不好百姓挨饿，道路之上满是流民。冀州的贼寇尤其多，因此朝廷提拔朱穆为冀州刺史。时任中常侍中有三名宦官是冀州人，他们拿着朝廷的檄文一起来拜见朱穆。朱穆对他们深恶痛绝，推辞不见。冀州的县令、县长得知朱穆渡过黄河的消息后，有四十多人解下印信、绶带自行辞官。等朱穆到任后，他上奏检举各郡的庸官，有人甚至畏罪自杀。朱穆凭自己的声威和谋略变通行事，自行裁决，将贼寇头目全部剿灭。他又检举、弹劾高官、贵胄，有的最终死在狱中。有位叫赵忠的宦官父亲去世，他将遗体带回安平侯国安葬，但他却逾越礼制擅自制作陪葬的美玉、装敛用的玉匣以及陪葬的人偶。朱穆听说后，将此案交给当地郡府调查。郡府官吏惧于朱穆的公正分明，就挖开了赵忠父亲的墓穴并破开棺材，还取出了安放在内的尸身，而且又收押了赵忠的家属。桓帝闻讯大怒，便召回朱穆让他到廷尉处受审，廷尉判处朱穆到左校服劳役。太学的刘陶等几千名儒生来到宫中上书为朱穆申辩道：“依臣等愚见免于戴枷转服劳役的刑徒朱穆，他身为朝廷的官员心忧国家，出任冀州刺史期间，志在扫清奸恶之徒，实在是因为中常侍显贵得宠，他们的父兄子弟遍布于各州各之久失，故竭心怀忧，为上深计。臣愿黥首系趾，代穆校作。”帝览其奏，乃赦之。

穆居家数年，在朝诸公多有相推荐者，于是征拜尚书。穆既深疾宦官，及在台阁，旦夕共事，志欲除之。乃上疏曰：“案汉故事，中常侍参选士人。建武以后，乃悉用宦者。自延平以来，浸益贵盛，假貂珰之饰，处常伯之任，天朝政事，一更其手，权倾海内，宠贵无极，子弟亲戚，并荷荣任，故放滥骄溢，莫能禁御。凶狡无行之徒，媚以求官，恃势怙宠之辈，渔食百姓，穷破天下，空竭小人。愚臣以为可悉罢省，遵复往初，率由旧章，更选海内清淳之士，明达国体者，以补其处。即陛下可为尧舜之君，众僚皆为稷契之臣，兆庶黎萌蒙被圣化矣。”帝不纳。后穆因进见，口复陈曰：“臣闻汉家旧典，置侍中、中常侍各一人，省尚书事，黄门侍郎一人，传发书奏，皆用姓族。自和熹太后以女主称制，不接公卿，乃以阉人为常侍，小黄门通命两宫。自此以来，权倾人主，穷困天下。宜皆罢遣，博选耆儒宿德，与参政事。”帝怒，不应。穆伏不肯起。左右传出，良久乃郡，如虎狼一般竞相行恶，残害平民百姓，因此朱穆才伸张国法、布下天罗地网，缝补法网疏漏的孔眼，张网收捕残余的恶徒，以使上苍和天子的意旨得到满足。朱穆因此遭到了全体宦官的痛恨，宦官们对他的诋毁层出不穷，屡次三番进谗陷害，最终对朱穆处以极端的刑罚，将他遣送至左校服苦役。全天下的有识之士，都认为朱穆与大禹、后稷一般劳于治水和农事却蒙受了像共工和鲧一样的罪过，如果死者尚有知觉，那么葬于崇山的唐尧将怒不可遏，葬于苍梧的虞舜将忿然作色。眼下宦官受到天子的亲信宠爱，他们窃取、把持了国家权柄，执掌授官、封爵的大权，朝纲国法专出于其口，他们若要进行赏赐便能使饥民比季孙氏还富裕，一息之间就能让伊尹、颜回化为夏桀、盗跖。然而唯独朱穆傲岸不屈、奋不顾身。他并非是厌恶尊荣而乐于受辱，并非是厌恶生存而乐于毁灭，他只是有感于天子的纲纪废弛不振，担忧于国家的法律败坏已久，所以殚精竭虑、忧心忡忡，替皇上做深远的考虑。臣等愿接受额头刺字、镣铐锁足的刑罚，代替朱穆到左校服劳役。”桓帝读罢奏章，就赦免了朱穆。

朱穆闲居在家数年，朝中各位公卿有不少人都向桓帝推荐他，于是朝廷征召了朱穆并任命他为尚书。朱穆已然对宦官深为痛恨，到尚书台赴任后，他从早到晚与宦官共事，始终有心想除掉他们。便向桓帝上书道：“依照前汉旧制，士人才可参加中常侍的选拔。光武帝建武年间之后，才全都任用宦官。从殇帝延平年间以来，宦官地位的高贵与显赫渐渐与日俱增，他们凭借朝廷赐予的饰有貂尾和金珰的冠帽，身居侍中的要职，天朝大小诸项政事，一律经他们之手传递，因而宦官权倾天下，享有的恩宠和尊贵没有穷尽，他们的后辈等亲戚，都承蒙荣耀和授官，并因此恣意妄为、骄横无度，无人能够加以制止。凶恶狡诈的无德之人，为了谋求官职而奉承宦官，依赖权势、仗着受宠的俗夫，他们掠夺黎民百姓，致使天下穷困破败，导致小民家徒四壁。愚臣认为可将宦官全部罢免，遵行恢复从前制度，一律按照旧时法规，换下宦官而选择四方高洁淳厚之士，以及通晓国家典章制度之人，让他们补任宦官之位。当即陛下便可成为尧、舜般的君主，百官都可成为稷、契般的臣子，亿兆百姓得以承蒙圣朝的感趋而去。自此中官数因事称诏诋毁之。

穆素刚，不得意，居无几，愤懑发疽。延熹六年，卒，时年六十四。禄仕数十年，蔬食布衣，家无余财。公卿共表穆立节忠清，虔恭机密，守死善道，宜蒙旌宠。策诏褒述，追赠益州太守。所著论、策、奏、教、书、诗、记、嘲，凡二十篇。

穆前在冀州，所辟用皆清德长者，多至公卿、州郡。子野，少有名节，仕至河南尹。初，穆父卒，穆与诸儒考依古义，谥曰贞宣先生。及穆卒，蔡邕复与门人共述其体行，谥为文忠先生。

论曰：朱穆见比周伤义，偏党毁俗，志抑朋游之私，遂著《绝交》之论。蔡邕以为穆贞而孤，又作《正交》而广其致焉。盖孔子称"上交不谄，下交不黩"，又曰"晏平仲善与人交"，子夏之门人亦问交于子张。故《易》明"断金"之义，《诗》载"宴朋"之谣。若夫文会辅仁，直谅多闻之友，时济其益，纻衣倾盖，弹冠结绶之夫，遂化。”桓帝并未采纳朱穆的意见。后来朱穆趁着谒见天子的机会，再次亲口向桓帝陈述道：“微臣听说按照汉朝从前的典章，侍中和中常侍各设一名，负责检查尚书台事务，设黄门侍郎一名，负责奏章、诏书的上传下达，三名官员都要任用在宗族中有名望的士人。自从和熹太后以女子身份亲掌朝政，因不便接见公卿，才开始选用阉人担任常侍，并设置由宦官担任的小黄门负责将命令由太后通报给天子。从此以后，宦者之权超过君主，致使天下贫穷困厄。应将宦官全部罢黜，广选年高德劭的大儒，让他们参与政事。”桓帝大怒，不予回应。朱穆伏地跪拜不肯起身。近臣传下口谕命朱穆离开，过了很久朱穆才恭敬地小步快走出宫而去。从此宦官多次借故假托天子之命诋毁朱穆。

朱穆一向性情刚直，不能实现为政心愿，担任尚书没多久，便因气愤、抑郁而长了毒疮。延熹六年（163），朱穆去世，时年六十四岁。朱穆为官几十年，常年茹素、衣无锦绣，家无余财。公卿一同上表说朱穆树立节操、忠诚清廉，处理机密真诚、恭敬，誓死守护光明正道，理应承蒙表彰、尊崇。朝廷下策书命令记述朱穆功绩并予以褒扬，并追授朱穆益州太守一职。朱穆所创作的论、策、奏、教、书、诗、记、嘲，共计二十篇。

朱穆之前任冀州刺史时，所征召任用的人都是品德高洁的长者，这些人当中有不少都位至公卿、刺史、郡守。朱穆之子朱野，年轻时便有美名和操守，最终官至河南郡长官河南尹。起初，朱穆父亲去世后，朱穆和师从先父的众位儒生考据并依照古时的义理，给予先父“贞宣先生”的谥号。等朱穆去世后，蔡邕又和朱穆的弟子一起追述他的事迹，给予他“文忠先生”的谥号。

评论说：朱穆看到世人相互勾结败坏公义，结党偏私毁弃良俗，他有志于遏止交友只为营私的邪风，就创作了《绝交论》。蔡邕认为朱穆守正但却独行，便又创作了《正交论》来推广朱穆的情致。孔子曾说“与尊贵者结交而不谄媚，与低微者结交而不轻慢”，孔子又说“晏子善于和人交往”，子夏的弟子也曾向子张询问交友之道。因此《易经》申明过“二人同心，其利断金”的精辟义理，《诗经》收隆其好，斯固交者之方焉。至乃田、窦、卫、霍之游客，廉颇、翟公之门宾，进由势合，退因衰异。又专诸、荆卿之感激，侯生、豫子之投身，情为恩使，命缘义轻。皆以利害移心，怀德成节，非夫交照之本，未可语失得之原也。穆徒以友分少全，因绝同志之求；党侠生敝，而忘得朋之义。蔡氏贞孤之言，其为然也！古之善交者详矣。汉兴称王阳、贡禹、陈遵、张竦，中世有廉范、庆鸿、陈重、雷义云。

乐恢字伯奇，京兆长陵人也。父亲，为县吏，得罪于令，收将杀之。恢年十一，常俯伏寺门，昼夜号泣。令闻而矜之，即解出亲。

恢长好经学，事博士焦永。永为河东太守，恢随之官，闭庐精诵，不交人物。后永以事被考，诸弟子皆以通关被系，恢独皦然不污于法，遂笃志为名儒。性廉直介立，行不合己者，虽贵不与交。信阳侯阴就数致礼请恢，恢绝不答。

后仕本郡吏，太守坐法诛，故人莫敢往，恢独奔丧行服，坐以抵罪。归，复为功曹，选举不阿，请托无所容。同郡杨政数众毁恢，后举政子为孝廉，由是乡里归之。辟司空牟融府。会蜀郡太守第五录了描写“宴请朋友故交”的《伐木》一诗。至于以文章、学问来结交友人并借朋友的帮助修养德行，以及与正直、诚实、见多识广的人交友，常常能从其中获得助益，至于子产赠季札以麻衣、孔子与程子在相交的车盖下畅谈，以及贡禹因王阳得官而弹去自己帽上灰尘、朱博因萧育引荐便佩戴好自己的绶带，从这样的友情中获得的益处也会日益丰厚，这些都是长久以来的交友之道呀。至于田蚡、窦婴、卫青、霍去病等人的食客，以及廉颇、翟公的门客，他们因主家的权势和团结前来依附，又因主家的衰落和变故告退离去。又有专诸、荆轲因恩遇而心怀感激，侯嬴、豫让因赏识而舍命相报，豪情为恩情所驱使，性命因恩义被轻贱。在这些所谓的友情中心意都会因为利害关系而改变，气节只是因为心怀恩德才树立，这些都不是真正肝胆相照的交情，不应据此探求友情得失的根由。朱穆只因朋友的情分少有终能保全的，就断绝了对志同道合者的寻求；只因与游侠结党为法禁带来破坏，便忘却了求得同道的美好意义。蔡邕对他做出的守正但却独行的评价，很是恰当呀！古时的善于交友之人广存于各个时代。汉朝兴立之初王阳、贡禹、陈遵、张竦颇负盛名，大汉中期又有廉范、庆鸿、陈重、靁义等人。

乐恢字伯奇，京兆尹长陵县人。他的父亲乐亲，为县吏，因得罪了县令，遭到收押并将被杀害。乐恢当时十一岁，他常常伏倒在县衙门前，不分日夜地放声号哭。县令听到后很同情他，当即释放了乐亲。

乐恢长大喜好经学，以博士焦永为师，焦永为河东太守，乐恢随他到官，闭门精读，不与别人交结。后焦永因事被拷问，他的弟子全因为与外人通连而被抓，只有乐恢清白不污，未触于法。于是乐恢立下大志要成为名儒。乐恢生性廉直独立，那些品德不合己志的人，即使显贵，乐恢也不与他们交往。信阳侯阴就多次致礼请他，他都拒绝不答。

后来乐恢在本郡做官，太守因犯法被处死，他的老朋友无人敢来吊唁，唯独乐恢赶去参加太守的丧事并为他服丧，乐恢因此受到了惩处。守孝结束重回郡府后，乐恢又出任了郡功曹，他在简选官吏时不屈从上意，别人托他办事他全部回绝。同郡的杨政曾多次当众污伦代融为司空，恢以与伦同郡，不肯留，荐颍川杜安而退。诸公多其行，连辟之，遂皆不应。

后征拜议郎。会车骑将军窦宪出征匈奴，恢数上书谏争，朝廷称其忠。入为尚书仆射。是时河南尹王调、洛阳令李阜与窦宪厚善，纵舍自由。恢劾奏调、阜，并及司隶校尉。诸所刺举，无所回避，贵戚恶之。宪弟夏阳侯瓌欲往候恢，恢谢不与通。宪兄弟放纵，而忿其不附己。妻每谏恢曰："昔人有容身避害，何必以言取怨？"恢叹曰："吾何忍素餐立人之朝乎！"遂上疏谏曰："臣闻百王之失，皆由权移于下。大臣持国，常以势盛为咎。伏念先帝，圣德未永，早弃万国。陛下富于春秋，纂承大业，诸舅不宜干正王室，以示天下之私。经曰：'天地乖互，众物夭伤。君臣失序，万人受殃。'政失不救，其极不测。方今之宜，上以义自割，下以谦自引。四舅可长保爵土之荣，皇太后永无惭负宗庙之忧，诚策之上者也。"书奏不省。时窦太后临朝，和帝未亲万机，恢以意不得行，乃称疾乞骸骨。诏赐钱，太医视疾。恢荐任城郭均、成阳高凤，而遂称笃。拜骑都尉，上书辞谢曰："仍受厚恩，无以报效。夫政在大夫，孔子所疾；世卿持权，《春秋》以戒。圣人恳恻，不虚言也。近世外戚富贵，必有骄溢之败。今陛下思慕山陵，未遑政事；诸舅宠盛，权行四方。若不能自损，诛罚必加。臣寿命垂尽，临死竭愚，惟蒙留神。"诏听上印绶，乃归乡里。窦宪因是风厉州郡迫胁，恢遂饮药死。弟子缞绖挽者数百人，众庶痛伤之。

蔑乐恢，然而乐恢后来却举荐杨政之子为孝廉，自此同乡之人都归附于他。后来乐恢在牟融任司空时应召到司空府为官。碰巧那时蜀郡太守第五伦接替牟融继任司空，乐恢因为自己和第五伦是同郡人，便不愿留在司空府任职，他推荐了颍川郡人杜安便退职离去。众位公卿中有不少人都认为乐恢品行高尚，他们陆续征召乐恢，而乐恢最终都没有应召。

后来朝廷征召乐恢并任命他为议郎。适逢车骑将军窦宪提请征讨匈奴，乐恢几次上书进言劝阻，朝廷称赞乐恢忠心耿耿。后来乐恢进入尚书台担任尚书仆射。当时河南尹王调、洛阳令李阜与窦宪交情很深，他们随意释放有罪之人。乐恢上奏弹劾王调、李阜，并对司隶校尉也提出弹劾。在每次的揭发检举中，乐恢坚守公正毫无忌讳，因此他为皇亲国戚们所痛恨。窦宪之弟夏阳侯窦瓌打算去问候乐恢，乐恢谢绝求见不愿与窦瓌结交。窦宪兄弟向来恣意妄为，因而对乐恢的不肯依附心怀怨恨。乐恢之妻常常劝他说：“古时曾有苟安以求避免祸害之人，你何必要让口中之言招来怨恨呢？”乐恢叹道：“我哪能容忍自己在朝为官却无功受禄呢！”于是他向朝廷上奏进谏说：“微臣听说历代君主的过失，都源于大权旁落于臣下之手。大臣执掌了国政，经常因权势过盛而犯下罪过。微臣追念先帝，他圣德未能长存，抛开天下英年早逝。而陛下于年富力强之时，继承了治国大业，陛下的各位舅父不应对朝廷之事有所干预，以使朝中为政以私之弊昭示于天下。经说：‘天地间阴阳失和彼此抵触，世间万物便因此夭折损伤。君臣间上下尊卑混乱失序，朝野间天下万民因而遭殃。’朝政之差错若不予纠正，灾祸之极限将难以预测。如今的稳妥之策是，陛下以公义之名自我割舍亲情，臣子以谦逊之道自行引退让权。这样四位舅父可以长保安享爵位、封地的尊荣，皇太后永无惭愧、辜负于先祖的担忧，这实在是上上之策。”和帝并未查看乐恢的奏书。当时仍由窦太后亲掌朝政，和帝尚未亲自处理朝政，乐恢因自己的愿望未获推行，便称病乞求退职还乡。朝廷下令赐钱给乐恢，并派去太医诊视。乐恢推荐了任城县人郭均、成阳县人高凤，并最终表示自己病得很重。朝廷又任命乐恢为骑都尉，乐恢上书辞谢道：“微后窦氏诛，帝始亲事，恢门生何融等上书陈恢忠节，除子己为郎中。

何敞字文高，扶风平陵人也。其先家于汝阴。六世祖比干，学《尚书》于朝错，武帝时为廷尉正，与张汤同时。汤持法深而比干务仁恕，数与汤争，虽不能尽得，然所济活者以千数。后迁丹阳都尉，因徙居平陵。敞父宠，建武中为千乘都尉，以病免，遂隐居不仕。

敞性公正。自以趣舍不合时务，每请召，常称疾不应。元和中，辟太尉宋由府，由待以殊礼。敞论议高，常引大体，多所匡正。司徒袁安亦深敬重之。是时京师及四方累有奇异鸟兽草木，言事者以为祥瑞。敞通经传，能为天官，意甚恶之。乃言于二公曰："夫瑞应依德而至，灾异缘政而生。故鸜鹆来巢，昭公有乾侯之戹；西狩获麟，孔子有两楹之殡。海鸟避风，臧文祀之，君子讥焉。今异鸟翔于殿屋，怪草生于庭际，不可不察。"由、安惧然不敢答。居无何而肃宗崩。

臣频频承蒙朝廷大恩，无以为报。朝政的裁夺归于大夫之手，这是孔子所厌恶的事；世代公卿之人掌握权柄，《春秋》之义以此为禁忌。君权旁落为圣人所痛心，圣人所言皆能切合实际。近代以来的外戚凡是富有而尊贵的，最终一定会因骄矜无度而自取灭亡。现在陛下因怀念先帝，尚未得闲亲理政事；各位舅父甚为受宠，权势之大遍行天下。窦氏如果不能自行让权，惩处必将加诸其身。微臣行将就木，临死尽陈愚见，希望承蒙陛下留意。”和帝下令允许乐恢送还骑都尉的印信、绶带，于是乐恢回到家乡。窦宪因此暗使州郡对他进行迫害，乐恢于是服毒而死。他死后几百名弟子身穿麻布衣服追悼他，百姓都痛心于乐恢的离世。

后来朝廷处死窦氏，和帝才开始亲理政事，乐恢的再传弟子何融等人上书陈说了乐恢的忠诚和操守，于是朝廷任命乐恢之子乐己为郎中。

何敞字文高，右扶风平陵县人。他的祖先原本定居在汝南郡汝阴县。何家的第六代先祖何比干，曾师从晁错学习《尚书》，到武帝时他出任廷尉正，和廷尉张汤同时在朝为官。张汤执法苛刻严酷而何比干追求仁慈、宽恕，他曾多次就判刑与张汤发生争执，虽然不是每次都占尽上风，但他仍然救下了数以千计的生命。后来何比干升任为丹阳郡的都尉。于是他迁往平陵县居住。何敞之父何宠，于光武帝建武年间担任千乘郡的都尉，后来何宠因病遭到免职，他便隐居家乡不再做官。

何敞性格正直不偏私。他认为自己的好恶不合时俗，因而每次受到征召，他总是托病回绝。元和年间，何敞应召来到宋由任太尉的太尉府中任职，宋由对何敞礼遇有加。何敞的主张非常高明，他在议事时常援引重要的道理，多次对施政有所纠偏。司徒袁安也对他非常敬重。当时京城和四方各地频频有奇异的鸟兽草木出现，谈及此事的人都认为是祥瑞之兆。何敞通晓经典和解经之传，又擅于观测天象，心里对这些谬论十分厌恶。于是何敞对太尉宋由和司徒袁安说：“祥瑞顺应德政而降临，灾异由于恶政而产生。所以鸜鹆来鲁国筑巢，鲁昭公便蒙受了退位逃到乾侯的灾难；在西方猎获麒麟，孔子时窦氏专政，外戚奢侈，赏赐过制，仓帑为虚。敞奏记由曰："敞闻事君之义，进思尽忠，退思补过。历观世主时臣，无不各欲为化，垂之无穷，然而平和之政万无一者，盖以圣主贤臣不能相遭故也。今国家秉聪明之弘道，明公履晏晏之纯德，君臣相合，天下翕然，治平之化，有望于今。孔子曰：'如有用我者，三年有成。'今明公视事，出入再期，宜当克己，以酬四海之心。《礼》，一谷不升，则损服彻膳。天下不足，若己使然。而比年水旱，人不收获，凉州缘边，家被凶害，男子疲于战陈，妻女劳于转运，老幼孤寡，叹息相依，又中州内郡，公私屈竭，此实损膳节用之时。国恩覆载，赏赉过度，但闻腊赐，自郎官以上，公卿王侯以下，至于空竭帑藏，损耗国资。寻公家之用，皆百姓之力。明君赐赉，宜有品制，忠臣受赏，亦应有度，是以夏禹玄圭，周公束帛。今明公位尊任重，责深负大，上当匡正纲纪，下当济安元元，岂但空空无违而已哉！宜先正己以率群下，还所得赐，因陈得失，奏王侯就国，除苑囿之禁，节省浮费，赈恤穷孤，则恩泽下畅，黎庶悦豫，上天聪明，必有立应。使百姓歌诵，史官纪德，岂但子文逃禄，公仪退食之比哉！"由不能用。

便知道自己的灵柩将停放于堂前两根楹柱之间。海鸟只是为了躲避狂风，臧文仲却命令国人祭祀，他也因此招致君子谴责。如今怪鸟飞翔于宫殿上空，怪草滋生于庭院旁边，不可不考察其中情由。”宋由、袁安大惊失色不敢贸然以对。何敞在太尉府任职没多久章帝就驾崩了。

当时窦氏把持朝政，外戚生活奢侈，行赏超过礼制所规，粮食钱财空虚枯竭。何敞向宋由上书说：“在下听说侍奉君王的要义，在于出仕就用心于竭尽忠诚，退隐就用心于弥补过失。遍览各个时代的君主、臣子，他们都想以教化实现天下大治，让自己的功业永传后世，然而这种平稳、谐和的为政之道却万中无一，大概是由于明君、贤臣不能相逢的缘故。但如今朝廷正秉持着聪慧、圣明的治国大道，明公您也正躬行着平和、纯粹的至德，正是明君、贤臣彼此会合，天地之间和谐一致之时，因此以教化实现天下太平，眼下大有希望。孔子说：‘若有国君能任用在下，三年便能有所成就。’现在明公在太尉府任职，出入府中已有两年，应当自我约束，以对天下万民之心有所回报。《礼记》说，一年收成不好，君王就降低衣服、车马的规格并减少饮食。意在表明四海之内用度不足，像是君王自己造成。而如今水旱灾害连年肆虐，百姓多年颗粒无收，凉州边境西羌作乱，当地百姓家家受害。男丁在战阵疲于作战，女子在道路劳于转运，老人、小孩、孤儿、寡妇，叹息连连相依为命，另外中原各州、内地诸郡，官府、民间贫乏、枯竭，现在确实是减少饮食、节约用度的时候。朝廷之恩泽被天下，所行赏赐确实过度，在下只听说过之前腊日时朝廷行赏的规格，从郎官以上，到公卿王侯以下的朝中百官皆有赏赐，以至于国库钱财空虚，国家物资损耗。考虑到公家的各项开支，都是源于百姓的劳动。贤明君王行赏，应依等级礼制，即便忠臣受赏，也应适量适度，因此治水的大禹可获赐黑色圭玉，辅国的周公可获赐一束布帛。现在明公您地位尊贵、职位重要，责任深重、身负重担，对上应纠正朝纲国法，对下应救济、安抚黎民，哪能只是白白地不违上意就罢了！明公应率先端正自我为群臣做出表率，向朝廷退还所获赏赐，并顺势陈述其中利害得失，还应上奏提议命令留居京时齐殇王子都乡侯畅奔吊国忧，上书未报，侍中窦宪遂令人刺杀畅于城门屯卫之中，而主名不立。敞又说由曰："刘畅宗室肺府，茅土藩臣，来吊大忧，上书须报，亲在武卫，致此残酷。奉宪之吏，莫适讨捕，踪迹不显，主名不立。敞备数股肱，职典贼曹，故欲亲至发所，以纠其变，而二府以为故事三公不与贼盗。昔陈平生于征战之世，犹知宰相之分，云'外镇四夷，内抚诸侯，使卿大夫各得其宜'。今二府执事不深惟大义，惑于所闻，公纵奸慝，莫以为咎。惟明公运独见之明，昭然勿疑，敞不胜所见，请独奏案。"由乃许焉。二府闻敞行，皆遣主者随之，于是推举具得事实，京师称其正。

以高第拜侍御史。时遂以窦宪为车骑将军，大发军击匈奴，而诏使者为宪弟笃、景并起邸第，兴造劳役，百姓愁苦。敞上疏谏曰："臣闻匈奴之为桀逆久矣。平城之围，嫚书之耻，此二辱者，臣子所为捐躯而必死，高祖、吕后忍怒还忿，舍而不诛。伏惟皇太后秉文母之操，陛下履晏晏之姿，匈奴无逆节之罪，汉朝无可惭之耻，城的王侯回到封地，解除宫苑、园林中严禁百姓田桑、渔猎的禁令，节省不必要的花费，赈济贫穷无依之人，这样恩泽就能顺畅地施与民间，黎民百姓也会欢欣鼓舞，上天睿智长于明察，应验必能随即显现。明公此举将使百姓作歌称颂，史官纪录德行，哪里只是执政为民却逃避楚王加赐俸禄的子文，以及不与民争利而降低饮食规格的公仪休就能与之相比的呢！”然而宋由未能施行何敞的建议。

当时齐殇王刘石之子都乡侯刘畅奔赴京城参加章帝的丧事，他呈给朝廷的奏章尚未获得答复，侍中窦宪就派人在城门屯兵的驻所暗杀了刘畅，并且掩盖了主使者的身份。何敞就又劝说宋由道：“刘畅是王室心腹、亲信可靠，是获封领土的护国之臣，他为祭奠先帝而来，所献奏章尚待回复，因为亲临门卫驻所，从而招致如此残害。听命于窦宪的官差，搜捕凶手漫无目的，刺客踪迹始终不明，主使身份亦未判定。在下于辅佐明公之位凑数，担任贼曹职掌查捕盗贼，所以在下打算亲自前往事发地，查清并检举这场变故的主使，然而司徒、司空府固守旧制认为三公府不应参与案件的查办。从前陈平身处战争时期，仍深知宰相的职责，他说宰相的职责是‘对外平定四方蛮夷，对内抚恤各地诸侯，使公卿大夫各司其职’。如今司徒、司空府诸官不愿为正义认真考虑，轻信传言昏庸糊涂，公然放纵暴徒恶党，无人将此视为罪过。希望明公施展您那能见人之所未见的眼力，看清这显然的事实而心无疑虑，在下不能忍受眼前所见，请您允许在下独自查办此案的奏请。”宋由便准许了何敞的请求。司徒、司空两府听说何敞已动身查案，便都派遣了负责盗贼事务的贼曹随何敞行动，因此何敞调查、判明了事件的来龙去脉，京城之人都称赞何敞的正道直行。

后来何敞因在考核中名列前茅而出任为侍御史。当时朝廷终究还是任命窦宪为车骑将军，调集大军讨伐北匈奴，并且命令使者同时为窦宪之弟窦笃、窦景兴建府第，使者征发徭役，致使百姓忧愁痛苦。何敞上书劝谏道：“长久以来微臣都对匈奴的凶暴、叛逆有所耳闻。高祖为匈奴围困于平城，吕后为轻慢之信所侮辱，为了洗雪这两次耻辱，臣子们无不抱着必死的决心愿为之捐躯，然而高祖、吕后强而盛春东作，兴动大役，元元怨恨，咸怀不悦。而猥复为卫尉笃、奉车都尉景缮修馆第，弥街绝里。臣虽斗筲之人，诚窃怀怪，以为笃、景亲近贵臣，当为百僚表仪。今众军在道，朝廷焦脣，百姓愁苦，县官无用，而遽起大第，崇饰玩好，非所以垂令德，示无穷也。宜且罢工匠，专忧北边，恤人之困。”书奏不省。

后拜为尚书，复上封事曰：夫忠臣忧世，犯主严颜，讥刺贵臣，至以杀身灭家而犹为之者，何邪？君臣义重，有不得已也。臣伏见往事，国之危乱，家之将凶，皆有所由，较然易知。昔郑武姜之幸叔段，卫庄公之宠州吁，爱而不教，终至凶戾。由是观之，爱子若此，犹饥而食之以毒，适所以害之也。伏见大将军宪，始遭大忧，公卿比奏，欲令典干国事。宪深执谦退，固辞盛位，恳恳勤勤，言之深至，天下闻之，莫不悦喜。今逾年无几，大礼未终，卒然中改，兄弟专朝。宪秉三军之重，笃、景总宫卫之权，而虐用百姓，奢侈僭逼，诛戮无罪，肆心自快。今者论议凶凶，咸谓叔段、州吁复生于汉。臣观公卿怀持两端，不肯极言者，以为宪等若有匪懈之志，则己受吉甫褒申伯之功，如宪等陷于罪辜，则自取陈平、周勃顺吕后之权，终不以宪等吉凶为忧也。臣敞区区，诚欲计策两安，绝其绵绵，塞其涓涓，上不欲令皇太后损文母之号，陛下有誓泉之讥，下使宪等得长保其福祐。然臧获之谋，上安主父，下存主母，犹不免于严怒。臣伏惟累祖蒙恩，至臣八世，复以愚陋，旬年之间，历显位，备机近，每念厚德，忽然忘生。虽知言必夷灭，而冒死自尽者，诚不忍目见其忍愤怒，按下怒火，放下耻辱而不予以惩处。以微臣愚见如今皇太后身怀文王之妻的德操，陛下具有温柔、平和的天资，匈奴没有叛逆、不法的罪过，大汉并无值得羞惭的耻辱，而值此春季农忙之时，大规模地征调兵丁，黎民百姓心生怨恨，各个心中抑郁不平。然而又有大量百姓去为卫尉窦笃、奉车都尉窦景修建宅第，街道挤满了民夫，里巷为人潮阻绝。即使微臣这般才短器小之人，也实在暗自疑惑，到底还是认为窦笃、窦景既然是受到亲近的显贵之臣，本应成为百官的表率。但如今大军跋涉于征途中，朝廷心焦、唇舌干燥，黎民百姓忧愁、苦闷，各县长官都不称其职，反而却忙着大兴土木，只顾巧饰、溺于玩赏，这不是用来让美德传于后世，永为后世典范的做法。应暂且放还工匠，专心考虑北方边患，体恤百姓的疲倦劳苦。”朝廷并未观览何敞的奏书。

后来何敞出任为为尚书，他又进呈密奏说：“忠臣忧心世事，冒犯君主威严，谴责权臣显贵，以至于付出了身死族灭的代价却仍始终不渝，原因何在呢？是因为君臣间情义深重，不能不如此呀。微臣回顾往事，国家陷于危难、动乱，家族面临灾祸、苦难，这其中都有所缘由，道理分明，显而易见。从前郑庄公的母亲武姜宠爱共叔段，卫庄公溺爱妾所生的儿子州吁，他们对儿子只知疼爱却不知教导，最终二人变成了凶暴的恶徒。如此看来，像这样宠爱儿子，正如儿子饥饿却让他吃毒药，这样做恰恰是害了他。以微臣对大将军窦宪的愚见，起初先帝驾崩时，公卿们频频上书，想让窦宪执掌国事。当时窦宪执意秉持谦让之道，坚决推辞尊贵之位，态度恳切，语带深情，天下众人得知此事，全都因此欢天喜地。如今距先帝驾崩不过数年，丧期尚未结束，窦宪却突然中途变心，纠集兄弟把持朝政。窦宪执掌统率三军的要职，窦笃、窦景总揽宫禁宿卫的大权，而且他们过度使役百姓，奢侈超过本分，杀害无辜之人，恣意寻欢作乐。现在众人议论纷纷、喧嚣不安，都说共叔段、州吁又在汉朝复生了。微臣看到公卿们都居中观望、立场不明，闪烁其词、不肯直说，这是因为他们考虑到如果窦宪等人匡扶国政之心并不懈怠，那么他们就能领受如同尹吉甫赞颂周宣王长舅申伯一般支持外戚的功劳。如果窦宪等人沦为罪祸而怀默苟全。驸马都尉瓌，虽在弱冠，有不隐之忠，比请退身，愿抑家权。可与参谋，听顺其意，诚宗庙至计，窦氏之福。

敞数切谏，言诸窦罪过，宪等深怨之。时济南王康尊贵骄甚，宪乃白出敞为济南太傅。敞至国，辅康以道义，数引法度谏正之，康敬礼焉。

岁余，迁汝南太守。敞疾文俗吏以苛刻求当时名誉，故在职以宽和为政。立春日，常召督邮还府，分遣儒术大吏案行属县，显孝悌有义行者。及举冤狱，以《春秋》义断之。是以郡中无怨声，百姓化其恩礼。其出居者，皆归养其父母，追行丧服，推财相让者二百许人。置立礼官，不任文吏。又修理鲖阳旧渠，百姓赖其利，垦田增三万余顷。吏人共刻石，颂敞功德。

大恶极之徒，那么他们就自行取法于陈平、周勃假意顺从吕后专权而最终诛灭吕氏之事，如此一来他们始终不用为窦宪等人的成败而忧虑。微臣何敞人微言轻，但确实想献上两全的计策，于绵绵丝线未成罗网之时断绝祸患，于涓涓细流未成江河之时阻止灾难，对上不想让皇太后文王之妻的美名遭受贬损，并使陛下无须对至亲发誓‘不到黄泉不相见’而免遭不孝的责难，对下使窦宪等人能够长保福分和上天的护佑。然而微臣之计，即便能对上保全男主人，对下保全女主人，想必依然不能使自己免于严惩和怒火。但是微臣想到微臣一门累代承蒙朝廷恩典，到微臣一辈已经八代，然而微臣又仅凭愚昧鄙陋的才干，竟在十年之间，历任显要之职，并于机要亲近之位凑数。微臣常常思索自己所领受的大德，忽然忘记要保全自己的性命。微臣之所以虽然知道这样的谏言必会召来杀身之祸，却仍然冒死尽诉忠言，实在是因为不忍眼看灾难降临却默然不语以求偷生。驸马都尉窦瓌，虽然不过刚刚成年，却有毫不掩饰的忠心，他接连请求放弃名爵，希望能对自家的权势有所抑制。朝廷可以与窦瓌商议，听取并顺应他的心意，他的建议确实是有益于国家的妙计，有这样的后辈确实是窦氏的福分。”

何敞屡次进献恳切的谏言，陈明窦氏一门的罪过，窦宪等人对他痛恨万分。那时济南王刘康地位尊贵、骄横非常，窦宪就向朝廷提意让何敞离京出任济南国太傅。何敞到济南国后，用道义辅佐刘康，多次援引朝纲国纪归谏、匡正他，因此刘康对何敞报之以敬重和礼遇。

过了一年多，何敞升任为汝南太守。何敞痛恨于庸俗的执法官吏以为政严苛的方式谋取一时的名誉，因此他任太守时为政宽大、温和。在立春之日阳气勃发之时，何敞总会于此时召回巡行各县、纠察不法的督邮，而另将服膺儒学的长官分别派到治下各县巡察，并表彰那些孝敬父母、善待兄弟等有忠义事迹之人。到审理冤案时，何敞遵照《春秋》的义法来裁决。因此郡内再无哀怨之声，百姓为恩德和礼义所感化。那些离家居住的人，都重回父母身边赡养，父母已逝之人追加了丧礼的规格，有二百多人互相推让钱财。何敞设置了主管礼及窦氏败，有司奏敞子与夏阳侯瓌厚善，坐免官。永元十二年复征，三迁五官中郎将。常忿疾中常侍蔡伦，伦深憾之。元兴元年，敞以祠庙严肃，微疾不斋，后邓皇后上太傅禹冢，敞起随百官会，伦因奏敞诈病，坐抵罪。卒于家。

论曰：永元之际，天子幼弱，太后临朝，窦氏凭盛戚之权，将有吕、霍之变。幸汉德未衰，大臣方忠，袁、任二公正色立朝，乐、何之徒抗议柱下，故能挟幼主之断，剿奸回之逼。不然，国家危矣。夫窦氏之间，唯何敞可以免，而特以子失交之故废黜，不显大位。惜乎，过矣哉！

赞曰：朱生受寄，诚不愆义。公叔辟梁，允纳明刺。绝交面朋，崇厚浮伪。恢举谤己，敞非祥瑞。永言国逼，甘心强诐。

仪的官员，撤销了执法官吏。他还主持修缮了鲖阳县陈旧的水道，百姓凭借水道提供的便利，新开垦了三万多顷耕地。官吏百姓一起刻石立碑，称颂何敞的功德。

到窦氏败亡后，负责纠察的官员上奏说何敞之子与夏阳侯窦瓌私交甚笃，何敞因此遭到罢免。永元十二年（100）朝廷又征召了何敞，三度升迁后何敞官至五官中郎将。何敞常对中常侍蔡伦心怀愤怒和憎恨，蔡伦也对他非常怨恨。元兴元年（105），何敞认为去祠庙祭祀是严肃之事，而他当时身患小病因此没有斋戒并参加祭祀，后来邓皇后到前太傅邓禹坟前祭奠，何敞病愈便随百官一同前去，于是蔡伦上奏说何敞假装生病，何敞因此受到惩处。何敞最终在家中去世。

评论说：和帝永元年间，天子年纪尚小，太后亲掌朝政，身为显贵外戚的窦氏一门凭借威权，将要如吕禄、吕产和霍禹一般发动叛乱。万幸大汉之德尚未衰微，朝中百官正怀忠心，袁安、任隗两位明公在朝廷中坚守正道，乐恢、何敞等人以主管纠察之官的身份奋起抗争，因此能辅佐少年天子做出正确的决断，断绝奸恶之人渐渐迫近的阴谋。若非如此，国家恐有大难。面对窦氏的挑拨、毁谤，唯独何敞能够免受拖累，然而他却因儿子交友不当的缘故遭到罢黜，没能升任高官。可惜呀，何敞受到的惩处未免太过严厉了！

赞辞说：朱晖接受张堪托负，最终确实不违道义。朱穆受到梁冀征召，直言进谏并未见弃。朱穆断绝表面友情，崇尚淳厚规劝虚伪。乐恢举贤不避私怨，何敞驳斥所谓“祥瑞”。外戚威胁时时告诫，甘受谗言不改心意。

卷七十四

邓张徐张胡列传第三十四

邓彪字智伯，南阳新野人，太傅禹之宗也。父邯，中兴初以功封鄳侯，仕至勃海太守。彪少励志，修孝行。父卒，让国于异母弟荆凤，显宗高其节，下诏许焉。

后仕州郡，辟公府，五迁桂阳太守。永平十七年，征入为太仆。数年，丧后母，辞疾乞身，诏以光禄大夫行服。服竟，拜奉车都尉，迁大司农。数月，代鲍昱为太尉。彪在位清白，为百僚式。视事四年，以疾乞骸骨。元和元年，赐策罢，赠钱三十万，在所以二千石奉终其身。又诏太常四时致宗庙之胙，河南尹遣丞存问，常以八月旦奉羊、酒。

和帝即位，以彪为太傅，录尚书事，赐爵关内侯。永元初，窦氏专权骄纵，朝廷多有谏争，而彪在位修身而已，不能有所匡正。又尝奏免御史中丞周纡，纡前失窦氏旨，故颇以此致讥，然当时宗其礼让。及窦氏诛，以老病上还枢机职，诏赐养牛酒而许焉。五年春，薨于位，天子亲临吊临。

邓彪字智伯，南阳郡新野县人，他是太傅邓禹的同宗。邓彪的父亲邓邯，在光武帝复兴汉室之初因立功获封为鄳侯，最终官至渤海太守。邓彪年少时就砥励志向，并修养孝敬父母的德行。父亲去世后，邓彪希望把封国让给同父异母的弟弟邓荆凤，明帝认为邓彪有高尚的节操，下诏准许了他的请求。

邓彪后来到州郡做官，之后又接受了三公府的征召，历经五次升迁后，邓彪官至桂阳太守。永平十七年（74），邓彪应召入朝担任太仆。几年后，邓彪的后母去世，他便以生病为理由请求退职还乡，明帝下令让他以光禄大夫的身份穿孝服居丧。等到他服丧完毕后，朝廷任命他为奉车都尉，后来又提拔他为大司农。几个月后，邓彪代替鲍昱继任太尉。邓彪在位期间为官清廉，是百官的表率。他担任太尉四年，最终因病请求退职。元和元年（84），章帝赐予策书准许邓彪免官回家，并赠给他三十万钱，还准许邓彪以二千石的俸禄在家养老直至离世。章帝又命令太常每年四季把祭祀宗庙的胙肉送给邓彪，同时要求河南尹每年四季派郡丞前去问候，郡丞常在每年八月的初一为邓彪献上羊、酒等物。

和帝登基以后，朝廷任命邓彪为太傅，同时总领尚书台事务，并赐予他关内侯的爵位。永元初年（89），窦氏一族独揽大权，傲慢放纵，朝中有很多官员就此直言劝谏和帝，而邓彪只是在太傅之位上修养自己的德行而已，并未能对窦氏专权有所匡正。他又曾上奏提请免去御史中丞周纡的职务，只因周纡以前违背了窦氏的旨意，邓彪因此颇遭谴责，但是当时的人们还是推崇他的礼让之风。等到窦氏兄弟被处死后，邓彪因年老生病便上奏请求将自己重要的总领尚书台之职交还朝廷，和帝下诏赐给他养病的牛、酒并答应了他的请求。永元五年（93）春，邓彪在太傅之位上去世，和帝亲自前去吊唁。

张禹字伯达，赵国襄国人也。

祖父况族姊为皇祖考夫人，数往来南顿，见光武。光武为大司马，过邯郸，况为郡吏，谒见光武。光武大喜，曰："乃今得我大舅乎！"因与俱北，到高邑，以为元氏令。迁涿郡太守。后为常山关长。会赤眉攻关城，况战殁。父歆，初以报仇逃亡，后仕为淮阳相，终于汲令。

禹性笃厚节俭。父卒，汲吏人赙送前后数百万，悉无所受。又以田宅推与伯父，身自寄止。

永平八年，举孝廉，稍迁；建初中，拜杨州刺史。当过江行部，中土人皆以江有子胥之神，难于济涉。禹将度，吏固请不听。禹厉言曰："子胥如有灵，知吾志在理察枉讼，岂危我哉？"遂鼓楫而过。历行郡邑，深幽之处莫不毕到，亲录囚徒，多所明举。吏民希见使者，人怀喜悦，怨德美恶，莫不自归焉。

元和二年，转兖州刺史，亦有清平称。三年，迁下邳相。徐县北界有蒲阳坡，傍多良田，而堙废莫修。禹为开水门，通引灌溉，遂成孰田数百顷。劝率吏民，假与种粮，亲自勉劳，遂大收谷实。邻郡贫者归之千余户，室庐相属，其下成市。后岁至垦千余顷，民用温给。功曹史戴闰，故太尉掾也，权动郡内。有小谴，禹令自致徐狱，然后正其法。自长史以下，莫不震肃。

张禹字伯达，是赵国襄国县人。

张禹祖父张况的同族姐姐是光武帝已故祖父的夫人，张况曾多次往来于襄国县和南顿县，他在南顿拜见过光武帝刘秀。后来刘秀在担任大司马时，曾路过赵国邯郸县，张况当时是赵国的郡吏，他又去谒见了刘秀。刘秀很开心，说："到如今我才找到大舅啊！"因此张况随刘秀一同向北进发，到达高邑县后，刘秀任命张况为元氏县令。张况后来升迁为涿郡太守。接着又担任常山关的守关之长。不巧正碰上赤眉军攻打常山关的城堡，张况在战争中牺牲。张禹的父亲张歆，当初因报仇杀人而逃亡在外，后来他担任了淮阳国国相，最终在汲县县令之位上去世。

张禹为人忠诚敦厚而且生活节俭。他的父亲去世后，汲县的官吏和百姓前后送来了几百万钱的治丧费用，但他全都没有接受。张禹又把家里的耕地、房屋让给伯父，自己则寄居在别的地方。

永平八年（65），张禹被举荐为孝廉，后来逐渐升迁；到了建初年间，朝廷任命他为扬州刺史。身为扬州刺史张禹应当渡过长江巡行，但中原地区的百姓都认为长江中有伍子胥的神灵，很难渡过。张禹正要渡江，官吏坚决劝阻，但他全然不顾。张禹厉声说道："伍子胥如果有灵，他便知道我的志向是审理冤案，如此一来难道他还会伤害我吗？"张禹便划着桨渡过了长江。他遍行扬州的各个郡邑，没有哪个偏远的地方是他未曾前去的，张禹亲自记录囚徒们的审讯，察明了不少冤案。当地的官吏和百姓很少见过朝廷派来的使者，他们人人心怀喜悦，那些心怀怨恨的以及不分是非的恶徒，没有不自行归案的。

元和二年（85），张禹转任兖州刺史，在此期间他也因廉洁公正而为人称道。元和三年（86），张禹升任为下邳国国相。下邳国徐县的北部边境有一地名为蒲阳坡，附近有很多良田，但却荒废已久无人整地。于是张禹在此地布置了水闸，引水灌溉，最终恢复了几百顷可以耕种的田地。他劝导并率领官吏百姓务农，不仅借给他们粮食种子，还亲自鼓励大家劳动，因而此地粮食大丰收。邻郡有一千多户贫民前来归附张禹，最终蒲阳坡地区房舍相连，坡下还形成了集市。

永元六年，入为大司农，拜太尉，和帝甚礼之。十五年，南巡祠园庙，禹以太尉兼卫尉留守。闻车驾当进幸江陵，以为不宜冒险远，驿马上谏。诏报曰："祠谒既讫，当南礼大江，会得君奏，临汉回舆而旋。"及行还，禹特蒙赏赐。

延平元年，迁为太傅，录尚书事。邓太后以殇帝初育，欲令重臣居禁内，乃诏禹舍宫中，给帷帐床褥，太官朝夕进食，五日一归府。每朝见，特赞，与三公绝席。禹上言："方谅闇密静之时，不宜依常有事于苑囿。其广成、上林空地，宜且以假贫民。"太后从之。及安帝即位，数上疾乞身。诏遣小黄门问疾，赐牛一头，酒十斛，劝令就第。其钱布、刀剑、衣物，前后累至。

永初元年，以定策功封安乡侯，食邑千二百户，与太尉徐防、司空尹勤同日俱封。其秋，以寇贼水雨策免防、勤，而禹不自安，上书乞骸骨，更拜太尉。四年，新野君病，皇太后车驾幸其第。禹与司徒夏勤、司空张敏俱上表言："新野君不安，车驾连日宿止，臣等诚窃惶惧。臣闻王者动设先置，止则交戟，清道而后行，清室而后御，离宫不宿，所以重宿卫也。陛下体烝烝之至孝，亲省方药，恩情发中，久处单外，百官露止，议者所不安。宜且还宫，上为宗庙社稷，下为后来当地每年新开垦的耕田达到一千多顷，百姓解决了温饱能够自给自足。功曹史戴闰，曾经是太尉府的掾史，他在郡内很有权势。后来戴闰犯了小罪，张禹命令他自己到徐县监狱投案，然后依法对他予以处罚。自长史以下的官吏，都受到震慑而风气肃然。

永元六年（94），张禹入朝担任大司农，之后又出任太尉，和帝对他礼遇有加。永元十五年（103），和帝南巡前往先祖的祠堂和宗庙祭祀，张禹以太尉兼卫尉身份在朝廷留守。后来张禹听说和帝将要前往江陵县，他认为天子不应冒险走得太远，于是派人驾驿马劝谏和帝。和帝下诏回复道："谒拜祭祀已经完成，本应继续南行礼拜大江，但正巧收到您的奏书，因此将至汉江时便回转车驾准备返回京城。"等到和帝归京之后，张禹承蒙了朝廷的特别赏赐。

延平元年（106），张禹升任太傅，同时总领尚书台政事。邓太后因殇帝刚刚出生，想让肩负重任的大臣住在宫内，她便命令张禹到宫中居住，宫中为张禹备好了帷帐床褥，并由负责天子饮食的太官在早晨和傍晚送来食物，张禹每五天可以回一次自家府邸。每次朝见，主持朝拜仪式的司仪都会先单独高呼张禹的姓名，并且张禹因身份尊贵而不与三公同坐一席。张禹上言道："正值天子居丧，住所应当平静、安宁，不适宜按照常例在苑囿游乐。那广成苑、上林苑的空地，应该暂时借给贫民耕种。"邓太后听从了他的话。等到安帝登基后，张禹多次因病上奏请求退职。安帝下令派小黄门前往探病，并赐给张禹一头牛，十斛酒，同时劝他退职回家养病。朝廷赐给张禹的那些钱布、刀剑、衣物，前前后后接连送往张禹的宅第。

永初元年（107），张禹因定策拥立安帝有功被封为安乡侯，食邑一千二百户，张禹与太尉徐防、司空尹勤在同一天受封为侯。同年秋天，安帝因四处贼寇作乱加之出现涝灾，于是颁布策书将徐防、尹勤革职，张禹心下不安，就上书声称年老请求退职回家，朝廷便将他改任为太尉。永初四年（110），皇太后的母亲新野君生病，皇太后坐车亲往母亲的住处探问病情。张禹与司徒夏勤、司空张敏一起上书说："新野君贵体欠安，皇太后因此连日在她那里留宿，臣等暗自实在感到害怕。臣等听说王者出行时定会先在道路前陈设供物，驻足万国子民。”比三上，固争，乃还宫。后连岁灾荒，府臧空虚，禹上疏求入三岁租税，以助郡国禀假。诏许之。五年，以阴阳不和策免。七年，卒于家。使者吊祭。除小子曜为郎中。长子盛嗣。

徐防字谒卿，沛国铚人也。祖父宣，为讲学大夫，以《易》教授王莽。父宪，亦传宣业。

防少习父祖学，永平中，举孝廉，除为郎。防体貌矜严，占对可观，显宗异之，特补尚书郎。职典枢机，周密畏慎，奉事二帝，未尝有过。和帝时，稍迁司隶校尉，出为魏郡太守。永元十年，迁少府、大司农。防勤晓政事，所在有迹。十四年，拜司空。

防以“五经”久远，圣意难明，宜为章句，以悟后学。上疏曰：“臣闻《诗》《书》《礼》《乐》，定自孔子；发明章句，始于子夏。其后诸家分析，各有异说。汉承乱秦，经典废绝，本文略存，或无章句。收拾缺遗，建立明经，博征儒术，开置太学。孔圣既远，微旨将绝。故立博士十有四家，设甲乙之科，以勉劝学者。所以示人好恶，改敝就善者也。伏见太学试博士弟子，皆以意说，不修家法，之时则布置卫士执戟相交负责护卫，清理道路而后才前行，清理居室而后才住下，离开宫殿便不在外留宿，所以需要重视值宿和禁卫之事啊。太后躬行美好的至孝之心，亲自探望并进献方药，恩情发自内心，但太后您长久而缺少护卫地单独在外，随从的百官亦是风餐露宿，这让谈论此事的众人感到不安。太后您应该暂且回宫，在上是为了宗庙社稷，在下是为了天下万民。”他们连续上奏了三次，坚持不懈地劝谏，邓太后才回到宫中。后来连年灾荒，国库空虚，张禹上疏请求上缴自己封地三年的租税，为的是帮助朝廷接济或借给各郡国救急。安帝下诏准许了此事。永初五年（111），朝廷因为阴阳二气未能调和而颁布策书罢免了张禹。永初七年（113），张禹在家中去世。安帝派使者前去吊唁、祭祀。之后朝廷又任命张禹的小儿子张曜为郎中。张禹的长子张盛继承了父亲的爵位。

徐防字谒卿，沛国铚县人。徐防的祖父徐宣，曾经担任王莽的讲学大夫，为王莽讲授《易经》。他的父亲徐宪，也继承了徐宣的学问。

徐防年少时研习父亲、祖父的学问，永平年间，徐防被举荐为孝廉，并被任命为郎官。徐防容貌庄重，言行矜持，在宫中应对得体，深得明帝欣赏，于是明帝特地命徐防补任尚书郎。徐防在尚书台主管机要之事，处理政务周密谨慎，他先后奉侍过两位皇帝，不曾有任何过失。和帝年间，徐防渐渐升任为司隶校尉，后来又出任魏郡太守。永元十年（98），徐防相继升任为少府、大司农。徐防勤于为政而且明晓诸项政务，他在各个官位上都有优异的政绩。永元十四年（102），朝廷任命他为司空。

徐防认为“五经”距今已久，圣人深意很难明白，故此应该作些章节和句读上的注释，来使后世学人能够理解。徐防上疏说：“微臣听说《诗经》《尚书》《礼记》《乐经》，是孔子所改定的；阐明经典的章节和句读，是从子夏开始的。从那以后，各家学派对经义的分析，各有不同的说法。汉朝从混乱的秦朝手中接过治理天下的权柄，此时，对经典的传承已然荒废、中断，只有一些简略的经籍依然存在，有的也没有章节、句读上的注解。大汉收集整理了缺漏和遗失的私相容隐，开生奸路。每有策试，辄兴诤讼，论议纷错，互相是非。孔子称‘述而不作’，又曰‘吾犹及史之阙文’，疾史有所不知而不肯阙也。今不依章句，妄生穿凿，以遵师为非义，意说为得理，轻侮道术，浸以成俗，诚非诏书实选本意。改薄从忠，三代常道，专精务本，儒学所先。臣以为博士及甲乙策试，宜从其家章句，开五十难以试之。解释多者为上第，引文明者为高说；若不依先师，义有相伐，皆正以为非。‘五经’各取上第六人，《论语》不宜射策。虽所失或久，差可矫革。”诏书下公卿，皆从防言。

十六年，拜为司徒。延平元年，迁太尉，与太傅张禹参录尚书事，数受赏赐，甚见优宠。

安帝即位，以定策封龙乡侯。食邑千一百户。其年以灾异寇贼策免，就国。凡三公以灾异策免，始自防也。

经典，又建立明经科选用儒生，向天下广征通晓儒术的士子，并开设太学。孔圣人的时代已经很遥远了，儒家那微妙的义理就要断绝了。所以朝廷为十四家经学流派设立了博士，在考核士子学问时设置了甲乙两个科目，用来勉励士子治学。朝廷以此方式向世人们宣示什么是善恶，同时匡正鄙陋、引人向善。臣看到经过太学考试录取的博士弟子，他们都是按照自己的理解去阐释经义，对各个解经流派的学问未做深入研究，同时私下里也相互包庇隐瞒，开启了产生异端邪说的通路。朝廷每次策试，儒生之间就会大事争论，论议纷繁杂乱，且互相指责过错。孔子曾说'述而不作'，又说'我年少时还能看到古代史书中有存疑空缺的地方'，他对当前的史官有不明白的地方却不肯让史书有所空缺的行为甚为痛恨。当下的儒生们不按照章句注解理解经义，妄自穿凿附会，不把尊重老师当作正当之举，却把主观臆断视为合理之事，轻视、辱没经典学说，渐渐形成儒生习尚，这实在不是朝廷颁布诏书选拔博士弟子的本意。改变轻薄的风习遵行忠诚的大义，这是夏、商、周三代治国的常道，一心精研儒术，致力于学术的根本，这是儒学最为重视的。微臣认为博士及甲乙两科的考核，应依据各家学派的解经之文，从中选出五十道难题考核儒生。对经义的解释颇为详尽的位列上等，引经据典清楚明白的位居见解高明之列；如果儒生在考核中不依照先圣的义理，对经义的解释有违大义，他们都应在考核中被判为背逆义理。'五经'博士弟子中各录取前六名成绩优异之人，但对《论语》不宜安排射策考试。这样即便经典在传承中有所缺漏为时已久，差不多还能予以矫正和补救。"于是和帝下诏命令众位公卿讨论，他们都赞同徐防的意见。

永元十六年（104），朝廷任命徐防为司徒。延平元年，徐防升迁为太尉，同时与太傅张禹一起统领尚书台事务，他多次得到朝廷赏赐，深受优待和宠爱。

安帝即位后，徐防因定策拥立安帝有功被封为龙乡侯。享有食邑一千一百户。那年因爆发天灾、出现异象，加之贼寇蜂起，邓太后颁布策书将徐防革职，并命他回到封地。之后凡是三公都会因天灾和异象遭到免职，这样的惯例始自徐防。

防卒，子衡当嗣，让封于其弟崇。数岁，不得已，乃出就爵云。

张敏字伯达，河间鄚人也。建初二年，举孝廉，四迁，五年，为尚书。

建初中，有人侮辱人父者，而其子杀之，肃宗贳其死刑而降宥之，自后因以为比。是时遂定其议，以为《轻侮法》。敏驳议曰："夫《轻侮》之法，先帝一切之恩，不有成科班之律令也。夫死生之决，宜从上下，犹天之四时，有生有杀。若开相容恕，著为定法者，则是故设奸萌，生长罪隙。孔子曰：'民可使由之，不可使知之。'《春秋》之义，子不报仇，非子也。而法令不为之减者，以相杀之路不可开故也。今托义者得减，妄杀者有差，使执宪之吏得设巧诈，非所以导'在丑不争'之义。又《轻侮》之比，浸以繁滋，至有四五百科，转相顾望，弥复增甚，难以垂之万载。臣闻师言：'救文莫如质。'故高帝去烦苛之法，为三章之约。建初诏书，有改于古者，可下三公、廷尉蠲除其敝。"议寝不省。敏复上疏曰："臣敏蒙恩，特见拔擢，愚心所不晓，迷意所不解，诚不敢苟随众议。臣伏见孔子垂经典，皋陶造法律，原其本意，皆欲禁民为非也。未晓《轻侮》之法将以何禁？必不能使不相轻侮，而更开相杀之路，执宪之吏复容其奸枉。议者或曰：'平法当先论生。'臣愚以为天地之性，唯人为贵，杀人者死，三代通制。今欲趣生，反开杀路，一人不死，天下受敝。记曰：'利一害百，人去城郭。'夫春生秋杀，天道之常。春一物枯即为灾，秋一物华即为异。王者承天地，顺四时，法圣人，从经律。愿陛下留意下民，考寻利害，广令平议，天下幸甚。"和帝从之。

徐防去世后，儿子徐衡应当继承爵位和封地，但徐衡想将封地让给弟弟徐崇。几年后，徐衡始终未能遂意，就出来接受爵位。

张敏字伯达，河间郡鄚县人。建初二年（77），张敏被举荐为孝廉，历经四次升迁后，他在建初五年（80）担任尚书。

建初年间，有人侮辱某人的父亲，因而此人被这位父亲的儿子杀掉了，章帝赦免他的死刑而降罪处理，从那以后官府审理类似罪案时便把这事作为案例。到如今的和帝时期，朝廷就将这些议论确定下来，制定了《轻侮法》。但张敏反对说："《轻侮法》，是先帝临时赐予的恩惠，并没有将其定为正规的律令。决定犯人的死生，应该遵从天地运行之道，正如天有四季，有执掌生养的季节，有执掌杀伐的季节。如果尝到这种一时的包容和宽恕，并将其制定为固定的法律，那么这就是有意布下作奸犯科的苗子，孕育出引人作乱的空子。孔子说：'可以让百姓遵照政令行事，但不可以让他们知道为何如此。'依照《春秋》大义，儿子不为父亲报仇，就不能算是儿子。但法令不能为报仇的儿子减刑的原因，是因为出于复仇而相杀的方式不可以倡导。如今，假托《春秋》之义而仇杀者得到减刑，胡乱行凶者得到差别对待，又使得执法官吏从中取巧行伪诈之事，这无法教导世人奉行'在同辈之间不与人争斗'的礼义。再者《轻侮法》之类的法令，渐渐增多，导致现在有四五百种，各地官府互相观望，使这样的法令更加增多，它们都难以流传万年。微臣听老师说：'没有什么能比质朴更有效地补救文饰过多的缺陷。'所以高祖刘邦废除了繁苛的法律，与百姓约法三章。至于建初年间先帝所颁发的诏书，其中有改变了古代法制的事项，希望陛下交由三公、廷尉革除其中的弊害。"朝廷将张敏的奏议搁置并未有所醒悟。张敏又上疏说："臣张敏蒙受皇恩，特被提拔，因此对于自己愚昧的心中所不能明晓的事情，糊涂的见识中所不能理解的事情，实在不敢随便附和众人的见解。微臣认为孔子为后世流传经典，皋陶为后世制定法律，推究他们的初衷，都是想禁止百姓为非作歹。如今微臣没能明白《轻侮法》究竟是要禁止什么？微臣认为这样的法律一定无法禁止百姓间的互相轻侮，反而更加倡导了相互仇杀的行径，执法之吏也因此会纵容那些九年，拜司隶校尉。视事二岁，迁汝南太守。清约不烦，用刑平正，有理能名。坐事免。延平元年，拜议郎，再迁颍川太守。永初元年，征拜司空，在位奉法而已。视事三岁，以病乞身，不听。六年春，行大射礼，陪位顿仆，乃策罢之。因病笃，卒于家。

胡广字伯始，南郡华容人也。六世祖刚，清高有志节。平帝时，大司徒马宫辟之。值王莽居摄，刚解其衣冠，县府门而去，遂亡命交阯，隐于屠肆之间。后莽败，乃归乡里。父贡，交阯都尉。

广少孤贫，亲执家苦。长大，随辈入郡为散吏。太守法雄之子真，从家来省其父。真颇知人。会岁终应举，雄敕真助其求才。雄因大会诸吏，真自于牖间密占察之，乃指广以白雄，遂察孝廉。既到京师，试以章奏，安帝以广为天下第一。旬月拜尚书郎，五迁尚书奸邪不正的乱象。议论者中有人持这样的看法：‘执法严明应当以保全人的性命为先。’依微臣愚见，天地的本性，是以人命为贵，杀人者要处死，这是夏、商、周三代的通行制度。如今朝廷为了保全人的性命，反倒为相互仇杀开了口子，一个犯人不死，天下万民受害。曾有这样的记载：‘为了一人之利而损害百人之利，百姓便会离开城郭。’春季执掌生养，秋季执掌杀伐，这是天道的常规。春天哪怕有一物枯死也是灾祸，秋天即便有一物开花也是怪异。王者就要秉承天地的本性，顺应四季的运行，效法圣人的典则，遵从经义和法律。希望陛下留意下面的百姓，考察判明《轻侮法》的利害，广泛地让百官公平讨论其中的是非曲直，这将是天下万民的大幸。”和帝终于听从了张敏的建议。

永元九年（97），张敏任司隶校尉。担任司隶校尉二年后，他升任为汝南太守。张敏为官清正廉明，政令简约不繁琐，施用刑罚公平合理，有善于治理政事的美名。后来张敏因事遭到罢免。延平元年，朝廷任命他为议郎，之后两度升迁官至颍川太守。永初元年（107），朝廷征召并任命张敏为司空，张敏在位期间，他只是奉法办事而已。担任司空三年后，张敏因病请求退职，安帝没有准许。永初六年（112）春，朝廷举办了大射礼，张敏在陪同参加典礼时跌倒，邓太后这才颁布策书免去他的职务。最终由于病情加重，张敏在家中去世。

胡广字伯始，南郡华容县人。他的六世祖胡刚，为人清高并且坚守自己的志向和节操。西汉平帝时，大司徒马宫征召了胡刚并授予官位。当时正值王莽摄政，于是胡刚褪下官服、官帽，将其悬挂在府门后便离去，最终他逃亡到交阯郡，以屠宰为业隐居于市井之间。后来王莽败亡，胡刚才回到家乡。胡广的父亲胡贡，曾任交阯郡都尉。

胡广年少丧父，家境贫寒，辛苦的家务都由他亲自完成。长大后，他随从同辈人到郡府做闲散的官吏。太守法雄的儿子法真，离家来此探望父亲。法真善于识人。适逢年末胡广参加了郡府的察举，法雄命令法真帮助他选拔人才。法雄便大事召集众位郡府的属官，法真自己从窗户间暗中观察，最终指着胡广告诉法雄此人有大才，因此仆射。

顺帝欲立皇后，而贵人有宠者四人，莫知所建，议欲探筹，以神定选。广与尚书郭虔、史敞上疏谏曰："窃见诏书以立后事大，谦不自专，欲假之筹策，决疑灵神。篇籍所记，祖宗典故，未尝有也。恃神任筮，既不必当贤；就值其人，犹非德选。夫岐嶷形于自然，俔天必有异表。宜参良家，简求有德，德同以年，年钧以德，稽之典经，断之圣虑。政令犹汗，往而不反。诏文一下，形之四方。臣职在拾遗，忧深责重，是以焦心，冒昧陈闻。"帝从之，以梁贵人良家子，定立为皇后。

时尚书令左雄议改察举之制，限年四十以上，儒者试经学，文吏试章奏。广复与敞、虔上书驳之，曰："臣闻君以兼览博照为德，臣以献可替否为忠。《书》载稽疑，谋及卿士；《诗》美先人，询于刍荛。国有大政，必议之于前训，咨之于故老，是以虑无失策，举无过事。窃见尚书令左雄议郡举孝廉，皆限年四十以上，诸生试章句，文吏试笺奏。明诏既许，复令臣等得与相参。窃惟王命之重，载在篇典，当令县于日月，固于金石，遗则百王，施之万世。《诗》云：'天难谌斯，不易惟王。'可不慎与！盖选举因才，无拘定制。六奇之策，不出经学；郑、阿之政，非必章奏。甘、奇显用，年乖强仕；终、贾扬声，亦在弱冠。汉承周、秦，兼览殷、夏，祖德师经，参杂霸轨，圣主贤臣，世以致理，贡举之制，莫或回革。今以一臣之言，划法雄考察了胡广并举荐他为孝廉。到了京师后，朝廷以撰写奏章考核众位士子，安帝认为胡广是天下第一。一个月后胡广担任尚书郎，后来经过五次升迁，胡广官至尚书仆射。

顺帝打算册立皇后，但贵人中有四人受宠，一时之间不知该册立谁，顺帝商量之后想用抽签的办法让神灵决定。胡广与尚书郭虔、史敞上疏劝谏道："臣等看到陛下颁布诏书，认为册立皇后是大事，因此陛下谦让，不肯自己决定，想借抽签的办法，请神灵解决此疑难之事。然而无论是典籍中的记载，还是祖宗的旧制，未曾见到采用过这种方法。依靠神灵和占卜选出的皇后，已然不一定是贤淑之人；就算恰好选出了贤淑的皇后，也不是真的根据德行选出的。皇后的聪慧和才智会表现在自然的容颜上，恰如天女的皇后必定有奇特的外貌。陛下应以是否为良家女子作为参照，挑选有德之人，对于品德相当的人选就以年龄为准，如果年龄均等就再以德行衡量，同时更要依照经典做出考核，最后再由陛下决定。帝王之令如人出汗，已下达便不能收回。诏文一下达，便昭示于天下四方。臣等的职责在于拾遗补漏，忧虑深远责任重大，臣等因此心下焦虑，冒昧地向朝廷陈述意见。"顺帝采纳了他们的建议，因梁贵人是良家女子，所以将她立为皇后。

当时尚书令左雄建议修改察举制度，提出将人选的年龄限定在四十岁以上，用经学考核儒生，用撰写奏章考核文官。胡广又和史敞、郭虔上书反驳说："臣等听说君王以明察四方为德，臣子以进献贤才、否决庸人为忠。根据《尚书》记载，考核有疑问的事，要征求群臣的意见；《诗经》赞美先人的圣言，应向割草砍柴的人咨询难事。国家若要制定重大政策，一定要根据从前的训示进行商讨，并向前朝元老咨询，这样决策便不会失算，举措才没有错误。臣等看到尚书令左雄讨论更改郡府举荐孝廉的制度，提议将人选的年龄限制在四十岁以上，对于众位儒生则考核章句，对于文官则考核撰写奏章。陛下已经明令下诏批准了左雄的奏请，现在又命令臣等一同谋议此事。臣等暗自认为帝王的诏命意义重大，将记载于典籍之中，应当将其高悬于日月之上，牢固地刻于金石之上，作为法则传给后世的历代戾旧章，便利未明，众心不猒。矫枉变常，政之所重，而不访台司，不谋卿士。若事下之后，议者剥异，异之则朝失其便，同之则王言已行。臣愚以为可宣下百官，参其同异，然后览择胜否，详采厥衷。敢以瞽言，冒干天禁，惟陛下纳焉。”帝不从。

时陈留郡缺职，尚书史敞等荐广。曰：“臣闻德以旌贤，爵以建事，‘明试以功’，《典》《谟》所美，‘五服五章’，天秩所作，是以臣竭其忠，君丰其宠，举不失德，下忘其死。窃见尚书仆射胡广，体真履规，谦虚温雅，博物洽闻，探赜穷理，‘六经’典奥，旧章宪式，无所不览。柔而不犯，文而有礼，忠贞之性，忧公如家。不矜其能，不伐其劳，翼翼周慎，行靡玷漏。密勿夙夜，十有余年，心不外顾，志不苟进。臣等窃以为广在尚书，劬劳日久，后母年老，既蒙简照，宜试职千里，匡宁方国。陈留近郡，今太守任缺。广才略深茂，堪能拨烦，愿以参选，纪纲颓俗，使束修守善，有所劝仰。”

帝王，万世万代永远施行。《诗经》说：‘老天让人难以相信，只有王命不可更改。’因此天子下令怎能不谨慎呢！大凡选举人才，不能拘泥于固定的制度。陈平献出六次奇策，并非出自经书；郑国国相子产使郑国大治，晏子用三年的时间治理好东阿，他们不是必须依靠撰写奏章之才来建立功业。甘罗十二岁成为上卿，子奇十六岁治理东阿，他们年纪轻轻就受到重用；终军、贾谊名声显扬，也是在弱冠之年。汉朝继承周朝、秦朝的基业，同时考察殷朝、夏朝的旧制，不仅以德为祖以经为师，又参杂以武治天下的霸道，圣明君主、贤能大臣兼备，世世代代便能达到大治，地方向朝廷举荐人才的制度，未曾有什么变革。现在仅因一位大臣的话，就改变旧日的典章，况且此举是否利于国家还尚且不明，朝中群臣大多心有不满。纠正偏邪改变常规，是国政中的切要之事，如今陛下却不向三公等宰辅大臣咨询，也不同百官谋划。如果诏书下达之后，议事之人又提出辩驳和问难，朝廷反对他们便会使政令的施行不顺，朝廷认同他们但陛下的诏书已经下达。依臣等愚见，可以先将此事交由百官讨论，根据百官赞同或反对的情况，然后权衡利弊，在详尽地采用那些忠诚的正论。臣等未能明察陛下的脸色而胆敢进言，冒了触犯陛下的大忌，希望陛下采纳愚见。”顺帝并未听从。

当时陈留郡太守职位空缺，尚书史敞等人推荐胡广。他们上奏说：“臣等听说应用有德来表扬贤明的人，用爵位来赏赐建功之士，‘考核应清楚明白，有功之人授予官职’，这是《舜典》和《皋繇谟》所赞美的做法，‘天子、诸侯、卿、大夫、士，五者的礼服必须显明’，这是上天规定的品秩等级，因此大臣才会竭尽忠诚，君王的宠信更加丰厚，朝廷提拔人才不遗漏有德之人，臣子就会尽忠职守，舍生忘死。臣等暗自看到尚书仆射胡广，此人躬行忠贞、举止规矩，谦让虚心、温文尔雅，学识渊博、见多识广，探索奥秘穷究至理，‘六经’典籍的深奥义理，昔日的典章法制，没有不阅览的。性情柔顺而横眉冷对不义之举，温文尔雅并且待人以礼，性情忠贞，忧国如家，不夸耀自己的才能，不吹嘘自己的功劳，做事小心翼翼谨慎周到，行为没有过失疏漏。早晚勤奋努力，十多年来，心思从未用于国事之外，志向广典机事十年，出为济阴太守，以举吏不实免。复为汝南太守，入拜大司农。汉安元年，迁司徒。质帝崩，代李固为太尉，录尚书事。以定策立桓帝，封育阳安乐乡侯。以病逊位。又拜司空，告老致仕。寻以特进征拜太常，迁太尉，以日食免。复为太常，拜太尉。

延熹二年，大将军梁冀诛，广与司徒韩縯、司空孙朗坐不卫宫，皆减死一等，夺爵土，免为庶人。后拜太中大夫、太常。九年，复拜司徒。

灵帝立，与太傅陈蕃参录尚书事，复封故国。以病自乞。会蕃被诛，代为太傅，总录如故。

时年已八十，而心力克壮。继母在堂，朝夕瞻省，傍无几杖，言不称老。及母卒，居丧尽哀，率礼无愆。性温柔谨素，常逊言恭色。达练事体，明解朝章。虽无謇直之风，屡有补阙之益。故京师谚曰："万事不理问伯始，天下中庸有胡公。"及共李固定策，大议不全，又与中常侍丁肃婚姻，以此讥毁于时。

从不苟且求取禄位。臣等私下认为胡广担任尚书期间，劳累已久，他的继母年事已高，已然承蒙他的悉心照料，应该让胡广在方圆千里之地任职，匡正四方诸郡。陈留是京城附近的郡，现在太守职位空缺。胡广才能谋略深广，能够处理烦忙的事务，希望朝廷能考虑让他参加选拔，想必他定能纠正颓败的风俗，使当地百姓自我约束、修养德行、坚守善道，同时有所勉励并仰慕朝廷教化。”

胡广在尚书台掌管机要事务十年后，出任为济阴太守，后来因所举荐的官吏名不符实、不称其职而遭到罢免。后来胡广又担任汝南太守，而后又被召回朝中担任大司农。汉安元年（142），胡广升任司徒。质帝驾崩后，他代替李固担任太尉，统领尚书台事务。后来他因定策拥立桓帝，获封为育阳县安乐乡乡侯。其后胡广因病让出职位。病愈后桓帝又任命他为司空，但胡广以年老为由请求退职。不久后胡广又以特进身份应召出任太常，之后又升迁为太尉，后来因出现日食遭到罢免。而后胡广又重为太常，最终升为太尉。

延熹二年（159），大将军梁冀受到处死，胡广与司徒韩縯、司空孙朗因保卫宫廷未能尽责而获罪，他们都受到免去死罪并使刑罚降低一等的处治，朝廷削去了他的爵位与封地，并将他贬为庶人。后来桓帝又相继任命他为太中大夫、太常。延熹九年（166），朝廷又任命胡广为司徒。

灵帝登基后，胡广与太傅陈蕃一起统领尚书台事务，朝廷又恢复了胡广以前的封国。之后，他因为生病请求辞职回家。适逢陈蕃遭到处死，胡广代替陈蕃继任太傅，并仍像此前那样统领尚书台事务。

当时，胡广已经八十岁，但他的精神和体力依然强健。他的继母还健在，胡广早晚探望，身旁不需要准备几案和拐杖，嘴里也不说自己年事已高。等到继母去世后，他在居丧期间特别哀痛，遵循礼法，毫无过失。他性格温柔，谨慎朴素，总是言辞谦逊、神色谦恭。胡广办事通达干练，对朝廷的典章制度了如指掌。虽然没有正直的风尚，却屡屡有匡正过失的助益。所以京师有谚语说：“万事不理问伯始，天下中庸有胡公。”等到他与李固一起定策拥立清河王刘蒜时，他在自在公台三十余年，历事六帝，礼任甚优，每逊位辞病，及免退田里，未尝满岁，辄复升进。凡一履司空，再作司徒，三登太尉，又为太傅。其所辟命，皆天下名士。与故吏陈蕃、李咸并为三司。蕃等每朝会，辄称疾避广，时人荣之。年八十二，熹平元年薨。使五官中郎将持节奉策赠太傅、安乐乡侯印绶，给东园梓器，谒者护丧事，赐冢茔于原陵，谥文恭侯，拜家一人为郎中。故吏自公、卿、大夫、博士、议郎以下数百人，皆缞绖殡位，自终及葬。汉兴以来，人臣之盛，未尝有也。

初，杨雄依《虞箴》作《十二州二十五官箴》，其九箴亡阙，后涿郡崔骃及子瑗又临邑侯刘騊駼增补十六篇，广复继作四篇，文甚典美。乃悉撰次首目，为之解释，名曰《百官箴》，凡四十八篇。其余所著诗、赋、铭、颂、箴、吊及诸解诂，凡二十二篇。

熹平六年，灵帝思感旧德，乃图画广及太尉黄琼于省内，诏议郎蔡邕为其颂云。

论曰：爵任之于人重矣，全丧之于生大矣。怀禄以图存者，仕子之恒情；审能而就列者，出身之常体。夫纡于物则非己，直于志则犯俗，辞其艰则乖义，徇其节则失身。统之，方轨易因，险涂难御。故昔人明慎于所受之分，迟迟于岐路之间也。如令志行无牵于物，临生不先其存，后世何贬焉？古人以宴安为戒，岂数公之谓乎？

商议这一重大事项时畏于梁冀的权势而行事不周，加之他又与中常侍丁肃结亲，因此胡广在当时受到谴责。

胡广在三公职位三十多年，先后侍奉过六位皇帝，深受朝廷的礼遇和重用，他每次因生病请求退位回家，或是因受到罢免回到故居，往往不满一年，就又加官高升。胡广共计担任过一次司空、两次司徒、三次太尉，还做过太傅。他所征召任命的人，都是天下名士。他与自己曾经的属官陈蕃、李咸一同位居三公之列。陈蕃等人每逢朝会之时，就托词患病避开胡广，当时的人们都因此敬重胡广。胡广在八十二岁的时候，于熹平元年（172）去世。朝廷派五官中郎将手持符节奉行灵帝的策书，追赠给胡广太傅、安乐乡侯的印信和绶带，又赐给他东园打造的棺材，并派谒者主持办理丧事，朝廷还赐给胡广在原陵建坟的殊荣，并追谥他为文恭侯，灵帝将胡广家中一人任命为郎中。他旧时的属吏，从公、卿、大夫、博士、议郎开始到以下的几百人，都穿着麻布制成的丧服护送胡广的灵柩，一直陪护到入土下葬。从大汉建立以来，作为人臣，受到如此盛大的礼遇，还不曾有过。

起初，杨雄依照《虞箴》撰写了《十二州二十五官箴》，其中有九箴缺失，后来涿郡人崔骃和儿子崔瑗以及临邑侯刘騊駼补写了十六篇，胡广又接着撰写了四篇，文辞颇为典雅美妙。接着他不仅编撰了目录，还为各篇作了注解，并将总集命名为《百官箴》，共计四十八篇。其余胡广所创作的诗、赋、铭、颂、箴、吊以及各篇解经的文字，共计二十二篇。

熹平六年（177），灵帝思念旧臣的美德，就命人绘制了胡广及太尉黄琼的画像并挂在宫禁之中，还命令议郎蔡邕为他们作颂。

评论说：爵位和要职对人来讲是很重要的，生死对于人生是一件大事。留恋爵禄并谋求生存的做法，是仕宦之人的常情；能力接受了考核才可为官，是出任官职的常规。屈服于外物就会否定自我，直陈志趣就会与世俗抵触，害怕艰辛就会背弃义理，守节而死就会失去性命。总之，平坦的大道容易行走，危险的滩涂难以驾车。所以前人对自己获任的缘由会审慎明察，在歧路之间会犹豫不决。如果一个人的志向和品行不受外物的牵绊，面临生死的抉择时不贪生怕死，赞曰：邓、张作傅，无咎无誉。敏正疑律，防议章句。胡公庸庸，饰情恭貌。朝章虽理，据正或桡。

那么后人对他又有什么可谴责的呢?古人视安逸享受为应当警戒之事,难道就是针对这几位先人的事迹所说的吗?

赞辞说:邓彪、张禹担任太傅,既无过错、亦无美誉。张敏匡正《轻辱》之法,徐防提议考核章句。胡广平庸碌碌无为,表面恭敬、真情不昭。虽善辨明朝廷典章,遵依正道时有屈挠。

卷七十五

袁张韩周列传第三十五

袁安字邵公，汝南汝阳人也。祖父良，习《孟氏易》，平帝时举明经，为太子舍人；建武初，至成武令。

安少传良学。为人严重有威，见敬于州里。初为县功曹，奉檄诣从事，从事因安致书于令。安曰："公事自有邮驿，私请则非功曹所持。"辞不肯受，从事惧然而止。后举孝廉，除阴平长、任城令，所在吏人畏而爱之。

永平十三年，楚王英谋为逆，事下郡覆考。明年，三府举安能理剧，拜楚郡太守。是时英辞所连及系者数千人，显宗怒甚，吏案之急，迫痛自诬，死者甚众。安到郡，不入府，先往案狱，理其无明验者，条上出之。府丞掾史皆叩头争，以为阿附反虏，法与同罪，不可。安曰："如有不合，太守自当坐之，不以相及也。"遂分别具奏。帝感悟，即报许，得出者四百余家。岁余，征为河南尹。政号严明，然未曾以臧罪鞫人。常称曰："凡学仕者，高则望宰相，下则希牧守。锢人于圣世，尹所不忍为也。"闻之者皆感激自励。在职十年，京师肃然，名重朝廷。建初八年，迁太仆。

袁安，字邵公，汝南郡汝阳县人。他的祖父袁良，研习《孟氏易》，在汉平帝时因明晓经术被举荐，并担任太子舍人；建武初年，袁安担任成武县令。

袁安年少时就继承祖父袁良的学问。为人严谨持重，有威望，受到同乡之人的敬重。起初袁安在县衙担任功曹时，他曾带着县衙的文书到州府的从事处办事，从事想通过袁安给县令捎信。袁安说："如果你办的是公事，自有邮驿送信，如果是为了私事请在下带信，这就不是本功曹的分内之事了。"他拒绝捎信，从事心下害怕，便不再请求。袁安后来被推举为孝廉，相继担任了阴平县长、任城县令，他任职的地方，官吏百姓都敬畏他，爱戴他。

永平十三年（70），楚王刘英图谋反叛朝廷，明帝将此案件交到郡府审察。第二年，三公府举荐袁安，认为他能处理繁杂的政务，朝廷任命他为楚郡太守。当时受楚王刘英供辞的牵连，被逮捕的官员有几千人，明帝非常生气，于是官吏急切地审讯嫌犯，涉案之人被逼得痛苦不堪，不得已招认了强加给自己的罪名，不少人因此身亡。袁安到达楚郡后，没去衙门，而是率先前去查办罪案，他梳理出一些没有明确罪证的嫌犯，然后备好奏章准备向朝廷提请释放这些蒙冤之人。郡府丞、掾史都叩头力争阻止袁安，认为凡是逢迎依附阴谋造反的楚王之人，按照汉法都应与楚王同罪，不可以释放他们。袁安说："如果此举触犯了国法，自然由本太守担起罪责，你们不会因此遭到连累。"最终袁安将蒙冤之人的情况分别拟于奏章上报朝廷。明帝有所感触便醒悟过来，当即回复诏书表示同意，接着有四百多户人被释放出狱。一年后，袁安被朝廷征召出任河南尹。他政令严明，但从来没有以贪污罪审讯犯人。袁安常说："凡是通过读书而做官的人，学问高的就有希望担任宰相，学问稍低的就有希望担任州牧、郡元和二年，武威太守孟云上书："北虏既已和亲，而南部复往抄掠，北单于谓汉欺之，谋欲犯边。宜还其生口，以安慰之。"诏百官议朝堂。公卿皆言夷狄谲诈，求欲无猒，既得生口，当复妄自夸大，不可开许。安独曰："北虏遣使奉献和亲，有得边生口者，辄以归汉，此明其畏威，而非先违约也。云以大臣典边，不宜负信于戎狄，还之足示中国优贷，而使边人得安，诚便。"司徒桓虞改议从安。太尉郑弘、司空第五伦皆恨之。弘因大言激励虞曰："诸言当还生口者，皆为不忠。"虞廷叱之，伦及大鸿胪韦彪各作色变容，司隶校尉举奏，安等皆上印绶谢。肃宗诏报曰："久议沉滞，各有所志。盖事以议从，策由众定，訚訚衎衎，得礼之容，寝嘿抑心，更非朝廷之福。君何尤而深谢？其各冠履。"帝竟从安议。明年，代第五伦为司空。章和元年，代桓虞为司徒。

和帝即位，窦太后临朝，后兄车骑将军宪北击匈奴，安与太尉宋由、司空任隗及九卿诣朝堂上书谏，以为匈奴不犯边塞，而无故劳师远涉，损费国用，徼功万里，非社稷之计。书连上辄寝。宋由惧，遂不敢复署议，而诸卿稍自引止。唯安独与任隗守正不移，至守。在太平圣世将人才投入大牢，本河南尹不忍心这样做。”听到这话的人都很感激他，并自我劝勉。袁安在职十年，京师井然有序，他在朝廷很有名望。章帝建初八年（83），袁安升任太仆。

章帝元和二年（85），武威郡太守孟云上书道：“北匈奴已经与汉朝和亲，而南匈奴又去掠夺北匈奴，北匈奴单于因此认为是汉朝欺骗了他们，于是谋划着想侵犯汉朝边疆。我认为应该将俘虏的北匈奴人送回去，以此来安慰北匈奴。”章帝命令百官到朝堂商议。公卿都说夷狄诡诈，贪得无厌，等北匈奴接回俘虏后，将再次变得狂妄自大，因此不能准许这样的意见。只有袁安说：“北匈奴派遣使者进贡并请求和亲，而且每当俘虏了边境的汉人，就会将其送归大汉，这就表明他们畏惧汉朝的军威，而并非是他们率先违反了和约。孟云以朝廷大臣的身份驻守边疆，不应对戎狄失信，把北匈奴的俘虏还给他们，就足以表明汉朝对他们宽容优待，还能使边境百姓获得安宁，确实是利国之事。”司徒桓虞改变主意，赞成袁安的建议。太尉郑弘、司空第五伦等人都怨恨袁安和桓虞。郑弘因而夸大其辞地斥责桓虞道：“那些说应该归还俘虏的人，都是对皇上不忠。”桓虞当廷呵斥郑弘，第五伦和大鸿胪韦彪都因气愤变了脸色，司隶校尉上奏检举，袁安等人都呈上印绶向皇帝谢罪。章帝下诏回复说：“廷议拖延了这么长时间，百官都各有自己的看法。朝廷大事应该多听取大臣的议论，最终的决策靠大家商定，群臣若能态度和悦、诚挚地彼此商议，谨守礼节地各陈己见，自是美事一桩，但默然不语，把想法藏在心里，便不是朝廷的福气。各位有什么过错而深表歉意呢？希望众位还是将官帽、鞋子穿戴整齐。”皇帝最终听从了袁安的建议。第二年，袁安代替第五伦担任司空。章和元年（87），袁安又代替桓虞担任司徒。

和帝即位后，窦太后亲自处理国政，窦太后的哥哥车骑将军窦宪决定北征匈奴，袁安与太尉宋由、司空任隗以及朝中九卿一起到朝堂上书劝谏，认为匈奴并未进犯边塞，然而汉军却无缘无故地劳师动众奔赴远方，这种以损耗国家财用，在万里之外讨伐匈奴的方式而求取功名的做法，不是有利于国家谋划。众人一连呈上几次奏免冠朝堂固争者十上。太后不听，众皆为之危惧，安正色自若。窦宪既出，而弟卫尉笃、执金吾景各专威权，公于京师使客遮道夺人财物。景又擅使乘驿施檄缘边诸郡，发突骑及善骑射有才力者，渔阳、雁门、上谷三郡各遣吏将送诣景第。有司畏惮，莫敢言者。安乃劾景擅发边兵，惊惑吏人，二千石不待符信而辄承景檄，当伏显诛。又奏司隶校尉、河南尹阿附贵戚，无尽节之义，请免官案罪。并寝不报。宪、景等日益横，尽树其亲党宾客于名都大郡，皆赋敛吏人，更相赂遗，其余州郡，亦复望风从之。安与任隗举奏诸二千石，又它所连及贬秩免官者四十余人，窦氏大恨。但安、隗素行高，亦未有以害之。

时窦宪复出屯武威。明年，北单于为耿夔所破，遁走乌孙，塞北地空，余部不知所属。宪日矜己功，欲结恩北虏，乃上立降者左鹿蠡王阿佟为北单于，置中郎将领护，如南单于故事。事下公卿议，太尉宋由、太常丁鸿、光禄勋耿秉等十人议可许。安与任隗奏，以为“光武招怀南虏，非谓可永安内地，正以权时之算，可得扞御北狄故也。今朔漠既定，宜令南单于反其北庭，并领降众，无缘复更立阿佟，以增国费”。宗正刘方、大司农尹睦同安议。事奏，未以时定。安惧宪计遂行，乃独上封事曰：“臣闻功有难图，不可豫见；事有易断，较然不疑。伏惟光武皇帝本所以立南单于者，欲安南定北之策也，恩德甚备，故匈奴遂分，边境无患。孝明皇帝奉承先意，章都被朝廷搁置。宋由害怕了，便不敢再署名附议，同时其他卿相也渐渐停止。只有袁安与任隗始终守正不移，甚至十几次在朝堂摘掉官帽坚决要劝阻窦太后。然而太后始终不听从，大家都替袁安感到忧虑、恐惧，可是袁安神色庄重依然如故。窦宪出兵打仗后，他的弟弟卫尉窦笃、执金吾窦景各自执掌大权，独断专行，公然在京师指使门客拦路抢劫路人的财物。窦景又擅自派出使者乘驿马到边境各郡散发檄文，调发能冲锋陷阵的优秀骑兵和善于骑射的才能出众之人，把渔阳郡、雁门郡、上谷郡各自将官吏、将士派到窦景的官邸。负责调兵事务的官吏畏于窦家的权势，无人敢将此事上报朝廷。而袁安竟弹劾窦景擅自调动边境汉军，致使官吏百姓惊惧惶惑，而且三郡太守没等收到朝廷的兵符，就擅自接受窦景的檄文调动军队，他们应当众受到处死。袁安又上奏弹劾司隶校尉、河南尹说他们阿谀逢迎贵戚，没有守忠尽节的大义，因此提请朝廷罢免他们并查办他们的罪行。然而袁安的两通奏折都被朝廷搁置始终没有获得答复。窦宪、窦景等人的骄横却变本加厉，他们在各个名城、大郡树立自己的党羽，向官吏百姓横征暴敛，相互收受贿赂，其余州郡见到窦家的威势也都无奈服从。袁安与任隗上奏检举了每个依附窦氏的太守，此外又有四十多位官员受到牵连被贬职、免官，窦氏兄弟非常气愤。但是袁安、任隗平素品行高尚，窦氏兄弟也没有理由加害他们。

当时窦宪再次出征，汉军驻扎在武威郡。第二年，北匈奴单于被耿夔击败，逃往乌孙国，北匈奴在塞北地区的势力被一扫而空，北匈奴的余部不知该投奔何处。窦宪仗着自己立下大功而日益骄慢，便想对北匈奴余部施加恩惠，他向朝廷上书提请扶立投降的左鹿蠡王阿佟为北单于，同时设中郎将统领保卫此地，就像过去对待南单于那样。窦太后将窦宪的奏议交给朝中公卿讨论，太尉宋由、太常丁鸿、光禄勋耿秉等十人都认为可以这么做。而袁安与任隗上奏反对，他们认为“光武帝招抚南匈奴，并非是认为此举能使中原永保安定，恰恰是因为这样的权宜之计，能够抵御北匈奴的缘故。如今北方沙漠地带已经安定，应该让南单于返回北部王庭，同时领导投降的北匈奴余部，不必再扶立阿佟为北单于，以增加国家的开支”。宗不敢失坠，赫然命将，爰伐塞北。至乎章和之初，降者十余万人，议者欲置之滨塞，东至辽东，太尉宋由、光禄勋耿秉皆以为失南单于心，不可，先帝从之。陛下奉承洪业，大开疆宇，大将军远师讨伐，席卷北庭，此诚宣明祖宗，崇立弘勋者也。宜审其终，以成厥初。伏念南单于屯，先父举众归德，自蒙恩以来，四十余年。三帝积累，以遗陛下。陛下深宜遵述先志，成就其业。况屯首唱大谋，空尽北虏，辍而弗图，更立新降，以一朝之计，违三世之规，失信于所养，建立于无功。由、秉实知旧议，而欲背弃先恩。夫言行君子之枢机，赏罚理国之纲纪。《论语》曰：'言忠信，行笃敬，虽蛮貊行焉。'今若失信于一屯，则百蛮不敢复保誓矣。又乌桓、鲜卑新杀北单于，凡人之情，咸畏仇雠，今立其弟，则二虏怀怨。兵、食可废，信不可去。且汉故事，供给南单于费直岁一亿九十余万，西域岁七千四百八十万。今北庭弥远，其费过倍，是乃空尽天下，而非建策之要也。"诏下其议，安又与宪更相难折。宪险急负势，言辞骄讦，至诋毁安，称光武诛韩歆、戴涉故事，安终不移。宪竟立匈奴降者右鹿蠡王於除鞬为单于，后遂反叛，卒如安策。

正刘方、大司农尹睦赞同了袁安的意见。奏议上报之后，朝廷没能及时做出决定。袁安担心窦宪的计划会最终为朝廷所实施，就独自进呈了密封的奏章道："微臣听说功业难以成就，结果不可预见；决断事情容易，显然明确无疑。以微臣愚见光武帝扶立南单于的本意，是将此做为安定南匈奴并牵制北匈奴的策略，兼顾了恩惠和仁德，所以匈奴的势力就分裂了，边境也再无祸患。孝明皇帝继承先帝遗愿，不敢有所闪失，愤然命令大将，远征塞北。到了章帝、和帝初年，降汉的北匈奴有十多万，有人建议将他们安置在边塞各郡，向东直至辽东郡皆可安置北匈奴，太尉宋由、光禄勋耿秉都认为南单于会因此失望，是不应采取的策略，先帝听从了宋由和耿秉的意见。陛下继承汉朝大业，大开疆域，大将军窦宪带兵远征，席卷北匈奴王庭，这确实是光耀祖宗，建立大功的壮举啊。但应该推究此举最终的后果，以成就祖先最初的设想。微臣考虑到先前南单于屯的父亲带领匈奴投降汉朝，自南匈奴蒙受汉朝的恩惠以来，已经四十多年了。这份功业经过三位帝王的累积，得以传给陛下，陛下应该遵照先帝的遗志，成就汉朝的大业。何况正是南单于屯首先提出大计，使朝廷最终扫清了北匈奴的势力，如果抛弃这位不再图谋反叛的南单于，反而改立新归降的阿佟为北单于，这是用一时的主意，违背三代先帝安抚边境的遗规，不仅失信于大汉培植的南单于屯，反而扶立了没有功劳的阿佟。宋由、耿秉本来就知道先帝的遗规，却想背弃先帝的恩德。注意言行是君子立身行事的关键，赏罚分明是治理国家的法则。《论语》讲：'说话以忠实、诚信为本，行动以厚道、恭敬为准，即使来到化外蛮夷之地，也能通行无碍。'现在如果对这位南单于屯失信，那么就无法保证各方蛮夷都会遵守他们对大汉许下的誓言。另外，乌桓、鲜卑刚杀掉北单于，但凡人之常情，都畏惧仇人报复，如果现在扶立了北单于的弟弟阿佟，那么乌桓、鲜卑就会心存怨恨。武器和食物可以废弃，信用却不可丢掉。况且遵照汉朝处理匈奴的旧例，朝廷每年供给南单于的费用多达一亿零九十多万，每年供给西域的费用多达七千四百八十万。现在北匈奴的王庭更远，朝廷的花费必须加倍，这是让汉朝的财物耗尽的谬论，而不符合出谋划策的要义啊。"窦安以天子幼弱，外戚擅权，每朝会进见，及与公卿言国家事，未尝不噫呜流涕。自天子及大臣皆恃赖之。四年春，薨，朝廷痛惜焉。

后数月，窦氏败，帝始亲万机，追思前议者邪正之节，乃除安子赏为郎。策免宋由，以尹睦为太尉，刘方为司空。睦，河南人，薨于位。方，平原人，后坐事免归，自杀。

初，安父没，母使安访求葬地，道逢三书生，问安何之，安为言其故，生乃指一处，云“葬此地，当世为上公”。须臾不见，安异之。于是遂葬其所占之地，故累世隆盛焉。安子京、敞最知名。

京字仲誉。习《孟氏易》，作《难记》三十万言。初拜郎中，稍迁侍中，出为蜀郡太守。

子彭，字伯楚。少传父业，历广汉、南阳太守。顺帝初，为光禄勋。行至清，为吏粗袍粝食，终于议郎。尚书胡广等追表其有清絜之美，比前朝贡禹、第五伦。未蒙显赠，当时皆嗟叹之。

彭弟汤，字仲河，少传家学，诸儒称其节，多历显位。桓帝初为太后下令让群臣讨论袁安的意见，袁安又与窦宪互相诘难。窦宪倚仗权势盛气凌人，言词傲慢，揭人阴私，甚至诋毁袁安，并提出光武帝杀大司徒韩歆、戴涉的旧例，以此威胁袁安，但袁安始终不动摇。窦宪最终还是扶立了匈奴降将右鹿蠡王於除鞬为北单于，后来，於除鞬终究反叛了汉朝，最终的结果正如袁安在谋议中所料。

袁安因为天子年幼，外戚在朝廷专权，因此每次朝会进见，以及和公卿谈论国家大事时，都会叹息感伤痛哭流涕。从天子到大臣，众人都仰仗依赖于袁安。永元四年(92)春，袁安去世，朝廷上下都痛惜于此。

几个月后，窦氏败亡，和帝开始亲理朝政，他追念起此前在朝堂上百官议论时众位诤臣尽忠直言的气节，便任命袁安的儿子袁赏为郎官。和帝又下策书将宋由革职，将尹睦任命为太尉，将刘方任命为司空。尹睦是河南郡人，他最终在太尉一职上去世。刘方是平原郡人，后来因犯法遭到免官回到家乡，刘方最终自杀。

起初，袁安的父亲去世后，母亲让袁安去寻找合适的坟地，袁安在路上遇到三位书生，他们问袁安要去哪里，袁安向他们说明原委，书生们便指着一处地方，并说“若将你的父亲埋葬于此处，你们袁家将世世代代位居三公”。转眼之间，三位书生就不見了，袁安对此感到惊讶。就把父亲埋在三位书生所说的地方，因此袁家一连几代都很兴隆。在袁安的后人中，他的儿子袁京、袁敞最为闻名。

袁京字仲誉。他一心研究《孟氏易》的学问，撰写了三十万字的《难记》。起初袁京担任郎中，之后渐渐升迁为侍中，后来又出任蜀郡太守。

袁京之子袁彭，字伯楚。年少时就继承了父亲的学问，先后担任广汉郡、南阳郡太守。顺帝初年，袁彭官至光禄勋。袁彭为政清廉，做官时依然衣服俭朴、粗茶淡饭，他在议郎之位上去世。尚书胡广等人在袁彭去世后称赞了他清廉的美德，将他与前朝的贡禹、第五伦相比。可是袁彭未能承蒙朝廷赐予尊贵的封号，当时的人们都为他叹息。

袁彭的弟弟袁汤，字仲河，年少时继承家族世代相传的学问，众司空，以豫议定策封安国亭侯，食邑五百户。累迁司徒、太尉，以灾异策免。卒，谥曰康侯。

汤长子成，左中郎将。早卒，次子逢嗣。

逢字周阳，以累世三公子，宽厚笃信，著称于时。灵帝立，逢以太仆豫议，增封三百户。后为司空，卒于执金吾。朝廷以逢尝为三老，特优礼之，赐以珠画特诏秘器，饭含珠玉二十六品，使五官中郎将持节奉策，赠以车骑将军印绶，加号特进，谥曰宣文侯。子基嗣，位至太仆。

逢弟隗，少历显官，先逢为三公。时中常侍袁赦，隗之宗也，用事于中。以逢、隗世宰相家，推崇以为外援。故袁氏贵宠于世，富奢甚，不与它公族同。献帝初，隗为太傅。

成子绍，逢子术，自有传。董卓忿绍、术背己，遂诛隗及术兄基等男女二十余人。

敞字叔平，少传《易经》教授，以父任为太子舍人。和帝时，历位将军、大夫、侍中，出为东郡太守，征拜太仆、光禄勋。元初三年，代刘恺为司空。明年，坐子与尚书郎张俊交通，漏泄省中语，策免。敞廉劲不阿权贵，失邓氏旨，遂自杀。

位儒生都赞美他节操的高尚，袁汤担任过很多显要的职位。他在桓帝初年担任司空，并因参与定策拥立桓帝有功，被封为安国亭侯，食邑五百户。后来，他连续升迁为司徒、太尉，最终因为灾害和异象，桓帝下策书免去他的官职。袁汤去世后，朝廷追谥他为康侯。

袁汤的长子袁成，官至左中郎将。他早早就去世了，袁汤的次子袁逢继承了父亲的爵位和封地。

袁逢字周阳，他作为连续几代三公的子嗣，为人宽厚笃信，在当时很出名。灵帝即位后，袁逢因以太仆的身份参与了拥立灵帝的定策，朝廷为他加封食邑三百户。后来袁逢担任司空，最终在执金吾任上去世。朝廷因为袁逢曾经是三老，所以在安葬袁逢时对他极为优待，礼遇有加，灵帝特别诏令，赐给袁逢镶有珍珠、绘有彩画的棺材，依饭含之礼纳入口中的珠玉有二十六种，并派五官中郎将手持符节奉行皇帝的策书，赠送给袁逢车骑将军印绶，加封给他特进的封号，又追谥袁逢为宣文侯。袁逢之子袁基继承了父亲的爵位和封地，他最终官至太仆。

袁逢的弟弟袁隗，年少时担任过一些显赫的官职，在袁逢之前就担任三公。当时的中常侍袁赦，是袁隗的同族，他在宫中当权执政。因袁逢、袁隗家世代担任宰相，所以袁赦格外敬重他们，他将袁逢、袁隗作为自己在宫外的帮手。因而袁氏在当世是得宠的权贵，极为富有而且生活奢侈，和其他官至三公的家族大不相同。献帝初年，袁隗任太傅。

袁成的儿子袁绍，袁逢的儿子袁术，他们各有自己的传记。董卓恨袁绍、袁术背叛自己，就杀害了袁隗和袁术的哥哥袁基以及二人家中男女二十多人。

袁敞，字叔平，年少时就传承了家学并为弟子们讲授《易经》，他因为父亲的关系担任太子舍人。和帝时，袁敞先是在朝中连续担任将军、大夫、侍中，后来他出任东郡太守，之后朝廷又将他召回并任命他为太仆、光禄勋。元初三年（116），他代替刘恺任司空。第二年，因为儿子和尚书郎张俊结交，泄漏了宫中言论，袁敞受到牵连，于是安帝下策免去他的官职。袁敞刚直守正，不对权贵阿谀奉承，他所张俊者，蜀郡人，有才能，与兄龛并为尚书郎，年少励锋气。郎朱济、丁盛立行不修，俊欲举奏之，二人闻，恐，因郎陈重、雷义往请俊，俊不听，因共私赂侍史，使求俊短，得其私书与敞子，遂封上之，皆下狱，当死。俊自狱中占狱吏上书自讼，书奏而俊狱已报。廷尉将出穀门，临行刑，邓太后诏驰骑以减死论。俊假名上书谢曰："臣孤恩负义，自陷重刑，情断意讫，无所复望。廷尉鞠遣，欧刀在前，棺絮在后，魂魄飞扬，形容已枯。陛下圣泽，以臣尝在近密，识其状貌，伤其眼目，留心曲虑，特加遍覆。丧车复还，白骨更肉，披棺发椁，起见白日。天地父母能生臣俊，不能使臣俊当死复生。陛下德过天地，恩重父母，诚非臣俊破碎骸骨，举宗腐烂，所报万一。臣俊徒也，不得上书；不胜去死就生，惊喜踊跃，触冒拜章。"当时皆哀其文。

朝廷由此薄敞罪而隐其死，以三公礼葬之，复其官。子盱。

盱后至光禄勋。时大将军梁冀擅朝，内外莫不阿附，唯盱与廷尉邯郸义正身自守。及桓帝诛冀，使盱持节收其印绶，事已具《梁冀传》。

闳字夏甫，彭之孙也。少励操行，苦身修节。父贺，为彭城相。闳往省谒，变名姓，徒行无旅。既至府门，连日吏不为通，会阿母作所为不合乎邓氏一门的意旨，最终袁敞自杀身亡。

张俊，蜀郡人，有才能，他和哥哥张龛同时任尚书郎，年少气盛，锋芒毕露。侍郎朱济、丁盛品行不端，张俊想上奏举报他们，二人听说后心下害怕，便通过尚书郎陈重、雷义向张俊求情，张俊不听从，于是他们一起暗中贿赂侍史，让侍史搜求张俊的过失，最终他们得到了张俊与袁敞儿子的私人信件，便向朝廷呈了密封的奏书，张俊和袁敞之子都被关进监狱，按照汉法应该被处死。张俊在狱中口授狱吏代他上书辩白，张俊的奏书呈上后，他的死刑判决也下达给了廷尉。廷尉将张俊带出毂门，即将行刑，邓太后命令使者飞马送来减免死刑的诏书。张俊化名上书谢恩道："微臣背弃恩义，自已身陷重刑之中，本已了无感情，全无想法，不再有任何指望。廷尉审定了罪行将微臣发付刑场，屠刀近在眼前，棺材放在身后，微臣魂飞魄散，面容憔悴不堪。陛下广施圣明的恩泽，因为微臣曾在陛下身边担任尚书郎，从而认出了臣的容貌，陛下对微臣的惨状不忍目睹耳闻，因此对臣留意，并特别加以恩惠和照顾。陛下使得丧车又返回来，使白骨又长出新肉，陛下劈开内棺，打开外椁，使微臣起身后重见天日。天地父母能生下微臣张俊，却不能让微臣张俊在应该赴死之时却又重获新生。陛下的圣德比天地更为广大，陛下赐于微臣的恩情比父母还重，即便是陛下恩德的万分之一，也实在不是微臣张俊尸骨破碎、全族消亡所能够报答的。微臣张俊身为囚徒，不能上书；没想到能够死而复生，微臣感到惊喜，欢欣雀跃，因此冒犯圣君，呈上奏章。"当时的人们都因为他的奏章而心生哀怜。

朝廷因此减轻袁敞的罪责，隐瞒他的死因，按照三公的礼仪埋葬他，并恢复了他的官职。袁敞之子是袁盱。

袁盱后来官至光禄勋。当时大将军梁冀在朝中专权，朝廷内外无人不奉承并依附于他，唯独袁盱与廷尉邯郸义正直不阿，坚守操行。等到桓帝要诛杀梁冀时，桓帝派袁盱手持符节收回了梁冀的官印和绶带，这些事情详见《梁冀传》。

袁闳，字夏甫，是袁彭的孙子。他年少时就砥砺操行，劳心劳力磨炼气节。父亲袁贺是彭城国国相。有一次，袁闳前去探望父亲，他出，见闳惊，入白夫人，乃密呼见。既而辞去，贺遣车送之，闳称眩疾不肯乘，反，郡界无知者。及贺卒郡，闳兄弟迎丧，不受赙赠，缞绖扶柩，冒犯寒露，体貌枯毁，手足血流，见者莫不伤之。服阕，累征聘举召，皆不应。居处仄陋，以耕学为业。从父逢、隗并贵盛，数馈之，无所受。

闳见时方险乱，而家门富盛，常对兄弟叹曰："吾先公福祚，后世不能以德守之，而竞为骄奢，与乱世争权，此即晋之三郤矣。"延熹末，党事将作，闳遂散发绝世，欲投迹深林。以母老不宜远遁，乃筑土室，四周于庭，不为户，自牖纳饮食而已。旦于室中东向拜母。母思闳，时往就视，母去，便自掩闭，兄弟妻子莫得见也。及母殁，不为制服设位，时莫能名，或以为狂生。潜身十八年，黄巾贼起，攻没郡县，百姓惊散，闳诵经不移。贼相约语不入其闾，乡人就闳避难，皆得全免。年五十七，卒于土室。二弟忠、弘，节操皆亚于闳。

忠字正甫，与同郡范滂为友，俱证党事得释，语在《滂传》。初平中，为沛相，乘苇车到官，以清亮称。及天下大乱，忠弃官客会稽改名换姓，不带随从，徒步前去。等他到了相府门前，门吏竟一连几天不替他通报，适逢袁闳的乳母出来，她看见袁闳，大吃一惊，急忙进去告诉夫人，家人悄悄招呼他进去见面。不久之后袁闳便辞别父亲离去，袁贺要派车送他，袁闳自称有头晕的毛病，不肯坐车，等到袁闳返回家乡后，彭城国境内竟没人知道这件事。等到袁贺在国相之位上去世后，袁闳兄弟前去将父亲的灵柩接回家乡，他们没有接受父亲下属赠送的丧礼钱，兄弟们穿着麻布制成的丧服扶护灵柩归葬，他们顶着寒冷，迎着露气，容貌毁损，手脚流血，目睹此景之人无不为他们感到伤心。三年守丧期满后袁闳除去孝服，他受到多次征辟、聘请、举荐、召用，但袁闳都没有接受。袁闳住在狭窄简陋的房屋中，以种地为生，以治学为业。袁闳的叔父袁逢、袁隗都高贵显赫，他们多次赠给袁闳食物，但袁闳一概不受。

袁闳看到时势正动荡不安，然而袁家却富足隆盛，他便经常对兄弟们感叹道："我们的祖先所传下的福分，后代子孙竟不能靠德行守住它，却竟相骄横放纵、生活奢侈，在乱世中争权夺利，这就好像是春秋时晋国的三位郤姓大夫啊。"桓帝延熹末年，朝廷党派相争之事发生，袁闳随即披头散发和世人断绝往来，打算投身深林隐居。但因为母亲年老，自己不适合到太远的地方隐居，就决定修建土屋，他那庭院中的土屋四面都是墙壁，而且没有房门，只是开了一扇可以由此接取饮食的窗户而已。每天早晨袁闳便在土屋中朝着东面向母亲行跪拜礼。母亲思念袁闳，不时前去探望，母亲一旦离开，袁闳就自己关闭窗户，他的兄弟妻儿都见不到他。等到母亲去世后，他不穿丧服不设灵位，当时的人们都觉得莫名其妙，甚至有人认为他是狂妄无知的人。袁闳隐居十八年后，黄巾军兴起后，贼军攻陷了不少郡县，百姓受到惊扰四散逃跑，而袁闳则坚持诵经，从不改变。贼军相互约定不要到袁闳居住的里巷骚扰，同乡之人都投奔到袁闳的住处避难，最终都得以保全性命免遭灾难。五十七岁那年，袁闳在土屋中去世。他的两位弟弟袁忠、袁弘，气节和操行都无法与袁闳相比。

袁忠，字正甫，他与同郡人范滂是朋友，二人都在党祸案中被证清白获得释放，详见《范滂传》。献帝初平年间，袁忠出任沛相，他上虞。一见太守王朗徒从整饰，心嫌之，遂称病自绝。后孙策破会稽，忠等浮海南投交阯。献帝都许，征为卫尉，未到，卒。

弘字邵甫，耻其门族贵势，乃变姓名，徒步师门，不应征辟，终于家。

忠子秘，为郡门下议生。黄巾起，秘从太守赵谦击之，军败，秘与功曹封观等七人以身扞刃，皆死于陈，谦以得免。诏秘等门闾号曰“七贤”。

封观者，有志节，当举孝廉，以兄名位未显，耻先受之，遂称风疾，喑不能言。火起观屋，徐出避之，忍而不告。后数年，兄得举，观乃称损而仕郡焉。

论曰：陈平多阴谋，而知其后必废；邴吉有阴德，夏侯胜识其当封及子孙。终陈掌不侯，而邴昌绍国，虽有不类，未可致诘，其大致归然矣。袁公窦氏之间，乃情帝室，引义雅正，可谓王臣之烈。及其理楚狱，未尝鞫人于臧罪，其仁心足以覃乎后昆。子孙之盛，不亦宜乎？

张酺字孟侯，汝南细阳人，赵王张敖之后也。敖子寿，封细阳乘坐着简陋的马车到任，他以清高正直受到世人称赞。等到天下大乱之时，袁忠弃官客居会稽郡上虞县。他看见太守王朗的随行卫士外表齐整、装饰一新，心下厌恶，随即称病自行与王朗断绝关系。后来孙策攻下了会稽郡，袁忠等人乘船从海上向南到交阯郡避难。后来，献帝在许县建都，朝廷征召袁忠任卫尉，袁忠尚未赶到许都，便在途中去世了。

袁弘，字邵甫，他以自己门族高有权势为耻辱，就改名换姓，徒步到老师门下学习，他始终不接受朝廷的征召，最后在家中去世。

袁忠的儿子袁秘，是郡府门下的议生。黄巾军起兵造反时，袁秘跟随太守赵谦讨伐贼寇，汉军惨败，袁秘与功曹封观等七人用身子为赵谦抵御刀刃，最终都死在战场上，赵谦因此免去一死。朝廷下诏表扬袁秘等人，在他们居住的里巷大门标上了“七贤”的称号。

封观这个人，有志气节操，本应当被举荐为孝廉，但他因为兄长名声地位还不显达，以在兄长之前接受孝廉的称号为耻辱，便称自己中风，嗓子不好，不能说话。有一次封观的屋子着火，他慢慢走出家门躲避，强忍开口说法的念头并没有告拆别人自己遭了火灾。几年以后，兄长得到举荐，封观才说自己因为家中着火受到损害，才出来在郡中做官。

评论说：陈平多阴谋，他知道自己的后代必定会失去爵位；邴吉积下阴德，夏侯胜就知道邴吉的封号会传给子孙。陈平的曾孙陈掌至死没能被封侯，而邴吉的孙子邴昌在先父遭到贬爵之后又重获封国，虽然陈、邴两家情况有所不同，禁不起追根究底的考量，但大致情形确实如此。袁公在窦氏执掌国家大权的时候，他对朝廷竭尽全力，持论时引经据典，坚守方正，可以说是志在匡扶王室之臣的功业了。到他审理因楚王刘英谋反而受到牵连之人的罪案时，以及后来没有以贪污受贿的罪名拘捕有才干的官吏时，他所表现出来的仁慈之心足以惠及子孙后代。因此袁家子孙能够如此兴盛，不也是应该的吗？

张酺，字孟侯，汝南郡细阳县人，他是赵王张敖的后人。张敖之之池阳乡，后废，因家焉。

酺少从祖父充受《尚书》，能传其业。又事太常桓荣。勤力不怠，聚徒以百数。永平九年，显宗为四姓小侯开学于南宫，置《五经》师。酺以《尚书》教授，数讲于御前。以论难当意，除为郎，赐车马衣裳，遂令入授皇太子。

酺为人质直，守经义，每侍讲间隙，数有匡正之辞，以严见惮。及肃宗即位，擢酺为侍中、虎贲中郎将。数月，出为东郡太守。酺自以尝经亲近，未悟见出，意不自得，上疏辞曰："臣愚以经术给事左右，少不更职，不晓文法，猥当剖符典郡，班政千里，必有负恩辱位之咎。臣窃私自分，殊不虑出城阙，冀蒙留恩，托备冗官，群僚所不安，耳目所闻见，不敢避好丑。"诏报曰："经云：'身虽在外，乃心不离王室。'典城临民，益所以报效也。好丑必上，不在远近。今赐装钱三十万，其亟之官。"酺虽儒者，而性刚断。下车擢用义勇，搏击豪强。长吏有杀盗徒者，酺辄案之，以为令长受臧，犹不至死，盗徒皆饥寒佣保，何足穷其法乎！

郡吏王青者，祖父翁，与前太守翟义起兵攻王莽，及义败，余众子张寿，曾获封为细阳县池阳乡乡侯，后来张寿遭到废黜，他便在细阳县池阳乡安家。

张酺年少时跟着祖父张充学习《尚书》，最终他便能够传承祖父的学问。后来他又侍奉担任太常的桓荣。张酺勤勉治学从不懈怠，在门下聚集了数以百计的弟子。永平九年（66），明帝为樊、阴、郭、马四姓外戚子弟在洛阳南宫开设学堂，并为他们安排了讲授“五经”的老师。张酺教授《尚书》，多次在明帝面前讲学。后来因与众位儒生辩论诘难时持论合乎明帝的心意，因此张酺被任命为侍郎，并获赐车马、衣裳，明帝随即又命他入宫教授皇太子。

张酺为人质朴耿直，处事谨守经义，每次在侍讲的间隙，他常能提出匡正朝政过失的谏言，他因为生性严肃而受到人们的忌惮。等到章帝即位后，朝廷接连提拔他为侍中、虎贲中郎将。几个月后，张酺离开京城出任东郡太守。张酺认为自己曾经受到朝廷的亲近和信赖，所以不能理解朝廷为何派自己外出为官，因此心里感到不舒服。于是他上疏推辞说：“愚臣因为略懂经术，在陛下身边担任给事，然而微臣年纪尚轻，而且未曾经历过其他职务，又不通晓法令条文，却有辱陛下与微臣剖分信符，让臣出任东郡太守，如果让微臣于千里之外颁布政令，恐怕定会犯下辜负皇恩，愧为太守的过错。臣私下揣测，实在不想离开京都，希望能承蒙皇恩留下来，在闲散官员之列托身、凑数，从此百官有任何不妥的地方，只要臣听到或看到，无论好坏，都会上报朝廷而不避嫌。”章帝回复诏书道：“经书说：‘你虽然身在国都之外为官，但心中对朝廷的思念从未离去。’你主掌一郡之事，治理百姓，也是为了更好地报效朝廷。况且万般人事无论善恶都必须上报，不在于此事发生之地距离京城的远近。现在赏赐你三十万置办行装的费用，赶快到任上去吧。”张酺虽然是儒生，但性格刚毅果断。他到任后便提拔见义勇为之士，对地方豪强进行打击。县级官吏中有人杀死了因偷盗而服劳役的罪犯，张酺就立案查处，他认为县令、县长贪赃枉法，仍不至于被判处死刑，因偷盗而服劳役的罪犯无非是些饥寒交迫的雇工，何必对他们施用极刑呢！

东郡郡吏中有位叫王青的人，他的祖父是王翁，王翁曾与前太守悉降，翁独守节力战，莽遂燔烧之。父隆，建武初为都尉功曹，青为小史。与父俱从都尉行县，道遇贼，隆以身卫全都尉，遂死于难；青亦被矢贯咽，音声流喝。前郡守以青身有金夷，竟不能举。酺见之，叹息曰："岂有一门忠义而爵赏不及乎？"遂擢用极右曹，乃上疏荐青三世死节，宜蒙显异。奏下三公，由此为司空所辟。

自酺出后，帝每见诸王师傅，常言："张酺前入侍讲，屡有谏正，訚訚恻恻，出于诚心，可谓有史鱼之风矣。"元和二年，东巡狩，幸东郡，引酺及门生并郡县掾史并会庭中。帝先备弟子之仪，使酺讲《尚书》一篇，然后修君臣之礼。赏赐殊特，莫不沾洽。

酺视事十五年，和帝初，迁魏郡太守。郡人郑据时为司隶校尉，奏免执金吾窦景。景后复位，遣掾夏猛私谢酺曰："郑据小人，为所侵冤。闻其儿为吏，放纵狼藉。取是曹子一人，足以惊百。"酺大怒，即收猛系狱，檄言执金吾府，疑猛与据子不平，矫称卿意，以报私仇。会有赎罪令，猛乃得出。顷之，征入为河南尹。窦景家人复击伤市卒，吏捕得之，景怒，遣缇骑侯海等五百人欧伤市丞。酺部吏杨章等穷究，正海罪，徙朔方。景忿怨，乃移书辟章等六人为执金吾吏，欲因报之。章等惶恐，入白酺，愿自引臧罪，以辞景命。酺即上言其状。窦太后诏报："自今执金吾辟吏，皆勿遣。"

翟义起兵攻打王莽，等到翟义战败后，翟义的残部全都投降了王莽，只有王翁坚守气节奋力战斗，王莽就将他烧死了。王青之父王隆，于光武帝建武初年任都尉功曹，当时王青担任小史。他与父亲跟着都尉在县里巡行，一行人在路上遇到贼寇，王隆便用身体保护都尉并救下了都尉的性命，而自己却在灾难中死去；王青也被箭射穿咽喉，声音嘶哑。前任太守认为王青身上有伤，竟不肯推举他。张酺看见王青后，便叹息道："怎能有一家人都是忠义之士，反而不能受到封爵赏赐的事呢？"于是张酺提拔王青为极右曹，还上疏举荐王青说王家三代为义死节，应该蒙受皇恩，受到特殊的赏赐。章帝将张酺的奏章交给三公府讨论，王青因此被司空府征召并授予官职。

自张酺出任东郡太守后，章帝每次见到众位诸侯王的师傅时，就常会说："张酺从前入宫担任侍讲的时候，屡屡有规劝之言，他那和悦恳切的态度，全出于对朝廷的诚心，可以说是有史鱼的风范了。"元和二年（85），章帝到东方巡行，到达东郡后，章帝将张酺和他的门生及郡县掾史召集到郡府的庭院中。章帝先周全地向张酺致以弟子之礼，并请张酺讲授了一篇《尚书》，然后又互相致以君臣之礼。章帝对张酺赐以破格的丰厚奖赏，在场众人都承蒙了章帝的恩惠。

张酺在东郡执政十五年后，于和帝初年升迁为魏郡太守。魏郡人郑据当时担任司隶校尉，他上奏请求免去了执金吾窦景的职位。窦景后来复位，他派掾史夏猛私下里对张酺说道："郑据是小人，我受了他的冤枉。听说郑据的儿子在魏郡担任官吏，他恣意妄为，声名狼藉。拘捕郑据之子这一名曹掾，足以让百名掾吏警戒。"张酺大怒，当即将夏猛关进牢狱，并向执金吾窦景府上送去书信，表示自己怀疑夏猛与郑据的儿子关系不好，就诈称这一切都是窦景的意思，为的是公报私仇。恰逢朝廷颁布了赎罪令，夏猛才得以出狱。不久，朝廷将张酺召回京城所在的河南郡并任命他为河南尹。窦景的家人又打伤了看守市场之门的小吏，遭到官吏逮捕，窦景很生气，便派缇骑侯海等五百人打伤了主管市场治安和买卖公平的市丞。张酺部吏杨章等人深彻查此案，并将侯海治罪，判以流放到朔方郡的刑罚。窦景忿怒，便发送公文征召并任命杨章等六人为执金吾府的属官，想乘及窦氏败，酺乃上疏曰："臣实愚惷，不及大体，以为窦氏虽伏厥辜，而罪刑未著，后世不见其事，但闻其诛，非所以垂示国典，贻之将来。宜下理官，与天下平之。方宪等宠贵，群臣阿附唯恐不及，皆言宪受顾命之托，怀伊、吕之忠，至乃复比邓夫人于文母。今严威既行，皆言当死，不复顾其前后，考折厥衷。臣伏见夏阳侯瓌，每存忠善，前与臣言，常有尽节之心，检敕宾客，未尝犯法。臣闻王政骨肉之刑，有三宥之义，过厚不过薄。今议者为瓌选严能相，恐其迫切，必不完免，宜裁加贷宥，以崇厚德。"和帝感酺言，徙瓌封，就国而已。

永元五年，迁酺为太仆。数月，代尹睦为太尉。数上疏以疾乞身，荐魏郡太守徐防自代。帝不许，使中黄门问病，加以珍羞，赐钱三十万。酺遂称笃。时子蕃以郎侍讲，帝因令小黄门敕蕃曰："阴阳不和，万人失所，朝廷望公思惟得失，与国同心，而托病自絜，求去重任，谁当与吾同忧责者？非有望于断金也。司徒固疾，司空年老，公其伛偻，勿露所敕。"酺惶恐诣阙谢，还复视事。酺虽在公位，而父常居田里，酺每有迁职，辄一诣京师。尝来候酺，适会岁节，公卿机报复他们。杨章等人害怕，报告张酺，愿意自我诬陷，声称犯了贪赃枉法罪，以此来推辞窦景的任命。张酺立即上书奏明情况。窦太后回复诏书说：“从今以后，但凡是执金吾窦景征召官吏，各个官府都不可派遣官吏赴召。”

等到窦家的权势衰败后，张酺便上疏道：“臣实在是愚蠢，不识大体，微臣认为窦氏虽然受到应有的惩罚，可是他们的案情并没有向天下人公示，后世人不知道详情，只是知道他们被治罪，这不是能向天下万民明示国家典章制度的做法，也不是能遗留给后世子孙行为。应该将此案下交给司法官审判，和天下人一同讨论窦氏的罪。当初窦宪等人受宠显贵时，群臣对他们阿谀奉承还怕来不及，都说窦宪接受了先帝的临终遗命，怀有伊尹、吕尚的忠心，甚至竟然还把窦氏的同党邓夫人比作贤惠的文王之妻。现在严肃而威重的刑罚已经施行，群臣又都说窦氏被判死罪理所应当，不再顾及以前对窦氏奉承的态度，不再考虑、折服于窦氏此前报晓朝廷的初衷。微臣认为夏阳侯窦瓌，常对朝廷存有忠善之心，从前他曾和臣有过交谈，常常显出为国尽节之心，他注意约束，告诫自家宾客，不曾犯法。微臣听说国君对王室亲属用刑时，有三度宽恕的情义，宁可过于宽厚，不可以太过刻薄。如今讨论此事的百官认为应该为窦瓌选择严厉能干的国相，微臣担心这位国相在处理窦瓌的罪过时会过于迫切，必定不能保证窦瓌免受刑罚，应该在裁定时多加宽宥，为的是让陛下仁厚的德行更为崇高。”和帝为张酺的话所感动，因此仅仅削减了窦瓌的封地，并遣送他回到自己的封国而已。

永元五年(93)，张酺升迁为太仆。几个月后，他代替尹睦继任太尉。在担任太尉时，他多次向朝廷上疏以疾病为由请求辞职回家，并举荐魏郡太守徐防代替自己。和帝并未准许，但却派中黄门探问张酺的病情，并加赐给他美味名贵的食物，以及三十万钱。张酺便声称自己的病情已经非常严重了。当时张酺之子张蕃以郎官的身份在宫里侍讲，和帝就命令小黄门通过张蕃告诫张酺说：“如今阴阳二气未能协调，天下万民流离失所，朝廷本希望张公考虑得失，能与国家同心协力，而今张公竟托病自求清白，反倒请求辞去太仆的重任，如罢朝，俱诣酺府奉酒上寿，极欢卒日，众人皆庆羡之。及父卒，既葬，诏遣使赍牛酒为释服。

后以事与司隶校尉晏称会于朝堂，酺从容谓称曰：“三府辟吏，多非其人。”称归，即奏令三府各实其掾史。酺本以私言，不意称奏之，甚怀恨。会复共谢阙下，酺因责让于称。称辞语不顺，酺怒，遂廷叱之，称乃劾奏酺有怨言。天子以酺先帝师，有诏公卿、博士、朝臣会议。司徒吕盖奏酺位居三司，知公门有仪，不屏气鞠躬以须诏命，反作色大言，怨让使臣，不可以示四远。于是策免。

酺归里舍，谢遣诸生，闭门不通宾客。左中郎将何敞及言事者多讼酺公忠，帝亦雅重之。十六年，复拜为光禄勋。数月，代鲁恭为司徒。月余薨。乘舆缟素临吊，赐冢茔地，赗赠恩宠异于它相。酺病临危，敕其子曰：“显节陵扫地露祭，欲率天下以俭。吾为三公，既不能宣扬王化，令吏人从制，岂可不务节约乎？其无起祠堂，可作槁盖庑，施祭其下而已。”

此一来谁还能为朕分忧并与朕共同担负治国的重责呢？朝廷并非是奢望于能与张公结下利可断金的情义啊。然而司徒刘方身患久治不愈的病，司空张奋年岁已老，因此还是希望张公能恭敬地接受朝廷的任命，并切莫泄露这次谈话的内容。”张酺诚惶诚恐，便到朝廷谢罪，依然回到太尉之职处理政务。张酺虽然位居三公，但他的父亲却常年住在故乡，每当张酺升职，他的父亲就来一次京城。有一次父亲前来看望张酺时，正逢年节，因此在公卿退朝之后，都到张酺府上为张酺的父亲敬酒祝寿，一整天都极尽欢乐，众人都认为张酺父亲的福气值得庆贺和羡慕。等张酺的父亲去世后，安葬完毕之时，朝廷下诏派遣使者送去牛、酒并让张酺除去丧服。

后来张酺因事与司隶校尉晏称在朝堂相会，张酺从容地对晏称说：“三公府征召的官吏，多数不称职。”晏称回去以后，便立即上奏，向朝廷提请命令三公府各自据实考察他们所任命的掾、史。张酺本来以为自己和晏称所说的不过是私人之间的谈话，却没想到晏称会就此事上奏，于是他怀恨在心。适逢二人又一道在殿内向和帝谢罪，张酺借机责备晏称。晏称也出言不逊，张酺非常生气，就在朝堂大声呵斥晏称，晏称便上奏检举张酺说他对自己有怨言。天子因为张酺是先帝的老师，便下令由公卿、博士、朝臣一同讨论此事。司徒吕盖上奏表示张酺位居三公，明知在朝堂上要以礼仪为先，但他不仅不能以恭敬谨慎的态度弯腰曲体，屏住呼吸，以待天子的诏命，反而却勃然大怒、口吐狂言，埋怨责备奉君命行事的臣子，如此之举无法成为天下四方的榜样。于是和帝颁布策书免去张酺的职位。

张酺回到私人住宅，谢绝并遣散了众位弟子，之后便紧闭家门不再与宾客来往。左中郎将何敞以及不少进谏谈论政事的人都为张酺争辩，说他尽忠为公，和帝也仍对张酺很是敬重。于是在永元十六年（104），朝廷又任命张酺为光禄勋。几个月后，张酺代替鲁恭担任司徒。一个月后他便去世了。和帝身穿白色的丧服前去吊唁，并赐给张酺墓地，张酺获赐办理丧事的财物和恩宠超过以前所有的丞相。张酺在他病重临危之时，告诫他的儿子们说：“先帝遗诏不在显节陵盖寝庙，扫地露天祭祀就可以，是想为天下做出崇尚节俭的表曾孙济，好儒学，光和中至司空，病罢。及卒，灵帝以旧恩赠车骑将军、关内侯印绶。其年，追济侍讲有劳，封子根为蔡阳乡侯。

济弟喜，初平中为司空。

韩棱字伯师，颍川舞阳人，弓高侯穨当之后也。世为乡里著姓。父寻，建武中为陇西太守。

棱四岁而孤，养母弟以孝友称。及壮，推先父余财数百万与从昆弟，乡里益高之。初为郡功曹，太守葛兴中风，病不能听政，棱阴代兴视事，出入二年，令无违者。兴子尝发教欲署吏，棱拒执不从，因令怨者章之。事下案验，吏以棱掩蔽兴病，专典郡职，遂致禁锢。显宗知其忠，后诏特原之。由是征辟，五迁为尚书令，与仆射郅寿、尚书陈宠，同时俱以才能称。肃宗尝赐诸尚书剑，唯此三人特以宝剑，自手署其名曰："韩棱楚龙渊，郅寿蜀汉文，陈宠济南椎成。"时论者为之说：以棱渊深有谋，故得龙渊；寿明达有文章，故得汉文；宠敦朴，善不见外，故得椎成。

和帝即位，侍中窦宪使人刺杀齐殇王子都乡侯畅于上东门，有司畏宪，咸委疑于畅兄弟。诏遣侍御史之齐案其事。棱上疏以为贼率。我身居三公要职，已然没能宣扬天子的教化，也无法让官吏百姓服从法制，难道还能不奉行节俭吗？我死后不必建立祠堂，可以用草盖一间茅屋，在茅屋下施行祭祀就可以了。”

张酺的曾孙张济，嗜好儒学，他于灵帝光和年间官至司空，后因病免官。等他去世后，灵帝因以前张济曾担任过自己的侍讲的恩情，便赠予他车骑将军、关内侯印绶。同年，灵帝追念张济侍讲有功，封张济之子张根为蔡阳乡侯。

张济的弟弟张喜，在献帝初平年间担任司空。

韩棱，字伯师，颍川郡舞阳县人，是西汉弓高侯韩颓当的后代。他家在乡里世代都是有声望的大姓。韩棱之父韩寻，在建武年间担任陇西太守。

韩棱四岁时父亲就去世了，他赡养母亲，爱护弟弟，以孝顺友爱著称。等他长大以后，他把父亲留下的数百万钱财让给堂兄弟，同乡之人因此更加敬重他。韩棱起初担任郡功曹，太守葛兴中风，因病不能治理政事，韩棱暗中替葛兴处理政事，前后有两年的时间，没有违抗政令的人。葛兴的儿子曾经发号施令想任用官吏，韩棱拒绝执行，不听从他的安排，葛兴的儿子便让怨恨韩棱的人向朝廷上奏，状告韩棱私自代替葛兴处理公务。朝廷将此事交给郡吏查验，郡吏认为韩棱故意隐瞒葛兴生病的真相，独揽太守的职务，就将韩棱监禁。明帝明白韩棱之所以代替葛兴执政，是因为他对朝廷忠心，于是后来下诏破例原谅了他。韩棱因此受到朝廷征召入朝为官，经过五次升迁，韩棱官至尚书令，与仆射郅寿、尚书陈宠，一起在当时因才能著称。章帝曾将佩剑赐给众位尚书台的官员，只有这三个人特别获赐宝剑，并且剑上有章帝亲署的三人姓名，分别是：“韩棱楚龙渊，郅寿蜀汉文，陈宠济南椎成。”当时谈论此事的人们是这样解释的：天子认为韩棱知识渊博而有谋略，所以得到龙渊剑；郅寿通达而有文采，所以得到汉文剑；陈宠敦厚朴实，善良不外露，所以得到椎成剑。

和帝即位后，侍中窦宪派人在上东门刺杀齐殇王的儿子都乡侯刘畅，负责调查罪案的官员因畏惧窦宪，所以都故意怀疑犯人是刘在京师，不宜舍近问远，恐为奸臣所笑。窦太后怒，以切责棱，棱固执其议。及事发，果如所言。宪惶恐，白太后求出击北匈奴以赎罪。棱复上疏谏，太后不从。及宪有功，还为大将军，威震天下，复出屯武威。会帝西祠园陵，诏宪与车驾会长安。及宪至，尚书以下议欲拜之，伏称万岁。棱正色曰："夫上交不谄，下交不黩，礼无人臣称万岁之制。"议者皆惭而止。尚书左丞王龙私奏记上牛酒于宪，棱举奏龙，论为城旦。棱在朝数荐举良吏应顺、吕章、周纡等，皆有名当时。及窦氏败，棱典案其事，深竟党与，数月不休沐。帝以为忧国忘家，赐布三百匹。

迁南阳太守，特听棱得过家上冢，乡里以为荣。棱发擿奸盗，郡中震栗，政号严平。数岁，征入为太仆。九年冬，代张奋为司空。明年薨。

子辅，安帝时至赵相。

棱孙演，顺帝时为丹阳太守，政有能名。桓帝时为司徒。大将军梁冀被诛，演坐阿党抵罪，以减死论，遣归本郡。后复征拜司隶校尉。

周荣字平孙，庐江舒人也。肃宗时，举明经，辟司徒袁安府。安数与论议，甚器之。及安举奏窦景及与窦宪争立北单于事，皆荣所具草。窦氏客太尉掾徐齮深恶之，胁荣曰："子为袁公腹心之谋，畅的兄弟。因此和帝下诏派遣侍御史到齐国查验这件事。韩棱上疏认为犯人就在京师，不应该舍近求远，如果那样做，恐怕会被奸臣笑话。窦太后勃然大怒，并因此严厉地责备韩棱，但韩棱仍然坚持自己的看法。等到窦宪的阴谋败露后，犯人的所在果真如韩棱所说。窦宪惶恐，向太后请求允许自己出击北匈奴以赎罪。韩棱又上疏劝阻，太后仍不听从。等到窦宪立下军功，并在回到朝廷获封大将军后，从此威震天下，后来他又出兵到武威郡屯驻。恰逢和帝西行到长安的先祖园陵祭祀，于是朝廷命令窦宪与和帝在长安相会。等窦宪到了长安，尚书及尚书以下的官吏商议要向窦宪行拜礼，并打算俯伏在地上向窦宪高呼万岁。韩棱神色严肃地说道："与上级交往不谄媚，与下级交往不轻慢，礼制中没有称人臣为万岁的规定。"商议此事的众人都很惭愧，于是此事随即作罢。尚书左丞王龙私自上奏，他想进献牛肉、美酒给窦宪，韩棱上奏检举了王龙，朝廷最终判处王龙筑城的劳役。韩棱在朝为官时曾多次举荐应顺、吕章、周纡等贤能的官吏，他们在当时都很出名。等窦家失势后，韩棱负责审查窦氏的罪案，他彻底追查窦氏的党羽，连接几个月不曾休假。和帝认为韩棱忧国忘家，赏赐给他三百匹布。

后来韩棱升任南阳太守，朝廷特许韩棱在路过家乡时可以上坟祭祖，同乡之人以此为荣。韩棱就任后揭发恶人和盗贼，全郡上下震恐不已，韩棱的政令严厉而公正。几年后，朝廷征召他入朝担任太仆。永元九年（97）冬季，他代替张奋继任司空。韩棱于第二年去世。

韩棱之子韩辅，在安帝时担任赵国国相。

韩棱的孙子韩演，在顺帝时任丹阳郡太守，他在任上有贤能的名声。韩演在桓帝时担任司徒。大将军梁冀被诛杀后，韩演因结党而受到惩治，最终被判以减免死罪的刑罚，他被遣送回原籍所在的郡。后来，朝廷又征召韩演并任命他为司隶校尉。

周荣字平孙，庐江郡舒县人。章帝时，他受到推举参加明经科的考试，之后被征召到司徒袁安官府中任职。袁安多次与周荣论议政事，非常器重他。等到袁安上奏章检举窦景以及袁安和窦宪争论是否扶立北单于之事发生时，袁安所进呈的奏章都是由周荣起草的。

排奏窦氏，窦氏悍士刺客满城中，谨备之矣！”荣曰：“荣江淮孤生，蒙先帝大恩，以历宰二城。今复得备宰士，纵为窦氏所害，诚所甘心。”故常敕妻子，若卒遇飞祸，无得殡敛，冀以区区腐身觉悟朝廷。及窦氏败，荣由此显名。自郾令擢为尚书令。出为颍川太守，坐法，当下狱，和帝思荣忠节，左转共令。岁余，复以为山阳太守。所历郡县，皆见称纪。以老病乞身，卒于家，诏特赐钱二十万，除子男兴为郎中。

兴少有名誉，永宁中，尚书陈忠上疏荐兴曰：“臣伏惟古者帝王有所号令，言必弘雅，辞必温丽，垂于后世，列于典经。故仲尼嘉唐虞之文章，从周室之郁郁。臣窃见光禄郎周兴，孝友之行，著于闺门，清厉之志，闻于州里。蕴椟古今，博物多闻，《三坟》之篇，《五典》之策，无所不览。属文著辞，有可观采。尚书出纳帝命，为王喉舌。臣等既愚暗，而诸郎多文俗吏，鲜有雅才，每为诏文，宣示内外，转相求请，或以不能而专己自由，辞多鄙固。兴抱奇怀能，随辈栖迟，诚可叹惜。”诏乃拜兴为尚书郎。卒。兴子景。

景字仲飨。辟大将军梁冀府，稍迁豫州刺史、河内太守。好贤窦氏的宾客太尉掾徐齮对周荣深恶痛绝，于是他威胁周荣说：“你是袁公的心腹，是袁公的谋士，你们竟敢上奏排挤窦氏，你要知道窦氏的勇士和刺客满城都是，你就小心着点儿吧！”周荣说：“我是出身江淮的孤苦无依之人，承蒙先帝隆恩，因此才接连担任过两城的官员。如今又有幸能在司徒府凑数，即便是被窦氏害死，也确实心甘情愿。”周荣因为受到了威胁便常常告诫妻儿说，如果他突然之间遭遇意外的灾祸，不要安排出殡或是为他入殓，他希望用微不足道的腐身让朝廷觉悟。等到窦氏败亡，周荣从此名声大显。周荣从郾县令被提拔为尚书令。后来又出任颍川太守，之后因触犯法律，本应被判入狱，但和帝考虑到周荣忠贞而有节操，便只是将他贬为共县令。一年多后，朝廷又拜他为山阳太守。在他所任职的各个郡县中，他的政绩都为人所称赞并被记录下来。后来周荣因年老多病请求辞职回家，最终他在家中去世，朝廷下令特别赏赐他二十万钱，并任命他的儿子周兴为郎中。

周兴在年少时就有好名声，安帝永宁年间，尚书陈忠上疏推荐周兴道：“微臣想到当古代帝王发号施令时，必定是言辞高雅，辞章温丽，玉音流传于后代，列入经书典册。所以孔子赞美唐尧、虞舜的文章，追步周朝美盛的文采。微臣私下看到光禄郎周兴，他那孝顺父母、友爱兄弟的品行，为全家所称道，他那耿介而有骨气的意志，在乡里很出名。他胸中蕴藏古今之事，学识渊博、见多识广，汇集了伏羲、神农、黄帝之书的《三坟》，汇集了少昊、颛顼、高辛、唐尧、虞舜之书的《五典》，周兴无所不览。他所撰写的文章、辞赋，颇有值得欣赏和采纳的内容。尚书台的职责是传达君王的命令，成为天子的喉舌。臣等已为愚钝而不明事理之辈，而且众为尚书郎又多是拘守法令而安于习俗的平庸文官，少有不同寻常的才智，每当起草诏文，向朝廷内外宣布事情时，尚书郎们就互相请求帮忙，有的人没有文才却在草拟诏书时独断专行，言辞常常鄙陋、艰涩。周兴身怀奇才，富有能力，如今却沉沦、滞留在众多庸人之中，臣实在是为他感到遗憾。”安帝下诏拜周兴为尚书郎。后来周兴去世。他的儿子是周景。

周景字仲飨。他被征召到大将军梁冀的府上任职，后来逐渐升爱士，其拔才荐善，常恐不及。每至岁时，延请举吏入上后堂，与共宴会，如此数四，乃遣之。赠送什物，无不充备。既而选其父兄子弟，事相优异。常称曰：“臣子同贯，若之何不厚！”先是司徒韩演在河内，志在无私，举吏当行，一辞而已，恩亦不及其家。曰：“我举若可矣，岂可令遍积一门！”故当时论者议此二人。

景后征入为将作大匠。及梁冀诛，景以故吏免官禁锢。朝廷以景素著忠正，顷之，复引拜尚书令。迁太仆、卫尉。六年，代刘宠为司空。是时宦官任人及子弟充塞列位。景初视事，与太尉杨秉举奏诸奸猾，自将军牧守以下，免者五十余人。遂连及中常侍防东侯览、东武阳侯具瑗，皆坐黜。朝廷莫不称之。视事二年，以地震策免。岁余，复代陈蕃为太尉。建宁元年薨。以豫议定策立灵帝，追封安阳乡侯。

长子崇嗣，至甘陵相。

中子忠，少历列位，累迁大司农。忠子晖，前为洛阳令，去官归。兄弟好宾客，雄江淮间，出入从车常百余乘。及帝崩，晖闻京师不安，来候忠，董卓闻而恶之，使兵劫杀其兄弟。忠后代皇甫嵩为太尉，录尚书事，以灾异免。复为卫尉，从献帝东归洛阳。

迁为豫州刺史、河内太守。周景重视贤人、爱护士子，他在选拔人才和推荐品行淳厚的人时，常常担心有所遗漏。每到换季之时，他便将他所推荐的官吏都邀请到后堂，与他们一起聚会宴饮，这样的宴会举办了很多次后，周景才让他们离去。周景赠给他们各色日常用品，众人都获得了丰厚、完备的赏赐。不久之后周景又选拔他们的父兄子弟为吏，在各种各样的事上都对他们予以优待。周景常说："大家既然同为朝廷的臣子，那么我为何不厚待他们呢！"在周景之前担任河内太守的是现任司徒韩演，韩演立志要大公无私，因此当他所推举的官吏要上任出发时，韩演只是说些告别的话罢了，同时也不会施恩于他们的家人。韩演说："我推举你自然可以，但我怎能只偏爱你们一家！"河内先后两任太守行事风格大异，因此当时谈论士风的人们经常议论周景和韩演的高下。

周景后来受到朝廷征召出任将作大匠。等到梁冀被诛杀后，周景因为曾是梁冀的旧部下而遭到罢免，并被禁止再入仕途。朝廷因为周景平素就以忠正著称，所以不久之后，又招他入朝并任命他为尚书令。后来周景先后升迁为太仆、卫尉。延熹六年（163），他代替刘宠继任司空。当时宦官任命的人以及宦官子弟充满每个职位。周景在担任司空之初，与太尉杨秉上奏检举了所有的奸猾之辈。从将军、州牧、郡守开始到他们之下的官吏中，遭到罢免的有五十多人。这场纠察最终牵连到中常侍防东县人侯览、东武阳侯具瑗，他们都因罪遭到罢黜。朝廷中无人不因此称赞周景。周景担任司空两年后，因为发生地震，桓帝颁布策书免去他的官职。一年多之后，他又代替陈蕃继任太尉。周景在建宁元年（168）去世。朝廷因周景参与定策拥立灵帝有功，便追封他为安阳乡侯。

周景的长子周崇继承了父亲的爵位，周崇最终官至甘陵国相。

周忠是周景排行居中的儿子，他年少时就担任过若干官职，并在经过多次升迁后官至大司农。周忠的儿子周晖，此前担任洛阳县县令，后来辞官回家。周晖和他的兄弟们喜欢结交宾客，是江淮一带的杰出人物，出入跟随的车辆常常有一百多乘。等到少帝刘辩驾崩后，周晖听说京城不安定，便前去问候周忠，董卓听说后对此心生厌恶，赞曰：袁公持重，诚单所奉。惟德不忘，延世承宠。孟侯经博，侍言帝幙。棱、荣事君，志同鹯雀。

便派兵劫持并杀害了周晖的兄弟。周忠后来代替皇甫嵩继任太尉，同时总领尚书台事务，最终因发生灾异而遭到革职。后来周忠又担任卫尉，跟从献帝东归洛阳。

赞辞说：袁安担负国家重任，的确竭力侍奉国君。只有德行代代不忘，承蒙恩宠永传子孙。张酺博学通晓经义，侍讲于天子帷幄中。韩棱、周荣侍奉君王，诛邪除恶如鹰逐雀。

卷七十六

郭陈列传第三十六

郭躬字仲孙，颍川阳翟人也。家世衣冠。父弘，习《小杜律》。太守寇恂以弘为决曹掾，断狱至三十年，用法平。诸为弘所决者，退无怨情，郡内比之东海于公。年九十五卒。

躬少传父业，讲授徒众常数百人。后为郡吏，辟公府。永平中，奉车都尉窦固出击匈奴，骑都尉秦彭为副。彭在别屯而辄以法斩人，固奏彭专擅，请诛之。显宗乃引公卿朝臣平其罪科。躬以明法律，召入议。议者皆然固奏，躬独曰："于法，彭得斩之。"帝曰："军征，校尉一统于督。彭既无斧钺，可得专杀人乎？"躬对曰："一统于督者，谓在部曲也。今彭专军别将，有异于此。兵事呼吸，不容先关督帅。且汉制棨戟即为斧钺，于法不合罪。"帝从躬议。又有兄弟共杀人者，而罪未有所归。帝以兄不训弟，故报兄重而减弟死。中常侍孙章宣诏，误言两报重，尚书奏章矫制，罪当腰斩。帝复召躬问之，躬对"章应罚金"。帝曰："章矫诏杀人，何谓罚金？"躬曰："法令有故、误，章传命之谬，于事为误，误者其文则轻。"帝曰："章与囚同县，疑其故也。"躬曰："'周道如砥，其直如矢。''君子不逆诈。'君王法天，刑不可以委曲生意。"帝曰："善。"迁躬廷尉正，坐法免。

郭躬，字仲孙，颍川郡阳翟县人。他出生于官宦世家。其父郭弘，通晓《小杜律》。太守寇恂任用郭弘为郡府决曹掾，郭弘判决讼案长达三十年，他执法公平。凡是被他裁定的案子，回去后人们都不会有怨言，郡内人把郭弘比作西汉丞相于定国的父亲于公。郭弘在九十五岁那年去世。

郭躬在年少时就继承父亲的学问，听他讲授的徒众常常有几百人。后来他担任郡吏，被公府征召进朝做官。永平年间，奉车都尉窦固出击匈奴，骑都尉秦彭任副将。秦彭驻扎在别处的营地，经常以军法之名杀人，于是窦固上奏称秦彭独断专行，请求诛杀他。明帝于是召集公卿朝臣讨论如何定秦彭的罪。郭躬因为熟悉法律，被召入朝中参加评议。议论的人都同意窦固的奏请，只有郭躬说："从法律的角度讲，秦彭有斩杀之权。"皇帝说："军队出征，校尉都得听从大将军的指挥。秦彭既然没有被授予执行刑罚的斧钺，怎么能够独断专行、斩杀别人呢？"郭躬回答道："大将军统一指挥所有的将领，指的是在同一支部队里。如今秦彭是配合主力部队的将领，这和陛下说的情形不一样。军情紧急向来瞬息万变，容不得副将事先向督帅请示。况且按照汉朝的军法规定，棨戟就是执行刑罚的斧钺，所以从法律的角度讲秦彭不算有罪。"皇帝听从了郭躬的意见。又有兄弟两人共同杀人，不知该判谁是主犯。皇帝认为兄长没有尽到训诫弟弟的责任，所以判处兄长死刑而免去弟弟的死罪。中常侍孙章宣读诏书时，误说成兄弟两人都被判为重罪，尚书上奏称孙章假传圣旨，罪当腰斩。皇帝又招来郭躬咨询此事，郭躬回答"孙章应该处以罚金"。皇帝说："孙章假托诏书杀人，怎么只是处以罚金呢？"郭躬说："法律分为故意犯罪和失误犯罪，孙章传达错误的诏令，从事情本身来讲属于失误犯罪，失误犯罪从法律条文来说应当从轻。"皇帝说：

后三迁，元和三年，拜为廷尉。躬家世掌法，务在宽平，及典理官，决狱断刑，多依矜恕，乃条诸重文可从轻者四十一事奏之，事皆施行，著于令。章和元年，赦天下系囚在四月丙子以前减死罪一等，勿笞，诣金城，而文不及亡命未发觉者。躬上封事曰："圣恩所以减死罪使戍边者，重人命也。今死罪亡命无虑万人，又自赦以来，捕得甚众，而诏令不及，皆当重论。伏惟天恩莫不荡宥，死罪已下并蒙更生，而亡命捕得独不沾泽。臣以为赦前犯死罪而系在赦后者，可皆勿笞诣金城，以全人命，有益于边。"肃宗善之，即下诏赦焉。躬奏谳法科，多所生全。永元六年，卒官。中子晊，亦明法律，至南阳太守，政有名迹。弟子镇。

镇字桓钟，少修家业。辟太尉府，再迁，延光中为尚书。及中黄门孙程诛中常侍江京等而立济阴王，镇率羽林士击杀卫尉阎景，以成大功，事在《宦者传》。再迁尚书令。太傅、三公奏镇冒犯白刃，手剑贼臣，奸党殄灭，宗庙以宁，功比刘章，宜显爵土，以励忠贞。乃封镇为定颍侯，食邑二千户。拜河南尹，转廷尉，免。永建四年，卒于家。诏赐冢茔地。

"孙章与囚犯是同县人，朕怀疑他是故意而为。"郭躬说："'大道如砥石，笔直如箭矢。''君子不先行猜疑别人存心欺诈。'君王应该效仿天道的公正无私，不可以随意曲解法律而旁生歧义。"皇帝说："好。"明帝提拔郭躬为廷尉正，郭躬后因犯法被免官。

郭躬后来经过三次升迁，元和三年（86），朝廷征召他为廷尉。郭躬家世代掌管法律，他在处理案件时务求宽大公平，等到他担任审理治狱的官职时，断决、判刑，多依从怜悯宽恕的原则，于是他列出重刑可以从轻发落的四十一条法令上奏皇帝，每条都得以施行，编入法令里。章和元年（87），朝廷赦免了天下在四月丙子日以前入狱的囚犯的死罪，不得鞭打，发配到金城郡服役，而赦令中不包括逃亡在外、还没被抓捕的犯人。郭躬呈上密封的奏书道："圣上降恩赦免死罪犯人改判为守卫边疆的原因，是重视人命。如今因犯死罪而亡命天涯的大概有一万人，又自赦令颁布以来，归案的逃犯有很多，而这些都是诏令中没有涉及到的情况，仍然要从重论处他们。臣想到天恩对众人都应该宽恕，死罪以下的犯人都蒙受皇恩获得新生，而逃亡归案的犯人唯独得不到圣朝的恩泽。臣以为在赦令以前判死刑的罪犯而在赦令之后才被逮捕的，都不可鞭打并且发配到金城郡服役，由此来保全人命，也有益于守卫边疆。"章帝认为他的建议很好，便立刻下诏赦免这些人的死罪。郭躬上书朝廷对案件的裁决提出意见，多以保全性命为准则。永元六年（94），郭躬在任上去世。次子郭晊，也明晓法律，后官至南阳郡太守，政绩斐然。郭晊弟弟的儿子名郭镇。

郭镇，字桓钟，年少时就学习家传的学问。之后被太尉府征召，再次升迁，在延光年间任尚书。等到中黄门孙程诛杀中常侍江京等人，在拥立济阴王刘保登上皇位时，郭镇率领羽林卫士击杀卫尉阎景，立下大功，详见《宦者传》。后来再次升迁官拜尚书令。太傅、三公一起上奏说郭镇面对刀剑，手刃贼寇，消灭奸党，汉朝宗庙才得以安宁，他的功劳能和西汉时期的刘章相比。应该赏赐他爵位、封土，以鼓励对朝廷忠贞之人。于是朝廷封郭镇为定颍侯，食邑二千户。郭镇后又拜河南尹，转任廷尉，再后来遭到罢免。永建四年（129），郭长子贺当嗣爵，让与小弟时而逃去。积数年，诏大鸿胪下州郡追之，贺不得已，乃出受封。累迁，复至廷尉。及贺卒，顺帝追思镇功，下诏赐镇谥曰昭武侯，贺曰成侯。

贺弟祯，亦以能法律至廷尉。

镇弟子禧，少明习家业，兼好儒学，有名誉，延熹中亦为廷尉。建宁二年，代刘宠为太尉。禧子鸿，至司隶校尉，封城安乡侯。

郭氏自弘后，数世皆传法律，子孙至公者一人，廷尉七人，侯者三人，刺史、二千石、侍中、中郎将者二十余人，侍御史、正、监、平者甚众。

顺帝时，廷尉河南吴雄季高，以明法律，断狱平，起自孤宦，致位司徒。雄少时家贫，丧母，营人所不封土者，择葬其中。丧事趣辨，不问时日，巫皆言当族灭，而雄不顾。及子䜣孙恭，三世廷尉，为法名家。

初，肃宗时，司隶校尉下邳赵兴亦不恤讳忌，每入官舍，辄更缮修馆宇，移穿改筑，故犯妖禁，而家人爵禄，益用丰炽，官至颍川太守。子峻，太傅，以才器称。孙安世，鲁相。三叶皆为司隶，时称其盛。

桓帝时，汝南有陈伯敬者，行必矩步，坐必端膝，呵叱狗马，终不言死，目有所见，不食其肉，行路闻凶，便解驾留止，还触归忌，则寄宿乡亭。年老寝滞，不过举孝廉。后坐女婿亡吏，太守邵夔怒而杀之。时人罔忌禁者，多谈为证焉。

镇在家中去世。朝廷下诏赏赐给他墓地。

长子郭贺本应当承袭爵位，而他让给小弟郭时后却逃走了。几年后，朝廷诏命大鸿胪到州郡追寻他，郭贺不得已，才出来受封。经过多次升迁，又官至廷尉。郭贺去世后，顺帝追思郭镇以前的功勋，下诏赐郭镇谥号为昭武侯，郭贺谥号为成侯。

郭贺的弟弟郭祯，也凭借在法律方面的才能而官至廷尉。

郭镇弟弟的儿子郭禧，年少时就熟习明了家传的学问，还喜好儒学，颇有名望，在延熹年间也曾任廷尉。建宁二年（169），郭禧代替刘宠任太尉。郭禧的儿子郭鸿，官至司隶校尉，皇帝封他为城安乡侯。

郭氏家族自郭弘以后，好几代都传习法律，子孙中官至三公的一人，廷尉七人，受封为侯爵的有三人，刺史、二千石官员、侍中、中郎将二十多人，担任侍御史、廷尉正、廷尉监、廷尉平的人就更多了。

顺帝时，廷尉河南郡人吴雄，字季高，因明晓法律，判决讼案公平，他从一个地位低微的官吏起家，后来官至司徒。吴雄年少时家中贫穷，在母亲去世后，他寻找别人还没有堆土成坟的空地，将母亲安葬在里面。丧事仓促地办完了，他也没挑选下葬的时辰和日期，巫祝都说吴雄家族日后必当灭亡，而吴雄却不理会这些说法。后来他与儿子吴䜣、孙子吴恭，连续三世都担任廷尉一职，成为律法名家。

起初，章帝时，司隶校尉下邳郡人赵兴也不顾及讳忌，每次进入新上任的官舍，他就重新修缮房屋，移动结构改建旧屋，故意触犯禁忌，然而他家人的官爵俸禄，却更加兴盛，赵兴官至颍川郡太守。儿子赵峻，任太傅，以才能著称。孙子赵安世，任鲁国相。三代人都任司隶，当时人们都称赞他们家族兴旺发达。

桓帝时，汝南郡有个叫陈伯敬的人，他走路时必定步履方正，安坐时必定两膝端直，就连呵斥狗马，也始终不说与死有关的话，但凡是他看过某种动物，就不吃它的肉，路上听到不吉祥的事，就停车驻马在当地小住，如果还是触犯不能远行归家的禁忌，他便在乡亭寄宿。到了年老的时候，他的官运蹇阻，不过是被举荐为孝廉。后来他论曰：曾子云：“上失其道，民散久矣。如得其情，则哀矜而勿喜。”夫不喜于得情则恕心用，恕心用则可寄枉直矣。夫贤人君子断狱，其必主于此乎？郭躬起自佐史，小大之狱必察焉。原其平刑审断，庶于勿喜者乎？若乃推己以议物，舍状以贪情，法家之能庆延于世，盖由此也！

陈宠字昭公，沛国洨人也。曾祖父咸，成哀间以律令为尚书。平帝时，王莽辅政，多改汉制，咸心非之。及莽因吕宽事诛不附己者何武、鲍宣等，咸乃叹曰：“《易》称‘君子见几而作，不俟终日’，吾可以逝矣！”即乞骸骨去职。及莽篡位，召咸以为掌寇大夫，谢病不肯应。时三子参、丰、钦皆在位，乃悉令解官，父子相与归乡里，闭门不出入，犹用汉家祖腊。人问其故，咸曰：“我先人岂知王氏腊乎？”其后莽复征咸，遂称病笃。于是乃收敛其家律令书文，皆壁藏之。咸性仁恕，常戒子孙曰：“为人议法，当依于轻，虽有百金之利，慎无与人重比。”

建武初，钦子躬为廷尉左监，早卒。

躬生宠，明习家业，少为州郡吏，辟司徒鲍昱府。是时三府掾属专尚交游，以不肯视事为高。宠常非之，独勤心物务，数为昱陈当世便宜。昱高其能，转为辞曹，掌天下狱讼。其所平决，无不厌服因为女婿放任差吏逃跑而受到牵连，郡太守邵夔发怒杀死了他。当时那些不顾虑忌禁的人，谈话时多用他的事作为证明。

评论说：曾子讲："上位者脱离了正道，百姓们早就离心离德了。如果得知犯罪的实情，就应该怜悯他们不要自鸣得意。"执法人员不因该得知事情的真相就沾沾自喜，而是本着仁爱之心去判案，如果本着仁爱之心去判案，那人们对审清案件的是非曲直就充满了希望。贤人或君子判决讼案，难道不是以这些为主旨吗？郭躬从地方佐史起家，大小案件一定都仔细调查研究。推究他能公平处理案件的原因，差不多就是不以自己知道案情的真相而沾沾自喜吧？执法人员能够推己及人用宽恕的心情去议处案件，舍去个人的好恶而探取实情，法家之所以能在世间绵延传承，大概就是这些原因吧！

陈宠，字昭公，沛国洨县人。曾祖父陈咸，在西汉成帝、哀帝时因通晓律令而担任尚书。西汉平帝时，王莽辅政，他改动了很多汉朝旧制，陈咸心中反对这种做法。后来王莽因为吕宽事件，杀死不肯依附自己的何武、鲍宣等人，陈咸便叹息道："《易经》讲'君子见到细微的征兆就采取行动，不等到第二天'，我可以隐退了！"随即他因年老请求辞职回家。王莽篡位后，朝廷征召陈咸任掌寇大夫，他以生病为由不肯应召。当时三个儿子陈参、陈丰、陈钦都在官位上，陈咸便让他们全都辞官，父子一起回到乡里，关起门来不和人们交往，陈咸还是沿袭西汉时期的习俗在年终大肆祭祀路神。人们问他这样做的原因，陈咸说："我的先人怎么能知道王氏的岁终腊祭呢？"后来王莽又征召陈咸任职，他索性声称病重，不去应召。他收起家中的律令书文，都藏在夹壁墙里面。陈咸生性仁厚忠恕，他常常告诫子孙道："斟酌他人违法的问题时，应当从轻处罚，即使有百金之利，也要慎重不要从严定罪。"

建武初年，陈钦的儿子陈躬任廷尉左监，他早早就去世了。

陈躬生下儿子陈宠，陈宠对家传学问熟悉明了，年少时就任州郡吏，后来被召到司徒鲍昱府。当时三府的掾属推崇人际交往，以不肯理政为高尚。陈宠常常为此批评他们，独自勤勉用心处理政务，多次对鲍昱陈述时下对国家有利的措施。鲍昱尊崇陈宠的能力，便让众心。时司徒辞讼，久者数十年，事类溷错，易为轻重，不良吏得生因缘。宠为昱撰《辞讼比》七卷，决事科条，皆以事类相从。昱奏上之，其后公府奉以为法。

三迁，肃宗初，为尚书。是时承永平故事，吏政尚严切，尚书决事率近于重。宠以帝新即位，宜改前世苛俗。乃上疏曰："臣闻先王之政，赏不僭，刑不滥，与其不得已，宁僭不滥。故唐尧著典，'眚灾肆赦'；周公作戒，'勿误庶狱'；伯夷之典，'惟敬五刑，以成三德'。由此言之，圣贤之政，以刑罚为首。往者断狱严明，所以威惩奸慝，奸慝既平，必宜济之以宽。陛下即位，率由此义，数诏群僚，弘崇晏晏。而有司执事，未悉奉承，典刑用法，犹尚深刻。断狱者急于篣格酷烈之痛，执宪者烦于诋欺放滥之文，或因公行私，逞纵威福。夫为政犹张琴瑟，大弦急者小弦绝。故子贡非臧孙之猛法，而美郑乔之仁政。诗云：'不刚不柔，布政优优。'方今圣德充塞，假于上下，宜隆先王之道，荡涤烦苛之法。轻薄箠楚，以济群生；全广至德，以奉天心。"帝敬纳宠言，每事务于宽厚。其后遂诏有司，绝钻钻诸惨酷之科，解妖恶之禁，除文致之请谳五十余事，定著于令。是后人俗和平，屡有嘉瑞。

汉旧事断狱报重，常尽三冬之月，是时帝始改用冬初十月而已。元和二年，旱，长水校尉贾宗等上言，以为断狱不尽三冬，故阴他转任司徒府辞曹，掌管天下诉讼的案件。陈宠判断处理的案件，人们心中没有不信服的。当时司徒处理诉讼案件，有的时间长达几十年，事情混杂错乱，很难把握轻重，不良的官吏因此寻找机会制造冤案。陈宠替鲍昱撰写了《辞讼比》七卷，分析案情后分类整理成条款，都按照类别排列。鲍昱将此书上奏朝廷，后来三公府将《辞讼比》奉为法条。

陈宠经过三次升迁，在章帝初年，担任尚书。当时朝廷仍沿袭永平年间的旧例，官吏施政崇尚严厉，尚书断决案情大多偏于重判。陈宠认为皇帝刚刚即位，应该改变前代严苛的风俗。就上疏道："臣听说先王理政，奖赏不僭越礼制，刑罚不滥施无辜，如果实在是不得已，宁可僭越礼制奖赏他人而不滥施刑罚于无辜。所以唐尧著有典籍，主张'因过失或意外而造成的罪行应该被宽恕'；周公告诫，'不要错误地判断刑狱诉讼之事'；伯夷的典籍认为，'只有敬重五刑，才能养成三德'。这样说来，圣贤理政，要以刑罚为首。以往断案严明，是为了威慑惩治奸恶之人。既然平定了奸恶之人，接下来就必须以宽大的政策补益百姓。陛下即位后，躬行仁义来治理国家，多次下诏百官，弘扬宽大和悦的政策。而有司主管其事，并没有全部尊奉承袭圣意，他们断案执法，仍然崇尚严峻苛刻。审理案件的人急于对犯人严刑拷打导致犯人痛苦难当，执法者因为烦于处理肆意毁谤丑化的供词，有的还趁机假公济私，作威作福。臣认为处理政事犹如弹奏琴瑟一样，大弦急切小弦就会断绝。所以子贡否定臧孙严酷的法令，赞美郑乔的仁政。有诗说：'不刚猛不柔弱，施政宽厚平和。'如今圣上的恩德充塞，存于天地之间，应该尊崇先王之道，清除严苛的刑法。减轻鞭杖之刑，让仁政惠及百姓；推广成全至德，以顺应天意。"皇帝恭敬地采纳了陈宠的谏言，每遇到案件总是力求宽厚。后来皇帝下诏有司，杜绝像束颈去髌那样惨酷的刑罚，撤销让百姓厌恶的禁令，摒除用舞文弄法判决的罪名五十多条，并编入法律条文之中。从此以后百姓风俗和平，屡屡出现祥瑞之兆。

按照汉朝旧例死刑判决后执行的时节，经常都是在冬天三个月里，当时皇帝开始改在初冬十月份进行。元和二年（85），天下大旱，气微弱，阳气发泄，招致灾旱，事在于此。帝以其言下公卿议，宠奏曰："夫冬至之节，阳气始萌，故十一月有兰、射干、芸、荔之应。《时令》曰：'诸生荡，安形体。'天以为正，周以为春。十二月阳气上通，雉雊鸡乳，地以为正，殷以为春。十三月阳气已至，天地已交，万物皆出，蛰虫始振，人以为正，夏以为春。三微成著，以通三统。周以天元，殷以地元，夏以人元。若以此时行刑，则殷、周岁首皆当流血，不合人心，不稽天意。《月令》曰：'孟冬之月，趣狱刑，无留罪。'明大刑毕在立冬也。又：'仲冬之月，身欲宁，事欲静。'若以降威怒，不可谓宁；若以行大刑，不可谓静。议者咸曰：'旱之所由，咎在改律。'臣以为殷、周断狱不以三微，而化致康平，无有灾害。自元和以前，皆用三冬，而水旱之异，往往为患。由此言之，灾害自为它应，不以改律。秦为虐政，四时行刑，圣汉初兴，改从简易。萧何草律，季秋论囚，俱避立春之月，而不计天地之正，二王之春，实颇有违。陛下探幽析微，允执其中，革百载之失，建永年之功，上有迎承之敬，下有奉微之惠，稽《春秋》之文，当《月令》之意，圣功美业，不宜中疑。"书奏，帝纳之，遂不复改。

宠性周密，常称人臣之义，苦不畏慎。自在枢机，谢遣门人，拒长水校尉贾宗等人上奏，认为没在冬季的最后一月执行死刑，所以阴气微弱，阳气外泄，才招致旱灾，根源就在这里。皇帝把他们的奏章下交给公卿讨论，陈宠上奏道："冬至时节，地心的阳气刚开始生发，因此十一月有兰、射干、芸、荔等物萌生。《时令》说：'各种生物萌动，君子斋戒以安形体。'上天以十一月为正月，周历以十一月为岁首。十二月阳气继续上升，家鸡抱窝孵卵野鸡啼叫求偶，大地以十二月为正月，商历以十二月为岁首。商历十三月阳气已经上升到地面，天地交汇，万物都萌发出生，藏在土里蛰伏的虫子开始苏醒，人们以一月为正月，夏历以一月为岁首。在三正中万物逐渐显露，来确定夏、商、周三代的正朔。周朝以天正即十一月为一年的开始，商朝以地正即十二月为一年的开始，夏朝以人正即一月为一年的开始。如果在这个时候行刑杀人，那么相当于在商朝、周朝的岁首流血杀人，不符合人心，也会忤逆天意。《月令》中说：'冬季的第一个月，要赶快行刑，不留下任何一个死刑罪犯。'说明死刑应该在立冬时结束啊。又说：'冬季的第二个月，身体需要安宁，做事需要静心。'如果在此时发威生气，那就不能叫做宁；如果在此时执行死刑，那就不能叫做静。廷议的人都说：'旱灾出现的原因，过错在于改变了执行死刑的时间。'而臣以为商朝、周朝判决讼案不以三正为依据，从而出现了太平盛世，没发生灾害。元和年间以前，执行死刑都在三冬之时进行，但是那时候水旱的异象，往往酿成巨大的祸患。由此说来，灾害的形成自然与其它的事情相感应，并不是因为改变了律法。秦朝施行苛政，一年四季都在行刑，大汉刚兴起时，便更改秦朝法令一切从简从易。萧何草创刑律，定在秋季的最后一月处决囚犯，都是为了避开立春生发之月，而没考虑到天正与地正的因素，商朝、周朝确立的春季起始之月，确实有违常道。陛下探索深奥精微的道理，真诚坚守中正之道，革除百年的过失，建立长久的功绩，对上能恭敬地迎合天意，对下能仁惠地顺应三微，考核《春秋》的大义，符合《月令》的宗旨，至圣之功、美好的功业，不应该怀疑。"奏书呈上后，皇帝采纳了陈宠的建议，就不再改动行刑的时间。

陈宠生性行事周到细密，经常述说身为人臣的要义，苦于不能戒绝知友，唯在公家而已。朝廷器之。

皇后弟侍中窦宪，荐真定令张林为尚书，帝以问宠，宠对“林虽有才能，而素行贪浊”，宪以此深恨宠。林卒被用，而以臧污抵罪。及帝崩，宪等秉权，常衔宠，乃白太后，令典丧事，欲因过中之。黄门侍郎鲍德素敬宠，说宪弟夏阳侯瓌曰：“陈宠奉事先帝，深见纳任，故久留台阁，赏赐有殊。今不蒙忠能之赏，而计几微之故，诚伤辅政容贷之德。”瓌亦好士，深然之，故得出为太山太守。

后转广汉太守。西州豪右并兼，吏多奸贪，诉讼日百数。宠到，显用良吏王涣、镡显等，以为腹心，讼者日减，郡中清肃。先是洛县城南，每阴雨，常有哭声闻于府中，积数十年。宠闻而疑其故，使吏案行。还言：“世衰乱时，此下多死亡者，而骸骨不得葬，傥在于是？”宠怆然矜叹，即敕县尽收敛葬之。自是哭声遂绝。

及窦宪为大将军征匈奴，公卿以下及郡国无不遣吏子弟奉献遗者，而宠与中山相汝南张郴、东平相应顺守正不阿。后和帝闻之，擢宠为大司农，郴太仆，顺左冯翊。

永元六年，宠代郭躬为廷尉。性仁矜。及为理官，数议疑狱，常亲自为奏，每附经典，务从宽恕，帝辄从之，济活者甚众。其深文刻敝，于此少衰。宠又钩校律令条法，溢于《甫刑》者除之。曰：“臣闻礼经三百，威仪三千，故《甫刑》大辟二百，五刑之属三千。

惧谨慎。自从他担任要职后，就谢绝并遣散门人，拒绝与知心友人往来，心思全用在公事上。朝廷对他非常器重。

皇后的弟弟侍中窦宪，举荐真定县令张林担任尚书，章帝就这件事询问陈宠，陈宠回复“张林虽然很有才能，但平时有贪污受贿的行为”，窦宪因此特别怨恨陈宠。张林最后还是被朝廷任用，后来他因为贪赃枉法受到应有的惩罚。章帝驾崩后，窦宪等人在朝廷掌权，他对陈宠一直怀恨在心，就请求太后，让陈宠主管章帝的丧事，想趁机挑刺儿陷害他。黄门侍郎鲍德一向敬重陈宠，他劝说窦宪的弟弟夏阳侯窦瓌道：“陈宠侍奉先帝时，深得信任，所以才能长久担任尚书一职，先帝对他的赏赐也与众不同。如今陈宠未蒙受忠诚能干的赏赐，反而却处处计较他细微的过错，这实在是伤害辅佐政事时的宽恕之心。”窦瓌也爱惜人才，对此深表赞同，因此陈宠得以出任泰山郡太守。

陈宠后来改任广汉郡太守。西州一带的豪门大族兼并土地，官吏大多邪恶贪贿，导致百姓的诉讼案每天多达一百多件。陈宠到任后，他重用良吏王涣、镡显等人，把他们作为自己的心腹，诉讼的人日渐减少，郡中清平宁静。先前洛县城南，每逢阴雨天，常常有哭声传到官府中，已经持续几十年了。陈宠听说后怀疑其中的缘故，就派官吏前去察看。他们回来报告说：“世道衰败混乱时，洛县城南有很多死者，尸骨没有埋葬，难道是因为这件事吗？”陈宠悲伤叹息，随即命令县府收殓所有的尸骨埋葬。从那以后哭声就没有了。

后来窦宪任大将军带兵讨伐匈奴，公卿以下官员以及郡国中人都派遣官吏、子弟前往奉献财物，只有陈宠与中山国相汝南人张郴、东平国相应顺守正不阿。后来和帝听说此事后，便提拔陈宠任大司农，张郴任太仆，应顺任左冯翊。

永元六年（94），陈宠代替郭躬担任廷尉。他生性仁爱、善于体恤他人。等到担任刑狱之官时，他多次复议疑案，经常亲自呈上奏书，每次都引用经典作为例证，务求宽恕断案，和帝常常听从他的建议，于是救活很多犯人。那些因严刑峻法造成的弊害，从此逐渐减少。陈宠又查考并校订律令条法，凡是超出周朝《甫刑》范围的全部礼之所去，刑之所取，失礼则入刑，相为表里者也。今律令死刑六百一十，耐罪千六百九十八，赎罪以下二千六百八十一，溢于《甫刑》者千九百八十九，其四百一十大辟，千五百耐罪，七十九赎罪。《春秋保乾图》曰：‘王者三百年一蠲法。’汉兴以来，三百二年，宪令稍增，科条无限。又律有三家，其说各异。宜令三公、廷尉平定律令，应经合义者，可使大辟二百，而耐罪、赎罪二千八百，并为三千，悉删除其余令，与礼相应，以易万人视听，以致刑措之美，传之无穷。”未及施行，会坐诏狱吏与囚交通抵罪。诏特免刑，拜为尚书。迁大鸿胪。

宠历二郡三卿，所在有迹，见称当时。十六年，代徐防为司空。宠虽传法律，而兼通经书，奏议温粹，号为任职相。在位三年薨。以太常南阳尹勤代为司空。

勤字叔梁，笃性好学，屏居人外，荆棘生门，时人重其节。后以定策立安帝，封福亭侯，五百户。永初元年，以雨水伤稼，策免就国。病卒，无子，国除。

宠子忠。

忠字伯始，永初中辟司徒府，三迁廷尉正，以才能有声称。司徒刘恺举忠明习法律，宜备机密，于是擢拜尚书，使居三公曹。忠自以世典刑法，用心务在宽详。初，父宠在廷尉，上除汉法溢于《甫革除。陈宠说："臣听说周朝制定的礼经三百篇，威仪三千条，所以《甫刑》中记载的大辟死罪有二百条，五刑之罪有三千条。不遵照礼制的行为，就用刑法制裁，即失礼就入刑，这两者互为表里。如今律令规定的死罪有六百一十条，剃去鬓须的耐罪有一千六百九十八条，能用钱物赎免的及以下的罪名有二千六百八十一条，超出《甫刑》范围的罪名有一千九百八十九条，其中包含四百一十条大辟死罪，一千五百条剃鬓耐罪，七十九条赎免之罪。《春秋保乾图》说：'王者每三百年就要减免一次刑法。'汉朝建立以来，已经有三百零二年了，宪令渐渐增多，法律条文的设立没有限度。律令又出自三家，每家说法各异。所以应该诏令三公、廷尉审定律令，保留符合经典、合于道义的律令，可以保留大辟死罪二百条，保留剃鬓耐罪、赎免之罪二千八百条，一共三千条，其余的律令全部删除，达到法礼相应，以改变百姓的视听，使刑罚制度更趋完美，永远流传下去。"这个建议还没来得及施行，恰巧发生诏狱的官吏与囚犯相互勾结的案件，陈宠因此受到牵连获罪。朝廷下诏特别赦免他，拜他为尚书。后来迁为大鸿胪。

陈宠共担任过两郡太守三种卿职，他在任职期间都有政绩，当时人们都称赞他。永元十六年(104)，陈宠代替徐防担任司空。他虽然熟悉法律，但也兼通经书，他的奏议温和纯正，被称为称职的宰相。他在职三年后去世。皇帝下诏太常南阳人尹勤代替陈宠任司空。

尹勤，字叔梁，天性纯厚好学，隐居世外，家门前长满了荆棘，当时的人们都很佩服他的气节。后来因为定册拥立安帝有功，朝廷封他为福亭侯，食邑五百户。永初元年(107)，因水涝灾害导致庄稼受损，皇帝下策书免去他的官职并遣送他回到封地。后来尹勤因病去世，没有子嗣，封国废除。

陈宠的儿子名叫陈忠。

陈忠，字伯始，于永初年间被召入司徒府任职，三次升迁后担任廷尉正，他以才能出众被人所称赞。司徒刘恺认为陈忠明晓法律，应当举荐他到重要部门任职，于是皇帝提拔他为尚书，官居三公曹。陈忠自认为家族世代主管刑法，因而在处理案件时务求宽大审慎。起刑》者，未施行，及宠免后遂寝。而苛法稍繁，人不堪之。忠略依宠意，奏上二十三条，为《决事比》，以省请谳之敝。又上除蚕室刑；解臧吏三世禁锢；狂易杀人，得减重论；母子兄弟相代死，听，赦所代者。事皆施行。

及邓太后崩，安帝始亲朝事。忠以为临政之初，宜征聘贤才，以宣助风化，数上荐隐逸及直道之士冯良、周燮、杜根、成翊世之徒。于是公车礼聘良、燮等。后连有灾异，诏举有道，公卿百僚各上封事。忠以诏书既开谏争，虑言事者必多激切，或致不能容，乃上疏豫通广帝意。曰："臣闻仁君广山薮之大，纳切直之谋；忠臣尽謇谔之节，不畏逆耳之害。是以高祖舍周昌桀纣之譬，孝文嘉爰盎人豕之讥，武帝纳东方朔宣室之正，元帝容薛广德自刎之切。昔晋平公问于叔向曰：'国家之患孰为大？'对曰：'大臣重禄不极谏，小臣畏罪不敢言，下情不上通，此患之大者。'公曰：'善。'于是下令曰：'吾欲进善，有谒而不通者，罪至死。'今明诏崇高宗之德，推宋景之诚，引咎克躬，咨访群吏。言事者见杜根、成翊世等新蒙表录，显列二台，必承风响应，争为切直。若嘉谋异策，宜辄纳用。如其管穴，妄有讥刺，虽苦口逆耳，不得事实，且优游宽容，以示圣朝无讳之美。若有道之士，对问高者，宜垂省览，特迁一等，以广直言之路。"书御，有诏拜有道高第士沛国施延为侍中，延后位至太尉。

初，其父陈宠担任廷尉时，上奏朝廷请求删除汉法中超出《甫刑》范围的那些条款，但没有施行，到陈宠免职后便搁置不提。可是严苛的法律越来越繁多，百姓无法忍受。陈忠依照陈宠的大概意思，上奏朝廷二十三条事项，取名《决事比》，以省去疑难案件无法判决而需要请示上级的弊端。陈忠又上奏朝廷请求废除蚕室宫刑；废除贪赃官吏三代不得出仕的禁令；对于因精神失常而杀人的罪行，得以减免刑罚；母子兄弟相互替死的情况，经过决断，可以准许赦免被替代的人。皇帝批准这些奏议可以施行。

邓太后驾崩后，安帝开始亲理朝政。陈忠认为皇帝在执政之初，应该征召聘用贤才，以宣扬推行教化，他多次向皇帝举荐隐居避世的贤人以及正直有道之士，像冯良、周燮、杜根、成翊世等人。于是朝廷以公车礼聘冯良、周燮等人。后来连年发生自然灾害，安帝下诏举荐有道之士，公卿群臣各自呈上密奏。陈忠觉得皇帝已经打开谏诤的大门，但他忧虑进谏的人很可能有过激的言辞，甚至让皇帝难以容忍，于是便上疏预先提醒安帝疏通心意。陈忠说："臣听说仁君的胸怀能容纳广大的山林与湖泽，能接纳恳切率直的谏言；忠臣上奏就要尽正直敢言的臣节，不畏惧逆耳之言带来的危害。所以高祖不因为周昌把他比作桀纣而降罪，孝文帝嘉奖爰盎为避免人彘之祸而直言进谏，武帝采纳东方朔关于宣室的正统地位、不可设宴的谏言，元帝宽容薛广德以自刎的方式进谏。从前晋平公问叔向说：'国家最大的祸患是什么？'叔向回答说：'大臣因为重视俸禄而不敢极力进谏，小臣因为畏惧获罪而不敢说实话，下情不能上达，是国家最大的祸患。'晋平公说：'太对了。'因而下令说：'寡人希望百官都能进谏善言，若是有人谒见而得不到通报，阻拦者一律按死罪处置。'现在陛下明确下诏崇尚殷王武丁的德操，推崇宋景公舍己为国的诚意，把过失归于自己，严格要求自己，向群臣咨询治政的得失。准备进言的人看到杜根、成翊世等人最近因直言进谏而蒙受皇恩被朝廷录用，而且地位显赫位居二台，必定也会接受教化、群起响应，争相直言进谏。如果进言是高明的谋略，就该立刻采纳。如果进谏的人见识狭小，胡乱说些讥讽的话，虽然忠言听起来不顺耳，甚至与事实不相常侍江京、李闰等皆为列侯，共秉权任。帝又爱信阿母王圣，封为野王君。忠内怀惧懑而未敢陈谏，乃作《搢绅先生论》以讽，文多故不载。

自帝即位以后，频遭元二之戹，百姓流亡，盗贼并起，郡县更相饰匿，莫肯纠发。忠独以为忧，上疏曰："臣闻轻者重之端，小者大之源，故堤溃蚁孔，气泄针芒。是以明者慎微，智者识几。《书》曰：'小不可不杀。'《诗》云：'无纵诡随，以谨无良。'盖所以崇本绝末，钩深之虑也。臣窃见元年以来，盗贼连发，攻亭劫掠，多所伤杀。夫穿窬不禁，则致强盗；强盗不断，则为攻盗；攻盗成群，必生大奸。故亡逃之科，宪令所急，至于通行饮食，罪致大辟。而顷者以来，莫以为忧。州郡督录怠慢，长吏防御不肃，皆欲采获虚名，讳以盗贼为负。虽有发觉，不务清澄。至有逞威滥怒，无辜僵仆。或有跼蹐比伍，转相赋敛。或随吏追赴，周章道路。是以盗发之家，不敢申告，邻舍比里，共相压迮，或出私财，以偿所亡。其大章著不可掩者，乃肯发露。陵迟之渐，遂且成俗。寇攘诛咎，皆由于此。前年勃海张伯路，可为至戒。覆车之轨，其迹不远。盖失之末流，求之本源。宜纠增旧科，以防来事。自今强盗为上官若它郡县所纠觉，一发，部吏皆正法，尉贬秩一等，令长三月奉赎罪；二发，尉免官，令长贬秩一等；三发以上，令长免官。便可撰立科条，处为诏文，切敕刺史，严加纠罚。冀以猛济宽，惊惧奸慝。顷季夏大暑，而消息不协，寒气错时，水涌为变。天之降异，必有其故。所举有道之士，可策问国典所务，王事过差，令处暖气不效之意。庶有谠言，以承天诫。"

符，陛下也要宽大容忍，以彰显圣朝不避忌讳的美德。如果进谏的人是有道之士，在对策中有高明的见解，陛下应当认真审阅，对其特别升迁至一等，以广开直言之路。”皇帝看了奏章后，下诏任命在考试中名列前茅的沛国有道贤人施延为侍中，施延后来官至太尉。

常侍江京、李闰等人都被封为列侯，他们共同执掌朝中权柄。安帝又宠信乳母王圣，封她为野王君。陈忠感到害怕、心里烦闷，却不敢进谏陈述，便作了《搢绅先生论》以讽谏，文字太多因而在此不再赘述。

自从安帝即位以后，频频遭受元二之灾，百姓流亡，盗贼四起，郡县更是互相隐瞒掩饰，没有人肯纠查揭发这些弊端。只有陈忠深感忧虑，他向朝廷上疏道：“臣听说轻是重的开端，小是大的源头，因此千里堤岸毁于微小蚁穴，气体泄漏于针尖小孔。所以明察的人能够防微杜渐，智慧的人能够知晓事物的微小迹象。《尚书》讲：‘故意犯些小罪的人，不可以不诛杀。’《诗经》讲：‘不要放纵狡诈之人，谨防不善不良的人。’大概是要提倡根本、断绝枝末，探索祸患发生的深奥原因。臣私下看到自元年以来，盗贼蜂起，他们攻打邮亭劫掠财物，发生很多打死打伤的事件。如果不能禁止打洞穿墙的小偷小摸，就会发展成江洋大盗；如果江洋大盗接连不断，就会形成抢掠抢夺的势力；如果抢掠抢夺的势力成群结队，必定会生出大奸大恶之人。因此对逃亡的犯人制定相关的法律条文，是国家法令里面最急迫的，至于那些放逃犯通行并提供饮食的人，可以判处大辟死刑。然而直到最近，我都不认为这是国家的忧患。州郡负责督查的官员在逮捕犯人时放纵怠惰，长吏对防盗工作不尽职，他们都想博得虚名，忌讳谈论盗贼的事情并把其当成负担。即使发现盗贼出没，也不尽全力清除。甚至为了耍威风而滥施刑罚，导致无辜的百姓死去。还有人滞留在乡里，变相征收赋税。有的名义上是跟随官吏去追捕贼寇，实则是在路上闲逛。因此受到贼寇侵扰的人家，不敢向官府申告，在邻居之间，也是相互欺压，有的人甚至拿出私藏的钱财，用来赔偿被贼寇抢劫的财物。只有那些无法掩饰的贼寇大案，官府才肯上报公布。局势渐渐衰败，即将形成风俗。由贼寇劫掠侵夺所元初三年有诏，大臣得行三年丧，服阕还职。忠因此上言："孝宣皇帝旧令，人从军屯及给事县官者，大父母死未满三月，皆勿徭，令得葬送。请依此制。"太后从之。至建光中，尚书令祝讽、尚书孟布等奏，以为"孝文皇帝定约礼之制，光武皇帝绝告宁之典，贻则万世，诚不可改。宜复建武故事"。忠上疏曰："臣闻之《孝经》，始于爱亲，终于哀戚。上自天子，下至庶人，尊卑贵贱，其义一也。夫父母于子，同气异息，一体而分，三年乃免于怀抱。先圣缘人情而著其节，制服二十五月，是以《春秋》臣有大丧，君三年不呼其门，闵子虽要绖服事，以赴公难，退而致位，以究私恩，故称'君使之非也，臣行之礼也'。周室陵迟，礼制不序，《蓼莪》之人作诗自伤曰：'瓶之罄矣，惟罍之耻。'言己不得终竟子道者，亦上之耻也。高祖受命，萧何创制，大臣有宁告之科，合于致忧之义。建武之初，新承大乱，凡诸国政，多趣简易，大臣既不得告宁，而群司营禄念私，鲜循三年之丧，以报顾复之恩者。礼义之方，实为彫损。大汉之兴，造成的祸乱，都是这个原因。前年勃海郡人张伯路的事，可说是最深刻的教训。前车之鉴，就在眼前。所以要从已经发生的祸患中，寻求事情发生的根本原因。应该在旧条文的基础上纠正并增加新的，以预防将来发生类似事件。从今天起辖地内的强盗被上级官府或其他郡县所发现，发现一次，事发地的官吏都要依法惩处，县尉贬职一级，县令、县长罚三个月的俸禄以赎罪；发现两次，县尉免职，县令、县长贬职一级；发现三次或者三次以上，县令、县长免去官职。现在就可以撰写并设立相关条文，撰写诏文，严令刺史，严加督察惩罚。希望能够以威严刑法补益宽松施政的纰漏，让邪恶之人惊慌害怕。不久前正处夏末，本该酷暑难耐，然而消长不协调，寒气错开天时，导致水流涌动成为灾变。天降异象，必有缘由。朝廷应该向举荐的有道之士，策问国家典章制度中应该注意的问题，如今朝廷公事失度，让其找到暖和之气失常的原因。希望有道之士会发表正直的言论，以承受上天对朝廷的警示。"

元初三年（116）下诏，大臣可以为父母守丧三年，三年守丧期满后再官复原职。陈忠因此上奏道："汉宣帝时的旧制，跟着军队驻扎以及在县里任职的人，祖父母去世不三个月的时间，都不服徭役，可以葬送祖父母。奏请依从此制度。"太后听从了他的意见。到建光年间，尚书令祝讽、尚书孟布等人上奏，认为"孝文皇帝制定简化丧葬的礼制，而光武皇帝断绝官吏告假奔丧的典制，为后世留下法则，实在是不能更改。应该恢复光武帝时期的旧制"。陈忠上疏说："臣听闻《孝经》中说，孝道从敬爱亲近为始，至悲痛伤感为终。上至天子，下至百姓，不论尊卑贵贱，所遵循的道理都相同。父母对于子女，本就是血缘相同而外貌各异，从母亲的身体中诞生，婴儿出生三年之后才离开父母的怀抱。先圣根据人情而制定礼节，在父母丧期中穿二十五个月丧服，因此《春秋》中记载臣子有父母之丧，君王三年不任用他，闵子骞身穿绖服，赶赴国难，事情办完后又接着回家服丧，以此报答父母的恩情。所以说'在闵子骞服丧期间，君王指使闵子骞不合乎礼，闵子骞赶赴国难却合乎礼'。后来周王朝渐渐衰落，礼制也不守次序，诗人在《蓼莪》中伤感地说：'打水的瓶子见底，虽承衰敝，而先王之制，稍以施行。故藉田之耕，起于孝文；孝廉之贡，发于孝武；郊祀之礼，定于元、成；三雍之序，备于显宗；大臣终丧，成乎陛下。圣功美业，靡以尚兹。孟子有言：‘老吾老以及人之老，幼吾幼以及人之幼，天下可运于掌。’臣愿陛下登高北望，以甘陵之思，揆度臣子之心，则海内咸得其所。”宦竖不便之，竟寝忠奏而从讽、布议，遂著于令。

忠以久次，转为仆射。时帝数遣黄门常侍及中使伯荣往来甘陵，而伯荣负宠骄蹇，所经郡国莫不迎为礼谒。又霖雨积时，河水涌溢，百姓骚动。忠上疏曰：“臣闻位非其人，则庶事不叙；庶事不叙，则政有得失；政有得失，则感动阴阳，妖变为应。陛下每引灾自厚，不责臣司，臣司狃恩，莫以为负。故天心未得，隔并屡臻，青、冀之域淫雨漏河，徐、岱之滨海水盆溢，兖、豫蝗蝝滋生，荆、杨稻收俭薄，并凉二州羌戎叛戾。加以百姓不足，府帑虚匮，自西徂东，杼柚将空。臣闻《洪范》五事，一曰貌，貌以恭，恭作肃，貌伤则狂，而致常雨。春秋大水，皆为君上威仪不穆，临莅不严，臣下轻慢，贵幸擅权，阴气盛强，阳不能禁，故为淫雨。陛下以不得亲奉孝德皇园庙，比遣中使致敬甘陵，朱轩軿马，相望道路，可谓孝至矣。然臣窃是装水的大罍的耻辱。’说的是臣子不能尽身为儿女的道义，也是国君的耻辱。高祖接受天命创立汉朝，萧何创立制度，其中有大臣可以告假奔丧的法律条文，合乎儿女应该悼念过世父母的大义。建武初年，汉朝刚刚结束大乱的时局，国家的所有政策，多趋于简易，一方面大臣们不被准许告假奔丧，另一方面百官又有贪求俸禄的私心，所以很少有人遵循服丧三年的制度，来报答父母的养育之恩。礼仪制度，确实已经衰落了。汉朝的兴起，虽然是承接于衰敝的秦末乱世，但是先王的制度，也慢慢得到施行。所以每逢春耕，天子便亲自在田地耕作，从孝文帝之时开始兴起；举荐孝廉，从孝武帝之时开始发展；郊外祭祀天地之礼，在元帝、成帝之时开始制定；三雍的祭祀之礼，在明帝之时开始完备；大臣在父母去世后服丧三年的制度，在陛下在位时期完成。皇帝的圣功美业，全在于这件事了。孟子说过：‘孝敬我自己的老人，也把这种孝敬推及到别的老人，爱护我自己的小孩，也把这种爱心推及至别的小孩，那么治理天下就像在手掌中操纵一样容易。’臣希望陛下登高北望，以您对葬于甘陵的母亲的思念之情，来揣度人臣为父母的服丧之心，那么天下的百姓都能各得其所。”宫中的奸诈宦官认为这样不方便，竟然把陈忠的奏书搁置，安帝最终听从了祝讽、孟布的建议，随即编入法令之中。

陈忠因为长期在朝中任职，后来转任仆射。当时安帝多次派遣黄门常侍以及中使伯荣往来甘陵祭祀父母，而伯荣依仗安帝对她的宠幸，非常傲慢，她所经过的郡国无不以礼谒见的。又有久雨不停，使黄河汹涌溢出，百姓受水灾而骚动不安。陈忠上疏道：“臣听说任人不当，各种事情都会失去本来的次序；如果各种事情都失去本来的次序，那么国政就会出现失误；如果国政出现失误，就会导致阴阳有所感应，感应发生灾异和变故。陛下每次都将灾变的出现视为自己的责任，而不责怪主事的大臣，于是主事的大臣习惯于受到恩宠，使没有人认为该自己负责。因此没能满足上天的心意，阴阳失调而导致的水旱灾害屡屡出现，导致青州、冀州两地久雨而河水泛滥，徐州、泰山郡的滨海地区海水汹涌而出，兖州、豫州蝗蝝滋生，荆州、扬州稻子欠收，并州、凉州羌戎反叛。再加上百姓不富足，国库空虚，自西闻使者所过，威权翕赫，震动郡县，王侯二千石至为伯荣独拜车下，仪体上僭，侔于人主。长吏惶怖谴责，或邪谄自媚，发人修道，缮理亭传，多设储跱，征役无度，老弱相随，动有万计，赂遗仆从，人数百匹，顿踣呼嗟，莫不叩心。河间托叔父之属，清河有陵庙之尊，及剖符大臣，皆猥为伯荣屈节车下。陛下不问，必以陛下欲其然也。伯荣之威重于陛下，陛下之柄在于臣妾。水灾之发，必起于此。昔韩嫣托副车之乘，受驰视之使；江都误为一拜，而嫣受欧刀之诛。臣愿明主严天元之尊，正乾刚之位，职事巨细，皆任贤能，不宜复令女使干错万机。重察左右，得无石显泄漏之奸；尚书纳言，得无赵昌谮崇之诈；公卿大臣，得无朱博阿傅之援；外属近戚，得无王凤害商之谋。若国政一由帝命，王事每决于己，则下不得逼上，臣不得干君，常雨大水必当霁止，四方众异不能为害。”书奏不省。

时三府任轻，机事专委尚书，而灾眚变咎，辄切免公台。忠以为非国旧体，上疏谏曰：“臣闻‘君使臣以礼，臣事君以忠’。故三公称向东，织机将空。臣听说《洪范》中强调五件事，一是神态，神态要恭敬，恭敬才能庄重，神态不恭敬则狂妄，就会招来长期下雨。春秋时期的大水灾，都是因为君主的威仪不够肃穆，理政的时候不够严明，臣下轻慢，宠臣专权，阴气强盛，阳气不能遏制，所以才导致久雨不断。陛下因为不能亲自到孝德皇后的园庙祭祀，就接连不断地派遣中使到甘陵致敬，配着良马的朱轩车驾，在道路上络绎不绝，可以说是至孝了。然而臣私下听说使者所经过的地方，威权显赫，震动郡县，王侯以及二千石官员甚至特地拜倒在伯荣的车下，这是僭越礼法的行为，妄图与皇帝等同。县长、县吏害怕被责备，有的人想方设法主动巴结中使，他们派出百姓修路，修缮邮亭、传舍，准备了很多待用的物资，百姓的徭役没有限度，老弱相随，动用的人员数以万计，还要贿赂随行的仆人，每人几百匹布帛，百姓跌倒在地呼号哀叹，闻者无不痛心。河间国有陛下的叔父长辈，清河郡有陛下父亲的陵庙，就连那些剖符分封的功臣，都失去节操鄙陋地跪在伯荣的车下。陛下如果不过问此事，百姓必定会认为是陛下授意使者这样做的。伯荣的权威已经僭越了陛下，陛下的权柄旁落在臣妾的手中。水灾的发生，一定是这个原因。从前汉武帝的宠臣韩嫣乘坐武帝的副车，作为使者前往上林苑视察；江都王刘非误以为是武帝前来，连忙伏地跪拜，韩嫣因此被太后怪罪，最终被逼自杀。臣希望明主能维护天子之尊，端正乾刚之位，事无巨细，都任用贤能的人，不宜再令女官插手朝廷政务。希望陛下深入审察身边的人，有没有像石显那样的奸臣，故意泄漏消息以骗取元帝的信任；审察尚书与纳言，有没有谋划哀帝时赵昌诬陷郑崇那样的奸计；审察公卿大臣中，有没有哀帝时朱博攀附傅太后那样的事情；审察外戚近臣中，有没有成帝时王凤陷害王商那样的阴谋。如果国政统一由陛下把控，朝廷大事由陛下自行决断，那么下级就不能逼迫上级，大臣就不得干涉国君，久下不停的大雨和水灾就能放晴停止，四方的灾异就不能再危害百姓。”奏书呈上后被权臣扣留，皇帝没看到。

当时三府权势较轻，朝廷机要事务全由尚书全权负责，然而每有祸患变故发生，就斥责或罢免三公。陈忠认为这样做不符合国家曰冢宰，王者待以殊敬，在舆为下，御坐为起，入则参对而议政事，出则监察而董是非。汉典旧事，丞相所请，靡有不听。今之三公，虽当其名而无其实，选举诛赏，一由尚书，尚书见任，重于三公，陵迟以来，其渐久矣。臣忠心常独不安，是故临事战惧，不敢穴见有所兴造，又不敢希意同僚，以谬平典，而谤讟日闻，罪足万死。近以地震策免司空陈褒，今者灾异，复欲切让三公。昔孝成皇帝以妖星守心，移咎丞相，使贲丽纳说方进，方进自引，卒不蒙上天之福，徒乖宋景之诚。故知是非之分，较然有归矣。又尚书决事，多违故典，罪法无例，诋欺为先，文惨言丑，有乖章宪。宜责求其意，割而勿听。上顺国典，下防威福，置方员于规矩，审轻重于衡石，诚国家之典，万世之法也。”

忠意常在褒崇大臣，待下以礼。其九卿有疾，使者临问，加赐钱布，皆忠所建奏。顷之，迁尚书令。延光三年，拜司隶校尉。纠正中官外戚宾客，近幸惮之，不欲忠在内。明年，出为江夏太守，复留拜尚书令，会疾卒。

初，太尉张禹、司徒徐防欲与忠父宠共奏追封和熹皇后父护羌校尉邓训，宠以先世无奏请故事，争之连日不能夺，乃从二府议。及训追加封谥，禹、防复约宠俱遣子奉礼于虎贲中郎将邓骘，宠不旧制，于是便上疏谏言："臣听说'君主用礼对待大臣，大臣用忠侍奉君主'。所以三公又称为冢宰，君王对待三公要特别恭敬，在车上看到三公要下车迎接，在御坐看到三公要起立表示恭敬，三公进入朝堂则参与商议政事，出朝堂则监察百官是非。汉朝的旧制规定，凡是丞相奏请的事情，君王没有不听从的。如今的三公，有名无实，举荐、赏罚，全由尚书作主，尚书被赋予重任，权势已经超过三公，自从汉朝衰败以来，这种情况已经持续很久了。臣心中常感到不安，所以面对事情的时候，心中就会忧惧，不敢畅所欲言发表自己的意见，也不敢迎合同僚，用错误的见解去评论公平的律令，所以每天都能听到怨恨诽谤的话，臣罪该万死。最近因发生地震，陛下罢免司空陈褒的职务，现在出现灾异，陛下又要痛责三公。从前孝成皇帝因为彗星出现在心宿的位置，而把责任推到丞相身上，让贲丽进谏弹劾丞相翟方进，翟方进虽然自杀，但是孝成皇帝还是没能承蒙上天的护佑，与宋景公以诚心处理彗星出现的方式相差太大。所以知道是非之分，就会明显有所归依。而且尚书决断政事，多违背旧的典制，处罚的时候没有先例，以毁谤丑化为先，奏文狠毒可恶，与法律典制相违背。陛下应该追究案件的真相，划分出不合典制的部分千万不能随意听取尚书的意见。对上顺应国家典章制度，对下防止大臣作威作福，用礼法作为准则，依照法度审定案件的轻重，这才是国家的典制，让万世后人所效法的啊。"

陈忠常常赞扬推崇大臣，对下属总是以礼相待。如果朝中的九卿生病，皇帝派使者前去问候，赏赐他们的金钱、布帛，都是陈忠上奏建议的。不久，陈忠升任尚书令。延光三年（124），安帝拜他为司隶校尉。他负责督察宦官、外戚、宾客，皇帝宠幸的近臣都忌惮他，不想让他留在宫内。第二年，陈忠出任江夏郡太守，但又留下来担任尚书令，后来因生病去世。

起初，太尉张禹、司徒徐防想与陈忠的父亲陈宠一起上奏朝廷，追封和熹皇后的父亲护羌校尉邓训，陈宠认为先人没有奏请追封的先例，争论了好多天还是不能定夺，最后听从了张禹和徐防的建议。邓训追封谥号后，张禹、徐防又约陈宠派各自的儿子向虎贲中从，骘心不平之，故忠不得志于邓氏。及骘等败，众庶多怨之，而忠数上疏陷成其恶，遂诋劾大司农朱宠。顺帝之为太子废也，诸名臣来历、祝讽等守阙固争，时忠为尚书令，与诸尚书复共劾奏之。及帝立，司隶校尉虞诩追奏忠等罪过，当世以此讥焉。

论曰：陈公居理官则议狱缓死，相幼主则正不僭宠，可谓有宰相之器矣。忠能承风，亦庶乎明慎用刑而不留狱。然其听狂易杀人，开父子兄弟得相代死，斯大谬矣。是则不善人多幸，而善人常代其祸，进退无所措也。

赞曰：陈、郭主刑，人赖其平。宠矜枯胔，躬断以情。忠用详密，损益有程。施于孙子，且公且卿。

郎将邓骘奉上礼物，陈宠不同意，邓骘因为这件事心怀不满，因此陈忠在邓氏专权时不得志。邓骘等人衰败后，百姓对邓氏多有怨恨，陈忠则多次上疏构陷他们的罪恶，接着诋毁弹劾大司农朱宠。顺帝做太子时曾被废黜，众多名臣诸如来历、祝讽等人在宫门守候、坚决抗争，当时陈忠担任尚书令，又与众多尚书共同上奏弹劾抗争的大臣。顺帝即位后，司隶校尉虞诩追奏陈忠等人的罪过，当世百姓都以此来讥讽陈忠。

评论说：陈公身居治狱之官时，在审议狱案时减少死刑，辅佐幼主时，正直不阿、不越分妄取尊荣，可以说有宰相的气度了。陈忠继承父亲的风范，也懂得慎用刑罚、不积压案件。然而他放纵精神经失常之人杀人，开启了父子兄弟可以相互代替死罪的先例，这就大错特错了。这让不善之人大多心存侥幸心理，而让良善之人经常代替他人伏法，百姓就进退两难，不知如何是好了。

赞辞说：陈、郭主管刑法，百姓可以信赖他们的公正。陈宠怜悯无人收殓的腐尸，能用人情事理来断案。陈忠处事周详慎密，增删法律条文有一定的原则。他们留下的福德延及子孙后代，后嗣中有很多人官至公卿。

卷七十七

班梁列传第三十七

班超字仲升，扶风平陵人，徐令彪之少子也。为人有大志，不修细节。然内孝谨，居家常执勤苦，不耻劳辱。有口辩，而涉猎书传。永平五年，兄固被召诣校书郎，超与母随至洛阳。家贫，常为官佣书以供养。久劳苦，尝辍业投笔叹曰："大丈夫无它志略，犹当效傅介子、张骞立功异域，以取封侯，安能久事笔研间乎？"左右皆笑之。超曰："小子安知壮士志哉！"其后行诣相者，曰："祭酒，布衣诸生耳，而当封侯万里之外。"超问其状。相者指曰："生燕颔虎颈，飞而食肉，此万里侯相也。"久之，显宗问固"卿弟安在"，固对"为官写书，受直以养老母"。帝乃除超为兰台令史。后坐事免官。

十六年，奉车都尉窦固出击匈奴，以超为假司马，将兵别击伊吾，战于蒲类海，多斩首虏而还。固以为能，遣与从事郭恂俱使西域。

超到鄯善，鄯善王广奉超礼敬甚备，后忽更疏懈。超谓其官属曰："宁觉广礼意薄乎？此必有北虏使来，狐疑未知所从故也。明者睹未萌，况已著邪。"乃召侍胡诈之曰："匈奴使来数日，今安在乎？"侍胡惶恐，具服其状。超乃闭侍胡，悉会其吏士三十六人，与共饮，酒酣，因激怒之曰："卿曹与我俱在绝域，欲立大功，以求富班超，字仲升，右扶风平陵县人，是徐县县令班彪的小儿子。班超胸怀大志，不拘小节。对父母孝顺恭谨，居家勤劳节俭，对于劳动不以为耻。班超能言善辩，涉猎众多书传。永平五年（62），兄长班固受到征召担任校书郎，班超和母亲一同跟随前往洛阳。因家中贫困，班超常常为官府抄书供养母亲。他长期辛劳，有一次放下笔，停下工作叹息道："大丈夫若无其他志谋，尚且应当效法傅介子、张骞在异域立功，受封侯爵，怎么能长期从事这种抄写的工作呢？"身边的人都取笑他。班超说："你们这些小子怎么能了解壮士的志向呢！"后来班超到看相的那里去占卜，看相的说："祭酒，现在只是一介布衣儒生而已，不过将来必当会在万里之外立功封侯。"班超询问详细情况。看相的指着他说："你长着燕子一样的下巴，老虎一样的脖颈，既会飞翔也会食肉，这是万里侯的相貌啊。"过了一段时间，明帝向班固询问"卿的弟弟现在在做什么"，班固回答到"臣的弟弟在官府抄书，换取报酬供养老母"。于是明帝任命班超为兰台令史。后来班超因事被免官。

永平十六年（73），奉车都尉窦固出击匈奴，任命班超为代理司马，让班超另率一支军队攻打伊吾，双方交战于蒲类海，班超斩杀了很多敌人胜利而归。窦固认为班超才能出众，便派班超与从事郭恂一道出使西域。

班超到了鄯善国，鄯善国王广厚待班超，恭敬有礼，后来突然变得懈怠疏离。于是班超对属下说："你们感觉到鄯善国王广对我们的礼遇不如从前，态度也冷淡了吗？这一定是因为有匈奴使者到来，所以鄯善国王广犹豫不决，不知该归顺谁。明智的人能察觉到还未萌芽的事物，何况事情已经很明显了。"班超就叫来侍奉他们的胡人，试探他说："匈奴使者已经来了数日，他们现在在哪里？"胡人贵。今虏使到裁数日，而王广礼敬即废；如令鄯善收吾属送匈奴，骸骨长为豺狼食矣。为之奈何？”官属皆曰：“今在危亡之地，死生从司马。”超曰：“不入虎穴，不得虎子。当今之计，独有因夜以火攻虏，使彼不知我多少，必大震怖，可殄尽也。灭此虏，则鄯善破胆，功成事立矣。”众曰：“当与从事议之。”超怒曰：“吉凶决于今日。从事文俗吏，闻此必恐而谋泄，死无所名，非壮士也！”众曰：“善。”初夜，遂将吏士往奔虏营。会天大风，超令十人持鼓藏虏舍后，约曰：“见火然，皆当鸣鼓大呼。”余人悉持兵弩夹门而伏。超乃顺风纵火，前后鼓噪。虏众惊乱，超手格杀三人，吏兵斩其使及从士三十余级，余众百许人悉烧死。明日乃还告郭恂，恂大惊，既而色动。超知其意，举手曰：“掾虽不行，班超何心独擅之乎？”恂乃悦。超于是召鄯善王广，以虏使首示之，一国震怖。超晓告抚慰，遂纳子为质。还奏于窦固，固大喜，具上超功效，并求更选使使西域。帝壮超节，诏固曰：“吏如班超，何故不遣而更选乎？今以超为军司马，令遂前功。”超复受使，固欲益其兵，超曰：“愿将本所从三十余人足矣。如有不虞，多益为累。”

十分害怕，就把详细情况告诉了班超。班超便把那个胡人关起来，召集三十六位属下，与他们一同喝酒，酒兴正浓，班超故意激怒他们说：“各位和我如今都身在极其遥远的地方，都想建立大功，谋求富贵。现在匈奴使者才来了数日，鄯善王广就不再对我们礼敬；倘若鄯善国人把我们抓起来，送给匈奴，那我们的骸骨就只能永远喂豺狼了。你们觉得这件事情该怎么办呢？”属下都说：“我们现在都身处危亡之地，是死是活都听司马的。”班超说：“不入虎穴，不得虎子。当今之计，只有趁着夜色，用火攻打匈奴使者，匈奴使者不知道我们有多少人，一定会震惊害怕，我们就能将他们全部消灭。杀了这些匈奴使者，鄯善王会因此被吓破了胆，我们就能建功立业了。”众人说：“此事应当与从事商议。”班超怒斥道：“吉凶决于今日。从事是个庸俗无卓见的文官，听了我们的计划必定会心生恐惧，泄露机密，我们都会不明不白地死去，这不是壮士应该做的！”众人说：“好。”天刚黑，班超便率领属下奔向匈奴使者的营帐。恰巧碰上大风天，班超命令十人手持战鼓，藏在匈奴使者营帐的后边，约定说：“看到火燃起来，就马上击鼓呐喊。”其余的人都手持兵器、弓弩，埋伏在匈奴使者营帐门口。班超顺着风势放火，营帐前后，击鼓喧闹响成一片。匈奴使者惊慌失措，不明底细，班超亲手格杀三人，属下斩杀匈奴使者以及随从共三十多人，其余一百多人全被烧死。第二天班超返回将情况告知郭恂，郭恂大惊，片刻之后脸色有所缓和。班超知道郭恂的心意，便举手对郭恂说：“您虽然没有一同参战，我又怎会独享这份功劳呢？”郭恂闻言才露出喜悦之色。于是班超召来鄯善王广，将匈奴使者的首级拿给他看，鄯善国全国感到震惊害怕。班超晓谕抚慰鄯善国百姓，鄯善王广把自己的儿子送到汉朝做人质。班超回朝后把这件事向窦固禀告，窦固大喜，向朝廷详奏班超的功劳，并奏请重新选派使者出使西域。明帝赞赏班超的气节，诏令窦固：“有像班超这样的官吏，为什么不派他出使西域，却要改选别人呢？现在命班超担任军司马，让他完成以前没完成的功业。”班超再次奉命出使西域，窦固想给班超多增派些士兵，班超说：“希望能带着原来的三十六位属下，这么多人足够了。万一发生不测，人多了更是累赘。”

是时于窴王广德新攻破莎车，遂雄张南道，而匈奴遣使监护其国。超既西，先至于窴。广德礼意甚疏。且其俗信巫。巫言："神怒何故欲向汉？汉使有騧马，急求取以祠我。"广德乃遣使就超请马。超密知其状，报许之，而令巫自来取马。有顷，巫至，超即斩其首以送广德，因辞让之。广德素闻超在鄯善诛灭虏使，大惶恐，即攻杀匈奴使者而降超。超重赐其王以下，因镇抚焉。

时龟兹王建为匈奴所立，倚恃虏威，据有北道，攻破疏勒，杀其王，而立龟兹人兜题为疏勒王。明年春，超从间道至疏勒。去兜题所居槃橐城九十里，逆遣吏田虑先往降之。敕虑曰："兜题本非疏勒种，国人必不用命。若不即降，便可执之。"虑既到，兜题见虑轻弱，殊无降意。虑因其无备，遂前劫缚兜题。左右出其不意，皆惊惧奔走。虑驰报超，超即赴之，悉召疏勒将吏，说以龟兹无道之状，因立其故王兄子忠为王，国人大悦。忠及官属皆请杀兜题，超不听，欲示以威信，释而遣之。疏勒由是与龟兹结怨。

十八年，帝崩。焉耆以中国大丧，遂攻没都护陈睦。超孤立无援，而龟兹、姑墨数发兵攻疏勒。超守盘橐城，与忠为首尾，士吏单少，拒守岁余。肃宗初即位，以陈睦新没，恐超单危不能自立，下诏征超。超发还，疏勒举国忧恐。其都尉黎弇曰："汉使弃我，我必复为龟兹所灭耳。诚不忍见汉使去。"因以刀自刭。超还至于窴，王侯以下皆号泣曰："依汉使如父母，诚不可去。"互抱超马脚，不得当时于寘王广德刚刚击溃莎车国，在西域南道嚣张横行，匈奴也派遣使者监护于寘国。班超到达西域后，先前往于寘国，于寘王广德对班超礼意极为粗疏。并且于阗国还有笃信巫师的风俗。巫师说：“神仙震怒，为什么要亲近汉朝？汉朝使者有一匹騧马，赶快牵来祭祀。”广德王就派使者向班超索要騧马。班超已经暗中打探到这些情况，于是便假装同意把騧马送给他，但是要巫师亲自来牵马。过了不久，巫师来了，班超立即斩下他的头并送给广德王，并责备广德王背信弃义。广德王素来听闻班超在鄯善国诛灭匈奴使者之事，倍感恐惧，立即攻杀匈奴使者并投降班超。其后班超重赏广德王的下属，安抚于阗国。

当时，龟兹王建是由匈奴扶植登上王位的，倚仗匈奴的威势，占据西域的北道，击溃疏勒国，杀死疏勒王，立龟兹人兜题为疏勒王。第二年春季，班超沿着小路抵达疏勒国。距离兜题所住的槃橐城有九十里远时，班超事先派军吏田虑去槃橐城，劝兜题归降。班超告诫田虑说：“兜题原本不是疏勒人，疏勒国人必定不听从他的命令。兜题如果不即刻投降，就将其抓捕。”田虑到了槃橐城后，兜题见田虑势单力薄，根本就没有投降的意思。田虑趁兜题不备，便上前将兜题绑了起来。兜题身边的人因事出不意，全都惊恐害怕，四散逃走。田虑快马向班超禀报，班超立即前往槃橐城，把疏勒国的将士官吏全部召来，把龟兹王蛮横无道的情况告诉了他们，并立疏勒原国王兄长的儿子忠为疏勒王，疏勒国百姓都非常高兴。疏勒王忠及其属下都请求杀掉兜题，班超没有同意，他想在龟兹国显示自己的威信，于是便放了兜题，让兜题回到龟兹国。疏勒国自此与龟兹国结怨。

永平十八年（75），明帝驾崩。焉耆国趁着汉朝有大丧，便起兵进攻并杀了西域都护陈睦。班超孤立无援，龟兹国、姑墨国数次出兵攻打疏勒国。班超镇守槃橐城，与疏勒王忠首尾呼应，以单薄的兵力，据守了一年多。章帝即位之初，因为陈睦刚刚被杀，朝廷担心班超势单力薄，无法保全自己，便下诏征召班超返回朝廷。班超启程返归朝廷，疏勒国举国忧愁恐惧。都尉黎弇说：“汉朝使者弃我而去，我们必将再次被龟兹国消灭。我实在不忍心看到汉使离去。”于是黎弇行。超恐于寘终不听其东，又欲遂本志，乃更还疏勒。疏勒两城自超去后，复降龟兹，而与尉头连兵。超捕斩反者，击破尉头，杀六百余人，疏勒复安。

建初三年，超率疏勒、康居、于寘、拘弥兵一万人攻姑墨石城，破之，斩首七百级。超欲因此叵平诸国，乃上疏请兵。曰："臣窃见先帝欲开西域，故北击匈奴，西使外国，鄯善、于寘即时向化。今拘弥、莎车、疏勒、月氏、乌孙、康居复愿归附，欲共并力破灭龟兹，平通汉道。若得龟兹，则西域未服者百分之一耳。臣伏自惟念，卒伍小吏，实愿从谷吉效命绝域，庶几张骞弃身旷野。昔魏绛列国大夫，尚能和辑诸戎，况臣奉大汉之威，而无铅刀一割之用乎？前世议者皆曰取三十六国，号为断匈奴右臂。今西域诸国，自日之所入，莫不向化，大小欣欣，贡奉不绝，唯焉耆，龟兹独未服从。臣前与官属三十六人奉使绝域，备遭艰尼。自孤守疏勒，于今五载，胡夷情数，臣颇识之。问其城郭小大，皆言'倚汉与依天等'。以是效之，则葱领可通，葱领通则龟兹可伐。今宜拜龟兹侍子白霸为其国王，以步骑数百送之，与诸国连兵，岁月之间，龟兹可禽。以夷狄攻夷狄，计之善者也。臣见莎车、疏勒田地肥广，草牧饶衍，不比敦煌、鄯善间也，兵可不费中国而粮食自足。且姑墨、温宿二王，特为龟兹所置，既非其种，更相厌苦，其势必有降反。若二国来降，则龟兹自破。愿下臣章，参考行事。诚有万分，死复何恨。臣超区区，特蒙神灵，窃冀未便僵仆，目见西域平定，陛下举万年之觞，荐勋祖庙，布大喜于天下。"书奏，帝知其功可成，议欲给兵。平陵人徐干素与超同志，上疏愿奋身佐超。五年，遂以干为假司马，将弛刑及义从千拔刀自杀。班超走到于寘国，于寘国王侯以下的官员纷纷哭喊着说：“我们依靠汉使如同依靠父母一般，您真的不能离开我们啊。”他们相互抱住班超所骑的马的腿，班超无法前行。班超担心于寘国人不让他东行，又想实现自己原来的志向，便掉头返回疏勒国。疏勒国有两个城市自从班超离开后，再次归降了龟兹国，与尉头国联手。班超斩杀了谋反的人，击溃了尉头国，诛杀六百多人，疏勒国重新恢复安定。

建初三年（78），班超率领疏勒国、康居国、于寘国、拘弥国军队一万人，攻打姑墨国石城，击溃石城，斩首七百级。班超想趁机平定西域各国，就上书请兵。奏书写道：“臣见先帝想开拓西域，所以向北攻打匈奴，向西派出使者，鄯善国、于寘国先后归附了汉朝。如今拘弥、莎车、疏勒、月氏、乌孙、康居等国也想归附汉朝，想和我们合力击溃龟兹国，从而打通西域到汉朝的道路。如果能打败龟兹国，那么未归附汉朝的西域小国也不过百分之一罢了。臣常常想，臣只是一介普通小吏，着实希望能像谷吉那样，在极其遥远的地域献出自己的生命，也希望能像张骞那样委身于旷野之间。从前晋国的大夫魏绛，尚且能与夷狄和睦相处，何况臣奉大汉之威，怎么能连铅刀割一下的用处也没有呢？西汉的议者都说，如果能拿下西域三十六国，就相当于斩断了匈奴的右臂。如今西域各国，自太阳落下的广大地区，无不归服汉朝，无论大国小国都非常欣喜，对我朝的进贡没有间断，只有焉耆国、龟兹国还未归服。臣自从上次与属下三十六人，奉命出使极其遥远的地域，备受艰险。从孤军困守疏勒国开始，至今已有五载，胡夷的情况，臣颇为熟悉。臣询问西域的大小国家，他们是否愿意归顺汉朝，他们都说：‘倚仗汉朝与依靠上天一样’。这就证明，葱岭的通道可以打通，如果葱岭的道路畅通，就可以讨伐龟兹国了。现在应当册立龟兹国侍子白霸为龟兹国王，再送他几百名骑兵与步兵，与其他国家联合，用不了多久，就能擒获龟兹王。通过夷狄攻打夷狄，是上好的策略。臣见到莎车国、疏勒国田地肥广，牧场草地富足，不像敦煌与鄯善国那样贫瘠，在这里屯军，不用耗费中原的粮草，就能够自给自足。况且姑墨国、温宿国二王，是龟兹国特意安置人就超。

先是莎车以为汉兵不出，遂降于龟兹，而疏勒都尉番辰亦复反叛。会徐干适至，超遂与干击番辰，大破之，斩首千余级，多获生口。超既破番辰，欲进攻龟兹。以乌孙兵强，宜因其力，乃上言："乌孙大国，控弦十万，故武帝妻以公主，至孝宣皇帝，卒得其用。今可遣使招慰，与共合力。"帝纳之。八年，拜超为将兵长史，假鼓吹幢麾。以徐干为军司马，别遣卫候李邑护送乌孙使者，赐大小昆弥以下锦帛。

李邑始到于寘，而值龟兹攻疏勒，恐惧不敢前，因上书陈西域之功不可成，又盛毁超拥爱妻，抱爱子，安乐外国，无内顾心。超闻之，叹曰："身非曾参而有三至之谗，恐见疑于当时矣。"遂去其妻。帝知超忠，乃切责邑曰："纵超拥爱妻，抱爱子，思归之士千余人，何能尽与超同心乎？"令邑诣超受节度。诏超："若邑任在外者，便留与从事。"超即遣邑将乌孙侍子还京师。徐干谓超曰："邑前亲毁君，欲败西域，今何不缘诏书留之，更遣它吏送侍子乎？"超曰："是何言之陋也！以邑毁超，故今遣之。内省不疚，何恤人言！快意留之，非忠臣也。"

的，他们既不是同种，还互相厌恶，势必会发生叛乱而归降我们。倘若姑墨、温宿两国前来投降，那么龟兹国就会不攻自破。臣希望陛下批准臣的奏章，臣将会参考行事。即便有万分之一的希望，臣就是身死沙场，也没有任何遗憾。臣区区小吏，微不足道，特蒙神灵庇佑，臣希望臣不要死去，能亲眼见到西域平定，陛下高举万寿无疆的酒杯，在祖庙进献功勋，向天下宣布莫大的喜悦。”奏书呈上之后，章帝知晓班超所奏之事可以实现，于是便与朝臣商议要给班超增兵。平陵县人徐干素来与班超志趣相投，徐干便就上书奏请，自己愿意竭尽全力辅佐班超。建初五年（80），章帝任命徐干为代理司马，率领解除枷锁的刑徒以及自愿奔赴西域的一千人增援班超。

此前莎车国以为汉朝不敢出兵，便投降了龟兹国，疏勒国都尉番辰也再次反叛汉朝。恰逢徐干带援兵赶到，于是班超同徐干合力讨伐番辰，大败番辰叛军，斩杀一千多人，生擒很多俘虏。班超击败番辰后，打算继续进攻龟兹国。因为乌孙兵强将勇，就想借助他们的兵力，就上书奏言道：“乌孙国是大国，有十万善射的士兵，故而武帝将公主远嫁于乌孙王，到了孝宣皇帝时，乌孙国的军队发挥了重要作用。如今可派遣使者招抚乌孙国，与乌孙国合力。”章帝采纳了班超的建议。建初八年（83），章帝命班超拜任将兵长史，并赐予军乐、旌旗等仪仗。又任命徐干为军司马，另派卫侯李邑护送乌孙使者，赏赐大小昆弥的所属官吏锦帛。

李邑刚到于窴国的时候，正值龟兹国进攻疏勒国，李邑感到恐惧，不敢前进，因而上书奏言西域之功不可成，并且极力诋毁班超，说他拥爱妻，抱幼子，在国外安乐享受，根本无心顾及国内之事。班超闻言后，叹息道：“我不是曾参，却遭到谗言诋毁，现在恐怕要遭到怀疑了。”班超就将妻子休弃。章帝深知班超对朝廷忠心耿耿，便严厉责备李邑说：“就算班超拥爱妻，抱爱子，而上千位思归之士，为什么还能与班超同心同德呢？”章帝诏令李邑前往班超那里听候调遣。章帝诏令班超说：“如果李邑能够胜任西域的职务，就将其留下来担任从事。”班超即刻让李邑带领乌孙的侍子回京师。徐干对班超说：“以前李邑亲口诋毁君，企图摧毁平定西域的功业，如今为何不明年，复遣假司马和恭等四人将兵八百诣超，超因发疏勒、于寘兵击莎车。莎车阴通使疏勒王忠，啖以重利，忠遂反从之，西保乌即城。超乃更立其府丞成大为疏勒王，悉发其不反者以攻忠。积半岁，而康居遣精兵救之，超不能下。是时月氏新与康居婚，相亲，超乃使使多赍锦帛遗月氏王，令晓示康居王，康居王乃罢兵，执忠以归其国，乌即城遂降于超。

后三年，忠说康居王借兵，还据损中，密与龟兹谋，遣使诈降于超。超内知其奸而外伪许之。忠大喜，即从轻骑诣超。超密勒兵待之，为供张设乐。酒行，乃叱吏缚忠斩之。因击破其众，杀七百余人，南道于是遂通。

明年，超发于寘诸国兵二万五千人，复击莎车。而龟兹王遣左将军发温宿、姑墨、尉头合五万人救之。超召将校及于寘王议曰："今兵少不敌，其计莫若各散去。于寘从是而东，长史亦于此西归，可须夜鼓声而发。"阴缓所得生口。龟兹王闻之大喜，自以万骑于西界遮超，温宿王将八千骑于东界徼于寘。超知二虏已出，密召诸部勒兵，鸡鸣驰赴莎车营，胡大惊乱奔走，追斩五千余级，大获其马畜财物。莎车遂降，龟兹等因各退散，自是威震西域。

遵从诏令让其留下，另派其他官吏护送乌孙侍子呢？”班超说：“如此说话就显得太鄙陋短浅了！就是因为李邑诋毁我，所以我现在才派他回国。自我反省问心无愧，何必怕别人说长道短！如果我为图一时之快，把李邑留下，这不是忠臣该做的事。”

第二年，朝廷再次派遣代理司马和恭等四人率领八百军队援助班超，班超借此征调疏勒国、于寘国的军队攻打莎车国。莎车王暗中派人与疏勒王忠往来，以重利引诱疏勒王忠，疏勒王忠反叛班超，归降莎车国，在西部戍守乌即城。班超改立疏勒国府丞成大为疏勒王，调动尚未反叛的疏勒军队反攻疏勒王忠。战争持续了半年，康居国派遣精兵援助疏勒王忠，班超无法攻克。当时月氏国刚刚与康居国联姻，关系十分亲厚，于是班超派使者送给月氏王许多锦帛财物，让月氏王晓喻康居王，康居王于是撤军，拘捕疏勒王忠，并将其送回疏勒国，乌即城因此归降班超。

三年后，疏勒王忠游说康居王并且向他借兵，返回后攻占了损中城，又与龟兹国密谋，派遣使者假意归顺班超。班超私下得知了他们的奸计，表面上接受他们的投降。疏勒王忠大喜，便率领轻骑兵前往班超那里。班超暗中部署伏兵以待，又为疏勒王忠安排酒宴乐队。宴饮之时，班超命令士兵将疏勒王忠绑起来，并将他斩首。班超乘胜歼灭疏勒王忠的军队，杀敌七百多人，此后，西域南道畅通无阻。

第二年，班超征调于寘等各国的军队二万五千人，再次攻击莎车国。而龟兹王派左将军征调温宿、姑墨、尉头等国的军队率领五万人援助莎车国。班超召集诸将校以及于寘王商议道：“我们现在兵少，无法克敌，不如各自散去。于寘军队从这里往东走，我也率领军队从此西归，今夜听到鼓声，我们就同时出发。”班超暗中释放擒获的俘虏。龟兹王闻讯大喜，亲自率领一万骑兵到西界阻击班超，温宿王率领八千骑兵前往东界拦截于寘王。班超得知两路敌军已经出动，秘密号令各部率领兵马，在鸡鸣时分别奔赴莎车军营，胡人大惊，慌乱不已，四处逃窜，班超的军队乘胜追击，斩杀敌军五千多人，缴获大批财物、马匹。莎车国因此投降，龟兹等国也各自退散，班超自此威初，月氏尝助汉击车师有功，是岁贡奉珍宝、符拔、师子，因求汉公主。超拒还其使，由是怨恨。永元二年，月氏遣其副王谢将兵七万攻超。超众少，皆大恐。超譬军士曰："月氏兵虽多，然数千里逾葱领来，非有运输，何足忧邪？但当收谷坚守，彼饥穷自降，不过数十日决矣。"谢遂前攻超，不下，又钞掠无所得。超度其粮将尽，必从龟兹求救，乃遣兵数百于东界要之。谢果遣骑赍金银珠玉以赂龟兹。超伏兵遮击，尽杀之，持其使首以示谢。谢大惊，即遣使请罪，愿得生归。超纵遣之。月氏由是大震，岁奉贡献。

明年，龟兹、姑墨、温宿皆降，乃以超为都护，徐干为长史。拜白霸为龟兹王，遣司马姚光送之。超与光共胁龟兹废其王尤利多而立白霸，使光将尤利多还诣京师。超居龟兹它乾城，徐干屯疏勒。西域唯焉耆、危须、尉犁以前没都护，怀二心，其余悉定。

六年秋，超遂发龟兹、鄯善等八国兵合七万人，及吏士贾客千四百人讨焉耆。兵到尉犁界，而遣晓说焉耆、尉犁、危须曰："都护来者，欲镇抚三国。即欲改过向善，宜遣大人来迎，当赏赐王侯已下，事毕即还。今赐王彩五百匹。"焉耆王广遣其左将北鞬支奉牛酒迎超。超诘鞬支曰："汝虽匈奴侍子，而今秉国之权。都护自来，王不以时迎，皆汝罪也。"或谓超可便杀之。超曰："非汝所及。此人权重于王，今未入其国而杀之，遂令自疑，设备守险，岂得到其振西域。

起初，月氏国曾帮助汉军攻打车师国，立下战功，当年月氏国进贡了珍宝、符拔、狮子，并借机求娶汉朝公主。班超拒绝了月氏国的请求，遣返月氏国的使者，月氏王因此对班超心怀怨恨。永元二年（90），月氏国派遣副王谢率领七万兵马攻击班超。班超兵马少，军士都非常恐惧。班超便对军士解释道："月氏虽然有很多士兵，可是他们长途跋涉数千里，翻越葱岭而来，没有后续的粮草运输则无法胜利，有什么可忧虑的？我们只需储备粮食，坚守不出，敌人粮食耗尽便会自动投降，不过数十日就能解决月氏军队。"月氏副王谢率军进攻班超，无法攻克，月氏副王谢又掠夺粮食，也毫无所得。班超估计敌军的军粮快要耗尽，必定会向龟兹国求援，就派遣军队埋伏于东路阻截他们。月氏副王谢果然派遣骑兵带着金银珠玉贿赂龟兹国。班超的伏兵中途拦截，将敌人尽数斩杀，班超派人将月氏使者的首级带给副王谢。副王谢大惊失色，即刻派使者向班超请罪，希望让他们活着回去。班超放走月氏军队。从此月氏国大受震慑，每年都向汉朝进贡。

第二年，龟兹国、姑墨国、温宿国纷纷投降，朝廷授任班超为西域都护，徐干为长史。班超又立白霸为龟兹国国王，派遣司马姚光护送白霸返回龟兹国。班超与姚光合力胁迫龟兹国，废黜原龟兹国王尤利多，拥立白霸为新王，又派姚光将尤利多带回京师。班超住在龟兹它乾城，徐干在疏勒屯兵。西域只剩下此前杀害过汉朝都护的焉耆国、危须国、尉犁国，还怀有二心，其他各国都已被平定。

永元六年（94）秋季，班超征发龟兹、鄯善等八国军队共七万人，以及属吏、商贾一千四百人，征讨焉耆国。军队抵达尉犁国边界时，班超派人劝说焉耆国、尉犁国、危须国道："都护此次到这里的目的，是想镇抚三国，你们如果想改过向善，就该派酋豪前来迎接，都护会赏赐王侯以下的官员，事情结束即刻返回。现在赐你们国王五百匹彩色丝绸。"焉耆王广派左将北鞬支奉上牛肉、美酒，迎接班超。班超责问北鞬支道："你虽然是匈奴侍子，如今却执掌焉耆国大权。我亲自来到这里，你们国王却不及时出来迎接，这都是你的过城下哉！”于是赐而遣之。广乃与大人迎超于尉犁，奉献珍物。

焉耆国有苇桥之险，广乃绝桥，不欲令汉军入国。超更从它道厉度。七月晦，到焉耆，去城二十里，营大泽中。广出不意，大恐，乃欲悉驱其人共入山保。焉耆左侯元孟先尝质京师，密遣使以事告超，超即斩之，示不信用。乃期大会诸国王，因扬声当重加赏赐，于是焉耆王广、尉犁王汎及北鞬支等三十人相率诣超。其国相腹久等十七人惧诛，皆亡入海，而危须王亦不至。坐定，超怒诘广曰：“危须王何故不到？腹久等所缘逃亡？”遂叱吏士收广、汎等于陈睦故城斩之，传首京师。因纵兵钞掠，斩首五千余级，获生口万五千人，马畜牛羊三十余万头，更立元孟为焉耆王。超留焉耆半岁，慰抚之。于是西域五十余国悉皆纳质内属焉。

明年，下诏曰：“往者匈奴独擅西域，寇盗河西，永平之末，城门昼闭。先帝深愍边萌婴罗寇害，乃命将帅击右地，破白山，临蒲类，取车师，城郭诸国震慑响应，遂开西域，置都护。而焉耆王舜、舜子忠独谋悖逆，恃其险隘，覆没都护，并及吏士。先帝重元元之命，惮兵役之兴，故使军司马班超安集于窴以西。超遂逾葱领，迄县度，出入二十二年，莫不宾从。改立其王，而绥其人。不动中国，不烦戎士，得远夷之和，同异俗之心，而致天诛，蠲宿耻，以报将士之仇。《司马法》曰：‘赏不逾月，欲人速睹为善之利也。’其封超为错。”有人建议班超杀了北鞬支。班超说：“不是你们想的那样。此人的权力超过焉耆国王，如今还未进入他们的国家就杀了他们的将军，焉耆国人一定会怀疑我们，进而严守险要，加强戒备，我们怎能顺利抵达他们的城下呢！”于是他赏赐北鞬支，让他返回焉耆国。焉耆王广便同国中酋豪在尉犁城迎接班超，献上珍贵的礼物。

焉耆国有一处险绝之地，上面架着苇桥，焉耆王广便阻隔苇桥，不想让汉军进入焉耆国。班超便改道涉水而过。七月的最后一天，班超率军抵达焉耆国，在距离都城二十里的大泽中扎营。焉耆王广毫无预料，惊恐万分，准备将所有人迁徙到山林防卫。焉耆左侯元孟，曾经在汉朝京师做过人质，他秘密派使者将此事告诉了班超，班超立即将前来的使者斩杀，假装表示不相信使者。随后，班超如期大会西域诸国国王，扬言要对他们重加赏赐，焉耆王广、尉犁王汎和北鞬支等三十人陆续来到班超那里。焉耆国国相腹久等十七人担心被杀，全都逃亡入海，危须王也没到。众人坐定，班超愤怒地诘问焉耆王广：“危须王为何没来？腹久等人为何逃跑？”说罢班超叱令军中吏士将焉耆王广、尉犁王汎等人收捕，在陈睦旧城将他们斩首，把他们的首级送往京师。之后班超出动军队大肆掠夺，斩杀五千多人，擒获俘虏一万五千多人，缴获马、牛、羊等牲畜三十多万头，改立元孟为焉耆王。班超在焉耆住了半年，以慰抚当地官吏百姓。于是西域五十多个国家都向汉朝送交人质，表示愿意归附汉朝，成为汉朝的附属国。

第二年，和帝下诏道：“此前匈奴驰骋西域，劫掠河西一带，永平末年，白天也是城门紧闭。先帝怜悯边境百姓深受匈奴的侵扰，诏令将帅攻打西域，攻破白山，发兵蒲类国，攻取车师国，其他西域诸国都震惊恐惧，纷纷响应，于是便打通了西域各国的道路，设置西域都护。可是焉耆王舜、舜的儿子忠独谋悖逆，仗恃着地势险隘，残杀西域都护，汉军吏士全部遇害。先帝注重百姓的性命，不愿大动干戈，因此派遣军司马班超前往安抚于窴以西各国。班超翻越葱岭，到达县度山，出入西域二十二年，西域诸国无不臣服。班超改立西域各国国王，安抚国人。没有动用中原的力量，没有劳烦军队，使远夷归定远侯，邑千户。”

超自以久在绝域，年老思土。十二年，上疏曰：“臣闻太公封齐，五世葬周，狐死首丘，代马依风。夫周齐同在中土千里之间，况于远处绝域，小臣能无依风首丘之思哉？蛮夷之俗，畏壮侮老。臣超犬马齿歼，常恐年衰，奄忽僵仆，孤魂弃捐。昔苏武留匈奴中尚十九年，今臣幸得奉节带金银护西域，如自以寿终屯部，诚无所恨，然恐后世或名臣为没西域。臣不敢望到酒泉郡，但愿生入玉门关。臣老病衰困，冒死瞽言，谨遣子勇随献物入塞。及臣生在，令勇目见中土。”而超妹同郡曹寿妻昭亦上书请超曰：

妾同产兄西域都护、定远侯超，幸得以微功特蒙重赏，爵列通侯，位二千石。天恩殊绝，诚非小臣所当被蒙。超之始出，志捐躯命，冀立微功，以自陈效。会陈睦之变，道路隔绝，超以一身转侧绝域，晓譬诸国，因其兵众，每有攻战，辄为先登，身被金夷，不避死亡。赖蒙陛下神灵，且得延命沙漠，至今积三十年。骨肉生离，不复相识。所与相随时人士众，皆已物故。超年最长，今且七十。衰老被病，头发无黑，两手不仁，耳目不聪明，扶杖乃能行。虽欲竭尽其力，以报塞天恩，迫于岁暮，犬马齿索。蛮夷之性，悖逆侮老，而超旦暮入地，久不见代，恐开奸宄之源，生逆乱之心。而卿大夫咸怀一切，莫肯远虑。如有卒暴，超之气力不能从心，便为上损国家累世之功，下弃忠臣竭力之用，诚可痛也。故超万里归诚，自陈苦急，延颈逾望，三年于今，未蒙省录。

附，使异族同心，也降下天诛讨伐逆贼，消除以前西域都护被杀死的耻辱，以报将士之仇。《司马法》说：‘赏赐有功之臣，前后时间不要超过一个月，让人迅速看到做善事的益处。’现在封班超为定远侯，食邑千户。”

班超觉得自己久居边远的地域，年老思念家乡。永元十二年（100），班超上书奏言：“臣听闻姜太公在齐国受封，五世都归葬于周朝，狐狸在临死时，头必朝向它出生的土丘，代郡的马眷恋故土，不愿老死他乡。周朝和齐国同在中土，相距不过千里，何况臣远居边境，怎能没有代马依风、狐死首丘的思乡情呢？蛮夷之俗，敬畏壮年人，欺侮老年人。臣现在日益衰老，常常担心自己年老体衰，突然之间就客死他乡，孤魂滞留在异域。以前苏武被困在匈奴不过十九年，如今臣幸得手持符节，携带印绶，身居西域监护，如果臣的生命走到尽头，在驻地埋葬，臣也没什么遗憾，然而臣担心后世名臣也相继葬于西域。臣不敢奢望回到酒泉郡，只求能够活着进入玉门关。臣年老多病，身体孱弱，冒死妄言，臣谨奏请派儿子班勇跟随进贡的物品入塞。趁臣还活着，让班勇亲眼看看中土。”班超的妹妹班昭嫁给同郡人曹寿为妻，她也上书奏请让班超回到故土，奏书中写道：

妾的胞兄西域都护、定远侯班超，幸得因微小之功而特蒙陛下重赏，爵列通侯，位居二千石。天恩非比寻常，实在让小臣班超难以承受。班超最初出使西域时，立志为国捐躯，希望可以立下微小之功，以报效朝廷。恰逢陈睦之变，道路隔绝，班超孤身一人辗转于遥远的边塞之中，游说晓谕西域各国，西域各国兵力众多，每逢作战，班超总是冲在最前面，虽然身受重伤，但他依然不避死亡。幸而承蒙陛下的神灵护佑，姑且在沙漠之地延续生命，至今长达三十年。致使骨肉生离，相见不再相识。当年跟随班超一道出使西域的人，大多已经去世。班超年龄最大，如今将近七十。班超年老孱弱，疾病缠身，头发尽白，两手不听使唤，耳不聪目不明，拄着拐杖才能行走。虽然还想竭尽全力，以报答天恩，只是迫于年老，牙齿脱落。蛮夷之性，狂乱悖逆欺侮老人，班超年事已高，随时都可能死去，长期见不到接替他的人到来，妾担心犯法作乱的大门会因此打开，让奸人萌生妾窃闻古者十五受兵，六十还之，亦有休息不任职也。缘陛下以至孝理天下，得万国之欢心，不遗小国之臣，况超得备侯伯之位，故敢触死为超求哀，匄超余年。一得生还，复见阙庭，使国永无劳远之虑，西域无仓卒之忧，超得长蒙文王葬骨之恩，子方哀老之惠。《诗》云："民亦劳止，汔可小康，惠此中国，以绥四方。"超有书与妾生诀，恐不复相见。妾诚伤超以壮年竭忠孝于沙漠，疲老则便捐死于旷野，诚可哀怜。如不蒙救护，超后有一旦之变，冀幸超家得蒙赵母、卫姬先请之贷。妾愚戆不知大义，触犯忌讳。

书奏，帝感其言，乃征超还。

超在西域三十一岁。十四年八月至洛阳，拜为射声校尉。超素有匈胁疾，既至，病遂加。帝遣中黄门问疾，赐医药。其年九月卒，年七十一。朝廷愍惜焉，使者吊祭，赠赗甚厚。子雄嗣。

初，超被征，以戊己校尉任尚为都护。与超交代。尚谓超曰："君侯在外国三十余年，而小人猥承君后，任重虑浅，宜有以诲之。"超曰："年老失智，任君数当大位，岂班超所能及哉！必不得已，愿进愚言。塞外吏士，本非孝子顺孙，皆以罪过徙补边屯。而蛮夷怀鸟兽之心，难养易败。今君性严急，水清无大鱼，察政不得逆乱之心。朝中卿大夫对这一切，不肯作出长远的思虑。如果突发暴乱，班超必定力不从心，如此则对上有损国家累世之功，对下废弃忠臣竭力之效。实在令人痛心。因此班超在万里之外，心怀归国的诚心，自陈焦急悲苦的心情，伸长脖颈，翘首以盼，可是至今已有三年，却依旧没有等到陛下的答复。

妾听闻古代男子十五岁服兵役，六十岁就可以回家，也有休息养老不再任职的。因为陛下以至孝统理天下，赢得万国百姓的欢心，对于小国之臣也不会遗忘，何况班超身居侯伯之位，故而妾斗敢冒死为班超乞怜，恳请陛下允许班超回国安度余生。万一班超能活着回来，再次见到汉朝宫殿，使国家永远没有劳师远征的顾虑，西域也没有突发动乱的担忧，班超得以永远承蒙如同文王葬枯骨之恩，田子方养老马之惠。《诗经》中讲："百姓也很劳累，只求能过上小康生活，施惠于中原百姓，然后才能安定四方。"班超曾经写信与妾诀别，担心此生无法再见。妾着实感伤班超在壮年时，竭尽忠孝，誓死守卫沙漠之地，疲老之时却被抛弃于旷野之中，实在是哀怜。倘若不能承蒙朝廷的救护，班超日后一旦发生变故，妾恳请能像赵括的母亲、齐桓公的卫姬那样事先向陛下请罪，赦免班超的家族，不要让他们遭受牵连之罪。妾愚笨不明大义，触犯忌讳。

奏书呈上之后，和帝深有感触，下诏命令班超回来。

班超在西域前后三十一年。永元十四年（102）八月返回洛阳，朝廷命班超担任射声校尉。班超的胸及两肋一直有病，返回之后，病情加重。和帝派中黄门探病，赐予医药。同年九月，班超病逝，享年七十一岁。朝廷上下哀悯惋惜，和帝派使者吊唁祭奠，送葬的赏赐也极为丰厚。儿子班雄承袭爵位。

起初，班超受到征召，朝廷命戊己校尉任尚担任西域都护。任尚与班超交接工作时，任尚问班超："君侯在西域三十多年，而今我接替君侯的职责，任重道远，可是我思虑浅短，希望君侯对我施以教诲。"班超说："我年纪大了，糊涂了，任君多年以来，一直担当朝廷大任，我怎能与君相比呢！若一定要说，我就进献几句愚昧之言。塞外的吏卒兵士，本来并非孝子顺孙，都是因为犯了罪才被流放到边疆戍下和。宜荡佚简易，宽小过，总大纲而已。”超去后，尚私谓所亲曰：“我以班君当有奇策，今所言平平耳。”尚至数年，而西域反乱，以罪被征，如超所戒。

有三子。长子雄，累迁屯骑校尉。会叛羌寇三辅，诏雄将五营兵屯长安，就拜京兆尹。雄卒，子始嗣，尚清河孝王女阴城公主。主顺帝之姑，贵骄淫乱，与嬖人居帷中，而召始入，使伏床下。始积怒，永建五年，遂拔刃杀主。帝大怒，腰斩始，同产皆弃市。超少子勇。

勇字宜僚，少有父风。永初元年，西域反叛，以勇为军司马。与兄雄俱出敦煌，迎都护及西域甲卒而还。因罢都护。后西域绝无汉吏十余年。

元初六年，敦煌太守曹宗遣长史索班将千余人屯伊吾，车师前王及鄯善王皆来降班。后数月，北单于与车师后部遂共攻没班，进击走前王，略有北道。鄯善王急，求救于曹宗，宗因此请出兵五千人击匈奴，报索班之耻，因复取西域。邓太后召勇诣朝堂会议。先是公卿多以为宜闭玉门关，遂弃西域。勇上议曰：“昔孝武皇帝患匈奴强盛，兼总百蛮，以逼障塞。于是开通西域，离其党与，论者以为夺匈奴府藏，断其右臂。遭王莽篡盗，征求无猒，胡夷忿毒，遂以背叛。光武中兴，未遑外事，故匈奴负强，驱率诸国。及至永平，再攻敦煌，河西诸郡，城门昼闭。孝明皇帝深惟庙策，乃命虎臣，出征西域，故匈奴远遁，边境得安。及至永元，莫不内属。会间者羌乱，西域复绝，北虏遂遣责诸国，备其逋租，高其价直，严以期会。

守。蛮夷本来就是禽兽心肠，很难驯服，容易失败。如今君性情严肃急躁，雷厉风行，水至清则无鱼，政务过于严察则不得人心，下属就不会团结。君应当不拘小节，简易行事，宽宥小过，总揽大局。”班超离开后，任尚私下对亲信说：“我还以为班君会有什么奇谋良策，如今所言实在是平平无奇。”任尚就任数年之后，西域各国反叛，任尚最终因罪被朝廷召回，正如班超当年告诫的那样。

班超有三个儿子。长子班雄，经过数次升迁官至屯骑校尉。恰逢羌人叛乱，侵犯三辅，朝廷诏令班雄率领五营士兵戍守长安，就此班雄拜任京兆尹。班雄去世后，其子班始嗣位，他迎娶了清河孝王的女儿阴城公主。阴城公主是顺帝的姑母，恃贵而骄，生活淫乱，她与男宠在帏帐中享乐，还要召班始入内，并且命班始伏在床下。班始积怒已久，永建五年（130），班始忍无可忍，拔刀杀了公主。顺帝听说后大怒，将班始腰斩，班始的同胞全被斩首示众。班超的小儿子班勇。

班勇，字宜僚，年少时颇有父亲班超的风范。永初元年（107），西域反叛，朝廷命班勇担任军司马。班勇与兄长班雄一起从敦煌出兵，迎接西域都护和驻守西域的甲兵返回汉朝。之后朝廷不再设置西域都护。之后的十多年西域不再有汉朝的官吏。

元初六年（119），敦煌太守曹宗派长史索班率领一千多人屯兵伊吾，车师前王和鄯善王都来归降索班。数月后，北单于与车师后部联合剿灭了索班，接着又攻打车师前王，侵占北道。鄯善王告急，向曹宗求救，曹宗因此奏请朝廷出兵五千人攻打匈奴，以报索班之耻，并趁此时机再次收复西域。邓太后召命班勇到朝堂参加廷议。此前公卿大多认为应当关闭玉门关，放弃西域。班勇谏言道：“从前孝武皇帝担忧匈奴强盛，最终会总领百蛮，威逼汉朝的边防要塞。于是开通西域，分离匈奴的党羽，当时的廷议者认为这样就夺去了匈奴的脏腑，斩断了匈奴的右臂。后来遭遇王莽篡位，他贪得无厌，对西域的索取没有止境，胡夷无不忿恨，便起兵反叛。光武中兴以后，无暇处理边外的政事，因此匈奴自负强大，驱使统领西域诸国。直到永平年间，匈奴再次进犯敦煌郡，河西各郡，白天城门紧闭。孝明皇帝深鄯善、车师皆怀愤怨，思乐事汉，其路无从。前所以时有叛者，皆由牧养失宜，还为其害故也。今曹宗徒耻于前负，欲报雪匈奴，而不寻出兵故事，未度当时之宜也。夫要功荒外，万无一成，若兵连祸结，悔无及已。况今府藏未充，师无后继，是示弱于远夷，暴短于海内，臣愚以为不可许也。旧敦煌郡有营兵三百人，今宜复之，复置护西域副校尉，居于敦煌，如永元故事。又宜遣西域长史将五百人屯楼兰，西当焉耆、龟兹径路，南强鄯善、于窴心胆，北扞匈奴，东近敦煌。如此诚便。”

尚书问勇曰：“今立副校尉，何以为便？又置长史屯楼兰，利害云何？”勇对曰：“昔永平之末，始通西域，初遣中郎将居敦煌，后置副校尉于车师，既为胡虏节度，又禁汉人不得有所侵扰。故外夷归心，匈奴畏威。今鄯善王尤还，汉人外孙，若匈奴得志，则尤还必死。此等虽同鸟兽，亦知避害。若出屯楼兰，足以招附其心，愚以为便。”长乐卫尉镡显、廷尉綦毋参、司隶校尉崔据难曰：“朝廷前所以弃西域者，以其无益于中国而费难供也。今车师已属匈奴，鄯善不可保信，一旦反覆，班将能保北虏不为边害乎？”勇对曰：“今中国置州牧者，以禁郡县奸猾盗贼也。若州牧能保盗贼不起者，臣亦愿以要斩保匈奴之不为边害也。今通西域则虏势必弱，虏势弱则为患微矣。孰与归其府藏，续其断臂哉！今置校尉以扞抚西域，设长史以招怀诸国，若弃而不立，则西域望绝。望绝之后，屈就北虏，缘边之郡将受困害，恐河西城门必复有昼闭之儆矣。今不廓开思国策，仔细权衡之后，便命令勇武之臣出征西域，故而匈奴远遁，边境恢复了安宁。到了永元年间，西域各国无不归附汉朝。当时恰逢羌人叛乱，西域道路再次断绝，匈奴又开始谴责西域各国，向他们索要拖欠的租税，并将价格抬高，严格限定缴纳日期。鄯善国、车师国都心怀愤怨，他们都愿意奉事汉朝，但却找不到门路。先前之所以时有叛乱发生，都是因为治理失当，才蒙受其害。如今曹宗只是耻于此前索班战败身死，意欲报复匈奴，一雪前耻，却没有寻找兵败的教训，没有审时度势。在荒远之地邀功求赏，一万次也难有一次成功，倘若战争灾祸接连不断，后悔也来不及了。何况如今国库未充，军无后援，这是向远方蛮夷展示弱点，向天下海内暴露短处，臣愚认为不能出兵攻打西域。过去敦煌郡设有三百名营兵，如今应当恢复，重新设置护西域副校尉，屯驻于敦煌，效仿永元年间的旧制。再者应当派西域长史率领五百人在楼兰屯驻，西边可以守护通向焉耆国、龟兹国的道路，南边可以加强鄯善国、于窴国的信心，为他们壮胆，北面可以抵挡匈奴，东边还能靠近敦煌郡。如此着实便利。”

尚书问班勇：“如今设立副校尉，有什么便利？再者设置长史戍守楼兰，有什么利害？”班勇回答道：“以前永平末年，汉朝刚开通西域，起初派遣中郎将驻扎敦煌郡，后来在车师国设置副校尉，既能控制匈奴，又能禁止汉人侵扰匈奴。因此外夷归心，匈奴畏威。如今鄯善王尤还，是汉人的外孙，若匈奴得志，则尤还必死。西域蛮夷虽然与禽兽没什么两样，但也知道趋利避害。如果出兵戍守楼兰，足以招慰胡人并让其归附汉朝，臣认为这就是便利之处。”长乐卫尉镡显、廷尉綦毋参、司隶校尉崔据质问班勇道：“朝廷此前之所以放弃西域，是因为西域无益于中原，而且所需耗费难以供给。如今车师国已经臣服于匈奴，鄯善国也不能确保忠于汉朝，一旦出现反复，你能确保匈奴不会危害边郡吗？”班勇回答道：“如今中原设置州牧，是为了防止郡县的奸猾盗贼。如果州牧可以保证盗贼不起，臣也愿意以腰斩之刑保证匈奴不再祸乱边境。如今开通西域，则匈奴的势力必会减弱，匈奴的势力减弱，则为害边郡的祸患就小了。这与把脏腑还给匈奴，为匈奴接上断臂能相比吗？如今设置西域校尉，是为了朝廷之德，而拘屯戍之费，若北虏遂炽，岂安边久长之策哉！”太尉属毛轸难曰：“今若置校尉，则西域骆驿遣使，求索无猒，与之则费难供，不与则失其心。一旦为匈奴所迫，当复求救，则为役大矣。”勇对曰：“今设以西域归匈奴，而使其恩德大汉，不为钞盗则可矣。如其不然，则因西域租入之饶，兵马之众，以扰动缘边，是为富仇雠之财，增暴夷之势也。置校尉者，宣威布德，以系诸国内向之心，以疑匈奴觊觎之情，而无财费耗国之虑也。且西域之人无它求索，其来入者，不过禀食而已。今若拒绝，势归北属，夷虏并力以寇并、凉，则中国之费不止千亿。置之诚便。”于是从勇议，复敦煌郡营兵三百人，置西域副校尉居敦煌。虽复羁縻西域，然亦未能出屯。其后匈奴果数与车师共入寇钞，河西大被其害。

延光二年夏，复以勇为西域长史，将兵五百人出屯柳中。明年正月，勇至楼兰，以鄯善归附，特加三绶。而龟兹王白英犹自疑未下，勇开以恩信，白英乃率姑墨、温宿自缚诣勇降。勇因发其兵步骑万余人到车师前王庭，击走匈奴伊蠡王于伊和谷，收得前部五千余人，于是前部始复开通。还，屯田柳中。

四年秋，勇发敦煌、张掖、酒泉六千骑及鄯善、疏勒、车师前守卫安抚西域，设置长史，是用来招抚怀柔西域各国，假如放弃西域而不设置校尉、长史，那么西域就会对汉朝失望。失望之后，就会屈从匈奴，汉朝的边境各郡将受到侵害，如此一来恐怕河西诸郡又会有白天关闭城门的警戒了。如今不广施朝廷的恩德，反而却吝惜屯戍的费用，若匈奴因此气焰高涨，这难道是安定边疆的长久策略吗！”太尉属毛轸反问道：“如今若是设置了校尉，那么西域各国就会源源不断地派出使者，来向汉朝索求赏赐，永无止境，若是给予赏赐则所需的耗费难以供应，若是拒绝则会失去他们归顺的心。一旦受到匈奴胁迫，他们定当再次向汉朝求救，那时事情就大了。”班勇回答道：“如果我们现在让西域各国归附匈奴，而让匈奴感念汉朝恩德，匈奴不再侵扰作乱就可以了。如若不然，匈奴则会因得到了西域各国丰厚的租税，众多的兵马，来骚扰汉朝的边境，这种做法就等于增加敌人的财富，增长暴蛮的势力。设置校尉的目的，就是为了宣威布德，以此维系西域各国的归附之心，以此动摇匈奴对边郡的觊觎之意，不会有耗费钱财，损耗国力的忧虑。况且西域的人并没有其他的要求，他们前来，不过是索求食物罢了。如今我朝倘若拒绝，他们势必归顺于匈奴，如果蛮夷联合起来进犯并州、凉州，那么国家的开支就不止千亿。设置西域校尉确实有利。”于是朝廷采纳了班勇的建议，恢复敦煌郡的三百营兵，设置西域副校尉，在敦煌郡驻守。朝廷虽然再次统管西域，但未能出境到西域驻兵。后来匈奴果然联合车师国，共同侵犯边境，河西一带深受其害。

延光二年（123）夏，朝廷再次命班勇担任西域长史，率领五百汉军戍守柳中县。第二年正月，班勇抵达楼兰，因为鄯善国归附汉朝，朝廷特别为鄯善王的印绶外加三绶，以示褒奖。龟兹王白英依旧犹疑不定，班勇以恩德信义劝导开解龟兹王白英，最终白英率姑墨王、温宿王绑着自己归降班勇。班勇趁机调集西域各国步兵、骑兵一万多人直逼车师前王庭，在伊和谷击败匈奴伊蠡王，兼并了车师前部军队五千多人，从此车师国前部恢复通畅。班勇返回朝廷后，仍然率军屯田于柳中县。

延光四年（125）秋，班勇征调敦煌、张掖、酒泉六千骑兵，与鄯部兵击后部王军就，大破之。首虏八千余人，马畜五万余头。捕得军就及匈奴持节使者，将至索班没处斩之，以报其耻，传首京师。永建元年，更立后部故王子加特奴为王。勇又使别校诛斩东且弥王，亦更立其种人为王，于是车师六国悉平。

其冬，勇发诸国兵击匈奴呼衍王，呼衍王亡走，其众二万余人皆降。捕得单于从兄，勇使加特奴手斩之，以结车师匈奴之隙。北单于自将万余骑入后部，至金且谷，勇使假司马曹俊驰救之。单于引去，俊追斩其贵人骨都侯，于是呼衍王遂徙居枯梧河上。是后车师无复虏迹，城郭皆安。唯焉耆王元孟未降。

二年，勇上请攻元孟，于是遣敦煌太守张朗将河西四郡兵三千人配勇。因发诸国兵四万余人，分骑为两道击之。勇从南道，朗从北道，约期俱至焉耆。而朗先有罪，欲徼功自赎，遂先期至爵离关，遣司马将兵前战，首虏二千余人。元孟惧诛，逆遣使乞降，张朗径入焉耆受降而还。元孟竟不肯面缚，唯遣子诣阙贡献。朗遂得免诛。勇以后期，征下狱，免。后卒于家。

梁慬字伯威，北地弋居人也。父讽，历州宰。永元元年，车骑将军窦宪出征匈奴，除讽为军司马，令先赍金帛使北单于，宣国威德，其归附者万余人。后坐失宪意，髡输武威，武威太守承旨杀之。窦氏既灭，和帝知其为宪所诬，征慬，除为郎中。

慬有勇气，常慷慨好功名。初为车骑将军邓鸿司马，再迁，延善国、疏勒国、车师国前部的军队，合力攻打车师国后部王军就，击败军就。斩获俘虏八千多人，缴获牲畜五万多头。擒获军就以及匈奴持节使者，将他们押至当年索班牺牲的地方斩首，为索班报仇雪恨，而后将首级送到京师。永建元年(126)，朝廷改立车师国后部原王子加特奴为车师国后王。班勇又派出别校诛杀了东且弥王，同样另立东且弥王的其他同族为王，自此车师六国全部平定。

同年冬季，班勇征调西域各国军队攻打匈奴呼衍王，呼衍王落荒而逃，他所率领的二万多人都归降班勇。班勇擒获了单于的堂兄，并命令车师国后王加特奴亲手将其斩杀，以此让车师国与匈奴结怨。北单于亲自率领一万多骑兵进攻车师国后部，到了金且谷，班勇命代理司马曹俊疾驰救援。单于撤军，曹俊追赶并斩杀匈奴贵族骨都侯，因此匈奴呼衍王迁居到枯梧河的上游。此后车师国再也不见匈奴的踪迹，国内的城郭也都安定。只有焉耆国王元孟还没未归降汉朝。

永建二年(127)，班勇奏请攻打元孟，于是顺帝派敦煌太守张朗，率领河西四郡三千兵士支援班勇。班勇因此征调西域各国军队四万多人，分两路出击。班勇率领军队从南道出击，张朗率领军队从北道出击，他们约定日期，在焉耆国会师。但张朗因之前犯罪，急于立功赎罪，就在约定日期前抵达爵离关，派遣司马率兵在前作战，俘虏二千多人。元孟害怕被诛，便派使者前来乞降，张朗直接进军焉耆国，接受元孟的归降而后返回。元孟始终不肯被反绑双手，只是派儿子前往朝廷进贡。张朗因此得以免罪。班勇因为在约定日期后抵达焉耆国，被朝廷诏回，下狱受审，后来得到赦免，在家中去世。

梁慬，字伯威，北地郡弋居县人。其父梁讽，曾经担任州宰。永元元年(89)，车骑将军窦宪出征匈奴，任命梁讽为军司马，窦宪命梁讽先带上黄金丝帛出使北单于，宣扬汉室威德，归附汉朝的匈奴有一万多人。后来梁讽因违逆了窦宪的旨意，被判髡刑，流放至武威郡，武威太守奉窦宪旨意将梁讽杀害。窦氏被灭之后，和帝知晓梁讽是受到了窦宪的诬陷，因此征召梁慬，授任郎中。

梁慬有勇气，常常慷慨感叹，喜好功名。起初梁慬担任车骑将平元年拜西域副校尉。慬行至河西，会西域诸国反叛，攻都护任尚于疏勒。尚上书求救，诏慬将河西四郡羌胡五千骑驰赴之，慬未至而尚已得解。会征尚还，以骑都尉段禧为都护，西域长史赵博为骑都尉。禧、博守它乾城。它乾城小，慬以为不可固，乃谲说龟兹王白霸，欲入共保其城，白霸许之。吏人固谏，白霸不听。慬既入，遣将急迎禧、博，合军八九千人。龟兹吏人并叛其王，而与温宿、姑墨数万兵反，共围城。慬等出战，大破之。连兵数月，胡众败走，乘胜追击，凡斩首万余级，获生口数千人，骆驼畜产数万头，龟兹乃定。而道路尚隔，檄书不通。岁余，朝廷忧之。公卿议者以为西域阻远，数有背叛，吏士屯田，其费无已。永初元年，遂罢都护，遣骑都尉王弘发关中兵迎慬、禧、博及伊吾卢、柳中屯田吏士。

二年春，还至敦煌。会众羌反叛，朝廷大发兵西击之，逆诏慬留为诸军援。慬至张掖日勒。羌诸种万余人攻亭候，杀略吏人。慬进兵击，大破之，乘胜追至昭武，虏遂散走，其能脱者十二三。及至姑臧，羌大豪三百余人诣慬降，并慰譬遣还故地，河西四郡复安。

慬受诏当屯金城，闻羌转寇三辅，迫近园陵，即引兵赴击之，转战武功美阳关。慬临阵被创，不顾，连破走之，尽还得所掠生口，获马畜财物甚众，羌遂奔散。朝廷嘉之，数玺书劳勉，委以西方事，令为诸军节度。

军邓鸿的军司马，两次升迁后，延平元年（106）拜任西域副校尉。梁慬行至河西时，恰逢西域诸国反叛，在疏勒国攻击都护任尚。任尚上书求救，朝廷诏令梁慬率领领河西四郡的五千羌胡骑兵飞驰前往援救任尚，梁慬还未抵达而任尚已经得解。之后恰逢朝廷征召任尚返回京师，命骑都尉段禧担任西域都护，西域长史赵博担任骑都尉。段禧、赵博驻守它乾城。它乾城很小，梁慬认为此处不太坚固，就游说龟兹王白霸，想让其进入它乾城，共同守卫它乾城，白霸应允。龟兹国的官员再三劝谏，白霸不听。梁慬入城之后，派将领赶快迎接段禧、赵博，两军士兵共计八九千人。龟兹国的吏民纷纷背叛了白霸，而与温宿国、姑墨国几万兵士一同反叛，叛军合力围城。梁慬等人率军出战，击败叛军。连战数月，西域敌军败走，梁慬乘胜追击，共斩杀一万多人，擒获俘虏几千人，缴获骆驼以及牲畜几万头，龟兹国因此得以安定。可是往来道路依旧被阻隔，檄书不能送达。历经一年多，朝廷对此十分担忧。朝中公卿论议，认为西域相距甚远，西域诸国多次背叛，汉军在西域屯田，耗费没有止境。永初元年（107），朝廷撤去西域都护一职，派骑都尉王弘征调关中汉军，迎接梁慬、段禧、赵博，以及在伊吾卢、柳中屯田的官兵。

永初二年（108）春，梁慬班师返归敦煌郡。恰逢羌族反叛，朝廷征调大军向西出击，并且诏令梁慬留下，作为各路军队的后援。梁慬到达张掖郡日勒县。羌族有万余人攻打睐望亭，残杀掳掠官吏百姓。梁慬率领汉军出击，大破羌兵，梁慬乘胜追击，直到昭武县，羌人才溃散逃亡，仅有十分之二三的羌兵逃脱。等抵达姑臧县，三百余名羌族豪强多前来归降梁慬，梁慬抚慰晓谕他们，并让他们回到故地，河西四郡再次恢复安定。

梁慬受诏在金城郡驻扎，他听闻羌人调转兵力侵绕三辅，逼近皇陵，梁慬立即带兵追击，转战武功县美阳关。梁慬在战场上受伤，但他不顾处理伤口，连破羌人并将其赶走，将羌人所掠的俘虏尽数追回，并缴获了羌人很多牲畜、财物，羌人流散逃亡。朝廷嘉奖梁慬，多次下发玺书慰劳勉励，并委任他负责西方之事，诏令他担任诸军节度。

三年冬，南单于与乌桓大人俱反。以大司农何熙行车骑将军事，中郎将庞雄为副，将羽林五校营士，及发缘边十郡兵二万余人，又辽东太守耿夔率将鲜卑种众共击之，诏慬行度辽将军事。庞雄与耿夔共击匈奴奥鞬日逐王，破之。单于乃自将围中郎将耿种于美稷，连战数月，攻之转急，种移檄求救。明年正月，慬将八千余人驰往赴之，至属国故城，与匈奴左将军、乌桓大人战，破斩其渠帅，杀三千余人，虏其妻子，获财物甚众。单于复自将七八千骑迎攻，围慬。慬被甲奔击，所向皆破，虏遂引还虎泽。三月，何熙军到五原曼柏，暴疾，不能进，遣庞雄与慬及耿种步骑万六千人攻虎泽。连营稍前，单于惶怖，遣左奥鞬日逐王诣慬乞降，慬乃大陈兵受之。单于脱帽徒跣，面缚稽颡，纳质。会熙卒于师，即拜慬度辽将军。庞雄还为大鸿胪。雄，巴郡人，有勇略，称为名将。

明年，安定、北地、上郡皆被羌寇，谷贵人流，不能自立。诏慬发边兵迎三郡太守，使将吏人徙扶风界。慬即遣南单于兄子优孤涂奴将兵迎之。既还，慬以涂奴接其家属有劳，辄授以羌侯印绶，坐专擅，征下狱，抵罪。明年，校书郎马融上书讼慬与护羌校尉庞参，有诏原刑。语在《庞参传》。

会叛羌寇三辅，关中盗贼起，拜慬谒者，将兵击之。至湖县，病卒。

何熙字孟孙，陈国人。少有大志。永元中，为谒者。身长八尺五寸，善为威容，赞拜殿中，音动左右。和帝伟之，擢为御史中丞，历司隶校尉、大司农。及在军临殁，遗言薄葬。三子：临、瑾、阜。

永初三年(109)冬,南单于与乌桓首领一同反叛。朝廷诏令大司农何熙代行车骑将军职务,中郎将庞雄担任副将,率领羽林五校的兵士,同时征调边境十郡的兵士二万多人,还有辽东太守耿夔率领鲜卑族人共同抗击,朝廷诏命梁慬代行度辽将军职务。庞雄与耿夔共击匈奴奥鞬日逐王,大败叛军。南单于亲自率领军队在美稷县围攻中郎将耿种,连战数月,匈奴的进攻越来越急迫,耿种发布文书求救。第二年正月,梁慬率领八千余人飞驰援救耿种,抵达属国故城,梁慬与匈奴左将军、乌桓首领大战,斩杀叛军主将,杀敌三千多人,俘虏了叛军的妻子儿女,缴获的财物非常多。南单于再次亲自率领七八千骑兵迎战,将梁慬包围。梁慬披甲冲杀,所向披靡,匈奴于是撤兵回到虎泽县。三月,何熙军队抵达五原郡曼柏县,何熙突发疾病,无法继续行军,于是派庞雄与梁慬以及耿种率领一万六千步兵、骑兵攻打虎泽县。汉军的营帐稍微向前推进,单于就惊恐万分,派左奥鞬日逐王前往梁慬那里乞降,梁慬大陈兵阵,接受匈奴投降。单于脱下鞋帽赤足步行,反绑双手下拜叩头,上交人质。恰逢何熙在军中去世,朝廷随即命梁慬拜任度辽将军。庞雄继续担任大鸿胪。庞雄是巴郡人,有勇有谋,堪称名将。

第二年,安定郡、北地郡、上郡遭到羌人入侵,粮食价格昂贵,百姓流离失所,不能自立。安帝诏命梁慬率领边境兵士迎接三郡太守,又另派将领护送官吏百姓迁徙到右扶风境内。梁慬即刻派南单于兄长的儿子优孤涂奴率领军队迎接。返回之后,梁慬因优孤涂奴迎接三郡太守的家属有功,授予优孤涂奴羌侯的印绶,后梁慬因专擅而被判罪,被征召下狱,抵偿罪责。第二年,校书郎马融上书为梁慬与护羌校尉庞参申诉,安帝下诏赦免他们的刑罚。详见《庞参传》。

恰逢羌贼进犯三辅,关中盗贼兴起,朝廷诏令梁慬拜任谒者,率军抗击。军队行至湖县,梁慬病逝。

何熙,字孟孙,陈国人。年少时胸怀大志。永元年间,何熙担任谒者。何熙身高八尺五寸,庄重威严,在殿中担任赞拜,引导众人朝拜行礼,音动左右。和帝对他颇为赞叹,于是提拔他担任御史中丞,临、瑾并有政能。阜俊才早没。临子衡，为尚书，以正直称，坐讼李膺等下狱，免官，废于家。

论曰：时政平则文德用，而武略之士无所奋其力能，故汉世有发愤张胆，争膏身于夷狄以要功名，多矣。祭肜、耿秉启匈奴之权，班超、梁慬奋西域之略，卒能成功立名，享受爵位，荐功祖庙，勒勋于后，亦一时之志士也。

赞曰：定远慷慨，专功西遐。坦步葱、雪，咫尺龙沙。慬亦抗愤，勇乃负荷。

历任司隶校尉、大司农。后来何熙在军中临去世时，留下遗言要求薄葬。何熙有三个儿子：何临、何瑾、何阜。何临、何瑾都有处理政事的才能。何阜才华出众但早逝。何临的儿子何衡，曾经担任尚书，以正直著称，因替李膺等人申诉而获罪下狱，免官，被罢黜返归家中。

评论说：时政清平，推行德教的文官就能够发挥用，而擅长军事谋略的武将却无处施展他们的才华，所以汉世奋力拼搏、无所畏惧，争先恐后与夷狄拼杀，以此求得功名的人实在是太多了。祭肜、耿秉开启了征伐匈奴的权谋，班超、梁慬远赴西域，奋力完成平定西域的方略，最终成功立名，享受爵位，功绩记载于祖庙，铭刻功勋于石碑，留给后人，也是一个时代的有志之士啊。

赞辞说：班超定远之名响彻万里，独自在西域立功。他翻越葱岭、雪山如履平地，跨越沙漠不以为远。梁慬也是激昂愤慨的人，班勇能够承继祖先的事业。

卷七十八

杨李翟应霍爰徐列传第三十八

杨终字子山，蜀郡成都人也。年十三，为郡小吏，太守奇其才，遣诣京师受业，习《春秋》。显宗时，征诣兰台，拜校书郎。

建初元年，大旱谷贵，终以为广陵、楚、淮阳、济南之狱，徙者万数，又远屯绝域，吏民怨旷，乃上疏曰："臣闻'善善及子孙，恶恶止其身'，百王常典，不易之道也。秦政酷烈，违牾天心，一人有罪，延及三族。高祖平乱，约法三章。太宗至仁，除去收孥。万姓廓然，蒙被更生，泽及昆虫，功垂万世。陛下圣明，德被四表。今以比年久旱，灾疫未息，躬自菲薄，广访失得，三代之隆，无以加焉。臣窃案《春秋》水旱之变，皆应暴急，惠不下流。自永平以来，仍连大狱，有司穷考，转相牵引，掠考冤滥，家属徙边。加以北征匈奴，西开三十六国，频年服役，转输烦费。又远屯伊吾、楼兰、车师、戊己，民怀土思，怨结边域。传曰：'安土重居，谓之众庶。'昔殷民近迁洛邑，且犹怨望，何况去中土之肥饶，寄不毛之荒极乎？且南方暑湿，障毒互生。愁困之民，足以感动天地，移变阴阳矣。陛下留念省察，以济元元。"书奏，肃宗下其章。司空第五伦亦同终议。太尉牟融、司徒鲍昱、校书郎班固等难伦，以施行既久，孝子无改父之道，先帝所建，不宜回异。终复上书曰："秦筑长城，功役繁兴，胡亥不革，卒亡四海。故孝元弃珠崖之郡，光武绝西域之国，不以介鳞易我衣裳。鲁文公毁泉台，《春秋》讥之曰'先祖为之而已毁之，不如勿居而已'，以其无妨害于民也。襄公作三军，昭公舍之，君子大其复古，以为不舍则有害于民也。今伊吾之役，楼兰之屯，久而未还，非天意也。"帝从之，听还徙者，悉罢边屯。

杨终，字子山，蜀郡成都人。十三岁时，他在郡府担任小吏，郡太守对他的才能感到惊奇，派遣他到京城学习，研读《春秋》。明帝时，朝廷征召他到兰台，官拜校书郎。

建初元年（76），天下大旱导致谷价昂贵，杨终认为广陵郡、楚郡、淮阳郡、济南郡的罪案，被流放的有上万人，又屯驻在极其遥远的地方，官吏百姓家人都是长期离别，就上疏道："臣听说'赞扬善行惠及子孙，憎恶邪恶仅限于自身'，这是历代帝王的常例，是不能改变的原则。秦朝统治残酷暴烈，违逆天心，一人有罪，灾祸延及三族。高祖平定乱世，与百姓约法三章。汉文帝极其仁慈，废除妻子儿女连坐沦落为官奴婢的法律。百姓从此安然，蒙受再生的恩德，这种恩泽被及昆虫，功业垂于万世。陛下圣德英明，德泽覆盖四方。如今连年干旱，灾疫不止，陛下亲身实行俭约，广泛地征求执政的得失，即使是三代的隆盛时期，也比不上陛下。臣私下察看《春秋》记载的水旱灾害，都与当时的残暴苛政相应，朝廷的恩惠不能润泽百姓。自永平年间以来，仍然连续不断地发生重要刑案，有司彻底追查案犯，很多案件在辗转间互相牵连，他们对犯人屈打成招，家属受到牵连被流放到边境。再加上朝廷向北讨伐匈奴，在西域开拓三十六国，百姓连年服役，周转输入耗费巨大。又到遥远的伊吾、楼兰、车师、担任戊己校尉负责屯田，百姓怀念家乡，在边境怨气郁结。流传的话说：'留恋故乡，不愿轻易迁居异地，说的就是老百姓啊。'从前殷商时期的百姓就近迁居到洛邑，心中尚且都怨恼忿恨，何况是离开肥沃的中原地区，寄居在不长草木的蛮荒之地呢？况且南方暑热挟湿，瘴气交互而生。人民的愁苦、困窘，足可以感动天地，改变阴阳了。望陛下留意审察，以救济百姓。"奏书呈上去后，章帝将奏章下发给朝中大臣讨论。司空第五伦也赞同杨终的建议。太尉牟融、司徒鲍昱、终又言："宣帝博征群儒，论定《五经》于石渠阁。方今天下少事，学者得成其业，而章句之徒，破坏大体。宜如石渠故事，永为后世则。"于是诏诸儒于白虎观论考同异焉。会终坐事系狱，博士赵博、校书郎班固、贾逵等，以终深晓《春秋》，学多异闻，表请之，终又上书自讼，即日贳出，乃得与于白虎观焉。后受诏删《太史公书》为十余万言。

时太后兄卫尉马廖，谨笃自守，不训诸子。终与廖交善，以书戒之曰："终闻尧舜之民，可比屋而封；桀纣之民，可比屋而诛。何者？尧舜为之堤防，桀纣示之骄奢故也。《诗》曰：'皎皎练丝，在所染之。'上智下愚，谓之不移；中庸之流，要在教化。《春秋》杀太子母弟，直称君甚恶之者，坐失教也。《礼》制，人君之子年八岁，为置少傅，教之书计，以开其明；十五置太傅，教之经典，以道其志。汉兴，诸侯王不力教诲，多触禁忌，故有亡国之祸，而乏嘉善之称。今君位地尊重，海内所望，岂可不临深履薄，以为至戒！黄门郎年幼，血气方盛，既无长君退让之风，而要结轻狡无行之客，纵校书郎班固等人责难第五伦，认为这些措施已经施行很久了，孝子不改变父亲的道义，先帝所建立的制度，不应该违反。杨终又上书道："秦朝修筑长城，兴建土木的劳役兴起很多，胡亥不思改革，最终失去天下。所以当年孝元帝放弃了珠厓郡，光武帝拒绝在西域恢复西域都护，不因为区区的蛮夷而改换我大汉子民的衣裳。鲁文公拆毁泉台，《春秋》中讥讽道'先祖建造完成而他自己毁掉，还不如不去住呢'，因为泉台对百姓并无妨害。鲁襄公建立三军，鲁昭公又裁撤三军，君子称赞鲁昭公恢复古代的制度，认为不裁撤三军将会对百姓有害。现在无论是伊吾的兵役，还是在楼兰屯驻垦荒，长久离开家乡、不曾回去，这绝对不是上天之意。"皇帝听从了杨终的建议，允许迁回那些被流放的人，戍边屯田的军队也被悉数召回。

杨终又说："汉宣帝广泛征召儒生，在石渠阁考校定评《五经》。如今天下太平无事，学者得以完成自己的学业，而那些不能通达大义只是拘泥于辨析章句的儒生，就只会破坏大体。应该按照石渠阁旧时的方法，永远作为后世的法则。"章帝于是下诏征召众儒生在白虎观讨论研究经学的异同。适逢杨终因事获罪下狱，博士赵博、校书郎班固、贾逵等人，认为杨终精通《春秋》，博学多闻，上奏请求赦免杨终，杨终又上书自我申辩，朝廷当天就赦免了杨终，他才得以参与白虎观的讨论。后来杨终接受皇帝的诏令，删节《太史公书》十多万字。

当时太后的哥哥卫尉马廖，谨慎笃实、坚守操守，但是他却不教导自己的儿子们。杨终与马廖交情很好，他写信告诫马廖道："我听说唐尧、虞舜的百姓，每家都可以得到封赏；夏桀、商纣的百姓，每家都可以遭到诛杀。为什么呢？唐尧、虞舜以身作则、加以防范，夏桀、商纣骄奢淫逸、错误表率。《诗经》上说：'洁白的未染色熟丝，全在于要染的颜色。'上智下愚，叫做不可改变；中庸之流，关键在于教化。《春秋》上记载的晋献公逼太子申生自杀，直言君子极其厌恶这样做的原因，这是因为父母对子女缺乏教育。《礼记》规定，国君的儿子八岁时，就为他安排少傅，教授他文字和算数，以此来开发他的智慧；十五岁的时候，就为他安排太傅，教授经典，以引导他的志而莫诲，视成任性，鉴念前往，可为寒心。君侯诚宜以临深履薄为戒。”廖不纳。子豫后坐县书诽谤，廖以就国。

终兄凤为郡吏，太守廉范为州所考，遣凤候终，终为范游说，坐徙北地。帝东巡狩，凤皇黄龙并集，终赞颂嘉瑞，上述祖宗鸿业，凡十五章，奏上，诏贳还故郡。著《春秋外传》十二篇，改定章句十五万言。永元十二年，征拜郎中，以病卒。

李法字伯度，汉中南郑人也。博通群书，性刚而有节。和帝永元九年，应贤良方正对策，除博士，迁侍中、光禄大夫。岁余，上疏以为朝政苛碎，违永平、建初故事；宦官权重，椒房宠盛；又讥史官记事不实，后世有识，寻功计德，必不明信。坐失旨，下有司，免为庶人。还乡里，杜门自守。故人儒生时有候之者，言谈之次，问其不合上意之由，法未尝应对。友人固问之，法曰：“鄙夫可与事君乎哉？苟患失之，无所不至。孟子有言：‘夫仁者如射，正己而后发。发而不中，不怨胜己者，反诸身而已矣。’”在家八年，征拜议郎、谏议大夫，正言极辞，无改于旧。出为汝南太守，政有声迹。后归乡里，卒于家。

向。汉朝兴盛，诸侯王不致力教导训戒，多次触犯朝廷的禁忌，所以才有亡国的祸患，而缺乏美好的称赞。如今君地位尊贵，四海之内对君都加以敬仰，君怎么能不如临深渊、如履薄冰，作为深刻教训来警戒自己！黄门郎马防、马光年幼，血气方刚，既没有窦长君退让的风度，却还要结交轻佻狡诈、行为卑劣的宾客，行为放纵而不教诲，只能眼看着他们听凭秉性行事，鉴古知今，如果一直这样下去，实在令人寒心。君侯实在是应该以如临深渊、如履薄冰、引以为戒。”马廖不接受。儿子马豫后来因为张贴文书诽谤他人而获罪，朝廷就责令马廖返回封地。

杨终的哥哥杨凤担任郡吏，郡太守廉范接受州内考核，派杨凤看望杨终，杨终为廉范多方游说，因此犯罪被流放到北地。皇帝东行视察邦国州郡，凤凰与黄龙一同出现，杨终赞颂祥瑞，上奏陈述祖宗大业，共十五章，奏书呈上后，皇帝下诏赦免杨终返回故乡。杨终撰写《春秋外传》十二篇，修订章节语句十五万字。永元十二年（100），朝廷征召他为郎中，后来杨终因病去世。

李法，字伯度，汉中郡南郑县人。他博览通晓群书，性格刚直而有节操。和帝永元九年（97），他应召贤良方正对策，朝廷封他为博士，后来升迁侍中、光禄大夫。一年多后，他上疏认为朝廷的政事苛刻烦琐，违背明帝永平、章帝建初年间的旧例；他认为宦官掌管大权，后妃得宠过甚；他又讥讽史官记录不符合事实，后世的有识之士，考察功劳德行，必定不会相信。李法因不合皇帝旨意而获罪，皇帝把他下交有司查办，李法被罢免成为平民。回到乡里，他关起大门自守本分。故交儒生时常来看望他，谈话之余，便问他不合皇帝旨意的原因，李法从未回答过。友人坚持追问他，李法回答道：“我怎么能和那些人品鄙陋、见识浅薄的人一起侍奉国君呢？他们一旦患得患失，就无所不用其极。孟子说过：‘仁者好比弓箭手，先端正自己的姿势然后再射出箭。射箭后却没有射中，不必去怨恨胜过自己的人，只要反过来检查自己的问题就可以了。’”李法在家八年后，朝廷征召他为议郎、谏议大夫，他依然言辞正直、极力劝谏，不改往日的做法。后来出任汝南郡太守，在政务上很有名望。再后来回到乡里，在家翟酺字子超，广汉雒人也。四世传《诗》。酺好《老子》，尤善图纬、天文、历算。以报舅仇，当徙日南，亡于长安，为卜相工，后牧羊凉州。遇赦还。仕郡，征拜议郎，迁侍中。

时尚书有缺，诏将大夫六百石以上试对政事、天文、道术，以高第者补之。酺自恃能高，而忌故太史令孙懿，恐其先用，乃往候懿。既坐，言无所及，唯涕泣流连。懿怪而问之，酺曰："图书有汉贼孙登，将以才智为中官所害。观君表相，似当应之。酺受恩接，凄怆君之祸耳！"懿忧惧，移病不试。由是酺对第一，拜尚书。

时安帝始亲政事，追感祖母宋贵人，悉封其家。又元舅耿宝及皇后兄弟阎显等并用威权。酺上疏谏曰：

臣闻微子佯狂而去殷，叔孙通背秦而归汉，彼非自疏其君，时不可也。臣荷殊绝之恩，蒙值不讳之政，岂敢雷同受宠，而以戴天履地。伏惟陛下应天履祚，历值中兴，当建太平之功，而未闻致化之道。盖远者难明，请以近事征之。昔窦、邓之宠，倾动四方，兼官重绂，盈金积货，至使议弄神器，改更社稷。岂不以势尊威广，以致斯患乎？及其破坏，头颡堕地，愿为孤豚，岂可得哉！夫致贵无渐失必暴，受爵非道殃必疾。今外戚宠幸，功均造化，汉元以来，未有等比。陛下诚仁恩周洽，以亲九族。然禄去公室，政移私门，覆车重寻，宁无摧折。而朝臣在位，莫肯正议，翕翕訿訿，更相佐附。臣恐威权外假，归之良难，虎翼一奋，卒不可制。故孔子曰"吐珠于泽，谁能不含"；老子称"国之利器，不可以示人"。此最安危之极戒，中去世。

翟酺，字子超，广汉郡洛县人。家族四代人传习《诗经》。翟酺喜好《老子》，尤其擅长图谶纬书、天文、历法算术。他因为替舅舅报仇，应当被流放到日南郡，可是他却逃到长安，为人占卜看相，后来在凉州放羊。遇上朝廷大赦天下才返回家乡。他在郡府做官，后来被朝廷征召为议郎，升迁为侍中。

当时尚书职位空缺，皇帝下诏将大夫六百石以上的官员召集试策政事、天文、道术，考核后名列前茅的人补任尚书。翟酺自恃才学精深，但又忌惮原太史令孙懿，害怕他先被任用，于是前去看望孙懿。他坐下后，还没有谈及正题，只是不停地哭泣。孙懿感到奇怪就问他缘由，翟酺说："图书中记载有汉贼孙登，将会因为才智而被宦官陷害。我看君的面相，似乎会应验此事。我受君的恩遇，替君的祸患悲伤不已啊！"孙懿忧惧此事，便假称生病不去应试。因此翟酺对策第一，朝廷拜他为尚书。

那时安帝开始亲理政事，他因追思祖母宋贵人，于是封赏她家所有的人。又有长舅耿宝及皇后的兄弟阎显等人共同执掌朝中大权。翟酺上疏劝谏道：

臣听说微子装作疯癫而离开殷商，叔孙通背叛秦朝而归附汉朝，他们不是自求与君主疏远，而是时势不允许。臣承蒙皇上特别的恩典，赶上可以直言不讳的朝局，怎么敢受到同样深广的恩宠，而活在着人世间呢。臣认为陛下顺应天命登上皇位，正值汉室中兴时期，应当建立太平盛世的功绩，却没听说您有施行教化的措施。大概远的事情很难明白，请让臣用最近发生的事验证。从前窦氏、邓氏得宠，轰动四方，他们身兼很多要职，聚敛钱货，甚至谋议侮弄朝政，改朝换代。难道不是因为权势尊贵、威名广大，才导致这样的祸患吗？等到他们失败，人头落地，再想成为小猪，怎么可以呢！不是慢慢得来的富贵必定会突然失去，不是正道得来的爵位必定会很快招致灾祸。如今外戚受宠幸，权势极大，汉初以来，没有能与此时相比的。陛下的确遍施仁爱恩德，以亲近九族。然而俸禄离开王室，政权移到私人，重蹈前车倾覆之辙，怎么能不受到挫折。而在职的朝社稷之深计也。

夫俭德之恭，政存约节。故文帝爱百金于露台，饰帷帐于皂囊。或有讥其俭者，上曰："朕为天下守财耳，岂得妄用之哉！"至仓谷腐而不可食，钱贯朽而不可校。今自初政已来，日月未久，费用赏赐已不可算。敛天下之财，积无功之家，帑藏单尽，民物彫伤，卒有不虞，复当重赋百姓，怨叛既生，危乱可待也。

昔成王之政，周公在前，邵公在后，毕公在左，史佚在右，四子挟而维之。目见正容，耳闻正言，一日即位，天下旷然，言其法度素定也。今陛下有成王之尊而无数子之佐，虽欲崇雍熙，致太平，其可得乎？

自去年已来，灾谴频数，地坼天崩，高岸为谷。修身恐惧，则转祸为福；轻慢天戒，则其害弥深。愿陛下亲自劳恤，研精致思，勉求忠贞之臣，诛远佞谄之党，损玉堂之盛，尊天爵之重，割情欲之欢，罢宴私之好。帝王图籍，陈列左右，心存亡国所以失之，鉴观兴王所以得之，庶灾害可息，丰年可招矣。

书奏不省，而外戚宠臣咸畏恶之。

延光三年，出为酒泉太守。叛羌千余骑徙敦煌来钞郡界，酺赴击，斩首九百级，羌众几尽，威名大震。迁京兆尹。顺帝即位，拜光禄大夫，迁将作大匠。损省经用，岁息四五千万。屡因灾异，多所匡臣，没人敢发表公正的言论，他们唯唯诺诺，互相附和。臣担心威权一旦外放就会假手于人，在想要收回就很困难，一旦如虎添翼，最终将不可制止。所以孔子说“君权就像水泽旁的明珠，人人都会像衔在嘴里那样来谋夺”；老子称“国家的利器，不可以展示在他人之前”。这是关乎国家安危最重要的劝诫，是有关社稷的大事啊。

节俭是高尚的品德，治理国家也要崇尚节俭。所以文帝为了节约百金而放弃建造露台，用黑绸口袋装饰宫中的帷帐。有人讽刺他过度节俭，文帝却说：“朕只是替天下守财而已，怎么能随意滥用呢！”直到仓库谷物腐烂不能再吃，串钱的绳子腐朽不能记算。如今自陛下执政以来，日子不长，费用赏赐已不可计算。收敛天下的钱财，累积在无功之人的家中，国库空虚，百姓受到损失，万一有意料不到的灾祸到来，则又会加重百姓的赋税，怨恨背叛已经产生，危险和动乱也指日可待了啊。

从前成王执政，周公在前，邵公在后，毕公在左，史佚在右，四位贤臣从四方协助维护他。眼睛看到的是端正的仪态，耳朵听到的是正直的话语，一旦即位，天下安定，这就说明成王的法度在平时就制定了。如今陛下有成王的尊贵却没有能够像这几位一样辅佐您的贤人，即使打算推崇和乐升平，达到太平盛世，能做得到吗?

从去年以来，灾祸频现，天崩地裂，高岸变成低谷。如果修身畏惧，则会转祸为福；如果轻视怠慢上天的告诫，则其灾害加深。愿陛下亲自慰劳体恤，专心研究，集中心思，努力访求忠贞之臣，斥退疏远佞谄之党，减损豪贵宅第的隆盛，尊奉道德修养的贵重，割舍情欲的欢娱，罢除游宴玩耍的喜好。将帝王的图籍，陈列于左右，心念亡国的君主招致失败的原因，借鉴励精图治的君主取得成功的原因，也许灾害就可以停止，丰年就可以到来了。

奏书呈上之后皇帝没理会，而外戚宠臣都忌恨憎恶他。

延光三年（124），翟酺出任酒泉郡太守。叛羌派出一千多骑兵从敦煌劫掠骚扰酒泉郡地界，翟酺前去迎击，斩首九百人，叛羌兵士几乎被杀尽，翟酺因此威名大震。升任京兆尹。顺帝即位后，拜他为光禄大夫，升迁将作大匠。他减省日常用度，每年可省下四五千万。

正。由是权贵共诬酺及尚书令高堂芝等交通属托，坐减死归家。复被章云酺前与河南张楷等谋反，逮诣廷尉。及杜真等上书讼之，事得明释。卒于家。

著《援神》《钩命解诂》十二篇。

初，酺之为大匠，上言："孝文皇帝始置一经博士，武帝大合天下之书，而孝宣论《六经》于石渠，学者滋盛，弟子万数。光武初兴，愍其荒废，起太学博士舍、内外讲堂，诸生横巷，为海内所集。明帝时辟雍始成，欲毁太学，太尉赵憙以为太学、辟雍皆宜兼存，故并传至今。而顷者颓废，至为园采刍牧之处。宜更修缮，诱进后学。"帝从之。酺免后，遂起太学，更开拓房室，学者为酺立碑铭于学云。

应奉字世叔，汝南南顿人也。曾祖父顺，字华仲，和帝时为河南尹、将作大匠，公廉约己，明达政事。生十子，皆有才学。中子叠，江夏太守，叠生郴，武陵太守。郴生奉。

奉少聪明，自为童儿及长，凡所经履，莫不暗记。读书五行并下。为郡决曹史，行部四十二县，录囚徒数百千人。及还，太守备问之，奉口说罪系姓名，坐状轻重，无所遗脱，时人奇之。著《汉书后序》，多所述载。大将军梁冀举茂才。

先是，武陵蛮詹山等四千余人反叛，执县令，屯结连年。诏下公卿议，四府举奉才堪将帅。永兴元年，拜武陵太守。到官慰纳，山等皆悉降散。于是兴学校，举仄陋，政称变俗。坐公事免。

他多次因为灾异，对朝廷多有匡正。因此权贵一起诬陷翟酺及尚书令高堂芝等互相勾结，互相请托，翟酺被判减免死罪、遣送回家。又有奏章说翟酺从前与河南郡人张楷等谋反，翟酺被逮捕送到廷尉那里。等到杜真等人上书为他争辩是非，才昭明真相获得释放。后来他在家中去世。

翟酺著有《援神》《钩命解诂》十二篇。

起初，翟酺担任大匠的时候，上奏朝廷道："孝文皇帝时开始设置一经博士，武帝汇集天下群书，孝宣帝在石渠阁讨论《六经》，学者兴旺，弟子数以万计。光武初兴，怜悯经学荒废，建立太学博士舍、内外讲堂，众多儒生来往街巷中，海内学子汇聚一堂。明帝时辟雍刚刚建成，想废弃太学，太尉赵熹认为太学、辟雍都应该共存，所以才一并传到今天。近来都有所荒废，甚至成为采摘放牧之处。应该重新修缮，勉励后进的学者。"顺帝听从了他的建议。翟酺免官后，立即修葺太学，重新扩建房室，学者们就在太学中为翟酺立碑铭记赞颂他。

应奉，字世叔，汝南郡南顿县人。其曾祖父应顺，字华仲，在和帝时担任河南尹、将作大匠，应顺公正清廉、严于律己，通达政事。应顺生了十个儿子，都很有才学。二儿子应叠，任江夏郡太守。应叠生应郴，应郴任武陵郡太守。应郴生应奉。

应奉年少时就很聪明，从儿童到成年，凡是他经历过的，没有不默记在心里的。读书能做到一目五行。他任郡决曹史时，巡察四十二个县，记录囚徒数百上千人。等到回来以后，郡太守详细询问情况，应奉口述囚犯姓名，所犯罪状的轻重，没有任何遗漏，当时人都对此称奇。著有《汉书后序》，记载了很多史事。大将军梁冀举荐他为茂才。

此前，武陵郡蛮夷詹山等四千多人反叛，逮捕了县令，连年聚集此处。朝廷下诏公卿廷议此事，四府推举应奉，说他的才能足可担任将帅。永兴元年（153），桓帝拜他为武陵郡太守。他到任后安抚招纳，詹山等人全部投降四散。于是他兴建学校，举荐有才德而地位卑下的人，在理政上被称赞改变了原来的陋习。后来他因公事被免职。

延熹中，武陵蛮复寇乱荆州，车骑将军冯绲以奉有威恩，为蛮夷所服，上请与俱征。拜从事中郎。奉勤设方略，贼破军罢，绲推功于奉，荐为司隶校尉。纠举奸违，不避豪戚，以严厉为名。

及邓皇后败，而田贵人见幸，桓帝有建立之议。奉以田氏微贱，不宜超登后位，上书谏曰："臣闻周纳狄女，襄王出居于郑；汉立飞燕，成帝胤嗣泯绝。母后之重，兴废所因。宜思《关雎》之所求，远五禁之所忌。"帝纳其言，竟立窦皇后。

及党事起，奉乃慨然以疾自退。追愍屈原，因以自伤，著《感骚》三十篇，数万言。诸公多荐举，会病卒。子劭。

劭字仲远。少笃学，博览多闻。灵帝时举孝廉，辟车骑将军何苗掾。

中平二年，汉阳贼边章、韩遂与羌胡为寇，东侵三辅，时遣车骑将军皇甫嵩西讨之。嵩请发乌桓三千人。北军中候邹靖上言："乌桓众弱，宜开募鲜卑。"事下四府，大将军掾韩卓议，以为"乌桓兵寡，而与鲜卑世为仇敌，若乌桓被发，则鲜卑必袭其家。乌桓闻之，当复弃军还救。非唯无益于实，乃更沮三军之情。邹靖居近边塞，究其态诈。若令靖募鲜卑轻骑五千，必有破敌之效"。劭驳之曰："鲜卑隔在漠北，犬羊为群，无君长之帅，庐落之居，而天性贪暴，不拘信义，故数犯障塞，且无宁岁。唯至互市，乃来靡服。苟欲中国珍货，非为畏威怀德。计获事足，旋踵为害。是以朝家外而不内，盖为此也。往者匈奴反叛，度辽将军马续、乌桓校尉王元发鲜卑五千余骑，又武威太守赵冲亦率鲜卑征讨叛羌。斩获丑虏，既不足言，而鲜卑越溢，多为不法。裁以军令，则忿戾作乱；制御小缓，延熹年间，武陵郡蛮夷又侵犯荆州，车骑将军冯绲认为应奉有声威和恩泽，受到蛮夷的信服，便上奏请求与他一同征讨。桓帝拜应奉为从事中郎。应奉奋力制定方略，在击溃贼寇后，冯绲把功劳推让给应奉，举荐他为司隶校尉。他纠察奸邪，不回避豪门贵戚，以严厉著称。

等到邓皇后败落，田贵人被宠幸，桓帝有立田贵人为后的想法。应奉认为田氏出身低微，不该跃登后位，于是上书劝谏道："臣听说周朝迎娶狄女，周襄王被逐出京都只能在郑国寄居；汉成帝立赵飞燕为后，成帝的后裔完全断绝。皇后为天下之重，是国家兴废的原因。应思虑《关雎》所追求的标准，远离五禁的忌讳。"桓帝采纳了他的谏言，最终立窦氏为皇后。

等到朋党之事兴起，应奉便慨然称病辞职。他追念哀怜屈原，因此自我悲伤感怀，撰写《感骚》三十篇，总计几万字。朝中公卿多荐举他，恰逢他因病去世。儿子应劭。

应劭，字仲远。少年时就好学，博览多闻。灵帝时他被举荐为孝廉，征召为车骑将军何苗的掾吏。

中平二年(185)，汉阳郡的贼人边章、韩遂与羌胡勾结为寇，向东入侵三辅，当时朝廷派车骑将军皇甫嵩向西征伐他们。皇甫嵩请求征调乌桓三千人。北军中候邹靖上奏道："乌桓兵少，应该公开招募鲜卑人。"朝廷将奏议下交四府讨论，大将军掾韩卓建议，他认为"乌桓兵少，况且与鲜卑世代为仇敌，如果乌桓被征调，鲜卑一定会袭击其家园。被征调的乌桓军队听说后，一定会逃离汉军回去救援。这样不只是无益于战事，还会使三军的士气更加低落。邹靖住在边塞附近，知道他们的巧伪欺诈。如果让邹靖招募五千鲜卑轻骑兵，必能达到击溃敌人的效果。"应劭反驳他道："鲜卑远在漠北，习惯与狗羊为伴，没有首领统帅，住在毡帐里，天性贪婪暴虐，不讲信义，所以多次侵犯边防要塞，使边境每年不得安宁。只有在边境互相贸易的时候，鲜卑才会顺服。他们只想得到中原的珍宝货物，并不是因为畏惧大汉声威或者感念大汉皇帝的德惠。一旦他们如愿以偿，就则陆掠残害。劫居人，钞商旅，噉人牛羊，略人兵马。得赏既多，不肯去，复欲以物买铁。边将不听，便取缣帛聚欲烧之。边将恐怖，畏其反叛，辞谢抚顺，无敢拒违。今狡寇未殄，而羌为巨害，如或致悔，其可追乎！臣愚以为可募陇西羌胡守善不叛者，简其精勇，多其牢赏。太守李参沉静有谋，必能奖厉得其死力。当思渐消之略，不可仓卒望也。”韩卓复与劭相难反覆。于是诏百官大会朝堂，皆从劭议。

三年，举高第，再迁，六年，拜太山太守。初平二年，黄巾三十万众入郡界。劭纠率文武连与贼战，前后斩首数千级，获生口老弱万余人，辎重二千两，贼皆退却，郡内以安。兴平元年，前太尉曹嵩及子德从琅邪入太山，劭遣兵迎之，未到，而徐州牧陶谦素怨嵩子操数击之，乃使轻骑追嵩、德，并杀之于郡界。劭畏操诛，弃郡奔冀州牧袁绍。

初，安帝时河间人尹次、颍川人史玉皆坐杀人当死，次兄初及玉母军并诣官曹求代其命，因缢而物故。尚书陈忠以罪疑从轻，议活次、玉。劭后追驳之，据正典刑，有可存者。其议曰：

会接着祸害一方。因此朝廷只是把他们当成外族而非内附的民族，就是因为这些。以往匈奴反叛，度辽将军马续、乌桓校尉王元征发五千多名鲜卑骑兵平叛，又有武威太守赵冲也曾率领鲜卑士兵征讨叛羌。斩获丑虏，鲜卑人没有值得一提的功劳，然而他们不受管束，多行不法之事。如果以军令制裁，动辄发怒造成叛乱；如果制裁得稍慢一些，就掳掠残杀。他们抢劫百姓，抢掠商旅，吃百姓的牛羊，掠取朝廷的兵马。即便得到的赏赐多，也不肯离去，又想用物品换取铁器。如果边将不听从，鲜卑人就把赏赐的缣帛聚在一起准备烧毁。边将感到恐惧，怕他们反叛，便只能委婉地解释、安抚，不敢拒绝和违背他们提出的要求。如今狡寇未灭，而叛羌又成为大害，如果决策一旦失误，后悔也来不及了！以臣的愚见认为可挑选招募陇西羌胡中良善而且不会反叛的人，挑选其中精壮勇敢的，多加犒赏。太守李参沉稳闲静，富有谋略，必定能激励羌人、胡人舍命报效朝廷。应当思虑采用逐步消灭敌人的策略，不能期望仓卒之间就获得成功啊。”韩卓又与应劭反复辩论。于是皇帝下诏群臣在朝堂聚会商议，他们都同意应劭的看法。

中平三年（186），应劭在官吏考核中名列前茅，再次升迁，中平六年（189），朝廷拜他为泰山郡太守。初平二年（191），黄巾军三十万人进入泰山郡界。应劭召集统率文武官员连续与黄巾军交战，他前后斩杀几千名敌兵，俘获一万多老弱俘虏，缴获二千辆辎重，黄巾军全数退却，泰山郡内得以安宁。兴平元年（194），前太尉曹嵩和儿子曹德从琅琊郡进入泰山郡，应劭派兵迎接，还没遇上，徐州牧陶谦平时就嫉恨曹嵩的儿子曹操曾几次攻打他，便命令轻骑追击曹嵩、曹德，并在郡界杀掉二人。应劭担心自己会遭到曹操诛杀，便放弃泰山郡投奔冀州牧袁绍。

起初，安帝时河间郡人尹次、颍川郡人史玉都犯了杀人罪应该被判处死刑，尹次的哥哥尹初以及史玉的母亲军一同到官曹请求代替亲人偿命，因而自缢而死。尚书陈忠认为其罪行有疑应该从轻发落，建议免去尹次、史玉的死罪。应劭后来驳斥陈忠，认为应依据国家律法执行，根据原则才能免除死刑。他议论说：

《尚书》称“天秩有礼，五服五章哉。天讨有罪，五刑五用哉”。而孙卿亦云“凡制刑之本，将以禁暴恶，且惩其末也，凡爵列、官秩、赏庆、刑威，皆以类相从，使当其实也”。若德不副位，能不称官，赏不酬功，刑不应罪，不祥莫大焉。杀人者死，伤人者刑，此百王之定制，有法之成科。高祖入关，虽尚约法，然杀人者死，亦无宽降。夫时化则刑重，时乱则刑轻。《书》曰“刑罚时轻时重”，此之谓也。

今次、玉公以清时释其私憾，阻兵安忍，僵尸道路。朝恩在宽，幸至冬狱，而初、军愚狷，妄自投毙。昔召忽亲死子纠之难，而孔子曰“经于沟渎，人莫之知”。朝氏之父非错刻峻，遂能自陨其命，班固亦云“不如赵母指括以全其宗”。传曰“仆妾感慨而致死者，非能义勇，顾无虑耳”。夫刑罚威狱，以类天之震耀杀戮也；温慈和惠，以放天之生殖长育也。是故春一草枯则为灾，秋一木华亦为异。今杀无罪之初、军，而活当死之次、玉，其为枯华，不亦然乎？陈忠不详制刑之本，而信一时之仁，遂广引八议求生之端。夫亲故贤能功贵勤宾，岂有次、玉当罪之科哉？若乃小大以情，原心定罪，此为求生，非谓代死可以生也。败法乱政，悔其可追。

劭凡为驳议三十篇，皆此类也。

又删定律令为《汉仪》，建安元年乃奏之。曰：“夫国之大事，

《尚书》说“上天规定的品秩等级中有礼法制度，上古圣王依此划定五服，制定五章。上天也会惩治有罪的人，上古圣王依此制定五刑，五用”。孙卿也讲“凡是制定刑法的根本，其目的不但要禁止残暴凶恶，还要惩治细枝末节的小恶，凡是爵列、官秩、赏庆、刑威，都应当按照类别做出相似的处理，使其和事实相符”。如果德不配位，能力不与官位相称，赏赐不能奖赏功劳，刑罚不能对应罪名，没有比这更加不祥的事情了啊。杀人者处以死罪，伤人者处以刑罚，这是历代帝王定下的制度，均有现成的法律可供遵循。高祖入关时，虽然推崇简约的法令，然而杀人者处以死罪，也不会从宽量刑。天下安定就要加重刑罚，时势混乱就要减轻刑罚。《尚书》讲：“刑罚时而轻时而重”，说的就是这个意思。

如今尹次、史玉在太平年代竟然发泄私忿，仗恃军队残忍杀人，致使尸横道路。由于朝廷恩德宽厚，使这两人侥幸到了冬季才被判刑，而尹初、军愚昧固执，擅自投案自杀。从前召忽为了公子纠赴死，孔子说他“拘守普通人的小信小节而死在沟渠中，没有人会知道”。晁错的父亲责怪晁错苛刻严酷，随即自杀身死，班固也说其“不如赵母明智，能够事先向赵王指出赵括的危害，以保全自己的宗族”。传说“仆妾之所以能够慷慨赴死，不是出于大义和忠勇，而是因为世间再没有值得他们留恋的东西了”。刑罚牢狱，是仿效上天威猛的雷霆霹雳；温慈和惠，是仿效上天化育万物的德行。因此春天有一草干枯就视为灾患，秋天有一树开花就视为异象。现在无罪的尹初、军自杀，而判处死罪的尹次、史玉活命，这和草枯树茂，有什么区别？尚书陈忠不了解制定刑法的根本，却随便放任一时的仁慈，就轻率的用八议作为求生的依据。八议中的亲、故、贤、能、功、贵、勤、宾，哪一条能符合尹次、史玉的情况，由此赦免他们的罪行呢？如果大小案件都从人情出发，推究犯人的本意而定罪，这是为了体现好生之德，并不是允许有人代替去死而杀人者就可以活命。那样做只会败法乱政，到时候就追悔莫及了。

应劭共撰写了三十篇驳议，都是这一类型。

应劭又删定法律条文作《汉仪》，建安元年（196）应劭上奏。

莫尚载籍。载籍也者，决嫌疑，明是非，赏刑之宜，允获厥中，俾后之人永为监焉。故胶东相董仲舒老病致仕，朝廷每有政议，数遣廷尉张汤亲至陋巷，问其得失。于是作《春秋决狱》二百三十二事，动以经对，言之详矣。逆臣董卓，荡覆王室，典宪焚燎，靡有孑遗，开辟以来，莫或兹酷。今大驾东迈，巡省许都，拔出险难，其命惟新。臣累世受恩，荣祚丰衍，窃不自揆，贪少云补，辄撰具《律本章句》《尚书旧事》《廷尉板令》《决事比例》《司徒都目》《五曹诏书》及《春秋断狱》凡二百五十篇。蠲去复重，为之节文。又集驳议三十篇，以类相从，凡八十二事。其见《汉书》二十五，《汉记》四，皆删叙润色，以全本体。其二十六，博采古今瑰玮之士，文章焕炳，德义可观。其二十七，臣所创造。岂繄自谓必合道衷，心焉愤邑，聊以藉手。昔郑人以干鼠为璞，鬻之于周；宋愚夫亦宝燕石，缇緮十重。夫睹之者掩口卢胡而笑，斯文之族，无乃类旃。《左氏》实云虽有姬姜丝麻，不弃憔悴菅蒯，盖所以代匮也。是用敢露顽才，厕于明哲之末。虽未足纲纪国体，宣洽时雍，庶几观察，增阐圣听。惟因万机之余暇，游意省览焉。"献帝善之。

二年，诏拜劭为袁绍军谋校尉。时始迁都于许，旧章堙没，书记罕存。劭慨然叹息，乃缀集所闻，著《汉官礼仪故事》，凡朝廷制度，百官典式，多劭所立。

初，父奉为司隶时，并下诸官府郡国，各上前人像赞，劭乃连缀其名，录为《状人纪》。又论当时行事，著《中汉辑序》。撰《风俗通》，以辩物类名号，释时俗嫌疑。文虽不典，后世服其洽闻。凡所著述百三十六篇。又集解《汉书》，皆传于时。后卒于邺。

奏章说："处理国家大事，没有不崇尚典籍的。典籍，是为了解决疑惑，明辨是非，赏罚适当，公允持中，使后世之人有所借鉴。所以胶东相董仲舒年老生病辞官后，朝廷每有政议，多次派廷尉张汤亲自到他住的陋巷，问其为政的得失。董仲舒于是撰写《春秋决狱》二百三十二件案例，参照经书来应对，描述很详细。逆臣董卓，颠覆汉室，烧毁典章制度，没有一点留存，汉朝创立以来，没有比这更残酷的了。如今陛下东进，巡省许都，排除险难，除旧革新。臣连接几代蒙受圣恩，功名利禄丰厚，私下里不自量力，贪图能对国家有少许益处，于是撰写《律本章句》《尚书旧事》《廷尉板令》《决事比例》《司徒都目》《五曹诏书》和《春秋断狱》共二百五十篇。删除重复，减省文字。臣又整理驳议三十篇，按照类别编辑，共八十二件事。见于《汉书》的有二十五处，《东观汉记》的四处，都删减润色，保全事情本体。其中二十六处，广泛采取古今才能卓越之士，文辞明丽，德义可观。其中二十七篇，是臣创造。臣不能自夸必定合情合理，只是心有愤懑，借手聊以自慰罢了。从前郑国人以干鼠为璞玉，卖给周人；宋国的愚夫也把燕石当成宝贝，用十重橘红色的绢帛包裹。看到的人掩口偷笑，斯文之人，多半也与此类似。《左氏》实际上说即使有姬、姜那样的贵族妇女和丝麻，也不抛弃陋贱的女子和茅草，大概是在缺乏时取以代用。臣因此斗胆显露顽劣之才，混杂于明哲末流。虽然不足以弥补纲纪国体，普泽太平盛世，也许在阅读之时，能增加陛下的见闻。望在日理万机之余暇，留意审阅。"献帝觉得不错。

建安二年（197），献帝下诏拜应劭任袁绍军谋校尉。当时刚迁都许昌，古代的典章都不存在了，书记也罕有保存。应劭慨然叹息，于是他汇集编辑所听到的事，著《汉官礼仪故事》，但凡朝廷制度，百官典礼，多是应劭所立。

起初，应劭的父亲应奉任司隶时，朝廷命令诸官府郡国，都上缴为前人画像写的赞辞，应劭便连缀其名，编辑为《状人纪》。又论当时大臣的政绩，著《中汉辑序》。撰写《风俗通》，以辨别物类名目，解释当时习俗的疑问。文字虽然没形成典籍，但是后世叹服其博学多闻。一共著述一百三十六篇。又解释《汉书》，都流传于当时。后弟子玚、璩，并以文才称。

中兴初，有应妪者，生四子而寡。见神光照社，试探之，乃得黄金。自是诸子宦学，并有才名，至玚七世通显。

霍谞字叔智，魏郡邺人也。少为诸生，明经。有人诬谞舅宋光于大将军梁商者，以为妄刊章文，坐系洛阳诏狱，掠考困极。谞时年十五，奏记于商曰：

将军天覆厚恩，愍舅光冤结，前者温教许为平议，虽未下吏断决其事，已蒙神明顾省之听。皇天后土，寔闻德音。窃独踊跃，私自庆幸。谞闻《春秋》之义，原情定过，赦事诛意，故许止虽弑君而不罪，赵盾以纵贼而见书。此仲尼所以垂王法，《汉》世所宜遵前修也。传曰："人心不同，譬若其面。"斯盖谓大小窳隆丑美之形，至于鼻目众窍毛发之状，未有不然者也。情之异者，刚柔舒急倨敬之间。至于趋利避害，畏死乐生，亦复均也。谞与光骨肉，义有相隐，言其冤滥，未必可谅，且以人情平论其理。

光衣冠子孙，径路平易，位极州郡，日望征辟，亦无瑕秽纤介之累，无故刊定诏书，欲以何名？就有所疑，当求其便安，岂有触冒死祸，以解细微？譬犹疗饥于附子，止渴于鸩毒，未入肠胃，已绝咽喉，岂可为哉！昔东海孝妇见枉不辜，幽灵感革，天应枯旱。光之所坐，情既可原，守阙连年，而终不见理。呼嗟紫宫之门，泣血两观之下，伤和致灾，为害滋甚。凡事更赦令，不应复案。夫以罪刑明白，尚蒙天恩，岂有冤谤无征，反不得理？是为刑宥正罪，戮加诬来他在邺城去世。

他弟弟的儿子应玚、应璩，均以文才著称。

中兴初年，有个名叫应妪的女子，生了四个儿子后成为寡妇。看见神异的灵光照在祭祀土地神的地方，试着伸手摸索，就得到了黄金。从此诸子学习做官和经艺，都以才学闻名，一直到第七世应玚都是通达显贵。

霍谞，字叔智，魏郡邺城人。年少时为诸生，被举荐为明经。有人向大将军梁商诬告霍谞的舅舅宋光，认为他胡乱篡改法令，于是宋光获罪被关在洛阳监狱里，遭受严刑拷打、疲惫不堪。霍谞当时十五岁，给梁商写奏记道：

将军深厚的恩德遍及天地，同情我舅舅宋光蒙受不白之冤，将军前些时温和教化，答应为他公平论断，虽然还没有下交司法官员决断，已承蒙将军顾念省察。皇天后土，确实听闻德言。我私下欢呼跳跃，暗自庆幸。我听说《春秋》大义，是根据罪人的动机和情节来定罪，不问其实际行动而推究其居心来定罪，所以许止虽然误杀国君而不加罪给他，赵盾因纵容贼人逃离而被记载于史书。这是孔子垂示王法的原因，汉代应该遵照前代修德的贤士。传言说：“人心不同，就像面容不同一样。”这大概是说人有大小、高矮、美丑的外形，甚至鼻子、眼睛、七窍、毛发的形状，都没有相同的。性情的差异，表现在刚柔、舒缓、急迫、傲慢、尊敬之间。甚至于趋利避害，贪生怕死，也都相同。我与宋光是骨肉至亲，从道义上讲我来审理判决会有冤枉失实的情况，未必能被原谅，仅以人情评论其道理。

宋光是名门世族的后裔，处世行事谦逊和蔼，在州郡里地位很高，即便日日希望征召出仕，也不会有丝毫瑕疵污秽的行为，无故篡改诏书，又是为了什么名目？即便他有所疑惑，也应当寻求稳妥便利的办法，岂会冒着犯死罪的危险，来解决细小的错误？犹如服用附子以充饥，饮鸩毒以止渴，还没有进入肠胃，到达咽喉的时候就已绝命，怎么能这样做呢！从前东海孝妇蒙冤被杀，她的幽灵感动上天，导致东海一带三年大旱。宋光犯的错误，情有可原，等候处决多年，却始终不见审理。如果我们在皇宫门前喊冤，在两观之下泣血，就侵也。不偏不党，其若是乎？明将军德盛位尊，人臣无二，言行动天地，举厝移阴阳，诚能留神，沛然晓察，必有于公高门之福，和气立应，天下幸甚。

商高谞才志，即为奏原光罪，由是显名。

仕郡，举孝廉，稍迁金城太守。性明达笃厚，能以恩信化诱殊俗，甚为羌胡所敬服。遭母忧，自上归行丧。服阕，公车征，再迁北海相，入为尚书仆射。是时大将军梁冀贵戚秉权，自公卿以下莫敢违牾。谞与尚书令尹勋数奏其事，又因陛见陈闻罪失。及冀诛后，桓帝嘉其忠节，封鄄都亭侯。前后固让，不许。出为河南尹，迁司隶校尉，转少府、廷尉，卒官。

子儁，安定太守。

爰延字季平，陈留外黄人也。清苦好学，能通经教授。性质悫，少言辞。县令陇西牛述好士知人，乃礼请延为廷掾，范丹为功曹，濮阳潜为主簿，常共言谈而已。后令史昭以为乡啬夫，仁化大行，人但闻啬夫，不知郡县。在事二年，州府礼请，不就。桓帝时征博士，太尉杨秉等举贤良方正，再迁为侍中。

帝游上林苑，从容问延曰："朕何如主也？"对曰："陛下为汉中主。"帝曰："何以言之？"对曰："尚书令陈蕃任事则化，中常侍会伤害天地中和之气导致灾难发生，为害极大。凡是经过赦令更改的刑罚，就不应该再次立案。更何况罪刑明白的罪犯，尚且能承蒙天恩，岂有无故受到诽谤又没有犯罪证据，反而得不到受理？这是借助刑法宽恕有罪之人，杀害被诬陷侵害的人啊。不偏不倚，难道就是这样的吗？将军您德盛位尊，在人臣之中独一无二，言行感动天地，举措可以改变阴阳，恳请将军要留意此事，赶快明察，将军必定会有东海于公加高大门那样的福德，天地中和之气立即感应，天下很幸运啊。

梁商赞赏霍谞的才智，便立即上奏朝廷请求赦免宋光的罪过，霍谞因为此事名声显扬。

霍谞在郡府任职，后来他被举荐为孝廉，不久升迁为金城郡太守。他生性明达笃厚，能以恩信教化百姓、劝诱不好的习俗，很被羌人、胡人敬重。母亲去世后，他向朝廷上奏回家举行丧礼。服丧期满，接受公车征召，又升迁为北海国相，后来他入朝任尚书仆射。当时大将军梁冀凭借外戚的身份执掌大权，自公卿以下没有人敢忤逆他。霍谞与尚书令尹勋多次向朝廷上奏他卑劣的行为，又在面见皇帝时历数梁冀的罪状。等到梁冀被杀后，桓帝嘉奖霍谞的忠节，封他为邺都亭侯。霍谞前后多次坚决辞让，桓帝不同意。后来出任河南尹，升迁为司隶校尉，转任少府、廷尉，在任上去世。

霍谞儿子霍儁，任安定郡太守。

爰延，字季平，陈留郡外黄县人。他家境清苦、喜好学习，能通晓经典义理，教授学徒。他生性质朴诚信，不喜欢多说话。县令陇西郡人牛述喜好鉴察他人，于是便以礼延请爰延任廷掾，范丹任功曹，濮阳潜任主簿，他们常在一起交谈。新来的县令史昭任命他担任乡啬夫，爰延大行仁慈教化，人们只听说啬夫一职，不知道郡守、县令是谁。他在职两年，州府以礼聘请，不肯去。桓帝时朝廷征召为博士，太尉杨秉等人举荐贤良方正，爰延经过再次升迁后担任侍中。

皇帝游览上林苑时，随口问爰延道：“朕是个什么样的君主呢？”爰延回答道：“陛下是汉室中才能中等的君主。”皇帝问：“为什黄门豫政则乱，是以知陛下可与为善，可与为非。”帝曰：“昔朱云廷折栏槛，今侍中面称朕违，敬闻阙矣。”拜五官中郎将，转长水校尉，迁魏郡太守，征拜大鸿胪。

帝以延儒生，常特宴见。时太史令上言客星经帝坐，帝密以问延。延因上封事曰：“臣闻天子尊无为上，故天以为子，位临臣庶，威重四海。动静以礼，则星辰顺序；意有邪僻，则晷度错违。陛下以河南尹邓万有龙潜之旧，封为通侯，恩重公卿，惠丰宗室。加顷引见，与之对博，上下媟黩，有亏尊严。臣闻之，帝左右者，所以咨政德也。故周公戒成王曰‘其朋其朋’，言慎所与也。昔宋闵公与强臣共博，列妇人于侧，积此无礼，以致大灾。武帝与幸臣李延年、韩嫣同卧起，尊爵重赐，情欲无猒，遂生骄淫之心，行不义之事，卒延年被戮，嫣伏其辜。夫爱之则不觉其过，恶之则不知其善，所以事多放滥，物情生怨。故王者赏人必酬其功，爵人必甄其德。善人同处，则日闻嘉训；恶人从游，则日生邪情。孔子曰：‘益者三友，损者三友。’邪臣惑君，乱妾危主，以非所言则悦于耳，以非所行则玩于目，故令人君不能远之。仲尼曰：‘唯女子与小人为难养，近之则不逊，远之则怨。’盖圣人之明戒也！昔光武皇帝与严光俱寝，上天之异，其夕即见。夫以光武之圣德，严光之高贤，君臣合道，尚降此变，岂况陛下今所亲幸，以贱为贵，以卑为尊哉？惟陛下远谗谀之人，纳謇謇之士，除左右之权，寤宦官之敝。使积善日熙，佞恶消殄，则乾灾可除。”帝省其奏。因以病自上，乞骸骨还家。灵帝复特征，不行，病卒。

么这样讲呢？”爰延回答道：“尚书令陈蕃处理政事时能教化百姓，中常侍黄门参与朝政时则会导致混乱，因此知道陛下可以与善人做善事，也可以与恶人做恶事。”皇帝说：“西汉时期，朱云为了劝谏成帝当廷折断栏杆，现在侍中你当面指责朕的过失，朕也会恭敬地听取你的建议。”于是皇帝拜爰延为五官中郎将，转任长水校尉，升迁为魏郡太守，后又接受朝廷的征召任大鸿胪。

桓帝认为爰延是儒生，常常在空闲时间特地召见爰延。当时太史令上奏桓帝说客星经过帝座，桓帝私下向爰延询问这件事。爰延因此呈上密封的奏书道：“臣听说天子至高无上，所以上天才把皇帝当成天子，位在人臣百姓之上，权威加于四海。天子的一动一静都遵循礼制，星辰就按照顺序运行；如果天子心中乖谬不正，那么日晷投影的度数就会有误差。河南郡大尹邓万是陛下未登皇位之前的好友，陛下封他为通侯，对他的恩德超过公卿，给他的赏赐超过宗室。经常接见他，与他一起对弈博戏，上下轻慢，有损陛下的尊严。臣听说，皇帝身边的人，为的是咨询政事与德行方面的问题。所以周公告诫成王说‘要好好和百官相处阿，要好好和百官相处阿’，就是说择友要慎重。从前宋闵公与专权的大臣一起博戏，让妇人站在旁边观看，常常做这些无礼的事，以致形成大灾。武帝与幸臣李延年、韩嫣同睡同起，封赏他们尊贵的爵位还重重地赏赐他们，他们的欲望不能满足，就产生了骄奢淫逸之心，做出不义之事，最后李延年被杀，韩嫣伏罪。宠爱之时察觉不到他的过错，厌恶之时察觉不到他的善良，所以处理事情放纵无度，百姓就会生出怨恨之心。故而王者奖励他人一定要论功行赏，封他人爵位一定要鉴别其德行。与善人共处，每天都会听到有益的话；与恶人交往，每天都会生出邪恶念头。孔子说：‘有益的朋友分为三种，有害的朋友分为三种。’邪恶之臣迷惑君主，淫乱之妾危害君主，他们讲不应该说的话使君主愉悦，做不应该做的事使君主开心，所以才使人君不能远离他们。孔子说：‘唯女子与小人难养，亲近就会不恭敬，疏远就会心生怨恨。’这是圣人的明训啊！从前光武帝与严光同床而卧，上天在当晚就显示异象。以光武帝的圣德，严光的高尚贤良，君臣志同道合，上天尚且子骥，白马令，亦称善士。

徐璆字孟玉，广陵海西人也。父淑，度辽将军，有名于边。璆少博学，辟公府，举高第。稍迁荆州刺史。时董太后姊子张忠为南阳太守，因势放滥，臧罪数亿。璆临当之部，太后遣中常侍以忠属璆。璆对曰："臣身为国，不敢闻命。"太后怒，遽征忠为司隶校尉，以相威临。璆到州，举奏忠臧余一亿，使冠军县上簿诣大司农，以彰暴其事。又奏五郡太守及属县有臧污者，悉征案罪，威风大行。中平元年，与中郎将朱儁击黄巾贼于宛，破之。张忠怨璆，与诸阉官构造无端，璆遂以罪征。有破贼功，得免官归家。后再征，迁汝南太守，转东海相，所在化行。

献帝迁许，以廷尉征，当诣京师，道为袁术所劫，授璆以上公之位。璆乃叹曰："龚胜、鲍宣，独何人哉？守之必死！"术不敢逼。术死军破，璆得其盗国玺，及还许，上之，并送前所假汝南、东海二郡印绶。司徒赵温谓璆曰："君遭大难，犹存此邪？"璆曰："昔苏武困于匈奴，不队七尺之节，况此方寸印乎？"

后拜太常，使持节拜曹操为丞相。操以相让璆，璆不敢当。卒于官。

降下这样的异象，更何况陛下现在所亲近宠幸之人，都是以卑贱作为富贵，以卑下作为尊贵呢？臣只希望陛下远离谗谀之人，接纳正直之士，除去身边之权贵，明白宦官之弊端，使善事越积越多，使奸佞邪恶之事消亡，那么天灾就可以消除了。”桓帝看了他的奏书。于是爰延借口生病上书，请求辞职回家。灵帝即位后又特别征召他，没有前往，就生病去世了。

爰延的儿子爰骥，任白马县令，也被称赞是有德的人。

徐璆，字孟玉，广陵郡海西县人。其父徐淑，任度辽将军，在边疆很有名望。徐璆年少博学，被公府征召，在考试时名列前茅。不久升迁为荆州刺史。当时董太后姐姐的儿子张忠任南阳郡太守，他仗着有权有势放纵无度，贪污了几亿钱。徐璆正要到州部上任，太后派中常侍把张忠托付给徐璆。徐璆回答道：“臣只为国，不敢听从太后的命令。”太后发怒，随即征召张忠为司隶校尉，用威势打压徐璆。徐璆到州后，便向朝廷上奏检举张忠贪污一亿的事，他派冠军县呈递文状给大司农，来披露张忠的罪行。又向朝廷上奏五郡太守及属县贪污的官员，朝廷全部逮捕定罪，徐璆威风大涨。中平元年（184），徐璆与中郎将朱儁在宛县攻打黄巾军，击溃敌军。张忠怨恨徐璆，便与众宦官捏造无端的罪名，徐璆随即因罪被朝廷召回。他因为击溃黄巾军有功，得以免官回家。后来朝廷再次征召，升迁徐璆为汝南郡太守，转任东海相，他所在的地方都施行教化。

献帝迁都许昌后，朝廷征召徐璆任廷尉，他应当去京师，却半路上被袁术拦劫，授予徐璆上公的职位。徐璆叹息道：“龚胜、鲍宣，是怎样的人呢？将军要是强迫我留下，我定会像他们一样死去！”袁术不敢逼他。袁术死后军队溃败，徐璆得到袁术偷走的传国玉玺，到了许昌，上交皇帝，并送交之前所代管辖的汝南、东海二郡的印绶。司徒赵温对徐璆说：“君遭受大难，还保存着印绶吗？”徐璆说：“从前苏武受困于匈奴，都不丢失七尺节杖，何况这方寸之印呢？”

后来献帝拜徐璆为太常，派他持节拜曹操为丞相。曹操把相位让给徐璆，徐璆不敢当。后来，他在任上去世。

论曰：孙懿以高明见忌，而受欺于阴计；翟酺资谲数取通，而终之以謇谏。岂性智自有周偏，先后之要殊度乎？应氏七世才闻，而奉、劭采章为盛。及撰著篇籍，甄纪异知，虽云小道，亦有可观者焉。延、璆应对辩正，而不可犯陵上之尤，斯固辞之不可以已也。

赞曰：杨终、李法，华阳有闻。二应克聪，亦表汝濆。翟酺诈懿，霍谞请舅。延能讦帝，璆亦牾后。

评论说：孙懿因高明而遭人忌恨，因此被阴谋诡计所欺骗；翟酺凭借诡谲诈术数次变通，却最终直言谏诤。难道是人的禀赋才智本来就各不相同，前后的原则也会有所不同吗？应氏七世都以才能著称，而应奉、应劭的文采达到最盛。至于他们撰写的著作典籍，考察记载了很多奇异之事，虽然是末流之技，但也有值得一观的地方。爰延、徐璆能够辨明是非、直言规劝君主，却没有蒙受犯上的过错，这就说明谦让的言辞实在是不可或缺啊。

赞辞说：杨终、李法，闻名华阳。应奉、应劭聪慧多才，是汝畔的榜样。翟酺欺骗孙懿，霍谞上书为舅舅请命。爰延直言劝谏皇帝，徐璆也曾违逆太后。